Bibliothèque d'Archéologie Méditerranéenne et Africaine

3

Dans la lignée des anciens *Travaux de Centre Camille Jullian*, la *Bibliothèque d'Archéologie Méditerranéenne et Africaine* (BiAMA) regroupe des travaux (monographie, actes de colloques, ouvrages collectifs) en relation avec les programmes scientifiques du Centre Camille Julian, sur l'histoire et l'archéologie de la Gaule méridionale, de l'Afrique du Nord et du bassin méditerranéen. La BiAMA peut comprendre des sous-séries, comme la collection *Études massaliètes* (EtMassa).

Responsable légal :
Dominique Garcia, Directeur du CCJ
Directeur de la publication :
Henri Tréziny
Comité de pilotage :
Xavier Delestre, Dominique Garcia, Henri Tréziny
Conception graphique et mise en page :
Véronique Gémonet

Édition Errance, éditeur du groupe Actes Sud,
7, rue Jean Du Bellay 75004 Paris
Tél. : 01 43 26 85 82
Fax : 01 43 29 34 88
Courriel : contact@editions-errance.fr
http://www.librairie-epona.fr

Centre Camille Jullian
Maison Méditerranéenne des Sciences de l'Homme
5 rue du Château de l'Horloge. BP 647, 13094 Aix-en-Provence Cedex 2

ISBN : 978-2-87772-420-3

Illustration de couverture : Paysage de l'Italie méridionale, au sud de Garaguso (cl. Osanna) ; collier d'ambre de Monte Pruno (Museo Provinciale Salerno) ; Pichet à figures rouges de Karnobat, d'après *L'or des Thraces* 2006,
Illustration 4ème de couverture : restitution d'une cabane de Siris-Policoro (arch. F. Gabellone)

Publications du Centre Camille-Jullian

Centre Camille Jullian

Ouvrage financé par le Conseil Régional Provence-Alpes Côte d'Azur

Région Provence Alpes Côte d'Azur

Envoyer les manuscrits à :
Henri Tréziny
Bibliothèque d'Archéologie Méditerranéenne et Africaine

Centre Camille Jullian
Maison Méditerranéenne des Sciences de l'Homme
5 rue du Château de l'Horloge. BP 647,
13094 Aix-en-Provence Cedex 2

BIBLIOTHÈQUE D' ARCHÉOLOGIE MÉDITERRANÉENNE ET AFRICAINE - 3

GRECS ET INDIGÈNES DE LA CATALOGNE À LA MER NOIRE

Actes des rencontres du programme européen Ramses² (2006-2008)

Édités par Henri Tréziny

RAMSES②

2010

Sommaire

DEUXIÈME PARTIE : APPROCHES THÉMATIQUES

Avant-Propos

Le programme de travail qui aboutit à ce livre s'inscrit dans le cadre du Réseau d'excellence européen Ramses[2], initié par la Maison Méditerranéenne des Science de l'Homme. La partie scientifique du Réseau était divisée en « Workshops » (WPS), notre programme constituant un « Atelier » du WPS 3.2. *La circulation des modèles technologiques*. Le titre initial de l'atelier, *Contacts et échanges technologiques entre Grecs et indigène à la frontière des territoires des colonies grecques (VIII*ᵉ*-II*ᵉ *s. av. J.-C.)*, a été élargi pour tenir compte de réflexions qui dépassaient le cadre strictement technologique et abordaient plus largement les contacts culturels.

Le but de ce programme n'était pas d'affronter les aspects théoriques des contacts culturels entre Grecs et populations indigènes dans le monde colonial, ni de travailler sur le concept d' « ethnicité », largement abordé dans des publications récentes, notamment les actes des congrès de Tarente de 1997 *(Confini e frontiera nella grecità d'Occidente)* pour l'Occident, ou de 2000 *(Problemi della chora coloniale dall'Occidente al mar Nero)* plus généralement en Méditerranée.

On se demandera plus modestement, au gré de diverses approches régionales, comment se pose dans chaque région géographique, la question des rapports entre Grecs et indigènes, en fonction de l'histoire locale, mais aussi de l'histoire de la recherche qui amène à privilégier ici ou là des questions différentes, ou à poser différemment les mêmes questions. On s'interrogera par exemple sur les critères archéologiques qui permettent d'interpréter un site comme grec, indigène, mixte, à partir de techniques de construction (des fortifications, des plans d'urbanisme, des maisons), mais aussi à partir des objets de la vie quotidienne. Les céramiques, par exemple, nous intéressent non seulement par leurs caractéristiques techniques, ou par les proportions des diverses séries (grecques ou indigènes), mais aussi, à l'intérieur de la catégorie des céramiques «grecques», par les proportions des diverses formes, qui peuvent être l'indice de pratiques alimentaires variées.

L'ensemble des communications ont été réparties en chapitres à l'intérieur de deux grandes parties. Dans des « approches régionales », nous tâchons d'approcher les relations entre Grecs et indigènes dans des sous-ensembles régionaux en Sicile Occidentale (à partir du site d'Himère), en Catalogne (autour d'Empuries), en France (autour de Marseille), en Campanie (autour de Vélia), enfin en Thrace à partir de Thasos. Le choix de ces sites est évidemment subjectif et très dépendant des « réseaux » existants ou mis en place au cours de ce programme. Si les sites phocéens d'Occident ont été fortement privilégiés, c'est en raison de l'habitude qu'avaient déjà les chercheurs du Centre Camille Jullian, de Catalogne, de Campanie méridionale de travailler ensemble sur la colonisation phocéenne. Le choix de la Thrace égéo-pontique était également dicté, outre l'intérêt spécifique de la région, par les liens existant entre le Centre Camille Jullian et l'Ecole française d'Athènes (fouilles de Thasos), l'Institut Archéologique de Sofia (fouilles d'Apollonia) ou l'Université de Thessalonique.

Privilégier ces sites, c'était laisser de côté tous les autres, mais beaucoup se retrouveront dans la deuxième partie intitulée « approches thématiques », et fallait de toute façon faire des choix, nécessairement frustrants. L'accent a été mis bien sûr sur les approches techniques : techniques de construction, techniques de production et de transformation des produits. Mais d'autres aspects ont été approchés, comme la langue et l'écriture, les espaces funéraires et les cultes, même si on s'est attaché là aussi à privilégier les aspects matériels. Certains thèmes ont été abordés en détail dans certaines régions du monde grec colonial, traités sommairement, quelquefois ignorés dans d'autres régions : c'est la conséquence de la relative autonomie qui était laissée dans ce programme aux « groupes régionaux » ; c'est aussi l'indication que tous les groupes de chercheurs qui travaillent dans ce domaine n'ont pas, en ce moment, les mêmes centres d'intérêt, et que les questionnements sont différents d'une région à l'autre, ce qui était l'une des questions posées au début de ce travail.

Tous les participants aux tables rondes de ces deux années n'ont pu donner un texte pour publication dans les délais impartis. Inversement, de nombreux collègues qui n'avaient pu participer aux réunions ont tenu à fournir un texte dans ce volume dont le plan thématique ne reflète donc que très imparfaitement le contenu des discussions de chaque rencontre. On s'en rendra mieux compte en comparant la table des matières de ce volume avec la chronique des réunions Ramses donnée *infra* p. 9-11. Nous avons donc renoncé à retranscrire les discussions, pourtant très riches, qui ont accompagné chacune de nos réunions : les plus significatives ont du reste généralement été prises en compte par les auteurs.

Remerciements

Il nous faut remercier d'abord les collègues de la MMSH qui ont initié le projet Ramses et en ont permis le bon déroulement, particulièrement P. Vergès et Th. Fabre, P. Pomey, alors directeur du Centre Camille Jullian, et Marie-Brigitte Carre, responsable au CCJ du suivi du programme européen, X. Nieto, responsable du WPS 3.2. Les financements du programme Ramses ont été complétés par des ressources diverses, particulièrement la traduction en français par des membres du CCJ du catalogue de l'exposition « Des Grecs en Occident... » organisée à Marseille en 2006 par la Surintendance de Palerme : ce catalogue constituait de fait la première production de notre atelier. Nos remerciements enfin à tous ceux qui, outre le Centre Camille Jullian, nous ont accueillis lors de ces deux années de réunions : l'Université de Palerme et le Musée archéologique de Catalogne à Empùries (2006), l'Ecole française d'Athènes, qui a pris à sa charge une partie de l'hébergement de la réunion de mars 2007, le Groupement de Recherche Européen sur la mer Noire, qui a financé les voyages des collègues russes, roumains et bulgares, le Centre Jean Bérard de Naples.

Enfin, bien sûr le Conseil régional Provence-Alpes-Côte d'Azur qui a permis la publication de cet ouvrage.

Avertissement

Les normes bibliographiques utilisées dans l'ouvrage sont celles de la collection, mais adaptées avec une grande souplesse pour tenir compte des habitudes de chaque pays pour les textes en langue étrangère (italien, espagnol, anglais) ou en français traduits du catalan, de l'italien, du grec, du bulgare, du roumain...
Des résumés en une ou plusieurs langues de chaque article sont regroupés en fin d'ouvrage.

H. Tréziny (Centre Camille Jullian)

Introduction

Les objets archéologiques peuvent-ils véhiculer une identité ethnique ?

Michel Bats

L'identité ethnique

Selon Barth (1969), l'ethnicité ne serait que l'organisation sociale de la différence culturelle, le produit d'un processus d'identification activé par la volonté de se différencier, de créer une frontière entre Eux et Nous. Mais une telle définition peut s'appliquer à toute forme d'identité collective (religieuse ou politique, par exemple). Ce qui différencie l'identité ethnique des autres formes d'identité collective, c'est qu'elle est orientée vers le passé, qu'elle repose sur la croyance dans une origine commune. Or l'idée d'une origine commune peut être mise en relation avec les traits culturels partagés lorsqu'ils sont mobilisés pour créer ou entretenir le mythe de l'origine commune. Ni le fait de parler une même langue ou d'occuper le même territoire, ni la similarité des coutumes ne représentent en eux-mêmes des attributs ethniques ; ils le deviennent lorsqu'ils sont utilisés comme des marqueurs d'appartenance par ceux qui revendiquent une origine commune. Le problème est alors bien sûr de pouvoir identifier les traits culturels qui seront dotés de cette fonction emblématique et ce sera toujours par hypothèse, en dehors de toute information textuelle, que l'archéologue décidera qu'il s'agit bien d'une revendication ethnique du groupe destinée à ériger ou maintenir une frontière entre lui et les autres. Les objets de la culture matérielle peuvent-ils jouer ce rôle mobilisateur ?

Le statut des objets

Par objets archéologiques, on entendra les objets de la vie quotidienne, avec, au premier rang, la vaisselle céramique, recueillis par milliers lors de la fouille des habitats, grecs ou non-grecs. Ces objets ont été produits et consommés, éventuellement dans des lieux ou des contextes différents. Mais ils ont été demandés, acceptés, reconnus ou interprétés et utilisés comme des objets correspondant à la culture d'insertion. Cette reconnaissance peut prendre au moins deux aspects qui, d'ailleurs, ne sont pas exclusifs : soit les objets sont adaptés à la fonction pour laquelle ils sont requis, soit leur apparence se connecte à la représentation, directe ou symbolique, de leur culture d'usage. Les objets appartiennent, en effet, à un univers de l'indicible, mais s'ils ne parlent pas, et s'ils relèvent plus du faire que du dire, leurs producteurs et leurs utilisateurs ont pu en parler et c'est le cas pour les objets de la civilisation grecque. La première caractéristique des objets, c'est leur matérialité : ils ont des formes, des couleurs, des dimensions, une matière, mais ils ont aussi une fonction : « ils véhiculent du sens » (Barthes), mais ils sont polysémiques, car c'est le sujet (producteur et consommateur) qui construit ou reconstruit sa signification. En outre, un changement de contexte peut en modifier la nature même. J. Hall (1997) admettait à juste titre que les objets (artefacts) pouvaient être appréhendés et utilisés consciemment comme des indices emblématiques de frontières ethniques au même titre que la langue ou la religion.

On prendra ici deux exemples de mobilisation culturelle et ethnique d'objets de consommation courante selon leur insertion fonctionnelle, technologique et stylistique entre les cultures grecque et indigène protohistoriques de Gaule du sud.

La fonction : l'exemple des récipients de cuisine à Marseille

J'ai déjà plusieurs fois abordé l'analyse de leurs contextes d'usage (Bats 1988, 1994, 1999) dans diverses zones de contact en Gaule du sud et en Italie méridionale en fonction d'un modèle établi à travers les usages grecs d'Athènes ou de Corinthe, validés au sein d'autres cités grecques (Locres, Marseille et ses colonies).

En milieu grec, il s'agit de récipients aux fonctions spécialisées dans des modes de cuisson spécifiques dans le cadre d'une alimentation en grande partie codifiée par des produits et des recettes :

• *chytra*, récipient traditionnel depuis l'Âge du bronze, dans des formes peu changeantes, pour la cuisson du bouilli ;

• *caccabê*, à partir de la deuxième moitié du VIe s., issue d'un emprunt à la culture phénicienne ou punique, peut-être dans les milieux occidentaux de Sicile, récipient mixte (bouilli et mijoté) ;

• *lopas*, à partir du dernier quart du VIe s., création grecque pour la préparation du poisson (mijoté) ;
• *tagênon*, à partir du IVe s., création grecque pour la friture à l'huile à travers de nouvelles recettes des cuisiniers grecs de Sicile et de Grande Grèce.

Les trois premiers présentent une caractéristique technique commune : un fond bombé impliquant qu'ils soient placés sur un brasero ou des supports mobiles pour des cuissons longues au-dessus de charbons et non d'un feu ardent.

Or, de façon paradoxale, les Grecs de Marseille, dont les potiers ont élaboré, dès la fondation, des céramiques communes à pâte claire et à pâte grise monochrome, n'ont jamais produit leur propre vaisselle culinaire et, au VI[e]s., ils utilisent aussi, outre des *chytrai* importées, des vases indigènes ("urnes" non tournées) ou étrusques (*ollae*) à fond plat : la fonction transgresse-t-elle la frontière de la culture ? Pas seulement : on a envisagé l'emprunt de formes indigènes à travers les femmes épousées lors de l'installation des colons et de formes étrusques par la présence d'une communauté emporique.

On trouve dans certains habitats indigènes, à Martigues à partir du Ve s. et du IVe s. à Lattes, des exemplaires isolés de ces récipients de cuisine grecs et à partir du IIIe s. également des copies/adaptations en céramique non tournée. Enfin, au début du IIe s., c'est un atelier indigène (Arcelin 1985) qui fournit à Marseille et ses colonies la majorité de leur céramique culinaire en technique non tournée, mais dans les formes des récipients du répertoire grec, à côté des récipients traditionnels indigènes qui figurent aussi dans la production et sont distribués dans les habitats indigènes (où parviennent d'ailleurs quelques récipients « grecs »). Pour les Grecs de Marseille, la fonction prime sur la technique.

La construction progressive (disparition des urnes et *ollae*, importation de *caccabai* et de *lopades*) d'un trait culturel identitaire, culinaire, par les Grecs de Marseille est bien perçue comme marqueur de différence par les indigènes. Dans son aboutissement à partir du début du IIe s., l'identité matérialisée dans les objets est ici hautement justifiée par un atelier indigène fournisseur de récipients « grecs », dans une double identification reconnue par Eux et par Nous. En miroir, les indigènes continuent à utiliser leurs propres récipients pour leurs propres pratiques alimentaires. On est ici dans une situation où l'identification réciproque entre des cultures différentes n'a plus besoin de processus de recompositions permanentes des sociétés par réappropriation d'éléments en provenance de l'extérieur.

Le style : l'exemple des céramiques à pâte claire peintes de Gaule méridionale

Ce problème des « expressions stylistiques par lesquelles les groupes humains peuvent se définir, se distinguer, se reconnaître ou échanger » est toujours au cœur de la réflexion ethnologique (Martinelli 2005). Or tout un courant, définissant la notion de style en céramique par opposition à la fonction et à la technologie, l'a réduite aux aspects décoratifs et prise comme synonyme de décoration. Dans une conception passive, certains y ont vu le reflet inconscient de phénomènes sociaux ou culturels ou celui des structures cognitives profondes sous-jacentes à tous les rapports sociaux et toutes les pratiques culturelles. Dans une conception active, la plus répandue a considéré le style comme un instrument servant à l'échange d'information (Wobst 1977) : le style serait « surajouté » aux objets pour remplir une fonction sociale, pour une communication symbolique relative aux frontières et à l'identité du groupe, ethnique en particulier. Sans aller jusqu'à l'échange d'information, beaucoup d'anthropologues ont en tout cas retenu que le style serait essentiellement un moyen d'expression symbolique, certains y voyant même une forme d'écriture qu'il faudrait tenter de déchiffrer. Mais c'est confondre signes et symboles. En l'absence d'une observation directe des comportements liés à la communication, l'archéologue ne pourra pas savoir quels aspects de la culture matérielle sont précisément mobilisés à cet effet.

Pour tenir compte de la complexité du phénomène stylistique, M. Dietler et I. Herbich (1994a) ont proposé d'y voir « le résultat d'une gamme caractéristiques de réactions visant à relier les choix décoratifs, formels et techniques opérés à tous les maillons de la chaîne opératoire de production ». Le "style matériel" ainsi défini résulterait d'une série de choix interdépendants dans le temps plutôt que d'un acte de création instantanée. Remarquons que si l'archéologue, qui dispose des seuls vestiges matériels, peut parvenir à reconstituer une chaîne opératoire, il lui sera difficile de comprendre à quelles demandes et exigences répondent les choix effectués le long de cette chaîne opératoire par les acteurs sociaux, qui peuvent suivre des stratégies différentes, mais sont liés par certaines "dispositions" communes (l'habitus de Bourdieu). En effet, les choix effectués par les acteurs sociaux proviennent aussi bien de la politique économique que des relations entre individus. A travers une enquête chez les Luo du Kénya, M. Dietler et I. Herbich notent que les modalités d'apprentissage et les relations personnelles entre les potières semblent plus déterminantes dans le choix d'un répertoire décoratif qu'une stratégie identitaire. Les potières sont incapables d'expliquer consciemment la différence entre leur propre style et celui des autres communautés. Malgré tout, on constate aussi que « chaque potière dispose d'un répertoire de motifs ornementaux assez limité qu'elle partage à des degrès divers avec les autres potières de sa communauté et dans lequel elle puise pour produire des formes relativement homogènes » ; des innovations de formes ou de motifs peuvent se produire et sont intégrées à la gamme existante en fonction de l'accueil réservé par le marché ou leur reprise par d'autres potières. Il ne faudrait donc pas assimiler la notion de "style matériel" à une notion de "style technologique". La transmission de savoir n'est pas limitée à celle de règles techniques rigides. Cependant, si le répertoire décoratif des potières Luo reste limité et partagé, c'est bien le signe qu'il appartient à une tradition transmise, récurrente et peu renouvelée. Les recherches présentées par B. Martinelli « montrent comment des productions stylistiques mettent en relation des éléments traditionnels et des éléments novateurs : le style met en jeu la mémoire et les références à la tradition » (Martinelli 1995, 6).

Toujours chez les Luo du Kénya, M. Dietler et I. Herbich (1994a ; 1994b) ont constaté que les aires finales de répartition spatiale des micro-styles des différentes communautés de potières, qui correspondent aux lieux de consommation, traversent plusieurs frontières de groupes ou sous-groupes ethniques y compris dans des situations d'hostilité ou de concurrence entre ces groupes. Cela signifie pour l'archéologue qu'une carte de distribution d'un style de céramique ne sera pas nécessairement un bon marqueur d'identité ethnique. Cependant on peut penser que si, pour les utilisateurs, le style peut n'avoir pas de signification symbolique apparente comme marqueur d'identité ethnique, cela n'interdit pas qu'il ait ce sens pour les producteurs.

Le modèle des céramiques à pâte claire peintes de Gaule méridionale se trouve dans la céramique ionienne à bandes, relayée dès le premier quart du VIe s. par des productions massaliètes. La décoration y reste toujours sobre et comprend essentiellement, outre des bandes parallèles, plus ou moins larges, des lignes ondulées et des motifs en forme de pétales. L'apparition des productions indigènes se situe dans le dernier quart du VIe s. dans une zone à cheval sur le bas Rhône avec un groupe particulier autour de l'étang de Berre (Goury 1995), puis au Ve s. dans le Var et enfin, au IVe s. dans le Languedoc central entre Vidourle et Aude (Garcia 1993).

Je souhaite attirer l'attention sur quelques caractéristiques de la production du bas Rhône :
– en ce qui concerne les vases à boire, les emprunts restent proches des modèles : les potiers s'en tiennent au décor de bandes, en privilégiant la lèvre des coupes qui est toujours peinte ;
– en ce qui concerne les vases à verser ou à stocker, le décor devient envahissant. On peut retenir parmi les motifs non empruntés aux vases grecs des motifs récurrents comme particulièrement significatifs :
• les triangles hachurés ;
• les chevrons ;
• le cercle pointé, de préférence dans les registres supérieurs ;
• les demi-cercles pendants comme décor terminal du registre inférieur.

Autant le cercle pointé, le triangle hachuré ou le chevron se retrouvent sur d'autres productions indigènes du secteur (céramique non tournée, chenêts, plaques-foyers), autant le demi-cercle pendant apparaît étranger à la tradition indigène comme à la tradition ionienne. Il y a là une innovation marquante à côté de la reprise de motifs traditionnels.

Ces céramiques à pâte claire peintes, nées d'une rencontre de cultures, se situent dans un processus typique d'"acculturation spontanée", selon la définition de R. Bastide (1960 ; 1971). Une cause externe (la rencontre avec le Grec) provoque un changement en un point de la culture indigène (accès à la consommation de vin). Ce changement est absorbé par la culture indigène en fonction de sa logique propre (le travail-fête, selon le schéma proposé par Dietler 1992) et va entraîner une série de réajustements successifs. Parmi ceux-ci, la manière de boire le vin associée à l'adoption d'objets du service à boire grec (coupes, œnochoès) débouche sur une entreprise de production locale impliquant un nouveau savoir spécialisé avec une nouvelle chaîne opératoire. Ce réajustement est-il dû seulement, comme le propose Dietler (2002), à « une augmentation considérable de la demande pour ce type précis de céramique » liée à une augmentation des activités festives ? C'est peu probable, car il faut rappeler que les potiers indigènes ne se contentent pas de produire des vases à boire de type grec dont ils copient plus ou moins la forme ;

ils élaborent aussi une vaisselle de table reprenant des formes indigènes et recréent un décor emmêlant modèles grecs, indigènes et innovations. La création d'une chaîne opératoire avec ses choix techniques, formels et décoratifs appartient à un fait social plus complexe que la simple réponse à une nécessité matérielle d'usage : face à celle-ci, il suffisait aux indigènes d'acquérir un plus grand nombre de vases grecs, qui continuent, par ailleurs, à être utilisés parallèlement. Il y a chez les potiers gaulois, me semble t-il, une démarche d'autonomisation doublée d'une revendication d'identité ; outre que cette démarche nous révèle l'importance des liens économiques et culturels unissant la classe artisanale des potiers au groupe ethnique, elle est un reflet de l'idéologie créatrice du groupe lui-même face au contact avec les productions et la culture véhiculées par les partenaires grecs.

Ces céramiques peintes indigènes sont absentes à Marseille même. Pourtant, elles reproduisent des formes grecques de coupes ou de cruches très proches de celles produites et utilisées à Marseille et sont fabriquées dans des zones en liaison continue avec Marseille. On peut penser à une forme de résistance culturelle due à une non-reconnaissance du style, mais la raison en est sans doute simplement que, dans cette catégorie, les potiers massaliètes répondaient aux demandes de consommation interne, alors que, par exemple dans le domaine de la céramique culinaire, l'acquisition de récipients modelés indigènes s'avérait nécessaire pour compléter les besoins.

On voit donc, en réalité, l'imbrication des concepts (fonction, technologie, style) retenus par commodité de présentation et la souplesse des frontières qu'ils seraient censés créer. Ces frontières sont poreuses et instables, parce que l'identité qu'elles définissent est une construction continue où la "tradition" est sans cesse renouvelée par absorption, antagonisme, innovation et manipulation. Le problème de l'archéologue est de pouvoir qualifier cette identité (culturelle ? économique ? sociale ? politique ? ethnique ?) à partir des seuls objets de la culture matérielle en dehors de tout discours directement audible. « Il est clair que des entités qui sont des données en ethnologie ou en sociologie ne peuvent faire l'objet que de présomptions lorsqu'on ne dispose que des seules méthodes de l'archéologie » (Boissinot 1998, 24). La situation est sans doute moins désespérée lorsqu'on dispose de sources écrites permettant de contextualiser historiquement les objets révélés par l'archéologie (Cf. par exemple, pour le monde grec, Hall 1997 et mes conclusions au colloque de Toulouse : Bats 2007).

BIBLIOGRAPHIE

Arcelin 1985 : ARCELIN (P.) – Ateliers de céramique non tournée en Provence occidentale à la fin de l'Age du fer. *In* : *Histoire des techniques et sources documentaires* (Cahier du GIS 7), Aix-en-Provence, 1985, p. 115-128.

Barth 1969 : BARTH (F.) – Introduction. *In* : F. Barth (éd.), *Ethnic groups and boundaries : the social organization of culture difference*, London (traduction française dans Ph. Poutignat et J. Streiff-Fenart, *Théories de l'ethnicité*, Paris, 1969, p. 203-249).

Bastide 1960 : BASTIDE (R.) – Problèmes de l'entrecroisement des civilisations et de leurs œuvres. *In* : G. Gurvitch (dir.), *Traité de sociologie*, T. II, PUF, Paris, 1960, p. 315-330.

Bastide 1971 : BASTIDE (R.) – *Anthropologie appliquée*. Payot, Paris, 1971.

Bats 1988 : BATS (M.) – *Vaisselle et alimentation à Olbia de Provence (v.350-v.50 av.J.-C.). Modèles culturels et catégories céramiques*, (Suppl. à la RAN, 18), Paris, 1988.

Bats 1994 : BATS (M.) – La vaisselle culinaire comme marqueur culturel : l'exemple de la Gaule méridionale et de la Grande Grèce (IVe-Ier s. av. J.-C.). *In* : *Terre cuite et société. La céramique, document technique, économique, culturel*, Actes des XIVe Rencontres intern. d'archéologie et d'histoire d'Antibes, 1993, APDCA, Juan-les-Pins, 1994, p. 407-424.

Bats 1999 : BATS (M.) – Le vase céramique grec dans ses espaces : l'habitat. *In* : *Céramique et peinture grecques. Modes d'emploi*, Actes du colloque international (Ecole du Louvre, 1995), Paris, 1999, p. 75-86.

Bats 2007 : BATS (M.) – Un bilan : quelques pistes. *In* : *Les identités ethniques dans le monde grec*, Actes du Colloque international de Toulouse (9-11 mars 2006). Pallas, 73, 2007, p. 235-242.

Boissinot 1998 : BOISSINOT (Ph.) – Que faire de l'identité avec les seules méthodes de l'archéologie ? *In* : *Rencontres méridionales de Préhistoire récente*. Deuxième session, Arles 1996, APDCA, Antibes, 1998, p. 17-25.

Dietler 1992 : DIETLER (M.) – Commerce du vin et contacts culturels en Gaule au premier Age du fer. *In* : *Marseille grecque et la Gaule*. Actes des colloques de Marseille (1990), (EtMass, 3), Lattes/Aix-en-Provence, 1992, p. 401-410.

Dietler 2002 : DIETLER (M.) – L'archéologie du colonialisme. Consommation, emmêlement culturel et rencontres coloniales en Méditerranée. *In* : L. Turgeon (dir.), *Regards croisés sur le métissage*, Saint-Nicholas (Québec), 2002, p. 135-184.

Dietler, Herbich 1994a : DIETLER (M.), HERBICH (I.) – *Habitus* et reproduction sociale des techniques. L'intelligence du style en archéologie et en ethno-archéologie. *In* : B. Latour et P. Lemonnier (dir.), *De la préhistoire aux missiles balistiques. L'intelligence sociale des techniques*, La Découverte, Paris, 1994, p. 202-227.

Dietler, Herbich 1994b : DIETLER (M.), HERBICH (I.) – Ceramics and Ethnic identity. Ethnoarchaeological observations on the distribution of pottery styles and the relationship between the social contexts of production and consumption. *In* : *Terre cuite et société. La céramique, document technique, économique, culturel*, Actes des XIVe Rencontres intern. d'archéologie et d'histoire d'Antibes, 1993, APDCA, Juan-les-Pins, 1994, p. 459-472.

Garcia 1993 : GARCIA (D.) – *Entre Ibères et Ligures. Lodévois et moyenne vallée de l'Hérault protohistoriques*, Paris (Suppl. 26 à la RAN), 1993.

Goury 1995 : GOURY (D.) – Les vases pseudo-ioniens des vallées de la Cèze et de la Tave (Gard). *In* : *Sur les pas des Grecs en Occident. Hommages à A. Nickels*, (Et Mass, 4), Paris-Lattes, 1995, p. 309-324.

Hall 1997 : HALL (J.M.) – *Ethnic identity in Greek antiquity*, Cambridge, 1997.

Martinelli 2005 : MARTINELLI (B.) dir. – *L'interrogation du style. Anthropologie, technique et esthétique*, PUP, Aix-en-Provence, 2005.

Wobst 1977 : WOBST (M.) – Stylistic behaviour and information exchange. *In* : C. Cleland (éd.), *For the Director : Research essays in honor of James B. Griffin*, University of Michigan, Ann Arbor, 1977, p. 317-342.

Liste des contributeurs

ALBANESE PROCELLI Rosamaria, Chercheur à l'Université de Catane, Dipartimento Safist, Via Biblioteca 4, I - 95125 Catania <albaros@unict.it>

ALLEGRO Nunzio, Professore ordinario di Archeologia greca, università di Palermo, Dipartimento di Beni Culturali – Facoltà di Lettere, Viale delle Scienze, I -90128 Palermo (Sicilia) <nunzioallegro@yahoo.it>, <archeo@unipa.it>

AQUILUE ABADIAS Xavier, Director Museu d'Arqueologia de Catalunya-Empúries. c/ Puig i Cadafalch s/n. Apart 21. E-17130 L'Escala (Espagne) <xaquilue@gencat.net>

ARCHIBALD Zosia, Lecturer in Classical Archaeology in the School of Archaeology, Classics, and Egyptology, University of Liverpool, 12-14 Abercromby Square, Liverpool, Merseyside, L69 7WZ, United Kingdom <Z.Archibald@liverpool.ac.uk>

ASENSIO I VILARO David, Professor associat de la Universitat Autònoma de Barcelona (U.A.B.), Gerent de Món Iber Rocs S.L, C/ Ramon Turró, 341-347, 2on 2a, E - 08019, Barcelona <davidasensio@ozu.es>

BARALIS Alexandre, Post-doctorant, Centre Camille Jullian, UMR 6573, MMSH, 5 rue du Château de l'Horloge, BP 647, F-13094 Aix-en-Provence Cédex 2 <alexandrebaralis@hotmail.com>

BATS Michel, Directeur de recherche honoraire au CNRS, UMR 5140 Archéologie des sociétés méditerranéennes, 390 avenue de Pérols, F - 34970 Lattes <batcha@club-internet.fr>

BELARTE FRANCO Maria Carme, Chercheur à l'ICREA, Institut Catalan d'Archéologie Classique, Pl. del Rovellat, s/n, E - 43003 Tarragona (Catalogne) <cbelarte@icac.net>

BELVEDERE Oscar, Professore ordinario di Topografia antica. Università di Palermo, Dipartimento di Beni Culturali - Facoltà di Lettere, Viale delle Scienze, I -90128 Palermo (Sicilia) <o.belvedere@unipa.it>

BERLINGO Irene, Ministero per i Beni Culturali, Direzione Generale per le Antichità, Via di S. Michele 22, 00153 Roma <ireneberlingo@yahoo.it>

BERNARD Loup, Maître de Conférences en Archéologie, UFR Sciences Historiques, Maison Interuniversitaire des Sciences de l'Homme – Alsace, 5 allée du général Rouvillois, CS 50008, F - 67083 Strasbourg cedex <Loup.Bernard@umb.u-strasbg.fr>

BOISSINOT Philippe, maître de conférences à l'EHESS, CRPPM/TRACES, 39 allées Jules Guesde, F - 31000 Toulouse <philippe.boissinot@free.fr>

BOUSO Monica, Arqueòloga. Equip de recerca del Mas Castellar de Pontós (M.A.C.-Girona), Becaria F.P.U. Universitat de Barcelona, Departament Institut del Pròxim Orient Antic, Gran Via de les Corts Catalanes, 585, E - 08007 Barcelona, <monicabouso@ub.edu>

BOZKOVA Anelia, National Institute and Museum of Archaeology, 2 Saborna Str., 1000 Sofia, Bulgaria <aneliabozkova@yahoo.com>

BRIZZI Massimo, Archéologue, Durham University, Department of Classics and Ancient History Honorary Fellow <massimo.brizzi@durham.ac.uk>

BRUN Jean-Pierre, CNRS, Directeur du Centre Jean Bérard (USR 3133 CNRS/Ecole Française de Rome), Via F. Crispi, 86, I - 80121 Napoli <berard@unina.it>

BURCH I RIUS Josep, Institut Català de Recerca en Patrimoni Cultural/Universitat de Girona, Parc Científic i Tecnològic de la Universitat de Girona, C. Pic de Peguera, 15, porta B, E - 17003, Girona (Catalogne) <josep.burch@udg.edu>

CASTANYER Masoliver Pere, Conservador-arqueólogo Museu d'Arqueologia de Catalunya-Empúries. c/ Puig i Cadafalch s/n. Apart 21. E-17130 L'Escala (Espagne) <pcastanyer@gencat.cat>

CAVASSA Laëtitia, Ingénieur d'études au Centre Jean Bérard (USR 3133 CNRS/Ecole Française de Rome), Via F. Crispi, 86, I - 80121 Napoli <laetitia.cavassa@ivry.cnrs.fr>

CAZANOVE (de) Olivier, Université Paris Institut d'Art et d'Archéologie, 3 rue Michelet, 75006 Paris <olivier.de-cazanove@univ-paris1.fr>

CHANKOWSKI Véronique, Membre junior de l'Institut Universitaire de France, Maître de conférences d'histoire grecque à l'Université de Lille 3, UMR 8164 HALMA-IPEL (CNRS, Lille 3, Culture), BP 60149, F-59653 Villeneuve d'Ascq Cedex <veronique.chankowski@univ-lille3.fr>

CODINA Ferran, Musée archéologique de Catalogne – Ullastret, c/ Pedret, 95- 17007 Girona <randu@telefonica.net>

COLLIN-BOUFFIER Sophie, Professeur d'Histoire grecque à l'Université Lyon 2, Maison de l'Orient et de la Méditerranée, 7 rue Raulin, F-69007 Lyon <sophie.bouffier@mom.fr>

COPANI Fabio, Université de Milan (Italie) <fabio.copani@libero.it> via del Campell, 9, 20040 Carnate (MI)

COSTAMAGNA Liliana, Archeologo, Direttore del Museo archeologico di Spoleto, Soprintendenza per i Beni Archeologici dell'Umbria, Piazza Partigiani n. 9, I - 06121 Perugia <lcostamagna@beniculturali.it>

DAMYANOV Margarit, Research Associate at the Department of Thracian Archaeology of the National Institute of Archaeology and Museum, Bulgarian Academy of Sciences, 2 Saborna St., 1000 Sofia, Bulgaria <mmdamyanov@gmail.com>

DE CHAZELLES Claire-Anne, Chargée de recherche CNRS, UMR 5140 Archéologie des sociétés méditerranéennes, 390 avenue de Pérols, F - 34970 Lattes. <ca.dechazelles@free.fr> http://www.archeo-lattes.cnrs.fr.

DE HOZ Javier, Catedrático de Filología Griega, Departamento de Filología Griega y Lingüística Indoeuropea, Facultad de Filología, edificio A, Universidad Complutense, Ciudad Universitaria, Madrid 28040 España < dehoz@filol.ucm.es>

DE PRADO Gabriel, Archéologue-Conservateur, Museu d'Arqueologia de Catalunya-Ullastret, Afores, s/n. Puig de Sant Andreu, E-17114 Ullastret (Catalogne) <gdeprado@gencat.net>

DEWAILLY Martine, Ecole française de Rome, Piazza Navona, 62, I-00186-Rome <dewailly@efr.it>

DUPONT Pierre, Chargé de recherche au CNRS, UMR 5138, Maison de l'Orient, 7 Rue Raulin, F - 69007 – Lyon <pierre.dupont@mom.fr>

ESPOSITO Arianna, Maître de conférences en histoire de l'art et archéologie, Université de Bourgogne, UFR Scienes Humaines, 2 avenue Gabriel, F - 21000 Dijon <aesgosito@senejo.com>.

FERET Sophie, Institut National du Patrimoine, Département des conservateurs du Patrimoine, 2 rue Vivienne, 75002 Paris <feret.sophie@yahoo.fr>

FUERTES AVELLANEDA Maribel, Arqueòloga. Equip de recerca del Mas Castellar de Pontós (M.A.C.-Girona), Arqueòloga de la empresa JANUS, S.L. Arqueologia i Patrimoni Històric, JANUS S.L. c/ Turó 3, baixos, E - 17006 Girona <mbfuertes@gmail.com>

GAILLEDRAT Eric, Chargé de recherche au CNRS, UMR 5140 Archéologie des sociétés méditerranéennes, 390 avenue de Pérols, F - 34970 Lattes <eric.gailledrat@montp.cnrs.fr>

GARCIA Dominique, Professeur d'Antiquités nationales, Aix-Marseille Université, Centre Camille Jullian, UMR 6573, MMSH, 5 rue du Château de l'Horloge, BP 647, F-13094 Aix-en-Provence Cédex 2 <garcia@mmsh.univ-aix.fr>

GASSNER Verena, Institut für Klassische Archäologie Universität Wien, Franz Klein-Gasse 1, A-1190 Wien <Verena.Gassner@univie.ac.at>

GIARDINO Liliana, Professore associato di Topografia antica e docente di Urbanistica del mondo classico presso la Facoltà di Beni Culturali dell'Università del Salento, Dipartimento di Beni Culturali, via Dalmazio Birago 64, I - 73100 Lecce <liliana.giardino@unisalento.it>

GRECO Emanuele, Professeur d'archéologie grecque à l'Université de Naples « L'Orientale », Directeur de l'Ecole italienne d'archéologie d'Athènes, Parthenonos 14, GR - 117-42, Athènes <direttore@scuoladiatene.it>

GRECO Giovanna, Professeur d'archéeologie Classique à l'Université de Naples « Federico II », Dipartimento di Discipline Storiche « Ettore Lepore », Via Marina 33, I - 80133, Napoli <giogreco@unina.it>

HERMARY Antoine, Professeur d'archéologie grecque, Aix-Marseille Université, Centre Camille Jullian, UMR 6573, MMSH, 5 rue du Château de l'Horloge, BP 647, F-13094 Aix-en-Provence Cédex 2 <hermary@mmsh.univ-aix.fr>

ISOARDI Delphine, Post-doc Centre Camille Jullian <isoardi@mmsh.univ-aix.fr> 45 avenue Saint-Mitre des Champs, Parc de la Chapelle, V, 13090 Aix-en-Provence

LEMAIRE Anca, Ingénieur de recherche au CNRS, Institut de recherche en architecture antique, 59-61 Rue Pouchet, 75017 Paris <anca.lemaire@iraa.cnrs.fr>

LOMBARDO Mario, Professeur à Université de Lecce, Dipartimento di Beni Culturali, Via D. Birago, 64, I - 73100 Lecce < lombardo@ilenic.unile.it>

LUNGU Vasilica, Chercheur titulaire, Academia R, omana, Institutul de Studii Sud-Est Europene, Calea 13 Septembrie, Nr. 13, Bucarest (Roumanie) <icalungu@yahoo.com>

MANAKIDOU Eleni, Professeur Assistante d'Archéologie Classique, Département d'Histoire et d'Archéologie, Faculté de Philosophie, Université Aristote de Thessalonique, GR-54124 Thessalonique <hmanak@hist.auth.gr>

MARTIN Aurora, Musée archéologique de Catalogne - Ullastret (Catalogne), c/ Pedret, 95- 17007 Girona <aurora.martin@gencat.net>

MERCURI Laurence, Maître de conférences d'archéologie et d'histoire grecques, Université de Nice Sophia-Antipolis / CNRS, Centre d'Études Préhistoire, Antiquité, Moyen-Âge (CÉPAM) – U.M.R. 6130, 250, rue Albert-Einstein (bât. 1), F. - 06560 Valbonne <laurence.mercuri@unice.fr>

MOREL Jean-Paul, Professeur émérite d'Archéologie romaine, Aix-Marseille Université, Centre Camille Jullian, UMR 6573, MMSH, 5 rue du Château de l'Horloge, BP 647, F-13094 Aix-en-Provence Cédex 2 < >

MORET Pierre, CNRS, Directeur de recherche au CNRS, UMR 5608 TRACES, Université de Toulouse, Maison de la Recherche, 5, allées Antonio-Machado, F - 31058 Toulouse Cedex 9 <moret@univ-tlse2.fr>

MULLER Arthur, Ecole française d'Athènes, Didotou 6, GR-10680 Athènes <muller@efa.gr>

MUNZI SANTORIELLO Priscilla, CNRS, Centre Jean Bérard (USR 3133 CNRS/Ecole Française de Rome), Via F. Crispi, 86, I - 80121 Napoli <musaetco@tin.it>

NOLLA BRUFAU Josep Maria, Catedràtic d'Arqueologia Universitat de Girona, /Institut Català de Recerca en Patrimoni Cultural, Parc Científic i Tecnològic de la Universitat de Girona, C. Pic de Peguera, 15, porta B, E – 17003, Girona (Catalogne) <jose.nolla@udg.edu>

OSANNA Massimo, Direttore Scuola di Specializzazione in Archeologia, Università della Basilicata, Polo Umanistico di S. Rocco, I - 75100 Matera <massimo.osanna@unibas.it>

PERREAULT Jacques-Yves, Professeur d'archéologie grecque, Centre d'études classiques, Université de Montréal, C.P. 6128, Succursale Centre-Ville, Montréal, QC, Canada H3C 3J7 <Jacques.Y.Perreault@umontreal.ca>

PLANA-MALLART Rosa, Professeur Art et Archéologie du monde grec, Université Paul-Valéry Montpellier 3, Route de Mende, F - 34199 Montpellier Cedex 5 <rosa.plana@univ-montp3.fr>

POCCETTI Paolo, Professeur de Linguistique comparée, Università di Roma 2 « Tor Vergata », Facoltà di Lettere, Dipartimento di antichità, Via Columbia 1, I - 00133 Roma, <paolopoccetti@tiscali.it>

PONS I BRUN Enriqueta, Arqueòloga. Arqueòloga, investigadora y conservadora del Museu d'Arqueologia de Catalunya-Girona, c/ Pedret 95, E - 17007 Girona <enriqueta.pons@gencat.cat>

PUIG GRIESSENBERGER Anna Maria, Archéologue-conservatrice de l'Espace Culturel La Ciutadella, Avd. de Roses, s.n., E - 17480 ROSES (Catalogne) <amp.griessenberger@wanadoo.es>

ROURE Réjane, Maître de Conférences Université Paul-Valéry-Montpellier III, UMR5140, 390 avenue de Pérols, F-34970 Lattes <rejane.roure@univ-montp3.fr>

RUSSO Alfonsina, Soprintendente per i Beni Archeologici per il Molise, Via A. Chiarizia 14, I-86100 Campobasso <alfonsina.russo@beniculturali.it>

SAGRERA I ARADILLA Jordi, Universitat de Girona, P. Ferrater Mora, 1, E - 17071, Girona <jordi.sagrera@udg.edu>

SANTOS RETOLEZA Marta, Conservadora-arqueóloga Museu d'Arqueologia de Catalunya-Empúries. c/ Puig i Cadafalch s/n. Apart 21. E-17130 L'Escala (Espagne) <msantosr@gencat.cat>

SARIPANIDI Vassiliki, Université Aristote de Thessalonique, Faculté des Lettres, Département d'Histoire et Archéologie, Salle 311, GR – 54124 Thessalonique <vivi.saripanidi@gmail.com>

SCARPA Luigi, architecte, Viale Cavalleggeri d'Aosta, 119, I - 80124 Napoli (NA) <luscarpa@unina.it>

SCHNAPP Alain, Université de Paris I <alainschnapp@wanadoo.fr> 29 rue Carnot, F-77400 Thorigny

SOLOVYOV Serge, Department of Greek & Roman Antiquities, The State Hermitage Museum, 34, Dvortsovaya Emb., 190000 St Petersburg, Russia < ssl2610@yandex.ru>

SPATAFORA Francesca, Direttore Servizio Beni Archeologici, Soprintendenza ai Beni Culturali e Ambientali di Palermo, Via Calvi 13, I - 90100 Palermo <spataf@tiscali.it>

TRAPLICHER Maria, Institut für Klassische Archäologie Universität Wien, Franz Klein-Gasse 1, A - 1190 Wien <Maria.Trapichler@univie.ac.at>

TREMOLEDA TRILLA Joaquim, Conservador-arqueólogo Museu d'Arqueologia de Catalunya-Empúries. c/ Puig i Cadafalch s/n. Apart 21. E-17130 L'Escala (Espagne) <jtremoleda@gencat.net>

TREZINY Henri, Directeur de recherche au CNRS, Centre Camille Jullian, UMR 6573, MMSH, 5 rue du Château de l'Horloge, BP 647, F-13094 Aix-en-Provence Cédex 2 <henri.treziny@orange.fr>

TSIAFAKIS Despoina, Archaeologist, Head of the Cultural Heritage Department Cultural & Educational Technology Institute (CETI). Athena: Research & Innovation Center in Information, Communication & Knowledge Technologies, 58 Tsimiski St., GR-67 100 Xanthi <tsiafakis@ceti.gr> http://www.ceti.gr/~tsiafaki

UGOLINI Daniéla, Chargée de recherche au CNRS, Centre Camille Jullian, UMR 6573, MMSH, 5 rue du Château de l'Horloge, BP 647, F-13094 Aix-en-Provence Cédex 2 <dugolini@club-internet.fr>

VASSALLO Stefano, Archeologo della Soprintendenza Beni Culturali e Ambientali di Palermo, via dell'Incoronazione, 11, I - 90134 Palermo (Sicile) <vassallo.stefano@gmail.com>

VISONA Paolo, Department of Art, 207 Fine Arts Bldg.,University of Kentucky, Lexington, KY 40506 USA <Paolo.Visona@uky.edu>

Chronique de l'atelier Ramses

Les interventions précédées d'un astérisque * n'ont pas donné lieu à publication dans ce volume.

26 Mai 2006, Université de Palerme, Institut d'archéologie
Introduction des travaux : N. Bonacasa, directeur de l'Institut d'Archéologie.
Présentation du séminaire : H. Tréziny (Centre camille Jullian) et O. Belvedere (Université Palerme).
Exposés et discussions :
N. Allegro, O. Belvedere, V. Tardo, D. Lauro et A. Burgio (Université Palerme), Fr. Sapatafora et St. Vassallo (Surintendance Palerme), R.M. Cucco (Surintendance Trapani), S. Collin-Bouffier et H. Tréziny (Centre Camillle Jullian, MMSH, Aix-en-Provence), M. Santos (Museo Arqueologico Catalunya, Empuries), M. Brunet (Ecole française d'Athènes).

8-9 Septembre 2006, Musée archéologique de Catalogne, Empuries
X. Aquilué, P. Castanyer, M. Santos, J. Tremoleda (MAC Empuries), Grecs i indigenes a Empuries : les noves aportaciones aequeològiques.
A.M. Puig (MAC Girona), L'assentament grec de Rhode.
A. Martin, R. Plana (Université Pau), F. Codina, G. De Prado (MAC Ullastret), Illa d'en Reixac i Puig de sant Andreu d'Ullastret : els nous projectes de recerca sobre el poblat e seu territori.
E. Pons, M.I. Fuertes, M. Bouso (MAC Girona), El conjunt arqueològico de Mas Castellar de Pontos.
*X. Aquilué, El poblat ibèric de Castell.
J.M. Nolla, J. Burch (Université Girona), Intervenciones de la Universitat de Girona en altres jacimentes ibèrics del nord-est : Sant Sebastià de la Guarda (Llafranc) i Sant Julià de Ramis.
*C. Roth-Murray (Université Cambridge), Preliminary thoughts on cultural and landscape change at Empuries.
J. Burch, El sistema d'emmagatzematge en sitges al territori ibèric de l'entorn d'Empuries.
C. Belarte (ICAC Tarragona) : Tècniques constructives i arquitectura domèstica indigena al nord-est de la Peninsula Iberica.
Cl.-A. de Chazelles (CNRS Lattes), Les constructions en terre, techniques grecques et techniques indigènes.
L. Giardino (Université Lecce), Greci ed indigeni sull'acropoli di Policoro (Basilicat)a : Siris ?
*A. De Siena (Surintendance Potenza), Greci ed indigeni sulla costa ionica in età arcaica.
*L. Giardino : Les case messapiche.
A. Martin, F. Codina, G. De Prado, Les muralles del poblat ibèric del Puig de sant Andreu (Ullastret).
Ont également participé aux discussions :
X. Nieto (MAC Barcelone, responsable du WPS 3.2 du projet Ramses), M. Bats (CNRS, Lattes), Fr. Spatafora (Surintendance Palerme), A. Spanò (Université Palerme).

15 Décembre 2006, Centre Camille Jullian, MMSH, Aix-en-Provence
S. Collin-Bouffier (Centre Camille Jullian), avec la collaboration de L. Bernard, A.-M. d'Ovidio, J-P. Bracco, H. Tréziny, « Présentation du Projet Collectif de Recherche L'occupation du sol dans le bassin de Marseille de la Préhistoire à l'époque moderne ».
H. Tréziny, « L'oppidum des Mayans ».
L. Bernard (Université Marc Bloch, Strasbourg) « L'habitat préromain du Verduron, grec ou celto-ligure ? ».
Ph. Boissinot (EHESS Toulouse, « Des vignobles de Saint-Jean du Désert aux cadastres antiques de Marseille ».
*J.-Chr. Sourisseau (Centre Camille Jullian), « Cratères et dinoï dans les communautés indigènes du Midi de la Gaule au VIe s. av. J.-C. ».

H. Tréziny, « Céramiques non tournées indigènes et céramiques tournées grises à Marseille à l'époque archaïque ».
M. Bats (CNRS, UMR 5140, Lattes), « Les objets archéologiques peuvent-ils véhiculer une identité ethnique ? ».
H. Tréziny, « Habitats indigènes fortifiés et phrouria aux marges des territoires coloniaux ».
F. Copani (Université Milan), « Greci e indigeni ad Eloro ».
L. Mercuri (Université de Nice), « Monte San Mauro di Caltagirone : histoire des interprétations d'un site ».
Outre les intervenants, ont participé aux discussions :
R. Plana-Mallart (Université de Pau), Marta Santos (MAC Empuries), G. De Prado (MAC Ullastret), O. Belvedere (Université Palerme), Stéphane Verger (EPHE, Paris), Jean Chausserie-Laprée (Ville de Martigues), A. Hermary (CCJ), D. Ugolini (CCJ), A. Roth Congès (CCJ), A. Esposito (Paris I), R. Roure (Université de Montpellier).

16-17 Mars 2007, Ecole française d'Athènes
E. Greco (Ecole italienne d'Athènes), « Les fouilles d'Haphaestia à Lemnos ».
*M. Bessios (Ephorie de Piérie), « Μεθώνη, η αρχαιότερη αποικία στο Βόρειο Αιγαίο »
D. Tsiafakis (Institut Technologique de Xanthi), « Domestic Architecture in North Aegean : the Evidence from the ancient settlement in Karabournaki ».
E. Manakidou (Université de Thessalonique), « Céramiques indigènes de l'époque géométrique et archaïque à Karabournaki ».
V. Saripanidi (Université de Thessalonique), « Local and Imported Pottery from the Cemetery of Sindos. Interrelations and Divergences ».
A. Muller (Université de Lille 3), « D'Odonis à Thasos. Thraces et Grecs ».
J. Y. Perreault, Université de Montréal, « Argilos aux VIIe-VIe siècles ».
Z. Bonias (Ephorie de Kavala), « Le rôle de la vallée du Strymon dans les relations entre Grecs et indigènes ».
A. Baralis (Centre Camille Jullian), « Habitat et réseaux d'occupation spatiale en Thrace égéenne : l'impact de la colonisation grecque (X^{e}-Ve s. av. J.C.) ».
A. Hermary (Centre Camille Jullian), « Les décors des vases à l'époque classique : transferts de formes et d'images entre Grecs et Thraces ».
M. Damyanov (Institut archéologique de Sofia), « Grecs et indigènes dans la région d'Odessos (Bulgarie) ».
A. Bozkova (Institut archéologique de Sofia), « La céramique à vernis noir d'époque classique dans les colonies ouest Pontiques et l'hinterland indigène (territoire de la Bulgarie) ».
S. Solovyov (Musée de l'Hermitage, Saint-Petersbourg), « Greeks and indigenous population at Berezan (Borysthenes) ».
P. Dupont (Maison de l'Orient Méditerranéen, Lyon), V. Lungu (Institut d'études européennes de Bucarest), « La diffusion vers l'arrière-pays indigène des céramiques coloniales d'Histria et d'Orgamè. Approche archéométrique ».
I. Berlingò (Ministero Beni Culturali, Rome), « La nécropole de Policoro (Siris ?), Basilicata »
*S. Vassallo (Surintendance de Palerme), « Greci e indigeni ad Himera : abitato e necropoli ».
L. Mercuri, (Université de Nice), « Pratiques funéraires en Sicile à l'époque archaïque : du terrain à l'interprétation ? ».
V. Lungu, (Institut d'études européennes de Bucarest), « La nécropole d'Orgamè ».
Outre les intervenants, ont participé aux discussions : D. Mulliez, V. Chankowski, N. Kourou, E. Bournia, M. Santos, J. Tremoleda. A. Esposito.

29-30 Octobre 2007, Centre Jean Bérard, Naples
A. Esposito (Univ. Lille 3) et H. Tréziny (Centre Camille Jullian).
« Moio della Civitella. Le site et la fortification ».
Pr. Munzi (Centre Jean Bérard), L. Cavassa (Centre Camille Jullian), M. Bats, « Moio della Civitella : le matériel céramique ».
M. Dewailly (Ecole française de Rome), « Moio della Civitella, Les terres cuites ».
V. Gassner – M. Trapichler (Institut d'archéologie, Université de Vienne), « La ceramica di Velia nel IV e III sec. a. C. ».
*G. Tocco (Surintendance Salerne), « Caselle in Pittari ».
G. Greco (Università Federico II, Naples), « Tra Greci ed Indigeni : l'insediamento sul Monte Pruno di Roscigno ».
M. Brizzi – L. Costamagna (Soprintendenza per i Beni Archeologici dell'Umbria - Perugia), « Il sito fortificato di Serro di Tavola (Aspromonte) ».
R.M. Albanese (Università di Catania), « Indigeni in contesti coloniali : indicatori archeologici ».
J.-P. Brun (Centre Jean Bérard), « Viticulture et oléiculture en milieu grec et indigène en Italie méridionale ».

D. Garcia et D. Isoardi (Centre Camille Jullian), « Variations démographiques et capacités de production des céréales dans le Midi Gaulois : l'impact de Marseille grecque ».
D. Ugolini (Centre Camille Jullian), « De la vaisselle au matériau de construction : techniques et emplois de la terre cuite en tant que traceur culturel en Languedoc-roussillon ».
O. de Cazanove (Université de Dijon), S. Féret (Musée du Louvre), « Civita di Tricarico, la maison des moules : un atelier de coroplathe en milieu indigène ? ».
M. Osanna (Surintendance de Potenza, Université de Matera), « Greci ed indigeni nei santuari della Magna Grecia : i casi di Timmari e Garaguso ».
A. Russo Tagliente (Surintendance Potenza), « Cerimonie rituali e offerte votive nello spazio domestico dei centri della Lucania settentrionale ».
Participaient aux discussions O. Belvedere, M. Santos, J. Zurbach, M. Lombardo, qui tire les premières conclusions de cette réunion.

28 Février 2008, Centre Camille Jullian, MMSH, Aix-en-Provence
J. De Hoz (Université Complutense, Madrid), « L'écriture gréco-ibérique et l'influence hellène sur les usages de l'écriture en Hispanie et dans le sud de la France ».
*M. Bats (CNRS, UMR 5140, Lattes) « Nouveaux plombs de Lattes ».
P. Poccetti (Université Tor Vergata, Rome), « Contacts et échanges technologiques entre Grecs et indigènes en Italie méridionale : langues et écritures au cours du IVe siècle av. J.-C. ».

Les communications suivantes ont été sollicitées pour publication dans ce volume bien qu'elles n'aient pas fait l'objet d'interventions lors des table rondes.

Z. Archibald, « Greeks and Thracians, Geography and culture ».
E. Gailledrat, « Innovations architecturales et processus d'acculturation au VIe s. sur le littoral languedocien. L'exemple de Pech Maho (Sigean, Aude) ».
J.-P. Morel, « Quelques aspects de la culture matérielle dans le Pont Nord : vers une koinè entre Grecs et indigènes ? ».
P. Moret, « La diffusion du village clos dans le nord-est de la péninsule Ibérique et le problème architectural de la palaia polis d'Emporion ».
P. Visonà, « Controlling the chora. Archaeological investigations at Monte Palazzi, a mountain fort of Locri Epizephyrii ».

Première Partie

APPROCHES RÉGIONALES

Chapitre - 1. GRECS ET INDIGÈNES AUTOUR D'HIMÈRE

Chapitre - 2. GRECS ET INDIGÈNES AUTOUR D'EMPÚRIES

Chapitre - 3. GRECS ET INDIGÈNES AUTOUR DE MARSEILLE

Chapitre - 4. GRECS ET INDIGÈNES AUTOUR DE VÉLIA

Chapitre - 5. GRECS ET INDIGÈNES EN THRACE, ENTRE MER ÉGÉE ET MER NOIRE

Chapitre - 6. GRECS ET INDIGÈNES SUR LA CÔTE NORD DU PONT-EUXIN

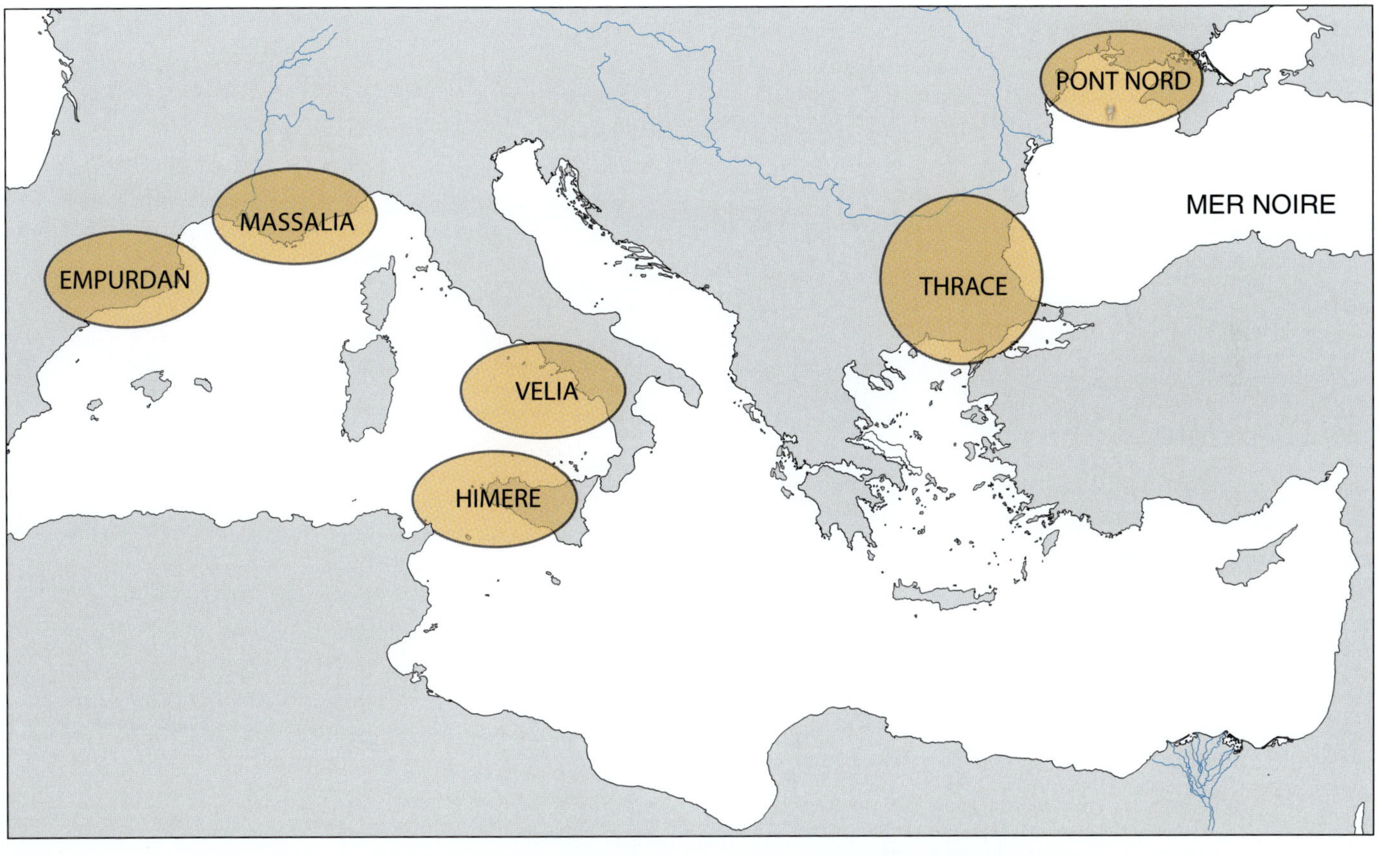

Fig. 1. Carte du monde méditerranéen portant les principaux sites étudiés.

Chapitre I

Grecs et indigènes autour d'Himère

1. Per un' « archeologia degli incontri » : Sicani ed Elimi nella Sicilia greca

Francesca Spatafora

Fig. 2. Carta della Sicilia Occidentale in età arcaica.

La Sicilia centro-occidentale – abitata da Sicani ed Elimi quando, dalla fine dell'VIII e soprattutto dal VII sec.a.C., venne raggiunta da Fenici e Greci – rappresenta certamente, a partire dall'età arcaica, un caso emblematico di quell'archeologia dei "colonial encounters" (Stein 2005, 5-7) che dà vita a forme sociali, politiche ed economiche peculiari, nell'ambito delle quali è spesso difficile identificare le singole componenti che ne hanno man mano originato la formazione attraverso processi dinamici di interazione e mescolanza.

Al di là, dunque, delle difficoltà insite nell'analisi di un'area ampia e diversificata, oltre che per condizioni geomorfologiche anche per situazioni storiche, innegabilmente essa costituisce un punto di osservazione privilegiato per la comprensione di una realtà complessa caratterizzata da forti fenomeni di commistione e integrazione. Una situazione in cui, tuttavia, è possibile isolare alcuni ripetuti tentativi, da parte delle popolazioni locali, di affermare determinati fattori sentiti come fortemente identitari e riferibili, soprattutto, alle modalità insediamentali e all'utilizzazione del territorio e, sotto il profilo più squisitamente ideologico, alla sfera della religiosità e dei culti.

In questa prospettiva, la questione "elima"[1], intesa come possibilità di definire una cultura e un territorio degli Elimi diversi da quelli dei Sicani[2] – al di là della documentazione letteraria minuziosamente esaminata e interpretata (Anello 1997 ; De Vido 1997) – perde la sua pregnanza e si stempera in un più ampio problema di "formazione" che investe l'intero comprensorio, caratterizzato da una cultura composita in cui, tutt'al più, è possibile cogliere elementi di continuità con le precedenti *facies* protostoriche (Spatafora 2001) o di evidenti discontinuità determinate dagli "incontri" con le popolazioni greche e fenicie della costa, pur in presenza di situazioni diversificate a seconda dei modi, dei tempi e delle forme del contatto. Ovviamente, in questa direzione, diventa fortemente limitativo un approccio esclusivamente legato all'analisi dei materiali d'importazione all'interno di contesti indigeni e viceversa, seppure supportata da dati di tipo quantitativo e distributivo e anche se condotta nell'ambito di una valutazione contestuale complessiva ; è indispensabile, pertanto, allargare lo sguardo sulla condizione generale delle singole comunità locali, considerandone fattori fondanti sia le tipologie insediative che l'organizzazione degli spazi urbani e dello spazio abitativo[3], ma anche l'uso di tecniche costruttive e di

1 Tusa V. 1990 ; Spatafora 1996a ; Tusa V. 1997 ; Tusa S. 2005 (con bibliografia dello stesso A. a p. 536 nota 11).

2 Tusa V. 1989 ; Nenci 1990 ; Spatafora 2002 ; Albanese Procelli 2003.

3 Spatafora 1997 A ; Spatafora 2003 (in c.d.s.) ; Spatafora 2005 ; Spatafora 2009a.

forme architettoniche, l'adozione di pratiche e costumi, sia in ambito domestico che funerario, le caratteristiche dei luoghi di culto e le forme di religiosità (Spatafora 2008 in c.d.s), i modi di produzione e l'organizzazione sociale. Una serie di elementi, dunque, che pur non potendosi ritenere dirimenti per una identificazione delle popolazioni in senso etnico, se non con l'ausilio di altre discipline, ne connotano certamente l'identità culturale.

La ricerca archeologica, tuttavia, seppure sviluppatasi in modo notevole nella parte centro-occidentale dell'isola nel corso degli ultimi decenni, non offre ancora un'evidenza così ampia, e soprattutto così completa, da permettere considerazioni che abbiano valore assoluto relativamente a temi di così rilevante complessità : tuttavia, ad esempio, sono stati individuati o riportati alla luce alcuni contesti utili a definire l'organizzazione dei singoli distretti territoriali, coincidenti con le maggiori vallate fluviali, di quel comprensorio fittamente disseminato, fin dalla prima età arcaica, da centri abitati e insediamenti agricoli.

Si trattava di un territorio fortemente antropizzato che traeva le sue possibilità di sussistenza soprattutto dallo sfruttamento delle risorse naturali del fecondo ed irriguo entroterra, dall'agricoltura, dall'allevamento e dalla trasformazione dei prodotti. L'analisi dei sistemi insediativi delle più importanti vallate fluviali (**fig. 2**) – le Valli del Belice[4], dell'Eleuterio (Spatafora 2000), del S.Leonardo (Vassallo 2007), dell'Himera settentrionale (Belvedere 1997 ; *Himera III*), del Torto[5] e del Platani (La Rosa 1994) – ha evidenziato, nelle modalità del popolamento, alcuni tratti comuni quali l'emergere di grossi centri urbani, estesi oltre i 30 ettari, dislocati su posizioni elevate a controllo delle principali vie di comunicazione[6] e delle risorse agricole e minerarie, gerarchicamente egemoni rispetto a quelli di più limitata estensione disposti sulle colline circostanti o nei territori di fondovalle, secondo un modello già noto anche in altre zone dell'Italia meridionale[7].

Questa articolata organizzazione presuppone, certamente, lo sfruttamento intensivo delle risorse naturali soprattutto attraverso l'agricoltura e la pastorizia, attività alla base dei modi di produzione del mondo indigeno e che, oltre a garantire la sussistenza delle comunità, servivano probabilmente a produrre quel *surplus* che si trasformava in merce di scambio per gli attivi ed intensi commerci avviati con i Greci e i Fenici della costa.

In questo tipo di pianificazione territoriale, tuttavia, non sembrano rilevarsi forti elementi di novità innescati dall'arrivo di Greci e Fenici ; piuttosto è possibile leggervi lo stretto legame con le tipologie insediative dell'epoca precedente se è vero che molti degli abitati d'altura particolarmente vitali in età arcaica e tardo-arcaica hanno documentato, attraverso indagini stratigrafiche condotte nell'ultimo ventennio, l'esistenza di livelli chiaramente attribuibili all'Età del Bronzo Finale o alla Prima Età del Ferro, periodi segnati dall'insorgere di una cultura insediativa più capillare e meno concentrata di quella che aveva caratterizzato l'Età del Bronzo Recente (Spatafora 2005, 317-324) : si ricordino, a titolo esemplificativo, gli strati a ceramiche piumate o impresse di Monte Iato[8], Monte Maranfusa (*Monte Maranfusa*), Monte Finestrelle (De Cesare, Gargini 1997), Montagnola di Marineo (Spatafora 2000, 895-918), Monte Polizzo (Morris, Tusa 2004, 35-84, 38-41).

Alcuni segnali, tuttavia, sembrano indicare un cambiamento delle modalità insediamentali, in coincidenza, verosimilmente, con le fondazioni di Himera e Selinunte sui litorali nord-occidentale e sud-occidentale dell'isola e col rafforzarsi della presenza fenicia attraverso lo stanziamento dei nuovi *emporia* di Palermo e Solunto sulla costa settentrionale ; e se la fondazione di Selinunte, a brevissima distanza dalla foce del Belice, determinò trasformazioni sostanziali in tutta l'area del fertile bacino fluviale, il precoce rapporto con il vasto entroterra da parte di Himera avviò, nelle vallate del San Leonardo, dell'Himera e del Torto, profondi processi di integrazione documentati anche attraverso i rinvenimenti nella colonia greca (Vassallo 2002 ; 2003 ; Allegro, *infra* 511-519).

Da un'occupazione delle alture non intensiva, infatti – attestata, ad esempio, a Maranfusa e Marineo – si passa ad un'occupazione estensiva ma in forma di vero e proprio agglomerato urbano (Spatafora 2005) e, in alcuni casi, si assiste allo spostamento dei nuclei abitativi in posizioni fortemente arroccate, come a Monte Maranfusa (*Monte Maranfusa*, 65) : probabilmente, dunque, la fine del VII sec.a.C., momento in cui si è ormai assestata la presenza dei nuovi coloni greci e fenici, può avere costituito per le comunità locali un periodo particolarmente problematico in relazione ai processi di trasformazione avviati attraverso i precoci e ripetuti "incontri".

Gli effetti determinati dalla nuova situazione – ovviamente foriera di diversi e più delicati equilibri – si

4 Johns 1992 ; Spatafora 1996 ; Spatafora 1997 ; Vaggioli 1999 ; Corretti-Vaggioli 2001.

5 Belvedere, Cucco, Razzino 1999 ; Giordano, Valentino 2004.

6 Si vedano, ad esempio, le situazioni insediative della vallata del Belice (vedi nota 4) e della Valle dell'Eleuterio (Spatafora 2000).

7 Bottini 1986 ; Ciancio 1996 ; D'Andria 1999.

8 Per i rinvenimenti attribuibili alla prima fase di vita dell'insediamento confronta i rapporti preliminari pubblicati annualmente dall'Istituto di Archeologia dell'Università di Zurigo su *Sicilia Archeologica e Antike Kunst* ; Isler 2000 ; in ultimo cfr. Isler in c.d.s.

manifestano pienamente, in questa parte dell'isola, non prima della metà del VI sec.a.C. e si rivelano, ad esempio, nella nuova organizzazione degli spazi abitativi, nel cambiamento degli schemi urbanistici, nell'adozione di nuove tipologie architettoniche e di più sviluppate tecniche costruttive.

Volendo focalizzare l'attenzione su alcuni specifici contesti abitativi, è tuttavia possibile evidenziare, già dalla fine del secolo precedente, una serie di cambiamenti in relazione all'architettura domestica, soprattutto a confronto con i modelli più intimamente legati alla tradizione e attestati in diversi insediamenti ancora per tutto il VII sec.a.C. : ovviamente è spesso difficile, sulla base dell'edizione degli scavi, superare il criterio della classificazione basata esclusivamente su dati planimetrici per passare ad una lettura che, anche attraverso l'analisi e l'interpretazione funzionale degli ambienti nonché l'esame del rapporto tra le tipologie architettoniche dell'edilizia domestica e la struttura urbana, possa permettere valutazioni complessive sulle comunità sotto il profilo dell'articolazione sociale ed economica[9].

Solo in pochi casi, quindi, sarà possibile avanzare delle ipotesi sullo spazio domestico che vadano al di là di semplici classificazioni tipologiche e, nel migliore dei casi, di una generica destinazione attribuita agli edifici ; è pur vero, tuttavia, che anche l'analisi di questi semplici parametri può risultare utile ai fini della comprensione dei fenomeni di interazione tra comunità diverse presenti nello stesso territorio, evidenziando come spesso alla "forma" degli edifici in relazione alla loro utilizzazione corrisponda un preciso atteggiamento culturale delle popolazioni indigene nei confronti del mondo coloniale.

A Montagnoli, ad esempio, proprio alla foce del Belice e nei pressi di Selinunte, persiste, nel VII sec.a.C. l'utilizzo di architetture curvilinee – anche se la grande capanna circolare costruita in pietra e mattoni crudi sembra destinata, nella sua ultima fase, ad attività cultuali (Castellana 1990 ; Castellana 2000) – e a Monte Castellazzo di Poggioreale le architetture rettilinee databili a partire dalla metà del VI sec.a.C., sono precedute da semplici capanne subcircolari con cortili recintati da muri rettilinei (Falsone, Leonard 1980-1981 ; Falsone 1990) ; analoga tipologia architettonica caratterizza il villaggio indigeno di Monte Iato (Isler 1990 ; 1993 ; 2000, 14) prima dell'affermarsi (Isler 2006, 77-78), alla fine dello stesso secolo ma soprattutto dagli inizi del VI, dei nuovi moduli domestici a pianta quadrangolare, rinvenuti in tutta l'area del successivo abitato ellenistico ma, probabilmente, distribuiti in maniera non concentrata (Isler in c.d.s.). Particolarmente significativa in relazione ai processi di commistione e integrazione è, nell'ambito dell'edilizia domestica tardo-arcaica di *Iaitas*, la ben nota casa di tipo greco rinvenuta nel quartiere occidentale, interamente costruita in pietra e con tetto di tegole, con ambienti distribuiti su due livelli e gravitanti intorno ad un cortile (Isler 2000, 19-25 ; 2006, 78-80 ; Kistler 1996) (**fig 3**). E' comunque opportuno rilevare come la complessità della tipologia architettonica e la ricchezza dell'arredo mobile, in particolare della sala da banchetto situata al primo piano – che ha restituito una serie di produzioni attiche di alto livello qualitativo – non trovino confronto nelle coeve realtà locali : non è quindi da escludere l'ipotesi che una comunità di Greci si sia stabilita a Monte Iato già a partire dalla metà del VI secolo a.C., circostanza peraltro probabile sotto il profilo della necessità di controllo dell'area dell'alta valle del Belice – naturale entroterra di Selinunte e asse di collegamento fondamentale dalla costa meridionale verso il litorale tirrenico – e, quindi, delle possibilità commerciali dei Punici di *Panormos* in quella stessa direzione.

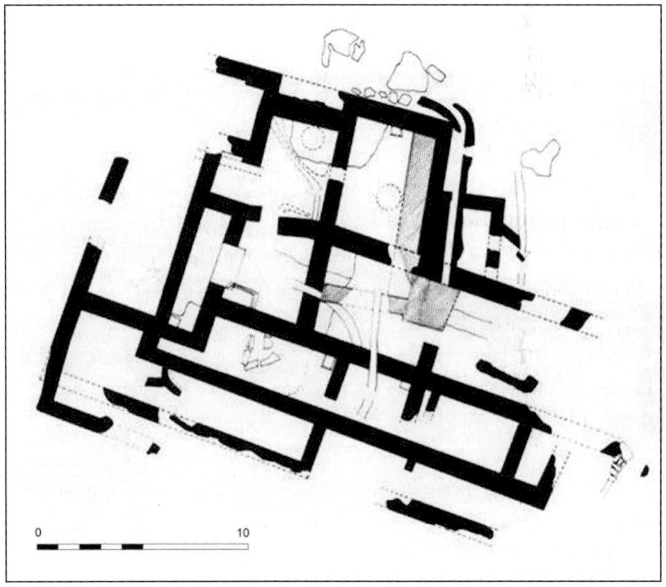

Fig. 3. Monte Iato. Planimetria della casa tardo-arcaica (da Isler 2006).

Neppure le coeve abitazioni riportate alla luce a Monte Castellazzo di Poggioreale – situato nella media valle del Belice in una zona più prossima a Selinunte – possono confrontarsi con la casa tardo-arcaica di Monte Iato, anche se il nuovo schema planimetrico delle unità abitative, caratterizzato da più vani rettangolari disposti intorno ad una corte quadrangolare (Falsone, Leonard 1980-1981, 943 ss), probabilmente inserito in un rinnovato assetto urbano, denota una forte adesione a modelli di ascendenza coloniale.

9 Sul dibattito relativo allo studio dell'edilizia domestica e sui diversi approcci al tema cfr., ad esempio, Hodder, Orton 1979 ; Kent 1990 ; Hodder 1992 ; Tsakirgis 1996.

Fig. 4. La Montagnola di Marineo. Planimetria SAS 1.

Fig. 5. La Montagnola di Marineo. SAS 1. Piano d'uso di età arcaica.

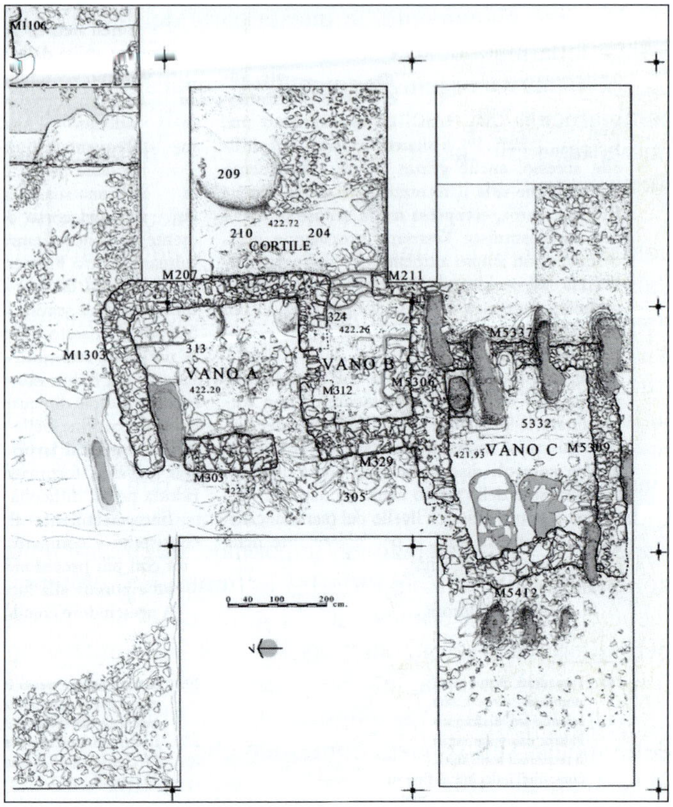

Fig. 6. Monte Maranfusa. Campo A. Edificio 1 (da *Monte Maranfusa*).

Poco può dirsi ancora dell'abitato arcaico di Makella (Spatafora 2001a), la città sicana individuata sulla Montagnola di Marineo nell'alta Valle dell'Eleuterio, poiché le recenti campagne di scavo hanno principalmente interessato la fase ellenistica della città. Tuttavia, nella zona centrale dell'insediamento, sono stati riportati alla luce lembi di abitazioni a pianta pressoché quadrangolare con apertura a Nord che si sovrappongono alle più antiche capanne ovali della Prima Età del Ferro (**fig. 4**) : cospicui i resti di un grande ambiente con angoli arrotondati e quelli relativi ad un altro vano, pochi metri distante del primo in direzione Sud, di cui rimangono solo alcune porzioni delle strutture perimetrali ma di cui si conserva in ottimo stato – coperto da uno strato compatto di colore rossastro, verosimilmente pertinente alla caduta del tetto realizzato con materiale stramineo e argilla pressata – il piano d'uso con la relativa suppellettile (Spatafora 2003 in c.d.s. ; 2009a). La presenza di piastre fittili a quattro spicchi e di numerosi sostegni posti al di sopra di esse (**fig. 5**), utili per l'appoggio di pentole a fondo piano, anch'esse largamente attestate nella maggior parte degli insediamenti indigeni della Sicilia centro-occidentale (Spanò 2001, 190-191 ; Valentino 2003, 256-262), oltre alle tecniche costruttive ancora legate a sistemi di tradizione protostorica, avvicinano significativamente l'evidenza della Montagnola di Marineo a quella dell'insediamento sul Monte Maranfusa, osservatorio privilegiato per la comprensione dei complessi fenomeni verificatisi in quell'area tra la Prima Età del Ferro e l'età tardo-arcaica, epoca in cui l'insediamento venne definitivamente abbandonato prima della massiccia rioccupazione di età medievale (*Monte Maranfusa*, 15-16, 83-86). Indagini abbastanza estese condotte in più punti del vasto abitato indigeno, hanno permesso di documentare come a partire dalla fine del VII, ma più compiutamente nei primi decenni

Fig. 7. Monte Maranfusa. Campo A. Edificio 2.

Fig. 8. Monte Maranfusa. Foto aerea. Campo F (Foto aerea).

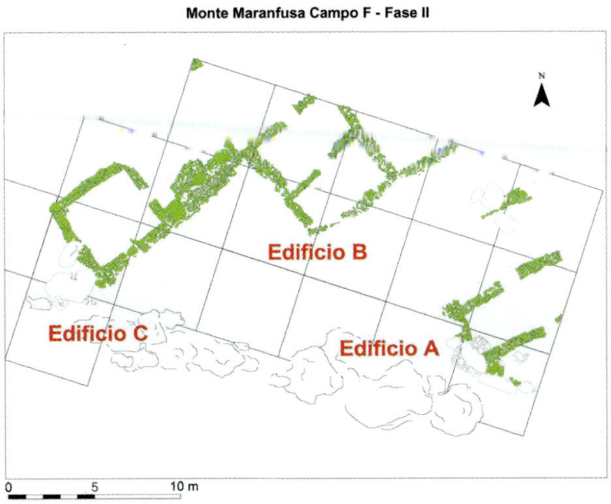

Fig. 9. Monte Maranfusa. Campo F. Planimetria (Rilievo di M.A. Papa e A.Ceraulo).

del VI sec.a.C., le case siano costituite da più ambienti, a pianta irregolarmente quadrangolare, disposti intorno a cortili (**fig. 6**), confermando la convinta adesione alla nuova idea di spazi domestici pluricellulari con zone di attività ben definite (*ibid*., 75-76) ; sotto il profilo delle tecniche costruttive, tuttavia, alcuni elementi – quali, ad esempio, l'incrocio dei muri non ortogonale ma arrotondato e i piani di calpestio incassati rispetto ai livelli esterni – denotano ancora una fase di passaggio.È solo nell'avanzato VI sec.a.C. che si evidenzia con chiarezza l'adozione di un nuovo piano urbano improntato a criteri di regolarità e fondato sulla distinzione tra spazi comuni e privati : la riorganizzazione dell'abitato, che prende concretamente l'avvio a partire dal 550 a.C. circa, sembra basarsi, almeno nella parte più elevata dell'insediamento (Campo A), su un preciso progetto che prevede l'esistenza di aree intermedie libere, destinate alle attività della comunità, attorno alle quali si distribuiscono gli edifici a carattere domestico, in alcuni casi caratterizzati da serie di ambienti allineati secondo un asse longitudinale (*ibid*., 65-70) (**fig. 7**). L'organizzazione ancora poco articolata, ma anche le semplici tecniche costruttive utilizzate, con elevati in zoccolo in pietra e terra cruda e con tetti in travetti di legno e paglia (*ibid*., 71-72), tradiscono ancora un forte legame con la tradizione. Pur tuttavia l'introduzione di forti elementi di novità, documentati dagli scavi più recenti[10], sono ben percepibili in altri settori dell'abitato : in particolare, nella parte centrale del rilievo, in un'area situata a mezza costa nel versante meridionale (**fig. 8**), sono stati riportati alla luce alcuni edifici disposti, con orientamento regolare NE/SO che asseconda le pendenze naturali e l'orografia del rilievo, lungo spazi di collegamento di dimensioni costanti (**fig. 9**). Ovviamente si tratta di un cambiamento di prospettiva abbastanza sostanziale che muta fondamentalmente la concezione e l'organizzazione dello spazio urbano così come la diversa articolazione degli edifici può anch'essa considerarsi un parametro indicativo di un mutamento a livello ideologico ; e in questo senso la distinzione tra aree comuni e private ma, soprattutto, il passaggio dalla concezione dell'ambiente domestico unico e polivalente a quello dell'unità abitativa complessa caratterizzata dalla suddivisione e specializzazione degli ambienti – possibile solo nel caso dell'adozione del modulo rettangolare che, come ha ben sottolineato Rosa Maria Albanese, offre la possibilità "di annessione di altri vani" (Albanese Procelli 2005, 125) – diventano momenti fondamentali per comprendere la gradualità dei rapporti e misurare il livello di "integrazione" tra le diverse componenti culturali presenti in questa parte dell'isola.

10 La nuova campagna di scavi è stata realizzata tra il 2007 ed il 2008 e ha toccato diversi punti del monte, tutti interessati dalla presenza dell'insediamento arcaico. I dati di scavo, tuttavia, devono considerarsi del tutto preliminari e suscettibili di revisione.

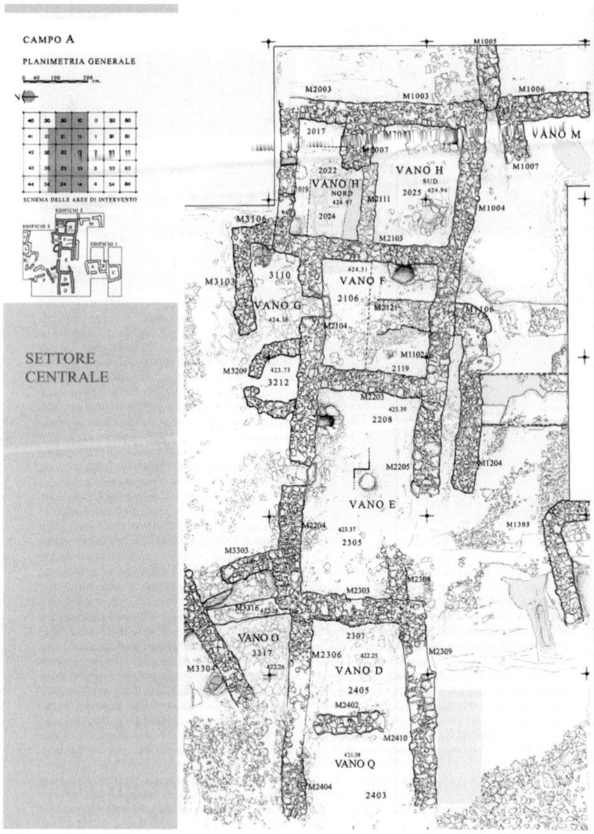

Fig. 10. Monte Maranfusa. Campo A. Edificio 2 (da *Monte Maranfusa*).

Se a questo si aggiunge un esame dei complessi edilizi domestici sotto il profilo della funzionalità degli spazi (vedi nota 9), utile a determinare l'organizzazione del nucleo familiare e, più in generale, l'assetto socio-economico delle comunità, a prescindere dalle scontate differenze tra un sito e un altro, guadagneremo una possibilità in più per delineare e meglio definire il nuovo volto della società "indigena"che si caratterizza, laddove è stato possibile fare le opportune e necessarie verifiche archeologiche, per l'adesione a forme di vita sostanzialmente diverse da quelle di età protostorica.

Soffermandoci ancora brevemente sul caso di Monte Maranfusa, ad esempio, possiamo richiamare il caso dell'Edificio 2 del Campo A, costituito da cinque ambienti a pianta quadrangolare adiacenti tra loro nel senso della lunghezza e che occupano complessivamente una superficie di circa mq 135 (**fig. 10**). L'unico ampliamento della struttura originaria, dovuta certamente ad esigenze di carattere funzionale, consiste nella costruzione di una piccola cucina (Vano G) annessa al Vano F che, a sua volta, sulla base dell'arredo mobile interno, si caratterizza come sala da banchetto.

I vani, che nell'insieme potevano disporre di uno spazio utile che non supera i 75 mq, si aprono tutti a Nord, su un' area aperta comune ; hanno dimensioni simili tranne l'ambiente centrale (E), di forma rettangolare e ampio circa 21 mq : le funzioni di magazzino e ricovero di animali per le unità abitative adiacenti sia a Est che a Ovest (*Monte Maranfusa*, 43-55) sono suggerite, per il vano E, dalla presenza di un grosso contenitore per derrate e di altri apprestamenti di carattere domestico-produttivo. La multifunzionalità del Vano F, invece, è attestata dall'apprestamento dell'angolo SE, una piattaforma di macina poggiata in posizione inclinata su una banchina in pietra, che suggerisce il contemporaneo svolgimento nella sala da banchetto dell'attività di molitura dei cereali (*ibid.*, 76-80).

Anche l'arredo mobile recuperato nei livelli d'uso e d'abbandono dell'ambiente (**fig. 11**) è indicativo dell'assimilazione di pratiche estranee al patrimonio culturale tradizionale : in particolare merita un accenno il rinvenimento di numerosi vasi per bere e di alcune forme strettamente legate al consumo del vino, tra cui diversi crateri di fabbriche locali a decorazione geometrica dipinta che per la forma, tuttavia, richiamano le più diffuse produzioni di tradizione attico-corinzia dimostrando la carenza di forme locali per quanto riguarda il nuovo ambito funzionale (*Monte Maranfusa*, fig. 101-102).

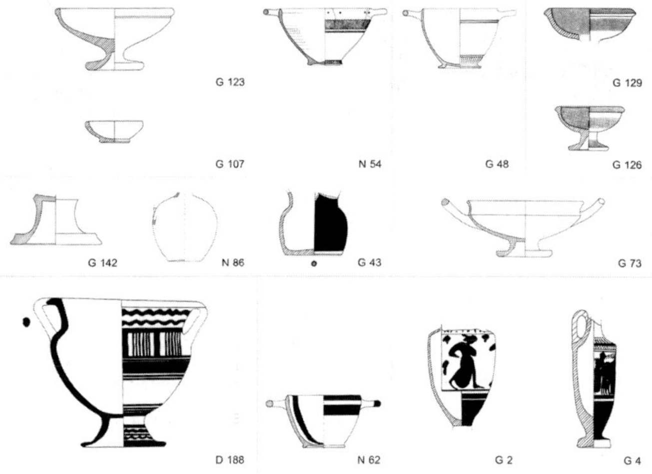

Fig. 11. Monte Maranfusa. Campo A. Vasi dal vano F dell'Edificio 2.

Alla stessa unità abitativa era pertinente il Vano H, suddiviso in due parti, una destinata alla conservazione di alimenti, come attesta la presenza di alcuni pithoi per la conservazione delle derrate, l'altra al riposo notturno (*ibid.*, 51-55, 77, fig. 76) e alle attività quotidiane delle donne, documentate dalla presenza di numerosi pesi da telaio.

Ancora più verso Ovest, a pochi chilometri a Sud di Segesta, l'insediamento scoperto sul Monte Polizzo, elevato fino ad un'altezza di 726 m, documenta l'esistenza di un esteso abitato che conobbe la sua fase di massima espansione tra la fine del VII e la fine del VI sec.a.C. (Morris, Tusa 2004). In diverse zone del rilievo, diversi saggi condotti dall'Università di Stanford hanno accertato l'esistenza di abitazioni a pianta quadrangolare a partire degli inizi del VI sec.a.C. ; tuttavia, per i complessi a più vani, si è ipotizzato un uso indipendente per ciascun ambiente. La lettura contestuale di un articolato edificio utilizzato nel VI sec.aC., la cosiddetta House I (**fig. 12**) posta sull'altipiano al di sotto dell'acropoli e composta da cinque spazi, uno dei quali esterno, non ha permesso di attribuire con certezza i diversi ambienti ad un'unica o a più unità abitative (Streiffert Eikeland 2006, 260-318). L'analisi funzionale dei vani e l'esame delle tecniche costruttive e della tipologia edilizia – con i pavimenti incassati nel banco roccioso e gli elevati realizzati con zoccolo in pietra, elevato in terra cruda e tetto di argilla e materiale stramineo – rispecchiano,

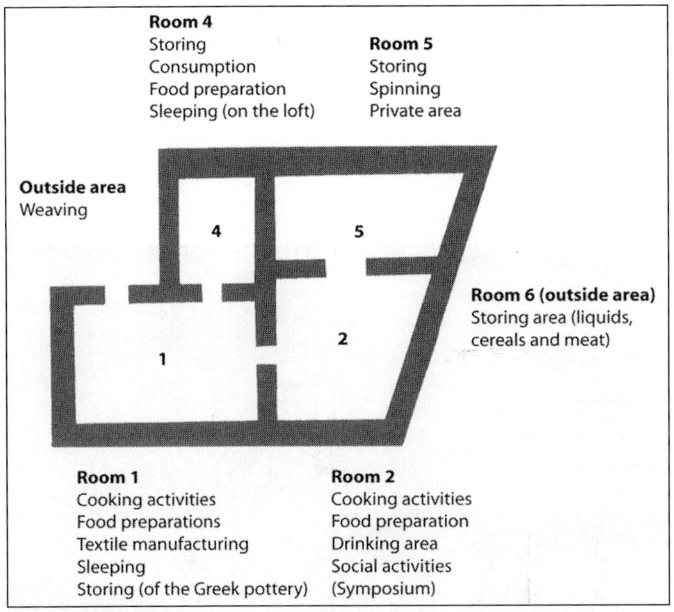

Fig. 12. Monte Polizzo. House 1 (da Streiffert Eikeland 2006).

Fig. 13. Monte Polizzo. Ricostruzione House 1 (da Streiffert Eikeland 2006).

tuttavia, l'evidenza comune a molti insediamenti coevi della Sicilia centro-occidentale (**fig. 13**). A Monte Polizzo, dunque, le tecniche costruttive tradizionali tradiscono uno stretto legame con la tradizione mentre una nuova organizzazione del nucleo familiare e del gruppo sociale sono chiaramente rispecchiate nella più complessa articolazione planimetrica degli edifici e attraverso una diversificazione nell'utilizzazione degli ambienti. Nello stesso sito, tra l'altro, il ritrovamento di un edificio circolare sull'acropoli, il cui carattere sacro è stato riconosciuto sulla base di una serie di apprestamenti e di materiali che documentano attività connesse con sacrifici e libagioni, è emblematico di un particolare atteggiamento delle comunità locali che, in ambito religioso, sembrano volere affermare un forte senso di identità e di appartenenza. Interamente ricostruito due volte nel corso di un cinquantennio, il complesso è caratterizzato dalla presenza di due pozzetti e di una piastra d'argilla utilizzata come focolare, nonché, all'esterno, da uno spazio rituale connotato dalla presenza di "fuochi", di una piccola stele e di un palco di corna di cervo. A Sud del sacello circolare, una struttura rettangolare di 2 m x 1 è stata interpretata come un altare per sacrifici mentre a Nord e ad Est un deposito di pithoi era forse utilizzato per contenere i resti dei sacrifici : al loro interno, infatti, sono state rinvenute corna di cervo e ceneri associate a ceramica fine, oggetti di bronzo e ossa lavorate (Morris, Tusa 2004, 47-50).

A Nord-Ovest della capanna/sacello, alcuni ambienti – al cui interno si rinvennero numerosi frammenti di pithoi, anfore puniche ed etrusche – erano probabilmente utilizzati come magazzini, mentre un recinto rettangolare, costruito verso il 525 a.C. al di sopra di uno scarico di cenere, frammenti di grossi contenitori, ossa e corna di cervo e, in minima percentuale, di vasi d'importazione o di imitazione greca, delimitava uno spazio aperto impiegato per lo svolgimento di pratiche e libagioni (*Eid.* 2004, 53-54).

Seppure, dunque, non sia possibile, almeno per l'età proto-arcaica e arcaica e in assenza di specifica documentazione letteraria sull'argomento, delineare una storia religiosa dei Sicani e degli Elimi né, tantomeno, selezionare miti e credenze da ricondurre ad un sistema codificato, l'analisi dei dati archeologici può consentire almeno di riconoscere modelli e tradizioni che affondano le loro radici in un patrimonio di credenze acquisite da secoli – spesso con riferimenti puntuali ad altri contesti mediterranei – o, in alternativa, che trovino agganci significativi nel più noto sistema di culti e riti della religione greca, ovviamente laddove è possibile identificare con certezza spazi a destinazione religiosa distinti dagli spazi domestici al cui interno si praticavano semplici forme di culto.

Sotto quest'aspetto, a prescindere dall'altra eloquente evidenza della stessa area – la grande capanna/sacello di Montagnoli alla foce del Belice, trasformata nel corso del VI sec.a.C. in un recinto *sub-divo* entro cui avvenivano le offerte (Castellana 1990 ; 2000) – il caso più significativo dell'intero comprensorio centro-occidentale è certamente quello di Polizzello, il cui santuario affonda le proprie origini almeno nell'età del bronzo finale e che, ancora in età arcaica, funge da punto di aggregazione territoriale, strutturandosi compiutamente, come ha ben evidenziato R. M. Albanese Procelli, per impulso del contatto con i Greci (Albanese Procelli 2006, 57).

L'area sacra si estende sulla parte più elevata dell'ampio altipiano sommitale della Montagna di Polizzello che, dall'alto dei suoi 870 m s.l.m., domina un vasto comprensorio territoriale : come è noto, essa si caratterizza per una serie di edifici circolari, veri e propri sacelli al cui interno si svolgevano i culti e si raccoglievano le offerte votive (Palermo 2006, 90-92). E' evidente, in questo caso, come l'organizzazione e la forma degli spazi sacri rispecchi un atteggiamento culturale ben preciso in un'epoca che vede già ben attestata la presenza greca sull'isola. Alla particolare centralità della posizione rispetto all'enclave sicana e ad una non comune ricchezza di apporti, facilmente intuibile attraverso la varietà e la tipologia delle offerte (*Sikania*, 231-286), corrisponde, infatti, un evidente e deliberato conservatorismo oltre che delle pratiche cultuali anche delle tipologie architettoniche che si traduce, fondamentalmente, nel mantenimento di forme tradizionali, quali gli edifici a pianta circolare (**fig. 14**).

Del resto, nella stessa zona, un'analoga caratterizzazione planimetrica contraddistingue la prima area sacra costruita sulla cima del Colle Madore, un modesto rilievo posto sullo spartiacque tra il Torto e il Platani, prima della edificazione, dopo la metà del VI sec.a.C., del più articolato sacello adagiato sul pendio meridionale (Vassallo 2002, 101-102). Non è improbabile, tra l'altro, che il deposito di fondazione rinvenuto nel più recente edificio sacro, possa comprendere parte delle offerte provenienti dal più antico sacello circolare – e mi riferisco soprattutto ai bronzi – considerata anche l'affinità di alcuni di quei materiali con le coeve offerte di Polizzello e Sabucina, dove pure lo spazio sacro, ubicato ad una quota di oltre 700 m e a dominio del corso del fiume Salso, è caratterizzato, tra il VII ed il VI sec.a.C., da un santuario a pianta circolare con ingresso segnato da un portichetto, sostituito, nel corso del VI, da un sacello a pianta rettangolare (Palermo 2006, 89-90 ; *Sikania*, 311), richiamato del resto dal ben noto modellino di tempietto dal probabile uso processionale.

Tornando, invece, alla documentazione di Monte Maranfusa – a prescindere dalla scoperta, all'interno di

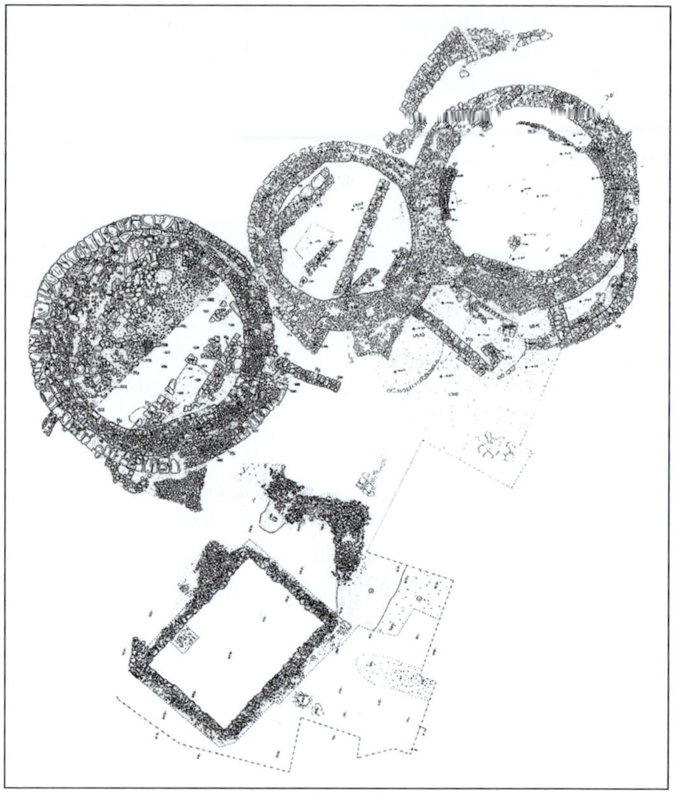

Fig. 14. Polizzello. I sacelli circolari dell'acropoli (da Palermo 2006).

Fig. 15. Monte Maranfusa. Campo F.

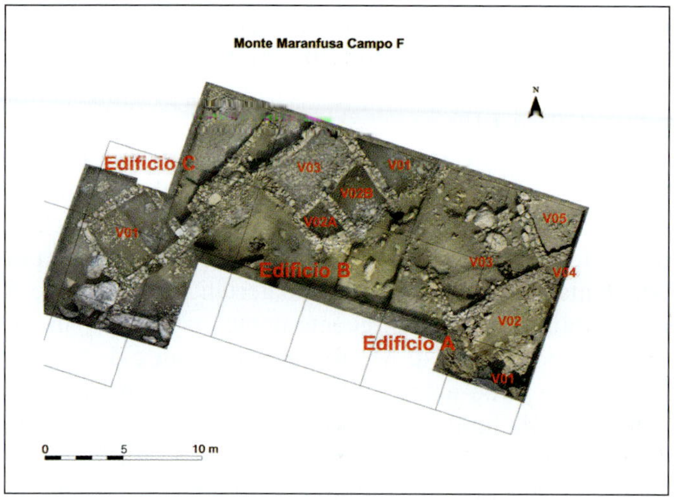

Fig.16. Monte Maranfusa. Campo F. Fotomosaico (Ecure di M. A. Papa e A. Ceraulo).

Fig.17. Monte Maranfusa. Campo F. ipotesi ricostruttiva Edificio B (Ecure di M. A. Papa e A. Ceraulo).

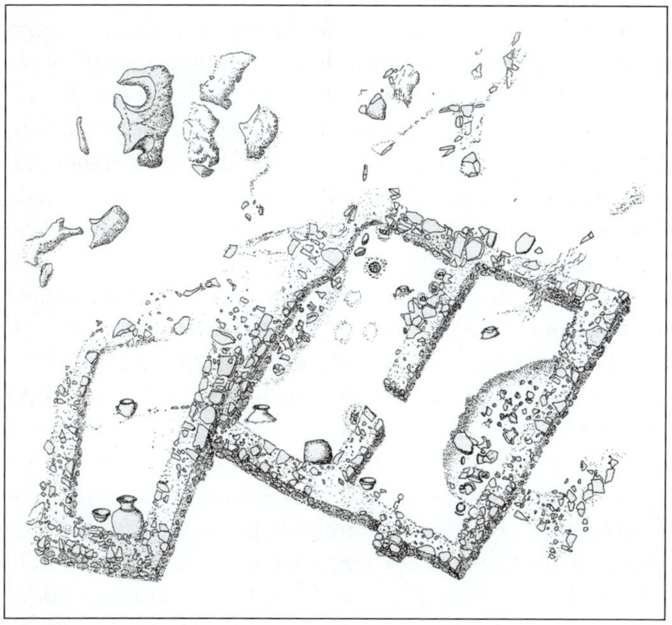

Fig.18. Castelterimi. Area sacra (da Gullì 2005).

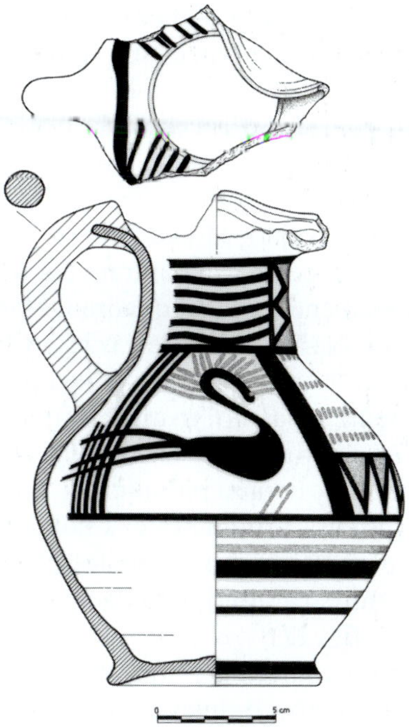

Fig. 19-20. Monte Maranfusa. Campo F. Edificio B. Due brocchette indigene dipinte dall'offerta votiva.

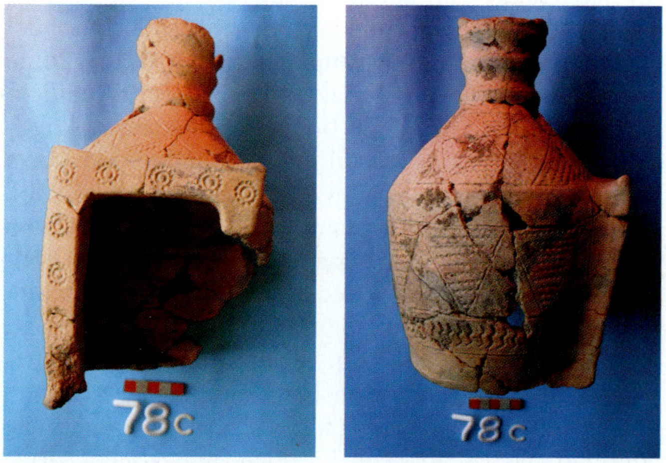

Fig. 21. a-b Monte Maranfusa. Campo F. Modellino di sacello a pianta circolare.

un contesto a carattere abitativo, di due ambienti probabilmente destinati a semplici manifestazioni "di culto che non lasciano tracce diverse da quelle legate alla vita quotidiana e di cui ci sfuggono, in mancanza di segni chiaramente ed esplicitamente legati alla sfera religiosa, i presupposti ideologici profondi" (*Monte Maranfusa*, 81) – più chiara, seppure sotto certi aspetti problematica, è l'interpretazione di un complesso architettonico scoperto solo pochi mesi fa nello stesso sito (Campo F).

In questo caso gli edifici sono inseriti in un contesto naturale che, sotto il profilo paesistico e topografico, trova stringenti analogie con altre aree sacre del comprensorio centro-occidentale : la zona si caratterizza, infatti, per la presenza di un leggero pendio orlato da una balza rocciosa (**fig. 15**), situato a mezza costa in posizione baricentrica rispetto al grande insediamento arcaico e a domino del medio corso del Belice destro, naturale via di percorrenza e d'accesso sia per gli insediamenti di fondovalle che per quelli d'altura, nonché in contatto visivo con altri importanti centri abitati della vallata, tra i quali, ad esempio, Monte Iato.

Gli edifici, che seguono la pendenza naturale del terreno, sono composti da ambienti a pianta quadrangolare e si distribuiscono con regolarità su tre terrazze artificialmente sostenute anche da muri poderosi (**fig. 16**) : l'edificio B, più estesamente indagato, risulta composto da tre vani, due dei quali contigui nel senso della lunghezza e comunicanti tra loro. Il vano più interno, privo di sbocchi verso l'esterno, era seminterrato e comunicava con un ambiente, elegantemente lastricato, che si apriva sulla terrazza inferiore, caratterizzata da uno spazio aperto in terra battuta (**fig. 17**).

Pur non potendo ancora confermare con certezza la destinazione sacrale dell'intero complesso, la deposizione di un'offerta, avvenuta almeno in due momenti, sul pavimento dell'ambiente interno dell'edificio B, sembra chiaramente connotarsi, anche sulla base dei confronti con i più noti complessi di area sicana, come azione rituale che caratterizza in senso sacro l'edificio (Spatafora 2008, in c.d.s). Inutile sottolineare la straordinaria somiglianza, sotto il profilo planimetrico, con i vani/recinto di Casteltermini dove, in questi ultimi anni, è stato scoperto un articolato spazio sacro organizzato nelle stesse forme evidenziate nell'insediamento belicino (Gullì 2005, 11.13) : recinti rettilinei addossati agli speroni di roccia e due ambienti rettangolari adiacenti e comunicanti tra loro (**fig. 18**) entro cui si consumavano le attività rituali consistenti, fondamentalmente, in deposizioni votive entro fossette o sui pavimenti che attestano, per il VI sec.a.C., una forte connotazione identitaria espressa anche dall'assoluta prevalenza di vasellame locale oltre che attraverso i rituali, del tutto analoghi a quelli dei santuari della stessa area caratterizzati dalla capanne-sacello a pianta circolare.

A Monte Maranfusa, del resto, anche la tipologia e la composizione dell'offerta richiamano significativamente il contesto di Casteltermini rimarcando l'unitarietà della matrice culturale alla base di queste semplici manifestazioni rituali che sottendono forme di religiosità comuni all'intera area centro-occidentale ancora per tutto il VI sec.a.C. : si tratta, soprattutto, di brocchette a decorazione geometrica dipinta con orlo trilobato o con beccuccio di versamento, rinvenute in associazione a forme da cucina miniaturizzate che, evidentemente, evocano simbolicamente la cottura delle offerte.

Alcune delle brocchette sono caratterizzate anche da raffigurazioni animali (**fig. 19**) e, in un caso, da una semplice rappresentazione della figura umana in forme molto stilizzate (**fig. 20**) che trova solo a Monte Iato un confronto abbastanza stringente (*Sicani, Elimi e Greci*, 81 n.147).

Significativa è tra l'altro la presenza di due modellini fittili di capanna/sacello a pianta circolare (**fig. 21**), uno dei quali, in forma miniaturizzata, faceva parte dell'offerta nell'edificio B. Si tratta dell'attestazione più occidentale per questo tipo di materiali, se si esclude il più elaborato modello recentemente recuperato in un contesto domestico di Monte Iato (Isler, in c.d.s), databile ad età tardo-arcaica in cui compare, con funzione acroteriale, la figura di un torello. Tale rappresentazione riveste un'indubbia valenza simbolica, rafforzando l'idea di un tipo di religiosità fortemente legata al concetto di riproduzione della specie, evocato, oltre che dalla plastica animalistica – attestata in molti siti della Sicilia centro-occidentale – anche da una ben nota produzione vascolare, tipica della zona centro-occidentale, caratterizzata da una decorazione plastica che rappresenta il motivo delle corna.

Al concetto di riproduzione della specie si lega ovviamente anche l'idea della promozione del ciclo produttivo agricolo e, del resto, il carattere ctonio del culto è documentato anche attraverso le forme del rituale che predilige, per le offerte, gli anfratti naturali o le fosse scavate nel terreno, prevedendo in qualche caso, come a Casteltermini (Gullì 2005, 57), degli specifici apprestamenti che, infissi nel terreno, diventavano funzionali per veicolare le offerte nel sottosuolo.

E' emblematico, tra l'altro, che in alcune aree, in età tardo-arcaica, quando le forme e i modi del contatto con l'ambiente coloniale innescano più profondi processi di commistione, siano documentate aree sacre ancora molto semplici sotto il profilo architettonico e dell'organizzazione degli spazi sacri ma che mutuano dal mondo greco forme di religiosità fortemente collegate ai culti tradizionali. E' questo, ad esempio, il caso di Sabucina, dove alla metà del VI sec. a.C. il sacello circolare viene sostituito da un *oikos* rettangolare ed il precedente culto sincretizzato in quello di Demetra (Palermo 2006, 90) e, ad occidente, quello di Entella, la città elima situata nella media valle del Belice Sinistro dove la scoperta di un *thesmophorion* in posizione extraurbana (Spatafora 2008, con bibl. precedente) ha evidenziato una fase ascrivibile alla seconda metà del VI sec.a.C. caratterizzata esclusivamente da offerte votive deposte all'interno degli anfratti rocciosi. Anche il santuario di Entella si caratterizza per l'inserimento in un ambiente naturale rupestre posto a mezza costa ed in vista del corso del Fiume Belice (**fig. 22**) nonché per l'organizzazione a terrazze dello spazio sacro che, solo nel IV secolo, si struttura con l'edificazione di un piccolo sacello nel

Fig. 22. Entella. L'area del *thesmophorion*.

terrazzo inferiore (**fig. 23**), al cui interno si conservavano due stipi votive costituite da file sovrapposte di offerenti con porcellino o con fiaccola e porcellino (**fig. 24**).

I terrazzi mediano e superiore, invece, erano caratterizzati da una serie di anfratti entro cui sono state rinvenute delle vere e proprie offerte votive consistenti in gruppi di vasi deposti spesso in posizione capovolta e l'uno sull'altro, secondo il tipico rituale che caratterizza molti dei santuari ctoni dell'isola.

Le offerte – finora nove in tutto – coprono un ampio arco cronologico compreso tra la metà-fine del VI ed il III secolo a.C. : per ricordare solo le più antiche, la prima (A), compresa tra gli affioramenti meridionali del terrazzo mediano, era costituita da cinque forme chiuse miniaturizzate, anforette e hydriai, di produzione locale a decorazione geometrica dipinta o coloniale (**fig. 25**), databili verso la fine del VI sec.a.C., che trovano ampi confronti nel vasellame da mensa dei principali centri dell'area belicina ; l'offerta giaceva al di sotto di un'altra più recente (B), anch'essa costituita da cinque vasi, hydriai e anforette semplicemente ingubbiate o decorate a motivi geometrici dipinti ; sempre nella stessa area e ancora negli angoli più riposti degli anfratti rocciosi, venne deposta, l'offerta C costituita da una coppa ionica di tipo B1 e da un'altra coppetta acroma a vasca emisferica (*Sicani, Elimi e Greci*, 23-24 ; Spatafora 2009b).

Non sappiamo se, fin dall'inizio, il santuario avesse una sua specifica connotazione demetriaca, ma verosimilmente, a partire dalla sua istituzione, vi si celebravano culti all'aperto strettamente connessi alla fertilità dei suoli e ai temi della fecondità, temi, come abbiamo visto, particolarmente sentiti dalle popolazioni locali e che richiamavano, sotto il profilo ideologico, un sentimento religioso strettamente legato alle possibilità produttive della terra.

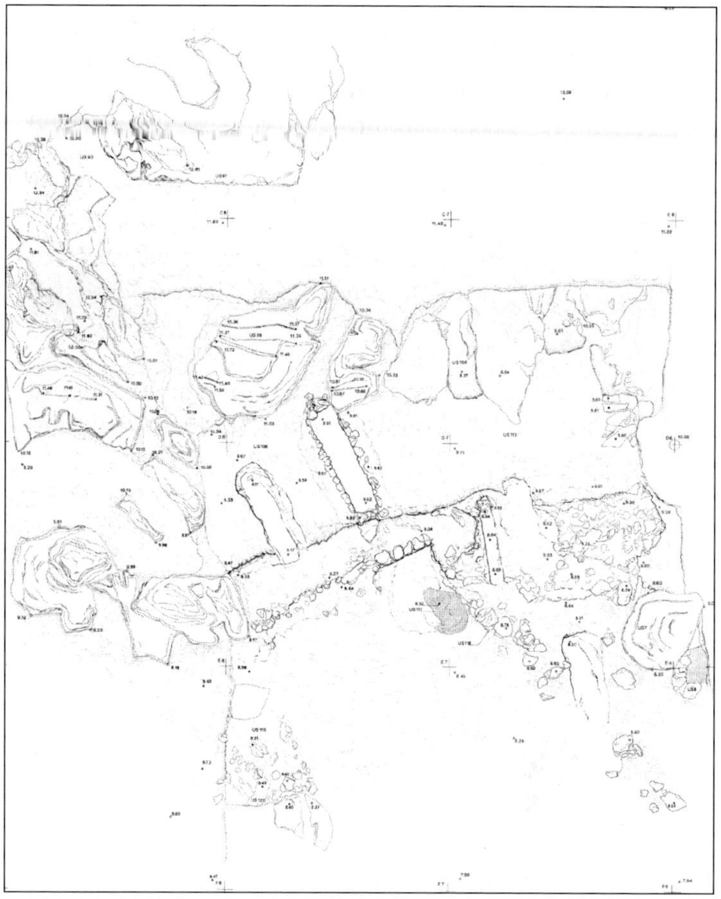

Fig. 23. Entella. L'area del *thesmophorion*. Planimetria (da Spatafora 2008).

La stessa valenza religiosa potrebbe ipoteticamente attribuirsi al primo tempio ad *oikos* costruito a Monte Iato (**fig. 26**) e dedicato, in età ellenistica, ad Afrodite. Per l'architettura, esso risponde perfettamente ai canoni greco-coloniali arcaici (Isler 1984), documentando, già dalla metà del VI sec.a.C., forme complesse di interazione tra mondo indigeno e colonie della costa che, tuttavia, non si comprende fino a che punto abbiano investito l'ideologia religiosa. In questo senso è stato proposto dalla De Vido che il successivo culto di Afrodite – che non può non evocare il contesto elimo ericino – sia in realtà la traccia "...di un culto di una dea priva di nome che rimanda ancora una volta all'orizzonte della fecondità e al tipo della Grande Madre" (De Vido 2006, 153 ss) ; ed effettivamente, volendo guardare oltre la specifica attestazione, il rinvenimento del modellino di sacello, seppure in ambito domestico, rimanda, per la stessa epoca, più che a culti codificati all'interno del pantheon coloniale, ad un sentimento religioso legato ai valori tradizionali che si muovono in ambito naturalistico con una particolare attenzione alla riproduzione della terra e delle specie animali. Di contro, si è tentato di leggere nelle immagini dei vasi importati una

Fig. 24. Entella. Il *thesmophorion.* Stipe votiva (da Spatafora 2008).

Fig. 25. Entella. Il *thesmophorion.* Offerta votiva.

intenzionalità dell'ambiente locale ad accogliere ed accettare, ormai in età tardo-arcaica, culti e pratiche rituali estranei al patrimonio locale (De Cesare 2003) : e in questa direzione è certamente significativa la ripetuta attestazione, in alcune produzioni vascolari a figure nere, di raffigurazioni che richiamano le imprese di Eracle e che assolvevano probabilmente, in un contesto chiaramente multietnico, a funzioni simboliche di contatto tra realtà diverse considerato il particolare favore riservato alle imprese del dio-eroe in ambiente sicano ed elimo (*ibid.*, 114-115).

Anche a Colle Madore, del resto, il sacello che nella seconda metà del VI sec. a.C. fu costruito sul pendio meridionale dell'insediamento, sostituendo il più antico luogo di culto posto sulla cima, rispecchia, nella tipologia e nelle caratteristiche architettoniche, forme di contatto significative con l'ambiente coloniale e, in particolare, con Himera. Il piccolo *oikos* rettangolare con ingresso a Sud, sul lato lungo, e banchina interna lungo il muro settentrionale, aveva un tetto pesante costruito con tegoli di tipo greco e antefisse a palmetta pendula di produzione imerese (*Colle Madore*, 209-211).

E se i cinturoni di bronzo decorati a sbalzo con la rappresentazione del volto umano (*ibid.*, 90-111) – forse parte del deposito di fondazione e pertinenti, ipoteticamente, al contesto votivo precedente – rappresentano, verosimilmente un'offerta a carattere militare fortemente

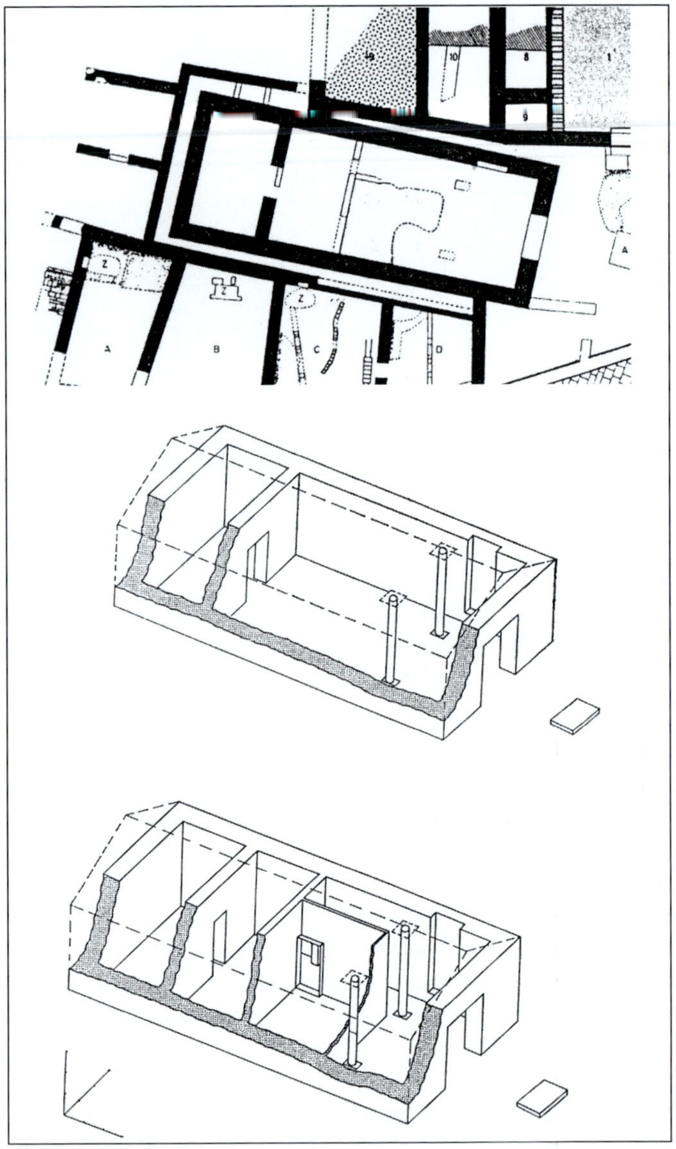

Fig. 26. Monte Iato. Tempio di Afrodite (da Isler 1984).

connotata in senso locale, l'arredo mobile del sacello e degli ambienti ad esso connessi (officine per la lavorazione dei metalli e magazzini) attestano, per la seconda metà del VI secolo, profondi processi di commistione tra gruppi locali e coloniali. In particolare, il rinvenimento di un'edicola votiva in arenaria, interpretata come la rappresentazione di Eracle alla fontana (Marconi 1999, 293-305), documenta, anche in questo caso, come la figura mitica dell'eroe civilizzatore, particolarmente cara agli imeresi e a tutta la grecità della Sicilia occidentale, incontri ancora una volta particolare fortuna presso una popolazione indigena.

Ad offerte di carattere militare richiama anche il contesto votivo scoperto, ormai alcuni anni fa, nei pressi delle mura dell'antica città sulla Montagnola di Marineo, la Makella delle fonti letterarie ed epigrafiche

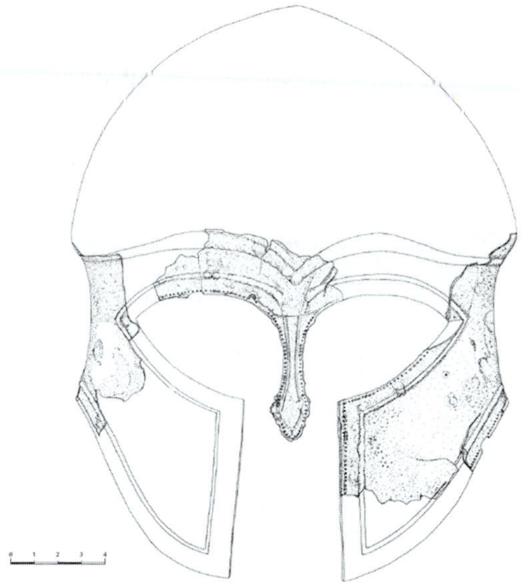

Fig. 27. La Montagnola di Marineo. Elmo corinzio dal deposito votivo (disegno di G. Montali).

Fig. 28. La Montagnola di Marineo.
a - Idoletto in pietra
b - terracotta raffigurante Eracle giovanile
(da De Simone 1997).

(Spatafora 2000a ; De Simone in c.d.s.). All'interno di uno spazio sacro, di cui non si sono ancora ben definiti i limiti e la planimetria e nei pressi di un piccolo altare in pietra a cui si appoggiava una brocca con i resti del sacrificio di un ovicaprino, giaceva un'offerta composta da elmi, schinieri di tipo greco (**fig. 27**) ed altri oggetti di bronzo e ferro (Spatafora 1997-1998, 703-719). La presenza di una larga pignatta e di una piastra fittile per la cottura, oltre all' abbondante vasellame di produzione locale, tra cui numerose anfore e idrie a decorazione geometrica dipinta (Spatafora 2002a, 87-97), documentano un'attività cultuale che prevedeva le libagioni ed il pasto rituale. Non sappiamo ancora quale fosse la figura divina di riferimento di questa piccola area sacra dove l'offerta, comunque, si connota come dedica di armature tolte ai vinti o dono in ricordo di una vittoria (Spatafora 2006, 218-221) ; è difficile, però, sfuggire alla tentazione di collegare allo spazio sacro un piccolo idoletto in pietra calcarea (**fig. 28a**) raccolto, allo stato residuale, all'interno di una cisterna vicina all'area sacra o una più tarda raffigurazione di Eracle di un tipo giovanile (**fig. 28b**), anch'essa recuperata nei pressi del deposito votivo (De Simone 1997, 227).

Nell'insieme, dunque, analizzando e correlando l'evidenza ad oggi disponibile – relativamente almeno ad alcuni parametri fondamentali per la formazione delle comunità, quali le modalità insediative, la cultura abitativa e l'organizzazione degli spazi urbani, la tipologia dei luoghi sacri o delle semplici aree collegate ad attività di culto nonché l'identificazione delle azioni rituali e del sistema religioso – possono più chiaramente tratteggiarsi quei complessi processi di commistione attraverso cui si delinea, già in età arcaica, una cultura precipua delle popolazioni locali della Sicilia centro-occidentale.

Certamente oggi, alla luce delle nuove ricerche e utilizzando anche approcci metodologici di tipo antropologico, appare sempre più chiaramente come in molti casi le "identità"si stemperino in una sorta di "hybridity" (Van Dommelen 2005 ; 2006) di cui possono spesso rintracciarsi solo gli originari riferimenti culturali. E' innegabile, tuttavia, in relazione ad alcune specifiche realtà e per quanto riguarda gli aspetti più strettamente connessi alla sfera della religiosità, la tendenza delle comunità locali ad affermare, pur in presenza di evidenti interferenze e di parziali fenomeni di integrazione, un forte senso di appartenenza e uno stretto legame, sotto il profilo ideologico, con la tradizione, soprattutto prima dell'età tardo-arcaica e classica, momento in cui si accelerano i processi di integrazione e, conseguentemente, l'adesione a forme comuni di religiosità che comportano, contestualmente, anche "una riprogrammazione in senso ellenico degli spazi religiosi" (Albanese Procelli 2003, 218) indigeni.

BIBLIOGRAFIA

Albanese Procelli 2003 : ALBANESE PROCELLI (R.M.) – *Sicani, Siculi, Elimi. Forme di identità, modi di contatto e processi di trasformazione*. Milano 2003.

Albanese Procelli 2005 : ALBANESE PROCELLI (R.M.) – La ricezione dei modelli dell'architettura greca nel mondo indigeno : le strutture abitative. *In* : Mina' (P.) ed., *Urbanistica e Architettura nella Sicilia greca*. Palermo 2005, 125-127.

Albanese Procelli 2006 : ALBANESE PROCELLI (R.M.) – Pratiche religiose in Sicilia tra protostoria e arcaismo. *In* : Anello (P.), Martorana (G.), Sammartano (R.) edd., *Ethne e religione nella Sicilia antica*. Roma 2006, 43-70.

Allegro in c.d.s. : ALLEGRO (N.) – *infra* 511-519.

Anello 1997 : ANELLO (P.) – Le popolazioni epicorie della Sicilia nella tradizione letteraria. *In* : Tusa (S.) ed., *Prima Sicilia. Alle origini della società siciliana*. Palermo 1997, 539-557.

Architettura arte e artigianato : *Architettura arte e artigianato nel Mediterraneo dalla Preistoria all'Alto Medioevo (Tavola Rotonda Internazionale in memoria di Giovanni Tore. Cagliari 17-19 dicembre 1999)*. Cagliari, 2001, 183-204.

Belvedere 1997 : BELVEDERE (O.) – Prospezione archeologica nel territorio imerese. *In* : Isler (H.P.), Stefani (O.) edd., *Wohnbauforschungen in Zentral und Westsizilien*, Zürich 1997, 91-96.

Belvedere, Cucco, Ranzino 1999 : BELVEDERE (O.), CUCCO (R.M.), RAZZINO (G.) – Progetto Archeosit : carta archeologica della Valle del fiume Torto. *In* : *Informazioni territoriali e rischi ambientali (Atti della 3° Conferenza Nazionale ASITA), I*. Napoli 1999, 291-296.

Bottini 1986 : BOTTINI (A.) – I popoli indigeni fino al V secolo. *In* : Bottini (A.), Guzzo (P.G.), *Greci e Indigeni nel Sud della penisola dall'VIII sec.a.C. alla conquista romana*. *In* : Popoli e Civiltà dell' Italia Antica, 8. Roma 1986.

Castellana 1990 : CASTELLANA (G.) – L'insediamento di Montagnoli nei pressi di Selinunte. Un contributo per la conoscenza delle popolazioni anelleniche lungo il corso finale del Belice. *In* : *Gli Elimi e l'area elima*, 325-333.

Castellana 2000 : CASTELLANA (G.) – Nuovi dati sull'insegnamento di Montagnoli presso Menfi. *In* : *Terze Giornate Internazionali di Studi sull'Area elima (Gibellina-Erice 1997)*. Pisa-Gibellina 2000, 263-271.

Ciancio 1996 : CIANCIO (A.) – Monte Sannace e l'aurea peuceta. *In* : D'Andria (F.), Mannino (K.) edd., *Ricerche sulla casa in Magna Grecia e Sicilia*. Galatina, 355-377.

Colle Madore : VASSALLO (S.) ed. – *Colle Madore, Un caso di ellenizzazione in terra sicana*. Palermo, 1999.

Corretti,Vaggioli 2001 : CORRETTI (A.), VAGGIOLI (A.) – Entella : il territorio. *In* : *Da un'antica città di Sicilia. I decreti di Entella e Nakone (Catalogo della Mostra)*. Pisa 2001, 188-195.

D'Andria 1999 : D'ANDRIA (F.) – Ricerche recenti sugli insediamenti indigeni di Puglia e Basilicata. *In* : *La forma della città e del territorio. Esperienze metodologiche e risultati a confronto (Atti dell'Incontro di studio. S. Maria Capua Vetere 27-28 novembre 1998) = Atlante tematico di topografia antica*. V suppl., 1999, 103-118.

De Cesare, Gargini 1997 : DE CESARE (M.), GARGINI (M.) – Monte Finestrelle di Gibellina : nota preliminare sulla prima campagna di scavo. *In* :*Seconde Giornate Internazionali di Studio sull'Area Elima (Gibellina 1994)*, Pisa-Gibellina , 1997. Atti I, 371-374.

De Cesare 2003 : DE CESARE (M.) – Immagini greche nella Sicilia "elima". *In* : Giudice (F.), Panvini (R.) edd., *Il Greco, il barbaro e la ceramica attica (Atti Convegno Catania, Caltanissetta,Gela Camarina, Vittoria, Siracusa 2001*), II. Roma 2003, 113-128.

De Simone 1997 : DE SIMONE (R.) – La Montagnola di Marineo. Miscellanea. *In* : *Archeologia e Territorio (Beni Culturali – Palermo)*. Palermo 1997, 225-235.

De Simone in c.d.s. : DE SIMONE (R.) – Makella : sull'identificazione dell'antico centro indigeno attraverso la documentazione epigrafica. *In* : *Dal Sikanikon all'Hellenikon. Riflessioni sugli ethne della Sicilia antica. Origini e relazioni (Palermo 4-6 Dicembre 2003)*, Atti, in c.d.s.

De Vido 1997 : DE VIDO (S.) – *Gli Elimi. Storie di contatti e di rappresentazioni*. Pisa 1997.

De Vido 2006 : DE VIDO (S.) – Gli Elimi. *In* :Anello (P.), Martorana (G.), Sammartano (R.) edd., *Ethne e religione nella Sicilia antica*. Roma 2006, 147-179.

Falsone, Leonard 1980-1981 : FALSONE (G.), LEONARD (A. Jr.), Quattro campagne di scavo a Castellazzo di Poggioreale. *Kokalos* XXVI-XXVII, II, 2, 1980-1981, 931-972.

Falsone 1990 : FALSONE (G.) – Elima e Monte Castellazzo di Poggioreale. *In* : *Gli Elimi e l'ara elima f*, 301-312.

Giordano, Valentino 2004 : GIORDANO (P.), VALENTINO (M.) – *Carta archeologica del territorio comunale di Lercara Friddi*. Palermo 2004.

Gli Elimi e l'area elima : *Gli Elimi e l'area elima fino all'inizio della prima guerra punica. Atti del Seminario di Studi, Palermo-Contessa Entellina 1989 = Archivio Storico Siciliano* s.IV, XIV-XV, 1988-1989. Palermo 1990.

Gullì 2005 : GULLI' (D.) – Caratteri di un centro indigeno nella Valle del Platani. Nuove ricerche. *Sicilia Antiqua. An International Journal of Archaeology*, II, 2005, 9-62.

Himera III : BELVEDERE (O.), BERTINI (A.), BOSCHIAN (G.), BURGIO (A.), CONTINO (A.), CUCCO (R.M.), LAURO (D.) edd. – *Himera III. Prospezione archeologica nel territorio*. Roma 2002.

Hodder 1992 : HODDER (I.) – *Leggere il passato. Tendenze attuali nell'archeologia*. Torino 1992.

Hodder, Orton 1979 : HODDER (I.), ORTON (C.) – *Spatial analysis in Archaeology*, Oxford 1979.

Johns 1992 : JOHNS (J.) – Monreale Survey : L'insediamento dell'alto Belice dal Paleolitico Superiore al 1250 d.C.. *In* : *Prime Giornate Internazionali di Studio sull'Area Elima (Gibellina 1991)*. Pisa-Gibellina, 1992, 407-420.

Isler 1984 : ISLER (H.P.) – *Der Tempel der Aphrodite*. Zürich 1984 (Studia Ietina II).

Isler 1990 : ISLER (H.P.) – Monte Iato. *In* : *Gli Elimi e l'ara elima*, 277-285.

Isler 1993 : ISLER (H.P.) – Monte Iato : l'aspetto anellenico. *In* : *Studi sulla Sicilia occidentale in onore di Vincenzo Tusa*. Padova, 1993, 85-92.

Isler 2000 : ISLER (H.P.) – Mondo indigeno e mondo greco : il caso di Monte Iato. *In* : Megalai Nessoi *Studi dedicati a Giovanni Rizza per il suo ottantesimo compleanno* (a cura di R.Gigli), t. II. Catania 2000, 11-28.

Isler 2006 : ISLER (H.P.) – Monte Iato. Indigène et Grecs à l'époque archaïque. *In* : Spatafora (F.), Vassallo (S.) edd., *Des Grecs en Sicile... Grecs et indigènes en Sicile occidentale d'après les fouilles archéologiques*, catalogue de l'exposition de Marseille. Caltanissetta 2006, 77-80.

Isler c.d.s. : ISLER (H.P.) – Case arcaiche del VII e VI sec.a.C. a Monte Iato. *In* : *La Sicilia in età arcaica. Dalle apoikiai al 480 a.C. (Caltanissetta 27-29 Marzo 2008)*. In c.d.s.

Kent 1990 : KENT (S.) – Activity areas and architecture : an interdisciplinary view of the rlationship between use of space and domestic built environments. *In* : Kent (S.) ed., *Domestic Architecture and the use of space*. Cambridge 1990, 1-8.

Kistler 1996 : KISTLER (E.) – Monte Iato. Ein spätarchaisches Haus. *In* : *Wohnbauforschung in Zentral un Westsizilien*. Zurigo 1996, 37-44.

La Rosa 1994 : LA ROSA (V.) – Le nuove indagini nella Media Valle del Platani. *In* : Tusa (S.) ed., *La preistoria del basso Belice e della Sicilia* *meridionale nel quadro della preistoria siciliana e mediterranea*, Palermo, 287-304.

Marconi 1999 : MARCONI (C.) – Eracle in terra indigena ? *In* : *Colle Madore*, 293-305.

Monte Maranfusa : SPATAFORA (F.) – *Monte Maranfusa. Un insediamento nella media Valle del Belice. L'abitato indigeno*. Palermo 2003 (Beni Culturali –Palermo – 7).

Morris, Tusa 2004 : MORRIS (I.), TUSA (S.) – Scavi sull'acropoli di Monte Polizzo, 2000-2003. *Sicilia Archeologica*, 102, 35-90.

Nenci 1990 : NENCI (G.) – Per una definizione dell'area elima. *In* : *Gli Elimi e l'area elima*, 21-26.

Palermo 2006 : PALERMO (D.) – I santuari dell'area sicana. *In* : *Sikania*. Palermo 2006, 89-92.

Sicani, Elimi e Greci : SPATAFORA (F.) , VASSALLO (S.) edd. – *Sicani, Elimi e Greci. Storie di contatti e terre di frontiera, Catalogo della Mostra (Palermo 2002)*. Palermo 2002.

Sikania : GUZZONE (C.) ed. – *Sikania. Tesori archeologici della Sicilia centro-meridionale (secoli XIII-VI a. C.), Catalogo della mostra (Wolfsburg-Hamburg Ottobre-Marzo 2006)*. Palermo 2006.

Spanò 2001 : SPANO' GIAMMELLARO (A.) – Osservazioni sulle più antiche fasi della presenza fenicia in Sicilia. *In* : *Architettura arte e artigianato*, 183-204.

Spatafora 1996 : SPATAFORA (F.) – L'Alta e Media Valle del Belice tra la Media Età del Bronzo e l'età arcaica. *Kokalos* XLII, 1996, 177-198.

Spatafora 1996a : SPATAFORA (F.) – Gli Elimi e l'Età del Ferro nella Sicilia occidentale. *In* : Leighton (R.), ed., *Early Society in Sicily*. London 1996, 155-165.

Spatafora 1997 : SPATAFORA (F.) – Ricerche e prospezioni nel territorio di Corleone : insediamenti preistorici centri indigeni. *In* : *Seconde Giornate Internazionali di Studio sull'Area Elima (Gibellina 1994)*. Pisa-Gibellina, 1997, 1273-1286.

Spatafora 1997a : SPATAFORA (F.) – Tipologie abitative arcaiche nei centri indigeni occidentali : il caso di Monte Maranfusa. *In* : *Wohnbauforschung in Zentral un Westsizilien*. Zurigo 1997, 151-164.

Spatafora 1997-1998 : SPATAFORA (F.) – La Montagnola di Marineo. Campagna di scavi 1996. *Kokalos* XLIII-XLIV, II 2, 1997-1998, 703-719.

Spatafora 2000 : SPATAFORA (F.) – Indigeni, Punici e Greci in età arcaica e tardo-arcaica sulla Montagnola di Marineo e nella valle dell'Eleuterio. *In* : *Terze Giornate Internazionali di Studi sull'Area elima (Gibellina-Erice 1997)*. Pisa-Gibellina, 895-918.

Spatafora 2001 : SPATAFORA (F.) – La Sicilia occidentale tra l'Età del Bronzo Recente e la Prima Età del Ferro. *In* : *Architettura arte e artigianato*, 143-159.

Spatafora 2001a : SPATAFORA (F.) – Un contributo per l'identificazione di una delle "città di Sicilia" dei decreti di Entella. *In* : *Da un'antica città di Sicilia. I Decreti di Entella e Nakone (Catalogo Mostra a cura della Scuola Normale Superiore di Pisa)*. Pisa 2001, 111-114.

Spatafora 2002 : SPATAFORA (F.) – Sicani Elimi e Greci. Storie di contatti e terre di frontiera. *In* : *Sicani, Elimi e Greci*, 3-6.

Spatafora 2002a : SPATAFORA (F.) – La Montagnola – Makella. *In* : *Sicani, Elimi e Greci*, 87-97.

Spatafora 2005 : SPATAFORA (F.) – Spazio insediativo e spazio abitativo nella Sicilia di età arcaica. *In* : Attema (P.), Nijboer (A.), Zifferero (A.) edd., *Proceedings of the 6th Conference of Italian Archaeology, I*. BAR International Series 1452 (I), 317-324.

Spatafora 2006 : SPATAFORA (F.) – Vincitori e vinti : sulla deposizione di armi e armature nella Sicilia di età arcaica. *In* : *Guerra e pace in Sicilia e nel Mediterraneo antico (VIII-III sec a.C.). Arte, prassi e teoria della pace e della guerra, I*. Pisa 2006, 215-226.

Spatafora 2008 : SPATAFORA (F.) – Entella : il Thesmophorion di Contrada Petraro. *In* : Di Stefano (C.A.) ed., *Demetra. La divinità, i santuari, il culto, la leggenda (Atti del I Congresso Internazionale Enna, 1-4 luglio 2004)*. Pisa-Roma 2008, 273-284.

Spatafora 2009a : SPATAFORA (F.) – Spazio abitativo e architettura domestica negli insediamenti indigeni della Sicilia occidentale. *In* : *L'espai domèstic i l'organitzaciò de la societat a la protohistòria de la Mediterrània occidental (Calafell-Tarragona 6-9 marzo 2007)*, Arqueo Mediterrània 11/2009, 363-377.

Spatafora 2009b : SPATAFORA (F.) – *Entella : lo scavo di Contrada Petraro*. *ASNSP*, vol. IX, 2 (2004), 513-526.

Spatafora c.d.s (2003) : SPATAFORA (F.), Continuità e discontinuità nella "cultura" abitativa della Sicilia dell'Età del Ferro. *In* : *Dal Sikanikon all'Hellenikon. Riflessioni sugli ethné della Sicilia antica. Origini e relazioni* (Palermo, 2003), in c.d.s.

Spatafora c.d.s (2008) : SPATAFORA (F.) – Tra Elimi e Sicani : ideologia religiosa e luoghi sacri. *In* : *La Sicilia in età arcaica. Dalle apoikiai al 480 a.C. (Caltanissetta 27-29 Marzo 2008)*, in c.d.s.

Stein 2005 : STEIN (G.J.) ed. – *Archaeology of Colonial Encounters. Comparative Perspectives*. 2005.

Streiffert Eikeland 2006 : STREIFFERT EIKELAND (K.) – *Indigenous households. Transculturation of Sicily and southern Italy in the Archaic period*. Kalmar 2006.

Tsakirgis 1996 : TSAKIRGIS (B.) – Houses and Household. *AJA*, 100, 4, 1996, 777-781.

Tusa 1989 : TUSA (V.) – Sicani ed Elimi. *Kokalos*, XXXIV-XXXV, 1989, 47-73.

Tusa 1990 : TUSA (V.) – Il territorio degli Elimi : stato attuale degli studi e delle ricerche. *In* : *Gli Elimi e l'area elima*, 9-20.

Tusa 1997 : TUSA (V.) – Gli Elimi. *In* : Tusa (S.) ed., *Prima Sicilia. Alle origini della società siciliana*. Palermo 1997, 521-526.

Tusa 2005 : TUSA (S.) – Fenici, Indigeni ed Elimi alla luce delle nuove scoperte. *In* : Spanò Giammellaro (A.), *Atti del V Congresso Internazionale di Studi Fenici e Punici*, Palermo 2005, 533-549.

Vaggioli 1999 : VAGGIOLI (M.A.) – Per una carta archeologica del Comune di Contessa Entellina. Relazione preliminare delle campagne di ricognizione 1998 Entella. Relazioni preliminari delle campagne di scavo 1992, 1995, 1997 e delle ricognizioni 1998. *ASNP* s.IV, IV, 1999, 1-188.

Valentino 2003 : VALENTINO (M.) – La ceramica da fuoco e da cucina. *In :Monte Maranfusa*, 255-267.

Van Dommelen 2005 : VAN DOMMELEN (P.) – Colonial interactions and hybrid practices. Phoenician and Carthaginian settlement in the ancient Mediterranean. *In* : Stein (G.), ed., *The archaeology of colonial encounters. Comparative perspectives* (School of American research advanced seminars series). Santa Fe, School of American Research, 2005, 109-141.

Van Dommelen 2006 : VAN DOMMELEN (P.), The orientalising phenomenon : hybridity and material culture in the western Mediterranean. *In* : Riva (C.), Vella (N.) edd., *Approaching orientalisation*. London 2006, 136-154 (Monographs in Mediterranean archaeology).

Vassallo 2002 : VASSALLO (S.) – Colle Madore. Terra di frontiera. *In* : *Sicani Elimi e Greci*, 98-105.

Vassallo 2003 : VASSALLO (S.) – Ceramica indigena arcaica ad Himera. *In* : *Atti delle Quarte Giornate Internazionali di Studi sull'area elima (Erice 2000)*. Pisa 2003, 1343-1356.

Vassallo 2007 : VASSALLO (S.) ed. – *Archeologia nelle vallate del Fiume Torto e del San Leonardo*. Palermo 2007.

2. L'incontro tra indigeni e Greci di Himera nella Sicilia centro-settentrionale (VII – V sec. a.C.)

Stefano Vassallo

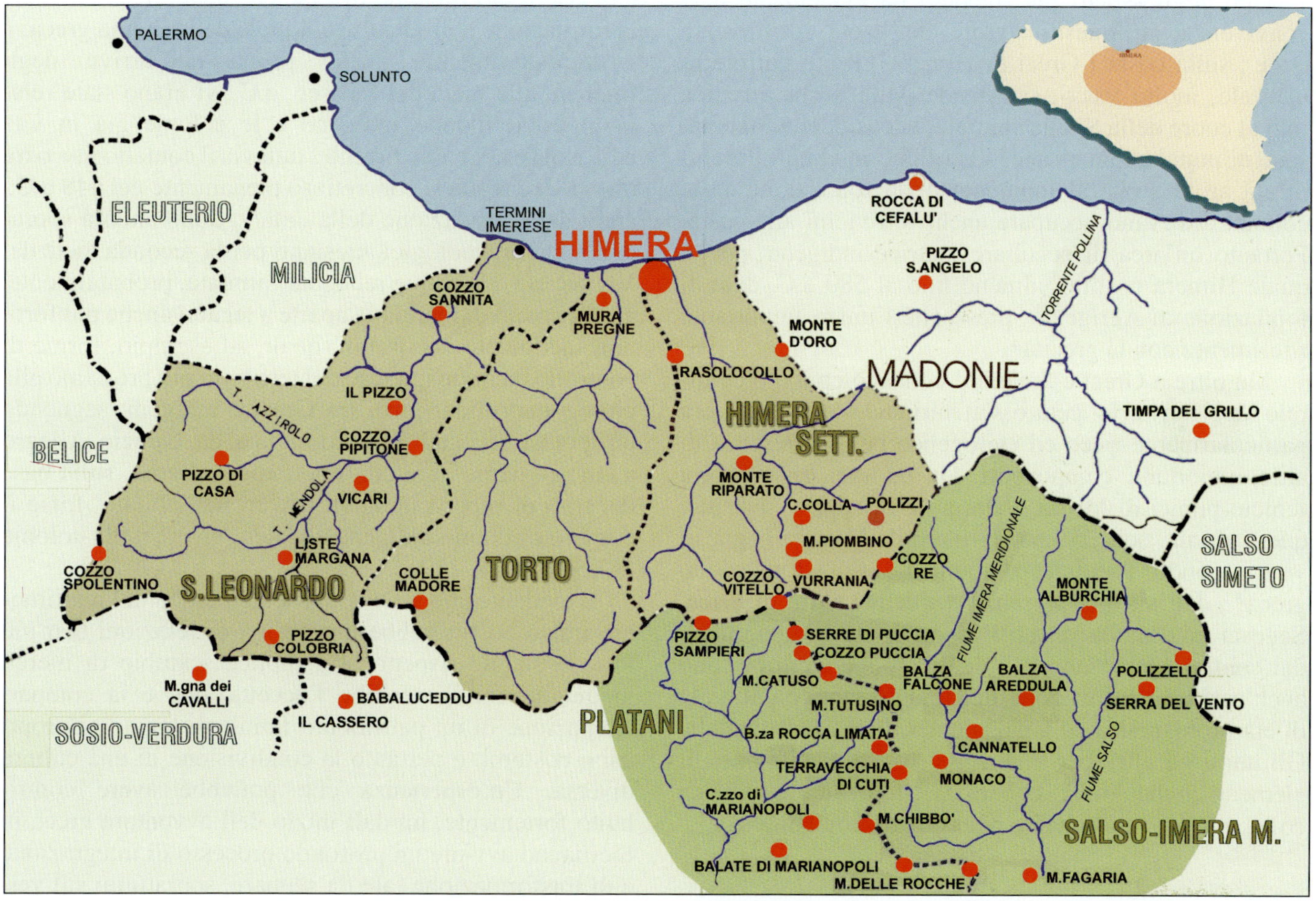

Fig. 29. Sicilia centro-settentrionale con i principali insediamenti di età arcaica e classica.

Una tradizione ormai più che decennale di studi e di ricerche condotte a vari livelli nel territorio della Sicilia centro-settentrionale ha consentito di porre le basi per l'analisi delle tematiche legate alle trasformazioni, in età arcaica e classica, del tradizionale tessuto indigeno di fronte agli stimoli ed all'immissione dei nuovi elementi politici e culturali determinati dall'arrivo e dal radicamento, in terra siciliana, dei coloni greci[1]. Il più delle volte si è trattato di indagini di limitata estensione e senza il carattere della continuità, tuttavia, esse hanno consentito di potere avanzare ipotesi, per tanti aspetti attendibili, su una fase storica che ha profondamente modificato le vicende del popolamento antico nell'isola.

L'area in questione è l'entroterra situato all'interno della fascia costiera tirrenica, nel tratto compreso tra Solunto ad Ovest e Cefalù ad Est, con al centro la colonia di Himera (**fig. 29**). Una regione alquanto mossa nel

1 Un quadro generale aggiornato sulle trasformazioni del mondo indigeno siciliano è in Albanese 2003 ; in particolare, per la Sicilia centro-settentrionale si può partire da : Sicani ; *Himera III1 ; Himera III2* ; Spatafora 1996a ; Vassallo 1996, Belvedere 2001.

suo aspetto morfologico, caratterizzata da un articolato e complesso sistema di vallate tra le quali le principali sono quelle dei fiumi Imera Settentrionale, San Leonardo e Fiume Torto. In continuità geografica con questa zona prenderò in considerazione anche alcuni centri situati sul versante mediterraneo dell'isola, nelle alte vallate dei fiumi Imera Meridionale e Platani, dal momento che tali insediamenti appaiono, da tanti punti di vista, strettamente collegati con il versante tirrenico.

Uno degli aspetti più rilevanti da evidenziare è la convivenza, in questo settore dell'isola, di diverse etnie ; sulla costa i Greci di Himera[2], il cui entroterra naturale, molto vasto, si estende dalla costa tirrenica fino al cuore della Sicilia centrale, la cosiddetta Sikanìa, sede di popolazioni sicane[3] distribuite in abitati fiorenti in età arcaica che al momento della fondazione della colonia dovevano occupare anche siti vicini alla costa. Pertanto un'area di peculiare matrice indigena, per la quale Himera costituì, almeno fino al 580 a.C. data di fondazione di Agrigento, pressoché l'unico importante riferimento con la grecità[4].

Ma oltre a Greci e Sicani, il contesto etnico e culturale del territorio centro-settentrionale dell'isola era particolarmente ricco ed eterogeneo per la presenza di altre importanti componenti. Da un lato gli emporia fenicio-punici di Mozia, Palermo e Solunto – distante, quest'ultima, soli 25 km via mare da Himera – già in vita, secondo Tucidide, al momento della fondazione greca[5] ; dall'altro la presenza dei centri elimi di Erice, Segesta ed Entella, inseriti in un contesto geografico dai confini ancora non ben definiti[6], che contribuirono anch'essi alla formazione del tessuto storico/culturale di età protoarcaica ed arcaica della Sicilia Occidentale. Gli uni e gli altri, per tradizione storica e sulla base di elementi archeologici, ebbero in età arcaica e classica collegamenti, non soltanto occasionali, con Himera.

È probabilmente anche a causa di questa rilevante e delicata posizione strategica che davanti alle mura di Himera, nel 480 a.C, venne combattuta la più importante battaglia in Occidente tra una coalizione di poleis greche (Siracusa, Agrigento ed Himera) e i Cartaginesi[7].

Il territorio della Sicilia centro-occidentale costituisce, pertanto, una realtà archeologica privilegiata per lo studio delle tematiche relative ai rapporti tra popolazioni indigene e Greci , e per la ricerca su quei fenomeni di contatto e di confronto tra etnie diverse che hanno caratterizzato la formazione dell'identità culturale della Sicilia greca.

Verosimilmente, anche prima dell'arrivo degli Imeresi, alla metà del VII sec. a.C., vi erano state relazioni tra il mondo indigeno e le colonie già in vita nell'isola e nel basso tirreno ; tuttavia il contatto fisico tra queste due realtà si concretizzò pienamente nel 648 a.C., anno della fondazione della citta[8] . Sono ancora sporadici i dati archeologici attestanti per la seconda metà del VII sec. a.C. le prime relazioni, limitate, probabilmente, allo scambio di merci ma aperte a legami anche più forti, non facilmente decifrabili, quali, ad esempio, forme di controllo da parte imerese del territorio più prossimo alla città o matrimoni misti tra Greci e indigeni, seguendo un'ipotesi recentemente formulata da Nunzio Allegro a cui possiamo dare credito, come vedremo, sulla base del tipo di reperti indigeni trovati nell'abitato, forse il corredo di donne indigene andate a vivere nella colonia (Allegro 2008, 219).

È evidente che, se così fosse, la pratica del matrimonio misto costituirebbe una forma di relazioni ben più forte e stabile rispetto al semplice scambio di merci, in quanto configurerebbe l'accettazione e la compartecipazione di un patrimonio familiare legato ai propri usi e costumi, e pertanto la condivisione di una cultura diversa. Un'esperienza che potrebbe avere contribuito fortemente, fin dall'inizio dell'avventura greca in Sicilia, ad avviare un profondo processo di integrazione e di trasformazione tale da segnare, soprattutto sul versante dei popoli indigeni, rapidi e definitivi cambiamenti di secolari e consolidate tradizioni culturali (Albanese 2003, 142-143, 229-230).

Un fenomeno più ampio, collegato all'assetto generale del territorio, è quello che riguarda le forme dell'insediamento indigeno ; nonostante le indagini nell'entroterra siano al momento limitate prevalentemente a ricognizione di superficie, si va delineando con chiarezza un quadro del popolamento caratterizzato da centri situati in posizioni d'altura, con decise caratteristiche naturali difensive. Al momento, questo fenomeno

2 Una peculiare caratteristica di Himera è la sua localizzazione, in un'area molto distante dalle coste sul mar Ionio e sul Mediterraneo, privilegiate dalla colonizzazione greca ; essa fu, pertanto, la più isolata colonia siceliota, quasi "solitaria" sulla costa tirrenica della Sicilia. Su questo aspetto vedi Bonacasa 1992, 322 ; sulle ricerche ad Himera, con bibliografia aggiornata, vedi : Allegro 1999 ; Vassallo 2005. Osservazioni a carattere storico su questo aspetto sono in Anello 1999.

3 Sulle problematiche archeologiche degli indigeni in quest'area vedi : La Rosa 1989, 61-69.

4 Una sintesi sull'entroterra imerese in età arcaica è in Vassallo 1996.

5 Prime valutazioni sull'entroterra di queste città puniche sono in Greco 1997 ; Spatafora 2000.

6 Nonostante tentativi di definire dei confini precisi all'area elima (Nenci 1989, 25 ; De Vido 1997, 300-368) ogni ipotesi a riguardo ci pare prematura, cfr. Vassallo 1989, 65, nota 40.

7 Per un'analisi di questa fase storica dell'isola cfr. Musti 1990.

8 Tale data (Diod. XII, 62, 4) ha trovato conferme archeologiche, cfr. Vassallo 1997a, 86-87 ; Allegro 2008, 212.

di aggregazione della popolazione verso luoghi alti e strategicamente rilevanti sembra avere avuto un apprezzabile incremento proprio dopo la seconda metà del VII sec. a.C. ; esso si consolidò, tuttavia, nel corso del VI sec. a.C, in modalità di organizzazione dell'abitato che possiamo definire come forme di proto-urbanizzazione delle comunità indigene (Vassallo 2009a, Spatafora 1996a, 191 ss.). I motivi che determinarono tali trasformazioni del sistema insediativo vanno probabilmente letti in relazione all'arrivo dei coloni greci sulla costa e al nascere di nuovi equilibri con le popolazioni indigene.

È significativo, a riguardo, il fatto che una delle rare fortificazioni esplorate, a Terravecchia di Cuti, un grande abitato nell'alta valle dell'Imera Meridionale, sia stata realizzata nel corso del VI sec.a. (Militello 1960, Vassallo 1990, 39-69) ; oppure che a Monte Maranfusa, insediamento della vallata del Belice , sia documentato, alla fine del VII sec. a.C., un arroccamento dell'abitato in posizione più elevata (Spatafora 2003, 65-66). L'organizzazione, o la riorganizzazione, degli spazi abitativi è un fenomeno che coinvolse gran parte del territorio siciliano e nei pochi casi documentati si coglie, oltre che nella sistemazione degli impianti difensivi o nelle modifiche dell'assetto urbano, anche nella tipologia delle case, con l'adozione diffusa di moduli rettilinei[9].

Purtroppo, se si esclude una nota iscrizione di Samo, che ci informa di una guerra vinta, poco prima della metà del VI sec. a.C., dagli Imeresi sui Sicani (Dunst 1972, 100-101. Manganaro 1965, 163-178.), non abbiamo altre fonti antiche significative per decifrare le modalità e i tempi del rapporto tra indigeni e Himera nella Sicilia centro-settentrionale. Pertanto, l'approccio a queste tematiche si basa fondamentalmente sulle indagini archeologiche e sul confronto parallelo tra la circolazione dei prodotti indigeni nei contesti coloniali da un lato, e di quelli di produzione greca negli abitati indigeni dall'altro.

Il versante greco : i materiali indigeni ad Himera

L'abitato imerese ha restituito numerosi oggetti di provenienza indigena ; nella città bassa, dove le indagini in contesti dell'abitato arcaico sono ancora all'inizio[10], in tre saggi stratigrafici aperti in punti diversi, sono stati rinvenuti frammenti di ceramica arcaica indigena con decorazione dipinta ed una fibula di bronzo di tipo indigeno-siciliano, cosiddetto di Finocchio, databile nel VII sec. a.C. (Vassallo 2009b) (**fig. 30**), inoltre dall'area circostante il Tempio della Vittoria è da tempo nota una brocchetta a decorazione dipinta (Bonacasa 1976, 635, n. 21 ; Vassallo 2003, 1347).

Per i rinvenimenti di ceramica indigena nella città alta, si rimanda al contributo di Nunzio Allegro[11] ; segnalo soltanto che sono documentati vasi relativi a forme semplici e di uso domestico (scodelle, anfore, orci o coppette) databili tra la seconda metà del VII e il primo venticinquennio del VI sec. a.C., con un interessante quadro distributivo, che investe tutti i settori degli isolati I-III (Vassallo 2003, Tav. CCXXXI,1), anche se in quantità non molto consistenti (Allegro 2008, 218-219.). A questo proposito bisogna però considerare che il dato potrebbe essere falsato dalla scarsa conoscenza negli anni settanta del secolo scorso della ceramica indigena e dalla difficoltà, quindi, da parte degli scavatori a riconoscere i frammenti di ceramica dipinta, molto più comune e diffusa di quella a decorazione impressa e incisa[12] come ormai accertato nelle indagini in centri indigeni[13]. Tale supposizione – sostenuta dal fatto che nella pubblicazione degli scavi dell'abitato sono presentati esclusivamente i frammenti più facilmente identificabili, quelli con decorazione impressa e incisa – fa pensare che la percentuale di ceramica indigena nell'abitato superiore possa essere ben più consistente di quanto finora ritenuto.

Nella stipe votiva del tempio A del santuario di Athena, in un contesto databile tra la fine del VII e la metà del VI sec. a.C., era presente una brocchetta di produzione indigena con decorazione dipinta[14]. Il significato di questa testimonianza è incerto, essa potrebbe, infatti essere stata offerta nel santuario da un Imerese o da una donna indigena sposa ad un greco, oppure da un indigeno in visita nella colonia ; in tal caso è evidente che l'interpretazione assumerebbe particolare interesse per la valenza del luogo di culto aperto anche alle popolazioni del territorio. Entrambe le spiegazioni sono plausibili e forse solo un approfondimento delle ricerche sul problema più generale degli indigeni ad Himera potrà darci maggiori certezze.

9 Un'ampia e recente panoramica di queste problematiche è in Albanese 2003, 146-163.

10 I dati più aggiornati sulle indagini nella città bassa sono in Vassallo 2009b.

11 *Infra* 511-519. Essi provengono quasi esclusivamente dagli strati inferiori delle case, precedenti la ristrutturazione urbanistica arcaica avviata a partire dal secondo quarto del VI sec. a.C. (Allegro 1997, 73-78 ; 1999, 282-292) ; valutazioni preliminari sulla ceramica indigena nell'abitato sono in Vassallo 2003, 1346-1351 e Allegro 2008, 218-219.

12 Ciò appare evidente in due dei siti indigeni della Sicilia centro-settentrionale maggiormente noti, Monte Maranfusa (*Monte Maranfusa*, 109-228) e Colle Madore (*Colle Madore*, 122-159).

13 *Himera I*, 278-292 ; *Himera II* : 69-70, 177-178, 319-320, 433-434.

14 Bonacasa 1970, 104, Ac.117 ; Vassallo 2003, 1346-1347.

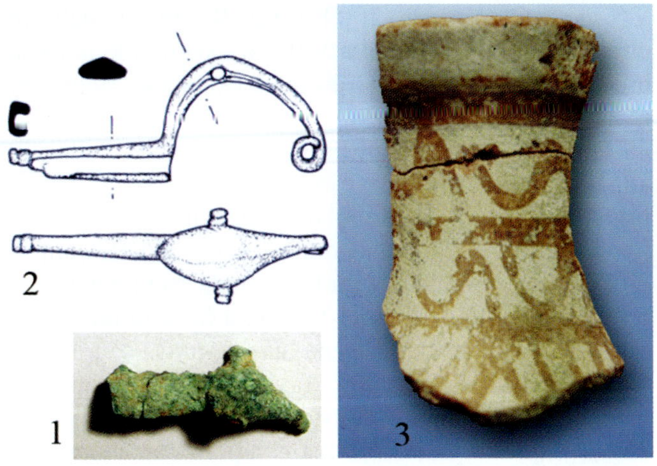

Fig. 30. Himera, città bassa : 1 - saggi stratigrafici nello stenopos 6 ; fibula bronzea tipo finocchito ; 2 - fibula bronzea tipo finocchito da Colle Madore ; 3 - isolato XII (scavo Cancila) collo e orlo di bocchetta indigena con decorazione dipinta.

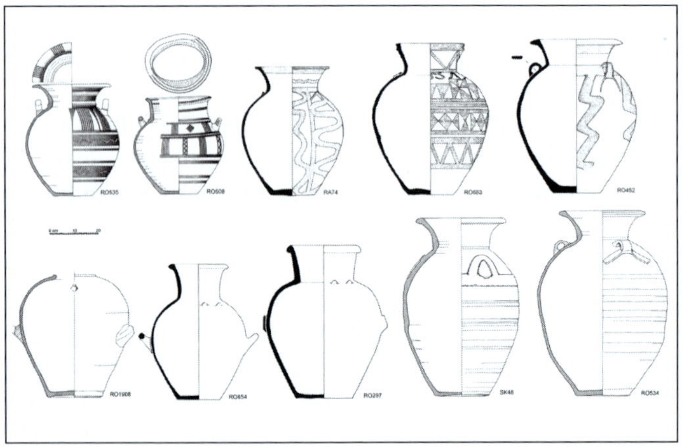

Fig. 31 Himera, necropoli orientale, contenitori di produzione indigena.

Le necropoli imeresi hanno restituito un discreto complesso di vasi di produzione indigena, quasi sempre di medie e grandi dimensioni e con decorazione dipinta, impiegati nelle tombe del tipo ad enchytrismos (**fig. 31**). Agli esemplari già da tempo noti della necropoli orientale (Vassallo 2003, 1344-1346 ; 2002, 50-54.), altri, ancora inediti, se ne sono aggiunti negli scavi realizzati nel 2008 nella necropoli occidentale (**fig. 32**) ; complessivamente, ne sono stati riconosciuti almeno 18. Va precisato che in nessuna di queste tombe vi sono elementi che le possano connotare come sepolture di tipo o di rito indigeno, essendo pienamente compatibili con la tradizione greca della necropoli. Il loro impiego nella necropoli, sembra, pertanto, casuale ; i vasi, arrivati dall'entroterra come contenitori probabilmente per il trasporto di prodotti agricoli, dopo il loro uso in contesti domestici, con funzione di immagazzinamento e conservazione, venivano sfruttati nelle deposizioni funerarie, analogamente a quanto bene attestato per altri contenitori, quali, ad esempio, le anfore da trasporto greche, puniche o etrusche, di cui vi è nelle necropoli imeresi ampia testimonianza (Vassallo 1999b).

I vasi si datano tra la seconda metà del VII e la prima metà del VI sec. a.C. o poco oltre. Sono documentati soprattutto pithoi, alti mediamente tra 50 e 70 cm, di tipologie ben note nei centri indigeni, soprattutto della Sicilia centrale. Da segnalare, anche, una pignatta, modellata a mano, caratteristica dei siti indigeni della Sicilia centro-occidentale[15].

Nel complesso, i materiali indigeni rinvenuti in diversi settori della colonia – abitato, necropoli, area sacra – offrono stimolanti spunti per formulare, dal punto di vista imerese, ipotesi su modi, tempi e significati dell'incontro tra Greci e indigeni.

Un primo motivo di riflessione è quello cronologico : la circolazione ad Himera di prodotti indigeni si inquadra prevalentemente nella prima fase di vita della colonia, tra la fine del VII e la prima metà del VI sec. a.C. ; in particolare, nelle case della città alta, entro i primi venti/trenta anni di questo secolo. Pur se la prudenza invita a non fissare termini cronologici troppo precisi per questa ceramica, è però plausibile che fin dai tempi della prima generazione circolassero nella nuova città materiali importati dall'entroterra, frutto di rapporti precoci avviati con la popolazione sicana. La presenza di tali prodotti si andò gradualmente rarefacendo nel corso della seconda metà del VI sec. a.C., e non è più attestata in contesti di V sec. a.C. Tale riduzione non va spiegata con una diminuzione dei rapporti con gli indigeni, bensì risponde ad un'ormai ben documentato drastico calo, nel V sec. a.C., della produzione indigena negli stessi centri dell'entroterra (Spatafora 1996b ; 2003, 155, Tardo 1999, 158) sostituita o da prodotti importati dalle colonie o dall'imitazione locale di forme e di tipi di ascendenza greca. Una perdita graduale della tradizione ceramica indigena che come vedremo rispecchia bene la progressiva trasformazione culturale del mondo indigeno verso il modello greco, parallelamente al crescere di forme di controllo "politiche" del territorio più forti e dirette da parte di Himera, ma certamente, dopo la metà del VI sec. a.C., anche di Agrigento (Vassallo 2000).

Secondo aspetto da evidenziare è la possibilità di localizzare per alcuni di questi vasi, sulla base della sintassi decorativa e delle forme, l'ambito territoriale di provenienza, e, pertanto, avere indizi attendibili su alcune delle direttrici dello scambio di merci tra Greci ed indigeni[16].

15 Vassallo 2002, 50, n.83. Su questa tipologia vedi Valentino 2003, 256-262.

16 L'individuazione di centri o aree di produzione di questa

Fig. 32. Himera, necropoli occidentale, contenitori di produzione indigena.

Nel caso della brocchetta dipinta della stipe votiva del tempio A vi sono precisi confronti con materiali rinvenuti in alcuni centri indigeni dell'area centrale dell'isola, come Monte Alburchia, Sabucina e Relamese, nell'alta valle del fiume Salso/Imera Meridionale (Vassallo 2003, 1346-1347). Per il motivo a croce di Malta raffigurato nel pithos della tomba RO683, uno schema analogo è in ceramiche da Balate di Marianopoli e da Sutera, insediamenti dell'area sicana tra la vallata del Salso Imera e quella del Platani (Vassallo 2003, 1345). Nel caso del motivo ad onda presente su più pithoi (**fig. 31**, RA741, RO452 ; **fig. 32**,1), i confronti si allargano, invece, ben oltre i limiti della Sicilia centrale fino a Butera (nei pressi di Gela) e Maranfusa (Valle del Belice) (Vassallo 2003, 1344-1345). Su un altro pithos, è presente una peculiare risega, nella parte inferiore del corpo (**fig. 32**,3), al momento attestata soltanto in frammenti di grandi contenitori, probabilmente larghi scodelloni, rinvenuti nell'area dell'alta vallata dell'Imera Meridionale, a Terravecchia di Cuti, Monte Chibbò, Monaco, Serra di Puccia e Cozzo Puccia (Vassallo 1990, 35, 82, 99 ; Burgio 1989, 69, 83).

I materiali indigeni trovati ad Himera sono, pertanto, prevalentemente riferibili ad uno specifico contesto geografico di produzione, l'area della Sicanìa tra l'alta e media vallata del Salso Imera e quella del Platani ; un territorio ricco di risorse naturali differenziate e di terreni ideali per lo sfruttamento agro-pastorale. Un'area che costitui l'ovvio sbocco all'interno dell'isola per i coloni Imeresi, ma, soprattutto che fu sede di numerosi ed importanti grandi centri indigeni, fiorenti in età arcaica [17]. Ed è verso questa direttiva, attraverso le vallate dei fiumi Imera Settentrionale, Torto e San Leonardo, che si dovette presto concentrare la spinta commerciale e culturale della nuova colonia.

Un terzo elemento di interesse è offerto dalla tipologia dei materiali : sono infatti documentati grandi contenitori, soprattutto dalla necropoli, attestando, pertanto, un dinamico scambio di merci con l'entroterra, finalizzato anche al sostentamento della città. Accanto a questi contenitori, nei contesti abitativi sono ampiamente diffusi anche vasi domestici di uso comune, che insieme all'isolato rinvenimento di una fibula bronzea indigena, potrebbero fare supporre, per l'età arcaica, anche una presenza fisica di indigeni nella colonia, non facile da decifrare nei modi e nell'entità, da estendere probabilmente al caso di matrimoni misti di cui si è detto prima.

Tutti questi elementi aprono interessanti prospettive nella lettura dei rapporti tra Himera e il suo entroterra. In primo luogo, per motivi storici ed archeologici, sembra

ceramica sia a decorazione dipinta (Trombi 1999), sia impressa (Spatafora 1996b) è ancora assai problematica, e costituisce uno degli ostacoli principali ad una corretta valutazione riguardo anche alla sua distribuzione e pertinenza etnica.

17 La conoscenza di quest'area è legata soprattutto a lavori di ricognizione, che grazie all'impegno di Oscar Belvedere coordinatore di un gruppo di ricerca in tal senso (*Himera III1* ; *Himera III2*) e ad altri studi (Vassallo 1989 ; Burgio 2002a) hanno dato primi utili risultati per una lettura complessiva di questi fenomeni.

da escludere ad Himera l'esistenza, prima della fondazione della colonia, di un insediamento indigeno, come invece è attestato per altre apoikiai siceliote, ed il caso più noto è quello di Siracusa [18]. Pertanto, i materiali indigeni arrivarono nella città solo dopo la sua fondazione, a testimonianza dei primi e precoci contatti instauratisi tra i nuovi coloni greci e le popolazioni indigene già insediate in abitati consolidati, come poteva essere, ad esempio Mura Pregne (Ghizolfi 1993, Di Stefano 1984) o in insediamenti rurali sparsi nelle campagne. D'altro canto, la prosperità di cui godette la colonia in età arcaica (Vassallo 2005, 28-32. Anello 1999, 108-109), oltre che scaturire dalle dinamiche produttive ed economiche interne alla polis e dalle attività agro/pastorali sviluppatesi nel territorio più vicino alla sede della città, doveva essere anche il frutto delle modalità d'inserimento e di radicamento in quella più ampia porzione di territorio che gravitava intorno al sito coloniale. Un buon equilibrio tra capacità di relazione, a vari livelli, con le popolazioni indigene e, allo stesso tempo, il mantenere vitali gli scambi e i contatti, via mare, con i centri più attivi del Mediterraneo, non poteva che risultare vantaggioso per il rapido sviluppo della città e per l'instaurarsi di armoniosi e profondi legami, anche culturali, con le popolazioni indigene.

Il versante indigeno

Se lasciamo la colonia e cerchiamo, invece, di leggere il fenomeno del rapporto tra Greci e popolazioni locali guardando ai risultati delle indagini nei centri indigeni, appare più facile ed immediata la possibilità di isolare e riconoscere parametri ed elementi "culturali" di matrice greca, che possano fornire indizi più precisi ed attendibili sulla progressiva trasformazione di queste comunità verso i nuovi modelli provenienti dalla sfera coloniale.

La possibilità di identificare con certezza nei contesti locali i materiali o gli elementi culturali greci, tanto peculiari rispetto agli standard degli insediamenti indigeni, è da sempre un fattore determinante e favorevole negli studi sui processi di "ellenizzazione" del mondo indigeno. Nei tanti centri dell'entroterra, anche quando noti soltanto da ricognizioni di superficie, è possibile, in qualche modo, avere la misura dei progressi e delle trasformazioni delle comunità sicane verificatesi con la graduale penetrazione di nuovi oggetti, tecniche e prodotti artistici, veicolati dai Greci in un sistema di relazioni complesso e graduale, ma in ogni caso dirompente e profondamente rivoluzionario per il tradizionale contesto di queste comunità.

Le ceramiche di produzione o di ispirazione greca, le tipologie e i riti funerari, le diverse forme e tecniche nell'edilizia domestica, negli edifici sacri e nelle opere di difesa, sono chiari indicatori che consentono di seguire i cambiamenti generati dal contatto tra le due genti, a partire dalla seconda metà del VII e progressivamente attraverso il VI e sino alla fine del V sec. a.C. [19], allorché, per tanti aspetti, tale processo si è ormai talmente consolidato da mostrarci un volto di questi centri e di queste comunità sempre più somigliante ai modelli greci. Un cambiamento molto profondo e duraturo, che sarà ancora più palese nel corso del IV sec. a.C., quando, in un clima di ripresa del sistema insediativo dell'entroterra, gli abitati manifesteranno un adeguamento alla grecità pressoché definitivo (Vassallo 2008, Vassallo 2009c).

Nell'area della Sicilia centro-settentrionale compresa nell'ambito dell'influenza culturale imerese, gli unici siti indigeni in cui sono stati realizzati scavi in contesti significativi di età arcaica e classica sono il Colle Madore, sullo spartiacque tra il versante tirrenico e quello mediterraneo (Colle Madore) e Terravecchia di Cuti, nell'alta vallata dell'Imera Meridionale (Militello 1960, Vassallo 1990, 39-69 ; Epifanio, 1993). Molti altri, comunque, sono noti da tempo grazie ad indagini di superficie ed hanno significativamente contribuito alla ricostruzione di questa fase storica (Vassallo 1996 ; Belvedere 2001) (**fig. 29**). Altrettanto rilevanti sono le indagini sistematiche condotte in insediamenti compresi in un'area più vasta e periferica rispetto a quella da noi considerata, anch'essi ci consentono di valutare meglio la portata del fenomeno del rapporto Greci/indigeni, oltre a fornirci, in taluni casi, diretti riferimenti alla specifica influenza di Himera. Ricordo le ricerche realizzate a Balate di Marianopoli e Polizzello (Vallata del Platani), Sabucina (Valle del Salso-Imera), Monte Iato, Monte Maranfusa ed Entella (Valle del Belice) e sulla Montagnola di Marineo (Vallata dell'Eluterio) [20].

18 L'ipotesi di un insediamento indigeno pre-coloniale sostenuta in Castellana 1980, è poco probabile, cfr. Vassallo 2003 ; Allegro 1999, 271. Per Siracusa vedi, tra tanti : Voza 1979, 656-657.

19 Gli anni finale del V sec. a.C. – con la conquista cartaginese di Selinunte, Himera, Agrigento e Gela, le colonie protagoniste delle tra-sformazioni del mondo indigeno nella Sicilia centrale ed occidentale – segnarono anche il crollo di un'influenza culturale e politica greca, che aveva dato vita in questi territori a tanti e profondi cambiamenti. Trasformazioni profonde che tuttavia caratterizzarono nei secoli successivi le strutture sociali, politiche ed economiche delle comunità dell'entroterra. Utile a riguardo è il recente : *Diodoro Siculo*.

20 Per una bibliografia aggiornata su questi centri vedi : su Balate di Marianopoli Fiorentini 1985 ; su Polizzello e Sabucina, con bibliografia precedente, rispettivamente Polizzello e Sabucina ; sulla vallata del Belice Spatafora 1996a ; su Maranfusa Spatafora 2003 ; sulla Montagnola di Marineo Spatafora 2002a.

L'elemento "diagnostico" più significativo è costituito dalla ceramica greca, la cui interpretazione, tuttavia, non sempre è stata sufficientemente valutata per quanto riguarda l'identificazione del centro di produzione e, soprattutto, le modalità del trasporto e di chi lo gestiva. Tale problema è particolarmente evidente in un'area come quella della Sicilia centro-settentrionale, estremamente complessa in età arcaica per la presenza, accanto alla componente greca – sostanzialmente Himera, Selinunte ed Agrigento – di quella fenicio-punica (Palermo e Solunto) che dovette indubbiamente avere autonomi ed intensi rapporti con i fiorenti insediamenti indigeni dell'entroterra.

La circolazione negli insediamenti indigeni della Sicilia centro-settentrionale di materiali coloniali, o importati dalla Grecia continentale e insulare, inizia intorno alla fine del VII – inizi VI sec. a.C. ed è documentata, inizialmente, soprattutto dalle coppe ioniche, la forma più diffusa in età arcaica e la cui circolazione si andò progressivamente incrementando sino alla fase tardo-arcaica. I più antichi esemplari, del tipo B1, sono ormai attestati in diversi centri dell'entroterra imerese, ed è interessante notare che essi sono presenti non soltanto in contesti abitativi, come, ad esempio, Colle Madore, Cozzo Tutusino, Terravecchia di Cuti, Serra di Puccia o Montagna dei Cavalli [21], ma anche in insediamenti minori, a carattere rurale, come suggerito dal rinvenimento sporadico di un frammento di coppa B1 (per altro di probabile produzione imerese) nel sito ancora inesplorato di Santa Domenica, nelle campagne di Vicari, lungo la valle del San Leonardo (Vassallo 1999a, 319, n.27). Pertanto, sin dalla fine del VII sec. a.C., poco tempo dopo la fondazione di Himera, si attivarono canali di scambio, alimentati dall'interesse dei Greci per lo sfruttamento di risorse locali e allo stesso tempo da un veloce adeguamento ed apprezzamento dei prodotti greci da parte delle genti sciane ; ne scaturì una circolazione nel territorio di materiali greci sempre più intensa nel corso del VI sec. a.C., come ben evidenziato dal progressivo incremento quantitativo di importazioni negli abitati indigeni oltre che delle citate coppe ioniche (soprattutto di tipo B2) anche di tante altre forme ormai ben documentate ed uniformemente distribuite, in un fenomeno ben più generale che coinvolse l'intero entroterra siciliano [22].

Fig. 33. Vasi indigeni dipinti con soggetti umani : 1 - disegno di un vaso nell'archivio disegni della Soprintendenza di Palermo ; 2 - da Polizzello ; 3 - da Monte Iato.

La misura del graduale e profondo cambiamento nell'ambito della cultura materiale indigena, a favore dell'accettazione delle novità portate dai coloni greci, può essere valutata anche dal fatto che, parallelamente all'intensificarsi di importazioni, vi fu un progressivo impoverimento quantitativo e qualitativo della tradizionale ceramica indigena a decorazione impressa, incisa e dipinta, vitale sino ad età tarda arcaica, ma che si spense rapidamente nel corso del V sec. a.C. fino ad esaurirsi del tutto. Di certo, la migliore qualità e il più ricco apparato decorativo e formale della ceramica greca ebbero il sopravvento sui prodotti locali, sostituendosi nel gusto della popolazione locale al tradizionale ma limitato repertorio vascolare indigeno, incapace di rinnovarsi e contrapporsi ai vasi greci. In questo senso sono significativi i tentativi dei ceramisti indigeni di innovare le proprie produzioni immettendo elementi copiati dai vasi greci. Lo si vede, ad esempio, nei rari esemplari di prodotti indigeni decorati con figure umane, come quelli di Polizzello o di Monte Iato, in contesti territoriali entrambi prossimi all'entroterra imerese (Vassallo 1999c ; Albanese 2003, 196-197) (**fig. 33**), oppure con figure di uccelli a silhouette rappresentate in vasi dell'area dell'alta e media valle del Salso-Imera (Vassallo 1990, 80, n.358 ; Fiorentini 1985, 50-51). Ancora più indicativi a riguardo sono i vasi indigeni figurati ispirati più da vicino ai modelli

---

21 Per Colle Madore : Tardo 1999, 168-169 ; per Cozzo Tutusino : Vassallo 1990, 41 ; per Serra di Puccia Burgio 1989 ; per Montagna dei Cavalli : Vassallo 1997b, 300.

22 Per un panorama delle più frequenti tipologie di materiali greci importati negli insediamenti indigeni sono sufficientemente esemplificativi i casi di Colle Madore (Tardo 1999, 162-198) e di Monte Maranfusa (Denaro 2003). Limitatamente alle coppe ioniche, vedi un recente contributo (Tardo 2004) sugli esemplari della stipe votiva del tempio A di Himera, utile anche per individuare eventuali coppe di produzione imerese nel territorio, come nel caso di Colle Madore, dove esse sono bene attestate (Tardo 1999, 163-169).

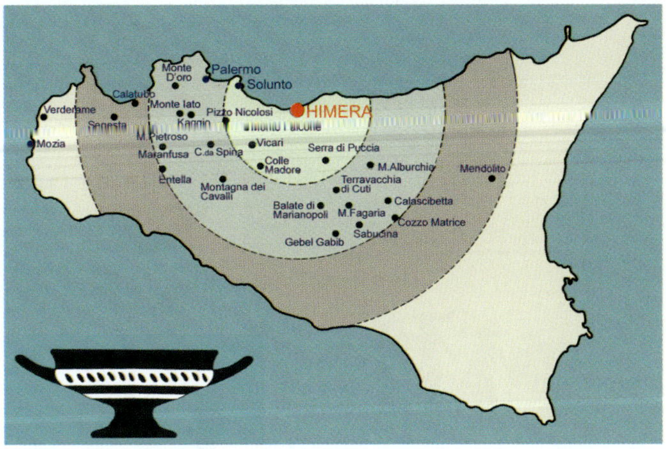

Fig. 34. Area di diffusione della coppa di produzione indigena tipo Iato K480.

Fig. 35. Prese di bacini decorate con teste di gorgone di produzione imerese.

greci, come nel caso delle imitazioni dei crateri corinzi, noti nella Sicilia centrale, ma rinvenuti anche in alcuni siti dell'entroterra imerese : Terravecchia di Cuti, Balate di Marianopoli e Colle Madore [23].

Nel quadro ancora del tutto preliminare della diffusione e distribuzione in età arcaica di prodotti greci in contesti indigeni, un'importante chiave di lettura è fornita dalla possibilità di attribuirli alla produzione di una specifica colonia. Himera da questo punto di vista offre alcuni interessanti casi di oggetti realizzati nelle proprie officine, rinvenuti in siti indigeni, che consentono di proporre una prima carta della distribuzione. Per la ceramica ricordo il caso delle coppe tipo Iato K480, variante imerese delle coppe tardo arcaiche (un ibrido tra coppa ionica B2 e band cup attica) la cui diffusione copre, significativamente, un ampissima area della Sicilia, che ha il suo centro ad Himera (Vassallo 1999a, 199-202, con bibl. precedente) (**fig. 34**).

La certezza di una "ellenizzazione" dei centri indigeni di matrice specificatamente imerese, che non si limitò nel VI sec. a.C. alla circolazione di prodotti di uso comune, è data anche dalla presenza di altri materiali realizzati nella colonia, orientati a soddisfare esigenze diverse. Recentemente sono stati riconosciuti a Colle Madore e da tempo erano noti a Terravecchia di Cuti, esemplari di cosiddetti bacini/mortai con motivo decorativo plastico di teste di Gorgone sulle prese [24] (**fig. 35**). Sempre in questo centro, il sacello arcaico di seconda metà VI sec. a.C. era decorato con antefisse a palmetta pendula di tipo campano importate da Himera (Vassallo 1999a, 209-211), da cui proveniva anche un'antefissa silenica trovata a Serra di Puccia (Burgio 2002b, 183, 218).

La circolazione nel territorio di prodotti di artigianato artistico greco dovette costituire anche un importante punto di riferimento per gli indigeni nella scelta di nuovi temi e motivi figurativi, contribuendo ad innescare nelle loro officine un processo di imitazione di prodotti, più o meno riusciti dal punto di vista formale. Si veda il caso di due antefisse a maschera gorgonica rinvenute a Terravecchia di Cuti (**fig. 36**), che rivelano da un lato il preciso riferimento a modelli greci, dall'altro una non ancora matura capacità espressiva nella forma [25].

Nel V sec. a.C. in un quadro politico che, soprattutto dopo la battaglia di Himera del 480 a.C., rivela un controllo sempre più diretto dell'area centrale dell'isola da parte greca, principalmente ad opera di Agrigento, l'importazione di prodotti artistici coloniali nel nostro territorio, si moltiplicherà ; lo si vede bene, ad esempio, nella circolazione di terracotte figurate di matrice prevalentemente agrigentina, ma anche imerese e geloa, che ha un importante testimonianza nei rinvenimenti nel santuario extraurbano di Terravecchia di Cuti, dove sono anche attestate, purtroppo solo a livello frammentario, diverse grandi sculture fittili, pienamente greche, di V sec. a.C. (Epifanio, Vassallo 1985, con bibl. precedente) (*infra*, **fig. 38**)

---

23 Terravecchia di Cuti : Vassallo 1990, 59, n.32 ; Balate di Marianopoli crateri delle tombe 15, 21 24, in Fiorentini 1985 ; Colle Madore : Tardo 1999, 138. Vedi anche sul problema La Rosa 1971.

24 Vassallo 1999a, 217-220, che ritroviamo a Colle Madore, Terravecchia di Cuti e ora riconosciute anche a Mozia cfr. Famà-Toti 2005, 622-625.

25 Attualmente esposte nell'Antiquarium di Himera, la prima (Fig. 8,2) è in Vassallo 1990, 55, la seconda (Fig. 8,1) è inedita.

Fig. 36. Terravecchia di Cuti, abitato :
1 - frammento di antefissa con parte inferiore di volto di gorgone ;
2 - frammento di antefissa con testa di gorgone.

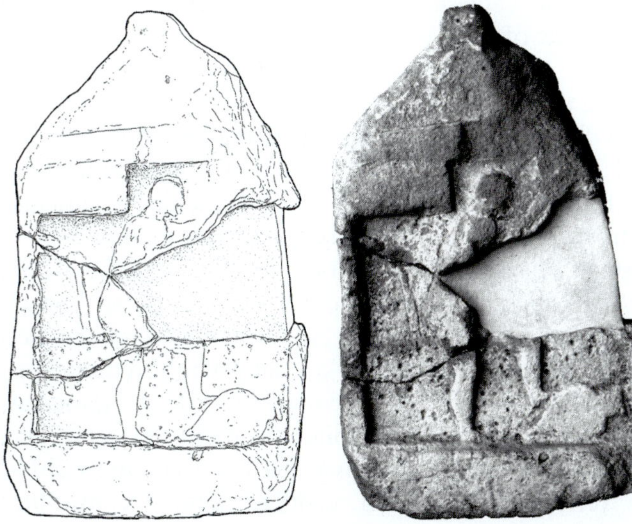

Fig. 37. Colle Madore : edicola con figura di Eracle (?) alla fontana.

Fig. 38. 1-3 - frammenti di sculture fittili di grande modulo dal santuario extraurbano di Terravecchia di Cuti ;
4 - frammento di base di scultura fittile da Capodarso.

Il profondo livello di assimilazione della cultura greca in ambito indigeno è ben esemplificato dall'area sacra messa in luce a Colle Madore, un contesto di scavo rilevante sia per il buono stato di conservazione delle strutture, sia per la ricchezza e qualità di dati, utili per potere tracciare attendibili linee di collegamento tra questo centro dell'area sicana e il mondo coloniale greco.

Sul ripido pendio meridionale del colle sono stati esplorati diversi ambienti che si snodano lungo un percorso in salita, al cui centro si trova un piccolo sacello. Il complesso, con destinazione sacra, realizzato nel terzo quarto del VI sec. a.C. e con segni di una violenta distruzione tra la fine del VI e gli inizi del V sec. a.C., mostra dirette connessioni, nell'impianto architettonico e nelle funzioni, con l'ambito greco (Vassallo 1999a, 29-68). Un legame che si manifesta in diversi aspetti :
– l'edificio, aperto a Sud, ha pianta rettangolare (circa 9 x 7 m) e tetto a spioventi con copertura di solenes e kalypteres con antefissa a palmetta pendula, di tipo campano, che hanno precisi confronti con Himera, da dove vennero verosimilmente importate[26].
– Nel deposito votivo di fondazione del sacello (terzo quarto del VI sec. a.C.) comprendente oggetti indigeni e greci, vi sono anche vasi di produzione imerese (Tardo 1999, 168-169, 178.).
– Alcuni muri di ambienti a valle del sacello hanno l'elevato in mattoni crudi su uno zoccolo di lastrine calcaree e paramenti rivestiti da intonaco parietale bianco, secondo una tecnica muraria estranea ai sistemi tradizionali indigeni, ma che ha stringenti confronti con l'edilizia imerese (Vassallo 1999a, 56-57).
– All'interno del sacello si sono rinvenuti numerosi grandi contenitori, tra cui anfore da trasporto greche e vasi indigeni con decorazione impressa e incisa o dipinta, ed un grande louterion, con probabile destinazione cultuale (Vassallo 1999a, 50-52). Tutti elementi che riportano a cerimonie e liturgie legate a liquidi (vino o più probabilmente acqua) su cui è difficile dare un'interpretazione convincente, ma che sembrano

26 Per la diffusione nel VI sec. a.C. di questa tipologia di sacello, di derivazione greca, in diversi abitati indigeni della Sicilia centro-occidentale, vedi Vassallo 1999a, 53 ; Albanese 2003, 216-218.

richiamare fortemente una sfera religiosa di ispirazione decisamente greca, a cui si collega anche il reperto più significativo trovato all'interno del sacello : un'edicola di pietra decorata a rilievo con figura virile nuda che abbiamo, sulla base di stringenti confronti iconografici, interpretato come Eracle alla fontana (Vassallo 1999a, 203-208 ; Marconi 1999). Questa edicola, probabilmente un oggetto di culto, oltre che rara testimonianza di rilievo figurato nell'intero panorama dei centri tardo-arcaici indigeni dell'isola, fornisce una palese attestazione della devozione tributata ad Eracle dagli abitanti di Colle Madore (**fig. 37**).

L'insieme di tanti elementi con forte riferimento alla cultura greca riflette una condizione dell'abitato indigeno di Colle Madore, dopo la metà del VI sec. a.C., notevolmente trasformata nei suoi valori tradizionali e volta all'accettazione di costumi e modi di vita provenienti dalle colonie.

Ben più difficile è comprendere le modalità che determinarono tali esigenze di cambiamento e se, ad esempio, oltre ad un'evidente influenza culturale, vi fosse anche una presenza fisica di Imeresi o un rapporto di dipendenza politica (Vassallo 1999a, 52-53, 68-71 ; Belvedere 2001, 741-742). Tuttavia, si tratta sempre di un abitato dalle forti radici indigene e la ristrutturazione dell'area sacra va interpretata nella più ampia prospettiva della circolazione, dell'influenza e dell'accettazione, presso la comunità locale, della religiosità greca.

Eracle ebbe particolare popolarità ad Himera : alle sue imprese era quasi certamente dedicato il ciclo delle metope arcaiche del tempio B, e quindi il culto pubblico ; inoltre, la presenza in ambito domestico di statuette fittili a lui dedicate è sintomo di una devozione diffusa ad ogni livello[27]. Ma anche il territorio imerese era in qualche modo legato al mito di Eracle ; sappiamo infatti da Diodoro Siculo (V, 3) che le ninfe fecero sgorgare nel territorio imerese acque calde perché l'eroe si riposasse nel suo percorso lungo la costa settentrionale dell'isola. È quindi probabile che gli Imeresi, oltre ad onorarlo pubblicamente nei propri santuari, ne alimentarono fin da età arcaica il culto e la devozione nell'entroterra, proponendolo come riferimento religioso agli indigeni, al fine di veicolare, attraverso il sentimento religioso e le pratiche cultuali, un più sostanziale patrimonio di cultura e di accettazione dell'elemento greco.

Eracle è un eroe che godette di particolare fortuna presso gli indigeni di Sicilia, come attestato dalle fonti storiche e archeologiche (Marconi 1999). La sua presenza nell'edicola di Colle Madore sembra così costituire, con maggiore evidenza di altri casi, una prova tangibile di come un culto, così fortemente greco, si sia propagato ed abbia trovato attestazione in edifici sacri sparsi del territorio più direttamente collegato alla colonia.

Con Colle Madore, l'unica altra certa testimonianza di aree di culto nel territorio della Sicilia centro-settentrionale è quella del santuario extraurbano dedicato a Demetra e Kore di Terravecchia di Cuti (Epifanio, Vassallo 1985 ; Belvedere 2001, 744-746), databile tra l'inizio e la fine del V sec. a.C., un probabile Thesmophorion che per caratterizzazione del luogo e tipologia dei materiali rinvenuti si può bene inquadrare nel solco della tradizione coloniale. Nessun elemento legato alle caratteristiche dell'organizzazione dell'area o ai materiali, è, infatti, direttamente riferibile a luoghi di culto di tradizione indigena, per lo meno alla luce delle attuali conoscenze.

Ci chiediamo quindi perché, alla periferia di un grande centro di origine indigena, nacque un santuario dov'erano venerate grandi statue di culto (**fig. 38**, 1-3) e portate offerte votive, rappresentate dalle terracotte figurate peculiari della religiosità greca. Probabilmente la sua realizzazione è da collegare ad un controllo politico da parte greca del territorio, in un periodo, agli inizi del V sec. a.C., in cui le conflittualità tra Greci, Punici ed Indigeni si andavano progressivamente accentuando, e trovarono il culmine nella spedizione Cartaginese del 480 a.C. e nella battaglia di Himera (Vassallo 2000, 995-997). Agrigento, agli inizi del V sec. a.C., sotto il tiranno Terone, si espanse verso Nord, nell'area sicana della Sicilia centrale, arrivando a controllare direttamente la stessa Himera tra il 490 circa e il 470 a.C. (Bonacasa 1992, 139-144). È probabile che molti dei centri indigeni lungo questa direttiva, tra cui l'anonimo abitato di Terravecchia di Cuti, caddero sotto il controllo di Agrigento, che potrebbe avere voluto ribadire la sua presenza con l'istituzione di luoghi sacri tali da costituire, da un lato l'affermazione di un forte potere politico sul territorio, dall'altro il sostegno a punti di riferimento per la religiosità delle popolazioni locali. In questo senso la scelta di Demetra e Kore appare maggiormente in sintonia con la sensibilità indigena, in quanto, come affermato da Rosa Maria Albanese si tratta di culti "maggiormente collegati alla terra e alla sua capacità fruttifera, che potevano essere compresi dai locali, identificandosi ideologicamente con precedenti pratiche religiose indigene" (Albanese 2003, 215).

Un'ulteriore conferma di ciò potrebbe essere l'individuazione, ipotizzata da Aurelio Burgio sulla base di indagini di superficie, di un santuario extraurbano, presso il centro di Cozzo Tutusino, poco a Nord di Terravecchia di Cuti, da riferire forse allo stesso ambito cultuale di Demetra e Kore (Burgio 2002a, 128, 150). Ricordo, infine, Capodarso, un insediamento situato in

27 Sulle metope cfr. Bonacasa 1970, 169-191. Per statuette di Eracle in contesti domestici vedi : Vassallo 2005, 68.

Fig. 39. Monte Chibbò, tomba a camera di tipo indigeno.

Fig. 40. Monte Chibbò, necropoli sud-ovest, tombe a fossa scavate nella roccia.

un contesto territoriale non distante da Terravecchia di Cuti, nella media vallata del Salso/Imera e compreso anch'esso, nel V sec. a.C., nella sfera culturale e politica di Agrigento Da questo sito proviene materiale votivo, tra cui una base di grande statua fittile (**fig. 38**, 4), che attesterebbe l'esistenza di un santuario, probabilmente intestato a Demetra, esterno all'abitato e pertanto con caratteristiche simili a quelli di Terravecchia di Cuti e di Cozzo Tutusino (Orlandini 1962, 107 ; *Sikania*, 385). L'analogia delle situazioni porterebbe a credere che la nascita di santuari alla periferia di abitati indigeni fosse in qualche modo prevista e programmata dai Greci, in modo da costituire, nel territorio, importanti segni di religiosità, accettati dalla popolazione locale, che potevano contribuire a determinare, nelle genti sicane, un sentimento sempre più forte di condivisione, se non di appartenenza, in taluni casi, con i valori e gli ideali delle colonie.

Un cenno, infine alla sfera funeraria , la cui documentazione, purtroppo, si limita per il VI e V sec. a.C., a poche sepolture individuate nel corso di ricognizioni su Monte Chibbò e a due brevi interventi di scavo a Terravecchia di Cuti ; centri dislocati entrambi nell'alta vallata dell'Imera Meridionale. A Monte Chibbò (Vassallo 1990, 90-111) dov'erano presenti anche tombe a camera di tradizione indigena (**fig. 39**), è stata localizzata un'area di sepolture del tipo a fossa rettangolare, scavate nel piano roccioso calcareo (**fig. 40**). In due di queste tombe, di età tardo-arcaica, già parzialmente saccheggiate, tra gli oggetti dei corredi lasciati in situ dagli scavatori clandestini vi erano diversi crateri di tipo laconico a vernice nera, un'anfora a figure nere ed altri vasi di produzione greca e indigena (**fig. 41**). Notevole la presenza di un bacino bronzeo con orlo perlato, relativo ad una deposizione ad incinerazione, riferibile a tipi di probabile produzione etrusca, già noti in altre necropoli coloniali o in centri indigeni dell'isola.

A Terravecchia di Cuti, sono state localizzate tre necropoli in uso dalla seconda metà del VI e sino alla fine del V sec. a.C. (Vassallo 1990, 63-67). Sia nelle necropoli est e sud-est, parzialmente scavate, sia in

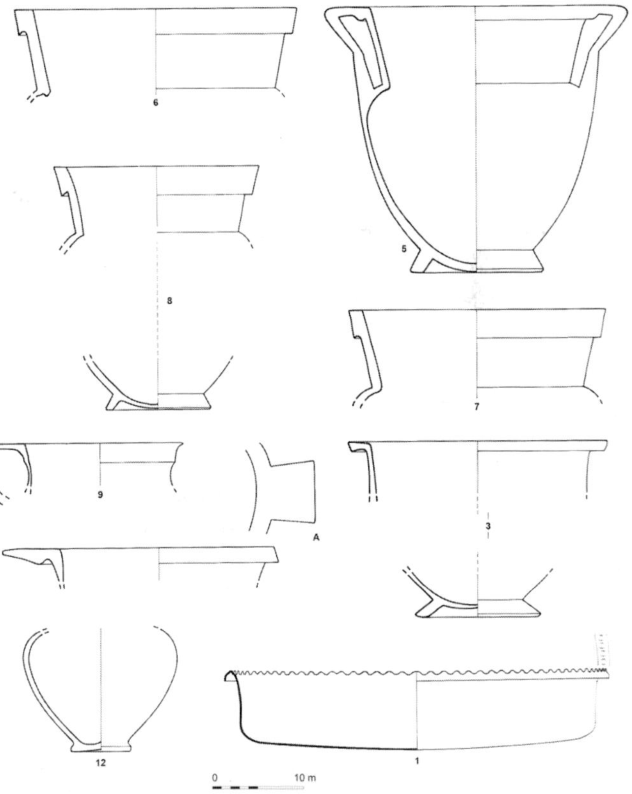

Fig. 41. Monte Chibbò, parte del corredo recuperato da una tomba a fossa della necropoli sud-ovest, saccheggiata da clandestini e comprendente crateri a vernice nera di tipo laconico e un bacino bronzeo con orlo perlato di tipo etrusco.

quella sud-ovest, nota solo da ricognizioni, la tipologia delle sepolture (a fossa scavate nella roccia, sarcofagi, alla cappuccina, ad enchytrismos, ad incinerazione entro bacino di bronzo) è sintomatica di un'organizzazione dello spazio e di modalità funerarie e di riti certamente più vicini alla sensibilità e alla tradizione greca che non a quella indigena. Eppure non manca la testimonianza, a Balate di Marianopoli, nello stesso ambito territoriale di Terravecchia di Cuti, di una necropoli databile tra VI e prima metà V sec. a.C., con spazi e tipologie di tradizione indigena, lungo pareti rocciose e tombe in anfratti della roccia o utilizzando sepolture di età preistorica (Fiorentini1985 ; Panvini 2000, 35-36). Ma sono anche presenti, nella stessa necropoli, spazi differenziati, riservati a tombe a fossa di tipo greco, rivelando tra la seconda metà del VI e la prima metà del V sec. a.C., una significativa compresenza nell'insediamento di due componenti etniche, ciascuna legata alle proprie pratiche funerarie (Albanese 1983, 172-174).

Le poche testimonianze di necropoli, concentrate attualmente solo nell'area più meridionale dell'entroterra imerese, compresa tra le alte vallate del Platani e dell'Imera Meridionale, evidenziano un quadro, del tutto provvisorio, di una sostanziale e rapida evoluzione dei costumi funerari verso modelli greci, determinati forse anche dalla presenza di coloni che portarono con sé le proprie tradizione, dal momento che le pratiche funerarie sono generalmente tra quelle più radicate nelle abitudini e nei costumi sociali e familiari.

Se disponiamo oggi di sempre maggiori testimonianze archeologiche per avviare in modo più approfondito un'analisi dei rapporti tra indigeni e greci nel nostro territorio, tutto questo è frutto di un rinnovato impegno di ricerca sul terreno in tutto il territorio dell'isola, che rende sempre più evidenti gli effetti della presenza coloniale nei confronti del patrimonio culturale del mondo indigeno. Resta invece ben più problematica la possibilità di percepire in quali campi, e in che misura, il contatto con le genti indigene possa avere trasformato la vita delle colonie, nello specifico di Himera. Infatti, al di là dello scambio di cultura materiale, attestato dalle importazioni indigene, ben poco possiamo dire dei cambiamenti generati nel modello culturale della polis dalle relazioni con gli indigeni. E, pertanto, se con termine non privo di ambiguità, possiamo definire "acculturazione" l'incontro tra queste genti, e se guardando al solo versante indigeno, la riconoscibilità delle trasformazioni compiutesi ci porta a parlare, pur con la dovuta prudenza, di "ellenizzazione" del tessuto culturale indigeno, ancora sfumati e indefinibili restano, invece, le conseguenze e gli effetti prodotti su versante greco.

Forse, al momento, l'unico segno di accettazione e di adeguamento a tradizioni indigene potrebbe essere la scelta, operata per la prima volta nel mondo greco nella Sicilia centro-occidentale da Agrigento, Himera e Selinunte, di usare monetazione bronzea. Una decisione probabilmente indotta, inizialmente, dalla necessità di adeguarsi ad un uso radicato nelle popolazioni indigene di scambio e commercio basato sul metallo bronzeo, ma anche su questo aspetto è prudente attendere studi più approfonditi.

Appare così prematura la possibilità di definire un chiaro percorso dei rapporti tra Himera e le popolazioni sicane : l'assenza di fonti storiche costituisce un grave handicap che solo in minima parte può essere colmato dalle ricerche archeologiche. Quando i primi coloni sbarcarono alla foce dell'Imera Meridionale è verosimile che gruppi indigeni si trovassero sparsi lungo le vallate, occupando insediamenti di tipo per lo più rurale per meglio controllare e sfruttare le risorse economiche dell'area, e che soltanto in caso di pericolo la popolazione si concentrasse in siti più sicuri, come potevano essere, ad esempio, Mura Pregne, quasi alla foce del Fiume Torto e Colle Madore nell'alta vallata. Solo dopo l'arrivo dei Greci e il successivo rapido sviluppo della colonia, che indubbiamente costituirono un elevato fattore di rischio, gli indigeni si concentrarono in abitati più grandi e sicuri, moltiplicandone il numero. Pur non essendo Himera tra le colonie politicamente egemoni in Sicilia, né tra le più ricche e prospere, tuttavia, possiamo immaginare l'enorme divario rispetto agli indigeni, dal punto di vista culturale e tecnico. Questa città, già matura per tanti aspetti inerenti manifestazioni di vita sociale ed economica, esprimeva, infatti, un modello culturale ben più articolato e complesso rispetto alle abitudini e ai costumi di vita indigeni.

Ebbe inizio, pertanto, un profondo confronto di culture, con tempi e modalità indubbiamente diverse per ogni centro indigeno venuto in contatto con la colonia, secondo percorsi ancora difficilmente comprensibili ; si trattò però di cambiamenti reali, che ebbero luogo a prescindere dalle forme di contatto "politico" instauratesi tra colonia e singole comunità indigene dell'entroterra. Ed è possibile ipotizzare che nonostante alcuni momenti di tensione, circoscritti nel tempo e legati ad episodi storici particolari, le relazioni quotidiane siano state improntate ad atteggiamenti di apertura reciproca, che favorirono, per entrambe le componenti, un rapido sviluppo economico e sociale, leggibile nei contesti archeologici finora indagati.

Non è facile immaginare il comportamento degli indigeni nei pochi episodi storici noti dalle fonti che in età arcaica e classica dovettero coinvolgere anche quest'area dell'isola, comportamenti legati soprattutto al rapporto "politico" tra Greci e popolazioni locali (Vassallo 2000). Di certo la pressione politica e culturale delle colonie greche non fu indenne da reazioni e insofferenze da parte degli indigeni, come sembra di potere percepire dal fatto che nel 409 a.C., secondo il racconto di Diodoro (XIII, 59, 6), avanzando l'esercito punico di Annibale verso Himera, dopo avere conquistato Selinunte, ad esso si unì un ingente numero di Siculi e Sicani (Vassallo 2002), indizio di un'ancora vitale e forte appartenenza culturale ad un identità etnica ben più antica e radicata nell'entroterra dell'isola di quanto si possa immaginare dopo 240 anni di presenza delle colonie sulle coste della Sicilia centro-settentrionale.

BIBLIOGRAFIA

Albanese 1985 : ALBANESE PROCELLI (R.M.) – Considerazioni sulla distribuzione dei bacini bronzei in area tirrenica e in Sicilia. *In* : Cristofani (M.), Moscati (P.), Nardi (G.), Pandolfini (M.) ed., *Il commercio etrusco arcaico, Atti del Convegno, Roma (1983)*, Roma 1985.

Albanese 2003 : ALBANESE PROCELLI (R.M.) – *Sicani, Siculi, Elimi. Forme di identità, modi di contatto e processi di trasformazione*, Milano, 2003.

Allegro 1997 : ALLEGRO (N.) – Le fasi dell'abitato di Himera. *In* : *Atti Zurigo*, 65-80.

Allegro 1999 : ALLEGRO (N.) – *Imera*. *In* : GRECO (E.) ed., *La città greca antica. Istituzioni, società e forme urbane*, Roma 1999, 269-301.

Allegro 2008 : ALLEGRO (N.) – I blocchi 1-4. Considerazioni generali. *In* : *Himera V*, 211-220.

Anello 1999 : ANELLO (P.) – Grecità periferica in Sicilia : Himeraioi e Selinountioi. *In* : *Grecità adriatica e grecità periferiche, Atti del Convegno, Venezia-Padova 22-23 ottobre 1996 = Hesperìa* 10, 1999, 119-135.

Atti Zurigo = ISLER (H.P.), KÄCH (D.) ed., *Sicilia occidentale e centro-meridionale : ricerche archeologiche nell'abitato, Atti giornate studio Zurigo 28 febbraio – 3 marzo 1996*. Zurigo, 1997.

Belvedere 2001 : BELVEDERE (O.) – Il territorio di Himera e il problema della chora coloniale in Sicilia. *In* : *Problemi della "Chora" Coloniale dall'Occidente al Mar Nero, in Atti del XL Convegno di Studi sulla Magna Grecia, Taranto, 2001*, 705-755.

Bonacasa 1970 : BONACASA (N.) – L'area sacra. *In* : *Himera I*, 51-235.

Bonacasa 1976 : BONACASA (N.) – I saggi di scavo, catalogo dei rinvenimenti sporadici. *In* : *Himera II*, 627-664.

Bonacasa 1992 : BONACASA (N.) – Da Agrigento a Himera : la proiezione culturale. *In* : Braccesi (L.), De Miro (E.) ed., *Agrigento e la Sicilia Greca, Atti della settimana di studio (Agrigento, 2-8 maggio 1988)*, Roma, 1992, 133-150.

Burgio 1989 : BURGIO (A.) – Prospezione archeologica a Serra di Puccia. *Sicilia Archeologica*, 69-70, 1989, 61-89.

Burgio 2002a : BURGIO (A.) – *Resuttano, (IGM 260 III SO)*, Forma Italiae 42, Firenze, 2002.

Burgio 2002b : BURGIO (A.) – La media e l'alta valle dell'Imera. *In* : *Himera III2*, 159-229.

Castellana 1980 : CASTELLANA (G.) – Indigeni ad Himera ? *Sicilia Archeologica*, 44, 1980, 71-76.

Colle Madore = VASSALLO (S.) ed., Un caso di ellenizzazione in terra sicana, Palermo, 1999.

Consolo Langher 1965 : CONSOLO LANGHER (N.) – *Contributo alla storia dell'antica moneta di bronzo della Sicilia*, Milano 1964.

Denaro 2003 : DENARO (M.) – Ceramica greco-orientale e classi di produzione coloniale. *In* : *Monte Maranfusa*, 281-346.

De Vido 1997 : DE VIDO (S.) – *Gli Elimi storie di contatti e rappresentazioni*. Pisa, 1997.

Di Stefano 1984 : DI STEFANO (C.A.) – La documentazione archeologica anteriore al periodo medievale. *In* : Pesez (J.M.) ed., Brucato, AA.VV., *Brucato. Histoire et archéologie d'un abitat médiéval en Sicile*. Roma, 1984, 223-245.

Diodoro Siculo = MICCICHÉ (C.), MODEO (S.), SANTAGATI (L.), ed., *Diodoro Siculo e la Sicilia indigena, Atti del convegno di studi, Caltanissetta 21-22 maggio 2005*. Caltanissetta, 2006.

Dunst 1972 : DUNST (G.) – Archaische Inschriften und Dokumente der Pentekontaetie aus Samos. II. Die Weihung des Leukaspis. *MDAI(A)*, LXXXVII, 1972, 100-106.0.

Elimi 1988-89 = NENCI (G.), Tusa (S.), TUSA (V.), ed., *Gli Elimi e l'area elima fino all'inizio della prima guerra punica, Atti del seminario di studi, Palermo-Contessa Entellina 1989 = Archivio Storico Siciliano*, S.IV, XIV-XV, 1988-1989.

Epifanio 1980 : EPIFANIO (E.) – Terravecchia di Cuti. Scavi e ricerche negli anni 1977-1979. *Beni Culturali Sicilia*, I, 1980, 104-108.

Epifanio 1993 : EPIFANIO VANNI et ALII – Terravecchia di Cuti. *In* : *Di terra in terra*, Palermo 1993, 44-60.

Epifanio, Vassallo 1985 : EPIFANIO (E.), VASSALLO (S.) – Terravecchia di Cuti. Scavo nel santuario extraurbano in contrada Cuti. *Kokalos* XXX-XXXI, 1984-1985, 651-653.

Famà, Toti 2005 : FAMÀ (M.L.) – TOTI (M.P.) – Materiali inediti dalla collezione "G.Whitaker" di Mozia. *In* : Spanó Giammellaro (A.) ed., *Atti del V Congresso Internazionale di Studi Fenici e Punici, Marsala-Palermo, 2-8 ottobre 2000*. Palermo, 2005, 615-643.

Fiorentini 1985 : FIORENTINI (G.) – La necropoli indigena di età greca di Valle Oscura (Marianopoli). *Quaderni Messina*, 1, 1985-1986, 31-54.

Ghizolfi 1993 : GHIZOLFI (P.) – Mura Pregne. *In* : Nenci (G.), Vallet (G.) ed. *Bibliografia Topografica della Colonizzazione Greca in Italia e nelle isole tirreniche*, XII, 1993, 129-138.

Greco 1997 : GRECO (P.) – Nuovi elementi per l'identificazione di Solunto arcaica. *In* : *Atti Zurigo*, 97-111.

Himera I = *Himera I. Campagne di scavo 1963-65*. Roma, 1970.

Himera II = *Himera II. Campagne di scavo 1966-73*. Roma, 1976.

Himera III1 = BELVEDERE (O.) ed., *Himera III.1. Prospezione archeologica nel territorio*. Roma, 1988.

Himera III2 = *Himera III.2. Prospezione archeologica nel territorio*. Roma, 2002.

Himera V = ALLEGRO (N.) – *Himera V. L'abitato. Isolato II. I blocchi 1-4 della zona 1*. Palermo, 2008.

La Rosa 1971 : LA ROSA (V.) – Il cratere da Sabucina ed il problema della decorazione figurata nella ceramica indigena di Sicilia. *Cronache d'archeologia*, 10, 1971, 50-63.

La Rosa 1989 : LA ROSA (V.) – Le popolazioni della Sicilia. Sicani, Siculi, Elimi. *In* : *Italia omnium terrarum parens*. Milano 1989, 3-110.

Le origini della monetazione = *Le origini della monetazione di bronzo in Sicilia e in Magna Grecia. Atti del 6° Convegno CISN*, Napoli, 1977.

Manganaro 1965 : MANGANARO (G.) – Per la storia dei culti in Sicilia. *PP*, XX, 1965, 163-178.

Marconi 1999 : MARCONI (C.) – Eracle in terra indigena ? *In* : *Colle Madore*, 293-305.

Monte Maranfusa = SPATAFORA (F.) ed., *Monte Maranfusa. Un insediamento nella media valle del Belice. L'abitato indigeno*. Palermo, 2003.

Militello 1960 : MILITELLO (E.) – *Terravecchia di Cuti*. Palermo, 1960.

Musti 1990 : MUSTI (D.) – Il quadro storico politico. *In* : *Lo stile severo in Sicilia. Dall'apogeo della tirannide alla prima democrazia, catalogo della mostra Palermo 10 febbraio – 30 settembre 1990*. 9-28.

Nenci 1989 : NENCI (G.) – Per una definizione dell'area elima. *In* : *Elimi 1988-89*, 21-26.

Orlandini 1962 : ORLANDINI (P.) – L'espansione digela nella Sicilia centro-meridionale. *Kokalos*, VIII, 1962, 69-119.

Polizzello = Aa.Vv. – Polizzello. *In* : *Sikania*, 231-309.

Panvini 2000 : PANVINI (R.) – *Marianopoli : il Museo Archeologico*. Caltanissetta, 2000.

Sabucina = Aa.Vv., Sabucina (secoli VIII-VI a.C.). *In* : *Sikania*, 311-338.

Sicani = SPATAFORA (F.), VASSALLO (S.) ed., *Sicani Elimi e Greci. Storie di contatti Sikania e terre di frontiera*. Palermo, 2002.

Sikania = GUZZONE (C.) – *Sikania. Tesori archeologici dalla Sicilia centro-meridionale (secoli VIII - VI a.C.)*. Palermo, 2006.

Spatafora 1996a : – SPATAFORA (F.) – L'alta e media Valle del Belice tra la Media Età del Bronzo e l'età arcaica. *Kokalos* XLII, 1996, 177-198.

Spatafora 1996b : – SPATAFORA (F.) – La ceramica indigena a decorazione impressa e incisa nella Sicilia centro-occidentale : diffusione e pertinenza etnica. *Sicilia Archeologica,* 90-92, 1996, 91-103.

Spatafora 2000 : SPATAFORA (F.) – Indigeni, Punici e Greci in età arcaica e tardo-arcaica sulla Montagnola di Marineo e nella valle dell'Eleuterio. *In* : *Atti terze giornate internazionali di studi sull'area elima (23-26 ottobre 1997)*. Pisa-Gibellina, 2000, 895-918.

Spatafora 2002a : SPATAFORA (F.) – La Montagnola-Makella. *In* : Sicani, 86-90.

Spatafora 2002b : SPATAFORA (F.) – Il santuario delle divinità ctonie di contrada Petraro. *In* : *Sicani,* 13-15.

Spatafora 2003 : SPATAFORA (F.) – in *Monte Maranfusa*.

Tardo 1999 : TARDO (V.), in *Colle Madore*.

Tardo 2004 : TARDO (V.) – Le coppe ioniche dalla stipe del Tempio A di Himera. Note in argine ad una problematica "coloniale". *Kokalos*, XLVI, 2004, tomo I, 381-415.

Trombi 1999 : TROMBI (C.) – La ceramica indigena dipinta della Sicilia dalla seconda metà del IX sec.a.C. al V sec.a.C. *In* : *Origine e incontri di culture nell'antichità. Magna Grecia e Sicilia. Stato degli studi e prospettive di ricerca = Pelorias* 4, 1999, 275-293.

Valentino 2003 : VALENTINO (M.) – La ceramica da fuoco e da cucina. *In* : *Monte Maranfusa*, 255-267.

Vassallo 1990 : VASSALLO (S.) – *S.Caterina Villarmosa*, Forma Italiae 34, Firenze, 1990.

Vassallo 1996 : VASSALLO (S.) – Il territorio di Himera in età arcaica. *Kokalos*, XLII, 1996, 199-223.

Vassallo 1997a : VASSALLO (S.) – Indagini in un quartiere della città bassa di Himera. *In* : Atti Zurigo, 81-90.

Vassallo 1997b : VASSALLO (S.) – Ricerche a Montagna dei Cavalli. Scavi 1988-1991 a Montagna dei Cavalli – Hippana. *In* : Aa.Vv. – Archeologia e territorio, Palermo, 1997, 275-306.

Vassallo 1999a : VASSALLO (S.) – *In* : Colle Madore.

Vassallo 1999b : VASSALLO (S.) – Necropoli di Pestavecchia un primo bilancio sulle anfore da trasporto. Kokalos, XLV, 1999, 329-379.

Vassallo 1999c : VASSALLO (S.) – Un cratere figurato indigeno nella testimonianza di un disegno. Sicilia Archeologica, 97, 1999, 211-216.

Vassallo 2000 : VASSALLO (S.) – Abitati indigeni ellenizzati della Sicilia centro-occidentale dalla vitalità tardo-arcaica alla crisi del V sec.a.C. *In* : *Atti terze giornate internazionali di studi sull'area elima (23-26 ottobre 1997).* Pisa-Gibellina 2000, 983-1008.

Vassallo 2002 : VASSALLO (S.) – Himera. La colonia greca e gli indigeni. *In* : *Sicani*, 36-43.

Vassallo 2003 : VASSALLO (S.) – Ceramica indigena arcaica ad Himera. *In* : *Atti delle quarte Giornate Internazionali di Studi su l'Area Elima (Erice 2000)*. Pisa, 1343-1356.

Vassallo 2005 : VASSALLO (S.) – *Himera città greca. Guida alla storia e ai monumenti*. Palermo, 2005.

Vassallo 2008 : VASSALLO (S.) – Greci e Punici in Sicilia tra V e IV secolo a.C. *In* : *Convegno Greci e Punici in Sicilia tra V e IV secolo a.C., Caltanissetta 6-7 ottobre 2007.* Caltanissetta, 2008, 193-209.

Vassallo 2009a : VASSALLO (S.) – Insediamenti di altura nell'entroterra imerese tra l'età arcaica e la I guerra punica. *In* : *Atti del Convegno di Studi. Insediamenti d'altura in Sicilia dalla preistoria al III secolo a.C., Caltanissetta 10-11 maggio 2008*, Caltanissetta 2009, 149-160.

Vassallo 2009b : VASSALLO (S.) – Scavi della Soprintendenza Beni Culturali di Palermo nella città bassa e nelle necropoli di Himera. *Kokalos*, Atti della giornata di studi, Per servire alla storia di Himera, Istituto Eugenio Manni, in corso di stampa.

Vassallo 2009c : VASSALLO (S.) – Trasformazioni negli insediamenti della Sicilia centro-settentrionale tra la fine del V e il III sec.a.C. e nota preliminare sul teatro di prima età ellenistica di Montagna dei Cavalli. *In* : *Atti congresso Crisi e trasformazioni.L'Italia meridionale nel IV e III secolo a.C., Istituto Archeologico Germanico, Roma 26-28 giugno 2006,* in corso di stampa.

Voza 1979 : VOZA (G.) – Siracusa. *In* : *Storia della Sicilia*. Napoli 1989, 655-693.

3. Contatto culturale e interrelazioni tra Greci e indigeni nel territorio di Himera

Oscar Belvedere

La prospezione archeologica del territorio imerese ha interessato le valli dei fiumi Imera settentrionale (alla cui foce sorge la colonia greca), Torto e S. Leonardo, che costituiscono le principali vie di comunicazione dalla costa verso l'entroterra (**fig. 42**)[1]. La prospezione è stata condotta con metodo intensivo e sistematico nell'area tra l'Imera e il Torto, immediatamente alle spalle della città ; tra l'Imera e il torrente Roccella, a Est della colonia ; nella bassa valle del Torto e nella media valle del S. Leonardo, ad Ovest[2] ; e ancora sul versante occidentale dell'Imera e nell'area di spartiacque tra quest'ultimo e il Salso. Si è scelta invece una strategia probabilistica per le zone più alte della bassa valle dell'Imera, coperte da macchia e bosco, mentre con una prospezione finalizzata sono state esplorate le aree emergenti lungo la media e alta valle del fiume, alla ricerca dell'insediamento stabile. In realtà ben presto, anche in questa zona, abbiamo ritenuto indispensabile non limitarci alla prospezione finalizzata, e necessario utilizzare ancora una volta il metodo intensivo per indagare la campagna circostante gli insediamenti di altura individuati.

Questo approccio ha permesso di mettere in relazione gli insediamenti con le aree circostanti e ha portato all'individuazione di una serie di comprensori (Serra di Puccia, Terravecchia-Tutusino sull'Imera ; Mura Pregne, Colle Madore sul Torto ; Cozzo Sannita, Pizzo Pipitone sul S. Leonardo), individuati non solo sulla base di caratteristiche geomorfologiche e paesaggistiche, ma anche in rapporto alla distribuzione del popolamento.

E' cambiata quindi la nostra percezione del paesaggio dell'*éremos chora*, non più sentito come una serie di valli fluviali dominate da insediamenti posti sulle cime più alte, in favore di una visione più articolata : il territorio è costituito da una serie di comprensori, ciascuno dei quali costituisce un sistema funzionale e gerarchico di insediamento, che comprende un sito dominante, posto a controllo dell'area, abitati minori a controllo delle vie di accesso e dei percorsi che seguivano la valle, e una campagna popolata in forme diverse (permanenti e stagionali).

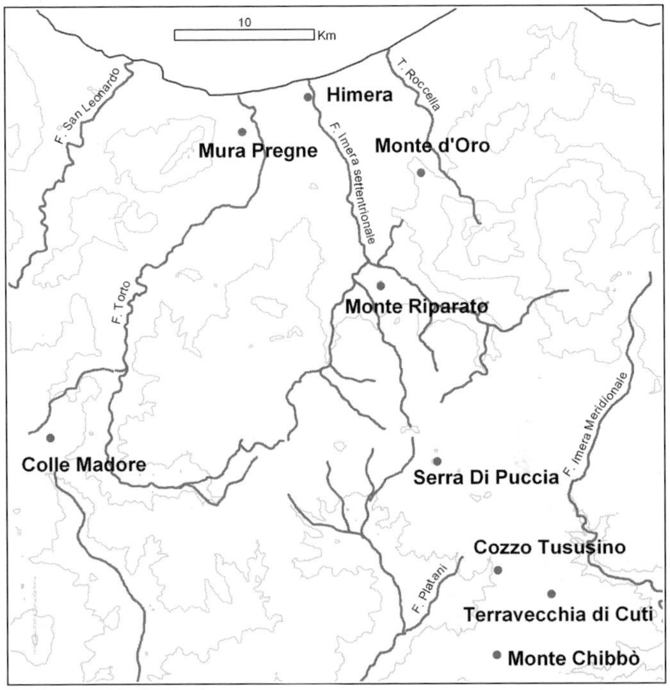

Fig. 42. Il territorio di Himera.

Prendiamone in esame alcuni, a cominciare da Serra di Puccia (**fig. 43**). Il massiccio è delimitato su tre lati dalle alte balze rocciose denominate sul lato ovest la Serra, Fili di Paolazzo su quello nord e Fili di Puccia sul lato occidentale e chiuso a Sud dalle alte colline poste tra l'estremità meridionale della Serra e il Cozzo Puccia, che culminano a q. 1005. Le due cime eminenti, Serra di Puccia e Cozzo Puccia (entrambe a una quota intorno ai 1050 m s.l.m.) sono occupate da abitati. Il principale per estensione, situazione morfologica, presenza di una cinta muraria, è certamente il primo, che domina l'ingresso da NO, tra la Serra e i Fili di Paolazzo ; mentre il secondo è posto a controllo di quello a NE, alla testata del vallone Stretto di Puccia, e dell'accesso da SE, tra q. 1005 e le propaggini del Cozzo[3]. Il sistema è attraversato da due

1 *Himera* III.1 ; *Himera* III.2 ; Burgio 2002.

2 Questa area della ricerca è stata di recente pubblicata da D. Lauro, Lauro 2009.

3 Burgio, *Himera* III.2, 170-176 ; Burgio 2002, 145-149.

percorsi naturali, uno in direzione NO-SE, che dal Cozzo Vurrania raggiunge la testata del vallone Susafa e, attraverso la Portella del Vento, il vallone Tudia e il Passo di Landro, dominato dai centri di Tutusino e Terravecchia di Cuti, si spinge verso l'alta valle del Platani e l'area di spartiacque tra quest'ultimo e il Salso-Imera meridionale, e l'altro in direzione NE-SO, che collega l'area delle Madonie con la stessa valle del Platani, e, tramite Verbumcaudo, con Vicari e Castronovo[4]. Su piccole terrazze ai margini del massiccio o sui pendii ai suoi piedi, a distanze comprese tra 1,5 e 3 km, sono stati rinvenuti insediamenti rurali a carattere permanente o stagionale, segno evidente delle attività umane sulle aree più favorevoli all'agricoltura, sia dal punto di vista morfologico, sia da quello della pedologia (contrade Puccia e Susafa : Burgio 2002, 146).

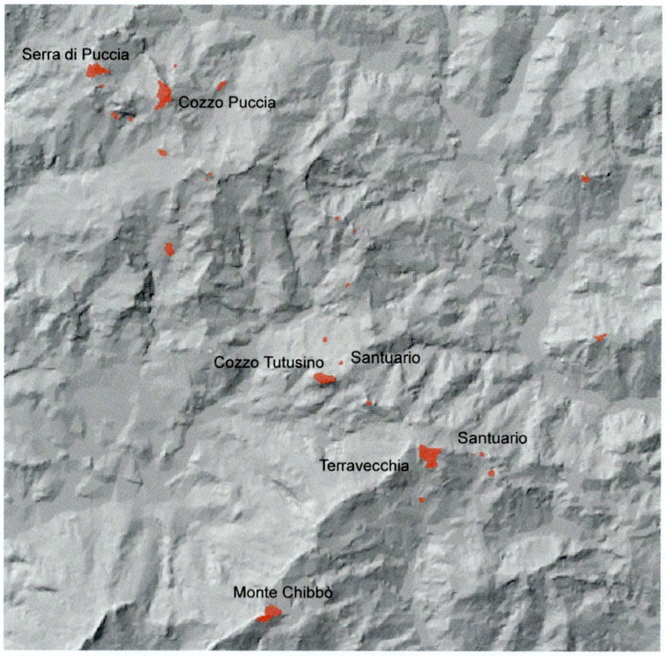

Fig. 43. I comprensori di Serra di Puccia e di Tutusino-Terravecchia. Elaborazione a rilievo ombreggiato del DEM con sovrapposizione della carta archeologica.

Un sistema comprensoriale unico è anche quello di Tutusino-Terravecchia di Cuti (**fig. 43**), il cui centro principale è senza dubbio l'abitato sul Cozzo Terravecchia, di cui l'abitato sul Monte Tutusino, la cui esatta consistenza in età coloniale non è ancora ben definibile[5], sembrerebbe costituire un avamposto, a controllo della via NO-SE, che abbiamo ricordato. L'insediamento di Monaco (Vassallo 1990, 79-85), sulla via che conduce all'attraversamento del fiume Salso, sembra completare verso Est il controllo dei percorsi viari e del territorio. Anche qui il popolamento rurale si dispone nelle zone più adatte alle attività agricoli, in contrada Ciampanella a Nord di Tutusino e a Sud di Terravecchia all'Orto della Cuti e all'Orto dello Scorsone, contrade fertili e ricche di acqua (Burgio 2002, 151-153). Poco più a SE altre tracce di attività umana sono state rilevate attorno al Monte Chibbò (Vassallo 1990, 90-111), che potrebbe essere il centro di un sistema simile.

Passando alla valle del Torto, un sistema di insediamento gerarchico ancora più complesso appare quello del Monte S. Calogero, che è stato studiato da Rosa Maria Cucco (Cucco 2003-2004). Anche in questo caso troviamo un insediamento di altura (Monte Presepio),

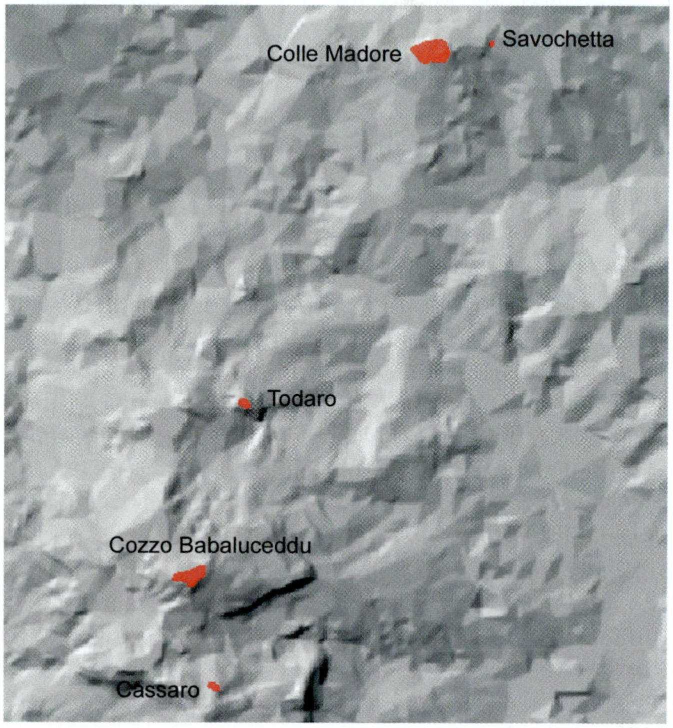

Fig. 44. Il comprensorio di Colle Madore. Elaborazione a rilievo ombreggiato del DEM con sovrapposizione della carta archeologica.

posto a controllo del Monte S.Calogero e del suo retroterra, in stretto collegamento con il sito principale (Mura Pregne) ; un posto di vedetta ad alta quota (m 1300, UT 168) e una serie di insediamenti rurali e tracce di attività, che si collocano sia a mezza costa su terrazzi naturali, sia in posizione aperta, sui pendii che scendono verso il fiume.

Sull'alta valle dello stesso fiume, recenti indagini permettono di ricostruire il comprensorio di Colle Madore (**fig. 44**). Questo sito sullo spartiacque tra il

4 Burgio, *Himera* III.2, 171 ; Burgio 2002, 174-177.

5 Perché obliterata dalla fase finale di fine IV-inizi III a.C. Su Tutusino, Epifanio 1982 ; Vassallo 1990, 39-47.

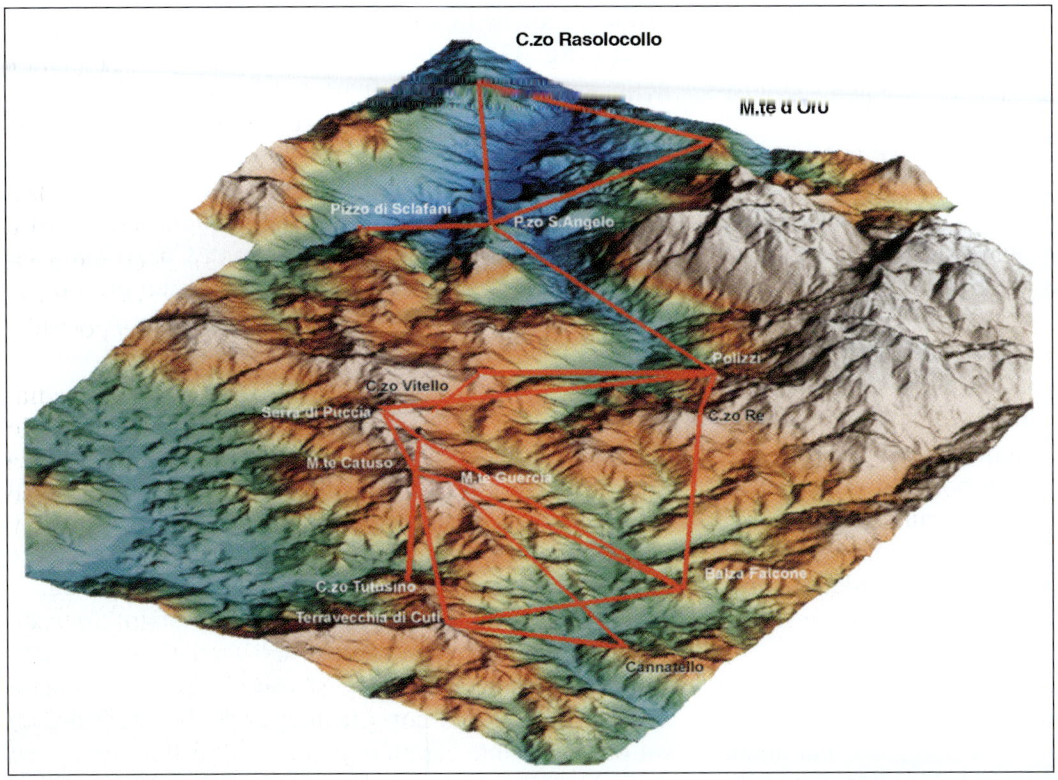

Fig. 46. Analisi di intervisibilità tra i principali insediamenti delle valli dell'Imera settentrionale e meridionale. Elaborazione a falso colore del DEM con sovrapposizione della carta archeologica.

Torto e il Platani fronteggia il Cassaro, abitato ben noto, considerato generalmente il centro fortificato più importante dell'alto Platani (Villa 1997). Ai piedi del Madore, le ricognizioni archeologiche hanno individuato in contrada Savochetta tracce di attività umana, ed altre sono state rinvenute in contrada Immordino, ai piedi del tavolato inclinato su cui sorge il vicino paese di Lercara Friddi. Altri rinvenimenti sul Cozzo Fa e sulle pendici del Cozzo Todaro (necropoli con tombe a fossa) e il piccolo sito di Cozzo Babaluceddu, ai piedi della Cassaro, fanno intuire un sistema di controllo della zona, fatto di centri eminenti, centri minori e punti di vedetta non dissimile da quello che abbiamo analizzato sullo spartiacque tra Imera settentrionale, Salso e Platani, tenuto conto anche che il Cozzo Fa controlla la testata del vallone Riena, che tramite il fiume della Margana permette di raggiungere l'alta valle del S. Leonardo[6]. Anche la media valle di quest'ultimo corso d'acqua dopo le nostre ricerche risulta divisa in comprensori diversi, strettamente connessi tra di loro e controllati dal centro sul Pizzo di Ciminna, che sembra svolgere un ruolo gerarchico superiore (**fig. 45**) (Lauro 2009).

Questa differente percezione del paesaggio implica l'abbandono del concetto di "penetrazione nell'entroterra" da parte dei coloni, inteso come progressiva

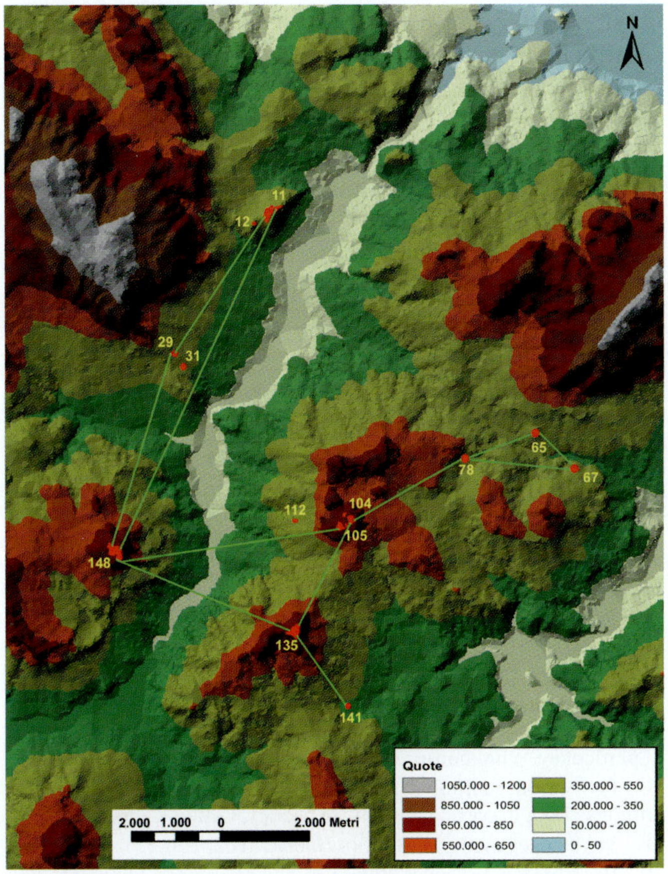

Fig. 45. Analisi di intervisibilità tra i centri della media valle del S. Leonardo. Elaborazione a falso colore del DEM con sovrapposizione della carta archeologica.

6 Sul comprensorio del Madore, Giordano, Valentino 2004, 12, 16 ; *Colle Madore*, 15-22.

espansione di dominio, che si accompagna a una parallela acculturazione (in senso coloniale di "ellenizzazione") degli indigeni e di conseguenza dell'ottica "centro periferia"[7]. Ciò comporta senza dubbio la necessità di ricorrere sempre più a tecniche intensive e sistematiche di prospezione archeologica e alla programmazione di indagini di archeologia dei paesaggi, le sole che possano permetterci di ricostruire in maniera dettagliata il rapporto tra le comunità umane, il territorio e l'ambiente.

In questo approccio di particolare utilità possono essere i sistemi informativi territoriali, che ci aiutano a comprendere come le comunità del passato costruissero e percepissero i paesaggi culturali, non solo il paesaggio insediativo, ma anche quello della sicurezza o il paesaggio sacro. Le analisi di intervisibilità[8] all'interno degli elementi che costituiscono ciascun comprensorio, ovvero anche tra i diversi comprensori, aiutano a ricostruire i sistemi di controllo del territorio, a identificare i ruoli gerarchici degli insediamenti, a ricostruire il rapporto di questi ultimi con i santuari rurali.

Nell'individuare il ruolo degli insediamenti nel controllo del territorio, le analisi di intervisibilità fanno entrare in gioco non solo i centri maggiori, ma anche i punti di vedetta, che costituivano i nodi di interconnessione tra i capisaldi di tale sistema (**fig. 45-46**)[9]. E' chiaro che una simile indagine ci obbliga a stabilire una inequivocabile gerarchia tra i centri, gerarchia spesso adottata nei nostri studi in maniera intuitiva. Sarebbe necessario che tra gli studiosi ci si trovasse d'accordo su una serie di parametri univoci per determinare la collocazione gerarchica di un insediamento (per esempio, la presenza di una cinta muraria, di aree funzionali, di edifici sacri), perché solo in questo modo sarà possibile effettuare analisi spaziali realmente significative e comparabili tra di loro.

Anche lo spazio religioso finora è stato esaminato per lo più nell'ottica centro-periferia, per capire il rapporto tra colonia e territorio nella sfera del sacro[10] ; adesso queste relazioni vanno analizzate all'interno del territorio, sia nel rapporto tra centri e piccoli santuari rurali, sia tra santuari posti all'interno degli insediamenti e santuari dispersi nelle campagne, sia fra questi ultimi tra di loro, e anche in rapporto con il popolamento del territorio (**fig. 47**). E' ben nota, per esempio, la presenza nelle campagne di santuari periferici, posti a breve distanza da abitati importanti. Per limitarci all'area che ci interessa più da vicino, possiamo ricordare quello di Terravecchia di Cuti, che si trova a un solo chilometro in linea d'aria dall'insediamento[11], o quello individuato dalla prospezione ai piedi del rilievo di Cozzo Tutusino (Burgio 2002, 150), o un altro ancora, la cui presenza è ipotizzata a breve distanza dalla cinta muraria di Serra di Puccia[12], cui fanno da riscontro le aree sacre individuate o ipotizzate all'interno degli stessi abitati.

E' noto il valore dei santuari rurali come luogo di incontro e interazione, ma anche di affermazione della propria identità da parte dei coloni, come fa pensare il carattere esclusivamente greco delle offerte votive[13], che contrasta con la cultura materiale mista, greca e indigena, degli abitati. Cultura materiale omogenea, in santuari che vanno visti anche, come è stato supposto per Metaponto[14], come frutto dell'iniziativa di gruppi gentilizi che in tal modo gestivano rapporti di mediazione e di scambio con gli indigeni[15]. Insistere quindi sul predominante carattere greco della cultura materiale della maggior parte di essi, non vuol dire che non fossero frequentati anche dagli indigeni[16], né va trascurata la diacronia (Asheri 1988, 10-12), in quanto l'arco cronologico compreso nel V secolo del più noto fra tutti, quello di Cuti, lo inserisce in una fase di rinnovata attenzione delle colonie greche, Himera e Agrigento, per l'entroterra, che poteva esprimersi anche come presenza visibile e riconosciuta dei coloni nella *chora* lontana[17]. Vogliamo, pertanto, affermare che i caratteri di mediazione, competizione e affermazione di sovranità, espressi dai santuari rurali, che il Polignac ritiene di poter individuare anche in ambito coloniale[18] si possono, come è ovvio, identificare nelle zone oggetto dei nostri studi, anche a prescindere dagli aspetti strettamente connessi

7 Lightfoot, Martinez 1995, 471-474. Con ciò non vogliamo dire che questa ottica non possa essere utile, ma che non può essere esclusiva. Sul problema si vedano i saggi riuniti in Champion 1995, in particolare Whitehouse, Wilkins 1995.

8 Per l'utilità e i limiti di questa analisi Wheatley 1995 ; Wheatley, Gillings 2000, in particolare 1-9 ; Wheatley, Gillings 2002, 201-216.

9 Si veda per esempio, Burgio, *Himera* III.2, 170-171, 176.

10 Per esempio, Veronese 2006, 540-544 ; Veronese 2000, 255-269, per il territorio di Gela. In generale sul paesaggio sacro, Crumley 1999 ; per i problemi che la prospezione archeologica pone per la ricostruzione di tale paesaggio, Alcock 1994, 248-253.

11 Epifanio 1980 ; Epifanio Vanni 1988-1989 ; Epifanio-Vassallo 1984-1985.

12 Burgio, *Himera* III.2, 217 ; Burgio 2002, 145.

13 Whitehouse, Wilkins 1995, 114 ; Belvedere 2001, 745 (con ult.bibl.).

14 Morgan 1999, 129. In generale per i santuari nella *chora* di Metaponto, Carter 1994, 168-183.

15 Per i caratteri di questi rapporti di scambio, Whitehouse, Wilkins 1995, 114-116 ; Albanese 1996, 125-126 ; Albanese 2003, 204-205.

16 In realtà il problema va visto anche in relazione al culto praticato e quindi in rapporto al gruppo che frequentava il santuario. In una area sacra dedicata a Demetra e Kore, come quella di Cuti, le offerte votive a carattere esclusivamente greco potrebbero indicare la volontà delle donne, di qualsiasi cultura, di aderire completamente a un rituale ben codificato.

17 Belvedere 2001, 746-747 e nota 191 ; Burgio 2002, 150.

18 Polignac 1994, in particolare 15-18.

alla cultura materiale. Né va dimenticato il ruolo che svolgevano in questo senso [19] le aree sacre all'interno dei principali insediamenti dell'entroterra (per esempio quelle di Polizzello, Madore, Sabucina, per limitarci alle più vicine e meglio conosciute). Le due aree sommitali di Polizzello e Madore [20] con le loro strutture circolari di tradizione locale sembrano mantenere tra VII e VI secolo un forte carattere conservativo, ben diverso dal complesso fenomeno di interazione testimoniato dal sacello sul pendio meridionale di Madore [21], ovvero da quello nell'area sacra dell'isolato A2 di Monte Saraceno [22], come anche dall'area sacra fuori le mura di Sabucina che presenta l'abbinamento di forme architettoniche duplici, capanne circolari e *oikos* rettangolare [23]. Naturalmente ciò non va interpretato nel senso di un processo di acculturazione, che agisce in maniera più forte in alcune località rispetto ad altre ; mette in rilievo, piuttosto, la complessità di questi fenomeni di interazione, che implicano comportamenti diversi all'interno delle comunità autoctone (Lightfoot, Martinez 1995, 485-486), testimoniando anche la differenziazione in gruppi sociali della società indigena [24], che poteva esprimersi in forme oppositive di reazione, a difesa di una identità che si sentiva minacciata [25].

Ricostruire il paesaggio e lo spazio religioso in queste contrade, significa pertanto eseguire analisi di intervisibilità (**fig. 47**) con l'aiuto degli strumenti informatici, ma pure studiare la collocazione dei santuari rispetto agli insediamenti, alla viabilità e la loro distribuzione sul territorio, anche su diversi livelli spaziali, infracompresoriali, ma pure intercomprensoriali e interterritoriali, essendo la scala dell'indagine, come tutti sappiamo bene, potenzialmente genesi di informazioni diverse. E studiare inoltre come si collocano in rapporto al popolamento rurale e ai segni di attività umana, ma anche all'ambiente e alle risorse, una indagine che può gettare luce anche sui culti praticati e sulla loro origine, essendo i santuari dedicati a divinità diverse, Demetra e Kore, signore dei campi, o Artemide, dea dell'incolto e della caccia [26].

Su diversi livelli può essere indagato anche lo spazio economico di un comprensorio o di un insediamento, tramite analisi costi-superficie nel suo rapporto con l'ambiente e le risorse, ovvero tramite lo studio della distribuzione dei beni e dei manufatti. Questi ultimi sono stati generalmente utilizzati come testimonianza di processi di scambio [27] o come prova dello spostamento di persone e gruppi umani [28], ma i manufatti possono essere anche visti come mediatori culturali tra comunità diverse. Una indagine da questo punto di vista per il territorio imerese, i cui risultati sono stati da noi presentati in forma preliminare [29], mette in rilievo come insieme con i fattori comunemente utilizzati nello studio delle ceramiche, produzione, distribuzione e circolazione, importanti indicazioni possano dedursi dallo studio delle associazioni e dall'analisi del consumo, ovvero dei modi d'uso e della varietà degli usi possibili di un oggetto o di un gruppo di oggetti [30], che sono legati al ruolo che essi rivestono nella società che li utilizza. Se ne è dedotto che quando produzioni coloniali e/o imeresi affiancano o sostituiscono quelle indigene, le diverse classi ceramiche testimoniano sia processi di interscambiabilità tra forme diverse ma di uso equivalente, sia un cambiamento nei modi di preparazione e consumo del cibo da parte della popolazione autoctona, sia in altri casi la rifunzionalizzazione di alcune forme, inserite in modelli culturali di matrice indigena [31]. Ma questa stessa analisi può aiutarci a comprendere meglio i circuiti di scambio e a riconoscere il ruolo che alcuni centri svolgevano nella distribuzione secondaria dei manufatti di produzione coloniale, ma probabilmente anche in quella di alcune produzioni locali [32]. E ci conferma anche con lo studio delle associazioni, oltre che della circolazione dei manufatti, la realtà della nostra distinzione tra *chora politiké*, area direttamente controllata dalla città e oggetto nel V secolo di un diffuso popolamento disperso, dalla *éremos chora*, area dell'interazione e del contatto culturale.

19 Si tratta di una indagine ancora da affrontare in dettaglio, Albanese 1999, 347.

20 De Miro 1988 ; Vassallo 1999, 24-29 ; Albanese 2003, 211-212, 216-217.

21 *Colle Madore*, 29-58 ; Belvedere 2001, 738-743.

22 Calderone 1996, 79-82, 87-88 ; In generale su Monte Saraceno, v. anche Calderone 1999.

23 De Miro 1983, 336-342 ; Mollo Mezzena 1993 ; Albanese 2003, 213-214.

24 Si tratta di un fenomeno ben noto ; ci limitiamo a citare, Albanese 1999, 349-352 ; Antonaccio 2001, 131.

25 Belvedere 2001, 738-739 ; Albanese 2003, 213.

26 Su questi aspetti alcune osservazioni già in Belvedere 2001, 744-745 (con ult. bibl.) ; Burgio 2002, 150.

27 Albanese 1996 ; Albanese 1997.

28 Per una analisi di questi due aspetti della distribuzione dei reperti nella valle dell'Imera, Burgio, *Himera* III.2, 176-180 ; Burgio 2002, 147-148.

29 Tardo 2006. Il problema è stato oggetto della tesi di dottorato di ricerca di V. Tardo, dal titolo "Le ceramiche del territorio di Himera : modalità di diffusione, circolazione e scambio attraverso l'analisi dei reperti dalla prospezione archeologica". Seconda Università di Napoli. XVIII ciclo. Anno Acc. 2004-2005.

30 Per l'approccio funzionale nello studio delle ceramiche, Ruby 1993 ; Bats, D'agostino 1999 ; Djindjian 2001.

31 Sono questi processi ben noti in contesti di interazione culturale. Per l'esame dettagliato dei diversi casi, rimandiamo a Tardo 2006.

32 Albanese 1999, 345 ; Antonaccio 2004, 73. Per la valle dell'Imera settentrionale v. nota 28 ; per la valle del S. Leonardo, si veda ora Lauro 2009, *passim*.

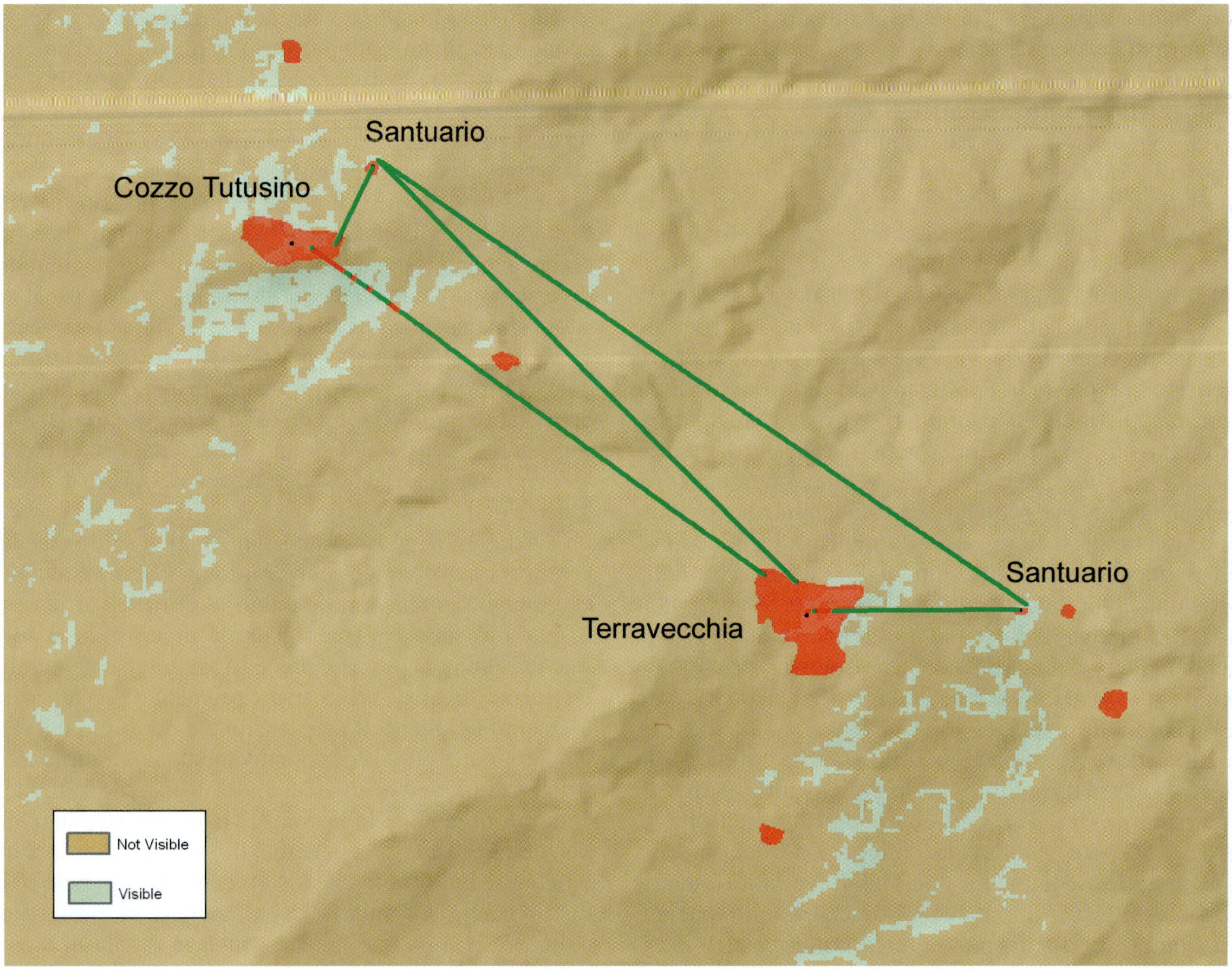

Fig. 47. Analisi di intervisibilità tra i centri di Terravecchia di Cuti e di Cozzo Tutusino e i rispettivi santuari periferici.

Processi di rifunzionalizzazione possono essere letti anche nell'ambito dell'architettura[33]. E' stata infatti notata la presenza di edifici e l'adozione di tecniche edilizie di matrice greca sia a Serra di Puccia[34], sia in altri insediamenti del nostro territorio. In questo quadro ci sembra opportuno sottolineare la diffusione capillare nella valle dell'Imera e in quella del Torto di elementi di copertura di tipo ellenico, sia *solenes* (in prevalenza), sia *kalypteres*, sia in maniera più limitata con funzione decorativa (antefisse)[35], quasi esclusivamente di produzione imerese, che sono testimonianza della trasmissione di tecniche artigianali di progettazione e montaggio dei tetti, e anche della presenza di maestranze greche (imeresi) nei casi più complessi, come la costruzione a Madore, ma anche altrove probabilmente, di sacelli di tipo greco[36]. Si tratta di un fenomeno che ha grande importanza nell'ambito dei contatti tra culture differenti ; va sottolineato tuttavia che l'origine imerese di questi manufatti indica che i coloni trasferirono probabilmente le tecniche di assemblaggio, ma non i modi e i metodi di produzione, che rimasero loro monopolio.

Molto differente ci appare, invece, la situazione nella media valle del S. Leonardo (Lauro 2009, *passim*), dove la limitata presenza di *solenes*, di produzione locale a giudicare dall'impasto e dalla tecnologia di cottura, lungi dal dimostrare una particolare abilità degli artigiani del

33 Per l'architettura utili indicazioni in Reid, Lane, Segobye 1997, in particolare 370-372, 385-389.

34 Burgio, *Himera* III.2, 215-216.

35 Antefisse a palmetta pendula e a maschera silenica, presenti a Madore e a Serra di Puccia, Epifanio Vanni 1997 ; *Colle Madore*, 209-211 ; Burgio, *Himera* III.2, 217, 218, n. 2 ; ma anche a Monte Iato, Isler 1994, 39.

36 Sul problema ci limitiamo a rimandare a Belvedere 2001, 738.

luogo, indica piuttosto l'assenza di maestranze imeresi operanti all'interno dei centri indigeni, come a Serra di Puccia o a Colle Madore.

Queste ultime osservazioni sulla cultura materiale ci permettono di sottolineare la diversità delle forme di contatto tra coloni e popolazione indigena. E' ormai chiaro che nel contatto tra i due gruppi non ci si deve aspettare un comportamento sempre uniforme nello spazio e nel tempo, ma soggetto a diverse variabili, sia territoriali, sia economiche, sociali, politiche e diacroniche. In primo luogo la posizione reciproca tra le comunità e la distanza tra di esse, perché centri e aree interne dell'isola evidentemente non sono entrati in relazione con le colonie greche allo stesso modo e nello stesso momento. Poi i fattori demografici, poiché il bisogno di manodopera da impiegare nei campi obbligava, almeno in alcuni casi, le colonie a una decisa pressione, anche demografica, sugli indigeni ; e i fattori economici, cioè la maggiore o minore appetibilità delle risorse disponibili. Infine la strutturazione più o meno forte delle comunità locali, sia in senso identitario, sia nelle capacità delle loro *élites* di stabilire relazioni personali e alleanze (anche matrimoniali) con i coloni. Relazioni non sempre univoche, ma che potevano variare in rapporto alla complessità delle società coloniali e indigene. Se è vero che i rapporti tra società diverse sono di fatto rapporti di potere, è altrettanto vero che essi sono anche rapporti tra gruppi, persone e ceti sociali, e gli uni e gli altri possono non essere stati sempre gli stessi tra tutti i gruppi e tutte le comunità. Così per rimanere nell'ambito del territorio "imerese", la nota iscrizione di Samo ci documenta un momento di conflittualità tra Greci e indigeni[37] (o tra certi Greci e certi indigeni), mentre la costruzione del sacello di Madore ci testimonia un fenomeno di interazione in cui una componente greca e una *élite* locale interagiscono nella sfera religiosa (e non solo), con un risultato che sembra di facile lettura, ma che in realtà è carico di significati incerti. Ma la stessa iscrizione di Samo è una dedica a Leukaspis, un eroe sicano, che un Eracle conflittuale elimina nella sua marcia verso l'interno dell'isola[38], ma che Panthys e i suoi colleghi venerano[39], nonostante il "danno" che gli Imeresi hanno subito dagli stessi Sicani, mentre essi "controllavano" Endesa[40]. Sempre più il territorio appare, dunque, costituito dalla sovrapposizione di percezioni e di spazi diversi, spazi fisici, politici, religiosi, economici, etnici, interetnici, culturali e simbolici, non sempre coincidenti fra di loro, e analizzare questi livelli molteplici è il compito che ci attende ancora di più nel futuro.

37 Dunst 1972.

38 Jourdain-Annequin 1992.

39 E che continuano a venerare dopo il rientro in patria. Panthys è infatti un nome tipicamente ionico, Dunst 1972, 101-102.

40 Il termine *synoròntes* implica il controllo militare di una località nella *éremos chora*, Dunst 1972, 102-103 ; per una analisi dell'iscrizione da questo punto di vista, Belvedere 2001, 736-737.

BIBLIOGRAFIA

Albanese 1996 : ALBANESE PROCELLI (R.M.) – Appunti sulla distribuzione delle anfore commerciali nella Sicilia arcaica. *Kokalos* XLII, 1996, 91-137.

Albanese 1997 : ALBANESE PROCELLI (R.M.) – Echanges dans la Sicile archaïque : amphores commerciales, intermédiaires et redistribution en milieu indigène. *RA* 1997, 3-25.

Albanese 1999 : ALBANESE PROCELLI (R.M.), Identità e confini etnico-culturali : la Sicilia centro-orientale, in *Confini e frontiera nella grecità d'Occidente* (Atti Taranto XXXVII), Taranto 1999, 327-359.

Albanese 2003 : ALBANESE PROCELLI (R.M.) – *Sicani, Siculi, Elimi. Forme di identità, modi di contatto e processi di trasformazione*. Milano 2003.

Alcock 1994 : ALCOCK (S.E.) – Minding the Gap in Hellenistic and Roman Greece. *In* : Alcock (S.E.), Osborne (R.) 1994, 247-256.

Alcock, Osborne 1994 : ALCOCK (S.E.), OSBORNE (R.), éd. – *Placing the Gods. Sanctuaries and Sacred Space in Ancient Greece*. Oxford 1994.

Antonaccio 2001 : ANTONACCIO (C.) – Ethnicity and Colonization. *In* : Malkin (I.) 2001, 113-157.

Antonaccio 2004 : ANTONACCIO (C.) – Siculo-Geometric and the Sikels : Ceramics and Identity in Eastern Sicily. *In* : LOMAS (K.) 2004, 55-81.

Asheri 1988 : ASHERI (D.), A propos des sanctuaires extraurbains en Sicile et Grande-Grèce : théories et témoignages. *In* : *Mélanges Pierre Lévêque*, vol. 1, Paris 1988, 1-15.

Ashmore, Knapp 1999 : ASHMORE (W.), KNAPP (A.B.), éd. – *Archaeologies of Landscapes. Contemporary Perspectives*. Oxford 1999.

Bats, D'Agostino 1999 : BATS (M.), D'AGOSTINO (B.) – Le vase céramique grec dans ses espaces : l'habitat, la tombe. *In* : Villanueva (M.CH.), Lissarague (F.) 1999, 75-90.

Belvedere 2001 : BELVEDERE (O.) – Il territorio di Himera e il problema della chora coloniale in Sicilia. *In* : *Problemi della* chora *coloniale dall'Occidente al Mar Nero* (Atti Taranto XL). Napoli 2001.

Béteille 1998 : BÉTEILLE (A.) – The Idea of Indigenous People. *Current Anthropology*, 39, 1998, 187-191.

Burgio 2002 : BURGIO (A.) – *Resuttano* (Forma Italiae 42). Firenze 2002.

Calderone 1996 : CALDERONE (A.) – Gli edifici a carattere religioso del terrazzo inferiore. *In* : AA.VV., *Monte Saraceno di Ravanusa. Un ventennio di ricerche e studi*. Messina 1996, 76-88.

Calderone 1999 : CALDERONE (A.) – Il sito di Monte Saraceno di Ravanusa. *In* : *Magna Grecia e Sicilia*. Atti dell'incontro di Studi, Messina 1999, 203-212.

Camassa, De Guio, Veronese 2000 : CAMASSA (G.), DE GUIO (A.), VERONESE (F.), éd., – *Paesaggi di potere : problemi e prospettive*, Atti del Seminario, Roma 2000.

Carter 1994 : CARTER (J.C.) – Sanctuaries in the *Chora* of Metaponto. *In* : Alcock (S.E.), Osborne (R.) 1994, 161-198.

Champion 1995 : CHAMPION (T.C.), éd. – *Centre and Periphery. Comparative Studies in Archaeology*. London-New York 1995.

Colle Madore = VASSALLO (S.) ed., Un caso di ellenizzazione in terra sicana, Palermo, 1999.

Crumley 1999 : CRUMLEY (C.L.) – Sacred Landscapes : Constructed and Conceptualized. *In* : Ashmore (W.), Knapp (A.B.) 1999, 269-276.

Cucco 2003-2004 : CUCCO (R.M.), *Kokalos* XLIX-L, in corso di stampa.

De Angelis 2004 : DE ANGELIS (F.) – Equations of Culture : The Meeting of Natives and Greeks in Sicily, *Ancient West & East*, 2.1, 2004, 19-50.

De Miro 1983 : DE MIRO (E.) – Esempio da Sabucina. *In* : Nenci (G.), Vallet (G.) 1983, 335-342.

De Miro 1988 : DE MIRO (E.) – Polizzello, centro della Sicania, *QuadMessina* 3, 1988, 25-42.

Djindjian 2001 : DJINDJIAN (F.) – Artefact Analysis. *In* : Stančič (Z.), Veljanovski (T.) 2000, 41-52.

Dunst 1972 : DUNST (G.) – Archaische Inschriften aus Samos. Die Weihung von Leukaspis, *AM* 87, 1972, 100-106.

Epifanio 1980 : EPIFANIO (E.) – Terravecchia di Cuti. Scavi e ricerche negli anni 1977-1979, *BCA Sicilia* I, 1980, 105-108.

Epifanio 1982 : EPIFANIO (E.) – Ricognizione archeologica a Cozzo Mususino, *Sicilia Archeologica* XV,48, 1982, 61-72.

Epifanio Vanni 1988-1989 : EPIFANIO VANNI (E.) – Terravecchia di Cuti. Campagne di scavo 1984, 1986, 1987, *Kokalos* XXXIV-XXXV, 1988-1989, 669-678.

Epifanio Vanni 1997 : EPIFANIO VANNI (E.) – Due antefisse a palmetta dall'entroterra di Himera. *In* : *Deliciae Fictiles* II. Proceedings of the 2nd International Conference on Archaic Architectural Terracottas from Italy, Amsterdam 1997, 81-82.

Epifanio, Vassallo 1984-1985 : EPIFANIO (E.), Vassallo (S.) – Terravecchia di Cuti. Scavi nel santuario extraurbano in contrada Cuti, *Kokalos* XXX-XXXI, 1984-1985, 651-653.

Giordano, Valentino 2004 : GIORDANO (P.), VALENTINO (M.) – *Carta archeologica del territorio comunale di Lercara Friddi*, Palermo 2004.

Gosden 1997 : GOSDEN (C.) (Ed.) – Culture contact and colonialism, *World Archaeology* 28, 3 1997.

***Himera* III.1** : ALLIATA (V.), BELVEDERE (O.), CANTONI (A.), CUSIMANO (G.), MARESCALCHI (P.), Vassallo (S.) – *Himera* III.1. *Prospezione archeologica nel territorio*, Roma 1988.

***Himera* III.2** : BELVEDERE (O.), BERTINI (A.), BOSCHIAN (G.), BURGIO (A.), CONTINO (A.), CUCCO (R.M.), LAURO (D.) – *Himera* III.2. *Prospezione archeologica nel territorio*, Roma 2002.

Isler 1994 : ISLER (P.) – Grabungen auf dem Monte Iato 1993, *AK* 37, 1994, 31-42.

Jenkins 1997 : JENKINS (R.) – *Rethinking Ethnicity*, London 1997.

Jones 1997 : JONES (S.) – The *Archaeology of Ethnicity*, London-New York 1997.

Jourdain Annequin 1992 : JOURDAIN ANNEQUIN (C.)–Leucaspis, Pédiocratès, Bouphonas et les autres… Héraclès chez les Sicanes. *In* : *Mélanges Pierre Lévêque*, vol. 6, Paris 1992, 139-150.

Knapp, Ashmore 1999 : KNAPP (A.B.), ASHMORE (W.) – Archaeological Landscapes : Constructed, Conceptualized, Ideational, in Ashmore (W.), Knapp (A.B.) 1999, 1-30.

Lauro 2009 : LAURO (D.) – *Sambuchi* (Forma Italiae 45), Roma 2009.

Lightfoot, Martinez 1995 : LIGHTFOOT (K.G.), MARTINEZ (A.) – Frontiers and Boundaries in Archaeological Perspectives, AnnRevAnthr 24, 1995, 471-492.

Lock 2000 : LOCK (G.) (Ed.) – *Beyond the Map : Archaeology and Spatial Technologies*. Proceedings of the NATO Advanced Research Workshop, Amsterdam 2000.

Lock, Stančič 1995 : LOCK (G.), STANČIČ (Z.) (Edd.) – *Archaeology and Geographical Information Systems*, London 1995.

Lomas 2004 : LOMAS (K.) (Ed.) – *Greek Identity in the Western Mediterranean*, Leiden-Boston 2004.

Malkin 2001 : MALKIN (I.) (Ed.) – *Ancient Perceptions of Greek Ethnicity*, Cambridge-London 2001.

Mollo Mezzena 1993 : MOLLO MEZZENA (R.) – Sabucina, Recenti scavi nell'area fuori le mura. Risultati e problematiche. *In* : *Storia e archeologia della media e bassa valle dell'Imera*. Atti della III Giornata di Studi sull'archeologia licatese, Palermo 1993, 137-181.

Monte Maranfusa = SPATAFORA (F.) ed., *Monte Maranfusa. Un insediamento nella media valle del Belice. L'abitato indigeno*. Palermo, 2003.

Morgan 1999 : MORGAN (C.) – The Archaeology of the Ethnicity in the Colonial World of the Eight to Sixth Centuries BC : Approaches and Prospects. *In* : *Confini e frontiera nella grecità d'Occidente* (Atti Taranto XXXIX), Taranto 1999, 85-145.

Nenci, Vallet 1983 : NENCI (G.), VALLET (G.) (Edd.) – *Forme di contatto e processi di trasformazione nelle società antiche*, Atti del convegno di Cortona, Pisa-Roma 1983.

Pasquinucci, Menchelli 2006 : PASQUINUCCI (M.), MENCHELLI (S.) (Edd.) – *Territorio e produzioni ceramiche : paesaggi, economia e società in età romana*, Pisa 2006.

Polignac 1994 : POLIGNAC (F. de), – Mediation, Competition and Sovereignty : The Evolution of Rural Sanctuaries in Geometric Greece. *In* : Alcock (S.E.), Osborne (R.) 1994, 3-18.

Reid, Lane, Segobye 1997 : REID (A.), LANE (P.), SEGOBYE (A.) *et al.* – Tswana architecture and responses to colonialism. *In* : Gosden (C.) 1997, 370-392.

Ruby 1993 : RUBY (P.) – Types et fonctions dans les typologies céramiques archéologiques. Quelques problèmes et quelques propositions, *AION* XV, 1993, 289-320.

Spatafora 2003 : SPATAFORA (F.) – Monte Maranfusa. Un insediamento nella media valle del Belice, Palermo 2003.

Stančič, Veljanovski 2000 : STANČIČ (Z.), VELJANOVSKI (T.) (Edd.) – *CAA 2000. Computing Archaeology for Understanding the Past*, Oxford 2000.

Tardo 2006 : TARDO (V.) – Distribuzione delle ceramiche nel territorio imerese. Analisi dei dati di prospezione archeologica. *In* : Pasquinucci (M.), Menchelli (S.) 2006, 139-146.

Terrenato 2000 : TERRENATO (N.) (Ed.) – *Archeologia teorica*, Firenze 2000.

van Dommelen 1997 : VAN DOMMELEN (P.), Colonial Constructs : colonialism and archaeology in the Mediterranean. *In* : Gosden (C.) 1997, 305-323.

van Dommelen 2000 : VAN DOMMELEN (P.) – Momenti coloniali. Cultura materiale e categorie coloniali nell'archeologia classica. *In* : Terrenato (N.) 2000, 293-310.

Vassallo 1990 : VASSALLO (S.) – *S. Caterina Villarmosa* (Forma Italiae 34), Firenze 1990.

Vassallo 1996 : VASSALLO (S.) – Il territorio di Himera in età arcaica, *Kokalos* XLII, 1996, 199-223.

Vassallo 2002 : VASSALLO (S.) – Himera. La colonia greca e gli indigeni. *In* : *Sicani Elimi e Greci. Storie di contatti e terre di frontiera*. Catalogo della mostra, Palermo 2002, 37-43.

Vassallo 2003 : VASSALLO (S.) – Ceramica indigena arcaica ad Himera. *In* : *Atti delle quarte giornate internazionali di studi sull'area elima*, Pisa 2003, 1343-1356.

Veronese 2000 : VERONESE (F.) – *Polis*, santuari e "paesaggi di potere" nella Sicilia greca di età arcaica. *In* : Camassa (G.), De Guio (A.), Veronese (F.) 2000, 239-283.

Veronese 2006 : VERONESE (F.) – *Lo spazio e la dimensione del sacro. Santuari greci e territorio nella Sicilia arcaica*, Padova 2006.

Villa 1997 : VILLA (A.), – Indagini archeologiche e ricognizioni nel territorio di Castronovo di Sicilia. *In* : *Atti delle seconde giornate internazionali di studi sull'area elima*, Pisa-Gibellina 1997, 1385-1397.

Villanueva, Lissarague 1999 : VILLANUEVA (M.CH.), LISSARAGUE (F.), ROUILLARD (P.), ROUVERET (A.) (Edd.) – *Céramique et peinture grecques : modes d'emploi*. Actes du Colloque International, Paris 1999.

Wheatley 1995 : WHEATLEY (D.), Cumulative viewshed analysis : a GIS based method for investigating intervisibility, and its archaeological application. *In* : Lock (G.), Stančič (Z.) 1995, pp. 171-185.

Wheatley, Gillings 2000 : WHEATLEY (D.), GILLINGS (M.), Vision, perception and GIS : developing enriched approaches to the study of archaeological visibility, in LOCK 2000, pp. 1-27.

Wheatley, Gillings 2002 : WHEATLEY(D.), GILLINGS (M.), *Spatial Technology and Archaeology*, London-New York 2002.

Whitehouse, Wilkins 1995 : WHITEHOUSE (R.D.), WILKINS (J.B.), Greeks and natives in south-east Italy : approaches to the archaeological evidence, in CHAMPION 1995, pp. 102-126.

Chapitre II

Grecs et indigènes autour d'Empúries

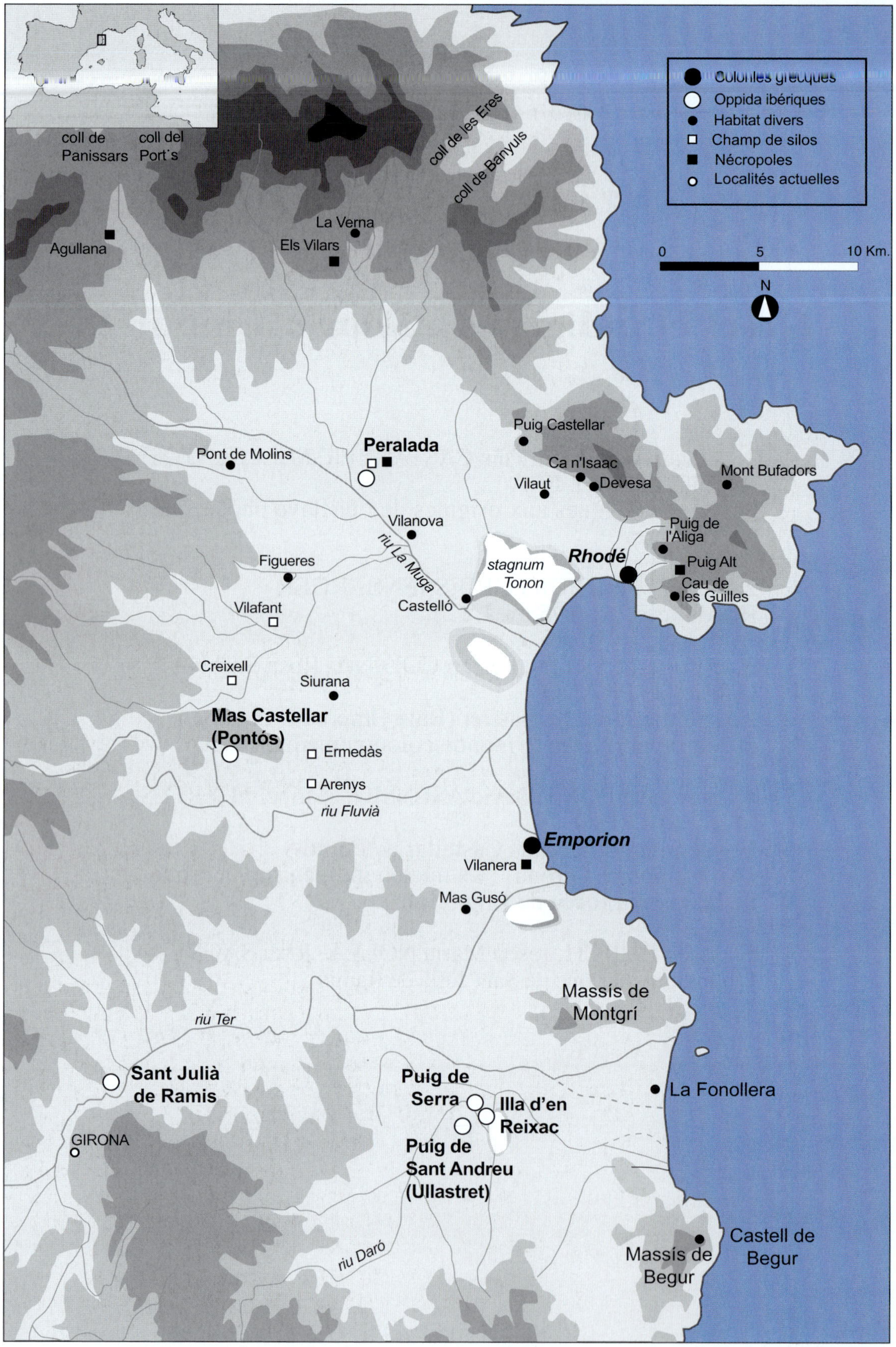

Fig. 48. Carte générale Empurdan.

1. Grecs et indigènes aux origines de l'enclave phocéenne d'Emporion

Xavier Aquilué, Pere Castanyer, Marta Santos, Joaquim Tremoleda

La cohabitation et l'étroite relation entre l'élément phocéen et l'élément indigène à Emporion sont, sans aucun doute, un des facteurs caractéristiques de cette enclave coloniale, dès ses origines au VIe siècle av. J.-C. et tout au long de son évolution historique. La présence de populations autochtones, aussi bien à l'intérieur de l'établissement grec que dans les environs, est une réalité dont témoignent les sources écrites et qui se réfléchit également dans les données archéologiques.

Fig. 49. Vue aérienne générale d'Emporion, avec la Néapolis au premier plan et, au fond, le village actuel de Sant Martí d'Empúries, situé sur les restes de l'ancien établissement de la Palaiá Polis.

Les deux textes les plus significatifs faisant référence à la ville, que l'on doit à Strabon et à Tite-Live, mentionnent explicitement la cohabitation de la population phocéenne emporitaine et des autochtones lorsqu'ils citent des événements et des moments divers de son évolution historique. Ainsi, Strabon, réunissant des informations de sources plus anciennes, décrit de manière succincte l'intégration au noyau grec des Indicètes qui s'étaient déjà installés à proximité. Ils partagèrent dès ce moment le même site fortifié, bien que divisé à l'intérieur par un mur et, avec le temps, un cadre juridique commun « constitué par des lois barbares et grecques » (*Géographie*, III. 4, 8). Certaines preuves archéologiques ont été mises en rapport avec ce processus de symbiose ou synœcisme : il s'agit notamment de la construction de la nouvelle muraille qui protégeait et délimitait le périmètre urbain de la ville à partir de la première moitié du IVe s. av. J.-C. Le pan Sud de cette enceinte, renforcé par de puissantes tours carrées, a été bâti sur les ruines d'un possible quartier indigène, établi antérieurement à l'extérieur du noyau le plus ancien de la Néapolis et aux pieds d'un sanctuaire suburbain (Sanmartí *et al*. 1986 ; Sanmartí, Castanyer, Tremoleda 1988 et 1992).

La description qu'en fait le texte de Tite-Live (XXXIV, 9), en revanche, doit être replacée dans le cadre des événements historiques qui ont immédiatement suivi le début de la présence militaire romaine à Emporion, quelques années après la fin de la deuxième Guerre punique et dans le contexte concret du débarquement des troupes commandées par Caton en 195 avant J.-C., venues étouffer la révolte des Indicètes. Tite-Live, qui reprend en grande partie le récit de Caton lui-même (Martínez Gázquez 1992), signale la présence d'un grand établissement d'*Hispani* à proximité de la ville grecque, mais plus éloigné de la mer. Son existence et son éventuel emplacement ont été l'objet d'un débat historiographique mouvementé. Ce noyau de population indigène a, par ailleurs, souvent reçu le toponyme Untika ou Indika, déduit de l'ethnique présent sur les monnaies de bronze avec caractères ibériques frappées à Emporion depuis le IIe siècle av. J.-C., ou de la mention dans un texte tardif d'Étienne de Byzance.

Les problèmes d'interprétation que supposent les références citées et leur confrontation avec les relevés archéologiques connus sur l'évolution topographique des différents établissements de l'ancienne Empúries ont été abordés à plusieurs reprises (Almagro 1951, p. 40 sq. et 75 sq. ; Ripoll 1978 ; Pena 1985 et 1988 ; Mar, Ruiz de Arbulo 1993, p. 192-194 ; Moret 1995). Nous ne reviendrons donc pas ici sur ce sujet.

Nous nous concentrerons plus précisément sur l'étape initiale de l'enclave d'Emporion. En effet, les renseignements la concernant sont pratiquement absents des sources anciennes, à l'exception de brèves références relatives à son origine massaliète, que l'on trouve déjà dans les périples grecs faussement attribués à Scylax de Caryanda et Scymnos de Chios (Almagro 1951, p. 23 sq. ; Mangas, Plácido, éd. 1999, p. 447 et p. 564-565). Citons également les informations données par Strabon lui-même, sur la situation du premier établissement grec dans une petite île à proximité de la côte, que les habitants d'Emporion eux-mêmes appelaient « la vieille ville » (*Palaiá Polis*). Le contexte dans lequel se fait l'implantation stable de marchands d'origine phocéenne à l'extrémité Sud de la baie de Roses, au cours du VIe siècle av. J.-C., et la nature emporique de ce noyau originel – qui donnera son nom à la ville au cours des siècles suivants – permettent de comprendre le lien fort, établi à partir de cette époque, avec la population indigène de la région. Les résultats des fouilles archéologiques réalisées à Sant Martí d'Empúries sont, à cet égard, particulièrement précieux. Il s'agit de l'ancien promontoire littoral[1] où se trouvent les vestiges du premier établissement phocéo-massaliète, origine de la *Palaiá Polis* citée dans le texte de Strabon (**fig. 49**).

Les fouilles réalisées dans le passé à cet endroit (Almagro 1964 ; Sanmartí 1982, p. 287-290) avaient déjà permis de récupérer du matériel archéologique attestant l'ancienneté du village et son antériorité par rapport à l'implantation au Sud de la petite anse naturelle, origine du secteur connu aujourd'hui sous le nom de « Néapolis » (Rouillard 1991, p. 249-251). Néanmoins, la première découverte de restes de constructions et de niveaux d'occupation attribuables à l'occupation archaïque de la *Palaiá Polis* s'est produite à l'occasion du projet de fouilles archéologiques réalisées en 1994-1995 (Aquilué dir. 1999). Ces premières preuves, bien que très partiellement conservées, ont été trouvées dans l'un des secteurs fouillés de la partie haute du promontoire, à proximité des anciens sondages de M. Almagro. Quelques années plus tard, d'autres fouilles réalisées sur un terrain situé au Nord du village actuel ont permis de mieux connaître les constructions attribuables à l'établissement archaïque et de confirmer leur continuité au cours du Ve siècle av. J.-C. (Aquilué *et al.* 2000 et 2002). Par ailleurs, cette intervention a démontré la superposition d'autres vestiges correspondant à l'occupation postérieure du lieu, à l'époque romaine républicaine, romaine tardive, médiévale ou moderne.

Dans les deux secteurs mentionnés, les niveaux du VIe siècle av. J.-C. recouvraient une séquence stratigraphique précédente qui, pour la première fois, apportait des preuves archéologiques claires de l'occupation indigène du promontoire, antérieure à l'installation de l'emporion phocéen. L'existence de ce noyau d'habitat autochtone avait déjà été pressentie à partir de l'étude de certains matériels céramiques obtenus lors des premiers sondages réalisés sur le site (Pons 1984, p. 32 ; Rovira, Sanmartí 1983, p. 99-101). Néanmoins, nous connaissons aujourd'hui quelques évidences de niveaux d'habitation, des éléments de construction et des dispositifs domestiques qui permettent d'entrevoir les caractéristiques de ce village préexistant. Nous nous appuyons également sur un ensemble important de matériels archéologiques qui peuvent servir à établir son évolution chronologique.

L'occupation indigène antérieure à l'établissement phocéen

Les débuts de cet établissement côtier correspondent, en fait, à un horizon chrono-culturel du Bronze final II/IIIa, qui remonte aux premiers siècles du premier millénaire avant notre ère. C'est à cette période que commencent à se concrétiser les schémas qui caractérisent la structure du peuplement indigène de la région. Cette première occupation (*phase I*) est surtout connue grâce aux matériels céramiques fournis par les strates les plus profondes sur le sous-sol calcaire naturel du promontoire (Esteba, Pons 1999). Les fouilles de 1998, quant à elles, ont dégagé quelques vestiges d'habitat de cette période, mais encore trop limités : traces de ce qui pourrait être un fond de cabane, des structures de combustion et quelques fosses. S'y ajoute la découverte d'un dépôt de bronzes formé de haches et d'autres outils, entiers ou fragmentaires, destinés à être refondus (Santos 2007).

Cependant, l'occupation indigène immédiatement antérieure à l'installation de l'emporion phocéen, celle qui, ici, nous intéresse le plus, correspond à une période chronologique plus récente, située entre la seconde moitié du VIIe siècle et les premières décennies du VIe siècle av. J.-C. En ce qui concerne les caractéristiques et l'évolution de cet habitat portuaire du Premier âge du fer, les données fournies par les fouilles sont beaucoup plus claires.

1 Une petite élévation d'à peine 2 ha aujourd'hui intégrée à la côte, suite à la transformation du paysage de la zone et de l'ensablement de l'ancien port. Son aspect dans l'Antiquité, tel que le transmet Strabon, aurait été celui d'un îlot côtier, situé entre une anse naturelle et la paléo-embouchure du fleuve Fluvià ; bien que, d'un point de vue géomorphologique, il doive être considéré comme une petite péninsule reliée au littoral par un isthme rocheux étroit (Marzoli 2005, p. 82 ; Blech, Marzoli 2005, p. 50-51 ; Nieto *et al.* 2005, p. 87).

Ainsi, les structures de l'habitat de la première étape du village (*phase IIa*) semblent surtout se situer sur la partie la plus élevée du promontoire, à l'Est, afin de contrôler le littoral et l'accès, par le Nord, à l'ancien estuaire du fleuve et, par le Sud, à une petite baie naturelle utilisable comme zone d'abri et de mouillage des embarcations. Les restes de constructions trouvés sur la Plaça Major de Sant Martí, bien que partiels, prouvent l'existence de cabanes de forme subrectangulaire, bâties avec de l'argile (torchis) sur une structure végétale, et avec quelques pierres à la base des murs. Les espaces domestiques sont regroupés et juxtaposés. Ils semblent former des blocs séparés par des espaces de circulation à usage collectif (Castanyer *et al.* 1999, p. 105-114 ; Aquilué *et al.* 2002, p. 306-307). Dans l'espace intérieur des cabanes on a trouvé des sols en argile et des structures de combustion, comme quelques soles de foyers et un petit four domestique (**fig. 50**).

À une période plus récente (*phase IIb*), qui se prolonge jusqu'aux premières décennies du VIe siècle av. J.-C., la surface occupée par le village semble avoir augmenté, à partir des informations de la séquence fouillée en 1998 sur le versant Nord du promontoire. À cet endroit, la plupart des évidences correspondent plutôt à une zone ouverte à usage collectif, probablement consacrée aux activités de mouture et au traitement des céréales (essentiellement de l'orge).

À l'heure actuelle, les restes du Premier âge du fer découverts à Sant Martí d'Empúries constituent les seules structures d'habitat connues pour cette période dans la zone emporitaine. Cependant, ce petit village portuaire a pu exister en même temps que d'autres éventuels établissements situés à proximité, notamment autour des terres alluviales cultivables. Les données carpologiques indiquent effectivement que l'agriculture s'intensifie à partir de cette période (Buxó 2001, p. 68-70). Dès le début, le modèle d'occupation a été conditionné par les caractéristiques particulières du paléo-paysage de cette partie Sud-Est de la plaine de l'Alt Empordà (Marzoli 2005) : un ensemble de collines proches de la mer constituant l'extrémité septentrionale du massif tertiaire du Montgrí, à côté desquelles se trouvaient les anciens estuaires du Ter Vell et du Fluvià, ainsi que la formation, qui en découle, d'aires humides et de marais dans les zones basses proches de la côte et de terres alluviales le long des cours d'eau. Soulignons à cet égard l'information récemment fournie par d'autres sites archéologiques situés aux alentours du paléo-lit du Ter, non loin de son ancienne embouchure à Empúries, comme celle relative aux matériels archéologiques de cette période trouvés à Mas Gusó de Bellcaire (Casas, Soler 2004, p. 29-38) et, surtout, la nécropole à incinération située sur le versant Sud de la colline de Vilanera (l'Escala), à ce jour partiellement fouillée (Agustí *et al.* 2004 ; Aquilué *et al.* 2008a). Le développement de cet important espace funéraire commence au Bronze final, parallèlement à l'utilisation de la nécropole et de l'habitat probable de Parrallí, sur la colline proche de Les Corts (Almagro 1955, p. 337-356 ; Pons 1984, p. 37 et 90-92). Cependant, la plupart des tombes à incinération de Vilanera, regroupées autour de quelques grandes structures tumulaires, correspondent au Premier âge du fer (VIIe siècle-début du VIe siècle av. J.-C.). Cette nécropole est donc contemporaine du village de Sant Martí d'Empúries (**fig. 51**).

Jusqu'à présent, nous manquons de données concluantes sur la situation, à cette époque, d'autres implantations situées à proximité de cette nécropole. Mais tout semble indiquer qu'elles ont existé, de manière plus ou moins concentrée ou dispersée, et que le site de Sant Martí, situé à quelques kilomètres, faisait partie de la même structure de peuplement de la zone. La fonction du village côtier était, sans doute, fortement liée aux activités de la mer – la pêche et les relations avec les navigations commerciales – favorisées par son emplacement stratégique. Les matériels fournis par les différents niveaux d'occupation du village de Sant Martí d'Empúries et surtout par les ensembles funéraires de Vilanera semblent prouver, en effet, le rôle clé dans les échanges de cet établissement indigène qui a su attirer, dès la seconde moitié du VIIe siècle av. J.-C., l'intérêt du commerce phénicien (Santos 2003 ; Aquilué *et al.* 2008a) (**fig. 52**).

L'arrivée d'autres produits d'origine étrusque ou grecque, apportés par les navigations commerciales qui, depuis le Golfe du Lion, rejoignaient l'extrémité de la baie de Roses, est attestée dès le début du VIe siècle av. J.-C. Le pourcentage de ces importations, dans les niveaux les plus récents de l'habitat indigène de Sant Martí, est certainement très faible, ce qui nous pousse à les situer à l'époque du début des contacts avec l'emporía phocéenne qui, depuis Massalia, lança les premières navigations de reconnaissance des régions indigènes les plus dynamiques et ouvertes aux échanges.

Les structures archaïques de la *Palaiá Polis*

La période d'occupation suivante est caractérisée par les transformations dont témoignent les fouilles réalisées à Sant Martí d'Empúries (*phase III*). Ces transformations ont été interprétées comme étant le résultat de l'installation de l'emporion phocéo-massaliète à partir du deuxième quart du VIe siècle av. J.-C., une initiative qui signifia la cristallisation des contacts initiés à la période précédente (Castanyer, Santos, Tremoleda 1999 ; Santos

Fig. 50. Détail d'un petit four domestique, appartenant à la phase la plus ancienne d'occupation du village du Premier âge du fer établit sur le promontoire de Sant Martí d'Empúries.

Fig. 51. Urne indigène en céramique non tournée, provenant d'une des tombes d'incinération de la nécropole de Vilanera (l'Escala).

Fig. 52. Pithos en céramique peinte, faisant partie du groupe d'importations phéniciennes provenant des ensembles funéraires de Vilanera.

2003). Il s'agirait donc de la première enclave stable de peuplement grec en cet endroit. Elle serait à l'origine de la *Palaiá Polis* d'Emporion, peu importante du point de vue du nombre d'individus installés, directement concernés par une activité commerciale tolérée et favorisée par la population indigène.

Il convient de signaler néanmoins que la séquence stratigraphique établie à Sant Martí ne permet pas de détecter de césure ni de hiatus chronologique significatif par rapport au village préexistant. Malgré cette continuité de l'occupation du promontoire, certains éléments signalent clairement un point de rupture par rapport à la période précédente. Il est tout particulièrement évident dans les restes récupérés par les fouilles de 1998, et attribués au premier établissement archaïque emporitain (Aquilué *et al*. 2002, p. 309-316). Nous détaillerons dans ce qui suit ces éléments de rupture relevés dans le registre archéologique, qui permettent de déduire un changement significatif de la nature de l'établissement.

D'un point de vue strictement stratigraphique, les niveaux d'occupation et les restes de construction de cette nouvelle étape s'installent directement sur des strates d'abandon des structures indigènes précédentes (*phase IIIa1*).

Par ailleurs, la composition des contextes de matériels archéologiques subit un changement substantiel : face à la prédominance absolue des céramiques de tradition autochtone dans les niveaux du village du Premier âge du fer, une baisse progressive des pourcentages de céramique indigène apparaît dans les phases suivantes. Cette baisse est encore plus forte si on tient compte de la possible inclusion de nombreux fragments résiduels de céramique non tournée, venant des niveaux plus profonds de la stratigraphie. En plus, l'augmentation de la proportion de l'ensemble de matériels d'importation qui en découle, s'accompagne d'un changement significatif de leur composition, ce qui traduit sans doute un nouveau contexte d'échanges. Ainsi, l'arrivée de produits transportés dans des amphores d'origine phénicienne est pratiquement interrompue. Cela correspond au recul, à partir du deuxième quart du VIe siècle av. J.-C., de l'activité commerciale développée par les enclaves phéniciennes méridionales et celles d'Ibiza le long de la façade méditerranéenne de la péninsule. En revanche, l'augmentation du pourcentage des éléments de vaisselle d'origine grecque est très claire de même que, parmi les amphores, celle des fragments d'amphores vinaires d'origine étrusque (Aquilué *et al*. 2000, 2004 et 2006). La composition des contextes archéologiques de Sant Martí d'Empúries, à partir du deuxième quart

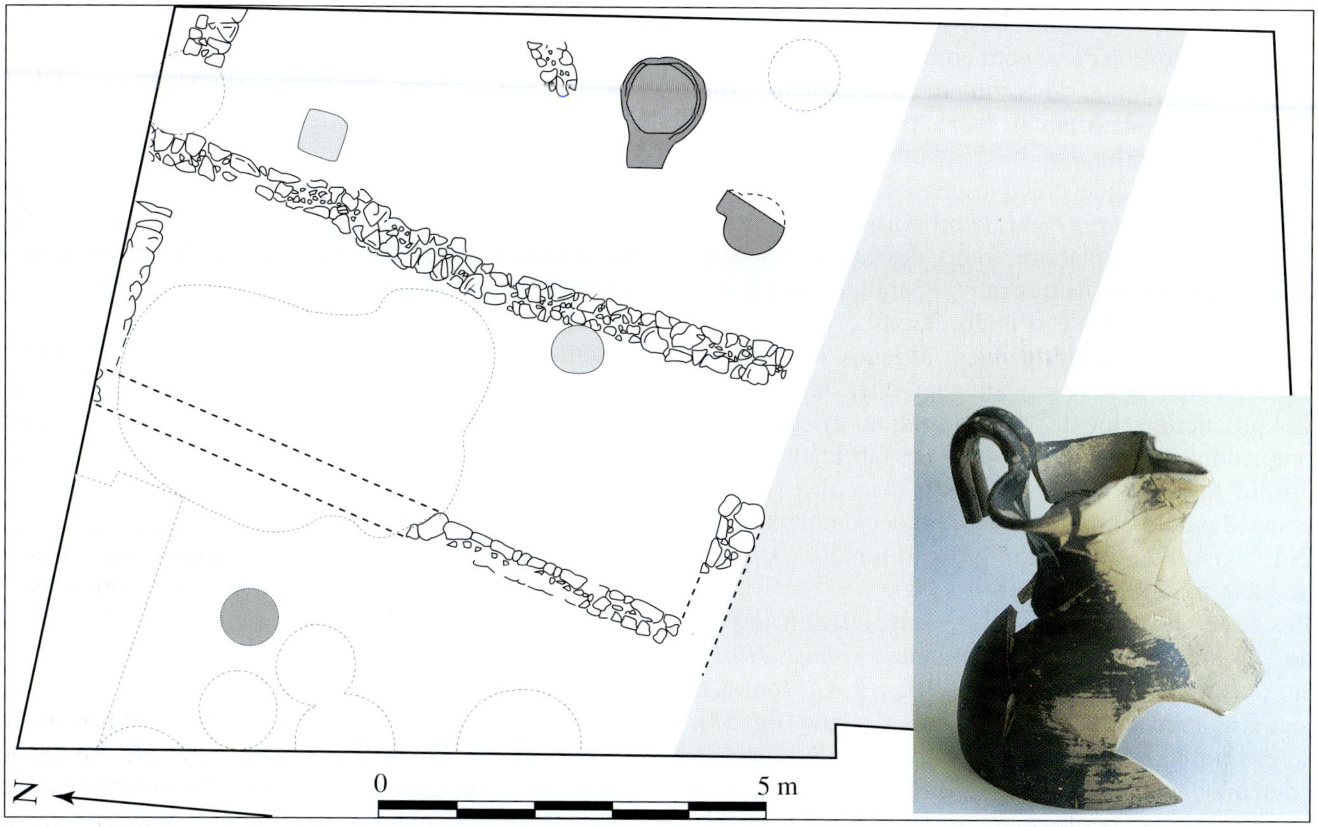

Fig. 53. Structures correspondant à la première phase de l'habitat archaïque de la *Palaiá Polis* (phase IIIa2), qui incluent des petits fours pour la fabrication de vaisselle en céramique grise monochrome de tradition phocéenne, comme la cruche figurant sur l'image.

Fig. 54. Vue des fouilles pratiquées en 1998 à Sant Martí d'Empúries, avec les vestiges des constructions correspondant à l'occupation de la *Palaiá Polis* à partir du dernier tiers du VIe siècle et durant le Ve siècle av. J.-C. (phases IIIc/IIIe). À gauche se superposent quelques structures postérieures du IIe siècle av. J.-C.

Fig. 55. Reconstitution de l'aspect des maisons tardo-archaïques relevées à Sant Martí d'Empúries (phase IIIc) (dessin : J. Sagrera).

du VIe siècle av. J.-C, représente ainsi une preuve évidente de l'intégration de ce petit comptoir portuaire dans la nouvelle dynamique du commerce maritime du littoral Nord-Ouest de la Méditerranée, après l'implantation phocéenne à Massalia.

Parmi la céramique grecque provenant des niveaux archaïques de la *Palaiá Polis*, la proportion de vaisselle peinte à pâte claire élaborée dans des ateliers massaliètes est relativement significative, parallèlement à une présence peu importante d'importations originaires de la Grèce de l'Est, corinthiennes, attiques ou magno-grecques. Nous pouvons également citer la présence d'une production locale de céramique grise monochrome, dont les caractéristiques de fabrication et le répertoire formel sont semblables à ceux des productions de Massalia et d'autres ateliers occidentaux de ce type de vaisselle de tradition gréco-orientale (Aquilué *et al.* 2000, p. 318-326).

Les restes de structures qui correspondent à la première période du nouvel établissement (*phase IIIa2*), datant d'avant le milieu du VIe siècle av. J.-C., sont justement à rapprocher de cette activité artisanale (**fig. 53**). Celle-ci semble fondamentalement destinée à répondre à la demande locale et peut être considérée comme l'un des indicateurs archéologiques de l'installation stable d'un premier groupe de gens d'origine phocéenne, sans doute étroitement lié à l'activité commerciale réalisée à l'emporion. Aux côtés des vestiges de simples fours circulaires, de petites dimensions (à peine 1 m à 1,10 m de diamètre), utilisés pour la fabrication de vaisselle tournée en céramique grise, d'autres pièces de céramique commune et de mortiers, les fouilles de 1998 ont mis à jour d'autres vestiges attribués aux espaces domestiques de cette première période et, également, aux phases qui ont suivi l'établissement (phases IIIa2 à IIIe). Ses caractéristiques de construction représentent également un saut qualitatif évident par rapport aux structures du village indigène précédent (Aquilué *et al.* 2002, p. 309-316). Il s'agit maintenant de constructions rectangulaires ou quadrangulaires, dont les parois sont bâties avec des briques crues – généralement observées uniquement par fragments dans les niveaux de destruction – qui s'appuient sur des soubassements à double parement en pierres calcaires irrégulières, unies par de l'argile, suivant un tracé et une technique de réalisation relativement soignés.

Le contraste, par rapport aux cabanes indigènes antérieures, est évident. Le résultat est une nouvelle installation qui doit être associée à un changement important de sa nature, conséquence de l'installation phocéenne à cet endroit. Les caractéristiques constructives mentionnées ne diffèrent en rien de ce que laissent voir les structures archaïques d'autres établissements coloniaux, notamment celles de Massalia (Gantès 1992, p. 72-79 ; Hermary, Hesnard, Tréziny 1999, p. 49-51 ; Bouiron, Tréziny éd. 2001, p. 419-421 et p. 425-426). Elles seront également systématiquement utilisées pour les constructions ultérieures de la ville emporitaine. Il faut reconnaître néanmoins que l'utilisation de la brique crue, sur des soubassements en pierre, connaît une longue tradition antérieure dans le monde indigène de la péninsule (synthèse dans Moret 2002b, p. 381-382) et que, dans la région du Sud de la Catalogne, elle est pleinement attestée dès le Premier âge du fer (Belarte 1997, p. 67-71). Une transformation semblable des procédés de construction est attestée archéologiquement à une époque un peu plus récente dans l'habitat ibérique des environs d'Empúries, un phénomène où les influences coloniales pourraient rejoindre le processus d'évolution des techniques indigènes. Dans le cas précis d'Ullastret, l'introduction de l'utilisation de la brique crue sur des soubassements en pierre semble remonter à la seconde moitié du VIe siècle av. J.-C. (Martin *et al.* 1999, p. 315-316). Un phénomène similaire est aussi attesté au-delà des Pyrénées, dans la région occidentale du Languedoc où des gisements tels que ceux de La Monédière (Bessan), La Moulinasse (Salles d'Aude) ou Pech Maho (Sigean) témoignent de la première diffusion de ces nouvelles techniques de construction (Nickels 1976 ; Passelac 1995 ; Moret 2002a, p. 330-338).

Mais c'est surtout la typologie des constructions relevées dans la *Palaiá Polis* qui a posé le plus de problèmes d'interprétation. Les structures de l'habitat archaïque découvertes lors des fouilles de la Plaça Major étaient trop fragmentaires pour permettre d'étudier la nouvelle organisation du site (Castanyer, Santos, Tremoleda 1999, p. 221-227, fig. 214). De leur côté, les restes découverts en 1998 définissent des espaces domestiques dont les caractéristiques architecturales sont très simples. Il s'agit d'espaces rectangulaires, très allongées, de caractère multifonctionnel, et qui s'ouvrent, au Sud, sur une rue ou un espace de circulation suivant la pente, d'Est en Ouest, sur ce versant du promontoire (Aquilué *et al.* 2002, p. 309-316).

Le tracé de cette rue semble remonter jusqu'à la phase d'occupation antérieure au milieu du VIe siècle (phase IIIa2), époque à laquelle est déjà attesté un espace construit selon les caractéristiques mentionnées, de forme légèrement trapézoïdale. Il ne présentait pas de séparations intérieures évidentes et sa longueur était d'environ 8 m. La largeur intérieure varie entre 3,20 et 2,80 m, avec une surface utile d'environ 24 m^2 (**fig. 53**). Les soubassements en pierre de ses murs sont partiellement conservés, en raison de l'arasement motivé par la superposition des constructions suivantes et de la présence d'une grande fosse creusée à la période romaine

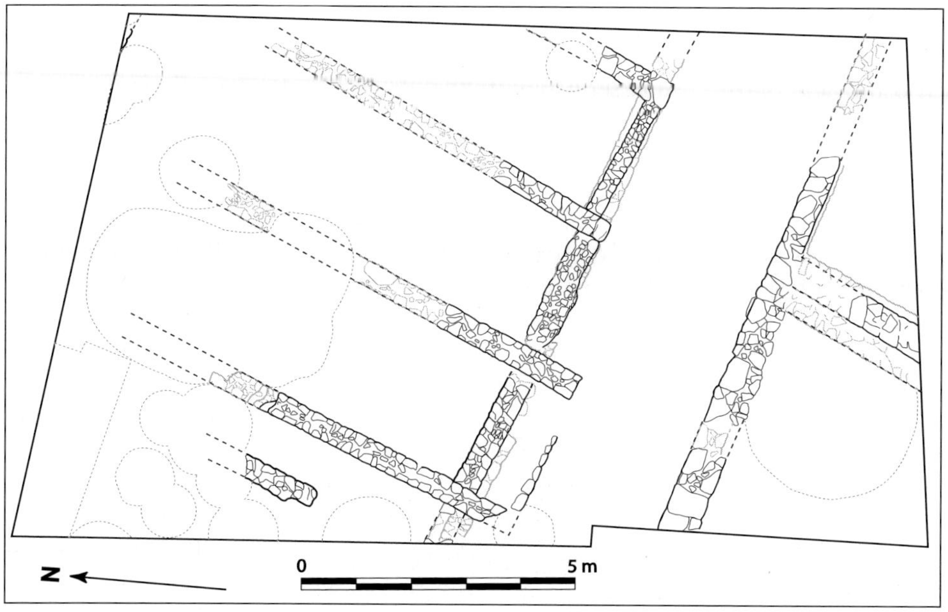

Fig. 56. Plan des vestiges correspondant à la reconstruction des espaces d'habitation dans les environs de 450/425 av. J.-C. (phase IIIe), qui reposent sur les structures précédentes (en gris).

tardive. Les parties conservées de ce solin montrent parfois un tracé peu rectiligne, d'une épaisseur d'environ 46 cm, et incluent parfois quelques briques crues dans son parement, d'environ 30 cm de largeur visible et de 7/8 cm d'épaisseur. Le revêtement de sol intérieur était réalisé avec de l'argile rougeâtre compactée et on y trouve également une sole de foyer sur une base réfractaire faite de fragments d'amphores étrusques.

Cependant, c'est dans la restructuration que semble avoir connu le noyau dans le dernier tiers du VIe siècle (*phase IIIc*), que nous pouvons le mieux observer l'alignement régulier de plusieurs espaces de ce type, aux dimensions assez uniformes et aux proportions étroites – largeur intérieure de 2,40 m seulement – et relativement profondes – une longueur indéterminée mais supérieure à 6,5/7 m – qui s'adaptent à la légère inclination du terrain. Sa surface utile devait à peine atteindre les 20 m^2. La technique de construction utilisée est la même que celle décrite précédemment, soubassements en pierre calcaire supportant des parois de briques crues. Mais les restes montrent un tracé presque rectiligne et des parements soignés, qui fonctionnent avec des pavements formés de diverses couches d'argile superposées. Les quatre espaces relevés font partie d'un même bloc de constructions. Ils partagent des murs mitoyens d'environ 40 cm d'épaisseur, dont les assises de la base sont plus larges et encastrées dans une petite tranchée creusée dans le sol. Elles formaient donc une ligne continue de façade au Nord de la rue mentionnée précédemment, qui fonctionnait comme axe d'aménagement de cette zone Nord du promontoire (**fig. 54 et 55**). Sur le mur de la façade, plus large – 45/50 cm d'épaisseur, avec des assises inférieures jusqu'à 55/60 cm — et parfois renforcé par de grands blocs calcaires, s'ouvraient les accès aux différents espaces. La présence de quelques soles de foyer et, en général, le matériel archéologique associé, semble signifier une utilisation domestique de ces espaces. Nous ne disposons d'aucun autre indice prouvant une utilisation spécifique comme lieux de stockage ou pour d'autres activités artisanales. Les restes conservés ne permettent pas, néanmoins, de confirmer la présence d'éléments de séparation de l'espace intérieur, banquettes adossées aux murs latéraux ou tout autre type de dispositif domestique. Également, on n'a pas documenté des ouvertures reliant les différents espaces, qui semblent former des unités indépendantes remplissant plusieurs fonctions.

L'espace de la rue présentait une superposition de sols de circulation, formés de cailloux, de gravier et de sable, ainsi que de nombreux tessons de céramique et des restes de coquillages. D'une largeur assez régulière, environ 3 m, il est délimité au Sud par d'autres murs de constructions partiellement découvertes pouvant répondre à un système d'aménagement différent.

Le type d'implantation relevé au Nord de la rue n'a pratiquement pas changé à la période suivante, bien qu'aux alentours du milieu du Ve s. av. J.-C. le terrain ait été légèrement surélevé et les espaces d'habitation reconstruits. Ceux-ci ont conservé des proportions et une forme pratiquement identiques mais certains d'entre eux se sont vus dotés d'un petit porche ou auvent devant la porte d'accès, délimité par le prolongement des murs latéraux qui forment donc des petites antes (**fig. 56**). Dans un de ces nouveaux espaces il y avait aussi un mur intérieur ou un soubassement, parallèle à la paroi latérale, avec une fonction indéterminée. La séquence d'occupation mise au jour lors des fouilles arrive jusqu'au début du IVe s. av. J.-C., époque à laquelle il faut attribuer les niveaux d'abandon de ces constructions. Il ne faut pas exclure la possibilité que les déblaiements successifs aient fait disparaître d'autres preuves de la continuité de l'habitat de la *Palaiá Polis* à partir de cette époque ; en tout cas, les restes ultérieurs de construction mis au jour par les fouilles correspondent déjà au IIe s. av. J.-C.

Il ne faut pas oublier que la surface étudiée à ce jour ne représente qu'une petite partie de l'ancien établissement.

Les constructions décrites introduisent un autre élément ambivalent dans la définition de la nature de ce noyau et de l'identité de ses habitants. S'agit-il d'un type particulier d'espaces domestiques introduit par la population grecque installée dans l'emporion, ou bien nous trouvons-nous devant la preuve d'une influence directe des formes d'habitat indigène dans la nouvelle implantation phocéenne ? Ou peut-être même est-ce la preuve de la continuité de la présence de population autochtone qui occupait le promontoire de Sant Martí ?

Comme cela a déjà été souligné (Aquilué *et al.* 2002, p. 322-323, Moret 2002a et 2002b)[2], il faut reconnaître que ces constructions particulières de la Palaiá Polis ne trouvent pas facilement leur place dans l'architecture domestique grecque de cette étape chronologique. La construction d'unités domestiques simples, de forme quadrangulaire et aux fonctions multiples, parfois dotées de porche ou d'antichambre à l'avant, trouve sans doute ses origines dans la typologie de l'habitat grec, et se serait finalement imposée sur les autres types de maisons, de forme ovale ou en abside, avec lesquelles elles coexistèrent à l'époque géométrique. Ces structures orthogonales simples, s'adaptant plus facilement à un aménagement urbain plus ou moins régulier, sont également présentes dans les phases plus anciennes de l'urbanisme des établissements coloniaux. Cependant, au cours des VIIe et VIe siècles av. J.-C. des structures domestiques plus complexes se développent déjà (synthèse dans Lang 1996 et 2002). Elles disposent de deux espaces ou plus, accessibles par un couloir, un espace transversal ou à partir d'une cour intérieure. Elles préfigurent les schémas développés par la suite dans l'architecture domestique grecque. Mais les exemples de continuité d'unités plus simples formées d'un seul espace d'habitation carré ou rectangulaire, ou divisé en deux espaces de surface inégale, ne manquent pas non plus. Quant aux établissements phocéens de Méditerranée occidentale, les données de Massalia sont encore assez limitées. Lors des fouilles réalisées dans le secteur de la ville archaïque, des constructions réalisées à partir de soubassements en pierre et de parois de briques crues ont été attestées, comme nous l'avons signalé plus haut. Elles formaient des espaces domestiques de forme quadrangulaire, composés parfois de deux pièces ou plus, aux dimensions le plus souvent réduites (Gantès 1992, fig. 3-4 ; Hermary, Hesnard, Tréziny 1999, p. 49-51 ; Rothé, Tréziny coord. 2005, p. 317, p. 417-434). Parmi les structures datées entre les dernières décennies du VIe siècle et le début du Ve s. av. J.-C., il convient de signaler une juxtaposition d'espaces rectangulaires d'environ 4 m de large, accolés au mur de soutènement d'une terrasse supérieure et relevés lors des fouilles de la rue de la Cathédrale. Le fait que seuls des fragments de ces structures soient connus, empêche de savoir s'il s'agissait d'espaces indépendants ou s'ils formaient une unité plus complexe (Gantès, dans Bouiron, Tréziny ed. 2001, p. 421, fig. 4.4).

Le cas de Hyele/Élée fournit une vision plus complète des caractéristiques de l'habitat d'un établissement colonial phocéen qui se développe précisément à l'époque tardo-archaïque (Cicala 2002, avec la bibliographie précédente). Si on laisse de côté la particularité de leurs caractéristiques constructives – comme l'utilisation de l'appareil polygonal en plus de la combinaison habituelle de soubassements en pierre et de parois de briques crues, il faut signaler que parmi les diverses solutions planimétriques relevées, rares sont les exemples de maisons monocellulaires. Ce qui prévaut surtout ce sont les unités d'habitation rectangulaires divisées en deux espaces inégaux qui suivent une disposition linéaire. Leurs accès sont généralement situés sur le côté le plus large de l'édifice. Il existe néanmoins quelques exemples d'espaces plus carrés précédés d'un petit porche délimité par des antes. La présence de maisons plus complexes, composées de plus de deux pièces semble être en revanche minoritaire, contrastant ainsi avec les exemples d'édifices domestiques plus articulés, avec des pièces remplissant diverses fonctions, qui sont déjà connus dans d'autres centres coloniaux à une époque antérieure. Cette simplicité et le traditionalisme relatif des plans, des constructions et de la conception même de l'espace domestique à Élée ont été interprétés, d'ailleurs, comme des éléments de l'identité phocéenne de la ville (Cicala 2002, p. 301-306).

Dans cette problématique, la particularité des restes relevés à Sant Martí d'Empúries, au-delà du caractère simple de son implantation, est surtout due aux dimensions réellement étroites des différents espaces. Le remarquable développement en longueur vient compenser cette étroitesse, avec une proportion qui dépasse 1:3. Aujourd'hui, en raison de notre connaissance très partielle des structures archaïques, il est impossible de savoir avec certitude si la typologie singulière de ces constructions a coexisté avec d'autres formes d'habitat. La distribution de l'espace selon un simple alignement d'unités monocellulaires est une tradition très ancienne en Méditerranée et pourrait être conditionnée par la topographie spécifique de ce secteur précis du promontoire. Ces facteurs ne la rendraient pas incompatibles avec une origine spécifiquement grecque de l'implantation (Moret 2002a, p. 345 ; 2002b ; Moret dans ce volume, p. 329-332).

Néanmoins, comme dans le cas des techniques de construction utilisées, il est inévitable d'établir un

2 Voir aussi les contributions de P. Moret et de C. Belarte dans ce même volume (p. 329-332 et p. 319-328).

parallèle avec les espaces domestiques similaires du monde indigène, de forme rectangulaire plus ou moins profonde, souvent juxtaposés et avec des murs mitoyens, formant des blocs accessibles depuis la rue ou les espaces d'utilisation collective. La diffusion de ce type d'habitat est étroitement liée à l'introduction de constructions solides en pierre et briques crues. Il trouve ses origines à une époque bien antérieure, comme dans le cas des villages du Bronze final de la moyenne vallée de l'Èbre. Au Nord-Est de la péninsule, on commence à le trouver à partir du Premier âge du Fer, notamment dans les gisements proches du cours inférieur de l'Èbre, mais il est surtout présent dans l'urbanisme ibérique (synthèse sur ce sujet dans Moret 2002a et 2002b ; Belarte 1997, p. 152-153 et dans ce volume, p. 319-328). Dans le territoire proche d'Emporion, les gisements de Puig de Sant Andreu à Ullastret (maisons de la zone 9) et Mas Castellar de Pontós (Pons *et al.* 2005, fig. 5) fournissent des exemples de constructions de forme rectangulaire, également dotées de petits porches ou d'antichambres à l'avant. Leur chronologie ne peut cependant pas être remontée au-delà de la seconde moitié du Ve s. av. J.-C. En revanche, d'autres parallèles peuvent être faits avec des gisements situés à proximité de la côte languedocienne. Leur date est plus ancienne, comme dans le cas de la maison mise à jour à La Moulinasse, dans la vallée de l'Aude, dont la construction remonte à la seconde moitié du VIe s. av. J.-C. (Passelac 1995). Des similitudes ont été aussi détectées pour cette période avec le site de Pech Maho, où a été relevée une juxtaposition d'espaces quadrangulaires allongés, avec des murs mitoyens, constituant des blocs de constructions accolés à un pan de muraille (Gailledrat, Solier 2004, p. 375-382). Selon P. Moret (2002a, p. 338), il se pourrait que nous nous trouvions dans le cas d'un exemple de confluence d'influences ibériques et coloniales – dans ce cas, du type de structures présentes dans la *Palaiá Polis* emporitaine – dans le nouveau mode d'organisation de l'habitat.

Pour en revenir aux constructions relevées à Sant Martí d'Empúries, la problématique ambivalente qu'elles suscitent – pour déterminer si elles doivent être considérées comme des innovations introduites par l'installation phocéenne ou comme un résultat de l'évolution de la tradition architecturale indigène, – est difficile à résoudre, sachant qu'il est impossible de les confronter correctement à d'autres exemples emporitains de la même période. Cependant, il faut souligner le fait que les restes des structures découverts dans la *Palaiá Polis* semblent faire partie d'une organisation précise et prédéterminée du noyau qu'il paraît logique d'associer à la création de l'emporion phocéen. Nous pensons que la rue orientée S.-E./N.-O., qui déjà avant le milieu du VIe s. av. J.-C. desservait la partie Nord du site, faisait sans doute partie d'une première structure urbaine adaptée au relief naturel du lieu. L'organisation de l'établissement archaïque, malgré sa petite superficie, aurait été complétée par une ou deux autres voies plus ou moins parallèles qui rendaient possible la liaison entre la partie plus escarpée du promontoire et la partie inférieure, facilement accessible depuis la zone portuaire, et avec les espaces découverts, à usage collectif, et d'autres voies éventuelles Nord-Sud. Néanmoins, il faut reconnaître qu'en dehors des restes partiels trouvés sur la Plaça Major, nous ne disposons pour le moment d'aucune autre preuve permettant de reconstituer la structure de cette première implantation.

Comme cela a déjà été dit, le tracé de la rue relevé sur le terrain fouillé en 1998 subsiste lors des phases successives de la *Palaiá Polis*, malgré quelques modifications et la reconstruction des édifices situés le long de son parcours. Les espaces situés au Nord ont la même orientation N.-E./S.-O., légèrement oblique par rapport à l'axe de la voie. Ils sont sans doute le résultat d'une distribution organisée de l'espace reprenant un aménagement préexistant, qui ne variera presque pas lors de la reconstruction du Ve s. av. J.-C. On a voulu accentuer le caractère grec de cette implantation (Moret 2002a, fig. 119 ; 2002b, p. 388-389), notamment par la tentative de chercher l'utilisation d'un tracé régulateur s'appuyant sur une unité de mesure coïncidant avec le pied ionique-attique de 29,5/30 cm, utilisé dans le monde phocéen occidental depuis l'époque archaïque (Tréziny 1989). Ainsi la largeur de la rue, d'environ 3 m, équivaudrait à un module de 10 pieds, théoriquement utilisé aussi dans la répartition de l'espace situé au Nord, en prenant comme référence la largeur des espaces, mesurée dans l'axe des murs, bien que les dimensions réelles fussent légèrement plus étroites (une largeur intérieure de seulement 2,40 m et une distance approximative entre les axes des murs mitoyens de 2,80 m). L'état de conservation des structures et le caractère partiel des restes découvertes appellent cependant à une certaine prudence quant à la recherche d'un schéma régulateur applicable à l'agencement de la *Palaiá Polis*.

Le développement de la ville grecque d'Emporion et la coexistence avec l'élément indigène

La restructuration de la Palaiá Polis dans la seconde moitié du VIe s. av. J.-C. coïncide avec un moment d'inflexion particulièrement important de l'évolution de l'établissement. Dans le nouveau contexte historique dû au passage de la métropole phocéenne aux mains de l'armée perse, au résultat de l'affrontement naval avec les Étrusques et les Carthaginois sur les eaux de la mer Tyrrhénienne et au renforcement du rôle de Massalia sur les routes du commerce maritime vers l'Occident, le rôle de l'enclave emporitaine se conforte dans sa fonction de port d'escale et de vecteur de navigations commerciales clairement tournées vers le littoral ibérique de la péninsule. Le développement de l'emporion phocéen originel et sa transformation en petite polis coloniale, étroitement liée à l'activité portuaire, fera apparaître le besoin d'étendre la zone habitée sur la côte située au Sud du port naturel. Cela donnera naissance à ce qui sera le secteur urbain principal d'Emporion, connu aujourd'hui sous le nom moderne de « Néapolis » (*supra*, **fig. 49**).

Même si nous avons voulu concentrer notre contribution sur l'étape archaïque de l'établissement et sur ses précédents, avec un intérêt particulier pour les données fournies par les fouilles de Sant Martí d'Empúries, nous aborderons brièvement, pour terminer, la situation créée après cette nouvelle implantation sur la « terre ferme », également citée dans le texte de Strabon (III, 4, 8).

Les contextes archéologiques les plus anciens de la Néapolis semblent confirmer la contemporanéité entre sa première occupation et les phases d'habitation de la *Palaiá Polis* à partir du troisième quart du VIe s. av. J.-C. Le premier établissement se centre sur la zone la plus proche de la limite Sud du port, avec une probable utilisation comme espace sacré de la partie la plus élevée de ce secteur, endroit connu sous le nom de Torre Talaia. Mais c'est surtout au cours des dernières décennies de ce siècle et au début du Ve s. av. J.-C. que semble prendre corps la première structure urbaine de la Néapolis. C'est ce qui ressort des données, toujours extrêmement partielles, de différents sondages stratigraphiques réalisés lors des fouilles effectuées sous la supervision d'Emili Gandia entre 1908 et 1936 et plus tard, à l'initiative de Martín Almagro (Ruiz de Arbulo 1994). C'est aussi ce qu'indiquent les résultats, en grande partie encore non publiés, d'autres travaux de fouilles plus récents dans le secteur Nord du site, ainsi que ceux des interventions actuellement en cours dans le secteur de la stoa hellénistique et à côté de l'édifice actuel du Musée (Aquilué *et al.* 2008b). En ce qui concerne ces dernières fouilles, il faut souligner la découverte de structures qui formaient la limite Nord-Ouest de l'enceinte déjà à l'époque tardo-archaïque et l'accès depuis la paléoplage qui existait au Sud de la petite anse naturelle, à côté duquel nous pouvons situer la présence probable d'un sanctuaire portuaire.

Cependant, les données sur les plus anciennes structures d'habitation de la Néapolis sont aujourd'hui insuffisantes (Aquilué *et al.* 2002, p. 317-322) et interdisent malheureusement de les confronter correctement à celles de la Palaiá Polis décrites plus haut. Les éléments relevés lors des sondages (vestiges de murs, revêtements de sol, structures de combustion, niveaux d'utilisation de rues) sont trop partiels et sans relations les uns avec les autres pour recréer la physionomie du premier établissement. Dans le cas des fouilles réalisées en 1985 dans le secteur Nord de la Néapolis, il a été possible d'obtenir une vision plus large de certains espaces domestiques des Ve et IVe siècles av. J.-C. Ils furent bâtis avec des murs en briques crues et des soubassements en pierre et disposaient de sols en terre compactée, ainsi que de bases carrées pour des foyers ou braséros (Aquilué *et al.* 2002, p. 319, pl. XI). Nous ne pouvons cependant pas certifier qu'il s'agit de pièces d'une construction domestique déjà plus complexe. Par ailleurs, grâce aux fouilles actuellement en cours dans le secteur occupé au IIe s. av. J.-C. par la stoa de l'agora, il semble se dessiner l'existence antérieure d'un aménagement plus ou moins régulier, avec des rues étroites orientées du Nord au Sud et d'autres voies perpendiculaires dans le sens Est-Ouest. Cette forme d'urbanisme pourrait remonter à l'époque tardo-archaïque.

D'autre part, nous ne disposons pas, pour le moment, d'études comparatives détaillées des contextes archéologiques de la seconde moitié du VIe s. et du Ve s. av. J.-C., qui procèdent des deux secteurs mentionnés du comptoir phocéen. Elles pourraient apporter des données susceptibles d'indiquer aussi des différences dans leur nature, peut-être avec une composition sociale et un contexte culturel à caractère plus mixte ou, en tout cas, plus ambigu dans le cas de la *Palaiá Polis*, et de caractère bien plus grec et colonial dans celui de la « Néapolis ».

Une fois le nouvel établissement créé, l'intensification progressive de l'activité portuaire et commerciale a sans doute provoqué une croissance de la population dans les alentours emporitains, là où, aux côtés des éléments grecs d'origine phocéenne, auraient toujours été présents les autochtones. Ces derniers participaient certainement à l'activité commerciale et s'intégraient sûrement même à la communauté coloniale grâce à des unions mixtes. Pour la population indigène de cette région, son identification avec les *Misgetes* mentionnés par Hécatée de Milet (selon Etienne de Byzance) a parfois été proposée (Sanmartí 1993a, p. 88 ; 1993b, p. 20). Plus tard, ils feront partie du groupe ethnique ibérique des Indicètes qui occupait les territoires de l'extrémité Nord-Est de la péninsule. Comparée aux données dont nous disposons aujourd'hui sur le premier âge du Fer, paradoxalement, l'information sur la présence d'habitats indigènes proches et contemporains du premier développement urbain du noyau portuaire phocéen est encore limitée.

Dans ce sens, on a souvent insisté sur l'emplacement de la nécropole paléo-ibérique de la « Muraille NE », contemporaine de l'habitat archaïque de la Palaiá Polis et des phases d'occupation plus anciennes du nouvel établissement créé au Sud du port (**fig. 58**). L'utilisation de ce secteur funéraire, dont nous ne connaissons que 17 tombes à incinération et quelques rares sépultures d'enfants (Almagro 1955, p. 357-399), pourrait être liée à la présence d'un groupe de population autochtone installé dans l'enclave coloniale même. La présence de céramiques grecques et étrusques parmi les vases d'accompagnement confirme, comme dans l'exemple précédent des importations phéniciennes de Vilanera, la rapide incorporation de ces éléments apportés par le commerce emporique aux rituels funéraires traditionnels. Cependant, l'emplacement de la nécropole à proximité de la limite Ouest de l'anse portuaire pourrait également indiquer la formation d'un noyau d'habitat indigène dans cette zone, remontant à l'époque archaïque et qui aurait subsisté jusqu'à des périodes plus récentes de l'évolution historique d'Emporion (Mar, Ruiz de Arbulo 1993, p. 193 ; Moret 1995, p. 73-74). Il s'agit sans aucun doute d'une position stratégique, directement reliée à la zone de mouillage côtier et au Nord, à l'ancienne embouchure du Fluvià. Néanmoins, cette hypothèse est aujourd'hui impossible à confirmer du fait de l'absence de fouilles dans le tiers Nord de la grande colline d'Empúries où, des siècles plus tard, s'étendra la ville romaine. De leur côté, les zones de sépulture les plus anciennes utilisées par la population grecque (nécropole de Portitxol et Les Coves) se situent près de la côte, bien plus au Sud du premier établissement de la Néapolis (Sanmartí 1996).

Dans l'introduction, nous avions déjà signalé la présence possible d'une petite agglomération autochtone, formée avec le temps à proximité de la limite Sud de la ville grecque, aux alentours d'un sanctuaire périurbain construit au cours du Ve s. av. J.-C. (Sanmartí, Castanyer, Tremoleda 1988 et 1992 ; Sanmartí 1993a, p. 88-89). La présence de ce nouvel espace sacré – aux pieds des anciens lieux de culte qui occupaient peut-être la partie la plus élevée ou petite « acropole » de la Néapolis depuis l'époque archaïque – représenterait sans doute un facteur fondamental d'intégration, grâce à sa fonction d'espace neutre, favorisant une coexistence pacifique, la régularité des échanges et du contact culturel (Sanmartí 1992, p. 31 ; Ruiz de Arbulo 2002-2003). Quelques structures domestiques ont été attribuées à ce possible habitat indigène extra-muros. Elles disparurent lors de la construction du pan de muraille bâti dans la première moitié du IVe s. av. J.-C. et avec la mise en place de la nouvelle entrée de la ville grecque (Sanmartí *et al.* 1986). Comme on l'a dit plus haut, cela a été interprété comme une preuve archéologique du processus d'intégration d'un quartier de population indigène à l'intérieur de l'enceinte défensive elle-même, partagée avec les Grecs, comme l'indique le bref témoignage de Strabon (III, 4, 8).

L'ampleur réelle de ce phénomène est difficile à reconstituer à partir des seules données archéologiques, mais il aurait sans doute eu des conséquences sur l'organisation, la structure sociale et le contexte culturel même de l'établissement. Ainsi, en plus des nombreux matériels de tradition indigène qui sont une composante constante des contextes fournis par les excavations, il convient de mettre en avant les exemples d'écriture en alphabet ibérique, inscrits sur des céramiques ou sur des lames de plomb, à partir des IVe et IIIe siècles av. J.-C. (*supra,* **fig. 57**) (Sanmartí 1988, 1993a, 1993b ; Sanmartí *et al.* 1995). Il faut y ajouter l'utilisation commune des espaces funéraires développés au fil du temps, à l'Ouest et au Sud de la ville grecque – zones connues sous le nom de nécropole Martí, Mateu/Granada, Bonjoan et du Parking – qui comptent aux côtés des inhumations majoritaires, des tombes à incinération de la même époque, généralement attribuées à des individus d'ethnie indigène (Almagro 1953 ; Gailledrat 1995 ; López Borgoñoz 1998).

En ce qui concerne le territoire immédiat de la ville, la présence probable d'autres établissements de population ibérique sur les collines proches d'Empúries, comme dans le secteur de Vilanera/Muntanya Rodona, nécessite encore une vérification archéologique appropriée. D'autres sites archéologiques, comme celui de Mas Gusó de Bellcaire, confirment clairement la continuité, à cette période, d'autres habitats proches apparus lors du Bronze final et du Premier âge du Fer (Casas, Soler 2004, p. 51 sq.).

Pour conclure et pour ne pas aborder maintenant des périodes plus récentes de l'histoire d'Emporion qui rejoignent la première intervention romaine, nous citerons simplement le rayonnement progressif de l'enclave coloniale sur l'ensemble du territoire proche. Même si sa fonction initiale était celle d'un port de commerce, qui se conforta au cours des siècles qui suivirent, la relation avec l'arrière-pays immédiat semble toujours avoir été un facteur essentiel en tant qu'espace générateur des ressources nécessaires à sa subsistance et, avec le temps également, d'une production significative de céréales que le commerce pouvait aider à canaliser. L'augmentation du trafic maritime, favorisée par le port colonial, s'est faite parallèlement à l'intensification de l'exploitation des terres les plus fertiles de la plaine de l'Empordà et de ses alentours, au-delà des zones des marais proches de la côte. Les nombreux champs de silos, en relation avec les noyaux d'habitat ibériques stables comme Ullastret, Mas Castellar de Pontós ou Peralada et aussi d'autres installations rurales moins importantes, en sont la preuve. Ce fait soulève la question de la définition d'un espace territorial plus ou moins étendu sur lequel Emporion a pu exercer un contrôle économique direct et de l'existence

Fig. 57. Inscription ibérique sur lame de plomb, retrouvée durant les fouilles du secteur méridional de la Neápolis (Sanmartí 1988).

Fig. 58. Un des ensembles funéraires provenant de la nécropole indigène de la "Muraille Nord-Est." (VIe siècle av. J.-C.).

d'une chôra dépendant du comptoir grec (Plana 1994). Cependant, l'étendue et la structure de cette possible chôra et le moment chronologique de son implantation ont été l'objet de débats sur lesquels nous ne reviendrons pas ici, pas plus que sur sa délimitation par rapport à la zone d'influence de Rhodé au Nord, et par rapport au territoire des principaux centres indicètes de la région, sous la prééminence du grand oppidum d'Ullastret.

L'importance de l'élément autochtone dans le contexte social et culturel d'Emporion et ses rapports étroits et réciproques avec la population indigène de la région sont des facteurs permettant de définir une réalité particulière, différente de celle d'autres établissements phocéens, qui trouve ses racines dans l'enclave emporique initiale et dans sa fonction économique clairement tournée vers le commerce avec le monde ibérique de la péninsule. Cette réalité a été souvent décrite comme le résultat d'une identité mixte ou hybride « gréco-ibérique ». Nous ne pouvons cependant pas oublier que les témoignages de sources écrites, l'évolution urbaine et architecturale de ce petite ville portuaire et le matériel archéologique lui-même ne laissent planer aucun doute sur la physionomie grecque de l'établissement d'Emporion – *Graecum oppidum* dans le texte de Tite-Live (XXXIV, 9, 2) – encore clairement perceptible au début de la période romaine.

BIBLIOGRAPHIE

Agustí *et al.* 2004 : AGUSTÍ (B.), CODINA (D.), DEHESA (R.), LLINÀS (J.), MERINO (J.), MONTALBÁN (C.), VARGAS (A.) – Excavacions arqueològiques a Vilanera (l'Escala, Alt Empordà). *Tribuna d'Arqueologia 2000-2001, Barcelone, 2004, p. 99-114.*

Almagro 1951 : ALMAGRO (M.) – *Las fuentes escritas referentes a Ampurias,* Barcelone, 1951 (Monografías Ampuritanas I).

Almagro 1953 : ALMAGRO (M.) – *Las necrópolis de Ampurias,* I. *Introducción y necrópolis griegas*, Barcelone, 1953 (Monografías Ampuritanas III.1).

Almagro 1955 : ALMAGRO (M.) – *Las necrópolis de Ampurias,* II. *Necrópolis romanas y necrópolis indígenas*, Barcelone, 1955 (Monografías Ampuritanas III.2).

Almagro 1964 : ALMAGRO (M.) – *Excavaciones en la Palaiapolis de Ampurias,* Madrid, 1964 (Excavaciones Arqueológicas en Espanya 27).

Aquilué dir. 1999 : AQUILUÉ (X.), dir. – *Intervencions arqueològiques a Sant Martí d'Empúries (1994-1996). De l'assentament precolonial a l'Empúries actual*, Girona, 1999 (Monografies Emporitanes 9).

Aquilué *et al.* 2000 : AQUILUÉ (X.), CASTANYER (P.), SANTOS (M.), TREMOLEDA (J.) – Les ceràmiques gregues arcaiques de la Palaiapolis d'Empúries. *In* : Cabrera (P.), Santos (M.) coord., *Ceràmiques jònies d'època arcaica. Centres de producció i comercialització al Mediterrani Occidental*, Barcelone, 2000, p. 285-346 (Monografies Emporitanes 11).

Aquilué *et al.* 2002 : AQUILUÉ (X.), CASTANYER (P.), SANTOS (M.), TREMOLEDA (J.) – Nuevos datos acerca del hábitat arcaico de la Palaiapolis de Emporion. *In* : Luce (J.M.) coord., *Habitat et Urbanisme dans le monde grec de la fin des palais mycéniens à la prise de Milet (494 av. J.-C.) = Pallas*, 58, Toulouse, 2002, p. 301-327.

Aquilué *et al.* 2004 : AQUILUÉ (X.), CASTANYER (P.), SANTOS (M.), TREMOLEDA (J.) – L'evolució dels contextos de materials amfòrics en la Palaia Polis d'Empòrion entre els segles VI i II aC. *In* : *La circulació d'àmfores al Mediterrani occidental durant la Protohistòria (segles VIII-III aC) : aspectes quantitatius i anàlisi de continguts (Calafell 2002)*, Barcelone, 2004, p. 165-183 (ArqueoMediterrània 8).

Aquilué *et al.* 2006 : AQUILUÉ (X.), CASTANYER (P.), SANTOS (M.), TREMOLEDA (J.) – El comercio etrusco en Emporion : evidencias sobre la presencia de materiales etruscos en la Palaia Polis de Empúries. *In* : *Gli Etruschi da Genova ad Ampurias. Atti del XXIV Convegno di Studi Etruschi ed Italici (Marseille-Lattes 2002)* I, Pise-Rome, 2006, p. 175-192.

Aquilué *et al.* 2008a : AQUILUÉ (X.), CASTANYER (P.), SANTOS (M.), TREMOLEDA (J.) – Noves evidències del comerç fenici amb les comunitats indígenes de l'entorn d'Empúries. *In* : *Contactes. Indígenes i fenicis a la Mediterrània occidental entre els segles VIII i VI ane*, Alcanar, 2008, p. 171-190.

Aquilué *et al.* 2008b : AQUILUÉ (X.), CASTANYER (P.), SANTOS (M.), TREMOLEDA (J.) – Intervencions arqueològiques a Empúries (l'Escala, Alt Empordà) als anys 2006 i 2007. *In* : *Novenes Jornades d'Arqueologia de les Comarques de Girona (L'Escala – Empúries 2008)*, Girona, 2008, p. 185-210.

Belarte 1997 : BELARTE (M.C.), *Arquitectura domèstica i estructura social a la Catalunya protohistòrica*, Barcelone, 1997 (ArqueoMediterrània 1).

Bouiron, Tréziny éd. 2001 : BOUIRON (M.), TRÉZINY (H.) éd. – *Marseille. Trames et paysages urbains de Gyptis au Roi René (Marseille 1999)*, Aix-en-Provence, 2001 (Ét. Massa. 7).

Buxó 2001 : BUXÓ (R.) – *L'origen i l'expansió de l'agricultura a l'Empordà, del Neolític a la Romanització*, Girona, 2001.

Casas, Soler 2004 : CASAS (J.), SOLER (V.) – *Intervenciones arqueológicas en Mas Gusó (Gerona). Del asentamiento precolonial a la villa romana*, Oxford, 2004 (BAR Int. Series 1215).

Castanyer *et al.* 1999 : CASTANYER (P.), ESTEBA (Q.), PONS (E.), SANTOS (M.), TREMOLEDA (J.) – L'assentament indígena de la primera edat del Ferro. *In* : Aquilué dir. 1999, p. 103-215.

Castanyer, Santos, Tremoleda 1999 : CASTANYER (P.), SANTOS (M.), TREMOLEDA (J.) – L'assentament d'època arcaica : Fase III. *In* : Aquilué dir. 1999, p. 217-330.

Cicala 2002 : CICALA (L.) – *L'edilizia domestica tardo arcaica di Elea*, Università degli Studi di Napoli Federico II, 2002 (Quaderni del Centro Studi Magna Grecia 2).

Esteba, Pons 1999 : ESTEBA (Q.), PONS (E.) – El primer hàbitat a Sant Martí : Fase I. *In* :Aquilué dir. 1999, p. 89-101.

Gailledrat 1995 : GAILLEDRAT (E.) – Grecs et Ibères dans la nécropole d'Ampurias (VIe-IIe siècles av. J.-C.). *Mélanges de la Casa de Velázquez,* 31.1, 1995, p. 31-54.

Gailledrat, Solier 2004 : GAILLEDRAT (E.), SOLIER (Y.) – *L'établissement côtier de Pech Maho (Sigean, Aude) aux VIe-Ve s. av. J.-C (Fouilles 1959-1979).* Lattes, 2004 (Monogr. d'Arch. Médit.19)

Gantès 1992 : GANTÈS (L.-F.) – La topographie de Marseille grecque : bilan des recherches (1829-1991). *In* : Bats (M.), Bertucchi (G.), Conges (G.) et Treziny (H.) dir., *Marseille grecque et la Gaule*). Lattes/Aix-en-Provence, p. 71-88 (Trav. du Centre C.-Jullian 11 ; Ét. Massa. 3).

Hermary, Hesnard, Tréziny 1999 : HERMARY (A.), HESNARD (A.), TRÉZINY, (H.) dir. – *Marseille grecque. La cité phocéenne (600-49 av. J.-C.).* Paris, 1999.

Lang 1996 : LANG (F.), *Archaische Siedlungen in Griechenland. Struktur und Entwicklung*. Berlin, 1996.

Lang 2005 : LANG (F.) – Structural change in Archaic Greek housing. *In* : Ault (B.A.), Nevett (L.C.) éd., *Ancient Greek houses and households*, Philadelphia, 2005, p. 12-35.

López Borgoñoz 1998 : LÓPEZ BORGÓÑOZ (A.) – Distribución espacial y cronológica de las necrópolis emporitanas. De les estructures indígenes a l'organització provincial romana de la Hispània Citerior. *In* : *Homenatge a Josep Estrada i Garriga*. Barcelone, 1998, p. 275-298.

Mangas, Placido eds. 1999 : MANGA (J.), PLÁCIDO (D.) eds. – La Península Ibérica prerromana : de Éforo a Eustacio, Madrid, 1999 (Testimonia Hispaniae Antiqua II B).

Mar, Ruiz de Arbulo 1993 : MAR (R.), RUIZ DE ARBULO (J.) – Ampurias romana. Historia, Arquitectura y Arqueología, Sabadell, 1993.

Martin *et al.* 1999 : MARTIN (A.), BUXÓ (R.), LÓPEZ (J.B.), MATARÓ (M.) dir. – *Excavacions arqueològiques a l'Illa d'en Reixac (1987-1992),* Girona, 1999 (Monografies d'Ullastret 1).

Martínez Gázquez 1992 : MARTÍNEZ GÁZQUEZ (J.) – *La Campaña de Catón en Hispania, ed. Universitat de Barcelona (Aurea Secula).* Barcelone, 1992 [2ª ed].

Marzoli,2005 : MARZOLI (D.) – *Die Besiedlungs- und Landschaftsgeschichte im Empordà von der Endbronzezeit bis zum Beginn des Romanisierung.* Mayence, 2005 (Iberia Archaeologica 5).

Moret 1995 : MORET (P.) – Tite-Live et la topographie d'Emporion. *Mélanges de la Casa de Velázquez*, 31.1, 1995, p. 55-75.

Moret 2002a : MORET (P.) – Maisons phéniciennes, grecques et indigènes : dynamiques croisées en Méditerranée occidentale (de l'Hérault au Segura). *In* : Luce (J.M.) coord., *Habitat et Urbanisme dans le monde grec de la fin des palais mycéniens à la prise de Milet (494 av. J.-C.) = Pallas*, 58. Toulouse, 2002, p. 329-356.

Moret 2002b : MORET (P.) – Emporion et les mutations de l'architecture ibérique au premier Âge du Fer. *Zephyrus* 53-54 (2000-2001), Salamanque 2002, p. 379-391.

Nickels 1989 : NICKELS (A.) – La Monédière à Bessan (Hérault). Le bilan des recherches. *Documents d'Archéologie Méridionale*, 12, p. 51-119.

Nieto *et al.* 2005 : NIETO (X.), REVIL (A.), MORHANGE (Ch.), VIVAR (G.), RIZZO (E.), AGUELO (X.) – La fachada marítima de Ampurias : estudios geofísicos y datos arqueológicos. *Empúries*, 54, 2005, p. 71-100.

Passelac 1995 : PASSELAC (M.) – Une maison de l'habitat protohistorique de la Moulinasse, à Salles d'Aude (VIe s. av.n.è). *In* : *Sur les pas des Grecs en Occident. Hommages à André Nickels*, p. 367-370 (Ét. Massa. 4)

Pena 1985 : PENA (M.J.) – Le problème de la supposée ville indigène à côté d'Emporion. Nouvelles hypothèses. *Dialogues d'Histoire Ancienne*, 11, 1985, p. 69-83.

Pena 1988 : PENA (M.J.) – Hipòtesis noves sobre Empúries a partir de l'anàlisi de les fonts literàries. *Fonaments* 7, 1988, p. 11-45.

Plana 1994 : PLANA (R.) – *La Chora d'Emporion. Paysage et structures agraires dans le nord-est catalan è la période pré-romaine*. Paris, 1994 (Annales Littéraires de l'Université de Besançon 544).

Pons 1984 : PONS (E.) – *L'Empordà de l'edat del Bronze a l'edat del Ferro 1100-600 aC.* Centre d'Investigacions Arqueològiques (Sèrie Monogràfica 4), Girona, 1984.

Pons et al. 2005 : PONS (E.), ASENSIO (D.), BOUSO (M.), FUERTES (M.) – Noves aportacions sobre la periodització del jaciment de Mas Castellar de Pontós (Alt Empordà). *In* : *Món Ibèric als Països Catalans, XIII Col·loqui Internacional d'Arqueologia de Puigcerdà (2003).* Puigcerdà, 2005, p. 361-377.

Rothé, Tréziny coord. 2005 : ROTHÉ (M.P.), TRÉZINY, (H.) coord., *Marseille et ses alentours*. Paris, 2005 (Carte Archéologique de la Gaule 13/3).

Rouillard 1991 : ROUILLARD, P. – *Les Grecs et la Péninsule Ibérique du VIIIe au IVe siècle avant Jésus-Christ*. Paris, 1991 (Publications du Centre Pierre Paris 21).

Rovira, Sanmartí 1983 : ROVIRA (J.), SANMARTÍ (E.) – Els orígens de l'Empúries precolonial i colonial. *Informació Arqueològica*, 40, Barcelone 1983, p. 95-110.

Ruiz de Arbulo 1994 : RUIZ DE ARBULO (J.) – Situación de sondeos estratigráficos en la Neàpolis de Ampurias (1908-1983). Iberos i griegos. Lecturas desde la diversidad (Ampurias 1991). *Huelva Arqueológica* 13.2, 1994, p. 59-72.

Ruiz de Arbulo 2002-2003 : RUIZ DE ARBULO (J.) – Santuarios y Fortalezas. Cuestiones de indigenismo, helenización y romanización en torno a Emporion y Rhode (s. VI-I A:C.). *Cuadernos de Prehistoria y Arqueología de la Univerdad Autónoma de Madrid,* 28-29, 2002-2003, p. 161-202.

Sanmartí 1982 : SANMARTÍ, E. – Les influences méditérranénnes au Nord-Est de la Catalogne à l'époque archaïque et la réponse indigène. *In* : *I Focei dall'Anatolia all'Oceano (Napoli, 1981) = La Parola del Passato* 204-207, 1982, p. 281-298.

Sanmartí 1988 : SANMARTÍ-GREGO (E.) – Una carta en lengua ibérica, escrita sobre plomo, procedente de Emporion. *Revue Archéologique de Narbonnaise,* 21, 1988, p. 95-113.

Sanmartí 1992 : SANMARTÍ-GREGO (E.) – Massalia et Emporion, une origine commune, deux destins différents *In* : Bats (M.), Bertucchi (G.), Conges (G.) et Treziny (H.) dir., *Marseille grecque et la Gaule*. Lattes/Aix-en-Provence, p. 27-41 (Trav. du Centre C.-Jullian, 11 ; Ét. Massa. 3).

Sanmartí 1993a : SANMARTÍ-GREGO (E.) – Els íbers a Emporion (segles VI-III a.C.). *Laietania*, 8, 1993, p. 87-95.

Sanmartí 1993b : SANMARTÍ-GREGO (E.) – Grecs et Ibères à Emporion. Notes sur la population indigène de l'Empordà et des territoires limitrophes, *Documents d'Archéologie Méridionale*, 16, 1993, p. 19-25.

Sanmartí 1996 : SANMARTÍ-GREGO (E.) – La « Tumba Cazurro » de la necrópolis emporitana de « El Portitxol » y algunos apuntes acerca de la economía de Emporion en el siglo V a. C. *Archivo Español de Arqueología,* 69, 1996, p. 17-36.

Sanmartí, Castanyer, Tremoleda 1988 : SANMARTÍ-GREGO (E.), CASTANYER (P.), TREMOLEDA (J.) – La secuencia histórico-topográfica de las murallas del sector meridional de Emporion. *Madrider Mitteilungen*, 29, 1988, p. 191-200.

Sanmartí, Castanyer, Tremoleda 1992 : SANMARTÍ-GREGO (E.), CASTANYER (P.), TREMOLEDA (J.) – Nuevos datos sobre la historia y la topografía de las murallas de Emporion. *Madrider Mitteilungen* 33, 1992, p. 102-112.

Sanmartí *et al.* 1986 : SANMARTÍ (E.), CASTANYER (P.), TREMOLEDA (J.), BARBERÀ (J.) – Las estructuras griegas de los siglos V y IV a. de J.C. halladas en el sector sur de la Neápolis de Ampurias (Campaña de excavaciones del año 1986). *Cuadernos de Prehistoria y Arqueología Castellonenses,* 12, 1986, p. 141-184.

Sanmartí *et al.* 1995 : SANMARTÍ-GREGO (E.), CASTANYER (P.), TREMOLEDA (J.), SANTOS (M.) – Testimonios epigráficos de la presencia indígena en Emporion. *In* : *Iberos y Griegos : lecturas desde la diversidad (Ampurias 1991) = Huelva Arqueológica* XIII. 2, 1994, p. 204-214.

Santos 2003 : SANTOS (M.) – Fenicios y griegos en el extremo N.E. peninsular durante la época arcaica y los orígenes del enclave foceo de Emporion. *In* : *Contactos en el extremo de la Oikouméne. Los griegos en Occidente y sus relaciones con los fenicios. XVII Jornadas de Arqueología Fenicio-Púnica (Eivissa 2002),* Eivissa, 2003, p. 87-132 (Treballs del Museu Arqueològic d'Eivissa i Formentera 52).

Santos 2007 : SANTOS (M.) – Un depósito metálico en el poblado del Bronce Final de Sant Martí d'Empúries. *In* : *El hallazgo leonés de Valdevimbre y los depósitos del Bronce Final atlántico en la Península Ibérica,* León, 2007, p. 298-312.

Tréziny 1989 : TREZINY (H.) – Métrologie, architecture et urbanisme dans le monde massaliète. *Revue Archéologique de Narbonnaise*, 22, 1989, p. 1-46.

2. Rhodé (c. 375 – 195 av. J.-C.)

Anna Maria Puig Griessenberger

Les campagnes archéologiques qui ont été menées à bien depuis 1993 sur l'enceinte de la Ciutadella de Roses (Alt Empordà, Catalogne) ont permis d'approfondir l'évolution historique de la colonie grecque de Rhodé, depuis le moment de sa fondation au IVe s. av. J.-C., de la part de Massalia, jusqu'à ses derniers jours, pendant les premières années du IIe s. av. J.-C. Ces nouveaux travaux ont fait que Roses puisse avoir la place qu'elle mérite dans l'histoire de l'époque, surtout après un temps où la recherche archéologique et historiographique ne l'avait pas traitée correctement. Désormais il faut continuer sur la même ligne de recherche et procéder à l'exploration de nouveaux secteurs qui peuvent encore fournir des vestiges de la colonie.

La phase la moins connue est celle des occupants précédents. Bien que l'emplacement ait été considéré comme favorable, pour l'instant les restes archéologiques n'ont apporté aucun témoignage sur une occupation du début de l'âge du Fer. Enriqueta Pons n'écarte pas cette possibilité et elle considère que sur la colline où se situe la Ciutadella de Roses ou sur celle qui se trouve plus à l'est, il pourrait avoir existé une population antérieure à la fondation grecque (Pons 2000, p. 138, p. 155). Les conditions géographiques de ces deux collines, entre des rivières, à proximité de la côte et d'un ancien bassin, sont comparables à celles d'autres localités de la zone, comme par exemple Sant Martí d'Empúries. Ici a été découvert un premier habitat indigène de cabanes, daté dans la période finale de l'âge du Bronze II/IIIa – antérieur à 850/800 av. J.-C. Le peuplement du premier âge du Fer correspondrait à une seconde phase d'occupation datée entre la deuxième moitié du VIIe s. av. J.-C. et les premières décennies du VIe s. av. J.-C. (Aquilué *et al.* 1999, p. 470-475).

La fin de la période du Bronze et le début de l'âge du Fer sont documentés à Roses grâce à la population qui est ensevelie dans les nécropoles du Puig Alt (période entre le 850-750 av. J.-C.), ou à celle qui habite en grotte au Cau de les Guilles (culture mailhacienne) (**fig. 48**). Comme ces restes étaient situés dans une zone montagneuse proche, on a supposé l'existence de groupes relativement stables dans les vallées et les plaines les plus larges ou les plus proches à la côte (Pons 2000, p. 33, p. 173). Dans la colline de la Ciutadella, connue sous le nom de Santa Maria, on a trouvé seulement quelques objets isolés, datés, grosso modo, entre la fin du Néolithique/Chalcolithique et le premier âge du Fer. Sans doute, ces objets ne sont-ils pas suffisants pour prouver l'existence d'un établissement. En plus, il est probable que, même si un tel établissement a existé, ses restes auraient été détruits à cause de la longue occupation historique du lieu et des ravages provoqués per les phases postérieures.

C'est cette population indigène qui va se trouver en contact avec les commerçants méditerranéens, phéniciens et étrusques, qui s'intéressaient aux marchés de la zone et aux voies traditionnelles de commerce du métal et des ressources minières. D'abord à travers des routes qui reliaient les deux côtés des Pyrénées, puis par les ports d'Agde et d'Empúries (Pons, Pautreau 1994, p. 638-368). La baie de Roses, grâce à sa situation privilégiée sur les routes de navigation, verra aussi entrer en scène de nouveaux agents commerciaux : les Grecs de Phocée, qui noueront les premiers contacts avant de s'installer à Empúries, autour du milieu du VIe s. av. J.-C. (Aquilué *et al.*1999, p. 474).

Même si les qualités de Roses, comme port et comme refuge pour les navires, sont indiscutablement meilleures que celles d'Empúries, elle ne sera pas choisie comme lieu pour fonder le premier noyau commercial phocéen de la région. Ruiz de Arbulo l'exprime clairement de cette façon : "Su ensenada, rodeada por el cabo Falcó que la protege del levante y situada de tal forma que permite atracar afrontado el N en caso de temporal de tramontana, es mucho más ventajosa que cualquier otro de los fondeaderos del golfo incluyendo la paleobahía emporitana, apenas resguardada de los temporales de tramontana y levante... [Rosas] se revela como el auténtico puerto del golfo frente a una Emporion que tuvo que suplir con construcciones una situación desventajosa" (Ruiz de Arbulo 1990, p. 101). Ce manque d'intérêt pour

Roses doit s'expliquer par un facteur décisif : la zone d'Empúries, située beaucoup plus près du peuplement indigène de l'intérieur et mieux reliée grâce aux rivières de la zone, est déjà un marché avant l'arrivée des Grecs. Par contre, Roses, est situé dans une zone marginale vis-à-vis de ce marché indigène précolonial et en plus, sur un terrain agricole pauvre comparé avec celui de la partie centrale et méridionale de la plaine empuritaine.

Ces mêmes motifs expliqueraient l'absence d'indices sur l'existence d'une localité indigène à Roses, dans cette période. L'habitat connu le plus proche est celui de Peralada, à 18 km vers l'intérieur, au nord-ouest de Roses. Il a été fondé vers la fin du VIe s. av. J.-C.[1], avec une phase de plénitude qui commence autour de 400. av. J.-C. (Llinàs *et al.* 1998, p. 43-52). Le site se trouve dans des terres agricoles fertiles et des pâturages, à proximité des réseaux terrestres qui traversent la plaine vers les passages montagneux et les plaines du sud de France (Martin, Puig 2001, p. 57, fig. 1).

Par la suite et avant la fondation grecque, la colline de Roses pourrait avoir abrité une occupation indigène, si on tient compte du grand nombre de fragments ibériques trouvés en fouille. Ceux-ci présentent des pourcentages très supérieurs à ceux des importations, avec des chiffres semblables à ceux des localités ibériques de la zone. On n'a aucune donnée sur les structures de cet établissement, étant donné que la zone explorée est peu étendue et très affectée par l'occupation ultérieure. On a relevé seulement quelques trous de poteaux dans le substrat. Cet établissement devait vivre de la chasse et de la pêche dans les bassins et les zones de pâturage proches.

Période d'implantation. Phase 1 (375-350 av. J.-C.)

La fondation de Rhodé doit se situer au début du premier quart du IVe s. av. J.-C., dans le cadre de la colonisation massaliète. Non seulement les sources écrites confirment cette colonisation, mais aussi les résultats des recherches archéologiques pratiquées sur le site notamment depuis quelques années.

Si on fait une révision des sources écrites, en premier lieu, on doit mentionner le poème du Pseudo-Scymnos (202-9 M = *GGM* 1, p. 204). Bien que celui-ci fasse référence aussi à l'ancienne et discutée fondation rhodienne, il cite Rhodé parmi les colonies fondées par les Phocéens de Marseille : la première est Emporion, et la deuxième Rhodé. Une autre source intéressante sur les colonies fondées pendant le processus d'expansion de Massalia vers l'Ibérie est le fragment de la *Géographie* de Strabon (IV, 1, 5), comme le relève Maria José Pena (Pena 2006, p. 43-44). Ce texte qui n'avait pas été inclus jusqu'ici dans les sources qui mentionnent Rhodé doit être pris en compte. La raison est l'erreur de transcription occasionnée par un éditeur de Strabon du XIXe siècle, G. Kramer, lequel, en se basant sûrement sur le poème du Pseudo-Scymnos, a corrigé le texte *Rhoe* des manuscrits en *Rhodanusia*, quand en réalité il fallait lire *Rhode*. Cette *Rhoe* qui apparaît à l'ouest d'*Agathe*, coïncide avec l'emplacement de Rhodé.

Plusieurs auteurs se sont prononcés contre la fondation massaliète de Rhodé, comme dernièrement Jordi Principal-Ponce. L'auteur considère que si Rhodé était une fondation massaliète, il devrait y avoir davantage de preuves de relations entre les deux villes : présence de l'atelier de Rhodé à Massalia et d'amphores massaliètes à Rhodé au cours du IIIe s. av. J.-C., et circulation monétaire. Il affirme également que Rhodé frappe sa propre monnaie en suivant l'étalon punique (*sic*)[2], et, finalement, en assurant que le faciès céramique de Rhodé est plus proche de celui d'Emporion que de Marseille (Principal-Ponce 1998, p. 182-183). Dans ma thèse, récemment éditée (Puig 2006), j'ai pu démontrer exactement le contraire (**fig. 59**),

Sur la fondation rhodienne, tirée des sources écrites, nous devons nous reporter à nouveau aux vers du Pseudo-Scymnos et aussi à Strabon, XIV 2, 10, qui écrit : « longtemps avant l'institution des Jeux Olympiques, ils naviguèrent loin de leur pays pour le salut de leurs concitoyens, jusqu'à atteindre l'Ibérie où il fondèrent Rhodos, plus tard occupée par les Massaliotes » (Pena 2006, p. 42). Les deux sources ont été utilisées à plusieurs reprises pour soutenir une fondation ancienne de Rhodé dans un contexte antérieur au début du VIIIe s. av. J.-C. et plusieurs auteurs se sont déclarés en faveur de cette thèse, comme Maluquer de Motes. A l'absence d'éléments archéologiques, nous devons ajouter aujourd'hui la théorie, également défendue par María José Pena, que cette lointaine fondation serait le résultat

1 La fondation de Peralada se situe dans le contexte de développement des contacts commerciaux entre les populations ibériques et le noyau emporitain, probablement liée à la décision d'exploiter pleinement un territoire consacré à la culture des céréales et à l'exportation des excédents.

2 Marta Campo soutient, comme l'avait déjà démontré Leandro Villaronga (2000, p. 116-117), que les premières drachmes émises par Roses adoptent un poids établi à partir des oboles massaliètes, et elle y voit un argument en faveur d'une relation étroite entre Rhodé et Massalia (Campo 2006, p. 576).

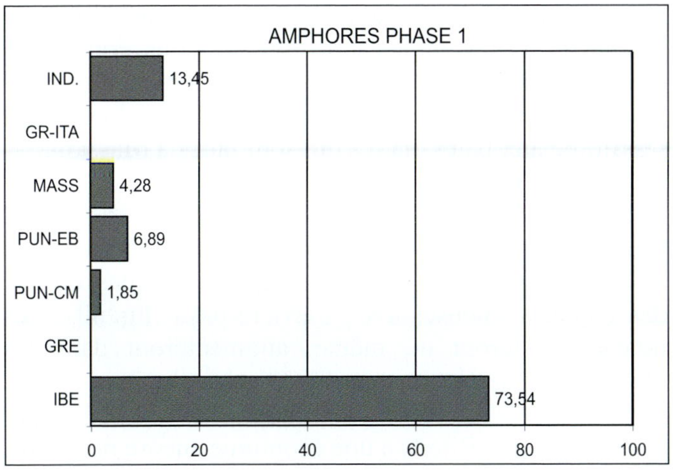

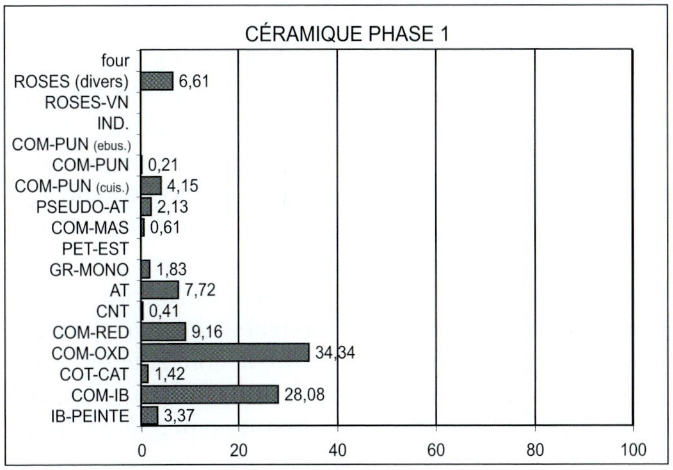

Fig. 59. Pourcentages d'amphores et céramique pour la phase 1 (375-350 av. J.-C.).

d'une tradition littéraire, qui aurait sûrement été créée à Rhodes à l'époque hellénistique pour renforcer sa gloire. L'auteur pense que Strabon a pu connaître cette tradition dans l'île même et l'incorporer dans son texte. En plus, comme le note Pena, nous devons tenir compte du fait que le passage est sorti de son contexte, puisque dans le texte complet Rhodé fait partie d'un ensemble de trois villes, avec Parthenopé et Elpiae, sur lesquelles les études archéologiques modernes ont aussi démontré qu'elles ne sont pas d'origine rhodienne et qu'elles ne sont pas aussi anciennes (Pena 2000, p. 108-112). Domínguez Monedero est aussi partisan d'interpréter la fondation rhodienne comme une légende tardive, mais élaborée à Rhodé même, dans le but de donner du prestige à ses origines (Domínguez Monedero 1991, p. 21).

Dans cette controverse sur les origines de Roses, il reste encore à mentionner les auteurs qui pensent que Rhodé serait une ville fondée par les Emporitains, qui dépendrait d'elle, sans territoire propre (Marcet, Sanmartí 1989, p. 9), jusqu'à son indépendance au IIIe s. av. J.-C. (Tremoleda 2000, p. 141-145). La source sur laquelle elle s'appuie cette hypothèse est le fragment de Strabon III, 4, 8 : « Là se trouve également Rhodos, petite cité des Emporitains, selon certains fondation rhodienne » (Pena 2006, p. 42). On croit que *Rhodos polichnion Emporiton* (polichnion = diminutif de petite ville, polichné) doit se comprendre dans un contexte historique plus récent, quand Rhodé est abandonnée par suite de l'occupation et du contrôle du territoire de la part des Romains. Nous devons tenir compte du fait que le texte de Strabon est daté de 17 ap. J.-C., date proche des événements qui mettent fin à la ville grecque de Rhodé à un moment où la domination de la civitas d'Empúries sur le territoire est un fait incontestable.

Comme on peut le voir, très peu de sources littéraires anciennes nous parlent des origines de Roses et la confusion qu'elles ont générée a nourri nombreuses polémiques et rempli beaucoup de pages d'histoire, dans l'intention d'exalter la ville ou de la déprécier. Dans les deux cas, les résultats archéologiques n'ont pas été suffisamment pris en compte, parfois manipulés ou rejetés. Les sources ne peuvent pas être décontextualisées et il faut les analyser dans le contexte dans lequel elles ont été écrites, estimer de quelles autres sources elles sortent, quelles raisons peuvent les guider et, finalement, les comparer avec les autres éléments historiques et archéologiques dont on dispose.

Nous croyons que la date de fondation de Rhodé coïncide avec la deuxième phase d'expansion de Massalia vers l'Ibérie, dans le même contexte qu'Agathé, bien que ni la date ni le motif pour lequel cette dernière devient une colonie massaliète ne soient du même ordre. Agde, selon André Nickels et Dominique García, est fondée vers 425 av. J.-C., sur l'emplacement d'un habitat indigène (Nickels 1981 ; Garcia 1995, p. 146-147). La raison de cet établissement est la défense contre les barbares de la vallée du Rhodanos. Comme le dit Michel Bats, il s'agit d'un poste avancé du territoire de Marseille, sur la ligne de frontière entre le domaine terrestre indigène et le domaine maritime grec (Bats 2004, p. 54). Nous ne pouvons pas penser que Roses ait été une fondation pour contrôler, au moins sous l'angle militaire, les Ibères de la zone.

La fondation de Rhodé doit se comprendre dans le contexte de la projection commerciale de Massalia vers l'Occident, commencée environ deux siècles auparavant, avec la fondation d'Emporion. Il est probable qu'une des raisons était la volonté de récupérer l'accès au marché indigène de la zone, après l'éloignement d'Emporion qui devient une ville indépendante au cours du Ve s. av. J.-C. Quelques auteurs retardent cette perte d'influence de Massalia sur le marché ibérique et la situent au IVe s. av. J.-C., quand Rhodé et Emporion se tournent vers un commerce plutôt régional avec le littoral ibérique et commencent à basculer dans l'orbite commerciale punique (Principal-Ponce 1998, p. 175). Nous ne pouvons pas appuyer cette hypothèse, puisque Roses se trouve encore dans sa phase initiale de fondation, tandis qu'Empúries a déjà quelques années de relations avec les marchés de la zone.

Massalia profite probablement de la position de Roses pour se rapprocher d'un territoire qui, depuis la fondation de l'oppidum ibérique de Peralada, doit déjà disposer d'un système productif agraire bien mieux organisé qu'au début du VIe s. av. J.-C. Nous croyons que la présence du village de Peralada et du territoire qu'elle gère et contrôle est un stimulant dans la fondation de Rhodé. À cette époque, Peralada atteint son apogée[3] : l'archéologie y a identifié de profonds remaniements dans l'habitat entre la fin du Ve et début du IVe s. av. J.-C. (Llinàs *et al.* 1998, p. 45-52). Massalia veut profiter de cette situation et reproduire à Rhodé les modalités d'installation des Phocéens à Emporion : rapprochement avec les communautés indigènes, à la recherche d'intérêts communs et réciproques, communion qui débouche sur une profonde symbiose entre Grecs et indigènes (Rouillard 1999, p. 90-91).

Apparemment, Massalia ne renonce pas à un marché qui peut être exploité dans des conditions de navigation très favorables et qui dispose d'un port naturel d'excellente qualité. Les courants maritimes et les vents sont deux éléments qui facilitent et favorisent la traversée du golfe du Lion vers le sud du Cap Creus. Cette accessibilité et la qualité de refuge pour les embarcations sont des conditions très appréciées dans l'antiquité (cf. pour la Léétanie à l'époque romaine Pere Izquierdo 1997, p. 13).

Période d'évolution. Phase 2 (350-325/300 av. J.-C.)

Cette période est celle d'affirmation et de consolidation de l'habitat massaliète de Rhodé. À ces moments-là, l'occupation sur la colline de Santa Maria se fixe et s'affirme comme un noyau commercial contrôlé par Massalia. Les relations sont étroites, comme le démontre le matériel céramique. Les amphores massaliètes présentent des pourcentages très supérieurs à ceux des autres sites de la zone, et surpassent les autres importations, comme les puniques (**fig. 60**). Roses démarre également une production de céramique pour la consommation locale, qui s'assimile aux pâtes claires qui sont faites à Massalia.

Bien que le faciès céramique de cette période soit clairement grec, l'élément ibérique est important. Le volume d'amphores et de vaisselles ibériques dénote des contacts intenses avec l'arrière-pays (**fig. 60**). Ces niveaux resteront et, même, augmenteront dans les phases postérieures, comme on le verra plus loin.

À cette époque, Rhodé a une économie encore peu développée. Il s'agit d'un port secondaire, qui dépend du port principal qui est Massalia. Son rôle est celui de faciliter et de connecter le commerce grec de Massalia avec la zone ibérique proche, dans laquelle l'oppidum de Peralada joue un rôle important. Le principal moteur économique est, très probablement, l'excédent de céréales. On suppose que les voies terrestres de pénétration vers le territoire indigène suivront les anciens chemins qui entouraient l'étang disparu de Castelló, en parcourant des zones plus élevées et non inondées (**fig. 48**). On ne peut pas écarter une voie navigable à travers l'étang jusqu'au cours de la rivière la Muga, dont le débit devait être beaucoup plus important qu' aujourd'hui, comme le laisse entendre Aviénus (*Ora Maritima* p. 535-537).

À ce point, nous nous demandons de quelle manière la fondation de Rhodé a pu affecter le contrôle d'Emporion sur le marché ibérique de la zone. Peut-on parler dès lors de zones d'influence ou de choras différenciées ? Quelle serait alors l'extension du domaine territorial de Rhodé ? Où se trouve la ligne de frontière avec la chora emporitaine ? Nous pensons que dans cette phase naît la chora de Roses, dont les limites coïncidaient probablement avec celles du territoire contrôlé par l'oppidum de Peralada.

À ce sujet, nous devons faire un saut dans le temps et observer les limites des pagus haut médiévaux d'Empúries et de Peralada[4]. Nous pensons que ces démarcations du Haut Moyen Âge ont un fondement territorial et administratif ancien, qui coïncide avec les limites des choras d'Emporion et de Rhodé. En fait, les limites médiévales reproduisent une démarcation géographique naturelle, dont la frontière serait la rivière de la Muga. De la Muga vers le nord, jusqu'aux montagnes

3 Il est possible que l'habitat indigène qui aurait pu occuper le pied de la colline de Santa Maria ait été dans l'orbite de cet important oppidum ibérique.

4 Roses fait partie du territoire médiéval de Peralada, également connu comme *pagus petralatense* ou *tononense*. Ce nom dérive de *stagnum Tonon* par lequel les sources classiques désignent le bassin de Castelló.

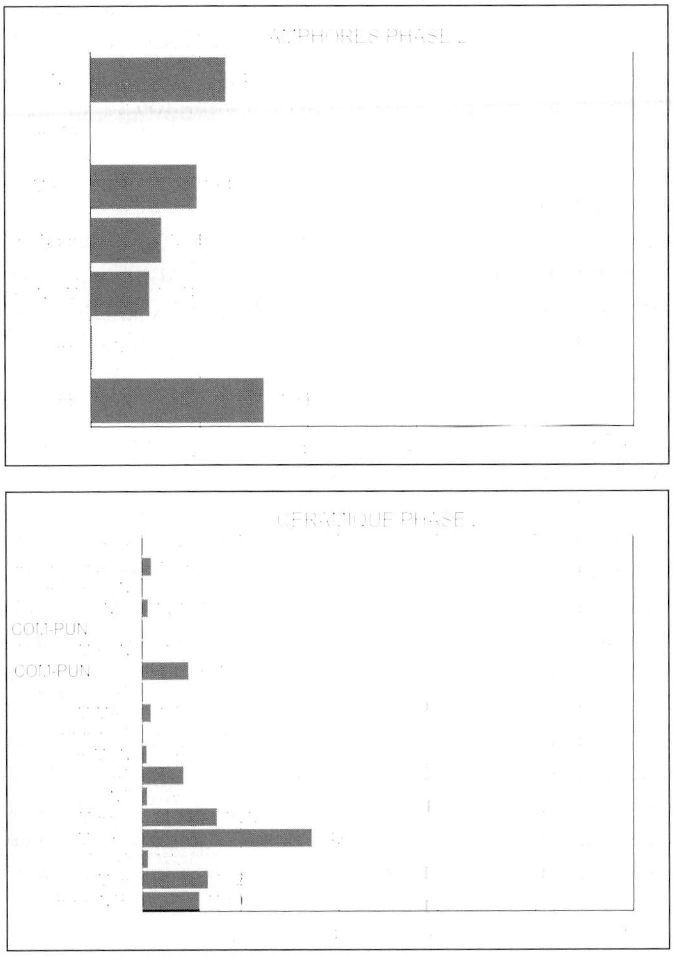

Fig. 60. Pourcentages d'amphores et céramique pour la phase 2 (350-325/300 av. J.-C.).

dans lesquelles s'ouvrent les passages vers les plaines des Sordicens s'étendrait le domaine de Rhodé[5], tandis qu'au sud, jusqu'au nord du massif des Gavarres, ce serait le domaine d'Emporion. Nous ne pouvons pas nier que ces limites aient déjà une origine à l'époque ibérique, contrôlées par les différentes tribus, sous la direction d'Ullastret, ville principale de ce territoire au moment de l'implantation des colonies grecques.

Période d'expansion. Phase 3 (325/300-195 av. J.-C.)

À partir de la fin du IVe s. av. J.-C. Rhodé vit des changements substantiels qui aboutissent au fort développement économique de la ville au IIIe s. av. J.-C. C'est la période à laquelle les historiens sont d'accord pour situer le début du processus d'indépendance de Rhodé par rapport à Massalia[6] et son affirmation en tant que ville. Les fouilles récentes ont révélé un important remodelage urbain dans le secteur de l'ancien habitat de la colline de Santa Maria. Au point le plus élevé de la colline, les habitations sont remplacées par un grand bâtiment public, très probablement un temple. En même temps, en dehors de ce premier habitat, va s'édifier un quartier de nouvelle construction, le fameux « quartier hellénistique ». Son emplacement est proche des nouvelles constructions portuaires, situées au sud du quartier, en bordure de plage.

Le quartier a un caractère artisanal marqué, puisqu'on y trouve les installations d'un véritable *kerameikos*, où l'on produit la céramique à vernis noir et à pâte claire des ateliers de Roses. Cette situation économique se renforce avec le début du processus de monétisation de l'ambiance d'affirmation et d'indépendance dans laquelle se trouve immergée la ville.

Tels sont en résumé les principaux éléments qui caractérisent le passage de Rhodé d'établissement massaliète à ville indépendante. Mais, quelles sont les causes qui déterminent cette situation ? D'abord, nous devons considérer la perte d'intérêt de Massalia pour le marché ibérique de la zone ; la ville est alors tournée vers le marché italique et vers Rome, alliée contre la concurrence punique. Sur le site, les amphores massaliètes chutent brutalement en même temps que s'accroît la quantité d'amphore puniques, spécialement des ébusitaines (**fig. 61**).

L'infrastructure portuaire qui se construit en limite du quartier hellénistique atteint une qualité et un volume de transactions que jusqu'à maintenant elle n'avait pas. Le port servait à l'exportation des céramiques à vernis noir. Ce n'est plus un port secondaire par rapport à Marseille et il accueille des bateaux par route directe, dont les chargements seront redistribués vers l'intérieur. Cela implique que la ville doit disposer d'une infrastructure humaine et du matériel de capacité suffisante, des installations pour le déchargement et l'embarquement, de magasins et de tout un personnel consacré à ces travaux.

5 Ces limites territoriales ont été déjà commentées à la table ronde d'Ullastret de 2000 (Martín, Puig 2001, p. 65-67). Bolós et Hurtado sont également partisans d'une coïncidence des territoires médiévaux d'Empúries et Peralada avec celui des anciennes colonies (Bolós, Hurtado 1999, p. 8).

6 Certains auteurs pensent que la ville manifeste une volonté précise de tourner le dos à Emporion. C'est alors qu'elle se tourne commercialement vers l'autre côté des Pyrénées, jusqu'à Agde, cherchant peut-être la protection de Marseille. C'est alors aussi qu'elle chercherait quelques lointaines origines rhodiennes pour donner du prestige à la ville et qu'elle fabriquerait la monnaie, qui permettrait son fort développement économique (Tremoleda 2000, p. 141-145).

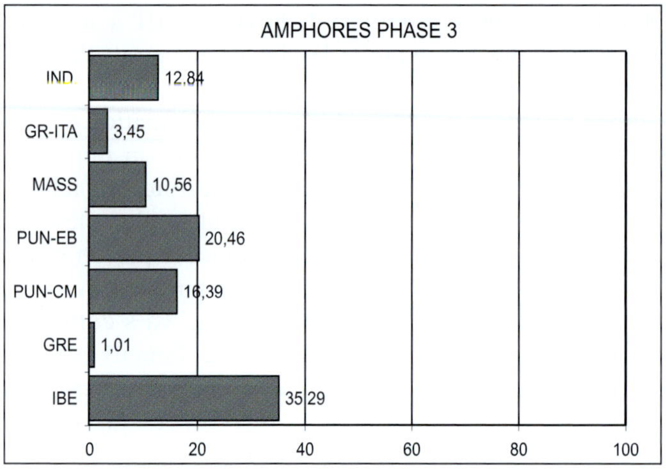

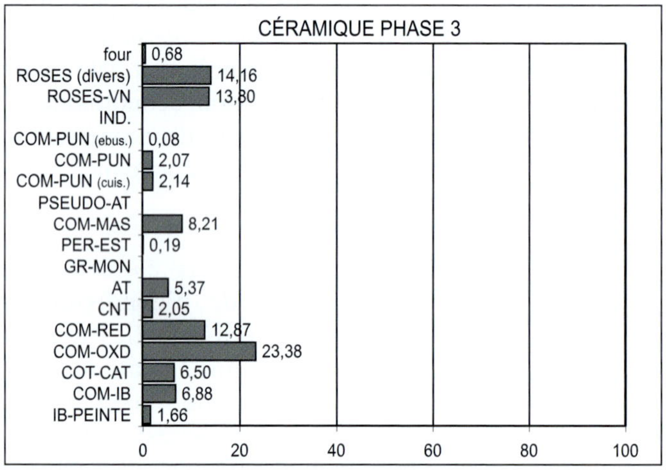

Fig. 61. Pourcentages d'amphores et céramique pour la phase 3 (325/300-195 av. J.-C.).

Marseille tourne le dos à Roses et celle-ci s'intègre dans le réseau commercial punique, favorisée par ses excellentes conditions portuaires et par sa connexion sur les routes de navigation. Selon Pere Izquierdo, le port de Roses comme celui d'Empúries sont très avantagés par leur position sur les routes qui se dirigent vers les îles Baléares, favorisées aussi par les vents et les courants maritimes. Cette condition favorise aussi le rôle redistributeur d'Eivissa vers les voies commerciales de la Méditerranée centrale et du monde punique du sud de la Péninsule, du nord de l'Afrique et de la côte de Llevant (Izquierdo 1996, p. 6-7). Plusieurs auteurs soutiennent le rôle important des commerçants ébusitains dans le commerce extérieur des colonies grecques de Rhodé et d'Emporion ; pour certains, les céramiques de Rhodé auraient été distribuées par ces agents vers le littoral ibérique. La découverte d'épaves chargées de vernis noir des ateliers de Roses en quelque point de cette route serait d'un grand intérêt pour connaître la relation entre le commerce de Rhodé et l'ébusitain.

La majorité des découvertes de vernis noir se concentre dans la zone d'influence directe de Rhodé, celle du commerce intérieur. Celle-ci s'étend dans tout le territoire ibérique proche et arrive jusqu'au sud de la France ; la limite s'est établie dans les cours fluviaux de l'Aude et de l'Hérault, la frontière de l'Ibérie transpyrénéenne d'Aviénus. En relation avec ce commerce avec le territoire ibérique, de quelle façon la dynamique commerciale du port de Rhodé affecterait-elle celle d'Emporion ? Quelles seraient les relations entre ces deux ports et les autres ports de la Méditerranée, spécialement avec ceux de la zone punique ? Les transactions commerciales du port de Roses doivent être bien coordonnées avec celles d'Empuries. Il est possible qu'il ait existé une structure administrative bien organisée, qui serait utile pour éviter les conflits entre les deux villes.

Jordi Principal-Ponce parle de "vínculos particulares y de obligada complementariedad", d'une "estabilidad de relaciones bajo el signo de una aparente paridad, de colaboración más que de competencia, de unas relaciones al estilo foedus liga o confederación" (Principal-Ponce 1998, p. 181-183). Selon l'auteur, Emporion se réserverait le commerce intérieur et l'organisation d'un système de marchés pour favoriser les échanges avec les indigènes (grâce au meilleur accès vers l'arrière-pays ibérique), pendant que Roses s'occuperait de commercialiser et d'introduire ces biens dans les circuits commerciaux maritimes méditerranéens ou plutôt régionaux (grâce à la meilleure condition du port). L'hypothèse nous paraît excessive.

Un autre élément qu'il faut prendre en compte dans la croissance économique de Rhodé, comme nous l'avons déjà noté, est la frappe de monnaie. Dans la deuxième moitié du IVe s. et au IIIe s. av. J.-C., la colonie se sent déjà suffisamment développée pour produire et/ou avoir besoin d'un système monétaire[7]. L'émission de la monnaie a été considérée comme un signe évident de splendeur économique, d'indépendance et d'affirmation et, même, de désir de se différencier des Emporitains, lesquels émettent leur propre monnaie. Les premières émissions sont d'excellente qualité, ce qui en renforce le prestige, et elles portent au droit la tête de la nymphe Aréthuse avec la légende *rodeton* et quelquefois des signes de différents de la frappe monétaire au revers la

7 Marta Campo a révisé à nouveau toute la production numismatique de Rhodé et elle est partisane de cette date (Campo 2006, p. 563-583). Leandro Villaronga avait proposé une date vers 300 av. J.-C. (Vilallonga 2000, p. 116-117), tandis que Guadan la situait quelques années plus tôt, vers 330/320 av. J.-C. (Guadan 1968-1970.

rose vue par-dessous[8]. Les drachmes sont complétées par des fractions d'argent (un tritétartémorion, qui équivaut à 1/8 de drachme, et un trihémitétartémorion, qui équivaut à 1/16 de drachme) et quelques petites pièces en bronze. Ces dernières pourraient imiter celles de l'île de Rhodes, puisqu'elles portent au revers la rose de profil. Plus tard les fractions d'argent seront remplacées par des fractions en bronze, avec une typologie semblable à celle de la drachme, dont quelques-unes sont refrappées sur des bronzes carthaginoise de Sardaigne, datées vers 300-264 av. J.-C. (Jenkins 1969, n° 144-178).

Un autre élément qui participe au processus de croissance de la ville est le facteur démographique. L'expansion urbaine qui marque Rhodé à partir de la fin du IVe s. av. J.-C est liée à un accroissement de population. Jordi Principal-Ponce pense qu'à ce moment-là arrive à Roses un groupe d'individus de culture hellénique, qui renforcent la colonie et vont créer les ateliers de céramiques et le quartier hellénistique (Principal-Ponce 1998). Nous ne pouvons pas exclure que des Grecs arrivent à Rhodé, mais nous ne pouvons pas admettre un deuxième groupe de colonisateurs, désireux de renforcer la ville. Faut-il penser à un nouveau groupe de Phocéens massaliètes ? alors même que Roses commence son processus d'indépendance ? Cette hypothèse présente assurément des éléments contradictoires.

Nous pensons que l'apport démographique doit être expliqué localement. Le début de la croissance de Rhodé coïncide avec le dépeuplement et l'abandon de l'oppidum de Peralada, vers 300 av. J.-C. Les archéologues qui ont travaillé dans le gisement croient que la fin de la localité est en rapport avec l'évolution historique des villes voisines d'Emporion et de Rhodé (Llinàs *et al.* 1998, p. 53-54). Si la population de l'oppidum se disperse, il est possible que ce fait-là produise une attraction et un déplacement d'habitants de Peralada vers Rhodé

En faveur de cette hypothèse, on observe que le volume d'amphores ibériques augmente de manière considérable[9] (**fig. 62**), ce qui pourrait être l'effet d'une

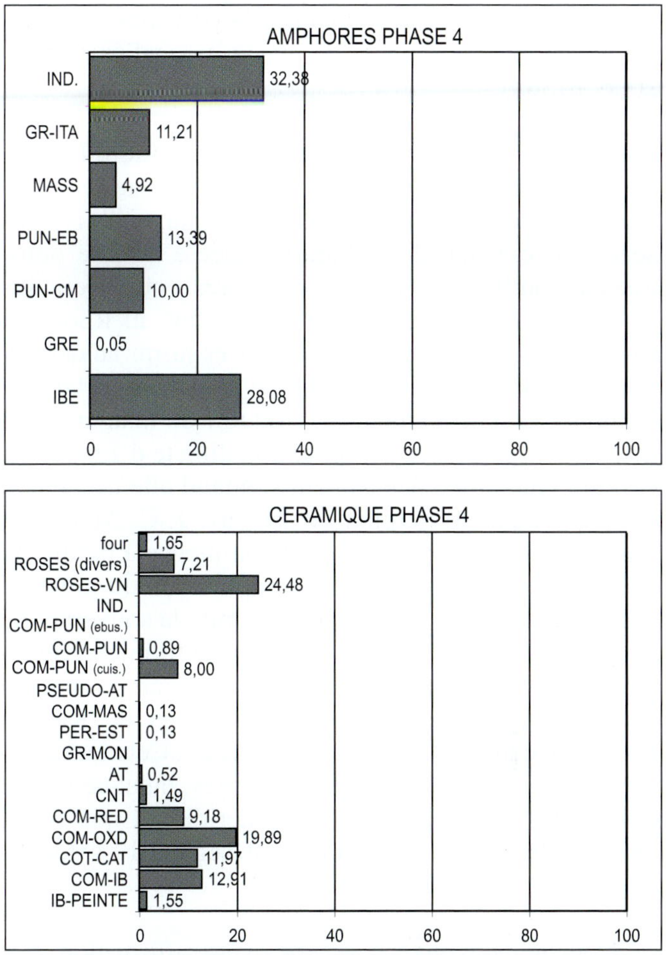

Fig. 62. Pourcentages d'amphores et céramique pour la phase 4 (195 av. J.-C.).

augmentation de la population ibérique de la ville. Cette situation nous aidera à expliquer la position et les actions des *Hispani* de Rhodé lors de la révolte indigène de 195 av. J.-C., comme on le verra plus loin.

Cette période d'expansion couvre tout le IIIe s. av. J.-C. Au niveau archéologique, on ne détecte aucun élément de rupture ou de changement, mais une évolution continue. Les maisons continuent à être occupées, les ateliers continuent à produire et les niveaux d'importations restent dans les mêmes quantités, ce qui semble indiquer que le port de Roses continue avec le même volume de transactions. Un facteur a conduit quelques chercheurs à soupçonner qu'à partir de la deuxième moitié du siècle Roses pourrait entamer son déclin. Entre 240-230 av. J.-C. on a dit que la ville arrête d'émettre des drachmes et que l'autorité monétaire a des problèmes pour réussir à faire de nouvelles frappes. En fait, les dernières drachmes sont déjà de mauvaise qualité, avec un poids plus léger et les revers plus schématiques. Néanmoins, on sait que Roses ne renonce pas à la monnaie et qu'elle continue avec la frappe des

8 Entre 300-270/260 av. J.-C. sont frappées quelques drachmes à la marque du trident, avec le revers plus simple encore avec la rose vue par-dessus, et qui se complètent avec des bronzes de la même typologie. Dans les années centrales du IIIe s. av. J.-C. (c. 260 – c. 240-230 av. J.-C.), s'émettraient quelques nouvelles drachmes, maintenant sans marque (semblables aux drachmes au cheval arrêté d'Emporion) avec un revers très simplifié, et quelques nouveaux coins, avec un droit similaire à celui des premières émissions, mais plus petites (Campo 2006, p. 563-583).

9 Ce n'est pas pareil avec la vaisselle, car on la voit remplacée par les productions standardisées des ateliers de Roses.

bronzes, même avec des moyens très précaires, avec des coins vieillis et des pièces de mauvaise qualité (Campo 2006, p. 583).

Dans ce contexte de la deuxième moitié du IIIe s. av. J.-C. l'incidence des Guerres Puniques sur les colonies grecques et les réseaux commerciaux établis dans secteur occidental de la Méditerranée a dû être pratiquement nulle. Les actions militaires entre Romains et Carthaginois ont lieu ailleurs. En fait, ni Rhodé ni Emporion n'améliorent leurs défenses jusqu'au dernier quart du IIIe s. av. J.-C., à la fin de la Deuxième Guerre Punique. Le changement se produira de manière plus immédiate à partir de l'implication directe d'Emporion comme ville alliée des Romains, quand elle accepte le débarquement de Scipion en 218 av. J.-C. Marcet et Sanmartí pensent qu'Emporion commence à perdre du poids économique à partir de l'application du traité de l'Ebre du 226 av. J.-C., quand on limite la souveraineté commerciale des Carthaginois sur cette frontière. Selon ces auteurs, la dépendance de Rhodé envers Emporion (qui distribuait les produits des ateliers de Rhodé) ferait que cette ville entre en décadence. Cela entraînerait l'arrêt des productions céramiques, puisque s'était déjà "perdut el pròsper mercat meridional que havia absorbit les seves produccions al segle III" (Marcet, Sanmartí 1989, p. 24).

Nous ne pouvons pas accepter cette affirmation. Les dernières fouilles sur le site ont démontré que la production des ateliers de Rhodé continue au-delà de 226. Peut-être Rhodé voit-elle affectées ses relations commerciales avec la côte ibérique méridionale à cause du frein imposé aux Puniques, les supposés acteurs de la distribution de ces produits vers cette zone. La production des ateliers compte encore sur le marché qui génère le majeur volume de transactions : le territoire indigène proche.

Rhodé n'arrête pas de produire et, en plus de ça, avec l'arrivée des modes imposées par les produits italiques, renouvelle ses produits en ajoutant à son répertoire des formes qui imitent les verres en céramique campanienne. L'arrivée de vernis noir italique à Rhodé est pratiquement nulle ; les quelques découvertes sont situées dans des niveaux postérieurs à l'abandon de la ville. Il n'en va pas de même pour les amphores gréco-italiques, présentes à Roses, mais sans concurrencer les amphores puniques (**fig. 61**).

Dans cette période, la production de céréales de la zone continue pratiquement au même rythme. Les champs de silos qui sont connus dans le secteur de Peralada ne sont pas abandonnés avant la fin du IIIe s. av. J.-C. ou le début du IIe s. av. J.-C. (Llinàs *et al.* 1998, p. 87). Il en va de même pour l'établissement rural du Mas Castellar de Pontós (Pons *et al.*, dans ce volume). Le changement du système de production et d'exploitation agraire du territoire ne se modifie qu'avec l'abandon des localités ibériques et l'entrée dans la romanisation.

En conclusion, à la fin du IIIe s. av. J.-C. on ne peut pas parler ni d'une perte soudaine du pouvoir économique ni d'autonomie pour Rhodé (**fig. 62**). La nouvelle puissance romaine pèse, mais cela ne signifie pas un changement dans ces premières années. Rhodé et Empúries se débattent entre l'alliance avec Rome, qui représente un changement substantiel dans l'ordre économique établi, et leur position du côté des Puniques, qui les avait favorisées tout au long du siècle.

Période finale. Phase 4 (195 av. J.-C.)

Quoique la résistance des population indigènes contre la mise en place du système administratif romain ne soit pas aussi accusée dans nord-est de la Catalogne que dans le reste du territoire ibérique, l'opposition est évidente et effective à partir du débarquement du consul M. Porcius Caton à Emporion en 195 av. J.-C. Les actes de pillage et les attaques contre les Espagnols entraînent une fuite considérable de leurs localités et une grande dispersion, dont Rhodé sera aussi un exemple. Selon Tite-Live, XXXIV, 8, une des premières entreprises de Caton avant de débarquer à Emporion est la soumission des Espagnols qui étaient réfugiés à Roses : *Inde Rhodam ventum et praesidium Hispanorum quod in castello erat vi deiectum. Ab Rhoda secundo vento Emporias perventum*. Ces *Hispani* ne recevront pas le même traitement que ceux qui étaient réfugiés à Emporion. Les *Emporitanos Hispanos* se rendront à Caton, c'est pour cela qu'ils recevront de meilleurs traitements, comme le dit Tite-Live : "Caton, après s'être adressé à eux avec bonté, les réconforta avec du vin et des vivres et les renvoya chez eux" (Almagro 1951, p. 66).

À la différence d'Empúries, Roses répugne à se mettre du côté romain. Est-ce qu'il faut comprendre que le caractère dominant de Roses est plutôt indigène [10] ? Ou agit-elle de cette manière parce qu'elle voit en danger le rôle économique qu'elle avait joué au cours du IIIe s. av. J.-C. ? Quelle qu'en soit la raison, les événements de 195 av. J.-C. marquent la fin de Rhodé, en même temps

10 María José Pena remarque qu'Etienne de Byzance (VIe s. ap. J.-C.) mentionne Roses (*Rhodoe*) comme une ville indicète (Pena 2006, p. 42).

et de la même manière que pour les oppida ibériques de la zone, notamment Ullastret.

D'autres auteurs ont considéré que la fin de Rhodé aurait pu être le résultat d'une action d'Emporion pour annuler sa puissance économique ou d'Emporion/Massalia de façon conjointe, puisqu'elle représentait une menace pour leurs intérêts commerciaux dans les golfes de Roses et du Lion. Il faut remarquer que cette hypothèse implique que la puissance de Roses au début du IIe s. av. J.-C. serait encore assez considérable.

Dans ce contexte de disparition de la ville, il nous faut revenir sur le passage de Strabon (III, 4, 8) qui désigne Roses (Rhodos) comme *polichnion Emporiton* « une petite ville des Emporitains ». Pour ce texte-là, il y a eu beaucoup de traductions partisanes : "Allí es troba la petita vila de Rhodé, els habitants de la qual procedeixen d'Emporion" (Marcet, Sanmartí 1989, p. 9). Strabon ne dit jamais que les habitants de Rhodé viennt d'Emporion, il dit seulement que Rhodé est une très petite ville des Emporitains. Évidemment, il ne fait pas référence à la Rhodé du IIIe s. av. J.-C. Le petit réduit qu'il mentionne doit être ce qui reste de la ville après l'expulsion des habitants par Caton en 195 av. J.-C. Il est possible que Rhodé fasse alors partie d'Emporion qui, grâce à sa condition d'alliée de la République romaine, devient un centre de premier ordre dans le territoire. Il semble que la zone d'ancrage du port de Roses fonctionne encore entre le IIe s. av. J.-C. et le Ier s. ap. J.-C. Des fouilles subaquatiques menées à bien dans cette zone ont démontré la présence de matériels céramiques de cette époque au fond de la mer. Selon Marcel Pujol, ces céramiques proviendraient des navires qui continuent à utiliser le port comme refuge ou comme port secondaire d'Emporion (Pujol 2002, p. 144-149), même si la ville de Rhodé n'est plus active. Il est possible que Rome ait donné le contrôle de Rhodé à Emporion comme châtiment à cause de sa position contraire et rebelle.

BIBLIOGRAPHIE

Aquilué *et al.* 1999 : AQUILUÉ (X.), BURÉS (L.), BUXÓ (R.), CASTANYER (P.), ESTEBA (J.), FERNÁNDEZ DE LA REGUERA (A.), PONS (E.), SANTOS (M.), SOLÉ (J.), TREMOLEDA (J.) – *Intervencions arqueològiques a Sant Martí d'Empúries (1994-1996). De l'assentament precolonial a l'Empúries actual*. Girona, Museu d'Arqueologia de Catalunya–Empúries, 1999, p. 339, (Monografies Emporitanes 9).

Almagro 1951 : ALMAGRO (M.) – *Las fuentes escritas referentes a Ampurias*. Barcelone, 1951, p. 399, (Monografies Emporitanes 1).

Bats 2004 : BATS (M.) – Les colonies massaliètes de Gaule méridionale. Sources et modèles d'un urbanisme militaire aux IVe-IIIe s. av. J.-C. *In* : Augusta-Boularot (S.), Lafon (X) dir., *Des Ibères aux Vénètes*, Rome, 2004, p. 476, (Collection de l'École Française de Rome 328), p. 51-64.

Bolós, Hurtado 1999 : BOLÒS (J.), HURTADO (V.) – Atles dels comtats d'Empúries i Peralada (780-991). Barcelona, Rafael Dalmau éd., 1999, p. 93.

Campo 2006 : CAMPO (M.) – La moneda a Rhode : producció i circulació. *In* : Puig (A.M.), Martín (A.) dir., *La colònia grega de Rhode*. Girona, Museu d'Arqueologia de Catalunya-Girona, 2006, p. 643 (Sèrie Monogràfica 24), p. 575-583.

Domínguez 1990 : DOMINGUEZ (A.) – La ciudad griega de Rhode en Iberia y la cuestión de su vinculación con Rodas. *BAEAA*, 28, 1990, p. 13-25.

Garcia 1995 : GARCIA (D.) – Le territoire d'Agde grecque et l'occupation du sol en Languedoc central durant l'Age du fer. *In* : Arcelin (P.), Bats (M.), Garcia (D.), Marcvhand (G.), Schwaller (M.) dir., *Sur les pas des Grecs en Occident, Hommages à André Nickels*. Paris/Lattes, Errance/A.D.A.M. éd., 1995, p. 492 (Et. Massa. 4), p. 137-167.

Guadan 1968-1970 : GUADAN (A.M. de) – *Las monedas de plata de Emporion y Rhode*. Barcelone, 1968-1970, (Anales y Boletin de los Museos de Arte de Barcelona, 12-13).

Izquierdo 1995 [1996] : IZQUIERDO (P.) – Los condicionantes de la navegación en la antigüedad : una aproximación al caso de la Provincia Hispania Citerior mediterránea. *In* : Achútegui (J.J.) dir., *I Simposio de Historia de las técnicas. La construcción naval y la navegación (1995)*, Santander, Universidad de Cantabria, 1996, p. 299-306.

Izquierdo 1997 : IZQUIERDO (P.) – Barcino i el seu litoral : una aproximació a les comunicacions marítimes d'època antiga a la Laietània. *In* : Roca (J.) dir., *La formació del cinturó industrial de Barcelona*. Barcelone, Institut Municipal d'Història-Proa, 1997, p. 13-21.

Jenkins 1969 : JENKINS (G. K.) – *Sylloge Nummorum Graecorum, The Royal Collection of Coins and Medals, Danish National Museum, North Africa, Syrtica-Mauretania*. Munksgaard-Copenhage, 1969.

Llinàs *et al.* 1998 : LLINÀS (J.), MERINO (J.), MIRÓ (M.), MONTALBAN (C.), PALAHÍ (LL.), SAGRERA, (J.) – *La Peralada ibèrica i medieval segons l'arqueologia. Les excavacions de 1989 a 1995*. Figueres, Institut d'Estudis Empordanesos, 1998, p. 136, (Monografies Empordaneses 4).

Marcet, Sanmartí 1989 : MARCET (R.), SANMARTÍ (E.) – *Empúries*. Barcelone, Diputació de Barcelona, 1989.

Martín, Puig 2000 [2001] : MARTÍN (A.), PUIG (A.M.) – Rhode i l'organització del territori de l'Alt Empordà. *In* : Martín (A.), Plana (R.) dir., *Territori polític i territori rural durant l'edat del Ferro a la Mediterrània Occidental, Actes de la Taula Rodona d'Ullastret (2000)*, Girona, Museu d'Arqueologia de Catalunya-Ullastret, 2001, p. 330, (Monografies d'Ullastret 2), p. 53-68.

Nickels 1981 : NICKELS (A.) – Recherches sur la topographie de la ville antique d'Agde (Hérault). *DocAMérid*, 4, 1981, p. 29-50.

Nickels 1981 [1983] : NICKELS (A.) – Les Grecs en Gaule : l'exemple du Languedoc. *In* : *Modes de contacts et processus de transformation dans les sociétés anciennes, Actes du colloque de Cortone (1981)*. Pise-Rome, 1983, p. 1164 (Collection de l'École Française de Rome 67), p. 409-428.

Nieto 1997 : NIETO (X.) – Le commerce de cabotage et de redistribution. *In* : Pomey (P.) dir., *La navigation dans l'Antiquité*. Aix-en-Provence, Édisud, 1997, p. 146-159.

Pena 2000 : PENA (M.J.) – ΕΠΙ ΣΩΤΗΡΙΑΙ ΤΩΝ ΑΝΘΡΩΠΩΝ, Encore sur la colonisation rhodienne de Rhodé. *ZPE* 133, 2000, p. 109-112.

Pena 2006 : PENA (M.J.) – Las fuentes literarias sobre la colonia griega de Rhode (Iberia). *In* : Puig (A.M.), Martín (A.) dir., *La colònia grega de Rhode*. Girona, Museu d'Arqueologia de Catalunya-Girona, 2006, p. 643 (Sèrie Monogràfica 24), p. 41-52.

Pons 2000 : PONS (E.) – *Pobles de muntanya, pobles d'aigua al Pirineu oriental (1100-650 aC)*. Figueres, Ajuntament de Roses/Àrea de Cultura, p. 188, (Col·lecció Papers de Recerca 5).

Pons, Pautreau 1992 [1994] : PONS (E.), PAUTREAU (J.R.) – La nécropole d'Anglès (la Selva, Girona, Espagne) et les relations atlàntique-méditerranée à travers les Pyrénées, au début de l'age du Fer. Colloque de l'Association française pour l'étude de l'Age du Fer 16 (1992), Bordeaux, Fédération Aquitania, 1994, p. 459, (Aquitania 12), p. 353-375.

Principal-Ponce 1998 : PRINCIPAL-PONCE (J.) – *Las importaciones de vajilla fina de barníz negro en la Cataluña sur y occidental durante el siglo III aC. Comercio y dinámica de adquisición en las sociedades indígenas*. Oxford, 1998 (BAR International Series 720)

Puig 1997 [1998] : PUIG (A.M.) – La localització topogràfica de l'antic port de Rhode (Alt Empordà). *In* : *Comerç i vies de comunicació (1000 aC-700 dC), XI Col·loqui Internacional d'Arqueologia de Puigcerdà (1997)*. Puigcerdà, Institut d'Estudis Ceretans, 1997, p. 450, p. 115-123.

Puig 1998 : PUIG (A.M.) – Aproximació cronològica a la muralla de Rhode. Una defensa en el límit est del nucli de Santa Maria. *Empúries*, 53, 1998, p. 139-164.

Puig 2006 : PUIG (A.M.) – *Rhode. Caracterització del jaciment i dels seus tallers ceràmics*. Universitat de Girona, http ://www.tesisenxarxa.net/TDX-0625107-143754/

Puig, Martín 2006 : PUIG (A.M.), MARTÍN (A.) – *La colònia grega de Rhode*. Girona, Museu d'Arqueologia de Catalunya-Girona, 2006, p. 643 (Sèrie Monogràfica 24).

Pujol 2002 : PUJOL (M.) – L'ancoratge i el port de Rhode (Roses, Alt Empordà). *Empúries*, 53, p. 131-154.

Rouillard 1995 [1999] : ROUILLARD (P.) – Entre Marseille et Huelva. *In* : *La colonisation grecque en Méditerranée occidentale, Rencontre scientifique en hommage à Georges Vallet (1995)*. Rome, 1999 (Collection de l'École Française de Rome 251), p. 83-92

Ruiz de Arbulo 1984 : RUIZ DE ARBULO (J.) – Emporion y Rhode. Dos asentamientos portuarios en el golfo de Rosas. *Arqueologia espacial*, 4, p. 115-140.

Tremoleda 2000 : TREMOLEDA (J.) – L'època antiga. *In* : Gifre (P.) dir., *Història de l'Alt Empordà*. Girona, Diputació de Girona, 2000, p. 903, p. 111-231.

Villaronga 2000 : VILLARONGA (L.) – *Les monedes de plata d'Emporion, Rhode i les seves imitacions. De principi del segle III aC fins a l'arribada dels romans, el 218 aC*. Barcelone, Societat Catalana d'Estudis Numismàtics, Institut d'Estudis Catalans, 2000, p. 254.

BAEAA : Boletín de la Asociación Española de Amigos de la Arqueología
ZPE : Zeitschrift für Papyrologie und Epigraphik

3. Le site ibérique d'Ullastret (Baix Empordà, Catalogne) et son rapport avec le monde colonial méditerranéen

Aurora Martin, Ferran Codina, Rosa Plana, Gabriel de Prado

1. Introduction

Le site archéologique d'époque ibérique d'Ullastret se localise dans la partie nord-est de la Catalogne, dans le territoire que les auteurs anciens ont attribué à la tribu des *Indiketes*. Il est situé au sud du massif de l'Albera et du massif de Rodes, derniers contreforts de l'extrémité orientale des Pyrénées, et il comprend les contrées actuelles de l'Empordà, du Gironès et de La Selva. Ullastret est l'établissement le plus complexe aujourd'hui connu du monde ibérique catalan. Découvert à la fin du XIXe siècle, il est en cours de fouille depuis 1947. Le projet actuel, dirigé par le Museu d'Arqueologia de Catalunya-Ullastret, a commencé en 1987. Entre 1987 et 1995, les opérations de fouille ont été centrées sur le site d'Illa d'en Reixac où, parmi d'autres résultats, il faut citer l'identification pour la première fois d'un grand édifice à caractère aristocratique, semblable aux bâtiments de même type qui sont fouillés depuis 1996 sur l'*oppidum* de Puig de Sant Andreu (**fig. 48 et 63**). La découverte de ces grandes demeures a contribué à renforcer l'identification du site comme une véritable ville.

Depuis 1997, la recherche a été élargie avec la mise en place d'un projet d'étude du territoire fondé sur la prospection systématique de l'espace environnant les agglomérations d'Ullastret (Puig de Sant Andreu et Illa d'en Reixac) et sur la fouille de certains sites repérés dans l'espace périurbain. Cette recherche, réalisée en collaboration avec l'Université de Pau et, depuis 2009, avec l'Université Paul-Valéry Montpellier III a permis d'approfondir la connaissance de l'organisation et des rythmes d'occupation du territoire situé en périphérie de l'*oppidum* (Martín *et al.* 2008 ; Martín, Plana 2003 ; Plana, Crampe 2004 ; Plana, Martín 2001, 2002, 2005). Entre 2006 et 2008, la collaboration avec le *Deustches Archäologisches Institut* (DAI) de Madrid s'est traduite dans la participation à un projet de prospection géophysique des terrains placés entre Ullastret et le littoral[1], qui a apporté des résultats majeurs dans l'étude de l'évolution du milieu depuis la Préhistoire et jusqu'à nos jours (Brill *et al.* à paraître).

Fig. 63. Photographie aérienne présentant les principaux sites d'Ullastret (cliché : F. Didierjean).

L'ensemble des travaux réalisés a favorisé la connaissance du processus de formation de l'occupation ibérique d'Ullastret et de son évolution jusqu'à devenir une ville avec un rôle de capitale du territoire de la partie septentrionale de la côte catalane (Sanmarti 2001). Au nord de cet établissement indigène et sur le littoral ont été fondées les colonies grecques d'*Emporion*, depuis

1 Ullastret se place actuellement à 9,6 km de distance du littoral et à 5 km durant la période ibérique (Marzoli 2005, 316).

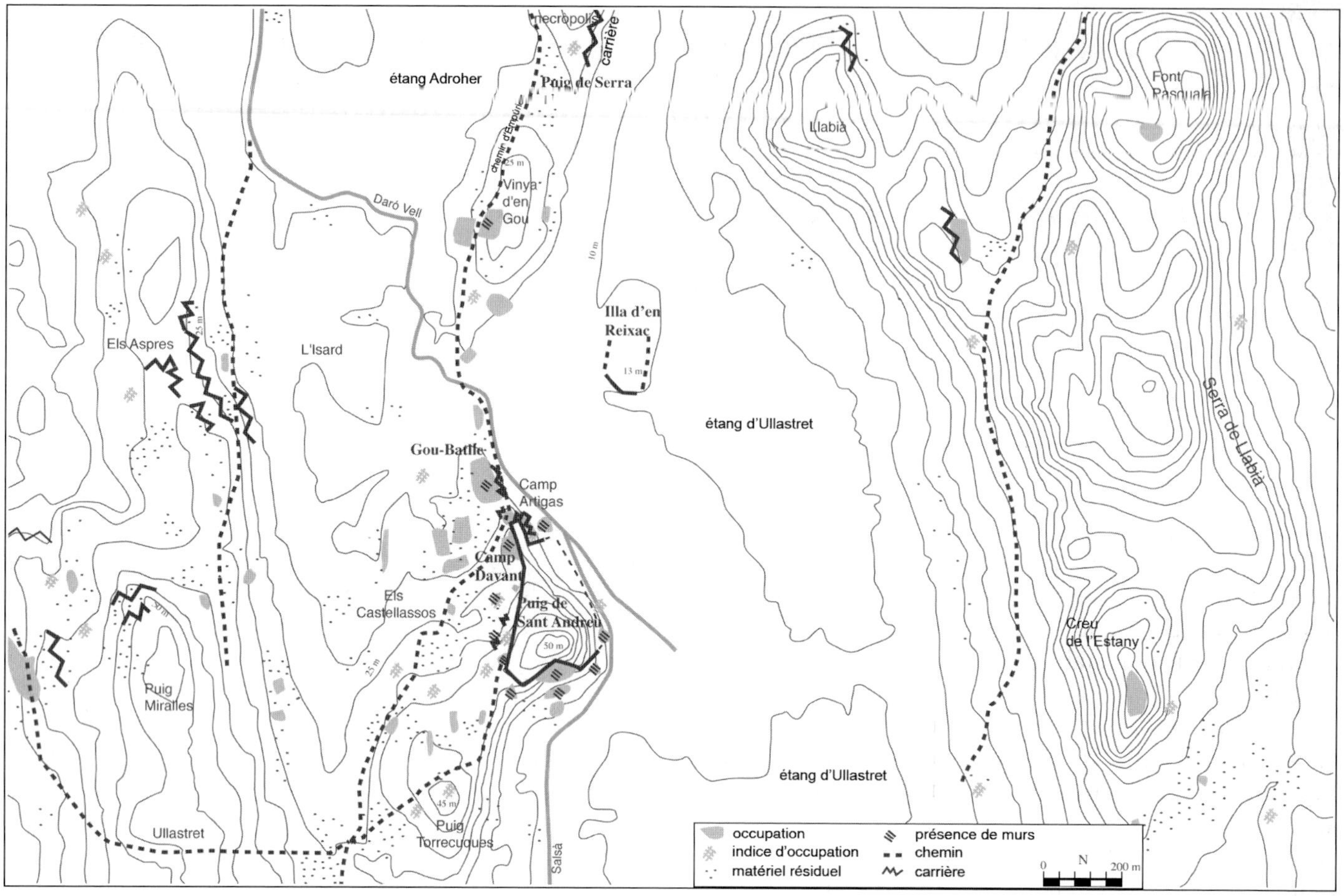

Fig. 64. L'occupation d'époque ibérique en périphérie de l'oppidum d'Ullastret.

le début du VIe siècle av. n. è., et de *Rhode*, vers 375 av. n. è. (Puig, Martín 2006).

Le site d'Ullastret se caractérise par ses dimensions imposantes et par la coexistence de deux agglomérations (le Puig de Sant Andreu et l'Illa d'en Reixac) distantes de 500 mètres et sans doute complémentaires, s'agissant d'une implantation bipolaire. Ces deux établissements, datant du début de l'âge du Fer, ont une superficie fortifiée totale de près de 15 hectares à partir du IVe siècle, moment de leur développement maximal. L'envergure de l'occupation souligne son rôle central dans la structure du peuplement, car les autres établissements fortifiés connus du littoral septentrional catalan sont de dimensions bien plus réduites, y compris la colonie d'*Emporion* (Martín, Plana 2003).

De surcroît, les résultats de la recherche récente développée autour de cet *oppidum* montrent que les agglomérations fortifiées ne concentraient pas la totalité de l'occupation, puisque de nombreux vestiges attestent l'ampleur de l'implantation immédiatement hors les murs et dans l'espace périurbain. Les découvertes effectuées dessinent une couronne très densément occupée dans un rayon de 300 à 500 mètres autour du noyau principal de l'implantation, le site de Puig de Sant Andreu, pendant la phase de l'Ibérique plein (**fig. 64**). Au-delà de cette distance, si les vestiges se présentent davantage espacés, il est possible néanmoins de cerner l'existence d'une deuxième couronne d'influence, qui s'étend jusqu'à une distance de 1 à 1,5 km, comme en témoignent la localisation de la nécropole de Puig de Serra, des carrières d'exploitation ibérique découvertes dans l'espace environnant et des vestiges d'occupation recensés au sommet de la première ligne de collines qui limite à l'est et au sud l'ancien étang d'Ullastret (**fig. 65**).

2. La phase Ullastret I (625-550 av. n. è.)

Les travaux conduits par le DAI de Madrid entre 1989 et 1996 dans la zone située entre Empúries et Ullastret (Blech, Marzoli 2005 ; Marzoli 2005) et, entre 2006 et 2008, entre Ullastret et le littoral (Brill *et al.*, à paraître) (**fig. 65**) montrent l'existence, du Bronze Final jusqu'à l'époque ibérique, d'un paysage composé de terrains bas traversés par le Fluvià, le Ter et le Daró. Dans la zone prélittorale, occupée par des étangs et des marécages, les

Fig. 65. La réapparition de l'étang d'Ullastret lors des pluies de 1959 (cliché : archive MAC-Ullastret).

massifs de Montgrí et de Begur constituaient des sortes d'îles. Dans ce contexte paysager, l'habitat investissait les collines qui émergeaient près du littoral ou en bordure des étangs. L'occupation apparaît concentrée en priorité à cette époque dans les secteurs d'Empúries et d'Ullastret, où des établissements de longue durée ou avec diverses occupations.

Au début de l'âge du Fer, un marché indigène important existait dans le secteur d'Empúries (Pons, Pautreau 1994). Les contacts avec des marchands phéniciens sont attestés, à Sant Martí d'Empúries, entre 650-625 av. n. è. dans un contexte qui présente aussi du mobilier étrusque. Cette fonction de marché semble se maintenir dans le cadre des premiers contacts commerciaux avec les Grecs Phocéens et se renforcer avec la fondation du comptoir d'*Emporion* (Castanyer *et al.* 1999 ; Castanyer, Santos, Tremoleda 1999). Un autre site qui présente des importations de cette période est la nécropole de Vilanera, où des objets phéniciens font partie des mobiliers d'accompagnement des enterrements datés entre la fin du VIIe et le milieu du VIe siècles (Agustí *et al.* 2002). Le site de Mas Gusó, situé à 5 km au sud d'Empúries et occupé du Néolithique à l'époque romaine, a livré également du mobilier grec archaïque. Parmi les matériaux les plus anciens, il y a des fragments d'aryballe de type B du Corinthien Moyen et de coupe ionienne de type B2 du milieu du VIe siècle, qui attestent le fonctionnement du site au moment des premiers contacts d'Empúries avec le monde grec (Casas, Soler 2004, p. 136).

À Ullastret, où l'implantation se place près de la bordure occidentale d'un étang [2] et à 5 km de distance du littoral, la première occupation connue date du Chalcolithique, mais c'est au début de l'âge du Fer que l'habitat se développe avec la construction de deux agglomérations composées de cabanes creusées dans la roche (Illa d'en Reixac et Puig de Sant Andreu). Les structures d'habitation ont été bâties en utilisant essentiellement des matériaux périssables, car l'usage de la pierre est très exceptionnel (Martín 1998, p. 50-52, fig. 5). Ces cabanes sont de même typologie que celles mises au jour dans la phase IIb de Sant Martí d'Empúries (Aquilué 1999, p. 471-472 ; Castanyer *et al.* 1999, p. 142-143). Les sondages réalisés à l'Illa d'en Reixac montrent que l'occupation s'étendait à cette époque sur une superficie d'au moins 6.000 m^2, tandis que l'implantation sur le Puig de Sant Andreu était plus réduite, couvrant quelques 2.000 m^2 de superficie (Martín 2005, p. 325). Cette période connaît deux phases, la première desquelles (Ullastret Ia, 625-575 av. n. è.) se caractérise par l'apparition des premières importations d'origine méditerranéenne, représentées par l'amphore phénicienne du Cercle du Détroit de Gibraltar. Les objets d'importation sont déjà plus variés lors de la deuxième phase (Ullastret Ib, 575-550 av. n. è.), avec des productions étrusques (amphores et canthares de *bucchero nero* du type 3 de Rasmussen) et les premières importations grecques (un fragment d'aryballe du Corinthien Moyen, des coupes ioniennes du type B2 de Vallet et Villard, des amphores ioniennes à col cylindrique et à bord en forme d'amande), qui coexistent avec les amphores phéniciennes du Cercle du Détroit de Gibraltar (Sanmartí, Asensio, Martín 2002, p. 76-78 et 95).

À proximité d'Ullastret, sur le littoral et près de l'embouchure ancienne du Daró, le site de La Fonollera a été occupé au Bronze Final et, plus tard, à l'époque romaine (Pons 1984). Les fouilles réalisées ont mis au jour, hors de contexte, un fragment de canthare étrusque de *bucchero nero* de type 3 (Sanmartí, Asensio, Martín 2002). Cette découverte, ainsi que la présence aussi d'amphore massaliète, suggère l'existence dans les environs du site d'un petit port qui aurait pu fonctionner comme relais du commerce de cabotage emporitain vers Ullastret.

Si l'arrivée de produits d'origine grecque est, au cours de cette période préibérique, encore très réduite dans les sites indigènes placés dans l'entourage d'Empúries [3], la fondation de la colonie exercera

2 L'étang d'Ullastret, de la période holocène, fut asséché entre 1856 et 1885. Il réapparaît lors de fortes pluies, comme ce fut le cas en 1959, 1976 et 1994.

3 La pénétration des importations grecques archaïques vers l'intérieur des terres a été très lente. En ce sens, on peut mentionner que le volume d'importations de cette époque découvert à Mas Gusó est plus élevé que dans les sondages effectués à l'Illa d'en Reixac et le Puig de Sant Andreu, ces derniers sites placés à 15 km de distance d'Emporion.

une influence majeure sur le développement de la culture ibérique de la zone empordanaise.

3. Les phases Ullastret II (550-525) et III (525-450 av. n. è.)

L'apparition des formes d'habitat ibérique se place à Ullastret vers le milieu du VIe siècle, pendant la phase II (Martín, Sanmartí 1977), contemporaine de la phase IIIb d'époque archaïque de Sant Martí d'Empúries, datée entre 560 et 540 av. n. è. (Castanyer, Santos, Tremoleda 1999, p. 283). Cette phase se caractérise à Ullastret par l'existence de maisons à plan carré construites en dur et par l'adoption du tour céramique. Ce moment initial de la culture ibérique est connu grâce aux fouilles conduites aussi bien sur le site d'Illa d'en Reixac (Oliva 1976 ; Martín, Sanmartí 1977, p. 445-446) que sur le site de Puig de Sant Andreu (Codina, Martín, Prado 2008, p. 107-114).

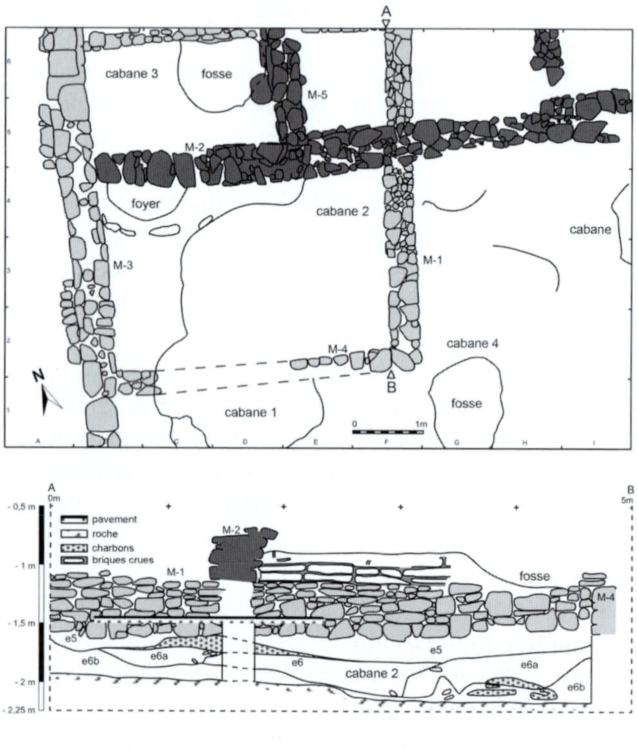

Fig. 66. Plan et coupe des habitations de la période de l'Ibérique ancien du site d'Illa d'en Reixac. Sondage A1.

L'organisation interne des deux établissements est mal connue, mais on constate que l'axe viaire principal du site d'Illa d'en Reixac (la rue / zone 9) a été mis en place à ce moment, comme l'attestent les résultats du sondage Oliva 1974 et du sondage C'01 (**fig. 68**), qui ont montré que les murs ibériques les plus anciens délimitant la rue datent de cette phase. Sur l'*oppidum* de Puig de Sant Andreu, le sondage du secteur 28 de la zone 14 (**fig. 67** et **70**) (Codina, Martín, Prado 2008, p. 110-112) a montré également que les murs les plus anciens s'organisent en fonction du tracé de la rue / zone 13, qui prolonge la rue 2, axe principal qui relie les portes 1 et 4 de l'agglomération depuis la construction de la première muraille pendant la phase Ullastret III[4]. Ces éléments signalent que c'est au cours de cette phase que commence l'organisation de l'espace des deux agglomérations.

Aucun plan complet de maison de la phase II n'est conservé, ce qui relève de l'exiguïté des sondages réalisés dans les niveaux de cette période[5]. Il est néanmoins possible d'observer que les habitations sont en général de plan rectangulaire, voire presque carré, et que les superficies oscillent de 19 à 21 m^2 (Martín 1988, fig. 3, 3 et 8). Elles sont construites sur un socle fait de pierres liées avec de l'argile, de 60 cm de hauteur environ, dont les premiers 20 cm constituaient la fondation, qui a été creusée dans les niveaux précédents préibériques, et la partie restante, à partir du niveau du sol, l'élévation, qui était surmontée de briques crues (**fig. 66**). Dans certains cas, des trous de poteaux adossés à la partie centrale des murs ont été mis au jour, ayant pu servir au soutènement d'une poutre centrale qui supportait une toiture à double pente. Parallèlement, dans le sondage C'01, un mur d'adobe sans soubassement en pierre a été découvert, qui servait à diviser l'espace intérieur d'une habitation (Martín 1988, fig. 11). Les sols étaient en terre battue, soumise probablement à une cuisson contrôlée, sur un niveau de gravier. Les données acquises grâce à ces sondages soulignent les similitudes constructives existantes avec les structures de la phase IIIb de Sant Martí d'Empúries (Castanyer, Santos, Tremoleda 1999, p. 283).

Selon P. Moret, sur le littoral languedocien et catalan, il n'y a pas d'îlots d'habitation formés de maisons agglutinées avant le milieu du Ve s., bien qu'il précise que ce schéma pouvait être plus précoce sur l'*oppidum* d'Ullastret, en raison de la construction de la muraille vers la fin du VIe s. (Moret 2001-2002, p. 381 et 384). Il n'en demeure pas moins que les résultats des sondages Oliva 1974 et C'01 de l'Illa d'en Reixac, cités plus haut, signalent que les premières constructions d'époque ibérique avaient déjà cette disposition et que c'est au cours de cette phase que sont dessinés certains axes de

4 La porte 1 de la première muraille n'est pas connue, mais son emplacement était probablement le même que celui de la porte de l'enceinte de la période de l'Ibérique plein, ouvrant au nord de la tour 6, la plus vaste des tours circulaires de l'oppidum.

5 La documentation relative aux fouilles anciennes qui ont atteint les niveaux fondationnels est peu explicite à ce sujet.

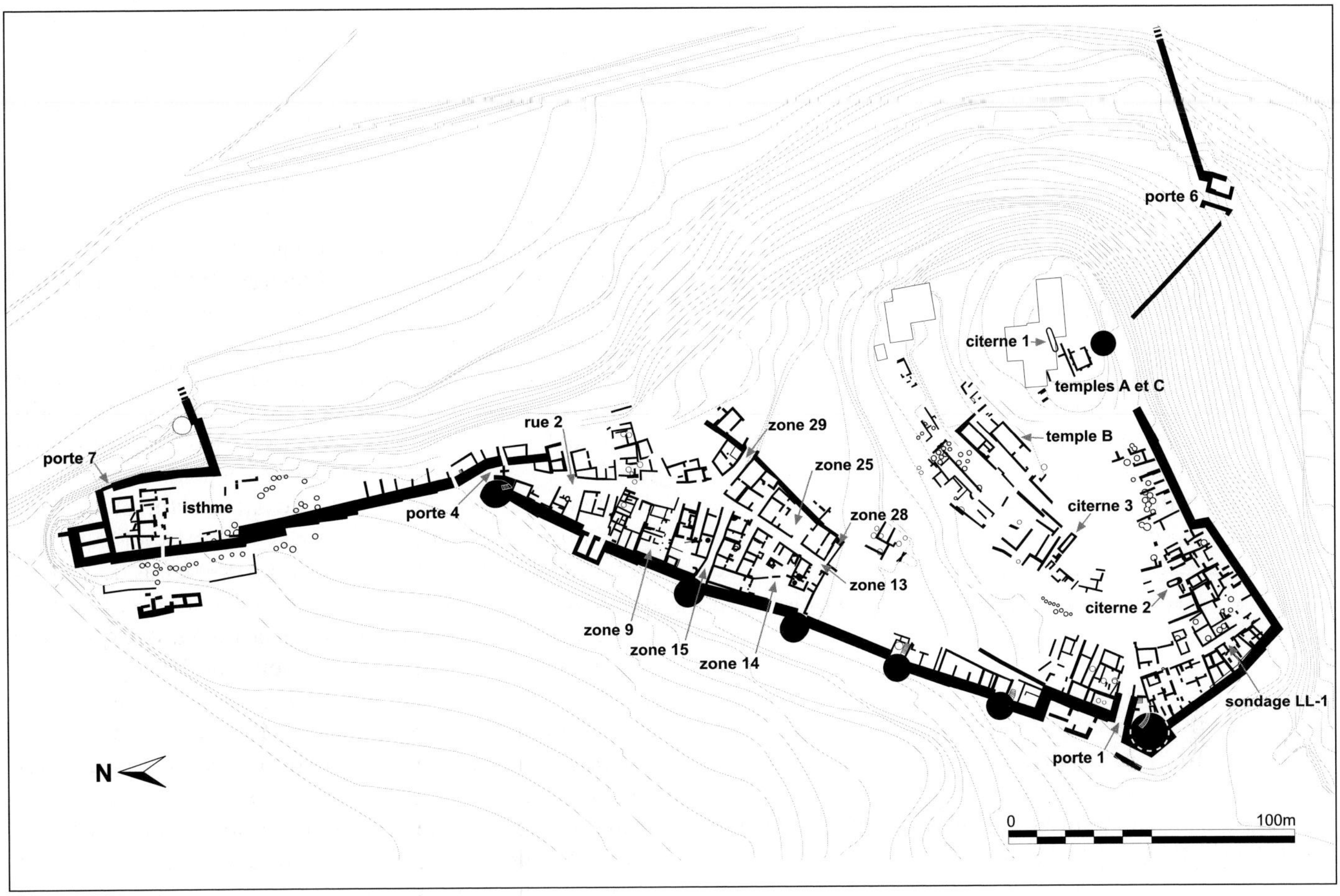

Fig. 67. Plan de masse de l'oppidum du Puig de Sant Andreu.

communication qui sont parmi les plus importants des deux agglomérations. De surcroît, la construction de la première muraille de l'*oppidum* a coupé les murs postérieurs d'un ensemble de maisons mitoyennes, ce qui montre que les structures d'habitation étaient déjà organisées sous forme de blocs pendant la première étape de l'ibérisation. Les murs à l'arrière de ces maisons précoces pouvaient définir un mur de défense de cette première implantation ibérique.

Dans les contextes céramiques de la phase Ullastret II, et en parallèle aux vases de céramique non tournée caractéristiques de la phase précédente, commencent à apparaître en masse les céramiques ibériques peintes, ainsi que les importations de céramique grecque : coupes de type B2, amphore massaliète, céramique à pâte grise monochrome de production occidentale et à pâte claire peinte d'origine massaliète ou emporitaine. On trouve aussi du mobilier étrusque (amphore et *bucchero nero*) et amphore phénicienne (Martín *et al.* 1998, p. 155 ; Sanmartí, Asensio, Martín 2002).

Les formes d'habitat ibérique se consolident à Ullastret pendant la phase III. La première muraille du site de Puig de Sant Andreu est construite vers la fin du VIe siècle av. n. è., avec sept tours massives[6], construites d'abord isolées, puis reliées par des courtines rectilignes (**fig. 67**). Cette fortification dessine une agglomération de 3 hectares de superficie (Martín 2000, p. 110, fig. 2). Les tours sont séparées par des distances de 28,56 à 29,50 mètres, ce qui suggère l'utilisation d'un module précis (Moret 2002, p. 197-198) ainsi que la participation de spécialistes possédant une vaste connaissance de l'architecture poliorcétique grecque, que P. Moret inscrit dans une ambiance phocéenne (Moret 2002, p. 209).

L'établissement d'Illa d'en Reixac, qui semble occuper une île à l'intérieur de l'étang d'Ullastret (Brill *et al.* à paraître), bénéficiait d'une défense naturelle, particularité qui peut expliquer son développement plus important au cours de la phase préibérique. Les fouilles conduites en 1965-1967 ont également découvert, dans la partie orientale du site (**fig. 68**), un mur très large qui a été interprété comme une muraille datant de l'époque de l'Ibérique

6 Très probablement, il y avait une huitième tour similaire sous la tour carrée I.

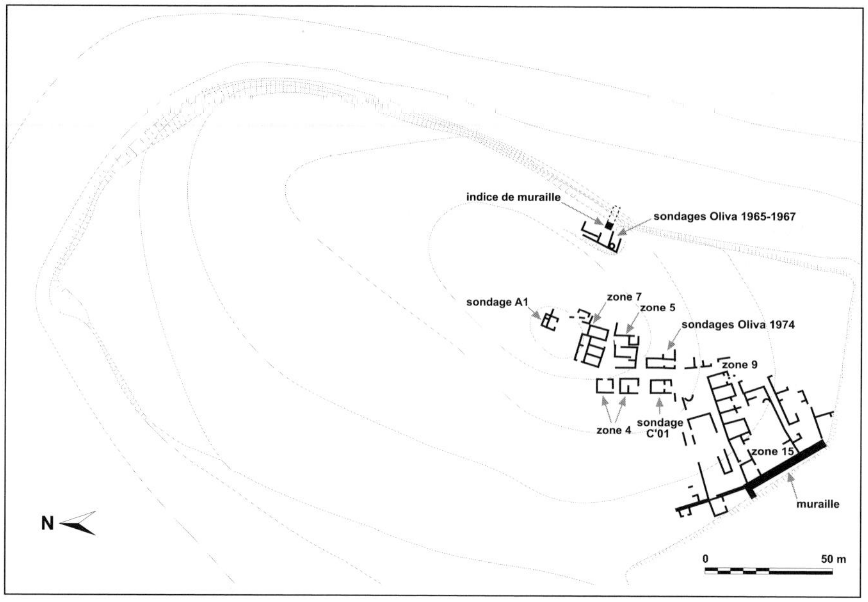

Fig. 68. Plan de masse de l'établissement d'Illa d'en Reixac.

ancien (Oliva 1976, carte 3 ; Moret 1996, p. 373). Si cette interprétation a été remise en question (López 1999, p. 25), elle paraît néanmoins probable.

Malgré l'adoption à Ullastret de nouvelles formes d'habitat, on constate parfois la survivance des cabanes taillées dans la roche. En effet, sur le Puig de Serra, distant de 800 mètres de l'extrémité septentrionale de l'Illa d'en Reixac et de 1,5 km de l'*oppidum* de Puig de Sant Andreu (**fig. 63**), une occupation en cabanes de la fin du VIe et du début du Ve siècles a été mise au jour. Elle est très probablement liée à l'exploitation de la carrière existante dans ce secteur, qui a servi à la construction de l'habitat de l'Illa d'en Reixac (Garcia-Vallès 1999, p. 223-224). Cette occupation précède l'usage de la zone comme espace funéraire pendant la période de l'Ibérique plein (Martín, Genís 1993, p. 8-10).

Le mobilier céramique de cette époque est très semblable à celui de la phase Ullastret II, mais on constate des nouveautés quant à son usage. Si la céramique non tournée représente près du 40 % de la totalité du matériel céramique (Martín *et al.* 1999, p. 155), elle reste progressivement cantonnée à une utilisation culinaire et connaît une standardisation des décors. Elle sera substituée par la vaisselle de table tournée, en particulier les vases d'importation grecs, massaliètes ou emporitains, à pâte claire peinte ou à pâte grise monochrome. Parmi les céramiques tournées, la production la plus nombreuse correspond aux jarres de stockage de céramique ibérique peinte, qui représentent près du 65 % des productions indigènes tournées (Martín *et al.* 1999, p. 155). De cette époque datent également les premières productions imitation de la céramique grise monochrome, fabriquées dans des ateliers locaux. En effet, les analyses des pâtes de la céramique ibérique peinte et de la céramique grise monochrome témoignent que ces types ont été produits ensemble dans les mêmes ateliers et en utilisant des argiles d'origine locale[7] (Pradell *et al.* 1995). Parmi les céramiques grises monochromes, les formes les plus courantes fabriquées à Ullastret sont les urnes (**fig. 69**-5), les plats à *marli* (**fig. 69**-1), qui constituent une forme très appréciée dans le monde indigène catalan (Garcès, Martín, Vilà 2003), les gobelets carénés (**fig. 69**-2), les coupes carénées (**fig. 69**-3) et les urnes à pied haut (**fig. 69**-4). La céramique attique est encore peu fréquente : à figures noires (*kylix* à bande, de Cassel et à yeux) et à vernis noir de la fin du VIe et du début du Ve siècles (coupes Vicup et Acrocup) (Sanmartí, Asensio, Martín 2002, p. 78-85). Quant aux amphores, les ibériques sont majoritaires (près du 60 %, Martín *et al.* 1999, p. 119, 127 et 155) et, parmi les amphores d'importation, on trouve des amphores massaliètes, de forme Py 2 et Py 3, et des amphores punico-ébusitaines, forme PE 12 à partir du dernier quart du VIe siècle et PE 13. Les amphores massaliètes sont toujours un peu plus nombreuses que les amphores puniques.

4. Les phases Ullastret IV (450-380), V (380-325) et VI (325-220 av. n. è.)

La structure urbaine des deux sites d'Ullastret a été réaménagée vers le milieu du Ve siècle, comme l'attestent les résultats des fouilles conduites sur le site d'Illa d'en Reixac entre 1987 et 1992, dans les îlots / zones 4, 5 (López, Toledo 1999, p. 40-43) et 7 (Llorens, Mataró 1999b, p. 65-67), et sur le site de Puig de Sant Andreu, dans les zones 9 (Gracia, García, Munilla 2000) et 14 (Codina, Martin, Prado 2008) (**fig. 67**). À l'Illa d'en Reixac, établissement installé sur un terrain en pente douce, les îlots d'habitation s'organisent à partir d'une trame urbaine presque orthogonale, qui s'adapte cependant au relief (**fig. 68**), ce qui explique le tracé légèrement courbe de certaines rues (Llorens, Mataró 1999a, p. 37). Le système d'organisation mis en place

7 La faible quantité de céramique ibérique peinte découverte dans les niveaux de même chronologie d'Emporion (Castanyer, Santos, Tremoleda 1999, p. 232-233) n'autorise pas l'hypothèse d'une production locale dans la colonie.

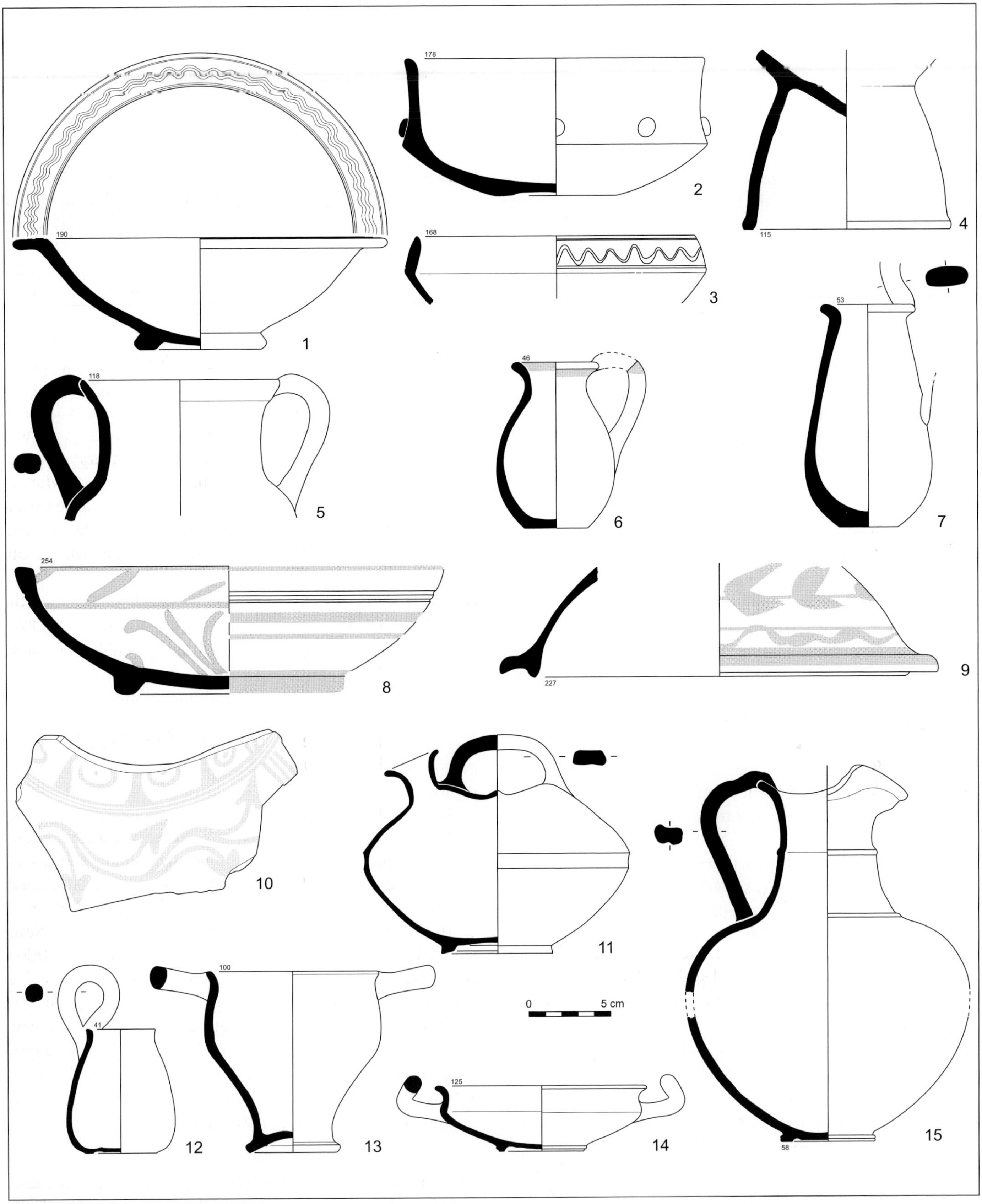

Fig. 69. Mobilier céramique de production locale imitation de la céramique grecque. 1-5 - céramique grise monochrome ; 6-9 - céramique à pâte claire ; 10 - céramique ibérique à peinture blanche indicète ; 11-15 - céramique grise de la côte catalane.

à cette époque perdure pour l'essentiel lors des phases postérieures d'occupation, jusqu'à l'abandon de l'habitat. L'urbanisme de l'*oppidum* de Puig de Sant Andreu est davantage conditionné par le relief, en raison d'une topographie abrupte. Les rues principales, qui partent des portes 1, 4 et 7, ont une largeur légèrement supérieure à 3 mètres et, perpendiculaires à la rue 2 / 13, des axes secondaires se dirigent vers les tours de la muraille ouest. Le terrain abrupt de la colline a été aménagé en vue de l'occupation moyennant la construction de grands murs dans les secteurs de rupture de pente, qui servaient à définir des terrasses.

La typologie et la technique constructive des espaces domestiques de cette période sont connues grâce à la fouille des îlots / zones 4, 5 et 7 de l'Illa d'en Reixac, et de la zone 9 du Puig de Sant Andreu. Dans cette dernière zone, quatre maisons ont été mises au jour[8], l'une d'elles adossée à la muraille, qui ouvraient sur un espace ouvert ou axe de distribution, de 2 à 2,5 mètres de largeur et pavé avec des gros blocs qui délimitaient une canalisation centrale utilisée pour évacuer l'eau de pluie (Gracia, Garcia, Munilla 2000, p. 63-67, fig. 4). Ces maisons ont été interprétées comme des unités fonctionnelles appartenant à un groupe familial complexe. À l'intérieur de la pièce accolée à la muraille, vingt-cinq vases de céramique attique à vernis noir, à figures noires tardives et à figures rouges ont été découverts. Ainsi, deux *kylix-skyphoi* du style de l'école du peintre de Haimon, un cratère à colonnettes et deux *kylix* du peintre de Marlay, un *lekanis* du Washing painter et un cratère à colonnettes daté vers 440 av. n. è. (Maluquer, Picazo 1992, p. 39-51). L'accumulation d'objets de prestige à l'intérieur de cet espace peut attester, dès la phase IV, la présence dans cette partie centrale de l'*oppidum* des élites de la communauté, comme c'est le cas au cours de la phase suivante.

Les espaces domestiques de cette phase sont de plan rectangulaire, dotés d'une superficie de 18 à 25-26 m², et souvent composés d'une salle principale et d'une avant-salle. Les niveaux de sol aménagés pendant les phases II et III sont abandonnés, substitués par des sols qui constituent la partie supérieure des niveaux de préparation de l'occupation.

L'expansion de l'*oppidum* commence à ce moment, avec la création d'un quartier artisanal dans l'espace *extra muros*, au nord de l'établissement fortifié et dans la zone appelée Isthme[9] (**fig. 67**). Des fours métallurgiques ont été mis au jour, ainsi que des indices d'ateliers de production céramique, associés à des édifices qui renfermaient des volumes très élevés de céramique tournée indigène et des importations de céramique attique, interprétés comme des magasins (Martín, Plana, Caravaca 2000). De cette époque datent également les premiers témoignages d'occupation rurale dans l'espace environnant l'*oppidum*, s'agissant probablement de fermes (Plana, Martín 2001).

Les sépultures les plus anciennes de la nécropole de Puig de Serra s'inscrivent également dans cette phase. Il s'agit de l'une des deux uniques nécropoles de la période de l'Ibérique plein actuellement connues en Catalogne[10], et de la seule nécropole connue liée à l'occupation ibérique d'Ullastret. Très arasée par les travaux agricoles, elle comprend 87 sépultures d'incinération (Martín, Genís 1993), qui datent du milieu du Ve siècle jusqu'au dernier tiers du IVe siècle, bien que la majorité des enterrements appartient à la phase Ullastret V.

L'arrivée massive de vaisselle de table attique a exercé, dès le dernier quart du Ve siècle, une forte influence sur les productions céramiques locales, aussi bien en ce qui concerne les décors que les formes. Tout d'abord, on constate la fabrication de céramique à pâte claire peinte, avec des formes de vaisselle de table qui imitent les productions massaliètes ou emporitaines de la phase précédente, notamment la coupe à pied annulaire et à lèvre verticale, avec un décor de feuilles d'olivier près du bord et de soleils et de palmettes sur le fond interne (**fig. 69**-8), et l'olpé à anse verticale sur le bord (**fig. 69**-6 et **69**-7) ainsi que les lekanes (**fig. 69**-9). Ces productions datent de 425 à 380 / 375 av. n. è. Les jarres de stockage, qui étaient jusqu'à ce moment en grande majorité de céramique ibérique peinte, sont progressivement substituées par des récipients de céramique à pâte sandwich ou de céramique commune, avec un décor peint en blanc (céramique *indicète*). Ces productions attestent une évolution technique et décorative, avec des motifs appliqués après la cuisson du vase qui imitent parfois les décors de la vaisselle attique : feuilles de lierre (**fig. 69**-10), palmettes, ou les motifs des vases de Saint-Valentin, qui sont nombreux à Ullastret. La céramique *indicète*, dont le noyau de la production se situe à Ullastret, a été fabriquée jusqu'à la période finale de l'occupation ibérique et elle a été diffusée jusqu'à Ensérune au nord et la Léétanie au sud.

C'est aussi à cette époque que débute la production de la céramique de la côte catalane, présente à Ullastret depuis la fin du Ve siècle (Martín *et al.* 1999, p. 129-133

8 Il pouvait y avoir une cinquième maison, détruite par les travaux agricoles précédant le début des fouilles sur le site.

9 Cette dénomination a été donnée par le premier fouilleur du site, M. Oliva.

10 L'autre nécropole, Turó dels Dos Pins, a fonctionné en rapport avec l'oppidum de Burriac, capitale de la Léétanie (García Rosselló, J. 1993 : Turó dels Dos Pins. Necròpolis ibèrica, Museu Comarcal del Maresme).

et p. 164-174). Si les formes les plus caractéristiques sont le vase biconique et la coupe, propres de la tradition indigène, de nombreuses imitations de la vaisselle attique ont été également produites (Rodriguez *et al.* 2003) : *askos* (**fig. 69**-11), olpé (**fig. 69**-12), *skyphos* (**fig. 69**-13), *kylix* à pied bas (**fig. 69**-14) ou *oenochoe* (**fig. 69**-15). Les analyses de pâtes montrent que les argiles proviennent des mêmes carrières qui ont été exploitées pour la fabrication de la céramique ibérique peinte et de la céramique grise monochrome de la phase III (Rodriguez *et al.* 2003, p. 83). Cette production reste en usage jusqu'au changement de l'ère dans la région de l'Empordà, où de nombreux ateliers sont connus, dont un à *Emporion*.

Parallèlement à la vaisselle attique, on constate l'augmentation aussi du nombre d'amphores punico-ébusitaines, qui attestent l'intensification des échanges entre la colonie d'*Emporion* et le monde punique. À Ullastret, cette évolution se matérialise dans la diminution de l'amphore massaliète, concomitante à l'accroissement du volume d'amphores punico-ébusitaines, qui s'accélère à partir notamment de 400 av. n. è. (Martín *et al.* 1999, p. 129-133 et p. 164-174).

Lors de la phase suivante (phase V), l'habitat fortifié d'Ullastret atteint son extension maximale. C'est à partir de cette époque que le site fonctionne comme une ville véritable, avec un pouvoir politique sur le territoire *indiketa* (Martín, Plana 2001 ; Martín, Plana 2003). Un système d'organisation développé du commerce de céréales a été mis en évidence (Asensio, Francès, Pons 2002), des sites ruraux de l'intérieur vers le littoral, qui serait à la base de l'activité d'échange avec la colonie d'*Emporion*. Dans l'espace environnant l'*oppidum*, l'étude du peuplement rural, bien connu dans un rayon de 5 km, a montré que la création d'établissements secondaires a permis de rationaliser la gestion de l'exploitation agricole des secteurs éloignés de l'habitat central (Plana, Martín 2005, p. 347-359, fig. 4 et 5).

Le site fortifié de Sant Julià de Ramis, qui atteint près de 4 hectares de superficie (Burch *et al.* 2001), a joué un rôle important dans l'organisation du territoire. Il est situé en hauteur et contrôle un carrefour de voies de communication naturelles qui contrôlaient l'accès à la basse vallée du Ter [11]. Sur le versant bas de la colline, deux grands champs de silos ont été découverts (Burch *et al.* 1995), qui signalent la fonction du site dans la réception et la redistribution de céréales. La chronologie des silos, car aucun n'est antérieur au IVe siècle, permet de relier ce site à l'expansion du territoire de l'*oppidum* d'Ullastret vers cette zone, située à une vingtaine de km de distance. D'autres sites de faible étendue et séparés par des distances qui oscillent entre 5 et 8 km jalonnent le littoral, parmi les mieux connus les établissements de Sant Sebastià de la Guarda et de Castell à Palamós. Ces sites, avec des silos de grandes dimensions, présentent à proximité des installations portuaires réduites favorables au commerce de cabotage.

L'*oppidum* de Puig de Sant Andreu connaît un agrandissement considérable vers 380 / 350 av. n. è. (Martín 2000, p. 109-113 ; Casas *et al.* 2002, p. 244-246). La nouvelle fortification, qui utilise en partie comme fondation la muraille ancienne, a un périmètre de 1200-1300 mètres (Prado, à paraître) et renferme la zone de l'Isthme ainsi que les versants est et sud-est de la colline [12]. L'*oppidum* atteint alors sa superficie fortifiée maximale, entraînant l'ouverture de deux nouvelles portes (6 et 7) et la construction de tours carrées ou rectangulaires [13]. Comme c'était également le cas pour la première fortification, on ignore la structure de la porte 1, car l'état conservé est le résultat d'une réforme datée vers la fin du IVe ou le début du IIIe siècles av. n. è. (Oliva 1966, p. 28). Dans le site d'Illa d'en Reixac, une muraille a été également bâtie vers le milieu du IVe siècle (López 1999, p. 21-34), connue sur une longueur de 30 mètres dans la partie méridionale du site et de typologie semblable à la fortification du Puig de Sant Andreu.

La partie occidentale de l'*oppidum* est occupée à cette époque par un quartier résidentiel composé d'édifices de vaste superficie qui sont accolés à la muraille. Ils sont formés de plusieurs pièces, précédées souvent d'avant-salles à portique, qui ouvrent sur des cours parfois pavées et dotées de systèmes complexes d'évacuation de l'eau de pluie (Prado 2008). L'édifice le mieux connu est celui de la zone 14 (**fig. 70**) (Martín *et al.* 2004, p. 265-284 ; Codina, Martín, Prado 2008, p. 99-116), mais dans la zone 16 et dans les niveaux supérieurs de la zone 9 (**fig. 67**) on connaît également des bâtiments de même typologie et chronologie. Les constructions repérées dans l'angle sud-ouest de l'*oppidum*, organisées autour d'une vaste cour [14], sont probablement de même type, avec une chronologie du milieu / troisième quart du IVe siècle, comme le témoignent les résultats du sondage LL-1 (Martín 1990). Dans ce groupe, il faut également inclure l'édifice de la zone 25, qui réutilise dans sa partie nord des éléments architecturaux d'une

11 À l'époque romaine, la via Augusta passait à l'ouest de Sant Julià de Ramis.

12 La prospection géophysique conduite en 2006 par le DAI a montré le prolongement de la muraille et des constructions de l'oppidum jusqu'en bas de pente, au-delà de la rivière de Celsà. Ce cours d'eau semble avoir été modifié à l'occasion des travaux d'assèchement de l'étang.

13 L'étude de la muraille fait l'objet d'un article spécifique dans cette publication.

14 Cette cour apparaît désignée à tort comme "agora" dans la bibliographie ancienne du site.

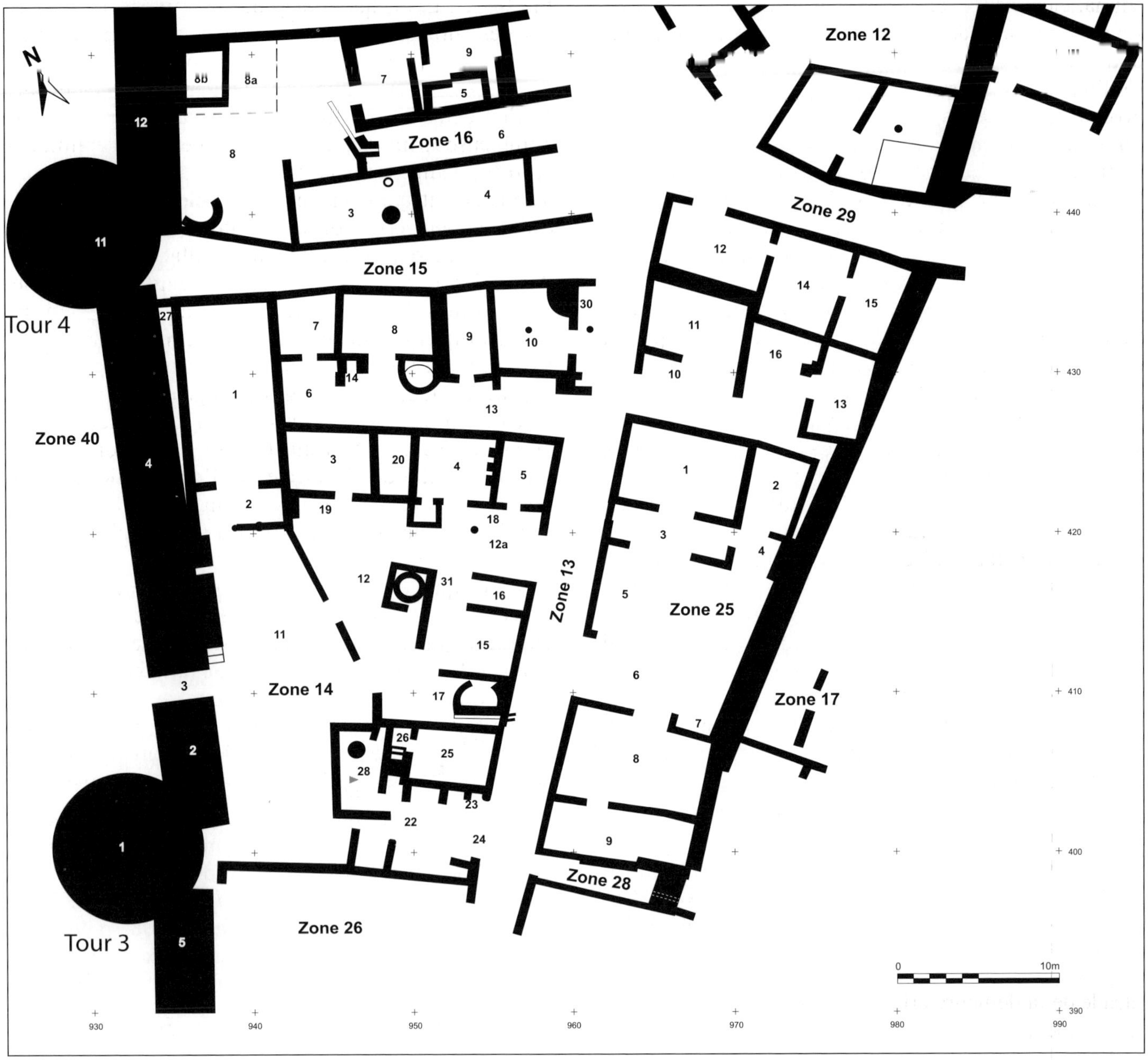

Fig. 70. Plan de masse des zones 14, 16 et 25 de l'oppidum du Puig de Sant Andreu.

phase plus ancienne. En effet, le mur ouest du secteur 11 a été bâti avec des gros blocs qui proviennent sans doute d'un édifice datant d'un moment antérieur au IVe siècle et deux des blocs sont décorés avec des oves en relief. Un édifice similaire a été découvert à l'Illa d'en Reixac, qui date du IIIe siècle av. n. è. (Martín, Mataró, Caravaca 1997) ; cependant, la fouille n'étant pas finie, on ignore le moment de construction de cet ensemble (**fig. 68**, zone 15).

La fouille de la zone 14, qui comprend deux unités fonctionnelles appartenant vraisemblablement à un même groupe familial (**fig. 70**), a permis de dater la construction de ces demeures occupées par les élites vers le milieu ou le début du troisième quart du IVe siècle (Codina, Martín, Prado 2008, p. 99 et 112-114). La construction de cette vaste résidence provoque la privatisation d'un espace public, en l'occurrence la rue qui permettait d'accéder à la tour circulaire 3. L'importance de cet édifice est perceptible aussi dans l'ouverture d'une porte secondaire dans la muraille, entre les tours 3 et 4, qui constitue le seul accès privé attesté dans l'enceinte fortifiée (Prado à paraître). La présence de la base d'un escalier adossé au secteur 25 montre aussi l'existence d'un étage. Un très grand nombre d'offrandes animalières de fondation a été également découvert sous les niveaux de sol de la zone 14, des ovicapridés pour l'essentiel (Codina, Martín, Prado 2008, p. 107 ; Codina *et al.* à paraître). Dans les secteurs 1 et 2, le niveau de sol de la phase de fondation conserve des traces de mortier de chaux, qui a été également utilisé pour recouvrir les murs du secteur 1. Parallèlement, l'écroulement sur les secteurs 15 et 16 des habitations de l'étage supérieur a montré l'utilisation de l'*opus signinum* pour le recouvrement du sol et des murs, dans un contexte du IIIe siècle av. n. è. Les autres niveaux de sol de l'édifice sont en terre battue, un procédé courant dans l'architecture domestique d'Ullastret pendant la période de l'Ibérique plein. Des installations liées à des activités artisanales ont été également mises au jour dans ce vaste ensemble : deux fours polymétallurgiques dans les secteurs 12a et 15, utilisés pour des réparations ponctuelles de l'outillage ; deux fours et la base d'une meule rotative dans le secteur 13, liés à une activité à grande échelle de transformation des aliments. Les murs de ce dernier secteur présentent en remploi de nombreux fragments de meules à va-et-vient. La coexistence de ce type de meule, dans un contexte de réutilisation, avec la meule rotative, dont l'usage coïncide avec l'arrivée de l'amphore punique centre-méditerranéenne, signale l'introduction de cette dernière par les Puniques. Ce transfert intervient vers le premier quart du IVe siècle (Genís 1999, p. 213-214), mais son usage s'est intensifié à partir du milieu du siècle.

L'organisation urbaine de l'*oppidum* mise en place au cours de cette phase s'est maintenue jusqu'à l'abandon du site au début du IIe siècle av. n. è., car les réaménagements détectées sont très ponctuels. Dans les niveaux d'abandon de la zone 14, une quinzaine de crânes humains accompagnés d'épées de La Tène ont été mis au jour, qui étaient exposés sur la cour et sur les murs de façade de la demeure aristocratique. En ce qui concerne les temples, des études récentes attestent que le premier édifice religieux de caractère public de l'agglomération, le temple B (**fig. 67**), a été construit pendant cette phase (Casas *et al.* 2005, p. 989-1001).

La dernière phase d'occupation d'Ullastret (phase VI) se caractérise par un changement très marqué des importations céramiques. Les céramiques attiques, de plus en plus rares, sont substituées par les productions à vernis noir des ateliers occidentaux, en particulier l'atelier des Petites Estampilles, mais aussi d'autres productions d'Italie, de la Campanie ou de Gnathia (Picazo 1977, p. 119-123), qui arrivent accompagnées des premières amphores grécoitaliques, et surtout par les productions de l'atelier de Roses depuis la fin du IVe siècle. Les amphores d'importation proviennent en grande majorité du monde punique, tout d'abord les amphores punico-ebusitaines PE-14 et PE-15, qui sont progressivement substituées par les amphores puniques centre-méditerranéennes, évolution qui rend compte de l'importance croissante du commerce carthaginois en Méditerranée Occidentale. Il n'en demeure pas moins que les amphores les plus nombreuses sont toujours les ibériques. Les céramiques tournées indigènes sont en général de caractéristiques techniques et typologiques semblables à la phase précédente, bien qu'on constate l'introduction de quelques nouveautés, qui relèvent d'une influence extérieure. Ainsi, dès le milieu ou le troisième quart du IIIe siècle, de nouvelles formes de céramique tournée de cuisine sont fabriquées, comme la *caccabe*, dont un exemplaire a été découvert en association avec un trépied en fer, qui signalent l'adoption d'usages étrangers dans les modalités de cuisson des aliments. Parmi les productions de la côte catalane, il faut mentionner l'imitation, dans la seconde moitié du IIIe siècle, de l'olpé punique forme Lancel 521, qui était recouvert d'un engobe blanc et qui sera à l'origine des productions à engobe blanc qui se succèdent jusqu'à l'époque romaine.

En ce qui concerne l a panoplie guerrière, les armes attestées, qui datent pour l'essentiel du IIIe siècle, sont en grande majorité de type celte, ainsi les épées de La Tène (Garcia 2006). Ce faciès se rencontre dans l'ensemble de la Catalogne. Cependant, l'une des particularités d'Ullastret est l'association des armes à des crânes humains, phénomène très rare ailleurs dans la côte catalane, mais caractéristique du monde celte transpyrénéen

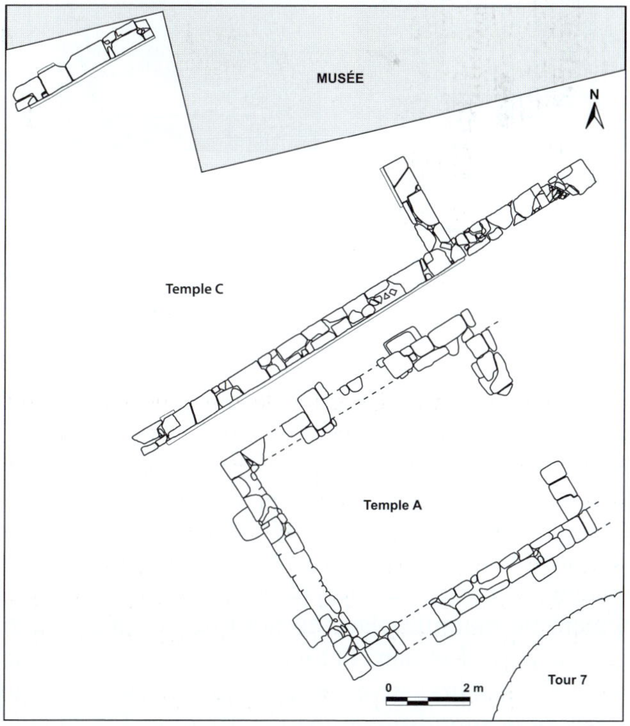

Fig. 71. Plan des temples A et C du Puig de Sant Andreu.

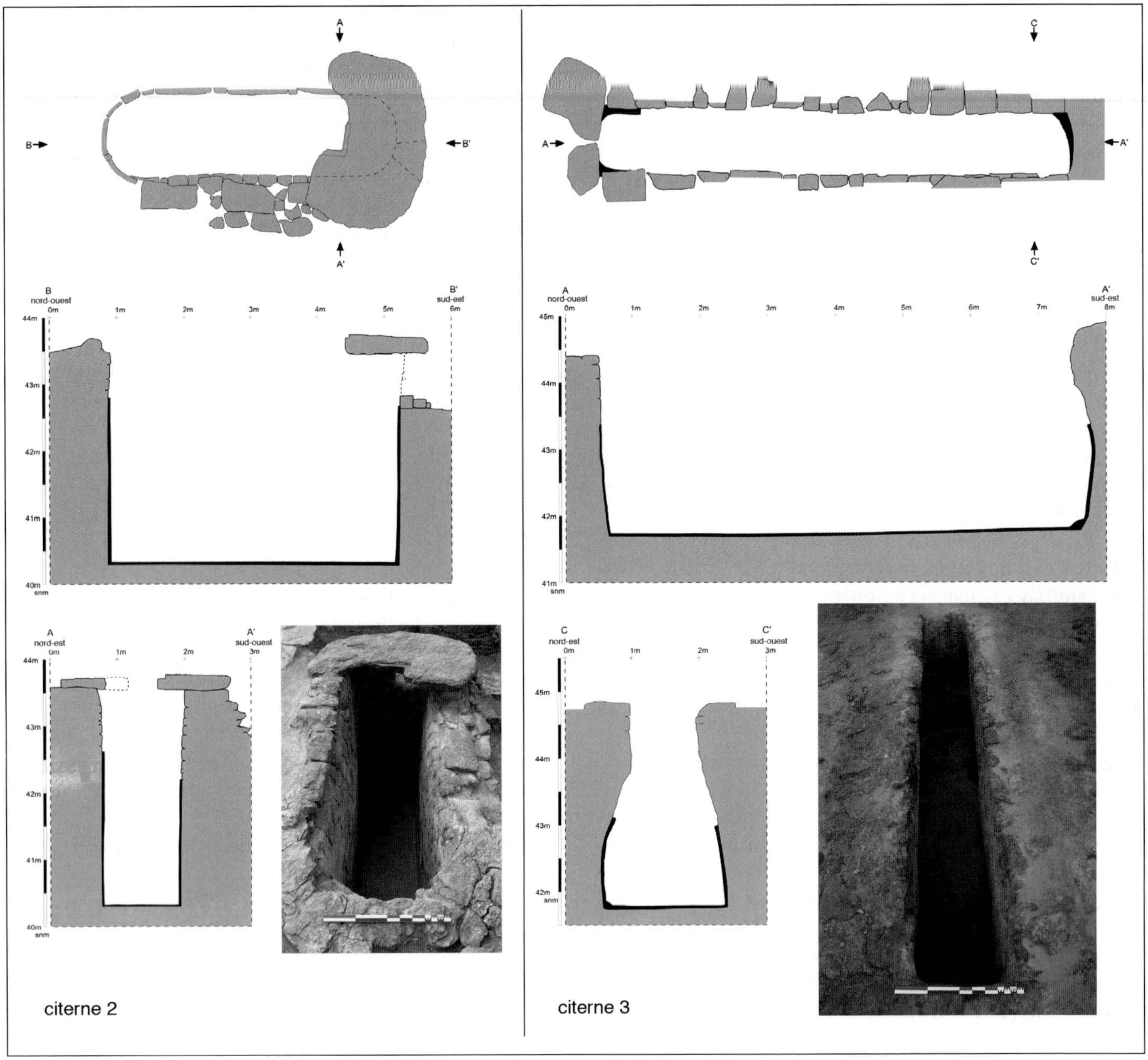

Fig. 72. Plan, coupe et photographie des citernes 2 et 3.

(Rovira 1998 ; Agustí, Martín 2006). D'autres objets de même filiation celte sont les bracelets en pâte de verre, présents en bon nombre à Ullastret.

Les travaux publics entrepris pendant cette phase soulignent le degré d'organisation atteint par cette communauté. C'est le cas des réformes attestées dans le segment de muraille placé au nord de la porte 1, dans la même porte 1 et dans la tour 6, ainsi que la construction d'avant-murs, diversement interprétés, mais qui restent de lecture difficile (Moret 1996, p. 378 ; Prado, à paraître). Du début de cette époque date probablement la construction de la tour carrée I, qui se superpose à une tour circulaire plus ancienne (**fig. 67**).

Un grand espace sacré a été créé à l'intérieur de l'*oppidum* et dans la partie sommitale de la colline, qui comprend deux temples à plan *in antis* bâtis dans la seconde moitié du IIIe siècle, avant la deuxième guerre punique (Casas *et al.* 2005). Les niveaux d'abandon ont livré de nombreux fragments de blocs avec des bas reliefs sculptés, qui faisaient partie du décor de l'un des temples. Si l'architecture est monumentale, les toitures étaient encore en matériaux périssables. Une étude préliminaire du temple A réalisée en 1995-1996 par Cl.-A. de Chazelles, A. Roth-Congès et J.-Cl. Bessac [15] souligne que, s'il est avant tout ibérique, il témoigne de la symbiose d'éléments d'origine grecque et punique sur un substrat indigène. L'étude met l'accent aussi sur le poids des influences techniques et stylistiques puniques.

En ce qui concerne la question de l'approvisionnement en eau, des citernes de type hellénistique ont été construites au IIIe siècle (**fig. 72**), qui complètent ou substituent les réservoirs taillés dans la roche des phases précédentes et qui ont une capacité de 111 m^3 (Prado 2008). La plus grande des citernes connues se localise dans l'espace sacré et son usage pouvait être lié au fonctionnement des temples.

L'étude de l'occupation périurbaine durant l'époque de l'Ibérique plein a bénéficié des résultats de la fouille du site Camp d'en Gou /Gorg d'en Batlle, situé au nord et à une centaine de mètres de distance de l'*oppidum* (Martín *et al.* 2008). La première occupation de l'endroit est représentée par des silos qui datent du milieu du IVe siècle, auxquels se superpose vers la fin du siècle une installation artisanale. La fouille a mis au jour un ensemble d'habitations ainsi qu'un nombre élevé de structures négatives, encore en cours d'étude, qui sont liées au déroulement d'activités productives, en particulier la métallurgie, comme le témoigne la découverte en grand nombre de scories de fer et de fragments de four métallurgique. À faible distance au sud de cette implantation, un four céramique fut découvert au début du XXe siècle. À une échelle plus vaste, l'étude du territoire environnant le site d'Ullastret montre l'existence d'une occupation rurale très dense tout le long de cette période.

5. Ullastret dans le contexte de la romanisation. L'abandon des agglomérations

Les travaux récents ont montré que les dernières décennies du IIIe siècle se caractérisent par un déclin constructif, perceptible dans les réformes entreprises dans l'édifice de la zone 14. On peut mentionner l'amortissement de la cour pavée 12, le murage partiel de l'entrée monumentale du secteur 2 qui mène au secteur 1 avec des matériaux de déchet comme une base et une partie de colonne en pierre, et la division de l'espace intérieur du secteur 1. Certaines portes de l'*oppidum* sont également murées à ce moment, ce qui comporte une modification de la circulation à l'intérieur de l'agglomération.

Ces changements sont probablement la conséquence de l'instabilité politique et économique que provoque dans le monde indigène du nord-est péninsulaire l'arrivée des Romains l'année 218 av. n. è., dans le contexte de la deuxième guerre punique. Ce processus aboutit avec l'abandon des deux agglomérations d'Ullastret au début du IIe siècle, très probablement vers 195 av. n. è. et en liaison avec la répression du soulèvement indigène contre les Romains conduite par le consul Caton (Martín *et al.* 2004, p. 280).

Le démantèlement des agglomérations provoque une augmentation du peuplement rural dispersé dans l'espace environnant l'*oppidum*, où on constate la création de nouveaux sites ou l'agrandissement de sites occupés précédemment dès le début du IIe siècle av. n. è. (Plana, Crampe 2004, p. 262).

6. Considérations finales

Les recherches effectuées à Ullastret ont favorisé la connaissance de l'évolution du peuplement indigène du nord-est catalan depuis les communautés du début de l'âge du Fer jusqu'à la romanisation. La localisation du site dans une zone stratégique de passage entre la péninsule Ibérique et la Gaule lui confère un rôle de première importance dans le commerce protohistorique, à quoi s'ajoute le potentiel économique propre, fondé sur la gestion d'une plaine agricole très fertile et sur la facilité d'accès aux zones métallifères pyrénéennes.

Ces conditions expliquent les rapports entretenus avec les marchands méditerranéens depuis la seconde moitié du VIIe siècle, les Phéniciens tout d'abord et les Grecs Phocéens dès la fin du siècle. L'implantation de ces derniers à *Emporion* signifie le contrôle grec du commerce développé dans cette zone, ce qui n'a pas empêché pour autant l'arrivée de productions de l'espace punique et du sud-est péninsulaire en général, comme l'attestent les premières productions de céramiques ibériques peintes, qui copient les céramiques ibériques méridionales et qui perdurent tout le long de la période de l'Ibérique ancien. L'amphore de production indigène a aussi comme modèle l'amphore punique, comme c'est le cas également dans la partie restante du monde ibérique.

Cependant, l'habitat qualifié de type ibérique, à Ullastret comme dans l'ensemble du littoral central et septentrional de la Catalogne, apparaît après la fondation de la colonie d'*Emporion*, quand commence la construction généralisée de maisons de plan carré et bâties en dur. C'est pourquoi, l'origine des changements en matière de techniques de construction et d'urbanisme est à rattacher à la présence grecque. La construction de la fortification d'Ullastret atteste également des influences de la

15 Étude préliminaire inédite réalisée par ces auteurs, avec la collaboration de J. Gauthey (dessin) et de L. Damelet (photographe).

poliorcétique grecque, aussi bien la muraille ancienne que la nouvelle bâtie vers le second quart du IVe siècle. Pourtant, les emprunts du monde grec ont été adaptés et réinterprétés par les sociétés indigènes, ce qui explique pourquoi l'*oppidum* de Puig de Sant Andreu et l'agglomération de plaine d'Illa d'en Reixac ont une structure et une physionomie très indigènes. Parallèlement, diverses productions céramiques s'inscrivent dans un contexte grec d'un point de vue technique et stylistique, comme les céramiques grises monochromes du VIe siècle, les céramiques à pâte claire peintes fabriquées dès la fin du Ve siècle et qui relèvent d'une influence des productions massaliètes, les décors de la céramique peinte *indiketa* et un certain nombre de formes du répertoire de la céramique de la côte catalane, inspirées de la céramique attique.

L'arrivée de mobilier punique s'intensifie à partir du milieu du Ve siècle, en provenance surtout d'Ibiza, ce qui a comme conséquence la diminution des arrivages d'amphore massaliète. Depuis le milieu du IVe siècle, ce sont les amphores et les céramiques nord-africaines qui sont distribuées en masse, phénomène qui doit être mis en rapport avec un changement du profil commercial emporitain.

Les influences puniques constatées à Ullastret sont si importantes que la question se pose de savoir si elles ont été canalisées à partir d'*Emporion* ou si, à partir notamment du IIIe siècle, elles relèvent de contacts directs. En ce sens, il faut signaler que les rares monnaies en circulation dans l'*oppidum* et dans les autres établissements de la côte *indiketa* sont, depuis le milieu du IIIe siècle, en grande mesure puniques. De ce moment datent également les imitations de vases de céramique commune punique.

Le faciès culturel qui caractérise Ullastret durant la période de l'Ibérique plein est le résultat des apports grecs et puniques sur le substrat indigène, sans négliger pour autant les relations avec le monde celte transpyrénéen, qui sont évidentes dans l'ensemble de la côte catalane et particulièrement intenses dans la région de l'Empordà. La culture ibérique qui se développe dans cette dernière région possède des traits qui la caractérisent et qui la distinguent d'autres régions plus classiques du monde ibérique, ainsi l'abandon de la production de céramique ibérique peinte et sa substitution par la céramique *indiketa*, mais aussi d'autres qui sont typiquement ibériques, ainsi l'usage presque exclusif de l'alphabet ibérique comme outil d'écriture.

BIBLIOGRAPHIE

Agustí *et al.* 2002 : AGUSTÍ (B.), CODINA (D.), DEHESA (R.), LLINÀS (J.), MERINO (J.), MONTALBAN (C.) – La necròpolis d'incineració de Vilanera, *Sisenes Jornades d'Arqueologia de les Comarques de Girona*, Sant Joan de les Abadesses, p. 77-86.

Agustí, Martin 2006 : AGUSTÍ (B.), MARTIN (A.) – Actes de violencia en el període iber. El cas d'Ullastret i altres poblats catalans. Cypsela,16, p. 51-64.

Aquilué 1999 : AQUILUÉ (X.) dir. – *Intervencions arqueològiques a Sant Martí d'Empúries (1994-1996). De l'assentament precolonial a l'Empúries actual*, Monografies Emporitanes, 9.

Asensio, Francès, Pons 2002 : ASENSIO (D.), FRANCÈS (J.), PONS (E.) – Les implicacions econòmiques i socials de la concentració de reserves de cereals a la Catalunya costanera en època ibèrica. *Cypsela*, 14, p. 125-140.

Blech, Marzoli 2005 : BLECH (M.), MARZOLI (D.) – Cambios en el paisaje costero de l'Empordà. Las investigaciones interdisciplinarias llevadas a cabo por el Instituto Arqueológico Alemán, Madrid. *Empúries*, 54, 45-58.

Brill *et al.* à paraitre : BRILL (D.), BRÜKNER (H.), MARTIN, (A.), MARZOLI (D.), UNCU (L.) Die iberischen Oppida bei Ullastret (Baix Empordà) – Wechselwirkungen zwischen Siedlungsentwicklung und Naturraum. *Madrider Mitteilungen*.

Burch *et al.* 1995 : BURCH (J.), CARRASCAL (C.), MERINO (J.), NAVARRO (N.) – L'emmagatzematge en sitges al pla de Girona. L'exemple del Bosc del Congost. *In* : Agustí (B.), Burch (J.), Merino (J.) ed., *Excavacions d'urgència a Sant Julià de Ramis. Anys 1991-1993*. Girona, Sèrie Monogràfica del CIAG, 16, p. 71-84.

Burch et al. 2001 : BURCH (J.), NOLLA (J.M.), PALAHÍ (LL.)., SAGRERA (J.), SUREDA (M.), VIVÓ (D.) – Excavacions arqueològiques a la muntanya de Sant Julià de Ramis. El sector de l'antiga església parroquial, Girona, p. 161.

Casas, Soler 2004 : CASAS (J.), SOLER (V.) – I*ntervenciones arqueológicas en Mas Gusó (Gerona). Del asentamiento precolonial a la villa romana*. BAR International Series, 1215.

Casas *et al.* 2002 : CASAS (S.), CODINA (F.), MARGALL (J.), DE PRADO (G.) – Noves aportacions al coneixement de l'ampliació nord de l'*oppidum* del Puig de Sant Andreu (Ullastret, Baix Empordà) (con un apéndice de J. Untermann), *Cypsela* 14, p. 237-250.

Casas *et al.* 2005 : CASAS (S.), CODINA (F.), MARGALL (J.), MARTIN (A.), PRADO (G. de), PATIÑO (C.) – Els temples de l'*oppidum* d'Ullastret. Aportacions al seu coneixement, *Món ibèric als Països Catalans*, XIII Col·loqui Internacional d'Arqueologia de Puigcerdà, Puigcerdà 14 i 15 de novembre de 2003, vol. 2, p. 989-1001.

Castanyer *et al.* 1999 : CASTANYER (P.), ESTEBA (Q.), PONS (E.), SANTOS (M.), TREMOLEDA (J.) – L'assentament indígena de la primera edad del Ferro. *In* : Aquilé (X.) dir. – *Intervencions arqueològiques a Sant Martí d'Empúries (1994-1996). De l'assentament precolonial a l'Empúries actual*. Monografies Emporitanes, 9, p. 103-215.

Castanyer, Santos, Tremoleda 1999 : CASTANYER (P.), SANTOS (M.), TREMOLEDA (J.) – L'assentament d'època arcaica: fase III. *In* : Aquilé (X.) dir. – *Intervencions arqueològiques a Sant Martí d'Empúries (1994-1996). De l'assentament precolonial a l'Empúries actual*, Monografies Emporitanes, 9, p. 217- 330.

Codina *et al.* à paraitre : CODINA (F.), MARTIN (A.), NADAL (J.), PRADO (G. de), VALENZUELA (S.) – Étude et interpretation des depôts fauniques sous pavement identifies au Puig de Sant Andreu (Ullastret, Catalogne). *In* : *XXIXe Rencontres Internationales d'Archéologie et d'Histoire d'Antibes*.

Codina, Martin, Prado 2008 : CODINA (F.), MARTIN (A.), PRADO (G. de) – Excavació dels nivells fundacionals i precedents de la zona 14 a l'oppidum del Puig de Sant Andreu (Baix Empordà), anys 2006 i 2007, *Novenes Jornades d'Arqueologia de les comarques de Girona*, p. 99-116.

Garcés, Martin, Vilà 2003 : GARCÉS (I.), MARTIN (A.), VILÀ (M.V.) – Aproximació tipològica dels plats de vora *à marli* en ceràmica grisa monocroma i produccions afins a Catalunya. *Revista d'Arqueologia de Ponent* , 13, p. 7-40.

García 2006 : GARCIA (G.) – *Entre íberos y celtas: las espadas de tipo La Tène del nordeste de la península Ibérica*. Anejos de Gladius, 10.

Garcia-Vallès 1999 : GARCIA-VALLÈS (M.T.) – El material lític: estudi petrogràfic. *In* : Martin (A.), Buxó (R.), López (J.B.), Mataró (M.) dir., *Excavacions arqueològiques a l'Illa d'en Reixac (1987-1992)*. Monografies d'Ullastret, 1, p. 217-224.

Genís 1999 : GENÍS (M.T.) – Els útils lítics i la seva utilització domèstica i artesanal. *In* : Martin (A.), Buxó (R.), López (J.B.), Mataró (M.) dir., *Excavacions arqueològiques a l'Illa d'en Reixac (1987-1992)*. Monografies d'Ullastret, 1, p. 205- 214.

Gracia, Garcia, Munilla 2000 : GRACIA (F.), GARCIA (D.), MUNILLA (G.) – Puig de Sant Andreu (Ullastret, Girona). Zona Universidad de Barcelona. Intervenciones 1997-1999, *V Jornades d'Arqueologia de les Comarques de Girona*, Olot, p. 60-67.

Llorens, Mataró 1999a : LLORENS (J.M.), MATARÓ (M.) – La trama urbana i les àrees de circulació. *In* : Martin (A.), Buxó (R.), López (J.B.), Mataró (M.) dir., *Excavacions arqueològiques a l'Illa d'en Reixac (1987-1992)*, Monografies d'Ullastret 1, p. 35-38.

Llorens, Mataró 1999b : LLORENS (J.M.), MATARÓ (M.) – L'ínsula 7: Estratigrafia, cronología i arquitectura. *In* : Martin (A.), Buxó (R.), López (J.B.), Mataró (M.) dir., *Excavacions arqueològiques a l'Illa d'en Reixac (1987-1992)*, Monografies d'Ullastret 1, p. 63-78.

López 1999 : LOPEZ (J.) – Les muralles. Zones 2 i 10: característiques i evolució. *In* : Martin (A.), Buxó (R.), López (J.B.), Mataró (M.) dir., *Excavacions arqueològiques a l'Illa d'en Reixac (1987-1992)*, Monografies d'Ullastret 1, p. 21-34.

López, Toledo 1999 : LOPEZ (J.), TOLEDO (A.) – Característiques i evolució de les Insulae 5A i 5B. *In* : Martin (A.), Buxó (R.), López (J.B.), Mataró (M.) dir., *Excavacions arqueològiques a l'Illa d'en Reixac (1987-1992)*, Monografies d'Ullastret 1, p. 47-61.

Maluquer, Picazo 1992 : MALUQUER DE MOTES (J.), PICAZO (M.) – Una casa del final del segle V a l'oppidum d'Ullastret. Fonaments, 8, p. 25-51.

Martin 1990 : MARTIN (A.) – El s. III aC a Ullastret (Baix Empordà). Excavació del Tall LL-1, La romanització del Pirineu, 8è Col·loqui Internacional d'Arqueologia de Puigcerdà, 1990, p. 35-41.

Martin 1998 : MARTIN (A.) – Les cabanes enfonsades de l'Illa d'en Reixac: el poblament de la primera edat del Ferro a Ullastret, Baix Empordà. *Cypsela*, 12, p. 47- 61.

Martin 2000 : MARTIN (A.) – L'*oppidum* del Puig de Sant Andreu d'Ullastret. Aportació de les intervencions arqueològiques recents al coneixement dels sistemes defensius i de l'urbanisme. *In* : Buxó (R.), Pons (E.) dir., *L'hàbitat protohistòric a Catalunya, Rosselló i Llenguadoc Occidental. Actualitat de l'arqueologia de l'edat del Ferro*, Actes del XXII Col·loqui Internacional per a l'Estudi de l'edat del Ferro, Girona, Sèrie Monogràfica del Museu d'Arqueologia de Catalunya-Girona, 19, p. 107-121.

Martin 2005 : MARTIN (A.) – Territori i hàbitat al nordest català en època ibèrica – *Món ibèric als Països Catalans*, XIII Col·loqui Internacional d'Arqueologia de Puigcerdà, Puigcerdà 14 i 15 de novembre de 2003, vol. 1, p. 323-345.

Martin *et al.* 1999 : MARTIN (A.), BUXÓ (R.), LÓPEZ (J. B.), MATARÓ (M.) dir. – *Excavacions arqueològiques a l'Illa d'en Reixac (1987-1992)*, Monografies d'Ullastret 1, Girona, p. 371.

Martin *et al.* 2004 : MARTIN (A.), CASAS (S.), CODINA (F.), MARGALL (J.), PRADO (G. de) – La zona 14 de l'*oppidum* del Puig de Sant Andreu d'Ullastret. Un edifici dels segles IV i III aC. *Cypsela*, 15, p. 265-284.

Martin *et al.* 2008 : MARTIN (A.), PLANA (R.), CODINA (F.), GAY (C.) – El jaciment Camp d'en Gou/Gorg d'en Batlle, un barri periurbà de l'oppidum d'Ullastret (Baix Empordà). *Cypsela*, 17, p. 161-183.

Martin, Genís 1993 : MARTIN (A.), GENÍS (M.T.) – Els jaciments ibèrics del Puig de Serra (Serra de Daró), segles VI-IV aC, *Estudis del Baix Empordà*, 12, p. 5-48.

Martin, Mataró, Caravaca 1997 : MARTIN (A.), MATARÓ (M.), CARAVACA (J.) – Un edifici cultual de la segona meitat del s. III aC a l'Illa d'en Reixac (Ullastret, Baix Empordà). *Cuadernos de Prehistoria y Arqueología Castellonenses*, 18, p. 43-70.

Martin, Plana 2001 : MARTIN (A.), PLANA (R.) – El nord-est català en època ibèrica i l'entitat territorial de l'*oppidum* d'Ullastret. *In* : Martin (A.), Plana (R.) ed., *Territori polític i territori rural durant l'edat del Ferro a la Mediterrània Occidental*, Actes de la Taula Rodona celebrada a Ullastret del 25 al 27 de maig de 2000, Monografies d'Ullastret, 2, p. 39-52.

Martin, Plana 2003 : MARTIN (A.), PLANA (R.) L'Empordà au début de l'âge du Fer et à l'époque ibérique: structure et organisation du territorio. *In* : *Peuples et territoires en Gaule méditerranéenne. Hommage à Guy Barruol*, Suppl. 35 à la Revue Archéologique de Narbonnaise, p. 265-280.

Martin, Plana, Caravaca 2000 : MARTIN (A.), PLANA (R.), CARAVACA (J.) – Les activitats artesanals als poblats d'Ullastret (Baix Empordà, Girona), i en el seu territori. *In* : *Ibers, agricultors, artesans i comerciants. III Reunió sobre Economia en el Món Ibèric, València, Saguntum-PLAV*, Extra-3, p. 249-256.

Martin, Sanmartí 1977 : MARTIN (A.), SANMARTÍ (E.) – Aportación de las excavaciones de l'Illa d'en Reixac al conocimiento del fenómeno de la iberización en el nordeste de Catalunya, *Simposi Internacional sobre els Orígens del Mon Ibèric*, Barcelona, p. 431-447.

Marzoli 2005 : MARZOLI (D.) – *Die Besieldungs- und Landschaftsgeschichte im Empordà von der Endbronzezeit bis zum Beginn der Romanisierung*, Iberia Archaeologica, Band 5.

Moret 1996 : MORET (P.) – *Les fortifications ibériques. De la fin de l'Âge du Bronze à la conquête romaine. Madrid*, Collection de la Casa de Velásquez, 56.

Moret 2000-2001 : MORET (P.) – *Emporion* et les mutations de l'architecture ibérique au Premier Âge du Fer. *Zephyrus*, 53-54, p. 379-391.

Moret 2002 : MORET (P.) – Les fortifications ibériques complexes. Question de trace et d'unité de mesure. *La Guerra en el mundo ibérico y celtibérico (ss. VI-II a. de C.)*, Collection de la Casa de Velázquez, vol. 78, p. 189- 215.

Oliva 1966 : OLIVA (M.) – Las fortificaciones de la ciudad prerromana de Ullastret, Gerona (España). Ensayo de cronología, *In* : Atti del VI Congresso Internazionale delle Scienze Preistoriche e Protostoriche, Roma 1962, De Luca, p. 23-28.

Oliva 1976 : OLIVA (M.) – Excavaciones arqueológicas en el yacimiento prerromano de Ullastret, Bajo Ampurdán (Gerona). Madrid, Noticiario Arqueológico Hispánico- Arqueología IV, p. 735-811.

Picazo 1977 : PICAZO (M.) – La cerámica ática de Ullastret. Universidad de Barcelona.

Plana, Crampe 2004 : PLANA (R.), CRAMPE (B.) – El poblament rural a l'entorn de l'*oppidum* d'Ullastret: l'hàbitat de tipus polinuclear. *Cypsela*, 15, p. 251-264.

Plana, Martin 2001 : PLANA (R.), MARTIN (A.) – L'organització de l'espai rural entorn de l'*oppidum* d'Ullastret: Formes i dinàmica del poblament. *In* : Martin (A.), Plana (R.) ed., *Territori polític i territori rural durant l'edat del Ferro a la Mediterrània Occidental*, Actes de la Taula Rodona celebrada a Ullastret del 25 al 27 de maig de 2000, Monografies d'Ullastret 2, p. 157-176.

Plana, Martin 2002 : PLANA (R.), MARTIN (A.) – Le territoire ibérique: structure du peuplement et organisation territoriale, quelques exemples. *In* : Garcia (D.), Verdin (F.) ed., *Territories celtiques. Espaces ethniques et territories des agglomérations protohistoriques d'Europe occidentale*, Actes du XXIVe Colloque International de l'AFEAF, Martigues, 1-4 juin 2000, Paris, Ed. Errance, p. 18-29.

Plana, Martin 2005 : PLANA (R.), MARTIN (A.) en collaboration avec F CODINA et B. CRAMPE – L'estudi del territori de l'*oppidum* d'Ullastret (1997-2003). Ocupació *extra muros* i paisatge rural, *Món Ibèric als Països Catalans , Homenatge a Josep Barberà*, XIII Col.loqui Internacional d'Arqueologia de Puigcerdà, Puigcerdà 14 i 15 de novembre de 2003, vol.1, p. 347-359.

Pons 1984 : PONS (E.) – L'Empordà de l'edat del bronze a l'edat del Ferro. *Sèrie Monogràfica del Centre d'Investigacions Arqueològiques de Girona*, 4.

Pons, Pautreau 1994 : PONS (E.), PAUTREAU (J.P.) – La nécropole d'Angles, la Selva (Gérone, Espagne) et les relations Atlantique-Méditerranée à travers les Pyrénées au début de l'âge du Fer, *Colloque de l'AFEAF Agen. Aquitania*, 12, p. 353-375.

Pradell *et al.* 1995 : PRADELL (T.), GARCIA-VALLÈS (M.T.), MARTIN (A.), VENDRELL-SAZ (M.) – Attribution of « Iberian painted » and « Greek grey monochrome » ceramics, from 6th century B.C. to a local production of

Ullastret (Catalonia), *Estudis sobre ceràmica antiga*, Actes del Simposi de Ceràmica Antiga, Barcelona, 1993, p. 23-27.

Prado 2008 : PRADO (G. de) – La gestió de l'aigua a l'*oppidum* del Puig de Sant Andreu (Ullastret). *Cypsela*, 17, p. 185-200.

Prado à paraitre : PRADO (G. de) – Noves aportacions al coneixement de les portes i sistemes d'accés a l'*oppidum* ibèric del Puig de Sant Andreu (Ullastret, Baix Empordà). *Revista d'Arqueologia de Ponent*, 19.

Puig, Martin 2006 : PUIG (A.M.), MARTIN (A.) (dirs.) – *La colònia grega de Rhode (Roses, Alt Empordà)*. Sèrie Monogràfica del MAC-Girona, 23.

Rodríguez *et al.* 2003 : RODRÍGUEZ (A.) , PRADELL (T.), MOLERA (J.), VENDRELL (M.) – *La ceràmica de la costa catalana a Ullastret*, Museu d'Arqueologia de Catalunya-Ullastret.

Rovira 1998 : ROVIRA (C.) – L'exhibició d'armes i cranis enclavats en els hábitats ibers septentrionals, Cypsela,12, p. 167-182.

Sanmartí 2001 : SANMARTÍ (J.) – Territoris i escales d'integració política a la costa de Catalunya durant el període ibèric ple (segles IV-III aC). *In* : Martin (A.), Plana (R.) ed. *Territori polític i territori rural durant l'edat del Ferro a la Mediterrània Occidental*, Actes de la Taula Rodona celebrada a Ullastret del 25 al 27 de maig de 2000, Monografies d'Ullastret, 2, p. 23-38.

Sanmartí, Asensio, Martin 2002 : SANMARTÍ (J.), ASENSIO (D.), MARTIN (A.) – Les Relacions comercials amb el món mediterrani dels pobles indígenas de la Catalunya sudpirinenca durant el període tardoarcaic (ca. 575-450 aC). *Cypsela*, 14, p. 69-106.

4. El yacimiento del Mas Castellar de Pontós (Alt Empordà, Girona) : un núcleo indígena en la órbita de la colonia focea de Emporion

Enriqueta Pons, David Asensio, Maribel Fuertes, Mónica Bouso

1. Introducción

1.1. Ubicación y antecedentes

El yacimiento protohistórico de Mas Castellar está situado en el extremo occidental de la llanura del Alt Empordà (Girona), en una posición interfluvial entre un afluente de la Muga al norte y el Fluvià al sur, a unos 17 km equidistante de las colonias griegas de *Rhode* y *Emporion* (**fig. 48**). Esta posición interfluvial diseñó un paisaje peculiar para el control de un territorio apto para la producción cerealística y su ubicación geográfica cercana a un territorio costero y con las dos colonias greco-occidentales del golfo de Rosas – *Emporion* y *Rhode* – lo convirtieron en un enclave estratégico y de excelente comunicación entre éstas y las comunidades indígenas. El conjunto de los factores geográficos –situación, emplazamiento, orografía– y climáticos –humedad y temperaturas suaves– determinaran que el asentamiento se convierta en un destacado centro económico de carácter rural, a lo largo de toda la edad del hierro, momento en que se desarrolla la cultura ibérica en la costa mediterránea occidental (Buxó, Pons, Vargas 1998 ; Bouso, Fernández *et al.* 2000 ; Pons (dir.) *et al.* 2002).

El asentamiento se encuentra en un lugar adecuado pues, aparte de que el paraje mantiene una buena visibilidad de 360 °, pudo establecer rápidamente sus límites, tres de los cuales están marcados por el escarpado de la riera Álguema y sus torrenteras que limitaban las esquinas laterales de la explanada a la vez que la elevaban del entorno. A esta posición, entre dos cursos fluviales y en el tramo más cerca de los dos ríos, que facilitan la comunicación costa/interior, hay que añadir un segundo factor, tal vez igualmente relevante : su proximidad (alrededor de 1 km) al actual trazado de la autopista AP-7, una carretera que con mucha probabilidad sigue muy de cerca el recorrido de la antigua vía Heraclea (más tarde, vía Augusta), el principal eje de comunicación en dirección norte/sur, en paralelo a la línea de costa. El asentamiento está emplazado en un promontorio elevado entre 5 y 10 m en relación al nivel donde se encuentra la masía actual, y que ha dado nombre al mismo. El complejo arqueológico del Mas Castellar se extiende en una superficie no inferior a las 5 has. Los restos arqueológicos se extienden en el rellano alto "Camp de Dalt" con 2,5 hectáreas y también en el rellano bajo "Camp de Baix" con 2 hectáreas. Las cotas más altas se encuentran entre 140 y 160 m sobre el nivel del mar (**fig. 73**).

Fig. 73. Vista aérea de la masía y sus propiedades cercanas, donde se encuentra ubicado el yacimiento. Vista antes de iniciar las excavaciones.

Las primeras noticias de su existencia se publican a finales de los años 60 (Oliva 1968), gracias al cuidado e interés de la familia Llavanera, propietaria de la finca que da nombre al yacimiento. Acto seguido, entre 1975 y 1981, de forma discontinua, Aurora Martín dirige las primeras intervenciones arqueológicas en el lugar, excavando un grupo de silos ubicados en el entorno inmediato de la masía Castellar, en el rellano inferior llamado « Camp de Baix » (Martín 1979). No será, sin embargo, hasta el año 1990 cuando, bajo la dirección de la Dra. Enriqueta Pons, se organiza un programa de investigación sistemática del yacimiento, interrumpido desde el año 2005. De estos trabajos programados han

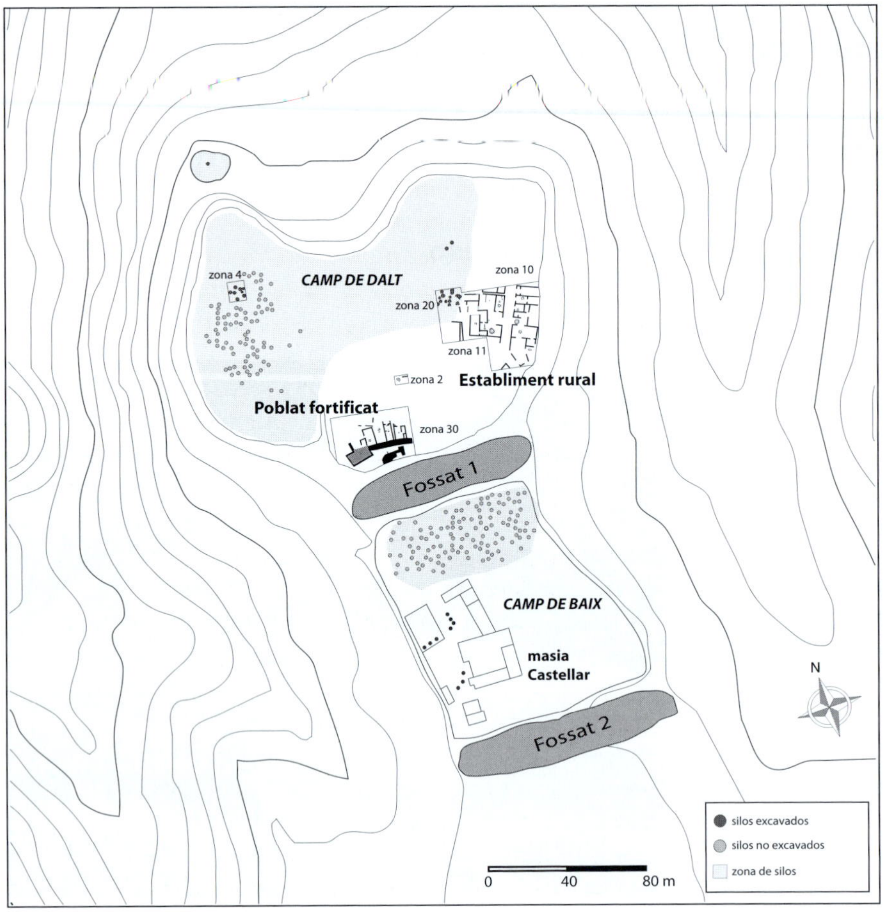

Fig. 74. Topografía del yacimiento de Mas Castellar y situación de los hallazgos en el Camp de Dalt y en el Camp de Baix con la situación de los fosos.

surgido en los últimos años una gran cantidad de publicaciones que presentan los resultados de los mismos (entre otros, ver : Adroher, Pons, Ruíz de Arbulo 1993 ; Pons, Rovira 1997 ; Pons 1997 ; Gonzalo, López *et al.* 1999 ; Bouso, Fernández *et al.* 2000 ; Pons, Fernández *et al.* 2000 ; Pons, Fuertes *et al.* 2001 ; Pons, Asensio *et al.* 2005 y Pons, Gonzalo, López 2005), entre los cuales hay que destacar una obra monográfica centrada en los datos proporcionados por las excavaciones desarrolladas entre 1990 y 1998 (Pons (dir.) *et al.* 2002).

1.2. Descripción general del yacimiento

El yacimiento de Mas Castellar de Pontós constituye uno de los referentes más importantes de la investigación reciente sobre el mundo ibérico, con una documentación privilegiada para mostrar los rasgos principales de las comunidades autóctonas del área indigeta. Sin embargo, no podemos dejar de subrayar una sensación contradictoria y es que este núcleo presenta en muchos aspectos (arquitectura, cultura material, etc.) una serie de particularidades que hacen que se nos aparezca a menudo como un caso único y excepcional, a veces incluso extraño en el contexto del poblamiento ibérico « estándar » del área mencionada.

Los últimos trabajos se realizaron en el rellano alto de la colina, llamado Camp de Dalt (Pons *et al.* 2002 ; Asensio, Pons, Fuertes 2007). En él se documenta un complejo arqueológico formado por tres sectores bien diferenciados : un poblado fortificado –oppidum– más antiguo, que ocupa la parte meridional del rellano superior, un establecimiento agrario de una fase más reciente, situado en la parte oriental, y un gran campo de silos que ocupa todo el frontón septentrional de la colina, unas tres cuartas partes de su superficie total. En el rellano inferior, el llamado "Camp de Baix", se conoce la existencia de silos diseminados en la parte norte y oeste, mientras que en el ángulo sud-oriental del rellano se conoce la existencia de estructuras urbanas. Los silos ocupan gran parte del Camp de Dalt y del Camp de Baix, unas dos hectáreas y media y sus contenidos corresponden a un abanico cronológico que ocupa toda la edad del hierro, desde el s.VII hasta principios del s.II aC (Pons, Bouso *et al.* 1998 ; Pons, Bouso, Gonzalo *et al.* 2006).

En el punto de contacto entre los dos campos hay un fuerte desnivel, que hace pensar que se trata de un antiguo foso fosilizado. Un accidente similar se observa al límite sur del « Camp de Baix », lo que hace pensar en la existencia de otro foso que defendería en forma de barrera la parte más accesible del yacimiento. Hasta hace poco, las estructuras de hábitat se concentraban exclusivamente en el « Camp de Dalt », mientras que los silos aparecían en gran número, tanto en este campo como en el de abajo. En el año 2004, en unas obras adyacentes a la masía del Mas Castellar, se documentaron muy parcialmente, unos tramos de muros contemporáneos con las estructuras del rellano superior. Es decir que, en conjunto, el complejo arqueológico está formado por dos probables tramos de fosos que preceden dos sucesivos y amplios rellanos (a cotas diferentes) donde se disponen unas enormes concentraciones de estructuras tipo silos asociadas a unas zonas de hábitat, bien definidas en el « Camp de Dalt » y algo más inciertas, por la falta de excavaciones, en el « Camp de Baix » (**fig. 74**).

Las excavaciones realizadas han permitido establecer una secuencia cronológica de la ocupación humana en seis periodos que abarcan desde las primeras evidencias arqueológicas documentadas en el territorio circundante, el periodo I (850-700 aC) hasta el momento de su abandono, el periodo VI (180-170 aC). Ambos periodos coinciden con acontecimientos históricos que afectaron a la población del Empordà : en un extremo observamos una reocupación importante de la llanura que originará la vida sedentaria del territorio (periodo I) y en el otro tiene lugar la irrupción romana y la derrota de la Segunda Guerra Púnica, pruebas indirectas del abandono definitivo de Mas Castellar (Pons, Fuertes *et al.* 2001). Los periodos más representativos del yacimiento son el periodo III que engloba el poblado fortificado –construcción, vida y destrucción del mismo– (425 /375-350 aC) y el periodo V que ocupa el establecimiento agrario (250 /180 aC). Las últimas excavaciones realizadas durante los años 2000-2004 pusieron al descubierto una ocupación anterior al poblado fortificado (periodo II) y la existencia de un nuevo barrio ibérico coetáneo al funcionamiento del poblado ibérico y que perduró poco después de la destrucción del mismo, consolidando estos hallazgos los periodos II y IV, poco desarrollados hasta entonces.

2. La ocupación antigua del Mas Castellar : el « poblado fortificado »

La ocupación más antigua del yacimiento está representada por unos pocos silos localizados en el "Camp de Dalt" (s.VII-VI aC) y por los recientes hallazgos debajo de la fortificación del poblado, de datación incierta. Será en un momento indeterminado dentro del periodo Ibérico Antiguo, antes del 450 aC, cuando se da la construcción de un pequeño asentamiento fortificado en la cota más elevada de este rellano. Este poblado fortificado se ha excavado parcialmente, razón por la cual desconocemos tanto la forma general del núcleo urbano como su superficie. Sin embargo no hay duda que ocupaba una pequeña parte de la plataforma superior, con una extensión máxima estimada de unos 6000 m^2. El sector excavado coincide con el ángulo occidental del núcleo fortificado, ubicado precisamente en la zona de más fácil acceso al rellano superior del Camp de Dalt. Y por esta razón, en este punto se localizó un acceso al poblado, con un importante aparato defensivo formado por una imponente torre rectangular y un conjunto de defensas avanzadas que limitan un corredor por delante de la puerta de entrada.

Esta torre principal tiene unas dimensiones muy notables, con un frontal o lado largo de 11,5 metros y un lateral de 7,05 metros, además de una factura muy esmerada, con un paramento externo compuesto por grandes sillares, especialmente bien escuadrados y tallados en sus ángulos. La torre se construyó maciza, con un relleno interno formado de tierra y piedras. A partir de aquí salen dos tramos lineales de una potente muralla de 2,6 metros de anchura : un primero que resigue el talud meridional del "Camp de Dalt", localizado en más de 23 metros de longitud, y un segundo en dirección norte/sur, es decir, hacia el centro de la colina, del cual solo se han excavado 4 metros de su recorrido. Por delante del tramo meridional de muralla, casi a tocar del límite natural del cerro, aparece un muro nuevo con una única cara paramentada, la interna. El espacio entre el tramo de la muralla sur y esta estructura externa forma un corredor que se va apretando en forma de embudo. Así, este pasillo empieza por una ancha apertura de 4 metros, para pasar a reducirse a 2,65 metros, en el punto donde se ha descubierto un pequeño ámbito o posible cuerpo de guardia adosado. El corredor continua hasta un punto extremo, con una estrechez de 1,5 metros, justo donde se situaría la puerta del poblado (**fig. 75 y 76**).

En el espacio interior de la fortificación conocemos únicamente parte de una batería de viviendas que se adosan al tramo de la muralla meridional, además de un amplio espacio abierto que se extiende justo en el ángulo de la fortificación, necesario para habilitar el acceso a la gran torre rectangular. De este hábitat intramuros se han identificado por el momento cuatro unidades domésticas, todas ellas con una amplia superficie interna pero de estructura más bien simple. Se trata de casas formadas esencialmente por un ámbito único de planta de tendencia rectangular alargada, con numerosas estructuras domésticas en su interior (hogares, banquetas, fosas, agujeros de poste, etc.). Estas casas darían a una calle paralela a la muralla, aún por excavar. Desde esta calle se accedía también a un amplio patio de planta cuadrangular en el cual se ha localizado un pavimento acondicionado con una capa compacta de piedras pequeñas y guijarros de rio, además de un canal de desague. Sin duda se trata del espacio abierto que permitía el acceso a la parte superior de la torre del ángulo de la fortificación.

Aunque aún no ha sido posible precisar la fecha de inicio de este núcleo fortificado, todo parece indicar que tuvo una vida corta. Alrededor del 400 aC se produce un desmantelamiento generalizado del sistema defensivo : la muralla y has torres son derribadas y el pasillo de entrada es reutilizado como basurero. Sin embargo, el derribo del aparato defensivo no parece desalojar el asentamiento ibérico que permanece al menos un cuarto de siglo más. Las viviendas continúan en uso después de unas modestas remodelaciones internas, consistentes en el levantamiento de paredes posteriores que sustituyen la

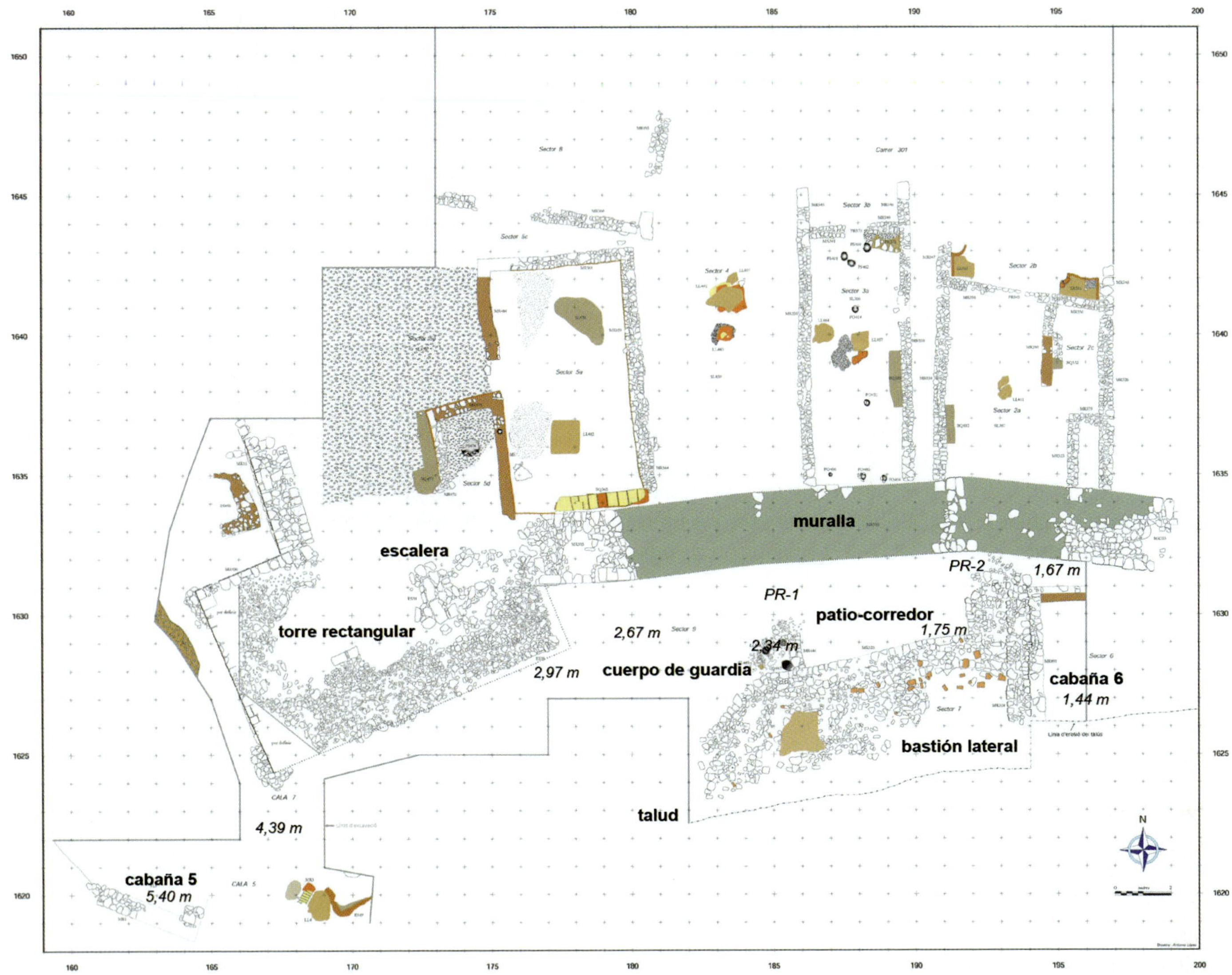

Fig. 75. Planimetría del poblado fortificado en su fase más antigua conocida (Período IIIa) (dibujo A. López Marcos).

Fig. 76. Dibujo hipotético de la puerta peatonal situada en el sudoeste del poblado fortificado (dibujo de Jordi Sagrera).

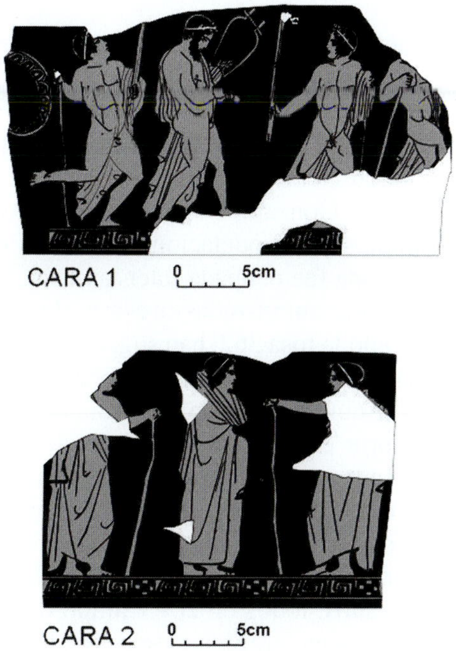

Fig. 77. a - Vista de la cara anterior de la crátera de campana ática ; b - dibujo detallado de lasdos caras (Asensio & Pons 2004-2005).

Fig. 78. Vista aérea del establecimiento agrario con la casa 1 a la izquierda y la casa 2 a la derecha (foto).

muralla desmantelada. Queda así en uso una batería de casas que formarían parte de un asentamiento que hemos de imaginar abierto, sin defensas aparentes. El abandono final de estas viviendas se puede prolongar hasta alrededor del 325 aC, preferentemente dentro del tercer cuarto del siglo IV aC (Pons, Gonzalo, López 2005). Durante este tiempo de cambios y remodelaciones tenemos constancia de que esta zona fue ocupada intensamente, tal como muestran varias fosas amortizadas en este período, algunas de las cuales, como la fosa 362, han sugerido el desarrollo de banquetes comunitarios (Pons, García 2008).

En última instancia hay que destacar la coincidencia temporal entre el inicio del desmantelamiento del poblado fortificado y el inicio de un uso intensivo de la zona como espacio para ubicar una acumulación de estructuras de almacenamiento, tipo silo. Alrededor del 400 aC, disponemos ya de una cantidad significativa de silos amortizados, todos en el « Campo de Dalt », y es incuestionablemente en pleno siglo IV aC cuando el fenómeno se intensifica de forma generalizada en ambos sectores del complejo arqueológico (Pons, Bouso, Gonzalo 2006).

Hay diversos factores que refuerzan la idea de que este pequeño núcleo fortificado pudo ser la residencia de sectores dirigentes de la sociedad indígena local. El primero de ellos reside en la potencia, complejidad y buena factura del sistema defensivo, de construcción modular similar a las colonias griegas del mediterráneo occidental (Olmos 2008), que contrasta con la evidencia de un hábitat pequeño, con un número muy reducido de habitantes, fenómeno propio de asentamientos del tipo definido como "ciudadela" indígena (Asensio, Belarte *et al.* 1998). Por otro lado, hay elementos de cultura material que apuntan en este sentido. En primer lugar está un fragmento de escultura de piedra arenisca que representa la parte delantera del cuerpo de un felino, localizado en unos niveles bien contextualizados, del Recinto 3, de hacia el 400 aC. Se trata de uno de los escasos ejemplos de representación escultórica del mundo ibérico septentrional, y casi el único con una datación bien fijada del Período Ibérico Pleno. No hay duda de que es un elemento de prestigio excepcional que apoya la interpretación del núcleo antiguo del Mas Castellar como un centro indígena de poder local.

Otro indicio en este sentido es el de la cantidad y calidad de los materiales de importación presente en los conjuntos cerámicos de esta fase. Así por ejemplo, destaca la abundancia y variedad de la representación de la vajilla fina ática, sin duda un relevante elemento de prestigio social y económico. Un caso paradigmático es el del silo 137, con una amortización bien datada en el último cuarto del siglo V aC, de donde se ha recuperado un extraordinario lote de piezas áticas, entre ellas una crátera y una copa de pie alto de figuras rojas, de una factura de gran calidad, atribuible a unos pintores de los que no hay paralelos ni en la misma Emporion griega (Asensio, Pons 2004-2005) (**fig. 77**). Otra categoría cerámica significativa es la de las ánforas importadas, contenedores de vino foráneo la adquisición y distribución del cual debía ser una prioridad de las elites indígenas. En un estudio comparativo reciente se comprueba que el porcentaje del total de fragmentos de ánforas importadas respecto el total de fragmentos cerámicos en Pontós es del 5,2 % en la segunda mitad del siglo V aC y del 13 % en la del siglo IV aC (Asensio 2001-2002, fig. 7). Estas proporciones se encuentran entre las más elevadas de todas las que presentan en esas mismas fases cualquier otro yacimiento ibérico de la zona, sea del tipo de asentamiento que sea, entre los cuales se cuenta con núcleos urbanos de primer orden como *Tarakon* (Tarragona), Ullastret o Burriac, campos de silos como Turó del Vent o "ciudadelas" fortificadas como la de Alorda Park. Ahora bien, hay que señalar que de esta importante presencia de ánfora importada, la gran mayoría corresponde a envases de producción púnica, ya sea ebusitana o centromediterránia, con índices de más del 80 % del total de fragmentos de ánforas de importación. En cualquier caso este fenómeno tiene una correspondencia total con el que se observa en los conjuntos cerámicos de la misma Emporion focea, donde los envases anfóricos de procedencia griega (ya sea occidental, de Massalia, o del Mediterráneo central y oriental) son claramente minoritarios.

3. El establecimiento agrario

El abandono definitivo de las viviendas del oppidum no supuso ningún hiato poblacional del lugar. En el estado actual de la investigación, la continuidad a lo largo del siglo III aC está documentada básicamente a través de la evidencia de los silos. Con todo, hay indicios de que el llamado « establecimiento agrario », del que conocemos bien su funcionamiento de finales del siglo III aC, podría arrancar antes de finales del siglo IV aC, y de esta manera representar la sustitución física del antiguo poblado fortificado. De hecho, las últimas campañas empezaron a mostrar que por debajo de los pavimentos de la fase más moderna, del siglo III aC avanzado, aparecen pavimentos y estructuras datables del siglo IV aC.

Las nuevas construcciones se desplazan de la zona meridional del Camp de Dalt, y se ubican cerca del borde de la ladera oriental del cerro. La planta que mejor conocemos de este núcleo ibérico es la que estuvo en funcionamiento, exclusivamente, durante el último cuarto del siglo III aC hasta su abandono, circa el primer

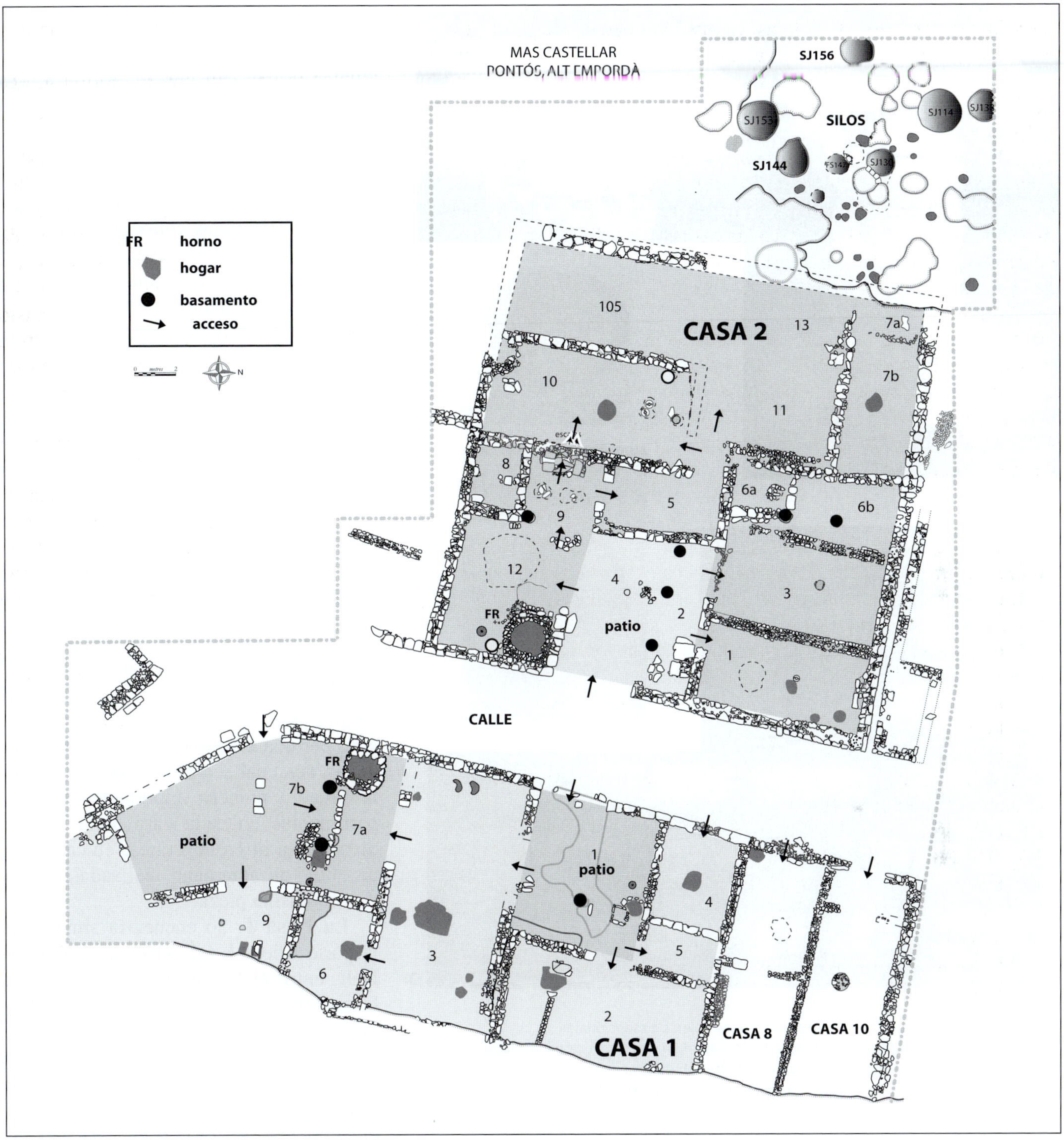

Fig. 79. Planimetría general del establecimiento agrario con los detalles de las casas 1 y 2 (periodo Vb) (dibujo C. Garcia-Dalmau).

cuarto del s.II aC. El fenómeno de la utilización de los dos campos para ubicar un número importante de silos continúa con la misma intensidad que en las fases precedentes, durante todo este período. (Pons, Fuertes *et al*. 2001). La combinación de silos como sistema de conservación a largo plazo de cereales destinados al comercio a gran escala, el almacenamiento destinado al autoconsumo o comercio local y las áreas dedicadas a actividades domésticas y artesanales – molido, tueste y elaboración de productos panificables – serán los factores que permitirán determinar con precisión un nuevo tipo de establecimiento muy poco documentado hasta el

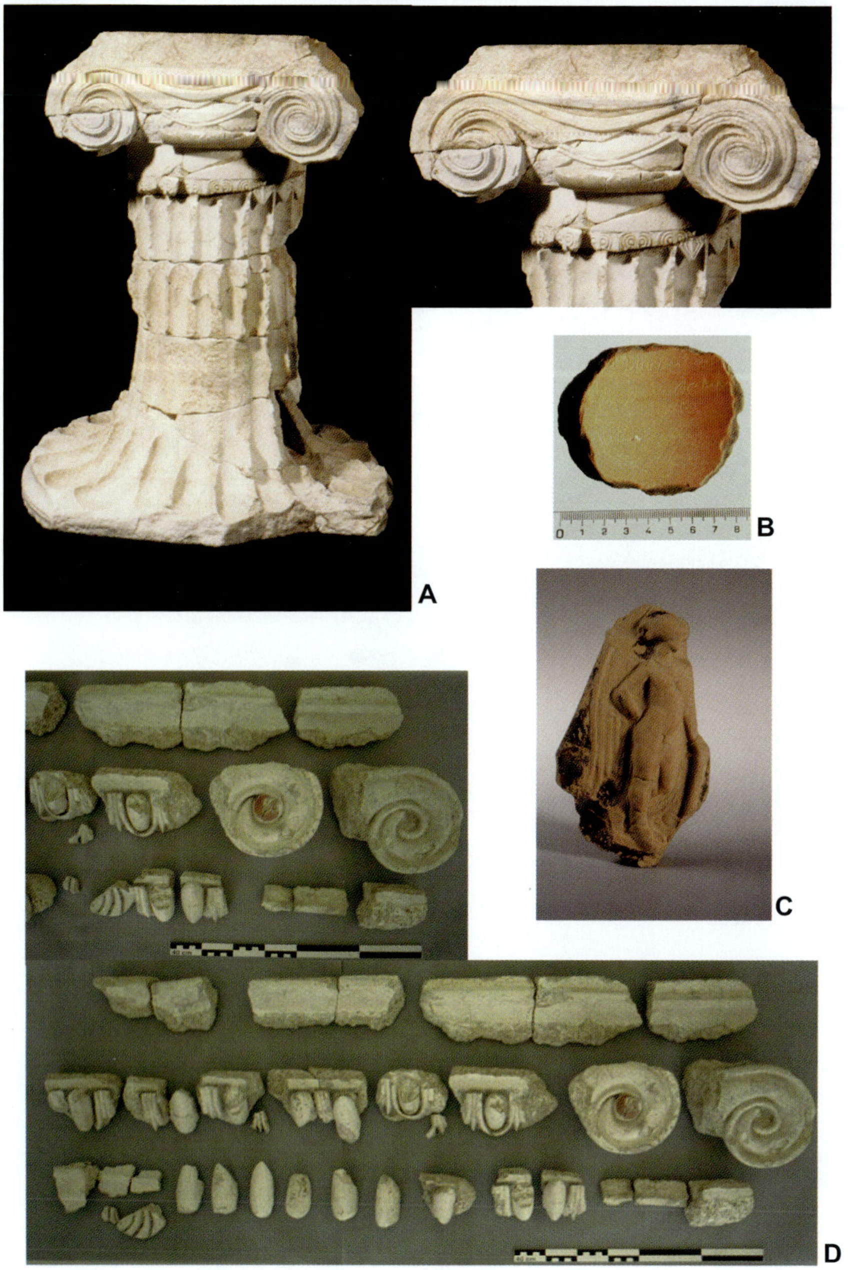

Fig. 80. Conjunto de algunos objetos excepcionales ;
A - Altar de mármol (casa 1- estancia 3) ; B - ostrakon con inscripción ibérica (silo 25) ;
C - fragmento cerámico con la representación de Eros (casa 2-estancia 1) ;
D - varios fragmentos de estuco del silo 153.

momento (**fig. 78 y 79**).

Del establecimiento agrario se han excavado unos 2100 m^2 ; en ellos se han identificado dos casas (casas 1 y 2) de gran complejidad estructural, separadas por una calle que circula paralela al borde del cerro (más otra, la casa 3 por excavar) y sólo dos unidades más de las de modelo simple, formadas por un solo ámbito tripartido (casas 8 y 10). Además se han podido definir tres límites del hábitat : el borde oriental del cerro muy escarpado, el campo de silos (zona 20) situado hacia el interior por el lado noroccidental – ambos límites dan una anchura máxima de 50 metros –, y la zona sudoriental, donde se bifurca la calle, de 42 metros de longitud descubiertos. El establecimiento parece mantener un pequeño grupo de familias importantes, de momento tres a tenor de las casas conocidas, con probabilidades de aumentar en número por la zona norte y por la zona sur. Se trata de un establecimiento abierto, sin aparato defensivo de ningún tipo, formado por una ancha calle (5 metros) que vertebra el paso de momento a les viviendas descubiertas. Las puertas principales de las casas grandes 1 y 2 se encuentran frente a frente (**fig. 79**).

Las casas 1 y 2 del establecimiento rural se organizan a partir de un modelo urbanístico, de clara influencia helenística, y con una distribución ordenada de los espacios de habitación. Los elementos arquitectónicos más evidentes son la creación de un patio principal en la entrada que hace de espacio distribuidor a otros compartimentos, y la existencia de un espacio doméstico femenino protegido por una antesala porticada orientada al sur, sea cual sea el emplazamiento de la casa. El número importante de compartimentos en cada casa, hará que se distribuyan diferentes tareas en cada uno de ellos, de antemano realizadas dentro de una misma pieza.

La Casa 1. Se encuentra situada en la parte oriental del cerro del Camp de Dalt, entre el borde de éste y la calle ; la construcción final de esta casa compleja es el resultado de la combinación de dos bloques arquitectónicos antiguos y la construcción de nuevos módulos de influencia helenística. Tiene una superficie total de 438 m^2 y consta de 8 estancias con dos patios (Fuertes, González *et al*. 2002, 97-163).

Los dos bloques arquitectónicos, seguramente pertenecientes a dos casas antiguas, estaban formados por tres o más estancias destinadas a funciones similares –molienda, metalurgia, despensa– e iban precedidos por un corredor o antesala. El bloque norte estaba formado por tres estancias enfrentadas a una cuarta sala o pasillo (de 137 m^2) y el bloque sur, que constaba de cuatro estancias y un patio (200 m^2). En un período más reciente del establecimiento y mediante unas remodelaciones de la zona norte, el corredor separador se amplía y se convierte en otra estancia, ahora en forma de patio-recibidor principal, que unificará los dos bloques, dando al conjunto la superficie total de los 438 m^2 mencionados. La entrada principal del gran conjunto pasará por este recibidor (estancia 1) con una puerta de comunicación que dará directamente a la calle. A pesar de la orientación al oeste, las principales habitaciones de la casa están orientadas al sur, a través de los dos patios o espacios abiertos.

En esta fase más reciente, algunas de las funciones del bloque norte son modificadas : las actividades de la metalurgia y la molienda de cereales son suspendidas, pero se mantienen en el sector sur. De esta manera, los dos bloques se convierten en un conjunto de funciones complementarias que definen una sola propiedad, con estancias más sofisticadas como la cocina (sector 2), el *andrón* o espacio masculino (sector 6), la estancia femenina, de funciones polivalentes que van de la más doméstica como es la molienda a la realización del culto (la estancia 3). El bloque meridional de la casa está mejor construido en comparación con el resto. La estancia 3 (espacio más importante de la casa 1) no tiene ningún contacto directo con la calle principal, ni con el exterior, pero se accede, sin embargo por dos puertas : una al norte de carácter privado, que se comunica a través de una puerta ancha con el patio interno de la casa y con todo el bloque septentrional, y al sud, de carácter público, que se comunica con el bloque meridional. Esta última entrada se hace a través de un patio recinto y a cielo abierto (sectores 7c y 7b) que lleva a una sala porticada (sector 7a), que hace de vestíbulo a la estancia 3. El acceso a la sala porticada fue construido con bloques de piedra que forman un umbral elevado, con los extremos limitados por dos basamentos que comportarían sendas columnas y sostendrían un altillo. La estancia 3, la mayor de todas, de unos 75,50 m^2 estaría dedicada al culto del grupo, a tenor de los hallazgos que lo atestan, como el altar de mármol de pentélico en forma de columna jónica, las ofrendas de perro y otros elementos comentados (Pons 1997 ; Asensio, Pons, Fuertes 2007). La sala porticada (sector 7) nos recuerda las salas precedentes de las casas helenísticas construidas con la clara intención de proteger la sala comunitaria, u oikos (sector 3), de cualquier contacto con el exterior (Cordsen 1995) (**fig. 80A**).

La Casa 2, se sitúa en fuente de la casa 1 al otro lado de la calle. Las estructuras totalmente descubiertas definen una gran casa de forma cuadrada que mide 22 metros de lado, tiene unos 484 m^2 de superficie y está dividida en 11 compartimentos y un patio. La parte más occidental de la casa está afectada a causa de la erosión

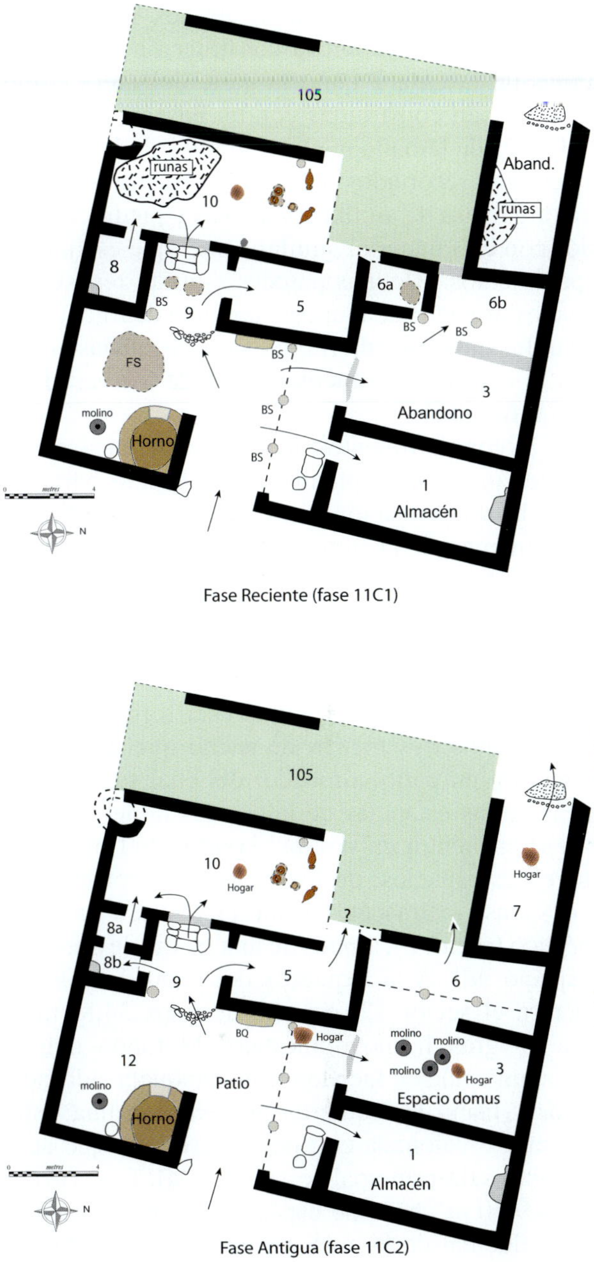

Fig. 81. Dibujo esquemático de las dos últimas fases de la casa 2 (periodo Vb fase 2 reciente ; periodo Vb, fase 1 antiguo).

provocada por los trabajos agrícolas, que ha dejado sin restos murarios la zona noroeste y con solo los cimientos murarios en la zona suroeste. Esto hace pensar que esta zona se encontraría en un nivel más alto según la topografía desnivelada del subsuelo y se accedería a ella mediante escalones.

La construcción de la casa 2 mantiene algunas pautas similares a las de la casa 1, aunque su ubicación obligará a que más de la mitad de las estancias sean más reguladas que las de la casa 1, con un espacio útil de media entre 30 y 32 m^2. Durante su excavación han aparecido restos antiguos, sobre algunos de los cuales fueron aprovechados para la nueva construcción. Las paredes externas de la casa 2 tanto la parte delantera como la trasera estaban construidas con un basamento formado por bloques de tamaño medio y grande, la delantera con bloques bien recortados. Las superestructuras serían de tierra (argamasa de arcilla con arenas y piedrecitas mezclados con cal) material similar con el que están hechos los pavimentos. Algunas paredes estarían revestidas de estucados pintados de blanco y también de rojo, como lo señalan los hallazgos de fragmentos mezcladas entre las ruinas, y muy especialmente dentro de los vertidos del silo 153 **(fig. 80D)**.

Los 11 compartimentos de la casa 2 se encuentran en diferentes niveles, adaptándose al subsuelo para poder facilitar la comunicación y los accesos entre ellos. Los compartimentos de la parte posterior de la casa se encontrarían en unos niveles superiores y los que se comunican con la entrada y el patio en unos niveles inferiores. Cada compartimento tenía una o más funciones, según las dimensiones del espacio, orientación y ubicación dentro de la casa. La entrada principal está formada por una puerta de unos tres metros de ancho que da a la calle y se entra a un patio, alrededor del cual se distribuyen algunas de las estancias de la casa. A la derecha (zona norte) se encuentra un vestíbulo porticado (prostas) que protege dos espacios, de los cuales uno corresponde a una despensa / almacén (sector 1) y otra a un espacio doméstico (sector 3), ambos de una media de unos 32 m^2 de espacio útil. A la izquierda del patio de entrada se encuentra el sector 12, espacio de unos 34,80 m^2 que abriga un gran horno doméstico. Al fondo del patio aparece una nueva fachada con banqueta adosada al exterior y hacia la izquierda aparece con una entrada suntuosa y escalonada con pasillo estrecho que accede a una gran sala principal (estancia 10a). Este corredor, de unos 9,50 m^2, hace de espacio comunicador entre la parte occidental de la casa, en posición más elevada y el patio principal que va a la calle. La parte occidental de la casa tenía por el lado sur dos salas rectangulares alargadas, de unos 32,25 m^2 cada una (estancias 10a y 10b), y probablemente tendría dos más al norte, estas últimas, como la estancia 10b, en posición aún más elevada y con los niveles de ocupación desaparecidos. A la izquierda del pasillo se encuentra un pequeño cuarto (estancia 8) que se comunica directamente por el interior con la gran sala, mientras que a la derecha sí que nos lleva a un espacio rectangular de función desconocida (estancia 5). A la derecha de esta estancia y en línea con el sector 8, encontramos otro anexo cuadrado (sector 6a) de dimensiones muy pequeñas, unos 5,20 m^2 similar a las del cuarto 8, de 6,80 m^2 de espacio útil, ambos sin aperturas de luz ni comunicación externa. Dentro de esta pequeña cámara 6 se documentó una fosa (obliterada con piedras), que fue identificada como un agujero para el desagüe. El otro cuarto de la izquierda (sector 8) estaba primero compartimentado en dos espacios que se comunicaban entre sí, pero que más tarde se transformó en un solo espacio, habría servido de almacén **(fig. 81)**.

El aspecto cuidado de la entrada interna, a la cual atribuimos los restos de *opus signinum* y los de estuco, hallados en el silo 153, nos señala que la estancia 10a era de las más importantes de la casa. La mencionada estancia era de forma rectangular de 9,5 m. por 4,5 m. (espacio útil de 39 m^2), organizada alrededor de un hogar construido y circular, situado en el eje longitudinal centrado. Hacia el norte y a partir de un metro y medio del hogar se identificaron dos fosas que recortaban el pavimento, y contenían de pie unas ánforas greco itálicas. Cerca de la entrada interna, a la derecha y al lado del muro fue hallado bajo el pavimento una fosa con una ofrenda de fundación. La ofrenda estaba formada por dos cráneos de cordero situados uno al lado del otro y en sus laterales las partes principales de las extremidades. Los restos analizados pertenecen a dos individuos, macho y hembra, de más de dos años cada uno (Colominas 2008). Al final de la vida del establecimiento, la parte sur de esta estancia 10a estuvo en desuso, ya que se encontró llena de escombros y basura. El mismo uso lo tuvieron otras estancias de la parte occidental de la casa 2.

Las Casas 8 y 10. A diferencia de las casas grandes y bien compartimentadas, al norte de la casa 1 se documentaron dos recintos 8 y 10 de forma rectangular y muy alargados (unos 11,20 m de largo x 3,60-4 m de ancho), dispuestos de oeste a este, con una sola entrada orientada al oeste y que da directamente a la calle. El espacio de cada uno de ellos – entre 40,32 m^2 y 45 m^2 respectivamente – está dividido en tres compartimentos desiguales y en función de las tareas a qué iban destinados. Ambas unidades constan de unos mínimos dispositivos domésticos, cosa que hace difícil documentarlas como unidades de habitación destinadas a una familia nuclear. Si tenemos en cuenta la construcción arquitectónica de éstas, el muro más extremo de la unidad 10 es bastante más grueso que el resto de las paredes maestras de ambas unidades, lo que podría hacer pensar que estas unidades formarían parte de la casa 1, y podrían corresponder a espacios privados del personal doméstico. (Pons *et al*. 2002, 136-140).

4. Consideraciones finales

La historia de este núcleo indigeta empieza con la construcción, a lo largo del Periodo Ibérico Antiguo, de un asentamiento de pequeñas dimensiones fuertemente fortificado. Se trataría, con mucha probabilidad, de una residencia de un sector de la aristocracia indigeta local, sin duda con una preeminencia social y económica vinculada estrechamente a la proximidad y facilidad de contacto con los agentes coloniales establecidos en la vecina Emporion. Esta relación que debió ser fluida, tal como muestran los elementos cerámicos importados encontrados en la ciudadela indígena, no impidió que unos de los rasgos más importantes de esta comunidad sea un aparejo defensivo imponente. Este elemento es sintomático del carácter autónomo e incluso de cierta "oposición" que caracterizaría este núcleo indígena antiguo respecto del cercano centro colonial foceo.

No obstante, poco después de su fundación, esta ciudadela conoce un cambio brusco y radical, con el repentino desmantelamiento de su aparato defensivo en las postrimerías del siglo V a.C. Qué explicación podemos dar a este fenómeno, cuando la evolución conocida de la mayoría de los asentamientos indígenas de la zona es la construcción y el refuerzo de sus sistemas defensivos (Ullastret, Alorda Park, Ca n'Olivé, etc.), precisamente a partir de la segunda mitad o finales de este siglo V aC. Y más si tenemos en cuenta que la buena factura de las construcciones del oppidum antiguo del Mas Castellar muestra su incuestionable voluntad original de perdurar en el tiempo.

Desde nuestro punto de vista, tal y como ya ha sido señalado (Plana 2001), el factor clave de este desarrollo atípico radica en la influencia de la vecina colonia focea de Emporion. Este enclave buscaría consolidar su control político sobre un determinado territorio circundante. En este contexto, podríamos pensar que, entre otros, el asentamiento de Mas Castellar, durante la segunda mitad del siglo V a.C, llegara a formar parte de un hipotético hinterland de la colonia griega. En esta nueva situación, Emporion impondría la rápida anulación de la fortificación indígena y, acto seguido, favorecería una reorientación de la estrategia económica básica de sus pobladores. Eso explicaría el hecho que a partir de principios del siglo IV a.C, la especialización más destacada del núcleo del Mas Castellar fuera el almacenaje de grandes cantidades de excedentes agrícolas. Siguiendo esta argumentación, sería lógico pensar en el abandono de las casas del antiguo poblado fortificado y la ubicación de sus habitantes en un establecimiento de nueva planta, mejor adaptado a las nuevas circunstancias y a las nuevas necesidades.

El hecho de considerar el núcleo del Mas Castellar desde la perspectiva de un asentamiento indígena que se desarrolla, a lo largo de dos centurias, dentro del control de Emporion podría hacer entender mejor las particularidades que caracterizan, tanto a nivel estructural lcomo material, el llamado « establecimiento rural » del siglo III a.C La evidencia de una arquitectura doméstica compleja es frecuente entre las comunidades ibéricas de la zona, ya que aparece asociada a la presencia de segmentos sociales preeminentes (Alorda Park, Ullastret, Castellet de Banyoles, etc.). Lo que sí que es atípico es la estructura global del « establecimiento rural », formado por una pequeña agrupación de casas muy ricas y lujosas ubicadas en un núcleo abierto, sin fortificación, y rodeado de una enorme superficie destinada a campo de silos.

Además circularon en Pontós toda la serie de monedas conocidas en Occidente, sobretodo las procedentes de las cecas de Emporion y Rhode, incluso la de emisiones poco importantes, lo cual justifica las estrechas relaciones con Empúries (Campo 2004a y b).

Todavía son más excepcionales algunos elementos de la cultura material prácticamente desconocidos en contextos indígenas contemporáneos, como el mencionado altar cultual de mármol del Pentélico, en forma de columna jónica, el óstrakon de cerámica (con paralelos directos únicamente en Emporion) (**fig. 80B**), un fragmento de terracota de barniz negro con la imagen de Eros funerario (**fig. 80C**), o el hallazgo de restos de construcción, vertidos dentro del silo 153, de un panel de decoración arquitectónica en estuco, con ovas, guirnaldas y volutas, decoradas en azul y rojo (**fig. 80D**). Esta mezcla de elementos exógenos, no ibéricos, evidencian un ambiente cultural diferente al de otros yacimientos ibéricos contemporáneos (por ejemplo Ullastret) (Pons, Ruíz de Arbulo, Vivó 1998).

Este contexto cultural y político del último núcleo de Mas Castellar de Pontós nos puede dar la clave de otra de sus especificidades más destacadas. Poco antes del abandono del establecimiento rural, en las postrimerías del siglo III a.C o dentro ya del primer cuarto del siglo II a.C, la presencia de materiales cerámicos de producción itálica es acaparadora, muy por encima de lo que aparece en el resto de yacimientos indígenas contemporáneos. Y eso, en unos conjuntos cerámicos donde el número de importaciones global también sobrepasa de mucho las proporciones habituales. Así, para concretar, en los períodos más modernos del Mas Castellar más de una cuarta parte del total de fragmentos cerámicos son importados (el 26 %) ; de éstos más de tres/cuartas partes (el 76 % del total de fragmentos cerámicos de importación) proceden de talleres itálicos, fundamentalmente cerámicas Campaniana A y ánforas greco-itálicas (**fig. 82**). En el resto de yacimientos ibéricos contemporáneos, donde ha sido posible realizar cuantificaciones de este tipo, en contextos con índices globales de importaciones muy inferiores, los productos itálicos raramente alcanzan el 25 % del total de importaciones y, a menudo, presentan unas proporciones bastantes más bajas respecto a productos de otras procedencias (básicamente púnicos, ebusitanos o centro-mediterráneos).

Fig. 82. Detalle del depósito votivo del silo 101 con 9 ánforas grecoitálicas y 4 ánforas ibéricas, además de otros elementos cerámicos y metálicos (Pons & Rovira 1997).

Esta avalancha de materiales itálicos llegados durante el último periodo del Mas Castellar de Pontós es una consecuencia lógica de lo que hemos explicado hasta el momento. Estamos ante un núcleo indígena situado en la órbita política y económica de Emporion, y la colonia griega es la puerta de entrada de Roma a la Península Ibérica, el puerto donde desembarcan en el año 218 a.C las tropas del cónsul Cneo Cornelio Escipión. Podemos pensar que el mismo papel que desarrolló durante siglos de centro proveedor de materias primas para el comercio internacional gestionado desde el puerto griego, se reconvirtió automáticamente con el fin de garantizar el alcance de cereales necesario de los sucesivos ejércitos y otros contingentes itálicos que durante cerca de veinticinco años (entre Escipión y Catón) se mueven y establecen en este territorio, siempre con el beneplácito de Emporion como uno de los dos centros base fundamentales (el otro sería el campamento de Tárraco, en el sur). En este sentido es del todo significativo el hecho de que sea en esta época cuando se observa que la capacidad media de los silos es mayor que ninguna otra fase del yacimiento, entre 3500 y 7000 litros (**fig. 83**).

Una vez pasadas las exigencias de un periodo condicionado por los acontecimientos de tipo militar, podemos pensar que decae plenamente el papel de muchos núcleos indígenas especializados en el almacenaje de importantes cantidades de excedente cerealístico ; éste podría ser el marco del abandono definitivo del Mas Castellar de Pontós, hacia el 180 a.C. Ahora bien, hay algunos indicios de que el núcleo conocido como "establecimiento rural" empezara a mostrar síntomas de una cierta decadencia unos años antes de su abandono final ; entre éstos destaca el hallazgo de parte de la lujosa decoración arquitectónica de un edificio con probables funciones cultuales desmontado y vertido en el interior de un silo de este periodo (el silo 153). Eso sí, a partir del 180 a.C, las evidencias arqueológicas muestran una ocupación del lugar de tipo puntual o esporádico. Es el caso de una visita esporádica al establecimiento donde en el patio de la casa 1 se identificaron los restos de una comida donde se sacrificaron y consumieron perros, una práctica utilizada en el último periodo. Finalmente, la presencia en niveles superficiales de algunas monedas romanas republicanas y de algunos pocos añicos de Campaniana B (tres individuos de las formas Lamb. 1, 2 y 5) marca una frecuentación mínima del lugar a lo largo del siglo II a.C.

En un marco más amplio se observa como la estructura económica, política y social íbera de la llanura del Empordà y la de gran parte de las comarcas litorales y vecinas, después de una fuerte resistencia, se rompe de manera forzada por la imposición de la ocupación romana a lo largo del s.II a.C. La ciudad de Ullastret, capital del pueblo indigeta, que había jugado el papel de centro articulador del territorio, cae y se abandona en los primeros momentos de la presencia romana en la zona. Las ciudades de segundo orden, núcleos fortificados de poblamiento concentrado, sufren una suerte diversa. Algunos, como pasa con Ullastret, son brusca y definitivamente abandonados ; éste sería el caso, por ejemplo, del importante oppidum bajo-ampurdanés de Castellbarri. En cambio, otros núcleos indígenas de entidad perduran e, incluso, muestran una clara reactivación a lo largo del siglo II a.C Todo parece indicar que se trata de establecimientos que, por razones diversas, han sido seleccionados para convertirse en sedes económicas de la nueva estructura administrativa romana. Éste sería el caso de Sant Julià de Ramis, cerca de Girona (Burch, Carrascal *et al.* 1995) y sin duda también, aunque no se trate de un núcleo indígena, pero sí de una ciudad preexistente, el de la misma Emporion, que inicia ahora una etapa de esplendor y crecimiento que dura casi dos siglos.

Otro tipo de poblamiento de la llanura que en este periodo ve incrementada su actividad es la del poblamiento disperso y rural. Con un clima favorable a la desecación de los pantanos, abundantes en la zona, y a la mejora y expansión de los cultivos, proliferan cada vez más los pequeños villorrios agrícolas, aldeas, masías, y todo tipo de unidades productivas básicas. Este fenómeno perdura y se intensifica a lo largo de los siglos II-I a.C, con la aparición y desarrollo de los primeros establecimientos de modelo itálico tipo villa (Curià, Picazo 1999 ; Nolla 1998, 429-439). Seguramente, para buena parte de la población campesina, lo único que cambiará radicalmente es la autoridad que acaparará sus excedentes de producción y los sistemas implementados para hacer efectiva su apropiación.

La manera cómo proceden los nuevos estamentos dominantes para almacenar los excedentes agrícolas

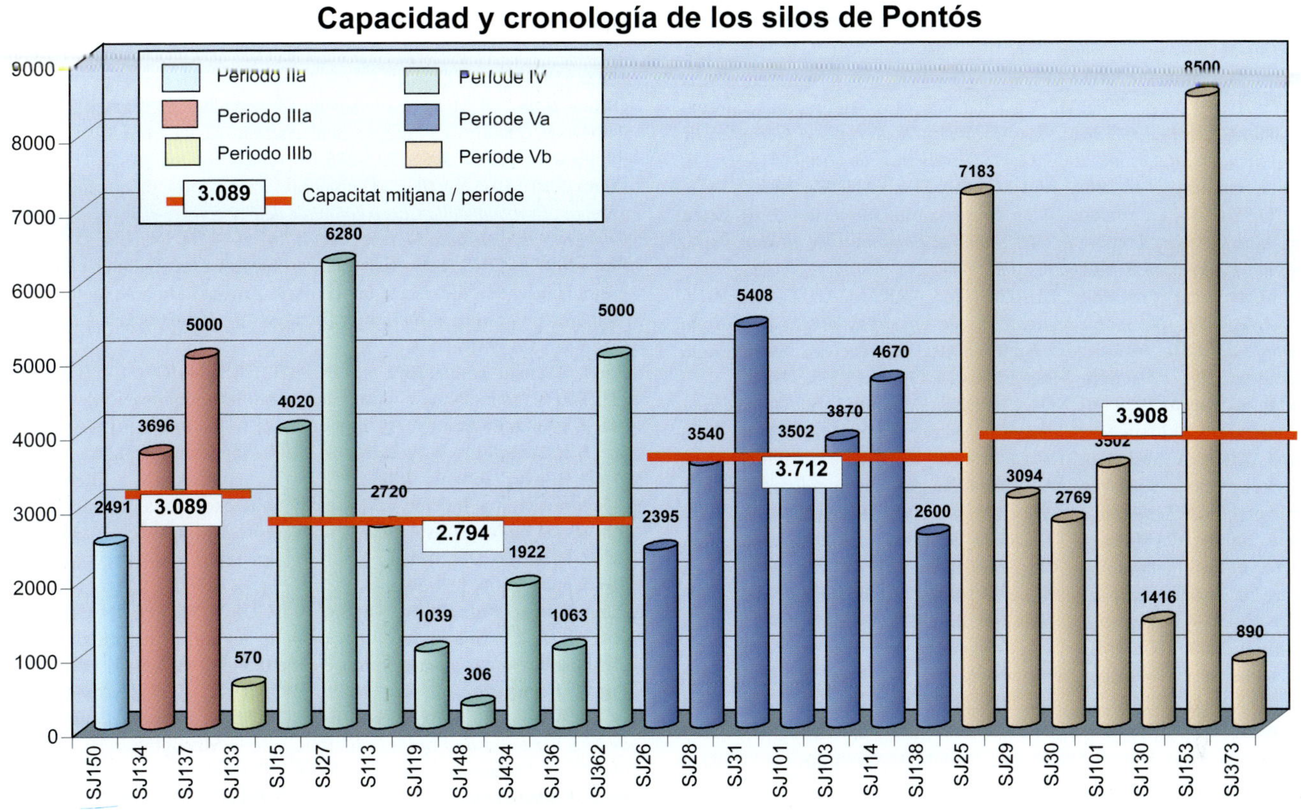

Fig. 83. Tabla cronológica y de capacidades conservadas de las fosa-silos. Las capacidades medianas señalan un ligero aumento de los periodos más recientes (Pons, Bouso-& Gonzalo 2006).

acumulados sí que se modifica sustancialmente. Los asentamientos especializados en la acumulación de grandes cantidades de cereales, situados en lugares estratégicos pero no dependientes de núcleos urbanos de primero o segundo orden, fortificados, pierden su función de ser, sólo explicable para una dinámica económica estrictamente indígena o autóctona. Eso es lo que pasa en el Empordà, con el abandono de Mas Castellar de Pontós y de otros posibles núcleos análogos como el de Peralada, pero también sucede en otros territorios no indigetas (Llinàs, Merino *et al.* 1998). Así es significativo que otros dos yacimientos del área catalana, objetos de excavación, que presentan unos rasgos globales paralelos con los de Pontós - Sant Esteve d'Olius, en el Solsonés, y el Turó de la Font de la Canya, en el Penedés) se abandonan precisamente en este mismo momento, en torno al 200 a.C (Asensio, Francès, Pons 2002).

Por el contrario, en la nueva situación política, parece lógico promover o potenciar la concentración de estas riquezas en lugares cercanos a los nuevos centros administrativos del territorio, cosa que pondría en evidencia el hecho de que Emporion ha conseguido aglutinar dentro de su territorio político las reservas de una buena parte de los cultivos de la llanura (Aquilué, Castanyer *et al.* 2000) o el caso concreto del campo de silos del Bosc del Congost, en relación al núcleo de Sant Julià de Ramis, cerca de la futura ciudad de Gerunda.

BIBLIOGRAFIA

Adroher, Pons, Ruíz de Arbulo 1993 : ADROHER (A.M.), PONS (E.), RUIZ DE ARBULO, (J.) – El yacimiento de Mas Castellar de Pontós y el comercio del cereal ibérico en la zona de Emporion y Rhode (ss. IV-II aC). *Archivo Español de Arqueologia*, 66, 1993, 31-70.

Aquilué, Castanyer *et al.* 2000 : AQUILUÉ (X.), CASTANYER (P.), SANTOS (M.), TREMOLEDA (J.) – Intervencions arqueològiques a Empúries (L'Escala, Alt Empordà), *V Jornades d'Arqueologia de les comarques de Girona*. Olot, 2000, 136-149.

Asensio 2001-2002 : ASENSIO (D.) – Àmfores importades, comerç i economia entre els pobles ibèrics de la costa catalana (segles VI-II aC) : un exercici de quantificació aplicada. *Revista d'Arqueologia de Ponent, 11*, 2001-2002, 67-86.

Asensio, Belarte *et al.* 1998 : ASENSIO (D.), BELARTE (M.C.), SANMARTÍ (J.), SANTACANA (J.) – Paisatges ibèrics : tipus d'assentaments i formes d'ocupació del territori a la costa central de Catalunya durant el període ibèric ple. *In* : *Actes del Congreso Internacional Los Iberos : Príncipes de Occidente*. Barcelona, 1998, 373-385.

Asensio, Francès, Pons 2002 : ASENSIO (D.), FRANCÉS (J.), PONS, (E.) – Les implicacions econòmiques i socials de la concentració de reserves de cereals a la Catalunya costanera en època ibèrica. *Cypsela* 14, 2002, 125-140.

Asensio, Pons 2004-2005 : ASENSIO (D.), PONS (E.) – La troballa d'un crater àtic de figures roges en el jaciment ibèric del Mas Castellar (Pontós,

Alt Empordà). *Quaderns de Prehistòria i Arqueología de Castelló*, 24, 2004-2005, 199-211.

Asensio, Pons, Fuertes 2007 : ASENSIO (D.), PONS (E.), FUERTES (M.) – La darrera fase d'ocupació del Mas Castellar de Pontós (Alt Empordà, Girona). *In* : Palahi (LL.), Nolla (J.M.), Vivó (D.), ed., *De Kerunta a Gerunda. Els orígens de la ciutat*. Girona, 2007 (Col·lecció Història de Girona 41), 97-129.

Bouso, Fernández *et al.* 2000 : BOUSO (M.), FERNANDEZ (M.J.), GAGO (N.), PONS (E.) – La producción agrícola y la transformación de los cereales en Mas Castellar-Pontós. *In* : *III reunió d'Economia en el Món Ibéric, Saguntum-PlaV*, extra-3. València, 2000, 115-123.

Burch, Carrascal *et al.* 1995 : BURCH (J.), CARRASCAL (C.), MERINO (J.), NAVARRO, (N.) – *L'emmagatzematge en sitges al pla de Girona. L'exemple del Bosc del Congost, Excavaciones d'urgències a Sant Julià de Ramis. Anys 1991-1993*. Sèrie Monogràfica 16, Girona, 1995, 71-84.

Buxó, Pons, Vargas 1998 : BUXÓ (R.), PONS (E.), VARGAS (A) – *El graner de l'Empordà, Mas Castellar de Pontós a l'edat del Ferro*. MAC Girona 1998.

Campo 2004a : CAMPO (M.) – La moneda en el area de influencia de Emporion y Rhode. *In* : *Presenza e funzioni della moneta nelle chorai delle colonie greche dall'Ibera al Mar Nero (Napoli 2000)*. Roma, 2004, 3-18.

Campo 2004b : CAMPO (M.) – Dinero de metal y moneda en territorio indigete : el testimonio de Mas Castellar (siglos V-III a.C). *In* : *Moneta qua scripta. La moneda como soporte de escritura (Osuna 2003) = Anejos del Archivo Español de Arqueologia*, XXXIII, Sevilla, 2004, 345-353.

Colominas 2008 : COLOMINAS (L.) – Els animals en el conjunt de les pràctiques socials desenvolupades en l'establiment rural de Mas Castellar (Pontós, Girona). *Cypsela* 17, MAC Girona, 2008, 219-231.

Cordsen 1995 : CORDSEN (A.) – The pastas house in archaic greek Sicily, *Acta Hyperborea* 6, Danish Studies in Classical Archaeology, University of Copenhagen, 1995, 103-121.

Curià, Picazo 1999 : CURIÀ (E.), PICAZO (M.) – Cambios del poblamineto rural en el Empordà durante la etapa de transición a la romanización, Sèrie Monogràfica 18, MAC-Girona, 1999, 87-94.

Fuertes, González *et al.* 2002 : FUERTES (M.), GONZALEZ (H.), GONZALO (C.), LÓPEZ (A.), PONS (E.), RODRIGO (E.), VARGAS (A.), TEIXIDOR (E.) – L'establiment rural. *In* : Pons (E.) (dir.) – *Mas Castellar de Pontós (Alt Empordà). Un complex arqueològic d'època ibèrica (Excavacions 1990-1998)*. Sèrie monogràfica 21, MAC Girona, 2002, 97-163.

Gonzalo, López *et al.* 1999 : GONZALO (C.), LOPEZ (A.), PONS (E.), VARGAS (A.) – Producción y almacenamiento de cereal en la zona emporitana : Mas Castellar de Pontós (Girona). *In* : Buxó (R.), Pons (E.) (coord.) – *Els productes alimentaris d'origen vegetal a l'edat del Ferro de l'Europa Occidental : de la producció al consum*, Sèrie monogràfica 18, MAC-Girona, 1999, 311-323.

Llinàs, Merino *et al.* 1998 : LLINAS (J.), MERINO (J.), MIRO (M.), MONTALBAN (M.C.), PALAHI (LL.), SAGRERA (J.) – *La Peralada ibèrica i medieval segons l'arqueologia. Les excavacions de 1989 a 1995*. Monograpies Emporitanes 4, Figueres, 1998.

Martin 1979 : MARTIN (A.) – El yacimiento indígena prerromano de Mas Castellar de Pontós (Girona) *In* : *XV Congreso Nacional de Arqueología, Lugo 1977*. Zaragoza, 1979, 677-690.

Nolla 1998 : NOLLA (J.M.) – Empúries. Creixement, crisi i adaptació. Algunes consideracions, *In* : Mayer (M.), Nolla (J.M.), Pardo (J.) (ed.) – *De les estructures indígenes a l'organització provincial romana de la Hispània Citerior, Itaca, Anexos 1*. Barcelona, 1998, 429-439.

Oliva 1968 : OLIVA (M.) – Nuevo importante yacimiento prerromano en el Ampurdán : el poblado de Puig Castellar (Pontós-Girona). *Pyrenae* IV, 1968, 171-173.

Olmos 2008 : OLMOS (P.) – Adaptació metrològica grega en l'arquitectura ibèrica de Catalunya : Puig de Sant Andreu d'Ullastret i Mas Castellar de Pontós. *Cypsela* 17, 2008, 273-285.

Plana 2001 : PLANA (R.) – D'emporion à Emporion : la colonie et son territoire. *In* : *Problemi della Chora coloniale dell'occidente al Mar Nero, Atti del XL Convegno di Studi sulla Magna Grecia, Taranto, 2000*. Napoli, 2001, 545-566.

Pons 1997 : PONS (E.) – Estructures, objectes i fets cultuals en el jaciment protohistòric de Mas Castellar (Pontós. Girona), *In* : *Espacios y lugares cultuales en el mundo ibérico = Quaderns de Prehistòria i Arqueologia de Castelló* 18, 1997, 71-89.

Pons, Asensio *et al.* 2005 : PONS (E.), ASENSIO (D.), BOUSO (M.), FUERTES (M.) – Noves aportacions sobre la periodització del jaciment de Mas Castellar de Pontós (Alt Empordà). *In* : *Món ibèric als països catalans, Vol. I. Homenatge a Josep Barberà, 2003*. Puigcerdà 2005, 361-377.

Pons, Bouso, Gonzalo 2006 : PONS (E.), BOUSO (M.), GONZALO (C.) – Significación y función de las estructuras excavadas del yacimiento protohistórico de Mas Castellar de Pontós (Girona) Espagne. *In* : Rere-Soutout (M-C.) (dir.) – *Des trous... Structures en creux pré- et protohistoriques*. Montagnac, 2006, 289-301.

Pons, Bouso *et al.* 1998 : PONS (E.), BOUSO (M.), FERNANDEZ (M.J.), GAGO (N.) – Significació funcional de les sitges amortitzades de Mas Castellar de Pontós : una aproximació metodològica. *Cypsela* 12, 1998, 63-79.

Pons, Fernàndez *et al.* 2000 : PONS (E.), FERNANDEZ (M.J.), GONZALEZ (H.), GAGO (N.), BOUSO (M.) – *El establecimiento agrario de Mas Castellar de Pontós (s.III-II aC)*. Sèrie Monogràfica 19, Museu d'Arqueologia de Catalunya, Girona, 2000, 147-156.

Pons, Fuertes *et al.* 2001 : PONS (E.), FUERTES (M.), GAGO (N.), BOUSO (M.) – Les sitges de l'assentament de Mas Castellar i les del territori. *In* : Martin (M.A.), Plana (R.), dir., *Territori polític i territori rural durant l'edat del Ferro a la Mediterrània Occidental*, Monografies d'Ullastret 2, Ullastret, 2001, 145-156.

Pons, Garcia *et al.* 2008 : PONS (E.), GARCIA (E.), dir. – *Prácticas alimentarias en el mundo ibérico. El ejemplo de la fosa FS362 de Mas Castellar de Pontós (Empordà-España)*. BAR International Series 1753, Oxford, 2008.

Pons, Gonzalo, López 2005 : PONS (E.), GONZALO (C.), LOPEZ (A.) – El sistema defensiu del poblat ibèric de Mas Castellar de Pontós (Alt Empordà, Girona). *In* : *Món ibèric als països catalans Vol.I, Homenatge a Josep Barberà, 2003*. Puigcerdà 2005, 379-392.

Pons *et al.* 2002 : PONS (E.), dir. – *Mas Castellar de Pontós (Alt Empordà). Un complex arqueològic d'època ibèrica (Excavacions 1990-1998)*. Sèrie Monogràfica 21, MAC Girona, 2002.

Pons, Rovira *et al.* 1997 : PONS (E.), ROVIRA (M.C.), dir. – *El dipòsit d'ofrenes de la fossa 101 de Mas Castellar de Pontós : un estudi interdisciplinari*, Estudis Arqueològics 4, Universitat de Girona, 1997.

Pons, Ruíz de Arbulo, Vivó 1998 : PONS (E.), RUIZ d'ARBULO (J.), VIVÓ (D.) – El yacimiento ibérico de Mas Castellar de Pontós (Girona). Anàlisis de algunas piezas significativas. *In* : Aranegui (C.), ed., *Actas del Congreso Nacional, Los iberos, Príncipes de Occidente. Las estructuras de poder en la sociedad ibérica*, Saguntum Extra I. València, 1999, 55-64.

Ruiz de Arbulo 2002-2003 : RUIZ de ARBULO (J.) – Santuarios y fortalezas. Cuestiones de indigenismo, helenización y romanización en torno a Emporion y Rhode (s. VI-I A.C.). *Cuadernos de Prehistoria y Arqueologia*, UAM, 28-29, 2002-2003, 161-2002.

5. L'oppidum ibérique de Sant Julià de Ramis

Josep Burch, Josep Maria Nolla, Jordi Sagrera

1. Introduction

Dans son travail intitulé *Geographike Hyphegesis*, Ptolémée situe Gerunda, zone dans laquelle se trouvent l'oppidum de Sant Julià de Ramis et *Aquae Calidae*, sur les terres du *populus* des *Ausetani* (peuplement ibère du nord-est de la Péninsule Ibérique) et, par conséquent, séparés de *Deciana*, *Iuncaria*, *Rhode* ou *Emporiae* qui seraient intégrés dans le territoire des *Indigetes*. Cette affirmation a été étudiée et discutée par de nombreux spécialistes aux opinions divergentes (Burch, Nolla 1996 pour la bibliographie et le compte rendu de ce d ébat). Nous n'essayerons pas d'analyser cette affirmation mais voulons remarquer que tous les autres auteurs antiques (Aviénus, *Ora maritima*, vers 523-524 ; Salluste, *Hist*., II, 98 ; Strabon, III, 4 et III, 48 et Pline, *Nat. Hist.*, III, 21) situent cette zone à l'intérieur du *populus* des *Indigetes*, dans des limites territoriales peu précises.

La culture matérielle et plus particulièrement la numismatique sont plus concluantes. Les productions céramiques sont presque identiques sur tout ce territoire, avec bien sûr des différences locales, de pâte ou de finitions : les céramiques ibériques décorées avec de la peinture blanche (Martín 1988) ou les céramiques grises qui ont un répertoire et des ateliers répartis sur l'étendue nord-est de la péninsule ibérique (Barberà, Nolla, Mata 1993). Il faut aussi remarquer que dans une vaste partie de ce territoire on n'a fabriqué qu'une seule et unique monnaie portant la légende ibérique *Untikesken* ("des indigètes"), fabriquée à Empúries (Vilallonga 1982).

En fin de compte, l'archéologie et la numismatique ébauchent une unité territoriale située à l'extrême nord-est de la péninsule ibérique, dont ferait partie l'oppidum de Sant Julià de Ramis. Il nous semble donc logique de penser que le territoire archéologiquement bien défini qui englobe une bonne partie du nord-est de la Péninsule Ibérique, y compris Sant Julià, est le territoire du *populus* des *Indigetes* auquel font références les sources utilisées.

2. Situation géographique

L'oppidum de Sant Julià de Ramis se trouve à l'extrême nord de la Péninsule Ibérique (**fig. 48**). La principale caractéristique du relief de ce territoire est sa diversité. Celle-ci est favorisée par l'existence de plusieurs chaînes de montagnes, dont la hauteur est peu significative –les Pyrénées, la Chaîne Littorale Catalane et la Chaîne Pré-littorale– qui le traversent autant d'est en ouest que du nord au sud. Le résultat est l'existence de petites unités géographiques parsemées sur toute cette zone, autant sur les terres de l'intérieur que sur celles du littoral. Une autre caractéristique est l'existence de fleuves – notamment le Ter et le Fluvià – qui ont un cours d'eau modéré, un débit très saisonnier et un parcours, toujours d'ouest en est, compris dans les limites de la zone à laquelle nous nous rapportons.

C'est dans ce contexte que se trouve l'oppidum de Sant Julià de Ramis. Cet oppidum était situé au sommet d'une colline, à 203 m au-dessus de la mer, et était entouré de zones montagneuses et de plaines, dont les dimensions étaient extrêmement modérées. Le Ter, en provenance des Pyrénées et délimitant la montagne, se dirige vers la mer où il débouche près du site grec d'Empúries (**fig. 84**).

Cette situation explique pour quelle raison, dans l'Antiquité, un vaste habitat y fut bâti au cours de l'époque ibérique. En effet, la colline de Sant Julià de Ramis est le point stratégique où s'assemblent les différents paysages dont se compose la zone. Ce point permet, non seulement de contrôler visuellement le bassin inférieur du Ter, à l'est de l'oppidum, et les plaines du sud-ouest, mais aussi le passage frayé par le Ter entre les montagnes qui permettait la communication entre les deux zones.

Il ne faut pas oublier que l'utilisation de ce passage comme chemin naturel transformé ensuite en véritable voie de communication remonte à des époques très anciennes et qu'il sert, encore de nos jours, de lieu de passage pour les routes modernes et les voies de chemin de fer. Il s'agissait donc d'un endroit stratégique d'une importance primordiale et c'est ainsi que les Ibères

Fig. 84. La plate forme supérieure de la montagne de Sant Julià de Ramis avec le Ter au fond.
Photo : Laboratoire d'Archéologie et Préhistoire. Université de Girona.

surent l'apprécier. Cet endroit permettait, non seulement de contrôler le passage mais surtout de le contrôler depuis une position surélevée et donc favorable à ses occupants. De plus, les caractéristiques de la montagne de Sant Julià de Ramis, avec une terrasse supérieure étroite mais allongée, permettaient l'établissement d'un habitat qui disposait, ainsi, grâce aux pentes abruptes, d'une défense naturelle considérable.

Les plaines et les forêts des alentours offraient, en sus, les ressources nécessaires pour assurer le ravitaillement des habitants de Sant Julià de Ramis.

3. Histoire de la recherche

C'est en 1932, au cours de la visite d'une des grottes préhistoriques situées dans la montagne, que Francesc Riuró et Carles de Palol, surpris par l'abondance de céramique ibérique à cet endroit, découvrirent le site archéologique. C'est au cours de cette même année que commencèrent, dans cette zone, des fouilles archéologiques qui se poursuivirent jusqu'en 1936. Les vestiges des premières maisons furent identifiés pendant ces années et c'est aussi à cette époque que furent publiées les premières informations sur ce site, qui définissaient d'ores et déjà certaines idées qui deviendraient communes aux publications postérieures et qui ont déterminé le discours historique sur ce site jusqu'aux années 1990 (Riuró 1934 ; Riuró 1995). Le soulèvement militaire contre la République espagnole et la Guerre Civile qui s'ensuivit portèrent un coup d'arrêt terrible à la recherche.

En 1939, malgré certaines difficultés, y compris personnelles, Riuró fut capable, en obtenant des résultats remarquables, de reprendre la tâche antérieure jusqu'en 1945. Ce n'est qu'en 1964 que la montagne de Sant Julià de Ramis devient à nouveau objet de nouvelles fouilles. C'est au cours de cette même année que Maluquer de Motes commença de nouveaux travaux qui permirent la récupération de plusieurs demeures partiellement construites dans le sous-sol de la montagne (Maluquer de Motes 1972). Nous n'en connaissons pas la raison, mais l'oppidum cessa d'être un sujet d'intérêt jusqu'au début des années soixante dix, date à laquelle il fut à nouveau exploré par M. Oliva et I. Rodà, en particulier au niveau du centre de la terrasse supérieure. Cette campagne fut suivie par un nouvel arrêt des travaux sur le terrain, même si de nombreuses publications relatives au site apparurent au cours des années suivantes (Rodà 1973).

En relation directe avec le site de Sant Julià de Ramis, il faut évoquer la découverte et la fouille d'un intéressant ensemble de silos trouvés, en 1972, au Camp dels Escalers et situé dans la partie inférieure de la montagne, pas très loin du lit du fleuve, près de l'endroit où furent découverts les restes de trois fours en terre cuite, d'une chronologie incertaine et qui auraient produit des *tegulae* et des *imbrices* (Tremoleda 2000). Beaucoup plus tard, la zone fut l'objet de nouveaux travaux pendant lesquels trois nouveaux silos furent mis au jour (Llinàs, Merino 1998). Dans l'ensemble, la chronologie du lieu est située entre le IIIe siècle et la première moitié du IIe siècle av. J.-C.

La découverte et la fouille, en 1991, du champ de silos du Bosc del Congost, situé sur le versant de la montagne, juste à côté du Ter, au beau milieu du passage de ce fleuve entre les montagnes, eut plus d'envergure et des résultats beaucoup mieux connus. 119 silos furent découverts, appartenant pour la plupart au IIe siècle av. J.-C., même si certains remontaient au IVe siècle av. J.-C. et d'autres au Ier siècle av. J.-C. Autant leur découverte que l'analyse effectuée servirent à jeter une nouvelle lumière sur la position et l'importance de Sant Julià à l'époque républicaine tardive.

Vingt-deux ans après, la découverte de restes archéologiques lors de travaux d'agrandissement du cimetière municipal donna lieu à une nouvelle fouille de l'oppidum. Deux grands murs, dans un premier temps identifiés comme des murs faisant partie des murailles de la cité, furent alors trouvés (Burch 1994). Il fut ensuite prouvé que ces murs avaient une autre fonction. En 1994, le Centre d'Investigacions Arqueològiques et la Mairie du village menèrent à bien de nouvelles fouilles dans la zone d'habitat de l'ancien oppidum. La campagne archéologique, inachevée, fut publiée de manière ponctuelle (Caravaca, Teixidor 1996).

Deux ans plus tard, en 1996, l'Université de Girona et la Mairie de Sant Julià de Ramis débutèrent une nouvelle phase d'interventions qui s'est poursuivie jusqu'à nos jours, à travers des campagnes annuelles de fouilles, réalisées en été. Au cours de cette période, les zones de fouilles se trouvaient aux alentours de l'ancienne église paroissiale et des murailles du nord du village, zone encore en fouille actuellement (Burch *et al.* 2001 ; Burch, Miquel, Sagrera 2008). Ce projet, actuellement en cours, reçoit le soutien de la Députation de Girona, du Ministère de la Science et d'Innovation, projet HUM2207-62486/HIST. et de la Généralité de Catalogne, programme EXCAVA06.

4. Les origines

On croyait encore il n'y a pas si longtemps, que le peuplement ibérique de Sant Julià avait des origines qui ne remontaient pas au-delà du IVe siècle av. J-C. Les recherches effectuées par Francesc Riuró depuis les années 30 puis poursuivies par de nombreux chercheurs, n'apportèrent pas de matériau permettant de remonter cette chronologie jusqu'à la période ibérique antique.

Cependant, les fouilles effectuées au cours des dernières années, dans la zone située derrière le cimetière paroissial, ont permis de modifier cette chronologie initiale et de la remonter de deux siècles, jusqu'à arriver à la première moitié du VIe siècle av. J.-C. Ces dates situent donc les origines du peuplement au moment de la formation de la culture ibérique à l'extrême nord de la Péninsule Ibérique (milieu du VIe siècle av. J.-C.) et de la fondation continentale du peuplement phocéen d'Emporion.

La plupart des données que nous avons sur cette époque proviennent surtout de sites de la région de l'Empordà (Martín 2005). La nécropole du Pla de l'Horta à Sarrià de Ter est le seul site situé dans les environs proches de Sant Julià qui peut appartenir, sans l'ombre d'un doute, à la période de formation de la culture ibère (Martín 1994, p. 99), mais une étude approfondie d'autres sites nous permettrait certainement de les inclure dans cette même étape.

Les fouilles effectuées jusqu'à ce jour à Sant Julià de Ramis ont permis de localiser quelques structures d'habitat antérieures au début du IVe siècle av. J.-C. Elles sont caractérisées par la présence de bases de pierres schisteuses provenant du sous-sol de la montagne et de murs construits en brique. Au dessus, le plafond était fait de poutres de bois, recouvertes de branches, de terre glaise et de paille, comme c'est le cas dans l'ensemble du monde ibérique septentrional documenté (Belarte 1997). L'élément le plus caractéristique est l'utilisation de la paroi rocheuse comme mur de fond. Cependant, les données dont nous disposons sur cette période sont très pauvres et ne permettent pas d'envisager un aménagement plus ou moins régulier de l'espace à travers un réseau de rues. En tous cas, l'existence de ces habitats au cours de cette période rattache Sant Julià au moment de formation mentionné plus haut.

C'est à partir des travaux réalisés au cours des dernières années que nous avons appris que durant cette période, ce noyau de population occupait une surface réduite située au sommet de la montagne, beaucoup moins étendue que celles occupées lors des périodes postérieures. Les fouilles effectuées plus récemment ont daté les restes de structures défensives situées au centre de la plate forme supérieure de la montagne à un moment imprécis du VIe siècle ou à la première moitié du Ve siècle av. J.-C. Un remblai fait de pierres et de terre, de plus de deux mètres d'épaisseur à certains endroits, servait à égaliser le terrain et à adoucir le fort dénivelé qu'il y avait entre le promontoire situé à l'ouest et le tracé de la muraille qui suivait la pente naturelle vers l'est. Il formait une sorte de plate forme élevée, plus ou moins rectangulaire, d'environ 18 m de long d'est en ouest et d'à peu près 15 m du nord au sud. Elle constituait la base sur laquelle reposaient les fondations de toutes les parties et structures de défense de cette période. Différents types de pierres étaient utilisés pour sa construction : des gros galets calcaires provenant de rivières, certains issus des montagnes situées aux alentours de Sant Julià, et de schistes du sous-sol lui même.

A ce site de sommet était associée une petite nécropole dont seuls étaient préservés quelques restes d'objets nobles, qui faisaient parti des ensembles funéraires qui accompagnaient l'urne.

Pour la même phase, on a retrouvé hors contexte, divers fragments de céramique d'origine grecque occidentale ainsi que quatre boucles de ceintures de bronze appartenant aux VIe et Ve siècles av. J.-C. Dans tous les cas de figure et mises à part les questions chronologiques, ce matériel nous permet de constater l'existence d'un échange de produits et l'intégration de Sant Julià de Ramis aux routes commerciales, rendus possible grâce à la Via Heraclea, qui atteignait même l'autre côté des Pyrénées, tout particulièrement en longeant le Ter jusqu'à Emporion.

Cet ensemble de données met donc en évidence l'établissement définitif de la population sur le territoire, comme on peut le constater à partir de la découverte de diverses structures de défenses et de vestiges de maisons rectangulaires ainsi que de l'utilisation de solins de pierre. La découverte d'objets associés à l'usage exclusif des élites de ces communautés nous indique qu'il s'agit aussi d'une période de consolidation de hiérarchies sociales. Pour finir, la présence de matériaux d'importation et leur quantité fait penser qu'il s'agit plus d'un échange de produits monopolisé par les élites indigènes qui trouvent, en ces biens étrangers, les biens de prestiges qui renforcent leur rôle au sein des communautés qui s'étaient formées et dont le noyau d'Emporion était devenu fondamental pour canaliser ces produits vers l'arrière-pays, que d'un commerce de grande envergure. L'ensemble de ces données situe Sant Julià dans le processus de formation des sociétés ibères de ce territoire et met en évidence le rôle fondamental d'Emporion dans ce processus.

5. L'oppidum, de la deuxième moitié du Ve siècle à la fin du IIIe siècle av. J.-C.

Au cours du Ve siècle et au début du IVe siècle av. J.-C., le noyau réduit de la phase antérieure connut une croissance notable jusqu'à atteindre une surface de 3 à 4 hectares. Une bonne partie du sommet de la montagne fut, de ce fait, incluse dans la zone de l'oppidum, ce qui provoqua, certainement au cours du Ve siècle av. J.-C., l'oblitération de l'ancienne nécropole.

Nous avons pu observer, dans la zone fouillée, qu'au début du IVe siècle av. J.-C. il y avait des différences significatives par rapport à la période antérieure. L'une d'entre elles étant l'existence de l'aménagement de l'espace à partir d'une structure de rues longues et parallèles qui se prolongeaient longitudinalement du nord-est au sud-ouest. D'autres, perpendiculaires, plus abruptes, les reliaient entre elles. Il s'agissait, en définitive, de rues tortueuses et d'une largeur variable, adaptées aux courbes de niveau mais qui indiquent, pour la première fois, l'existence d'un aménagement évident de l'intérieur de l'espace de l'oppidum s'adaptant à la topographie du sommet de la montagne, tel que ce fut le cas pour d'autres *oppida* de ce territoire (Llorens, Mataró, 1999).

L'apparition d'habitats plus complexes que ceux de la phase antérieure est une autre grande nouveauté. En témoigne la construction d'une maison complexe formée d'au moins sept pièces. Cela n'annonce pas la disparition des habitats plus simples, unicellulaires, qui continueront d'exister jusqu'au Ier siècle av. J.-C., mais met en lumière une réalité architectonique plus riche et plus variée qu'on ne pouvait le supposer. Pendant de longues années, l'oppidum de Sant Julià de Ramis fut le paradigme d'un type de maison simple et distribuée en terrasses sur le versant de la montagne. Cet espace présente des caractéristiques multifonctionnelles : habitat et repos, d'un côté, production et travail, de l'autre. La présence de meules pour l'élaboration de la farine ou de *pondera* et de bobines pour tisser, nous rapprochent d'une réalité et d'une activité domestique développées au sein d'unités familiales. Cependant, l'existence d'un grand four circulaire conservé pendant toute la période ibérique puis d'un four plus petit, jusqu'à la fin du IIe siècle av. J.-C., relie ce bâtiment à une zone de travail qui dépasse, très certainement, le domaine domestique (**fig. 85**). L'articulation de la zone productive avec la non productive au sein d'un même édifice et l'articulation de cet espace complexe avec d'autres plus simples, nous laissent entrevoir une réalité sociale riche et complexe.

Au cours de la deuxième moitié du Ve siècle av. J.-C., les habitants de l'oppidum refirent entièrement les murailles du secteur septentrional (**fig. 86**). La réfection du tronçon nord se concrétisa par la construction d'une nouvelle muraille d'une largeur totale de 5,1 m. Elle était formée de deux murs, de 120 cm de large, qui constituaient les parements extérieurs de la structure défensive et qui contenaient un noyau interne de terre. La partie orientale de ce mur double se fermait au moyen d'un autre mur qui, lui, était encore situé sur la plate forme. A partir de cet endroit, la muraille se prolongeait par un mur massif, qui donnait, en comparaison avec la phase antérieure, une extraordinaire solidité à l'ensemble.

Le fait est qu'en 1991, près de Sant Julià, dans ce que nous pouvons considérer comme la zone suburbaine de l'oppidum, le Bosc del Congost, un vaste champ de silos fut exploré. Distribués sur 2000 m^2, 119 silos furent fouillés et datés entre le IVe siècle et le Ier siècle av. J.-C. Il faut remarquer, en plus de la proximité avec le noyau ibère, la proximité avec le Ter, ce qui permettait un contact direct avec Emporion. Cependant, des 119 silos, seuls 14 auraient été utilisés et installés au cours du IVe siècle et du IIIe siècle av. J.-C. Si nous ajoutons à ce fait la quantité, réellement faible, d'importations enregistrées lors des fouilles, nous pouvons en déduire qu'il s'agissait d'un commerce d'une envergure relativement faible bien que l'on disposât, grâce au fleuve, d'une communication directe avec Emporion.

Dans les alentours immédiats de Sant Julià de Ramis, le peuplement ibérique de cette période est bien fixé et défini (Alberch, Burch 2002). Les *oppida* se situent, comme c'est le cas pour Sant Julià, sur des collines, près de cours d'eau, certains plus importants que d'autres, bordant et délimitant la plaine agricole où sont distribués, de manière irrégulière, les champs de silos. Malheureusement, nous ignorons totalement la nature et les caractéristiques de ces peuplements du IVe et IIIe siècle av. J.-C.

Comme on l'a dit plus haut, les vestiges retrouvés à Sant Julià sont comparables à ceux que l'on a retrouvés dans d'autres sites ibères situés à l'extrême nord-est de la péninsule ibérique. Par exemple, bien que l'on trouve à peu près le même type d'importations que sur d'autres sites, ces importations ne sont comparables ni par la quantité ni par la qualité à celles d'un site comme Mas Castellar de Pontós (Pons 2002, et *supra* dans ce volume, p. 105-118). Malgré la découverte d'une maison d'une certaine complexité et de solides structures de défense, celles-ci ne sont pas non plus comparables à la sophistication architectonique présente dans d'autres endroits comme par exemple la zone 14 du Puig de Sant Andreu ou encore les magnifiques défenses de ce même site (Martín 2005 et dans ce volume p. 89-104). Il s'agit évidemment de structures politiques et sociales peu connues dans l'état actuel de nos connaissance.

6. La dernière étape

Le rôle joué par Emporion sur le front hispanique de la deuxième guerre Punique fut déterminant. Cependant, au cours des années allant de 218 à 197 av. J.-C., la présence romaine ne semble pas représenter une rupture par rapport aux périodes antérieures. Les changements qui marquèrent profondément l'histoire des sociétés ibères de l'extrême nord-est de la péninsule ibérique, eurent lieu à partir de la grande révolte et de l'intervention du consul Marcus Porcius Caton en 195 av. J.-C. (Martínez Gázquez 1974 ; Nolla 1984). Après avoir vaincu l'armée ibère près d'Empúries, et pris le campement ennemi, le magistrat laissa du temps aux vaincus pour qu'ils implorent clémence et demandent la paix. Les sources rappellent que cette dernière fut accordée sous des conditions d'une extrême dureté, qu'ils acceptèrent, et qui comprenait, entre autres, le démantèlement des murailles et des fortifications et le dépôt des armes. Rome traita donc les vaincus et ses alliés de manière inégale, en s'imposant différemment aux uns et aux autres, en favorisant les uns et en tenant à distance les autres, en appliquant donc à la perfection la vieille et efficace politique *diuide* et *impera* pratiquée dans la Péninsule Italique depuis des siècles.

Parmi les *oppida* traités avec plus d'égard, nous trouvons celui de Sant Julià de Ramis. L'oppidum ne fut pas démantelé et la population ne fut pas dispersée. Bien au contraire, les données apportées par les fouilles de ces dernières années nous permettent de constater non seulement la continuité de l'occupation du lieu mais aussi la position privilégiée de l'endroit par rapport aux autres *oppida*.

Fig. 85. Four circulaire situé à l'intérieur d'un espace domestique. Photo : Laboratoire d'Archéologie et Préhistoire. Université de Girona.

Fig. 86. Murailles nord de l'oppidum (toutes les époques). Photo : Globus Visió. Laboratoire d'Archéologie et Préhistoire. Université de Girona.

Fig. 87. Restitution du temple de l'époque républicaine. Photo : Laboratoire d'Archéologie et Préhistoire. Université de Girona.

Fig. 88. Représentation de Triptolèmee apposé sur la paroi extérieure d'un cratère. Photo : Laboratoire d'Archéologie et Préhistoire. Université de Girona.

Fig. 89. Plan de la muraille nord de l'oppidum au IIe siècle av. J.-C. Photo : Laboratoire d'Archéologie et Préhistoire. Université de Girona.

Le champ de silos du Bosc de Congost, lieu où la majorité d'entre eux fut installée au cours de ces années, la construction d'un temple, la réfection des défenses septentrionales du village et la quantité extraordinaire de céramique récupérée lors des fouilles archéologiques prouvent le dynamisme dont fait preuve l'oppidum de la montagne de Sant Julià de Ramis.

Au tournant des années 120 av. J.-C., la zone centrale de l'oppidum, lieu où fut bâtie, au IVe siècle av. J.-C., la grande maison mentionnée *supra*, fut touchée par un important réaménagement de l'espace. C'est à cet endroit qu'un temple fut construit, sur un emplacement bien choisi si l'ouvrage à bâtir devait avoir une relation avec le vieux chemin d'Héraclès ou le cours du Ter, qui menait à Empúries. Pour ce faire, l'occupation et la démolition d'un quartier du vieux centre urbain furent nécessaires. Une fois le lieu abandonné, il fut procédé au démantèlement des anciens habitats qui étaient un obstacle pour les nouveaux besoins. Les décombres résultant de l'opération furent utilisés pour remblayer la zone. La construction à l'origine de ce changement n'est que partiellement connue : un imposant ouvrage de soutènement de plus de 5 m de largeur sans compter les murs des contreforts intérieurs. Il s'agit d'un parement de doubles murs-rideaux, parallèles, avec des tirants équidistants. La face extérieure du mur a une certaine qualité avec un parement d'opus polygonal relativement régulier, de dimension très variée tout en essayant de former des files rectilignes. Ces éléments donnent à l'apparence extérieure une certaine monumentalité. Le résultat final est que nous nous trouvons devant un ouvrage réalisé selon les techniques largement documentées, à l'époque hellénistique et de la basse République, de l'*emplecton*.

Le tronçon conservé, d'environ 40 m, est délimité, à chacune de ses extrémités, par des angles qui marquent un changement de direction des murs. Les dimensions, la situation et les caractéristiques de l'ouvrage permettaient de justifier la fonction d'un grand mur de soutènement d'une plate forme qui se voulait suffisamment grande et située en fonction de sa visibilité depuis la voie et du contrôle, probablement symbolique, qui pouvait être exercer d'en haut.

Nous ne connaissons que partiellement le temple, étant donné que sa partie supérieure, la partie centrale de la prétendue plate forme, nous met en contact direct, en de nombreux endroits, avec la roche naturelle ou encore avec de nombreux bâtiments de grande valeur construits à l'époque de la haute Antiquité et du Moyen Age. Cependant, ces édifices remployèrent des blocs de grès qui, selon nous, faisaient partie des éléments de construction du temple républicain tardif disparu sans laisser de traces. C'est à partir de ces éléments qu'il a été possible de reconstituer partiellement le temple, un bâtiment de 8 à 10 mètres de hauteur, élevé sur un podium, prostyle et pseudo périptère (**fig. 87**).

Ce grand temple, sans doute successeur d'une tradition religieuse située au même endroit, devait établir les fondements de l'intégration culturelle des indigènes à la nouvelle réalité politique, renforcer le rôle de Sant Julià sur le territoire et devenir, en même temps, un signe, une référence pour le contrôle symbolique du territoire.

Il faut mentionner, comme témoignage du syncrétisme culturel qui se produit lors de cette phase républicaine, la récupération de divers fragments d'un cratère dans le silo 53 du champ de silos du Bosc del Congost (**fig. 88**). Un relief qui représente une figure humaine assise sur un trône ailé tiré par des serpents fut appliqué sur la paroi extérieure du vase. Il s'agit là de l'iconographie typique du héros grec Triptolème, bien qu'il présente des traits caractéristiques de l'époque hellénistique. Un visage féminin aux traits faciaux très marqués, situé sous une anse tressée, est une gorgone. La chronologie du vase est incertaine mais le niveau dans lequel elle fut trouvée peut être daté de la fin du IIIe siècle et du début du IIe siècle av. J.-C.

Dans le même temps, ou juste avant la construction de ce temple, il convient également de mentionner les importantes réfections qui eurent lieu dans le secteur des défenses septentrionales de l'oppidum (**fig. 89**). C'est alors que fut construit un grand bastion qui scellait l'une des anciennes portes de l'enceinte. L'élément central était une grande tour rectangulaire partiellement recouverte d'un pavement de *tegulae*. Au même moment, une nouvelle porte était construite au nord-est de la muraille. L'entrée formait un palier d'accès de guère plus de 2 m. de largeur. Chacun de ses murs latéraux formait une sorte d'entonnoir, au fond duquel se trouvait une porte. Un espace, certainement lié contrôle de la porte, fut aménagé à l'ouest. Sa base, un pavement de mortiers de chaux, était rectangulaire et reposait contre la muraille et contre l'un des murs qui flanquait le portail.

Ces grandes constructions publiques ne signifièrent pas la fin de la construction de nouveaux habitats. Bien au contraire, d'autres habitats furent bâtis, simples, rectangulaires ou quadrangulaires, avec une claire vocation ibérique mais qui se distinguent par l'utilisation d'éléments typiquement italiques comme par exemple les *tegulae* et les *imbrices*, éléments qui témoignent des effets de la romanisation sur la population ibère.

7. L'abandon

Ce processus se paralyse brusquement : les données archéologiques mettent en évidence un abandon rapide et apparemment pacifique du lieu. L'abandon eut lieu au cours de la troisième décennie du Ier siècle av. J.-C. coïncidant dans le temps avec la fondation d'une cité, Gerunda, située à un peu plus de 3 kilomètres du vieil oppidum. Cette cité de plan orthogonal, sur une base nouvelle, structurée à partir d'un *cardo maximus*, tronçon interne de la voie, fut conçue comme une forteresse solide et basée sur l'utilisation intelligente des excellentes conditions topographiques. L'endroit choisi pour son emplacement peut, dans un premier temps, sembler peu indiqué, cependant, si on l'observe attentivement, il met en évidence une connaissance détaillée et précise de l'environnement et un choix parfait. En effet, Gerunda est située sur une pente prononcée, avec un dénivelé de 60 mètres, sur le versant de la montagne, sur les derniers contreforts des Gavarres, encaissée entre deux cours d'eau, la petite rivière Galligants au nord et l'Onyar à l'ouest, très près du lieu où les eaux rejoignent celles du Ter. Le choix de cet endroit peu fonctionnel pour y situer une cité régulière, conçue suivant la manière italique, est compréhensible si nous prenons en compte que le chemin nord-sud et les grands axes qui lui sont perpendiculaires passaient précisément par le point où la fondation fut établie. Les montagnes d'un côté et les rivières de l'autre conditionnaient la voie qui devait obligatoirement traverser cet espace. (Nolla, Palahí 2007).

La décision politique de la fondation entraîna le réaménagement du territoire. L'oppidum de Sant Julià ainsi que les autres peuplements ibères mineurs durent céder une partie considérable de leur population qui habiterait alors dans la nouvelle ville (Nolla 1999). Cette décision, qui devait rapidement toucher les élites indigènes, s'étendit immédiatement au reste de la communauté. La concession du droit latin dans la ville de Gerunda, sous le règne d'Auguste, met en évidence cette nouvelle situation. La fondation de la ville coïncide avec la disparition des anciens *oppida*, dont beaucoup furent abandonnés dès la deuxième moitié du Ier siècle av. J.-C. Le modèle de peuplement avait considérablement changé, avec un point central urbain qui servirait, dès lors, de capitale indiscutable d'un vaste territoire.

A partir de ce moment, situé dans la troisième décennie du Ier siècle av. J.-C., on constate que Sant Julià n'a été habité que ponctuellement jusque vers 60-50 av. J.-C. Par la suite, seul l'extrême nord de l'oppidum aurait été occupé, sans doute par une tour de guet et de communications qui aurait été située sur ce sommet pendant quelques décennies, peut être jusqu'à la fin du Ier siècle av. J.-C.

BIBLIOGRAPHIE

Alberch, Burch 2002 : ALBERCH (X.), BURCH (J.) – El món antic. *In* : Alberch (X.), Burch (J.), *Història del Gironès*, Girona, 2002, 901, p. 131-211.

Barberà, Nolla, Mata 1993 : BARBERA (J.), NOLLA (J.M.), MATA (C.) – La ceràmica grisa emporitana, Barcelona, 1993, p. 97 (Cuadernos de Arqueología, 6).

Belarte 1997 : BELARTE (M.C.) – *Arquitectura doméstica i estructura social a la Catalunya protohistòrica*, Barcelona, 1997, p. 242.

Burch 1994 : BURCH (J.) – Excavacions arqueològiques al poblat de Sant Julià de Ramis. *Annals de l'Institut d'Estudis Gironins*, XXXIII, 1994, p. 75-87.

Burch, Miquel, Sagrera 2008 : BURCH (J.), MIQUEL (I.), SAGRERA (J.) – El poblat ibèric de Sant Julià de Ramis. *In* : Soler (J.) coord. *Novenes Jornades d'Arqueologia de les Comarques de Girona*, vol. I, L'Escala-Empúries, 2008, 720, p. 151-157.

Burch, Nolla 1996 : BURCH (J.), NOLLA (J.M.) – Gerunda i els ausetans. Una qüestió recurrent. *Annals de l'Institut d'Estudis Gironins*, XXXV, 1996, p. 9-26.

Burch *et al* 2001 : BURCH (J.), NOLLA (J.M.), PALAHÍ (Ll.), SAGRERA (J.), SUREDA (M.), VIVO (D.) – *El sector de l'antiga església parroquial*, Girona, 2001, p. 161. (Excavacions arqueològiques a la muntanya de Sant Julià de Ramis, 1).

Caravaca, Teixidor 1996 : CARAVACA (J.), TEIXIDOR (M.) – Excavacions arqueològiques l'any 1994 al poblat ibèric de Sant Julià de Ramis (Gironès). *In* : *Terceres Jornades d'Arqueologia de les Comarques de Girona*, Santa Coloma de Farners, 1996, p. 119-125.

Llinàs, Merino 1998 : LLINÀS (J.), MERINO (J.) – Camp dels Escalers (Sant Julià de Ramis, el Gironès). *In* : *Quartes Jornades d'Arqueologia de les Comarques de Girona*, Santa Coloma de Farners, 1999, p. 109-113.

Llorens, Mataró 1999 : LLORENS (J.M.), MATARÓ (M.) – La trama urbana i les àrees de circulació. *In* : Martin, (A.), Buxó (R.), López (J.B.), Mataró (M.) dir, *Excavacions arqueològiques a l'illa d'en Reixac (1987-1992)*, Girona, 1999, 371, p. 35- 38 (Monografies d'Ullastret 1).

Maluquer de Motes 1972 : MALUQUER DE MOTES (J.) – El poblado ibérico de San Julià de Ramis (Gerona). *Pirineos*, 106, p. 43-60.

Martín 1988 : MARTÍN (A.) – Algunes precisions més sobre la ceràmica ibèrica indiketa decorada amb pintura blanca. *Fonaments. Prehistòria i Món Antic als Països Catalans*, 7, 1988, p. 47-56.

Martín 1994 : MARTÍN (A.) – Els antecedents ibèrics de la ciutat de Gerunda. *Annals de l'Institut d'Estudis Gironins*, XXXIII, 1994, p. 89-108.

Martín 2005 : MARTÍN (A.) – Territori i hàbitat al nord-est català en època ibèrica. *In* : *Món Ibèric als Països Catalans*, I (XIII Col·loqui Internacional d'Arqueologia de Puigcerdà, 2003), Puigcerdà, 2005, 1220, p. 323-345.

Martínez Gázquez 1974 : MARTÍNEZ GÁZQUES (J.) – *La campaña de Catón en Hispania*, Barcelona, 1974, p. 206.

Nolla 1984 : NOLLA (J.) – La campanya de M. P. Cató a Empúries. *Revista de Girona*, 108, p. 150-157.

Nolla 1988 : NOLLA (J.) – El material ceràmic dels nivells fundacionals de Gerunda. Els estrats inferiors de Casa Pastors. *Revista d'Arqueologia de Ponent*, 9, 1988, p. 181-210.

Nolla, Palahí 2007 : NOLLA (J.), PALAHÍ (LL.) – La fundació de Gerunda. *In* : Palahí (LL.), Nolla (J.) et Vivo (D.) dir, *De Kerunta a Gerunda. Els orígens de la ciutat, Girona*, 2007, 254, p. 213-234.

Pons 2002 : PONS (E.) dir – *Mas Castellar de Pontós (Alt Empordà). Un complex arqueològic d'època ibèrica (Excavacions 1990-1998)*, Girona, 2002, p. 635. (Sèrie Monogràfica, 21).

Riuró 1934 : RIURÓ (F.) – Sant Julià de Ramis. *Butlletí del Grup Excursionista i Esportiu Gironí*, 114, 1934, p. 5-9.

Riuró 1995 : RIURÓ (F.) - Crònica de cinquanta anys d'activitat arqueològica. *Quadern de Treball*, 8, 1995, p. 75-111.

Rodà 1973 : RODÀ (I.) – Nuevas Investigaciones en el poblado ibérico de Sant Julià de Ramis (Gerona), XII Congreso Nacional de Arqueología (1971), Zaragoza, 1973, 881 p. 503-512.

Tremoleda 2000 : TREMOLEDA (J.) – *Industria y artesanado cerámico de época romana en el nordeste de Cataluña : época augústea y altoimperial*, Oxford, 2000, p. 341 (BAR international series).

Villaronga 1982 : VILLARONGA (L.) – Les seques ibèriques catalanes : una síntesi. *Fonaments. Prehistòria i Món Antic als Països Catalans*, 3, 1982, p. 135-183.

Chapitre III

Grecs et indigènes autour de Marseille

1. Grecs et indigènes dans le territoire de Marseille

Loup Bernard, Sophie Collin-Bouffier, Henri Tréziny

Les rapports des Grecs de Marseille avec leur environnement indigène sont très contrastés. Selon les récits de fondation, les premiers colons se seraient installés en plein accord avec les populations locales qui leur auraient cédé le site, et des mariages mixtes pourraient avoir marqué les premières années de la cité. Mais des conflits éclatent rapidement, sans doute parce que les Grecs de Marseille s'intéressent très vite à leur territoire proche.

Malheureusement, la superposition de la ville moderne à la quasi-totalité du territoire de la ville antique n'offre que peu de fenêtres d'observation. La table ronde sur le territoire de Marseille en 1985 (*EtMassa 1*) avait fait ce triste constat : nos connaissances commençaient autour de Marseille avec des sites indigènes (Saint-Marcel, Martigues, Saint-Blaise) qui sont sans doute aux marges du domaine marseillais.

Les recherches récentes permettent cependant aujourd'hui d'aller un peu plus loin, que ce soit dans la *chora* même, avec la découverte de traces de culture et de parcellaires (voir infra le rapport de Ph. Boissinot) ou en bordure, avec de nouvelles fouilles d'*oppida* (Les Mayans, Verduron) et un nouveau programme de prospections systématiques autour de la vallée de l'Huveaune[1].

1. Marseille et ses voisins jusque vers 540 av. J.-C.

1.1. Les récits de fondation

L'histoire du mariage du chef des Phocéens (Protis ou Euxénos, selon la version) avec la fille du roi Nannus nous est connue par deux textes tardifs[2] et apparaît comme un unicum dans la tradition littéraire et épigraphique sur la colonisation grecque. L'un cite un passage de la *Constitution de Marseille* d'Aristote aujourd'hui disparue, que rapporte l'intellectuel Athénée de Naucratis à la fin du IIe s. ap. J.-C. L'autre, attribué au gaulois Trogue Pompée (*Histoires philippiques*, époque augustéenne), est transmis dans une version abrégée par Justin (IIIe s. ap. J.-C.). Sources de deuxième, voire de troisième main (lorsque l'on sait comment travaillait Aristote à la composition de ses *Constitutions*), ces textes doivent être lus avec précaution comme l'ont maintes fois souligné les exégètes. Ils s'apparentent à des mythes largement répandus dans la littérature indo-européenne, et tout particulièrement dans la mythologie grecque et l'épopée homérique. Même si les modalités de l'union matrimoniale n'ont pas obligatoirement de valeur historique, le mariage du Grec et de l'indigène reflète un type de rapports pacifiques mis en place par les Phocéens qui cherchaient à commercer avec les populations locales.

Le texte latin de Trogue Pompée[3] suggère que les chefs grecs, Protis et Simos, débarqués en un point de la côte, vont trouver le roi Nannus. Celui-ci leur donne, outre sa fille, « un lieu pour fonder une ville », évidemment ailleurs que là où il habite et probablement dans une zone qui n'intéresse pas les populations locales. On en retiendra que, selon le récit de Trogue-Pompée, Nannus habitait en dehors de Marseille ; mais rien n'indique s'il habitait un village, si ce village était fortifié, et à quelle distance de Marseille il se trouvait. Le don de

1 Projet Collectif de Recherche, « L'occupation du sol dans le bassin de Marseille de la Préhistoire à l'époque moderne », porté par le Centre Camille Jullian (H. Tréziny, L. Bernard, A. Copetti ; V. Dumas), et auquel participe l'Institut de Recherche sur l'Architecture Antique (S. Collin Bouffier), l'Atelier du Patrimoine (A.-M. D'Ovidio), le LAMPEA (J.-P. Bracco), l'INRAP (P. Chevillot).

2 Les principaux textes sont rassemblés avec traduction dans D Pralon, La légende de la fondation de Marseille, *EtMassa 3*, p. 51-56 ou (en traduction française) dans le volume *CAG Marseille*, p. 145-159.

3 Justin (abrégé des *Histoires philippiques*) : « Ainsi, ils vont trouver le roi des Ségobriges, nommé Nannus, sur le territoire duquel ils méditaient de fonder une ville et lui demandent son amitié. Or, justement, ce jour-là le roi était occupé à préparer les noces de Gyptis sa fille que, selon la coutume de son peuple, il se préparait à marier par le choix d'un gendre au cours du festin. Et, puisque tous les prétendants avaient été invités aux noces, on convie aussi au banquet les hôtes grecs. Ensuite, la jeune fille fut introduite et, comme son père lui avait ordonné de proposer l'eau à celui qu'elle choisirait pour mari, elle délaissa alors tous les autres, se tourna vers les Grecs et proposa l'eau à Prôtis, qui d'hôte devint gendre et reçut de son beau-père un lieu pour fonder une ville » (trad. Pralon).

terres suggère également qu'il maîtrisait la plaine côtière et exerçait sur ses voisins une sorte de domination reconnue comme légitime.

Le texte grec d'Aristote, nettement plus ancien, est aussi plus anecdotique pour notre propos dans la mesure où il se limite aux modalités du choix [4]. Nous y apprenons qu'Euxénos prit pour femme Petta (c'est ici le nom de Gyptis) et vécut avec elle. L'expression semble pléonastique, mais le verbe utilisé, συνοικεῖν, est intéressant : il peut servir à désigner la cohabitation non seulement entre deux personnes, mais aussi entre deux groupes, et on a pu y voir l'expression symbolique d'une cohabitation, au moins dans la première génération, entre Grecs et Gaulois. On apprend également que l'époux impose un nouveau nom à la jeune fille, qui devient « la meilleure des hôtesses », Aristoxénè, répondant linguistique du nom d'Euxénos, le bon hôte. Ce détail est intéressant en ce qu'il montre comment les Grecs s'approprient dès l'origine l'identité de l'indigène.

1.2. Les données archéologiques

Les fouilles urbaines

Le site de Marseille était occupé à l'époque néolithique vers la colline Saint-Charles (fouilles récentes rue Bernard-du-Bois) [5], et a été fréquenté massivement au Bronze moyen 1500-1300 av. J.-C.), comme le prouve l'amas d'huîtres de la zone portuaire autour de la Mairie (Parcours de villes, p. 20).

Un bracelet en bronze retrouvé sous le « quai » archaïque de la place Villeneuve-Bargemon pourrait se dater vers la fin du VIIe s. ou au début du VIe s. quoique les plus anciens parallèles cités par P. Arcelin (*Parcours de villes*, p. 20) se datent dans le premier quart du VIe s.

À proximité immédiate, deux vases fragmentaires non tournés de la fouille de l'Espace Bargemon pourraient être antérieurs à 600 av. J.-C. : une coupe à bord divergent du Bronze moyen ou final et un col d'urne du Bronze final ou du début de l'Âge du fer (Gantès 2005, p. 701), autour du VIIIe s. av. J.-C.

Enfin, une tombe à incinération découverte en 2001 dans les fouilles du tunnel de la Major est certainement antérieure au second quart du VIe s. av. J.-C., date à laquelle ce secteur est urbanisé [6]. Faute de matériel, elle n'est pas directement datable, et la datation C14 est trop lâche pour nous être utile. Bien qu'on ne puisse exclure une date « pré-coloniale » (antérieure à 600 av. J.-C.), il faut sans doute y voir plutôt une tombe grecque « proto-coloniale », contemporaine des premières installations grecques du premier quart du VIe s. sur la butte Saint-Laurent.

Les niveaux d'occupation de la ville grecque dans le courant du VIe s. contiennent des céramiques indigènes non tournées, assez abondantes dans la première moitié du siècle, plus rares ensuite [7]. Leur interprétation historique est cependant difficile : s'agit-il de céramiques de cuisine, importées par les Grecs pour leur usage propre ? de céramiques utilisées par les femmes indigènes des colons grecs, si les noces de Protis et de Gyptis sont la représentation mythique d'une pratique courante dans les premiers temps de la colonisation grecque ? ou encore de la preuve de l'existence de noyaux indigènes à l'intérieur de la cité grecque ? Autant de propositions qu'il paraît difficile de démontrer aujourd'hui. De la même façon, l'existence de cabanes à poteaux porteurs dans la fouille de la rue de la Cathédrale a pu être interprétée comme la trace de techniques de constructions indigènes, par opposition aux maisons en adobes sur solin de pierre des habitats grecs archaïques (parvis Saint-Laurent). Mais les Grecs, même si les traces archéologiques manquent à ce jour dans les sites coloniaux d'Occident, savaient sans doute aussi construire des bâtiments sur poteaux porteurs, ne serait-ce que pour des annexes de l'habitat principal.

En somme, même si quelques fragments retrouvés en remblai dans les fouilles du port pourraient sans doute dater du VIIe s., aucune découverte n'autorise à ce jour semble-t-il, à postuler l'existence d'un habitat indigène sur le site de Marseille avant l'arrivée des Grecs. Rien n'oblige non plus à envisager un phénomène de cohabitation entre Grecs et indigènes dans la cité, comme ce fut sans doute le cas à Léontinoi dans la toute première phase de la fondation coloniale (Polyen, V, 5, 1), ou plus tard à Emporion (Aquilué *et al.*, dans ce volume, p. 65-78), sinon de façon accidentelle, ou bien entendu dans le cas des mariages mixtes [8].

---

4 Aristote, Constitution des Marseillais (= Athénée, *Deipnosophistes*, XIII, 576) : « Euxène, le Phocéen, était l'hôte du roi Nanos (tel était son nom). Ce Nanos célébra les noces de sa fille alors que par hasard Euxène était présent. Il l'invita au banquet. Le mariage se faisait de cette manière : il fallait qu'après le repas l'enfant entre et donne une coupe de vin mélangé à qui elle voulait des prétendants présents. Et celui à qui elle aurait donné la coupe, celui-là devait être son époux. L'enfant entre donc et, soit par hasard, soit pour une autre raison, donne [la coupe] à Euxène. Le nom de l'enfant était Petta. À la suite de cet événement, comme le père acceptait qu'il eût la jeune fille en pensant que le don avait été fait avec l'accord de la divinité, Euxène la reçut pour femme et vécut avec elle, changeant son nom (à elle) en Aristoxénè » (trad. Pralon remaniée).

5 *CAG Marseille* p. 573-574 ; Bilan Scientifique *SRA-PACA*, 2006, p. 141-143.

6 Vasselin, Lisfranc 2004 ; *CAG Marseille*, p. 432.

7 Chiffres dans Gantès 1992, p. 176-177 et graphique ; voir *infra*, p. 509.

8 Sur ces questions, cf. R. M. Albanese, *infra*, p. 501-508.

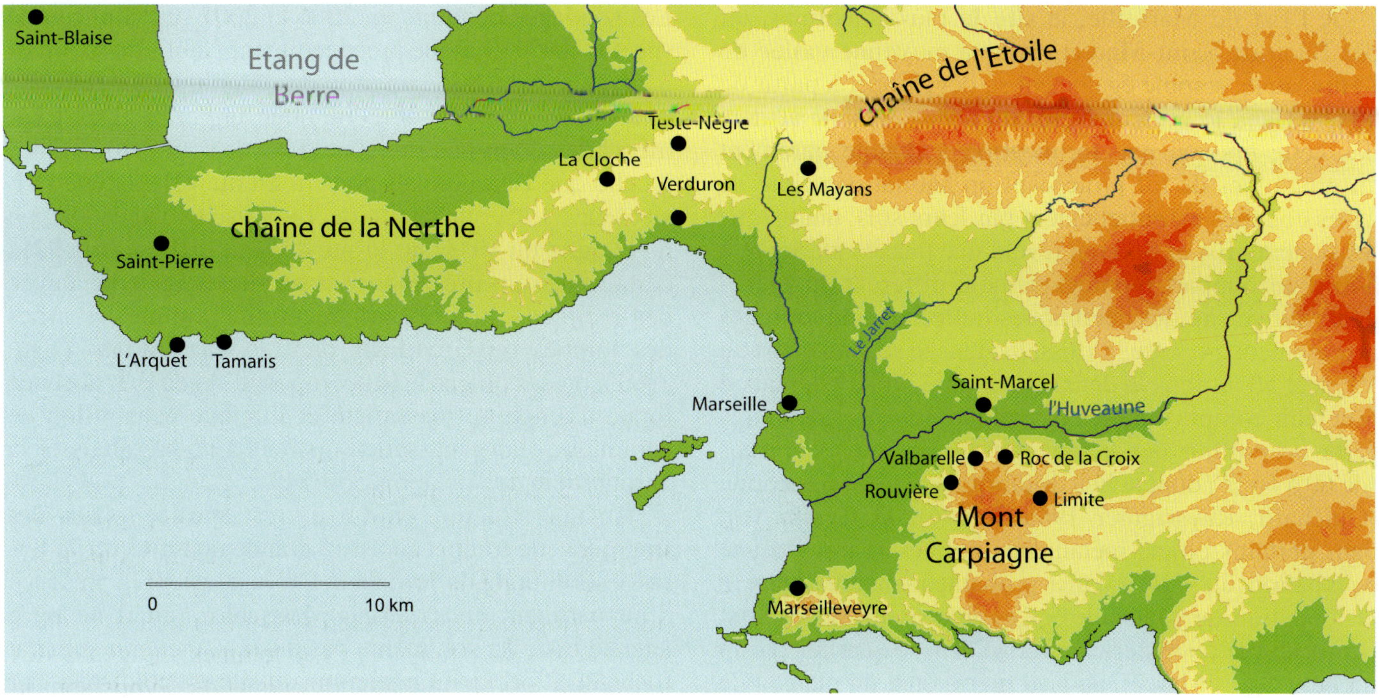

Fig. 90. Les principaux sites de l'arrière-pays marseillais mentionnés dans le présent article (H. Tréziny).

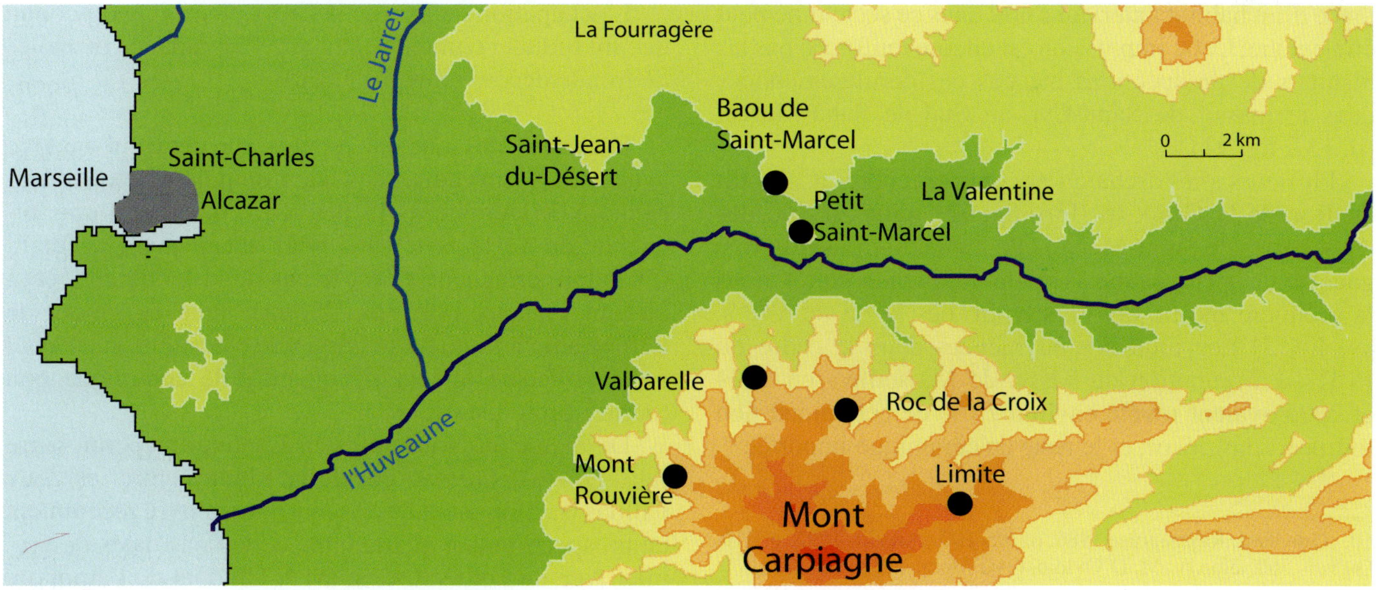

Fig. 91. La vallée de l'Huveaune et le « verrou » de Saint-Marcel (H. Tréziny).

Le territoire (fig. 90)

Il y a encore quelques années, les seuls sites qui semblaient présenter des traces d'occupation antérieures à la fondation de Marseille se trouvaient à l'Ouest de la ville, en direction du Rhône, peut-être à Saint-Blaise. Mais les importations grecques jugées les plus anciennes à Saint-Blaise commencent à se trouver également à Marseille, par exemple un bol « rhodien » à oiseau mis au jour dans les fouilles du port[9]. Aucun des principaux habitats groupés et fortifiés fouillés ces dernières années dans la chaîne de la Nerthe ne semble antérieur à 600 (Tamaris : Duval 1998 ; 2000), voire le second quart du VIe s. (Saint-Pierre : Chausserie-Laprée 2000 ; cf. Garcia 2004, p. 73).

9 Gantès 2005, p. 704, 706, 711, corrigeant Gantès 1992, p. 73 « absents à Marseille ».

A l'Est de Marseille, le site le plus important, dit des Baou de Saint-Marcel, dans la moyenne vallée de l'Huveaune, semble également se développer à partir de 575 [10]. Dans le secteur Nord, on a mis au jour et daté dès cette époque une fortification à double parement en gros blocs de tuf protégeant un habitat constitué de cases connues essentiellement par leurs sols, tandis que les secteurs Est et Sud ont révélé une phase antérieure à 540 d'un rempart typologiquement différent du précédent. Sur ce site, les céramiques indigènes non tournées représentent 54 % de la vaisselle dans le second quart du VIe s. et 40 % dans la deuxième moitié du VIe s., mais il faut tenir compte dans les céramiques tournées de la très forte proportion des céramiques grises monochromes (de 60 à 66 %) dont le lieu de fabrication n'est pas connu (Guichard, Rayssiguier 1986, p. 106). D. Garcia voit dans certains objets métalliques publiés la trace d'une occupation du VIIe s., très probablement antérieure à la fondation de Marseille [11]. Ces indices modestes sont confortés par du matériel retrouvé dans le quartier voisin du Petit Saint-Marcel, au pied méridional du plateau de la Tourette [12]. Bien qu'aucun fragment aussi ancien ne soit signalé sur le plateau lui-même, très arasé, l'existence d'un habitat antérieur à 600 dans ce secteur ne peut être exclue. Cette impression est encore renforcée par les résultats de prospections menées ces dernières années dans le massif de Saint-Cyr, au Sud de Saint-Marcel (p. 133, **fig. 91**).

Plusieurs sites archaïques y ont été repérés. Celui dit du Roc de la Croix (p. 136, **fig. 92**), situé au Sud des deux buttes de Saint-Marcel (alt. env. 290 m), sur la rive gauche de l'Huveaune, semble fréquenté plutôt dans la première moitié du VIe s, voire dès la fin du VIIe s. av. J.-C. [13] Les prospections menées dans le cadre du PCR « L'occupation du bassin de Marseille » en 2004 et 2005 avaient révélé environ 75 % de céramique non tournée, sans décor, et le reste en céramique importée [14]. Les sondages conduits en 2006 et 2007 ont confirmé le spectre chronologique précédemment établi. Le mobilier était constitué à 80 % environ de céramique non tournée, et à moins de 20 % de céramique importée. Des fragments de céramique indigène décorée sont comparables à celle que l'on connaît pour la fin du VIIe – début VIe siècle av. J.-C. sur le site de Tamaris (Duval 1998), ou du Ier quart du VIe s. sur le site de Saint- Blaise (**fig. 92**) ; certains tessons présentent des parallèles également avec des récipients à panneaux décoratifs comme les urnes des tombes du Gros-Peds dans le Var (Berato *et al.* 1991), ou des objets de la nécropole d'Agde [15]. L'absence totale d'amphore massaliète et l'unique échantillon de céramique claire massaliète incitent à ne pas abaisser la chronologie du site après 550/540.

Aucune structure en dur n'y est attestée : seuls des fragments de torchis en assez grande quantité sur la terrasse sommitale du Roc de la Croix attestent la présence d'un bâtiment en matériau périssable dont il ne reste aucune trace au sol, même pas un arasement du substrat rocheux. L'occupation pérenne du site est confirmée par la présence de fragments de meules en basalte qui témoignent d'activités locales de transformation des céréales.

L'occupation du Roc de la Croix pourrait avoir connu une fin brutale, comme le suggère l'abondance de balles de fronde découvertes sur le site.

D'autres sites ont été repérés sur cette même rive gauche de l'Huveaune sans que l'on puisse préciser leur datation ou leur nature. Ils peuvent témoigner d'une fréquentation de la zone sans pour autant avoir accueilli d'habitat permanent. C'est le cas de la Valbarelle, petit plateau rocheux (alt. env. 275 m), situé en amont de l'Huveaune à l'entrée du bassin de Marseille, sur lequel a été collectée une faible quantité de céramique non tournée protohistorique.

De même au Nord du mont Lantin, un éperon barré (alt. 375 m), situé au col de la Limite, entre les deux vallons de Luinant et des Escourtines, a livré récemment en prospection une quarantaine de tessons datés du premier Âge du Fer (VIe-Ve s. av. J.-C.) dont de l'amphore étrusque.

Ces trois sites, Limite, Roc de la Croix, Valbarelle, offrent une situation stratégique de première qualité. Ils balisent en quelque sorte l'accès aux vallons intérieurs du mont Saint Cyr et du mont Carpiagne, dans lesquels on pouvait pratiquer une agriculture favorisée par des aménagements de terrasses exploitant les pentes, ou un élevage d'ovins, activités que développeront les

10 Guichard, Rayssiguier 1986, p. 105-107 ; Arcelin 1992, p. 310. Ou vers 560 selon A.-M. D'Ovidio, *CAG Marseille*, p. 701, 714.

11 *Voyage en Massalie*, p. 53, n° 62 « épingle à tête martelée et enroulée » et n° 63 « épingle à tête vasiforme, tradition du bronze final », datées au VIe s. dans le catalogue, mais qu'il faudrait faire remonter au VIIe s. (Garcia 2004, p. 61, « avant 575 », et même « avant 600 », ibid. p. 19) ; Bernard 2003, p. 242 et 120 avec la fig.

12 M.-P. Rothé, d'après L.-Fr. Gantès, dans *CAG Marseille*, p. 698 : « un fragment d'une urne bitronconique, un fragment d'une écuelle carénée de petit module, assiette ou coupe à bord divergent.(inédits) ».

13 *CAG Marseille*, p. 694, n° 264 ; Bernard *et al.* 2007, p. 149-150 ; Collin Bouffier 2008, p. 154. Voir aussi l'oppidum du col de la Limite (*CAG Marseille*, p. 693, n° 262) et le site de la Valbarelle (*ibid.* p. 695, n° 268).

14 12,6 % d'amphore phénicienne de Méditerranée occidentale, moins de 10 % d'amphore étrusque, et une présence résiduelle d'amphore corinthienne, attique à la brosse, Grèce de l'Est et punique.

15 Nickels 1989, vases 101D, 48C, 112D, 167D, 75H ; Dedet 1980.

époques ultérieures. Ils offrent également des possibilités de refuge en cas de danger sur la moyenne vallée de l'Huveaune ou d'invasion depuis la plaine de Marseille. Peuvent-ils suggérer la présence d'une ligne d'occupation des crêtes, en surplomb de l'Huveaune ? De la Limite à la Valbarelle, les sommets les plus élevés, qui présentent en outre une topographie relativement plane, ont dû accueillir sinon des structures stables, du moins une présence plus ou moins importante. Doit-on envisager de véritables habitats défendus éventuellement par des fortifications, dont il ne reste pas trace aujourd'hui ? Les différents murs repérés lors des prospections interdisent de répondre à cette question, même si l'on a voulu interpréter certains d'entre eux comme des fortifications. On peut également faire l'hypothèse de simples postes de garde installés sur des sommets panoramiques : la problématique de l'intervisibilité prend ici tout son sens, vu la situation topographique des sites identifiés jusqu'à présent. Des sentinelles postées sur les sommets pouvaient communiquer par jeux de lumière (torches ou feux). C'est suggérer néanmoins que les populations environnantes se sentaient menacées, or aucune couche de destruction n'a été mise au jour ; seule l'abondance des balles de fronde du Roc de la Croix pourrait être un indice. Quels étaient alors les périls ? Marseille ou les populations indigènes elles-mêmes, dont le texte de Justin évoque l'organisation en chefferies réunies pour le mariage de la fille de Nannus ?

L'interprétation de ces sites est de ce fait liée à leur chronologie. Si la durée de vie du Roc de la Croix ne comprend que la première moitié du VIe siècle, on peut s'interroger sur les rapports qu'il entretient avec les sites des Baou de Saint-Marcel et de la Tourette. Le « verrou » de Saint-Marcel occupe en effet une situation privilégiée, contrôlant la vallée de l'Huveaune entre deux plaines cultivables, celle de l'embouchure de l'Huveaune à l'Ouest, celle d'Aubagne à l'Est. L'apparition d'habitats, éventuellement fortifiés, dans cette partie de la vallée de l'Huveaune doit être lue probablement en parallèle avec la création d'autres villages qui apparaissent dans le courant du VIe s. au Nord et au Sud de Marseille. Plusieurs hypothèses viennent à l'esprit, qui d'ailleurs ne s'excluent pas. La première est que des populations qui vivaient plus à l'intérieur des terres se rapprochent de la côte et des circuits commerciaux mis en place par la nouvelle colonie. La seconde, que des populations qui vivaient dans les plaines et bas de pente, de façon relativement dispersée, et que la recherche archéologique ne permet pas d'appréhender, se regroupent pour des raisons de sécurité sur les premières hauteurs. C'est l'expansion territoriale de Marseille, et en particulier sa mainmise sur les terres fertiles de la basse vallée de l'Huveaune, qui obligerait les populations indigènes à modifier leur habitat. En témoigneraient les sources littéraires[16]. Les bons rapports initiés avec le roi Nannus se détériorent dès sa succession et donnent naissance à des conflits épisodiques, qui ne s'achèvent qu'avec la prise de Marseille par César en 49 av. J.-C. Même s'il est difficile d'en voir les traces sur le territoire, on doit garder à l'esprit cette donnée des relations entre Marseille et les populations environnantes.

Sur la face occidentale du massif de Saint-Cyr et de la Gineste, qui borde au Sud la plaine de Marseille, les prospections ont également localisé des fréquentations de l'Âge du fer (VIe-IIe s. av. J.-C.) : un des versants du mont Rouvière offre la même physionomie que la Limite ou le Roc de la Croix, soit un éperon dominant les alentours.

16 Justin, 43, 4-5 : « À la mort de Nannus, roi des Ségobriges, qui avait donné aux Phocéens un endroit pour fonder leur ville, son fils Comanus ayant pris sa place, un roitelet lui affirma qu'un jour Massalia causerait la ruine des peuples voisins et qu'il fallait l'écraser à sa naissance même, de peur que plus tard, devenue plus forte, elle ne l'accablât lui-même. Il ajoute encore cette fable : "Un jour une chienne pleine demanda en suppliant à un berger un endroit pour mettre bas. L'ayant obtenu, elle demanda encore la permission d'y élever ses petits. À la fin, ses petits étant devenus plus grands, appuyée sur sa garnison domestique, elle s'arrogea la propriété du lieu." De même ces Massiliens, qui semblaient à présent être des locataires, se rendraient un jour maîtres du pays. Excité par ces conseils, le roi tend un piège aux Massiliens. Le jour de la fête des Floralia [Anthestéries], il envoie dans la ville, à titre d'hôtes, un grand nombre d'hommes vaillants et intrépides et en fait mener un plus grand nombre encore dans des chariots, où ils se tiennent cachés sous des joncs et des feuillages. Lui-même se cache avec une armée dans les collines avoisinantes, afin que, lorsque les portes seraient ouvertes la nuit par les émissaires que j'ai dits, il puisse participer à temps à l'embuscade et tomber à main armée sur la ville ensevelie dans le sommeil et dans le vin. Mais une femme, parente du roi, trahit la conspiration. Elle avait un jeune Grec pour amant. Touchée de la beauté du jeune homme, elle lui révéla, dans une étreinte, le secret de l'embuscade, en l'engageant à se dérober au péril. Celui-ci rapporte aussitôt la chose aux magistrats, et, le piège ainsi découvert, tous les Ligures sont arrêtés et l'on retire de sous les joncs ceux qui y étaient cachés. On les égorge tous et au piège du roi on oppose un autre piège : il y périt lui-même avec sept mille des siens. Depuis ce temps, les Massiliens ferment leurs portes aux jours de fête, veillent, montent la garde sur les remparts, inspectent les étrangers, restent vigilants et gardent la ville en temps de paix, comme s'ils étaient en guerre. C'est ainsi que l'on conserve les bonnes institutions, moins par nécessité que par l'habitude de bien faire. Ils eurent ensuite de grandes guerres avec les Ligures et les Gaulois. Ces guerres, où ils remportèrent de multiples victoires, rehaussèrent la gloire de la ville et rendirent le courage des Grecs illustre parmi leurs voisins. » (trad. Chambry) ; Strabon, IV, 1, 5 : « Plus tard, cependant, leur courage leur a permis de consolider leur puissance en s'emparant d'une partie des terres qui les entourent, et cette même vigueur leur a permis de fonder des cités, ou plutôt des places-fortes, celles d'Ibérie pour se protéger des Ibères (à qui ils ont transmis leur culte ancestral de l'Artémis d'Ephèse, et la manière de sacrifier à la grecque), Rhoé Agathé [ou, selon une correction, Rhodanousia et Agathé] pour se protéger contre les barbares qui habitent autour du Rhône, Tauroention, Olbia, Antipolis et Nikaia contre les Salyens et les Ligures qui habitent les Alpes. » (trad. Hermary).

Fig. 92. Le site du Roc de la Croix, vu du Sud-Est ; au second plan à gauche, site de la Valbarelle ; en contrebas, la vallée de l'Huveaune ; au fond, la baie de Marseille (cl. H. Tréziny).

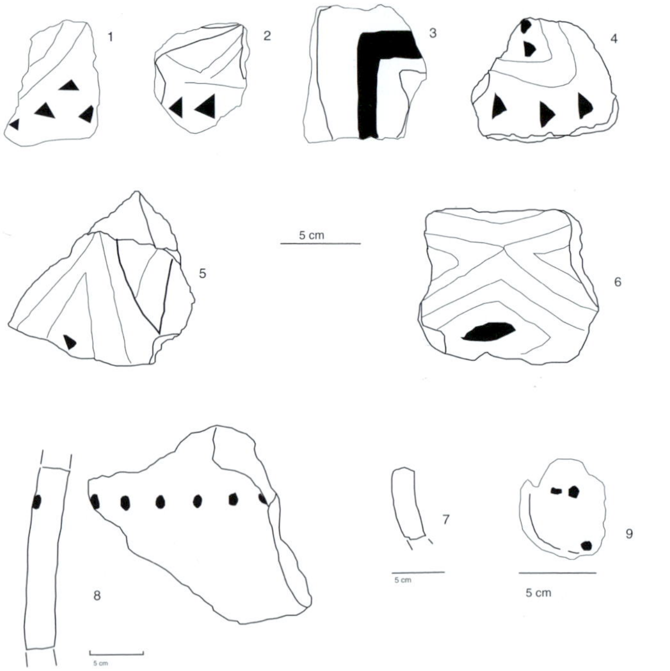

Fg. 93. Céramiques du premier âge du Fer sur le site du Roc de la Croix (dessin A. Copetti).

Au Sud de Marseille, l'oppidum de Marseilleveyre, qui dispose d'une fortification encore visible, mais non fouillée et non étudiée, est encore mal connu. Les prospections menées depuis la fin du XIXe s. ont (**fig. 94**) identifié de multiples structures en pierre réparties sur l'ensemble du site. Selon des descriptions anciennes, la présence, sur le plateau le plus élevé du site (alt. 220 m), de constructions distantes les unes des autres de 75 m et constituées de murs formés de gros blocs et orientés dans le même sens incitait à suggérer un habitat pérenne. Les prospections ont même signalé l'existence d'un bâtiment de 40 m^2, qui n'est plus visible aujourd'hui. Toutefois, ces vestiges, désormais disparus ou enfouis sous la végétation, pourraient bien témoigner d'une occupation postérieure, à l'instar de la situation mise en évidence au Roc de la Croix : là aussi, des vestiges de mur avaient suggéré l'existence d'une occupation marquée par une architecture de pierre et les sondages avaient en réalité mis en lumière l'aspect tardif de ces constructions. Les données issues des prospections et les premiers sondages orientent pour la phase ancienne de l'occupation vers une chronologie haute, antérieure à 540 (Gantès, Rothé, *CAG Marseille*, p. 685-686). Dans les prospections, la majorité du mobilier est importée et la céramique non tournée ne comprend que des fragments de gros contenants. Les amphores étrusques représentent environ 75 % de la céramique importée, tandis que les autres types d'amphores forment un apport résiduel[17]. On ne s'étonnera pas outre mesure de ces chiffres, étant donné qu'il s'agit de trouvailles de surface et que les vases d'importation comme les amphores se conservent mieux que la céramique non tournée. En outre la présence de fragments d'outils de travail agricole tels les meules suggère le caractère sédentaire de l'occupation du site, car ils évoquent une activité de transformation des produits agricoles. Les sondages réalisés en 2008 ont révélé la même physionomie qu'au Roc de la Croix. Sur le plateau septentrional du site, à l'endroit où les prospections anciennes avaient repéré des constructions en pierres sèches, des fragments de torchis ainsi qu'un trou de poteau ont été mis au jour dans des sondages d'extension limitée (2 m x 2 m). La céramique in situ se compose d'une grande majorité de fragments de céramique non tournée (plus de 95 %) et d'un tout petit échantillonnage de céramique importée dont seules ont

17 5 % de phénico-punique, 3 % de corinthienne A, 1 % d'amphore laconienne, 1 % d'amphore de Milet, 1 % de massaliète.

Fig. 94. L'oppidum de Marseilleveyre, vu du Nord (vue aérienne Heller/Hussy, DRAC PACA, 2004).

Fig. 95. Marseille vue depuis l'oppidum des Mayans ; à l'arrière-plan, le massif de Marseilleveyre, le cap Croisette et l'île Maïre (cliché Tréziny).

été identifiées de l'amphore étrusque et de la céramique claire massaliète. Toutefois contrairement à ce que l'on observe au Roc de la Croix, le site a continué d'être occupé. Dans le matériel des prospections anciennes, on observe en effet la présence d'amphore massaliète et de céramique laconienne à vernis noir. Et la présence du mur de fortification incite à voir la mise en place d'un système de défense autonome postérieur à l'existence des cabanes du plateau septentrional. Toutefois ce mur est situé à quelques centaines de mètres de ce plateau. Il faut donc supposer soit qu'il protégeait un habitat situé en retrait que les prospections n'ont pas révélé : aucune trouvaille n'a en effet été faite dans ce secteur ; soit qu'il enfermait une surface beaucoup plus grande, incluant l'ensemble du site de Marseilleveyre, ce qui semble toutefois peu probable dans l'état actuel de nos connaissances sur la protohistoire de cette région. Il faut peut-être supposer une occupation discontinue, dispersée sur les différents plateaux en petits hameaux abritant peut-être des groupes familiaux restreints.

Les céramiques tournées grises monochromes

La question des céramiques tournées grises monochromes longtemps appelées « phocéennes » illustre bien la complexité des rapports entre Grecs et indigènes et la difficulté des interprétations. Cette céramique à pâte grise (cuisson réductrice) se trouve fréquemment en Ionie au VIIe s. (bucchero gris ionien ou éolien) et a d'abord été considérée en Occident comme une importation (d'où son nom de grise phocéenne). Des études détaillées rassemblées dans le travail monumental de Ch. Arcelin-Pradelle (1984) ont montré que ces céramiques étaient en réalité fabriquées dans le Midi de la Gaule (en Provence, mais aussi en Languedoc), dans des sites très variés : sans doute d'abord à Marseille, bien qu'on n'ait jamais identifié les fours, puis dans des sites indigènes. Dans la mesure où ces céramiques sont nettement plus nombreuses dans les oppida qu'à Marseille même [18], on a pu envisager un marché à destination des populations indigènes. Du reste, alors que les céramiques grises ne survivent guère à Phocée après la fondation de Marseille (il n'y en a pas à Vélia), elles seront encore largement utilisées dans le Midi au Ve et au IVe s.

Dans la ville grecque elle-même, ces céramiques tournées grises posent, comme les céramiques non tournées protohistoriques, le problème de leur utilisation par des Grecs ou par des indigènes, et donc de la présence plus ou moins importante d'indigènes dans la ville grecque (voir dans ce volume, *infra*, p. 509).

2. à partir des années 540-530, l'expansion marseillaise.

Vers 540, Marseille qui, jusque là, importait son vin d'Etrurie et, à un moindre degré, de Grèce, commence à fabriquer des amphores qui servaient à transporter divers produits, mais surtout du vin [19]. Cette nouvelle étape du développement de la cité est peut-être la conséquence d'un accroissement démographique après la chute de Phocée. Elle a dû s'accompagner de toute manière d'une pression accrue des Marseillais sur les terres arables proches de la cité. Si les découvertes de traces agraires liées à la culture de la vigne se multiplient ces dernières années autour de la cité phocéenne (voir infra l'article de Ph. Boissinot), elles se datent surtout

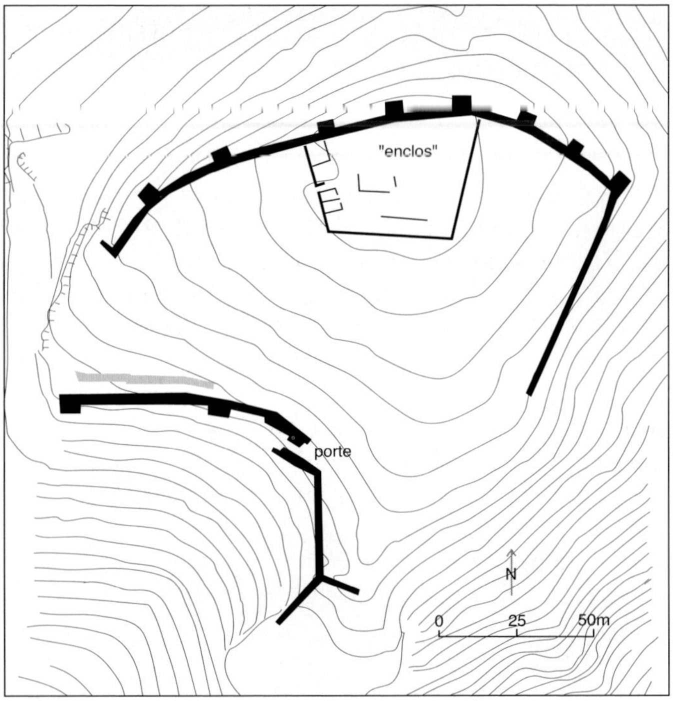

Fig. 96. Plan de l'oppidum des Mayans (H. Tréziny).

à l'époque hellénistique. Mais les cadastres ainsi définis sont probablement plus anciens. C'est du moins ce que pourrait laisser entendre la fouille de l'Alcazar, dans laquelle des traces agraires hellénistiques s'inscrivent dans un cadastre qui semble délimiter également des carrières d'argile de la deuxième moitié du VIe s. Des trouvailles sporadiques attestent également une présence massaliète, pour l'instant strictement localisée, comme une intervention de nivellement dans un talweg du quartier de la Fourragère, proche de Saint-Jean-du-Désert (*CAG Marseille*, n° 295), ou un habitat des Ve et IVe s., immédiatement au Sud-Est des Baou Saint-Marcel (la Valentine, *ibid*. n° 276). La prise de possession par la cité des terres environnantes a dû engendrer des conflits avec les populations indigènes, et c'est ainsi que l'on pourrait expliquer d'une part la disparition probable de sites comme le Roc de la Croix, mais aussi l'apparition, vers 530-520 av. J.-C., à une dizaine de kilomètres au Nord de Marseille, de l'oppidum des Mayans (*CAG Marseille*, p. 685-686). Sur une hauteur, le site domine très largement la baie de Marseille, et offre une assez belle vue sur la cité elle-même (p. 137, **fig. 95**). Vaste d'1 hectare environ, il possède une puissante fortification renforcée par au moins 9 tours quadrangulaires (p. 138, **fig. 96**). Les prospections de surface, confortées par une série de sondages, permettent de dater l'occupation du site vers le dernier quart du VIe s. et au début du Ve s. Le site paraît ensuite abandonné, sans trace notable de destruction. La présence de tours nombreuses de

18 Jusqu'à 40 % de la vaisselle dans les niveaux archaïques des Baou de Saint-Marcel (Arcelin 1986, p. 82, n. 98) contre 17 % au maximum pour Marseille vers le milieu du VIe s. (Bats, Gantès dans *CAG Marseille*, p. 455-457).

19 Sur le vin de Marseille, Bertucchi 1992 ; sur les amphores marseillaises, *EtMassa 2* et Py 2001.

forme rectangulaire ne laisse d'intriguer : les sites indigènes de la même période (Saint-Blaise, Saint-Marcel, l'Île de Martigues) ont pour la plupart des tours (ou bastions) curvilignes, d'ailleurs mieux adaptées à la qualité du matériau local. Les tours quadrangulaires sont généralement plus récentes, ou sur des sites pour lesquels une influence marseillaise a été proposée (La Heuneburg, sur le Haut-Danube), mais leur présence dans la région à date haute a été signalée récemment dans les Alpes de Haute-Provence (Boissinot 2009). Dans l'état actuel de la recherche, le site des Mayans ne semble pas grec, si l'on en juge par la quantité de céramiques non tournées protohistoriques (environ 50 % de la vaisselle, sans compter les céramiques tournées grises). Les quelques cases qui ont été fouillées sont appuyées sur le rempart ou sur un mur d'enclos sommital qui semble contemporain de la muraille.

La fonction du site reste discutée. Peut-on imaginer qu'un site indigène fortifié, parfaitement visible depuis Marseille, en soit politiquement indépendant et constitue un noyau de résistance face à la ville grecque ? Faut-il y voir au contraire un village de « supplétifs », montant la garde aux marches de la chora phocéenne[20] ? Autant de questions que l'on reposera plus loin à propos du site fortifié du Verduron, ou de celui de la Civitella, dans l'arrière-pays de Vélia (*infra*, p. 171-185), et auxquelles l'archéologie ne peut apporter à ce jour de réponse satisfaisante.

Au Ve et au IVe s., les traces d'habitat indigène sur les collines se font plus ténues. Les prospections du PCR sur l'occupation du bassin de Marseille ont révélé une occupation sporadique sur certaines buttes orientales de la plaine : à Château-Gombert, à Allauch, notamment sur le versant Nord-Ouest de la colline de la Salette, ainsi qu'aux lieux-dits les Embucs et le Gayedon. Sur les versants du mont Saint-Cyr, là aussi une fréquentation épisodique a été mise en lumière par la présence de céramique non tournée, non datable précisément.

En revanche, au Sud et à l'Est de la plaine de l'Huveaune, les centres connus dans la première moitié du VIe s. perdurent : c'est le cas des Baou de Saint-Marcel, du Petit Saint-Marcel ou de la Tourette, très vraisemblablement de Marseilleveyre. Les Baou de Saint-Marcel, le mieux connu de ces sites, voit son rempart renforcé à plusieurs reprises en différents secteurs de l'habitat : ainsi, entre 540 et 480, puis entre 425 et 400 et enfin au début du IVe s. S'il est tenu pour majoritairement indigène, ce site entretient des rapports très forts avec Marseille, comme le souligne le mobilier.

Il en est de même pour l'établissement de Marseilleveyre comme le montre la céramique découverte tout au long du XXe siècle. Si l'on connaît mal les modes d'occupation des collines, en revanche, les grottes du massif montrent une fréquentation assidue que l'on a pu qualifier de cultuelle. Les grottes du quartier des Goudes (Grotte Pierrot du vallon de la Mounine, *CAG Marseille*, n° 228 ; grotte de Saint-Michel d'eau douce, *ibid.*, n° 230, grotte de l'Ermite, *ibid.*, n° 231).[21] et celles de Marseilleveyre, autour de l'oppidum[22], ont livré un très abondant mobilier qui est daté entre le VIe et le IIe s., avec une pointe entre 520 et 390, et qui est constitué majoritairement, voire uniquement de céramique grecque : coupes, lampes, vases à boire et à parfums, masque d'homme barbu. On s'est interrogé bien évidemment sur l'identité des dédicants : si l'on s'en tenait à la nature du mobilier découvert, on aurait tendance à imaginer un culte grec dont la divinité ne peut être identifiée à la seule lumière des témoignages conservés ; mais on sait bien que la vaisselle grecque peut apparaître comme un produit de luxe, conservé pour les grandes occasions, fêtes ou funérailles ; et ces dédicaces peuvent très bien être le fait d'indigènes consacrant des offrandes de valeur à des dieux non grecs.

Au Nord de Marseille, la petite nécropole de Saint-Mauront[23] est encore aujourd'hui le seul indice d'une occupation grecque du territoire, sans doute sous la forme de fermes ou de petits villages.

3. L'époque hellénistique

Le développement de l'agriculture massaliète semble se poursuivre sur l'ensemble du bassin marseillais. Malgré des connaissances ténues, l'extension des cadastres dans la vallée de l'Huveaune est avérée, au moins dans un rayon de 3 / 4 km à partir de la fortification. Outre l'exemple bien connu de Saint-Jean-du-Désert (*supra*), des traces agraires ont également été mises en évidence dans le quartier de la Fourragère (*CAG Marseille*, n° 299), à la station de métro Louis-Armand[24] (tous à l'Est de Marseille antique), dans l'enceinte du Parc Chanot, au Sud (*CAG Marseille*, n° 222), et autour

20 C'était déjà l'hypothèse de Fr. Villard, *La céramique grecque de Marseille*, Paris 1960, p. 110, à propos de villages un peu plus éloignés comme Teste-Nègre.

21 Grotte Pierrot du vallon de la Mounine, *CAG Marseille*, n° 228 ; grotte de Saint-Michel d'eau douce, *ibid.*, n° 230, grotte de l'Ermite, *ibid.*, n° 231).

22 Grottes de l'Abreuvoir, *ibid.*, n° 233 ; du Draiou (*ibid.*, n° 234), n° 1 et 2 du Puits du Lierre (*ibid.*, n° 235-236), du Pin (*ibid.*, n° 237) ; ainsi que quatre grottes non baptisées qui ont livré en prospection du mobilier grec (*ibid.*, n° 238 et 239).

23 *CAG Marseille*, n° 208.

24 Bernard *et al.* 2006, rapport final d'opération, fouille préventive, INRAP, p. 26-33.

Fig. 97. L'oppidum du Verduron et la baie de Marseille (cl. L. Damelet, CCJ-CNRS).

de la gare Saint-Charles, au Nord (*ibid.*, n° 145). Ces traces agraires, parfois accompagnées d'artefacts suggérant la présence d'établissements agricoles, semblent à l'heure actuelle le marqueur le plus fiable concernant le développement de la chôra massaliote.

Certains des habitats connus pour les époques antérieures disparaissent entre le IIIe s. et la fin du IIe s., comme les Baou de Saint-Marcel, qui ne semble plus occupé entre 330 et 180 environ, et disparaît définitivement vers 110/100 (*ibid.*, n° 277), ou la Tourette au Petit-Saint-Marcel, qui n'offre plus aucun témoignage après le IIe s. av. J.-C., après une faible occupation au IIIe s. (*ibid.*, n° 274-275). On a généralement lié la disparition de ces sites à la victoire romaine sur les Salyens en 123/122 av. J.-C. qui met un terme aux affrontements entre Grecs et indigènes. Ces destructions confirmeraient les indications données par Justin et Strabon qui insistaient sur les relations conflictuelles entre les uns et les autres. Les Massaliètes auraient donc établi sur les populations salyennes et ligures une domination qu'elles acceptaient mal et dont elles auraient cherché à se délivrer.

En revanche, d'autres établissements apparaissent, au moins au Sud-Est et au Nord de la cité. Au Sud-Est de Marseille, à proximité des sites précédemment cités, en limite des zones marécageuses de l'Huveaune, un site du IIe s. est attesté à la Valentine. Sa fonction agricole semble établie d'après la présence de fragments de meules.

Dans le secteur Nord-Est du bassin de Marseille, les prospections du PCR ont suggéré une présence mal connue à Château-Gombert et à Allauch, dans les mêmes endroits qui avaient livré quelques fragments d'amphores ionio-massaliètes et massaliètes. Quelques échantillons d'amphores gréco-italiques attestent la continuité d'occupation.

Mais le site le mieux connu pour cette période est aujourd'hui celui du Verduron (**fig. 97-98**).

Cet habitat pré-romain, situé au Nord de Marseille, domine la ville grecque dont il n'est distant que de 9 km à vol d'oiseau. La vue englobe toute la rade, l'entrée du port, les îles et les axes de communication. L'emplacement du site, face à la mer, lui confère un rôle stratégique probable. Depuis sa découverte, l'oppidum surplombant la cité phocéenne pose la question des rapports entre Grecs et indigènes tout en alimentant le débat sur le territoire des oppida et les modes d'exploitation du territoire de Marseille grecque.

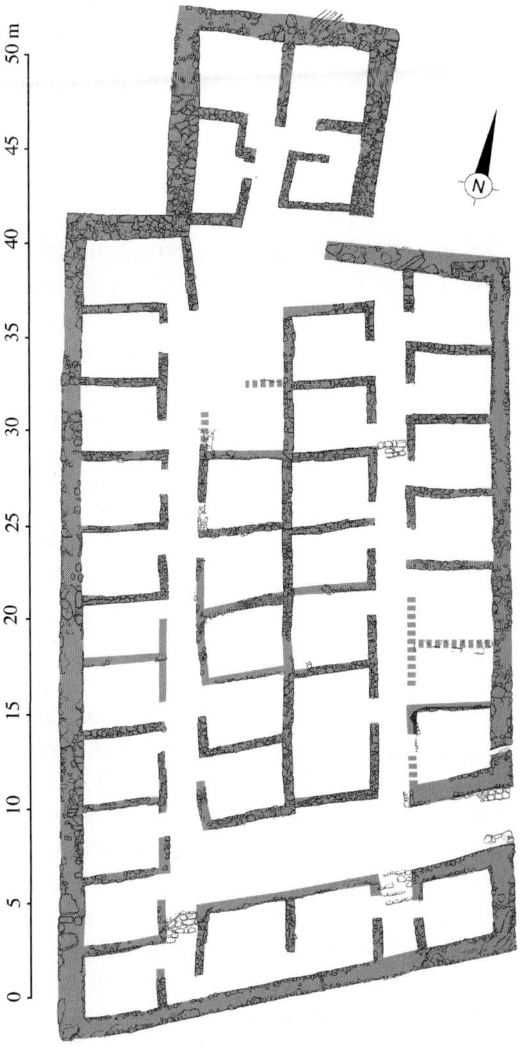

Fig. 98. Plan de l'oppidum du Verduron (A. Badie, IRAA/CNRS).

Des travaux ont eu lieu sur le site au début du XXe siècle. Le mobilier conservé de ces fouilles anciennes est peu important mais la présence de traits de catapulte et de pilum atteste la destruction du site par une armée organisée. Ces travaux anciens, s'ils ont détruit les stratigraphies d'une partie du site, ont en revanche permis de préserver ce dernier, que le fouilleur, Stanislas Clastrier, avait racheté. Il a fait l'objet d'une fouille exhaustive entre 1999 et 2006.

Le Verduron est un site de faible extension (moins de 1500 m²). Cette forme d'habitat protohistorique, présentant un plan régulier organisé autour d'un « mur axial », permet de travailler sur l'émulation architecturale entre Grecs et indigènes. Le mur d'enceinte – peut-on parler ici de rempart ? – est peu imposant (1 m de large). L'architecture interne, pierres liées à la terre, est typique des habitats pré-romains de la période : le rocher sur lequel l'établissement est installé a été systématiquement entaillé et les déblais de taille ont servi à aménager des drains vers l'extérieur. Le site est en forte pente. Seules quatre cellules sont installées au sommet de l'oppidum, et le reste de l'habitat s'étage vers la mer : un îlot central, une ruelle de part et d'autre de ce dernier, les autres cellules étant adossées au rempart.

Le plan de cet établissement est très régulier, même si, sur le site, l'impression de régularité est moins sensible qu'en plan, à cause de la pente. Le type même de l'implantation renvoie à une normalité (?) de l'habitat pré-romain. La régularité du site (plan des îlots, des ruelles, largeurs des murs) a permis de proposer une comparaison avec un module celto-ligure repéré sur la première phase de l'oppidum d'Entremont (Badie, Bernard 2008).

La fouille programmée menée depuis 1999 a permis de constater la présence de pièces qui n'avaient pas été explorées par Clastrier. Dans ces dernières, la stratigraphie est simple : sous une première couche d'humus récent et les niveaux de destruction des murs et du toit, se trouvent en place des lots de céramiques posés sur un sol d'argile. Les vases sont archéologiquement complets et il est facile de déterminer le nombre de vases en service. La destruction du site, probablement vers 200 av. J.-C., est le fait d'une armée organisée disposant d'artillerie, certaines traces ténues (vases piétinés, coups de lance dans certains *dolia*) laissent supposer un pillage. La destruction par Marseille exclut donc de bonnes relations avec la cité phocéenne et le rôle de *phrourion* qui a pu être proposé pour le site.

Les céramiques mises au jour sont banales pour les habitats pré-romains de la région. L'essentiel du mobilier (85 %) est constitué de céramiques non tournées locales, principalement des urnes de tailles variées, mais aussi des jattes et quelques coupes. Un cratère en céramique non tournée a même été mis au jour. La vaisselle tournée est majoritairement composée de céramiques claires massaliètes (surtout des coupes, quelques cruches et mortiers) et de vernissées noires italiques du IIIe s. Ce lot de mobilier permet de proposer pour l'instant une datation à la fin du IIIe s. av. J.-C. Les amphores massaliètes (type 9) sont rares (quelques fragments dans les ruelles) ; la présence en stratigraphie d'une amphore ibéro-punique Maña D doit être mentionnée, car c'est l'un des fossiles directeurs concernant la chronologie. Le stockage est attesté par la présence de *dolia* et de torchis ainsi que par la présence de conteneurs en terre crue. Le site n'est cependant pas un grenier : les volumes stockés correspondent à la consommation d'un petit nombre de personnes, pas à des réserves destinées au commerce ou à un stockage en vue d'emblavement.

Le mobilier métallique est exclusivement de type celtique, les meilleures comparaisons se font avec le site de Münsingen en Suisse et correspondent à un horizon La Tène B2 luxueux. L'anneau coudé en argent est particulièrement intéressant, puisqu'on connaît le même sur le site de la Cloche et sur une statue en provenance de ce même site. Mentionnons quelques autres objets usuels (un fer de lance, une pointe de couteau). Ce mobilier est courant pour un site d'habitat celto-ligure de la période. Plusieurs aménagements éventuellement cultuels ont été mis au jour : on peut noter surtout ici la présence d'ossements choisis (un radius et une phalange) dans l'habitat, correspondant probablement à un culte des morts celtique. Les études exhaustives des mobiliers résiduels dans les habitats celtiques tendent à montrer la fréquence des expositions des défunts[25]. En plus des célèbres têtes coupées, de nombreux autres ossements humains sont présents sur les sites celtiques de la période.

En conclusion, il s'agit clairement d'un habitat celto-ligure situé aux portes de Marseille grecque et observant les accès à la ville par mer comme par terre. Les relations des habitants avec leurs voisins grecs semblent limitées : les activités du site restent difficile à percevoir. Au niveau agricole, l'absence d'étables ou de parcs à bestiaux exclut la pratique de l'élevage. La faible valeur du terroir mais surtout l'absence d'espaces de stockage spéculatif de type silos ou batteries de *dolia* exclut une fonction de grenier qui aurait nourri Marseille (Strabon IV, 1, 4). Aucune production artisanale n'a pu être détectée. Enfin, malgré la proximité de la cité phocéenne, les importations sont peu importantes (15 % de la céramique à peine) et les échanges commerciaux semblent peu développés.

En plus de sa taille réduite qui semble en faire un satellite d'un site plus important, deux éléments peuvent permettre de rapprocher Verduron des sites du massif de la Nerthe comme Teste-Nègre ou l'oppidum de La Cloche, situés à une dizaine de kilomètres seulement :

- l'anneau coudé en argent, marqueur d'une élite celtique dont le seul autre exemplaire connu au Sud de la Durance provient de l'oppidum de La Cloche où il est également représenté sur une statue en ronde bosse de type Entremont.
- la destruction du site de Verduron, très peu de temps après son édification, à la même époque que la destruction de Teste-Nègre.

Il est tentant de rapprocher ces éléments de la pression celtique sur Marseille décrite par les auteurs antiques (Strabon IV, 6, 3) relatant la destruction d'une bande côtière de douze stades (ce qui correspond à la distance du site à la mer). Dans le fil de cette hypothèse, on a proposé (Bernard 2003, Bernard à paraître) que les habitants des sites de la Nerthe aient créé un avant poste lors d'une période pour laquelle Marseille ne disposait pas de troupes en nombre suffisant pour risquer une sortie hors les murs (la deuxième guerre punique ?) ; lors du retour de campagne, les Massaliètes, avec leurs alliés romains, auraient détruit le site. Simultanément seraient également détruits les sites de Teste-Nègre ou le premier village d'Entremont. De nombreux autres sites provençaux sont détruits à cette même époque, jusque dans les Alpes (St-Martin-de-Brômes par exemple), même si une destruction synchrone n'est pas encore prouvée.

Le site du Verduron est représentatif du « boom » celto-ligure précédant la conquête de la Narbonnaise. Le nombre de sites de hauteur fortifiés répertoriés pour les départements des Bouches-du-Rhône et du Vaucluse (Bernard 2003) passe de 40 sites pour la période 400-250 av. J.-C. à 86 pour la phase située entre 250 et 125 av. J.-C. Ce développement important du nombre d'habitats correspond aux périodes pour lesquelles les relations entre Grecs et Celto-Ligures deviennent conflictuelles. Pour l'heure il est encore impossible d'affiner les fourchettes chronologiques pour comprendre réellement le détail de ces conflits et différencier des querelles ayant pu exister entre indigènes et Marseillais, ainsi que le rôle précis de ces derniers, si ce n'est dans de rares cas, comme par exemple le rempart hellénistique de St-Blaise.

A partir du IIe s., l'appel de Marseille aux armées romaines change sensiblement la carte régionale (Collin-Bouffier 2009). Marseille, qui ne disposait jusque-là que de territoires relativement limités, reçoit de Rome de vastes espaces dans la basse vallée du Rhône et sur la côte méditerranéenne (Bernard 2003). Les rapports avec les populations indigènes restent ambigus. La ville hellénistique se couvre de monuments en pierre rose du cap Couronne, notamment les fortifications que l'on date aujourd'hui vers 150/140 av. J.-C. Les carrières, mentionnées par Strabon, se trouvent à une vingtaine de kilomètres de la ville, à proximité de sites indigènes comme l'île de Martigues ou Saint-Pierre. La découverte récente dans les carrières de Roquetaillade de niveaux de dépotoirs du début du IIe s. contenant essentiellement des céramiques grecques peut s'interpréter comme le vestige d'un habitat de carriers grecs. De fait, quelques indices, encore assez ténus, suggèrent que la fortification n'est pas le premier édifice marseillais en pierre de la Couronne, et donc que l'exploitation a commencé avant, peut-être dès la fin du IIIe s. Mais cela n'implique

25 On se réfèrera par exemple à l'étude menée par Brunaux *et al.* 1997 sur le site de Montmartin.

pas obligatoirement que les Marseillais possédaient les carrières, ni qu'ils dominaient politiquement et militairement la région. Des accords locaux avec les responsables indigènes pouvaient suffire à garantir aux entrepreneurs marseillais l'exploitation de la pierre. C'est aussi sur la base d'accords économiques que l'on peut expliquer l'intervention d'entrepreneurs massaliètes sur le rempart indigène de Saint-Blaise (voir *infra* p. 562-563).

Dernier exemple de la complexité des rapports entre la ville grecque et ses voisins : les céramiques non tournées des ateliers de l'Etoile. On sait que les céramiques non tournées protohistoriques, relativement importantes à Marseille au début du VIe s., perdent ensuite de leur importance au profit de céramiques de cuisine tournées importées notamment d'Italie. La proportion des céramiques non tournées à Marseille remonte très nettement au IIe s. av.. J.-C. à cause de l'irruption de ces vases indigènes fabriqués dans plusieurs sites de la région de l'Etoile, autour de Mimet. Ces fabricants indigènes acquièrent donc un monopole de la céramique de cuisine à Marseille, dans des conditions économiques et juridiques qui nous échappent pour l'essentiel.

5. Le bassin de Marseille à l'époque romaine (entre le Ier s. av. J.-C. et le IIIe s. apr. J.-C.)

Les recherches récentes n'ont guère mis l'accent sur cette période de la cité ; pour en dresser le bilan il faut avoir recours, outre les prospections diverses, à des indications du XIXe ou de la première moitié du XXe s., très souvent allusives et se référant à des réalités aujourd'hui disparues ou enfouies. Le tableau offre ainsi une qualité et une fiabilité limitées pour l'époque impériale.

Comme l'avait suggéré P. Arcelin pour la fin de l'époque hellénistique, les populations locales semblent être descendues des hauteurs pour s'installer directement dans la plaine de Marseille. Les sites attestés concernent en effet rarement les collines, et apparaissent comme des jalons routiers à des points de passage de col ou sur des voies internes. Parmi les quelques sites connus, l'un est implanté au col de la Gineste (*CAG Marseille*, n° 248), sur la probable voie qui relie Marseille à Cassis dans le massif de Saint-Cyr ; un autre est localisé dans la vallée du Jarret, sur la route qui relie Marseille et la zone de Peypin, ou la moyenne vallée de l'Huveaune (*ibid.*, Allauch, n° 6). On observe également quelques sites disposés à la limite des terres cultivables, comme celui de la Salette, implanté sur une colline, ou sur des hauteurs dominant la plaine, qui verront s'installer à l'époque médiévale des *castra* (*castrum* d'Allauch : *ibid.*, p. 257, *castrum* de Saint-Marcel : *ibid.*, n° 265, 266). La tradition des lieux de cultes dans des avens semble se maintenir puisque certaines des grottes fréquentées depuis le VIe s. av. J.-C., comme la grotte de l'Ours, la grotte Saint-Michel, au Sud de Marseille, continuent à l'être à l'époque romaine. En outre, en certains endroits, des abris sous roche ont révélé une présence difficilement explicable : ainsi au vallon de Luinant (*ibid.*, n° 261), au Sud-Est de la plaine, et aux Pennes-Mirabeau, dans la grotte de la Grande Baume (*ibid.*, p. 828, n° 9), qui est aménagée et a révélé une fosse remplie de mobilier, constitué en grande partie de monnaies. Dans les deux cas, les sites n'étaient pas fréquentés aux périodes antérieures.

Dans la plaine, on connaît, sans pouvoir les dater précisément, de nombreuses nécropoles disséminées un peu partout, qui attestent l'existence de hameaux ou de fermes, sans que l'on puisse préciser[26]. Les tombes sont parfois associées à des vestiges agraires, comme des meules et des *dolia*. De même, l'implantation de fermes ou d'établissements ruraux de transformation des produits se répand[27]. La carte de ces sites montre une répartition assez régulière, les vides ne signifiant probablement qu'une insuffisance des connaissances dans ces zones, vu qu'on n'y a répertorié pour l'instant aucun vestige de quelque époque que ce soit. À Château-Gombert, où les prospections et diagnostics ont été plus systématiques, outre quelques fermes dispersées plus ou moins régulièrement[28], on connaît une installation oléicole ou vinicole d'assez grande ampleur (un chai qui contenait 36 *dolia* et au moins deux cuves imperméabilisées) : elle devait appartenir à la *pars rustica* d'une *villa* installée dans le dernier quart du Ier s. apr. J.-C. et a subi deux remaniements jusqu'au début du IIIe s. (*CAG Marseille*, n°310). Des aménagements analogues sont attestés campagne Allemand (*ibid.*, n° 296) : mis en place à l'époque augustéenne sur une zone occupée depuis le Ve s. av. J.-C., ce site présente des cuves trapézoïdales imperméabilisées de béton de tuileau et un entrepôt de *dolia*. Il est en usage, semble-t-il, jusqu'au IVe s. où il est alors transformé en four.

À Allauch, la colline de la Salette et ses versants Nord devaient également être densément occupés, comme l'ont souligné les dernières prospections (*ibid.*, Allauch, n° 14 à 18). Au lieu-dit Bellevue, l'extension

26 *CAG Marseille*, n° 259, 285, 289, 291, 300, 301, 302, 303, 322, 325 (avec l'existence d'un probable mausolée), 339, 343, 348 ; 002– Allauch, n° 10 ; 070– La Penne sur Huveaune, n° 2 : le mausolée de la Pennelle ; 106 – Septèmes-les-Vallons, n° 6.

27 *CAG Marseille*, n° 259, 285, 289, 291, 300, 301, 302, 303, 322, 325 (avec l'existence d'un probable mausolée), 339, 343, 348 ; 002- Allauch, n° 10 ; 070 – La Penne sur Huveaune, n° 2 : le mausolée de la Pennelle ; 106 – Septèmes-les-Vallons, n° 6.

28 *CAG Marseille*, n° 308, 309, 312, 314, 317.

de la céramique au sol (sur presque deux hectares) a mis en évidence la présence d'un établissement, dont on ne peut pour l'instant préciser la fonction : s'agit-il d'une *villa* ou d'un *vicus* ? Quelque quatre cents tessons dont certains en sigillée à décor figuré ou godronné remontant au IIe- IIIe siècle de notre ère, des fragments de *dolium* et de meules, des bords de *tegulae* soulignent l'importance du site qui a dû s'installer sur un établissement précédent comme le suggère la présence résiduelle de mobilier antérieur (amphores ionio-massaliète et massaliète, céramique protohistorique fine mais non datable). Parmi ce matériel, abondent les productions africaines et sud gauloises, ce qui souligne l'implantation de cet établissement/hameau dans l'économie locale, voire dans celle de la Méditerranée occidentale. En revanche, aucun vestige architectural ou fragment de revêtement mural ou de sol n'a été retrouvé (*ibid.*, n° 16, 17). Un deuxième établissement situé à quelques centaines de mètres au Nord, mais vraisemblablement moins important, assure la continuité d'un site d'époque hellénistique (*ibid.*, n° 14, 15). Ces sites semblent avoir été reliés à la colline de la Salette, également occupée dans les premiers siècles de l'ère chrétienne, comme le suggèrent les ornières portant de l'amont vers les lieux-dits Brémont et Seringa.

Sur la côte, la pratique des *villae* maritimes semble s'être diffusée également à Marseille, comme dans le reste de la région (Lafon à paraître). Au Nord de la cité, des sources anciennes attestent la présence de villae sans plus de précision : à la Madrague d'Arenc (*CAG Marseille*, n° 207), au Cap Fournat (*ibid.*, n° 342), à Séon Saint-André (*ibid.*, n° 346), peut-être au Saut de Marrot, au Nord du Cap de Janet (*ibid.*, n° 345), et à l'Estaque (*ibid.*, n° 353).

Enfin, les sources des XIXe et XXe s. se sont beaucoup interrogées sur le réseau viaire qui peut être appréhendé partiellement. Outre celles que nous avons évoquées ci-dessus, quelques voies ont été identifiées : l'une dallée, dans le quartier Saint-Giniez (*ibid.*, n° 218) ; une autre traversait l'Huveaune à deux reprises, à la Penne sur Huveaune (*ibid.*, n° 269, 270, 271). D'autres sont supposées à partir de l'existence d'ensembles funéraires qui suggèrent la présence de hameaux ou d'agglomérations secondaires, ou de trouvailles de céramiques mises au jour à des points-clefs du paysage : ainsi, au Nord de Marseille, la voie présumée relier Marseille à Martigues dans le quartier Saint André (*ibid.*, n° 344) ; ou celle qui passerait à Notre Dame de la Douane (*ibid.*, n° 335) ; ou enfin, celle qui traverserait le quartier Saint Louis des Aygalades pour mener à Aix-en-Provence (*ibid.*, n° 338-339). Au Sud, une voie relierait Marseille et la Ciotat au Logisson (*ibid.*, n° 249).

Conclusion

Nos connaissances sur les populations indigènes autour de Marseille grecque, tout en restant très fragmentaires, ont sensiblement progressé depuis une vingtaine d'années. La découverte de parcellaires antiques permet d'espérer à terme une meilleure compréhension de l'organisation du terroir agricole et de la mainmise, sans doute progressive, de Marseille sur son proche arrière-pays. Les habitats indigènes de hauteur apparaissent dans le courant du VIe s., à des dates qui semblent différentes d'un site à l'autre. Ces habitats disparaissent pour la plupart dans le courant du Ve s.. Il n'est pas possible pour l'instant de mettre ces mouvements en rapport avec des variations dans un habitat de plaine qui nous échappe à peu près complètement. On n'a toujours aucune information sur l'existence éventuelle d'habitats grecs dans la *chora*, documentée seulement par la nécropole de Saint-Mauront, qui reste totalement isolée.

Quelle que soit l'interprétation que l'on en donne, l'oppidum du Verduron suggère que la présence indigène restait importante aux portes de la ville. Mais l'interprétation historique reste discutée, et les rapports entretenus par la cité grecque et ses proches voisins ne sont pas très clairs.

A l'époque hellénistique et romaine, un réseau de fermes semble se développer dans le territoire selon un maillage que les progrès de l'urbanisation ne permettent d'appréhender qu'assez loin de la ville.

BILIOGRAPHIE

Arcelin 1986 : ARCELIN (P.) – Le territoire de Marseille grecque dans son contexte indigène. *In* : *EtMassa* 1, p. 43-104.

Arcelin 1992 : ARCELIN (P.) – Société indigène et propositions culturelles massaliotes en basse Provence occidentale. *In* : *EtMassa* 3, p. 305-336.

Arcelin, Chabot 1985 : ARCELIN (P.), CHABOT (L.) – Le Pain de Sucre. Marseille (Verduron, quartier Saint-Antoine). Bouches-du-Rhône. *In* : *Les enceintes*, p. 118-120.

Arcelin, Dedet 1985 : ARCELIN (P.), DEDET (B.) – Les enceintes protohistoriques du Midi méditerranéen des origines à la fin du IIe s. av. J.-C., *In* : *Les enceintes*, p. 11-37.

Arcelin, Dedet, Schwaller 1992 : ARCELIN (P.), DEDET (B.), SCHWALLER (M) – Espaces publics, espaces religieux protohistoriques. *DAM* 15, 1992, p. 204-205.

Arcelin, Tréziny 1990 : ARCELIN (P.), TREZINY (H.) – Les habitats indigènes des environs de Marseille grecque. *In* : *Voyage en Massalie*, p. 26-30.

Arcelin-Pradelle 1984 : ARCELIN-PRADELLE (Ch.) – *La céramique grise-monochrome en Provence*. *RANarb* Suppl. 10, 1984.

Berato 1991 : BERATO (J.) *et alii* – Les tombes protohistoriques des Gros-Peds. Les Arcs-sur-Argens (Var). *DAM*, 14, 1991, p. 125-140.

Bernard 2003 : BERNARD (L.) – *Confrontation de deux régions de l'Europe celtique à l'âge- du Fer : Les cas de la Provence et du Baden-Württemberg (RFA).* Thèse d'archéologie sous la direction de Garcia (D.)

soutenue le 18-12-2003 à Aix-en-Provence.

Bernard à paraître : BERNARD (L.) – Celts and Greeks fighting for Marseille, the three last centuries of independence. New propositions about the chôra. A paraître dans *East and West*.

Bernard *et al.* 2006 : BERNARD (L.), CHEVILLOT (P.), LACHENAL (Th.), SARGIANO (J.-Ph.), SENEPART (I.), VASSELIN (B.) – Rapport final d'opération, fouille préventive, INRAP., p. 26-33

Bernard *et al.* 2007 : BERNARD (L.), COLLIN BOUFFIER (S.), COPETTI (A.), D'OVIDIO (A.-M.) – L'occupation du sol dans le bassin de Marseille de la Préhistoire à l'époque moderne. *In* : Bilan Scientifique 2006, Service Régional de l'Archéologie, Direction Régionale de Affaires Culturelles Provence Alpes Côte d'Azur. Aix-en-Provence, 2007, p. 149-150.

Bertucchi 1992 : BERTUCCHI (G.) – *Les amphores et le vin de Marseille*. *RANarb* Suppl. 25, 1992.

Boissinot 2005 : BOISSINOT (Ph.) – La protohistoire du bassin de Marseille. *In* : *CAG Marseille*, p. 117-140.

Boissinot 2009 : BOISSINOT (Ph.) – Une enceinte exceptionnelle du premier âge du Fer au Nord du Luberon : le Grand Clapier à Cereste (Alpes-de-Haute-Provence). *In* : *De Méditerranée et d'ailleurs... Hommages à Guilaine (J.)*. Toulouse 2009, p. 9-32.

Brunaux *et al.* 1997 : BRUNAUX (J.-L.), MENIEL (P.), BOULESTIN (B.) – La résidence aristocratique de Montmartin (Oise) du IIIe au IIe s. av. J.-C. Paris, 1997, p. 270.

CAG Marseille : ROTHE (M.-P.), TREZINY (H), éd. – *Carte archéologique de la Gaule, 13/3, Marseille et ses alentours*, Paris 2005.

Chausserie-Laprée 2000 : CHAUSSERIE-LAPREE (J.) – Le village gaulois de Saint-Pierre-les-Martigues. *In* : J. Chausserie-Laprée, dir., *Le temps des Gaulois en Provence*, Martigues 2000, p. 171-176.

Collin Bouffier 2008 : COLLIN BOUFFIER (S.) – L'occupation du sol dans le bassin de Marseille : de la Préhistoire à l'époque moderne. *In* : Bilan Scientifique 2007, Service Régional de l'Archéologie, Direction Régionale des Affaires Culturelles Provence- Alpes- Côte d'Azur, Aix-en-Provence, 2008, p. 154.

Collin Bouffier 2009 : COLLIN BOUFFIER (S.) – Marseille et la Gaule méditerranéenne avant la conquête romaine. *Pallas*, 80, 2009, p. 35-60.

Dedet 1980 : DEDET (B.) – La céramique excisée du premier âge du Fer en Languedoc oriental. *DAM*, 3, 1980, p. 4-43.

Duval 1998 : DUVAL (S.) – L'habitat côtier de Tamaris (B.-d.-Rh.). Bilan des recherches et étude du mobilier des fouilles de Lagrand (Ch.). *DAM* 21, 1998, p. 133-180.

Duval 2000 : DUVAL (S.) – L'habitat côtier de Tamaris. *In* : J. Chausserie-Laprée, dir., *Le temps des Gaulois en Provence*, Martigues 2000, p. 167-170

EtMassa 1 : BATS (M.), TREZINY (H.), éd. – *Le territoire de Marseille grecque. Actes de la table ronde d'Aix-en-Provence, 1985*. Aix-en-Provence 1986 (coll. Etudes massaliètes, 1).

EtMassa 2 : BATS (M.), éd. – *Les amphores de Marseille grecque. Actes de la table ronde de Lattes, 1988*. Lattes - Aix-en-Provence 1990 (coll. Etudes massaliètes, 2).

EtMassa 3 : BATS (M.), BERTUCCHI (G.), CONGÈS (G.), TRÉZINY (H.), éd. – *Marseille grecque et la Gaule, Actes du colloque international d'histoire et d'archéologie et du Ve congrès archéologique de Gaule méridionale, Marseille, 18-23 novembre 1990*. Lattes/Aix-en-Provence, ADAM/Université de Provence, 1992 (coll. Etudes massaliètes, 3).

Gantès 1992 : GANTES (L.-Fr.) – L'apport des fouilles récentes à l'étude quantitative de l'économie massaliète. *In* : *EtMassa* 3, p. 171-178.

Gantès 2005 : GANTES (L.-Fr.) – Les céramiques fines archaïques et classiques de la zone 25. *In* : Mellinand (Ph.), dir., *Espace Bargemon à Marseille (B.d.Rh.),* Document final de synthèse. INRAP, 2005, p. 695-723.

Garcia 2004 : GARCIA (D.) – *La Celtique méditerranéenne*, Paris 2004.

Guichard, Rayssiguier 1986 : GUICHARD (Chr.), RAYSSIGUIER (G.) – Note sur l'oppidum protohistorique des Baou de Saint-Marcel. *In* : *EtMassa* 1, 1986, p. 105-107.

Lafon, à paraître : Lafon (X.) – Les villas maritimes construites sur le littoral méditerranéen français : un essai de bilan. *In* : *Archéologie des rivages méditerranéens : 50 ans de recherche*, colloque Arles, 28-30 octobre 2009.

Les enceintes : DEDET (B.), PY (M.), éd. – *Les enceintes protohistoriques de Gaule méridionale*. Caveirac 1985 (Cahiers de l'ARALO, n° 14).

Nickels 1989 : NICKELS (A.), avec la coll. de Marchand (G.) et Schwaller (M.) – *Agde, la nécropole du premier âge du Fer*. Paris, 1989 (*RANarb* Suppl. 19).

Parcours de villes : HESNARD (A.), MOLINER (M.), CONCHE (F.), BOUIRON (M.) – *Parcours de villes. Marseille : 10 ans d'archéologie, 2600 ans d'histoire*. Marseille 1999.

Pralon 1992 : PRALON (D.) – La légende de la fondation de Marseille. *In* : *EtMassa* 3, p. 51-56.

Py 2001 : PY (M.) – Les amphores massaliètes. *In* : Py *et al.*, *Dicocer2. Corpus des céramiques de l'Âge du Fer de Lattes (fouilles 1963-1999)*, t. 1, p. 129-239. Lattes 2001 (Lattara 14).

Tréziny 1986 : TRÉZINY (H.), Les habitats indigènes de la région de Marseille (VIe-IIe s. av. J.-C.). *In* : *Los asentiamentos ibericos ante la Romanizacion, Actes du colloque de Madrid, 27-28 Février 1986*. Madrid 1987, p. 69-77.

Tréziny 1989 : TREZINY (H.) – Métrologie, architecture et urbanisme dans le monde massaliète. *RANarb*, 22, 1989 [1990], p. 1-46.

Tréziny 1992 : TREZINY (H.) – Imitations, emprunts, détournements :sur quelques problèmes d'architecture et d'urbanisme en Gaule méridionale. *In* : *EtMassa* 3, p. 337-349.

Van Compernolle 1983 : VAN COMPERNOLLE (R.) – Femmes indigènes et colonisateurs. *In* : *Modes de contacts et processus de transformation dans les sociétés antiques. Actes du colloque de Cortone (24-30 mai 1981)*. Pise-Rome, 1983, p. 1033-1049.

Vasselin, Lisfranc 2004 : VASSELIN (B.), LISFRANC (R.) – Une première occupation funéraire ?. *In* : Barra (C.), Guillaume (M.), Maufras (O.), Vasselin (B.), Voyez (C.) , dir., *Les fouilles archéologiques du tunnel de la Major à Marseille (B.-d.-Rh.)*, Document final de synthèse, INRAP, 2004, p. 41-44.

Voyage en Massalie : *Voyage en Massalie, 100 ans d'archéologie en Gaule du Sud*. Musées de Marseille/EdiSud, Marseille, 1990.

2. Des vignobles de Saint-Jean du Désert aux cadastres antiques de Marseille

Philippe Boissinot

1. Les découvertes de Saint-Jean du Désert

Les plaines entourant le noyau historique de Marseille ont été amplement urbanisées depuis le XIXe s. et sont pour cette raison très mal connues de l'archéologie. Pour les périodes contemporaines de l'occupation grecque, on n'y signalait jusqu'il y a peu que des nécropoles (Saint-Mauront, Cours Julien), quelques découvertes monétaires (Mazargues) et un four de potiers (Pointe Rouge). Le réseau viaire et le tracé des aqueducs, même pour une période étendue jusqu'à la fin de l'Antiquité, n'avaient guère suscité de recherches étendues, en dépit de l'observation de quelques tronçons, si ce n'est quelques spéculations mal assurées (Meynier 1866 ; Blès 2000). Avec le projet de construction d'une rocade (L2) en plein cœur de la banlieue Est, les premières recherches préventives débutèrent dans un secteur situé à environ 4 kilomètres des portes de la cité antique (**fig. 99**). Parmi les découvertes effectuées dans les années 1993-1994, on notera la présence d'un parcellaire fossile dans un petit vallon du quartier de Saint-Jean du Désert qui entaille les faibles reliefs entre Huveaune et Jarret, les deux cours d'eaux principaux du bassin de Marseille. Il s'agit d'un ensemble de champs dont seules les parties profondément travaillées en sous-sol ont été conservées (**fig. 100**) ; la répartition et la nature des vestiges,

Fig. 99. emplacement du site de Saint-Jean du Désert (1) sur une photo aérienne de 1944 (Aérophotothèque du Centre Camille Jullian, Aix-en-Provence).
Autres sites mentionnés : La Campagne Allemand (2), la cité antique de Massalia (3), l'oppidum indigène des Baou de Saint-Marcel (4).

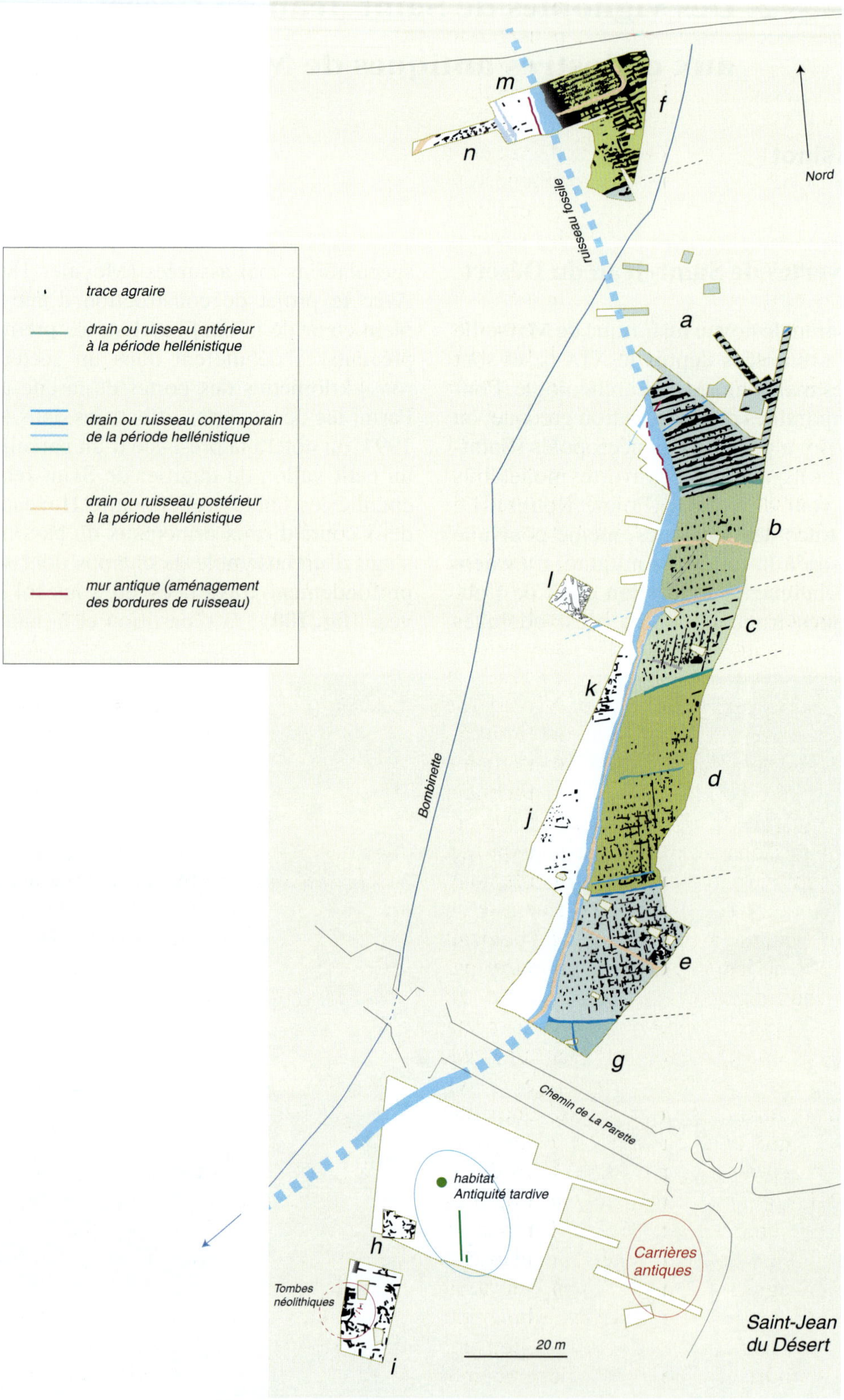

Fig. 100. le parcellaire de Saint-Jean du Désert dans la diachronie.

qui se présentent sous forme de tranchées ou de fosses isolées, toutes disposées selon des lignes parallèles et parfois accompagnées de fossés, laissent penser que l'on a affaire ici à des traces de viticulture ancienne, techniques agricoles maintenant bien connues par l'archéologie méridionale (Boissinot 1995, 2001a, 2001b). On sait par ailleurs que la production locale de vin était un des sources de richesse de la colonie phocéenne depuis la fin du VIe s. av. J.-C. (Bats 1990, Bertucchi 1992) et on ne s'étonnera pas d'en trouver les traces à cette distance de la ville.

Le mobilier recueilli, provenant certainement du compost déposé dans les trous de plantation, permet de dater cet ensemble au plus tôt du IVe s. av. J.-C., dans un finage qui semble déjà exploité (mais sous quelle forme ?) depuis au moins deux siècles. Après la phase de mise en place, de nombreuses transformations sont observées dans les champs jusqu'à l'époque romaine, qui ne bouleverse cependant en rien l'organisation générale des parcelles. Dans le courant du Haut Empire, cet ensemble sera partiellement enseveli sous les limons de crue du ruisseau le plus proche ; pourtant, malgré ces importants phénomènes d'accrétion, plus tard encore (VI-VIIe s. ap. J.-C.), les mêmes orientations se retrouveront dans les murs d'un petit établissement rural. C'est avec la mise en place des bastides de l'époque moderne que le paysage rural se trouvera profondément modifié.

Les parcelles de la période hellénistique n'ont été fouillées qu'à proximité d'un petit ruisseau, maintenant fossile, celui dont nous venons de signaler le débordement. Nous ne connaissons pour cette raison qu'une seule de leur dimension, leur largeur très probablement. S'il s'avérait qu'elles s'étendaient plus longuement selon une direction perpendiculaire au cours d'eau, on pourrait qualifier ce parcellaire de laniéré. On peut supposer par ailleurs que l'accès aux vignobles se faisait par un (ou des) chemin(s) situé(s) plus à l'est, dans un secteur non exploré à ce jour sur le coteau. Les orientations des vestiges agraires repérés sur le terrain présentent de légères variations, ce qui ne doit pas nous étonner puisque nous n'avons là, au mieux, que le découpage des champs, et non pas celui des structures intermédiaires d'un éventuel cadastre, qui, lui, serait certainement beaucoup plus régulier ; les structures intermédiaires, faut-il le rappeler, selon la définition qu'en a donné E. Sereni, constituent dans la morphologie agraire le niveau d'organisation intermédiaire entre les champs et le territoire (Chouquer, Favory 1991, p. 69-71) ; en contexte grec, elles peuvent en particulier correspondre aux klèroi, lots de terre tirés au sort et attribués à des colons.

Par ailleurs, les différentes mesures effectuées, aussi bien entres les plantations elles-mêmes que d'une parcelle à l'autre, n'ont pas permis de révéler de système métrologique cohérent. Même si un pied proche de 31 cm semble pouvoir être retenu dans quelques cas, celui-ci ne rend compte que d'une partie des distances, et certainement pas des dimensions des parcelles ; nous avons proposé d'interpréter cette variabilité comme relevant des manières de planter propres à chaque viticulteur, au sein de (probables) divisions qui excèdent la surface fouillée (Boissinot 2003).

Grâce aux fouilles agraires de Saint-Jean du Désert, nous disposons maintenant d'une fenêtre relativement bien datée à l'intérieur d'un parcellaire certainement régulier ; reste à savoir si celui-ci peut être étendu à des espaces beaucoup plus vastes alentour. L'échantillon étudié permet en outre de supposer une longue pérennité des limites parcellaires au cours du temps, ce qui est particulièrement encourageant pour une étude régressive du finage marseillais.

D'autres fouilles préventives ont eu lieu ultérieurement dans le même secteur. Elles ont mis au jour d'autres portions de fossés, de nouvelles traces agraires antiques comportant également des indices de provignage (chantiers du Pavillon d'agrément, Chemin de La Parette, Ligne 1 du Tramway, La Fourragère). Plus amont dans la même vallée, les indices d'un site (établissement rural ?) du Ve s. av. J.-C. ont été reconnus dans le secteur sud de la propriété dite Campagne Allemand, mais malheureusement sans information sur les pratiques culturales associées (Boissinot 1998). Dans d'autres contextes du bassin de Marseille, les découvertes de traces viticoles, toutes antiques, se sont multipliées depuis, dans l'enceinte du Parc Chanot, dans le quartier de Saint-Pierre, et plus près encore de la cité antique, à l'emplacement de l'ancien Alcazar et sur le flanc occidental de la butte Saint-Charles (en dernier lieu : Rothé, Treziny 2005). Elles constituent autant de repères pour une reconstitution des paysages agraires de l'antique Massalia.

2. Des traces agraires aux parcellaires anciens

L'approche des parcellaires anciens dans un secteur aussi transformé par l'urbanisation et l'industrialisation est un exercice difficile. Les photographies aériennes et leurs éventuelles révélations fossiles, réalisées trop tardivement dans le XXe s., ne nous sont ici d'aucun secours ; il faut donc commencer l'enquête à partir des plus anciens cadastres dressés sur plan, en l'occurrence ceux qui ont été réalisés au début du XIXe s., à une époque où Saint-Jean du Désert n'était encore qu'un hameau entouré de champs et de bastides. Ces documents, malheureusement très mal conservés dans les secteurs où ils ont été particulièrement consultés (centre ville), ont été depuis

Fig. 101. emplacement des feuilles étudiées et scannées du cadastre dit "napoléonien" de Marseille (en jaune et orange).

peu scannés par le service des Archives Départementales de Bouches-du-Rhône. À partir de ces images, il a été possible de réaliser une version vectorisée et de procéder à l'assemblage de différentes feuilles choisies (Les Olives, Saint-Julien, Saint-Pierre, et, en partie, Notre-Dame de La Garde et Saint-Cyr) (**fig. 101**). Comme on pouvait s'y attendre à partir de ces levés imparfaits, les collages entre les différentes feuilles posent quelques problèmes, mais ne compromettent en rien une étude des orientations générales.

Si l'on surligne maintenant sur ce cadastre moderne toutes les limites présentant les mêmes orientations que celles repérées en fouille à Saint-Jean du Désert, soit approximativement deux orientations principales, on ne constate malheureusement aucune régularité ni concentration significative sur tout l'ensemble étudié, principalement entre Huveaune et Jarret (**fig. 102**).

Mais, en faisant ce travail, nous avons pu constater que des axes aux orientations voisines se dessinaient clairement dans ce secteur, présentant, outre un net parallélisme, une rigoureuse équidistance (398 m). Sur le cadastre dit « napoléonien » ils sont principalement matérialisés par des chemins et des limites parcellaires. Ces axes d'orientation approximativement NL – 80° ouest, traversent sans discontinuité la rivière du Jarret, mais s'arrêtent à proximité de la plaine alluviale de l'Huveaune, laissant la place à un autre structuration de l'espace en rive gauche. L'un de ces axes majeurs pourrait même prendre naissance à la « porte d'Italie » du port antique de Marseille, en laissant parallèle à lui sur sa gauche, mais à quelques mètres de celui-ci, la parcelle enclose mise au jour sur le chantier de l'Alcazar par l'équipe dirigée par M. Bouiron, ce qui constitue un argument fort en faveur d'une datation ancienne, sans doute dès le Ve s. av. J.-C. (Rothé, Treziny 2005, p. 583) (**fig. 103**).

Si l'on pose l'hypothèse que le parcellaire recherché est à l'image de celui mis en évidence autour de la colonie grecque de Métaponte en Grande Grèce, constitué de long axes parallèles – mais sans recherche d'une stricte orthogonalité dans le découpage des parcelles, et localement sans périodicité régulière – dont l'un se rattache directement à la cité (Adamsteanu, Vatin 1976, Adamsteanu 1978, Carter 1981, 2006), nous avons là, à Marseille, un bon point de départ pour la suite des recherches. En l'absence d'axes plus ou moins perpendiculaires aux précédents, on s'interdira de proposer dans ce cas un modèle plus régulier encore, celui du plan en damier, ou encore d'une organisation en lots parfaitement rectangulaires comme on l'observe sur d'importantes portions des territoires des villes grecques de Crimée (Chtcheglov 1992, Carter *et al.* 2000).

Le fait que les limites parcellaires mises en évidence dans les décapages de Saint-Jean du Désert ne soient pas exactement parallèles à ces grands axes n'est en rien une réfutation du modèle : on sait qu'il existe un certain jeu dans le découpage des champs au sein des structures intermédiaires – nous avons pu le constater sur le site des Girardes en Vaucluse, certes d'époque romaine (Haut Empire), avec des limites de vignobles qui ne sont pas systématiquement parallèles ou orthogonales au kardo et au decumanus du cadastre B d'Orange, les structures intermédiaires de ce territoire centurié (Boissinot, Roger 2004). Si toutefois l'hypothèse est la bonne, on constate que la fenêtre archéologique étudiée ici se situe à l'extrémité du « secteur régulier », les limites parcellaires modernes situées plus à l'est ne trahissant aucun prolongement des axes ; il n'est pas étonnant dans ce cas que les datations obtenues pour Saint-Jean de Désert soient si basses, la colonisation des terres ici n'ayant été réalisée qu'après l'exploitation du finage le plus proche de la cité.

3. Une planification grecque ?

Au cours de cette analyse, nous avons réuni un certain nombre d'indices que l'on peut qualifier de sérieux à propos du problème des (probables) cadastres antiques de Marseille : des lignes parallèles et équidistantes existent dans les parcellaires de l'époque moderne, alors qu'elles ne relient aucun pôle de peuplement bien attesté à l'époque médiévale ou postérieurement ; une de ces lignes conduit directement à l'une des portes de la ville antique (« porte d'Italie » à la Bourse), selon une inclinaison identique à celle présumée à partir de l'analyse de la documentation archéologique de ce secteur périurbain (Bouiron 2001, Bouiron, Treziny 2001, fig. 2) ; des ensembles archéologiques bien datés, au plus tôt au Ve s. av. J.-C. à l'Alcazar et au IVe s. av. J.-C. à Saint-Jean du Désert, semblent s'inscrire entre ces lignes parallèles et relèvent tous deux dès le départ de la viticulture, selon une progression qui va du proche au plus lointain de la cité, s'arrêtant semble-t-il à mi chemin en direction de la première agglomération protohistorique du bassin (Saint-Marcel/La Tourette). L'ensemble de ces éléments concourt à proposer l'existence d'une planification agraire d'époque grecque dans tout ce secteur oriental de la cité. L'orientation choisie n'est manifestement pas celle d'une voie permettant de traverser l'ensemble du bassin de Marseille, et de conduire in fine vers l'itinéraire maritime menant en Italie, car, si tel avait été le cas, elle aurait buté plus à l'est contre le massif d'Allauch. Pour cette raison, il est nécessaire d'envisager d'autres axes obliques permettant de rabattre les communications vers le sud-est, en direction de la vallée de l'Huveaune ; de telles lignes ne sont pas absentes du cadastre dit « napoléonien », mais nous n'avons hélas aucun argument pour les dater. Faut-il éventuellement, pour comprendre ce choix d'orientation, évoquer la rivière devenue emblématique de la ville moderne, la Cannebière, qui aurait pu s'écouler selon cette direction dans la vallée Saint-Bauzile, sans doute en partie canalisé et associée à des travaux d'assèchement dès l'époque archaïque (Bouiron 2001, p. 322) ?

Maintenant qu'une trame (système A) est proposée, il faut tenter de la valider en suggérant des fouilles en des points significatifs, notamment le long des axes forts repérés ; il s'agit là d'un argument décisif pour ne pas faiblir dans la prescription de fouilles préventives de la banlieue de Marseille, si longtemps oubliée de la recherche archéologique. Cependant, compte tenu de ce que nous avons indiqué à propos des possibilités de circulation au sein du bassin de Marseille, il faut s'attendre à rencontrer également des axes obliques, et des parcelles qui s'inscrivent dans la rencontre de trames qui ne sont pas orthonormées ; ces cas, s'ils se présentent dans des fouilles d'urgence, ne constitueront pas une infirmation du modèle. Enfin, restera à confirmer le recoupement orthogonal des grands axes pour générer les différents lots agraires, tel qu'il apparaît dans la parcelle rectangulaire fouillée à l'Alcazar – mais pour l'instant non documenté à Saint-Jean du Désert ; car d'autres procédés pourraient avoir été utilisés, comme à Métaponte, se matérialisant notamment par des parallélogrammes.

Concernant l'étendue de cette planification (système A), nos informations ne sont pas uniformément réparties. Nous avons privilégié pour cette recherche les environs de Saint-Jean du Désert, et le lien entre ce secteur et la cité Antique. La vectorisation du cadastre moderne a aussi concerné quelques portions en rive gauche de l'Huveaune qui montrent une tout autre configuration, avec peut être des axes équidistants, mais d'orientations différentes assurément. Dans le secteur de Saint-Giniez/ Prado, en rive droite et à proximité de la plage du même nom, des régularités apparaissent, avec des lignes divergentes de celles du système A, en tous cas plus rapprochées ; on notera que la zone de contact se caractérise par un écart moindre entre les axes de l'ensemble le plus septentrional (**fig. 103**). Pour tous les autres secteurs du bassin de Marseille, seules quelques planches ont été vectorisées, sans procéder pour l'instant à leur assemblage. En conséquence, nous ne pouvons proposer pour les parties nord et nord-est un quelconque système agraire précis ; toutefois, les quelques tentatives d'application du système A se sont révélées infructueuses, ce qui semblerait indiquer que la planification mise en évidence dans cette étude ne se poursuit pas au nord de la cité, et en particulier en rive droite du Jarret, avant que cette rivière n'effectue un coude pour rejoindre l'Huveaune. Il va de soi que tous les éventuels systèmes différents de celui nommé A ne sont pour l'instant pas datés et pourraient appartenir à une période postérieure à l'occupation grecque. Si l'on devait par contre tous les situer avant la période romaine, on pourrait avoir à Marseille un dispositif comparable à celui de Métaponte, où les fleuves constituent des limites entre des organisations différenciées.

Les raisons historiques d'une telle planification agraire peuvent se trouver dans la littérature. Dans le monde antique, ces opérations sont généralement associées au lotissement de nouveaux colons, indirectement (et plus ou moins partiellement) à la mainmise sur des terrains pris aux « indigènes ». Si l'on date au plus tard l'installation du système A de la période de mise en place du premier lot agraire de l'Alcazar, à savoir le milieu du Ve s. J.-C. (Rothé, Treziny 2005 : état 1C), quel épisode antérieur de l'histoire de la cité faut-il retenir ? Si l'on écarte le moment de la fondation, reste la possibilité d'une arrivée d'émigrés phocéens au milieu du VIe s. av. J.-C., après avoir été chassés de Phocée par les Perses – en suivant l'interprétation proposée I. Malkin et M. Gras pour dépasser l'ambiguïté des textes d'Hérodote et de Strabon réunis (Gras 1995). Quelle que soit

Fig. 102.
a - projection des principales structures archéologiques de Saint-Jean du Désert sur les feuilles du cadastre dit "napoléonien" environnant
b - emplacement (en couleur) sur le même fond des limites parcellaires parallèles ou orthogonales aux ensembles mis en évidence à Saint-Jean du Désert. Les axes structurants sont surlignés en vert (système A).

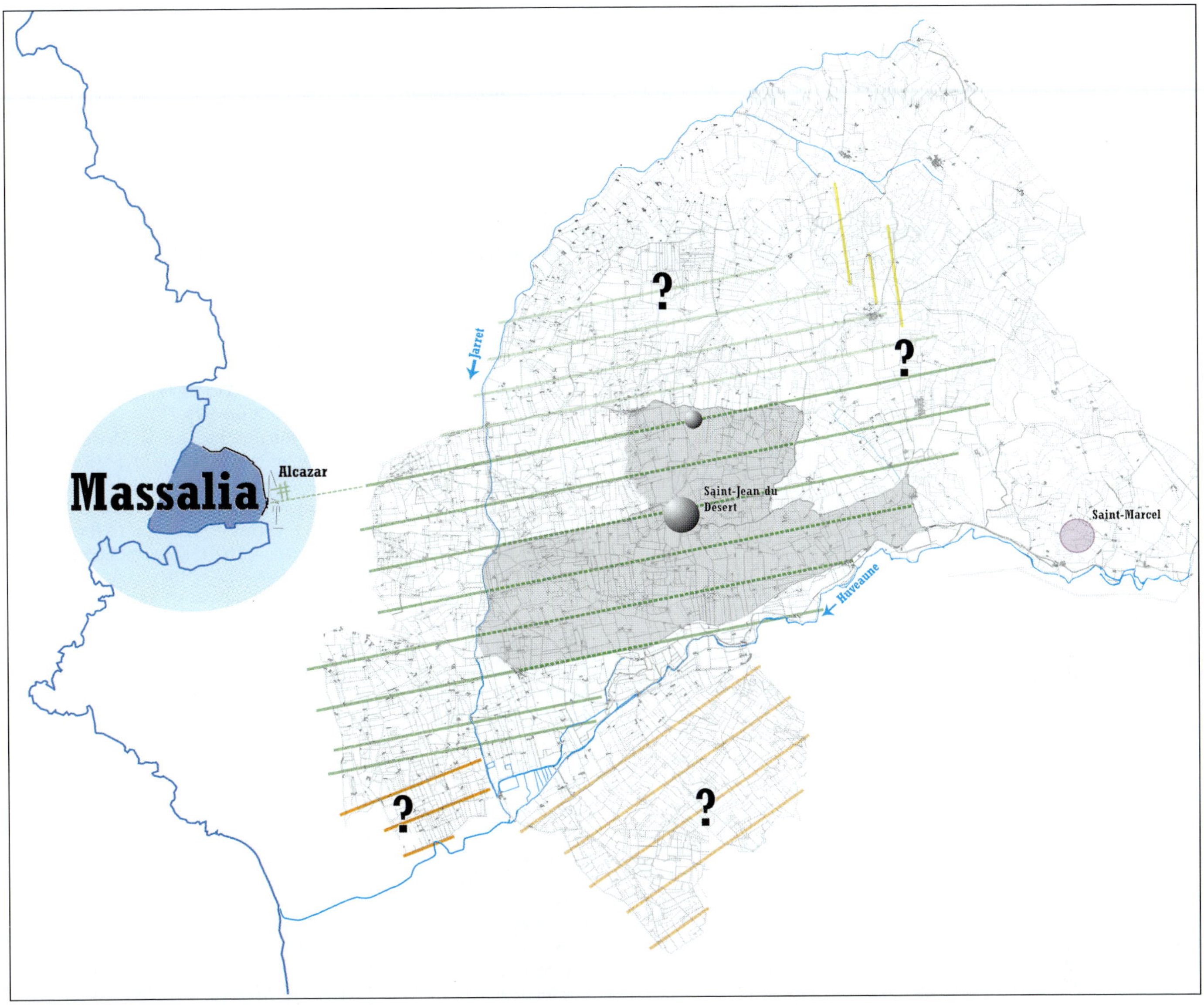

Fig. 103. proposition d'analyse des parcellaires modernes à l'est de Marseille. Le système A, d'origine grecque, est en vert.

la réalité historique, l'archéologie démontre que cette phase (540/530 av. J.-C.) correspond à la première production d'amphores vinaires à Marseille, c'est-à-dire, à la création d'un vignoble proche de la cité, en grande partie destiné à l'exportation du vin (Bats 1990). Il n'est pas anodin de remarquer que les deux sites périurbains auxquels nous avons fait référence, l'Alcazar et Saint-Jean du Désert, ont été d'abord plantés en vigne avant de connaître des évolutions variées ; ces plantations sont certes postérieures à la date de création du premier « vignoble d'exportation », de presque un siècle dans le premier cas, bien plus dans le second, elles constituent sans doute des jalons dans la mise en place progressive de cultures de rapport au sein d'une trame cadastrale probablement installée pour répondre à l'afflux de ces nouveaux émigrés grecs.

Marseille n'est pas la seule cité grecque de Gaule à avoir connu une planification agraire. Quelques-unes de ses colonies implantées sur le littoral pour mieux contrôler la circulation des hommes et des marchandises, telles Olbia et Agde, on livré des indices plus ou moins probants de structuration de leur territoire. L'environnement de l'établissement varois est celui qui se prête le mieux à l'exploitation des clichés aériens. En cherchant un cadastre orthonormé, J. Benoit (1985) a restitué un ensemble bien développé au nord de la cité, orienté suivant les limites de la ville elle-même, avec des parcelles allongées mesurant 105 m x 52,5. Ce travail de morphologie agraire, qui s'appuie en grande partie sur la recherche de constantes métriques n'a pour l'instant pas pu être testé par l'archéologie ; il aboutit à un résultat qui ne peut faire l'objet que de spéculations chronologiques.

Quant à la cité sise sur les berges de l'Hérault, Agde, son cas semble plus complexe. Les analyses formelles d'A. Nickels (1981) semblent montrer une succession de planifications urbaines et périurbaines qui mériteraient d'être revues en s'interrogeant sur la dynamique et la dégradation des parcellaires ; car, à trop camper sur des positions formelles et métriques, on aboutit par exemple au résultat qu'une nécropole protohistorique (Le Peyrou) largement antérieure à l'implantation grecque s'installe au sein d'un ensemble cadastré (Guy 1995), dont on saisit mal les conditions socio-historiques. Finalement, le dossier de Marseille grecque n'est pas si désespéré qu'il pouvait paraître !

BIBLIOGRAPHIE

Adamsteanu 1978 : ADAMSTEANU (D.) – Le subdivisioni di terra nel Metapontino. *In* : Finley (M. I.) dir., *Problèmes de la terre en Grèce ancienne*. Paris, Mouton, p. 49-61.

Adamsteanu, Vatin 1976 : ADAMSTEANU (D.), VATIN (C.) – L'arrière pays de Métaponte. *CRAI*, janvier-mars 1976, p. 110-123.

Bats 1990 : BATS (M.) dir. – *Les amphores de Marseille grecque*. Lattes-Aix-en-Provence, ADAM-Université de Provence (Etudes Massaliètes 2), 1990, p. 294.

Benoit 1985 : BENOIT (J.) – L'étude des cadastres antiques : à propos d'Olbia de Provence. *Documents d'Archéologie Méridionale*, 8, 1985, p. 25-48.

Bertucchi 1992 : BERTUCCHI (G.) – *Les amphores et le vin de Marseille, VIe s. av. J.-C. – IIe s. ap. J.-C.* Paris, CNRS (25e suppl. à la *RAN*), 1992, 250.

Blès 2000 : BLES (A.) – *Mémoire des chemins de Marseille*. Edisud, 2000, p. 104.

Boissinot 1995 : BOISSINOT (P.) – L'empreinte des paysages hellénistiques dans les formations holocènes de Saint-Jean-du-Désert (Marseille). *Méditerranée*, 82, 1995, p. 33-40.

Boissinot 1998 : BOISSINOT (P.) – Un lot de DSP dans le faubourg de Saint-Barnabé à Marseille. Les données stratigraphiques, *In* : Bonifay (M.), Carre (M.-B.), Rigoir (Y) dir., *Fouilles à Marseille. Les mobiliers (Ier-VIIe s. ap. J.-C.)*. Lattes-Aix-en-Provence, ADAM-Université de Provence (Etudes Massaliètes 5), 1998, p. 283-285.

Boissinot 2001a : BOISSINOT (P.) – Saint-Jean du Désert : un vignoble d'époque hellénistique dans la chôra massaliète, *In* : *Problemi della chora coloniale dall'Occidente al Mar Nero (Atti del 40e convegno di studi sulla Magna Grecia, Taranto 2000)*. Tarente, 2001, p. 313-344.

Boissinot 2001b : BOISSINOT (P.) – Archéologie des vignobles antiques du sud de la Gaule. *Gallia*, 58, 2001, p. 513-544.

Boissinot 2003 : BOISSINOT (P.) – Métrologie de l'arboriculture antique dans le Midi de la France. *In* : Favory (F.) dir, *Métrologie agraire antique et médiévale*. Presses Universitaires Franc-Comtoises, p. 37-58.

Boissinot, Roger 2004 : BOISSINOT (P.), ROGER (K.) – Le domaine viticole des Girardes à Lapalud, *In* : Favory (F.), Vignot (A.) dir., *Actualité de la recherche en histoire et archéologie agraire (colloque AGER V, Besançon 2000)*. Besançon, Presses Universitaires Franc-Comtoises, 2002, p. 225-240.

Bouiron 2001 : BOUIRON (M.) – Les espaces suburbains, *In* : *EtMassa* 4, p. 319-335.

Bouiron, Tréziny 2001 : BOUIRON (M.), TREZINY (H.) – Une porte antique sous la rue Colbert ? *In* : *EtMassa* 7, p. 63-73.

Carter 1981 : CARTER (J. C.) – Rural Settlement at Metaponto, *In* : *Archaeology and Italien Society*, BAR Int. Series, 102, 1981, p. 167-178.

Carter 2006 : CARTER (J. C.) – *Discovering the greek contryside at Metaponto*. Ann Arbor, The University of Michigan Press, 2006, p. 287.

Carter *et al.* 2000 : CARTER (J. C.), CRAWFORD (M.), LEHMAN (P.), NIKOLAENKO (G.), TRELOGAN (J.) – The Chora of Chersonesos in Crimea, Ukraine. *American Journal of Archaeology*, 104, 2000, p. 707-741.

Chouquer, Favory 1991 : CHOUQUER (G.), FAVORY (F.) – *Les paysages de l'Antiquité*. Paris, Errance, 1991, p. 239.

Chtcheglov 1992 : CHTCHEGLOV (A.) – *Polis et chora*. Paris, Annales littéraires de l'Université de Besançon, 1992, p. 304.

EtMassa 4 : ARCELIN (P.), BATS M.), GARCIA (D.), MARCHAND (G.), SCHWALLER (M.) dir. – *Sur les pas des Grecs en Occident. Hommages à André Nickels*. Lattes-Aix-en-Provence, 1995, ADAM-Université de Provence (Etudes Massaliètes 4).

EtMassa 7 : BOUIRON (M.), TREZINY (H.), BIZOT (B.), GUILCHER (A.), GU.ON (J.), PAGNI (M.) dir., *Marseille. Trames et paysages urbains de Gyptis au Roi René*. Lattes-Aix-en-Provence, 2001, ADAM-Université de Provence (Etudes Massaliètes 7).

Gras 1995 : GRAS (M.) – L'arrivée d'émigrés à Marseille au milieu du VIe s. av. J.-C. *In* : *EtMassa* 4, p. 363-366.

Guy 1995 : GUY (M.) – Cadastres en bandes de Métaponte à Agde. Questions et méthodes, *In* : *EtMassa* 4, p. 427-444.

Meynier 1866 : MEYNIER – *Les chemins anciens de Marseille. Description historique et topographique du territoire*. Marseille, M. Olive, 1866, p. 152.

Nickels 1981 : NICKELS (A.) – Recherches sur la topographie de la ville antique d'Agde. *Documents d'Archéologie Méridionale*, 4, 1981, p. 29-50.

Rothé, Tréziny 2005 : ROTHE (M.-P.), TREZINY (H.) dir. – *Marseille et ses alentours* (Carte Archéologique de la Gaule, 13/3), Paris, MSH, p. 925.

Chapitre IV

Grecs et indigènes autour de Vélia

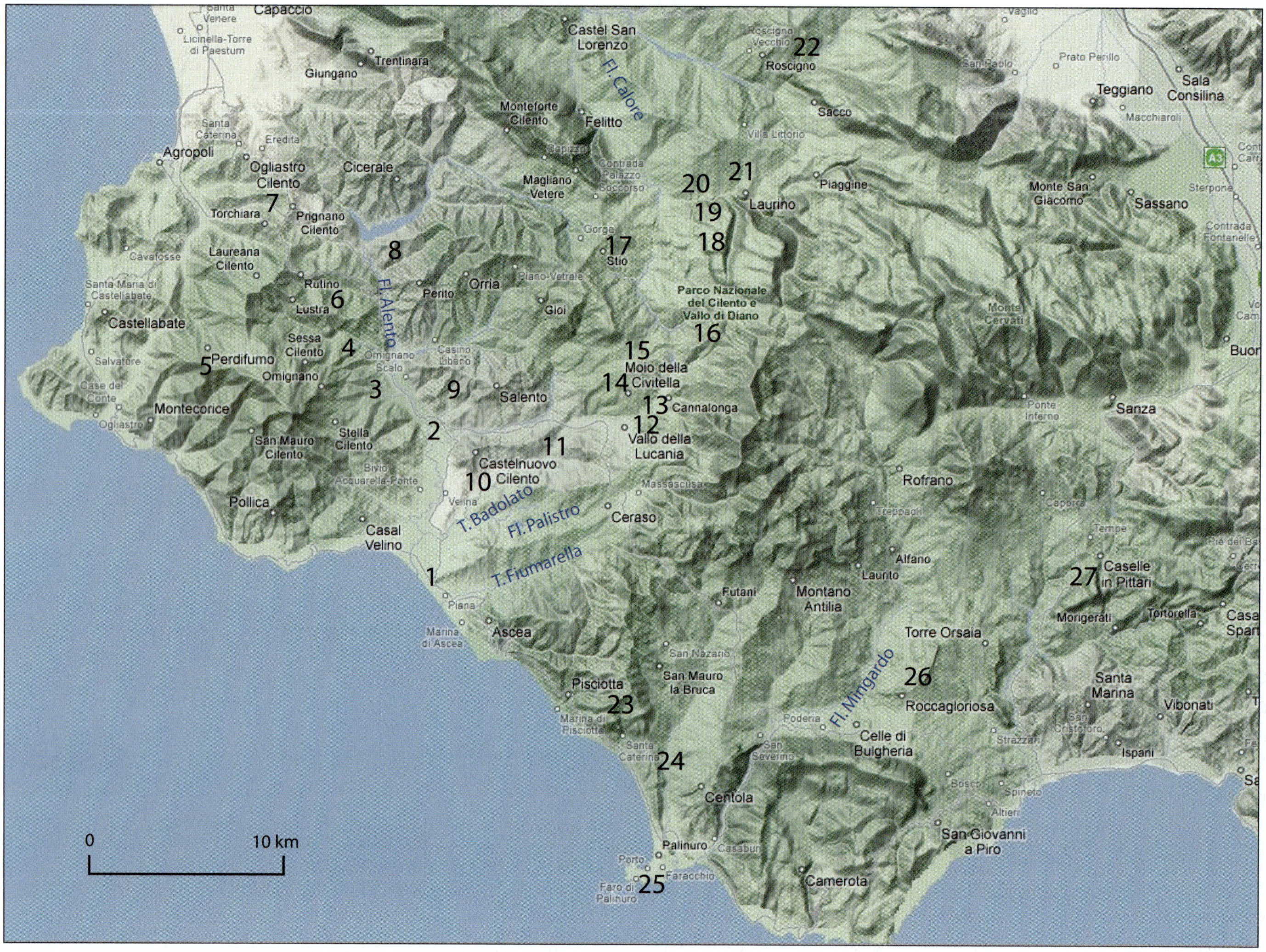

Fig. 104. Le territoire de Vélia :

1 - Vélia ; 2 - Torricelli ; 3 - Omignano ; 4 - Sessa Cilento ; 5 - Punta della Carpinina ;
6 - Lustra Cilento ; 7 - Ogliastro ; 8 - Ostigliano ; 9 - Salento ; 10 - Castelnuovo Cilento ; 11 - Pattano ;
12 - Angellara ; 13 - Cannalonga ; 14 - Moio della Civitella ; 15 - Acerito ; 16 - Campora ; 17 - Stio ; 18 - Calore ;
19 - Mammolessa ; 20 - Tempa del Grattapone ; 21 - Tempa Calore ; 22 - Monte Pruno ; 23 - Castelluccio ;
24 - Le Saline ; 25 - Palinuro ; 26 - Roccagloriosa ; 27 - Caselle in Pittari.
(H. Tréziny, fond de carte Google maps).

1. Grecs et indigènes autour de Vélia
Présentation

Henri Tréziny

Selon Hérodote (I, 167), les Phocéens qui fondent Vélia quelques années après 540 achètent le site aux populations indigènes. Pourtant, à l'exception d'une occupation du Bronze moyen, il n'y a pas trace à Vélia d'un habitat indigène antérieur à la colonisation (Morel 1980). Un fragment de céramique indigène retrouvé dans un contexte cultuel n'a évidemment aucune signification (Maffettone 1992b, p. 18).

L'occupation du territoire n'est guère mieux attestée pour l'époque archaïque. Elle se limite, pour la céramique grecque, à quelques fragments de coupes ioniennes et d'amphores grecques occidentales retrouvés à la Civitella di Moio (n° 14 ; les numéros renvoient à la carte **Fig. 104**) et à Torricelli di Casalvelino (n° 2), à un vase isolé indigène provenant d'Ostigliano (n° 8) et un fragment d'Angellara (n° 12), près de Vallo della Lucania (Maffettone 1992b, p. 18). La zone dans laquelle s'installent les Phocéens dépend donc d'une communauté indigène qui occupe assez peu la région avant la fin de l'époque archaïque, et même sans doute plus tard, et les Eléates eux-mêmes ont laissé peu de traces d'occupation. L'exiguïté et le manque de fertilité du territoire de Vélia sont sans doute un *topos* (Pierobon 1995), mais Vélia archaïque est à l'évidence une cité maritime, qui n'accorde que peu d'importance à son arrière-pays.

Par contre, la zone côtière au Sud de Vélia est beaucoup plus fréquentée, à commencer par Palinuro, en relation avec le Vallo di Diano par la vallée du Mingardo, et surtout autour de la vallée du Noce, où E. Greco a proposé de situer les *Serdaioi*. On a pu considérer la fondation de Vélia, favorisée par les Poséidoniates, comme une tentative pour créer une zone tampon entre la cité achéenne et un monde indigène en forte expansion. Le site de Tempa della Guardia à Palinuro est avant tout un port au débouché de la vallée du Mingardo. Dans la nécropole, qui n'a été que partiellement publiée par Neutsch, Sestieri signale cependant des tombes sous tuiles avec incinération et matériel exclusivement grec, mais la documentation est difficilement vérifiable aujourd'hui. Surtout, la fondation de Palinuro semble à peu près contemporaine de celle de Vélia, peut-être conséquence des navigations grecques sur les côtes tyrrhéniennes, mais sans que l'on puisse établir un lien de cause à effet. A la fin du VIe s., la chute de Sybaris est sans doute une des causes de la décadence de Sala Consilina, puis de la disparition de Palinuro.

Les relations entre Vélia et le Vallo di Diano sont attestées par certains types de matériel comme la cruche à deux anses orthogonales, de production sans doute éléate (mais pratiquement absente à ce jour des autres sites phocéens) ou les coupes de type « Panionion ». La fréquence de ces matériels à Palinuro, dans le Vallo di Diana, dans la Val d'Agri, suggère que ces trafics se faisaient d'abord au départ de Palinuro. La présence dans une tombe de Sala Consilina de vases en bronze analogues à ceux de Poséidonia serait, selon J. de La Genière, la preuve de l'intérêt de Poséidonia pour l'arrière-pays. Tout cela accroît l'impression de vide de l'arrière-pays de Vélia à l'époque archaïque et sans doute encore au Ve s., et dans la première moitié du IVe s.

Dans l'arrière-pays de Vélia, comme dans la plupart des régions de la Grande-Grèce, tout change vers le milieu du IVe s. On signale alors de nombreuses traces d'occupation, qu'il s'agisse d'habitats groupés, généralement fortifiés, ou d'habitats isolés (fermes ou groupes de fermes ?), souvent signalés par quelques tombes.

On énumèrera, au Nord, dans la vallée de l'Alento et le massif du Cilento :
– Ogliastro (n° 7), tombes et vestiges, archives Surintendance (Greco, Greco Pontrandolfo 1981 p. 148, n° 65) ;
– Lustra Cilento (n° 6), tombe et urnes cinéraires, archives Surintendance (Greco, Greco Pontrandolfo 1981 p. 148, n° 66) ;
– Casalvelino, loc. Torricelli (n° 2), colline fortifiée (Greco 1975, p. 85) ; au pied de la colline, établissement rural avec travail du métal (Maffettone 1992a, p. 176) ;
– Salento, loc. Tempone (n° 9) : tombe vers 300 et sans doute ferme (Maffettone 1992a, p. 176) ;
– Omignano, loc. Cerreta (n° 3), tombe, en liaison avec un établissement rural et un four, archives Surintendance

(Greco, Greco Pontrandolfo 1981 p. 148, n° 65 ; Maffettone 1992a, p. 176) ;
– Sessa Cilento (n° 4), tombe de la première moitié du IVe s. (Maffettone 1992a, p. 176) ;
– Perdifumo, Punta della Carpinina (n° 5), site fortifié (Greco 1975, p. 83-84).

Dans les vallée du Palistro et du Badolato :
– Castelnuovo Cilento, loc. Foresta (n° 10), ferme située à peu de distance de Vélia (3 km selon Maffettone 1992a, en fait 7 km sur la carte), dernier quart du IVe s. Situé le long de la route Vélia-Moio. Sans doute aussi lié à une petite nécropole, donc occupation permanente plutôt que temporaire (Maffettone 1992a, p. 168-173) ;
– Pattano, loc. Chiuse delle Grotte (n° 11) : nécropole sans doute liée à une autre ferme, dernier quart du IVe s. (Greco 1975, p. 90-92 ; Greco, Greco Pontrandolfo 1981, p. 149 n° 73 ; Maffettone 1992a, p. 175) ; Pattano, église de S. Filadelfo : matériel à partir du IVe s. (Maffettone 1992a, p. 175).

Près de Moio :
– Cannalonga (n° 13), à l'Est de Moio : matériel hellénistique (information Surintendance) ;
– Scanno Chiuso, sur les pentes du Monte Sacro (Greco 1975, p. 87) ;
– loc. Acerito (n° 15), en contrebas de la route de Campora, 1,9 km au NW de Moio, tombe en bâtière avec ceinturon de bronze italique (information Surintendance ; c'est peut-être à cette découverte que se réfère Maffettone 1992a, p. 176, s.v. Campora) ;
– Stio (n° 17) : fragments de tuiles et de céramiques à vernis noir (information Surintendance) ;
– Campora, loc. Raialunga (n° 16), tuiles, tessons (information Surintendance).

Vers Laurino (informations Surintendance) :
– loc. Calore (n° 18), céramique du IVe s., bloc (de porte ?) ;
– loc. Mammolessa (n° 19), tombes IVe-IIIe s. ;
– loc. Tempa del Grattapone (n° 20), matériel provenant d'une nécropole du IVe s. ;
– loc. Tempa Calore (n° 21), tuiles hellénistiques du même type que celles de la loc. Acerito *supra* (observation H. Tréziny).
– Monte Pruno di Roscigno (n° 22, *infra*, contribution de G. Greco)

Au Sud de Vélia :
– Pisciotta, loc. Castelluccio (n° 23) (Greco 1975, p. 88).
– Palinuro, loc. Saline (n° 24), nécropole (Greco 1975, p. 99, 108 ; Maffettone 1992a, carte, fig. 13) ;
– Palinuro (n° 25, Greco 1975, p. 94-108) ;
– Roccagloriosa (n° 26, *Roccagloriosa I* et *II*) ;
– Caselle in Pittari (n° 27).

Tous ces sites ont fait l'objet de reconnaissances, mais très peu ont été fouillés, moins encore sont publiés si bien que notre documentation reste très lacunaire. Dans l'optique qui est la nôtre dans ce volume, il est donc très difficile de dire si ces sites étaient occupés par des Grecs ou des Lucaniens et s'ils appartiennent ou non au territoire de la cité grecque. Les quatre sites fortifiés les plus proches de Vélia (n° 5 – Punta della Carpinina, n° 2- Torricelli, n° 14 – La Civitella di Moio et n° 23 – Castelluccio) posent un problème spécifique, que l'on abordera *infra* (Bats *et al.*) à partir de l'exemple de la Civitella, seul site qui ait fait l'objet de fouilles archéologiques. Par la comparaison entre le matériel de la Civitella et celui de Vélia (*infra* Gassner, Trapplicher), on essaiera de déterminer si le faciès céramique d'un habitat fortifié comme la Civitella vers la fin du IVe s. est analogue ou non à celui de Vélia. Mais il s'agit aussi de savoir si, comme on l'a supposé (Greco 1975), avant d'être des habitats fortifiés, ces sites ont pu être, dans le courant du IVe s., des phrouria défendant le territoire de la ville grecque.

On fera également le point sur un site indigènesrécemment fouillés au Nord du territoire de Vélia, Monte Pruno di Roscigno (n° 22, G. Greco).

BIBLIOGRAPHIE

Greco 1975 : GRECO (E.) – Velia e Palinuro. Problemi di topografia antica. *MEFRA*, 87, 1975, p. 81-142.

Maffettone 1992a : MAFFETTONE (R.) – Il territorio di Elea. Nuovi dati su insediamenti e viabilità. *In* : *Archeologia e territorio. Ricognizioni, scavi e ricerche nel Cilento*. Regione Campania – Centro servizi culturali del Cilento, Edizioni dell'Alento, 1992, p. 167-182.

Maffettone 1992b : MAFFETTONE (R.) – Colonizzazione focea e culture indigene della Lucania occidentale. *Apollo, Bollettino dei Musei Proviciali del Salernitano*, 8, 1992, p. 17-42.

Morel 1980 : MOREL (J.P.) – Vestiges de l'âge du bronze sur l'acropole de Vélia. *In* : *Forschungen und Funde. Festschrift Bernhard Neutsch, Innsbrucker Beiträge zur Kulturwissenschaft*. Innsbruck, 1980, p. 299-307.

Morel 2005 : MOREL (J.P.) – Un demi-siècle de recherches sur Vélia et les Phocéens d'Occident. *In* : *Velia, Atti del XLV° Convegno di Studi sulla Magna Grecia, Taranto 2005*, Naples 2006, p. 23-61.

Pierobon 1995 : PIEROBON-BENOIT (R.) – Focea e il mare. *In* : Arcelin (P.), Bats (M.), Garcia (D.), Marchand (G.), Schwaller (M.), éd., *Sur les pas des Grecs en Occident. Hommages à André Nickels*. Paris-Lattes 1995 (Coll. Etudes massaliètes, 4), p. 401-418.

Roccagloriosa I : GUALTIERI (M.), FRACCHIA (H.) – *Roccagloriosa I. L'abitato: Scavo e ricognizione topografica 1976-1989*. Naples 1990 (Centre Jean Bérard).

Roccagloriosa II : GUALTIERI (M.), FRACCHIA (H.) – *Roccagloriosa II. L'abitato : l' oppidum lucano e il territorio*. Naples 2001 (Coll. Centre Jean Bérard, 20).

2. La ceramica di Velia nel IV e III sec. a. C

Verena Gassner, Maria Trapichler

Introduzione

Nel IV e III sec. a. C. Velia rappresenta il centro greco più importante nella Lucania nord-occidentale, una regione già ampiamente lucanizzata dalla fine del V sec. a. C. L'obiettivo di questa presentazione sarà dunque di offrire una sintesi della nostra conoscenza attuale sulla ceramica di Velia in modo da poterla confrontare con quella di siti di supposta origine lucana, come per esempio Moio della Civitella. Rimane però da prendere in considerazione la sempre difficile questione della possibilità di distinguere siti greci e indigeni sulla base della cultura materiale [1]. Inoltre dobbiamo anche tener presente che negli ultimi anni si sono sviluppate nuove idee sui processi di trasformazione e di possibili impatti lucani su Velia, idee che ci fanno riflettere sulla giustificazione del concetto di una polis puramente greca nel periodo in discussione [2].

Per lungo tempo il IV sec. a. C. a Velia è stato sottovalutato e considerato un periodo senza grande attività edilizia a cui segue quasi all'improvviso una riorganizzazione e ristrutturazione di quasi tutte le parti della città "intorno al 300" [3]. I lavori degli ultimi decenni lasciano invece intuire processi molto complessi e differenziati che hanno contribuito alla trasformazione del disegno della città [4]. Fra queste attività sembra decisiva la separazione della parte meridionale della città in un quartiere occidentale e uno orientale tramite la costruzione di un *diateichisma*, il nuovo tratto B della cinta muraria, verso 400 a. C. (**fig. 105**). Nella parte alta della città emergono le prime testimonianze architettoniche delle aree sacre, in particolare del santuario di Poseidon Asphaleios e Hera sulla terrazza I e del santuario dei *naiskoi* presso la torre A7. La grande trasformazione ellenistica della città, invece, sembra adesso piuttosto da inquadrare nel periodo dopo la II guerra punica e indica dunque l'inizio di una prima fase di romanizzazione a Velia [5].

Negli ultimi anni, i lavori della Missione Austriaca hanno dato una nuova base alla periodizzazione e anche ai punti di riferimento per la cronologia assoluta a Velia (**fig. 106**) (Trapichler 2004 ; Gassner 2006). In termini assoluti la nostra fase C comprende tutto il IV sec. con una suddivisione nelle fasi da C1 a C3, mentre per il seguente periodo D la fase D1 si colloca nel primo, la fase D2 nel secondo quarto del III sec.

(V. G.)

La fase C (IV sec. a. C.)

La ceramica a vernice nera

La ceramica a vernice nera costituisce nella sua funzione la ceramica da tavola, vasellame da mangiare e da bere. Vorrei adesso presentare brevemente le produzioni, le forme principali e il loro sviluppo nella fase C di Velia. Durante il V sec. (fase B) abbiamo avuto una percentuale delle importazioni attiche fra 20 a 25% [6]. Nel IV sec. queste importazioni diminuiscono in modo evidente e arrivano ad una percentuale fra 12 e 5% nelle fasi C1 – C3. Lo stesso si può dire per le importazioni dalla vicina Paestum. Viene però affermato che il linguaggio morfologico di Paestum e Velia rimane quasi identico, cosicché la differenziazione fra le due produzioni è soltanto possibile tramite il tipo d'impasto. Insieme con un gruppo di impasti che, secondo i risultati archeometrici, sono da localizzare fra Paestum e Velia, formano un gruppo di tipologia identica, nel seguente chiamato "produzione locale/regionale". Nella fase C1, nei contesti osservati, la percentuale della produzione locale di Velia stessa arriva a circa 22%, mentre la produzione della cd. "produzione locale – regionale" aumenta ad

1 Per la discussione del problema cultura materiale e etnicità sul livello teoretico vedi per esempio Shennan 1994 ; Graves-Brown *et al.* 1996 ; Jones 1997 ; Malkin 2001 ; Hall 2002.

2 Per una discussione di una lucanizzazione anche all'interno della stessa Velia v. Greco 2005, p. 597 ; Vecchio 2003, p. 111 ; 113.

3 Vedi da ultimo Krinziger 1994, p. 38-42 ; Greco 2003, p. 33-37.

4 Vedi per es. Greco 2005, p. 635-639 ; Greco 2006 ; Krinzinger 2006 ; Gassner 2008 ; Gassner 2009.

5 Per la nuova cronologia v. Gassner, Sokolicek, Trapichler 2003 ; Gassner, Sokolicek, Trapichler 2009 ; Gassner, Svoboda, Trapichler 2009.

6 Gassner 2003, p. 40 fig. 6 ; Trapichler 2003, p. 208 fig. 1 ; Trapichler 2006, p. 97, tab.14a-c.

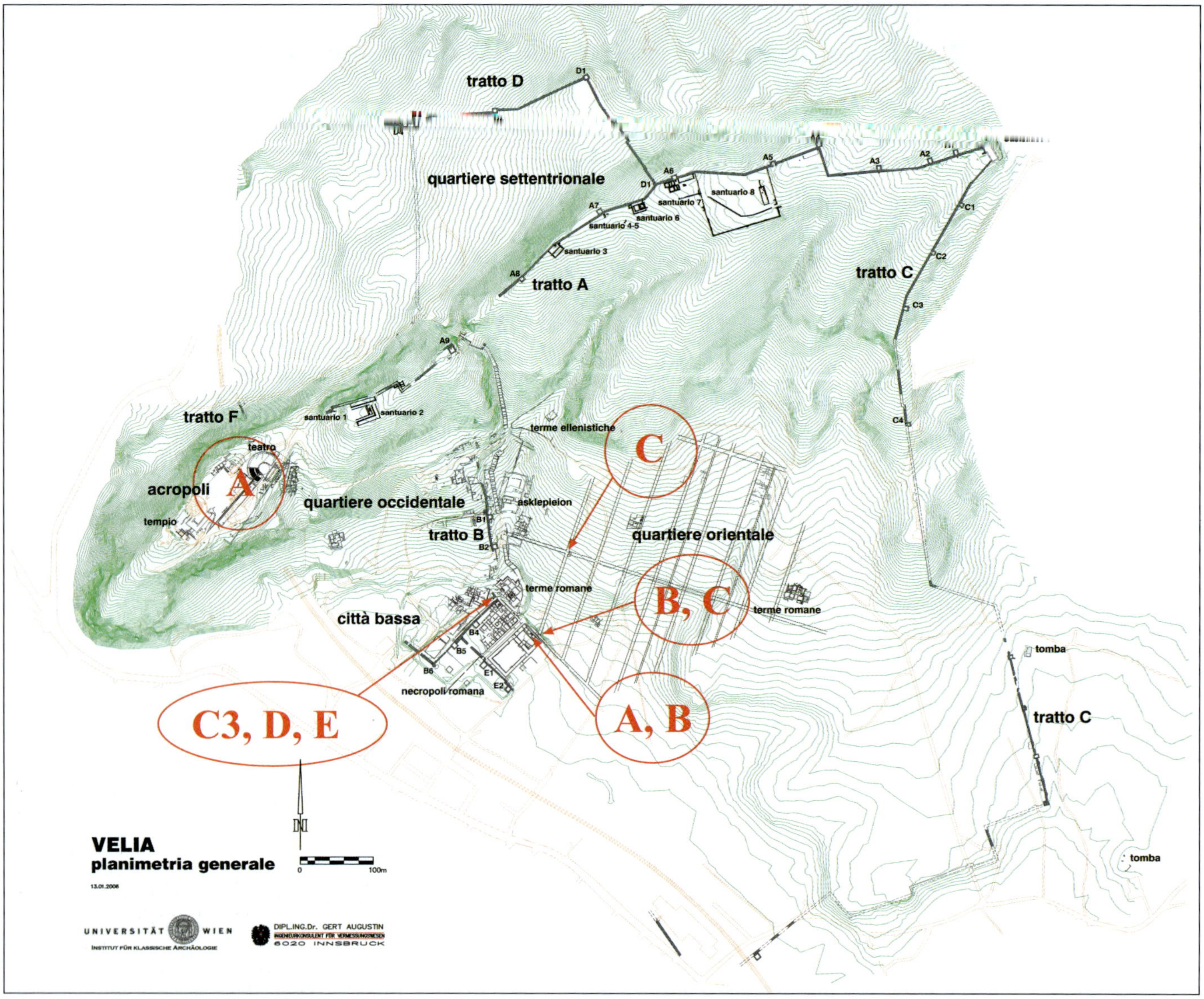

Fig. 105. Pianta d'insieme del sito archeologico con indicazione delle fasi cronologiche (in rosso).

una percentuale di ca. 40% nelle fasi da C1 a C3. Nella fase C3 alla fine del IV sec. appaiono anche le prime, precoci importazioni, ancora molto rare, dalla zona del golfo di Napoli[7]. Fra le prime spiccano due frammenti di piatti con vasca a profilo carenato e orlo orizzontale[8] che diventano più frequenti nella seguente fase D1.

Come forma fossile guida delle produzioni locali/regionali risulta la coppa *skyphoi*de derivante da modelli attici come il *cup skyphos heavy wall*[9] con orlo distinto e *inset lip* (Morel 4270 = **fig. 107**, 1-2)[10] il quale – nella fase C2 – si alterna con la forma attica del *cup skyphos light wall* in una variante con vasca abbastanza bassa e con piede a profilo sagomato e diametro largo[11] (**fig. 107**, 3-4). All'interno si trovano decorazioni ad incisione e a stampiglie, costituite da cerchi concentrici, palmette e ovuli. Soltanto nella fase C3 queste coppe

7 Caratterizzata dall'impasto G 23, Trapichler 2006, p. 38. 339.

8 Vd. Trapichler 2006, n. C3. 54 (tav. tipi 19) ; cf. Morel 1981, 1512a1, 118 tav. 20, d'Ischia, Lacco Ameno ; Lipari : Lipari V, tav. LXXIX, fig. 206.

9 Per un confronto puntuale : vd. Pemberton 1997, p. 77 fig. 15.

10 Vd. gli esempi di fase 4 e 5 del sondaggio sotto l'incrocio stradale a NW dell' Insula II nella città bassa di Velia, Trapichler 2003, p. 212 fig. 5.

11 Atene : vd. Sparkes, Talcott 1970, *cup skyphos light wall*, fig. 6 nn. 581- 608 ; Morel 1981, Species 4210, 4213a 1 ; Paestum : vd. Pontrandolfo, Rouveret 1992, fig. 314. 6, inizio secondo quarto del IV sec. ; Lipara : vd. *Lipari* II, pp. 224-226, *Lipari* V, pp. 87-89, tavv. 74. 85 ; figg. 193. 223-225 ; p. 155, figg. 451. 453.

fase		**arco cronologico**	**sito**
fase A	1	540 – 475 a. C.	acropoli città bassa
fase B	1	475 – 450 a. C.	città bassa
	2	450 – 425 a. C.	città bassa incrocio davanti all'Insula II
	3	425-400 a. C.	città bassa incrocio davanti all'Insula II
fase C	1	400 – 360 a. C.	incrocio stradale davanti all'Insula II incrocio stradale D/3
	2	360 – 330 a. C.	incrocio stradale davanti all'Insula II incrocio stradale D/3
	3	330 – 300 a. C.	incrocio stradale D/3 mura, torre B 3, saggio 2/99
fase D	1	300 – 275 a. C.	mura, torre B 3, saggi 2/97 e 2/99 mura, torre B 5, saggio 5/97
	2	275 – 250 a. C.	mura, torre B 3, saggio 2/99
	3	250 – 225 a. C.	
fase E	1	225 – 175/150 a. C.	mura, torre B 4, saggio 5/98

Fig. 106. Tabella cronologica.

skyphoidi diventano più profonde[12], il diametro del piede perciò diminuisce cosicché viene ridotto lo spazio per la decorazione stampigliata, qualche volta sostituita adesso da una rosetta centrale (**fig. 107**, 5-6). Per questa forma si trovano confronti molto rari a Paestum, mentre sono più frequenti in corredi di tombe a Lipari. Questi confronti permettono anche la datazione della variante 1 nel secondo terzo del IV sec. e delle varianti 2 e 3 nell' ultimo terzo del IV sec[13].

Accanto alle coppe skyphoidi troviamo frammenti di *skyphoi*, a costituire quasi un quarto di tutti i frammenti diagnostici e rappresentando perciò la più frequente forma fra i vasi per bere. La frammentarietà dei pezzi non ci permetteva la ricostruzione intera di un esemplare, ma erano presenti esempi di piedi di *skyphoi* del tipo attico e del tipo corinzio di varianti diverse. Tutti i due si presentano come forme conservatrici e soltanto verso la fine del IV sec. si va verso un profilo rastremato verso il basso (**fig. 107**, 7-10).

Fra le coppe le più importanti sono quelle con orlo indistinto che continuano la tradizione locale del V sec[14]. (**fig. 107**, 11-12). Possiamo però osservare nella tipologia degli orli e dei piedi una standardizzazione più chiara e una somiglianza morfologica ben riconoscibile con le patere a Lipari, Paestum e Locri. L'unica differenza è che a Velia manca la decorazione a stampiglia, molto frequente altrove[15].

Una forma molto rara nei contesti studiati invece viene rappresentata dalla coppa ad ampio labbro estroflesso (Morel Serie 1552), sempre importata, con impasti diversi (**fig. 107**, 13). In ambito lucano e campano invece, come a Fratte, Pontecagnano, Torre di Satriano e nei corredi di tombe dipinte di Paestum, risulta come una forma comune[16].

Il repertorio delle coppe è completato da coppette, fra cui il tipo con orlo ingrossato è il più frequente (**fig. 107**, 14-15). Anche queste coppette fanno percepire una tendenza a vasi più alti e slanciati nella fase C3. La coppetta a profilo di parete concavo-convesso (Morel specie 2430) rappresenta una forma rara nei contesti osservati[17]. Gli esempi di questa forma mostrano sempre impasti non locali, forse da un centro ancora sconosciuto in Calabria (**fig. 107**, 16).

Verso la metà del secolo (fase C2) sono documentati piatti con orlo indistinto e vasca appena carenata a

12 Trapichler 2006, tav. tipi 6 : Schalen*skyphos* mit Innenabsatz 2 e 3, cf anche Morel Serie 4263.

13 Cf. H. Fracchia in *Roccagloriosa I*, p. 235 fig. 179 n. 76.

14 Morel Serie 2231, genere 2700, 2980, vd. Trapichler 2003, p. 213 fig. 6.

15 Per i confronti da Paestum vd. Pontrandolfo, Rouveret 1992, p. 423 ; per Lipari : *Lipari II*, p. 80, *Lipari V*, p. 84, per Locri : vd. M. C. Buzzi Auxilia, M. C. Bitti, in *Locri II*, p. 148, tav. XXXIII nn. 111. 112.

16 Torre di Satriano : A. Bruscella in : Osanna, Sica 2005, pp. 274-275, tav. 29 nn. 248-250, Paestum : Pontrandolfo, Rouveret 1992, 421 fig. 81 a.b ; Fratte : A. Serritella in : Greco, Pontrandolfo 1990, p. 135 fig. 251 nn.124–127, Pontecagnano : D'Henry 1968, p. 199 fig. 2.5 ; Serritella 1995, p. 91.

17 Atene : Sparkes, Talcott 1970, nn. 819-822 fig. 8 tav. 33 ; cf. anche Paestum : Pontrandolfo, Rouveret 1992, p. 386, n. 7 p. 394, n.11, H. Fracchia in : *Roccagloriosa I*, p. 239 fig. 180 n. 95 a. b, Torre di Satriano : A. Bruscella in Osanna, Sica 2005, pp. 281-282 tav. XLV n. 280.

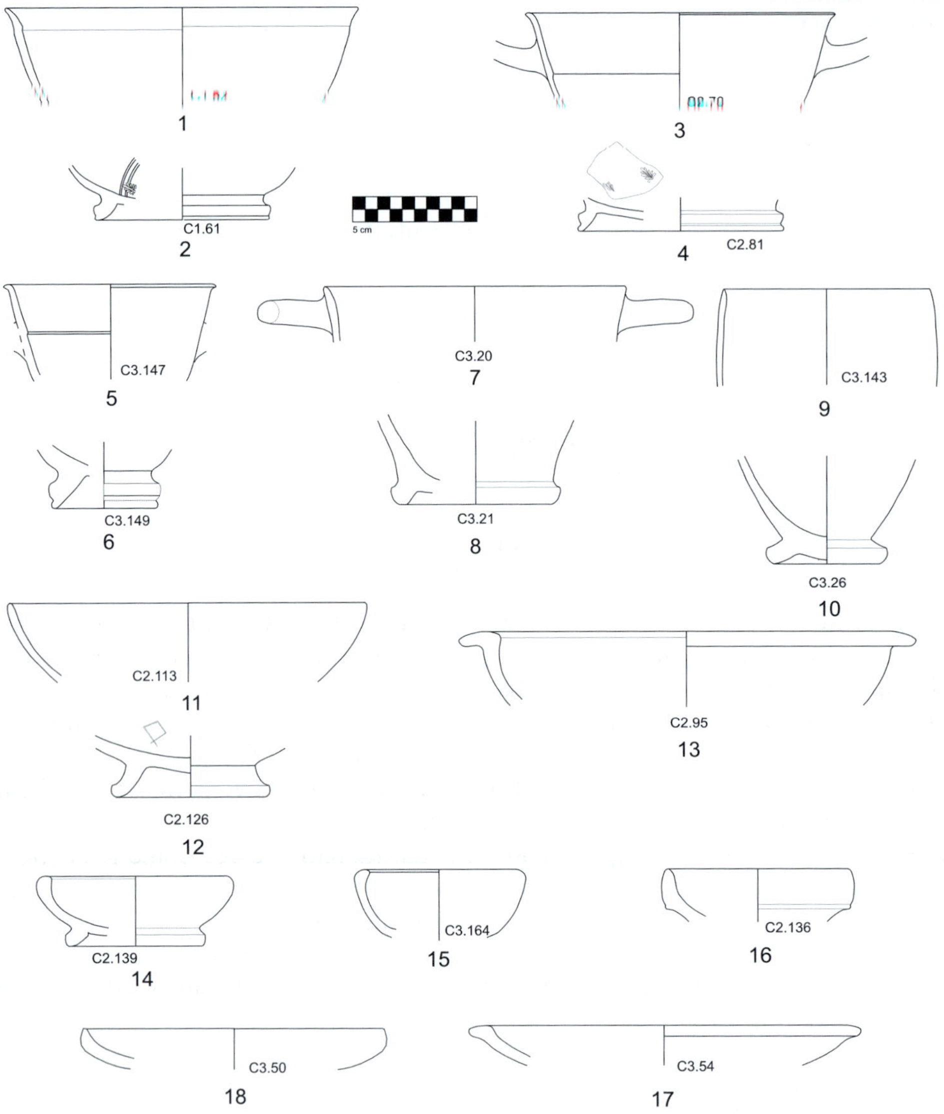

Fig. 107. Velia. Fase C, ceramica a vernice nera (scala 1:3).

dimensioni ridotte (fra 10-16 cm), attribuibili a produzioni locali o regionali (**fig. 107**, 17) e – in un contesto della fase C3 – i due piatti già menzionati che vengono con ogni probabilità dalla zona del golfo di Napoli. L' unico esemplare di un piatto con orlo orizzontale (Morel 1512a1) in un contesto di fase C3 risulta importato da Napoli, questo tipo appare più frequente nella fase posteriore D1 [18].

Vasellame da fuoco

La seconda classe presentata in questa sede è il vasellame da fuoco, recipienti per la preparazione dei pasti e perciò legati in modo molto stretto alle abitudini alimentari e culinare, cosicché ci si potrebbe aspettare una loro funzione come *cultural marker*.

Fra le forme della tradizione greca spiccano le *chytrai* [19], pentole profonde e apode con fondo arrotondato, provviste con due o tre anse orizzontali o verticali. Nella fase C sono soprattutto costituite da tipi con orlo svasato semplice o orlo a tesa breve (**fig. 108**,1), mentre pentole profonde con scanalatura per contenere il coperchio (**fig. 108**, 2) diventano più importanti solo nel ultimo terzo del IV sec. (fase C3).

18 Cf. per il fine IV/inizio III sec. : Morel 1981, 1512a1, p. 118 tav. 20, d'Ischia, Lacco Ameno ; Lipari : *Lipari V*, tav. LXXIX, fig. 206.

19 Seguo la definizione della chytra di Sparkes, Talcott 1970, p. 224, che distingue fra "common type" e "wide mouthed and lidded" per la *chytra* con scanalatura per contenere il coperchio. Invece Bats 1988, p. 45 distingue fra "pots" (*chytrai*) e "marmites"(*caccabai*).

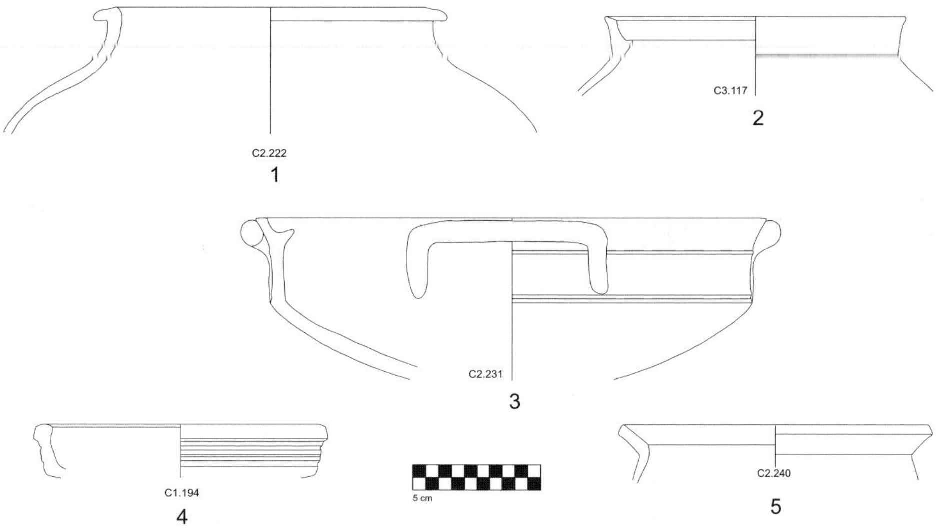

Fig. 108. Velia .Fase C, ceramica da fuoco (scala 1:3).

Le *lopades*[20] invece sono pentole poco profonde e – nei contesti studiati - soprattutto a pareti concave, caratterizzate da un fondo bombato distinto e provviste di due anse orizzontali a bastoncello (**fig. 108**, 3). Sono gia presenti nella fase C1, ma arrivano ad una percentuale più alta intorno al 25% nelle fasi seguenti. È da sottolineare che in questo periodo le forme di vasellame da fuoco della tipologia greca si distinguono dai tipi della madrepatria propria (*e.g.* Atene e Corinto), ma trovano confronti negli altri centri della Magna Grecia : per esempio la *chytra* con orlo a breve tesa e la *lopas* con parete superiore concava e fondo bombato distinto, la quale non si trova fra le forme contemporanee di Atene o Corinto, dove appare solo più tardi nel II e I sec.[21].

Le forme basse per cuocere vengono completate da padelle (*tagenon* o *teganon*)[22], una forma bassa con diametro abbastanza largo (**fig. 108**, 4). Nella fase C le pareti sono spesse con orlo ispessito di tipi vari. Possiamo ricostruire forme con due anse orizzontali o con un'ansa elevata sopra l'orlo. Appaiono con una percentuale bassa nei contesti di fase C. Sembra perciò che possiamo constatare l'aumento generale delle forme con scanalatura per il coperchio verso la fine del IV sec. a. C.

La forma più antica di tradizione italica è la cosidetta aula o *olla*[23], caratterizzata da una forma di vasca ovoide senza anse e – al contrario delle forme di tradizione greca come la *chytra* – con fondo piatto. Gli orli estroflessi possono essere ispessiti in varianti diverse, come mostrano esempi da San Nicola Albanella vicino a Paestum[24], o dai centri lucani di Torre di Satriano[25] o Roccagloriosa[26]. In questi stessi contesti formano un gruppo importante nel vasellame da fuoco accanto ai tipi addotti della tradizione greca come le *chytrai* e soprattutto le *lopades*. Nei contesti osservati di fase C a Velia invece sono rappresentati solo pochi frammenti di orlo che possono essere interpretati come *olle* di tradizione italica, a causa di tracce di fuoco sul lato esterno della vasca[27] (**fig. 108**, 5).

(M. T.)

Anfore (fig. 109)

Mentre nel V sec. a. C. il quadro delle anfore a Velia è stato determinato in gran parte dalle produzioni della vicina Poseidonia e di diversi altri centri della Magna Grecia, a cui bisogna aggiungere varie importazioni dall'Egeo orientale come Samos o Chios, all'inizio del IV sec. lo spettro delle anfore importate si restringe sensibilmente e la produzione locale raggiunge una importanza predominante.

20 Per la terminologia v. Sparkes, Talcott 1970, p. 272 n.1, Bats 1988, pp. 48-50.

21 Il tipo attico senza anse "covered bowl, special shape" della metà del IV sec. (Sparkes, Talcott 1970, p. 198 nn. 1565. 1566 fig. 69) non serve come pentola da fuoco, v. anche Bats 1988, p. 165.

22 Per la definizione e il nome antico vd. Sparkes, Talcott 1970, p. 228, Bats 1988, pp. 50. 51.

23 Per denominazione, forma e funzione v. Hilgers 1969, p. 39-40 ; Bats 1988, 66 fig. 12, M. Bats in *Dicocer* 1993, pp. 357. 358.

24 Cipriani 1989, p. 76 fig. 18 tipo II.

25 M. Rinaldi in Osanna, Sica 2005, p. 224 tav. 23 nn. 47-51.

26 H. Fracchia, H. Keith in *Roccagloriosa I*, p. 167 fig. 187 nn. 254-256.

27 Vd. Trapichler 2006, pp. 202-203. 198-200. C2.240. 241. C3.129. 175.

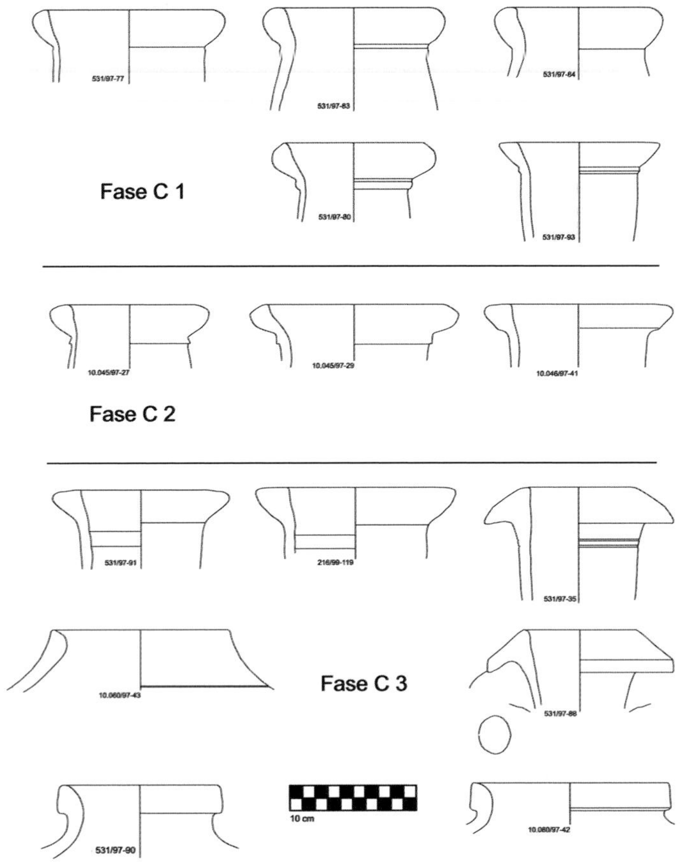

Fig. 109. Velia fase C, anfore (scala 1:6).

All'inizio del IV sec. nella fase C1 il tipo più importante della produzione locale viene rappresentato dalla forma MGS IIA[28] con l'orlo a mandorla e una modanatura immediatamente sotto l'orlo. Interessante è l'esempio n. 531/97-80, in cui si esprime già la tendenza ad una forma più triangolare che è raggiunta nell'ultimo esempio n. 531/97-93 con un orlo definitivamente triangolare, ma – al contrario dei tipi più tardi – ancora con la modanatura sottostante l'orlo. Il tipo della MGS IIA rimane quello più importante nella seguente fase C2, soltanto che il labbro diventa sempre più arrotondato e il collo a quanto si può dire meno rigonfio (n. 10.045/97-27 - 10.045/97-29). Emergono però anche le prime forme del tipo ad orlo a quarto di cerchio o ad echino (n. 10.046/97-41). La forma "classica" di questo tipo MGS III/IVA si trova soltanto nella fase C3 (n. 216/99-119 ; 214/99-51)[29]. Anche per la produzione locale delle anfore possiamo ribadire che morfologicamente essa non può essere distinta dalla produzione di Paestum, cosicché possiamo parlare di un linguaggio formale comune, tipico per vari siti della Lucania nord-occidentale.

Le importazioni sono abbastanza rare e si concentrano su due centri produttivi. Il primo è Corinto con il tipo A', anche presente in contesti lucani contemporanei, per esempio a Roccagloriosa[30]. L'altra classe sono le anfore puniche con i tipi Ramon 7.1.2.1 (anfore a corpo cilindrico con orlo a fascia)[31] e Ramon-Greco 4.2.2.7[32]. Sia per il tipo sia per l'impasto una provenienza dalla Sicilia pare molto probabile, mentre mancano anfore di sicura produzione nordafricana o Cartaginese[33].

(V. G.)

Fase D (III sec. a. C.)

Anche nella fase D le produzioni locali/regionali contengono la loro importanza, mentre la novità caratterizzante è l'arrivo di una quantità notevole d'importazioni con impasti non ancora sottoposti ad un'analisi petrografica. L'esame macroscopico e la presenza costante d'inclusi vulcanici fanno pensare ad una provenienza dall'area del golfo di Napoli. Queste importazioni occorrono sia nella ceramica a vernice nera sia nelle classi delle anfore e lasciano percepire una trasformazione significativa nelle relazioni commerciali della città.

Ceramica a vernice nera :

Per la fase D1 nella ceramica a vernice nera è documentato un esempio importato dalla regione di Napoli dall'impasto G 23. Per alcune varianti dello stesso impasto, distinguendosi per la qualità della pasta e la quantità degli sgrassanti, non sono ancora stati effettuate analisi archeometrici, ma sono con molta probabilità tutti da interpretare come "Campana A arcaica". Le forme più attestate in questa produzione della regione di Napoli sono varianti di diversi tipi di piatti (tipo Morel Serie 2283, **fig. 110,** 9 e Serie 1514, **fig. 110,** 10) che mostrano uno sviluppo morfologico verso il tipo del piatto con labbro convesso (tipo Morel 1310) che appare nella fase D2 e diventa il tipo dominante nella fase successiva E (**fig. 110,** 13)[34].

28 Van der Mersch 1994, pp. 65-69 ; Gassner 2003, p. 182, orlo 7.

29 Van der Mersch 1994, pp. 69-74.

30 *Roccagloriosa I*, pp. 278-279, fig. 190, n. 354-356.

31 Bechtold 1999, 162, N. AC 6.

32 Per il tipo Ramon-Greco 4.2.2.7 v. Greco 1997 ; Corretti, Capelli 2003, p. 63, n. 40 ; p. 307 nr. 74, tav. LX.

33 Per il problema dei rapporti commerciali con Cartagine cf. da ultimo Bechtold 2007.

34 Cf. piatto a labbro orizzontale 1 (Morel Series 1514, 1520, 1535) : Paestum : *Poseidonia – Paestum* I, n. 42 fig. 42 ; Pontecagnano : Cinquantaquattro 1999, p. 144 fig. 21 86, 87, Serritella 1995, pp. 94-95, Fratte : A. Serritella in Greco, Pontrandolfo 1990, p. 43 n. 29 fig. 36 ; Roccagloriosa : *Roccagloriosa I*, fig. 180 n. 119 ;

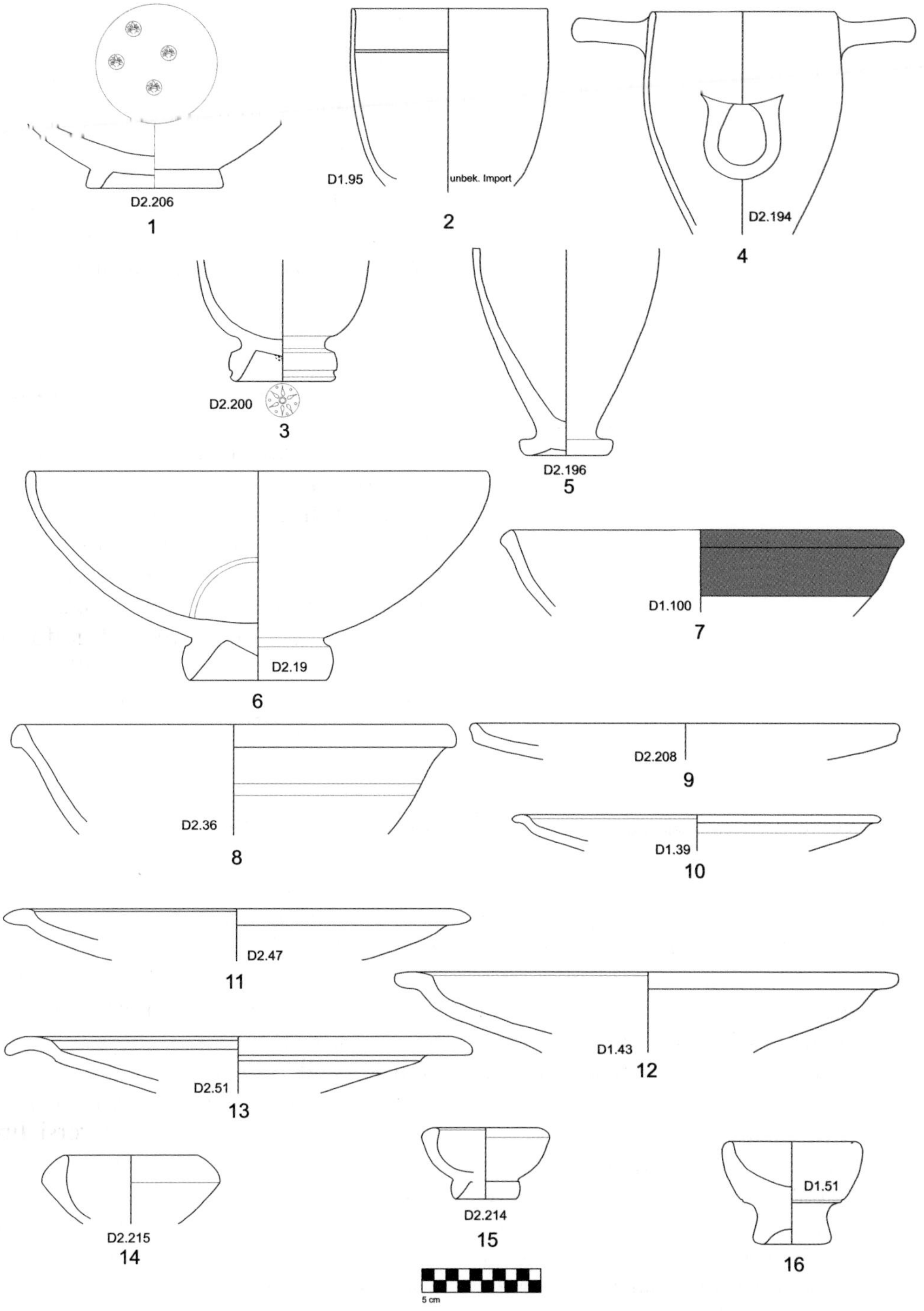

Fig. 110. Velia. Fase D, ceramica a vernice nera (scala 1:3).

La coppa skyphoide (Morel Specie 4262) rimane la forma guida nelle produzioni locali o regionali anche nella fase D e mostra una vasca slanciata su piede ad anello alto a profilo scanalato, diametro ridotto e anse reimpiegate (**fig. 110,** 2-3). Il suo sviluppo dalla variante della fase C3 alle varianti della fase D è continuo. Confronti per le varianti tardi del tipo nei corredi della necropoli di Lipari permettono una datazione fin alla metà del III sec.[35] Anche gli *skyphoi* del tipo attico e corinzio mostrano lo stesso sviluppo: i diametri dei

Cozzo Presepe, deposito votivo : Morel 1970, fig. 24 n. 3 ; Monte Iato : Caflisch 1991, nn. 491. 493 fig. 15, prima metà III sec.

35 P.e. *Lipari V*, tav. 19 fig. 49, prima metà III sec.

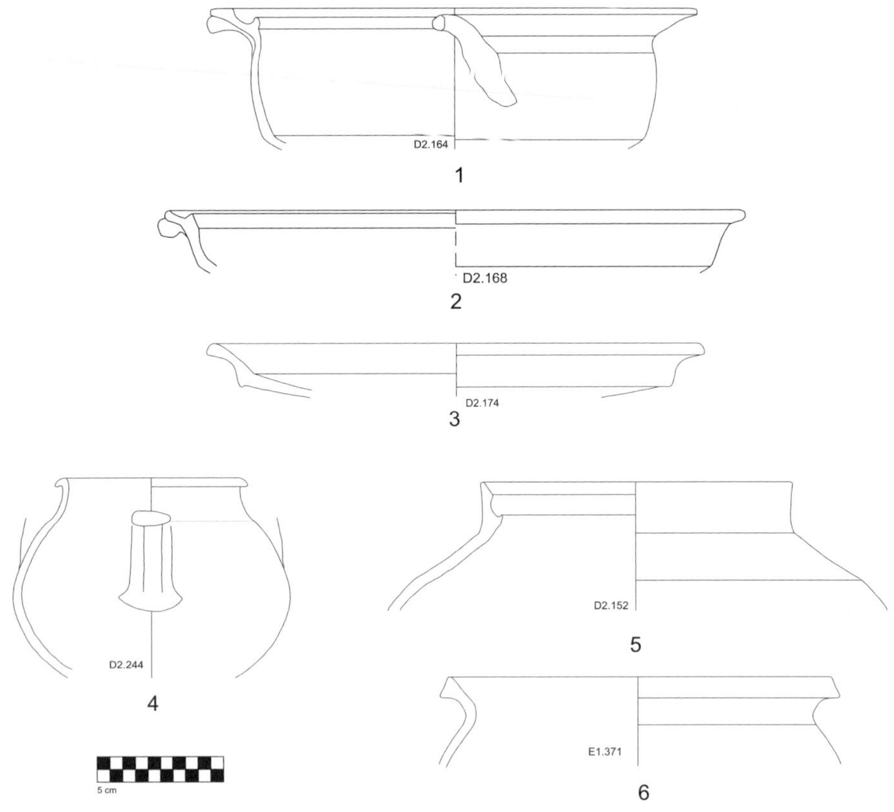

Fig. 111. Velia. Fase D, ceramica da fuoco (scala 1:3).

piedi ad anello e degli orli divengono ridotti, la vasca invece più alta. La percentuale degli *skyphoi* fra le forme di vernice nera diminuisce da 30% ca. a 5% (**fig. 110**, 4-5).

Mentre le forme tradizionali da bere come *skyphoi* e coppe *skyphoi*di risultano più rare, le coppe ad orlo indistinto rimangono importanti, ma sviluppano vasche più basse e piedi ad anello alto e a diametro ridotto (**fig. 110**, 6). Anche queste coppe possono essere decorate con stampigli a rosetta centrale, spesso messo in un circolo di vernice a colore differente. È da discutere se questa forma assume adesso la funzione come vaso da bere degli *skyphoi* e *cup-skyphoi* della fase C. Una nuova creazione della fase D1 costituiscono invece le coppe profonde (Morel specie 2620, 2670), attestate in fase D1 in generale come importazioni da centri ancora sconosciuti, forse da siti campani come mostrano confronti a Minturnae, Fratte, Pontecagnano e Paestum[36].

36 Cf. Paestum : *Poseidonia-Paestum* II, p. 109 n. 120 fig. 60, *Poseidonia-Paestum* III, p. 134 n. 485 fig. 93 ; Fratte : come importazione di Paestum : Serritella in Pontrandolfo 1997, p. 27 tav. 7 n. 17 ; Pontecagnano : Cinquantaquattro 1999, p. 139 fig. 18 n. 22. 23 ; Minturnae : Lake 1935, p. 100, n. 17 tav. 3. ; Monte Iato : Caflisch 1991, p. 117 n. 531 fig. 16.

Solo nella fase D2 si trovano esempi dalla produzione di Paestum come anche da Velia stessa (**fig. 110**, 7-8).

Una importanza aumentata nel servizio di tavola risulta chiara per i piatti, poichè si evidenziano adesso un ampio spettro di varianti diverse. Mentre i piatti ad orlo indistinto sono attestati di solito con provenienza locale o regionale[37], altre forme provengono dal golfo di Napoli (Campana A arcaica, **fig. 110,** 9-10) o da centri ancora sconosciuti. Fossile guida della fase D1 sono piatti con labbro orizzontale 2 (Morel Spezie 1520, **fig. 110**, 11)[38], mentre nella fase D2 il piatto ad labbro orizzontale 1 risulta più frequente (Morel Serie 1514, 1520, 1535, **fig. 110**, 12)[39]. Soltanto nella fase D2 appare il tipo del piatto ad orlo bombato (Morel Specie 1310) sia nella produzione locale sia nella Campana A (**fig. 110**, 13).

Le coppette infine completano il servizio da tavola con una percentuale di 10% circa nei contesti osservati. Nella produzione locale sopravvivano i tipi con orlo ad

37 Piatti ad orlo indistinto cf. Morel Serie 2243, 2283.

38 Cf. anche Pontecagnano : Cinquantaquattro 1999, p. 144 fig. 21 n. 88 ; Lipari: *Lipari* II, tav. f, n. 10.

39 Vd. sopra n. 30.

Fig. 112. Velia fase D, anfore (scala 1:6).

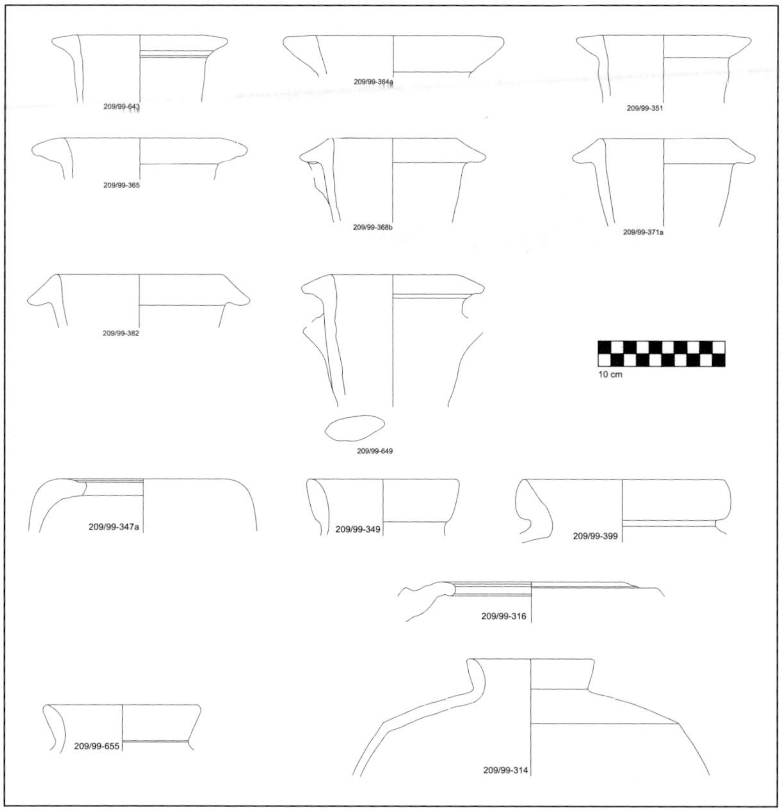

echino e con orlo ispessito, tutti i due aumentano la loro altezza, mentre il diametro diventa ridotto (**fig. 110**, 14-15). Coppette a profilo concavo–convesso (Morel Serie 2424, 2425), ampiamente diffusi nei centri lucani [40], nei contesti studiati sono attestati solo con due esempi, entrambe prodotti a Paestum (**fig. 110**, 16).

Due frammenti del tipo dell'atelier delle piccole stampiglie confermano la datazione assoluta della fase D2 nel secondo quarto dell'III. sec. [41] Si tratta di un fondo di coppa con decorazione a quattro stampiglie paralleli e un frammento dell'orlo orizzontale con labbro decorato con piccole palmette [42] (**fig. 110**, 1).

Ceramica da cucina

Nella fase D1 accanto al tipo di *lopas* appare un nuovo tipo di pentola a fuoco poco profonda. Si tratta di un vaso di tradizione greca con pareti verticali convesse, fornito all'interno di una scanalatura per l'alloggiamento del coperchio. Il fondo è arrotondato simile alla *chytra* con labbro estroflesso, ma il diametro è più largo e la vasca più bassa (**fig. 111**, 1). Due anse orizzontali a bastoncello, impostate sotto il labbro, sono aderenti al labbro. La denominazione di questa forma non è uniforme nella letteratura archeologica [43]. A questo riguardo vorrei suggerire l'uso del termine antico *kakkabé* o *kakkabos*, perché morfologicamente si tratta ovviamente di un precursore della pentola romana, chiamata *caccabus* [44]. Appaiono dalla fase D1 in poi con un corto labbro orizzontale, mentre nella fase E mostrano un labbro orizzontale pronunciato, già molto simile alla forma romana più recente. Le forme poco profonde con coperchio raggiungono una percentuale che supera il 50% nella fase D. Questo fatto può essere interpretato come un aumento nella raffinatezza in cucina, p.e. per la preparazione del pesce stufato nel sugo, descritta nelle ricette di Archestratus di Gela (seconda metà del IV sec.) trasmesse da Athenaios [45].

Altre forme mostrano uno sviluppo formale, riconoscibile anzitutto nella formazione degli orli. La forma di *lopas* a pareti convesse (**fig. 111**, 2) rimane importante anche nella fase D, mentre le *tagena* (**fig. 111**, 3) rimangono a una percentuale abbastanza bassa. La cd. "*chytra*" con orli diversi come labbro orizzontale (**fig. 111**, 4) o risalto interno per l'alloggiamento del coperchio (**fig. 111**, 5) sembra invece meno importante che nella fase C.

Nei contesti studiati della città bassa l'olla risulta poco documentata, mentre nei siti lucani e sanniti, per esempio a Laos o Fratte, questa forma tradizionale italica costituisce una parte importante del vasellame a fuoco [46].

40 Paestum : *Poseidonia-Paestum I*, p. 19 n. 7 fig. 40 n. 39 ; *Poseidonia-Paestum II*, p. 111 n. 135 fig. 60 ; Roccagloriosa : H. Fracchia in : *Roccagloriosa I*, p. 239, Abb. 180 n. 98 ; Cozzo Presepe : *Metaponto II* fig.128, Pomarico Vecchio : Barra Bagnasco 1992/93, 174 fig. 23 n. 8–11 ; Valesio : Yntema 1990, p. 167 forma 3.

41 Per la definizione della classe v. Morel 1969, per lo stato della ricerca più recente v. Stanco 1999, 15f.

42 Confronti per la decorazione della coppa : cf. Morel 1969, fig. 3c n. 7a. Paestum : *Poseidonia-Paestum II*, p. 108 n. 112 fig. 60 ; cf. per il piatto : Morel 1981, 1761a1 p. 135, tav. 30, verso 285+-20.

43 Locri : pentola con largo orlo piatto, v. A. Conti in *Locri II*, p. 263 tav. XXXVI n. 305. 306, Fratte : "*lopas*", v. Tomay in Pontrandolfo 1997, p. 33 tav. XIV n. 80 ; Kaulonia: "*caccabé*". Treziny 1989, p. 85 tipo 2.1 e 2.2. fig. 58 ; invece Bats 1989, pp. 46-47 tav. 7 "*caccabai*" per pentole più profonde con scanalatura per il coperchio.

44 Hilgers 1969, pp. 40.41. fig. 12, *Dicocer* 1993, COM-IT 3c-3e.

45 Vd. J. Wilkins, The sources and sauces of Athenaios, in : Wilkins, Harvey, Dobson 1995, p. 429.

46 Fratte vd. Tomay in Pontrandolfo 1997, p. 31 tav. XI ; Laos vd. Munzi 1999, tav. XLV.

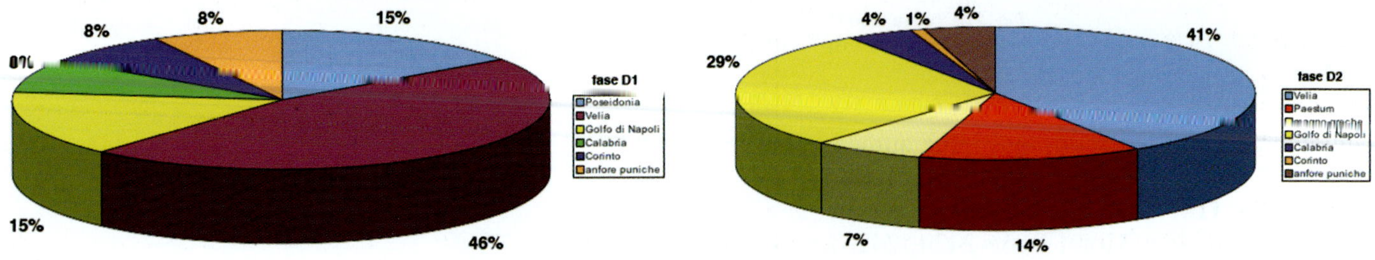

Fig. 113. Velia : percentuali delle anfore della fase D.

Soprattutto nella fase D2 sorge una forma dell'orlo più standardizzato a sezione triangolare la quale risulta abbastanza rara nei contesti della città bassa, mentre arriva ad una percentuale più alta nei contesti del Castelluccio[47] e delle aree sacre sul crinale[48] (**fig. 111**, 6). Confronti puntuali per questo tipo d'orlo si trovano per esempio a Pompei e a Roccagloriosa nei contesti del tardo III sec. a. C.[49] Forse questi frammenti di olle rappresentano una parte ben distinta della popolazione di Velia di origine italica, come viene documentato anche dalle iscrizioni sulle steli funerarie[50]. A questo proposito, la fondazione della colonia latina di Paestum nell'anno 273 a. C. e perciò quasi all'inizio della fase D2 risulta un fatto importante.

(M. T.)

Anfore (fig. 112)

Nella fase D1 le anfore MGS IIA sia della produzione locale di Velia sia di quella di Paestum diminuiscono sensibilmente, mentre aumentano quelle con orlo triangolare, corrispondenti alle forme MGS III/IVA e B. Nella fase D2, sono presenti le anfore del tipo Vandermersch MGS V/VI o "greco-italiche antiche" in congruenza con la datazione proposta dal Van der Mersch che le ritiene tipiche per contesti precedenti la II Guerra Punica[51]. Sono però presenti ancora molte anfore del tipo con orlo ad echino, soprattutto di fabricazione locale, e anche una percentuale limitata di anfore del tipo MGS IIA, da interpretare però come pezzi residuali. D'interesse particolare è la percentuale dei diversi centri produttivi in queste fasi : mentre nella fase D1 le importazioni per cui abbiamo ippotizzato una provenienza dal golfo di Napoli arrivano solo a 15%, nella fase D2 le importazioni vedono un progressivo aumento a più del 30% (**fig. 113**) e con ciò documentano un livello molto elevato nelle attività commerciali con questa zona, come ha gia osservato la Olcese, ipotizzando però l'inizio di queste attività già nel primo quarto del III sec.[52]

Fra le importazioni continuano quelle dall'area punica. Mentre nella fase D1 non risultano differenze alla situazione precedente, la situazione cambia nella fase D2. In questa fase troviamo tipi diffusi anche nell'Africa settentrionale e secondo l'osservazione macroscopica dell'impasto molto probabilmente di provenienza nordafricana, se non Cartaginese. A questo gruppo appartengono i tipi Ramon 5.2.3.2[53] (n. 209/99-347) e 5.2.3.1 (n. 209/99-316), ambedue con corpo cilindrico molto allungato e non ancora presenti a Kerkouane, sito distrutto nel 256 a. C. e perciò anche d'estremo interesse per la problematica cronologica[54].

(V.G.)

Conclusioni

La nostra conoscenza della ceramica tardo-classica e ellenistica a Velia finora dipende quasi esclusivamente dai contesti dalla città bassa con materiali derivanti con ogni probabilità da contesti abitativi sia dalla zona del quartiere orientale che da quella occidentale della città. Alla fine del V sec. osserviamo una rottura abbastanza chiara dei rapporti "internazionali" con una diminuzione forte delle importazioni da Atene o – in modo ancora più drammatico – delle anfore importate dall' Egeo orientale cosicché per ambedue le classi il repertorio del IV sec. risulta caratterizzato da un'importanza elevata delle

47 Per la campagna di scavo austriaca 2002 v. Gassner, Sokolicek, Trapichler, Velia 2002. Forschungen im Bereich des „Castelluccio", *Forum Archaeologiae* 25/XII/2002 (http://farch.net).

48 Per un contesto della area sacra 7, il cd. tempio ellenistico v. anche Trapichler 2009.

49 Pompei : Bonghi Jovino 1984, tav. 100 CE 1330 ; Berg 2005, p. 210 tav. VI. nn. 6.7 ; Roccagloriosa : *Roccagloriosa II*, p. 119 fig. 93.

50 Vd. Vecchio 2003, per *Tertia Pakia* p.109 n. 32, prima metà del III sec., per *Bryttios*, p. 112 n. 34, III-II sec. in conclusione p. 155s.

51 Van der Mersch 1994, pp. 76-87.

52 Olcese 2004 ; Olcese 2005-6.

53 Ringrazio vivamente l'amica Babette Bechtold per i confronti Cartaginesi che hanno reso possibile questo giudizio.

54 Ramon 1995, pp. 198-199.

produzioni locali o regionali. Nella prima metà del III sec. il quadro cambia di nuovo perchè accanto ai prodotti regionali sono attestati per la prima volta in una maggiore percentuale sia campioni della cd. ceramica Campana A arcaica sia anfore dall'area del golfo di Napoli. Entrano così i Romani come protagonisti di un commercio sempre più importante per Velia che si rivela essere una città ben integrata in questo sistema e nel processo di romanizzazione.

(V. G. – M. T.)

BIBLIOGRAFIA

Barra Bagnasco 1993 : BARRA BAGNASCO (M.) – Pomarico Vecchio (Matera). Scavi di un abitato indigeno, 1989 – 1991. *NSc* 3/4, 1992/1993, p. 147-231.

Bats 1988 : BATS (M.) – *Vaisselle et alimentation à Olbia en Provence (v. 350–v.50 av. J.-C.), Modèles culturels et catégorie céramique*. Paris 1988 (*RANarb* Suppl.18).

Bechtold 2007 : BECHTOLD (B.) – Alcune osservazioni sui rapporti commerciali fra Cartagine, la Sicilia occidentale e la Campania (IV - metà del II sec. a.C.). Nuovi dati basati sulla distribuzione di ceramiche campane e nordafricane-cartaginesi. *BABesch* 82, 2007, p. 51-76.

Bonghi Jovino 1984 : BONGHI JOVINO (M.) – *Ricerche a Pompeji. L'insula V della regio VI dalle origine al 79 d.C.* Roma 1984.

Caflisch 1991 : CAFLISCH (R.B.) – *Die Firniskeramik vom Monte Iato. Funde 1971-1982*. Zurigo 1991.

Cinquantacuattro *et al.* 1999 : CINQUANTAQUATTRO (T.), POCCETTI (P.), GIGLIO (M.) – Pontecagnano (Salerno). Saggi stratigrafici nell'abitato antico. *BA* 28-30, 1994 [1999], p. 121-171.

Cipriani 1989 : CIPRIANI (M.) – *S. Nicola di Albanella. Scavo di un santuario campestre nel territorio di Poseidonia-Paestum* (Corpus delle stipi votive in Italia, 4. Regio III,1). Roma 1989.

Corretti, Capelli 2003 : CORRETTI (A.), CAPELLI (C.) – Entella. Il granaio ellenistico (SAS 3). Le anfore. *In* : *Quarte Giornate Internazionali di Studi sull'Area Elima (Erice 2000)*. Pisa 2003, p. 287-351.

D' Henry 1968 : D' HENRY (G.) – Pontecagnano. Tombe del IV e III sec. In località San Antonio. *NSc* 1968, p. 197-204.

Dicocer : PY (M.), éd., *Dicocer 1. Dictionnaire des céramiques antiques (VII siécle av.n.è. – VII siécle d.n.è.) en Méditerranée nord-occidentale*, (Lattara 6). Lattes 1993.

Gassner 2003 : GASSNER (V.) – *Materielle Kultur und kulturelle Identität in Elea in spätarchaisch-frühklassischer Zeit* (Velia Studien, 2). Vienna 2003.

Gassner 2006 : GASSNER (V.) – Velia. La cultura materiale. *In* : *Velia. Atti del XLV Convegno di studi sulla Magna Grecia, Taranto 21-25 settembre 2005*. Taranto 2006, p. 471-504

Gassner 2008 : GASSNER (V.) – Doni votivi nei santuari di Elea : cippi, naiskoi e il loro contesto. *In* : G. Greco, éd., *Doni agli dei. Il sistema dei doni votivi nei santuari. Seminario di studi Napoli 21 aprile 2006*. Pozzuoli 2008, p. 141-160.

Gassner 2009 : GASSNER (V.) – Lo sviluppo delle fortificazioni nel quadro urbanistico. *In* : Tocco 2009, p. 19-22.

Gassner, Sokolicek, Trapichler 2003 : GASSNER (V.), SOKOLICEK (A.), TRAPICHLER (M.) – Die hellenistischen Stadtmauern von Elea: Die Ergebnisse der österreichischen Forschungen der Jahre 2000 – 2002. *JŒAI*, 72, 2003, p. 67-95.

Gassner, Sokolicek, Traplicher 2009 : GASSNER (V.), SOKOLICEK (A.), TRAPICHLER (M.) – Il tratto A. *In* : Tocco *et al*. 2009, p. 40-78.

Gassner, Svoboda, Traplicher 2009 : GASSNER (V.), SVOBODA (D.), TRAPICHLER (M.) – La monumentalizzazione dell'età ellenistica. *In* : Tocco *et al*. 2009, p. 101-134.

Graves-Brown *et al.* 1996 : GRAVES-BROWN (P.), JONES (S.), GAMBLE (C.), éd.) – *Cultural Identity and Archaeology. The construction of European communities*. Londra 1996.

Greco C. 1997 : GRECO (C.) – Materiali dalla necorpoli punica di Solunto : studi preliminari. Anfore puniche. *In* : *Archeologia e Territorio*. Palermo 1997, p. 57-69.

Greco G. 2003 : GRECO (G.) – Le nuove ricerche nel Quartiere meridionale. *In* : G. Greco, éd., *Elea-Velia. Le nuove ricerche*. Pozzuoli 2003, p. 29-48 (Quaderni del Centro Studi Magna Grecia 1).

Greco G. 2005 : GRECO (G.) – Paestum ed Elea tra Magna Grecia e Roma. *In* : *Tramonto della Magna Grecia. Atti del XLIV Convegno di studi sulla Magna Grecia, Taranto 24-28 settembre 2004*. Taranto 2005, p. 577-641

Greco G. 2006 : GRECO (G.) – Strutture e materiali del sacro ad Elea-Velia. *In* : *Velia. Atti del XLV Convegno di studi sulla Magna Grecia, Taranto 21-25 settembre 2005*. Taranto 2006, p. 287-362

Greco, Pontrandolfo 1990 : GRECO (G.), PONTRANDOLFO (A.) – *Fratte. Un insediamento etrusco-campano*. Modena 1990.

Hall 2002 : HALL (J.) – *Hellenicity : between ethnicity and culture*. Chicago 2002.

Hilgers 1969 : HILGERS (W.) – *Lateinische Gefäßnamen. Bezeichnungen, Funktion und Form römischer Gefäße nach den antiken Schriftquellen*. Düsseldorf 1969 (Beih. der Bonner Jahrbücher 31).

Jones 1997 : JONES(S.) – *The archaeology of ethnicity: constructing identies in the past and present*. Londres 1997.

Krinzinger 1994 : KRINZINGER (F.) – Intorno alla pianta di Velia. *In* : G. Greco e F. Krinzinger, éd., *Velia. Studi e ricerche*, Modena 1994, p. 19-53.

Krinzinger 2006 : KRINZINGER (F.) – Velia. Architettura e urbanistica. *In* : *Velia. Atti del XLV Convegno di studi sulla Magna Grecia, Taranto 21-25 settembre 2005*. Taranto 2006, p. 157-191

Lake 1935 : LAKE (A.K.) – Campana Suppelex. The Pottery Deposit at Minturnae, *Bollettino dell'Associazione Internazionale di Studi Mediterranei*, 5, 1934/35, pp. 97-114.

Lipari II : BERNABÓ BREA (L.), CAVALIER (M.) – *Meligunis Lipára II. La necropoli greca e romana in Contrada Diana*. Palermo 1965.

Lipari V : BERNABÒ BREA (L.), CAVALIER (M.) – *Meligunis Lipára V. Scavi nella necropoli greca di Lipari*. Palermo 1991.

Locri II : BARRA-BAGNASCO (M.), éd. – *Locri II. Gli isolati I 2 e I 3 dell' area di Centocamere*. Firenze 1989.

Malkin 2001 : MALKIN (I.), éd. – *Ancient perceptions of Greek Ethnicity*. Cambridge 2001.

Metaponto II : TAYLOR (J.D.P.), MACNAMARA (E.), WARD-PERKINS (J.) – The excavations at Cozzo Presepe, 1969 – 1972. *In* : *Metapont II = NSc* 31, Suppl. (1977), p. 191-406.

Morel 1970 : MOREL (J.P.) – Fouilles a Cozzo Presepe près de Métaponte. *MEFRA* 81, 1970, p. 73-116.

Morel 1981 : MOREL (J.P.) – *Céramique Campanienne. Les Formes*. Roma 1981 (BEFAR, 244).

Munzi 2000 : MUNZI (P.) – Laos. Aspetti di vita quotidiana attraverso lo studio del materiale ceramico. *In* : *Nella terra degli Enotri. Atti del convegno di studi, Tortora, 18-19 aprile 1998*. Paestum 2000, p. 91-98.

Olcese 2004 : OLCESE (G.) – Anfore greco-italiche antiche. Alcune osservazioni sull'origine e sulla circolazione alla luce di recenti ricerche archeologiche ed archeometriche. *In* : *Metodi e approcci archeologici. L'industria e il commercio nell'Italia antica*. Roma 2004, p. 173-192.

Olcese 2005-6 : OLCESE (G.) – The production and circulation of Greco-Italic amphorae of Campania (Ischia/Bay of Naples). The data of the archaeological and archaeometric research. *Skyllis* 7/1-2, 2005-6, p. 60-75.

Osanna, Sica 2005 : OSANNA (M.), SICA (M.M.) – *Torre di Satriano I. Il Santuario Lucano*. Venosa 2005.

Pemberton 1997 : PEMBERTON (E.G.) – Corinthian Black Glazed Pottery with Incised and Stamped Decoration. *Hesperia* 66, 1997, p. 49-97.

Pontrandolfo *et al.* 1997 : PONTRANDOLFO (A.), SANTORIELLO (A.), TOMAY (L.), DANZA (B.), SERRITELLA (A.), Materiali di una fossa di scarico dall' abitato di Fratte : frammenti di vita quotidiana. *Apollo* 13, 1997, p. 15-50.

Pontrandolfo, Rouveret 1992 : PONTRANDOLFO (A.), ROUVERET (A.) – *Le tombe dipinte di Paestum*. Modena 1992.

Poseidonia-Paestum I : GRECO (E.), THEODORESCU (D.) – *Poseidonia-Paestum I. La curia*. Roma 1980.

Poseidonia-Paestum II : GRECO (E.), THEODORESCU (D.) – *Poseidonia-Paestum II. L'Agora*. Roma 1983.

Poseidonia-Paestum III : GRECO (E.), THEODORESCU (D.) – *Poseidonia-Paestum III. Forum Nord*. Roma1987.

Ramòn 1995 : RAMÓN TORRES (J.) – *Las ánforas fenicio-púnicas del mediterráneo central y occidental*, Barcelona 1995

Roccagloriosa I : GUALTIERI (M.), FRACCHIA (H.) – *Roccagloriosa I. L'abitato : Scavo e ricognizione topografica 1976-1989*. Napoli 1990 (Centre Jean Bérard).

Roccagloriosa II : GUALTIERI (M.), FRACCHIA (H.) – *Roccagloriosa II. L'abitato : l' oppidum lucano e il territorio*. Napoli 2001 (Coll. Centre Jean Bérard, 20).

Serritella 1995 : SERRITELLA (A.) – P*ontecagnano II, 3. Le nuove aree di un necropoli del IV e III secolo a.C.*, Napoli 1995.

Shennan 1994 : SHENNAN (S.), éd. – *Archaeological approaches to cultural identity*, Londra 1994.

Sparkes, Talcott 1970 : SPARKES (B.A.), TALCOTT (L.) – B*lack and Plain Pottery of the 6th, 5th and 4th Century B.C.* Princeton 1970 (The Athenian Agora XII).

Tocco *et al.* 2009 : TOCCO (G.), BISOGNO (G.), LADURNER (M.), SVOBODA (D.), SOKOLICEK (A.), TRAPICHLER (M.), VECCHIO (L.) – *La cinta fortificata di Velia e le aree sacre. Relazione preliminare*. Milano 2009.

Trapichler 2003 : TRAPICHLER (M.) – Ceramica a vernice nera da Elea. Produzione locale ed importazioni. *In* : G. Greco (éd.), *Elea – Velia, le nuove ricerche, Atti del Convegno di studi 14 dicembre 2001*. Napoli 2003, p. 100-210 (Quaderni del Centro Studi Magna Grecia I).

Trapichler 2004 : TRAPICHLER (M.) – Phasen, Funde und Kontexte : Zur Entwicklung einer Keramikchronologie für Velia vom Ende des 6. bis zum 2. Jh. v. Chr., *Forum Archaeologiae* 30/III/2004 (http://farch.net) ;

Trapichler 2006 : TRAPICHLER (M.) – *Kontinuität und Veränderung. Studien zur Keramik spätklassischer und hellenistischer Zeit aus Velia*. Tesi di dottorato non pubblicata presso l'Università di Vienna, 2006.

Trapichler 2009 : TRAPICHLER (M.) – La datazione dell' area sacra n. 7 : Il tempio ellenistico e il cosidetto oikos. *In* : Tocco *et al.* 2009, p. 122-129.

Van der Mersch 1994 : VAN DER MERSCH (Ch.) – V*ins et amphores de Grande Grèce et de Sicile (IV*[e]*-III*[e] *s. avant J.-C.)*, Napoli 1994 (Etudes Centre Jean Bérard, I).

Vecchio 2006 : VECCHIO (L.) – La documentazione epigrafica. *In* : *Velia. Atti del XLV Convegno di studi sulla Magna Grecia, Taranto 21-25 settembre 2005*. Taranto 2006, p. 365-421.

Wilkins, Harvey, Dobson 1995 : WILKINS (J.), HARVEY (D.), DOBSON (M.) – *Food in Antiquity*. Exeter1995.

Yntema 1990 : YNTEMA (G.D.) – A Specific Group of Black Gloss Ware excavated at Valesio : The HFR Group and its Connections. *StAnt* 6, 1990, p. 167-186.

3. Moio della Civitella

Michel Bats, Laëtitia Cavassa, Martine Dewailly, Arianna Esposito, Emanuele Greco, Anca Lemaire, Priscilla Munzi Santoriello, Luigi Scarpa, Alain Schnapp, Henri Tréziny

Le site de Moio della Civitella (**fig. 114**) se situe une vingtaine de kilomètres à l'Est de Vélia, sur une colline qui culmine à plus de 800 m, entre la région de Vélia à l'Ouest et la haute vallée de l'Alento et du Calore à l'Est. Le site contrôle un col par lequel passe aujourd'hui la route de Campora.

Le rempart de la Civitella a été découvert et dégagé dans les années 1960 (Napoli 1966 et 1967, Greco 1967). La fouille de l'habitat a été entreprise dans les années 1970 par une équipe franco-italienne dirigée par E. Greco et A. Schnapp jusqu'en 1980 (Greco, Schnapp 1982 [1986] et 1983). Un complément de fouille a été réalisé par Fr. Lafage en 1987 et 1988.

Les fouilles sont actuellement en cours de publication dans la collection du Centre Jean Bérard par une équipe coordonnée par E. Greco et A. Schnapp et grâce à un financement de la Fondation White-Levy de l'Université d'Harvard. Nous présentons ici un résumé des premiers résultats acquis tels qu'ils ont été exposés lors de la réunion Ramses de Naples en octobre 2007.

Fortifications et urbanisme (AE, EG, AL, LS, AS, HT)

Le site a été d'abord interprété par M. Napoli et E. Greco comme un phrourion construit par les Eléates vers 410 pour défendre leur territoire contre la

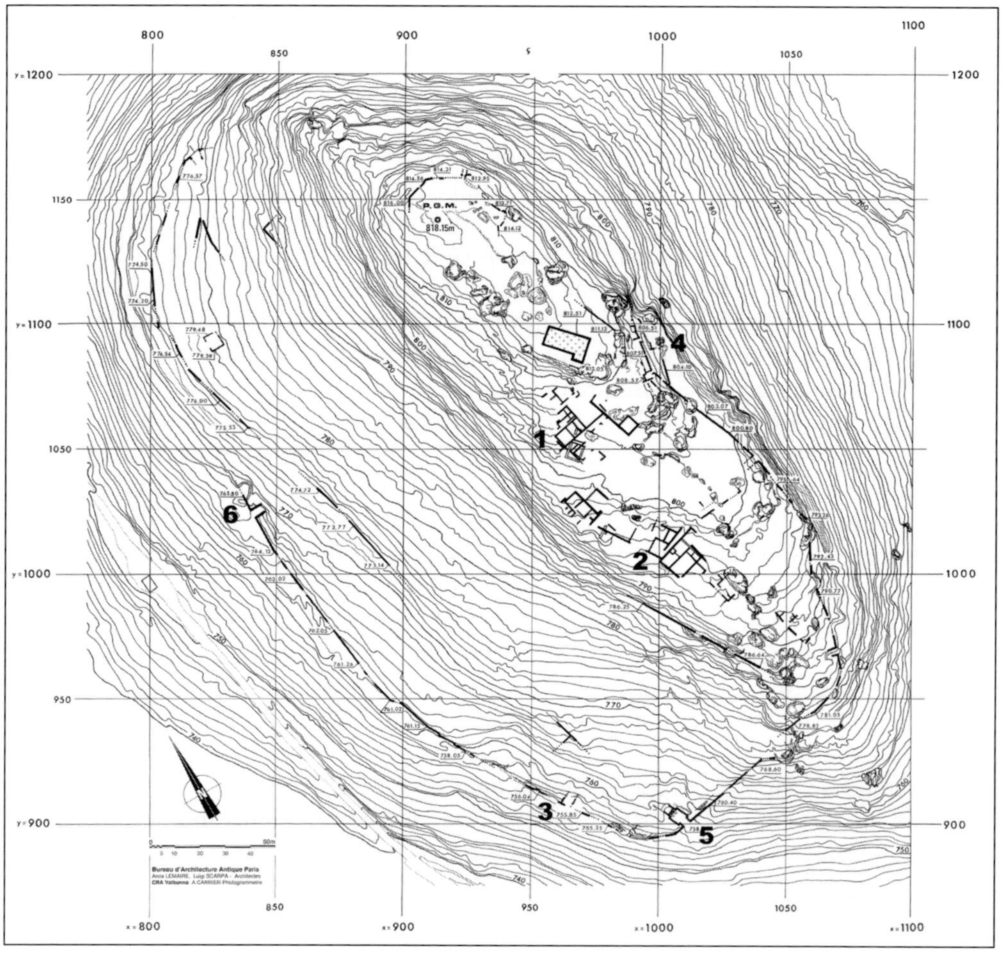

Fig. 114. Plan d'ensemble de Moio della Civitella (A. Lemaire, CNRS et L. Scarpa).

Fig. 115. Le secteur du « sanctuaire » (L. Scarpa).

pénétration lucanienne. La date d'occupation du site fut ensuite abaissée dans le courant du IVe s. et une discussion s'est engagée sur sa fonction, phrourion ou habitat fortifié ? grec ou lucanien ? (bilan de E. Greco et A. Schnapp dans *MEFRA* 1983). La période d'occupation semble devoir être abaissée aujourd'hui entre le dernier quart du IVe s. et le troisième quart du IIIe s. (voir *infra* l'étude du matériel).

Même si l'on a trouvé quelques traces d'occupation dans les pentes à l'intérieur du rempart, l'habitat semble se concentrer sur la partie sommitale (on dira l'acropole) et les terrasses immédiatement au Sud.

Dans le secteur du « sanctuaire » (**fig. 114**, 1 et **fig. 115**) ont été identifiées deux phases principales d'occupation. À la première se rapporte un bâtiment rectangulaire construit dans un bel appareil, divisé en deux pièces séparées par un « couloir » qui pourrait être une canalisation. Les sols d'utilisation des deux pièces étaient sans doute à des niveaux très différents (dénivellation d'au moins 1 m) pour tenir compte de la grande inégalité du terrain. Le bâtiment ouvrait peut-être au Sud-Est sur un espace découvert. Sa date n'est pas précisément établie, mais, comme il n'y a pas dans ce secteur de matériel plus ancien, il n'est probablement pas antérieur au dernier tiers du IVe s. L'hypothèse d'un « sanctuaire » s'appuie sur les découvertes dans ce secteur de statuettes votives (sur lesquelles voir *infra* M. Dewailly) mais reste fragile dans la mesure où les statuettes se rapportent plutôt à la seconde phase. Le bâtiment est en effet recouvert ensuite par un habitat assez régulier, séparé par des ruelles étroites, que l'on suit sur l'ensemble de l'acropole. Mais il faut souligner la présence dans les niveaux d'occupation de plusieurs fragments de brûle-parfums. Ces objets sont présents dans les sanctuaires et les habitats comme dans les tombes ; ils sont liés à la pratique d'un culte public, privé ou funéraire. À Moio, ils ont été trouvés en majorité dans le dit « dépôt votif » et dans le « sanctuaire » mais aussi dans l'habitat.

L'habitat de la terrasse inférieure est groupé autour d'une place dallée. Dans ce secteur se trouve l'îlot JKLM 70-73 (**fig. 114**, 2), dont le matériel est actuellement en cours d'étude (infra).

Un seul sondage a été réalisé sur la fortification en 1980 (H. Tréziny), complété en 2006 par G. Brkojewitsch (**fig. 114**, 3). Il a permis de vérifier la structure du rempart, à deux parements avec murets de liaison. Seul le sondage de 1980 en amont du parement interne a donné quelques informations sur la date du rempart, qui ne serait pas antérieur à la deuxième moitié, voire la fin du IVe s. av. J.-C. (Tréziny 1980 [1983]). Il est vrai que ces fragments sont peu nombreux et qu'il faut donc prendre ces données avec prudence, mais sans oublier que ce sont les seules dont nous disposions. Les nettoyages réalisés récemment dans le cadre de l'aménagement touristique du site ont permis de mieux étudier le secteur de la porte Nord-Est (**fig. 114**, 4), dans laquelle on observe au moins deux phases de construction. La porte Sud (**fig. 114**, 5 et **fig. 116**) est la plus imposante et la mieux conservée. Son plan à chambre se retrouve sur de nombreux sites lucanien, notamment dans les deux portes de Serra di Vaglio (*Tricarico* 1, fig. 162), dans celle de Croccia Cognato ou de la Civita di Tricarico (*ibid.*). La restitution de l'élévation et du « faux arc », dont le diamètre apparent ne correspond pas à l'écartement des piédroits, pose cependant quelques problèmes, si bien que la correspondance proposée jadis avec la porte Rosa de Vélia paraît bien fragile. Enfin la porte Ouest (**fig. 114**, 6), simple couloir ouvert perpendiculairement à la muraille, se comprend assez mal. S'agit-il vraiment d'une porte ? ou d'un couloir menant à un aménagement disparu, par exemple une fontaine ? Dans ce secteur se trouvent des signes lapidaires (dits « à double iota ») dont l'interprétation est discutée (**fig. 117**). Certains y voient des marques de montage, ce qui paraît difficile, d'autres des marques de carrier ou de tâcheron. Quoi qu'il en soit, ce signe lapidaire est rarissime dans les constructions grecques et n'apparaît pas sur les remparts de Vélia, mais on le trouve en grand nombre dans au moins deux secteurs des fortifications de Serra di Vaglio et sur le mur d'enceinte du sanctuaire de Rossano, en Lucanie centrale. Quelles que soient la date qu'on lui attribuera et l'interprétation historique que l'on en donnera, l'enceinte de la Civitella évoque davantage, sur un plan strictement technique, les constructions de Lucanie centrale que celles de la pourtant si proche Vélia.

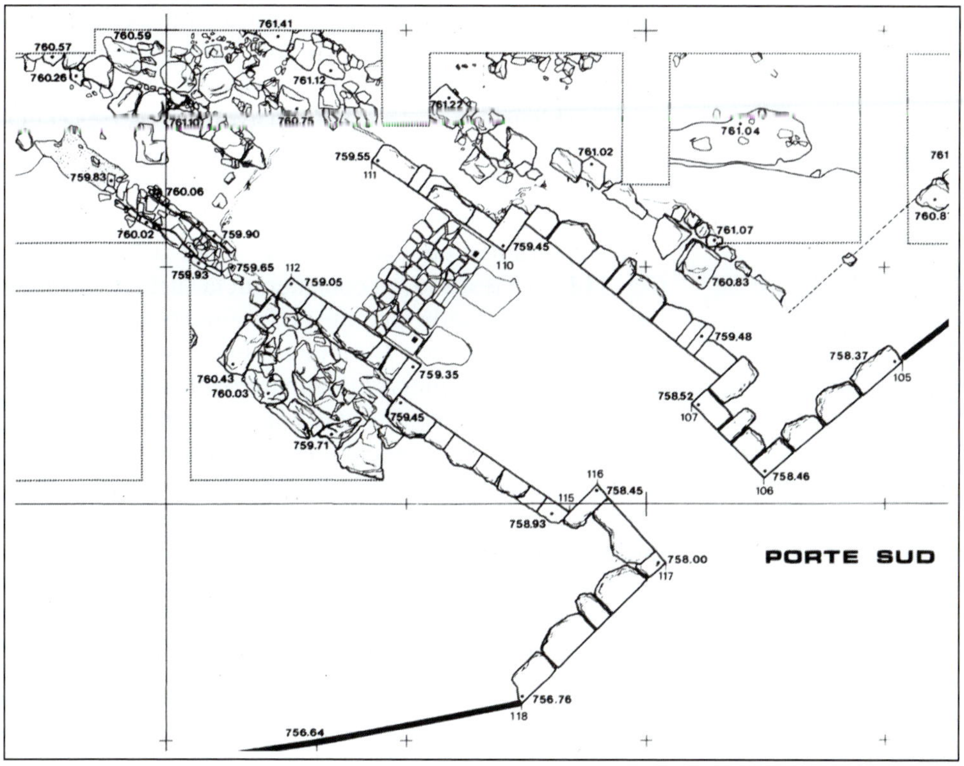

Fig. 110. La porte Sud
(A. Lemaire et L. Scarpa).

Fig. 117. Marque lapidaire « double iota » dans la porte Sud (ci-dessous) et près de la porte Ouest de Moio (en bas à gauche) et dans l'enceinte de Serra di Vaglio (en bas à droite) (cliché : Tréziny).

Les céramiques (MB, LC, PrMS)

En préliminaire à l'étude du mobilier céramique, il a semblé important de choisir parmi les diverses réalités fouillées (fortifications, îlots d'habitations, « sanctuaire ») au cours des années 1970, un échantillon de contextes archéologiques cohérents pour la mise en place de classifications typo-chronologiques et surtout capables de fournir les données nécessaires, à plusieurs niveaux, pour la définition d'un faciès de consommation. Les premières missions ont ainsi réuni une documentation cohérente et homogène sur l'îlot JKLM 70-73 (voir infra) et sur le secteur dit du « sanctuaire » (STUV 62-64 : non présenté ici), à travers l'analyse de la stratigraphie et du mobilier.

L'étude des céramiques[1] nous a permis d'établir la principale phase d'occupation des structures étudiées entre le dernier quart du IVe et le troisième quart du IIIe siècle, ce qui fait sensiblement baisser la chronologie du site (fixée au Ve siècle par les premiers fouilleurs – notamment par M. Napoli (1967, p. 247-248) – et au IVe – début du IIIe siècle par l'équipe dirigée par E. Greco et A. Schnapp).

Toutefois, à la suite de cette phase préliminaire de l'étude, deux observations s'imposent.

La première concerne la présence résiduelle dans les couches étudiées de quelques fragments de céramique dite de « tradition ionienne » (coupes de type B2, coupes profondes de type « Panionion », coupelles à une anse) et d'amphores gréco-occidentales mieux connues sous l'appellation de « ionio-massaliètes » ou « corinthiennes B » anciennes – qui laissent supposer une forme de fréquentation du site au cours du dernier quart du VIe siècle av. J.-C.

La deuxième observation est liée à la présence, dans les niveaux superficiels des carrés explorés, d'un faible pourcentage de fragments de céramique romaine des Ier siècle av. J.-C. – Ier siècle ap. J.-C., dont une assiette en céramique sigillée italique de type *Conspectus* 20.4, des patinae en céramique commune culinaire de type DICOCER 6c (Bats 1993b), ainsi qu'une lampe de type Deneauve VD et un fragment de fiole en verre soufflé, et de divers fragments de majolique qui semblent témoigner d'autres formes de fréquentation de la colline de La Civitella.

En l'état actuel de la recherche, l'étude du mobilier de l'espace défini par les carrés JKLM 70-71-72-73 du quadrillage général du site est la plus avancée et permet de formuler quelques observations sur le faciès céramique des IVe et IIIe siècles. À l'intérieur de cette surface quadrillée en seize carrés[2] et fouillée au cours des mois de juillet-octobre 1976, a été mis au jour un îlot de forme carrée de 11,50 m de côté où l'on peut reconnaître plusieurs états. À l'ouest, l'îlot est bordé par une venelle orientée est-ouest et large de 1 m à 1,20 m dont le pavement est encore conservé dans la partie haute (M71).

La stratigraphie s'est révélée, en général, simple. Le substrat rocheux est recouvert d'une strate argileuse de décomposition claire (III), dont le sommet est marqué par quelques lambeaux de sols damés contenant du mobilier archéologique. Elle est surmontée d'une couche argilo-sableuse de destruction (II) avec des pierres et des litages de tuiles. Au-dessus, on trouve une couche de terre marron (I), mêlée de débris de destruction sous la couche de terre végétale (humus).

L'exploration en extension de l'îlot JKLM 70-73 (**fig. 114**, 2) a restitué, en considérant la surface explorée (361 m^2), une grande quantité de fragments céramiques : 10923 fragments pour 1442 individus, dont 10843 fragments pour 1397 individus appartenant à la phase des IVe-IIIe siècles, seule présentée dans cet article.

En nombre de fragments, les céramiques communes représentent 60,33 % de la totalité de la céramique, le vernis noir 25,77 % et les amphores 11,90 %; la céramique à figures rouges, la céramique à bandes ou a vernis rouge, et les *unguentaria* n'étant documentés que par un faible pourcentage (0,68 %). Les proportions changent lorsque le comptage prend en considération le décompte des individus : 49,32 % pour les céramiques communes, 43,24 % pour le vernis noir et 3,94 % pour les amphores.

Nous avons choisi de ne présenter, dans cette contribution, que la vaisselle de table et de cuisine et de nous concentrer sur la définition du faciès céramique de consommation du site de Moio della Civitella.

La vaisselle de table

Sur le site de Moio della Civitella, la vaisselle de table se compose de céramique à vernis noir et de céramique achrome. Il semble exister une nette distinction entre celle utilisée pour le service et pour verser, essentiellement en céramique commune et celle utilisée pour la consommation des aliments qui se compose, quant à elle, presque uniquement de formes à vernis noir.

La céramique à vernis noir

Les formes liées à la consommation quotidienne des aliments sont à peine une quinzaine qui se répètent, avec toutefois un grand nombre de variantes du modèle de base.

Les formes ouvertes ou semi-ouvertes dominent avec 94,55 % du NMI[3]. Les fragments les plus nombreux concernent les patères (35,10 % du NMI), les

1 Les dessins du matériel ont été réalisés par Marina Pierobon, Centre Jean Bérard, et Giuseppina Stelo.

2 Au moment de la fouille, un quadrillage général a été établi pour couvrir le site. La fouille a été menée par vastes sondages, divisés en carrés de 4 mètres sur 4 mètres, séparés par des bermes d'1 mètre. Les carrés, même si adjacents, n'étaient pas forcément ouverts en même temps ; de même pour les bermes qui ont été dégagés seulement dans certains cas.

3 Les pourcentages du NMI (Nombre minimum d'individus) sont calculés par rapport au total de chaque catégorie céramique.

bols (29,47 % du NMI), les skyphoi (10,60 % du NMI)[4] et les coupelles (8,77 % du NMI). Très peu documentées sont les coupes à une anse (3,81 % du NMI), les *lékanides* (1,33 % du NMI) et les cup-*skyphoi* (0,33 % du NMI). Parmi les formes fermées, la cruche n'est documentée que par 1,49 % du NMI.

De différentes dimensions et typologies, les vases à vernis noir, comme d'ailleurs tout le reste du matériel qui provient des contextes étudiés, sont, sauf quelques exemplaires, de fabrication locale et/ou régionale[5]. Dans l'ensemble, la production est assez homogène aussi bien du point de vue qualitatif que de celui des caractéristiques techniques. La grande majorité des individus présente une pâte très épurée non calcaire riche en quartz et feldspath ; le vernis, souvent mal conservé à cause de l'acidité du sol, est très peu épais, étendu de manière non homogène et de couleur noire.

Les formes présentes prennent place dans la plupart des cas dans la classification de J.-P. Morel (1981), même si les exemplaires de Moio assument souvent des caractéristiques propres, comme aspect d'une élaboration de typologies d'ample diffusion[6]. C'est la céramique à vernis noir qui a fourni le support nécessaire à la construction de la grille chronologique dans laquelle insérer les différentes phases d'occupation du site.

□ ***Les formes***

La forme la plus largement attestée sur le site est la patère à lèvre plus ou moins verticale nettement différenciée au-dessus d'une vasque peu profonde (Morel 2283 ; 19,87 % du NMI, **fig. 118**), ainsi que celle du type avec bord à marli bombé, horizontal ou incliné vers l'extérieur (Morel 1310 ; 11,26 % du NMI). Ces deux formes sont largement répandues dans de nombreux sites de la Lucanie entre la fin du IVe et tout le IIIe siècle av. J.-C. (**fig. 118**) : Vélia, Paestum, où la production de ces patères est attestée, Pontecagnano, où un grand nombre d'exemplaires sont de production paestane, Roccagloriosa, Torre di Satriano, Civita di Tricarico.

Les bols aussi sont amplement représentés. Tout particulièrement les exemplaires à vasque assez profonde sinueuse à profil convexe dans la partie inférieure et concave dans celle supérieure qui se prolonge par un bord à retroussis et à léger épaississement (assimilables à la forme Morel 2671 ; 16,88 % du NMI, **fig. 118**). Les attestations sembleraient concentrer la production et la circulation de cette forme essentiellement dans la Lucanie tyrrhénienne et les zones limitrophes (Vélia, Paestum, Pontecagnano, Fratte). En ce qui concerne les sites de la Lucanie interne, il est intéressant de remarquer comme la forme est très peu documentée à Torre di Satriano et à Civita di Tricarico. Parmi les bols, sont également documentés, mais avec moins d'exemplaires, les formes Morel 2780, à vasque assez régulièrement arrondie (5,64 % du NMI) et Morel 2980 (surtout la forme Morel 2985, **fig. 118**), forme plus ou moins profonde avec vasque hémisphérique à profil convexe, avec parfois dans le tiers supérieur de la hauteur de la paroi un ou plusieurs sillons et un pied mouluré (3,97 % du NMI). Cette dernière peut présenter un décor surpeint et/ou des godrons sur la panse. Les bols Morel 2985 sont assez diffusés et ils apparaissent généralement sur les sites de la Lucanie, côtière ou interne et à sa périphérie (Vélia, Paestum, Pontecagnano, Fratte, Roccagloriosa, Torre di Satriano, Cività di Tricarico), surtout dans les niveaux allant du deuxième au troisième quart du IIIe siècle.

Il faut noter aussi les coupes de plus petites dimensions à paroi à courbure régulière, avec une anse horizontale et un bord en bourrelet, représentées essentiellement par la forme Morel 6230 (3,65 % du NMI, **fig. 120**). À Vélia, d'après la documentation publiée, les tasses ne sont pas attestées dans les niveaux des phases C (IVe s.) et D (première moitié du IIIe s.). Elles sont présentes à Paestum, Fratte, Roccagloriosa, Torre di Satriano et à Cività di Tricarico.

Malgré l'absence d'exemplaires complets de *skyphoi* dans ce secteur de l'habitat, les nombreux fragments de fonds et de lèvres renvoient aux formes Morel 4373 (6,95 % du NMI, **fig. 119**) et 4311 (2,82 % du NMI), avec une nette prédominance pour la première. La forme Morel 4373 se caractérise par un bord arrondi légèrement divergeant, vasque à profil sinueux légèrement fuselé vers le bas et pied annulaire en tore ; ce type de *skyphos* est très répandu et est documenté à Vélia, Paestum, Pontecagnano, Fratte, Roccagloriosa, Torre di Satriano et Civita di Tricarico. La forme Morel 4311 est caractérisée par une paroi ovoïse, avec un profil convexe et nettement bombé, un bord rentrant et un pied bas (**fig. 119**) ; il s'agit d'une forme amplement diffusée

4 Trois dessins de vases utilisés dans cet article ne proviennent pas du secteur de l'habitat (JKLM 70-73) mais leur état de conservation permet d'illustrer au mieux la présence de certaines formes céramiques.

5 Les analyses archéométriques, actuellement en cours, sont réalisées sous la direction de V. Morra du Dipartimento di Scienze della Terra, Università degli studi di Napoli « Federico II » par A. De Bonis, C. Grifa, A. Langella.

6 L'analyse du vernis noir a pris en considération l'étude typologique de référence de J.-P. Morel (Morel 1981) en la complétant avec des études typologiques de type « régional », proches de l'horizon culturel examiné, comme le travail de A. Pontrandolfo et A. Rouveret sur les nécropoles de Paestum (Pontrandolfo, Rouveret 1992) et celui de A. Serritella (Serritella 1995) et de T. Cinquantaquattro (Cinquantaquattro, Poccetti, Giglio 1999) sur le site de Pontecagnano à la périphérie de la Lucanie.

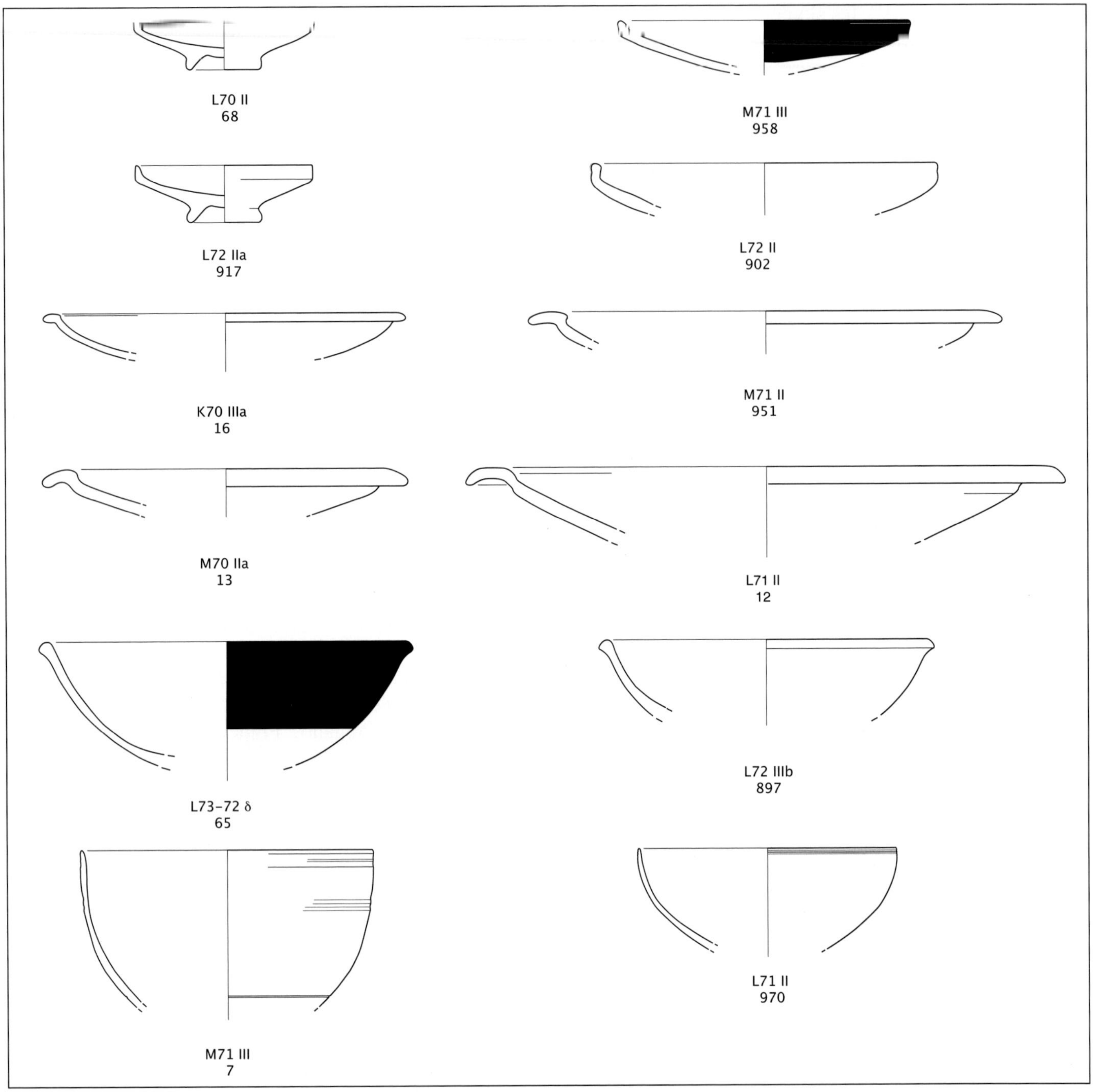

Fig. 118. Céramique à vernis noir : patères de type Morel 2283 (n. 68, 958, 917 et 902) et de type Morel 1310 (n. 16, 951, 13 et 12), bols de type Morel 2671 (n. 65 et 897) et de type Morel 2985 (n. 7 et 970). Échelle 1:3

et elle est attestée sur les mêmes sites que la précédente. On note aussi la présence de quelques exemplaires de cup-skyphoi de la forme Morel 4264 (0,33 % du NMI, **fig. 119**), vase profond avec un profil convexo-rectiligne et anses repliées vers le haut, bien documenté à Vélia, mais très peu répandu à Paestum et à Roccagloriosa. Extrêmement rares sont les skyphoi de la forme Morel 4382 à profil tronconique.

Parmi les récipients les plus représentées dans cette phase d'occupation de l'habitat, on trouve en particulier des coupelles, soit à profil concavo-convexe (forme Morel 2424 ; 5,96 % du NMI, **fig. 120**), soit à bord nettement rentrant (forme Morel 2737 ; 2,49 % du NMI, **fig. 120**). Les premières sont diffusées à partir du dernier quart du IVe siècle et au cours du siècle suivant dans toute l'Italie méridionale et elles représentent l'évolution

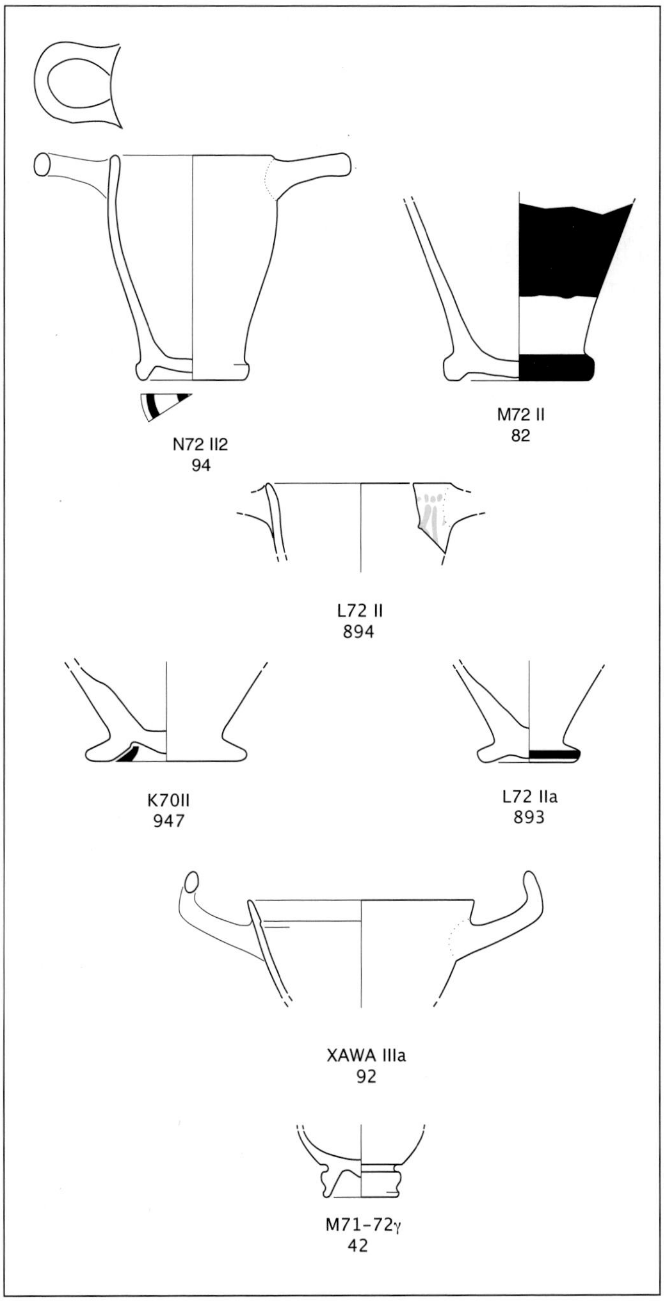

Fig. 119. Céramique à vernis noir :
skyphoi de type Morel 4373 (n. 94, 82 et 894),
de Morel 4311 (n. 947 et 893)
et coupes-skyphoi de type Morel 4264 (n. 92 et 42).
Échelle 1:3

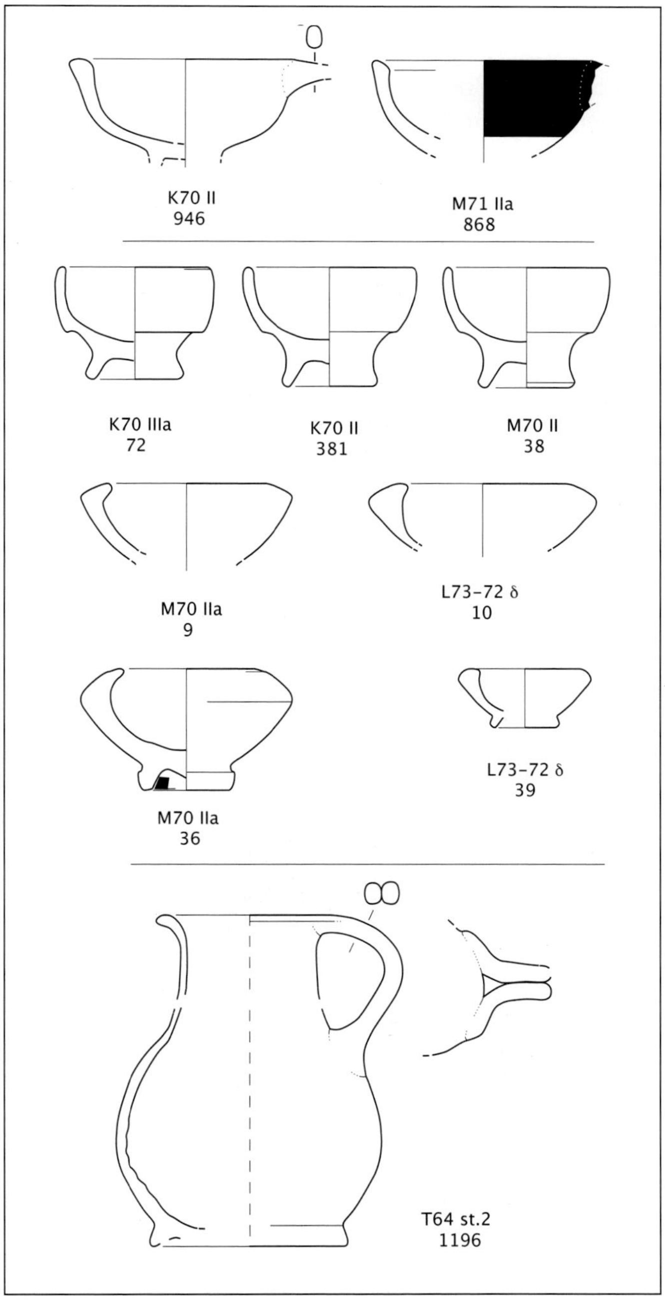

Fig. 120. Céramique à vernis noir :
coupes à une anse de type Morel 6230 (n. 946 et 868) et coupelles de type Morel 2424 (n. 72, 381 et 38) et de type Morel 2730 (n. 9, 10, 36 et 39) ; cruche de type Morel 5330 (n. 1196).
Échelle 1:3

typologique de celles regroupées dans la Série Morel 2423. La forme est très peu présente à Vélia : deux exemplaires de production paestane dans les contextes édités récemment (Gassner, Traplicher *supra* dans ce volume). Les coupelles à bord épaissi et rentrant, par contre, s'associent aux précédentes autour du milieu du IIIe siècle et ont une diffusion moins importante. Abondamment attestée à Vélia, Paestum, Pontecagnano (mais seulement de production paestane), Fratte, la forme est documentée en Lucanie interne épisodiquement à Civita di Tricarico et semble être absente à Torre di Satriano.

Les vases fermés ne sont pas complètement absents, ils sont représentés surtout par des cruches de la forme Morel 5343 (0,66 % du NMI, **fig. 120**) et quelques lécythes de la forme Morel 5418 (0,50 % du NMI) et des formes Morel 5420 et 5450 (0,34 % du NMI).

 L'évolution chronologique

La phase d'occupation la plus ancienne, datée du dernier quart du IVe siècle, est illustrée par une petite quantité de fragments appartenant essentiellement à des skyphoi Morel 4382 (forme qui est caractéristique, en Lucanie, des trois premiers quarts du IVe siècle), à des bols assez profonds avec bord (sub)triangulaire (Morel 1550), des patères (Morel 1520 et 1510) et à quelques coupelles concavo-convexes (Morel 2424), caractérisées par un fond encore assez large.

Particulièrement consistante est la présence de groupes de formes datables de la période allant du premier quart jusqu'au milieu-troisième quart du IIIe siècle.

Au cours de cette phase, le répertoire comprend surtout des *skyphoi* du type soit attique (Morel 4373), soit corinthien (Morel 4311), mais aussi des coupes à une anse (Morel 6230) et un nombre important de variantes de bols (Morel 2671 et 2985, Morel 2780), de patères (Morel 2283 et 1312-1314) et de coupelles (Morel 2424 et 2734), ainsi que quelques rares formes fermées (surtout des cruches assimilables à la forme Morel 5343).

Les bols de grandes dimensions (Morel 1550) avec un bord divergent à lèvre épaissie sont remplacés (ou s'agit-il d'une évolution ?) par ceux à vasque plus sinueuse et lèvre de moins en moins différenciée (Morel 2671).

Au cours de la première moitié du IIIe siècle, on perçoit un léger renforcement de la proportion des patères, tandis que le bol se raréfie.

Au fur et à mesure que l'on approche du milieu du siècle, on s'aperçoit que le répertoire des formes à vernis noir se simplifie. Trois formes dominent dorénavant : la patère dans sa version à bord vertical (Morel 2283) et dans celle à bord à marli horizontal (Morel 1310), qui a désormais remplacé celle avec un bord à profil triangulaire (Morel 1510/1520), ainsi que la coupelle de forme Morel 2424 ; on trouve encore quelques *skyphoi*, presque exclusivement dans la version la plus tardive avec un profil de la vasque de plus en plus sinueux (Morel 4373).

En conclusion, les formes à vernis noir du répertoire de Moio appartiennent à un faciès céramique de consommation qui trouve une diffusion suffisamment vaste dans les contextes de la Lucanie, surtout du versant tyrrhénien et dont l'évolution est globalement la même. C'est la répartition des formes ainsi que le traitement de quelques-unes d'entre-elles qui présentent une certaine originalité. À côté de formes attestées de façon assez importante (patères de forme Morel 1310 et 2283, *skyphoi* de forme Morel 4373, bols de forme Morel 2671) dans de nombreux sites grecs et indigènes de la Lucanie, d'autres, au contraire, semblent moins « appréciées ». C'est le cas par exemple des coupelles concavo-convexes (forme Morel 2424), largement répandues à Moio, Roccagloriosa et Paestum, mais documentées à Vélia par très peu d'exemplaires (de production pestane). De même, les cup-skyphoi Morel 4264, « forma guida nelle produzioni locali o regionali » (Gassner, Traplicher supra dans ce volume) à Vélia dans la phase D, ne sont représentés que par quelques rares individus à Moio, à Roccagloriosa et à Paestum. Les mêmes observations sont valables pour les coupes à une anse (Morel 6230), ainsi que pour les bols (Morel 2985).

Sur le plan purement formel, Moio s'insère dans ses grandes lignes dans le contexte culturel de la Lucanie tyrrhénienne. Dans le cadre de la production à vernis noir le répertoire des formes utilisées au cours de la période allant du dernier quart du IVe au milieu-troisième quart du IIIe siècle n'est pas substantiellement différent de celui des autres sites lucaniens. Les comparaisons renvoient aux contextes d'habitat de Vélia, Roccagloriosa et surtout de Paestum, mais aussi à ceux de la Lucanie interne comme Torre di Satriano et Civita di Tricarico. Mais souvent l'absence de données quantitatives dans les publications concernant les sites de la Lucanie ne permet pas, en général, d'aller au-delà d'une appréciation de présence/absence que nous avons notée.

Quelques fragments (37 pour 17 NMI) documentent l'occupation de l'îlot entre la fin du IIIe et la première moitié du IIe siècle av. J.-C. Ce matériel représente 1,17 % de la totalité de la céramique. Il s'agit essentiellement de quelques exemplaires de vases à vernis noir parmi lesquels on note des coupes à deux anses (Morel 3220 et 3310 ; Lamboglia 49A e 49B), des bols apodes (Morel 2150 ; Lamboglia 33a), des patères à bord évasé ou vertical (Lamboglia 5 ou 5/7) et à bord à marli bombé (Morel 1310 ; Lamboglia 36). Ces formes sont documentées soit dans une pâte de probable production régionale, soit dans une argile typiquement campanienne.

La céramique commune [7]

La céramique commune du site se caractérise, tout comme pour le vernis noir, par une pâte homogène non calcaire, riche en quartz et feldspath [8]. On note également la présence de mica, de pyroxènes, ainsi que de scories certainement d'origine volcanique.

7 La mise en forme de la typologie de la céramique commune du site étant en cours de finition au moment de la remise de l'article, nous n'utiliserons aucun code numérique pour ce texte. La présentation du mobilier se base sur les différentes formes attestées et sur leurs descriptions.

8 Les premiers résultats des analyses ont montré une homogénéité du point de vue chimique et minéralogique laissant supposer un possible lieu unique de production (De Bonis, Grifa, Langella, Morra en cours de publication).

Fig. 127. Carta IGM, foglio 198, II SE.

elementi peculiari riferibili, generalmente, ad area adriatica (Kilian 1975).

Allo stato attuale della ricerca costituiscono i materiali più antichi recuperati a Roscigno.

Nel corso del VI sec. a.C. la documentazione archeologica diventa più articolata e diffusa avvalorando l'ipotesi che l'insediamento si vada organizzando in agglomerati sparsi che occupano punti strategici per il controllo della viabilità (**fig. 127**).

Le evidenze più consistenti provengono dalle sepolture rinvenute sia sul pianoro che sulle pendici ; queste restituiscono informazioni sia dal punto di vista topografico proprio per la loro dislocazione diffusa, sia sul piano di una lettura della compagine sociale, riflessa nel rituale funerario e nella composizione del corredo.

Nel corso del VI sec. a.C. le genti che occupano il Monte Pruno seppelliscono i propri morti in fosse scavate nella terra e coperte da tumuli di pietra e terra ; il piano della deposizione, definito a volte da un circolo di pietre di piccolo modulo, è formato o dalla nuda terra, compattata e consolidata con pietrisco, o da un sottile letto di pietre ; in un caso è presente una lastra di calcare biancastro utilizzata per poggiare solo la testa. Il cadavere è deposto in posizione rannicchiata su un fianco, generalmente quello destro, e gli oggetti del corredo sono disposti seguendo una liturgia piuttosto ricorrente : le armi per l'uomo sono lungo i fianchi, i gioielli per la donna sono sul torace ; ai piedi del defunto è sempre deposta la grande olla per le derrate ; lungo i fianchi sono disposti le altre forme del vasellame utilizzato per il banchetto funebre.

L'identità del gruppo è restituita proprio dal rituale del rannicchiamento che differisce da quello adottato nel vicino Vallo Di Diano, come a Sala Consilina, dove i morti sono seppelliti supini nella fossa (La Genière 1968 ; Bianco 1999). Il rituale accomuna il gruppo di Roscigno alle genti che occupano i territori di Buccino e Atena Lucana, alle pendici nord-est del Vallo di Diano ed a quelle che abitano nella Lucania centro-settentrionale da Satriano a Serra di Vaglio, dove le vallate del Bradano e Basento costituiscono fondamentali vie di transito verso e dal versante tirrenico e ionico e dove la vallata dell'Ofanto segna un facile collegamento con le genti dell'area apula (Bottini 1999).

Ma non è solo il rituale di seppellimento a definire la cultura regionale ; forme e motivi decorativi del vasellame presentano, infatti, notevoli affinità sia formali che decorative con il mondo apulo (Yntema 1990, pp. 186-190) dove il rituale del seppellimento in posizione rannicchiata è una costante che si registra per un lungo lasso di tempo dall'VIII e fino al III sec. a.C.

Le aree necropoliche rinvenute ad Ascoli Satriano e ad Arpi hanno restituito esclusivamente sepolture in fossa con cadavere rannicchiato sul fianco destro o sinistro e con gambe più o meno flesse ; gli unici casi di deposizioni supine appartengono all'inoltrato III sec. a.C. ; alcune ricorrenze nella sistemazione dei materiali del corredo sono raffrontabili con quanto si registra a Roscigno : così il corredo disposto lungo un lato della fossa ed ai piedi, la costante presenza dell'olla con all'interno un piccolo vaso come attingitoio, gli oggetti che si rinvengono all'esterno della tomba o posti sulle lastre di copertura, segno di cerimonie dopo la sepoltura ; sono affinità che contribuiscono a definire l'identità dei gruppi umani che, dalla costa adriatica, si espandono verso le aree interne (Tinè Bertocchi 1985).

In questa complessa cornice di riferimento che caratterizza la vita del comprensorio in cui gravita l'insediamento di Monte Pruno, nel corso del VI sec. a.C., risalta con forte valenza una sepoltura rinvenuta a Cuozzi, a ridosso della cosiddetta Trazzera degli Stranieri, un tratturo funzionale ancora fino agli anni '60 del '900, che conduce agevolmente ed in poche ore nel Vallo di Diano.

La valletta, che dista circa 1 km dal pianoro del Monte Pruno, lungo le pendici occidentali, ad una curva di livello inferiore, è stata oggetto di indagine di superficie e di tre successive campagne di scavo ed ha restituito interessanti evidenze che documentano bene l'espansione e l'articolazione dell'insediamento dai primi decenni del VI sec. a.C. e fino alla seconda metà circa del III sec. a.C.

La sepoltura 2100, scavata nel 1994, era stata appena intaccata da una buca dei clandestini ; al di là degli oggetti di corredo, il dato più interessante è restituito dal riconoscimento di un complesso e lungo rituale di seppellimento, articolato in successivi momenti cerimoniali (**figg. 128, 129, 130**)

Nel bancone naturale calcareo è stata tagliata una grande fossa con orientamento Nord-Ovest/Sud-Est, distinta su due livelli ; quella posta alla quota più elevata è di forma rettangolare e conserva il taglio della parete calcarea sul lato nord ed un piano perfettamente lisciato ; su questo piano è deposto il corredo, in assenza del cadavere ; non sono stati ritrovati resti ossei.

Nel tentativo di individuare il taglio della fossa nel bancone naturale anche sul lato sud, è venuta alla luce la seconda fossa alla quota più bassa ; le pareti sono state interamente foderate di argilla cruda modellata a mano a formare un rudimentale bordo che segue il margine superiore del taglio ; il fondo della fossa, che si presenta leggermente concavo, è ben sistemato con argilla riportata che, in alcuni punti, presenta uno spessore di circa 20/25 cm ; ai bordi lo spessore dell'argilla raggiunge anche i 50 cm ; nel fondo di questa fossa sono state rinvenute le tracce di grossi pali di legno carbonizzati ; uno spesso ed alto livello di cenere e legno carbonizzato, che raggiunge in alcuni punti uno spessore tra 25/35 cm, copre una larga superficie di questa fossa e l'argilla, ormai cotta per l'azione del fuoco prolungato, conserva evidenti tracce di bruciatura (**fig. 128**). La sistemazione dell'argilla lungo le pareti della fossa è accurata soprattutto verso monte ; il lato a valle è irrecuperabile perché franato ; il lavoro ultimato doveva restituire la forma di una sorta di sarcofago a fondo concavo sul quale viene poggiato il letto funebre realizzato con spessi tronchi di legno. Il rituale doveva prevedere la consunzione del cadavere e dunque il rogo funebre deve aver bruciato a lungo così come documenta lo spessore considerevole delle ceneri e dei resti carbonizzati (**fig. 129**).

La fossa disposta alla quota più alta conserva il piano lisciato nella fogliarina naturale sul quale si dispone il corredo che non presenta alcuna traccia di combustione, evidente invece solo sul margine inferiore della fossa ; il corredo è deposto come se fosse presente il cadavere, e forma una sorta di circolo : dove dovevano essere i piedi è posta la grande olla, sul fianco sinistro parte del vasellame ceramico, su quello destro gli spiedi di ferro e probabilmente il bacino di bronzo ; sul petto la collana d'ambra e quattro fibule in ferro con arco decorato d'ambra ; all'altezza della testa, un orecchino in argento ed un fermatrecce in bronzo (**fig. 130**).

Terminata la completa consunzione dello scheletro e deposto il corredo, entrambe le fosse sono state ricoperte da un unico grande tumulo di pietre e terra definito, alla base, da un circolo di pietre larghe e piatte, solo parzialmente conservate.

Ancora un'altra cerimonia deve essere avvenuta dopo la deposizione del corredo, probabilmente durante la copertura del tumulo ; la traccia rimane in alcuni frammenti di piccoli vasetti rinvenuti all'esterno delle fossa, ai limiti del circolo di pietre che definisce il tumulo.

Dunque un rituale funerario complesso che si è svolto in momenti successivi e che ha richiesto operazioni impegnative sia nella preparazione delle fosse che nella creazione del "sarcofago" di argilla ; i momenti successivi sono rappresentati dal rogo, dalla consumazione del cadavere, dalla deposizione dell'offerta del corredo, dalla chiusura di tutta la fossa con il tumulo ed infine dal sacrificio fuori tomba.

Il tipo di rituale – ad *ustrinum* – è quello di una cremazione primaria la cui adozione, in ambiente indigeno, è piuttosto rara mentre in ambiente greco-coloniale rimane un rituale di matrice arcaica, riservato ad alcuni membri maschi dell'aristocrazia ; prevale tuttavia quasi sempre la cremazione secondaria con i resti combusti conservati in contenitori ; gli esempi più noti sono quelli di Pithecusa dove su quattrocentottanta inumazioni in fossa se ne registrano centododici a cremazione secondaria (*Pithekoussai I*) ; emerge il caso della necropoli di Siris dove il rito della cremazione secondaria è praticato per gli individui adulti e diventa prevalente nel corso del VII sec. a.C. (Berlingò 1986) È interessante sottolineare che anche dopo, in un contesto completamente differente segnato dalla fondazione di Eraclea, nella necropoli meridionale dove le tombe si dispongono tra IV e III sec. a.C., si conserva il rito della cremazione secondaria (Pianu 1990).

In ambito indigeno sono le necropoli di Pontecagnano a restituire gli esempi più emblematici ed una complessità di situazioni differenziate ; in una sepoltura, datata nel corso dell'VIII sec. a.C. dove il rituale è stato quello dell'incinerazione primaria entro *ustrinum*, lo spazio della tomba è segnato all'esterno da una sorta di monumento "a capanna" (D'Agostino 1975).

Un altro contesto funerario presenta caratteristiche strutturali molto vicine a quelle registrate a Roscigno ; l'ustrinum di forma rettangolare, incavato, presenta i bordi di argilla cotta dal fuoco ed il corredo, senza alcuna traccia di combustione è deposto, in un secondo momento, su un potente strato di bruciato ; la sepoltura è datata nei primi decenni del V sec. a.C. ed apparteneva ad un individuo di sesso maschile che la presenza di un'anfora panatenaica e di due anfore vinarie connota come un aristocratico della comunità (Cerchiai 1981). Ed il rituale della cremazione secondaria sembra essere prerogativa delle sepolture principali maschili nel corso del VII sec. a.C., mentre a partire dalla metà circa del VI e fino alla prima metà del V sec. a.C., il rituale sembra esteso ad entrambi i sessi e l'organizzazione del seppellimento presenta notevoli affinità con quanto riscontrato a Roscigno (Pellegrino 2004-2005).

Questo particolare rituale si conserva a Pontecagnano per un lungo lasso di tempo ; in un'area necropolica (loc. Sant'Antonio) che ha restituito sepolture databili tra V e III sec. a.C. sono state intercettate fosse rettangolari o circolari con sponde concotte che contenevano i resti carbonizzati del morto ed un caso, piuttosto anomalo, di una incinerazione entro una camera sepolcrale, riferibile ai primi decenni del III sec. a.C., riservata ad un individuo di sesso maschile[4].

A Roccagloriosa, a Sud di Roscigno, sono state individuate alcune sepolture ad *ustrinum* che hanno conservato perfettamente la traccia del rogo e dei tronchi di legno che formavano l'intelaiatura della pira ; la parete rocciosa della fossa presentava una completa arrossatura ed il corredo metallico è stato fortemente danneggiato dal fuoco ; tuttavia il rinvenimento di un cinturone di bronzo, intorno ai resti delle ossa combuste, fortemente calcificate, fanno ipotizzare piuttosto una parziale cremazione del cadavere. Un altro *ustrinum* ha restituito i resti carboniosi della pira ed il corredo era conservato in una sorta di cassa in blocchi di calcare. Il rituale è attestato nell'ultimo quarto del IV sec. a.C. ed è riservato esclusivamente ad individui maschi adulti (Gualtieri 1982 ; 1990).

La preferenza della cremazione per individui maschi adulti è documentata anche in tombe coeve nell'entroterra irpino, a Carife[5]. Alcuni esempi di semicremazione sono stati registrati a Serra di Vaglio[6] e a Forentum[7], nella stessa area culturale di gravitazione delle genti di Roscigno. Il rituale è riservato sempre a personaggi emergenti della società, ben connotati dal sistema del corredo.

Di particolare interesse è un rinvenimento, in area enotria, a Tortora, di una necropoli utilizzata tra gli ultimi decenni del VI e la metà del V sec. a.C. ; questo nucleo di sepolture arcaiche è stato obliterato dalla sovrapposizione di una necropoli di età lucana dove sono presenti sepolture sia ad inumazione che ad incinerazione, collocate, topograficamente, ai margini del sepolcreto e datate nei decenni intorno alla metà del IV sec. a.C. Una di queste sepolture (*ustrinum* 50) ha conservato resti consistenti della pira di legno che ha bruciato a lungo prima che la fossa venisse ricoperta ; dopo la combustione, al margine della sepoltura è stato collocato un *lebes gamikos* in funzione di sema tombale ; la forma del vaso è solitamente associata a figure femminili e costituisce una delle forme/simbolo delle nozze ; dunque uno dei rari casi di una incinerazione primaria destinata ad un individuo femminile (La Torre 2000).

È interessante anche evidenziare come siano state individuate fosse per sepolture interamente rivestite con argilla cruda alle pareti e sul fondo in Sicilia, destinate ad inumazioni con scheletro in posizione supina ; così

4 Serritella (A.) – *Pontecagnano II.3. Le nuove aree di necropoli del IV-III sec. a.C.*, Napoli, 1995, p. 120.

5 Johannowsky (W.) – Intervento. *In* : *Magna Grecia e mondo miceneo*, Atti del XXII Convegno di Studi sulla Magna Grecia (1982), Taranto 1983, pp. 446-447 ; Id. – Intervento. In *Neapolis*, Atti del XXV Convegno di Studi sulla Magna Grecia (1985), Taranto, 1988, p. 536.

6 Bottini (A.), Setari (E.), *La necropoli italica di Braida di Vaglio in Basilicata. Materiali dallo scavo del 1994*, Roma, 2003, p. 10.

7 Bottini (A.), Fresa (M. P.) – *Forentum II. L'acropoli in età classica*, Venosa, 1991, p. 136.

Fig. 128. Roscigno. Tomba 2100/1994.

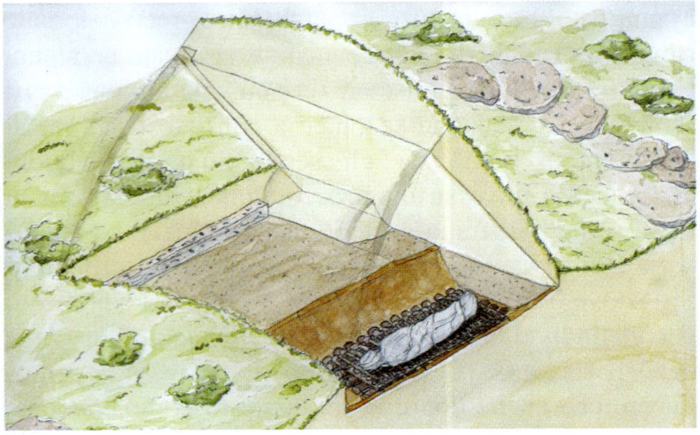

Fig. 129. Roscigno. Tomba 2100/1994, ipotesi di ricostruzione.

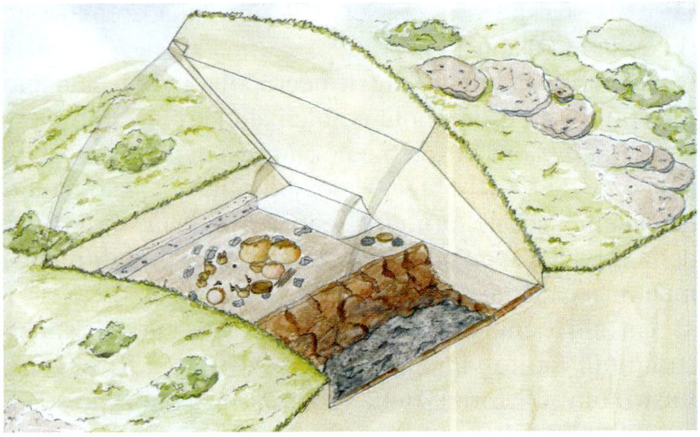

Fig. 130. Roscigno. Tomba 2100/1994, ipotesi di ricostruzione.

nel sito indigeno di Monte Saraceno di Ravanusa[8] o a Lipari e ad Imera[9] ; in un caso tuttavia l'argilla delle pareti è stata cotta sul posto dal lungo fuoco per una sepoltura destinata ad un'incinerazione primaria[10] ; l'incinerazione primaria e secondaria è attestata in Sicilia in bassa percentuale rispetto al rito inumatorio e sembra prevalere nei centri indigeni ; a Sabucina trenta incinerazioni, a Serra Orlando-Morgantina soltanto una e a Vassallaggi se ne registrano dieci ; sono sepolture che si datano concordemente tra la fine del VI e la prima metà del V sec. a.C.[11]

Dunque un rituale, a Roscigno, piuttosto eccezionale e carico di valenze ideologiche e di segni distintivi che vanno interpretati nella unitarietà del contesto.

L'attenzione quindi si sposta sul corredo e sugli oggetti offerti alla defunta dalla comunità di appartenenza, che ne connotano lo status sociale (**fig. 131**).

Il servizio vascolare è composto dalla grossa olla per le derrate alimentari che, insieme all'attingitoio monoansato con bugnette plastiche e alla scodella, a corpo sferico e orlo inflesso, rientra in un sistema omogeneo e ben attestato nel comprensorio territoriale ; la forma dell'olla è per altro reiterata con altri due esemplari, di modulo inferiore ; tra i vasi decorati sono presenti tre kantharoi ad anse sopraelevate la cui decorazione è quasi del tutto scomparsa e una brocchetta monoansata ; sia per la forma che per la decorazione questi vasi rientrano nella produzione del subgeometrico indigeno e, tipologicamente, sono affini al gruppo Ruvo-Satriano (Yntema 1990, pp. 187-193) ; una brocchetta ariballica con decorazione dipinta andata del tutto perduta, presenta una forma che esula dal repertorio seriale della ceramica subgeometrica e sembra riproporre piuttosto forme del repertorio greco. Tra gli oggetti di ornamento personale spicca la collana d'ambra e le quattro fibule in ferro con arco rivestito d'ambra che trovano riscontro in quasi tutti i contesti funerari emergenti della Lucania interna ; completano il corredo dei gioielli, un orecchino realizzato con un sottilissimo filo di argento attorcigliato ed un altro elemento in bronzo, forse un fermatrecce. Il corredo metallico è composto da un gruppo di spiedi in ferro e da un bacile in bronzo ad orlo perlinato che rivestono un carattere di eccezionalità e connotano in maniera ancora più significativa la defunta ; sia gli spiedi che il bacile di bronzo, infatti, sono oggetti presenti in sepolture maschili e rimandano al banchetto funebre ed al consumo della carne ; in sepolture femminili sono presenti raramente e sempre in contesti emergenti, particolarmente ricchi e fortemente connotanti lo status del defunto ; un esempio illuminante è restituito da una delle sepolture femminili principesche rinvenute a Braida di

8 AA. VV. – *Monte Saraceno di Ravanusa. Un ventennio di ricerche e studi*, Messina, 1996, tombe 25, 35, 39, 61, 66.

9 Bernabò-Brea, Cavalier 1965, *Meligunìs Lipára, II. La necropoli greca e romana nella contrada Diana*, Palermo, 1965, p. 208 ; AA. VV. – *Di terra in terra. Nuove scoperte archeologiche nella provincia di Palermo*, Palermo, 1993, p. 93.

10 Orlandini (P.) – Vassallaggi. Scavi 1961, I. La necropoli meridionale. *NSc*, 25, 1971, suppl., p. 201, sepoltura 174.

11 Gabba (E.), Vallet (G.) – *La Sicilia antica*, I, 2, Napoli, 1980, p. 365-374.

Fig. 131. Roscigno. Ceramica dal corredo della Tomba 2100/1994.

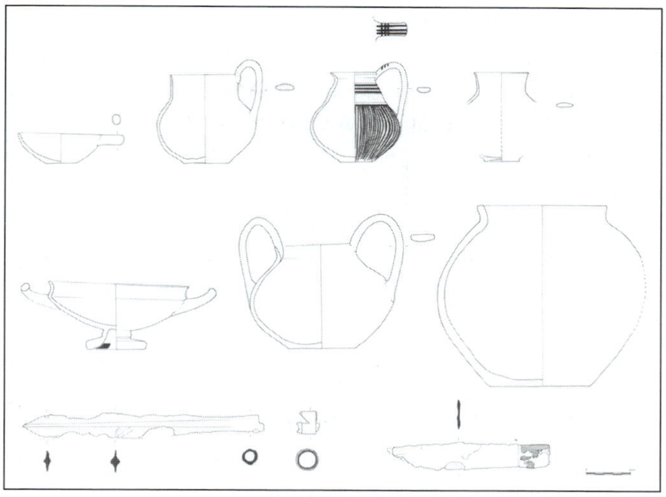

Fig. 132. Roscigno. Tomba B, corredo.

Fig. 133. Roscigno. Tomba 1110.

Vaglio che, tra gli oggetti del corredo, presentava ben tre bacini di bronzo e un lebete-tripode [12].

Il corredo così composto rientra in un sistema ben codificato nella cultura indigena del comprensorio e si colloca piuttosto coerentemente alla metà circa del VI sec. a.C.

Gli oggetti presenti evidenziano anche i rapporti che la comunità di Roscigno mantiene con le altre genti ; il bacino ad orlo perlinato rientra in una produzione tirrenica largamente diffusa ; si diffonde in tutta l'area indigena sia dell'Enotria che della Lucania interna e le officine di produzione sono localizzate dagli studiosi nell'area etrusco-tirrenica [13]. Il vasellame con decorazione subgeometrica proviene probabilmente da una bottega limitrofa all'interno di una produzione nord lucana (Yntema 1990, p. 187-190), mentre il vasellame acromo, tra cui la grande olla, è molto probabilmente di produzione locale e ripete forme largamente diffuse in tutta l'area indigena.

L'eccezionalità della sepoltura di Roscigno è restituita dunque da un rituale solitamente riservato ad individui di sesso maschile ; tuttavia nel quadro generale delle evidenze piuttosto sporadiche e frammentarie che stanno affiorando a Roscigno, va sottolineata un'annotazione del Marzullo che, nella dettagliata relazione che invia alla Soprintendenza di Napoli annota come : "l'assenza di ossa farebbe supporre la cremazione, come l'abbondante argilla di questi cavi fatti in terreni scistosi indurrebbe a pensare all'uso di mattoni cotti al sole per garantire le tombe (o intonacare le capanne)" [14].

Questa annotazione, letta oggi alla luce della scoperta della sepoltura di Cuozzi, trova una più concreta documentazione e lascia ipotizzare la possibilità che, nel costume funerario delle genti di Roscigno, fosse molto più diffuso il rituale della cremazione di quanto ci appare oggi dove la tomba di Cuozzi riveste un carattere di eccezionalità.

Ai decenni finali del VI sec. a.C. si collocano due altre sepolture (A e B) rinvenute ai margini del pianoro che presentano l'inumato in fossa in posizione rannicchiata e corredo deposto ai piedi e su un lato ; all'esterno del circolo di pietre le tracce di un sacrificio con ossa di un piccolo animale combusto (Greco 2002, pp. 23-26). Altre sepolture sono state rinvenute sulle pendici nord-ovest del colle in una valletta che domina il passaggio della Trazzera degli Stranieri ; sono sepolture complesse che presentano tuttavia dei caratteri costanti : la grande fossa tagliata nel bancone naturale scistoso con tumulo delimitato da circolo di pietre, il piano di deposizione lisciato e ricoperto da un sottile strato di argilla, il cadavere rannicchiato con corredo disposto ai lati ed ai piedi ; gli oggetti, ancora in fase di restauro, comprendono il servizio ceramico e gli oggetti metallici (armi, bacino) e

12 Bottini, Setari 2003, p. 65, tomba 106.

13 Albanese 1985 ; Bottini (A.) – I manufatti metallici arcaici : osservazioni sull'uso, la produzione e la circolazione nella Mesogaia. *In* : *Koinà*, Miscellanea di studi archeologici in onore di P. Orlandini, Milano, 1999, p. 235-243.

14 Archivio dei Musei Provinciali di Salerno, prot. n° 643 ; Romito 1993, pp. 31-59.

collocano queste sepolture nel corso della seconda metà del VI e fino ai primi decenni del V sec. a.C. (**fig. 132**).

È interessante registrare i momenti successivi del rituale e si riconoscono con chiarezza le diverse fasi del rituale dove una costante sembra essere caratterizzata dal sacrificio fuori tomba.

Sul versante meridionale del colle, quasi ai margini del pianoro, è stata individuata un'altra sepoltura che, per la sua complessa situazione topografica e stratigrafica ha posto non pochi problemi di lettura.

La sepoltura 1110 si trova a poca distanza dal luogo di ritrovamento della tomba principesca rinvenuta nel 1938, in una identica posizione topografica documentando quindi come la sepoltura principesca non fosse isolata ma probabilmente rientrava in una più ampia area necropolica che si estendeva ai margini meridionali del pianoro (**fig. 133**).

Una grande fossa è stata tagliata nel bancone calcareo di cui utilizza il pendio come parete di fondo ; la fossa si presenta molto più ampia rispetto allo spazio destinato alla deposizione vera e propria ; presenta un recinto rettangolare in pietre della lunghezza di 5,70 m circa di cui sono stati individuati solo tre lati ; in particolare su quello meridionale si conserva una risega molto probabilmente funzionale all'imposta del tumulo. Il piano della deposizione, ricavato nella fogliarina naturale, è ricoperto da un sottile strato di argilla riportata. Non sono stati ritrovati resti ossei. Il corredo vascolare era deposto lungo il margine meridionale della fossa mentre quello metallico sul lato ovest ; uno degli elmi di bronzo poggiava su un letto di mattoni mentre gli spiedi erano sistemati, ai piedi, incrociati con al centro una delle kylikes a vernice nera. Gli oggetti sono collocati come se fosse presente il cadavere ma in assenza di esso. Il corredo comprende venticinque oggetti.

La ceramica di tipo greco è attestata da due coppe a vernice nera di forma Bloesch C, molto probabilmente di produzione coloniale ; trovano raffronti molto puntuali con esemplari simili presenti a Sala Consilina (La Genière 1968, tav. 21, fig. 3) ; da una coppa a vernice nera decorata da motivi vegetali che rientra in nella classe attica della Floral Band Cup ma è anch'essa di produzione coloniale ; il tipo di forma e di motivo decorativo è attestato tra i materiali della necropoli di Sala Consilina [15].

La ceramica subgeometrica è presente con un grande cratere a colonnette, a collo tronco-conico e corpo globulare decorato con motivi a fasce e a riquadri in rosso e nero. La forma e il motivo decorativo trovano riscontro in esemplari simili presenti a Ruvo del Monte e a Satriano [16] ; un'olla a labbro estroflesso e bugnette plastiche sulla spalla con una decorazione incisa a pettine a linee verticali e orizzontali disposte obliquamente a fasce parallele ; due kantharoi con anse sopraelevate e vasca profonda la cui decorazione lineare è quasi del tutto scomparsa ; due brocche ad alto collo tronco-conico e corpo espanso che conservano labili tracce della decorazione monocroma.

La ceramica d'uso, acroma, è attestata da quattro olle di moduli e forme differenti ; se ne distingue una per l'applicazione di una decorazione plastica a motivo serpentiforme applicata sulla spalla che trova un raffronto molto puntuale in un esemplare da Lavello [17].

Il vasellame metallico è composto da una situla in lamina di bronzo ribattuta con manico in ferro a sezione semicircolare ; il recipiente, non più ricomponibile, presenta il corpo tronco-conico, rastremato verso il basso, il collo largo e basso e un manico semplice ad arco ; la forma è assimilabile alla tipologia delle situle tronco-coniche prodotte nell'area etrusco-tirrenica ed un esemplare molto simile è stato rinvenuto a Cairano [18]. Un bacile a lamina ribattuta di bronzo con labbro a tesa larga, estroflesso, decorato da motivi ad S incisi e distribuiti su tre file parallele, intervallati da puntini. Il tipo di bacino è largamente diffuso in ambito indigeno e trova larga attestazione soprattutto nel melfese in un arco cronologico che va dagli inizi del VI agli inizi del V sec. a.C. ; è anch'esso di produzione tirrenica ; trova confronti puntuali in esemplari simili da Melfi, Ruvo, Lavello, Cairano, Braida di Vaglio. Un'oinochoe a lamina ribattuta di bronzo con ansa in bronzo fuso ; la forma presenta il collo cilindrico e la spalla arrotondata ; l'ansa a sezione semicircolare attacca sull'orlo del vaso con una biforcazione ad U mentre l'attacco inferiore presenta una decorazione a palmetta capovolta, a sette petali, con piccole protuberanze arrotondate sui lati. È un esemplare di produzione etrusca assimilabile alle *Schnabelkannen* del tipo detto "ad ancora" (Bouloumié 1973) (**fig. 134b**) ; è una forma molto diffusa sia in ceramica che in metallo ed un esemplare molto simile è presente nel corredo della tomba principesca ; un altro esemplare identico è attestato a Fratte [19].

15 La Genière 1968, tav. 21, fig. 2 ; Sparkes (B.A.), Talcott (L.) – *Black and plain pottery of the 6th, 5th and 4th centuries B.C.*, Princeton, 1970 (The Athenian Agora, XII, 1 e 2), tav. 20 n° 417.

16 Holloway (R. R.) – *Satrianum. The Archaeological investigations conducted by Brown University in 1966 and 1967*, Providence, 1970, tomba 7, tav. 97 ; Bottini (A.) – Ruvo del Monte (Pz). Necropoli in contrada S. Antonio : scavi 1977. *NSc*, 35, 1981, pp. 183-288, tomba 28, fig. 74 n° 315.

17 Giorgi (M.), Martinelli (S.), Osanna (M.) – *Forentum I. Le necropoli di Lavello*, Venosa, 1988, tav. 16.d.

18 Giuliani Pomes (M. V.) – Cronologia delle situle rinvenute in Etruria. *StEtr*, 23, 1954, p. 178, tipo A3 ; da Cairano : Bailo Modesti (G.) – *Cairano nell'età arcaica. L'abitato e la necropoli*, Napoli, 1980, tomba VII, tav. 66.

19 Greco (G.), Pontrandolfo (A.) edd., *Fratte. Un insediamento etrusco campano*, Modena, 1990, p. 198, fig. 317.

Le armi difensive sono rappresentate da due elmi in bronzo ; un elmo a calotta dal profilo ogivale a spigolo vivo ; paranuca dal margine inferiore ripiegato verso l'esterno e paragnatidi a profilo sinuoso con lamina ribattuta lungo il margine esterno ; rientra nella tipologia degli elmi calcidesi diffusi in Italia meridionale già nel corso del V sec. a.C. ; costituisce, tra l'altro, il copricapo più diffuso per i cavalieri lucani raffigurati sulle lastre dipinte pestane nel corso del IV sec. a.C. Un esemplare simile proviene da una sepoltura da Pisticci che conteneva un inumato in posizione rannicchiata, datata nel primo quarto del V sec. a.C. (*Armi*, p. 135) Nella classificazione operata dal Pflug per gli elmi calcidesi (Pflug 1988), questo di Roscigno potrebbe rientrare nel tipo II 1 la cui diffusione continua anche nel corso del V sec. a.C. (**fig. 134c**)

Il secondo elmo in bronzo conserva parte della calotta allungata sulla nuca e paranuca stretto, una paragnatide poco pronunciata ed il paranaso in lamina ispessita. Lungo i margini della paragnatide corre una puntinatura traforata finalizzata al filo di rame utilizzato per il fissaggio del cuoio di rivestimento interno ; rientra nella famiglia degli elmi corinzi con le diverse varianti magno-greche, largamente attestati nel mondo indigeno già nel corso del VI e diffusi nel corso del V sec. a.C. Numerosi gli esemplari che possono confrontarsi con l'esemplare di Roscigno, quale quello presente in una sepoltura da Ruvo del Monte che conteneva una inumazione rannicchiata ed un corredo databile ancora nel corso del VI sec. a.C. Già nel corso della prima metà del V sec. a.C. il tipo di elmo corinzio porterà alla formulazione dell'elmo cosiddetto apulo-corinzio che diventerà la foggia più diffusa nell'area della Basilicata centro-settentrionale ; emblematica la sepoltura (2/1987) da Satriano che presenta un tipo di elmo apulo-corinzio raffinatamente decorato da incisioni, databile nel corso della prima metà del V sec. a.C. (*Armi*, p. 117.).

Le armi offensive sono rappresentate da una spada, da una punta di lancia e da una punta di giavellotto. La spada, in ferro, a lama retta, non molto lunga e rastremata all'estremità, è del tipo a doppio taglio con sezione lenticolare ed ispessimento centrale, guardamani a "crociera" con tracce di chiodini centrali per il fissaggio alla lama ; si conservano poche tracce mineralizzate probabilmente pertinenti al fodero (**fig. 134a**). Il tipo è diffuso in ambiente italico ed è attestato nel melfese a Lavello o in area ofantina a Canosa ; un esemplare molto vicino a questo di Roscigno proviene da una sepoltura rinvenuta a Metaponto, riservata ad un inumato entro sarcofago in pietra calcarea che, la presenza di una *lekythos* attica, consente di datare nella prima metà del V sec. a.C.

La cuspide di lancia, in ferro, ha una immanicatura a cannone rastremata all'estremità ; conserva la lama a sezione lenticolare, lanceolata, con costolatura centrale ; rientra in una classe di armi largamente diffusa in Italia meridionale tra VI e IV sec. a.C. e trova numerosi riscontri nei corredi delle sepolture dell'area all'interno della quale gravita il sito di Roscigno.

La punta di giavellotto, in ferro, conserva l'immanicatura a cannone, rastremata all'estremità ; la lama è a sezione lenticolare con costolatura centrale su entrambi i lati.

Tra gli strumenti è presente un fascio di spiedi ; purtroppo molto lacunosi ; è possibile ricostruire quattro elementi ; hanno la verga piuttosto doppia a sezione quadrangolare con estremità a ricciolo. Rientrano in una tipologia canonica, estremamente diffusa.

Il corredo, nel suo complesso, ha molti elementi coerenti fra loro ; in particolare la presenza di due kylikes del tipo Bloesch C a vernice nera ed una kylix con fascia risparmiata, di officina coloniale, consentono di datare la sepoltura nel primo venticinquennio del V sec. a.C.

Il sistema degli oggetti offerti al defunto lo qualificano come un guerriero, molto probabilmente un capo al quale è riservato il banchetto funebre con il consumo del vino, di cui il cratere a colonnette è l'indicatore principale, e delle carni indicate dal fascio di spiedi ; anche la duplicazione degli elmi, per altro di due tipologie differenti è un elemento di rilievo ; il fenomeno trova riscontro nella tomba F di Melfi Chiucchiari, datata agli inizi del V sec. a.C. e, recentemente, nei ricchi corredi delle sepolture principesche da Braida di Vaglio, riferibili ai decenni finali del VI sec. a.C. (Bottini, Setari 2003) ; peculiare della sepoltura di Roscigno sono le due fogge differenti che, se da un lato suggeriscono l'ipotesi di un'acquisizione di guerra, dall'altro potrebbero piuttosto sottendere relazioni più complesse con le comunità limitrofe. Va infatti rilevato come l'elmo di tipo corinzio, per le paragnatidi poco pronunciate, la calotta allungata, rientra nella serie più antica che prelude allo sviluppo vero e proprio della foggia cosiddetta apulo-corinzia ; gravita quindi nell'area nord lucana, uniformemente al corredo vascolare subgeometrico. L'altro elmo, di foggia calcidese, diffuso in tutta l'Italia meridionale riconduce piuttosto ad un ambito tirrenico.

Il sistema di bacino in bronzo e spiedi rientra nel cosiddetto servizio da banchetto, largamente attestato nelle sepolture di maggior rilievo nell'area compresa tra le valli del Bradano-Basento, Sele-Calore-Ofanto (Bottini 2002) ; per altro la stessa coppia strumentaria è presente nella sepoltura femminile a cremazione rinvenuta a Cuozzi (2100).

Ma l'assenza di resti ossei e la disposizione degli oggetti di corredo, come se fosse presente il cadavere, pongono problemi di interpretazione resi molto complessi dalla situazione di rinvenimento della sepoltura.

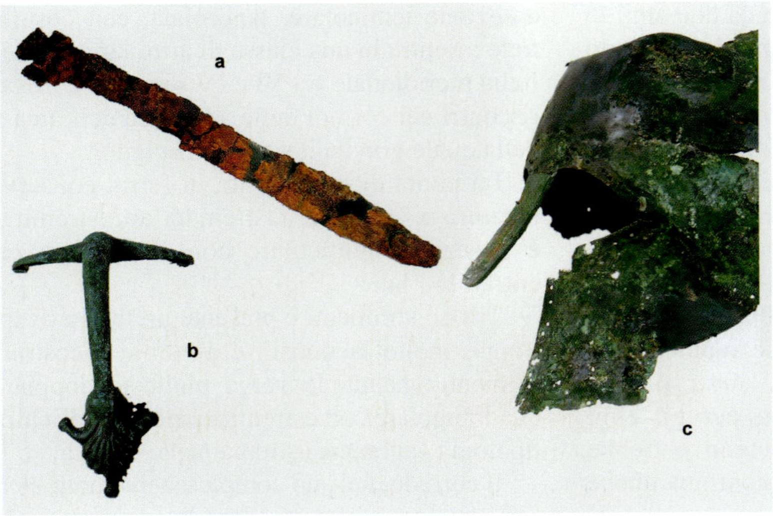

Fig. 134. Roscigno corredo della Tomba 1110.
a - Spada in ferro.
b - Ansa di oinochoe in bronzo.
c - Elmo in bronzo.

Fig. 135-136. Roscigno, loc. Cuozzi. Struttura abitativa.

L'intervento devastante dei clandestini ha determinato la distruzione di tutto il lato nord-ovest della fossa che tuttavia non è giunto ad intaccare la vera e propria deposizione dello scheletro. Più complesso e distruttivo piuttosto è stato l'impianto di una notevole fornace a pozzo che, nel corso della seconda metà del IV sec. a.C., si sovrappone al lato meridionale della fossa, obliterandolo completamente. Le ipotesi che si possono prospettare sono due : la sistemazione del cadavere sul lato meridionale della fossa, comunque in una posizione differente dal corredo, e dunque andato sconvolto ed obliterato dalla successiva fornace a pozzo ; la seconda ipotesi, suggerita da quanto riscontrato nella sepoltura di Cuozzi (2100), potrebbe prevedere un identico rituale di cremazione con il corredo, che è stato rinvenuto intatto e senza traccia di fuoco, disposto successivamente al rogo.

Se valutiamo nel complesso le sepolture rinvenute a Roscigno, che cronologicamente si dispongono tra i decenni finali del VI ed i primi decenni del V sec. a.C., notiamo come siano attestati differenti rituali funerari : dalla semplice fossa coperta da tumulo con cadavere in posizione rannicchiata, corredo e sacrificio fuori tomba al più complesso rituale crematorio che il sistema di corredo suggerisce destinato ad individui di rango elevato ; e non è tanto alla qualità ed al numero degli oggetti deposti per il corredo che viene demandato il segno di una distinzione sociale, quanto piuttosto alla differenza del rituale.

È in questo contesto che meglio si inquadra la tomba principesca rinvenuta nel 1938 : una grande fossa tagliata nel bancone naturale scistoso coperta da un tumulo di pietre e terra ; il defunto è deposto in posizione supina e, molto probabilmente, in cassa lignea ; gli oggetti di corredo sono disposti lungo i fianchi, ai piedi i resti del carro ed all'altezza della spalla una corona d'argento. Il contesto funerario è stato già più volte oggetto di riflessioni e considerazioni ; è stata già definita l'identità del defunto come un aristocratico capo guerriero indigeno (la presenza del carro) ed è stato sottolineato come siano presenti tutti i segni di un'aderenza a costumanze ed

Fig. 137-138. Roscigno. Cinta di fortificazione, e particolare.

Fig. 139. Roscigno.
Tratto esplorato della cinta di fortificazione.

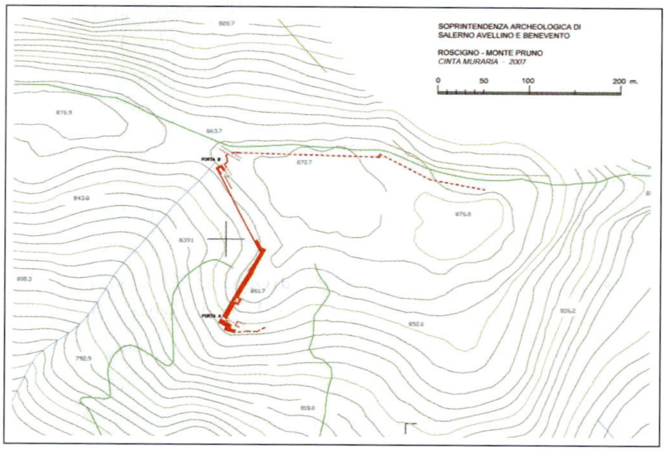

Fig. 140. Roscigno.Percorso della cinta muraria.

ideologie del mondo ellenico, proprie di una nuova èlite aristocratica guerriera che, sul finire del V sec. a.C., si va sempre più consolidando ed espandendo nel territorio. Il segno della discontinuità è dato dal rituale del seppellimento con il cadavere deposto supino.

Ed è sul finire del V sec. a.C. che nella regione si registrano profondi segni di trasformazione, riflesso della espansione e della occupazione lucana di Poseidonia che determina riassetti territoriali con esiti differenti (Pontrandolfo 1982).

A Roscigno i segni più macroscopici della presenza lucana si colgono, al di là della sepoltura principesca che ne costituisce forse l'espressione più ideologicamente rappresentata, nella comparsa di un'edilizia pubblica e privata con strutture funzionali – quali una fornace a pozzo – e strutture insediative sparse nel territorio. Sul pianoro si impiantano strutture abitative e funzionali le cui forme ed i modi della organizzazione non sono ancora perfettamente chiare.

Nella valletta di Cuozzi, una grande unità abitativa, con più vani organizzati intorno ad una corte centrale, occupa una superficie tra 400 e 500 mq, messa in luce solo parzialmente ; è una residenza di tipo gentilizio dove è possibile individuare le funzioni di alcuni vani e dove ancora si conservano tracce di intonaco dipinto alle pareti e qualche elemento della decorazione fittile del tetto ; costruita nel corso della seconda metà del IV sec. a.C., sovrapponendosi ad una struttura preesistente, rimane in funzione almeno fino al II sec. a.C. quando un violento incendio ne distrugge l'ossatura lignea. La presenza di un ambitus suggerisce una organizzazione più complessa ed articolata con altre unità abitative che ancora non sono state esplorate (Greco 2002, pp. 35-39 : **figg. 135, 136**).

A breve distanza, ad una curva di livello più elevata, è stato individuato un piccolo nucleo necropolico che, con ogni probabilità, deve essere relazionato all'agglomerato abitativo.

Le sepolture sono del tipo a semicamera, tagliate nel bancone naturale e addossate al pendio ; sembrano affiancate fra loro, presentano lo stesso orientamento nord-sud e purtroppo risultano, per la maggior parte, già depredate ; formano un nucleo omogeneo dove il rituale funerario è quello della deposizione del cadavere supino, secondo le costumanze proprie dei Lucani.

Fa eccezione una sepoltura (3200) che presenta invece il cadavere rannicchiato sul fianco sinistro ; il corredo ceramico, per la maggior parte di produzione pestana, è caratterizzato dalla presenza di un'anfora e di un piatto da pesce a figure rosse e da numerose coppette a vernice nera ; l'unico vaso di produzione indigena è uno stamnos a corpo globulare ed anse a bastoncello ; sul cadavere erano posti due cinturoni in bronzo, uno con ganci a cicala e l'altro con ganci a palmetta ; il corredo metallico è caratterizzato da una situla in bronzo, da alari e spiedi in piombo, non funzionali.

Un sistema di corredo facilmente rapportabile a quanto ben noto in ambito pestano a cui tuttavia fa contrasto il rannicchiamento del cadavere che suggerisce la persistenza di antiche costumanze (Greco 2002, pp. 237-242).

Alla metà del IV sec. a.C. si colloca l'impianto della poderosa cinta di fortificazione che circonda e racchiude il pianoro su tre lati ; l'abbandono e i segni di una distruzione si collocano nei decenni finali del III sec. a.C. Il muro, realizzato con grossi blocchi di calcare locale tagliati e squadrati e messi in opera pseudo-isodoma, utilizza in fondazione il piano naturale della roccia affiorante seguendone le curve di livello ; presenta una doppia cortina con un emplekton largo circa 2,50 m, trattenuto, ad intervalli regolari, da briglie di contenimento ; la cortina interna è solo parzialmente in facciavista e si adatta al profilo naturale del terreno ; la cortina esterna presenta un paramento in facciavista ben lavorato, accurato, con poche zeppe di riempitivo e con un'euthynteria a scalini adattata alla quota naturale ; il riempimento, con grosse pietre, terra, e residui di lavorazione dei blocchi è molto ben stipato e compattato sì da rendere quanto mai funzionale il muro che assume così anche la funzione di un vero e proprio terrazzamento del pendio collinare (**figg. 137, 138**).

È stato portato alla luce il tratto che segue il versante sud-ovest della collina per una lunghezza di 140 m circa ed alcuni tratti sugli altri versanti.

Su quello sud-est il muro, messo in luce per circa 25 m, piega ad angolo retto e prosegue, verso Sud, in maniera rettilinea ; all'estremità sud-ovest della cinta, dove è ubicata una delle porte chiusa da una possente tompagnatura realizzata con pietre calcaree di dimensioni diverse e di forma più o meno regolare. Sul versante sud-ovest è presente una torre a pianta rettangolare e a 13 m di distanza, una postierla larga circa 1,40 m (Greco 2002, p. 35-41, **fig. 139**).

Sul versante nord-ovest, in prossimità della Trazzera degli Stranieri, è stata scoperta una seconda porta larga circa 4 m ; ne sono stati individuati i cardini sul lato sud e nord ed il piano di calpestio ; anche questa porta è stata chiusa da una tompagnatura che poggia su uno spesso riempimento di terra, tegole e pietre calcaree e che non è stata, per il momento, rimossa[20] (**fig. 140**).

Dunque, in un momento cronologico non ancora ben precisabile, le porte e i varchi della cinta vengono chiusi ed il primo impianto subisce una completa ristrutturazione sia strutturale che, probabilmente, funzionale.

Riassumendo brevemente la realtà archeologica restituita grazie a questo ultimo decennio di esplorazione si delinea un insediamento che, nel corso del VI e almeno fino alla prima metà del V sec. a.C. riveste un ruolo significativo all'interno delle dinamiche tra Greci della costa e Indigeni dell'entroterra ; l'insediamento si caratterizza, nelle forme di occupazione del territorio, con nuclei sparsi di abitazioni e necropoli che si espandono in maniera molto estesa su un vastissimo territorio e a ridosso delle principali vie di transito e di comunicazione sia sul versante meridionale (verso Velia) sia su quello occidentale (verso il Vallo) del colle di Monte Pruno. Il gruppo umano che detiene il territorio si caratterizza per alcuni indicatori ricorrenti tra i quali il più significativo è il rituale del seppellimento in forma rannicchiata del cadavere ; l'altro è certamente restituito dalla ceramica a decorazione geometrica e dal sistema dei corredi ; questi indicatori consentono di assimilare la comunità di Roscigno a quelle limitrofe del comprensorio lucano centro-settentrionale con gli insediamenti emergenti di Buccino, Atena Lucana, Satriano, Serra di Vaglio.

Queste omogeneità culturali, ormai ben rilevate e costanti, hanno fatto ipotizzare la presenza, in questo territorio, di genti di origine balcanica, cui potrebbe riferirsi il nome di Peuketiantes, noto ad Ecateo (fr. 89) e citato da Dionigi di Alicarnasso, per genti stanziate a Nord di quelle popolazioni definite dalle fonti antiche come Enotri (*Siris-Polieion*, pp. 183-185). Tuttavia l'ipotesi è molto discutibile e A. Mele ha precisato come la testimonianza di Ecateo, poi confermata da Ferecide, si riferisca ad un'unica popolazione che "abita nelle sue sedi storiche e possiede una sua precisa fisionomia" ed il cui rapporto e vicinanza con gli Enotri è già noto anche dalle fonti ; nella descrizione di Ecateo, l'Enotria cominciava da Poseidonia e la descrizione delle città all'interno procedeva dalla costa tirrenica verso Est dove si trovavano appunto i Peuceti (Mele 1991).

Dunque non ad un altro popolo si deve pensare ma, con ogni probabilità, a gruppi di origine peuceta che, dal versante adriatico e dalla costa ionica, si sia diffuso verso i territori dell'interno, popolandone un comprensorio piuttosto significativo e strategico.

20 Greco (G.), Pontrandolfo (A.) edd., Fratte. Un insediamento etrusco campano, Modena, 1990, p. 198, fig. 317.

Questa comunità stanziata nel territorio di Roscigno entra in crisi alla metà circa del V sec. a.C. quando nel comprensorio fanno la loro comparsa nuovi gruppi umani provenienti dall'area centro-italica che occupano stabilmente le piane costiere e si diffondono nelle aree interne.

L'arrivo dei Lucani a Roscigno segna un momento di organizzazione politica e territoriale dell'insediamento che assume forme e modi di occupazione del territorio molto più strutturati ; la comparsa di un abitato forse più concentrato sul pianoro e contemporaneamente dell'ampia struttura di tipo familiare nella valletta di Cuozzi evidenzia bene il grado di articolazione della comunità e la dispersione nel territorio con ville-fattorie a conduzione familiare ; il rituale funerario e il sistema di corredo – dalla tomba principesca alle tombe a semicamera di Cuozzi – pone la comunità in stretta relazione con l'ambito pestano ; la grande cinta di fortificazione diventa il segno più eclatante di una strutturazione politica della comunità che si riconosce in un centro fortificato e al contempo sfrutta un ampio territorio extra-muros, a ridosso e a controllo delle principali vie di transito e di comunicazione. Perché poi le due porte sul versante occidentale del colle siano state chiuse e defunzionalizzate, in quale momento e se questo evento possa essere posto in relazione con l'arrivo dei Romani a Paestum, è ancora un problema da verificare e chiarire nelle prossime campagne di scavo.

BIBLIOGRAFIA

Albanese 1985 : ALBANESE PROCELLI (M.) – Considerazioni sulla distribuzione dei bacini bronzei in area tirrenica e in Sicilia. *In* : *Il commercio etrusco arcaico, Atti dell'Incontro di Studio (1983)*, Roma, 1985, pp. 179-182.

Armi : BOTTINI (A.) ed., *Armi. Gli strumenti della guerra in Lucania*, Bari, 1993.

Berlingò 1986 : BERLINGÒ (I.) – La necropoli arcaica di Policoro in contrada Madonnelle. *In* : *Siris-Polieion*, pp. 117-125.

Bianco 1999 : BIANCO (S.) – La prima età del ferro. *In* : Adamesteanu (D.) ed., *Storia della Basilicata, I : l'Antichità*, Roma, 1999, pp. 170-177.

Bottini 1999 : BOTTINI (A.) – Identità e confini etnico-culturali : l'Italia meridionale. *In* : *Confini e frontiera nella Grecità d'Occidente, Atti del XXXVII Convegno di Studi sulla Magna Grecia (1997)*, Taranto, 1999, pp. 307-326.

Bottini 2002 : BOTTINI (A.) – Armi e vasellame metallico nei contesti italici. *In* : Giumlia Mair (A.), Rubinich (M.) edd., *Le arti di Efesto. Capolavori in metallo dalla Magna Grecia. Catalogo della Mostra (Trieste, 8 marzo-28 luglio 2002)*, Milano, 2002, pp. 95-97.

Bottini, Setari 2003 : BOTTINI (A.), SETARI (E.) – *La necropoli italica di Braida di Vaglio in Basilicata. Materiali dallo scavo del 1994*, Roma, 2003.

Bouloumié 1973 : BOULOUMIÉ (B.) – Les onochoés en bronze du type Schnabelkanne en France et en Belgique. *Gallia*, 31, 1973, pp. 1-35.

Cerchiai 1981 : CERCHIAI (L.) – Un corredo arcaico da Pontecagnano. *AnnAStorAnt*, 3, 1981, pp. 29-48.

D'Agostino 1975 : D'AGOSTINO (B.) – Ideologia e rituale funerario in Campania nei secoli VIII e VII a.C. *In* : *Contribution à l'étude de la société et de la colonisation eubéennes*, Naples, 1975, pp. 107-110.

Greco 1982 : GRECO (E.) – Problemi topografici nel Vallo di Diano tra VI e IV sec. a.C. *In* : D'Agostino (B.) ed., *Storia del Vallo di Diano*, I, Salerno, 1982, pp. 125-148.

Greco 1996 : GRECO (G.) – Roscigno. *In* : Cipriani (M.), Longo (F.), edd., *I Greci in Occidente. Poseidonia e i Lucani,* Napoli, 1996, pp. 88-101.

Greco 1997 : GRECO (G.) – Roscigno. *In* : *Enciclopedia dell'Arte Antica, Classica e Orientale*, suppl. 2, V, Roma, 1997, pp. 31-32.

Greco 1999 : GRECO (G.) – Roscigno. *In* : *Bibliografia topografica della colonizzazione greca in Italia e nelle isole tirreniche*, XV, Roma-Pisa, 1999.

Greco 2002 : GRECO (G.) – *Roscigno Monte Pruno. Un insediamento indigeno tra Paestum e il Vallo di Diano,* Napoli, 2002.

Gualtieri 1982 : GUALTIERI (M.) – Cremation among the Lucanians. *AJA*, 86, 1982, pp. 475-481.

Gualtieri 1990 : GUALTIERI (M.) – Rituale funerario di una aristocrazia lucana. Fine V – inizio III secolo a.C. *In* : Tagliente (M.) ed., *Italici in Magna Grecia. Lingua, insediamenti e strutture*, Venosa 1990, pp. 161-197.

Kilian 1975 : KILIAN (K.) – *Fibeln in Thessalien von der mykenischen bis zur archaischen Zeit*, München, 1975 (Prähistorische Bronzefunde, XIV, 2).

La Genière 1961 : LA GENIÈRE (J. de) – Ambre intagliate del Museo di Salerno. *Apollo* I, 1961, pp.175-188.

La Genière 1964 : LA GENIÈRE (J. de) – Alla ricerca di abitati antichi in Lucania. *AttiMemMagnaGr*, n. s., V, 1964, pp. 133-135.

La Genière 1968 : LA GENIÈRE (J. de) – *Recherches sur l'âge du fer en Italie Meridionale*, Naples, 1968.

La Torre 2000 : LA TORRE (G.F.) – Il comprensorio alla foce del Noce tra arcaismo ed ellenismo. *In* : *Nella terra degli Enotri, Atti del Convegno di Studi (1998)*, Salerno, 2000, pp. 41-49.

Mastrocinque 1991 : MASTROCINQUE (A.) – L'ambra e l'Eridano, Este, 1991.

Mele 1991 : MELE (A.) – Le popolazioni italiche. *In* : Galasso (G.), éd., *Storia del Mezzogiorno*, Napoli 1991, Vol I, pp. 257-260.

Nava, Salerno 2007 : NAVA (M.L.), SALERNO (A) edd., *Ambre. Trasparenze dell'antico, Catalogo della Mostra (Napoli, 26 marzo-10 settembre 2007)*, Napoli, 2007.

Orlandini 1972 : ORLANDINI (P.) – Aspetti dell'arte indigena. *In* : *Le genti non greche della Magna Grecia, Atti del XI Convegno di Studi sulla Magna Grecia (1971)*, Napoli, 1972, pp. 273-308, tavv. LV-LXI.

Pellegrino 2004-2005 : PELLEGRINO (C.) – Ritualità e forme di culto funerario tra VI e V sec. a.C. *AnnaStorAnt*, 11-12, 2004-2005, pp. 167-216.

Pianu 1990 : PIANU (G.) – *La necropoli meridionale di Eraclea I. Le tombe di IV e III sec. a.C.*, Roma, 1990.

Pithekoussai I : BUCHNER (G.), RIDGWAY (D.), *Pithekoussai I. La necropoli. Tombe 1-723 scavate dal 1952 al 1961*, Roma, 1993.

Pflug 1988 : PFLUG (H.) – Chalkidische Helme. In *Antike Elme. Sammlung Lipperheide und Andere Bestände des Antikenmuseum Berlin*, Mainz am Rhein, 1988, pp. 137-150.

Pontrandolfo 1982 : PONTRANDOLFO (A.) – *I Lucani. Etnografia e archeologia di una regione antica*, Milano, 1982.

Romito 199 : ROMITO (M.) – Agli inizi della ricerca archeologica nel salernitano :entusiasmi e gelosie nell'esempio di Roscigno. *In* : *Archeoloiga e arte in Campania*, Salerno, 1993.

Ross Holloway, Nabers 1982 : ROSS HOLLOWAY (R.), NABERS (N.) – The Princely Burial of Roscigno (Monte Pruno), Salerno. *RAArtLouv*, XV, 1982, pp. 97-115.

Siris-Polieion : AA. VV. – *Siris-Polieion. Fonti letterarie e nuova documentazione archeologica, Incontro studi (1984)*, Galatina 1986.

Tinè Bertocchi 1985 : TINÈ BERTOCCHI (F.) – *Le necropoli daunie di Ascoli Satriano ed Arpi*, Genova, 1985.

Yntema 1990 : Yntema (D.) – *The matt-painted pottery of Southern Italy*, Galatina, 1990.

Chapitre V

Grecs et indigènes en Thrace, entre mer Egée et mer Noire

1. Zosia ARCHIBALD
Greeks and Thracians. Geography and culture

2. Arthur MULLER
D'Odonis à Thasos. Thraces et Grecs (VIIIe – VIe s.) : essai de bilan

3. Jacques Y. PERREAULT, Zisis BONIAS
Argilos aux VIIe-VIe siècles

4. Zisis BONIAS
L'importance de la plaine du Strymon comme voie de contacts culturels et commerciaux entre Grecs et Thraces

5. Véronique CHANKOWSKI
Pistiros et les Grecs de la côte nord-égéenne : problèmes d'interprétation

6. Alexandre BARALIS
Habitat et réseaux d'occupation spatiale en Thrace égéenne : l'impact de la colonisation grecque (X^{e}-Ve s. av. J.C.)

7. Margarit DAMYANOV
Greeks and natives in the region of Odessos

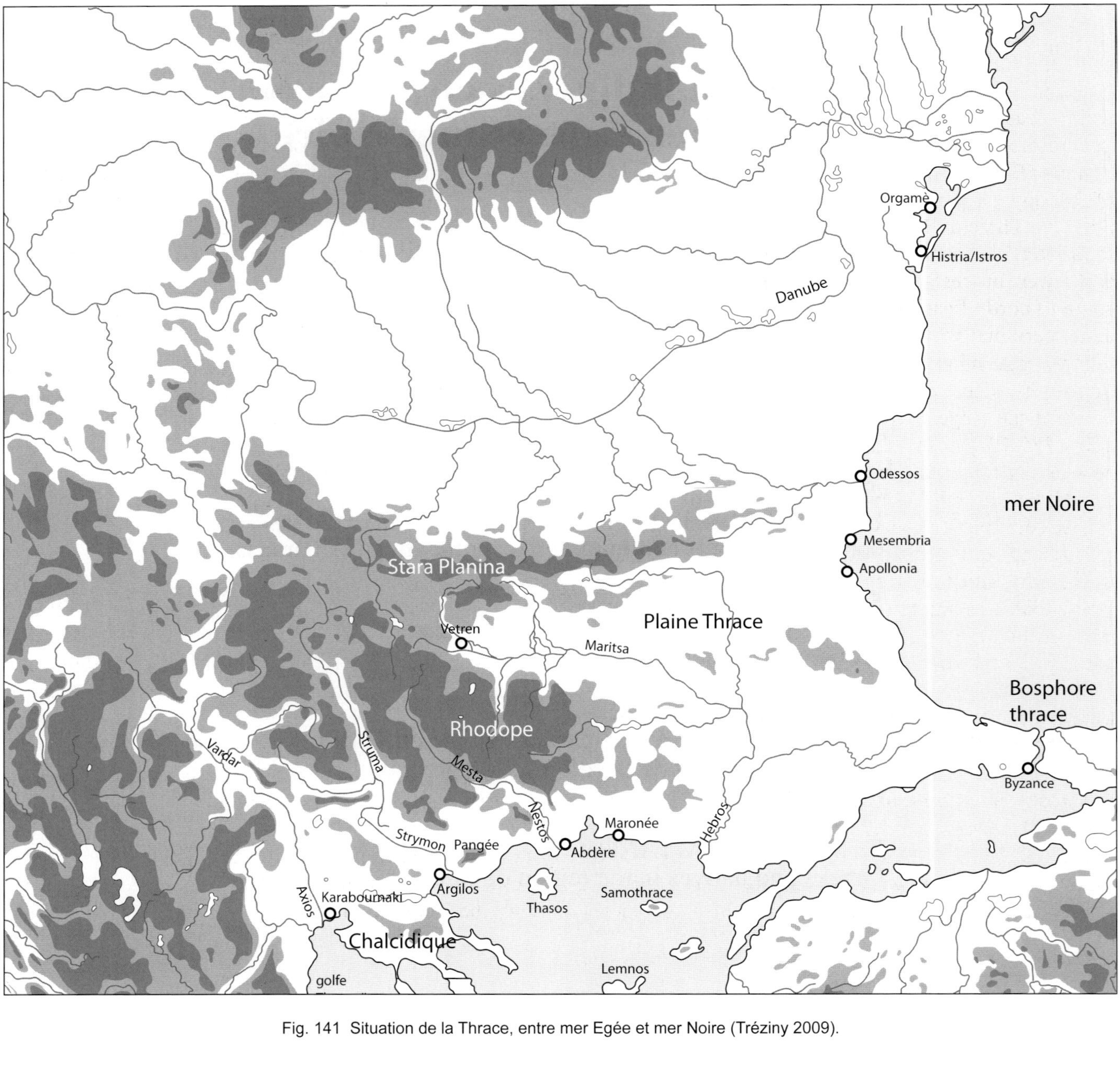

Fig. 141 Situation de la Thrace, entre mer Egée et mer Noire (Tréziny 2009).

1. Greeks and Thracians
Geography and culture

Zosia Archibald

The east Balkan landmass is, for the most part, the ecological counterpoint of the Aegean area – a continent with mountain chains orientated west – east, which impede movement from the margins to the interior. Parallel to the Danube is the Stara Planina (Balkan range), and further south are the peaks of Rhodope, separated by a roughly triangular lowland area, the Thracian Plain. Even today, whether one uses the arterial roads or the railways, it is much easier to travel east – west or west – east than it is to go north – south or south to north. Ease, however, is only one of the factors that determines why people travel. Evidence from antiquity, whether it be the witness of Thucydides (2.97.1-2), in his otherwise unexplained remarks about travel times between the Aegean coast and the Danube (Archibald 2006, 115-122) or the distribution of bulk commodities, such as wine and oil amphorae, or the spread of distinctive Classical architectural forms in tomb construction and decoration, or the widespread adoption of Greek as the language of administration and politics, not just in the fifth and fourth centuries BC but well into the Roman Empire and beyond, laying the foundations for the Cyrillic alphabet, all point to dynamic patterns that seem to defy the dictates of geography.

One of the reasons for this apparent contradiction is the permeability of the region's liminal zones, particularly the coastlines, towards the Aegean and the Black Sea, but also its rivers, which cut through the solid geography to provide natural highways across country. Half of these have eroded channels through the southern mountain chain that continues the geology of the Pindhos range in the west Balkans, beginning with the Vardar (ancient Axios), in the far south west, and thence the Strymon (Struma), Nestos (Mesta), and the Maritsa (Hebros), with its principal tributaries. The northern river system consists of the tributaries of the Danube, which flow northwards from the Stara Planina and south from the Transylvanian Carpathians into the Danube valley. 'Thracians' is the name that was applied in antiquity to most of the inhabitants of this large and ecologically highly varied region of southern Europe without any clear distinctions, obliging historians and archaeologists of the late nineteenth and early twentieth centuries to make their own sub-divisions on the basis of material culture as well as linguistic roots.

Whatever we consider, on the basis of maps, and geology, and transport considerations, to have been logical and practical strategies for subsistence, does not entirely correspond to what people in the ancient past actually did. Past behaviours cannot be logically inferred from landscapes, nor were they determined by geographical necessity, but rather represent a symbiosis between human populations and their environment. In the east Balkans, there is historical evidence that patterns of land ownership changed, depending on the nature of political structures, and we can therefore infer changes of land use, which mean that different regimes of exploitation have been adopted at different times. In the Neolithic and Bronze Ages, nucleated settlements practising intensive agriculture created stratified mounds. In the first millennium BC, growing ecological diversification resulted in more varied exploitation of upland as well as lowland resources, a pattern that continued into later times. These dynamic processes have left a variety of physical impressions on the contemporary landscape that are only just beginning to be recognised and valued as sources of evidence in their own right – the deforestation of hillsides and valley floors to provide arable and pastoral resources ; the construction of roads and route ways through hill country as well as lowlands ; the creation of stable settlements using durable materials ; the exploitation of minerals, especially for metallurgy and building stone, and clays for a wide range of ceramic products. This silent history, which has literally shaped the external features of the region, needs to be married with the information that we can glean from a limited range of written sources concerning affairs in the north.

The inter-penetration of cultural features

As soon as we cease to view the east Balkans from a distance, the abstract clarity of habitual academic distinctions between indigenous communities and incoming ones – Thracians on the one hand, Greeks on the other – quickly becomes muddied. We may take as an opening example the funerary practices of communities in the area of the lower Danube, which are examined here in some detail by Vasilica Lungu. The size, layout, and architectural pretensions of the ancient city of Histria/Istros mark it out not just as one of the leading cities of the west Pontic coast in antiquity, but a community with a well defined Greek character, whereas the burial practices reflected in its cemeteries seem to tell a different story. Lungu looks at Istros alongside the much smaller settlement of Orgame. Istros lay on the south-western banks of Lake Sinoe, a deep and sheltered bay south of the Danube estuary, Orgame lay on the northern edge of the same lake, so we may expect strong links between them. Istros was one of the main Black Sea settlements connected with Milesian immigrants and it is likely that Orgame had a similar pedigree ; according to Stephanos of Byzantium, Orgame was a *polis epi to Istro* (F. Gr. Hist. I, fr. 172 ; Nenci 1954, fr. 183 : Lungu, this volume). There are two especially interesting phenomena in these cemeteries. One is the overwhelming dominance of cremations over inhumations. As Lungu explains, the two rites were not opposed but complementary.

One of the most valuable dimensions of research in the lower Danube area is the wide range of sites that have been investigated archaeologically over the last century. This means that the evidence from Istros and Orgame can be viewed in the context of social interactions between groups and individuals, over many centuries, which were, at the outset at least, culturally diverse. The principal features of the funerary rite that we note in these communities, including the laying out of the corpse, the consignment of the body (whether by inhumation or cremation) to the ground ; the funeral feast ; the construction of a monument ; and the performance of games, is a sequence that has much in common with Greek mainland and island practices, even if the precise details were reworked or manipulated according to different traditions. Granted that these distinctions provide some of the local flavour that made one locality both like and unlike any other ; it is the second distinctive feature of the cemeteries at Istros and Orgame, namely the presence of isolated burials belonging to prestigious individuals, which deserves more attention. These, as Lungu emphasises, are best interpreted as members of the ruling élite, founding immigrant Greek settlers, whose monuments reminded later arrivals of their status and formative role. Several technical features reinforce such an interpretation. The range and quality of the grave goods are an obvious factor. More significantly, the bodies of the deceased were cremated at exceptionally high temperatures and the remaining bones, fired white, were carefully collected from the pyre (which was located outside the area of the tumulus thrown up over the remains), while the residue from banquets and periodic libations testifies to the subsequent commemorations enacted near the tomb.

The construction of the tumuli has structural characteristics that connect them to indigenous practices (for example, the ring of stones surrounding a cairn of stones at the centre of the mound fill). In other respects, indigenous cremations, such as those well represented at systematically excavated cemeteries within the wider lower Danube area (Aegyssus, Celic Dere, Enisala et Murighiol) were quite different, the less highly fired bones frequently housed in urns with lids, with or without specially constructed stone cists. There is still a great deal to be learned about the social nuances that funerary practices incorporate. Age profiles in particular are highly incomplete. As is often the case in ancient cemeteries, the poor representation of children's graves needs clearer explanation.

The presence, in these indigenous cemeteries, of imported pottery, particularly transport amphorae, from Chios, Thasos, Klazomenai, Akanthos, Rhodes, Herakleia Pontika, and other major producing centres, but also fine wares (cups, *kantharoi*, *skyphoi*, and pouring vessels), suggests deliberate and conscious choices and well developed concepts of what was judged appropriate for the performance of rites that writers such as Herodotos and Arrian considered to be highly articulate reflections on death and the migration of souls to the afterlife. Such writers sought to describe what they saw as distinctive and different about Thracians. At the same time, the Thracians themselves were responding to objects and forms of behaviour that involved novelties to them and incorporated new features within traditional practices. Where archaeologists see indicators of change, historians underscore social and cultural differentiation. These subtle but significant divergences of interpretation deserve to be looked at more closely.

Interpreting cultures – 'colonisation' and other models of cultural evolution

It has become conventional, in Greek historiography, to consider events within the first half of the first millennium BC in terms of a 'colonial' framework, namely the process by which (in the present context) numerous settlements were founded by groups of pioneers from the Aegean islands, beginning in the second half of the seventh century BC onwards, notably Euboians (towards various locations in the Chalcidic peninsula), Andrians to Akanthos and Stageiros in Chalkidike ; Parians to Thasos and thence on the neighbouring mainland of Thrace ; Chians to Maroneia on the coast of eastern

Thrace and Samians to Samothrace. There was a similar level of interest shown in this area by Ionian Greeks from Asia Minor and the islands nearest that coastline. Some Klazomenians, who settled at Abdera in the middle of the seventh century BC did not outlast two or three generations. But they were succeeded by people from Teos who were more successful. Besides the activities of incoming groups along the Aegean coastline, there was a parallel movement towards locations along the Thracian seaboard in the Hellespontine Straits and beyond, onto the Black Sea littoral. This latter phenomenon is usually treated as part of a separate narrative, namely the 'colonization' of the Pontic zone, rather than in conjunction with Aegean events.

The area that is circumscribed by these foundation stories is, in simple spatial terms, larger than the whole of the Greek mainland. Yet the stories themselves refer to no more than 190 locations, mainly coastal, between lower Macedonia and the whole Black Sea littoral (including Scythian-dominated territories)[1]. As statisticians are fond of emphasising, numbers need to be understood within a context. The context for the *poleis* listed in the new Inventory edited by Hansen and Nielsen requires careful articulation. Although these sites became urban societies, with many of the physical and institutional features that we associate with civic communities, they began as rural settlements, and, like most civic centres of Antiquity, continued to have strong rural roots, with varying degrees of dependence on the surrounding rural habitat for resources. The overwhelmingly coastal distribution of the named sites does not represent a natural settlement pattern. It represents a selection of the settlement configuration within the region. As Baralis shows in his paper (this volume), the settlement pattern in the early first millennium BC, between the Thermaic Gulf and the Thracian Chersonese, included upland sites, often enclosed with dry-stone walls, and lowland sites, some of which were coastal. This extensive pattern of landscape exploitation can only be understood as a consequence of systematic surveys, which have rarely been adopted in academic or professional archaeological research strategies. What is true of the coastal hinterland is even more relevant for continental areas. The marked expansion in the recognition and registration of sites in Macedonia during recent decades is paralleled in the data base of sites compiled for the Archaeological Map of Bulgaria during 1992-94[2]. Ideas about the nature of urban development, and consequently of local self-organisation, need to be revised in the light of this new spatial research (cf Archibald 2000).

The story of how Greeks and Thracians developed irregular encounters into long-term relationships is much larger and more inclusive than the simple foundation stories hint at. The sometimes partisan accounts that were nurtured for their own adherents by one group or another, and which contributed so significantly to the creation of proud local histories in Hellenistic times, form components of a broader canvas, on which the legacy of earlier interactions during the second (not to mention the third) millennium BC should find a place, when direct contacts between the interior of the east Balkan landmass and Aegean sources can be traced via imported artefacts and imitations of Aegean objects[3]. The number of actual imports (principally copper or copper alloy weapons) is small within the material assemblages in which they were found. Nevertheless, these individual items testify to a surprising degree of inter-regional 'connectivity', which can be revealed by studying less visible cultural and ecological links (Horden and Purcell 2000, 123-72 ; 346-8 ; 562-71).

The general analogies that we find in terms of subsistence, the exploitation of natural resources, and technological development between the east Balkans, the north Aegean coastal regions, and mainland Greece are much more significant than the evidence suggested by artefacts. The range of agricultural crops grown, including cereal varieties, pulses, and their concomitant weeds of cultivation (Zohary and Hopf 1994, 212-15) ; the range and design of tools and weapons (Bouzek 1985 ; 1998) ; and the form of domestic structures, including flask-shaped food storage pits or ceramic *pithoi* (Tsiafaki and Baralis, this volume ; Stefanovich and Bankoff 1998), demonstrate that the communities developing in and around the Thermaic Gulf in lowland Macedonia, the coastal hinterland of the Aegean, and groups living in the Thracian Plain of modern-day Bulgaria had a good deal in common. These similarities reflect common subsistence strategies, as well as a level of direct or indirect interaction (cf Archibald 2000). Some foodstuffs that first make their appearance during the Bronze Age are likely to have penetrated into Greece from the north and north-east. Among the novel foods are spelt wheat and millet, as well as the opium poppy.

1 A conspectus of the place names documented in written records is now available in Hansen and Nielsen eds, 2004. Sites that are recognised as *poleis* by the editors and dating to before the Hellenistic period include 17 in Macedonia, 82 in the Chalkidic peninsula, 13 between the Strymon and Nestos, 11 between the Nestos and Hebros, 6 in inland Thrace, 15 in the Thracian Chersonese, 9 in Propontic Thrace, and 43 in the Black Sea as a whole. Sites that are documented historically but cannot be located are not included in the numbered inventory.

2 See for example Karamitrou-Mentesidi 1999 for an indication of the potential ; Domaradzki 2001 ; *Idem* 2005.

3 Archibald 1998, 7-11 ; Lichardus *et al.* 2002, 137-150.

There may be an association between the introduction of millet and of the domesticated horse, whose origins in the steppe regions of south Russia and Ukraine are well known (Valamoti 2007, 98-102). Thrace is the logical connecting region, where early horse remains and millet are both represented (Archibald 1998, 10 ; Popova, Božilova 1998, 391-7).

We do not have a model that explains how such transmissions occurred. Was it a gradual, progressive inter-penetration ? How far did knowledge about new resources, particularly when this involved the introduction of a radically new form of transportation, catalyze this process, with emissaries consciously seeking them out ? We lack a suitable conceptual framework within which to imagine the ways in which new foodstuffs became established across the east Balkans and northern Aegean and how horse rearing and riding were adopted to become one of the most significant and powerful resources to be deployed by northern communities, for acquisitive as well as subsistence purposes, spectacularly so during the fifth and fourth centuries BC, when cavalry warfare was to have a decisive impact on the balance of power between northern and southern Greece. Recent research in the area around the Thermaic Gulf and in the administrative district of eastern Macedonia, including the Chalkidic peninsula, is beginning to reveal some aspects of these processes (see Tsiafaki this volume). In a nuanced and perceptive survey, Baralis argues that the changes in settlement patterns that took place in the early part of the first millennium BC are probably connected with the enhancement of pastoral resources (which will have included horse-rearing and the herding of cattle, as well as sheep or goats), alongside arable farming.

The difficulty of envisaging, let alone encapsulating in a single narrative, the complex interactions that lie behind the stories about 'foundations' in the first half of the first millennium BC has challenged historians since the earliest attempts in modern times to create a comprehensive account of Greek history. In a recent survey of early Greek historiography, John Davies has described why the process of constructing a narrative is so problematic:

'... each island, each micro-state, each sanctuary presents a certain number of pieces of information – but they turn out to be pieces from a huge number of different jigsaws. Either, then, the historian presents a set of simultaneous micro-narratives, at the cost of obscuring links and similarities, or s/he groups them in various ways, at the cost of occluding differences, or s/he identifies recurrent themes and patterns of behaviour, at the cost of losing the thread of processes which unfold and intersect through time.' (Davies 2009, 5)

The framework of 'colonisation' has proved a popular narrative template, partly because much twentieth century scholarship was concerned with the very real problems of establishing a credible and valid chronology across large parts of the Mediterranean and adjacent regions, and partly because the movement of colonising groups provided a sense of structural coherence between and within regions whose histories are otherwise hard to interpret. Nevertheless, it must be admitted that this interpretative scaffolding has serious drawbacks that need to be borne in mind, particularly when the spotlight falls on more remote regions. The term 'colonisation' brings with it associations that are potentially confusing, if not wrong-headed, when anachronistic or inappropriate assumptions are made without reflection on the specific context under study.[4] 'Colonisation' involves 'colonialism', namely the unequal exploitation of another territory by a socially (or politically, or technologically) dominant group. Far from denying that such unequal relationships existed in antiquity, there is a new desire to assert a consciously exploitative approach on the part of settler groups, arguing that it was the richer, well connected individuals and families who were best placed to derive revenues from new territory : '*tryphe* was the underlying aim of Greek overseas settlement' (Purcell 2005, 118).

The complex web of cultural interactions, over an extended timescale, is likely to have involved a wide range of individuals, from different social backgrounds, with different motives for travelling far beyond their familiar localities. Pioneering ventures always involve risk and dangers, but also exceptional rewards. Notwithstanding the increase in population that has been widely accepted as having taken place in the Greek world between the eighth and fourth centuries BC, there is insufficient evidence to support the idea that populations exceeded the carrying capacity of their home territories, even if temporary food shortages did take place. As Scheidel has observed, 'over-population' is a functional imbalance between average well-being and subsistence levels, and that in practice no more than a few hundred thousand individuals are likely to have emigrated between the archaic and Hellenistic periods (Scheidel 2007, 64 ; 50 ; *Id.* 2003). This estimate, based on various kinds of comparative and proxy demographic data, is nevertheless consistent with the technical limitations on mass movement in the form of transport.

4 See esp. Lyons and Papadopoulos 2002 ; Hurst and Owen 2005 ; the most recent collective volume on archaic Greece (Raaflaub and van Wees 2009) does not include any section that takes the transfers of population as a starting point or as a narrative device.

Ship construction and transportation

Ship construction is a resource-intensive technology and most scholars who have studied ship building in the first millennium BC agree that the bulk of sea-going and coastal vessels were privately built and owned, while Korinth was the only significant Greek city with a navy of any size before the last quarter of the sixth century BC. Thucydides' description of the expansion of the city's commercial ports either side of the Isthmus underlines the close connection between the expanding accommodation for merchant ships and the boom in Korinth's revenues (Thuc.1.13.1-5).

Ship design in the archaic age was by no means uniform, but larger vessels are more likely than smaller ones to have tended towards similar dimensions, since ships built for community defence could then also serve commercial purposes. The largest type of ship recorded was for fifty oars (*pentekontoros*), very likely arranged in two banks (with a hull c.3.25 m wide), and this design probably superseded the twenty-oared ship (*eikosioros*), which was known to Homer (*Od.* 9.322-23 ; Bravo 1983). Sails could be used for short voyages in known waters, but voyages to unfamiliar areas, and for irregular traffic, required oarsmen, for at least part of the voyage. Once oarsmen are factored into the equation, there were limitations on the number of passengers and freight that could be handled, even though the *eikosioros* evidently had a broader beam than earlier galleys, and the *pentekontoros* may be seen as a further, more ambitious development, which may well have been sponsored by civic authorities, including oligarchic families (Wallinga 1993, 13-65, esp. 41-57). Very large ships (and much of the technical development in ship-building) were the preserve of large powers, and in this respect the Phoenicians and Egypt had the edge over Greeks and others in the first half of the first millennium BC (Wallinga 1993, 108-15 ; 126-8).

In addition to considerations of space, there was the additional challenge of cost. Any overseas journey had to be financed in a planned fashion, with the expectation that this outlay would be paid for in some way agreed in advance ; otherwise the enterprise would have had to be consciously subsidised, whether by a wealthy individual or the community concerned. Research on shipwrecks confirms the idea that sea-going vessels represent carefully planned journeys, with commodities intended for specific recipients, or for anticipated sales (Parker 2008). Although the clearest evidence is derived from Roman shipwrecks, the presence of items intended to cater for particular clients is apparent much earlier, as the range of black glazed drinking vessels in the Thracian interior and the subject matter of Red Figure pottery at Apollonia Pontika demonstrate (Hermary ; Božkova, this volume).

New technologies

One of the most important developments of the first half of the first millennium BC was the emergence of new technologies, particularly iron tools and ceramics turned on a fast wheel. These developments undoubtedly played a key role in the new configuration of settlements that took place in this period. We know a good deal more about ceramics than we do about iron technology, partly because iron corrodes easily and has received far less attention from researchers (Kostoglou 2008a). The appearance of precocious iron artefacts in Macedonia and in various parts of the east Balkans suggests that the new material attracted technological experimentation on a considerable scale and in a variety of unrelated locations (Bouzek 1985, 213-18 ; idem 1997, 104-114 ; Archibald 1998, 66-71). Pre-modern iron production was complex and problematic, because of the difficulty of achieving satisfactory extraction methods that would remove enough of the trace elements from the ores that impeded the creation of an efficient blade, whilst retaining the strength of a comparatively carbon-rich tool, which could also take a sharp edge. Since ancient metallurgists had no means of understanding the scientific structure of metals, and the phase changes that occur at different temperatures, observation and experimentation were the only realistic ways of developing knowledge about iron production. Analyses of samples taken from iron tools and from associated slag deposits, dating between 6th century BC and 2nd century AD, at three locations in Aegean Thrace, namely Abdera, 'Messimvria'-Zone (the excavated walled settlement between ancient Maroneia and modern Makri) and the fortress of Kalyva, in the foothills of the Rhodopes northwest of Xanthi, have revealed that different ores were used in each of these locations, and different processing and finishing methods adopted in each case (Kostoglou 2006 ; *eadem* 2008b, 66-70). At 'Messimvria'-Zone, iron bars that were dedicated as votives in the sanctuary of Apollo demonstrate a high level of expertise in the use of manganese ferrous ores. The incidence of cast iron is a rare example of a particularly demanding technology prior to the early modern period. Indigenous mining and smithing technology was evidently adopted within the settlement from an early stage, which probably means that local specialists, working closely with those who were smelting the ores in the mining region (identifiable by substantial slag heaps), established smithing forges in the south-eastern part of the city

(Kostoglou 2008b, 35-43). By contrast, the quality of iron working in Abdera was comparatively poor, perhaps because the inhabitants did not have access to suitable ores, or were unable to negotiate appropriate terms with experienced smiths (Kostoglou 2008b, 43-7 ; 66-70). The contrast between Abdera's very fine gold coinage, and its poor ironwork, is particularly striking.

Thrace constituted one of the most important sources of metals in the ancient Aegean (Gale and Gale 2002, 280-90). Mount Pangaion is the best known source, because of its precious metal resources, but iron and copper were also extracted. Smelting slag is the clearest indicator of local extractive workings and can be difficult to date without systematic scientific analysis. Nevertheless, examination of iron slags in connection with the analysis of artefacts indicates that the principal metal reserves known from modern survey were investigated, albeit partially, in the first millennium BC : substantial reserves north-east of Serres, and less extensive reserves around Thermes, near the Greek-Bulgarian above Xanthi, and around Kimmeria, east of Xanthi ; and close to Kirki, Evros. The early Thracian inhabitants of Thasos (Odonis), may have used copper from the mainland for their tools, but the early first millennium BC inhabitants of the inland site of Kastri made their own iron tools and could also have been the first to explore the island's gold mines. There is now evidence that the Thracians of Odonis were also mining iron and copper near the harbour of the city of Thasos (modern Limenas : Muller, this volume). These activities could well have stimulated the interest of other communities searching for new metal sources, perhaps the Phoenicians, to whom Herodotos ascribes an active role (although this is still hard to demonstrate : Hdt. 6.47), and undoubedly the Parians, who eventually competed actively with the Thracians of Odonis, and may finally have found a *modus vivendi* with them. The evidence from Samothrace provides one relevant analogy (Matsas 2007).

The indigenous Edonians continued to mine the metals of Pangaion, although the wide dissemination of the region's metals indicates that the miners negotiated with various end users effectively, probably through bilingual middlemen, the bar iron and silver or gold ingots that would have been smelted close to the mines (Photos *et al.* 1989). Metals are referred to by historians at times of increased inter-group tension. These incidents were probably exceptional ; the importance and success of the extractive industries in Aegean Thrace suggests that the prevailing situation was one of mutual co-operation, even if some agents benefited more than others. A wealth of artefacts from inland Thrace (the territory of modern Bulgaria) demonstrates very high levels of production but, excepting Bronze Age copper metallurgy, little is yet known about the relationship between the extraction of metals and the manufacture of tools, coins and artefacts.

By contrast, during the last twenty years there has been a dramatic increase in research on ceramic production and circulation in the east Balkans. Around the Thermaic Gulf, excavations at the *toumba* of Karabournaki, and 99 burials in the cemetery of Sindos have revealed the range and variety of locally made fine wares, storage vessels (mainly wine and oil containers) and cooking wares, alongside imported tableware (Manakidou ; Saripanidi, this volume). Imported Korinthian and Attic cups are among the more distinctive non-local grave goods at Sindos. Only 27 of the excavated burials contained locally made pottery, but the choice of burial items seems to have been determined by special considerations. Site excavations in and around the Gulf and the Chalkidic peninsula show that local ceramic production was prolific and popular. Ninth and eighth century BC shapes, including jugs, cups, and other drinking vessels, as well as a preference for linear and concentric decoration, were much influenced by Euboean prototypes (Manakidou, this volume). Alongside these new shapes, there was a range of traditional regional forms, including jugs with 'cutaway' necks, which have a much older pedigree. The taste for large vessels, covered with a highly micaceous slip, to give a silvery sheen, sometimes accompanied by geometric motifs, is a fabric well represented throughout the region of the Thermaic Gulf and Chalkidiki, as well as on Thasos (Manakidou, this volume ; Panti 2008, 87-88).

One of the clearest trends to emerge from systematic excavation is the marked influence of Ionian fabrics and styles, beginning in the seventh century BC and continuing well into the second half of the first millennium BC. This trend is evident not just in products manufactured on the north Aegean coast, but is equally apparent in the numerous workshops that were set up along the Black Sea coast, including the hinterland of Istros (Lungu, this volume) and Odessos (Damyanov, this volume) ; and thence at a large number of inland sites. Kilns for the production of grey-faced and red wares whose repertoire includes established regional forms as well as Ionian-derived shapes have been found at Halka Bunar, near Chirpan, c.50 km east of Plovdiv (Herries, Kovacheva 2007), and at Adjiyska Vodenitsa, near Vetren, the site identified with ancient Pistiros (Domaradzki 2002a, 13 ; *Id.* 2002b ; cf also Bouzek 2002). The relationship between indigenous potting traditions and incoming ones is perhaps best represented at Beidaud, in the southern foothills of the Babadag range, north-west of Istros, whose wheel-made greyware was modelled partly on Aeolian fabrics and is closely related to the products of Istros itself and of the neighbouring community at Orgame. At Beidaud we have an example of a localised greyware production that developed out of the indigenous dark-faced 'Hallstatt' tradition of pottery making, which is one of the reasons why the reducing fabrics of Aeolis proved particularly attractive to the local clientèle. Local preferences also explain why the shapes that seem to have been particularly popular with these communities were not necessarily those commonly found on 'colonial' sites (Lungu, Dupont, and Simion, 2007, 38-9). Although the potters of the Thermaic Gulf and Chalkidike, as well as other, as yet unidentified kiln sites along the north Aegean coast, were at least partly inspired by a similar repertoire, the choices and preferences in this part of the east Balkans were quite different from those emanating from the Pontic coast.

Reconceiving the interactions of Greeks and Thracians

The second century BC historian Polybios distinguished between three kinds of historical writing (ix.1.1-5), the 'genealogical' kind, of interest to a casual audience ; accounts of colonies, city foundations, and kinship ties, which he took to be the domain of those interested in what we might call facts and figures[5] ; and 'affairs of peoples, cities, and rulers', or what has come to be called 'pragmatic history' after Polybios' formulation, which is the kind of history that the author considered worthy of his attention. Polybios' remarks need somehow to be applied to a period and to places that have no comprehensive voice or witness of his calibre and understanding. Much of what survives as written evidence is so fragmentary and inarticulate that it cannot serve as a suitable narrative framework for what we want to discover, although, within the timescale covered in this section, there is much of relevance in two of the most extensive pieces of historical prose available to us, namely the histories of Herodotos and Thucydides. The people and places of the north Aegean, and of the continental hinterland beyond it, nevertheless have a peripheral role in these works.

Archaeological and environmental evidence provides much more nuanced data, but the evidence currently available is unevenly distributed within the region. Environmental data, which provides a long-term profile of regional changes, is available only in limited areas, but reflects the dramatic impact of intensive agricultural and pastoral exploitation during the course of the first millennium BC (Popova, Božilova 1998 ; Popova 2002). This evidence, alongside registered archaeological sites of the continental interior, which outnumber the coastal 'colonial' sites many times over, represents a still largely underexplored resource. The cumulative picture that emerges from the information discussed so far points to the participation of Thracians in most, if not all the coastal foundations, whether or not they had access to civic membership, which was in any case usually restricted.

The principal incentive to close engagement between indigenous and incoming groups was access to resources. Those coastal settlements that flourished did so in part because they were in a position to link the wealth of Thrace – its agricultural produce, minerals, and manpower – with markets where these resources were in demand. Some provided moorings and water for long-haul ships travelling further along the north Aegean and Pontic coasts. Others were actively engaged in the exchange of commodities, whether on a local or regional scale. Many aspects of these commercial exchanges are still ambiguous and can be interpreted in a number of ways. It is clear that competition for resources was intense in the lower Strymon valley, where the coincidence of important mineral deposits and route junctions made this a particularly valuable area (Perrault and Bonias, this volume). The history of Amphipolis is better known than that of any other city in the river's estuary, because it was a bone of contention for parties from within as much as from without the region. But other sites in the immediate vicinity, including Argilos and Berge (Bonias, this volume) evidently had some share in this commercial success. A similar intermediary role was perhaps played by the settlement at Linos, in the valley of the River Filiouri, on one of the possible routes between locations in the Thracian Plain, such as Adjiyska Vodenitsa, across the eastern Rhodopes, to Maroneia (Baralis, this volume).

The Pistiros inscription, which was reused at a Roman *mansio* 2 km from the site at Adjiyska Vodenitsa, is one of the most detailed surviving documents concerning commercial regulations at inter-state level. The teams excavating the latter site have felt confident in identifying it with Pistiros mentioned in the text, whilst acknowledging that the connection cannot be securely demonstrated. The site was without doubt a major centre of exchange – this is apparent from the wide range of numismatic evidence, bulk and specialised imports, and from structural details, including the emphasis on secure accommodation reflected in the 2 m wide circuit wall (*Pistiros II, Pistiros III*). Whilst some scholars have accepted the identification, others have not (for a range of views, see esp. *Dossier Pistiros* ; Hansen 1997 ; contrast Chankowski and Baralis, this volume).

5 Beister 1995, 329n.1 for detailed discussion of various suggested meanings for the phraseology of this paragraph.

This variety of opinions in part reflects different assumptions about what constituted an *emporion* and whether an *emporion* was necessarily a self-constituted civic centre. This argument depends to some extent, as I indicated earlier, on scholarly assumptions about the similarities and differences between Greek and non-Greek institutions. International *emporia* were sometimes located at considerable distances from the Mediterranean, and did not necessarily betray recognisably Greek characteristics (Étienne 1993 ; Bresson 2002). Such centres could nevertheless develop into autonomous civic centres, with or without Greek civic institutions (Bresson 2000, 82-84). Like Naukratis in Egypt, Pistiros was an urban nucleus where citizens from different originating centres enjoyed rights that were guaranteed by a central ruling authority. The people of Pistiros, the Pistirenoi, like the Thasians, Apollonians, and Maroneians, exercised rights independently of their commercial partners, but when collaborating with their trading partners were bound by the regulations legislated by King Kotys I and his successors, as set out in the inscription.

It is possible that there may be an etymological connection between the Pistyros referred to by Herodotos (7.109), close to the Aegean coastline, and the location referred to in the inscription. However, attempts to conflate the two names do not necessarily simplify interpretation of the inscription. If Pistiros were to be located in the vicinity of Nea Karvali, east of Kavalla (see further Chankowski, this volume), it then becomes necessary to explain not only why the stone itself, with its frequent references to Pistiros and Pistirenoi, should have been found many hundreds of kilometres away, in the midst of the Thracian Plain ; but also how it came about that a successor of Kotys could be reasserting his power over a section of coastline little more than 20 km east of the newly established Macedonian military colony at Krenides, renamed Philippoi[6]. An idea that deserves to be examined more seriously in the context of Thrace is that of 'connectivity', both physical connectedness, in terms of routes of access, and social connections, which were based on unique historical encounters (Horden and Purcell 2000, 123-52). One of the desirable reasons for the creation of an international trading centre deep in the heartlands of the Odrysian kingdom, such as the settlement at Adjiyska Vodenitsa, was the fact that this establishment created a direct line of contact between peoples otherwise widely separated. The link provided a highway for intellectual and emotional engagement as well as a transit route for luxuries and commodities. As such, it plugged local people into the main currents of Mediterranean life.

6 The dating of the inscription to the middle decades of the fourth century BC (Kotys died in 359BC), is not in dispute. Philippi was founded in 356BC. The situation described in Dem. 23.183, where Philip accompanied Pammenes to Maroneia avoiding Amadokos' territory (354BC), was very soon succeeded by Philip's campaign of 352, which effectively neutralised whatever powers the Thracian princes may have had along the coast road. It is hard to believe that an international commercial initiative would be considered in such circumstances, when a safer location would have made better sense. The Odrysians certainly had other options (Dem. 23. 110). See Archibald 2002a and 2002b for a different argument and further discussion.

BIBLIOGRAPHY

Archibald 1998 :ARCHIBALD (Z.H.) – *The Odrysian Kingdom of Thrace. Orpheus Unmasked*, Oxford Monographs on Classical Archaeology.

Archibald 2000 : ARCHIBALD (Z.H.) – Space, hierarchy and community in Archaic and Classical Macedonia, Thessaly and Thrace. *In* : Brock (R.), Hodkinson (S.), eds, *Alternatives to Athens, Varieties of Political Organization and Community in Ancient Greece*, Oxford, 212-233.

Archibald 2002a : ARCHIBALD (Z.H.) – A River Port and *emporion* in Central Bulgaria : An Interim Report on the British Project at Vetren. *Annual of the British School at Athens* 97, 309-351.

Archibald 2002 : ARCHIBALD (Z.H.) – The Odrysian river port near Vetren, Bulgaria, and the Pistiros inscription', *TALANTA* 32/33 (2000-2001) 2002, 253-275.

Archibald 2004 : ARCHIBALD (Z.H.) – Inland Thrace. *In* : Hansen (M.H.), Nielsen (T.H.), eds, – *An Inventory of Archaic and Classical Poleis*, Oxford University Press, 885-899.

Archibald 2006 : ARCHIBALD (Z.H.) – The central and northern Balkan peninsula. *In* : Kinzl (K.H.), ed., A *Companion to the Classical Greek World*, Oxford, Blackwell, 115-136.

Beister 1995 : BEISTER (H.) – Pragmatische Geschichtsschreibung und zeitliche Dimension. *In* : Schubert (C.), Brodersen (K.), *Rom und der griechische Osten : Festschrift für Hatto H. Schmitt zum 65. Geburtstag*, Stuttgart, 329-349.

Bouzek 1985 : BOUZEK (J.) – *The Aegean, Anatolia and Europe : cultural interrelations in the Second Millennium B.C.* Goteborg, Åstrom.

Bouzek 1997 : BOUZEK (J.) – *Greece, Anatolia and Europe : cultural interrelations during the early Iron Age*, Jonsered, P. Åström.

Bouzek 2002 : BOUZEK (J.) – The North Greek Wheel-made Glazed Pottery in Pistiros. *In* : *Pistiros II*, 149-182.

Bravo 1983 : BRAVO (B.) – Le commerce des céréales chez les Grecs de l'époque archaïque. *In* : Garnsey (P.), Whittaker (C.R.), eds, *Trade and Famine in Classical Antiquity*, Cambridge Philological Society Suppl. Vol.8, 17-29.

Bresson 2000 : BRESSON (A.) – Retour à Naukratis. *In* : *La cité marchande*, Bordeaux, 2000 (Ausonius), 65-84.

Bresson 2002 : BRESSON (A.) – Quatre *emporia* antiques : Abul, La Picola, Elizavetoskoie, Naucratis. *REA* 104, 475-505.

Bresson, Rouillard 1993 : BRESSON (A.), ROUILLARD (P.), dir. – L'*emporion*. Bordeaux/Paris, 1993 (Publications du Centre Pierre Paris ; 26).

Davies 2009 : DAVIES (J.K.) – The Historiography of Archaic Greece. *In* : Raaflaub (K.A.), Van Wees (H.), eds., *A Companion to Archaic Greece*. Malden MA/ Oxford/ Chichester, 2009, Wiley-Blackwell, 3-21.

Domaradzki 2001 : DOMARADZKI (M.) – *Materiali za Archeologiya na Sredna Struma (The Archaeology of the Middle Struma region. Preliminary Investigations)* (Razkopki i Prouchvaniya = Excavations and Studies, vol. 27, Sofia 2001).

Domaradzki 2002a : DOMARADZKI (M.) – An Interim report on investigations at Vetren-Pistiros, 1995-98. *In* : *Pistiros II*, 11-29.

Domaradzki 2002b : DOMARADZKI (M.) – Grey Pottery from Pistiros, Part 1. *In* : *Pistiros II*, 189-207.

Domaradzki 2005 : DOMARADZKI (M.) – The Archaeological Map of Bulgaria. *In* : Bouzek (J.), Domaradzka (L.), eds, *The Culture of the Thracians and their Neighbours. Proceedings of the International Symposium in Memory of Prof. Mieczyslaw Domaradzki, with a Round Table "Archaeological Map of Bulgaria"*. BAR IntSeries 1350, Oxford : Archaeopress, 261-266.

Dossier Pistiros : *Dossier : Nouvelles perspectives pour l'étude de l'inscription de Pistiros. BCH* 123 (1999), 247-371.

Étienne 1993 : ÉTIENNE (R.) – L'*emporion* chez Strabon, A : Les *emporia* straboniennes : inventaire, hiérarchies et mécanismes commerciaux. *In* : Bresson, Rouillard 1993, 23-46.

Hansen 1997 : HANSEN (M.H.) – Emporion. A Study of the Use and Meaning of the Term in the Archaic and Classical Periods. *In* : Nielsen (T.H.), ed., *Yet More Studies in the Ancient Greek Polis. Papers of the Copenhagen Polis Centre* 4 *(Historia Einzelschriften,* 117*)*. Stuttgart, 1997, 83-106.

Gale, Stos-Gale 2002 : GALE (N.), STOS-GALE (S.) – Archaeometallurgical Research in the Aegean. *In* : M. Bartelheim, E. Pernicka, and R. Krause, eds, *Die Anfänge der Metallurgie in der Alten Welt. The Beginnings of Metallurgy in the Old World*,Rahden, Verlag Marie Leidorf GmbH, 277-302.

Hansen, Nielsen 2004 : HANSEN (M.H.), NIELSEN (T.H.) eds.– *An Inventory of Archaic and Classical Poleis*. Oxford, Oxford University Press, 2004.

Herries, Kovacheva, 2007 : HERRIES (A.), KOVACHEVA (M.) – Using archaeomagnetism to answer archaeological questions about burnt structures at the Thracian site of Halka Bunar, Bulgaria. *Archaeologia Bulgarica* 11, 25-46.

Horden, Purcell 2000 : HORDEN (P.), PURCELL (N.) – *The Corrupting Sea*, Oxford, Blackwell, 2000.

Hurst, Owen 2005 : HURST (H.), OWEN (S.) – *Ancient Colonizations. Analogy, Similarity, and Difference*, London, Duckworth, 2005.

Karamitrou - Mentesidi 1999 : KARAMITROU-MENTESIDI (G.) – Βοΐον – Νότια Ορεστίς Αρχαιολογική Ερευνα και Ιστορική Τοττογραία. *Voion – Notia Orestis. Archaiologiki Ereuva kai Istoriki Topographia*. Thessaloniki.

Kostoglou 2006 : KOSTOGLOU (M.) – Cast iron production in ancient Greece : myth or fact ? *Mediterranean Archaeology and Archaeometry* 6/2, 55-58.

Kostoglou 2008a : KOSTOGLOU (M.) – Towards an integrated approach for the study of ancient Greek technology : iron and archaeology in ancient Thrace. *In* : Fakorelis (Y.), Zacharias (N.), Polkreti (N.), eds, *Proceedings of the 4th International Symposium of the Hellenic Society for Archaeometry, Athens 2003*, Oxford, Archaeopress, BAR IS, 459-467.

Kostoglou 2008b : KOSTOGLOU (M.) – *Iron and Steel in Ancient Greece. Artefacts, Technology and Social Change in Aegean Thrace from Classical to Roman Times*, Oxford, Archaeopress, BAR IS 1883.

Lichardus *et al.* 2002 – LICHARDUS (J.), ECHT (R.), ILIEV (I.K.), CHRISTOV (C.I.), BECKER, (J.S.), THIELE (R.-W.) – Die Spätbronzezeit an der unteren Tundža und die ostägaïschen Verbindungen in Südostbulgarien. *Eurasia Antiqua* 8, 133-182.

Lungu, Dupont, Simion 2007 : LUNGU (V.), DUPONT (P.), SIMION (G.) – Une officine de céramique tournée de type grec en milieu gète ? Le cas de Beidaud. *Eirene. Studia Graeca et Latina*, xliii, 25-57.

Lyons, Papadopoulos 2002 : LYONS (C.L.), PAPADOPOULOS (J.K.) – *The Archaeology of Colonialism : Issues and Debates*, Los Angeles.

Matsas 2007 : MATSAS (D.) – Archaeological evidence for Greek-Thracian relations on Samothrace. *In* : IAKOVIDOU (A.), ed., Η Θράκη στον ΄Ελληνο-Πωμαϊκο κόσμο. *Thrace in the Graeco-Roman World. Proceedings of the Tenth International Congress of Thracology*, Komotini-Alexandroupolis, 18-23rd October, 2005, Athens, National Hellenic Research Foundation, 387-402.

Panti 2008 : PANTI (A.) – Τοπική κεραμική αττό τη Χαλκιδικη και το μυχο του Θερμαϊκού Κόλττου (Ακανθος, Καραμττουρακι, Σιναδος), Thessaloniki.

Parker 2008 : PARKER (A.J.) – Artifact Distributions and Wreck Locations : the Archaeology of Roman Commerce. *In* : Hohlfelder (R.), ed., *The Maritime World of Ancient Rome, Michigan, Ann Arbor*, 177-196.

Photos *et al.* 1989 : PHOTOS (E.), KOUKOULI-CHRYSANTHAKI (Ch.), TYLECOTE (R.F.), GIALOGLOU (G.) – 'Precious Metals Extraction in Palaia Kavala, N.E. Greece'. *Der Anschnitt, Beihaft* 7, 179-190.

Pistiros II : BOUZEK (J.), DOMARADZKA (L.), ARCHIBALD (Z.H.), eds, *Pistiros II : Excavations and Studies*, Prague, Charles University, 2002.

Pistiros III : BOUZEK (J.), DOMARADZKA (L.), ARCHIBALD (Z.H.), eds, *Pistiros III : Excavations and Studies*, Prague, Charles University, 2007.

Popova, Božilova 1998 : POPOVA (TSV.), BOŽILOVA (E.) – Palaeoecological and palaeoethnobotanical data for the Bronze Age in Bulgaria. *In the Steps of James Harvey Gaul (James Harvey Gaul In Memoriam)*, The James Harvey Gaul Foundation, Sofia, 391-397.

Popova 2002 : POPOVA (TSV.) – Studies of carbonised vegetation remains from *Pistiros*. *In* : Pistiros II, 289-297.

Purcell 2005 : PURCELL (N.) – Colonization and Mediterranean History. *In* : Hurst, Owen 2005, 115-139.

Scheidel 2003 : SCHEIDEL (W.) – The Greek demographic expansion : models and comparisons. *JHS* 123, 120-140.

Scheidel 2007 : SCHEIDEL (W.) – Demography. *In* : SCHEIDEL (W.), MORRIS (I.), SALLER (R.), eds, *The Cambridge Economic History of the Greco-Roman World*, Cambridge University Press, 38-86.

Stefanovich, Bankoff 1998 : STEFANOVICH (M.), BANKOFF (H.A.) – Kamenska Čuka, 1993-1995. Preliminary Report. *In* : Stefanovich (M.), Todorova (H.), Hauptmann (H.), eds, *In the Steps of James Harvey Gaul. (James Harvey Gaul In Memoriam)*, Sofia, The James Harvey Gaul Foundation, 255-337.

Valamoti 2007 : VALAMOTI (S.M.) – Traditional foods and culinary novelties in Neolithic and Bronze Age northern Greece : an overview of the archaeobotanical evidence. *In* : Mee (C,), Renard (J.), eds., *Cooking up the Past. Food and Culinary Practices in the Neolithic and Bronze Age Aegean*, Oxford, Oxbow Books, 89-108.

Wallinga 1993 : WALLINGA (H.T.) – *Ships and Sea Power before the Great Persian War*, Leiden, Brill.

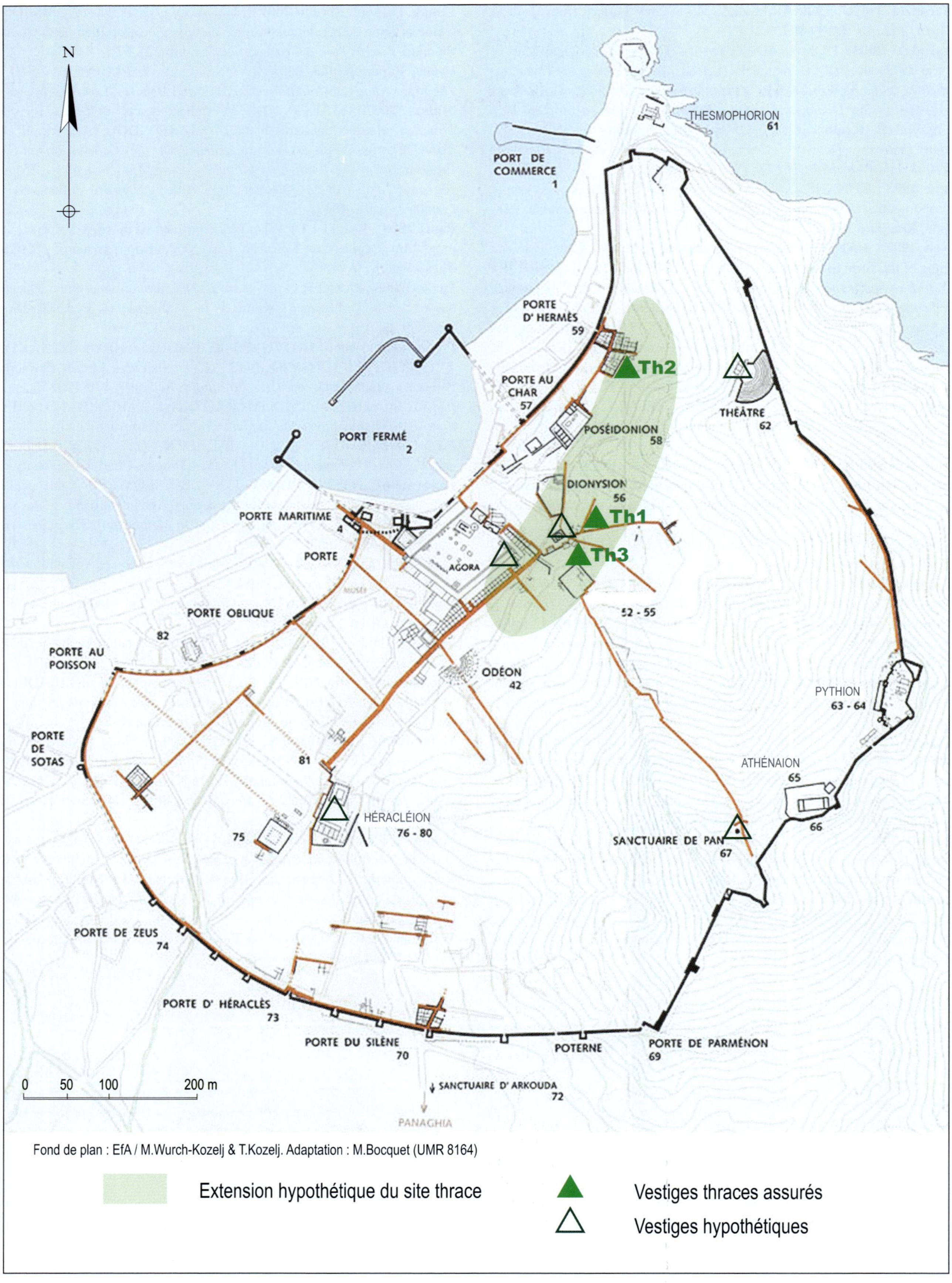

Fig. 142. Thasos-Limenas : sites thraces assurés et hypothétiques.

2. D'Odonis à Thasos

Thraces et Grecs (VIIIe – VIe s.) : essai de bilan

Arthur Muller

L'étude des rapports entre Grecs et indigènes thraces dans l'île de Thasos s'appuie sur deux séries de données : les sources écrites, connues et commentées depuis longtemps, et les sources archéologiques, dont le nombre et la précision n'ont cessé d'augmenter au cours des dernières décennies. Si la confrontation entre les deux séries d'informations n'est pas des plus faciles, les progrès récents permettent de réduire, sur quelques points au moins, la part des hypothèses et de préciser, mais certainement pas de façon définitive, aussi bien la date que les circonstances de l'installation des Pariens à Thasos[1].

1. État des connaissances ancien : Thraces et/ou Grecs ?

1.1. Données des sources littéraires

Les sources anciennes[2] sont très discrètes sur les premiers occupants de l'île, qualifiés tantôt de Barbares (Skymnos 659), tantôt de Thraces (Archiloque *LB*, fr. 98) : ce mot désigne en fait les occupants d'un immense territoire qui va de la côte égéenne au Danube et de l'Axios aux détroits et à la mer Noire. Seul Archiloque donne un nom de tribu thrace, vraisemblablement du continent : c'est à un *Saïen* qu'il abandonne son bouclier (Archiloque *LB*, fr. 13). Ailleurs le poète évoque les combats contre les *Sapéens* (Archiloque *LB*, fr. 100). Selon Strabon (XII, 3, 20), *Sintiens*, *Sintes*, *Saïens* et *Sapéens* désigneraient la même peuplade de la région d'Abdère et des îles voisines de Lemnos : faut-il y inclure celle de Thasos ? L'île elle-même se serait appelée *Odonis* selon Hésychius, nom que l'on a rapproché de celui des *Édones*, autre tribu thrace installée dans le Pangée.

Les textes évoquent aussi les Phéniciens à propos de Thasos. À en croire les mythographes, c'est au Phénicien Thasos, compagnon de Cadmos lancé à la recherche d'Europe, que l'île doit son nom. À cela s'ajoutent bien sûr les deux passages bien connus d'Hérodote : l'un attribue aux Phéniciens l'installation du culte d'Héraklès à Thasos (II, 44 ; cf. Pausanias V, 25, 12), l'autre le début de l'exploitation de l'or de Thasos (VI, 47).

Les sources sont plus abondantes et précises pour la colonisation grecque elle-même ; il s'agit entre autres des fragments d'Archiloque, lui même acteur de l'aventure parienne à Thasos. C'est essentiellement à partir des sources écrites que Jean Pouilloux avait reconstitué, dans les années 50 et au début des années 60, le schéma d'une colonisation en trois vagues, conduites par trois générations d'une même famille parienne et datées d'après l'*akmè* d'Archiloque, située vers 650[3] :

– les premiers contacts, qualifiés de « précoloniaux », entre Paros et l'île du nord de l'Égée seraient le fait de Tellis, vers 710. Tellis et Cléoboia apportent à Thasos les objets sacrés du culte de Déméter (Pausanias X, 28, 3) ;

– la fondation de la colonie serait à placer vers 680, avec Télésiklès, fils de Tellis, comme oikiste. C'est à lui que s'adresse l'oracle fameux : « Annonce aux Pariens que je t'invite à fonder dans l'île brumeuse une ville que l'on voie de loin » (Eusèbe, *Préparation évangélique* VI, 7, 256b) ;

– autour de 650, la colonie aurait reçu le renfort d'un deuxième contingent de Pariens, parmi lesquels Archiloque, fils de Télésiklès, guidé lui aussi par l'oracle de Delphes : « Archiloque, va à Thasos et habite l'île

1 On reconnaîtra dans ce bilan les différentes strates d'apports de la communauté des chercheurs « thasiens », au premier chef français et grecs impliqués sur le terrain, mais aussi de bien d'autres, au cours d'un demi-siècle de fructueuses discussions. L'intérêt de Michalis Tiverios pour cette enquête est particulièrement stimulant : qu'il en soit remercié ici. La bibliographie ne prétend pas être exhaustive.

2 Les sources littéraires sur la Thasos pré-grecque ont été assemblées *RE* V2 (1934), *s.v.* « Thasos », col. 1310-1327 (F. von Hiller) et Pouilloux 1953, p. 15 ; voir aussi Launey 1933, p. 189 et Koukouli-Chrysanthaki 1992, p. 729-731.

3 Ce schéma a été élaboré dès Pouilloux 1964, p. 22-23 ; il reposait sur la « datation basse » d'Archiloque (Pouilloux 1964, p. 8-10), confirmée depuis, et sur la valeur conventionnelle de 30 ans pour une génération. Il a été repris avec quelques aménagements dans Pouilloux 1982. Martin 1978, p. 184 a traduit ce schéma par : « infiltration des premiers contingents, fondation de la ville et son expansion ». Tiverios 2008, p. 73-74, s'y rallie également, mais sans assigner de date à l'activité précoloniale de Tellis, et en élargissant à 680-670 et 660-650 respectivement la datation des deux vagues de colons pariens.

glorieuse » (Archiloque *LB*, fr. 365), et Glaukos, compagnon d'armes que le poète raille à plusieurs reprises[4].

Jean Pouilloux imaginait une installation pacifique, les colons prenant femme chez les indigènes ; la fréquence des noms thraces dans l'onomastique classique thasienne en porterait témoignage. L'union, la fusion même entre les deux populations, l'ancienne et la nouvelle, serait à l'origine de la prospérité de la colonie (Pouilloux 1954, p. 16-17, 27, 34).

1.2. Première confrontation avec les données de l'archéologie : Grecs et Thraces

Longtemps l'archéologie était restée parfaitement muette sur cette période, à laquelle ne renvoyait que le cénotaphe de Glaukos, compagnon d'Archiloque et chef de guerre, dans l'angle nord-est de l'agora classique-hellénistique de la ville de Thasos (= Limenas) (Pouilloux 1955). En 1960 cependant, Paul Bernard atteignait dans deux sondages profonds, distants de 200 m environ (**fig. 142**), Th1 (terrain Héraklis Kokkinos, aux abords nord de l'Artémision) et Th2 (quartier de la porte d'Hermès, en contrebas de l'emplacement qu'occupera plus tard le théâtre), des niveaux qui ont donné la première occasion de confronter les sources écrites et la documentation matérielle (Bernard 1964).

Dans les niveaux profonds du site Th1 (séquence W-X-Y-Z) a été partiellement observée une maison de plan absidal (ou ellipsoïdal), avec un refend ; elle est construite en pierre, avec un toit en terre sur un clayonnage de branches. Le fouilleur a lu dans la stratification (**fig. 143**) les indices d'une longue occupation (niveau W1) et de deux destructions violentes par incendie (niveaux W2 et Y) (Bernard 1964, p. 80-82 et 87)[5]. La céramique recueillie dans ces niveaux et ceux du site Th2 a été datée en gros de la première moitié du VIIe siècle. Elle est de fabrication locale (vaisselle commune, vaisselle de type macédonien) ou importée du nord-ouest (céramique d'Olynthe) ou du nord-est de l'Égée (céramique éolienne G2-3 ware, céramique lemnienne, bucchero gris, céramique grise) ; à cela s'ajoutent des amphores à décor géométrique d'origine non déterminée (Bernard 1964, p. 88-142).

Pour le fouilleur, il s'agissait du premier habitat grec : « les incendies des strates Y et W ne rapporteraient-ils pas la même histoire de conflits et violences que celle dont nous percevons confusément l'écho dans les poèmes d'Archiloque ? (...) Les conflagrations que révèle le sondage apportent aux données littéraires une confirmation archéologique » (Bernard 1964, p. 142). Pour le reste, son interprétation se calque sur la reconstruction de Jean Pouilloux : la première génération de colons, amenée par Télésiklès, encore isolée par ses difficultés avec les indigènes thraces, leur emprunte cependant son équipement matériel quotidien et ne commerce qu'avec le nord de l'Égée. Ce n'est qu'après le renforcement de la colonie par un deuxième contingent, celui amené par Archiloque et Glaukos, que la prospérité serait venue et que les marchands des Cyclades se seraient aventurés vers le nord, provoquant un changement profond du faciès céramique à partir de 650 : dans les couches postérieures en effet, les vases des Cyclades apparaissent en quantité (Bernard 1964, p. 142-146).

1.3. Lectures divergentes

Les sondages de 1960 et surtout la stratigraphie de Th1 sont rapidement devenus un élément de référence pour toute discussion sur la colonisation grecque dans le nord de l'Égée. Au-delà de l'interprétation résumée ci-dessus, qui est celle d'une co-existence, fût-elle violente, des Thraces et des Grecs l'espace d'une génération (en gros 680-650), d'autres lectures y ont vu une succession[6] :

– habitat et mobilier témoignant de contacts cantonnés à l'Égée du nord devraient être attribués aux indigènes thraces, les Grecs n'arrivant que vers 650, en une seule vague très rapidement prospère (Graham 1978, p. 86-98 ; Graham 2001, p. 366-384)[7] ;

– habitat et mobilier, thraces, devraient être remontés dans les dernières décennies du VIIIe siècle et les premières du VIIe, avant l'arrivée des Grecs, en deux vagues, vers 680 puis vers 650 environ (Grandjean 1988, p. 436-441 ; Koukouli-Chryssanthaki 1992, p. 717-722).

Ces deux lectures divergent sur la date d'arrivée des colons pariens, mais se rejoignent dans leur succession tranchée entre Thraces et Grecs.

Depuis 1960, de nombreux travaux sont venus apporter des éléments nouveaux, dans l'île surtout, dans une moindre mesure sur le site de Thasos-Limenas, parallèlement dans des enquêtes de terrain et des études

4 Il pourrait s'agir du contingent de 1000 hommes mentionné dans une inscription fragmentaire de Paros (Pouilloux 1954, p. 26-27 ; 1964, p. 12 ; Salviat à paraître).

5 On se reportera aux relevés (plan et coupe) de 1960 : Bernard 1964, fig. 1 et 2. Ces documents ont été republiés à plusieurs reprises, par exemple Graham 1978, p. 63, fig. 2 et 64, fig. 3 et Muller *et al.* 2002, p. 59, fig. 1-2.

6 Owen 2005, p. 22, n. 12, rappelle sommairement les positions des principaux chercheurs sur l'attribution des niveaux profonds du sondage aux colons grecs ou aux indigènes thraces.

7 Cette chronologie a été repoussée par Grandjean 1988, p. 436-440 et 465-468.

Lecture 2002			**Lecture 1964**	
Périodes	***Phases***	***US principales / Entités archéologiques***	***Couches***	***Interprétation***
Periode 6		égout I dans la rue		
Periode 5		- mur B - escalier H contre A dans la rue - mur A avec sa fondation F		
Periode 4	***Destruction***	- couche d'argile - arasements des murs C, D, E		
	Occupation	interface sol 2		
	Construction	- foyer 2, sol 2 - remblai de rehaussement du sol		
	Occupation	interface sol 1		
	Construction	- foyer 1, sol 1 - murs C - murs D, E (et N ?)		
Periode 3	***Occupation***	charbons de bois, scories, sable : séquence forge 2 [SAR15]		
		lits de sables et graviers	**Z** remblai	***Construction***
	Occupation	charbons de bois, scories, sables : séquence forge 1 [SAR14]		
		couche de terre noirâtre	**Y** incendie	***Destruction***
		couche de terre grisâtre		
		lits de sables et graviers clairs	**X** remblai	***Construction***
		couche de terre noirâtre	**W2** incendie	***Destruction***
	Occupation	lits du remblai de la fosse [FOS33]		
	Occupation	fosse dans angle SO [FOS33]		
		couche de sable-gravier		
		couche de terre grisâtre		
Periode 2	***Abandon***	sables et graviers sur la couche de destruction à l'Est de K		
	Destruction	- pierres et argile de part et d'autre de K - arasement de K [MUR10]		
	Occupation	- interface sol à l'Ouest de K - sables et graviers comblant le fossé	**W1** occupation	***Occupation***
	Construction	- fossé à l'Est de K - sol à l'Ouest de K - murs K [MUR10] et M - nivellement		
Periode 1		couches de part et d'autre de P		
	Construction	mur P [MUR13] (associé à L ?)		
	Vierge	rocher	—	***Vierge***

Fig. 143. Lectures comparées de la stratigraphie du site Th1, d'après Bernard 1964 et Muller *et al.* 2002. La désignation des murs est celle de Bernard 1964 ; entre crochets sont indiquées les nouvelles désignations des entités mentionnées dans le corps du texte.

de mobilier au musée. Le réexamen des sources littéraires lui-même a contribué au renouvellement des connaissances. Les Thraces d'Odonis sont enfin sortis – un peu au moins – de l'ombre, tandis que se précisaient les conditions de l'installation des Pariens dans l'île de Thasos.

2. Les Thraces d'Odonis

2.1. La présence thrace dans l'île

La découverte la plus importante est celle de l'occupation pré- et proto-historique de l'île, d'Odonis donc. Grâce aux travaux de Chaïdo Koukouli d'abord, de Stratis Papadopoulos ensuite, l'occupation de l'île est désormais attestée dès le paléolithique et les indigènes thraces sont enfin apparus de façon plus tangible. Pour la fin de l'âge du Bonze (IA et IB, selon la périodisation de Chaïdo Koukouli) et le début de l'âge du Fer (IIA, B et C), on connaît désormais plus d'une demi-douzaine de sites, dont le plus important est celui de Kastri, au centre de l'île.

Ces sites sont installés de préférence de façon à commander les ressources minières : cuivre, plomb et argent, fer et même or. La mise en relation, par l'archéométrie, d'artefacts métalliques avec ces ressources montre que les Thraces pratiquaient une métallurgie déjà active : du bronze depuis le Bronze récent au moins ; du fer, dont la technologie aurait peut-être été découverte accidentellement par les bronziers après une période d'importation d'objets en fer ; du plomb au Bronze récent et au début de l'âge du Fer ; peut-être même de l'or (Koukouli 1992, p. 674-684, 687-688).

2.2. La restitution du paysage de Limenas au VIIIe siècle

Les recherches paléo-environnementales ont permis de restituer les grandes lignes du paysage naturel du site de Thasos-Limenas, avant son occupation durant la période IIC seulement (Sintès 2000, 2003). Le relief était alors bien plus contrasté et accentué qu'il ne l'est aujourd'hui, avant le remblaiement du bas de la pente de l'acropole, dont les versants étaient protégés par une dense couverture forestière. La région de la future agora classique-hellénistique était alors en légère pente vers la mer, surplombée du nord-est au sud-ouest par un ressaut du socle de gneiss, d'altitude et de largeur variable. Le réseau hydrographique présentait des différences encore plus sensibles par rapport à la situation actuelle : un cours d'eau venant du sud-ouest longeait au pied de l'acropole le ressaut décrit ci-dessus, traversait la partie basse du site, jusqu'à la zone des futurs agora et port, où il se jetait dans la mer : à cet endroit se trouvait une zone deltaïque largement amphibie, envahie de façon épisodique par la mer. Le niveau de celle-ci était alors sensiblement plus bas qu'aujourd'hui.

2.3. La relecture du sondage Th1

En 2002, la réouverture du sondage profond du site Th1 et le réexamen de ses parois a permis de proposer une nouvelle lecture de la séquence W-X-Y-Z[8] (Muller *et al.* 2002) (**fig. 143**). Il apparaît désormais qu'il faut distinguer dans le seul niveau W trois périodes distinctes, avec un mur MUR13 plus ancien (période 1) que le MUR10 de la « maison absidale », elle-même bordée d'un fossé la protégeant du ruissellement côté amont (période 2). L'essentiel de la stratification est constitué, dès la phase d'utilisation de la « maison absidale », de dépôts colluvionnaires (périodes 2 et 3) : le lessivage des pentes en amont dépose d'abondants matériaux, tantôt sableux et gravillonneux, tantôt plus terreux et chargés de charbons de bois, naguère interprétés respectivement comme couches d'occupation ou remblais et d'incendie. Dans toutes les couches des périodes 1, 2 et 3, à l'exception de la couche de destruction (pierres et terre argileuse) de la maison absidale, on remarque l'abondance de coquillages marins et de scories très fragmentées. Surtout, dans la stratification de la période 3 d'autres indices révèlent une activité de métallurgie du fer : en particulier une profonde fosse tapissée de scories FOS33 et deux micro-séquences stratigraphiques SAR14 et SAR15 riches en scories, charbons de bois et battitures de fer, qui signalent la proximité immédiate de foyers de forges (Pichot à paraître).

Quant au mobilier recueilli en Th1 et Th2, Stéphanos Gimatzidis en a repris l'examen à la lumière des connaissances acquises en Macédoine depuis 40 ans (Gimatzidis 2002). Cette mise à jour a confirmé l'image de relations cantonnées au nord de l'Égée ; elle a permis cependant de reconnaître quelques tessons de skyphoi subgéométriques d'origine eubéenne[9], de mieux identifier les importations en provenance du golfe thermaïque – céramique dite « argentée », amphores commerciales

8 On se reportera au nouveau relevé 2002 de la coupe nord, illustré Muller *et al.* 2002, p. 61, fig. 4 et Blondé *et al.* 2008, p. 412, fig. 3, en attendant la publication du dossier stratigraphique complet dans le *BCH*.

9 Sur ces vases : Gimatzidis 2002, p. 74 et Tiverios 2006, p. 78. Sur la présence eubéenne dans le golfe thermaïque et en Chalcidique, d'où pourraient provenir ces vases, voir Tiverios 2008, p. 1-51, *passim*.

subgéométriques sans doute destinées au transport du vin[10] – et surtout de proposer une datation globalement plus ancienne, couvrant la deuxième moitié du VIIIe siècle et les premières décennies du VIIe. La production de céramique subgéométrique G2-3 ware, des groupes éolien et lemnien, bien représentée parmi les trouvailles, remonterait elle aussi à la fin du VIIIe siècle[11].

Les périodes 1 (avec le premier mur) et 2 (celle de la maison absidale) doivent donc bien être attribuées aux Thraces. Sans doute en est-il de même de la période 3 : c'est en tout cas ce que suggère l'homogénéité de la stratification et des trouvailles sur les trois périodes. Au-delà de l'uniformité du faciès céramique, l'abondance des coquillages marins plaide aussi en ce sens : sur d'autres sites thraces de l'île, elle est considérée comme révélatrice des habitudes alimentaires des indigènes qui y trouvaient leur principal apport protéïnique (Karali-Giannakopoulou 1999, p. 391-392). La période 4 est en revanche caractérisée par un profond changement du faciès céramique, où prédominent désormais des vases venus des Cyclades, et par la disparition quasi complète des coquillages.

2.4. Autres vestiges thraces du site de Limenas (fig. 142)

Th2 se trouve à environ 200 m au nord de Th1, au bas du versant au sommet duquel s'installera plus tard le théâtre. Les deux sites sont tout à fait comparables, non seulement pour les trouvailles céramiques qui relèvent des mêmes catégories de céramiques nord-égéennes de la deuxième moitié du VIIIe siècle et des premières décennies du VIIe, mais aussi pour les données architecturales et stratigraphiques (Bernard 1964, p. 83-86), ce que n'a pas fait remarquer le fouilleur mais que le réexamen de Th1 a mis en évidence. En effet, sur une terrasse du secteur 3 de Th2 a été reconnu un mur appartenant à une construction dont la couverture était identique à celle de la maison de Th1 ; comme cette dernière, elle était protégé en amont par un canal. Dans le secteur 1 sont décrites « deux couches très minces d'une terre noirâtre mêlée de charbons, séparées par une couche de terre sablonneuse » : cette séquence est identique à la séquence X-Y-Z de Th1 ; dans le secteur 2, « deux strates de terre noire » identifiées à celles du secteur 1. Même s'il n'est pas fait mention de scories dans ces couches – celles de Th1 avaient également échappé à l'observation – c'est très probablement une activité métallurgique qui est là encore à l'origine de leur accumulation.

En Th3 (à une cinquantaine de mètres au sud seulement de Th1), des sondages profonds à côté de l'autel monumental de l'Artémision ont rencontré, au-dessus du sol vierge, une accumulation épaisse de près de 2 m de « couches de sable et de cailloutis contenant sporadiquement des céramiques précoloniales » (Maffre, Salviat 1980, p. 729 ; 1981, p. 935). Comme en Th1, il s'agit de colluvions.

D'autres trouvailles ont été signalées dans des contextes stratigraphiques insuffisamment caractérisés qui ne peuvent être considérés comme des sites au même titre que Th1-2-3. À une quarantaine de mètres à peine au nord-ouest de Th3 (et une cinquantaine au sud-ouest de Th1), le « niveau le plus ancien » reconnu dans un autre sondage profond a livré des fragments de vases de cuisson tripodes de fabrication locale précoloniale[12]. D'autre part, à l'emplacement du futur bâtiment de scène du théâtre ont été observés « des fragments de murs directement construits sur le rocher » ; à proximité ont été recueillis quelques tessons « de céramique noire ou ocre lustrée, très proches de ceux étudiés par Paul Bernard »[13].

Signalons enfin pour mémoire quatre hypothèses qui reconnaissent d'éventuels éléments thraces sur le site de Limenas-Thasos et permettraient, si elles se vérifiaient, d'en compléter le paysage :

– divers indices (ossements humains fragmentés repris en position secondaire dans des remblais du VIe siècle ; discrets vestiges peut-être de tombes en place, mais observés trop partiellement au niveau de la nappe phréatique) suggèrent l'existence d'une nécropole ancienne, sur les marges occidentales des sites Th1 et Th3, sous l'angle nord-est de la future agora classique-hellénistique (Blondé, Muller, Mulliez 2003, p. 260 ; Blondé *et al.* 2008, p. 420) ; pourrait-elle être thrace plutôt que grecque ?

– les fameuses « cupules », ou plutôt les fosses à côté de l'autel de l'Hérakleion (Launey 1944, p. 28, 167-170) évoqueraient des dispositifs analogues, des « bassins plus ou moins grands liés par des caniveaux », de sanctuaires rupestres thraces[14] ;

10 Sur ces catégories de vases, voir aussi ; Tiverios 2006, p. 76-78, avec la bibliographie antérieure, ainsi que, dans ce volume, la contribution de H. Manakidou.

11 L'origine et la date du G2-3 ware sont actuellement au centre des recherches et discussions. Voir en particulier Tiverios 2006, p. 78 avec la bibliographie antérieure.

12 Blondé (Fr.), Muller (A), Mulliez (D.) - Thasos. Abords nord-est de l'agora. *BCH*, 109, 1985, p. 874, § 1.1. *in fine*.

13 Bonias (Z.), Marc (J.-Y.), Viviers (D.) - Thasos. Le Théâtre. *BCH*, 119, 1995, p. 674 et 681.

14 Voir l'intervention de V. Najdenova *in :* Étienne, Le Dinahet 1991, p. 311 reprise Graham 2001, p. 383-384. Sur ces sanctuaires rupestres thraces en général, voir Najdenova 1990.

– l'identification d'offrandes thraces, des fibules du VIIIe et du début du VIIe siècle, suggère que le site de l'Artémision pourrait lui aussi avoir été un lieu de culte indigène avant d'être repris par les Grecs (Owen 2005, p. 20 et 22, n. 14) (voir ci-dessus Th3) ;

– la niche du sanctuaire de Pan, sur l'acropole, réutiliserait une tombe rupestre thrace (Owen 2000 ; Graham 2001, p. 379).

2.5. L'occupation thrace de Limenas

Ces éléments ne donnent encore qu'un aperçu bien partiel de l'occupation thrace de Limenas. Tout au plus peut-on reconstituer, au bas du théâtre naturel de l'acropole et bordée à l'ouest par un cours d'eau, une agglomération relativement étendue, même si l'occupation n'est pas continue entre Th1 et Th2, distants de 200 m. Son installation est tardive par rapport aux autres sites protohistoriques dans l'île : c'est la seule qui ne soit occupée qu'à l'âge du Fer IIC. Cette période correspondrait à un retour vers les sites côtiers, à un moment de renaissance du commerce et des relations avec les régions du monde nord-égéen, dont témoignent les importations de céramiques évoquées ci-dessus (Koukouli 1992, p. 724 ; Gimatzidis 2002).

Mais s'agit-il seulement d'un déplacement vers un site côtier ou plus précisément d'une installation sur un gîte métallifère ? En Th1 à l'évidence, en Th2 très vraisemblablement et en Th3 peut-être, on observe des indices d'activité métallurgique. En fait, l'attrait du site de Limenas, à côté de sa position favorable sur des voies commerciales et de l'existence d'un mouillage bien protégé, réside dans sa richesse minière : on connaît celle-ci depuis 1978 et la découverte de la mine de l'acropole (Koželj, Muller 1988). Les premières explorations avaient proposé pour celle-ci une exploitation à partir du VIe siècle : sans doute faut-il désormais remonter cette date à la période VIIIe - VIIe siècle. C'est là en tout cas, à proximité immédiate, que les Thraces exploitaient les minerais de fer surtout, mais aussi de cuivre et d'or, qu'ils transformaient en bas de la pente.

Il est difficile de juger de l'importance de cette activité à partir des seules données de Th1 : elle n'est pas mince en tout cas. Mais les sites Th1 et Th3 ont donné un précieux indice supplémentaire : celui d'une rupture écologique, qui est la conséquence d'une métallurgie active. En effet, la plus grande épaisseur de la stratification antérieure à l'arrivée des Grecs est constituée de dépôts colluvionnaires, qui ne se forment qu'à partir du début de la présence humaine sur le site : avant celle-ci le paysage était resté tout à fait stable. Le facteur déclenchant de ce phénomène a été l'activité métallurgique, grosse consommatrice de combustible sous forme de charbon de bois : c'est évidemment la déforestation des pentes de l'acropole qui a entraîné l'érosion et le phénomène du colluvionnement, qui perdurera tout au long de l'histoire antique de Thasos et en modifiera profondément le paysage (Blondé *et al.* 2008, p. 418 ; Blondé, Muller, Mulliez 2009).

Pour le reste, de ces Thraces d'Odonis à l'âge du Fer IIC, on connaît incomplètement deux exemples de leur habitat fort simple – plan en fer à cheval ou ellipsoïdal avec un refend, mur de pierre liées avec de la terre, toiture en argile sur clayonnage de branchages – et un peu mieux leur vaisselle (Bernard 1964 ; Gimatzidis 2002). Ils importent de Macédoine sans doute du vin et les vases qui vont avec [15], amphores et cruches principalement ; ils ont également des partenaires commerciaux vers le sud-est de l'île (Lemnos, Éolide). Cette prospérité apparente et ces relations commerciales étendues, qui changent l'appréciation que nous devons avoir d'eux (Owen 2005, p. 19), les habitants d'Odonis la tirent pour une grande part de la métallurgie, ce que l'on soupçonnait déjà (Graham 1978, p. 88, 92) mais dont la révision du sondage Th1 a désormais apporté la confirmation archéologique (Muller *et al.* 2002, p. 65-69).

3. Les Phéniciens et Odonis ?

Quant aux Phéniciens des sources littéraires (ci-dessus, § 1.1) [16], on n'en a toujours aucune trace tangible. Seuls quelques lions d'ivoire orientaux recueillis à l'Artémision pourraient éventuellement être mis en rapport avec un commerce phénicien (Salviat 1962). Il est certes difficile d'exploiter des objets de luxe isolés ; la discussion autour de ces lions n'en est pas moins intéressante. François Salviat les a caractérisés comme des pièces originales importées d'Orient et les a datées du 2e quart du VIIe siècle au plus tôt. Il expliquait leur présence par la venue d'un marchand [17] de Tyr ou de Sidon ou par la pénétration du commerce grec dans le Proche-Orient, tout en évoquant aussi la possibilité de liens directs entre Thasos et la région syro-phénicienne au VIIe siècle (Salviat 1962, p. 108). Mais la chronologie des ivoires orientaux paraît devoir être revue à la hausse

---

15 Sur cette production de vin macédonienne, voir Tiverios 2006, p. 77, n. 35.

16 Tiverios 2008, p. 75-76 reprend toutes les sources plus ou moins tardives ainsi que les hypothèses fondées sur la toponymie qui témoigneraient d'une présence phénicienne en Thrace égéenne.

17 François Salviat proposait généralement de revoir la datation des ivoires orientaux à la baisse (1962, p. 114-115). Cette date lui était imposée par sa conviction qu'il ne pouvait que s'agir d'offrandes dans un Artémision installé par les Pariens, après 680 donc.

(Graham 1978, p. 86, n. 249) : aussi le meuble luxueux auquel appartenaient ces lions (un trône ?) pourrait-il avoir été apporté par les Phéniciens (Graham 1978, p. 91) non à Thasos, mais à Odonis…

Toponymie et onomastique de leur côté apportent peut-être des éléments de confirmation des dires d'Hérodote. En effet, les toponymes de *Ainyra* et de *Koinyra*, qui permettent à l'historien (VI 47) de localiser les mines d'or qu'auraient exploitées les Phéniciens, pourraient bien être de souche sémitique. *Koinyra* rappelle directement le nom de Koinyras, ancien roi de Byblos et roi de Chypre (l'île du cuivre) évoqué dans l'*Iliade* (Salviat 1962, p. 108, n. 7) ; d'après le linguiste Georges Dossin, *Koinyra* et *Ainyra* ont en commun le suffixe *–ura* qu'on retrouve dans *arg-uros* ; la première partie de ces toponymes pourrait être mise en rapport avec le vieux mot sémitique *gin* qui signifie l'or (Salviat, Servais 1964, p. 284, n. 3 ; Pouilloux 1982, p. 93, n. 13)[18]. Quant au nom *Thasos* lui-même, il s'agirait d'un vocable sémitique de souche araméenne qui signifierait « l'île de l'or » (Dossin 1977, p. 200). Enfin, de rares noms d'origine sémitique apparaissent dans l'onomastique thasienne plus récente : Kadmos, Pataikos et Matthaios, transcriptions grecques de l'araméen (Pouilloux 1954, p. 19-20). Mais plutôt que par une tradition phénicienne remontant à l'époque d'Odonis, ces noms pourraient s'expliquer par une « phénicisation » bien plus tardive, au moment où la Thrace était devenue une satrapie perse (J. des Courtils *in* : Étienne, Le Dinahet 1991, p. 312).

Cela fait donc bien peu de choses pour établir et caractériser une présence phénicienne à Odonis et laisse trop de place aux hypothèses. La renaissance du commerce en Égée du nord, dont témoigneraient les objets orientaux, mais aussi la diffusion de la céramique subgéométrique G2-3, est-elle due à la thalassocratie phénicienne en quête de métaux, qui aux IXe et VIIIe siècles a succédé à la thalassocratie mycénienne (Graham 1978, p. 89) ? Les Phéniciens installeraient souvent un sanctuaire en marge des communautés avec lesquelles ils étaient en relation commerciale : la situation même de l'Hérakleion de Thasos, à 400 m au sud-ouest du site thrace (Th1-2-3), irait ainsi dans le sens d'une fondation phénicienne et d'une confirmation d'Hérodote (II 44) (Van Berchem 1967, p. 102 ; Graham 1978, p. 89-90).

Reste en tout cas l'absence totale de vestiges phéniciens ou même simplement antérieurs à la fin du VIIe siècle à l'Hérakleion (Bergquist 1973, p. 39-57 ; Graham 2001, p. 379). Et il faut aussi reconnaître qu'il est difficile de faire des Phéniciens les vecteurs du G2-3 ware, quand la diffusion de celui-ci – abondant dans le nord-est de l'Égée, mais plus que rare à l'ouest d'Odonis-Thasos – diffère à ce point de celle des quelques objets et amphores phéniciens reconnus jusqu'à présent, dans le nord-ouest de l'Égée seulement, à Thermè par exemple (Tiverios 2008, p. 75-76). Aussi a-t-on proposé de voir en fait dans ces « Phéniciens » des Mycéniens des côtes orientales de l'Égée (Launey 1944, p. 221) : leur commerce en tout cas est attesté par la présence de tessons mycéniens locaux sur le site de Kastri, à la fin de l'âge du Bronze (IB) (Koukouli 1992, p. 727).

4. Les débuts de Thasos grecque

4.1. L'arrivée des Pariens

Comparant les récits de fondation de Marseille, de Rome et de Thasos, Claude Rolley a démontré que l'épisode de Tellis et Cleoboia (Pausanias X, 28, 3) ne se plaçait pas une génération avant la fondation par Télésiklès, mais était en fait contemporain de celle-ci : Cleoboia, prêtresse seule habilitée à porter les objets sacrés de Déméter, est placée sous la protection de Tellis, le père de l'oikiste ; ce dernier, armé et donc impur, ne peut en effet jouer ce rôle de garant (Rolley 1997, p. 40-41). Sont ainsi supprimés les « contacts précoloniaux » ou « l'infiltration des premiers contingents », et restent pour l'arrivée des Pariens les « deux vagues » traditionnellement datées des alentours de 680, pour la fondation par Télésiklès, et 650 pour le renforcement avec le contingent d'Archiloque (ci-dessus § 1.1).

On peut désormais préciser ces dates. L'étude récente et la nouvelle chronologie des céramiques orientalisantes des Cyclades, naguère qualifiées de « méliennes » mais dont l'origine parienne est maintenant bien établie, montrent que l'Artémision de Thasos a reçu un certain nombre de ces vases dès le deuxième quart du VIIe siècle (Coulié 2008, p. 443-444) ; le changement du faciès céramique observé dans le sondage Th1 est donc bien antérieur à *ca* 650. Par ailleurs, dans un tout récent essai où il soumet à examen toutes les sources écrites relatives à Archiloque, François Salviat propose une nouvelle chronologie de la carrière du poète : son père Télésiklès aurait emmené une première expédition à Thasos vers 670, et c'est un Archiloque très jeune encore, âgé de 18 ans seulement, qui aurait dès 663 pris part avec Glaukos au deuxième contingent, acteur du développement de la colonie sur le continent, mais aussi d'éventuelles démêlées avec les Naxiens (Tsantsanoglou 2008, p. 173). En 648, au moment de la fameuse éclipse, Archiloque était déjà de retour à Paros (Salviat à paraître). L'archéologie et la philologie se conjuguent donc pour suggérer une colonisation très rapide de l'île à partir de 670, qui s'est

18 Georges Dossin n'a cependant pas repris ces analyses dans son article Dossin 1977.

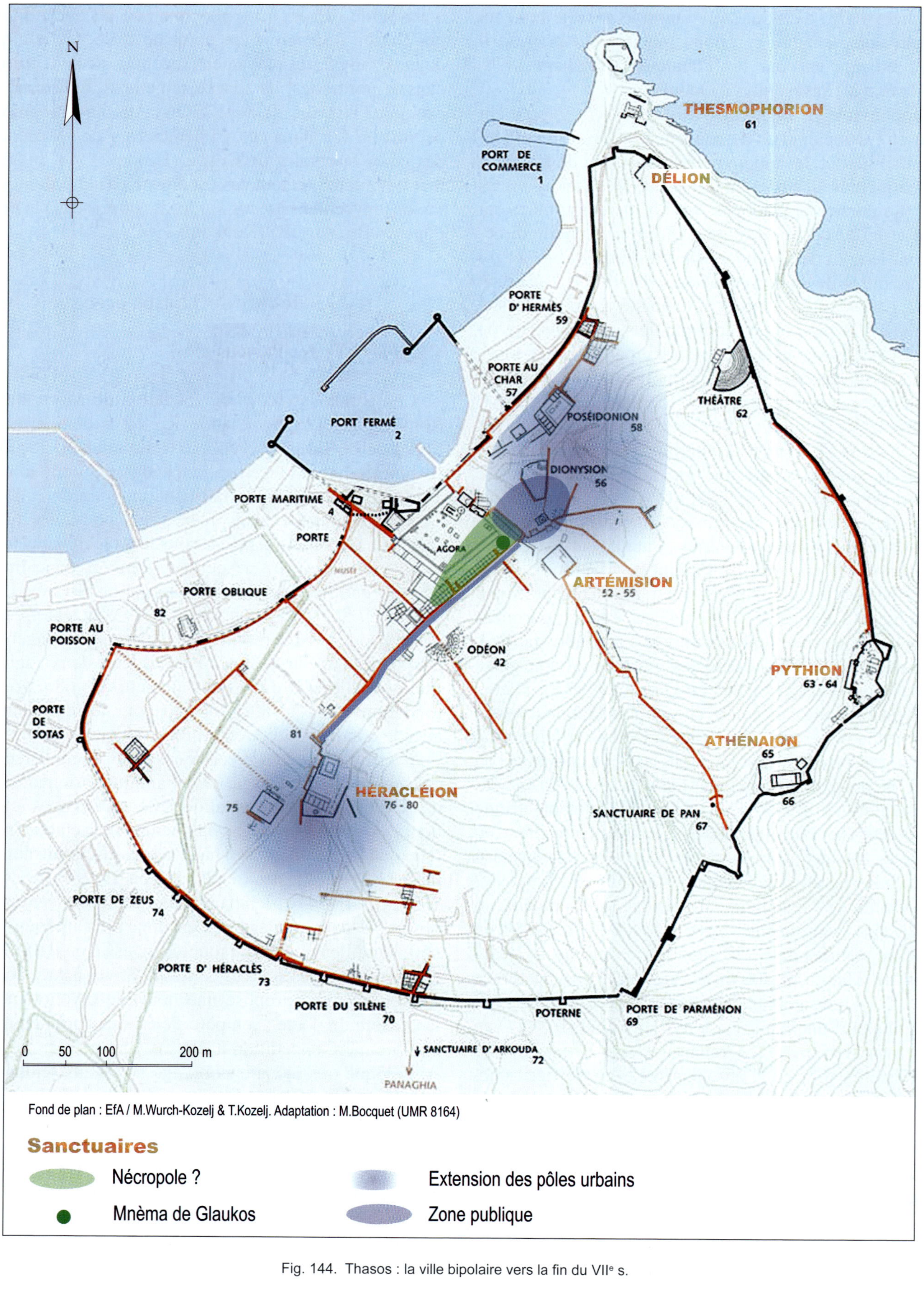

Fig. 144. Thasos : la ville bipolaire vers la fin du VIIe s.

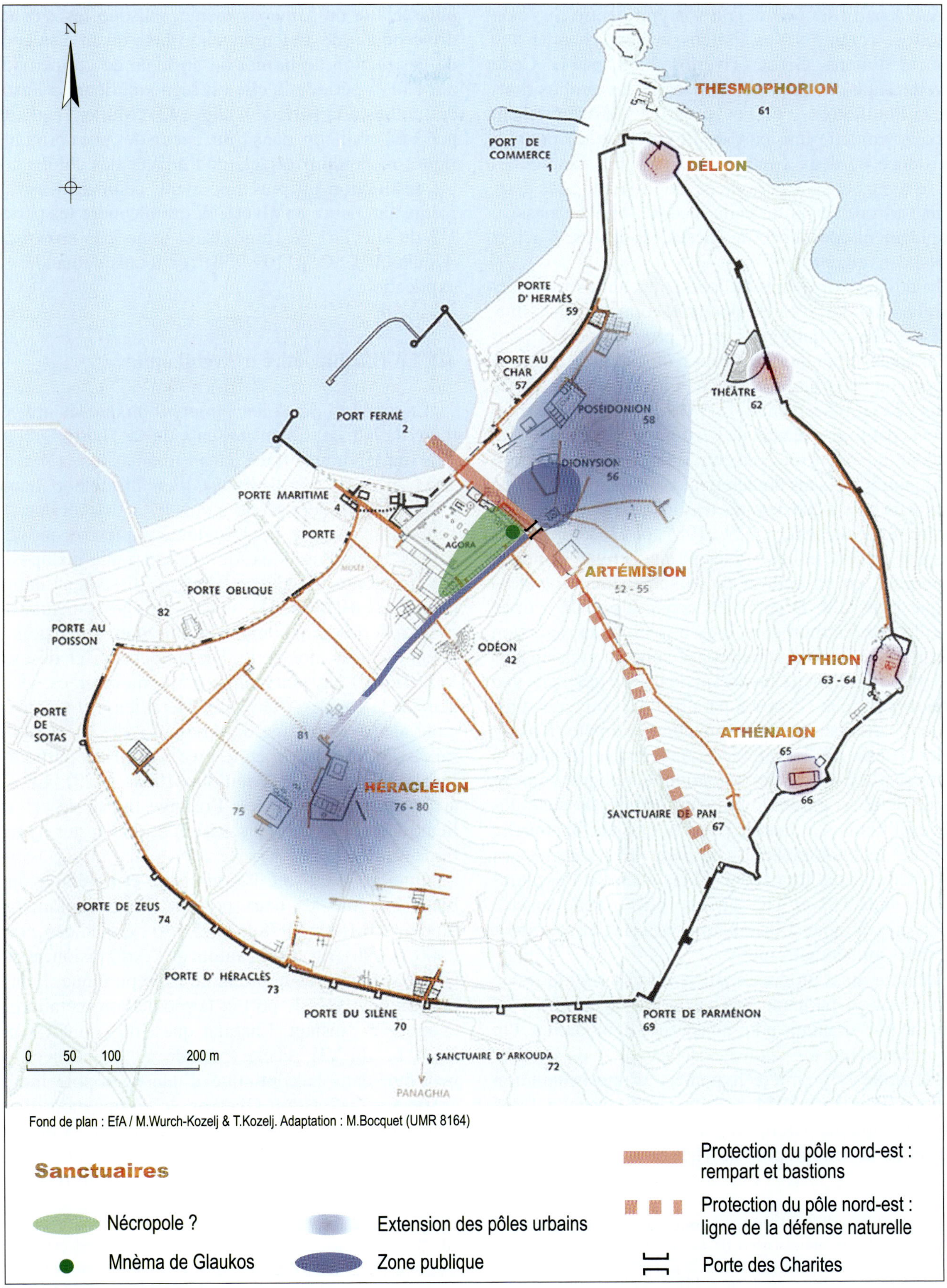

Fig. 145. Thasos : l'agglomération avec sa première protection vers le milieu du VIe s.

étendue à partir de 663 déjà à son épire entre Strymon et Nestos, comme si les Pariens avaient cherché à y devancer d'autres Grecs (Tiverios 2008, p. 74). Cette nouvelle datation, intermédiaire entre les propositions de Jean Pouilloux (*ca* 680 et *ca* 650) et de A.J. Graham (*ca* 650), concilie une part de l'hypothèse du premier – existence de deux contingents, mais très rapprochés dans le temps et sans période de fragilité entre les deux – et une part de l'hypothèse du second – arrivée massive et rapidement couronnée de succès (ci-dessus, § 1.1 et 1.3 respectivement).

On devine sans peine qu'à côté des autres richesses naturelles du site, c'est le potentiel minier et métallurgique de Thasos qui en faisait le principal attrait pour les Pariens. De fait, la stratification du site Th3 témoigne de l'activité métallurgique des premières générations de colons : à l'emplacement qui sera occupé fin VIe – début Ve siècle par le grand autel de l'Artémision, les fouilleurs signalent une très forte concentration de scories dans un « sol » noirâtre – sans doute en raison de l'abondance de charbon de bois – que de rares tessons datent d'après 650 (Maffre, Salviat 1980, p. 729 ; 1981, p. 935). Surface et épaisseur de cette couche révèlent une activité soutenue et continue, en un endroit où le sanctuaire ne s'étendra que plus tard. D'après les échantillons de scories recueillis par les fouilleurs, on y a pratiqué la réduction du fer mais aussi produit du bronze : en témoigne en particulier un fragment de tuyère ou de moule pris dans une scorie de cuivreux (Pichot à paraître). Les minerais provenaient certainement de la mine de l'acropole (Koželj, Muller 1988). Si la première métallurgie grecque à Thasos se place ainsi dans la continuité topographique et sans doute aussi chronologique immédiate de celle des Thraces d'Odonis, il faudra, pour juger d'une éventuelle continuité technologique et comparer les performances des métallurgistes thraces et grecs, attendre l'exploration des sites Th1 et Th3 sur une plus grande surface avec la mise au jour d'installations artisanales et surtout des études archéométriques [19].

Si l'on a ainsi progressé sur la date et les motifs de la colonisation parienne à Thasos, on se retrouve en revanche plus démunis pour en décrire les modalités. On a vu plus haut que les « couches d'incendie » du site Th1 avaient ruiné la première hypothèse d'une installation pacifique (Pouilloux 1954, p. 34) au profit de celle d'une conquête violente (Bernard 1964, p. 142). Depuis la révision de la stratigraphie de Th1, on n'a plus d'indice pour le site de Limenas même, puisque les « couches d'incendie » de Th1 n'en sont plus ; quant à la couche de destruction de la maison absidale de ce même site, qui clôt la période 2, elle est bien antérieure à l'arrivée des colons à la période 4 (**fig. 143**) (Muller *et al.* 2002, p. 63-64). Ailleurs dans l'île, aucun des sites protohistoriques ne perdure au-delà de l'arrivée des colons grecs. La destruction du plus important, celui de Kastri, est même antérieure au niveau W qui recouvre les périodes 1-2 du site Th1 de Limenas, et donc à la colonisation (Koukouli 1992, p. 709-730) : ce hiatus demandera une explication.

4.2. La ville bipolaire d'Archiloque

En tout cas, on a bien l'impression que les indigènes thraces sont quasiment absents de la Thasos grecque : s'ils ont laissé une trace dans l'onomastique (Pouilloux 1954, p. 16-17), celle-ci est bien discrète (Chamoux 1959, p. 350). Peut-on du moins les retrouver dans l'organisation spatiale de l'agglomération grecque à ses débuts ? Jean Pouilloux, qui pensait à une juxtaposition de la colonie grecque et de l'établissement indigène (Pouilloux 1954, p. 15), voyait dans les sanctuaires de la périphérie et du sommet (Pythion et Athénaion auxquels on peut ajouter le Thesmophorion et désormais le Delion [20]) les sanctuaires proprement grecs, et dans ceux de la plaine (Artémision, Hérakleion et même celui resté anonyme au lieu dit Arkouda), des « 'sanctuaires mixtes', [unissant] le culte grec à des rites particuliers, 'non helléniques' » (Pouilloux 1954, p. 29). En l'état actuel des connaissances, l'origine thrace de ces deux lieux de culte prête à discussion et doit rester hypothétique (ci-dessus, § 2.4).

Quoi qu'il en soit, l'Artémision et l'Hérakleion ont bien constitué les deux noyaux d'une agglomération bipolaire (Martin 1978, p. 185-186 ; Grandjean, Salviat 2000, p. 196) (**fig. 144**) ; autour de l'Artémision, au nord-est, se sont greffés la première zone publique, l'activité économique avec le port et la production métallurgique évoquée à l'instant, l'habitat que l'on connaît à partir de la fin du VIIe siècle (période 4) et une nécropole, peut-être dans la continuité d'une nécropole indigène (ci-dessus, § 2.4), où Glaukos, le compagnon d'armes d'Archiloque, a été honoré d'un cénotaphe. À proximité de l'Hérakleion, vers le sud-ouest, on connaît également un habitat, à partir de la fin du VIIe siècle (Grandjean

19 Tel est l'objectif final du programme de fouille franco-grec ouvert en 2004 aux abords nord de l'Artémision (Thanar) autour de Th1. Ce programme en est encore à l'exploration des vestiges protobyzantins : voir les rapports *BCH* 128-129 (2004-2005) [2008], p. 734-751, *BCH* 130 (2006) [2009], et *BCH* 132 (2008).

20 Sur chacun de ces sanctuaires, voir Grandjean 1988 et Grandjean, Salviat 2000, passim. Pour le Délion tout récemment identifié, voir Grandjean (Y.), Salviat (Fr.), *BCH* 128-129 (2004-2005) [2008], p. 765-773 et surtout Grandjean, Salviat 2008, p. 315-325.

1988, p. 468-469). Mais, manifestement, ce pôle n'a pas la même importance que celui constitué autour de l'Artémision. Entre ces pôles, la voie qui longeait les dernières pentes de l'acropole formait le trait d'union de cette agglomération et menait au-delà à la *chôra*, sur le tracé qui réunissait déjà le site thrace à sa plaine agricole vers le sud-ouest.

Cette bipolarisation de l'agglomération a été rapidement consacrée par la construction, dans la première moitié du VIe siècle, de la première protection reconnue à Thasos (**fig. 145**). Elle s'appuie sur le rempart naturel d'une abrupte arête rocheuse au flanc sud-ouest de l'acropole, et la prolonge à travers la plaine maritime par un fort mur doublé d'un glacis dallé du côté de la zone amphibie ; une série de bastions sur la ligne de crête de l'acropole complète ce dispositif. Cet aménagement défensif discontinu ne concerne ainsi qu'un périmètre réduit, autour du pôle nord-est : le pôle sud-ouest, autour de l'Hérakleion, reste en dehors du périmètre protégé (Blondé, Muller, Mulliez 2003, p. 258-259, 260 ; Blondé *et al.* 2008, p. 420).

L'explication de cette bipolarisation inégale de l'agglomération aux VIIe et VIe siècles relève entièrement du domaine de l'hypothèse. Après avoir fait de l'Hérakleion un éventuel sanctuaire phénicien jouant le rôle de point de contact en marge d'une agglomération thrace (ci-dessus § 2.6), on a fait de lui, en raison de l'importance d'Héraklès dans le panthéon parien (Tiverios 2006, p. 80 ; 2008, p. 76) et de son rôle en général dans la colonisation grecque, une place avancée en marge de la ville grecque, où se seraient rencontrées l'ancienne population, thrace, et la nouvelle (Martin 1978, p. 191-192). On a aussi suggéré de voir dans cette bipolarisation « l'expression urbanistique de différenciations sociales et politiques » (Viviers 1999, p. 234-238). Mais, encore une fois, en l'état actuel des recherches, aucun indice archéologique ne permet de distinguer, comme le laissent entendre ces hypothèses, un quartier indigène d'un quartier grec dans la ville archaïque. Quoi qu'il en soit, ce n'est que la construction du grand rempart au tout début du Ve siècle (Grandjean, Salviat 2000, p. 197) qui a mis fin à cette bipolarisation et unifié l'espace urbain : à partir de ce moment, en dehors des vestiges dans l'onomastique évoqués plus haut, l'élément thrace se dérobe complètement à Thasos : quoi de plus normal, près de deux siècles après l'arrivée des colons pariens ?

BIBLIOGRAPHIE

Archiloque *LB* : LASSERRE (Fr.) éd., BONNARD (A.) trad. – *Archiloque. Fragments*. Paris, 1959 (Collection des Universités de France).

Berchem 1967 : VAN BERCHEM (D.) – Sanctuaires d'Hercule-Melqart. Contribution à l'étude de l'expansion phénicienne en Méditerranée. *Syria* 44, 1967, p. 73-109, p. 307-338.

Bergquist 1973 : BERGQUIST (B.) – *Herakles on Thasos : the Archaeological, Literary and Epigraphic Evidence for his Sanctuary, Status and Cult Reconsidered*, Uppsala, 1973 (Boreas 5).

Bernard 1964 : BERNARD (P.) – Céramiques de la première moitié du VIIe siècle à Thasos. *BCH*, 88, 1964, p. 77-146.

Blondé, Muller, Mulliez 2002 : BLONDÉ (Fr.), MULLER (A.), MULLIEZ (D.) –Évolution urbaine d'une colonie à l'époque archaïque. L'exemple de Thasos. *In* : Luce (J.-M.) éd., *Habitat et urbanisme dans le monde grec de la fin des palais mycéniens à la prise de Milet (494 av. J.-C.), Pallas*, 58, 2002, p. 251-265.

Blondé, Muller, Mulliez 2009 : BLONDÉ (Fr.), MULLER (A.), MULLIEZ (D.) – Ανθρώπινοι και περιβαλλοντικοί παράμετροι της πολεοδομικής δυναμικής. *In* : Adam-Veleni (P.) dir., 20 χρόνια Αρχαιολογικό Εργο στη Μακεδονία και Θράκη, Thessalonique, 2009 [sous presse].

Blondé *et al.* 2008 : BLONDÉ (Fr.), MULLER (A.), MULLIEZ (D.), KOHL (M.), SANIDAS (G.) – Thasos in the Age of Archilochos. *In* : Katsanopoulou *et al.* 2008, p. 67-83.

Chamoux 1959 : CHAMOUX (Fr.) – L'île de Thasos et son histoire. *REG*, 72, 1959, p. 348-369.

Coulié 2008 : COULIÉ (A.) – Archiloque et la colonisation de Thasos. L'apport de la céramique. *In* : Katsanopoulou *et al.* 2008, p. 427-449.

Dossin 1977 : DOSSIN (G.) – À propos de quelques toponymes égéens. *In* : *La toponymie antique*. Actes du colloque de Strasbourg, 12-14 juin 1975, Strasbourg, 1977 (Travaux du Centre de recherche sur le Proche-Orient et la Grèce antique 4), p. 185-203.

Étienne, Le Dinahet 1991 : ÉTIENNE (R.), LE DINAHET (M.-Th.) éd. – *L'espace sacrificiel en Grèce dans les civilisations méditerranéennes de l'Antiquité*. Actes du colloque tenu à la Maison de l'Orient, Lyon, 4-7 juin 1988, Lyon, 1991 (Publications de la Bibliothèque Salomon Reinach 5).

Gimatzidis 2002 : GIMATZIDIS (S.) – Ο αποικισμός της Θάσου. Η επανεξέταση της κεραμικής πρώιμων φάσεων της αρχαίας πόλης. *AErgoMak*, 16, 2002, p. 73-81.

Grandjean 1988 : GRANDJEAN (Y.), – *Recherches sur l'habitat thasien à l'époque grecque*. Paris, 1988 (Études thasiennes 12).

Grandjean, Salviat 2000 : Grandjean (Y.), Salviat (Fr.) – *Guide de Thasos*. Paris, 2e éd., 2000 (Sites et monuments 3).

Grandjean, Salviat 2008 : GRANDJEAN (Y.), SALVIAT (Fr.) – Règlements du Délion de Thasos. *BCH*, 130, 2006 [2008], p. 293-327.

Graham 1978 : GRAHAM (A.J.) – The foundation of Thasos. *ABSA*, 73, 1978, p. 61-98.

Graham 2001 : GRAHAM (A.J.) – Thasian controversies : precolonial and colonial. *In* : Graham (A.J.) – *Collected Papers on Greek Colonization*, Leiden, 2001, p. 366-384.

Katsanopoulou *et al.* 2008 : KATSANOPOULOU (D.), PETROPOULOS (I.), KATSAROU (S.) éd. - *Archilochos and his Age*. Proceedings of the 2nd International Conference on the Archaeology of Paros and the Cyclades, Paroikia, Paros, october 2005, Athènes, 2008 (Paros 2).

Karali-Giannakopoulou 1999 : KARALI-GIANNAKOPOULOU (L.) – Το μαλακολογικό υλικό της Θάσου. Τα όστρεα ως πρώτη ύλη. *In* : Koukouli (H.), Muller (A.), Papadopoulos (S.) éd. – *Thasos. Matières premières et technologie de la Préhistoire à nos jours*. Actes du colloque de Thasos-Liménaria, septembre 1995, Paris, 1999, p. 389-393.

Koželj, Muller 1988 : KOŽELJ (T.), MULLER (A.) – La mine d'or de l'acropole de Thasos. *In* : Wagner (G.A.), Weisgerber (G.) éd. – *Antike Edel- und Buntmetallgewinnung auf Thasos*. Bochum, 1988 (Der Anschnitt, Beiheft 6), p. 180-197.

Koukouli 1992 : KOUKOULI-CHRYSANTHAKI (Ch.) – Πρωτοϊστορική Θάσος. Athènes, 1992 (ADDem 45).

Launey 1944 : LAUNEY (M.) – *Le sanctuaire et le culte d'Héraklès à Thasos*. Paris, 1944 (Études thasiennes 1).

Maffre, Salviat 1980 : MAFFRE (J.-J.), SALVIAT (Fr.) – Thasos : Artémision. *BCH*, 104, 1980, p. 726-730.

Maffre, Salviat 1981 : MAFFRE (J.-J.), SALVIAT (Fr.) – Thasos : Artémision. *BCH*, 105, 1981, p. 932-939.

Martin 1978 : MARTIN (R.) – Thasos. Quelques problèmes de structure urbaine. *CRAI*, 1978, p. 182-195.

Muller *et al.* 2002 : MULLER (A.), SGOUROU (M.), KOHL (M.), SANIDAS (G.) – Ο αποικισμός της Θάσου. Η επανεξέταση τών αρχαιολογικών δεδομένων. *AErgoMak*,16, 2002, p. 57-71.

Najdenova 1990 : NAJDENOVA (V.) – Rock Shrines in Thrace. *TerraAntBalc* 5, 1990, p. 85-100.

Owen 2000 : OWEN (S.) – New light on thracian Thasos : a reinterpretation of the 'Cave' of Pan. *JHS*, 120, 2000, p. 139-143.

Owen 2005 : OWEN (S.) – Analogy, Archaeology and Archaic Greek Colonization. *In* : Hurst (H.), Owen (S.) éd., *Ancient Colonizations. Analogy, Similarity & Difference*, Londres, 2005, p. 5-22.

Pichot à paraître : PICHOT (V.) – Sidérurgie thasienne. Approches archéologique et archéométrique. *In* : Blondé (Fr.) éd., *L'artisanat grec. Approches méthodologiques et perspectives*. Actes de la Table-tonde d'Athènes, octobre 2008 [sous presse].

Pouilloux 1954 : POUILLOUX (J.) – *Recherches sur l'histoire et les cultes de Thasos. De la fondation de la cité à 196 avant J.-C.* Paris, 1954 (Études thasiennes 3).

Pouilloux 1955 : POUILLOUX (J.) – Glaukos, fils de Leptine, Parien. *BCH*, 79, 1955, p. 75-86.

Pouilloux 1964 : POUILLOUX (J.) – Archiloque et Thasos, Histoire et poésie. *In* : *Archiloque*. Entretiens sur l'antiquité classique 10, Fondation Hardt Vandœuvres 26/8 - 3/9 1962, Genève, 1964, p. 3-27.

Pouilloux 1982 : POUILLOUX (J.) – *La fondation de Thasos* : archéologie, littérature et critique historique. *In* : Haderman-Misguich (L.), Raepsaet (G.) éd., *Rayonnement grec. Hommages à Charles Delvoye*, Bruxelles, 1982, p. 91-101.

Rolley 1997 : ROLLEY (Cl.) – Encore les ʹΑφιδρύματα : sur la fondation de Marseille, de Thasos et de Rome. *AnnAStorAnt*, 4, 1997, p. 35-43.

Salviat 1962 : SALVIAT (Fr.) – Lions d'ivoire orientaux à Thasos. *BCH*, 86, 1962, p. 95-116

Salviat à paraître : SALVIAT (Fr.) – Archiloque : la conquête thrace et Glaukos, le retour à Paros, l'éclipse. *In* : Bonias (Z.), Mulliez (D.) éd. – Θάσος. Μητρόπολη και αποικίες. Actes du colloque organisé à la mémoire de Marina Sgourou, Thasos, 21-22 septembre 2006 (*BCH* Suppl.) [sous presse].

Salviat, Servais 1964 : SALVIAT (Fr.), SERVAIS (J.) – Stèle indicatrice thasienne trouvée au sanctuaire d'Aliki. *BCH* 88, 1964, p. 267-287

Sintès 2000 : SINTÈS (G.) – Les paysages thasiens à l'arrivée des Pariens : hypothèses sur les premières modifications. *Topoi* 10, 2000, p. 11-13.

Sintès 2003 : SINTÈS (G.) – Thasos, un port depuis l'Antiquité... malgré tout. *BCH* 127, 2003, p. 123-138.

Tiverios 2006 : TIVERIOS (M.) – Πάρος - Θάσος - Ευβοία. *In* : Stampolidis (N. Chr.) éd. – Γενέθλιον. Αναμνηστικός τόμος για την συμπληρωση είκοσιχρόνων λειτουργίας του Μουσείου Κυκλαδικής Τέχνης. Athènes, 2006, p. 73-85.

Tiverios 2008 : TIVERIOS (M.) – Greek colonization of the northern Aegean. *In* : Tsetskhladze (G.R.) éd., *Greek Colonisation : an Account of Greek Colonies and other Settlements Overseas* 2. Leiden, 2008 (Mnemosyne 193.2), p. 1-154.

Tsantsanoglou 2008 : TSANTSANOGLOU (K.) – Archilochos Fighting in Thasos. Frr. 93a and 94 from the Sosthenes Inscription. *In* : Katsanopoulou *et al*. 2008, p. 163-180.

Viviers 1999 : VIVIERS (D.) – Thasos. *In* : Greco (E.) éd., *La città greca antica. Istituzioni, società e forme urbane*. Rome, 1999, p. 221-250.

3. Argilos aux VIIe - VIe siècles

Jacques Y. Perreault et Zisis Bonias

Dans l'Antiquité, la basse vallée du Strymon était une importante région de contacts et elle fut l'objet de bien des convoitises. Phéniciens, Thraces, Macédoniens, Grecs et Perses ont été attirés par cette contrée riche en minerais d'or et d'argent, au réseau commercial fluvial et terrestre très actif permettant de pénétrer facilement jusqu'au coeur du territoire. L'embouchure du fleuve Strymon marque aussi la limite de deux zones coloniales grecques (**fig. 146**)[1]. À l'Est, la colonisation parienne de Thasos pendant le second quart du VIIe siècle a été suivie par l'implantation, à partir de l'île, d'un chapelet de comptoirs et de colonies le long de la rive opposée, dans une zone s'étendant du Nestos au Strymon. Galepsos était considérée comme la plus occidentale des colonies de l'île, mais depuis peu on situe aussi les Thasiens à Bergé, sur la rive orientale du Lac Kerkinitis (ou Prasias), donc en contact direct avec le Strymon[2]. D'autre part, on sait maintenant que les Pariens, et peut-être les Thasiens, sont également à l'origine de l'implantation grecque d'Éiôn (voir *infra*), à quelques kilomètres seulement à l'Est de l'embouchure du grand fleuve. La rive droite du Strymon marque, quant à elle, la limite de la poussée orientale de la colonisation eubéo-andrienne, qui couvre l'ensemble de la péninsule de Chalcidique. Argilos est la colonie la plus à l'Est de ce réseau et l'une des quatre fondées par Andros, les trois autres, Sanè, Akanthos et Stageira, étant situées le long de la côte orientale de la Chalcidique. On ne sait rien ou presque de la manière dont s'est déroulée la fondation des colonies d'Andros. Un seul texte, celui de Plutarque (*Quaest. Graec.* 30), traite, mais indirectement, de la fondation de Sanè et d'Akanthos. L'auteur sous-entend que dans les deux cas il s'agissait au départ de bourgades thraces. Sané serait tombée aux mains des Grecs à cause de la trahison d'un de ses habitants alors qu'à Akanthos, les indigènes auraient fui devant le nombre imposant de colons grecs[3]. Doit-on en déduire qu'il en a été de même pour Argilos, un établissement thrace pris de force par les Grecs ? Pas nécessairement, car si les données littéraires

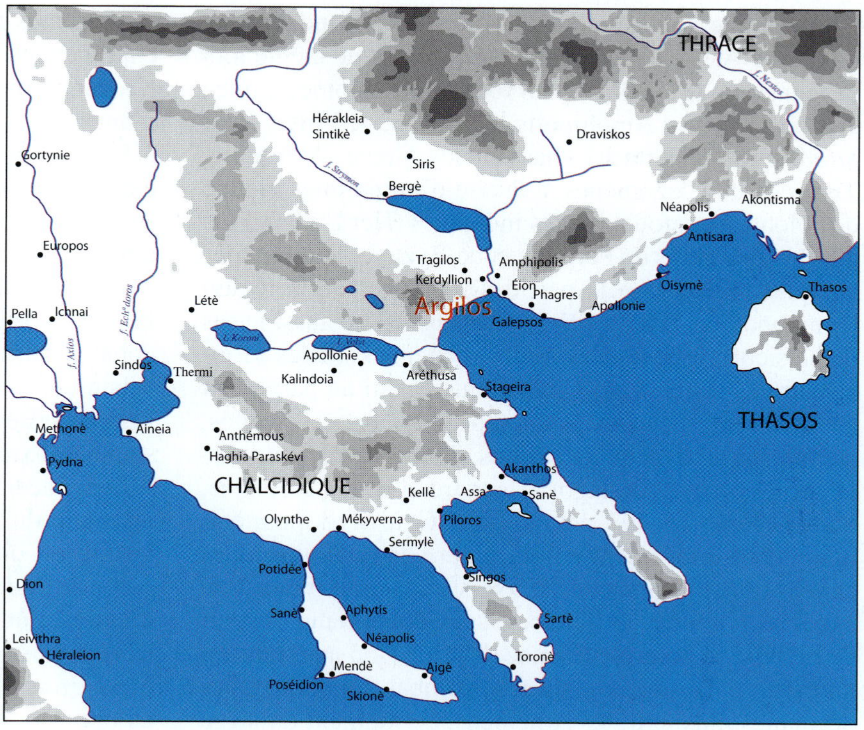

Fig. 146. Carte géographique.

1 La carte géographique et tous les profils ont été réalisés par François Gignac (Archeodesign). Le plan topographique a été réalisé par K. Zambas et mis au net par F. Gignac.

2 Sur l'emplacement du site de Bergè, Bonias 2000, 227-246 ; Hatzopoulos 2008, 31-33.

3 Plutarque, en posant cette question, s'intéresse à la toponymie de la côte opposée à Akanthos (*Côte d'Araïnos*) et non pas à la colonisation proprement dite du site. Selon lui, la flotte grecque était composée de colons andriens et chalcidiens, donc d'un nombre d'hommes bien supérieur à ce qu'il aurait été si les colons étaient venus d'un seul et même endroit. On comprend alors mieux la réaction des Thraces d'Akanthos, à tel point impressionnés par cette force qu'ils ont préféré la fuite au combat. À moins que cette réaction ne soit une métaphore de Plutarque pour ajouter de la crédibilité à son récit…

font défaut dans ce cas, nombreux sont les témoignages sur les fondations ou les tentatives de fondation (car il y eut également bon nombre d'échecs) en territoire thrace, dont plusieurs dans la région immédiate d'Argilos. Ces témoignages montrent clairement que les rapports entre Grecs et Thraces variaient beaucoup, allant de l'hostilité à la neutralité ou la cohabitation, même à l'intérieur d'une région géographique aussi limitée que la basse vallée du Strymon.

Dans certains cas, les Grecs chassent les Thraces. C'est ce que nous venons de voir avec la fondation de Sanè et d'Akanthos. Les Athéniens feront de même lors de leur seconde tentative pour fonder une colonie à Ennea Hodoi, la future Amphipolis, en 437/6. À l'inverse, il arrive que les Thraces chassent les Grecs. À Abdère, Timèsios de Clazomènes, à la tête d'un premier groupe de colons, fut refoulé par les indigènes (Hér I, 168). Plus à l'Est, les colons de Périnthe et de Byzance subirent des attaques répétées de la part des indigènes de la région (Loukopoulou 1989, p. 185). C'est peut-être aussi le cas de plusieurs des petites colonies eubéennes situées à l'intérieur des terres de la Chalcidique et qui ne paraissent pas avoir survécu très longtemps. Plus près d'Argilos, ce fut aussi, à deux occasions, le cas d'Amphipolis. D'abord lorsque Aristagoras, gendre et neveu d'Histiée, quitte l'Ionie en 497 pour s'installer à Myrkinos, établissement brièvement colonisé par son oncle quelques années plus tôt (infra). Une fois sur place, il monte une expédition contre les Thraces, sans doute dans l'espoir de prendre le contrôle d'Ennea Hodoi. Son aventure est un échec et lui-même meurt au combat. Puis, quelques décennies plus tard, les Athéniens, au moment du siège de Thasos en 465, envoient 10.000 colons pour occuper Ennea Hodoi mais ceux-ci sont à leur tour anéantis par les forces thraces à Drabiskos. Finalement, et il semble bien que ce fut ainsi dans la majorité des cas, Grecs et Thraces cohabitent ou bien les Thraces ne manifestent pas d'opposition violente et s'accommodent, tant bien que mal, de cette présence étrangère, avec sans doute une certaine gradation dans les rapports. Bien sûr, la cohabitation n'implique pas nécessairement le partage d'un même établissement, la colonie grecque pouvant être implantée à proximité d'un établissement indigène. C'est ce qui s'est passé en Chersonèse où les indigènes Dolonques ont même constitué un front commun avec les colons Athéniens pour combattre les agressions de la tribu thrace voisine des Apsinthiens (Loukopoulou 1989, p. 185-189). Mais dans plusieurs cas il s'est agi d'une véritable cohabitation. À Samothrace, Grecs et Thraces fréquentaient le même sanctuaire et il semble bien qu'ils aient vécu ensemble (Graham 2002 ; Matsas 2007). À Thasos également, l'association de matériel grec et indigène dans les premières couches d'occupation indiquerait, selon certains, le caractère mixte de la population[4]. Plus près d'Argilos, les visées d'Histiée de Milet sur les richesses de la basse vallée du Strymon sont passées par une collaboration et une cohabitation avec les Thraces. En 513, il obtint de Darius le droit de s'installer à Myrkinos, un bourg thrace. Il avait déjà commencé à fortifier la ville lorsque Mégabaze persuada Darius de faire venir Histiée à Suse afin de l'éloigner de cette région stratégique. Le général invoquait notamment le fait qu'Histiée était très populaire parmi les Grecs et les barbares (Hér. V, 23). Mais entre temps, Myrkinos était devenu un établissement mixte car Aristagoras n'avait pas hésité à s'y installer à son tour une quinzaine d'année plus tard, pour peu de temps il est vrai. Le site d'Éiôn est un autre exemple d'établissement mixte dans cette même région. On ne connaissait rien des débuts du site jusqu'à la découverte, en 1973, d'une inscription en alphabet parien datée de 525-490, honorant un certain Tokès, nom thrace, tombé au combat pour la défense de la cité. L'origine des Grecs présents à Éiôn est sujet à débat (Thasiens, Pariens ou peut-être les deux[5]) mais cela n'enlève rien au caractère mixte de l'établissement. Le site de Bergè pourrait être un autre exemple d'établissement mixte. On sait maintenant que ce site se trouvait à l'emplacement de l'actuelle Nea Skopos, sur la rive orientale du lac Kerkinitis (Bonias 2000), en territoire bisalte ou odomante[6], Certains y voient une véritable colonie thasienne fondée au dernier quart du VIe siècle[7], d'autres plutôt un bourg thrace auquel se sont joints des colons thasiens (Bonias 2000, p. 239-242 ; Isaac 1986, p. 59), mais en tout cas rien ne laisse penser qu'il y ait eu opposition de la part des indigènes à l'installation de ces Grecs sur leur territoire. Enfin, la cité de Tragilos, sur

4 Martin 1983, p. 175 ; Graham 1978 ; Pouilloux 1954, p. 15-17, 30-34, 311-313.

5 L'inscription, qui se lit « Les Pariens ont consacré ce monument en souvenir de la valeur de Tokès qui a sacrifié sa jeunesse dans un combat pour l'aimable Éiôn », a d'abord été publiée par Lazaridis (Lazaridis 1976). Pour cet auteur, puisque les Thasiens ne s'identifiaient pas en tant que « Pariens » à la fin du VIe siècle, Eiôn était donc bien une fondation parienne. Z. Bonias (Bonias 2000, p. 241) y voit plutôt une colonie thasienne, les Pariens n'étant mentionnés dans l'inscription qu'à titre honorifique, peut-être parce qu'ils avaient pris part aux opérations. Enfin, J. Pouilloux (Pouilloux 1990, p. 488-489) verrait volontiers dans la fondation de ce site une entreprise commune entre Pariens et Thasiens.

6 Pour Bonias 2000, p. 235-238, le site est en territoire odomante puisqu'il se situe sur la rive gauche du fleuve et que la frontière Est du territoire bisalte est généralement considérée comme étant la rive droite du Strymon. En revanche, Picard 2005, p. 273, préfère se fier au passage de Strabon (VII, fr. 36) et estime que le territoire bisalte « a pu déborder par endroits de l'autre côté du fleuve ». Voir aussi Liampi 2005, p. 46-49.

7 Hatzopoulos (M.), BullEpigr 2001, p. 302 ; Hatzopoulos 2008; Picard, 2005, p. 273.

laquelle nous reviendrons plus loin, était une importante ville de Bisaltie, où cohabitaient Grecs et Thraces [8].

D'ailleurs les Grecs ne sont pas les seuls étrangers à avoir conclu des relations amicales avec les Thraces vivant sur les rives du Strymon. On sait qu'il en fut de même pour les Perses, puisqu'en 476, Cimon, après la prise d'Éiôn, sous contrôle perse pendant quelques années, exila les Thraces qui avaient fourni des provisions à l'armée du grand roi [9].

Enfin, certains membres influents de la société athénienne se sont enrichis dans la région du Strymon et du Mont Pangée, grâce à leur amitié avec les Thraces. Il semble aussi évident que Pisistrate, lors de son exil de six ans en Thrace (+- 556 av. n.è.) n'aurait pas pu exploiter les mines du mont Pangée (et par le fait même s'enrichir considérablement au point d'engager une armée de mercenaires...) sans le soutien ou en tout cas sans avoir noué de fortes amitiés avec la population indigène (Isaac 1986, p. 20 et 34).

Mais alors, qu'en est-il d'Argilos ? Il existe très peu d'informations littéraires sur la colonie andrienne et les rares mentions concernent presque essentiellement les guerres médiques ou celle du Péloponnèse. Hérodote inclut le site dans la liste des villes que traverse Xerxès (Hér VII, 115,1) et Thucydide parle de la cité en relation avec la prise d'Amphipolis par Brasidas en 424 (Thuc IV, 103). Ces deux passages fournissent les indices nécessaires pour situer l'emplacement géographique de la colonie, la première cité grecque à l'Ouest du Strymon, en plein cœur du territoire bisalte. Les vestiges de la colonie recouvrent la colline de « Palaiokastro », à quelques 2 kilomètres à l'Ouest du village moderne de Nea Kerdylia, et à un peu moins de 4 kilomètres à l'Ouest du fleuve (**fig. 147**) [10].

Malheureusement, aucun texte ne fait mention de la fondation du site. Nous savons ce qui s'est passé à Sanè et Akanthos mais ces deux colonies ont été fondées en territoire bottiéen, ce qui n'est pas le cas d'Argilos. La date de fondation, 655/654, est déduite de celle des trois autres colonies d'Andros dans la région [11].

La mission gréco-canadienne d'Argilos a débuté ses travaux en 1992 [12]. Dès la seconde année, trois zones de fouille avaient été implantées : le long du rivage, entre le bord de mer et la route nationale moderne ; sur la pente Sud-Est de la colline, où une prospection de surface avait révélé l'existence d'une rue et des affleurements de murs; enfin sur l'acropole, où de larges et profonds sillons laissés par le passage des charrues (moyen utilisé par certains pour localiser des tombes...) avaient fait apparaître structures et mobilier (**fig. 148**) (Perreault, Bonias 1998, p. 37-48 ; Bonias, Perreault 1998, p. 173-196) [13]. Très rapidement, dans deux de ces zones, les fouilleurs ont dégagé des niveaux contenant de la céramique correspondant au plus tôt à des styles de la seconde moitié du VIIe siècle, soit la période correspondant, en principe, à l'arrivée des Grecs. Sur l'acropole, ces fragments (car aucun vase complet n'a été trouvé) proviennent de remblais postérieurs, mais témoignent néanmoins de l'existence d'une occupation de la zone au VIIe siècle. Les découvertes les plus intéressantes ont toutefois été faites dans des sondages pratiqués le long du rivage. On a d'abord ouvert une tranchée pilote, profonde de 6,50 m, dans le but d'établir une stratigraphie complète de l'occupation de la zone. La présence d'une quantité impressionnante de céramique couvrant le premier siècle de l'occupation grecque nous a convaincu d'étendre la surface de fouille. Depuis, le matériel mis au jour, très imposant, nous donne un aperçu des premiers contacts entre Grecs et Thraces [14].

Dans les couches les plus profondes, celles situées

8 Liampi 2005, p. 42-46. Nous ne faisons pas état ici de la clérouchie athénienne de Bréa, fondée probablement en 446/5, car les auteurs modernes ne s'entendent pas sur l'emplacement exact du site (pas plus que les anciens d'ailleurs !). Mais s'il s'avérait, comme plusieurs le croient, que Bréa était en territoire bisalte, nous aurions là encore un exemple de l'ouverture des Bisaltes envers les Grecs. Pour un résumé des débats autour de ce site, Liampi 2005, p. 49-51.

9 Isaac 1986, p. 19 et Plut., *Cim*, 7,2. Les Perses ont eux aussi entretenu des relations contradictoires selon les tribus avec lesquelles ils traitaient. Les Péoniens ont tous été déportés, mais les tribus qui exploitaient les mines du Mont Pangée ont par contre été laissées en paix, de même que les Édoniens sur qui les Perses ont pu compter lors de leur occupation d'Éiôn.

10 Liampi 2005, p. 9-32. C'est Paul Perdrizet, à la fin du XIXe siècle, qui le premier situe l'emplacement d'Argilos sur cette colline ; Perdrizet (P.) – Voyage dans la Macédoine première. BCH, 1894, p. 434-435.

11 L'ecclésiaste Eusèbe date les fondations d'Akanthos et de Stageira de la 31ème olympiade, en 655/654. D'autre part, le passage de Plutarque sur Sanè et Akanthos indique que les deux colonies ont été fondées en même temps. Ne reste plus qu'Argilos, pour laquelle il n'existe aucune référence littéraire. Liampi 2005, p. 58-60, doute que les quatre colonies aient pu être fondées en même temps, une telle opération ayant nécessité un trop grand nombre d'hommes. Cependant, nos recherches ont maintenant clairement montré que les Grecs étaient présents sur le site, au plus tôt durant la seconde moitié du VIIe siècle.

12 La mission archéologique gréco-canadienne est une « synergasia » aux termes de la loi grecque sur la recherche archéologique en Grèce. Elle est sous la direction des auteurs de cet article. La mission reçoit un financement de plusieurs sources dont le ministère grec de la Culture, le Conseil de recherche en sciences humaines du Canada, le Gouvernement du Québec, l'Université de Montréal, ainsi que des donateurs privés. Les résultats des recherches sont régulièrement publiés dans les AEMΘ.

13 Perreault, Bonias 1998, p. 37-48 ; Bonias, Perreault 1998, p. 173-196.

14 Perreault, Bonias 2006, p. 49-54 pour un aperçu des céramiques archaïques du site.

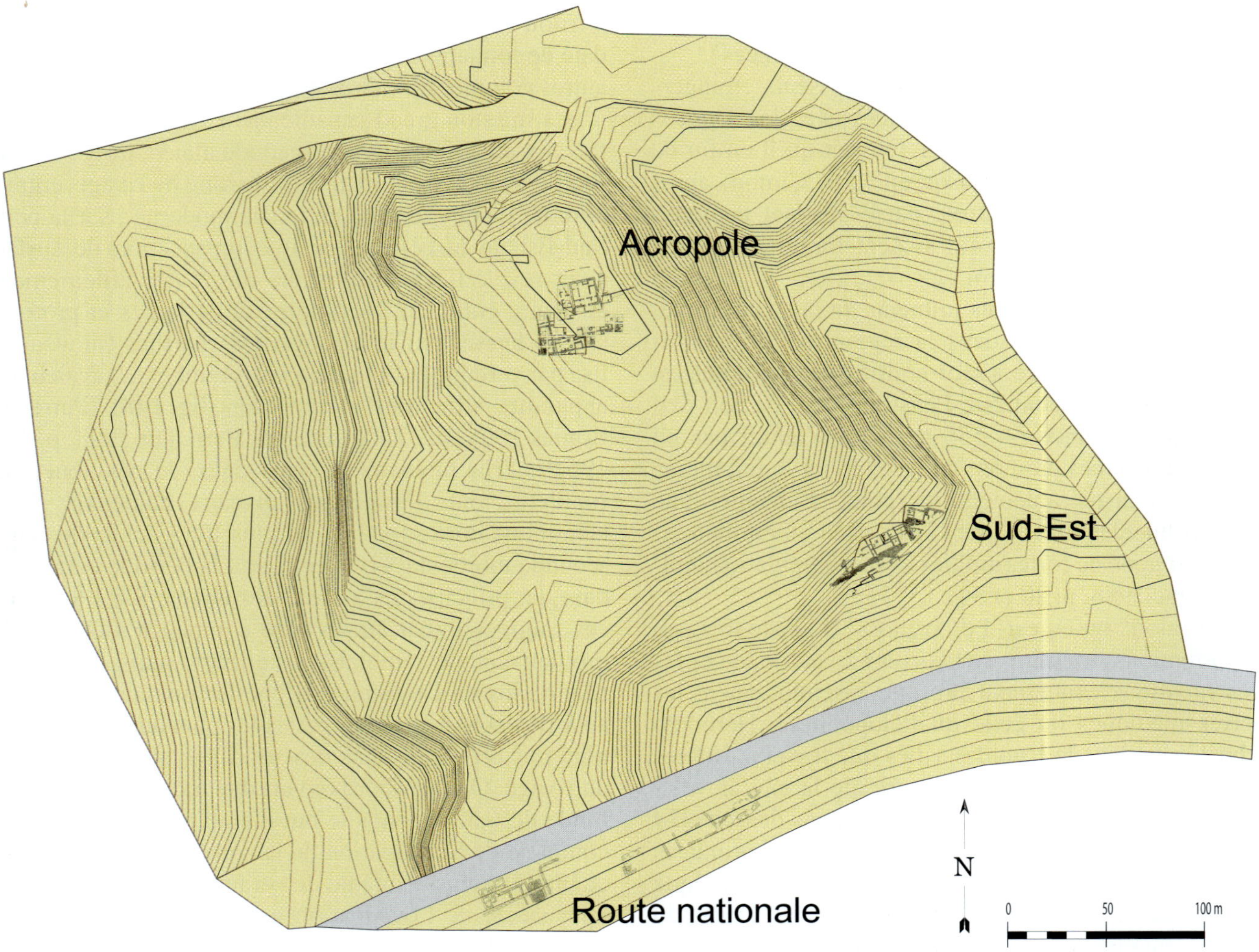

Fig. 148. Argilos, plan topographique.

Fig. 147. Argilos, vue aérienne vers l'Ouest.

immédiatement au-dessus de la plage antique, une succession de sols d'occupation très minces alterne avec de fines couches de sable. Ces niveaux d'occupation, qui, il est vrai, n'ont pour le moment été dégagés que sur une très faible étendue, ne contiennent que de la céramique thrace. Au-dessus de ces couches, les sols s'épaississent, le matériel est nettement plus abondant et plus diversifié, et c'est ici qu'on a dégagé les vestiges architecturaux les plus anciens [15]. Le mobilier céramique décoré se divise en deux grandes catégories, thrace et régional d'un côté, grec de l'autre.

La céramique thrace, entièrement façonnée à la main, est composée de marmites, de vases de stockage, de bols et de vases à boire (**figs. 149-151**). L'examen à l'œil nu des pâtes indique qu'ils proviennent de plus d'un centre de production mais certains auraient été fabriqués localement, ce qui ressort d'une première série d'analyses archéométriques [16]. Ces vases ne peuvent être datés que

15 Une rangée de 5 trous de poteaux, dans un horizon chronologique de la première moitié du VIe siècle, a été dégagée au Sud du carré 7323. On a également trouvé un petit four, près de ce qui pourrait être deux charbonnières, on peut donc penser qu'il servait à la fonte ou à la transformation du métal. Voir Bonias, Perreault 2006, p. 81-88.

16 Analyses effectuées par Martin Perron, dans le cadre de ses études doctorales, au CETI de Xanthi. Deux de trois échantillons, C-3753 et C-8245, choisis pour la ressemblance de leurs pâtes avec celles utilisées localement, se sont avérés être de facture locale.

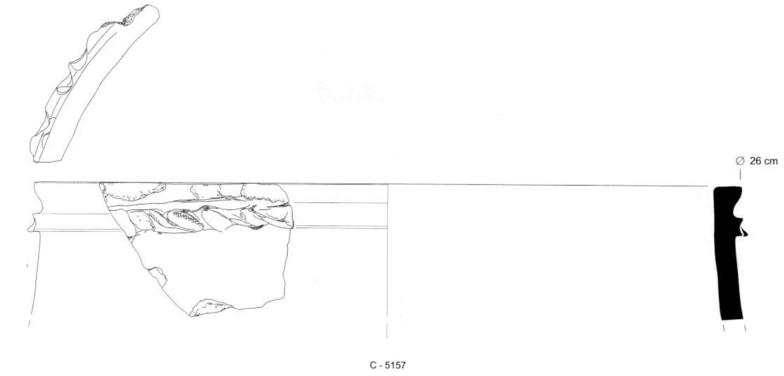

Fig. 149 et 149a. Marmite thrace C- 5457.

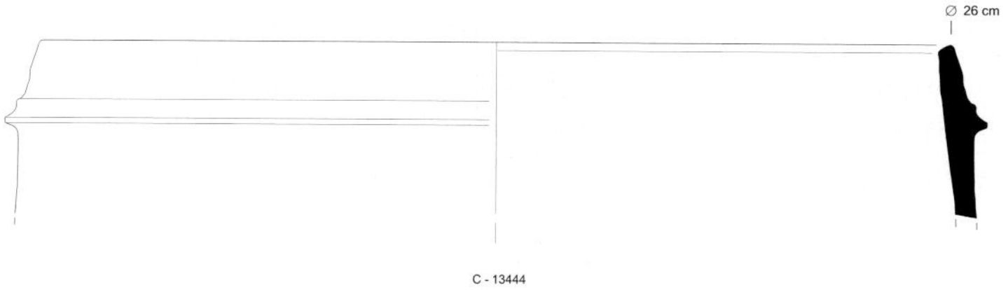

Fig. 150 et 150a. Marmite thrace C- 13444.

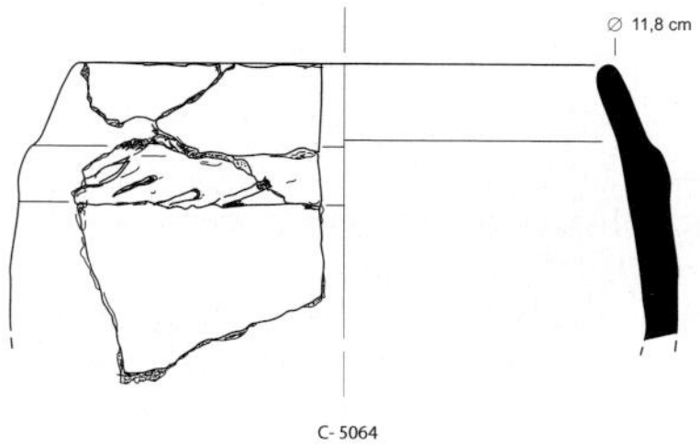

Fig. 151 et 151a. Bol thrace C- 5064.

par leur association avec le matériel grec. La céramique régionale est constituée en majeure partie de vases de transport (**fig. 152**) et de stockage provenant de la péninsule de Chalcidique (céramique dite « pré-perse »)[17]. Ici aussi, il est clair que nous avons affaire à plusieurs centres de production. Certains des fragments appartiennent sans doute à des types du VIIe siècle, notamment ceux décorés de groupes de cercles concentriques, mais tout comme pour la céramique thrace, on connaît mal l'évolution typologique des formes et le développement stylistique des zones décoratives. Il n'est donc pas impossible que certains des fragments puissent même être antérieurs à l'arrivée des Grecs.

La céramique grecque se répartit elle aussi en deux groupes. Pour le moment, les fragments les plus anciens proviennent de la Grèce de l'Est et sont attestés par des bols à oiseaux (**figs. 153-155**). Certains fragments, qui possèdent une petite encoche horizontale immédiatement sous le bord extérieur du vase, ou encore dont la partie inférieure est entièrement recouverte de noir ou de bandes noires épaisses, appartiennent clairement aux

17 Car attestée pour la première fois lors des fouilles d'Olynthe, dans les niveaux précédant le passage des Perses dans la région. Cf. Panti 2008, p. 52 ; Tiverios 1991; Vokotopoulou 1987, p. 284; Bernard 1964 ; Robinson 1950, p. 4 ; Robinson 1933, p. 23-24.

types « anciens » du groupe. Ils sont à dater du milieu du VIIe siècle, voire du second quart[18]. La seconde catégorie regroupe des vases cycladiques, skyphoi, lékanés et tasses ; ces vases, jadis considérés comme syphniens, doivent à notre avis être plutôt attribués à des ateliers d'Andros (**figs. 156-158**)[19]. On les trouve dans les niveaux anciens, associés aux bols à oiseaux.[20]

Le développement de la colonie s'accélère rapidement durant la première moitié du VIe siècle et particulièrement au second quart. Les productions céramiques attestées sont beaucoup plus variées, un mouvement déjà amorcé dans les dernières années du VIIe siècle. Le répertoire des formes cycladiques ne change guère, ce qui n'est pas le cas pour la Grèce de l'Est[21]. La céramique thrace est toujours présente, mais pour peu de temps encore, alors que les productions de Chalcidique se maintiennent, ce qui sera le cas tout au long des VIe et Ve siècles; seuls les styles changent. Le répertoire de formes et de styles de la Grèce de l'Est est plus imposant et la quantité de vases cycladiques augmente. À ces groupes de céramiques grecques s'ajoutent désormais les importations corinthiennes et attiques, ainsi que plusieurs exemples de vases thasiens. Bien sûr, la production locale de céramique grecque est aussi de plus en plus visible, autant dans la céramique culinaire que dans la céramique fine. Cet essor rapide se remarque aussi dans l'architecture, signe d'une croissance économique importante. C'est au cours du second quart du VIe siècle que se développe le secteur Sud-Est et que s'érigent les premières grandes constructions en pierre de l'acropole et du bord de mer. On semble aussi assister à une véritable urbanisation du site avec lotissement, phénomène clairement visible dans le secteur Sud-Est.

C'est également durant cette période que les Argiliens vont fonder une, et peut-être deux, colonies satellites : Kerdyllion[22], à la limite Est de son territoire et Tragilos, qui en aurait marqué la limite septentrionale. De ce fait, Argilos s'assurait la possession d'une importante quantité de terres autour de la colonie initiale. Enfin, fait important, on constate la disparition du matériel indigène. En effet, on ne trouve plus aucun tesson de céramique thrace dans les couches postérieures au milieu du VIe siècle. La croissance de la cité se poursuivra jusqu'à la fondation d'Amphipolis en 437 malgré une destruction majeure touchant plusieurs bâtiments au tournant des VIe-Ve siècles (ils seront immédiatement reconstruits et souvent agrandis).

L'impression que nous laissent les résultats de nos recherches est que la colonie d'Argilos s'est développée en deux temps. Au départ, un premier groupe de colons parait s'être installé de manière pacifique sur le site et avoir cohabité avec la population indigène présente, et peut-être déjà en contact avec des marchands grecs de l'Asie Mineure avant même l'arrivée des Andriens[23]. Les Bisaltes qui occupaient la région à l'Ouest du Strymon étaient manifestement plus enclins à la collaboration avec les Grecs que les tribus de la Chalcidique où se sont installées les colonies sœurs d'Argilos. Nous avons vu que les relations conflictuelles entre Grecs et Thraces dans la région du bas-Strymon concernent toujours les Édoniens et font généralement référence à la prise de contrôle du site d'Énnea Hodoi. Car si les Édoniens permettent à Histiée de Milet, puis à son gendre Aristagoras, de cohabiter avec eux à Myrkinos, ils vont défendre farouchement leur établissement d'Énnea Hodoi, sans aucun doute le site thrace le plus gros et le plus important de la région. En revanche, on n'entend parler d'aucune hostilité de la part des Bisaltes, ni lors de la fondation d'Argilos, ni pour celle de sa colonie Kerdyllion, ni pour la fondation de Tragilos, ni encore pour la présence thasienne à Bergè. À l'inverse, les colonies andriennes fondées sur la côte orientale de la Chalcidique étaient en territoire bottiéen et si l'on suit N.G.L. Hammond, les Bottiéens étaient méfiants ou du moins peu intéressés par les Grecs, ainsi qu'en témoignerait l'absence de produits grecs dans leur principal

18 Plusieurs chronologies ont été proposées pour la datation des bols à oiseaux ; pour les plus récentes, cf Cook (R.M.), Dupont (P.) – *East Greek Pottery*. London, New York, Routledge, 1998, p. 226 (Routledge readings in classical archaeology series), p. 26-28 ; Utili (F.) – Die Archaische Nekropole von Assos. *Asia Minor Studien*, 31, 1999, p. 6-9.

19 Ce type de vase a été attribué à un atelier syphnien par J. Boardman et J. Hayes, qui en ont trouvé quelques exemples sur le site de Tocra en Cyrénaïque : Boardman (J.), Hayes (J.) –*Excavations at Tocra 1963-65, The Archaic Deposits* I. BSA, 1966, p. 73-74. Boardman (J.), Hayes (J.) – *Excavations at Tocra 1963-65, The Archaic Deposits* II. BSA, 1973, p. 34-35. Mais les analyses des argiles effectuées par R. Jones n'ont pu confirmer cette hypothèse, se limitant à situer l'atelier quelque part dans les Cyclades du Nord : Jones (R.E.) – Greek and Cypriot Pottery ; a Review of Scientific Studies. 1986, p. 280. Or, les exemples d'Argilos sont bien plus nombreux que ceux de Tocra ainsi d'ailleurs que des exemples connus de Siphnos, qui proviennent d'un dépôt de sanctuaire ; sur ce matériel de Syphnos, Brock (J.K.), Mackworth Young (G.) – Excavations in Siphnos. *BSA*, 64, 1949, p. 1-92 ; cf Perreault, Bonias 2006, p. 51-52.

20 À ces deux groupes de céramique grecque du VIIe siècle se sont ajoutés 3 fragments de vases corinthiens, deux de kotyles et un d'aryballe ; cf Perreault, Bonias 2006, p. 52.

21 Bols à rosettes, à filets verticaux, à méandres et à filets circulaires, toutes les variantes de coupes ioniennes et quelques vases du style de la chèvre sauvage.

22 Sur Kerdyllion, cf. Liampi 2005, p. 40-42 ; Isaac 1986.

23 Ce serait là une explication à la présence, abondante, de céramique de la Grèce de l'Est parmi les plus anciennes importations grecques.

établissement à Olynthe[24]. Les Bisaltes paraissent avoir été plus réceptifs au monde grec, ne serait-ce que pour assurer leur propre sécurité, défendre leurs intérêts dans la région et développer des liens commerciaux profitables. Ils formaient une tribu indépendante, prise en étau entre la Macédoine et sa politique expansionniste à l'Ouest et les Édoniens, qui ont toujours âprement défendu leur contrôle du Strymon, à l'Est. Rien d'étonnant donc qu'ils aient pu accepter, voire encourager, l'installation de colons grecs à Argilos.

La région du bas-Strymon était clairement une zone très convoitée et les sources littéraires sont nombreuses sur les hostilités qui s'y sont déroulées. De leur lecture on peut tirer deux autres observations intéressantes pour notre propos. D'abord, les Grecs s'installent toujours à des endroits déjà occupés par des Thraces : à Myrkinos, Tragilos, Éiôn[25] et probablement Bergè, l'installation se fait sans heurts, seule la prise d'Ennea Hodoi nécessitera la force. Ensuite, dans tous ces conflits des dernières décennies du VIe siècle et de la première moitié du Ve siècle entre Grecs, Thraces et Perses, il n'est jamais question d'Argilos. Pourtant, Argilos et Éiôn sont à égale distance des rives du Strymon, et les recherches archéologiques sur le site d'Argilos ont montré que la cité était en plein essor économique durant cette période. De plus, grâce à la position stratégique de sa colonie Kerdyllion, qui dominait le Strymon à partir des hauteurs du Mont du Kerdyllion, elle pouvait observer toutes les activités dans cette région autour d'Énnea Hodoi. Les Grecs les plus impliqués dans ces conflits venaient d'Asie Mineure, de Paros, de Thasos ou d'Athènes et tous convoitaient l'or et l'argent des mines. Serait-ce qu'Argilos avait, elle, accès à ces richesses, grâce à des relations de bon voisinage et d'ententes économiques avec les Bisaltes ? La prospérité économique de la cité le laisse croire[26].

Deux ou trois générations après l'installation des Grecs à Argilos, il y a peut-être eu l'arrivée d'un second groupe de colons. Un tel accroissement de la population, accompagné d'activités commerciales intenses, pourrait expliquer le développement soudain et rapide de l'urbanisme. D'autre part, la population grecque de l'établissement étant devenue fortement majoritaire, les Thraces auraient alors décidé, en partie du moins, de quitter le site. Où sont donc passés les indigènes ? On sait que Tragilos était un établissement mixte, Grec et Thrace, et l'on peut donc supposer qu'une partie au moins des indigènes vivant à Argilos ait pu migrer vers ce site ou encore vers la nouvelle colonie de Kerdyllion. Mais il n'est pas impossible non plus qu'une autre partie se soit progressivement hellénisée.

C'est donc probablement au second quart du VIe siècle qu'Argilos serait passée d'un statut de colonie à celui de cité. Cette situation n'est pas sans rappeler celle observée durant la même période dans plusieurs colonies grecques en Mer Noire où, selon certains chercheurs, on assiste à une transition de la « proto-apoikia » ou « proto-polis » vers l' « apoikia-polis » au cours du deuxième quart du VIe siècle.

24 Hammond 1972, p. 440-441.

25 Comment expliquer autrement la présence aux côtés des grecs d'un cavalier thrace combattant pour la cité d'Éiôn ?

26 La production monétaire d'Argilos est importante durant cette période et ses monnaies circulent jusqu'en Orient. Cf. Liampi 2005, p. 74-75. D'autre part, Argilos, en tant que membre de la Ligue Athénienne, a payé une importante contribution, 10 ½ talents, en 454/453, signe de la richesse de la cité; sur ce point voir aussi Liampi 2005, p. 78-80 mais aussi Lazaridis 1972, p. 56.

BIBLIOGRAPHIE

Bernard 1964 : BERNARD (P.) – Céramiques de la première moitié du VIIe siècle à Thasos. *BCH*, 88, p. 77-146.

Bonias 2000 : BONIAS (Z.) – Une inscription de l'ancienne Bergè. *BCH*, 124, p. 227-246.

Bonias, Perreault 2006 : PERREAULT (J.Y.), BONIAS (Z.) – Argilos 2005. *ΑΕΜΘ* 19, 2006, p. 81-88.

Bonias, Perreault 1998 : BONIAS (Z.), PERREAULT (J.) – Άργιλος, η αρχαιότερη ελληνική αποικία στην θρακική περιοχή του Στρυμόνα. *In* : Balkas (A.N.), éd.,'Ανδρος και Χαλκιδική. Πρακτικά Συμποσίου,'Ανδρος, 23 Αυγούστου 1997, *ΑΝΔΡΙΑΚΑ ΧΡΟΝΙΚΑ* 29, Andros, 1998, p. 173-196.

Cook, Dupont 1998 : COOK (R.M.), DUPONT, (P.) – *East Greek Pottery*. London, New York, Routledge, 1998, p. 226 (Routledge readings in classical archaeology series).

Graham 2002 : GRAHAM (A.J.) – The Colonization of Samothrace. *Hesperia*, 71,3, 2002, p. 231-260.

Graham 1978 : GRAHAM (A.J.) – The Foundation of Thasos. *BSA*, 73, 1978, p. 61-98.

Hammond 1972 : HAMMOND (N.G.L.) – *A History of Macedonia : volume 1, historical geography and prehistory*. Oxford, Clarendon Press, 1972, p. 493.

Hatzopoulos 2008 : HATZOPOULOS (M.B.), Retour à la vallée du Strymon. *In* : Loukopoulou (L.D.), Psoma (S.), dir., *Thrakika Zetemata I*, Centre de Recherches de l'Antiquité Grecque et Romaine, Fondation Nationale Hellénique de la Recherche Scientifique, Athènes 2008, p. 175, p. 13-49.

Isaac 1986 : ISAAC (B.H.) – *The Greek settlements in Thrace until the Macedonian conquest*. Leiden, E. J. Brill, 1986, p. 304.

Lazaridis 1976 : LAZARIDIS (D.) Επίγραμμα Παρίων από την Αμφίπολιν, AE 1976, p. 164-181.

Lazaridis 1972 : LAZARIDIS (D.) – Αμφίπολις, Athens Technological Organization, Athens Center of Ekistics, Athens, 1972, p. 98 (Ancient Greek Cities, 13).

Liampi 2005 : LIAMPI (K.) – *Argilos : a Historical and Numismatic Study*. Athens, Society for the Study of Numismatics and Economic History, 2005, p. 377 (Kerma, 1).

Loukopoulou 1989 : LOUKOPOULOU (L.D.) – *Contribution à l'histoire de la Thrace Propontique durant la période archaïque*. 1989, p. 440.

Martin 1983 : MARTIN (R.) – Thasos, colonie de Paros. *ASAA*, XLV, 1983, p. 175.

Matsas 2007 : MATSAS (D.) – Archaeological evidence for Greek-Thracian Relations on Samothrace. *In* : *Thrace in the Graeco-roman world*.

Fig. 152. Fragments d'amphore de Chalcidique.

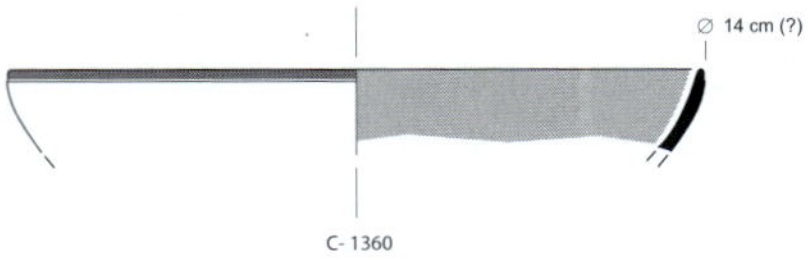

Fig. 153 et 153a. Bol à oiseau C- 1360.

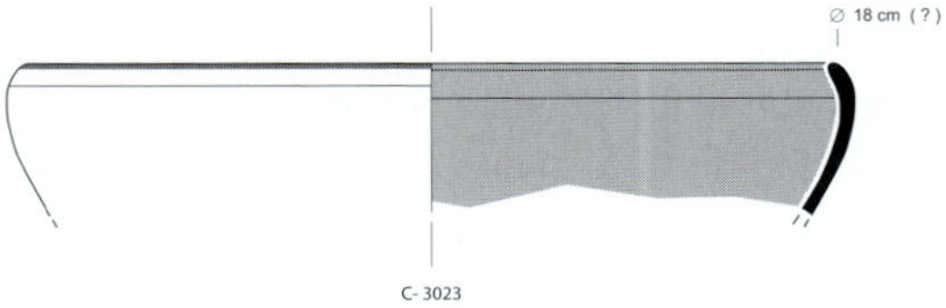

Fig. 154 et 154a. Bol à oiseau C- 3023.

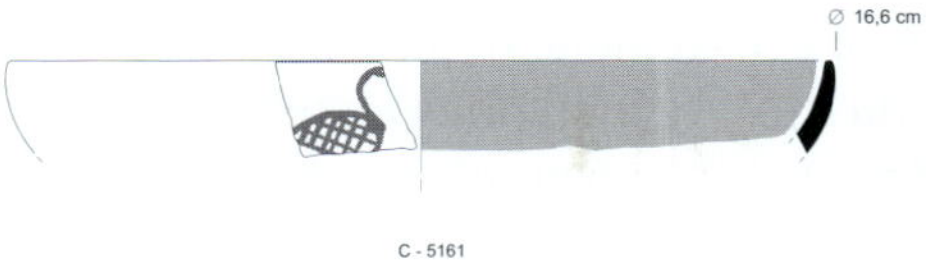

Fig. 155 et 155a. Bol à oiseau C- 5161.

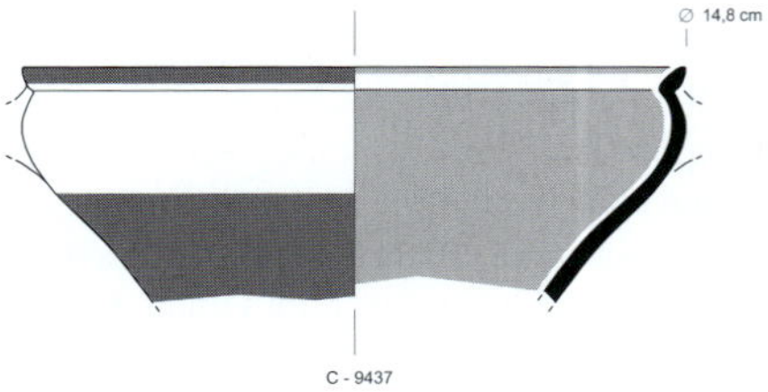

Fig. 156 et 156a. *Skyphos* probablement d'Andros C- 9437.

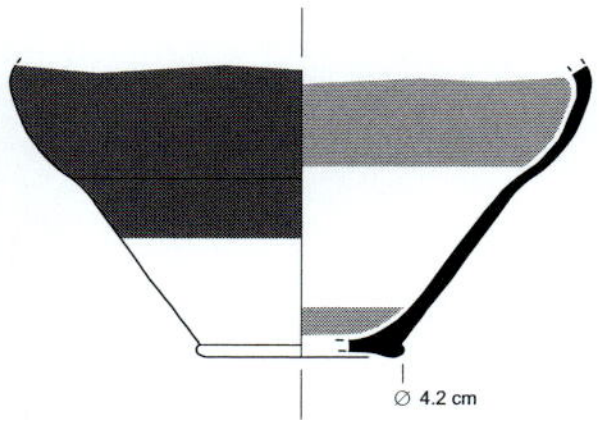

Fig. 157 et 157a. *Skyphos* probablement d'Andros C- 9793.

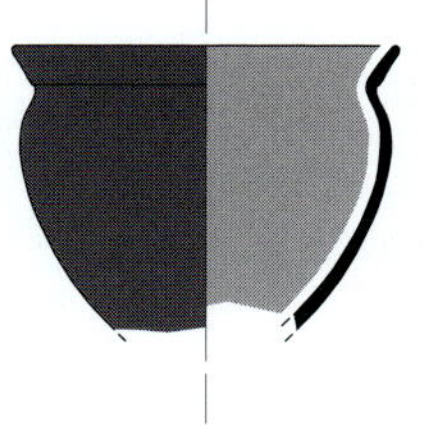

Fig. 158 et 158a. Tasse probablement d'Andros C- 5275.

Proceedings of the 10th International Congress of Thracology, Komotini-Alexandroupolis 18-23 October 2005, Athènes, Εθνικόν Ιδρυμα Ερευνών, Κέντρον Ελληνικής και Ρωμαϊκής Αρχαιότητος : Υπουργείο Πολιτισμού ΙΘ′ Εφορεία Προϊστορικών και Κλασσικών Αρχαιοτήτων Κομοτηνής Ακαδημία Επιστημών, Ινστιτούτο Θρακολογίας, 2007, p. 754, p. 387-402.

Panti 2008 : PANTI (A.) Τοπική κεραμική από τη Χαλκιδική και τον μυχό του θερμαϊκού κόλπου (΄Ακανθος, Καραμπουράκι, Σίνδος), Thessalonique 2008.

Perreault, Bonias 2006 : PERREAULT (J.Y.), BONIAS (Z.) – L'habitat d'Argilos : les céramiques archaïques, un aperçu. *In* : La Genière (J.de), éd., *Cahiers du Corpus Vasorum antiquorum*, N° 1 : *Les clients de la céramique grecque, Actes du Colloque de l'Académie des Inscriptions et Belles-Lettres, Paris, 30-31 janvier 2004*. Paris 2006, p. 49-54.

Perreault, Bonias 1998 : PERREAULT (J.Y.), BONIAS (Z.) – Argilos, aux origines du nome de Serres. *In* : Οι Σέρρες και η περιοχή τους στην αρχαία και μεταβυξαντινή κοινωνία I, Serres, 1998, p. 37-48.

Picard 2005 : PICARD (O.) – Mines, monnaies et impérialisme : conflits autour du Pangée (478-413 av. J.-C.). *In* : Guimier-Sorbets (A.M.), Hatzopoulos (M.B.), Morizot (Y.), éds., *Rois, cités, nécropoles : institutions, rites et monuments en Macédoine* : actes des colloques de Nanterre (Décembre 2002) et d'Athènes (Janvier 2004), p. 269-282.

Pouilloux 1990 : POUILLOUX (J.) – Pariens et Thasiens dans le nord de la Grèce à l'époque archaïque. *In* : *Μνήμη Δ. Λαζαρίδη : πόλις και χώρα στην αρχαία Μακεδονία και Θράκη*. Πρακτικά αρχαιολογικού Συνεδρίου, Καβάλα 9 - 11 Μαΐου 1986, Υπουργείο Πολιτισμού, Αρχαιολογικό Μουσείο Καβάλας, École Française d'Athènes. Thessalonique, 1990, 731 p. (Ελληνογαλλικές έρευνες 1), p. 485-489.

Pouilloux 1954 : POUILLOUX (J.) — Recherches sur l'histoire et les cultes de Thasos. I : De la fondation de la cité à 196 avant J.-C., Paris, Éditions de Boccard, 1954, p. 490, (Études thasiennes 3).

Robinson 1950 : ROBINSON (D.M.) – *Excavations at Olynthus, Part XIII. Vases found in 1934 and 1938*, Baltimore, MD, Johns Hopkins Press, 1950, p. 463 (Johns Hopkins University Studies in Archaeology No 38).

Robinson 1933 : ROBINSON (D.M.) – *Excavations at Olynthus, Part V. Mosaics, Vases and Lamps of Olynthus found in 1928 and 1931*. Baltimore, MD, Johns Hopkins Press, 1933, p. 297 (Johns Hopkins University Studies in Archaeology No 18).

Tiverios 1991 : TIVERIOS (M.) – Αρχαιολογικές έρευνες στη διπλή τράπεζα της Αγχιάλου (Σίνδος) κατά το 1991, *ΑΕΜΘ*, 5, 1991,p. 235-243.

Vokotopoulou 1987 : VOKOTOPOULOU (I.) – Ανασκαφικές έρευνες στη Χαλκιδική, *ΑΕΜΘ*, 1, p. 279-294.

4. L'importance de la plaine du Strymon comme voie de contacts culturels et commerciaux entre Grecs et Thraces

Zisis Bonias

Même si le titre de mon intervention, « l'importance de la plaine du Strymon, comme voie de contacts culturels et commerciaux entre Grecs et Thraces », peut couvrir une très large fourchette chronologique, car on peut traiter de ce thème pour toutes les périodes, préhistoriques et historiques, je souhaiterais ici limiter ma présentation à un horizon chronologique plus court. D'ailleurs, nous tous qui vivons dans cette région (*supra*, **fig. 146**) et qui la connaissons bien, sommes conscients que le rôle joué par cet espace géographique pour les contacts et les échanges pourrait être démontré par un seul exemple. J'en présenterai toutefois plus d'un, et chacun des cas étudiés sera mis en relation avec l'effort de pénétration de l'élément grec dans l'arrière-pays thrace.

Lorsqu'en 1992, nous avons débuté les fouilles d'Argilos[1] (**fig. 159**), en collaboration avec l'Université de Montréal et l'Institut Canadien d'Athènes, notre objectif premier était l'étude des contacts entre les Grecs, qui venaient coloniser la zone côtière du nord de la mer Égée, et les tribus autochtones thraces. Comment s'effectua cet établissement, dans quel espace et pourquoi ? L'endroit choisi était-il inhabité ? Les Grecs rencontrèrent-ils des difficultés dans l'organisation et le mise en place de leurs installations ? Voilà quelques-unes des questions auxquelles nous tentons de répondre. Après quinze ans de recherches sur le terrain, nous avons désormais quelques réponses. Les fouilles ont en effet révélé des indices qui laissent croire que le site d'Argilos était, au moment de l'arrivée des Grecs, déjà occupé par une communauté thrace. Dans les niveaux anciens, la céramique thrace (**fig. 160**), locale ou régionale, est trouvée en quantité plus importante que la céramique grecque. Une première analyse de ces productions indiquerait même que certaines fabriques sont antérieures au matériel grec le plus ancien. Bien sûr, d'autres recherches sont nécessaires pour confirmer cette hypothèse, mais quoi qu'il en soit, il est clair qu'il y a, dès l'arrivée des Grecs à Argilos vers le milieu du VIIe siècle, cohabitation avec les Thraces. D'autre part, les études stratigraphiques montrent que la céramique thrace est attestée sur le site jusque dans la première moitié du VIe siècle, après quoi elle disparaît totalement. Tout porte donc à croire qu'après un peu moins d'un siècle de cohabitation, l'élément thrace de la population d'Argilos s'était complètement hellénisé.

La raison première de l'établissement des Andriens à Argilos était sans doute le contrôle de l'entrée de la plaine du Strymon afin d'y exploiter les métaux du Dyssoron et les ressources naturelles de l'arrière-pays thrace, sur lesquelles nous reviendrons plus loin. Rappelons que l'emplacement de la cité est à deux kilomètres de l'embouchure du Strymon et qu'elle fut protégée par des fortifications au moins dès le Ve siècle.

Par coïncidence, la même année, en 1992, fut trouvée dans le village de Neos Skopos (Serres), situé le long du Strymon, à environ 40 km de la mer, une inscription (**fig. 161**) datée de 470/460 avant J.-C. rédigée en alphabet parien et gravée dans du marbre thasien (Bonias 2000). Précisons que le site antique se trouvait en bordure du Strymon et près du lac Kerkinitis et que, bien sûr, le fleuve était navigable jusque dans cette zone. Cette inscription nous donne le nom de cette cité : il s'agit de l'antique « Bergè ». Si l'on ajoute d'autres informations connues depuis sur la région, on peut en quelque sorte définir de quel type d'établissement il s'agit : emporion tout d'abord, puis colonie organisée de Thasiens dans la valée du Strymon.

Il est vrai que nous possédons toujours peu d'éléments pour reconstituer l'ensemble de l'évolution historique de l'infiltration des Hellènes dans cette région que protégeaient des guerriers célèbres. Les difficultés que rencontrèrent les Thasiens dans leurs efforts de colonisation de la pérée nous sont connues par d'autres sources et Archiloque, dans ses poèmes, les a décrites clairement. Au départ, les Thraces ne semblent pas s'être intéressés à ces nouveaux arrivants installés dans les zones côtières, car leurs intérêts se trouvaient ailleurs, à l'intérieur des terres, plutôt que vers la mer. Cependant, les Thasiens étaient eux, parfaitement conscients de la richesse de ces zones intérieures, qui renfermaient quantités de métaux, de forêts et de terres agraires. Ainsi, ils prirent d'abord rapidement le contrôle de la pérée, du

1 Bonias, Perreault 1992-1993 ; 1994 : 1997 ; 1998 ; 2005 ; 2008 ; sous presse ; Perreault, Bonias 1998 ; 2005 ; 2006 ; 2006/7.

Fig. 159. La colline d'Argilos.

Strymon jusqu'au Nestos, grâce à la fondation de colonies-cités et de colonies-emporia. Leur infiltration dans l'arrière-pays fut plus longue et plus ardue. Ils n'y arrivèrent qu'en 360/359 avant J.-C., et à ce, probablement avec l'encouragement des Athéniens, voire avec leur appui, et fondèrent la colonie des *Krinides*, renommée plutard Philippes, une colonie qu'ils ne purent maintenir que trois années.

Le même phénomène semble s'être déroulé dans la région occidentale de Thrace. La plaine du Strymon, qui était le principal axe de communication vers l'intérieur et par conséquent un lieu de rencontre interculturelle entre Hellènes et peuplades Thraces, n'attira pas seulement l'attention des Grecs mais aussi des Perses, du moins pendant la période limitée où ils se trouvèrent dans la région. Entre les années 513/512-480, le contrôle de la zone autour de l'embouchure du Strymon semble avoir été aux mains des Perses qui exercèrent celui-ci de différentes façons, notamment avec la colonie de *Myrkinos*.

Les Athéniens apparaissent de manière dynamique dans la région (**fig. 162**) après la période des guerres médiques, une fois que leur autorité eut été établie en Grèce. Ils fondent la première coalition athénienne et leur armée navale domine dès lors la Méditerranée orientale et la Mer Noire. En 476 av. J.-C., Kimon occupe Eion et en fait le centre d'opération de ses entreprises dans la région, ainsi qu'une base navale. À partir de 447/446, le nom d'Eion apparaît sur les catalogues de taxation, mais il est certain que les Athéniens contrôlaient la cité bien avant. Parallèlement, Argilos soutenait la présence athénienne de l'autre côté de l'embouchure du fleuve. Toutefois, à l'intérieur des terres, la situation était très différente. Les tentatives des Athéniens pour pénétrer dans l'arrière-pays rencontrèrent des obstacles à cause des peuplades locales thraces. À la bataille de Draviskos en 464, les Athéniens perdirent 10 000 combattants. Ce n'est qu'en 437 av. J.-C. qu'ils réussirent à mettre le pied sur la terre d'Édonie et purent fonder Amphipolis, contrôlant ainsi l'embouchure du Strymon, et par conséquent, la principale voie d'accès vers l'intérieur.

Pourtant, les Thasiens, semblent s'être établit dans la région de l'embouchure du Strymon, et dans l'arrière-pays, beaucoup plus tôt que les Athéniens. Une inscription d'Amphipolis (Lazaridis 1976) est particulièrement éclairante sur ce point. Les Pariens rendent hommage à un certain Thrace Tokis dans les années 500-490, un guerrier qui a combattu à leur côté et qui est mort à Eion. On lui dédia même une statue. Il est donc clair que les Pariens, en fait les Thasiens, pratiquaient une intense activité dans la région. Mais on peut aller plus loin. Pour nous, il ne fait aucun doute que l'expansion thasienne sur la côte correspondait à une opération de colonisation systématique, qui fut accomplie dans un laps de temps précis et que cette expansion comprenait aussi la région autour du Strymon. En fait, il est probable que les Thasiens furent les protagonistes de la pénétration grecque le long du Strymon et que cette pénétration doit être antérieure à l'inscription d'Amphipolis.

On imagine mal que les Thasiens, qui étaient présents sur la côte près de l'embouchure du Strymon, notamment à Eion, n'aient pas été tentés de s'avancer dans l'arrière-pays thrace, cette zone géographique devenant un enjeu économique une fois l'occupation côtière terminée. Ils étaient d'excellents marins et le Strymon était navigable sur une distance considérable. En remontant le Strymon, ils pouvaient atteindre le lac Kerkinitis et, à partir de cet endroit, accéder aux cités thraces à proximité du lac. Et à cette époque, rappelons-le, l'ancienne Bergè était située à proximité de ce lac et du fleuve.

Quoi qu'il en soit, l'inscription de Bergè atteste bien d'une présence thasienne dans la région. La nature de cette présence pose problème, principalement à cause du manque de fouilles archéologiques sur le site. Il est toutefois probable que les Thasiens, conformément à leurs habitudes, ont d'abord privilégié un établissement commercial. Cet emporion remonterait, d'après les trouvailles archéologiques, au VIe siècle. Le site aurait toutefois acquis rapidement le statut de cité comme l'indique notre inscription mais aussi le fait que Bergè apparaît sur la liste des cités payant des taxes à la coalition diliaque et qu'elle est aussi mentionnée sur

Fig. 160. Argilos, céramiques thraces.

Fig. 161. L'inscription de Bergè.

l'inscription des théorodoques d'Épidaure de 360 (?) avant J.-C. et sur une inscription de Dion.

L'histoire de la cité, notamment au Ve siècle, s'explique aussi par cette présence thasienne et par les relations entre Thasos et Athènes. On se rend compte que les relations Athènes-Thasos ont un impact direct sur le destin des activités commerciales thasiennes à Bergè. On sait qu'en 465/4, Kimon détruit cet établissement colonial thasien. Thasos elle-même sera obligée de se soumettre à la première coalition athénienne et perdra ainsi le contrôle de sa pérée. C'est l'époque où les Athéniens, qui ont acquis le contrôle de l'espace côtier de Thrace, du Strymon au Nestos, espace qu'ils prirent aux Thasiens, tentent de pénétrer dans les plaines fertiles d'Odamantique et d'Édonide. Bergè faisait donc désormais partie de la sphère d'influence d'Athènes mais elle acceptait ou plutôt endurait la présence et la domination athénienne uniquement lorsque Thasos était faible et incapable de la contrer, car Thasos avait le contrôle effectif de la cité, dont les principaux habitants et commerçants étaient d'origine thasienne.

Les observations qui précèdent relativement à la situation de la pérée, avec comme base surtout nos connaissances de son espace oriental, ont été faites pour comprendre la forte présence de Thasos et, par extension,

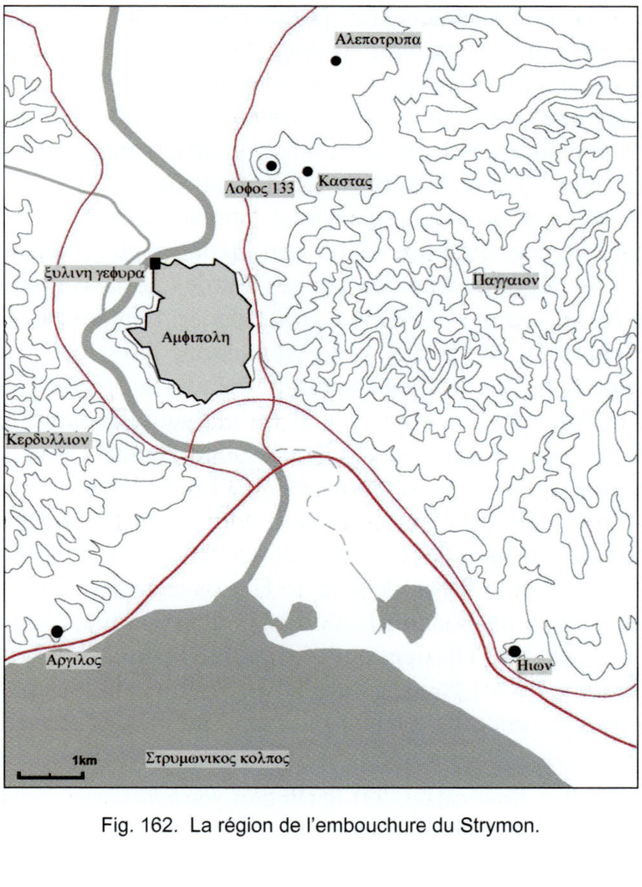

Fig. 162. La région de l'embouchure du Strymon.

de l'élément grec à l'intérieur de l'espace occidental de la Thrace. L'exploitation des richesses forestières, minérales et agricoles de la région de la plaine du Strymon et de l'arrière-pays thrace où conduit ce fleuve, a été au centre de la politique expansionniste thasienne et ils obtinrent de meilleurs résultats que les Athéniens, malgré le contrôle absolu de ces derniers sur la région côtière et le blocus naval qu'ils exercèrent. Nous avons déjà fait état de la pénétration thasienne dans l'arrière-pays de la zone orientale de la pérée au IVe siècle, grâce à la fondation des *Crinides*. Ils semblent qu'ils aient pénétré plus tôt dans la zone occidentale, développant une politique d'amitié et de coopération avec les rois thraces. Ces relations nous sont connues par diverses sources, notamment par l'inscription de Pistiros[2], particulièrement importante, parce qu'elle nous fournit pour la première fois des informations analytiques sur les règlements qui régissent le commerce avec les peuplades thraces, sur les droits et obligations des commerçants envers le roi thrace, etc.

Je profite de cette mention de Pistiros pour vous faire part de certaines idées sur la place et le rôle de Bergè dans la politique expansionniste thasienne en Thrace. La position géographique de Bergè, qui constitue le premier établissement commercial thasien à l'intérieur des terres, est d'un intérêt fort important. Le site se trouve à un endroit où pouvait se concentrer l'arrivée des produits de l'ensemble de la région. Ces produits pouvaient ensuite être aisément transportés par voie maritime sur le Strymon et atteindre la mer. On voit bien là l'importance des fleuves comme prolongement des routes maritimes vers l'intérieur des terres, et qui a été bien mis en évidence par J. Bouzek dans son article paru dans le premier tome de la publication de Pistiros.

Mais Bergè occupe aussi un emplacement de choix car elle constitue une étape importante pour la remontée du Strymon vers les plaines fertiles de la Bulgarie actuelle, où les Thasiens vont fonder l'emporion de Pistiros au Ve siècle. Cette fondation, qui s'est produite sans aucun doute après la défaite thasienne face aux Athéniens, n'était en fait qu'une suite logique au développement de leurs relations commerciales avec la région, qui remontent au moins à la fin du VIe siècle ou au tout début du siècle suivant, comme en témoignent certaines trouvailles de cette période faite dans la région.

Ces réflexions sur le rôle de Thasos dans la plaine du Strymon nous conduit à aborder la question de la route utilisée par les Thasiens pour se rendre à Pistiros. Avaient-ils remonté les passages étroits et éloignés du Nestos ? Ou bien encore, avaient-ils emprunté les traversées dangereuses des montagnes du massif du Rhodope, comme le propose I. von Bredow, une traversée qui nous semble aussi difficile que la précédente ? Il faut d'autre part éliminer la plaine du fleuve Hébros car même si ce fleuve était navigable, les Thasiens n'y avaient sans doute pas accès, ayant connu d'innombrables problèmes avec les Maronites pour la main mise sur Strimi. En réalité, je crois que l'avenue la plus envisageable vers les eaux thraces et vers Pistiros était celle que constituait la plaine du Strymon.

La mention de *Belanas Pracenon* ainsi que les autres emporia que mentionne l'inscription de Pistiros nous conduit à l'idée qu'il s'agit d'un emporion-bourgade-cité, dont la localisation doit être recherchée dans la région autour du lac Prasias (l'actuel Doirani ?) comme d'ailleurs l'ont laissé sous-entendre ceux qui ont publié l'inscription, lesquels ont noté, sans commenter davantage : « ...Il est clair qu'il existait d'autres emporia... qui pourraient suggérer l'existence d'une métropole commune (?) ». Nous aboutissons nous aussi à cette conclusion, mais nous y sommes parvenu par un autre chemin, en utilisant l'identification certaine de Bergè et en établissant un lien entre cette cité et la politique commerciale expansionniste de Thasos, qui constitue à nos yeux un élément d'une grande importance.

La plaine du Strymon constituait donc un passage important pour la circulation du commerce. Les Thasiens ont incontestablement pris soin d'y implanter un réseau pour appuyer ses activités le long du fleuve. Jusqu'à maintenant nous pouvions leur attribuer un point d'encrage au débouché du fleuve, celui d'Eion. La fondation de l'emporion-cité de Bergè en amont du fleuve leur en assurait un second. Il n'est pas improbable que des découvertes futures nous apportent davantage d'information sur la présence thasienne dans cette région car la création d'emporia dans l'arrière-pays thrace, nous l'avons mentionné, a été une poursuite permanente de la politique thasienne et l'établissement à Bergè ne constitue sans doute qu'un maillon de cette chaîne.

2 Velkov, Domaradzka 1994. Sur Pistiros, voir *infra* la contribution de V. Chankowski, p. 241-246.

BIBLIOGRAPHIE

Bonias 2000 : BONIAS (Z.) – Une inscription de l'ancienne Berge. *BCH* 124, 2000, p. 227-246.

Bonias, Perreault 1992-1993 : ΜΠΟΝΙΑΣ (Z.), PERREAULT (J.) – Ἄργιλος. 1992-1993. *ΑΕΜΘ* 7, 1993, p. 465-476.

Bonias, Perreault 1994 : ΜΠΟΝΙΑΣ (Z.), PERREAULT (J.) – Ἀνασκαφή Αργίλου 1994. *ΑΕΜΘ* 8, 1994, p. 317-324.

Bonias, Perreault 1997 : ΜΠΟΝΙΑΣ (Z.), PERREAULT (J.) – Ἄργιλος. Πέντε χρόνια ανασκαφής *ΑΕΜΘ* 10 B, 1997, p. 663-680.

Bonias, Perreault 1998 : ΜΠΟΝΙΑΣ (Z.), PERREAULT (J.) – Ἄργιλος. Η αρχαιότερη αποικία στην περιοχή των εκβολών του Στρυμόνα, Πρακτικά Συμποσίου «΄Ανδρος και Χαλκιδική» 1997. Ανδριακά Χρονικά 29 (1998), p. 173-196.

Bonias, Perreault 2005 : ΜΠΟΝΙΑΣ (Z.), PERREAULT (J.) – ΄Αργιλος, ανασκαφή 1998-1999, *ΑΕΜΘ* 14, 2000, p. 109-116.

Bonias, Perreault 2008 : BONIAS (Z.), PERREAULT (J.) – Argilos. Une colonie grecque en Thrace. *In* : *Studies in Honorae Dimitrova-Milceva*, 2008, p. 17-35.

Bonias, Perreault sous presse : BONIAS (Z.), PERREAULT (J.) – Argilos et les débuts de la colonisation grecque en Thrace, Κομοτηνή 1999, Μνήμη Β. Πεντάξου (sous presse).

Lazaridis 1976 : ΛΑΖΑΡΙΔΗΣ (Δ.) – Επίγραμμα Παρίων από την Αμφίπολιν. 1976, p. 164-181.

Perreault, Bonias 1998 : PERREAULT (J.), BONIAS (Z.) – Nouvelles recherches archéologiques sur site d΄Argilos. *In* : Οι Σέρρες και η περιοχή τους. Από την αρχαία στην μεταβυξαντινή κοινωνία, Σέρρες 1993 (1998), A p. 37-48.

Perreault, Bonias 2005 : PERREAULT (J.), ΜΠΟΝΙΑΣ (Z.) –΄Αργιλος 2005. *ΑΕΜΘ* 19, 2005, p. 81-87.

Perreault, Bonias 2006 : PERREAULT (J.), BONIAS (Z.) – L'habitat d'Argilos : les céramiques archaiques, un aperçu. *Cahiers du CVA* France No 1 (2006), p. 49-54.

Perreault, Bonias 2006 : PERREAULT (J.), BONIAS (Z.) – A Greek Colony in Thracian Territory. *The AAIA Bulletin* 4, 2006/7, p. 38-45.

Velkov, Domaradzka 1994 : VELKOV (V.), DOMARADZKA (L.) – « Kotys » et l'emporion de Pistiros. *BCH* 118, 1994, p. 1-15.

5. Pistiros et les Grecs de la côte nord-égéenne : problèmes d'interprétation

Véronique Chankowski

Nous connaissons depuis longtemps les attestations de la présence grecque dans les colonies installées sur la côte de la Mer Noire. Pourtant, les cités grecques du Nord de l'Égée, comme Thasos, Abdère, Maronée, lorsqu'elles voulaient se tourner vers le Nord et le monde dit barbare, avaient pour voisinage immédiat, dans leur arrière-pays ou dans leur pérée, les Thraces de l'intérieur des terres. Ceux-ci occupaient aussi bien les zones limitrophes du territoire de ces cités, au Sud des Rhodopes, que la plaine qui s'étend au delà de cette chaîne de montagnes.

Le site de Vetren, en Thrace intérieure, dans la vallée de la Haute-Maritsa, se trouve sur une terrasse en bordure de la Maritsa, dans le lieu-dit Adžijska Vodenica situé entre la ville de Septemvri et le village de Vetren, à une cinquantaine de kilomètres à l'Ouest de l'importante ville de Plovdiv (Philippopolis). Connu par les fouilles menées dès 1988 par Mieczyslaw Domaradzki, son importance a été révélée par la découverte d'une inscription grecque à proximité, qui mentionne en particulier les cités de Thasos, Maronée et Apollonia. A la suite de la découverte de cette inscription, le site, initialement compris comme un établissement dynastique thrace, a fait l'objet d'une tout autre interprétation ou plutôt de plusieurs interprétations, dont le caractère contradictoire n'a pas toujours été saisi par ses auteurs. Il est en effet tantôt question de colonie, de cité, d'emporion, en lien avec une présence grecque[1].

Ce site se trouve à l'extrême Ouest de la Plaine thrace, formée par la vallée de la Maritsa (l'antique Hébros) qui s'élargit vers Est et donne sur la Mer Noire et sur la Mer de Marmara. Au Nord, la Plaine thrace est limitée par la chaîne de la Stara Planina qui la sépare de la vallée du Danube. Au Sud, elle est limitée par les Rhodopes, qui constituent aujourd'hui la frontière naturelle entre la Grèce et la Bulgarie.

L'établissement est situé précisément à l'endroit où les Rhodopes et les contreforts de la Stara Planina, appelés Sredna Gora ("Montagne moyenne") ferment la Plaine respectivement du Sud à l'Ouest et du Nord-Ouest au Nord. À l'Ouest, les gorges de Belovo et le défilé de Momina Klisura constituent un verrou d'accès qui mène vers Sofia, l'antique Serdica. À l'époque romaine, la *Via militaris*, reliant Singidunum (Belgrad) via Serdica (Sofia) à Byzance, traversait cette région en empruntant un autre passage qui est aussi celui de l'autoroute actuelle : par le col dit Succi ou "portes de Trajan", elle descendait dans l'actuel village de Vetren. Une station sur cette voie, appelée Bona Mansio et dont les ruines sont encore conservées, se trouvait à deux km au Nord-Est du site en question.

Placé à un point d'aboutissement dans cette plaine, le site se caractérise par deux éléments rares en Thrace : un mur d'enceinte et une voie dallée.

1. Organisation du territoire

Notre travail est le fruit d'une collaboration, depuis 1997, entre l'Ecole française d'Athènes avec un cofinancement du Ministère des affaires étrangères et l'Institut archéologique de Sofia. Nous avons donc formé une équipe composée d'archéologues bulgares et de chercheurs français. Nous n'avons pas travaillé directement sur le site mais dans ses alentours, parfois dans ses abords immédiats, en cherchant à comprendre l'organisation territoriale de la plaine dans laquelle est situé l'établissement. Nous ne l'avons pas d'emblée interprété comme un emporion, mais traité comme un établissement, qui présentait d'après les données de fouilles disponibles, un caractère mixte, grec et thrace. Nous sommes donc partis du présupposé suivant : la plaine constitue le territoire potentiel du site. Nous avions alors comme projet de comprendre l'organisation de ce territoire pour savoir s'il était organisé à la grecque (par exemple selon un modèle colonial) et d'essayer de mesurer l'influence qu'avait pu avoir ce site sur d'éventuels établissements indigènes des alentours et sur les équilibres régionaux.

Notre travail a pris la forme de prospections et de sondages archéologiques et géomorphologiques dans le but de répondre à des questions ponctuelles. Nous avons également étudié l'inscription découverte et l'avons

1 Voir la publication des fouilles dans *Pistiros I-III*. L'inscription a été republiée et étudiée dans Chankowski, Domaradzka, 1999, p. 252-254.

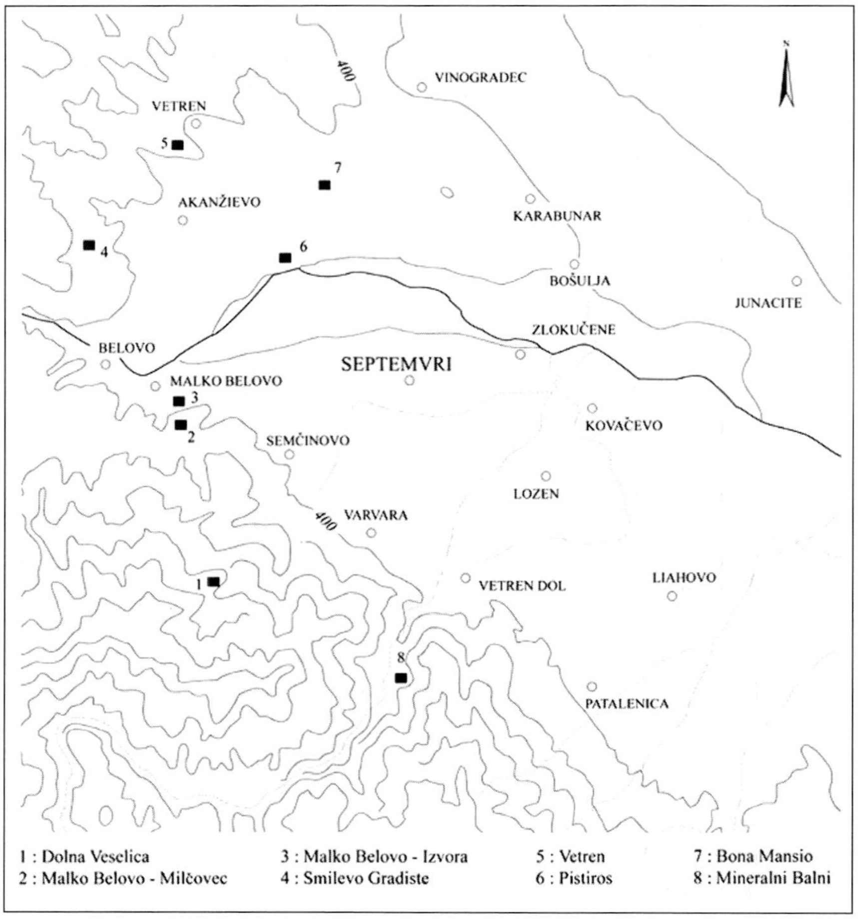

Fig. 163. Localisation des sites archéologiques autour de l'emporion (*BCH* 128-129 (2004-2005), p. 1227) ©EfA.

replacée dans son contexte historique et épigraphique. Il resterait encore beaucoup à faire dans l'exploration archéologique de la vallée de la Haute-Maritsa, et sans doute nos collègues bulgares poursuivront-ils ce travail. Quant à nous, on peut considérer que les objectifs restreints de notre programme ont été atteints dans la mesure où nous pouvons aujourd'hui rendre compte un peu plus clairement du mode de fonctionnement des échanges avec l'établissement de Vetren (**fig. 163**).

Je résumerai ainsi les conclusions de notre travail :

• La prospection de la plaine que nous avions initialement traitée comme un territoire potentiel (20 km^2 d'espace délimité par la Maritsa et par des collines) a révélé que cet espace n'était occupé ni par les Grecs ni par les indigènes aux époques contemporaines de la période d'activité de l'emporion. Qui plus est, l'emporion ne diffuse pas de matériel dans ses abords immédiats. Nous ne sommes donc pas dans le cas d'un territoire à la grecque, il est banal de le dire : pas de pratiques d'épandage agricole, pas de fermes ni d'habitat isolé à proximité du site. Il n'y a aucune trace d'exploitation agricole intensive dans cette plaine : ni *klèros* ni trace de parcellaire, ni occupation coloniale du territoire.

Dans la zone de plaine immédiatement au nord de Pistiros, il est particulièrement frappant de constater l'absence de céramique d'époque grecque, de facture grecque ou thrace. Ce constat n'est absolument pas dû au hasard des ramassages. Dans les zones où des doutes pouvaient subsister car elles étaient les plus susceptibles de livrer des traces de l'Age du Fer, nous avons procédé à des ramassages exhaustifs et systématiques de façon à obtenir des proportions comparables dans nos classements, puis à des sondages[2].

La présence des Grecs, attestée par l'inscription, ne laisse guère de traces dans les alentours.

• Nous nous sommes alors intéressés à l'organisation de l'implantation de l'époque romaine (**fig. 163**).

Le site de *Bona Mansio*, lieu de trouvaille de l'inscription, a donné lieu tardivement à l'implantation d'un habitat rural, entre le IVe s. et le début du VIe s. de notre

2 Pour plus de détails, on se reportera aux rapports publiés dans *Bulletin de Correspondance Hellénique* : Rapports 1998, 1999, 2000 et 2003.

ère[3]. Le schéma d'implantation de l'époque romaine (pour ne pas parler des périodes préhistoriques, bien documentées dans cette plaine, mais dont la chronologie s'avère complexe), apparaît tout différent de ce que nous venons de voir pour la période d'activité de Pistiros : une occupation régulière de la plaine, selon un axe Est-Ouest le long de la voie romaine (d'ailleurs cette implantation s'avère assez tardive, plus proche de la période proto-byzantine).

Toutefois, on est frappé par le caractère fermé de la région à l'époque romaine : les importations sont très rares dans les contextes romains d'après les trouvailles de nos prospections. Le seul type que l'on trouve fréquemment est l'amphore tripolitaine mais la très faible proportion de sigillée marque une différence fondamentale avec d'autres régions indigènes du monde romain. Cette rareté du matériel d'importation est d'autant plus frappante sur un site comme *Bona Mansio*, alors même qu'existait un habitat à proximité. On retrouve la même situation plus au sud dans la région de Varvara, sur le piémont, bien que de petits habitats de plaine isolés, repérés par prospection, suggèrent une situation de relative sécurité favorable aux échanges.

• Le site de Pistiros apparaît davantage en relation avec le fond de la plaine : les zones de piémont et de moyenne montagne (la Sredna Gora, contreforts de la Stara Planina) situées à l'Ouest du site. Nous avons trouvé un seul site indigène qui puisse être en relation avec l'emporion : il s'agit du site de Malko Belovo, partiellement exploré par des sondages de nos collègues bulgares[4]. Il est situé sur le piémont, à proximité du village de Belovo. Les destructions modernes n'ont pas permis, lors des sondages, de repérer des structures construites, mais plusieurs fosses ont été mises en évidence, dont le matériel comporte des éléments de construction (briques) avec de la céramique indigène qui, associée à des fragments de céramique grecque, pourrait dater entre la fin du Ve s. et la seconde moitié du IVe s. avant notre ère. Ce site pourrait donc être en partie contemporain de celui de la plaine. Or il est situé dans une sorte d'impasse, au bout de la plaine formée par la vallée de la Haute-Maritsa. Tourné vers cette plaine, il disposait en même temps d'un accès relativement aisé aux ressources des montagnes.

En effet, si la fourniture de bois pouvait être un des éléments qui attiraient les Grecs dans cette région, la prospection dans ce secteur a révélé une autre richesse : la présence de mines de cuivre à ciel ouvert, le minerai affleurant directement (à l'Ouest et au Sud d'Akandžievo). Plusieurs d'entre elles étaient exploitées encore au XIXe s. D'autres le sont aujourd'hui plus au Nord, dans la région de Elsica. Les recherches n'ont toutefois pas permis de déterminer précisément quelle aurait pu être l'ampleur d'une exploitation antique dans ces zones. Enfin, dans l'évaluation des échanges entre Grecs et Thraces, il ne faut pas oublier le commerce invisible que constitue le trafic des esclaves thraces.

C'est donc davantage en termes d'exploitation d'un réseau que d'occupation territoriale, qu'il faudrait définir le rôle de cet établissement.

Ce réseau unissait des indigènes thraces et des ressortissants grecs de plusieurs cités ou établissements de la côte nord-égéenne. Il nous fallait donc nous intéresser aux modes de liaisons territoriales entre les différents points de ce réseau : les voies de communication.

2. Voies de communication

Il importait tout d'abord de savoir si la Maritsa était navigable dans l'Antiquité à la hauteur du site, pour savoir si l'axe fluvial servait au commerce. Nous avons réalisé une série de carottages dans la zone du site emportée par le fleuve, dont les résultats ont été tout à fait concluants sur plusieurs points : l'observation de la composition des carottes a permis de déterminer l'emplacement de l'ancien lit du fleuve ainsi que l'ampleur de la partie emportée par le fleuve. Elle a également apporté des informations sur la dynamique fluviale de la Maritsa dans l'Antiquité[5].

Si une partie du site a été détruite postérieurement à l'Antiquité, c'est qu'il y a eu élargissement de la bande active du fleuve, à la faveur de plusieurs crues importantes postérieures à l'Antiquité qui ont entraîné un exhaussement de la nappe alluviale. Ces crues traduisent un changement de dynamique fluviale et donnent une idée la dynamique de la Maritsa dans l'antiquité (**fig. 165**). On constate de nombreuses dérives latérales du fleuve, si bien qu'il faut imaginer un système de méandrage : un chenal unique dérivant à l'intérieur de son lit. Dès lors, la navigation, empêchée par la sécheresse en été et par les glaces en hiver, n'aurait été possible qu'au printemps. Mais les écoulements brutaux rendaient alors difficile l'utilisation du fleuve pour la navigation. Ces observations géomorphologiques rendent improbable l'existence d'un commerce par voie fluviale au-delà de Philippopolis (et peut-être de Pazardžik) durant la

3 Voir en particulier Rapport 2000, p. 732-733 (avec la collaboration de S. Boularot) et Rapport 2003, p. 1246-1253.

4 Rapport 2003, p. 1228-1236 (A. Gotzev et G. Nehrizov).

5 Voir Rapport 1999, p. 643-654 (E. Fouache).

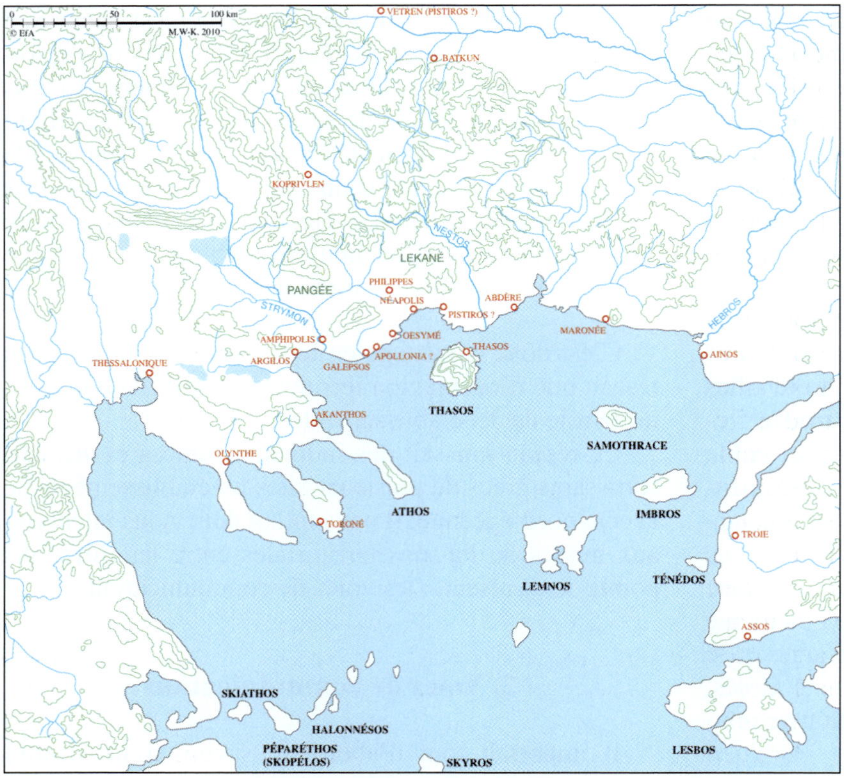

Fig. 164. La côte nord-égéenne et les accès vers les emporia de Thrace intérieure (d'après *Guide de Thasos*, 2000, p. 14).

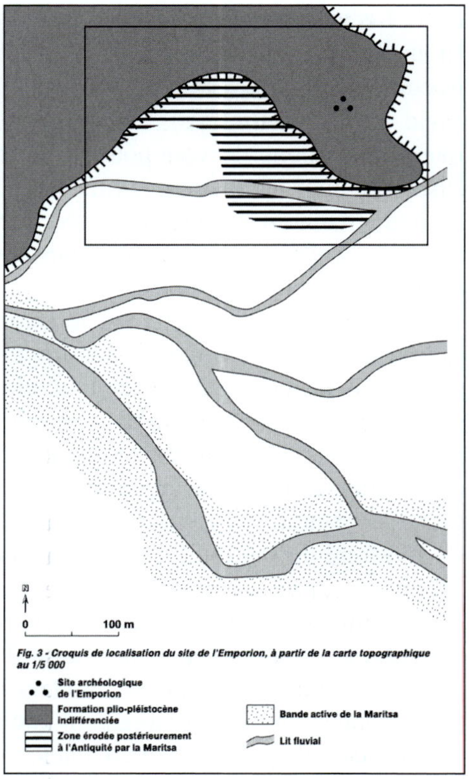

Fig. 165. Emplacement du lit fluvial de la Maritsa (*BCH* 124, 2000, p. 648). ©EfA

période d'activité du site. Il est donc impossible de continuer à parler de port fluvial à propos du site de Pistiros.

Compte tenu des dérives du fleuve, on comprend que la voie romaine se soit installée plus au Nord. L'organisation de l'espace à l'époque romaine modifiait alors profondément les axes d'échanges et les centres de gravité de la région. C'est l'axe Est-Ouest qui était privilégié. À l'époque grecque, on a l'impression du contraire : le site était spontanément tourné davantage vers la Grèce égéenne que vers la Mer Noire, car l'axe Est-Ouest, en raison des contraintes naturelles, était plus difficile à développer que l'axe Nord-Sud.

Ce sont donc davantage les voies terrestres qu'il importe d'explorer pour comprendre son rôle commercial. Il fallait notamment préciser si l'idée d'une route Nord-Sud, traversant les Rhodopes et reliant les *emporia* de la Plaine thrace à la côté égéenne, s'avère recevable. Le passage de biens et de piétons à travers les Rhodopes était-il possible à l'époque du fonctionnement de l'*emporion* de Vetren ?

L'intensité des échanges entre la Thrace du côté Nord des Rhodopes et le monde égéen a été bien montrée dans la synthèse de Z. Archibald, consacrée au royaume des Odryses (Archibald 1998).

Parmi les recherches qui ont particulièrement contribué à éclairer cette question, notons les fouilles de Koprivlen. Il s'agit d'un site situé dans la proximité immédiate des ruines de la ville romaine de Nicopolis ad Nestum (Nevrokop; l'actuel Goce Delcev). L'existence d'une ville romaine à cet endroit prouve que déjà au temps de Trajan, qui l'a fondée, la région était reliée par une route à la côte. La question est celle de savoir si cette voie de communication remonte à une époque beaucoup plus ancienne. Or, les fouilles de Koprivlen ont mis au jour un établissement, datant de l'époque archaïque et de la haute époque classique, dont les contacts avec le monde égéen sont évidents (Bozkova 1997 ; Bozkova, Delev 2002). Il est donc très vraisemblable que la route en question existait bien avant l'époque romaine, durant la période d'activité du site de Vetren.

Quel que soit le tracé exact de cette route (ou de ces routes), on peut donc conclure que le passage à travers les Rhodopes, à l'époque d'activité du site près de Vetren, était certainement possible **(fig. 164)**.

3. Réseau de relations

C'est alors que l'inscription trouvée à proximité permet de faire coïncider les différents éléments acquis par les investigations archéologiques.

C'est un acte de chancellerie thrace, le seul que nous

connaissions à ce jour, qui émane d'un successeur de Cotys (mort en 359) dont le nom n'est pas donné. Dans ce document, le souverain confirme une liste de privilèges qui avaient été autrefois accordés par Cotys aux Grecs entretenant des relations commerciales avec les Thraces et en ajoute d'autres. Le roi s'engage à ne pas utiliser la force militaire contre les Grecs en question (les individus ne pourront être tués ou pris en otages, leurs biens ne pourront être confisqués, les établissements ne pourront être occupés militairement). En outre, le roi accorde une exemption de taxes douanières aux commerçants qui vont circuler entre plusieurs établissements. Aussi cette inscription est-elle une source exceptionnelle d'informations au sujet, d'une part, du statut des commerçants grecs à l'intérieur du pays thrace, et, d'autre part, des liens commerciaux qui unissaient à cette époque-là des cités grecques du littoral égéen et la plaine thrace.

Pour évaluer l'extension de ce commerce, il faut naturellement identifier les établissements mentionnés dans le texte. Certains sont des cités grecques bien connues : Thasos et Maronée. Pour d'autres, l'identification demande discussion tant le nom est courant : Apollonia ; il peut s'agir de l'Apollonia Pontique (l'actuel Sozopol), mais aussi d'une Apollonia peu connue sur la côté égéenne. Les autres ne sont pas identifiés sur le terrain : Pistiros et les *emporia Belana Prasen*... (la pierre est abîmée dans cet endroit). Le nom de Pistiros apparaît à plusieurs reprises dans le texte : à côté des privilèges accordés aux *emporitai* (habitants des *emporia*), il garantit les privilèges des *Pistirènoi* (manifestement les habitants de Pistiros). S'appuyant, d'une part, sur ces données du texte, et d'autre part, sur le lieu de trouvaille de l'inscription (près d'un site dont le caractère partiellement grec semble assuré par le matériel), Velizar Velkov et Lidia Domaradzka, auteurs de la première édition de l'inscription, ont identifié le site fouillé près de Vetren avec la Pistiros de l'inscription. Ils ont identifié en outre les *Pistirènoi* avec les *emporitai* de l'inscription et en ont conclu que le site de Vetren avait le statut d'*emporion*, c'est-à-dire de comptoir commercial. En réalité, l'étude attentive du texte de l'inscription met en évidence un réseau plus complexe qui invite à une autre interprétation [6] :

• Les privilèges accordés dans le document aux *Pistirènoi* et ceux accordés aux *emporitai* sont de nature différente.

• Il y est question de routes qui relient, d'une part, Maronée aux *emporia*, et, d'autre part, Maronée à Pistiros. La logique du réseau routier exclut donc l'identification de Pistiros avec l'un des *emporia* mentionnés dans le texte.

• L'inscription n'est pas le premier témoignage sur le toponyme "Pistiros". En effet, Hérodote connaît la cité de Pistiros et la situe au bord de la Mer Égée, près de l'embouchure du Nestos. De surcroît, des archéologues grecs croient l'avoir localisée lors des fouilles menées près du village de Pontolivado, au Sud de la route Kavala-Xanthi. Mais la découverte récente, par Maria Nikolaïdou, d'un site plus approprié par sa chronologie auprès de Karvali, à l'est de Kavala, est de nature à relancer ce débat (**fig. 164**).

La cité de Pistiros est donc à chercher sur le littoral égéen, alors que l'établissement de Vetren apparaît bien comme un *emporion* et en aucun cas comme une cité. Il appartient à un réseau d'établissements du même type, puisque le document parle des *emporia*, au pluriel.

Cette conclusion retire à l'établissement de Vetren le prestige d'un nom déjà adopté. Néanmoins, elle ouvre des perspectives beaucoup plus intéressantes pour notre connaissance des relations commerciales entre le monde grec nord-égéen et la Thrace intérieure. Cette interprétation a également des conséquences intéressantes sur les relations des cités nord-égéennes avec leur arrière-pays et l'organisation de leur pérée.

À l'intérieur de ce réseau d'échanges, on constate que Maronée jouit d'une place particulière : c'est la seule cité mentionnée dans la clause sur le contrôle des routes vers Pistiros et vers les emporia (l. 21-25), tandis que les Thasiens et les Apolloniates ne sont nommés, avec les Maronitains, que dans le texte du serment qui leur garantit la sécurité à Pistiros (l. 27-28 et l. 32-33). En regard, une absence est frappante : celle d'Abdère. Or Abdère et Maronée semblent avoir chacune des relations différentes avec l'arrière-pays thrace, et cette piste mériterait sans doute d'être davantage exploitée. Abdère tire sa richesse de l'exportation de l'argent mais dépend des mines thraces qui ne sont pas sur son territoire. Sa frontière avec le monde thrace est une zone menacée : en 376/5 elle doit se défendre contre les incursions des Triballes, soutenus par Maronée, qui est depuis longtemps la rivale commerciale d'Abdère.

Conclusion

Le site de Vetren, étant donné son contexte environnemental, est plutôt à comprendre comme un comptoir dans l'arrière-pays thrace que comme une implantation coloniale. Sans vocation agricole particulière, il trouve au contraire sa cohérence en périphérie des terroirs traditionnels, dans une logique de carrefour de voies de communication et de point de rupture de charge,

6 Bravo, Chankowski 1999. On se reportera à cet article, en particulier p. 296-317, pour le détail de l'argumentation, qui n'est résumée que très brièvement ici.

probablement davantage dépendant des routes terrestres que de la voie fluviale. Point de connexion entre Grecs et indigènes, son implantation suppose un territoire qui ne soit pas hostile, capable d'assurer, par le contrôle d'une autorité locale, les droits et la sécurité des emporitains. Aussi correspond-il bien à la notion grecque d'emporion en ceci qu'il constitue un espace commun dans lequel, comme le met en évidence l'inscription découverte à proximité du site, des droits particuliers ont été définis pour des communautés qui ne partageaient pas, au départ, les mêmes règles. Le plein développement de ces échanges entre les cités grecques de la côte nord-égéenne et le royaume des Odryses est à situer essentiellement dans la première moitié du IVe siècle, période qui correspond aussi à la reconquête, par Thasos, de plusieurs de ses prérogatives économiques et territoriales. Mais le développement du pouvoir de Philippe II et la conquête macédonienne en Thrace intérieure viennent très tôt remettre en cause cet équilibre : ce sont précisément les effets de cette conquête sur l'organisation des réseaux d'échange qui méritent, à partir du site de Vetren, une enquête plus approfondie.

BIBLIOGRAPHIE

Archibald 1998 : ARCHIBALD (Z.), *The Odrysian Kingdom*. Oxford, 1998.

Bozkova 1997 : BOZKOVA (A.) – La Thrace du Sud-Ouest aux VIIe-IIIe s. av. J.-C. *In* : P. Roman *et alii*, éd., *The Thracian World at the Crossroads of Civilizations. Proceedings of the Seventh International Congress of Thracology*, Bucarest, 1997, p. 338-345.

Bozkova, Delev 2002 : BOZKOVA (A.), DELEV (P.), éd. – *Koprivlen* I. Sofia, 2002.

Bravo, Chankowski 1999 : BRAVO (B.), CHANKOWSKI (A.) – Cités et emporia dans le commerce avec les barbares à la lumière du document dit à tort « inscription de Pistiros ». *BCH* 123, 1999, p. 259-317.

Chankowski, Domaradzka 1999 : CHANKOWSKI (V.), DOMARADZKA (L.) – Réédition de l'inscription de Pistiros et problèmes d'interprétation. *BCH* 123, 1999, p. 252-254.

Pistiros I : DOMARADZKI (M.) †, ARCHIBALD (Z.), BOUZEK (J.), DOMARADZKA (L.), dir. – *Pistiros I. Excavations and Studies*. Charles University, the Karolinum Press, Prague 1996.

Pistiros II : BOUZEK (J.), DOMARADZKA (L.), ARCHIBALD (Z.H.) – *Pistiros II. Excavations and studies : report of the joint project of excavations and studies by the Bulgarian Academy of Sciences, Charles University in Prague, University of Liverpool, École française d'Athènes and Archaeological Museum Septemvri*, Charles University, the Karolinum Press, Prague 2002.

Pistiros III : BOUZEK (J.), DOMARADZKA (L.), ARCHIBALD (Z.H.) – *Pistiros III. Excavations and studies : report of the joint project of excavations and studies by the Bulgarian Academy of Sciences, Charles University in Prague, University of Liverpool and Archaeological Museum "Prof. M. Domaradzki", Septemvri*. Charles University, Faculty of Philosophy, Prague 2007.

Rapport 1998 : Chankowski (V.) *et alii* – Pistiros (Bulgarie). *In* : *Rapport sur les travaux de l'Ecole française d'Athènes en 1998, BCH* 123, 1999, p. 581-588.

Rapport 1999 : Chankowski (V.), Fouache (E.) *et alii* – Pistiros (Bulgarie). *In* : *Rapport sur les travaux de l'Ecole française d'Athènes en 1999, BCH* 124, 2000, p. 643-654.

Rapport 2000 : Chankowski (V.) *et alii* – Pistiros (Bulgarie). *In* : *Rapport sur les travaux de l'Ecole française d'Athènes en 2000, BCH* 125, 2001, p. 731-736.

Rapport 2003 : Chankowski (V.), Gotzev (A.), Nehrizov (G.)– Pistiros (Bulgarie). *In* : *Rapport sur les travaux de l'Ecole française d'Athènes en 2003 et 2004, BCH* 128-129, 2004-2005, p. 1226-1253.

6. Habitat et réseaux d'occupation spatiale en Thrace égéenne : l'impact de la colonisation grecque (X^{e}-Ve s. av. J.C.)

Alexandre BARALIS

Pour Hérodote (V, 23) ou Thucydide (I, 58, 60 et 68), le littoral nord-égéen représente la Thrace, par défaut ou par excellence, que l'on distingue des deux péninsules de Chalcidique et de Chersonèse de Thrace. Cette définition peut paraître paradoxale au regard de la situation politique qui prévaut alors. Les conquêtes macédoniennes portent en effet, dès le début du Ve s. av. J.-C., les frontières du royaume sur les rives du Strymon ; une avancée que Philippe II poursuit en atteignant à son tour, plus à l'est, le fleuve Nestos. Pour autant, l'ensemble de ces événements ne semble pas bousculer la perception que les auteurs grecs ont de la Thrace.

Cette contradiction n'est pourtant qu'apparente. Elle tient à la nature même de cette région qui, contrairement à la Macédoine, ne constitue pas une entité politique déterminée. Elle reste au contraire étroitement liée à la présence de populations thraces dont certains éléments perdurent au cœur même des nouveaux territoires macédoniens, en particulier sur les pourtours du golfe Thermaïque. Toutefois, ce lien initial qui associe un concept géographique à une communauté de langue et de culture se distend peu à peu durant l'Antiquité, expliquant en retour tout autant le maintien du terme de Thrace au-delà de l'extinction progressive des locuteurs de langue thrace, que son renouveau durant le XIXe s., sur les cendres de la Roumélie ottomane. Les recompositions politiques qui accompagnent la naissance des Etats balkaniques favorisent alors l'émergence contemporaine de plusieurs Thraces –pontique, égéenne ou supérieure. La Thrace égéenne désigne pour sa part un espace âprement disputé par les puissances régionales, situé au sud de la Chaîne du Rhodope, que les aléas militaires finissent par délimiter aux fleuves Nestos et Hébros. Sous cette définition, cet espace concorde dans ses grandes lignes avec la circonscription moderne de Thrace occidentale et représente une entité régionale au relief complexe, dépourvue de toute homogénéité. La Thrace égéenne s'articule en effet autour du bassin littoral de Xanthi et Komotini, que les pentes méridionales du Rhodope encadrent et isolent de la vallée du fleuve Hébros.

Cette région ne s'est ouverte que récemment à la recherche archéologique. Les travaux de prospections accomplis par G. Bakalakis, ainsi que les premières fouilles régulières conduites à Abdère, sous la houlette de D. Lazaridis, marquent durant les années 1950 le début de son étude [1]. Depuis, les nombreuses campagnes de repérage réalisées par D. Triantaphyllos au cours des années 1970 [2], auxquelles ont succédé des fouilles archéologiques chaque année plus nombreuses, se sont soldées par un accroissement notable des données disponibles. Elles permettent d'envisager désormais le développement d'études de synthèse qui, bien souvent dans cette région, font encore défaut.

La Thrace égéenne, tout comme la Macédoine voisine, ne se conforme pas en effet aux modèles développés sur d'autres secteurs du monde colonial grec, en particulier le sud de l'Italie. Ces deux régions nord-égéennes partagent à partir de la phase finale de l'âge du Bronze une communauté de destin qui se matérialise notamment par la mise en place de réseaux d'occupation spatiale ventilé sur l'ensemble des étages du relief, au centre desquels émergent de puissants centres politiques. Paradoxalement, l'intégration de ces rivages dans les circuits d'échanges égéens accuse de forts contrastes régionaux, dessinant des contextes locaux particulièrement complexes que doivent affronter les premiers colons lors de leur installation. Ces facteurs expliquent en partie la formation à la fois graduelle et relativement tardive des territoires coloniaux dans cet espace pourtant proche des métropoles.

1. La Thrace égéenne à la veille de la colonisation grecque

1.1. La mise en place des réseaux d'occupation spatiale précoloniaux

L'âge du Bronze Récent engage sur l'ensemble des rivages du nord de l'Egée une profonde mutation dans

1 Bakalakis 1958 et 1961 ; *PAE* 1950, p. 293-302.

2 *AD* 27 (1972), p. 536-540 ; *AD* 28 (1973), p. 463-467 ; *AD* 29 (1973-74), p. 794-798, 803-809 et 814-820 ; *AD* 30 (1974), p. 294-303 ; *AD* 33 (1978), p. 304-312 ; *AD* 34 (1979), p. 336-338 ; *AD* 35 (1980), p. 432-433.

l'organisation des réseaux d'occupation spatiale. Ces évolutions s'inscrivent en Macédoine centrale dans un contexte général marqué par une continuité inédite avec la période précédente (Andreou, Kotsakis 1987, p. 79). La phase finale du Bronze consacre autour du golfe Thermaïque l'essor de centres fortifiés[3], dotés à leur sommet d'édifices aux dimensions particulièrement remarquables, comme le révèle la Toumba de Thessalonique (Andreou, Kotsakis 1991, p. 214). Ces tells occupent dans les circuits d'échange régionaux une place centrale dont témoigne la répartition des importations de céramique de facture mycénienne[4]. Plus à l'est, dans le bassin de Langada, deux tells –Assiros et Périvolaki- entrent dans cette catégorie. Toutefois, la présence d'un relief plus diversifié permet de saisir ici la mise en place d'une logique nouvelle dans la répartition de l'habitat. On assiste en effet à un redéploiement des sites sur l'ensemble des étages du relief, depuis les rives du lac Korôneia jusqu'aux premières crêtes qui entourent cette étroite unité géographique (Kotsakis 1992, p. 354-355). Cette ventilation de la population, inconnue depuis la phase finale du Néolithique, concerne également, plus à l'est, la Macédoine orientale. Toutefois, les rapports qui lient dans cette dernière région l'habitat de la fin du Bronze à celui du Bronze Ancien apparaissent confus en raison du hiatus généralisé observé sur la plupart des sites, tout comme des incertitudes qui entourent l'existence d'une phase du Bronze Moyen. Néanmoins, sur les 25 sites recensés en 1978 par Ch. Koukouli-Chrysanthaki dans le bassin de Drama, 19 sont situés en hauteur. Ils se superposent aux 6 tells localisés au centre du bassin qui excluent, par leur présence, un quelconque repli défensif sur des sites naturellement fortifiés (Koukouli 1978, p. 231-232). Suivant B. Blouet, la conquête de nouveaux terroirs et la diversification des ressources représentent la principale motivation à l'origine de cette réorientation de l'habitat (Renfrew *et al.* 1986, p. 139). Les diagrammes polliniques reflètent cette tendance et illustrent un recul contemporain du couvert forestier, dans des proportions certes limitées, mais suffisantes pour affecter profondément sa composition (Turner, Greig 1975, p. 194 et 203 ; Athanasiadis *et al.* 2000, p. 336 et 340-341). Cette multiplication des clairières concernent des secteurs jusqu'ici délaissés, comme les zones de sommet ou les pentes nord des montagnes, aboutissant à un ravinement accru qui charrie dans les cours d'eau des sédiments plus grossiers. Ce processus trouve un prolongement dans la chaîne du Rhodope où cette reconquête des zones montagneuses met fin à un long abandon amorcé durant les premiers temps du Bronze Ancien. Le renouveau visible de l'habitat est ici directement favorisé par la venue de nouveaux groupes de population que traduit l'apparition d'un profil funéraire original (Baralis, Riapov 2007, p. 59-60). Les prospections conduites sur les pentes occidentales du massif de Dabrash témoignent alors d'une multiplication des sites, disposés sur les étages supérieurs du relief ou le long des terrasses alluviales (Domaradzki *et al.*1999, p. 9). Ils présentent des couches archéologiques de faible épaisseur, révélatrices d'un habitat instable, selon une situation similaire à celle reconnue plus au sud, du côté grec, à proximité du village de Potamoi (Grammenos 1979, p. 66-67).

La situation qui prévaut durant cette période en Thrace égéenne ne se laisse pas aisément deviner. Les sites de l'âge du Bronze sont en effet peu reconnus et mal enregistrés. Il semble cependant que les réseaux d'occupation spatiale adoptent en Thrace égéenne une même diversification (Baralis 2007a, p. 354-357). L'habitat est en effet disposé le long du réseau hydrographique qui traverse le bassin de Xanthi-Komotini, en particulier dans les secteurs situés au sud de Komotini lesquels bénéficient de l'apport de plusieurs cours d'eau descendant du Rhodope. Il s'étend également le long des zones de piémont où, contrairement au bassin voisin de Drama, il n'occupe que rarement la partie supérieure des cônes de déjection pour leur préférer un placement en contrebas, selon le modèle offert par les nombreux sites repérés dans le nome de Xanthi. L'habitat se fait en revanche plus rare le long du littoral où deux exemples seulement –Mandra et Phanari– ont été jusqu'ici publiés. Il s'aventure à l'inverse volontiers dans les régions montagneuses du Rhodope, suivant le modèle fourni par Neochôri (Triantaphyllos 1990a, p. 627-630) qui assume la liaison entre Platania, situé plus à l'ouest, dans la vallée adjacente du Xéropotamos, et Potamoi disposé plus en amont, au sein de la chaîne du Rhodope. Cette occupation des zones de relief se matérialise également par la fréquentation de plusieurs grottes localisées dans l'Ismaros –Maronée, Strymi- ou le Rhodope –Dihala (*PAE* 1971, p. 87-88 et Aslanis 1988, p. 153). Ce phénomène est à replacer dans le cadre d'un changement d'échelle dans l'élevage du bétail qui touche l'ensemble du nord de l'Egée. Cette évolution se solde alors par une augmentation du nombre de bêtes, rendant désormais impossible le maintient des troupeaux tout au long de l'année à proximité des villages. En réponse, le pastoralisme, organisé autour d'une transhumance verticale, connaît un essor particulier qui accentue à son tour la

3 Ces aménagements se retrouvent sur plusieurs tells de Macédoine centrale et de Chalcidique dont Thermi, Gona, Axiochôri (Vardarofsta), Assiros, Aghios Mamas (Andreou, Kotsakis 1987, p. 64 et 79 ; Kotsakis 1992, p. 354 ; Tiverios 1992, p. 357).

4 Le matériel de facture mycénienne présent à Toumba représente 5,5 % de l'ensemble du matériel céramique contemporain, soit une proportion supérieure à celle observée sur les sites secondaires voisins (Andreou *et al.* 1992, p. 188 ; Krachtopoulou, Touloumis 1990, p. 292).

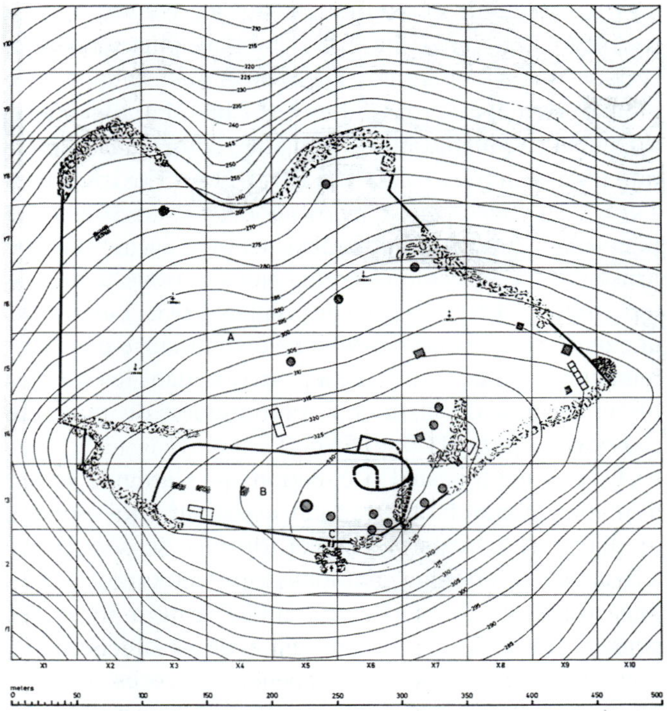

Fig. 166. Acropole d'Asar Tepe, Ergani (Lazaridis 1972, pl. 35).

Fig. 167. Acropole d'Aghios Géôrgios, Ismaros. Enceinte méridionale, ville basse (Cl. Baralis).

pression anthropique sur les paysages (Valamoti 2004a, p. 127). Les spectres palynologiques reflètent ainsi en Thrace, comme dans les régions voisines, un éclaircissement contemporain du couvert végétal sur l'ensemble des zones de relief (Turner, Greig 1975, p. 200-203 ; Gerasimidis, Athanasiadis 1995, p. 115).

Une catégorie nouvelle de sites individualise en revanche nettement la Thrace égéenne des régions voisines. Le Bronze Récent consacre en effet l'émergence sur certains sommets d'habitats, dotés de dimensions imposantes. C'est notamment le cas de l'acropole d'Asar Tepe (**fig. 166**), près du village d'Ergani, qui occupe une superficie avoisinant les 10 ha. Les fouilles, réalisées en 1969 et 1971 par E. Tsibidis-Pentazos (*PAE* 1971, p. 86-118 et *PAE* 1972, p. 86-93), ont révélé un premier horizon appartenant à la phase finale du Bronze selon une chronologie reconnue dans la partie orientale des Rhodopes bulgares sur des sites similaires, comme à Ostar Kamak et Harman Kaya (Balkanski 1976, p. 171 et Dremsizova 1984, p. 132). Ensemble, ils permettant d'esquisser les contours d'une communauté de destin qui unit le littoral égéen de la Thrace à son arrière-pays montagneux.

1.2. L'affirmation d'un modèle

Ces nouvelles orientations qui se font jour dans les réseaux d'occupation spatiale nord-égéens trouvent au cours de la période suivante, celle du premier âge du Fer, leur plein épanouissement. Cette continuité est favorisée par un contexte relativement stable. Plusieurs sites de transition, récemment découverts, témoignent en effet du maintien des communautés sur place, tout comme d'une transition progressive dans les productions de céramiques[5]. Néanmoins, la trajectoire suivie par les différentes régions du nord de l'Egée est le théâtre d'une différenciation croissante qui se solde par l'émergence de faciès régionaux distincts. On assiste ainsi, en Macédoine centrale, à un débordement de l'habitat hors des limites étroites des principaux tells à un moment où ces derniers perdent leur caractère fortifié (Anagnostou *et al.* 1990 ; Soueref 1993, p. 293). Les grands complexes d'édifices qui les couronnaient tombent progressivement en désuétude, trahissant une évolution significative dans l'organisation politique de ces communautés. À l'inverse, le premier âge du Fer consacre la diffusion massive des fortifications en pierres sèches sur les rives égéennes de la Thrace, tout comme dans la chaîne du Rhodope et en Macédoine orientale. Ces structures présentent une remarquable homogénéité sur l'ensemble des sites concernés (Baralis et Riapov 2007, p. 61-62). Les murs sont dotés d'une épaisseur moyenne qui oscille entre 1 m 20 et 2 m 50 et sont édifiés en appareil polygonal ou pseudo-isodome. La maçonnerie est complétée

5 En particulier le tumulus de Lilova, près de Devin, dans les Rhodopes occidentaux bulgares, dont un des vases présente une forme proche du cratère, héritée du Bronze Récent, associée à un décor incisé - un double cercle concentrique- caractéristique pour sa part du premier âge du Fer (Leshtakov 2008). Egalement, les nécropoles du site de Kastri, à Thasos, voient coexister des productions tardives dérivant de prototypes mycéniens du HRIIIC avec des vases cannelées, typiques de la période suivante. Koukouli 1978, p. 246 et 1993, p. 680.

ponctuellement par un blocage de petites pierres destiné à combler les espaces laissés vacants. Leur tracé englobe volontiers les diverses éminences rocheuses, compensant par ce biais l'absence systématique de tours. Leur chronologie s'avère en revanche plus problématique. M. Cicikova place ainsi leur construction à une date relativement haute, dès la fin du Bronze Récent (Cicikova 1976, p. 38). A l'inverse, I. Panayotov situe leur émergence dans une période courant entre le VIe et le IVe s. av. J.-C. (Panayotov, Chaparov 1976, p. 306-307 ; Panayotov 1977, p. 48). Les fouilles réalisées sur le littoral nord-égéen, en particulier sur les sites de Platania, de Mourgana, de Tsouka et d'Asar Tepe, près de Sarakini, ont permis de trancher récemment cette question et de fixer leur édification au premier âge du Fer[6].

Cette situation cache cependant une réelle diversité dans la fonction assumée par ces structures, tout comme par les sites qui en sont dotés. Une catégorie particulière englobe ainsi les habitats de sommet où ces enceintes assument un rôle défensif évident. L'acropole d'Asar Tepe, près d'Ergani (**fig. 166**), reçoit par exemple durant le premier âge du Fer une double fortification d'une longueur totale de 1 300 m. Ses murs, d'une épaisseur moyenne de 1,40 m, entourent un emplacement relativement vaste de forme irrégulière (320 m x 420 m). Cette enceinte structure également son espace intérieur en isolant une ville haute d'une ville basse (Lazaridis 1972, p. 35). On retrouve par ailleurs au sommet de cette acropole une construction singulière qui domine par sa position l'ensemble du site. Un mur courbe enserre en effet un espace ovale (17 m x 15 m) au centre duquel on retrouve deux constructions distinctes (respectivement 5 x 6 m et 5 x 6,5 m ; *PAE* 1972, fig. 2, p. 88). Une même organisation interne est reproduite sur le site d'Aghios Géôrgios, dans le massif de l'Ismaros (Lazaridis 1972, p. 35). Sur ce second habitat, le péribole sud apparaît lui-même divisé en deux espaces dont le plus élevé abrite à son tour un édifice imposant (**fig. 167**). Ces acropoles illustrent ensemble l'existence d'habitats aux dimensions imposantes, dotés d'un statut particulier, qui posent en toile de fond la question de l'identification des trois villes cicones mentionnées par Strabon (VII, frag. 43).

Ces sites dominent par ailleurs un réseau composé d'habitats ouverts qui reproduit les principales orientations définies au cours du Bronze Récent. Le nombre d'habitats toutefois s'accroît, tout comme leur superficie, accentuant le contraste qui oppose désormais des sites relativement étendus, comme Kinyra et Mikro Doukato où l'épandage de céramique en surface couvre respectivement 40 ha et 45 ha à des habitats plus modestes, comme Askitès et Aghioi Theodoroi, dont la superficie globale ne dépasse pas 5 ha et 0,7 ha[7]. Parallèlement, l'occupation du littoral s'intensifie, démentant l'assertion d'Appien (*Guerre Civile*, IV, 102) sur l'existence en Thrace égéenne d'une *érémos chôra*, c'est-à-dire d'une région inoccupée ou faiblement peuplée au moment de l'installation des colons grecs. Nous serions tentés de reprendre ici les remarques formulées par E. Lepore sur une *oudemia tôn anthropôn* –une insignifiance des communautés locales- exprimée a posteriori dans les sources littéraires afin de justifier l'appropriation du territoire colonial (Lepore 2000, p. 55).

Ce premier niveau d'occupation, qui s'articule autour d'un lien hiérarchique vertical associant sites ouverts de plaine et habitats perchés et fortifiés, se double par ailleurs de diverses installations disposées sur les étages plus élevés du relief (Baralis 2007a, p. 496-503). Les pentes des massifs abritent ainsi des établissements ouverts, de dimensions restreintes, composés de bâtiments circulaires ou rectangulaires érigés en pierres sèches. Leur fonction exacte demeure inconnue. Néanmoins, les parallèles ethnologiques ne manquent pas dans la région et nous renvoient à des installations agropastorales saisonnières (**fig. 168**). On note également que ce type architectural est en général absent des habitats de plaine, où seules les constructions en torchis sur clayonnage prédominent. Ce type d'édifice est en revanche repris sur les acropoles fortifiées, notamment celle d'Asar Tepe, près d'Ergani, et d'Aghios Géôrgios dans l'Ismaros, et se retrouve plus à l'ouest, à Koprivlen (**fig. 169**), dans la haute vallée du Nestos (S. Alexandrov dans Bozkova *et al.* 2002, p. 67 et fig. 6, p. 325).

Ces établissements ventilées sur les pentes voisinent par ailleurs avec des installations de sommet qui recouvrent à leur tour une grande variété typologique. Parmi eux, les sanctuaires de hauteur qui demeurent encore relativement méconnus en Thrace égéenne, en dépit des nombreux efforts déployés en ce sens par D. Triantaphyllos (Triantaphyllos 1986). Cette lacune tient en partie à la difficulté inhérente à arrêter des critères objectifs définissant ce que représente exactement un sanctuaire de hauteur en contexte thrace. Sur ce point, la compréhension encore insuffisante qui entoure les diverses structures observables sur de nombreux sites, telles que les niches rupestres, les escaliers ou les « trônes », ne permet pas pour autant d'accepter l'interprétation souvent spéculative qui en est faite. Ces sanctuaires voisinent avec un ensemble de sites de

6 *AD* 29 (1974), p. 785-786 ; *AD* 37 (1982), p. 325 ; *AD* 45 (1990), p. 377 ; Efstratiou 1987, p. 482 et 1988, p. 518 ; Triantaphyllos 1990a, p. 627-628.

7 *AD* 28 (1973), p. 466 ; *AD* 29 (1973-4), p. 817 et 818 ; *AD* 34 (1979), p. 337.

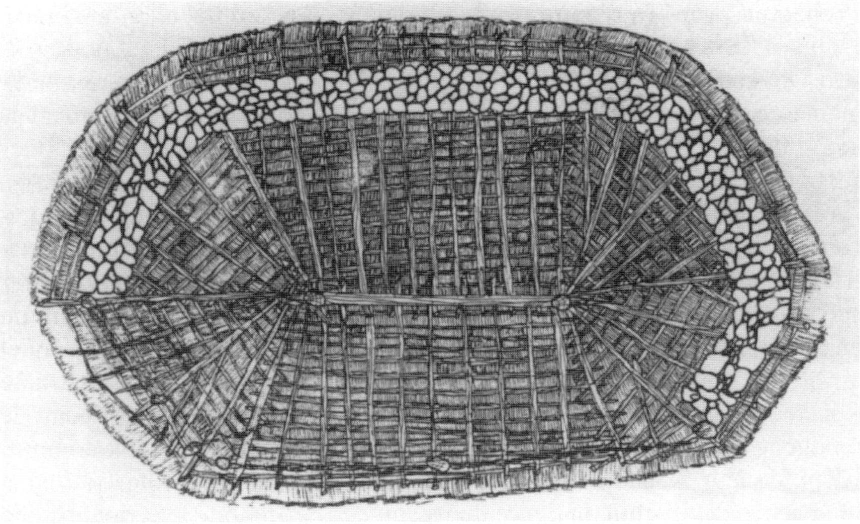

Fig. 168. Installation saisonnière pomaque, secteur de Sarakini, nome du Rhodope (ΕΥΣΤΡΑΤΙΟΥ (Ν.) - *Εθνοαρχαιολογικές αναζητήσεις στα πομακοχωριά της Ροδόπης*, Thessalonique, 2002, fig. 31Γ).

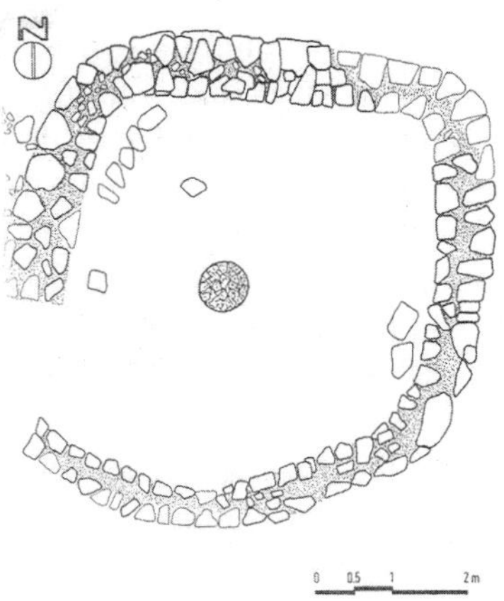

Fig. 169. Edifice circulaire. Age du Bronze Récent. Koprivlen, Rhodopes occidentaux (Bozkova *et al.* 2002, fig. 6, p. 325).

dimensions plus ou moins modestes, souvent décrits comme des « fortins ». Cette lecture, encore largement diffusée, défend une vocation essentiellement militaire de ces installations, sensées contrôler les principales voies de circulation[8]. Elle apparaît cependant de nos jours de plus en plus fragile, car elle ne repose que sur la présence d'un mur en pierres, similaire à ceux des grands centres fortifiés. Or, les travaux ethno-archéologiques accomplis par Nikos Efstratiou sur deux de ces installations –Tsouka et Asar Tepe, près de Sarakini- apportent désormais quelques nuances (Efstratiou 1987 et 1988). Ces études soulignent en effet l'inadaptation du tracé de l'enceinte d'Asar Tepe, près de Sarakini, à un usage strictement militaire, car ce mur ne barre qu'imparfaitement l'accès au site (**fig. 170**). De plus, la nature des constructions découvertes au sommet, tout comme l'outillage et l'abondant matériel paléozoologique mis au jour, renvoient l'image d'une installation vouée à des activités plutôt pastorales. Ces conclusions confirment donc l'existence en Thrace égéenne de sites saisonniers et non autonomes, à vocation non militaire qui matérialisent par leur présence cette emprise nouvelle exercée par les populations thraces sur l'ensemble des secteurs géographiques et aboutissent en retour à la formation de paysages désormais ouverts et fortement anthropisés.

Fig. 170. Vue générale du site d'Asar Tepe, Sarakini (ΤΡΙΑΝΤΑΦΥΛΛΟΣ (Δ.) - Οχυρωματικοί περιβόλοι στην ενδοχώρα της Αιγαιακής Θράκης. *In* : *Τόμος στην Μνήμη Δ. Λαζαρίδη Πόλις και χώρα στην αρχαία Μακεδονία και Θράκη*, Thessalonique, Ministère hellénique de la culture – École Française d'Athènes, 1990, fig. 5, p. 696).

1.3. Un monde politiquement morcelé

Le caractère fortifié des grandes acropoles proches du littoral semble traduire l'émergence d'un souci croissant lié à la sécurité des communautés. La stabilité remarquable qui caractérise l'habitat n'exclut pas en effet les conflits locaux, tout comme les déplacements de population dont le glissement de plusieurs faciès funéraires se fait le témoin (Baralis 2007b, p. 21-22). Suivant un axe de diffusion orienté vers l'est, le groupe funéraire reconnu dans le sud-ouest de la Chalcidique atteint ainsi durant le premier âge du Fer la Macédoine orientale et la Thrace égéenne où il se retrouve sur le site de Kastas, tout comme dans les nécropoles de Vaféïka et de Zônè. Il se caractérise par la pratique exclusive de l'inhumation

8 Le témoignage précieux de Tacite (*Annales*, IV, 48) sur l'utilisation militaire d'une de ces structures en Thrace a contribué dans une grande mesure à justifier cette interprétation, en dépit de l'écart chronologique remarquable que cette source accuse avec le Premier Age du Fer (Triantaphyllos 1987 ; Triantaphyllos et Kallintzi 1998, p. 9).

des sujets en pithos, De même, le groupe funéraire de Sitagroi, en Macédoine orientale, occupe plus à l'est l'horizon supérieur de la nécropole de Mikro Doukato. Les sujets y sont inhumés, bras pliés et mains croisés sur le ventre. Un second courant de diffusion se dessine parallèlement depuis les zones de relief du Rhodope en direction du littoral. Le groupe funéraire présent dans les Rhodopes occidentaux s'étend par exemple dans les bassins de Serrès et de Drama et se retrouve ponctuellement à Thasos, au moment même où de nouveaux faciès apparaissent dans les Rhodopes orientaux, liés au phénomène mégalithique (Baralis 2007b, p. 22-27). Ce dernier touche alors la côte égéenne dans les secteurs des Monts Ismaros et Zônaia. Le caractère homogène que présentent la plupart de ces nécropoles, en dépit de leur forte proximité géographique, tout comme l'absence de signe de métissage, exclut un transfert limité aux seules pratiques rituelles et témoigne plutôt du déplacement contemporain de groupes de population. Cette mobilité, visible à une date ancienne dans le domaine funéraire, trouve durant les périodes classique et hellénistique un écho intéressant dans les glissements des tribus thraces installées sur les rives du golfe Mélas[9]. Il serait cependant dangereux de surestimer l'influence exercée par ces évènements sur les équilibres régionaux et d'oublier la stabilité contemporaine des réseaux d'occupation spatiale nord-égéens à laquelle répond à la permanence de plusieurs faciès funéraires, en particulier ceux présents à Thasos ou dans les Rhodopes occidentaux et centraux. De plus, l'édification d'une fortification, comme celle entourant les imposantes acropoles, témoigne à elle seule du caractère essentiellement sédentaire des populations thraces. Suivant l'analyse formulée par A. Daubigney, il est important de souligner que ces structures imposantes ne sont pas été érigées dans l'urgence (Daubigney 2002, p. 371). Elles trahissent au contraire la recherche affichée d'un certain prestige, ainsi que l'existence probable d'une autorité centrale suffisamment forte pour mobiliser une force de travail collective.

La nature exacte de ce pouvoir nous est toutefois inconnue, mais cette question rejoint celle, plus large, entourant l'existence éventuelle d'une royauté thrace. La figure royale constitue en effet un schéma récurrent dans le répertoire mythologique grec consacré à la Thrace, comme l'incarne Rhésos, mentionné au chant X de *l'Iliade* sous le qualificatif de Βασιλεύς (*Iliade*, X, 435). Plusieurs autres personnages concernent directement la Thrace égéenne, en particulier Euphémos, roi des Cicones (*Scholia in Homerum : scholia in Iliadem*, II, 844, 4), ou Diomède, roi des Bistones (Philostrate, *Eikones*, II, 25). Le souverain thrace apparaît alors entouré d'aristocrates au sein desquels il n'est qu'un *primus inter pares*. Sa dignité le distingue en revanche nettement du cas de Maron, fils d'Evanthos, et prêtre d'Apollon, lequel réside dans l'Ismaros à l'orée d'un bois sacré consacré au dieu (*Odyssée*, IX, 193-216). Il est placé à l'écart de la communauté selon un schéma commun aux communautés grecques héroïques qui interdit toute confusion entre la figure du roi, ou de l'aristocrate guerrier, et celle du prêtre. L'institution royale est attestée à une date plus tardive dans le nord de l'Egée, mais elle ne concerne durant l'époque classique que les tribus crestone, édone et odomante. Toutes trois sont situées en Macédoine orientale et dans le nord-est de la Chalcidique, à l'écart du territoire des colonies littorales[10]. Cette disparition ancienne de la figure royale tant à Thasos, qu'en Thrace égéenne, parait troublante. Il serait tentant de rattacher cette évolution à la venue des colons grecs dont l'installation se solderait par la destruction concomitante des centres de pouvoirs locaux. Or, il est intéressant de constater que de nombreuses acropoles fortifiées s'éteignent avant la fondation des premières colonies. C'est notamment le cas de Kastri à Thasos, située au sud de l'île, qui s'inscrit dans le cadre d'un environnement particulièrement concurrentiel, induit par le voisinage des acropoles de Paliokastro et d'Aï-Lias (Koukouli 1992, p. 711-712 et 722 et *AD* 31 (1976), p. 299). Kastri est ainsi abandonné au cours de la seconde moitié du VIIIe s. av. J.-C., soit deux à trois générations avant la fondation de la colonie grecque de Thasos[11]. Sur le littoral conti-

9 Les Apsinthes disparaissent au cours de la période hellénistique de la région d'Ainos, tandis que les Paites quittent à un moment indéterminé les rives occidentales de l'Hébros pour occuper la partie orientale de l'ancienne Apsinthide. Les Korpiles justifient sans doute ces déplacements, puisqu'ils occupent eux-mêmes l'ancienne zone des Paites, de même que les alentours immédiats d'Ainos, tout comme la plaine littorale d'Alexandroupolis, donnant à cette vaste région le nom de Korpilike. (Appien, *Guerre civile*, IV, 87, 35 ; Arrien, *Anabase d'Alexandre*, III, 11, 3-5 ; Stéphane de Byzance, *Ethnica*, 557, 24 ; Strabon, éd. Jacoby, 7a, I, sect. 48, 16-26).

10 Au-delà de l'épisode du Thrace Oisydrès, identifié de façon arbitraire par P. Devambez (Devambez 1955) comme un roi bisalte, Hérodote (VIII, 116) évoque l'existence au début du Ve s. av. J.-C. d'un roi des Crestones et des Bistones. Thucydide (IV, 107 et V, 6) confirme l'existence d'une telle institution au travers des exemples de Pollès, roi des Odomantes, et de Pittakos, roi des Edônes. Athénée (*Deipnosophistes* XII, 19) rapporte de même l'épisode non daté d'un combat entre les Bisaltes, conduit par Naris, et la ville de Cardia. Enfin, les émissions monétaires nous permettent de connaître l'existence de Getas, roi des Edônes, et de Mosses, roi des Bisaltes (Archibald 1998, p. 106).

11 Les fouilles réalisées à Kastri ne partagent pas l'intégralité du matériel d'importation présent à Liménas dans les couches précoloniales. La quantité de fragments de céramique G2-3 retrouvée au sein de l'acropole de Kastri s'avère en effet très restreinte et aucun vase d'importation cycladique, similaire à ceux mis au jour dans le sondage I. Kokkinos ou sur l'Artémision de Liménas, n'a été jusqu'à présent découvert ici (Koukouli 1992, p. 572-577).

nental, Asar Tepe, près d'Ergani, est désertée suivant une chronologie relativement semblable. Là encore, la proximité des acropoles d'Aghios Géôrgios dans l'Ismaros et d'Aghios Géôrgios, près de Pétrôta, ainsi que de Mausôleio près de Toxotès, ne saurait être ignorée. Ces divers éléments concourent à mettre directement en lumière les conflits nombreux qui animent un monde thrace profondément divisé avant même la fondation des premières colonies grecques.

2. La fondation des colonies grecques de Thrace égéenne

2.1. Les contacts précoloniaux

Selon G. Pugliese Caratelli (Pugliese Caratelli 1996, p. 151-153), la colonisation grecque conclut une longue série de contacts avec les populations locales que L. Vagnetti fait remonter dans le sud de l'Italie au commerce maritime mycénien (Vagnetti 1996, p. 116). De tels échanges ne sont pas inconnus dans le nord de l'Egée où les importations mycéniennes touchent progressivement à partir du HRIIA l'ensemble des régions littorales, depuis l'Axios jusqu'au fleuve Nestos (Baralis 2007a, p. 341-343, 347-348 et 352-354). Ce commerce suscite en retour, à Thasos et en Macédoine orientale, une production d'imitation largement diffusée dans le cadre de réseaux locaux d'échange jusque dans les premières vallées méridionales du Rhodope (Koukouli 1978, p. 247 ; Grammenos 1979, p. 51 ; Alexandrov 2005, p. 47). Etrangement, la Thrace égéenne semble rester à l'écart de ces contacts. La présence de matériel mycénien a fait jusqu'ici l'objet de rapports contradictoires et semble se réduire à quelques fragments incertains découverts sur l'acropole d'Asar Tepe, près d'Ergani, ainsi que dans la grotte du Cyclope, près de Maronée (*PAE* 1971, p. 101 et planche 112a). Ces importations s'éteignent dans le nord de l'Egée au cours du HRIIIC, laissant en héritage une communauté de formes appelée à perdurer dans la céramique locale.

La reprise des échanges s'avère toutefois précoce et concerne tout d'abord les pourtours du golfe Thermaïque et la Chalcidique où les premières importations de céramique à décor géométrique ont longtemps été attribuées au Xe s. av. J.-C. (Carington, Votokopoulou 1988, p. 364 ; Soueref 1999 ; Tiverios *et al.* 2000, p. 193). Ces datations, relativement hautes, tout comme l'origine exacte de ces vases, ont depuis été remises en cause. Les analyses fournies par J. Papadopoulos tendant à abaisser cette chronologie et soulignent à l'inverse la diversité des centres de production engagés dans ces échanges (J. Papadopoulos 1996, 156-157 et 162). Cette correction jette le trouble sur l'existence d'un commerce eubéen, confortant les partisans d'une éventuelle présence phénicienne (Graham 1978, p. 215-217). Cette dernière hypothèse explique, il est vrai, l'absence d'unité constatée dans le matériel importé, tout en s'accordant avec les différentes traditions mythologiques se rapportant à la venue de Phéniciens en Grèce. Dans cette perspective, Thasos sert sur le littoral nord-égéen de repère, car Hérodote (II, 44 ; IV, 147 ; VI, 47) évoque l'origine levantine de la colonie qu'il met en relation avec l'exploitation des mines d'Ainyra et de Koinyra. Ce témoignage, bien que tardif par rapport aux faits qu'il relate, n'a pas manqué d'influencer par la suite les travaux archéologiques menés sur l'île, attachés pour certains à prouver la validité des propos d'Hérodote (Launey 1944, p. 27-28 et 191-209 ; Devambez 1955 ; Roux 1979, p. 191, 193 et 214). La toponymie joue dans ce dossier un rôle central, car le nom de Thasos serait pour Hérodote d'origine phénicienne, rejoignant les traditions entourant sa colonie Galepsos [12]. Une étude linguistique conduite par G. Dossin (Dossin 1977, p. 200), particulièrement contestable dans ses méthodes, accrédite d'ailleurs ces hypothèses. Elle étend parallèlement cette origine phénicienne aux deux toponymes thasiens d'Ainyra et de Koinyra, tout en ajoutant à cette liste un troisième, celui d'Abdère, sans prendre en compte la possibilité que ces noms puissent posséder une origine locale, thrace en l'occurrence, comme U. von Wilamowitz-Moellendorff l'avait soupçonné auparavant (Baralis 2007a, p. 538). Ces conclusions ont suscité un certain enthousiasme parmi les chercheurs travaillant dans le nord de l'Egée (notamment Devambez 1955 ; Pouilloux 1982, p. 93-94 ; Danov 1990, p. 153) et nourri des études relativement hardies. A.J. Graham (Graham 1992, p. 45) souligne ainsi la probabilité d'une présence phénicienne à Abdère en s'appuyant sur une étude ancienne du monnayage de la colonie. D. Lazaridis ajoute Maronée sur la liste des sites concernés (Lazaridis 1971, p. 7 et note 39), tandis que F. Salviat (Salviat 1990, p. 466-467) attribue une origine sémite au vin des monts Biblins (actuel mont Symvolo) dont le nom dériverait directement de la ville de Byblos. La vigne constituerait donc le dernier héritage légué par les Phéniciens.

Les résultats des travaux conduits, en Macédoine orientale, sur les tells de Dimitra et Sitagroi, datés du Bronze Ancien, infirment directement une telle lecture (Valamoti 2004b, p. 423-424). La vigne, tout comme la fabrication de vin, n'a semble-t-il pas attendu dans

12 Le nom de l'île est aussi relié au Phénicien Thasos, fils de Cilix, d'Agenor ou de Poséidon, venu à Thasos à la recherche d'Europe (Hérodote, VI, 47 et Harpokration, *Lexikon*).

le nord de l'Egée la venue des colons phéniciens ou grecs. Ce détail s'ajoute à une absence plus troublante de matériel d'origine phénicienne tant à Thasos que dans ses mines, selon une situation qui se retrouve également à Abdère et sur l'ensemble des habitats thraces du premier âge du Fer (*AD* 36 (1981), p. 339 et Graham 1992, p. 46). Les vestiges découverts à ce jour à Limenas traduisent au contraire de façon surprenante l'existence dans les horizons précoloniaux d'un habitat thrace. Par ailleurs, le matériel levantin reconnu en Chalcidique se réduit pour la période qui nous intéresse à quelques perles de verre provenant de la nécropole de Koukos (Carington, Votokopoulou 1988, p. 364). En attendant les résultats prometteurs des fouilles réalisées à Méthôni, force est de constater que les données archéologiques entourant une éventuelle fréquentation des côtes du nord-est de l'Egée par des commerçants ou des colons phéniciens se réduisent de nos jours à peu de choses.

Cette absence rejoint celle, plus large, de matériel importé dans les horizons précoloniaux des sites littoraux du nord de l'Egée. Cette lacune concerne de façon troublante les deux régions d'où provient la majorité des colons grecs, à savoir l'Ionie et les Cyclades. En effet, les seuls fragments relevant d'un commerce précolonial se limitent à plusieurs exemplaires de bucchero éolien retrouvés à Ainos [13] ou dans le sondage Hiraklis Kokkinos à Thasos (*BCH* 87 (1964), p. 88-114). En dépit de la forte proximité qu'entretiennent ces productions avec la céramique fine thrace, cette provenance éolienne est confirmée par l'analyse de pâte réalisée sur un exemplaire venant de Mendè (Moschonisioti *et al.* 2005, p. 263), ainsi que par la présence sur un second exemplaire de Karabournaki d'un graffiti rédigé dans une langue que M. Tiverios attribue au phrygien (Tiverios *et al.* 1997, p. 332). Ce matériel permet de dessiner les contours d'un commerce issu du nord-est de l'Egée auquel la fondation d'Ainos n'est pas étrangère et qui trouve un écho intéressant dans la circulation contemporaine de la céramique dite G2-3. Ce type de céramique, produite à Limnos et en Eolide, est largement diffusé en Troade et en Chersonèse de Thrace (*BCH* 87 (1964), p. 88-90 ; Cook et Dupont 1998, p. 25). Il touche plus à l'ouest Samothrace, ainsi que divers sites disposés sur la côte orientale de la Macédoine. A Thasos enfin, cette céramique est présente dans les niveaux précoloniaux de Liménas et, pour un seul exemplaire, à Kastri (Koukouli 1992, p. 572-575 ; Koukouli 1993B, note 13, p. 681 ; Koukouli *et al.* 1996, note 12, p. 640). La céramique G2-3 présente l'avantage d'avoir été produite dans un intervalle chronologique relativement restreint, compris entre la seconde moitié du VIIIe s. av. J.-C. et le milieu du VIIe s. av. J.-C., ce qui permet d'attribuer avec précision le développement de ces circuits commerciaux aux quelques décennies qui précèdent la venue des premiers colons grecs. L'introduction de matériel ionien s'avère en revanche plus tardive, comme en attestent les premiers exemplaires découverts à Karabournaki qui correspondent à des dinoi du « middle wild goat I » de R.M. Cook, datées des années 650-625 av. J.-C. (Tiverios *et al.* 1999, p. 171). Ce matériel est contemporain des premiers exemplaires de céramique cycladique, représentés à Thasos par deux fragments provenant du sondage Hiraklis Kokkinos, mais absents jusqu'ici du site de Kastri (BCH 87 (1964), p. 143 ; Tiverios *et al.* 2000, p. 309).

2.2. L'ébauche d'une topographie coloniale

L'implantation des colonies grecques ne s'inscrit donc pas dans le nord-est de l'Egée dans une longue tradition d'échanges qui aurait lié les futures métropoles à ces rivages géographiquement très proches (**fig. 171**). Bien au contraire, l'installation des colons succède ici de près aux premières importations. Les sources antiques se révèlent paradoxalement peu dissertes sur les évènements qui accompagnent la venue des colons grecs. La date de fondation de ces établissements, tout comme l'identité de leur métropole, posent d'ailleurs parfois problème sans que la topographie historique de certains secteurs soit totalement résolue, en particulier dans le secteur de la pérée de Samothrace.

Une première chronologie peut toutefois être esquissée. La fondation d'Abdère vers 656 ou 652 av. J.-C., selon la chronologie proposée par Eusèbe (*Chron.*, II, 8, 6), consacre en Thrace égéenne l'essor de la présence grecque [14]. Les colons clazoméniens, emmenés par Timésios, s'installent dans le nord de l'Egée au moment même où Andros fonde Akanthos et Stagire. Pseudo Skymnos (678, CGM 222) évoque l'origine chiote des Maronitains, mais l'ancienneté de la cité n'apparait qu'indirectement au travers d'un fragment d'Archiloque rapportant la rivalité qui l'oppose à Thasos au sujet du comptoir de Strymè (Harpokration 281, 4 Dindorf ; Philochoros, frag. 43 Jacoby) [15]. L'existence relativement précoce de ce dernier étonne pour sa part et cadre mal avec les données archéologiques recueillies sur ce site. Sa fondation est toutefois à replacer dans le cadre

13 *Anatolian Studies* 33 (1983), p. 241et 34 (1984), p. 212-213.

14 Egalement Plutarque, Moralia, 812a ; Solin, X, 10.

15 Pour A. Möller, le frag. 2 d'Archiloque dans lequel le poète boit du vin de l'Ismaros constitue le *terminus ante quem* le plus fiable pour situer cette fondation (Möller 1996, p. 318).

des tentatives conduites par Thasos pour prendre pied en Thrace égéenne [16]. Cette entreprise infructueuse, qui constitue un épisode encore méconnu de la colonisation grecque sur le littoral thrace, nous est révélée par le récit des combats que mène Archiloque face aux Saïens, lesquels occupent alors Samothrace, ainsi que l'embouchure du Nestos. De même, un second toponyme conservé par Strabon –Thasiôn Képhalè–, se rapporte à un lieu situé à proximité du lac Ismaris (act. Mitriko) et garde le souvenir d'une première et courte installation thasienne (Samsaris 1986, p. 73). Plus à l'est, des colons éoliens originaires d'Alopekonnèsos, rejoints par des contingents venus de Lesbos et de Kymé, fondent Ainos (Harpokration, s.v. Αινος ; Pseudo Skymnos, 696-697 ; Strabon, VII, frag. 51). La date de cette installation n'est pas rapportée, mais les fouilles conduites par S.Başaran à l'intérieur de la citadelle byzantine ont livré un matériel archaïque daté, sans plus de détail, du VIIe s. av. J.-C. (Erzen 1990) [17].

La période suivante couvre la première moitié du VIe s. av. J.-C. Elle constitue en Thrace égéenne au mieux une pause dans la colonisation du littoral, voire un recul relatif. A l'ouest du Nestos, Thasos fonde Galepsos [18], mais Abdère dépérit inexorablement. L'échec de la fondation clazoménienne ne semble pourtant pas avoir été aussi rapide que ce que laisse supposer le récit d'Hérodote. Les données provenant de l'étude de la nécropole archaïque souligne l'abandon de ce secteur durant la « troisième décennie » du VIe s. av. J.-C., soit deux à trois générations après la fondation de la ville (Skarlatidou 2000, p. 317). Seul un quart de siècle sépare donc à Abdère la fin de la présence clazoménienne de l'installation des réfugiés de Téos, vers 545 av. J.-C. (Veligianni 1997, p. 692). Ce second flux de colons consacre dans le nord de l'Egée l'ouverture d'un nouveau volet dans l'aventure coloniale qui s'étend sur l'ensemble de la seconde moitié du VIe s. av. J.-C. Il accompagne la fondation par Thasos de ses derniers établissements continentaux [19]. Les données archéologiques recueillies sur le site de Dikaia témoignent parallèlement de l'existence contemporaine de cette cité [20], à un moment où Samothrace jette les bases de sa pérée. Les informations dont nous disposons sur l'extension du territoire de Samothrace au secteur littoral compris entre le mont Ismaros et le delta de l'Hébros sont malheureusement encore peu nombreuses [21]. Le seul éclairage disponible provient de l'établissement installé près du Sapli Dere (**fig. 172**). Ce site, fouillé régulièrement depuis 1966, a longtemps été identifié à la suite de M. Kazarov avec le comptoir de « Mésembria » ; une attribution corrigée depuis par P. Tsatsopoulou et M. Galani-Krikou, sur la base des découvertes monétaires qui permettent une identification relativement sure avec l'établissement de Zônè (Galani-Krikou 1997, p. 633 ; Tsatsopoulou 1997, p. 620). Or, loin du schéma proposé par K. Vravitsas ou M. Sakellariou, articulé autour de la conquête par Samothrace d'un territoire continental au lendemain de l'installation des colons grecs sur l'île, soit au cours du VIIe s. J.-C. (Vavritsas 1988, p. 78 ; Galani-Krikou 1997, p. 632), l'ensemble du matériel mis au jour à Zônè ne s'avère pas antérieur au dernier tiers du VIe s. av. J.-C. [22]. Le parallèle longtemps établi entre Samothrace et le modèle offert par Thasos ne semble donc pas exact.

16 Les fouilles réalisées sur la péninsule de Molyvoti, ainsi que sur la nécropole tumulaire qui entoure l'ancien comptoir, n'ont cependant livré jusqu'à présent aucun matériel antérieur au Ve s. av. J.-C. Bakalakis 1967 ; *AD* 47 (1992), p. 492-493 ; *AD* 48 (1993), p. 396-367 ; *AD* 53 (1998), p. 739-740 ; Triantaphyllos 1992 et 2000.

17 Egalement *Anatolian Studies* 33 (1983), p. 241 et 34 (1984), p. 212-213.

18 *AD* 16 (1960), p. 218 ; 27 (1972), p. 526-527. Koukouli 1980, p. 319-320. Trois cistes découvertes au lieu-dit Pithari appartiennent elles aussi à la fin du VIe s. av. J.-C. (*AD* 29 (1974), p. 785-786).

19 L'établissement de Kalamitsa, identifié avec l'ancienne Antisara, semble, sur la base des données archéologiques, déjà exister à la fin du VIe s. av. J.-C. (*AD* 25 (1970), p. 397-398 ; 26 (1971), p. 413 ; 28 (1973), p. 450 ; Koukouli 1980, p. 314-316). A l'est de Néapolis (act. Kavala), les deux établissements découverts à Nea Karvali et Pontolivado débutent leur vie à la fin du VIe s. av. J.-C. Le premier de ces deux sites a été identifié avec l'ancien comptoir d'Akontisma sur la base du témoignage d'Ammien Marcellin, ainsi que des indications fournies par les itinéraires romains.

20 Les premières émissions monétaires débutent à la fin du VIe s. av. J.-C. et permettent à E. Langlotz de supposer par leur type une origine samienne à cet établissement (Bakalakis 1958, p. 91; Lazaridis 1971, p. 48). Les fouilles conduites par D. Triantaphyllos en 1972 sur quatre tumuli appartenant à la nécropole de cette cité ont livré pour leur part un ensemble de sépultures daté de la fin du VIe s. av. J.-C. et du début du Ve s. av. J.-C. (*AD* 28 (1973), p. 469-472).

21 Les sources historiques s'avèrent en effet peu dissertes. Le comptoir de Salè, identifié sur la base des itinéraires romains avec la ville moderne d'Alexandroupolis, n'a livré aucun matériel antérieur à la fin de la période hellénistique, alors même que son nom est mentionné par Hérodote (VII, 59) ou figure dans les listes du tribut athénien (Tsatsopoulou 1997, p. 620). Traïanopolis, plus à l'est, en lequel G. Bakalakis croit reconnaître l'établissement de Tempyra, a fourni pour sa part des fragments de céramique appartenant respectivement au premier âge du Fer et à la période romaine (Bakalakis 1961, p. 17 et 1965, p. 285).

22 Les fouilles réalisées en 1987 dans le quartier du Sanctuaire de Déméter, au sud-est du premier péribole, tout comme celles entreprises en 1995 au centre et à l'ouest de la ville, ont mis au jour plusieurs fragments appartenant au VIe s. av. J.-C. (Tsatsopoulou 1987, p. 473 et 1995, p. 442). L'étude du sanctuaire d'Apollon, débutée en 1988, a livré par la suite la statue acéphale d'un kouros datée de la même période, ainsi que de nombreux fragments de kylix attiques à figures noires, démontrant ainsi que ce *temenos* était déjà en fonction dans le dernier tiers du VIe s. av. J.-C. (Tsatsopoulou 1988, p. 490-493 ; 1989 ; 1996, p. 917 et 1997, p. 618).

2.3. Grecs et Thraces aux premiers temps de la colonisation

Ainsi défini, l'ensemble des colonies du littoral égéen de la Thrace ne présente pas de caractéristiques géographiques communes. Ces établissements occupent tour à tour une péninsule, notamment dans le cas d'Abdère, une île proche de la côte pour Strymè ou une terrasse littorale, comme à Zônè (**fig. 172**). La fonction de carrefour routier n'apparaît clairement que dans le cas d'Ainos, ce qui place les colonies de cette région en dissonance avec les modèles ionien ou achéen défendus par A. Wasowicz (Wasowicz 1999). En revanche, l'impact de cette installation grecque le long du littoral n'est pas négligeable sur les réseaux thraces d'occupation spatiale, car deux de ces sites –Zônè et Ainos– sont fondés sur des habitats thraces préexistants. De plus, Maronée pose la question de l'identification de l'emplacement de la colonie archaïque et classique, encore inconnu, auquel se superpose la proximité troublante de l'acropole d'Aghios Géôrgios, dont la silhouette domine le site de la ville hellénistique. L'enceinte d'Aghios Géôrgios comporte, selon G. Bakalakis, de nombreuses traces de réfections qu'il attribue avec E. Tsibidis-Pentazos et D. Lazaridis aux périodes archaïque et classique, laissant en suspens la possibilité d'une prise de possession par les Maronitains de ce site stratégique (Pantos 1983, p. 169). Ce cas de figure ne se retrouve pas en revanche à Abdère où les fouilles réalisées depuis 1950 confirment l'absence de matériel thrace sous les couches coloniales de cet établissement. Il semble que les Clazoméniens aient opté pour un emplacement vierge (Koukouli 1986, p. 87).

Dans un tel contexte, les relations qu'entretiennent les colons grecs avec les populations thraces apparaissent très variables. Elles s'avèrent en effet particulièrement conflictuelles dans le cas d'Abdère, comme le rapporte le *Péan aux Abdéritains* de Pindare. En ce sens, l'étude réalisée par E. Skarlatidou et D. Kallintzi sur la nécropole archaïque de la colonie confirme le caractère essentiellement grec et homogène des rites qui y sont réalisés, tout comme la faiblesse des contacts entretenus avec les populations locales. L'inhumation des adultes en pithoi, qui correspond aux rites observés dans les nécropoles thraces de Vaféïka, ne se retrouve que dans deux cas relativement éloignés du noyau de la nécropole (Kallintzi 1990). A l'inverse, Maronée cultive les références à un répertoire thrace, réel ou mythique. Le nom de Maronée, qui fait référence à la figure du prêtre thrace Maron, est ainsi attesté dès les premiers temps de la jeune colonie (Harpokration 281, 4 Dindorf ; Philochoros, frag. 43 Jacoby). Cette figure mythologique est même consacrée par la cité comme son oikiste. La ville adopte également comme emblème le cheval (Triantaphyllos

Fig. 171. Topographie historique des colonies grecques de Thrace égéenne.

Fig. 172. Vue générale du site de Zônè (Cl. Baralis).

1986, p. 140) et retient sur ses premières émissions monétaires la figure d'un cavalier que Ch. Karadima-Matsa rapproche du cavalier thrace (Karadima-Matsa 1997, p.557). Par ailleurs, D. Triantaphyllos défend l'existence d'un culte commun aux Grecs et aux Thraces consacré à Apollon Hélios, bien que les réminiscences thracologiques de cette analyse semblent évidentes. Ce constat permet toutefois à ce chercheur de supposer une installation pacifique des colons (Triantaphyllos 1990b, p. 302). Le cas d'Ainos n'est pas moins intéressant, car cette colonie succède à un habitat thrace. Une tradition relativement tardive, à laquelle est attachée le tumulus dit de Polydore, visible à l'est de la cité, sert de pivot à ses habitants pour revendiquer des origines troyennes et donc un enracinement régional mythique (Pline l'Ancien, *Histoire naturelle*, IV, 43).

Les données provenant de Zônè révèlent pour leur

part une proportion de 10 à 15 % de céramique thrace non tournée sur l'ensemble des secteurs fouillés par A. Vravitsas, y compris dans les couches du Ve s. av. J.-C. Le fouilleur ne rapporte pas cette situation à une contamination issue de niveaux archéologiques plus anciens (*PAE* 1971, p. 120 ; 1980, p. 3 et 5-7 ; 1983, p. 23 ; 1984, p. 19 ; Vavritsas 1988, p. 87). De plus, une partie des ostraka provenant du sanctuaire d'Apollon est rédigée en langue thrace, selon un cas de figure déjà reconnu à Samothrace[23]. Il semble donc que le développement de la pérée de Samothrace ait associé des éléments de populations locales, suivant un processus similaire à celui observé à Tragilos.

3. L'essor des territoires coloniaux

3.1. Le territoire colonial archaïque

La compréhension que nous avons du territoire archaïque butte sur l'absence de sources, tant textuelles et archéologiques, qui soient contemporaines de cette période et nous permettent d'approcher les limites atteintes pour les colons au lendemain de leur installation. Cette lacune rejoint l'ignorance plus large que nous avons en Thrace égéenne des facteurs à l'origine de ces implantations coloniales. Longtemps, les regards se sont portés sur une vocation essentiellement agricole de ces établissements, évoquant tour à tour la fertilité des sols, la renommée des vignobles de l'Ismaros, voire le potentiel en main d'œuvre ou la richesse des mines du secteur d'Abdère (Koukouli 1986, p. 82 ; Salviat 1990, p. 462 ; Tsatsopoulou 1990, p. 330). Cette liste, bâtie sur un ensemble de sources hétéroclites et tardives (Pindare, *Péans aux Abdéritains*, 25-26 ; Appien, *Guerre civile*, IV, 108 ; Diodore de Sicile, XXX, 6), constitue cependant une énumération de « possibles ». Elle butte aux alentours d'Abdère sur l'absence patente de mines, tout comme de forêts, qui distingue ce secteur de la pérée thasienne voisine. Néanmoins, cette lecture a longtemps favorisé une vision relativement large de l'étendue des territoires coloniaux. D. Lazaridis restitue ainsi dès les premiers temps de la fondation d'Abdère un domaine courant sur l'ensemble du bassin, depuis le littoral jusqu'aux première pentes du Rhodope (Lazaridis 1971, p. 2). Ce chercheur mêle dans son raisonnement le recours à des frontières naturelles aux données fournies par un témoignage d'Elien (*Sur les animaux*, XV, 25) et par deux bornes horothétiques d'époque hadrienne découvertes en 1937, près du village de Paradeisos, sur la rive droite du Nestos (Bakalakis 1937, p. 25-26). Cette hypothèse aboutit à la reconstitution d'un territoire idéal, imperméable aux évènements politiques, et inscrit dans une topographie régionale figée.

Certes, l'impact de la colonisation n'est pas négligeable le long du littoral, en raison de la superposition de plusieurs établissements coloniaux avec des habitats thraces préexistants. Le sort réservé aux acropoles fortifiées proches du littoral demeure toutefois méconnu, en particulier dans le cas du site d'Aghios Géôrgios, dans l'Ismaros, qui voisine avec l'emplacement hellénistique de la colonie de Maronée. De même, l'influence de la présence grecque sur l'arrière-pays immédiat demeure difficile à cerner, en raison des incertitudes qui entourent la valeur à donner à la circulation de céramique de facture grecque. Pour autant, l'absence de ce matériel ne constitue pas une donnée évidente, car l'imprécision des datations qui entourent la céramique modelée thrace ne permet pas, sans l'apport de matériel importé, d'estimer le caractère contemporain d'un site avec les colonies littorales. La tendance à surestimer l'ancienneté de ces productions est fréquente et d'autant plus regrettable que l'apparition du tour de potier parmi les communautés thraces du littoral égéen, au début du VIe s. av. J.-C., ne marque pas la fin des productions modelées. Ces dernières se poursuivent en contexte colonial jusqu'au cœur de la période classique, tant à Zônè qu'à Thasos[24], et ne s'éteignent sur de nombreux sites de Macédoine orientale et de Thrace égéenne qu'au cours du IIe s. ap. J.-C. (S. Papadopoulos 1996, p. 162-163 et 168-169).

L'importance du commerce grec ne doit pas être pour autant surestimée durant la période archaïque. Les prospections réalisées dans le bassin de Xanthi révèlent en

23 Notamment la dédicace ΑΜΠΟΛΟΝΕΣΟ dans laquelle le nom d'Apollon demeure aisément identifiable (Triantaphyllos 1989, p. 579). Cf. également la présentation orale de D. Matsas réalisée le 19 octobre 2005, à Komotini lors du Xe congrès de Thracologie sous le titre « Archaeological evidence for Greek-Thracian relations in Samothrace ».

24 Les quatre sondages réalisés en 1998 à Aghios Iôannis Loukas ont révélé des éléments d'architectures relevant de techniques de construction similaires à celles observées dans les habitats du Premier Age du Fer en Thrace –foyers avec galets, sols en argile apposés sur des plaques de pierres, elles-mêmes déposées sur une sous-couche de tessons et de graviers, fosses « à déchets »–, le tout témoignant d'habitation élevées en torchis ou briques crues. La céramique locale est modelée et comporte parfois quelques éléments de décoration cannelés. Elle coexiste toutefois dans certaines couches avec des tessons à vernis noir ou à figures noires issus des productions thasiennes, ce qui permet de dater cet habitat à la fin du VIe s. av. J.-C. Aghios Iôannis Loukas témoigne donc de la présence surprenante dans le sud de l'île de populations thraces aux traits relativement conservateurs, alors même que les fouilles réalisées au sud-ouest de l'île, à Skala Mariôn, démontrent le rôle joué par cette partie de l'île dans la vie économique de la colonie, et notamment dans ses productions de céramique. S.Papadopoulos 1998.

effet l'absence relative de matériel grec contemporain sur les sites qui parsèment ce vaste espace situé entre les dernières nécropoles d'Abdère et le piémont du Rhodope (Skarlatidou 1990)[25]. Un même cas de figure se retrouve plus au nord dans les différentes vallées qui conduisent à l'intérieur du Rhodope[26]. La situation semble avoir été quelque peu différente dans l'arrière-pays de Maronée où la nécropole de Mikro Doukato, distante à 18 km de la colonie, présente, parmi le mobilier funéraire, plusieurs vases d'imitation[27]. De même, les prospections conduites par D. Triantaphyllos aux alentours de ce site révèlent l'existence de plusieurs habitats comportant en surface du matériel « archaïque, classique et hellénistique »[28]. Ce chercheur note également le cas d'un site comportant des fragments de céramique dont la description évoque les productions subgéométriques thasiennes de la seconde moitié du VIe s. av. J.-C. Cependant, cette présence s'estompe rapidement vers le nord, une fois franchi le fleuve Philiouri. Les prospections conduites par I. Anagnostopoulou-Hatzipolychroni dans le secteur de Symvola, n'ont livré qu'un fragment susceptible d'être rapproché des productions subgéométriques de Macédoine centrale de la fin du VIe s. av. J.-C. (Anagnostopoulou 1990, p. 10). De même, la présence d'Ainos à l'embouchure de l'Hébros se double d'une absence de matériel grec sur les sites fortifiés disposés sur les pentes occidentales qui encadrent cette vallée fluviale ; une situation que reproduisent les deux collines de Didymoteikho où les importations ne débutent qu'au Ve s. av. J.-C., selon un cas de figure qui se retrouve dans la basse vallée de l'Ardas où les premiers exemplaires, datés de la seconde moitié du Ve s. av. J.-C., proviennent du tumulus de Plati[29].

Cette situation nourrit dès lors des interrogations légitimes sur l'importance de la présence grecque dans un espace qui est supposé constituer depuis le milieu du VIIe s. av. J.-C. le territoire des cités littorales. Il semble en effet difficile d'imaginer qu'une colonie comme Abdère ait acquis et en partie peuplé un secteur qui ne porte en définitive aucune marque de sa présence. Ces lacunes dans la diffusion de matériel céramique s'ajoutent par ailleurs à l'absence contemporaine de bâtiments isolés, susceptibles de répondre à des fermes (Kallintzi 2004, p. 281-284). Il faut donc restituer durant l'époque archaïque une mise en valeur de la chôra d'Abdère par une population qui réside essentiellement dans la colonie et dont le champ d'action ne peut être que limité. Une analyse de l'utilisation des ressources lithiques à Abdère semble confirmer directement ce point de vue, car le bassin de Xanthi se caractérise par la rareté des gisements disponibles. Or, le cap Baloustra, sur lequel est fondée la colonie, se compose d'un conglomérat de petites pierres impropre à un débitage en grands blocs. Les premiers affleurements de qualité sont situés 7 km au nord de la ville, à proximité du village moderne d'Avdira, ainsi que dans le secteur de Mandra. Les bâtiments de la période clazoménienne ne font pas usage de ces ressources et se contentent d'un matériel de mauvaise qualité, constitué de moellons de petites tailles avec lequel sont élevés les bâtiments disposés près de l'ancienne zone portuaire. Cet état de fait affecte directement la fortification qui présente selon Ch. Koukouli-Chrysanthaki une épaisseur tout à fait particulière, supérieure en moyenne à 4,5 m (*PAE* 1983, p. 5 et 1987, p. 409). A l'inverse, les secteurs d'Avdira et de Mandra sont occupés durant cette époque par un habitat thrace qui poursuit son existence au-delà de la refondation téienne. Il faut attendre le dernier quart du VIe s. av. J.-C. pour que débute véritablement l'exploitation des carrières de Mandra dont le matériel connaît soudainement un large emploi, tant pour la production des stèles funéraires que dans la statuaire locale (Koukouli 1988, p. 48). Cette évolution se double d'une extension contemporaine des zones funéraires de la ville jusqu'aux abords occidentaux du lac Lafrouda, situé à mi-chemin entre les carrières de

25 Seul l'habitat qui occupe les couches supérieures du tell de Diomideia a livré jusqu'ici de la céramique se rapportant à la fin du Ve s. av J.-C., auquel il faut ajouter le site localisé sur le sommet Galazia Koryphi d'où proviennent plusieurs fragments de coupe à bande, caractéristiques à Abdère de la fin de l'époque archaïque et de l'époque classique.

26 Le matériel le plus ancien attestant de la pénétration en Thrace égéenne de matériel grec dans les vallées méridionales de la chaine du Rhodope a été découvert dans une sépulture fouillée sur le site de Komnina, dans la vallée du Nestos, laquelle a révélé un mobilier funéraire et une monnaie se rapportant à l'époque classique (Triantaphyllos 1993, p. 609).

27 Elle se compose de quatorze sépultures contenant des inhumations primaires installées dans des fosses dont les parois étaient sommairement doublées de moellons et le sol parfois recouvert de graviers. Deux tombes contenaient des vases d'imitation manifestement tournés. Il s'agit d'une coupe à bande et d'une olpè provenant de la tombe XII ainsi que d'un *skyphos* proche du type A à encoches des productions de Thasos. D'autres vases modelés semblent également présenter une certaine influence provenant de la céramique grecque tournée, en particulier une tasse découverte dans la tombe V qui constitue une évolution manifeste du type thrace originel grâce à l'adjonction inédite d'un pied Les autres vases reproduisent pour leur part fidèlement le répertoire du premier âge du Fer et permettent de saisir les limites dévolues aux formes et aux techniques dérivées des productions ioniennes (Triantaphyllos 1983, fig. 23 et 27, p. 191, p. 192).

28 Ibid, n° 4-12, fig. 4. Notamment le tell de Gel Tepe (AD 30 (1975), p. 295).

29 Bakalakis 1965, p. 287 et 1988, p. 200. Egalement, au sujet du tumulus d'Ambelakia, contenant dans les dépôts funéraires des tessons de vases à vernis noir et à figures rouges, Bakalakis 1994, p. 351.

Mandra et celle de Petralofos[30]. Cette dilatation, certes modeste, du territoire d'Abdère n'est pas un phénomène isolé et s'inscrit dans un contexte régional marqué par la fondation contemporaine par Thasos de plusieurs de ses comptoirs et par l'installation des colons de Samothrace sur le littoral thrace.

Ces limites étroites données au territoire colonial archaïque expliquent en retour l'absence de bouleversements visibles sur les sites de l'arrière-pays thrace. Au nord de Maronée, la nécropole de Mikro Doukato, tout comme le tell voisin de Gel Tepe, éclairent ainsi le maintien des zones funéraires, et par là-même des communautés thraces qui en font usage, durant une large période qui est à la fois contemporaine de la fondation de la colonie littorale, tout comme du premier siècle de son existence (*AD* 30 (1975), p. 295). A l'est de l'ancien cap Serrheion, la stabilité du réseau d'habitat hérité du premier âge du Fer est induite par un développement de la présence grecque qui n'est pas antérieur à la seconde moitié du VIe s. av. J.-C.

Cette situation tranche avec la vive concurrence que se livrent alors entre elles les cités grecques pour le contrôle de la zone littorale, comme en témoignent les combats qui opposent Thasos à Maronée au sujet de l'établissement de Strymè. Ce dynamisme, inattendu de la part de fondations encore jeunes, est encouragé par les liens particuliers qui unissent dans le nord de l'Egée les colonies à leur métropole. Le double archontat d'Akératos à Paros et à Thasos, ou le commandement exercé par Tokès sur des forces conjointes, rappellent l'engagement de Paros aux côtés de sa colonie jusqu'à la fin du VIe s. av. J.-C. (Pouilloux 1989, p. 369 et 1990, p. 487). Abdère entretient de même, jusque dans la première moitié du Ve s. av. J.-C., un statut relativement proche de la sympolitie avec Téos (Graham 1992, p. 56-59 et Veligianni 1997, p. 700-702).

La constitution des territoires coloniaux résulte donc en Thrace égéenne d'une extension progressive. Elle se double d'une faible pénétration de matériel grec qui traduit tout autant l'absence contemporaine de réseaux de commerce que la relative atonie de la demande provenant des populations thraces. L'exemple plus particulier d'Abdère, dont on connaît l'histoire conflictuelle qui l'oppose aux communautés thraces, illustre un territoire colonial encore limité durant la période archaïque qui ne s'étend pas au-delà des premières pentes qu'occupe le village moderne d'Avdira. C'est dans cet espace étroit que se développe et s'éteint la première fondation clazoménienne et que s'épanouit la première génération de colons téiens. Cette superficie modeste des terres arables disponibles n'est pas sans impact sur la population. L'analyse des isotopes de carbone conduite par A. Agelarakis sur les défunts inhumés à Abdère met en avant, au-delà des différences sociales qui se reflètent dans l'apport nutritionnel dont bénéficie chaque individu, une alimentation essentiellement basée sur la consommation de céréales, complétée sur le plan protéinique par des ressources halieutiques (Agelarakis 1997, p. 857 et Skarlatidou 2000, p. 322). A l'inverse, cette étude démontre le faible apport en viande ou en fruits et légumes à l'origine chez les colons clazoméniens d'importantes carences alimentaires qui accentuent des infections récurrentes parasitaires dues au caractère humide et marécageux de cette micro-région (Skarlatidou 1986, p. 100). L'ensemble de ces facteurs détermine donc un état sanitaire particulièrement dégradé qui a vraisemblablement concouru au déclin de la colonie clazoménienne, tout autant que l'attitude hostile des populations thraces.

3.2. Le bouleversement des équilibres régionaux

A la fin du VIe s. av. J.-C., les invasions perses bousculent les équilibres préexistants et modifient parfois le profil démographique des régions concernées, comme en témoigne la déportation partielle des populations péoniennes dont Hérodote (V, 12-16) se fait l'écho. Z. Archibald insiste sur l'importance de cet événement dans le nord de l'Egée où cette présence perse est sans doute la plus prégnante (Archibald 1998, p. 88). Pour la première fois, colons grecs et communautés thraces sont soumis à partir des années 512-510 av. J.-C. à une même domination, ce qui n'est pas sans conséquence sur les rapports que les villes littorales peuvent entretenir avec les populations thraces de l'arrière-pays. De plus, le pouvoir perse réside dans des centres secondaires, installés le long du littoral, en marge des grandes colonies (Veligianni 1997, p. 695). La maitrise des axes de circulation semble l'objectif premier comme l'illustre Doriskos, que G. Bakalakis (Bakalakis 1961, p. 18) localise sur la colline Saragia, lequel surveille la vallée de l'Hébros. Eiôn pour sa part contrôle le passage du Strymon, ainsi que l'accès aux deux routes terrestres qui conduisent vers la Macédoine centrale. Ce premier niveau administratif, mis en place par les Perses, s'appuie par ailleurs sur des centres secondaires, comme

30 L'étude consacrée par M. Vavelidis, V. Melphos, p. Tsatsopoulou et E. Kiourtoglou aux carrières situées aux environs de l'établissement de Zônè ne permet pas d'aboutir à une étude chronologique de leur exploitation. Les auteurs placent en effet le début de l'utilisation de ces deux sites au VIIe s. av. J.-C., sans que cette analyse repose sur un quelconque élément archéologique. Elle recoupe au contraire de façon troublante la date ancienne accordée à la fondation de ce comptoir que les fouilles archéologiques ont depuis infirmé (Vavelidis *et al*. 2001).

Abdère qui accueille la flotte thasienne dans son port (Hérodote, VI, 46 et 48).

Quand Eiôn tombe en 475 av. J.-C. dans les mains d'Athènes, le littoral nord égéen offre un visage profondément transformé ; un état de fait que les rivalités qui accompagnent l'extension de l'influence athénienne ne font qu'accroître. Thasos voit le contrôle de sa pérée continentale remis en cause, ce qui permet à un de ses établissements, Néapolis, d'accéder à l'indépendance (Picard 1990, p. 544-545). Ce processus concerne également le domaine continental de Samothrace où Zônè, Drys et Salè paient à leur tour séparément le tribut annuel dû à la Ligue de Délos[31].

La présence achéménide engage par ailleurs dans l'arrière-pays thrace un processus nouveau qui se traduit par une émulation sociale parmi les élites tribales. Elle favorise l'émergence de plusieurs dynasties familiales dont une, celle des Odryses, soumet progressivement ses voisines et finit par étendre, à partir du milieu du Ve s. av. J.-C., sa domination sur le domaine détenu par les autres clans. Cette structuration politique, qui est à l'œuvre dans la Plaine supérieure de Thrace, n'est pas sans conséquences pour les colonies grecques. Soumises désormais aux entreprises politiques d'Athènes et à l'émergence d'un nouveau pouvoir thrace, ces cités cherchent à se positionner comme d'indispensables intermédiaires entre les deux parties. Certains de leurs citoyens, à titre individuel, se rapprochent du pouvoir odryse, à l'image de l'Abdéritain Nymphodoros, beau-frère du souverain odryse Sitalkès et proxène d'Athènes (Thucydide, II, 29). Au siècle suivant, Hérakleidès, citoyen de Maronée, devient le conseiller du dynaste local Seuthès (Xénophon, *Anabase*, VII, 3).

Par ailleurs, la maison des Odryses, ainsi que les différents dynastes locaux qui cohabitent au sein de ce jeune Etat, engagent la diffusion en Thrace de nouveaux goûts, dont témoigne le développement remarquable de l'architecture funéraire. Or, ces souverains odryses ne se contentent pas d'encourager par leurs commandes une circulation inédite de biens, mais entendent encore encadrer ces échanges en favorisant le développement de places de commerce en Plaine supérieure de Thrace. Par le biais des taxes diverses, ces différents emporia leur rapportaient selon Démosthène près de 200 talents par an (*Contre Aristokratès*, 110). Les produits à la base de ce commerce demeure encore difficile à cerner, mais l'inscription découverte à Vetren détaille la protection

Fig 172. Terrasse supérieure du site de Linos (Anagnostopoulou 1991, fig. 4, p. 484).

accordée aux commerçants originaires de trois cités –Thasos, Apollonia et Maronée– dans leur déplacement jusqu'aux emporia. Abdère semble paradoxalement absente de ces accords, alors que Maronée bénéficie d'un soin tout particulier. Il est également important de constater que seules les routes qui mènent depuis Maronée à Pistiros et aux *emporia Belana* sont concernées par ces dispositions, alors que les axes conduisant à la pérée thasienne ne sont pas expressément mentionnés. Au-delà de ces différences de traitement, ce document présente pour les colonies de Thrace égéenne un intérêt tout particulier en révélant l'engagement inédit de ces établissements dans l'arrière-pays thrace, tout comme l'importance nouvelle acquise par les routes dont le contrôle jusqu'aux régions sous domination odryse constitue désormais un enjeu majeur.

L'itinéraire le plus logique permettant de rejoindre depuis Maronée le village de Vetren et le site voisin d'Adjiyska Vodenitsa, que V. Chankowski analyse dans ce présent volume, ne suit pas les fonds de vallée. Il lui préfère au contraire, comme souvent dans l'ensemble les pays balkaniques, les étages supérieurs du relief. Cette route franchit l'actuelle frontière gréco-bulgare au col de Mazaka et redescend sur Komotini en passant à proximité du village de Symvola. Une seconde variante cependant existe, qui oblique vers l'ouest peu avant la frontière et suit les pentes occidentales du mont Papikion.

C'est précisément à cet endroit, connu sous le nom de Linos, que les fouilles conduites par I. Anagnôstopoulou-Hatzipolychroni ont permis la découverte d'un site inédit qui constitue un jalon particulièrement précieux pour l'étude de la formation du territoire des colonies littorales (Anagnostopoulou 1997). Deux terrasses organisent un espace enceint par un mur en pierres sèches, disposé sur le sommet Tsoutska Tepe qui occupe une des

31 Zônè, Drys et Salè apparaissent dans la liste du tribut athénien de 422/421 av. J.-C. IG I 77 V 27-31. Les émissions monétaires de Zônè, qui ne concernent qu'un monnayage en bronze, s'avèrent en revanche plus tardives et débutent vers le milieu du IVe s. av. J.-C. selon M. Galani-Krikou (Galani-Krikou 1997).

premières crêtes du Rhodope (**fig. 172**). L'ensemble des bâtiments est construit sur une couche de destruction dépourvue de matériel grec, mais où la céramique modelée de type thrace abonde. Un édifice aux dimensions larges (9,5 m x 6 m) domine l'ensemble du site. Il dispose d'une couverture en tuiles, ainsi que d'une citerne (7,3 m x 4,8 m), bâtie à proximité de son mur méridional. Il voisine avec un second bâtiment (6,6 x 4,4 m), élevé plus au sud, qui couronne plusieurs constructions, disposées en contrebas, sur la seconde terrasse. Le sol de ces édifices est alternativement pavé ou constitué d'argile battue. Les toitures sont en revanche systématiquement revêtues de tuiles. Les constructions de la terrasse supérieure ont livré une grande quantité d'amphores, ainsi que des fragments de vases à vernis noir parmi lesquels les formes à boire prédominent – *skyphos*, *kylix*, canthare. Deux cratères en coche complètent cet inventaire, ainsi qu'une abondante vaisselle commune et des pithoi. On observe également la présence d'armes –pointes de flèches et de lance–, ainsi que différentes pièces de monnaie, essentiellement de Maronée. Le matériel provenant des bâtiments de la terrasse inférieure accuse quelques spécificités. Le bâtiment à deux pièces abritait une grande quantité de figurines en terre cuite représentant une divinité féminine, en protomé ou en pied et dotée alors d'un bouclier dans la main gauche. On note aussi la présence de diverses armes, parmi lesquelles des poignards et des pointes de lances et d'objets relevant de la sphère domestique, comme les fusaïoles. La fondation de ce site vers le milieu du Ve s. av. J.-C. coïncide de façon troublante avec l'essor de l'emporion de Pistiros ; sa position, aux marges du bassin de Komotini, s'avère remarquable. Son appartenance nous est révélée par le timbre présent sur plusieurs tuiles – ΔΗ[ΜΟΣ] accompagné d'une grappe de raisin- découvert sur plusieurs bâtiments publics de Maronée. Le site de Linos témoigne donc d'une extension, à cette époque, du territoire de cette cité jusqu'au piémont du Rhodope. Une telle initiative laisse supposer une démarche semblable d'Abdère et l'accord tacite des autorités odryses dont le territoire officiel s'avère contigu.

Ce développement du territoire précède de peu la diffusion du matériel grec dans le bassin littoral qui débute véritablement à fin du Ve s. av. J.-C. (Skarlatidou 1990, p. 615-616). L'absence de fouilles sur les sites qui parsèment le bassin de Xanthi-Komotini nous permet difficilement d'estimer l'impact de ces conquêtes sur le peuplement thrace, mais ce dernier semble reste en place comme en atteste le caractère thrace de la toponymie locale[32]. L'hellénisation des formes de l'habitat accuse elle aussi un certain décalage et ne devient palpable qu'à la fin du Ve s. av. J.-C. par la multiplication sur les sites de fragments de tuiles, accompagnées d'une céramique à vernis noir désormais abondante. C'est à cette époque qu'apparaissent également dans l'arrière-pays les premiers documents épigraphiques comportant des noms grecs. Certains témoignent d'ailleurs soit de mariages mixtes, soit d'une hellénisation du répertoire onomastique local[33]. Enfin, les installations agricoles individuelles se multiplient alors aux alentours d'Abdère (Kallintzi 2004, p. 281-284), illustrant la mise en place par les habitants de cette cité d'une nouvelle stratégie pour l'exploitation du territoire proche de la colonie[34].

La Thrace égéenne livre donc un regard inédit sur le processus de colonisation dans le nord-est de l'Egée. Elle illustre, par son exemple, le cas d'une région où le profil des colonies, ne semble pas suivre les schémas développés en Italie du sud ou dans le nord de la mer Noire. La constitution d'un territoire colonial est ici un phénomène à la fois tardif et graduel dont les principaux développements prennent place à la fin de la période archaïque et durant l'époque classique. Les facteurs à l'origine de cette extension répondent alors à une évolution du contexte politique auquel sont soumis les colonies littorales parmi lesquels la domination perse, ainsi que l'émergence d'un pouvoir thrace, jouent un rôle majeur. L'impulsion première ne semble donc pas provenir de la nécessité de disposer d'un terroir agricole, mais s'inscrit dans le développement d'un commerce suivi avec le Royaume odryse qui confère en retour une importance nouvelle aux axes de circulation conduisant jusqu'aux emporia disposés dans l'intérieur de la Thrace. Cette réorientation de la politique des colonies grecques permet d'affirmer une vocation commerciale qui ne transparait pas au moment de leur fondation. La mise en place d'un territoire extensif ne s'avère pas pour autant contemporain d'une appropriation complète de cet espace. L'hellénisation des formes de l'habitat, tout comme le développement de bâtiments isolés aux alentours des colonies, accusent un certain retard avec l'installation du site de Linos, témoignant d'une emprise encore fragile sur un espace dont les populations thraces ne sont pas pour autant exclues.

32 *Itin. Anton.* 321-322 et 331-332 ; Itin. Hiero. 602-603 ; Loukopoulou *et al.* 2005 : AKM 382, p. 481 ; ΑΓΚ 2212, p. 496-497 ; ΑΓΚ 322, p. 494.

33 Loukopoulou *et al.* 2005, ΑΓΚ 10 078, p. 480. Une inscription provenant de la même zone évoque non sans intérêt l'existence contemporaine d'un Sôklès, fils de Mikythos, et démontre donc la multiplication des mariages mixtes ou du moins l'adoption d'un répertoire onomastique helléno-thrace. ΑΓΚ 10 076 ; *Ibidem*.

34 E. Skarlatidou observe le même phénomène sur l'ensemble du bassin de Xanthi. Skarlatidou 1990, p. 617.

BIBLIOGRAPHIE

AD Αρχαιολογικό Δελτίον
AEM*Th* Αρχαιολογικό Έργο στη Μακεδονία και Θράκη
PAE Πρακτικά της εν Αθηναίς αρχαιολογικής Εταιρίας

Agelarakis 1997 : AGELARAKIS (A.) – Deciphering the archaeological record through physical anthropology : ramifications of social hierarchy at Abdera during the early Classical time period. *In* : Αρχαία Θράκη II, Actes du colloque de Komotini (1992), vol. II, Komotini, Morphotikos Omilos Komotinis, 1997, p. 849-866.

Alexandrov 2005 : ALEXANDROV (S.) – The earliest Mycenaean pottery imports in Bulgaria. *In* : BOUZEK (I.), DOMARADZKA (L.) dir., *The culture of Thracians and their Neighbours*, (BAR international series n° 1350), Oxford, Archaeopress, 2005, 282 p., p. 47-49.

Anagnostopoulou 1990 : ΑΝΑΓΝΩΣΤΟΠΟΥΛΟΥ-ΧΑΤΖΗΠΟΛΥΧΡΟΝΗ (Η.) – Επιφανειακές έρευνες στην περιοχή γυρώ από τα Σύμβολα του Ν. Ροδόπης. Θρακική Επετηρίδα, 9, 1990, p. 1-21.

Anagnostopoulou 1997 : ΑΝΑΓΝΩΣΤΟΠΟΥΛΟΥ-ΧΑΤΖΗΠΟΛΥΧΡΟΝΗ (Η.) – Ανασκαφή στο Ληνό Νομού Ροδόπης. *In* : Αρχαία Θράκη II, Actes du colloque de Komotini (1992), vol. II, Komotini, Morphotikos Omilos Komotinis, 1997, p. 579-590.

Anagnostou *et al.* 1990 : ΑΝΑΓΝΩΣΤΟΥ (Ι.), ΚΥΡΙΑΚΟΥ (Δ.), ΚΥΡΙΑΤΣΗ (Ε.) *et al.* – Ανασκαφή Τούμπας Θεσσαλονίκης 1990. Οι εργασίες στη πλαγιά της Τούμπας. AEM*Th*, 4, 1990, p. 277-287.

Andreou *et al.* 1992 : ΑΝΔΡΕΟΥ (Σ.), ΚΩΤΣΑΚΗΣ (Κ.), ΧΟΥΡΜΟΥΖΙΑΔΗΣ (Γ.) – Ανασκαφή στην Τούμπα της Θεσσαλονίκης 1990-92. ΕΓΝΑΤΙΑ, 3, 1991-1992, p. 175-198.

Andreou, Kotsakis 1987 : ΑΝΔΡΕΟΥ (Σ.), ΚΩΤΣΑΚΗΣ (Κ.) – Διάστασεις του χώρου στην Κεντρική Μακεδονία, αποτύπωση της ενδοκοινοτικής και διακοινοτικής χωροοργάνωσης. *In* : ΑΜΗΤΟΣ, τιμητικός τόμος για τον Καθ. Μ.Ανδρονικού, vol. I, Thessalonique, Université Aristote de Thessalonique, 1987, 560 p., p. 57-89.

Andreou, Kotsakis 1991 : ΑΝΔΡΕΟΥ (Σ.), ΚΩΤΣΑΚΗΣ (Κ.) – Η ανασκαφή στη τούμπα Θεσσαλονίκης το 1991. AEMTh 5, 1991, p. 209-219.

Archibald 1998 : ARCHIBALD (Z.H.) – *The odrysian Kingdom of Thrace. Orpheus unmasked*, Oxford, Clarendon Press, 1998, 370 p.

Aslanis 1988 : ΑΣΛΑΝΗΣ (Ι.) – Η νεολιθική εποχή και η πρωϊμή εποχή του χάλκου στην αιγιακή Θράκη. *In* : Η ιστορική, αρχαιολογική και λαογραφική έρευνα για τη Θράκη, Thessalonique, Idryma Meleton Chersonisou tou Aimou, 1988, 449 p., p. 139-158.

Athanasiadis *et al.* 2000 : ATHANASIADIS (N.), TONKOV (S.), ATANASSOVA (J.) *et al.* – Palynological study of holocene sediments from lake Doirani in northern Greece. *Journal of Paleolimnology*, 24, 2000, p. 231-242.

Bakalakis 1937 : ΜΠΑΚΑΛΑΚΗΣ (Γ.) – Παρανέστιοι αρχαιότητες. Θρακικά, 8, 1937, p. 11-28.

Bakalakis 1958 : ΜΠΑΚΑΛΑΚΗΣ (Γ.) – Προανασκαφικές έρευνες στη Θράκη, Thessalonique, Thrakiki Estia Thessalonikis, 1958, 117 p.

Bakalakis 1961 : BAKALAKIS (G.) – Αρχαιολογικές έρευνες στη Θράκη (1959-60), Thessalonique, Thrakiki Estia Thessalonikis, 1961, 28 p.

Bakalakis 1965 : BAKALAKIS (G.) – Du rayonnement des civilisations grecque et romaine dans la basse vallée de l'Hébros, *Actes du VIIIe congrès d'archéologie classique de Paris (1963)*, Paris, De Boccard, 1965, 200 p., p. 283-291.

Bakalakis 1967 : ΜΠΑΚΑΛΑΚΗΣ (Γ.) – Ανασκαφή Στρύμης, Thessalonique, Université Aristote de Thessalonique, 1967, 152 p.

Bakalakis 1988 : ΜΠΑΚΑΛΑΚΗΣ (Γ.) – Αρχαιολογικά προβλήματα του νομού Έβρου. *In* : Η ιστορική, αρχαιολογική και λαογραφική έρευνα για τη Θράκη, Thessalonique, Idryma eleton Chersonisou tou Aimou, 1988, 449 p., p. 187-202.

Balkanski 1976 : BALKANSKI (I.) – La forteresse thrace « Ostâr Kamăk » près du village d'Oustra, département de Kărdžali. *Pulpudeva*, 1, 1976, p. 168-172.

Baralis 2007a : BARALIS (A.) – *Habitat et réseaux d'occupation spatiale en Thrace égéenne (fin du Mésolithique-période classique)*, Thèse de doctorat présentée le 8 décembre 2007, direction A. Hermary, Université de Provence, 766 p.

Baralis 2007b : BARALIS (A.) – Pour une première approche des profils archéologiques en Macédoine orientale et en Thrace égéenne. Le cas des rites funéraires (Ages du Bronze Récent-Premier Age du Fer). *Pontica*, 40, 2007, p. 11-36.

Baralis, Riapov 2007 : BARALIS (A.), RIAPOV (A.) – Les Rhodopes occidentaux à la fin du Bronze récent et durant l'âge du Fer – essai de systématisation des données disponibles. *In* : *Thrace in the Graeco-Roman World*, Actes du Xe congrès international de Thracologie, Komotini (2005), éd. du KERA, Athènes, 2007, 754 p., p. 57-71.

Bozkova *et al.* 2002 : BOZKOVA (A.), DELEV (P.), VULCHEVA (D.) dir., *Koprivlen*, vol.1, Institut archéologique, Sofia, 2002, 460 p.

Carington, Votokopoulou 1988 : ΚΑΡΙΝΓΤΟΝ-ΣΜΙΘ (Ι.), ΒΟΤΟΚΟΠΟΥΛΟΥ (Ι.) – Ανασκαφή στον Κούκο Συκίας, Ν. Χαλκιδίκης. AEMTh, 2, 1988, p. 357-370.

Cicikova 1976 : ČIČIKOVA (M.) – Habitats et forteresses du Ier millénaire av. n. ère. *Pulpudeva*, 1, 1976, p. 15-33.

Cook, Dupont 1998 : COOK (R.M.), DUPONT (P.) – *East Greek pottery*, Londres-New York, Routledge Edition, 1998, 226 p.

Danov 1990 : DANOV (C.M.) – Characteristics of Greek Colonization in Thrace. *In* : Descoeudres (J.P.) dir., *Greek colonists and native populations*, Actes du colloque de Canberra (1985), Canberra-Oxford, Clarendon Press – Oxford University Press, 1990, 663 p., p. 151-155.

Daubigney 2002 : DAUBIGNEY (A.) – Territoire, pouvoir et société en France et en Europe occidentale, du Bronze Final au Hallstatt. *In* : Garcia (D.), Verdin (F.) dir., *Territoires celtiques, espaces ethniques et territoires des agglomérations protohistoriques d'Europe occidentale*, Actes du colloque de Martigues (2000), Paris, Ed. Errance, 2002, 420 p., p. 363-399.

Devambez 1955 : DEVAMBEZ (P.) – Questions thasiennes. *Journal des Savants*, 1955, p. 28-74.

Domaradzki *et al.* 1999 : DOMARADSKI (M.) i kolektiv (dir.), *Pametnitsi na thrakiyskata kultura no gornoto mechenye na reka Mesta*, collection Razkopki i Prouchvanya XXXVI, Sofia, Akademishno izd. « Prof. Marin Drinov », 1999, 180 p.

Dossin 1977 : DOSSIN (G.) – A propos de quelques toponymes égéens. *In* : *La toponymie Antique*, Actes du colloque de Strasbourg (1975), (Travaux du Centre de recherche sur le Proche Orient et la Grèce antiques n° 4), Leiden, Ed. Brill, 1977, 264 p.

Efstratiou 1987 : ΕΥΣΤΡΑΤΙΟΥ (Ν.) – Εθνοαρχαιολογικές έρευνες στους ορεινούς οικισμούς της Ροδόπης. AEM*Th*, 1, 1987, p. 479-485.

Efstratiou, 1988 : ΕΥΣΤΡΑΤΙΟΥ (Ν.) – Η ανασκαφή μιας γεωργοκτηνοτροφικής θέσης της εποχής του Σιδήρου στην ορεινή Θράκη. AEM*Th* 2, 1988, p. 517-524.

Erzen 1990 : ERZEN (A.) – Die Ausgrabungen in Ainos im ägäischen Thrakien. *In* : *Akten des XIII. Internationalen Kongresse für klassische Archäologie*, Berlin (1988), Mayence, Deutsches archäologisches Institut, 1990, 699 p., p. 605-606.

Galani-Krikou 1997 : ΓΑΛΑΝΗ-ΚΡΙΚΟΥ (Μ.) – Ανασκαφή στη Μεσημβρία-Ζώνη. Ζώνη : τρίτος νομισματικός τύπος. *In* : Αρχαία Θράκη II, Actes du colloque de Komotini (1992), vol. II, Komotini, Morphotikos Omilos Komotinis, 1997, p. 631-639.

Gerasimidis, Athanasiadis 1995 : GERASIMIDIS (A.), ATHANASIADIS (N.) – Woodland history of northern Greece from the mid Holocene to recent time based on evidence from peat pollen profiles. *Vegetation history and archaeobotany*, 4, 1995, p. 109-116

Graham 1978 : GRAHAM (A.J.) – The foundation of Thasos. BSA, 73, 1978, p. 62-98. (rééd. in Graham (A.J.), *Collected papers on Greek colonization*, Leiden, Ed. Brill, 2001, 414 p., p. 165-230).

Graham 1992 : GRAHAM (A.J.) – Abdera and Teos. *JHS*, 112, 1992, p. 44-73.

Grammenos 1979 : ΓΡΑΜΜΕΝΟΣ (Δ.) – Τύμβοι της υστερής εποχής του Χαλκού και αλλές αρχαιότητες στην περιοχή του Νευροκοπίου Δράμας. AE, 1979, p. 26-71.

Kallintzi 1990 : ΚΑΛΛΙΝΤΖΗ (Ντ.) – Ανασκαφική έρευνα στη Μάκρη Έβρου κατά το 1990. ΑΕΜ*Th*, 4, 1990, p.613-625.

Kallintzi 2004 : KALLINTZI (K.) – Abdera : organisation and utilization of the area extra muros. *In* : Moustaka (A.), Skarlatidou (E.), Tzannes (M.C.), Ersoy (Y.) dir., *Klazomenai, Teos and Abdera : metropoleis and colony*, Actes du colloque d'Abdère (2001), Thessalonique, 19eme Ephorie d'archéologie classique, 2004, 359 p., p. 271-290.

Karadima 1997 : ΚΑΡΑΔΗΜΑ-ΜΑΤΣΑ (Χ.) – Η ανασκαφική έρευνα στη Μαρώνεια. Προβλήματα και προοκτικές. *In* : Αρχαία Θράκη II, Actes du colloque de Komotini (1992), vol. II, Komotini, Morphotikos Omilos Komotinis, 1997, p. 557-567.

Kotsakis 1992 : ΚΩΤΣΑΚΗΣ (Κ.) – Επιφανειακή έρευνα Λαγκάδα : περίοδος 1992. ΑΕΜ*Th*, 6, 1992, p. 351-356.

Koukouli 1978 : KOUKOULI-CHRYSANTHAKI (Ch.) – Late Bronze Age in eastern Macedonia. *Thracia praehistorica, Pulpudeva*, suppl.3, 1978, p. 231-258.

Koukouli 1980 : ΚΟΥΚΟΥΛΗ-ΧΡΥΣΑΝΘΑΚΗ (Χ.) – Οι αποικίες της Θάσου στο Βόρειο Αιγαίο. Νεώτερα ευρήματα. *In* : Η Καβάλα και η περιοχή της, *Actes du colloque de Kavala (1977)*, Thessalonique, Idryma Meleton Chersonisou tou Aimou, 1980, 529 p., p. 309-325.

Koukouli 1986 : KOUKOULI-CHRYSANTHAKI (Ch.) – Abdera and the Thracians. *Thracia Pontica*, 3, 1986, p. 82-98.

Koukouli 1988 : ΚΟΥΚΟΥΛΗ-ΧΡΥΣΑΝΘΑΚΗ (Χ.) – Οι ανασκαφικές έρευνες στα αρχαία Άβδηρων. *In* : Η ιστορική, αρχαιολογική και λαογραφική έρευνα για τη Θράκη, Thessalonique, Idryma meleton Chersonisou tou Aimou, 1988, 449 p., p. 39-71

Koukouli 1992 : ΚΟΥΚΟΥΛΗ-ΧΡΥΣΑΝΘΑΚΗ (Χ.) – Προϊστορική Θάσος : τα νεκροταφεία του οικισμού Κάστρι I-III, Athènes, Tameio Arkhaiologikon Poron kai Apallotrioseon, 1992, 835 p.

Koukouli 1993 : ΚΟΥΚΟΥΛΗ-ΧΡΥΣΑΝΘΑΚΗ (Χ.) – Η πρωϊμή Εποχή του Σιδήρου στην ανατολική Μακεδονία. *Ancient Macedonia*, 5, 1993, p. 679-699.

Koukouli *et al.* 1996 : ΚΟΥΚΟΥΛΗ-ΧΡΥΣΑΝΘΑΚΗ (Χ.), ΣΑΜΑΡΤΖΙΔΟΥ (Σ.), DUHN (A.) *et al.* – Αρχαιολογικές και γεωμορφολογικές έρευνες στο δέλτα του Στρυμόνα. ΑΕΜ*Th*, 10B, 1996, p. 639-661.

Krachtopoulou, Touloumis 1990 : ΚΡΑΧΤΟΠΟΥΛΟΥ (Α.), ΤΟΥΛΟΥΜΗΣ (Κ.) – Ανασκαφή Τούμπα 1990. Οι εργασίες στην κόρυφη της Τούμπα. ΑΕΜ*Th*, 4, 1990, p. 289-297.

Launey 1944 : LAUNEY (M.) – *Le sanctuaire et le culte d'Héraklès à Thasos*, (Etudes thasiennes 1), Paris, Ecole Française d'Athènes – De Boccard, 1944, 260 p.

Lazaridis 1971 : ΛΑΖΑΡΙΔΗΣ (Δ.) – Αβδήρα και Δικαία, (Αρχαίες ελληνικές Πόλεις n° 6), Αθηναϊκό Κέντρο Οικιστής του Αθηναϊκού Ομιλούς, Athènes, 1971.

Lazaridis 1972 : ΛΑΖΑΡΙΔΗΣ (Δ.) – Μαρώνεια και Ορθαγόρια, (Αρχαίες ελληνικές Πόλεις n° 16), Αθηναϊκό Κέντρο Οικιστής του Αθηναϊκού Ομιλούς, Athènes, 1972.

Lepore 2000 : LEPORE (E.) – *La Grande Grèce, aspects et problèmes d'une « colonisation » ancienne*, Naples, Centre J. Bérard, 2000, 95 p.

Leshtakov 2008 : LESHTAKOV (K.) – New Evidence on the LBA Mortuary Practices in South Bulgaria, in Second International workshop, Troy and its neighbours. *In* : Ozbek (O.) dir., *Funeral rites, rituals and ceremonies from Prehistory to Antiquity*, Actes de la table-ronde de Canakkale (2006), Istanbul, Institut Français d'Etudes Anatoliennes, 2008, p. 69-82.

Loukopoulou *et al.* 2005 : ΛΟΥΚΟΠΟΥΛΟΥ (Λ.), ΖΟΥΡΝΑΤΖΗ (Α.), ΠΑΡΙΣΑΚΗ (Μ.Γ.), ΨΩΜΑ (Σ.) dir. – Επιγραφές της Θράκης του Αιγαίου μεταξύ των ποταμών Νέστου και Έβρου, KERA – De Boccard, Athènes, 2005, 697 p.

Möller 1996 : MÖLLER (A.) – Überlegungen zur *ktisis* von Maroneia. *Klio*, 78, 1996, p. 315-324.

Moschonisioti *et al.* 2005 : ΜΟΣΧΟΝΙΣΙΩΤΗ (Σ.), ΠΕΝΤΕΔΕΚΑ (Α.), ΚΥΡΙΑΤΖΗ (Ε.) *et al.* – Πετρογραφικές ανάλυσεις γεωμετρικής και πρώιμης αρχαϊκής κεραμικής από το νεκροταφείο της αρχαίας Μένδης. Μερικές σκέψεις για την παραγωγή και διακίνηση κεραμικής στην κεντρική Μακεδονία. ΑΕΜ*Th*, 19, 2005, p. 249-267.

Panayotov 1977 : PANOJOTOV (I.) – Problèmes des forteresses thraces dans les Rhodopes. *Thracia*, 4, 1977, p. 47-58.

Panayotov et Chaparov 1976 : PANAYOTOV (I.), CHAPAROV (V.) – Trakyiskata krepost Momino kale do s. Skobelevo, Smolyansko. *Vekove*, 2, 1976, p. 70-74.

Pantos 1983 : PANTOS (P.) – The present situation of the studies in archaeological topography of western Thrace. *Pulpudeva*, 4, 1983, p. 164-178.

Papadopoulos 1996 : PAPADOPOULOS (J.) – Euboians in Macedonia ? a closer look. *Oxford Journal of Archaeology*, 152, 1996, p. 151-181.

Papadopoulos 1996 : PAPADOPOULOS (S.) – The Thracian « pottery » of south-east Europe : a contribution to the discussion on the handmade pottery tradition of the historical period. *BSA*, 96, 2001, p. 157-194.

Papadopoulos 1998 : ΠΑΠΑΔΟΠΟΥΛΟΣ (Σ.) – Μια « οπισθοδρομική » εγκατάσταση αρχαϊκών χρόνων στον Άγιο Ιωάννη της Θάσου. ΑΕΜ*Th*, 12, 1998, p. 55-65.

Picard 1990 : PICARD (O.) – Thasos et Néapolis. *In* : Τόμος στην Μνήμη Δ. Λαζαρίδη, Πόλις και χώρα στην αρχαία Μακεδονία και Θράκη, Thessalonique, Ministère hellénique de la culture – Ecole française d'Athènes, 1990, 731 p., p. 541-547.

Pouilloux 1982 : POUILLOUX (J.) – La fondation de Thasos : archéologie, littérature et critique historique. *In* : Hadermann-Misguich (L.), Raepsaet (G.), Cambier (G.) dir., *Le rayonnement grec*, Hommage à Charles Delvoye, Bruxelles, Edition de l'Université de Bruxelles, 1982, 528 p., p. 91-101.

Pouilloux 1989 : POUILLOUX (J.) – Grecs et Thraces à Thasos et dans la Pérée. *In* : *Mélanges P. Lévêque*, Vol. II, *Annales littéraires de l'université de Besançon*, Paris, 1989, p. 367 -372.

Pouilloux 1990 : POUILLOUX (J.) – Pariens et Thasiens dans le nord de la Grèce à l'époque archaïque. *In* : Τόμος στην Μνήμη Δ. Λαζαρίδη Πόλις και χώρα στην αρχαία Μακεδονία και Θράκη, Thessalonique, Ministère hellénique de la culture – Ecole française d'Athènes, 1990, 731 p., p. 485-490.

Pugliese 1996 : PUGLIESE CARRATELLI (G.) – Profil de l'histoire politique des Grecs en Occident. *In* : Pugliese Caratelli (G.) dir., *Grecs en Occident, de l'âge mycénien à la fin de l'Hellénisme*, Milan, Ed. Bompiani, 1996, 799 p., p. 141-176.

Renfrew *et al.* 1986 : RENFREW (C.), GIMBUTAS (M.), ELSTER (E.S.) dir. – *Excavations at Sitagroi, A prehistoric village in northeast Greece*, Volume 1, Institute of Archaeology, University of California, Los Angeles, 1986, 510 p.

Roux 1979 : ROUX (G.) – L'Hérakleion thasien : problèmes de chronologie et d'architecture, (Thasiaca, BCH Suppl. V), Athènes, Ecole Française d'Athènes, 1979, 466 p., p. 191-212.

Salviat 1990 : SALVIAT (F.) – Vignes et vins anciens de Maronée à Mendé. *In* : Τόμος στην Μνήμη Δ. Λαζαρίδη Πόλις και χώρα στην αρχαία Μακεδονία και Θράκη, Thessalonique, Ministère hellénique de la culture – Ecole française d'Athènes, 1990, 731 p., p. 437-476.

Samsaris 1986 : SAMSARIS (D.) – Les colons grecs de Thasos et les Thraces à l'époque archaïque. *Thracia Pontica*, 3, 1986, p. 69-77.

Skarlatidou 1986 : SKARLATIDOU (E.) – The Archaic cemetery of Abdera. *Thracia Pontica*, 3, 1986, p.99-108.

Skarlatidou 1990 : ΣΚΑΡΛΑΤΙΔΟΥ (Ε.) – Οικισμοί και εγκατάστασεις ιστορικών χρονών μέσα στα όρια της « χώρας » των Αβδήρων. *In* : Τόμος στην Μνήμη Δ. Λαζαρίδη Πόλις και χώρα στην αρχαία Μακεδονία και Θράκη, Thessalonique, Ministère hellénique de la culture – Ecole française d'Athènes, 1990, 731 p., p. 611-28.

Skarlatidou 1994 : ΣΚΑΡΛΑΤΙΔΟΥ (Ε.) – Επισκόπηση της ιστορίας των Αβδήρων με βάση τις φιλολογικές πηγές και τα αρχαιολογικά δεδόμενα. Θρακική Επετηρίδα, 5, 1994, p. 147-161.

Skarlatidou 2000 : ΣΚΑΡΛΑΤΙΔΟΥ (Ε.) – Από το αρχαϊκό νεκροταφείο των Αβδήρων, συμβολή στην έρευνα της αποικίας των Κλαζομενιών στα Αβδήρα, thèse de doctorat, direction M. Tiverios, Université Aristote de Thessalonique, 2000.

Soueref 1993 : ΣΟΥΕΡΕΦ (Κ.) – Τούμπα Θεσσαλονίκης 1993 : το ανασκαφικό έργο στην Τράπεζα. ΑΕΜ*Th*, 7, 1993, p. 287-301.

Soueref 1999 : ΣΟΥΕΡΕΦ (Κ.) – Το προκασσανδρείο πόλισμα της Τούμπας Θεσσαλονίκης. Εκτίμησεις μετά από ένδεκα χρόνια ανασκαφών στη τράπεζα. Αρχαία Μακεδονία, 6, 1999, p. 1057-1064.

Tiverios 1992 : ΤΙΒΕΡΙΟΣ (Μ.) – Οι αρχαιολογικές έρευνες στη διπλή τράπεζα της Αγχιάλου κατά το 1992. ΑΕΜ*Th*, 6, 1992, p. 357-367.

Tiverios *et al.* 1997 : ΤΙΒΕΡΙΟΣ (Μ.), ΠΑΝΤΗ (Α.), ΣΕΡΟΓΛΟΥ (Φ.) *et al.* – Οι ανασκαφικές έρευνες στη διπλή τράπεζα της Αγχιάλου κατά το 1997. ΑΕΜ*Th*, 11, 1997, p. 297-304.

Tiverios *et al.* 1999 : ΤΙΒΕΡΙΟΣ (Μ.), ΜΑΝΑΚΙΔΟΥ (Ε.), ΤΣΙΑΦΑΚΗ (Δ.) – Ανασκαφικές έρευνες στο Καραμπουρνάκι κατά το 1999: ο αρχαιός οικισμός. ΑΕΜ*Th*, 13, 1999, p. 167-176.

Tiverios *et al.* 2000 : ΤΙΒΕΡΙΟΣ (Μ.), ΜΑΝΑΚΙΔΟΥ (Ε.), ΤΣΙΑΦΑΚΗ (Δ.) – Ανασκαφικές έρευνες στο Καραμπουρνάκι κατά το 2000 : ο αρχαιός οικισμός. ΑΕΜ*Th*, 14, 2000, p. 205-213.

Triantaphyllos 1983 : ΤΡΙΑΝΤΑΦΥΛΛΟΣ (Δ.) – Αρχαϊκό νεκροταφείο στη Δυτική Θράκη. Annuario della scuola archeologica di Atene, 45, 1983, p. 179-206.

Triantaphyllos 1986 : TRIANTAPHYLLOS (D.) – Les sanctuaires en plein aires dans la région des Cicones. *Thracia pontica*, 3, 1986, p. 128-141.

Triantaphyllos 1987 : ΤΡΙΑΝΤΑΦΥΛΛΟΣ (Δ.) – Δοκισματική ανασκαφή στα Ρίζια του Έβρου. ΑΕΜ*Th*, 1, 1987, p. 487-497.

Triantaphyllos 1990a : ΤΡΙΑΝΤΑΦΥΛΛΟΣ (Δ.) – Αρχαιολογικές εργασίες στην παρανέστια περιοχή. ΑΕΜ*Th*, 4, 1990, p. 627-637.

Triantaphyllos 1990b : ΤΡΙΑΝΤΑΦΥΛΛΟΣ (Δ.) – Η Θράκη του Αιγαίου πριν από τον ελληνικό ελληνισμό. Θρακική Επετηρίδα, 9, 1987-1990, p. 297-322.

Triantaphyllos 1992 : ΤΡΙΑΝΤΑΦΥΛΛΟΣ (Δ.) – Ανασκαφή τύμβων στα νεκροταφεία της αρχαίας Στρύμης. ΑΕΜ*Th*, 6, 1992, p. 655-667

Triantaphyllos 1993 : ΤΡΙΑΝΤΑΦΥΛΛΟΣ (Δ.) – Σωστικές και δοκιμαστικές ανασκαφές 1993 Στρύμη, Πεντάλοφος, Κομνηνά. ΑΕΜ*Th*, 7, 1993, p. 601-618.

Triantaphyllos 2000 : TRIANTAPHYLLOS (D.) – La nécropole de la colonie thasienne de Strymè. *In* : Lungu (V.) dir, *Pratiques funéraires dans l'Europe des XIII*e*-IV*e *s. av. J.-C.*, Actes du IIIe colloque d'archéologie funéraire de Tulcea (1997), Tulcea, Institut de recherches éco-muséologiques, 2000, 249 p., p. 87-104.

Triantaphyllos, Kallintzi 1998 : ΤΡΙΑΝΤΑΦΥΛΛΟΣ (Δ.), ΚΑΛΛΙΝΤΖΗ (Ντ.) – Αρχαιολογικά ευρήματα στον Κόσσυνθο της Ξάνθης. ΑΕΜ*Th*, 12, 1998, p. 1-17.

Tsatsopoulou 1987 : ΤΣΑΤΣΟΠΟΥΛΟΥ (Τ.) – Αιγιακή Μεσημβρία. Η ανασκαφική έρευνα στο χώρο της αρχαίας πόλης κατά το 1987. ΑΕΜ*Th*, 1, 1987, p. 469-478.

Tsatsopoulou 1988 : ΤΣΑΤΣΟΠΟΥΛΟΥ (Τ.) – Η ανασκαφική έρευνα στην αρχαία Μεσημβρία. κατά το έτος 1988. ΑΕΜ*Th*, 2, 1988, p. 489-498.

Tsatsopoulou 1989 : ΤΣΑΤΣΟΠΟΥΛΟΥ (Τ.) – Η ανασκαφική έρευνα στην αρχαία Μεσημβρία κατά το έτος 1988. ΑΕΜ*Th*, 3, 1989, p. 577-585.

Tsatsopoulou 1990 : ΤΣΑΤΣΟΠΟΥΛΟΥ (Τ.) – Η ανασκαφική έρευνα στην αρχαία Μεσημβρία κατά το έτος 1990. ΑΕΜ*Th*, 4, 1990, p. 587-594.

Tsatsopoulou 1991: ΤΣΑΤΣΟΠΟΥΛΟΥ (Τ.) – Ανασκαφή Μεσημβρίας Ν. Έβρου 1991. ΑΕΜ*Th*, 5, 1991, p. 471-476.

Tsatsopoulou 1995 : ΤΣΑΤΣΟΠΟΥΛΟΥ (Τ.) – Μεσημβρία-Ζώνη 1995. ΑΕΜ*Th*, 9, 1995, p. 441-445.

Tsatsopoulou 1996 : ΤΣΑΤΣΟΠΟΥΛΟΥ (Τ.) – Μεσημβρία-Ζώνη 1987-1997. ΑΕΜ*Th*, 10Β, 1996, p. 917-926.

Tsatsopoulou 1997 : ΤΣΑΤΣΟΠΟΥΛΟΥ (Π.) – Η ανασκαφική έρευνα στη Μεσημβρία του Αιγαίου τη τελευταία δεκαετία. *In* : Αρχαία Θράκη ΙΙ, Actes du colloque de Komotini (1992), vol. II, Komotini, Morphotikos Omilos Komotinis, 1997, p. 615-630.

Turner, Greig 1975 : TURNER (J.), GREIG (J.) – Some holocene pollen diagrams from Greece. *Review of Palaeobotany and Palynology*, 20, 1975, p. 171-204.

Vagnetti 1996 : VAGNETTI (L.) – Les premiers contacts entre le monde égéen et la Méditerranée occidentale. *In* : Pugliese Caratelli (G.) dir., *Grecs en Occident, de l'âge mycénien à la fin de l'Hellénisme*, Milan, Ed. Bompiani, 1996, 799 p., p. 109-116.

Valamoti 2004a : VALAMOTI (S.M.) – *Plants and people in late neolithic and early Bronze Age northern Greece, an archaeobotanical investigation*, (BAR International Series 1258), Oxford, Archaeopress, 2004, 186 p.

Valamoti 2004b : ΒΑΛΑΜΩΤΗ (Σ.) – Η διατροφή στη Βόρεια Ελλάδα κατά την προϊστορική περίοδο, με έμφαση στα φυσικά συστατικά της τροφής. ΑΕΜ*Th*, 18, (2004), p. 417-430.

Vavelidis *et al.* 2001 : ΒΑΒΕΛΙΔΗΣ (Μ.), ΜΕΛΦΟΣ (Β.), ΤΣΑΤΣΟΠΟΥΛΟΥ (Π.) *et al.* – Λατομική δραστηριότητα στην περιοχή Μεσημβρίας-Ζώνης Έβρου κατά την αρχαιότητα. ΑΕΜ*Th*, 15, 2001, p. 33-45.

Vavritsas 1988 : ΒΑΒΡΙΤΣΑΣ (Α.) – Η αρχαία Μεσημβρία του Αιγαίου. *In* : Η ιστορική, αρχαιολογική και λαογραφική έρευνα για τη Θράκη, Thessalonique, Idryma Meleton Chersonisou tou Aimou, 1988, 449 p., p. 75-97.

Veligianni 1997 : ΒΕΛΗΓΙΑΝΝΗ-ΤΕΡΖΗ (Χ.) – Τέως και Αβδήρα. In : Αρχαία Θράκη ΙΙ, Actes du colloque de Komotini (1992), vol. II, Komotini, Morphotikos Omilos Komotinis, 1997, p. 691-705.

Wasowicz 1999 : WASOWICZ (A.) – Modèles d'aménagement des colonies grecques : ville et territoire. *In* : Brunet (M.) dir., *Territoires des cités grecques*, (BCH suppl. 34), Athènes, Ecole Française d'Athènes – De Boccard, 1999, 432 p., p. 245-58.

7. Greeks and natives in the region of Odessos

Margarit Damyanov

Odessos (located under the present-day major port city of Varna) is situated on the coast of a shallow bay, on a coastal terrace enclosed between two plateaux – the Frangensko to the north and the Avrensko to the south. The former has high and steep slopes that form a natural barrier protecting the city from the cold winter winds from the north. To the west, along the coasts of the Varnensko and Beloslavsko lakes, the valley broadens to some 5 or 6 km across and provides arable land. It is also the main route to the interior.

The foundation of Odessos does not pose particular problems. According to Pseudo-Skymnos', the city was founded during the reign of Astyages, king of the Medes (Ps.-Skymnos, 748-49). A recent analysis set the foundation date of Odessos between 584 BC and 575 BC, when the Medes waged war against the Lydians (Boshnakov 2007, 168-170), whilst the archaeological finds suggest a date in the second quarter of the 6th c. BC (Minchev 2003, 213-214). Thus, Odessos was part of the second group of Greek colonies founded on the western coast of the Black Sea (after Histria, Orgame and Apollonia, settled by Milesians in the middle or the second half of the 7th c. BC). This is an important fact for our purposes, as it allows us to presume that the colonists, coming from the same metropolis as the first Greeks in the region, settled a place that was relatively well-known (in terms of geographical situation, ethnic context, etc.). It seems obvious that at least some ships sailing along the western Pontic littoral (to Histria, Orgame, or Boristhenis/Olbia further north) will have used the bay as shelter, when necessary. The coastal waters to the north are rather less hospitable.

More settlements subsequently appeared in the region to the north of Odessos – Dionysopolis, Bizone, and Tirizis. However, the written sources for these are few and contradictory. Dionysopolis is the only one that developed as an independent polis, but this transformation seems to have occurred only in Early Hellenistic times. The earliest authority, Pseudo-Skymnos again (Ps.-Skymnos, 751-757), indicates neither the metropolis of the settlement, nor the date of its foundation. This could be an indication of a somewhat different mechanism for the emergence of the city when compared to the rest of the Greek colonies in the region (Damyanov 2007a, 3-6). The same source says that Bizone was considered by some to be a barbarian settlement, while others thought it was an apoikia of Mesambria (758-760). The earliest source that mentions Tirizis relates the settlement to the reign of Lysimachus (Strabo 7, 6, 1).

The early history (and archaeology) of Odessos is poorly known. Nonetheless, it could offer circumstances that are more promising for the study of the relations between Greeks and natives than those of Apollonia or Mesambria to the south, as the situation in its hinterland is much better known than that to the south of the Balkan range. To the north dozens of necropoleis prove the presence of indigenous communities at least from the beginning of the 6th c. BC. Furthermore, the Thracian territories to the south of the Balkan Mountains were open to Greek influence from both the Black Sea and the Northern Aegean, especially along the valleys of the rivers Maritsa and Tundzha.

In fact, the evidence from Odessos' hinterland is much more copious than the data we have about the city itself. The explicit written evidence for the native population around Odessos is limited to Pseudo-Skymnos' information that "Krobyzai live around it in a circle" (Ps.-Skymnos, 750). The original source may have been Demetrios from Callatis, whose work could be dated to the first half of the 2nd c. BC (Boshnakov 2007, 69-79). On the other hand, Demetrios' description of the native peoples along this part of the Black Sea coast, on which Pseudo-Skymnos seems to have depended heavily, included Scythians in Southern Dobrudzha (from Dionysopolis to Tomis), which seems to correspond to the situation in the late 4th and the 3rd c. BC. Therefore, the picture depicted by Pseudo-Skymnos, though a very systematic one, is not necessarily entirely valid for the beginnings of Odessos some three centuries earlier.

An indication of possible differences is the localisation that Herodotus offers for the Krobyzai-in the interior (Herod. 4, 49) rather than on the coast (where he places the Getai). His evidence brings us back to the late 6th c. BC and the Scythian campaign of Darius of Persia. The only Thracian people between the eastern spurs of the Balkan range and the river Istros that Herodotus mentions

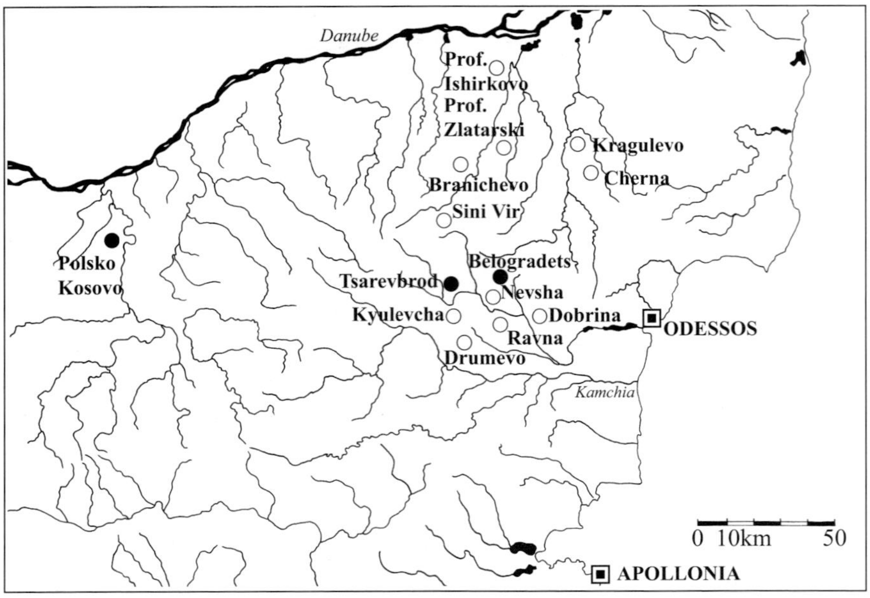

Fig. 174. The hinterland of Odessos in 7th–6th c. BC, with graves of warriors of possible Northern Pontic origin (black circles) and Thracian necropoleis with inhurned cremations (white circles).

are the Getai (Herod. 4, 93). Somewhat later Thucydides describes the Getic tribes as neighbours of the Scythians (Thuc. 2, 96). One more curious account worthy of mention is that of the Gothic historian Jordanes, who wrote that during his campaign in 342-340 BC Philip II of Macedon marched against "the kingdom of Odessitai", ruled by the Goths (i.e. the Getai), all the way to Tomis. When Philip approached, the Gothic (Getic) priests emerged from the city gates, dressed in white garments and playing lyres ; they convinced the king of Macedon to pull back his forces (Jord., Get. 10.65). Jordanes' source would have been the 4th c. BC Greek historian Theopompos (Delev 2004, 229-230). This account, if taken at face value, seems to imply that in the mid-4th c. BC Odessos was under the control of the Getai.

Archaeological research fills the gaps for the earlier period. A few graves from the 7th c. BC could be related to peoples who came from the Northern Black Sea steppes (**fig. 174**). Inhumations of warriors discovered at Tsarevbrod, Belogradets and Polsko Kosovo (Popov 1931, 97-102 ; Tončeva 1980 ; Stanchev 2000) could indicate that migrations of Scythians and Cimmerians in the early 7th c. BC affected what is now north-eastern Bulgaria.

The second half of the 7th c. BC seems to have been marked by significant changes, as the necropoleis that succeeded these early graves are completely different – cemeteries with numerous cremations that indicate a settled population (**fig. 174**). Closest to Odessos are those at Ravna and Dobrina, some 30-35 km to the west of the polis, along the River Provadijska (Mirchev 1962 ; Mirchev 1965 ; Vasilchin 2004). At Dobrina, the ashes were collected in urns placed in simple pits. At Ravna, there were similar pits, but also small cists of stone slabs. Low mounds could cover more than one grave (and at Ravna some cists contained more than one urn). B. Hänsel identified three spatial (and chronological) groups of graves at Ravna (Hänsel 1974). The first group consists of pit graves with only hand-made pottery, and the third comprises cist graves with only wheel-made pottery. The intervening group featured both pits with wheel-made urns and cists with hand-made urns. The absence of Greek imports makes dating very difficult. This problem was partly resolved by a tumulus at Dobrina : the primary grave contained a hand-made urn of the earliest type and a secondary grave an East Greek oinochoe from the first half of the 6th c. BC (Alexandrescu 1976, 118, No. 12). Therefore, B. Hänsel proposed the late 7th c. BC as the initial date for the functioning of the necropoleis, with the transition to the phase with wheel-made pottery occurring in the late 6th or early 5th c. BC. Recent studies dated the appearance of these necropoleis to the early 6th c. BC at the latest (Archibald 1998, 58-63).

For Odessos itself, these chronological uncertainties are of little importance, as the necropoleis are either earlier or contemporary to its foundation. Similar early necropoleis have been excavated in the region to the north of Odessos, e.g. at Cherna and Kragulevo (Bobcheva 1975 ; Vasilchin 1985 ; Vasilchin, 1998-1999). Some regionally-specific characteristics could be observed, but the graves are similar enough to those in the south (Ravna and Dobrina) to illustrate processes that took place over vast territories. In the course of the centuries from the 6th c. BC onwards, a dense network of necropoleis covered the whole of present-day north-eastern Bulgaria. They prove the presence of a more or less homogeneous population that could be identified as the Getai of the written sources (and the tribes related to them, e.g. the Krobyzai). A few centuries later, Pseudo-Skymnos describes a similar situation – the encirclement of Odessos by the Krobyzai ; the use of some of the necropoleis without visible breaks can indeed be traced from the early 6th to the early 3rd c. BC.

The conservative character of the Getic necropoleis, in which almost no imports have been discovered, is noteworthy. At Cherna, where 137 graves were excavated, imported goods were found in only four graves, all of them Early Hellenistic.

This situation is very different from what is known about the northern regions of the Black Sea littoral, for example, where numerous Greek imports were already penetrating deep into the hinterland in the latter half of the 7th c. BC (Vachtina 2007). A group of mid-5th c. Chian amphorae in Southern Dobrudzha (Lazarov 1982, 9) is an exception in a hinterland that is otherwise virtually devoid of imports. This could in part be a product of the state of research, however, as not a single Thracian settlement from the 6th-5th c. BC has been excavated ; all the evidence for this period comes from necropoleis.

Another possibility is to relate the wide distribution of wheel-made pottery (from perhaps the late 6th or the early 5th c. BC on) to the influence of Odessos. Wheel-made pottery forms some 50 % of the finds in the Getic necropoleis from the 5th c. BC, although traditional hand-made vases remained the preferred urns. The excavations at Histria proved that the production of grey pottery started at the latest in the second half of the 6th c. BC. One might presume that at least some of the wheel-made pottery in the indigenous necropoleis was manufactured in Odessos (Alexandrescu 1977, 136-137), but this remains hypothetical in the absence of specific studies. In fact, some hand-made and wheel-made vases with parallels in the Getic necropoleis have been found in Odessos (Toncheva 1967). They come from an uncertain chronological context, but at least indicate some contacts between Greeks and natives.

Readily-identifiable Greek objects (amphorae, black-glazed and red-figure vases) started appearing in the necropoleis of the common native population after the middle of the 4th c. BC and became more numerous in Early Hellenistic times. It could be that some changes occurred in burial ritual as a result, as in some cases transport amphorae were used as urns.

The rich (or aristocratic) graves demonstrate a somewhat different situation, but the earliest known so far date from the first half of the 5th c. BC (e.g. a tumulus at Golemani near Veliko Tarnovo, the publication of which is awaited). The earliest published complexes are tumular graves in the region of city of Ruse on the Danube (Obretenik, Koprivets) (Stanchev 1994, 173-174), and to the south, between the towns of Popovo and Targovishte (Svetlen and Rouets) (Velkov 1929, 37-39, 50-52) (**fig. 175**). It seems that all of these were warrior graves, with arms and armour, imported bronze and ceramic vases, and golden jewellery ; the imported items suggest a date in the 5th c. BC. The grave structures are very diverse – from a chamber of logs in a pit lined with stones (Koprivets) to a tomb of ashlars with double-pitched roof (Rouets). The grave goods are similar to those in the rich graves to the south of the Balkan range – e.g. the well-known necropolis at Duvanlij and its associated finds (Filov 1934 ; Archibald 1998, 165-166). It seems that the pieces of armour that were placed in the graves had been used for several generations – a fact that harks back to somewhat earlier times, perhaps antedating the middle of the 5th c. BC (Stoyanov 2001, 172). The written sources inform us that the Odrysian kings Teres and, later, Sitalkes established their control to the north of the Balkan range before the middle of the 5th c. (Herod. 4, 80-81 ; Thuc. 2, 96-97). The penetration of influences from the south can be illustrated by a few graves, unfortunately not published, near the passes in the eastern parts of the Balkan range – the above-mentioned tumulus at Golemani and another one at Kapinovo near Veliko Tarnovo, and a grave at Gradnitsa near Gabrovo (Archibald 1998, 157-158 ; Marazov 1998, 205-206 ; Tonkova 2003, 500-502). As a result, one cannot be sure by which route the Greek imports arrived – from the Black Sea via Odessos, or (more probably) from the south.

To the group of early, rich burial complexes one could add another grave in the immediate vicinity of Odessos – a tumulus near Dolishte on the Frangensko Plateau, some 15 km to the northwest of the polis. Only the golden ornaments among the finds have been preserved, but black-glazed pottery and an alabastron are also mentioned in the publications. The ornaments include a necklace, a fibula, a bracelet, two pectorals, and some other small items, dated broadly to the 5th c. BC (Tonkova 2002, 285 ; Doncheva 2006). These finds offer proof that the processes that were under way in north-eastern Thrace had their influence on the region of Odessos. It could be presumed that it was one of the poleis reported by Thucydides to have paid tribute to the Odrysian kings Sitalkes and Seuthes I (Thuc. 2, 97, 3).

The Thracian centre near Ruse continued its existence in the 4th c. BC, as evidenced by the treasure of Borovo (Marazov 1998, 222-225, Nos. 173-177 ; Stoyanov 2001, 173). Inscriptions on three of the vases mention the Odrysian king Kotys ; they prove the relations of the local dynasty with the Odrysian Kingdom, and the circulation of royal gifts that came from the south. To the north of the Balkan range, similar inscriptions were

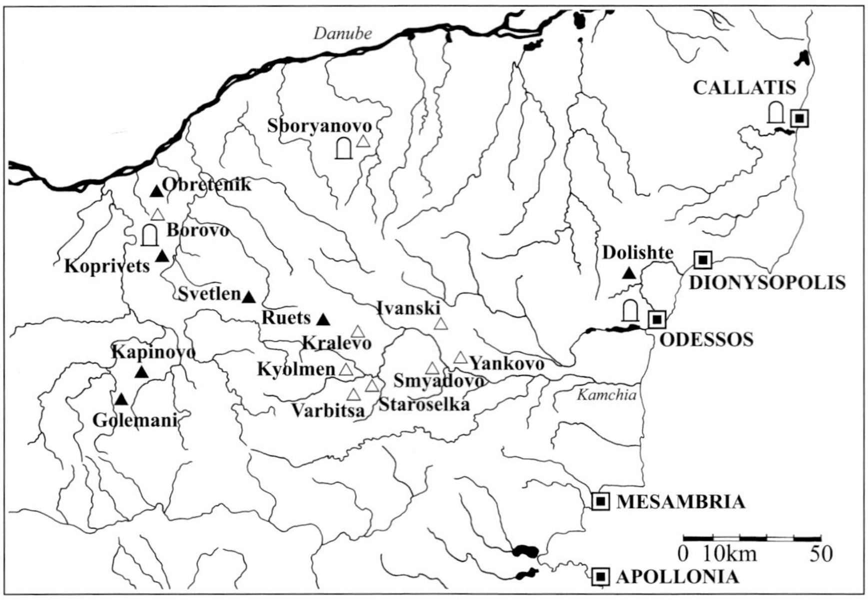

Fig. 175. Rich Thracian graves in the hinterland of Odessos in the 5th c. BC (black triangles), and in late 4th and early 3rd c. BC (white triangles).
Barrel-vaulted tombs at Callatis, Odessos, Sboryanovo and Borovo.

attested on vases from a tumulus at Alexandrovo, near Lovech, from the rich graves at Adgighiol in Northern Dobrudzha and Vratsa in north-western Bulgaria, and from the treasure of Rogozen (Archibald 1998, 260-261). These finds further illustrate the penetration of royal gifts from the south and offer a useful parallel for the earlier period.

There is more evidence from the last decades of the 4th and the first half of the 3rd c. BC. Several necropoleis of this period have been investigated along the upper course of the River Kamchiya and its tributaries (**fig. 175**) ; it seems that the river was a major route into the interior. A few examples could be mentioned from a group characterized by the presence of imported items.

A primitive tomb at Staroselka is among the earliest, with mid-4th c. BC lekythoi and black-glazed pottery (Vasileva 1971 ; Tacheva 1971). At the nearby village of Kyolmen, a few warrior graves were excavated under small tumuli (Dremsizova-Nelchinova 1970) : cists of stone slabs with weapons and imported objects (lekythoi, alabastra, amphorae, etc.). One of the tombs was covered with a slab, on the lower surface of which an inscription was engraved – in Greek letters, but in non-Greek language. The imported pottery suggests a date in the late 4th to early 3rd c. BC. At Varbitsa near Kyolmen, a primitive tomb from the same period contained richer grave goods – a bronze set for serving wine (a situla, an oinochoe, and a strainer) and some silver vases. The deceased was cremated and the ashes were collected in a clay urn (Filov 1934, 171-180).

Still along the River Kamchiya, more monumental structures were discovered under tumuli at the village of Yankovo (Dremsizova 1955) – three tombs, unfortunately plundered and mostly dismantled. Two of them had rectangular antechambers and round chambers – a layout that is typical of many tombs in Southern Thrace. The burials of horses with their harnesses on are one of the characteristic features of this necropolis ; they were discovered in all three tumuli, in front of the tombs or in the antechambers. Finds from secondary cremations in urns are indicative of a date in the last quarter of the 4th or early 3rd c. BC. Under a tumulus at Ivanski, near Yankovo, a cist with a secondary cremation contained numerous imported items (two amphorae, metal vases, and pottery) of similar date (Velkov 1931).

Somewhat later are the graves at Kralevo to the north, representative of the beginning and the first half of the 3rd c. BC. In the three graves in Tumulus No. 1 (two primitive tombs and an urn), numerous imported ceramic vases were discovered (Ginev 2002). Most interesting is the grave in Tumulus No. 3, where the ashes of an important person were buried together with rich gifts. The structure itself is rather simple – a large pit with its sides lined with stones. The urn was a gilded clay hydria. The bridle and the golden ornaments for the horse's gear emphasize the Thracian character of the complex, dated by a Thasian amphora to the second quarter of the 3rd c. BC (Ginev 2000).

The above-listed graves from the second half of the 4th and the first decades of the 3rd c. BC illustrate a significant diversity of grave structures – from pits and cists to different types of tombs. A relatively substantial penetration of imports could be observed in the interior. The graves feature items typical of the funerary practices of the Greek colonies (e.g. lekythoi and unguentaria). This is the period when transport amphorae were used as urns, and a few Early Hellenistic graves in pithoi have been discovered (Radev 2000). Nonetheless, the

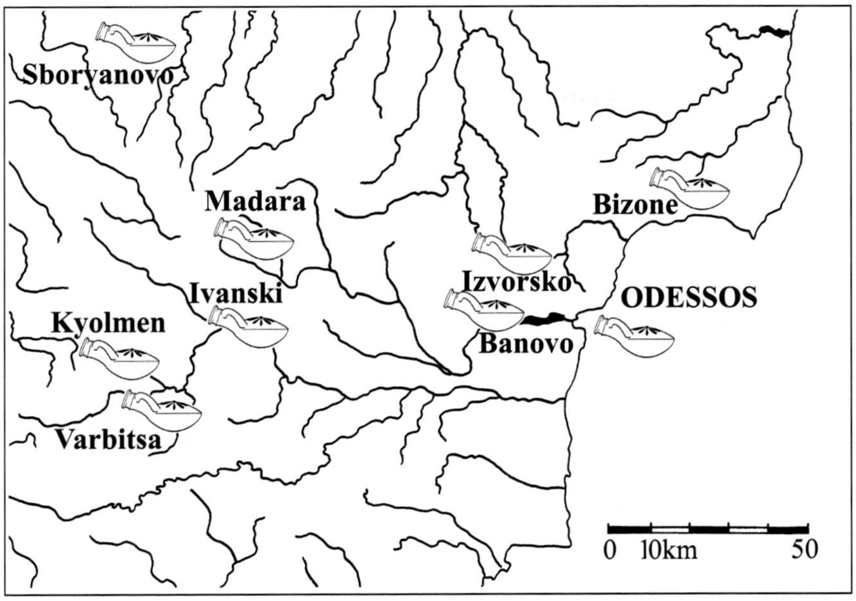

Fig. 176. Finds of lenticular askoi in the hinterland of Odessos.

Thracian aristocracy stuck to its typical burial customs – their graves contained weapons, horse-trappings (and sometimes horses), and hand-made pottery.

It can be presumed with more certainty that these imports came via Odessos. This is suggested by their appearance along the valley of Kamchiya, a natural route to the interior, as well as by the presence of certain types of object. Notably, lenticular askoi became widespread in late 4th and the first half of the 3rd c. BC. They are typical of the necropolis of Odessos (Toncheva 1961, 29-30 ; Toncheva 1974, 301 ; Ivanov 1956, 95 ; Georgieva 1991, 33 ; Lazarenko, Mircheva, Stoyanova 2008, 85-86), but rare in the rest of the Greek necropoleis in the region. Such vases were discovered at Varbitsa, Kyolmen, Ivanski, Madara, Sboryanovo, etc. (**fig. 176**).

Greek influence was probably not limited to the deposition of imported goods in native graves. The inscription from Kyolmen is an important example. Still more revealing is an Early Hellenistic tomb, excavated recently near the town of Smyadovo (Atanasov, Nedelchev 2003). It consists of two chambers, covered with double-pitched roof of stone slabs, and an inscription on the facade reads "*Gonimaseze Seuthou gyne*" – a common Greek formula, but with two Thracian names.

It is evident that the late 4th c. BC was a time of change in the Thracian hinterland of Odessos. It was influenced by processes that developed over vast territories and resulted from the activity of a series of Macedonian rulers, first Philip II, then Alexander the Great, and finally Lysimachus, who inherited Thrace after Alexander's death. The new trends are exemplified by the centre at Sboryanovo (Stoyanov 2002 ; Stoyanov 2003), some 100 km to the northwest of Odessos. The size of the settlement (with a fortified area of 11 ha), the massive fortifications and the large volume of imports could indicate this was the capital of a Getic state – an impression strengthened by investigations in its necropolis. In addition to the well-known Sveshtari Tomb (Fol *et al.* 1986), three more barrel-vaulted tombs were discovered, two of them dismantled (Gergova 1996 ; Rousseva 2000, 134-154). The quality of construction and the presence of Hellenistic elements in its architecture and decoration prove the strong influence of Greek monuments, or even the workmanship of Greek (or Macedonian) masons. Following the typical tradition of the times, the Thracian ruler depicted in the Sveshtari Tomb had "the horn of Ammon" – as did many of Alexander's successors.

All this gave birth to the hypothesis that Sboryanovo is identifiable with the Getic capital Helis that appears in the written sources (Delev 1990), and that the ruler buried in the Sveshtari Tomb was Dromichaites (Stoyanov 1998) – the only Getic king that we know of in this period. In the early 3rd c. BC, Lysimachus led one or two unsuccessful military campaigns against him. According to Diodorus, Lysimachus was forced to make peace with the Getic king (21, 12), and Pausanias relates that he even gave him his daughter (1, 9, 6). The appearance of "Macedonian" tombs in Sboryanovo could indicate the presence of Macedonians in the local court and among the residents of a city that existed from the last quarter of the 4th c. until the middle of the 3rd c. BC, when it was destroyed by an earthquake.

* * *

This review of the evidence from the hinterland of Odessos leads to the conclusion that from its very foundation the polis developed in an area that was densely inhabited. The necropoleis at Ravna at Dobrina are relatively far from Odessos, but chance finds from the Frangensko Plateau could be dated to the 6th c. BC (Georgieva 1993). The grave at Dolishte shows that in the 5th c. BC Thracian aristocrats lived in the vicinity of the polis. Cremations in urns from the 4th c. BC have been excavated near the villages of Ezerovo, Banovo and Kipra, some 10 to 20 km from Odessos (Toncheva 1956, 54 ; Margos 1961, 54-55) (**fig. 177**). Recently, near the village of Banovo, a small early 3rd c. BC tomb was discovered (Lazarenko, Mircheva, Stoyanova 2008). Some of the finds imply the non-Greek ethnicity of the deceased and there are engraved images at the entrance that do not look Greek. This could be a further indication of the presence of Thracians near the city in the Hellenistic period.

In the earlier period, however, it is very difficult to trace the influence of Odessos on the indigenous populations. The 6th and the 5th c. BC are known only from necropoleis, in which there are virtually no Greek imports (except for wheel-made pottery that may have been manufactured in Odessos). The presence of imported items becomes more visible in the rich graves of the 5th and the 4th c. BC, but at least for the 5th c. it is uncertain by which route these imports reached the interior. The latter half of the 4th c. BC seems to be a time of change. More imports arrive in the hinterland and items that are typical of Greek burial customs appear in Thracian graves. The tomb of Gonimaseze may illustrate this adoption or imitation of Greek models at an elite level. The city and the burials at Sboryanovo (and their historical interpretation) indicate the integration of the Getic territories into the Hellenistic world.

However, it would seem that it was not Odessos that created this situation, but the Macedonian conquest. First Philip II and then Alexander the Great led campaigns in these parts of Thrace, and in the late 4th – early 3rd c. BC Lysimachus was particularly active in the region, where, in order to establish and strengthen his control, he waged several wars against the Greek poleis and the Getai.

* * *

Odessos itself is poorly studied. Mid-6th c. BC dwellings with a single room have been reported, but never properly published. Parts of the city-walls have been excavated, and dated to the mid-4th c. BC – mainly on historical grounds (Preshlenov 2002, 16 ; Minchev 2003, 240-241). In the western part of the fortified area of Odessos, the temenos has been identified, but evidence of temples is elusive. Two late Archaic Ionic capitals, dated to around 480 BC, have been discovered (Minchev 2003, 245), as well as architectural elements of at least two Early Hellenistic buildings : a Doric temple and a tholos (Stoyanov, Stoyanova 1997 ; Stoyanova 2003).

The necropolis is also poorly known, mainly from rescue excavations (**fig. 178**). It seems that its organisation followed the usual pattern ; it lay outside the settled area, along the main roads. The few published graves are spread unevenly in time. Not a single Archaic grave has been discovered and there are only slightly more from the later Classical period. Next to the western city wall, a small plot with four graves from the first half of the 4th c. BC was excavated (Toncheva 1964). Three of these were cremations in urns, with the ashes collected in two red-figure bell-craters (Reho 1990, Nos. 15-16) and another vase. Nearby, a child inhumation in a pit was discovered ; among the grave goods, there were 192 knucklebones. But these data come from a limited area and cannot be regarded as representative of the necropolis as a whole ; the clear domination of the cremation rite does not correspond to the situation in the late 4th and the 3rd c. BC, for which there is more evidence.

Another mid-4th c. grave was discovered under a tumulus some 2-3 km to the south of the city (Shkorpil 1931, 68-76). The structure was a small cist of ashlars, built on the ground and covered with a cairn of fieldstones, then with an earthen mound. The interior of the chamber was painted in red. The deceased was cremated and the ashes were collected in a bronze hydria ; three alabastra, a lekythos, a strigil, and other items were placed in the grave.

More data are available for the Early Hellenistic period. Thirty-six graves of late 4th and 3rd c. BC date that could be considered Greek have been excavated (i.e. published) in either the urban necropolis or in the vicinity of Odessos up to 8 km from the city. Of particular interest is a tumulus near the village of Topolite to the west (Toncheva 1964a, 56-59) – in a region, where earlier Thracian cremations (Ezerovo) have been excavated. Several barrel-vaulted tombs were also discovered at some distance from the city (Mirchev 1958), and a small necropolis of tumuli was excavated on Galata Promontory, opposite Odessos across the Bay of Varna (Toncheva 1951 ; Minchev 1975 ; Damyanov 2007b).

No compact areas have been properly excavated, so it is not yet possible to suggest the structure of any part of the necropolis. To the west of Varna a group of Early Hellenistic tumuli was excavated in 1908 ; they covered graves built of quarried blocks or slabs that contained funerary wreaths, a glass alabastron, etc. (Shkorpil, Shkorpil 1909). More vases were discovered between the tumuli, possibly from disturbed plain graves ; it could be that the two types coexisted in the same areas. In another tumulus, two graves were discovered, presumably of a

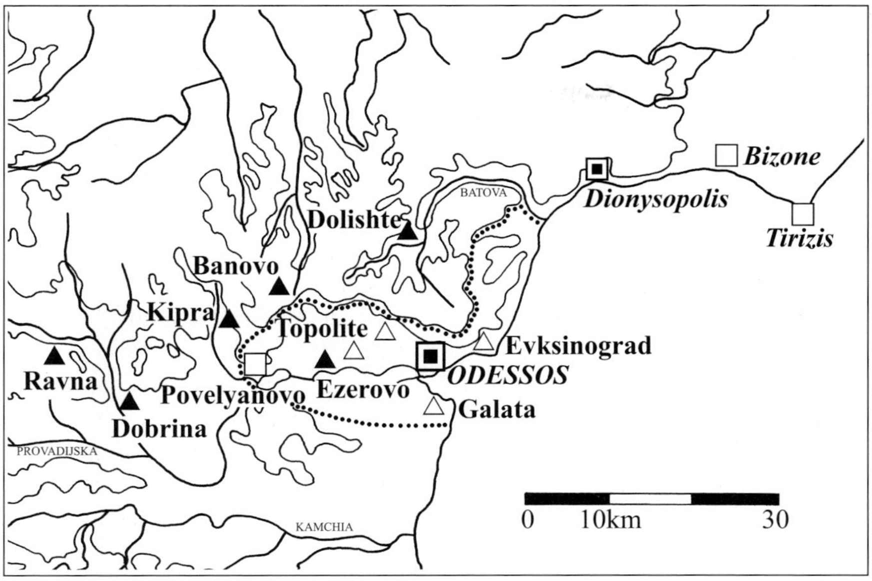

Fig. 177. The region of Odessos, with Greek poleis (white squares with inscribed black squares), settlements of Greek or mixed character (white squares), Thracian necropoleis (black triangles) and Greek Hellenistic burials (white triangles) ; the dotted border demarcates the possible limits of Odessos' chora in late 4th – early 3rd c. BC.

man and a woman, as one of them contained rich golden jewellery (Savova 1971). This seems to be an indication of the existence of family complexes.

The evidence reveals a pronounced predominance of inhumations. Of all 36 graves, only five are cremations. Good data are available for two of the cremations : a tumulus with a grey-ware amphora placed in a triangular cist in the necropolis at Galata (Minchev 1975) and a bronze urn in a small cist near the Roman Baths (Toncheva 1974, Grave No. 3). Two more graves from the necropolis at Galata were published as "cremations", without any supplementary detail (Toncheva 1951, Tumuli Nos. 5 and 6). Another grave was described simply as "cremation" (Mirchev 1956, 5). One could add two more graves of uncertain character : a disturbed grave, possibly a primary cremation (the grave-goods had traces of secondary burning) (Minchev 1978), and a grave with golden jewellery from late 3rd or early 2nd c. BC (Mirchev 1947). Including all the uncertain cases, cremations would then account for about 20 percent of the total.

Various grave-structures have been attested – simple pits, tile graves, cists of quarried slabs or blocks, and barrel-vaulted tombs. Some of the structures that were built of blocks were covered with cairns of fieldstones. The combination of monumental structures and the presence of rich golden jewellery within them shows the existence of a wealthy group among the citizens (or the inhabitants) of Odessos. A quarter of all excavated graves contained golden ornaments. Such lavishness in funerary practice seems to be exceptional among the necropoleis in the region (Tonkova 1997, 86). Seven graves from the late 4th and early 3rd c. BC form a homogeneous group. A whole set of female personal ornaments seemingly comprised a ring, a necklace, and a pair of earrings (Ivanov 1956, 91-93 ; Toncheva 1951, 60-61), but in the majority of cases one of the elements is missing. The recurrence of more or less similar types is indicative of a certain fashion among the rich. For example, in three graves (two in the necropolis at Galata and another one to the north of the city), similar discoid earrings were discovered.

Most of the grave-goods are typical of contemporary Greek necropoleis – containers for oil and perfume (unguentaria and alabastra), drinking cups, jugs, etc. One peculiarity distinguishes the necropolis of Odessos from the other Greek colonial cemeteries in the region : the presence of a clay lamp as a near-obligatory grave item (in almost 80 percent of the undisturbed graves).

The necropolis of Odessos fits with what is known about funerary practices in the Black Sea area. Due to insufficient data, it is difficult to estimate the extent to which the colony was affected by indigenous influence. In earlier publications, the burning of bodies and building of tumuli were interpreted as indices of Thracian ethnicity or at least of Thracian influence. However, there is little else to support such a hypothesis. One should remember that in all Greek necropoleis in the Black Sea area both rites have been attested, including those in the Northern Pontic area, where cremation was not typical for the natives. Various types of cremation graves have been discovered in the necropoleis in the Western Pontic region, and at Histria, Orgame and Tomis burning the body was the usual practice (Lungu 2007). Similarly, the tumulus by itself cannot be regarded as defining ethnicity, and what were presumably Greek tumuli have been excavated around the colonies in the region, e.g. at Histria, Orgame, Callatis, etc. Late in the 19th c., the Škorpil brothers counted 286 tumuli around Varna (Shkorpil, Shkorpil 1898, 20) and many of the Hellenistic graves

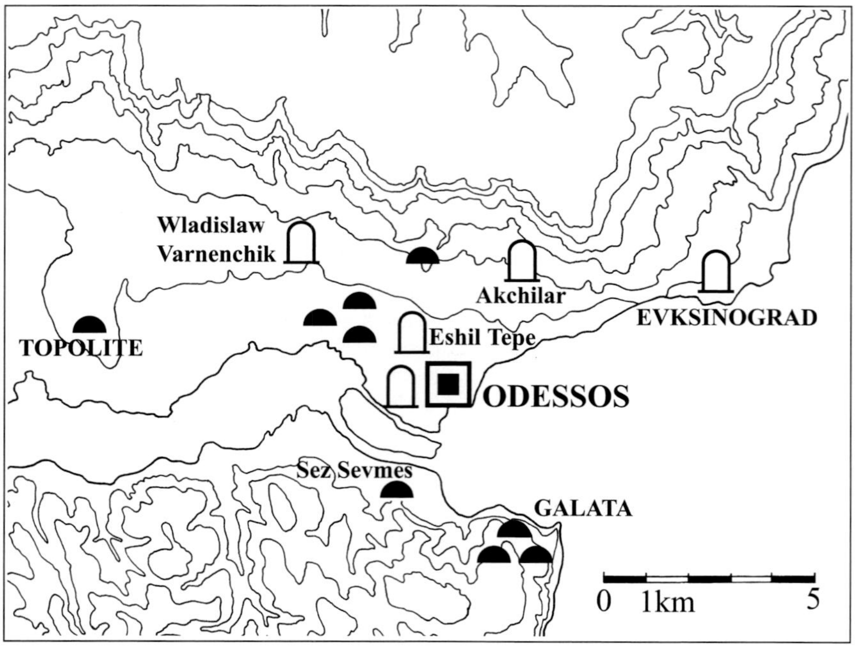

Fig. 178. The necropolis of Odessos in 4th-3rd c. BC, with excavated tumuli and barrel-vaulted tombs.

(and at least one of the Classical period) were covered with mounds. Only the grave goods might therefore hint at the ethnicity of the deceased.

In fact, almost none of the graves did contain any objects that could be considered Thracian. A comparison with the contemporary tumuli in the interior (e.g. Kyolmen, Yankovo, or Kralevo) is rather revealing ; they contain weapons, arms, horse trappings (and indeed the horses), and items of precious metals – the accessories of male warriors. On the contrary, in Odessos rich grave goods appear mostly in female graves (if one accepts that the associated personal ornaments identify them as women). Male graves (those with funerary wreaths are usually regarded as such) are much poorer – despite the tumuli.

There are exceptions, however, such as the small golden pectoral and golden torque that were discovered in the necropolis (Toncheva 1956, 52, 63, fig. 5, 6). These could be dated broadly to the Classical period, though the lack of context and associated finds make this speculative. Torques and especially pectorals have been discovered in many Thracian graves from the 5th c. and the 4th c. BC – both to the south and to the north of the Balkan range, Dolishte being the nearest to Odessos. These two objects could indicate some interaction between noble Greeks and Thracians. There are other isolated finds with possible non-Greek connotations. In one tumulus (with a cist-like structure built of ashlars and remains of a wooden sarcophagus with glass inlays), a small hand-made vase was unearthed, which is nonetheless insufficient to provide a basis for ethnic interpretation (Toncheva 1964a, 56-59). In a grave from the first half of the 4th c. BC, a spearhead was discovered, along with Greek vases typical of the period (Toncheva 1961, 31). Among the grave goods of a presumed primary cremation from the Early Hellenistic period, a cheek-guard of a helmet was found (Minchev 1978). Weapons and hand-made pottery are rare in the Greek necropoleis, but such isolated items are hardly enough to consider the deceased to be Thracians ; what is more, the Hellenistic period introduced some changes in Greek practices.

* * *

We should also consider here a problem that reaches beyond the necropolis of Odessos – the presence of barrel-vaulted tombs of the so-called "Macedonian" type (Mirchev 1958). There has been a tendency to attribute them to members of the indigenous (i.e. Thracian) aristocracy, or to regard them as the result of native influences (most recently in Oppermann 2004, 171-172). This is a wider problem as a few similar tombs (interpreted in a similar way) have been excavated in the necropolis of Callatis. Most Romanian scholars tend to attribute them to the so-called "Scythian kings" in Dobrudzha (see below).

Five barrel-vaulted tombs have been excavated around Odessos, in the immediate vicinity of the city walls and further out within the presumed territory of the city. Two of the tombs have a dromos ; three have only a chamber. As far as it is known, all of them were dug into the ground up to the beginning of the vault (Stoyanova 2007, 576).

In two cases, more data about the contents is available. The bodies were laid into wooden sarcophagi – with bone ornaments in the tumulus Eshil Tepe (Ivanov

1956, 94) and with terracotta figurines in the tumulus near Akchilar (Mirchev 1956, 3-5 ; Ivanov 1956, 97). In the first tomb, numerous Greek vases were discovered ; in the second, the remains of a funerary wreath, a lamp and three alabastra were found (Ivanov 1956, 94-97). Both complexes belong to the first quarter or more generally to the first half of the 3rd c. BC. In the third one, an Egyptian faience vase was discovered, with a date in the late 4th or early 3rd c. BC. Black-glazed vases are said to have been found in the fourth, which could point to the same period (Mirchev 1958, 574-575). The last was empty. Nothing suggests the deceased were anything but Greeks. Only the structures distinguish these tombs from other graves in the necropolis.

Barrel-vaulted tombs are rare in the territories to the north of the Balkan range (**fig. 175**). There are three larger groups – the tombs around Odessos, five tombs around Callatis, and four tombs in the necropolis of the Getic capital at Sboryanovo. Another tomb has been discovered near the village of Borovo (Stanchev 2002).

The tombs at Callatis had already been plundered when discovered, but they could be dated – like those at Odessos – to the Hellenistic Period. The author of the earliest publication already concluded it was improbable that some Greeks had been buried apart from the rest ; he therefore suggested relating the tombs to non-Greeks, for whom the most probable candidates would then be the so-called "Scythian kings", unknown but for their coins (Preda 1962, 170-171). This interpretation is vigorously defended in A. Avram's studies on the territory of Callatis (Avram 1991, 120-121 ; Avram 1999, 21). His argument is based on the assumption that similar structures have not been discovered in the necropolis of the city. Moreover, their aristocratic character contradicts the democratic constitution of Callatis. No important Thracian centres have been identified in the region and therefore the tombs cannot be related to the Getai or the Krobyzai. Thus, the only possibility we are left with are the Scythians, as written sources and coins attest the presence of Scythians and Scythian kings in Dobrudzha in Hellenistic times. Lately, M. Oppermann has nevertheless suggested that the persons buried in these tombs could have been Thracian aristocrats – mercenaries in the service of Callatis (Oppermann 2004, 165).

At least some of these arguments are valid for Odessos. In fact, the weak spot of earlier analyses is the tendency to consider the tombs at Callatis as a unique group, without tracing parallels with the structures around Odessos. Hellenistic decrees from Odessos describe a democratic polis with boule and demos, as was the case with all other poleis in the region. Nonetheless, there are numerous documents that attest the presence in the Greek poleis along the Western Pontic littoral of a group of rich and influential citizens that were proclaimed *euergetai* of their (or other) cities (Anghel 2000). These benefactions were often linked with donations or loans of large amounts of money. There are a few such documents from Callatis. The golden jewellery in the Hellenistic necropolis of Odessos speaks of the presence of wealthy people that were willing to invest money in their funerals. Nothing indicates an egalitarian funerary community. In this respect, the barrel-vaulted tombs differ from the rest only as structures.

The absence of an important Thracian centre is also relevant in the case of Odessos. Numismatic studies show that issues of the Scythian kings were minted in both poleis (Youroukova 1977 ; Yurukova 1992, 160-163). However, they seem to date from after the middle of the 3rd c. and mostly from the 2nd c. BC, and the tombs around Odessos belong to an earlier period. If we are to believe Pseudo-Skymnos, in late 3rd or early 2nd c. Odessos was not in Scythian territory – the border between Scythians and Krobyzai was around Dionysopolis (Ps.-Skymnos, 756-757). This would mean the "Scythian hypothesis" could not be applied to the tombs around Odessos.

It would be natural to make a comparison with the barrel-vaulted tombs at Sboryanovo. These, however, appear in an undoubtedly indigenous setting and in a finished form, and should be studied in the context of their time, namely Lysimachus' reign and the incorporation of north-eastern Thrace into the Hellenistic world. The historical interpretation of the centre at Sboryanovo – as Dromichaites' capital Helis – could explain the appearance of "Macedonian" tombs there.

The same context could equally explain the appearance of the tombs around Odessos and Callatis. In 313 BC, the Western Pontic poleis, led by Callatis, revolted against Lysimachus' rule and chased his garrisons from the cities (Diod. 19, 73), indicating that the Macedonian king had previously established his power over them. Later, Odessos opened its gates to the troops of Lysimachus, and Callatis had to surrender after a long siege. Before the battle of Ipsos, Pleistarchos used the harbour of Odessos to send reinforcements to Lysimachus (Diod. 20, 12). Strabon says that Lysimachus kept his treasures in the fort of Tirisis, to the north of Odessos (7, 6, 1). These are indications of the remarkable activity of the Macedonian king in this region, and for a very long period (from before 313 to at least 290 BC), as well as for the physical presence of Macedonians at Odessos, at least in the garrison of the city. Here an essential difference between the tombs around Odessos and Callatis and those at Sboryanovo should be noted. The former were dug into the ground, as is normal for such tombs in Macedonia, and the latter were built on the surface, as it is usual for such structures in Thrace (Stoyanova 2007, 576).

It would seem that the tombs around Odessos and Callatis had nothing to do with the indigenous (be it Thracian or Scythian) hinterland, but were probably related to the Macedonian presence in the region. They could have been constructed for Macedonians (e.g. officers from the garrison), or for rich citizens of Odessos that followed the fashion of the time. The richness of some of the graves around Odessos speaks of prosperity around the end of the 4th and the first decades of the 3rd c. BC. Other data indicate an overall change in the situation in the region. It seems that the chora of the polis was enlarged (**fig. 177**), as evidenced by the appearance of a settlement with Greek architecture, and probably fortified, near Povelyanovo some 20 km to the west of Odessos (Damyanov 2004, 53).

These decades correspond to a period of increase in the volume of Greek imports and of stronger Greek influence in the interior of north-eastern Thrace. This development, however, was a result of the overall historical situation in the region, when the polis and the neighbouring territories were incorporated into the Hellenistic kingdom of Lysimachus. From what we know, it was precisely those changes in the latter half of the 4th c. BC that opened up the interior of north-eastern Thrace.

Certainly, the Greeks at Odessos had relations with their Thracian neighbours before that, but the scale of the exchange of goods and ideas seems to have been rather insignificant. As far as we know, in the early period Odessos did not play the role of a major redistributing centre of Mediterranean goods towards the Thracian hinterland – this happened only after about 350 BC. It was not trade that pushed the Milesians to found yet another colony. Possibly, the colony tried to compensate with its own production ; this would account for the presence of wheel-made vases in the Getic necropoleis. On other hand, the region does not provide ideal conditions for extensive agriculture and territorial expansion. In the framework of the Milesian colonisation of the Western Black Sea littoral, Odessos seems to have filled the gap between the colonies that were founded in the second half of the 7th c. – Apollonia to the south and Histria and Orgame in Northern Dobrudzha. Perhaps the demands of coastal navigation predetermined the choice of the site. To some extent surprisingly, the colonists apparently preferred Odessos to the peninsula of Mesambria that was settled several decades later. The coast to the north offers only a few suitable anchorages and no good harbours. A tentative conclusion could be that in the early period of its existence Odessos was an important harbour, and little more.

BIBLIOGRAPHY

Alexandrescu 1976 : ALEXANDRESCU (P.) – Pour une chronologie des VIe-IVe siecles, *Thraco-Dacica*, II, 1976, p. 117-126.

Alexandrescu 1977 : ALEXANDRESCU (P.) – Les modeles grecs de la céramique thrace tournée, *Dacia NS*, XXI, 1977, p. 113-137.

Anghel 2000 : ANGHEL (S.) – *Euergetai* in the Greek cities in the Black Sea during the Hellenistic Age, *Il Mar Nero*, IV (1999-2000), 2000, p. 89-115.

Archibald 1998 : ARCHIBALD (Z.) *The Odrysian Kingdom of Thrace*, Clarendon Press, Oxford, 1998, 370 p.

Atanasov, Nedelchev 2002 : ATANASOV (G.), NEDELCHEV (N.) – Gonimasedze – zhenata na Sevt i nejnata grobnitsa. *In* : Gicheva (R.), Rabadzhiev (K.) ed., *Pitue. Izsledvanija v chest na prof. I. Marazov*, Sofia, 2002, 608 p., p. 550-557.

Avram 1991 : AVRAM (A.) – Untersuchungen zur Geschichte des Territoriums von Kallatis in griechischer Zeit, *Dacia NS*, XXXV, 1991, p. 103-137.

Avram 1999 : AVRAM (A.) – *Callatis et son territoire*, Bucarest-Paris, 1999, 638 p. (Inscriptiones Daciae et Scythiae Minoris antique. Series altera : Inscriptiones Scythiae Minoris graecae et latinae, Vol. III)

Bobcheva 1975 : BOBCHEVA (L.) – Trakijski nekropoli pri selata Kragulevo i Cherna, Tolbukhinski okr'g, *Izvestiya na Narodniya muzej – Varna*, 11 (26), 1975, p. 119-128.

Boshnakov 2007 : BOSHNAKOV (K.) *Pseudo-Skimnos ili Semos ot Delos : Prouchvaniya v'rhu svedeniyata na elinski avtori za Zapadniya Pont*, Universitetsko izdatelstvo "Sv. Kliment Okhridski", Sofia, 2007, 263 p.

Damyanov 2004 : DAMYANOV (M.) – Notes on the Territory of Odessos in Pre-Roman Times, *Archaeologia Bulgarica*, VIII, 2, 2004, p. 47-56.

Damyanov 2006 : DAMYANOV (M.) – Notes on the development of Odessos and its vicinity until Early Hellenistic times, *Talanta*, XXXVI-XXXVII (2004-2005), 2006, p. 289-308.

Damyanov 2007a : DAMYANOV (M.) – Dionysopolis, its territory and neighbours in the pre-Roman times. *In* : GRAMMENOS (D.), PETROPOULOS (E.) ed., *Ancient Greek Colonies in the Black Sea 2*, Vol. I-II, Archaeopress, Oxford, 2007, 1262 p. (BAR International Series, No. 1675, I), p. 1-36.

Damyanov 2007b : DAMYANOV (M.) – Observations on the necropolis at the village of Galata near Varna. *In* : BOSHNAKOV (K.) ed., *Jubilaeus VI : Sbornik v pamet na Karel i Khermenegild Shkorpil*, Universitetsko izdatelstvo "Sv. Kliment Okhridski", Sofia, 2007, 205 p., p. 131-140.

Delev 1990 : DELEV (P.) – Trakijskiyat grad pri Sveshtari – edna v'zmozhnost za istoricheska identifikatsiya, *Terra Antiqua Balcanica*, 4, 1990, p. 97-109.

Delev 2004 : DELEV (P.) – *Lizimakh*, Universitetsko izdatelstvo "Sv. Kliment Okhridski", Sofia, 2004, 463 p.

Doncheva 2004 : DONCHEVA (M.) – Zlatni nakiti ot trakijski mogilen grob ot vtorata polovina na 5 v. pr. Khr., otkrit kraj selo Dolishte, Varnensko, *Izvestiya na Narodniya muzej – Varna*, 40 (55), 2004, p. 124-131.

Dremsizova 1955 : DREMSIZOVA (TS.) – Nadgrobni mogili pri s. Yankovo, *Izvestiya na Arkheologicheskiya institut*, XIX, 1955, p. 61-83.

Dremsizova-Nelchinova 1955 : DREMSIZOVA-NELCHINOVA (TS.) – Trakijski mogilni pogrebeniya kraj s. Kyolmen, Shumenski okr'g, *Izvestiya na Arkheologicheskiya institut*, XXXII, 1970, p. 207-229.

Filov 1934 : FILOV (B.) – *Nadgrobnite mogili pri Duvanlij v Plovdivsko*, Sofia, 1934, 245 p.

Fol, Chichikova, Ivanov, *et al.* 1986 : FOL (A.), CHICHIKOVA (M.), IVANOV (T.), TEOFILOV (T.) – *The Thracian Tomb near the Village of Sveshtari*, Sofia, 1986, 124 p.

Georgieva 1991 : GEORGIEVA (M.) – Grobna nakhodka ot s. Izvorsko, Varnensko, *Izvestiya na Narodniya muzej – Varna*, 27 (42), 1991, p. 32-36.

Georgieva 1993 : GEORGIEVA (M.) – Fibuli ot Starozhelyaznata epokha v'v Varnenskiya arkheologicheski muzej, *Izvestiya na Narodniya muzej – Varna*, 29 (44), 1993, p. 14-27.

Gergova 1996 : GERGOVA (D.) – *Obred't na obezsm'rtyavaneto v Drevna Trakiya*, Sofia, 1996, 272 p.

Ginev 2000 : GINEV (G.) – *Trakijski mogili pri c. Kralevo, T'rgovishtko*, Varna, 2000, 108 p.

Ginev 2000 : GINEV (G.) – Mogila I ot nekropola pri Kralevo, T'rgovishtko, *Arkheologiya*, 1, 2002, p. 32-42.

Hansel 1974 : HÄNSEL (B.) – Zur Chronologie des 7. bis 5. Jahrhunderts v. Chr. im Hinterland von Odessos an der westlichen Schwarzmeerkuste, *Praehistorische Zeitschrift*, 49, p. 193-217.

Isaac 1986 : ISAAC (B.) – *The Greek settlements in Thrace until the Macedonian conquest*, E. J. Brill, Leiden, 1986, 304 p., (Studies of the Dutch Archaeological and Historical Society, vol. X).

Ivanov 1956 : IVANOV (T.) – Trakijski mogilni pogrebeniya v Odesos i okolnostta mu prez rannoelinisticheskata epokha, *Izvestiya na Varnenskoto arkheologichesko druzhestvo*, X, 1956, p. 87-108.

Lazarenko, Mircheva, Stoyanova 2008 : LAZARENKO (I.), MIRCHEVA (E.), STOYANOVA (D.) – Elinisticheska grobnitsa do s. Banovo, Varnensko. *In* : Marazov (I.) ed., *Trakiya i okolniya svyat 2*, Nauchna konferentsiya, Shumen 2006, Izdatelstvo na Nov b'lgarski universitet, Sofia, 2008, 440 p., p. 75-102.

Lazarov 1982 : LAZAROV (M.) – T'rgoviyata na Khios s's Zapadnopontijskite gradove, *Izvestiya na Narodniya muzej – Varna*, 18 (33), 1982, p. 5-15.

Lungu 2007 : LUNGU (V.) – Nécropoles grecques du Pont Gauche : Istros, Orgamé, Tomis, Callatis. *In* : Grammenos (D.), Petropoulos (E.) ed., *Ancient Greek Colonies in the Black Sea 2*, Vol. I-II, Archaeopress, Oxford, 2007, 1262 p. (BAR International Series, No. 1675, I), p. 337-382.

Marazov 1997 : MARAZOV (I.) ed. – *Ancient Gold. The Wealth of the Thracians*, Harry N. Abrams, Inc., Publishers, New York, 1997, 256 p.

Margos 1961 : MARGOS (A.) Trakijski pogrebeniya pri s. Banovo, Varnensko, *Arkheologiya*, 3, 1961, p. 54-55.

Minchev 1975 : MINCHEV (A.) – Trakijsko mogilno pogrebenie ot III v.pr.n.e. v s. Galata, Varnensko, *Izvestiya na Narodniya muzej – Varna*, 11 (26), 1975, p. 136-142.

Minchev 1978 : MINCHEV (A.) Elinisticheska grobna nakhodka ot okolnostite na Odesos, *Izvestiya na Narodniya muzej – Varna*, 14 (29), 1978, p. 103-111.

Minchev 2003 : MINCHEV (A.) – Odessos. *In* : Grammenos (D.), Petropoulos (E.) ed. – *Ancient Greek Colonies in the Black Sea*, Vol. I-II, Publications of the Archaeological Institute of Northern Greece 4, Thessaloniki, 2003, 1430 p., Vol. I, p. 209-278.

Mirchev 1956 : MIRCHEV (M.) – Sbirkata ot terakoti v muzeya na grad Stalin, *Izvestiya na Varnenskoto arkheologichesko druzhestvo*, X, 1956, p. 1-50.

Mirchev 1958 : MIRCHEV (M.) – Pametnitsi na grobnata arkhitektura ot Odesos i negovite okolnosti. *In* : *Izsledvaniya v chest na akad. Dimit'r Dechev*, Sofia, 1958, 789 p., p. 569-582.

Mirchev 1962 : MIRCHEV (M.) – Rannotrakijskiyat mogilen nekropol pri s. Ravna, *Izvestiya na Arkheologicheskiya institut*, XXV, 1962, p. 96-162.

Mirchev 1965 : MIRCHEV (M.) – Trakijskiyat mogilen nekropol pri s. Dobrina, *Izvestiya na Narodniya muzej – Varna*, 1 (16), 1965, p. 33-70.

Nawotka 1997 : NAWOTKA (K.) – *The Western Pontic Cities. History and Political Organization*, Adolf M. Hakkert Publisher, Amsterdam, 1997, 262 p.

Nawotka 1999 : NAWOTKA (K.) – *Bule and demos in Miletus and its Pontic colonies from Classical Age until third century BC*, Wroclaw–Warszawa–Krakow, Zaklad Narodowy im. Ossolinskich Wydawnictwo, 1999, 249 p.

Oppermann 2004 : OPPERMANN (M.) – *Die westpontischen Poleis*, Beier&Beran, Langenweißbach, 2004, 397 p.

Popov 1931 : POPOV (R.) – Mogilni grobove pri Endzhe, *Izvestiya na B'lgarskiya arkheologicheski institut*, VI (1930-1931), 1931, p. 89-116.

Preda 1962 : PREDA (C.) – Una nuova tomba a volta scoperita presso Mangalia-Callatis, *Dacia NS*, VI, 1962, p. 157-172.

Preshlenov 2002 : PRESHLENOV (H.) – Urban spaces in Odessus (6th c BC - 7th c AD), *Archaeologia Bulgarica* VI, 3, 2002, p. 13-43.

Radev 2000 : RADEV (R.) – Hellenistic Age Burials in Pithoi in Thrace. *In* : Simion (G.), Lungu (V.) ed., *Tombes tumulaires de l'Age du Fer dans le Sud-Est de l'Europe*, Actes du IIe Colloque International d'Archéologie Funéraire, Tulcea, 2000, 232 p., 155-167.

Reho 1990 : REHO (M.) – *La ceramica Attica a figure nere e rosse nella Tracia Bulgara*, Giorgio Bertschneider Editore, Roma, 1990, 176 p. (Archaeologica 86).

Rousseva 2000 : ROUSSEVA (M.) – *Thracian Cult Architecture*, Jambol, 2000, 201 p.

Savova 1971 : SAVOVA (O.) – Dve grobni nakhodki v'v Varna ot Elinisticheskata epokha, *Muzei i pametnitsi na kulturata*, 3, 1971, p. 3-10.

Shkorpil 1931 : SHKORPIL (K.) – Arkheologicheski belezhki ot Chernomorskoto krajbrezhie, *Izvestiya na Arkheologicheskiya institut*, VI (1930-1931), 1931, p. 57-88.

Shkorpil, Shkorpil 1898 : SHKORPIL (K.), SHKORPIL (KH.) – *Mogili*, Plovdiv, 1898, 167 p.

Shkorpil, Shkorpil 1909 : SHKORPIL (K.), SHKORPIL (KH.) Razkopki na mogili do gr. Varna, *Izvestiya na Varnenskoto arkheologichesko druzhestvo*, II, 1909, p. 8-14.

Stanchev 1994 : STANCHEV (D.) – Mogilni grobnitsi ot Rusensko. *In* : *Nadgrobnite mogili v Yugoiztochna Evropa*, P'rvi mezhdunaroden simpozium "Sevtopolis", Vol. I, Veliko T'rnovo, 1994, 306 p., p. 173-178.

Stantchev 2000 : STANTCHEV (D.) – Warrior burial in the lower course of the Yantra. *In* : Simion (G.), Lungu (V.) ed. *Tombes tumulaires de l'Age du Fer dans le Sud-Est de l'Europe*, Actes du IIe Colloque International d'Archeologie Funeraire, Tulcea 1995, Tulcea, 2000, 232 p., p. 35-44.

Stanchev 2002 : STANCHEV (D.) – "Makedonski" tip grobnitsa ot Borovo, Rusensko. *In* : FOL (A.) ed., *Thrace and the Aegean*. Proceedings of the Eighth International Congress of Thracology, 25-29 September 2000, Sofia-Jambol, Vol. I-II, Sofia, 2002, 968 p., Vol. II, p. 615-626.

Stoyanov 1998 : STOYANOV (T.) – Who was buried in the Caryatids' Tomb at Sveshtary, *Thracia*, XII, 1998, p. 103-107.

Stoyanov 2000 : STOYANOV (T.) – Spatial pattern and economic development of the North-Eastern Thrace – 7th-2nd centuries BC. *In* : Domaradzki (M.) ed., *Pistiros et Thasos : Structures economiques dans la Peninsule Balkanique aux VIIe-IIe siècles avant J.-C.*, Opole, 2000, 274 p., p. 55-67.

Stoyanov 2001 : STOYANOV (T.) – Getskata d'rzhava (sredata na IV – sredata na III v. pr. Khr.). *In* : Popnedelev (T.) ed., *D'rzhavnostta v istoriyata*, Sofia, 2001, 260 p., p. 169-188.

Stoyanov 2002 : STOYANOV (T.) – The Getic capital at Sboryanovo (North-Eastern Bulgaria). *In* : Tsetskhladze (G.), De Boer (J.) ed., *The Black Sea Region in the Greek, Roman, and Byzantine Times*, Amsterdam, Gieben, 2002, 312 p. (Talanta XXXII-XXXIII), p. 207-221.

Stoyanov 2003 : STOYANOV (T.) – The Getic capital at Sboryanovo : New excavation issues and research developments, *Thracia*, XV, 2003, p. 413-423.

Stoyanov, Stoyanova 1997 : STOYANOV (T.), STOYANOVA (D.) – The tholos of Odessos, *Archaeologia Bulgarica*, I, 3, 1997, p. 22-33.

Stoyanova 2003 : STOYANOVA (D.) – Hellenistic order architecture in Odessos. *In* : Nikolova (L.) ed., *Early Symbolic Systems for Communication in Southeast Europe*, Archaeopress, Oxford, 2003, 442 p. (BAR International Series, No.1139), p. 573-575.

Stoyanova 2007 : STOYANOVA (D.) – Barrel-wedged vault in the tomb architecture of Thrace. *In* : Iakovidou (A.) ed., *Thrace in the Graeco-Roman World*, Proceedings of the 10th International Congress of Thracology, Komotini-Alexandroupolis, 18-23 October 2005, Athens, 2007, 757 p., p. 575-587.

Tacheva 1971 : TACHEVA (M.) – Trakijsko mogilno pogrebenie kraj s. Staroselka, Shumenski okr'g : II. Inventar, ritual i datirovka na pogrebenieto ot mogilnata grobnitsa, *Arkheologiya*, 3, 1971, p. 42-51.

Tončeva 1980 : TONČEVA (G.) – Necropole tumulaire pres du village Belogradec du VIIe s. av. n. e., *Thracia*, V, 1980, p. 5-52.

Toncheva 1951 : TONCHEVA (G.) – Razkopkite na pette mogili kraj s. Galata, *Izvestiya na Varnenskoto arkheologichesko druzhestvo*, VIII, 1951, p. 49-64.

Toncheva 1956 : TONCHEVA (G.) – Trakijskoto vliyanie v Odesos, *Izvestiya na Varnenskoto arkheologichesko druzhestvo*, X, 1956, p. 51-64.

Toncheva 1961 : TONCHEVA (G.) – Grobni nakhodki ot Odesos, *Izvestiya na Varnenskoto arkheologichesko druzhestvo*, XII, 1961, p. 29-52.

Toncheva 1964a : TONCHEVA (G.) – Novootkriti grobnitsi okolo Odesos, *Izvestiya na Varnenskoto arkheologichesko druzhestvo*, XV, 1964, p. 51-60.

Toncheva 1964b : TONCHEVA (G.) – Novi nakhodki ot starogr'tskiya nekropol na Odesos, *Izvestiya na Arkheologicheskiya institut*, XXVII, 1964, p. 111-129.

Toncheva 1967 : TONCHEVA (G.) – Arkhaichni materiali ot Odesos, *Izvestiya na Arkheologicheskiya institut*, XXX, 1967, p. 157-180.

Toncheva 1974 : TONCHEVA (G.) – Nekropol't kraj svetilishteto na Heros Karabazmos v Odesos, *Izvestiya na Narodniya muzej – Varna*, 10 (25), 1974, p. 287-302.

Tonkova 1997 : TONKOVA (M.) – Hellenistic jewellery from the colonies on the West Black Sea coast, *Archaeology in Bulgaria*, I, no.1, 1997, p. 83-102.

Tonkova 2002 : TONKOVA (M.) – Classical jewellery in Thrace : origins and development, archaeological contexts. *In* : Tsetskhladze (G.), De Boer (J.) ed., *The Black Sea Region in the Greek, Roman, and Byzantine Times*, Amsterdam, Gieben, 2002, 312 p. (Talanta XXXII-XXXIII), p. 277-288.

Vachtina 2007 : VACHTINA (M.) – Greek Archaic Orientalising pottery from the barbarian sites of the forest-steppe zone of the Northern Black Sea coastal region. *In* : Gagrielsen (V.), Lund (J.) ed., *The Black Sea in Antiquity. Regional and Interregional Economic Exchanges*, Aarhus University Press, 2007, 396 p. (Black Sea Studies VI), p. 23-37.

Vasilchin 1985 : VASILCHIN (I.) – Pogrebalni obichai i s'or'zheniya v trakijskiya nekropol pri s. Kragulevo, Tolbuhkinski okr'g. *In* : *Severoiztochna B'lgariya – drevnost i s'vremie*, Sofia, 1985, 338 p., p. 321-327.

Vasilchin 1999 : VASILCHIN (I.) – Dvuobryaden trakijski nekropol pri s. Cherna, Dobrichko, *Izvestiya na Narodniya muzej – Varna*, 34-35 (49-50) 1998-1999, 1999, p. 5-103.

Vasilchin 2004 : VASILCHIN (I.) – Vtori trakijski nekropol kraj s. Dobrina, Provadijsko, *Izvestiya na Narodniya muzej – Varna*, 40 (55), 2004, p. 91-123.

Vasileva 1971 : VASILEVA (D.) – Trakijsko mogilno pogrebenie kraj s. Staroselka, Shumenski okr'g : Grobnoto s'or'zhenie, *Arkheologiya*, 3, 1971, p. 39-41.

Velkov 1929 : VELKOV (I.) – Novi mogilni nakhodki, *Izvestiya na B'garskiya arkheologicheski institut*, V (1928-1929), 1929, p. 13-55.

Velkov 1931 : VELKOV (I.) – Mogilna grobna nakhodka ot Zlokuchene, *Izvestiya na B'garskiya arkheologicheski institut*, VI (1930-1931), 1931, p. 251-256.

Youroukova 1977 : YOUROUKOVA (J.) – Nouvelles donnés sur la chronologie des rois scythes en Dobroudja, *Thracia*, IV, 1977, p. 105-121.

Yurukova 1992 : YURUKOVA (J.) *Monetite na trakijskite plemena i vladeteli*, Izdatelstvo "Pet'r Beron", Sofia, 1992, 336 p.

Chapitre VI

Grecs et indigènes sur la côte Nord du Pont-Euxin

1. Quelques aspects de la culture matérielle dans le Pont Nord : vers une koinè entre Grecs et indigènes ?

Jean-Paul MOREL

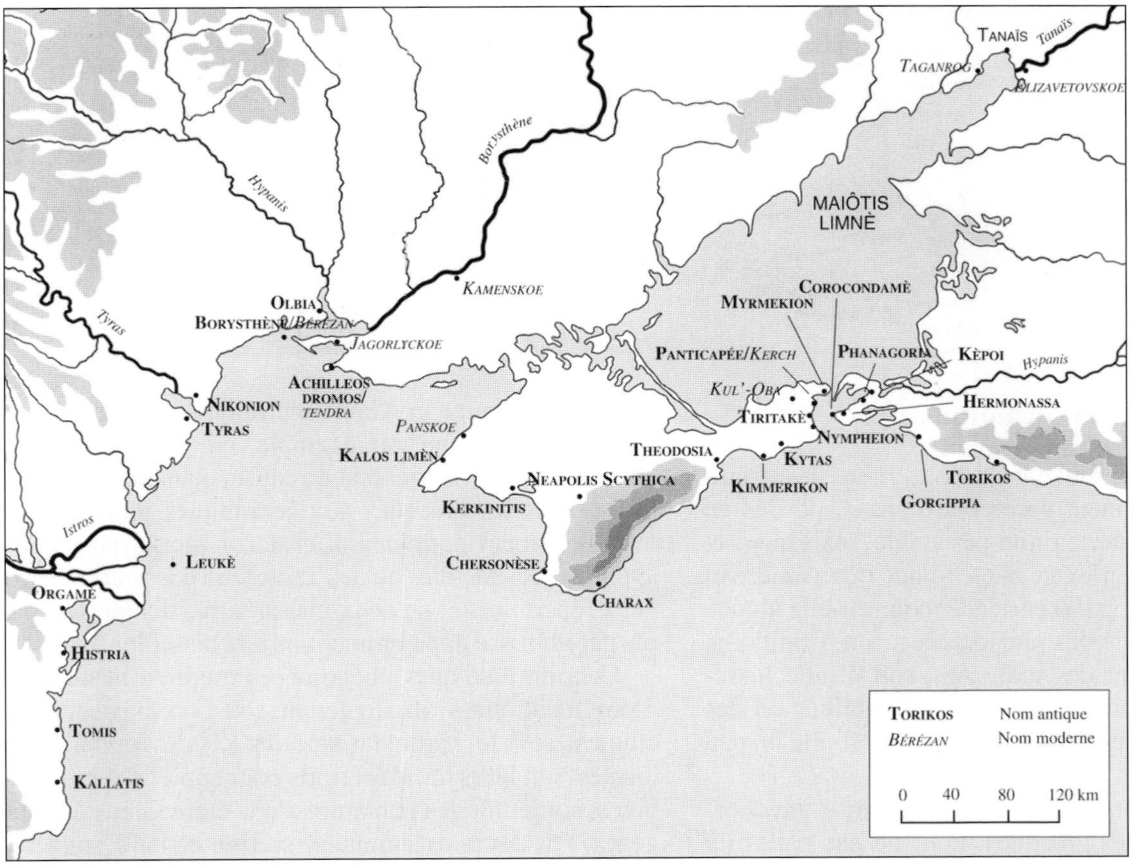

Fig. 179. Colonies grecques du Pont Nord (d'après Bresson, Ivantchik, Ferrary 2007).

On examinera ici quelques aspects de la rencontre, sur le littoral septentrional de la mer Noire (**fig. 179 et 180**), entre les Grecs et les indigènes (ou « les populations locales », comme les appellent volontiers les savants de l'Est, d'un terme qui atténue la traditionnelle tendance hellénocentriste). Mon titre évoque la « culture matérielle », par une sorte de clin d'œil à une expression très usitée dans un tel contexte, et parce que je parlerai, en archéologue, de données plutôt concrètes. Mais rien n'interdit d'aller au-delà de ce qui est seulement « matériel », et il faut évidemment aller au-delà[1].

Cette rencontre entre Grecs et indigènes donne lieu, bien entendu, à des échanges commerciaux, à tout un jeu d'influences réciproques, ainsi qu'à des faits de coexistence — une notion qui en soi n'a pas grand sens si n'en sont pas précisées les modalités politiques et sociales (Morel 2002). On va parfois jusqu'à poser à son sujet le problème d'une « koinè » (Bresson, Ivantchik, Ferrary 2007). Dans le cas qui nous concerne ici, on peut voir la koinè comme une communauté sinon totale, du moins très poussée, de culture et de modes de vie. Peut-on, donc, parler d'une telle fusion dans la région qui nous intéresse ? Les analogies qu'on peut observer, les pas en avant d'un partenaire vers l'autre, conduisent-ils vers une véritable koinè ?

1 Sauf indication contraire, les dates s'entendent « avant notre ère ». – D'une bibliographie considérable, signalons d'emblée quelques titres récents en langues « occidentales » : Alexandrescu 1999 ; Tsetskhladze 2001 ; Grammenos, Petropoulos 2003 ; Bresson, Ivantchik, Ferrary 2007 ; Braund, Kryzhitskiy 2007.

Fig. 180. Principaux ensembles funéraires du Pont Nord (d'après Schiltz 1994).

1. La céramique

La céramique est souvent un bon critère des acculturations, non seulement parce que nous disposons en abondance de ce matériau non périssable, mais aussi et surtout parce qu'elle n'exige ni technique très avancée ni matériaux rares : aussi l'expérience montre-t-elle un peu partout qu'elle suscite des phénomènes, soit d'imitation de modèles grecs par des indigènes, soit d'infléchissement des produits grecs au gré des possibilités ou des demandes locales. Peut-être la mer Noire est-elle un peu à part en cela.

Ce n'est pourtant pas faute de recevoir, et précocement, des céramiques grecques. Pour ne pas parler du littoral et de son proche hinterland, les cartes (reprises dans Alexandrescu 1975) dressées par N.A. Onaïko voici quarante ans et plus et qui évidemment n'ont pu que s'enrichir depuis, concernant la diffusion des objets grecs – amphores et céramiques, bronzes, perles et autres – vers le haut Dniepr, jusqu'à la latitude de Kiev et au-delà, à quelque 500 km dans l'intérieur des terres (**fig. 181**), ont de quoi susciter l'envie, par la densité des trouvailles, chez quiconque s'intéresse à des phénomènes analogues en Gaule, ou en Ibérie, voire sans doute dans beaucoup de régions de l'Italie hors de l'Étrurie, pour ne pas parler de l'Afrique.

Et pourtant je n'ai pas le sentiment qu'en règle générale cet apport notable d'objets, et donc de modèles, ait déclenché les phénomènes d'imitation qu'on perçoit en Italie, à partir par exemple de la céramique subgéométrique, de la céramique ionienne, de la céramique attique figurée ou à vernis noir, ou encore de la céramique de Gnathia, ou même en Gaule méridionale, à partir de la céramique ionienne par exemple, ou parfois du bucchero étrusque. En tout état de cause, quand on compare les céramiques grecques aux céramiques modelées, et éventuellement pourvues d'un décor incisé, peigné ou appliqué, des Scythes ou des Taures, on a le sentiment de deux répertoires et de deux marchés très distincts, séparés par un fossé apparemment infranchissable.

Cela dit, quelques phénomènes méritent néanmoins d'être mentionnés. Ils suggèrent, soit la coexistence des ethnies, soit le particularisme tenace des populations locales, soit leurs timides efforts pour copier des modèles grecs, soit enfin des contaminations entre Grecs et indigènes. On devra évidemment se limiter ici à suggérer divers cas de figure possibles, au moyen de quelques exemples qui n'ont rien d'un inventaire[2].

1.1. Coexistence des ethnies

Des recherches concernant la présence de céramiques indigènes dans des habitats grecs ou mixtes font état (pour se limiter à l'époque archaïque) de 10 % à 15 % de céramique indigène à Tariverde en Roumanie à 18 km à l'Ouest d'Histria (Avram 2001, p. 597-598), de quelque 10 % à 20 % de céramique modelée à Borysthénès/Berezan (Solovyov 2009, p. 93 ; et dans ce

2 Les objets mentionnés sans références sont exposés ou conservés dans les musées ou les réserves de fouilles des villes ou des sites concernés. Les lieux de conservation des objets sont en revanche mentionnés s'il sont différents des lieux de découverte.

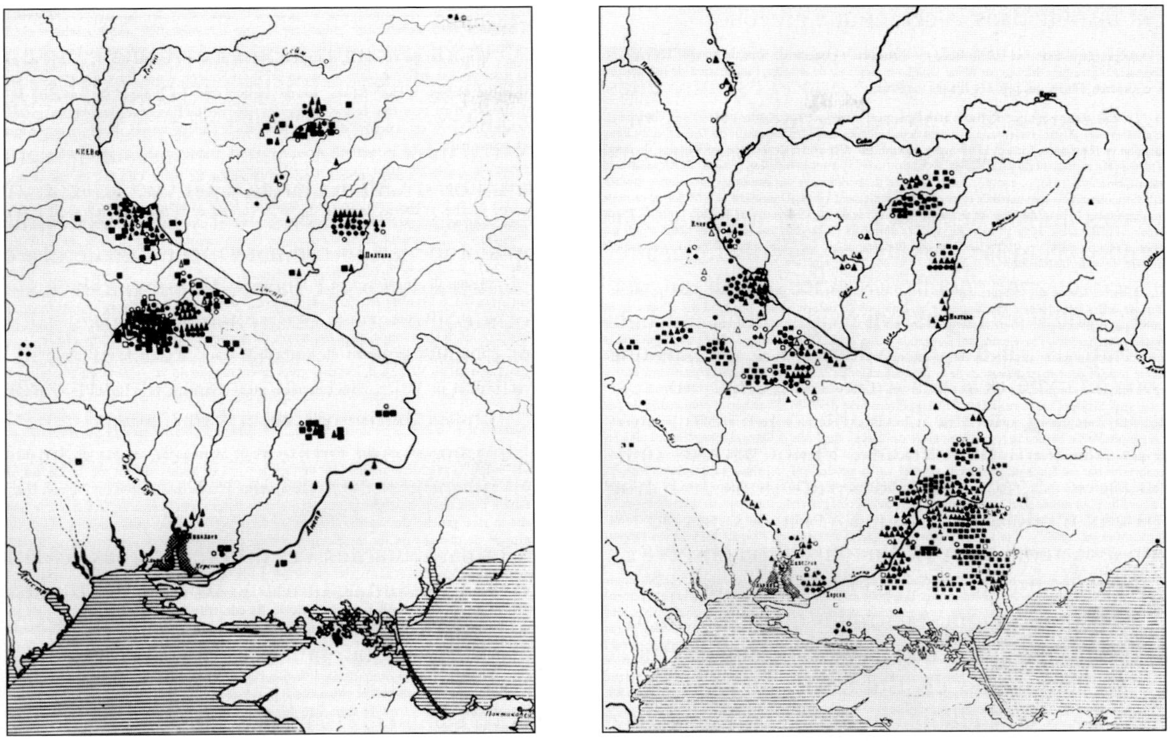

Fig. 181. Diffusion des objets grecs dans les bassins du Dniepr et du Boug (d'après Alexandrescu 1975).
À gauche, fin VIe-début Ve s. ; à droite, seconde moitié du IVe s. Kiev est vers le haut à gauche.
La zone grisée vers le bas au centre-gauche situe Olbia et ses environs.

volume, p. 291-303). Bien entendu, ce phénomène est aussi observé ailleurs, à Bent à 2,5 km seulement d'Histria (Avram 2001, p. 600), à Theodosia, à Mirmékion près de Panticapée (Hind 1993, p. 103), à Phanagoria, pour nous limiter à ces quelques cas. On peut rapprocher ces chiffres de ceux de Marseille, où les quelque 20 % de céramiques indigènes relevés pour les premières décennies du VIe siècle sont parfois considérés comme suggérant le poids de l'élément indigène dans la cité phocéenne, peut-être à la suite, notamment, de mariages mixtes[3]. Ceci encore, qui combine coexistence et imitation dans un milieu colonial : dans la région du bas Dniestr, S.B. Okhotnikov signale en céramique tournée, pour la fin du VIe s. et le début du Ve s., des imitations de formes grecques (cratères, oenochoés, *kalpides* et *lekanai*) voisinant avec des formes typiques de la culture thrace, dans des contextes où la céramique tournée simple figure pour 49 %, la céramique modelée pour 32,2 %, et la céramique à vernis noir pour 18,5 %. Il suppose pour ces établissements une prédominance numérique des Grecs, mais estime vraisemblable que des représentants des tribus locales, Scythes et Thraces, aient coexisté avec ces derniers (Okhotnikov 2001, p. 99, 103, 107)

On observe donc dans ces divers cas des phénomènes de coexistence, bien plutôt que de convergence ou de koinè.

1.2. Hybridation

Il s'agit de vases où se décèle la connaissance de modèles grecs, mais interprétés avec ces touches de maladresse et/ou de libre arbitre qui caractérisent souvent les réactions des indigènes devant ces modèles. Mentionnons :

– Des vases apodes (notamment des cruches sans pied distinct, à fond plat, voire légèrement bombé), à Olbia, à Hermonassa.

– Des oenochoés à bouche « trilobée » (plutôt bilobée, en fait), dont le bec verseur est disposé perpendiculairement par rapport à l'anse, et non selon le même axe que celle-ci, à Odessos même et dans une tombe thrace des environs (au musée de Varna).

– Des vases munis de trois anses radiales (à Gorgippia, à Theodosia). Ce triplement d'anses d'un même type est

3 Autres indications sur ces problèmes dans Morel 2001, p. 832-833. Sur la prudence nécessaire dans l'interprétation de ces données (ou d'autres analogues relatives à la céramique, à l'orfèvrerie, aux pratiques funéraires, aux croyances, etc.), voir Kryzhitskiy 2007, p. 18-20.

absolument insolite dans la céramique grecque.

– À Phanagoria, une jarre pourvue de deux grandes anses horizontales diamétralement opposées entre elles et de deux petites anses verticales elles aussi diamétralement opposées, implantées à 90° par rapport aux précédentes [4].

– Des vases imitant des vases attiques à vernis noir, mais avec une pâte grise, noirâtre ou parfois rougeâtre, non vernissée ou présentant des traces d'un engobe brunâtre très ténu. Ces objets ont évidemment été faits dans le Pont, mais par qui ? Par des Grecs, en tant que produits bon marché destinés à des indigènes aux ressources modestes et/ou que la qualité d'un vernis noir n'intéressait pas particulièrement ? Plutôt par des indigènes, comme le suggéreraient des variations de forme par rapport aux modèles helléniques ? Par les uns ou les autres selon les circonstances ? En tout cas on observe de tels vases un peu partout. Ainsi, en Roumanie, des imitations de cratérisques attiques, parfaites quant à la forme, dans une nécropole « gréco-dace » de la région de Braila (au musée archéologique de Bucarest), ou, à Albeşti, dans l'arrière-pays de Callatis (au musée de Mangalia), une amphore à pseudo-godrons tracés à la pointe avant la cuisson et complétés sous les anses par des incisions en X (donc conformes au répertoire hellénique traditionnel) ; à Theodosia en Crimée orientale, une lékanè achrome imitant un modèle attique ; des *pelikai* soit achromes, soit pourvues d'un vague engobe gris et terne, à Tiramba dans la péninsule de Taman (au Musée Pouchkine de Moscou), et à Theodosia encore, dans les deux cas avec, malgré une imitation assez correcte du type attique, une tendance à des panses moins rebondies et surtout à des cols plus étroits ; à Phanagoria, un lécythe aryballisque achrome (également au Musée Pouchkine) imitant une forme à figures rouges trouvée sur le même site, mais là encore avec un profil moins pansu (cette propension à des formes légèrement plus élancées que celles des modèles attiques peut donc apparaître comme une caractéristique fréquente des abords du Bosphore cimmérien). À Borysthénès/Berezan, à partir du dernier quart du VIe siècle, les imitations modelées de types céramiques grecs deviennent fréquentes (Solovyov 2001, p. 132).

1.3. Problèmes d'usage

C'est à eux que l'on peut attribuer certaines particularités des faciès céramiques.

– Des lampes à suif plus largement ouvertes que les lampes grecques, en Crimée à Neapolis scythique/Simferopol (les indigènes, à l'évidence, disposaient plus aisément de suif que d'huile), mais aussi dans la grecque Theodosia.

– La fréquence des réparations sur la céramique à vernis noir d'Olbia, marquée par une série de trous pratiqués sur des vases cassés pour y poser des agrafes. C'est un phénomène qui ordinairement signale des contextes où la céramique est parée d'une valeur justifiant des efforts compliqués, et probablement peu satisfaisants, pour donner une deuxième vie à des récipients brisés et qu'ailleurs on aurait tout bonnement jetés, et donc plutôt des milieux indigènes ou à forte composante indigène. Entremont, dans l'orbite massaliète, témoigne éloquemment du même phénomène.

Ces particularités, ces différences, ces déviations, sont souvent bien loin de faire une koinè. Elles traduisent selon le cas deux traditions parallèles, ou des efforts maladroits des indigènes pour copier des objets grecs. On notera que Theodosia se distingue fréquemment dans ces processus, ce qui n'est guère étonnant de la part de cette cité grecque assez isolée face aux Taures de la région montagneuse qui commence aux portes mêmes de la ville.

Enfin, un tout autre cas voit les artisans ou artistes grecs se conformer à ce qui apparaît une demande ou en tout cas un goût particulier des indigènes : c'est celui de la céramique de Kertch.

Je ne suis certes pas le premier à observer que cette céramique flatte à la fois le goût des Scythes pour une polychromie très discrète certes, en l'occurrence, mais qui s'écarte résolument des canons habituels de la céramique attique à figures rouges, et la prédilection des mêmes Scythes pour une mythologie, ou une imagerie, peuplées de griffons, d'Arimaspes et autres Amazones [5]. On notera cependant qu'il est difficile de parler ici d'une tendance vers une koinè pontique. C'est une koinè – fort limitée du reste, car les formes des vases restent grecques, et la technique reste fondamentalement celle des figures rouges – entre *Athènes* et la Scythie [6]. A moins d'imaginer (pourquoi pas ?) que des Grecs du Pont ont commandé, voire suggéré aux ateliers attiques des vases dont ils pensaient à juste titre qu'ils se vendraient bien en mer Noire. Il reste que ces Grecs du Pont ont été les

4 Une coexistence d'anses de deux types qui par conséquent ne rappelle en rien la seule forme grecque qui atteste ce phénomène, à savoir l'hydrie.

5 Voir « the unique bronze statuette of an Amazon on a horse » du début de la période hellénistique découverte à Chaika, établissement gréco-scythe proche de Kerkinitis, en Crimée occidentale (Vnukov 2001, p. 165 et p. 166, fig. 10).

6 D'une façon générale il importe de distinguer, dans ces problèmes, les influences exercées sur les productions indigènes par les céramiques de la Grèce égéenne (Grèce propre et Grèce de l'Est) de celles, au deuxième degré en quelque sorte, qu'exercent les céramiques des colonies pontiques (voir Dupont, Lungu 2010).

principaux usagers de tels vases, se montrant ainsi sensibles à une « mythologie ambiante » où les conditions et les populations locales jouaient un grand rôle.

2. L'habitat

2.1. Les habitations enterrées

Cette question est bien entendu une des plus importantes. Un problème est particulièrement frappant à cet égard : celui des cabanes « enterrées » (*zemlianki*) ou « semi-enterrées » (*palouzemlianki*) trouvées sur des dizaines de sites, de Nikonion à la presqu'île de Taman en passant par Berezan et Olbia, Kerkinitis et Chersonèse, Nymphaion, Panticapée et Mirmekion. Les chiffres sont parfois considérables : pour Berezan et Olbia, il s'agit d'environ 500 unités (Buiskikh, Buiskikh 2001, p. 669-670). On les connaît à Olbia dès le second quart du VIe siècle au moins, avec une présence massive à l'époque archaïque tardive. Dans la minuscule île de Berezan, près de 250 unités, rondes, ovales ou rectangulaires, ont été mises au jour (Solovyov 2009, p. 92).

Mais d'abord, sont-ce des habitations (et pas seulement des aménagements économiques ou agricoles), et des habitations *grecques*, au moins dans certains cas ? Seule une réponse positive à cette question peut rendre singuliers le choix technique et le mode de vie des Grecs qui s'y seraient logés, et faire penser véritablement, dans ce domaine au moins, à une esquisse de koinè pontique.

Notre collègue russe Vladimir Kouznetsov s'est livré à une critique en règle de l'hypothèse au moins partiellement grecque soutenue par la plupart des nombreux archéologues qui ont traité cette question, et notamment par les fouilleurs ukrainiens d'Olbia – hypothèse selon laquelle les cabanes « enterrées » ou « semi-enterrées » auraient été des habitations –, en réfutant systématiquement les arguments communément invoqués à cet égard. Il remarque que ces structures n'ont guère livré que leurs fondations, et que leurs fonctionnalités ne sont pas claires ; qu'il est difficile que les colons grecs les aient utilisées pendant plus d'un siècle sans recourir à de meilleures solutions. Il insiste sur la petitesse de certaines d'entre elles, sur l'inconvénient qu'y représenterait l'usage de foyers plutôt que de braseros. Il refuse les arguments relatifs à une possible misère des premiers colons, à la rudesse du climat, à des modèles indigènes qu'auraient adoptés les Grecs (Kouznetzov 1995). Son plaidoyer circonstancié mais parfois spécieux est en définitive peu convaincant.

Il me paraît probable que ces « cabanes » étaient, pour les principales d'entre elles tout au moins (il faut y insister), des habitations, et, pour beaucoup d'entre elles (surtout les rectangulaires), des habitations, fussent-elles plus ou moins provisoires (Solovyov 2009, p. 96), de *Grecs* des premiers temps des colonies – premiers temps qui ont pu du reste couvrir de nombreuses décennies. Cela semble être le cas d'une bonne partie au moins des constructions semi-enterrées de divers établissements de la basse vallée du Dniestr étudiées par S.B. Okhotnikov, avec leurs dimensions oscillant entre 8 m^2 et 32 m^2, et des aménagements tels que des foyers ou des « poêles » (Okhotnikov 2001, p. 94-97). D'autres, bien entendu, ont dû servir d'étables, de bergeries, de remises, d'ateliers, de silos, etc., mais le problème d'un habitat enterré, et d'un habitat grec, ne s'en pose pas moins. Des archéologues ukrainiens ont développé à cet égard des arguments solides, concernant surtout Olbia, où ces structures présentent des éléments troublants de régularité, de deux types. D'une part, dans la ville même, des dizaines de cabanes semi-enterrées équidistantes forment trois rangées alignées sur une des rues principales de la cité. D'autre part, dans son territoire, à Tchertovatoie-7 (à neuf kilomètres au Nord d'Olbia), un complexe résidentiel et agricole présente une structure « arborescente » des années 530-470 env. : plus de 70 « arbustes » occupant en moyenne 0,2 hectare, dont chacun est constitué en règle générale d'une « grande » habitation centrale (12 à 15 m^2), de 4 à 6 habitations plus petites, de fosses pour le stockage des denrées ou des déchets, de citernes et de structures de service (Buiskikh, Buiskikh 2001, p. 670-673 ; Kryjitski, Leïpounskaïa 2010, p. 74-76).

On serait alors devant le cas, assez courant même dans les temps modernes, de colons ou d'aventuriers qui, s'établissant dans un pays nouveau et pour eux difficile, auraient recouru à des solutions de logement adaptées à leur nouvelle implantation et qu'utilisaient déjà les « naturels ». On pense bien sûr au climat, qui est ce qu'il est, mais que les Grecs – et les Romains – considéraient comme foncièrement hostile : Hérodote (IV, 28) et Ovide s'accordent pour nous le signifier. Toutefois il ne faisait pas toujours ni partout chaud en Grèce, ou en Italie, ou en Gaule, et pourtant les Grecs, comme le remarque V. Kouznetsov, ne s'y enfouissaient pas pour se protéger. Mais il faut souligner qu'intervient ici un autre facteur, trop négligé peut-être : la nature du sol.

Il est plus facile, plus normal, plus efficace, de creuser de façon régulière et relativement stable le lœss du littoral nord-pontique que la roche ou la terre de la Grèce ou de Marseille. C'était, dans cette région, une solution logique et économique. On connaît néanmoins des exemples de Grecs adoptant les maisons semi-enfouies des indigènes en Grande Grèce, à l'Incoronata près de Métaponte, dans un terrain qui d'ailleurs s'y prêtait aussi[7]. Et les premiers occupants phocéens de Velia ne répugnèrent pas non plus à aménager des maisons dont la partie arrière était profondément creusée dans un sol cependant rocheux, lorsque le permettait ou l'exigeait la pente du terrain. On comprend bien dès lors que dans le sol éminemment favorable offert par le Pont septentrional, des Grecs aient pu consentir facilement à « enterrer » leurs demeures à moitié ou totalement, quelles qu'aient pu être leurs coutumes dans d'autres contextes[8].

Une autre question se pose, fondamentale pour notre propos actuel : les Grecs ont-ils emprunté cette solution aux « populations locales » – lesquelles continueront pendant longtemps à se loger de la sorte, puisque des bâtiments à sol excavé sont considérés comme typiques des civilisations slaves des Ve-VIIe siècles de notre ère en Ukraine (Morrisson, Sodini et Kazanski 2000, p. 27) ? En ce cas, on aurait bel et bien avec les demeures enterrées ou semi-enterrées antiques un phénomène de koinè matérielle.

Mais selon quel processus ? Les Scythes des steppes n'avaient pas, que l'on sache, de telles habitations. Certains d'entre eux ont-ils changé leurs coutumes en s'établissant à Berezan, puisque c'est là que tout semble avoir commencé ? Les nomades qui se sédentarisent n'ont pas tendance à renoncer pour autant à leurs tentes ou à leurs roulottes, nous le voyons encore aujourd'hui en Libye et en Europe même. Et ces éventuels nomades sédentarisés à Berezan y ont-ils précédé les Grecs, ou y sont-ils venus attirés par la présence des Grecs et par les possibilités commerciales, « emporiques », qu'elle offrait ? Ce problème est compliqué par la difficulté qu'éprouvent souvent les fouilleurs à démêler l'ethnie de tel paysan qui vivait dans telle ferme de la *chôra* de telle cité pontique.

Il est en tout cas intéressant de noter avec Serguéi Solovyov qu'à Berezan, justement, les cabanes enterrées où l'on observe le plus grand pourcentage de céramique modelée (scythe ou, surtout, thrace) sont des cabanes à plan circulaire (Solovyov 2001, p. 122) : comme si cette « population locale » avait spontanément retrouvé en cela quelque chose des tentes rondes des Scythes ou de leurs « huttes coniques de feutre ou d'écorce » (Schiltz 1994, p. 531). Quoi qu'il en soit, à peine créée, cette minuscule koinè des habitations creusées aurait tendu à se dissoudre au gré des particularismes ethniques, le circulaire (ou l'ovale[9]) pour les Thraces ou les Scythes, le quadrangulaire pour les Grecs, dont S.L. Solovyov (2001, p. 126-128) pense que, inspirés par les traditions locales, ils ont très vraisemblablement occupé des cabanes semi-enterrées à Berezan durant les trois premiers quarts du VIe siècle.

2.2. Les villes

Il faut enfin évoquer le problème de la ville : réalité essentiellement grecque dans l'ensemble, c'est clair. Mais faut-il nécessairement parler d'imitation quand nous constatons l'existence de villes indigènes, à Neapolis Scythe en Crimée comme à Vani en Colchide[10] ? Le faut-il, lorsqu'il apparaît que dès le Ve siècle Elizavetovskoïe, dans le delta du Don, peut être considéré comme une grande ville barbare de 44 hectares où allaient s'établir des marchands grecs, probablement l'Alopekia de Strabon XI, 2, 3 (Hind 1993, p. 104) ? C'est au Ve siècle au moins que remonte aussi la ville « entièrement bâtie en bois » des *Gélônoi*, dans la steppe boisée des *Boudinoi*, avec son enceinte et ses temples, décrite par Hérodote (IV, 108-109). Mais ce dernier ne manque pas d'ajouter que « les Gélons sont des Grecs d'origine », chassés des *emporia* et venus s'établir au pays des *Boudinoi* qui, eux, sont autochtones et nomades. Ainsi le classement ethnique entre nomades et urbains est-il sauvegardé – dans la réalité ou dans la tradition, nous ne le savons pas trop. Sauvegardé, mais brouillé, et c'est peut-être là que s'esquissent des phénomènes de koinè. Tandis que des nomades viennent se fixer dans des cabanes creusées dans le lœss du littoral, des sédentaires viennent construire une ville en bois au pays des nomades.

3. Les nécropoles

3.1. « Histoires de kourganes »[11]

Sous les *tumuli* des kourganes se dissimulent de curieux processus d'assimilation aussi bien que de différenciation. Ainsi certains kourganes scythes du IVe siècle comportent en leur intérieur une chambre

7 Allusion dans Buiskikh, Buiskikh 2001, p. 681, n. 19. Voir aussi M. Lombardo, dans *Problemi* della *chora coloniale*, II, p. 845. Il est intéressant à cet égard que l'Incoronata puisse passer pour un cas de « cogestione greco-indigena » (E. Greco, *ibidem*, I, p. 179).

8 On notera aussi qu'Olbia Pontique est une des rarissimes cités grecques où les maisons « véritables » aient fréquemment comporté des caves ou des sous-sols (Hellmann 1992 ; Kryjitski, Leïpounskaïa 2010, p. 74-95, *passim*). Sur des « caves » de Nikonion ayant servi aussi bien de dispositifs de stockage que de pièces d'habitation par temps froid, voir Sekerskaya 2001, p. 74-75 et 82.

9 Pour cette distinction, cf. Solovyov 2001, p. 122.

10 Sur ces villes, voir respectivement Piotrovsky *et al.* 1955 ; Lordkipanidzé 1995.

11 Voir le titre de Schiltz 1991.

funéraire construite en blocs de pierre soigneusement équarris et ajustés, « à la grecque » (Schiltz 1991, p. 62 et 67-71). Inversement, les tombes grecques du Bosphore « prenaient volontiers l'allure de kourganes » (Schiltz 1994, p. 315).

Signalons par exemple un kourgane fouillé[12] dans la *chôra* immédiate de Theodosia/Feodosiya, sur les pentes du Tepe-Oba, premier contrefort oriental des monts de Crimée (Beysens *et al.* 1997 ; Katyushin 2003, p. 653-655 et p. 694, fig. 5). Il s'agit d'une tombe à tumulus de terre du type kourgane, mais érigée selon toute vraisemblance pour un défunt grec, comme semblent l'indiquer la composition du mobilier, les rites de l'incinération secondaire, de l'obole à Charon, du repas funéraire et du bris de vases. Elle est datable vers 375. On y a relevé une aire de crémation de presque 10 m^2 comportant une fosse recouverte de perches de pin fixées pas six gros clous de fer. Les cendres du défunt ont dû être recueillies dans une urne et ensevelies à part, en un point qui n'a pu être fouillé. Des vases ont été recueillis, brisés ou non, jetés ou non sur le feu : des lécythes aryballisques, un cratère à figures rouges, deux pélikés du style de Kertch (dont l'une figure un combat entre des Arimaspes montés sur des griffons/oiseaux et un sphinx à tête de lion, l'autre une Nikè en quadrige), des amphores de Sinope, une amphore proche des amphores de Solokha I, une marmite rappelant les vases culinaires du Bosphore, etc.[13].

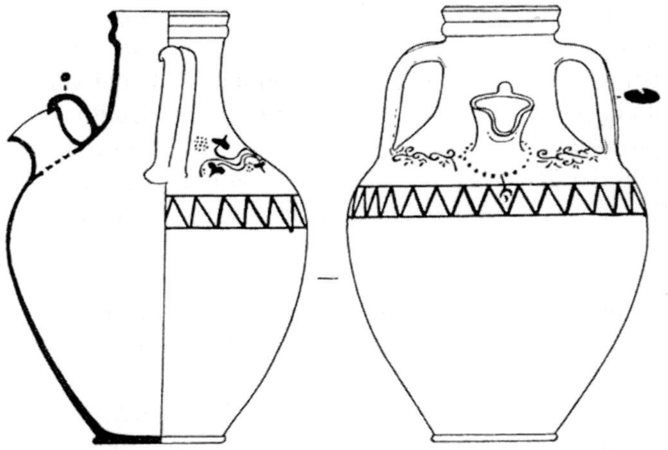

Fig. 182. Amphore-oenochoé de Theodosia (d'après Beysens *et al.* 1997).

Si tout cela correspond, comme le note Evguenij Katiouchine, aux traditions grecques forgées à Theodosia, un élément issu de la même tombe détonne davantage avec elles : une sorte d'« amphore-oenochoé » (un col d'oenochoé trilobée, avec sa petite anse, greffé sur l'épaule d'une amphore pansue), dont je ne connais aucun parallèle en céramique. Son décor peint en noir sur le fond d'un lustre rouge combine des motifs grecs (des rinceaux) avec d'autres qui le sont moins (une zone de triangles), auxquels s'ajoute un curieux collier à pendentif autour, précisément, du « col » de l'oenochoé (**fig. 182**). Il s'agit d'un vase presque absurde et inutilisable pour peu qu'il soit rempli ou presque, qui rappelle en cela l'amphore « gréco-scythe » en argent partiellement doré de la tombe scythe de Tchertomlyk avec ses

Fig. 183. Amphore de Tchertomlyk (d'après Schiltz 1994).

12 Par Evguenij Katiouchine, conservateur du Musée de Feodosiya, qui m'a aimablement donné l'occasion de participer en 1994 à cette fouille dont il a établi, au-delà des publications signalées ici et de quelques autres, un rapport très circonstancié.

13 Outre un objet en fer qui pourrait être un saurôtèr.

trois becs verseurs greffés sur le bas de la panse, datant elle aussi du IVe siècle (Schiltz 1994, p. 195) (**fig. 183**).

On voit là les chemins tortueux qu'empruntent les contacts entre Grecs et indigènes et leurs contaminations mutuelles.

3.2. Coexistences entre défunts

Mais il y a plus. Au-delà de cette relative et rare communauté des kourganes, trois cas emblématiques ont récemment été mis en évidence dans les territoires d'établissements grecs où vivaient, selon toute vraisemblance en bonne entente, ou tout au moins pacifiquement, des populations mêlées.

1) Dans l'actuelle Roumanie, dans le territoire de Callatis, Alexandru Avram (2001, p. 626 et 631) a signalé des tombes du tout début du IIIe s. à chambre funéraire voûtée et à dromos, semblables à celles de la noblesse scythe du Pont Nord et qui suggèrent l'existence en ce lieu d'une « enclave scythe ». Elles contrastent avec la « nécropole plane » des Grecs callatiens.

2) À Koshary, entre Odessa et Olbia (un site qui appartenait peut-être à l'État olbien), les fouilleurs ont relevé sur une superficie de 600 m^2, pour les Ve et surtout IVe siècles, aussi bien des tombes scythes que des tombes grecques, se distinguant – entre autres critères – par une orientation Ouest-Est pour les premières, Est-Ouest pour les secondes (Chochorowski, Papuci-Wladyka, Redina 1999, p. 61-63).

3) Dans la *chôra* de Nymphaion en Crimée orientale, sur le Bosphore cimmérien, coexistent, d'après des observations de Viktor Zinko (2001), divers types de nécropoles : des tumulus scythes ; des fosses à même le sol, marquées en surface par des structures circulaires en pierres, très proches de celles de la culture Kizil-Kobinsky des piémonts de Crimée (une population, pense Zinko, peut-être exploitée à Nymphaion à la façon des hilotes) ; des inhumations dans des fosses où les corps sont en position fœtale, la tête vers le Sud, selon une coutume qui rappelle les abords septentrionaux du Caucase et précisément la *chôra* de Gorgippia, si bien qu'on peut penser à des barbares originaires de cette région installés à Nymphaion par les rois du Bosphore pour y étendre leur influence ; enfin des sépultures de type hellénique (*enchytrismoi*, tombes à crémation, etc.)[14].

On constate donc en ces divers cas la coexistence de plusieurs groupes ethniques dont chacun tient à ses rites propres et les perpétue, tout en les adaptant dans une certaine mesure – note encore V. Zinko à propos de Nymphaion – à la culture hellénique.

3.3. Modestes mais précieuses offrandes funéraires

Signalons encore ceci : c'est un usage que l'on peut observer couramment dans le monde barbare d'Occident – dans l'Italie « italique », en Gaule, à Carthage – qu'une tombe renferme un objet importé et un seul (vase à vin ou à parfum, grec ou étrusque) tranchant sur la masse des objets de production locale, évocation en raccourci d'une coutume étrangère et donc prestigieuse (Morel 1995). De même, dans le Pont, il arrive que des kourganes comportent, parmi toutes leurs richesses, un seul vase grec, infiniment moins précieux qu'une profusion d'objets d'or, mais signal d'un contact avec un autre monde paré du prestige de l'exotisme. Citons des amphores panathénaïques, seules offrandes grecques parmi des objets barbares, à Ak-Bouroun au Sud de Kertch et à Elizavetinskaïa dans le Kouban (Schiltz 1991, p. 72 et 93) ; à Vani en Colchide, un cratérisque attique à vernis noir du IVe s. au milieu d'une profusion d'armes locales (au musée de Vani). Et dans le kourgane de Tolstaïa Moguila, dans le lointain hinterland ukrainien, une princesse scythe, couverte d'or, avait auprès d'elle, au IVe s. encore, un seul vase grec, un simple bol attique à vernis noir Lamb. 22, modeste en soi, immensément symbolique dans ce contexte[15] : la fusion à la fois dissymétrique et égalitaire de deux univers.

4. L'art

Je ne saurais enfin évoquer ici que très brièvement et comme par prétérition un domaine passionnant et immense des contacts entre Grecs et non-Grecs dans le Pont Nord : celui de l'art, et notamment de cet art « gréco-scythe » dont l'appellation suggère, précisément, des phénomènes de koinè. La magnifique documentation qu'ont rassemblée depuis longtemps, et plus particulièrement au cours des dernières décennies, les savants des pays de l'Est, ou d'autres, comme Véronique Schiltz (1991, 1994), et de grandes expositions telles que, naguère encore, à Paris, « L'or des Amazones » et

14 Toujours dans la *chôra* de Nymphaion, signalons la fouille de Geroevka-2, qui a mis au jour un petit ensemble d'habitations enterrées (dont l'une profonde de 2,30 m) et de sépultures, datant du IVe s. et attribuables (d'après la proportion de céramique modelée et les rites funéraires) à une population non-grecque, alors qu'à moins de deux kilomètres de là Geroevka-1 était habité par des citoyens grecs de Nymphaion (Butyagin 2001, p. 268-280).

15 Au Musée des Trésors historiques de Kiev (Laure des Catacombes).

« L'or des rois scythes », invitent à réfléchir sur ces problèmes.

On se contentera ici d'évoquer rapidement les infléchissements que subissent les modèles grecs et dont témoignent les objets familiers des Scythes, par la volonté des commanditaires scythes ou, ce qui revient un peu au même, du fait d'un désir des artistes ou artisans grecs de satisfaire une clientèle barbare (Minns 1913, p. 283-291). Ces distorsions pourraient être appelées selon les cas hybridation, déclinaison multiple d'un thème, métamorphose, voisinage insolite, surenchérissement, abréviation, représentation éclatée, insertion inattendue, transformation tourbillonnante, détournement...[16] : autant de processus qui mériteraient bien d'autres développements. On constaterait alors que beaucoup de ces procédés caractérisent aussi les réactions des arts italiques (œnôtre ou sidicin par exemple) face à l'art grec.

Alors, koinè dans le domaine de l'art ? Voire... Il n'est guère de produits de cet art que l'on puisse s'attendre à trouver hors du milieu proprement scythe (ou sinde, taure, méote, etc.), sinon, très exceptionnellement, à titre de butin ou de cadeau, comme le goryte (carquois d'arc) trouvé dans une tombe princière macédonienne de Vergina (Schiltz 1994, p. 207). Les Scythes (ou autres) ne cherchent pas à imiter « fidèlement » l'art grec. De leur côté, les artistes ou artisans grecs peuvent bien travailler pour des clients scythes (ou autres), et donc affronter des thèmes nouveaux, une iconographie différente, mais les caractéristiques des arts indigènes n'affectent guère l'art grec en lui-même. En d'autres termes, malgré d'indubitables hybridations, Grecs et barbares, en ce domaine, ne se rencontrent guère à mi-chemin comme le feront les architectes romains et les sculpteurs barbares sur l'arc de Suse ou le trophée d'Adamklissi. Au bas d'un beau relief en calcaire de la presqu'île de Taman figurant des scènes de bataille17, deux têtes coupées, aux yeux mi-clos, rappellent que les Scythes tranchaient les têtes de leurs ennemis vaincus (Hérodote IV, 64) ; mais le style est celui d'un grand art grec local.

Il faut souligner enfin ce fait singulier, mais tout compte fait fort compréhensible de par le naturalisme grec, que plus l'art est grec, plus il s'attache à *montrer* les Scythes ; et que quand nous *voyons* véritablement les Scythes, c'est à travers l'œil grec. On pense bien entendu aux images de Scythes sur des vases grecs à figures noires ou rouges (Schiltz 1994, p. 392-393). Mais bien plus emblématiques encore à cet égard sont des objets « gréco-scythes » illustres représentant les Scythes avec un réalisme si saisissant qu'il les tranfigure, comme le peigne de Solokha et le pectoral de Tolstaïa Moguila, en or, le vase en électrum de Koul-Oba (**fig. 184**), ou l'amphore de Tchertomlyk en argent doré, déjà mentionnée, tous du IVe siècle[18]. Dans ces œuvres admirables, le regard des Grecs sur les Scythes, que ces derniers (ou en tout cas leurs chefs) sollicitaient sans doute, mais qui est tout sauf scythe, révèle un fossé culturel qui en l'occurrence est à l'opposé d'une koinè.

5. En conclusion

Les Grecs avaient bien entendu parfaitement conscience d'un vaste ensemble de processus oscillant entre le simple contact, l'imitation, l'adaptation et la différenciation radicale, phénomènes qui les ont conduits à forger à propos de certains brassages ethniques du Pont des formules telles que « Mixhellénès »[19], « Migadès Hellénès »[20], tandis qu'Hérodote caractérise les Kallipidai, les Scythes les plus proches d'Olbia, comme des « Hellénoscythes » (IV, 17), et note que les *Gelônoi* de la steppe boisée parlaient une langue mi-scythe, mi-grecque (IV, 108). Ils avaient donc conscience, ces Grecs, d'une certaine communauté entre eux et « les peuples des steppes », mais d'une communauté imparfaite, ébauchée, et en fin de compte distante.

Il faut partager leur prudence. Dans les aires de marges, dans les *chôrai* et les *eschatiai*, voire au-delà, au cœur des zones indigènes, mais aussi en deçà, au sein même des cités grecques, peut-on affirmer que la coexistence, les échanges commerciaux, les influences indubitables et fortes, ont débouché sur une véritable koinè[21] ? En ce qui concerne mon propos actuel, la culture matérielle mais aussi artistique et spirituelle, les innombrables inflexions et altérations dont s'accompagnent ces interactions font qu'on peut en douter fortement, d'autant plus que beaucoup des données signalées ici se rapportent à une époque plutôt tardive (le IVe siècle, sinon plus bas encore) lors de laquelle on aurait pu imaginer une fusion plus complète entre les mœurs ou les goûts des Grecs et ceux de leurs voisins indigènes.

Il n'y a là, au fond, rien que de normal, et nous arriverions aux mêmes conclusions à propos de n'importe laquelle des contrées où se sont fréquentés les Grecs et ceux qu'ils appelaient les barbares et que la science de l'Est, nous l'avons vu, nomme plus légitimement des

16 J'emprunte une partie de ces formules à Schiltz 1994.

17 À Moscou, Musée Pouchkine (trouvailles de 1983 et 1990).

18 Voir Schiltz 1994, Index général.

19 Dans un décret d'Olbia (Avram 2001, p. 631).

20 « Grecs mélangés » (Pseudo-Scymnos, v. 756-757, pour le territoire de Callatis ; cf. Avram 2001, p. 628-629 et 631).

21 Valeria Bylkova (2001) introduit une nuance en soulignant qu'il était plus difficile de distinguer les Grecs des Scythes dans les établissements grecs que dans leur hinterland.

Fig. 184. Scythe bandant son arc, détail du vase de Koul-Oba (d'après Schiltz 1994).

« populations locales ». En Grande Grèce même, on n'observe pas de véritables phénomènes de synœcisme, sauf à la rigueur lorsque ce synœcisme a été imposé aux Grecs par les barbares eux-mêmes, comme à Cumes, à Naples ou à Paestum. Il en allait sans doute de même dans le Pont.

Hérodote (IV, 76) nous donne-t-il le mot de la fin, pour son époque tout au moins, en affirmant : « Les Scythes ont un prodigieux éloignement pour les coutumes étrangères [...], mais il n'en est point dont ils aient plus d'éloignement que de celles des Grecs » ? Nous avons à faire dans ces zones de contacts, d'interfaces, d'ajustements successifs, à des processus où rien n'est simple, et où par conséquent rien ne doit être envisagé avec simplisme. Mais dans le Pont septentrional, le caractère fondamentalement nomade de la plupart des populations rencontrées par les Grecs rendait sans doute une synthèse culturelle encore plus problématique qu'en bien d'autres régions.

BIBLIOGRAPHIE

Abstracts Bilkent 2001 : [Résumés des communications présentées lors du] Second International Congress on Black Sea Antiquities (Local Populations of the Black Sea Littoral and their Relations with the Greek, Roman and Byzantine World and Near Eastern Civilisations), Bilkent University, Ankara, 2001.

Alexandrescu 1975 : ALEXANDRESCU (P.) – Les importations grecques dans les bassins du Dniepr et du Boug. *RA*, 1975, 1, p. 63-72.

Alexandrescu 2007 : ALEXANDRESCU (P.) – *L'aigle et le dauphin*. Études d'archéologie pontique, Bucarest, Editura Enciclopedică, 2007, 303 p.

Avram 2001 : AVRAM (A.) – Les territoires d'Istros et de Callatis. *In* : *Problemi della chora coloniale*, II, p. 593-633.

Beysens *et al.* 1997 : BEYSENS (D.), GIODA (A.), MOREL (J.-P.), KATIOUCHINE (E.A.), IEVSEEV (A.A.) – Raskopki na okranie Feodosii (Fouilles à la périphérie de Theodosia). *In* : *Archeologitcheskie issledovaniya v Krymou, 1994 god (Recherches archéologiques en Crimée, année 1994)*, Simferopol, 1997, p. 54-56.

Braund, Kryzhitskiy 2007 : BRAUND (D.), KRYZHITSKIY (S.D.) – *Classical Olbia and the Scythian World from the Sixth Century BC to the Second Century AD*, Oxford, Oxford University Press, 2007, 224 p. (Proceedings of the British Academy, 142).

Bresson, Ivantchik, Ferrary 2007 : BRESSON (A.), IVANTCHIK (A.), FERRARY (J.-L.) – *Une koinè pontique. Cités grecques, sociétés indigènes et empires mondiaux sur le littoral nord de la mer Noire (VIIe s. a.C. - IIIe s. p. C.)*, Bordeaux, Ausonius, 2007, 377 p. (Ausonius éditions, Mémoires 18).

Buiskikh, Buiskikh 2001 : BUISKIKH (A.), BUISKIKH (S.) – I siti di Olbia e della sua *chora* nel periodo della colonizzazione greca. *In* : *Problemi della chora coloniale*, II, p. 667-682.

Butyagin, Solovyov 2001 : BUTYAGIN (A.M), SOLOVYOV (S.L.) – Archaeological Research at the *Chora* of Nymphaeum. *In* : Tsetskhladze 2001, éd., p. 261-284.

Bylkova 2001 : BYLKOVA (V.P.) – Barbarian-Greek Coexistence in the Lower Dnieper Region. *In* : *Abstracts Bilkent 2001*, p. 8.

Chochorowski, Papuci-Wladyka, Redina 1999 : CHOCHOROWSKI (J.), PAPUCI-WLADYKA (E.) et REDINA (E.F.) – The Polish-Ukrainian excavations at Koshary, Odessa district : a preliminary report. *Studies in Ancient Art and Civilization (Jagiellonian University, Cracow)*, 9, 1999, p. 55-63.

Dupont, Lungu 2010 : DUPONT (P.), LUNGU (V.) – *Synergia Pontica & Aegeo-Anatolica*, Galatzi, éd. Pax Aurea Mundi, 2010, 256 p. (Historia Antiqua Galatiensis, III).

Grammenos, Petropoulos 2003 : GRAMMENOS (D.V.), PETROPOULOS (E.K.) – *Ancient Greek Colonies in the Black Sea*, Thessalonique, Archaeological Institute of Northern Greece, 2003, 2 vol., 1431 p. (Publications of the A.I.B.E., N° 4).

Hellmann 1992 : HELLMANN (M.-C.) – Caves et sous-sols dans l'habitat grec antique. *BCH*, 116, 1992, 1, p. 259-266.

Hind 1993 : HIND (J.F.G.) – Archaeology of the Greek and Barbarian Peoples around the Black Sea 1982-1992. *In* : *Archaeological Reports for 1992-1993*, Londres/Athènes, Society for the Promotion of Hellenic Studies/ The British School at Athens, 1993, p. 82-112.

Katyushin 2003 : KATIUSHIN (Y.A.) – Theodosia. *In* : Grammenos, Petropoulos 2003, I, p. 645-695.

Kouznetzov 1995 : KOUZNETZOV (V.D.) – Rannye tipy grečeskogo žilišča v severnom Pričernomor'e (Les types archaïques de l'habitat grec en région nord-pontique). *Bosporskij Sbornik* [*Recueil du Bosphore*], 6, 1995 (Pour les soixante ans du Professeur G.A. Kochelenko), p. 99-126.

Kryjitski, Leïpounskaïa 2010 : KRYJITSKI (S.D.), LEÏPOUNSKAÏA (N.A.) – *Olbia. Fouille, histoire, culture. Un État antique sur le littoral septentrional de la Mer Noire*, Nancy/Paris, A.D.R.A./De Boccard, 2010, 175 p.

Lordkipanidzé 1995 : LORDKIPANIDZÉ (O.) – *Vani, une Pompéi géorgienne*, Besançon, Centre de Recherches d'Histoire Ancienne, 1995, 149 p. (CRHA, vol. 139).

Minns 1913 : MINNS (E.H.) – *Scythians and Greeks : A Survey of Ancient History and Archaeology on the North Coast of the Euxine from the Danube to the Causasus*, Cambridge, University Press, 1913, 720 p.

Morel 1995 : MOREL (J.-P.) – De la Basilicate au Languedoc et à Carthage : propositions grecques et choix des autochtones. *In* : Arcelin (P.), Bats (M.), Garcia (D.), Marchand (G.) et Schwaller (M.) éd., *Sur les pas des Grecs en Occident... Hommages à André Nickels* (Trav. du Centre C. Jullian, 15), Paris/Lattes, Errance/A.D.A.M. éd., 1995, 492 p. (Ét. Massa. 4), p. 419-425.

Morel 2001 : MOREL (J.-P.) – Les enseignements des 'cas d'étude' : la *chôra* dans tous ses états. *In* : *Problemi della* chora *coloniale*, p. 823-838.

Morel 2002 : MOREL (J.-P.) – Grecs et indigènes en Grande Grèce : 'coexistence' et rapports de force. *In* : Kacharava (D.), Faudot (M.) et Geny (É.) éd., *Autour de la mer Noire, Hommage à Otar Lordkipanidzé*, Besançon, Presses Universitaires Franc-Comtoises, 2002, p. 95-110.

Morrisson, Sodini et Kazanski 2000 : MORRISSON (C.), SODINI (J.-P.) et KAZANSKI (M.) – La Méditerranée orientale et les Balkans. *In* : *Les échanges au Moyen-Âge. Justinien, Mahomet, Charlemagne. Trois empires de l'économie médiévale = Les Dossiers de l'Archéologie*, n° 256, septembre 2000, p. 18-35.

Okhotnikov 2001 : OKHOTNIKOV (S.B.) – Settlements in the Lower Reaches of the Dniester (6th-3rd Centuries BC). *In* : Tsetskhladze 2001 éd., p. 91-116.

Piotrovsky *et al.* 1955 : PIOTROVSKY (B.B.), SCHULTZ (P.N.), GOLOVKINA (V.A.) et TOLSTOV (S.P.) – *Ourartou, Neapolis des Scythes, Kharezm*, Paris, éd. Maisonneuve, 172 p.

Problemi della chora coloniale : *Problemi della* chora *coloniale dall'Occidente al Mar Nero*, Atti del quarantesimo convegno di studi sulla Magna Grecia (Taranto, 2000), Tarente, Istituto per la storia e l'archeologia della Magna Grecia, 2001, 2 vol., 1065 p., 58 pl. h.-t.

Schiltz 1991 : SCHILTZ (V.) – *Histoires de kourganes. La redécouverte de l'or des Scythes*, Paris, Gallimard, 1991, 144 p. (Découvertes archéologie).

Schiltz 1994 : SCHILTZ (V.) – *Les Scythes et les nomades des steppes*, Paris, Gallimard, 1994, 475 p. (L'Univers des formes).

Sekerskaya 2001 : SEKERSKAYA (N.M.) – Nikonion. *In* : Tsetskhladze 2001 éd., p. 67-90.

Solovyov 2001 : SOLOVYOV (S.L.) - The Archaeological Excavation of the Berezan Settlement (1987-1991). *In* : Tsetskhladze 2001 éd., p. 117-142.

Solovyov 2009 : SOLOVYOV (S.L.) – Borysthenes and Olbia : Greeks and Natives, Interactions on the Initial Stage of Colonisation. *In* : Solovyov (S.L.) éd., *Archaic Greek Culture : History, Archaeology, Art & Museology* (Proceedings of the International Round-Table Conference, June 2005, St-Petersburg, Russia), Oxford, 2009, 163 p. (BAR International Series), p. 89-102.

Tsetskhladze 2001 : TSETSKHLADZE (G.R.) éd. – *North Pontic Archaeology. Recent Discoveries and Studies*, Leyde/Boston/Cologne, Brill Academic Publishers, 2001, 530 p. (Colloquia Pontica, 6).

Vnukov 2001 : VNUKOV (S.Y.) – The North-Western Crimea : an Historical-Archaeological Essay. *In* : Tsetskhladze 2001 éd., p. 149-176.

Zinko 2001 : ZINKO (V.N.) – Ethnicity on the Cora of Nymphaeum. *In* : *Abstracts Bilkent 2001*, p. 76.

2. Greeks and indigenous population at Berezan (Borysthenes)

Sergey L. Solovyov

The initial stage of Greek penetration into Scythia covered from the middle up to the last quarter of the 7th century BC. These frames are determined by the first Greek imports found in the Northern Black Sea hinterland and by the foundations of Greek settlements in the coastal zone (**fig. 185**).

The ancient settlement on the Berezan Island, which formerly was the peninsula, where the ancient Greeks first settled, when they sailed into the Northern Black Sea region, holds a key to the story of ancient Greek colonisation of the area (**fig. 186**). The Berezan settlement, known in the ancient world initially by the name Borysthenes, was the first link in a chain of Greek city-states, which appeared on the northern coast of Pontus in the Archaic period. Together with those other city-states, Borysthenes became an active participant in the cultural and trading expansion of ancient Greeks into the Northern Pontus, and in the transmission of Greek culture on the vast territory of forest-steppe and steppe Scythia. Borysthenes became a powerful 'magnet', drawing the representatives of indigenous population into its economic and political influence, also due to its advantageous position in the mouth of two major rivers of Scythia, those of Borysthenes and Hypanis. Natives, in turn, left numerous traces of their presence in the material and spiritual culture of Berezan.

According to ancient literary evidence on the Borysthenes' foundation, it is dated back to 647/46 BC. Nevertheless, a revision of archaeological evidence, which Berezan provides, has definitely shown that relevant archaeological materials really consist of a very small group of painted Greek vessels (Solovyov 2007, 38-40),

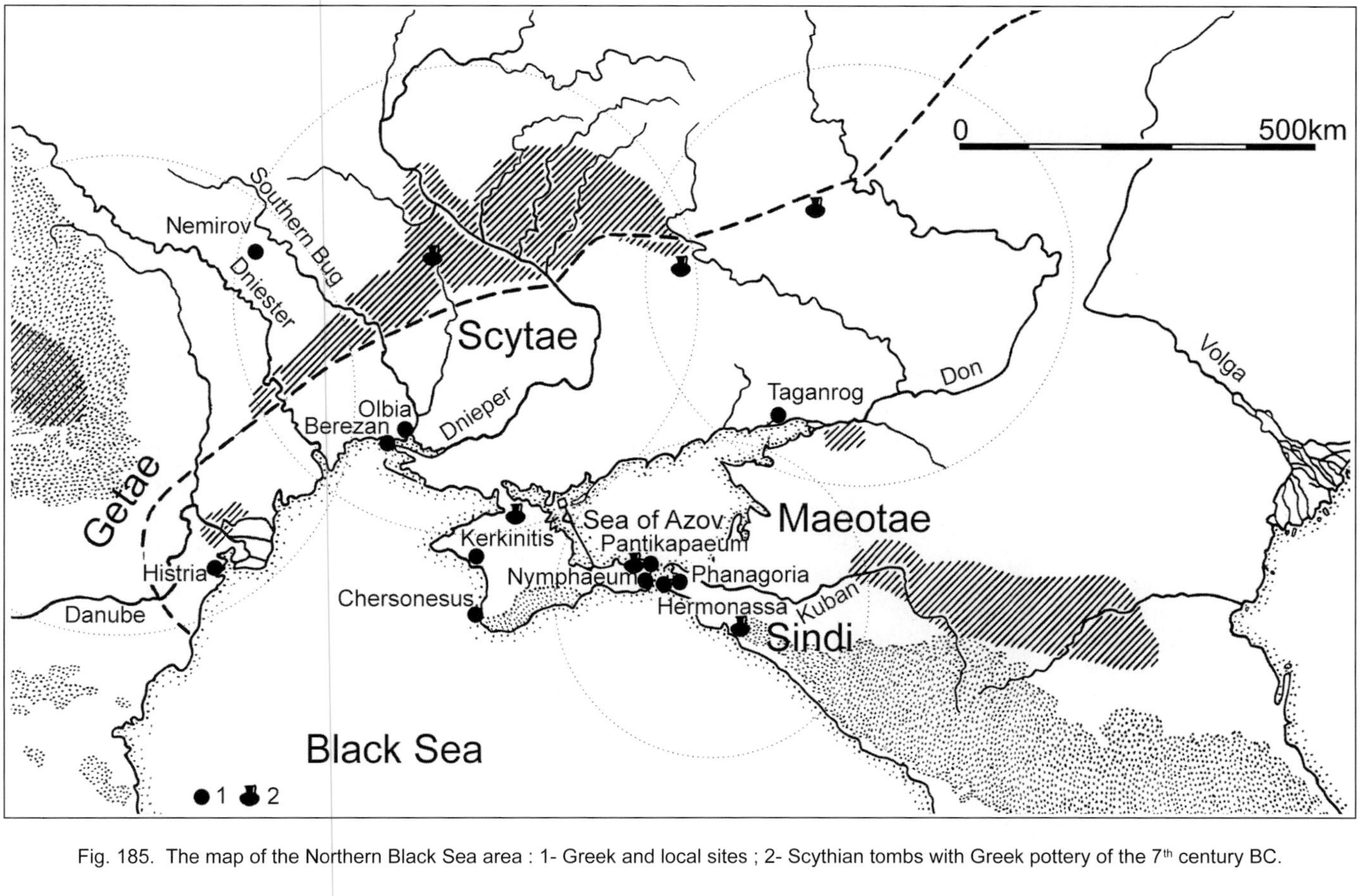

Fig. 185. The map of the Northern Black Sea area : 1- Greek and local sites ; 2- Scythian tombs with Greek pottery of the 7th century BC.

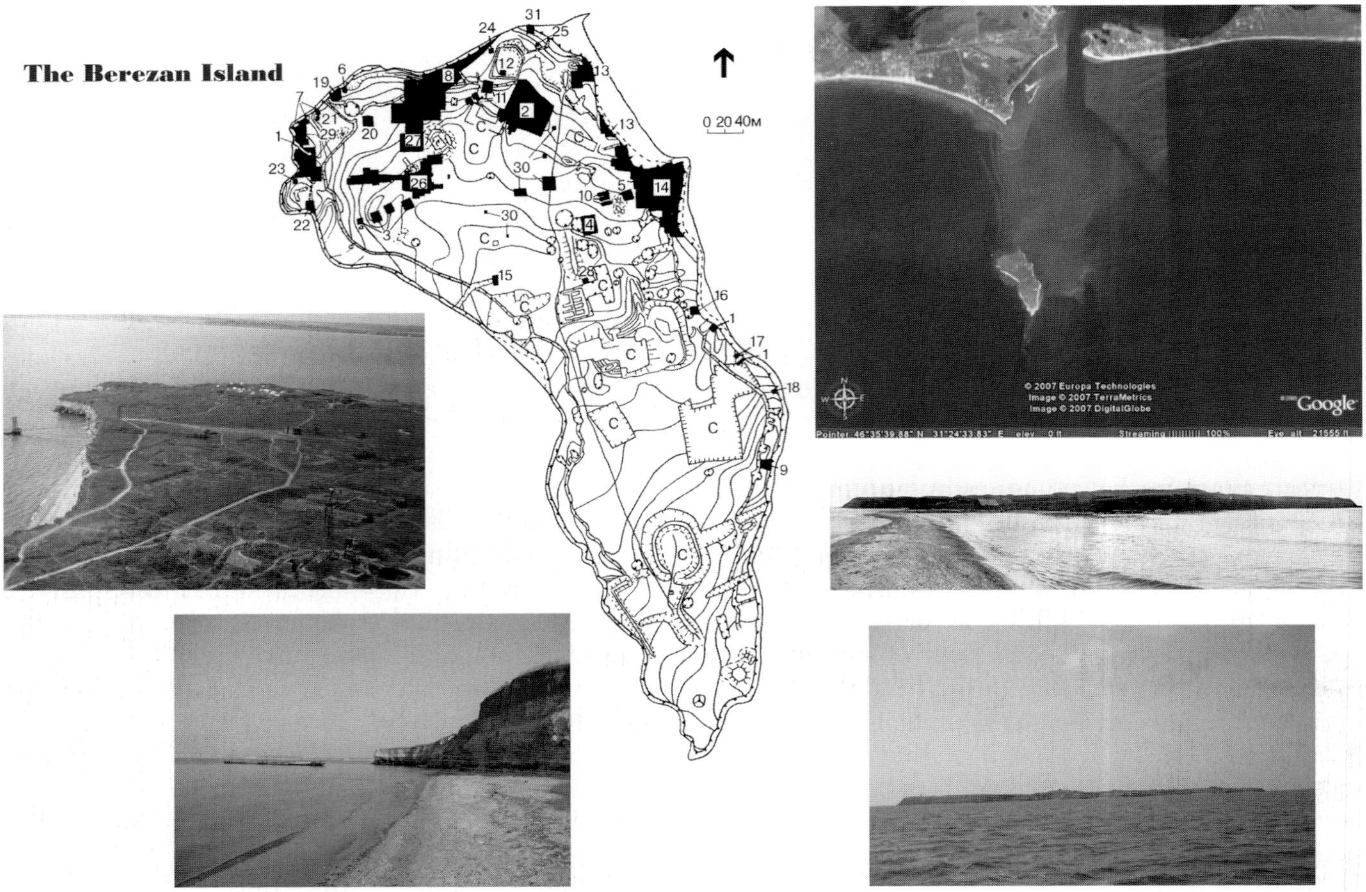

Fig. 186. The map and views of the Berezan Island.

Fig. 187. Greek (Inv. B90.21, B172, B69.29, B254, B83.19, B451, B69.60) and local (Inv. B69.217) pottery of the first stage of colonisation from Berezan.

which were mostly composed of SiA Id, by the classification of M. Kerschner and U. Schlotzhauer (2005), jugs and plates (so-called stemmed dish), accompanied by a number of North Ionian bird bowls dating not earlier than 630 BC, and isolated finds of Protocorinthian pottery, those of Linear kotylai dating to 650–630 BC (Bukina, Cat. 78 and 79), as well as hand-made local ceramics originated in the forest-steppe Scythia, those of tulip-shaped pots of Late Chyornyi Les culture, which were decorated with applied ornamentation separated by finger-prints with punctures (**fig. 187**).

Meanwhile both imported and local pottery can not be a strong argument of Greek and Natives inhabitation before around 630 BC. Just in the following decades of the 7th century, pottery seems to reflect a time of comparative steadiness of the site as a trading emporion for the Northern Black Sea coast. The ways and reasons of Greek penetration into the Northern Black Sea now are mainly found out (Tsetskhladze 1994, 1998 ; Koshelenko, Kuznetsov 1998 ; Domanskij, Marčenko 2003 ; Solovyov 2007). In turn, the appearance of Scythians on the coast is also explained by the specific character of their economy and the seasonal dependence of cattle breeding (Gavrilyuk 1999, 138-9).

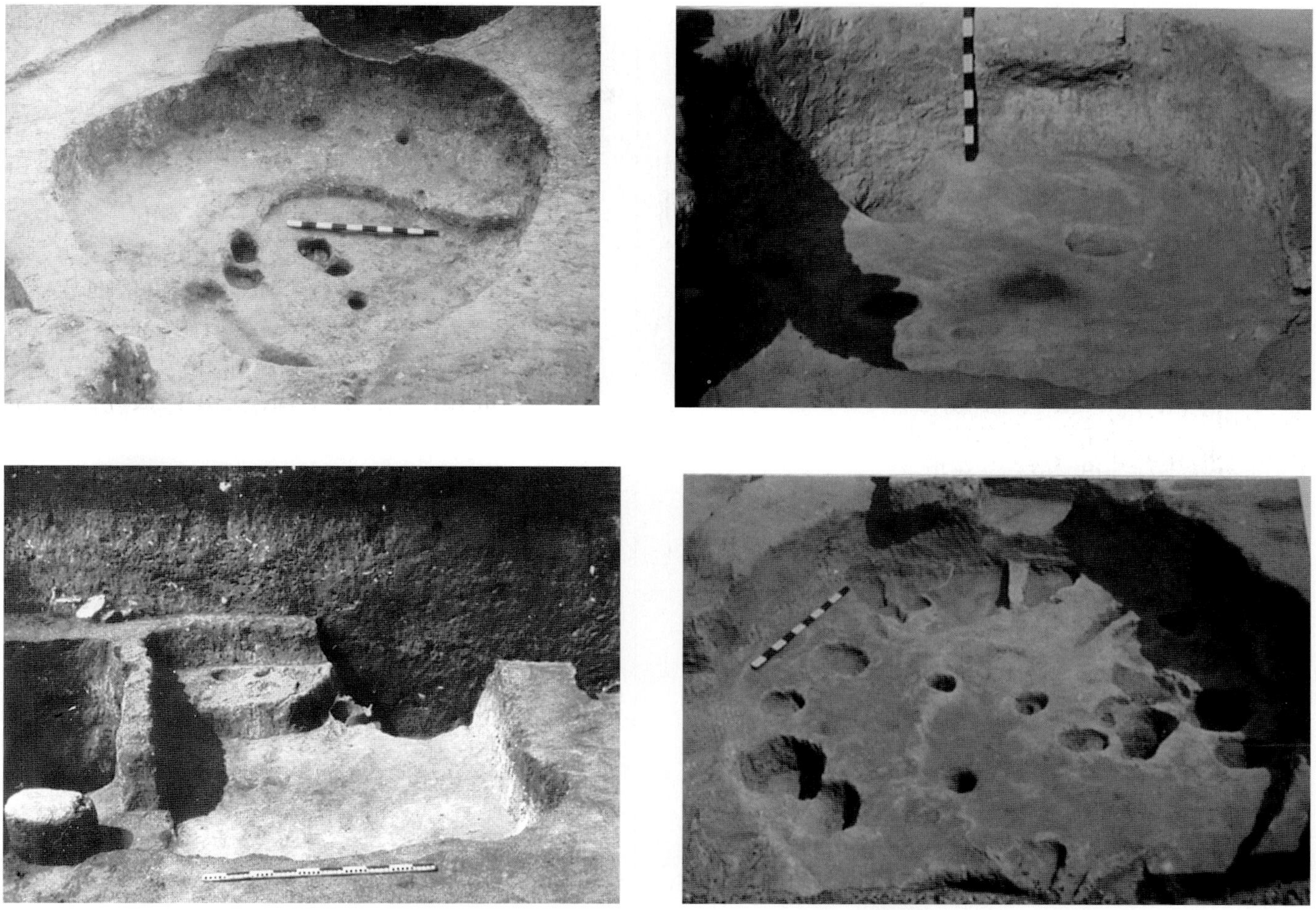

Fig. 188. Archaic dug-out dwellings of the Berezan settlement.

The recently made archaeometric analysis of Greek pottery from Berezan provides some observations on ethnic composition of traders and their trading habits. It turns out that the late 7th century BC imported pottery was generally dominated by South Ionian, mainly Milesian products, while the market in the 6th century BC was dominated by North Ionian products. The mutable partition between South Ionian and North Ionian products can reflect a free market or can also indicate changes in the origin of probably newly arrived settlers (Posamentir 2006, 161-2, figs. 2-4 ; Posamentir, Solovyov 2006, 127).

Nevertheless, the small number and typological unvariety of Greek imports and handmade pottery of the 7th century might specify the irregularity and the short duration of first contacts between Greeks and Natives (Solovyov 1998, 208-12 ; 2007, 41). They needed plenty of time for getting better acquainted with each other. More than a quarter of the century has passed before the first traces of their permanent and joint residing on Berezan have appeared, which were those of the cultural layer and dwellings on the site, and burials in the necropolis (Solovyov 1999, 3-4).

During the first three quarters of the 6th century BC the only types of dwelling on the Berezan settlement were constructions dug in the ground, so-called 'zemlyanki' (**fig. 188**). They were built half in and half out of the earth in an area occupying from 5 to 16 square meters. These buildings were architecturally crude, characterised by simplicity of construction and interior layout. The basic distinction among dug-out constructions lies in the form of dwellings : the layout may be quadrangular, oval, or circular. The duration of their functioning averaged from 5 to 12 years. Nearly 250 such dwellings have been found up to the present time. It turned up that composition of dwellings varied by different parts of the settlement (**fig. 189**). The North-western section was dominated by dug-outs of circular and oval layouts. In turn, the Eastern section was dominated by dug-outs of quadrangular shapes. The central area of the settlement was clear of domestic architecture in that time, and likely was composed of household structures, those of storage pits and dug-outs.

It was attested that the building practice of the first inhabitants of Berezan was determined mainly by local

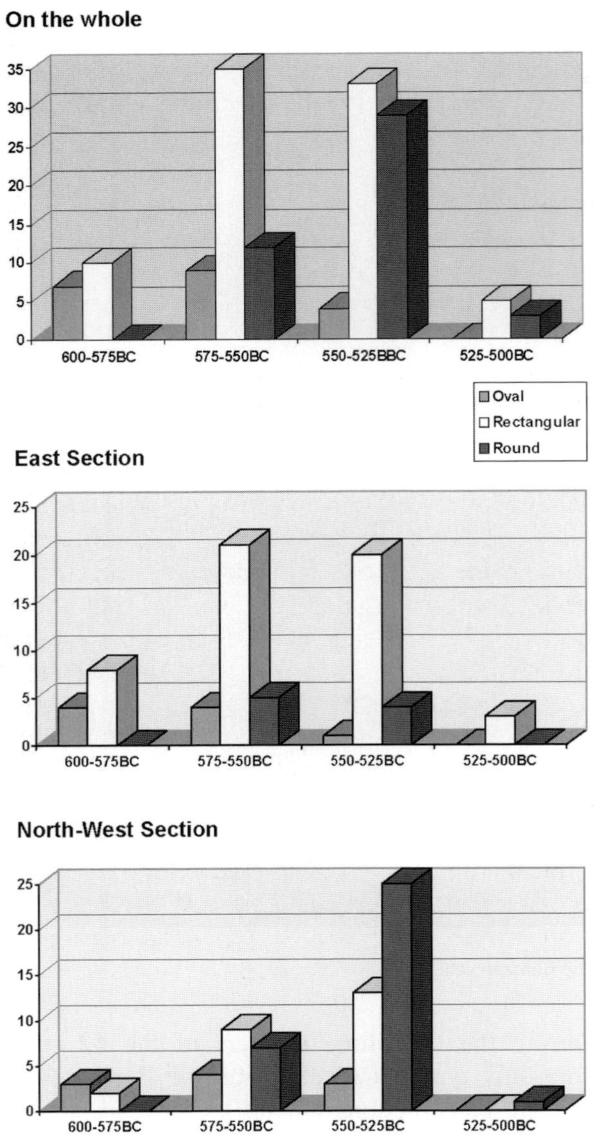

Fig. 189. Dynamics of Berezan dug-outs varied by layouts.

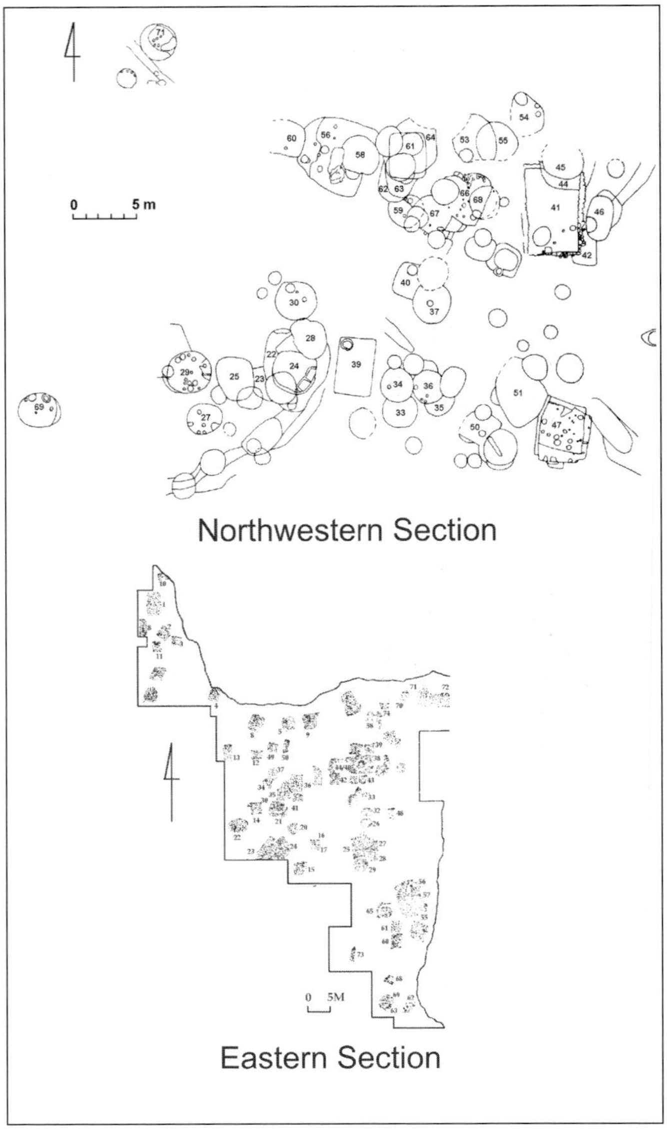

Fig. 190. Spatial organisation of dug-out construction on the Berezan settlement.

traditions of dug-out construction. Not only the morphological indicators of the Berezan dug-outs show that, but also the spatial arrangement of the settlement, which developed haphazardly, with no regulation of construction, and was shaped exclusively by the elementary rules of communal living and by the conditions of economic activity (**fig. 190**). Resting on dug-out construction, the urbanisation of the Berezan settlement could not be fully realized in principle (Solovyov 1996).

Nevertheless, the strongest local tradition is attested by handmade pottery, which composition consists of varied typological groups and represents a steady complex of various categories of vessels (Marčenko 1988 ; Senatorov 2005). First of all, it composes of coarse kitchen ware decorated with applied decoration separated by finger-prints with punctures and tableware with incised ornamentation, reflecting ceramic traditions characteristic of forest-steppe Scythian cultures of the Early Scythian time. Another table pottery, which has polished surface decorated with both incised and combed ornaments, was characteristic of the Kizil-Koba (or earlier Taurian) culture in the Crimean peninsula, which dated, respectively, from the 8th to the first half of the 6th century BC, and from the second half of 6th to the first half of 4th century BC. The appearance of such pottery on Berezan is dated as early as the second quarter of the 6th century BC, whereas the earliest finds of such pottery in Crimea are dated from the third quarter of this century (Solovyov 1995a). The coarse jars and bowls with fluted surface, which appeared on Berezan in the second quarter of the 6th century BC, attest the presence of population whether derived from the Northern Thrace

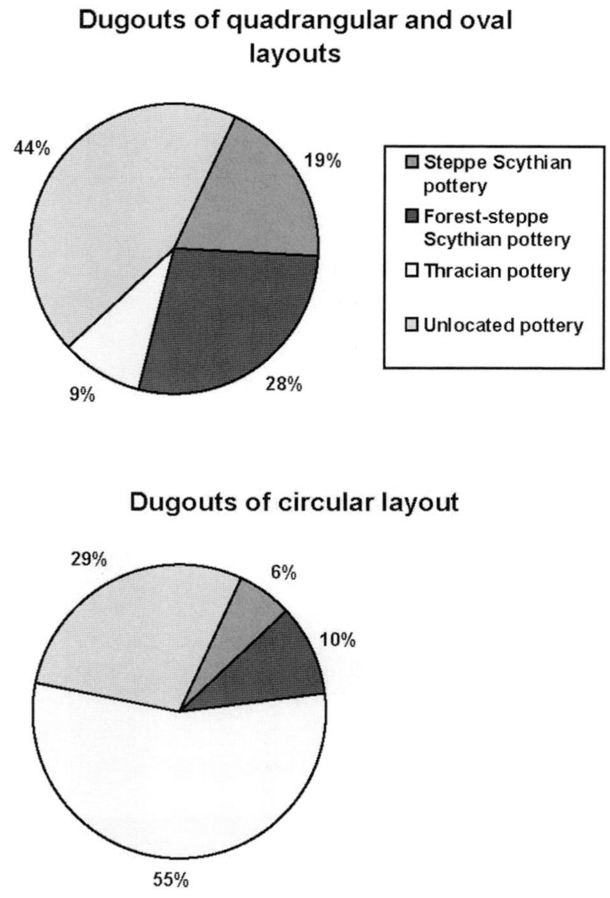

Fig. 191. Composition of hand-made pottery from Berezan dug-outs varied by layouts.

Fig. 192. Share and composition of hand-made pottery in the Late Archaic sites of the Low Bug area.

or being strongly influenced by the Thracian culture.

On the whole, the statistic analysis of ceramic assemblages from Berezan dug-outs has shown that fragments of Greek trade amphorae made up the largest part of finds (up to 80 % of all pottery fragments). Leaving amphorae out of account, the ratio of imported Greek ware to hand-made pottery was approximately 80 % to 20 %. In isolated instances the portion of handmade pottery increased by 10–20 %.

So, one can assume that certain particular features of the construction of dug-outs on Berezan, which at first glance appear accidental (especially, the three layout types of dwellings, changes in the frequency of their occurrence in separate areas of the settlement, and the apparent absence of construction regulations in general), in fact directly reflected the diversity of the local culture. The fact of this heterogeneity became clear primarily as a result of the observed combination of specific characteristics of Berezan dug-outs with other features of daily life for Berezan inhabitants. Most important in this regard was the combination of dug-out features with the types of hand-made pottery widely used in everyday life and discovered in fill inside dug-outs (**fig. 191**). It turned up that in places, where circular dug-outs were concentrated, pottery related to that of the middle Dniester region, which seemed to be under the strong influence of Thracian culture, tended to predominate. In parts of Berezan occupied by rectangular and to some extent oval structures, a different type of hand-made pottery predominated. This other type can be linked only to the pottery of the middle Dnieper region, which was settled by forest-steppe Scythian tribes.

Statistical analysis of this material from Berezan, supplemented by similar data from a series of other sites

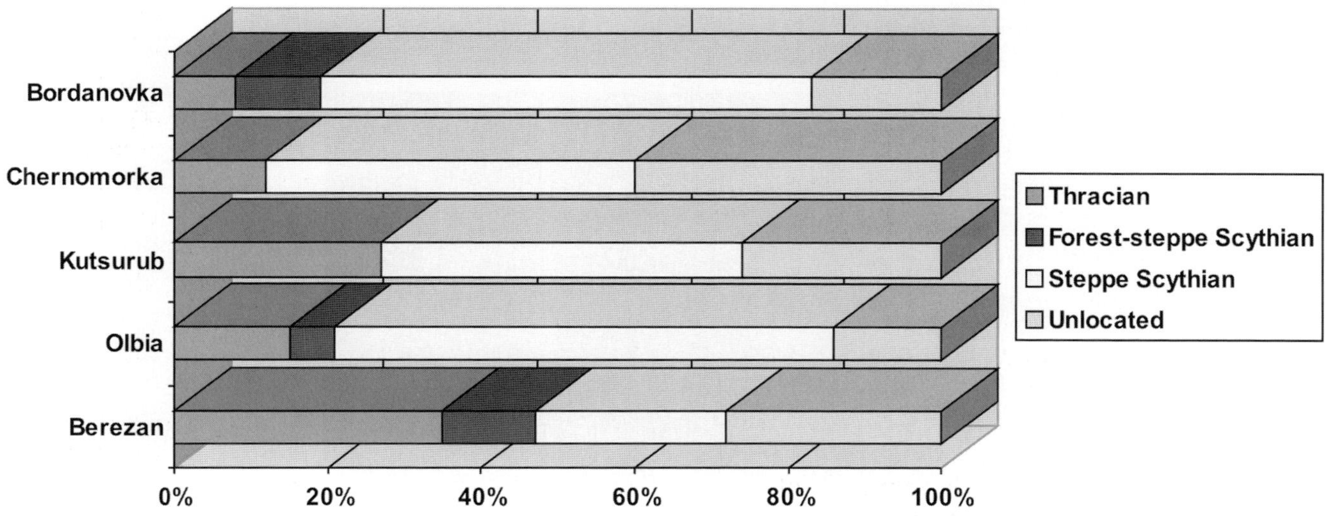

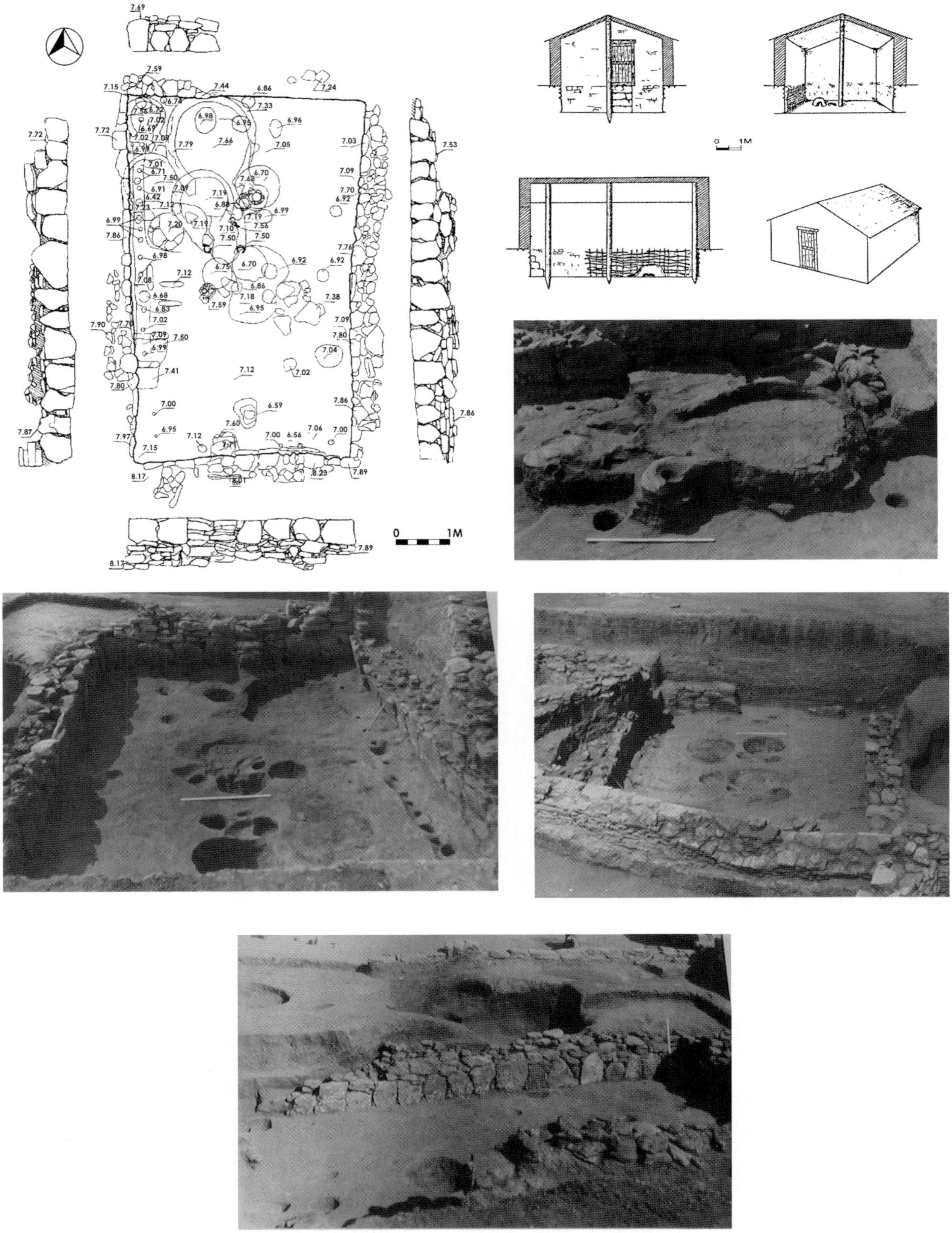

Fig. 193. Berezan dug-out 41 of the second quarter of the 6th century BC.

in the lower Bug River region, demonstrates the significance of the correlation abovementioned (**fig. 192**). The explanation of the facts can be found just in the course of Greek colonisation in the northern Black Sea area. The active and successful Greek economic activities drew some groups of indigenous population from the forest-steppe Scythia into the process of occupying the lower Bug River region. Owing to certain features of their culture (particularly in building practice and making and decorating hand-made pottery), the forest-steppe Scythian groups were drawn mainly from two areas, those of the middle Dniester and middle Dnieper regions.

The culture of the nomadic Scythian population, which is also reflected in archaeological materials at the site, probably comprised a third component of indigenous cultural influence on ancient Berezan. Owing to specific characteristics of nomadic way of life, the steppe-Scythian culture was very heterogeneous and included components of those cultures with which the nomads came into contact. Thus, the derivation of one of the groups of hand-made pottery used in the nomads' everyday life is linked to regions settled by tribes of the Kizil-Koba culture in the Crimean peninsula.

Cultural differences between the groups of natives, who (willingly or unwillingly) ended up residing in the lower Southern Bug River region, can be seen not only in the type of dwellings or ceramic assemblages, but also in other details of everyday life on Berezan (Solovyov 2005, 126-35). Particularly important in this regard are cult objects, types of work tools, weapons, and adornments, those of bronze nail-shaped pins and mushroom-shaped pendants, glazed paste beads, bone tools for working hides, stone dishes, and many other objects, aside from weaponry. All of those have been found in great quantities on Berezan, and the great majority of which are linked to local cultures.

Therefore, in my opinion, there is no doubt that most of the more visible features of ancient Berezan culture during the first three quarters of the 6th century BC were rooted in the local cultures of the northern Black Sea. However, it is also clear that some part of Berezan culture must have belonged to the Greek colonists, whose existence in this region is of course without doubt.

It was the statistic analysis of ceramic assemblages from dug-outs that has shown that the fragments of trade amphorae from Klazomenai, Chios, Lesbos, and Miletus made up the largest part of the numerous finds (Dupont 2005), followed by those of imported Greek ware.

The composition of Greek table pottery in that time was dominated by North Ionian production. It was noticed that this ceramic material showed a surprisingly limited variety of shapes and the same time surprising amount of almost identical objects, and among them high number of 'extraordinary' shapes such as askoi, alabastra, lydia, etc. On the whole the spectrum of shapes is dominated by table amphorae, jugs, krateres, plates or stemmed dish, and drinking cups. The latter in turn compose of well-known types of the North Ionian area, such as bird-, rosette-, meander-, lotus-, eye-, banded-ware- and animal-frieze bowls. The South Ionian pottery of that time is represented by the so-called Ionian cups and Fikellura pottery. It is worth noting that the Berezan settlement also became one of the most important places of discovery for the Aeolian dinoi of the so-called London Dinos Group (Posamentir 2006, 161-4, fig. 4, 10, 11 ; Posamentir ; Posamentir, Solovyov 2006, 2007).

Other groups of Greek pottery compose of Early and Middle Corinthian aryballoi, kotylai and pyxides (Bukina 2008 ; Bukina), Chiot chalices and lekanai (Ilina 2005), Clazomenian krateres and jugs (Ilina), as well as of Attic black-figure vessels, which earliest examples are dated to the first quarter of the 6th century, including the workshops of Sophilos, the Gorgon Painter, the Komast Group and the Polos Painter (Smith ; Petrakova 2005, 2009). The overall number of Athenian black-figure imports increases towards the middle of the century. The distribution by shape of Athenian black-figure pottery from Berezan reveals preferences in certain periods. In the early years of the 6th century amphorae are prevalent, though the overall number of finds is not particularly high. By the second quarter of the century cup imports, first Komast then Siana Cups, have greatly increased, and continue steadily towards the mid-century. In the middle years of the century the large number of black-figure krateres and other open mixing vessels is notable. During the third quarter of the 6th century cups far outnumber other shapes in popularity, these being the Little-Masters that number 69 % of the total finds recorded (Smith).

Without any doubt, the wide development of trade dominated in relations between Greeks and Natives in Berezan. The same could perhaps be inferred from handicraft production, which initially also had a seasonal character. The best example of such a seasonal craft site is at Yagorlyk on the Dnieper delta not far from Berezan. The remnants of temporary iron-, bronze- and glass-making workshops, dated from the 7th century BC, have been found on the site (Ostroverkhov 1979). There were iron-making workshops on the Berezan settlement too. Moreover, new evidences of bronze-making and pottery manufacturing workshops have recently been uncovered on Berezan, as early as the early 6th century BC (Domanskij, Marčenko 2003).

Probably, the first Greek settlers could use any part of the dug-out constructions as temporary dwellings (Solovyov 2008). One of the most notable features of

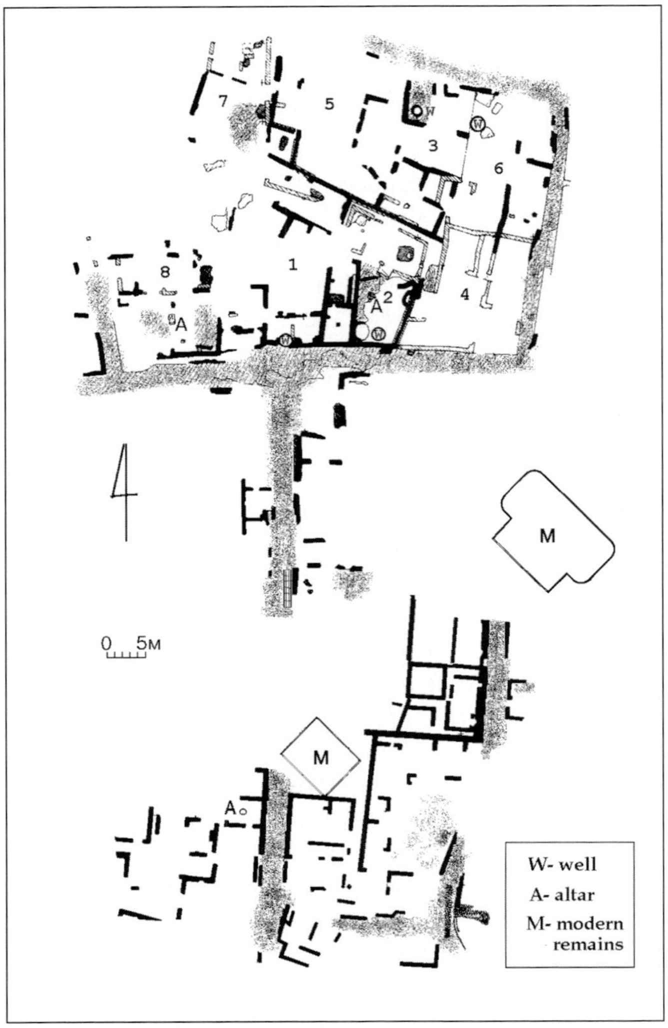

Fig. 194. The map of the Late Archaic residential area 'B' of Borysthenes.

such buildings is the stone basement arranged around all the sides of a pit (Solovyov 1999, 59-63, figs. 43, 44, 46 ; 2008, figs. 3 and 4) (**fig. 193**). The aboveground parts of the wall were constructed of mud bricks. The lower row of the masonry consisted of large polygonal slabs placed sidewise. The dwelling was one-chambered ; however, its interior space was divided into two 'halves' with separate functions : living and food-preparation areas, where stoves and hearths were located. Moreover, the inhabitants of the dug-out also used of portable braziers. Finds from these buildings are composed, as usual, mainly of fragments of amphorae from various manufacturing centres of Ionia and Greece. Both decorated and cooking pottery is well represented too.

Among numerous and diverse archaic burials in the Berezan necropolis only few can be referred to the first half of the 6th century BC (Vinogradov, Domanskij 1996). Mostly of them were cremations and children's interments in vases. At the same time, so appreciable absence of a large number of early Greek graves can also specify rather small share of Greeks among the first settlers on Berezan. The necropolis materials attest that the quantity of Greek colonists has sharply been grown in the second half of the 6th century BC. More than half burials were dated by that time.

Cardinal changes in the cultural face of the Berezan settlement took place at the end of the third quarter of the 6th century BC. During a very short time the whole territory of the settlement was built up with aboveground houses of generally Greek types (Solovyov 1999, 64-79). As it has been established, this was preceded by preparatory work to fill the dug-outs and storage pits, and to level the surface of areas designated for aboveground construction (**fig. 194**).

The newly erected houses had an area of 100 to 260 square meters and consisted of a few living and household rooms that were grouped around an interior courtyard. Depending on their designated purpose, the rooms held stoves, hearths, portable braziers, and the heating system of a fireplace type, paving, and drains. In the courtyards, partially paved with fragments of pottery and small stones, there were located wells, root cellars, altars, and drains. The houses were most likely one-stored, although the wall construction of Berezan buildings would not prevent the construction of a second floor. The quality of the construction work varied and seemed to depend on the wealth of the home-owner. On the whole, construction techniques were of a fairly high level.

The architectural appearance of the Berezan houses indicates the urban character of construction. All the dwellings were grouped in blocks of eight or more houses. The area of such a block approached 2000 square meters. The size and placement of the blocks were regulated by a developed network of streets, which was evidently set up from the beginning by an approximately regular plan. Regulation of the area of the settlement occupied by aboveground buildings evidently did not extend to the outskirts, where right up to the beginning of the 5th century BC dug-out construction continued, although to a significantly lesser extent than before.

I have no doubts that the urbanisation of the Berezan settlement could have been implemented without a one-time, mass immigration of Greeks and without the organising role of institutions of city authority. In my opinion, the earlier inhabitants of the Berezan settlement abandoned the peninsula in a peaceful way, not due to any violence on the part of the Greeks, possibly upon the conclusion of an agreement between the settlers and native leaders. Such an agreement may have included payment of redemption fees or some other obligation for the land granted to the Greek colonists, probably for an unlimited period of time. Only a very small number of the former dwellers of Berezan evidently remained living on the peninsula. These people were possibly involved in construction work at the new city or had some other relationship with the newcomers.

From that time the indigenous population was mainly used in developing of agriculture on Borysthenes chora. Natives, those of farmers and settled nomads, being under the influence of Greek economy and policy, became dependent on the Greek community, which granted them lands on lease and allowed bartering at the city markets. *Semi-dependence* status of Natives is attested by archaeological data from *chorai* of Northern Pontic cities, those mostly of Ionian. A form of non-economic coercion was *slavery*. The epigraphical evidence such as lead letters from Berezan and Phanagoria (Vinogradov 1971 ; 1998) and Herodotus mention the slaves, most probably non-Greek by their origin, among the population of early Greek colonies in the Northern Pontic region.

That the new settlers of Berezan possessed a political organisation of the polis type also seems difficult to doubt. By the end of the first third of the 5thcentury BC Borysthenes reached its greatest dimensions that it had never attained before or since. The construction work on Borysthenes reached its peak, which undoubtedly gave it the characteristic features of a classical city.

In the last quarter of the 6th century BC cardinal changes developed in practically the entire cultural sphere of the Berezan settlement (Solovyov 1999, 64-97). Substantive changes occurred in the composition of the ceramic complex of the settlement. Most significant was the growth of wheeled pottery, both cooking and table ware. From this time onwards, most of this pottery consisted of products from Athenian workshops. Among other shapes of the pottery stemmed cups taper off in quantity during the later years of the 6th and the early years of the 5th centuries BC, only to be replaced to some extent by skyphoi ; lekythoi also increase in popularity in the years around 500 BC (Smith). Attic products gradually supplanted Ionian pottery in the daily life of Borysthenes' citizens. Excluded from this process were of course the amphorae produced by Ionian potters. It is well known that wine was in huge demand in the marketplaces of the Northern Black Sea region, sought after by both Greeks and Natives.

The amount of hand-made pottery in the ceramic complex of Berezan declined substantially in comparison with earlier times. In addition, the composition of such pottery also changed : many specialised forms disappeared, but hand-made imitations of Greek originals became frequent.

One further very important change of this time consisted in the fact that the spiritual life of Borysthenes inhabitants now took on typically Greek characteristics. Primary among these characteristics are traces of Greek cults. Attributable materials, which were discovered in aboveground houses, included remnants of fixed and portable altars, numerous graffiti on vessels, and dedications to various deities of the ancient Greek pantheon, cultic terracotta, stone statuettes, and stone and clay lamps. The single known cult construction on the Berezan – the temple of Aphrodite – has been erected at the same time (Nazarov 2001 ; Kryzhytskii 2001). At that time were issued the first Borysthenes coins (Solovyov 2006), those were cast of bronze in shapes of arrowheads and dolphins, and in shape of large segment combined images of both an arrowhead and a head of tuna. One of the earliest in the Northern Pontus jewellery workshop with bronze punches has been revealed in Berezan (Treister, Solovyov 2004).

The uncovered part of the Berezan necropolis mainly belongs to the same time (Vinogradov, Domanskij 1996). The earlier section of the necropolis has not preserved because of destructive effects of a sea. In the second half of the 6th – the first half of the 5th century BC 90 % of burials were inhumations in simple funeral pits with quadrangular or oval shapes. The skeletons found in them mostly were laid extended on a back, oriented by a head, as a rule, to Northeast or Northwest. In this group 33 % of deceased were buried writhed and laid on a side. It is possible to attribute them with the indigenous population of the Northern Pontic area, although the question on ethnicity of writhed burials, which were recovered in the necropolis of Ancient Greek cities, is still rather far from the final decision. About 7 % of burials were children's interments often-made in large ceramic vessels. As a rule, amphora and, less often, pithos-shaped urns were used for this purpose. Cremations have made no more than 4 % of Berezan burials. The funeral fire remnants, which were assembled in a funeral pit or in an urn, have been buried there on a fireplace or anywhere on the necropolis. In the necropolis there were also uncovered remnants of funeral feasts. The burial gifts in graves used to be inexpensive, diverse on the structure, but as a whole forming rather standard set of subjects. They were submitted by amphorae, plain and painted jugs and krateres, cups, lekythoi, askoi, aryballoi and lydia (**fig. 195**).

Besides the deceased in writhed poses, which ethnicity is still open to debate, the rest bodies were buried by Greek funeral rites. By the way, it is necessary to note that a location of the cemetery of indigenous population keeps unknown.

The following changes in the Borysthenes' life occurred at the end of the first third of the 5th century BC

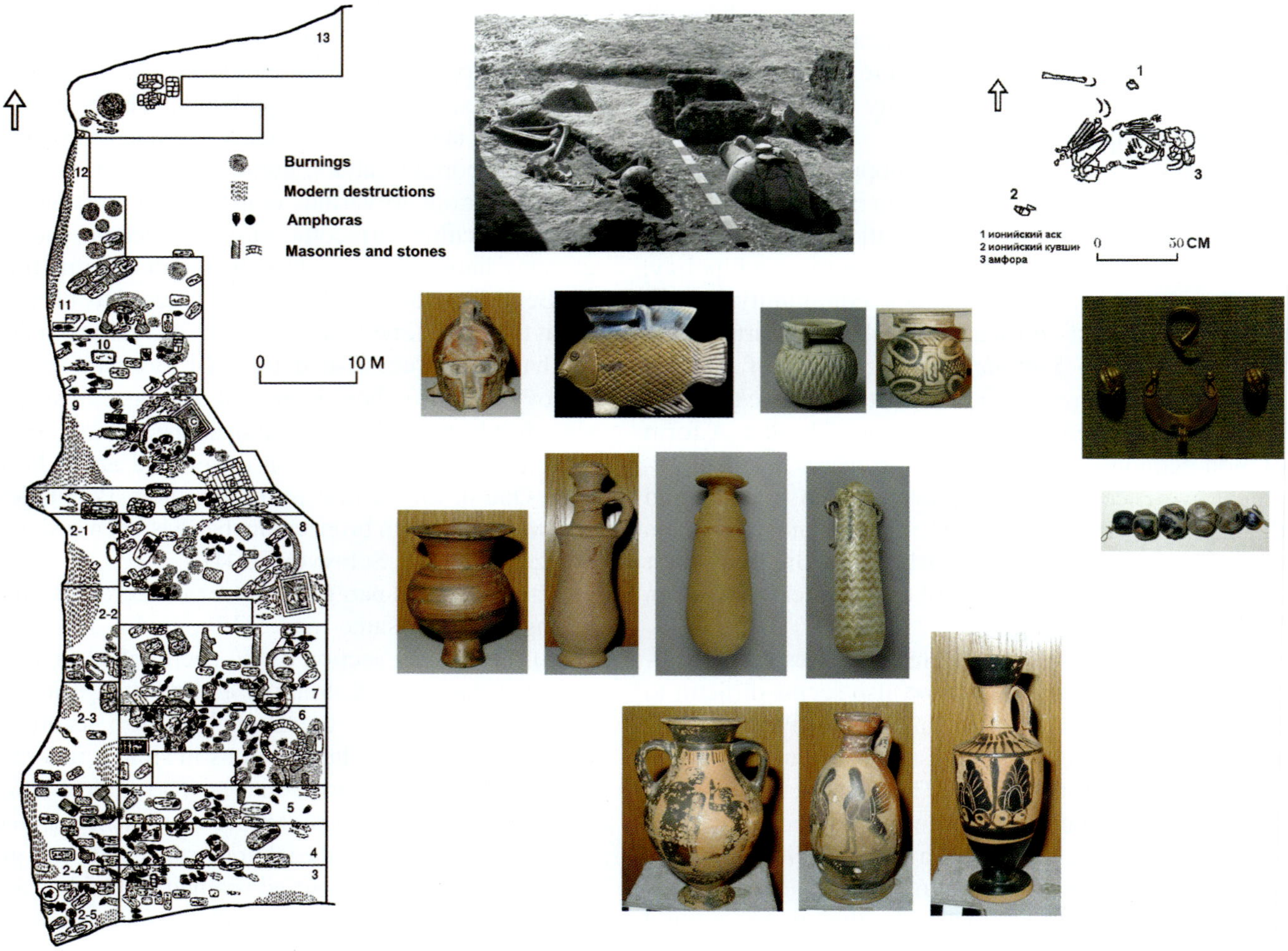

Fig. 195. The map of the Berezan necropolis excavated by G. L. Skadovskii (after Lapin 1966), Late Archaic burials and funeral goods.

(Solovyov 1995b ; 1999, 98–113). These changes led to the decline of construction work, a sharp reduction in the area of aboveground house-building and an increasing amount of dug-out construction. In that time a settlement arose on the place of the abandoned aboveground houses. The main feature of the newly arising settlement structure was the construction of dwellings dug into the ground. The gap in time between the abandonment of aboveground dwellings and the building of dug-outs was so small that it is almost undetectable in the dating of finds. It was traceable only stratigraphically. The pottery was dominated by Greek ceramics, however the pots characteristic of steppe Scythian were also recorded.

Four dug-outs and a series of storage pits of that time have been uncovered (**fig. 196**). Two dwellings possessed quadrangular form, and one dug-out had a circular shape. Despite these different forms, the two constructions possessed the same feature : the stone basement walls and the aboveground parts of walls made of mud bricks. The walls were plastered with clay. Fixed details of the interior layout of the dwellings consisted of stoves, hearths, portable braziers, and large vessels for storing foodstuffs. It has become evident that there are key distinctions between the newly spreading house-building and that, which existed there earlier and on the peninsula's eastern coast during the Classical period. It is possible to assume that a return to dug-out construction in the western part of Berezan was not a result of the activities of Greek colonists.

It is well known that at the end of the first third of the 5th century BC the cultural and historical situation in the northern Black Sea region underwent fundamental changes (Marčenko, Vinogradov 1989). In that period of political instability in Scythia the appearance of dug-out buildings on the urban outskirts of the Berezan settlement in the 5th century BC was most likely connected to the settling there of the rural non-Greek population of Borysthenes. Its inhabitants, having found themselves in a dangerous situation, were evidently forced to find protection from Greek community, which however was

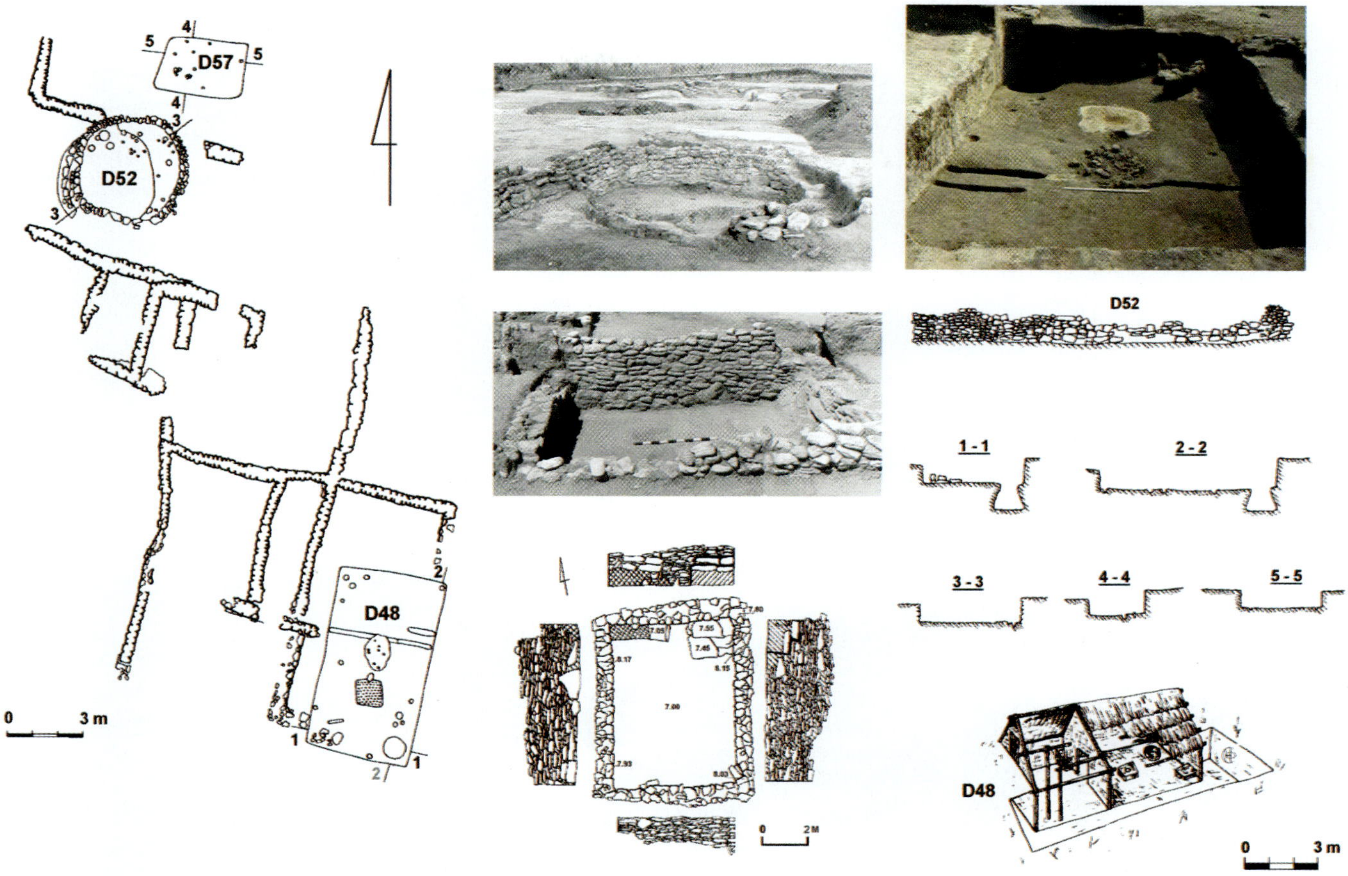

Fig. 196. Residential construction of Classical Berezan.

living with just the same fears. Then, certain sections of the urban and possibly rural Berezan population may have overflowed into Olbia, which was another ancient Greek centre of the region.

From that time decline of Berezan settlement has gradually started. The later existence of ancient Berezan is the history of an ordinary agricultural and fishing settlement not very visible against the background of other villages of *Olbia polis* (Solovyov 1999, 114-27). In the second half of the 2nd to the first half of the 3rd centuries AD, the island went through a new upsurge of residential activity. The archaeological evidence from excavations on the eastern coast of the island revealed the cultural layer of that time, containing numerous building remains and finds mainly those of pottery. The buildings being constructed without any regulation seemed to be small, rather disordered houses of many rooms, not particularly distinguishable in appearance from the well-known rural buildings of outlying Olbian areas. The owners of these buildings were probably Greek peasants, artisans, and fishermen, those of citizens of the Olbia state. The one exception found up to the present time is a building rectangular in form and possessing a large area. This building was single-chambered, where two stone bases for support columns were situated. In the opinion of its excavator, the building was not used as a residence but possibly had some kind of social (probably cult) purpose (Nazarov 1996, 14-5, Abb. 3).

The excavations in the western part of the island have revealed a different kind of evidence about life at the settlement in the 2nd and 3rd centuries AD. In the northwest area, about ten dug-out dwellings from that time were unearthed (**fig. 197**). The area of the buildings varied little, from 10 to 18 square meters, and as a rule the depth of their foundation-trenches exceeded 1 meter. All these dug-outs were rectangular in form. One feature characteristic of the interior of these dug-outs was a two-part stove built into the side of the foundation-trench. The use of stone in the construction of dug-outs was evidently episodic, and was usually connected

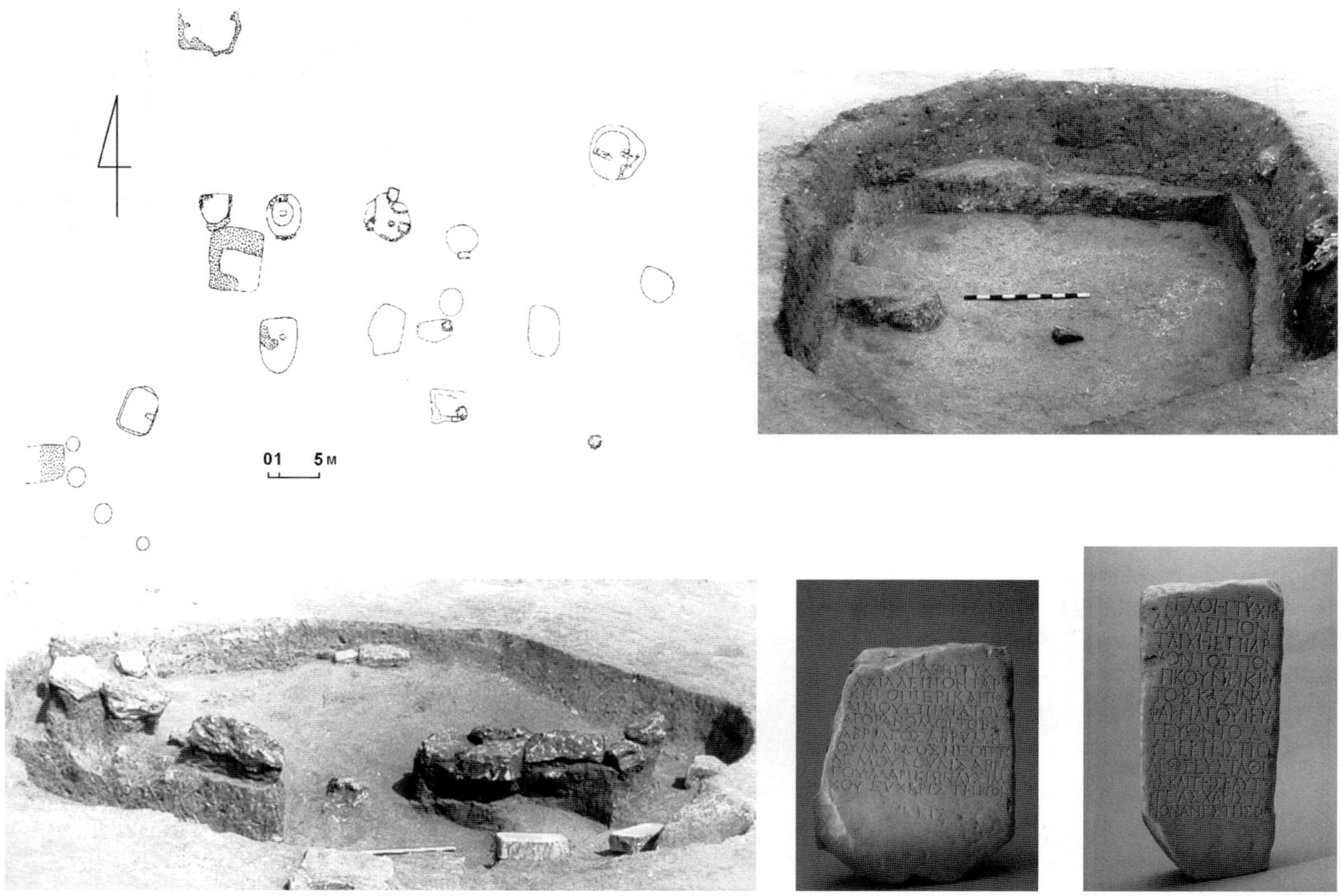

Fig. 197. Residential construction of Roman Berezan.

with reinforcing separate parts of the sides of a foundation-trench or with building aboveground stone walls. Sometimes for this purpose were used marble slabs with dedications to Achilles Pontarches, which served whether as a base for the central support column holding up the roof of the dwelling or as steps for the entryway. There is an impression that the spirit of Greek culture and its religious values were alien to the inhabitants of these dwellings, which also differed from *Olbiopolitai* in their way of life.

These particular features of dwellings in the western part of the settlement make it necessary to distinguish their inhabitants from the rest of the Berezan population in Roman times. These differences may be explained by the ethnic and social heterogeneity of Olbian society, especially in its outlying regions, which included variety economically and socially dependent groups. These groups primarily consisted of representatives from native areas, which may have included the descendants of those members of the multi-ethnic rural Olbian population of Late Hellenistic times who survived the Getae's invasion ; as well as nomadic Scythians and Sarmatians who had settled and moved into outlying Greek villages. This conclusion is supported by finds of handmade pottery of the first centuries AD, the share of which ranged 23-27 % of all ceramic fragments found in dug-outs (of course, not counting amphorae).

The cessation of life on Berezan evidently coincided with the complete collapse of Olbia *chora* and the downfall of Olbia itself because of the first Gothic invasion.

In conclusion, it is worth noting first that the local traditions, especially those of dug-out construction and handmade pottery making, deeply were rooted in culture of the Berezan settlement ; and, second, almost thousand-year history of the Berezan settlement reveals continuous interaction and coexistence of two cultures and two worlds, those of Greeks and indigenous populations. From the moment of their first meeting and up to the end of classical world these processes, being not dependant on their forms and intensity, rendered significant influence on a course of history of the Northern Black Sea coastal area.

BIBLIOGRAPHY

List of Abbreviations

ACSS – Ancient Civilisations from Scythia to Siberia, Leiden
ASGE – Arkheologicheskii Sbornik Gosudarstvennogo Ermitazha (Archaeological Collection of the State Hermitage), St-Petersburg (in Russian with summaries in English)
AV – Arkheologicheskie vesti (Archaeological News), St-Petersburg (in Russian with summaries in English)
AWE – Ancient West & East, Leiden
BAR – British Archaeological Reports
CVA – Corpus Vasorum Antiquorum
IstMitt – Istanbuler Mitteilungen
SA – Sovetskaya arkheologiya (Soviet Archaeology), Moscow
TGE – Trudy Gosudarstvennogo Ermitazha (Proceedings of the State Hermitage), Leningrad ; St-Petersburg (in Russian with summaries in English)
VDI – Vestnik Drevnei Istorii (Journal of Ancient History), Moscow (in Russian with summaries in English)

Berezan I : Solovyov (S. L.), ed. – Borysthenes – Berezan. The Hermitage Archaeological Collection I. St-Petersburg 2005
Berezan II : Solovyov (S. L.), ed. – Borysthenes – Berezan. The Hermitage Archaeological Collection II. St-Petersburg, forthcoming.
Greek colonisation 1998 : Tsetskhladze (G. R.), ed. – The Greek Colonisation of the Black Sea Area, Historical Interpretation of Archaeology (Historia 121) Stuttgart 1998.

Bukina, 2008 : BUKINA (A.) – *Corinthian Aryballoi*. CVA Russia Fasc. XIV, The State Hermitage Museum Fasc. VII. Rome 2008.

Bukina forthcoming : BUKINA (A.) – ‘Korinfskaya khudozhestvennaya keramika’. *In* : *Berezan II*. St-Petersburg, forthcoming.

Domanskij, Marčenko 2003 : DOMANSKIJ (JA.V.) and MARČENKO (K.K.) – Towards Determining the Chief Function of the Settlement of Borysthenes. *In* : P.G. Bilde, J.M. Højte and V.F. Stolba (eds), *The Cauldron of Ariantas,* Aarhus 2003, 29-36.

Dupont 2005 : DUPONT (P.) – Archaic Greek Amphorae from Berezan in the Hermitage Collection’. *In* : *Berezan I*, 41-69.

Gavrilyuk 1999 : GAVRILYUK (N.A.) – *Istoriya ekonomiki Stepnoi Skifii 6-3 vv. do n.e.* Kiev 1999.

Ilina 2005 : ILINA (Yu.I.) – Khiosskaya keramika iz raskopok na ostrove Berezan. *In : Berezan. I*, 70-173.

Ilina forthcoming : ILINA (Yu.I.) – Klazomenskaya keramika iz raskopok na Berezani’. *In : Berezan II.*

Kerschner, Schlotzhauer 2005 : KERSCHNER (M.), SCHLOTZHAUER (U.) – A New Classification System for East Greek Pottery’. *AWE* 4.1, 2005, 1-56.

Koshelenko, Kuznetsov 1998 : KOSHELENKO (G.A.), KUZNETSOV (V.D.) – Greek Colonisation of the Bosporus. *In : Greek colonisation 1998,* 249-264.

Kryzhytskii 2001 : KRYZHYTSKII (S.D.) – Khram Afrodity na Berezani. *VDI* 1, 2001, 165-175.

Lapin 1966 : LAPIN (V.V.) – *Grecheskaya kolonisatsiya Severnogo Prichernomorya*. Kiev 1996.

Marčenko 1988 : MARČENKO (K.K.) – *Varvary v sostave naseleniya Berezani i Olvii vo vtoroi polovine 7 – pervoi polovine 1 v. do n.e.* Leningrad 1988.

Marčenko, Vinogradov 1989 : MARČENKO (K.K.), VINOGRADOV (Ju.A.) – The Scythian Period in the Northern Black Sea Region (750–250 BC)’. *Antiquity* 63 (241), 1989, 803-813.

Nazarov 1996 : NAZAROV (V.V.) – Archäologische Untersuchungen auf Berezan’. *Eikon* 4, 1996, 5-22.

Nazarov 2001 : NAZAROV (V.V.) – Svyatilishche Afrodity v Borisfene. *VDI* 1, 2001, 154-65.

Ostroverkhov 1979 : OSTROVERKHOV (A.S.) – K voprosu o syrievoi baze remeslennogo proizvodstva v raione Dneprovskogo i Bugskogo limanov’. *VDI* 3, 1979, 115-26.

Petrakova 2005 : PETRAKOVA (A.) – *Attic Black-Figure and Bilingual Drinking Cups*. CVA Russia Fasc. X, The State Hermitage Museum Fasc. III. Roma 2005.

Petrakova 2009 : PETRAKOVA (A.) – *Attic Black-Figure Drinking Cups II*. CVA Russia Fasc. XV, The State Hermitage Museum Fasc. VIII. Roma 2009.

Posamentir 2006 : POSAMENTIR (R.) – The Greeks in Berezan and Naukratis. A Similar Story ?’ *In :* A. Villing and U. Schlotshauer (eds), *Naukratis : Greek Diversity in Egypt*. London 2006, 159-167.

Posamentir forthcoming : POSAMENTIR (R.) – Archaic Ionian Pottery from Berezan’. *In :* S.L. Solovyov (ed.), *Archaic Greek Culture : History, Archaeology, Art & Museology (Proceedings of the roundtable-conference at the State Hermitage Museum, June 23-25, 2005)*. Oxford (BAR Archaeological Series).

Posamentir, Solovyov 2006 : POSAMENTIR (R.), SOLOVYOV (S.L.), – Zur Herkunftsbestimmung archaisch-ostgriechischer Keramik : die Funde aus Berezan in der Eremitage von St. Petersburg’. *IstMitt* 56, 2006, 103-128.

Posamentir, Solovyov 2007 : POSAMENTIR (R.), SOLOVYOV (S.L.), – Zur Herkunftsbestimmung archaisch-ostgriechischer Keramik : die Funde aus Berezan in der Eremitage von St. Petersburg II’. *IstMitt* 57, 2007, 179-207.

Senatorov 2005 : SENATOROV (S.N.) – Lepnaya keramika poseleniya na ostrove Berezan iz raskopok Gosudarstvennogo Ermitazha 1963-1991 gg. *In : Berezan I*, 174-351.

Smith forthcoming : SMITH (T.J.) – Athenian Black-figure Pottery from Berezan’. *In : Berezan II.*

Solovyov 1995a : SOLOVYOV (S.L.) – Lepnaya keramika s reznym geometricheskim ornamentom Berezanskogo poseleniya. *ASGE* 32, 1995, 31-39.

Solovyov 1995b : SOLOVYOV (S.L.) – Novye dannye o tipologii zhilishch Berezanskogo poseleniya v klassicheskuyu epokhu. *SA* 1, 1995, 121-132.

Solovyov 1996 : SOLOVYOV (S.L.) – Periodizatsiya zhilogo stroitelstva antichnoi Berezani. *AV* 4, 1996, 153-163.

Solovyov 1998 : SOLOVYOV (S.L.) – Archaic Berezan : Historical-Archaeological Essay. *In : Greek colonisation 1998,* 205-227.

Solovyov 1999 : SOLOVYOV (S.L.) – *Ancient Berezan. The Architecture, History and Culture of the First Greek Colony in the Northern Black Sea*. Leiden ; Boston ; Cologne 1999 (Colloquia Pontica 4).

Solovyov 2006 : SOLOVYOV (S.L.) – Monetary Circulation and the Political History of Archaic Borysthenes. *ACSS* 12.1-2, 2006, 63-74.

Solovyov 2007 : SOLOVYOV (S.L.) – Ancient Greek Pioneering at the Northern Black Sea Coastal Area in the Seventh Century BC. *In* : S. Mitchell and G. Erkut (eds), *The Black Sea : Past, Present and Future*. Istanbul 2007, 37-44 (BIAA Monograph 42).

Solovyov 2008 : SOLOVYOV (S.L.) – “Dom kolonista” v arkheologicheskom kontekste arkhaicheskoi Berezani. *TGE* 39, 2008, 216-236.

Treister, Solovyov 2004 : TREISTER (M.Yu.) SOLOVYOV (S.L.) – Bronze Punches from Berezan. *AWE* 3.2, 2004, 365-75.

Tsetskhladze 1994 : TSETSKHLADZE (G.R.) – Greek Penetration of the Black Sea. *In* : G.R. Tsetskhladze and F. De Angelis (eds), *The Archaeology of Greek Colonisation*. Oxford, 1994, 111-135.

Tsetskhladze 1998 : TSETSKHLADZE (G.R.) – Greek Colonisation of the Black Sea Area : Stages, Models, and Native Population. *In : Greek colonisation 1998*, 9–68.

Vinogradov 1971 : VINOGRADOV (Yu.G.) – Drevneishee grecheskoe pismo s ostrova Berezan’. *VDI* 4, 1971, 74-100.

Vinogradov 1998 : VINOGRADOV (Yu.G.) – The Greek Colonisation of the Black Sea Region in the Light of Private Lead Letters’. *In : Greek colonisation 1998*, 153–78.

Vinogradov, Domanskij 1996 : VINOGRADOV (Ju.G.), DOMANSKIJ (Ja.V.) – Berezan archaïque à la lumière des dernières déccouvertes. *In :* O.D. Lordkipanidzé and P. Lévêque (eds), *Sur le traces des Argonautes*. Paris 1996, 291–296.

Deuxième Partie

APPROCHES THÉMATIQUES

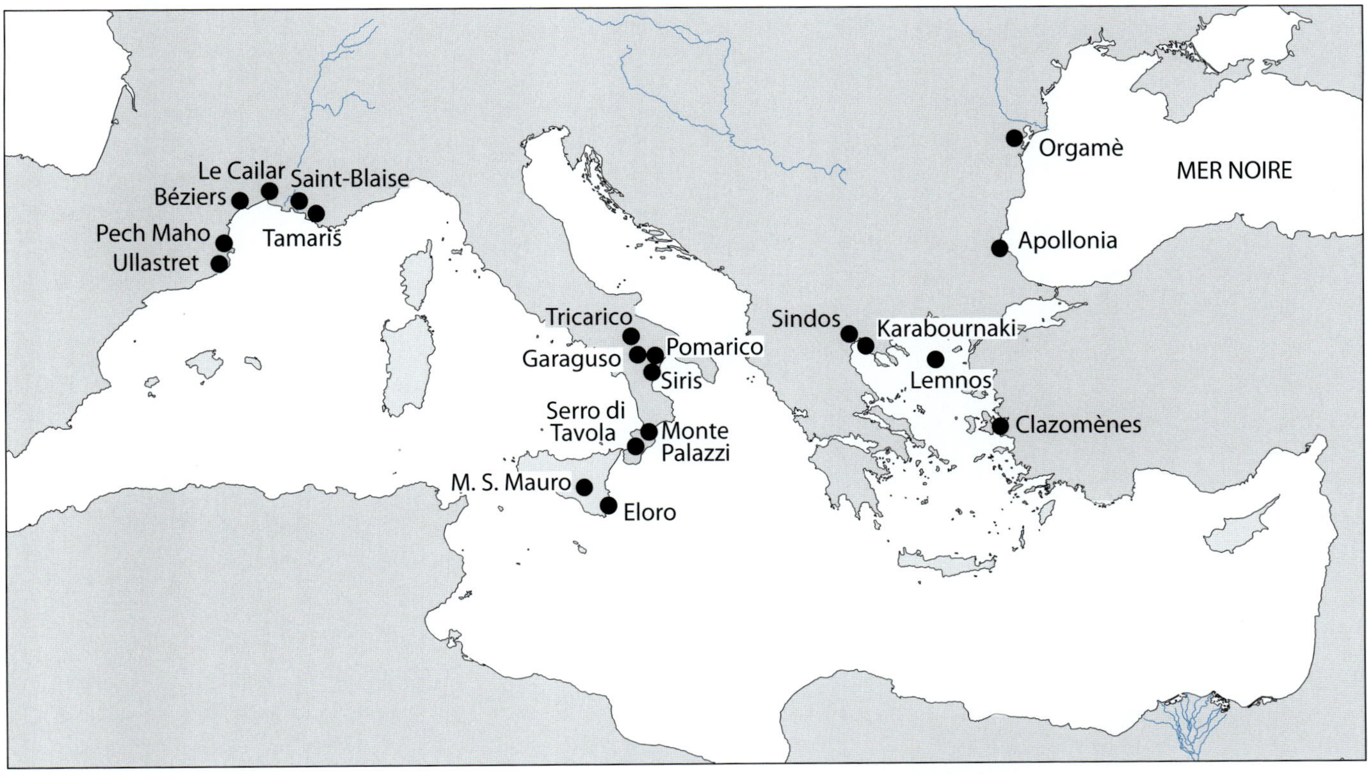

Fig. 198. Carte du monde méditerranéen portant les principaux sites étudiés.

Deuxième Partie

APPROCHES THÉMATIQUES

Chapitre - 1. TECHNIQUES DE CONSTRUCTION

Chapitre - 2. PRODUCTION, CONSERVATION, DISTRIBUTION

Chapitre - 3. LES CÉRAMIQUES : FABRICATION, FORMES, DÉCORS, ÉCHANGES

Chapitre - 4. LES INDIGÈNES DANS L'HABITAT ET DANS LES NÉCROPOLES DES CITÉS GRECQUES

Chapitre - 5. LES FORTIFICATIONS

Chapitre - 6. CULTES GRECS ET CULTES INDIGÈNES

Chapitre - 7. LANGUE ET ÉCRITURE

Chapitre - 8. ÉTUDES DE CAS PARTICULIERS

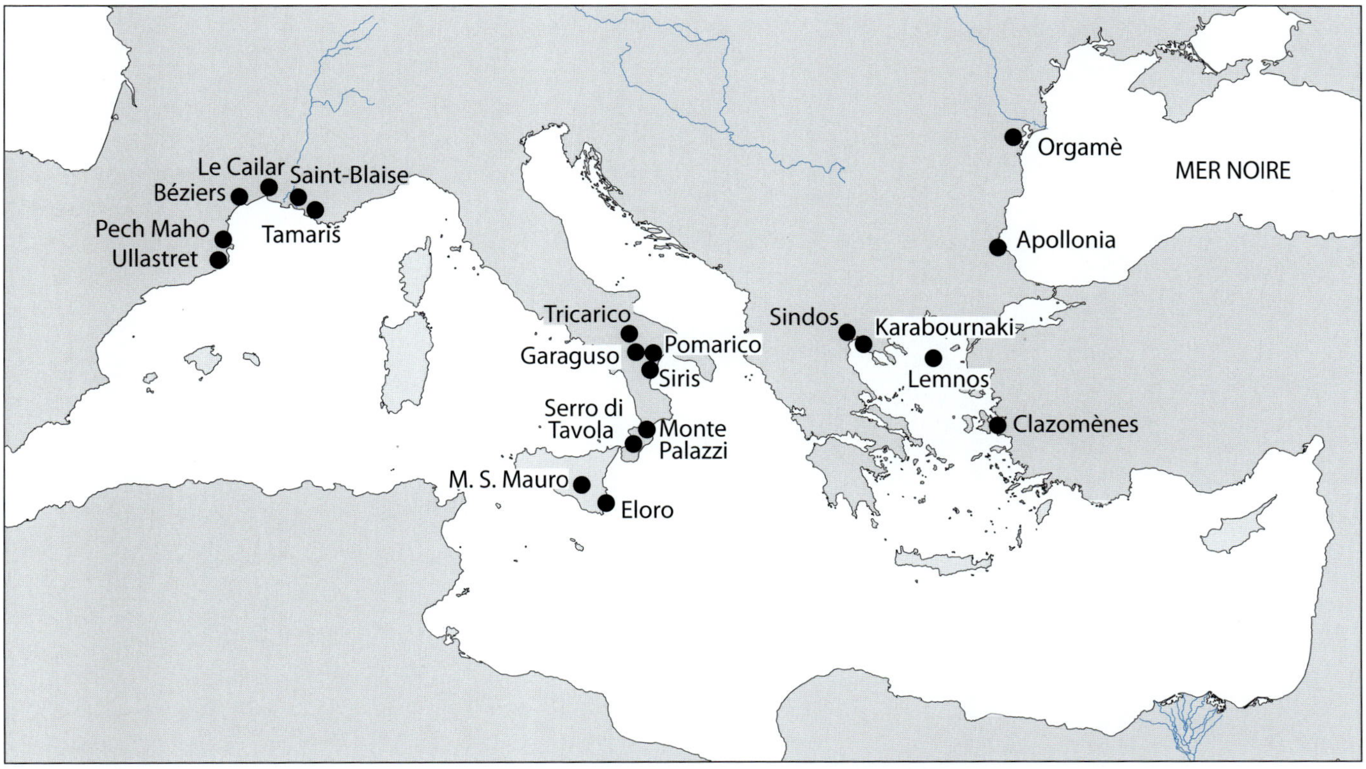

Fig. 198. Carte du monde méditerranéen portant les principaux sites étudiés.

Chapitre I

Techniques de construction

1. Quelques pistes de recherche sur la construction en terre crue et l'emploi des terres cuites architecturales pendant l'Âge du fer dans le bassin occidental de la Méditerranée

Claire-Anne de Chazelles

Les investigations menées dans le cadre de ce programme méditerranéen ont entre autres finalités celle d'identifier des paramètres distinctifs du caractère grec, indigène ou mixte de tel ou tel établissement, structure ou objet[1]. Dans le domaine de l'architecture, la question se pose avec acuité à propos du plan de certaines maisons ou de l'emploi de matériaux et techniques de construction. L'article met l'accent sur la diversité des options constructives que l'on constate chez les peuples de la Méditerranée occidentale, tant dans la mise en œuvre de la terre crue que dans l'usage des terres cuites destinées aux couvertures. Ces deux aspects relativement négligés par les études archéologiques sont pourtant à même de renseigner sur l'appartenance culturelle de leurs utilisateurs et de faire apparaître des circuits de distribution ou des aires de diffusion technique.

1. La construction en terre crue

1.1. Les techniques de construction utilisant la terre crue : rappel et problématiques

Le torchis

La construction en torchis se caractérise par l'emploi de poteaux plantés dans le sol qui ne forment pas une charpente assemblée, bien qu'ils puissent être reliés entre eux au sommet par des pannes. Un clayonnage de branches s'insère entre les poteaux et ses deux faces sont enduites avec un mélange de terre très humide et de fibres.

En français, le mot « torchis » recouvre à la fois le matériau préparé et le mode de construction, ce qui laisse

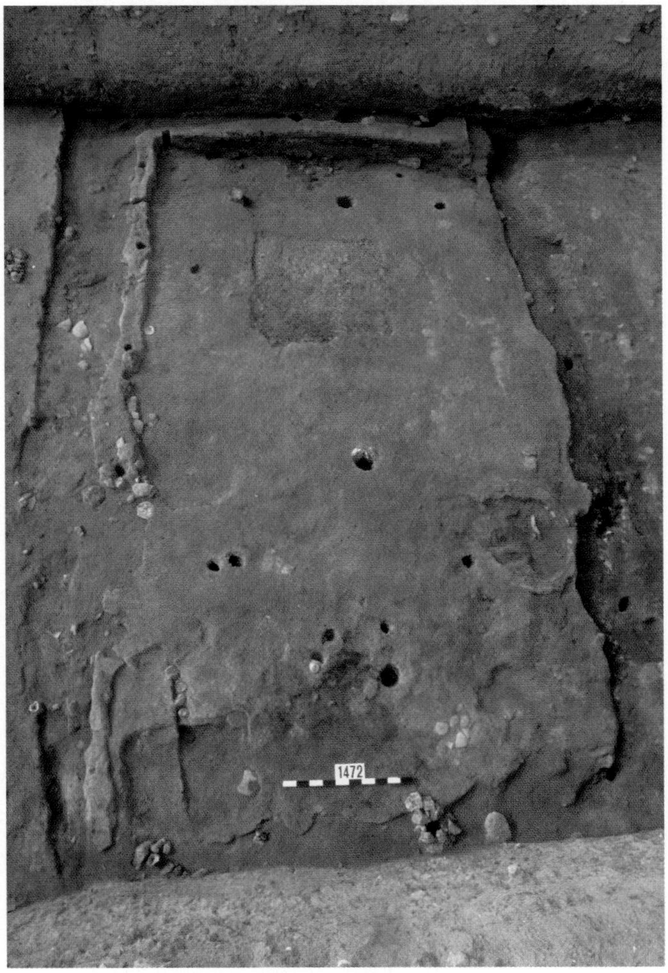

Fig. 199. Maison bâtie en torchis sur poteaux plantés. Lattes (Hérault), IVe s. av. n. è. (Ufral / J.-C. Roux).

1 Cette synthèse préliminaire repose sur une documentation inégale. Pour la France méridionale et l'Espagne, je m'appuie sur de nombreux travaux personnels ainsi que sur quelques publications thématiques concernant l'architecture de terre crue ; les terres cuites, peu abondantes dans ces régions avant l'époque romaine, n'ont guère été étudiées. Pour la Sicile et l'Italie, à l'inverse, la documentation relative aux terres cuites architecturales est fournie alors que la construction à base de terre est restée un sujet délaissé jusqu'à ces dernières années. J'ai pu bénéficier également d'informations inédites – ou peu diffusées – ainsi que de clichés grâce à la collaboration de plusieurs collègues. Il m'est agréable de remercier chaleureusement : Michel Bats (Olbia), Loup Bernard (Verduron), Philippe Boissinot (Baou-Roux), Jean Chausserie-Laprée (Martigues, Saint-Pierre-les-Martigues), Sophie Collin-Bouffier (Marseille), Pierre Dupont (mer Noire), Isabelle Grasset (Musée de Lattes), Christiane Guichard (Baou-de-Saint-Marcel), Thierry Janin (Lattes), Aurora Martin (Ullastret), Philippe Mellinand (Marseille), Enriqueta Pons (Puig Castellet, Pontos), Ana-Maria Puig (Rosas), Jean-Claude Roux (Lattes), Marta Santos (Ampurias), Jean-Christophe Sourisseau (Marseille), Francesca Spatafora (Sicile), Henri Tréziny (Marseille), Daniela Ugolini (Agde, Béziers).

fallacieusement supposer l'existence d'une « architecture » de torchis. Dans les autres langues, l'accent est parfois mis sur l'association entre un clayonnage et son revêtement (*fusta i fang* en catalan, *wattle-and-daub* en anglais) mais on trouve aussi des mentions de l'une ou de l'autre partie : en espagnol *manteado* ou *encestado*, en catalan *fang* et en portugais *terra de recobrimento* ainsi que *tabique* que l'on connaît également dans l'espagnol d'Amérique latine. L'allemand utilise les expressions *strohlehm* ou *lehmmörtel* et en italien il est plutôt question de clayonnage (*impalcato di canne*, *incannucciata*) enduit[2].

Connu depuis le Néolithique, ce type de construction est courant à l'Âge du bronze et au premier Âge du fer dans tous les pays de l'Occident méditerranéen, comme en Europe tempérée. Il est attesté par des vestiges du matériau cuit lorsque les édifices ont brûlé ou par les trous de poteaux de la structure porteuse. Dans les régions méditerranéennes, cette architecture qui n'autorise pas la juxtaposition des bâtiments ni la réalisation de véritable étage faute de bois d'œuvre convenable est concurrencée au début de l'Âge du fer par les murs porteurs en briques de terre crue qui offrent, au contraire, de grandes possibilités architectoniques. Le torchis se cantonne alors à des cloisonnements ou s'utilise pour construire rapidement ; un cas exemplaire est celui d'une maison de Lattes (**fig. 199**), bâtie en plein IVe s. à poteaux et torchis, entre d'autres maisons construites en adobe sur soubassement de pierre (Roux, Chabal 1996).

La brique crue moulée en série ou adobe

Le mot espagnol *adobe* est actuellement privilégié en français et en anglais pour désigner la brique crue moulée, par opposition à la brique modelée en usage dans quelques pays et/ou à certaines périodes. Le catalan utilise les mots *tova* et *tovot*, l'allemand *Ziegel* et l'italien l'expression *mattone crudo*. Dans toutes ces langues, comme en français, le mot signifiant « brique » peut se rapporter soit à un élément modelé, soit à une véritable brique moulée ; par conséquent, la généralisation du terme *adobe* éviterait des ambiguïtés gênantes.

Les éléments calibrés sont fabriqués à l'aide d'un moule sans fond, séchés puis assemblés avec un mortier de liaison à base de terre (**fig. 200**).

Inventé au Proche-Orient à la fin du 8e ou au début du 7e millénaire, l'adobe est bien implanté en Grèce au 5e (Sesklo, Dimini, Cnossos) et en Egypte au 4e. Il n'apparaît en Occident qu'à partir du 1er millénaire, introduit semble-t-il par les colons phéniciens et grecs (Aurenche 1993 ; Chazelles à paraître). En Afrique du Nord et dans le sud de Andalousie, l'emploi de l'adobe est clairement lié à la création des premiers établissements phéniciens pérennes au VIIIe s., tandis qu'en Gaule, il n'est pas antérieur à la fondation de Marseille au début du VIe s. (Marseille, St Blaise, Agde, Bessan, La Moulinasse, Pech-Maho).

La question est en réalité plus complexe dans la péninsule ibérique car on signale des adobes datés du Bronze final et du premier Âge du fer (fin IXe - VIIIe s.), dans des niveaux sans importations orientales, aussi bien dans le Sud-Est péninsulaire (Los Saladares, Vinarragell, Galera, Castellar de Librilla : Sanchez-Garcia 1998, p. 303-307) que dans le centre du pays notamment dans la région de Valladolid (Soto de Medinilla, La Mota : Delibes de Castro *et al.* 1995, p. 156-158) et dans la haute vallée de l'Ebre (Cortes de Navarra). Si la construction de murs porteurs et de diverses structures à base d'éléments de série parallélépipédiques est indéniable sur ces gisements, il faudrait déterminer s'il s'agit effectivement de briques moulées car certains documents montrant des éléments non calibrés laissent planer un doute (Belarte à paraître).

En Italie et en Sicile, le problème est complexe pour d'autres raisons car la brique moulée surgit au même moment, au VIIe s., dans les habitats étrusques et les colonies grecques. En règle générale, il est admis que les indigènes de Sicile, de Campanie ou de Tarente ne bâtissaient pas en briques crues avant l'arrivée des Grecs, mais la situation des Etrusques à cet égard n'est pas aussi claire.

Outre le problème encore épineux de ses origines en Méditerranée occidentale (Chazelles 1995), se posent au sujet de l'adobe des questions assez intéressantes, particulièrement à propos des formes et des modules utilisés. Les dimensions se corrèlent vraisemblablement à des systèmes de mesures en vigueur (pied, coudée, palme) comme l'a suggéré Henri Trézigny (Trézigny 1989), mais ces valeurs ont-elles une portée locale (pour le site) ou bien plus générale ? Les modules évoluent par exemple de façon significative sur des sites à occupation longue. En France, les données ne sont pas assez nombreuses pour tenter de dégager des « modules » propres à une époque et, en Sicile, un récent inventaire des architectures de terre crue fait apparaître une grande disparité (Spatafora *et al.* à paraître). L'évolution de la technique se traduit aussi par la complémentarité des éléments (brique et demi-brique, formats différents selon les utilisations), mais le choix de la forme carrée ou rectangulaire ou celui des dimensions « lydiennes » attestent-il d'influences particulières ? En Grèce, en Sicile, en Etrurie, les briques carrées servent surtout aux

2 Une partie de ce vocabulaire a déjà été recensée par Olivier Aurenche (1977) qui prépare une mise à jour des termes de la construction en terre crue (Aurenche à paraître).

Fig. 200. Mur en adobe effondré. Baou-Roux (Bouches-du-Rhône), IIe s. av. n. è. (P. Boissinot).

fortifications. À Agde, les briques carrées entrent dans toutes les structures (défensives et domestiques), à Lattes uniquement dans les sols et banquettes. Les adobes trouvés à Marseille sur le site « phocéen » du Collège Vieux-Port ont un format rectangulaire bâtard (39-41 cm x 34-35 cm x 4,5-5,5 cm) (Mellinand, Gantès 2006), ceux de Montlaurès des dimensions « lydiennes »...

Enfin, la nécessité de fabriquer ou d'acquérir ces éléments modulaires en très grand nombre pour la construction d'un bâtiment conduit à s'interroger sur l'existence d'ateliers spécialisés et donc sur celle d'une production artisanale d'adobes, au moins dans le cas des grandes agglomérations. Envisageable autour des colonies de Sicile et d'Italie du sud, sans doute de Marseille ou d'Ampurias, un tel système de production est-il transposable à des structures villageoises indigènes ou faut-il plutôt concevoir des systèmes de fabrication et de stockage soit communautaires soit individuels ?

La bauge

Dans la construction en « bauge », la terre s'emploie sous une forme massive, c'est-à-dire non modulaire. Elle est empilée sans l'aide de coffrage, soit par hautes assises, soit par lits peu épais, le matériau étant manié grands volumes ou éventuellement par mottes ou pains de terre arrachés à la masse préparée qui est un mélange de terre argileuse, de paille et d'eau. Les murs sont souvent extrêmement larges (60 à 80 cm) et des performances diverses sont réalisées en ce qui concerne la hauteur des bâtiments.

En français, à côté du mot bauge utilisé en Bretagne et qui se généralise, d'autres termes régionaux désignent cette technique : *mâsse* en Normandie, *bigôt* en Vendée, *tapi* en occitan (qui désigne également le pisé). Les expressions imagées de « terre empilée », « terre façonnée », « façonnage direct » connaissent des équivalents en espagnol (*amasados*) et en portugais (terra *empilhada* ou *modelada*). L'italien ne possède pas de terme particulier et seul un vocabulaire dialectal rend compte de l'utilisation moderne de la bauge dans certaines régions de la péninsule (*massone* dans les Abruzzes). Dans le sud-ouest de l'Angleterre, on parle de *cob* (Devon) et en Allemagne (Saxe et Thuringe) de *Wellertechnik* ou *Lehmweller*.

Ce procédé est attesté dès le Néolithique au Proche-Orient ainsi qu'en Occident, avec un décalage de quelques millénaires, et certains gisements du sud de la France témoignent de sa pérennité à l'Âge du bronze parallèlement au torchis (Laprade, Amélie les Bains, Le Traversant). En Espagne, la technique est désormais reconnue à part entière par quelques archéologues qui

Fig. 201. Murs de bauge formé de strates empilées. Martigues (Bouches-du-Rhône), début Ve s. av. n. è. (J. Chausserie-Laprée).

en signalent l'usage à l'Âge du bronze (Sanchez Garcia 1998, Belarte 2001 p. 34). En Sicile, la terre modelée a été clairement identifiée, par exemple à Colle Madore dans un contexte daté de la fin VIe-début Ve s. av. n. è. qui comporte également des adobes (St. Vassallo, dans Spatafora *et al*. à paraître).

Le façonnage direct reste employé en France à l'âge du fer aux côtés de la brique crue moulée, plus tardivement en Provence qu'en Languedoc (**fig. 201**), et parfois uniquement pour les aménagements domestiques (Lattes, Montlaurès, Martigues, Saint-Pierre-les-Martigues, Marignane) (Chazelles 2007).

Une variante de la bauge avérée à différentes périodes de l'histoire consiste à agglomérer des éléments vaguement façonnés à l'état plastique. Ils ne sont ni séchés ni assemblés avec un mortier. Les rares exemples de la fin de l'âge du Bronze ou du début de l'âge du Fer (Le Traversant, Mola de Agres) ne doivent pas suggérer que le procédé ait pu évoluer spontanément vers des briques moulées. D'une part, on peut dire que le temps a manqué pour permettre cette évolution puisque l'adobe est arrivé peu après et, d'autre part, il faut rappeler que le passage du modelage de la terre au moulage ne constitue pas une évolution systématique entre les procédés constructifs.

Le pisé

Contrairement aux autres techniques, le pisé fait appel à une terre très peu humide, peu argileuse et débarrassée de tout élément végétal, qui peut être extraite directement sur le chantier de construction. Versée entre deux planches, elle est fortement damée et c'est le compactage mécanique qui lui confère cohésion et solidité. Les murs porteurs sont épais et les systèmes de liaison simple, en besace, permettent la mitoyenneté et la réalisation d'étages.

Le mot « pisé » qui prévaut en français est souvent utilisé aussi dans d'autres langues (en italien, allemand, anglais) qui ne disposent pas de traduction exacte. Dans les pays de la Méditerranée occidentale, dominent les dérivés du mot *tabiya* qu'emploient les Arabes (bien qu'il ne soit probablement pas arabe) : *tapia* en espagnol et catalan, *taipa* en portugais, *tapia* et *tapi* en occitan (Baudreu 2007). Les expressions « terre damée » ou « terre coffrée » procurent des substituts que l'on rencontre également en espagnol et en anglais (*tierra apisonada*, *rammed earth*).

Le pisé antique est attesté au IIIe s. av. n. è. dans les villes puniques de Carthage et Kerkouane, puis dans des cités romano-puniques (Thysdrus). En Espagne, sa présence est mentionnée dans plusieurs agglomérations ibériques (Belarte 2001, p. 33-34) sans être toujours clairement démontrée, mais son emploi est indéniable à Ampurias dans les *domus* romaines comme autour du *forum*, à la fin du Ier s. av. n. è. (**fig. 202**) (Chazelles 1990). Un texte fameux de Pline l'Ancien laisse entendre que ce procédé était inconnu des Romains et représentait une spécificité de l'Afrique et de l'Hispanie (XXXV, 48). Traduisant en latin une expression locale (*parietes formaceos*), Pline précise « qu'ils l'appellent » ainsi. Une mention relevée chez Varron à propos de clôtures en terre moulée indiquerait la pratique de ce procédé dans le territoire de Tarente au début du Ier s. av. n. è. comme en Hispanie (I, 14,4).

Malheureusement, comme le terme « pisé » a été très employé dans toutes les langues, pour désigner n'importe quelles constructions en terre, son histoire se retrace avec beaucoup de difficulté (Chausserie-Laprée, Chazelles 2003 ; Chazelles, Guyonnet 2007). L'état actuel des connaissances archéologiques ne permet pas de reconnaître au pisé d'autre origine que l'Afrique du nord,

Fig. 202. Ensemble de murs de pisé d'une *domus* d'Ampurias (fin Ier s. av. n. è.) (C.-A. de Chazelles).

mais il est certain que des pistes doivent être envisagées et explorées, tant en Italie qu'en Grèce, sans omettre le pays originel des Phéniciens. Dans la péninsule ibérique, la recherche devra démêler si l'usage de la terre damée et coffrée est attaché aux premières implantations phéniciennes (Guardamar de Segura, Morro de Mezquitilla, où des structures en pisé existeraient dès le VIIe ou le VIe s. av. n. è. : Belarte, Gailledrat 2003, p. 287-290), s'il correspond à une pratique courante durant la phase ibérique moyenne dans certaines régions (Calafell au IVe-IIIe s.) et s'il surgit effectivement à la fin de la période ibérique dans le nord-est du pays (en Catalogne : Puig Castellet, Pontos, aux IIIe-IIe s. av. n. è.).

La question des origines se pose également en Italie et en Sicile puisque selon Varron la terre moulée était employée autour de Tarente à fin de la période républicaine. Il semble néanmoins que le choix du mot français « pisé » par les archéologues italiens relève la plupart du temps d'un contresens. Par exemple, à Serra di Vaglio (Basilicate) on prétend avoir restitué en « pisé » une maison du IVe s., alors que la reconstitution associe une structure de poteaux de bois avec des remplissages de terre humide coffrée fortement chargée en pailles (Greco 1991, p. 61)[3]. Même confusion entre torchis et pisé, avec des propositions de restitution fantaisistes, pour l'architecture étrusque de Marzabotto où une structure linéaire (4 m sur 0,60 m) est interprétée comme « les vestiges d'une installation particulière destinée à la confection et à l'essication de clayonnages », la régularité de la trace permettant de « supposer que l'argile était essiquée dans une sorte de coffrage » (sic !) (Massa-Pairault 1997). Ne s'agit-il pas simplement d'un mur de bauge ? À Monte Maranfusa (Sicile), on restitue une élévation correspondant à une « sorte de pisé » sur des soubassements de pierre en se basant sur la texture des vestiges effondrés au sol (Spatafora *et al.* à paraître). L'ambiguïté terminologique va de pair avec des difficultés d'identification de la terre massive qui conduisent à considérer tous les murs en terre qui ne sont pas en brique comme du « pisé »[4].

En France, actuellement, on est fondé à affirmer que le pisé est absent de l'architecture indigène qui recourt pourtant à tous les autres procédés à base de terre crue. Mais, pour la période romaine, la possibilité s'envisage au sujet de vestiges mal conservés ou trouvés dans des fouilles anciennes (Ruscino, La Lagaste, Glanum, Brignon, Vaison, etc.) et plus récemment à Nîmes (information orale).

3 Les fragments architecturaux cuits par un incendie, qui montrent un matériau riche en végétaux portant la « trace caractéristique du coffrage », pourraient aussi bien correspondre à des vestiges de torchis conservant des empreintes de poteaux (Massa-Pairault 1997).

4 Une collaboration entre archéologues français et italiens pourrait s'avérer intéressante car les premiers ont développé, depuis des années, des méthodes d'investigation spécifiques sur ces restes architecturaux couplées à des analyses micromorphologiques qui permettent de déterminer assez sûrement les procédés mis en œuvre.

L'hypothèse d'une invention soit phénicienne, soit punique, soit à la fois punique et ibère semble donc réaliste, de même qu'une diffusion ultérieure par le biais de la romanisation dans les autres provinces de l'empire (des constructions en terre coffrée sont signalées en Grande Bretagne aux Ier et IIe s. de n. è.). Il reste, bien entendu, à affiner la chronologie et le domaine culturel propres à cette invention.

Deux questions importantes doivent donc être posées, sinon résolues. La première concerne les emplois éventuels de la terre massive dans la construction grecque. Cet aspect de l'architecture est tout à fait méconnu, et pour les mêmes raisons puisque le mot « pisé » sert à désigner du torchis ou tout autre structure en terre indéterminée. Notons cependant qu'il pourrait exister des « murs massifs d'argile, faits de couches successives » – bauge ou pisé ? – notamment à Délos au IIIe s. av. n. è. (Martin 1965, p. 48). Les constructeurs grecs, continentaux ou insulaires, connaissaient-ils la bauge et/ou avaient-ils inventé de leur côté le principe du coffrage de la terre par grands volumes qui caractérise le pisé ? Si les originales fondations de type « olbien » attestées en Roumanie à l'époque hellénistique sont effectivement formées par des lits de terre tassée, il s'agit de comblements de tranchées et non de structures coffrées en élévation (Dupont 2002).

La seconde interrogation porte sur les modes de construction indigènes en Italie et en Sicile, avant l'hellénisation ou parallèlement à elle. Certains peuples italiques et siciliotes connaissaient la construction en terre massive, mais quel procédé utilisaient-ils ? Dans la recherche des origines du pisé, on ne peut pas *a priori* exclure cette piste, ni non plus l'éventualité de transferts technologiques entre phénico-puniques, grecs et indigènes sur le sol sicilien. Les preuves sont toutefois à réunir pour démontrer l'existence d'un autre réseau de propagation du pisé, parallèle au réseau occidental actuellement reconnu.

1.2. Moulage et coffrage de la terre crue : des traits culturels à part entière

Le recours à une terminologie approximative conduit à confondre les procédés de construction (torchis et pisé, pisé et bauge, briques et des éléments modelés, etc.) et ainsi à laisser échapper les notions essentielles de différence culturelle et d'acculturation. Or, les formes d'utilisation de la terre crue en architecture portent la signature de groupes culturels distincts, exactement de la même façon que les techniques de taille de la pierre ou les maçonneries liées à la chaux, les revêtements muraux et les pavements de mortier.

L'intervention du moulage ou du coffrage dans le travail de la terre crue ne constitue pas une « évolution naturelle », un fait allant de soi. On ne passe pas forcément des pains de terre à la brique moulée, ni de la bauge au pisé, même si dans l'histoire de la brique crue ce passage s'est produit effectivement au Proche-Orient durant le Néolithique précéramique. De nombreux groupes humains, y compris européens et y compris contemporains, ont volontairement délaissé le moulage de la terre, alors qu'ils en connaissaient le principe soit par des contacts avec d'autres cultures, soit parce qu'il leur avait été imposé à un moment de leur histoire. Ils ont privilégié la terre modelée qui correspondait à une tradition de savoir-faire, à des modes d'organisation sociale, à une efficacité, etc, qui leur étaient propres : le moulage, dans ces cas-là, n'apportait aucune amélioration ressentie comme nécessaire. Ce refus d'adopter une culture constructive autre n'est pas sans analogie avec le choix de certains potiers de continuer à modeler les céramiques alors qu'ils connaissent l'usage du tour.

Si les Gaulois comme, avant eux, tous les peuples de la Méditerranée se sont approprié la brique crue moulée, c'est premièrement parce qu'elle offrait des avantages techniques : rapidité et simplicité du montage, économie de matériaux et performances accrues (murs plus étroits et admettant de plus grandes hauteurs), modules calibrés pouvant se substituer à la pierre de taille (arc, voûte, pilier...), autant de « progrès » fournissant une réponse immédiate à un besoin de faire évoluer l'architecture domestique et les plans d'urbanisme ; deuxièmement, dans le cadre particulier de l'hellénisation, la brique étant porteuse d'une certaine image de la construction grecque possédait une forte valeur culturelle en ayant l'avantage d'être à la portée de tous. Ce n'était pas le cas de la pierre taillée ou de la tuile, par exemple, qui nécessitaient l'intervention de spécialistes et/ou l'organisation de réseaux de production et de distribution. Il faut donc considérer l'emprunt de l'adobe aux Grecs comme un véritable signe d'acculturation, au même titre que l'imitation de certaines céramiques.

Quant à la technique du pisé, les données dont on dispose conduisent donc à en attribuer l'invention aux Puniques plutôt qu'aux Phéniciens dans la mesure où l'archéologie libanaise révèle l'utilisation de la brique sur les gisements de l'Âge du fer. Il n'est pas prouvé, tant s'en faut, que les Grecs de Grèce ou d'Asie Mineure connaissaient ou pratiquaient le pisé, mais l'hypothèse doit évidemment être envisagée, de même que l'on ne peut pas éliminer celle d'une origine italique. Certes, il est relativement « facile » de réaliser un mur en pisé quand on en connaît le principe, mais la conception du procédé ne va pas de soi. Aussi, en l'absence de preuves archéologiques, on ne peut pas simplement « supposer » que les peuples maniant la terre modelée soient passés au coffrage de la terre massive, que ce soit spontanément ou par acquisition technologique (*contra* Spatafora *et al.* à paraître). Mouler la terre de construction relève du registre culturel, au même titre que tourner la céramique ou frire les aliments.

2. Appropriation ou refus des terres cuites architecturales ?

L'utilisation des terres cuites architecturales – tuiles ou éléments décoratifs souvent liés aux couvertures – pose moins de problèmes. On s'accorde sur la signification de leur présence ou de leur absence dans un gisement : ce sont des éléments « grecs » par excellence, que l'on rencontre naturellement dans des implantations coloniales et dont l'adoption par certains peuples non-grecs dénote un assez fort degré d'acculturation. Un tour d'horizon des pays colonisés fait cependant apparaître à cet égard une grande disparité de comportements parmi les indigènes.

En Italie centrale et méridionale de même qu'en Sicile, les couvertures de tuiles sont en usage dès la seconde moitié du VIIe s. av. n. è., souvent en association avec d'autres éléments en terre cuite qui décorent les édifices publics (Wikander 1990, p. 286-288 ; Hellmann 2002, p. 376). Le fait ne surprend pas dans le cadre des colonies, mais il faut noter que l'appropriation de ce mode de couverture par les indigènes dans la construction d'édifices encore élevés sur poteaux de bois (Serra di Vaglio : Greco 1991, p. 30) ou déjà en pierre (Colle Madore) se manifeste dès le VIe s. Les bâtiments étrusques possèdent le même type de toits « mixtes », c'est-à-dire avec tuiles de courant plates comme à Corinthe et tuiles de couvert courbes suivant le modèle laconien, notamment à Marzabotto ou Acquarossa, au moins depuis la fin du VIIe s. (Wikander *loc. cit.* ; Massa-Pairault 1997, p. 96-99).

Dans la zone italo-sicilienne, l'assimilation par les indigènes de matériaux et de techniques de construction grecs frappe donc par sa précocité puis, ultérieurement, par l'ampleur du phénomène. Toutefois, en ce qui concerne l'habitat, la présence de tuiles n'étant pas systématiquement relevée dans les niveaux de destruction, de nombreuses toitures pouvaient être en terre ou en végétaux, à l'instar de celles de Monte Maranfusa (Di Alba Maria Gabriella Calascibetta dans Spatafora *et al.* à paraître). En Grèce même, il est probable qu'une bonne partie des habitations, au moins villageoises, ait conservé pendant l'époque classique la coutume des toits plats en terrasse, mieux attestée à l'Âge du bronze (Martin 1965, p. 48). Le cas des maisons du quartier du Théâtre à Délos est révélateur de ce choix par exemple.

Dans les autres parties du bassin occidental de la Méditerranée, si les constructeurs indigènes ont boudé les couvertures de tuiles jusqu'à une date bien avancée de l'Âge du fer, le fait s'explique en partie par l'absence de grands monuments liés à la vie publique ou aux cultes au sein des agglomérations. Les seuls lieux où des tuiles soient attestées en Gaule et en Ibérie, encore qu'en de faibles quantités, sont les sites des colonies elles-mêmes, c'est-à-dire Marseille (à partir du Ve s.), Ampurias (peu au IVe s., un peu plus au IIIe et surtout au IIe) et Rosas (très peu au IVe s., plus dès la fin IIIe-début IIe s.) et, de manière surprenante, la ville de Béziers (V^{e}-IVe s.)[5]. Agde ne semble pas avoir connu de toiture en tuile avant l'époque romaine et les maisons à *pastas* d'Olbia, datées du IIIe et du début IIe s., n'en possédaient pas non plus, les premiers exemplaires n'apparaissant qu'au cours du IIe s. av. n. è., soit à la même époque que dans l'agglomération indigène de Lattara.

On constate que Béziers et Marseille disposaient aux Ve s. et IVe s. av. n. è. de leurs propres ateliers de fabrication de tuiles, comme l'indiquent la particularité et l'homogénéité des pâtes, et que si celles-ci n'ont pas été diffusées en Gaule, des exemplaires à pâte micacée auraient été exportés jusqu'à Ampurias et Rosas ! Des ateliers massaliètes et biterrois sont sortis des tuiles plates ainsi que des couvre-joints courbes, montrant comme en Italie et en Sicile une préférence pour les toitures de type « mixte », mais certains spécimens biterrois peuvent correspondre à des couvre-joints en bâtière de type corinthien (Olive, Ugolini 1997).

Aucun gisement ibère côtier, même ceux qui sont relativement acculturés comme Pontos en Catalogne ou Santa Pola (Alicante), ni aucune des grandes agglomérations indigènes gauloises, n'a emprunté aux colons grecs leur mode de couverture. Au cours de l'époque

5 A Marseille, des tuiles plates à rebord et des couvre-joints courbes ont été découverts dans des niveaux de comblement du port, sur le site de Jules Verne 14 (fouilles dirigées par A. Hesnard), datés entre la fin du VIe s. et la fin du Ve s. Je remercie J.-C. Sourisseau qui m'a permis d'étudier une partie de ce mobilier qu'il avait inventorié. Par ailleurs, Henri Trézigny a eu l'amabilité de me communiquer les dessins de quelques fragments de tuiles plates et courbes des IVe et IIIe s. trouvés sur d'autres gisements marseillais. Partout, le petit nombre de ces fragments est à relever, ainsi que la présence parmi les véritables tuiles d'éléments qui n'en sont pas (voir note 6).
Les fouilles réalisées dans le centre ville de Béziers livrent régulièrement des tessons de tuiles plates et de couvre-joints, toujours faits d'une pâte locale très caractéristique. Les plus anciens témoignages remontent au Ve s. et la production est toujours active au IIe s. av. n. è. (Ugolini même ouvrage, voir les figures). Souvent dotées de fortes épaisseurs et de bords de grandes dimensions, ces tuiles ont pu appartenir à la couverture de monuments. Mes remerciements sincères vont à Christian Olive et à Daniela Ugolini qui ont mis ce matériel à ma disposition pour étude.

Fig. 203. Plaque de terre cuite en pâte micacée, en forme de déversoir. Lattes (Hérault), IVe-IIIe s. av. n. è. (C.-A. de Chazelles / H. Gazzal).

Fig. 204 Canalisation ou gargouille en pâte micacée. Olbia (Var), IIe s. av. n. è. (C.-A. de Chazelles / H. Gazzal).

républicaine, ce type de toiture se généralisera peu à peu pour l'habitat en Espagne et dans le sud de la France où l'on verra arriver des tuiles italiques puis se former des ateliers locaux.

Cette réticence à l'égard des tuiles, notée chez les Gaulois et les Ibères est à rapprocher de l'attitude punique. En effet, alors que l'architecture urbaine des cités carthaginoises est digne de rivaliser avec l'architecture grecque sous certains aspects, les constructeurs ont toujours préféré les toits-terrasses conformes à la tradition orientale.

Parallèlement à ce refus bien ancré dans les mentalités des différents peuples de l'Ouest méditerranéen, certains Gaulois du Midi ont cependant eu recours à deux produits commercialisés par des artisans massaliètes auxquels on ne connaît aucun équivalent dans le répertoire des terres cuites architecturales d'Italie ou de Grèce. Bien que leur interprétation ne soit pas absolument certaine, un faisceau d'arguments techniques et stratigraphiques permet de les mettre en relation avec l'assainissement des toitures horizontales (Chazelles 1996, p. 280-282). L'un d'eux est une sorte de tuile plate ou de plaque sans rebord, munie d'un large déversoir (**fig. 203**) ; l'autre est un chéneau ou une « gargouille » à profil en U caréné (**fig. 204**). Ces objets très originaux sont diffusés dans le monde indigène entre la fin du Ve s. et la fin du IIe s., en Provence et en Languedoc oriental (Marseille, Baou de Saint-Marcel, Le Mouret, Lattes, Olbia), mais ne se trouvent pas en Languedoc occidental – même à Béziers – ni en Roussillon[6]. Néanmoins, il n'est pas exclu que parmi les fragments de « tuiles » repérés à Rosas dans des niveaux du IVe s. se trouvent ces fameuses terres cuites marseillaises[7].

La création de ces artefacts typiquement massaliètes en pâte micacée constitue-t-elle la réponse à une demande particulière de la part des indigènes, en rapport avec le choix de toitures plates nécessitant l'évacuation des eaux de pluie ? Si tel est le cas, ces objets traduiraient un véritable syncrétisme entre la conception gauloise des couvertures et une technologie grecque.

3. signification culturelle des techniques et matériaux de construction

En architecture, on peut distinguer plusieurs niveaux d'acculturation. Le premier, d'ordre technique, correspond à l'emprunt de matériaux et de savoir faire étrangers qui viennent enrichir un répertoire existant et peuvent éventuellement s'y substituer au cours du temps. L'emprunt qui concerne principalement le gros œuvre n'est certes pas insignifiant puisqu'il influe sur la conception architecturale et, donc, sur l'apparence formelle des bâtiments. Pour prendre un exemple très

6 Dans toutes les séries – celle de Jules Verne et celles étudiées par H. Trézigny – des tessons correspondant de toute évidence à des bords de « gargouilles » ou de « déversoirs » accompagnent les fragments de tuiles. Leur présence indique probablement que ces objets trouvaient leur place dans l'architecture de la colonie.

7 Grâce à l'aide d'Ana-Maria Puig, j'ai pu consulter les inventaires des terres cuites architecturales trouvées en contextes datés à Rosas et prendre connaissance des formes de bords attestés pour des « tuiles » plates en pâte micacée. Ceux-ci ressemblent étrangement aux bords des déversoirs et des gargouilles que l'on rencontre en Gaule. Une vérification des formes sera effectuée prochainement pour définir si l'on a affaire à ces types d'objets et/ou à de véritables tuiles. Dans un cas comme l'autre, l'exportation de ces pièces vers Rosas et Ampurias, est tout à fait intéressante.

frappant, le fait d'adopter des murs porteurs en adobes a joué un rôle déterminant dans la naissance des modèles d'habitations propres à chaque peuple, partout autour de la Méditerranée, sans pour autant que ceux-ci aient imité directement des maisons coloniales.

Le second niveau qui peut être qualifié d'« acculturation mentale » se manifeste de deux manières qui sont soit concomitantes soit chronologiquement décalées. L'une d'elles consiste à copier ou à acquérir certains matériaux ou techniques spécifiques généralement destinés à l'embellissement ou à l'ennoblissement de la construction qui reste par ailleurs de conception traditionnelle. L'autre, à l'inverse, tend à imiter ou à reproduire des modèles étrangers en faisant évoluer les plans et la morphologie des bâtiments. Ces deux démarches traduisent la volonté d'adhérer à certaines valeurs d'une autre culture ou peut-être seulement le désir d'être reconnu par les porteurs de cette culture.

Les études montrent que l'acculturation matérielle précède toujours l'acculturation mentale et que cette dernière passe en priorité par la phase d'embellissement de l'existant : un peuple adopte plus vite et plus facilement des procédés de construction ou des matériaux étrangers qu'il n'est disposé à transformer ses lieux de vie ou de culte. Dans le cas précis des couvertures en tuiles, de nombreux exemples italiens et siciliens prouvent qu'elles ont pu s'adapter à toutes sortes de bâtiments, y compris bâtis sur poteaux et de plans irréguliers. Par conséquent, le fait que les Gaulois et les Ibères (ainsi que les Puniques) soient restés fidèles aux toitures de terre ou de végétaux révèle leur profond attachement à l'image identitaire de leur habitat.

Si l'absence de tuiles reflète le caractère indigène d'un habitat, en contrepartie leur présence traduit un certain degré d'acculturation mentale car, bien évidemment, ce type de couverture modifie radicalement l'apparence du bâtiment qui en profite en le faisant « ressembler » à un bâtiment grec. La remarque vaut pour les premières maisons couvertes en tuiles de Sicile, d'Etrurie ou d'Italie méridionale, mais elle s'applique également à certains édifices de Béziers dont on ne connaît ni les plans ni les matériaux constitutifs. Dans cette grande agglomération du Languedoc, les caractères « grecs » se manifestent dans plusieurs domaines de la vie quotidienne et culturelle et en particulier par la présence récurrente de tuiles au long des Ve et IVe s., puis du IIe s. av. n. è. (*cf.* Ugolini *même ouvrage*). Ailleurs en Gaule, comme en Catalogne, il faut attendre la fin du IIIe s. et plus souvent le milieu du IIe s. av. n. è. pour assister à l'adoption sporadique de matériaux « nobles » tels les mortiers, les tuiles et la pierre taillée dans les agglomérations indigènes. Cette nouvelle mutation s'inscrit alors dans un courant général qui affecte aussi, de manière visible, le plan et le volume des habitations et, plus globalement, la société tout entière.

Le choix des techniques de construction en terre crue diffère indéniablement d'un peuple à un autre. Ainsi, bien que l'adobe constitue un lien très fort entre toutes les architectures méditerranéennes, on constate que les Gaulois ont conservé l'usage de la bauge dans la construction de murs porteurs, pendant plusieurs siècles en Languedoc et jusqu'à la conquête romaine en Provence. Dans cette région, l'amélioration progressive de la technique ancestrale a permis à la bauge de coexister avec la brique moulée pratiquement à part égale dans de nombreux bâtiments à Martigues, Saint-Pierre-les-Martigues, Marignane, etc, mais elle a surtout affranchi les hommes de contraintes liées à la construction en adobe comme la nécessité de fabriquer d'importants stocks de matériaux, de les entreposer et de les transporter au sommet de collines parfois élevées. La capacité à employer un matériau disponible sur place dénote donc une attitude tout à fait pragmatique qui est moins perceptible chez les peuples du Languedoc et de l'Ibérie. Ceux-ci ont amplement privilégié la brique mais sans jamais renoncer entièrement à la bauge qui intervient occasionnellement au gré des besoins.

L'enquête sur la bauge présente une lacune qui couvre les régions italiennes, siciliennes et grecques à différentes époques de l'histoire, mais certains indices suggèrent néanmoins son emploi par les Etrusques et certains peuples italiques, voire par les Grecs. Il faudrait pouvoir confirmer l'existence de ce procédé en précisant la chronologie de son utilisation, vérifier s'il cède devant d'autres techniques au cours de l'évolution des architectures locales et, dans ce cas, en faveur de quels procédés (l'adobe ? le pisé ?) et pour quelles raisons.

Quant au pisé, qui représente une alternative très performante à la bauge et même à l'adobe, en l'état de nos connaissances il semble être l'apanage de la culture punique ainsi peut-être qu'ibérique. L'incertitude règne également au sujet de sa contribution aux architectures italique, siciliote et grecque, mais il est certain en tout cas que le pisé n'est pas un procédé constructif gaulois.

Cette analyse démontre qu'il existe de réels particularismes culturels dans les manières de construire en terre : les plus clairs sont la prédilection des Puniques pour le pisé et celle des peuples de Provence pour la bauge. Trop souvent minorées dans les études d'architecture et d'habitat, ces options techniques ont pourtant autant d'intérêt et de signification que la préférence pour les toitures plates en terre chez les peuples occidentaux de la Méditerranée ou que la méfiance propre aux Gaulois vis-à-vis de la chaux.

BIBLIOGRAPHIE

Aurenche 1977 : AURENCHE (O.) dir. – *Dictionnaire multilingue de l'architecture du Proche Orient ancien*. Publication de la Maison de l'Orient, Lyon, 1977, 392 p.

Aurenche 1993 : AURENCHE (O.) – L'origine de la brique dans le Proche Orient ancien. *In* : Frangipane (M.), Hauptmann (H.), Liverani (M.), Matthiae (P.) and Mellink (M.) (eds) – *Between the rivers and over the mountains*, Universita di Roma « La Sapienza », 1993, p. 71-86.

Aurenche à paraître : AURENCHE (O.) – Tentative de classification des modalités de mise en œuvre de la terre à bâtir et leur nomenclature. *In* : *Cultures constructives* 2008.

Baudreu 2007 : BAUDREU (D.) – Essai d'approche lexicographique des constructions en terre massive en domaine occitan et franco-provençal. *In* : *Pisé et bauge*, p. 39-52.

Belarte 2001 : BELARTE (M.-C.) – Les tècniques constructives al mon ibèric. In : Belarte (C.), Pou (J.), Sanmarti (J.) dir. – Tècniques constructives d'època iberica i experimentacio arquitectonica a la Mediterrania, I Reunio internacional d'arqueologia de Calafell (Calafell, 20-22 gener del 2000), *Arqueo-Mediterrania*, Universitat de Barcelona, 2001, p. 27- 41.

Belarte à paraître : BELARTE (M.C.) – L'utilisation de la brique crue dans la Péninsule ibérique durant la protohistoire et la période romaine. *In* : *Cultures constructives* 2008.

Belarte, Gailledrat 2003 : BELARTE (M.C.), GAILLEDRAT (E.) – Murs protohistoriques de terre massive, sur la côte orientale de la péninsule ibérique (VIIe-IIIe s. av. J.-C.) : l'exemple de Guardamar del Segura (province d'Alicante). *In* : Chazelles, Klein 2003, p. 283-297.

Chausserie-Laprée, Chazelles 2003 : CHAUSSERIE-LAPREE (J.), CHAZELLES (C.A. de) – La terre massive façonnée, un mode de construction indigène en Gaule du sud, et la question du pisé dans l'Antiquité. *In* : Chazelles, Klein 2003, p. 299-314.

Chazelles 1990 : CHAZELLES (C.A. de) – Les constructions en terre crue d'Empuries à l'époque romaine. *Cypsela*, VIII, 1990, p. 101-118.

Chazelles 1995 : CHAZELLES (C.A. de) – Les origines de la construction en adobe en Extrême-Occident. *In* : Arcelin (P.), Bats (M.), Marchand (G.), Schwaller (M.), éd. – *Sur les pas des Grecs en Occident. Hommages à André Nickels*, Paris-Lattes, 1995 (*Etudes Massaliètes*, 4), p. 49-58.

Chazelles 1996 : CHAZELLES (C.A. de) – Les techniques de construction de l'habitat antique de Lattes. In : *Architecture et urbanisme dans la ville antique de Lattes (Hérault) = Lattara*, 9, 1996, p. 259-328.

Chazelles 2007 : CHAZELLES (C.A. de) – La bauge dans les constructions du Languedoc et du Roussillon d'après les témoignages archéologiques du Néolithique à la fin du Moyen Âge. Essai de synthèse. *In* : Patte (E.), Streiff (F.) dir. – *L'architecture en bauge en Europe*, Actes du colloque d'Isigny-sur-Mer, 12-14 octobre 2006, Les Veys, Parc naturel des marais du Cotentin et du Bessin, 2007, p. 211-224.

Chazelles à paraître : CHAZELLES (C.A. de) – La brique autour de la Méditerranée et en Europe occidentale du Néolithique à l'époque romaine. Réflexions sur la question du moulage de la terre. Communication orale. *In* : *Cultures constructives 2008*.

Chazelles, Guyonnet 2007 : CHAZELLES (C.A. de), GUYONNET (F.) – La construction en pisé du Languedoc-Roussillon et de la Provence, du Moyen-Âge à l'époque moderne (XIIIe-XIXe s.). *In* : *Pisé et bauge*, p. 109-139.

Chazelles, Klein 2003 : CHAZELLES (C.A. de), KLEIN (A.), dir. – *Echanges transdisciplinaires sur les constructions en terre crue. 1*. Table-ronde de Montpellier, 17-18 novembre 2001. Ed. de l'Espérou, Montpellier, 2003.

Cultures constructives 2008 : *Les cultures constructives de la brique crue, Échanges transdisciplinaires sur les constructions en terre crue. 3*, colloque international, Toulouse, 16-17 mai 2008 (à paraître).

Delibes de Castro *et al.* : DELIBES DE CASTRO (G.), ROMERO CARNICERO (F.), SANZ MINGUEZ (C.), ESCUDERO NAVARRO (Z.), SAN MIGUEL MATÉ (L.C.) – Panorama arqueologico de la Edad del Hierro en el Duero medio. *In* : *Arqueologia y medio ambiente en el primer milenio a.C. en el Duero medio*, Junta de Castilla y Leon, Consejo de Cultura y Turismo, 1995, p. 49-146.

Dupont 2002 : DUPONT (P.) – Habitat grec du Pont-Euxin : quelques pierres d'achoppement. *In* : Luce (J.M.), éd. – *Habitat et urbanisme dans le monde grec de la fin des palais mycéniens à la prise de Milet (494 av. J.-C.)* = Pallas, 58, 2002, p. 285-299.

Greco 1991 : GRECO (G.) – *Serra di Vaglio, La casa dei pithoi*. F.C. Panini ed. , 1991, 95 p.

Hellmann 2002 : HELLMANN (M.C.) – *L'architecture grecque. I. Les principes de la construction*. Paris, Picard *(Les manuels d'art et d'archéologie antiques)*, 2002.

Martin 1965 : MARTIN (R.) – *Manuel d'architecture grecque. I, Matériaux et techniques*, Picard, Paris, 1965.

Massa-Pairault 1997 : MASSA-PAIRAULT (F.H.) dir. – *Marzabotto. Recherches sur l'insula V, 3, Collection de l'Ecole française de Rome*, 228, 1997.

Mellinand, Gantès 2006 : MELLINAND (P.), GANTÈS (L.F.) dir. – *Collège Vieux-Port, 2 rue des Martégales à Marseille (Bouches-du-Rhône)*. Rapport final d'opération. Inrap – SRA PACA, 2006 (inédit).

Olive, Ugolini 1997 : OLIVE (C.), UGOLINI (D.) – La maison 1 de Béziers (Hérault) et son environnement (V^e^ – IVe s. av. J.-C.). *In* : Ugolini (D.) dir. *– Languedoc occidental protohistorique. Fouilles et recherches récentes (VIe-IVe s. av. J.-C.), Travaux du Centre Camille Jullian*, 19, 1997, p. 87-129.

Pisé et bauge : GUILLAUD (H.), CHAZELLES (C.A. De), KLEIN (A.) dir. – *Les constructions en terre massive : pisé et bauge. Echanges transdisciplinaires sur les constructions en terre crue*, 2. Actes du colloque de Villefontaine, mai 2005. Editions de l'Espérou, Montpellier 2007.

Roux, Chabal 1996 : ROUX (J.C.), CHABAL (L.) – Une maison en torchis de Lattes, au deuxième quart du IVe s. av. n. è. *Lattara*, 9, 1996, p. 337-361.

Sanchez-Garcia 1998 : SANCHEZ-GARCIA (A.) – *La arquitectura del barro en el Pais valenciano durante la prehistoria y la protohistoria*. Tesis de licenciatura, Universidad de Alicante (Espagne), 1998, 397 p.

Spatafora *et al.* à paraître: SPATAFORA (F.) dir. – *L'uso della terra cruda nella Sicilia centro-occidentale : attestazioni e documentazioni*. Sous la direction de Università di Palermo, Facoltà di Architettura.

Tréziny 1989 : TREZINY (H.) – Métrologie, architecture et urbanisme dans le monde massaliète, *Revue Archéologique de Narbonnaise*, 22, 1989, p. 1-46.

Wikander 1990 : WIKANDER (O.) – Archaïc roof tiles, the first generations. Hesperia, vol. 59, n° 1 (jan.- mar., 1990), p. 285-290.

2. Techniques de construction et architecture protohistorique indigène dans le nord-est de la péninsule Ibérique

Maria Carme Belarte

1. Les techniques de construction durant le bronze Final et le premier âge du Fer

Dans cet article on présente un état de la recherche sur les techniques de construction et l'architecture protohistoriques du nord-est de la péninsule Ibérique (**fig. 205**), et on analyse en particulier les transformations qui se produisent le long de l'âge du Fer. Les techniques de construction ainsi que les formes d'architecture de ces sociétés sont le résultat en même temps de l'évolution des populations locales et de l'interaction entre celles-ci et les influences coloniales qui ont lieu durant le premier âge du Fer.

Pendant le Bronze final et le premier âge du Fer, les traits principaux définissant les formes d'habitat sont le manque d'uniformité, ainsi que la présence de différences régionales importantes. Ce manque d'uniformité perdurera jusqu'à la fin du VIe siècle av. J.-C., comme on le verra par la suite.

Des études préalables menées par d'autres chercheurs ont insisté sur cette problématique et ont essayé de définir les différentes aires géographiques en fonction des formes d'habitat (Rovira, Santacana 1982a ; Francés, Pons 1998, 31-46) (**fig. 206**). D'après ces recherches, des différences importantes sont évidentes entre, d'une part, le littoral et le pré-littoral, d'autre part, les plaines intérieures telles que la vallée du Segre et, finalement, les aires intérieures de montagne.

La région littorale et pré-littorale présente une situation très semblable à celle de la Gaule méridionale. Les sites d'habitat attestés depuis le début du Ier millénaire sont formés par des cabanes à poteaux porteurs, c'est-à-dire, des bâtis dont la base est creusée dans le substrat et la superstructure est faite de matériaux périssables (une armature de végétaux enduite de torchis, avec parfois des socles en pierres). Ces cabanes présentent des plans arrondis ou ovales, leurs dimensions étant assez réduites (entre 10 et 15 m^2 normalement, rarement arrivant à 20 m^2) et sont parfois accompagnées de structures annexes (fosses, silos, fours...) ; leur état de conservation est souvent très précaire, les structures ayant été arasées par des travaux agricoles modernes, et les aménagements domestiques à l'intérieur des cabanes (principalement, des foyers et des banquettes) sont parfois détruits par la superposition de structures tout au long de l'utilisation des sites. En conséquence, la distinction entre les cabanes et les structures à fonction non strictement domestique n'est pas évidente. Les cabanes ainsi que les structures annexes sont parfois groupées en hameaux ; des exemples de ce type de groupements ont été étudiés à La Fonollera, Torroella de Montgrí (Gérone) (Pons 1982) (**fig. 207**) ou Can Roqueta, Sabadell (Barcelone) (Carlús *et al.* 2007). L'organisation de ces sites se présente de manière lâche et l'existence d'espaces de circulation ou de rues n'est pas nettement définie. L'existence d'une planification préalable de l'espace n'est pas évidente et il n'y a pas d'indices d'un premier urbanisme. Dans la plupart de cas, il n'a pas été possible de fixer le nombre de cabanes fonctionnant en même temps, mais ces sites ont pu être utilisés sur de longues périodes. Ce type d'habitat perdurera sur l'aire côtière de Gérone et Barcelone jusqu'au milieu du VIIe siècle et même au début du VIe s. av. J.-C.

Toujours dans cette région littorale et pré-littorale, à partir du milieu du VIIe siècle av. J.-C., apparaissent dans les aires les plus méridionales des sites organisés selon une utilisation contrôlée et planifiée de l'espace. Il s'agit de sites de taille réduite (de 300 à 500 m^2 de superficie en moyenne) qui possèdent de 10 à 20 maisons à plan rectangulaire et d'une superficie d'environ 20 m^2, avec murs mitoyens et organisées en îlots séparés par des rues. On peut citer pour ce type de site Barranc de Gàfols (Ginestar, Tarragona) (Sanmartí *et al.* 2000) (**fig. 208**), La Ferradura (Ulldecona, Tarragona) (Maluquer de Motes 1983) ou Puig Roig (El Masroig, Tarragona) (Genera 1995). Sur ces habitats, l'utilisation de la brique crue moulée est attestée de manière claire pour la première fois (**fig. 209**). De même, la chaux est utilisée pour les enduits sur le site de El Calvari (Vilalba dels Arcs, Tarragona) (**fig. 210**). Ce dernier site ne serait pas un lieu d'habitat mais un bâtiment à fonction cultuelle, ce qui est indiqué par la présence d'objets singuliers, tels que des tables basses imitant les trépieds phéniciens, ainsi que des céramiques à fonction rituelle ; on notera également la présence d'importations phéniciennes sur le site (Bea, Diloli, Vilaseca 2002).

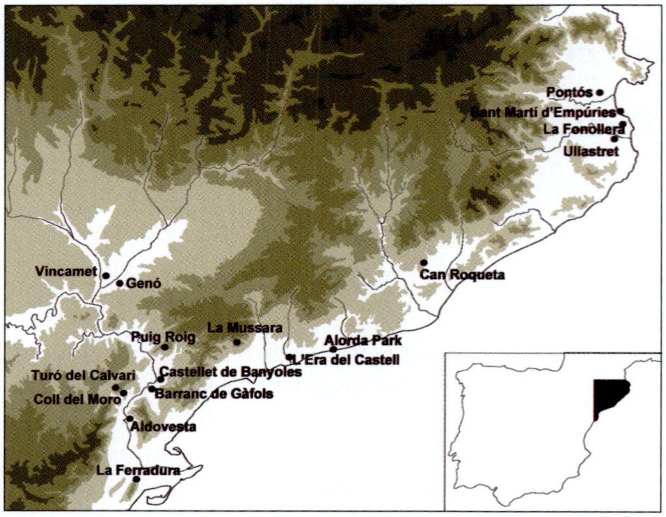

Fig. 205. Carte de la Catalogne avec emplacement des principaux sites mentionnés dans le texte.

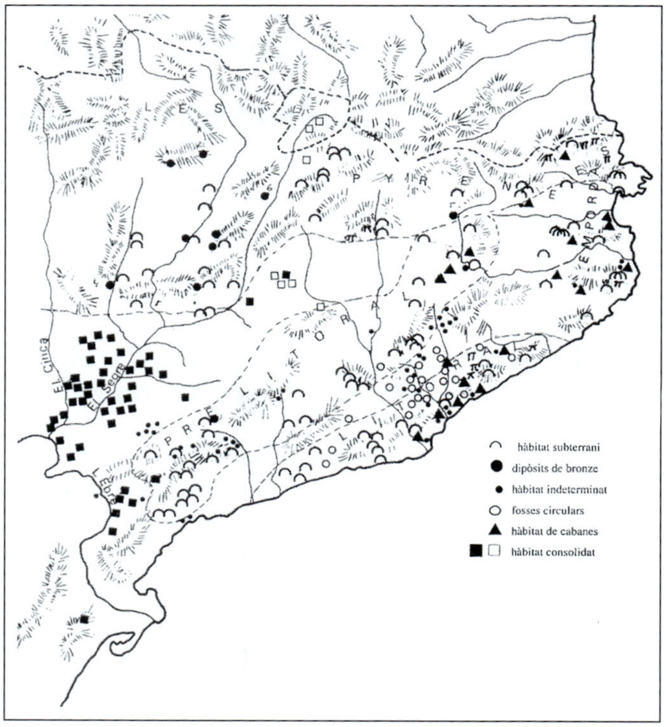

Fig. 206. Carte de la Catalogne avec indication des différents types d'habitat du Bronze final et premier âge du Fer, en fonction des différentes aires géographiques (d'après Francès, Pons 1998).

Dans cette région méridionale, les nouveautés dans les techniques de construction sont attestées juste après l'arrivée des premières importations d'amphores phéniciennes provenant du sud de la péninsule Ibérique, et sont accompagnées par la présence des premières céramiques tournées. La région du cours inférieur de l'Ebre montre de manière claire ce processus. Dans ce sens-là, nous devons mentionner la proximité géographique entre ces premiers sites à plan organisé et le site d'Aldovesta, proche de l'embouchure de l'Ebre, contenant un important volume d'amphores phéniciennes ainsi que des objets en bronze destinés à la refonte, et dont la fonction serait celle d'un centre de commerce redistribuant vers les populations locales des produits provenant des sites phéniciens du sud péninsulaire, probablement en échange de métaux (Mascort, Sanmartí, Santacana 1991).

Pour la même période, les fouilles menées à terme sur le site de l'Era del Castell (El Catllar, Tarragone) (Fontanals, Otiña, Vergès 2006) montrent que ce site possédait un urbanisme très semblable aux habitats de la région de l'Ebre, ce qui laisse à penser qu'un processus semblable pourrait avoir eu lieu dans la région côtière autour de Tarragone.

Sur le reste de la Catalogne littorale, l'apparition des premiers sites à caractère urbain – comparables à ceux que l'on vient de décrire pour la Catalogne méridionale- ainsi que l'introduction de la brique ne se produisent pas avant la fin du VIe s. av. J.-C., ce qui a été traditionnellement mis en rapport avec la fondation d'Empúries et le contact avec le monde colonial grec.

Sur le site même de la Palaia Polis d'Empúries (aujourd'hui Sant Martí d'Empúries), un habitat indigène formé de maisons juxtaposées à plan sub-rectangulaire,

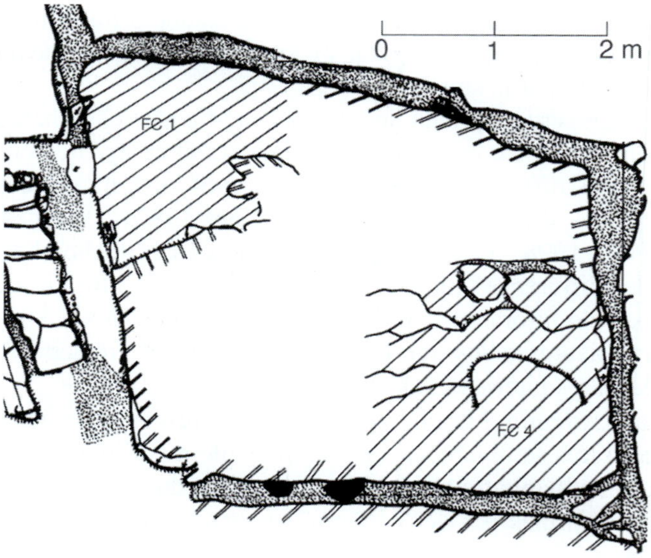

Fig. 207. Plan d'une des cabanes du site de La Fonollera (Torroella de Montgrí) (d'après Pons 1982, modifiée).

dont les murs possèdent des socles en pierre et des élévations en terre, est attesté entre la deuxième moitié du VIIe s. et les premiers décennies du VIe s. av. J.-C., après l'arrivé des premières importations étrusques ainsi que des premières importations phéniciennes du sud de la péninsule Ibérique. À partir du 580 av. J.-C. sont

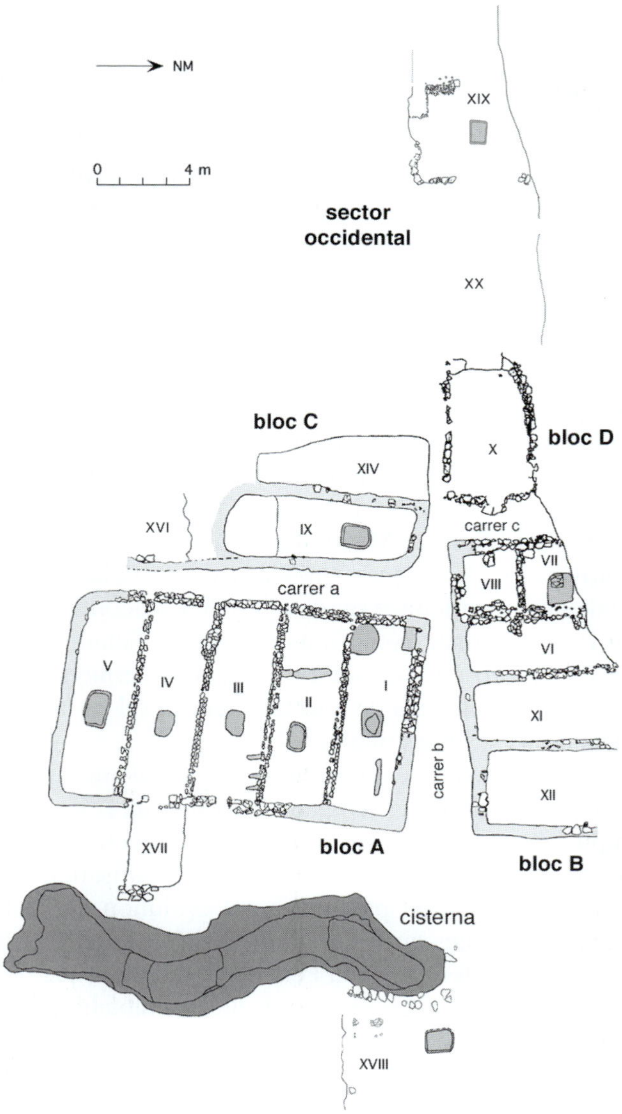

Fig. 208. Plan du site du premier âge du Fer de Barranc de Gàfols (Ginestar).

Fig. 209. Vue d'une des couches d'effondrement de briques sur le site de Barranc de Gàfols.

Fig. 210. Vue du mur en briques sur le site de Turó del Calvari de Vilalba dels Arcs ; on apprécie des restes d'enduit de chaux sur quelques briques.

attestées des maisons à plan rectangulaire dont les murs possèdent des élévations en briques et correspondent à la fondation phocéenne (Aquilué 1999).

Plus à l'intérieur, dans l'aire qui correspond plus ou moins à l'actuelle province de Lleida, et notamment sur les vallées des fleuves Segre et Cinca, l'habitat se présente de manière sensiblement différente par rapport à la côte. Dans toute cette région, des sites à structure proto-urbaine sont attestés depuis le bronze Final (1100-950 av. J.-C.), sans aucun contact exogène. Ici les sites présentent normalement des plans ovales avec les maisons appuyées contre un mur commun, et laissent une aire centrale libre de constructions. Le site de Vincamet (1100 – 950 av. J.-C.), fouillé récemment (Moya *et al.* 2005), présente un ensemble de maisons de superficies

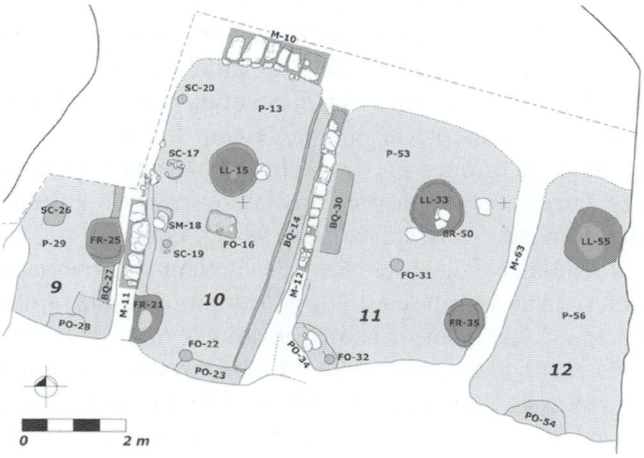

Fig. 211. Plan de l'aire fouillée sur le site de Vincamet (Fraga) (d'après Moya *et al.* 2005).

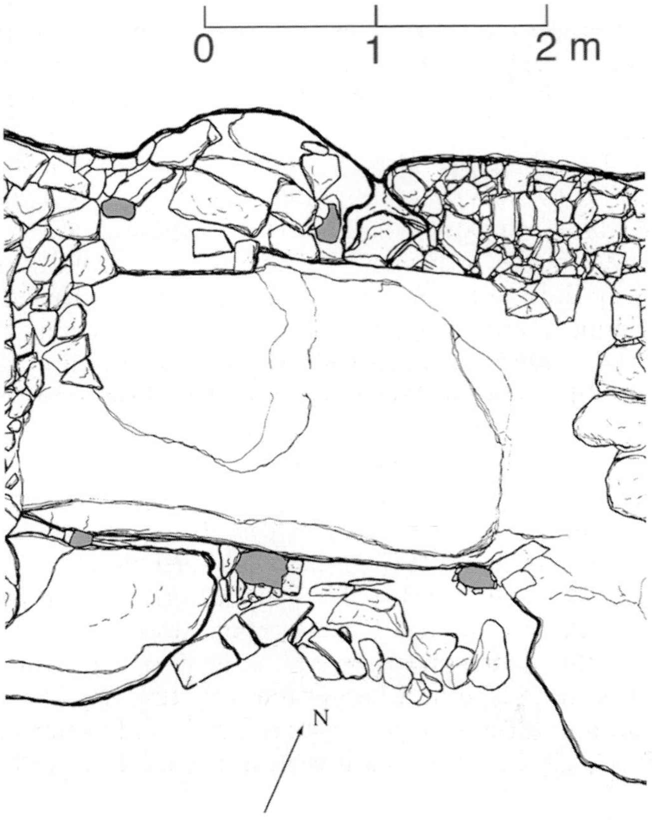

Fig. 212. Plan de la cabane de la Mussara (Vilaplana del Camp) (d'après Rovira, Santacana 1982b, modifiée).

très semblables à celles attestées sur la région de l'Ebre (**fig. 211**). Par contre, sur le site de Genó (Maya, Cuesta, López Cachero 1998) les maisons avaient des superficies entre 30 et 40 m^2. En ce qui concerne les techniques de construction, sur les sites de Genó et Vincamet les murs des maisons sont entièrement bâtis en pierre, la terre modelée ayant été employé dans l'élaboration des aménagements domestiques. La brique s'introduit dans cette région dans la période 950 – 750 av. J.-C. (Moya *et al.* 2005, 21). Vers 750 av. J.-C. aura lieu la construction des premiers sites fortifiés, dont celui de Vilars (Arbeca), l'exemple le plus largement fouillé, possède des murs en briques sur des solins de pierre, et la brique a également été employée dans la construction du rempart (Junyent, Lafuente, López 1994, 83-84).

Finalement, dans les aires de montagne, l'habitat à l'intérieur des grottes est attesté durant le Bronze final. Il s'agit d'une forme d'habitat résiduelle qui correspond à des occupations ponctuelles et non permanentes. Dans ces zones de montagne, des formes intermédiaires entre la cabane et la grotte (des refuges naturels complétés par le moyen de toitures en matériaux périssables) sont également attestés, par exemple à la Mussara (Rovira, Santacana 1982b) (**fig. 212**).

Le panorama décrit ci-dessus laisse à penser que l'introduction de la brique ainsi que l'apparition de l'architecture en dur et du premier urbanisme est, sur la côte de la Catalogne, un phénomène résultant de l'influence coloniale, qu'elle soit phénicienne ou grecque. Or, l'apparition de villages à maisons juxtaposées et organisés selon des modèles d'urbanisme simples est attestée depuis le bronze final dans la région de Lleida (Lérida), ce qui suggère que le passage des cabanes aux villages bâtis en dur n'est pas forcément dans tous les cas un résultat des influences exogènes. En ce qui concerne l'introduction de la brique, il est important de mentionner que, plus à l'intérieur de la Péninsule, dans la haute vallée de l'Ebre et dans la vallée du Duero, des briques moulées sont attestées depuis le Bronze final sur les sites de Cortes de Navarra (Munilla, Gracia, Garcia 1994-1996) ou El Soto de Medinilla (Delibes, Romero 1995). L'utilisation de briques (moulées ou modelées) a été également mentionnée sur des sites du Chalcolithique ou du Bronze du sud péninsulaire (Pellicer, Schüle 1962 ; Arribas *et al.* 1974), même si dans ces derniers cas il s'agit principalement de fouilles anciennes dont la documentation est moins fiable.

Nous croyons, en conclusion, que, même si dans certaines régions les contacts méditerranéens ont pu impulser des transformations dans les techniques de construction et également dans l'organisation des habitats, on ne doit pas négliger l'évolution des communautés locales ainsi que la diversité culturelle et les contacts à l'intérieur de la Péninsule, qui dans quelques cas ont pu être à l'origine de résultats semblables en ce qui concerne le changement des formes d'habitat.

2. La période ibérique

À partir du milieu du VIe siècle av. J.-C. des changements importants se produisent dans les sociétés protohistoriques de la région ici analysée, qui désormais font partie de la culture ibérique. Au début de la période ibérique, de nombreux sites occupés durant le premier âge du Fer sont abandonnés, parfois après des destructions attestées par de puissantes couches d'incendie ; exceptionnellement, certains sites présentent une continuité d'occupation après des remaniements importants et des changements dans les formes d'habitat. En général, la documentation existante pour la deuxième moitié du VIe siècle et le début du Ve siècle est moins abondante que pour les siècles précédents, et la recherche sur le passage des sociétés du premier Fer aux sociétés complexes du second âge du Fer n'a pas encore répondu à toutes les questions concernant les transformations subies par ces sociétés (Belarte, Sanmartí 2006).

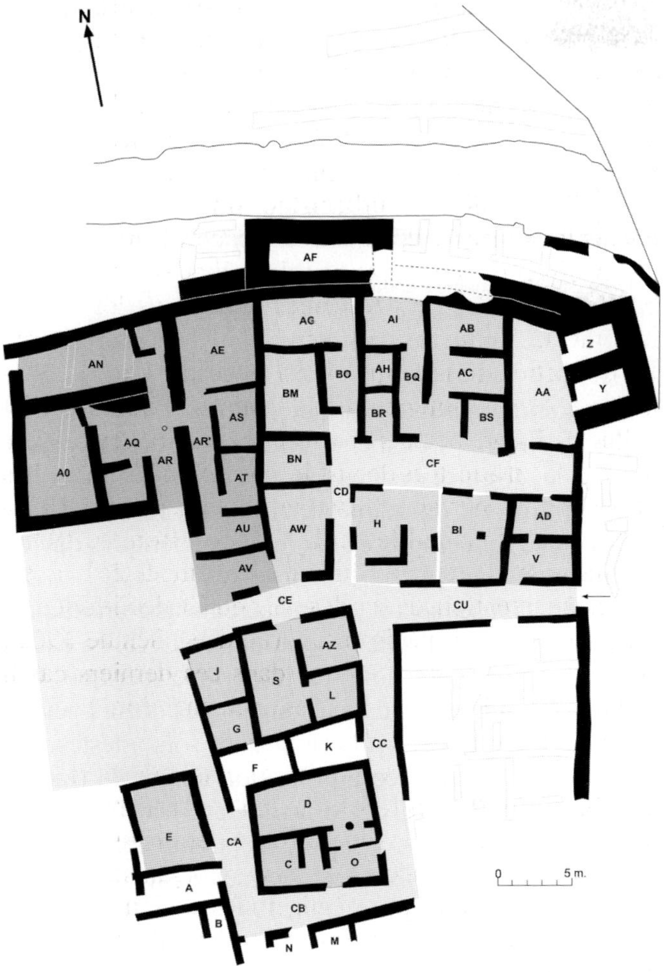

Fig. 213. Plan du site d'Alorda Park (Calafell) : dans le quartier nord, des maisons complexes s'appuient au rempart ; au sud, les îlots de maisons possèdent un plan régulier.

Durant la deuxième moitié du VIe siècle, les formes d'habitat et les techniques de construction subissent un processus d'uniformisation. Les données sont peu abondantes pour ces deux quarts de siècle, mais à partir du Ve siècle et, surtout, durant les IVe et IIIe s. av. J.-C., la plupart de sites partagent des traits communs du point de vue de l'architecture et des techniques de construction.

On doit signaler cependant que, à partir du Ve siècle et surtout au cours du IVe siècle, on a affaire à une diversification des sites d'habitat, du point de vue de leurs dimensions et aussi des fonctions, ce qui indique l'existence d'une hiérarchisation de l'habitat. Les dimensions des sites varient de plusieurs hectares à quelques centaines de mètres carrés, et leurs fonctions varient de villes où des fonctions administratives ont pu être identifiées, à des petits sites à caractère rural. Des villages et des sites à fonction économique spécialisée ont également été attestés (Asensio *et al*. 1998).

Indépendamment de la catégorie ou de la fonction du site, au cours de la période ibérique les habitats possèdent des trames urbaines régulières, qui définissent et déterminent la distribution des aires d'habitat, des aires de circulation et, éventuellement, des bâtiments à fonction publique.

Un trait commun à la majorité des sites d'habitat ibériques est la présence de fortifications, parfois d'une certaine complexité, pouvant être composées de remparts, tours et fossés. À l'intérieur du site, les maisons s'appuient au rempart ou mur d'enceinte. Les maisons ibériques possèdent des plans à tendance quadrangulaire, mais celles qui sont adossées aux murs d'enceinte possèdent souvent des plans trapézoïdaux. Dans les aires centrales des sites, des quartiers à plan régulier sont également attestés (**fig. 213**). Il n'existe pas un seul type de maison ibère, existant une grande diversité de plans et superficies, celles-ci allant des 20 m^{2} aux presque 1000 m^{2}, et le nombre de pièces à l'intérieur allant de 1 à 20. Les bâtiments publics sont très rares et parfois difficiles à identifier et à interpréter. Les temples sont les plus couramment attestés, surtout sur les villes principales telle qu'Ullastret (où trois temples ont été identifiés). Des structures communautaires à fonction de stockage sont attestées sur le site de Moleta del Remei.

Une question intéressante à considérer en rapport avec l'architecture et l'urbanisme des sites ibériques est l'analyse de la métrologie utilisée. Des travaux de Pierre Moret ont proposé l'existence d'unités de mesure propres aux Ibères, en particulier l'utilisation d'un pied de 0,32 m (Moret 1998).

Une étude récente montre l'utilisation de deux pieds différents de création indigène sur les sites ibères de la Catalogne : un pied de 0,31 m et l'autre de 0,32 m. Le module de 0,32 m est attestée sur les sites de la région de l'Èbre (aire des Ilercavones) tandis que le pied de 0,31 m semblerait avoir eu une répartition plus répandue (Olmos 2009).

En ce qui concerne les techniques de construction, pour les bâtiments publics comme pour les maisons, le plus courant est que les murs soient bâtis en terre sur solins de pierre, même si les murs complètement bâtis en pierre sont aussi connus. Quant à la construction en terre, la technique la plus fréquente est celle de la brique crue, mais les murs en terre massive sont également attestés. Les problèmes de conservation et d'identification des élévations en terre lors de la fouille ainsi que le manque d'intérêt montré durant longtemps par les chercheurs ont fait que, dans nombre de cas, il n'est pas possible de préciser la technique de construction. Les murs en terre massive ont été presque systématiquement publiés comme des murs en pisé, sans qu'ils

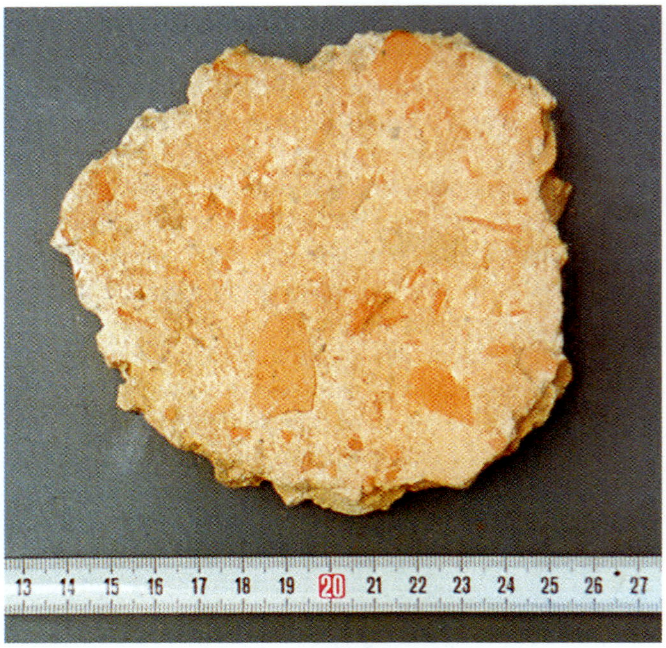

Figure 214. Fragment d'*opus signinum* provenant du site d'Alorda Park (Calafell).

Figure 215. Fragments d'enduit à base de mortier de chaux provenant du site d'Alorda Park (Calafell).

aient été fouillés ou sans que des observations détaillées sur la mise en oeuvre aient été faites et, enfin, avec une absence presque totale d'analyses de micromorphologie (Belarte, Gailledrat 2003).

L'utilisation du pisé durant la période Ibérique et couramment accepté par les protohistoriens espagnols, mais ce fait a été mis en doute par des chercheurs français, notamment par Cl.-A. de Chazelles, à partir du manque de données sûres et de la confusion terminologique existante. On doit signaler que, en Gaule méridionale, l'adoption du pisé est une technique tardive, non antérieure au contact avec les Romains. Cela nous amène au problème de la chronologie d'introduction du pisé dans ces régions. En effet, et à cause des confusions fréquentes entre le pisé et la bauge, nous pouvons difficilement être sûrs du moment initial de l'utilisation du pisé.

Un des arguments qui a souvent été utilisé pour parler du pisé durant la période ibérique est un passage de Pline l'Ancien, qui décrit des murs faits de terre dans de coffrages en bois, à *Hispania* et *Africa*. La manière dont Pline décrit ces murs, qui seraient une particularité des provinces mentionnées, fait penser que le pisé n'a pas été introduit par les Romains dans ces régions. D'ailleurs, ce passage a fait penser à un possible rapport entre le monde phénicien et punique et l'introduction du pisé dans la Péninsule Ibérique, idée qui a déjà été proposée par C.-A. de Chazelles (1997, 98). De cette façon, au problème de la chronologie initiale on doit encore ajouter celui de l'origine ou provenance de cette technique.

Les toitures des maisons étaient faites d'une structure de bois couverte d'éléments végétaux et d'une épaisse couche de terre ; ce système perdurera jusqu'au Ier s. av. J.-C. La tuile est introduite ver la fin du IIe s. av. J.-C. mais elle ne sera employée sur les sites ibériques que de manière ponctuelle.

Les enduits, les sols et les aménagements domestiques - foyers, fours, banquettes - sont faits de terre, de chaux ou de pierres tout au long de la période ibérique. Les enduits des murs possédaient souvent des décors peints. Dans quelques cas, les sols en briques sont attestés, par exemple dans une pièce à utilisation artisanale (atelier de lin) sur le site de Coll del Moro de Gandesa (Tarragone) (Rafel, Blasco, Sales 1994). Exceptionnellement, des décors en coquillages sont attestés sur le site d'Illa d'en Reixac à Ullastret (Martín *et al.* 1997).

Durant le IIIe siècle av. J.-C., sur certains sites de l'aire étudiée, de nouveaux matériaux sont attestés : c'est le cas de l'*opus signinum* (parfois avec des adaptations locales) ou du mortier de chaux. Ces matériaux sont employés par exemple à Calafell (**fig. 214** et **fig. 215**), dans une maison de la fin du IIIe siècle interprétée comme la maison d'une des familles principales du site. Une des pièces de ce bâti possédait un étage supérieur, dont les couches d'effondrement contenaient des fragments de *signinum* et de fragments de mortier de chaux avec une face lissée, et parfois un décor de bandes grises (Asensio *et al.* 2005). Le sol ainsi que les enduits de l'étage inférieur de cette maison étaient faits en terre.

Des sols en *signinum* sont également attestés à Puig de Sant Andreu d'Ullastret dans une grande maison du IVe siècle, qui est jusqu'à maintenant la plus vaste maison attestée sur un site ibérique en Catalogne. Il s'agit d'une maison complexe à pièces multiples organisée autour de cours ou d'espaces découverts (Martín *et al.* 2004). De même, dans une maison complexe de Mas Castellar de Pontós, du IIIe siècle, des sols en *signinum* sont aussi attestés (Pons 2002). Dans les trois cas mentionnés, l'utilisation de ces matériaux est associée à des maisons à plan complexe dont on parlera plus loin, de plus grandes dimensions que sur le reste du site, qui ont

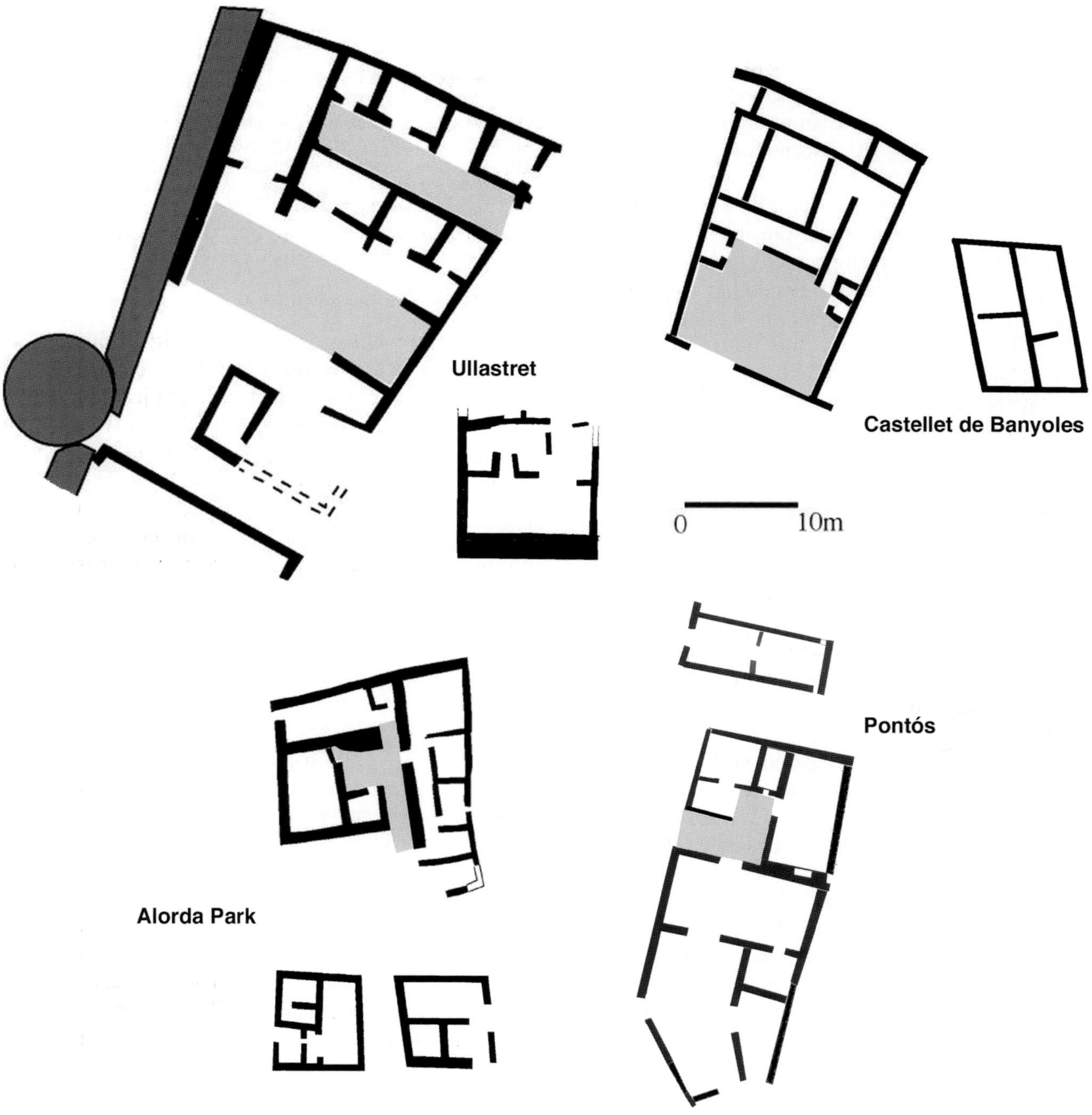

Fig. 216. Exemples de maisons d'Ullastret (d'après Martín *et al.* 2004, modifiée, et Malquer de Motes, Picazo, 1992, modifiée), Alorda Park (d'après Asensio *et al.* 2005, modifiée), Castellet de Banyoles (d'après Asensio, Miró, Sanmartí, 2005, modifiée) et Pontós (d'après Pons 2002, modifiée), où l'on peut apprécier la diversité de plans et dimensions existante, même à l'intérieur du même site.

été interprétées comme les demeures des élites. En tout cas, l'introduction de ces nouveaux éléments pourrait être le résultat des influences exogènes, soit hellénistiques (par exemple à Pontós ou Ullastret), puniques (par exemple à Calafell) ou enfin romaines.

Un dernier point à considérer est l'évolution des plans des maisons tout au long de la période ibérique. Il n'existe pas un seul type de maison ou une « maison ibérique typique » en ce qui concerne les plans ou la répartition des espaces. On peut néanmoins parler d'une sorte de « maison de base », qui est un rectangle composé par une, deux ou trois pièces ; cette maison suit la tradition constructive du Bronze final et le premier âge du Fer et possède des dimensions allant de 20 à 30 m^2.

Durant les IVe et IIIe siècle, la complexité augmente, et l'on détecte un accroissement du nombre d'espaces et partitions ainsi que des superficies (**fig. 216**). En même temps, certains sites possèdent des grandes demeures qui dépassent largement les dimensions du reste de maisons du site, et qui sont parfois concentrées sur un quartier, en rapport avec le rempart ou d'autres structures importantes pour la communauté. Au IVe siècle, Ullastret possède une grande maison de presque 1000 m^2. Sur d'autres sites de la Catalogne, des résidences complexes d'une superficie autour des 300 m^2 apparaissent à la fin du IIIe siècle : c'est le cas d'Alorda Park, à Calafell (Tarragone), Castellet de Banyoles (Tivissa) ou Mas Castellar de Pontós (Gérone). Ces maisons de grandes dimensions sont parfois des bâtiments organisés autour de cours centrales ou frontales, qui montrent une influence méditerranéenne, et ont été interprétées comme des résidences aristocratiques.

Du point de vue du rapport entre la structure des maisons et la répartition des activités, la maison ibérique se présente de manière très différente des demeures grecques ou romaines. Jusqu'à maintenant, il n'a pas été possible d'identifier l'existence de pièces avec une structure, des aménagements ou une disposition spécifique que l'on puisse relier systématiquement avec des fonctions précises. À l'intérieur des maisons plus complexes, l'existence d'un plus grand nombre de pièces permet une certaine spécialisation des activités, mais la répartition de ces activités, identifiée par l'ensemble des aménagements domestiques et des objets, ne suit pas un modèle standardisé. Dans ces maisons, la possible influence exogène attestée par l'utilisation de certains matériaux ou techniques de construction, ou par la présence même de plans à caractère méditerranéen, n'est pas accompagnée par l'adoption d'un modèle méditerranéen en ce qui concerne la répartition de l'espace ou les activités attestées.

3. Conclusion

L'étude de l'architecture protohistorique du nord-est de la Péninsule Ibérique montre que les techniques de construction ainsi que les formes bâties résultantes possèdent une personnalité propre et témoignent en même temps de nombreuses influences méditerranéennes. L'ensemble des données suggère que les rapports et les échanges culturels étaient riches du point de vue des techniques de construction et des formes d'architecture, mais que les sociétés indigènes gardent leur propre personnalité en ce qui concerne l'utilisation de l'espace bâti.

BIBLIOGRAPHIE

Aquilué 1999 : AQUILUÉ (X.) (dir.) – *Intervencions arqueològiques a Sant Martí d'Empúries (1994-1996). De l'assentament precolonial a l'Emporion actual*, Monografies Emporitanes, 9, Girona.

Arribas *et al.* 1974 : ARRIBAS (A.), PAREJA (E.), MOLINA (F.), ARTEAGA (O.), MOLINA (F.) – Excavaciones en el poblado de la Edad del Bronce del Cerro de la Encina (Monachil, Granada), *Excavaciones Arqueológicas en España*, 81.

Asensio *et al.* 1998 : ASENSIO (D.), BELARTE (M.C.), SANMARTÍ (J.), SANTACANA (J.) – Paisatges ibèrics. Tipus d'assentaments i formes d'ocupació del territori a la costa central de Catalunya durant el període ibèric ple. *In* : AAVV : *Los iberos, príncipes de occidente*, Fundación "La Caixa", Barcelona, 373-385.

Asensio, Miró, Sanmartí 2005 : ASENSIO (D.), MIRÓ (M.), SANMARTÍ (J.) – Darreres intervencions arqueològiques al Castellet de Banyoles (Tivissa, Ribera d'Ebre) : una ciutat ibèrica en el segle III aC, *Món Ibèric als Països Catalans, XIII Col·loqui Internacional d'Arqueologia de Puigcerdà*, Puigcerdà, vol. 1, 615-627.

Asensio *et al.* 2005 : ASENSIO (D.), MORER (J.), POU (J.), SANMARTÍ (J.), SANTACANA (J.) – Evidències arqueològiques del procés d'emergència d'élites aristocràtiques a la ciutadella ibèrica d'Alorda Park (Calafell, Baix Penedès), *Món Ibèric als Països Catalans, XIII Col·loqui Internacional d'Arqueologia de Puigcerdà*, Puigcerdà, vol. 1, 597-613.

Bea, Diloli, Vilaseca 2002 : BEA (D.), DILOLI (J.), VILASECA (A.) – El Turó del Calvari (Vilalba dels Arcs, Terra Alta). Un recinte singular de la primera edat del ferro al curs inferior de l'Ebre, I Jornades d'Arqueologia. Ibers a l'Ebre. Recera i interpretació, Tivissa, 23 i 24 de novembre de 2001, *Ilercavònia*, 3. 75-87.

Belarte, Gailledrat 2003 : BELARTE (M.C.), GAILLEDRAT (E) – Murs protohistoriques de terre massive, sur la côte orientale de la péninsule ibérique (VIIe-IIIe s. av. J.-C.). *In* : Chazelles (C.A. De), Klein (A.) (dir.) : *Échanges transdisciplinaires sur les constructions en terre crue. Actes de la Table Ronde de Montpellier, 17-18 novembre 2001*, 283-297.

Belarte, Sanmartí 2006 : BELARTE (M.C.), SANMARTÍ (J.) (eds.) – *De les comunitats locals als estats arcaics : la formació de les societats complexes a la costa del Mediterrani occidental. Homenatge a Miquel Cura.* Actes de la III Reunió Internacional d'Arqueologia de Calafell (Calafell, 25 al 27 de novembre de 2004). Arqueomediterrània, 9, Barcelona.

Carlús *et alii* 2007 : CARLÚS (X.), LÓPEZ (F.J.), OLIVA (M.), PALOMO (A.), RODRÍGUEZ (A.), TERRATS (N.), LARA (C.), VILLENA (N.) – *Cabanes, sitges i tombes. El paratge de Can Roqueta (Sabadell, Vallès Occidental) del 1300 al 500 aC.* Quaderns d'Arqueologia de Sabadell, 4, 2007.

Chazelles 1997 : DE CHAZELLES (CL.A.) – Les maisons en terre de la Gaule méridionale. Monographies Instrumentum, 2. Éditions Monique Mergoil.

Delibes de Castro, Romero 1995 : DELIBES DE CASTRO (G.), ROMERO (F.) – El poblado "céltico" de El Soto de Medinilla (Valladolid). Sondeo estratigráfico de 1989-90. *In* : *Arqueología y Medio Ambiente. El primer milenio en el Duero Medio.* Junta de Castilla y León, 149-177.

Fontanals, Otiña, Vergès 2006 : FONTANALS (M.), OTIÑA (P.), VERGÈS (J.M.) – El poblado protohistórico de l'Era del Castell (El Catllar, Tarragonès). *In* : *Homenatge a Miquel Cura*, 281-287.

Francès, Pons 1998 : FRANCÉS (J.), PONS (E.) – L'hàbitat del bronze final i de la primera edat del ferro a la Catalunya litoral i prelitoral, *Cypsela*, 12, 31-46.

Genera 1995 : GENERA (M.) – *El poblat protohistòric del Puig Roig del Roget (El Masroig, Priorat)*, Memòries d'intervencions arqueològiques a Catalunya, 17. Departament de Cultura de la Generalitat de Catalunya, Barcelona.

Junyent, Lafuente, López 1994 : JUNYENT (E.), LAFUENTE (A.), LÓPEZ (J.) – L'origen de l'arquitectura en pedra i l'urbanisme a la Catalunya occidental, *Cota Zero*, 10, 73-89.

Maluquer de Motes 1983 : MALUQUER DE MOTES (J.) – *El poblado* *paleoibérico de La Ferradura, Ulldecona*. Programa de Investigaciones Protohistóricas, VII. Institut d'Arqueologia i Prehistòria, Universitat de Barcelona, Barcelona.

Maluquer de Motes, Picazo 1992 : MALUQUER DE MOTES (J.), PICAZO (M.) – "Una casa del final del segle V a l'oppidum d'Ullastret". *Fonaments*, 8. Ed. Curial, Barcelona, 25-51.

Martín, Mataró, Caravaca 1997 : MARTÍN (A.), MATARÓ (M.), CARAVACA (J.) – Un edifici cultual de la segona meitat del segle III aC a l'Illa d'en Reixac (Ullastret, Girona), *Quaderns de Prehistòria i Arqueologia de Castelló*, 18, 43-70.

Martin *et al.* 2004 : MARTÍN (A.), CASAS (S.), CODINA (F.), MARGALL (J.), DE PRADO (G.) – La zona 14 de l'*oppidum* del Puig de Sant Andreu d'Ullastret. Un conjunt arquitectònic dels segles IV i III aC, *Cypsela*, 15, 265-284.

Mascort, Sanmartí, Santacana 1991 : MASCORT (M.T.), SANMARTÍ (J.), SANTACANA (J.) – *El jaciment protohistòric d'Aldovesta (Benifallet) i el comerç fenici arcaic a la Catalunya meridional*, Publicacions de la Diputació de Tarragona, Tarragona.

Maya, Cuesta, López Cachero 1998 : MAYA (J.L.), CUESTA (L.), LÓPEZ CACHERO (J.) (eds.) – *Genó : un poblado del Bronce Final en el Bajo Segre (Lleida)*, Publicaciones Universitat de Barcelona.

Moret 1998 : MORET, (P.) – "Rostros de piedra". Sobre la racionalidad del proyecto arquitectónico de las fortificaciones urbanas ibéricas, Paisatges ibèrics. Tipus d'assentaments i formes d'ocupació del territori a la costa central de Catalunya durant el període ibèric ple. *In* : AAVV : *Los iberos, príncipes de occidente*, Fundación "La Caixa", Barcelona, 83-92.

Moya *et al.* 2005 : MOYA (A.), LÓPEZ (J.), LAFUENTE (A.), REY (J.), TARTERA (E.), VIDAL (A.) – El Grup del Segre-Cinca II (1250-950 cal. a.n.e.) a les terres del Baix Cinca: el poblat clos de Vincamet (Fraga, Osca), *Revista d'Arqueologia de Ponent,* 15, 13-57.

Munilla, Gracia, Garcia 1994-1996 : MUNILLA (G.), GRACIA (F.), GARCIA (E.) – La secuencia cronoestratigráfica del Alto de la Cruz (Cortes de Navarra) como base para el estudio de la transición Bronce Final-Hierro en el valle medio del Ebro, *Gala*, 3-5, 153-170.

Olmos 2009 : OLMOS (P.) – Aproximació a la metrologia ibèrica a Catalunya (segles V-II a.C.), *Revista d'Arqueologia de Ponent*, 19, 51-73.

Pellicer, Schüle 1962 : PELLICER (M.), SCHÜLE (W.) – El Cerro del Real, Galera (Granada), *Excavaciones Arqueológicas en España*, 12.

Pons 1982 : PONS (E.) – La Fonollera, Torroella de Montgrí, *Les excavacions arqueològiques a Catalunya en els darrers anys*, Departament de Cultura de la Generalitat de Catalunya, Barcelona, 113-114.

Pons 2002 : PONS (E.) – *Mas Castellar de Pontós (Alt Empordà) : un complex arqueològic d'època ibèrica: excavacions 1990-1998*. Museu d'Arqueologia de Catalunya-Girona Sèrie Monogràfica, 21, Girona.

Rafel, Blasco, Sales 1994 : RAFEL (N.), BLASCO (M.), SALES (J.) – Un taller ibérico de tratamiento de lino en el Coll del Moro de Gandesa (Tarragona), *Trabajos de Prehistoria*, 51, nº 2, 1994, 121-136.

Rovira, Santacana 1982a : ROVIRA (J.), SANTACANA, (J.) – Protourbanismo y asentamientos en la Edad del Bronce en Cataluña, *Informació Arqueològica*, 38. Institut de Prehistòria i Arqueologia. Barcelona, 26-35.

Rovira, Santacana 1982b : ROVIRA (J.), SANTACANA, (J.) – *El yacimiento de La Mussara (Tarragona). Un modelo de asentamiento pastoril en el Bronce Final de Catalunya*. Monografies Arqueològiques, 2. Diputació de Barcelona-Institut de Prehistòria i Arqueologia. Barcelona.

Sanmartí *et al.* 2000 : SANMARTÍ (J.), BELARTE (M.C.), SANTACANA (J.), ASENSIO (D.), NOGUERA (J.) – *L'assentament del bronze final i primera edat del ferro del Barranc de Gàfols (Ginestar, Ribera d'Ebre), Arqueo Mediterrània*, 5, Universitat de Barcelona.

3. La diffusion du village clos dans le Nord-Est de la péninsule Ibérique et le problème architectural de la *palaia polis* d'*Emporion*

Pierre Moret

Cette brève contribution n'a d'autre objet que de rappeler les résultats d'une étude menée il y a une dizaine d'années, en la complétant par quelques réflexions que m'ont inspirées les développements récents de la recherche.

Il a longtemps été admis que la profonde modification des formes d'habitat qui a lieu entre le VIIe et le VIe siècle dans les régions littorales du nord-est de l'Espagne était due à l'influences des Phéniciens, puis des Grecs, qui fréquentaient alors ces côtes. Certes, c'est bien à ce moment-là que les villages à structure non agglutinée, regroupant un nombre généralement réduit de cabanes ovales ou oblongues bâties en matériaux légers, sont remplacés par des habitats plus compacts et plus structurés, à murs porteurs construits en briques crues sur un solin de pierre.

Mais j'avais attiré l'attention (Moret 2002) sur une autre dynamique, proprement indigène, qui trouve son

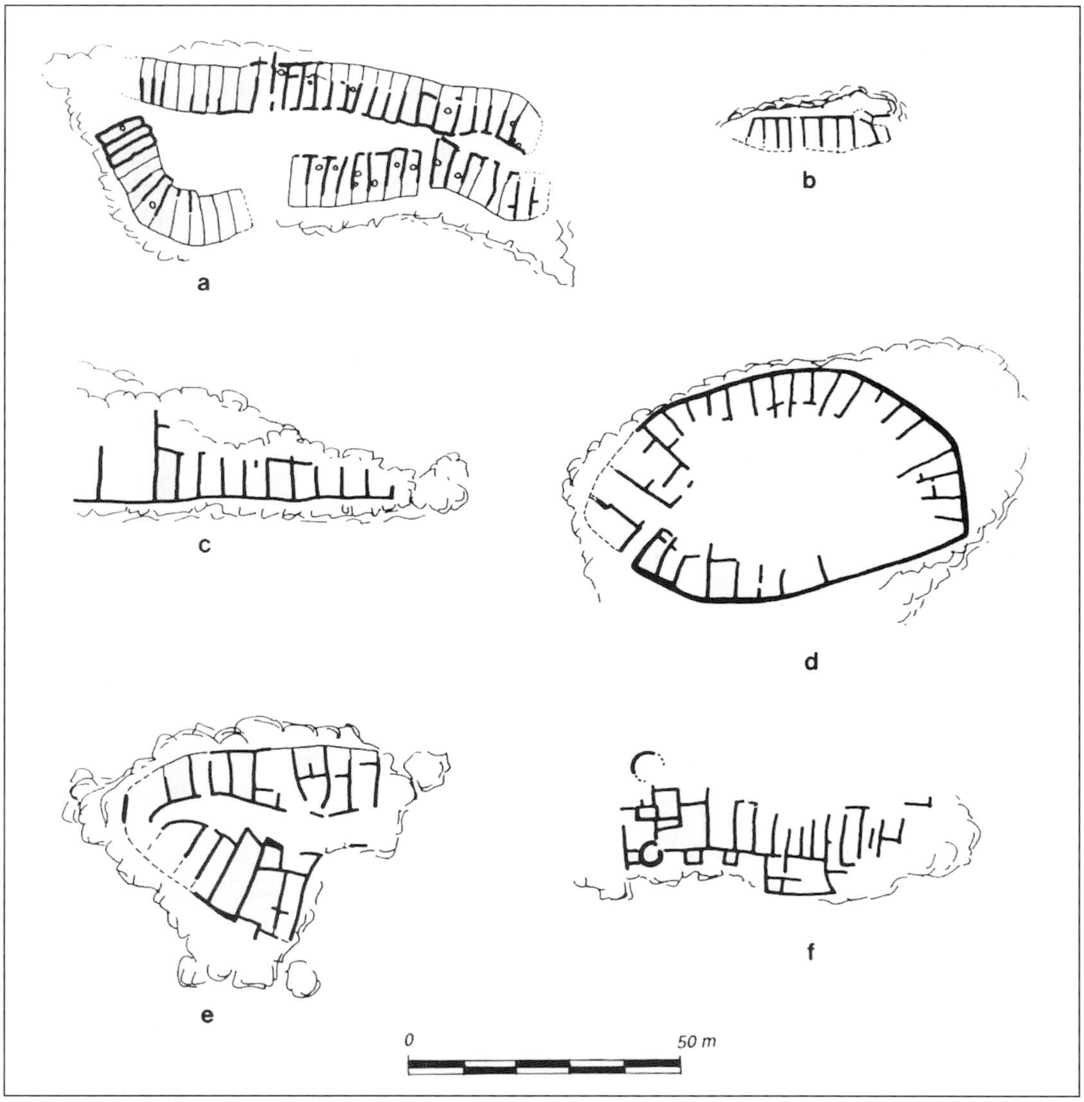

Fig. 217. Villages clos du Bronze Final et du premier âge du Fer.
a- Cabezo de Monleón (Caspe, Saragosse), IXe/VIIIe ;
b- La Ferradura (Ulldecona, Tarragone), VIIe ;
c- Escodinas Bajas (Mazaleón, Teruel), VIIIe/VIIe ;
d- Anseresa (Olius, Lérida), à partir du VIIe ;
e- Piuró del Barranc Fondo (Mazaleón, Teruel), VIe ;
f- San Cristóbal (Mazaleón, Teruel), VIIe/VIe.

origine dans la moyenne vallée de l'Èbre. On connaît en effet dans cette région, depuis le milieu du IIe millénaire av. J.-C., des maisons quadrangulaires à solin de pierre et élévation en briques de terre crue moulée, et depuis le début du Bronze final des « villages clos » à maisons mitoyennes regroupées en rangées serrées de part et d'autre d'une rue ou d'une place médiane (**fig. 217**). Cette forme d'habitat gagne à partir du VIIIe siècle la région de plaine qui entoure Lérida et la partie occidentale du Bas Aragon, puis à partir du VIIe siècle l'est et le sud du Bas Aragon. Les transformations de l'habitat qu'on a observées au VIIe siècle sur les sites de la basse vallée de l'Èbre peuvent donc être comprises comme l'aboutissement d'un phénomène d'expansion culturelle d'ouest en est, amorcé plusieurs siècles plus tôt dans l'Èbre moyen, sans pour autant exclure une influence phénicienne concomitante.

Les fouilles les plus récentes et la correction de certaines chronologies n'ont pas démenti ces conclusions, qui sont reprises par Carme Belarte dans sa contribution à ce volume : on y trouvera le détail du dossier archéologique et toutes les références nécessaires. Mais je suis enclin aujourd'hui à minimiser encore –dans ce domaine du moins– l'impact de la présence phénicienne. L'absence très probable de tout établissement phénicien permanent dans la région de l'embouchure de l'Èbre, comme sur le reste de la côte catalane, est un paramètre fondamental. Lorsque la présence physique de l'étranger se limite à la visite épisodique de bateaux marchands, l'éventail des modèles techniques offerts à la curiosité de la société indigène se limite nécessairement à des biens mobiliers, à des éléments de parure ou à des vêtements, voire, dans certains cas, à des pratiques alimentaires ou culinaires. Mais tout ce qui concerne l'architecture est hors champ : on imagine mal un marchand phénicien transportant avec lui des briques crues, ou se préoccupant d'en enseigner la fabrication à ses clients ibères. On l'imagine encore moins leur donnant des conseils en matière d'urbanisme.

A contrario, dans une région où existaient des comptoirs ou des ports phéniciens, l'impact du modèle architectural importé est immédiat. C'est ce que l'on voit par exemple dans le sud-est de l'Espagne, dans un rayon de plusieurs dizaines de kilomètres autour du port de La Fonteta (Guardamar del Segura), récemment fouillé (Rouillard, Gailledrat, Sala 2007). Des maisons de type oriental à plan complexe, directement inspirées de celles de la deuxième phase de La Fonteta (VIIe siècle) apparaissent au cours du demi-siècle suivant sur plusieurs sites indigènes de l'intérieur des terres, comme Peña Negra ou Hellín. Rien de tel dans les régions côtières du Nord-Est, où le plan des maisons « en dur » de la fin du VIIe siècle et du VIe siècle dérive du modèle indigène du village clos, quand il n'adopte pas des formes totalement originales, comme celle de la maison-tour à plan circulaire, qui n'est connue que dans le Bas Aragon et le Bas Ebre (Moret 2006). Si les Phéniciens ont joué un rôle dans ce processus, c'est tout au plus celui d'avoir attiré vers la côte des populations, porteuses de ce patrimoine technique et architectural, qui étaient désireuses de rentrer dans le circuit des échanges méditerranéens.

C'est dans ce contexte qu'il faut essayer de comprendre les éléments d'architecture mis au jour entre 1994 et 1998 sur le site de la *palaia polis* d'*Emporion*, à Sant Martí d'Empúries (Aquilué *et al.* 2002). Ces fouilles nous permettent, pour la première fois, de connaître le plan d'un bloc de maisons grecques de l'époque archaïque en Extrême Occident. Rappelons-en les principaux résultats. La première implantation connue est celle d'un village indigène du premier âge du Fer (650/625 à 580 av. J.-C.), constitué par des cabanes approximativement rectangulaires, juxtaposées les unes aux autres, et possédant des murs en torchis. Le premier habitat phocéen (phase III a) est mis en place entre 580 et 560/550. Plusieurs pièces rectangulaires sont alors édifiées le long d'une rue est-ouest dont le tracé ne sera plus modifié jusqu'au Ve siècle. Mais leurs restes sont trop mal conservés pour qu'on puisse en déduire l'organisation d'ensemble du quartier fouillé. On ne dispose d'un plan à peu près complet que pour la phase III c, qui débute vers 540 (**fig. 218**). Une rue rectiligne, large de 2,90 m en moyenne, devait traverser l'ensemble de l'établissement. De part et d'autre sont édifiés des pâtés de maisons remarquablement réguliers, à en juger d'après les quatre pièces mises au jour du côté nord de la rue. Ces pièces ont des parois mitoyennes, construites en adobes sur un solin de pierre. Leurs largeurs sont identiques à très peu près : 2,75 à 2,95 m entre les axes des murs, soit une mesure identique à celle de la largeur de la rue. Leur longueur n'est pas connue ; on peut seulement dire qu'elle était supérieure ou égale à 7 m. On ignore si chacune de ces pièces constituait une unité d'habitation indépendante ou si elles s'agrégeaient entre elles pour former des maisons plus grandes.

Malgré son extension réduite, cette fouille permet de formuler sur des bases renouvelées la vieille question de l'influence exercée par Emporion sur l'architecture indigène du nord-est de l'Espagne. Mais elle suscite, en même temps, une interrogation inverse : n'y aurait-il pas dans cet urbanisme archaïque un certain nombre de traits non grecs, susceptibles d'être expliqués par l'environnement ibérique de la petite communauté marchande phocéenne ? C'est à ces deux questions que j'ai tenté d'apporter quelques éléments de réponse (Moret 2000-2001).

Je passerai rapidement sur la question de l'influence

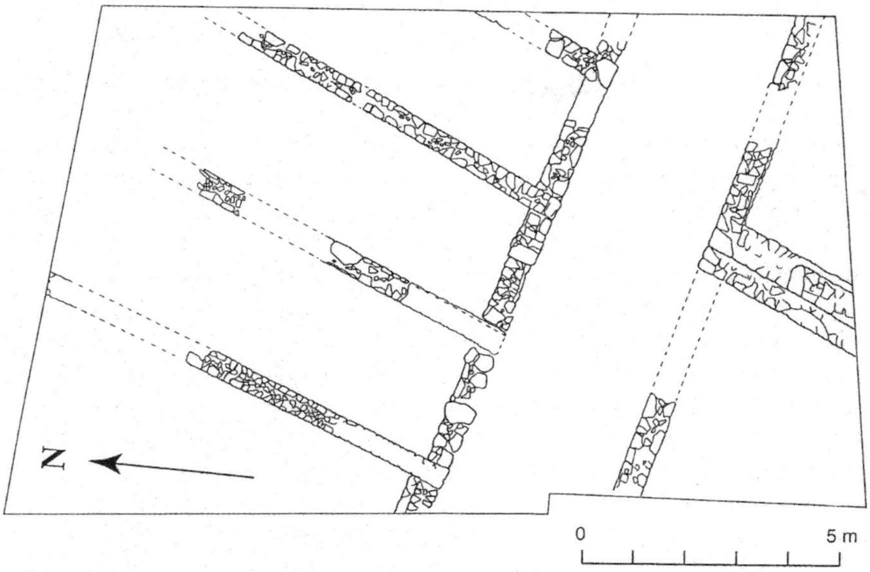

Fig. 218. Sant Martí d'Empúries, vestiges d'habitat de la *palaia polis* (phase III c, vers 540), d'après Aquilué *et al.* 2002.

du modèle architectural emporitain. Paradoxalement, c'est dans son immédiat hinterland que son impact semble le plus faible. Pendant une période fort longue – un demi-siècle au bas mot –, l'existence de l'établissement grec n'entraîna aucun changement notable dans les habitudes des bâtisseurs indigènes de l'Empordà et des régions voisines ; ce n'est qu'au début du Ve siècle que la maison rectangulaire à murs porteurs fait son apparition dans le Nord de la Catalogne. Le phénomène est peut-être un peu plus précoce (fin du VIe siècle ?) sur l'*oppidum* d'Ullastret, proche d'Ampurias, mais les données stratigraphiques relatives aux premières phases d'implantation de l'habitat y sont encore peu claires. Cette situation paradoxale peut s'expliquer par la nature de l'enclave grecque d'Emporion, qui fonctionnait comme un relais sur des routes commerciales maritimes à longue distance plutôt que comme un centre de redistribution à l'échelon local. Les Emporitains avaient sans doute des relations plus étroites et plus suivies avec leurs partenaires ibères ou élisyques d'autres ports de la côte, parmi lesquels Pech Maho est à ce jour l'exemple le mieux connu, qu'avec les populations rurales indigènes de leur arrière-pays.

La question la plus difficile est de savoir si l'architecture de la *palaia polis*, au milieu du VIe siècle, est le produit d'une tradition purement grecque, transportée en terre ibère, ou si elle ne résulte pas plutôt d'une altération, ou du moins du gauchissement d'un modèle grec, sous l'influence de l'environnement indigène. Cette interrogation s'impose dès lors qu'on place côte à côte le plan du pâté de maisons de la phase III c de Sant Martí d'Empúries (**fig. 218**) et le plan des villages clos de la vallée de l'Èbre (**fig. 217**). Ici et là, ce sont des maisons étroites – on parlerait plus volontiers de cases ou de cellules –, beaucoup plus longues que larges ; leur technique de construction est la même ; et elles sont identiquement disposées en rangées serrées, formant des blocs homogènes à cloisons mitoyennes. Il est vrai aussi que les maisons de la *palaia polis* ne s'inscrivent dans aucun des types actuellement reconnus de l'architecture domestique grecque de l'époque archaïque ; quant à la disposition en batterie de ces pièces étroites, elle n'a rien à voir avec l'urbanisme des colonies grecques d'Occident.

Je ne crois pas, cependant, que ces arguments soient suffisants pour attribuer à une influence du milieu indigène les caractères originaux des maisons d'Emporion. En premier lieu, il ne faut pas oublier que les fouilles n'ont ouvert qu'une toute petite fenêtre sur l'habitat archaïque de la *palaia polis*. Qui sait si des maisons d'un plan différent n'existaient pas dans d'autres secteurs du site ? Et n'aurait-on pas affaire, plutôt qu'à de véritables maisons d'habitation, à des magasins ou à des entrepôts, ce qui pourrait expliquer la forme très étroite des pièces fouillées ? On ne pourra sans doute jamais apporter de réponse précise à ces questions, mais on risque, en les oubliant, de verser dans des jugements réducteurs.

Les similitudes avec l'architecture ibérique peuvent résulter d'une convergence, due à des contraintes topographiques comparables. Le premier site d'Emporion était un petit îlot rocheux où les colons grecs furent contraints de pelotonner leurs maisons dans un espace étriqué. Tant qu'ils n'eurent pas la possibilité de s'installer au large sur le continent, les Emporitains durent user d'expédients pour « tenir » dans les limites de l'îlot : ils pouvaient y parvenir en calculant au plus juste la taille des maisons et en les serrant les unes contre les autres. Les villages ibériques étant souvent implantés sur le sommet d'une petite colline, il est normal qu'on y constate le même type d'adaptation au terrain.

D'autre part, si l'on y regarde de plus près, la régularité du tracé des maisons de la *palaia polis* est sans exemple dans le monde indigène. Les cases des villages préibériques ne présentent jamais, comme à Emporion, des murs rigoureusement rectilignes et parallèles, ni des largeurs égales ; jamais non plus on ne peut y discerner un tracé régulateur aussi strict, attesté par le fait que la largeur de la rue et la largeur des maisons (celle-ci étant mesurée à l'entraxe des murs mitoyens) sont rigoureusement identiques.

En dernier lieu – et c'est sans doute l'argument le plus fort –, les villages indigènes comparables se situent tous dans la vallée de l'Èbre et dans l'Ouest de la Catalogne, fort loin de la région où les Grecs choisirent de s'installer. Dans un rayon de plus de cent kilomètres, les habitats de l'hinterland d'Emporion sont tous, au début du VIe siècle, soit des grottes, soit des cabanes en bois et torchis. Il faudrait créditer ces Grecs d'une singulière curiosité et d'une improbable connivence culturelle avec le monde barbare, pour admettre qu'ils soient allés chercher leur source d'inspiration si loin de leur seule base ibérique. Je ne crois donc pas qu'il y ait rien de mixte ou d'hybride dans l'architecture du premier établissement d'Emporion ; il faut plutôt y voir une adaptation à des conditions très particulières, sans équivalent connu sur les autres sites coloniaux connus de l'Occident grec.

Du reste, si l'on se tourne vers le monde grec, le caractère apparemment isolé, voire aberrant du cas emporitain doit être interprété avec beaucoup de prudence. Nous sommes encore loin de percevoir toute la diversité des réalisations de l'architecture grecque archaïque. On sait que les modèles architecturaux mis en œuvre n'étaient pas les mêmes dans les vieilles agglomérations de la Grèce propre et dans les grands quadrillages des colonies de peuplement d'Italie et de Sicile. Pourquoi ne pas convenir que des solutions encore différentes pouvaient avoir cours dans de tout petits établissements coloniaux dont Emporion est, à ce jour, le seul exemple archéologiquement connu pour l'époque archaïque ?

Le village de Vroulia, sur l'île de Rhodes, daté de la seconde moitié du VIIe siècle, présente contre le mur d'enceinte une longue rangée de pièces rectangulaires larges de 2 à 4 m (Lang 1996, p. 193-194 et fig. 65). La restitution proposée par F. Lang suppose la réunion de ces pièces par deux et la présence de vastes cours à l'avant, mais il ne s'agit que d'une hypothèse. Ce qui retient surtout l'attention, c'est la succession régulière de pièces relativement petites, toutes orientées dans le même sens, bien loin des canons habituels de l'urbanisme grec. On pourrait aussi citer, dans un contexte très différent, la forteresse archaïque de Vrachos, près de Phylla en Eubée, où vingt pièces identiques de 4,5 x 5,9 m sont alignées au milieu de l'enceinte (Coulton, 1997). Je suis certes conscient du caractère disparate de ces exemples ; leur seule vertu est de montrer qu'un schéma d'urbanisme fondé sur une succession de pièces aux dimensions standardisées, relativement petites, alignées en batterie dans un bloc compact, n'était pas étrangère à l'architecture grecque archaïque. Je me risquerai donc à conclure que l'allure « ibérisante » des maisons d'Emporion n'est due qu'au hasard d'une convergence.

BIBLIOGRAPHIE

Aquilué *et al.* 2002 : AQUILUÉ (X.), CASTANYER (P.), SANTOS (M.) et TREMOLEDA (J.) – Nuevos datos acerca del hábitat arcaico de la *Palaia Polis* de Ampurias. *In* : (J.M.) Luce (éd.), *Habitat et urbanisme dans le monde grec de la fin des palais mycéniens à la prise de Milet (Colloque international, Toulouse, 9-10 mars 2001). Pallas*, 58, 2002, p. 301-327.

Coulton 1997 : COULTON (J.J.) – Euboean Phylla and Greek Barracks. *In* : (D.) Evely *et al.* (éd.), *Minotaur and Centaur, Studies in the Archaeology of Creta and Euboea presented to Mervyn Popham* (BAR Int. Ser., 638), Oxford 1997, p. 161-165.

Lang 1996 : LANG (F.) – *Archaische Siedlungen in Griechenland. Struktur und Entwicklung*, Berlin 1996.

Moret 2000-2001 : MORET (P.) – *Emporion* et les mutations de l'architecture ibérique au premier âge du Fer. *Zephyrus*, 53-54, 2000-2001, p. 379-391.

Moret 2002 : MORET (P.) – Maisons phéniciennes, grecques et indigènes : dynamiques croisées en Méditerranée occidentale (de l'Hérault au Segura). *In* : (J.M.) Luce (éd.), *Habitat et urbanisme dans le monde grec de la fin des palais mycéniens à la prise de Milet (Colloque international, Toulouse, 9-10 mars 2001). Pallas*, 58, 2002, p. 329-356.

Moret 2006 : MORET (P.) –Torres circulares del Bajo Aragón y zonas vecinas : hacia la definición de un modelo regional. *In* : A. Oliver Foix (éd.), *Arquitectura defensiva. La protección de la población y del territorio en época ibérica (Benicarló, 3-4 de febrero 2005)*, Castellón, Sociedad Castellonense de Cultura, 2006, p. 187-218.

Rouillard, Gailledrat, Sala 2007 : ROUILLARD (P.), GAILLEDRAT (E.), SALA (F.) – *Fouilles de La Rábita de Guardamar II. L'établissement protohistorique de La Fonteta (fin VIIIe-fin VIe siècle av. J.-C.)*,.Madrid, Casa de Velázquez, 2007.

4. Innovations architecturales et processus d'acculturation au VIe s. sur le littoral languedocien. L'exemple de Pech Maho (Sigean, Aude)

Eric Gailledrat

Le site de Pech Maho, depuis les travaux pionniers de J. Campardou ensuite développés par Y. Solier, a souvent été présenté comme un de ces points du littoral gaulois où les influences méditerranéennes se sont exercées de manière à la fois intense et précoce. Plus précisément encore, ces mêmes travaux ont largement insisté sur les influences helléniques, réelles ou supposées, que l'on percevait alors au niveau des formes d'habitat ou encore du faciès mobilier, sans oublier l'épigraphie dont l'importance a très tôt été soulignée, antérieurement même à la découverte du fameux plomb inscrit en langue ionienne. L'existence, dès le milieu du VIe s., d'une architecture faisant appel à la technique de l'adobe sur solin de pierre, la présence de modèles architecturaux alors inédits en contexte indigène, ou encore l'abondance et la variété des importations céramique, ont ainsi justifié une mise en exergue de Pech Maho dans le contexte protohistorique régional.

Le vocabulaire utilisé prit alors, et prend encore, une dimension particulière. Qualifié à la fois ou successivement d'« oppidum », de « comptoir » ou de « port », le site s'est logiquement vu paré du qualificatif d'« *emporion* ». Le terme, dont l'emploi à propos de Pech Maho a été initié par Y. Solier (Solier 1985) semble d'autant moins galvaudé que, outre la situation littorale du site et son évidente fonction de place de marché, Pech Maho apparaît à l'aune des recherches récentes comme un exemple particulièrement significatif de ce type d'établissement disséminé sur le pourtour méditerranéen et concerné par les échanges avec les cultures classiques.

Qu'il soit désigné sous le simple terme d'« habitat » ou d « *établissement littoral* » (Gailledrat, Solier 2004), le site n'en continue pas moins de soulever un certain nombre de questions. Ces dernières portent évidemment en premier lieu sur sa nature même et sur les fonctions qu'il assumait, ou non, entre le milieu du VIe et la fin du IIIe s. av. J.-C. En ce qui concerne la période Pech Maho I prise dans sa globalité, le réexamen des données de fouille anciennes (Gailledrat, Solier 2004) a permis

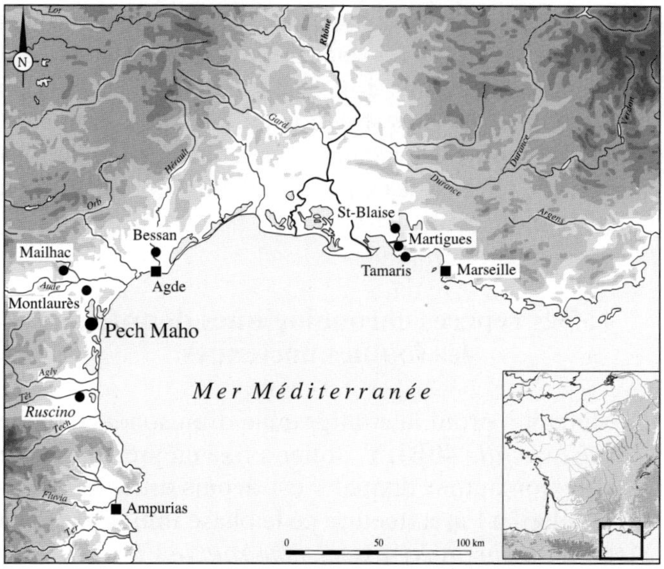

Fig. 219. Carte de situation des sites mentionnés dans le texte.

de jeter les bases d'une réflexion que les travaux de terrain récents ont contribué à alimenter (Gailledrat 2007).

Au vu des travaux récents, il est désormais possible d'aborder sous un nouvel angle l'ensemble de ces questions de transfert technique, d'innovation urbanistique ou architecturale, en se focalisant sur les débuts de l'histoire du site. Les conditions de sa fondation, sa chronologie, sont autant de questions fondamentales pour pouvoir saisir la nature exacte de ce petit habitat de hauteur, implanté dans un secteur-clé du littoral languedocien et lieu privilégié de rencontre entre mondes indigène et méditerranéens (**fig. 219**).

Des questions aussi essentielles que les conditions d'apparition d'un urbanisme régulier, associé à des techniques de construction (brique crue sur solin de pierre) empruntées au registre méditerranéen doivent ainsi être reposées. L'une comme l'autre sont pour ainsi dire étrangères au répertoire indigène de la première moitié, voire du milieu du VIe s. av. J.-C., réserve étant faite de quelques contre-exemples illustrés par des sites littoraux ou proches du littoral, qu'il s'agisse des sites proches de Marseille tels L'Arquet, Tamaris, St-Pierre-les-Martigues (Martigues, Bouches-du-Rhône), St-Blaise (St-Mitre-les-remparts, Bouches-du-Rhône), ou de sites plus éloignés et localisés en Languedoc tels Agde (Hérault) ou La Monédière (Bessan, Hérault). Dans tous les cas, l'archéologie révèle l'existence de liens à la fois privilégiés et précoces avec la sphère méditerranéenne, et plus précisément phocéenne (Arcelin 1992 ; Tréziny 1992). Pech Maho (**fig. 220**) constitue donc un maillon de cette chaîne d'établissements qui *de facto* constituent des lieux d'innovation technique et, par extension, culturelle. Dès lors, il convient de s'interroger au travers de cet exemple sur les mécanismes qui, relativement tôt dans le VIe s. av. J.-C., aboutissent à la création *ex nihilo* ou à la reconstruction de tels sites, en faisant appel à de nouvelles techniques architecturales, le plus souvent associées à des schémas urbanistiques inédits en contexte indigène.

1. Des repères chronologiques donnés par les fouilles anciennes

Mettant à profit la stratigraphie d'un sondage opéré en 1967 (*fouille* 40B), Y. Solier a fixé un premier cadre de réflexion autour duquel s'est depuis articulé le discours relatif à l'architecture de la phase initiale de Pech Maho : « *La première phase, couvrant le VIe siècle et le début du Ve siècle, est représentée sur tout l'oppidum, soit par une simple couche résiduaire, soit par deux ou même trois couches superposées, correspondant à des exhaussements successifs du sol de modestes cabanes en pierre ou plus rarement en pisé* » (Solier 1976-78, p. 227). Plus précisément encore, dans le sondage en question, Y. Solier nous précise non seulement que trois états ont bien été reconnus (*Pech Maho IA*, *IBa* et *IBb*) mais qu'une architecture en dur aurait existé dès la phase ancienne. Ce niveau est en effet décrit comme une « *strate de terre noire reposant sur le cailloutis naturel et appliqué contre les substructions d'une cabane en pierre* » (Solier 1976-78, p. 229). La coupe observée semble sans équivoque ; ceci étant, quelques imprécisions et incohérences relevées au regard des notes de fouille originelles ont amené à nuancer ce qui apparaissait alors comme une certitude (Gailledrat, Solier 2004, p. 55-57).

Un autre point de discussion concerne la chronologie de la fondation du site. Dans le même article (Solier 1976-78, p. 228), Y. Solier évoque logiquement les éléments mobiliers qui lui permettent de situer la phase IA antérieurement à la décennie 550-540 av. J.-C. : céramiques de Grèce de l'Est (**fig. 221**, n° 5 ; **fig. 222**, n° 1), attique à figures noires (**fig. 221**, n° 1), laconienne (**fig. 221**, n° 4), *bucchero nero* (**fig. 222**, n° 4 et 5), étrusco-corinthienne (**fig. 222**, n° 3) et corinthienne (**fig. 221**, n° 2 et 3). Issus de contextes variés pour lesquels une stratigraphie fine n'était pas nécessairement disponible, ces éléments, bien qu'anciens, ne peuvent être attribués avec certitude à ce moment initial. Au contraire, provenant tous de contextes attribuables à la phase IB, il peut alors s'agir d'éléments résiduels à l'intérieur d'un mobilier plus récent ou de vases un tant soit peu exceptionnels, conservés durant un temps. Prises indépendamment de leurs contextes, ces pièces permettent néanmoins de donner des repères en termes de chronologie absolue. Ils sont pour la plupart explicites d'une datation haute, même si des séries telles les coupes ioniennes de type GREC-OR KyB2 (**fig. 222**, n° 2) présentent une chronologie souvent plus large que ce qui était envisagé à l'époque par Y. Solier, et qu'il demeure difficile à l'heure actuelle d'isoler des pièces réellement datées des environs de 550 av. J.-C. On possède donc une série de points de repère chronologique qui de manière lâche peuvent être attribués au deuxième quart du VIe s. mais qui peuvent tout aussi bien se situer aux alentours de 550 av. J.-C. De la sorte, une datation « *avant la décennie 550-540* » reste donc conjecturelle et proposer un intervalle -575/-550 serait sans outre exagéré. Plus prudemment, une fourchette 560/540 av. J.-C. peut lui être substituée, parallèlement à un découpage en trois phases sensiblement équivalent à celui d'Y. Solier, soit *Pech Maho Ia* (v. 560-540), *Pech Maho Ib* (v. 540-510/500) et *Pech Maho Ic* (v. 510/500-450) (Gailledrat, Solier 2004, p. 23).

Il n'en demeure pas moins que, pour des raisons diverses d'enregistrement au moment de la fouille ou de conditionnement postérieur du matériel, seuls quelques lots issus des fouilles anciennes ont pu être attribués avec certitude à la phase initiale (Gailledrat, Solier 2004, p. 93-94). Or ce matériel peu abondant ne se distingue pas vraiment de celui, bien plus représentatif sur le plan statistique, de la phase suivante. De la sorte, cette phase Ia est en quelque sorte datée « par défaut » au regard à la phase Ib, quant à elle calée de manière plus certaine durant les années 540-510 av. J.-C. ; elle l'est également par la présence, possiblement résiduelle au sein de ces mêmes ensembles de la seconde moitié du VIe s., de matériels datés on l'a vu autour de -550, sans plus de précision possible. En clair, si décalage il y a entre les phases Ia et Ib, celui-ci ne semble guère important. De plus, cette impression donnée par le mobilier semble confirmée par la chronologie relative fournie par la stratigraphie, dans la mesure où les couches correspondant à la phase *Pech Maho Ia* sont régulièrement décrites par Y. Solier comme formant un

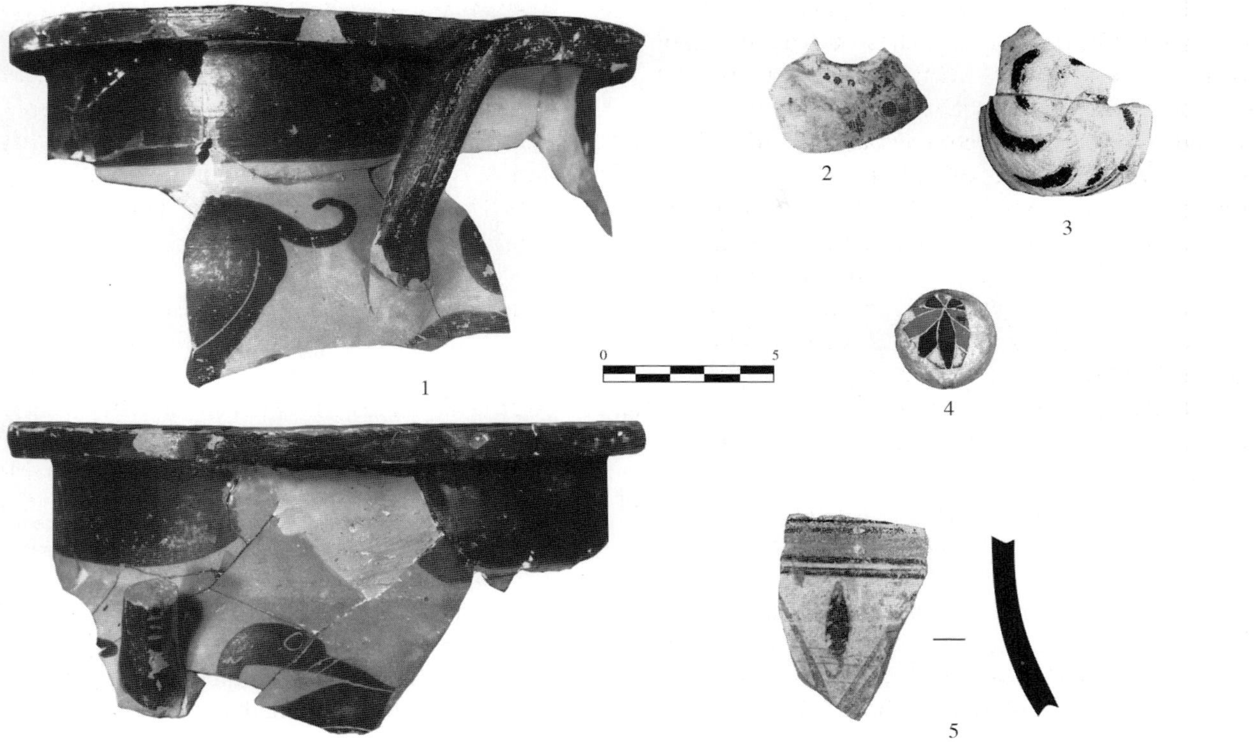

Fig. 221. Mobilier céramique de la phase *Pech Maho I* daté aux environs de 550 av. J.-C. : - cratère à colonnettes attique à figures noires, attribué à Lydos (v. 560-540) (n° 1) ; - fragments d'aryballe corinthiens à figures noires, datés du Corinthien Moyen ou Récent I (v. 600-550) (n° 2 et 3) ; - fond de kylix laconienne (v. 575-530) ; - fragment de grand vase fermé d'ambiance orientalisante à décor de fleur de lotus, provenant d'un grand vase fermé appartenant à une production de Grèce de l'Est indéterminée (v. 575-550) (n° 4).

Fig. 220. Vue aérienne du site de Pech Maho (Cliché : N. Chorrier).

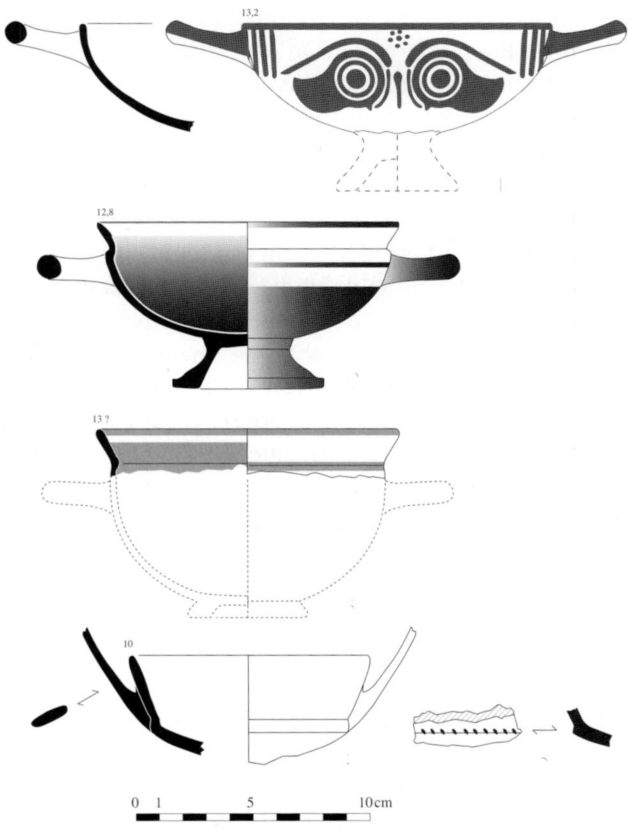

Fig. 222. Mobilier céramique de la phase *Pech Maho I* daté aux environs de 550 av. J.-C. : kylix de type rhodien à yeux prophylactiques GREC-OR KyR4 (v. 575-550) (n° 1) ; kylix GREC-OR KyB2 (v. 575-475) (n° 2) ; coupe étrusco-corinthienne, type ETR-COR Ky1a (v. 575-550) (n° 3) ; canthares en *bucchero nero* B-NERO Ct3e3 (v. 575-525) (n° 4) et B-NERO Ct3e1 ou Ct3e2 (v. 575-550) (n° 5).

Fig. 223. Vue de la fortification en cours de fouille (1961). À noter le parement de l'enceinte « extérieure » qui surplombe le talus parementé situé entre les deux tours quadrangulaires (Cliché : Y. Solier).

Fig. 224. Vue aérienne de la partie méridionale du site. On distingue la terrasse intermédiaire séparant les deux enceintes archaïques auxquelles est adjoint un avant-mur (V^{e}-IVe s.) à l'emplacement du fossé principal, alors désaffecté (Cliché : N. Chorrier).

niveau d'occupation à la fois mince et distinct, indice vraisemblable d'une séquence de courte durée.

2. Architecture et urbanisme de la phase initiale

Ceci étant posé, demeure alors la question de l'existence dès ce moment initial d'une architecture alors décrite comme étant celle de « *cabanes en pierre* », terme qu'il faut à l'évidence comprendre comme décrivant des constructions à élévation en terre crue sur solin en pierres liées à la terre. Qu'en est-il en revanche de ce que Solier appelait des « *cabanes en pisé* » dont il nous précise qu'elles sont alors moins fréquentes ? Le terme « pisé » est désormais bien défini (De Chazelles 1997), et une telle technique a très peu de chances de correspondre aux vestiges mis au jour à Pech Maho, du moins pour cette période ; au mieux peut-on envisager l'existence d'élévations en bauge. Reste que, sauf exception (mention explicite de briques crues par exemple), Y. Solier applique ce vocable de manière générique à des architectures en terre qui, à l'époque, commençaient seulement à être appréhendées. En fait, lorsque la description des vestiges n'est pas indigente, ce terme désigne en réalité des restes de torchis, autrement dit des vestiges de toiture et plus encore des empreintes de clayonnage correspondant à des bâtiments sur poteaux porteurs. Le terme de « cabane », peu compatible avec la notion d'habitation pérenne, est lui-même ambigu car évoquant implicitement des bâtiments légers en matériaux périssables.

De fait, existe-t-il réellement un bâti « en dur » dès la phase Ia ? On peut en douter. Malgré le caractère disséminé de l'information, il s'agit alors de préciser l'articulation entre une éventuelle architecture sur solin de pierres de type méditerranéen et de possibles vestiges de bâtiments sur poteaux porteurs qui, a priori, renvoient aux standards de construction indigènes encore en vogue à cette époque en Languedoc méditerranéen.

La fortification soulève quant à elle d'autres interrogations à la fois parallèles et complémentaires. Élément structurant de l'habitat, elle participe inévitablement du discours relatif à l'urbanisme, tandis que les techniques et les schémas mis en œuvre pour sa construction permettent d'apprécier la part qu'il faut ou non accorder à des influences exogènes.

2.1. La fortification

Aux déblaiements effectués il faut bien le dire sans ménagement jusqu'au début des années 60 (**fig. 223**) et qui ont eu pour conséquence une déconnexion quasi complète de la stratigraphie venant à l'extérieur du rempart, ont fait suite une série d'interventions réalisées par Y. Solier. Ces dernières ont permis de tracer les grandes lignes de l'histoire, au demeurant complexe, de ce système défensif qui a fait l'objet de réfections multiples entre le milieu du VIe et la fin du IIIe s. av. J.-C. (**fig. 224**). L'examen de la documentation ancienne, ainsi que les fouilles récentes, ont en grande partie confirmé les observations d'Y. Solier, tout en autorisant un séquençage plus précis. Malheureusement, les éléments de chronologie absolue demeurent rares, eu égard à la relative imprécision de la stratigraphie jadis mise au jour et de la parcimonie des secteurs encore susceptibles de livrer ce type d'information.

En dépit de ces lacunes, Y. Solier a légitimement reconnu plusieurs grandes phases de réaménagement, logiquement mises en parallèle avec la périodisation

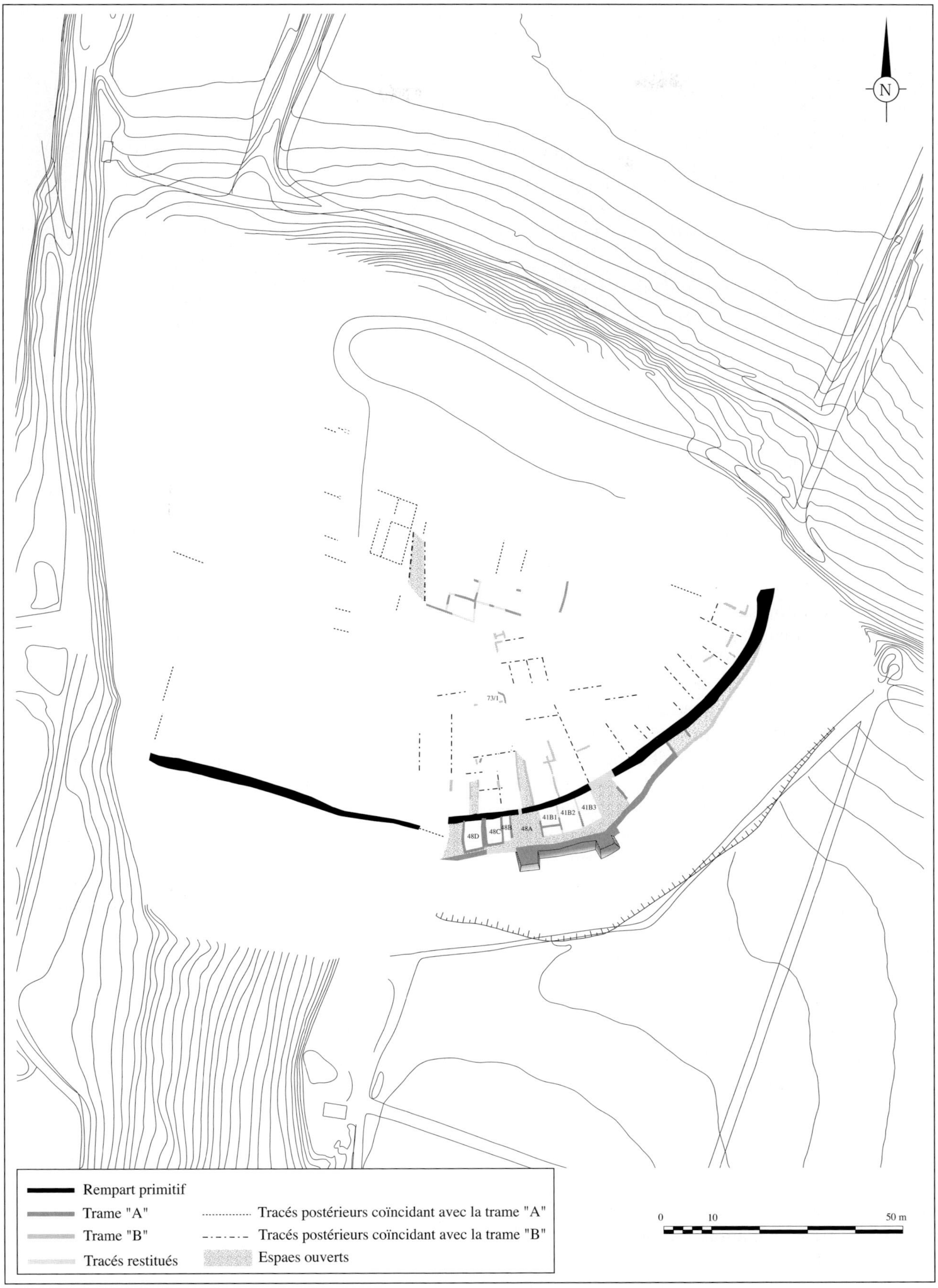

Fig. 225. Plan des vestiges attribuables à la phase *Pech Maho I*.

Fig. 226. Vue depuis le sud du parement externe de l'enceinte primitive (MR71217) (Cliché : E. Gailledrat).

Fig. 227. Vue depuis le nord-ouest du sondage effectué dans la terrasse intermédiaire. À noter les différentes strates de remblai venant s'appuyer au nord contre MR71217 (Cliché : E. Gailledrat).

établie de manière plus générale pour le site. À l'intérieur même de la période « archaïque », était déjà soulignée l'existence de deux phases distinctes, aboutissant à un moment imprécis du VIe s. à la constitution d'une puissante fortification venant barrer le côté sud du plateau (**fig. 225**). Les autres versants de la colline, bien plus abrupts et donnant vraisemblablement sur des espaces en eau ou marécageux, ne semblent pas alors avoir été fortifiés. Cette fortification comporte plusieurs lignes de défense successives, avec une « muraille principale » munie de deux tours quadrangulaires, précédée d'un fossé dont la largeur atteint par endroits une vingtaine de mètres pour une de profondeur de 4 m environ. En arrière, et séparée de l'enceinte « principale » par une terrasse artificielle, est présente une seconde courtine dénommée « enceinte intérieure » ou « enceinte primitive », ceci en raison de son antériorité vis-à-vis du reste du dispositif. Enfin, Y. Solier envisageait la possibilité comme quoi l'accès à l'habitat se faisait via une unique porte charretière, située vraisemblablement à l'emplacement même de l'entrée principale dont seul l'état deuxième âge du Fer a été véritablement reconnu.

Il est désormais possible de préciser ce schéma. Dans un premier temps est édifiée une courtine simple (MR71217) dont seul subsiste le solin maçonné. Il s'agit d'un mur simple à double parement avec blocage interne, édifié à l'aide de blocs et moellons de calcaire dur liés à la terre. Taillés ou simplement équarris, ces moellons sont mis en œuvre en appareil irrégulier. Observé dans un sondage sur une hauteur maximale de 1,80 m qui semble correspondre à sa hauteur initiale, ce solin présente un fruit assez marqué de 14° (**fig. 226**). Côté intérieur, le fruit est nettement moins marqué, de sorte que cet ouvrage mesure à la base autour de 2 m. Aucune trace de palissade en bois n'étant présente, cette base devait à l'évidence supporter une élévation en terre crue. Malheureusement aucun indice ne nous permet d'en préciser la nature exacte, de sorte que l'emploi de l'adobe reste purement hypothétique.

Peu de temps après, le système défensif se voit considérablement renforcé par l'édification d'une imposante terrasse artificielle, réalisée à base de matériaux extraits de la terrasse alluviale formant le substrat (**fig. 227**). Ces remblais sont appuyés contre le parement externe de la première enceinte, dont la base se voit donc largement occultée. Elle semble néanmoins demeurer en fonction, aucun témoin de démantèlement de l'élévation en terre n'étant visible sur le terrain. L'ensemble fonctionne de manière synchrone avec le fossé situé immédiatement en avant et vraisemblablement avec un second fossé, implanté quant à lui une centaine de mètres plus au sud. Ce dernier ouvrage, encore très partiellement reconnu mais possiblement complété par une levée de terre aujourd'hui disparue, est désaffecté dans le courant du Ve s., ce qui permet de situer antérieurement sa période d'utilisation (Gailledrat, Solier 2004, p. 34-37). Une chronologie comparable ressortant du mobilier présent à la base du comblement du fossé « principal », cela invite légitimement à considérer que ces deux structures excavées ont fonctionné de manière synchrone. Par ailleurs, les quantités de remblai mises en oeuvre au niveau de la terrasse artificielle plaident en faveur d'une simultanéité entre celle-ci et le fossé « principal », le creusement de ce dernier ayant fourni les matériaux nécessaires à la construction de la terrasse. Concernant la chronologie de cette phase, un *terminus ante quem* est donné par l'important mobilier mis au jour dans les niveaux d'occupation des bâtiments implantés entre les deux enceintes, permettant de situer cette construction durant la phase *Pech Maho Ib*, autrement dit durant la seconde moitié du VIe s. av. J.-C.

À ce moment, le rempart « principal » qui se développe dans toute la partie du dispositif de défense située à l'Est de la porte principale correspond à un mur à double parement (MR71407). Réalisé principalement à l'aide de dalles et de lauzes liées à la terre, mises en œuvre en assises irrégulières, il inclut également des moellons et quelques blocs grossièrement équarris. Le blocage est réalisé à l'aide de moellons et de lauzes disposés en assises irrégulières. La largeur de ce mur oscille entre 1,30 m et 1,50 m.

Cet ouvrage, inégalement conservé et en partie occulté par un doublage plus récent, surplombe l'escarpe du fossé et pouvait présenter une élévation en briques crues accentuant le dénivelé. Entre les deux tours quadrangulaires, cette escarpe reçoit un habillage soigné de dalles et de lauzes. Cet aménagement ne présente pas de réel caractère fonctionnel, mais confère à cette portion manifestement singulière du rempart un aspect à la fois monumental et ostentatoire (**fig. 223** et **224**). Cet aspect est accentué par la présence de dalles situées à la base, en assise débordante du parement. Pour la plupart parées d'incisions (cupules, symboles solaires, stries...), elles suggèrent non seulement l'existence d'un possible rite de fondation, mais encore le renouvellement de telles pratiques au même endroit, semble-t-il jusqu'à un moment avancé de l'histoire du site (Gailledrat, Solier 2004, p. 362-370).

La question de la porte n'a qu'en partie été résolue par les découvertes récentes. En effet, une interruption existe bel et bien dans le tracé du premier rempart (MR71217). Plus encore, côté Est, cette ouverture est alignée avec le tracé d'un mur appartenant à un îlot de la phase Ib ou Ic (**fig. 225**). Il est possible que durant la phase Ia, plus qu'une ouverture à accès frontal, existât une porte à accès latéral, voire à recouvrement. La question est encore plus délicate en ce qui concerne la phase Ib/Ic car le secteur, par ailleurs érodé, a été profondément remanié au second âge du Fer. Un dispositif plus complexe a néanmoins dû exister dès la seconde moitié du VIe s., mais nous n'en avons malheureusement aucune trace.

À cette époque, la fortification de Pech Maho devait véritablement présenter un aspect à degrés dont l'originalité mérite d'être soulignée. Plus qu'une simple innovation locale, on sera tenté de voir dans cette réalisation l'adaptation d'un modèle exogène, en l'occurrence méditerranéen. En fait, l'enceinte dite « principale » peut être assimilée à un avant-mur, qui précède une terrasse faisant office de talus. Si tant est qu'elle ne soit pas arasée pour devenir un simple podium, la courtine « intérieure » pour laquelle on envisage une élévation en brique crue resterait alors l'élément principal du dispositif. Associé à un fossé partiellement muni d'un mur d'escarpe, et à un premier fossé possiblement complété par une levée de terre, ce dispositif révèle en tout état de cause l'application d'un schéma complexe, sans équivalent dans le Midi. À l'image toute indigène d'une fortification à parements multiples dont l'« empilement » confère à l'ensemble son caractère massif, et donc son efficience, doit possiblement être substituée celle d'une recréation originale à partir de modèles élaborés ailleurs.

Une fois cette hypothèse posée, quelle est la part de l'emprunt face à la tradition locale ? La réponse n'est pas simple, tant il est vrai que les modèles pouvant être invoqués sont multiples. Reste que la chronologie du schéma pressenti à Pech Maho se révèle bien ancienne au regard des exemples pouvant être invoqués en contexte grec ou phénico-occidental. Réserve étant faite des fortifications archaïques de Marseille, les référents les plus proches en contexte phocéen ne sont pas sans ambiguïté, l'image donnée par Agde (VIe s.) ou encore Ampurias (Ve s.) est somme toute assez contrastée, et ne diffère pas fondamentalement du point de vue technique de ce que l'on peut trouver en milieu indigène à la même époque. Dans un autre ordre d'idées, il serait caricatural de faire du tracé à la fois irrégulier et curviligne de l'ensemble du dispositif de défense de Pech Maho un argument permettant de reconnaître son caractère indigène, tant les contraintes liées à la topographie de la colline et à l'économie de temps et de main d'œuvre sont prégnantes. Il en va de même en ce qui concerne l'appareil irrégulier du premier rempart et son caractère massif, traits qui invitent de prime abord à y voir une réalisation purement locale. Or, dans le contexte de la Méditerranée nord-occidentale en ce milieu du VIe s., le caractère non-discriminant d'un tel ouvrage doit vraisemblablement être privilégié, la même remarque pouvant être appliquée aux remaniements constatés à Pech Maho dans la seconde moitié du VIe s.

Certains détails appellent la discussion. Ainsi, la présence de tours quadrangulaires a-t-elle été envisagée comme une possible innovation d'origine méditerranéenne, au sens large du terme (Moret 1996, p. 204-216). Encore une fois, plus que l'irrégularité de l'appareillage, la mauvaise maîtrise du chaînage d'angle et le caractère peu efficace sur le plan défensif de ces tours ou bastions nous montrent en tout cas qu'au-delà du possible référent architectural il s'agit effectivement d'une réalisation indigène. Par ailleurs, l'existence de modèles régionaux préexistants n'est plus à exclure depuis les découvertes de l'enceinte du Cros à Caunes-Minervois (Aude). Si la référence à un modèle exogène reste possible, elle ne peut alors être qu'indirecte et s'inscrirait dans un processus de réinterprétation, perceptible de manière plus

Fig. 228. Terrasse intermédiaire (*fouille 48*). Vue depuis l'ouest d'une cloison en adobes (phase *Pech Maho Ib*) reprise à un moment indéterminé par un solin en pierres (Cliché : Y. Solier).

générale à l'ensemble du dispositif de défense.

Reste la question de l'emploi de la brique crue, que l'on suppose avoir été employée pour les élévations. Pour l'heure, aucun témoignage direct ne peut malheureusement être évoqué, et il faut se tourner vers l'intérieur de l'habitat pour trouver des traces explicites de l'usage de cette technique dès le début de la phase *Pech Maho Ib*.

2.2. L'habitat

La phase Ia est, on l'a dit, la plus problématique. En plusieurs points de l'habitat, tant dans la partie centrale du site que dans les quartiers méridionaux, Y. Solier a mis au jour un niveau d'occupation semblable à celui évoqué plus haut. Ce niveau est régulièrement décrit comme une sédimentation caractéristique d'une séquence d'occupation, soit une mince couche de terre noirâtre ou cendreuse recouvrant le substrat et renfermant un mobilier céramique très fragmenté ainsi que des déchets culinaires. Ponctuellement, des empreintes rubéfiées évoquent la présence de foyers, mais aucune structure bâtie ne peut avec certitude être attribuée à cette phase. Il est clair par ailleurs que cette séquence a largement été érodée par les constructions postérieures.

En dépit du soin apporté, la description de la stratigraphie est malheureusement partielle, la notion de « couche » étant parfois fluctuante et rejoignant plutôt celle de « niveau ». Les relevés en coupe étant par ailleurs sommaires, le doute concernant l'architecture de cette phase ne peut être levé. Ce doute est d'autant plus grand qu'une phase d'urbanisation à la fois cohérente et généralisée intervient peu de temps après (*Pech Maho Ib*). Dans la plupart des cas, Y. Solier note avec justesse qu'elle se superpose à la séquence antérieure. De la sorte, on envisage volontiers que des travaux préparatoires de nivellement aient pu contribuer à oblitérer cette dernière et, par la même occasion, gêner sa lecture à la fouille. Quoi qu'il en soit, on observe alors la construction de bâtiments rectangulaires à élévation en bauge ou brique crue sur solin de pierres liées à la terre. Les techniques de mise en œuvre semblent en outre très homogènes : les solins mesurent régulièrement entre 35 et 45 cm de large ; édifiés à l'aide de moellons équarris, ils se présentent sous la forme d'ouvrages à double parement, soigneusement agencés. Conservés sur des hauteurs inégales, ils ne semblent pas avoir dépassé 40 à 50 cm de haut et ponctuellement la présence de la brique crue est signalée.

L'ensemble, sinon le mieux conservé, du moins le plus lisible, concerne une série de constructions de plan quadrangulaire édifiées sur la terrasse séparant les deux lignes de rempart. Le mobilier associé est homogène sur le plan chronologique, indiquant une datation dans la seconde moitié du VIe s. L'imprécision des données invite néanmoins à s'interroger sur la provenance précise de ce mobilier ; autrement dit, provient-t-il des niveaux d'occupation correspondants ou est-il en position secondaire dans des remblais liés à la construction ? Quoi qu'il en soit, ces bâtiments connaissent à l'évidence plusieurs phases de construction, matérialisées par des exhaussements de murs (**fig. 228**). La description que fait Y. Solier de ce secteur est en tout cas sans équivoque sur un point : bâtie au VIe s., la terrasse devient à partir de la phase *Pech Maho II* un vaste espace de circulation facilitant l'accès aux différentes parties de la fortification.

Le schéma de construction observé à cet endroit révèle une alternance entre espaces bâtis et espaces ouverts. Deux ensembles composés de trois pièces mitoyennes, séparés l'un de l'autre par un espace libre d'environ 6 m de long (48A), peuvent correspondre à des unités fonctionnelles cohérentes. Les surfaces intérieures de chaque pièce (mesurées ou restituées) oscillent entre 14,5 et 25 m^2, hormis une pièce d'environ 7,5 m^2 évoquant davantage une réserve (48B). Ces ensembles correspondent-ils à des groupes de cellules indépendantes ou à des maisons à trois pièces, non nécessairement communicantes ? Les indications disponibles ne permettent pas de trancher. Toujours est-il que des maisons à deux pièces semblent attestées, comme en témoigne l'ensemble 48C/48B ou encore la pièce 41B1, séparée en deux par un mur de refend E-O. Ces exceptions étant relevées, les surfaces mesurées sont en tout cas compatibles avec des habitations à pièce unique. D'autres tronçons de murs encore visibles dans la partie orientale de la terrasse laissent envisager que ce véritable

Fig. 229. Vue depuis le sud d'une ruelle séparant deux îlots d'habitation (fin du VIe-début du Ve s. av. J.-C.) (Cliché : E. Gailledrat).

Fig. 230. Vue depuis le sud de la base de portique bordant l'îlot X (Cliché : E. Gailledrat).

îlot d'habitation occupait alors tout l'espace disponible. Les constructions sont adossées au nord à l'enceinte archaïque (ou « intérieure ») et semblent avoir été desservies par un étroit cheminement dallé courant d'Ouest en Est le long de l'enceinte « extérieure ».

Dans la partie intérieure de l'habitat, les vestiges attribuables à la phase *Pech Maho I* révèlent l'existence de deux trames distinctes. En premier lieu, notamment visible dans la partie centrale du plateau, une trame orthonormée NO-SE a été mise en place, indépendamment de toute contrainte topographique ou architecturale, entendons par là le tracé curviligne du rempart. L'orientation générale semble déterminée, non par le tracé de ce dernier mais plutôt par un alignement sur le versant septentrional de la colline. Cette trame que l'on nommera « A » a également conditionné l'agencement des quartiers occidentaux, disposés en terrasses. Bien que très incomplète, cette trame apparaît néanmoins clairement au vu des vestiges datés de cette phase archaïque. Par ailleurs, plusieurs murs appartenant à des phases postérieures semblent bel et bien reprendre les tracés antérieurs dont on entrevoit alors les grandes lignes (**fig. 225**).

À l'évidence, un plan laniéré se développe sur la plus grande partie du plateau. Ce plan correspond apparemment à des îlots doubles, desservis par des rues parallèles et probablement transversales. La largeur hors œuvre de ces îlots peut être évaluée entre 8,50 et 9 m, avec deux rangées d'habitation mitoyennes de plan rectangulaire, dont la largeur interne avoisine les 3,60 m. Dans un cas seulement, une longueur intérieure de 5,10 m a pu être mesurée, permettant de restituer une pièce barlongue dont la surface utile devait approcher les 18,5 m^{2}. Cette mesure n'étant pas observée par ailleurs, il est périlleux d'en faire un « module » reproductible. Toutefois, on ne peut que souligner le fait qu'une telle surface est compatible avec celle d'une cellule bâtie selon le modèle de la maison à pièce unique.

Dans la partie méridionale du site, une autre trame a été reconnue, trame que l'on nommera « B », dont la particularité essentielle est d'être déterminée par le tracé du rempart archaïque. Il se dessine alors un plan en éventail, qui laisse apparaître une nouvelle fois de manière claire un système d'îlots doubles (**fig. 225**). Ces derniers sont desservis, probablement de manière secondaire, par des ruelles perpendiculaires au rempart et d'une largeur comprise entre 1,20 m et 1,80 m (**fig. 229**). Dans un cas au moins, la largeur de ces îlots peut être estimée avec suffisamment de précision. La mesure obtenue, autour de 9 m, est en effet comparable avec celle des îlots de la phase antérieure.

Aux abords de la porte principale, dont on suppose qu'elle a rapidement connu des évolutions, un tronçon de mur semble non seulement marquer la façade occidentale d'un îlot simple, mais encore coïncider au niveau de son alignement avec le piédroit que forme l'arrêt de la courtine archaïque. Or on retrouve cet alignement plus au nord, fossilisé par l'urbanisme des phases II et III (**fig. 225**), de sorte qu'on imagine volontiers que, dès ce moment, existait un axe de circulation N-S démarrant au niveau de la porte charretière. Plus au nord, dans le prolongement du précédent, une autre

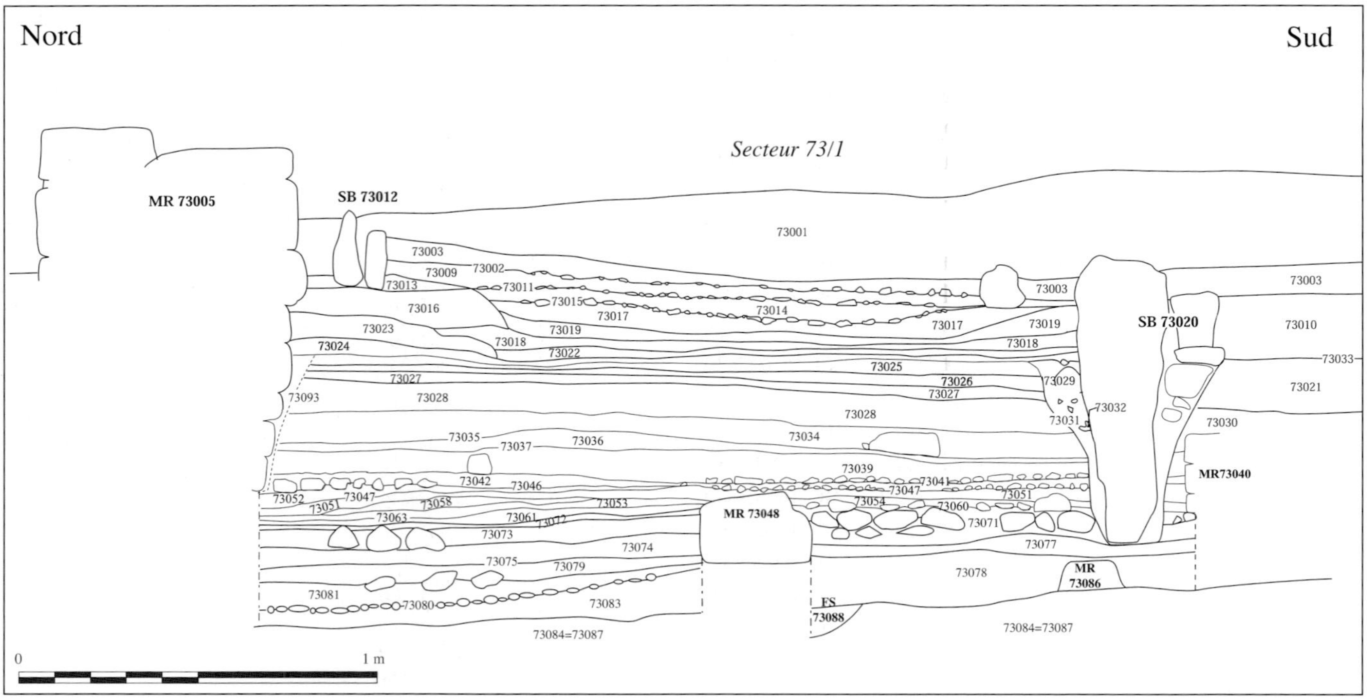

Fig. 231. Stratigraphie du sondage 73/1 (Nord-Sud).

rue est bordée d'une série de bases monolithiques de poteaux en bois, déjà repérées à l'époque par Y. Solier. Ces bases soigneusement travaillées évoquent un portique lié à un monument, pour l'heure non reconnu, mais daté récemment par la stratigraphie antérieurement au milieu du Ve s. (**fig. 230**).

La présence d'une telle architecture monumentale à une date aussi haute dans le contexte qui est celui d'un site indigène du Languedoc occidental participe très clairement de ce débat relatif aux influences méditerranéennes perceptibles sur le site. Notons au passage qu'il ne s'agit pas d'un cas unique à Pech Maho, un deuxième ensemble « monumental » ayant été repéré dans la partie méridionale du site : apparemment plus récent car devant se rapporter aux débuts de la phase *Pech Maho II* (seconde moitié du Ve s.), cet autre édifice singulier comprend deux bases monolithiques de poteaux ou piliers fonctionnant avec un bâtiment rectangulaire situé en arrière.

Le plan des îlots adossés à la courtine intérieure est légèrement trapézoïdal, préfigurant en cela le dispositif mis en place après 450 av. J.-C. dans tout ce secteur

Fig. 232. Sondage 73/1. Vue de détail du trou de poteau (PO73089) recoupant le substrat (Cliché : E. Gailledrat).

Fig. 233. Sondage 73/1. En bas à droite du cliché, le bourrelet de terre crue MR73086 implanté sur le substrat (phase Ia). Au-dessus, le mur curviligne MR73048 (phase Ib) partiellement démonté (Cliché : E. Gailledrat).

de l'habitat. Plus généralement, la trame urbaine du second âge du Fer de Pech Maho reprend bon nombre d'orientations déterminées à ce moment. Dès lors, en dépit de l'existence de grands programmes de réaménagement, l'habitat voit sa trame urbaine évoluer sans rupture totale d'une phase à l'autre. L'évolution est sans doute à nuancer en fonction des quartiers, et semble avoir été largement conditionnée par le tracé de la voirie préexistante. Le respect encore au IIIe s. de certains tracés archaïques, voire de certains îlots, est évident dans certains cas, et peut éventuellement s'expliquer par la présence de bâtiments à caractère particulier.

Enfin, on est en droit de s'interroger à nouveau sur la datation proposée pour les îlots établis sur la terrasse intermédiaire, pour lesquels on ne peut que noter la concordance existant avec la trame « B ». Toutefois, l'implantation de cet îlot est régie par le tracé bien particulier du rempart, aussi faut-il dissocier ce qui apparaît dans un cas comme un choix contraint (terrasse) de ce qui a été mis en place de manière délibérée (intérieur de l'habitat).

Ces deux trames sont-elles successives ou alors indépendantes et juxtaposées les unes aux autres, avec dans ce cas plusieurs quartiers implantés selon des schémas différents, possiblement remaniés par la suite ? Au vu des données livrées par les fouilles anciennes, l'hypothèse a été émise que la trame « A » était mise en place durant la phase Ib, la trame « B » intervenant peu après, autrement dit durant la phase Ic (Gailledrat, Solier 2004, p. 379-381). Indépendamment des observations réalisées sur des tracés postérieurs ayant pu fossiliser une trame du premier âge du Fer, les travaux menés récemment dans la partie méridionale du site démontrent bien que les deux trames se superposent.

2.3. Nouvelles données stratigraphiques

Un sondage (73S1) a été implanté en 2004 sur le tracé de l'un des axes majeurs de la trame urbaine du second âge du Fer, à savoir la rue 4 (**fig. 225**). Une stratigraphie fine a pu être établie à partir de ce sondage (**fig. 231**) (Gailledrat 2007, p. 95-118) dont on n'évoquera ici que les acquis principaux concernant les phases anciennes.

La première occupation est matérialisée par une séquence stratigraphique de faible amplitude, associée à des vestiges particulièrement labiles. Le substrat, à matrice argileuse brun moyen contenant des passées de galets, graviers et cailloutis épars (73087=73084), est recoupé par deux petites fosses (FS73088, FS73085) dont seule la partie inférieure est conservée. Utilisées comme dépotoir, elles contiennent des rejets domestiques comprenant un rare mobilier. Un trou de poteau

Fig. 234. Sondage 73/1. À gauche le niveau de sol (rue ?) 73080 fonctionnant avec le mur MR73048 (phase Ib) (Cliché : E. Gailledrat).

avec calage de pierre, lui aussi partiellement conservé, peut éventuellement être associé à un bâtiment en matériaux périssables (**fig. 232**), tandis qu'à proximité, un bourrelet de terre crue conservé sur une vingtaine de centimètres d'épaisseur correspond à un aménagement en bauge mal défini, suggérant les restes d'une cloison directement implantée sur le substrat (**fig. 233**).

Ces structures qui évoquent clairement un habitat en matériaux légers sont recouvertes d'une couche irrégulière de terre argileuse compacte de couleur marron à gris foncé, mêlée de quelques cailloux et galets épars, sans qu'une réelle surface d'occupation puisse être individualisée. Cette couche contient en outre de nombreux détritus domestiques tels que charbons, faune, mobilier et nodules de terre rubéfiée (73083). Recouvrant également le substrat, elle doit être interprétée comme un niveau de sédimentation indifférencié, associant des colluvions à des apports ponctuels de matériau et rejets liés à l'occupation du secteur. Plus hétérogène au sud (73078), ce niveau inclut un adobe fragmentaire (dim. conservée 15 x 13 x 5 cm), démontrant la connaissance de cette technique dès le milieu du VIe s.

Le mobilier, qui associe d'un côté céramique non tournée, grise monochrome, ibérique peinte et coupe ionienne B2, et de l'autre amphore étrusque, grecque et ibérique, évoque le milieu du VIe s. av. J.-C., sans plus de précision possible.

Cette première séquence semble en partie arasée, ou pour le moins remaniée à l'occasion de ce qui apparaît comme une véritable phase d'urbanisation, ici matérialisée par la construction d'un soubassement de mur (MR73048). Cet ouvrage, qui présente la particularité d'adopter un tracé curviligne, est réalisé à l'aide de moellons calcaires équarris liés à la terre, parfaitement agencés en double parement avec blocage de cailloux et galets, avec par endroits des blocs disposés

Fig. 235. Sondage 73/1. Vue de détail des adobes pris dans le remblai 73074 (Cliché : E. Gailledrat).

en boutisse (**fig. 233**). Conservé sur une assise unique, d'une hauteur maximale de 40 cm, il possède une largeur importante, de 70 cm en moyenne. Parmi les couches associées à sa construction, on note la présence de nodules et de passées blanchâtres (chaux ?) formant parfois des plaques qui évoquent des restes de gâchées d'enduit. Il est probable que le niveau antérieur (73078) a été en partie remanié, expliquant en cela la présence de fragments d'adobes.

Au sud de ce mur qui peut correspondre à l'angle d'un îlot (compatible dans ce cas avec la trame « A »), un remblai argileux homogène correspond à la préparation d'une surface en terre battue (73077) laissant supposer que l'on se trouve à l'intérieur du bâtiment. Au nord en revanche, il semble que l'on se situe dans un espace ouvert. Un premier niveau de circulation est en effet marqué par une recharge de galets (73080) et peut correspondre dès ce moment à un sol de rue (**fig. 234**). De ce côté alternent par la suite phases de sédimentation et recharges de sol. Parmi les remblais disposés durant cette phase, plusieurs restes d'adobes ont été mis au jour (**fig. 235**), briques pour lesquelles une seule mesure complète (L. 32 cm ; l. 24 cm) a pu être réalisée (73061).

La composition du mobilier céramique est comparable à celle de la phase précédente : la vaisselle est largement dominée, d'un côté par la non tournée, de l'autre par les productions ibériques ainsi que par les grises monochromes. On relève durant cette phase la timide apparition de la céramique attique ainsi que des pâtes claires massaliètes. Au niveau des amphores, très fortement représentées (60 % des fragments), dominent largement les productions ibériques, suivies dans des proportions équivalentes par les amphores étrusques et grecques. On note enfin l'apparition des amphores massaliètes à pâte non micacée et la présence très ponctuelle de l'amphore punique. Une datation dans le troisième quart du VIe s. est cohérente pour cette phase que l'on peut faire coïncider sans risque avec celle antérieurement définie de *Pech Maho Ib*.

Le bâtiment est ensuite arasé et sert de socle à une vaste structure de combustion (four ?). Une succession de sols de terre occupe alors la plus grande partie du secteur, tandis qu'un nouveau mur est bâti en limite sud du sondage. Cet ouvrage (MR73040) présente une orientation différente, coïncidant cette fois avec l'orientation de la trame « B ». Il s'agit d'un solin en pierres liées à la terre conservé sur 3 assises, réalisé à l'aide de blocs et moellons équarris mis en œuvre de manière régulière en appareil assisé. Conservé sur une hauteur maximale de 30 cm, il présente une largeur régulière de 40 cm environ (**fig. 236**).

Le mobilier associé à cette phase indique une datation comprise entre la fin du VIe et le début du Ve s. av. J.-C. Parmi les éléments datants, les céramiques attiques (Vicup AT-VN 434-438) ainsi que les amphores

Fig. 236. Sondage 73/1. Vue depuis le nord de la superposition des architectures de la phase Ib (MR73048) et Ic (MR73040), ce dernier étant amputé par l'installation de la stèle SB73020 (Cliché : E. Gailledrat).

massaliètes à pâte micacée (A-MAS bd1 et A-MAS bd2) sont notamment présentes aux côtés d'amphores grecques (A-GRE CorB2 et A-GRE Sam4).

En résumé, ce sondage a non seulement permis de vérifier la validité du découpage chronologique en trois phases *Pech Maho* Ia, Ib et Ic, mais a encore permis de vérifier la réalité d'une évolution importante de la trame urbaine à la charnière des VIe-Ve s. À l'instar de ce qu'avait pu observer en son temps Y. Solier, la toute première séquence d'occupation (Ia) se caractérise par un mince niveau d'occupation. En revanche, cette phase datée au plus tôt autour des années 550 av. J.-C. est non seulement liée à des constructions légères, mais est bel et bien antérieure à l'édification des premiers bâtiments « en dur », ici illustrés par un mur mis en œuvre de manière très soignée et faisant appel à la technique de la brique crue sur solin de pierre, tandis que la chaux (?) a pu être utilisée pour les enduits. Cette phase (Ib) correspond bien à la mise en place d'une trame urbaine (trame « A ») où des îlots d'habitation sont desservis par une véritable voirie. En effet, les recharges de cailloutis et galets observés dès les premiers moments de cette séquence témoignent d'un soin particulier apporté à ce qui apparaît comme étant un véritable programme architectural, révisé moins d'un demi-siècle plus tard.

3. La question de la fondation du site

Les jalons étant posés, il est désormais possible de replacer l'ensemble des données relatives à l'architecture et l'urbanisme de *Pech Maho I* dans une perspective globale qui est celle d'approcher les conditions à la fois techniques et pourrait-on dire « humaines » qui ont présidé à la création de ce site aux alentours de 550 av. J.-C.

L'identification d'une phase initiale (*Pech Maho Ia*) est alors déterminante à plus d'un titre. Elle l'est évidemment au niveau de la datation, mais elle l'est également quant à la morphologie du site durant cette période. On a vu en effet qu'une seule réalisation architecturale d'importance, à savoir le rempart, pouvait être attribuée avec certitude à ce moment. L'habitat se résume alors à des constructions légères, apparemment disséminées sur une bonne partie du plateau supérieur. De fait, l'image ainsi fournie est a priori celle d'un petit habitat indigène, protégé par une muraille simple.

On a vu également qu'une phase d'urbanisation importante intervenait peu de temps après (*Pech Maho Ib*), avec la mise en place d'îlots d'habitation organisés selon un plan régulier préétabli, avec des bâtiments mitoyens de plan quadrangulaire construits selon une technique exogène encore peu répandue en Languedoc, à savoir la brique crue sur solin de pierres. Dans le même temps, la fortification connaît un renforcement considérable, deux fossés successifs précédant le rempart, lui-même constitué de deux murailles étagées en terrasse. La brique crue y est vraisemblablement utilisée pour les élévations, tandis que certains éléments constitutifs ou principes d'organisation évoquent de manière plus ou moins directe des influences méditerranéennes.

Peu de temps après (Pech Maho Ic), le site connaît des remaniements significatifs, avec en particulier une évolution de la trame urbaine. Si les principes urbanistiques restent comparables, les orientations changent en revanche radicalement. Sur le plan des techniques de construction, on assiste à une confortation du registre méditerranéen qui plus généralement à cette époque (fin VIe-début Ve s.) tend à se diffuser en milieu indigène, du moins dans les régions littorales. À Pech Maho, la régularité de la mise en œuvre et l'homogénéité des constructions observées d'un quartier à un autre évoquent, non pas une réfection progressive et ponctuelle de tel ou tel secteur, mais bien une réorganisation globale et planifiée du site.

Le point important est que, dans le troisième quart du VIe s., il existe bel et bien un urbanisme mettant en œuvre des schémas et des techniques alors inédits en contexte indigène languedocien. Plus généralement, au niveau du Midi méditerranéen, Pech Maho s'inscrit dans une courte liste de sites où la précocité de telles innovations a pu être constatée. Or, quels sont les mécanismes autorisant ces évolutions ? En fait, la réponse à cette question est souvent entravée par la vision que l'on a des rythmes liés aux phénomènes d'acculturation. Car si l'on accepte l'idée d'accélérations parfois rapides du dit processus, c'est avant tout la notion de continuité, d'évolution progressive, qui est mise en avant. Autrement dit, quoi de plus normal que les innovations méditerranéennes se diffusent progressivement depuis la côte, lieu de contact « évident » entre indigènes et navigateurs grecs, étrusques ou puniques ? De la sorte, en Languedoc occidental comme en Roussillon, les contacts sont réguliers depuis le début du VIe s. avec la sphère méditerranéenne et plus spécifiquement encore avec le monde phocéen d'Occident. Or la technique de l'adobe sur solin de pierres ne se généralise guère sur la côte avant la fin du VIe s., pour ne toucher certains grands sites de l'intérieur comme le Cayla de Mailhac (Aude) – pourtant distants du littoral d'à peine une trentaine de kilomètres – qu'au milieu du Ve s. av. J.-C.

On pourrait alors envisager un processus comparable à Pech Maho, en admettant pour cela que la phase Ia possède une certaine durée (au mieux un quart de siècle, mais sûrement moins), mise à profit pour établir des relations d'échange avec la Méditerranée, ouvrant ainsi la porte à l'introduction sur place de nouvelles techniques, qu'il s'agisse de la brique crue ou encore du tour de potier, introduit en milieu indigène dans le second quart du VIe s. Or, une première nuance doit être apportée au regard de la stratigraphie de Pech Maho, en ce sens que cette phase initiale semble particulièrement courte. De plus, c'est bien à des concepts novateurs associés à des techniques parfaitement maîtrisées que fait appel le réel programme architectural mis en œuvre, non pas à la fin, mais au milieu du VIe s. av. J.-C. La notion de « période formative » durant laquelle les schémas méditerranéens auraient eu le temps d'être introduits de manière progressive, cède alors la place à l'impression d'une création soudaine qu'on voit mal résulter d'une simple initiative indigène.

Ne peut-on alors proposer une autre lecture des premiers temps de l'histoire du site ? On soulignera à ce propos l'apparente cohérence de la démarche aboutissant à la création de ce petit habitat littoral. Il s'agit en effet d'une création nouvelle dans un milieu géographique bien particulier, en l'occurrence littoral, peu attractif pour les populations de la fin de l'âge du Bronze et du début de l'âge du Fer, même si le secteur était alors occupé comme en témoigne la nécropole voisine de l'Agredo à Roquefort-des-Corbières (Aude), datée de la seconde moitié du VIIe s. av. J.-C. Or Pech Maho semble bien avoir été fondé dans un but précis, celui d'être un lieu de rencontre, une place d'échange à vocation commerciale. Dès lors, l'image d'une timide installation milieu VIe consolidée quelques années plus tard, n'est en fait guère éloignée de celle d'un « premier campement » nécessaire aux bâtisseurs dont l'intention première était de créer *ex nihilo* un établissement parfaitement structuré, susceptible d'assumer l'ensemble des fonctions liées à son statut d'*emporion*.

Quelle que soit la durée de cette phase, de l'ordre de quelques mois à quelques années, la construction fût-elle rapide d'un premier ouvrage assurant d'emblée la protection du lieu, est alors des plus logique. L'érection de la muraille « primitive » s'inscrit dans un tel schéma, et précède la phase d'urbanisation à proprement parler. La seule nuance à apporter concerne le fait que le dispositif de défense mis en place durant la phase Ib n'a semble-t-il pas été planifié dès le départ, preuve en est l'occultation partielle de la première courtine au moment de l'édification de la terrasse intermédiaire. Toutefois rien n'interdit de penser à des évolutions rapides du programme initial, de sorte qu'une fois la trame urbaine achevée a pu ensuite s'imposer la nécessité de doter le site d'une fortification particulièrement imposante, pour ne pas dire démesurée. Aux motivations strictement fonctionnelles, autrement dit défensives, a pu s'adjoindre une volonté symbolique étroitement liée à la dimension politique d'une telle fondation, faisant de Pech Maho sinon un lieu de pouvoir, du moins un lieu de représentation d'un pouvoir indigène éventuellement situé ailleurs.

On voit alors l'importance de la main d'œuvre nécessaire à une telle entreprise. Or, notamment au vu des travaux défensifs, on pressent un décalage entre l'évidente faiblesse numérique des seuls habitants du lieu et la réalité du programme entrepris. La fondation de cet habitat peut alors être envisagée comme étant le résultat d'une volonté émanant d'un pouvoir économique et politique, non seulement apte à mobiliser une main d'œuvre suffisamment nombreuse, mais contrôlant également un territoire que Pech Maho contribue à marquer. Le site occupe en effet une position privilégiée, aux confins méridionaux de la plaine narbonnaise, dans l'orbite de cet oppidum majeur sur le plan régional que constitue Montlaurès (Narbonne). En bordure d'une zone lagunaire liée au débouché de l'Aude, sur un lieu de passage terrestre Nord-Sud obligé, dans un secteur offrant sans doute aux embarcations une halte commode à mi-chemin entre Agde et le secteur de *Ruscino* (Perpignan, Pyrénées-Orientales) au point de rencontre de deux aires commerciales, l'une massaliète, l'autre ampuritaine, Pech Maho constitue sans nul doute l'un de ces sites à vocation commerciale nés de la conjonction d'intérêts entre pouvoirs indigènes et navigateurs méditerranéens.

De la sorte, est-il déraisonnable de penser que cette concordance d'intérêt a pu se traduire matériellement par une collaboration active entre les partenaires ainsi en connivence ? La question a été posée en d'autres lieux, pour d'autres époques (Badie *et al.* 2000) ; sans aller jusqu'à rependre l'hypothèse jadis énoncée par J. Campardou de l'intervention d'un « *architecte de Massalia* » (Campardou 1957, p. 48), les données archéologiques permettent aujourd'hui d'envisager que Pech Maho, au milieu du VIe s. av. J.-C., a été fondé par des indigènes avec apport de compétences méditerranéennes, pourquoi pas grecques.

BIBLIOGRAPHIE

Arcelin 1992 : ARCELIN (P.), Société indigène et propositions culturelles massaliotes en basse Provence occidentale. *In* : Bats (M.), Bertucchi (G.), Congès (G.), et Tréziny (H.) dir., *Marseille grecque et la Gaule, Actes du Colloque de Marseille (1990)* (Travaux du Centre Camille Jullian, 11), Lattes/Aix-en-Provence, ADAM éd./Univ. De Provence, 1992, 502 p. (Etudes Massaliètes, 3), p. 305-336.

Badie *et al.* 2000 : BADIE (A.), GAILLEDRAT (E.), MORET (P.), ROUILLARD (P.), SANCHEZ (M.J.), SILLIERES (P.) – *Le site antique de La Picola à Santa Pola (Alicante, Espagne)*, ERC/Casa de Velázquez, Paris-Madrid, 2000, 379 p.

Campardou 1954 : CAMPARDOU (J.) – F*ouilles 1953-1954, à l'oppidum de Pech Maho,* Rapport de fouille dactylographié, Sigean, 1954.

De Chazelles 1997 : Cl.A. DE CHAZELLES – *Les maisons en terre crue de la Gaule méridionale* (Monographies Instrmentum, 2), eds Monique Mergoil, Montagnac, 1997, 231 p.

Gailledrat 2007 : GAILLEDRAT (E.) dir. – *Pech Maho (Sigean, Aude). Rapport de fouille triannuel (2005-2007),* SRA Languedoc-Roussillon, Montpellier, 2007, 315 p.

Gailledrat, Solier 2004 : GAILLEDRAT (E.), SOLIER (Y.) dir. – *L'établissement côtier de Pech Maho (Sigean, Aude) aux VI*[e]*-V*[e] *s. av. J.-C. (fouilles 1959-1979),* Monographies d'Archéologie Méditerranéenne, 19, ADAL, Lattes, 2004, 467 p.

Moret 1996 : MORET (P.) – *Les fortifications ibériques, de la fin de l'âge du bronze à la conquête romaine*, Collection de la Casa de Velázquez, 56, Madrid, 1996, 642 p.

Solier 1985 : SOLIER (Y.) – Pech Maho (Sigean, Aude). *In* : DEDET (B.), PY (M.) eds., *Les enceintes protohistoriques de Gaule Méridionale*, ARALO, Cahier n° 14, Caveirac, 1979, p. 60-63.

Solier 1976-78 : SOLIER (Y.) – La culture ibéro-languedocienne aux VIe-Ve siècles. *In* : *Simposi intenacional : els orígens del món ibèric, Barcelona-Empúries 1977*, Ampurias, 38-40, 1976-78, p. 211-264.

Tréziny 1992 : TREZINY (H.), Imitations, emprunts, détournements : sur quelques problèmes d'architecture et d'urbanisme en Gaule méridionale. *In* : Bats (M.), Bertucchi (G.), Congès (G.), et Tréziny (H.) dir., *Marseille grecque et la Gaule, Actes du Colloque de Marseille (1990)*(Travaux du Centre Camille Jullian, 11), Lattes/Aix-en-Provence, ADAM éd../Univ. De Provence, 1992, 502 p. (Etudes Massaliètes, 3), p. 337-349.

5. Forme abitative indigene alla periferia delle colonie greche. Il caso di Policoro*

Liliana Giardino

Nel 1961 il ritrovamento di ceramiche arcaiche sulla 'collina del Castello' di Policoro ha segnalato per la prima volta agli studiosi l'esistenza di una frequentazione dell'area urbana di *Herakleia* anteriore alla fondazione della colonia[1]. I numerosi ritrovamenti avvenuti nei decenni successivi hanno poi dimostrato, senza alcun dubbio, che la 'frequentazione' andava attribuita ad un abitato, esteso ed articolato, attivo tra gli inizi del VII e i primi decenni del V secolo a.C. Le sue attestazioni archeologiche sono oggi costituite da tratti di un muro in mattoni crudi, abitazioni, fornaci, luoghi di culto, necropoli (**fig. 237**) e da una documentazione materiale nella quale le ceramiche di produzione greca (di importazione e 'coloniale') rappresentano l'elemento predominante, ma non esclusivo[2]. La nuova scoperta, oltre ad arricchire ulteriormente la storia del territorio posto sulla destra dell'Agri, ha dato luogo a un lungo ed articolato dibattito, tuttora in corso, basato sulla contrapposizione di due ipotesi interpretative : l'identificazione con la colonia colofonia di *Siris*[3], ovvero il riconoscimento di una forma insediativa mista, greco e indigena, diversa dal modello coloniale[4].

Nel corso di quasi mezzo secolo il dibattito su *Siris* e Policoro ha avuto una propria evoluzione interna, sollecitata dal continuo intensificarsi delle indagini archeologiche e da alcuni fondamentali contributi apportati dagli storici. E' impossibile sintetizzare in poche righe la ricchezza dei dati archeologici presentati, le letture proposte e le diverse sfumature che queste ultime hanno assunto nel corso delle ricerche. Come necessaria premessa alle riflessioni sviluppate nel presente lavoro, ci si limiterà tuttavia a richiamarne sinteticamente alcuni momenti fondamentali.

La scoperta del sito della 'Incoronata greca' nel 1971[5] ha posto subito in evidenza le marcate affinità esistenti

---

* Nei quasi tre anni di tempo intercorsi tra la presentazione di questo contributo nell'Incontro di Ampurias dell'8 e 9 settembre 2006 e la presente elaborazione finale sono stati pubblicati alcuni importanti lavori sulle tematiche qui affrontate (Berlingo' 2005 ; Burgers, Crielaard 2007 ; *Eraclea 2008* ; Burgers, Crielaard 2007 [2009], *Prima delle colonie*) e una nuova capanna è stata individuata e scavata da Salvatore Bianco a Policoro, nell'area della terrazza meridionale di *Herakleia* (Osanna 2007 [2008], p. 932). Nella presente stesura si è pertanto tenuto conto delle novità e dei contributi più recenti. Si precisa tuttavia che il testo ripropone fedelmente l'approccio metodologico e le linee di lettura esposte ad Ampurias, con un ulteriore aggiornamento dello *status quaestionis*. Sulle necropoli arcaiche di Policoro vedi anche Berlingò, *infra*, p. 529-535.

1 Orlandini 1961 [1962], p. 270-271 ; 1999, p. 197-198 ; Adamesteanu, Dilthey 1978, p. 516.

2 La bibliografia relativa a questi rinvenimenti è molto ricca e distribuita su un lungo arco cronologico. In questa sede ci si limita a citare i testi più significativi per ciascun settore, topografico e funzionale, e quelli più recenti : Haensel 1973 ; Adamesteanu 1980 [1981], p. 75-78 ; Pianu 2000 ; Osanna 2008, p. 35-38 (punta orientale della 'collina del Castello' : muro in mattoni crudi, tempio) ; Adamesteanu, Dilthey 1978 ; Adamesteanu 1979 [1982], p. 305-306 ; 1980 [1981], p. 78-85 (settore centrale della collina : muro in mattoni crudi, capanna, ambienti, fornace) ; 1976 [1978], p. 312-314 ; 1980 ; 1980 [1981], p. 83, 90 ; Giardino 1991 [1998] (settore occidentale della collina : tombe, capanne, fornaci) ; Adamesteanu 1980 [1981], p. 85-88 ; Pianu 1989, 2003 ; Osanna 2008, p. 38-51, Otto 2008 (vallata mediana : aree di culto) ; Tagliente 1984 [1986] ; 1986 ; 1991 [1998] (terrazza meridionale : 'fosse', casa a *pastàs*, fornace) ; Adamesteanu 1971 ; 1980 [1981], p. 89-91, Berlingò 1984 [1986] ; 1993, Bianco 1996b, Berlingò 2005 (necropoli occidentali di Cerchiarito e di Schirone). Sintesi, più o meno ampie, relative allo sviluppo dei ritrovamenti di età arcaica a Policoro sono in Lombardo 1984 [1986], p. 77 ; Guzzo 1989, p. 43 ; Osanna 1989, p. 78-80, Giardino 1991 [1998], Pelosi 1991, p. 60-64 ; Tagliente 1991 [1998], Osanna 2008, p. 21-24, 35 sgg. Sul rapporto tra ceramiche di tipo greco e produzioni indigene (*matt-painted ware* e impasti) vedi quanto detto *infra*, p. 362.

3 Neutsch 1968, p. 769, 790 ; Haensel 1973, p. 492 ; Adamesteanu, Dilthey 1978, p. 527-528 ; Adamesteanu 1980 [1981], p. 61 (con una rassegna degli studiosi che tra il 1783 e il 1967 avevano posizionato *Siris* sul Sinni a p. 66-67) ; 1979 [1982], p. 304 ; 1985, p. 61 (con ubicazione di uno dei nuclei principali di *Siris* sulla collina e del suo porto alla foce del Sinni) ; Tagliente 1984 [1986], p. 132 ; 1986, p. 193 ; 1991 [1998], p. 100-101 ; Orlandini 1986, p. 21 ; 1999, p. 198, 201 e 207 ; Osanna 1989, p. 82 (Policoro è la sede della colonia colofonia di *Polieion*, mentre il nome *Siris* fa riferimento alla fase abitativa della regione prima della colonia) ; 1992, p. 85-86 ; 2008, p. 23 e 35 ; Pianu 1991 [1998], p. 230 ; 2000, p. 287 ; Berlingò 1993 ; Tschurtschenthaler 1996, p. 49 ; Pugliese Carratelli 1999, p. 186 ; Otto 2002 [2005], p. 5. Più sfumata, ma comunque propensa a una coincidenza topografica tra *Siris* e l'abitato arcaico di Policoro è Prandi 2008, p. 13.

4 Guzzo 1982 ; Guzzo 1989 ; Lombardo 1984 [1986], p. 78-79 ; 1991 [1998], p. 46 ; 1996 p. 19 ; 1999 [2000], p. 200-202 ; Giardino 1991 [1998], p. 117-119 ; Giardino, De Siena 1996 [1999].

5 Per una sintesi su questo sito e sugli altri qui considerati (l'Amastuola, foce del Basento, Termitito e Policoro) si rinvia alle relative schede (*infra*, p. 352-364) e alla bibliografia ivi riportata.

nella documentazione archeologica con l'abitato di Policoro. Ciò ha portato alcuni studiosi a stabilire tra i due insediamenti un legame tale, da leggerli sempre uno in funzione dell'altro e, dato il carattere prevalentemente 'ionico' delle ceramiche, a identificarli, rispettivamente, con un avamposto sirita sul Basento e con la stessa *Siris*[6].

L'Incontro di Studi svoltosi nel 1984 a Policoro (*Siris-Polieion*) imprime una prima svolta fondamentale al dibattito. La nuova cronologia assegnata alla fondazione della colonia colofonia da Mario Lombardo e lo sviluppo delle indagini archeologiche a Policoro e in altri centri dell'arco ionico (Termitito, Metaponto-Andrisani) portano ad una importante acquisizione. Viene infatti documentata per la prima volta in maniera evidente e concordemente riconosciuta l'esistenza di una fase insediativa di prima metà VII, e quindi pre-sirita, ricorrente negli insediamenti di Policoro, Termitito, Incoronata e Metaponto. Definita 'protocoloniale', essa è attribuita a nuclei di artigiani e commercianti greci, per lo più di provenienza microasiatica e orientale, operanti a contatto e in stretta collaborazione con le comunità indigene[7]. La contrapposizione tra l'ubicazione di *Siris* a Policoro o sul Sinni continua tuttavia a dividere gli studiosi, ma appare ormai evidente la necessità di affrontare la problematica attraverso un ampliamento della prospettiva alla pluralità delle esperienze insediative greche presenti nel territorio. Anche su quest'ultimo tema si apre tuttavia un dibattito tra quanti individuano l'elemento greco come l'unico promotore di tali esperienze e quanti attribuiscono un ruolo attivo e determinante anche al mondo indigeno (Sacchi 1990 ; Pelosi 1991 e 1992).

Nel 1991 Policoro è la sede di un nuovo Incontro, rivolto a tracciare una sintesi storica di due territori coloniali contigui, la Siritide e il Metapontino, tra l'età del Ferro e la fondazione di *Herakleia* (*Siritide e Metapontino*). L'incontro rappresenta l'occasione per un aggiornamento dello *status quaestionis* in relazione all'ubicazione di *Siris*[8] e alla lettura del quadro insediativo presente nell'area prima della fondazione delle due colonie[9]. La novità archeologica più rilevante su Policoro è data da una prima presentazione delle testimonianze archeologiche di età arcaica, fino ad allora inedite, rinvenute nella parte occidentale della 'Collina del Castello' e interpretate come un ulteriore elemento a sostegno della collocazione della colonia colofonia sul Sinni (Giardino 1991 [1998]). I nuovi dati permettono infatti di estendere l'abitato a capanne di VII a.C., fino ad allora limitato alla sola punta orientale della 'collina del Castello', anche alla parte occidentale della stessa (**fig. 237**). Inoltre, il tentativo di dare una seriazione cronologica più puntuale alla documentazione disponibile rappresenta la premessa per tracciare un primo profilo delle trasformazioni percepibili nell'abitato nel corso della sua storia (inizi VII - primi decenni V a.C.) e di evidenziarne la sostanziale indipendenza rispetto alle esperienze di *Siris*[10].

Prima di procedere, si ritiene utile ricordare quali sono gli argomenti utilizzati dagli studiosi a sostegno dell'una o dell'altra ipotesi interpretativa sull'abitato arcaico di Policoro.

Identificazione con Siris

- Assenza di rinvenimenti archeologici relativi alla presenza di Siris nell'area della foce del Sinni, sia in superficie sia in profondità[11].
- Fondazione di *Siris* agli inizi del VII a.C.[12]
- Carattere 'ionico' di gran parte delle ceramiche di VII a.C. provenienti dall'abitato e dalle necropoli di Policoro.

Identificazione con una forma insediativa mista

- Indicazioni, esplicite e dettagliate, fornite dalle fonti letterarie sull'ubicazione di *Siris* sul fiume Sinni ; sulla sua continuità di frequentazione come porto di *Herakleia* dopo la fondazione di quest'ultima ; sulla distanza di 24 stadi intercorrente tra *Herakleia* e il porto sul Sinni[13].
- Fondazione della colonia colofonia intorno alla metà del VII a.C.[14]
- Inserimento dell'abitato arcaico di Policoro all'interno di dinamiche insediative e culturali più ampie, interessanti l'intero arco ionico.

6 Adamesteanu 1974, p. 93 ; 1974 [1976], p. 57 ; 1976 [1978], p. 312 ; 1979 [1982], p. 303 ; 1980 [1981], p. 61 ; 1985, p. 61 ; Orlandini 1976 ; 1980 [1981], p. 211-212 ; 1985, p. 107 ; Adamesteanu, Dilthey 1978, p. 527-528.

7 Lombardo 1984 [1986], p. 66-69 ; Orlandini 1984 [1986], p. 52.

8 Osanna 1989, p. 82 ; Pianu 1991 [1998], p. 230 ; Tagliente 1991 [1998], p. 101 : a Policoro. Giardino 1991 [1998], Lombardo 1991 [1998], p. 54 : sul Sinni.

9 Lombardo 1991 [1998], con un'ampia sintesi delle diverse letture fino ad allora proposte dai singoli studiosi alle p. 48-53 ; 1996, p. 17 ; Bianco 1996b, p. 16-17.

10 Per una esposizione più dettagliata di questi dati vedi *infra* p. 14-17.

11 Adamesteanu 1980 [1981], p. 69-72 ; Osanna 1989, p. 80-81 ; Tagliente 1991 [1998], p. 99-101.

12 Adamesteanu 1979 [1982], p. 304 ; Huxley 1980 [1981], p. 30. Questa datazione è stata seguita da tutti gli studiosi fino alla nuova cronologia definita da Mario Lombardo nel 1984 (vedi bibliografia di nota n. 7). La fondazione di *Siris* è stata riportata agli inizi del VII in Luraghi 1990, p. 14-17 (con osservazioni in Lombardo 1991 [1998], p. 51-52).

13 Strabone VI, 1, 14. Lombardo 1984 [1986], p. 69-77.

14 Lombardo 1984 [1986], p. 58, 62-66 ; 1991 [1998], p. 45, 55 ; 1996, p. 18-19 ; 1999 [2000], p. 202 ; Osanna 1992, p. 89 ; 2008, p. 23 ; De Siena 1999, p. 225 ; Prandi 2008, p. 10 (con datazione alla prima metà del VII, ma con rinvio bibliografico agli studi di M. Lombardo).

Appare evidente come la scelta dell'una o dell'altra ipotesi sia motivata da un diverso approccio interpretativo nei confronti di una stessa documentazione, archeologica e letteraria. La prima ipotesi ha le sue radici in due presupposti ritenuti validi : che il modello coloniale *polis-chora* (possesso esclusivo e controllo di un determinato spazio geografico) rappresenti l'unica forma insediativa adottata dai Greci in Italia meridionale ; che le aree di produzione delle ceramiche ricorrenti in un abitato vengano sostanzialmente a 'marcare' l'*ethnos* stesso degli abitanti [15]. L'applicazione di tali presupposti ai dati archeologici ha quindi portato alla identificazione dell'abitato arcaico di Policoro con *Siris* e ad una conseguente negazione di quanto indicato nelle fonti letterarie. La seconda ipotesi ritiene invece che non si possa escludere a priori l'eventuale esistenza di forme stanziali greche basate su una dinamicità e reciprocità di rapporti economici e culturali con il mondo indigeno ; che sia sempre più evidente una pluralità di componenti culturali ed economiche nei gruppi di provenienza greca che hanno dato luogo alle singole forme di contatto ; e che solo una lettura 'filologica' delle informazioni offerte dalla documentazione archeologica e letteraria possa permettere di cogliere forme, modi e tempi attraverso i quali tali contatti si sono realizzati.

Il presente contributo intende riprendere la problematica relativa alla lettura dell'abitato arcaico di Policoro tenendo conto della ormai acquisita necessità di considerare questo insediamento come espressione di un fenomeno insediativo, culturale ed economico più esteso ed articolato. Pertanto, esso punterà ad una rilettura dei dati archeologici, noti da tempo e di recente acquisizione, relativi ad un contesto geografico più ampio (fascia costiera ionica) e ad un arco cronologico più ristretto (prima metà del VII a.C.).

La fascia costiera ionica che si estende tra le colonie di Taranto e di Sibari rappresenta un comprensorio territoriale geograficamente omogeneo, suddiviso fisicamente in due settori dai rilievi montuosi che a sud del Sinni scendono fino alla linea di costa [16] (**fig. 238**). In entrambi i settori il paesaggio presenta una conformazione orografica e idrografica molto simile : la fascia litoranea è costituita da una pianura, più o meno ampia in profondità, delimitata e dominata verso l'interno da un continuo susseguirsi di terrazze collinari, la cui altitudine va gradualmente innalzandosi verso l'interno. Corsi d'acqua, la cui portata li connota come fiumi o torrenti, scandiscono e separano i margini delle singole terrazze, offrendo un ricco apporto idrico e favorendo il collegamento viario con le aree interne ; altrettanto consistente è la diffusa presenza di sorgenti perenni, distribuite soprattutto lungo i pendii collinari [17]. Si tratta quindi di un paesaggio uniformemente articolato, che offre una particolare disponibilità all'insediamento umano nella parte costituita dalle terrazze che, nonostante la loro modesta altezza, presentano un ampio dominio visivo, sia sulle vallate e verso l'interno, sia sulla pianura costiera e su tutto il golfo ionico. La fascia litoranea, invece, si presenta potenzialmente meno idonea all'insediamento umano : il notevole apporto idrico dei numerosi corsi d'acqua e la sua scarsa pendenza naturale verso il mare le conferiscono una marcata tendenza all'impaludamento e richiedono un intervento umano sistematico per la raccolta e il deflusso delle abbondanti acque di superficie.

Ai margini occidentale e orientale di questo arco costiero si insediano, negli ultimi decenni dell'VIII secolo a.C., la colonia achea di Sibari e quella spartana di Taranto. Il territorio intermedio, nonostante quella predisposizione insediativa prima descritta, non viene interessato da altre fondazioni greche per oltre 50 anni, fino allo stanziamento di *Siris* sul fiume Sinni (660-650 a.C. circa) e di Metaponto tra il Bradano e il Basento (630 a.C. circa). Al momento dell'arrivo dei primi coloni greci questo stesso territorio è interessato dalla presenza di comunità indigene dell'età del Ferro, di cui la ricerca archeologica ha individuato numerosi abitati, posizionati su alture dominanti le vallate fluviali e la fascia costiera ionica, e talvolta dotati di una notevole estensione : S. Teodoro-Incoronata sulla destra del Basento, S. Maria d'Anglona tra Agri e Sinni e Francavilla Marittima sul Raganello, nel versante calabrese [18]. Questi centri, forse insieme ad altri tuttora sconosciuti, hanno verosimilmente rappresentato i primi e imprescindibili interlocutori dei coloni sibariti e tarantini. La coppa fenicia di Francavilla, la fibula frigia di S. Maria d'Anglona e la coppa mediogeometrica dell'Incoronata rappresentano altrettante attestazioni materiali dell'esistenza di contatti tra mondo indigeno ed elementi greci nel corso dell'VIII a.C., e quindi prima e contemporaneamente alla fondazione delle colonie. Con la metà del secolo si colgono i segni di alcune trasformazioni che interessano

15 Osservazioni a riguardo sono espresse in Pelosi 1991, p. 59-60 ; Lombardo 1996, p. 16-17.

16 Questi rilievi potrebbero rappresentare il limite meridionale della *chora* sirita (Giardino 2003, p. 184-185), solitamente identificato con il Sinni (Osanna 1992, p. 94 e 96), mentre quello eracleota viene ubicato al torrente S. Nicola o al Canna (**fig. 238**) (Osanna 1992, p. 100-101 ; 2008, p. 33 ; Bianco 2000 [2001], p. 812-813).

17 Guzzo 1982, p. 146-147 ; Lombardo 1996, p. 15-16 ; Giardino, De Siena 1996 [1999], p. 23-24 ; Giardino 2003, p. 184.

18 Per una descrizione dei diversi aspetti della facies dell'età del Ferro in Basilicata e per un inserimento della fascia costiera ionica in un ambito territoriale più ampio si rinvia a Bianco 1996a ; 1999, p. 152-175 ; De Siena 1999, p. 216-221 ; 2002, p. 25-28 ; Giardino, De Siena 1996 [1999], *passim*. Particolarmente ricco di contributi e rivolto anche all'area calabrese è il recentissimo *Prima delle colonie*.

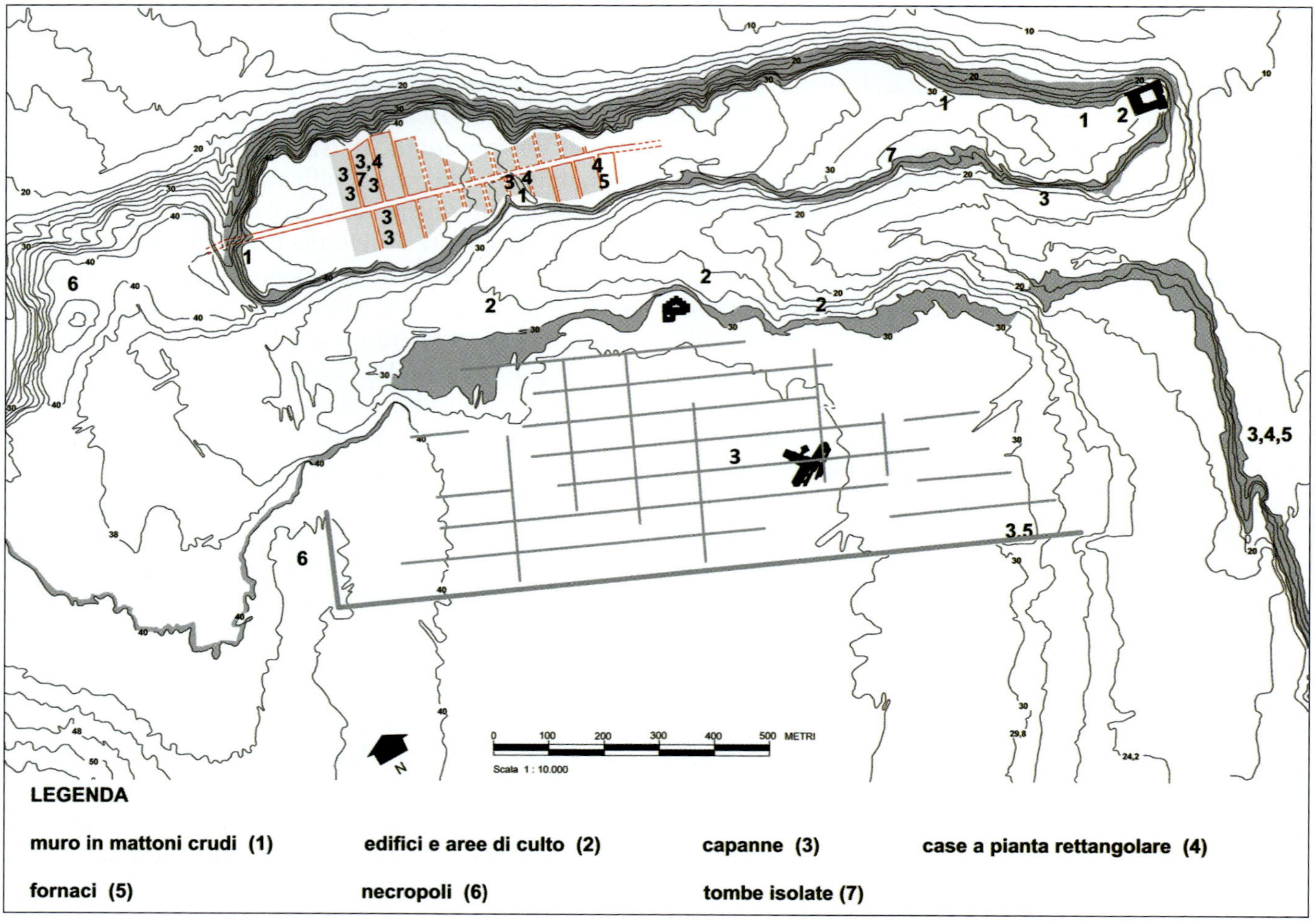

Fig. 237. Policoro. Testimonianze dell'abitato arcaico (VII – VI a.C.) e impianto urbano di *Herakleia* (Laboratorio di Urbanistica del mondo classico, Università del Salento).

le forme di organizzazione dell'abitato, l'articolazione sociale e il repertorio morfologico e decorativo delle ceramiche indigene[19].

Le indagini archeologiche svolte nell'ultimo trentennio hanno inoltre portato all'individuazione e all'indagine sistematica di alcuni abitati che offrono un quadro del popolamento e degli aspetti culturali della fascia costiera ionica nel corso del VII a.C. Gli insediamenti cui si fa riferimento sono, a partire da nordest, L'Amastuola, a ridosso di Taranto ; la 'Incoronata greca' sulla destra del Basento ; Termitito sul Cavone e l'abitato arcaico di Policoro sull'Agri (**fig. 238**). Ad essi vanno poi aggiunti i nuclei insediativi rinvenuti ai piedi della 'Incoronata greca' e nell'area urbana di Metaponto (proprietà Andrisani e Lazzazzera, c.d. *castrum*), a ridosso della foce del Basento e sulla riva sinistra del fiume. Soltanto questi ultimi sono posizionati nella pianura costiera, mentre i primi occupano le terrazze collinari retrostanti, secondo un modello insediativo di altura che richiama quello ricorrente nei siti indigeni dell'età del Ferro. Tutti sono stati oggetto di indagine e di pubblicazione da parte di gruppi diversi di ricercatori e ciascuno di essi ha dato origine ad un dibattito, più o meno articolato, sulla sua interpretazione storica. Ed è forse interessante notare come la discussione relativa ai singoli centri si sia sviluppata secondo linee evolutive molto simili : ad una lettura iniziale come *phrouria* delle colonie di Taranto (l'Amastuola) e di *Siris* (Incoronata), come la sede stessa della colonia colofonia (Policoro) e come avamposti collegati a quest'ultima (Termitito, nuclei di Metaponto), è stata poi contrapposta, da parte di altri studiosi, l'identificazione con centri indigeni nei quali la compresenza di elementi greci ha dato origine a fenomeni economici e culturali connotati da una particolare dinamicità e varietà di esperienze.

Data la complessità del dibattito, si ritiene utile presentare una breve scheda riassuntiva per ciascuna località.

Il sito di l'Amastuola (Crispiano) è posto su un'altura ubicata a NW di Taranto e a 14 km dalla costa

19 Lombardo 1996, p. 16 ; Bianco 1999, p. 179-181 ; De Siena 2002, p. 25-26.

Fig. 238. La fascia costiera ionica tra Sibari e Taranto nel VII a.C. Geomorfologia e insediamenti.

ionica (**fig. 238**). La sua quota supera di poco i 200 metri s.l.m., ma dalla sua sommità si domina la piana costiera compresa tra Taranto e Ginosa Marina, e quindi fino al territorio metapontino, così come un ampio spazio verso l'interno[20]. Indagato dalla Soprintendenza per i Beni Archeologici della Puglia nel 1988 e nel 1991, il centro è stato identificato con un abitato indigeno della fine dell'VIII secolo a.C., occupato e distrutto dai Tarantini verso il 675 a. C.[21] Alla fase indigena sono state attribuite una struttura difensiva ad aggere, una capanna e ceramiche del medio e tardo geometrico japigio ; a quella greca, alcuni *oikoi* a pianta rettangolare, la necropoli e le ceramiche greche, di importazione e di produzione 'coloniale'[22]. Per queste ultime è stata inoltre segnalata la presenza di contenitori connotati da una evidente affinità formale e decorativa con quelli dell'Incoronata e l'assenza di ceramica laconica[23]. Abitato e necropoli presentano una marcata rarefazione della documentazione a partire dal secondo venticinquennio del VI a.C. e nel corso del V a.C., quando vengono entrambi abbandonati (Maruggi 1988, p. 137-138 ; 1992 [1996], p. 202 e 218). Le vicende insediative dell'abitato di l'Amastuola fornirebbero quindi un'ulteriore conferma a quello "schema di espansione coloniale violenta" da parte di Taranto, suggerito anche dalle fonti letterarie[24].

Più di recente gli archeologi olandesi che stanno operando nel sito a partire dal 2003 hanno proposto una lettura diversa : una comunità indigena della seconda metà dell'VIII a.C. associata a elementi di origine greca (e non espulsa o eliminata da questi ultimi) agli inizi del VII e incorporata nella *chora* tarantina soltanto nel corso del V a.C. (Burgers, Crielaard 2007, p. 77, 86-87 ; 2007 [2009], p. 375). I dati archeologici portati a sostegno della precedente ipotesi sono costituiti da una documentata persistenza della fase indigena almeno fino alla metà del VII secolo a.C. ; dall'assenza di testimonianze archeologiche relative ad una 'conquista' dell'abitato ; dalla cronologia delle case a pianta rettangolare, utilizzate tra la fine del VII e la seconda metà del VI a.C. ; dal rinvenimento di una stele funeraria indigena nell'area della necropoli (Burgers, Crielaard 2007 [2009], p. 368, 370, 374).

L'Incoronata corrisponde ad un'ampia ed articolata terrazza collinare posta sul lato destro del Basento, a pochi chilometri dalla costa ionica (**fig. 238**). Nonostante la modesta altitudine (m. 65 circa s.l.m.) dalla sua sommità è possibile abbracciare con lo sguardo il golfo di Taranto e la costa ionica del Salento fino a Punta Prosciutto. Tutto il pianoro è interessato dalla presenza dei diversi settori di un abitato dell'età del Ferro, di cui è stato indagato un esteso nucleo, documentato da capanne e tombe che si collocano tra il X e la metà dell'VIII a.C. (Incoronata S. Teodoro o 'Incoronata indigena')[25]. Una continuità di occupazione, compresa tra la metà dell'VIII e il terzo quarto del VII a.C. e connotata da aspetti culturali in parte diversi dalla fase precedente, è documentata solo sulla parte del pianoro più vicina al corso del Basento ('Incoronata greca')[26]. Questo settore abitativo più recente è stato individuato

20 Lippolis 1990, p. 415 ; Maruggi 1992 [1996], p. 197 ; 1996, p. 258 ; Burgers, Crielaard 2007, p. 79-81 ; 2007 [2009], p. 365.

21 Maruggi 1988, p. 135-138 ; 1992, p. 298-300 ; 1992 [1996], p. 215-218 ; 1996, p. 258. L'interpretazione è stata ripresa da tutti gli studiosi (D'Andria 1990 [1991], p. 413-415 ; Lippolis 1990, p. 416 ; Lombardo 1990 [1991], p. 85-86 ; Osanna 1997 [1999], p. 291-292 ; 2000 [2001], p. 208-209 ; Greco 2000 [2001], p. 176-177, 183 ; Nafissi 2001 [2002], p. 606-607), mentre l'invito "a una più tranquilla riflessione" è in Guaitoli 2001 [2002], p. 244.

22 Maruggi 1988, p. 137-138 ; 1992 [1996], p. 199-202 (con datazione dei corredi più antichi al secondo quarto del VII a.C.) e 202-214 ; 1996, p. 247, 258-259 ; Semeraro 1996, p. 275 ; Burgers, Crielaard 2007, p. 81, 85-87 (datazione dell'aggere verso il 670 a.C.).

23 Maruggi 1996, p. 258 e 263 ; Pelagatti, Stibbe 2001 [2002], p. 392 ; Schmidt 2001 [2002], p. 352-353.

24 Nafissi 2001 [2002], p. 623 ; Burgers, Crielaard 2007 [2009], p. 367-368.

25 De Siena 1986, p. 199-203, 210 ; 1992 [1996], p. 175-195 ; 1999, p. 221-222 ; Pelosi 1991, p. 53-58 (con un'ampia sintesi sullo sviluppo delle ricerche) ; 1992, p. 36-37 ; Bianco 1999, p. 179-180 ; Cossalter, De Faveri 2007 [2009], p. 76 (con citazione della bibliografia precedente).

26 Per la terminologia 'Incoronata indigena' e 'Incoronata greca', correntemente utilizzata nella bibliografia archeologica, v. Pelosi 1992, p. 36.

nel 1971 da D. Adamesteanu, che lo presentò alla comunità scientifica come un esempio di comunità mista greco-indigena[27]. L'indagine archeologica è stata poi condotta da P. Orlandini che, modificando la lettura iniziale, ha proposto l'identificazione dell'abitato con un insediamento greco, le cui abitazioni sono rappresentate da piccoli *oikoi* rettangolari, costruiti agli inizi del VII a.C. occupando e distruggendo un villaggio indigeno dell'VIII secolo[28]. Inizialmente il sito è stato indicato come un *phrourion* sirita (Orlandini 1980 [1981], p. 212-213, 215), ma dopo la nuova cronologia di metà VII definita per la fondazione di *Siris* e le affinità riscontrate con le ceramiche di Policoro, Termitito e Metaponto-Andrisani, lo studioso parla di "presenze greche *prepoleiche*" della prima metà del VII a.C., da attribuire a commercianti ed artigiani di origine ionica, e della funzione di avamposti e di scalo siriti assunta dai precedenti abitati dopo la fondazione colofonia[29].

L'insediamento greco dell'Incoronata viene a sua volta distrutto, in maniera definitiva, dagli Achei che fondano Metaponto verso il 630 a.C. circa (Orlandini 1999, p. 201). La data finale e il collegamento di quest'ultima con la fondazione della colonia achea sono stati accettati concordemente dagli studiosi. L'identificazione con un insediamento esclusivamente greco e l'ipotesi di una occupazione violenta del sito sono stati invece oggetto di una lunga e serrata discussione, che ha avuto le sue radici soprattutto nella diversa interpretazione funzionale data alle evidenze archeologiche più caratteristiche della 'Incoronata greca', ma presenti anche nel settore indigeno dell'Incoronata, a Metaponto-Andrisani, Termitito e Policoro : le c.d. 'fosse' (**fig. 239**). Queste ultime corrispondono a cavità di forma circolare o sub circolare, scavate nel terreno vergine del pianoro e rinvenute ricolme di un gran numero di vasi interamente ricostruibili, enotri e greci (di produzione 'coloniale' e d'importazione). Esse sono state interpretate come fosse realizzate dai Greci per il recupero dell'argilla e successivamente utilizzate per lo scarico delle ceramiche[30] ; ovvero come parti residuali di cavità presenti sotto il piano pavimentale della capanna e destinate alla conservazione delle derrate alimentari, secondo un modello architettonico ampiamente diffuso nel mondo indigeno della Basilicata a partire dall'età del Bronzo[31]. Questa seconda interpretazione ha come immediata conseguenza l'identificazione della 'Incoronata greca' come un settore dell'abitato indigeno che non si esaurisce, né tantomeno viene distrutto alla fine dell'VIII secolo, bensì ospita "l'arrivo consistente e permanente di artigiani e commercianti greci... accolti e gradualmente assimilati all'interno della struttura locale"[32].

Fig. 239. 'Incoronata greca' (Pisticci, Matera). Panoramica delle 'fosse' (da Orlandini 1986, tav. 24).

La documentazione archeologica relativa all'Incoronata ha avuto un ulteriore arricchimento nel 1999, quando un altro nucleo insediativo è stato individuato ai piedi della collina di S. Teodoro, quasi a ridosso della riva destra del Basento (De Siena 2002, p. 30-32). Frequentato nel VII a.C. e distrutto violentemente nello stesso periodo della 'Incoronata greca', il nucleo è documentato da due abitazioni a pianta rettangolare, ciascuna composta da due ambienti ; i muri sono realizzati con uno zoccolo in pietre e l'elevato in mattoni crudi. Le poche ceramiche rinvenute sono esclusivamente di tipo greco, d'importazione e di produzione 'coloniale'. La forma e la tecnica costruttiva degli edifici e la documentazione

27 Adamesteanu 1971 [1972], p. 451-454 (con riconoscimento del carattere prevalentemente greco-orientale delle ceramiche) ; 1974, p. 67-76 ; 1974 [1976], p. 55-57.

28 Orlandini 1984 [1986], p. 29, 50 ; 1986, p. 29 ; 1991 [1998], p. 93 ; Sacchi 1990, p. 136, 145-146 ; Osanna 1992, p. 93. La connotazione indigena dell'abitato, ancora nel VII a.C., è stata invece sostenuta in Guzzo 1982, p. 149, da Angela Pontrandolfo, Federica Cordano e Mario Torelli (riportati in Pelosi 1992, p. 43).

29 Orlandini 1984 [1986], p. 50 ; 1986, p. 37 ; 1991 [1998], p. 93 ; 1999, p. 199-205 (con indicazione della bibliografia precedente). Sulle ipotizzate funzioni emporiche della 'Incoronata greca' vedi le osservazioni in Pelosi 1992, p. 44 ; De Siena 1999, p. 223.

30 Orlandini 1984 [1986], p. 52 ; 1986, p. 29, 31, 35 ; 1999, p. 203 ; Sacchi 1990, p. 139-141, 146, 148 ; Pelosi 1992, p. 42. Questa stessa interpretazione è stata estesa anche alla 'fosse' di Policoro (Tagliente 1986, p. 195 ; Sacchi 1990 ; Orlandini 1999, p. 203-205). Vedi quanto detto *infra*, p. 7.

31 De Siena 1984b [1986], p. 138-139, 151-154 ; 1986, p. 200-203 ; 1992 [1996] ; 1999, p. 221 e 224 ; 2002, p. 27 ; Bianco 1996b, p. 16-17 ;Giardino, De Siena 1996 [1999], p. 28-29 ; Cossalter, De Faveri 2007 [2009], p. 77.

32 De Siena 1999, p. 223-224 ; Greco 2000 [2001], p. 179. Questo stesso tipo di lettura della 'Incoronata greca' era stato già proposto in Guzzo 1982 ; Pelosi 1991, p. 70-71, 1992, p. 43. Vedi anche quanto detto nella nota n. 28.

materiale hanno quindi suggerito l'interpretazione del nucleo abitativo "quasi come un trait d'union tra l'insediamento emporico - artigianale ipotizzato alla foce del fiume e l'abitato dell'Incoronata" (De Siena 2002, p. 31).

Nei contributi più recenti il dibattito sulla 'Incoronata greca' non appare ancora esaurito. Nel 1999 Giuliana Stea identifica la 'Incoronata greca' come la sede di "una comunità di *emporoi* e artigiani di origine micrasaitica", dando una particolare rilevanza alle attività produttive (ceramiche) svolte sul pianoro (Stea 1999, p. 61). Nel 2005 la destinazione abitativa degli *oikoi* comincia ad essere sottoposta a critica (Denti 2005, p. 183-184 ; Osanna 2008, p. 22). Nel 2006 Marina Castoldi accetta il riconoscimento delle 'fosse' come parti strutturali di capanne indigene e parla di "una fase di rapporti e di convivenza tra indigeni residenti e *prospectors* greci nei decenni iniziali del VII secolo", ma sostiene "che la progressiva crescita 'in senso greco' dell'abitato ha sconvolto e obliterato le più antiche strutture indigene" (Castoldi 2006, p. 11-14). Di fatto, l'abitato di VII a.C. viene attribuito ad una comunità composta prevalentemente da Greci, che avrebbero inizialmente utilizzato il modello abitativo indigeno della capanna e poi costruito strutture a pianta rettangolare di tipo greco (*oikoi*). Nel 2007 Mario Denti riprende e sostiene la lettura della "Incoronata greca" come un sito enotrio la cui "fase indigena" continua nella prima metà del VII a.C. "registrando la coesistenza di tecniche, materiali, individui, indigeni e greci". Egli, tuttavia, collega nuovamente la formazione delle 'fosse' con attività connesse all'estrazione e alla lavorazione dell'argilla ; inoltre, individua nella vita dell'insediamento una cesura, cronologicamente collocabile nel terzo quarto del VII a.C. e corrispondente alla formazione di depositi che lo studioso colloca "nell'ambito della sfera del rito" (Denti 2007 [2009], p. 112-113, 115, 120-122).

In prossimità della foce del Basento e sulla riva sinistra del fiume, tra gli anni '70 e '90 del secolo scorso sono stati individuati alcuni nuclei abitativi, distribuiti nell'area successivamente occupata dalla colonia achea di Metaponto (**fig. 238**) [33]. Più precisamente, i nuclei sono ubicati nella parte occidentale (Andrisani), meridionale (*plateia* nord-sud, Lazazzera) e orientale (c.d. *castrum*) della città. La struttura abitativa è costituita unicamente da capanne, archeologicamente documentate dallo stesso tipo di 'fosse' rinvenute alla 'Incoronata greca', a Termitito e a Policoro. Anche le ceramiche ripropongono un quadro sostanzialmente identico a quello dei siti precedenti, con una netta prevalenza dei vasi di tipo greco (d'importazione e di produzione 'coloniale') su quelli enotri. La loro cronologia, e quindi il periodo di frequentazione dell'area, si colloca tra la fine dell'VIII a.C. e la metà del VII a.C. Tutti i dati concorrono ad inserire questa presenza insediativa in quell'ampio e articolato fenomeno culturale ed economico che si sviluppa nell'arco ionico compreso tra Taranto e Sibari nel corso del VII a.C. e caratterizzato da una compresenza di elementi di provenienza esterna nelle comunità indigene (De Siena 1986, p. 209 ; 2002, p. 30).

La coincidenza di vita con la 'Incoronata greca', le marcate affinità nei materiali ceramici e l'ubicazione dei nuclei abitativi alla foce del Basento hanno indotto Piero Orlandini, in linea con quanto ipotizzato per l'Incoronata, a vedere nell'insediamento premetapontino un *epìneion* greco, sia pure controllato da indigeni, utilizzato per la 'commercializzazione' delle ceramiche ammassate nei magazzini della 'Incoronata greca' e violentemente distrutto al momento della fondazione della colonia achea (Orlandini 1999, p. 201-202).

La terrazza collinare di Termitito è posizionata sulla riva destra del Cavone, a circa 7 km dalla costa (**fig. 238**). Essa corrisponde ad una altura di modesta entità (m. 81 s.l.m.), dalla quale è tuttavia possibile abbracciare con lo sguardo un ampio spazio verso l'interno, il golfo ionico e, in giornate particolarmente limpide, un notevole tratto della costa salentina, da Taranto fino a Gallipoli. La località ha restituito documenti di una frequentazione umana che va, senza soluzioni di continuità, dal Bronzo medio fino al VI secolo a.C. e della costruzione di una villa rustica, in uso tra il II a.C. e il II d.C. (De Siena 1984a [1986] ; 1992 [1996] p. 166-173). L'indagine archeologica e le relative pubblicazioni sono state dedicate soprattutto alle fasi di occupazione più antica e più recente. Per quella intermedia è tuttavia possibile definire l'esistenza di un abitato, la cui cronologia si colloca tra il VII e la fine del VI a.C. Le strutture abitative della prima metà del VII a.C. sono costituite da capanne, documentate archeologicamente da 'fosse', cui si sovrappongono nella seconda metà del secolo ambienti a pianta quadrangolare. In questo stesso periodo le ceramiche di tipo greco (di importazione e di produzione 'coloniale') diventano nettamente prevalenti su quelle enotrie ed il rinvenimento di una fornace sembra indicare una produzione locale di coppe con orlo a 'filetti' (De Siena 1992 [1996], p. 170-172). Forme e sintassi decorative delle ceramiche di tipo greco presentano una stretta affinità con quelle di Policoro e della 'Incoronata greca' [34].

33 De Siena 1984b [1986], p. 139-156 ; 1986, p. 203-209 ; 1990, p. 84-88 ; 1999, p. 225-226 ; 2002, p. 28-30 ; D'Andria 1994 [1995], p. 500-501, fig. 31 ; Giardino, De Siena 1996 [1999], p. 34.

34 Adamesteanu 1976 [1978], p. 314-315, tav. CXLV, fig. 12 ; De Siena 1984a [1986], p. 29.

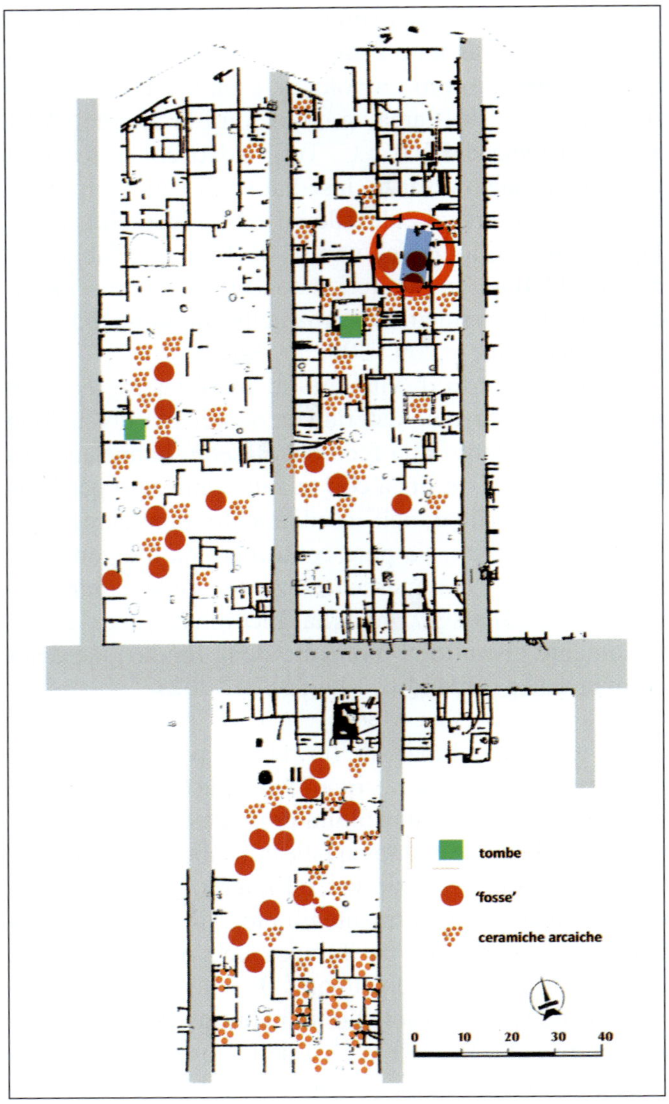

Fig. 240. Policoro (Matera),'collina del Castello', quartiere occidentale di *Herakleia*. Distribuzione delle testimonianze arcaiche. In evidenza l'area della capanna indagata nel 1995 (Laboratorio di Urbanistica del mondo classico, Università del Salento).

L'abitato di VII e VI a.C. di Termitito è stato inizialmente identificato come "un caposaldo della penetrazione di *Siris* lungo la fascia costiera, in direzione del metapontino"[35]. Recenti rivenimenti su altre terrazze della vallata del Cavone sembrano tuttavia suggerire che l'abitato di Termitito rientri in quel quadro di presenze insediative miste che interessano l'intero arco ionico e che, sia pure in maniera diversa, concorrono nel VII a.C. al suo dinamismo culturale e alla sua crescita economica (De Siena 2002, p. 31-32).

A Policoro il rinvenimento nel 1968 di una necropoli di VII secolo a.C. in proprietà Schirone (Adamesteanu 1971, p. 643, 647 ; 1974 [1976], p. 56) (**fig. 237**) rappresenta la prima, evidente testimonianza sull'estensione e sulla consistenza della frequentazione di età arcaica che ha preceduto la fondazione di *Herakleia*. La prima lettura proposta da D. Adamesteanu per questa area funeraria è stata ancora una volta in chiave greco-indigena, con l'attribuzione della necropoli ad un insediamento misto ipoteticamente ubicato nel settore occidentale della 'collina del Castello'. Il successivo intensificarsi dei ritrovamenti di VII e VI secolo a.C. e lo sviluppo delle ricerche alla 'Incoronata greca' hanno poi indotto lo studioso a modificare l'ipotesi iniziale, ad identificare l'abitato arcaico con la colonia colofonia e a riconoscere nella necropoli di VII a.C. una delle aree funerarie di Siris, o più precisamente di una delle sue *komai* (D. Adamesteanu in Berlingò 2005, p. 469).

Fig. 241. Policoro (Matera), 'collina del Castello', quartiere occidentale di *Herakleia*, isolato 1, ambiente 89. Panoramica delle 'fosse' (verso Sud).

Anche per Policoro si è comunque sviluppato un lungo dibattito che, parallelamente a quello dell'Incoronata, è stato condizionato dalla nuova datazione della colonia colofonia alla metà del VII, dalla interpretazione funzionale delle "fosse" e dall'ampliamento della prospettiva d'indagine ad un ambito territoriale più ampio (*supra*, p. 3-4). La fase insediativa di prima metà VII è stata attribuita ad una presenza greca presirita da quanti avevano identificato l'insediamento con *Siris*[36] ; al periodo iniziale di un abitato indigeno con presenza stanziale di elementi greci dagli altri studiosi. Come già precisato (*supra*, p. 3), di particolare importanza per la tematica qui discussa è stata la documentazione proveniente dal settore occidentale della 'Collina del Castello' occupato da uno dei quartieri di *Herakleia*. I lavori che hanno preceduto la costruzione degli isolati, modificando

35 Adamesteanu 1976 [1978], p. 314 ; 1979 [1982], p. 306 ; 1980, p. 33 ; Orlandini 1980 [1981], p. 216.

36 Le due necropoli occidentali di Cerchiarito e di Schirone, entrambe utilizzate a partire dagli inizi del VII, sono tuttavia costantemente attribuite a *Siris* (Berlingò 1993, 2005).

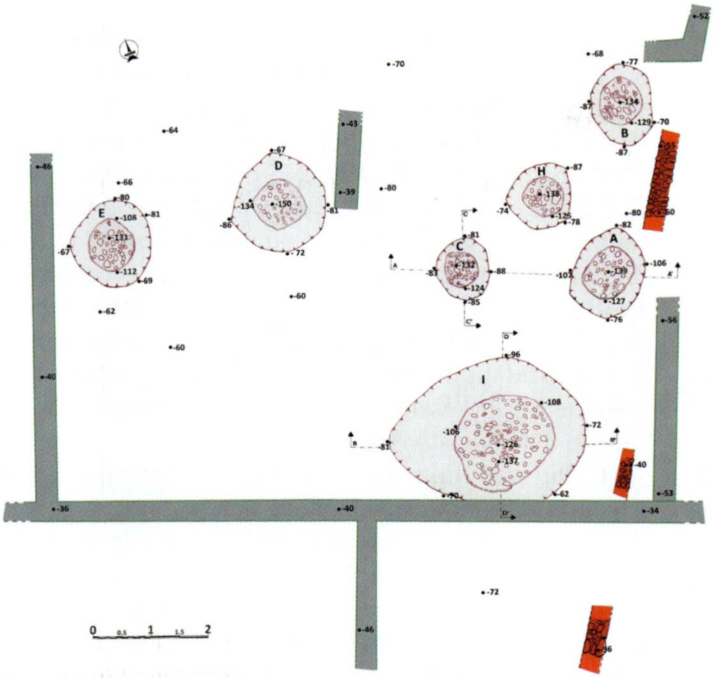

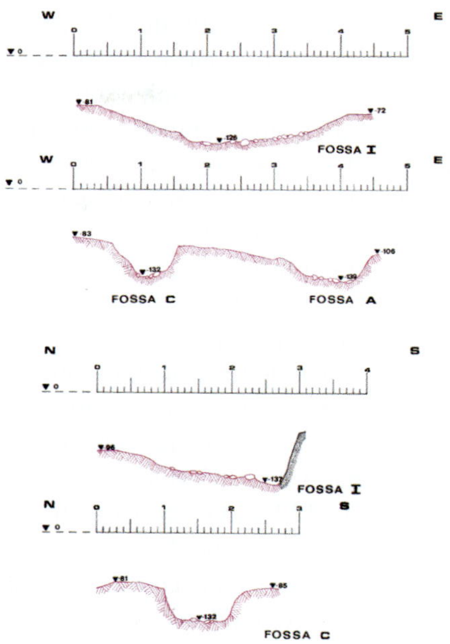

Fig. 242-243-244. Policoro (Matera), ‘collina del Castello’, quartiere occidentale di *Herakleia*, isolato 1, ambiente 89. 242- (alto a sin.). Rilievo delle ‘fosse’. 243- (alto a destra) Sezioni delle ‘fosse’ A,C,I. 244- (in basso). Proposta di ricostruzione della capanna (arch. F. Gabellone).

l'andamento topografico naturale del pianoro, hanno causato la parziale distruzione e la dispersione su una vasta area della documentazione materiale pertinente ad un abitato arcaico, indiziato da abitazioni e da due tombe [37] (**fig. 240**). Un settore ben definito dell'area [38] è stato oggetto di una nuova indagine nel 1995 ed ha portato all'individuazione di un contesto costituito da 7 'fosse' ricavate nel terreno vergine di base e dai resti della parte in fondazione di una struttura muraria rettilinea (**fig. 241-242**). La parziale sovrapposizione fisica di quest'ultima ad una delle fosse ne ha inoltre determinato con sicurezza la recenziorità cronologica [39]. Le 'fosse' sono apparse conservate solo per una parte della loro profondità originaria e distribuite su una superficie di circa 120 mq. (**fig. 242-243**) ; dimensioni e forma qualificano quelle più piccole (m. 1 - 1,20 ca.) come cavità verosimilmente destinate ad accogliere contenitori fittili per derrate alimentari. La loro distribuzione planimetrica ne suggerisce la pertinenza ad almeno due capanne diverse e ad una stessa unità abitativa possono essere attribuite, per la loro disposizione, le cinque cavità orientali, disposte in senso NE-SW entro uno spazio di m. 12 x 6 circa. La ricostruzione grafica in 3D qui proposta formula un'ipotesi sul rapporto spaziale esistente originariamente tra 'fosse' e capanna (**fig. 244**). Ubicazione e andamento della struttura muraria posteriore sembrano documentare la cessazione d'uso della capanna e la costruzione di una casa a pianta rettangolare, che si pone in stretta continuità topografica e funzionale con l'unità abitativa più antica.

La documentazione materiale rinvenuta all'interno delle fosse e nell'area circostante definisce un periodo di frequentazione che va, ininterrottamente, dagli inizi del VII alla fine del VI a.C. [40] Le poche ceramiche d'importazione rinvenute hanno aree di provenienza diverse : un *alabastron* di produzione orientale, un'anforetta in bucchero sottile con decorazione incisa a spirali (**fig. 245a**) e una piccola *kotyle* corinzia. Tra le anfore da trasporto prevalgono le corinzie A (**fig. 245a**) [41]. I vasi di produzione 'coloniale' rappresentano la quasi totalità della documentazione e ripropongono un repertorio di forme nel quale predominano nettamente i vasi potori : coppe di tipo protocorinzio con orlo 'a filetti' (**fig. 245b**), sostituite da coppe skyphoidi e coppe di tipo ionico B 2 nel corso del VI a.C. (**fig. 245c**) [42] ; *kotylai* [43] e crateri (**fig. 245d**). Alle piccole attività produttive quotidiane fanno riferimento un discreto numero di pesi da telaio e di rocchetti fittili e una macina in pietra. Le ceramiche enotrie e gli impasti sono attestati in quantità minime (**fig. 245e**). Un frammento di *lekythos* a figure nere e una coppa di tipo ionico, interamente verniciata in nero, sembrano rappresentare i documenti archeologici più recenti del contesto (**fig. 245f**).

I dati restituiti dalla microarea costituita dalla capanna dell'ambiente 89 hanno una perfetta corrispondenza in quelli provenienti dalla restante superficie del quartiere occidentale eracleota. Il numero e la distribuzione delle 'fosse' segnalate dalla concentrazione di materiali arcaici (**fig. 240**) evidenziano l'alto numero di capanne originariamente presenti e lasciano pochi dubbi sulla presenza e sulla consistenza dell'abitato anche in questo settore della 'collina del Castello' (**fig. 237**). Ciò permette quindi di modificare quei dati che avevano indotto D. Adamesteanu a sostenere che le attestazioni relative all'abitato arcaico rinvenute sotto il quartiere occidentale di *Herakleia* "consistono in frammenti di vasi arcaici ma mai in strutture" [44]. Al repertorio delle ceramiche già edite [45] si possono aggiungere, come ulteriore presentazione preliminare di quanto rinvenuto, una coppa di tipo protocorinzio con motivo a *chevrons* sulla spalla (**fig. 246a**) ; due coppe con linea ondulata sull'orlo, di probabile produzione orientale e presenti anche a l'Amastuola (**fig. 246b**) [46] ; e due crateri (**fig. 246c** e **246d**). La *matt-painted ware* e i contenitori ad impasto sono sempre attestati da pochi esemplari (**fig. 246e**), mentre le coppe di tipo ionico B 2 (**fig. 246f**) e le *kylikes* tipo Bloesch C confermano la continuità di frequentazione del settore occidentale della 'collina del Castello' nel corso della seconda metà del VI e fino ai primi decenni del V a.C. L'abbondanza della documentazione fittile, la ricomponibilità dei vasi, la varietà

37 Giardino 1991 [1998]. Prima del 1995, la presenza e l'ubicazione delle strutture abitative erano suggerite dall'alta concentrazione di materiali arcaici entro aree circoscritte.

38 Il settore corrisponde alla superficie dell'ambiente 89 dell'isolato 1.

39 Tecnica costruttiva ed orientamento della struttura muraria escludono con sicurezza una sua attribuzione alla fase eracleota (Giardino 1991 [1998], p. 112-114, a cui si rinvia per una descrizione più dettagliata del contesto).

40 Per la riproduzione fotografica di questa documentazione si rinvia a Giardino 1991 [1998], fig. 14-16.

41 Giardino 1991 [1998], p. 114, fig. 15. L'*alabastron* ha un confronto stretto con l'esemplare rodio della tomba 150 di Cerchiarito, datata entro la metà del VII a.C. (Berlingò 1993, p. 13).

42 Giardino 1991 [1998], p. 114-115, fig. 14 e 16. Entrambe le forme sono ampiamente documentate anche nel settore orientale della 'collina del Castello' (Haensel 1973, fig. 24 n. 1-9 ; 26 n. 16 ; 38 n. 8 ; 47, n. 8-13).

43 Haensel 1973, fig. 36 n. 8 ; 39 n. 5 ; 50 n. 4 e 9.

44 Adamesteanu, Dilthey 1978, p. 527 ; Adamesteanu 1980 [1981], p. 91, 93 ; Sacchi 1990, p. 150.

45 Adamesteanu 1973, tav. XCIII-XCIV ; 1976 [1978], tav. CXLIII fig. 7 e 9 ; Giardino 1991 [1998], fig. 3-9 ; Giardino, De Siena 1996 [1999], tav. IX, 3.

46 Isler 1976 [1978], p. 77, tav. XXXII fig. 3, da Samos ; Maruggi 1996, p. 262-263 n. 221.

delle produzioni, sia pure con una netta predominanza di quelle greco-orientali, e il repertorio morfologico e decorativo si inseriscono perfettamente nel quadro della documentazione coeva proveniente da tutti gli altri settori dell'abitato di Policoro[47].

Alla documentazione fin qui esposta si è aggiunto nel 2007 un rinvenimento di particolare interesse per i dati strutturali, cronologici e topografici che esso offre. Si tratta di una 'fossa' di forma ovale conservata per l'intera estensione originaria, definita dall'allineamento di buche da pali lungo tutto il perimetro esterno (**fig. 247**). La differenza di quota esistente tra interno ed esterno conferma la profondità e la capienza delle 'fosse' e la loro interpretazione come parti residuali di capanne. La documentazione materiale è ancora una volta caratterizzata da una prevalenza di ceramiche greche, d'importazione e di produzione 'coloniale', databili nella seconda metà del VII secolo a.C.[48] La cronologia dei materiali, se confermata, rappresenterebbe la prima testimonianza sicura della persistenza d'uso a Policoro della capanna come struttura abitativa ancora nella parte finale del VII a.C.[49] Un ultimo dato riguarda il posizionamento topografico della struttura. La sua collocazione nella parte centro-occidentale della terrazza meridionale di *Herakleia* (**fig. 237**) la identifica come la testimonianza abitativa più vicina alla necropoli di Schirone e amplia notevolmente la distribuzione topografica delle presenze finora note in quest'area : le capanne di prima metà VII nel settore SE della terrazza meridionale (nuovo Ufficio Postale) e ad E di quest'ultima (proprietà Cospito-Caserta) ; il pozzo in uso nella seconda metà del secolo alle pendici meridionali della punta orientale della 'collina del Castello' (Giardini Murati) (Tagliente 1984 [1986] ; 1986, p. 196 ; 1991 [1998], p. 99) (**fig. 237**).

La presenza di una marcata componente indigena nell'abitato di Policoro è stata costantemente negata da quanti ne propongono l'identificazione con *Siris*, oppure, quando riconosciuta, attribuita ad elementi in condizione di sudditanza economica e politica[50]. Ancora nel 1999 sono indicati come documenti 'locali' una capanna e pochi frammenti di ceramica enotria ; e anche la parte occidentale della 'collina del Castello' viene considerata come un'area occupata da necropoli e fosse di scarico, esterna all'insediamento greco, concentrato solo sulla punta orientale della collina[51].

La documentazione archeologica nel suo complesso sembra tuttavia segnalare, con sempre maggiore evidenza, delle manifestazioni culturali riportabili al mondo indigeno e assegnare agli Enotri un ruolo non marginale né passivo nel processo di formazione e di crescita dell'abitato di Policoro nel corso della prima metà del VII a.C. A partire dagli inizi del secolo, nuclei isolati e distanziati di capanne occupano l'intera 'collina del Castello' e settori della pianura sottostante[52] (**fig. 237**). La collina, nonostante la sua quota molto modesta (m. 30-40 s.l.m.), presenta le stesse potenzialità di 'dominio visivo' riscontrate per gli altri insediamenti indigeni dell'arco ionico (Termitito, 'Incoronata greca' e la stessa l'Amastuola) ; inoltre, il nucleo insediativo che occupa questo settore topograficamente dominante si presenta più densamente occupato rispetto agli altri e forse dotato di un ruolo preminente. Il limite occidentale dell'insediamento è ben definito dalle necropoli di Schirone e di Cerchiarito, mentre quelli orientale e meridionale si presentano al momento più sfumati e indiziati solo dal diradarsi dei contesti abitativi[53]. Le caratteristiche topografiche e insediative che connotano la fase più antica dell'abitato di Policoro richiamano con forza forme di organizzazione ricorrenti negli abitati indigeni della prima età del Ferro dell'arco ionico ('Incoronata indigena', Termitito) e ancora persistenti nel VII a.C. (De Siena 2002, p. 25). Come alla 'Incoronata indigena' gli spazi funerari appaiono separati da quelli abitativi già nella fase iniziale, anche se non mancano sepolture isolate poste a ridosso delle capanne. Per la necropoli sudoccidentale di Schirone gli archeologi parlano di "tracce di tumuli funerari" (Adamesteanu 1971, p. 643 ; Berlingò 1993, p. 1) e in quella nordoccidentale di Cerchiarito è segnalata la presenza, sia pure quantitativamente modesta, di sepolture indigene, con defunti in posizione rannicchiata ed oggetti di corredo costituiti da vasi ad impasto, fibule in ferro e orecchini a spirale in bronzo ; una sepoltura ad incinerazione degli inizi

47 Collina del Castello : Haensel 1973 ; Adamesteanu, Dilthey 1978, p. 520-524. Terrazza meridionale : Tagliente 1984 [1986], tav. 27 e 29.

48 Comunicazione orale da parte di S. Bianco e S. Gallo, che ringrazio per la segnalazione e le informazioni. Il materiale è inedito e tuttora in corso di studio ; una ricostruzione in 3D dell'elevato della capanna è in fase di realizzazione da parte di Salvatore Bianco.

49 Secondo un fenomeno di continuità che sembra ricorrere anche negli altri siti di VII a.C. dell'arco ionico. Vedi *infra*, p. 19. Alla seconda metà del VII viene datata da M. Osanna anche la capanna della terrazza meridionale (Osanna 2002, p. 87).

50 Tagliente 1986, p. 196 e nota n. 16 ; 1991 [1998], p. 99 ; Sacchi 1990, p. 152, nota n. 68 ; Osanna 1992, p. 91-92.

51 Orlandini 1999, p. 204-205. L'assenza di un insediamento indigeno anteriore alla presenza greca è sostenuta anche in Haensel 1973, p. 491, Adamesteanu 1984 [1986], p. 114 ; Pianu 2000, p. 286.

52 Giardino 1991 [1998], p. 93, p. 112, fig. 2, 10 e 11 ; Tagliente 1991 [1998], p. 96-97.

53 Come viene suggerito dalle strutture abitative rinvenute in proprietà Cospito-Caserta, ubicate ad E del limite naturale della terrazza e del lato orientale delle mura di *Herakleia* (fig. 1), e dal piccolo nucleo di tombe posto oltre la linea ferroviaria, a 1800 metri circa ad E della punta orientale della collina (Bianco 1996b, p. 17-18).

Fig. 245. Policoro (Matera), 'collina del Castello', quartiere occidentale di *Herakleia*, isolato 1, ambiente 89.
a- Ceramiche d'importazione. b- Coppe con orlo 'a filetti'. c- Coppe skyphoidi. d- *Kotylai* e cratere. e- Frammento di olla indigena.
f- *Lekythos* a figure nere e coppa di tipo ionico a vernice nera.

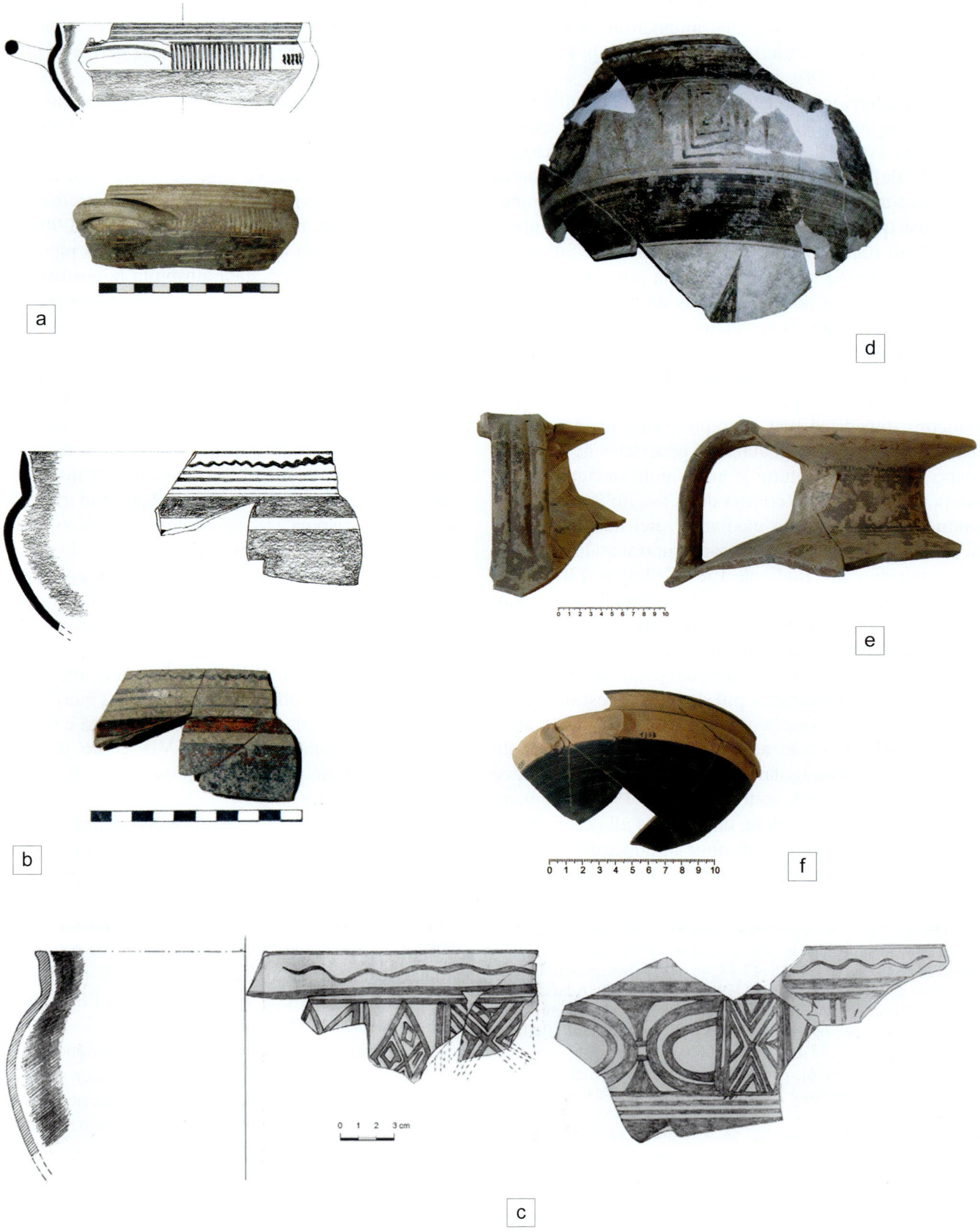

Fig. 246. Policoro (Matera),'collina del Castello', quartiere occidentale di *Herakleia*.
a- Coppa di tradizione protocorinzia. b- Coppa di produzione orientale. c-d- Crateri di produzione 'coloniale'.
e- Brocca indigena. f- Coppa di tipo ionico B 2.

del VII a.C. (tomba 104) ha inoltre restituito un *kantharos* indigeno a decorazione monocroma associato a due coppe con orlo a filetti (Berlingò 1993, p. 1, 15-16 ; Bianco 1996b, p. 18).

Le attestazioni archeologiche relative all'abitato della prima metà del VII a.C. restituiscono un quadro altrettanto articolato. L'unità abitativa è costituita unicamente dalla capanna e la sua struttura architettonica ripropone un modello tipicamente indigeno. Le ceramiche d'uso quotidiano sono prevalentemente di tipo greco e quelle di importazione, ed in particolare le anfore da trasporto[54], fanno riferimento ad una pluralità di centri di produzione, sia pure con una netta predominanza di quelli dell'area greco-orientale e microasiatica[55]. Ad esse si affianca una quantità modesta, ma pur sempre significativa, di ceramiche enotrie. L'assenza di pubblicazioni esaustive di gran parte dei complessi arcaici di Policoro impedisce una quantificazione precisa di tali testimonianze, ma segnalazioni generiche ne testimoniano la presenza in tutte le aree finora indagate : sulla punta orientale della 'collina del Castello'[56], nelle aree santuariali della vallata mediana[57], nei nuclei abitativi di prima metà VII a.C. della parte sudorientale della terrazza meridionale (Tagliente 1984 [1986], p. 130 ; 1986, p. 195 ; 1991 [1998], p. 99) ; nelle necropoli occidentali di Schirone e di Cerchiarito (*supra*) (**fig. 237**).

Un ulteriore elemento di riflessione sull'abitato arcaico di Policoro può scaturire dal tentativo di disporre in una griglia cronologica più definita le testimonianze percepite sul piano archeologico e genericamente attribuite al VII-VI secolo a.C. : tombe isolate/ necropoli, capanne/ case rettangolari, muro in mattoni crudi, aree santuariali. Come già sottolineato nel 1991[58], la mancanza di edizioni complete, unitamente alla difficoltà di poter articolare la documentazione ceramica di VII secolo a.C. entro periodi temporali più limitati, rende particolarmente difficile, ma non impossibile, il tentativo. Una maggiore attenzione alle datazioni proposte dai diversi ricercatori per i singoli rinvenimenti permette infatti di formulare una prima proposta di scansione cronologica per le precedenti manifestazioni architettoniche.

La continuità dell'abitato a capanne di Policoro nel corso della seconda metà del secolo appare indiziata dal piccolo nucleo abitativo segnalato alla base del settore orientale della collina del Castello (Giardini Murati) (Tagliente 1986, p. 196 ; 1991 [1998], p. 98-99) e dalla capanna rinvenuta nel 2007 nella terrazza meridionale. Allo stesso periodo è stata attribuita la costruzione dei modesti edifici rettangolari e di una casa *a pastàs* con tetto a tegole nel nucleo orientale di Cospito-Caserta (Tagliente 1986, p. 193-195 ; 1991 [1998], p. 99). Questa compresenza di strutture abitative di tipo diverso sembrerebbe qualificare la seconda metà del VII a.C. come un periodo di lenta e graduale trasformazione interna. Secondo alcuni studiosi queste trasformazioni sarebbero legate alla fondazione di *Siris* sul sito dell'insediamento greco di prima metà VII, e quindi il periodo tra il 650 e il 600 a.C. corrisponderebbe alla fase della *Siris* ionica[59].

Tra la fine del VII e gli inizi del VI secolo a.C. l'abitato assume una struttura insediativa più complessa ed articolata, in parte segnata da interventi costruttivi di ampia portata e da una organizzazione dello spazio per aree funzionali.

Un muro in mattoni crudi delimita, interamente o solo in parte, la 'collina del Castello'. La sua cronologia non è supportata da dati archeologici sicuri e risulta fortemente oscillante : un generico VII secolo, gli inizi o la metà del VII, un periodo compreso tra il 650 e il primo decennio del VI a.C[60].

Le case rettangolari sostituiscono definitivamente le capanne, talvolta sovrapponendosi fisicamente ad esse e conservando la persistenza d'uso degli spazi abitativi (Giardino 1991 [1998], p. 112-116). Nel settore sudorientale della terrazza meridionale (Ufficio Postale, Cospito-Caserta) la frequentazione di VI a.C. è legata alla costruzione di fornaci destinate alla produzione di coppe ioniche B2 e di *hydriai* a fasce (Tagliente 1986, p. 196 ; 1991 [1998], p. 99).

Elementi architettonici fittili documentano la costruzione delle prime strutture monumentali, verosimilmente a destinazione cultuale, mentre materiali votivi ne precisano la cronologia iniziale e la collocazione sulla punta orientale della collina e nel sottostante pianoro (**fig. 237**).

54 Questo tipo di contenitore risulta attestato in quantità numericamente rilevanti in tutti i contesti di rinvenimento arcaici (Haensel 1973, fig. 30-31, 38, 42-44, 46, 50 ; Adamesteanu, Dilthey 1978, fig. 20-22 ; Tagliente 1984 [1986], tav. 27 e 29 ; Adamesteanu 1985, p. 79), ma soltanto una parte di quelli provenienti dalle necropoli sono state oggetto di studio e di presentazione (Berlingò 1984 [1986], tav. 15, 17-18 ; 1993 ; 2005).

55 Guzzo 1976 [1978], p. 107 (importazioni di prima metà VII a.C. da Rodi e da Samo) e 108 (della seconda metà del secolo dalle Cicladi).

56 Haensel 1973, p. 449, fig. 23 n. 9, 29 n. 12-15, 39 n. 9-10 (ceramiche enotrie), p. 468-476, fig. 51 (impasti) ; Pianu 2000, p. 286 ; Osanna 2008, p. 36.

57 Orlandini 1971 [1972], p. 292-293, tav. LX, 1 (cavallino in bronzo datato al VII a.C.) ; Adamesteanu 1980 [1981], p. 87. La cronologia del cavallino è spostata al VI a.C. in Orlandini 1985, p. 109, fig. 60.

58 Giardino 1991 [1998]. Vedi anche quanto detto in Lombardo 1991 [1998], p. 53-54.

59 Tagliente 1991 [1998], p. 101 ; Orlandini 1999, p. 208-209.

60 Haensel 1973, p. 492 ; Adamesteanu 1980 [1981], p. 82 ; 1984 [1986], p. 115 ; Tagliente 1991 [1998], p. 96 ; Orlandini 1999, p. 198, 207, 208 ; Greco 2000 [2001], p. 179-180 (630 a.C.) ; Otto 2002 [2005], p. 5.

L'avvio di manifestazioni di culto nell'area del santuario di Demetra è stata riportata agli inizi del VII a.C. da alcuni studiosi[61], ma in realtà i dati archeologici sicuramente riferibili ad attività di culto e attualmente disponibili non sembrano essere anteriori all'ultimo quarto del VII a.C. Le terrecotte architettoniche più antiche, tra quelle finora rinvenute, si datano alla prima metà del VI a.C. e appartengono a due sacelli ubicati nell'area del santuario di Demetra e ad un edificio non ancora individuato, posto ad ovest dei precedenti[62]. Una cronologia leggermente più antica (fine VII – inizi VI a.C.) è stata proposta per il frammento di fregio figurato con scena di processione, che trova uno stretto confronto con quelli dal santuario urbano di Metaponto e dal Timpone della Motta di Francavilla Marittima, e considerato come una chiara testimonianza della fase 'achea' di *Siris*[63]. Altre terrecotte architettoniche rinvenute nelle aree santuariali della punta orientale della 'collina del Castello' e della vallata mediana non sono anteriori al VI a.C.[64] Le poche strutture pertinenti a edifici di culto arcaici sono sicuramente posteriori alla metà del VII a.C. La datazione alla seconda metà del secolo, inizialmente proposta da D. Adamesteanu per l'edificio monumentale presente sulla punta orientale della collina, non risulta supportata da dati stratigrafici sicuri e viene tendenzialmente riportata alla prima metà del secolo successivo[65]. Le strutture più antiche del santuario di Demetra e dell'area circostante sono state datate tra la fine del VII e il primo quarto del VI a.C. e, in alcuni casi ben documentati, alla parte finale del secolo[66]. Va tuttavia ricordato come in tutte le aree santuariali siano stati individuati livelli di frequentazione databili a partire dal secondo quarto del VII, ma in nessuno caso, per quanto sia possibile verificare tra la documentazione edita, si registra la presenza di materiali votivi sicuramente anteriori agli ultimi decenni del VII a.C.[67] Questi ultimi sono esemplificati da poche statuine femminili di stile tardodedalico[68] e dal 'ripostiglio' rinvenuto sulla punta orientale della 'collina del Castello' ed ipoteticamente interpretato come deposito votivo (Haensel 1973, p. 421-426, fig. 14-15 ; Osanna 2008, p. 37-38).

La suggestione dell'iniziale identificazione dell'abitato con *Siris*, unitamente alla persistenza d'uso dei luoghi di culto nelle fasi successive, ha verosimilmente motivato l'attribuzione del momento iniziale delle aree santuariali ai primi decenni del VII a.C., o "alla fase di *Siris*", pur in assenza di una esplicita documentazione archeologica. Quest'ultima, come è stato appena evidenziato, sembra invece indicare una loro formazione in un periodo compreso tra l'ultimo quarto del VII e gli inizi del VI a.C., e quindi in concomitanza con le altre trasformazioni percepibili nell'abitato.

Per quanto riguarda le aree funerarie, soltanto la necropoli nordoccidentale (Cerchiarito) continua ad essere utilizzata dopo la fine del VII a.C., ma è connotata da un cambiamento del rituale funerario e da uno spostamento topografico delle sepolture : il rito dell'inumazione supina subentra a quello dell'incinerazione nei primi decenni del VI e tombe databili tra la metà del VI e gli inizi del V occupano uno spazio più vicino alla 'collina del Castello' (Berlingò 1993, p. 4, 18 ; Bianco 1996b, p. 18). Infine, fortemente suggestivo è il dato segnalato da Haensel per la punta orientale della 'collina del Castello', dove sono stati individuati "due distinti strati d'insediamento" separati da un incendio della fine del VII secolo a.C. (Haensel 1973, p. 491). Senza voler attribuire a questo evento un carattere estensivo, è importante sottolineare come vi sia stata, anche da parte degli archeologi tedeschi, la percezione di una netta distinzione tra un abitato di VII a.C. e quello del secolo seguente.

Sicuramente il processo di trasformazione che ha interessato l'abitato arcaico di Policoro sarà stato lungo e disomogeneo, e le nostre attuali capacità di seriazione cronologica della documentazione materiale disponibile non permettono di collocare con precisione l'inizio di tale processo nell'ambito della seconda metà del VII. Al momento non è quindi possibile stabilire se la trasformazione in senso 'urbano' dell'abitato, pienamente

61 Lo Porto 1967, p. 182 e tav. 47,1 (la testimonianza archeologica presentata a sostegno è costituita unicamente da un frammento di coppa con orlo 'a filetti') ; Adamesteanu 1980 [1981], p. 86-87 ; Tagliente 1991 [1998], p. 97 ; Orlandini 1999, p. 208-209. Una datazione generica al VII a.C. è in Osanna 2008, p. 39 ; Otto 2008, p. 90.

62 Mertens-Horn 1992, p. 64 (primo quarto del VI a.C.) ; Otto 2008, p. 70. Ad essi vanno aggiunti i ritrovamenti segnalati da D. Adamesteanu in punti diversi della collina (Adamesteanu 1980 [1981], p. 88, Tagliente 1991 [1998], p. 96).

63 Mertens-Horn 1992, p. 51, fig. 27-44, 46 e tav. 8-19.

64 Osanna 2008, p. 37 e 42, tav. XII, 1 (per la collina). Pianu 1991 [1998], p. 226-227 e fig. 6 ; 2000, p. 287 ; Otto 2002 [2005], p. 6 ; Mercati 2003, p. 226-234 (per la vallata mediana).

65 Adamesteanu 1980 [1981], p. 78 ; Tagliente 1991 [1998], p. 96 ; Osanna 2008, p. 35-37.

66 Tagliente 1991 [1998], p. 97-98 ; Otto 2002 [2005], p. 6 (datazione alla seconda metà del VII per affinità con la tecnica costruttiva della casa a *pastàs* di Cospito-Caserta) ; Osanna 2008, p. 38-44 e 47 (piena fase arcaica, "se non addirittura" fase di *Siris*) ; Otto 2008, p. 74 (530 a.C. come *terminus post quem* per la costruzione di alcune strutture arcaiche del santuario di Demetra).

67 Adamesteanu 1979 [1982], fig. 2, 5-6 ; 1980 [1981], p. 76 ; Pianu 1991 [1998], p. 228 (inizi VII a.C.) ; 2003, p. 25 (VII-VI a.C.) ; Osanna 2008, *passim*.

68 Neutsch 1968, p. 781 e fig. 32b ; Adamesteanu 1979 [1982], figg. 5-6 ; Tagliente 1991 [1998], p. 97 (terzo quarto del VII) ; Otto 2002 [2005], p. 10, fig. 9.

Fig. 247. Policoro (Matera). Herakleia, terrazza meridionale, capanna (Archivio Soprintendenza per i Beni Archeologici della Basilicata).

realizzata e quindi chiaramente percepibile agli inizi del VI a.C., sia da attribuirsi ad un fermento impresso dalla fondazione coloniale sul Sinni nei decenni centrali del VII a.C., oppure rappresenti un effetto del suo inserimento nella sfera politica sibarita. La 'conquista achea' di *Siris* viene oggi collocata tra il 576/572 e il 560 a.C. (Lombardo 1996, p. 20-22 ; Prandi 2008, p. 11), anche se la distruzione dell'Incoronata e la fondazione di Metaponto verso il 630 a.C. sono considerati come il momento iniziale della fase di espansione violenta delle colonie achee lungo l'arco ionico (Lombardo 1984 [1986], p. 85 ; Prandi 2008, p. 11). Piero Orlandini, riprendendo la cronologia proposta da M. Guarducci nel 1978, riporta la'conquista' di *Siris* al primo quarto del VI e ne riconosce i segni a Policoro nei livelli di distruzione di fine VII – inizi VI individuati sulla punta orientale della collina e nel nucleo abitativo di Cospito-Caserta[69]. Se a queste ultime testimonianze si aggiunge la presenza del fregio fittile di fine VII – inizi VI, ampiamente diffuso in area achea, la cronologia alta della 'conquista' sembrerebbe ricevere un'ulteriore conferma. In realtà, se si accettano le argomentazioni storiche addotte da Mario Lombardo, e quindi la cronologia del 570-560 a.C., per la distruzione della colonia colofonia, le stesse testimonianze rappresentano un dato significativo sulla non coincidenza dell'abitato arcaico di Policoro con *Siris* e sulla sua partecipazione ad un fenomeno politico ed economico che interessa l'intero arco ionico.

La storia successiva dell'abitato arcaico è caratterizzata da una persistenza d'uso degli spazi funzionali già definiti (settori abitativi, aree santuariali e necropoli) e quindi da una continuità della 'forma' insediativa prima descritta. Alla fine del secolo si colgono i segni di una marcata contrazione della documentazione materiale, verosimilmente legata alla distruzione di Sibari nel 510 a.C. e chiaro segnale dell'avvio di un processo di abbandono che si concluderà nei primi decenni del V a.C. In tutte le aree dell'abitato indagate archeologicamente le *kylikes* tipo Bloesch C rappresentano infatti il documento ceramico più recente[70]. Non è certamente

69 Orlandini 1980 [1981], p. 211-212 ; 1986, p. 37 ; 1999, p. 207-209.

70 Lo Porto 1967, fig. 44 (santuario di Demetra) ; Adamesteanu 1980 [1981], p. 76, 80-81 (edificio sacro sulla punta orientale e

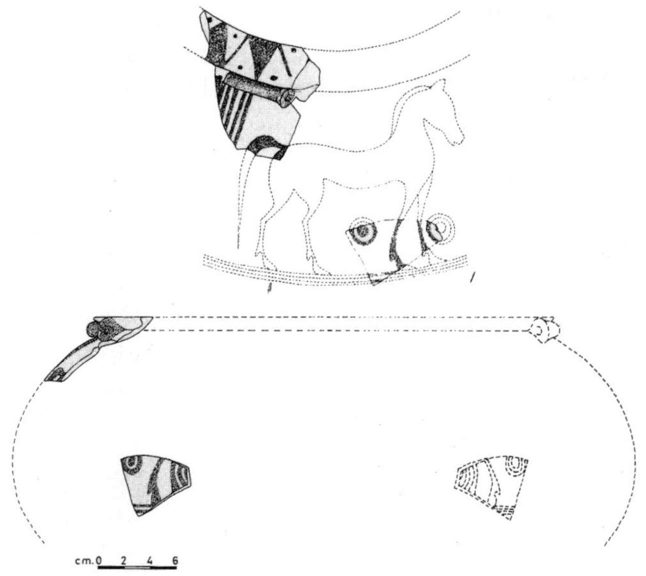

Fig. 248. L'Amastuola (Crispiano, Taranto). *Deinos* con cavalli affrontati.

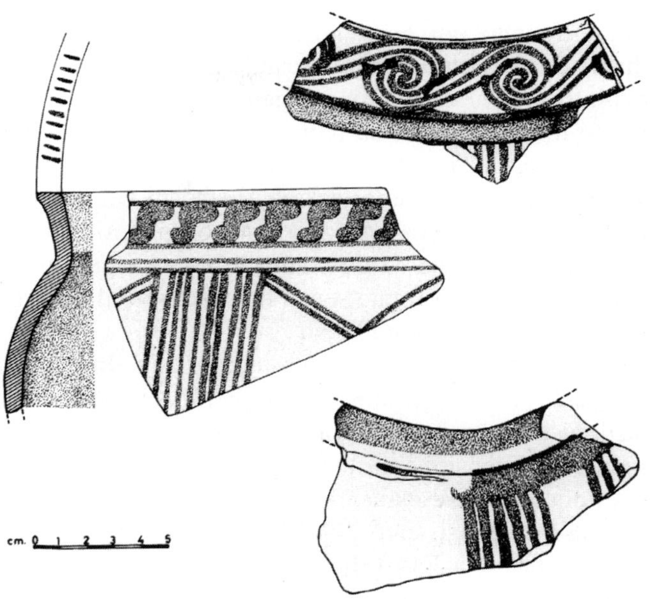

Fig. 249. Taranto, via Leonida. *Deinos* e crateri di produzione coloniale.

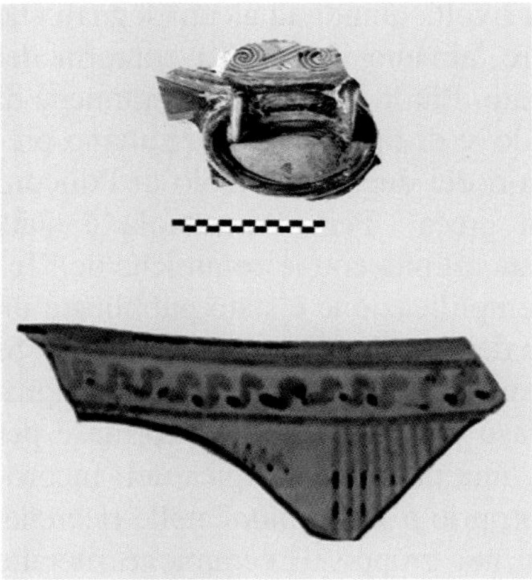

Fig. 250. Policoro (Matera), 'collina del Castello', quartiere occidentale di *Herakleia*. *Deinos* e cratere di produzione 'coloniale'.

priva di significato la constatazione che l'impianto urbano realizzato con la fondazione di *Herakleia* alla fine dello stesso secolo conserverà numero e ubicazione delle aree santuariali arcaiche e l'uso della necropoli occidentale (Cerchiarito).

I momenti di trasformazione che segnano la storia dell'abitato di Policoro - formazione agli inizi del VII a.C. ; assunzione di una forma di tipo protourbano nella parte finale dello stesso secolo ; contrazione della documentazione a partire dagli ultimi anni del VI e abbandono definitivo nei primi decenni del V – non sembrano quindi trovare uno stretto riscontro in quelli che dovrebbero invece caratterizzare la vita di *Siris* : fondazione negli anni centrali del VII a.C. ; conquista achea nel secondo quarto del VI a.C. Da ultimo, nelle necropoli occidentali non si registrano mutamenti nel rituale o nella composizione dei corredi tra la fase di frequentazione presirita di prima metà VII e quella posteriore della colonia colofonia.

Il quadro complessivo che emerge da questa rapida sintesi spinge ad alcune riflessioni finali, con la dichiarata premessa di non voler racchiudere entro uno 'schema', nuovo rispetto al precedente ma rigido e predefinito come quello che qui si sottopone a critica, la molteplicità delle esperienze e delle interazioni maturate all'interno di una realtà territoriale dinamica e complessa, quale verosimilmente è stata quella della fascia ionica tra l'VIII e la metà del VII a.C.[71] Il richiamo qui presentato ad aspetti culturali indigeni, più marcati in alcuni insediamenti e più sfumati in altri, non intende infatti preludere ad una lettura in chiave prevalentemente indigena dei centri esaminati, quanto piuttosto sottolinearne la complessità delle componenti culturali.

L'arrivo di elementi greci (Sibari, Taranto) ai margini di un'area certamente non libera, ma occupata e controllata da comunità indigene, quali S. Maria d'Anglona, Termitito e la 'Incoronata indigena', trasforma infatti questo comprensorio geografico in un "paesaggio

quartiere centrale della collina del Castello) ; Pianu 1991 [1998], p. 228 ; Tagliente 1991 [1998], p. 96-97, 99.

71 Lombardo 1991 [1998], p. 54-55 ; 1999 [2000], p. 203-204. Per una sintesi più ampia ed approfondita sugli aspetti insediativi, culturali ed economici dell'area si rinvia alla bibliografia citata nella nota n. 18.

del contatto"[72]. Fermenti economici, tecnologici e culturali trovano qui le condizioni per un immediato e diversificato sviluppo, modificando il naturale processo evolutivo delle comunità indigene e condizionando le prime forme stanziali da parte dei Greci[73]. Risulta pertanto abbastanza difficile accettare l'ipotesi (Orlandini 1999, p. 205) che gruppi di Greci, arrivati nel 700 a.C. nell'arco ionico, possano aver dato origine a forme di occupazione basate su un controllo totale ed esclusivo del territorio e realizzate senza il consenso e il coinvolgimento delle comunità locali.

Gli abitati enotri di L'Amastuola, della 'Incoronata indigena' e di Termitito sono preesistenti alle fondazioni di Sibari e di Taranto. Il dato non sembra al momento estensibile ai nuclei insediativi di Metaponto e a Policoro, dove mancano finora attestazioni riferibili ad una fase consistente di VIII secolo a.C.[74] Nel corso della prima metà del VII lungo la fascia costiera ionica si percepisce una marcata, ma non violenta trasformazione che interessa gli abitati indigeni e che comporta anche l'abbandono di alcuni centri dell'immediato entroterra a vantaggio dei siti costieri (Giardino, De Siena 1996 [1999]). Contestualmente si assiste anche alla formazione di due nuove comunità : l'abitato di Policoro e il nucleo costiero alla foce del Basento. Gli aspetti insediativi e culturali ricorrenti in tutti questi centri si presentano sostanzialmente simili, per la forma di organizzazione dell'abitato a nuclei sparsi ; per l'adozione della capanna come unica forma di unità abitativa e secondo una struttura architettonica tipica dell'età del Ferro locale ; per l'uso quotidiano di ceramiche di tipo greco in quantità nettamente prevalente rispetto a quelle indigene[75].

La cronologia stessa del fenomeno rende impossibile collegarlo con le iniziative coloniali di *Siris* e di Metaponto, più recenti di oltre mezzo secolo. Teoricamente sono possibili due ipotesi alternative : un effetto legato alla nuova presenza stanziale greca (Taranto, Sibari) ai margini della fascia ionica, ovvero l'arrivo di gruppi di artigiani e di commercianti, che la cultura materiale connota di provenienza greco-orientale, operanti nel territorio tra le due colonie contemporaneamente e distintamente da queste ultime.

Come già ricordato in precedenza, la netta predominanza di forme e di sintassi decorative di tipo greco-orientale nelle ceramiche è stata utilizzata da alcuni studiosi per accomunare gli abitati di Policoro, dell'Incoronata, di Termitito e di Metaponto-Andrisani in uno stesso fenomeno insediativo, attribuito unicamente ad elementi greci e sostanzialmente legato a *Siris* : presenze "*prepoleiche*" attribuite all'iniziativa di commercianti ed artigiani di provenienza greco-orientale nella prima metà del VII a.C. ; successiva fondazione di *Siris* a Policoro e creazione di una serie di 'avamposti' (Termitito, Incoronata, foce del Basento) rivolti ad occupare e controllare la fascia costiera fino al fiume Basento (Orlandini 1999, p. 201-205).

In realtà qualsiasi tentativo di lettura della documentazione ceramica della prima metà del VII a.C. non può prescindere dalla consapevolezza del netto divario esistente nel grado di conoscenza dei singoli siti. All'ampia e sistematica pubblicazione delle ceramiche dell'Incoronata si contrappongono infatti solo notizie preliminari e selezionate per gli altri abitati, compreso quello di l'Amastuola. Sulla base di questa premessa, una particolare attenzione va rivolta quindi ad alcuni segnali che sembrano modificare, almeno in parte, i contorni del quadro finora tracciato. Più in particolare, ceramiche di produzione 'coloniale' e di tipo orientale risultano presenti anche al di fuori dei due siti-simbolo di Policoro e della 'Incoronata greca'. Per l'Amastuola è stata segnalata una marcata affinità con le ceramiche dell'Incoronata e come esemplificazione è stato pubblicato un *deinos* con il motivo dei cavalli affrontati (**fig. 248**)[76]. Si tratta di un dato apparentemente isolato ma molto significativo poiché il vaso è considerato, per forma e per motivo decorativo, "una produzione tipica dell'Incoronata" e "un vero e proprio *fossile guida*" nelle ricerche, in quanto rientrante nel gruppo di ceramiche ritenute tipicamente 'sirite'[77]. Inoltre, dalla stessa Taranto (via Leonida) proviene un cratere con motivi geometrici (**fig. 249**) (Maruggi 1996, p. 263 e 266, n. 249-251) che presenta strette affinità formali e stilistiche con i rinvenimenti di Policoro e dell'Incoronata (**fig. 250**).

Anche l'entità e il ruolo della componente indigena richiedono una riflessione. Le caratteristiche topografiche degli insediamenti anteriori al VII a.C. (l'Amastuola, 'Incoronata greca', Termitito) ripropongono aspetti tipici dell'età del Ferro : una modesta ma ampia terrazza collinare dalla quale si può avere un ampio dominio

72 Secondo una felice espressione utilizzata di recente da J.-G. Burgers e J. P. Crielaard per il sito de l'Amastuola (Burgers, Crielaard 2007 [2009]).

73 Giardino, De Siena 1996 [1999], p. 31-32 ; Bianco 1999, p. 179-182. Per alcune riflessioni sul concetto di "colonizzazione" e sui nuovi approcci emersi negli studi storici più recenti si rinvia a Lombardo 1999 [2000], p. 191-193.

74 Per Policoro vedi tuttavia Bianco 1996, p. 15, Giardino, De Siena 1996 [1999], p. 32 e nota n. 32.

75 Il rapporto quantitativo tra queste due produzioni si presenta con valori diversi nei singoli centri.

76 Maruggi 1996, p. 258, 263 e 266, n. 248. Vedi anche Schmidt 2001 [2002], p. 352-353.

77 Adamesteanu 1980, p. 33 e tav. 2 (Policoro) ; Orlandini 1985, p. 107-109 ; 1986, p. 34 ; 1999, p. 201-202 ; Sacchi 1990, p. 154 ; Maruggi 1996, pp. 263, 266, nn. 248-249 (l'Amastuola).

visivo, verso l'interno e verso la costa. Dei due abitati di nuova formazione, il primo (Policoro) occupa un rilievo con un profilo morfologico identico ai precedenti ; il secondo (Metaponto-Andrisani) è l'unico a scegliere una posizione in pianura, verosimilmente imposta dalla volontà di collocarsi presso la foce del Basento e di utilizzarne le naturali potenzialità nei contatti e scambi con elementi di provenienza esterna (Guzzo 1982, p. 148). L'articolazione degli abitati è a nuclei distinti, distribuiti su una vasta superficie, e la capanna rappresenta ovunque la struttura abitativa ricorrente. La sua persistenza d'uso nella seconda metà del VII a.C. è oggi documentata per Policoro e per l'Amastuola ed ipotizzata per la 'Incoronata greca'.

Ceramiche di produzione indigena della prima metà del VII a.C. (*matt-painted ware* e impasti) sono presenti in tutti gli insediamenti dell'arco ionico, anche se la ricordata assenza di edizioni integrali dei contesti rinvenuti non permette di conoscerne con precisione la consistenza quantitativa e di confrontare i valori relativi ai singoli centri.

Gli insediamenti di Policoro, Termitito, 'Incoronata greca', Metaponto-Andrisani e l'Amastuola sembrano quindi proporsi come l'espressione di un medesimo fenomeno culturale ed economico, verificatosi all'interno di comunità indigene nel corso della prima metà del VII a.C. e innescato dall'arrivo di artigiani e commercianti, verosimilmente di provenienza greco-orientale[78]. Alla lettura finora proposta di Greci che occupano insediamenti indigeni[79] o promuovono la formazione di nuovi abitati potrebbe forse contrapporsi quella avanzata da Antonio De Siena per la 'Incoronata greca' della prima metà del VII a.C. : la presenza di artigiani e commercianti greci porta alla produzione e alla diffusione di materiali di tipo greco destinati ad una committenza locale che muta rapidamente i suoi gusti e i suoi consumi[80], abbandonando rapidamente le forme della *matt-painted ware* e dell'impasto.

Le forme insediative presenti nella fascia ionica compresa tra Taranto e Sibari manifestano una prima trasformazione tra il 660 e il 630 a.C., quando Greci di provenienza ionica e achea occupano la foce del Sinni e la pianura costiera tra il Bradano e il Basento fondando *Siris* e Metaponto. Massimo Osanna ha ripercorso, in una recente e dettagliata sintesi, le trasformazioni che le nuove fondazioni provocano nel mondo indigeno (Osanna 2008, p. 22-23). Sulla zona costiera, alla distruzione totale e definitiva della 'Incoronata greca' e di Metaponto-Andrisani, concordemente collegata alla fondazione achea di Metaponto, si contrappone la continuità di l'Amastuola, di Termitito e di Policoro, nonostante la vicinanza topografica della prima a Taranto e della seconda alla nuova colonia sul Sinni. Nel VI secolo tutta l'area mostra segni evidenti di una appartenenza alla sfera di controllo sibarita (Lombardo 1996, p. 20-22). La distruzione di Sibari nel 510 a.C. porta ad una rottura degli equilibri politici ed economici preesistenti e verosimilmente innesca un processo di trasformazioni insediative in tutto il comprensorio ionico. Ai decenni finali del VI si data infatti l'abbandono degli abitati di Termitito e di l'Amastuola, mentre quello di Policoro persisterà fino ai primi decenni del V a.C. Gli accordi seguiti allo scontro tra *Thurioi* e Taranto per il controllo della Siritide comporteranno la fondazione di *Herakleia* negli anni '30 del V secolo sullo stesso sito dell'abitato arcaico, con una sorprendente continuità d'uso di alcuni suoi settori (aree santuariali e necropoli occidentale)[81].

BIBLIOGRAFIA

Adamesteanu 1971 : ADAMESTEANU (D.) – Greci e Indigeni nell'agro di Heraclea (Policoro). *RendLinc*, s. VIII, XXVI, 7-12, p. 648-651.

Adamesteanu 1971 [1972] : ADAMESTEANU (D.) – L'attività archeologica in Basilicata. *In* : *Le genti non greche*, p. 445-459.

Adamesteanu 1974 : ADAMESTEANU (D.) – *La Basilicata antica. Storia e monumenti*, Cava dei Tirreni, 1974.

Adamesteanu 1974 [1976] : ADAMESTEANU (D.) – Nuovi aspetti dei rapporti tra Greci e indigeni in Magna Grecia. *In* : *Assimilation et résistance à la culture gréco-romaine dans le monde ancien*, Travaux du VIe Congrès International d'Etudes Classiques de Madrid (1974), Paris, 1976, p. 53-61.

Adamesteanu 1976 [1978] : ADAMESTEANU (D.) – Intervento. *In* : *Les céramiques de l'est*, p. 312-316.

Adamesteanu 1979 [1982] : ADAMESTEANU (D.) – Siris e Metaponto alla luce delle nuove scoperte archeologiche. *In* : *Grecia, Italia e Sicilia nell'VIII e VII sec. a.C.*, Atti del Convegno Internazionale di Atene (1979), ASAtene, LX, 1982, II, p. 301-313.

Adamesteanu 1980 : ADAMESTEANU (D.) – Una tomba arcaica di Siris. *In* : Krinzinger (F.), Otto (B.) et Walde-Senner (E.) dir., *Forschungen und Funde. Festschrift Bernhard Neutsch*, Innsbruck, 1980, p. 31-36.

Adamesteanu 1980 [1981] : ADAMESTEANU (D.) – Siris. Il problema topografico. *In* : *Siris*, p. 61-93.

Adamesteanu 1984 [1986] : ADAMESTEANU (D.) – Siris e la sua espansione. *In* : *Siris-Polieion*, p. 111-115.

Adamesteanu 1985 : ADAMESTEANU (D.) – Siris. *In* : *Museo della*

78 Lombardo 1983 ; 1984 [1986], p. 79-86 ; 1996, p. 18 ; 1999 [2000] ; Pelosi 1991, p. 70-74 ; 1992 ; Giardino, De Siena 1996 [1999], p. 32-33 ; De Siena 2002, p. 25-33. Una "diversa struttura organizzativa" tra l'abitato di Policoro e la 'Incoronata greca' è invece ipotizzata in Pelosi 1992, p. 41.

79 Vedi quanto detto *supra* p. 352-356 per i singoli centri.

80 De Siena 1999, p. 224. Vedi anche Guzzo 1982, p. 149.

81 La sintesi storica più recente, su questa nuova fase insediativa è in Prandi 2008, p. 11 sgg. (con citazione della bibliografia precedente). Per gli aspetti urbanistici di *Herakleia* si rinvia a L. Giardino, "Herakleia" : città e territorio, in *Storia della Basilicata*, p. 295-337.

Siritide, p. 57-64.
Adamesteanu, Dilthey 1978 : ADAMESTEANU (D.), DILTHEY (H.) – Siris. Nuovi contributi archeologici. *MEFRA*, 90, 1978, 2, p. 515-565.
Arte e artigianato = LIPPOLIS (E.) dir., *I Greci in Occidente. Arte e artigianato in Magna Grecia*, Napoli, 1996.
Berlingo' 1984 [1986] : BERLINGO' (I.)' – La necropoli arcaica di Policoro in contrada Madonnelle. *In* : *Siris – Polieion*, p. 117-125.
Berlingo' 1993 : BERLINGO' (I.) – Le necropoli di Siris. *BA*, 22, 1993, p. 1-21.
Berlingo' 2005 : BERLINGO' (I.) – Policoro (Matera). La necropoli sud-occidentale di Siris (in proprietà Schirone). *NSc*, s. IX, XV-XVI, 2004-2005, p. 329-382.
Bianco 1996a : BIANCO (S.) – L'età del Ferro. *In* : *Greci, Enotri e Lucani*, p. 31-54.
Bianco 1996b : BIANCO (S.) – Siris-Herakleia : il territorio, la chora. *In* : *Herakleia in Lukanien*, p. 15-23.
Bianco 1999 : BIANCO (S.) – La prima età del Ferro. *In* : *Storia della Basilicata*, p. 137-182.
Bianco 2000 [2001] : BIANCO (S.) – La chora di Siris – Herakleia. *In* : *Problemi della chora*, p. 807-818.
Burgers, Crielaard 2007 : BURGERS (G.J.), CRIELAARD (J.P.) – Greek colonists and indigenous populations at l'Amastuola, southern Italy. *BABesch*, LXXXII, 2007, p. 77-114.
Burgers, Crielaard 2007 [2009] : BURGERS (G.J.), CRIELAARD (J.P.) - Paesaggi del contatto. Indigeni e greci nella Murgia tarantina. *In* : *Prima delle colonie*, p. 365-382.
Castoldi 2006 : CASTOLDI (M.) – *La ceramica geometrica bicroma dell'Incoronata di Metaponto (scavi 1974-1995), BAR*, International Series 1474, Oxford, 2006. [spostata prima di Confini e frontiera].
Confini e frontiera = *Confini e frontiera nella grecità d'Occidente*, Atti del XXXVII Convegno di Studi sulla Magna Grecia di Taranto (1997), Taranto, 1999.
Cossalter, De Faveri 2007 [2009] : COSSALTER (L.), DE FAVERI (C.) – Incoronata di Metaponto : nuovi dati per la conoscenza della cultura materiale nella prima età del ferro. *In* : *Prima delle colonie*, p. 75-105.
D'Andria 1990 [1991] : D'ANDRIA (F.) – Insediamenti e territorio : l'età storica. *In* : I *Messapi*, p. 393-478.
D'Andria 1994 [1995] : D'ANDRIA (F.) – Corinto e l'Occidente : la costa adriatica. *In* : *Corinto e l'Occidente*, Atti del XXXIV Convegno di Studi sulla Magna Grecia di Taranto (1994), Taranto, 1995, p. 457-508.
Denti 2005 : DENTI (M.) – Περιρραντηρια figurati a rilievo nei depositi di ceramica sulla collina dell'Incoronata di Metaponto. Tracce di un'attività rituale? *Siris*, 6, 2005, p. 173-186.
Denti 2007 [2009] : DENTI (M.) – Un contesto produttivo enotrio della prima metà del VII secolo a.C. *In* : *Prima delle colonie*, p. 111-138.
De Siena 1984a [1986] : DE SIENA (A.) – Termitito e S. Vito di Pisticci : dati archeologici e problemi interpretativi. *In* : *Siris-Polieion*, p. 27-34.
De Siena 1984b [1986] : DE SIENA (A.) – Metaponto. Nuove scoperte in proprietà Andrisani. *In* : *Siris-Polieion*, p. 135-156.
De Siena 1986 : DE SIENA (A.) – Scavi in località Incoronata ed a Metaponto : nuove scoperte. *In* : *I Greci sul Basento*, p. 199-212.
De Siena 1990 : DE SIENA (A.) – Contributi archeologici alla definizione della fase protocoloniale del Metapontino. *BBasil*, VI, 1990, p. 71-88.
De Siena 1992 [1996] : DE SIENA (A.) – Metapontino : strutture abitative ed organizzazione territoriale prima della fondazione della colonia achea. *In* : *Ricerche sulla casa*, p. 161-195.
De Siena 1999 : DE SIENA (A.) – La colonizzazione achea del Metapontino. *In* : *Storia della Basilicata*, p. 211-245.
De Siena 2002 : DE SIENA (A.) – Appunti di topografia metapontina. *In* : Bertelli (G.) et Roubis (D.) dir., *Torre di Mare I. Ricerche archeologiche nell'insediamento medievale di Metaponto (1995-1999)*. Bari, 2002, p. 25-40.
Eraclea 2008 = OSANNA (M.), PRANDI (L.) et SICILIANO (A.) dir., *Eraclea*, Culti greci in Occidente, II, Taranto, 2008.
Giardino 1991 [1998] : GIARDINO (L.) – Herakleia (Policoro). Contesti e materiali arcaici dal settore occidentale della 'Collina del Castello'. *In* : *Siritide e Metapontino*, p. 105-112.
Giardino 2003 : GIARDINO (L.) – Gli insediamenti alla foce del Sinni in rapporto alle attività portuali delle colonie di Siris e di Herakleia. *In* : Quilici (L.) et Quilici Gigli (S.) dir., *Carta archeologica della valle del Sinni*, Atlante Tematico di Topografia Antica, X Supplemento, 2000-2003, fascicolo 1, Roma, 2003, p. 181-206.
Giardino, De Siena 1996 [1999] : GIARDINO (L.), DE SIENA (A.), La costa ionica dall'età del ferro alla fondazione delle colonie : forme e sviluppi insediativi. *In* : *Magna Grecia e Sicilia*, p. 23-38.
Greci, Enotri e Lucani = BIANCO (S.), BOTTINI (A.), PONTRANDOLFO (A.), RUSSO TAGLIENTE (A.) et SETARI (E.) dir., *I Greci in Occidente. Greci, Enotri e Lucani nella Basilicata meridionale*, Napoli, 1996.
Greco 2000 [2001] : GRECO (E.) – Abitare in campagna. *In* : *Problemi della chora*, p. 173-201.
Guaitoli 2001 [2002] : GUAITOLI (M.) – Il territorio e le sue dinamiche : osservazioni e spunti di ricerca. *In* : *Taranto e il Mediterraneo*, p. 219-252.
Guzzo 1976 [1978] : GUZZO (P.G.) – Importazioni fittili greco-orientali sulla costa jonica d'Italia. *In* : *Les céramiques de l'est*, p. 107-130.
Guzzo 1982 : GUZZO (P.G.) – Modificazioni dell'ambiente e della cultura tra VIII e VII secolo sulla costa ionica d'Italia. *DialA*, 4, 1982, p. 146-151.
Guzzo 1989 : GUZZO (P.G.) – Ipotesi sulla forma archeologica di Siris. *In* : *Siris – Eraclea*, p. 37-46.
Haensel 1973 : HAENSEL (B.) – Policoro (Matera). Scavi eseguiti nell'area dell'acropoli di Eraclea negli anni 1965-1967. *NSc*, s. VIII, XXVII, 1973, p. 400-492.
Herakleia in Lukanien = OTTO (B.) dir., *Herakleia in Lukanien und das Quellheiligtum der Demeter (I Greci in Occidente)*, Innsbruck, 1996.
Huxley 1980 [1981] : HUXLEY (G.L.) – Siris arcaica nella storiografia greca. *In* : *Siris*, p. 27-43.
I Greci sul Basento = *I Greci sul Basento. Mostra degli Scavi archeologici all'Incoronata di Metaponto 1971-1984*, Milano (1986), Como, 1986.
I Messapi = *I Messapi*, Atti del XXX Convegno di Studi sulla Magna Grecia di Taranto (1990), Taranto, 1991.
Isler 1976 [1978] : ISLER (H.P) – Samos : la ceramica arcaica. *In* : *Les céramiques de l'est*, p. 71-84.
Les céramiques de l'est = *Les céramiques de la Grèce de l'est et leur diffusion en Occident*, Colloque International de Naples (1976), Paris-Naples, 1978.
Le genti non greche = *Le genti non greche della Magna Grecia*, Atti XI Convegno di studi sulla Magna Grecia di Taranto (1971), Napoli, 1972.
Lippolis 1990 : LIPPOLIS (E.) – L'Amastuola (o La Mastuola). *In* : Nenci (G.) et Vallet (G.) dir., *Bibliografia Topografica della Colonizzazione Greca in Italia e nelle isole tirreniche*, VIII, Pisa-Roma, 1990, p. 414-416.
Lombardo 1983 : LOMBARDO (M.) – Polieion e il Basento : tradizioni etimologiche e scoperte archeologiche. *In* : *Studi in onore di Dinu Adamesteanu*, Matera, 1983.
Lombardo 1984 [1986] : LOMBARDO (M.) – Siris-Polieion : fonti letterarie, documentazione archeologica e problemi storici. *In* : *Siris-Polieion*, p. 55-86.
Lombardo 1990 [1991] : LOMBARDO (M.) – I Messapi : aspetti della problematica storica. *In : I Messapi*, p. 35-109.
Lombardo 1991 [1998] : LOMBARDO (M.) – Siri e Metaponto : esperienze coloniali e storia sociale. *In* : *Siritide e Metapontino*, p. 45-65.
Lombardo 1996 : LOMBARDO (M.) – Greci, Enotri e Lucani nella Basilicata meridionale tra l'VIII e il III secolo a.C. : aspetti e momenti dei processi storici. *In* : *Greci, Enotri e Lucani*, p. 15-26.
Lombardo 1999 [2000] : LOMBARDO (M.) – Profughi e coloni dall'Asia Minore in Magna Grecia (VII-V sec. a.C.). *In* : *Oriente mediterraneo*, p. 189-224.
Lo Porto 1967 : LO PORTO (F.G.) – Stipe del culto di Demetra in Heraclea Lucana. *In*: Neutsch (B.) dir., *Herakleiastudien*, Heidelberg, 1967, p. 181-192.
Luraghi 1990 : LURAGHI (N.) – La fondazione di Siri ionica : problemi di cronologia. *In* : BRACCESI (L.) dir., *Hesperìa*. I. *Studi sulla Grecità di Occidente*, Roma, 1990, p. 9-18.
Magna Grecia e Sicilia = BARRA BAGNASCO (M.), DE MIRO (E.) et PINZONE (A.) dir., *Magna Grecia e Sicilia. Stato degli studi e prospettive di*

ricerca, Atti dell'Incontro di Studi di Messina (1996), Messina, 1999.

Maruggi 1988 : MARUGGI (G.A.) – Crispiano (Taranto), L'Amastuola. F. 202 IV SE I.G.M. *Taras*, VIII, 1-2, p. 135-138.

Maruggi 1992 : MARUGGI (G.A.) – Crispiano (Taranto), L'Amastuola. F. 202 IV SE I.G.M. *Taras*, XII, 2, p. 298-300.

Maruggi 1992 [1996] : MARUGGI (G.A.) – Crispiano (Taranto), l'Amastuola. *In* : *Ricerche sulla casa*, p. 197-218.

Maruggi 1996 : MARUGGI (G.A.) – Le produzioni ceramiche arcaiche. *In* : *Arte e artigianato*, p. 247-268.

Mercati 2003 : MERCATI (C.) – Le terrecotte architettoniche. *In* : *Pianu 2003*, p. 225-248.

Mertens-Horn 1992 : MERTENS-HORN (M.) – Die archaischen Baufriese aus Metapont. *RM*, 99, p. 1-30.

Museo della Siritide = BIANCO (S.) et TAGLIENTE (M.) dir., *Il Museo Nazionale della Siritide di Policoro. Archeologia della Basilicata meridionale*, Bari, 1985.

Nafissi 2001 [2002] : NAFISSI (M.), Intervento. *In : Taranto e il Mediterraneo*, p. 606-629.

Neutsch 1968 : NEUTSCH (B.) – Neue archaeologische Entdeckungen in Siris und Herakleia am Golf von Tarent. *AA*, 83, 1, 1968, p. 753-794.

Oriente mediterraneo = *Magna Grecia e Oriente Mediterraneo prima dell'età ellenistica*, Atti del XXXIX Convegno di studi sulla Magna Grecia di Taranto (1999), Taranto, 2000.

Orlandini 1961 [1962] : ORLANDINI (P.), Intervento. *In* : *Greci e Italici in Magna Grecia*, Atti del I Convegno di Studi sulla Magna Grecia di Taranto (1961), Napoli, 1962, p. 270-271.

Orlandini 1971 [1972] : ORLANDINI (P.) – Aspetti dell'arte indigena in Magna Grecia. *In* : *Le genti non greche*, p. 273-308.

Orlandini 1976 : ORLANDINI (P.) – Scavi archeologici in località Incoronata presso Metaponto. *Acme*, XXXIX, 1976, p. 29-39.

Orlandini 1980 [1981] : ORLANDINI (P.) – L'espansione di Siris tra l'Agri e il Basento. *In* : *Siris*, p. 211-221.

Orlandini 1984 [1986] : ORLANDINI (P.) – Fase precoloniale nella Basilicata sud-orientale ed il problema dell'Incoronata. *In* : *Siris-Polieion*, p. 49-54.

Orlandini 1985 : ORLANDINI (P.) – L'arte a Siris ed Heraclea. *In* : *Museo della Siritide*, p. 107-112.

Orlandini 1986 : ORLANDINI (P.) – Incoronata. Scavi dell'Università Statale di Milano (1974-1984). *In* : *I Greci sul Basento*, p. 29-56.

Orlandini 1991 [1998] : ORLANDINI (P.) – Scavi e scoperte all'Incoronata di Metaponto. *In* : *Siritide e Metapontino*, p. 91-94.

Orlandini 1999 : ORLANDINI (P.) – La colonizzazione ionica della Siritide. *In* : *Storia della Basilicata*, p. 197-210.

Osanna 1989 : OSANNA (M.), Il problema topografico e toponomastico di Siris-Polieion. *In* : *Siris – Eraclea*, p. 75-84.

Osanna 1992 : OSANNA (M.) – *Chorai coloniali da Taranto a Locri : documentazione archeologica e ricostruzione storica*, Roma, 1992.

Osanna 1997 [1999] : OSANNA (M.) – Territorio coloniale e frontiera. La documentazione archeologica. *In* : *Confini e frontiera*, p. 273-292.

Osanna 2000 [2001] : OSANNA (M.) – Fattorie e villaggi in Magna Grecia. *In* : *Problemi della chora*, p. 203-220.

Osanna 2007 [2008] : OSANNA (M.) – L'attività archeologica in Basilicata nel 2007. *In* : *Atene e la Magna Grecia dall'età arcaica all'ellenismo*, Atti del XLVII Convegno di studi sulla Magna Grecia di Taranto (2007), Taranto, 2008, p. 911-944.

Osanna 2008 : OSANNA (M.) – La documentazione archeologica. *In* : *Eraclea 2008*, p. 21-67.

Otto 2002 [2005] : OTTO (B.) – Il santuario sorgivo di Siris-Herakleia nell'odierno Comune di Policoro. *In* : Nava (M.L.) e Osanna (M.) dir., *Lo spazio del rito. Santuari e culti in Italia meridionale tra Indigeni e Greci*, Atti delle giornate di studio di Matera (2002), Bari, 2005, p. 5-18.

Otto 2008 : OTTO (B.), Il santuario di Demetra a Policoro. *In* : *Eraclea 2008*, p. 69-94.

Pelagatti, Stibbe 2001 [2002] : PELAGATTI (P), STIBBE (C.M.) – La ceramica laconica a Taranto e nella Puglia. *In* : *Taranto e il Mediterraneo*, p. 365-403.

Pelosi 1991 : PELOSI (A.) – Dinamiche territoriali del VII sec. a.C. nell'area sirite-metapontina. *DialA*, 9, 1-2, 1991, p. 49-74.

Pelosi 1992 : PELOSI (A.) – Qualche considerazione sull'Incoronata di Metaponto. *AnnOrNap*, XIV, 1992, p. 35-44.

Pianu 1989 : PIANU (G.) – Il santuario di Demetra ad Eraclea di Lucania. *AnnPerugia*, XXVI, 1988/89, p. 105-137.

Pianu 1991 [1998] : PIANU (G.) – L'agorà di Eraclea Lucana. *In* : *Siritide e Metapontino*, p. 221-232.

Pianu 2000 : PIANU (G.) – Note sulla localizzazione topografica di Siri. *In* : *Multas per gentes. Studi in onore di Enzo Cadoni*, Sassari, 2000.

Pianu 2003 : PIANU (G.) – *L'agorà di Eraclea Lucana*, Roma, 2003.

Prima delle colonie = BETTELLI (M.), DE FAVERI (C.) et OSANNA (M.) dir., *Prima delle colonie. Organizzazione territoriale e produzioni ceramiche specializzate in Basilicata e in Calabria settentrionale ionica nella prima età del Ferro*, Atti delle Giornate di Studio di Matera (2007), Venosa, 2009.

Problemi della chora = *Problemi della chora coloniale dall'Occidente al Mar Nero*, Atti del XL Convegno di Studi sulla Magna Grecia di Taranto (2000), Taranto, 2001.

Pugliese Carratelli 1999 : PUGLIESE CARRATELLI (G.) – "Siris" e Metaponto. *In* : *Storia della Basilicata*, p. 183-195.

Ricerche sulla casa = D'ANDRIA (F.) et MANNINO (K.) dir., *Ricerche sulla casa in Magna Grecia e in Sicilia*, Atti del Colloquio di Lecce (1992), Galatina, 1996.

Sacchi 1990 : SACCHI (C.) – Problemi storico-archeologici della Siritide e del Metapontino tra VIII e VII secolo. *PP*, CCLI, 1990, p. 135-160.

Schmidt 2001 [2002] : SCHMIDT (M.) – La ceramica. *In* : *Taranto e il Mediterraneo*, p. 343-364.

Semeraro 1996 : SEMERARO (G.), Ceramica geometrica ed orientalizzante. *In* : *Arte e artigianato*, p. 269-280.

Siris = *Siris e l'influenza ionica in Occidente*, Atti del XX Convegno di Studi sulla Magna Grecia di Taranto (1980), Taranto, 1981.

Siris – Eraclea = *Studi su Siris Eraclea*, Roma, 1989.

Siris – Polieion = *Siris – Polieion. Fonti letterarie e nuova documentazione archeologica*, Incontro Studi di Policoro (1984), Galatina, 1986.

Siritide e Metapontino = *Siritide e Metapontino. Storie di due territori coloniali*, Atti dell'incontro di studi di Policoro (1991), Cahiers CJB, XX, Naples-Paestum, 1998.

Stea 1999 : STEA (G.) – Forme della presenza greca sull'arco ionico della Basilicata : tra emporìa e apoikìai. *In* : Castoldi (M.) dir., *Koinà. Miscellanea di studi archeologici in onore di Piero Orlandini*, Milano, 1999, p. 49-71.

Storia della Basilicata = ADAMESTEANU (D.) dir., *Storia della Basilicata. 1. L'antichità*, Bari, 1999.

Tagliente 1984 [1986] : TAGLIENTE (M.) – Policoro : nuovi scavi nell'area di Siris. *In* : *Siris - Polieion*, p. 129-133.

Tagliente 1986 : TAGLIENTE (M.) – Nuclei di abitato arcaico nel territorio di Policoro. *In* : *I Greci sul Basento*, p. 193-198.

Tagliente 1991 [1998] : TAGLIENTE (M.) – Siris-Polieion. Il quadro archeologico *In* : *Siritide e Metapontino*, p. 95-103.

Taranto e il Mediterraneo = *Taranto e il Mediterraneo*, Atti del XLI Convegno di Studi sulla Magna Grecia di Taranto (2001), Taranto, 2002.

Tschurtschenthaler 1996 : TSCHURTSCHENTHALER (M.), Topographie und Urbanistik von Siris-Polieion. *In* : *Herakleia in Lukanien*, p. 46-61.

6. Maisons à absides dans le monde grec et en Gaule méditerranéenne

Dominique Garcia, Henri Tréziny

Lors de la découverte des maisons à abside de La Monédière à Bessan, dans l'arrière-pays d'Agde (Hérault), A. Nickels (1976) a interprété le site comme un petit habitat grec et considéré ces constructions comme de tradition grecque. Suite aux découvertes effectuées sur le site indigène de Gailhan, dans les garrigues gardoises, B. Dedet (1990) a réévalué la part locale dans ce type de plan absidal.

À la lumière de récentes études sur l'habitat grec et de quelques découvertes récentes plus proches de Marseille, nous réexaminerons ici la documentation en essayant de démêler ce qui relève du plan absidal en lui-même et des techniques de construction mises en oeuvre pour son élaboration, et en nous interrogeant sur les indices qui permettent d'attribuer ces bâtiments à une population grecque ou indigène.

1. Le monde grec (HT)

1.1. La Grèce protogéométrique et géométrique

Les questions relatives à l'habitat géométrique et partiulièrement aux maisons absidales ont été traitées exhaustivement par Mazarakis 1997. Les maisons absidales sont le mode le plus fréquent de construction en Grèce à l'époque géométrique, surtout pour des édifices publics, pour lesquels le plan absidal peut subsister encore, par conservatisme religieux, au début de l'époque archaïque (particulièrement dans des sanctuaires d'Apollon). Les maisons absidales sont le plus souvent isolées, mais elles peuvent aussi exister dans des habitats agglomérés. Les maisons ovales (ou « bi-absidales ») sont assez fréquentes en Attique et en Eubée, dans les îles et sur les côtes occidentales de l'Asie Mineure à la fin de l'époque géométrique et au VIIe s.

En ce qui concerne plus précisément l'Ionie, des maisons ovales existent à Milet à l'époque géométrique (Mazarakis 1997, fig. 419-420), mais, sur le même site, les maisons du VIIe s. de Kalabaktepe ont un plan quadrangulaire (*ibid.*, fig. 417-418).

A Ephèse, sous la *Tetragonos agora* d'époque hellénistique, une maison ovale orientée Nord-Sud datant sans doute du VIIIe s. (Mazarakis 1997, fig. 422a) est remplacée ensuite par une maison quadrangulaire de même orientation avec une antichambre ouverte à l'Est. Dans le courant du VIIe s., d'autres pièces presque carrées s'alignent le long d'une rue étroite. Au VIe s., sont construites des maisons plus importantes, remplacées aux Ve-IVe s. par des ateliers (Scherrer, Trinkl 2006).

A Phocée, les fouilles récentes d'Ö. Özyiğit ont mis au jour un certain nombre d'habitations archaïques du VIIe s. de type « mégaron », de plan rectangulaire avec portique antérieur. Ces maisons se superposent quelquefois à des maisons de type absidal qui ne semblent pas postérieures à l'époque protogéométrique (ou géométrique ?)[1].

Dans l'état actuel des connaissances, les quelques vestiges connus de maisons sur tous les sites ioniens au VIIe s. et dans la première moitié du VIe s. sont donc quadrangulaires. Les maisons de plan absidal remontent en général au protogéométrique et au géométrique, mais il y en a encore au VIIe s. Certaines semblent transformées en maisons quadrangulaires vers la fin du VIIe s., comme la maison J du secteur FGT de Clazomènes (Ersoy 2004, p. 52).

1.2. Clazomènes (fig. 251)

Mais le cas de Clazomènes est bien plus complexe. Des bâtiments de plan absidal sont apparus dans plusieurs secteurs de la ville, sur les chantiers de Liman tepe (au-dessus des vestiges de l'âge du Bronze), dans le secteur dit FGT (ou tranchée C), dans le secteur MGT (ou tranchée B). Dans tous les cas, il s'agit de constructions des années 530 (Ersoy 1996), ou 510/500 (Ersoy 2006) sans doute liées à la réoccupation du site après sa prise par les Perses vers 540. Dans la tranchée B un mur (M24) pourrait remonter à la fin du VIIe siècle (**fig. 251**, en gris). Les premières structures se datent dans le dernier

1 Plan de la fouille dans Özyiğit 2003a, fig. 3 ; restitution des maisons protogéométriques Özyiğit 2004, fig. 11-12 ; commentaire en anglais dans Özyiğit 2003b, p. 115.

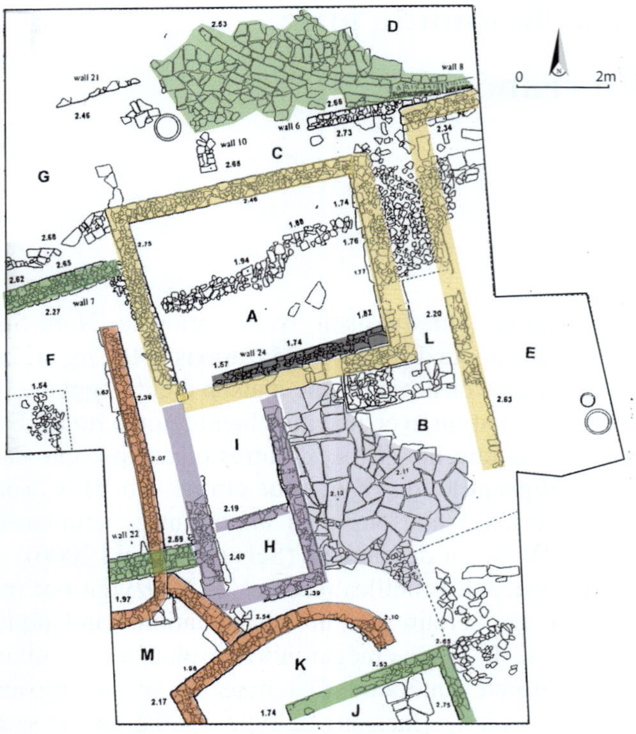

Fig. 251. Clazomènes 1987-1990, tranchée B, d'après Ersoy 1993, couleurs ajoutées (Tréziny). Gris, mur du VIIe s. ; rouge, maisons absidales vers 530 ; jaune, violet, adjonctions fin du VIe s. ; vert, début du Ve s.

tiers du VIe s. : ce sont deux bâtiments de plan absidal (F et K) reliés par un mur (en rouge). Il semble que ce soient d'abord des structures légères en terre (dont on a quelques vestiges et un foyer), rebâties ensuite avec solin de pierre. Le bâtiment F avait des murs couverts d'un enduit blanc et contenait un foyer circulaire en position centrale. Dans un second temps sont construites les pièces A et E, peut-être d'abord deux maisons (en jaune) séparées par un couloir et agrandies ensuite par adjonction de H (stockage ?) et I (atelier ?), avec une grande cour soigneusement dallée B (en violet). Les structures absidales semblent toujours en service jusqu'à un incendie (fin du VIe s. ?). Elles sont alors recouvertes par d'autres murs rectilignes, dont la pièce J au sud (en vert), sans que l'on puisse dire s'il s'agit d'extensions de la maison précédente ou d'autres maisons. L'ensemble est abandonné vers 490. Dans la tranchée D (secteur HBT), un habitat lui aussi rectangulaire se date dans la première moitié du VIe s., et ne semble pas réoccupé après 540 ; il ne comporte pas de maisons absidales. Ces quartiers, renforcés par une fortification qui reprend peut-être un tracé du début du VIIe s. (*Current Archeology in Turkey* ; l'information n'était pas encore connue dans Ersoy 2004), sont abandonnés après la révolte ionienne de 494.

Les maisons absidales apparaissent donc dans le contexte très précis de la réoccupation partielle du site. Dans un premier état, elles semblent d'ailleurs se limiter à des constructions en terre, sans solin de pierre, que le fouilleur qualifie de « provisoires » ; puis elles sont reconstruites avec solin de pierre. Lorsque l'habitat reprend une consistance urbaine, les maisons à abside sont d'abord intégrées dans le nouvel habitat, puis disparaissent au profit de constructions rectangulaires. Tout cela semble se succéder en quelques dizaines d'années.

Ces données peuvent s'interpréter de façon contradictoire. D'une part, elles montrent que les maisons absidales, encore fréquentes au VIIIe et au VIIe s., sont exceptionnelles dans la première moitié du VIe s. : le plan absidal ne peut donc être considéré comme une norme de l'habitat clazoménien. D'autre part, elles montrent que la vieille technique des constructions à abside n'a pas disparu ; elle s'est sans doute conservée dans un habitat rural et réapparaît lors de la réoccupation « provisoire » du site vers 510 pour disparaître à nouveau quelques années plus tard (vers 500-490 ?) avec la construction de quartiers urbains réguliers.

1.3. La Grèce d'Occident (fig. 252)

La plupart des habitats grecs connus en Occident à partir la fin du VIIIe s. et plus tard possèdent des maisons exclusivement quadrangulaires, qu'ils soient d'origine dorienne (Mégara Hyblaea, Syracuse) ou d'origine eubéenne (Naxos, Zanklé). La seule exception notable vient de deux sites de l'île de Pithécusses (Ischia) occupée par des Eubéens dès le second quart du VIIIe s. À Pithécusses, on suppose que l'habitat principal – dont on ne sait malheureusement rien – devait se trouver sur le Monte Vico, au-dessus de la nécropole de San Montano. Une structure de plan absidal d'époque géométrique, peut-être une habitation, a été retrouvée immédiatement au Sud, dans le quartier périphérique de Mazzola (Buchner 1970-1971, maison III), tandis qu'une autre cabane de plan ovale dans le même secteur (maison IV) serait plutôt une installation métallurgique remplacée dès 700 par une maison quadrangulaire (**fig. 252a**). Dans la partie Sud de l'île, à Punta Chiarito, une maison ovale avait une élévation en pierre, sur une fondation un peu plus large ; le toit de la première phase (deuxième moitié du VIIIe s.) devait être fait de chaume, à double pente dans la partie centrale (De Caro, Gialanella 1997, **fig. 252b** et **fig. 253**). Dans la seconde phase, le toit à double pente est couvert de tuiles et s'appuie sur des poteaux alignés contre le mur. La maison ne semble pas isolée mais intégrée dans un petit village (Tarente 2000, p. 894) détruit par une inondation dans la première moitié du VIe s.

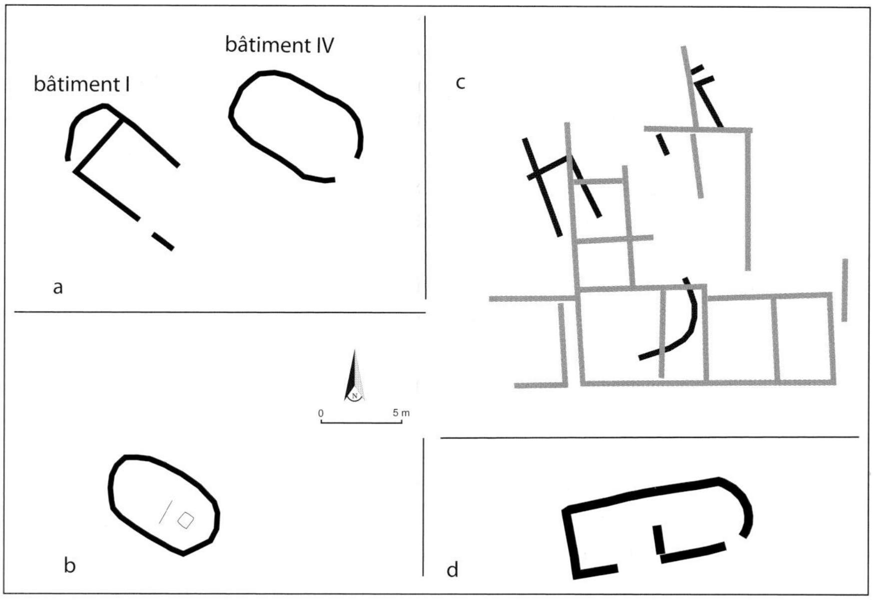

Fig. 252. Bâtiments de plan absidal dans le monde grec d'Occident.
a- Ischia Mazzola (d'après Buchner) ;
b- Ischia Punta Chiarito (d'après De Caro, Gialanella) ;
c- Himère (d'après *Himera II*) ;
d- Monte S. Mauro di Caltagirone (d'après Spigo 1986).
Orientation et échelle (1/500) communes.

Fig. 253. Restitution de la cabane de Punta Chiarito dans son premier état (deuxième moitié du VIIIe s.), d'après De Caro, Gialanella.

Ces constructions doivent se comprendre comme des survivances de modes d'habitat utilisé en Eubée à l'époque géométrique.

Un édifice fragmentaire sans doute absidal se trouve également sur le Piano di Imera, dans le premier habitat d'Himère, entre la fin du VIIe et le premier quart du VIe s. Mais le caractère très fragmentaire de la construction (**fig. 252c**) et notre mauvaise connaissance de ce premier habitat d'Himère ne permettent pas de comprendre comment le bâtiment s'insérait dans le plan d'urbanisme[2]. Enfin une maison absidale de Monte San Mauro di Caltagirone (**fig. 252d**), site grec ou indigène selon les interprétations, isolée dans un contexte de maisons quadrangulaires, a pu être interprétée soit comme une survivance grecque, soit comme de tradition indigène[3].

À Marseille, toutes les maisons archaïques retrouvée à ce jour ont un plan quadrangulaire[4]. Toutefois, dans la fouille de l'îlot des Pistoles, M. Moliner a découvert en 1995 une structure curviligne d'un diamètre de 3 m dont seule est conservée la moitié Est (Moliner 1999 [2000]). La « pièce », occupée au second quart du VIe s., était creusée dans le substrat et entourée d'un mur en briques crues qui réduit le diamètre utile à 2,20 m au maximum. Le fouilleur envisage une pièce ronde fermée par un toit en coupole, peut-être sur le modèle d'un « vase-lanterne » en forme de cabane trouvé à l'intérieur. La conservation très partielle du monument pourrait autoriser l'hypothèse d'une maison absidale, mais ses dimensions seraient très réduites ; noter aussi qu'elle se trouverait dans un quartier orthogonal régulier qui paraît loti dès le second quart du VIe s. Plus probante pourrait être la découverte récente près de la Cathédrale[5] d'une structure curviligne malheureusement très mal conservée qui pourrait appartenir à une habitation. Cette maison, si c'en est une, daterait plutôt du premier quart du VIe s. et se trouverait à l'extérieur de la première ville archaïque, dans une zone que l'on pourrait qualifier de « suburbaine ». Il faut insister cependant sur le caractère provisoire et non contrôlé

2 Sur la composante indigène dans l'habitat d'Himère, cf. les opinions de St. Vassallo et de N. Allegro, dans ce volume, p. 41-54 et p. 511-519.

3 Références dans L. Mercuri, dans ce volume, p. 521-527.

4 Bilan commode dans *CAG Marseille* (2005) : fouilles du parvis de l'église Saint-Laurent, du Collège Vieux-Port, de la rue de la Cathédrale, de la place des Pistoles, du tunnel de la Major.

5 Fouilles INRAP, dir. Fr. Paone, novembre 2008.

de ces informations : l'existence de maisons à abside à Marseille n'est pas exclue, mais relève encore de la simple hypothèse de travail.

Notre conclusion sera donc d'une extrême prudence. Il est incontestable que les maisons absidales ou ovoïdes sont dans l'habitat grec un phénomène ancien, fréquent à l'époque protogéométrique et géométrique, subsistant au VIIe s. mais rarissime au VIe s. Toutefois, les cas isolés ne manquent pas et Clazomènes est un bon exemple de la résurgence possible, dans certaines circonstances, d'un plan qui avait été abandonné de longue date dans les habitats agglomérés.

2. Les sites protohistoriques de Gaule méditerranéenne (DG)

Sans vouloir prétendre dresser un inventaire exhaustif des édifices à plans absidaux ou ovalaires antérieurs à la Protohistoire récente, il convient tout de même de noter que des constructions de ce type, sans être exclusives, sont fréquemment reconnues dans le Midi de la France depuis au moins le Néolithique récent/Chalcolithique (Beeching, Sénépart dir. 2009). Elles mettent en oeuvre des matériaux variés et reflètent des formes d'organisation spatiale diverses : maisons en matériaux périssables (en terre à la Capoulière à Mauguio dans l'Hérault, ou sur poteaux porteurs à Trèbes dans l'Aude) ou en pierres sèches (Cambous dans l'Hérault ; Canet, Roudil 1978), retrouvées isolées ou le plus souvent regroupées en villages, comme à Boussargues dans l'Hérault (Colomer *et al.* 1990). Bien plus récemment, au Bronze final IIb (début du XIe s. avant J.-C.), le cas du site de Laprade (Lamotte-du-Rhône, Vaucluse), récemment fouillé sur le tracé de la ligne TGV (Billaud 2005), est particulièrement significatif. Six bâtiments à architecture de terre à simple ou double abside, et un édifice carré ont été dégagés. Les dimensions varient de 5,5 à 10 m pour la longueur et de 3,5 à 5,5 m pour la largeur, pour des surfaces de 20 à 50 m^2. Ces constructions sont globalement orientées nord-sud avec l'abside principale face au Nord. L'analyse de la répartition des vestiges révèle une certaine variété de l'occupation de l'espace intérieur. Nous retiendrons donc qu'il existe des bâtiments absidaux ou ovalaires avant tout contact méditerranéen direct avéré.

Pour l'âge du Fer, le corpus méridional est maintenant –notamment grâce à l'archéologie préventive– plus large qu'il ne l'était lors de la publication initiale d'André Nickels (1976). Nous présenterons les données de façon chronologique.

La découverte récente effectuée au lieu-dit le Traversant à Mailhac (Aude) (Gailledrat *et al.* 2006-2007), au pied du célèbre oppidum du Cayla, est intéressante à analyser. Ce site semble avoir connu une occupation sporadique au Bronze final IIIb comme en témoignent les vestiges d'une première habitation à abside, en bauge, malheureusement partiellement documentée. Il faut attendre les années 650 av. J.-C. pour qu'un habitat se réinstalle dans le secteur et ceci sur plusieurs milliers de m^2. Les fouilles ont révélées trois maisons à absides d'une surface d'au moins 50 m^2. Il s'agit d'édifices bi-absidaux en torchis et poteaux porteurs, de 8 à 12 m de long pour 3,70 à 5,40 m de large (**fig. 254**).

Le site de Tamaris à Martigues (Duval 2000) –daté de la fin du VIIe siècle et/ou du tout début du VIe siècle– est implanté sur 1,5 hectare en bordure de la Méditerranée, sur un promontoire rocheux situé à l'est du Cap Couronne, à 40 km à l'ouest de Marseille. Protégé au Sud par des falaises qui dominent la mer, le site est défendu au nord par deux fortifications successives (**fig. 255**). La plus méridionale barre le cap et limite des îlots bien structurés, séparés par des ruelles, composés soit de maisons indépendantes juxtaposées soit de cellules accolées. Entre ce rempart sud et celui situé plus au nord, on trouve d'autres regroupements d'habitations de types variés : « La forme des pièces est le plus souvent carrée ou rectangulaire, plus rarement en trapèze, mais le cas d'une pièce à abside est également attesté. (...) les unités domestiques à pièce unique non mitoyennes ; les maisons mitoyennes autonomes, sans communication interne ; les maisons faites de deux pièces en enfilade ; enfin les habitations à trois pièces de forme compacte » (Duval 2000, p. 169). Une première maison à abside sur poteaux porteurs (orientée au nord) est reconnue dans la zone 4 (espace 406) et trois autres, sur murs porteurs mais de même orientation, dans la zone 2 (espace 211, **fig. 256**) et la zone 3 (espaces 316 et 337). Sur ce site, l'originalité de ces maisons réside dans le fait qu'elles s'intègrent au sein de quartiers également constitués de maisons quadrangulaires.

On sait depuis peu (Marichal, Rébé 2003) que l'agglomération de Ruscino à Perpignan (Pyrénées-Orientales) est créée dans le premier quart du VIe siècle. La superficie de l'occupation peut actuellement être estimée à huit hectares pour la partie haute sans présager des occupations en contrebas du plateau. Il s'agit d'un habitat en ordre lâche, naturellement protégé, qui associe maisons à absides en matériaux périssables, structures de stockage des céréales et espaces libres, peut-être plus particulièrement réservés au cheptel. Une des maisons est particulièrement bien conservée, et bien publiée. Il s'agit d'une construction sur poteaux porteurs de 4,60 m de large et 10,50 m de long, accusant donc une surface d'environ 45 m^2 (**fig. 257**).

La maison à absides mise au jour sur l'oppidum de

Gailhan dans l'arrière-pays gardois est datée du milieu du Vᵉ s. avant J.-C. Ses parois sont construites pour partie en torchis sur poteaux porteurs, avec soubassement en pierre, et pour partie en pierre. Longue d'environ 9 m et large de 4,60 m, elle présente une superficie proche de 28,5 m². Les deux petits côtés sont formés d'une abside de plan très surbaissé. Le mobilier recueilli indique clairement un contexte indigène.

De récentes fouilles préventives réalisées par Oxford Archaeology à Villeneuve-Minervois (Aude) au lieu-dit la Condamine ont permis de mettre au jour un petit habitat du milieu de l'âge du Fer, composé de constructions sur poteaux porteurs dont deux maisons à abside de grandes dimensions.

Ces unités domestiques, à Gailhan et à Villeneuve-Minervois, sont marquées par deux traits architecturaux archaïsants : l'usage du plan absidal – exemples les plus récents pour le Midi – et la présence de poteaux porteurs, alors que l'architecture en dur se diffuse très largement dès le début du Vᵉ s. dans les régions plus littorales (Garcia 2004, p. 63)

A Saint-Blaise (Bouches-du-Rhône), une récente relecture des archives de fouille a permis à Sophie Ledrôle d'écarter l'hypothèse d'une maison à abside archaïque, « trace concrète de colons grecs dans le delta rhodanien » (Arcelin *et al.* 1983, p. 141-142) : il s'agit en fait, très probablement, de l'angle d'un îlot arrondi. Mais d'autres découvertes, moins bien documentées ou encore inédites (comme la construction à absides mise au jour durant l'été 2009 à Lattes, dans l'Hérault, sous un îlot d'habitation du Vᵉ s. avant J.-C.), pourraient compléter les exemples de constructions absidales que nous venons de présenter.

On constatera donc que ce bilan n'est pas très éloigné de celui dressé pour le monde grec. En Méditerranée nord-occidentale aussi, ce type architectural est ancien. Traditionnel au Chalcolithique et à l'âge du Bronze, il n'aura tendance à disparaître qu'avec le développement de l'habitat aggloméré au VIᵉ s. avant J.-C. et surtout durant le Vᵉ s. Dans l'état actuel de nos connaissances, la maison de plan absidal n'a plus cours en Gaule méditerranéenne à partir du IVᵉ s., mais elle est encore présente dans la toute proche Ligurie, comme en témoigne la découverte d'une maison à double abside (8 x 4,86 m) en matériaux périssables sur le *castellaro* de Bergeggi (Del Lucchese *et al.* 2007) dans laquelle les fouilleurs voient une influence… massaliète[6].

6 « (…) che in qualche modo sono (les maisons à absides de Gaule méridionales) toccati dalla presenzza e dai rapporti con Marsiglia, documentati chiaramente anche per l'abitaeione di Bergeggi (…). » (Del Lucchese *et al.* 2007, p. 115).

3. Conclusions

3.1. Le plan absidal

Il apparaît évident que l'origine, l'usage et la diffusion du plan absidal ne sont pas exclusivement helléniques. Il faut admettre, à la suite des anthropologues (de Rapoport 1969 à Segaud 2007, en passant par Lepoittevin 1996), que la maison est un objet social complexe et qu'une apparente similitude de plans ne peut, à elle seule, autoriser une confrontation pertinente.

Comme l'a récemment rappelé Olivier Buchsenschutz (2005, p. 51), dans les sociétés préindustrielles, trois éléments principaux conditionnent le choix d'une architecture : aux contraintes du milieu et aux exigences d'un modèle culturel qui cherche à s'imposer – mais qui finalement s'adapte –, il faut ajouter les connaissances techniques. Il est vain d'imaginer une évolution chronologique linéaire à partir d'un seul d'entre eux : traditions, investissement et prestige doivent tenir compte des matériaux disponibles et des caractéristiques du climat tout en s'appuyant sur un niveau de connaissances techniques, traditionnelles ou nouvellement acquises.

Il est inutile de s'attarder sur les matériaux, dont l'archéologie montre la variété des types mis en œuvre (bois, terre, pierre et torchis) et dont l'approvisionnement était aisé, si ce n'est pour souligner qu'en Gaule méridionale, seul Bessan témoigne de l'utilisation de la brique crue en dehors des sites grecs. D'un point de vue spatial, tous comptes faits, l'abside est un espace assez incommode, utilisé le plus souvent comme resserre ou cellier alors que la maison reflète des occupations variées selon les sites. C'est donc dans ses qualités de résistance aux poussées, particulièrement face aux vents forts, que réside l'intérêt du plan absidal. En effet, une paroi verticale accuse une forte résistance au vent, alors qu'une paroi oblique ou arrondie atténue la pression du vent en facilitant sa fuite (Hodara 2005, p. 74). En outre, une toiture en abside stabilise l'ensemble des chevrons en l'absence de faîtière porteuse et évite les problèmes de rives, à la jonction entre le mur pignon et la couverture (Buchsenschutz 2005, p. 51). Nécessairement fortement pentue, et donc permettant de limiter la hauteur des longs pans –eux aussi soumis à la pression des vents–, la couverture pouvait associer des végétaux (chaume, branchages, roseaux), de la terre et des dalles. L'observation de l'orientation des exemples de Gaule méditerranéenne, dont l'abside principale est généralement orientée aux vents dominants, montre que les aptitudes de ce type d'architecture sont bien exploitées par les populations indigènes.

Fig. 254. Relevé général des vestiges mis au jour sur le site du Traversant à Mailhac (Aude) : bâtiments absidiaux sur poteaux porteurs de la fin du Bronze final III et du début du premier âge du Fer ; d'après E. Gailledrat.

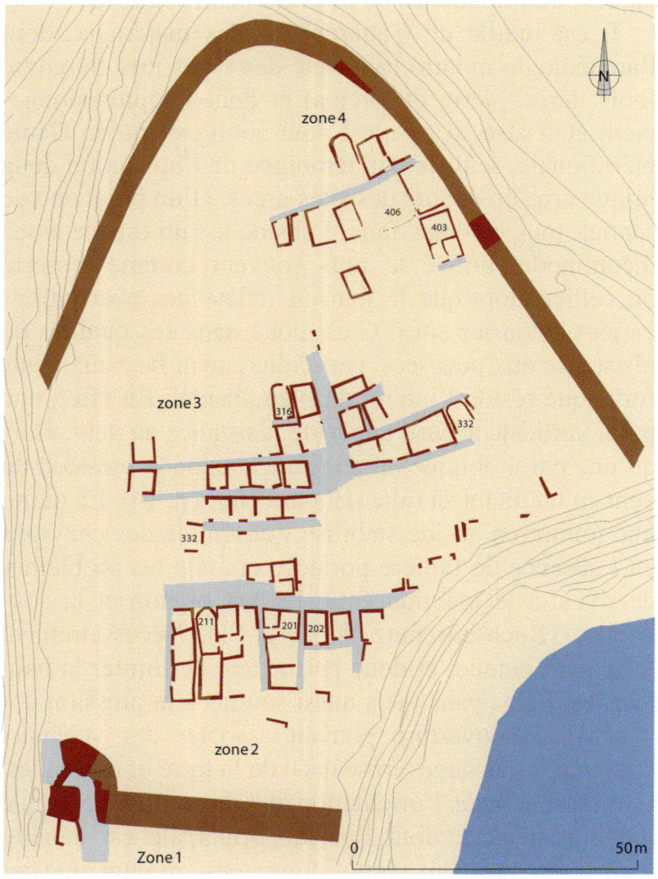

Fig. 255. Plan de la partie nord du site de Tamaris à Martigues (B.-du-Rhône), début du VIe s. avant J.-C. ; d'après S. Duval et M. Rétif.

Fig. 256. La maison 211 du site de Tamaris à Martigues (B.-du-Rhône), début du VIe s. avant J.-C., vue prise du nord ; cl. Sandrine Duval.

Le plan absidal peut être perçu comme caractéristique de constructions isolées ou regroupées au sein d'un urbanisme en ordre lâche et, le plus souvent, d'une architecture en matériaux périssables. *A contrario*, cette forme architecturale ne s'adapte guère à l'habitat aggloméré et normé. L'exemple, évoqué plus haut, de Tamaris refléterait de façon remarquable le passage entre les deux formes architecturales (matériaux périssables et construction en dur) et les deux types d'organisation villageoise (l'habitat en ordre lâche et l'urbanisme régulier).

La mise en place d'un réseau urbain stable, la généralisation des constructions sur murs porteurs – et donc le développement des toitures en terrasse – entraîneront, sinon la disparition des maisons à abside(s), du moins leur relégation dans des contextes géographiques (et culturels) marginaux. S'il fallait donc chercher une influence hellénique indirecte dans l'architecture domestique de la Celtique méditerranéenne, il faudrait retenir davantage les habitations quadrangulaires des agglomérations de la fin du premier âge du Fer que les quelques cas de maisons à abside(s).

3.2. Les maisons absidales de Bessan

Revenons pour terminer sur le cas de la Monédière à Bessan (Hérault), qui était à l'origine de notre réflexion. L'identification sur ce site dans l'immédiat arrière-pays d'Agde d'une maison grecque de plan absidal avait été solidement argumentée par André Nickels dès sa découverte, en 1972.

Les fouilles du site ont livré les restes de trois constructions absidales dont une (la maison A), datée du dernier tiers du VIe s. avant J.-C. (Nickels 1989), est bâtie en briques d'argile crue sur solin en pierre (Nickels

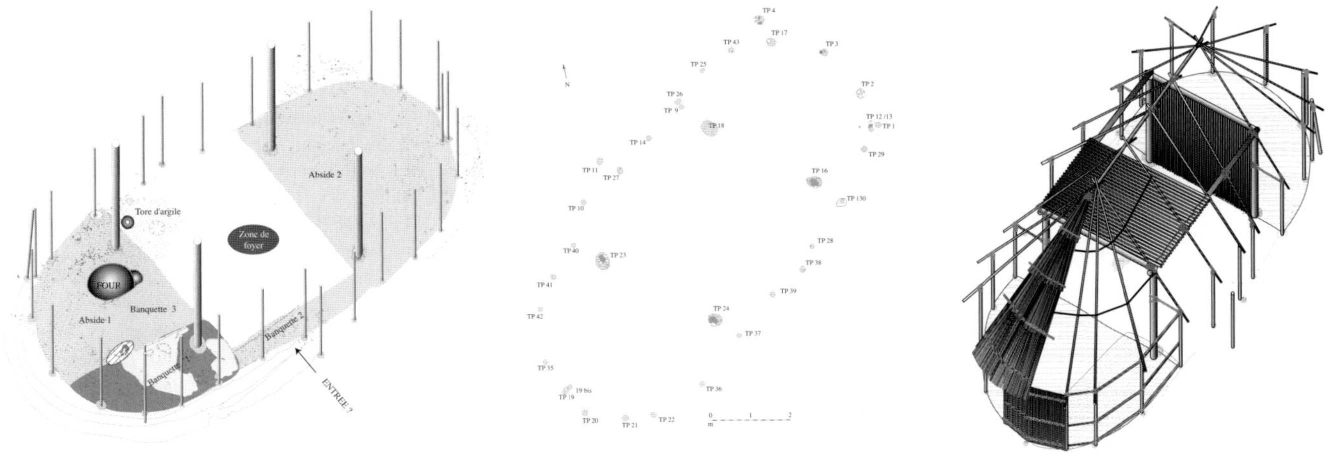

Fig. 257. La maison à absides de Ruscino à Perpignan (Pyrénées-Orientales), début du VIe s. avant J.-C. : de g. à dr., répartition des principaux aménagements domestiques ; relevé des poteaux ; proposition de restitution (d'après I. Rébé et R. Marichal).

1976). Elle est conservée sur une longueur de 9 m et la largeur restituée est d'environ 4,80 m. La partie sud de l'édifice n'est pas conservée et il n'est pas impossible que l'édifice ait comporté à l'origine deux absides. C'est cette construction, souvent évoquée dans la littérature archéologique, qu'André Nickels interprétait comme une maison grecque. A proximité de cet édifice, les restes mal conservés d'une autre construction de la même phase chronologique sont également interprétés comme une maison à abside (maison B). Enfin, une troisième maison se surimpose à la maison B dans la première moitié du Ve s. Elle semble construite en torchis sur un solin de tessons (Nickels 1976 et 1989) (**fig 258**).

Comme on l'a vu précédemment, on ne peut pas dire que le plan absidal soit grec par lui-même. Mais il pourrait, comme à Clazomènes, représenter une survivance de traditions architecturales grecques du haut-archaïsme adaptées à un milieu non urbain. Ce qui fait sans doute de cette maison une habitation grecque, c'est d'abord la céramique utilisée par ses occupants, qui est tournée à 97 %, ce qui nous rapproche des chiffres de Marseille pour la même époque. Une fosse à offrandes mis au jour à proximité de la maison (Nickels, Genty 1974), a livré un matériel céramique très probablement issu d'un banquet, pratique commensale inhabituelle en contexte gaulois à cette période. C'est ensuite l'usage de la brique crue, banal en milieu grec mais encore exceptionnel en milieu indigène à cette époque.

Enfin, comme l'avait suggéré Nickels, cette interprétation s'accorderait assez bien au contexte archéologique de la basse vallée de l'Hérault où la présence grecque est précocement reconnue grâce à l'archéologie.

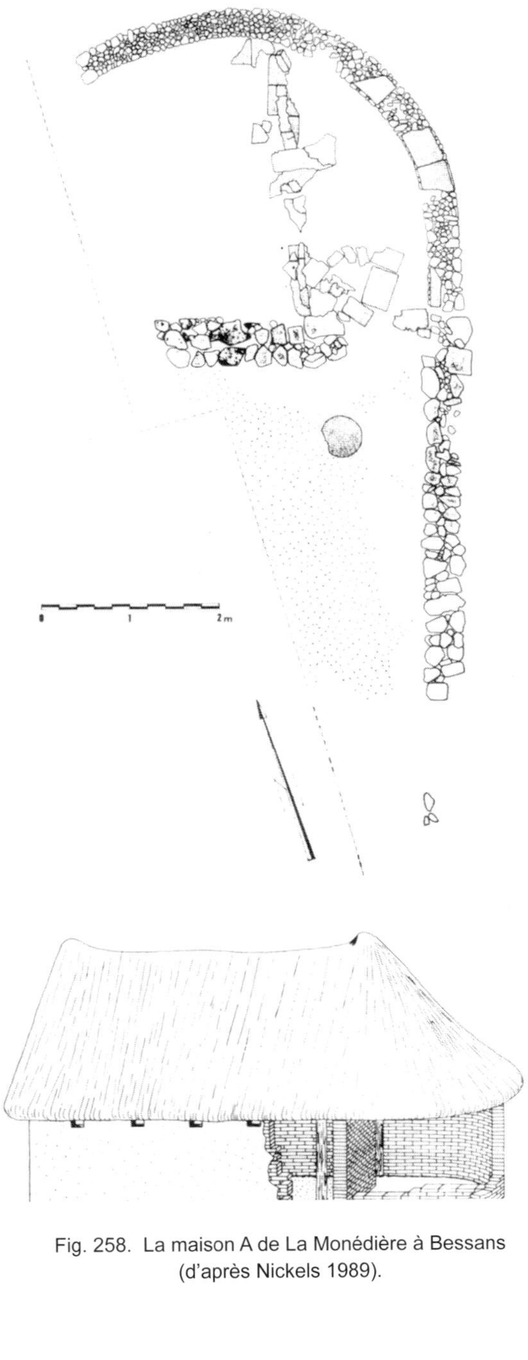

Fig. 258. La maison A de La Monédière à Bessans (d'après Nickels 1989).

BIBLIOGRAPHIE

Beeching, Sénépart 2009 : BEECHING (A), SÉNÉPART (I.) dir., 2009, *De la maison au village : l'habitat néolithique dans le Sud de la France et le Nord-Ouest méditerranéen :* Actes de la table ronde des 23 et 24 mai 2003, Marseille / Musée d'Histoire de la Ville de Marseille (Séance de la Société préhistorique française). Paris, Société préhistorique française, 310 p. (Mémoires de la Société préhistorique française ; 48).

Billaud 2005 : BILLAUD (J.Y.) – Traces fugaces et architecture de terre au Bronze final : le cas de Laprade (Lamotte-du-Rhône, Vaucluse, TGV Méditerranée). *In* : Buchsenschutz (O.), Mordant (Cl.) dir. – *Architectures protohistoriques en Europe occidentale du Néolithique final à l'âge du Fer.* Paris, CTHS, 2005, p. 389-404.

Buchsenschutz 2005 : BUCHSENSCHUTZ (O.) – Du comparatisme à la théorie architecturale. *In* : Buchsenschutz (O.), Mordant (Cl.) dir. – *Architectures protohistoriques en Europe occidentale du Néolithique final à l'âge du Fer.* Paris, CTHS, 2005, p. 49-63.

Canet, Roudil 1978 : Canet (H.), Roudil (J.L.) – Le village chalcolithique de Cambous (Viols-en-Laval, Hérault), *Gallia Préhistoire*, XXI, 1978, 1, p. 143-188.

Colomer *et al.* 1990 : COLOMER (A.), COULAROU (J.), GUTHERZ (X.) – *Boussargues (Argelliers, Hérault), un habitat ceinturé chalcolithique : les fouilles du secteur ouest*. Paris, MSH, 1990, 224 p. (DAF, 24)

De Caro, Gialanella 1997 : DE CARO (S.), GIALANELLA (C.) – Novità pitecusane. L'insediamento di Punta Chiarito a Forio d'Ischia. *In* : Bats (M.), d'Agostino (B.), éd. – *Euboica. L'Eubea e la presenza euboica in Calcidica e in Occidente. Atti del convegno internazionale di Napoli, 13-16 novembre 1996*. Naples 1998, p. 337-353 (coll. CJB 16 / *Aion ArchStAnt-Quad*. 12).

Dedet 1990 : DEDET (B.) – Une maison à absides sur l'oppidum de Gailhan (Gard) au milieu du Ve s. av. J.-C. La question du plan absidal en Gaule du Sud. *Gallia*, 47, 1990, p. 29-55.

Del Lucchese *et al.* 2007 : DEL LUCCHESE (A.), GIANNATTASIO (B.M.) et ODETTI (G.)- Il castellaro di Bergeggi. *In* : De Marinis (R.) et Spadea (G.)– *Ancora su i Liguri*. Gênes, De Ferrari, 2007, p. 113-116.

Duval 2000 : DUVAL (S.) – L'habitat côtier de Tamaris. *In* : *Le temps des Gaulois en Provence*. Martigues, musée Ziem, 2000, p. 167-170.

Ersoy 1993 : ERSOY (Y.E.) – *Clazomenae : the Archaic settlement*, thèse de doctorat Bryn Mawr College, 1993, Ann Arbor 1996.

Ersoy 2004 : ERSOY (Y.E.) – Klazomenai : 900-500 BC. History and Settlement Evidence. *In* : Moustaka *et al*., éd., *Klazomenai, Teos and Abdera : Metropoleis and Colony*. Thessalonique 2004, p. 43-76.

Ersoy 1999 [2007] : ERSOY (Y. E.) – Klazomenai in the Archaic period. *In :* Cobet (J.) *et al*., éd, *Frühes Ionien : eine Bestandaufnahme. Akten des Internationalen Kolloquiums zum einhundertjährigen Jubil äum der Ausgrabungen in Milet, Panionion/Güzelçamli, 1999*, Mayence 2007 (Milesische Forschungen 5), p. 149-178 (*non uidimus*).

Garcia 2004 : GARCIA (D.) – *La Celtique méditerranéenne. Habitats et sociétés en Languedoc et en Provence aux VIIIe-II siècles av. J.-C*. Paris, Errance, 2004, 206 p.

Gailledrat *et al.* 2006-2007 : GAILLEDRAT (E.), BOISSON (H.) et POUPET (P.) – Le Traversant à Mailhac (Aude) : un habitat de plaine du Bronze final IIIb et du premier âge du fer. *DocAMérid*, 29-30, 2006-2007, p. 19-74.

Himera II : ALLEGRO (N), BELVEDERE (O.), BONACASA (N.) – *Himera II. Campagne di scavo 1966-1973*. Vol. 2, 2.Rome, 1976.

Hodara 2005 : Hodara (J.J.) – L'architecture de l'habitat protohistorique : contraintes techniques. *In* : Buchsenschutz (O.), Mordant (Cl.) dir. – *Architectures protohistoriques en Europe occidentale du Néolithique final à l'âge du Fer*. Paris, CTHS, 2005, p. 65-76.

Lepoittevin 1996 : LEPOITTEVIN (L.) – *La maison des origines. Essai d'anthropologie critique*. Paris, Masson, 1996, 240 p.

Marichal, Rébé 2003 : MARICHAL (R.) et RÉBÉ (I.), dir. – *Les origines de Ruscino (Château-Roussillon, Perpignan, Pyrénées-Orientales) du Néolithique au premier âge du Fer.* Lattes, aralo, 2003, 298 p.

Moliner 1999 [2000] : MOLINER (M.) – Les niveaux archaïques dela place des Pistoles à Marseille : un espace cultuel ? *In* : Hermary (A.) et Tréziny (H.), éd., *Les cultes des cités phocéennes. Actes du colloque d'Aix-en-Provence-Marseille 1999*. Aix-en-Provence 2000 (coll. Et. Massa. 6), p. 101-117.

Nickels, Genty 1974 : NICKELS (A.), GENTY (P.Y.) – Une fosse à offrandes du VIe siècle avant notre ère à la Monédière, Bessan (Hérault), *Revue archéologique de Narbonnaise*, 7, 1974, p. 25-57.

Nickels 1976 : NICKELS (A.) – Les maisons à abside d'époque grecque archaïque de La Monédière, à Bessan (Hérault). *Gallia*, 34, 1976, p. 95-128.

Nickels 1989 : NICKELS (A.) – La Monédière à Bessan (Hérault). Le bilan des recherches. *DAM* 12, 1989, p. 51-119.

Özyiğit 2003a : ÖZYIĞIT (Ö.) – 2002 Yılı Phokaia kazı Çalışmaları. *25. Kazı Sonuçları Toplantısı*, Ankara 2003, p. 441-452.

Özyiğit 2003b : ÖZYIĞIT (Ö.) – Recent work at Phokaia in the light of Akurgal's excavations. *Anadolu / Anatolia*, 25, 2003, p. 109-127.

Özyiğit 2004 : ÖZYIĞIT (Ö.) – 2003 Yılı Phokaia kazı Çalışmaları. 26. *Kazı Sonuçları Toplantısı*, Ankara 2004.

Rapoport 1969 : RAPOPORT (A.) – *House Form and Culture*. Englewood Cliff, Prentice-Hall ed, 1969, 146 p.

Scherrer, Trinkl 2006 : SCHERRER (P.), TRINKL (E.) – *Die Tetragonos Agora in Ephesos. Grabungsergebnisse von archaischer bis in byzantinische Zeit – ein Überblick. Befunde und Funde klassischer Zeit (*Forschungen in Ephesos, XIII 2).

Segaud 2007 : SEGAUD (M.) – *Anthropologie de l'espace. Habiter, fonder, distribuer, transformer*. Paris, Armand Colin, 2007, 223 p.

Spigo 1986 : SPIGO (U.) – L'anonimo centro greco di Monte San Mauro di Caltagirone nel quadro dell'arcaismo siceliota : prospettive di ricerca. *Decima miscellanea greca e romana*, 1986, p. 1-31.

Tarente 2000 : *Problemi della chora coloniale dall'Occidente al mar Nero. Atti del 40° Convegno di Studi sulla Magna Grecia, Taranto 2000*, Tarente 2001.

- Site *Klazomenai kazisi* :
<http://www.klazomeniaka.com/00-KLAZOMENAI-KAZI.htm>,
(en turc, nombreuses illustrations de bonne qualité).
- Site *Current Archeology in Turkey* :
<http://cat.une.edu.au/page/clazomenae> et <.../page/limantepe>
(résumé en anglais des dernières campagnes de fouille).
- La Condamine, fouille OA :
http://fr.thehumanjourney.net/nos-chantiers/76?task=view.

7. Domestic Architecture in the Northern Aegean : the Evidence from the ancient settlement of Karabournaki

Despoina Tsiafakis

1. Introduction

Domestic architecture, although of great importance and interest for the reconstruction of ancient Greek culture, is not well documented through the archaeological evidence, especially for the pre-classical period. The number of Geometric or Archaic excavated houses is limited, as is our understanding of the residential areas of otherwise well-known towns of Greek Antiquity (Drerup 1969 ; Fagerström 1988 ; Lang 1996 ; Hoepfner 1999 ; Lang 2005, 12-35 ; Kourou 2004, 147-162).

This already partial information diminishes further in the Northern part of the Aegean, where most excavations are more recent than those in the South (Lang 2005, 13-32).

Although outside the initial borders of Greek territory, the region of the North-eastern Aegean attracted Greek colonists apparently from very early times (Tiverios 2008, 1-17). Even though there are references to the various local inhabitants of the area, such as the Thracians for example, the literary sources do not provide sufficient information about their life and settlements or their relations with Greek colonists (Xydopoulos 2007 ; Tsiafaki 2009).

"Mixed populations or separate settlements for Greeks and locals ?", is a critical question to which the literary sources do not provide a clear answer. The scattered archaeological evidence could make a significant contribution to this problem, even though it cannot offer definitive answers. Architectural remains, in combination with the rest of the finds reflect the social structure of the people living on a site. House-types, as well as their arrangement within settlements, can present some kind of information about how the inhabitants structured space and created community.

The aim of this paper is to present an aspect of the constructions found in pre-classical settlements in the North-eastern Aegean, inhabited by Greeks but in some relationship with the local population. The geographical area of interest is the Thermaic Gulf, and the time period under discussion is mostly the Archaic period, with some references to the Geometric and Iron Age. A limited number of domestic buildings have been excavated and published in the area during that time-frame (Lang 1996 ; Tiverios 2008). The names of some additional sites in the area are known through the literary sources, but without any information about their physical layouts.

The focus of this study is the settlement at Karabournaki, a site that can contribute to our understanding of the domestic architecture of the region under investigation.

2. The settlement at Karabournaki

Located in the Northern Aegean, on the edge of the promontory in the center of the Thermaic Gulf, in the area of modern Thessaloniki, Karabournaki or Little Karabournou, preserves the remains of an ancient site including a settlement, a harbour and cemeteries (**fig. 259**).

The known elements of ancient dwellings indicate that the primary area of the settlement was placed on the top of a low mound, while its cemeteries extended to the area that surrounds the bottom of the hill. The Thermaic Gulf reaches the lower part of the mound and the remains of the ancient harbour are still distinguishable under the water in the zone of the modern Kyverneion (Palataki). Even though no inscription with the name of the ancient city has yet been found, several scholars have argued for the identification of the site with a part of ancient Therma, based upon its location and literary and archaeological evidence (Rhomaios 1940 ; Hammond 1972, 151 ; Tiverios 1987, 247-260 ; Tiverios 1990, 71-88 ; Tiverios 2008, 26-28).

The site has been known since the late 19th century and although the area was used as a military camp continuously until 1989, the earliest archaeological research there already took place during the First World War (Rey 1917-19, 97-100 ; Rey 1927, 48-57 ; Rey 1928, 60-66 ; Rey 1932, 67-76). The detection of the cemetery led to the researching of several graveyards in the area by the military allies the British, French, and Russians. The result of those archaeological activities was the discovery of gold and silver jewellery, bronze and iron weapons, terracotta items, and clay and bronze vessels dating from the 6th and 5th centuries B.C.

Fig. 259. Aerial view of the Karabournaki settlement.

The top of the mound, however, was only explored for the first time by Prof. K. Rhomaios, in 1930 (Rhomaios 1940, 1-7 ; Rhomaios 1941, 358-387). This was a brief campaign, but it revealed parts of the ancient settlement with storerooms and houses, as well as substantial quantities of pottery, both local and imported, all dating from the 6th and 5th centuries B.C.

The next archaeological activity at the site was carried out in 1954 by Ph. Petsas, during the course of the construction of the road along the shore (Petsas, 1966/7, 303 ; Petsas 1969, 162 ; Petsas 1974, 318). It unearthed more antiquities of similar date and type.

The first systematic research in the area began in 1994 as a collaboration project between the Aristotle University and the Archaeological Service of Thessaloniki. The Archaeological Service undertook research in the vicinity of the mound area, as well as the cemeteries and the plateau located nearby (Pandermali, Trakosopoulou 1994, 203-215 ; Pandermali, Trakosopoulou 1995, 283-292). The University carries out the investigation of the mound itself and the settlement located there, under the directorship of Prof. M. Tiverios and his associates Dr. E. Manakidou and Dr. D. Tsiafakis (Tiverios et al. 2007 ; Tiverios *et al.* 2006, 263-270 ; Tiverios *et al.* 2002-2003).

As was already mentioned, the area had been used as a military camp. The military constructions that took place on the top of the mound had entirely destroyed the later phases of the ancient settlement. Furthermore, there is an abundance of 20th century finds. To this should also be added a significant number of horse burials. Modern constructions, objects, and horse burials have caused severe damage to the architectural remains of the ancient settlement.

Because of these modern disturbances, the site is excavated horizontally ; the surviving architectural remains closest to the surface are those of the Archaic period. The recent data indicates that the majority of them date from the 6th c. B.C.

The contemporary disturbance also renders the limits of the settlement unclear. Part of it is now underwater, while another part of the ancient residential area has been cut by the modern road. Despite all this, what is left reveals sufficient evidence of the daily life of the people living here. The styles of house construction can be used as an indicator of the economic conditions of the site as a whole, through for example, the building materials and techniques used.

Although not of a large size, the settlement in Karabournaki will have played a significant role not only in the area of the Thermaic Gulf but also in relation to the interior as a result of its location next to the harbour in the centre of the Gulf. Apparently this was the most important harbour in the area at least until the foundation of Thessaloniki, as suggested by Herodotos' statement (7,127,1) that Xerxes chose to base his army there and by the imports found on the site.

All this leads to the conclusion that Karabournaki was not a settlement with an agricultural character. Instead, trading operations appear to be dominant, although other activities will also have taken place on the site, as indicated by the architectural remains.

2.1. The architectural data

The settlement, according to the archaeological data, was unfortified. It was founded and organised much earlier than the Archaic period, perhaps even during the Late Bronze Age (Tiverios 1987, 249-250, 255). Scattered finds in the area indicate that the site might have existed until the Roman era, and certainly after the foundation of Thessaloniki in the 4th c. B.C. (Tiverios 1987, 249). However, the Geometric and particularly the Archaic periods, appear to be those in which Karabournaki, flourished. It had acquired an "international" character due to its commercial activities throughout the Aegean and even beyond, as is shown by the quality and the quantity of the pottery imports. For the pottery see the article of E. Manakidou in this volume.

The lack of fortification is characteristic of settlements organised as "komedon", meaning that a number of small habitations scattered over an area (whether large or not), made a "kome" ; ancient Therma, mentioned by the literary sources as the major "polisma" in the Thermaic Gulf before the foundation of Thessaloniki, seems to have been organized that way (Rhomaios 1940, 4,6 ; Tiverios 2008, 26-27). The placement of the cemeteries in the bottom of the hill in Karabournaki, could

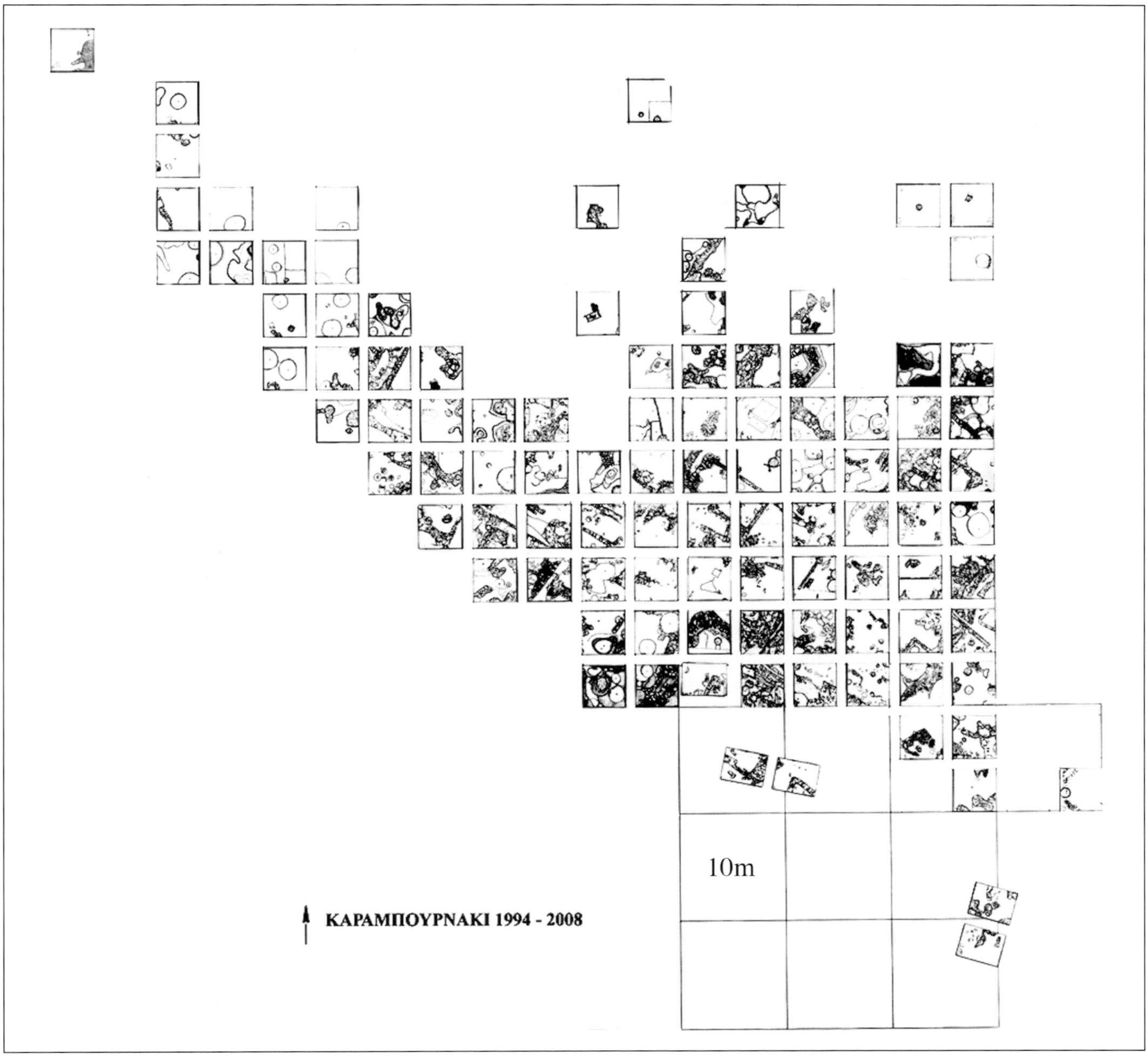

Fig. 260. Architectural drawing of the excavated part of the settlement in Karabournaki.

be also related to this type of organisation, since it was common to have cemeteries for each settlement making up the "komedon" (Kourou 2004, 160).

The term settlement, however, appear to be the most appropriate for the characterization of the site, according to the available architectural data (**fig. 260**). The number and the shape of the preserved structures point to permanent occupation, without, however, conforming to a coherent overall layout, a common feature of multiphased settlements. Buildings located next to another with a dividing wall in common, or very close with a narrow street/corridor between them, are the rule so far, but they appear to follow a consistent orientation, northwest to southeast (NW-SE). Those characteristics place Karabournaki in the "Reihensiedlung" type of settlement (Lang 1996, 60).

The architectural remains of Karabournaki do not yet provide a clear picture of the type or types of the houses present on the site (**figs. 261-262**). It is not yet known whether a reproduction of the same house type, with possible variations in numbers of rooms, applied across the settlement or whether there were various house types.

The preserved data does, however, indicate a few common features. The general hypothesis that emerges from the excavated area is that the settlement consists of stone-built houses, Greek in type, and Archaic in date. The principal shape of the rooms is rectangular ; the long walls run from north to south (N-S) and the narrow walls from east to west (E-W). Although, it is not clear whether the constructions belong to single-room or multi-room houses, the architectural remains show that the spaces were juxtaposed paratactically, thereby creating a radial arrangement. According to Lang (Lang 2005, 17), this layout is characteristic of the Archaic period and, furthermore marks a fundamental change from the Iron Age, when the rooms were situated one behind the other. If this is valid, then it offers another argument in support of the Archaic date of the preserved structures.

The latest data indicates that the buildings in general conform to the principles of the ancient Greek house (oikia), as described by Xenophon (Memorabilia 3.8.9, Oeconomicus 9.4). Xenophon claims that the most-frequently used rooms should be south-facing to gain sun in the winter while being shaded from the higher sun of summer.

The great majority of the structures at Karabournaki had stone foundations that were usually only roughly dressed and very occasionally cut rectangular (as ashlars). The superstructure was made of sun-dried mud brick (adobe), as indicated by the destroyed mud bricks found in some cases adjacent to or near the walls. It is possible that those mud-brick walls were strengthened by a few timbers, although no trace of them survives. The thickness of the foundation walls has usually been used as a criterion for determining the possibility of a second storey with 0,45 m. taken to be the minimum necessary, but there is also evidence for walls of ca. 0,30 m. supporting a second storey. The thickness of the walls in Karabournaki ranges between 0,30-0,50 m., a width that would have been enough to support an upper storey, at least hypothetically (Tiverios *et al*., 2002-2003, 327-338).

As a rule, the extent of preservation is unimpressive, with stone walls preserved to half a meter in height, and in few instances up to 0,85 m. Due to the preservation of the foundation walls alone, the placement of access to the street is unclear, and it is not known whether it was in the long or in the short side of each house. The same uncertainty affects the siting of doors leading from one room to another, assuming we are dealing with houses of multi-room type.

The floors of the rooms were normally of beaten earth and are therefore difficult to trace. The roofs will have been formed by timbers covered with straw or rushes and mud, usually topped by long, heavy, baked clay tiles. The most common type of roof tiles found in Karabournaki is the Laconian. Often the roof-tiles were covered with red or black paint to water-proof them. Clay roof-tile is considered to be among the significant inventions and technological innovations that influenced architectural design (Lang 2005, 28). The earliest examples of tiles in the post–Mycenean period seem to be on temples dated to the end of the eighth c. B.C. (Schwandner 1990)

Some of the structures may also have included a courtyard, as for example in trench 23/3a and perhaps in 23/3c (Tiverios *et al.* 1995, 279). A courtyard can sometimes be distinguished, occasionally paved with stones in circular shape (**fig. 263**). Although its role in the overall organization of the house cannot yet be established with certainty, it is possible that it was used for household activities or as foundations for granaries (Schwandner 1990 ; Moschonissioti 1998, 258-259 ; Coldstream 2003, 196).

In one case the stone-paved area is more extensive, set on two levels and attached to the walls of a house. It is carefully-constructed and might belong to a street. If this is true, it will be the first street uncovered so far in Karabournaki. It is noteworthy that there is as yet no other indication for streets among the buildings, apart from some narrow spaces between constructions.

A type of flooring consisting of seashells and pebbles has been sporadically revealed in various parts of the excavated area. These cobbled surfaces are found in multiple superimposed levels. Their fragility was apparently the reason why they had to be repeatedly resurfaced. For the same reason they are poorly preserved and survive only alongside walls. Their role is not clear. Until recently we suspected that they might have been used as substructures for courtyards or even streets. One of the most recent to be found, however, preserves some indications that it was placed indoors. Roof tiles were found on top of it and it was placed next to a hearth in the room. Despite their problematic function, it is clear that these pavements were used all over the settlement for a long period of time. The archaeological data from the site indicate that their use begins from at least the late 8th century B.C. and extends without any doubt up to the 6th century B.C.

Specific architectural storage features such as "cellars" are commonly found in Karabournaki (**figs. 264-265**). More than 15 different storerooms preserving pithoi in situ, have so far been certainly identified within the settlement. The modern disturbances unfortunately do not allow any estimate of the total number of the pithoi stored in each room but the preserved examples, in relation with the surrounding walls, indicate the existence of more than 10 pithoi in each storeroom. As a rule the pithoi were sunk into the ground with their base often placed below the level of the foundation walls.

Most of the pithoi appear to be placed in separate

storerooms, but recent findings show that some of them were placed in the "kitchen" of the house (optanion). They were placed next to hearths uncovered in those spaces that prove cooking activities took place there. The existence of pithoi in the "kitchen" of a house does not necessarily rule out its having other storage areas besides. They may well have had "cellars" (= storerooms) to store goods on an annual basis, while keeping what was immediately needed in pithoi in the space where they carried their cooking activities.

Samples of the earth found inside some of the pithoi have been submitted for analysis. The preliminary results have shown burnt seeds from various cereals, grain, wheat, and grapes (Valamoti 2003, 201-204). The preference of the inhabitants for wine also emerges very clearly from the numerous imported amphorae found all over the mound. It is worth noting that all major centers of the Greek world are represented through their distinctive types of amphorae. A number of them apparently contained olive oil. Wine and olive oil were two of the products probably stored in the pithoi. When we add to the above the bones from small animals and fish, and the large quantities of seashells found scattered across the area, we get a picture of the dietary habits of the people living on the site. Other samples of earth coming from the beehive-shaped dugouts contained burnt seeds from ancient lentil and bitter vetch, a kind of pulse used to feed animals (Tiverios *et al.*, 2002-2003, 333 ; Tiverios *et al.* 2003, 192-193).

Remains of storage vessels, especially when actually set into the floor, indicate the use of rooms, but it is apparent that the rooms might well have had other functions related to the various needs of the household. A type of multi-functional room can easily be accepted in the case of Karabournaki, particularly since the number of the rooms in each house is not known. The rooms of the houses could have been used for the processing and storage of food and textiles from its agricultural property or for the working of materials and storage of supplies from non-agricultural activities. Hearths, or parts of them, have been uncovered to date in a few spaces of the settlement, particularly in the area situated on the top of the mound slightly to its eastern side (**fig. 266**). In some cases they were placed next to the walls of the rooms, or they might have adjacent to them a space or a clay construction for food preparation.

It is generally accepted that the household was considered a miniature centre of production in which clothes and food were made from wool and crops. Taking that into consideration helps to explain the finds made within the structures.

Many mortars and hand grindstones were found, the latter for the preparation of grain in the house. For weaving textiles, the upright loom might have been set up as needed and then disassembled and stored away. The numerous examples of loom weights, some of them stamped to indicate their owner or producer, show that weaving was a common activity on the site. Substantial quantities of cooking ware, coarse ware, plain pottery, and fragmentary portable hearths or ovens for the preparation and cooking of food are indicative of the domestic use of the buildings. Taken together these findings confirm the general assumption that the house was both residence and workplace for most crafts, aside from those that required specialised equipment such as a forge or a kiln, or direct communication with the outside such as a shop or a tavern.

Although some specialised activity spaces, such as courtyards, kitchens, and storerooms, can be identified in Karabournaki, the archaeological record is difficult to interpret and the houses seem to have been somewhat irregular in organization. Some of the most characteristic features of the typical Greek house, as we know it from the late Classical and Hellenistic periods (at, e.g. Olynthus, Pella, etc.), are lacking. There are, for example, no specialised facilities for the entertainment of guests (banquet room) or porticoes beside the courtyards. Their absence could be due to the fact that the preserved houses in Karabournaki date from the Archaic period, and our knowledge regarding Archaic oikia is extremely limited (Lang 1996 ; Lang 2005). It is therefore possible either that the space known in later periods as andronas (men's quarters) may not have developed that early or that there was not a fixed type of house at that time. But such a difference from the so-called typical Greek oikia might also signify dissimilarities in social structure and character between the inhabitants of Karabournaki and the occupants of other Greek sites.

It is not possible thus far to attribute a public character to any of the excavated buildings, either because they were located somewhere else or because they have not been found or identified yet. However, parts of architectural terracottas (**fig. 267**) preserving painted decoration (Tiverios *et al.* 2002-2003, 331) found scattered across the site indicate buildings constructed more carefully than the ones presented above, and may point to the existence of public or simply more official constructions in the area. This separation of private and public buildings is considered to be a significant change that occurred in Archaic period, and is possibly related to the emergence of a different political and social organisation from that which existed in the Iron Age (Lang 2005, 18). The fact that the social or political structure in Karabournaki is not yet known presents a further difficulty in identifying public buildings – if any existed – on the site. Furthermore, the site extends to the nearby plateau and

Fig. 261. Architectural remains from the settlement in Karabournaki.

Fig. 262. Architectural remains from the settlement in Karabournaki.

Fig. 263. Stone pavement in Karabournaki.

any public constructions could be located there.

The chief features of Karabournaki, however, are the beehive-shaped semi-subterranean constructions spread out on the mound (**figs. 268-269**) (Tiverios *et al.* 2002-2003, 333-335) that are reminiscent to a certain extent of similar structures in the area of the Black Sea (Solovyov 2001, 120-140 ; Tsetskhladze 2004).

The beehive-shaped structures unearthed in Karabournaki have a number of characteristics in common : a) construction partially underground and partially above the surface, b) a similar beehive shape larger in diameter at the base than the top, c) an upper part, now lost from all of them, apparently built in stone, as indicated by the stones found on some of them, at least to a certain height (mud-brick may have been used for the upper parts), d) similar construction, dug into the same surface layers in their underground part, e) a base that goes down to the natural ground of the region, a whitish, very hard earth, called "mellagas" in the local dialect. It is not unusual for them to be found in pairs, occasionally with an opening that connects one to the other (**fig. 10**) (Tiverios *et al.* 1998, 224-225).

The archaeological evidence suggests that these structures were already built in the earlier phases of the settlement, perhaps in the late 8th or early 7th century B.C., perhaps before the constructions of Greek type. However, they were apparently still in existence alongside the later Archaic constructions of the site and it is probable that they adapted them for secondary use. No evidence has yet been found to suggest their initial function. Nor is it known how they were used in the Archaic period when they were incorporated into the buildings of Greek type.

The content of these semi-subterranean constructions indicates that they were closed up and abandoned at the same time. They are all filled with a similar type of earth containing animal bones, seashells and large quantities of pottery, imported and local. The majority of the pottery found within most of them dates from the 7th and 6th centuries B.C. This makes me wonder whether they were abandoned some time in the early 5th century B.C., perhaps in connection with the presence of the Persians in the area at that time. According to Herodotos (7,127,1 ; 7,123,7 ; 7,121,1), Xerxes camped at the site on his way to the south.

Alongside purely domestic activities, the finds indicate that there were workshops for metal-working and ceramics on the site. The wheel-made "ionizing eggshell" type of pottery that has been proven through archaeological data and archaeometric analysis to have been produced in Karabournaki (Tiverios *et al.* 2002-2003, 347-348 ; Tsiafaki, Tsirliganis 2008), indicates the existence of an organized workshop with a commercial character. Apart from the immense quantities of this ware found in Karabournaki itself, its distribution across various sites in Macedonia points in that direction (Chrysostomou, Chrysostomou 1993, 163 ; Lioutas, Kotsos 2001, 193, fig. 54 ; Chrysostomou 2002, 239, fig. 15 ; Tzanavari, Filis 2003, 156, fig. 1). Taking into

Fig. 264-265. Storerooms with pithoi in Karabournaki.

Fig. 266. Hearths in Karabournaki.

Fig. 267. Architectural terracotta.

Fig. 268-269. Semi-subterranean constructions in Karabournaki.

consideration that the waste-heap of the workshop was located on the top of the mound, the workshop itself should be located somewhere nearby, and therefore within the settlement. As a rule, large-scale workshops were placed away from houses, because of their spatial needs. It is known elsewhere that pottery workshops were located near sanctuaries or cemeteries or in specific areas (e.g. Athens, Corinth). It is unclear, however, when this separation began ; it was known already in Mycenean times, but there is information for workshops located within settlements during the Protogeometric period (Kourou 2004, 157-158).

Indications of metalworking are also evident from individual finds such as moulds and from some traces of workshops found in the recent excavations (Tiverios *et al*. 2007). A few pits and a certain amount of slag and clay vessels with metal residue at the bottom suggest the existence of at least one organized workshop. The slag analysis proved it to be iron, while the archaeological data indicate the existence of the workshop perhaps antedates the Archaic period.

The recent data do not allow an estimation of the population within the settlement. There is certainly a Greek population present during the Archaic period, as indicated by the Greek-type houses and contemporary Greek-type burials revealed on the site. The possibility, however, that Thracians were also present cannot be ruled out. Hekataios from Miletus is the earliest preserved literary source to mention the inhabitants of the area, and Therma in particular, as "πόλις Ἑλλήνων Θρηϊκῶν" (*FGrHist* 1, F 163) ('In the Thermaic Gulf there is Therma, a "polis" of Greeks Thracians'). The interpretation of this reference to "Greeks Thracians" has been much discussed (does it mean Greeks and Thracians living together as a mixed population, or Greeks in Thrace ?), but the existence of indigenous inhabitants, in this case Thracians, in the area appears to be certain (Xydopoulos 2007, 44-46). Hekataios confirms this by mentioning clearly the Thracians in Chalastra, a site near to Therma. His work dates from the late 6th c. B.C., before the expansion of the Macedonian kingdom during the reign of Alexander A' (479-452 B.C.) (Xydopoulos 2007, 39). It was during the latter's rule that the area of the Thermaic Gulf was incorporated into Macedonian territory. At the time of Hekataios the Axios river was the boundary : for Thrace to be extended to its east (Hammond 1972, 146). Therma and Chalastra are the first places to be mentioned in the area and they are clearly linked with Thrace and Thracians. In the case of Therma in particular it has been suggested either that Hekataios considers it one of the barbarian sites (Hansen 1997, 19-20) or that it had a mixed population (Hatzopoulos 1996, 107).

Despite the problems and the difficulties encountered in all of the above interpretations, the one thing on which all are agreed is the Thracian presence in the region at least in the period under consideration. Moreover, Therma was part of Thracian territory until the end of the Archaic period and it was probably organised as a "komedon". Even if in the part of Therma located in Karabournaki the residents of the Archaic, Greek-type buildings were Greeks, somewhere nearby there were therefore local Thracians.

3. Conclusions

The settlement in Karabournaki appears to be a multi-phase site, in use perhaps from the Late Bronze Age down to the Roman era, with a flourishing period in Geometric and particularly in Archaic times.

The architectural remains presented here belong to the Archaic period and mostly to the 6th c. B.C. The excavated structures belong to Greek- type buildings similar to those found in various places in Greece in that period, although there are clearly various regional patterns. The major features of the buildings (room-shape, construction technology, arrangement, courtyard) are identified by modern scholars as indicative of changes in domestic architecture that appear in Archaic times, and are significantly different from the characteristics of houses of the Iron Age.

There is insufficient data to distinguish the character of the buildings uncovered on the top of the mound. Although a residential aspect could be traced in a certain number of them, there are also indications of workshops located in the same area, at least until the 6th c. B.C.

Even so, the preserved archaeological data, despite their scarcity, indicate the existence of a "cosmopolitan" wealthy settlement at Karabournaki, a place where there was a meeting of influences from the East and the West.

BIBLIOGRAPHY

AEMTh : *To archaiologiko ergo sti Makedonia kai ti Thraki*, Thessaloniki, 1994-2006.

Ault, Nevett 2005 : AULT (B.A.), NEVETT (L.C.) eds., *Ancient Greek Houses and Households. Chronological, Regional, and Social Diversity*. Philadelphia 2005.

Chrysostomou 2000 : CHRYSOSTOMOU (A.) – Βόρεια Βοττιαία και Αλμωπία στην εποχή του σιδήρου και τα αρχαϊκά χρόνια. *In* : Adam-Veleni (P.) ed., *Myrtos. Meletes sti mnimi tis Ioulias Vokotopoulou*. Thessaloniki 2000, p. 229-242.

Chrysostomou, Chrysostomou 1993 : CHRYSOSTOMOU (A.),

CHRYSOSTOMOU (P.) – Ανασκαφή στην τράπεζα του Αρχοντικού Γιαννιτσών το 1993. Τομέας IV. *AEMTh* 7, 1993, p. 159-165.

Coldstream 2003 : COLDSTREAM (J.N.) – *Geometric Greece : 900-700 BC*. London and New York 2003.

Drerup 1969 : DRERUP (H.) – *Griechische Baukunst in geometrischer Zeit*. Göttingen 1969.

Fagerström 1988 : FAGERSTRÖM (K.) – *Greek Iron Age Architecture. Developments through Changing Times*. Göteborg 1988.

Hammond 1972 : HAMMOND (N.G.L.) – *A History of Macedonia*, v. 1. Oxford 1972.

Hansen 1997 : HANSEN (M.H.) – Hekataios'use of the word Polis in his Periegesis. *CPCPapers* 4, 1997, p. 17-27.

Hatzopoulos 1996 : HATZOPOULOS (M.B.) – *Macedonian Institutions under the Kings. A historical and epigraphic study*. Athens 1996.

Hoepfner 1999 : HOEPFNER (W.) ed., *Geschichte des Wohnens. Band 1 : 5000 v. Chr. – 500 n. Chr.* Vorgeschichte Frühgeschichte Antike. Stuttgart 1999.

Kourou 2004 : KOUROU (N.) – Οι οικισμοί των σκοτεινών χρόνων. *In* : Lagopoulos (A.F.) ed., Η ιστορία της αρχαίας ελληνικής πόλης. Athens 2004, p. 147-162.

Lang 1996 : LANG (F.) – *Archaische Siedlungen in Griechenland. Struktur und Entwicklung*. Berlin 1996.

Lang 2005 : LANG (F.) – Structural Change in Archaic Greek Housing. *In* : Ault, Nevett 2005, p. 12-35.

Lioutas, Kotsos 2001 : LIOUTAS (A.), KOTSOS (S.) – Ιερό άγνωστης θεότητας στον Προφήτη Λαγκαδά στην πορεία της Εγνατίας οδού. *AEMTh* 15, 2001, p. 187-194.

Moschonissioti 1998 : MOSCHONISSIOTI (S.) – Excavation at Ancient Mende. *In* : Bats (M.), D'Agostino (B.) eds., *Euboica. L'Eubea e la presenza Euboica in Calcidica e in occidente ; Atti del convegno internazionale di napoli, 13-16 Nov. 1996*. Napoli 1998, p. 255-271.

Nevett 1999 : NEVETT (L. C.) – *House and Society in the ancient Greek world*. Cambridge 1999.

Pandermali, Trakosopoulou 1994 : PANDERMALI (E.), TRAKOSOPOULOU (E.) – Καραμπουρνάκι 1994. Η ανασκαφή της ΙΣΤ' ΕΠΚΑ. *AEMTh* 8, 1994, p. 203-215.

Pandermali, Trakosopoulou 1995 : PANDERMALI (E.), TRAKOSOPOULOU (E.) – Καραμπουρνάκι 1995. Η ανασκαφή της ΙΣΤ' ΕΠΚΑ. *AEMTh* 9, 1995, p. 283-292.

Petsas 1966/7 : PETSAS (F.) – Χρονικά Αρχαιολογικά. *Makedonika* 7, 1966/7, p. 303.

Petsas 1969 : PETSAS (F.) – Χρονικά Αρχαιολογικά 1966-1967. *Makedonika* 9, 1969, p. 162.

Petsas 1974 : PETSAS (F.) – Χρονικά Αρχαιολογικά 1968-1970. *Makedonika* 14, 1974, p. 318.

Rey 1917-19 : REY (L.) – Observations sur les Premiers Habitats de la Macédoine. *BCH*, 41-43, 1917-19, p. 97-100.

Rey 1927 : REY (L.) – La Nécropole de Mikra-Karaburun près de Salonique. *Albania* 2, 1927, p. 48-57.

Rey 1928 : REY (L.) – La Nécropole de Mikra-Karaburun près de Salonique. *Albania* 3, 1928, p. 60-66.

Rey 1932 : REY (L.) – La Nécropole de Mikra-Karaburun près de Salonique. *Albania* 4, 1932, p. 67-76.

Rhomaios 1940 : RHOMAIOS (K.) – Που έκειτο η αρχαία Θέρμη. *Makedonika* 1, 1940, p. 1-7.

Rhomaios 1941 : RHOMAIOS (K.) – Ανασκαφή στο Καραμπουρνάκι Θεσσαλονίκης. *In* : *Epitymvion Christou Tsounta*. Athens 1941, p. 358-387.

Schwandner 1990 : SCHWANDNER (E.L.) – Überlegungen zur technischen Struktur und Formenentwicklung archaischer Dachterrakotten. *Hesperia* 59, 1990, p. 291-300.

Solovyov 2001 : SOLOVYOV (S.L.) – The archaeological excavation of the Berezan Settlement (1987-1991). *In* : Tsetskhlatdze (G.) ed., *North Pontic Archaeology. Recent Discoveries and Studies* (Colloquia Pontica 6), Leiden / Boston / Cologne 2001, p. 117-141.

Tiverios 1987 : TIVERIOS (M.) – Όστρακα από το Καραμπουρνάκι. *AEMTh* 1, 1987, p. 247-260.

Tiverios 1990 : TIVERIOS (M.) – Από τα απομεινάρια ενός προελληνιστικού ιερού περί τον Θερμαίον κόλπον. *In* : Koukouli-Chrisanthaki (CH.), Picard (O.) eds., *Mnimi D. Lazaridi. Polis kai chora stin archaia Makedonia kai Thraki*. Thessaloniki 1990, p. 71-88.

Tiverios 2008 : TIVERIOS (M.) – Greek Colonisation of the northern Aegean. *In* : Tsetskhlatdze (G.) ed., *Greek Colonisation. An account of Greek Colonies and other settlements overseas*. Leiden-Boston 2008, v. 2, p. 1-154.

Tiverios *et al.* 1995 : TIVERIOS (M.), MANAKIDOU (E.), TSIAFAKIS (D.) – Ανασκαφικές έρευνες στο Καραμπουρνάκι κατά το 1995 : ο αρχαίος οικισμός. *AEMTh* 9, 1995, p. 277-282

Tiverios *et al.* 1998 : TIVERIOS (M.), MANAKIDOU (E.), TSIAFAKIS (D.) – Ανασκαφικές έρευνες στο Καραμπουρνάκι κατά το 1998 : ο αρχαίος οικισμός. *AEMTh* 12, 1998, p. 223-230.

Tiverios *et al.* 2002-2003 : TIVERIOS (M.), MANAKIDOU (E.), TSIAFAKIS (D.) – Πανεπιστημιακές ανασκαφές στο Καραμπουρνάκι Θεσσαλονίκης (2000-2002). *Egnatia*, 7, 2002-2003, p. 327-351.

Tiverios *et al.* 2003 : TIVERIOS (M.), MANAKIDOU (E.), TSIAFAKIS (D.) – Ανασκαφικές έρευνες στο Καραμπουρνάκι κατά το 2003 : ο αρχαίος οικισμός. *AEMTh* 17, 2003, p. 191-199.

Tiverios *et al.* 2006 : TIVERIOS (M.), MANAKIDOU (E.), TSIAFAKIS (D.) – Ανασκαφικές έρευνες στο Καραμπουρνάκι κατά το 2006. *AEMTh* 20, 2006, p. 263-270

Tiverios *et al.* 2007 : TIVERIOS (M.), MANAKIDOU (E.), TSIAFAKIS (D.) – Ανασκαφικές έρευνες στο Καραμπουρνάκι κατά το 2007. *AEMTh* 21, 2007 (forthcoming).

Tsetskhladze 2004 : TSETSKHLATDZE (G.) – On the earliest Greek Colonial Architecture in the Pontus. *In* : Tuplin (C.J.) ed., *Pontus and the Outside World. Studies in Black Sea History, Historiography, and Archaeology* (Colloquia Pontica 9). Leiden / Boston 2004, p. 225-278.

Tsiafaki forthcoming : TSIAFAKI (D.) – Architectural similarities (?) between the Black Sea and North Aegean Settlements. *In* : Atasoy (S.), Donmez (A.), Avram (A.), Tsetskhlatdze (G.), eds – *The Bosporus : Gateway between the Ancient West and East (1st Millenium BC - 5th Century AD). Proceedings of the 4th International Congress on Black Sea Antiquities, Istamboul University 14-18 September 2009* (forthcoming).

Tsiafaki 2009 : TSIAFAKI (D.) – ΕΛΛΗΝΕΣ ΚΑΙ ΘΡΑΚΕΣ ΑΠΟ ΤΟΝ 7° ΜΕΧΡΙ ΤΟΝ 5°ΑΙ. Π.Χ. *In* : Bonias (Z.I.), Perreault (J.Y.) eds. – *Greeks and Thracians along the coast and the Hinterland of Thrace during the years before and after the great colonization. Acts of the international Symposium, Thasos 26-27/9/2008*. Thasos 2009, p. 123-134.

Tsiafaki, Tsirliganis 2008 : TSIAFAKI (D.), TSIRLIGANIS (N.) – Ανασκαφή στο Καραμπουρνάκι : χημική ανάλυση κεραμικών οστράκων με φασματοσκοπία ατομικής απορρόφησης και φλογοφωτομετρία. *In* : Panti (L.), *Τοπική κεραμική από τη Χαλκιδική και το μυχό του Θερμαϊκού κόλπου (Άκανθος, Καραμπουρνάκι, Σίνδος)*. Thessaloniki 2008, p. 265-273.

Tzanavari, Filis 2003 : TZANAVARI (K.), FILIS (K.) – Έρευνες στον οικισμό και στα νεκροταφεία της αρχαίας Λητής. Πρώτες εκτιμήσεις. *AEMTh* 17, 2003, p. 155-172.

Valamoti 2003 : VALAMOTI (S.) – Αρχαιοβοτανικά δεδομένα από το Καραμπουρνάκι : μια προκαταρκτική έκθεση των ευρημάτων. *AEMTh* 17, 2003, p. 201-204.

Xydopoulos 2007 : XYDOPOULOS (I.K.) – Η εικόνα των Θρακών στην κλασική ιστοριογραφία. Thessaloniki 2007.

Chapitre II

Production, conservation, distribution

1. Josep BURCH, Josep Ma. NOLLA, Jordi SAGRERA
Le système de stockage en silos sur le territoire ibérique aux environs d'Emporion

2. Dominique GARCIA, D. ISOARDI
Variations démographiques et capacités de production des céréales dans le Midi Gaulois : l'impact de Marseille grecque

3. Jean Pierre BRUN
Viticulture et oléiculture grecques et indigènes en Grande Grèce et en Sicile

4. Daniela UGOLINI
De la vaisselle au matériau de construction : techniques et emplois de la terre cuite en tant que traceur culturel (VIe-IVe s. av. J.-C.)

5. Olivier de CAZANOVE, Sophie FÉRET
L'artisanat lucanien entre reproduction et « bricolage » : L'exemple de Civita di Tricarico et de la maison des moules

1. Le système de stockage en silos sur le territoire ibérique aux environs d'Emporion

Josep Burch, Josep Ma. Nolla, Jordi Sagrera

Introduction

A l'époque ibérique, sur le territoire situé aux alentours du noyau grec d'Emporion, le stockage à long terme de produits alimentaires avait pour caractéristique la plus remarquable l'utilisation de silos. Ceux-ci étaient répartis sur toute cette zone, formant ainsi une des caractéristiques les plus significatives, non seulement d'un point de vue économique mais surtout culturel, des habitants ibères de ces contrées.

Pourtant, cette omniprésence commune à tout le territoire ne cache pas les différentes caractéristiques qu'elles présentent entre elles ni la diversité de leur localisation : les silos furent construits sur différents types de sous-sol, ils avaient des dimensions et des formes différentes, ils pouvaient être isolés ou regroupés par dizaine et ils pouvaient faire partie du groupe d'habitations ou bien être situés au milieu des terres de culture sans aucun lien direct avec un peuplement.

Chronologiquement, ces silos trouvent leur origine au moment de la formation de la culture ibère sur ces terres, bien que quelques-uns d'entre eux remontent à la fin du VIIe siècle avant J.-C. En revanche, la fin de ce système de stockage ne coïncide pas avec l'invasion par Rome de la Péninsule Ibérique mais il se poursuivit, au moins, jusqu'à l'époque d'Auguste. Non seulement il se maintint après la conquête romaine mais, en outre, des innovations technologiques furent introduites. Elles permirent très certainement l'amélioration du stockage des produits qui étaient conservés dans les silos. De nouveaux groupements de silos se formèrent alors en des lieux où ce système de stockage avait été peu ou pas du tout présent jusqu'à ce moment-là, comme c'est le cas d'Emporion.

Les dimensions extraordinaires de certains d'entre eux, fait qui se traduit par une grande capacité de stockage, leur importance quantitative – environ un millier – et leur localisation sur toute l'étendue de cette zone, ont été interprétées comme l'exemple de l'obtention de nombreux excédents de céréales dans la zone qui s'étend aux alentours d'Emporion. Leur relation avec l'enclave phocéenne, à partir de laquelle la redistribution de la production de céréales se serait effectuée vers plusieurs points de la Méditerranée, situe ce système de stockage à l'épicentre du débat sur le contrôle d'excédents et sur la commercialisation des produits agraires.

Le territoire des environs d'Emporion dans l'Antiquité et la production agricole

Les auteurs anciens furent très sommaires dans leur description de la production agraire, de la productivité, des usages de la terre, etc. de ce territoire. Nous ne citerons, ci-dessous, que les cas où il est fait mention, de manière plus ou moins explicite, de ce sujet. Strabon (III, 4. 8) raconte que les habitants d'Emporion étaient habiles dans le tissage du lin et qu'ils possédaient, d'une part, de bonnes terres et, d'autre part, des terrains qui produisaient une variété pauvre de jonc. Un autre texte intéressant est celui où Tite-Live (XXXIV, 9), mentionne des relations de dépendance réciproque entre Grecs et Ibères. Selon Tite-Live, les habitants d'Emporion vendaient les produits qui arrivaient des terres d'outremer à la population locale et ils lui achetaient les produits de leurs champs. Il mentionne aussi que lorsque Caton débarqua à Emporion en 195 av. J.-C. avec pour objectif d'étouffer la révolte indigène, les Hispaniques avaient le blé sur les aires de battage, motif pour lequel le Consul considéra que ce blé serait suffisant pour nourrir ses troupes sans le ravitaillement de Rome.

D'une manière générale, les sources nous indiquent seulement que les alentours d'Emporion disposaient d'autant de bonnes terres que de mauvaises, tout au moins pour ce qui est de la culture agricole. Elles nous disent aussi qu'en échange des produits venant de la mer, la population ibère achetait des produits importés à Emporion. En revanche, elle vendait aux habitants d'Emporion les produits des terres, entre autres, le blé. Comme on peut l'observer, ces sources ne nous permettent pas d'être plus concrets quant à cette production. Elles ne nous permettent pas de savoir si elle était quantitativement significative et dans quelle proportion elle était échangée pour des produits venant de l'extérieur.

Pour ce qui est des données apportées par d'autres disciplines, il faut mentionner qu'une partie du territoire devait être composée de zones humides, tout particulièrement situées à proximité du littoral (Bachs 2005), par conséquent non fertiles pour la culture de céréales. Malgré tout, sans connaître de manière précise les limites des zones humides ni celles des zones de montagne et de moyenne montagne qui n'ont pas été utilisées pour leur culture, il est difficile de déterminer à partir des caractéristiques géologiques de la zone, le niveau de la production de céréales.

Plus intéressantes sont les données apportées par les études palynologiques et anthracologiques. Selon ces études, peu de changements se produisirent dans le paysage de la zone d'Empúries au cours de la période ibérique par rapport à la période romaine au cours de laquelle il y eut un défrichement plus important (Burjachs *et al.* 2005, 31).

En ce qui concerne les espèces cultivées ou récoltées à l'époque ibérique, les études archéobotaniques fournissent quelques données intéressantes mais sont encore loin d'offrir une information suffisante permettant de connaître de manière précise la structure agricole de ce territoire à cette période (Alonso 2004, 55). En règle générale, les espèces les mieux renseignées sont les céréales, plus particulièrement l'*Hordeum vulgare* et le *Triticum aestivum/durum*. Les légumineuses, surtout la lentille, sont aussi présentes. D'autres espèces, comme le lin et la cameline, utilisées pour produire de l'huile, sont aussi localisées (Alonso 2004, 56-60), et la vigne est déjà renseignée dans les phases initiales de San Martí d'Empúries entre 650 et 600 av. J.-C. (Castanyer *et al.* 1999 124). Il faut ajouter aux espèces cultivées celles qui étaient récoltées (Buxó 1999a ; Buxó 1999b ; Canal, Buxó 2002).

Malheureusement, l'information que peut nous fournir ce type d'études sur le volume de la production et de la productivité des champs est succincte. D'autre part, le fait que ces restes végétaux aient perduré, fruits d'un processus de manipulation destiné spécialement à la consommation humaine, peut nous induire à surévaluer la culture de ces espèces par rapport à d'autres, dont les restes ne nous sont pas parvenus en grandes quantités, n'ayant pas nécessité de manipulation pour leur consommation.

Le stockage en silos

Dans le but de mener avec succès le stockage des produits alimentaires, les Ibères qui habitèrent les territoires situés aux alentours d'Emporion employèrent plusieurs techniques. Celles-ci furent utilisées en fonction de multiples facteurs : la durée de stockage prévue, les propriétés spécifiques des produits conservés, la finalité des aliments préservés, etc. Les communautés ibères de cette zone devaient donc connaître l'existence des facteurs qui pouvaient affecter et altérer les produits stockés en silos.

Ces facteurs sont actuellement suffisamment connus grâce à la mise en œuvre de plusieurs programmes d'archéologie expérimentale et à la réalisation d'études ethnologiques, principalement sur des populations du nord du continent africain et du Proche-Orient (Miret 2008) et grâce également aux connaissances basées sur l'étude du comportement des céréales stockées en silos surélevés construits à notre époque (Hoseney 1991).

Nous savons donc que le changement dans l'atmosphère intergranulaire provoqué par l'émission de gaz par le grain stocké en silos a pour conséquence immédiate l'arrêt de ventilation de la céréale. Ceci favorise la conservation de ses propriétés germinatives et alimentaires. Ce phénomène, produit par l'émission de dioxyde de carbone venant du grain, avait déjà été détecté dans une certaine mesure par les agronomes romains, ce qui nous permet d'avoir une idée de la connaissance qu'avaient les anciens de cette pratique de stockage : « *Sub terra qui habent frumentum in iis quos vocant sirus, quod cum periculo introitur recenti apertione, ita ut quibusdam sit interclusa anima, aliquanto post promere, quam aperueris, oportet* » (Varron, *Rerum rusticarum, I*, 63)

Par conséquent, si ces conditions n'étaient pas modifiées de manière substantielle, le plus communément par des infiltrations d'air ou d'eau dans le silo, avec les altérations subséquentes sur la température et sur l'humidité, la céréale qu'on y déposait pouvait être conservée pendant une période de temps que nous pouvons qualifier de considérable, « *Sic conditum triticum manet uel annos L, milium uero plus annos C* » (Varron, *Rerum rusticarum, I*, 57). Malgré cette donnée apportée par Varron, nous devons signaler que, dans tous les cas, la possibilité de conserver la céréale en silo durant une période de cinquante ou cent ans n'en demeure pas moins qu'une option. Nous devons tenir compte du fait qu'au fur et à mesure que le temps passe, les qualités (autant germinatives que gustatives) de la

Fig. 270. Couverture d'un silo situé aux alentours d'Emporion.

céréale emmagasinée en silo finissent par se modifier. Le temps n'est cependant pas la seule variable à considérer pour expliquer ce changement. La position de la céréale à l'intérieur d'un silo en est une autre. Il est bien connu que le grain situé au contact des murs des silos évolue de manière différente de celui qui se trouve au milieu de la masse du grain en raison d'une réaction due à l'action des changements de température et d'humidité provoqués autant par l'air que par l'eau. Ainsi donc, des positions différentes du grain à l'intérieur d'un silo donnent lieu à divers degrés de conservation.

Malheureusement, nous ignorons totalement si les populations ibères recherchaient, à travers ce système de stockage, une manière de conservation de la céréale dans des conditions optimales ou si elles recherchaient des modifications particulières des propriétés gustatives et germinatives du grain qui trouvent leur origine dans ce type de conservation des aliments, ce qui se traduirait par un stockage qui n'aurait pas pour finalité la conservation à long terme des produits dans les silos.

Finalement, il faut aussi signaler que même si l'association entre les silos et le stockage de céréales semble irréfutable (tout au moins en termes linguistiques) il faut aussi admettre, comme le signale Miret (2005 et 2006), qu'il est possible que ce qui a été archéologiquement identifié comme étant un silo pour le stockage des céréales ne l'ait peut-être pas été en réalité.

Situation, morphologie et dimensions des silos

Théoriquement, le choix adéquat du sous-sol pour garantir la conservation des produits stockés était un facteur d'une importance considérable. Ainsi, très probablement, on évitait les sous-sols qui favorisaient l'altération des conditions d'humidité et de température à l'intérieur du silo, provoquée par des infiltrations d'air et d'eau. Par conséquent, les zones facilement inondables ou les sous-sols laminés ou perméables, qui favorisaient l'écoulement d'eau et d'air, devaient être vraisemblablement écartés ou directement rejetés. En revanche, les terrains en pente qui permettaient l'écoulement d'eau et les sols humides et presque imperméables étaient sans doute choisis pour y creuser des silos. Ce serait le cas du champ de silos du Bosc del Congost à Sant Julià de Ramis (Burch, Sagrera, 2009), où les silos furent creusés sur un terrain en pente, relativement humide, près du fleuve Ter, dans un sous-sol argileux, le plus commun parmi les champs de silos excavés. Mais ce facteur n'était pas tout à fait déterminant puisqu'on a localisé des silos creusés dans une grande diversité de sous-sols, certains d'entre eux théoriquement peu souhaitables : des roches calcaires ou granitiques, des conglomérats, etc.

Quant à la morphologie, nous devons préciser d'emblée qu'il n'existe pas un modèle universel et déterminé suivi dans chacun des silos récupérés jusqu'à présent. Certains ont des murs concaves, d'autres sont verticaux et quelques-uns ont un profil absolument irrégulier. En ce qui concerne la base du silo, certaines sont plates, d'autres concaves et quelques-unes ont même une petite fosse (de 15 à 20 cm de diamètre et 15 à 20 cm de profondeur). Nous ignorons totalement si cette diversité répond à un ou à plusieurs facteurs (produits de stockage et objectifs différents...) ou s'il s'agit d'un choix complètement aléatoire.

Cette hétérogénéité se retrouve dans les ouvertures des silos. En effet, si certaines sont très simples, d'autres présentent une grande complexité. Nous comprenons par simples celles dont l'entrée du silo est une simple ouverture plus ou moins circulaire pratiquée dans le sous-sol. D'autres présentent, en revanche, des systèmes beaucoup plus sophistiqués comme les couvertures faites à la manière d'une fausse coupole, comme c'est le cas pour celles qui furent localisées dans le forum d'Empúries (Aquilué *et al.*, 2002 14, fig. 5 et 35-36).

La couverture devait elle aussi offrir des solutions bien différentes. Dans certains cas, elle devait être très simple, formée essentiellement d'une petite dalle, comme c'est le cas dans le champ de silos du Bosc del Congost. C'est à cet endroit que, lors des fouilles, 10 dalles en ardoise de forme plus ou moins circulaire et d'environ 40 à 60 cm de diamètre furent récupérées. Celles-ci, de par leurs formes et leurs dimensions, pourraient plus que vraisemblablement correspondre à des dalles de couverture de silos (Burch, Sagrera, 2009).

Dans d'autres cas, le système devait être plus sophistiqué, comme semble l'indiquer un silo localisé il y a déjà quelques années. Le silo était recouvert d'une dalle circulaire avec un orifice au centre fermé par une sorte de bouchon de pierre, dont le diamètre ne permettait pas d'extraire le grain du silo ni de l'entreposer mais il permettait, en revanche, de contrôler et de regarder ce qui se passait à l'intérieur (**fig. 270**). Le fait que le silo se termine par une dalle et non par une fermeture progressive depuis le sous-sol devait aussi faciliter l'extraction de la céréale ou de n'importe quel autre produit stocké grâce au simple fait d'enlever la grande dalle du silo. Ainsi, une fois la dalle repoussée, le diamètre d'ouverture dont on disposait était suffisamment large pour travailler en toute commodité. En revanche, extraire la céréale des silos dont l'embouchure rétrécie avait un diamètre d'environ 40/70 centimètres devait poser plus de difficultés.

Il faudrait savoir si nombre de silos que l'on croyait jusqu'à présent à ciel ouvert à cause de leur grande ouverture n'étaient pas, en réalité, recouverts de grandes dalles, ce qui expliquerait leur diamètre considérable.

L'hétérogénéité que nous avons déjà mentionnée pour la morphologie se retrouve dans les dimensions des silos localisés jusqu'à présent. L'état de dégradation particulièrement avancé dans lequel ont été trouvés certains d'entre eux rend d'autant plus difficile l'analyse de cet aspect. En prenant comme échantillon une quinzaine de silos du nord-est péninsulaire (parmi les mieux conservés) on obtient une profondeur moyenne de 2,25 m. et une largeur de 2,18 m. De cet échantillon, le silo moins profond est le numéro 12 du Puig de Sant Andreu, avec une profondeur de 1,55 m.

De nombreuses fosses ayant une dimension inférieure ont été récupérées. Même si celles-ci peuvent être identifiées comme des silos destinés au stockage de céréales, on pourrait également considérer que l'usage de ces fosses était réservé à la conservation d'autres denrées alimentaires.

Il a été prouvé que les dimensions d'un silo et la détérioration du grain sont deux éléments étroitement liés. En effet, les possibilités d'une conservation déficiente en silos de taille réduite sont plus élevées. Comme mentionné précédemment, les altérations subies par le grain stocké en silo proviennent de l'air et de l'humidité qui pénètrent par le sous-sol. Le grain le plus particulièrement sensible à ces facteurs est celui qui se trouve dans les couches extérieures tandis qu'à l'intérieur de la masse ces effets sont moindres. Ainsi donc, plus le silo est grand, plus le pourcentage de grain situé à l'intérieur de la masse est préservé par rapport à la quantité totale de grain stocké. En revanche, le pourcentage de grain affecté augmente considérablement dans le cas d'un silo de dimensions réduites, car le grain au contact des murs du silo représente une grande partie de la masse entreposée.

Très souvent, certaines fosses de dimensions réduites ont été identifiées comme étant des silos destinés au stockage de céréales par le simple fait de se trouver sur ce que nous avons appelé un « champ de silos », c'est-à-dire, un ensemble plus ou moins important de silos ou tout simplement parce qu'il s'agissait d'une fosse ayant une morphologie similaire à celle d'un silo. La différence de taille a été justifiée par les divers taux d'altération du sous-sol et par conséquent d'érosion des supposés silos. Pourtant, une analyse détaillée de la topographie de ces champs pourrait nous mener à des conclusions bien différentes. Par exemple, dans le champ de silos du Bosc del Congost à Sant Julià de Ramis, le silo 90 est situé juste à côté du silo 91. Le degré d'altération des deux silos aurait dû être similaire. Et bien, lorsque le silo 90 fut fouillé, il ne mesurait que 32 cm de profondeur. En revanche, le silo 91, en assez bon état, mesurait 218 cm (Burch, Sagrera 2009). L'altération superficielle ne peut donc pas expliquer ces différences. Il est clair qu'à côté de grands silos, il en existait d'autres de dimensions très réduites. Si nous partons du fait que les avantages de stocker des céréales dans un silo de grandes dimensions par rapport à un silo de petites dimensions sont évidents, ne pourrait-on envisager alors que les silos plus petits aient été destinés au stockage d'autres produits ?

Quant à la capacité de stockage des silos, Mas Castellar, à Pontós, un site où les capacités des silos ont été amplement étudiées, nous a permis de vérifier cette oscillation. En effet, des silos d'une capacité de 8.500 litres et d'autres de 306 litres y furent détectés (Asensio, Pons et Fuertes 2007, 127-128).

Les usages des silos

A priori nous pourrions considérer que les silos sont un système adéquat pour la conservation du grain à moyen et long terme. En revanche, le grain destiné à la consommation quotidienne devait être stocké dans des amphores, jarres, cruches et autres types de récipients que l'on gardait très probablement à l'intérieur des maisons. Ainsi donc, nous pourrions considérer que le grain mis en silo était un grain destiné aux réserves. Même s'il était possible d'extraire ponctuellement tout ou partie du grain et de remettre en silo le grain restant, nous ne pensons pas qu'il s'agisse là d'une option intéressante par rapport à d'autres systèmes.

La question qui se pose est de déterminer l'usage de ces réserves. Si nous considérons les exemples de silos de l'époque contemporaine nous pouvons voir que les réserves eurent de multiples fonctions : elles étaient utilisées, soit comme grain de semence, soit comme réserve alimentaire ou encore comme grains destinés aux échanges commerciaux. Le silo a donc eu un usage polyvalent.

La connaissance de la fonction principale du stockage du grain en silo est fondamentale pour déterminer la structure économique des populations ibères de l'extrême nord-est de la Péninsule Ibérique étant donné leur présence soutenue sur ce territoire. Depuis que Martín (1977, 55) a déterminé la grande capacité de stockage du grain des silos de Pontós, qui venaient d'être récupérés, l'historiographie a fait le lien entre l'existence de ces silos et leurs excédents de grains stockés et les enclaves grecques de la côte : d'abord avec Emporion (Ruiz de Arbulo 1984, 115-140) et plus tard avec Rhodé (Martín, Griessenberg 2001). En ce sens, une partie importante de l'historiographie a déduit que la grande quantité de silos répartis sur le territoire met en évidence une énorme capacité de production qui dépassait les besoins de la population locale (Asensio, Francès et Pons 2002, 135-138), et que les excédents céréaliers auraient été stockés en silos en attente d'être transportés jusqu'à Emporion et Rhodes, d'où ils auraient été embarqués vers divers ports de la Méditerranée. D'autres chercheurs considèrent, cependant, que ces questions n'ont pas « de fondement suffisamment empirique » (Buxó 2004, 70).

Silos et champs de silos du nord-est péninsulaire

Actuellement, environ une centaine de champs de silos ont été découverts à l'extrême nord-est de la Péninsule, dans une région comprise entre la Méditerranée à l'est, les Pyrénées au nord, la cordillère transversale catalane à l'ouest et au sud. Dans cette région, les reliefs modérés alternent avec des plaines d'une étendue également modérée, occupées partiellement, dans l'Antiquité, par des étangs et des marécages.

Environ un millier de silos ont été fouillés sur l'ensemble de ce territoire. Ce chiffre augmente de manière constante au fur et à mesure de nouvelles fouilles archéologiques.

Ne connaissant pas la période de construction de ces fosses, nous ne pouvons parler, à ce jour, que de la période où elles furent comblées, même si les données de fouille suggèrent que l'intervalle de temps écoulé entre ces deux faits ne devait pas être guère très long. Ainsi donc, les silos les plus anciens de cette période remontent à la fin du VIIe siècle av. J.-C. et les plus recents aux environs du changement d'ère, bien qu'il existe, ponctuellement, des silos plus tardifs, du Haut-Empire. Il en est autrement pour les nombreux silos datant de l'Antiquité tardive fouillés de plus en plus fréquemment et en plus grand nombre sur ce territoire.

A l'exception de quelques cas particuliers, la majorité des silos étaient en rapport avec des habitats. L'emplacement des fosses était alors très varié. Certains des silos étaient situés à l'intérieur des centres habités, plus ou moins regroupés sur de grands espaces destinés tout particulièrement au stockage. Ce serait là le cas de Pontós (Bouso, Gago, Pons 2002). Quelques-uns ont été récupérés à l'intérieur des habitations, comme ceux du

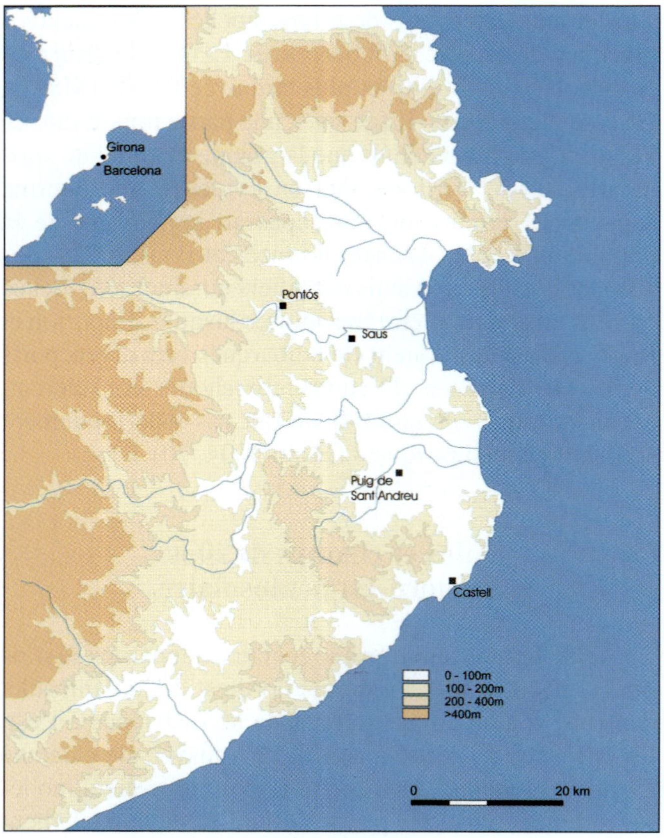

Fig. 271. Plan de situation des champs de silos situés aux alentours d'Emporion avant le IVe siècle av. J.-C.

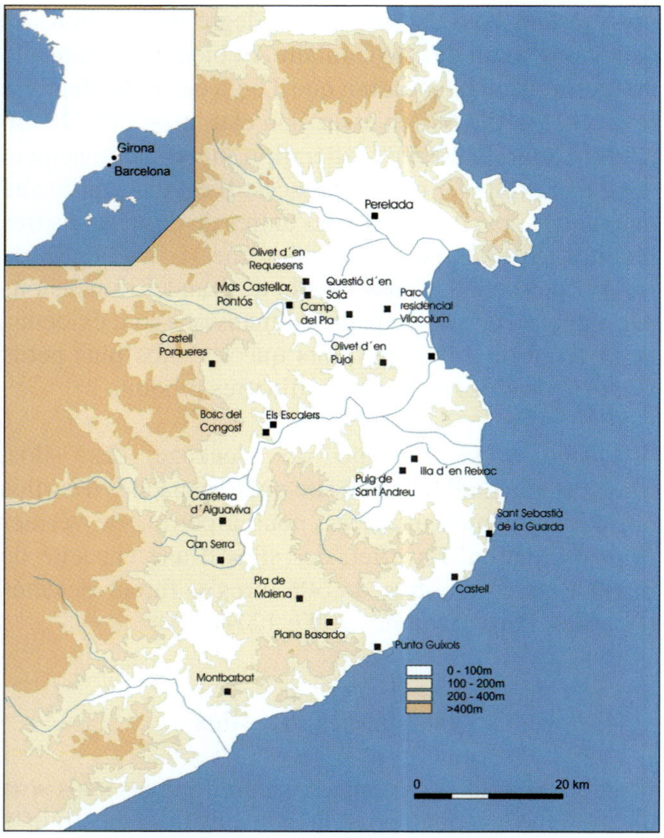

Fig. 272. Plan de situation des champs de silos situés aux alentours d'Emporion du début du IVe siècle à la fin du IIIe siècle av. J.-C.

Fig. 273. Plan de situation des champs de silos situés aux alentours d'Emporion de la fin du IIIe siècle av. J.-C.

Turó Rodó (Llinàs, Merino, Montalbán 2005) et enfin d'autres, à Sant Julià de Ramis, à proximité des enceintes fortifiées, comme le champ de silos du Bosc del Congost (Burch, Sagrera, 2009).

Les autres silos ont été localisés ici et là. Ils étaient isolés ou regroupés en petits ou en grands ensembles. Parmi ces ensembles, il convient de mettre en évidence celui de Saus. Il s'agit d'un champ de silos situé à côté de l'étang de Camallera, actuellement à sec. À ce jour, 27 silos, dont la chronologie s'établit entre le deuxième quart et la fin du Ve siècle av. J.-C. ont été mis au jour. Cependant, il ne semble pas que tous les silos aient été comblés à la fin de cette période mais qu'ils aient été comblés à différentes périodes. Il convient de remarquer que les restes abondants de matériaux de construction peuvent nous indiquer l'existence d'un habitat rural à proximité des silos (Casas, Soler 2008, 93-94).

Le stockage des céréales avant le IVe siècle av. J.-C. (fig. 271)

Asensio, Francès et Pons (2002, 129-130) ont défini une première période qui serait la date d'implantation (550-400 av. J.-C.) de ce système de stockage, période où le nombre de silos est peu important et les concentrations sont pratiquement inexistantes, bien que les fouilles effectuées dans le cadre du suivi du train à grande vitesse dans l'Alt Empordà semblent avoir mis au jour un important ensemble de silos de cette période. À ce jour, le champ de silos le plus important mis au jour pour cette période est celui de Saus, déjà mentionné (Casas, Soler 2008). C'est à Mas Castellar de Pontós, un autre site où des silos furent découverts, que l'on a répertorié un silo de 650-550 av. J.-C., trois autres entre 550 et 450 av. J.-C. et enfin 4 silos entre 450 et 400 av. J.-C. (Pons *et al.*, 2005, 363-366), qui coïncident chronologiquement avec la période de construction d'un petit établissement (Asensio, Pons, Fuertes 2007, 101) ainsi que quelques autres, environ une quinzaine, du Puig de Sant Andreu-Illa d'en Reixac, datés aux environs du Ve siècle av. J.-C. et situés à l'intérieur de l'enceinte fortifiée. On pourrait probablement ajouter à ces sites d'autres gisements comme celui de Castell de Palamós, dont les silos sont d'une datation incertaine. De plus, de nouvelles prospections feront certainement augmenter le nombre de silos et de champs de silos dans les prochaines années. Cependant, nous croyons que le pourcentage de silos de cette période, comparé au total des silos répertoriés à l'extrême nord-est de la Péninsule, restera peu important.

Par ailleurs, la situation de ces quelques silos coïncide, mis à part quelques exceptions, avec les sites où l'on implantera plus tard les enceintes les plus importantes de ce territoire. En effet, au cours de la période suivante, la complexité de l'architecture (Martín 2005) ou la magnificence de son mobilier (Pons 2002) nous permettent d'affirmer l'existence d'une classe aristocratique puissante. D'après nous, l'existence de ces silos atteste la période de formation et de structuration d'un groupe qui commence à contrôler une partie des excédents agricoles. Nous ne connaissons pas l'usage précis de ces excédents, mais si nous devons tenir compte de l'infime pourcentage des produits importés répertoriés dans les établissements ibériques de cette période, le volume des échanges serait très réduit (Asensio, Francès et Pons 2002, 130).

Le stockage des céréales en silos du début du IVe siècle à la fin du IIIe siècle av. J.-C. (fig. 272)

Les caractéristiques de la période suivante sont l'augmentation considérable du nombre de champs de silos répartis sur le territoire et du nombre total de silos, et enfin la tendance à leur concentration au sein d'un nombre réduit d'établissements. Concrètement, nous passons de quatre ou cinq champs de silos de la période antérieure à une vingtaine de sites répertoriés au cours de cette période, parmi lesquels se trouvent les suivants : l'Olivet d'en Requesens (Borrassà) ; Camp del Pla (Garrigàs) ; La Qüestió d'en Solà (Garrigàs) ; le centre urbain de Peralada ; Mas Castellar (Pontós) ; l'Olivet d'en Pujol (Viladamat) ; Sant Sebastià de la Guarda (Palafrugell) ; Castell (Palamós) ; Punta Guíxols (Sant Feliu de Guíxols) ; Plana Basarda (Santa Cristina d'Aro) ; Puig de Sant Andreu-Illa d'en Reixac (Ullastret) ; Pla de Maiena (Llagostera) ; Bosc del Congost (Sant Julià de Ramis) ; Mas Castell (Porqueres) ; Montbarbat (Lloret de Mar) ; Can Serra (Vilobí) ; Camí del Pla (Sant Julià de Ramis) la route d'Aiguaviva (Riudellots) et le Parc Residencial (Vilacolum).

Au nombre de champs de silos peut s'ajouter l'augmentation de silos comblés à cette période. Le nombre de fosses ne nous permet malheureusement pas de donner un chiffre précis car, pour certains champs de silos, nous ne disposons que d'une chronologie d'ensemble du site. C'est le cas de Punta Guíxols, de Plana Basarda (Santa Cristina d'Aro) ou de la Plaça de les Sitges à Castell (Palamós). Quoiqu'il en soit, à ce stade de la recherche archéologique, le nombre de silos appartenant à cette période serait compris entre 200 et 300. Il est toutefois évident que de nouveaux silos sont mis au jour au fur et à mesure que sont menées à bien de nouvelles prospections.

Nous pensons que cette augmentation du nombre de champs de silos ainsi que la quantité de silos comblés est mise en évidence par un accroissement significatif, par rapport à la période antérieure, du nombre d'excédents susceptibles d'être stockés pour un usage à moyen et long terme.

Le troisième facteur à considérer est l'extraordinaire concentration de ces silos sur un nombre réduit de sites. À eux seuls, Mas Castellar de Pontós, Sant Sebastià de la Guarda, Puig de Sant Andreu à Ullastret et le Bosc del Congost comptent plus de 10 silos appartenant à cette période. Dans le cas des sites d'Ullastret, un total de

200 silos a été localisé, et au Mas Castellar de Pontós, bien que les silos mis au jour ne soient pas quantitativement très élevés, les photographies aériennes nous ont permis d'en distinguer un nombre considérable (Bouso, Gago et Pons 2002). Dans le cas du Bosc del Congost et de Sant Sebastià de la Guarda, les silos de cette période oscillent entre 10 et 20 exemplaires pour chacune des deux sites.

A ces derniers, il faudrait très certainement ajouter Mas Castell (Porqueres), Castell (Palamós) ou Punta Guíxols, si les fouilles anciennes avaient permis de préciser la date de comblement des silos ; l'on pourra très probablement ajouter des sites tels que Peralada ou Montbarbat au fur et à mesure de l'avancement des prospections qui y sont menées et enfin d'autres sites qui assurément seront découverts.

Les deux concentrations de loin les plus importantes se situent au Puig de Sant Andreu-Illa d'en Reixac à Ullastret et au Mas Castellar à Pontós. Sur ces sites a été localisée une bonne partie des matériaux importés trouvés dans les établissements ibériques de cette zone, fait auquel il faut ajouter la qualité de ces biens d'importation, tout au moins en comparaison avec le reste des habitats ibériques du pays des Indigètes (Martín 2005 ; Pons 2002). C'est également sur ces sites que l'architecture acquiert une valeur que l'on ne retrouve pas dans le reste des établissements ibères de cette zone. En ce sens, la zone 14 du Puig de Sant Andreu à Ullastret, ou encore les murailles de ce même site, en sont un bon exemple.

L'augmentation du nombre de silos et de champs de silos nous renseigne, sans aucun doute, sur un accroissement significatif des réserves alimentaires par rapport à la période antérieure, fait qui, nous pouvons le supposer, était dû à une plus grande intensification de l'exploitation des terres et/ou au besoin ou dans le but de disposer de davantage de réserves à moyen et long terme. En ce qui concerne l'exploitation des terres, la culture des céréales devait, sans aucun doute, représenter une partie importante de la pratique agricole, mais pas la seule. Comme nous l'avons mentionné précédemment, les analyses archéobotaniques laissent entrevoir une réalité complexe et variée, où la viticulture et la production d'huile auraient joué un rôle non négligeable (Sanmartí 2004 ; Gracia 2004). Par ailleurs, l'emploi éventuel de certains silos, en particulier ceux de dimensions plus réduites pour le stockage de produits non céréaliers ou de produits qui n'étaient pas destinés à la consommation humaine, contribue également à dessiner un paysage plus varié.

En ce qui concerne la nécessité ou la volonté de disposer de plus de réserves à moyen et long terme, l'existence de grands champs de silos en des lieux tels que Puig de Sant Andreu ou Mas Castellar témoignent de la capacité de certains segments de population à prendre possession et à gérer les réserves. Ce fait n'était possible qu'à travers le contrôle de l'exploitation des terres, dont l'organisation, dirigée par cette élite, est totalement inconnue. Ce contrôle devait obligatoirement signifier l'utilisation, à des fins personnelles et familiales aussi bien dans un domaine restreint que plus élargi, des ressources humaines disponibles dans cette zone. C'est pour cette raison que la fonction de distribution et de redistribution des matières et des ressources a été une des composantes clefs de ce système d'organisation socio-économique (Sanmartí 2005) et les silos en étaient la composante technique qui garantissait cette redistribution. L'appropriation de produits agricoles permettait à cette élite de les échanger contre des produits importés qui, selon les sources, arrivaient aux établissements locaux via Emporion. Nous sommes loin de connaître le volume de ces échanges. Les études statistiques effectués sur les matériaux récupérés au cours des fouilles dans les établissements ibères ont, sans aucun doute, éclairé et éclaireront ce sujet, comme l'ont souligné auparavant d'autres chercheurs, de manière satisfaisante (Sanmartí 2005). Finalement, la comparaison avec les statistiques d'établissements et de villes partout dans la Méditerranée permettra de conceptualiser et de mesurer la juste portée de ce commerce.

Certains de ces objets, ceux qui conféraient plus de prestige et renforçaient la position de ceux qui les possédaient, devaient rester entre les mains de cette élite. Le reste était redistribué à une partie de la population locale répartie sur l'ensemble des établissements du pays des Indigètes. D'un point de vue qualitatif, comme mentionné plus haut, les matériaux d'importation découverts ces dernières années, par exemple au Mas Castellar (Pontós) offrent une qualité et une diversité bien supérieures à celles des matériaux trouvés lors des fouilles d'autres sites, comme par exemple Sant Julià de Ramis (Burch *et al.* 2001). D'un point de vue quantitatif, en l'état actuel de nos connaissances (Pons 2002 ; Burch et Sagrera 2009 ; Martín, Lafuente 1999) nous ne pouvons qu'affirmer que des différences quantitatives semblent se profiler entre le nombre des objets d'importation de sites comme Puig de Sant Andreu et Mas Castellar à Pontós, d'une part, et d'autres, comme Sant Julià de Ramis, d'autre part.

Il devait exister de nombreux autres produits distribués au niveau interne : des matières premières, des produits manufacturés (par exemple des céramiques ou des produits métallurgiques), des produits agricoles, du bétail, des produits élaborés (vin, huile ou bière) et très certainement des éléments non matériels sous la forme d'information ou d'idéologie, etc., associés à cette redistribution interne des produits importés, contrôlée et dirigée par les élites locales une fois passé le filtre d'Empúries. L'existence d'objets, probablement fabriqués dans les ateliers d'Ullastret ainsi que dans d'autres établissements, en est la preuve. L'on pourrait, très certainement, situer cette redistribution dans le cadre des opérations commerciales entre indigènes. Cependant, nous considérons que ce sujet porte principalement, et non uniquement, sur une redistribution basée sur la réciprocité : celui qui recevait devait donner en retour (Krueger 2008), échange réciproque de biens qui pouvait se faire sur une base apparemment équitable mais qui en réalité consolidait les structures sociales hiérarchisées, comme le soulignent les preuves archéologiques.

Arrivés à ce point, il convient de rappeler l'hypothèse d'Olesti (2006), selon laquelle la révolte indigène du 197 av. J.-C. aurait été provoquée par la perte de ce contrôle de la production de la part des élites aristocratiques ibères face aux Romains. L'interprétation faite par Olesti des faits survenus en 197 av. J.-C. coïncide avec les éléments indiqués précédemment : le rôle de l'aristocratie sur le contrôle et la gestion de la production, notamment agricole. Autrement dit, actuellement, les données fondamentales apportées par les silos pour la connaissance de l'histoire ibère de ce territoire se trouvent dans le domaine social.

De la fin du IIIe siècle av. J.-C. au passage à la nouvelle ère (fig. 273)

Si entre la première période (VIe et Ve siècles av. J.-C.) et la seconde (IVe et IIIe siècles av. J.-C.) l'augmentation des champs de silos avait été importante, le passage de cette seconde période à la troisième (de la fin du IIIe siècle au changement d'ère) est spectaculaire, puisque l'on passe de 20 à environ 40 champs de silos : Bosc del Congost (Sant Julià de Ramis) ; Camí del Pla (Sant Julià de Ramis) ; Plana Basarda (Santa Cristina d'Aro) ; Punta Guíxols (Sant Feliu de Guíxols) ; Sant Sebastià de la Guarda (Palafrugell) ; Castell (Palamós) ; Mas Castell (Porqueres) ; Devesa (Besalú) ; centre urbain de Peralada ; Empúries (L'Escala) ; Bòbila de Can Rafael Ginesta et Can Figa (Cornellà de Terri) ; Sant Llorenç, Pocafarina, Pla de Maiena et can Pere Pere (Llagostera) ; Camp de l'Arrencada, Can Roser et centre urbain à Cassà ; chemin Pujada de la Torre de Juià (Celrà) ; Torre Vedruna (Girona) ; Can Fàbrega (Argelaguer) ; route d'Aiguaviva (Riudellots de la Selva) ; Marge de Can Torrelles (Riudarenes) ; Olivet d'en Requesens (Creixell, Borrassà) ; Camp del Pla, Fontudana, La Qüestió d'en Solà et Puig Ferrer (Garrigàs) ; El Terral et la Bòbila d'en Solé (Vilafant) ; Muntanta Rodona (L'Escala) ; centre urbain de Vilacolum ; Camp Miralles (Ventalló) ; Carrer de la Pau (Verges) ; Casa del Racó (Sant Julià de Ramis) ; La Quintana (Cervià de Ter) ; Tolegassos (Viladamat) ; Bordegassos (Sant Mori) ; Camp del Bosquet (Camallera) ; El Terral (Vilafant) ; Turó Rodó (Lloret de Mar) et Els Ametllers (Tossa de Mar).

L'analyse de ces champs de silos et de tout ce qui s'y rattache ne peut faire abstraction des conséquences des conflits guerriers qui se succédèrent à la fin du IIIe siècle av. J.-C. et au début du IIe siècle av. J.-C., en particulier la révolte indigène de 197 av. J.-C. dont le résultat entraînera la soumission des Ibères face à Rome.

Au début du IIe siècle av. J.-C., plusieurs établissement ibériques sont abandonnés, notamment les plus significatifs de la période antérieure (Mas Castellar et Puig de Sant Andreu), où était concentrée et monopolisée une bonne partie de la production agricole du territoire.

Cela ne signifie pas la disparition du système de stockage en silos ni celle des grandes concentrations. Bien au contraire. Comme le montre l'énumération ci-dessus, il faut souligner que la grande majorité des champs de silos de la période antérieure continuait d'exister et stockait les céréales et les autres produits qui y étaient entreposés, par exemple Sant Sebastià de la Guarda et Castell de Palamós.

L'abandon des habitats ibériques mentionnés antérieurement a très certainement entraîné la transformation partielle du modèle social indigène. Comme le signale Olesti (2006, 123), l'intensification de la pression romaine a réduit la capacité de concentration et d'appropriation de la production céréalière des élites ibères (qui habitaient dans les grands établissements), ce qui est à l'origine de la grande révolte de 197 av. J.-C. Malgré l'écrasante victoire romaine, la capacité limitée de gérer des territoires conquis induisit les autorités romaines à s'appuyer sur certains secteurs de la société ibérique pour la nouvelle administration du territoire. Il pourrait s'agir des secteurs les plus favorables à l'occupation romaine ou de ceux qui ne représentaient aucun danger pour le maintien du nouvel ordre politique.

Parallèlement aux champs de silos associés à certains établissements, ceux qui étaient isolés au milieu des champs de culture continuèrent d'exister. Ce fait démontre une continuité par rapport à la période antérieure. Ces champs de silos nous permettent, très certainement, de constater l'occupation constante mais discontinue sur un même lieu, en fonction des travaux agricoles saisonniers.

Parallèlement à cette continuité, apparaissent de nouveaux éléments. Par exemple, des silos commencent à apparaître sur des lieux où, bien plus tard, des villas romaines seront érigées (Ametllers, La Quintana, Casa del Racó, etc.), reflet d'une transition vers de nouvelles formes d'exploitation économique typiquement italiques, orientées vers le commerce.

Deux grands champs de silos se distinguent à cette époque. Le premier est le champ de silos situé sur l'emplacement où sera érigé, plus tard, le forum de la ville romaine d'Emporiae et qui sera associé à un camp militaire. Les fouilles réalisées sur ce site, au cours des dernières années, ont confirmé cette hypothèse grâce à la découverte d'une grande concentration de silos allant du IIe siècle au changement d'ère, lorsque la zone fut définitivement urbanisée (Aquilué *et al.* 2002, 9-18).

Pour cette période, il faut noter également le champ de silos du Bosc del Congost. Sur ce site, 119 silos ont été récupérés, dont la chronologie est comprise entre le IVe siècle et le début du Ier siècle av. J.-C. À quelques mètres de ce site se trouve le village de Sant Julià de Ramis. Mais les silos d'époque républicaine représentent 55 % de l'ensemble. Ces champs de silos ainsi que les fouilles réalisées au cours de ces dernières années au sein même de l'habitat fortifié (*supra*, p. 119-127), mettent en évidence l'influence de l'établissement de Sant Julià de Ramis au IIe et Ier siècle av. J.-C. La découverte, dans la zone centrale de l'enceinte, des restes d'un temple italique daté de la fin du IIe siècle av. J.-C. et la fortification, datée de la même période, des défenses septentrionales, nous indique le rôle considérable de ce lieu au IIe siècle av. J.-C. comme base d'où les autorités romaines exercèrent leur contrôle sur le cours moyen du Ter par le biais des Ibères. En ce sens, il faut remarquer la coïncidence de dates entre l'abandon de l'oppidum et la fondation de la ville de Girona, aux environs de 80 av. J.-C., témoignant d'une indéniable solution de continuité.

Ainsi donc, si aux IVe et IIIe siècles av. J.-C. la capacité d'appropriation et de concentration des silos appartenait aux grands établissements de la zone, aux IIe et Ier siècles av. J.-C., suite à la disparition de ces établissements et avec eux, de la classe dirigeante ibère, les plus importantes concentrations de silos se situaient aux alentours du praesidium d'Emporion et de l'oppidum de Sant Julià de Ramis. Ces champs de silos associés à certains des centres urbains d'où le processus de romanisation fut contrôlé sont, sans aucun doute, la preuve de la pression romaine exercée sur l'exploitation agricole de la zone, avec des objectifs divers, parmi lesquels nous ne pouvons exclure le ravitaillement en arrière-garde et sur des zones sûres, des troupes qui prendraient part à la conquête romaine de la Péninsule Ibérique.

Pour conclure, la continuité de certains champs de silos et des villas romaines, l'abandon de l'oppidum de Sant Julià de Ramis (avec le champ de silos associé au Bosc del Congost) et son remplacement par la ville de Gerunda aux environs de 80 av. J.-C. (Palahí, Nolla, Vivó 2007) ainsi que du champ de silos d'Emporion, fruit de l'urbanisation de la zone du forum, situe l'abandon de ce système de stockage dans une période allant du deuxième quart du Ier siècle av. J.-C. au changement d'ère, lorsque la consolidation d'une économie intégrée dans le cadre politique du règne d'Auguste a signifié que ce système de stockage était devenu obsolète.

BIBLIOGRAPHIE

Alonso 2004 : ALONSO (N) – Conreus i producció agrícola en època ibèrica. *In* : *Eines i feines del Camp a Catalunya. L'estudi de l'agricultura a través de l'arqueologia*. Girona, 2004, p. 55-61.

Aquilué *et al.* 2002 : AQUILUÉ (X.), CASTANYER (P.), SANTOS (M.), TREMOLEDA, (J.) – El campo de silos del área central de la ciudad romana de Empúries. *Rómula*, 1, 2002, p. 9-38.

Asensio, Francès i Pons 2002 : ASENSIO (D.), FRANCÈS (J.), PONS (E.) – Les implicacions econòmiques i socials de la construcció de reserves de cereals a la Catalunya costanera en època ibèrica. *Cypsela*, 14, 2002, p. 125-140.

Asensio, Pons i Fuertes 2007 : ASENSIO (D.), PONS (E.), FUERTES (M.) – La darrera fase d'ocupació del mas Castellar de Pontós (Alt Empordà, Girona). *In* : *De kerunta a Gerunda. Els orígens de la ciutat*, 2007, p. 97-131.

Bach : BACH (J.) – Trets geològics de la plana litoral de l'Alt Empordà. *Empúries*, 54, 2005, p. 13-23.

Bouso, Gago, Pons 2002 : BOUSO, (M.), GAGO (N.), PONS (E.) – Els camps de sitges de mas Castellar. *In* : Pons (E.) (dir), *Mas Castellar de Pontós (Alt Empordà). Un complex arqueològic d'època ibèric (excavacions 1990-1998)*. Girona, 2002 , p. 165-216 (Sèrie Monogràfica, 21).

Burch *et al.* 2001 : BURCH (J.), NOLLA (J.M.), PALAHÍ (LL.), SAGRERA (J.), SUREDA (M.), VIVÓ – El sector de l'església Parroquial. Excavacions Arqueològiques a la muntanya de Sant Julià de Ramis. Sant Julià de Ramis, 2001.

Burch, Sagrera 2009 : BURCH (J.), SAGRERA (J.) – *Els sitjars. Excavacions arqueològiques a la muntanya de Sant Julià de Ramis*, 2009.

Burjachs *et al* : BURJACHS (F.), BACH (J.), BUXÓ (R.), LLACER (P.), MCGLADE (J.), PICAZO (M.), PIQUÉ (R.), ROS (M.T.) – El territori d'Emporion i les seves dades paleoambientals. *Empúries*, 54, 2005, p. 25-32.

Buxó 1999a : BUXÓ (R.) – Les llavors i els fruits. *In* : MARTÍN (A.), BUXÓ (R.), LÓPEZ (J.), MATARÓ (M.) (dir), Excavacions arqueològiques a l'Illa d'en Reixac, 1999, 269-277 (Monografies d'Ullastret, 1).

Buxó 1999b : BUXÓ (R.) – Les restes de llavors i fruits. *In* : Aquilué (X.), *Intervencions arqueològiques a Sant Martí d'Empúries (1994-1996). De l'assentament precolonial a l'Empúries actual*. L'Escala-Empúries, 1999, p. 605-611.

Buxó 2004 : BUXÓ (R.) – El món colonial i l'agricultura : les dades arqueobotàniques. *In* : *Eines i feines del Camp a Catalunya. L'estudi de l'agricultura a través de l'arqueologia*, Girona, 2004, p. 70-71.

Canal, Buxó 2002 : CANAL (D.), BUXÓ (R.) – L'explotació dels recursos vegetals: les anàlisis carpològiques. *In* : Pons (E.) (dir), *Mas Castellar de Pontós (Alt Empordà). Un complex arqueològic d'època ibèric (excavacions 1990-1998)*. Girona, 2002, p. 443- 476 (Sèrie Monogràfica, 21).

Casas, Soler 2008 : CASAS (J.), SOLER (V.) – Les sitges ibèriques de Saus II o camp d'en Dalmau. *In* : *Novenes Jornades d'Arqueologia de les Comarques de Girona*. L'Escala-Empúries, 2008, p. 91-98.

Castanyer *et al.* 1999 : CASTANYER (P.), ESTEBA (Q.), PONS (E.), SANTOS (M.), TREMOLEDA, J. – L'assentament indígena de la primera edat del ferro. *In* : Aquilué (X.), *Intervencions arqueològiques a Sant Martí d'Empúries (1994-1996). De l'assentament precolonial a l'Empúries actual*. L'Escala-Empúries, 1999, p. 103-215.

Gracia 2004 : GRACIA (F.) – El vi i l'olivera al món colonial. *In* : *Eines i feines del Camp a Catalunya. L'estudi de l'agricultura a través de l'arqueologia*. Girona, 2004, p. 65-70.

Hoseney 1991 : HOSENEY (R.C.) – *Principios de ciencia y tecnología de los cereales. Saragossa*, 1991.

Llinàs, Merino, Montalbán 2005 : LLINÀS (J.), MERINO (J.), MONTALBÁN (C.) – El poblat ibèric del turó Rodó (Lloret de Mar, la Selva). *In* : *Món ibèric als Països Catalanas, vol I (XIII Col·loqui Internacional d'Arqueologia de Puigcerdà (2003)*. Puigcerdà, 2005, p. 401-409.

Krueger 2008 : KRUEGER (M.) – Pasado, presente y futuro de la economía de bienes de prestigio como modelo interpretativo en arqueología. *Revista d'Arqueologia de Ponent*, 18, 2008, p. 7-29.

Martín 1977 : MARTÍN (A.) – Memoria de la segunda campaña de excavaciones efectuadas en el yacimiento de Mas Castellar de Pontós (Alt Empordà, Gerona) en 1975. *Revista de Gerona*, 78, 1977, p. 49-56.

Martín, Griessenberg 2001 : MARTÍN (A.), GRIESSENBERG (A.M.) – Rhode i l'organització del territori de l'Alt Empordà. *In* : *Territori polític i territori rural durant l'edat del ferro a la Mediterrània Occidental*, (Actes de la Taula Rodona celebrada a Ullastret (2000). Girona, 2001, p. 53-68 (Monografies d'Ullastret, 2).

Martín, Lafuente 1999 : MARTÍN (A.), LAFUENTE (A.) – Caracterització de les fàcies culturals per fase. *In* : Martín (A.), Buxó (R.), López (J.), Mataró (M.) (dir), *Excavacions arqueològiques a l'Illa d'en Reixac*, 1999, 319-324 (Monografies d'Ullastret, 1).

Martín 2005 : MARTÍN (A.) – Territori i hàbitat al nord-est català en època ibèrica. *In* : *Món ibèric als Països Catalanas, vol I (XIII Col·loqui Internacional d'Arqueologia de Puigcerdà (2003)*. Puigcerdà, 2005, p. 323-345.

Miret 2005 : MIRET (J.) – Les sitges per emmagatzemar cereals. Algunes reflexions. *Revista d'Arqueologia de Ponent*, 15, 2005, p. 319-332.

Miret 2006 : MIRET (J.) – Sobre les sitges i altres estructures excavades al subsòl. *Cypsela*, 16, 2006, p. 213-225.

Miret 2008 : MIRET (J.) – L'experimentació sobre sitges tradicionals. Aportacions de l'arqueolgia i de l'agronomia. *Revista d'Arqueolgia de Ponent*, 18, 2018, p. 217-240.

Pons 2002 : PONS (E.) (dir) – *Mas Castellar de Pontós (Alt Empordà). Un complex arqueològic d'època ibèric (excavacions 1990-1998)*. Girona, 2002 (Sèrie Monogràfica, 21).

Pons *et al.* 2005 : PONS (E.), ASENSIO (D.), BOUSO (M.), FUERTES (M.) – Noves aportacions sobre la periodització del jaciment de Mas Castellar de Pontós (Alt Empordà). *In* : *Món ibèric als Països Catalanas, vol I (XIII Col·loqui Internacional d'Arqueologia de Puigcerdà (2003)*. Puigcerdà, 2005, p. 361-377.

Olesti 2006 : OLESTI-VILA (O.) – El control de los territorios del Nordeste Peninsular (218-100 a.C.) : un modelo a debate. *In* : Ñaco (T.), Arrayás (I.), *War and territory in the Roman World*. Oxford, 2006, p. 119-148 (BAR International Series 1530).

Palahí, Nolla, Vivó 2007 : PALAHÍ (Ll.), NOLLA (J.M.), VIVÓ (D.) – *De kerunta a Gerunda. Els orígens de la ciutat*. 2007.

Ruiz de Arbulo, 1984 : RUIZ DE ARBULO (J.) – Emporion y Rhode. Dos asentamientos portuarios en el golfo de Roses. *Arqueología Espacial*, 4. Teruel, 1984, p. 115-240.

Sanmartí 2004: SANMARTÍ (J.) – La incidència de les colonitzacions mediterrànies en l'agricultura. *In* : *Eines i feines del Camp a Catalunya. L'estudi de l'agricultura a través de l'arqueologia*. Girona, 2004, p. 62-65

Sanmartí 2005 : SANMARTÍ (J.) – Intercanvi, comerç i societat en el món ibèric. *In* : *Món ibèric als Països Catalanas, vol II (XIII Col·loqui Internacional d'Arqueologia de Puigcerdà (2003)*. Puigcerdà, 2005, p. 709-735

2. Variations démographiques et production des céréales en Celtique méditerranéenne : le rôle de Marseille grecque ?

Dominique Garcia, Delphine Isoardi

Cette étude constitue un essai de confrontation des données relatives à la production des céréales en milieu indigène à partir de l'analyse des capacités de stockage (Garcia 1987, 1997) aux recherches récentes menées sur l'estimation de la démographie des populations protohistoriques du Sud-Est de la France (Isoardi 2008).

Cette approche se décline en trois étapes, plus une réflexion complémentaire en cours. En effet, pour aborder cette problématique à deux niveaux (destination des produits céréaliers indigènes puis analyse des rapports Grecs-indigènes avec cette nouvelle donne), nous allons dans un premier temps nous attacher à appréhender cette production indigène, tenter d'en apprécier l'ampleur au cours du temps via une mesure des quantités stockées. Ensuite, afin d'appréhender l'usage de ces volumes stockés, nous nous attacherons à l'appréciation démographique des populations protohistoriques provençales. Une fois ces étapes franchies, nous confronterons leurs enseignements réciproques, puis mettrons en relation les hypothèses qui en découlent avec le commerce méditerranéen en Méditerranée nord-occidentale ; et plus précisément avec la situation de *Massalia*. Nous voulons aborder la question par un angle nouveau en confrontant l'intensité de la production céréalière à l'importance de la population. Et non seulement la population indigène, mais aussi celle de la colonie grecque de *Massalia* : aspect plus délicat certes, mais susceptible d'éclairer autrement les rapports Grecs - indigènes.

1. L'évolution des capacités de stockage des céréales du VIe s. au Ier s. av. J.-C.

Derrière l'évaluation de la quantité stockée, ce sont les variations de la production céréalière qui sont visées. C'est pour le Languedoc oriental que les données sur la quantité de céréales stockées sont les plus riches, à tel point qu'il est possible, comme nous le verrons, d'obtenir une courbe de la quantité stockée dans les *pithoi*. Pour la Provence, nous ne disposons que de données ponctuelles, au travers de sites orientés davantage vers le stockage (*Coudouneù, Le Mont-Garou*...), ou à partir des variations du nombre de pièces de stockage, obtenues sur un échantillon de dix-sept *oppida* ; les même qui seront étudiés sur un plan démographique un peu plus loin.

Deux formes locales de stockage des céréales, communes aux populations indigènes de Méditerranée nord-occidentale, sont clairement identifiées : d'une part, l'urne en céramique non tournée et le *pithos* destinés à un stockage à court et moyen terme à usage familial ou commercial, et d'autre part le silo pour des réserves à long terme à finalité agricole (semences) domestique (réserves familiales), sociale (réserves communautaires stockée en prévision de disettes ou de conflit) ou commerciale (terme de l'échange). On note un usage permanent durant toute la Protohistoire de ces deux formes, mais alors que utilisation de l'urne en céramique non tournée restera stable (besoins familiaux constants), celui des *pithoi* (à la contenance plus importante) variera selon la demande extérieure, et on notera un emploi important des silos dans zones de production de la Catalogne et du Languedoc occidental, quand se développera le commerce avec le monde méditerranéen.

1.1. Données globales sur le stockage en Languedoc

L'étude des moyens de stockage révèle de façon très suggestive, une augmentation de la production à partir de la fin du VIe s av. J.-C. et surtout durant le Ve s av. J.-C. (Py 1990, p. 94-95, 441-442 doc. 95, Garcia 1987). Dès la fin du VIe av. J.-C. l'usage du *pithos* se répand d'où l'idée de l'émergence de nouveaux besoins en stockage, liés au développement d'une production commerciale. Le nombre de ces *pithoi* augmente ensuite dans les décennies suivantes, avec la présence des premiers greniers dans les habitats (pièces entièrement dévolues au stockage, à Lattes par exemple). Ces vases, dont les témoignages archéologiques montrent clairement qu'ils sont essentiellement réservés au stockage des céréales, représentent au milieu du Ve s av. J.-C., 25 à 35 % du mobilier sur les sites indigènes du Languedoc oriental. Cette progression des taux de fréquence est en outre accompagnée d'une augmentation des volumes de ces récipients (Garcia 2004, p. 122). Au même moment, l'usage des cuves et des vases en torchis est lui aussi en augmentation.

En Languedoc occidental et central, dès le début du Ve s av. J.-C. on note le creusement de silos, y compris sous formes d'aires d'ensilage. De fortes capacités de stockage sont ainsi attestées sur de nombreux sites du Roussillon, de l'Aude ou de l'Hérault. À Ruscino (Pyrénées-Orientales) les capacités des silos se situent entre 30 et 195 hl pour une centaine d'exemplaires. A Ensérune (Hérault) les volumes varient de 20 à 350 hl ; les silos sont creusés à proximité ou à l'intérieur des maisons ou regroupés sous la forme d'aires d'ensilage en divers points du site dont deux extra-muros. Ils témoignent clairement d'un stockage à but spéculatif (Garcia 1997).

Enfin, on notera, que pour la fin du VIe et le Ve s av. J.-C., la palynologie enregistre une intense exploitation des terres (Py 1990, p. 100-101) et que les données des prospections de surface témoignent de l'existence, à ces même périodes, d'un l'habitat dispersé lié à l'exploitation des terroirs, en *Vaunage* en particulier.

1. 2. Données ponctuelles en Provence

Si le phénomène d'amplification du stockage est surtout prégnant en Languedoc, quelques indices en Provence vont dans le même sens d'une hausse de la production céréalière, à la même période. Après 575 av. J.-C., dans le Midi de la France et plus largement en Méditerranée nord-occidentale, les paléo-envronnementalistes ont noté une augmentation importante du nombre de variétés d'espèces cultivées, et notamment de céréales, avec un nouveau déboisement important pour l'âge du Fer (notamment un agrandissement de l'aire d'activité vers 525/450 av. J.-C., et une phase de déforestation à partir de 450 av. J.-C.). Ces événements sont par exemple perceptibles dans la région des étangs de *Saint-Blaise* (Garcia 2004, p. 121) et aux alentours du *Mont Garou* vers le milieu du Ve s av. J.-C. (Arcelin *et al*. 1982, p. 122-124).

Globalement, au Ve s av. J.-C., on observe une augmentation des capacités de stockage de la production alimentaire (Verdin 1995, p. 376, Arcelin *et al*. 1985, p. 124, Arcelin 1992, p. 309-315, Bats 1989, p. 185-189, Bats 1992, p. 272). On prendra comme exemple le *Mont Garou* (Sanary, 83), *le Mont-Jean / Costebelle* (83), *le Grenier du Pègue* (26). On citera encore *Coudouneù* (450-400 av. J.-C.), ferme fortifiée, et surtout structure de production au caractère très abouti (Verdin 1995, p. 376-377 et 1996/1997). Les données ont été quantifiées dans le cas du *Mont Garou* (Arcelin *et al*. 1982) : dans les trois derniers quarts du Ve, le nombre de vase de stockage est multiplié par 10 ; vers 450, il y a apparition des grands conteneurs en céramique. Enfin, nous avons également fourni le nombre minimal de cellules à vocation de stockage indépendant, sur un lot de dix-sept oppida, par période. Le maximum est atteint dans le courant du IVe s av. J.-C.

1.3. Un début d'interprétation

L'analyse de l'évolution des capacités de stockage des céréales en milieu indigène montre, pour l'ensemble de la Celtique méditerranéenne, une augmentation des capacités, une diversification des techniques (céramiques, silos, greniers...), et des modes de stockage (à court, moyen et long termes), qui démarre dès le VIe, et dont l'acmé se situe du milieu du Ve au début du IVe s av. J.-C. La gestion de cette production dépasse le cadre domestique. Une part importante des volumes stockés paraît destinée aux commerçants méditerranéens et à Marseille grecque. En effet, cette hausse est contemporaine de l'évolution des importations céramiques, céramiques fines mais surtout amphores vinaires de Marseille. La hausse est très marquée sur les amphores, entre la fin du VIe et le milieu du IVe s av. J.-C. (**fig. 274**). L'idée se forme d'une production à vocation d'échange, avec une contrepartie en vin méditerranéen, notamment massaliète.

2. Observer les variations démographiques en milieu indigène de la fin du VIIe s. au Ier s. av. J.-C.

Nous partons du postulat que les variations démographiques, spatiales et temporelles, sont l'empreintes de phénomènes historiques, économiques, sociaux, événementiels ou de plus long développement, que ces populations ont traversées, les renvoyant avec objectivité et exhaustivité (guerres, famines et épidémies, crises économiques, apports de populations...). Il semble donc opportun d'introduire la variable démographique dans l'étude de la Protohistoire méridionale.

Toutefois, l'estimation du niveau des populations passées, en archéologie, pose un double problème : le premier est bien évidemment celui de la traduction de la documentation matérielle en information démographique ; le second concerne la compréhension du sens des variations démographiques mises au jour. Dans le premier cas, les facteurs sont en effet nombreux à avoir joué sur la hausse ou la baisse des artéfacts (toute catégories confondues). Ensuite, pour autant que ce premier obstacle soit franchi, reste à comprendre la signification des variations observées sur le niveau des populations. Quelle est la cause d'une hausse démographique ? D'une déprise ? Comment connaître le taux de croissance ? Est-ce que cette vitesse de croissance peut être considérée comme naturelle ou pas ? Plus exactement, quel phénomène démographique peut relever d'une évolution naturelle des sociétés en place ? La nature de chaque mouvement et inflexion, sa vitesse, son amplitude, ne sont pas anodins. Il y a certains paramètres à connaître qui jouent sur les variations démographiques et laissent une signature caractéristique sur le niveau des populations. Il faudra donc pour cette seconde étape, trouver un moyen de décrypter ces variations démographiques. C'est ce qui a été tenté dans une thèse récente (Isoardi 2008).

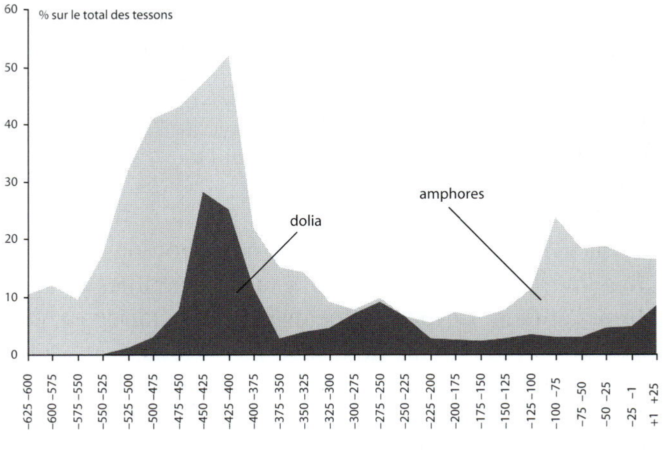

Fig. 274. Diagramme de présence des *pithoi* et des amphores sur les sites protohistoriques du Languedoc oriental (d'après M. Py).

2.2. Méthode principale d'évaluation démographique

Parmi tous les protocoles qui ont été recensés pour quantifier les populations préromaines, c'est la méthode de M. Py mise au point sur Lattes (Hérault) qui satisfait à nos attentes, à la fois pour son adéquation aux données disponibles et pour la fiabilité des résultats produits (1999, 653). Il ne s'agit pas de l'estimation d'un nombre d'individus, mais de la variable plus objective du nombre de maisons de chaque habitat groupé, pour chaque phase d'occupation. Concrètement, cet indice de densité est dénommé *emprise par habitation* : cette valeur correspond à la surface moyenne de l'unité domestique (la maison), à laquelle est adjointe une portion moyenne d'espace collectif (espaces de circulation, structures collectives et productives, pièces de stockage, zone enclose non lotie…). En divisant la superficie occupée de l'habitat par cet indice, on obtient une estimation du nombre

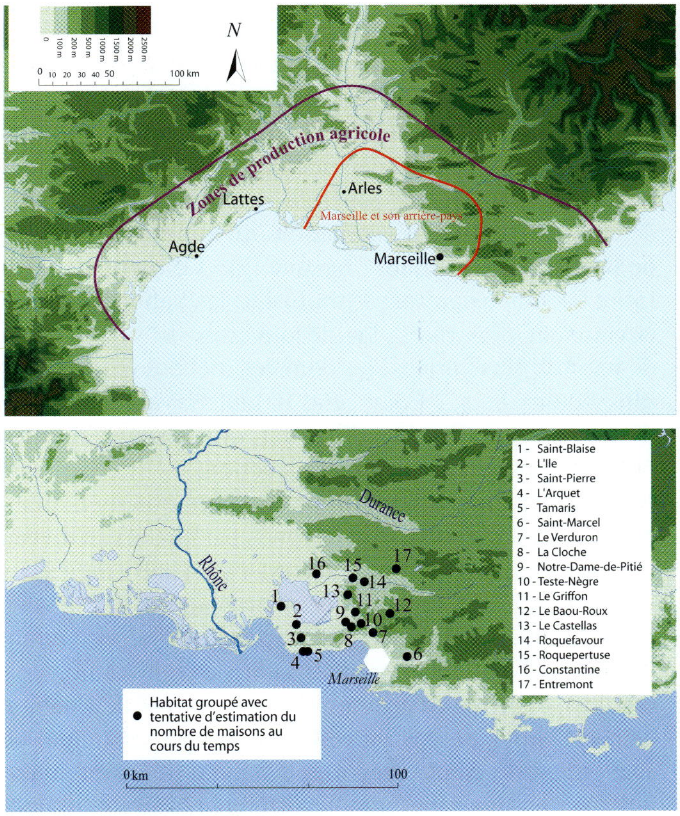

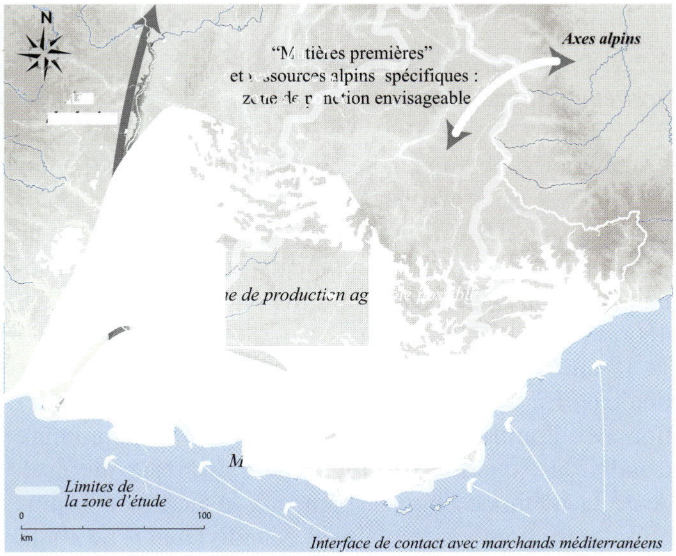

Fig. 275. Localisation des zones de production agricole et zone d'application de la méthode archéodémographique sur les habitats groupés.

de maisons sur l'espace considéré. Bien entendu, cette méthode demande une longue analyse des plans, structures, aménagements mobiliers et immobiliers de chaque *oppidum* traité. C'est au final une méthode qui a le mérite de tenir compte de toutes les caractéristiques urbanistiques spécifiques de chaque habitat, et de chaque période (prise en compte de la réalité du terrain et de la spécificité de chaque site) (voir Isoardi 2008 et 2009).

2.2.1. Échantillon de sites pour la principale modélisation archéodémographique

La zone d'application de la méthode est la basse-Provence occidentale, zone d'occupation indigène aux abords immédiats de Marseille, qui se trouve aussi en partie sur la zone de production céréalière supposée (**fig. 275**). Les sites principaux concernés sont *Entremont* (N° 1, Aix-en-Provence), *La Cloche* (N° 2, les Pennes-Mirabeau), *Teste-Nègre* (N° 3, Les Pennes-Mirabeau), *Le Castellas* (N° 4, Rognac), *Roquefavour* (N° 5, Ventabren), *Saint-Blaise* (N° 6, Saint-Mitre-les-Remparts), *Tamaris* (N° 7, Martigues), *L'Arquet* (N° 8, Martigues), *L'Ile* (N° 9, Martigues), *Saint-Pierre* (N° 10, Martigues), *Notre-Dame-de-Pitié* (N° 11, Marignane), *Roquepertuse* (N° 12, Velaux), *Le Griffon* (N° 13, Vitrolles), *Constantine* (N° 14, Lançon-de-Provence), *Le Verduron* (N° 15, Marseille), *Le Baou-Roux* (N° 16, Bouc-Bel-Air), *Les Baou de Saint-Marcel* (N° 17, Marseille).

2.2.2. Présentation des résultats archéodémographiques

La courbe obtenue a été contrôlée sur la *fiabilité des estimations* et la *résolution de la datation* de ces estimations (**fig. 276**). Il est apparu, en ce qui concerne la datation, que seuls deux moments ne sont pas pleinement satisfaisants : avant 600 av. J.-C., et entre 470 et 460 av. J.-C.

Il faut néanmoins relativiser le sens des résultats obtenus. En archéologie, sans archive écrite, la traduction des données de la culture matérielle en nombre d'individus, quelle que soit la période, reste utopiste. Avec la méthode choisie, bien que le lien soit le plus étroit entre nombre de maisons et individus, il ne s'agit pas directement de population humaine, mais de variations quantitatives de faits archéologiques. C'est la raison pour laquelle nous préférons le terme d'archéodémographie : le préfixe archéo- sous-entend une distance entre un objet, la démographie véritable, et l'image que la culture matérielle permet d'obtenir. En même temps, sur la finalité même de ce travail, il importe de préciser que le nombre exact des hommes ne nous intéresse pas

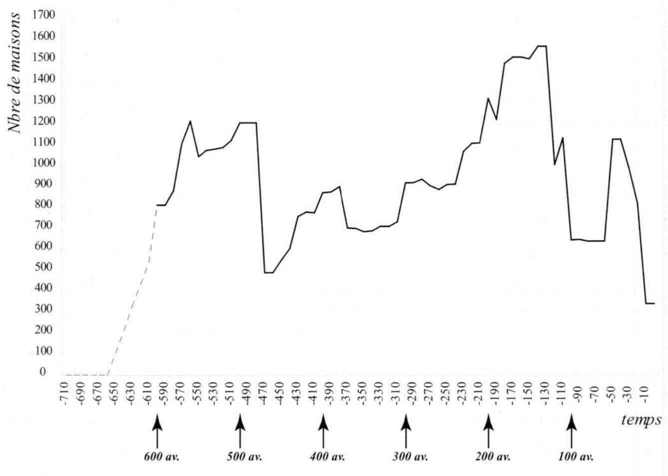

Fig. 276. Nombre de maisons sur l'échantillon de 17 habitats groupés provençaux au cours du temps.

en lui-même. L'information que nous voulons extraire concerne les variations du niveau des hommes dans le temps, et dans l'espace. Une estimation indirecte, mais bien sûr la plus moins déformée possible, est suffisante pour réfléchir aux axes exposés en introduction.

2.3. L'intensité du peuplement à l'échelle du territoire

Pour que ce tableau des variations du niveau de peuplement soit davantage complet, il faut pouvoir apprécier l'importance du peuplement sur l'ensemble du territoire. Il est en effet toujours possible que le niveau de peuplement modélisé via les maisons de cet échantillon d'*oppida* soit propre à ces quelques sites, et que la tendance démographique générale soit autre. Mais à cette échelle, la méthode d'estimation du nombre de maisons ne peut plus s'appliquer : lorsque l'on s'éloigne du littoral et de son arrière-pays immédiat, les habitats fouillés deviennent plus rares, les découvertes de surface sont de natures plus variées, les données archéologiques sont plus hétéroclites... Pour cela, il faut travailler à partir d'un maximum de sites d'habitat, qu'ils soient fouillés ou simplement connus par prospection.

Bien évidemment, la simple considération du nombre d'habitats reste encore trop éloignée par rapport au niveau démographique. On ne peut accorder la même valeur à des habitats ayant des capacités démographiques différentes : il est essentiel de distinguer les types d'habitat recouvrant des effectifs variables (groupé, isolé/de petite taille, temporaire), et primordialement l'habitat groupé de l'habitat dispersé. Pour ne pas en rester au simple décompte de sites, ces différentes catégories d'habitat (relevant potentiellement d'une démographie différente) sont multipliées à un coefficient propre qui se rapproche de leur capacité d'accueil. Mais plutôt qu'un nombre moyen d'habitants par catégorie d'habitat (comme dans Bintliff 1997), qui paraît difficile à étayer pour les sociétés protohistoriques, ces cœfficients peuvent être déduits d'un travail adéquat de la superficie occupée moyenne de ces sites. Un rapport entre la surface moyenne des habitats groupés et celle des petits habitats permet d'estimer globalement à combien de petits habitats équivaut une plus grande agglomération. En outre, pour perfectionner la démarche, il est davantage pertinent de calculer ce rapport au fil du temps, de le produire pour chaque unité de temps choisie. On évalue ainsi « combien d'habitats de petite taille correspondent à un habitat groupé » au fil du temps. Il s'agit ensuite de multiplier chaque habitat groupé par ce coefficient. Pour leur part, les habitats de petite taille comptent pour un, et les habitats temporaires seront divisés par deux. Puis on en fait la somme de ces données.

Cette méthode a été appliquée à différentes «régions» de la portion Sud-Est de la France (**fig. 277**). Ces régions ont été définies par une documentation archéologique spécifique (sur le plan des supports archéologiques, des méthodes de connaissance, de la qualité des données...) ; cela afin de ne pas mélanger des documents différents entre eux. Précisons encore qu'il n'y a que pour la fin de l'âge du Bronze et le tout début du premier âge du Fer que le corpus est trop faible ; associé à des problèmes de conservation, de datation... On ne peut donc pas connaître le niveau du peuplement avant 600 av. J.-C. de manière fiable avec les habitats.

Il s'agit maintenant de comprendre la signification de ces mouvements en terme démographique ; c'est-à-dire modéliser pour interpréter les résultats.

2.4. seconde étape : modéliser pour comprendre. Modèle logistique et lecture des phénomènes démographiques

Pour comprendre le sens porté par la courbe, il faut commencer par décrire les phénomènes archéodémographiques pour eux-mêmes, de manière autonome, indépendamment de toute connaissance (de tout a priori) sur les évènements historiques ou économiques attestés par les textes ou l'archéologie. Le simple niveau des populations peut en effet servir de tremplin pour aborder ces sociétés sur des notions nouvelles, via l'emploi de concepts ou de modèles démographiques (ou de géographie humaine). Chaque concept est porteur de signification sur le fonctionnement interne des sociétés. Pour faire apparaître des phénomènes particuliers nous allons comparer la courbe obtenue à une progression régulière, idéale ; une croissance théorique en vase clos, sans l'interférence de facteurs extérieurs (filtre objectif permettant de décrypter les principales articulations archéodémographiques).

2.4.1. Principe de la progression logistique

Les géographes admettent qu'une croissance régulière de la population (sans échanges avec l'extérieur donc sans heurts) devrait suivre une progression logistique [1]. La progression logistique correspond à une croissance avec limitation (**fig. 278**). Sa conception part d'une simple observation : quelle que soit la tendance à l'accroissement de la population, il se trouve à côté de cette tendance, une résistance dont l'origine tient à une foule de causes connues ou inconnues, ou inobservées. Cette résistance croit en même temps que l'accroissement de la population, mais à vitesse inverse, de telle façon que la différence devient de plus en plus faible entre les gains et les pertes, et qu'en définitive, il y a un maximum que ne peut être dépassé pour une localité donnée (avec un système technique, économique et social donné). Cette croissance n'est visible que sur le long terme, sur plusieurs siècles (Pumain, Saint-Julien 2001, p. 139-142).

Plus concrètement, cette croissance se fait à taux constant (k) ; mais elle se heurte avec le temps à des facteurs de freinage (b). Ce sont des limites qui peuvent relever de l'environnement, de la nature et du volume des ressources naturelles accessibles, de la surface cultivable pour nourrir les populations, des limites géographiques (diminution de la place pour s'installer) [2], ... En fait, le taux de croissance *instantané* n'est pas constant, il est régulé par la taille de la population (aspect plus clairement exprimé par les écologistes). K est donc régulé par la valeur de b, b étant dépendant des conditions initiales de N0, N et k. Cela sous-entend en outre un niveau maximum N qui n'est pas dépassé compte tenu du mode de production, du niveau technique et social des sociétés (toutes les « techniques d'encadrement « notion décrite dans Baudelle 2000, p. 94). De ces techniques d'encadrement dépend l'effectif de population possible à accueillir et faire vivre sur un territoire donné.

Cette courbe a une forme de « S » aplati (c'est pourquoi on l'appelle aussi une sigmoïde). En termes de croissance globale, elle est forte au début (exponentielle). Elle ralentit à mi-parcours (prenant un aspect linéaire durant un moment), puis diminue à l'approche de

1 Pumain, Saint-Julien 2001, p. 139-142 ; Le Bras 2000, p. 58-61 ; Djindjian 1991, p. 246-248 ; Delmas 2004 ; Schtickzelle 1981 ; d'après Verhulst 1845 et 1847, Pearl, Reed 1920 et 1923.

2 cf. Schtickzelle 1981, p. 544-545 ; Pumain, Saint-Julien 2001, p. 139 ; Le Bras 2000, p. 59-6.

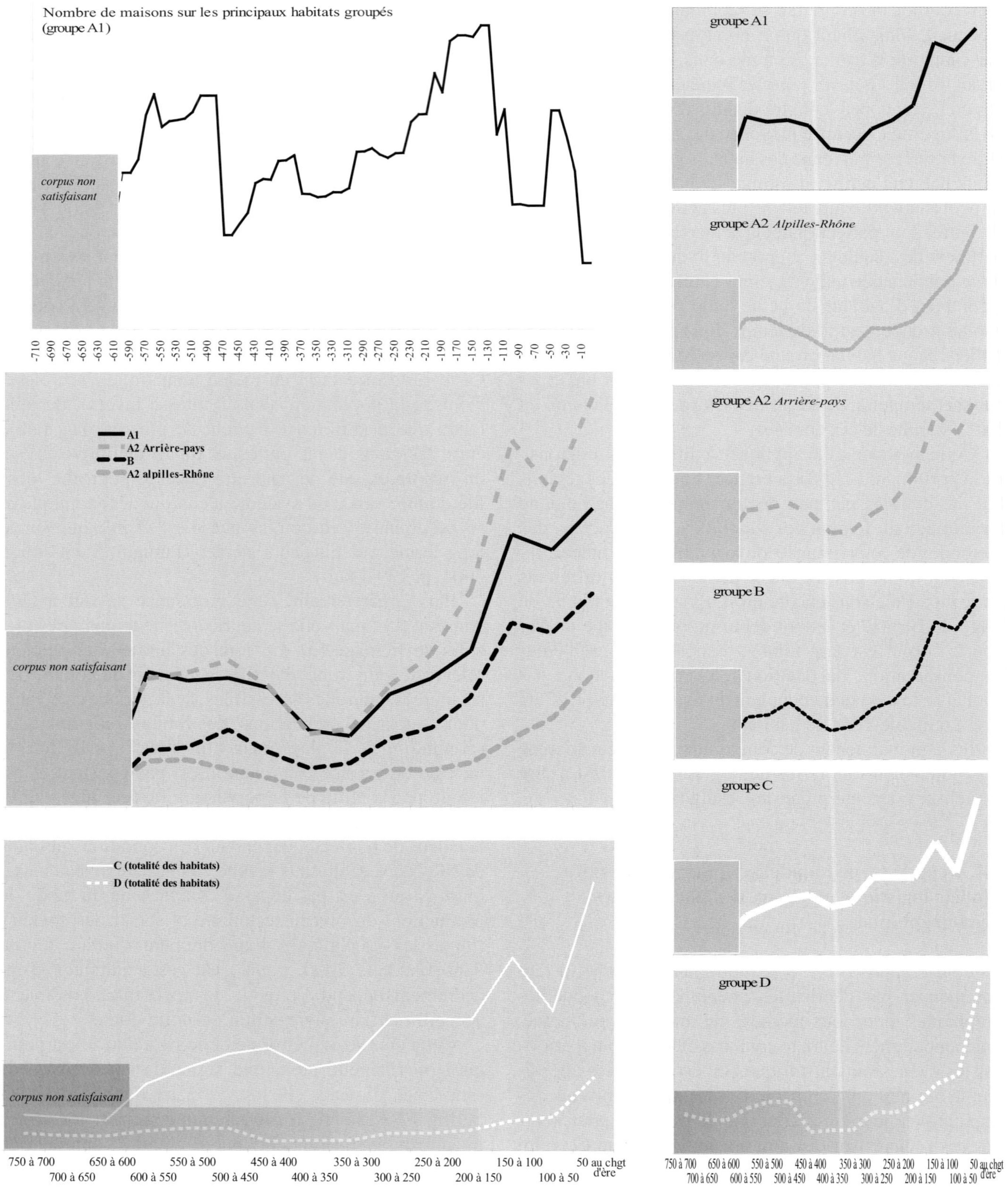

Fig. 277. Modélisations archéodémographiques - nombre de maisons sur un échantillon d'habitats groupés (en Provence littorale).
- peuplement des territoires de la Provence littorale (A1), de son arrière-pays direct, de la région Alpilles-Rhône, du Littoral varois (B), de la zone préalpine (C) etde la région alpine (D) (modélisation avec coefficient variable, obtenu avec les surfaces de tous les habitats de la zone d'étude), sans échanges avec l'extérieur. Synthèses sur les phases traversées.

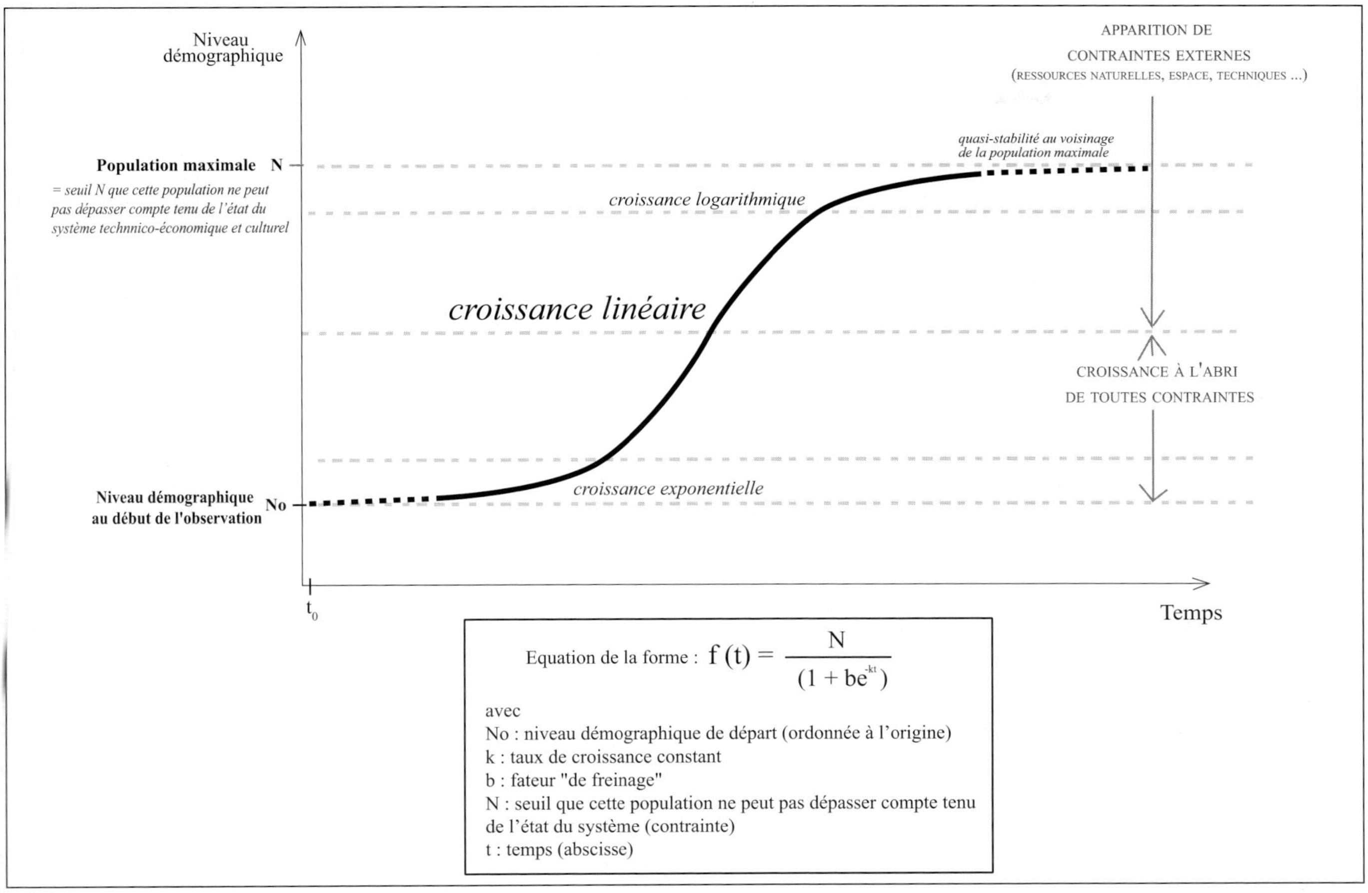

Fig. 278. Modèle de croissance logistique. Croissance régulière d'une population en milieu fermé, sans échanges avec l'extérieur. Synthèses sur les phases traversées.

la population maximale N (finissant sur une croissance logarithmique). Approchant du seuil N, le taux croissant (k) tend à se stabiliser pour en théorie devenir nul. Il y a deux temps dans cette courbe, de part et d'autre du point de symétrie (à mi-chemin de la population maximale) : avant ce point d'inflexion, la population accélère sa croissance ; après ce point elle diminue car les obstacles deviennent plus pesants.

Il est fondamental, pour l'interprétation, d'avoir bien maîtrisé le sens de ces paramètres, et surtout les causes, conséquences et sous-entendus de cette fonction. Cette croissance idéale implique un niveau maximum N qui ne peut pas être dépassé compte tenu du mode de production, du niveau technique et social des sociétés au départ de cette croissance. Ce calcul prévisionnel (dans un sens, puisque l'on part d'un état initial), n'a pas d'autre objet que de montrer l'état démographique auquel conduirait la constance de ces facteurs tels qu'ils ont été enregistrés pendant la phase d'observation, à la date de départ de la modélisation (k, b, et N0 sont lié aux conditions environnementales et techniques de la situation de départ du calcul).

Bien sûr, il y a des moyens de dépasser la limite de population maximale (N) : l'importation de produits alimentaires, l'introduction de nouvelles techniques... mais également une évolution des techniques d'encadrement (systèmes politiques ou sociaux favorables à une ouverture, un état d'esprit prompt à innover ou accepter d'autres techniques), qui permettraient de produire plus dans l'espace donné ou d'importer les besoins supplémentaires. Si le système évolue après la date de départ de la modélisation, un accueil de population supplémentaire peut être parfaitement supportable, jusqu'à atteindre une nouvelle limite maximale (Pumain, Saint-Julien 2001, 142).

2.4.2. Modélisation à partir des données réelles

La courbe théorique à comparer au niveau des populations obtenu doit être élaborée à partir de valeurs réelles. Bien entendu, une telle modélisation n'a de sens qu'avec les valeurs les plus proches de la démographie des vivants : à savoir l'estimation du nombre de maisons. il faut ensuite choisir une situation d'origine (N0) pour le début de la modélisation : nous avons sélectionné l'état au sortir de la forte déprise du début du Ve s. av. J.-C. ; soit en 470 av. J.-C. Pourquoi 470 av. J.-C. ? Cela n'aurait pas de sens de faire démarrer une modélisation en 600 av. J.-C. car le taux de croissance est beaucoup trop fort pour paraître naturel. Il en va de même en 560 av. J.-C. tout juste après la forte progression : le niveau atteint ne se maintient pas très longtemps, et la comparaison n'aurait qu'une utilité réduite. En outre, au début du Ve s. av. J.-C., la population protohistorique méridionale a déjà intégré les modifications majeures (sur le plan des techniques notamment : construction, agriculture, ...), les échanges avec le monde méditerranéen sont déjà actifs depuis quelques temps : le système technico-économique est plus actif qu'en 600 av. J.-C. Ensuite, la valeur des trois variables doit être déterminée : N, k et b. Pour résumer, nous avons modélisé une croissance démographique idéale à partir d'une situation initiale et de deux points expérimentaux, et obtenu le meilleur ajustement de cette portion de courbe à la courbe logistique en faisant varier la valeur des trois variables du modèle logistique. Une fois l'équation obtenue, nous avons extrapolé la courbe théorique aux périodes antérieures et surtout postérieures au cadre temporel duquel est issu la modélisation (**fig. 279**).

Résultat de la modélisation

$$f(t) = \frac{1291,01}{(1 + 1,639 * e^{-0,0048t})}$$

Les variables obtenues sont les suivantes :
N (seuil maximal) = 1291 *maisons*.
C'est un seuil théoriquement indépassable si les « techniques d'encadrement » de la situation de 470 av. J.-C. se maintiennent au cours du temps. Cela correspondrait à une fourchette de 5 164 / 7 746 habitats sur ces *oppida*, si on se base sur le chiffre de 4 à 6 individus par maison.
k (taux de croissance) = 0,48 % par an
b (« facteur de freinage ») = 1,639

2.4.3. Utilité de cette courbe de croissance théorique

Cette courbe va être utile pour les phases *postérieures* à la situation de départ de la modélisation. Nous insistons sur le fait que cette modélisation n'a pas d'autre objet que de montrer l'état où conduirait la constance de certains facteurs tels qu'ils ont été enregistrés pendant la phase d'observation (ici k, b, et N0 lié aux conditions environnementales et techniques de la situation de calcul). Pour décrypter les articulations du peuplement et faire apparaître les phénomènes démographiques particuliers, il suffit tout simplement de comparer le

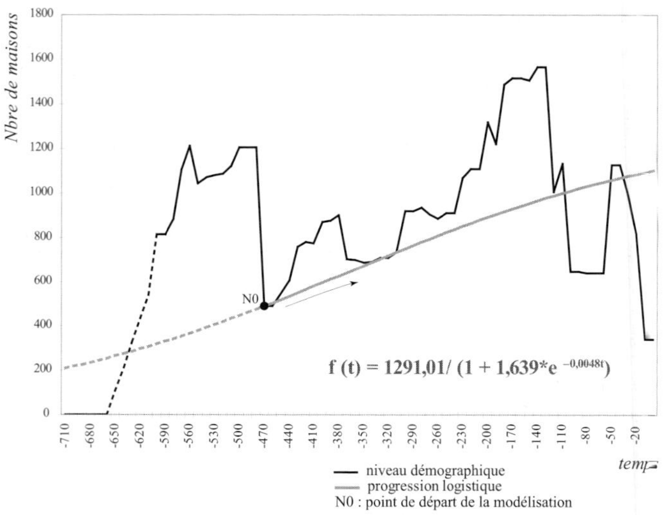

Fig. 279. Niveau archéodémographique des dix-sept habitats groupés et modélisation d'une progression logistique à partir des données brutes.

niveau obtenu à la progression idéale. Lorsque les deux courbes se superposent, apparaissent les phases pour lesquelles la progression archéodémographique relèverait d'une croissance régulière des sociétés. Dans l'autre cas de figure, se distinguent les périodes où le taux de croissance n'est pas normal, variant beaucoup trop rapidement pour appartenir à un accroissement naturel. Cela permet de faire ressortir, avec plus d'acuité et plus objectivement, les phases où la croissance ne relève pas du taux constant et régulier, k. Et cela a un sens précis : quand la courbe réelle dépasse la courbe théorique, il est envisageable que le développement archéodémographique ne soit pas redevable aux individus en place, mais à un regroupement de populations extérieures au sein des *oppida* étudiés. En effet, la progression logistique n'est régie que par le solde naturel, elle modélise une croissance de la population à partir de ses seuls paramètres démographiques que sont natalité et mortalité. Pour faire la part des facteurs migratoires sur les facteurs naturels, cette comparaison de la progression logistique à la progression archéodémographique réelle paraît être une solution. Dans l'autre sens, toute baisse en dessous de ce seuil est également anormale. C'est donc un outil qui révèle l'intervention de facteurs extérieurs sur la population des habitats groupés.

2.5. Analyse des résultats

Avec ces outils, il est possible de réfléchir sur l'empreinte que différentes catégories de phénomènes ont laissées sur la population (c'est-à-dire, décrire et attribuer une caractérisation d'ordre démographique à chacune des variations du niveau démographique).

L'analyse est centrée sur la période où le phénomène de stockage (donc de production céréalière) se développe puis devient important. C'est par comparaison, via l'appréciation relative de ces deux catégories de données (démographie indigène et production céréalière) que de nouvelles idées vont émerger. Voici l'évolution du niveau des populations indigènes, de laquelle se dégagent des concepts mis en perspective avec les modifications observées sur le stockage.

2.5.1. Du VIème au début du Vème av. J.-C. : un important développement du peuplement en région littorale

Le premier grand mouvement démographique se situe entre 610/600 et le début du Ve s. av. J.-C. Apparaisse des habitats groupés assez peuplés (dont le nombre d'habitants pourrait varier entre 1 000 et 5 000 si on multiplie chaque maison par 5). Il se caractérise par une progression très rapide sur l'échantillon d'*oppida*, de l'ordre de 1,64 % par an, conduisant, en un demi-siècle à faire plus que doubler la population regroupée dans les habitats groupés. Le taux calculé ici, qui peut être considéré comme assez proche du taux démographique réel, conviendrait difficilement pour un accroissement naturel, le simple mouvement des naissances et des décès. Avec une telle croissance annuelle, l'hypothèse d'un apport de populations est plus vraisemblable (concentration de la population auparavant disséminée dans les territoires, au sein de ces nouveaux établissements bâtis en dur et fortifiés). Mais ce fort peuplement est aussi visible à l'échelle du territoire. Il est clairement avéré que les populations de l'ensemble du territoire ont connu un premier niveau plus élevé entre 600/550 et 450/400 av. J.-C.

La période d'observation s'ouvre sur une intensification du peuplement pour l'ensemble de la zone d'étude. Inaugurant jusqu'à plus d'un siècle de haut niveau de peuplement, c'est donc dans la catégorie des phénomènes à moyen terme qu'il faut en rechercher la cause, à savoir les facteurs qui touchent aux modifications de nature sociale ou économique. En effet, par rapport à l'état du VIIe s. av. J.-C. que la documentation archéologique, certes moins bonne, laisse supposer plus faible, une hausse de peuplement ne peut s'entendre que par la mise en place d'un nouveau système peuplant. Cela sous entend une évolution rapide des paramètres de bases que sont les systèmes techniques et économiques, mais également social, culturel et autre. Pour que la région puisse accueillir et faire vivre une telle population, et rapidement, il faut qu'il y ait eu mutation du système technico-économiques précédent, de la fin de la Préhistoire.

Cette hypothèse se confirme t'elle avec les informations archéologiques dont on dispose pour cette période ? Il semblerait que ce soit le cas pour le domaine social. Déjà, rien que l'existence *d'oppida* fortement peuplés dès cette période (une population qui va jusqu'à plus de 3 000 individus sur *Saint-Blaise*) sous-entend une certaine hiérarchisation de la communauté pour le bon déroulement de la vie collective. Et c'est aussi ce qu'a montré l'étude du corpus funéraire. Leur principale caractéristique pour cette période est de présenter un fort développement des sépultures dites monumentales lors de cette progression du peuplement. Cette idée de structuration sociale trouve un pendant dans la documentation historique, au travers d'allusions à des « roi » et « roitelets » aux abords directs de Marseille. Face à l'ensemble des mutations matérielles et économiques de cette période, les chercheurs ont envisagé le passage à des sociétés à *Big Man*, ou du moins une sorte de chefferie (Garcia 2004, p. 77).

A côté de cette évolution sociale, une évolution de la productivité est également effectivement observée. Cette rupture apparaît dans les résultats de Ph. Marinval en économie végétale (1993, p. 79 ; les *oppida* principaux servant justement d'échantillon) : au VIe s av., l'économie de type néolithique va progressivement être abandonnée au profit de l'exploitation d'un grand nombre de plantes cultivées (céréales, légumineuses, oléagineux, arbres fruitiers). C'est la mise en place de la polyculture méditerranéenne. Avec la mise en terre de plantes pérennes, cela correspond, selon Ph. Marinval, à un investissement à long terme et sous-tend une modification des mentalités. Il y voit une véritable mutation socioéconomique. C'est dans ce contexte, à la fin du VIe s. av. J.-C., qu'apparaissent de nouvelles techniques de production et de stockage : l'introduction du *pithos* dans les comptoirs littoraux.

Mais quelle est l'origine de cette croissance, entraînant de tels sauts socio-technologiques ? On a remarqué que ces établissements aux caractères nouveaux (grande superficie, techniques de constructions nouvelles et regroupement des populations), étaient des sites littoraux ou peu éloignés du littoral, et formaient une sorte de couronne autour de la colonie phocéenne. C'est également en Provence littorale que le taux de développement du peuplement est le plus fort. Cette localisation préférentielle de la croissance ne peut être fortuite (notion de zone attractive). Traditionnellement, un rapprochement est fait, avec les premiers échanges de marchandises avec les marchands méditerranéens (Etrusques et Grecs) le long du littoral (fin du VIIe/début du VIe s. av. J.-C.), et surtout avec la fondation de la colonie phocéenne de *Massalia* en 600 av. J.-C. La date de démarrage et l'intensité géographique de gonflement du peuplement désignent la fondation de Marseille et la mise en place des échanges avec le monde méditerranéen, comme cause et origine de cette évolution positive du peuplement. Et au-delà, son insertion dans le grand circuit économique caractéristique de cette période, illustré en partie nord par le phénomène princier (système économie-monde méditerranéen du VIe s. av. J.-C.

On observe ici le schéma de la pression démographique associée à une évolution du système technico-économique et culturel. Ces mutations interviennent alors que le monde indigène est sollicité par le partenaire méditerranéen : on quitte l'économie vivrière de la fin de la Préhistoire, pour une économie marchande et des techniques plus développées. Mais ces mutations interviennent également au moment où le peuplement devient plus important (même si celui-ci peut être la conséquence du nouveau système économique) : il faut désormais aussi prendre en compte ce paramètre pour comprendre le développement de la production céréalière et l'apparition du stockage (*pithos*). La connaissance que nous avons maintenant de la situation de peuplement invite à leur donner une signification complémentaire : celle d'une nécessité face à un bouleversement lié au développement démographique important.

Quel modèle pourrait plus précisément correspondre à cette la situation ? On pourrait la rapprocher du schéma centre-périphérie (voir par exemple Sbonias 1999a, p. 16) : dans un tel système économique, les régions motrices sont les plus peuplées. Elles exercent une action (ponction de matières premières, stimulation de la production) sur des régions éloignées, qui elles, sont moins peuplées mais peuvent progresser avec le temps (par récupération des avancées techniques -ou autres- de la zone motrice, notamment). Or, c'est bien le schéma qui transparaît du gradient de l'intensité du peuplement (avec un décalage temporel reflétant la distance par rapport à l'épicentre), distinguant les régions motrices du système économique (la bande littorale la plus proche de Marseille : groupe A1) comme que les zones de ponction et/ou production (groupe A2 et au-delà). La géographie de l'intensité du peuplement conforte l'idée d'un arrière-pays jouant un rôle producteur ou de zone de ponction, tel que les données archéologiques le laissent penser (avec des données sur les activités agro-pastorales, et le décalage chronologique dans la création des nouveaux habitats au fur et à mesure que l'on rentre dans les terres ; Garcia 2004, p. 78-80). Et, compte tenue de la démographie, ce secteur producteur des VI-début V^{e} s av. J.C. se situerait non pas directement sur le littoral (plutôt dévolu aux échanges, transactions ?) mais dans un arrière-pays proche[3].

2.5.2. Nouvelle situation des Vème et IVème s av. J.C.

2.5.2.1. Brutal déclin démographique sur les habitats groupés archaïques et dans le peuplement de l'ensemble du territoire de Provence littorale, inaugurant un siècle et demi de faible peuplement.

Presque tous les premiers habitats groupés de la région connaissent, conjointement, une forte déprise dans la décennie 480-470 av. J.-C.4. Il en va de même à l'échelle du territoire. La région littorale, d'abord très attractive, se dépeuple donc rapidement. En terme humain, l'ampleur et la rapidité de cette diminution conviendraient bien pour une atteinte directe sur la population ou un départ très rapide des habitants. C'est la fin d'un système peuplant du VIe s av. J.-C. S'en suit, entre le début du Ve et le IIIe s. av. J.-C. env., un état démographique plus bas[5] associé à une nouvelle répartition de la population. Non seulement cette baisse sur les oppida n'est pas compensée par le développement de petits habitats (il ne s'agit en aucun cas d'un déclin spécifique des oppida), mais surtout c'est tout le territoire, du littoral jusqu'aux Alpes méridionales, qui accuse une baisse démographie à ce moment-là : forte mortalité ou émigration.

En outre, les résultats sur l'échantillon d'*oppida* montrent qu'au niveau de la répartition de cette population, il n'y a plus d'habitats aussi fortement peuplés qu'au VIe s. av. J.-C. Plus aucun site ne dépasse les 2 000 habitants. Ces petits habitats groupés sont nettement moins peuplés, en moyenne de l'ordre de 150 maisons par habitat, soit env. 750 habitants[6]. Au final, le paysage est celui d'une variété de « petits villages », avec autant de capacités démographiques variées. Au milieu de cet «émiettement démographique», aucun pôle démographique ne se dégage dans le paysage.

3 Sur ce point on renverra en dernier lieu à D. Garcia (2004, p. 121-122) : derrière l'essor de la production agricole et du développement des échanges est envisagée l'existence d'un double rapport monde indigène-monde grec, et ville-campagne, les sites producteurs en arrière et les centres de redistribution près du littoral (c'est la notion de fonctionnement en réseau). Grâce à cette approche du poids du peuplement (puisque en plus du décalage dans la création des habitats, on peut désormais évaluer leur poids « humain ») et la confrontation aux modèles explicatifs, ce schéma trouve un argument de plus, alors que les données matérielles manquent à l'appel pour démontrer l'aspect producteur des régions les plus en retrait du littoral (groupe C). Ces zones-là peuvent en outre être délimitées plus finement avec ces données sur le peuplement.

4 Sur le total, la perte est importante, c'est la plus forte enregistrée, de plus de 50 % sur dix ans (soit une baisse moyenne de 8,64 % par an).

5 Le taux de croissance est beaucoup plus modéré (0,27 % en moyenne par an entre 470 et 240 av. sur l'échantillon d'*oppida*).

6 Avec des variations entre 1 825 sur *Saint-Pierre* au milieu du IIIe s. av. J.-C., et 90 sur *Notre-Dame-de-Pitié*, pour les extrêmes.

2.5.2.2. Une ébauche de réflexion sur la charge humaine et les capacités productives

Comment expliquer cette déprise du peuplement ? La charge humaine sur le territoire ayant fort augmenté durant la phase précédente, les ressources naturelles en ont-elles pâti ? On peut légitimement se demander si les populations ne se sont pas heurtées à un frein des ressources. Pour cela, il faudrait disposer d'une fourchette de valeurs sur la population maximale que peut soutenir un territoire donné (la fameuse *carrying capacity* utilisée par les préhistoriens), pour la comparer ensuite à un effectif démographique minimum obtenu par l'une des modélisations. Si le niveau démographique réel approche du maximum que le territoire peut nourrir, on peut effectivement supposer que des « freins » se sont fait sentir... C'est à ce jour une simple ébauche que nous pouvons proposer à partir des données disponibles sur la capacité productive depuis le VIe s. av. J.-C.

Le point de départ est un indicateur sur le besoin en terre pour faire vivre un homme pendant un an. Plusieurs solutions sont ci-dessous proposées, pour des contrées très disparates autour de la Méditerranée du nord, et en fonction du mode de culture (avec ou sans jachère, type d'assolement, etc.) ou de la qualité des terres. Nous retiendrons pour ce test quatre solutions :

- celle de 6 900 m² avec 90 % de terres cultivables sur le territoire, et jachère (Jardé 1925, p. 142-143)[7].
- celle de 17 500 m² sans jachère, mais dont le pourcentage de terres cultivables n'est pas donné. Cette valeur est cependant calculée pour Agde, espace géographiquement plus proche de la zone étudiée, dont retenue dans cette étude (Garcia 1995a, p. 178-179 ; 1995b, p. 155).
- celle de 27 600 m² avec 25 % de terres cultivables sur le territoire, jachère, et prochaine semence (Jardé 1925, p. 142-143).
- celle de 35 000 m² avec jachère, mais dont le pourcentage de terres cultivables n'est pas donné. C'est cependant la valeur la plus élevée rencontrée (Garcia 1995, p. 178-179).

Partant de là, il faut maintenant appliquer ces valeurs à un territoire. Cette application se fera sur le seul territoire de Provence littorale (groupe A1), pour lequel les modalisations du niveau de peuplement sont les plus proches de la démographie réelle (méthode sur le nombre de maisons et sur l'ensemble des habitats à l'échelle du territoire). C'est justement le territoire qui fut le plus peuplé durant la phase précédente. Sa surface totale est de 2 927 810 000 m² (données IGN). Une simple division (surface/valeur par indiv.), fournit quatre valeurs de cette *carrying capacity* : la plus optimiste est de plus de 420 000 indiv. ; la plus faible, de 83 000.

La représentation graphique de ces données figure des lignes droites représentent ces quatre seuils, et les barres des histogrammes sont deux estimations de la population (minimale et maximale)[8].

Le résultat obtenu est naturellement sujet à caution[9] (**fig. 280**). Reste que des informations peuvent néanmoins être retirées de ce travail de modélisation. L'idée était de voir où se situait la population par rapport au seuil critique de la *carrying capacity*. Il y a ici quatre possibilités, et la plus faible n'est jamais atteinte. Il semblerait que jamais le problème de la subsistance ne se soit posé, ni durant ce premier maximum, ni au IIe s. av. J.-C. et vers le changement d'ère (lors du maxima). Les deux principales déprises enregistrées ne peuvent donc pas être mises sur le compte d'un frein exercé par le milieu, par la disponibilité des ressources.

2.5.2.3. Corrélation négative avec la production céréalière

Pourtant, c'est à partir du début du Ve s av. J.-C. (et surtout dans la 2/2ème du IVe s av. J.-C.) que les capacités

7 Aux périodes historiques, l'assolement biennal était pratiqué dans le Bassin méditerranéen, la basse vallée du *Rhône*, le Massif central. Au niveau européen, on le retrouve tout autour de la Méditerranée.

8 Estimation via une troisième méthode : somme de la surface des habitats groupés de A1, divisée par une valeur de l'emprise par habitation, calculée sur l'échantillon d'habitats groupés et par tranche de 50 ans. On obtient un nombre approximatif de maisons qui est ensuite multiplié par 4 et 6 pour avoir une traduction en deux estimations, minimale et maximale, du nombre d'individus de ces habitats groupés.

9 D'abord en raison des hypothèses sur les pratiques culturales et du pourcentage de surface cultivable. Cette réflexion suppose en outre que ces façons culturales restent les mêmes sur toute la durée d'étude (or des évolutions techniques sont possibles, la poussée démographique pouvant elle-même les provoquer). Ensuite, c'est sur les espaces cultivés que l'on peut discuter. La surface du territoire A1 utilisée est celle des communes de ce groupe, limites administratives actuelles qui ne correspondent pas au terroir de ces communautés à l'époque protohistorique. Certains terroirs peuvent se trouver en dehors de cet espace, donc c'est juste une valeur indicative. De plus, cette surface est un minium, car l'homme a besoin d'autres écosystèmes pour survivre (ressources de la forêt, zones de pâture pour les troupeaux...). Enfin, la population évaluée à partir des habitats du groupe A1 ne concerne que la population groupée ; et ce qu'une partie de cette population, car pas tous les habitats groupés ne sont connus (ou leur surface n'est pas toujours indiquée). La population de cette région doit certainement être plus importante. Ce n'est ici véritablement qu'une hypothèse de travail, et peu précise.

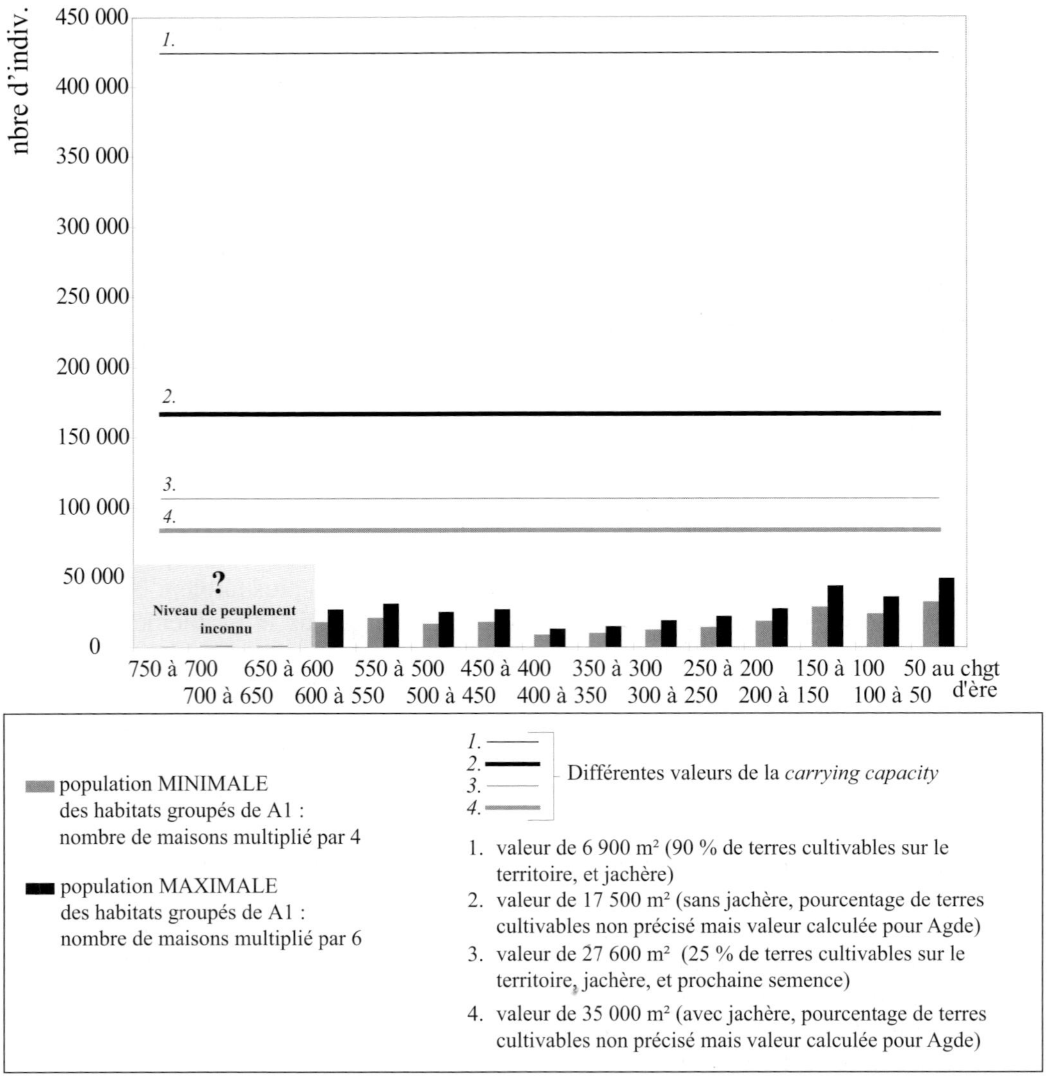

Fig. 280. Comparaison entre une estimation très globale du nombre d'individus des habitats groupés de Provence littorale et différentes valeurs de la *carrying capacity* (par tranche de 50 ans).

de stockage deviennent les plus importantes [10]. Il s'agit ici d'un temps fort : c'est la période de plus forte production céréalière indigène (en Languedoc comme dans le sud-est), mais en face, la population indigène dans cette région est la plus faible. Si mutation technique et hausse démographique fonctionnent ensemble pour le début du VIe s av. J.-C., il n'en est plus rien pour les V-IVVe s av. J.-C. (**fig. 281**).

Aussi, si mutation technique et hausse du peuplement fonctionnent ensemble pour la fin du VIe s. av. J.-C., ce n'est plus le cas pour le Ve s. av. J.-C. A ce moment-là, le plein développement des techniques de stockage et de production agricole ne s'accompagne pas d'un essor du peuplement : c'est le moment où la population indigène dans cette région est la plus faible. Cela va même plus loin, car le phénomène sous-entend que la hausse de la production n'est pas totalement destinée aux communautés indigènes, donc dépasse le cadre domestique... Si cette évolution de la production et du stockage n'est pas commandée par la démographie des communautés indigènes, serait-elle purement économique ?

10 Que cette évolution passe par la multiplication des structures de stockage au sein des *oppida* (le maximum de cellules à vocation de stockage indépendant, sur l'ensemble des dix-sept *oppida* étudiées, est atteint dans le courant du IVe s. av. J.-C.), ou par la création de sites à vocation de stockage (*Coudouneù* par exemple, en 450-400 av. J.-C.). A côté de cette multiplication des structures et vases de stockage dès la première moitié du Ve s. av. J.-C., on note aussi une augmentation des volumes stockés (Garcia 2004, p. 122). C'est enfin également à ce moment-là que les carpologues enregistrent une augmentation importante du nombre de variétés d'espèces cultivées, notamment de céréales, et un nouveau déboisement important (un agrandissement de l'aire d'activité vers 525/450 av. J.-C., et une phase de déforestation à partir de 450 av. J.-C.).

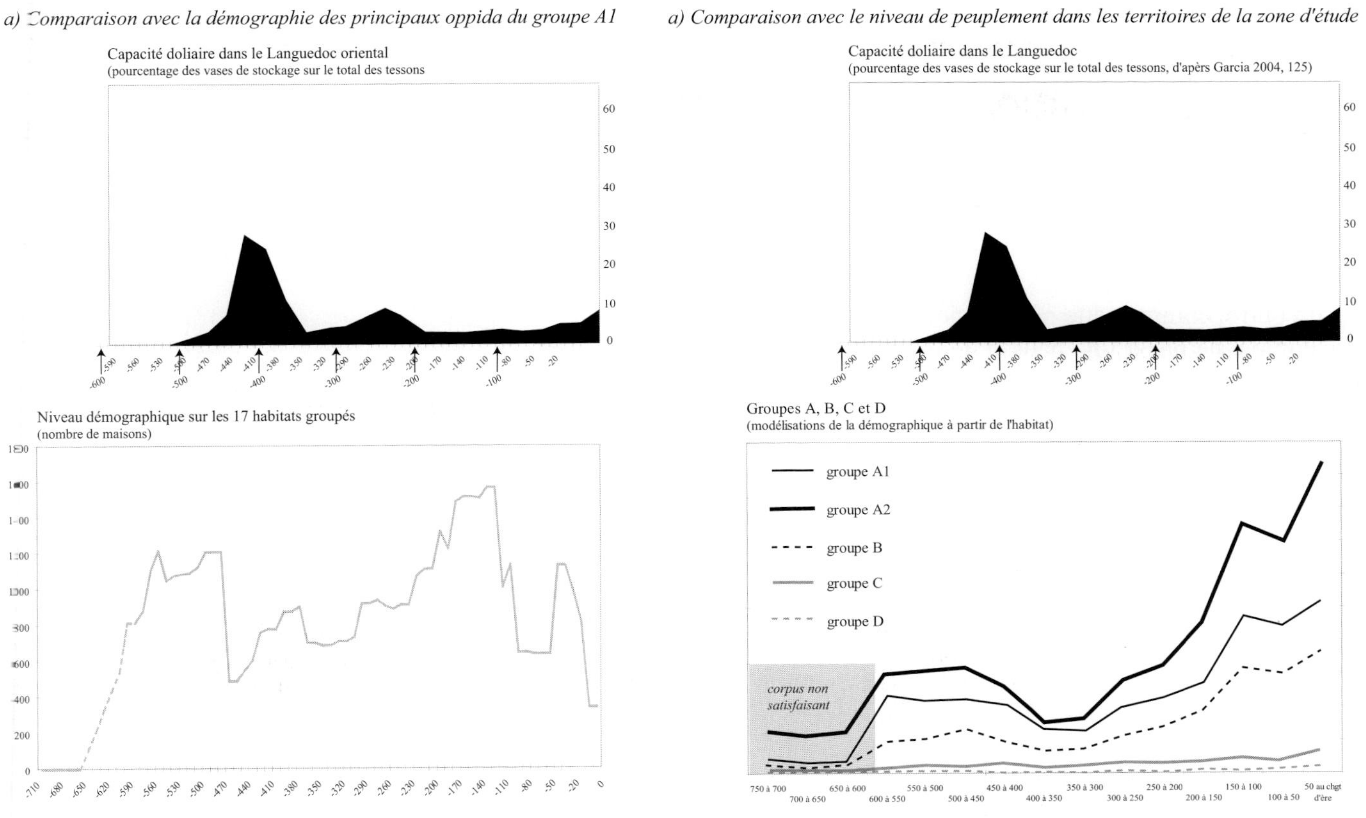

Fig. 281. Mise en perspective de l'intensité du peuplement et du niveau archéodémographique, avec les données sur le stockage en Languedoc oriental.

C'est d'autant plus étonnant que les flux économiques s'amenuisent. Durant cette période de plus bas peuplement, au sein même de la région méridionale étudiée, la phase d'expansion massaliète (distribution des productions massaliètes d'amphores et de vaisselle de Marseille, mais aussi importations méditerranéennes) montrent un *ralentissement* entre le début du IVe s. (vers 475 av. J.-C.) et 350 av., sur des sites comme L'*Ile* et *Saint-Pierre* (Martigues), *Saint-Blaise* (Saint-Mitre-les-Remparts)[11]. A la désaffection des échanges suivant la voie rhodanienne, à la réduction en *quantité* du flux économique en zone méridionale, fait écho la situation de dépeuplement dans le Sud-Est au débouché de la vallée du *Rhône*.

Ainsi, tandis que peuplement est le plus faible, c'est la période où la production céréalière indigène est la plus forte. Il est évident qu'il y a rupture avec le système technico-économique antérieur (de la phase précédente) ; et qu'une nouvelle organisation se met en place (expliquant cette production céréalière). Pour autant, le facteur reste à identifier.

11 cf. Arcelin 1992, p. 320 ; 2004, p. 239 ; Hermary *et al.* 1999, 91 ; Py, 1990, p. 194… Et aussi Chausserie-Laprée 2005, p. 214 plus spécifiquement pour les sites martégaux et *Saint-Blaise*, entre 475 et 300 av. J.-C. : nette régression des arrivages de céramiques grecques.

2.5.2.4. Nouvelle progression du peuplement au IIIe s av. : un troisième système socio-économique.

L'articulation de l'intensité du peuplement, couplé aux paramètres économiques et sociaux transmis par les vestiges archéologiques, permet de dater la fin du système précédant dans le courant du IIIe s av. (plutôt deuxième moitié).

En effet, la progression démographique s'accélère dans la deuxième moitié du IIIe s. av. J.-C. sur les oppida comme dans l'ensemble du territoire. Pour rendre la lecture des données démographiques davantage pertinente, celles-ci ont été confrontées à la croissance logistique [c'est le second point pour lequel il est intéressant de comparer les données archéodémographique réelle à une progression régulière du peuplement]. Il apparaît que le seuil maximal est atteint et dépassé bien plus tot que prévu. Le taux de croissance s'est accéléré au IIIe s av. (croissance moyenne par an de 0,92 % dès 210 av. J.-C. sur l'échantillon d'habitats groupés). Il n'y a pas une infinité de solution pour faire varier ce taux : soit un accroissement naturel en forte hausse, soit un solde migratoire positif. L'hypothèse de l'apport de populations extérieures est plus crédible, apport à situer vers le milieu ou la fin du IIIe s. av. J.-C. (ou du moins un apport couplé à une progression du taux d'accroissement naturel)[12]. Et pour que cela soit réalisable, c'est qu'il y a eu modifications des paramètres du début du Ve s. av. : pour qu'une telle progression démographique soit possible, et se maintienne dans la durée sans catastrophe pour la survie des communautés, cette région a donc forcément connu une évolution majeure de ces techniques d'encadrement[13]. Autrement dit, c'est la preuve d'une rupture du système d'organisation précédent.

En outre, comme cette progression du peuplement ne s'accompagne pas d'une hausse de la production céréalière indigène (c'est justement vers la fin du IV-début du IIIe s av. qu'elle baisse), c'est une autre preuve de la disparition du système précédente, des causes qui ont conduit à cette hausse temporaire de la production (**fig. 282**).

Pour cette phase, le principal facteur en cause est un réveil du monde indigène, dont témoigne dans cette région la mise en place de la confédération salyenne (éventuellement associé à la naissance de l'*emporia* italique – voir Isoardi 2008). Nous ne développerons pas davantage cette phase, car elle n'entre pas dans le cadre chronologique d'étude des techniques de stockage. Il faut par contre revenir sur les causes du plus fort développement entre le Ve et le IIIe s. av. J.-C.

Ce long chapitre a montré qu'au cours du temps, chaque nouvelle situation du peuplement, confrontée aux données économiques, sociales et techniques, pouvait

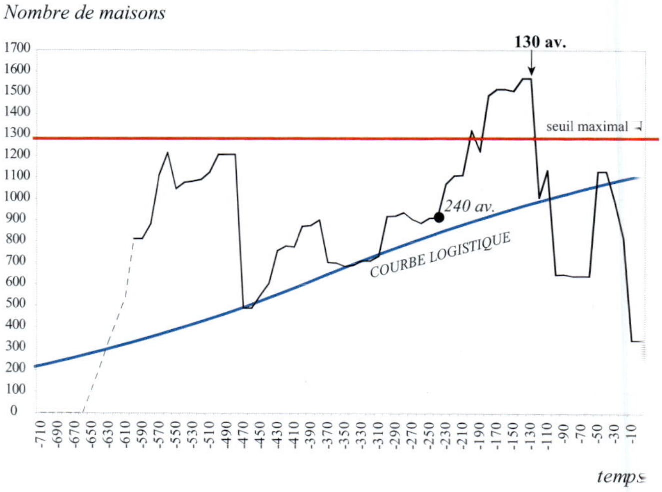

Fig. 282. Situation démographique des habitats groupés à partir de la deuxième moitié du IIIe s. av. J.-C.

relever d'un système technico-économique spécifique ; toute rupture démographique s'associant à la rupture du système précédant. Ont ainsi été mis en évidence trois systèmes successifs, que nous rappellerons :

1 – du VIe s. av. J.-C. au début du Ve s. av. J.-C. : le dynamisme de la région indigène est associé au démarrage des échanges avec commerçants méditerranéens et surtout Marseille (marquant l'entrée dans un système économique à échelle européenne)

2 – dès le début du Ve s. av. J.-C. et pour le IVe s. av. J.-C. : à la brutale baisse démographique, inaugurant un siècle et demi de croissance faible et coupée de l'extérieur (en « vase clos »), s'associe une hausse très nette de la production indigène. Il y a rupture du système précédent, et une nouvelle organisation dont la cause principale reste à mettre au jour.

3 – Dès le IIIe s av. : face à la baisse de la production céréalière, le peuplement se développe très rapidement, amplement. Reflet d'un nouveau système, basé sur le développement de l'identité indigène, et un nouveau partenaire économique.

Comment expliquer la phase du milieu ? L'analyse de l'évolution des capacités de stockage des céréales en milieu indigène à partir du Ve s av. montre, l'augmentation des capacités de stockage, la diversification des techniques et des modes de stockage. Ces phénomènes ne s'accompagnent pas d'un essor démographique. De fait, la question se précise : le développement de la céréaliculture s'accompagne t-ils d'un essor démographique en milieu grec ? Si la hausse de la production n'est pas parallèle à la hausse démographique indigène, faut-il chercher le parallèle dans la démographie massaliète ?

12 Concernant la première possibilité, j'ai évoqué ci-dessus l'opinion de Cl. Masset quant à la réalité d'un taux d'accroissement naturel de 1 % (1987, p. 66-67) : il est donc plus difficile d'incriminer la seule hausse de la croissance des sociétés en place sur ces *oppida* (sachant que le taux de croissance calculé ici est assez proche du taux démographique réel).

13 Comment cette évolution est-elle rendue possible ? Comme expliqué pour la progression de la phase archaïque, les apports de techniques, les progrès des systèmes agraires et des systèmes de production, sont des évènements qui permettent de franchir des seuils (l'importation de produits alimentaires, un saut technologique ou l'introduction de nouvelles techniques agro-pastorales, agro-alimentaires...). La diffusion d'innovations a une profonde influence sur l'intensité et la régulation de la croissance régionale (Baudelle 2000, p. 79). Mais l'apport technique à lui seul ne suffit pas toujours. Il faut mettre en exergue également le rôle des constructions politiques : l'organisation des structures, un pouvoir décisionnel fort qui autorise une prise d'initiative pour des réalisations techniques de grande ampleur, des systèmes politiques ou sociaux favorables à une ouverture, un état d'esprit prompt à innover ou accepter d'autres techniques... En somme, entre en jeu tout ce que l'on appelle les « techniques d'encadrement » : l'ensemble des techniques par lesquelles les membres d'un groupe règlent leurs relations avec le milieu physique et entre eux. La précocité des constructions politiques compte autant que toute modification d'ordre environnemental ou technique (Baudelle 2000, p. 91-98).

Estimation démographique retenue sur Marseille, et décompte des sites d'habitats grecs

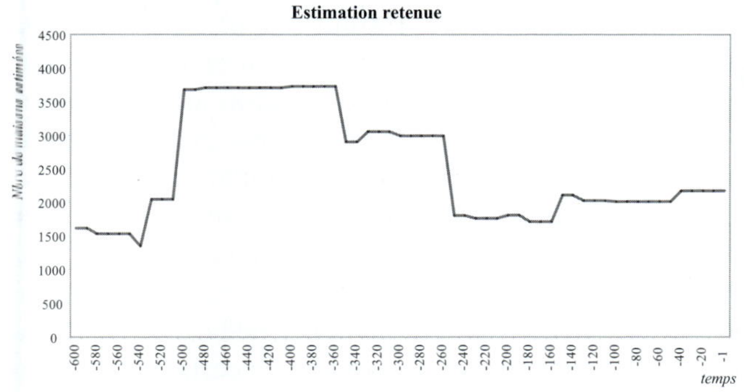

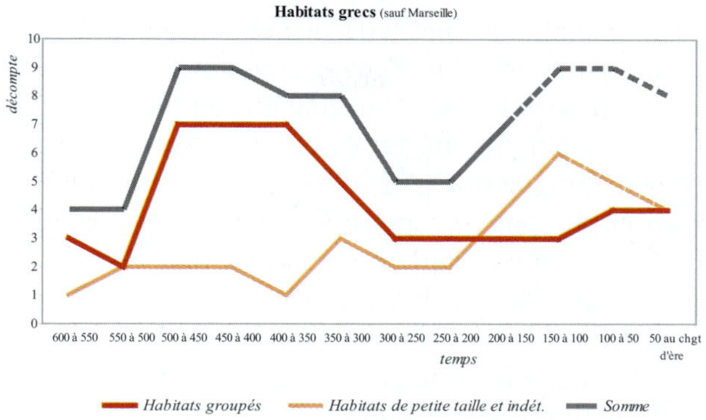

Estimation démographique retenue sur Marseille, et estimation du nombre de nécropoles en usage à Marseille au cours du temps

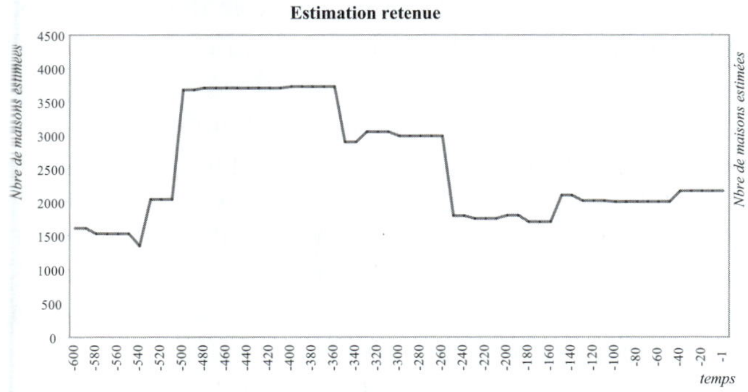

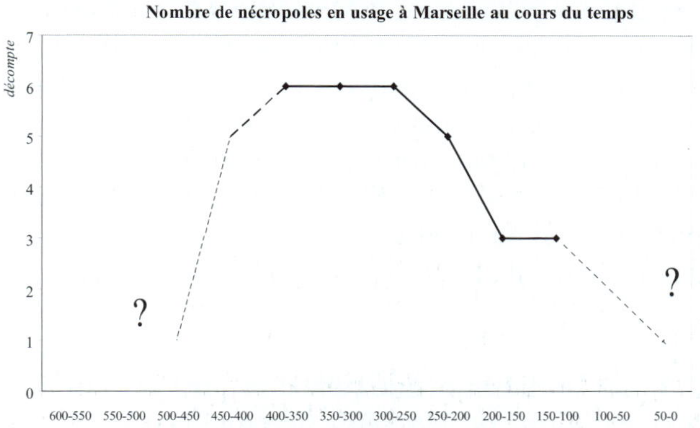

Estimation démographique retenue sur Marseille, et décompte du nombre minimal d'individu par nécropole (avec pondération par nombre de siècles)

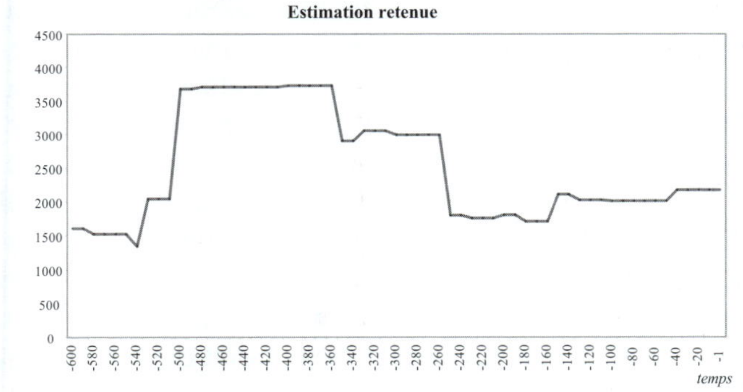

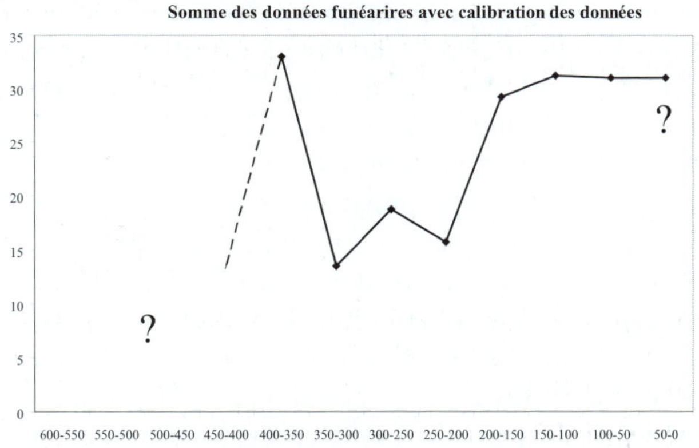

Fig. 283. Données sur la démographie de Marseille grecque.

3. L'implication de Marseille sur la production indigène ? Éléments de discussion sur l'autonomie des communautés indigènes

Nous repartirons de la situation démographique et du peuplement spécifique de cette phase : le plus faible niveau, une croissance à taux le plus lent, une répartition par petits habitats groupés. De fait, cet essaimage de la population est-il volontaire ou voulu par Marseille ? C'est une question qui s'est en effet posée il y a longtemps déjà. D'un côté, cette répartition de la population peut très bien être une évolution normale des sociétés indigènes. Avec la modification des paramètres économiques (disparition du réseau de fonctionnement précédent), il n'y a plus de raison de se regrouper sur des sites de grande taille dans ce secteur, comme se fut le cas lors du démarrage des échanges (avec les grands comptoirs littoraux, fortement peuplés). Mais d'un autre côté, il vrai que les sites groupés de petite taille sont plus faciles à maîtriser que de grosses agglomérations.

P. Arcelin (1986, p. 87 note 148) estimait que Marseille avait pu encourager une telle dispersion des individus. L'auteur parle même d'interventionnisme délibéré ; Marseille pouvant être à l'origine du remplacement des grandes agglomérations par des plus modestes (Arcelin 1992, p. 135 ; 1984, p. 192-193). Corollaire d'une fragmentation du pouvoir politique, leur contrôle aurait alors du être plus simple pour la cité phocéenne (voir aussi Arcelin 1992, p. 324 ; Arcelin, Chausserie-Laprée 2003, p. 261).

Or la situation démographique conforte aussi bien une alternative comme l'autre. N'y a-t-il pas un autre moyen de discuter de l'autonomie de ces communautés indigènes par rapport à Marseille ? C'est dans cette optique de relation à Marseille que les données sur la production céréalières peuvent s'éclairer. Compte tenu des rapports démographie indigène-production indigène durant phase de plus forte production, si la hausse de la production n'est pas liée à la hausse démographique indigène, pour la finalité des produits stockés, faut-il chercher le parallèle dans la démographie massaliète ?

3.1. Poser les bases d'une réflexion sur l'évolution démographique de Marseille grecque

Une tentative d'estimation démographique de la cité phocéenne est une entreprise délicate. L'estimation du nombre de maisons sur l'agglomération antique de Marseille n'est pas chose aisée. La méthode utilisée sur les oppida indigènes ne s'applique ici qu'avec de grandes difficultés, et au prix de certains aménagements. Principal obstacle à la connaissance des vestiges enfouis, Marseille est une ville occupée en continu depuis l'Antiquité. De fait les données ne s'appréhendent que par secteurs très réduits, au coup par coup en suivant les travaux d'aménagement urbain. Aussi, avec Marseille, le risque d'erreur est plus grand quand on extrapole les données de secteurs de fouille réduit à une surface occupée de plusieurs dizaines d'hectares [14]. De plus, en raison de cette ininterruption de l'occupation, ces données sont souvent de trop mauvaise qualité pour satisfaire nos objectifs. Bien souvent les structures domestiques clairement identifiées manquent à l'appel, et les surfaces moyennes des maisons ne sont pas connues pour la plupart des périodes. Il est aussi assez délicat de reconnaître les espaces qui fonctionnent ensemble au sein d'une même unité domestique [15]. En plus de la pauvreté des données, n'ont pu être retenus que les secteurs exploitables dans cette entreprises (c'est-à-dire ceux permettant de distinguer et de délimiter le domestique du non domestique, avec une datation satisfaisante de l'évolution architecturale). Mais il est encore plus difficile pour ce site que pour les habitats indigènes, de suivre en continu l'évolution du lotissement d'un secteur. Les travaux d'urbanisme antérieurs (dès l'époque romaine) ont ponctuellement fait disparaître certaines couches grecques (surtout de la période classique), nous obligeant à abandonner des secteurs à certains moments, parfois à y revenir pour les phases plus récentes sans pouvoir connaître les étapes intermédiaires de l'occupation (ce sont les Ve et IVe s av., avec le début du IIIe s., qui sont les plus mal connus). Enfin, l'estimation de la surface occupée correspond à celle de la surface remparée. Quelle que soit la période, cette surface n'est que théorique, restituée parfois grâce à quelques vestiges, mais la plupart du temps par des considérations topographiques ou sur une logique d'organisation. Ce ne sont que des *hypothèses de travail* émises par H. Tréziny. Si occupation domestique extramuros il y a, elle n'est pas prise en compte dans ces calculs.

Aussi, l'image de la démographie de Marseille doit être considérée avec réserve (**fig. 283**). La courbe obtenue est sujette à caution, et doit être perçue comme un état ponctuel des données ; en relation directe avec l'état de la documentation archéologique aujourd'hui. Mais déjà, cette courbe du nombre de maisons au cours du temps a le même profil que celle du nombre d'établissements grecs du littoral du Sud-Est de la France, que l'on suppose fondés par des Grecs de Marseille, celle du nombre de nécropoles et de l'effectif minimal de sépultures (effectif réduit en fonction de l'impression de datation, sorte de calibrage par le facteur temps privilégié les vestiges les mieux datés). Peut-être un argument de conformation des variations démographiques modélisées ici ?

3.2. La population de Marseille face à la production indigène

Il s'avère que, mises en parallèle avec la production indigène, les variations démographiques de Marseille sont plutôt synchrones ; qu'il s'agisse des quantités produites en Languedoc, ou du développement des structures

14 Comparativement, le pourcentage de zone connue est bien plus petit qu'avec les *oppida* : au maximum, entre 7 et 8 ‰ à partir de 200 av., au pire 0,3 ‰ entre 480 et 400 av. (Isoardi 2008).

15 De fait, pour l'évolution de la surface moyenne de la maison au cours du temps, compte tenu de la rareté des unités domestiques complètes connues, cette surface moyenne n'a pu être produite que par grandes phases, en distinguant surtout la phase archaïque de la fin de la période hellénistique et de la période romaine (avec le développement des *domus*).

et sites de stockage en Provence. S'il n'y a pas d'écho dans la progression du peuplement indigène, il est plus tentant avec ces résultats-là, de faire une relation avec les besoins de la ville grecque. Bien sûr, une hypothèse consiste à envisager qu'une partie des céréales produites en milieu indigène sont exportées par Marseille vers la ou les métropoles grecques (la *sténochôria*, le manque de terres dû à une forte croissance démographique, pouvant être, au moins partiellement, à l'origine de la colonisation grecque). Mais de telles corrélations invitent aujourd'hui à envisager avec intérêt cette nouvelle hypothèse (**fig. 284**).

3.3. La population de Marseille face à son territoire

On rapprochera cette nouvelle hypothèse du texte de Strabon (*Géographie*, IV, 1, 5) : « les *Massaliotes possèdent un territoire planté d'olivier mais pauvre en céréales à cause de la mauvaise qualité du sol* » (traduction dans Bats, Guyon, Tréziny 2005, p. 156). En fonction de ces nouvelles informations, il peut être intéressant de voir quelle est la *carrying capacity* du territoire de Marseille, à l'image de ce que nous avons fait pour le monde indigène.

Pour cela, est retenue l'estimation de la *chôra* de Marseille proposée par P. Arcelin (1986, p. 66, fig. 6) : approximativement 7 000 ha. C'est bien sûr quelque chose de très approximatif, qui en outre concerne le IIe s. av. J.-C. Mais il s'agirait d'une estimation maximale de son territoire. Sur cette base, nous avons effectué deux types de calcul : d'abord à partir des variables utilisées ci-dessus pour le monde indigène ; ensuite à partir des données sur le rendement agricole fournies par P. Arcelin (1986, p. 91-92, note 2). On précisera que sur les 7 000 ha, P. Arcelin pensait que seuls 2 000 ha pouvaient avoir été mis en culture pour le blé (soit un peu plus du quart). Différentes solutions sont synthétisées ci-dessous. Nous obtenons des fourchettes de valeurs (aussi critiquables que pour le monde indigène), qui sont confrontées à une traduction du nombre de maisons en nombre d'individus [16]. Les valeurs les plus probables de cette *carrying capacity* oscillent entre 20 000 et 25 000 indiv. : il se trouve que c'est justement la population que pourrait avoir atteint la ville entre 500 et 350 av. J.-C. dans le cas d'estimations basses et médianes (l'estimation haute allant encore bien au -delà, atteignant les 40 000 individus) (**fig. 285**).

Evidemment, autant les estimations démographiques de la ville que celles de la *carrying capacity* sont hypothétiques. Compte tenu de la qualité de la documentation pour ces deux aspects, nous somme là dans des valeurs davantage sujettes à caution. Mais ces valeurs démontrent pour cette période une situation critique du point de vue des ressources en blé. Il y a là aussi une perspective de travail intéressante (comme toujours, à amender ou corriger avec de futures données sur Marseille), qui va dans le sens d'un besoin d'importation à Marseille.

3.2. Déséquilibre des deux partenaires en présence

Comment comprendre cette situation ? Comment replacer tout ces éléments dans un système cohérent ? D'un côté la population indigène diminue toute en produisant davantage de céréales. De l'autre la population de Marseille grecque augmente de manière étonnamment similaire à cette production (**fig. 286**). Il y a là, rien qu'avec ces deux éléments (démographie/intensité du peuplement et production céréalière), l'idée d'une économique d'échange. Le stockage associé à un dégagement de surplus est l'indice même de l'existence d'une économie d'échange (Garcia 2004, p. 123). Si cette idée est depuis longtemps avancée (via l'étude des indicateurs économiques), la notion de surplus est véritablement évidente à partir du moment où l'on peut comparer production et démographie. On revient alors sur l'hypothèse de relations de dépendance entre Marseille et son arrière-pays (Py 1990, 187-196, Arcelin 1992, 324).

Pour parfaire le tableau, il faut revenir rapidement sur les enseignements des indicateurs économiques. Comme on l'a dit ci-dessus, dès le Ve s av. J.-C. la quantité de produits diffusés dans le monde indigène diminue. Mais en considérant les proportions de produits importés selon leur provenance, il apparaît une dominante évidente de Marseille. Car cela dépend de la manière dont on regarde les données : malgré une réduction du nombre de points de découverts et une régression du *volume* des produits importés (Arcelin 1990, p. 196-198 ; Gantès 1992, p. 176 ; Garcia 2006, p. 72), en termes de *proportion* relative, les produits de Marseille prennent le

16 Il faut pour cela proposer des situations types pour convertir le nombre de maisons en individus. Des différentes possibilités sur l'effectif du noyau familial et le nombre d'esclaves collectées en bibliographie, nous en avons déduit :
- une situation basse extrême : population stationnaire, simple renouvellement des générations assurées par deux enfants par couple. Pas d'esclaves → Nbre de maisons x 4
- une situation haute extrême : un doublement de la population assuré par six enfants par couple, avec un tiers d'esclaves → Nbre de maisons x 11 (10,66)
- une situation médiane : une population stationnaire assurée par trois enfants par couple en moyenne, avec un quart d'esclaves par foyer → Nbre de maisons x 6 (6,25) (détail dans Isoardi 2008, annexe 14).

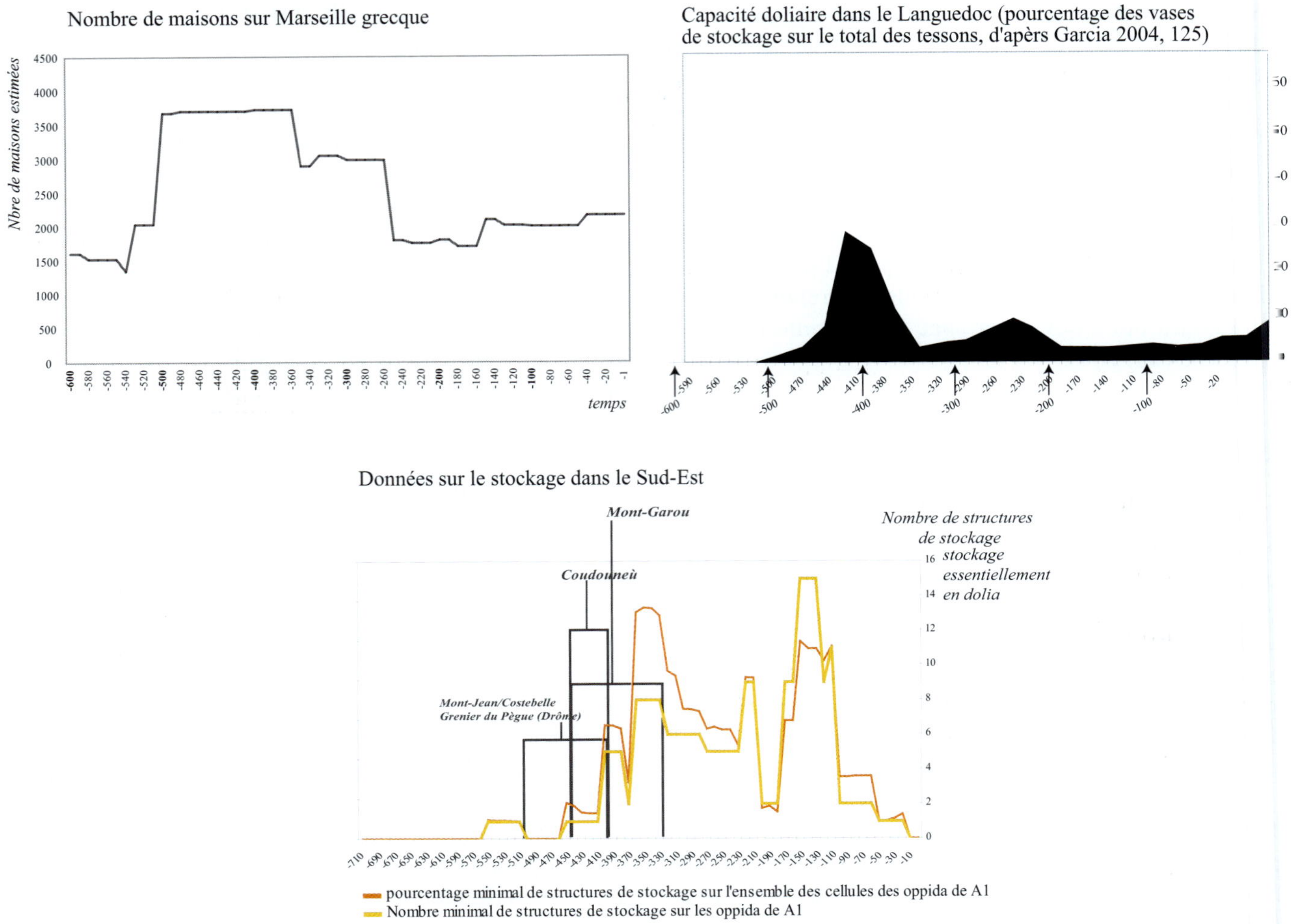

Fig. 284. Mise en rapport de l'évolution du niveau démographique de Marseille avec les capacités de stockage du Languedoc oriental et du Sud-Est provençal

monopole[17]. Cela se voit à Marseille même également : la phase durant laquelle les produits des fabriques massaliètes connaissent une apogée s'étend de 550/525 à 250-200 av. J.-C., avec des « pics » pour les phases 500-475, 375-350, et 275-250 av. J.-C. C'est clairement une phase de primauté de son vin en milieu indigène, le commerce se recentrant sur ce seul partenaire dès le début du Ve s. av. J.-C., jusque vers 250/200 av. J.-C. approximativement.

D'ailleurs, ces courbes économiques, confrontées à celle de la démographie de Marseille, montrent un parallèle flagrant entre cette phase de primauté économique de la ville et son maximum démographique. Ces données nous orientent, pour expliquer le fonctionnement de cette période, vers le modèle centre-périphérie. Dans ce modèle les régions centres sont toujours plus peuplées que les périphéries, sur lesquelles elles exercent une ponction ou une incitation à la production. La cartographie de l'intensité différentielle du peuplement, en y intégrant la démographie de Marseille, est évocatrice. Désormais, face au faible niveau de peuplement indigène et une dispersion démographique au sein d'habitats groupés bien moins peuplés, Marseille apparaît comme le principal pôle démographique de la région : de fait, le rôle de centre passerait à la colonie phocéenne pour cette phase. La notion de déséquilibre des relations (subordonné/subordonnant) apparaît sur trois éléments : le sens des importations, celui de la production, et les écarts démographiques. Les corrélations négatives sont évidentes entre la démographie

17 Voir Chausserie-Laprée 2005, p. 216 et 219 plus spécifiquement pour les sites martégaux : du début du Ve au milieu du IVe s. av. J.-C., la domination des amphores de Marseille sur les sites martégaux est sans partage (97 % des amphores de *l'Ile*). L'emprise économique de Marseille comme centre producteur et diffuseur devient grandissante.

Tentatives d'estimation de la *carrying capacity* du territoire de Marseille

Carrying capacity à partir de la consommation annuelle moyenne par habitant (utilisée pour le monde indigène, supra) :
superficie de la chora selon P. Arcelin pour le IIe s. av. (1986, 66, fig. 6), en m^2

	Nbre d'indiv. :
valeur de **6900** m² (90% de terres cultivables sur le territoire, et jachère)	**101 449**
valeur de **17 500** m² (sans jachère, pourcentage de terres cultivables inconnu mais valeur calculé pour Agde)	**40 000**
valeur de **27 600** m² (25% de terres cultivables sur le territoire, jachères, et prochaine semence)	**25 362**
valeur de **35 000** m² (avec jachère, % de terres cultivables sur Agde)	**20 000**

Carrying capacity à partir des valeurs retenues par P. Arcelin (1986)
Rendement moyen par pays méditerranéen : 15 q par hectare, soit 1,5 t (d'après les travaux d'A. Jardé 1925)
quantité moyenne pour nourrir un habitant pendant un an : env. 350 l ou 2,7 quintaux ; soit **0,27 t** (valeur de P. Arcelin pour l'Antiquité)

	Nbre d'indiv. :
avec la surface totale de **7 000 ha** :	**38 889**
avec la moitié de cette estimation (**3 500 ha**)	**19 444**
avec seulement **2 000 ha** (hypothèse de P. Arcelin; 1986, 91-92, note 216)	**11 111**

Traductions du nombre de maisons sur Marseille grecque, en nombres d'individu possibles

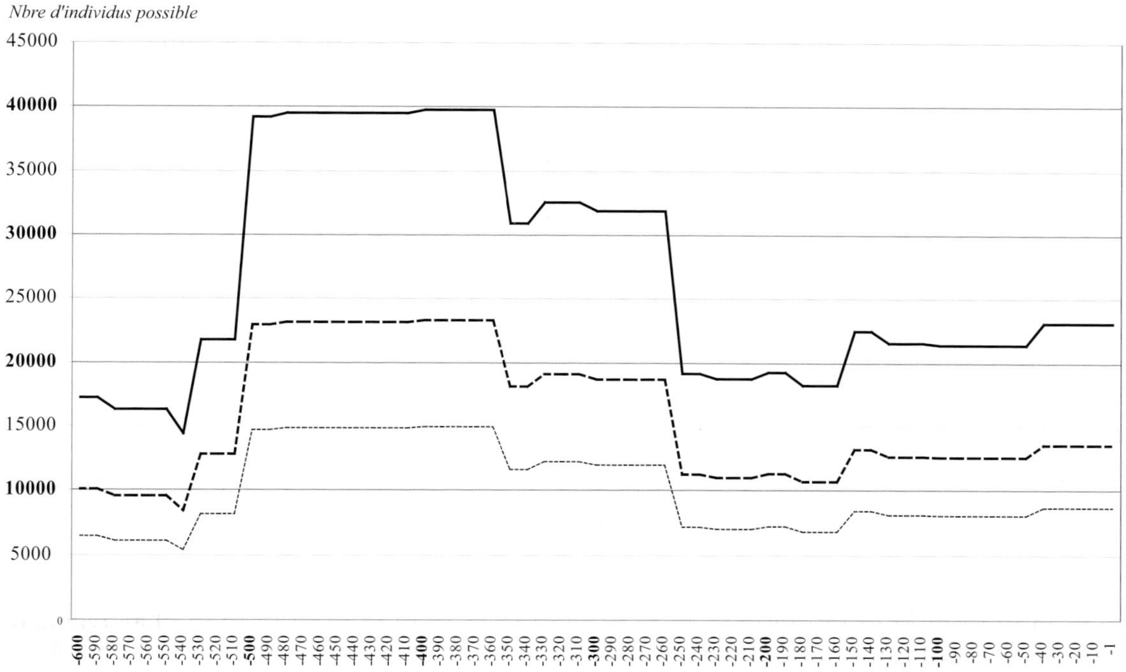

----- une situation basse extrême : population stationnaire, simple renouvellement des génération assurées par deux enfants par couple. Pas d'esclaves.
— une situation haute extrême : un doublement de la population assuré par 6 enfants par couple, avec un tiers d'esclaves.
--- une situation médiane : une population stationnaire assurée par 3 enfants pas coupe en moyenne, avec un quart d'esclaves par foyer.

Fig. 285. Mise en parallèle de l'estimation démographique de Marseille avec une première étude de la *carring capacity* de son territoire.

des habitats groupes indigènes et celle de Marseille. À l'échelle des territoires, cette situation est davantage tangible avec les secteurs méridionaux (l'ensemble de la Provence littorale, son arrière-pays direct et le littoral varois), moins qu'avec les Préalpes. C'est donc l'ensemble de ces territoires qui passerait en situation de périphérique subordonnée. C'est bien sous ce statut que l'on expliquerait la forte productivité agricole alors que le territoire qui produit est peu peuplé.

4. Conclusion

En résumé, dès le Ve s. avant J.-C., l'évolution des techniques et de la production indigène n'est pas commandée par une forte démographie indigène, mais pourrait être directement dépendante d'une demande de Marseille. Il est démontré maintenant que ce développement de la production céréalière indigène n'a pas pour objectif de nourrir une population indigène décroissante :

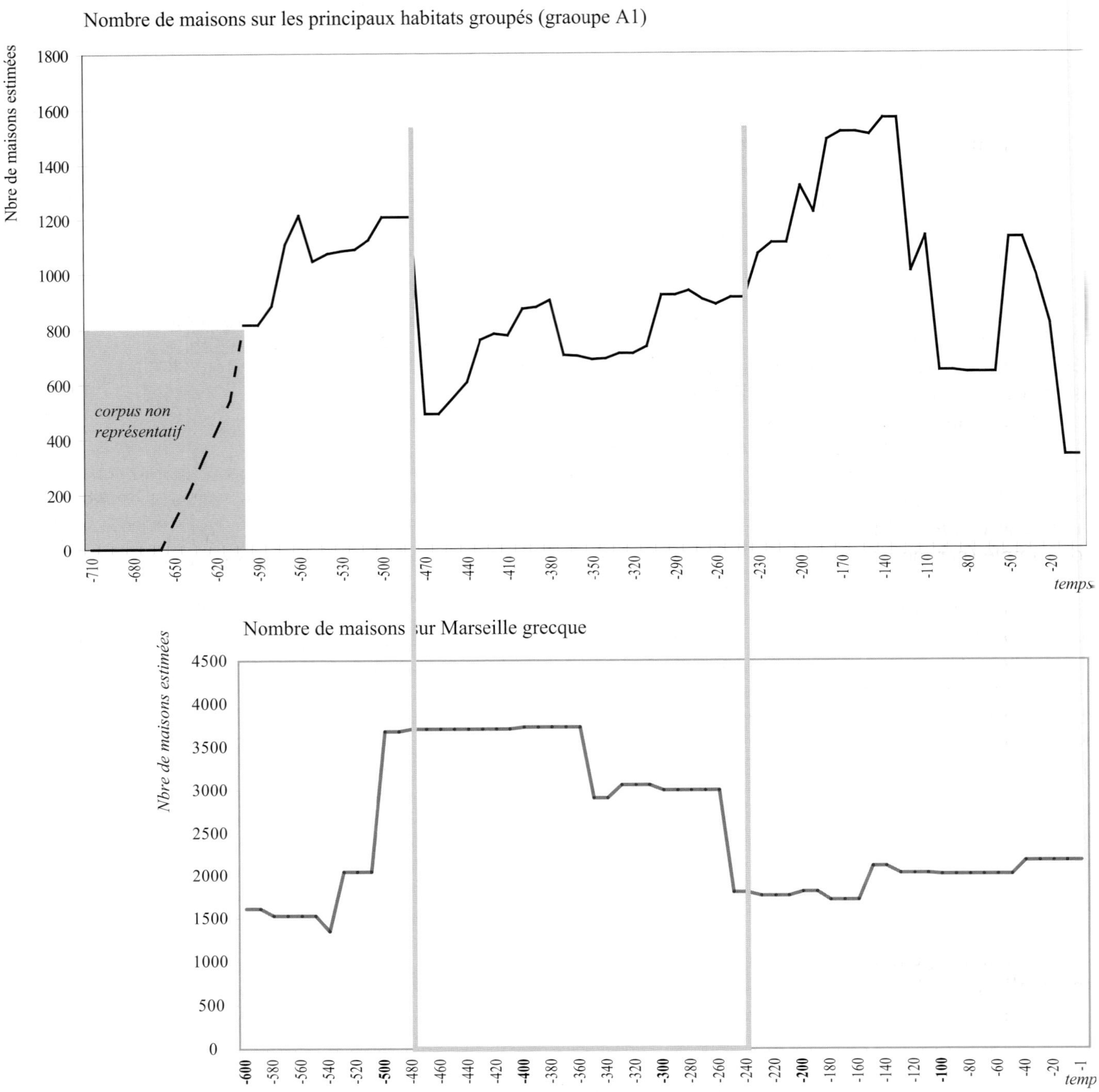

Fig. 286. Comparaison entre la démographie de Marseille et celle d'un échantillon d'habitats groupés en Provence littorale

c'est Marseille qui semble progresser de manière très conséquente sur le plan humain. L'augmentation de la production des céréales en milieu indigène accompagne donc un essor démographique de la cité phocéenne et un développement de son économie de production, celle du vin en particulier.

Au Ve s. avant J.-C., l'évolution des techniques n'est plus commandée par une forte démographie indigène, mais apparaît directement dépendante du contexte économique (pression commerciale et coloniale grecque). Il semblerait que quand Marseille n'est plus intégrée au système économique précédent (système économie-monde méditerranéen du VIe s. av. J.-C.), une nouvelle organisation se mette en place dans les limites de la basse vallée du Rhône, dont Marseille est au centre. A partir des indicateurs économiques, de nombreux chercheurs avaient vu une possible redéfinition complète de la stratégie commerciale de Marseille.

Les présentes données sur la démographie et l'intensité du peuplement apportent des éléments complémentaires pour étayer cette idée de la redéfinition des objectifs et échanges économiques à partir de la fin du Ve s. av. J.-C.

En parallèle, l'hypothèse d'une relation de subordination des indigènes aux Marseillais s'en trouve renforcée également. Les deux dossiers (démographie et stockage) appuient la thèse du surplus céréalier et témoignent de rapports de dépendance entre Grecs de Marseille et indigènes. Autant d'éléments qui penchent nettement en faveur d'une prise en main de l'ensemble des communautés indigènes, par le biais d'une forte demande en céréales, et non pas pour une autonomie des communautés indigènes. D'autant plus qu'ayant maintenant davantage de certitude sur la destination de ces produits agricoles indigènes (à savoir, satisfaire la demande grecque), il apparaît que ce mode de fonctionnement économique ne pouvait qu'entraver une croissance démographique du monde indigène. En effet, dans une économie agricole simple (part des importations alimentaires de base supposée réduite pour ces sociétés indigènes), la croissance démographique est davantage contrainte par la production agricole [18]. Si, en plus, la production n'est pas destinée à nourrir les hommes producteurs, on ne voit pas comment la population pouvait s'agrandir (du moins sur du court terme), ou des communautés étrangère s'implanter. C'est aussi un moyen, voulu ou non, d'entretenir un bas niveau démographique.

Dans le même temps, les résultats archéodémographiques obtenus ici, en particulier pour Marseille, ne sont encore pas assurés : il est nécessaire dans le futur d'étayer le dossier de la démographie massaliète (et celui de l'estimation de la *carrying capacity*, massaliète comme indigène). De l'autre côté, pour le Sud-est une meilleure évaluation des volumes stockées devient nécessaire. En effet, ce qui a été présenté ici est basé sur un état temporaire des connaissances. Enfin, pour aller plus loin encore sur la destination des produits céréaliers indigènes, il serait intéressant d'ouvrir le dossier de la démographie des métropoles grecques : les causes de la colonisation archaïques sont multiples et il n'est pas évident de trancher entre *sténochôria*, conflits internes, motivations commerciales, etc. La problématique démographique doit s'étendre géographiquement.

18 Dans Derruau 1971, p. 131 : le rôle de la terre nourricière est l'essentiel pour une population paysanne surtout si les activités non agricoles et les importations sont réduites.

BIBLIOGRAPHIE

Arcelin 1992 : ARCELIN (P.) – Société indigène et propositions culturelles massaliotes en basse Provence occidentale. *In* : Bats (M.), Bertucchi (G.), Congès (G.) dir. – *Marseille grecque et la Gaule. Actes du colloque international d'Histoire et d'Archéologie et du Ve congrès archéologique de Gaule méridionale (Marseille, 18-23 nov. 1990)*. Lattes, ADAM, 1992, pp. 305-336. (*Etudes Massaliètes*, 3).

Arcelin 2004 : ARCELIN (P). – Les prémices du phénomène urbain à l'âge du Fer en Gaule méridionale. Les agglomérations de la basse vallée du Rhône. *Gallia*, 61, 2004, pp. 223-270.

Arcelin 2005 : ARCELIN (P). – L'aristocratie celtique et ses représentations. *In* : Delestre (X.) dir. – *15 ans d'archéologie en Provence-Alpes-Côte d'Azur*. Aix-en-Provence, Edisud, 2005, p. 160-168.

Arcelin *et al.* 1982 : Arcelin (P.), Arcelin-Pradelle (Ch.), Gasco (Y.) – Le village protohistorique du Mont-Garou (Sanary, Var). Les premières manifestations de l'impérialisme marseillais sur la côte provençale. *DAM*, 5, 1982, pp. 53-137.

Arcelin, Chausserie-Laprée 2003 : ARCELIN (P.), CHAUSSERIE-LAPREE (J.) - Sources antiques et images de l'archéologie dans le sud-est gaulois. *Revue Archéologique de l'Ouest*, 10, 2003, pp. 255-268.

Bats 1989 : BATS (M.) – La Provence protohistorique. *In* : Fevrier (P.-A.), Bats (M.), Camps (G.), Fixot (M.), Guyon (J.), Riser (J.) dir. – *La Provence, des origines à l'an mil. Histoire et archéologie*. Rennes, Ouest-France, 1989, pp. 169-252.

Bats 1992 : BATS (M.) – Marseille, les colonies massaliètes et les relais indigènes dans le trafic le long du littoral méditerranéen gaulois (VI – Ier s. av. J.-C.). *In* : Bats (M.), Bertucchi (G.), Congès (G.) dir. – *Marseille grecque et la Gaule. Actes du colloque international d'Histoire et d'Archéologie et du Ve congrès archéologique de Gaule méridionale (Marseille, 18-23 nov. 1990)*. Lattes, ADAM, 1992, pp. 263-278. (*Etudes Massaliètes*, 3).

Bats, Guyon, Tréziny 2005 : Bats (M.), Guyon (J.), Tréziny (H.) – Corpus des principales sources littéraires sur Marseille antique. *In* : Rothe (M-P.), Treziny (H.) dir. – *Carte archéologique de la Gaule. Marseille et ses alentours. 13/3*. Paris, Académie des Inscriptions et Belles-Lettres, 2005, pp. 145-159.

Bintliff 1997 : BINTLIFF (J.) – Further considerations on the population of Ancient Boeotia. *In* : Bintliff (J.) dir. – *Recent Research on the History and Archaeology of Central Greece*. Oxford, Tempus Reparatum, 1997, pp. 231-252. (*British Archaeological Reports International Series*, 666).

Bintliff 1999 : BINTLIFF (J.) – Regional field surveys and population cycles. *In* : BINTLIFF (J.), SBONIAS (K.) dir. – *Reconstructing Past Population Trends in Mediterranean Europe* (3 000 BC – AD 1800). Oxford, Oxbow books, 1999, pp. 21-34. (*Archaeology of Mediterranean landscapes*, 1).

Chausserie-Laprée 2005 : CHAUSSERIE-LAPREE (J.) – *Martigues, terre gauloise. Entre Celtique et Méditerranée*. Paris, Errance, 2005, 251 p. (collection Hauts lieux de l'histoire).

Delmas 2004 : DELMAS (B.) – Pierre-François Verhulst et la loi logistique de la population. *Math. Et sci. Hum.*, 42, 167, 2004, pp. 51-81.

Derruau 1971 : DERRUAU (M.) – *Nouveau précis de géographie humaine*. Paris, A. Colin, 575 p.

Djindjian 1991 : DJINDJIAN (Fr.) – *Méthodes pour l'archéologie*. Paris, A. Colin, 1991, 401 p. (collection U. *archéologie*).

Gantès 1992 : GANTES (L.-Fr.) – L'apport des fouilles récentes à l'étude quantitative de l'économie massaliète. *In* : Bats (M.), Bertucchi (G.), Conges (G.) dir. – *Marseille grecque et la Gaule. Actes du colloque international d'Histoire et d'Archéologie et du Ve congrés archéologique de Gaule méridionale (Marseille, 18-23 nov. 1990)*. Lattes, ADAM, 1992, pp. 171-178. (*Etudes Massaliètes*, 3).

Garcia 1987 : GARCIA (D.) – Observations sur la production et le commerce des céréales en Languedoc méditerranéen durant l'Age du Fer : les formes de stockage des grains. *RANarb*, 20, 1987, pp. 43-98.

Garcia 1995a : GARCIA (D.) – Agglomérations et territoires aux Ve-IVe av. n.è. dans l'interfleuve Aude-Hérault : proposition d'analyse. *In* : Clavel-Leveque (M.), Plana-Mallart (R.) dir. – *Cité et territoire. Colloque européen*

(Béziers, 14-16 octobre 1994). *Besançon*, Annales littéraires de l'université de Besançon, 1995, pp. 175-186. (*Annales Littéraires de l'Université de Besançon*, 565).

Garcia 1995b : GARCIA (D.) – Le territoire d'Agde grecque et l'occupation du sol en Languedoc central durant l'Age du Fer. *In* : ARCELIN (P.), Bats (M.), Garcia (D.), Marchand (G.), Schwaller (M.) dir. – *Sur les pas des Grecs en Occident... Hommages à André Nickels*. Lattes, ADAM.,1995, pp. 137-168. (*Etudes Massaliètes*, 4).

Garcia 1997 : GARCIA (D.) – Les structures de conservation des céréales en Méditerranée nord-occidentale au Ier millénaire avant J.-C.: innovations techniques et rôle économique. *In* : Meeks (D.), Garcia (D.) dir. - *Techniques et économie antiques et médiévales*. Paris, Errance, 1997, pp. 88-95.

Garcia 2004 : GARCIA (G.) – *La Celtique méditerranéenne. Habitats et sociétés en Languedoc et en Provence. VIIIe – IIe siècles av. J.-C.* Paris, Errance, 2004, 206 p. (collection des *Hespérides*).

Garcia 2006 : GARCIA (D.) – Dynamiques culturelles de l'âge du Bronze et de l'âge du fer dans le sud-est de la Gaule. *In* : Vitali (D.) dir. – *Celtes et Gaulois, l'Archéologie face à l'Histoire. Actes de la table ronde* de Bologne, 28-29 mai 2005. Glux-en-Glenne, Bibracte/Centre archéologique européen, 2006, pp. 63-80 (*Bibracte*, 12/2).

Hermary *et al.* 1999 : HERMARY (A.), HESNARD (A.), TREZINY (H.) dir. – *Marseille grecque. 600 – 49 av. J.-C. La cité Phocéenne*. Paris, Errance, 1999, 181p. (*Hauts lieux de l'Histoire*).

Isoardi 2008 : ISOARDI (D.) – Tentative d'estimation démographique des populations de l'Âge du Fer du versant occidental et méridional des Alpes. De l'archéologie à la démographie. *In* : Richard (H.), Garcia (D.) dir. – *Le peuplement de l'arc alpin. 131e congrès national des sociétés historiques et scientifiques, Grenoble, 2006*. Paris, CTHS, pp.225-242.

Isoardi 2009 : ISOARDI (D.) – L'apport des données démographiques dans une étude de l'organisation de la société préromaine de France méridionale. Une nouvelle lecture des oppida. *In* : Belarte (M.C.) dir. - *L'espai domèstic i l'organització de la societat a la protohistòria de la Mediterrània occidental (Ier mil·lenni aC)Actes de la IV Reunió Internacional d'Arqueologia de Calafell (Calafell - Tarragona, 6 al 9 de març de 2007)*. Barcelone, Université de Barcelone, 2009, pp.67-77. (Arqueo Mediterrània, 11).

Jardé 1925 : JARDE (A.) – *Les céréales dans l'Antiquité grecque. La production*. Paris, De Boccard, 1925, 237 p. (*BEFAR*, 130).

Le Bras 2000 : LE BRAS (H.) – *Essai de géométrie sociale*. Paris, O. Jacob, 2000, 300 p., ill.

Marinval 1988a : MARINVAL (Ph.) – L'alimentation végétale et l'agriculture. *Dossiers Histoire et Archéologie*, 128, 1988, pp. 92-93.

Marinval 1988b : MARINVAL (Ph.) – *Cueillette, agriculture et alimentation végétale de l'Epipaléolithique jusqu'au 2e Age du Fer en France méridionale. Apports palethno-grahiques de la carpologie*. Thèse de Doctorat nouveau régime, EHESS. Paris, 1998.

Masset 1987 : MASSET (Cl.) – Le « recrutement » d'un ensemble funéraire. *In* : Duday (H.), Masset (Cl.) dir. – *Anthropologie physique et archéologie. Méthode d'étude des sépultures. Actes du colloque de Toulouse (4, 5, 6 novembre 1982)*. Paris, CNRS, 1987, pp. 111-134.

Pearl, Reed 1920 : PEARL (R.), REED (L.-J.) – On the rate of growth of the population of the United States since 1790 and its mathematical representation. *Proceedings of the National Academy of Sciences*, 6, 1920, pp. 275-288.

Pearl, Reed 1923 : PEARL (R.), REED (L.-J.) – On the mathematical theory of population growth. *Metron*, 3, 1923, pp. 6-19.

Pumain, Saint-Julien 2001 : PUMAIN (D.), SAINT-JULIEN (Th.) – *Les interactions spatiales : flux et changements dans l'espace géographique*. Paris, Armand Colin, 2001, 191 p., ill., cartes (Cursus. *Série géographie*).

Py 1990 : PY (M.) – *Culture, économie et société protohistoriques dans la région nîmoise*. Rome, Ecole française de Rome, 1990, 2 vol., 957 p. (Collection de l'Ecole française de Rome, 131).

Py 1993 : PY (M.) – *Les Gaulois du Midi. De la fin de l'Âge du Bronze à la conquête romaine*. Paris, Hachette, 1993, 288 p. (collection la *Mémoire du Temps*).

Py 1999 : PY (M.) – La cité de Lattara dans le contexte économique et politique du IVe siècle. *In* : PY (M.) dir. – *Recherches sur le quatrième siècle avant notre ère à Lattes*. Lattes, ARALO, 1999, pp. 651-662. (*Lattara*, 12).

Sbonias 1999 : SBONIAS (K.) – Introduction to issues in demography and survey. *In* : Bintliff (J.), Sbonias (K.) dir. – *Reconstructing Past Population Trends in Mediterranean Europe (3 000 BC – AD 1800)*. Oxford, Oxbow books, 1999, pp. 1-20 (*Archaeology of Mediterranean landscapes*, 1).

Schtickzelle 1981: SCHTICKZELLE (M.) – Pierre-François Verhulst (1804-1849). La première découverte de la fonction logistique. *Population*, 1981, 36, 3, pp.542-556

Trément 1999b : TREMENT (Fr.) – Prospection archéologique et démographique en Provence. Approche paléodémographique de la Rive Occidentale de l'Etang de Berre sur la longue durée. *In* : Bintliff (J.), Sbonias (K.) dir. – *Reconstructing Past Population Trends in Mediterranean Europe (3 000 BC – AD 1800)*. Oxford, Oxbow books, 1999, pp. 93-115. (*Archaeology of Mediterranean landscapes*, 1).

Verdin 1995 : VERDIN (Fl.) – *Les Salyens et leurs territoires*. Thèse de doctorat Nouveau Régime, université de Provence (Aix-Marseille I). Aix-en-Provence, 1995, 3 vol. (I : texte, 470 p. ; II : planches et annexes, 20 pl., 39 annexes ; III : inventaire des sites).

Verdin 1996/1997 : VERDIN (Fl.) – Coudounèu (Lançon-de-Provence, Bouches-du-Rhône) : une ferme-grenier et son terroir au Ve siècle avant J.-C. *DAM*, 19-20, 1996-1997, pp. 165-198.

Verhulst 1945 : VERHULST (P.-Fr.) – Recherches mathématiques sur l'accroissement de la population. *In.* : *Nouveaux mémoires de l'Académie Royale des Sciences et Belles-Lettres de Bruxelles*, tome XVIII, 1845, pp.113-121.

Verhulst 1947 : VERHULST (P.-Fr.) – Deuxième mémoire sur la loi d'accroissement de la population. *In.* : *Mémoires de l'Académie Royale des Sciences et Belles-Lettres de Bruxelles*, tome XX, 1847, pp.1-32.

3. Viticulture et oléiculture grecques et indigènes en Grande Grèce et en Sicile

Jean-Pierre Brun

Les rapports entre Grecs et indigènes d'Italie méridionale s'apprécient sur divers plans, culturel, religieux, économique, technique. Nous tentons ici de déceler dans la documentation archéologique aujourd'hui disponible quels sont les signes d'éventuels transferts de techniques entre Grecs et indigènes dans le champ de l'arboriculture. En Grande-Grèce et en Sicile la question est plus complexe qu'en Gaule méridionale car l'existence d'une viticulture et d'une oléiculture antérieures à la fondation des colonies grecques est désormais avérée.

1. Viticulture et oléiculture indigènes

L'olivier sauvage est présent dans le bassin méditerranéen depuis la dernière glaciation. Les plus récentes recherches sur la génétique de l'arbre montrent que les oléastres du bassin oriental de la Méditerranée n'ont pas le même patrimoine génétique que ceux du bassin occidental, notamment de la Péninsule Ibérique (Breton, Tersac, Bervillé 2006). Au Proche-Orient, les variétés cultivées descendent d'une même famille alors que les variétés occidentales portent des marqueurs génétiques qui montrent une hybridation entre les oléastres occidentaux et des cultivars importés d'Orient. La mémoire génétique des plantes offre donc un support à l'hypothèse d'une domestication de l'arbre au Proche-Orient et en Occident. Les travaux récents effectués en Espagne montrent effectivement une exploitation de l'oléastre dès le Néolithique et une domestication au cours de l'âge du Bronze. Le processus est marqué par une exploitation contrôlée de l'olivier qui semble lié à une taille régulière destinée à accroître la qualité des fruits et leur capacité à fournir de l'huile. La domestication de l'arbre est bien antérieure à l'arrivée des Phéniciens et des Grecs : elle remonte au Chalcolithique, les plus anciens échantillons étant datés de 2300 – 2000 av. J.-C. (Terral *et al.*, 2004). En Italie, la culture de l'olivier s'est développée très tôt en Calabre probablement en liaison avec les contacts avec le monde Mycénien. Des sites occupés aux XIII-XIe siècles, Torre del Mordillo, Broglio di Trebisacce dans la région de Sybaris, Castello à Tursi (Basilicata) ont livré des noyaux d'olives cultivées [1].

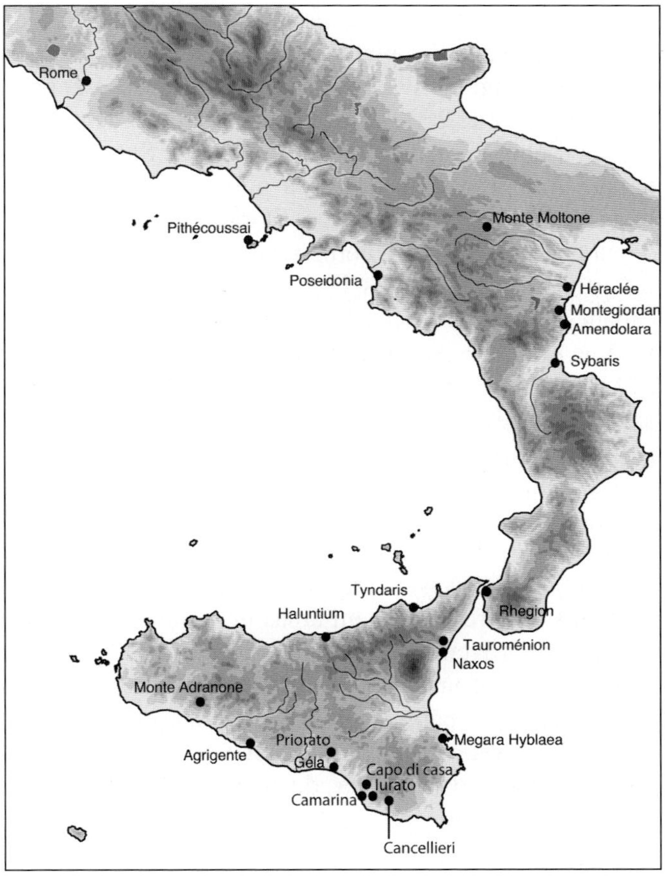

Fig. 287 Carte de l'Italie méridionale localisant les sites mentionnés.

La vigne est une liane qui pousse naturellement dans les forêts de la Méditerranée et de l'Europe méridionale. La vigne sauvage se reproduit par ses graines tandis que la vigne cultivée est propagée par bouturage qui permet une sélection rigoureuse contrastant avec l'extrême

1 Sur Broglio di Trebisacce, voir Peroni, Trucco 1994, p. 578 pour la présence massive de bois d'olivier dans les charbons et le nombre des noyaux. Un magasin contenant cinq jarres est daté de l'âge du Bronze final (vol. 1, p. 67-80 et 100-102) ; les analyses chimiques montrent qu'elles ont contenu de l'huile (vol. 2, p. 855-856). Sur Tursi : Guarino *et alii* 2002.

variabilité des vignes sauvages. Cette particularité a permis aux viticulteurs de trouver dans leur environnement proche des variétés sauvages climatiquement adaptées susceptibles d'être adaptées à leurs besoins. Les vignes cultivées apparaissent surtout dans les Iles Éoliennes et dans la zone d'Ischia-Procida, deux secteurs où les contacts avec les Mycéniens ont été intenses dès les XVIe et XVe siècles avant J.-C.

La découverte de résidus de vinification datables du IXe siècle av. J.-C. à Poggiomarino près de Pompéi montre un développement notable de la viticulture en Campanie avant l'implantation des colonies grecques (Cicirelli, Albore-Livadie 2008). Le site de Longola, fouillé à partir de 2000 à l'occasion du creusement d'une station d'épuration, est situé en bordure du Sarno et totalement immergé dans la nappe phréatique. Occupé de l'âge du Bronze final jusqu'à l'Orientalisant récent au début du VIe siècle, il se compose de plusieurs îlots séparés par des canaux. Ces îlots supportaient de grandes cabanes allongées dotées d'une abside, toutes construites sur une armature de poteaux et poutres. Un canal appelé MAF3 séparant deux îlots a livré de nombreux pépins associés à des détritus alimentaires, des planches, des poutres, des roues de char et des céramiques datables de l'âge du Fer (Cicirelli *et alii* 2008). La datation dendrochronologique donne une fourchette entre 905 et 864 av. J.-C. Dans le détail, le dépôt est double : un premier niveau (US 1698) est composé de sarments ; en dessous, l'US 1704 correspond à un amas de pépins et de rafles en bon état provenant du pressurage du raisin. La culture de la vigne est donc prouvée par les résidus de la taille et par la nature des pépins qui proviennent presque tous de variétés cultivées. La pratique de la vinification, quant à elle, est assurée par les amas de pépins et de rafles caractéristiques du marc après pressurage.

L'intérêt de cette découverte est double. D'une part, elle tranche avec netteté un débat ancien : nous savons désormais qu'il y a une viticulture indigène avant l'arrivée des colons grecs. D'autre part, elle montre avec éclat que la culture de la vigne et la préparation du vin à l'époque protohistorique mais aussi durant les périodes archaïque et classique ne laissent pas de traces autres que des vestiges organiques. En l'absence de conditions très favorables comme un incendie, une éruption volcanique ou un enfouissement sous une nappe phréatique permanente, on ne peut trouver aucune trace. D'un point de vue méthodologique, cette observation est essentielle : l'absence de découverte spécifique ne prouve rien, surtout lorsque les fouilles sont anciennes et n'ont pas donné lieu à des tamisages à l'eau. Sur les sites de l'âge du Fer, même dans les conditions très favorables de Longola, aucun vestige d'instrument de production n'a été découvert : le vin et l'huile étaient élaborés en utilisant des instruments en matériaux périssables et dans des jarres d'aspect banal que seules des analyses chimiques systématiques permettraient d'identifier. En conséquence, les techniques employées sont presque inconnues ; tout au plus l'absence de traces de pressoir à levier ou de broyeurs à olive semble impliquer l'utilisation d'instruments primitifs en bois et en tissu.

2. Les installations de production dans les colonies grecques

Les débuts de l'oléiculture et de la viticulture dans les colonies grecques d'Italie ne sont pas attestés par des témoignages tangibles mais il est légitime de penser que l'arboriculture a été développée dès la fondation des colonies. Les colons ont dû entretenir des oliviers en bordure des champs de céréales et dans les collines, en association avec des vignes. Ces pratiques étaient d'autant plus aisées que l'olivier et la vigne sauvages faisant partie du maquis local et qu'ils étaient déjà exploités par les populations indigènes : il suffisait de sélectionner des plants et de les greffer.

Ce postulat raisonnable se heurte toutefois à la littérature suscitée par l'interprétation des amphores SOS et « Corinthienne A » qui auraient servi aux importations d'huile venue d'Attique et de Corinthe au cours des VIIIe, VIIe et VIe siècles, importations destinées à l'approvisionnement des colonies et au commerce avec les indigènes. Mais, si les colons grecs ont greffé des oléastres et ont planté des oliviers et des vignes dès leur arrivée, peut-on imaginer qu'ils aient été encore réduits, plus d'un siècle après, à importer des quantités d'huile supérieures, en termes relatifs, à celles de vin ? L'importation prépondérante, durant le tout le VIIe et la première moitié du VIe siècle, d'amphores « Corinthienne A » et dans une moindre mesure d'amphores SOS, puis d'amphores « à la brosse » a fait penser que, de la fin du VIIIe au début du VIe siècle, le développement insuffisant de la culture de l'olivier avait entraîné un flux important d'huile de Corinthe et d'Attique. La disparition de ces amphores dans le courant du VIe siècle serait à mettre en relation avec la progressive autosuffisance en la matière. En parallèle, les amphores vinaires seraient peu abondantes, non seulement dans les colonies mais aussi dans les sites indigènes où leur rareté contrasterait avec l'abondance des vases à boire le vin (Albanese 1997).

Ce schéma est fondé sur l'hypothèse que ces deux types d'amphores servaient au transport de l'huile, or cette proposition n'a jamais été démontrée. Les fortes proportions de « Corinthienne A » sur des sites comme l'Incoronata de Métaponte et leur association avec des vases à boire font douter qu'elles aient contenu

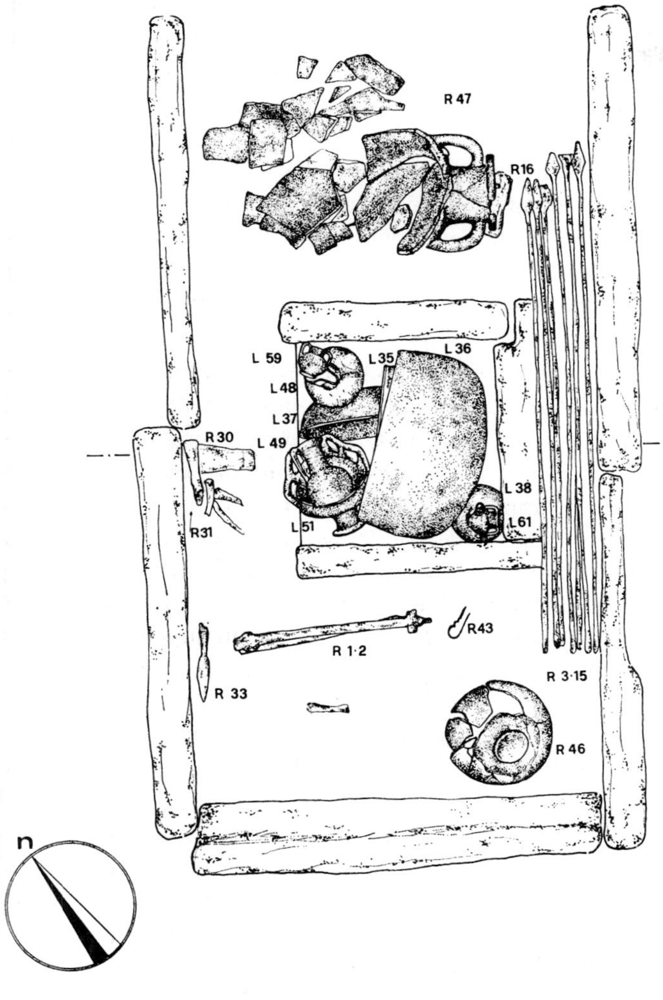

Fig. 288 Le mobilier de la tombe 926 de Pontecagnano, d'après D'Agostino 1977.

Fig. 289 Foulage du raisin sur un cratèredu Musée de Lecce, dessin J.-P. Brun.

de l'huile. Les tombes d'Italie méridionale et d'Étrurie, entre la fin du VIIIe et le VIe siècle, contiennent souvent des amphores « Corinthienne A » associées à des services à vin : un cas typique est celui de la tombe 926 de Pontecagnano (**fig. 288** : D'Agostino 1977). De même, les amphores SOS ont été considérées comme contenant de l'huile d'Attique surtout à cause de la fameuse mesure prise par Solon interdisant toute exportation de produit agricole d'Attique sauf l'huile[2]. Or sur le Vase François peint par Kleitias vers 570 av. J.-C., on voit Dionysos arriver aux noces de Thétis et Pélée en apportant une amphore SOS. Par ailleurs, dans la tombe Artiaco 104 de Cumes datée de la fin du VIIIe siècle av. J.-C., une amphore SOS est associée à un service à boire en argent[3]. Dans le courant du VIIe siècle, ce même type d'amphore se retrouve fréquemment dans les tombes étrusques aux côtés des amphores à vin de Chios.

Si les « Corinthienne A » et les SOS n'ont pas contenu de l'huile, les anomalies signalées plus haut disparaissent : les colonies grecques de Grande-Grèce et de Sicile ont développé assez vite une production suffisante d'olives et d'huile sans recourir à des importations et les amphores « Corinthienne A » et SOS rentrent dans la sphère de la consommation aristocratique de vins prestigieux importés à grand frais et leur commerce dans celui bien connu des trafics de marchandises de luxe à côté des huiles parfumées, des bijoux, de la vaisselle en bronze ou en argent, des vases décorés, *etc*.

Restituer les amphores SOS et « Corinthienne A » au commerce de luxe, laisse la place aux productions locales pour la consommation courante de vin et d'huile. Or les productions locales n'ont pas besoin d'amphores pour être transportées : des outres et des amphores de récupération peuvent suffire, ce qui nous prive de toute trace de leur existence[4]. De plus des productions locales sont attestées par des fabrications d'amphores dès la fin du VIIIe et au VIIe siècle en de nombreuses colonies, par exemple à Cumes et à Pithécusses (Di Sandro 1986).

À défaut de conteneurs indiscutables, l'archéologie devrait trouver quelques traces de plantation, des

2 La mesure de Solon, rapportée part Plutarque (*Solon* 24, 1-2), postérieure de plus d'un siècle aux débuts de la fabrication des amphores SOS, ne saurait constituer un indice de leur contenu. Sur les SOS en Italie, voir Vallet 1962, p. 1554-1563, Guzzo 1982, 76 et Gras 1987, p. 41-50 et plus récemment Descat 1993, p. 145-161 et Docter 1991, p. 45-50.

3 La tombe Artiaco 104 de Cumes a fait récemment l'objet d'une nouvelle lecture : Guzzo 2000, p. 135-147.

4 On notera que dans la ferme de Punta Chiarito à Ischia, une partie des amphores utilisées par le vigneron pour conserver son vin étaient des vases de récupération, amphores de Corinthe et d'Étrurie.

tranchées pour les vignes ou des fosses pour les oliviers. La fouille de Punta Chiarito, un promontoire de la côte méridionale de l'île d'Ischia a livré des fosses de plantation de vignes et les trous laissés par les échalas. Des enquêtes plus poussées, notamment à l'occasion de grands travaux linéaires, donneront certainement d'autres vestiges. Les instruments de production de l'époque archaïque seront plus difficiles à repérer car les appareils utilisés dans les colonies grecques étaient pour la plupart en matériaux périssables : fouloirs et pressoirs en bois que l'on voit représentés sur les vases attiques contemporains, par exemple sur le cratère attique de Lecce (**fig. 289**). Les seuls instruments susceptibles de laisser des traces sont les *pithoi*, dont l'interprétation n'est pas univoque, des amas de pépins de raisins, rarement observés, et parfois des dalles de pierre.

Fig. 290 Maie de pressoir en pierre de la ferme de Punta Chiarito à Ischia, photo C. Gialanella.

Le cas exceptionnel de Punta Chiarito sur l'île d'Ischia offre le tableau d'une ferme des colons grecs de Grande-Grèce. L'habitat a été figé par une coulée de boue épaisse de plus de trois mètres survenue au VIe siècle av. J.-C. (Gialanella 1994 ; De Caro, Gialanella 1998). La partie ouest de l'habitation était occupée par une resserre contenant des *pithoi* et des amphores locales et importées de Corinthe et d'Étrurie (**fig. 290**). À l'extérieur, à trois mètres à l'ouest de la porte, une dalle de pierre devait servir de fouloir ou plutôt de base de pressoir à levier en plein air. Plus que les instruments de production eux-mêmes, c'est donc l'association entre *pithoi*, fragments d'amphores et pépins de raisin qui, dans la majorité des cas, permet de déceler une production locale de vin. Il en est de même pour l'huile car l'emploi durant les époques archaïque et classique d'instruments de production primitifs risque de masquer une production de faible ampleur mais suffisante pour satisfaire la demande locale : des associations entre jarres et noyaux d'olives cassés sont des indices pour repérer une production locale.

On s'attendrait à ce que les découvertes archéologiques soient plus fréquentes pour la période classique. En effet, les textes mentionnent l'existence de cultures et d'installations de production de grande ampleur en Sicile dès le Ve s. av. J.-C. Vers la fin du siècle, un Syracusain du nom de Polyzèlos était propriétaire d'une olivette (Thucydide, VII, 81, 4). Cas plus significatif les *Histoires* de Polykleitos rapportent qu'à Agrigente un certain Tellias possédait une cave à vin équipée d'un grand fouloir enduit de chaux, d'une contenance de 1000 amphores (environ 200 hl) relié à 300 jarres taillées dans la pierre, chacune d'une contenance de 100 amphores (environ 20 hl) (Diodore de Sicile, XII, 83, 3). Avant la seconde guerre punique, Agrigente exportaient ses olives et son huile à Carthage, ce qui implique toute une organisation de la production et du conditionnement (Diodore de Sicile, XIII, 81, 4). Dans les alentours immédiats de Camarine, les deux fermes quasi identiques de Capodicasa et de Jurato, construites dans la seconde moitié du Ve siècle, n'ont pas livré d'installation caractéristique de la production du vin ou de l'huile, pas de pressoir notamment ; toutefois, la pièce 5 de la ferme Jurato comportait quatre fosses interprétées comme des logements de *pithoi* qui témoigneraient du stockage de vin ou d'huile (Pelagatti 1980-1981, p. 724) (**fig. 291**). La découverte de noyaux d'olives dans les niveaux d'occupation de cette ferme pourrait indiquer son implication dans l'oléiculture (Di Stefano 2002, p. 108).

L'archéologie n'a jusqu'à présent livré des vestiges d'huileries ou d'installations vinicoles qu'à partir de la fin de l'époque classique. En Sicile, quelques exemples sont fournis par Camarine, Géla et Agrigente. À l'est de Camarine, la ferme de Cancellieri, qui occupe un espace de 20 x 15 m environ, comporte deux cours. Dans la cour sud-est donnent la cuisine et les pièces d'habitation ; celle située à l'ouest, comprend un petit sanctuaire rural, une salle équipée de deux pressoirs et de trois *pithoi* (**fig. 292**). Originellement interprété comme une installation de production de miel, cet ensemble correspond probablement à une huilerie ou à un complexe vinicole (Di Stefano1980-1981). Dans le territoire de Géla, la ferme du Contrado Priorato datée de la seconde moitié du IVe s. av. J.-C. comprend une pièce dotée d'une maie de pressoir taillée dans la roche. Dans la pièce voisine, deux cuves creusées dans le roc ont une contenance individuelle supérieure à 4000 litres ; elles sont associées à cinq *pithoi* et à deux cuves cylindriques recouvertes

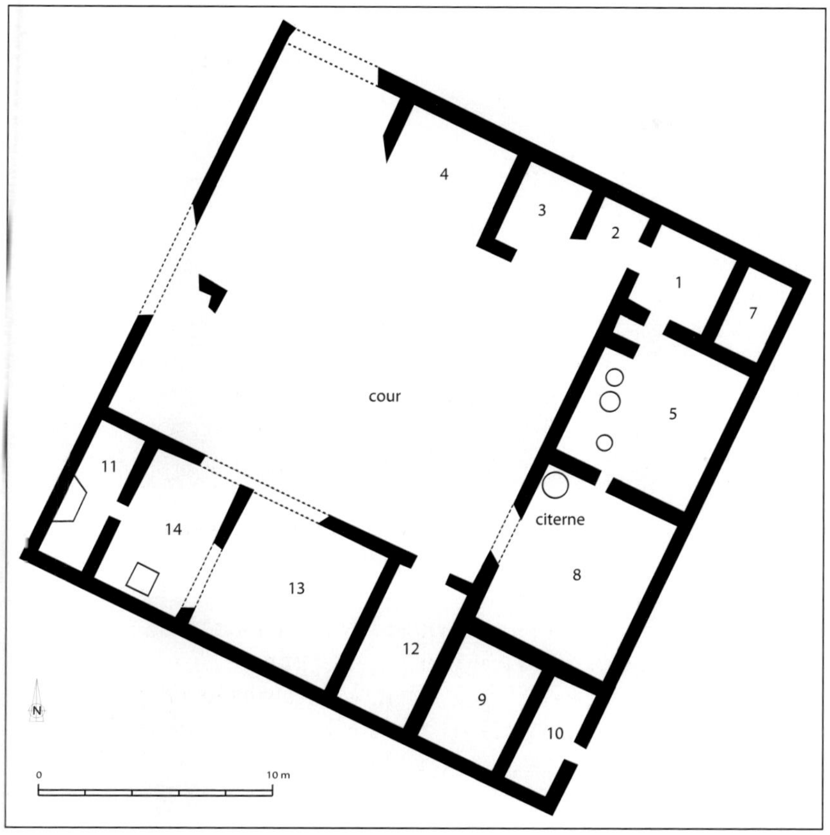

Fig. 291 Plan de la ferme Jurato à Camarina, d'après Pelagatti 1980-1981.

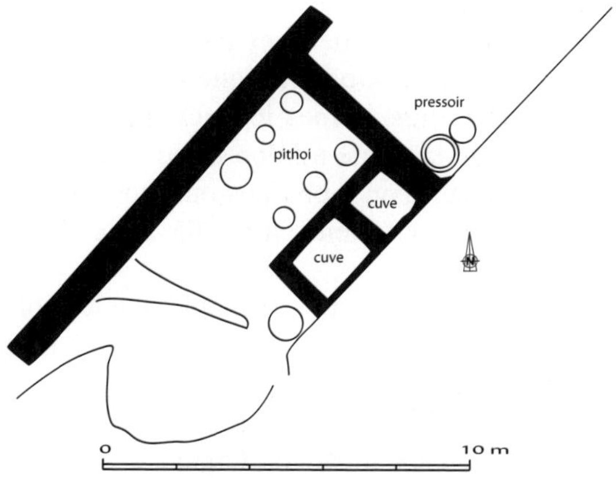

Fig. 292 Plan de la ferme de Contrada Priorato à Gela, d'après Adamesteanu 1958.

d'un enduit (**fig. 293**). L'association des cuves et de *pithoi* et la contenance des cuves pourraient indiquer une production de vin (Adamesteanu 1958). À Agrigente, un pressoir à huile a été dégagé dans une maison accolée au rempart sur la Rupe Atenea (De Waele 1976-1977).

Cette multiplication des installations de production au cours du IVe siècle montre, qu'après les précurseurs dignes de mention écrite de l'époque précédente, une plus forte proportion d'agriculteurs spécialisent leurs cultures et se dotent d'instruments puissants employant des parties en pierre (maies et meules). C'est d'ailleurs à partir du IIIe siècle et surtout du IIe siècle que l'on commence à voir apparaître des mentions de magasins de jarres (pour conserver l'huile ou le vin) et de pressoirs dans les actes de vente de propriétés qui nous sont parvenus. Par exemple, une inscription trouvée à Morgantina fait mention des parts d'un pressoir qu'on imagine d'une certaine ampleur puisqu'il est partagé entre plusieurs propriétaires ; le contexte, vente d'une propriété viticole, indique qu'il s'agit d'un pressoir à vin (Game 2008, n° 83). Une autre inscription, découverte probablement à Camarine, mentionne une « rue des Pressoirs », ce qui implique à la fois un nombre notable d'appareils et des instruments suffisamment imposants pour attirer l'attention (probablement des pressoirs à levier comme à Agrigente).

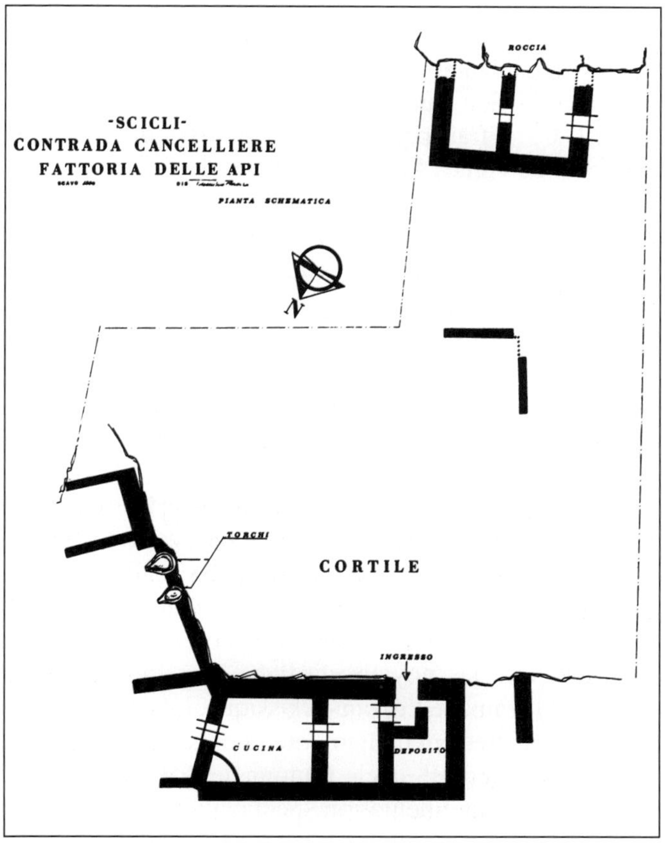

Fig. 293 Plan de la ferme de Canciellieri à l'est de Camarina, d'après Di Stefano 1980-1981.

3. Quels transferts de techniques vers les populations indigènes ?

La rareté des installations fouillées ne permet pas de dresser un tableau de la situation, ni de déceler des évolutions ; tout au plus peut-on ouvrir le débat. Il est désormais acquis qu'il existe une viticulture et une oléiculture indigènes antérieures à la colonisation. À la différence de la Gaule méridionale des VIe et Ve siècles, ce ne sont pas les colons grecs qui ont initié les populations italiques à ces cultures. Elles ont découvert elles-mêmes les techniques de base allant de la taille de la vigne à la production du vin et à l'extraction de l'huile ou bien elles ont reçu ces techniques lors de contacts antérieurs avec les Mycéniens à la fin de l'âge du Bronze.

Il est toutefois vraisemblable que les colons grecs ont introduit de nouvelles variétés d'oliviers et de vignes. C'est un phénomène banal dont on a la preuve génétique par l'apparition du mitotype oriental dans les variétés locales d'olivier. Quand s'est fait cet emprunt ? au moment des contacts avec les Mycéniens ? Au moment de la colonisation grecque ou plus tard encore ? Probablement à toutes ces époques ; il faut imaginer un flux continuel. Il y a eu certainement des transferts de cépages qui suivent parfois des modes. Une preuve de ces transplantations est donnée par la cargaison du navire d'El Sec qui coula à Majorque au IVe siècle avant J.-C. : il transportait des amphores et de nombreux sarments de vigne (Arribas 1989).

En Italie, les techniques de culture montrent une opposition entre une tradition de conduite basse et sur échalas d'origine grecque et une tradition de conduite de la vigne sur les arbres, d'origine locale et notamment étrusque (Sereni 1965). Mais on est bien incapable de dater la progression dans les aires indigènes des techniques de vignes basses ou sur échalas et donc de mesurer les progrès de l'influence grecque en la matière.

Dans la *chora* de Métaponte, où il est possible de croiser les données archéologiques avec celles de la carpologie et de la palynologie, les études réalisées sur le sanctuaire de Pantanello, une source dans laquelle les restes organiques sont conservés de façon optimale, montrent que les noyaux d'olives sont très fréquents dans les niveaux de l'époque classique. Les diagrammes polliniques attestent de leur côté la présence discrète de l'olivier dès le VIIe siècle (autour de 2 % des pollens) et surtout une augmentation spectaculaire au IVe siècle où les proportions atteignent 15-16 % du total. Cette phase de culture intense serait suivie d'une décrue à l'époque hellénistique caractérisée par une extension

Fig. 294 Pressoir de la ferme lucanienne de Montegiordano, photo J.-P. Brun.

Fig. 295 Meule de trapetum et pressoir de Monte Adranone, photo M.-G. Canzanella.

des emblavures[5]. Pourtant les fouilles et les prospections de l'équipe de J. Carter n'ont pas mis au jour les installations de production qu'un tel tableau tiré de la carpologie et de la palynologie permettrait d'attendre. Il faut imaginer que la plupart du temps, les installations étaient en matériaux organiques.

Les vestiges de pressoirs concernent sauf exception (Punta Chiarito) des sites datables à partir du IVe siècle en Grande-Grèce et en Sicile (Contrado Priorato à Gela par exemple). De cette époque datent aussi deux fermes lucaniennes, Montegiordano, près de Sybaris, datée entre 350 et 275 avant J.-C. (**fig. 294**) et Monte Moltone, près de Potenza, milieu du IVe siècle à fin IIIe siècle avant J.-C. ainsi qu'une huilerie dans l'agglomération sicane de Monte Adranone, au sud d'Entella (IVe siècle) (**fig. 295**). Les installations de pressurage qui se trouvent dans ces fermes et à Monte Adranone sont similaires à celles que

5 Carter 2005, p. 23-28 ; Costantini, Biasimi Costantini, 2003, p. 3-12.

l'on connaît en Grèce et dans les cités grecques de Sicile à la même époque : maie de pierre, souvent dans l'angle d'une pièce où était encastré un pressoir à levier et moulin à huile. Si la datation du moulin à huile à meules bombées de Monte Adranone est exacte, on se trouve en face d'un ensemble qui trouve des comparaisons à Olynthe et à Argilos en Macédoine par exemple (Bonias, Perreault 1993). Les rares éléments disponibles n'autorisent donc pas une discrimination entre les installations grecques comme celles de Gela et indigènes comme celle de Montegiordano, leur détermination étant uniquement fondée sur leur emplacement dans le territoire d'une cité grecque ou non. Les techniques utilisées paraissent identiques, soit qu'il s'agisse de commandes faites à des artisans grecs des colonies voisines, soit qu'il s'agisse d'une *koinè* technique. Dès 1983, Chr. Goudineau avait souligné que Marseille vendait son savoir technique aux indigènes de la Gaule méridionale (Goudineau 1983). Ainsi auraient été négociés avec leurs voisins, la construction de remparts comme ceux de Saint-Blaise, de tours comme celle de Mauressip, de monuments publics comme ceux de *Glanon*, mais aussi de pressoirs à huile comme ceux d'Entremont. Remarquant qu'un des contrepoids de pressoir d'Entremont, capitale des *Salluvii*, provenait des carrières de La Couronne et que sa technique de taille était identique à celle des blocs des remparts hellénistiques de Marseille, il en avait tiré la conclusion que le pressoir avait été vendu préfabriqué par des artisans grecs. Cet exemple illustrerait « le transfert en dehors de Marseille (ou des zones qu'elle pouvait contrôler), non seulement de son savoir mais des appareils qu'elle fabriquait. Qu'il s'agisse d'un exemple unique n'importe guère : ce type de pièces ne se retrouve qu'assez rarement » (Goudineau 1984, p. 221). De tels phénomènes ont pu être fréquents en Italie méridionale, mais l'état actuel des recherches ne permet pas encore d'apporter des réponses certaines à ces questions.

BIBLIOGRAPHIE

Adamesteanu 1958 : ADAMESTEANU (D.) – Scavi e scoperti nella provincia di Caltanisetta dal 1951 al 1957. *NSA* 1958, p. 288-408.

Albanese 1997 : ALBANESE PROCELLI (R.M.) – Échanges dans la Sicile archaïque : amphores commerciales, intermédiaires et redistribution en milieu indigène. *RA* 1997, p. 3-25.

Arribas 1989 : ARRIBAS (A.) – El Sec : ceramica comun, bronces, molinos, varia, *in* : Rouillard (P.), Villanueva-Puig (M.-Chr.) – *Grecs et Ibères au IVᵉ siècle avant J.-C., Commerce et iconographie*. Paris, De Boccard, 1989, p. 93-116.

Bonias, Perreault 1993 : BONIAS (Z.), PERREAULT (J.) – Αργιλος, Ανασκαφη 1992-1993, Το ἀρχαιλολογικό έργο στη Μαδεδονιά και Θράκη, 7, 1993, p. 465-476.

Breton, Tersac, Bervillé 2006 : BRETON (C.), TERSAC (M.), BERVILLÉ (A). Genetic diversity and gene flow between the wild olive (*oleaster, Olea europaea* L.) and the olive : several Plio-Pleistocene refuge zones in the Mediterranean Basin suggested by sequence repeats analysis. *Journal of Biogeography* 33 (11), 2006, p. 1916-1928.

Carter 2005 : CARTER (J.C.) – *Discovering the Greek countryside at Metaponto*. Ann Arbor, The University of Michigan, 2005 (p. 287).

Cicirelli, Albore-Livadie 2008 : Cicirelli (C.), Albore Livadie (Cl.) – Stato delle ricerche a Longola di Poggiomarino : quadro insediamentale e problematiche, *in* : Guzzo (P.), Guidobaldi (M.P.) – *Nuove ricerche archeologiche a Pompei ed Ercolano*. Studi della Soprintendenza Archeologica di Pompei, 25. Napoli, Electa, 2008, p. 473-487.

Costantini, Biasimi Costantini 2003 : Costantini (L.), Biasimi Costantini (L.) – Agriculture and diet in the chora of Metaponto : the palaeobotanical evidente from the sanctuary of Pantanello, *in* : *Living of the chora. Diet and nutrition at Metaponto*. Austin, The University of Texas, 2003, p. 3-12.

D'Agostino 1977 : D'Agostino (B.) – Tombe « principesche » dell'Orientalizzante antico da Pontecagnano. *Monumenti antichi*, 49, Roma, Accademia Nazionale dei Lincei, 1977.

De Caro, Gialanella 1998 : De Caro (St.), Gialanella (C.) – Novità pitecusane. L'insediamento di Punta Chiarito a Foro d'Ischia, *in* : Bats (M.), D'Agostino (Br.) (éds.) – *Euboica. L'Eubea e la presenza euboica in Calcidica e in Occidente*. Napoli, Centre J. Bérard/AION, 1998, p. 337-353.

De Waele 1976-1977 : De Waele (J.A.) – Gli scavi sulla Rupe Atenea di Agrigento, *Kokalos*, 22-23, 1976-1977, p. 456-469.

Di Sandro 1986 : Di Sandro (N.) – *Le anfore arcaiche dallo scarico Gosetti, Pithecusa*. Naples, Centre Jean Bérard 1986.

Di Stefano 1980-1981 : Di Stefano (G.) – Ricerche nella provincia di Ragusa (1977-1980), *Kokalos*, 26-27, 1980-1981, p. 756-758.

Di Stefano 2002 : Di Stefano (G.) – La casa greca nel IV sed. a. C. nella Sicilia sud-orientale, *In* : *La Sicilia dei due Dionisî. Atti della settimana di studio*, Agrigento 1999. Roma, L'Erma di Bretschneider, p. 93-115.

Fiorentini 1995 : Fiorentini (G.) – *Monte Adranone*, Roma. Libreria dello stato, 1995.

Game 2008 : Game (J.) – *Actes de vente dans le monde grec. Témoignages épigraphiques des ventes immobilières*. Lyon, Maison de l'Orient et de la Méditerranée (50), 2008 (p. 209).

Gialanella 1994 : Gialanella (C.) – Phitecusa : gli insediamenti di Punta Chiarito. Relazione preliminare, *in* : *Apoikia. I più antichi insediamenti greci in Occidente : funzioni e modi dell'organizzazione politica e sociale. Scritti in onore di Giorgio Buchner*. AION 1, 1994 [Napoli, Istituto universitario orientale 1995], p. 168-203.

Goudineau 1983 ; Goudineau (Chr.), Marseille, Rome and Gaul from the third to the first century BC, *in* : Garnsey (P.), Hopkins (K.), Whittaker (C.R.), *Trade in the ancient economy*. Londres, 1983, p. 76-86.

Goudineau 1984 : Goudineau (Chr.) – Un contrepoids de pressoir à huile d'Entremont (Bouches-du-Rhône), *Gallia*, 42,1, 1984, p. 219-221.

Guarino *et alii* 2002 : Guarino (C.), Napolitano (F.), Sciarrillo (R.), Nava (M.L.) — Olea europea L. : origine e diffusione. *Poster 57 du 42ᵉ Convegno di studi sulla Magna Grecia*. Taranto 2002.

Guzzo 1982 : Guzzo (P.G.) – *Le città scomparse della Magna Grecia*. Roma, Newton Compton, 1982 (réed. 1990).

Guzzo 2000 : Guzzo (P.G.) – La tanba 104 Artiaco di Cuma osia dell'ambiguità del segno, *in* : *Demarato, studi di antichità classica offerti a P. Pelagatti*. Milan, Electa, 2000, p. 135-147.

Peroni, Trucco 1994 : Peroni (R.), Trucco (Fl.) – *Enotri e Micenei nella Sibaritide. 1. Broglio di Trebisacce. 2. Altri siti della Sibaritide*. Taranto, Istituto per la Storia e l'Archeologia della Magna Grecia, 1994.

Sereni 1965 : Sereni (E.) – Il vino di Ulisse ed il vino del Ciclope, *in* : *Per la storia delle più antiche tecniche e della nomenclatura della vite e del vino in Italia*. Firenze, 1965, p. 75-150.

Terral *et alii* 2004 : Terral (J.F.), Alonso (N.), Buxo (R.), Chatti (N.), Fabre (L.), Fiorentino (G.), Marinval (P.), Perez (G.), Pradat (B.), Alibert (P.) – Historical Biogeography of olive domestication (Olea europaea L.) as revealed by geometrical morphometry applied to Biological and Archaeological material. *Journal of Biogeography* 31, 2004, p. 63-77.

Tocco 1990 : Tocco (G.) – La villa de Moltone (Tolve), *in* : Basilicata, Espansionismo romano nel sud-est d'Italia. Il quadro archeologico. *Atti del convegno di Venosa 1987*. Venosa, Ozanna, 1990, p. 95-100.

Vallet 1962 : Vallet (G.) – L'introduction de l'olivier en Italie centrale, *in* : *Hommages à A. Grenier, 3, Latomus*, 1962, p. 1554-1563.

4. De la vaisselle au matériau de construction : techniques et emplois de la terre cuite en tant que traceur culturel (VIe-IVe s. av. J.-C.)

Daniela Ugolini

Introduction

En Languedoc-Roussillon, vers le milieu du VIIe s. av. J.-C., arrivent les premières importations grecques du Midi de la Gaule, plusieurs décennies avant la fondation de Marseille. Ces vases, peu nombreux, ont fait partie du mobilier funéraire d'un petit nombre d'indigènes, sans doute des personnages importants, ensevelis dans des nécropoles à incinérations situées entre les basses vallées de l'Hérault et de l'Aude (Agde/*Le Peyrou* et *Le Bousquet* ; Servian/*La Cartoule* ; Béziers/*La Courondelle* : fouille 2007 sous la direction de L. Buffat ; Mailhac/*Grand Bassin I*) (**fig. 296**). Souvent, à côté de ces pièces grecques, il y en a d'autres qui renvoient aux Phéniciens et à l'Ibérie (sur ces nécropoles notamment Nickels 1989a). Dès le VIIe s., s'amorce ainsi une double origine des importations qui se confirmera aux siècles suivants. Pour le VIIe s., il reste toutefois impossible de dire si nous avons déjà affaire à deux réseaux distincts.

Tout porte à croire que c'est la recherche du métal (bronze et étain notamment) qui a poussé les prospecteurs méditerranéens à aborder nos côtes, où ils ont rencontré des populations s'approvisionnant dans le nord continental. Du point de vue archéologique, cela se traduit par le phénomène "launacien" (en général, résumé de la question : Janin 2003), c'est-à-dire des cachettes enterrées d'objets en bronze toujours situées hors des habitats mais non loin des axes de circulation. La localisation de ces dépôts fait supposer l'acheminement des matières premières vers l'embouchure de l'Hérault, où sont situés les plus côtiers (**fig. 296**, carrés) (Ugolini, Olive 2006 b et 2007). Les premiers contacts entre Grecs et indigènes ont donc eu lieu dans la zone d'Agde, qui présente les meilleurs atouts maritimes de la côte languedocienne et où va naître par la suite un port grec.

Autour de 600 av. J.-C., la colonisation du Midi se met en place avec la fondation de Marseille et, à partir de cette date, plusieurs établissements grecs vont voir

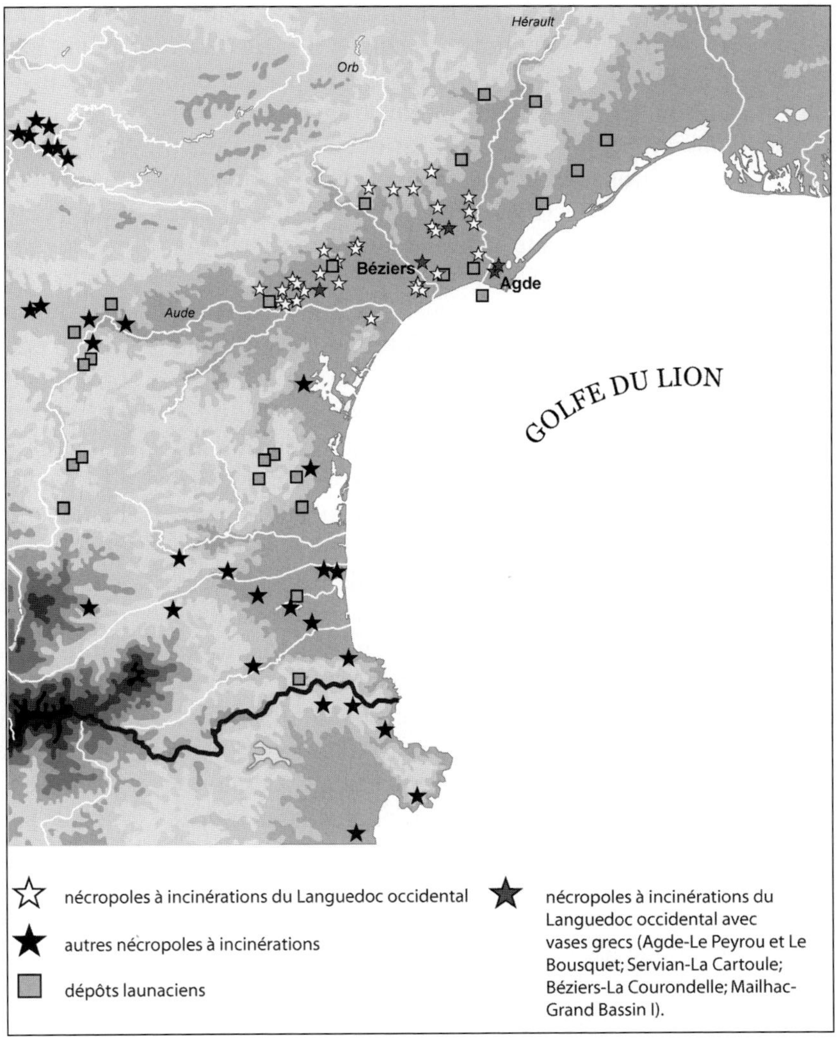

Fig. 296 Carte des nécropoles à incinérations du premier Âge du fer (725-575 av. J.-C.) en Languedoc occidental et Roussillon. Les nécropoles ayant restitué les plus anciens vases grecs sont signalées par les étoiles grises. Les carrés gris indiquent les dépôts "launaciens" (Carte D. Ugolini).

le jour entre le nord-est de la Péninsule ibérique et les Alpes. Les sources, rares et pour la plupart tardives en regard de ces fondations, mentionnent les noms d'un certain nombre d'entre elles, sans que l'on soit en mesure de savoir si toutes sont citées et sans que l'on puisse aujourd'hui localiser toutes celles qui le sont. Quoi qu'il en soit, il est certain que le mouvement colonial a accru la circulation des hommes et déterminé l'intensification des trafics.

En Languedoc-Roussillon, de nombreux sites naissent et se développent notamment le long du grand axe de circulation terrestre reliant l'Italie à l'Espagne, connu sous le nom mythique de "Voie Hérakléenne". Agde est le seul établissement grec et le seul port de cette côte qui soit à la fois localisé et mentionné par les sources. Avec un succès mitigé, la recherche a attribué des présences grecques, à des niveaux différents, à plusieurs autres agglomérations : L'Argentière (Espeyran, Saint-Gilles, Gard), que l'on a identifiée à la *Rhodanousìa* des sources (Barruol, Py 1978) ; Le Caïlar (Gard), qui serait un "comptoir" (Py, Roure 2002) ; La Monédière (Bessan, Hérault), que l'on relie à Agde (Jully 1972 ; Nickels 1989 b) et à Béziers (Ugolini 2001 a ; Ugolini, Olive 2007 ; Ugolini à paraître) ; Béziers (Hérault), très grande agglomération que l'on suppose occupée par des Grecs (Ugolini *et al.* 1991 ; Ugolini, Olive 2006 a) ; Lattes/*Lattara*, site indigène où, au début, se seraient installés des Étrusques et où l'influence de Marseille prend ensuite le dessus (Py 1995 ; Py *et al.* 2006) ; Pech Maho (Sigean, Aude), site indigène qui serait aussi un "comptoir" : Gailledrat, Solier 2004).

D'une manière générale, et quel que soit le qualificatif que l'on voudra bien donner à tel ou tel autre site ou le cadre général dans lequel on l'insèrera, c'est sur la côte que se concentrent les trafics. C'est ce contexte – tributaire d'une fréquentation intense déterminant un taux élevé d'importations – qui explique que les chercheurs attribuent à certains établissements un peuplement grec ou largement grec, ou, encore, indigène mais très hellénisé, dans la tentative de localiser ces villes dont les sources ont conservé les noms, ou d'en identifier d'autres que les auteurs anciens n'auraient pas mentionnées pour une quelconque raison.

Il y a probablement eu une certaine dispersion des Grecs, qui ont pu s'établir aussi ailleurs que dans leurs propres fondations et notamment dans des lieux stratégiques pour le commerce (débarcadères maritimes ou fluviaux, étapes sur le réseau viaire, passages obligés tels que les franchissement des fleuves etc.). Parallèlement, il est vraisemblable qu'un certain nombre d'indigènes ont élu domicile dans les villes grecques, pour les mêmes raisons ou pour d'autres. Il est en effet impensable que les Grecs sont tous restés cantonnés sur quelques sites alors que les indigènes ont occupé tous les autres. D'ailleurs, d'autres étrangers (Étrusques, Ibères, Puniques, Italiens...) ont pu aussi tenter leur chance en s'installant en Gaule. Et tout cela sans compter les mariages mixtes. Au bout du compte, il s'est produit – sur la côte et plus ou moins rapidement – un mélange ethnique qui masque bien souvent la réalité d'origine.

Il n'en reste pas moins que les différences entre les sites sont grandes, même entre ceux que l'on serait tenté d'assimiler au phénomène colonial ou à de fortes présences grecques. Cela va de la situation géographique jusqu'à la taille du site, de son plan jusqu'à son organisation interne, du plan de la maison jusqu'à l'existence de quartiers artisanaux, de son mobilier propre jusqu au nombre des importations etc. Le problème de l'identification des présences exogènes et de la façon de parvenir à les isoler se pose donc de façon aiguë.

La recherche a répondu à cette difficulté de diverses manières. Bien entendu, elle a mis en avant les textes anciens, qui sont malheureusement fort rares et tardifs. L'archéologie a misé sur l'apparition de certaines techniques de construction (p. ex., l'utilisation plus ou moins précoce de l'adobe, de la pierre taillée...) ; sur l'urbanisme (p. ex., le plan du site, le plan des maisons, la présence d'espaces/bâtiments publics...) ; sur le mobilier céramique (p. ex., l'abondance des amphores massaliètes, des importations grecques, de la céramique tournée ; l'utilisation de certains vases...).

Les arguments avancés sont différents pour chaque cas, ou disons plutôt qu'ils ne sont pas les mêmes pour tous les cas. Il faut bien dire qu'il est rare qu'un site donné cumule plus de deux ou trois critères à la fois et on admettra que quelques éléments d'"hellénisation" ne peuvent suffire à déceler des présences grecques durables, notamment plusieurs générations après l'implantation grecque, car on se heurte très vite à l'évaluation de ces critères, au niveau de l'"hellénisation" dont ils seraient porteurs et au poids qu'il convient de leur attribuer. Par exemple, le transfert de certaines techniques est inévitable sur le court ou le moyen terme ; la confusion entre commerce et identité ethnique est courante, alors que la consommation de produits importés n'est pas, en soi, un indicateur ethnique valable et sert tout juste à en mesurer le niveau dans les approvisionnements ou la capacité d'accès et d'achat ; les graffitis inscrits sur les vases peuvent indiquer l'utilisation d'une langue ou l'adoption d'un alphabet mais ils peuvent tout aussi bien avoir d'autres significations et soulèvent de redoutables difficultés d'interprétation etc.

De plus, dans le Midi, nous sommes confrontés à un hellénisme "silencieux" (peu de textes anciens, pas d'inscriptions, peu de monnaies), auquel manquent presque totalement les macro-phénomènes que sont les temples, les grands dépôts votifs, la sculpture, les nécropoles, les bijoux, la vaisselle en métal précieux etc., se trouvant aux marges des grands courants commerciaux de l'époque et donc un peu isolé. Cette situation périphérique a forcément pesé sur l'évolution des Grecs de Gaule, mais d'une manière difficile à appréhender : dilution ou, au contraire, radicalisation et enfermement ? Et, d'ailleurs, cela peut bien valoir aussi pour le monde indigène qui a pu "s'acculturer" ou résister à (ou trier parmi) des formes de civilisation qu'il n'a pas toutes comprises ou qu'il n'a pas ressenties comme nécessaires ou utiles.

Dans ces conditions, le seul moyen d'identifier, sur un site donné, des présences grecques qui ne seraient pas ponctuelles ni strictement liées au fonctionnement d'un système économique, et qui, bien au contraire, montreraient l'existence d'un groupe humain structuré et vivant selon des schémas non indigènes passe forcément par la mise en évidence d'un ensemble d'aspects de la vie quotidienne et de manifestations d'ordre culturel qui doivent être "différents" de ceux que l'on observe sur les sites indigènes contemporains et qui signalent des "modes de vie" ou des "modes de faire" non conformes aux réalités des populations locales. Et il faut éviter la solution de facilité consistant à relever sur un site donné, et en particulier s'il est côtier et relativement tardif, les "éléments de grécité" car l'on en trouvera à coup sûr sans pour autant que cela trahisse nécessairement l'origine différente du peuplement, qui peut être strictement le même que celui de l'arrière-pays. Ces "éléments de grécité" ne traduiront alors que l'adaptation plus rapide du site côtier au contexte induit par la circulation des hommes et des biens.

En d'autres termes, l'adoption d'un plan régulier pour l'organisation de l'habitat et des rues se croisant à angle droit montrent, certes, qu'il y a eu un changement, mais ne suffisent pas à faire une "ville" et ne font pas non plus un site "à la grecque" ni même "hellénisé" ; boire du vin (puisqu'on reçoit des amphores) n'est pas, en soi, fondamentalement différent que boire de la bière (produite sur place), mais il y a des lieux où le vin n'arrive pas et des façons/occasions de boire qui peuvent être différentes et, d'ailleurs, utiliser des coupes attiques indique d'abord et surtout que l'on dispose de ces vases ; cuire sa préparation dans un pot tourné ou non tourné de forme analogue n'a pas une grande importance pour la réussite de la recette... Par contre, un habitat aux quartiers spécialisés ; l'utilisation d'une vaisselle produite ou constituée pour répondre aux besoins spécifiques de toute une communauté ; la présence d'outils ou d'objets absents ou très rares ailleurs etc. sont des pièces qui, mises bout à bout, contribuent à former l'image recherchée.

Tout est donc dans l'appréciation des données archéologiques et dans l'analyse critique que l'on sera amené à en faire. Pour aboutir, tous les critères (sources textuelles, modes de construction, urbanisme...) sont à prendre en compte et doivent être évalués cas par cas. Il est évident que tous ne seront pas nécessairement opérants dans toutes les circonstances et partout. Chaque aire géographique ayant des faciès culturels propres (grecs mais aussi indigènes), les exemples donnés ci-après ne valent que pour la Gaule. Mais, ce qui compte – ici comme ailleurs – c'est l'accumulation des indices, aussi discrets et modestes soient-ils. C'est donc dans leur nature intrinsèque mais aussi dans leur nombre, leur fréquence et dans l'étendue des domaines touchés que ces traceurs font ressortir l'originalité de certaines communautés.

Dans cette approche, la céramique et la terre cuite constituent, en Gaule, deux domaines globalement peu sollicités, alors qu'ils apportent d'utiles éléments de réflexion.

Équipements du quotidien

Parmi les gestes ou les activités de la vie quotidienne, en dehors de l'utilisation de la vaisselle, il est particulièrement difficile d'identifier des pratiques plus grecques ou plus indigènes que d'autres dans la mesure où les peuples vivant au bord de la Méditerranée ont eu des comportements finalement semblables et ont mis au point des outils communs. Pourtant certains objets semblent être porteurs, en Gaule, d'une manière de faire spécifique.

Les pesons du métier à tisser vertical

Le filage laisse peu de traces et les fusaïoles qui le signalent – objets très simples, modelés en terre et cuits, parfois décorés de motifs linéaires – se ressemblent depuis le Néolithique, de l'intérieur du continent à la côte et d'une côte à l'autre. Une fois le fil obtenu, on le tissait et il est courant de trouver des pesons isolés ou, dans certaines pièces des maisons du pourtour méditerranéen, des "lots" matérialisant la présence d'un métier à tisser vertical.

Or, il se trouve que ces objets techniques, qui ne sont pas particulièrement difficiles à faire et qui sont le plus souvent modelés à la main, sont particulièrement rares en Gaule méridionale jusqu'à la Conquête romaine, alors qu'ils sont attestés dans le monde celtique (de Chazelles 2000). On suppose alors que les indigènes du Midi tissaient à l'aide de métiers d'une autre conception, éventuellement mobiles, et il semble qu'ils

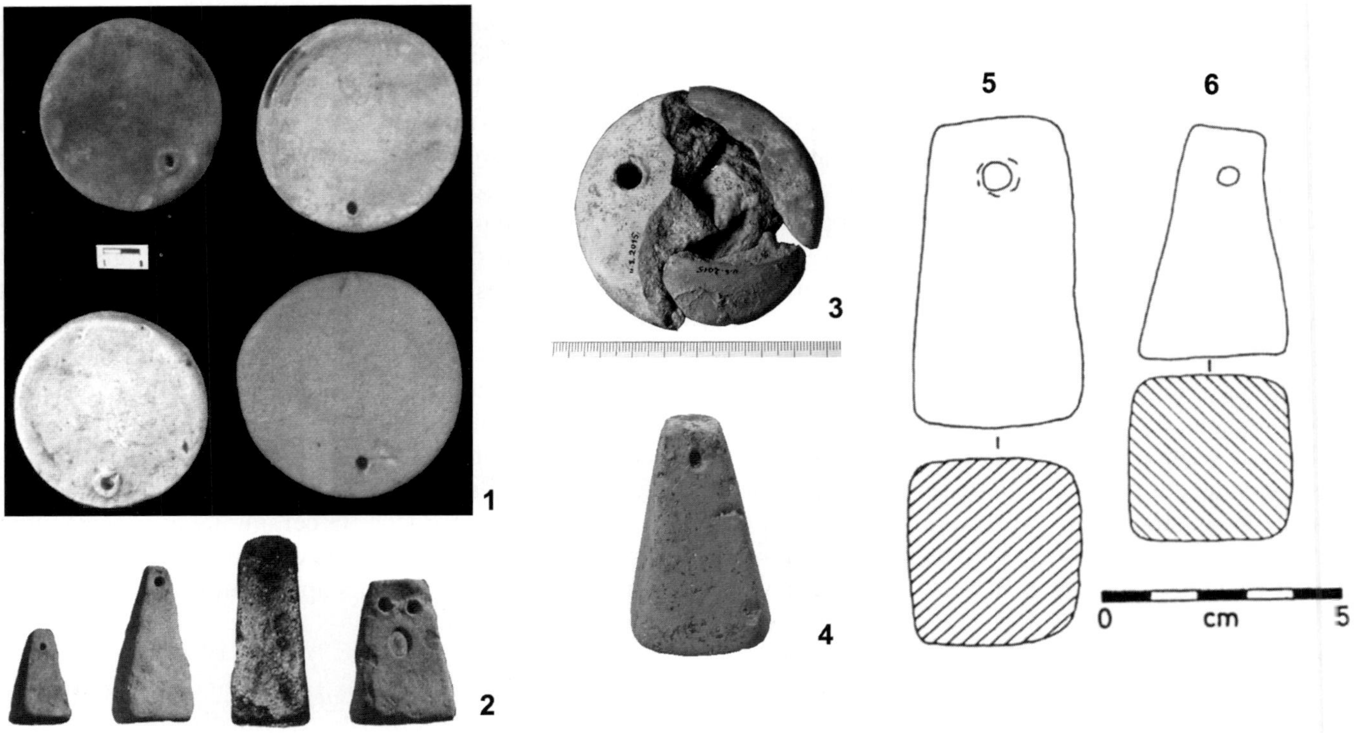

Fig. 297. Poids de métier à tisser. 1- Marseille, îlot des Pistoles, pesons circulaires (VIe s. av. J.-C.), (d'après Rothé, Tréziny 2005, fig. 561) ; 2- Marseille, rue du Castillon, Sondage I.1. Pesons tronco-pyramidaux (VIe-IVe s. av. J.-C.), (d'après Rothé, Tréziny 2005, fig. 374) ; 3- Béziers, Place de la Madeleine, comblement du four de potier, peson circulaire tourné en céramique grise monochrome ayant éclaté lors de la cuisson (vers 500-475 av. J.-C.), (Cliché C. Olive) ; 4- Béziers, Place de la Madeleine, habitat, peson tronco-pyramidal peint en rouge (IVe s. av. J.-C.), (Cliché C. Olive) ; 5- Agde, rue Perben, vers 350 av. J.-C. (d'après Nickels 1995, fig. 16, 1) ; 6- Agde, rue Perben, vers 250 av. J.-C. (d'après Nickels 1995, fig. 20, 11).

ont continué à le faire même après avoir connu le système fixe vertical en usage chez les Grecs de la côte. Le fait d'envisager l'utilisation du métier vertical tout en ayant recours à d'autres poids pour tendre les fils (pierres ou galets percés ; disques retaillés et percés dans des fragments de céramique…) ne ferait que déplacer le problème car, dans ce cas, il faudrait se demander pourquoi les indigènes du Midi ont ignoré cet objet universel, simple et efficace qu'est un peson.

Les pesons de tisserand (du VIe au début du IIIe s. av. J.-C.) apparaissent ainsi comme un traceur culturel, même si, par eux mêmes, ce ne sont pas des objets spécifiquement grecs. Leur présence/absence fait émerger des lieux où l'on travaille les tissus “à la grecque”, par opposition à d'autres où la pratique est différente. Leur distribution est donc significative et ne concerne, à ce jour, qu'un nombre très réduit de sites : Marseille (dès le VIe s., de forme ronde : **fig. 297**, 1 ; ou tronco-pyramidale : **fig. 297**, 2), Béziers (dès au moins les environs de 500, rond et tourné en céramique grise monochrome, qui est le seul connu actuellement dans le Midi : **fig. 297**, 3 ; ou tronco-pyramidal : **fig. 297**, 4) et Agde (au moins dès le IVe s., tronco-pyramidaux : **fig. 297**, 5-6).

Les lampes à huile

Le domaine de l'éclairage n'a pas laissé de traces archéologiques dans le Midi en dehors de l'utilisation des lampes à huile, des objets introduits par les Grecs dès le VIe s. av. J.-C. Partant de là, on pourrait penser que dans les lieux de vie des Grecs la lampe est un objet courant et que, par le biais des contacts, les indigènes ont dû très vite l'adopter. En réalité, jusqu'à la Conquête romaine il reste rare presque partout (Ugolini 1993 et 2007).

La carte de distribution (**fig. 298**) montre que Marseille en a restitué le plus grand nombre ainsi que les exemplaires les plus anciens (Villard 1960). Cela ne surprend pas. Les lampes les plus nombreuses sont d'importation (“ioniennes” à vernis noir et en pâte claire attiques ; quelques puniques…), mais la cité phocéenne en a aussi produit en plusieurs classes différentes : grises monochromes, en pâte claire et en pseudo-attique, que l'on retrouve parfois aussi sur d'autres sites.

La diffusion le long des côtes provençale et varoise est modeste. Les sites concernés, même grecs, sont rares et il s'agit dans tous les cas, semble-t-il, de pièces

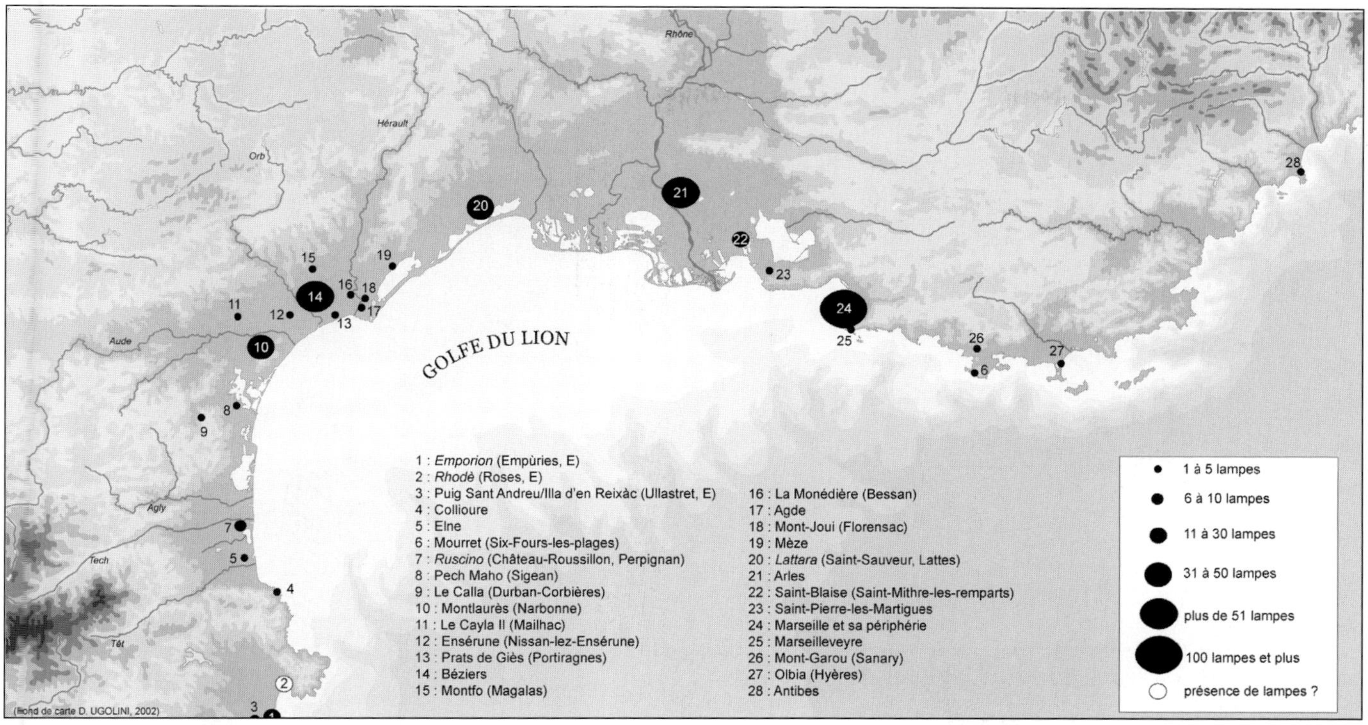

Fig. 298. Carte de distribution des lampes à huile entre le VIe s. et la première moitié du IIIe s. av. J.-C. (Carte D. Ugolini).

isolées. La seule exception est alors Arles, grande ville en même temps que port fluvial et nœud routier.

En Languedoc-Roussillon, on en rencontre sur la majorité des sites côtiers, mais aucune lampe n'est signalée dans l'actuel département du Gard, où se trouvent L'Argentière et Le Caïlar. À Béziers sont parvenus les exemplaires les plus anciens, c'est là que la diversité des origines est la plus grande et que l'on observe la plus grande régularité chronologique des approvisionnements comme de l'utilisation. Béziers en a aussi produit : en céramique grise monochrome, en pâte claire, en céramique de cuisine tournée et en céramique non tournée, que l'on retrouve parfois également sur d'autres sites. C'est dans un rayon de 50 km à l'est comme à l'ouest de Béziers, que la dispersion des lampes est la plus sensible, notamment pour les années 525-475 av. J.-C., qui correspondent à un moment de grand déploiement du commerce grec dans cette région. Par la suite, les lampes du Ve s. se concentrent à Béziers, qui en utilise jusqu'à la fin du IVe s. Au cours du IVe s., elles réapparaissent à Montlaurès (Narbonne, Aude ; « capitale » indigène), à Agde et à Lattes.

La carte masque toutefois des différences aussi bien quantitatives que chronologiques puisque 3 sites regroupent déjà presque 90 % des découvertes, ce qu'il faut mettre sur le compte de la présence non systématique des lampes d'un site à l'autre. L'évaluation de l'occurrence souligne cet aspect et montre qu'utiliser une lampe est resté longtemps une pratique moins courante qu'il n'y paraît. La comparaison entre les niveaux du IVe s. de Lattes et de Béziers est alors intéressante. Si on n'éclaire pas une maison avec une lampe, on peut retenir – à titre d'hypothèse de travail – qu'il y en avait au moins une dans chaque habitation et on peut tenter d'établir une corrélation entre les lampes et d'autres objets que l'on imagine d'usage quotidien et présents dans une maison en un seul exemplaire à la fois. Les chenets de foyer ou les meules à grain pourraient être de bons témoins.

• À Lattes, les niveaux qui ont restitué ± 30 lampes recelaient aussi ± 60 meules et autant de chenets : soit 1 lampe pour 2 meules et 2 chenets.

• Des niveaux de Béziers qui ont restitué ± 13 lampes, proviennent ± 6 meules et aucun chenet. Pour Béziers, on ne retiendra donc qu'un rapport lampes/meules : soit 2,5 lampes pour 1 meule.

En privilégiant le nombre total de fragments céramiques (vaisselle + amphores + *pithoi*) en regard du nombre de fragments de lampes on obtient une tendance d'un autre genre.

• À Lattes, les niveaux d'où sont issues ± 30 lampes ont donné ± 130000 fragments de céramiques : soit ± 0,02 % de lampes

• À Béziers, les niveaux desquels proviennent ± 13 lampes ont donné ± 20000 fragments de céramiques : soit ± 0,065 % de fragments de lampes.

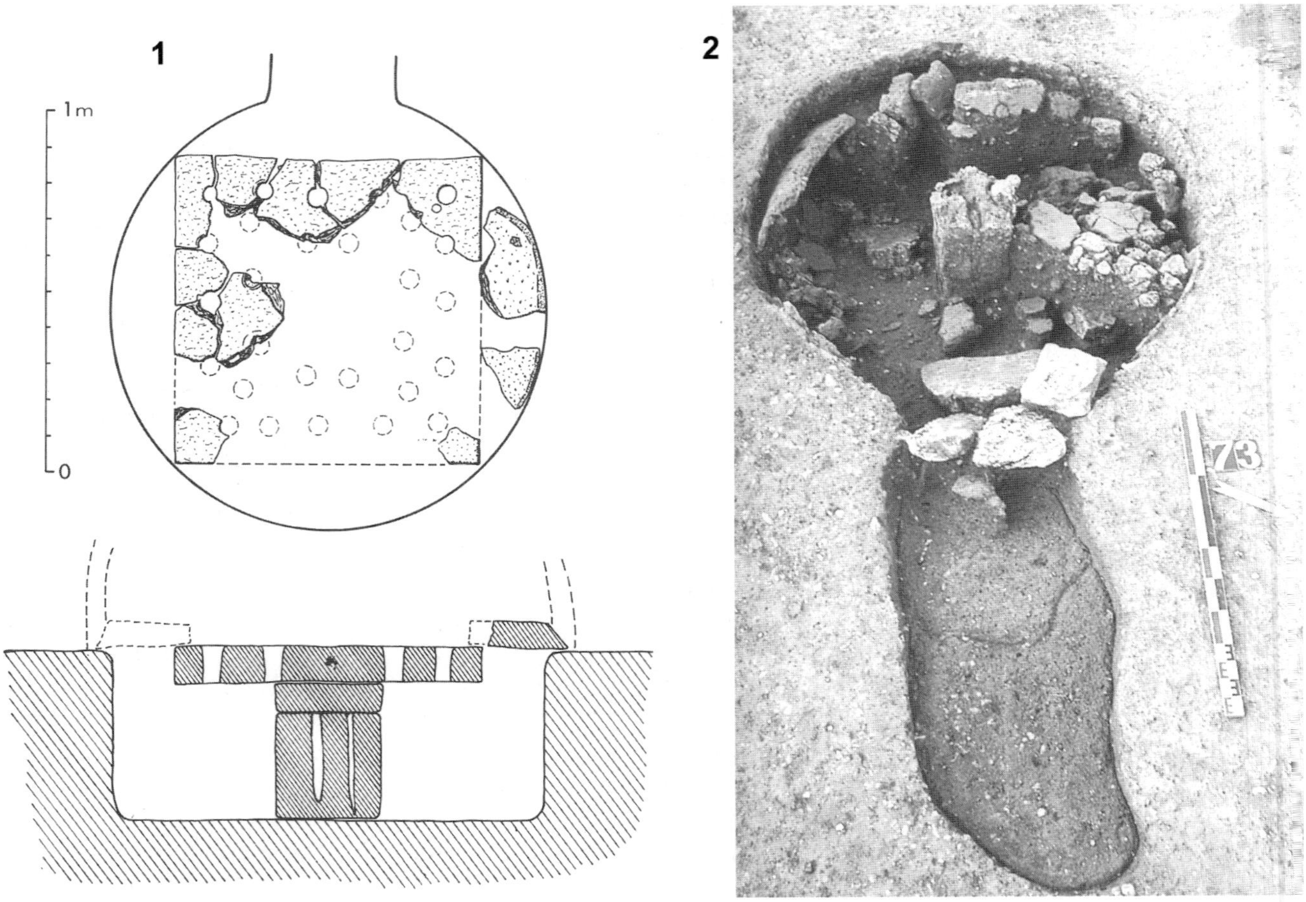

Fig. 299. Fours de potier. 1- Béziers, Place de la Madeleine, four de potier, vers 500-475 av. J.-C. (dessins C. Olive) ; 2- Mas de Pascal (Aspiran, Hérault), four de potier pour la cuisson de céramique grise monochrome, vers 500 av. J.-C. (d'après A. Pezin dans Demoule 2004, p. 115, fig. à gauche).

Enfin, si l'on retient la surface fouillée, le calcul livre le nombre de lampes découvertes par mètre carré :

• À Lattes, l'exploration de ± 2000 m^2 ayant restitué ± 30 lampes, on a 1 lampe tous les 66 m^2 ;

• À Béziers, l'exploration de ± 300 m^2 ayant restitué ± 13 lampes, on a 1 lampe tous les 23 m^2.

Les proportions obtenues par ces comptages se valent et indiquent qu'il y a eu entre 2,5 et 3 fois plus de lampes à Béziers qu'à Lattes (Ugolini 2007), alors que Béziers est en cours d'abandon et Lattes, au contraire, en plein développement. Ainsi, le nombre absolu des lampes découvertes sur un site donné n'est qu'indicatif et la fréquence et l'usage réel et quotidien de ces objets, avec ce que cela comporte en termes d'adhésion à un mode d'éclairage "nouveau", se posent de façon nette.

En Gaule méridionale la lampe à huile est donc restée pendant longtemps un objet à la diffusion toujours côtière, plus accentuée en Languedoc occidental et Roussillon. Fonctionnant avec un combustible qui devait être, au moins au début, rare et coûteux, son utilité ne s'est pas imposée. Elle reste, au cours de plusieurs siècles, l'un des indices des contacts entre Grecs et indigènes, voire de présences grecques, mais on ne la rencontre couramment que dans les très grandes agglomérations (Marseille, Arles, Béziers), là où l'occupation avait un caractère urbain fortement marqué qui a dû influer sur le mode de vie. C'est sans doute ce qui explique son absence ou sa rareté sur des sites, pourtant grecs (Agde, Olbia...) et au schéma "urbain" de l'habitat, mais peu étendus et dont l'aspect citadin était probablement moins développé. En d'autres termes, le fonctionnement interne de ces établissements pouvait ne pas être comparable à celui d'une grande ville. Dans le prolongement de ces remarques, on peut ajouter qu'aucune lampe ne provient, semble-t-il à l'heure actuelle de sites ruraux.

Il faut enfin évoquer le fait qu'au IIIe s. les lampes tendent à disparaître, du moins en Languedoc-Roussillon (voir p. ex. pour Lattes : Feugère 1990, p. 360, fig. 17-4 ; Raux 1999). Or, ce siècle voit l'abandon de nombreux sites et notamment celui de Béziers, déserté autour de 300-275 av. J.-C. Toutefois, là où l'occupation perdure (Lattes, Agde, Ensérune, Pech Maho), les lampes sont soit absentes soit très rares après 275/250 av. J.-C. On dirait qu'elles n'arrivent plus et le besoin de compenser ne s'est traduit nulle part par une production d'imitation. Il faut en déduire qu'on s'en est passé sans difficulté, ce qui tend à montrer que la lampe n'était pas encore ressentie comme nécessaire.

C'est avec l'arrivée en masse des produits italiques qu'elle revient, mais c'est seulement dans la seconde moitié du Ier s. av. J.-C. qu'elle est enfin d'usage quotidien presque partout, soit presque 6 siècles après l'arrivée en Gaule des premiers exemplaires grecs.

Les fours de potier

En Gaule, l'installation des Grecs détermine l'apparition de la vaisselle tournée et celle d'autres récipients nécessitant la cuisson dans un four adapté. Par le biais du commerce, ces produits sont introduits partout le long de la bande côtière et on considère que les indigènes ont appris ces techniques de fabrication. Dans les faits, avant le IIe s. av. J.-C., les découvertes d'ateliers sont fort rares le long de l'arc méditerranéen gaulois : on en trouve à Marseille et en Biterrois.

Les ateliers de fabrication de la vaisselle tournée

En principe, l'introduction du tour de potier et de la cuisson en four sont des apports de la civilisation grecque, puisqu'il n'y a aucun argument – pour l'instant – qui permettrait d'envisager concrètement le rôle des Ibères ou des Étrusques dans l'apparition de ces techniques. Marseille est à l'origine de plusieurs classes de vases tournés, même si aucun four à vaisselle n'y a encore été découvert. D'autres productions auraient vu le jour en Provence comme en Languedoc-Roussillon, des ateliers pouvant être aux mains des indigènes dès le VIe s.

Pour la vaisselle tournée, les seuls ateliers mis au jour jusqu'ici sont situés en Biterrois[1] : deux (dont un fouillé) à Béziers (**fig. 299**, 1 ; Ugolini, Olive 1988), à la périphérie de la ville du VIe s., et deux autres dans l'arrière-pays (Mas de Pascal, Aspiran, Hérault ; A. Pezin, dans Demoule 2004, p. 115, ici **fig. 299**, 2). La comparaison entre ces structures permet quelques remarques.

• Le four fouillé à Béziers a fonctionné vers 500-475 av. J.-C. Il était d'un type habituel dans le monde grec, tant pour ses mesures (ø de 1,20 m) que pour ses aménagements, malgré la destruction ancienne de l'alandier et de la fosse d'alimentation qui nous prive d'un certain nombre d'observations. Creusé dans le substrat sur un profondeur d'une cinquantaine de centimètres, il avait un pilier central formé de 4 adobes (trois de chant et une posée à l'horizontale). Chambre de chauffe et pilier étaient enduit d'un épais revêtement composé d'argile et dégraissants divers (graviers, sable...). La sole était amovible, ce qui est une originalité. De forme carrée et très épaisse (10-12 cm), elle était moulée et perforée. Juste posée sur le pilier central, elle laissait des espaces vides sur les côtés qui étaient obturés par des éléments en demi-cercle façonnés à la dimension voulue. La coupole (sans doute en matériaux périssables) reposait ainsi sur ces pièces en demi-cercle et, à la fin de chaque cuisson, elle pouvait être enlevée facilement sans endommager la sole. En cas de besoin, la sole pouvait aussi être remplacée sans abîmer la structure du four.

• Les deux fours du Mas de Pascal étaient isolés dans la campagne mais dans une zone favorable à l'activité des potiers. Bien que de conception fondamentalement similaire à celle du four de Béziers, ils étaient réalisés différemment. Plus grands (ø 1,50/1,60 m) et plus profonds (env. 0,80/1 m), les chambres de chauffe étaient creusées dans le substrat et avaient des bords surmontant légèrement, en forme de silo. Les supports centraux des soles étaient des piliers formés de deux rangées de briques crues très allongées et étroites. Les soles percées, relativement peu épaisses (fragments visibles sur la **fig. 299,** 2), étaient rondes et reposaient sur les bords des chambres de chauffe ainsi que sur les piliers centraux. Chambres de chauffe et piliers étaient enduits d'un revêtement argileux peu adhérent et peu durci par la chaleur. L'alandier était aménagé par des pierres dont l'une (large et plate) devait servir de porte (pour fermer la chambre de chauffe) ou de linteau entre les deux parois de l'alandier. La fosse d'alimentation était petite, étroite et profonde.

Ces fours, malgré leur aspect qui – à première vue – les mettrait sur le même plan, n'ont sûrement pas eu la même efficacité. Les mesures de ceux du Mas de Pascal autorisaient la cuisson d'un plus grand nombre de vases en une seule fournée, ce qui peut paraître plus économique. En réalité, la profondeur et la largeur des chambres de chauffe demandaient une grande quantité de bois et de braises pour obtenir la température voulue

1 Au début des années 1980, C. Arcelin-Pradelle a mis au jour, au Mourre de Sève (Sorgues, Vaucluse), des éléments laissant supposer la cuisson sur place de vases gris monochromes (vases superposés et "fondus"), mais la présence d'un four de potier construit semble exclue, les vases ayant probablement été cuits "en tas". Ce site est resté inédit : ces informations ont été fournies par L. Batut, qui a collaboré à cette fouille, et par J. Thiriot (CNRS), qui a visité le chantier. Je les remercie pour ces précisions.

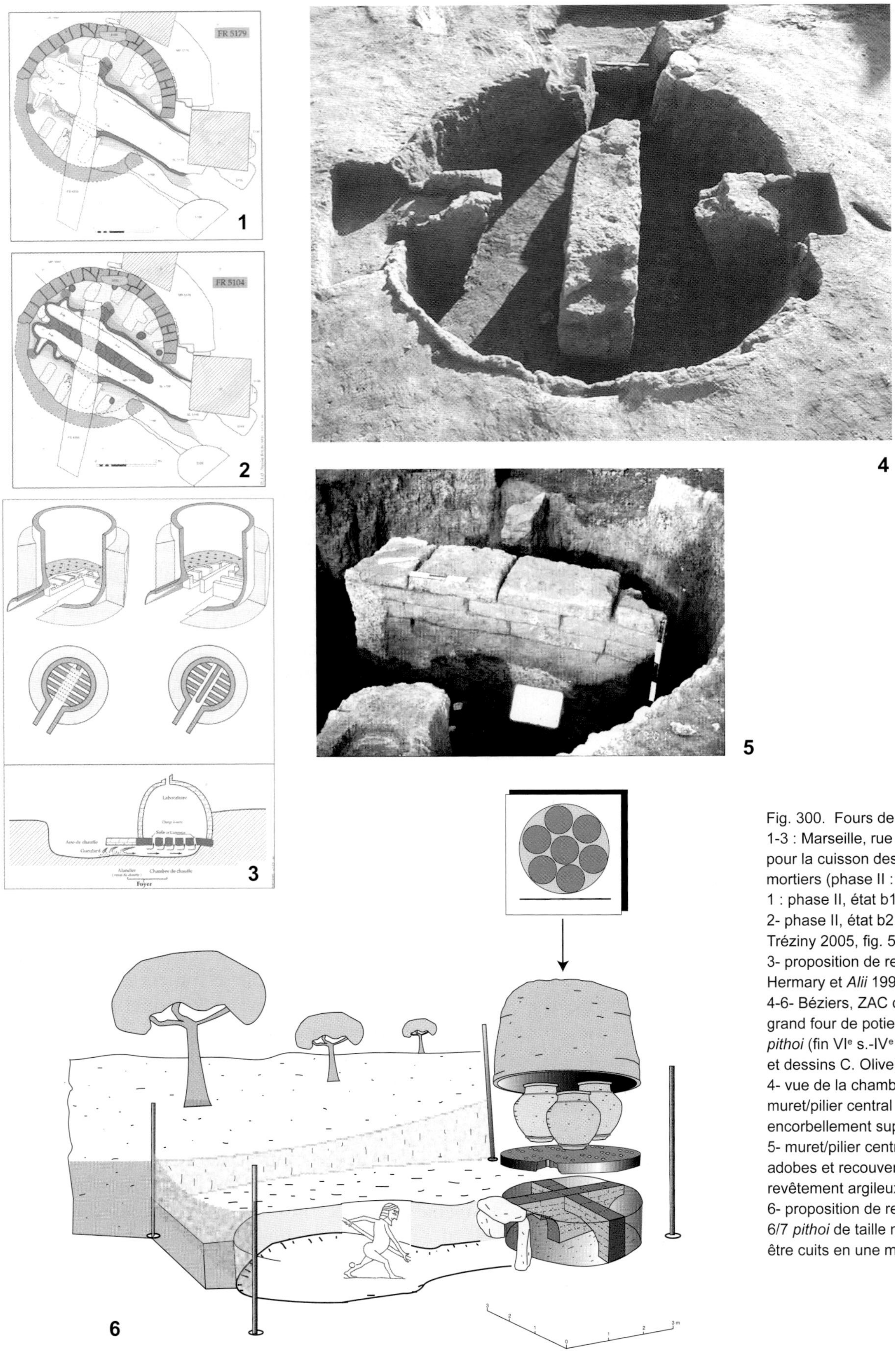

Fig. 300. Fours de potier.
1-3 : Marseille, rue Leca, grand four pour la cuisson des amphores et des mortiers (phase II : 450-400 av. J.-C.).
1 : phase II, état b1 ;
2- phase II, état b2 (d'après Rothé, Tréziny 2005, fig. 519 et 521) ;
3- proposition de restitution (d'après Hermary et *Alii* 1999, fig. p. 72).
4-6- Béziers, ZAC de La Domitienne, grand four de potier pour la cuisson des *pithoi* (fin VIe s.-IVe s. av. J.-C.) (clichés et dessins C. Olive).
4- vue de la chambre de chauffe, avec muret/pilier central et piliers latéraux à encorbellement supportant la sole ;
5- muret/pilier central construit en adobes et recouvert d'un épais revêtement argileux ;
6- proposition de restitution du four où 6/7 *pithoi* de taille moyenne pouvaient être cuits en une même fournée.

(au minimum 600° ?). L'objectif devait être difficile à atteindre si l'on en juge par la minuscule et incommode fosse d'alimentation, qui n'était accessible que par le haut (et non par l'avant comme on l'observe habituellement). De surcroît, la forme de ces fours fragilisait la sole, qui reposait sur des bords peu solides et sur un pilier trop étroit. D'ailleurs, ces fours n'ont fonctionné que pendant une période courte et, vraisemblablement, l'un après l'autre, comme le laisse supposer l'état du revêtement des chambres de chauffe, ainsi que l'environnement de l'atelier.

En d'autres termes, il est difficile de croire que les structures de cuisson du Mas de Pascal et de Béziers ont été construites par des artisans ayant acquis la même expérience. Ainsi, l'exemple biterrois renvoie au savoir-faire grec, alors que les deux autres exemples sont la reproduction d'une technique vue, mais non parfaitement comprise et maîtrisée.

Les ateliers à amphores

Marseille est la seule ville en Gaule à avoir produit des amphores. Les ateliers mis au jour dans la cité phocéenne justement les concernent, et accessoirement les mortiers de cuisine, réalisés avec la même pâte que les amphores.

Trois sites marseillais, tous à la périphérie de l'habitat qui leur était contemporain, ont fourni des indications sur ces activités.

• Un four pour la cuisson des amphores non micacées, mal conservé, a été découvert anciennement sous l'ancienne Rue Négrel (Rothé, Tréziny 2005, 395-396, fig. 378). Il a fonctionné avant 520-510 av. J.-C.

• Un (ou des) four(s), dont on n'a recueilli que des fragments de parois, se trouvai(en)t sous l'avenue Vaudoyer. Il(s) a (ont) cuit des amphores micacées et des mortiers entre 500 et la fin du Ve s. av. J.-C. (Rothé, Tréziny 2005, 424-425).

• Rue Leca, une activité qui a perduré plus d'un siècle a pu être bien appréhendée. Le premier four (construit vers 480-450 av. J.-C., phase I) n'a pas été retrouvé car en périphérie de la zone fouillée. Entre 450 et 400 av. J.-C. (phase II), est bâti un grand four (ø 4,4 m), qui a subi des réaménagements au cours du temps. Il a produit des amphores micacées et des mortiers (Rothé, Tréziny 2005, 470-472, fig. 518-522 ; ici **fig. 300**, 1-3). Ce four est ensuite remplacé par un autre (phase III : 400-375 av. J.-C.), mal conservé, qui a également cuit des amphores. Le four de la rue Leca, dans son état de la deuxième moitié du Ve s. av. J.-C. (état b1), bien qu'arasé sous le niveau de la sole, illustre parfaitement la technicité des potiers marseillais qui ont creusé dans la substrat, et renforcé par un bâti en adobes et par un deuxième chemisage (**fig. 300**, 3), une grande chambre de chauffe à couloir central et conduits secondaires perpendiculaires pour la distribution de l'air chaud. Des arcs (au moins 5) en plein cintre (ou à encorbellement ?) en adobes soutenaient la sole (disparue). Une réfection postérieure (état b2) a subdivisé le couloir central en deux parties par la construction d'un muret axial qui a remplacé le système à arceaux tout en réutilisant les conduits secondaires.

Tout à fait conforme aux standards grecs, ce four est quasiment unique en Gaule. Il ne peut être comparé qu'à un four utilisé pour les *pithoi* mis au jour à Béziers, qui est plus ancien et/ou contemporain de celui de Marseille.

Un atelier pour la production des *pithoi*

Un four de potier a été mis au jour à 3 km du centre de la ville ancienne de Béziers, dans un lieu particulièrement favorable : proche d'un ruisseau pérenne et d'une forêt, sur des terres alluviales argileuses, offrant tous les sables et graviers utiles pour la composition de la pâte des vases et au bord d'une ancienne voie reliant Béziers à l'important établissement de La Monédière de Bessan (Olive *et al.* 2009). Difficile à dater précisément mais ayant fonctionné entre la fin du VIe s. et la première moitié du IVe s. av. J.-C., il a servi à la cuisson des *pithoi*, qui sont les seuls récipients dont on trouve de très nombreux fragments surcuits et sous-cuits.

Le four (**fig. 300**, 4-6) était arasé juste sous le niveau de la sole, très épaisse (15/16 cm) et perforée de trous, qui devait être ronde et dont des fragments ont été recueillis dans le comblement. La grande chambre de chauffe de forme sub-circulaire (ø intérieur moyen : 2,65 m) était creusée dans le substrat argileux sur 0,84 m de profondeur. Elle communiquait avec la fosse d'alimentation (surcreusée également) par un alandier renforcé par des blocs de calcaire. Dans la chambre de chauffe, un muret central en adobes (mesures des adobes : 0,45/0,46 x 0,38/0,39 x 0,07/0,075 m) partageait l'espace en deux et se terminait aux deux extrémités par de fausses voûtes (réalisées en encorbellement) appuyées, l'une, sur la paroi du fond et, l'autre, sur l'alandier. Sur les côtés, deux piliers en adobes étaient adossés aux parois. Des fausses voûtes les reliaient au muret central. Ce très puissant dispositif assurait, d'une part, le soutien d'une sole qui était très lourde et qui devait porter un chargement encore plus lourd, et, d'autre part, la circulation de l'air chaud. Chambre de chauffe, muret central et piliers latéraux étaient enduits d'un épais revêtement argileux qui a été refait et réparé plusieurs fois, prouvant que le four a été en activité "longtemps".

La fosse d'alimentation, de forme elliptique, était longue de 2,75 m et large moyennement de 1,65 m. Elle était encadrée par des poteaux dont la disposition indique l'existence d'un bâti en matériaux périssables de retenue des terres environnantes au bord de l'excavation. Les structures aériennes n'ont pas laissé de traces suffisantes pour la détermination du système de couverture du laboratoire, qui reste hypothétique : bâti fixe en adobes ou coupole mobile en matériaux périssables.

Ce four est, semble-t-il, le premier que l'on met au jour en Méditerranée occidentale pour la cuisson des *pithoi*. C'est intéressant en soi car cela a permis de revenir sur ces récipients, que l'on a souvent considéré – à tort – comme une banalité, et sur une fabrication qui, contrairement aux idées reçues, est hautement spécialisée. Mais cette découverte montre aussi que la structure a été conçue et bâtie avec le même savoir-faire que le four à amphores de la rue Leca, à Marseille (**fig. 300**, 1-3), auquel elle est tout à fait comparable.

De ce dossier, on peut tirer quelques renseignements utiles.

• Premièrement, les ateliers identifiés restent fort rares et cela malgré l'explosion des fouilles préventives et les hectares explorés au moins sous forme de diagnostics et malgré un nombre important de sites anciens.

• Les ateliers les plus perfectionnés mis au jour jusqu'ici sont localisés à Marseille et à Béziers.

• Les fours du Mas de Pascal illustrent un cas de figure différent. Déjà dans l'arrière-pays (à 37 km de Béziers et d'Agde) et isolés dans la campagne, ils ne peuvent être rattachés à aucun site en particulier. Leurs caractéristiques techniques montrent que le principe de la cuisson en four était connu, mais sa reproduction en a été maladroite. Ils témoignent vraisemblablement d'une activité due à des artisans indigènes. Leurs produits, des vases gris monochromes exclusivement (plus faciles à cuire que d'autres catégories céramiques), indiquent d'ailleurs aussi que la technique permettant d'obtenir un vase tourné n'était pas complètement acquise : si le tournage était plutôt bien réalisé, la pâte était de qualité médiocre. N'intégrant pratiquement aucun dégraissant à part quelques brindille de paille, elle manquait de cohésion et avait une consistance plâtreuse, ce qui peut traduire un malaxage insuffisant voire une préparation trop rapide de l'argile (observations et étude du mobilier de D. Ugolini).

Vaisselle et utilisation des vases

Malgré les importations et les productions avérées ou supposées de céramique tournée distribuées le long de notre côte par le commerce, les vases traditionnels non tournés ne disparaissent pas pour autant de la vaisselle de la plupart des sites méridionaux et c'est donc principalement par les échanges que s'enrichit la vaisselle des indigènes. Il reste que la proportion de vases tournés utilisés n'est pas la même sur tous les sites et l'on observe des différences notables tant sur le plan de l'utilisation que sur celui du choix des formes.

Le facteur "temps" est, dans ce contexte, déterminant car il est évident que tout tend à s'estomper au fur et à mesure que les décennies passent. Au VIe s., l'identification des Grecs sur un site donné ne se heurte qu'à quelques difficultés mineures. Deux siècles plus tard, l'inévitable dilution des traits culturels discriminants, autant grecs qu'indigènes, rend l'approche plus complexe. Il ne suffit plus alors, et pour s'en tenir au domaine de la vaisselle, de pointer la céramique non tournée ou d'isoler une forme de vase. Malgré tout, peut-être à cause d'une forme de résistance ou de conservatisme des indigènes, la vaisselle laisse toujours percer des différences qui sont bien utiles dans le cadre de nos recherches.

Les exemples qui suivent concernent des sites occupés au IVe s. av. J.-C. dont le mobilier provient de fouilles stratigraphiques permettant le décompte par nombre de vases (calculé d'après le nombre de bords, soit 1 bord = 1 vase).

Vaisselle et classes de production

L'étude de la vaisselle utilisée dans le Midi permet de mettre en évidence des faciès régionaux (Ugolini, Pezin 1993), où certains semblent plus grecs que d'autres (Bats 1988 ; 1992 ; Ugolini *et al.* 1991 ; Olive, Ugolini 1997 ; Ugolini 2001 b), et permet aussi une approche des habitudes locales (Ugolini 2000). Aussi, s'il faut tenir compte des modes de vie, la capacité d'achat, la proximité des marchés et le réseau distributeur comptent tout autant dans les différences que l'on constate d'un site à l'autre. Malgré tout, certaines caractéristiques semblent relativement stables.

Premièrement, les classes céramiques ne se répartissent pas de la même manière et on voit apparaître deux "blocs" bien distincts que la présentation par ordre géographique d'est en ouest fait ressortir (**fig. 301**)[2].

2 Les graphiques ont été réalisés à partir des données rassemblées dans Barruol, Py 1978 pour L'Argentière d'Espeyran (Gard) ; Py, Roure 2002 pour Le Caïlar (Gard) ; Py 1999 pour Lattes (Hérault) ; d'après Nickels 1995 et comptages de D. Ugolini pour d'autres fouilles pour Agde (Hérault) ; Olive, Ugolini 1997 pour Béziers (Hérault) ; comptages de D. Ugolini pour le mobilier des fouilles de C.-A. de Chazelles au quartier de la source de Montlaurès (Narbonne, Aude). Pour limiter les graphiques aux grandes tendances, certaines classes ont été compactées : les mortiers (qui se subdivisent principalement entre mortiers massaliètes et biterrois, auxquels s'ajoutent de rares

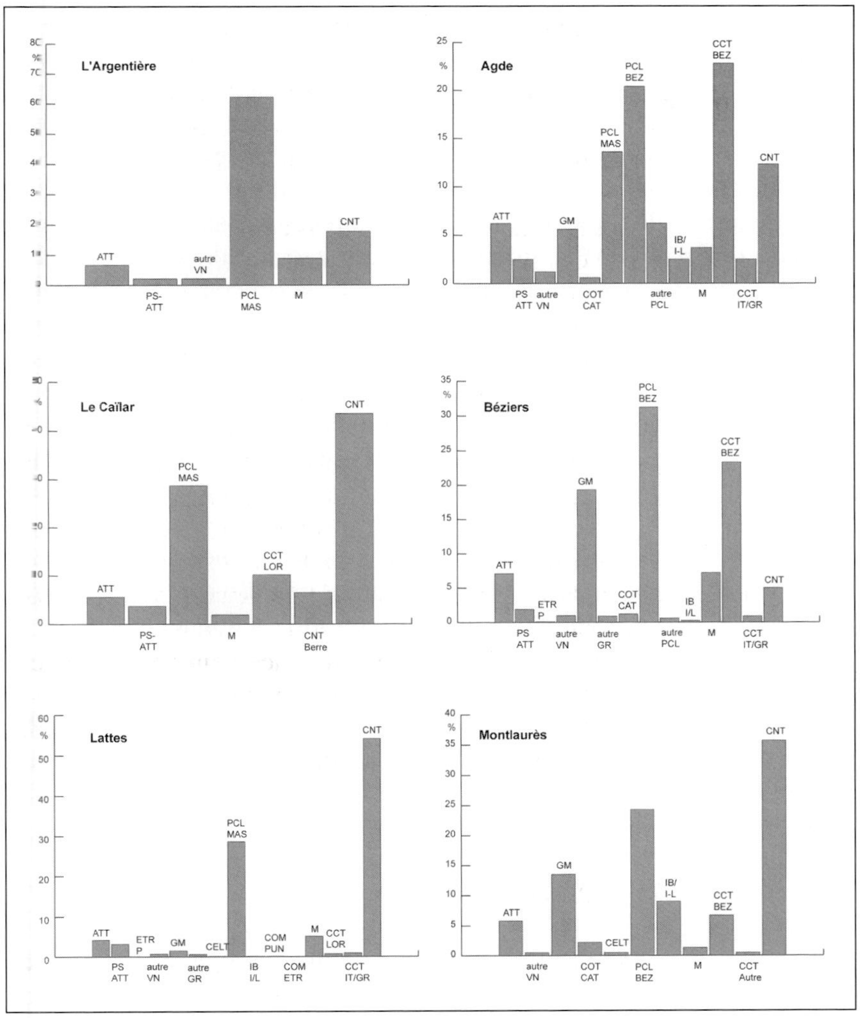

Fig. 301. Classes de production et vaisselle au IVe s. av. J.-C. en Languedoc (d'est en ouest), en pourcentage du nombre minimum de vases : L'Argentière (Espeyran, Saint-Gilles-du-Gard, Gard), Le Caïlar (Gard), Lattes (Hérault), Agde (Hérault), Béziers (Hérault) et Montlaurès (Narbonne, Aude).

Abréviations : ATT = attique (à vernis noir ou figurée) ; PS-AT = pseudo-attique de production massaliète ; ETR-P = céramique étrusque à vernis noir peinte ; autreVN = autre céramique à vernis noir, essentiellement italique ; GM = grise monochrome (essentiellement de production biterroise pour les sites occidentaux) ; autreGR = autre céramique grise ; CELT = céramique celtique à pâte grise ; COT-CAT = céramique à pâte grise des ateliers du nord-est catalan ; PCL-MAS = céramique à pâte claire de production massaliète ; PCL-BEZ = céramique à pâte claire produite à Béziers ; IB/I-L = céramique ibérique et 'ibéro-languedocienne' ; autrePCL = céramique à pâte claire de prodution indéterminée (punique principalement) ; COM-ETR = céramique commune (à feu) étrusque ; COM-PUN = céramique commune de production punique ; M = Mortiers (principalement massaliètes en Languedoc oriental et massaliètes et biterrois en Languedoc oriental) ; CCT-BEZ = céramique de cuisine (à feu) tournée produite à Béziers ; CCT-LOR = céramique de cuisine (à feu) tournée du Languedoc oriental ; CCT-IT/GR = céramique de cuisine (à feu) tournée de production italo-grecque ou punique ; CCT-autre = céramique de cuisine (à feu) tournée de production indéterminée ; CNT-Berre = céramique non tournée produite autour de l'étang de Berre ; CNT = céramique non tournée.

• Les sites du Languedoc oriental (L'Argentière, Le Caïlar et Lattes) montrent un faciès en tous points analogue. Il se définit principalement par un nombre limité des classes céramiques en usage, où dominent la non tournée (plus de 50 % des vases à Lattes et au Caïlar) et la massaliète à pâte claire (près de 30 % des vases sur les deux sites). À L'Argentière, le taux de non tournée est plus bas (un peu moins de 20 %), ce qui a été mis en regard de l'abondance de céramique massaliète (près de 60 %) et vu comme un argument en faveur de la grécité du site. On peut toutefois penser qu'il s'agit d'une simple anomalie due au hasard des sondages (ou à la non conservation de la céramique non tournée, qui a pu "fondre" à cause de la nature du terrain), car en fin de compte le schéma reste similaire à celui des deux autres sites. En fait, c'est le taux anormalement bas de non tournée qui produit mécaniquement la montée des vases clairs.

Aucune production locale ou « micro-régionale » n'émerge dans ce groupe de sites. Même la dénommée CCT-LOR ("céramique commune tournée du Languedoc oriental" selon la définition du Dicocer, que l'on suppose produite dans cette aire géographique), qui est une céramique à feu, totalise à peine près de 10 % au Caïlar, beaucoup moins à Lattes et est absente de L'Argentière. Autrement dit, le déficit de non tournée de L'Argentière (qui affiche un taux insuffisant même pour les besoins culinaires) n'est pas compensé par d'autres vases à feu, ce qui conforte l'idée d'un épiphénomène.

Par ailleurs, on mettra sur le compte de l'étendue et de l'ampleur des fouilles entreprises à Lattes depuis

pièces puniques, étrusques et grecques) ; la grise monochrome (en principe régionale, c'est-à-dire audoise, biterroise et gardoise mais, au moins pour le Languedoc occidental, surtout biterroise car Béziers est le seul site à en produire au IVe s.) ; les vernis noirs (regroupant principalement des produits d'origine italique, comme ceux de l'Atelier des Petites Estampilles, ou ibérique, voire – pour Montlaurès – la pseudo-attique massaliète, attestée par des taux infimes) ; sous "autres claires" sont regroupées, pour Béziers, diverses classes toutes faiblement attestées (massaliète, punique, indéterminées), alors que pour Agde la claire massaliète a été isolée puisqu'elle y est représentée par un taux élevé de vases.

bientôt 30 ans, qui sont sans comparaisons dans le Midi et qui donnent plus de chance aux classes rares d'être repérées tôt ou tard, l'apparition de produits importés non signalés sur les deux autres sites mais dont l'occurrence reste très faible.

• Les sites du Languedoc occidental (Agde, Béziers et Montlaurès) témoignent aussi d'un faciès similaire entre eux et Agde est clairement insérée dans ce bloc, qui est tout autre que celui du Languedoc oriental. Ici, les classes céramiques sont plus nombreuses, ce qui montre une plus grande ouverture des échanges. Toutefois, les proportions respectives ne sont pas les mêmes. Béziers ayant été un centre producteur, ses vases (en céramique grise monochrome, à pâte claire, culinaire et mortiers) sont omniprésents forcément à Béziers même, mais aussi dans cette aire géographique.

La céramique non tournée est moins représentée qu'en Languedoc oriental : Montlaurès, capitale indigène, est le site qui en restitue le plus (environ 35 % des vases) et Béziers celui qui en restitue le moins (environ 5 % des vases), Agde se situe ainsi entre les deux, avec environ 12 % des vases, ce qui est peu. Parallèlement, c'est à Béziers et à Agde que la vaisselle culinaire tournée biterroise est la plus abondante (Ugolini 2001 b), comme les vases à pâte claire (en général), ainsi que les mortiers. On notera aussi que la céramique à pâte claire massaliète est plus abondante à Agde qu'à Béziers : on touche sans doute là aux limites des capacités de production de Béziers, qui connaît dans la seconde moitié du IVe s. un déclin progressif qui se soldera par son abandon. Il fallait donc compenser. Enfin, la céramique culinaire italo-grecque affiche ses proportions les plus élevées de la région à Agde et à Béziers.

• Étonnamment, les taux les plus stables sont ceux de la céramique attique, qui se situent globalement entre 5 et 8 % des vases, de L'Argentière à Montlaurès, signe évident d'un commerce d'égale ampleur pour tous, y compris à Marseille même. D'un autre côté, la pseudo-attique massaliète a été vendue principalement en Languedoc oriental (près de 5 % des vases), alors que le taux d'Agde (± 2,5 %) est à peu près le même que celui de Béziers.

En définitive, les sites du Languedoc oriental (et de la Provence) témoignent – me semble-t-il – surtout de leur dépendance stricte d'un unique réseau, le massaliète, qui y distribuait en masse ses produits principaux (vin/amphores, vaisselle et quelques autres d'accompagnements). En Languedoc occidental, le marché était plus ouvert, sans doute parce qu'il y avait un port et parce que les Grecs n'étaient pas les seuls à le fréquenter. Et, dans ce contexte, Béziers constitue un cas bien particulier.

Classes de production et fonction des vases

Il s'agit d'une problématique complexe, difficile à aborder, inépuisable et sur laquelle il faudra sans doute revenir (Bats 1988 ; 1992 ; 1993 ; Ugolini *et al.* 1991 ; Olive, Ugolini 1997 ; Ugolini 2000 ; 2001 b). On ne donnera ici que deux exemples reflétant deux situations du IVe s. différentes mais géographiquement proches (25 Km) : Béziers, site où l'on suppose un peuplement grec, et Montlaurès, établissement indigène de premier plan. Les graphiques de la **fig. 302** ont été réalisés à partir de comptages sur le nombre minimum de vases calculé d'après le nombre de bords.

Les catégories fonctionnelles retenues sont les plus courantes : *boire, servir la boisson, manger, cuire, présenter, préparer, petite réserve*. Dans les *grands vases*, on trouve des formes impossibles à départager entre la *petite réserve* (jarres et autres grands vases dont la forme ne permet pas une attribution fonctionnelle sûre) et le service de la boisson (cratères) ; de même, les *divers* comprennent des formes de petite taille probablement dévolues à la présentation de sel, huile et autres condiments, ainsi que des vases dont les bords ne peuvent être attribués à une forme précise. D'une manière générale, s'il y a lieu, les erreurs d'identification fonctionnelle se répercuteront sur les deux sites, ce qui laisse toute leur validité aux propositions illustrées par les graphiques.

• Dans la fonction *boire* sont regroupées toutes les formes qui peuvent s'y rapporter : coupes à bord droit ou légèrement tourné vers l'extérieur (avec ou sans anses), canthares, skyphoi, gobelets, petits bols...

• Sous *servir à boire* sont rangées toutes sortes de cruches de taille moyenne ou grande (à bords droits ou tourmentés, à marli, à embouchure ronde ou tréflée...), ainsi que les petites amphores de table et les cratères.

• La fonction *manger* compte des vases comme les plats, plats à marli, grands bols à bords fortement rentrants, coupes mono-ansées (à bord épaissi, droit ou biseauté).

• Dans la fonction *cuire* sont regroupées les urnes, les marmites et autres (tournées ou non tournées).

• Les vases recensés dans la fonction *présenter* sont essentiellement des jattes [3]; alors que la fonction *préparer* concerne les mortiers.

• Dans la *petite réserve* on trouve des vases comme les jarres et les urnes – tournées ou non tournées –

3 Bats 1992, 286 classe les jattes parmi les « *vases de préparation (pour mélanger, pétrir et triturer) ou de service et de consommation (plat commun où chacun se sert directement)* ». Ici, on réserve la fonction *préparer* aux mortiers, qui ne peuvent avoir eu que cette utilisation-là. Dans nos graphiques, les jattes et les mortiers sont donc séparés.

Fig. 302. Vaisselle et fonction des vases. A-Répartition de la vaisselle selon la fonction à Montlaurès et à Béziers durant le IVe s. av. J.-C. B : Fonctions de la vaisselle (*manger, boire, servir à boire et cuire*) et classes céramiques au IVe s. av. J.-C. à Montlaurès et à Béziers et la fonction *cuire* à Agde. Pour les abréviations, se reporter à la légende de la fig. 7.

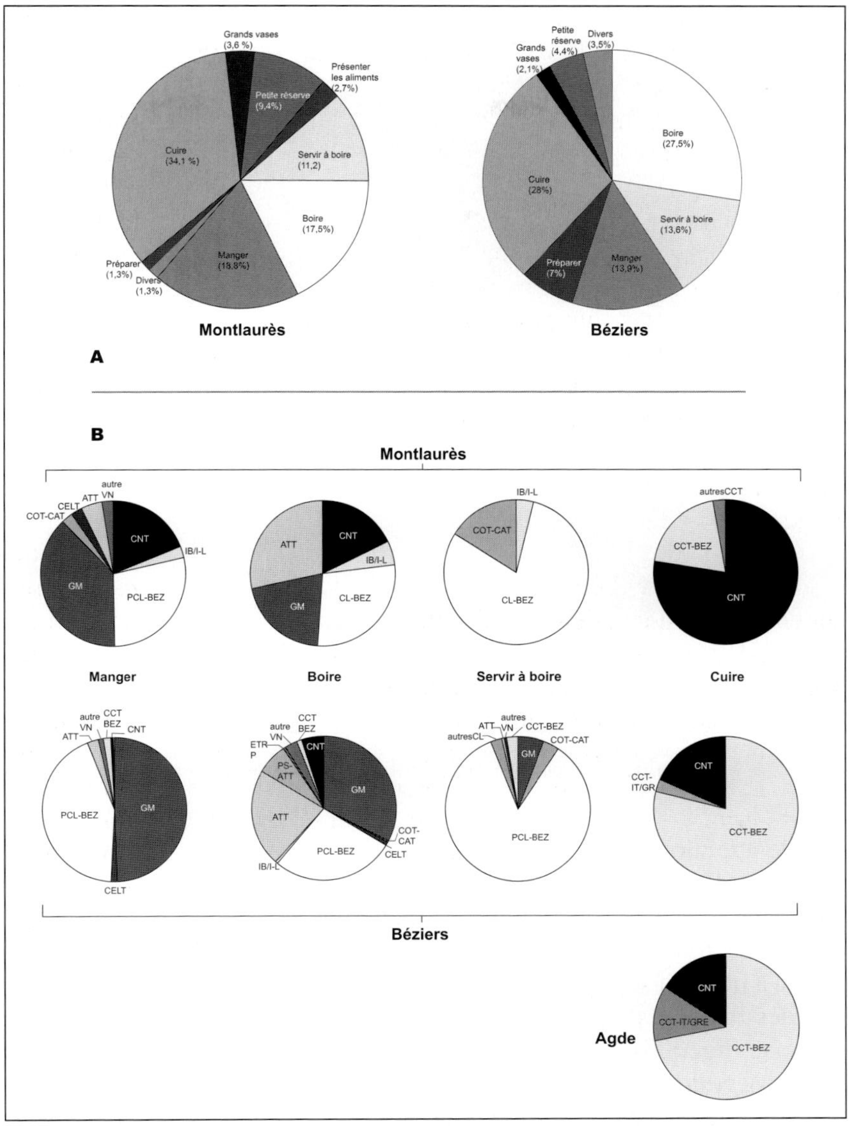

de grande ou très grande taille, à l'exclusion des *pithoi*, qui ne font pas partie de la vaisselle.

La **fig. 302**-A permet de saisir que c'est dans les fonctions *boire*, *préparer* et *petite réserve* que l'on observe les principales différences. Il est utile de préciser qu'à Montlaurès les formes liées au service à boire augmentent avec le temps (voir Ugolini 2000, fig. 7-16), ce qu'il faut probablement interpréter comme un phénomène d'adaptation à la nouvelle ambiance culturelle. Quant à la fonction *présenter*, qui concerne les jattes et autres grands plats, elle n'est attestée qu'à Montlaurès, alors que l'utilisation des mortiers (*préparer*) est plus développée à Béziers, qui d'ailleurs en a produit (Gomez 2000). Quant à la *petite réserve*, elle est deux fois plus importante à Montlaurès qu'à Béziers, sans doute parce que ce besoin est moindre dans un contexte urbain, où l'approvisionnement est constant et quasiment immédiat.

Si l'on examine comment, dans chaque fonction, se répartissent les classes céramiques, on voit apparaître d'autres différences (**fig. 302**-B). Ainsi, à Montlaurès on absorbe la nourriture dans des vases appartenant surtout à la grise monochrome, à la claire biterroise et à la non tournée, alors que le service de Béziers ne comporte que des vases gris monochromes et à pâte claire. Les vases du service de la boisson sont ceux qui présentent les plus grandes analogies, tandis que la fonction *cuire* donne des images quasiment inversées d'un site à l'autre. Il est alors forcément significatif qu'Agde soit si proche de Béziers pour la même fonction (Ugolini 2001 b).

Au fur et à mesure que le temps passe, on le voit, les choses s'entremêlent, mais les habitudes perdurent et l'examen détaillé des formes utilisées est tout aussi instructif, d'une part parce qu'il est invraisemblable que tous les sites aient produit de la vaisselle tournée, même au IVe s., et, d'autre part, parce que ceux qui en ont sûrement fabriqué n'ont pas fourni les mêmes vases. Par exemple, il semble acquis que Marseille n'a pas produit de céramique à feu et a toujours été dépendante du marché (*ollae* étrusques, non tournée, vases culinaires grecs, italo-grecs...). Quant à Béziers, il y manque les amphores, alors qu'il est plus que vraisemblable que ses campagnes ont produit du vin très tôt (consommé dans la région ? ou conditionné dans des amphores de Marseille ?) et il y manque aussi une production de vases à vernis noir.

Des *pithoi* dans les maisons

Parallèlement à la vaisselle tournée, d'autres récipients spécialisés, les amphores et les *pithoi*, inconnus avant la colonisation grecque, sont devenus de plus en plus courants. Si les amphores ont suscité beaucoup de travaux, les *pithoï* anciens n'ont pas fait l'objet d'une

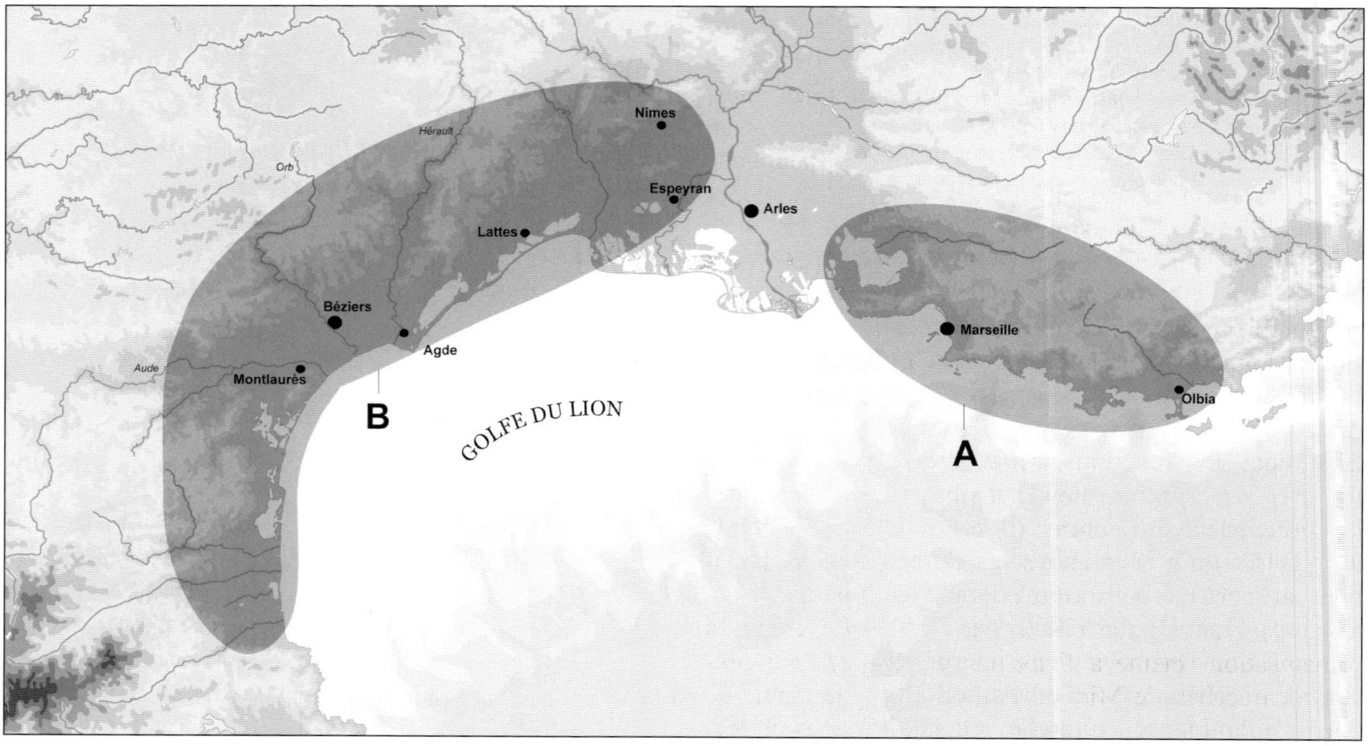

Fig.303. Les *pithoi* en Gaule méridionale selon les deux principaux types de pâtes. A- à pâte beige ; B- à pâte rouge.

grande attention jusqu'à date récente. La découverte du four de potier de Béziers (voir ci-dessus), qui en a produit, a été l'occasion de revenir sur ces grands récipients (Ratsimba 2002 et 2005).

On a pu ainsi se rendre compte de l'existence de deux grandes familles de production qui se partagent la côte gauloise (**fig. 303**).

• Les *pithoi* massaliètes et provençaux (**fig. 303**-A) forment un ensemble composé d'au moins deux groupes distincts qui s'identifient assez facilement par la pâte beige rosé et le dégraissant. La distribution concerne les côtes à l'est du Rhône, jusque dans le Var.

• En Languedoc-Roussillon, de la rive droite du Rhône jusqu'aux Pyrénées (**fig. 303**-B), les *pithoi* ont une pâte de couleur rouge-brun et des compositions du dégraissant qui permettent de distinguer plusieurs groupes/ateliers : l'un (?) voit ses produits distribués dans le Gard et les plaines montpelliéraines ; 2) trois productions sont ou peuvent être biterroises ; 3) un autre groupe, d'apparition plus récente (après 350 av. J.-C.), est à situer dans l'Aude ; 4) un dernier groupe était actif sur la côte du Roussillon.

• Il reste a déterminer si dans la basse vallée du Rhône (zone d'Arles et Alpilles) ont existé d'autres ateliers ou si, ici, se croisent produits provençaux et produits languedociens.

Les *pithoi* ont parfois voyagé loin des ateliers dont ils sont issus, ce qui montre qu'ils ont fait l'objet d'un commerce. À Béziers, on trouve des pièces massaliètes ou provençales et aussi des exemplaires qui sont plutôt courants en Languedoc oriental (Ratsimba 2002). À Pech Maho a été mis au jour un fragment portant un nom grec incisé (ΕΥΣ[Τ]ΡΑΤΙΔ... : Untermann 1980, p. 326) qui peut signaler une pièce massaliète ou provençale. La diffusion des *pithoi* biterrois présentant la pâte caractéristique de l'atelier décrit ci-dessus (ou d'autres ateliers locaux utilisant la même pâte) est la seule que l'on puisse aborder en connaissant le lieu exact de production, mais pour l'exhaustivité il faudrait examiner les *pithoi* de tous les sites connus. Un premier aperçu, appuyé sur du mobilier réellement vu, permet de dire que ces produits ont été distribués entre la basse vallée de l'Aude et la basse vallée de l'Hérault, sur une distance minimum, à partir de Béziers, de 30 Km (Olive *et al.* 2009). Cela conforte l'idée que le *pithos* faisait partie des produits que l'on échangeait. Et il coûtait sûrement cher car il était techniquement difficile à faire (difficulté devenue proverbiale : Hésychius s. v. *pithos* ; Pollux VII, 163), demandait une quantité importante de matières premières (eau, argile, dégraissants, bois) et son transport n'était pas aisé. L'achat était donc dicté par un besoin spécifique, mais il pouvait aussi être offert en cadeau.

À Marseille, point de départ du *pithos* en Gaule, le nombre de pièces attestées n'est pas très élevé (autour de ± 1 % du total des vases). Certains exemplaires étaient poissés : ils étaient donc au moins en partie employés pour la vinification. À Béziers, le nombre est plus important : entre 2 et 3 % des vases. Ici aussi ont été relevées des traces de résine et donc ces *pithoi* étaient aussi au moins partiellement réservés à la vinification. On soulignera que seulement Marseille et Béziers ont livré des spécimens 'anciens' de très grande taille (diamètre de l'embouchure supérieur à 65 cm) (Ratsimba 2005, fig. 26-27).

En milieu indigène, jusque vers 400 av. J.-C., les *pithoi* (en pâte rouge ou beige, selon les aires géographiques) sont rares : par exemple, à Lattes, l'augmentation concerne la première moitié du IVe s. et le nombre de fragments ne dépasse pas 5 % du nombre total des fragments (et non des vases) (Py 2001, 1063). Parmi les exemplaires plus ou moins entiers mis au jour sur les sites indigènes, environ la moitié avaient une contenance inférieure à 75 litres (Ratsimba 2005, 37 et 51, fig. 16-19). En d'autres termes, ces récipients y étaient généralement peu nombreux et aussi plutôt petits.

Les *pithoi* n'étant pas attestés en Ibérie avant la romanisation (même à *Emporion* et *Rhodè*), leur présence caractérise le Midi de la Gaule, où elle témoigne de l'adoption d'un nouveau récipient à liquides performant qui pouvait s'adapter à bien des usages, ce qu'on doit à une implantation grecque importante qui a stimulé l'apparition d'ateliers spécialisés dont les plus anciens sont ceux de Marseille et de Béziers.

Des terres cuites sur les toits

Dans le domaine de la construction, l'utilisation des tuiles pour la couverture des toits est inconnue en Gaule avant la colonisation grecque et elle est y restée exceptionnelle avant la romanisation.

Deux sites seulement en ont fait un usage régulier, bien que sûrement non systématique, et cela très tôt : Marseille dès le VIe s. et Béziers dès au moins la première moitié du Ve s. (**fig. 304**). Pour chacun de ces deux sites on a des productions suffisamment individualisées pour que l'existence d'ateliers distincts soit assurée (on se reportera à la contribution de C.-A de Chazelles, *supra*, p. 309-318).

Aucun site indigène du Midi n'a produit ni employé les tuiles jusqu'au IIe s. av. J.-C. Il est plus surprenant de constater que Olbia ou Agde n'en ont pas employées non plus. Il faut en conclure que si la présence des Grecs est une condition indispensable pour l'utilisation précoce de la tuile, elle n'est pas la seule. L'autre critère nécessaire et complémentaire est manifestement celui du contexte, qui est urbain dans les deux cas connus. Cela se comprend si l'on tient compte que seulement une ville aux nombreuses maisons (parmi lesquelles certaines devaient être grandes et avoir des toitures complexes) et comportant des édifices publics pouvait générer une demande suffisante pour déclencher la mise en place d'ateliers dédiés. Le coût de production suffit sans doute à justifier une telle situation. La difficulté du transport de ces objets lourds et encombrants devait être rédhibitoire pour la majorité des sites, même grecs, où des couvertures en terre (ou chaume), moins onéreuses, représentaient une solution adaptée au climat et satisfaisante, comme elle l'a d'ailleurs été à Marseille même (Vitruve, *De Archit.*, II, 1, 5).

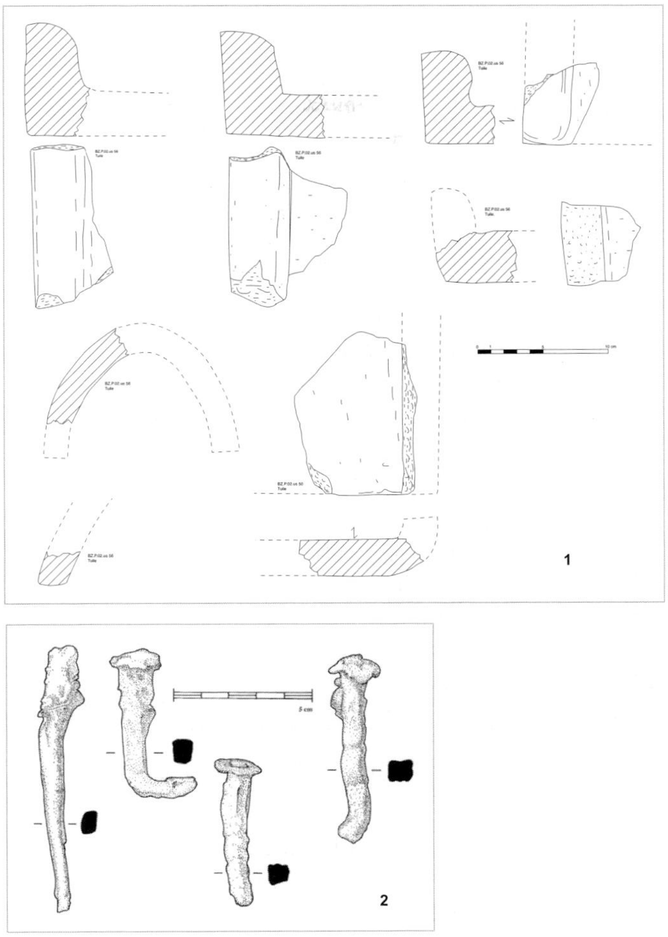

Fig. 304. Béziers. 1- fragments de tuiles plates et courbes, vers 400 av. J.-C. (dessins C. Olive) ; 2- clous de charpente en fer, V^{e}-IVe s. av. J.-C. (dessins J. Noël).

Des terres cuites décorées

Les terres cuites décorées, si courantes dans le monde grec, sont très rares dans le Midi. Les exemples disponibles se partagent nettement en deux : ceux qui se rapportent au monde indigène et ceux qui se rapportent au monde grec.

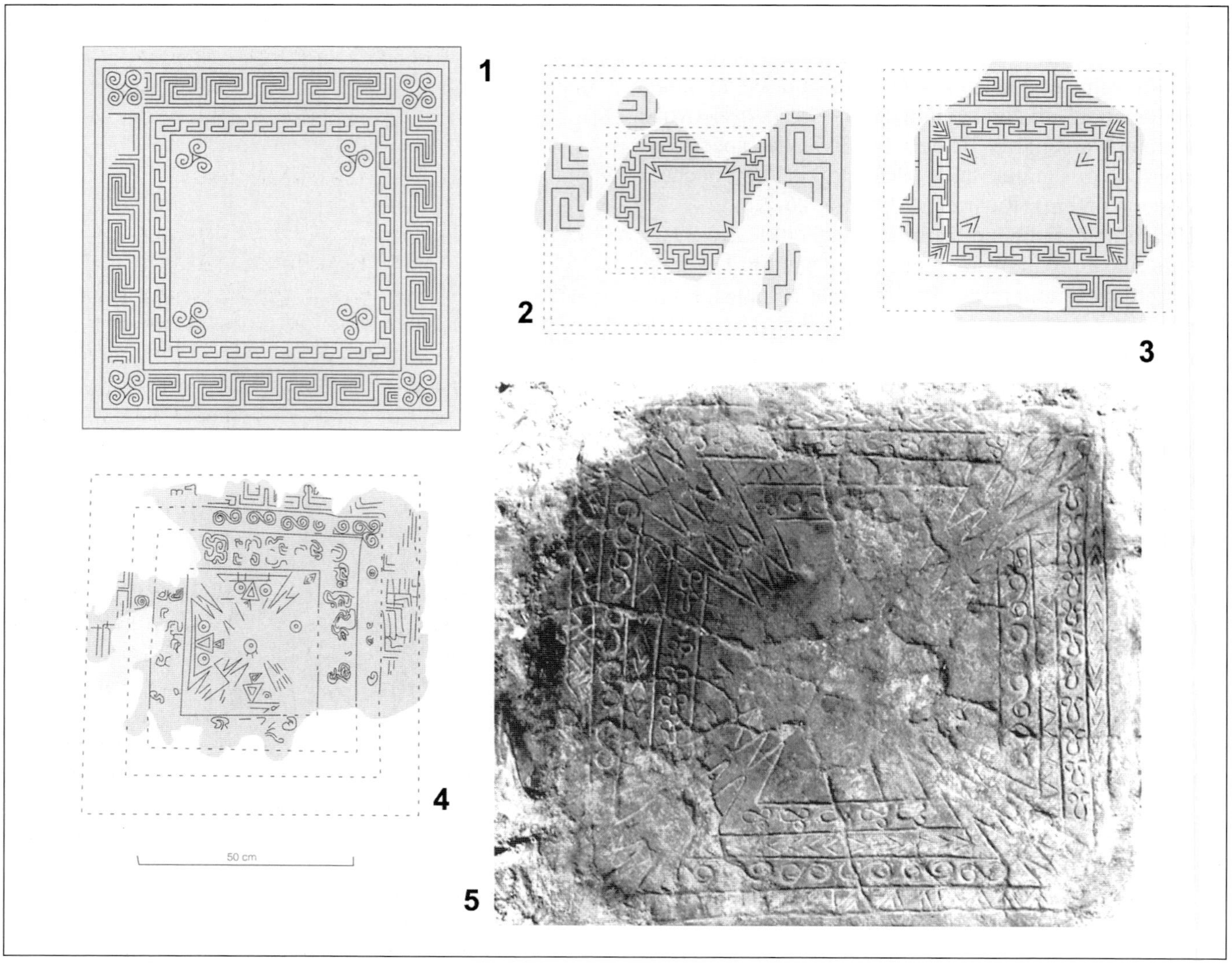

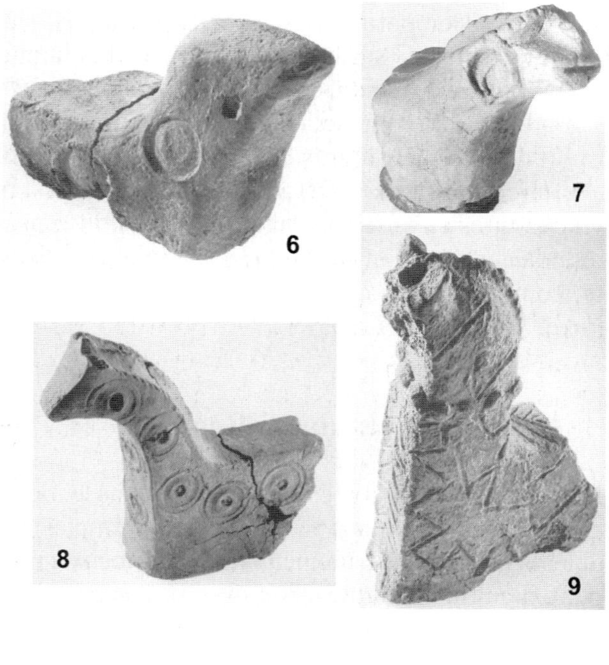

Fig. 305. Foyers décorés et chenets du Languedoc oriental.
1-5 : Foyers décorés. 1- La Roque (Hérault), vers 400-325 ;
2- Roque de Viou (Gard), vers 325-300 av. J.-C. ; 3- Le Marduel (Gard), vers 300 av. J.-C. ; 4- Lattes (Hérault), vers 375-325 av. J.-C. ;
5- Lattes (Hérault), vers 350-325 av. J.-C.
6-9 : Chenets en terre cuite de Lattes. 6- vers 375-325 av. J.-C.;
7- vers 325-275 av. J.-C. ; 8- vers 375-300 av. J.-C. ; 9- 250-225 av. J.-C
(Image composée d'après Roux, Raux 1996, fig. 15,2 ; 22 ; 25 ; 33 et d'après Feugère 1992, fig. 10, 11, 13 et 15).

Les foyers décorés et les chenets

Les foyers décorés et les chenets représentent quasiment l'unique manifestation artistique attestée dans les maisons que l'on puisse attribuer au monde indigène méridional au cours de ces siècles.

Les foyers décorés sont constitués d'une chape d'argile lissée de forme quadrangulaire (moyennement 50 cm de côté) recouvrant un radier (de pierres ou tessons) disposé dans un léger creusement. Ils sont comparables aux autres foyers, mais ils sont toujours en position centrale dans la pièce à vivre où ils se trouvent (Roux, Raux 1996 ; Raux 1999, 455-457). Sur leur périphérie (la partie centrale restant le plus souvent lisse) ils portent des ornements géométriques obtenus par incision ou excision sur la pâte encore fraîche (**fig. 305**, 1-5). Les motifs, déjà présents sur la céramique du Bronze final ou du premier Âge du fer, appartiennent au fonds indigène et sont récurrents : principalement lignes, triangles, biscèles, chevrons, losanges, svastikas, grecques, méandres. Des frises de cercles estampés sont plus rares.

On trouve ces foyers depuis les Pyrénées jusqu'à Olbia, entre le Bronze final III et le Ier s. av. J.-C. C'est dans l'aire rhodanienne, entre La Roque (Fabrègues, Hérault) et Saint-Blaise (Saint-Mithre-les-remparts, Bouches-du-Rhône : Chausserie-Laprée 2005, p. 167, fig. en haut, Ve s. av. J.-C.) qu'ils sont nombreux et anciens. Le *floruit* se situe entre le début du IVe s. et la fin du IIIe s. av. J.-C. Les foyers décorés découverts au-delà de cette zone géographique sont les plus récents (IIe-Ier s. av. J.-C.) et apparaissent lorsqu'ils ne sont pratiquement plus en vogue dans la zone rhodanienne et en Languedoc oriental.

Les chenets en terre cuite apparaissent au début du Ve s. et se raréfient à partir de la fin du IIIe s. av. J.-C., mais c'est entre le début du IVe s. et la deuxième moitié du IIIe s. qu'ils ont connu leur meilleur moment. Ce sont des objets domestiques courants, modelés en argile et cuits, qui servaient dans le cadre de l'utilisation du foyer, soit pour l'appui des broches soit pour celui des bûches. Ils présentent un corps massif et allongé, fréquemment décoré de motifs géométriques (les mêmes que pour les foyers décorés), avec une extrémité redressée reproduisant le plus souvent une tête d'animal, parfois très stylisée (surtout bélier et cheval : **fig. 305**, 6-9).

L'aire de distribution est large : de Ruscino (Perpignan, Pyrénées-Orientales) jusqu'à la rive gauche du Rhône, du Pègue (Drôme) à la vallée de la Durance (Feugère 1992, fig. 18 ; Raux 1999, 448-455 ; Py, Roure 2002). C'est toutefois de La Roque (Fabrègues, Hérault) à L'Argentière que l'on en trouve le plus grand nombre. Les pièces aux marges de la zone principale de diffusion sont les plus récentes.

Ces documents, on le voit, recouvrent une réalité "indigène", gauloise (Milan 1981), aucun site grec n'étant touché, sinon Olbia et seulement tardivement. Par contre, L'Argentière, Le Caïlar et Lattes sont au cœur de ces manifestations auxquelles, au début des recherches, on a attribué une valeur symbolique liée au "feu domestique". Aujourd'hui, notamment grâce aux fouilles extensives de Lattes et aux observations sur un grand nombre d'exemples *in situ*, on y voit plutôt des aménagements et des outils domestiques réalisés avec un souci esthétique pour l'embellissement des pièces à vivre, sans toutefois pouvoir exclure totalement qu'ils aient pu recouvrir – aussi – des aspects de la vie spirituelle.

Des terres cuites moulées

Les terres cuites réalisées au moule, si courantes dans le monde grec, sont très rares en Gaule.

Marseille a restitué des pièces figurées (animaux ou têtes humaines) qui sont des appliques de vases, notamment d'*askoi*, dont certains sont de production locale et témoignent de la capacité (dès le VIe s.) des Marseillais de produire des terres cuites moulées (pour un aperçu général, voir Tréziny 2000, p. 89-90). Les statuettes et autres terres cuites décorées sont rares et il n'est pas toujours précisé s'il s'agit de produits locaux ou d'importation. La liste qui suit n'est sans doute pas exhaustive (**fig. 306**).

Trois statuettes féminines archaïques en terre cuite représentant une femme portant un haut couvre-chef ont été mises au jour. Au moins l'une des trois, de type ionien et archaïque, est importée (Hermary *et al.* 1999, fig. à p. 63), comme une tête de statuette provenant de fouilles anciennes au Fort Saint-Jean. Des fragments de plinthe d'une statuette archaïque debout ont été découverts à la Bourse et dans la zone du port. Des niveaux des IVe-IIIe s. fouillés dans l'îlot des Pistoles proviennent des éléments de statuettes archaïques en terre cuite (**fig. 306**, 3) ; une antéfixe en terre cuite à tête de silène (**fig. 306**, 1) et des bords de *périrrhantérion* à décor végétal et avec une frise représentant une course de chars réalisée au moule (**fig. 306**, 2). De la fouille des docks romains provient un fragment de terre cuite architecturale non daté, peut-être d'époque hellénistique (Benoit 1965, pl. 14-5). Un fragment d'une sorte de tablette ou de plaque archaïque, trouvée dans une sépulture d'enfant, représente un sphinx (**fig. 306**, 4). Une plaque décorative haute de 6 cm représentant un lion dévorant un cervidé a été découverte à la Bourse : elles pourrait être archaïque ou plus récente et est un objet unique à Marseille (Tréziny 2000, p. 90, fig. 7, ici : **fig. 306**,5).

Des terres cuites décorées ont été aussi découvertes à Béziers (**fig. 307**). Elles proviennent de contextes datés de la deuxième moitié du IVe av. J.-C. (niveaux de sol/rue) (fig. **307**, 2-5) et, dans un cas (**fig. 307**, 1), de la première du IIe s. av. J.-C. (étalement des ruines de la ville abandonnée à la fin du IVe s. av. J.-C. pour l'aménagement de la réoccupation du IIe s. av. J.-C. : le fragment y est sûrement résiduel) (Wiégant *et al.* 2003, p. 14 et 39). Malheureusement retrouvées en petits fragments, l'objet d'origine ne peut être identifié. Il s'agit toutefois de

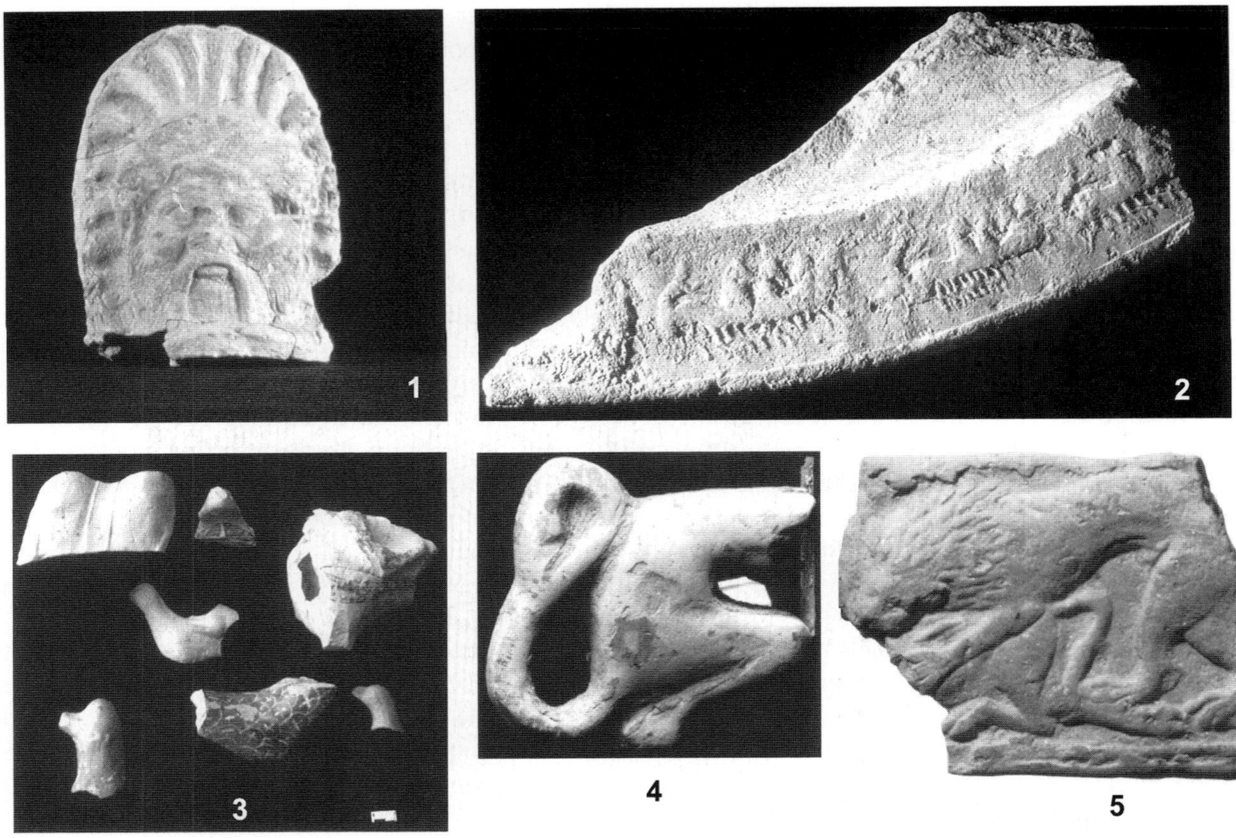

Fig. 306. Marseille. Terres cuites moulées.
1- antéfixe à tête de silène (îlot des Pistoles, IVe-IIIe s. av. J.-C. : d'après Hermary et *Alii* 1999, p. 74, fig. en haut à gauche) ;2- bord de périrrhantérion avec frise représentant une course de chars (îlot des Pistoles, IVe-IIIe s. av. J.-C. : d'après Hermary et *Alii* 1999, p. 74, fig. en haut à droite) ;
3- fragments de statuettes anthropomorphes et zoomorphes (îlot des Pistoles, VIe s. av. J.-C. : d'après Rothé, Tréziny 2005, fig. 564) ;
4- fragment de plaquette de terre cuite représentant l'arrière-train d'un sphinx (Rue du Tapis vert, sarcophage S2, sépulture d'enfant datée vers 500-475 av. J.-C. : d'après Rothé, Tréziny 2005, fig. 815) ; 5- plaque de terre cuite en argile massaliète représentant un lion terrassant un cervidé (La Bourse, dans un remblai hellénistique, pièce archaïque ? d'après Tréziny 2000, fig. 7).

pièces relativement petites et dont la paroi était épaisse de plus de 2 cm (aucune ne conservant l'épaisseur complète) et rougie à cœur, probablement sous l'effet de la cuisson. Elles présentent une pâte claire et un dégraissant de taille moyenne utilisé par les ateliers de Béziers (tuiles, *pithoi*, mortiers) : elles sont donc de production locale.

Techniquement, elles se subdivisent en deux groupes sans doute non contemporains.

Le premier est sans doute le plus ancien (fin VIe-Ve s.) (**fig. 307**, 1-3) et a un décor réalisé par moulage : une grecque, une palmette et un guerrier (ou une rangée de guerriers) portant un casque à cimier, à cheval, dont on distingue le harnachement et les œillères, et dont le style indique une chronologie plus ancienne que le IVe s. : 525-475 av. J.-C. Des traces d'une couverte blanchâtre (peinture ? lait de chaux ?) sont visibles sur le fragment au guerrier et sur celui avec la palmette.

Le second groupe (**fig. 307**, 4-5), qui peut appartenir au IVe s., a un décor réalisé par des impressions estampées (sceaux), vraisemblablement organisées en métopes (un guerrier à cheval sous une ligne cordée et motif – palmette ? – derrière le cheval, en bas à gauche ; une frise verticale de quadrupèdes bossus, ou bâtés, séparés par une ligne cordée d'un motif circulaire : une palmette ?). D'autres fragments (non illustrés) préservent des traces de ces lignes cordées.

L'hypothèse d'autels votifs (*arulae*) semble adaptée à la taille présumée de l'objet entier (Gomez, Ugolini dans Ugolini, Olive 2006a). Toutefois, il peut également s'agir de plaques de décoration architecturale, comme celles d'époque classique de *Forentum* (M. Tagliente dans Bottini, Fresa 1991, p. 23, pl. LXXXXIV) qui présentent des traces de peinture blanche et aussi des motifs estampés. Quelle que soit la fonction des objets auxquels appartiennent nos fragments, les décors du premier groupe rappellent indiscutablement des modèles grecs. Quant au second groupe, il n'y a pas de comparaison connue en Gaule pour une telle décoration estampée, bien que des plaques de décor architectural en terre cuite à motifs estampés aient été mises au jour

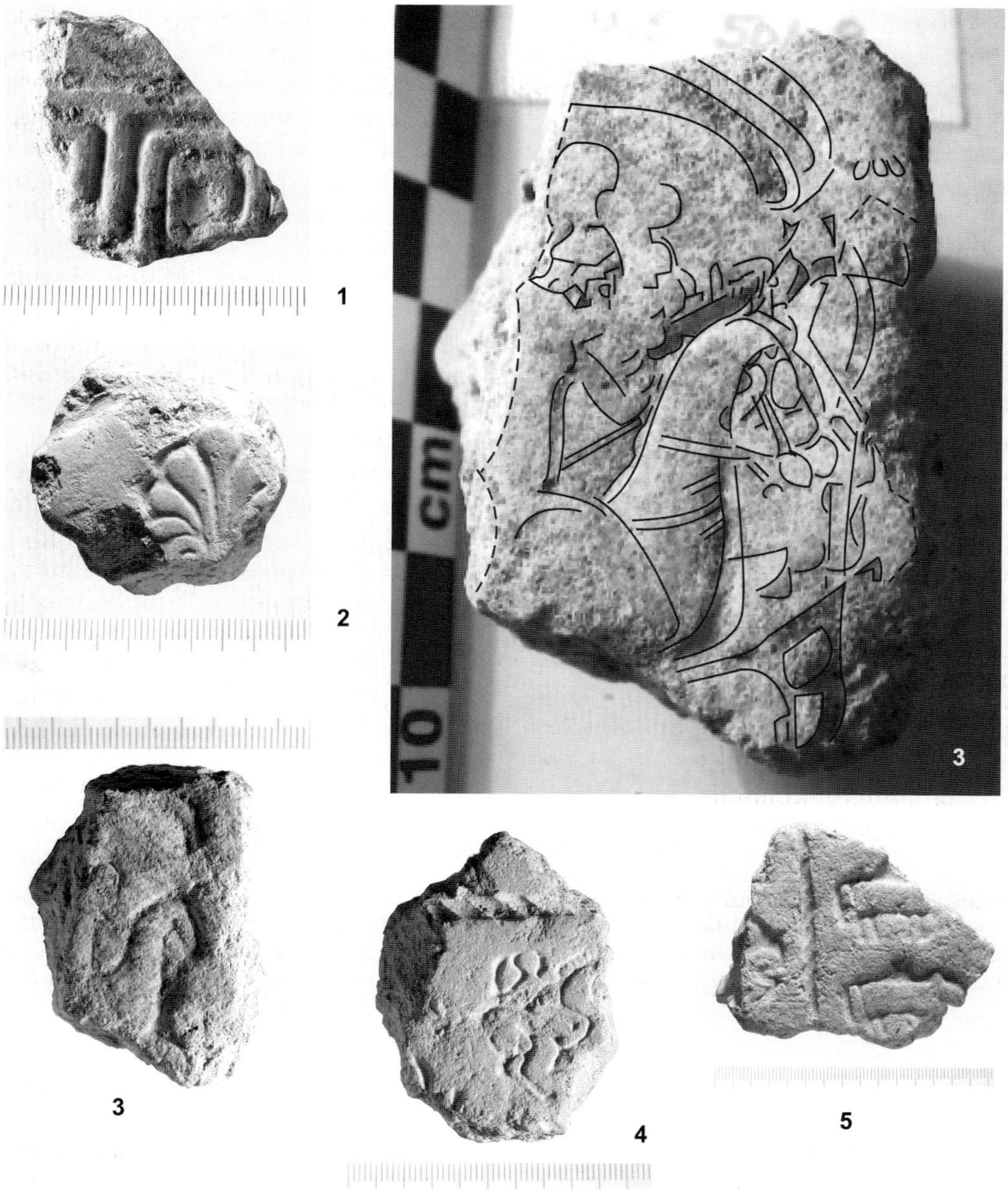

Fig. 307. Béziers, Terres cuites décorées . Rue de la République 2003. VIe-IVe s. av. J.-C. 1-3- terres cuites moulées ; 4-5- terres cuites à décor estampé (sceaux). (Clichés C. Olive ; dessin sur l'agrandissement du n° 3 de D. Ugolini).

à *Sextantio* (Substantion, Castelnau-le-Lez, Hérault). Anciennement, on les datait des VIe-Ve s. av. J.-C. et on y voyait une influence grecque archaïque (voir en dernier, avec bibliographie antérieure, Vial 2003, fig. 66-67). En réalité, elles appartiennent à une période bien plus récente (Ier s. av. J.-C.), font partie du corpus des plaques dites "Campana" produites en Gaule (Laubenheimer 1998) et n'ont rien en commun avec nos objets biterrois. D'un autre côté, rien ne permet le rapprochement avec les motifs incisés/excisés des foyers et chenets de l'aire rhodanienne. Les deux groupes de terres cuites biterroises représentent ainsi des *unica*.

Conclusion

Pour conclure, les traceurs de l'hellénisme concernant la terre cuite sont dispersés sur tout le territoire considéré ici, qui est un espace côtier où la circulation grecque a été intense.

Le cas le plus commun, mais aussi le plus sous-estimé, est celui des vases tournés qui arrivent d'abord par les échanges, parfois en quantité considérable. Ils témoignent de relations suivies et le niveau de consommation est clairement lié au réseau de distribution, l'essentiel des importations restant sur la côte. Mais, malgré des flux réguliers, l'utilisation des vases n'est pas identique partout. Même deux siècles après l'arrivée des Grecs, des différences persistent dans les comportements.

Les traces de la production des vases tournés sont particulièrement rares et très localisées, ce que le hasard des fouilles ne suffit plus à expliquer. Marseille et Béziers sont actuellement les deux seuls sites qui ont sûrement développé cette activité et il est cocasse que les nombreuses productions de Béziers soient considérées comme banales. Certes, cela autorise la multiplication des hypothèses de productions sur d'autres sites et masque les centres qui en ont "vraiment produit" au profit de ceux qui en ont "peut-être produit" en mettant finalement tous les sites sur le même plan. Il reste que fabriquer de la céramique tournée est un travail très spécialisé, qui exige des connaissances et de l'expérience. Les productions indigènes ne ressortent pas en dehors de la grise monochrome, une classe qui a connu un réel succès chez les autochtones. Des ateliers ont vu le jour partout, ce que l'on sait de longue date et ce que prouvent les fours du Mas de Pascal et les vestiges du Mourre de Sève. Il s'agit d'un phénomène ancien qui peut ne pas avoir été suivi par des essais sur d'autres classes imitant les céramiques claires grecques ou autres. Hormis Marseille et Béziers, on reste donc sur des hypothèses.

Certains objets ou "manières de faire" sont cantonnés en un nombre très restreint de sites : tuiles, pesons de tisserand, terres cuites moulées. On ne les rencontre que là où l'impact grec a été très fort. D'autres ont eu une diffusion importante et régulière mais limitée à un espace géographique : foyers décorés et chenets circonscrivent un territoire indigène. D'autres encore, sans devenir habituels partout, ont eu une distribution relativement large mais n'ont été d'un emploi systématique que rarement : c'est le cas des lampes.

En définitive, la concentration des éléments en terre cuite que l'on peut rapporter à l'influence grecque ne s'observe que sur quelques sites. Il n'est pas étonnant que ces lieux soient ceux où d'autres critères (urbanisme, modes de construction, système économique, territoire etc.) font envisager non seulement des présences grecques mais aussi une occupation assurément urbaine. C'est sans doute à cause d'une vie citadine réduite que l'hellénisme des sites grecs de taille modeste ressort peu de ce point de vue, bon nombre de ces objets en terre cuite n'y étant pas nécessaires. La vaisselle est alors presque le seul traceur disponible.

Marseille reste la référence pour la grécité du Midi, mais il faut reconnaître qu'il se produit quelque chose de particulier en Languedoc occidental dans la zone de Béziers/Agde (Ugolini *et al.* 1991 ; Ugolini à paraître). Les aires massaliète et agatho-biterroise constituent ces sortes de bulles au cœur du monde indigène et on perçoit des dynamiques fortes autour de ces deux pôles.

Ce bilan met l'accent aussi sur le fait qu'ils étaient séparés par un espace indigène qu'il fallait traverser par terre ou par mer, ne serait-ce que pour les besoins du commerce. En fait, c'était un domaine réservé, un monopole, où principalement Marseille mais aussi Béziers (dont les produits sont rarement signalés dans les publications en tant que tels mais qui y ont néanmoins été vendus) écoulaient leurs marchandises. Cela explique que les sites indigènes de ce littoral donnent l'impression d'être plus hellénisés que ceux de l'arrière-pays, mais n'étant pas ouverts du point de vue commercial, l'idée de "relais" sur une voie semble plus conforme à la réalité.

Cette entité indigène intermédiaire a dû être ressentie comme menaçante pour le négoce grec comme pour la sécurité des hommes. Un passage de Strabon (IV-1, 5-5) indique justement qu'Agde était un rempart contre les indigènes de la vallée du Rhône. Elle protégeait et servait donc un espace économique que les Grecs avaient développé au-delà de ce qui était, pour les Anciens, le système rhodanien (Ugolini, Olive 2007).

À l'ouest, les marchandises transitaient par Agde et c'est à la présence du port et aux dynamiques induites que l'on doit la diversité des biens parvenus en Languedoc occidental, tant chez les Grecs que chez les indigènes (Ugolini, Olive, 2004 et 2006 b), même si tous n'en ont pas reçu les mêmes quantités ni fait les mêmes usages.

BIBLIOGRAPHIE

Barruol, Py 1978 : BARRUOL (G.) et PY (M.) – Recherches récentes sur la ville antique d'Espeyran à Saint-Gilles du Gard. *R.A.N.* 11, 1978, pp. 19-100.

Bats 1988 : BATS (M.) – *Vaisselle et alimentation à Olbia de Provence (v. 350-50 av. J.-C.). Modèles culturels et catégories céramiques*. Paris, éd. du CNRS, 1988, p. 271, pl. 72 (Suppl. 18 à la *Revue Archéol. de Narbonnaise*).

Bats 1992 : BATS (M.) – Vaisselle et alimentation à Lattes. Les préparations culinaires. Dans (M. Py dir.), *Recherches sur l'économie vivrière des Lattarenses*. Lattes, éd. ARALO, 1992, pp. 287-289 (*Lattara* 5).

Bats 1993 : BATS (M.) – La vaisselle culinaire comme marqueur culturel : l'exemple de la Gaule méridionale et de la Grande Grèce (IVe-Ier s. av. J.-C.). Dans *Terre cuite et société. La céramique, document technique, économique, culturel*. Actes des XIVes Rencontres Internationales d'Archéologie et d'Histoire d'Antibes (21-23 octobre 1993). Juan-les-Pins, Ed. APDCA, 1994, p. 407-424.

Benoit 1965 : Benoit (F.) – *Recherches sur l'hellénisation du Midi de la Gaule*. Paris, éd. Ophrys, 1965, p. 335 (*Publ. des Ann. Fac. Lettres d'Aix-en-Provence* 43).

Bottini, Fresa 1991 : BOTTINI (A.), FRESA (M.P.) – *Forentum II. L'acropoli in età classica*. Venosa, éd. Osanna, 1991. (*Leukania 4, Monografie di archeologia della Basilicata*).

Chausserie-Laprée 2005 : Chausserie-Laprée (J.) – *Martigues, terre gauloise entre Celtique et Méditerranée*. Paris, éd. Errance, p. 255.

de Chazelles 2000 : de CHAZELLES (C.A.) – Eléments archéologiques liés au traitement des fibres textiles en Languedoc occidental et Roussillon au cours de la Protohistoire (VIe-Ier s. av. n. è.). Dans (Cardon D., Feugère M. dir.), *Archéologie des textiles, des origines au Ve s.* Actes du Coll. de Lattes (oct. 1999). Montagnac, éd. Monique Mergoil, 2000, p. 115-130. (*Monographies Instrumentum*, 14).

Demoule 2004 : DEMOULE (J.P.) (dir.) – *La France archéologique : vingt ans d'aménagements et de découvertes*. Paris, Hazan, 2004, p. 255.

Feugère 1990 : FEUGÈRE (M.) – Petits mobiliers : faciès et comparaisons. Dans (M. Py dir.), *Fouilles dans la ville antique de Lattes. Les îlots 1, 3 et 4-nord du quartier Saint-Sauveur*. Lattes, éd. ARALO, 1990, p. 357-376. (*Lattara* 3).

Feugère 1992 : FEUGÈRE (M.) – Ustensiles de transformation et de consommation alimentaires. Dans (M. Py dir.), *Recherches sur l'économie vivrière des Lattarenses*. Lattes, éd. ARALO, 1992, p. 291-308. (*Lattara* 5).

Gailledrat, Solier 2004 : GAILLEDRAT (É.), SOLIER (Y.) – *L'établissement côtier de Pech Maho (Sigean, Aude) aux VIe-Ve s. av. J.-C. (Fouilles 1959-1979). Pech Maho I.* Lattes, éd. ARALO, 2004, p. 464 (*Monographies d'Archéologie Méditerranénne*, 19).

Gomez 2000 : GOMEZ (É.) – Contribution à l'étude des mortiers de cuisine : les mortiers du Languedoc occidental du VIe au IVe s. av. J.-C. *Doc. d'Archéol. Mérid.*, 23, 2000, p. 113-143.

Hermary *et al.* 1999 : HERMARY (A.), HESNARD (A.), TRÉZINY (H.) dir. – *Marseille grecque. La cité phocéenne (600-49 av. J.-C.)*. Paris, Errance, 1999. (Collection Hauts lieux de l'histoire).

Janin 2003 : JANIN (T.) – Dépôts d'objets métalliques de l'âge du Bronze et du premier âge du Fer du Rhône aux Pyrénées et de la Méditerranée au Massif central. *Documents d'Archéologie Méridionale*, 26, 2003, p. 385-389.

Jully 1972 : JULLY (J.J.) – La Monédière, factorerie du commerce étruscopunique et grec au VIe et Ve siècles av. J.-C., dans *Archéologia*, 48, juillet 1972, p. 65-67.

Laubenheimer 1998 : LAUBENHEIMER (F.), avec la collab. de GOURY (J.) – Les plaques Campana gauloises. Dans (Muller A. éd.), *Le moulage en terre cuite dans l'Antiquité. Création et production dérivée, fabrication et diffusion*. Lilles, Presses Universitaires du Septentrion, 1998, p. 397-417.

Milan 1981 : MILAN (C.) – Les chenets zoomorphes de la Gaule préromaine et romaine. *Études Celtiques*, 1981, 18, p. 49-64.

Nickels 1989 a : NICKELS (A.), avec la collab. de MARCHAND (G.) et SCHWALLER (M.) – *Agde. La nécropole du premier Âge du fer*. Paris, éd. du CNRS, 1989, p. 498 (Suppl. 19 à la *Revue Archéol. de Narbonnaise*).

Nickels 1989 b : NICKELS (A.) – La Monedière à Bessan (Hérault). Le bilan des recherches. *Doc. Archéol. Mérid.*, 12, 1989, p. 51-120.

Nickels 1995 : NICKELS (A.) – Les sondages de la rue Perben à Agde (Hérault). Dans *Sur les pas des Grecs en Occident. (Hommages à A. Nickels)*. Paris-Lattes, éd. Errance-ADAM, 1995, p. 59-98. (*Études Massaliètes 4 ; Travaux du Centre Camille Jullian*, 15).

Olive *et al.* 2009 : OLIVE (C.), UGOLINI (D.), RATSIMBA (A.), avec la collab. de JANDOT (C.) et WIÉGANT (J.P.) – Un four de potier pour la cuisson des *pithoi* à Béziers (Hérault). Production, diffusion et fonction du *pithos* dans le Midi (VIe-IVe s. av. J.-C.). *Gallia*, 2009-1 (sous presse).

Olive, Ugolini 1997 : OLIVE (C.) et UGOLINI (D.) – La Maison 1 de Béziers et son environnement (V^e^-IVe s. av. J.-C.). Dans (D. Ugolini dir.), *Languedoc occidental protohistorique. Fouilles et recherches récentes. VIe-IVe s. av. J.-C.*, Publ. Univ. de Provence, Aix-en-Provence, 1997, p. 87-129. (*Travaux du Centre Camille Jullian*, n° 19).

Py 1995 : PY (M.) – Les Etrusques, les Grecs et la fondation de Lattes. Dans *Sur les pas des Grecs en Occident*, (Hommages à A. Nickels). Paris-Lattes 1995, p. 261-276. (*Études Massaliètes, 4 ; Travaux du Centre Camille Jullian*, 15).

Py 1999 : PY (M.), avec la participation de ADROHER (A.), SANCHEZ (C.), BARBÉRAN (S.) et RAUX (S.) – Le faciès de la céramique lattoise du IVe siècle avant notre ère. Dans (M. Py dir.), *Recherches sur le IVe s. av. n. è. à Lattes. Lattes*, éd. ARALO, 1999, p. 287-438. (*Lattara*, 12).

Py 2001 : PY (M.) – Doliums. Dans (PY M., ADROHER AUROUX A., SANCHEZ C.), *Dicocer². Corpus des céramiques de l'Âge du Fer de Lattes (fouilles 1963-1999)*. Lattes, éd. ADAL, 2001, p. 1063-1086 (*Lattara* 14).

Py *et al.* 2006 : PY (M.), LEBEAUPIN (D.), SÉJALON (P.) et ROURE (R.) – Les Étrusques et *Lattara* : nouvelles données. Dans *Gli Etruschi da Genova ad Ampurias*. Atti XXIV° Convegno di studi etruschi e italici, Marseille-Lattes, 26 settembre-1 ottobre 2002. Pisa, Istituti editoriali e poligrafici internazionali, 2006.

Py, Roure 2002 : Py (M.), ROURE (R.), avec la collab. de ALONSO MARTINEZ (N.), BESSAC (J.C.), GARDEISEN (A.) et PIQUÈS (G.) – Le Cailar (Gard). Un nouveau comptoir protohistorique au confluent du Rhôny et du Vistre. *Documents d'Archéol. Mérid.*, 25, 2002, p. 171-214.

Ratsimba 2002 : RATSIMBA (A.) – *Les pithoï de Béziers : analyse d'une production et première approche de sa diffusion (VIe-IVe s. av. J.-C.)*. Mémoire de Maîtrise en Archéologie (J.P. Morel dir.), Université d'Aix-Marseille I, Aix-en-Provence 2002, p. 90.

Ratsimba 2005 : RATSIMBA (A.) – *Le pithos en Gaule méridionale : production, diffusion et utilisation d'un mobilier d'origine grecque (VIe-IVe s. av. J.-C.)*. Mémoire de Master 2 d'Histoire (Ph. Jockey dir.), Université d'Aix-Marseille I, Aix-en-Provence 2005.

Raux 1999 : RAUX (St.) – Les objets de la vie quotidienne à Lattes au IVe s. av. n. è. Dans (M. Py dir.), *Recherches sur le IVe s. av. n. è. à Lattes, Lattes*, éd. ARALO, 1999, p. 439-318. (*Lattara* 12).

Rothé, Tréziny 2005 : Rothé (M.P.), Tréziny (H.) – *Marseille et ses alentours. Carte Archéologique de la Gaule, 13-3* (M. Provost dir.). Paris, Ac. Des Inscriptions et Belles Lettres, 2005, p. 925.

Roux, Raux 1996 : ROUX (J.C.), RAUX (S.) – Les foyers domestiques dans l'habitat lattois du IIe Âge du fer (IVe-Ier s. av. n. è.). Dans (M. Py dir.), *Urbanisme et architecture dans la ville antique de Lattes. Lattes*, éd. ARALO, 1996, p. 401-432. (*Lattara* 9).

Tréziny 2000 : TRÉZINY (H.) – Les lieux de culte dans Marseille grecque. Dans (A. Hermary, H. Tréziny éd.), *Les cultes des cités phocéennes*. Actes du Coll. intern. d'Aix-en-Provence/Marseille, 4-5 juin 1999. Aix-en-Provence, Edisud, 2000, p. 81-99. (*Etudes Massaliètes* 6).

Ugolini 1993 : UGOLINI (D.) – Lampes grecques et de type grec de Béziers. Utilisation et diffusion de la lampe grecque dans le Midi entre le VIe et le IVe s. av. J.-C. *Doc. Archéol. Mérid.*, 16, 1993, p. 279-293.

Ugolini 2000 : UGOLINI D. – Consommer les aliments : boire, cuire et manger en Languedoc-Roussillon au cours de l'Age du fer. Dans (R. Buxò et E. Pons dir.), *Els productes alimentaris d'origen vegetal à l'edat del Ferro de l'Europa occidental : de la producciò al consum*. Actes du 22e Colloque de l'AFEAF, Girona (E), 21-24 mai 1998. Girona, Mus. d'Arqueologia de Catalunya, 2000, p. 389-400. (*Sèrie Monogràfica* 18).

Ugolini 2001a : UGOLINI (D.) – L'Âge du fer. Dans (M. Lugand et I. Bermond dir.), *Agde et Bassin de Thau. Carte Archéologique de la Gaule*, 34-2 (M. Provost dir.), Paris, Ac. Insc. et Belles Lettres, 2001, p. 71-78.

Ugolini 2001b : UGOLINI (D.) – La céramique à cuire d'Agde (VIe-IIe s. av. J.-C.). Dans *Repas des vivants et nourriture pour les morts en Gaule*. Actes du 25e Coll. de l'AFEAF (Charleville-Mézières, 24-27 mai 2001), p. 191-200. (*Mémoire n° 6 de la Société Archéologique Champenoise,* Suppl. au Bulletin n° 1, 2002).

Ugolini 2007 : UGOLINI (D.) – Les lampes grecques du Languedoc-Roussillon antérieures au IIIe s. av. J.-C. Dans *Archéologie et histoire de l'éclairage en Gaule, de la Préhistoire au début du Moyen Âge*. Actes de la 2e Table Ronde Internationale ILA, Millau, 22-24 mars 2007. À paraître.

Ugolini à paraître : UGOLINI (D.) – D'Agde à Béziers : les Grecs en Languedoc occidental (de 600 à 300 av. J.-C.). Dans (A. Hermary dir.), *Les Grecs en Gaule*, dossier à paraître dans la revue *Ancient West & East*.

Ugolini *et al.* 1991 : UGOLINI (D.), OLIVE (C.), MARCHAND (G.) et COLUMEAU (Ph.) – Un ensemble représentatif du Ve. s. av. J.-C. à Béziers, Place de la Madeleine, et essai de caractérisation du site. *Doc. d'Archéol. Mérid.*, 14, p. 141-203.

Ugolini, Olive 1988 : UGOLINI (D.) et OLIVE (C.) – Un four de potier du Ve s. av. J.-C. à Béziers, Place de la Madeleine. *Gallia*, 45, 1987-1988, p. 13-28.

Ugolini, Olive 2004 : UGOLINI (D.), OLIVE (C.) – La circulation des amphores en Languedoc occidental : réseaux et influences. Dans (J. Sanmartì, D. Ugolini, J. Ramon, D. Asensio éd. scient.), *La circulaciò d'àmfores al*

Mediterrani occidental durant la Protohistòria (segles VIII-III aC) : aspectes quantitatius i anàlisi de contiguts, Actes de la II Reuniò International d'Arqueologia de Calafell, Calafell, 21-23 de març del 2002), Barcelona 2004, p. 59-104. (*Arqueomediterrània* 8)

Ugolini, Olive 2006a : UGOLINI (D.), OLIVE (C.) – *Béziers I (600-300 av. J.-C.). La naissance de la ville*. Béziers, éd. Musée du Biterrois, 2006, 150 p.

Ugolini, Olive 2006b : UGOLINI (D.), OLIVE (C.) – De l'arrivée à la consommation : l'impact des trafics et des produits étrusques en Languedoc occidental. Dans *Gli Etruschi da Genova ad Ampurias*. Atti XXIV° Convegno di studi etruschi e italici, Marseille-Lattes, 26 settembre-1 ottobre 2002, p. 555-583. Pisa, Istituti editoriali e poligrafici internazionali, 2006.

Ugolini, Olive 2007 : UGOLINI (D.), OLIVE (C.) – Sites grecs, sites indigènes. Essai sur le fonctionnement des habitats de l'Hérault occidental (VIe-IVe s. av. J.-C.) Dans (I. Bertrand, A. Duval, J. Gomez de Soto, P. Maguer dir.), Habitats et paysages ruraux en Gaule et regards sur d'autres régions du monde celtique. Actes du XXXIe Colloque International de l'Association Française pour l'Étude de l'Âge du Fer, Chauvigny, 17-20 mai 2007, Chauvigny, Association des Publications Chauvinoises, Mémoire XXXV, 2009, tome II, p. 215-243.

Ugolini, Pezin 1993 : UGOLINI (D.), PEZIN (A.) – Un aperçu sur le mobilier du Ve s. av. J.-C. en Languedoc occidental et en Roussillon. Dans (C.-A. de Chazelles dir.), *Contribution au problème ibérique dans l'Empordà et en Languedoc. Doc. Archéol. Mérid.*, 16, 1993, p. 80-87.

Untermann 1980 : UNTERMANN (J.) – *Monumenta Linguarum Hispanicarum. Band II. Die Inschriften in iberischer Schrift aus Südfrankreich*. Wiesbaden, Dr. Ludwig Reichert Verlag, 1980.

Vial 2003 : VIAL (J.) – *Le Montpelliérais. Carte Archéologique de la Gaule, 34/3* (M. Provost dir.). Paris, Ac. des Inscriptions et Belles Lettres 2003, p. 479.

Villard 1960 : VILLARD (F.) – *La céramique grecque de Marseille (VIe-IVe s.). Essai d'histoire économique*. Paris, De Boccard, 1960, p. 1?8 (*Bibl. Éc. Franç. d'Athènes et de Rome* 195).

Wiégant *et al.* 2003 : WIEGANT (J.P.), GOMEZ (É.), UGOLINI (D.), Olive (C.), avec la collab. de CASSIGNOL (J.), RODRIGUEZ (L.), BÉNÉZET (?.) et FICHES (I.) – *Béziers (34). Rue de la République. Sondages archéologiques. 2003, vol. II*. Béziers 2003, p. 120.

5. L'artisanat lucanien entre reproduction et « bricolage » : L'exemple de Civita di Tricarico et de la maison des moules

Olivier de Cazanove, Sophie Féret

La Lucanie interne, autour du grand sanctuaire de Méfitis à Rossano di Vaglio, occupe semble-t-il une position centrale en Italie du Sud. Elle est approximativement équidistante des mers Tyrrhénienne, Ionienne et de l'Adriatique. Cette centralité apparente ne doit pas, toutefois, induire en erreur. Il s'agit d'une zone enclavée, montagneuse, difficile d'accès (Cazanove 2008, p. 1-3). Dans ces conditions, aux IVe-IIe s. av. J.-C. (période qui sera considérée ici), une grande partie des productions manufacturées se fait sur place, à l'échelon local : tuiles, *opus doliare*, céramique. Le nombre de fours retrouvés dans tous les contextes le montre : dans des résidences considérées comme des fermes, à Banzi-Mancamasone (Russo Tagliente 1993)[1], Moltone di Tolve (Tocco *et al*. 1982, p. XIV-XV), ou dans le Val d'Agri (Russo 2006, p. 33 ; Distasi 2006, p. 71-87) ; dans les habitats, comme à Roccagloriosa (Gualtieri, Fracchia 1990, p. 85-92), Serra di Vaglio (Greco 1996, p. 275-276, fig. 16), Civita di Tricarico[2], Oppido Lucano (Lissi Carona 1983, p. 316-321 ; 1990-1991 [1994], p. 313-317). Il n'existe d'ailleurs pas non plus, pour autant qu'on en puisse juger, de quartier artisanal spécialisé, de *kerameikos*[3] (comme c'est au contraire le cas, sur la côte, à Métaponte[4], tandis qu'à Héraclée, sur la colline du Castello, fonctions artisanales et résidentielles sont étroitement imbriquées (Giardino 1996). Ce type de production artisanale s'inscrit dans l'espace domestique, tout comme l'activité « à la maison » par excellence, le tissage, dont témoignent les pesons retrouvés[5]. Il y a peu d'exceptions à cela : l'une des plus notables est maintenant, au centre du plateau de Civita di Tricarico, à côté d'un petit sanctuaire (P), un entrepôt (R) fouillé en 2002-2003.

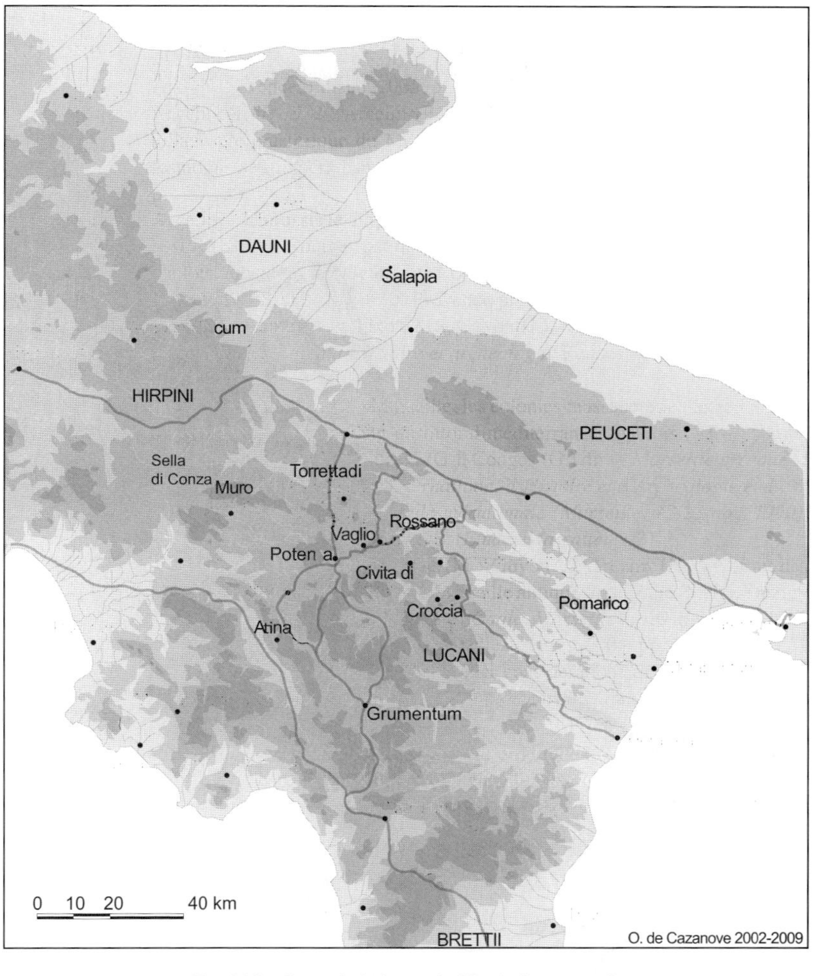

Fig. 308. Carte de la Lucanie (O. de Cazanove).

1 La céramique provenant des niveaux au-dessus de ce four est étudiée dans la thèse inédite de Tummolo Cosentino (M.R.) – Céramique à vernis noir dans la Basilicate du Nord-est (IVe-Ier s. av. J.-C.). Sous la direction de J.P. Morel, Aix-en-Provence, 2008, p. 16-17.

2 Pallud (A.), *In* : Cazanove 2008, p. 300-303.

3 A Laos (donc en Lucanie tyrrhénienne et non dans l'intérieur) a été supposée la présence d'un *kerameikos* : Guzzo, Greco 1978, p. 442 et suiv. Greco, Luppino, Schnapp 1989, p. 63-69 et fig. 6.

4 D'Andria 1975, Osanna 1996, Cracolici 2004, Silvestrelli 2004, Sivestrelli 2000 [2005]).

5 Pour les pesons trouvés dans la maison du monolithe de Civita di Tricarico, voir Pallud (A.), *In* : Cazanove 2008, p. 526-537. Pour l'époque impériale en Lucanie, on consultera aussi Di Giuseppe 1996.

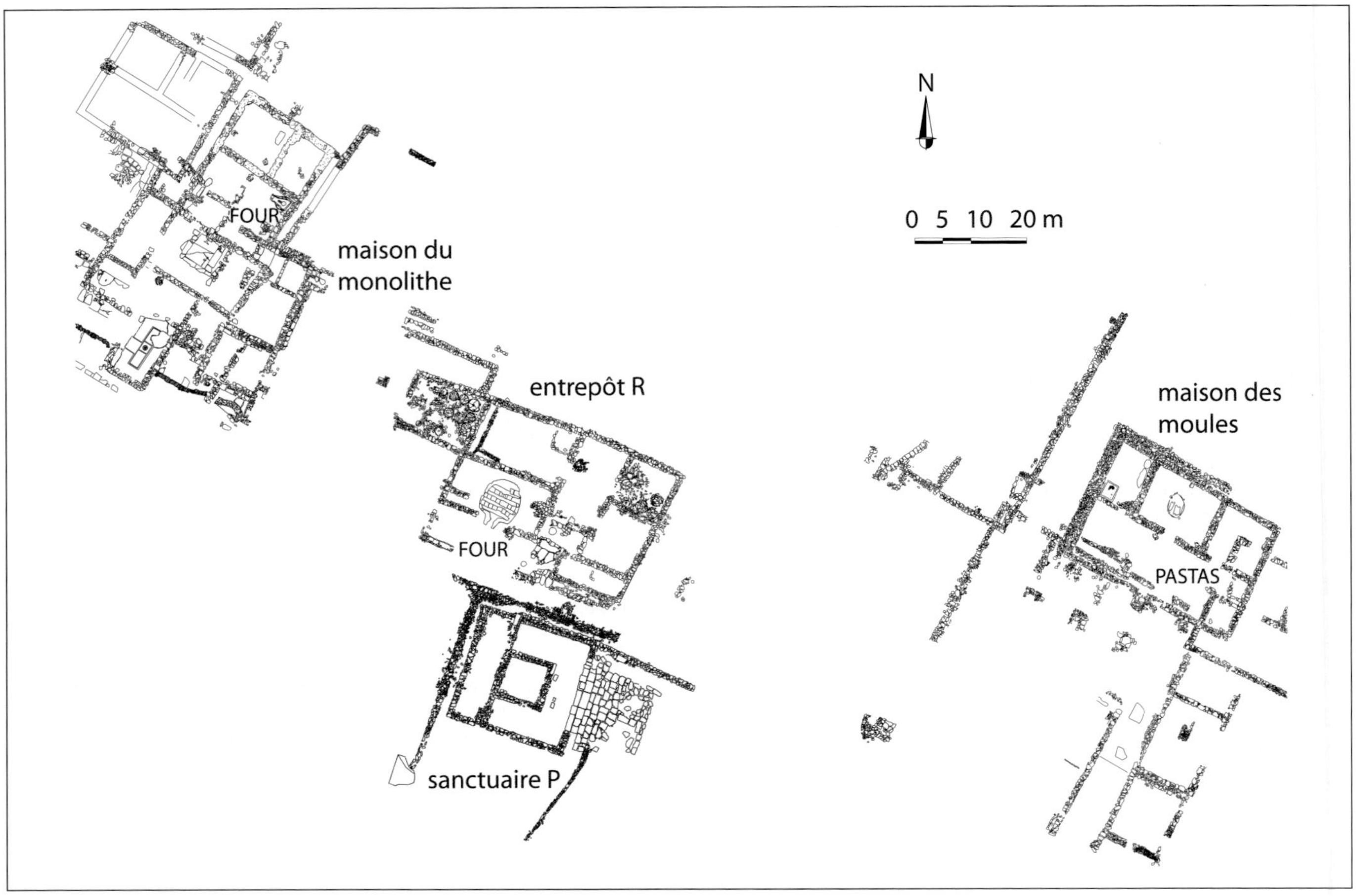

Fig. 309. Civita di Tricarico : plan partiel (EFR/O. de Cazanove).

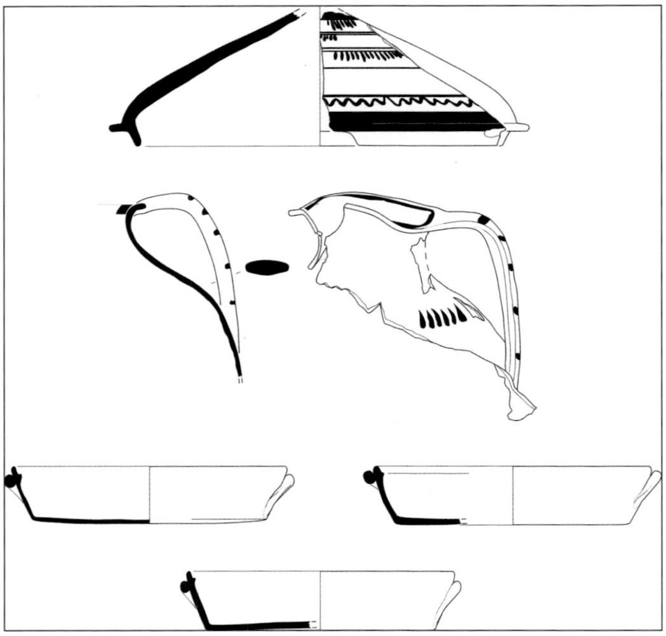

Fig. 310. Céramiques de Civita di Tricarico.
Couvercle et cruche (raté de cuisson) en céramique commune à bandes peintes ; trois *lopades* de la salle à manger communautaire (Civita di Tricarico I, n°s 669, 710, 960-962 ; dessin M. Pierobon, CJB).

Celui-ci était avant tout un grenier pour des céréales et des légumineuses, en *pithoi* et en sacs. Mais il abritait aussi un grand four de 3,5 m de diamètre, à corridor central et murets transversaux, probablement pour tuiles *opus doliare* et céramique (Cazanove 2004, p. 656-657, fig. 52). L'entrepôt R est donc aussi un bâtiment de service qui regroupe une pluralité d'activités dans un espace vraisemblablement communautaire (comme le suggère la liaison avec le sanctuaire P). Ce grand four mis à part, toutefois, les autres traces d'artisanat du feu à Civita di Tricarico (fours, rebuts de cuisson, scories) se rattachent à des habitations.

Les céramiques fabriquées localement, dans ces unités de production domestiques, sont de deux sortes : d'une part des *ollae* à deux anses, des cruches, des couvercles, des coupelles monoansées, ornées de motifs très simples en venis noir dilué (bandes, gouttes, palmettes stylisées, etc.)[6]. Ce type de décor et aussi, en partie, ce répertoire morphologique renvoient à la tradition indigène (la céramique *matt-painted* selon Yntema 1985).

6 Caravelli (A.) – Vasellame da mensa e da dispensa in ceramica comune. *In* : Cazanove 2008, p. 451-481.

Fig. 311. Moule simple d'une statuette d'enfant chevauchant un oiseau (135/CTri 4536. 17.) Les figurines d'enfant cavalier sont très répandues, particulièrement dans les tombes enfantines.
Malgré son état fragmentaire, ce moule se caractérise par ses petites dimensions (6,6 cm) et le manque de détails du creux (traits du visage indistincts, mollesse des reliefs,…).
Compte tenu de la fréquence du type et de la médiocre qualité de l'objet, il s'agit à l'évidence d'une génération de surmoule très éloignée de son prototype (EFR/S. Féret).

Fig. 312. Moule simple et moulage moderne d'une figure féminine drapée (47/CTri 4412. 1 – 49/CTri 4412. 3.) Par contraste avec le moule précédent (fig. 4), celui-ci sert à la production de figures de dimensions nettement supérieures (env. 30 cm). Les plis du drapé sont nets et leur organisation dérive d'un type de statuette de Tanagra, dite Sophocléenne (EFR/S. Féret)

Fig. 313. Jeu de moules pour une figure féminine debout tenant une patère (inv. 30/CTri 4409.3 - 52/CTri 4412.6). Il s'agit des fragments de la partie inférieure du corps de la figure. La valve inférieure du moule comporte le chiton ceinturé à la taille, recouvert d'un himation tendu vers la hanche gauche, et animé par la saillie du genou droit.
A hauteur du ventre, la main droite ornée d'un bracelet présente une patère à ombilic dont le dessus est moulé dans la seconde valve.
Le raccord entre les deux se fait le long de la lèvre de la patère (EFR/S. Féret).

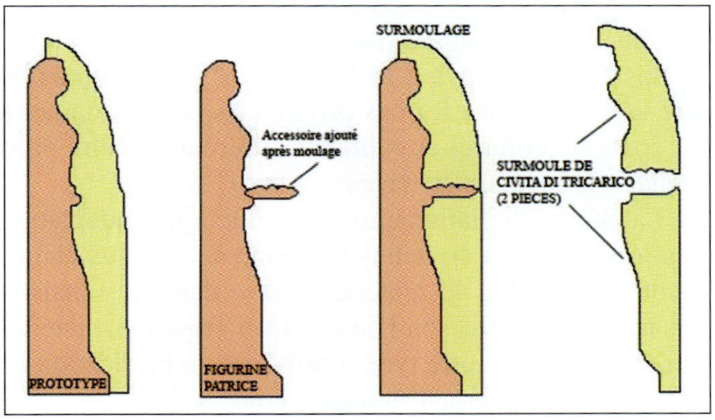

Fig. 314. Schéma fonctionnel du jeu de moule – inv. 30/CTri 4409.3 – 52/CTri 4412.6 (S. Féret).

D'autre part, des plats, des vases à boire et des bols en vernis noir qui reproduisent les formes du vaisselier grec et gréco-colonial, parfois en les affadissant[7].

Les importations ne manquent pas non plus. On trouve, dans les maisons de Civita di Tricarico, de la céramique à figures rouges italiote en petite quantité[8], mais surtout du vernis noir et du vernis noir surpeint (ce qu'on appelle conventionnellement de la céramique de Gnathia), également importés. Il semble même qu'il faille supposer une forme de stockage et de redistribution de cette céramique fine. Dans l'entrepôt R dont il a été question, a été trouvé un lot important de céramique à vernis noir, à vernis noir surpeinte polychrome d'excellente qualité, à figures rouges comprenant des formes rarement ou pas du tout attestées ailleurs sur le site (*gutti*, « mugs », cratérisques, « cup-skyphoi », lécythes, couvercles de lékanés). Deux solutions diamétralement opposées peuvent être envisagées : soit une ou plusieurs fournées du four tout proche, en attente d'être écoulées. Mais l'absence complète de rebuts de cuisson de cette sorte, et l'extranéité du répertoire ne vont pas dans ce

7 Cazanove (O.) – La vaisselle de table à vernis noir. *In* : Cazanove 2008, p. 393-446.

8 Pouzadoux (Cl.) – La céramique à figures rouges. *In* : Cazanove 2008, p. 349-371.

sens. Soit un arrivage massif qu'on entrepose avant de le mettre en circulation[9].

La céramique de cuisine pose un autre ordre de problèmes. Celle de Civita di Tricarico est certainement fabriquée sur place mais reproduit « un repertorio morfologico alquanto standardizzato che s'inserisce in una tradizione produttiva locale sicuramente attenta a nuovi influssi ma ancora strettamente connessa a modelli greci », comme le souligne A. Caravelli[10]. Parmi les formes de dérivation grecque, on citera surtout les *chytrai* (« marmites », « pots hauts ») et les *lopades* (« faitouts », « friteuses ») ; parmi les formes typiques de l'Italie, l'*olla* et le *caccabus* (« marmite »). Le cas des *lopades* est instructif : ces « friteuses » sont d'habitude considérées, en milieu grec ou hellénisé, comme des récipients allant au feu, pour cuire le poisson (Bats 1988, p. 48-50). Mais à Tricarico, et particulièrement dans la salle à manger communautaire en face de la porte ouest de l'enceinte intermédiaire, les vingt-trois *lopades* retrouvées en position de chute sur le pavement mosaïqué (Cazanove 1996, p. 923-928. Cazanove 2008, p. 293-294) servaient plutôt de gamelles dans lesquelles on pouvait faire cuire ou tenir au chaud des portions individuelles, sans doute de viande, de céréales ou de légumineuses – et non de poisson, dont la consommation ne s'est généralisée que très tard dans l'intérieur de la Basilicate, pas avant le XXe siècle[11]. On voit par là que la fonction des formes céramiques peut s'adapter à un contexte culturel et culinaire différent de celui dans lequel elles avaient été créées.

La même oscillation entre reproduction et adaptation des formes et des contenus se donne à voir plus clairement encore dans le matériel trouvé dans la « maison des moules » ou maison I de Civita di Tricarico, matériel qui renvoie à un autre type d'artisanat, la fabrication de figurines et d'ornements en terre cuite.

La maison des moules a recouvert partiellement une habitation antérieure, la maison M, qui présentait déjà le même plan[12]. On peut les définir comme des « maisons à *pastas* élémentaires » : cette *pastas* transversale, polyfonctionnelle, peut être plus ou moins allongée, selon le nombre de pièces qui donnent sur elles : quatre pièces donnaient sur la *pastas* de la maison M, trois sur celle de la maison des moules, dont la superficie totale est de 199 m^2.

La pièce centrale de la maison des moules, au nord, pourvue d'une porte ornée de cabochons de bronze, d'un foyer ovale et sans doute d'un petit autel domestique, est flanquée à l'est d'une probable salle à manger, d'un *andrôn* au seuil décentré, et à l'ouest d'une pièce plus petite, séparée de la *pastas* dans un deuxième temps par un mur léger, équipée d'un fond de vasque carré en béton de tuileaux sur préparation en tuiles posées de chant. On peut hésiter sur sa fonction : local de service ou ensemble cuisine-salle de bains. Dans ces trois pièces n'ont été trouvées que de rares terres cuites, la très grande majorité de celles-ci provenant au contraire de la *pastas* – et quelques-unes d'entre elles d'une fosse dans la cour au Sud de la maison des moules, cour centrée sur le puits préexistant. La maison et ses abords ont été fouillés en cherchant à reconstruire le toit de type laconien, puis en situant en trois dimensions (sur AutoCad), tous les fragments de terre cuite, de moules et de positifs, même les plus petits, de manière à obtenir une image précise, microtopographique, de leur distribution spatiale.

Ce matériel découvert donc principalement dans la strate d'effondrement de la *pastas* comprend deux catégories d'objets : les bijoux, qui comptent neuf moules et soixante positifs d'une part, et d'autre part soixante fragments de moules de statuettes dont une trentaine de pièces ont été recomposées et clairement identifiées. En outre, le contexte stratigraphique permet de dater l'occupation de cette maison au cours du IIIe s. av. J.-C. On dispose d'assez peu de données chronologiques sûres sur les contextes de trouvaille des terres cuites figurées ; aussi le fait est-il suffisamment rare pour être signalé.

Si le contexte de cette découverte est avant tout domestique – la maison des moules est bien une maison, elle en possède le plan, les aménagements et le matériel caractéristique (la vaisselle de table et de cuisine notamment) –, la seule présence des moules suffit néanmoins à renvoyer à la sphère de la production. Il n'est pas possible de rattacher ces outils de fabrication à une forme d'autosuffisance, comme c'est dans une large mesure le cas pour les productions textiles ou céramiques. Il s'agit bien ici d'une activité artisanale qui prend place au cœur de l'espace fonctionnel de la maison. En matière

9 Ce matériel sera publié dans *Civita di Tricarico III. Le sanctuaire P et l'entrepôt R*.

10 Caravelli (A.) – Ceramica da cucina. *In* : Cazanove 2008, p. 483-514 ; p. 483. Voir aussi p. 486-487, fig. 282-283, la typologie synoptique de la céramique de cuisine de Tricarico.

11 On peut évoquer à ce propos la présence endémique de goîtres, révélatrice d'une insuffisance d'iode et d'alimentation iodée, dans l'intérieur montagneux de la Basilicate : G. Lupoli *et al.* – Evaluation of goiter endemia by ultrasound in schoolchildren in Val Sarmento (Italy). Journal of endocrinological investigation, 22, 1999, p. 503-507.

12 La maison des moules, le matériel qu'elle contenait – y compris les moules et positifs en terre cuite – ainsi que la trame construite dans lequel elle s'inscrit sont en cours de publication dans Civita di Tricarico II. Pour le moment, on se reportera à « Chronique », MEFRA, 109, 1997, 1, p. 475 ; 110, 1998, 1, p. 513-516 ; 111, 1999, 1, p. 505-507 ; 112, 2000, 1, p. 453-462 ; 113, 2001, 1, p. 510-516 ; 114, 2002, 1, p. 500-506 ; Cazanove 2001, p. 172-176 ; Cazanove 2002, p. 102-112.

ce coroplathie, le fait n'est pas isolé : par exemple, la maison du coroplathe à Héraclée est assez similaire (Giardino 1996). Cette concentration de matériel de production coroplathique est exceptionnelle pour la connaissance des techniques de production et des modalités de transmission des modèles entre ateliers. En effet, cette découverte permet de mieux renseigner l'étape du moulage des pièces, alors même que l'activité liée au façonnage de l'argile est plus souvent révélée par les fours et les rebuts de cuisson [13]. En outre, l'analyse microtopographique des découvertes permet de restituer les formes du conditionnement pour stockage, par catégories et types de matériel. Le relevé en trois dimensions de la distribution des objets met donc en évidence l'existence d'un fonds d'atelier, défini comme un ensemble de biens mobiliers permettant d'exercer une « activité professionnelle ».

Ce fonds d'atelier se partage en deux groupes d'outils : un premier ensemble de moules renvoie à une petite plastique de qualité moyenne, un second à de grandes figures qui restent des produits exceptionnels. En revanche, aucune statuette produite à l'aide d'un moule de la maison I n'a été retrouvée sur le site de Civita di Tricarico [14]. De toute évidence, certaines matrices évoquent des figurines découvertes massivement dans les sanctuaires grecs ou indigènes qui sont le plus souvent de qualité médiocre, et interprétées comme des offrandes peu onéreuses et répétitives [15]. A l'inverse, le matériel funéraire, pour lequel se démarquent quelques sites majeurs d'Italie du Sud, comme Tarente (Graepler 1997) et Héraclée (Pianu 1990), est moins abondant et reste plutôt rare dans les tombes indigènes de Lucanie interne [16].

De même qu'il est difficile de déterminer l'aire de diffusion de cet atelier, la circulation des types qui ont donné lieu aux moules de la maison I reste incertaine. En effet, la duplication quasi infinie des objets est induite par le moulage. La reproductibilité technique est au cœur du processus de diffusion des modèles. Il n'est d'ailleurs pas rare que certains types de statuettes se retrouvent d'une extrémité à l'autre de la Méditerranée (Jeammet 2003, p. 200-201). Toutefois, la filiation exacte au sein d'une même série reste un exercice ténu et complexe (Muller 2000 ; Kassab-Tezgör, Abd El Fattah 1995 [1997]). Ces objets attestent néanmoins la transmission, depuis les cités de Grande Grèce, de modèles iconographiques et de savoir-faire. En effet, dans une large proportion, ces moules sont des surmoules (Muller 1997). Ce terme désigne des moules pris sur un positif qui n'est pas le prototype, mais une réplique. Les surmoules sont reconnaissables à la dégradation de la qualité : la perte de netteté des reliefs, l'émoussement des détails sont autant de défauts qui se transmettent ainsi à la production. Le surmoulage est une pratique intégrée au savoir-faire du coroplathe qui l'emploie, soit pour reproduire ses propres modèles, soit pour copier des modèles extérieurs à l'atelier. Cela ne signifie pas un manque de compétence, tout au plus un manque de créativité. Toutefois, certains surmoules présentent une certaine originalité dans la manière de contourner les difficultés techniques. Un jeu de moules servant à la fabrication d'une petite figure féminine tenant une patère (inv. 30/CTri 4409.3 - 52/CTri 4412.6.) ne présente pas le raisonnement habituel (face/revers ou antéro-postérieur) des figurations humaines. Le raisonnement est dessus-dessous, comme la fabrication des lampes, dans le seul but de contourner la patère de contredépouille. Cet indice technique prouve que ce surmoule reproduit une figure étrangère à l'atelier, car l'artisan a été dans l'incapacité d'extraire les éléments saillants d'une statuette cuite et achevée. A l'inverse d'objets fabriqués selon les règles de l'art, ces matrices semblent le fruit d'un « bricolage » par lequel l'artisan imite d'une manière empirique les savoir-faire en usage ailleurs (Muller 1999).

Au total donc, les moules de la « maison des moules » – qui constituent à ce jour les traces les plus consistantes que nous possédions d'un artisanat spécialisé en Lucanie interne – forment le fonds d'un atelier de coroplathe apte à satisfaire des besoins microrégionaux en matière de petite plastique, en proposant des produits de qualité modeste, mais exceptionnellement aussi à réaliser des pièces plus ambitieuses. Ces moules sont le produit de la transmission des modèles et des savoir-faire, soit par la circulation de matrices, soit par un apprentissage, parfois mal assimilé, des techniques et des méthodes de surmoulage. C'est précisément lorsque la technique est contournée faute d'être assimilée que peuvent se produire, nous l'avons vu, des effets de « bricolage ».

Au-delà du cas, emblématique si l'on veut, de cette statuette à la patère, nous voudrions conclure sur ce concept de « bricolage » qui nous semble bien adapté pour décrire l'une des formes de transferts culturels entre Grecs du littoral et populations de l'intérieur en Italie du Sud. On se souviendra à ce propos des pages stimulantes de Cl. Levi-Strauss (1962, p. 26-33) sur l'analogie entre bricolage et pensée mythique. Revenons un instant sur la vaisselle céramique, que nous avons examinée au début,

13 A l'inverse, aucun four n'a été trouvé à proximité de la maison des moules. Cette situation peut laisser supposer un fractionnement de la chaîne opératoire en plusieurs entités de production, dissociant la phase de façonnage de celle de la cuisson.

14 Féret (S.), *In* : Cazanove 2008, p. 521-523.

15 Quelques découvertes non exhaustives : Adamesteanu, Dilthey 1992 ; Fabbricotti 1980 ; Lo Porto 1988.

16 Mémoire de D.E.A. de Féret (S.) – La coroplathie funéraire en Lucanie. Sous la direction de Michel Gras, Paris I, 2002.

et qui fournit un panorama beaucoup plus simple et tranché : importations d'une part, imitations de l'autre, et enfin maintien du répertoire traditionnel « indigène » pour quelques formes de céramique commune. Tout au plus ce cadre se complique-t-il avec des récipients qui reproduisent morphologiquement certaines pièces de la batterie de cuisine grecque et magno-grecque (les *lopades*), mais dont l'usage semble différent, au moins dans la salle à manger communautaire de Civita di Tricarico. On tient là, avec cette adaptation de fonction, quelque chose qui se rapproche davantage de la récupération, de l'adaptation, du « recyclage » dans un autre contexte d'objets et de techniques, toutes opérations qui caractérisent le bricolage, matériel et culturel. Le surmoule à la patère est, dans une autre catégorie de mobilier, un produit – et en même temps un outil de production – « bricolé », mais cette fois littéralement.

BIBLIOGRAPHIE

Adamesteanu, Dilthey 1992 : ADAMESTEANU (D.), DILTHEY (H.) – *Macchia di Rossano, Il santuario della Mefitis, Rapporto preliminare*. Lavello, 1992.

Bats 1988 : BATS (M.) – *Vaisselle et alimentation à Olbia de Provence (v. 350 – v. 50 av. J.-C.). Modèles culturels et catégories céramiques*. Paris, 1988.

Cazanove 1996 : CAZANOVE (O. de) – Un édifice de repas comunautaires en Lucanie interne. *MEFRA*, 108, 1996, 2, p. 901-941.

Cazanove 2001 : CAZANOVE (O. de) – Civita di Tricarico nell'età della romanizzazione. In : Lo Cascio (E.), Storchi Marino (A.) éd. – *Modalità insediative e strutture agrarie nell'Italia meridionale in età romana*. Bari, 2001, p. 169-202.

Cazanove 2002 : CAZANOVE (O. de) – Au cœur de l'Apennin lucanien : recherches récentes à Civita di Tricarico. Les premières phases de l'habitat jusqu'à la deuxième guerre punique. *CRAI*, 2002, p. 93-120.

Cazanove 2004 : CAZANOVE (O. de) – Civita di Tricarico (prov. de Matera). (Chronique. Activités archéologiques de l'Ecole française de Rome. 2003). *MEFRA*, 116, 2004, 1, p. 653-660.

Cazanove 2008 : CAZANOVE (O. de) – *Civita di Tricarico I. Le quartier de la maison du monolithe et l'enceinte intermédiaire* (coll. EFR, 409). Rome, 2008.

Cracolici 2004 : CRACOLICI (V.) – *I sostegni di fornace dal* kerameikos *di Metaponto*. Bari, 2004.

D'Andria 1975 : D'ANDRIA (F.) – Metaponto – Scavi nella zona del Kerameikos. *NSA*, XXIX, 1975, suppl., p. 355-452.

Di Giuseppe 1996 : DI GIUSEPPE (H.) – Un'industria tessile di Domizia Lepida in Lucania. *Ostraka*, 5, 1996, p. 31-43.

Distasi 2006 : DISTASI (V.) – La fattoria di Montemurro. *In* : Russo (A.) éd. – *Con il fuso e la conocchia. La fattoria lucana di Montemurro e l'edilizia domestica nel IV secolo a.C.* Lavello, 2006, p. 71-87.

Fabbricotti 1980 : FABBRICOTTI (E.) – Ruoti (Potenza) – Scavi in località Fontana Bona, 1972. *NSA*, XXXIII, 1980, p. 368-370.

Giardino 1996 : GIARDINO (L.) – L'argilla. Herakleia. *In* : Lippolis éd. – *Arte e artigiano in Magna Grecia*. Naples, 1996, p. 35-43.

Graepler 1997 : GRAEPLER (D.) – *Tonfiguren im Grab. Fundkontexte hellenisticher Terrakotten aus der Nekropole von Tarent*. Munich, 1997.

Greco 1996 : GRECO (G.) – Per una definizione dell'architettura domestica di Serra di Vaglio. *In* : D'Andria (F.), Mannino (K.) éd. – Ricerche sulla casa in Magna Grecia e in Sicilia. Galatina, 1996, p. 255-299.

Greco, Luppino, Schnapp 1989 : GRECO (E.), LUPPINO (S.), Schnapp (A.) éd. – *Laos, I. Scavi a Marcellina 1973-1985*. Tarente, 1989.

Gualtieri, Fracchia 1990 : GUALTIERI (M.), FRACCHIA (H.) – *Roccagloriosa I. L'abitato : scavo e ricognizione topografica (1976-1985)* (Publications du Centre Jean-Bérard, 8). Naples, 1990.

Guzzo, Greco 1978 : GUZZO (P.G.), GRECO (E.) – S. Maria del Cedro, Fraz. di Marcellina. Località San Bartolo (Cosenza). Scavi di un centro abitato di epoca ellenistica (1973,1975). *NSA*, 32, 1978, p. 427-459.

Jeammet 2003 : JEAMMET (V.) éd. – *Tanagra, Mythe et archéologie*. Paris 2003.

Kassab-Tezgör, Abd El Fattah 1995 [1997] : KASSAB-TEZGÖR (D.), ABD EL FATTAH (A.) – La diffusion des tanagréennes à l'époque hellénistique. A propos de quelques moules alexandrins. *In* : *Le moulage en terre cuite dans l'Antiquité, Création et production dérivée, fabrication et diffusion. Actes du XVIIIe colloque du CRA-Lille 3, décembre 1995*. Lille, 1997, p. 353-374.

Levi-Srauss 1963 : LEVI-STRAUSS (Cl) – *La pensée sauvage*. Paris, 1962.

Lissi Carona 1983 : LISSI CARONA (E.) – Oppido Lucano (Potenza) – Rapporto preliminare sulla terza campagna di scavo (1969). *NSA*, 37, 1983, p. 215-352.

Lissi Carona 1990-1991 [1994] : LISSI CARONA (E.) – Oppido Lucano (Potenza). Rapporto preliminare sulla quarta campagna di scavo (1970). *NSA*, 1990-1991 [1994], p. 185-488.

Lo Porto 1988 : LO PORTO (F.G.) – Testimonianze archeologiche di cul i metaponti. *Xenia*, 16, p. 5-27, 1988.

Lo Porto 1991 : LO PORTO (F.G.) – *Timmari. L'abitato, le necropoli, la stipe votiva*. Rome, 1991.

Muller 1997 : MULLER (A.) – Description et analyse des productions moulées », Le moulage en terre cuite dans l'Antiquité. *In* : *Le moulage en terre cuite dans l'Antiquité, Création et production dérivée, fabrication et diffusion. Actes du XVIIIe colloque du CRA-Lille 3, décembre 1995*. Lille, 1997, p. 437-464.

Muller 1999 : MULLER (A.) – Copillage et bidouillage d'images dans l'Antiquité : l'exemple de la terre cuite grecque. *In* : *La transmission de l'image dans l'antiquité*, Cahier de la maison de la recherche, Université de Lille III, 1999, p. 65-77.

Muller 2000 : MULLER (A.) – Petite plastique de Tarente. Modeleurs et mouleurs. A propos de quelques moules tarentins du Musée d'art et d'histoire. *Genava*, XLVIII, 2000, p. 37-54.

Osanna 1996 : OSANNA (M.) – L'argilla. Metaponto. *In* : Lippolis (E.) éd. – *Arte e artigiano in Magna Grecia*. Naples, 1996, p. 44-49.

Pianu 1990 : PIANU (G.) – *La Necropoli meridionale di Eraclea 1. Le Tombe si secolo IV e III a.C.* Rome, 1990.

Russo 2006 : RUSSO (A.) – Organizzazione insediativa e edilizia domestica indigena nell'alta valle dell'Agri tra IV e il II secolo a.C. *In* : Russo (A.) éd. – *Con il fuso e la conocchia. La fattoria lucana di Montemurro e l'edilizia domestica nel IV secolo a.C.* Lavello, 2006, p. 19-57.

Russo Tagliente 1993 : RUSSO TAGLIENTE (A.) – Mancamasone, complesso rurale. *In* : *Da Leukania a Lucania. La Lucania centro-orientale fra Pirro e i Giulio-Claudii (Venosa, Novembre 1992-Mars 1993)*. Roma, 1993 p. 30.

Silvestrelli 2004 : SILVESTRELLI (F.) – L'archeologia della produzione in Magna Grecia. Il caso del *kerameikos* di Metaponto. *In* : *Metodi e pratiche della cultura materiale. Produzione e consumo dei manufatti*. Bordighera 2004, p. 107-116.

Sivestrelli 2000 [2005] : SILVESTRELLI (F.) – Le fasi iniziali della ceramica a figure rosse nel *kerameikos* di Metaponto. *In* : Denoyelle (M.), Lippolis (E.) Mazzei (M.), Pouzadoux (C.) éd. – *La céramique apulienne. Bilan et perspectives. Actes de la table ronde, Naples 30 novembre - 2 décembre 2000*. Naples 2005, p. 113-123.

Tocco *et al.* 1982 : TOCCO (G.), BOTTINI (P.), PICA (E.), MOLES (P.G.) – *Testimonianze archeologiche nel territorio di Tolve*. Matera, 1982.

Yntema 1985 : YNTEMA (D.G.) – *The Matt-Painted Pottery of South Italy*. Utrecht, 1985.

Chapitre III

Les céramiques : fabrication, formes, décors, échanges

1. Céramiques « indigènes » de l'époque géométrique et archaïque du site de Karabournaki en Macédoine et leur relation avec les céramiques importées

Eleni Manakidou

Les fouilles récentes de l'Université Aristote de Thessalonique[1] sur le site de Karabournaki ont fourni un nombre très considérable de céramiques provenant de presque tous les ateliers connus du monde grec ancien. Nous pouvons ainsi reconnaître des récipients fabriqués dans les ateliers de l'Eubée[2] et de la Thessalie[3] (pour la période géométrique), de Corinthe et d'Athènes[4], de villes de l'Asie Mineure[5] et des îles de l'Egée du Nord[6] et de l'Est[7], de Laconie[8], même quelques tessons de provenance chypro-phénicienne[9] et carienne[10] (pour les périodes archaïque et classique). Parmi les vases importés, il faut mentionner séparément les amphores de transport qui ont été trouvées en grandes quantités pendant les fouilles et qui contenaient du vin et de l'huile, transportés de plusieurs régions voisines mais plus lointaines aussi[11].

Le site en question est situé sur le promontoire du Petit Karaburnu, sur la côte orientale du golfe Thermaïque, et disposait du seul port naturel dans la région ; or, il occupait une place assez privilégiée qui lui permettait de jouer un rôle actif dans l'échange et la diffusion de produits locaux et importés, ce qui est prouvé par des bâtiments mis au jour et interprétés comme des dépôts et des caves. Outre les vases importés, mentionnés ci-dessus, il y a encore des groupes de céramiques importants considérés comme de fabrication « locale » ; on doit quand même mettre cet adjectif entre guillemets et ne pas le limiter exclusivement au territoire de Karabournaki ou à ses alentours, mais l'appliquer à toute la région côtière du Golfe Thermaïque. La péninsule, sur laquelle se trouvent les collines artificielles basses (*toumba* et *trapeza*) du site, constitue l'extrémité d'une vaste plaine densément peuplée qui s'étend à l'intérieur du pays. Elle possédait alors une place stratégique pour

1 Les fouilles universitaires, commencées en 1994, se conduisent chaque année jusqu'aujourd'hui sous la direction du Prof. Michalis Tiverios et avec la collaboration du Dr. Despoina Tsiafakis et de l'auteur ; voit aussi l'article de D. Tsiafakis dans ce volume. Je voudrais remercier sincèrement H. Tréziny pour son assistance et ses corrections sur mon texte français définitif.

2 Tiverios (M.) –'Οστρακα από το Καραμπουρνάκι. *AEMTh* 1, 1987, p. 259 fig. 2 ; Tiverios, Manakidou, Tsiafakis 2002, p. 261, p. 266 fig. 5.

3 Tiverios, Manakidou, Tsiafakis 2005, p. 191, fig. 7.

4 Manakidou (E.) – Korinthische und attische Importkeramik der archaischen Zeit aus der Siedlung von Karabournaki/ Nordgriechenland. *In* : Schmaltz (B.), Söldner (M.,) dir., *Griechische Keramik im kulturellen Kontext. Akten des Internationalen Vasen-Symposions in Kiel vom 24. bis 28.9.2001 veranstaltet durch das Archäologische Institut der Christian-Albrechts-Universität zu Kiel.* Münster, 2003, p. 193-196, fig. 31, 1-2 ; *Ead.* – Marché régional et importations de céramiques corinthiennes et attiques à Karabournaki (Macédoine) à l'époque archaïque. *In* : Viviers (D.), Tsingarida (A.) dir., *Les marchés de la céramique dans le monde grec (VIII*ᵉ *– I*ᵉʳ *s. av. J.-C.), Colloque international Université libre de Bruxelles 19-21 juin 2008* (sous presse).

5 Tsiafakis (D.) – On Some East Greek Pottery found at Karabournaki in Thermaic Gulf. *In* : Krinzinger (F.) dir., *Akten des Symposions Die Ägäis und das westliche Mittelmeer. Beziehungen und Wechselwirkungen 8. bis 5. Jh. V. Chr. Wien, 24. bis 27. März 1999*. Vienne, 2000, p. 417-423.

6 Un canthare du « G2-3 Ware » avec des serpents en reliefs sur le bord : Tiverios, Manakidou, Tsiafakis 2001, p. 259, p. 262 fig. 6. Quelques fragments et un exemplaire presque intact de grandes *sipyes* (pyxides-*stamnoi*) décorées de bandelettes ondulées verticales sur l'épaule proviennent probablement des ateliers insulaires de la mer égéenne du nord.

7 Coupes aux oiseaux (« bird-bowls »), coupes et alabastres samiens, calices chiotes, plats à pied et apodes et chaudrons ioniens et éoliens.

8 Tiverios, Manakidou, Tsiafakis 2002-2003, 341-342 fig. 13.

9 Bec trilobé de lécythe archaïque : Tiverios, Manakidou, Tsiafakis 2001, p. 259, p. 262 fig. 8 ; Tiverios (M.) – *In* : Stambolidis (N.) dir., *Πλόες. Από τη Σιδώνα στη Χουέλβα. Σχέσεις λαών της Μεσογείου 16ος-6ος αι. π.Χ.*, Catalogue de l'exposition, Athènes, 2003, p. 228 n° 15 ; *Id.* – Οι πανεπιστημιακές ανασκαφές στο Καραμπουρνάκι Θεσσαλονίκης και η παρουσία των Φοινίκων στο Βόρειο Αιγαίο. *In* : *Aigaio 2004*, p. 297 fig. 4. Deux tessons d'une œnochoé « Black-on-Red Ware » : Tiverios, Manakidou, Tsiafakis 2004, p. 341, p. 344 fig. 8. Il y a aussi des anses triangulaires appartenant aux cratères peints des ateliers chypriotes archaïques.

10 Tiverios (M.) – Κάρες στο μυχό του Θερμαϊκού κόλπου. *In* : *Ancient Macedonia. Sixth International Symposium* Vol. 2, Thessaloniki, 1999, p. 1175-1181.

11 Comme d'Athènes, de Corinthe, de Mende, de Thasos, de Lesbos, de Chios, de Samos, de Klazomenai, de Milet : Tiverios 1995-2000, p. 311-314 fig. 10-12 ; Tiverios, Manakidou, Tsiafakis 2002-2003, p. 350 ; Tiverios, *supra* note 9, *Aigaio 2004*, p. 297 fig. 3 ; Tiverios 2008, p. 28 fig. 12.

le contrôle, l'expansion et la redistribution de la production céramique locale dans les communes voisines.

Je me propose de présenter ici les groupes les plus caractéristiques et les plus nombreux, qui ont été mis au jour non seulement sur le site même mais aussi dans les fosses à débris aux pieds de la toumba fouillées par le Service Archéologique pendant les années 1994 et 1995 ainsi que récemment en 2006 [12]. La majorité de ces trouvailles peut dater de l'époque géométrique récente (c'est-à-dire l'âge du Fer en Macédoine) et surtout de l'époque archaïque, période de grande vitalité et prospérité pour notre site jusqu'au début du Ve siècle. Il s'agit surtout des récipients pour l'usage quotidien, pour le transport et le stockage de produits agricoles, liquides et solides. L'analyse archéobotanique du contenu de certains groupes céramiques, surtout des pithoi, des amphores commerciales et des oenochoés, a identifié jusqu'à présent plusieurs sortes de graines (céréales, lentilles, pépins) qui servaient à l'alimentation de la population locale et de leur animaux.

La découverte de grandes fosses pleines de tessons surtout de fabrication locale, pendant les fouilles récentes du Service Archéologique de Thessalonique aux pieds de la trapeza, a augmenté considérablement le nombre connu de cette céramique [13]. Les quelques tombes mises au jour par la Mission Archéologique française pendant la première guerre mondiale [14] et récemment par le Service Archéologique [15] ont fourni un petit nombre de vases de fabrication locale, contrairement à la céramique importée.

Pendant le IXe et plus particulièrement le VIIIe siècle av. J.-C. les importations de certaines catégories de céramique sub-protogéométrique et géométrique tardive eubéenne [16], surtout des skyphoi, des coupes, des tasses à une anse (gobelets) et des prochoi, ont servi d'inspiration aux ateliers locaux pour les formes et les schémas décoratifs (**fig. 315**). Comme motifs principaux on peut mentionner les demi cercles concentriques pendants, les groupes de cercles concentriques, les bandes ondulées, les zigzags horizontaux et verticaux ; comme répertoire figuratif on trouve seulement les oiseaux avec des ailes lignées et une fois peut être un cheval. Il y a aussi des coupes de petit format, couvertes tout entières de vernis brun, dont la production continue jusqu'au début du VIIe siècle et que l'on peut caractériser comme « sub-géométriques ».

Fig. 315. Skyphoi et phiales géométriques, importés (eubéens) et locaux (Photo-Archive : Fouilles universitaires à Karabournaki).

Le phénomène de fabriques locales sous l'influence de prototypes eubéens est également rencontré dans les colonies et sur les autres sites littoraux de Macédoine, surtout autour du golfe Thermaïque (Méthoné, Sindos, Mendé). Remarquons qu'on doit distinguer en ce lieu d'une part les céramiques qui évoquent une ressemblance très proche avec les vases eubéens dont elles ne diffèrent que par l'argile et d'autre part les vases purement locaux qui continuent la tradition antérieure en adoptant aussi des éléments nouveaux – surtout au point de vue du décor [17]. Dans le premier cas il faut

12 Pantermali (E.), Trakosopoulou (E.) – Καραμπουρνάκι 1994. Η ανασκαφή της ΙΣΤ΄ ΕΠΚΑ. *AEMTh* 8, 1994, p. 203-215 ; Pantermali (E.), Trakosopoulou (E.) – Καραμπουρνάκι 1995. Η ανασκαφή της ΙΣΤ΄ ΕΠΚΑ. *AEMTh* 9, 1995, p. 283-292 ; Tsimbidou-Auloniti (M.), Protopsalti (A.) – Καλαμαριά 2006. *AEMTh* 20, 2006, p. 271-273, p. 281.

13 Le contenu de ces fosses, avec le matériel équivalant de Sindos et d'Acanthe, a fait l'objet de la thèse de doctorat de Mme Anna Panti soutenue à l'Université Aristote en 2006 : Panti 2008.

14 Rey (L.) – La nécropole de Mikra-Karaburun près de Salonique. *Albania*, 2, 1927, p. 48-57 ; *Albania* 3, 1928, p. 60-66 ; *Albania* 4, 1932, p. 67-76. Gardner (E.), Casson (S.) – Macedonia. Antiquities. *BSA* 23, 1918-1919, p. 38-39 pl. 8-9.

15 Une première mention de trouvailles fortuites (vases attiques à figures noires et bracelets bronzes) qui provenaient de la nécropole du site est faite par A. Oikonomos dans son rapport dans l'*Archaiologikon Deltion* 2, 1916, p. 12. Pour les fouilles récentes dans le cimetière voit *supra*, note 12.

16 Notamment le cas de la colonie éretrienne de Méthoné sur la côte opposée du golfe Thermaïque. Un exemple significatif de la présence eubéenne assez tôt dans la région est donné par le site de Sindos à l'ouest de Thessalonique : Gimatzidis (S.) – *Die Stadt Sindos. Eine Siedlung von der späten Bronze- bis zur Klassischen Zeit am Thermaïschen Golf in Makedonien*, Freie Universität Berlin, 2007 (thèse de doctorat, sous presse) ; Tiverios 2008, p. 21-24. L'absence absolue des Eubéens de cette région, proposée par J. K. Papadopoulos dans plusieurs articles (*OJA* 15, 1996, p. 151-181 ; *JMedA* 10, 1997, p. 191-219), nous semble assez extrême et contredite par les fouilles récentes. Sur l'arrivée des Eubéens et les premiers stades de la colonisation dans l'Egée du Nord, voit récemment : Tiverios 2008, p. 4-17.

17 Pour Karabournaki, une première présentation et évaluation d'une partie considérable du matériel géométrique, importé et local, est fait par Nikos Chatzis dans sa thèse de magistère inédite : Chatzis (N.) – *Κεραμική γεωμετρικών χρόνων από τον αρχαίο οικισμό στο Καραμπουρνάκι. Μια μελέτη των κατώτερων στρωμάτων της*

probablement attribuer ces vases aux potiers d'origine eubéenne travaillant dans la région et utilisant la matière première locale, tandis que les autres font preuve d'une relation indirecte avec les prototypes importés.

L'argile de ces produits n'est sûrement pas eubéenne ; dans le cas de Karabournaki elle contient du mica et des incrustations et l'engobe brun est terne et mal appliqué. Outre les *skyphoi*, les mêmes motifs sub-protogéométriques, où prédominent les groupements de cercles et demi cercles tracés au compas, se trouvent sur des amphores tournées à col distinct et anses verticales [18] (**fig. 316**), une forme également bien connue dans les ateliers protogéométriques de l'Eubée et de la Thessalie et d'où elle peut tirer son origine. Une autre catégorie de production locale, inspirée de prototypes éoliens assez précoces, consiste en vases gris tournés non décorés [19], surtout en forme de gobelets à une ou deux anses.

Tous ces vases peints sont produits en même temps que les autres vaisselles modelées de l'âge du Fer qui sont plus nombreuses et très diffusées dans toute la Macédoine. Les formes les plus fréquentes à Karabournaki et dans presque tous les sites voisins sont la phiale et l'œnochoé avec de multiples variantes pour le rendu des anses et la forme du bec. Parmi eux dominent les *prochoi* à bec oblique ou coupé en arrière [20]. Souvent leur surface est d'abord lissée et ensuite polie ; les propriétés techniques (la pureté de l'argile, la forme stable et symétrique) révèlent une habileté technologique assez développée.

Le décor, s'il existe, peut être incisé, cannelé ou imprimé (estampé) et se limite à des motifs linéaires et géométriques simples (lignes horizontales, en zigzag et ondulées, triangles, filets, points), surtout sur la lèvre et l'épaule. Une forme très prisée dans la région thermaïque est celle de la phiale avec une anse horizontale et un bec verseur, qui porte un décor peint avec groupements de demi cercles concentriques [21] en couleur brun noir, imitant évidemment la décoration des skyphoi sub- protogéométriques eubéens.

Fig. 316 Amphore géométrique locale,
Musée Archéologique de Thessalonique, inv. 10131 (photo du Musée).

Cela ne veut pas dire que tous ces vases étaient produits exclusivement à Karabournaki ou dans la zone thermaïque, puisqu'on sait bien qu'il existait une « koinè » en Macédoine centrale pendant l'âge du Fer. Ces deux grandes catégories de vaisselle « indigène » sont très bien attestées dans tous les sites fouillés de la Mygdonie et de la Bottiée, plus spécialement dans les toumbai de la région de Thessalonique, et présentent des analogies avec les formes courantes du Bronze récent. Le « conservatisme » de la production céramique locale est un fait bien connu et attesté pour la majorité des ateliers locaux pendant toute la période archaïque concernant autant la typologie que le choix du décor limité.

Parmi les récipients faits à la main on doit noter aussi les divers pots à cuire et à conserver les aliments, en argile grossière grise, qui prennent la forme de cruches et de marmites et portent souvent des traces de feu. Plusieurs fragments appartenant à de tels vases se retrouvent près de plateformes en argile et de petits fourneaux, donnant ainsi une image assez claire de ces espaces de cuisine.

Un autre groupe particulier de céramique tournée de l'âge du Fer (daté dès la seconde moitié du VIIIe siècle

---

τομής 23-13a, Thessalonique, 2008. Il s'agit des tessons trouvés dans un secteur (22-91c, campagne de 2002), dont les couches plus basses n'étaient pas dérangées et peuvent être dater à l'époque géométrique tardive (fin VIIIe s.). Ce répertoire géométrique limité continue pendant toute la période archaïque : Panti 2008, p. 163-169.

18 Une telle amphore, trouvaille fortuite de l'ex Ephore Kontstantinos Tsakos sur le site de Karabournaki dans les années soixante, est conservée au Musée Archéologique de Thessalonique, inv. 10131: Vocotopoulou 1986, p. 83 fig. 57. Un autre vase identique, presque entier, provient de la brève recherche menée par l'Ephorie en 2006 : Tsimbidou, Protopsalti, *supra* note 12, p. 282 fig. 7.

19 Chavela (K.) – Τεφρόχρωμη τροχήλατη κεραμική της Εποχής του Σιδήρου από την Τούμπα Θεσσαλονίκης. *In* : *Aigaio 2004*, p. 329-338 ; *Ead*. – *Η χωροχρονική διάσταση του αρχαίου πολίσματος στην Τούμπα Θεσσαλονίκης : η κεραμική ως πιλότος ερμηνείας*, Thessalonique, 2006 (thèse de doctorat inédite), p. 27-42.

20 Pour la typologie de cette forme : Hochstetter (A.), – *Kastanas. Die handgemachte Keramik*, Berlin, 1984, 406 p..

21 Cf. un exemplaire intact, provenant d'une tombe de Toumba à Thessalonique : Vocotopoulou 1986, p. 88 fig. 69.

et du courant du VIIe), appelée pour la première fois « argentée » par M. Tiverios[22], apparaît aussi à Karabournaki et est bien attesté dans presque tous les sites principaux de la région thermaïque, de même que dans des sites plus éloignés (Kastanas, Axiochori, Archontiko Giannitson, Sané, Akanthos, Thasos). Il s'agit de vases surtout de grand format (Panti 2008, p. 173-176, 208, 255-256), comme des amphores-*pithoi* (**fig. 317**), des chaudrons, des hydries et des lékanés, qui se distinguent par leur décor géométrique assez riche et complexe, arrangé en plusieurs zones ou avec des sortes de métopes. Les motifs principaux sont des filets, losanges, triangles, zigzags, groupes de lignes courtes ou points, bandes ondulées et disposées en X, cercles et semi cercles concentriques faits à la brosse multiple. Tous sont dessinés avec soin en couleur violette sur un engobe argenté qui contient beaucoup de mica (leur argile est fine et pure, la cuisson de ces vases s'achève à une température de 800° et plus). Cet atelier céramique peut très probablement être localisé dans un des sites voisins qui se situent au fond du golfe Thermaïque et on a déjà proposé le site de Sindos à l'ouest de Thessalonique[23].

Passons maintenant à une autre catégorie de vases de grand format, très caractéristique, datant de l'âge du Fer. Il s'agit de grandes amphores commerciales (**fig. 318**) aux anses verticales aplaties, avec deux cannelures sur le dos, et à décor géométrique simple sur le col et la panse (surtout des groupements de cercles concentriques et de larges bandes en engobe brun noir). Ces amphores de dimensions considérables sont datées des IXe et VIIIe siècles et leur centre de production est localisé par M. Tiverios en principe à Sindos[24], mais on les trouve également jusqu'à Troie et même en Eubée. Plusieurs fragments de ce groupe ont été découverts pendant nos fouilles. Il est probable, comme on l'a supposé ailleurs, que ces amphores ont servi pour le transport du vin local, produit non loin de Karabournaki, où on a trouvé aussi beaucoup de pépins de raisins qui avaient subi une procédure de compression[25]. Il semble que dans ce cas il s'agit d'une production commune et assez répandue dans toute la région côtière en considération, une sorte de « marque déposée », dont les produits avec leur contenu précieux circulaient aussi à plusieurs lieues de distance.

Ces deux derniers groupes montrent l'influence prolifique exercée par les céramiques importées de l'Eubée et de Thessalie sur la production locale pendant l'âge du Fer récent.

L'époque archaïque est mieux représentée à Karabournaki pour ce qui concerne les produits céramiques locaux ou régionaux mais aussi les divers récipients importés, comme nous l'avons indiqué au début de notre présentation. En examinant les catégories indigènes, on peut constater une préférence pour les grands vases ainsi que pour certaines formes fermées, comme les oenochoés et les prochoi, et ouvertes comme les chaudrons-cratères, les coupes et les lékanés.

Les cruches ayant des formes et des dimensions diverses constituent une catégorie très nombreuse et caractéristique (Panti 2008, p. 169-173, 199, 210-211). Les proportions et les détails de structure varient d'une pièce à l'autre ; on peut cependant constater une uniformité et une suite dans la production locale de ces vases pendant toute la période archaïque. Il faut mentionner d'abord les oenochoés en forme de courge (**fig. 319**) et à bec coupé en arrière, qui continuent la tradition de l'âge du Fer ancien. Elles ont le col cylindrique, la panse sphérique, l'anse verticale arquée et le fond plat. Leur surface est polie avec une sorte de peigne et couverte d'un engobe brun orange ou brunâtre, qui est parfois mal cuit. Leur origine remonte sûrement aux prototypes réels végétaux et aux récipients faits au début en cuir ou en paille. Le col est quelquefois recouvert d'un vernis brun noir, ce qui donne une impression de bichromie[26]. Cette variante, trouvée également dans les nécropoles de Sindos, de Thermi/Sedes, d'Hagia Paraskevi et d'Archontiko, se date de la seconde moitié du VIe siècle[27].

La plupart des oenochoés archaïques ont une grande hauteur et prennent des dimensions vraiment monumentales. Aucune ne nous est malheureusement parvenue entière et on ignore pour le moment leurs dimensions exactes[28]. Elles ont d'habitude une anse double, plus

---

22 Tiverios (M.) – Αρχαιολογικές έρευνες στη διπλή τράπεζα της Αγχιάλου (Σίνδος) κατά το 1991. *AEMTh* 5, 1991, p. 241, p. 246 fig. 6 ; *Id*. – Οι ανασκαφικές έρευνες στη διπλή τράπεζα της Αγχιάλου κατά το 1992. *AEMTh* 6, 1992, p. 362 ; Panti (A.) – Κεραμική των εργαστηρίων του βορειοελλαδικού χώρου από το νεκροταφείο της αρχαίας Ακάνθου. *AEMTh* 19, 2005, p. 347-348, p. 356 fig. 1.

23 Gimatzidis (S.) – *« Ασημίζουσα κεραμική ». Μια υποπρωτογεωμετρική εγχώρια κεραμική του βορειοελλαδικού χώρου*, Thessalonique, 1997 (thèse de magistère inédite).

24 Tiverios (M.) – Ανασκαφικές έρευνες στη διπλή τράπεζα της Αγχιάλου. *AEMTh* 4, 1990, p. 322, p. 329 fig. 6 ; Tiverios (M.) – Οι ανασκαφικές έρευνες στη διπλή τράπεζα της Αγχιάλου κατά το 1993. *AEMTh* 7, 1993, p. 250 fig. 6 ; Panti, *supra* note 22, p. 348-349, p. 356 fig. 2.

25 Tiverios, Manakidou, Tsiafakis 2003, p. 193-194 ; Valamoti (S.) – Αρχαιοβοτανικά δεδομένα από το Καραμπουρνάκι : μια προκαταρκτική έκθεση των ευρημάτων. *AEMTh* 17, 2003, p. 201-204.

26 Tiverios 1995-2000, p. 310 fig. 8.

27 Despini *et al*. 1995, p. 225-6 no 361 (Tiverios) ; Sismanidis (K.) – Το αρχαϊκό νεκροταφείο της Αγίας Παρασκευής Θεσσαλονίκης. Πρώτη παρουσίαση και πρώτες εκτιμήσεις. *In* : *Αμητός. Τιμητικός τόμος για τον καθηγητή Μανόλη Ανδρόνικο*, Thessalonique, 1987, p. 794 pl. 162, 2.

28 Un exemplaire est préservé jusqu'à une hauteur de 46 cm.

rarement triple ou en torsade et leur embouchure peut être ronde, trilobée ou coupée en arrière[29]. Parfois elles portent de cannelures au-dessus du bec et à la base du col. La grande popularité et diversité de ce type de vases fermés dans le répertoire local offre peut-être une indication pour les multiples fonctions qu'ils pouvaient avoir, puisque nous ne possédons jusqu'à présent de données archéologiques suffisantes sur leurs emplois possibles.

L'argile est de couleur beige orange et contient une grande quantité d'inclusions diverses (comme mica, chalasie, biotite) ; après cuisson, elle acquiert un noyau gris, enveloppé entre deux couches oranges (en « sandwich »). L'analyse macroscopique a démontré que ces vases sont cuits à de hautes températures, vers 850-900°, en atmosphère oxydante ; or, ils devaient être très solides pour l'usage quotidien et ils avaient une capacité remarquable. Ces oenochoés ou prochoi sont soit entièrement couvertes de vernis brun ou grisâtre soit décorées de larges bandes qui entourent tout le vase. Ce motif linéaire assez commun, proche de ce que l'on appelle en Ionie « céramique à bandes » (angl. *Waveline Ware, Band-Ware* all. *Bandkeramik, Streifenware*)[30], apparaît sur plusieurs formes diverses. Les bandes ondulées se trouvent aussi sur des hydries, des *stamnoi* et des cruches de dimensions plus réduites (Panti 2008, p. 52-54, 143-144, 250).

D'une façon générale, les vases à décoration « ionisante » mais de fabrication locale sont assez nombreux parmi nos trouvailles et occupent une place importante dans la production céramique de l'époque archaïque. Leur popularité est due aux relations proches entre notre site et les cités ioniennes, comme en témoigne la grande quantité de céramiques importées d'Ionie à Karabournaki. On distingue une multitude de formes différentes, fermées et ouvertes, avec une préférence pour les récipients d'apparat et de banquet (**fig. 320**), comme les *skyphoi*, les coupes, les tasses, les phiales, ce qui n'exclut pas les vases de grand format, comme les hydries, les œnochoés, les *stamnoi* et les lékanés. Leur décor est limité en principe à de larges bandes horizontales ou ondulées de couleur rouge ou brune.

Le premier groupe qu'on peut jusqu'à présent localiser avec certitude à Karabournaki est connu sous le nom de « céramique ionisante à parois de coquille » (proposé encore une fois par M. Tiverios) à cause des parois très fines de ces vases[31]. Ces pièces forment un groupe assez cohérent et sont très proches de prototypes ioniens (Panti 2008, p. 182-192 et 200-203). Dans une des constructions semi-souterraines nous avons notamment trouvé des quantités importantes de tessons de cette céramique qui appartiennent à des vases presque complets mais déformés, comme s'il s'agissait de ratés de cuisson rejetés sur place. D'autres vases entiers ainsi que des quantités considérables de tessons appartenant au même groupe sont également retrouvés dans presque chaque secteur de notre fouille. L'argile est de bonne qualité, de couleur claire, rouge orange ou brunâtre, aux granules très fines et elle contient beaucoup d'oxydes du fer et peu de mica. La surface de ces vases est couverte d'un vernis de couleur orange vif ou quelquefois brun et les seules parties restées de la couleur de l'argile sont la base et la zone sous les anses. Le vernis est appliqué de façon irrégulière et son épaisseur est variable ; il donne parfois l'impression d'être apposé avec une brosse large qui forme sur la surface intérieure des bandes concentriques avec une petite spirale au fond du vase.

La plupart des exemplaires sont des coupes apodes de formats différents, mais il y a aussi des phiales avec une anse et un déversoir en vis-à-vis, des lékanés, une arytaina intacte (cuiller à pot), de petites olpès, quelques oenochoés à bec trilobé, et des tasses à une anse ; ils sont liés au service de table (**fig. 321a-c**) et aux coutumes du banquet et représentent, grâce à leur qualité, un article, disons, « de luxe »[32]. Avec les tessons cités ci-dessus –appartenant aux récipients plus ou moins complets–, nous avons trouvé des masses d'argile crue (par exemple des bâtons pour former les anses) qui indiquent la procédure de fabrication. L'analyse chimique des pièces cuites et non cuites avec les méthodes de spectroscopie d'absorption atomique et de photométrie du feu effectué par l'Institut de Technologie pour la Culture et l'Education de Xanthi a montré que tous ont la même composition chimique et qu'ils ont une provenance commune (Panti 2008, p. 265-273). L'analyse macroscopique a aussi témoigné que ces vases fins sont cuits en atmosphère réductrice, à des températures assez basses, vers 800°.

Exemples fragmentaires : Tiverios, Manakidou, Tsiafakis 2006, p. 267, p. 270 fig 7.

29 Un exemple ressemble même aux formes chypro-phéniciennes avec sa bouche trilobée mais assez fermée et son col étroit : Tiverios, Manakidou, Tsiafakis 2005, p. 190, p. 195 fig. 5.

30 Niemeyer (W. D.), Graeves (A. M.), Selesnov (M.) – Die "Zierde Ioniens". Ein archaischer Brunnen, der jüngere Athenatempel und Milet vor der Perserzerstörung. *AA* 1999, p. 373-413 ; Gebauer (J.) – Die Keramik der Grabungen in Limyra 2002 / 2003. *In* : Seyer (M.) dir., *Studien in Lykien, ÖJh ErgH* 8, 2007, p. 52-56, 61-63 pl. 3-5 ; Kalaitzoglou (G.) – *Assesos. Ein geschlossener Befund südionischer Keramik aus dem Heiligtum der Athena Assesia*, Mayence, 2008, p. 173-175, p. 220-223.

31 Tiverios 1995-2000, p. 309 ; Tiverios, Manakidou, Tsiafakis 2002-2003, p. 347-349 fig. 18-19 ; Tiverios, Manakidou, Tsiafakis 2002, p. 261, p. 266 fig. 7 ; *Eid*. 2003, p. 195, p. 199 fig. 7.

32 Beaucoup de récipients pour servir et boire du vin appartenant à cette catégorie, trouvés tous dans la construction semi souterraine du secteur 27-79d en 2001, ont aidé à y identifier les débris de leur atelier céramique: Tiverios, Manakidou, Tsiafakis 2001, p. 257-258, p. 262 fig. 5.

Fig. 317 Amphore-pithos en céramique « argentée », inv. K96.708 (Photo-Archive : Fouilles universitaires à Karabournaki).

Fig. 318. Amphore géométrique commerciale, produit régional, inv. K95B.444 (Photo-Archive : Fouilles universitaires à Karabournaki).

Ces vases étaient largement diffusés sur plusieurs sites autour du golfe Thermaïque, comme à Nea Philadelphia, à Anghialos/Sindos, à Leté, à Thermi/Sedes, sur la colline-trapeza d'Archontiko près de Giannitsa et sur les collines-toumbai de la région de Thessalonique (Lembet, Ano Toumba, Stavroupolis, Gona)[33], ce qui prouve leur popularité et leur distribution parmi les indigènes qui habitaient dans ces sites à population mixte (Grecs et Thraces avec certaines quantités d'étrangers) de la région. Au contraire, on en trouve très rarement sur les sites et dans les tombes de Chalcidique. La production de ce groupe s'étend sur toute la période archaïque et on peut certainement établir une filiation avec ses précurseurs du VIIIe siècle et surtout du VIIe siècle[34].

Passons maintenant aux diverses catégories à décor figuré. Quelques exemplaires de chaudrons (lébétes) ou cratères avec un déversoir sous la lèvre et des anses doubles obliques ou en forme de triangle compact, datant de la première moitié du VIIe siècle, constituent un de groupes les plus caractéristiques et originaux de la production locale (**fig. 322**). Ce sont des vases de grandes dimensions et leur forme est semblable à celle de chaudrons éoliens ou ioniens à l'exception du bec verseur. Leur décoration peinte garde encore les motifs géométriques (grands cercles concentriques remplis de points, filets, damiers, oiseaux peints en vernis brun noir) et la technique du dessin est aussi traditionnelle (surtout en silhouette mais quelquefois en contour)[35].

Fig. 319. Oenochoé bichrome en forme de courge, inv. K98G.414 (Photo-Archive : Fouilles universitaires à Karabournaki).

Malgré l'absence de parallèles concernant la forme et le style, on pourrait rapprocher de ce groupe quelques fragments de cratères contemporains entièrement couverts de vernis brun. L'apparence entière de ces vases donne une impression sub-géométrique sous l'influence directe de prototypes orientaux.

Sans parallèle reste jusqu'à présent le cratère fragmentaire avec une scène de chasse[36] dans laquelle on reconnaît le chasseur qui tire à l'arc et trois cerfs ; toutes les figures sont rendues en silhouette de façon traditionnelle, mais, si on considère les rosaces grossières sur le fond et l'emploi minime d'incision (pattes de cerfs, œil réservé), le vase pourrait dater de la fin du VIIe siècle. Il présente des analogies avec des exemplaires du protoattique moyen. Au point de vue du décor et du style, on peut constater un mélange d'éléments anciens et nouveaux, ce qui est typique d'ateliers régionaux. Cet exemple de céramique figurée, produit dans un atelier local et daté à l'époque archaïque ancienne, reste exceptionnel à ce

33 Tiverios, Manakidou, Tsiafakis 2002-2003, p. 349 note 39 ; Panti 2008, 249.

34 Un grand récipient en forme de cratère avec des anses fourchues qui aboutissent à une sorte de bouton : Tiverios, Manakidou, Tsiafakis 2004, p. 341, p. 344 fig. 5.

35 Tiverios, Manakidou, Tsiafakis 2002-2003, 344 fig. 15. Un exemplaire comparable a été trouvé pendant un sondage conduit par le Service Archéologique en 1954 : Petsas (Ph.) – Χρονικά Αρχαιολογικά, *Makedonika* 7, 1966/67, p. 303 pl. 15c.

36 Tiverios, Manakidou, Tsiafakis 1999, p. 172-173, p. 176 fig. 10.

Fig. 320 Coupe à une anse ionisante,
Musée Archéologique de Thessalonique, inv. K97E.1 (photo du Musée).

Fig. 322. Chaudron local à décor peint, inv. K98.542 (Photo-Archive : Fouilles universitaires à Karabournaki).

Fig. 321. a-b-c Coupes apodes et olpè « à parois de coquille », Musée Archéologique de Thessalonique, inv. K2001D.417, K2001D.428, K2001D.449 (photos du Musée et Photo-Archive : Fouilles universitaires à Karabournaki).

jour non seulement aux alentours de Karabournaki mais aussi dans toute la Macédoine centrale à l'exception de la Chalcidique[37].

La plupart des vases peints locaux portent surtout des motifs géométriques composés, combinés parfois avec un décor floral (branches, palmettes, feuilles, rosettes) ; très peu ont des figures d'animaux, d'oiseaux et de têtes féminines en silhouette ou en contour. Il s'agit particulièrement des amphores-*pithoi*, amphores-cratères, *stamnoi* et hydries qui sont produits comme vaisselle funéraire dès le VIIe jusqu'au Ve siècle av. J.-C. ; les exemples exclusivement à décoration végétale se datent relativement tard, vers la fin du VIe siècle et après. Les scènes figuratives sont, alors, très rares et les scènes narratives presque absentes dans la céramique locale et « chalcidiote » (Panti 2008, p. 231-248).

En conclusion, je voudrais mentionner que les fouilles à Karabournaki continuent et que les différentes catégories de vases locaux et importés sont en cours de publication. Les quelques groupes que je viens de vous présenter témoignent de l'activité dynamique et de l'expansion des ateliers céramiques dans la région entière du golfe Thermaïque pendant l'âge du Fer et l'époque archaïque.

37 Vocotopoulou (I.) – Anciennes nécropoles de la Chalcidique. *In* : La Genière (J. de) dir., *Nécropoles et sociétés antiques : Grèce, Italie, Languedoc. Actes du Colloque International du Centre des Recherches Archéologiques de l'Université de Lille III, 2-3 Decémbre 1991,* Naples, 1994, p. 79-84. Moschonissioti (S.) – Εγχώρια διακοσμημένη κεραμική από το νεκροταφείο της αρχαίας Μένδης. *In* : *Aigaio 2004*, p. 283-287, p. 291.

BIBLIOGRAPHIE

AEMTh : *To archaiologiko ergo sti Makedonia kai ti Thraki*, Thessalonique, 1994-2006.

Aigaio 2004 : STAMBOLIDIS (N.), GIANNIKOURI (A.) dir. – *Το Αιγαίο στην Πρώιμη Εποχή του Σιδήρου*. Actes du Congrès International, Rhodes 1-4 novembre 2002. Athènes, 2004, 542 p.

Despini *et al.* 1995 : DESPINI (A.), MISAILIDOU (D.), TIVERIOS (M.), VOCOTOPOULOU (I.) – *Sindos. Catalogue de l'exposition*. Thessalonique, 1995, 312 p.

Panti 2008 : PANTI (A.) – *Τοπική κεραμική από τη Χαλκιδική και το μυχό του Θερμαϊκού κόλπου (Άκανθος, Καραμπουρνάκι, Σίνδος)*. Thessalonique, 2008, 514 p.

Tiverios 1995-2000 : TIVERIOS (M.) – Έξι χρόνια πανεπιστημιακών ανασκαφών στο Καραμπουρνάκι Θεσσαλονίκης. *Egnatia*, 5, 1995-2000, p. 297-321.

Tiverios 2008 : TIVERIOS (M.) – Greek Colonisation of the North Aegean. *In* : Tsetskhladze (G. R.) dir., *Greek Colonisation. An Account of Greek Colonies and Other Settlements Overseas*, Vol. 2, Leiden, 2008, p. 1-154.

Tiverios, Manakidou, Tsiafakis 1999 : TIVERIOS (M.), MANAKIDOU (E.), TSIAFAKIS (D.) – Ανασκαφικές έρευνες στο Καραμπουρνάκι κατά το 1999 : ο αρχαίος οικισμός. *AEMTh* 13, 1999, p. 167-175.

Tiverios, Manakidou, Tsiafakis 2001 : TIVERIOS (M.), MANAKIDOU (E.), TSIAFAKIS (D.) – Ανασκαφικές έρευνες στο Καραμπουρνάκι κατά το 2001 : ο αρχαίος οικισμός. *AEMTh* 15, 2001, p. 255-262.

Tiverios, Manakidou, Tsiafakis 2002 : TIVERIOS (M.), MANAKIDOU (E.), TSIAFAKIS (D.) – Ανασκαφικές έρευνες στο Καραμπουρνάκι κατά το 2002 : ο αρχαίος οικισμός. *AEMTh* 16, 2002, p. 257-266.

Tiverios, Manakidou, Tsiafakis 2002-2003 : TIVERIOS (M.), MANAKIDOU (E.), TSIAFAKIS (D.) – Πανεπιστημιακές ανασκαφές στο Καραμπουρνάκι Θεσσαλονίκης (2000-2002). *Egnatia*, 7, 2002-2003, p. 327-351.

Tiverios, Manakidou, Tsiafakis 2003 : TIVERIOS (M.), MANAKIDOU (E.), TSIAFAKIS (D.) – Ανασκαφικές έρευνες στο Καραμπουρνάκι κατά το 2003 : ο αρχαίος οικισμός. *AEMTh* 17, 2003, p. 191-199.

Tiverios, Manakidou, Tsiafakis 2004 : TIVERIOS (M.), MANAKIDOU (E.), TSIAFAKIS (D.) – Ανασκαφικές έρευνες στο Καραμπουρνάκι κατά το 2004 : ο αρχαίος οικισμός. *AEMTh* 18, 2004, p. 337-344.

Tiverios, Manakidou, Tsiafakis 2005 : TIVERIOS (M.), MANAKIDOU (E.), TSIAFAKIS (D.) – Ανασκαφικές έρευνες στο Καραμπουρνάκι κατά το 2005 : ο αρχαίος οικισμός. *AEMTh* 19, 2005, p. 187-195.

Tiverios, Manakidou, Tsiafakis 2006 : TIVERIOS (M.), MANAKIDOU (E.), TSIAFAKIS (D.) – Ανασκαφικές έρευνες στο Καραμπουρνάκι κατά το 2006 : ο αρχαίος οικισμός. *AEMTh* 20, 2006, p. 263-270.

Vocotopoulou 1986 : VOCOTOPOULOU (I.) *et al.* – *Θεσσαλονίκη από τα προϊστορικά μέχρι τα χριστιανικά χρόνια*. Thessalonique, 1986, 158 p.

2. Local and Imported Pottery from the Cemetery of Sindos (Macedonia) : Interrelations and Divergences

Vasiliki Saripanidi

To the memory of my father

The Archaic-Classical cemetery of modern Sindos is located in the Second Industrial Zone of Thessaloniki, some 23 kms to the northwest of the city (*Sindos*, p. 8-13 [A. Despoini]). It was accidentally discovered in 1980 and its excavation, conducted by Dr. A. Despoini from 1980 to 1982, brought to light 121 graves, each containing a single burial with very few exceptions[1]. The cemetery is linked with the nearby settlement of the so-called "Anchialos-Sindos Double Trapeza", which expanded to the north, and is in all likelihood the site of ancient Sindos[2]. More precisely, it served the settlement's needs from the second quarter of the 6th to the late 5th c. B.C., with a limited number of graves dating into the 4th c., by which time other cemeteries had been established in the wider area[3]. In spite of the fact that almost half of the graves of the Archaic-Classical cemetery had already been plundered in antiquity (*Sindos*, p. 13 [A. Despoini]), for the most part they preserved their ceramic finds, among which number 262 mostly intact vases coming from 99 graves. Another 13 fully preserved vases were found scattered throughout the area, but some of them must have originally been associated with burials. Out of this total of 275 vases, 128 are Attic, 87 Corinthian, 14 East Greek, 3 probably Euboean and 1 Boeotian, while 42 are of local provenance – that is, produced by several workshops that were active in the Thraco-macedonian area. The scope of this paper is first to make some observations on the use of local pottery with respect to funerary practices attested in the cemetery of Sindos, and then to examine the relations of this pottery to the prevalent ceramic productions of the 6th and 5th c. B.C., in terms of shapes and decoration.

We should first note that although local wares come third in quantity among pottery from the cemetery, they were present only in 27 out of the 99 graves. It is no surprise that when it comes to burial offerings, the inhabitants of the settlement appear to have had a conspicuous predilection for imported vases. Interestingly enough, local wares were completely absent from the most lavishly furnished graves that remained undisturbed, such as grave 25, which contained twelve vases from East Greece, Corinth and Attica, along with two faience vessels and numerous other valuable objects[4]. Perhaps the lack of local pottery from such graves could be interpreted as an indication of (real or claimed) higher socio-economic status ; but to what extent does pottery actually relay differentiations among the deceased of Sindos ? A close examination of those graves that have not been despoiled reveals that neither is pottery in itself indicative of the wealth of a grave, and nor does the latter necessarily entail the presence or absence of specific types of vases[5]. With regard to local vases, in particular,

---

* This paper is based on the overall study of the pottery from the cemetery, by the present author, which is included in the forthcoming final publication of the site by the Honorary Ephor of Antiquities A. Despoini. Parts of this material have already been presented in *Sindos* (M. Tiverios), Tiverios 1985-86, Tiverios 1988 and Panti 2008. All photographs used here were made by M. Stefanidis, unless otherwise stated. For her permission to publish this material, I owe special thanks to Dr. A. Despoini. For valuable observations on the present paper and for guiding me, in general, through the study of pottery, I am indebted to Prof. M. Tiverios. Finally, I would like to thank the PhD candidates J. Rosenberg and M. Perron, the former for proofreading the English text and the latter for translating the abstract into French.

1 Only two graves contained two burials each, see *Sindos*, p. 13 (A. Despoini).

2 On the settlement, see Tiverios (M.) – The Ancient Settlement in the Anchialos-Sindos Double Trapeza. Seven Years (1990-1996) of archaeological research. *In* : Bats (M.), D' Agostino (B.) eds., *Euboica. L'Eubea e la presenza euboica in Calcidica e in Occidente, Atti del Convegno Internazionale di Napoli (1996)*, Napoli, Centre Jean Bérard/Dipartimento del mondo classico, 1998, 429 p., p. 243-253 (Coll. CJB, 16/ *AION ArchStAnt*- Quaderno, 12).

3 *Sindos*, p. 11 (A. Despoini) ; Moschonisiotou (S.) – Θέρμη-Σίνδος. Ανασκαφικές παρατηρήσεις στα δύο νεκροταφεία της περιοχής Θεσσαλονίκης. *AEMTh*, 2, 1988, p. 283-295, p. 286-288.

4 On grave 25, from about 545-535 B.C., see *Sindos*, p. 120-127 nos 181-199, 152-173 nos 243-281 (I. Vokotopoulou, A. Despoini, V. Misailidou, M. Tiverios) ; Tiverios 1985-86, p. 76-77, pl. 2a. It should be noted, however, that during the entire period of use of the site, the vast majority of graves contained one to four clay vessels and it was such graves that yielded local pottery.

5 Pottery found in the undisturbed grave 20, for instance, from the late 5th c. B.C., consisted of a single mass-produced Attic banded cup-*skyphos*, but the same grave also yielded several silver, bronze and glass vessels, as well as numerous other gold, silver, iron and ivory objects, see *Sindos*, p. 80-81 nos 115-116, 86-103 nos 127-156 (I. Vokotopoulou, A. Despoini, M. Tiverios).

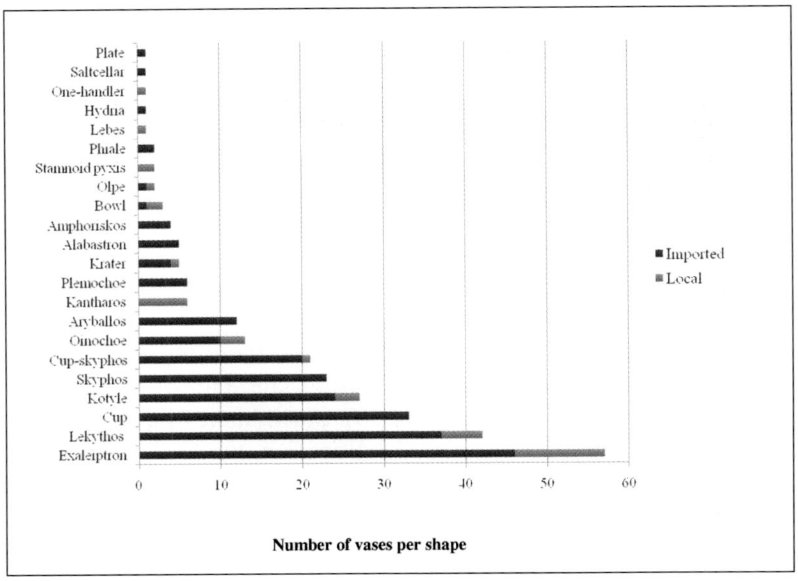

Fig. 323

their distribution among graves does not seem to follow any consistent pattern [6] and, contrary to what one might expect, it testifies against their association with more modest burials. In most cases, they were offered together with imported wares, which were of no inferior quality than those found in the rest of the graves [7], while even the few burials that contained exclusively local pottery were not always deprived of other precious finds [8]. Consequently, if the use of local pottery in the cemetery is relatively scarce, this should be understood as reflecting not some distinctive minority of the population, but rather mortuary practices that did not favor the offering of such vases.

Let us now examine the presence of Northern Greek pottery in relation to those shapes that were mostly preferred for funerary use according to the evidence from Sindos. The shape most often used here among grave-goods is the *exaleiptron* (**fig. 323**), with one or two examples offered to the deceased in 52 graves. The total number of *exaleiptra* found both in burials and the surrounding area is 57 [9], among which 44 are Corinthian (see *e.g.* **fig. 327a-c**) and date from the second quarter of the 6th to the mid-5th c. B.C. Regarding the rest of the *exaleiptra*, two of them, from the first half of the 5th c. B.C., come from Attica, where the shape had not been much in vogue, while the remaining eleven are local (see *e.g.* **figs. 327d-f, 328**). Most of those date from the second half of the 6th and the first half of the 5th c. B.C., but two *exaleiptra* come from the late 5th c. B.C., postdating all imported examples. Given the generally limited use of local pottery in the cemetery, the number of local *exaleiptra* is not negligible and one should note that they appear in equally or sometimes even more richly furnished burials than the Corinthian ones [10], without ever coexisting in the same graves with the latter [11].

Another very popular shape that comes after the *exaleiptron* is that of the cup (**fig. 323**), with 33 examples from 26 graves. Five cups come from East Greek workshops that were active during the second and third quarters of the 6th c. B.C., while the rest of the cups belong to several types produced in Attica, between the second quarter of the 6th and the end of the 5th c. B.C. It is noteworthy that if one also takes into account the numbers of *skyphoi*, cup-*skyphoi* and *kotylai* found in the cemetery [12], it turns out that the burial customs of the area largely involved the use of drinking vessels. This group includes a very limited number of local wares, only three *kotylai* (**fig. 324**) and one « Bolsal » (**fig. 326c**), after

6 They are not especially connected, for instance, with deceased of some particular age or gender. It is true that there were slightly more female burials with local pottery than male ones, but women outnumber men in general at the cemetery. In addition, the quantity of local pottery does not fluctuate significantly through time. It diminishes only after the mid-5th c. B.C., when the entire site gradually starts to be abandoned.

7 The local jug in **fig. 329a**, for example, comes from the undisturbed grave 66, which also yielded a Boeotian *kotyle*, a Corinthian *exaleiptron* and one of the few kraters found in the cemetery, a black-figure work from the workshop of Lydos, see *Sindos*, p. 224-231 nos. 359-372 (A. Despoini, M. Tiverios) ; Tiverios 1985-86, p. 77-79, pl. 2b ; Tiverios 1988, p. 299. The same grave also contained several gold and iron artifacts.

8 The deceased of the undisturbed grave 104, for instance, from the late 6th-early 5th c. B.C., was offered only local pottery (the *exaleiptron* in **fig. 327e** and a one-handle bowl), but also eight more artifacts made of gold, bronze, iron and glass.

9 Only two were isolated finds. One could add six Attic *plemochoai* here that come from an equivalent number of graves, only one of which also contained an *exaleiptron* (see below n. 11).

10 The undisturbed grave 117, for instance, from ca. 500 B.C, contained a local *exaleiptron* together with three imported clay vases, one bronze vessel, and fourteen other metal objects, see *Sindos*, p. 42-47 nos 52-66 (I. Vokotopoulou, A. Despoini, M. Tiverios). The roughly contemporary grave 58, on the other hand, also undisturbed, yielded only one Corinthian *exaleiptron* and five metal objects of no greater value than the ones in grave 117.

11 Only grave 121 contained both a Corinthian and a local *exaleiptron*, but this grave is problematic, inasmuch as some of its finds date to the late 6th and others to the second quarter of the 5th c. B.C. Consequently, it is not certain that the two *exaleiptra* come from the same original context. Still, it should be noted that the local *exaleiptron* of grave 117 was found together with an Attic *plemochoe* ; see above n. 10.

12 22 *skyphoi* from 21 graves (plus one isolated find), 21 cup-*skyphoi* from 20 graves (plus one isolated find) and 27 *kotylai* from 12 graves.

Fig. 324. a- Sindos, Archaeological Museum of Thessaloniki inv. n° 7880, about mid-5th c. B.C. (ht. 7,4 cm)
b- Sindos, Archaeological Museum of Thessaloniki inv. n° 8351, 510-490 B.C. (ht. 13,3 cm)
c- Sindos, Archaeological Museum of Thessaloniki inv. n° 8381, second quarter of 5th c. B.C. (ht. 6,3 cm).

Corinthian and Attic models[13]. Nevertheless, alongside those vases one should consider six more local products, which represent a distinctive type of *kantharos* (see *e.g.* **fig. 330**), basically of Northern Greek inspiration[14]. These *kantharoi* date to the last quarter of the 6th c. B.C. and half of them were found together with imported drinking vessels.

The third most common shape found in graves is the *lekythos* (**fig. 323**), with 40 examples found in 25 graves and three more vases that were isolated finds. 36 *lekythoi* are of Attic origin and their dating spans a long period, from the mid-6th to the late 5th c. B.C. Corinth and probably Euboea are each represented by one example, dating from the third quarter of the 5th and the second half of the 6th c. B.C. respectively. Finally, four banded *lekythoi* from the second quarter of the 5th c. B.C. seem to derive inspiration from the Corinthian Classical type of ovoid *lekythos*, but must be Northern Greek[15], and so must a globular *lekythos* from the first half of the 4th c. B.C., which was a chance find.

Apart from *exaleiptra*, cups and *lekythoi*, the graves of Sindos yielded numerous other shapes, which appear at various rates (**fig. 323**). Some of these shapes are represented only by imported vases, few of them only by local ones, while several others include both local and imported examples. As it has already been pointed out, funerary purposes were served mainly by imports, and thus especially by products of Corinthian and Attic workshops. No doubt this would have been due to the higher status of imported vases, but perhaps a further – even if not irrelevant – factor is to be sought in the relation between the demands of funerary practices and the repertoire of local workshops. Among the three most common groups of pottery in the cemetery, drinking vessels were the only ones with a well-established local tradition, inasmuch as they had always been essential to daily life. Of course, Northern Greek types varied from imported ones and even though the latter were occasionally imitated[16], local *kantharoi* persisted both in domestic and funerary contexts[17]. The *exaleiptron* and the *lekythos*, on the other hand, were purely imported shapes with no local antecedents, but although both were highly popular grave offerings, only the former was widely taken up by local potters. In fact, apart from the aforementioned corinthianizing banded *lekythos* of the 5th c. B.C., itself known from only a few examples[18], we barely know of any other type of local *lekythos* until the late 5th c. B.C., when vases of this form begin to appear on a more regular basis[19]. How should we then explain the different attitude of local workshops toward these

13 On these vases, **see below p. 4-5, 8**.

14 On this type, **see below p. 7, 8**.

15 Two of these *lekythoi* are published in *Sindos*, p. 18-20 nos 4-5 (M. Tiverios), where they are considered to be Corinthian (the second one not without reservations) and are dated after the mid-5th c. B.C. However, we believe that such *lekythoi* belong to a local type that appears sometime around the end of the first quarter of the 5th c. B.C. and does not survive long after the middle of the century. On the related Corinthian Classical type, see *Corinth VII.V*, p. 121-124. For a more thorough discussion of the local corinthianizing type of *lekythos* and its origin, see the forthcoming final publication of the cemetery.

16 During the 6th and for some part of the 5th c. B.C., it appears that the drinking vessel mostly imitated in Northern Greece was the Corinthian *kotyle*. Such imitations are known both from cemeteries and settlements, see, *e.g.*, Panti 2008, especially p. 91-92, 133-134, 193-195, 196, pls. 28στ-ζ, 54στ-ζ,θ-κ, 84α-β,ε ; Perron 2006, p. 125-130, 253 n° 111, pl. 131 n° 111.

17 All published examples of the type known from Sindos come from cemeteries ; see below n. 44. However, this must be partially due to the fact that up to now it is mostly cemeteries and not settlements of Northern Greece that have been published. In fact, several fragments of this and other types of *kantharos* have been inventoried during the excavations at the settlement of Karabournaki, conducted by M. Tiverios.

18 Apart from the four vases from Sindos, there are only two more published examples, see *Mieza*, p. 92 n° Π1662 and Misailidou-Despotidou (V.) – Ανασκαφική έρευνα στην αρχαία Άφυτι. *AEMTh*, 20, 2006, p. 491-502, p. 501 fig. 10.

19 Another type of *lekythos*, of the late 6th- early 5th c. B.C., is perhaps attested in Phari of Thasos. These fragmentary vases are, unfortunately, unpublished and only briefly discussed by Perron 2006, p. 120-121, pls. 61 n° 1, 62 n° 2, who classifies them among a group of *amphoriskoi*.

Fig. 325.
a- Sindos, Archaeological Museum of Thessaloniki inv. n° 7863, 490-470 B.C. (ht. 21,6 cm)
b- Sindos, Archaeological Museum of Thessaloniki inv. n° 8322, 470-450 B.C. (ht. 30,4 cm).

two shapes ? Perhaps the key to the answer is intertwined with their function. To be more precise, it is rather striking that potters of the Thraco-macedonian area seem to have been uninterested not only in *lekythoi*, but generally in perfume containers. In spite of the fact that *aryballoi*, *alabastra* and *amphoriskoi* were being continuously imported into Northern Greece from various production centers, at least from the second quarter of the 6th c. B.C., neither did any of these shapes find their way to the local repertoire, with relatively few exceptions [20]. On the basis of this observation and in as far as no shape of similar function is known among earlier local pottery, it seems quite plausible that such vases were not widely produced, because such vases were not widely needed. In other words, it seems quite likely that in this period the Northern Greek market was dominated by imported scented oils, which came together with imported containers [21] and left little space for the development of a local perfume industry [22]. If this was indeed the case, then maybe it would not be too hazardous to assume that local potters were not keen on imitating shapes that were not in demand among the living. Certainly, the needs of funerary practices would not have left them completely unaffected and the popularity of the *exaleiptron* as a grave gift must have served as an additional stimulus to its local production [23]. Even so, it seems probable that Northern Greek workshops would not take the risk of widely producing shapes primarily aimed at the funerary market, where competition with imported wares would have been much greater.

In the second part of this paper, we shall be concerned with the relationship between the ceramic products of Northern Greece from the 6th and 5th c. B.C. and those of other areas of the ancient Greek world, on the evidence of the finds from Sindos. In terms of form, some of the local wares found here more or less closely depend on imported models. A typical example is set by the three local *kotylai*, following the Corinthian shape, which is widely distributed in the area [24]. A comparison of those vases with contemporary Corinthian ones reveals that

20 Panti 2008, p. 21-24, 90-91, pls. 2α,η-θ, 3β-η, 4α-ε, 28α-β, δ-ε, publishes two local imitations of the Corinthian globular *aryballos*, one imitation of the Corinthian *alabastron* and some ionicizing *amphoriskoi* from Akanthos, and also refers to *amphoriskoi* known from other Northern Greek sites. An additional *amphoriskos* has been found in Argilos, see Perron 2006, p. 119-124, pl. 132 n° 110.

21 Of course, the association of small perfume vessels with the perfume trade has been put in doubt and, in any case, it seems more probable that perfumes were exported in larger vessels, such as *amphorae* ; see, for instance, Parko (H.) – Small Corinthian Oil-containers: Evidence of the Archaic Perfume Trade ? In : Scheffer (C.) ed., *Ceramics in Context, Proceedings of the Internordic Colloquium on Ancient Pottery, Stockholm, 13-15 June 1997*, Stockholm, 2001, 170 p. (Stockholm Studies in Classical Archaeology, 12), p. 55-60. Still, one cannot dismiss the possibility that at least some of the imported perfume vases were used to hold imported perfumes, perhaps of the same origin, regardless of whether they were transported together or at different times. Moreover, such vases are also quite common in Northern Greek domestic contexts, at Karabournaki, for instance, where several imported *aryballoi*, *alabastra* and *lekythoi* have been found.

22 Certainly, local perfumes, if such were produced, could be kept in containers made of perishable materials, such as leather. The existence of a large-scale local perfume production is, however, gainsaid both by the lack of related shapes in earlier local pottery and the limited imitation of imported perfume vessels. Some regional production, on the other hand, could be attested by the few local imitations, which could have also been used to falsely advertise their contents as imported.

23 The vast majority of known local *exaleiptra* come from funerary contexts, but, as it has already been pointed out, this must be partly due to the nature of published excavations. No doubt the *exaleiptron* held a prominent position in burial customs of the area, but the finds from Karabournaki confirm once again the presence of the shape in domestic contexts.

24 The cemetery of Sindos has yielded 23 Corinthian examples.

a b c

Fig. 326. a- Sindos, Archaeological Museum of Thessaloniki inv. n° 8784, ca. 480 B.C. (ht. 3,2 cm)
b- Sindos, Archaeological Museum of Thessaloniki inv. n° 8365, second half of 4th c. B.C. (ht. 4,9 cm)
c- Sindos, Archaeological Museum of Thessaloniki inv. n° 8367, probably second quarter of 4th c. B.C. (ht. 4,4 cm).

similarities are stronger than diversities. The first example (**fig. 324a**), from the mid-6th c. B.C.[25], displays the same proportions as *kotylai* from Corinth[26], but deviates from them in its flat foot and handles of semicircular section. The second vase (**fig. 324b**), from about 510-490 B.C., is somewhat squatter than Corinthian examples[27], whereas the third one (**fig. 324c**), from the second quarter of the 5th c. B.C.[28], could be easily mistaken for Corinthian[29], were it not for the different quality of its clay and glaze.

In other cases influence was drawn from other traditions. The two stamnoid *pyxides* from Sindos (**fig. 325**), from the first half of the 5th c. B.C., are strongly reminiscent of similar East Greek vases[30]. It is noteworthy that although Attic imports were already competing with Corinthian ones in Northern Greece in the second half of the 6th and finally prevailed during the 5th c. B.C., it was Corinthian and East Greek pottery that seems to have had a greater impact on local production of this period. The 5th century was marked, of course, by the appearance of local black-glazed atticizing vases (see *e.g.* **fig. 326**), but these did not rise much in popularity until the end of the 5th and especially the 4th c. B.C. It should be stressed, however, that contrary to what is sometimes believed, this group of pottery already appears in the first half of the 5th c. B.C.[31] and this is not surprising, since the related Attic wares were being imported here at least from the end of the previous century. A local handless bowl found in the cemetery (**fig. 326a**) actually dates to the early 5th c. B.C.[32] and so do other black-glazed atticizing wares[33], belying the view that local imitations should be dated much later than their models.

So far we have seen local pottery imitating rather faithfully Corinthian, East Greek and Attic shapes ; nevertheless, potters of the Thraco-macedonian area did not always remain consistent in their source of influence and sometimes took up shapes that they treated with great freedom. In the case of the *exaleiptron,* for example, which is Corinthian par excellence, a comparison of local vases with contemporary Corinthian ones shows that they do not have much in common (**fig. 327**). This divergence, presumably in combination with the Ionic influences often detected in the decoration of local examples, has led some scholars to connect several Northern Greek *exaleiptra* not with a Corinthian, but with some Ionic type[34]. *Exaleiptra* made in Ionia are classified into two types, both examined by I. Scheibler[35]. The first of those can hardly be compared to any local example and does not seem to have enjoyed a great popularity or long life-span, since it was

25 On this vase, see also *Sindos*, p. 256-257 n° 415 (M. Tiverios). Tiverios associated this *kotyle* with the "waveline" pottery of Chalkidiki, but suggested that it might come from some East Greek, perhaps Samian workshop ; nevertheless, on the basis of its fabric, it seems more likely that it was locally made, combining two different traditions: the Corinthian, with respect to the shape (which is rather uncommon among East Greek workshops), and the East Greek, with respect to its decoration.

26 Compare, *e.g.*, with *Corinth XIII*, pl. 33 n° 224.3.

27 Compare, *e.g.*, with *Corinth XIII*, pl. 35 n° D5a.

28 On this vase, see also Panti 2008, p. 218, 370 n° 679, dr. 33v. Panti dated the *kotyle* to 550-520 B.C., on the basis of a Corinthian *exaleiptron* found in the same grave. This grave seems, however, to be disturbed (see above n. 11, on grave 121) and also yielded a pattern *lekythos* from the Workshop of the Beldam Painter, which dates to the mid-5th c. B.C. and is more likely to come from the same original context as the corinthianizing *kotyle*. A date for the latter in the third quarter of the 6th c. B.C. is, furthermore, unlikely on the basis of Corinthian parallels, since the related Corinthian group does not appear before the 5th c. B.C. ; see *Corinth XIII*, p. 126-127.

29 Compare, *e.g.*, with *Corinth XIII*, pls. 37 n° 263.2, 44 n° 298.1.

30 On the vase of **fig. 325b**, see *Sindos*, p. 48-49 n° 67 (M. Tiverios) ; Panti 2008, p. 212, 368 n° 659, pl. 87η. On the presence of this shape in Northern Greece, see also Perron 2006, p. 67-86. For a similar East Greek example, see *ClRh IV*, p. 210 fig. 223, 211 n° 2.

31 Misailidou-Despotidou 1999, p. 777, places the beginning of its production within the first half of the 4th c. B.C.

32 Compare, *e.g.*, with *Agora XII*, p. 296 n° 843, pl. 33 n° 843 (from about 480 B.C.).

33 See, for example, Kaltsas (N.E.) – *Άκανθος Ι, Η ανασκαφή στο νεκροταφείο κατά το 1979*, Athens, Ταμείο Αρχαιολογικών Πόρων και Απαλλοτριώσεων, 1998, 312 p., 225 pls., p. 40 n° 3, 215 n° E343, pls. 22β, 221 n° E343, for another handless bowl and an *olpe*, which date to the second and first quarter of the 5th c. B.C. respectively. The *olpe* from Akanthos is glazed only around its mouth, but is very close to similar Attic black-glazed vases.

34 *Mieza*, p. 54 n° Π1568, 86 n° Π1645, 88 n° Π1652, 101 n° Π1691, 107 n° Π1710 ; Panti 2008, p. 196, 214, 218.

35 Scheibler (I.) – Exaleiptra. *JdI*, 79, 1964, p. 72-108, p. 90 nos 25-26 (on the typology sche me), 93, 100.

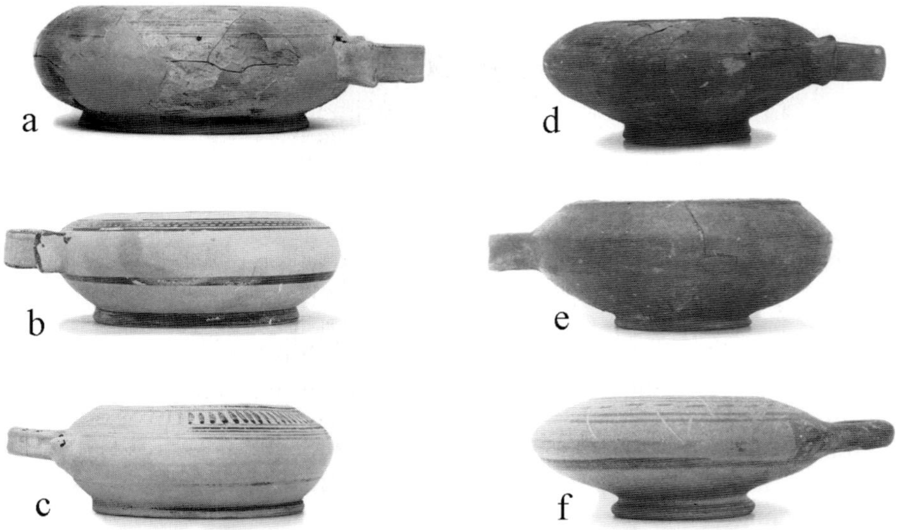

Fig. 327.
a- Sindos, Archaeological Museum of Thessaloniki inv. n° 7851, 550-530 B.C. (ht. 5,7 cm)
b- Sindos, Archaeological Museum of Thessaloniki inv. n° 8375, 510-490 B.C. (ht. 5,2 cm)
c- Sindos, Archaeological Museum of Thessaloniki inv. n° 7828, 480-460 B.C. (ht. 5,4 cm)
d- Sindos, Archaeological Museum of Thessaloniki inv. n° 7888, 550-530 B.C. (ht. 6 cm)
e- Sindos, Archaeological Museum of Thessaloniki inv. n° 8370, late 6th-early 5th c. B.C. (ht. 6,5 cm)
f- Sindos, Archaeological Museum of Thessaloniki inv. n° 8318, 480-460 B.C. (ht. 5,7 cm).

completely abandoned by the mid-6th c. B.C., probably before the beginning of the related local production[36]. All known Ionic examples from the third quarter of the century belong to the second type, which in its turn is closely tied to the Corinthian type with reflex handle. Therefore, among the available data there is no evidence of some Ionic type that could have influenced *exaleiptra* made in Northern Greece, which, we should not forget, bristles with Corinthian examples[37]. We are inclined, thus, to believe that inspiration for local *exaleiptra* came from Corinth[38], but local potters did not confine themselves to faithfully reproducing their Corinthian models. What is more, the strong variation among known local examples indicates that local workshops must have kept coming up with different versions of the shape, without ever settling on conformity to one or more standard Northern Greek types. Apparently, this never hindered the diffusion of their products in the market, which is a further indication that their main interest in adopting a new shape must have been related to its function.

In this respect, it is very telling that in the case of shapes that were being imported but already existed in the local repertoire, local tradition was not put aside. *Oinochoai*, for example, of different provenances and types were being imported here from an early period[39], without, however, displacing the local jug with cut-away neck, whose presence in the area goes back as far as the Early Bronze Age[40]. This type prevailed throughout the Archaic period and, although essentially for domestic use[41], it was not considered to be inappropriate as a grave gift. In Sindos three burials from the second half of the 6th c. B.C. contained such vases (**fig. 329**)[42], which represent two different versions of the shape. Several more are known from other sites, sometimes reflecting different periods, but also different local workshops[43].

It appears then that during the Archaic and much of the Classical period, ceramic products of the Thraco-macedonian area maintained to a considerable degree their local character, in spite of competition from more prestigious imports. In fact, it seems that during this

36 Panti 2008, p. 196 with n. 1984, believes it was exactly this type that stood as a model for local production. It is true that vases of this type can be paralleled to some local *exaleiptra* to the extent that, just like the latter, they display a rather angular profile and narrow foot, at a time when these features do not appear in Corinthian examples. Even so, the first Ionic type is quite distinctive in its profile, high foot and lack of handle and its vases are no more similar to any known local *exaleiptron* than those of the second type.

37 Corinthian *exaleiptra* have a continuous presence in Northern Greece at least from the second quarter of the 6th to the mid-5th c. B.C. not only in graves, but also in domestic contexts, such as in Argilos, see Perron 2006, p. 132 and n. 645, and Karabournaki. Published Ionic *exaleiptra* are, on the other hand, relatively few and it appears that this shape was not very popular among East Greek workshops.

38 See also Tiverios 1988, p. 299, 301-302 ; Tsougaris 2005-06, p. 20.

39 At the cemetery two East Greek, four Corinthian, one Euboean and three Attic examples were found, the earliest from the second quarter of the 6th and the latest from the mid-5th c. B.C.

40 Heurtley 1939, p. 82, 91, 97, 98, 103-104. On this form, which survives well into the Classical period, see also Andronikos 1969, p. 194-201 ; Papadopoulos 2005, p. 455-456, 469-471 ; Panti 2008 mainly p. 169.

41 The fragments of such vases coming each year to light at Karabournaki are countless ; see, *e.g.*, Tiverios (M.) – Έξι χρόνια πανεπιστημιακών ανασκαφών στο Καραμπουρνάκι Θεσσαλονίκης (1994-1999). *Egnatia*, 5, 2000, p. 297-321, p. 309, 310 fig. 8.

42 On the jug in **fig. 329a**, see also *Sindos*, p. 225-227 n° 361 (M. Tiverios) ; Tiverios 1985-86, p. 79, 81, pl. 2b ; Tiverios 1988, p. 299 ; Panti 2008, p. 210-211, 368 n° 661, pl. 87γ. On the one in **fig. 329b**, see also Tiverios 1988, p. 299, 305 fig. 8 ; Panti 2008, p. 211, 368 n° 662, pl. 87δ, dr. 33β. The third vase, which is partially preserved, is similar to the one in **fig. 329a**.

43 On the lack of uniformity among the products of different local workshops during the Archaic and Classical periods, see also Tiverios 1988, p. 300-301.

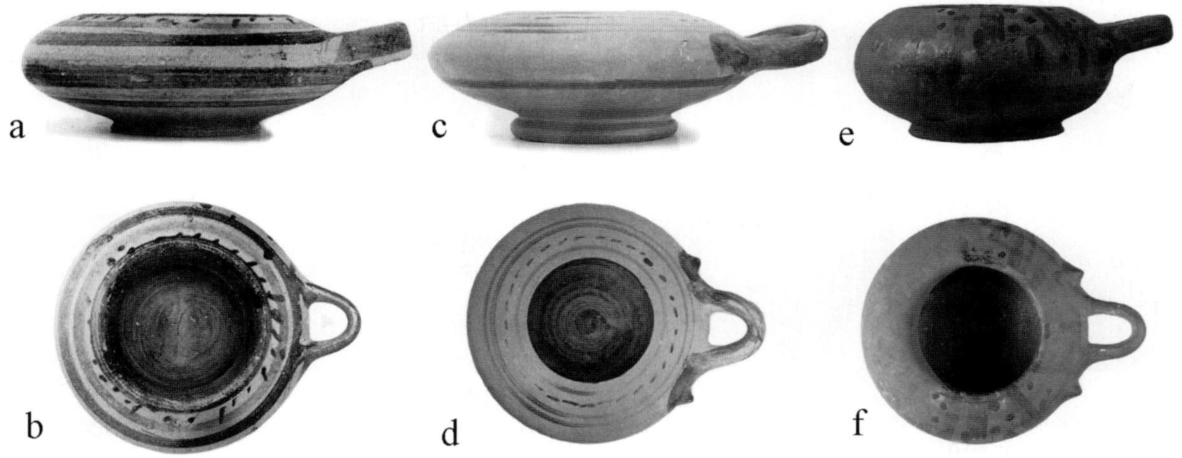

Fig. 328. a-b. Sindos, Archaeological Museum of Thessaloniki inv. n° 8372, ca. 500 B.C. (ht. 5,6 cm)
c-d. Sindos, Archaeological Museum of Thessaloniki inv. n° 8316, 480-460 B.C. (ht. 5,9 cm)
e-f. Sindos, Archaeological Museum of Thessaloniki inv. n° 8368, 490-470 B.C. (ht. 5,85 cm) (Photos by K. Filis).

period local tradition was sometimes even further elaborated. This must have been the case with the type of *kantharos* mentioned above, among the drinking vessels, which seems to appear around the mid-6th c. B.C. and probably goes on to the first half of the 5th c. (**figs. 330, 331c-d**)[44]. Recently it has been argued that this type must have derived from the Geometric low-handled *kantharos* of Southern Greece, which would have reached the North through the mediation of Corinth[45]. The similarities between the two types cannot be questioned[46], but the assumption that the first one had a continuous presence which eventually led to the second one is hardly based on any archaeological data. Even with regard to the South, the Geometric type does not seem to have actually survived the Middle Geometric period[47], while there is no evidence that by that time it had reached Northern Greece and was integrated into local production. A similar type of *kantharos* appears, on the other hand, among local handmade pottery of the Iron Age (**fig. 331a-b**)[48], in which *kantharoi* in general hold a salient position. Since this particular handmade type, which has even earlier local predecessors, continues well into the Archaic period and perhaps even later, it seems quite likely that the 6th-century wheelmade type was the result of an attempt to adjust known types to more refined

44 On the six examples from Sindos, see *Sindos*, p. 248-249 n° 404, 289-290 n° 475 (M. Tiverios) ; Tiverios 1988, p. 297-299, 300, 303 fig. 2, 304 figs. 4 and 6 ; Panti 2008, p. 213-214, 217, 368 nos 663-665, 369-370 nos 674-676, pls. 87ε-ζ, 90α-γ, drs. 33γ, ζ-η. The earliest known example comes from Aghios Athanasios and has been dated to the second quarter of the 6th c. B.C. ; see Tsimpidou-Auloniti 1992, p. 375, 382 fig. 16 (here **fig. 331c**). It is not certain, however, that this vase should be dated before the middle of the century. Numerous other examples are known from several sites ; see, for instance, Tsougaris 2005-06, p. 15-16 (from Thermi), 20-24 (from other sites) and 36-38 figs. 15-20. The latest known examples, dated to the first half of the 5th c. B.C., were found in Mieza, see *Mieza*, p. 84 n° Π1640α, 111 n° Π1718, 125 n° Π1756A (here **fig. 331d**). Nonetheless, neither the dating of these vases into the 5th c. B.C. is secure. Misailidou-Despotidou 1999, p. 778, 785 pl. 37, also adds a *kantharos* from the mid-4th c. B.C., but this vase belongs to a different type.

45 Tsougaris 2005-06, p. 18-20. See also Stefani (L.) – Συστάδα αρχαϊκών τάφων στη Βέροια και νέα στοιχεία για τις πρώιμες φάσεις κατοίκησης στην πόλη. *AEMTh*, 18, 2004, p. 485-494, p. 488-489, who, nonetheless, does not exclude the possibility of a parallel influence of earlier local tradition.

46 Compare, for example, with Coldstream 1968, pl. 2e (Attic Early Geometric).

47 Coldstream 1968, p. 23. Tsougaris 2005-06, p. 19-20, believes that this type continues into the Archaic period, in the form of the so-called "Elian *kantharoi*", as well as in that of another type of *kantharos* from Corinth ; however, neither of these two types comes from the Geometric low-handled *kantharos* and, most importantly, they do not present similarities with the local 6th-century type. On the Elian and Corinthian types, see Gauer (W.) – *Die Tongefässe den Brunnen unterm Stadion-Nordwall und im Südost-Gebiet*, Berlin, Deutsches Archäologisches Institut, 1975, 254 p., 42 pls. (Olympische Forschungen, VIII), p. 164-172 and *Corinth VII.V*, p. 127-131.

48 On this type, see mainly Papadopoulos 2005, p. 473-475, where two types are distinguished: "Type 1" with plain handles and "Type 2" with handles surmounted by a disk knob. See also Andronikos 1969, p. 202-204, for vases that belong to Torone's "Type 2", but are further classified into those with plain rim and those with well-distinguished rim. The latter (*e.g.* here **fig. 331a-b**) are those closer to the 6th-century wheelmade type. Of course, *kantharoi* of the wheelmade type present lower handles, with no disk knob, but at least one (early ?) example has high-swung handles. Unfortunately this *kantharos*, from the cemetery at Archontiko, near Pella, is unpublished and was only briefly shown by A. and P. Chrysostomou, during their annual report of the excavation, at the *AEMTh* of 2007.

Fig. 329. a- Sindos, Archaeological Museum of Thessaloniki inv. n° 8329, 550-530 B.C. (ht. 15 cm) b- Sindos, Archaeological Museum of Thessaloniki inv. n° 7864, 540-520 B.C. (ht. 22,5 cm).

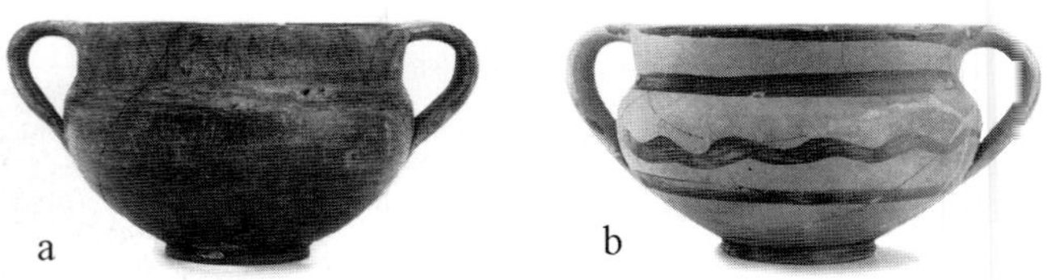

Fig. 330. a- Sindos, Archaeological Museum of Thessaloniki inv. n° 8355, last quarter of 6th c. B.C. (ht. 11,1 cm) b- Sindos, Archaeological Museum of Thessaloniki inv. n° 8374, 510-500 B.C. (ht. 11 cm).

techniques that would lead to more attractive products [49].

Elements of local tradition also survive in pottery of the Archaic period with respect to decoration. The surface of several vases from the cemetery has been scraped in a vertical and/or horizontal direction and one of them is further decorated with a scraped zig-zag line. Burnished wares appear in Northern Greece from an early period, though this specific type of scraping is typical of the Iron Age and seems to have been widely used also in the Archaic period [50]. Among pottery from Sindos, it has been applied to grey wares, *kantharoi* (see e.g. **fig. 330a**) [51] and *exaleiptra* (**fig. 327d-e**), as well as to two jugs with cut-away neck, made of reddish clay and partly glazed (**fig. 329a**). All these vases date to the second half of the 6th c. B.C. and attest the use of an old technique for the decoration of both local and imported shapes.

Quite often, of course, local workshops imitated imported shapes maintaining their established scheme of decoration. This holds true of the two *kotylai* (**fig. 324b-c**), as well as of the two handless bowls (**fig. 326a-b**) [52] and the « Bolsal » (**fig. 326c**), which take after Corinthian and Attic glazed wares ; nonetheless, local potters usually preferred for such wares the technique of dipping them into glaze, which was therefore irregularly distributed over their surface. This glazing method has been used for the *kotyle* and the bowl from the first half of the 5th c. B.C. (**figs. 324c, 326a**) and also for the two 4th-century local glazed wares (**figs. 326b-c**)[53].

The case of local painted wares is somewhat more complicated. Here the models are not always easy to pin down, since the decoration is usually limited to horizontal plain or wavy lines, combined occasionally with bands of rectilinear or floral patterns. The patterns decorating the two stamnoid *pyxides* from Sindos (**fig. 325**) classify them among the so-called "pre-Persian" or "waveline" pottery of Chalkidiki, a purely ionicizing group, which appears around the mid-6th c. B.C. and probably reflects the presence in the area of Ionian potters [54]. More problematic is the origin of the oblique, sloppily rendered strokes present on the shoulder of three local *exaleiptra* from the cemetery (**figs. 327f, 328a-d**). Perhaps this is a careless imitation of the rows of dots or, more likely, of the degenerated version of the tongue pattern that so often decorates *exaleiptra* from Corinth. All the same these strokes could be a debased version of patterns that are common in Ionic and ionicizing pottery [55], as seems

49 See also Panti 2008, p. 213, who points out the connection of this type with earlier local ones, but believes that it has parallels in many areas of the ancient Greek world. A more detailed discussion of this type of *kantharos* and its associations with *kantharoi* from other areas is included in the final publication of the cemetery.

50 Heurtley 1939, p. 106-107 ; Cuttle (W.L.) – Report on Excavation at the Toumba and Tables of Vardaroftsa, Macedonia, 1925, 1926 II. *BSA*, 28, 1926-27, p. 201-242, pls. 15-16, p. 211, 233-235; Koukouli-Chrysanthaki (Ch.) – *Πρωτοϊστορική Θάσος. Τα νεκροταφεία του οικισμού Καστρί, Α-Γ*, Athens, 1992, 835 p., 368 pls., 9 drs. (Δημοσιεύματα του Αρχαιολογικού Δελτίου, 45) p. 442-443 ; Papadopoulos 2005, p. 465-466.

51 Almost all known *kantharoi* of this type are fired grey or brown and decorated with scraped lines, which is another indication that the workshops in which they were produced were well familiar with local tradition. The use of paint for their decoration is only attested in Sindos (**fig. 330b**) and in one scraped grey *kantharos* from Mieza, which displays white triangles on the interior of its rim, see *Mieza*, p. 111 n° Π1718.

52 On the bowl in **fig. 326b**, see also Panti 2008, p. 216, 369 n°673 pl. 89στ, dr. 33μ. Panti dated this vase to the late 6th c. B.C., believing that it was an offering to the dead of grave 83, which dates from that period. The bowl was found, however, in the filling created after the plundering of this grave, which also yielded a 4th-century coin. In fact, a dating of the bowl to the second half of the 4th c. B.C. is also supported by Attic parallels; see *Agora XII*, p. 296 n° 840-842, pl. 33 n° 840-842.

53 On the use of this method in Macedonia, see Misailidou-Despotidou 1999, p. 776-777, who notices that it becomes very popular from the late 4th c. B.C.

54 On this type of pottery, see more recently Perron 2006 and Panti 2008, mainly p. 52-55 (with earlier literature).

55 See for instance, *ClRh IV*, p. 94 n° 2, 96 fig. 81 (for an Ionic example) and Gardner (E.A.), Casson (S.) – Macedonia. II-Antiquities Found in the British Zone, 1915-1919. *BSA*, 23, 1918-19, p. 10-43, pls. 1-13, p. 23, pl. 5 n° 2 (for a local ionicizing example). The decoration of the three *exaleiptra* from Sindos is attributed to

Fig. 331.
a- Vergina, Iron Age (ht. 11,5 cm) (after Andronikos 1969, pl. 65 n° 41)
b- Vergina, Iron Age (ht. 9,5 cm) (after Andronikos 1969, pl. 44 n° 27)
c- Aghios Athanasios, second quarter of 6th c. B.C. (?) (after Tsimpidou-Auloniti 1992, p. 382 fig. 16)
d- Mieza, first half of the 5th c. B.C. (?) (ht. 8,5 cm) (after *Mieza*, p. 125 n° Π1756A).

particularly likely with respect to the decoration of a fourth *exaleiptron* from Sindos (**fig. 328e-f**). Whatever the case, it should be stressed that in all these four vases, the lower part of their interior is fully glazed, which is a rather standard feature of *exaleiptra* from Ionia [56].

The source of influence for the plain banded decoration, which appears on both imported and local shapes [57], is also quite unclear. To be sure, this simple type of decoration was very common throughout the ancient Greek world in the Archaic and Classical periods, but its presence on some local wares must have occurred under the influence of East Greek models [58]. Still, that is not to say that all local banded wares should be understood as "ionicizing" [59] and one should bear in mind that banded pottery was produced in Northern Greece at least from the late Iron Age [60].

In order to sum up briefly, we should point out that, although locally made vases would have played a primary role in the daily life of the settlement in Sindos during the 6th and 5th c. B.C., they were only occasionally offered as grave gifts ; however, whenever they were, they were not chosen as representative of some particular group of the population or necessarily as inferior substitutes for imported vases. The predilection for the latter in burial offerings would have restricted the activities of local pottery workshops in the funerary market and was not, perhaps, irrelevant to their choice not to imitate specific shapes. The process through which these workshops took up elements from the South and East Greek ceramic traditions does not seem to have been bound to strict rules, inasmuch as they produced a wide range of imitations, combining different shapes with different types of decoration. At the same time, earlier local tradition was preserved to a considerable degree, especially with respect to shapes and, to a lesser extent, in terms of decoration. Perhaps the field of decoration offered more opportunities for "modernization", though most local wares, or at least the ones from the cemetery, are simply, if not poorly, decorated. Still, even if their aesthetic value is not as high as that of imported vases, their contribution to our knowledge of Greek settlements to the North can be immense and calls for more thorough and systematic studies.

Ionic influence also by Panti 2008, p. 214.

56 The relatively few known Ionic *exaleiptra* from the second half of the 6th c. B.C. all display this feature. For such an example, see *CVA München* 6, p. 48-49 n° 7, fig. 33, pl. 303 n° 7 (E. Walter-Karydi). See also above, n. 55. Still, one cannot dismiss the possibility that this is a coincidence that occurred independently in each case, but for the same practical reasons.

57 Plain bands decorate, for instance, a local column krater from the cemetery, which is associated with East Greek models, see Panti 2008, p. 211-212, 368 n° 658, pl. 87α. At the same time, they appear on the jug with cut-away neck of **fig. 329b** and the *kantharos* of **fig. 330b**.

58 That is certainly true of the "waveline" pottery of Chalkidiki, see above n. 54.

59 The banded 5th-century *lekythoi* (**see above p. 3**), for instance, seem to reproduce the decorating scheme of the related Corinthian *lekythoi*.

60 See, for example, Savvopoulou (Th.) – Η περιοχή του Αξιού στην Πρώιμη Εποχή του Σιδήρου. *In* : Stampolidis (N.H.), Giannikouri (A.) eds., *Το Αιγαίο στην Πρώιμη Εποχή του Σιδήρου, Πρακτικά του Διεθνούς Συμποσίου, Ρόδος, 1-4 Νοεμβρίου 2002*, Athens, 2004, 542 p., p. 307-316, p. 314.

BIBLIOGRAPHY

AEMTh : *Το Αρχαιολογικό Έργο στη Μακεδονία και στη Θράκη.*

Andronikos 1969 : ANDRONIKOS (M.) – *Βεργίνα Ι. Το νεκροταφείο των τύμβων.* Athens, 1969, 298 p., 135 pls. (Βιβλιοθήκη της εν Αθήναις Αρχαιολογικής Εταιρείας, 62).

Agora XII : SPARKES (B.A.), TALCOTT (L.) – *Black and Plain Pottery of the 6th, 5th and 4th centuries B.C.* Princeton, 1970, 472 p. (The Athenian Agora, XII, 1 and 2).

ClRh IV : JACOPI (G.) – *Esplorazione archeologica di Camiro I. Scavi nelle necropoli camiresi 1929-1930.* Rhodes, Istituto Storico-Archeologico di Rodi, 1931, 399 p. (Clara Rhodos, IV).

Coldstream 1968 : COLDSTREAM (J.N.) – *Greek Geometric Pottery.* London, 1968, 465 p.

Corinth VII.V : RISSER (M.K.) – *Corinthian Conventionalizing Pottery.* Princeton, 2001, 209 p., 45 pls. (Corinth, VII.V).

Corinth XIII : BLEGEN (C.W.), PALMER (H.), YOUNG (R.S.) – *The North Cemetery.* Princeton, 1964, 344 p., 124 pls., 2 plans (Corinth, XIII).

Egnatia : *Εγνατία. Αριστοτέλειο Πανεπιστήμιο Θεσσαλονίκης. Επιστημονική Επετηρίδα της Φιλοσοφικής Σχολής. Τεύχος Τμήματος Ιστορίας και Αρχαιολογίας.*

Heurtley 1939 : HEURTLEY (W.A.) – *Prehistoric Macedonia. An Archaeological Reconnaissance of Greek Macedonia (West of the Struma) in the Neolithic, Bronze, and Early Iron Ages.* Cambridge University Press, 1939, 275 p.

Makedonika : *Μακεδονικά. Σύγγραμμα περιοδικόν της Εταιρείας Μακεδονικών Σπουδών Θεσσαλονίκης.*

Mieza : ΡΩΜΙΟΠΟΥΛΟΥ (Κ.), ΖΑΦΕΙΡΟΠΟΥΛΟΥ (Ν.), ΤΟΥΡΑ-ΤΣΟΓΛΟΥ (Γ.) – *Μίεζα. Νεκροταφείο υστεροαρχαϊκών – πρώιμων ελληνιστικών χρόνων.* Athens, Ταμείο Αρχαιολογικών Πόρων και Απαλλοτριώσεων, 2002, 136 p., 14 pls.

Misailidou-Despotidou 1999 : MISAILIDOU-DESPOTIDOU (V.) – Χρονολογικά στοιχεία από ταφικά σύνολα του 4ου αι. π.Χ. από τη Ν. Φιλαδέλφεια. *In* : *Ancient Macedonia VI, Proceedings of the Sixth International Symposium, Thessaloniki, 15-19 October 1996.* Thessaloniki, Institute for Balkan Studies, 1999, 1397 p., p. 771-785.

Panti 2008 : PANTI (A.) – *Τοπική κεραμική από τη Χαλκιδική και το μυχό του Θερμαϊκού κόλπου (Άκανθος, Καραμπουρνάκι, Σίνδος).* Thessaloniki, 2008, 514 p.

Papadopoulos 2005 : PAPADOPOULOS (J.K.) – *The Early iron Age Cemetery at Torone 1-2.* Los Angeles, Cotsen Institute of Archaeology at UCLA, 2005, 1279 p. (Monumenta Archaeologica, 24).

Perron 2006 : PERRON (M.) – *Argilos : La céramique peinte de Chalcidique des VIe et Ve siècles av. J.-C.*, unpublished MA thesis, University of Montreal, 257 p., 136 pls., 18 figs.

Sindos : VOKOTOPOULOU (I.), DESPOINI (A.), MISAILIDOU (V.), TIVERIOS (M.) – *Σίνδος. Κατάλογος της έκθεσης, Αρχαιολογικό Μουσείο Θεσσαλονίκης.* Athens, Ταμείο Αρχαιολογικών Πόρων και Απαλλοτριώσεων, 1985, 312 p.

Tiverios 1985-86 : TIVERIOS (M.) – Archaische Keramik aus Sindos. *Makedonika*, 25, 1985-86, p. 70-87, pls. 1-2.

Tiverios 1988 : TIVERIOS (M.) – Εγχώρια κεραμική του 6ου και 5ου αι. π.Χ. από τη Σίνδο. *AEMTh*, 2, 1988, p. 297-306.

Tsimpidou-Auloniti 1992 : TSIMPIDOU-AULONITI (M.) – Ταφικός τύμβος στον Αγ. Αθανάσιο Θεσσαλονίκης: νέα ανασκαφικά στοιχεία. *AEMTh*, 6, 1992, p. 369-382.

Tsougaris 2005-06 : TSOUGARIS (CH.) – Κανθαροειδείς κοτύλες και εξάλειπτρα από το αρχαίο νεκροταφείο Θέρμης νομού Θεσσαλονίκης. Συμβολή στη μελέτη της γκρίζας αρχαϊκής κεραμικής του Θερμαϊκού κόλπου. *Makedonika*, 35, 2005-06, p. 1-38.

3. Les vases et leur décor à l'époque classique : transfert de formes et d'images entre Grecs et Thraces (Ve s. av. J.-C.)

Antoine Hermary

La vaste question des contacts et des échanges entre les cités grecques et le monde thrace à l'époque classique[1] sera abordée ici sous l'aspect limité, mais significatif, de la diffusion des vases attiques à figures rouges sur le territoire de la Thrace bulgare : elle permet de poser la question de l'adaptation de certains ateliers de céramistes à ce marché étranger, et donc celle d'éventuelles commandes, et d'examiner les relations entre ces vases exportés et des coupes en argent doré trouvées dans certains contextes funéraires de Thrace centrale qui, par leur forme et leur décor, rappellent les productions en argile.

Même si, près de vingt ans après sa publication, une mise à jour est nécessaire, l'étude de Maria Reho constitue une référence indispensable pour comprendre la diffusion des céramiques attiques sur le territoire de la Thrace bulgare, des villes grecques de la côte de la mer Noire aux régions de Plovdiv et Kazanlak, où se trouvent les plus riches nécropoles thraces (Reho 1990). On constate que, jusqu'à la première moitié du Ve siècle, les vases à figures noires et à figures rouges ne sont que très rarement diffusés au-delà des colonies grecques, principalement Apollonia (actuellement Sozopol), la plus ancienne fondation de la région : même si les fouilles y ont été plus développées qu'à Mesambria (Nessebar) ou Odessos (Varna), le fait que près des trois quarts des vases répertoriés dans l'ouvrage de M. Reho proviennent de cette ville – environ 330 sur 470[2] – est certainement significatif du rôle qu'elle tenait dans la « consommation » et la diffusion de la céramique attique.

C'est à partir du milieu du Ve siècle que les vases attiques à figures rouges commencent à se répandre dans l'intérieur de la Thrace : on les trouve principalement, mais en très petit nombre, dans des tombes dont l'aménagement et le mobilier en métal indiquent le rang social élevé des défunts. Contrairement à ce qui se produit dans d'autres régions en bordure du monde grec, ces offrandes importées sont rarement des vases à boire : les hydries constitue en effet le groupe le plus nombreux, sans qu'elles soient utilisées comme urnes funéraires. Quoique les contextes désignent ces vases comme des objets de valeur, la qualité et l'originalité de leur décor sont variables. Une hydrie des années 450-440, trouvée dans une tombe féminine d'un tumulus de la région de Duvanli[3], est décorée assez banalement d'une scène d'intérieur avec trois femmes, l'une tenant un coffret, une autre un miroir, la troisième, de façon plus originale, un rinceau végétal. Une autre « scène de gynécée » figure sur une hydrie à peine plus récente que la précédente, trouvée également près de Duvanli[4], dans une tombe qui contenait les restes d'un homme de 20 à 25 ans et a livré un riche matériel métallique. La scène est toutefois beaucoup plus complexe que la précédente, puisqu'elle comporte huit femmes : la plupart appartiennent au répertoire courant à l'époque, mais celle qui est debout au centre, devant une joueuse de lyre assise, se distingue par le fait qu'elle tient dans ses bras un jeune enfant nu (**fig. 332** a-b).

L'ensemble d'offrandes le plus impressionnant provient cependant d'un autre tumulus de la région de Duvanli, celui de Baschova-Mogila (vers 420 av. J.-C. ou un peu plus tard)[5]. Deux hydries attiques à figures rouges avaient été déposées auprès du défunt, défini par le mobilier qui l'accompagnait comme un guerrier de très haut rang : les vases en argent, sur lesquels je reviendrai, portent l'inscription « Dadaleme », très probablement le nom au génitif de leur propriétaire, Dadalemès (cf. Bozkova, fig. 7). L'une des hydries est encore décorée, dans un style assez médiocre, d'une « scène de gynécée », avec deux femmes debout et une assise[6]. L'autre, nettement plus grande (45,5 cm contre 30,5 cm), a été attribuée par Beazley au Peintre de Cadmos,

1 Sur cette question voir en particulier Archibald 1998.

2 Cette proportion a sensiblement augmenté depuis les fouilles des années 1990 et 2000 sur le site d'Apollonia.

3 *ARV2*, p. 1094, 98 et 1682 (Peintre de la Centauromachie du Louvre) ; Filow 1934, p. 127-142, fig. 160, pl. XVI ; Reho 1990, p. 155 n° 457, pl. XXXIII. Sur les tombes « princières » de la région de Duvanli, voir Archibald 1998, p. 158-166.

4 Kisyov 2005, p. 16-60, pl. I-XVII (pour l'hydrie, p. 28-33, fig. 14-19 et pl. I).

5 Filow, Welkow 1930 ; les plus beaux objets sont reproduits dans *Gold der Thraker* 2007, p. 178-184.

6 Filow, Welkov 1930, p. 304-305, fig. 23 ; Reho 1990, p. 156 n° 459, pl. XXXIII.

un des meilleurs décorateurs de l'époque (**fig. 333**)[7]. Sur la panse est figurée une image de départ ou d'arrivée dont le schéma n'est pas surprenant (deux jeunes gens devant une femme assise et sa servante), mais pour laquelle aucune interprétation mythologique ne s'impose vraiment[8], alors que tous les commentateurs sont d'accord pour comprendre la scène peinte sur l'épaule comme une théoxénie des Dioscures, beaucoup plus complexe que les images comparables : elle se distingue en effet par plusieurs singularités iconographiques[9], dont la moindre n'est pas le vêtement à manches longues – donc oriental ou thrace – du citharède, et par la présence, au-dessus des Dioscures et de la femme debout près de la kliné, de l'inscription *koas*, dont le sens n'apparaît pas[10]. Même si les croyances funéraires des Thraces sont difficiles à percevoir[11], il est vraisemblable que le décor et les inscriptions de ce grand vase avaient dans leur contexte d'utilisation une signification religieuse précise : ainsi, Mario Torelli a considéré que la scène de l'épiphanie des Dioscures ne pouvait s'expliquer que comme une allusion à l'héroïsation du dynaste thrace enterré à cet endroit.[12] Un troisième vase attique à figures rouges, une péliké décorée d'un côté de deux femmes sacrifiant sur un autel, de l'autre d'une seule femme près d'un autel, a été mis au jour dans un dépôt au-dessus de la tombe, mais il est sans doute légèrement postérieur[13].

Toujours dans la même région, près de Brezovo, a été découverte une tombe contenant une péliké des années 450-440[14], décorée d'une « extraordinary evocation of a kitharode's success in major competitions of the Greek world »[15]. Le citharède nommé Alkimachos, debout sur une base à trois degrés qui porte l'inscription « kalos », est en effet entouré de quatre Nikés en vol qui, au vu des inscriptions qui les accompagnent, personnifient les concours des Panathénées, de l'Isthme, de Némée et de Marathon. Cette image de musicien pouvait-elle être perçue comme une allusion à Orphée, dont par ailleurs aucune représentation assurée n'est connue pour cette époque en Thrace ? Il est difficile d'en décider, mais, ici encore, on peut penser que l'envoi, dans une région où les vases attiques sont encore très peu connus, de ce vase au décor exceptionnel répondait à une intention déterminée.

De la région de Kazanlak, que l'on a appelée la « vallée des rois thraces », provient un autre vase attique au décor plus étonnant encore. La sépulture, une grande ciste, contenait le squelette fragmentaire d'un homme d'une quarantaine d'années, défini comme un guerrier par la présence d'une cuirasse, de plusieurs pointes de lances et de nombreuses pointes de flèches ; son rang social et sa richesse sont indiqués par une hydrie en bronze, une coupe en argent, une bague en or décorée d'un jeune homme assis et, surtout, par un masque en or, creusé à l'intérieur à la manière d'une phiale[16]. La consommation du vin est cette fois suggérée par deux amphores commerciales et deux pichets (mugs) qui forment sans aucun doute une paire. Sur l'un (Kitov 2005, p. 34, fig. 20-22) figure une scène de sacrifice devant un édicule abritant un hermès-pilier[17], tandis que l'autre montre une scène totalement inconnue dans l'art grec, cinq Satyres dansant devant une sorte de cage dans laquelle Héraclès paraît enfermé (*ibid.*, fig. 18-19), qui évoque l'atmosphère d'un drame satyrique. Il est difficile de ne pas penser, peut-être plus encore que pour l'hydrie aux Dioscures ou la péliké au citharède, à une commande passée à un atelier attique, vers 420-410. On a supposé, à propos de vases trouvés dans ces contextes funéraires thraces, qu'ils étaient « choisis en fonction de leurs possibilités d'exprimer, directement ou en les réinterprétant, les idées principales de l'eschatologie locale » (Reho 1989, p. 19). La tombe récemment découverte à Kazanlak amène à reprendre cette question, d'autant plus que seule une partie du corps du défunt se trouvait dans la tombe : il avait en fait

7 *ARV2*, p. 1187, 36 ; Filow, Welkow 1930, p. 302-304, fig. 18-22 ; Hermary (A.) – Dioskouroi. *In* : *LIMC* III, 1986, n° 114 ; Reho 1990, p. 156 n° 458 (avec une abondante bibliographie), pl. XXXIV-XXXV ; *Gold der Thraker* 2007, p. 182, fig. 125f ; Lissarrague 2008, p. 20-22.

8 Voir Lissarrague 2008, p. 21 : « le registre inférieur comporte une scène de visite ou de départ dont le détail n'est pas clair ».

9 La femme située à droite de la *kliné* porte une couronne à hautes pointes ; les deux lyres posées sur le lit surprennent, car les Dioscures ne sont jamais figurés en musiciens, et la présence de trois brûle-parfums, dont un très grand au centre, est elle aussi remarquable.

10 F. Chapouthier (*Les Dioscures au service d'une déesse*, Paris, 1935, p. 161) proposait un rapprochement avec le mot κοίης ou κοής qui, d'après Hésychius, désignait un prêtre des Cabires.

11 Les chercheurs bulgares ont cependant consacré à ce thème de très nombreuses publications ; voir récemment la référence donnée n. 16.

12 Torelli 1997, p. 138 : « è fin troppo evidente che il titolare della tomba tracia ha voluto usare il vaso come veicolo della rappresentazione della propria apoteosi, in una chiave che valorizza il ruolo equestre dei divini gemelli greci per sottolineare il medesimo ruolo di cavaliere che il dinasta trace tradizionalmente possiede nel suo contesto sociale ». Voir aussi Lezzi-Hafter 1997, p. 365 : « its depiction of the theoxénia for the Dioskuroi could be related to Thracian religious beliefs ».

13 Filow, Welkow 1930, p. 284, fig. 3 ; Reho 1990, p. 156 n° 460.

14 *ARV2*, p. 1044, 9 (Peintre d'Épimédès) ; Reho 1990, p. 153 n° 451, pl. XXXI.

15 Boardman (J.) – *Athenian Red Figure Vases. The Classical Period*, Londres, 1989, p. 62-63 (avec la fig. 149).

16 Kitov 2005. De très belles photographies du masque et de la bague en or sont publiées dans *Gold der Thraker* 2007, p. 152-153, fig. 110-111.

17 Reproduit également par G. Kitov dans *Archeologia (Sofia)*, 46, 2005, p. 145 fig. 17.

été préalablement découpé à la hache, démembrement que l'on a considéré comme « orphique » (Kitov 2005, p. 24)[18]. Que cette explication soit justifiée ou non, il est certain que, au-delà du traitement du corps, le « masque-phiale » en or et, plus modestement, les deux pichets à figures rouges, dont l'un porte un décor unique en son genre, font de cette sépulture une des plus intéressantes du territoire thrace.

Deux des tombes mentionnées ci-dessus ont livré, en plus des céramiques attiques à figures rouges, des coupes en argent à décor doré qui n'ont pour l'instant d'équivalent que dans quelques kourganes scythes.

Dans la tombe de Baschova-Mogila, d'où provient l'hydrie du Peintre de Cadmos, se trouvait une phiale dont la fonction était particulièrement importante, puisqu'elle contenait les restes incinérés du défunt – dont le nom « Dadaleme » était, comme on l'a vu, gravé sur la paroi extérieure du vase. L'intérieur est décoré, autour de l'omphalos et de deux frises végétales elles aussi dorées, d'une course de quatre quadriges montés chacun, derrière l'aurige, d'un guerrier se préparant à sauter du char en course (« apobate »)[19]. Alors que ce décor paraît tout à fait adapté à la tombe d'un guerrier de haut rang, l'autre vase, une coupe à deux anses de plus petites dimensions (diam. 13 cm, contre 20,5 cm à la phiale) est ornée d'une femme chevauchant en amazone un cheval galopant au-dessus de la mer (**Fig. 334**) ; l'inscription « Dadaleme » est ici encore gravée sur la paroi extérieure (Filow, Welkow 1930, p. 294-295, fig. 9, pl. 9 ; *Gold der Thraker* 2007, fig. 125d). La femme a été interprétée comme Séléné par Filow et Welkow, identification généralement acceptée (Karusu 1984, n° 30*) ; il n'est cependant pas habituel que la déesse Lune soit figurée chevauchant au-dessus de la mer, et sur deux représentations comparables la femme a été interprétée comme Aphrodite[20]. Ce type d'image évoque aussi les Néréides du célèbre monument funéraire de Xanthos, dont le sens eschatologique – accompagnement du défunt vers le séjour des bienheureux, situé à l'Occident – est très vraisemblable[21].

D'autre part, la tombe de guerrier trouvée à Chernozem contenait, à côté de l'hydrie avec la « scène de gynécée », une coupe à deux anses décorée de Bellérophon tuant la Chimère (**Fig. 335**) ; sur le fond sont gravées les lettres ΣKY (Kisyov 2005, p. 45-48, fig. 28, pl. X-XI ; *Gold der Thraker* 2007, n° 119d)[22]. Ce thème héroïque banal est attesté sur une des coupes mises au jour dans le « tumulus des Sept Frères », dans le Kouban, mais au-dessus de cette scène centrale est figurée une frise de guerriers en marche (Strong 1966, p. 78-79, fig. 15A).

Cette catégorie de vases en argent doré a donné lieu dans les années 1980 à des commentaires et des débats qui dépassent largement le sujet traité ici (voir principalement Gill, Vickers 1990), mais qui ne portaient guère sur le lien entre le type de l'objet, son décor et le contexte de découverte. La forme des vases et le style du dessin se rapprochent incontestablement des productions attiques à figures rouges[23], mais, si l'existence de vases en métal précieux est bien attestée à Athènes, à cette époque, par des textes littéraires et des inscriptions, aucun exemplaire n'y a encore été découvert, pas plus que dans le monde grec en général. Il est donc possible que, contrairement à ce qui se passe – au moins à cette époque – pour les céramiques, des artisans spécialisés dans la fabrication et le décor de vases en métal précieux soient venus d'Athènes ou d'autres cités grecques (résumé des discussions dans Archibald 1998, p. 178 n. 7) en Thrace centrale (comme dans le Sud de la Russie), sur la demande d'importants personnages de la société locale. Pour la région de Duvanli, le premier exemple (vers 450-440) est fourni par un canthare en argent doré trouvé dans le tumulus « Goliamata Mogila », figurant d'un côté Dionysos face à une Ménade tenant une biche, de l'autre un Satyre et une Ménade dansant ; une tête de Silène décore l'attache de chaque anse, à l'intérieur de la lèvre (Vickers, Gill 1994, frontispice ; *Gold der Thraker* 2007, n° 128c). Si l'on admet le principe du déplacement des artisans, le « transfert » de forme et d'image est directement lié aux choix des commanditaires, mais il est moins clair si les vases sont fabriqués à Athènes – ou dans une autre ville grecque – comme c'est presque certainement le cas pour les céramiques. Des céramiques attiques à figures rouges

18 Voir aussi, sur l'interprétation religieuse des sépultures de Duvanli, Penkova (E.) - The funeral riteness in the necropolis of Duvanlii. *In* : *Stephanos Archaeologicos in honorem Professoris Ludmili Getov*, Sofia, 2005, p. 563-580 (en bulgare avec résumé en anglais).

19 Filow, Welkow 1930, p. 288-294, fig. 7, pl. 8 ; Strong 1966, p. 80, fig. 15B; Gill, Vickers 1980, p. 26, fig. 4-5; Vickers, Gill 1994, p. 40 et 131, fig. 2.2 ; *Gold der Thraker* 2007, n° 125e.

20 Karusu 1984 n°s 35*-36 (Séléné), mais plutôt Aphrodite pour A. Delivorrias (*LIMC* II, s. v. « Aphrodite », Zurich et Munich, 1984, n°s 900 et 901*).

21 Childs (W.A.P.), Demargne (P.) – *Fouilles de Xanthos, tome VIII. Le Monument des Néréides. Le décor sculpté*, Paris, 1989, p. 270-277. Ainsi, E. Penkova (*L'or des Thraces* 2006, p. 134) propose d'interpréter le personnage de la coupe de Duvanli comme une Hespéride.

22 Noter qu'un pichet en argent provenant de Dalboki en Thrace, conservé à Oxford, porte les mêmes lettres gravées sous le pied : Vickers et Gill (1994, p. 123, fig. 5.16) y voient le début du mot *skyphos*, mais la forme du vase est très différente de celle de la coupe de Chernozem.

23 Voir en particulier, à propos de la coupe aux apobates de Duvanli, Gill, Vickers 1990, p. 26, et Vickers, Gill 1994, p. 40 et 131, qui font en outre remarquer que le vase pèse 100 drachmes (une mine) attiques.

Fig. 332. a-b L'hydrie de Chernozem. D'après Kisyov 2005, fig. 16 et pl. I.

Fig. 333. Hydrie du tumulus de Baschova-Mogila. D'après *Gold der Thraker* 2007, fig. 125f.

fabriquées pour le marché thrace dans les années 420 apportent sur ce point un témoignage intéressant.

A. Lezzi-Hafter a présenté deux vases découverts dans les fouilles (restées à peu près inédites) de la nécropole d'Apollonia-Harmanité comme des « special commissions », réalisées à Athènes vers 425-420, dans l'atelier du Peintre d'Érétrie, pour des personnages « deeply attracted by Thracian beliefs » (Lezzi-Hafter 1997). Le premier est un *chous* globulaire décoré de huit Muses et d'Apollon (*ibid.*, fig. 1-11), décrit comme un des chefs-d'œuvre de ce peintre, sur lequel la position centrale de Kalliopé, donnée par une partie de la tradition comme la mère d'Orphée, et l'anse terminée en forme de serpent – symbole chthonien depuis longtemps passé de mode à Athènes – rendraient compte de la demande d'un commanditaire thrace. L'autre vase est un pichet (« mug ») dont le rapport avec la Thrace est tout à fait clair, puisqu'il est décoré de guerriers dont la tenue vestimentaire est caractéristique de l'image des Thraces dans l'art attique (*zeira*, *alopékis*, *embades*)[24] et que la forme même du récipient, inconnue à Athènes, copie celle de productions thraces (Reho 1990, p. 10[illegible] n° 190, pl. XVI ; Lezzi-Hafter 1997, fig. 12-19 ; *Gold de[illegible]*

24 Voir par exemple Tsiafakis (D.) – The Allure and Repulsion o[illegible] Thracians in the Art of Classical Athens. *In* : Cohen (B.) ed., *Not the Classical Ideal. Athens and the Construction of the Other in Greek Art*, Leiden, Boston, Cologne, 2000, p. 364-389.

Fig. 334. Coupe en bronze doré de Baschova-Mogila (détail). D'après *L'or des Thraces* 2006, p. 135.

Fig. 336. Pichet à figures rouges de Karnobat. D'après *L'or des Thraces* 2006, p. 141.

Fig. 335. Coupe en bronze doré de la tombe de Chernozem. D'après Kisyov 2005, pl. XI.

Thraker 2007, n° 116). Un exemplaire très comparable – entièrement conservé, ce qui confirme la restitution du pied proposée par A. Lezzi-Hafter – (**Fig. 336**), découvert sur un site thrace au Nord-Ouest de Bourgas (Georgieva 2005 ; *Gold der Thraker* 2007, n° 117)[25], apporte maintenant un témoignage supplémentaire sur ces commandes « exotiques », dont on connaît bien d'autres exemples dans la céramique attique, en particulier à destination du marché étrusque (Lezzi-Hafter 1997, p. 368-369). Les deux vases aux guerriers thraces sont proches, mais non semblables : le décor de celui de Karnobat est d'une qualité légèrement inférieure et n'est sans doute pas l'œuvre du Peintre d'Érétrie lui-même ; on peut donc se demander avec R. Georgieva s'ils correspondent à une même commande ou à deux commandes successives, et si un même atelier s'était spécialisé dans ce type de fabrication (Georgieva 2005, p. 39).

On constate, en tout cas, que les céramiques les plus significatives pour la question qui nous occupe sont

25 Voir aussi la grande photographie en couleur publiée dans le catalogue de l'exposition *L'or des Thraces* 2006, n° 49, reproduite ici. De la même tombe provient un « owl skyphos » peut-être un peu plus ancien : Georgieva (R.) – A Red-Figure Attic Skyphos from Karnobat. *In* : *Stephanos Archaeologicos in Honorem Professoris Ludmili Getov*, Sofia, 2005, p. 168-172.

attestées sur un laps de temps assez court (les années 420 surtout), qui correspond précisément à l'époque où les relations entre Athènes et la Thrace paraissent s'intensifier, qu'il s'agisse de l'introduction au Pirée du culte de la déesse Bendis[26] ou de l'entrée de la Thrace pontique dans l'orbite politique d'Athènes, dont témoigne la mention d'Apollonia, en 425/4, dans la liste des tributaires de la Ligue de Délos (*IG* I3, 71, IV, l. 128). La signification des « transferts » impliqués par les vases ne paraît cependant pas être la même sur la côte, ou sur les sites indigènes proches, que dans les riches sépultures de la Thrace centrale. Même si les destinataires du *chous* et des deux pichets étaient réellement des Thraces – ce qui n'est très probable que pour le vase de Karnobat – ces importations restent rares et avaient peut-être un caractère plus pittoresque que rituel. Le cas me paraît différent pour les sépultures de la région de Plovdiv et Kazanlak, où les choix devaient être, en partie au moins, liés à des préoccupations religieuses dont le sens est difficile à définir, qu'il s'agisse des hydries, en argile ou en bronze (sur ces dernières, voir Archibald 1998, p. 187-189), ou des « mugs », allant par paire dans la tombe de Kazanlak (à figures rouges) et dans celle de Baschova-Mogila (un « Phidias mug » à vernis noir, un autre en argent, portant l'inscription « Dadaleme »)[27]. Les deux sépultures trouvées récemment près de Kazanlak et de Chernozem constituent désormais, à côté de celle du tumulus de Baschova-Mogila, des références privilégiées pour une réflexion sur les transferts et l'adaptation de formes et d'images de la Grèce vers la Thrace, sujet pour lequel le IVe siècle offre lui aussi une riche documentation, encore trop peu exploitée.[28]

26 Située vers la fin du Ve siècle : Gočeva (Z.), Popov (D.) – Bendis. *In* : *LIMC* III, 1986, p. 95-97.

27 Filow, Welkow 1930, p. 296 n° 5, fig. 10, et 305 n° 16, fig. 24 (la forme est la même, mais l'exemplaire en terre cuite est plus haut : 13,3 contre 8,6 cm). Une étude sur ce type de vase, désigné par les céramologues comme « œnochoé de forme 8 », en milieu thrace et dans les colonies grecques de la côte, reste à faire. Un exemplaire à figures rouges provient d'une nécropole de Bourgas : Reho 1990, p. 141 n° 412, pl. XXVI-XXVII (attribué par Beazley, *Paralipomena*, p. 481, au Peintre de Modica). Pour Chr. Campenon (*La céramique attique à figures rouges autour de 400 avant J.-C. Les principales formes, évolution et production*, Paris, 1994, p. 51), « ce type de forme était, à l'époque, passé de mode. Il est donc fort probable que la résurgence de l'œnochoé de forme 8 avait, pour les contemporains, un caractère archaïsant, tout comme les derniers exemplaires de cratères à colonnettes ».

28 Voir aussi l'étude récente de J.H. Oakley, Attic red-figured breakers : special vases for the Thracian market. *Antike Kunst*, 52, 2009, p. 66-74, pl. 7-10.

BIBLIOGRAPHIE

Archibald 1998 : ARCHIBALD (Z.H.) – *The Odrysian Kingdom of Thrace. Orpheus Unmasked*. Oxford, 1998.

Filow, Welkow 1930 : FILOW (B.), WELKOW (I.) – Grabhügelfunde aus Duvanlii in Südbulgarien. *JdI*, 45, 1930, p. 281-322, pl. VIII-XI.

Georgieva 2005 : GEORGIEVA (R.) – A small jug from Karnobat with images of Thracian warriors. *Archeologia* (Sofia), 46, 2005, p. 32-40 (en bulgare avec résumé en anglais).

Gill, Vickers 1990 : GILL (D.W.J.), VICKERS (M.) – Reflected Glory : Pottery and Precious Metal in Classical Greece. *JdI* 105, 1990, p. 1-30.

Gold der Thraker 2007 : *Die alten Zivilisationen Bulgariens. Das Gold der Thraker*. Catalogue d'exposition, Bâle, 15 mars-1er juillet 2007. Bâle, 2007.

Karusu 1984 : KARUSU (S.) – Astra. *In* : *LIMC* II, 1984, p. 904-927, pl. 670-681.

Kisyov 2005 : KISYOV (K.) – *Thrace and Greece in Ancient Times. Part I. Classical Age Tumuli in the Municipality of Kaloyanovo*. Plovdiv, 2005.

Kitov 2005 : KITOV (G.) – Thracian tumular burial with a gold mask near the city of Shipka, central Bulgaria. *Archaeologia Bulgarica*, 2005, p. 23-37.

Lezzi-Hafter 1997 : LEZZI-HAFTER (A.) – Offerings Made to Measure : Two Special Commissions by the Eretria Painter for Apollonia Pontica. *In* : OAKLEY (J.H.) *et al.* eds., *Athenian Potters and Painters*. Oxford, 1997, p. 353-369.

LIMC : *Lexicon Iconographicum Mythologiae Graecae*, I - VII. Zurich et Munich (puis Dusseldorf), 1981-1997.

Lissarrague 2008 : LISSARRAGUE (Fr.) – Présence de l'invisible : deux images du Peintre de Cadmos. *In* : Estienne (S.) *et al.* dir., *Image et religion dans l'Antiquité gréco-romaine. Actes du Colloque de Rome, 11-13 décembre 2003*. Naples, 2008, p. 19-24.

L'or des Thraces 2006 : *L'or des Thraces. Trésors de Bulgarie*. Catalogue d'exposition, Musée Jacquemart-André, Paris, [2006].

Reho 1989 : REHO (M.) – La céramique attique peinte dans le contexte funéraire thrace. Observations sur les vases trouvés en Bulgarie. *Archeologia* (Sofia), 1989/2, p. 11-19 (en bulgare, avec résumé en français).

Reho 1990 : REHO (M.) – *La ceramica attica a figure nere e rosse nella Tracia bulgara*. Rome, 1990.

Strong 1966 : STRONG (D. E.) – *Greek and Roman Gold and Silver Plate*. Londres, 1966.

Torelli 1997 : TORELLI (M.) – *Il rango, il rito e l'immagine. Alle origini della rappresentazione storica romana*. Milan, 1997.

Vickers, Gill 1994 : VICKERS (M.), GILL (D.) – *Artful Crafts. Ancient Greek Silverware and Pottery*. Oxford, 1994.

4. La céramique à vernis noir d'époque classique dans les colonies ouest pontiques et l'hinterland indigène (territoire de la Bulgarie)

Anelia Bozkova

Comme partout dans le monde méditerranéen à l'époque grecque, la céramique à vernis noir était parmi les produits céramiques les plus populaires et largement répandus le long de la côte ouest-pontique aussi bien que dans l'intérieur de la Thrace. Les vases couverts de vernis noir sont attestés dans des contextes archéologiques différents et démontrent une diffusion géographique très intense et abondante et une présence continue en grande quantité, ce qui en fait un objet favorable et attirant pour l'étude scientifique (**fig. 337**)[1]. La céramique à vernis noir trouvée en Bulgarie est liée surtout avec le trafic commercial des colonies grecques du littoral pontique et ce fait justifie l'étude parallèle des données de ces deux larges contextes ethnoculturels – celui des colonies sur la côte occidentale du Pont et celui de leur arrière-pays indigène Thrace. Il est bien évident qu'il faut également tenir compte de la probabilité d'une importation parallèle de marchandises venant du Sud, de la côte nord-égéenne et suivant les routes anciennes le long des rivières Hébros et Nestos ainsi que d'autres voies terrestres. Cette possibilité n'enlève rien à l'intérêt d'une étude parallèle des céramiques pontiques et de celles de l'intérieur indigène, mais elle peut obliger à en nuancer les conclusions.

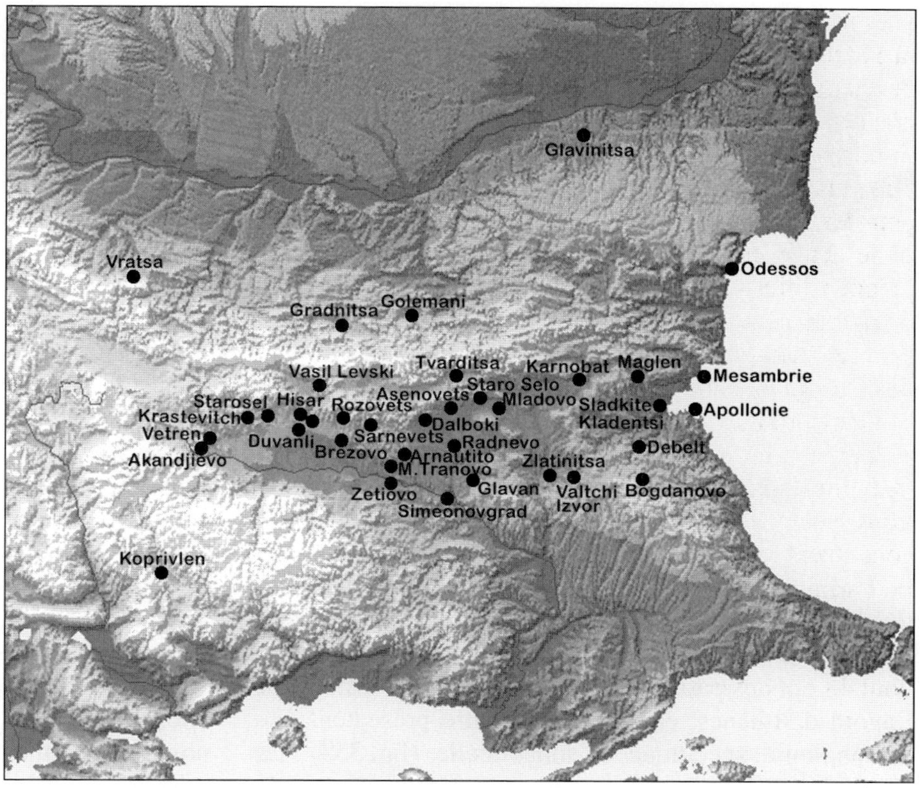

Fig. 337. Carte de diffusion des vases à vernis noir d'âge classique en Bulgarie.

1. Milieu géographique et contextuel des trouvailles analysées

Les trouvailles céramiques qui font objet d'analyse dans l'étude présente proviennent :

- du territoire interne urbanisé des colonies grecques;
- des sites qui se trouvent dans le territoire externe des colonies ou dans leur proche voisinage ;
- des contextes indigènes de l'intérieur.

Dans les colonies grecques sur le territoire actuel de la Bulgarie – Apollonia, Mésembria, Odessos, Dionysopolis – des trouvailles de céramique à vernis noir ont été récupérées partout dans les couches archéologiques et les structures des villes elles-mêmes et dans leurs nécropoles (cf. par exemple Ivanov 1963, p. 65-273 ; Galabov 1965, p. 11-48).

1 La céramique à vernis noir de la Bulgarie n'a pas encore reçu un traitement intégral. Il y a pourtant un nombre de publications primaires de collections et d'études isolées sur des groupes de vases. Il serait superflu de citer ici toutes les publications primaires de vases à vernis noir; elles se comptent par dizaines. Seuls les travaux plus généraux qui contiennent des indications sur la plupart des trouvailles seront indiqués.

Dans les contextes indigènes, la céramique à vernis noir est attestée plus souvent dans les nécropoles et dans les complexes de fosses à caractéristique plutôt cultuelle, et plus rarement dans les agglomérations. Les sites habités où l'on trouve une quantité élevée de céramique à vernis noir sont d'ordinaire d'un haut rang dans la hiérarchie du système d'agglomérations de la Thrace et sont souvent interprétés soit comme des résidences royales ou aristocratiques, soit comme des agglomérations urbaines ou de fonctions commerciales majeures.

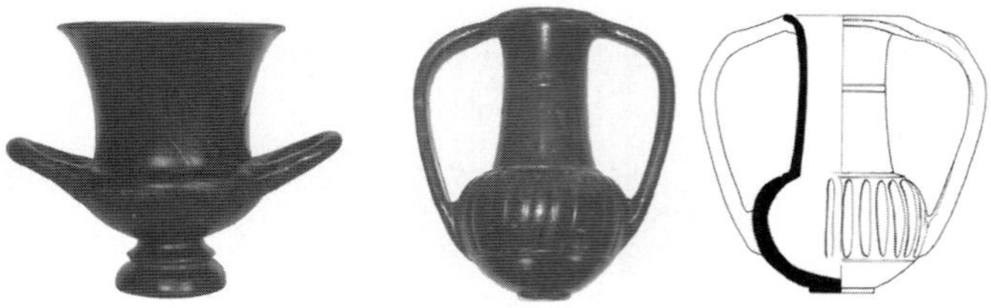

Fig. 338. Formes atypiques de vases à vernis noir de la nécropole d'Apollonie Pontique, IVe s. av. J.-C.

2. Caractéristique générale des données étudiées

Parmi les trouvailles des colonies pontiques et de l'intérieur thrace, on a pu reconnaître un total de 52 formes de vases en céramique à vernis noir d'âge classique dont 48 ont des parallèles parmi les formes attestées sur l'agora d'Athènes, et seulement quatre présentent une morphologie spécifique et inhabituelle (**fig. 338**). La chronologie des vases examinés est déterminée sur la base des parallèles attiques et des contextes de provenance des trouvailles. En principe, la corrélation de ces deux systèmes de repères chronologiques arrive à des résultats identiques qui soutiennent la contemporanéité des exemples attiques et des trouvailles des colonies pontiques et de l'intérieur thrace. Il sera quand même intéressant de noter l'existence d'un certain nombre de cas où la date déterminée par le contexte archéologique est plus tardive d'un quart de siècle au moins que les parallèles attiques, un fait qui pourrait être expliqué par le temps mis au transport et par un usage plus prolongé des vases. C'est par exemple le cas avec deux bols de type vicup de la nécropole d'Apollonia (Ivanov 1963, 179, n° 398, pl. 100, 104) qui font partie d'un inventaire funéraire qui contient aussi un bol de type Pheidias et d'autres vases qui donnent au complexe une date plus tardive d'au moins 20 ans par rapport à la fin de production des *vicups* à Athènes (*Agora XII*, n° 92-93).

La synthèse des données manifeste une claire prédominance des bols à boire dans le répertoire de vases à vernis noir de la Thrace (qui font souvent partie d'un service du vin), et ce ne sont pas seulement les trouvailles funéraires qui soutiennent cette conclusion générale. Les bols à boire prévalent aussi bien parmi les trouvailles provenant des sites aux contextes négatives (des fosses) dans les colonies (notamment à Mésembria) ainsi qu'à l'intérieur, et aussi de quelques sites de caractère urbanisé (résultats non publiés des fouilles près de Vasil Levski et de Krastevitch dans la région de la future Philippopolis [Plovdiv]). Dans le cadre de cette image générale on peut distinguer des particularités dans l'intensité de diffusion, dans les nuances statistiques de répartition, dans les modes probables d'emploi. C'est surtout sur ces aspects et caractéristiques qu'il vaut la peine d'orienter une analyse qui mettrait en valeur tout le massif de céramique à vernis noir connu à présent en Bulgarie.

3. Bols à tige et sans tige. Confrontation diachronique et synchronique

Les bols à haute tige et à deux anses opposées connus sous les noms de stemmed cups ou kylikes firent leur apparition dans les colonies grecques du Pont occidental (comme à Athènes et dans les autres villes grecques de la Méditerranée) à la haute époque classique et reçurent un assez bon accueil. On en connaît des exemples de toutes les variantes dans les complexes coloniaux : coupe C, coupe B, *vicup*, *acrocup*, ainsi que des *stemmed dishes* (Bozkova 2008, 114-123). Les plus anciens et les plus nombreux sont les bols du type coupe C qu'on rencontre dans les complexes du fin du premier et du deuxième quart du Ve s. av. J.-C. et qui étaient reproduits en versions locales monochromes d'argile grise dans les ateliers coloniales (vraisemblablement à Mésembria). Les exemples publiés de bols à haute tige provenant de la nécropole d'Apollonia Pontique sont peu nombreux, ce qu'on pourrait expliquer par le nombre restreint de tombes étudiées datant des trois premiers quarts du Ve s. av. J.-C. Mais le matériel fragmenté provenant des couches archéologiques de Mésembria, également attesté à Odessos, montre la véritable échelle de ce phénomène. C'est dans la même période (mais à une date initiale un peu plus basse) que firent leur première apparition dans les colonies les bols sans tige du type *stemless* qui auraient aussi une assez grande propagation.

La pénétration régulière de céramique à vernis noir dans l'arrière-pays thrace est une pratique établie et considérable dès le deuxième quart du Ve s. av. J.-C. (il y a bien sûr des exemples isolés plus anciens), mais malgré cette date assez haute les bols à haute tige

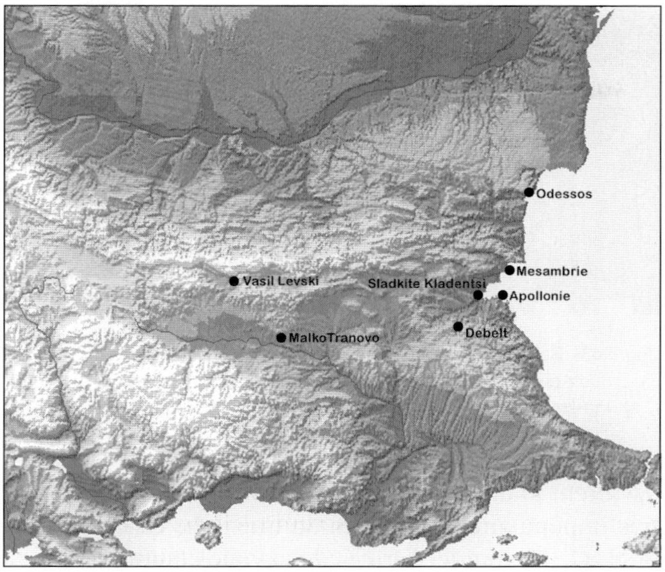

Fig. 339. Carte de la diffusion des bols à tige en Bulgarie.

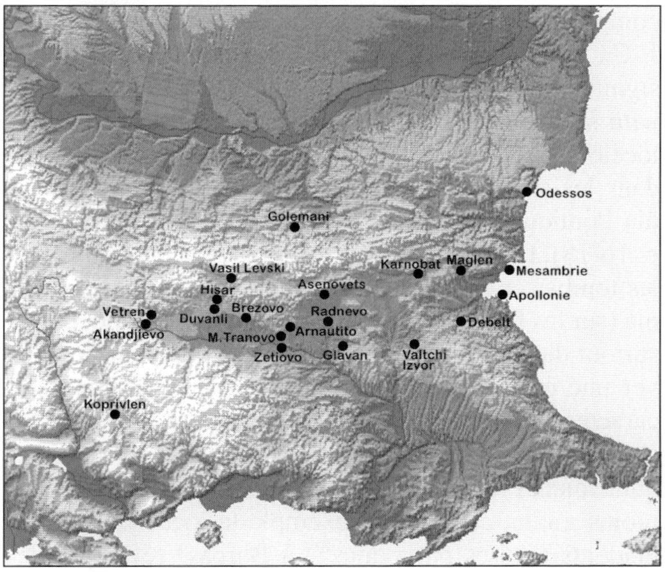

Fig. 340. Carte de la diffusion des bols sans tige du type Castulo cup en Bulgarie.

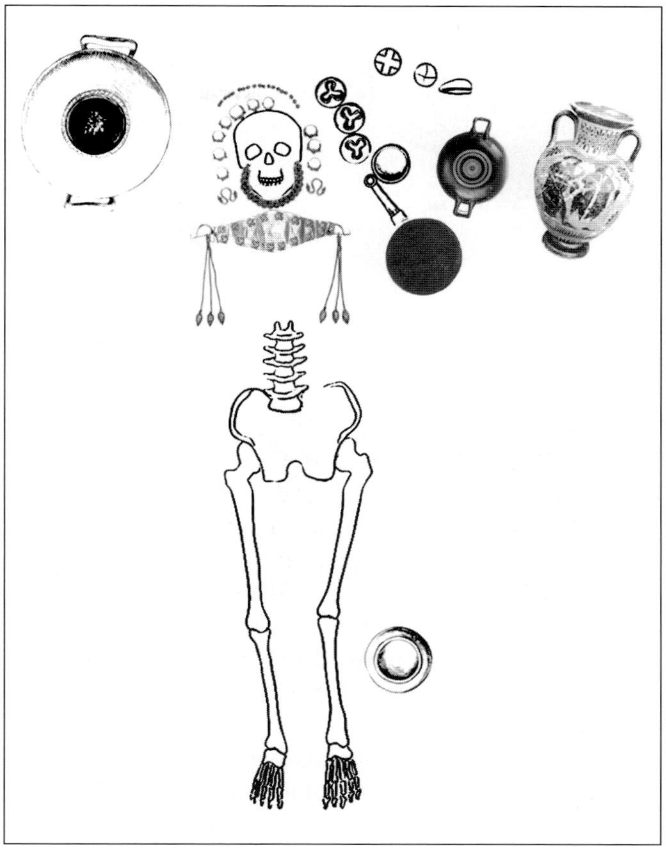

Fig. 341. Tombe du tumulus Mushovitsa de la nécropole de Duvanli dans la région de Plovdiv comportant un bol sans tige du deuxième quart du Ve s. av. J.-C.

n'arrivèrent jamais à avoir une très grande popularité dans les complexes indigènes (**fig. 339**). Parmi toutes les trouvailles connues à ce jour, il n'y a que deux fragments de bols (l'un de type C, un autre d'acrocup) attestés sur un site riche en importations d'âge archaïque et classique comme Debelt (Gyuzelev 2008, p. 103-104) assez proche de la côte maritime, et deux autres fragments provenant de l'intérieur plus éloigné, l'un d'une variante de stemmed dish provenant de la région de Tchirpan[2], l'autre d'un bol de type C de Vasil Levski dans la région de Plovdiv[3]. En revanche, les fragments et les exemples entiers de bols sans tige (ou *stemless*) du type *inset lip* (*Castulo cups*) se comptent par dizaines et proviennent de 18 sites archéologiques (**fig. 340**) de caractère différent (des agglomérations, des nécropoles, des sanctuaires). D'après le contexte, la plupart datent du deuxième et troisième quart du Ve s. av. J.-C. (Bozkova 2004, p. 52-59). Cette propagation particulière des *Castulo cups* dans l'intérieur indigène thrace pourrait en effet être expliquée par les traits morphologiques des vases, comme l'a déjà suggéré Brian Shefton (Shefton 1996, p. 169-171) – la solidité des bols sans tige à inset lip comparé à la fragilité des bols à tige.

Dans les tombes thraces riches de l'époque, les bols bas sans tige représentés surtout par des *stemless with inset lip* et plus rarement aussi par des exemples des types *small (variants), large with plain rim and with concave rim*, et *Rheneia cup*, reviennent comme un élément obligatoire et invariable, ordinairement avec un vase à vin peint de plus grandes dimensions et un ou

2 Matériaux inédits du Musée de Tchirpan.

3 Matériaux inédits des excavations de K. Kisyov dans le Musée de Plovdiv.

Fig. 342. Cup skyphos with heavy wall de la nécropole d'Apollonia Pontique.

Fig. 343. Bols de Pheidias shape : une version en argile de la nécropole d'Apollonia Pontique du commencement du IVe s. av. J.-C. et une en argent de la nécropole de Duvanli dans la région de Plovdiv de la fin du Ve s. av. J.-C.

plusieurs vases en métal, le tout formant évidemment un service du vin (cf. par exemple Tsontchev 1951, p. 24-43). Dans ces riches inventaires funéraires dont on connaît à présent plus d'une douzaine, les bols à vernis noir sont rangés avec des autres objets précieux qui jouent le rôle des insignes singuliers de statut social élevé (**Fig. 341**[4], cf. Filow 1934 *passim*). C'est plutôt dans cette qualité d'objet de prestige social que les bols à *inset lip* (et plus rarement aussi les autres types de bols sans tige ou *stemless*) apparaissent aussi souvent parmi les offrandes dans les sanctuaires thraces du Ve s. av. J.-C. L'exemple le plus clair est fourni par le sanctuaire à fosses récemment fouillé près de Malko Tranovo dans la région de Tchirpan (sur le site cf. Bozkova, Tonkova 2007, 11-13), qui était actif du deuxième quart du Ve au troisième quart du IVe s. av. J.-C. On y a découvert plus de 40 fragments de bols à *inset lip*, contre seulement quatre de bols contemporains du type *large with plain rim*, et six de bols un peu plus tardifs de *Pheidias shape*.

4. Autres types de bols de la fin du Ve et de la première moitié du IVe s. av. J.-C. Quantités relatives

Avant le canthare classique, aucune forme céramique n'a connu une propagation aussi impressionnante dans l'intérieur de la Thrace que le *stemless with inset lip*. À une seule exception près, on n'observe pas de pareille spécificité dans les complexes pontiques où les différents types de bols à vernis noir sont représentés dans des proportions équilibrées et conformes aux périodes de leur existence. Le groupe des *stemless with inset lip* montre dans les complexes coloniaux une présence assez bien établie, mais pas supérieure à celle des autres bols à deux anses du type des kylikes. Quand les *stemless with inset lip* furent totalement abandonnés ou au moins devinrent très impopulaires vers la fin du troisième quart du Ve s. av. J.-C., ce sont les formes du skyphos (surtout dans sa version attique), du bolsal et des bols de *Pheidias shape* qui prirent leur place de vases les plus communs dans les complexes coloniaux. Plus tard, au début du IVe s. av. J.-C., on peut observer un phénomène prononcé et très significatif lié à la propagation extrême du *cup skyphos with heavy wall* (**fig. 342**) (et peut-être à la production locale de ce type de vase ?), attesté assez visiblement dans les séries très longues de la nécropole d'Apollonia Pontique (Ivanov 1963, p. 183-185; Galabov 1965, p. 16-18). La présence persévérante de cette forme dans les tombes et dans les foyers de la nécropole d'Apollonia (sur les foyers cf. Hermary, Panayotova 2006, p. 60), surtout dans la première moitié du siècle, pourrait trouver une explication comme une particularité locale de caractère rituel, s'il n'existait de nombreuses trouvailles similaires provenant d'autres agglomérations maritimes qui avaient probablement une population indigène ou au moins mixte, comme par exemple la localité "Sladkite kladentsi" ("Les puits doux") à Burgas[5] (cf. Gyuzelev 2008, p. 98). Il reste pourtant difficile d'expliquer les raisons de ce fort engouement pour la forme de la *cup skyphos with heavy wall* (dans plusieurs variantes) le long du littoral pontique, mais je peux affirmer avec certitude que, tout comme la *stemmed cup*, elle n'a eu aucune diffusion plus profonde vers l'intérieur indigène. On ne connaît que quelques cas isolés de *cup skyphoi* trouvés dans l'arrière-pays de la Thrace, aussi rares que les quelques fragments reconnus des différentes modifications de *cup-kantharoi*. Il est possible que ce soit encore un cas de causes purement pratiques liées aux dangers du transport terrestre de vases plus fragiles ou aux détails saillants (comme les anses), quoique ce type de risque fût évidemment accepté et surmonté dans le

4 Le dessin de la tombe m'a été fourni aimablement par Elka Penkova du Musée National Historique à Sofia, à qui j'exprime ma gratitude.

5 Matériel inédit au Musée de Burgas. Je suis obligée pour la possibilité d'en faire connaissance à l'amabilité du prof. I. Karayotov.

cas d'autres groupes de vases non moins délicats. La présence d'autres types de bols dans les complexes indigènes peut être définie comme sporadique et non point intensive. On peut noter une présence un peu plus intensive des bols de *Pheidias shape* qui avaient ses analogues parmi les vases d'argent et du bronze et qu'on rencontre toujours dans les plus riches tombes thraces de l'époque ainsi que parmi les imitations indigènes en argile grise (**fig. 343**). En outre des inventaires funéraires on les rencontre aussi dans les sanctuaires indigènes à fosses où ils appartiennent surtout à la couche chronologique comportant le dernier quart du Ve s. av. J.-C. (on les rencontre par exception dans les mêmes complexes avec des *stemless with inset lip*), et aussi dans quelques complexes du début du IVe s. av. J.-C. Dans la même période et aussi faisant partie des services du vin, mais beaucoup plus rarement que les bols de *Pheidias shape*, on rencontre aussi des skyphoi, (surtout la version attique) et des bolsals. Toujours en relation avec les formes de bols à boire si populaires en Thrace on doit noter encore une particularité. Il s'agit de vases du groupe *one-handler* (version noire), qu'on ne rencontre que très rarement dans la nécropole d'Apollonia Pontique (à en juger par les anciennes excavations publiés par T. Ivanov (Ivanov 1963, p. 190, n° 451) et par la masse de matériel accumulé depuis dans l'exposition et les fonds du Musée National Historique), et point parmi les vases importés à vernis noir provenant de l'intérieur indigène. C'est encore un cas de négligence totale d'un groupe grand et important de vases attiques dans le répertoire des importations en Thrace.

5. Autres groupes céramiques

Outre les problèmes des bols à boire discutés jusqu'ici, les observations sur le massif céramique de la côte bulgare de la Mer Noire indiquent la présence de presque tous les groupes les plus importants connus de l'agora d'Athènes et des autres villes antiques. Les conclusions sur le répertoire des vases attestés dans un milieu indigène thrace sont un peu plus surprenantes. On y constate par exemple l'absence presque totale des cruches à vernis noir de toutes les variantes, dont au moins quelques unes sont bien représentées dans la nécropole d'Apollonia Pontique. Avec ce type de vase morphologiquement compact et solide, une explication de ce phénomène par les risques de transport serait superflue ; il nous reste à suggérer une manque d'intérêt et de besoin de la part du consommateur local. Pour verser le vin, on utilisait évidemment surtout les cruches locales monochromes de couleur grise qui étaient très populaires, ainsi que les récipients élégants et chers en métal. Il en va de même pour les divers types d'askoi et de gutti, dont la présence dans le milieu indigène est à peine perceptible est resta très faible même à l'époque hellénistique. En ce qui concerne les petits bols sans anses et les salières, ils étaient également assez rares dans l'intérieur de la Thrace avant l'époque hellénistique; on les rencontre eux aussi surtout dans les complexes d'élite. Quelques rares exemples de salières ou de lampes ont une date assez haute, vers le commencement du Ve s. av. J.-C., qui précède le processus de pénétration durable des raffinements de la vie quotidienne des Grecs dans le milieu indigène. Dans ces cas, il faut se demander si ces petits vases n'avaient plutôt une valeur symbolique comme un signe de possession d'objets chers et étrangers, c'est à dire prestigieux, et il est douteux qu'ils aient été utilisés selon leur destination utilitaire originelle.

6. Résultats

6.1. L'étude de la céramique à vernis noir d'époque classique de la côte ouest-pontique et de l'intérieur thrace nous mène à l'identification de trois milieux contextuels différents aux particularités spécifiques dans le répertoire des vases céramiques. Le premier est celui des colonies grecques du littoral, qui présente un répertoire relativement standardisé et équilibré dans toutes les colonies étudiées. En ce qui concerne la diversité des formes, on pourrait constater que le répertoire est en général appauvri par rapport à Athènes. L'hypothèse d'une production locale et d'une spécialisation dans certaines directions concrètes vers le commencement du IVe s. trouve des arguments sérieux dans la représentation excessive du groupe du *cup skyphos with heavy wall* à Apollonia ainsi que dans un nombre d'autres sites de sa région, probablement liés au commerce. C'est dans ce sens que le milieu colonial peut être qualifié de consommateur et de producteur potentiel dont la production entraînait des préférences semblables chez la population indigène de l'hinterland proche qui était exposée à une influence plus forte et directe du modèle culturel grec. L'étude fait ressortir le rôle d'Apollonia pour la pénétration commerciale de marchandises dans l'intérieur thrace. A cet égard, la discussion autour de l'identification de l'Apollonia mentionnée dans l'inscription de Vetren (Pistiros) possède une importance encore plus grande pour l'étude de l'histoire économique de la Thrace (Velkov, Domaradska 1994, p. 12-13; Chankowski, Domaradzka 1999, p. 252).

6.2. Le deuxième milieu culturel qui était un consommateur de vases céramiques à vernis noir était celui des agglomérations situées à proximité du littoral. Deux sites de ce groupe, à Sladkite Kladentsi dans la banlieue de Burgas et à Debelt aussi dans la région de Burgas offrent dans la composition du répertoire céramique des particularités tout à fait semblables à celles des colonies grecques. Il s'agit dans les deux cas d'agglomérations à présence dominante ou considérable de population indigène, mais on manque de données précises sur leur statut administratif ou leur appartenance éventuelle au territoire d'Apollonia. Les résultats des études archéologiques attestent dans les deux sites de Sladkite Kladentsi et de Debelt une quantité considérable de céramiques à vernis noir, une quantité qui dépasse de beaucoup celle de la céramique importée qu'on retrouve dans les agglomérations plus éloignées du littoral. Il serait aussi important de noter que la composition du mobilier céramique est évidemment influencée par les préférences des habitants de la colonie proche d'Apollonia, ce qui nous amène à nous demander s'il s'agit surtout d'un phénomène de proximité géographique, ou peut-être d'une relation ethnoculturelle plus complexe.

6.3. Les trouvailles céramiques des complexes proprement thraces, situés sur le territoire des unions tribales ou structures étatiques de l'intérieur indigène, démontrent une attitude différente envers les vases grecs à vernis noir. Leur répertoire est restreint à un nombre réduit de formes par comparaison non seulement avec Athènes, mais aussi avec les colonies du littoral pontique. En même temps, ce répertoire n'a pas l'air d'être fortuit ; l'analyse détaillée nous porte à reconnaître une prédilection certaine pour quelques formes ou groupes de vases, une prédilection dont les critères réels nous échappent encore. Les bols populaires du type Pheidias shape par exemple (tout comme les stemless with inset lip si souvent mentionnés) donnent un bon argument en démontrant l'existence de préférences authentiques des consommateurs indigènes (une clientèle surtout aristocratique) pour la vision formelle des vases qui leur était familière ou autrement importante. Pour des raisons quelconques ces préférences évoluèrent en un dévouement réglementé, en une nécessité préméditée, même en une obligation singulière. Les données analysées proviennent des nécropoles et des sanctuaires, mais aussi de quelques agglomérations le plus souvent considérées comme des résidences aristocratiques. Dans ce sens il serait injustifié de penser que le répertoire des vases à vernis noir était influencé seulement par des raisons d'ordre rituel ; on pourrait plutôt suggérer un très fort conservatisme du milieu indigène, même en ce qui concernait l'usage des objets importés d'origine grecque.

BIBLIOGRAPHIE

Agora XII : SPARKES (B.A.), TALCOTT (L.) – *Black and Plain Pottery of the Sixth, Fifth and Fourth Centuries B.C.* Princeton, 1970, p. 472 (= The Athenian Agora, XII).

Bozkova 2004 : BOZKOVA (A.) – Atitcheski tchernofirnisovi kiliksi s oudebeleno otvatre oustie ot Bulgarskite zemi. *Arheologia* (Sofia) 1-2, 2004, p. 52-59.

Bozkova 2008 : BOZKOVA (A.) – Tchernofirnisovi tchachi s visok krak ot klasitcheskata epoha ot Bulgaria. *In* : *Yougoiztotchna Evropa prez antitchnostta, V v. pr. Chr. – natchaloto na VII v. sl. Chr. (Studia in honorem Aleksandrae Dimitrova-Milcheva)*. Sofia, 2008, p. 114-123.

Bozkova, Tonkova 2007 : BOZKOVA (A.), TONKOVA (M.) – Le sanctuaire thrace à fosses de Malko Tranovo dans la plaine de la Maritsa. *L'Archéologue* n° 90, juin-juillet 2007, p. 11-13.

Chankowski, Domaradzka 1999 : CHANKOWSKI (V.), DOMARADZKA (L.) – Réédition de l'inscription de Pistiros et problèmes d'interprétation. *BCH* 123/1, 1999, p. 247-258.

Filow 1934 : FILOW (B.) – Die Grabhügelnekropole bei Duvanlij in Südbulgarien. Sofia, 1934.

Galabov 1965 : GALABOV (I.) – Predrimska keramika ot Apolonia. *Bulletin du Musée de Burgas* 2, 1965, p. 11-48.

Gyuzelev 2008 : GYUZELEV (M.) – *The West Pontic Coast between Emine Cape and Byzantion during the First Millennium BC*. Burgas, 2008.

Hermary, Panayotova 2006 : HERMARY (A.), PANAYOTOVA (K.) – La nécropole d'Apollonia du Pont. Nouvelles découvertes de la mission franco-bulgare. *Archéologia* n° 431, mars 2006, p. 52-63.

Ivanov 1963 : IVANOV (T.) – Antitchna keramika ot nekropola na Apolonia. *In* : *Apolonia*. Sofia, 1963, p. 65-237.

Shefton 1996 : SHEFTON (B.) – Castulo Cups in the Aegean, the Black Sea Area and the Near East with the Respective Hinterland. *In* : *Sur les traces des Argonautes*. Paris, 1996, p. 163-186.

Tsontchev 1951 : TSONTCHEV (D.) – Tombeau tumulaire thrace près de Brezovo. *RA* 38, 1951, p. 24-43.

Velkov, Domaradska 1994 : VELKOV (V.), DOMARADSKA (L.) – Kotys I (383/2-359) et l'émporion de Pistiros en Thrace. *BCH* 118/1, 1994, p. 1-15.

5. Beidaud : un cas d'acculturation potière dans l'hinterland gète ?

Pierre Dupont, Vasilica Lungu

Au cours des années soixante-dix, les recherches archéométriques menées sur les céramiques d'Histria, sur le littoral ouest du Pont-Euxin avaient mis en évidence l'existence d'un artisanat local particulièrement développé, à l'origine d'une gamme de productions assez diversifiée, comprenant même des vases à décor peint élaboré, et ce, dès l'époque archaïque. A l'époque, nous n'avions procédé qu'à une différenciation régionale sommaire, dans le cadre restreint de la problématique histrienne, c'est à dire sur quelques sites ruraux de la *chôra* alentour : d'une part, en raison des difficultés techniques pour rayonner à plus longue distance ; d'autre part, parce que le territoire d'Histria semblait former un tout homogène jusqu'à Orgamè au nord et, donc, que l'étendue de la zone d'incertitude autour d'Histria pouvait passer au second plan. Aujourd'hui, les conceptions sur le contexte colonial régional ont évolué sensiblement (Avram 2001, p. 593-612.), Orgamè faisant maintenant figure d'établissement plus ou moins autonome, même si le terme de *polis* ne semble pas encore de mise (Mănucu-Adameşteanu 1992, p. 55-67 ; contra : Avram 2001, p. 610-611).

Dans le but d'améliorer la différenciation régionale entre Histria et le reste de la Dobroudja (Cf. Dupont 1999, p. 129-135), nous avons procédé à l'analyse physico-chimique de nouveaux échantillonnages, provenant de quelques autres grands établissements grecs du littoral (en l'occurrence Tomis, Callatis et Orgamé). Surtout, nous avons entrepris d'étendre notre enquête vers l'arrière-pays, en nous penchant sur le cas d'un important site indigène tout à fait représentatif, celui de Beidaud, situé à mi-chemin entre Histria et Orgamé (Simion 2003, p. 79-98) (**Fig. 344**).

Cette démarche nous a paru nécessaire, la situation observée sur les sites ruraux de la *chôra* des fondations grecques du littoral étant, comme cela est bien compréhensible, pratiquement la même. Il est clair, en effet, que de petits établissements comme ceux découverts à Nuntasi, Tariverde et Sinoe, situés à quelques kilomètres à peine à la périphérie d'Histria étaient sous la dépendance directe de cette colonie. Cette situation de dépendance transparaît également dans les petits échantillonnages analysés, dont les compositions se rattachent pour la plupart à celles du groupe histrien B.

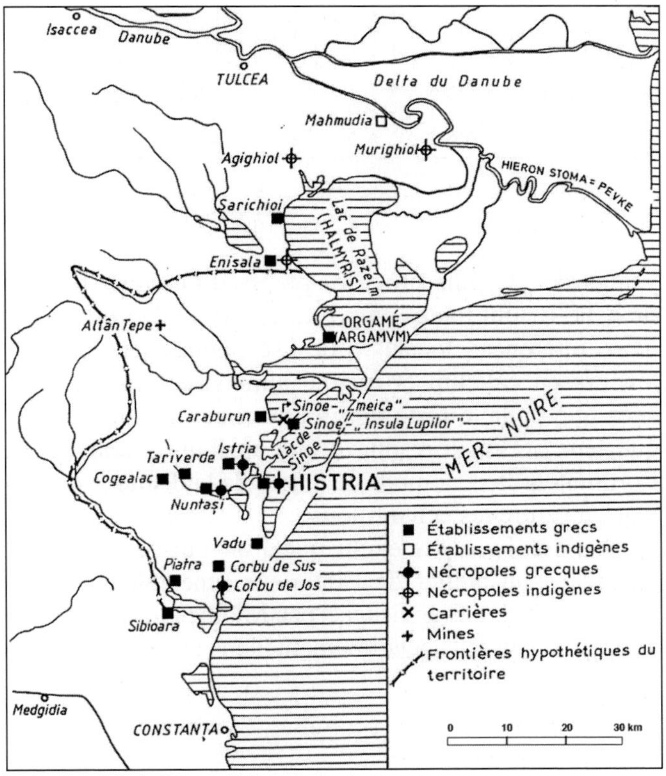

Fig. 344. Carte du territoire d'Histria (d'après AVRAM 2000 [2001], 596, fig. 2).

Par contre, plus vers l'intérieur, l'oppidum gète de Beidaud, dont la période d'occupation correspond surtout au Ier âge du Fer, a livré, outre une série d'amphores-emballages de la Grèce de l'Est archaïque, une bonne quantité de céramiques grises de type grec ou supposé tel, dont quelques unes ont pu être analysées. La majorité d'entre elles semblent former un groupement séparé, à la fois distinct des compositions d'Histria et des sites ruraux de sa *chôra* (Sinoé, Tariverde) et, à un moindre degré, de celles d'Orgamé. En effet, sur le dendrogramme de tri des données d'analyse (**Fig. 345**), la branche B, correspondant au groupement Beidaud est associé à quelques échantillons d'Orgamé, dont deux références locales sûres (HIS 248-249 = cales d'enfournement d'un complexe hellénistique). Cependant, à

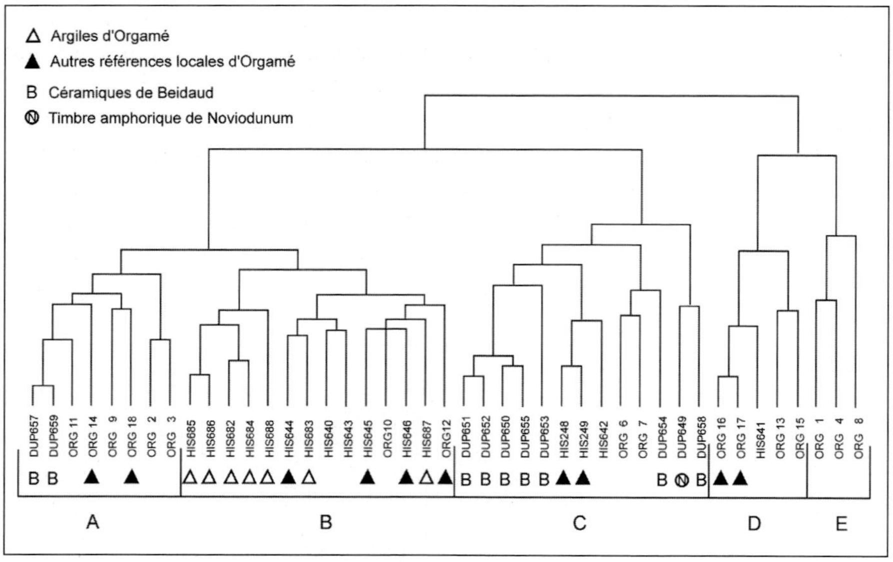

Fig. 345. Dendrogramme de classification hiérarchique ascendante d'un échantillonnage d'Orgamé et de Beidaud.

y regarder de plus près, les pièces d'Orgamé de cette branche B sont toutes en position marginale ; quant aux deux références locales, elles se démarquent par des teneurs en calcium et magnésium beaucoup plus élevées que pour le reste du groupe. Ceci donne à penser que leur présence résulte d'une attribution abusive de l'ordinateur liée au mode de calcul de la distance mathématique entre les échantillons.

Il n'est donc pas exclu que l'on puisse se trouver ici face à un atelier de l'intérieur (une telle éventualité avait déjà été envisagée par Mănucu-Adameşteanu 1992, p. 63 et, plus généralement, dans les nécropoles du deuxième âge du Fer de Dobroudja, par Irimia 1983, p. 83), dont il s'agira de déterminer si ses productions sont le fait de potiers grecs (itinérants ou sédentaires) opérant en territoire barbare ou bien de réalisations à mettre au compte d'artisans gètes initiés à la pratique du tournage et ayant adopté, tout ou partie, le répertoire de formes des ateliers grecs du littoral, comme dans le cas des potiers indigènes de Serra di Vaglio, imitant des terres cuites métapontines dès le milieu du VIe s. (Adameşteanu 1990, p. 146).

La plupart des formes grises tournées de notre échantillonnage de Beidaud consistent en écuelles à bord incurvé, rainuré sur le pourtour (**Fig. 346**), et en pichets carénés à anse surélevée (**Fig. 347**), plus un fragment de bord de cratère (**Fig. 348**) (Cf. aussi : Lungu, Dupont, Simion 2007, p. 25-57).

Dans quelle mesure certaines de ces formes, et notamment le pichet à anse surélevée, ne pourraient-elles pas remonter à la tradition de la céramique autochtone modelée (Cf. par ex., pour des formes très typées comme les pichets à anse surélevée, les exemplaires reproduits par Moscalu 1983, pl. LIX-LX, de

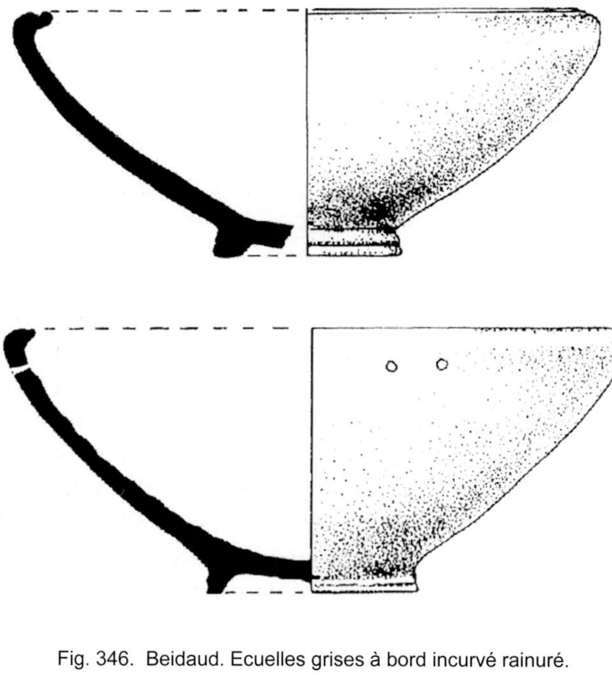

Fig. 346. Beidaud. Ecuelles grises à bord incurvé rainuré.

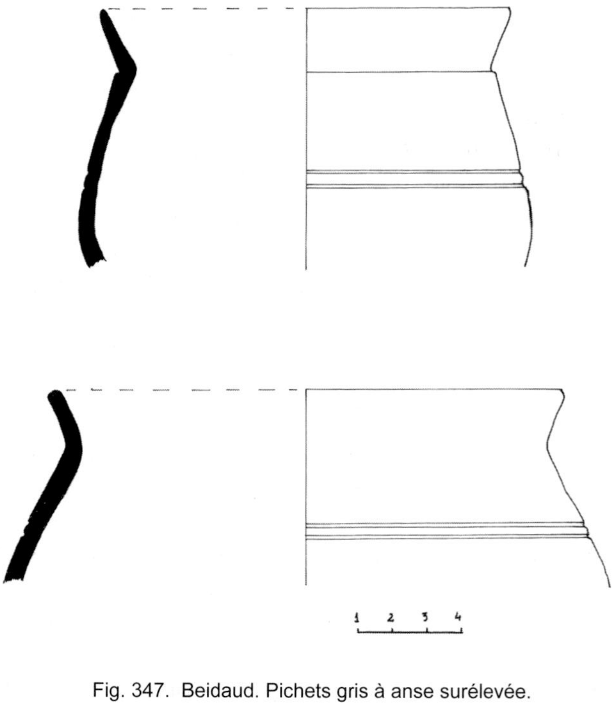

Fig. 347. Beidaud. Pichets gris à anse surélevée.

Fig. 348. Beidaud. Cratères gris à bord « en sabot ».

profil un peu différent il est vrai, leur vasque basse évoquant davantage des puisoirs, de silhouette apparentée à celle des *kyathoi* grecs). La diffusion de la forme recouvre un vaste espace couvrant le sud, l'ouest et le nord de la mer Noire et touche tant les établissements indigènes que les cités grecques d'Odessos, Apollonia, Mésembria, Istros, Olbia, Bérézan etc... ; Tsonchev 1959, p. 109, fig. 37-41 ; Toncheva 1967, p. 174-175, fig. 21a,b ; Nikov 1999, p. 2, 35, fig. 4/1-2 ; Agre 2002, p. 31-45 ; Chichikova 2004, p. 207, figs. 1-5 ; Dimitriu 1966, p. 98, pl. 58, n° 461-462 ; Alexandrescu 1972, p. 119, fig. 4-5 ; Alexandrescu 1977, p. 131, fig. 15 et fig. 16 (diffusion des tasses à anse surélevée) = Alexandrescu 1999, p. 138-173 ; Krapivina 1987, p. 75, fig. 27/4-6 ; Krapivina 2007, p. 102, fig. 5/1-2 ; Buiskikh 2006, p. 38, fig. 1/5 ; Buiskikh 2007, p. 37, fig. 1 : 7-9 ; Schultze, Magomedov, Buiskikh, 2006, p. 298, Abb. 3/5. Pour une origine locale de la forme, plaident de nombreux exemples couvrant l'espace thraco-scythe, voir, par exemple, Melyukova 1979, p. 57, fig. 17/5 (Theodoroskogo) ; Nemeti 1982, p. 139, Abb 17 (Sanislău Gr. 62) ; Vulpe 1990, Taf. 60, no 24 (Ferigile, fin du VIIe – début du VIe s. av. J.-C.) et Taf. 61, no 3 (Ferigile, Ve s. av. J.-C) ; Kemenczei 2006, p. 131-151 ; Leskov 1990, p. 74, n° 1 et fig. 19 ("Trichterhalstasse, handgeformt, protomaiotische Grabstätte Fars, zweite Hälfte des 8. und 7. Jahrhundert v. Chr."), à l'instar de la situation constatée dans l'hinterland des colonies phocéennes de Provence par exemple (Cf. Arcelin-Pradelle 1984).

A défaut d'apporter encore une réponse claire à cette question les analyses effectuées sur deux formes modelées basses à pâte fine de pichets à anse surélevée (du genre de ceux reproduits par Moscalu 1983, pl. LIX : 20-21.) ont révélé des compositions différentes de celles des exemplaires tournés du groupe Beidaud. En tout cas, les formes tournées à pied annulaire de ces pichets gris, parfois un peu réoxydés, sont abondamment représentées sur un certain nombre d'autres sites indigènes que Beidaud (Moscalu 1983, pl. LXXI-LXXIII.) (**Fig. 349**).

Fig. 349. Pichets à anse surélevée des sites géto-daces de l'intérieur (d'après MOSCALU, 1983, pl. LXXI).

Des spécimens à pied en trompette sont également attestés en Thrace (Chichikova 2004, p. 207, fig. 4-6.), pour lesquels des prototypes (ou avatars ?) anatoliens ne sont pas exclus (Sams, Temizsöy 2000, p. 28, fig. 44, p. 29, fig. 47 « Early Phrygian Period »). D'une manière plus générale, les recherches à venir sur l'identification des productions autochtones de type grec en Dobroudja devront se pencher aussi sur la question de la spécificité de leur répertoire de formes, tant par rapport à celui des cités grecques avoisinantes que par rapport au reste du domaine pontique.

Par ailleurs, grâce à l'obligeance du fouilleur, V. Baumann, nous avons pu adjoindre à notre échantillonnage de céramiques grises archaïques de Beidaud, un échantillon à caractère exceptionnel : en l'occurrence, une anse d'amphore timbrée hellénistique provenant de Noviodunum, porteuse d'une légende complète Θεογνήτου Ιστριη (**Fig. 350**) (Opaiţ, Baumann 2006, p. 405, pl. I, 1.). A l'analyse, cette pièce s'est avérée proche des compositions du groupe Beidaud, quoique légèrement marginale, et, surtout, en dehors des principaux groupes géochimiques histriens, un résultat que laissait déjà présager l'aspect de la pâte, beaucoup trop colorée. S'il n'est pas assuré que cet échantillon entre vraiment dans le groupe Beidaud et si une origine histrienne s'est révélée démentie par l'analyse, il n'en reste pas moins que l'on a affaire à une production régionale, réalisée dans un matériau loessique et présentant une légende tendant à accréditer une origine histrienne, à l'instar de nos modernes contrefaçons asiatiques. Quant au nom de l'éponyme Θεόγνητος, il apparaît plutôt suspect lui aussi, comme ne pouvant être raccroché à un repère chronologique bien précis (le nom se retrouve sur certaines inscriptions d'Attique – *IG* I(3) II.111 ;

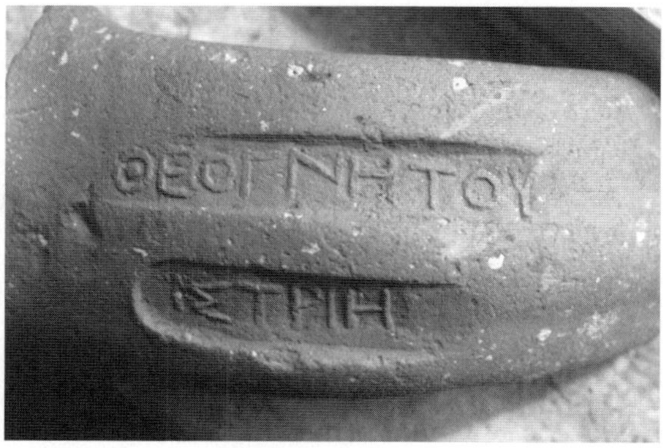

Fig. 7. Noviodunum. Timbre amphorique à légende. Θεογνητου ιστριη.

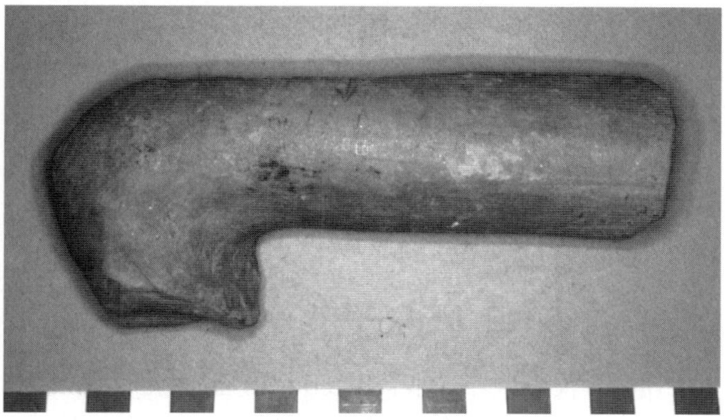

Fig. 351. Popeşti. Anse d'amphore pseudo-rhodienne (MNIR, Bucureşti, ss. inv.).

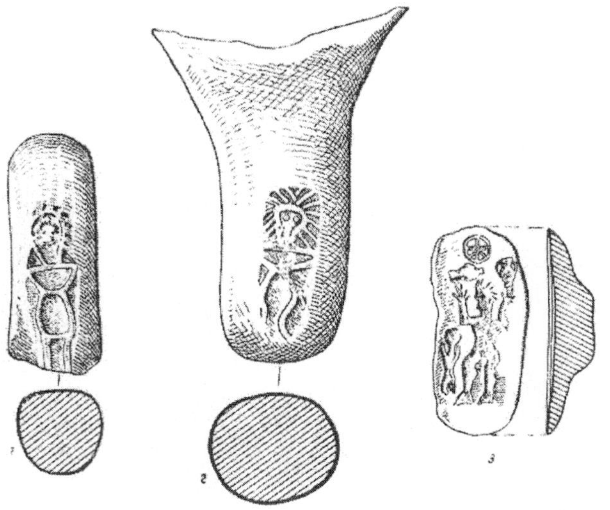

Fig. 352. Popeşti. Timbres amphoriques anépigraphes (d'après ROSETTI 1960, 397, fig. 5 ; GLODARIU 1976, pl. 18-19).

Fig. 353. Popeşti. Bol hellénistique à reliefs (MNIR, Bucureşti, inv. 5427).

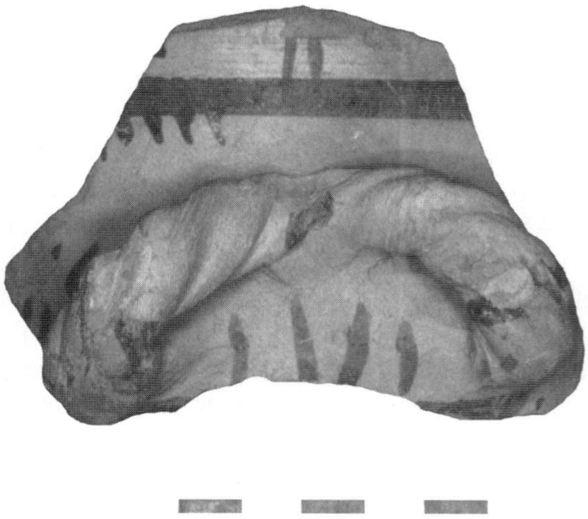

Fig. 354. Borduşani. Cratère. MNIR, Bucureşti, ss. inv.

IG I(3) A.II.a.67 ; Ag. Stèle A col. II.67 (ca. 411 BC) – et d'Egypte – *SEG* 3 ; SB 3 (V[e]-VIIe s. ap. J.-C.). En revanche, ce nom est très fréquemment attesté à Istros de l'époque hellénistique à la période romaine (Pippidi 1983, 4.2-3 ; 23.2 ; 31.2 ; 59.13 ; 189.5 ; avec patronymes 193 A 88, ou comme patronyme 31.2 ; 110. 1, du IVe s. av. J.-C. au IIe s. ap. J.-C.).

La confirmation archéométrique d'une origine istro-pontique pour notre échantillon de Noviodunum vient enrichir la liste des pièces d'imitation, plus ou moins fidèles, de modèles grecs hellénistiques exhumées sur d'autres sites de la Plaine Roumaine (le Sud de Roumanie) ou de Dobroudja intérieure : que ce soit des reproductions d'amphores rhodiennes (Vulpe, Gheorghiţă 1981, p. 59, pl. I : 3 ; Rosetti 1960, p. 396, fig. 4.) (**Fig. 351**), certaines porteuses de timbres « exotiques » (la plupart anépigraphes) (Rosetti 1960, p. 402, 397, fig. 5, p. 398, fig. 6 ; Glodariu 1976, p. 159-163, pl. 18-20.) (**Fig. 352**), de bols à reliefs (Vulpe, Gheorgiţă 1981, 61, pl. II.) (**Fig. 353**) ou, même, de vases peints, du style de Hadra notamment (**Fig. 354**) (Lungu 2001, p. 43-87 ; Lungu, Trohani 2000, p. 137-162).

Pour en revenir à la période archaïque ou, plutôt, au premier âge du Fer, les résultats de laboratoire obtenus sur des céramiques grises tournées de Beidaud ont donc mis en évidence des précurseurs de cette série de trouvailles hellénistiques. Le problème va être maintenant d'apprécier la part tenue alors par cet artisanat de type grec en pays indigène. Il importera de compléter les données d'analyse de Beidaud à l'aide d'échantillons en provenance d'autres sites indigènes représentatifs (Enisala, Murighiol, Babadag...) et de recouper soigneusement les résultats pour se faire une idée plus précise de la situation sur le plan régional. Parallèlement, une analyse typologique approfondie devra s'efforcer de cerner les traits spécifiques des productions de ces divers ateliers de l'intérieur par rapport aux modèles grecs. Certes, pour les formes simples comme les écuelles à bord incurvé rainuré, la tache s'annonce ardue, mais, dans certains cas, des indices ténus pourront éveiller l'attention. On trouve, par exemple, parmi les céramiques grises d'Histria, quelques formes culinaires, dont les caractéristiques de pâte sont celles de la poterie commune ordinaire, ce qui fait s'interroger sur leur capacité à résister aux chocs thermiques répétés d'une utilisation journalière, et donc sur le niveau de qualification du potier : il s'agit en général de marmites du genre *lopas* à couverte noirâtre lustrée (**Fig. 355**), mais les fouilles de Bérézan ont également livré un spécimen de réchaud archaïque fragmentaire de type inhabituel (Musée de l'Hermitage, inv. B. 77-180 = pièce incomplète), reprenant la forme d'une grande écuelle grise à bord incurvé, avec, dans la vasque, des tenons supports de marmites et, au fond de la vasque, l'amorce d'une sorte de dépression en saillie sur l'extérieur, pouvant correspondre, soit à un réceptacle garde-braises (Friis-Johansen 1958, 59-60, fig. 121-123, 167-169, et fig. 226-227 = « Kohlenbecken », à l'instar des réchauds traditionnels cambodgiens qui comportent encore aujourd'hui un compartiment garde-braises attenant à la cuve principale), soit à une prise d'air pour le tirage (**Fig. 356**).

Fig. 355. Histria. Lopas gris à couverte noire (« pseudo-cuisine »).

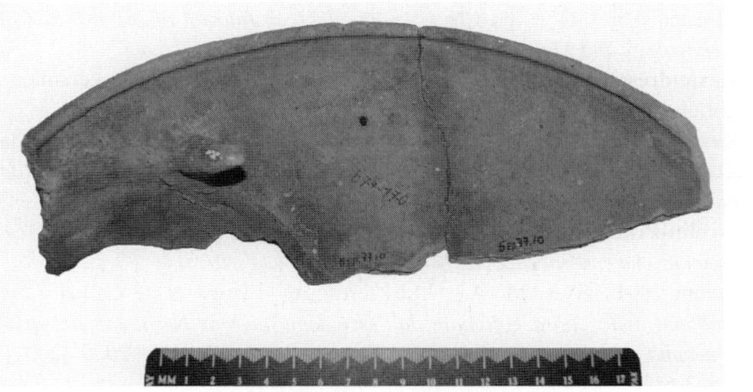

Fig. 356. Bérézan. Réchaud gris. Musée de l'Hermitage, Saint-Petersbourg, inv. B. 77-770.

Pour ce qui est de l'origine ethnique de ces potiers de l'hinterland, la question n'a sans doute guère de sens à l'époque hellénistique, où les brassages de populations étaient déjà suffisamment avancés : de même qu'Hérodote qualifiait les Callipides d'« Helléno-scythes » (Hérodote IV, 17), il est clair que les rangs des colons grecs de la côte et des autochtones de l'intérieur devaient fourmiller de sang-mêlé, qu'ils soient « mixhellènes » ou « mixobarbares » (sur ces problèmes de vocabulaire, cf. Casewitz 1991, p. 121-139). A plus haute époque, on peut néanmoins s'interroger sur la genèse des premières implantations d'officines productrices de céramiques tournées de type grec sur des sites indigènes de l'arrière-pays. A ce stade, il n'est pas sûr que les contacts gréco-barbares aient été déjà suffisamment étroits, pour que des potiers grecs aient embauché des apprentis gètes et, donc, que des artisans gètes « acculturés » aient déjà acquis la technologie nécessaire pour la mettre en pratique à leur tour : les argiles inadaptées des deux spécimens de poterie pseudo-culinaire mentionnés plus haut pourraient bien en être l'illustration Dans ces conditions, l'implantation d'ateliers ou de succursales d'ateliers grecs, voire d'artisans itinérants, en pays indigène apparaîtrait a priori plus probable. Le fait que deux échantillons de céramique modelée à pâte fine de Beidaud aient révélé des caractéristiques de composition différentes de celles des vases tournés irait également dans le même sens. En tout état de cause, seule une meilleure approche du degré d'acculturation général des établissements autochtones concernés devrait permettre, au cas par cas, de trancher…

BIBLIOGRAPHIE

Adameşteanu 1990 : ADAMEŞTEANU (D.) – Greeks and Natives in Basilicata. *In* : Descoeudres (J.P.) ed., Greek Colonists and Native Populations, Proc. of the First Australian Congr*ess of Classical Archaeology, Sydney 9-14 July 1985*. Oxford, 1990, p. 143-150.

Agre 2002 : AGRE (D.) – Klassifikacia na keramika ot thrakosko mogil v Etropolsko (V-IV v. pr. Chr.). *Archaeological Journal of the Institute of Archaeology and Museum, Sofia*, kn. 2, 2002, p. 31-45.

Alexandrescu 1972 : ALEXANDRESCU (P.) – Un groupe de céramique fabriqué à Istros. *Dacia*, n. s., XVI, 1972, p. 113-132.

Alexandrescu 1999 : ALEXANDRESCU (P.) – Les modèles grecs de la céramique thrace tournée. *Dacia*, N.S. 21, 1977, p. 113-137 = *L'aigle et le dauphin*. Bucarest 1999, p. 138-173.

Arcelin-Pradelle 1984 : ARCELIN-PRADELLE (Ch.) – *La céramique grise monochrome en Provence, RAN* Suppl. 10, 1984.

Avram 2001 : AVRAM (A.) – Les territoires d'Istros et de Callatis. *In* : *Problemi della chora coloniale dall'Occidente al Mar Nero, Atti del quarantesimo convegno di studi sulla Magna Grecia, Taranto 2000* [2001], p. 593-612.

Buiskikh 2006 : BUISKIKH (S.B.) – Seraya keramika kak etnopokazatel' grecheskogo naseleniya Nizhnego Pobuzh'ya v VI-I vv. do n. e. *In* : Aibabin (A.I.) (ed.), *Bosporskie Issledovaniya, XI*, 2006. Simferopol – Kerch, p. 29-57.

Buiskikh 2007 : BUISKIKH (S. B.) – Seraya goncharnaya keramika Ol'vii i ee khory VI-I vv. do n. e. (istoriograficheskii aspekt). *In* : *Eukharisterion. Antikovdchesko-Istoriograficheskii sbornik pamyati Yaroslava Vitalevicha Domanskogo (1928-2004). Varia in memoriam « prigalili na Ostrov »*. Saint-Pétersbourg, 2007, p. 28-44.

Casevitz 1991 : CASEVITZ (M.) – Sur la notion de mélange en grec ancien (mixobarbare ou mixhellène ? *In* : *Mélanges Etienne Bernand*. Paris, 1991, p. 121-139.

Chichikova 2004 : CHICHIKOVA (M.) – Trakiiskata keramika, rabotena na kolelo (VI-IV v. pr. Khr.). *Annual of the Archaeological Museum Plovdiv* IX, 2, 2004, p. 194-211.

Dimitriu 1966 : DIMITRIU (S.) – Cartierul de locuinţe din zona de vest a cetăţii în epoca arhaică. *In* : *Histria II*. Bucarest, 1966, p. 19-131.

Dupont 1999 : DUPONT (P.) – Mise au point sur les céramiques locales d'Istros. *In* : *Céramique et peinture grecques. Modes d'emploi, Actes du Colloque international Ecole du Louvre, 26-27-28 avril 1999*. Paris, 1999, p. 129-135.

Friis-Johansen 1958 : FRIIS-JOHANSEN (K.) – *Exochi, ein frührhodisches Gräberfeld*. Copenhague, 1958.

Glodariu 1976 : GLODARIU (I.) – *Dacian Trade with the Hellenistic and Roman World. BAR* Suppl. Series 8, 1976.

Irimia 1983 : IRIMIA (M.) – Date noi privind necropolele din Dobrogea în a doua epocă a fierului. *Pontica* 16, 1983, p. 69-148.

Kemenczei 2006 : KEMENCZEI (T.) – Bemerkungen zur Frage der skythenzeitlichen Keramikzeichen. *Acta Archaeologica Academiae Scientiarum Hung*. 57, 2006, p. 131-151.

Krapivina 1987 : KRAPIVINA (V.V.) – Prostaya stolovaya keramika. *In* : Kryzhitskii (S.D.) éd., *Kultura naseleniya Ol'vii i ee okrugi v arkhaicheskoe vremya*. Kiev 1987, p. 71-79.

Krapivina 2007 : KRAPIVINA (V.V.) – Siroglinyana keramika Ol'vii VI-V st. do n. e. *Arkheologiya* 2007, 1 (Kiev), p. 98-106.

Leskov 1990 : LESKOV (A.) – *Grabschätze der Adygeen. Neue Entdeckungen im Nordkaukasus*. Munich, 1990.

Lungu 2001 : LUNGU (V.) – Céramique de type Hadra à Istros. *Il Mar Nero* 4, 2001, p. 43-87.

Lungu, Trohani 2000 : LUNGU (V.), TROHANI (G.) – Les influences grecques et orientales dans les productions céramiques peintes de la Dacie préromaine. *In* : *Istro-Pontic*., Tulcea 2000, p. 137-162.

Lungu, Dupont, Simion 2007 : LUNGU (V.), DUPONT (P.), SIMION (G.) – Une officine de céramique tournée de type grec en milieu gète ? Le cas de Beidaud. *Eirene* XLIII 2007, Studia Graeca et Latina (Archaeologica), Prague, 2007, p. 25-57.

Mănucu-Adameşteanu 1992 : MĂNUCU-ADAMEŞTEANU (M.) – *Orgame Polis = Pontica* 25, 1992, p. 55-67.

Melyukova 1979 : MELYUKOVA (A. I.) – *Skyfiya i Thrakiiskii mir*. Moscou, 1979.

Moscalu 1983 : MOSCALU (E.) – *Ceramica traco-getică*. Bucarest, 1983.

Nemeti 1982 : NEMETI (I.) – Das Späthallstattzeitliche Gräberfeld von Sanislău. *Dacia* N.S. XXVI, 1982, p. 115-144.

Nikov 1999 : NIKOV (K.) – "Aeolian" bucchero in Thrace ? *Archaeologia Bulgarica* III, 1999, 2, p. 31-42.

Opaiţ, Baumann 1990 : OPAIŢ (A.), BAUMANN (V.) – Consideraţii privind posibilitatea industrializării peştelui în Dobrogea antică. *In* : MĂNUCU ADAMEŞTEANU (M.) éd., *A la recherche d'une colonie. Actes du colloque international. 40 ans de recherches archéologique à Orgamè/ Argamum*. Orgamè/ Argamum, Supplementa I. Bucarest, 2006, p. 397-405.

Pippidi 1983 : PIPPIDI (D. M.) – *Inscriptiones Scythiae Minoris Graecae et Latinae, Inscriptiones Histriae et viciniae* (*ISM* I). Bucarest, 1983.

Rosetti 1960 : ROSETTI (D.) – Un depozit de unelte, câteva ştampile anepigrafice şi o monedă din a doua epocă a fierului. *SCIV* XI, 2, 1960, p. 391-404.

Sams, Temizsöy 2000 : SAMS (G.), TEMIZSÖY (I.) – **Gordion Museum**. Ankara, 2000.

Schultze, Magomedov, Buiskikh : SCHULTZE (E.), MAGOMEDOV (B.V.), BUISKIKH (S.B.) – Grautonige Keramik des Unteren Buggebietes in römischer Zeit. *Eurasia Antiqua*, 12, 2006, p. 289-352.

Simion 2003 : SIMION (G.) – Aşezarea hallstattiană de la Beidaud-Tulcea. *In* : SIMION (G.) éd. *Culturi antice în zona gurilor Dunării, Vol. I Preistorie şi protoistorie* (Biblioteca istro-pontica Seria arheologie 5). Cluj, 2003, p. 79-98.

Toncheva 1967 : TONCHEVA (G.) – Arkhaichni Materiali ot Odesos, *Izvestia na Arkhaeologicheskiya Institut Sofia*, XXX, 1967, p. 157-180.

Tsonchev 1959 : TSONCHEV (D.) – Sirata trakiiska keramika v B'lgarya. *Annuaire du Musée National Archéologique, Plovdiv*, III. Sofia 1959, p. 93-135.

Vulpe 1990 : VULPE (A.) – *Die Kurzschwerter, Dolche und Streitmesser der Hallstattzeit in Rumänien*. Munich, 1990.

Vulpe, Gheorgiţă 1981 : VULPE (A.), GHEORGIŢĂ (M.) – Şantierul arheologic Popeşti-Mihăileşti, Jud. Giurgiu. Raport preliminar asupra rezultatelor din campaniile anilor 1978-1979. *Cercetări Arheologice*. Bucarest, 1981, p. 58-65.

Chapitre IV

Les indigènes dans l'habitat et dans les nécropoles des cités grecques

1. Presenze indigene in contesti coloniali sicelioti : sul problema degli indicatori archeologici

Rosa Maria Albanese Procelli

Nell'ambito delle forme e modalità di contatto tra Greci e indigeni, il problema della possibile presenza di nativi in colonie greche di Occidente è stato spesso affrontato alla luce delle fonti letterarie, soprattutto per quel che riguarda le prime generazioni coloniali. L'attenzione ha focalizzato il problema della manodopera servile, di cui sono un esempio i Kyllirioi di Siracusa, o la possibilità di artigiani nativi, esperti nella ricerca e utilizzo delle risorse locali, nelle colonie (Morel 1984, p. 141).

Negli anni recenti un tema particolarmente privilegiato negli studi è quello dei matrimoni misti tra coloni e donne indigene, unioni presupposte dal fatto che, come è noto, i gruppi di coloni che partivano verso l'Occidente erano composti da soli uomini (Goegebeur 1987 ; Coldstream 1993 ; Hodos 1999 ; Gras, Tréziny, Broise 2004, p. 575, 587). La consuetudine dei matrimoni misti è testimoniata dalla tradizione letteraria a proposito di Cirene, nella quale ancora ai tempi di Erodoto la popolazione femminile rispettava le tradizioni locali relative al consumo di determinate carni (Erod. IV, 150-58, 168-99).

I vincoli matrimoniali erano tra l'altro idonei per allacciare, a livello aristocratico, alleanze e rapporti reciprocamente obbliganti, in un sistema di reciprocità o di dono e contro-dono. A livello giuridico, i matrimoni misti hanno ripercussioni sulle norme di discendenza ed ereditarietà : in una società patrilineare come quella ellenica, il matrimonio di un colono greco con una donna indigena non pone problemi, mentre è diverso il caso di matrimoni di donne con indigeni, che porrebbe i discendenti nella classe degli indigeni dipendenti (Gras, Tréziny, Broise 2004, p. 575).

1. Approcci metodologici e modelli teorici

Se al concetto di etnia è riconosciuto un «signifiant flottant» per eccellenza (Taylor 2000, p. 244), la difficoltà di percepire l'identità etnica sulla sola base della cultura materiale è un concetto acquisito nella ricerca archeologica, che ha recepito a livello teorico modelli antropologici e della c.d. frontier history, che mostrano come le identità etniche siano « costruzioni » caratterizzate da processi flessibili e aperti, frutto di continue negoziazioni e ibridazioni, nonchè di cambiamenti che hanno significati diversi a seconda dei contesti sociali e dell'interazione tra gruppi.

Tenendo conto di questi presupposti e della cautela obbligatoria in analisi di questo tipo, i fenomeni di contatto tra Greci e nativi, avvenuti in Occidente dopo la colonizzazione greca, rendono la Sicilia, come la Magna Grecia, un osservatorio privilegiato per una indagine su « mélanges et métissages », per riprendere una formula di Serge Gruzinski (Gruzinski 1999, p. 36-38), che mette tuttavia in guardia contro le ambiguità di questi due concetti, a causa della miriade di connotazioni e di dinamiche che la nozione di métissage implica, già nella distinzione tra meticciato culturale e biologico. Anche se sappiamo che talora le situazioni presentano « un mélange dont il est impossible de dissocier les parties » (Amselle 1990, p. 248 ; Grusinski 1999, p. 38, n. 12), non ci si può sottrarre alla sfida di adottare un approccio mirato a comprendere i processi e i meccanismi di costruzione di società miste, riconoscendone la natura fluida e dinamica, in un confronto continuo tra gli elementi diversi delle culture in contatto.

Ovviamente, una lettura di fenomeni complessi quali quelli dell'interazione e integrazione tra etnìe diverse necessita di un'analisi globale dei dati (archeologici, antropologici fisici, linguistico-epigrafici) (Gras 2008). La cultura materiale fornisce indicazioni sull'identità culturale degli individui, una condizione che non sempre è equivalente o sovrapponibile a quella etnica. Occorre quindi esaminare caso per caso tramite analisi microstoriche, evitando il rischio di generalizzazioni e di approcci semplificatori, e oltrepassare il livello dell'analisi del singolo oggetto per un'analisi contestuale, che permetta di individuare dei « sistemi ».

La crescita della documentazione archeologica in Sicilia permette oggi di affrontare, sia pure problematicamente, una disamina degli indicatori archeologici utilizzabili per una identificazione di eventuali presenze di individui indigeni in *poleis* coloniali, tenendo presente ovviamente che le diverse classi di fonti documentarie hanno potenzialità informative diverse e che i relativi dati non sono sempre commensurabili tra loro.

E' una tematica che qui si discute in via del tutto preliminare. A proposito di Megara Hyblaea, ad esempio, è stato sottolineato che « les très rares tessons de céramique indigène et les fibules retrouvés dans l'habitat (surtout en contexte votif) ne permettent pas, pour le moment, de répondre à beaucoup de questions » (Gras, Tréziny, Broise 2004, p. 572). Né va dimenticato che la lettura delle identità culturali (ed etniche) è complicata nelle colonie dalla composizione mista delle stesse compagini coloniali, che rende il mondo siceliota sfaccettato da multiple « imbrications culturelles » (Gras, Tréziny, Broise 2004, p. 550-552).

2. Dati onomastici

L'epigrafia onomastica fornisce poche informazioni su presenze indigene in *poleis* coloniali. Una Sikanà è attestata a Selinunte (Bettarini 2005). Non concordemente considerati nomi siculi sono invece i casi di un Kuboios e di un Marylos a Megara Hyblaea (Gras, Tréziny, Broise 2004, p. 572-573).

3. Dati archeologici

Un « inventario » dei possibili indicatori archeologici relativi a oggetti indigeni o di tipo indigeno in contesti coloniali sicelioti di età arcaica (VIII-VI sec. a.C.) può essere preso in esame a seconda dei diversi contesti di ritrovamento : abitativi, sacrali e funerari. I casi che si discutono qui non hanno ovviamente nessuna pretesa di esaustività.

3.1. Contesti abitativi

Un osservatorio privilegiato è la colonia calcidese di Himera, di cui le fonti ricordano la mistione dei gruppi ellenici fondatori, grazie al fatto che ceramiche di fabbrica indigena sono state rinvenute nell'abitato (sia nelle aree sacre, sia nelle abitazioni) e nella necropoli orientale (Vassallo 1996, 2002, 2003 ; Allegro 2008, p. 218-219 ; Allegro, in questo vol., p. 511-519). La differenza dei contesti potrebbe permettere una migliore comprensione del fenomeno.

La distribuzione della ceramica indigena nei quartieri abitativi della città alta (Vassallo 2003, tav. CCXXXI, 1) indica una diffusione pressochè uniforme in tutti i settori e non una presenza concentrata in qualcuno di essi. La maggior parte delle presenze di ceramiche indigene nell'abitato si colloca nella fase I, datata al 650-580/60 a.C., e più raramente nel VI secolo (fase IIA, secondo venticinquennio VI - 480 a.C.) (Allegro 2008, p. 211-212, 218-219). Si tratta di una percentuale molto bassa rispetto al vasellame di fabbrica greca. Non è casuale la progressiva rarefazione della ceramica indigena nella fase IIA, relativa all'impianto dell'abitato di Himera successivo alla distruzione per incendio del primo insediamento, potendo corrispondere a un momento di crisi, che coincide con una fase conflittuale con le comunità indigene, testimoniata da un'iscrizione di Samos, che reca la notizia di scontri tra Imeresi e Sicani, avvenuti nella prima metà del VI sec. a.C. (Dunst 1972).

Il vasellame indigeno è caratterizzato da ceramiche a decorazione dipinta, incisa e impressa (**fig. 357**, 1-2), inquadrabili tipologicamente in repertori noti nei centri indigeni della Sicilia centrale e occidentale (Vassallo 2003, p. 1347). Queste ceramiche, anche se esigue, potrebbero suggerire una possibile presenza di elementi nativi, se si ritiene improbabile che ceramiche indigene fossero utilizzate dai Greci. Poichè sono attestate in maggioranza forme aperte (ciotole, scodelle) piuttosto che chiuse, si potrebbe pensare che si tratti della dotazione personale di individui indigeni, abituati al loro modo tradizionale di cibarsi.

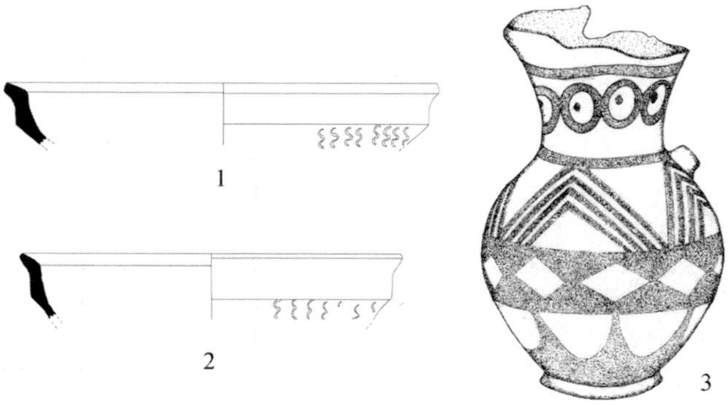

Fig. 357. Himera. 1-2. Abitato (da Allegro 2008).
3. Santuario di Athena, tempio A (da Vassallo 2003). Non in scala.

Proprio per i caratteri quantitativi, tipologici e cronologici della distribuzione di questa ceramica, è stato suggerito che essa possa indiziare la presenza di donne indigene tra la popolazione della colonia, forse spose dei coloni, « arrivate con il loro corredo di stoviglie e con la dote, di cui parte importante dovevano essere i beni alimentari, granaglie o altro, contenute all'interno di pithoi, successivamente utilizzati come cinerari per i bambini morti prematuramente » (Allegro 2008, p. 218-219).

Più complessa è la situazione riscontrata a Selinunte, dove gli scavi hanno rivelato una fase abitativa di VIII-inizi VII sec. a.C. sulla collina di Manuzza con ceramica indigena, priva di associazione con ceramica greca importata, e quindi considerata pre-coloniale, mentre ceramica indigena è attestata nelle prima fase di vita della colonia, con una distribuzione che comprende l'acropoli, l'abitato di Manuzza, il santuario della Malophoros, le necropoli (Tusa 1982, con bibl.).

3.2. Contesti sacri

Ad Himera due brocchette indigene a decorazione dipinta, databili alla prima metà del VI sec. a.C., provengono l'una dalla stipe votiva del tempio A nel santuario di Athena nella città alta (Vassallo 2003, p. 1346, tav. CCXXX, 2.1) (**fig. 357**, 3), l'altra dall'area del tempio della Vittoria (Vassallo 2003, p. 1347). Esse sono simili a tipi prodotti in centri indigeni della Sicilia centrale e centro-settentrionale (Calascibetta-Realmese, Gangi-M. Alburchia). Queste offerte votive possono indicare dei frequentatori indigeni dei relativi santuari e non necessariamente dei residenti.

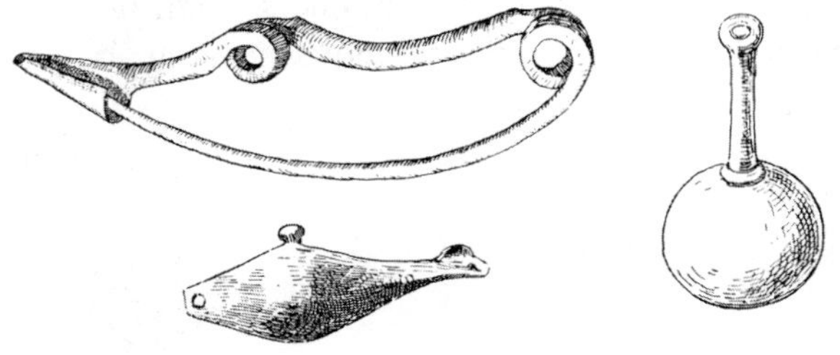

Fig. 358. Selinunte, santuario della Malophoros. Da Gabrici 1927. Non in scala.

Oggetti di ornamento in bronzo di tipi indigeni, come fibule a navicella con apofisi e con arco serpeggiante con due occhi (Gabrici 1927, col. 363, fig. 155 b, l) e pendagli globulari (Gabrici 1927, fig. 155 p, q) (**fig. 358**) non mancano tra le dediche del santuario della Malophoros a Selinunte, così come nei depositi votivi di Bitalemi a Gela (ad esempio, una fibula ad arco serpeggiante dal deposito 26 : Orlandini 1965-1967), ma in quest'ultimo caso si tratta di metalli tesaurizzati, che possono aver avuto una lunga durata e circolazione precedente al momento di formazione dei depositi. Non si può escludere comunque che si tratti di dediche di donne indigene, visto il carattere « di frontiera » del luogo sacro.

Nel santuario di S. Anna ad Agrigento un catino indigeno a decorazione geometrica incisa e impressa, di tradizione indigena, è utilizzato come contenitore di un deposito di bronzi (Fiorentini 1969).

3.3. Contesti funerari

L'eventuale ruolo delle donne indigene e la nascita di meticci in ambito coloniale non è facilmente determinabile tramite possibili indicatori archeologici nei corredi funerari. A parte il problema dell'individuazione di quelli più funzionali a fornire tale tipo di informazioni, è necessaria una lettura « per insiemi » dei dati di una necropoli per affrontare una lettura di fenomeni così complessi. E' infatti l'individuazione di un « sistema » che conta e quindi la contestualità della presenza di oggetti di tipo indigeno con caratteri peculiari della tradizione nativa, come la deposizione rannicchiata su un fianco dei defunti. E' però supponibile che un individuo allogeno, integrato nella nuova comunità, e i figli meticci seguissero le norme di diritto e le pratiche della nuova famiglia di cui fanno parte, potendo mantenere le tradizioni d'origine nel modo di vestire e negli ornamenti, soprattutto se essi hanno una valenza magico-apotropaica, come quelli adoperati per infanti o adolescenti.

3.3.1. Oggetti di corredo

Se si considera che il modo di vestire è una delle forme più tradizionali di espressione di identità, non è irrilevante la presenza di ornamenti in bronzo pertinenti a tipi usati nelle coeve necropoli indigene (fibule a bastoncelli, a losanga, a navicella, ad arco rivestito ; pendagli e accettine con valore magico-apotropaico), ritrovati in deposizioni coloniali. Essi potrebbero indicare donne indigene integrate in gruppi parentali coloniali, che mantenevano i propri costumi nell'abbigliamento personale e dei figli, per i quali avrebbero adottato monili di uso tradizionale (Leighton 1999, p. 234 ; Albanese Procelli 2003, p. 142).

Un esempio di deposizioni femminili indigene della prima generazione coloniale potrebbe essere dato dalla defunta deposta intorno al 700 a.C. nella tomba 72 di Naxos, il cui abbigliamento, caratterizzato da una fibula di bronzo a lunga staffa, con anellini inseriti alla molla, si rapporta (soprattutto per quest'ultima caratteristica) ad un costume tipico delle indigene della seconda età del ferro della Sicilia (Pelagatti *et al*. 1984-1985 ; Albanese Procelli 1999, p. 337). La sepoltura di una donna indigena secondo il rito greco e con un corredo vascolare di fabbrica greca appare comunque normale, considerata la sua integrazione in una famiglia greca.

Oggetti di ornamento indigeni si trovano nelle sepolture più antiche di Mylai (tombe 2, 71, 85, 142 : Bernabò Brea, Cavalier 1959). Nei recenti scavi di un settore della necropoli delle prime generazioni coloniali (fine dell'VIII-prima metà del VII sec. a.C.), alcune incinerazioni entro situle (un recipiente di tradizione protostorica) o orci di impasto richiamano la situazione nota nella colonia calcidese di Matauros in Calabria (Tigano 2002, p. 49 ; Tigano 2009, p. 162, tombe via XX Settembre 81 e 83).

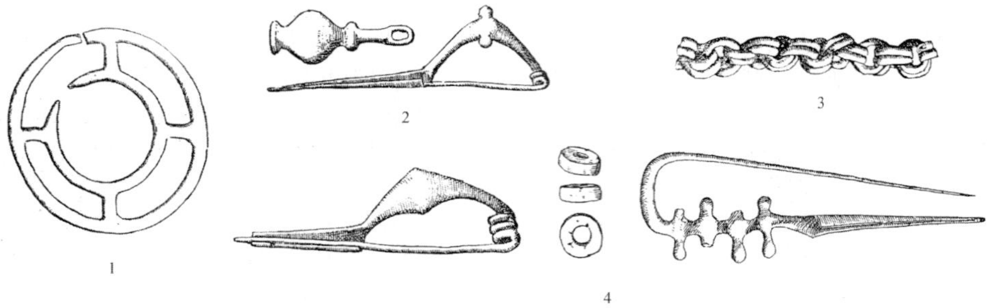

Fig. 35/9. Siracusa, necropoli del Fusco. 1- Tomba 250. 2- Tomba 266. 3- Tomba 308. 4- Tomba 326 (da Orsi 1895). Non in scala.

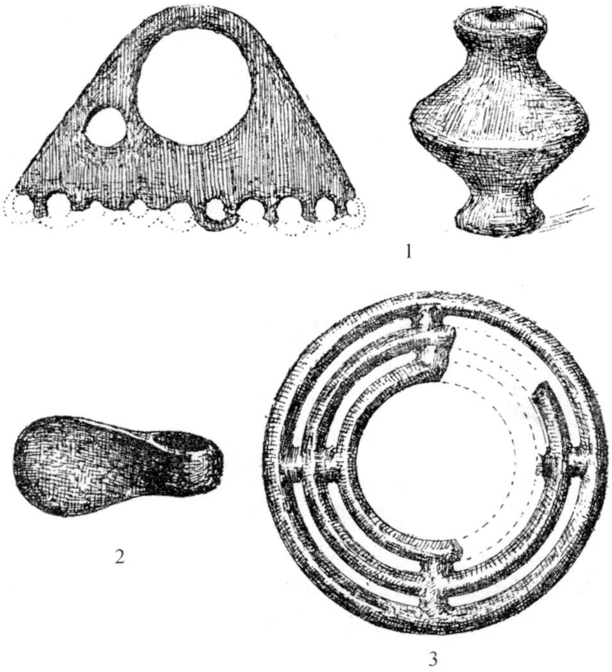

Fig. 360. Megara Hyblaea. 1- Tomba 239. 2- Tomba 156. 3- Sporadico (da Cavallari, Orsi 1899). Non in scala.

A Siracusa nella necropoli del Fusco (Orsi 1893, 1895 ; Hencken 1958) sembrano individuabili deposizioni possibilmente femminili e infantili con oggetti di ornamento indigeni databili nella prima metà e nel terzo quarto del VII secolo a.C. : tombe 250 (pendaglio a due cerchi raccordati da barrette diametrali : Orsi 1895, p. 140, fig. 19), 266 (fibula a navicella con apofisi, pendaglio globulare, perla : Orsi 1895, p. 142, fig. 23), 308 (catenella a maglia doppia : Orsi 1895, p. 147, fig. 28 ter), 326 (Orsi 1895, p. 149, figg. 32-34) (**fig. 359**). Non è forse un caso che siano questi i momenti in cui alcuni centri indigeni della zona di espansione di Siracusa, come quello del M. Finocchito, cessano di esistere. Sempre al Fusco di particolare interesse appaiono possibili casi di gruppi familiari con infanti, caratterizzati da oggetti di carattere indigeno (tombe 308 e 465, di cui la prima con scheletro a braccia piegate).

A Megara Hyblaea è attestato un pendaglio discoidale a due cerchi con barrette diametrali nella tomba 668, di un tipo noto anche da un esemplare sporadico, caratterizzato da tre cerchi (Orsi 1895, p. 140 ; Cavallari, Orsi 1899, col. 227) (**fig. 360**, 3). Si tratta di oggetti tradizionalmente usati come pendagli o fibbie per cintura in individui femminili. Altri oggetti di tipi indigeni sono nelle deposizioni 156 (accettina con valore apotropaico) e 239 (perla, pendaglio reggi-catenelle) (Cavallari, Orsi 1899, col. 176, 204) (**fig. 360**, 1-2). P. Orsi segnala inoltre un'armilla bracchiale, di un tipo adottato a suo avviso in sepolture infantili indigene, nel sepolcro 404 (Orsi 1898, p. 319).

A Selinunte nella necropoli di Manicalunga in contrada Gaggera la deposizione infantile 41 entro *enchytrismòs* presenta due anelli e un pendaglio bronzei (Kustermann Graf 2002, p. 118, tav. XXII, 973) (**fig. 361**, 1). Quest'ultimo appare come la versione sclerotizzata dei pendagli triangolari con anellini alla base da cui pendono catenelle, di un tipo noto in contesti funerari indigeni arcaici come Butera e Calascibetta-Realmese e documentato in ambito coloniale nella citata tomba 239 di Megara Hyblaea. Una brocca indigena a decorazione incisa, propria della classe c.d. di S. Angelo Muxaro-Polizzello dell'area centro-meridionale della Sicilia, fa parte del corredo della tomba 84 (Kustermann Graf 2002, p. 151, tav. XXXIX, 933) (**fig. 361**, 2).

Oggetti ornamentali di tradizione indigena sono segnalati anche a Gela nelle tombe 77 (pendaglio-amuleto litico), 236 (fibula a navicella piena), 476 (fibula ad arco semplice depresso, pendaglietto globulare) (Orsi 1906, coll. 58, fig. 33, 132, fig. 97, 200, fig. 156). Un pendaglio triangolare reggi-catenelle proviene inoltre sporadicamente da Predio Ruggeri (scavi Orsi 1908, Museo Archeologico di Siracusa, n. inv. 29086).

Nella necropoli di Agrigento materiali di tipo indigeno sono documentati nella seconda metà e alla fine del VI sec. a.C. nelle tombe Pezzino 161 (due brocchette, di cui una dipinta a motivi geometrici), Pezzino 1116 (un bottone e un anellino bronzei) e Mosé 9A (perle bronzee) (*Veder greco*, p. 260, 289, 293) (**fig. 363, 364**).

Oggetti metallici indigeni sono segnalati anche a Camarina nella necropoli di Passo Marinaro (Orsi, Lanza 1990, p. 188).

Fig. 361. Selinunte, necropoli Manicalunga-Gaggera. 1- Tomba 41, 2- Tomba 84 (da Kustermann Graf 2002). Non in scala.

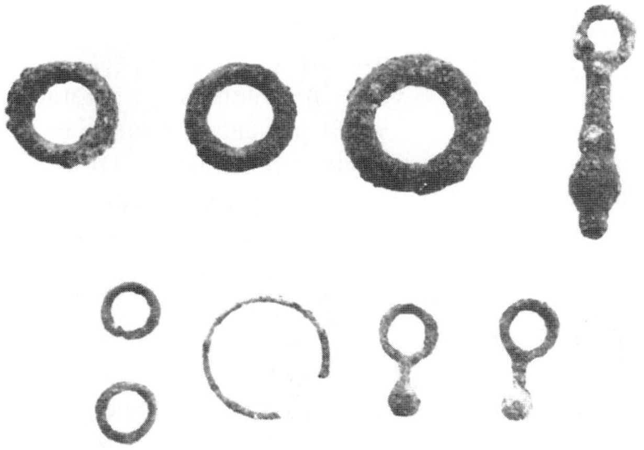

Fig. 362. Selinunte, tomba Manicalunga 63 (da Tusa 1970).

Fig. 363. Agrigento. Tomba Pezzino 161 (da Veder greco).

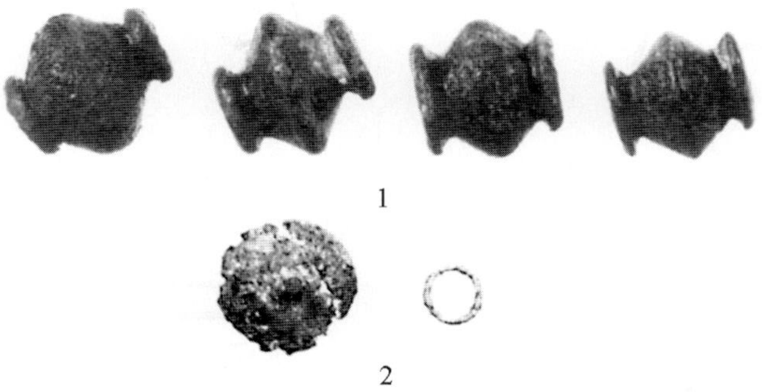

Fig. 364. Agrigento. 1- Tomba Mosé 9A, 2- Tomba Pezzino 1161 (da *Veder greco*). Non in scala.

La prudenza comunque è d'obbligo nell'interpretare globalmente in chiave identitaria i materiali citati. Ogni caso deve essere valutato per sé e vanno discusse altre possibili chiavi intepretative. Di recente, ad esempio, la presenza di fibule di tipo indigeno nei corredi coloniali è stata piuttosto interpretata « by means of trade rather than intermarriage » (Hodos 1999, p. 74). Non è irrilevante tuttavia considerare che le fibule sono attestate nelle tombe più antiche di Siracusa di VIII-VII sec. a.C., caratterizzate da una complessità di beni metallici, che contrasta con gli usi di Corinto (Shepherd 1995, p. 69). Le donne greche solitamente vestivano il peplo agganciato sulle spalle con gli spilloni, uso testimoniato in genere anche nelle colonie siceliote, come al Fusco di Siracusa, dove gli spilloni sono diffusi. Certamente le tradizioni nel modo di vestire differivano tra il mondo greco e indigeno. Le indigene utilizzavano le fibule, come indicano i ritrovamenti delle necropoli dei centri indigeni, dove raramente sono attestati spilloni. Un caso isolato è fornito dai tre spilloni di tipo greco ritrovati nella tomba 44 del centro indigeno di Monte Casasia negli Iblei, interpretabili come un uso greco di abbigliare il vestito o la chioma da parte di una o più donne, la cui eventuale allogenia non è ovviamente dimostrabile sulla base del contesto (Fouilland, Frasca, Pelagatti 1994-1995, p. 487, t. 44=V).

Occorre attendere il volume sulle fibule dell'Italia meridionale e della Sicilia nei Prähistorische Bronzefunde a cura di F. Lo Schiavo (Lo Schiavo cds) per avere un quadro chiaro della distribuzione delle fibule, pertinenti a tipi propri delle necropoli indigene, nei siti coloniali, per una definizione delle loro aree di produzione e quindi per una comprensione della loro utilizzazione in contesti sicelioti.

3.3.2. Pratiche funerarie

Come si è detto, indicatori archeologici (fibule e ornamenti di tradizione indigena) acquistano una valenza più significativa se sono associati ad altri segni, come la deposizione rannicchiata su un fianco, tipica dei nativi. La rarità di tombe dell'VIII secolo a.C. nelle colonie, note sinora solo a Megara Hyblaea, Mylai e Naxos, non facilita la conoscenza della composizione delle prime generazioni coloniali. Analisi antropologiche fisiche

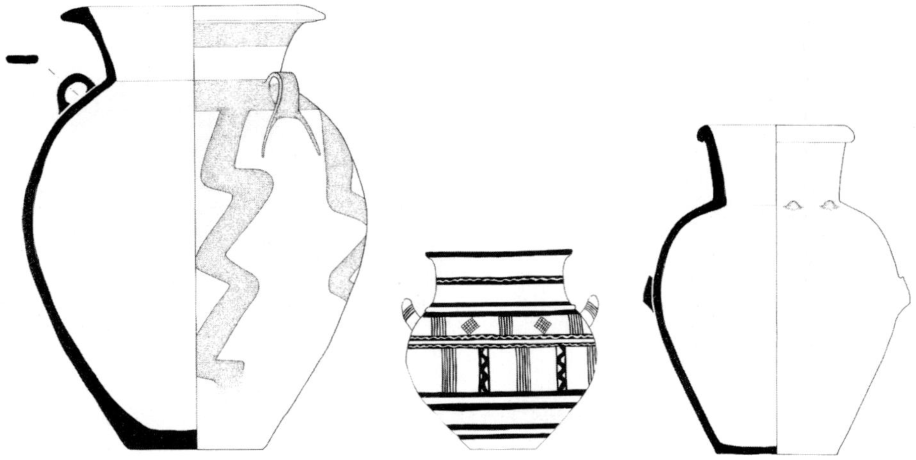

Fig. 365. Himera, necropoli Est Pestavecchia (da Vassallo 2003). Non in scala.

sono ancora scarse, ma sappiamo quanto siano imprescindibili per una corretta lettura delle evidenze funerarie, soprattutto per l'individuazione delle deposizioni infantili, spesso non riconoscibili durante lo scavo, come confermano le ricerche in corso sulle necropoli arcaiche di Megara Hyblaea (Gras 2008).

Per quanto riguarda la presenza di individui femminili delle prime generazioni coloniali, analisi antropologiche sono note per Naxos (una donna di età giovanile deposta nella tomba 72 di Naxos, in relazione con il bambino morto in età perinatale della sepoltura 77 : v. supra) e Camarina-Rifriscolaro (tomba 92, datata intorno al 600 a.C., relativa a una donna di 45-50 anni, con prole numerosa : Doro Garetto, Masali 1976-1977, p. 603).

Analisi antropologiche fisiche, anche se effettuate su un'ampia campionatura, possono comunque difficilmente pervenire ad identificare se si tratti di donne giunte coi colonizzatori o autoctone, vista la tipologia mediterranea di fondo, comune alle genti di Grecia e di Sicilia. Esse possono permettere tuttavia una comprensione della composizione delle unità familiari e quindi l'individuazione di eventuali presenze allogene, in combinazione con la connotazione culturale desumibile tramite la lettura dei corredi.

Il fenomeno della deposizione di « corps recroquevillés », già messo in relazione con possibili « indigènes intégrés dans la colonie » di Megara Hyblaea (Gras 1975), non è assente in altre colonie. Oltre alla tomba 308 citata, nel VII secolo casi di defunti deposti su un fianco si trovano al Fusco di Siracusa nella sepoltura 142 e nella tomba 248, forse relativa, per l'assenza di corredo, a un individuo di condizione sociale subalterna. Com'è noto, nella necropoli del Fusco i corpi sono generalmente in posizione supina, una pratica considerata una innovazione rispetto a quella praticata a Corinto, dove i corpi sono deposti in posizione contratta (Blegen, Palmer, Young 1964, p. 69). Casi isolati di deposizioni su un fianco si notano ancora nel VI secolo a Siracusa (tomba Fusco 498) e a Selinunte (tomba Manicalunga 63, nella quale il defunto reca anelli e pendagli in bronzo di tradizione indigena : Tusa 1970, p. 13-15) (**fig. 362**) ; e ancora in età classica a Lentini (tomba Pozzanghera 23 : Palermo 1982, p. 72) e a Camarina (Passo Marinaro, dove su 447 sepolture recentemente esplorate, il 9,4 % presenta l'inumato in posizione rannicchiata : Di Stefano 1984-1985, p. 738). Casi di deposizioni di individui in posizione contratta sono noti anche a Agrigento in età arcaica nella necropoli Pezzino (De Miro 1984-85, p. 459 ; De Miro 1989, p. 22).

Difficile invece è considerare la pratica dei seppellimenti multipli, comunemente entro sarcofagi, a Siracusa, come una influenza dei nativi, anche se tale pratica, che testimonia la volontà di esprimere i legami di un gruppo familiare, è quasi ignota a Corinto. La presenza di seppellimenti multipli a Megara Hyblaea può invece riportarsi a pratiche della madrepatria, testimoniate da una notizia plutarchea (Gras, Tréziny, Broise 2005, p. 555, n. 43-44).

Per quanto riguarda Himera, non sono necessariamente collegabili a pratiche funerarie indigene i grandi contenitori di tipo indigeno a decorazione dipinta, d'altezza compresa tra i 52,5 e i 78 cm, usati per enchytrismòi di infanti e neonati nella necropoli orientale di Pestavecchia a Himera (Spatafora, Vassallo 2002, p. 50-54, nn. 84-93 ; Vassallo 2003, p. 1344-1348). Si tratta di pithoi, anfore ad anse orizzontali, fornite di bugne, e con anse verticali alla spalla, datati tra la fine del VII e la prima metà del VI sec. a.C. (Vassallo 2003, p. 1344-136, nn. 1-5, 6-7, 8-10) (**fig. 365**). La loro grande varietà tipologica, che denota una provenienza da aree diverse del retroterra, è stata opportunamente messa in rapporto con scambi differenziati di derrate agricole tra la colonia imerese e l'interno dell'isola. La loro varietà formale e decorativa, pur in un numero limitato, sembra indiziare una provenienza da centri diversi e quindi relazioni ad ampio raggio nel retroterra territoriale (Vassallo 2003, p. 1348). Nella stessa necropoli nel VI sec. a.C. è utilizzata anche come enchytrismòs una pentola plasmata a mano con quattro prese, di un tipo noto in contesti indigeni e punici della Sicilia occidentale (Spatafora, Vassallo 2002, p. 50, n. 83 ; Vassallo 2003, p. 1346, tav. CCXXX, 1).

Pithoi di tradizione indigena dipinti a flabelli e a motivi geometrici (**fig. 366**) sono utilizzati per enchytrismòi anche nella necropoli di Gela, dove sembrano di produzione locale (Orsi 1906 ; Orlandini 1962 ; Fiorentini, De Miro 1983, p. 81, fig. 46). Anche in questo caso la presenza di un pithos di tipo indigeno non significa, in assenza di altre indicazioni, che il sepolto fosse un indigeno, ma potrebbe indicare, se si tratta di prodotti locali, che artigiani indigeni lavoravano nella o per la città. Il che non appare inverosimile, visti gli stretti rapporti con centri del retroterra, come il vicino abitato di Butera.

Fig. 366. Gela, necropoli (da Orlandini 1962).

Un pithos di tipo indigeno sembrebbe anche quello utilizzato nella tomba Manicalunga 133 di Selinunte con corredo della prima metà del VI sec. a.C. (Tusa 1970, p. 15-17).

Problematica appare anche la definizione della presenza di dolii di impasto e di altri vasi di tipo indigeno nella necropoli protoarcaica di Mylai (Bernabò Brea, Cavalier 1959, p. 104, tav. LVI, 7 ; v. *supra*), un fenomeno che si ripete a Matauros, sulla vicina costa calabra. Essi sono indizio di rapporti tra Greci e indigeni, ma non necessariamente di una convivenza, nè di sepolture di indigeni. Un'incinerazione secondaria entro dolio di impasto fornito di quattro prese sotto l'orlo collegate da un cordone, di tradizione protostorica « ausonia », è attestata inoltre a Naxos nella tomba 101 della fine VIII-inizi VII sec. a.C. (Pelagatti et alii 1984, p. 474, n. 404).

Casi isolati di anfore a decorazione geometrica dipinta della facies di Licodia Eubea si riscontrano in età arcaica in altre necropoli greche, come a Siracusa (Gentili 1956, p. 123, fig. 6) e a Camarina nella tomba Rifriscolaro 439 del VI sec. a.C., interpretata come sepoltura indigena (Pelagatti 1973, p. 139, 147, cat. 439). In quest'ultima necropoli è attestata anche una brocchetta a decorazione geometrica dipinta, tipica della produzione vascolare indigena della Sicilia centro-meridionale (Fouilland 2006, p. 125, fig. 22).

La presenza di indigeni in posizione probabilmente subalterna, è stata ipotizzata per il VI sec. a.C. a Monte S. Mauro presso Caltagirone (centro indigeno, poi occupato dalla fine del VII sec. a.C. da calcidesi, probabilmente di Leontinoi), sulla base di due inumazioni in nuda terra senza corredo, di cui una con inumato deposto su un fianco in posizione rannicchiata e capo poggiato su una pietra, nella necropoli del colle 4 Piano della Fiera (Bacci 1978, p. 585-586). Per lo stesso centro la presenza di pithoi a flabelli nella necropoli Est è considerata a favore di una possibile coabitazione tra indigeni e greci (Pelagatti 1976-77, p. 531).

Il fenomeno dei matrimoni misti dovette possibilmente riguardare anche coloni immigrati in centri indigeni, soprattutto nel caso di gruppi arrivati in tempi più recenti rispetto alla prima generazione coloniale. Per un colono sposare un'indigena di status sociale emergente avrebbe potuto significare acquisire gli stessi diritti (e gli stessi beni) per sé e per i discendenti.

La presenza di nuclei di Greci che vivevano in abitati indigeni, dando origine in prosieguo di tempo a comunità miste, è un fenomeno probabilmente più frequente di quanto l'evidenza archeologica non permetta di percepire. Non è illogico ritenere che, a distanza di generazioni dal momento della colonizzazione, ibridismo culturale e meticciato caratterizzassero la Sicilia arcaica, dove Greci, indigeni e genti di altre etnie, come i Fenici, contribuivano a comporre, con nuove identità diverse da quelle di origine, quel melting pot che è una caratteristica della popolazione dell'isola, anche in periodi più recenti.

BIBLIOGRAFIA

Le abbreviazioni dei periodici sono quelle adottate nell'Archäologische Bibliographie.

Albanese Procelli 1999 : ALBANESE PROCELLI (R.M.) – Identità e confini etnico-culturali : la Sicilia centro-orientale. *In* : *Atti del XXXVII Convegno Internazionale di Studi sulla Magna Grecia (Taranto, 3-6 ottobre 1997)*.Taranto, 1999, p. 327-359.

Albanese Procelli 2003 : ALBANESE PROCELLI (R.M.) – *Sicani, Siculi, Elimi. Forme di identità, modi di contatto e processi di trasformazione*. Milano, 2003, p. 290.

Allegro 2008 : ALLEGRO (N.) dir. – *Himera V. L'abitato. Isolato II. I blocchi 1-4 della zona 1*. Palermo, 2008, p. 300.

Amselle 1990 : AMSELLE (J.L.) – *Logiques métisses. Anthropologie de l'identité en Afrique et ailleurs*. Paris, 1990, p. 249.

Bacci 1978 : BACCI (G.M.) – Scavi nella necropoli. *SE*, XLVI, 1978, p. 585-586.

Bernabò Brea, Cavalier 1959 : BERNABÒ BREA (L.), CAVALIER (M.) – *Mylai*. Novara, 1959, p. 117.

Bettarini 2005 : BETTARINI (L.) – *Corpus delle defixiones di Selinunte, Alessandria*. 2005, p. 248.

Blegen, Palmer, Young 1964 : BLEGEN (C.W.), PALMER (H.), YOUNG (R.S.) – *Corinth XIII. The North Cemetery*. Princeton N.J., 1964, p. 548.

Cavallari, Orsi 1899 : CAVALLARI (F.S.), ORSI (P.) – Megara Hyblaea. Storia – Topografia – Necropoli e Anathemata. *MonAnt*, 1, 1889, col. 689-950.

Coldstream 1993 : COLDSTREAM (N.) – Mixed Marriages at the Frontiers of the Early Greek World. *OxfJA*, 12, 1, 1993, p. 89-107.

De Miro 1984-1985 : DE MIRO (E.) – L'attività della Soprintendenza archeologica di Agrigento (anni 1980-84). *Kokalos*, 1984-85, II, 1, p. 453-466.

De Miro 1989 : DE MIRO (E.) – *Agrigento. La necropoli greca di Pezzino, Messina*, Sicania, 1989, p. 96.

Di Stefano 1984-1985 : DI STEFANO (G.) – Ricerche a Camarina e nel territorio della provincia di Ragusa (1980-1984). *Kokalos*, XXX-XXXI, 1984-1985, II, 2, p. 727-800.

Doro Garetto, Masali 1976-1977 : DORO GARETTO (T.), MASALI (M.) – Prime osservazioni antropologiche sui reperti scheletrici della necropoli di Kamarina. *Kokalos*, XXII-XXIII, 1976-1977, II, 1, p. 598-606.

Dunst 1972 : DUNST (G.) – Archaische Inschriften und Dokumente der Pentekontaetie aus Samos. *AM*, 87, 1972, p. 99-190.

Fiorentini 1969 : FIORENTINI (G.) – Il santuario extra-urbano di S. Anna presso Agrigento. *CronArch*, VIII, 1969, p. 63-80.

Fiorentini, De Miro 1983 : FIORENTINI (G.), DE MIRO (E.) – Gela protoarcaica. *AnnAtene* LXI, n. s. XLV, 1983, tomo III, p. 53-104.

Fouilland 2006 : FOUILLAND (F.), Ceramiche non corinzie da Rifriscolaro. *In* : Pelagatti (P.), Di Stefano (G.), De Lachenal (L.) dir., *Camarina. 2600 anni dopo la fondazione – Nuovi studi sulla città e sul territorio. Atti del Convegno Internazionale, Ragusa, 7 dicembre 2002/7-9 aprile 2003*. Roma, Centro studi Feliciano Rossitto Ragusa, Istituto Poligrafico e Zecca dello Stato, 2006, p. 109-128.

Fouilland, Frasca, Pelagatti 1994-1995 : FOUILLAND (F.), FRASCA (M.), PELAGATTI (P.) – Monte Casasia (Ragusa). Campagne di scavo 1966, 1972-73 nella necropoli indigena. *NSc*, 1994-1995, p. 323-583.

Gabrici 1927 : GABRICI (E.) – Il Santuario di Demetra Malophoros a Selinunte. *MonAnt*, XXXII, 1927, col. 5-406.

Gentili 1956 : GENTILI (G.V.) – Siracusa. Contributo alla topografia dell'antica città. *NSc*, 1956, p. 94-164.

Goegebeur 1987 : GOEGEBEUR (W.) – Des problémes liés à l'interculturation et l'intermariage en Grande-Grèce. *In* : *Studia Varia Bruxellensia*, Leuven 1987, p. 55-64.

Gras 1975 : GRAS (M.) – Nécropole et histoire. Quelques réflexions à propos de Mégara Hyblaea. *Kokalos*, 21, 1975, p. 37-53.

Gras 2008 : GRAS (M.) – Storia e storiografia della Sicilia greca. Ricerche 1997-2000. *In* : *Atti del X Congresso Internazionale sulla Sicilia antica (Palermo – Siracusa, 22-27 aprile 2001)*. *Kokalos*, XLVII - XLVIII, I, 2008, p. 261-296.

Gras, Tréziny, Broise 2004 : GRAS (M.), TRÉZINY (H.), BROISE (H.) – *Mégara Hyblaea 5. La ville archaïque. L'espace urbain d'une cité grecque de Sicile orientale*. Rome, École Française de Rome, 2004, p. 649.

Gruzinski 1999 : GRUZINSKI (S.) – *La pensée métisse*. Paris, 1999, p. 345.

Hencken 1958 : HENCKEN (H.) – Syracuse, Etruria and the North : some comparisons. *AJA*, LXII, 1958, p. 259-272.

Hodos 1999 : HODOS (T.) – Intermarriage in the Western Greek Colonies. *OxfJA*, 18, 1, 1999, p. 61-78.

Leighton 1999 : LEIGHTON (R.) – *Sicily before History*. London, 1999, p. 312.

Lo Schiavo cds : LO SCHIAVO (F.) – Le fibule in bronzo dell'Italia meridionale e della Sicilia. *In* : *Prähistorische Bronzefunde*, cds.

Kustermann Graf 2002 : KUSTERMANN GRAF (A.) – **Selinunte.** Necropoli di Manicalunga. Le tombe della Contrada Gaggera. Soveria Mannelli, 2002, p. 439.

Morel 1984 : MOREL (J.P.) – Greek Colonization in Italy and the West. Problems of Evidence and Interpretation. *In* : Hackens (T.) *et alii* dir., *Crossroads in the Mediteranean*. Louvain La Neuve-Providence, 1984, p. 123-61.

Orlandini 1962 : ORLANDINI (P.) – L'espansione di Gela nella Sicilia centro-meridionale. *Kokalos*, VIII, 1962, p. 69-121.

Orlandini 1965-1967 : ORLANDINI (P.) – Gela. Depositi votivi di bronzo premonetale nel santuario di Demetra Thesmophoros a Bitalemi. *AnnIstItNum*, 12-14, 1965-1967, p. 1-20.

Orsi 1893 : ORSI (P.) – Siracusa. Relazione sugli scavi eseguiti nella necropoli del Fusco nel dicembre 1892 e gennaio 1893. *NSc*, 1893, p. 445-486.

Orsi 1895 : ORSI (P.) – Siracusa. Gli scavi nella necropoli del Fusco a Siracusa nel giugno, novembre e dicembre 1893. *NSc*, 1895, p. 109-192.

Orsi 1898 : ORSI (P.) – Le necropoli di Licodia Eubea ed vasi geometrici del quarto periodo siculo. *RM*, XIII, 1898, p. 305-366.

Orsi 1906 : ORSI (P.) – Gela. *MonAnt*, XVII, 1906, col. 7-776.

Orsi, Lanza 1990 : ORSI (P.) – *La necropoli di Passo Marinaro a Camarina. Campagna di scavo 1904-1909*, a cura di M. T. LANZA. *MonAnt*, s. misc., vol. IV, Roma, 1990.

Palermo 1982 : PALERMO (D.) – Leontini. Scavi nella necropoli di Pozzanghera. *CronA*, 21, 1982, p. 67-86.

Pelagatti 1973 : PELAGATTI (P.) – La necropoli arcaica del Rifriscolaro. *In* : *Archeologia nella Sicilia sud-orientale*. Naples, Centre Jean Bérard, 1973, p. 139-150.

Pelagatti 1976-1977 : PELAGATTI (P.) – L'attività della Soprintendenza alle Antichità della Sicilia Orientale. *Kokalos*, 22-23, 1976-1977, II, 1, p. 519-550.

Pelagatti *et al.* 1984-1985 : PELAGATTI (P.) *et alii* – Naxos (Messina). Gli scavi extra-urbani oltre il Santa Venera (1973-75). *NSc*, 1984-1985 (1988), p. 253-497.

Shepherd 1995 : SHEPHERD (G.) – The Pride of Most Colonials : Burial and Religion in the Sicilian Colonies. *In* : Fischer-Hansen (T.) dir., *Ancient Sicily*. Copenhagen, Museum Tusculanum Press, 1995 (Acta Hyperborea 6), p. 51-82.

Spatafora, Vassallo 2002 : SPATAFORA (F.), VASSALLO (S.) dir., *Sicani Elimi e Greci. Storie di contatti e terre di frontiera*. Palermo, Palazzo Belmonte Riso 27 giugno – 20 ottobre 2002, Palermo, Flaccovio Editore, 2002, p. 157.

Taylor 2000 : TAYLOR (A. C.) – *s. v. Ethnie*. *In* : BONTE (P.), IZARD (M.) dir. – *Dictionnaire de l'ethnologie et de l'anthropologie*. Paris, Quadrige/ Presses Universitaires de France, 2000, p. 242-244.

Tigano 2002 : TIGANO (G.) dir., *Le necropoli di Mylai (VIII-I sec. a.C.)*, Antiquarium D. Ryolo. Catalogo, Milazzo, Rebus edizioni, 2002, p. 143.

Tigano 2009 : TIGANO (G.), Mylai. *In* : Panvini (R.) – Sole (L.), *La Sicilia in età arcaica. Dalle apoikiai al 480 a.C. Contributi dalle recenti indagini archeologiche, I*. Palermo, Centro regionale per l'inventario la catalogazione e la documentazione, 2009, p. 159-167.

Tusa 1982 : TUSA (S.) – Presenze indigene nel territorio selinuntino. *SicA*, XV, 49-50, 1982, p. 111-118.

Tusa 1970 : TUSA (V.), III. Tombe della necropoli di Selinunte. *SicA*, 11, 1970, p. 11-20.

Vassallo 1996 : VASSALLO (S.) – Il territorio di Himera in età arcaica. *Kokalos*, XLII, p. 199-223.

Vassallo 2002 : VASSALLO (S.) – Himera. La colonia greca e gli indigeni. *In* : Spatafora, Vassallo 2002, p. 37-43.

Vassallo 2003 : VASSALLO (S.) – Ceramica indigena arcaica ad Himera. *In* : Corretti (A.) dir. – *Atti delle Quarte Giornate Internazionali di Studi sull'area elima, Erice 1-4 dicembre 2000*. Pisa, 2003, p. 1343-1356.

Veder greco : *Veder greco. Le necropoli di Agrigento. Mostra Internazionale, Agrigento 2 maggio-31 luglio 1988*. Roma, 1988, p. 397.

2. Note sur les céramiques indigènes présentes à Marseille

Henri Tréziny

Dans la région de Marseille[1], l'étude des sites indigènes fait une large place aux comptages des diverses catégories de matériel. Cette pratique, banale dans l'archéologie protohistorique du Midi de la France, mais aussi dans les fouilles urbaines de Marseille, était jusqu'à quelques années relativement peu répandue ailleurs, ce qui donne à la recherche sur Marseille une place à part dans l'étude des colonies grecques d'Occident. L'interprétation des comptages n'est pas toujours facile : ainsi la céramique tournée « grise monochrome », anciennement appelée « phocéenne », était certainement à l'origine importée de Grèce de l'Est (mais en très petites quantités), fabriquée sans doute à Marseille (bien que l'on n'en ait pas la preuve archéologique), puis dans de nombreux sites régionaux autour de Marseille, en Basse-Provence, en Languedoc[2]. Cette céramique tournée était plus utilisée dans les sites indigènes qu'à Marseille même, mais faut-il la comptabiliser parmi les céramiques tournées d'origine grecque ou, au même titre que les non tournées, parmi les céramiques indigènes ?

A Marseille même, on a noté[3] une baisse régulière des céramiques indigènes non tournées dans le courant du VIe s. : 15% de la vaisselle dans le premier quart du VIe s., 4% au second quart, 1,2% au troisième quart du siècle, pour disparaître ensuite. Les céramiques tournées grises monochromes progressent lentement de 1,6% au début du siècle à 16,7% vers 540-520. Mises ensemble, ces deux catégories de céramiques représentent de 10 à 16% de la vaisselle, dans toute la période. Il serait tentant d'y voir la trace archéologique de la présence indigène à Marseille, quelle qu'en soit la nature (mariage des colons avec des femmes indigènes ou groupes de Gaulois installés ans la ville). Mais dans la mesure où, comme l'a montré M. Bats[4] (1988), les Marseillais ne produisaient pas de céramiques de cuisine, ils recouraient à des céramiques importées de Grèce (ou de Grande Grèce et de Sicile), d'Etrurie ou du monde phénico-punique, mais aussi peut-être à des céramiques non tournées locales. Ces présences seraient un simple fait de commerce, que l'on ne pourrait interpréter comme des traces de présence indigène (ou étrusque, ou phénicienne...).

Les fouilles de ces dix dernières années dans l'habitat, pour l'essentiel encore inédites (on se reportera cependant aux rapports provisoires [Documents Finaux de Synthèse ou DFS déposés au Service Régional de l'Archéologie] ont considérablement augmenté le nombre de sites utilisables pour chaque période et permettent donc – ou permettront quand le matériel sera publié – des analyses beaucoup plus fines. Il semble en effet, à en juger par les quelques éléments disponibles, que les proportions de céramiques soient sensiblement différentes d'un secteur à l'autre. Tels quels, ces chiffres ne sont guère utilisables, par exemple la présence dans la vaisselle d'un pourcentage inhabituel de céramiques fines étrusques (*bucchero*, étrusco-corinthien) ne permettra pas de dire que l'on est dans un quartier étrusque (un *vicus tuscus*), même si l'existence à Marseille d'un quartier où se regroupaient des commerçants étrusques n'aurait rien d'invraisemblable. Mais si l'information est recoupée par une proportion anormale d'importations étrusques dans la céramique de cuisine, ou la présence de graffittes étrusques, elle prendra une autre signification. Des études comparables pourraient être faites sur les céramiques indigènes. Ce type de recherche est difficile, et sera évidemment toujours soumis aux risques d'une surinterprétation des données archéologiques, mais il me semble que la question mérite d'être posée, à Marseille et ailleurs.

1 Cette brève note prend la place d'un article sur le même sujet en cours de rédaction par L.-Fr. Gantès, mais qui n'a pu être présenté dans cette livraison. Elle vise seulement à souligner l'importance des travaux en cours, dont on espère une publication rapide.

2 Bilan sur la céramique grise de Marseille : Arcelin-Pradelle (Ch.), *La céramique grise monochrome en Provence*. Paris 1984 (*RAN*, suppl. 10). Bats (M.), Gantès (L.-Fr.) – Vaisselles et amphores de la période grecque. *In* : Rothé (M.-P.) et Tréziny (H.), éd., *Carte archéologique de la Gaule. 13,3. Marseille et ses alentours. Paris 2005*, p. 252-258.

3 Gantès (L.-Fr.) – L'apport des fouilles récentes à l'étude quantitative de l'économie massaliète. *In* : Bats (M.), Bertucchi (G.), Congès (G.), Tréziny (H.), *Marseille grecque et la Gaule*, 1992 (Etudes massaliètes 3), p. 171-178.

4 Bats (M.) – *Vaisselle et alimentation à Olbia de Provence*. Paris 1988 (*RAN*, Suppl. 18).

3. Ceramica Indigena Dall'Abitato di Himera

Nunzio Allegro, Simona Fiorentino

1. Storia della ricerca

I primi rinvenimenti di ceramica indigena nell'area urbana di Himera risalgono agli scavi degli anni '60 del secolo scorso : una *oinochoe* con decorazione dipinta dalla stipe del Tempio A nel *temenos* di Athena sul Piano di Imera[1], un'altra simile dalla trincea a Nord del Tempio della Vittoria[2], un certo numero di frammenti con decorazione impressa e incisa dallo scavo delle Zone II-III dell'Isolato II[3]. Una documentazione più consistente si aggiunse con la prosecuzione degli scavi, negli anni 1965-1973, nell'abitato della città alta (**fig. 367**). La ceramica indigena, soprattutto quella con decorazione impressa e incisa, venne in buona parte presentata nell'edizione dello scavo[4]. Tuttavia di queste presenze non venne allora proposta alcuna interpretazione.

Fu Oscar Belvedere, nel 1977, a porre il problema del significato della ceramica indigena nell'abitato di Himera, considerato nel quadro più ampio dei rapporti tra la colonia calcidese, la sua *chora* e il mondo indigeno. Belvedere si soffermava soprattutto a considerare le due *oinochoai* con decorazione geometrica dipinta, che interpretava come "offerte votive alla divinità". Dopo avere proposto un ventaglio di ipotesi circa l'arrivo ad Himera dei due oggetti, concludeva : "la nostra impressione è che i due piccoli vasi siano testimonianza di un fatto particolare, piuttosto che di uno stato di cose ordinario". Ma non si spingeva oltre la constatazione che la presenza di ceramica indigena nell'abitato della colonia testimoniava comunque contatti tra i due *ethne*[5].

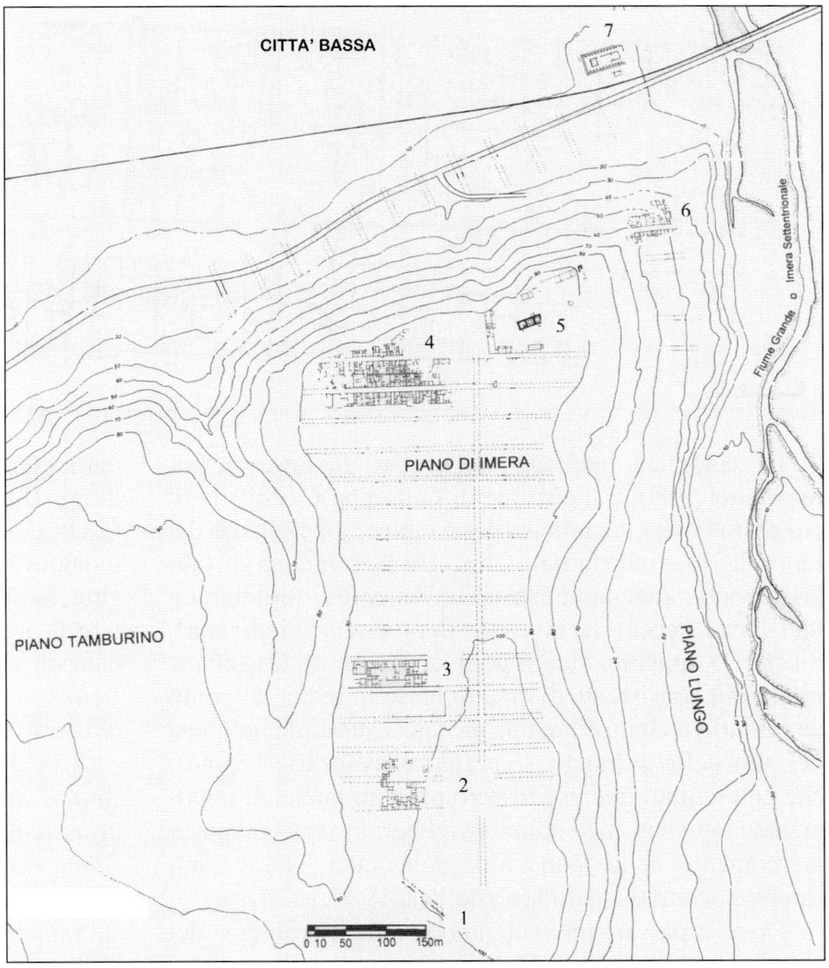

Fig. 367. Himera, pianta della città. 1- Fortificazioni ; 2- Quartiere Sud ; 3- Isolato XII ; 4- Quartiere Nord ; 5- *Temenos* di Athena ; 6- Quartiere Est ; 7- Tempio della Vittoria.

1 Bonacasa 1970, p. 104, Ac,117, tav. XXVIII,2. A questo rinvenimento si sono aggiunti, nel corso dell'esplorazione del temenos di Athena, condotta a pi riprese dal 1973 al 1990, sei frammenti di ceramica con decorazione impressa, cinque dei quali pertinenti probabilmente allo stesso scodellone (H74.122 ; H74.123,2 ; H74.139 ; H80.17,4 ; H81.38,1), e parte di una tazza attingitoio con decorazione dipinta (H76.212) : Allegro, in *Himera* IV, c.d.s.

2 Bonacasa 1976, p. 635, nota 21, tav. CII,4.

3 Joly 1970, p. 291-292, nn. 1, 6, 8, 10, tav. LXXIV,1.

4 Bonacasa Carra 1976, p. 69-70, tav. VII, 3-5 ; Joly 1976, p. 177-180, nn. 8-32, tavv. XXVI, 5-6 ; Epifanio 1976, p. 319-321, nn. 1-12, tav. XLIX, 2 ; Tullio 1976, p. 433-435, nn. 3-7, tav. LXX, 14-15.

5 Belvedere 1978, p. 88-89. Va osservato che altre *oinochoai*, simili a quella della stipe del Tempio A, sono state rinvenute in contesti domestici (Allegro 1997b, p. 261, n. 51).

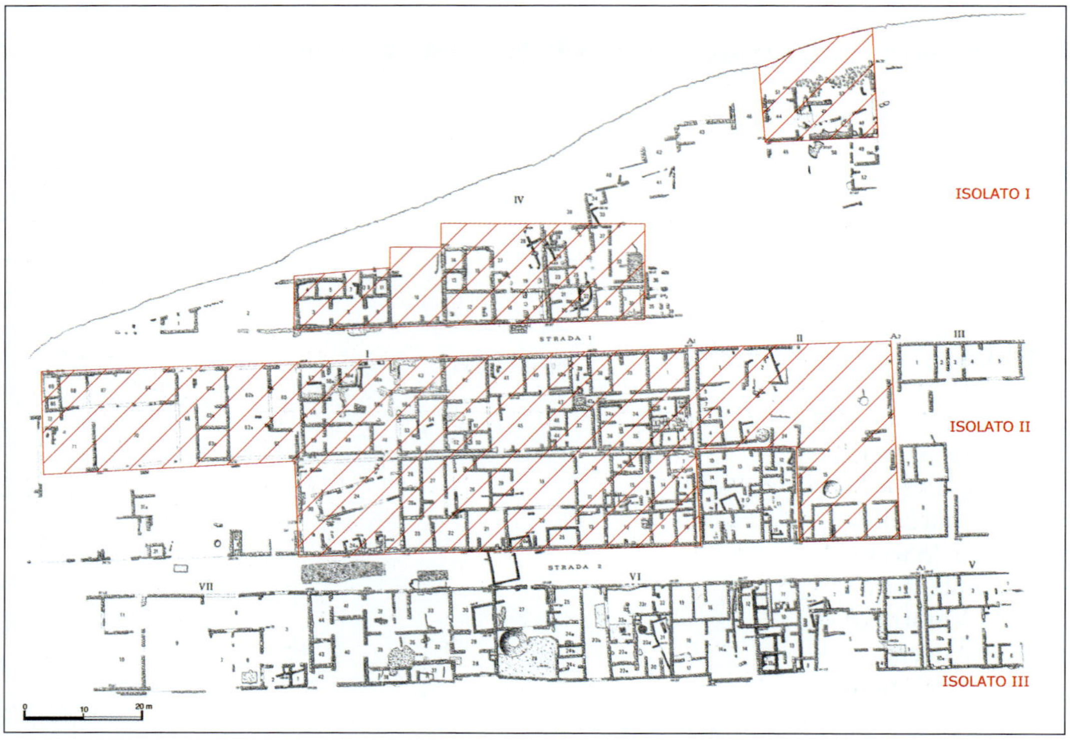

Fig. 368. Himera, Quartiere Nord, Isolati I-III.
L'area oggetto dell'indagine campione.

La ceramica indigena dell'abitato imerese richiamava, nel 1980, l'attenzione di Giuseppe Castellana, il cui esame della documentazione è purtroppo viziato dal fatto che lo studioso ha incluso tra la ceramica di fabbricazione indigena numerosi frammenti di fornelli con incisioni a stecca, che non sono di produzione indigena[6]. Sicché la quantità dei reperti appariva al Castellana molto più consistente di quanto fosse in realtà, al punto da portarlo ad ipotizzare una presenza stanziale indigena nel sito della colonia : "...potrebbe avanzarsi l'ipotesi che nell'abitato imerese fossero presenti nuclei di popolazione indigena che i coloni avrebbero trovato sul posto al momento della fondazione della città, con i quali sarebbero venuti a patti" (Castellana 1980, p. 74).

Doveva passare un ventennio perché il problema dei rapporti tra la colonia calcidese e il mondo indigeno tornasse alla ribalta, un ventennio nel corso del quale nuovi e importanti dati venivano acquisiti con lo scavo delle necropoli e con la ricognizione di ampi settori del territorio di Himera. Ci riferiamo alle prospezioni di Belvedere nella *chora* imerese (*Himera III*, 1 e 2) e alle ricerche di Stefano Vassallo nella Necropoli Orientale di Himera in località Pestavecchia (dove sono stati rinvenuti contenitori di fabbrica indigena riutilizzati per sepolture infantili)[7] e nei centri indigeni dell'entroterra imerese, in particolare quello di Colle Madore nella media valle del fiume Torto, che ha rivelato stretti rapporti con Himera (*Colle Madore)*. E' pur vero che mancano fino ad oggi indagini sistematiche nei centri indigeni più vicini alla città, ma le nuove scoperte hanno consentito di riaffrontare il problema dei rapporti tra la città greca e il suo entroterra, e soprattutto con quelle comunità indigene stanziate lungo i principali corsi d'acqua che solcano il territorio di Himera.

Vassallo in un intervento nelle *IV giornate internazionali di studi sull'area elima* (Vassallo 2003), e in un articolo pubblicato nel catalogo della mostra *Sicani Elimi e Greci. Storie di contatti e terre di frontiera* (Vassallo 2002), nell'ambito di una più ampia trattazione sui rapporti tra la colonia calcidese e il mondo indigeno, è ritornato sull'argomento. I due articoli sono ricchi di spunti interessanti e il quadro che lo studioso fornisce è pieno di novità stimolanti. Per limitarci al tema del nostro intervento, Vassallo non sembra credere ad una presenza indigena nel sito della colonia al momento della sua fondazione (ma non la esclude del tutto) ed è più propenso a vedere nei manufatti di fabbrica indigena trovati nell'area dell'abitato la testimonianza di strette relazioni commerciali tra la colonia e il suo hinterland : "...l'uniforme distribuzione della produzione ceramica indigena nella colonia greca...è segno probabilmente del fatto che per gli imeresi essi costituivano materiali di uso comune e come tali il loro arrivo dall'entroterra rappresentava il frutto di scambi di merci in qualche modo consolidatisi in età arcaica" (Vassallo 2003, p. 1348).

6 Sui fornelli da Himera con incisioni eseguite a stecca, Allegro, Vassallo 1992, p. 109, nota 110.

7 Vassallo 1993, p. 96, 102, nn. 115-116 ; Vassallo 1993-1994, p. 1251 ; Vassallo 2003, p. 1344-1346.

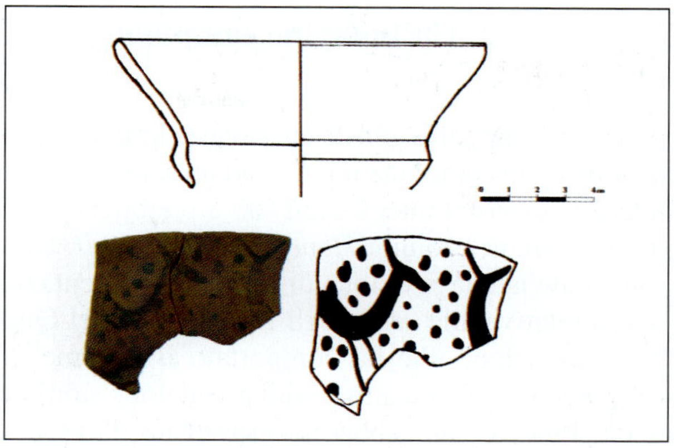

Fig. 371. Frammento di labbro e parete di tazza attingitoio con teoria di aironi (?) dipinti.

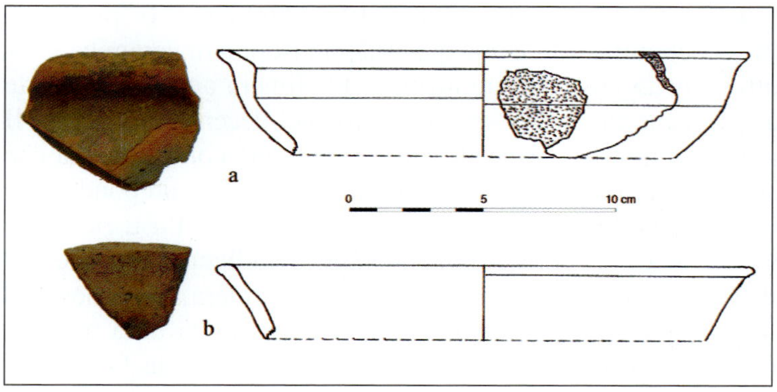

Fig. 369. Frammenti di labbri e pareti di scodelle con decorazione dipinta.

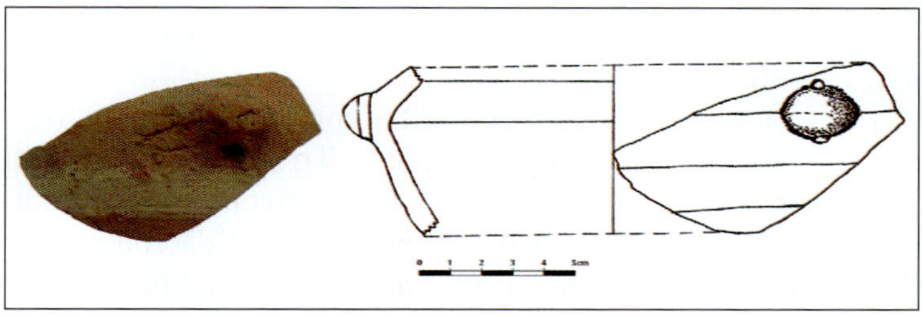

Fig. 370. Frammento di parete di scodellone con presa a bugna e fascia bianca.

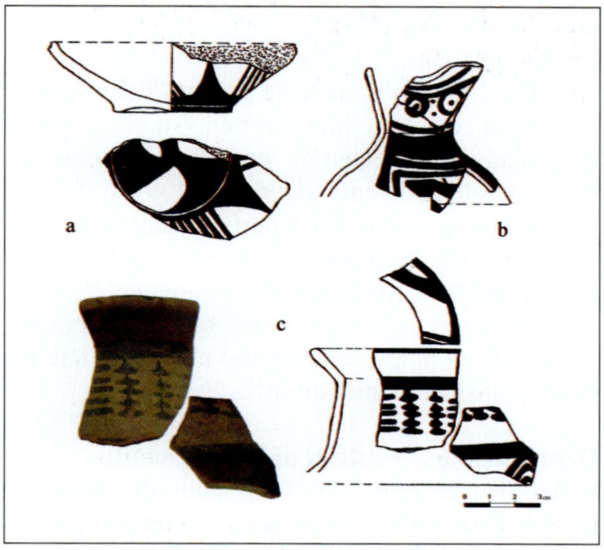

Fig. 372. Frammenti di *oinochoai* con decorazione dipinta.

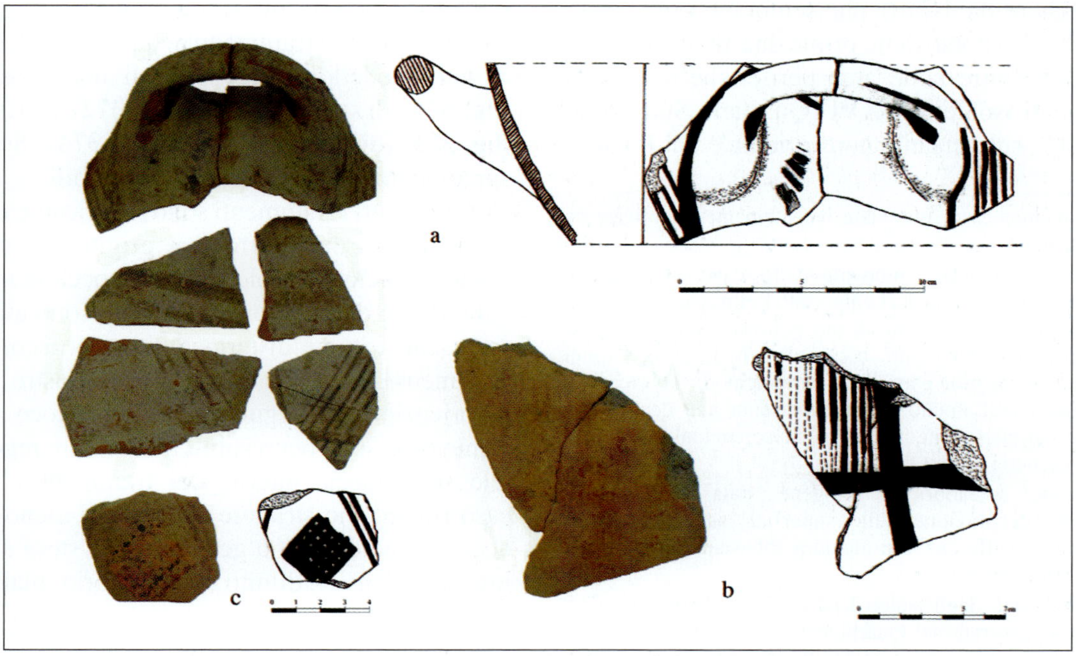

Fig. 373. Frammenti di anfore-idrie con decorazione dipinta.

2. Un'indagine campione

Il nostro apporto alla discussione si limita alla presentazione di un campione relativo ad un settore dell'abitato imerese, esplorato negli anni '60 e pubblicato in forma preliminare nei volumi *Himera I e Himera II*. Dal 2001 è stata avviata la revisione di tutta la documentazione di scavo relativa alle case degli Isolati I e II del Quartiere Nord, revisione che ha comportato il riesame di tutti i reperti, la loro quantificazione e il loro studio analitico[8]. Fino ad ora abbiamo esaminato 17 case del II impianto urbano, che corrispondono ad un'area di scavo di 4.500 mq. (**fig. 368**).

Tenuto conto :

- che lo scavo delle case oggetto della nostra indagine è stato condotto fino al terreno sterile e che pertanto disponiamo del materiale ceramico presente in tutto l'arco di vita della città, dal 648 al 409 a.C. [9];

- che la revisione dei reperti è stata eseguita sotto il costante controllo di una sola persona, con criteri di giudizio soggettivi, ma certamente omogenei [10];

- riteniamo, alla luce di queste premesse, che i dati forniti dal campione che stiamo per presentare possano essere considerati attendibili.

Distribuzione e contesti di rinvenimento.

La distribuzione dei frammenti di ceramica indigena nell'area dell'abitato non è uniforme. Per limitarci ai rinvenimenti nei diversi settori della città alta, possiamo constatare che le quantità più consistenti di frammenti di ceramica indigena sono state rilevate negli isolati I-III (Quartiere Nord), che sembrano i più densamente occupati nel corso delle prime due-tre generazioni della colonia, mentre nelle aree periferiche della città alta, come negli isolati XV-XVI (Quartiere Sud), e nel Quartiere Est[11], sul versante nord-orientale del Piano di Imera, caratterizzate forse da una occupazione più rada da parte dei coloni delle prime generazioni, sono molto più ridotte. Queste constatazioni sembrano suggerire che la presenza di ceramica indigena sia più consistente tra la seconda metà del VII e i primi decenni del VI sec. a.C., periodo che corrisponde al I impianto della città alta, i cui limiti cronologici si pongono tra il 648 a.C., data della fondazione della città, e il 580-560 a.C.[12] E' probabile comunque che una quantità più ridotta di ceramica indigena possa essere arrivata ad Himera anche nella parte centrale del VI sec. a.C., cioè nei decenni iniziali del II impianto urbano. Emerge comunque con chiarezza che la quantità di testimonianze dall'abitato è preponderante rispetto a quella dei santuari della città. Basti ricordare le esigue presenze di ceramica indigena attestate nel *temenos* di Athena sul Piano di Imera, certamente il luogo di culto più rappresentativo della città arcaica, peraltro integralmente esplorato (*supra*, nota 1).

Consistenza numerica e stato di conservazione dei reperti.

Si tratta in prevalenza di frammenti molto piccoli, che rendono talvolta problematica l'identificazione della forma.

La consistenza totale dei frammenti è di n. 69, riferibili ad altrettanti esemplari. Trentuno sono quelli con decorazione dipinta ; trenta quelli con decorazione impressa o incisa ; soltanto 8 quelli acromi o con superficie ingubbiata. Questi ultimi potrebbero anche appartenere a vasi con decorazione dipinta, ai quali era riservato il medesimo trattamento delle superfici.

La ceramica a decorazione dipinta.

Sono attestati frammenti di quattro scodelle (**fig. 369**), di uno scodellone (**fig. 370**), di una tazza attingitoio (**fig. 371**), di sette oinochoai (**fig. 372**), di 10 anfore/idrie (**fig. 373**), di due orci-pithoi (**fig. 374**). Sei frammenti appartengono a forme non identificabili.

Quasi tutti i frammenti sono fabbricati con un impasto a grana fine, duro, di colore grigio o grigio- azzurrognolo al nucleo, di colore rosa o nocciola in superficie ; nelle forme di maggiori dimensioni sono utilizzati come sgrassanti tritume di terracotta o pietrisco. Soltanto un frammento presenta un impasto nerastro, poroso. La fabbricazione è eseguita al tornio veloce o lento : nel primo caso sono ben visibili le solcature regolari e parallele sulla faccia interna dei frammenti ; nel secondo caso rimangono striature superficiali meno marcate. La decorazione dipinta è generalmente stesa su un velo di ingobbio denso o diluito colore avorio, giallino, beige o

8 Le prime quattro case sono state recentemente pubblicate nel volume *Himera* V.1.

9 Dobbiamo precisare che al momento dello scavo stato operato uno scarto delle ceramiche, che ha comportato l'eliminazione di larga parte delle pareti dei vasi acromi, di cui tuttavia venivano sempre conservati le parti caratterizzanti, come gli orli, le anse, i fondi. Considerato che la maggior parte delle ceramiche di fabbricazione indigena rinvenuta nell'abitato imerese presenta una decorazione dipinta o impressa-incisa, riteniamo che la percentuale scartata o dispersa possa ritenersi trascurabile.

10 L'attribuzione a fabbriche indigene stata proposta sia sull'esame della decorazione delle superfici, sia sulla qualità dell'impasto, che si differenzia in maniera abbastanza marcata dai prodotti di fabbrica greca.

11 Per i rinvenimenti degli isolati I-III e XV-XVI vedi note 2-3. L'unica presenza registrata nel Quartiere Est un fondo di *oinochoe* simile a quella rinvenuta nella stipe del Tempio A : Allegro 1997b, p. 261, n. 51.

12 Per le fasi dell'abitato di Himera, Allegro 1997a.

rosato e solo in pochi casi direttamente sull'argilla. Per la dipintura viene utilizzato un pigmento nero diluito, meno frequentemente un pigmento rosso chiaro ; in un solo caso un pigmento bianco. Il repertorio dei motivi è costituito da :

- linee rette orizzontali, oblique e verticali disposti sul labbro o all'esterno del labbro, sulle anse o sotto di esse, sulle pareti (**figg. 372-373**) ;
- riquadri metopali, frequenti sulle pareti e sulle spalle di *oinochoai* e idrie/anfore, talvolta alternati a raggi e bande nel terzo inferiore (**fig. 372 b, 373 b**)[13];
- angoli multipli, attestati sulla spalla e sul collo di oinochoai e molto frequenti nella ceramica protostorica incisa e dipinta (**fig. 372 c**)[14];
- alberello stilizzato in serie, associato a segmenti orizzontali. Ricorre sul collo di una *oinochoe* (**fig. 372 c**)[15] ed è presente in diversi contesti della Sicilia occidentale[16] ;
- raggiera, che ricorre nella parte inferiore del corpo di due *oinochoai*. I raggi si alternano a fasci di sottili linee verticali (**fig. 372 a**)[17];
- clessidra piena (**fig. 374**), attestata anche su alcuni *pithoi* rinvenuti nella necropoli orientale[18] ;
- cerchio con punto centrale (**fig. 372 b**)[19].

Ceramica a decorazione impressa o incisa.

Sono presenti frammenti di sei scodelle e scodelline (**fig. 375, a-e**), tra cui un esemplare con ansa configurata (**fig. 375, f**)[20], di cinque scodelloni (**fig. 376**), di due ciotole o coppe (**fig. 377**), di una tazza attingitoio (**fig. 378**), di una brocchetta (**fig. 379**), di 6 anfore-idrie (**fig. 380**), di uno scudetto (**fig. 381**). Otto frammenti non sono attribuibili (**fig. 382**).

L'impasto più ricorrente è abbastanza depurato, con rari inclusi puntiformi bianchi e mica argentata. La grana è fine, la tessitura uniforme e compatta. Il colore è grigio o grigio-azzurro al nucleo, mentre in superficie varia dal rosa, al beige, al marroncino. Alcuni frammenti presentano una tessitura meno uniforme e mediamente sabbiosa. Soltanto un frammento pertinente ad una ciotola ha un impasto duro, compatto, di colore nocciola–rosato al nucleo e in superficie, diverso dagli altri impasti per struttura e colore, come diversa è la tecnica di esecuzione della decorazione : raggiera di triangoli campiti da punti (**fig. 375 d**).

La tecnica di fabbricazione più diffusa sembra contemplare l'uso del tornio, probabilmente di quello lento. Un certo numero di esemplari è realizzato a mano con tecnica accurata, come si rileva dallo spessore costante delle pareti e dalla rifinitura delle superfici mediante l'uso della stecca o di un panno[21].

La sintassi decorativa e i motivi adottati appartengono ad un repertorio diffuso in tutta la Sicilia occidentale, in particolare nei centri della Valle del Belice, dell'Imera Settentrionale e del Platani ; un repertorio che talvolta presenta caratteristiche che differenziano le diverse aree culturali. I motivi presenti negli esemplari dall'abitato di

13 Ci limitiamo a segnalare i confronti pi pertinenti : Di Stefano 1982, p. 187-188, tav. XLVI, 1-3 (Mura Pregne) ; Di Stefano, Di Salvo, Sarà 1991, p. 298, n. 359 (Palermo) ; Vassallo 1996, p. 205, tav. XXVII, 4 (Pizzo Ciminna) ; Siracusano 1996, p. 38-40, tavv. XX, 5 ; XXI, 6 ; XXIV, 4 ; XXIX, 1, 3 ; LXXIV, 3 (Monte Saraceno) ; Tigano 1985-1986, p. 66-69, tav. LVI, CL 2401, LVII-LVIII (Sabucina) ; Frasca 1994-1995, p. 341 ss., figg. 17-18, 28, 41, 52, 61, 66-67, 75 (Monte Casasia). Per le anfore/idrie, Campisi 2003, p. 193-199, figg. 186-188 (Monte Maranfusa) ; Frasca 1994-1995, p. 494-500, figg. 160-162 (Monte Casasia) ; Tardo 1999, p. 156-157, figg.160-161 (Colle Madore) ; Vassallo 1993a, p. 133-134, n. 202 (Montagna dei Cavalli) ; Gargini 1995, p. 120-122, 150-152, 156-158, figg. 8, 26, 29 (Entella).

14 Per i confronti nella ceramica incisa : Fatta 1983, p. 137-140, nn. 141-145 ; Oliveri 1989, p. 154, fig. 4, n. 4. Ricorre su *oinochoai* e vasi chiusi con decorazione dipinta di Colle Madore (Tardo 1999, p. 156-157, n. 111), Entella (Gargini 1995, p. 120-121), Segesta (Tusa 1990, p. 43-44, fig. 10) e su un esemplare da Cozzo Puccia (Burgio 1989, p. 86, fig. 40). E' attestato anche a Sabucina (Tigano 1985-1986, p. 72-73, tav. LXI (CL 987), a Marianopoli (Panvini 2000, p. 57 B), nella necropoli del Realmese a Calascibetta (Albanese Procelli 1982, p. 458-460, nn. 13, 616), a Terravecchia di Cuti (Militello 1960, p. 45 ss., tavv. VI d, X e-i-m-n), a Polizzello (De Miro 1988, tav. VIII), a Monte Saraceno (Siracusano 1996, p. 38, tav. XX, 5).

15 Molto vicini per la decorazione alla *oinochoe* di Himera alcuni esemplari dalla necropoli di Valle Oscura a Marianopoli (Fiorentini 1985-1986, p. 53, tavv. XXXII, XXXVIII, nn. 12, 20 ; Panvini 2000, p. 39 A, 46-47 A, 44 L) e dalla necropoli indigena di Vassallaggi (Gullì 1991, p. 37, tav. XVIII, nn. 35-36).

16 Nella forma pi naturalistica, con rametti corposi e quasi triangolari, presenta strette affinità con il motivo che decora una scodella da Marineo (Di Stefano 1990, p. 254, fig. 12), mentre appare pi stilizzato su alcune *oinochoai* da Entella (Gargini 1995, p. 137, n. 61 ; p. 157, fig. 29, n. 148), su vasi chiusi da Segesta (Tusa 1990, p. 43-44, fig. 10) e Monte Maranfusa (Campisi 2003, p. 216-228, nn. 308, 318, 320) e sul collo di una brocca rinvenuta nella zona di Monreale (Momigliano 1992, p. 525, tav. LXI, P3128).

17 Un analogo schema decorativo attestato a Colle Madore (Tardo 1999, p. 139-141) e sull'*oinochoe* di Cozzo Puccia (Burgio 1989, p. 86, fig. 40).

18 Vassallo *et al.* 1993, p. 102 ; Vassallo 2003, tav. CCXXVII.

19 Albanese Procelli 1982, p. 460, fig. 34, n. 13 (Realmese di Calascibetta) ; Militello 1960, p. 45 ss., tav. VI a (Terravecchia di Cuti); Giordano 1999, p. 308, fig. 2 (Colle Madore).

20 Molto vicino un esemplare da Mura Pregne: Di Stefano 1982, p. 187, tav. XLV, n. 1 ; per un confronto da Segesta, Oliveri 1989, p. 136-137, figg. 13, 25.

21 L'esecuzione a mano non può rappresentare una caratteristica peculiare della ceramica a decorazione impressa o incisa : Albanese Procelli 2003, p. 195. Ad Entella la percentuale della ceramica lavorata a mano è del 40 % (Di Noto 1992, p. 248) ; a Monte Iato soltanto un esiguo gruppo di vasi databile tra la fine del VI e la metà del V sec. a.C. è lavorata al tornio lento (Isler 1990, p. 282-284).

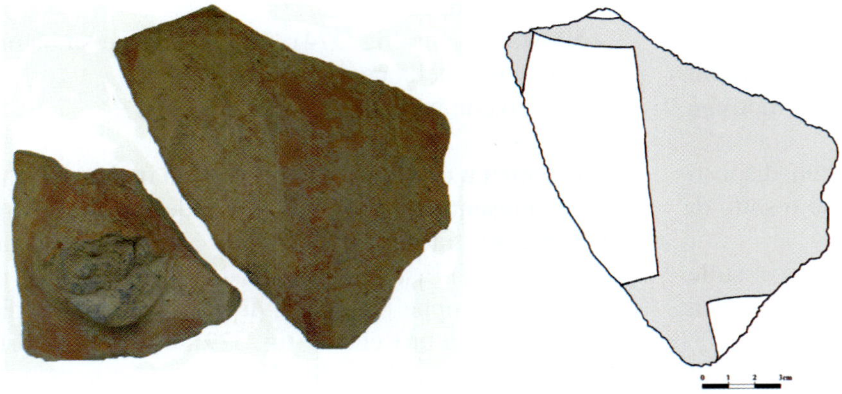

Fig. 374. Frammenti di parete di pithos con motivo a clessidra dipinto.

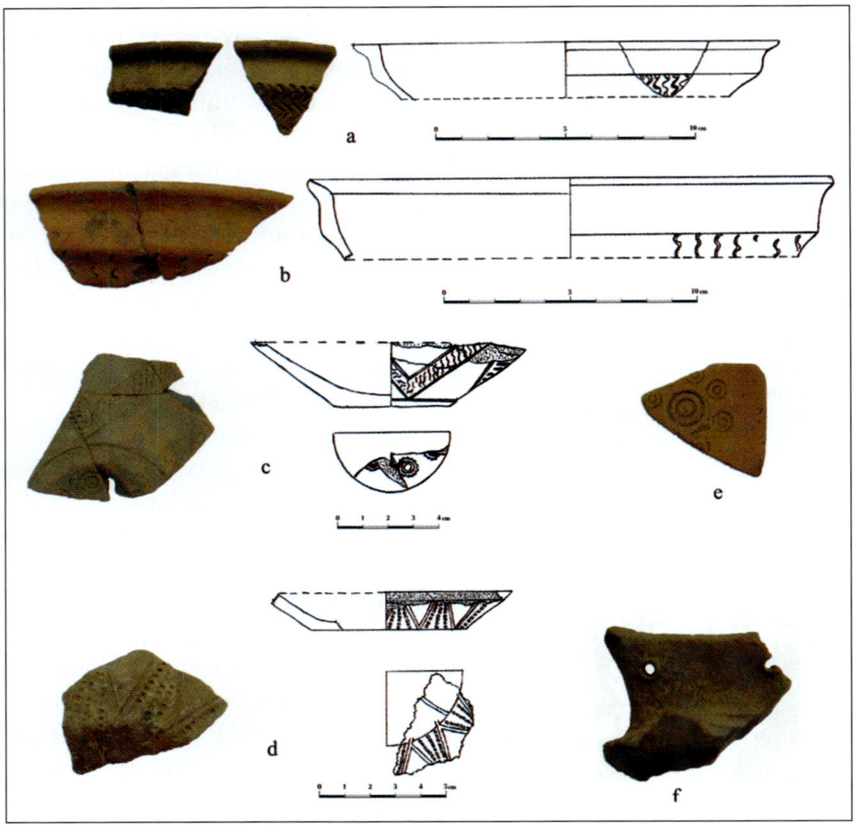

Fig. 375. Frammenti di labbri e pareti (a-b), di fondi (c-e) e ansa configurata (f) di scodelle con decorazione incisa e impressa.

Himera sono i seguenti :

- teoria di sigma semplici o composti da quattro tratti (**figg. 375 a-b** ; **376 a**).

- cerchi concentrici semplici e radiati, disposti in semplici file continue (**fig. 367 c** ; **367 a**), oppure articolati in composizioni che prevedono, sul fondo di una ciotola, un cerchio più grande al centro e altri più piccoli intorno, motivo prevalentemente adottato sui fondi interni ed esterni (**fig. 375 c, e**) [22];

- triangoli multipli contrapposti [23];

- tremoli, variamente combinati : a) all'interno di fasce continue (**fig. 380 b-c, e**) ; b) entro riquadri ; c) all'interno di fasce che delimitano triangoli (**fig. 375 c**) ;

- motivo a raggi attorno al piede, campiti da quadratini impressi (**fig. 375 d**) [24].

22 Cfr. esemplari da Entella (Di Noto 1992, p. 251), Segesta (Oliveri 1989, p. 165, 167-169, 171, figg. 15, 19-21), Monte Maranfusa (Spatafora 2003, p. 141-142, fig. 151), Caltavuturo (Di Stefano 1972, p. 84, n. 2), Monte Saraceno (Siracusano 1996, p. 36-37, tav. XXIX, n. 6).

23 Vagamente simile al motivo adottato sulle brocchette di S. Angelo Muxaro (Fatta 1983, p. 187, n. 176) e su vasi di Monte Saraceno (Siracusano 1996, p. 34 ss., tav. XXIX, fig. 4).

24 Cfr. esemplari da Monte Saraceno (Siracusano 1996, p. 35, tavv. XXV, 7, XXX, 5), Segesta (Oliveri 1989, p. 169, fig. 19), Terravecchia di Cuti (Militello 1960, p. 54, tav. 11).

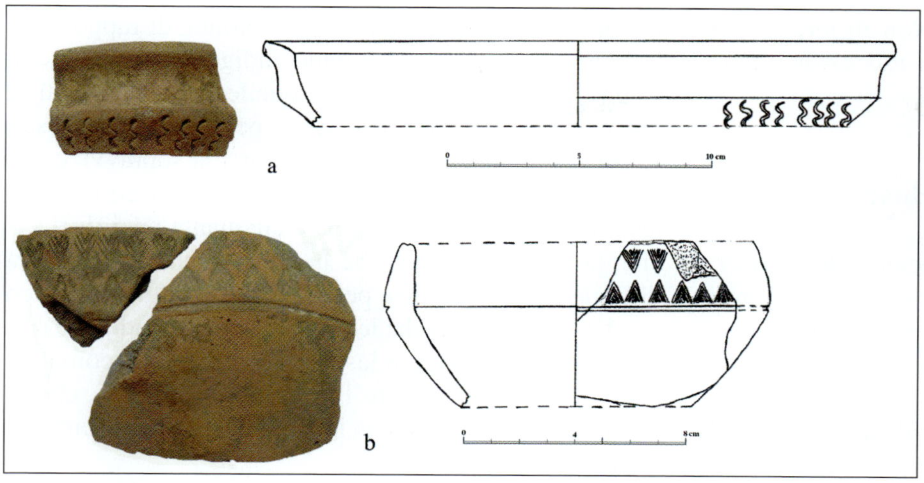

Fig. 376. Frammenti di scodelloni con decorazione impressa.

Fig. 379. Frammento di corpo e collo di brocchetta con decorazione incisa.

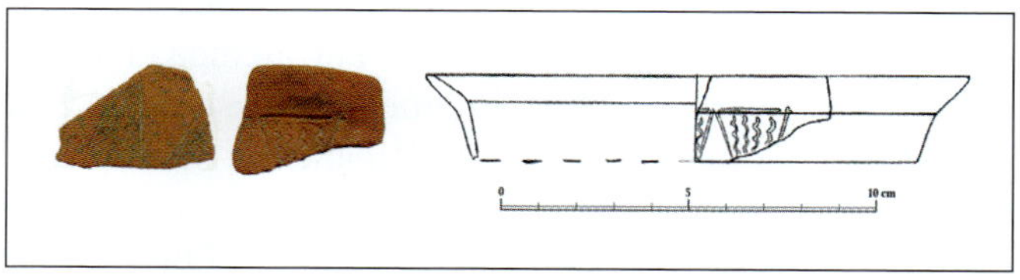

Fig. 377. Frammenti di labbro e parete di ciotola con decorazione incisa e impressa.

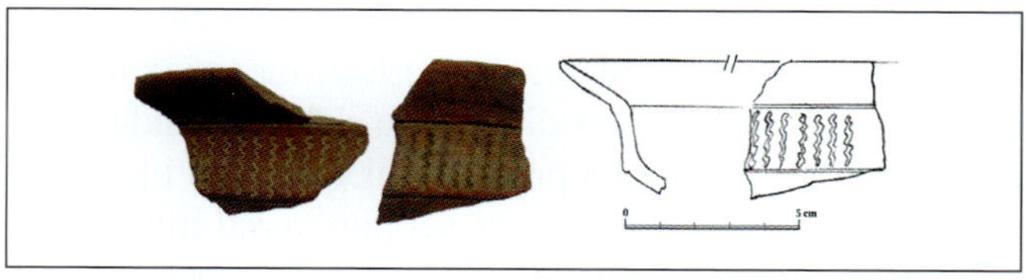

Fig. 378. Frammenti di labbro e parete di tazza attingitoio con decorazione impressa.

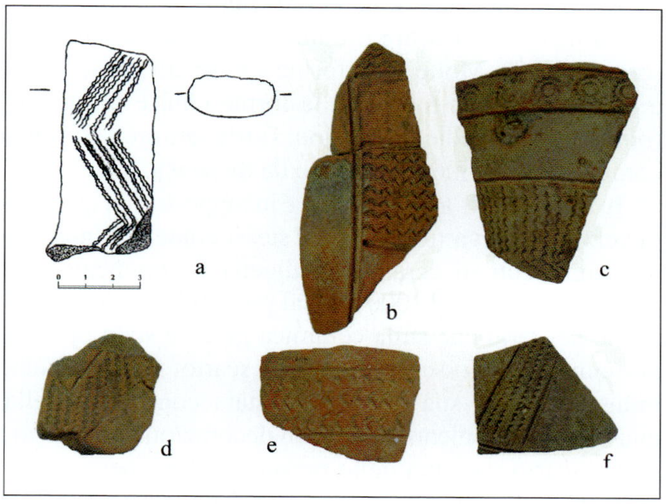

Fig. 380. Frammenti di ansa (a) e pareti di anfore e idrie (b-f) con decorazione incisa e impressa.

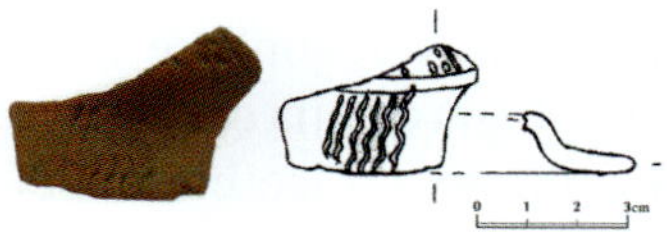

Fig. 15381. Frammento di bordo di scudetto con tremoli impressi.

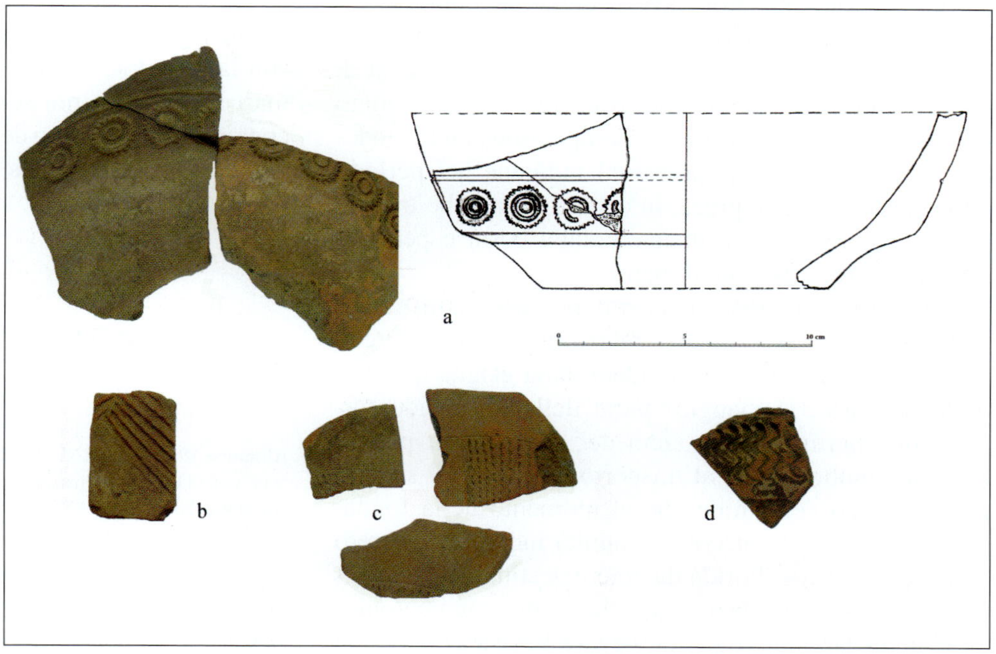

Fig. 382. Frammenti di pareti di vasi con decorazione incisa e impressa.

Ceramica acroma o ingubbiata. Non differisce per qualità degli impasti e per tecnica di esecuzione dalle due classi fino ad ora esaminate.

3. Considerazioni conclusive

Sulla base dei contesti di rinvenimento e delle osservazioni relative alla sua distribuzione nei diversi settori di scavo della città alta, la ceramica indigena rinvenuta nell'abitato di Himera sembra collocarsi prevalentemente nell'arco delle prime due – tre generazioni della colonia (seconda metà del VII – primi decenni del VI sec. a.C.), forse con presenze più rade nel secondo e nel terzo venticinquennio del VI sec. a.C.

Le forme attestate sono in prevalenza di medie e piccole dimensioni. Pochi i frammenti di grandi contenitori (orci o *pithoi*). Molte sono forme aperte, tra cui scodelle e ciotole, ma non mancano le forme chiuse di piccole (*oinochoai*) e medie dimensioni (idrie /anfore). Si tratta comunque di forme da mensa e da dispensa.

In rapporto all'area indagata e in rapporto alla quantità di ceramica greca trovata negli stessi contesti il numero dei frammenti di ceramica indigena è veramente esiguo. Un rapporto 1 :1000 è assai probabile, tenuto conto anche del fatto che sulla ceramica greca è stato operato al momento dello scavo un ampio scarto, mentre quella indigena per la sua diversità è stata conservata nella quasi totalità (almeno quella con decorazione impressa).

La scarsa quantità delle presenze, che emerge chiaramente dalla nostra indagine, riduce la portata del fenomeno, comunque lo si voglia interpretare.

Riteniamo di escludere, sulla base delle indagini fino ad ora condotte in settori diversi della città alta, la presenza di un abitato indigeno preesistente all'arrivo dei coloni. Manca fino ad ora la benché minima traccia di testimonianze archeologiche riferibili ad un abitato dell'età del Ferro, peraltro non compatibile con le modalità insediative delle popolazioni indigene nel periodo della colonizzazione greca, in quanto si sarebbe trovato su una collina a breve distanza dalla costa e pertanto esposto ad aggressioni dal mare.

La documentazione in nostro possesso non giustifica, a nostro avviso, intense relazioni commerciali con il mondo indigeno. A prescindere dalla esigua quantità delle presenze, la maggior parte delle forme identificate sono pertinenti alla sfera del consumo di pasti e bevande, piuttosto che al trasporto di merci. Ci sembra peraltro poco verosimile che al momento della fondazione della città le piccole comunità indigene avessero una economia così florida da potere destinare un surplus consistente all'esportazione e agli scambi con i coloni.

Con questo non vogliamo negare l'esistenza, già dal momento della fondazione della colonia, di rapporti tra la comunità greca e il mondo indigeno : pacifici con alcuni gruppi, conflittuali con quelle comunità a cui la colonia sottraeva lo spazio vitale per conquistare il suo spazio vitale, la chora, per assicurarsi la sopravvivenza. E non deve essere stato facile per i coloni affermarsi. Le testimonianze raccolte in quasi cinquanta anni di ricerche, portano a pensare che la crescita iniziale sia stata difficile e stentata, forse perché il suo peso demografico era debole, forse perché le vicine comunità indigene non erano così disponibili a lasciarsi sottomettere, come del resto sembra confermare l'iscrizione di Samos, che ci testimonia un conflitto con i Sicani nel secondo venticinquennio del VI sec. a.C.[25]

La risposta a questi problemi – è stato da più parti sottolineato – potrà venire soltanto da un'indagine sistematica e mirata dei tre più importanti centri indigeni che dovevano segnare, almeno in età arcaica, i limiti della *chora* imerese : Mura Pregne ad Ovest, sulla riva sinistra del Fiume Torto, Monte Riparato a Sud, in una posizione strategica che controllava una strettoia tra la media e la bassa valle dell'Imera, Monte d'Oro ad Est, sulle basse propaggini delle Madonie. Per il momento ci possiamo limitare soltanto a valutare le testimonianze di cui disponiamo, da leggere e interpretare nel quadro di un contesto più generale. Noi non crediamo che i Greci acquistassero e utilizzassero nelle loro mense ceramica indigena. Se nell'abitato di Himera della seconda metà del VII sec. a.C. c'è una presenza di ceramica indigena, si deve supporre una presenza, seppure assai limitata, di persone fisiche che quelle ceramiche avevano portato con sé e che consideravano elementi importanti della loro identità culturale ; non famiglie indigene trasferitisi ad Himera per convivere con i nuovi arrivati, ma donne indigene diventate spose di greci e trasferitisi nella città con la loro dote e il loro corredo nuziale. E' un'ipotesi, ma tra le tante a noi sembra la più verosimile e la più coerente, tenuto conto della tipologia e della consistenza della documentazione e del contesto storico e culturale in cui nasce la colonia.

BIBLIOGRAFIA

Albanese 1982 : ALBANESE PROCELLI (R.M.) – Calascibetta (Enna). La necropoli di Cozzo S. Giuseppe in contrada Realmese. *NSA* 1982, p. 452-632.

Albanese 2003 : ALBANESE PROCELLI (R.M.) – *Sicani, Siculi, Elimi. Forme di identità, modi di contatto e processi di trasformazione*. Milano 2003.

25 Sull'iscrizione di Samos, G. Dunst, Archaische Inschriften und Dokumente der Pentekontaetie aus Samos. *AM* 87 1972, p. 100-106.

Allegro, Vassallo 1992 : ALLEGRO (N.), VASSALLO (S.) – Himera, nuove ricerche nella città bassa (1989-1992). *Kokalos* XXXVIII, 1992, p. 79-150.

Allegro 1997a : ALLEGRO (N.) – Le fasi dell'abitato di Himera. *In* : Isler (H.P.), Käch (D.), Stefani (O.) – *Wohnbauforschung in Zentral-und Westsizilien. Sicilia occidentale e centro-meridionale : ricerche archeologiche nell'abitato, Zürich, 28 februar – 3 März 1996*. Zürich 1997, p. 65-80.

Allegro 1997b : ALLEGRO (N.) – Una fossa alto-arcaica del Quartiere Est. *In* : *Archeologia e territorio*. Palermo 1997, p. 251-265.

Belvedere 1978 : BELVEDERE (O.) – Nuovi aspetti del problema di Himera arcaica. *In* : *Insediamenti coloniali greci in Sicilia nell'VIII e VII sec. a.C. (Atti della II riunione scientifica della Scuola di Perfezionamento in Archeologia Classica dell'Università di Catania, Siracusa, 24-26 novembre 1977) = CronA* 17, 1978, p. 75-89.

Bonacasa 1970 : BONACASA (N.) – L'area sacra. *In* : *Himera I*, p. 51-236.

Bonacasa 1976 : BONACASA (N.) – I saggi di scavo. Catalogo dei rinvenimenti sporadici. *In* : *Himera II*, p. 627-664.

Bonacasa Carra 1976 : BONACASA CARRA (R.M.) – L'abitato. Isolato I. In : *Himera II*, p. 27-85.

Burgio 1989 : BURGIO (A.) – Prospezione archeologica a Serra di Puccia. *SicA*, XXII (69-70), 1989, p. 61-89.

Campisi 2003 : CAMPISI (L.) – La ceramica indigena a decorazione geometrica dipinta. *In* : *Monte Maranfusa*, p. 157-228.

Castellana 1980 : CASTELLANA (G.) – Indigeni a Himera ? *SicA* XIII (44) 1980, p. 71-76.

Colle Madore : VASSALLO (S.), ed. – *Colle Madore. Un caso di ellenizzazione in terra sicana*. Palermo 1999.

De Miro 1988 : DE MIRO (E.) – Polizzello, centro della Sikania. *QuadMessina* 3, 1988, p. 25-42.

Di Noto 1992 : DI NOTO (C.A.) – Rocca d'Entella : la ceramica indigena incisa ed impressa *In* : *Atti II Giornate Internazionali di Studi sull'area elima (Gibellina, 19-22 settembre 1991)*. Pisa-Gibellina, 1992, p. 245-255.

Di Stefano 1972 : DI STEFANO (C.A.) – Ricognizioni archeologiche nel territorio di Caltavuturo. *SicA* V (19) 1972, p. 83-87.

Di Stefano 1982 : DI STEFANO (C.A.) – Mura Pregne. Ricerche su un insediamento nel territorio di Himera. *In* : *Secondo Quaderno Imerese* (Studi e Materiali dell'Istituto di Archeologia dell'Università di Palermo, 3). Roma, 1982, p. 175-194.

Di Stefano 1990 : DI STEFANO (C.A.) – Insediamenti indigeni ellenizzati in territorio palermitano. *In* : *Gli Elimi e l'area elima fino all'inizio della Prima Guerra Punica (Atti del seminario di studi, Palermo-Contessa Entellina, 25-28 maggio 1989)*. Palermo, 1990, p. 247-258.

Di Stefano, Di Salvo, Sarà 1993 : DI STEFANO (C.A.), DI SALVO (R.), SARÀ (G.) – Palermo. *In* : *Di terra in terra*, p. 295-316.

Di terra in terra = AA. VV. – *Di terra in terra. Nuove scoperte archeologiche nella provincia di Palermo*. Palermo 1993.

Epifanio 1976 : EPIFANIO (E.) – L'abitato. Isolato III. I materiali. *In* : *Himera II*, p. 259-372.

Fatta 1983 : FATTA (V.) – *La ceramica geometrica di Sant'Angelo Muxaro*. Palermo, 1983.

Fiorentini 1985-1986 : FIORENTINI (G.) – La necropoli indigena di età greca di Valle Oscura (Marianopoli). *QuadMessina* 1, p. 31-56.

Frasca 1994-1995 : FRASCA (M.) – Casasia (Ragusa). *NSA*, 1994-1995, p. 323-575.

Gargini 1995 : GARGINI (M.) – La ceramica indigena a decorazione geometrica dipinta. *In* : *Entella I* (a cura di G. Nenci). Pisa-Roma, 1995, p. 111-161.

Giordano 1999 : GIORDANO (P.) – Gruppo di vasi indigeni a decorazione dipinta dalla Sicilia centro-settentrionale. *In* : *Colle Madore*, p. 307-311.

Gullì 1991 : GULLÌ (D.) – La necropoli indigena di età greca di Vassallaggi (S. Cataldo). *QuadMessina* 6, 1991, p. 23-41.

Himera I : ADRIANI (A.), BONACASA (N.), DI STEFANO (C.A.), JOLY (E.), MANNI PIRAINO (M.T.), SCHMIEDT (G.), TUSA CUTRONI (A.) – *Himera I. Campagne di scavo 1963-1965*. Roma 1970.

Himera II : ALLEGRO (N.), BELVEDERE (O.), BONACASA (N.), BONACASA CARRA (R.M.), DI STEFANO (C.A.), EPIFANIO (E.), JOLY (E.), MANNI PIRAINO (M.T.), TULLIO (A.), TUSA CUTRONI (A.) – *Himera I. Campagne di scavo 1966-1973*. Roma 1976.

Himera III,1 : ALLIATA (V.), BELVEDERE (O.), CANTONI (A.), CUSIMANO (G.), MARESCALCHI (P.), VASSALLO (S.) – *Himera III, 1. Prospezione archeologica nel territorio*. Roma 1988.

Himera III,2 : BELVEDERE (O.), BERTINI (A.), BOSCHIAN (G.), BURGIO (A.), CONTINO (A.), CUCCO (R.M.), LAURO (D.) – *Himera III, 2. Prospezione archeologica nel territorio*. Roma 2002.

Himera IV : ALLEGRO (N.), ed. – *Himera IV – Il temenos di Athena sul Piano di Imera*, c.d.s.

Himera V.1 : ALLEGRO (N.), ed. – *Himera V.1. L'abitato. Isolato II. I blocchi 1-4 della zona I*. Palermo 2008.

Isler 1990 : ISLER (H.P.) – Monte Iato. *In* : *Gli Elimi e l'area elima fino all'inizio della Prima Guerra Punica (Atti del seminario di studi, Palermo-Contessa Entellina, 25-28 maggio 1989)*. Palermo, 1990, p. 277-285.

Joly 1970 : JOLY (E.) – L'abitato. *In* : *Himera I*, p. 237-315.

Joly 1976 : JOLY (E.) – Isolato II. I materiali. *In* : *Himera II*, p. 133-221.

Militello 1960 : MILITELLO (E.) – *Terravecchia di Cuti*. Palermo, 1960.

Momigliano 1992 : MOMIGLIANO (N.) – Monreale survey : ceramica impressa e dipinta dell'età del Ferro. *In* : *Atti II Giornate Internazionali di Studi sull'area elima (Gibellina, 19-22 settembre 1991)*. Pisa-Gibellina, 1992, p. 523-530.

Monte Maranfusa : Spatafora (F.) ed., – *Monte Maranfusa. L'abitato indigeno*. Palermo 2003.

Olivieri 1989 : OLIVIERI (F.) – La ceramica incisa degli Elimi a Segesta. *In* : *Gli Elimi*. Alcamo, 1989, p. 103-175.

Panvini 2000 : PANVINI (R.) – *Marianopoli. Il museo archeologico. Catalogo*. Caltanissetta, 2000.

Siracusano 1996 : SIRACUSANO (A.) – L'acropoli. *In* : *Monte Saraceno di Ravanusa. Un ventennio di ricerche e studi*. Messina, 1996.

Spatafora 2003 : SPATAFORA (F.) – La ceramica indigena a decorazione geometrica impressa e incisa. *In* : *Monte Maranfusa*, p. 109-156.

Tardo 1999 : TARDO (V.) – Ceramica indigena a decorazione dipinta. *In* : *Colle Madore*, p. 137-159.

Tigano 1985-1986 : TIGANO (G.) – Ceramica indigena da Sabucina (Caltanissetta). Oinochoai trilobate a decorazione geometrica. *QuadMessina* 1, 1985-1986, p. 55-78.

Tullio 1976 : TULLIO (A.) – L'abitato. Isolati XV-XVI. *In* : *Himera II*, p. 375-470.

Tusa 1990 : TUSA (S.) – Preistoria e protostoria nel territorio degli Elimi : la genesi di un ethnos e di una cultura. *In* : *Gli Elimi e l'area elima fino all'inizio della Prima Guerra Punica (Atti del seminario di studi, Palermo-Contessa Entellina, 25-28 maggio 1989)*. Palermo, 1990, p. 32-54.

Vassallo 1993 : VASSALLO (S.) – Montagna dei Cavalli. *In* : *Di terra in terra*, p. 114-136.

Vassallo 1993b : VASSALLO (S.) – Himera. Necropoli di Pestavecchia. *In* : *Di terra in terra*, p. 89-112.

Vassallo 1993-1994 : VASSALLO (S.) – Ricerche sulla necropoli orientale di Himera in località Pestavecchia (1990-1993). *Kokalos* XXXIX-XL, 1993-1994, t. II, p. 1243-1255.

Vassallo 1996 : VASSALLO (S.) – Il territorio di Himera in età arcaica. *Kokalos* XL-XLI, 1996, p. 199-223.

Vassallo 2002 : VASSALLO (S.) – Himera. La colonia greca e gli indigeni. *In* : *Sicani Elimi e Greci. Storie di contatti e terre di frontiera (catalogo della mostra)*. Palermo, 2002, p. 37-43.

Vassallo 2003 : VASSALLO (S.) – Ceramica indigena arcaica ad Himera. *In* : *Quarte giornate internazionali di studi sull'area elima (Erice, 1-4 dicembre 2000)*. Pisa 2003, p. 1343-1356.

Vassallo *et al.* 1993 : VASSALLO (S.), CRACOLICI (E.), PARELLO (G.), PARELLO (M.C.) – Himera. Necropoli di Pestavecchia. *In* : *Di terra in terra*, p. 89-112.

4. Archéologie des pratiques funéraires en Grèce d'Occident au premier âge du Fer : de quelques idées reçues

Laurence Mercuri

Pratiques funéraires inhabituelles et interprétations historiques

Des tentatives pour réinterpréter les fouilles anciennes et abandonner certaines idées reçues en archéologie funéraire sont apparues ces dernières années.

En 2005, G. Shepherd a repris le dossier des pratiques observées dans les colonies grecques d'Occident et jugées « inhabituelles », en présentant un recensement critique des cas signalés dans les fouilles publiées[1] : les sépultures multiples, non pas inhabituelles mais, en réalité, communes ; les dépositions contractées, rares même en milieu sicule si bien qu'il est difficile d'y voir un critère ethnique discriminant ; l'acéphalie et les dépôts de crânes [les deux pratiques ne sont malheureusement pas nettement distinguées], exceptionnels et, pour le moment, sans explication claire ; les cas de mixité grecque au sein des *poleis*, qui conduisent, selon G. Shepherd, à des pratiques funéraires innovantes et indépendantes de celles des métropoles.

En 2001, j'avais moi-même proposé une révision de la question de l'acéphalie et des dépôts de crânes, pratiques qui avaient paru jusqu'alors fréquentes et typiques des non-Grecs et qu'on avait longtemps cru pouvoir identifier sans tenir compte d'éventualités telles que les réductions de squelettes, l'évolution taphonomique du contexte ou bien l'insuffisance des techniques de fouilles (Mercuri 2001). L'examen de chaque cas signalé avait abouti à ne retenir, pour les fouilles anciennes, que les sites indigènes de Rossomanno et de Butera (sous réserve d'un réexamen des contextes selon les exigences actuelles de l'archéothanatologie[2]) comme susceptibles de dénoter un traitement volontairement différencié du crâne. L'attention était aussi attirée sur l'étude anthropologique récente de la tombe 12 de la nécropole orientale de Castiglione di Ragusa (fouilles 1999, étude anthropologique 2001) qui, en mettant en évidence la gestion différée des ossements accompagnée d'un traitement particulier des extrémités céphaliques, avait démontré que des pratiques originales existaient bien en Sicile, au 1er âge du Fer (Duday 2006a).

La question des inhumations en position fléchie sur le côté se présente en termes équivalents. C'est elle que nous discuterons ici, compte tenu des implications historiques des interprétations qu'on en propose (**fig. 383 et 384**).

1 Shepherd 2005.

2 Sur ce terme, cf. Boulestin, Duday 2005, p. 17-35 ; Duday 2006, p. 25-27.

Corps en position contractée ou fléchie

1– Dans les *poleis* d'Italie méridionale et de Sicile

Des squelettes couchés sur un flanc, en position contractée, ou bien le buste à plat et les membres inférieurs fléchis sur le côté ont été signalés dans des *poleis* d'Italie méridionale et de Sicile durant le 1er âge du Fer. Le recensement actuel, d'après les fouilles éditées, s'élève à cinquante et un cas, distribués géographiquement entre Pithécusses (9), Siris (16), Métaponte (2) et Hippônion (3), pour l'Italie méridionale, entre Mégara Hyblaea (6), Syracuse (4), Géla (1), Léontinoi (2), Sélinonte (2), Himère (3), Agrigente (2) et Camarine (1), pour la Sicile. La chronologie s'échelonne du VIIIe au IVe s. av. J.-C., pour la très grande majorité des cas, selon la répartition suivante[3] :

- VIIIe s. : Pithécusses (7)
- T. 317 (GR I ou II ?) : « Scheletro giacente sul fianco destro, avrambraccio sinistro piegato sul petto, braccio destro lungo il fianco, gambe piegate... Senza corredo ». Cf. *Pithekoussai I,* 1993, p. 371.
- T. 318 (GR I ou II ?) : « Scheletro giacente nella stessa posizione di 317 coll'avrambraccio sinistro piegato sul petto e le gambe piegate sul fianco sinistro... ma in dirizione opposta. Senza corredo ». Cf. *Ibid.*, p. 371.
- T. 319 (GR I ou II ?) : « Scheletro giacente sul fianco sinistro, braccia diritte lungo i fianchi, gambe ranicchiate, con le ginocchia all'altezza dello stomaco. Senza corredo ». Cf. *Ibid.*, p. 372, tab. XLVIa, b.

3 Cf. Shepherd 2005, excepté pour Himère, non recensé.

Fig. 383. Occurrences de la position fléchie en Italie, durant le 1er âge du Fer (Carte de La Genière 1971, tab. V, revue).

- T. 404 (GR II) : « Scheletro... giacente sul fianco destro, gambe in posizione flessa, avrambraccio sinistro piegato in alto, in modo che le falangi della mano toccano la clavicola, braccio destro diritto lungo il fianco. Le gambe si sovrappongono all'inumato in uguale posizione 406 ». Mobilier : deux fibules *a sanguisuga* rhomboïdale en bronze. Cf. *Ibid.*, p. 432.

- T. 405 (GR II) : « Fanciullo... Scheletro... giacente sul fianco destro, gambe in posizione rannicchiata, contratte al massimo, avrambraccio sinistro piegato sul bacino, braccio destro diritto lungo il fianco. Le gambe si sovrappongono all'inumato in uguale posizione 406. Senza corredo ». Cf. *Ibid.*, p. 433.

- T. 406 (GR II) : « Scheletro... giacente sul fianco destro, gambe in posizione flessa (tibie ad angolo retto rispetto alla colonna vertebrale), avrambraccio sinistro piegato ad angolo retto e posto trasversalmente sullo stomaco, avrambraccio destro piegato similmente e teso in avanti... Senza corredo ». Cf. *Ibid.*, 1993, p. 433.

- T. 409 (GR II) : « Bambino... Dello scheletro giacente sul fianco destro sono conservati soltanto il cranio, la clavicola sinistra, parte degli omeri e alcune vertebre... è molto probabile che le gambe siano state in posizione flessa. Senza corredo nella parte conservata ». Cf. *Ibid.*, 1993, p. 434.

- VIIe s. : Pithécusses (1), Siris (16), Syracuse (2), Géla (1)

Pithécussses (1) :

- T. 263 (PCR) : « Sepoltura simultanea di fanciulla dell'età di ca. 16 anni e di bambino dell'età di 10 anni, di sesso maschile. Fossa... La fossa contiene due scheletri affiancati, discretamente conservati. Quella di fanciulla... supino, braccio destro diritto lungo il fianco, sinistro piegato sul bacino. Lo scheletro del bambino... è disteso ma posto sul fianco destro, chiaramente soltanto per ragioni di spazio ». Mobilier : coupe ionienne importée, *scodellina* locale, aryballe piriforme ». Cf. *Pithekoussai I*,1993, p. 318, tab. XLIIf, CXLVII, 101.

Siris, nécropole ouest (Madonelle) (16) :

- 16 tombes sur 450 sépultures (inhumations et incinérations) (3,5 %) (fin VIIIe-fin VIIe s.). Buste à plat, jambes fléchies sur le côté ; mobilier pas toujours présent : petit vase en *impasto*, fibules en fer ou boucles d'oreilles à spirale en bronze

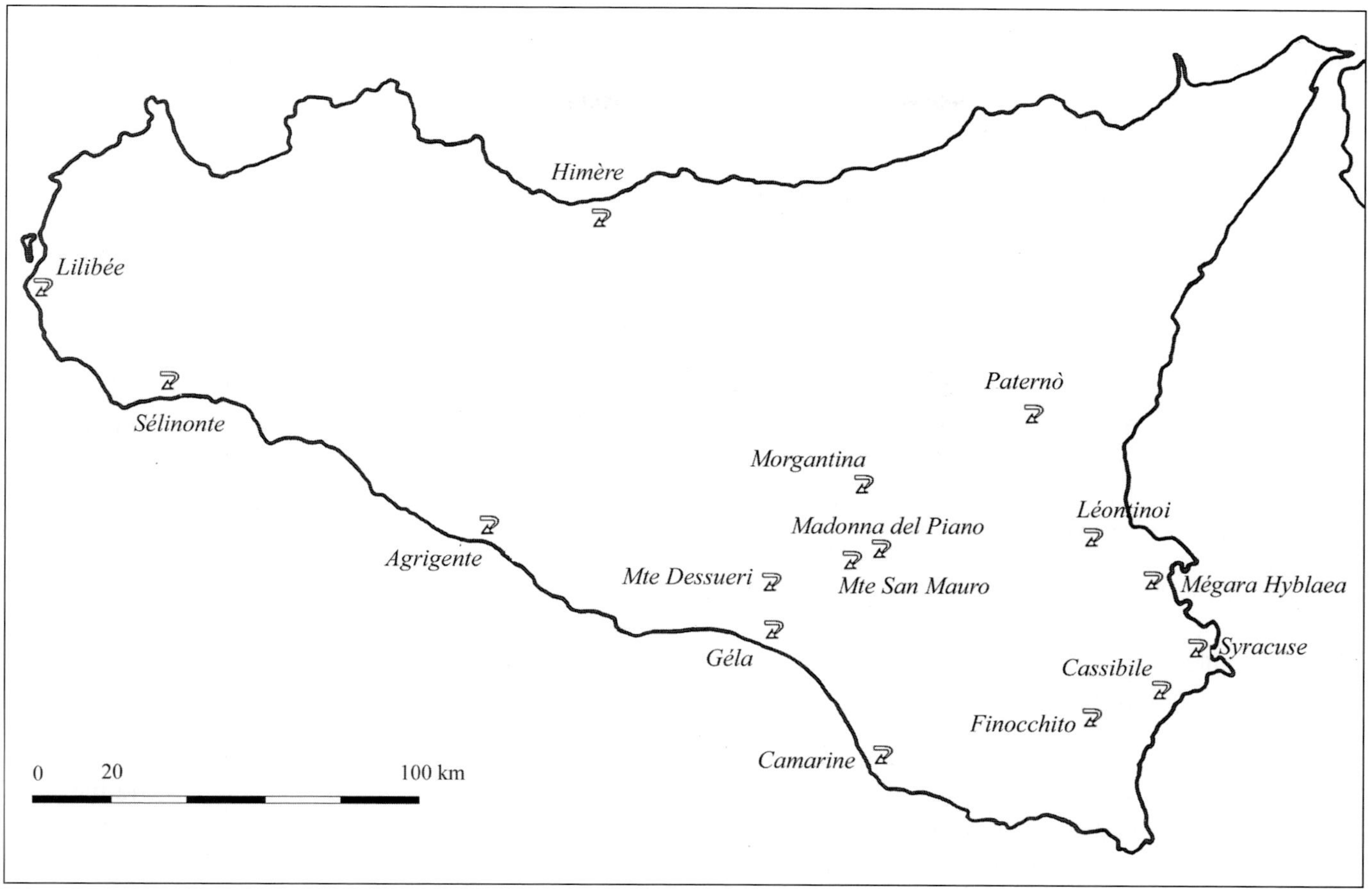

Fig. 384. Occurrences de la position fléchie en Sicile, durant le 1er âge du Fer (pour la légende, se reporter à la fig. 1).

indigènes. Cf. Berlingò 2009.

Syracuse, Fusco (2 sur 354 sépultures) :

- T. 142 (sarcophage monolithique ; VIIe s.). « Col torace e gli arti piegati a sigma, essendo stato caricato su di un fianco ». Sarcophage contigu au sarcophage 141 qui contenait un squelette, le crâne également à l'est, mais allongé ; sans mobilier. Cf. Orsi 1895, col. 120 ; Albanese 1997, p. 519.

- T. 248 (fosse de forme elliptique, creusée dans la roche). « Scheletrino leggermente ripiegato su sè stesso, col cranio ad Est ». Cf. Orsi 1895, col. 140.

Géla, Borgo (1) :

- T. 100 (*alla cappuccina* ; VIIe s.). « Lo scheletro, col cranio ad E, non era disteso, ma ripiegato alla foggia di quelli preistorici, tanto che potrebbe azzardarsi la domanda se non si tratti di un servo siculo, qui deposto nel VII secolo, in mezzo alla popolazione greca, non avendo io mai ricontrato in migliaja di sepolcri greci una forma di giacitura analoga. Presso il cranio, uno spilletto di bronzo ed una minuscola *lekythos* grezza... Lo scheletro del sep. 100 è, in una necropoli greca, caso del tutto nuovo, nè escludo possa spettare ad un *doulos* siculo ». Cf. Orsi 1906, col. 70-71, 244.

- VIIe-VIe s. : Métaponte (1), Mégara Hyblaea (6), Agrigente (1)

Métaponte, Pantanello (1 sur 310 tombes : Shepherd 2005, p. 121) :

- T. 301 (v. 700-540). Buste à plat avec légère flexion, vers la gauche, du bassin et des membres inférieurs ; bras droit replié en travers du buste, bras gauche le long du corps ; vase d'*impasto* en surface, épingle en fer près d'une clavicule. Cf. Carter 1998, p. 59, 64-65, 310[4].

Mégara Hyblaea, nécropole méridionale (6). « Six corps recroquevillés ». Cf. Gras 1975, p. 48 et Shepherd 2005, p. 121.

Agrigente, Pezzino (1) :

- T. 1171 (fosse creusée dans la roche ; VIe s.) : deux squelettes dont un en position contractée. Cf. De Miro 1989, p. 22, 28.

4 J. C. Carter considère le bras replié sur le buste comme l'expression simplifiée de la position contractée et inclut pour ce motif les tombes 299 et 346 parmi les tombes à corps en position foetale. Nous ne retiendrons ici que les corps contractés *stricto sensu*, du fait de la difficulté à prouver la signification de la pratique dans le cas des tombes 299 et 346. Par ailleurs, on ne peut exclure que le cadavre ait été allongé avec les deux bras croisés sur le buste comme dans le cas de la tombe 356 (p. 394) et que l'un des deux ait été desserré et rejeté sur le côté sous l'effet du gonflement de l'abdomen, au moment de la décomposition du corps. Mais, même dans ce cas, l'interprétation de la pratique reste incertaine. Nous éliminons aussi la T. 247 en raison de son état bouleversé.

- VIe s. : Syracuse (2), Sélinonte (2), Agrigente (1), Himère (3)

Syracuse, Fusco (2) :

- T. 498 (fosse creusée dans la roche ; VIe s.). « Grande fossa nella roccia, nel cui fondo se ne apre una piccola, che conteneva uno scheletro di adulto col cranio ad est, adagiato sopra un fianco, cogli arti alquanto ripiegati ; alla spalla destra uno spillo di bronzo a testa accartocciata ». Cf. Orsi 1895, col. 184 ; Albanese 1997, p. 519.

- T. 308 (VIe s.). « Scheletro a braccia piegate ». Cf. Orsi 1895 ; Albanese 1997, p. 519.

Sélinonte, Manicalunga (1) :

- T. 63 (VIe). « Anelli, pendagli di tradizione indigena ». Leibundgut-Wieland 1995, p. 194 ; Albanese 1997, p. 519.

Sélinonte, Timpone Nero (1) :

- T. 358 : Cf. Leibundgut-Wieland 1995, p. 194.

Agrigente, Pezzino (1) :

- T. 120 : un squelette en position contractée. Cf. De Miro 1989, p. 22, 285.

Himère, fouilles Gabrici 1926 (3). Cf. Allegro, Belvedere, Bonacasa 1976, p. 18 et 86.

- V[e]-IVe s. : Pithécusses (1), Léontinoi (2), Camarine (1)

Pithécussses (1)

- T. 98 : « Scheletro poggiato sul fianco sinistro, avrambraccio destro piegato, con la mano sul bacino, braccio sinistro diritto lungo il fianco, gambe leggermente flesse ». Mobilier. : petite amphore, lécythe et tasse monoansée locales. Cf. *Pithekoussai I*, 1993, p. 119-120, tab. XIXd, CIX.

Léontinoi, Pozzanghera (2). T. 22 et 23. Cf. Albanese 1997, p. 520.

Camarine, Passo Marinaro. Cf. Albanese 1997, p. 520.

- 1er ou 2e âge du Fer : Hippônion (3), Métaponte (1)

Hipponiôn (Vibo Valentia) (3 sur 430 tombes environ ; VIIe-IIe s. av. J.-C.) :

- position allongée sauf trois cas : T. 65, 77, 164 (0,67 %). Cf. Arslan 1986, p. 1029-1058.

Métaponte, Pantanello (1) :

- T. 320 (IXe-IIIe s. av. J.-C.) : position foetale prononcée, sans mobilier. Cf. Carter 1998, p. 59, 64-65, 366.

L'examen ne permet pas de déceler une concentration chronologique ou géographique, hormis à Siris où seize sépultures d'inhumés avec jambes fléchies sont datables entre la fin du VIIIe et la fin du VIIe s. Quant aux mobiliers, ou bien ils sont absents, ou bien ils sont composés de parures et de céramique de tradition indigène, ce qui accrédite la thèse habituelle selon laquelle les inhumés sont d'extraction indigène et servile :

Pithécusses : sépultures sans mobilier sauf deux, l'une (VIIIe s.) avec deux fibules *a sanguisuga* rhomboïdale en bronze, l'autre (V[e]-IVe s.) avec petite amphore, lécythe et tasse locales.

Siris : 16 (VIIe s.) sans mobilier ou avec petit vase d'*impasto*, fibules en fer ou boucles d'oreilles à spirale en bronze de type indigène.

Métaponte : une sépulture (VIIe-VIe s.) avec vase d'*impasto* et épingle en fer

Sélinonte : Deux sépultures (VIe s.) avec anneaux et pendentifs de tradition indigène.

Mais cette interprétation ne tient guère pour la T. 100 de Borgo, à Géla, et la T. 498 du Fusco, à Syracuse, où l'épingle de tradition grecque remplace la fibule indigène :

Syracuse : une sépulture avec épingle (VIe s.) à tête roulée en cornet, en bronze.

Géla : une sépulture (VIIe s.) avec épingle en bronze et lécythe achrome.

Cinquante et un cas répartis entre douze *poleis* et sur cinq siècles, c'est peu, comparés aux milliers de tombes mises au jour dans ces nécropoles et le phénomène n'a donc pas le caractère massif que lui accorde habituellement la bibliographie. Or, les conclusions historiques qu'on en tire d'ordinaire sont proportionnellement inverses puisqu'on assimile la position fléchie du corps inhumé à un facteur ethnique, indice de la présence, dans les *poleis*, de populations indigènes asservies[6]. On en a cherché la preuve dans les tombes *a grotticella* des nécropoles indigènes et l'idée connaît une grande diffusion à partir de 1971, avec la publication de *Greek burial customs* par D. Kurtz et J. Boardman qui tiennent pour avérée et fréquente la pratique en milieu non-grec[7]. Or, dans l'état actuel des connaissances, celle-ci est aussi isolée en milieu indigène qu'en milieu grec, pendant la période historique, en-dehors de la zone nord-ionienne et adriatique.

2– Dans les sites indigènes d'Italie méridionale et de Sicile

La déposition du corps en position fléchie sur le côté est habituelle dans la Pouille et les zones limitrophes dites, en italien, de *cultura adriatico-iapigia* :

Monte Sannace (Bari) (650-300 av. J.-C.). Cf. Mc Clintock 1991, p. 93-99.

5 Tous ces cas sont mentionnés dans Shepherd 2005, p. 122 et n. 22, sauf Gela et Himère.

6 Notamment, Guzzo (P. G.), Bottini (A.). – *Popoli e civiltà dell'Italia antica, VIII. Greci e indigeni nel sud della penisola dell'Italia antica dall'VIII sec. a.c. alla conquista romana*, Rome 1986, p. 20 (Pithécusses) ; Gras 1975, p. 48 (Mégara Hyblaea) ; De Angelis 2003, p. 29 (cohabitation et esclavage).

7 Kurtz (D. C.), Bordman (J. N.). – *Greek burial customs*, Londres, 1971, p. 308.

Ascoli Satriano (Foggia) 625-100 av. J.-C. Cf. Niro 1991, p. 9-28.
Noicattaro (Bari). (600-500 av. J.-C.). Cf. *Ibid.*, p. 15-24.
Valenzano (Bari). (575-475 av. J.-C.). Cf. Moreschini 1995, p. 26-30.
Acquaviva delle Fonti (Bari) (550-350 av. J.-C.). 19 tombes dont une (T. 12) avec jambes légèrement repliées, à l'origine attachées aux chevilles, selon les fouilleurs. Cf. *Ibid.*, p. 41-45.
Mesagne (Brindisi) (550-275 s. av. J.-C.). 39 tombes dont 32 avec inhumés en position contractée (les autres, tombes d'enfants – T. 5 et 27 –, ou tombes avec deux squelettes en position allongée – T. 3, 10, 12, 16, 23 et 25). Cf. *Ibid.*, p. 47-53.
Conversano (Bari) (375-325 av. J.-C.). Cf. *Ibid.*, p. 32-39.
Francavilla Fontana (Brindisi) (350-150 av. J.-C.). 14 tombes dont une (T. 12) avec inhumé en position contractée. Cf. *Ibid.*, p. 55-60.

La pratique se rencontre dans les zones limitrophes, en Basilicate, et s'explique par l'appartenance à la même sphère culturelle :
Valle Sorigliano (IXe s.). Fosses en pleine terre, position contractée sur lit de pierres agencées. Cf. Bianco 1999, p. 159-160.
Masseria Zagarella, loc. Santa Lucia (fin IXe-mil.-VIIIe s.). Trois *tumuli* avec cistes contenant des inhumés en position contractée ; mobilier avec fibules à arc serpentant. Cf. Bianco 1999, p. 148-149.
Torre di Satriano (VIIIe s.). Sépulture dans fosse en pleine terre délimitée par des cailloux, avec inhumé en position contractée ; mobilier céramique. Cf. Bianco 1999, p. 170.
Serra di Vaglio (2e moitié du VIIIe s.). Fosses en pleine terre dans l'habitat, position contractée. Cf. Bianco 1999, p. 170.
San Leonardo di Pisticci (Anglona) (2e moitié du VIIIe s.). Faible nombre de tombes avec inhumés en position contractée, peut-être avec couverture en *tumulus*. Cf. Lo Porto 1969, p. 139 ; Bianco 1999, p. 168.
Matera, Due Gravine (VIIIe s.). Cistes sous tumuli ; T. 3 et T. 1 et 2 non datées. Cf. Bianco 1999, p. 150, fig. 5.
Banzi (Potenza) (milieu VIIe-début IIIe s.). Cf. Bottini 1986, p. 983-991.
Ripacandida (Potenza) (fin VIIe-fin Ve s.). Cf. Longo 1986., p. 1059-1065.
Ruvo del Monte (Potenza) (fin VIIe-fin Ve s.). Cf. Ciriello 1986, p. 1067-1074.
Lavello-Cimitero (IVe s.). Cf. Russo 1988, p. 31-39.
Murgecchia (Matera) (1er ou 2e âge du Fer). Inhumés contractés dans cistes en pierre ou dans fosses creusées dans la roche, recouvertes de tumulus. Cf. Bianco 1999, p. 148.

En revanche, en Sicile et en Calabre, la pratique, lorsqu'elle est observée, est exceptionnelle. En Calabre, deux sépultures ont été recensées, toutes deux du début du premier âge du Fer :
Cirò (IXe s.). Une sépulture. Cf. La Genière 1971, p. 241-242, tab. IV, 2.
Francavilla Marittima (IXe s.). Position contractée dans les tombes les plus anciennes mais la pratique courante est la position allongée. Cf. La Genière 1971, p. 241-242 (information Zancani) ; Peroni 1989, p. 490.

En Sicile, des cas ont été signalés à Monte San Mauro (1), à Morgantina (2) et, en zone punique, à Lilybée (2) :
Monte San Mauro, nécropole du Colle 4 (VIe s. av. J.-C.). Une sépulture avec inhumé le buste à plat, les mains sur l'abdomen et les jambes légèrement fléchies sur le côté. Cf. Bacci 1978, p. 585-586.
Morgantina. 45 tombes à chambre (730-450 av. J.-C.). T. 5 (buste et jambes sur le côté) et T. 9 (buste à plat et jambes légèrement fléchies sur le côté)[8]. Cf. Lyons 1996, p. 177-188, fig. 2 et 4.
Lilybée. 495 sépultures dont 313 inhumations (phase punique : 3e quart du IVe s.-milieu du IIIe s. av. J.-C.). Deux inhumés en position contractée dans une tombe de via Cicerone et une autre découverte sous le parvis du Museo Baglio Anselmi à Marsala. Cf. Bechtold, Becker 1995, p. 87-187.

Dans ces régions, pour trouver avec une certaine fréquence des attestations d'inhumés en position contractée ou fléchie, il faut remonter à l'âge du Bronze ou, au plus tard, au tout début de l'âge du Fer. XIe s.-1ère moitié du VIIIe s., c'est précisément la datation des nécropoles que l'on convoque habituellement à l'appui de la « thèse indigène », en particulier pour la Sicile : Cassibile, Monte Dessueri, Paternò et Madonna del Piano à Grammichele, toutes du Bronze récent et final (XIe s.-IXe s.) ; et également, Monte Finocchito où la position contractée est attestée pendant la première phase de la nécropole, soit entre 850 et 730 environ[9] :
Cassibile. 255 tombes. Cf. Orsi 1897, p. 104 et 1928, p. 71 ; Orsi 1899, col. 117.
Monte Dessueri. Cf. Albanese 2003, p. 60, fig. 16, 4.
Paternò, nécropole Salinelli. Cf. Orsi 1909, p. 386.
Grammichele, Madonna del Piano. 61 tombes. Cf. Orsi 1905, p. 96-133 ; Bernabò Brea *et al.*, 1969, p. 210-216.
Monte Finocchito : 146 tombes. v. 850-730 ; 730-660. Cf.

8 La position fléchie sur le côté attestée dans la T. 5 semble avoir été dictée par le manque de place pour étendre le cadavre, de même que le premier inhumé a été allongé sur le dos, les tibias fléchis. Voir aussi l'inhumé de la T. 4, allongé sur le dos, les jambes « en tailleur ».

9 Parmi les trois tombes signalées pour la phase 2 (après 730), les petites dimensions de deux d'entre elles semblent avoir imposé la position fléchie des jambes, (T. 13 et 80 Orsi), la troisième procède d'une lecture très incertaine (T. 19 Orsi). Cf. Frasca 1981, p. 48, 51, 57 et 82.

Orsi 1894, p. 37-71 et 1897, p. 117-197 ; Frasca 1981, p. 72.

Or, quand on évoque ces exemples, on omet de signaler : 1) l'ancienneté des contextes et l'écart chronologique par rapport aux nécropoles grecques archaïques, d'un siècle au minimum ; 2) la fréquence concomitante, pour ne pas dire la prédominance, de la position allongée sur le dos à l'âge du Bronze et au début de l'âge du Fer ; 3) la disparition de la position fléchie à Monte Finocchito, après la 1ère phase, c'est-à-dire à partir du dernier tiers du VIIIe s. ; 4) l'usage de l'*enchytrismos* à Madonna del Piano, attestée, y compris pour les adultes, depuis le Bronze ancien dans les sociétés indigènes de Sicile et dont la forme du conteneur, au-delà de la valeur symbolique que pourrait aussi revêtir cette pratique, contraint à déposer le corps en position contractée [10] ; 5) la fréquence de la pratique dans le Péloponnèse jusqu'au VIIIe s. avec encore des attestations à Corinthe pendant la phase archaïque, ce que souligne la liste suivante[11] :

VIIIe s. : 49 tombes fouillées dont 42 cistes ; 30 d'entre elles étaient bien conservées et toutes présentaient un inhumé en position contractée.

VIIe s. : 65 tombes fouillées, 31 bien conservées dont 30 avec position contractée, un inhumé en position allongée mais les jambes pliées (T. 92)

v. 625-575 : Les pratiques changent au moment où l'espace funéraire s'étend : l'inhumation devient prédominante, les premières sépultures en position allongée apparaissent au début du VIe s. et coexistent avec les sépultures d'inhumés en position contractée jusqu'au milieu du VIe s. où la position allongée l'emporte [12].

Considérer la position contractée ou fléchie du corps inhumé comme un marqueur de la présence de populations indigènes au sein des *poleis* d'Occident peut donc aujourd'hui susciter légitimement le scepticisme [13], car, tout comme en milieu grec, ce mode de sépulture, pour les populations indigènes, est, à l'âge du Fer, de l'ordre de la survivance et de l'occasionnel et non pas du rituel bien établi et fréquent. Par conséquent, dans les *poleis* de Sicile, la rareté des attestations est telle que celles-ci peuvent correspondre tout autant à la présence de non-Grecs cohabitant avec des Grecs qu'à la survivance de pratiques grecques de l'âge du Bronze et du début de l'âge du Fer. Une interprétation en termes chronologiques et non plus en termes culturels et ethniques serait donc plus conforme aux données du terrain, à moins de prouver (ce qui n'est pas exclusif) la présence d'Iapyges – et avec quel statut ? – hors de la zone nord-ionienne et adriatique.

En ce qui concerne l'Italie méridionale, la situation est plus contrastée. Les résultats pour la Calabre et la Campanie sont identiques à ceux présentés pour la Sicile. En revanche, la zone adriatique présente un profil culturel particulier dit *cultura adriatico-iapigia* dans lequel la position contractée ou fléchie de l'inhumé relève de la pratique usuelle. C'est pourquoi la pratique, observée dans des zones limitrophes de Basilicate, en particulier à Siris et à Lavello, est, selon toute probabilité, à attribuer à la *cultura adriatico-iapigia*.

Ailleurs que dans cette aire culturelle, la position contractée ou fléchie tient de l'exceptionnel au 1er âge du Fer ; survivance de la pré- et protohistoire, elle connaît la même évolution en milieu indigène qu'en milieu grec, décroissant entre l'âge du Bronze et l'âge du Fer. Elle ne saurait donc être un critère ethnique ou social discriminant et les causes de son utilisation sont aussi peu claires que celles du choix d'autres pratiques, telles l'inhumation en fosse, l'*enchytrismos* ou l'incinération [14].

10 On ne peut ainsi exclure que, dans la T. 248 du Fusco, à Syracuse, où Orsi a observé le squelette d'un jeune enfant en position fléchie, cet enfant n'ait pas été déposé à l'intérieur d'une poche en matière périssable, cuir ou natte végétale. Voir *supra*.

11 Attestations rappelées par G. Shepherd (2005, p. 120) qui signale les tombes d'Aghioi Théodoroi, près de Mégare, pour justifier, un peu hâtivement cependant, la présence de cette pratique à Mégara Hyblaea. Sur les contextes d'Aghioi Théodoroi, cf. *BCH* 86, 1962, p. 682-689.

12 Cf. Blegen (C. W.), Palmer (B.), Young (R. S.). – *Corinth XIII. The North cemetery*, Princeton, 1964, p. 16.

13 Voir Carter 1998, p. 59, et surtout Shepherd 2005.

14 Albanese 1997, p. 519 : « Indicatori archeologici (fibule ed ornamenti metallici di tradizione indigena) potrebbero indiziare nelle necropoli coloniali arcaiche alcune presenze, che diventano più significative se associate ad altri segni, come la deposizione rannicchiata su un fianco, tipica dei nativi ». Nous croyons donc, en arrivant à la fin de notre article, que les termes de cette proposition doivent être inversés, qu'il faut également ajouter aux indices archéologiques l'architecture de la tombe et renoncer à parler de pratiques « typiques des indigènes », en général.

BIBLIOGRAPHIE

Albanese 1997 : ALBANESE PROCELLI (R.M.) – Le etnie dell'età del ferro e le prime fondazioni coloniali. *In* : *Prima Sicilia alle origini della società siciliana. Catalogo della mostra,* Albergo dei Poveri. Palermo 1997, p. 510–522.

Albanese 2003 : ALBANESE PROCELLI (R.M.) – *Sicani, Siculi, Elimi. forme di identità, modi di contatto e processi di trasformazione*. Milan 2003.

Allegro, Belvedere, Bonacasa 1976 : ALLEGRO (N.), BELVEDERE (O.), BONACASA (N.). – *Himera II. Campagne di scavo 1966-1973*. Vol. 2, 2. Rome, 1976.

Arslan 1986 : ARSLAN (E.A.) – *DANIMS s. v.* Vibo Valentia. *ASNP* XVI, 1986, p. 1029-1058.

Bacci 1978 : BACCI (G.) – Monte San Mauro. Scavi nella necropoli. *SE* 1978, p. 585-586.

Bechtold, Becker 1995 : BECHTOLD (B.), BECKER (M.J.) – *DANIMS s. v.*

Lilibeo. *ASNP* XXV, 1995, p. 87-187.

Bernabò Brea *et al.* : BERNABÒ BREA (L.), MILITELLO (E.), LA PIANA (S.) – Mineo (Catania). La necropoli detta Mulino della Badia : nuove tombe in contrada Madonna del Piano. *NSA*, 1969, p. 210-276.

Bianco 1999 : BIANCO (S.) – La prima età del Ferro. *In* : Adamesteanu (D.). – *Storia della Basilicata. 1. L'Antichità*, Rome, 1999, p. 137–182.

Bottini 1986 : BOTTINI (A.) – *DANIMS s. v.* Banzi. *ASNP* XVI, 1986, p. 983-991.

Boulestin, Duday 2005 : BOULESTIN (H), DUDAY (H.) – Ethnologie et archéologie de la Mort : de l'illusion des références à l'emploi du vocabulaire. *In* : Mordant (Cl.), Depierre (G.) (éd.) – *Les pratiques funéraires à l'Âge du Bronze en France. Actes de la table ronde de Sens–en–Bourgogne (Yonne), juin 1998*. Éditions du CTHS – Société archéologique de Sens, 2005, p. 17–35.

Carter 1998 : CARTER (J.C.), ABBOTT (J.T.), BURN (L.) *et al*. – *The chora of Metaponto. The necropoleis*. Austin, 1998.

Ciriello 1986 : CIRIELLO (R.). – *DANIMS s. v.* Ruvo del Monte. *ASNP* XVI, 1986, p. 1067-1074.

De Angelis 2003 : DE ANGELIS (F.) – Equations of culture : the meeting of natives and Greeks in Sicily (ca. 750–450 BC). *Ancient West and East*, 2, 1, 2003, p. 19–50.

De Miro 1989 : DE MIRO (E.) – *Agrigento. La necropoli greca di Pezzino*. Messine, 1989.

Duday, Sellier 1990 : DUDAY (H.), SELLIER (P.) – L'anthropologie des gestes funéraires et la taphonomie. *Nouvelles de l'archéologie*. Paris, CNRS, 1990, p. 12–14.

Duday 2006 : DUDAY (H.) – *Lezioni di archeotanatologia : archeologia funeraria e antropologia di campo*. Rome, École française de Rome, 2006.

Duday 2006a : Duday (H.) – La tombe 12/99 de la nécropole de Castiglione : une relecture des pratiques funéraires à la lumière des données anthropologiques. *In* : Pelagatti (P.), Di Stefano (G.), Lachenal (L. de) (éd.). – *Camarina. 2600 anni dopo la fondazione. Nuovi studi sulla città e sul territorio. Atti del convegno internazionale, Ragusa 2003*, Rome–Ragusa 2006, p. 367–376.

Frasca 1981 : Frasca (M.) – La necropoli di Monte Finocchito. *Cronache di archeologia* XX 1981.

Gras 1975 : Gras (M.) – Nécropoles et histoire : quelques réflexions à propos de Mégara Hyblaca. Kokalos XXI, 1975, p. 37-53.

La Genière (de) 1971 : La Genière (J.de) – Aspetti e problemi dell'archeologia del mondo indigeno. *In* : *Le genti non greche della Magna Grecia. Atti del XI° convegno di studi sulla Magna Grecia*, Taranto 1971, p. 225-272.

Leibundgut-Wieland 1995 : Leibundgut-Wieland (D.) – *DANIMS* s. v. Necropoli di Manicalunga. Tombe della contrada Timpone Nero (Selinunte). *ASNP* XXV, 1995, p. 189-218.

Lo Porto 1969 : Lo Porto (F.G.) – Metaponto. Tombe a tumulo dell'età del ferro scoperte nel suo entroterra. *NSA* 1969, p. 121-170.

Longo 1986 : Longo (F.) – *DANIMS* s. v. Ripacandida. *ASNP* XVI, 1986, p. 1059-1065.

Lyons 1996 : Lyons (Cl.) – Sikels burials at Morgantina : defining social and ethnic identities. *In* : Leighton (R.) (dir.), *Early societies in Sicily. New developments in archaeological research*, Londres 1996, p. 177-188.

Mc Clintock 1991 : Mc Clintock (W.T.) – *DANIMS* s. v. Monte Sannace *ASNP* XXI, 1991, p. 93-99.

Mercuri 2001 : Mercuri (L.) – Têtes sans corps, corps sans tête. De certaines pratiques funéraires en Italie méridionale et en Sicile (VIIIe–Ve s. av. J.-C.). *MEFRA* 2001–1, p. 7–31.

Moreschini 1995 : Moreschini (D.) – *DANIMS* s. v. Necropoli di Valenzano. *ASNP* XXV, 1995, p. 26-30.

Orsi 1894 : Orsi (P.) – Necropoli del terzo periodo al Finocchito presso Noto (Siracusa). *BPI* 20, 1894, p. 37-71.

Orsi 1895 : Orsi (P.) – Gli scavi nella necropoli del Fusco a Siracusa nel giugno, novembre e dicembre del 1893. *NSA* 1895, p. 109-192.

Orsi 1897 : Orsi (P.) – Necropoli sicula di Cassibile. *BPI*, 23, 1897, p. 104s.

Orsi 1897 : Orsi (P.) – Nuove esplorazioni nella necropoli sicula di Monte Finocchito presso Noto. *BPI*, 23, 1897, p. 117-197.

Orsi 1899 : Orsi (P.) – Pantalica e Cassibile. *MAL* IX, 1899, col. 33-146.

Orsi 1906 : Orsi (P.) – Gela. Scavi del 1900-1905. *MAL* XVII, 1906.

Orsi 1909 : Orsi (P.) – Licodia Eubea. Camera sepolcrale del IV periodo siculo. *NSA* 1909, p. 386.

Orsi 1928 : Orsi (P.) – Miscellanea sicula IV. Nuovi scavi nella necropoli di Cassibile (Gruppo di Montedoro – Siracusa). *BPI*, 48, 1928, p. 71.

Orsi 1905 : Orsi (P.) – Necropoli del Molino della Badia presso Grammichele. *BPI* 31, 1905, p. 96-133.

Peroni 1989 : Peroni (R.) – *Popoli e civiltà dell'Italia antica, IX. Protostoria dell'Italia continentale. La penisola italiana nelle età del Bronzo e del Ferro*, Rome, 1989, p. 490.

Russo 1988 : Russo (A.) – *DANIMS* s. v. Lavello – cimitero. *ASNP*, XVIII, 1988, p. 31-39.

Shepherd 2005 : Shepherd (G.) – Dead men tell no tales : ethnic diversity in Sicilian colonies and the evidence of the cemeteries. *OJA* 24, 2, 2005, p. 115–136.

5. La nécropole archaïque de Siris (Policoro)*

Irene Berlingò

Fig. 385. Campanie, Lucanie, Apulie et Calabre septentrionale, la flèche rouge indique Siris (J. Bérard, *La Magna Grecia*, Torino 1963, fig. 5).

Les nécropoles de Siris occupent la partie occidentale de la colline de Policoro, la première à l'ouest, la seconde au sud-est de celle-ci (**fig. 385-386**).

La première, également appelée Madonnelle-Colombo [1], couvre une aire d'environ 6000 m^2, sur une hauteur située entre l'extrémité occidentale du plateau occupé par la colonie de Siris-Herakleia et la route provinciale qui relie Policoro à Tursi ; vers l'ouest, elle arrive jusqu'à Iazzo Novo, vers le nord, presque jusqu'à la route communale qui mène à Madonnelle, le viale Matera ; sa limite orientale, en direction de la colonie, est formée par une bande de terrain vierge qui la sépare de quelques sépultures datables entre le milieu du VIe siècle et le début du Ve siècle et, surtout, de la vaste nécropole d'époque hellénistique dépendant d'Herakleia, qui s'étend jusqu'aux premières pentes du plateau [2].

* Tous mes remerciements à Vincent Jolivet, qui est l'auteur de la traduction du texte.

1 Il s'agit, respectivement, du nom de la zone et de celui du propriétaire du terrain.

2 Berlingò 1986, p. 117-118 ; Berlingò 1993, p. 4. Dès le Chalcolithique, cette zone était utilisée comme nécropole, comme en témoignent les fragments de céramique découverts au cours des campagnes de fouille, et différentes tombes à fosse avec inhumé en

La nécropole de Madonnelle a été repérée par Dinu Adamesteanu dans les années 1966-1967, à la suite de travaux agricoles qui avaient entraîné le défoncement de nombreuses sépultures et l'enlèvement d'une épaisse couche de terrain, modifiant ainsi irrémédiablement la morphologie et la stratigraphie du site. La fouille a été reprise de manière systématique par mes soins à partir de 1977, et ce jusqu'en 1984 : quelque 450 tombes à incinération et à inhumation datables entre la fin du VIIIe et celle du VIIe siècle av. J.-C.[3], ont ainsi été mises au jour.

Près de Cerchiarito, sur un terrain de propriété Schirone, à 600 m environ de distance vers le sud-ouest, Dinu Adamesteanu avait exploré entre 1968 et 1976 une nécropole archaïque implantée sur le même axe, parfaitement alignée par rapport à celle-ci, et dont le faciès est très semblable à celui de la nécropole de Madonnelle (Adamesteanu, Berlingò 2007).

Il s'agit d'un groupe de 138 sépultures caractérisées par la présence de mobilier grec, qui couvrent une période comprise depuis la fin du VIIIe et le début du siècle suivant jusqu'à la fin du VIIe siècle av. J.-C.[4], illustrée par la présence d'amphores SOS *Middle*.

L'existence de deux espaces funéraires aussi proches, dépendant de l'habitat de Siris, fait penser à une planification rationnelle, conçue dès l'origine, des aires urbaines et des zones funéraire qui s'y rapportent, selon un schéma attesté dans d'autres sites coloniaux, comme Megara Hyblaea, Kamarina, Syracuse et Naxos[5].

Les sépultures ne sont pas implantées selon une orientation précise, mais parfois disposées en petits groupes, côte à côte (**fig. 387**) : il s'agit probablement d'ensembles familiaux, à l'intérieur desquels les tombes ne se recoupent presque jamais; dans le cas contraire, il semble que l'on ait cherché à souligner ainsi un lien de parenté. Ces sépultures ont pu être surmontées de dalles de pierre jouant le rôle de *sema* ou bien, comme dans le cas de Schirone, par des tumulus de pierres et de terre, que les labours profonds ont fait complètement disparaître[6].

position fœtale, qui n'ont pas été touchées, plus tard, par celles de la nécropole archaïque. Cf. Berlingò 1986, p. 118 ; Cipolloni Sampò 1999, p. 85.

3 Pour la découverte de la nécropole, voir Adamesteanu 1981, p. 89 et note 38 avec bibliographie antérieure ; sur la nécropole archaïque de Madonnelle, voir Berlingò 1986 ; Berlingò 1993.

4 Adamesteanu, Berlingò 2007, p. 334 (n. 4/1968), p. 347 (n. 25), p. 352 (n. 30), p. 364 (n. 53), p. 360 (n. 47 et 49).

5 On a également noté que les sépultures les plus anciennes se trouvaient dans la zone la plus éloignée du site urbain : cf. Berlingò 1986, p. 118-120 ; Berlingò 1993, p. 4.

6 Berlingò 1986, p. 120 ; Berlingò 1993, p. 4 ; voir en outre Berlingò in Adamesteanu, Berlingò 2007, p. 378-9 ; pour le type de couverture observé dans la nécropole sud-ouest, moins endommagée par les labours, voir en dernier lieu l'histoire des fouilles figurant dans D. Adamesteanu in Adamesteanu, Berlingò 2007, p. 331-4.

Contenants

Les urnes qui renfermaient les dépositions incinérées ou inhumées – ces dernières ne se trouvant que dans la nécropole sud-ouest – sont, pour la plupart, des amphores de transport, des *chytrai*, des hydries et des situles d'impasto. Il s'agit le plus souvent de produits d'importation, à l'exception des situles.

Les récipients sûrement importés sont d'abord des amphores de transport. Le type le mieux représenté appartient à la production corinthienne datable à partir de la fin du VIIIe siècle, et de tout le VIIe siècle ; il s'agit d'amphores du type Koehler A, de *pithoi* et d'hydries[7].

Le groupe d'amphores de production gréco-orientale est assez riche, mais hétérogène. Les différents types, qui ne sont pas encore bien classifiés, demeurent souvent difficiles à identifier : le mobilier le mieux connu comporte cependant des exemplaires d'amphores de Lesbos (Berlingò 1993, p. 9, fig. 16), de Chio (*ibid.*, p. 7, fig. 12), de Samos (Adamesteanu, Berlingò 2007, p. 337, fig. 5-7) et de Milet (*ibid.* n. 9), produites dans le courant du VIIe siècle. Différents grands *pithoi* des premières décennies du VIIe siècle proviennent en revanche de Rhodes[8] ; dans la nécropole occidentale, ils étaient destinés exclusivement à l'incinération, tandis que la nécropole sud-ouest en offre quelques exemples utilisés pour l'inhumation des adultes, selon un rituel originaire du milieu rhodien et argien, et attesté à Syracuse[9].

Les amphores attiques SOS sont présentes en petites quantités. Hormis un exemplaire plus ancien (*Early*)[10], elles appartiennent au groupe *Middle* de la classification de Johnston (Johnston, Jones 1978, pp. 103-141), produit dans la seconde moitié du VIIe siècle av. J.-C. (Berlingò 1993, p. 13, n. 115, fig. 23-24).

Les contenants de moindre dimensions, par exemple *stamnoi* et hydries, sont des produits d'importation gréco-orientale et eubéo-cycladique, introduits à Siris par les premiers colons[11]. On trouve encore différents exemplaires d'hydries de production cycladique du type Délos-Rhénée, auquel on peut également rattacher des amphorettes, ainsi qu'une production coloniale plus

7 Pour les amphores du type Koehler A, Koehler 1979, p. 9-32; Koehler 1981, p. 449-458 ; voir aussi Berlingò 1986, p. 123 ; Berlingò 1993, p. 6.

8 Voir Berlingò dans Adamesteanu, Berlingò 2007, p. 334, n. 1 et p. 376.

9 Berlingò 1986, p. 123 ; Berlingò 1993, pp. 7-13, 17.

10 Berlingò 1986, p. 123, n. 15, fig. 17.

11 Voir le stamnos de Chio dans Berlingò 1993, p. 8, figg. 13-14 ; pour les hydries Berlingò 2000a, p. 513; Berlingò 2000b, pp. 69-75.

récente [12]. Du reste, cette zone a livré des vestiges de fours d'époque archaïque: ils ont été découverts aussi bien sur la colline que dans la plaine située en contrebas [13].

Les *chytrai* d'impasto à une ou deux anses [14], appartiennent aux mêmes productions, alors que les situles, également d'*impasto*, sont certainement de production locale. Ces dernières n'ont pas été exclusivement utilisées en milieu indigène, comme l'indiquent la présence d'objets importés dans le mobilier des tombes qui en ont livré (on n'en trouve jamais dans les inhumations indigènes), ainsi que le respect des sépultures en question. Il semble donc bien que les situles, utilisées en milieu rituel en fonction des usages grecs, ne se différenciaient pas des vases importés : c'est le rite, et non le contenant, qui est ici déterminant [15].

Le mobilier

Comme nous l'avons déjà relevé, le mobilier funéraire déposé à des fins rituelles dans la tombe est très peu abondant, voire même absent. Il s'agit en général d'un seul objet, sauf dans le cas des *enchytrismoi* et des incinérations en petite fosse où l'on note la présence d'un plus grand nombre de vases (Berlingò 1993, p. 6).

Le mobilier d'importation est dominé, ici aussi, par la production corinthienne, surtout par les aryballes du Protocorinthien moyen (*ibid*., p. 7, fig. 8) et tardif (*ibid*., p. 14, fig. 32), mais aussi par différents *skyphoi* à arêtes rayonnantes et coupes à chevrons et filets, tandis que d'autres formes sont moins bien attestées, comme les *kotylai*, les œnochoés et les pyxides (*ibid*., p. 15, fig. 33). La composante ionienne est bien attestée par des vases provenant de Samos, de Rhodes, d'Eubée et des Cyclades, produits dans le courant du VIIe siècle : on note en particulier la céramique à engobe rougeâtre de tradition rhodienne et samienne (alabastres, coupes à une ou deux anses [16]) ou décorée de lignes peintes (coupes-*simpulum* [17]) de provenance eubéenne, mais aussi aryballes « rhodo-crétois » (*ibid*., p. 14, fig. 31) et *kalathoi* de Chio [18]. L'étude du matériel a également permis d'identifier un lécythe de type « argien monochrome » datable entre la fin du VIIIe et le début du VIIe siècle, qui n'était attesté jusqu'à présent que dans la nécropole de Cerchiarito-Schirone [19].

La production coloniale est représentée surtout par de nombreuses coupes à filets (*ibid*., p. 15, t. 104, fig. 34), peintes aussi bien à l'extérieur qu'à l'intérieur de la vasque, qui se distinguent de leurs prototypes corinthiens à vernis brun par leur couleur rouge corail.

Les objets de parure, enfin, sont extrêmement rares : outre trois fibules de type phrygien, vraisemblablement apportées par les premiers colons, on note des anneaux en bronze, quelques exemplaires de boucles d'oreille en fil de bronze replié, de production indigène, des fibules en bronze ou en fer, comportant parfois des inclusions en os et en ambre, et des perles d'ambre. La nécropole a livré quelques astragales ; les armes sont complètement absentes [20].

Rites funéraires

La nécropole sud-ouest, la première à avoir été fouillée par Dinu Adamesteanu, a été fréquentée, comme nous l'avons vu, de la fin du VIIIe s. à la fin du VIIe siècle av. J.-C. Compte tenu des difficultés de l'exploration, nous disposons de peu d'informations relatives aux rites funéraires qui y étaient en usage.

Cette nécropole comporte aussi bien des incinérations que des inhumations, disposées par petits groupes vraisemblablement familiaux, bien reconnaissables au travers de la disposition spatiale des tombes, même si les sépultures isolées ne manquent pas non plus.

L'incinération ne concerne que les adultes : les cendres ou les restes d'ossements brûlés ont été placés dans un récipient posé horizontalement sur le sol, son embouchure fermée par une pierre ou, plus rarement, par un tesson de poterie, calé latéralement par des pierres, et couvert par une dalle de grès. Le mobilier, lorsqu'il est présent, est rare, souvent limité à un seul objet placé

12 Voir Berlingò dans Adamesteanu, Berlingò 2007, pp. 376-7.

13 Pour la colline voir Adamesteanu, Dilthey, Siris.Nuovi contributi archeologici. *MEFRA* 90, 1978,2, pp. 517-20 ; pour la plaine voir Tagliente (M.), Policoro: nuovi scavi nell'area di Siris. *In* : *Siris-Polieion*, p. 130 (nouveau bureau de Poste) e p. 133 (près de la SS. 106).

14 Cette classe de céramique, longtemps considérée comme de production coloniale, a fait récemment l'objet d'un réexamen (Berlingò 2000a, p. 513-514, Adamesteanu-Berlingò 2007, p. 377), conformément au dossier récemment établi par G. Semeraro à partir de l'examen du mobilier gréco-oriental en Italie méridionale (D'Andria, Semeraro 2000, p. 490-494 ; voir aussi, sur le sujet, les considérations présentées en introduction par F. D'Andria).

15 Berlingò 1993, p. 14 ; Adamesteanu, Berlingò 2007, p. 377.

16 Berlingò 1993, p. 13, fig. 27 ; Berlingò 2005, p. 391, sep. 210, III.105.

17 Berlingò 1986, p. 125, fig. 24; voir aussi Berlingò dans Adamesteanu, Berlingò 2007, p. 378.

18 Voir Berlingò dans Adamesteanu-Berlingò 2007, pp. 348-351, figg. 17-19.

19 De la tombe 4/1968, actuellement exposée au Museo Nazionale della Siritide à Policoro ; voir Berlingò dans Adamesteanu, Berlingò 2007, pp. 334-5, sep. 4, n. 2.

20 Berlingò 1993, p. 15, fig. 35. Sur les fibules phrygiennes, voir aussi De la Genière 1982, pp. 170-174; sur les boucles d'oreille en spirale, Cerchiai 1999, p. 667, nota 44 (da Pithecusa), pp. 670-671.

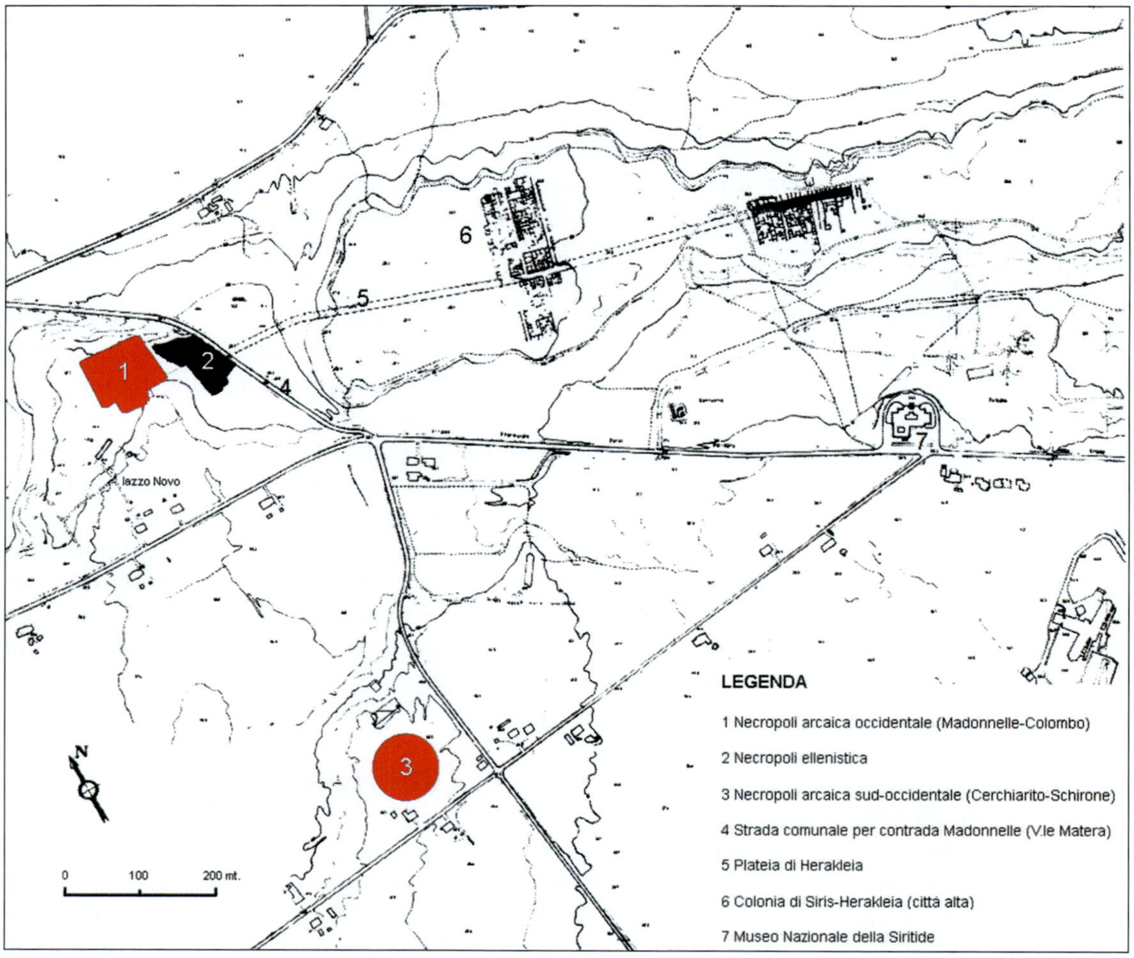

Fig. 386. Policoro (MT). Plan d'ensemble avec emplacement (en rouge) des nécropoles archaïques de Siris (Berlingò 1986, pl. 9).

Fig. 387. Policoro (MT), nécropole occidentale, groupe de sépultures.

indifféremment à l'intérieur ou à l'extérieur de l'urne. Dans certains cas, les restes étaient directement déposés dans une petite fosse creusée dans le sol, parfois protégée par des pierres, au-dessus de laquelle était disposé le mobilier qui pouvait, en ce cas, être plus riche, comme si l'on avait ainsi voulu compenser l'absence d'urne cinéraire. Ce rituel, considéré par Luigi Bernabò Brea comme originaire de Rhodes, où il est attesté dans les nécropoles de Ialissos, était également en vigueur à Mylai et à Camarine[21].

La découverte d'aires de crémation confirme que l'incinération secondaire y était pratiquée, comme l'avait déjà montré la fouille de la nécropole sud-ouest.

La répartition des aires d'incinération est semblable à celle des nécropoles de Ialissos (*Clara Rhodos*, III, 1929, p. 7 ss.), de même que la position des sépultures sous des tumulus de pierre, attestée en milieu grec à l'époque archaïque dans les nécropoles à incinération (Kurtz, Boardman 1971, p. 71 e 73).

21 Berlingò 1986, p. 121 avec bibliographie ; Berlingò 1993, p. 5-6 ; voir Berlingò dans Adamesteanu, Berlingò 2007, p. 379. Sur les rituels funéraires grecs, plus généralement, voir Kurtz, Boardman 1971.

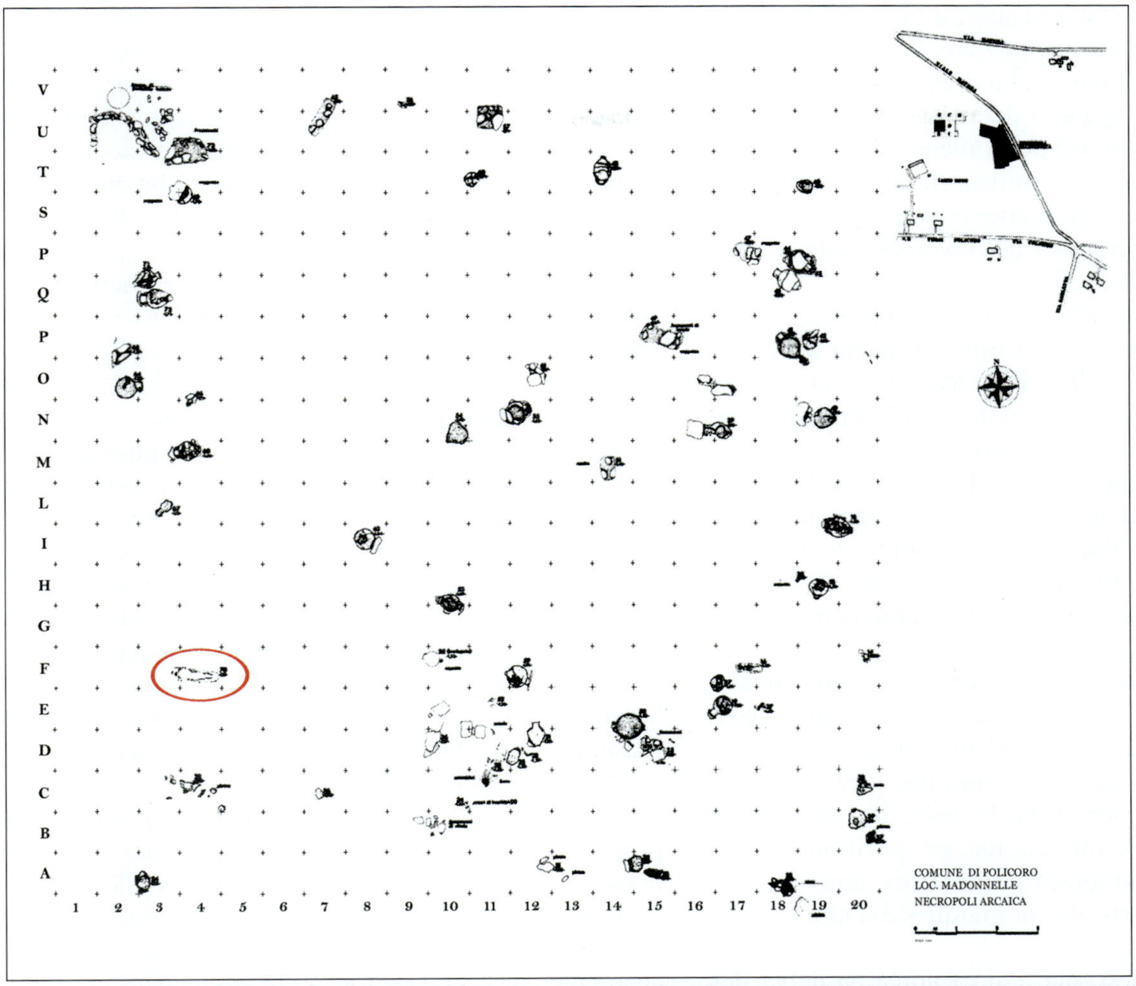

Fig. 388. Policoro, (MT), nécropole occidentale, détail de la planimétrie.

Fig. 389. Policoro (MT), nécropole occidentale, mobilier de la tombe 48.

Il s'agit, en tout état de cause, d'un rituel funéraire très simple, plus sévère encore dans le cas d'adultes, et légèrement diversifié dans celui d'enfants, qui ne laisse pas transparaître de grandes diversités sociales. Le rite de l'incinération, importé de la mère patrie, trouve de nombreuses analogies en milieu rhodien et eubéen ; en Grande-Grèce, on en trouve les exemples les plus proches dans les nécropoles des colonies chalcidiennes de Métauros et de Mylai[22].

Les nouveaux-nés étaient déposés dans des vases selon la coutume de l'*enchytrismos*, souvent avec plus de mobilier que les adultes. Pour les enfants et les adolescents, nous avons des exemples d'inhumation en fosse, le défunt allongé sur le dos.

La nécropole Schirone, à la différence de la nécropole ouest, présente des cas d'inhumation en *pithos*, également attestée dans les nécropoles de Ialissos, aussi bien pour de très jeunes gens, dont la personnalité juridique n'était pas encore pleinement définie, que pour des adultes[23].

La tombe à fosse à inhumation en position fœtale, caractéristique des indigènes de la nécropole ouest, n'est pas attestée à ce jour. Cette dernière est apparemment plus diversifiée et, pour ainsi dire, "élargie" – je pense évidemment à la diversité des rites, dont celui des tombes à inhumation en position fœtale. Faute de disposer de toutes les données, nous ne pouvons établir les écarts chronologiques éventuels entre les deux nécropoles.

La nécropole ouest, que j'ai explorée au début des années quatre-vingts, a livré 16 tombes à fosse pour inhumation dans lesquels le défunt se trouve en position fœtale : le pourcentage correspondant, de l'ordre de 3,50 % sur un total de 450 sépultures, est donc très faible. Le mobilier, lorsqu'il est présent, c'est-à-dire dans 37 % des cas, est formé d'un petit vase en *impasto* et de rares bijoux, fibules en fer ou boucles d'oreille à spirale en bronze, typiquement indigènes.

La nécropole de Métauros présente le même faciès : la fouille y a mis au jour des inhumations en fosses creusées dans la terre, dépourvues de toute protection, caractérisées par le type de mobilier que nous venons de mentionner dans le cas de Siris ; Claudio Sabbione suppose qu'elle sont contemporaines des plus anciennes incinérations du VIIe siècle.

Il est donc possible, sur la base des données de fouille, d'identifier comme indigènes les individus inhumés en position fœtale. On peut expliquer leur petit nombre par leur intégration progressive aux colons grecs.

Il est significatif, à cet égard, que l'important centre de S. Maria di Anglona, véritable petite capitale côtière, qui atteignit son apogée au cours du premier Âge du Fer, présente des signes de régression aussi manifestes que soudains lorsque les Grecs s'établirent de manière stable sur la côte, comme ce fut le cas à l'Incoronata et, selon un scénario similaire, dans la région de Sybaris ou à Tarente.

L'analyse des rites funéraires met également en évidence un monde riche en liens familiaux : individu allogène inhumé couché sur le dos (Necropole ouest, t. 70), selon la règle en vigueur, par exemple, dans le Val d'Agri (**fig. 388**) ; homme – ou femme – incinéré, les cendres recueillies dans une urne biconique à décor monochrome de l'aire iapyge et de Matera, remontant à la fin du VIIIe siècle ou au début du VIIe siècle, accompagné de la tasse samienne en fonction de *simpulum*, du début du VIIe siècle av. J.-C.[24] ; enfant déposé autour du milieu du VIIe siècle dans l'amphore SOS chalcidienne, à ce jour unique dans les deux nécropoles, accompagné par la coupe rhodienne du type Vroulia et par deux fibules en fer (**fig. 389**) dont l'une présente des inclusions d'os et d'ambre, peut-être de production indigène[25].

Et les situles ? Les situles étaient utilisées aussi bien pour des inhumations d'enfants que pour des incinérations, selon un rite qui ne se différencie nullement de celui des autres dépositions grecques, abstraction faite du récipient lui-même. Le mobilier est rare dans la nécropole ouest, et il est tout à fait absent dans la nécropole sud-ouest ; les situles sont donc assimilables à la classe des hydries, que j'ai proposé ailleurs de rattacher à des sépultures féminines, en raison de leur lien évident avec le monde de l'*oikos*[26].

À Siris, compte tenu du fait que les indigènes étaient inhumés dans des fosses creusées dans la terre, l'examen comparé des deux nécroples permet de supposer que les situles y représentent un palier intermédiaire dans la stratification sociale : elles sont révélatrices du phénomène d'intégration de la part des indigènes qui, du fait de leurs liens familiaux, adoptent les usages et les rites grecs.

Il demeure que la nécropole sud-ouest ne renferme pas de tombes à fosse creusées en pleine terre, à la différence de la nécropole ouest, qui n'était pas encore connue lorsque Dinu Adamesteanu, sur la base des découvertes qu'il avait effectuées, émit l'hypothèse d'une intégration pacifique entre les deux populations.

Dans la nécropole sud-ouest, la prépondérance de mobilier d'origine gréco-orientale, provenant surtout

22 Berlingò 1993, p. 16 ; pour Metauros et Mylai, voir Bernabò Brea, Cavalier 1959 ; Sabbione 1981 ; Sabbione 1987, p. 221.

23 Berlingò in Adamesteanu, Berlingò 2007, p. 379.

24 Necropole ouest, t. 210, voir Berlingò 2005, p. 391, III. 104-6.

25 Necropole ouest, t. 48, voir Berlingò 1993, p. 13, note 26.

26 Berlingò in Adamesteanu, Berlingò 2007, pp. 377-8.

d'Asie Mineure, de Rhodes et des Cyclades, offre différents éléments de réflexion. Ces témoignages fournissent une nouvelle preuve de ce que Siris constitue une exception par rapport aux autres colonies achéennes[27], aussi bien comme type de gestion que par son organisation territoriale. Le cadre qui se dessine au travers de l'analyse du mobilier de cette nécropole pointe vers des aires et des voies commerciales bien spécifiques, différentes de celles parcourues par les voisins de Siris : depuis la côte d'Asie Mineure, se dirigeant vers l'Occident, ces voies touchaient principalement les Cyclades et Rhodes ; il faut peut-être leur attribuer également la diffusion, en tant qu'intermédiaires, d'objets alors considérés comme à la mode, par exemple les amulettes du type de Bès, parvenues en Occident avec les différentes autres classes de mobilier[28].

Les progrès effectués récemment dans notre connaissance des objets du commerce d'Asie Mineure, comme les amphores produites à Milet, complètent aujourd'hui les informations fournies par d'autres marqueurs, déjà bien connus, comme les fibules phrygiennes, provenant précisément de cette nécropole et "exportées" comme produits exotiques par les premiers colons d'Anglona dans la première moitié du VIIe siècle av. J.-C. (Berlingò 1993, p. 15). Les traditions antiques sur la provenance ionienne des colons de Siris, qui les différenciaient profondément de leurs voisins (La Genière 1982, p. 163-181), trouvent, au travers de ces nouvelles données, une importante confirmation.

BIBLIOGRAPHIE

Adamesteanu 1981 : ADAMESTEANU (D.) – Siris. Il problema topografico. *In* : *Siris e l'influenza ionica in Occidente, Atti del XX Convegno di Studi sulla Magna Grecia (Taranto, 12-17 ottobre 1980)*, Tarente 1981 [1987], p. 61-93.

Adamesteanu, Berlingò 2007 : ADAMESTEANU (D.), BERLINGÒ (I.) – Policoro (Matera). – La necropoli arcaica sud occidentale di Siris (in proprietà Schirone). *NotSc* 2004-2005, p. 329-382.

Berlingò 1986 : BERLINGÒ (I.) – La necropoli arcaica di Policoro in contrada Madonnelle. *In* : *Siris-Polieion* p. 117-127.

Berlingò 1993 : BERLINGÒ (I.) – Le necropoli di Siris. *BdArch* 22, 1993, 1, p. 1-21.

Berlingò 2000a : BERLINGÒ (I.) – Dibattito. *In* : *Magna Graecia e Oriente Mediterraneo prima dell'età ellenistica, Atti del XXXIX Convegno di Studi sulla Magna Grecia (Taranto, 1-5 ottobre 1999)*. Naples 2000, p. 512-514.

Berlingò 2000b : BERLINGÒ (I.) – Hydriai a Siris. *In* : *Damarato. Studi di antichità classica offerti a Paola Pelagatti*. Milan 2000, p. 69-75.

Berlingò 2005 : BERLINGÒ (I.), La necropoli arcaica occidentale di Siris. *In* : Settis (S.), Parra (M.C.), *Magna Gracia. Archeologia di un sapere. Catalogo della mostra, Catanzaro, Complesso Monumentale di San Giovanni (19 giugno-31 ottobre 2005)*, Milan 2005, p. 391.

Bernabò Brea, Cavalier 1959 : BERNABÒ BREA (L.), CAVALIER (M.), *Mylai*. Novara 1959.

Cerchiai 1999 : CERCHIAI (L.) – I vivi e i morti. I casi di Pitecusa e di Poseidonia. *In* : *Confini e frontiera nella grecità d'Occidente. Atti del XXXVII Convegno di Studi sulla Magna Grecia (Taranto 3-6 ott. 1997)*. Tarente 1999, p. 657-679.

Cipolloni Sampò 1999 : CIPOLLONI SAMPÒ (M.) – L'Eneolitico e l'Età del Bronzo. *In* : Adamesteanu (D.) (a cura di), *Storia della Basilicata, 1. L'Antichità*. Bari 1999, p. 67-136.

D'Andria, Semeraro 2000 : D'ANDRIA (F.), SEMERARO (G.) – Le ceramiche greco orientali in Italia meridionale. Appunti sulla distribuzione. *In* : *Magna Graecia e Oriente Mediterraneo prima dell'età ellenistica, Atti del XXXIX Convegno di Studi sulla Magna Grecia (Taranto, 1-5 ottobre 1999)*. Naples 2000, p. 457-501.

La Genière 1982 : LA GENIÈRE (J.de) – Asie Mineure et Occident. Quelques considérations. *In* : *I Focei dall'Anatolia all'Oceano, Atti del Convegno (Napoli 10-15 dicembre 1981) = PdP*, XXXVII, 1982, p. 163-181.

Koehler 1979 : KOEHLER (C.) – *Corinthian A and B Transport Amphoras*. Princeton 1979.

Koehler 1981 : KOEHLER (C.) – Corinthian Developments in the Study of Trade in the Fifth Century. *Hesperia* 50, 1981, p. 449-458.

Kurtz, Boardman 1971 : KURTZ (D.C.), BOARDMAN (J.) – *Greek Burial Customs*. Londres 1971.

Johnston, Jones 1978 : JOHNSTON (A.W.), JONES (R.E.) – The " SOS" Amphora. *BSA* 73, 1978, p. 103-141.

Sabbione 1981 : SABBIONE (C.) – L'area locrese. *In* : Collectif, *Il commercio Greco nel Tirreno in età arcaica. Atti del Seminario in memoria di M. Napoli*. Università degli Studi di Salerno, 1981, p. 15-34.

Sabbione 1987 : SABBIONE (C.) – La colonizzazione greca. Matauros e Mylai. *In* : *Lo stretto crocevia di culture, Atti del XXVI Convegno di Studi sulla Magna Grecia (Taranto-Reggio Calabria, 9-14 ottobre 1986)*. Tarente, 1987, p. 221-236.

Siris-Polieion : DE SIENA (A.), TAGLIENTE (M.), éd. – *Siris-Polieion. Fonti letterarie e nuova documentazione archeologica (Incontro Studi-Policoro 8-10 giugno 1984)*. Galatina 1986.

27 Lombardo (M), Siris-Polieion: fonti letterarie, documentazione archeologica e problemi storici, in *Siris-Polieion*, p. 55 sq. ; Greco (E.), L'impero di Sibari. Bilancio archeologico-topografico. *In* : *Sibari e la Sibaritide, Atti del XXXII Convegno di Studi sulla Magna Grecia (Taranto-Sibari, 7-12 ottobre 1992)*, Tarente 1993, p. 471-2.

28 Martelli (M.), La stipe votiva dell'Athenaion di Jalisos : un primo bilancio. *In* ; Dietz (S.), Papacheistodoulou (I.) (dir.), *Archaelogy in the Dodecanese*, Copenhague, 1988, p. 112 et note 33 sur les statuettes de type chypriote dont un exemplaire provient du sanctuaire de Déméter à Policoro.

6. Pratiques funéraires chez les Grecs et les indigènes en Dobroudja septentrionale

Vasilica Lungu

1. Rites d'enterrement : interprétations ethno-archéologiques

La diversité des rites funéraires dans l'espace et le temps est une constante observable tant dans les nécropoles grecques que dans celles des indigènes en mer Noire (Alexandrescu 1965). D'après les informations tirées des grandes nécropoles des colonies ioniennes du Pont-Euxin, les Grecs installés outre-mer ont pratiqué de façon systématique l'inhumation [1], tandis que l'incinération n'est que rarement rapportée. Les découvertes effectuées dans les colonies grecques de Dobroudja roumaine confirment ces coutumes, à l'exception notable de la prédominance de l'incinération plusieurs siècles durant à Istros (Alexandrescu 1966), à Tomis (Bucovală 1967) et à Orgamé (Lungu 1995 [2000a] ; 2006 ; 2007). La généralisation de ce rite peut être mise en relation à Orgamé – et sans doute pour des raisons similaires à Istros – avec l'émergence du premier groupe de colons installés sur place et doit être liée à des raisons diverses, telles que les circonstances de la migration, les lieux d'origine des colons et leurs traditions culturelles propres, l'attitude des nouveaux arrivants vis-à-vis des habitants des « territoires barbares ». Un trait spécifique d'Orgamé réside dans l'impact du rituel funéraire d'exception relevé à l'Herôon (troisième quart du VIIe s. av. J.-C.) dont certaines pratiques vont se perpétuer dans la nécropole tout au long de son existence [2].

Parallèlement, les nécropoles indigènes de cette région présentent elles aussi une vraie mosaïque de pratiques funéraires [3], trait propre, semble-t-il, aux populations décrites par Thucydide (II : 96,1) « les Gètes qui se trouvent au-delà de l'Haïmos, et toutes les populations établies en-deçà de l'Istros, plus près du Pont-Euxin... » Elles ont pratiqué majoritairement l'incinération sans toutefois exclure l'inhumation, y compris au sein des même nécropoles, dans des proportions toutefois bien

Fig. 390. Carte de la Doubroudja : découvertes funéraires.

différentes d'un site à l'autre. L'exploration systématique des régions de Dobroudja septentrionale, quoique inégale, a permis cependant de suivre les pratiques funéraires, époque par époque, et d'étendre géographiquement le champ des investigations entre la zone nord-balkanique, y compris pontique, et la zone extra-carpatique.

Dans une synthèse récemment publiée concernant les découvertes funéraires chez les Thraces installés entre les Carpates, les Balkans et la mer Noire, V. Sîrbu a relevé pour les VIe-Ier s. av. J.-C. et sur une aire beaucoup plus vaste, plus de « 150 nécropoles et tombes isolées, avec plus de 2100 tombes, dont 1800 d'incinération et seulement 250 d'inhumation » (Sîrbu 2004, p. 87). Le même rapport favorable à l'incinération face à l'inhumation est observable sur certains sites du nord de la Dobroudja jusqu'à l'époque romaine (Irimia 1983 ; Simion 2003). Mais, toute démarche d'étude globale de ces pratiques funéraires en fonction de tel ou tel critère d'âge, de groupe social ou de sexe s'avère incomplète sans la prise en compte de l'intégralité de chaque contexte.

1 Olbia, Kozub, 1974 ; Skudnova 1988 ; Apollonia, Venedikov 1963 ; Panayotova 1998, par exemple.

2 Lungu 1997 [2000b] ; 2000-2001 ; 2007, p. 346-348).

3 Babeş 1988, 2001 ; Bujor 1958 ; Irimia 1983, 85-86 ; Simion 2003 ; 2005.

Fig. 391. Celic-Dere : tombe à incinération en fosse.

Fig. 392. Enisala : tombes à incinération en urne.

L'examen des données disponibles nous a conduite à la conclusion que les deux rites étaient complémentaires et non opposés, tant dans le système des valeurs des sociétés indigènes[4], que dans celui des colonies grecques[5]. L'apparente diversité des pratiques funéraires dissimule manifestement les contraintes auxquelles elles obéissent. Des contraintes d'ordre idéologique, religieux ou conjoncturel peuvent tout aussi bien être invoquées. Un passage d'Hérodote (V, 8) résume admirablement la présence de deux rites funéraires chez les Thraces, donnant à penser que les deux s'appliquent arbitrairement aux défunts de l'aristocratie locale. De plus, le même texte apporte des indications précieuses sur le déroulement des funérailles chez les Thraces : *prothesis*, sacrifices d'animaux, banquet funéraire, incinération ou inhumation des morts, érection d'un tumulus, *agones*, soit autant de points communs avec les usages des Grecs.

1.1. Incinération

La plupart des tombes considérées comme appartenant aux indigènes, sont des tombes à incinération, avec les restes des défunts incinérés en dehors de la tombe et déposés en fosse, parfois de grandes dimensions, dans des urnes, des cistes des pierres ou sur une plate-forme de dalles calcaires. En général, les tombes à incinération sont datées des VIe-IIIe s. av. J.-C. et correspondent aux types établis par M. Irimia (1983, p. 80-81), même s'ils concernent surtout les découvertes du Sud de la Dobroudja, notamment celles de la nécropole de Bugeac (Irimia 1968 ; 1969) :

Type I : incinération en urne à couvercle déposée en fosse simple ;

Type II : incinération en urne à couvercle déposée en fosse simple, protégée par une ciste en pierres ;

4 Irimia 1983 ; Simion 2003 ; 2005 ; Lungu 1996.

5 Histria, Alexandrescu 1966 ; Orgame, Lungu 1995 [2000a] ; 2006 ; 2007 ; Tomis, Bucovală 1967 ; Callatis, Preda 1961.

Type III : incinération en urne à couvercle, recouverte d'un tumulus ;

Type IV : incinération avec dépôt dans une tombe à deux compartiments ;

Type V : incinération avec dépôt en fosse simple.

Les plus nombreuses sont les crémations en urne dont l'embouchure est obturée par une marmite ou par une dalle de grès. Les urnes protégées par des cistes de pierres sont également bien attestées.

Parmi les trouvailles les plus anciennes, il faut citer celles de la nécropole de Celic Dere (**Fig. 390 et 391**), qui a livré à la fois des tombes à crémation (types I-III, V) et à inhumation contemporaines reparties en tombes planes et tombes tumulaires, avec la prédominance de l'inhumation (Simion 2003, p. 237-246). Les 45 tombes tumulaires, dont les diamètres vont de 5 à 15 m, étaient profilées au niveau de la surface actuelle. L'une des particularités de cette nécropole réside dans l'usage de cercles de pierres et d'une couverture en pierres pour les tombes des deux rites. A l'intérieur, le cercle de pierres est toujours d'un diamètre supérieur à celui du cairn de pierres recouvrant plus ou moins complètement la tombe.

Au cours des IVe-IIIe s. av. J.-C. le nombre des crémations augmente pour atteindre environ 92 % dans la nécropole d'Enisala (Simion 1971 ; 2003, p. 259-314 ; types I-III, V). Cette nécropole est située à 17 km au nord-ouest d'Orgamé-Argamum, aux abords de deux versants de la vallée du Netului. Les tombes ont été réparties globalement en deux groupes, désignés A et B, de la même grande nécropole du IVe s. av. J.-C. Selon les observations de G. Simion, les habitants de ces lieux pratiquaient de façon systématique l'incinération (243 tombes à incinération pour 10 à inhumation), soit 400 tombes avec 7-8 % d'inhumations, réparties entre tombes planes et tumulaires (Simion 2003, p. 261, 317 et 362). Treize tumuli de dimensions variables, dont le plus grand (M2-A) a 20 m de diamètre pour une hauteur de 1,50 m et le plus petit 3 m de diamètre. Ils recouvrent des tombes en urnes (90 %), fermées ou non avec des couvercles (vases, pierres, dalles) et déposées en fosse ou protégées par des cistes en pierre (**fig. 392**). On trouve aussi des tombes où les restes cinéraires sont déposés en petits tas sur le sol antique et protégés avec des pierres ou des coffrages en pierres ; 3 tombes de ce type sont sans offrandes.

Une ancienne fouille de sauvetage de la zone de Telita a mis en lumière un tumulus de la fin du IVe ou du début du IIIe s. av. J.-C. avec plusieurs tombes d'incinération : une tombe à double crémation et 5 tombes à crémation individuelles avec des urnes en fosse (Simion, Cantacuzino 1962 ; Simion 2003, p. 329-336). Les urnes sont constituées par quatre vases autochtones modelés et une amphore de Thasos. Les fouilles de sauvetage d'Aegyssus (Tulcea d'aujourd'hui) ont conduit à la localisation d'une nécropole à birituel datée des IIe-Ier siècles av. J.-C. (Lungu 1996). A Murighiol, les anciennes fouilles – des années 1950, ont mis en évidence deux nécropoles géto-daces des IVe-IIIe s. av. J.-C.[6] Les fouilles systématiques récentes – de 1983, ont localisé à 1 km de la cité d'Halmyris (une ancienne fortification de type « dava » ou *emporion* grec avant d'être fortification romaine) une nécropole tumulaire, où ont été fouillés deux *tumuli* à tombe à crémation en urne de la première moitié du IIe s. av. J.-C.[7] A noter, dans les deux cas, la présence de cercles en pierres et fragments d'amphores rhodiennes aux diamètres d'environ 17,50 m et 18 m respectivement, ce qui rappelle l'usage des tombes à cercles d'amphores d'Orgamé[8].

En effet, l'incinération semble être une pratique généralisée chez les indigènes et réservée, semble-t-il, aux adultes. Les renseignements sur les tombes d'enfants sont encore trop pauvres pour permettre d'envisager leur étude systématique avant la publication intégrale des données. Le succès que la crémation remporte aux IVe-IIIe s. s'accompagne d'autres données significatives. En effet, cette crémation avait lieu en dehors de l'espace de la tombe peut-être même fort loin de l'emplacement même de la tombe. Une observation d'ordre général concerne l'absence de crémations primaires dans ces tombes. Sur ces deux derniers points, les usages se rapprochent davantage de ceux relevés à Orgamé sur une partie de tombes, où les ossements et les restes du bûcher étaient transférés à l'emplacement de la sépulture et du futur *tumulus*, conduisant donc à distinguer des tombes-bûchers.

L'aspect totalement carbonisé des ossements sur les bûchers d'Orgamé, témoigne de l'intensité et de la duré de la crémation, ne laissant que des restes blanchis, à rapprocher de la coutume homérique (ὀστέα λευκά, Homère, *Iliade*, XVI, 347 ; XXIII, 252 ; XXIV, 793), tandis qu'à Aegyssus, Celic Dere, Enisala et Murighiol les ossements incinérés varient du blanc jaunâtre à diverses nuances de gris dégradées, ce qui témoigne d'un processus de crémation différent de celui d'Orgamé (observations confirmées par Philippe Charlier en 2008). Ces différences de couleurs sont tributaires de la durée de l'exposition à la flamme, de la température, du type et du tirage du foyer, ce qui traduit la mise en œuvre des procédures différentes entre Grecs et non-Grecs dans la même région.

D'autre part, les déblais dégagés au-dessus des bûchers à Orgamé étaient composés d'une cendre fine

6 Bujor 1955 ; 1956 ; 1957 ; 1958 ; 1959a ; 1959b ; 1961 ; 1971.

7 Simion 1995, p. 265-302 ; 2003, p. 337-358.

8 Canarache 1957, p. 378-379 ; Lungu 1995.

Fig. 393. Ciucurova : tombe à inhumation.

et légère, recouvrant les poutres en bois carbonisées du bûcher. Des offrandes ont également été brûlées sur le bûcher. Dans le cas de certains grands *tumuli*, la cérémonie funéraire s'achèvait enfin par un banquet organisé par la famille en l'honneur du défunt. On reconnaît encore les traces de libations effectuées avant le début des funérailles et le dépôt des offrandes. Une fois le *tumulus* édifié, la tombe a reçu à certains intervalles des offrandes commémoratives. Toutes ces manifestations repérées archéologiquement signalent trois étapes fondamentales des pratiques funéraires correspondant à autant de rites de passage décrits par Arnold Van Gennep (1909 [2004]) – séparation, marge et agrégation, – et rappelle les textes des auteurs anciens à commencer par le cas exemplaire des funérailles de Patrocle décrit par Homère (*Iliade*, XXIII).

1.2. Inhumation

L'inhumation est attestée à l'époque du Hallstatt dans les tombes de plusieurs sites du Nord de la Dobroudja et en particulier sur ceux de Celic Dere et Noviodunum[9]. Les tombes d'inhumation, individuelles ou doubles, sont réalisées en fosse large de 3,5 m x 3,5 m, où les défunts sont disposés en décubitus dorsal ou parfois en position repliée. A Noviodunum c'est la solution de la position repliée en petite fosse qui est retenue. Simion mentionne aussi dans la nécropole de Celic Dere des *tumuli* à inhumation partielle, réduite à la seule partie inférieure d'un squelette d'homme, accompagnée entre autres d'un riche inventaire guerrier formé de 53 pointes de flèches en bronze, d'un *akinakes* et d'un fer de lance (Simion 2003, p. 239, tumulus V). Du niveau de la couverture en pierre du tumulus, ont été récupérés plusieurs fragments d'amphores de Thasos et de Chios, datables, semble-t-il, du IVe s. av. J.-C., et constituant probablement les traces d'une cérémonie ou d'un repas héroïque à l'issue des funérailles.

Une tombe à enclos circulaire (diam. = 3,70 m) au bord de la rivière Teliţa renfermait au centre de l'aire, fosse, de dimensions 2 m x 0,70 m, protégée par une couche de pierres (Simion 2003, p. 207-212). Le squelette était disposé en position fléchie selon une direction N-S. Le mobilier, assez pauvre, formé de deux vases céramiques, d'un silex et d'une pointe de flèche, était déposé en face du crâne. Sa datation remonte aux VIIe-Ve s. av. J.-C. et il semble attribuable aux Scythes.

A Ciucurova ont été fouillées 10 tombes, dont la profondeur varie de 0,80 à 1,00 m (Simion 2003, p. 187-206 ; **fig. 393**). Le rite commun est l'inhumation en fosse, protégée par de grosses dalles en pierres. Tant les tombes des adultes (7 tombes) que celles des enfants (3 tombes) sont aménagées de manière identique. Le même type est attesté aussi à Murighiol (Bujor1959, p. 326, fig. 1),

9 Simion 2003, p. 181 ; 2005, p. 45-46.

où les pierres sont de dimensions plus réduites. Mais ici, le nombre des inhumés est de loin dépassé par celui des incinérés dans une proportion de 2 à 60 (Bujor 1971, p. 132), situation comparable à celle d'Enisala, où les tombes à inhumation représentent environ 7-8 % du total (Simion 2003, p. 261). Pour cette nécropole, nous ne disposons pas encore de données sur la ségrégation des tombes en fonction de l'âge ; en revanche, au début de l'époque romaine, il semble que l'inhumation ait été réservée exclusivement aux enfants dans une autre nécropole du même site (Babeş 1988, p. 17).

Un cas spécial est représenté par celui de Sabangia, réduit à une chambre funéraire construite en poutres en bois pour couvrir une inhumation du dernier quart du VIIe / premier quart du VIe av. J.-C. d'après un fragment d'épaule d'œnochoé ionienne trouvé parmi les pièces du mobilier funéraire [10].

Les tombes à inhumation les plus récentes avec des sujets en position dorsale, orientés N-S, datent du IIe s. av. J.-C. et proviennent de la nécropole d'Aegyssus, qui semble être plus qu'un simple établissement autochtone, probablement un comptoir sous la protection d'une des colonies pontiques. On y a exhumé trois sépultures à inhumation à côté de deux tombes à incinération en urne à l'occasion d'une fouille de sauvetage sans possibilité d'extension à l'intérieur de la ville moderne de Tulcea (Lungu 1996). De toute façon, l'inhumation reste encore moins représentée à l'époque classique de la civilisation géto-dace.

Les découvertes de tombes à inhumation à Orgamé passent pour des cas isolés et exceptionnels à côté de la prédominance des tombes à crémation. De même, les deux tombes repérées jusqu'à présent se distinguent par leurs caractéristiques hors normes, par comparaison avec les situations observées dans les nécropoles grecques : dans le premier cas, le squelette était mutilé et déposé en désordre à côté d'une construction rectangulaire de pierres à l'intérieur d'un grand *tumulus* (TB95) ; le second– est une tombe à inhumations multiples superposées dans la même fosse (TE99) (Lungu 1995 [2000a], p. 106, figs. 6/5, 6/6).

1.3. Orientation

La disposition des défunts dans les tombes indigènes d'Aegyssus, de Celic Dere, Ciucurova, Enisala, Murighiol ou Noviodunum, était normalement orientée N-S et rarement avec des déviations SE-NV, E-V (Simion 2003, p. 238 ; 2005, p. 45). L'interprétation de la distribution des tombes selon diverses directions pouvait varier d'une période à l'autre et d'une religion à l'autre. Ainsi, en ce qui concerne l'orientation E-O, elle est particulière aux Grecs, dont les défunts étaient tournés vers l'ouest, vers le paradis situé au-delà de l'Océan [11]. Chez les chrétiens, la tradition ecclésiastique nous offre deux explications différentes : l'une transmise par Grégoire de Nicée au IVe siècle explique cette orientation par rapport à l'emplacement de la première patrie de l'homme du côté de l'Orient (Mâle 1950) ; l'autre, notée par Saint-Augustin au Ve siècle, la met en relation avec le geste de la prière (Davy 1964).

Par rapport aux normes grecques, la tombe TE99 d'Orgamè présente des orientations différentes pour chaque niveau d'enterrement, les sujets étant inhumés tête à l'ouest, au sud ou à l'est (Lungu 1995 [2000a], p. 117, fig. 6.6). Dans ce contexte, la variété des orientations peut trouver une explication pertinente dans l'origine étrangère des sujets décédés à Orgamé (Gètes, Thraces, Scythes, Grecs etc) ou dans le statut marginal des sujets par rapport à la structure unitaire, clairement hiérarchisée de la ville et expliquerait donc les différences de rituel et sa séparation complète par rapport à la nécropole ordinaire de la ville. On peut indirectement tirer l'idée que l'individu n'est pas considéré en tant que tel dans la communauté grecque de cette colonie, mais toujours en tant que membre d'un groupe.

2. Organisation des tombes dans l'espace des nécropoles

Dans les nécropoles indigènes, les tombes s'organisent, soit dans des nécropoles planes, soit dans des nécropoles tumulaires, les deux types se retrouvant parfois associés au sein de la même aire, comme à Enisala ou à Celic Dere. A l'exception d'une tombe sous *tumulus* de Sabangia, toutes les autres tombes étudiées étaient situées dans des zones sans traces d'occupation antérieure. Aux cas précédents, il faut ajouter environ 102 *tumuli* dépistés à la surface du sol actuel, mais non fouillés, dans les zones voisines d'Orgamé correspondant aux villages modernes de Baia, Ceamurlia de Jos, Jurilovca et Mihail Kogălniceanu (Topoleanu, Jugănaru, Micu 2007, p. 30).

A propos de l'organisation des tombes au sein des nécropoles indigènes de la Dobroudja septentrionale, à l'exception de celle d'Aegyssus, les fouilleurs sont demeurés d'un silence absolu. On peut tirer toutefois quelques observations de plans et de cartes publiés qui

10 Simion 2003, p. 164-165 ; 173, fig. 1 ; Alexandrescu 1978, p. 39, cat. 23, pl. 3.

11 Hampe 1960, p. 71, 103 ; *Kerameikos* 5,1, p. 14.

révèlent, selon nous, des alignements parallèles des tumuli dans la nécropole de Celic Dere et des regroupements de *tumuli* dans la nécropole d'Enisala [12] (**fig. 394**). L'explication de telles distributions semble liée à des motivations d'ordre social et dans l'exploitation des accidents de relief, comme à Celic Dere et à Enisala, où les *tumuli* occupent les pentes des collines ou les sommets bordant des déclivités. Les 5 tombes découvertes sur le versant sud de la colline de *Hora* à Aegyssus semblent être distribuées selon des alignements est-ouest (Lungu 1996). Pour ce qui est des autres identifications funéraires, les données sont trop sommaires pour tenter des interprétations.

Sur les tombes indigènes de cette zone contemporaines de la nécropole d'Orgamé nous ne disposons pratiquement d'aucune information relative aux bûchers sur lesquels les défunts ont été incinérés. Si ces bûchers étaient bien situés à l'intérieur de l'établissement, juste à l'extérieur ou sur un côté périphérique de la nécropole, de toute façon, il est évident qu'ils étaient érigés à l'extérieur de la tombe. Les tombes à bûcher ne semblent pas avoir constitué une pratique très fréquente chez les Gètes, où elles sont toutefois mentionnées à partir de l'époque classique de la civilisation géto-dace (Babeş 1988, p. 17). Par contre, l'examen de certaines tombes, en particulier les plus grands des ensembles familiaux d'Orgamé, nous a permis de mieux apprécier l'importance du bûcher, autour duquel se déroulaient les différentes étapes de la cérémonie funèbre d'une façon similaire à celle d'Istros, organisée selon la tradition homériques des tombes de héros [13] (**fig. 396**) et la tombe TIV90 permettent de reconstituer la forme rectangulaire du bûcher constitué d'un assemblage de poutres en bois de chêne au sein de la tombe tumulaire [14] (**fig. 395**). Pour la plupart des tombes indigènes ou grecques, les cendres et quelques objets d'accompagnement ont aussi été rassemblés pour être déposés dans une petite fosse ou sur le sol de la tombe, ou bien dans des urnes.

En général, les tombes avec ou sans bûcher d'Orgamé ont été protégées par des cercles de pierres complets ou partiels. De tels aménagements, identifiés dans un grand nombre de tombes, relèvent d'une pratique également fréquente dans les nécropoles indigènes du Nord de la Dobroudja entre le VIe et le IIe s. av. J.-C. C'est le cas, par exemple à Celic Dere, qui a livré les cas les plus nombreux, suivi par Enisala, Niculiţel, Murighiol, tant dans les tombes à incinération, que dans celles à inhumation [15]. La comparaison avec les lotissements familiaux d'Orgamé n'en reste pas moins déterminante et retient l'attention. Des cercles des pierres interrompus, de dimensions variables comme ceux d'Orgamé, se retrouvent aussi dans certaines tombes contemporaines à Enisala [16] (**fig. 397**). Lors des fouilles d'Enisala, de grossières enceintes de pierres à la base de 13 *tumuli* mis au jour font supposer une situation proche de celle de la nécropole de la ville grecque voisine. Toutefois, la pratique des enclos en pierres a été répandue aussi chez les populations du faciès culturel Bârseşti-Ferigile datant du Hallstatt final, identifié à l'intérieur de la Roumanie actuelle et ce dès l'Age du Bronze Récent d'après les découvertes de Murighiol (Vulpe 1967 ; Simion 2003, p. 348). En effet, il semblerait que, pour les indigènes, ces pratiques ne peuvent être évoquées qu'au travers de normes funéraires dont la tradition remonte à la fin du Hallstatt ou même plus haut.

Les petites cistes mégalithiques apparues vraisemblablement dès la fin du VIe -Ve s. av. J.-C. à Ciucurova et considérés par l'auteur des fouilles comme correspondant à l'extension orientale des coutumes illyriennes, forment un cas à part. Toutefois, ce type de tombes construites pour des inhumations individuelles se développe dans la zone balkanique, où il est bien attesté dans les nécropoles thraces (Triandaphyllos 1984, p. 179-184, fig. 7-13).

3. Mobilier funéraire

Dans la plupart des tombes indigènes, les mobiliers funéraires se signalent par leur sobriété.

3.1. Vases urnes

La plupart des vases-urnes que nous avons découverts à Orgamé, à deux exceptions près, sont des vases grecs d'importation, alors que les vases locaux, modelés ou tournés à pâte grise, sont archi-majoritaires dans tous les cimetières indigènes connus. Les vases grecs utilisés comme urnes dans les tombes indigènes, surtout les amphores, demeurent toujours en nombre réduit.

Les urnes des tombes indigènes sont de types variés, fabriquées spécialement ou non pour cet usage. Les plus nombreuses sont constituées par des vases indigènes, modelés (vases-conteneurs, écuelles, tasse à une anse, cruches) ou tournés (cratères, écuelles, cruches) ; ces dernières sont plus nombreux à Enisala qu'à Murighiol.

12 Simion 2003, p. 227, fig. 2 ; p. 290, pl. II.

13 Alexandrescu 1971 ; 1994 ; Lungu 1997 [2000b] ; 2000-2001 ; 2006 [2008]. La tombe-herôon TA95.

14 Lungu 1995, p. 256, fig. 3 ; 1997 [2000b], p. 84, fig. 7.10 ; 2000-2001.

15 Simion 2003, p. 248, Celic Dere et 348, Niculiţel.

16 Simion 2003, p. 261, M 3-A et M5-A ; Pl. IV.b et VIII.b ; fig. 1 et 2.

Parfois ces vases modelés sont porteurs de décors en relief, tels que des rangées d'impressions digitales, des motifs ondés incisés, ou bien recouverts d'un revêtement peint. La qualité de ces pièces n'a rien d'exceptionnel. Parfois, on trouve aussi des vases d'importation constitués par des amphores grecques dans la plupart de cas. Si l'on compare à ce stade les tombes d'Orgamé avec celles d'Enisala ou d'autres nécropoles de Dobroudja septentrionale, on peut noter des rapprochements dans la qualité des divers récipients utilisés comme urnes et des différences surtout en ce qui concerne leur fréquence. Même si les vases grecs, par exemple, sont utilisés dans les deux aires, le répertoire des formes est beaucoup plus varié dans la nécropole d'Orgamè.

3.2. Offrandes

La documentation archéologique n'a pas conservé de traces de lustration, de prothesis et autres rituels familiers en Grèce ou ailleurs et pratiqués à la maison avant le départ pour le cimetière [17]. Aucune trace de couronnes ou diadèmes en métal ou en céramique dorée n'a été identifiée dans les tombes soumises à la présente étude, comme celles de Callatis, par exemple (Preda 1961). Si les têtes des défunts ont été toutefois couronnées, alors il faut supposer que les couronnes devaient être en matière naturelle, telles que fleurs ou guirlandes de feuilles.

Des indices ténus concernant aussi la tenue portée par le défunt avant l'enterrement ont été décelés à Orgamé : une fibule en fer trouvée dans le *tumulus* IV suggère que les défunts ont été habillés et non enveloppés dans des linceuls (Lungu 1995, p. 259, fig. 6, 8). Dans les tombes des indigènes, les vêtements ont été aussi détruits ou carbonisés, mais ont été préservés au préalable les épingles, les boutons, les fibules qui les ont fixés, sans qu'on en ait trouvé plus de traces [18]. On écartait aussi des pièces d'habillement (parures), dont les mieux représentées sont celles des tombes indigènes, représentées par des bracelets, des bagues ou des colliers de perle en argile ou en verre, qui ornaient, semble-t-il les cous des défunts au cours de la *prothesis* décrite par Hérodote [19]. Les miroirs en bronze ne sont pas très fréquents, mais on en a identifié quelques-uns, tant dans les tombes d'Aegyssus et d'Enisala qu'à Orgamé. L'absence de monnaies dans les tombes des Gètes est à signaler, alors qu'elles sont présentes dans les tombes d'Orgamé. Les terres cuites sont assez rares, hormis une petite Cybèle grecque en argile beige clair et une figurine zoomorphe représentant un taureau trouvées à Enisala (Simion 2003, p. 267, 313, fig. 13, 8).

Les pièces plus caractéristiques proviennent d'équipements militaires : *akinakai*, pointes de flèches, poignards, fers de lance (**Fig. 399**). Les objets de parure, tels que bracelets en bronze, fibules ou perles en verre sont aussi rapportés presque partout. Parmi les objets en métal, on note la présence de quelques clochettes en bronze (à Celic Dere, Enisala, Telita) qui semblent revêtir de multiples significations : ornements de boucliers, chez les Grecs d'Euripide (*Les sept contre Thèbes*, antistrophe III, l'éclaireur) ; jouets dans les tombes des enfants (Provost et *alii* 1999, p. 327, fig. 335 : tombe d'enfant en amphore de Clarensac en Gaule). A Enisala, l'exemplaire trouvé parmi les restes incinérés d'un adulte, déposés à l'intérieur d'une urne couverte d'un grand tumulus, suggère que la clochette était accrochée aux vêtements du défunt avant être incinérée.

Les offrandes sont présentes assez souvent dans tous les types de tombes indigènes des VIIe - IIe s. av. J.-C., à quelques exceptions près. Les plus souvent signalées sont des vases modelés ou tournés, des vases d'importation, notamment des amphores grecques (Lesbos, Chios, Héraclée Pontique, Thasos) et des céramiques gréco-orientales, attiques à figures rouges ou à vernis noir. D'après les données archéologiques des nécropoles indigènes, il apparaît que les dépôts de mobilier à vocation alimentaire étaient assez fréquents à l'intérieur des tombes gètes. A Ciucurova les offrandes, sont en général constituées de vases modelés accompagnés de quelques formes tournées à pâte grise, imitées de modèles grecs allant de la deuxième moitié du VIe au troisième quart du Ve siècle av. J.-C. : œnochoés à lèvre tréflée, lékanis à anses implantées sur le marli avec des analogies à Istros. La plupart des tombes de la nécropole plane d'Enisala et de Celic Dere témoignent d'une économie de mobilier importé remarquable. Un nombre plus restreint de tombes, pour la plupart sous *tumulus*, à livré les dépôts les plus significatifs (le rapport entre les tombes planes et les tombes tumulaire d'autres sites en Dobroudja, Irimia 1984).

Les céramiques d'importation consistent en cratères à pâte beige rougeâtre, écuelles à engobe rouge, vases attiques à décor peint ou à vernis noir ; les plus nombreuses sont les amphores de différentes origines : Chios, Lesbos, Clazomènes, Thasos, Héraclée Pontique, Rhodes, Sinope, Acanthe etc. Parmi les offrandes des tombes de Teliţa dominent les vases indigènes modelés ou tournés, quelques vases d'importation, trois

17 Kurz, Boardman 1971, p. 143-149, et, pour les Thraces, Hérodote V, 8.

18 Simion 2003, p. 157, fig. 1.1-3 (Piatra Frecăţei, Enisala) ; p. 173, fig. 1b (Celic Dere) ; p. 255, fig. 4. e, g (Celic Dere) ; p. 314, fig. 14.2 (Enisala).

19 Simion 2003, p. 157, fig. 1.4 : Ciucurova ; p. 255, fig. 4f : Celic Dere ; p. 314, fig. 14. 6 : Enisala.

Fig. 394. Enisala : tombes sous *tumulus*.

canthares attiques à vernis noir et un plat à poisson de même origine, plusieurs objets en métal – bracelets, petites clochettes en bronze, un couteau, plusieurs points de flèche –, etc.

Ces vases ont été utilisés pour la plupart comme conteneurs pour les offrandes, sauf les urnes, représentées exclusivement par des amphores, jouant un rôle marquant dans le cadre des rituels pratiqués par les indigènes, selon leurs coutumes. Hellanikos (Fr. 73. Phot. Suid.) rapporte que les Gètes croyaient dans immortalité de l'âme en faisant des sacrifices et des banquets et en croyant que les morts reviennent sur la terre. D'ailleurs, la croyance des Gètes dans l'immortalité de l'âme est souvent mentionnée par les sources littéraires grecques (Hérodote, *Hist*., IV, 93 ; Arrien, *Anab*. I, 3, 2). Dans ce contexte, déjà ouvert aux pratiques du banquet funéraire, les vases d'offrande importés, tels que, par exemple, les canthares, cruches, salières, skyphoi, etc, et, surtout, les amphores de transport, lesquelles correspondent grosso-modo aux découvertes de la nécropole d'Orgamé (**fig. 398**) et des autres colonies grecques de la région comme Istros et Callatis, sont en général des vases conçus pour un tel usage spécifique et font l'objet d'un marché actif. Ainsi, on peut penser que les tombes avec des offrandes de vases grecs d'importation comparables à ceux des tombes des colonies pontiques, témoignent de l'adoption, sinon de nouvelles pratiques, du moins d'un rituel funéraire en pleine mutation et amélioration par le biais des contacts avec ces colonies. Cette forme d'acculturation conduit à envisager la transmission de nouvelles pratiques et leur adaptation dans un contexte nouveau, marqué par l'influence déterminante des colonies grecques du littoral et leur évolution continue [20].

Fig. 395. Orgame : tombes tumulaires rassemblées en grands lotissements familiaux.

En effet, on peut noter que la présence de vases grecs d'importation dans les tombes des indigènes constitue, outre des marques d'affection, une réponse positive et une ouverture remarquable vers d'autres cultures de proximité. Cet usage est attesté par de nombreuses découvertes de tombes non-grecques de Dobroudja septentrionale et retient d'autant plus l'attention qu'il doit correspondre à des comportements conjoncturels différents :

- soit par adoption de pratiques étrangères facilitée par la proximité d'une ville grecque, avec les relations suivies que cela implique ;

20 Sur les rapports entre les colonies grecques et les populations indigènes voir aussi, Irimia 1973 ; Buzoianu 2001.

Fig. 396. Orgame : le tumulus-Herôon TA95.

Fig. 397. Enisala : tombes tumulaires à enclos de protection.

- soit par imitation des coutumes des Grecs voisins sous l'effet d'une mimésis culturelle d'un centre urbain étranger situé au voisinage des habitats indigènes ;

- soit par ostentation des élites, c'est-à-dire des chefs locaux, pour bien marquer une distinction nette des couches sociales supérieures et le reste de la population indigènes sur le modèle en vigueur dans les colonies grecques.

Les adultes ont emporté aussi dans leurs tombes leurs armes ainsi que des pièces de harnachement. Les épées, parfois recourbées, ont perdu leur poignée de bois ainsi que leur fourreau, et les lances, leur hampe. Pour certaines tombes de Celic Dere et d'Enisala, Simion a signalé des épées de type *akinakes*, des centaines de pointes de flèche et de fers de lances, sans compter les poignards (**fig. 399**). C'est là la panoplie rencontrée habituellement. Sur ce point, il est difficile de trancher entre un mobilier strictement funéraire ou tout simplement des objets ayant été portés ou ayant appartenu aux défunts de leur vivant. On peut en déduire qu'il s'agit des tombes d'hommes jeunes ou d'adultes, aptes au maniement de la lance, de la hache ou de l'épée sur le champ de bataille. En Dobroudja du Nord, la nécropole la plus riche en équipements militaires est celle de Celic Dere (Simion 2003, p. 255-257, figs. 4-6.). La présence des armes dans les tombes est moins marquée à Sabangia (*ibid*., p. 174, fig. 2a-b) et Enisala (*ibid*., p. 313, fig. 13), où leur nombre est beaucoup plus réduit par rapport au nombre des tombes fouillées, tandis que dans la nécropole d'Orgamé on relève l'absence de grandes armes de combat du type *akinakai* ou fers de lance.

Dans certains *tumuli* d'Enisala on a repéré des zones bien circonscrites, couvertes de tessons provenant de vases brisés à l'extérieur de la tombe selon l'usage. Une pratique similaire est attestée à Celic Dere, où certains tumuli à inhumation du IIIe s. av. J.-C. gardent encore parmi les pierres de couverture du *tumulus* des fragments de vases céramiques, d'amphores notamment, qui pourraient correspondre aux restes d'un repas commémoratif (Simion 2003, p. 239). Ces fragments montrent que les objets ont été cassés en dehors de la tombe à une époque postérieure à l'enterrement. La coutume n'est pas sans analogies dans la nécropole grecque d'Orgamé, où les offrandes commémoratives trouvées en dehors de la tombe sont assez fréquentes. Les ceintures de pierre et parfois les fosses en bordure des tombes d'Orgamé renferment pour la plupart des offrandes variées et des vases à libations.

En revanche, il est des cas où on remarque l'absence complète d'offrandes funéraires commémoratives ou de trace *in situ* du culte des morts ou des ancêtres de la plupart des tombes indigènes, ce qui constitue un autre trait spécifique. D'ordinaire, l'absence d'offrandes de célébration indique que l'emplacement de la tombe ne correspond pas à celui de la cérémonie ou du culte qui a suivi l'enterrement, sauf dans le cas où celles-ci n'ont pas été reconnues par les fouilleurs ou elles n'ont pas laissé de traces, ce qui suggère un abandon de la tombe par défaut d'héritiers ou du fait d'un statut particulier du défunt (un étranger, par exemple).

Si on compare maintenant les tombes présentant des traces de rituels commémoratifs de nécropoles indigènes avec celles d'Orgamé, on ne peut manquer d'être frappé par la similitude des vases d'offrandes, consistant la plupart du temps en amphores grecques. Le mobilier d'accompagnement, dans les nécropoles indigènes comme dans la nécropole grecque d'Orgamé, rassemble le plus souvent des vases à boire. Il n'y a pas de différences de qualité dans ces cas là. Pour les deux mondes, grec et non-grec, ils ont la même destination. Ce n'est pas souvent que l'on constate une telle similitude au bout de plusieurs siècles de contacts réciproques.

Les ossements d'animaux, pour autant qu'ils soient signalés, nous permettent de compléter notre image du rituel. Certaines tombes de Celic Dere ou d'Enisala n'ont livré que des fragments de grands os déposés dans diverses formes de récipients, telles que des *lekanai*, écuelles, etc., placées auprès du défunt. Ces ossements représentent plutôt les vestiges des offrandes animales cuisinées (grillées ou bouillies). Les tombes présentant de tels restes osseux ne sont pas nombreuses, mais elles sont suffisantes pour montrer qu'on a affaire dans tous les cas à des pièces de boucherie plus ou moins grosses d'animaux sacrifiés et non à des squelettes d'animaux entiers. Il s'agit de bêtes familières, peut-être, encore jeunes, qui ont été sacrifiées lors de l'enterrement, mais toujours en dehors de la tombe. Cette nourriture complétait ainsi les offrandes des boissons contenues dans les skyphoi, œnochoés, cruches, canthares ou amphores. Les deux constituent les traces manifestes du banquet funèbre donné à l'occasion des funérailles.

La tombe-herôon TA95 et la tombe TIV d'Orgamé permettent en outre d'assurer que des animaux ont également été sacrifiés et livrés aux flammes, peut-être entiers et sans être déposés ensuite dans des vases. En revanche, dans les tombes indigènes, les offrandes animales ont été trouvées déposées dans des vases et introduites à l'intérieur de la tombe, ce qui évoque des préparations carnées offertes comme offrandes. Cette coutume est, semble-t-il, commune à l'ensemble des nécropoles indigènes (Simion 2003, p. 239-240, le *tumulus* IX de Celic Dere, daté vers la fin du VIIe ou au début du VIe av. J.-C). Les sacrifices d'animaux à caractère expiatoire, tels que ceux de chevaux ou de chiens, ont été rarement signalés dans le milieu non-grec à Sabangia et à Aegyssus (Lungu 1996, p. 54 et 67 : chien dans la tombe d'une femme inhumée) et sont également rares dans le monde gréco-romain (Robert 1993, p. 124). A cet égard, il faut noter aussi que les sacrifices humains ou d'animaux (chevaux) tels que relevés dans certaines tombes d'Istros (Alexandrescu 1999, p. 117-137) par exemple, sont rarement identifiés dans les nécropoles d'autres populations du nord de la Dobroudja (voir la tombe princière d'Agighiol, cf. Berciu 1965, p. 114-116 ; Babeş 2000, p. 133 ; Sîrbu 2004a, sur les sacrifices de chevaux).

4. Marques signalétiques, tombes monumentales et mémoire

Les nécropoles des indigènes témoignent pour la plupart d'un attachement encore très vivace aux coutumes antérieures, lequel se traduit par un désintérêt pour la perpétuation de la mémoire des défunts : aucun monument sculpté, ni aucun autre type de signalisation de la sépulture ne nous sont conservés à l'exception de trois statues représentant des guerriers scythes ou thraco-scythes signalées en dehors de l'espace visé pour notre analyse (Berciu 1965, p. 102-104). Telle se présente aujourd'hui la situation archéologique, placée sous le signe de la simplicité et du silence. Il n'y a pas de marquage sacralisant l'espace. Il se peut toutefois que ces marques signalétiques aient été réalisées en bois, matériau périssable par excellence. A en juger d'après les résultats des fouilles, il est clair qu'il y a eu recherche de discrétion et refus des images, ce qui explique que les tombes soient le plus souvent d'une grande banalité, surtout du point de vue architectural. D'autres repères spatiaux, comme par exemple les tumuli, sont parfois mal discernables, ce qui les rend difficiles à interpréter à partir de références historiques et culturelles qui leurs sont propres.

Les nécropoles planes, comme celles d'Enisala ou de Murighiol, apparaissent aux yeux du passant comme des endroits monotones et calmes, où l'emphase que l'on retrouve souvent sur les monuments gréco-romains fait complètement défaut. Par rapport à la simplicité de ces nécropoles, où les dépôts funéraires en urnes et les tombes à inhumation ne dépassent pas 2 m^2, les *tumuli,* couvrant des surfaces de 20 à 175 m^2, se présentent non comme de simples amoncellements de pierres, mais comme des symboles de force et d'audace. Ils monopolisent l'attention et incitent au respect, ainsi qu'en témoigne la présence d'offrandes, d'amphores notamment, insérées dans la blocaille du remblai. Plus généralement, dans des nécropoles à double rituel comme celles d'Enisala ou de Celic Dere les tombes tumulaires présentent un aspect spectaculaire dans leur contexte, alors qu'elles sont courantes à Orgamé. Occupant d'ordinaire les crêtes de la vallée du lieu-dit Netului à Enisala, l'implantation des *tumuli* y suggère une intention d'occuper les positions dominantes, à la manière du premier groupe de tombes archaïques installées sur les hauteurs septentrionales du promontoire de Capul Dolojman à Orgamè. Ce pourrait être là une première manifestation d'un souhait de préserver la mémoire du disparu, dont on retrouvera le prolongement, aux IVe-IIIe s. av. J.-C., sous la forme de stèles funéraires à représentations figurées avec mention du nom du défunt (Lungu 2004).

L'érection de tombes monumentales comme le *tumulus*-hérôon TA95 d'Orgame (VIIe s. av. J.-C. ; Lungu 1997 [2000b] ; 2000-2001) ou la tombe à chambre d'Agighiol (IVe s. av. J-C. ; Berciu 1969a, b, c) va conduire à la transformation du paysage et, en même temps, doit traduire des changements territoriaux, idéologiques et structurels des populations autochtones. La tombe-hérôon TA95 a été le théâtre de commémorations solennelles et réitérées durant plusieurs siècles. Ces rites commémoratifs conféraient à l'occupant de la tombe une position hors du commun, tout en lui assurant une mémoire personnalisée et plus solennelle que pour les défunts ordinaires. Dans le fossé d'offrandes se sont accumulées les traces d'une perpétuation de la mémoire du défunt et d'efforts opiniâtres destinés à consacrer un personnage important. Le culte rendu au héros de même que l'emplacement de son tombeau étaient probablement liés à sa qualité de fondateur de la colonie, impliquant le succès de cette opération à caractère quasi-miraculeux [21].

La tombe d'Agighiol, située en territoire indigène et renfermant le riche inventaire d'un prince guerrier mais sans trace de commémorations réitérées, n'appartient qu'à son époque ; le défunt y est ici un homme de l'instant, un héros du devoir accompli et de l'honneur familial. Il appartient donc qu'à un seul moment historique, au cours duquel il s'était probablement distingué par ses exploits personnels, de toute évidence ses faits d'armes, à en juger d'après l'équipement qui l'accompagnait dans sa tombe, sans que l'on sache s'il s'agissait de son armement personnel ou de trophées. La tombe suggère à tous points de vue (chambre double en blocs de calcaire maçonnés, double inhumation, riche mobilier funéraire) que l'on a affaire à un membre de l'élite locale, apparentée à celle de la zone de Thrace d'où proviennent les plus proches analogies, comme à Vratsa, par exemple [22]. Cette tombe apparaît donc comme emblématique d'une nouvelle mentalité, inconnue auparavant dans cette région.

5. Démographie et société

Nos connaissances sur les populations du nord de la Dobroudja devraient reposer sur les données complémentaires des sources écrites et de l'étude des vestiges archéologiques. Malheureusement, en matière d'archéologie funéraire, les apports de la paléoanthropologie demeurent encore trop modestes et font même cruellement défaut sur la plupart des sites, tandis que les sources écrites jettent plus d'ombres que d'éclairages sur le sujet lorsqu'elles abordent les coutumes communes aux Gètes, aux Scythes et aux autres populations de la région (Thucydide II. 96.1). Ainsi, même si certains progrès ont été obtenus sur les procédés d'observation et sur la prise en compte des rites funéraires, grâce aux méthodes de fouilles et aux études comparatives, on ne peut le plus souvent qu'avancer des hypothèses, en essayant d'étayer le débat sur les coutumes funéraires des Grecs et des non-Grecs.

La date des plus anciennes trouvailles suggère que la colonie d'Orgamé a été fondée vers le milieu du VIIe s. av. J.-C., très vraisemblablement par un groupe de colons venus d'Ionie, probablement de Milet. Au stade actuel, les données de fouille révèlent que la nécropole a fonctionné plusieurs siècles durant, du milieu du VIIe jusqu'au milieu du IIIe s. av. J.-C., avec toutefois un hiatus couvrant la deuxième partie ou la fin du VIe et tout le Ve s., sans concernait l'habitat (Mănucu Adameşteanu 2001 ; 2003), mais qui n'a pas encore été observé dans la nécropole. Les données chronologiques livrées par les tombes fouillées (VIIe-VIe et IVe-IIIe siècles av. J.-C.) s'accordent bien avec certaines informations concernant la colonisation milésienne du Pont-Euxin, telles que

21 Voir les indications oraculaires concernant la fondation d'une nouvelle ville grecque, Ehrhardt 1983 ; Malkin 1987.

22 Nikolov 1967, p. 13 ; Archibald 1998, p. 175.

Fig. 398. Orgame : exemple de mobilier funéraire (*tumulus* TXII,1).

Fig. 399. Celic Dere : exemple de mobilier funéraire (pointes de flèches, *akinakes*).

transmises par les sources écrites concernant la fondation de sa voisine d'Istros (Avram 2003, p. 284-286.). Compte tenu de la richesse et du caractère imposant de quelques-unes des tombes d'Orgamé – signes d'un processus de hiérarchisation sociale, on peut donc supposer que la *polis* a connu à l'origine un régime oligarchique, comme d'ailleurs presque toutes les cités ioniennes du Pont-Euxin, où le pouvoir était concentré entre les mains de quelques familles, vraisemblablement héritières des fondateurs de la cité et des cultes héroïques.

Même si, pour plusieurs tombes, la récupération intégrale des informations n'a pas été possible, toutes les données collectées à ce jour semblent concorder avec l'hypothèse d'un ensemble de tombes organisé selon les normes d'une nécropole grecque urbaine, observation qui acquiert plus de consistance si l'on se réfère au passage d'Hécatée de Milet, cité par Etienne de Byzance dans les *Ethnica* : Ὀργάμη, πόλις ἐπὶ τῷ Ἴστρῳ (*F. Gr. Hist*. I, fr. 172 ; Nenci 1954, fr. 183).

Une fois de plus, la question principale est de savoir dans quelle mesure un tel processus, remontant au VIIe s. av. J.-C. et perdurant apparemment jusqu'au milieu du IIIe av. J.-C., a entraîné une évolution des pratiques funéraires dans les nécropoles voisines comme celle d'Enisala datée du IVe s. av. J.-C. Toute une série d'arguments et en particulier l'adoption de tombes à cercles de pierres invitent, semble-t-il, à attribuer cette évolution à la proximité de la ville d'Orgamé s'apparent à qu'à des traditions locales hallstattiennes. Dans l'arrière-pays « barbare », le nombre réduit de telles tombes au sein d'une grande nécropole plane et les similitudes observables avec les tombes d'Orgamé s'apparente à un emprunt culturel et il n'est pas exclu même d'envisager des transferts de population depuis la ville ionienne pour mieux contrôler les zones environnantes.

A partir du début du IIIe s. av. J.-C., la présence de populations indigènes – gètes vraisemblablement – devient manifeste à Orgamé, à en juger d'après les tombes à incinération en vases-urnes modelés. Ce phénomène va de pair avec la présence de plus en plus marquée, sans être vraiment abondante, de vases grecs dans les mobiliers funéraires des nécropoles indigènes comme à Murighiol, Teliţa et Enisala. Cette présence continue vraisemblablement à augmenter au cours des siècles suivants, à l'instar de la situation observée à Istros, où M. Coja a relevé une présence abondante de céramique gétique à partir des IIe-Ier s. av. J.-C. (Coja 1970, p. 121-122).

Certains aspects liés à la composition des mobiliers funéraires de quelques-uns de ces sites nous font entrevoir certaines particularités des habitats attenants. Ainsi, la présence constante de vaisselle commune, modelée ou tournée, de médiocre qualité, comparée à la rareté des importations, suggère pour des sites comme Enisala ou Murighiol, le statut de *komai* indigènes, à vocation agraire, complétée d'activités horticoles et halieutiques, pratiquées le long des vallées des rivières voisines ou au bord du Danube et de ses lagunes. À en juger d'après les mobiliers funéraires, ces communautés apparaissent comme assez pauvres pour ne se permettre, pour la plupart, que de petites tombes à vases-urnes modelés, assez grossiers, et pour n'avoir accès que rarement à des objets d'importation assez communs dans le monde grec, comme les canthares et les plats à poisson à vernis noir ou les amphores de transport. Leur présence traduit, semble-t-il, une hiérarchie sociale peu développée.

Les sites d'habitat de l'arrière-pays profond, situés en zone montagneuse, toujours à proximité de rivières importantes et/ou de ressources minières, comme dans le cas de Celic Dere ou de Beidaud (établissement fortifié), possédaient leur personnalité propre. Il semble donc que les particularités de l'environnement aient influencé le caractère des sites antiques du nord de la Dobroudja. Les matières premières comme le bois, la pierre et le métal ont profondément influencé leur mode de vie, ce qui explique probablement les quantités plus importantes d'objets en métal retrouvées dans les tombes de Celic Dere et de pierres dans la construction des tombes. La présence d'une grande quantité d'armes peut s'expliquer de deux manières différentes : 1. la nécessité de défendre ses biens qui suscitaient peut-être la convoitise des « prédateurs » étrangers ; 2. la présence d'une petite installation militaire associée (une garnison ?) destinée à assurer la protection de la circulation en direction du nord vers le Danube, sur le tracé d'une possible route commerciale reliant les colonies du littoral aux établissements situés plus au nord, sur le territoire de l'Ukraine actuelle, en Moldavie ex-soviétique ou en Moldavie roumaine, d'où le caractère défensif du site et la présence importante de diverses marchandises grecques dans les mobiliers funéraires[23].

En ce qui concerne le rituel accompli à l'intention du défunt de la tombe de Sabangia, Simion note des analogies avec les pratiques funéraires des populations nord-pontiques, notamment en ce qui concerne la construction de la tombe (Simion 2003, p. 180, 209). D'origine septentrionale également semblent être d'autres pièces du mobilier funéraire : des pointes de flèches en bronze d'origine cimmérienne, attestées depuis le nord du Caucase jusqu'en Ukraine, et une épingle à cheveux présentant un ornement attribuable à l'art scythe. Simion (p. 209) croit qu'il s'agit d'un membre de l'avant-garde scythe cherchant à déloger les hordes cimmériennes de leur territoire du Bosphore, événement relaté par le Pseudo-Skymnos lequel fait état d'un synchronisme entre l'invasion des Scythes en Asie Mineure et la fondation de la colonie milésienne d'Istros[24]. Pour Ciucurova, Simion pense à une population d'origine méditerranéenne (Simion 2003, p. 181) et les analogies avec les Thraces du sud de la Péninsule Balkanique évoquées plus haut amènent plus des précisions quant aux interprétations. Quoi qu'il en soit, les 10 tombes examinées forment un ensemble homogène.

Située beaucoup plus au nord d'Orgamé, la nécropole de Celic Dere, beaucoup plus variée, a livré des indices de la présence sur place de populations des steppes nord-pontiques descendues en Dobroudja vers la fin du VIIe s. av. J.-C. (Simion 2003, p. 181). C'est du moins ce que laissent supposer certains des vases d'offrandes, les pointes de flèches et les *akinakai* déposés au niveau de la cuisse ou de la jambe (**fig. 399**). D'après la note de R. Rowlet (1997 [2000], p. 140), attribuant la présence de quelques tombes de femmes associées à des armes du type « Horse Pastoralist burial rite », il semblerait qu'à cet endroit celles-ci se soient livrées, au moins à temps partiel, à des activités pastorales ou d'élevage en dehors de l'*oikos*, ce qui correspond aux données des sources littéraires sur les femmes thraces et notamment au témoignage de Platon (*Lois*, VII, 805d-e).

Au cours des premiers siècles de cette nécropole, les Gètes et les Scythes s'y sont cotoyés, à en juger d'après la présence concomitante de tombes à incinération, propres aux Gètes, d'inhumations en position fléchie à mobilier d'équipement militaires, attribuables aux allogènes et notamment aux Scythes et de fosses recouvertes de pierres, datées des VIe-V^{e} av. J.-C. assignables à des groupes de Thrace méridionale, voire illyriens ou méditerranéens (Simion 2003, p. 250).

Dans un contexte aussi métissé que celui reflété par ces nécropoles, il est difficile de comprendre comment les habitants de Noviodunum, situés dans une zone très instable, ont pu rester en dehors des contaminations. Les mobiliers généralement pauvres, formés exclusivement de vases céramiques modelés, d'armes et d'un bracelet en fer, ont été rattachés à la Culture de Bârseşti-Ferigile (VIe-Ve s. av. J.-C.), une communauté repliée sur elle-même, que Simion interprète comme « un groupe de bergers migrateurs et transhumants venus des zones de la sylvo-steppe du Dniestr supérieur » (Simion 2005, p. 46). Dans ce cas, il est possible de suggérer une datation plus haute que les VIe-Ve s. av. J.-C., plutôt entre 650 et 600 av. J.-C., datation dont la dernière étape est à rapporter au « type III combinatoire » décrit par A. Vulpe, vers 600 av. J.-C., auquel se rattache une partie du matériel de cette nécropole.

23 Teleaga 2008, pour un inventaire des importations grecques dans les nécropoles indigènes.

24 Ps.-Scymnos, v. 766-770, éd. A. Diller, p. 167 ; cf. *Anonym. Peripl. Pont. Eux.* 70 éd. A. Diller, p. 136.

6. Aspects idéologiques funéraires chez les Grecs et les indigènes

L'analyse comparative des tombes des Grecs et des indigènes permet d'établir un lien plus précis entre les croyances et les rites funéraires. Si l'on se réfère à la théorie déjà ancienne d'Erwin Rhode (1894, p. 14-22) interprétant l'incinération comme une façon de chasser les morts du monde des vivants, on peut se demander comment et pourquoi, dans les cas présents, plusieurs populations d'origines différentes établies au même endroit ont jugé bon d'adopter ce rite.

Dans la nécropole de la colonie grecque d'Orgamé on trouve notamment de grands *tumuli* recouvrant des bûchers, autour desquels se sont regroupés des *tumuli* plus modestes. Cette pratique révèle que ce sont des critères familiaux qui ont constitué le principe régulateur des normes funéraires. L'implantation des tombes dans la nécropole, de l'époque archaïque à l'époque hellénistique, montre que l'on a affaire ici à un espace réservé aux familles, peut-être les plus importantes, de la ville. La présence de lotissements de tombes à proximité des routes antiques et de l'hérôon constituent des indices forts en faveur de l'existence à Orgamé d'une nécropole organisée d'après des normes urbaines. Tous les indices concourent à démontrer que la tombe n'appartient pas à un individu en propre mais toujours à une famille qui associe les morts, les vivants et les descendants à venir sous la tutelle d'un ancêtre. Dans la mort, c'est le groupe des vivants qui est prépondérant sur l'individu, les groupes les plus importants de la ville conservant toujours le statut particulier du fondateur ou de l'ancêtre. La position sociale de l'individu décédé correspond donc à celle qu'il avait dans la vie. On y retrouve donc des arguments permettant de définir la mort à Orgamé en termes de « socialization process » selon la théorie de Jan Morris (Morris 1987, p. 39).

La comparaison des lotissements familiaux d'Orgamé avec ceux que l'on entrevoit dans les *tumuli* à cercle de pierres d'Enisala s'avère significative et digne d'être signalée. Les *tumuli* à plusieurs tombes de Celic-Dere sont également susceptibles d'être interprétés comme appartenant à des groupements familiaux. Pour le reste, excepté le nombre réduit de tombes doubles, qui constituent des cas isolés, les traces d'un quelconque regroupement par lotissements familiaux comme dans la nécropole grecque d'Orgamé n'apparaissent pas évidentes dans le cas des tombes indigènes. Aucune explication rationnelle ou religieuse n'a pu être apportée jusqu'à présent. Tout au plus peut-on invoquer ici les données éclairantes concernant la polygamie chez les Thraces transmises par Hérodote (V, 5-6), qui parle de la pratique courante du mariage entre un homme et plusieurs femmes en Thrace, ou par Ménandre cité chez Strabon : « Nous autres Thraces, tous tant que nous sommes, nous autres Gètes surtout (car je suis Gète et je me fais gloire de mon origine) nous ne sommes pas précisément des modèles de continence. ...Chez nous jamais on ne se marie à moins de dix, onze ou douze femmes, quand on n'en épouse pas davantage. Et si par hasard quelqu'un vient à mourir n'en ayant épousé que quatre ou cinq, savez-vous ce que disent les gens du pays ? "Le pauvre homme ! mais il n'a point été marié, mais il n'a point connu l'amour !". Et bien d'autres témoignages confirment ce que dit ici Ménandre ». (Strabon, *Géographie*, VII, 3). Toutefois, Aristote (fr. 611.58) note seulement trois ou quatre femmes comme norme pour un homme. Cette dernière information n'est pas obligatoirement en contradiction avec celles d'Hérodote ou de Strabon.

En effet, ces fragments insistent sur la ségrégation fondamentale entre l'élément masculin et l'élément féminin. L'idéal grec de la famille ne raisonne pas avec une telle attitude. À en juger d'après les témoignages d'Hérodote, de Ménandre chez Strabon et d'Aristote, la composition démographique d'un habitat indigène devait présenter un nombre sensiblement plus élevé de femmes que d'hommes. La question qui se pose par conséquent vise le rapport entre la polygamie propre à l'aristocratie thrace, discernable dans les sources mentionnées, et la pratique acceptée par la grande masse de la population[25]. Pour répondre à ce problème, resterait à identifier les traits propres aux nécropoles indigènes et à leurs pratiques funéraires. Malheureusement, le manque de données paléoanthropologiques rend hasardeuses toutes les interprétations. La formulation très résumée de R. Rowlet sur les différentiations de la préservation des squelettes dans quelques tombes à inhumation de Celic Dere ne tient d'ailleurs pas forcément à un problème de ségrégation entre les sexes ; il note par exemple que certaines tombes renfermant des armes appartiennent en réalité à des femmes présentant les caractéristiques d'un « Horse Pastoralist burial rite » (Rowlet 1997 [2000], p. 140). Il semble qu'il s'agisse de rites et rituels communs aux femmes et aux hommes d'après la note de Strabon « ...(les Scythes), ne possèdent rien en propre que leur coupe et leur épée, et mettent en commun tout le reste, à commencer par les femmes et les enfants, ainsi que le rêvait Platon » (Strabon VII, 7). Encore une fois, la famille, au sens grec du terme, est ignorée. Dans ce contexte, les dépôts restreints ou même l'absence d'offrandes dans certaines tombes pourraient être expliqués non seulement par la pauvreté de la

25 Sur les femmes et la famille thraces, Kotova 2000, p. 19-43.

population, mais aussi par des comportements restrictifs vis-à-vis des femmes enterrées. Le même problème se pose pour les tombes des enfants dans les nécropoles les plus représentatives. Aucune information, ni aucune explication rationnelle ou religieuse n'a pu être avancée pour rendre compte des pratiques concernant les enfants dans ces nécropoles. Notons toutefois ici le cas de trois tombes de Ciucurova décrites comme tombes d'enfants contemporaines et aux aménagements similaires à ceux des tombes d'adultes. Dans l'état actuel de nos connaissances les tombes-*enchythrismoi*, réservées aux petits enfants (nourrissons) chez les Grecs voisins d'Orgamé (Lungu 2006, p. 175, pl. 3. 2 ; 2007, p. 346), d'Istria Bent (Teleagă, Zirra 2003, p. 95) ou de Callatis (Preda 1961, p. 280 et fig. 4) sont inconnues sur les sites indigènes. On se trouve donc dans le cas de nécropoles organisées d'une manière différente de celle d'Orgamé.

Une catégorie à part est formée par les tombes doubles, soit à deux inhumations, comme à Agighiol et Celic-Dere (Berciu 1969a, b, c ; Simion 2003, p. 238), soit associant une inhumation et une crémation, comme à Celic Dere (Simion 2003, p. 238). Dans ce dernier cas, autant la tombe à inhumation abonde en armes et équipement militaire, autant la tombe à incinération en est dépourvue au profit d'offrandes de vases grecs et d'objets de parure en bronze ou en fer. Les deux semblent avoir formé un ensemble, avant tout chronologique, correspondant à une tombe familiale regroupant une inhumation masculine et une incinération féminine. Simion avait d'ailleurs relevé le problème de la ségrégation en fonction de l'origine ethnique des occupants des tombes. Il reste bien sûr à déterminer dans quelle mesure une telle tombe constitue un cas isolé ou une pratique courante. L'idée d'un ensemble familial nous est suggérée aussi par le *tumulus* VII du même site qui recouvrait trois tombes à incinération, dont deux déposées en urnes et une en ciste de pierres sans inventaire (Simion 2003, p. 239). Ces observations soulèvent la question de l'origine de telles pratiques. Faut-il voir là l'effet d'un phénomène d'acculturation sous la forte influence des nécropoles bien organisées des Grecs du voisinage ? Pour pouvoir en juger en connaissance de cause, il faudra attendre la publication complète des données de sites représentatifs comme ceux de Celic Dere, d'Enisala et d'Orgamé.

Une catégorie importante au sein de chaque communauté indigène devait être composée de célibataires, qui formaient surtout, semble-t-il, le corps clérical « ....s'il n'y a pas quelque chose d'absurde à prétendre que les Gètes ont toujours considéré le célibat comme la perfection de la piété ! » (Strabon VII, 3, 4). L'individualité était donc respectée, à en juger d'après les différences observées dans les pratiques funéraires entre inhumation et incinération. Les tombes doubles ou celles communes à plusieurs squelettes constituaient manifestement des cas rares et/ou particuliers autrement dit, hors normes.

D'après les caractéristiques des nécropoles indigènes les mieux étudiées du voisinage plus ou moins immédiat d'Orgamé, cette colonie grecque apparait entourée de populations indigènes amies, habitant *kata kômas* les collines voisines d'Enisala, au moins au IVe s. av. J.-C., et avec lesquelles elle entretient des relations d'échange suivies. Pour la plupart, les tombes simples de la nécropole d'Enisala, creusées en pleine terre, témoignent d'une manière générale d'une ouverture vers la nature sans induire l'idée de protection artificielle. Par contre, dans la nécropole de Celic Dere, associée à un oppidum de montagne, la tombe implique elle-même l'idée de protection fortifiée par des couvertures et des cercles des gros blocs de pierres. Ce sont probablement les même raisons qui expliquent la présence de quantités importantes d'armement dans les inventaires de certaines tombes.

Les tombes renfermant des armes, telles que celles de Celic Dere sont à mettre en relation avec le caractère belliqueux des occupants de ces zones. Leur présence montre l'importance accordée à l'ostentation des armes dans les tombes, armes personnelles ou armes prises à l'ennemi. Le nombre des armes (épées, pointes de flèches ou fers de lance) est beaucoup plus réduit dans les tombes d'Enisala, de Murighiol ou d'Aegyssus. Il est alors plus indiqué de voir là des indices des occupations habituelles des défunts, militaires ou mercenaires. Tout ceci nous fait mieux entrevoir les mentalités d'une certaine tranche de la population, fidèle aux valeurs guerrières traditionnelles du milieu indigène pontique, lequel se présente toujours comme un pot-pourri des us et coutumes propres aux Gètes, aux Thraces, aux Scythes et autres peuplades (Pline l'Ancien, *H.N.* IV, 18). Ainsi, tout en préservant leurs différences, les populations se sont métissées à l'intérieur même des groupes sociaux et par delà les frontières ethniques.

Armes et pièces de harnachement comptent parmi les pièces les plus prestigieuses des tombes indigènes. L'utilisation d'épées en fer et l'adoption de nouvelles méthodes de combat à cheval traduisent l'apparition d'une aristocratie guerrière de cavaliers. Il est probable qu'elle résulte du processus de transformation que la présence des colonies grecques d'Istros et d'Orgamé ont provoqué et entretenu dans cette zone au fil de leur longue cohabitation avec les indigènes. Son apparition se justifie par le besoin d'assurer le contrôle des routes commerciales ouvertes par les Grecs vers le nord ainsi que le trafic des caravanes. Ces cavaliers ont gagné du pouvoir et sont parvenus petit à petit à dominer la vie économique et politique.

D'autres pièces du mobilier funéraire semblent liées à certaines activités du défunt : ainsi la présence d'une clochette à côté d'une figurine en argile représentant un taureau dans le *tumulus* I-A d'Enisala pourrait indiquer que l'on se trouve en présence de la tombe d'un propriétaire de troupeaux, par exemple (Simion 2003, p. 267, fig. 13/7). Mais, à en juger d'après la rame déposée sur la tombe d'Elpènor jusqu'aux représentations des stèles funéraires hellénistiques, l'évocation du métier dans les tombes correspond à une pratique essentiellement grecque plutôt qu'indigène. C'est pourquoi, plutôt qu'un indigène profondément hellénisé, il semble plus probable que le *tumulus* IA ait abrité, comme quelques autres du même genre, un Grec d'Orgamé ou d'ailleurs établi à Enisala pour s'y occuper d'élevage. Pour autant que nos observations le permettent, il est possible d'avancer à titre d'hypothèse de travail qu'à partir du IVe siècle av. J.-C. la nécropole d'Enisala reflète la continuité des traditions de la phase hallstattienne antérieure (Simion 2003, p. 317) pour les tombes des Gètes, avec un métissage des Grecs venus probablement de la colonie voisine d'Orgamé au sein du groupe autochtone. On a regroupé des tombes au sein d'une nécropole commune, ce qui témoigne d'une attitude apparemment tolérante de la part des indigènes. En effet, il semble que la coexistence avec les autochtones, aux us et coutumes différents, se soit imposée d'elle même aux habitants de la colonie grecque.

BIBLIOGRAPHIE

Alexandrescu 1965 : ALEXANDRESCU, (P.) – Les rapports entre indigènes et Grecs à la lumière des fouilles de la nécropole d'Histria. *In* : *Le rayonement des civilisations grecque et romaine sur les cultures périphériques*, Paris, 1965, p. 336-339.

Alexandrescu 1966 : ALEXANDRESCU (P.) – Necropola tumulara. Săpături 1955-1961. *In* : Condurachi (E.) dir., *Histria II*, Bucarest, 1966, p. 133-294.

Alexandrescu 1971 : ALEXANDRESCU (P.) – Deux types de sépultures à incinération sur l'emplacement de la tombe. *Dacia* N.S. 15, 1971, p. 319-325.

Alexandrescu 1978 : ALEXANDRESCU (P.) – *Histria IV. La céramique d'époque archaïque et classique (VIIe-IVe s. av. J.-C.)* (avec la collaboration de S. Dimitriu et M. Coja). Bucarest-Paris,1978.

Alexandrescu 1994 : ALEXANDRESCU (P.) – Un rituel funéraire homérique à Istros. *In* : de la Geniere, (J.) dir., *Nécropoles et sociétés antiques (Grèce, Italie, Languedoc)* (Actes du Colloque International du Centre de Recherches Archéologiques de l'Université de Lille III, Lille, 2-3 Décembre 1991) Cahiers du Centre Jean Bérard (Naples), 1994, p. 15-32.

Alexandrescu 1999 : ALEXANDRESCU (P.) – *L'aigle et le dauphin*. Bucarest-Paris, 1999.

Archibald 1998 : ARCHIBALD (Z.H.) – *The Odrysian Kingdom of Thrace*. Oxford, 1998.

Avram 2003 : AVRAM (A.) – Histria. *In* : GRAMMENOS (D.V.), PETROPOULOS (E.K.), *Ancient Greek Colonies in the Black Sea*, Thessaloniki, 2003, p. 279-340.

Babeş 1988 : BABEŞ (M.) – Descoperirile funerare şi semnificaţia lor în contextul culturii geto-dacice clasice. *SCIVA*, 39. 1, p. 3-32.

Babeş 2000 : BABEŞ (M.), Mormânt, in Preda (C.) éd. – *Enciclopedia arheologiei şi istoriei vechi a României*, vol. III, Bucureşti 2000, p. 108-154.

Babeş 2001 : BABEŞ (M.) – Pratiques funéraires birituelles prolongées chez les Gètes du Bas-Danube (V[e]-IIIe s. av. J.-C.). *In* : Actes du XIVe Congrès de l'Union International des Sciences Préhistoriques et Protohistoriques, Liège 2-8 septembre 2001, *Résumés*. Liège 2001, p. 295-296.

Berciu 1965 : BERCIU (D.) – Băştinaşii, *Din istoria Dobrogei I*, Bucureşti 1965, p. 13-136.

Berciu 1969a : BERCIU (D.) – Mormîntul « princiar » de la Agighiol şi unele probleme ale artei traco-getice. *Pontica*, 2, 1969, p. 169-187.

Berciu 1969b : BERCIU (D.) – *Arta traco-getică*. Bucureşti, 1969.

Berciu 1969c : BERCIU (D.) – Das thrako-getische Fürstengrab von Agighiol in Rumänien. *Bericht* RGK 50, p. 209-265, Taf. 110-139.

Bucovală 1967 : BUCOVALĂ (M.) – *Necropole elenistice la Tomis*. Constanţa, 1967.

Bucovală, Irimia 1971 : BUCOVALĂ (M.), IRIMIA (M.) – Cimitirul din sec. VI-V î.e.n. de la Corbu de Jos, jud. Constanţa. *Pontica* 4, 1971, p. 41-56.

Bujor 1955 : BUJOR (E.) – Săpăturile de salvare de la Murighiol. *SCIV*, VI.3-4, 1955, p. 571-580.

Bujor 1956 : BUJOR (E.) – Contribuţii la cunoaşterea populaţiilor geto-dace din nord-estul Dobrogei. *SCIV*, VII.3-4, 1956, p. 244-252.

Bujor 1957 : BUJOR (E.) – Şantierul arheologic Murighiol. *Materiale şi cercetări arheologice*, 3, 1957, p. 247-254.

Bujor 1958 : BUJOR (E.) – O geto-dakiiskoi kyl'tyre v Murigiole. *Dacia* II, 1958, p. 125-141.

Bujor 1959a : BUJOR (E.) – Şantierul arheologic Murighiol. *Materiale şi cercetări arheologice*, 5, 1959, p. 373-378.

Bujor 1959b : BUJOR (E.) – Şantierul arheologic Murighiol. *Materiale şi cercetări arheologice*, 6, 1959, p. 325-330.

Bujor 1961 : BUJOR (E.) – Şantierul arheologic Murighiol. *Materiale şi cercetări arheologice*, 7, 1961, p. 297-300.

Bujor 1971 : BUJOR (E.) – Cu privire la începutul celei de-a doua epoci a fierului în lumina cercetărilor de la Murighiol – Tulcea. *Peuce*, 2, 1971, p. 131-134.

Buzoianu 2001 : BUZOIANU (L.) – *Civilizaţia greacă în zona vest-pontică şi impactul ei asupra lumii autohtone (sec. VII-IV a.Chr.)*. Constanţa, 2001.

Canarache 1957 : CANARACHE (V.) – *Importul amforelor ştampilate la Histria*. Bucureşti, 1957.

Coja 1970 : COJA (M.) 1970 – Ceramica autohtonă de la Histria. *Pontica*, 3, p. 99-124.

Coja 1990 : COJA (M.) – Greek Colonists and Native Population in Dobroudja (Moesia Inferior). The Archaeological evidence. *In* : Descœudres (J.P.) dir., *Greek Colonists and Native Population*. Proceedings of the First Australian Congress of Classical Archaeology (Sydney 1989). Oxford, 1990, p. 157-168.

Davy 1960 : DAVY (M.M.) – *Initiation à la symbolique romane, XIIe siècle*. Paris, 1960.

Ehrhardt 1983 : EHRHARDT (N.) – *Milet und seine Kolonien : vergleichende Untersuchungen der kultischen und politischen Einrichtungen*. Frankfurt, 1983.

Hampe 1960 : HAMPE (R.) – *Ein Frühattischer Grabfund*. Mainz, 1960.

Irimia 1968 : IRIMIA (M.) – Cimitirele de incineraţie de la Bugeac. *Pontica*, 1, 1968, p. 193-234.

Irimia 1969 : IRIMIA (M.) – Noi cercetări arheologice în cimitirul II geto-dacic de la Bugeac. *Pontica*, 2, 1969, p. 23-42.

Irimia 1973 : IRIMIA (M.) – Descoperiri noi privind populaţia autohtonă a Dobrogei şi legăturile ei cu coloniile greceşti (sec. V-I î.e.n.). *Pontica*, 6, 1973, p. 7-72.

Irimia 1983 : IRIMIA (M.) – Date noi privind necropolele din Dobrogea. *Pontica*, 16, p. 69-148.

Irimia 1984 : IRIMIA (M.) – Mormintele plane şi tumulare din zona litorală a Dobrogei (sec. IV-II î.e.n.) şi problema apartenenţei lor etnice. *Thraco-Dacica*, 5, 1984, p. 67-72.

Kerameikos 5,1 = KÜBLER (K.) – *Die Nekropole des 10. bis 8*. Jahrhundets. Berlin 1954.

Kotova 2000 : KOTOVA (D.) – Les femmes et la famille en Thrace ancienne : glanes sur quelques textes antiques. *DHA* 26/2, 2000, p. 19-43.

Kozub 1974 : KOZUB (Y.I.) – *Nekropol' Olbii V-IV st. do. n. e.* Kiev, 1974.

Kurtz Boardman 1971 : KURTZ (D.), BOARDMAN (J.) – *Greek Burial Customs.* London, 1971.

Lungu 1995 : LUNGU (V.) – Une tombe du IVe siècle av. J.-C. dans la nécropole tumulaire de la cité d'Orgamé – Argamum. *Peuce*, 9, 1995, p. 231-263.

Lungu 1995 [2000a] : LUNGU (V.) – Pratiques funéraires et formes d'organisation sociale dans la nécropole de la cité grecque d'Orgamé. *In* : Simion (G.), Lungu (V.), dir., *Tombes tumulaires de l'Âge du Fer dans le Sud-Est de l'Europe*, Actes du IIe Colloque International d'Archéologie Funéraire, (Tulcea 1995), Tulcea, 2000, p. 101-118.

Lungu 1996 : LUNGU (V.) – Aegyssus – documentare arheologică preromană (Aegyssus – Pre-Roman Archaeological Evidence). *Peuce*, 12, p. 47-102.

Lungu 1997 [2000b] : LUNGU (V.) – La tombe d'un héros et l'organisation de la nécropole d'une cité milésienne du Pont-Euxin. *In* : Lungu (V.) dir., *Pratiques funéraires dans l'Europe des XIIIe-IVe s. av. J.-C.*, Actes du IIIe Colloque International d'Archéologie Funéraire, (Tulcea 1997), Tulcea. 2000, p. 67-86.

Lungu 2000-2001 : LUNGU (V.) – La tombe d'un Héros et l'organisation de la nécropole d'une cité milésienne du Pont Euxin : le tumulus T A95 d'Orgamé. *Talanta* XXXII-XXXIII, 2000-2001, p. 171-188.

Lungu 2004 : LUNGU (V.) – Iconographie et société antique : à propos d'une stèle funéraire d'Orgamé. *Peuce* II (XV), p. 49-60.

Lungu 2006 : LUNGU (V.) – Nécropoles grecques du Pont-Gauche. *In* : Lungu (V.), Simion (G.), Topoleanu (F.) dir., *Pratiques funéraires et manifestations de l'identité culturelle (Age du Bronze et Age du Fer)*, Actes du IVe Colloque International d'Archéologie Funéraire, 22-28 mai 2000. Tulcea, 2006, p. 157-176.

Lungu 2006 [2008] : LUNGU (V.) – Les funerailles de Patrocle et les plus anciennes nécropoles ioniennes de la mer Noire. *In* : Özbeck (O.) dir., *Funeral Rites, Rituals and Ceremonies from Prehistory to Antiquity*, Proceedings of the International Workshop "Troas and its Neighbours", Çanakkale and Ören 2-6 October 2006. Istanbul, 2008, p. 153-170.

Lungu 2007 : LUNGU (V.) 2007 – Nécropoles Grecques du Pont Gauche : Istros, Orgame, Tomis, Callatis. *In* : Grammenos (D.V.), Petropoulos (E.K.) dir., *Ancient Greek Colonies in the Black Sea* 2, Vol. 1, BAR International Series 1675 (I), p. 337-382.

Malkin 1987 : MALKIN (I.) – *Religion and colonization in ancient Greece.* Leiden, New York : Brill, 1987.

Mâle 1950 : MÂLE (E.) – *La fin du paganisme.* Paris, 1950.

Mănucu Adameşteanu 2001 : MĂNUCU ADAMEŞTEANU (M.) – *Orgamé/Argamum.* Tulcea, 2001.

Mănucu Adameşteanu 2003 : MĂNUCU ADAMEŞTEANU (M.) – Orgame. *In* : Grammenos (D.V.), Petropoulos (E.K.) dir., *Ancient Greek Colonies in the Black Sea.* Thessaloniki, 2003, p. 279-340.

Morris 1987 : MORRIS (J.) – *Burial and Ancient Society : The Rise of the Greek City-State.* Cambridge, 1987.

Nenci 1954 : NENCI (G.) – *Hecataei Milesii Fragmenta.* Florence, 1954.

Nikolov 1967 : NIKOLOV (B.) – Grobnitsa III ot Mogilanskata Mogila vav Vratsa. *Archaeologia* (Sofia) 9.1, p. 11-18.

Panajotova 1998 : PANAIOTOVA (C.) – Apollonia Pontica : Recent Discoveries in the Necropolis. *In* : Tsetskhladze (G. R.) dir., *The Greek Colonisation of the Black Sea Area. Historical Interpretation of Archaeology.* Stuttgart, 1998, p. 97-113.

Preda 1961 : PREDA (C.) – Archaeological Discoveries in the Greek Cemetery of Callatis-Mangalia (4th – 3rd centuries BC). *Dacia* N.S. 5, 1961, p. 275-303.

Provost *et alii*. 1999 : PROVOST (M.) *et alii*. – *Carte archéologique de la Gaule, le Gard* (30/3). Paris, 1999.

Robert 1993 : ROBERT (R.) – Rites de protection et de défénse. A propos des ossements d'un chien découverts au pied du rempart de Paestum. *Archeologia e storia antica* 15, p. 119-140.

Rowlet 1997 [2000] : ROWLET (R.) – Differential Skeletal preservation in the mound cemetery at Celic-Dere un Northern Dobroudja. *In* : Lungu (V.) dir., *Pratiques funéraires dans l'Europe des XIIIe – IVe s. av. J.-C.*, Actes du IIIe Colloque International d'Archéologie Funéraire, Tulcea 15-20 septembre 1997. Bucarest 2000, p. 139-148.

Rhode 1894 : RHODE (E.) – *Psyche. Seelencult und Unsterblichkeitsglaube Griechen : fünfte und sechste Auflage.* Tübingen, 1894.

Simion 1971 : SIMION (G.) – Despre cultura geto-dacă din nordul Dobrogei în lumina descoperirilor de la Enisala. *Peuce* 2, 1971, p. 63-129.

Simion 1995 : SIMION (G.) – O nouă necropolă getică la Murighiol. *Peuce* XI, 1995, p. 265-301.

Simion 2003 : SIMION (G.) – *Culturi antice în zona Gurilor Dunării.* Cluj-Napoca, 2003.

Simion 2005 : SIMION (G.) – Présences interethniques dans la région des embouchures du Danube aux VIe-Ve siècles av. J.-C. *In* : Cojocaru (V.) dir., *Ethnic contacts and Cultural Exchanges North and West of the Black Sea fro, the Greek Coloniwation to the Ottoman Conquest.* Iaşi, 2005, p. 43-58.

Simion, Cantacuzino 1962 : SIMION (G.), CANTACUZINO (Gh.) – Cercetările arheologice de la Teliţa. *Materiale şi cercetări arheologice*, 8, 1962, p. 373-382.

Sîrbu 2004 : SÎRBU (V.) – *Les Thraces entre les Carpates, les Balkans et la mer Noire (Ve s. av. J.-C. – Ier s. apr. J.-C.). Quatre conférences données à la Sorbonne.* Brăila, 2004.

Sîrbu 2004a : SÎRBU (V.) – Sacrifices et inhumations rituelles de chevaux chez les Thraces du nord des Balkans au cours de l'Age du Fer, *Istros* 11, p. 41-68.

Skudnova 1988 : SKUDNOVA (V.M.) – *Arkhaicheskii nekropol Ol'vii.* Leningrad.

Teleagă, Zirra 2003 : TELEAGĂ (E.), ZIRRA (Vl.) – *Die Nekropole des 6.-1. Jhs.v.Chr. von Istria Bent bei Histria. Archäologische Untersuchungen zur Bevolkerung in der westlichen Schwarzmeerregion.* Verlag Marie Leidorf GmbH, Rahden/Westf. 2003.

Teleagă 2008 : TELEAGĂ (E.) – *Griechische Importe in den Nekropolen an der unteren Donau : 6. Jh. – Anfang des 3. Jhs. V. Chr.* Verlag Marie Leidorf GmbH, Rahden/Westf. 2008.

Topoleanu, Jugănaru, Micu 2007 : TOPOLEANU (Fl.), JUGĂNARU (G.), MICU (C.) – *Inventarierea siturilor arheologice din judeţul Tulcea. Studiu de caz : mormintele tumulare.* Constanţa, 2007.

Triandaphyllos 1984 : TRIANDAPHYLLOS (D.) – Nécropole archaïque en Thrace occidentale (en grec, résumé en français). *ASAA* LXI, NS XLV (1983), Rome. 1984, p. 179-208.

Van Gennep 1909 [2004] : VAN GENNEP (A.), *Les rites de passage [The Rites of Passage].* Routledge : London-New York, 2004 (éd. angl.).

Venedikov *et al.* 1963 : VENEDIKOV (I.) *et al.* – *Apollonia. Les fouilles dans la nécropole d'Apollonia en 1947-1949.* Sofia, 1963.

Vulpe 1967 : VULPE (A.), *Necropola hallstattiană de la Ferigile. Monografie arheologică*, Bucureşti 1967.

Chapitre V

Les Fortifications

1. Fortifications grecques et fortifications indigènes dans l'Occident grec

Henri Tréziny

Dans les cités grecques de Grèce propre, les sites fortifiés aux marges du territoire des cités grecques sont souvent qualifiés de *phrouria*. Ils constituent des fortifications permanentes ou semi-permanentes de frontière, dont le meilleur exemple (connu par les textes plutôt que par l'archéologie) est sur la frontière Nord de l'Attique[1]. Dans le monde colonial d'Occident, le territoire de la cité jouxte de petits établissements indigènes, souvent fortifiés, dont on peine à dire s'ils étaient occupés par des Grecs ou par des indigènes et, dans ce dernier cas, s'ils avaient pour fonction de défendre le territoire indigène contre la cité grecque, ou au contraire celui de la ville grecque contre une agression extérieure. Il va de soi que ces fonctions ont pu varier avec le temps et que seules les sources littéraires nous permettent une interprétation historique. Les données archéologiques nous permettent seulement de dire (quelquefois) si le site était occupé par des Grecs ou par des indigènes (en Sicile, par des Puniques ?), et (avec prudence) si les techniques de construction et de défense utilisées relèvent plus ou moins d'une tradition grecque.

Dans la perspective de ce programme, je me limiterai donc à rassembler quelques faits archéologiques permettant d'instruire le dossier, mais je voudrais d'abord m'interroger sur la signification du mot *phrourion* (et d'autres mots du même contexte) dans les sources anciennes que nous utilisons couramment.

1. Questions de vocabulaire

Le vocabulaire des inscriptions relatives aux fortifications a été bien étudié par F.-G. Maier (Maier 1961), commenté et critiqué par L. Robert (Robert 1970). Les principaux vocables commentés par Maier (t. II, p. 78-80) pour désigner des fortifications secondaires dans le territoire des cités sont τεῖχος, τείχη, ὀχύρωμα, φρούριον, περίπολιον, πύργιον.

L. Robert y ajoute χώριον et χάραξ. Il met en évidence des spécificités régionales, comme l'utilisation systématique de χώρια dans les inscriptions de Smyrne (Robert, p. 601) et τείχη autour de Chersonnèse Taurique (*Id.*, p. 600-601), tandis que l'on utilise couramment φρούρια pour désigner les postes fortifiés autour de Milet[2]. C'est aussi le cas pour Athènes, et l'utilisation de χώριον dans une inscription de Sounion ne contredit évidemment pas la règle[3]. Le terme περιπόλιον apparaît ponctuellement dans le même sens à Cos, Camiros et Carpathos, dans des contextes autour de 200 av. J.-C.

L'usage du Ve s.

Le terme φρούριον ne semble pas apparaître dans la littérature ou l'épigraphie avant la fin du Ve s.[4] Hérodote n'utilise pas les mots φρούριον ou περίπολιον. Il emploie τεῖχος au sens de fortin, mais plus souvent au sens de rempart de ville (I, 26, à Ephèse, I, 80, à Sardes), voire de ville fortifiée (I, 81, Sardes). Il emploie plusieurs fois φρουρή, au sens de garnison (par exemple dans un τεῖχος) ou le verbe φρουρεῖν, au sens de surveiller (II, 30, III, 90, IV, 133, VII, 203 et 217, IX, 106).

Une utilisation plus fréquente de φρούριον se trouve pour la première fois chez Thucydide. mais il s'en faut de beaucoup qu'elle soit systématique. Ainsi, lors des préparatifs de guerre en 414, les Syracusains envoient chez les Sicules des gardiens (φύλακες) ou des ambassadeurs (πρεσβεῖς), et placent des garnisons (φρουραί) dans les fortins du territoire (περιπόλια), tout en préparant dans

1 On connaît bien par Thucydide le rôle du site de Décélie dans la guerre du Péloponnèse, mais il n'est pas reconnu archéologiquement. Du reste, il ne joue pas un rôle dans la défense de l'Attique mais au contraire d'attaque après son occupation par les Lacédémoniens, et Thucydide ne l'appelle jamais *phrourion (infra)*. Quant au site bien connu de Gyphtokastro, son identification avec Eleuthères est plus que douteuse cf Adam 1982, p. 213-217. Sur la question en général, Garlan 1974. Sur les fortifications de l'Attique, Ober 1985 ; Lauter 1992.

2 Robert 1967, p. 600 le *phrourion* de Pidasa, dans l'arrière-pays de Milet. Petite ville vidée de ses habitants et transformée en *phrourion* avec un phrourarque et des *phrouroi*.

3 L'expression ἐν χωρίῳ doit signifier « sur place (*am Ort und Stelle*) » selon Maier 1961, 1, p. 117 ; ou simplement « dans le village » pour Robert 1967, p. 588.

4 Une inscription de Téos au Ve s. fait du περίπολιον la base des περίπολοι (*SIG* 38, 17).

la ville (πόλις) armes, chevaux et tout ce qui sera nécessaire à la guerre[5]. Ce texte est saisissant car il décrit en quelques mots la façon dont Thucydide se représente la cité de Syracuse (la ville, le territoire, les indigènes soumis, les alliés potentiels), mais surtout par l'utilisation de περιπόλιον, mot qui aura une belle postérité. Le περιπό-'λιον, c'est l'endroit où sont stationnés des περίπολοι, des soldats qui surveillent le territoire[6]. Il est très probable que Thucydide emploie περιπόλιον pour désigner des postes fortifiés que la littérature du IVe s. appellera φρούρια[7]. Thucydide utilise fréquemment le terme φρούριον dans la description des opérations de guerre, mais il s'agit toujours de défenses provisoires destinées à la protection d'un groupe de soldats au cours d'une opération : φρούριον du Plemmyrion, du Labdalon sur les Epipoles. Dans le même contexte de l'expédition de Sicile, le φρούριον de Mégara Hyblaea est d'interprétation plus délicate. Poste avancé qui permet de surveiller l'arrivée de la flotte athénienne au début des opérations, il est suffisamment défendu pour résister à une première attaque. On a voulu y voir un premier état des défenses de la ville hellénistique, ce qui supposerait un φρούριον imposant d'environ 9 ha[8], mais il s'agit plus probablement d'un fortin plus limité, peut-être dans l'angle Nord-Ouest de la ville archaïque. Dans tous les cas, le φρούριον n'est pas une fortification en soi mais l'abri d'une garnison : il n'y a pas de φρούριον sans φρουρά.

Une autre occurrence de φρούριον est très instructive, à propos du site d'Oenoè, entre Attique et Béotie[9]. Le site avait été fortifié auparavant, et les Athéniens s'en servaient comme φρούριον en temps de guerre. Autrement dit, le terme φρούριον ne s'applique pas ici à un fortin mais à ce fortin lorsqu'il reçoit une garnison, ce qui conforte l'interprétation précédente.

On notera enfin que le site de Décélie, fortifié par les Lacédémoniens au début de la guerre du Péloponnèse, n'est jamais appelé φρούριον par Thucydide, bien qu'il soit occupé par une φρουρά lacédémonienne[10], ni τεῖχος (bien qu'il soit fortifié[11]), ni ἐπιτείχισμα (bien qu'il soit fortifié contre Athènes[12]), ni ὁρμητήριον (bien qu'il serve de base de départ)[13]. C'est Décélie, simplement[14]. On ne trouve l'appellation φρούριον que tardivement chez Diodore[15] ou Pausanias[16].

Le mot φρούριον est également utilisé au Ve s. chez Eschyle, dans un sens métaphorique[17], mais ne se trouve jamais chez Sophocle, une seule fois chez Aristophane[18] et deux fois chez Euripide[19].

Le IVe s.

Xénophon fait un usage intensif du mot φρούριον, généralement pour désigner un fortin aux frontières du territoire, selon ce qui sera l'usage courant du IVe s., notamment chez les orateurs attiques. Signalons par exemple Démosthène[20] , qui mentionne des φρούρια

5 Thuc 6, 45, 1 : καὶ ἔς τε τοὺς Σικελους περιέπεμπον, ἔνθα μὲν φύλακας, προς δὲ τοὺς πρέσβεις, καὶ ἐς τὰ περιπόλια τὰ ἐν τῇ χώρᾳ φρουρὰς ἐσεκόμιζον, τά τε ἐν τῇ πόλει ὅπλων ἐξετάσει καὶ ἵππων ἐσκόπουν εἰ ἐντελῆ ἐστί, καὶ τἆλλα ὡς ἐπὶ ταχεῖ πολέμῳ καὶ ὅσον οὐ παρόντι καθίσταντο. Thuc 7, 48, 5 : καὶ χρήμασι γὰρ αὐτοὺς ξενοτροφοῦντας καὶ ἐν περιπολίοις ἅμα ἀναλίσκοντας καὶ ναυτικὸν πολὺ ἔτι ἐνιαυτὸν ἤδη βόσκοντας τὰ μὲν ἀπορεῖν, τὰ δ' ἔτι ἀμηχανήσειν.

6 περίπολος en ce sens : Eschine, *Fausse ambassade*, 167 ; Aristophane, *Grenouilles*, 1177 ; de περιπέλεσθαι. Le mot sera ensuite dérivé de *polis* et compris comme « périphérique par rapport à la ville », voire « ville secondaire » (*infra*, Strabon).

7 Thucydide lui-même utilise pour le même site fortifié à l'embouchure de l'Halex en Calabre tantôt *peripolion* (III, 90), tantôt *phrourion* (III, 115, 7). Cf. Visonà, *infra* dans ce volume, p. 595.

8 G. Vallet, Fr. Villard, p. Auberson, *Mégara Hyblaea 3. Le guide*, p. 95-96. *Mégara* 5, p. 264 et n. 67..

9 II, 18, 2 : ἡ γὰρ Οἰνόη οὖσα ἐν μεθορίοις τῆς Ἀττικης καὶ Βοιωτίας ἐτετείχιστο, καὶ αὐτῷ φρουρίῳ οἱ Ἀθηναῖοι ἐχρῶντο ὁπότε πόλεμος καταλάβοι.

10 Thuc. VIII, 71, 1 : τῇ ἐκ τῆς Δεκελείας φρουρᾷ.

11 Thuc. VI, 91, 6 : τειχίζειν τε χρὴ Δεκέλειαν τῆς Ἀττικῆς ; VII,18,1 : καὶ ὁ Ἀλκιβιάδης προσκείμενος ἐδίδασκε τὴν Δεκέλειαν τειχίζειν ; VII, 19, 1 : ἔπειτα Δεκέλειαν ἐτείχιζον ; ThucVII, 20, 1 : Ἐν δὲ τούτῳ καὶ οἱ Ἀθηναῖοι ἅμα τῆς Δεκελείας τῷ τειχισμῷ ; Thuc. VII, 27, 2 : ἡ Δεκέλεια (...) τειχισθεῖσα ; Thuc. VII, 42, 2 : διὰ τὴν Δεκέλειαν τειχιζομένην.

12 Thuc. VI, 93, 2 : ὥστε τῇ ἐπιτειχίσει τῆς Δεκελείας προσεῖχον ἤδη τὸν νοῦν.

13 Thuc. VIII, 3, 1 : Εὐθὺς οὖν ῏Αγις μὲν ὁ βασιλεὺς αὐτῶν ἐν τῷ χειμῶνι τούτῳ ὁρμηθεὶς στρατῷ τινὶ ἐκ Δεκελεία. Il est vrai que le mot ὁρμητήριον n'est pas utilisé par Thucydide.

14 Thuc. VIII, 69, 2 : τῶν ἐν Δεκελείᾳ πολεμίων ἕνεκα. Aussi, VIII, 5, 3 ; VIII, 70, 2 ; VIII, 71, 3 ; VIII, 98, 1, etc.

15 Diodore, XVI, 9, 2.

16 Pausanias, III, 8, 6 : ἐνέβαλλε δὲ καὶ ἐς τὴν Ἀττικὴν συνεχῶς ὁ ῏Αγις στρατιᾷ καὶ ἐπετείχισε φρούριον Ἀθηναίοις τὸ ἐν Δεκελείᾳ.

17 Eschyle, *Prom enchaîné*, 801-808 : τοιοῦτο μέν σοι τοῦτο φρούριον λέγω, « je dis cela pour te mettre en garde » ; *Euménides*, 918-919 : Ἄρης τε φρούριον θεῶν νέμει, « (Athènes, dont Zeus) et Arès ont fait le *phrourion* des dieux sur la terre » ; 949 : πόλεως φρούριον, « Gardiennes de la ville » (en parlant des Euménides à Athènes).

18 Aristophane, *Grenouilles*, v. 362 : προδίδωσιν φρούριον ἢ ναῦς, formule rituelle que l'on retrouvera chez les Orateurs.

19 Euripide, *Oreste* 759-761 : φυλασσόμεσθα φρουρίοισι πανταχῇ ; Fr. Hypsipyles fr 20/21 l. 12 : φυλάσ[σ]ε̣τα̣[ι] γῆ φρου[ρίο]ι̣σιν ἐν κύκλῳ.

20 Contre Midias, 193 : ὅσοι τὰ φρούρι' ἦσαν ἔρημα λελοιπότες. Signalons aussi la formule rituelle οὔτε τὴν πόλιν οὔτε φρούριον

laissés vides par leurs occupants (des φρούρια sans φρουροί ...).

Un passage du *De Vectigalibus* de Xénophon est particulièrement intéressant dans la mesure où il mentionne côte à côte la garde dans les φρούρια et l'activité de surveillance dans le territoire, le περιπολεῖν, mais sans mention de περιπόλια, et qu'il est instructif de confronter au texte de Thucydide cité plus haut[21].

Un autre passage des *Helléniques* suggère que le φρούριον a une valeur plutôt défensive, tandis que l' ἐπιτείχισμα est offensif. Les Athéniens qui assiègent Egine en 388 ont construit un ἐπιτείχισμα, mais les assiégeants deviennent vite des assiégés et une expédition de secours doit les faire sortir du φρούριον[22].

L'époque romaine

Le sens de φρούριον chez Diodore a été minutieusement analysé par Nielsen 2002, mais dans une optique bien particulière : il s'agissait de savoir si l'appellation φρούριον donnée par Diodore à un site devait suffire pour l'exclure de la liste des *poleis* d'époque classique établie par le « Copenhagen Polis Center ». Par exemple, en 403, Léontinoi, qui était jusque là une *polis*, devient un φρούριον de Syracuse. Pour Nielsen, φρούριον est alors utilisé comme « antonyme » de πόλις. Je dirais plutôt que, les habitants de Léontinoi ayant reçu le droit de cité syracusain, la ville devient une dépendance, on pourrait presque dire un quartier de Syracuse[23]. Φρούριον n'est pas utilisé ici avec le sens de forteresse, mais plutôt avec celui de ville secondaire. C'est sans doute la même différence de point de vue que l'on retrouve dans le cas de Mylai, tantôt πόλις tantôt φρούριον : πόλις quand on la considère pour elle-même, un habitat relativement important, une ville, φρούριον quand on considère son statut politique, simple dépendance de Messine (Thuc. III, 90, 2 : Μυλαὶ αἱ Μεσσηνίων). C'est le sens que donne Strabon au mot περίπολιον (*infra*), mais Diodore n'emploie pas ce mot.

Comme Strabon (*infra*), Diodore emploie le mot φρούριον pour des sites indigènes (Motyon en Sicile centrale : XI, 91, 4) et il est l'un des premiers auteurs à appeler φρούριον le site de Décélie en Attique (XIII, 9, 2)[24].

Chez Strabon, l'usage du mot φρούριον est également très large pour désigner des sites fortifiés, quelquefois une acropole au-dessus d'une ville, mais le plus souvent un habitat plus petit qu'une cité (on dirait en Gaule un *oppidum*). Pour nous limiter à l'Occident, c'est ainsi qu'il appelle Pandosia, petite ville des Brettii au-dessus de leur capitale, Cosentia[25]. Un autre passage du livre VI laisse entendre à propos de Pétélia, capitale des Lucaniens, qu'elle était défendue par des φρούρια. Mais le texte a sans doute été mal lu et on comprendra plutôt que le site a été fortifié contre Thourioi[26]. Que le sens de φρούριον soit au total très vague est dit explicitement par Strabon au livre XII : « la frontière de la Lycaonie et de la Cappadoce se trouve entre Koropassos, κώμη des Lycaoniens, et Garsaouroi, πολίχνιον de Cappadoce ; la distance entre ces deux φρούρια est de 120 stades. »[27]

Il faut insister aussi chez Strabon sur le sens donné à περίπολιον, qui n'est plus un synonyme de φρούριον (au sens où l'entendaient les orateurs attiques), mais désigne souvent dans les royaumes hellénistiques une ville secondaire dépendant d'une capitale, comme Apollonia ou Bérénice par rapport à Cyrène[28].

Plutarque et Pausanias emploient le mot φρούριον

οὐδὲν ἀπώλεσαν (*Fausse ambassade*, 264), qui revient avec des variantes à plusieurs reprises (*C. Leptine*, 78 : οὐ πόλιν, οὐ φρούριον, οὐ ναῦν, οὐ στρατιώτην ἀπώλεσεν ; aussi Lysias, *C. Philon*, 26 ; φρούριόν τι προὔδωκεν ἢ ναῦς ἢ στρατόπεδόν τι.

21 Xén., Vect., 4, 52 : οἵ τε φρουρεῖν ἐν τοῖς φρουρίοις, οἵ τε πελτάζειν καὶ περιπολεῖν τὴν χώραν. On rapprochera aussi Thucydide, IV, 67 : ψιλοὶ καὶ ἕτεροι περίπολοι.

22 Xén. Hell. V, 1, 5 : καὶ ἐκ τούτου ἐπολιορκοῦντο μᾶλλον οἱ ἐν τῷ ἐπιτειχίσματι Ἀθηναίων ἢ οἱ ἐν τῇ πόλει· ὥστε ὑπὸ ψηφίσματος Ἀθηναῖοι πληρώσαντες ναῦς πολλας ἀπεκομίσαντο ἐξ Αἰγίνης πέμπτῳ μηνὶ τους ἐκ τοῦ φρουρίου.

23 Diodore, XII, 54, 7 : οἱ δέ Συρακόσιοι τοῖς Λεοντῖνοιςμεταδόντες τῆς πολιτείας ἅπαντας Συρακουσίους ἐποίησαν καὶ τὴν πόλιν φρούριον ἀπέδειξαν τῶν Συρακοσίων.

24 Sjöqvist, *Kokalos* 1958, p. 109 sqq. Pour Diodore, φρούριον peut être aussi une petite cité libre (XVI, 69, 4 ; XVI, 70, 4). Mais Apollonia et Engyon (XVI, 72, 5), Entella, Galeria, Adranon, Morgantina sont des πόλεις, et Agyrion une ἐλάττων πόλις.

25 Strabon VI, 1, 5 : εἶτα Κωσεντία μητρόπολις Βρεττίων· μικρὸν δ' ὑπὲρ ταύτης Πανδοσία φρούριον ἐρυμνόν, περὶ ἣν Ἀλέξανδρος ὁ Μολοττὸς διεφθάρη ; 6,1,14, *idem* à propos de Lagaria.

26 Strabon, VI, 1, 3 : Πετελία, μετρόπολιr τῶν Λευκανῶν· ἐρυμνὴ δ' ἐστίν, ὥστε καὶ Σαυνῖταί ποτε φρουρίοιr ἐπετείχισαν αὐτήν. L'utilisation de φρούρια en ce sens serait un *unicum*. Mais aussi φθουριοις, corr. Meineke Θουρίοις. Voir Guzzo Luppino, *MEFRA* 1980, p. 864, n. 74. Contra Pugliese-Caratelli, *ASCL* 1972, p. 8).

27 Strabon XII, 6, 1 : Λυκαόνων τε καὶ Καππαδόκων ὅριόν ἐστι τὸ μεταξὺ Κοροπασσους κώμης Λυκαόνων, καὶ Γαρσαούρων πολιχνίου Καππαδόκων· ἔστι δὲ τὸ μεταξὺ διάστημα τῶν φρουρίων τούτων ἑκατὸν εἴκοσί που στάδιοι.

28 Strabon, XVII, 3, 21 : τῆς δὲ Κυρήνης ἐστὶ περιπόλια ἥ τε Ἀπολλωνία καὶ ἡ Βάρκη καὶ ἡ Ταύχειρα καὶ Βερενίκη καὶ τὰ ἄλλα πολίχνια τὰ πλησίον. Avec l'adjectif περίπολιος, XIV, 2, 22 : ἐν δὲ τῇ μεσογαίᾳ τρεῖς εἰσι πόλεις ἀξιόλογοι, Μύλασα Στρατονίκεια Ἀλάβανδα· αἱ δὲ ἄλλαι περιπόλιοι τούτων ἢ τῶν παραλίων, ὧν εἰσιν Ἀμυζὼν Ἡράκλεια Εὔρωμος Χαλκήτορες. A l'époque hellénistique, περιπόλιον semble également désigner un faubourg (*IG XII*,1 1033, à Karpathos, quartier autour d'un temple).

Fig. 400. L'agger archaïque de Mégara Hyblaea.

au sens vague de site fortifié, à côté de ἐρύματα (Plut., *Timoléon*, 22, 6), χώρια (*Paul-Emile*, 8, 7), χάρακες (*César*, 17, 4), πολίσματα (*Ptolémée*, 28, 1), sans aucun doute comme habitat secondaire par opposition à πόλις, comme le suggère une remarque du Périégète : « les remparts de Trinasos, qui me semble avoir été un φρούριον plutôt qu'une ville »[29].

Pour résumer ce rapide tour d'horizon, le terme φρούριον n'apparaît dans la langue grecque qu'avec Thucydide, et ne se spécialise vraiment au sens de poste fortifié que dans la littérature attique du IVe s., sens qui se perpétue chez Polybe, ou, à l'époque impériale, chez Plutarque. Mais les historiens du début de l'Empire (Diodore et Strabon) l'utilisent dans des sens plus variés et souvent beaucoup plus vagues.

2. Techniques de construction et de défense

Les premières fortifications grecques

On se rend compte depuis quelques dizaines d'années que les fortifications des cités coloniales ne sont pas un phénomène tardif, du VIe s. av. J.-C., mais un phénomène ancien, quelquefois du VIIe s., et souvent assez proche de la date de fondation des cités elles-mêmes. On a ainsi proposé que l'enceinte de Mégara Hyblaea soit, dans son premier état, contemporaine de la mise en place du plan d'urbanisme, vers la fin du VIIIe s.[30] Dans ces conditions, on peut poser pour la fortification, comme on l'a fait pour l'habitat, la question des rapports entre les techniques utilisées par les nouveaux colons et les techniques qui étaient en usage à la même époque dans le monde indigène.

A Naxos, nous savons aujourd'hui grâce aux travaux de M. C. Lentini (1987) que le rempart de l'âge du Bronze dont est conservé surtout un grand bastion semi-circulaire) a sans doute été réutilisé dans la première phase de la colonie (fin du VIIIe et début VIIe s.). Il ne s'agit sans doute pas d'une continuité de l'habitat, mais de la réutilisation sur un site déserté de structures encore bien conservées.

A Mégara Hyblaea, on a depuis longtemps noté que les tours semi-circulaires de l'enceinte du VIe s. étaient un cas particulier dans l'architecture militaire de cette période (au point qu'on a voulu les dater à l'époque hellénistique), et qu'elles trouvaient des parallèles dans l'architecture militaire de l'âge du Bronze, par exemple à Petraro, site proche de Mégara Hyblaea, et surtout à Thapsos, où nous savons par Thucydide que les Mégariens ont séjourné (*Mégara 5*, p. 299-301). Les fouilles récentes (Tréziny 2008) ont confirmé que les tours semi-circulaires en grand appareil étaient venues chemiser des tours plus anciennes, sans doute du VIIe s., mais ne permettent pas à ce jour d'affirmer qu'elles remontent à la première phase de l'enceinte mégarienne, ce qui nous laisse dans l'incertitude. Les Mégariens, mais aussi les Corinthiens qui viennent s'installer en Sicile vers 730 av. J.-C. ne viennent pas

29 Pausanias, III, 22, 3 : Τρινασοῦ καλουμένης τείχη, φρουρίου ποτὲ ἐμοὶ δοκεῖν καὶ οὐ πόλεως.

30 Un premier essai en ce sens dans Tréziny 1986a. Sur Mégara Hyblaea, voie aussi *Mégara* 5, p. 237-301 ; Tréziny 2006a ; 2007 (sous presse) ; 2008.

d'habitats constitués en cités et en grandes agglomérations urbaines, mais sans doute de villages d'extension réduite dont nous ignorons s'ils étaient fortifiés et, si oui, comment ils l'étaient. Ils n'avaient donc pas forcément l'expérience de la construction d'enceintes, et il ne serait pas surprenant, même si ce n'est pas démontrable, qu'ils aient reproduit les modèles qu'ils avaient sous les yeux.

Quoi qu'il en soit, ces premières enceintes devaient être assez sommaires. D'abord constituées d'un fossé et d'une levée de terre (*agger*) retenue par un mur ou une palissade, elles devaient se distinguer assez peu de leurs équivalents indigènes. Mais on manque d'informations archéologiques précises sur les sites indigènes pour ces périodes hautes (**fig. 400**).

Tours et techniques de défense

On a vu que les tours des fortifications grecques archaïques de Sicile étaient systématiquement curvilignes : à celles de Mégara Hyblaea, on peut ajouter celles de Léontinoi, d'Himère et des sites sicules de Mendolito ou de la Cività di Paternò, près de Catane. Mais ce n'est pas le cas dans le monde ionien, où toutes les tours connues sont quadrangulaires : à la Vieille Smyrne, à Larissa sur l'Hermos, et dans les fortifications pisistratéennes d'Eleusis.Nous ne connaissons pas suffisamment les murs archaïques de Phocée, mais l'enceinte archaïque de Marseille devait également avoir des tours, et elles étaient sans doute quadrangulaires. Le seul témoignage en est peut-être la « plate-forme » quadrangulaire qui termine le « quai archaïque » de la place Villeneuve-Bargemon, s'il s'agit bien, comme je le crois, de l'extrémité maritime du premier rempart archaïque[31]. Les sites indigènes voisins comme Saint-Blaise et les Baou de Saint-Marcel (VIe s.) ou l'Ile de Martigues au Ve s. ont des tours curvilignes, alors que toutes les constructions à tours quadrangulaires se datent plutôt au IIe s. av. J.-C.[32] C'est ainsi que l'oppidum des Mayans (*supra* dans ce volume, p. 138-139) a d'abord été daté à l'époque hellénistique (Arcelin 1986, p. 61), puis, après un premier sondage, à l'époque archaïque (mais avec prudence : Arcelin, Tréziny 1990, p. 29), avant d'être attribué sans aucun doute à la fin du VIe s. av. J.-C. La présence de tours quadrangulaires pouvait alors faire songer à une construction grecque, mais le matériel retrouvé sur le site est celui d'un habitat indigène, certes en contacts étroits avec la cité phocéenne. La fortification à tours quadrangulaires peut alors être interprétée comme une « imitation » des tours (probables) de Marseille, imitation d'ailleurs assez maladroite puisque le matériau dans lequel est construite l'enceinte (calcaire dur et gélif) convient assez mal à la construction d'angles chaînés, et se serait adapté davantage à des tours curvilignes. La diffusion des tours quadrangulaires dans le monde indigène à partir de l'exemple massaliète peut donc être considérée comme une hypothèse de travail raisonnable, mais difficilement démontrable, surtout lorsqu'on s'éloigne de la région marseillaise.

Il en va peut-être autrement pour les fortifications dites « à crémaillères » présentes à La Ramasse, en Languedoc, dès le IVe s., dans lesquelles je verrais, plutôt qu'une influence de constructions qui sont plutôt d'époque hellénistique et quasiment inexistantes en Grèce d'Occident, une adaptation de techniques locales[33]. Enfin, le Midi gaulois donne à Saint-Blaise et à Glanum deux exemples d'enceintes hellénistiques en grand appareil surmontées de merlons monolithes arrondis caractéristiques du monde punique et sur lesquels on a beaucoup discuté. J'avais envisagé naguère (Tréziny 1992) que l'on pût y voir une adaptation du motif des stèles si fréquentes dans les oppida protohistoriques, mais les progrès récents des études sur ces monuments m'inciteraient plutôt aujourd'hui à y voir, plus simplement, l'adaptation d'un modèle massaliète dans le cadre d'une koiné de Méditerranée occidentale (Tréziny 2006b).

Les cas de Saint-Blaise et de Glanum ont du reste un grand intérêt historiographique. Après les grandes fouilles d'Henri Rolland sur les deux sites, il ne faisait guère de doutes pour beaucoup d'observateurs que Saint-Blaise et Glanum étaient des sites fortifiés à la manière grecque, donc par des Grecs, et constituaient des jalons sur la route terrestre entre Marseille et la vallée du Rhône par la basse vallée de la Durance (Euzennat 1981). Il fallut une reprise systématique de l'étude des céramiques pour se rendre compte qu'au IIe s. Saint-Blaise et Glanum, en dépit de la parure monumentale de ce dernier site, étaient habités par des Gaulois (Arcelin, Cayot 1984). D'où une réinterprétation de l'enceinte de Saint-Blaise, grecque peut-être par sa technique de construction et par ses constructeurs (voir *infra*), mais défendant un site indigène. Faut-il y voir l'indice d'une alliance politique et militaire entre Marseillle et ses voisins ? ou une simple « prestation de service » rémunérée ? On conviendra que, sans sources écrites, toute réponse serait arbitraire[34].

31 Discussion dans Bouiron (M.), Tréziny (H.), *et al. – Trames et paysages de Gyptis au roi René. Actes du colloque de Marseille, 1999*, Aix-en-Provence 2001 (coll. EtMass 7), p. 179, n. 106 (Hesnard *et al.*) et p. 50 (Tréziny).

32 Bilan toujours utile dans Dedet (B.), Py (M.), éd. – Les enceintes protohistoriques de Gaule méridionale, Caveirac 1985.

33 Tréziny 2006b, p. 164-165 ; *contra* Garcia 1993.

34 Sur les « prestations de service », voir Chr. Goudineau, Un contrepoids de pressoir à huile d'Entremont, Gallia 42, 1984,

3. Inscriptions et signes lapidaires

Les inscriptions liées aux fortifications sont rarissimes dans le monde grec et peu fréquentes sur les sites indigènes, sinon dans le monde italique. La plus ancienne qui intéresse notre propos est celle qui était insérée dans la porte du Mendolito, site indigène archaïque de l'arrière-pays de Catane. L'inscription, difficile à déchiffrer, semble commémorer la constriction (ou la réfection) de la porte sous l'autorité d'un magistrat local. La langue semble avoir des liens avec les langues italiques que l'on retrouve dans les inscriptions osques du IVe s. L'inscription de Muro Lucano rappelle en langue osque mais en écriture osco-grecque le nom de deux magistrats locaux, des meddices, associés à la construction du rempart. Celle de Serra di Vaglio rapporte, cette fois en langue grecque, le nom d'un archon, sans doute transcription de meddix, appelé Nymmélos[35]. Le point commun de ces trois textes, éloignés dans l'espace comme dans le temps, est qu'ils transmettent une tradition italique, que l'on retrouve dans le monde romain, mais qui est étrangère à la culture grecque. Quant à l'inscription grecque de Vaglio, elle implique sans doute une connaissance du grec par une partie de la population, même s'il n'était pas nécessaire que tout le monde sût la lire, mais surtout une volonté pour un personnage, une famille, un clan, de manifester par là son rang social.

L'interprétation des signes lapidaires est beaucoup plus délicate. Dans le monde grec déjà, la fonction de ces marques est difficile à déterminer. Trouvées en carrière, elles pouvaient déterminer une qualité de pierre, comme on peut le supposer pour les carrières de Poggioreale, près de Naples. A Marseille, dont la pierre de taille était acheminée par bateau depuis la Couronne, on ne trouve pas de marques dans les carrières, mais il y en a sur une épave qui transportait des blocs, ce qui suggère que les marques étaient faites sinon à la carrière, du moins avant l'embarquement. Ces marques sont doubles : la principale, souvent complexe (monogramme *alpha-rhô*) pouvait être le début du nom d'un entrepreneur, la seconde, simple lettre de l'alphabet, peut être un signe de numération (numéro de lot ?). D'autres marques sont ajoutées dans un second temps, lors de la construction (marque de tâcheron ?). La plupart du temps, ces marques étaient ravalées dans les parties visibles de la construction : on les trouve donc qu'en fondation ou à l'intérieur du rempart lorsqu'on le démonte. Dans les sites indigènes qui nous occupent, en Italie méridionale,

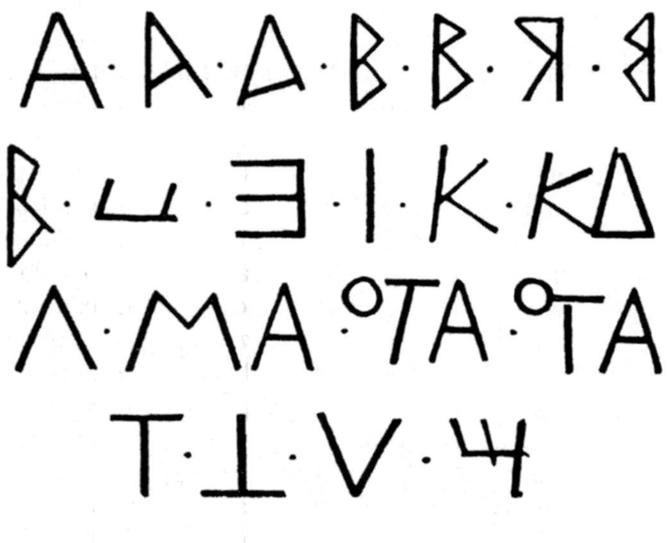

Fig. 401. Signes lapidaires de Saint-Blaise (Rolland 1951, p. 94, fig. 28).

on trouve des marques simples généralement issues de l'alphabet grec, ce qui est normal puisque cet alphabet est utilisé pour l'écriture. Ce que les marques nous apprennent, c'est un certain degré de complexité dans l'organisation des chantiers, puisqu'elles devaient servir d'une façon ou d'une autre à calculer des rémunérations. Les marques peuvent également servir à définir des groupes régionaux, comme la marque « double *iota* », fréquente dans le rempart de Serra di Vaglio et dans le sanctuaire de Rossano di Vaglio, mais aussi dans le mur Sud-Ouest de Moio della Civitella[36]. Cela signifie sans doute que les constructeurs – quels qu'ils soient - des trois monuments se référaient à une même tradition, alors que ce type de marquage n'existe pas ailleurs, et particulièrement à Vélia, pour laquelle on dispose d'un bilan récent (Vecchio 2009).

A Saint-Blaise, vers le milieu du IIe s. av. J.-C., le rempart en grand appareil est construit dans un grand appareil dit « hellénistique », c'est-à-dire comparable à celui des constructions contemporaines ou plus tardives de Marseille et de Glanum, grand appareil à joints vifs, ravalé au marteau-taillant (taille layée), à joints sciés. Les signes lapidaires ne sont pas très nombreux, et généralement assez simples : *alpha*, *beta*, *epsilon*, *kappa*, *tau*. On les trouve dans les fondations, mais aussi quelquefois en élévation : c'est le cas notamment de la lettre

p. 219-221 : Tréziny 1986b.

35 Biblio voir Poccetti dans ce volume, *infra*, p. 659-678.

36 La question est abordée supra dans ce volume, p. 172 et fig. 117. L'interprétation du « double *iota* » à Moio della Civitella et à Serra di Vaglio a été très discutée lors de la table ronde Ramses de Naples en octobre 2007, certains voulant y voir des signes de mise en place des blocs. Elle ne fait pourtant aucun doute à Serra di Vaglio, où des tronçons (de 50 à 100 m de longueur) à marque « double *iota* » alternent régulièrement avec des tronçons marqués *alpha* ou *pi*. Le doute ne me semble pas permis.

beta, parfaitement visible et, selon Henri Rolland (1951, p. 107), surlignée en rouge, ce qui est curieux pour des signes qui avaient une simple valeur technique et étaient généralement ravalés. Dans le secteur Est de la courtine, plusieurs marques complexes attirent l'attention. L'une, *omicron-tau-alpha*, a été lue (sans grande conviction) comme le début d'un anthroponyme grec (Atotos, rétrograde ?), une autre, *mu-alpha*, pourrait être aussi le début d'un anthroponyme, mais plus probablement un signe de numération (41), comme y invitent d'autres signes complexes *(kappa-delta, lambda-eta, lambda-theta)*, qui ne peuvent être que 25, 38, 39 (**fig. 401**). Ces signes pourraient indiquer le nombre de blocs posés par une équipe dans un laps de temps donné. Ils posent aussi une question insolite : sont-ils la preuve que les constructeurs étaient bien des Grecs, ou que les Gaulois, qui utilisaient l'alphabet grec pour écrire leur langue, avaient également emprunté aux Grecs de Marseille leur système de numération ?

4. Des *phrouria* autour des cités grecques ?

La question des *phrouria* autour des cités grecques d'Occident a été posée à partir des années 1960 à propos de Vélia et de Moio della Civitella (*supra*, dans ce volume, p. 171-185). La reprise des activités archéologiques à Vélia sous l'impulsion de Mario Napoli amena les chercheurs à s'interroger sur la longue durée de la ville grecque alors même que sa voisine Poséidonia devenait lucanienne, sous le nom de Paestum. La découverte en 1966 du rempart de la Civitella apportait une réponse : Vélia devait sa survie à l'existence d'une couronne de sites fortifiés. C'est donc logiquement que la première publication des fouilles de la Civitella (Greco 1967), alors même que les fouilles du rempart venaient à peine de commencer, s'appelait « Il frouvrion di Moio della Civitellac ». Au site de la Civitella furent ensuite associés ceux de Punta della Carpinina, dominant les hauteurs entre Vélia et Paestum, Torricelli, contrôlant la vallée de l'Alento au Nord de la ville, Castelluccio, au Sud, en direction de Palinuro. En dehors de Moio, aucun de ces sites n'a fait l'objet d'une exploitation archéologique mais il est vrai que leur disposition peut évoquer un système cohérent de fortification. Leur intégration par E. Greco dans le territoire de Vélia au terme d'une magistrale démonstration (Greco 1975) a été généralement acceptée au point de devenir un point ferme dans l'interprétation des sites fortifiés (de Bencivenga 1990, p. 366-367 à Mertens 2006, p. 435). Or on a vu précédemment (dans ce volume, p. 171-185) que l'interprétation du site n'était pas aisée. Dans le dernier quart du IVe s., la Civitella est certainement un habitat lucanien, et rien ne permet d'affirmer que la fortification est beaucoup plus ancienne ; par ailleurs les caractéristiques techniques du rempart le rapprochent davantage des enceintes lucaniennes de la deuxième moitié du IVe s. que des murs de Vélia.

Il est vrai que la position topographique de la Civitella, sur une colline escarpée dominant un col, avec une vue dégagée sur Vélia, et parfaitement visible depuis l'acropole de la ville grecque, incite à en faire un *phrourion*. Cela pose plus généralement le problème de l'inter-visibilité, abordé ailleurs dans ce volume par O. Belvedere (*supra* dans ce volume, p. 57-58). Lorsque, pour se mettre à l'abri d'une agression éventuelle, une population se fortifie sur un point haut, elle domine visuellement un paysage beaucoup plus étendu que celui qu'elle occupe et contrôle effectivement. Et il est fréquent que ces divers habitats se voient les uns les autres. Cela signifie-t-il qu'ils constituent un réseau de sites fortifiés ? Cette notion de réseau d'habitats fortifiés est du reste liée à celle du « contrôle ». Ce n'est pas parce que, depuis le site fortifié, on voit une route ou un trait de côte, qu'on en a le contrôle. Comme le note très justement Oakley dans son étude des habitats du Samnium, ce contrôle est très relatif : empêcher une armée de passer supposerait des descendre de la position élevée, en perdant tout l'avantage. Tout au plus peut-on décourager l'ennemi en laissant peser une menace sur son arrière-garde. Et on a sans doute mal interprété les habitats samnites en lisant comme un système cohérent ce qui est avant tout une juxtaposition d'habitats indépendants les uns des autres. La plupart de ces sites fortifiés devraient être lus d'abord comme des sites locaux, ayant pour vocation de protéger les populations locales (Oakley 1995, p. 139-140).

Cela ne veut pas dire bien sûr que ces sites n'ont pas pu fonctionner en réseau à certains moments de l'histoire politique et militaire de la région. Mais il ne faudrait pas en faire la raison de leur création. Et je crois qu'il faut surtout récuser l'argument selon lequel les Grecs de telle cité n'auraient pas laissé se construire une fortification si proche de la ville grecque et visible de ses remparts. Cela vaut aussi bien pour Moio della Civitella que pour les oppida de la couronne marseillaise, que ce soit à l'époque archaïque (Mayans, Marseillevyre) ou à l'époque hellénistique (Verduron) (*supra* dans ce volume, p. 131-145).

Une autre région de l'Italie méridionale retiendra mon attention pour terminer ce rapide tour d'horizon, celle de Métaponte. Des sites comme Cozzo Presepe[37]

37 Les fouilles de Cozzo Presepe ont donné lieu à d'intéressantes analyses archéozoologiques, d'où l'on a conclu que la population mangeait des animaux jeunes (deux ans en moyenne), ce qui convenait

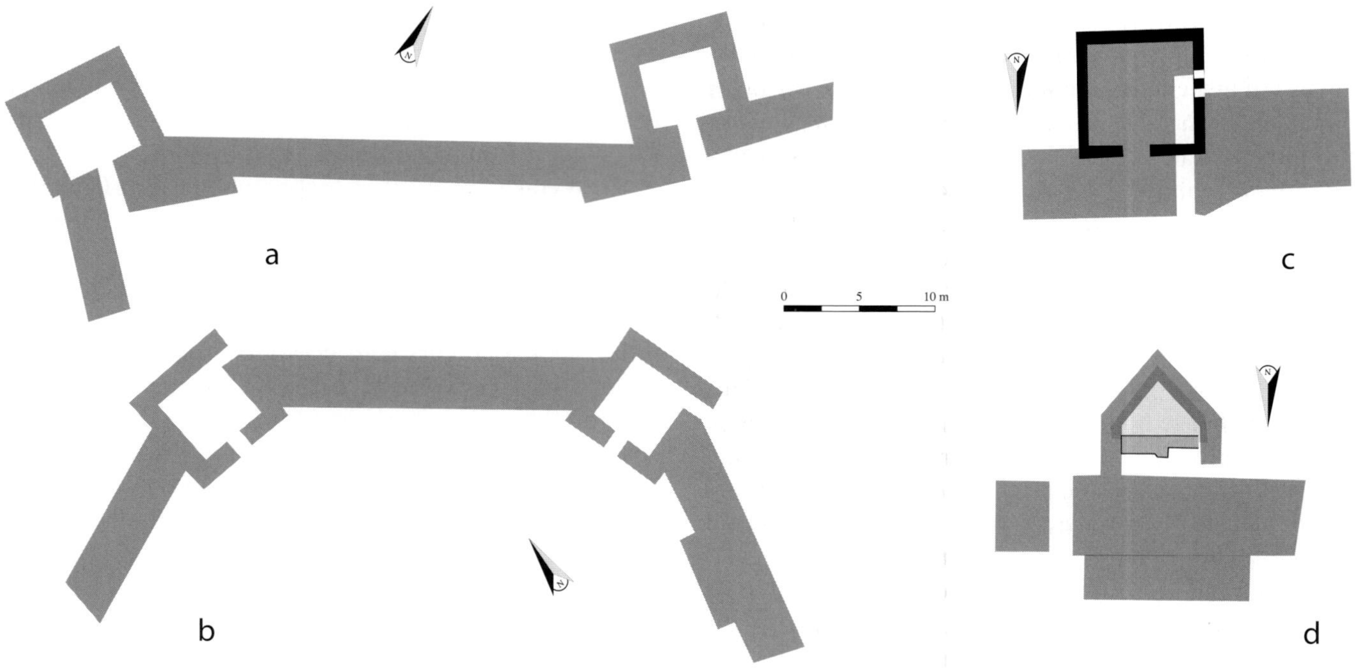

Fig. 402. a- Tours IV et V de Kaulonia (Orsi) ; b- Tours du secteur B de Pomarico (De Siena) ; c- Paestum, tour 28 (Krischen) ; d- Paestum, tour 20 (Winter).

ou Pomarico Vecchio, situés à 20 km au Nord de Métaponte, dominant l'un la vallée du Basento, l'autre celle du Bradano, ont été quelquefois considérés comme des *phrouria* défendant le territoire de la cité grecque. On considère aujourd'hui qu'il s'agit plus sûrement de sites indigènes. Le site de Pomarico est le mieux connu, grâce aux fouilles de M. Barra Bagnasco (*Pomarico I*). Que les habitants soient des indigènes est à peu près assuré par les mobiliers, mais surtout par le rite de l'inhumation en position fœtale (*rannicchiata*), rite qui rattache ces populations à une tradition locale chone, antérieure à la pénétration lucanienne. L'habitat lui-même est organisé de façon régulière, à la manière d'un habitat grec, et la céramique utilisée sur le site est apparemment la même que celle de Métaponte ou d'autres centres régionaux. Notons tout de même que l'habitat, très partiellement fouillé, est formé d'une seule file de maisons entre deux rues, avec des îlots étroits de 11 m, ce qui n'est pas la norme dans les sites grecs où l'on a généralement deux files de lots accolés[38]. Quant à la céramique, si elle est essentiellement grecque, ce qui n'a rien d'étonnant à cette époque, nous savons que la répartition des diverses formes n'est pas obligatoirement la même dans un site grec et dans un site indigène (cf. *supra*, p. 159-169 et 174-183, Vélia et Moio della Civitella), mais des études statistiques manquent encore, notamment à Métaponte (comme dans la plupart des villes grecques).

Dans ce contexte indigène « très hellénisé », on connaît deux secteurs de la fortification. Le secteur A, le plus méridional, comporte un segment de courtine renforcé par une tour carrée avec porte côté ville et poterne ouverte sur le flanc droit, côté campagne. A. De Siena y voit une porte (ou plutôt une poterne) à cour, monumentalisant un accès à l'habitat. Plus au Nord, dans le secteur B (**fig. 402b**), ce sont deux tours espacées de 25 m qui présentent le même dispositif avec poterne, constituant « una sequenza di ingressi monumentali ». Il me semble qu'il s'agit là plus simplement d'une série de tours carrées à rez-de-chaussée creux, dotées de poternes latérales stratégiques, permettant des sorties contre les travaux d'approche de l'ennemi. Bien sûr, une poterne peut servir aussi à entrer dans la ville, mais ce n'est sûrement pas sa fonction première, et, si c'était le cas, on n'en mettrait pas une tous les 25 m. Ce système de poternes latérales dans les tours est bien connue dans les fortifications grecques. Selon Winter (1971, p. 240-248), le plus ancien exemple serait dans l'enceinte de Mantinée, vers

bien à la garnison d'un *phrourion* (John Watson, The Mammals. *In* : *Cozzo Presepe*, p. 390-406). Même si la conclusion historique est sans doute erronée, la démarche est importante et pourrait apporter, si elle était systématique, de nouvelles informations sur le faciès culturel de ces populations.

38 Dans la série très limitée des habitats « filiformes », au site indigène de Nages, en Languedoc Py (M.), *L'oppidum des Castels à Nages (Gard)*. Paris 1978) il faudrait aujourd'hui ajouter la ville haute d'Apollonia d'Illyrie (Verger (St.) *et al.*, Apollonia d'Illyrie. Activités de l'Ecole française de Rome. *MEFRA* 120-1, 2008, p. 190-195) et la sous-colonie massaliète d'Olbia de Provence (information M. Bats).

371, mais le système se développe surtout à l'époque hellénistique. En Occident, on connaît l'exemple de Paestum, où la poterne traverse le rez-de-chaussée plein de la tour 28 (**fig. 402c**). D'autres cas sont plus sophistiqués, et sans doute plus tardifs (IIIe-IIe s.), comme la tour pentagonale de Paestum (**fig. 402d**), la tour de la Mannella à Locres Epizéphyriennes, les tours de Pompéi et de Nuceria, où l'on accède à la poterne depuis le premier étage de la tour, par en escalier ou une échelle de bois (ce qui enlève à la poterne toute valeur d'accès)[39]. Si le rempart de Pomarico date bien de la deuxième moitié du IVe s., comme les résultats des fouilles semblent l'indiquer, il propose des aménagements rarissimes dans l'Occident grec, inconnus à ce jour à Métaponte (dans l'état des publications), dans l'enceinte calabraise pourtant sophistiquée de Castiglione di Paludi, et *a fortiori* dans les sites lucaniens plus à l'intérieur, qui ne comportent généralement pas de tours (De Gennaro 2005). Par comparaison, les tours de Kaulonia (**fig. 402a**), datées (très approximativement) dans la deuxième moitié du IVe s., très proches de celles de Pomarico par les dimensions et la technique de construction, paraissent moins évoluées, avec des tours saillantes par rapport au rempart, et non médianes, et sans poternes. Le matériau utilisé à Pomarico est une peierre locale, de taille irrégulière, mais, à l'exception de sites côriers où la pierre de taille peut être transportée par bateau (Marseille), il est normal que l'on utilise pour l'enceinte le matériau le plus facilement disponible.

Si donc il n'est pas utile, en effet, de se demander si le site est grec ou indigène (il est évidemment habité par des indigènes), il ne me paraît pas superflu de se demander quel était l'architecte qui a conçu ce monument, s'il était indigène ou grec, et pourquoi on a recouru à une technique aussi sophistiquée pour défendre un habitat qui paraît relativement secondaire.

Autour de Métaponte comme autour de Vélia, il ne semble donc pas que l'on puisse parler au IVe s. de couronnes de *phrouria* grecs défendant le territoire de la cité.

Inversement, on a eu tendance à exclure l'existence de *phrouria* antérieurement au IVe s., et notamment à l'époque archaïque[40]. Or les fouilles de Serro di Tavola (*infra*, p. 581-594), de Monte Palazzi (*infra*, p. 595-601) et d'autres sites calabrais montrent, en dépit des difficultés d'interprétation, que des sites fortifiés pouvaient border les frontières des cités grecques. Il est vrai que nous sommes alors dans un milieu géographique assez particulier, entouré de villes grecques (Kaulonia, Locres, Rhégion, Medma), dans lequel les limites du territoire des cités devaient coïncider avec celles d'autres cités grecques plutôt qu'avec des communautés indigènes. Cela montre en tout cas qu'il n'y a pas en ce domaine de règle générale qui pourrait s'appliquer *a priori* : seule la fouille (et la publication des données) peut permettre d'avancer, toujours avec prudence, vers une interprétation historique de ces habitats secondaires.

39 Pompéi : Krischen (Fr.), *Die Stadtmauern von Pompeji*, Berlin 1941, pl. 6 ; Nuceria : Johannowski (W.) – Nuovi rinvenimenti a Nuceria Alfaterna. *In* : *La regione sotterrata dal Vesuvio. Studi e prospettive. Atti del Convegno internazionale, 11-15 novembre 1979.* Napoli, Univ. degli Studi, 1982, p. 835-862.

40 Voir la discussion autour de Serro di Tavola dans *Lo Stretto, crocevia di culture*, Actes du congrès de Tarente de 1986, notamment p. 549 (E. Greco).

BIBLIOGRAPHIE

Arcelin 1986 : ARCELIN (P.) – Le territoire de Marseille grecque dans son contexte indigène. *In* : Bats (M.), Tréziny (H.), éd. – *Le territoire de Marseille grecque. Actes de la table ronde d'Aix-en-Provence (16 mars 1986)*. Aix-en-Provence 1986, p. 43-104 (coll. EtMassa, 1).

Arcelin, Cayot 1984 : ARCELIN (P.), CAYOT (A.) – Réflexions sur l'abandon de l'agglomération hellénistique de Saint-Blaise (Saint-Mitre-les-Remparts, B.-du-Rh.). *RAN* 17, 1984, p. 53-70.

Arcelin, Tréziny 1990 : ARCELIN (P.), TRÉZINY (H.) – Les habitats indigènes des environs de Marseille grecque. *In* : *Voyage en Massalie. 100 ans d'archéologie en Gaule du Sud. Catalogue de l'expostion de la Vieille Charité, Marseille*. Marseille 1990, p. 26-31.

Bencivenga 1990 : Elea. Problems of the relationshipbetween city and territory, and of urban organization in the archaic period. *In* : *Greek colonists and native populations. Proc. 1st Australian Congr. Class. Arch. Sidney, 1985.* Sidney 1990, p. 365-391.

Cozzo Presepe : DU PLAT TALOR (J.), MACNAMARA (E.), WARD-PERKINS (J.) *et al.* – The excavations at Cozzo Presepe (1968-1972). *In* : *Metaponto II = NSA* 1977, Suppl., p. 191-406.

De Gennaro 2005 : DE GENNARO (R.) – *I circuiti murai della Lucania antica (IV-III sec. a. C.).* Paestum 2005 (coll. Tekmeria, 5).

De Siena 1997 : DE SIENA (A.) – Le fortificazioni. *In* : *Pomarico*, p. 45-54.

Euzennat 1981 : EUZENNAT (M.) – Ancient Marseille in the Light of Recent Excavations. *AJA*, 84, 1981, p. 133-140.

Garcia 1993 : GARCIA (D.) –

Greco 1967 : GRECO (E.) – Il phrourion di Moio della Civitella. *Rivista di Studi Salernitani*, 2, 1967, p. 389-396.

Greco 1975 : GRECO (E.) – Velia e Palinuro. Problemi di topografia antica. *MEFRA*, 87, 1975, p. 81-142.

Lentini 1987 : LENTINI (M.C.) – NAXOS : ESPLORAZIONE DELL'ABITATO PROTOARCAICO ORIENTALE. LA CASA A PASTAS N. 1. *Kokalos*, 30-31, 1984-1985, II,2, P. 809-838.

Mégara 5 : GRAS (M.), TRÉZINY (H.), BROISE (H.) – *Mégara Hyblaea 5. La ville archaïque*. Rome 2004.

Mertens 2006 : MERTENS (D.) – *Città e monumenti dei Greci d'Occidente*. Rome 2006.

Oakley1995 : OAKLEY (S.P.) – *The Hill-Forts of the Samnits*. Londres 1995 (Archaeological Monographs of the British School at Rome, 10).

Pomarico : BARRA BAGNASCO (M.), éd. – *Pomarico Vecchio I. Abitato, mura, necropole, materiali*. Galatina 1997.

Tréziny 1986a : TREZINY (H.) – Les techniques grecques de fortification et leur diffusion à la périphérie du monde grec d'Occident. *In* : Leriche (P.), Tréziny (H.), éd., *La fortification dans l'histoire du monde grec, Actes du colloque de Valbonne, décembre 1982*. Paris 1986, p.185-200.

Tréziny 1986b : TRÉZINY (H.) – Remarques sur la fonction du rempart hellénistique de Saint-Blaise. *In*: Bats (M.), Tréziny (H.), éd., *Le territoire de Marseille grecque, actes de la table ronde d'Aix-en-Provence, 16 mars 1985,* Aix-en-Provence 1986 (EtMassa 1), p. 145-151.

Tréziny 2003 : TRÉZINY (H.) – Aspects des fortifications urbaines de la Grande-Grèce dans la deuxième moitié du IVe s. av. J.-C. *In* : *Alessandro il Molosso e i « condottieri » in Magna grecia. Atti del 43° convegno di studi sulla Magna Grecia, Taranto 2003*. Tarente 2004, p. 595-631.

Tréziny 2006a : TRÉZINY (H.) – Les fortifications archaïques dans le monde grec colonial d'Occident. *In* : *Quinte giornate internazionali di studi sull'area elima e la Sicilia Occidentale nel contesto mediterraneo. Guerra e pace in Sicilia e nel mediterraneo antico (VIII-III sec. a. C.) : arti, prassi e teoria della pace e della guerra, Erice 12-15 ottobre 2003*. Pise 2006, p. 255-266.

Tréziny 2006b : TRÉZINY (H.) – Marseille et l'hellénisation du Midi : regards sur l'architecture et l'urbanisme de la Gaule méridionale à l'époque hellénistique. *In* : *L'hellénisation en Méditerranée occidentale au temps des guerres puniques (260-180 av. J.-C.), actes du colloque international, Toulouse, 31 mars-2 avril 2005* = *Pallas* 70, 2006, p. 163-186.

Tréziny 2007 : TRÉZINY (H.) – Aux origines de Mégara Hyblaea. *In* : Mazarakis-Ainian (A.), éd., *The « Dark Ages » revisited*. Actes du colloque international de Volos, 14-17 juin 2007, sous presse.

Tréziny 2008 : TRÉZINY (H.) – Mégara Hyblaea (fouille 2006). *In* : Activités de l'Ecole française de Rome. *MEFRA* 120-1, 2008, p. 256-260.

Vecchio 2009 : VECCHIO (L.) – I contrassegni alfabetici sui blocchi. *In* : Tocco (G.) *et al*., éd., *Velia. La cinta fortificata e le aree sacre*, Milan 2009, p. 135-139.

Winter 1971: WINTER (F.E.) – *Greek Fortifications*. Londres-Toronto 1971.

2. La fortificación ibérica del Puig de Sant Andreu (Ullastret, Cataluña) : aspectos técnicos, formales y funcionales

Gabriel de Prado

1. Introducción

El *oppidum* ibérico del Puig de Sant Andreu se encuentra emplazado en el municipio de Ullastret y, junto al asentamiento próximo de la Illa d'en Reixac, constituye una única comunidad que conforma uno de los mayores núcleos poblacionales del nordeste de la Península Ibérica durante la segunda Edad del Hierro (**fig. 403**).

En la segunda mitad del siglo VI a.C. se construye una primera fortificación que protegía un hábitat con una superficie aproximada de 3 ha (Martin 2000, p. 110). Durante la primera mitad del siglo IV a.C., la superficie ocupada por el asentamiento aumentó notablemente mediante la realización de una profunda reforma y ampliación del recinto amurallado, que incorporó la zona norte y la pendiente oriental del cerro (Casas *et al.* 2002, p. 237). Posteriormente, hasta el abandono masivo del hábitat a inicios del siglo II a.C. (Martin *et al.* 2004, p. 280), se realizaron diversas reformas y modificaciones puntuales, de menor envergadura, que ya no comportaron transformaciones significativas en el perímetro del *oppidum*[1].

Los diferentes elementos que conforman la estructura defensiva de este asentamiento (**fig. 404**) presentan unas características técnicas, formales y funcionales propias que son analizadas brevemente en los siguientes apartados[2]. Asimismo, se aborda y reflexiona sucintamente acerca de las influencias mediterráneas que subyacen en algunos de estos elementos.

1 No nos extendemos en la descripción del yacimiento y en su evolución histórica puesto que en este mismo volumen se publica un trabajo de síntesis relativo al conjunto arqueológico de Ullastret.

2 En las observaciones de los elementos estructurales de la fortificación del Puig de Sant Andreu se ha tenido en cuenta que algunos sectores fueron reconstruidos, en algunos casos, a partir de las primeras hiladas. Estos importantes trabajos de restauración mimética, llevados a cabo por M. Oliva desde el inicio de las excavaciones sistemáticas en los años cincuenta del siglo pasado, enmascararon una parte importante de las construcciones originales resultando dificultoso discernir la parte reconstruida de la original. Este hecho no ha sido tenido en cuenta por todos los investigadores, que en determinados estudios han descrito o referenciado elementos que no son originales.

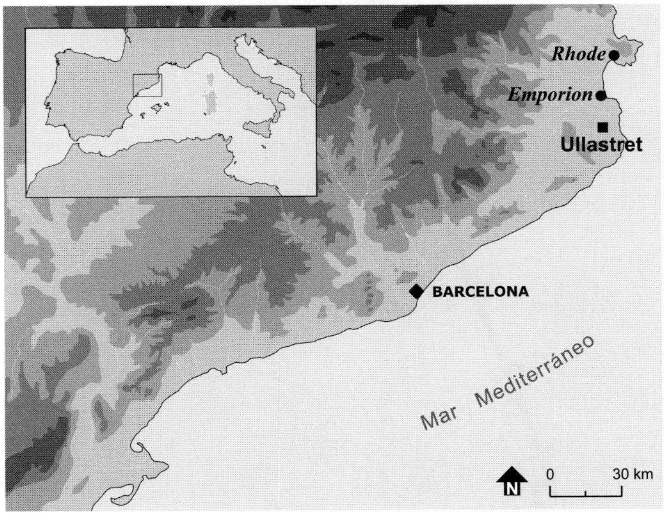

Fig. 403. Mapa de situación de Ullastret y de las colonias griegas de *Emporion* y *Rhode*.

2. Técnicas constructivas

2.1. La cimentación

La cimentación constituye un elemento estructural de gran importancia puesto que ha de permitir un equilibrio constante en la transmisión de las cargas y tensiones generadas por la construcción sobre el terreno en el que se asienta.

A partir de los datos aportados por M. Oliva (1965, p. 104) y de excavaciones recientes (Casas *et al.* 2004, p. 123) se deduce que una parte importante de los trazados de la muralla que han sido documentados hasta los niveles de cimentación se asientan directamente sobre la roca natural, sin ningún tipo de preparación específica[3]. El suelo rocoso del área de asentamiento, formado por margas arcillosas y gres, fue considerado por los constructores suficientemente sólido para soportar el

3 Este tipo de cimentación simple es el más utilizado en la construcción de fortificaciones ibéricas en las que este aspecto ha podido ser analizado (Moret 1996, p. 76-78; Sanmartí, Santacana 1991, p. 138-140).

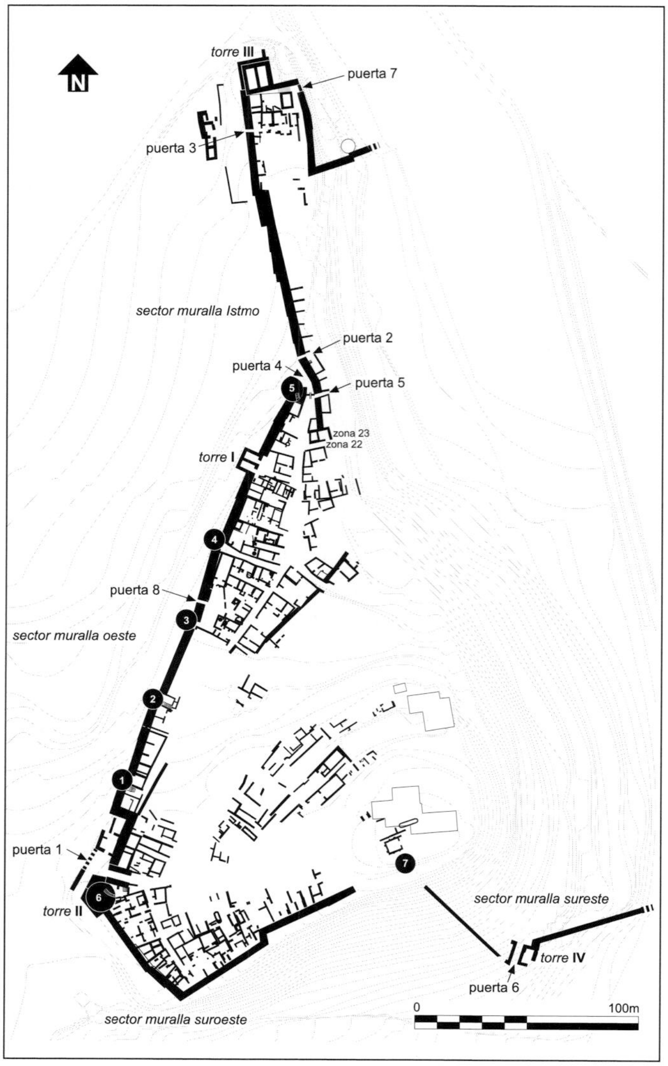

Fig. 404. Planta general del *oppidum* del Puig de Sant Andreu de Ullastret, con la indicación de los principales elementos que conforman su estructura defensiva.

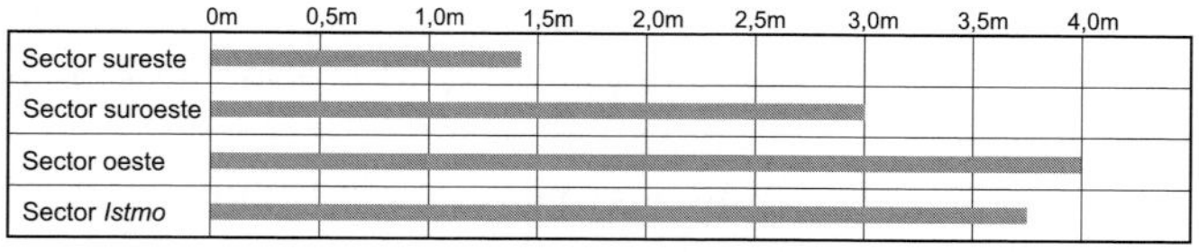

Tabla 1. Anchura media de los tramos de muralla pertenecientes a los diferentes sectores de la fortificación del Puig de Sant Andreu.

conjunto de la estructura. No se ha documentado, hasta el momento, la existencia de grandes trincheras de fundación, ni tan solo en los sectores en los cuales existe un mayor desnivel y las irregularidades del terreno son muy marcadas. Solamente se ha constatado la existencia de pequeños recortes en la pendiente para adaptarse a los desniveles y facilitar el encaje de las cimentaciones. En algunos puntos concretos, también se ha detectado la construcción de estructuras defensivas sobre estratos antrópicos dispuestos sobre el nivel rocoso subyacente, con la finalidad de nivelar el terreno y permitir una cierta regularidad de la primera hilada de sillares. Asimismo, para dotar a la construcción de una mayor solidez, estas primeras hiladas disponen, en algunos casos, de sillares de mayores dimensiones que pueden sobresalir ligeramente de la vertical del paramento.

2.2. Estructura de los muros

La estructura de los elementos murarios documentados en la fortificación es mayoritariamente de tipo simple (Arcelin, Dedet 1985, p. 17-19), con dos paramentos paralelos (interior y exterior) que delimitan el trazado de la muralla. Entre los dos se dispone un relleno de piedras irregulares, de dimensiones mayoritariamente medianas y pequeñas, que en algunos casos aparecen mezcladas con tierra hasta completar la altura total de los muros que delimitan la estructura.

La anchura de los muros es muy variable y oscila en función del tramo y de la zona. Así, el trazado que desciende desde la torre 7 hacia la puerta 6 presenta una anchura que en algunos puntos es de tan solo 0,95 m, mientras que en la zona del Istmo la muralla llega a tener 6 m de anchura en un punto concreto. Este hecho se relaciona directa y proporcionalmente a la accesibilidad orográfica a los diferentes sectores de la fortificación, de manera que los trazados emplazados en las áreas más vulnerables son los que presentan una mayor anchura mientras que los situados en las zonas más abruptas son los que disponen de una anchura menor (**Tabla 1**).

Las torres circulares también se erigieron con una estructura simple, mediante la construcción de un paramento externo con sillares curvados. Tal como se pudo documentar en un sondeo realizado en el interior de la torre 1 (Oliva 1955, p. 334), la parte interna es maciza y está formada por piedras irregulares de diferentes medidas, en general bastante bien colocadas, que sirven para reforzar y trabar de una manera óptima la estructura de la torre.

Por lo que respecta a la estructura superior de los muros y a su coronamiento, solamente podemos basarnos en hipótesis, puesto que no se ha conservado ningún elemento de la muralla en su altura original. En los muros mejor conservados (sector oeste), el paramento interno de la muralla y de algunas torres alcanzan una altura cercana a los 5 m y los derrumbes asociados a estos están formados por grandes bloques de piedra, motivo por el cual deducimos que el alzado de la estructura principal seria completado enteramente en piedra.

Para la restitución del coronamiento no disponemos de ninguna evidencia material, hecho que se puede

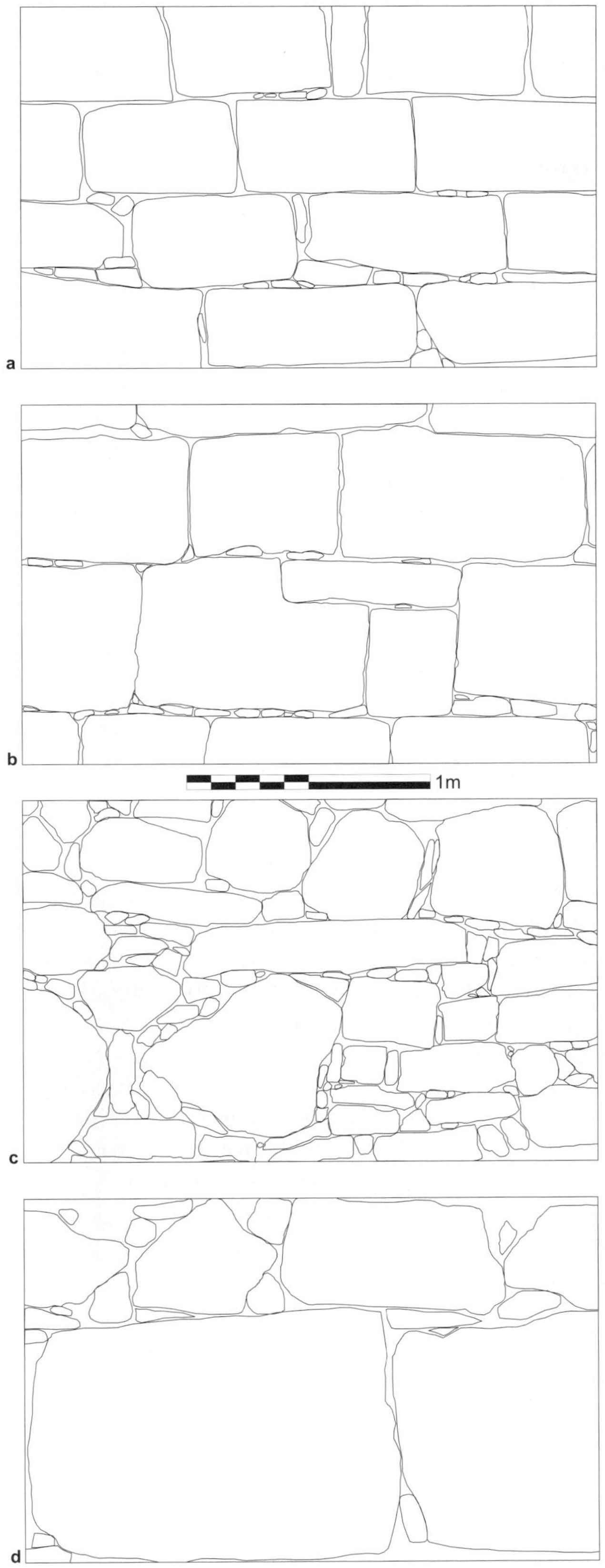

Fig. 405. Alzado de las diferentes tipologías de paramento documentadas en el Puig de Sant Andreu. a- Aparejo pseudoregular, b- Aparejo poligonal, c- Aparejo irregular, d- Aparejo ciclópeo.

hacer extensible al resto de fortificaciones ibéricas de la península (Moret 1996, p. 98). No obstante, resulta evidente que debía existir algún tipo de estructura en la parte superior que permitiría la protección de los defensores[4]. Para la construcción de estos parapetos o estructuras almenadas, puesto que no se ha identificado ningún elemento específico, se podría haber utilizado algún tipo de material perecedero o incluso la piedra, trabajada en un volumen y dimensión que no permitirían diferenciarla del resto de bloques empleados en la construcción de la muralla.

2.3. Los aparejos

En la fortificación del Puig de Sant Andreu se han identificado diferentes tipos de aparejos que se definen y caracterizan tanto por las dimensiones de los bloques o sillares utilizados como por su disposición y aspecto visual. A partir de estos parámetros, se pueden establecer, en líneas generales, cuatro grandes tipologías que pueden presentar pequeñas variantes en tamaño e incluso en la forma. Estas variaciones pueden ser atribuibles a diferentes tradiciones en los equipos de picapedreros y, en algunos casos, a la diferencia cronológica de algunos tramos (Sanmartí, Santacana 1991, p. 137).

Aparejo pseudoregular. Los aparejos pertenecientes a este tipo están formados por sillares de piedra de aspecto rectangular, en algunos casos con propensión al cuadrado, que se disponen en hiladas de tendencia horizontal, presentando una cierta regularidad (**fig. 405a**). En aquellos elementos donde ha sido posible observar la estructura interna original, se puede constatar que es únicamente la superficie y la forma de la cara vista la que ha sido retocada, mientras que la parte posterior de los bloques es irregular. Es por este motivo que no se puede hablar en un sentido estricto de un aparejo regular, aunque en el contexto de la arquitectura defensiva ibérica así se podría considerar (Moret 1996, p. 89).

Una parte importante de los tramos de muralla del Puig de Sant Andreu se pueden asimilar a esta tipología. En general, habría que incluir los trazados que presentan cronologías del siglo IV y III a.C., entre los que se encuentran los paramentos del sector oeste y de algunas zonas del Istmo.

4 En los yacimientos protohistóricos franceses de Saint-Blaise y Glanum se han identificado bloques de piedra monolíticos redondeados que habrían formado parte del coronamiento de la muralla, siendo más dudosos los documentados en Pech Maho (Moret 1996, p. 98-99). También hay que señalar el descubrimiento, en el asentamiento protohistórico de Verduron, de un bloque de piedra donde aparece la representación de un hábitat prerromano con un lienzo de muralla coronado de almenas (Garcia 2004, p. 142).

En relación a los paramentos de las torres circulares, habría que incluirlos en esta tipología pese al hecho de que el trabajo de los bloques en la superficie vista no es tan detallado y, en general, las dimensiones de los diferentes elementos es más irregular. Por este motivo fue necesaria la utilización de un mayor número de ripios para compensar la falta de encaje entre los bloques y rellenar así los intersticios (Pallarés, Gracia, Munilla 1986, p. 46 ; Sanmartí, Santacana 1991, p. 138). Por otro lado, también hay que añadir que, por las características formales propias de las torres, los sillares eran curvados para poder perfilar el perímetro circular de las mismas.

Aparejo poligonal. Esta tipología constituye, en cierta manera, una variante del aparejo pseudoregular. Consiste en la inserción, en un paramento correspondiente a la tipología anterior, de bloques de apariencia hexagonal en su cara vista, formando ángulos rectos que sirven para rectificar las diferencias e irregularidades entre bloques (**fig. 405b**). Esta técnica permite un mayor ajuste entre las piedras, de manera que impide o minimiza la existencia de espacios huecos que posteriormente tienen que ser rellenados.

Este tipo de aparejo no es muy corriente en la fortificación y se documenta sobretodo en los muros que delimitan la entrada de la puerta 1, en la estructura poligonal que forra la torre 6 y en la torre cuadrada I. Todos estos elementos pertenecen a paramentos que presentan cronologías del siglo IV y III a.C.

Esta técnica tampoco es muy poco frecuente en el contexto de las fortificaciones ibéricas (Moret 1996, p. 90), y en el caso del Puig de Sant Andreu no solamente se ha documentado en estructuras de carácter defensivo sino que también fue utilizada, al menos, en los paramentos del templo C.

Aparejo irregular. Para la construcción de este tipo de paramento se utilizan piedras ligeramente escuadradas, de formas y medidas muy variables, que son colocadas con la superficie más lisa en la parte exterior del muro. Se intenta encajar las piedras entre sí utilizando ripios y, a menudo, se observa la intención de conformar hiladas más o menos rectilíneas aunque, en realidad, no existe una uniformidad manifiesta (**fig. 405c**).

Este tipo de paramento se observa, sobretodo, en los tramos de muralla visibles correspondientes a la primera fase de la fortificación, perteneciente a la segunda mitad del siglo VI a.C. No obstante, también se documenta su utilización en algunas estructuras posteriores, como puede ser el ángulo norte de la construcción angular adosada a la torre circular 6, para reforzarla y dotarla de una planta poligonal.

Aparejo ciclópeo. Los paramentos que presentan este tipo de aparejo están formados por bloques de piedra de grandes dimensiones que apenas han sido retocados en sus extremos para facilitar su encaje, siendo colocados en hiladas con una cierta tendencia horizontal (**fig. 405d**). Las dimensiones de los bloques son variables y pueden llegar a medir hasta 1,60 m de largo por 1,05 m de altura en la primera hilada, requiriendo de un esfuerzo considerable para su transporte y colocación. No obstante, en general, se puede observar una disminución notable de las medidas de los bloques pertenecientes a la segunda y última hilada conservada.

El único segmento de la muralla donde se ha documentado esta técnica es el que se localiza en el ángulo norte y occidental del sector del Istmo, en los paramentos que se encuentran a un lado y al otro de la puerta 3 (Oliva 1965, p. 100). Pese a tratarse de un tipo de aparejo muy poco representado en el contexto del yacimiento, no es exclusivo en el área del nordeste peninsular puesto que también se documenta, por ejemplo, en el poblado de la Creueta (Quart, Girona) (Oliva 1965, p. 97) y en la muralla meridional y en algunos sectores de la muralla occidental de *Emporion* (Bessac 1993, p. 305). Precisamente, se ha situado a *Emporion* como el núcleo difusor de este tipo de aparejo en los asentamientos iberos del nordeste (Moret 1991, p. 269; Berrocal 2004, p. 46).

Fig. 406. Detalle de la ranura existente en el paramento norte de la torre cuadrada I.

2.4. La cuestión de las ranuras horizontales

En las excavaciones del sector de muralla oeste se pusieron al descubierto, en el paramento que conforma la entrada a la puerta 1 y en las paredes externas de las torres I (**fig. 406**) y II, unas ranuras o molduras horizontales, de unos 10-12 cm de altura por unos 10-12 cm de

Fig. 407. Vista aérea del *oppidum* del Puig de Sant Andreu (fotografía : F. Didierjean).

profundidad, en el caso de la puerta 1, y unos 25-30 cm en el resto. Unas ranuras similares a estas también han sido documentadas en los poblados *indiketas* de Castell (Palamós, Girona) y la Creueta (Quart, Girona) (Martín 1997, p. 21).

Según M. Oliva (1956-1957, p. 312), la existencia de las ranuras evidencia la utilización de una técnica de construcción que consiste en la inserción de un andamio de madera en este espacio, situado a una altura determinada, para permitir la continuación de la obra. Este mismo autor conjetura con la posibilidad de que esta técnica provenga de un modelo de construcción procedente de Asia menor (Oliva 1962, p. 11). En este mismo sentido se pronuncian otros autores (Maluquer *et al.* 1986, p. 21-22), que concretan el origen de este procedimiento en una vieja tradición de la arquitectura protohistórica anatólica.

Otros autores no creen que la presencia de la ranura esté relacionada con una técnica constructiva e interpretan su existencia como un elemento de sustentación de una superestructura de madera relacionada con funciones defensivas (Pallarés, Gracia, Munilla 1986, p. 48; Sanmartí, Santacana 1991, p. 136).

Actualmente, la hipótesis generalizada más plausible, pero no plenamente satisfactoria, es la que interpreta su existencia como un simple elemento decorativo, que tendría una función única y exclusivamente estética (Moret 1996, p. 97; Müller 1996, p. 96-97). Siguiendo esta teoría, la ranura estaría ocupada por otro tipo de piedra o, incluso, por otro material para crear un contraste. El hecho de que en las excavaciones no se localizase ningún elemento que encaje en estas ranuras, ha llevado a pensar que podría tratarse de un material perecedero (Prado 2006, p. 51).

Un elemento análogo a estas ranuras, que permite reafirmar esta última interpretación, se documenta en la muralla de Larisa de Hermos, donde en un paramento de tipo poligonal aparecen líneas horizontales de unos 21 cm de altura, realizadas en otro tipo de piedra. La existencia de estas alineaciones también ha sido interpretada como un elemento decorativo (Winter 1971, p. 79, fig. 56 y 57).

2.5. Revestimiento

En la excavación de los diferentes sectores de la fortificación del Puig de Sant Andreu no se ha referenciado la existencia de ningún tipo de revestimiento o enlucido que sirviera para regularizar y proteger la superficie de los paramentos. No obstante, es posible que la ausencia de datos al respecto se deba al hecho de que la excavación de los elementos pertenecientes a la estructura defensiva data de los años cincuenta del siglo pasado y este aspecto no era tenido en cuenta. Por el contrario, en un sondeo que puso al descubierto el paramento externo de la muralla del poblado de l'Illa d'en Reixac (realizado a principios de los años noventa del siglo pasado con metodología actual), se pudo documentar puntualmente un revestimiento de arcilla de unos 3 cm de espesor (López 1999, p. 27).

3. Elementos arquitectónicos

3.1. Los sectores de la fortificación

Los diferentes sectores en los que se divide la fortificación se pueden clasificar en función de la existencia o ausencia de elementos de flanqueo y, en caso afirmativo, del tipo de elemento de flanqueo existente.

Trazado continuo. Este tipo es el más simple que se ha documentado en la fortificación y lo constituyen aquellos lienzos de tendencia rectilínea que no disponen de ningún tipo de elemento de flanqueo. El único trazado excavado íntegramente que se puede incluir en esta tipología se encuentra en el denominado sector sudeste (**fig. 404**), en el trazado que desciende desde la torre 7 hasta la puerta 6.

Trazado flanqueado con torres. Corresponde a un trazado en el cual se encuentran diversas torres de planta circular flanqueando, de manera regular, el sector de muralla oeste (**fig. 404 y 407**). Las torres están distribuidas cada 29,50 m aproximadamente[5], conformando un esquema modular que ha sido adscrito a un ambiente metrológico de origen griego (Moret 2002, 196-198 ; Olmos 2008, p. 275). Las torres se construyeron con anterioridad a los lienzos de muralla, que quedaron adosados sin ningún tipo de trabazón. Esta metodología constructiva motivó una interpretación inicial en la que se sugería que las torres podían ser bastante anteriores a la construcción de los lienzos de muralla, pero enseguida se optó por una interpretación más plausible en la cual se intuye una construcción sincrónica, realizada intencionadamente sin imbricar los dos elementos para evitar que un posible derrumbe o colapso de las murallas arrastrase también a las torres y viceversa (Oliva 1953, p. 314).

Trazado en seudocremallera o retranqueo. El trazado oeste del sector Istmo (**fig. 404 y 408**) ha sido asimilado al tipo de flanqueo en cremallera (Pallarés, Gracia, Munilla 1986, p. 43 ; Gracia 2001, p. 157), además del sector de la muralla sudoeste, donde se señala la existencia de diversos retranqueos (Gracia 2000, p. 157) (**fig. 404**). No obstante, en ninguno de los casos estos elementos se ajustan a la definición estricta de un sistema de flanqueo en cremallera, consistente en un trazado con una sucesión regular de retranqueos o salientes, obteniendo de esta manera una defensa avanzada y conjunta de los diferentes tramos, de manera similar a los trazados flanqueados por torres. Por las medidas y disposición de los retranqueos[6], estos no constituyen un verdadero elemento defensivo y sería más correcto, tal como sugiere P. Moret (2001, p. 138), hablar de trazados en seudocremallera. La funcionalidad real de estos retranqueos o salientes estaría más relacionada con la voluntad de conseguir una mayor estabilidad de las partes más cortas de la muralla, aguantándose los trazados entre ellos (Müller 1996, p. 95).

3.2. Las torres

En la fortificación del Puig de Sant Andreu se han identificado tres tipos de torres que se pueden clasificar, en función de su planta, en circulares, cuadrangulares/rectangulares y poligonales.

Torres de planta circular

En el conjunto defensivo del Puig de Sant Andreu se han documentado, hasta este momento, 7 torres de planta circular, perfil troncocónico y estructura maciza, intuyéndose la existencia de una octava que habría sido substituida por una de planta cuadrangular (torre I). Estas torres son las más antiguas documentadas en el yacimiento y datarían de finales del siglo VI a.C., siendo aprovechadas en las sucesivas reformas de la

5 La única excepción aparece en la parte norte del trazado, donde la substitución de una torre circular por una de planta cuadrada alteró esta regularidad inicial.

6 En el sector de muralla del Istmo, si analizamos los retranqueos individualmente, sólo el sector T-U sobresale de manera importante con 2,67 m ; del resto sólo en dos casos sobrepasan ligeramente el metro. En la muralla sudoeste, con menos retranqueos, sólo en un caso sobresale de manera notable con 4,70 m, mientras que el resto oscila entre 25 y 92 cm. Hay que señalar asimismo que, salvo en una excepción que aparece en el trazado sudoeste, la totalidad de los retranqueos se encuentran siempre en el lado izquierdo del atacante.

fortificación. La existencia de este tipo de torres en el nordeste peninsular con cronologías similares resulta desconocida, aunque se ha sugerido que la construcción de torres de planta circular, en general, podría responder a una continuidad en la tipología utilizada en este área del mediterráneo occidental durante la Edad del Bronce (Moret 1996, p. 205).

Las torres 1-5 tienen un diámetro que oscila entre 9,36 m y 10,02 m y se encuentran flanqueando el sector oeste de la fortificación. La torre 6, con un diámetro aproximado de 13 m, se encuentra protegiendo la entrada de la puerta 1 por la parte sur, en el lado derecho del atacante[7]. La torre 7, con un diámetro aproximado de 9 m, se localiza en la parte meridional y más elevada del cerro, constituyendo un excelente punto de observación y control del territorio circundante.

El acceso a la parte superior de las torres se practicaba inicialmente mediante escaleras interiores helicoidales, las cuales han sido documentadas en las torres 5 y 6, aunque se presupone para el resto[8]. Posteriormente, con el crecimiento urbanístico del nivel interior del *oppidum*, las escaleras helicoidales quedaron inutilizadas y fueron substituidas por escaleras exentas, adosadas en perpendicular al paramento interno de las torres, tal como se ha podido constatar en las torres 1, 2 y 6. En la última fase del asentamiento se ha excavado un acceso a la torre 4 que consiste en una entrada directa desde una calle que, aparentemente, serviría exclusivamente para acceder a la misma.

Torres de planta cuadrangular/rectangular

En este grupo se integran las torres con plantas que presentan ángulos rectos y una estructura interna hueca. En el caso de las torres I y III, el interior está compartimentado en dos ámbitos mediante un muro central paralelo al flanco de las torres, mientras que en la torre IV no se ha podido determinar si estaba subdividida interiormente. La existencia de este tipo de torres en los asentamientos indígenas del nordeste peninsular a partir del siglo IV a.C., podría constituir el reflejo evidente de la difusión de este elemento a partir de los establecimientos coloniales griegos (Moret 1996, p. 210-211). Asimismo, se ha sugerido que las torres de esta tipología documentadas en Ullastret podrían haber albergado plataformas de tiro (Gracia 2006, p. 92), pero hay que valorar que la adaptación de las torres a la nueva maquinaria en las fortificaciones griegas no se puede fechar hasta finales del siglo IV a.C. (Garlan 1974, p. 257-262), mientras que las construcciones de Ullastret serian muy probablemente anteriores, posiblemente de mediados del siglo IV a.C.

En relación a las torres cuadradas, la torre I se encuentra en el trazado occidental de la muralla y, muy probablemente, substituye a una anterior de planta circular que se encontraría equidistante entre las torres 4 y 5, tal como se ha visto anteriormente. Esta torre mide aproximadamente 10 m de lado, siendo sus medidas exteriores de 7,65 m en el flanco norte, 5,70 m en el flanco sur y 10,22 m en la cara externa. El acceso al interior de la torre se realizaría a través de dos puertas independientes, que permitirían acceder a dos espacios con una superficie útil interior de aproximadamente 20,50 m^2 cada una. La torre III se encuentra en el extremo norte del recinto, al final del promontorio del Istmo (**fig. 408 y 409**). Mide unos 13,40 m de lado, siendo sus medidas exteriores de 11 m en el flanco oeste, 11,50 m en el flanco este y 13,13 m en su cara externa. Las dos estancias en las que se encuentra compartimentada tenían una superficie útil interior de aproximadamente 41 m^2 cada una. Se accedía al interior a través de una escalera paralela al paramento que delimita la torre por la parte sur, pese a lo cual desconocemos como conectaba la parte superior de la escalera con las dos estancias en las que estaba compartimentada.

Además de estas dos torres compartimentadas, en el lado este de la puerta 6 se identificó la torre IV, que mide aproximadamente 7,90 m de largo en sentido norte-sur (en paralelo al pasillo de entrada de la puerta 6) por 5,60 m de anchura en sentido este-oeste. Su estado de conservación y la falta de una excavación en extensión de la zona no permiten mayores precisiones, de manera que no es posible afirmar si habría estado compartimentada internamente. No obstante, por sus dimensiones y estructura, ha sido comparada a la torre bipartita Y-Z del poblado de Alorda Park (Calafell, Tarragona) (Olmos 2008, p. 278).

Por otro lado, en la zona 23, se ha identificado una estructura que sobresale de la línea del trazado de la muralla que cerraría el primer recinto por la parte nordeste, siendo interpretada inicialmente como una posible torre (Martín, Caravaca, Montalbán 1996, p. 80). Esta construcción sólo ha sido delimitada a nivel superficial y todavía queda pendiente una excavación integral de la zona, no obstante los primeros y por ahora únicos trabajos realizados apuntan a una datación de la segunda mitad del siglo V a.C.

7 Este principio básico de la poliorcética, se ve reafirmado en el ámbito ibérico por las representaciones iconográficas de guerreros donde se muestra claramente como el escudo es sostenido con la mano izquierda, dejando la derecha para el uso de las armas ofensivas (Gracia 2000, p. 137).

8 A partir de la observación de los paramentos que flanquean la escalera de acceso a la torre 5, se ha sugerido la posibilidad de que hubieran estado cubiertas por un sistema de falsa cúpula, realizado mediante aproximación de hiladas (Oliva 1956-1957, p. 313).

Fig. 408. Vista aérea del sector Istmo (fotografía : F. Didierjean).

Fig. 409. Vista aérea de la torre III, situada en el extremo norte del sector Istmo (fotografía: F. Didierjean).

Torre de planta poligonal

La torre II ha sido asimilada a esta tipología, pero en realidad no se trata de una construcción *exnovo* sino que consiste en la modificación de una torre de planta circular (torre 6), convirtiéndola en una de planta poligonal (torre II) mediante la adición de dos cuerpos macizos adosados que presentan aristas con ángulos rectos y obtusos. En un primer momento se añade una estructura poligonal a la parte sudoeste de la torre circular, utilizando un paramento de características similares al que se encuentra en el pasillo de entrada a la puerta 1. Por otro lado, en un momento posterior, se añade una construcción angular en el extremo norte y occidental de la torre, utilizando un paramento irregular en talud. En ambos casos aparecen numerosos elementos pétreos aprovechados de construcciones anteriores.

Las interpretaciones relativas a la conversión de la torre circular en una poligonal son diversas. Por un lado se ha considerado como un intento de monumentalizar la entrada al *oppidum* durante el siglo III a.C. (Maluquer *et al.* 1986, p. 73). También se ha sugerido la posibilidad de que simplemente se trate de una refacción de la torre circular, que se encontraría semiderruida y para realizar una reparación rápida con materiales reaprovechados, los paramentos rectilíneos habrían sido la mejor solución (Moret 1996, p. 114). No obstante, F. Gracia ha insistido en la posibilidad de que esta modificación responde a la idea de dotar a la construcción de un elemento de deflación de posibles proyectiles lanzados contra las torres (Gracia 1997a, p. 221), siguiendo las recomendaciones que proponen los tratadistas poliorcéticos clásicos (Gracia 2006, p. 109).

3.3. Puertas y sistemas de acceso

Las puertas de un recinto fortificado constituyen normalmente el punto más débil y vulnerable de todo el trazado defensivo. Esta evidencia ha conllevado que, en muchos casos, además de la propia estructura de la puerta se construyan otros elementos asociados y complementarios, como son las torres o determinadas defensas avanzadas, concentrando números dispositivos defensivos en su entorno para reforzar su protección.

En la fortificación del Puig de Sant Andreu se han identificado hasta ahora 8 puertas que presentan características constructivas diversas. Estableciendo una clasificación esquemática a partir de la anchura de las aperturas y de su funcionalidad, podemos distinguir entre puertas principales o carreteras, que permitirían el acceso a personas y vehículos de transporte de tracción animal, y puertas secundarias o poternas, que serian únicamente de acceso pedestre.

Puertas principales

En relación a este tipo de puerta podemos distinguir entre las que consisten en una simple apertura creada por la interrupción de la muralla (puerta 7) y las que presentan una estructura más compleja (puertas 1, 4 y 6).

El primer tipo responde a una configuración bastante elemental que se encuentra representada exclusivamente por la puerta 7, situada en el extremo norte y oriental del sector Istmo. El lienzo de muralla este no llega a conectar con el trazado norte, dejando una apertura de 3,15 m. Pese a las dificultades de acceso que presentaría la topografía del terreno, el acceso con carros está atestiguado por la existencia de sillares curvados, en el ángulo interior del muro que delimita la puerta por el lado interno, para facilitar la maniobra de giro; además de un bloque en la base de esta misma esquina que haría las funciones de guardacantón (Prado, 2009, p. 344). El acceso se realizaría, muy probablemente, a través de una rampa paralela al trazado de la muralla, obligando a realizar un giro de 180° para encarar la calle F, que transcurre en paralelo a la propia muralla por el interior del recinto.

El segundo tipo de puerta principal se basa, conceptualmente, en la existencia de un pasillo de entrada, la parte exterior del cual estaría flanqueada por una torre emplazada en el lado que permite al defensor atacar el costado derecho y más vulnerable del enemigo/asaltante. Este esquema se encuentra aplicado en las puertas 1, 4 y 6, aunque con diferentes variantes claramente definidas.

La puerta 1 se encuentra en el sector oeste de la muralla y, por su situación y complejidad, siempre ha sido considerada como la puerta principal del *oppidum*. Estructuralmente, se trata de una puerta frontal de tenaza, formada por dos prolongaciones de la muralla que adoptan la disposición que J.P. Adam define como de brazos paralelos (Adam 1992, p. 22). El pasillo que conforman estas estructuras presenta una anchura mínima de 3,44 m, permitiendo el acceso a la calle 1 que constituye uno de los principales ejes viarios del asentamiento. Además de la propia estructura de la puerta, esta se encuentra flanqueada en el lado sur por una torre de planta poligonal, originalmente circular, defendida por un complejo sistema de defensas avanzadas de difícil interpretación pero que claramente funcionan en relación a la puerta (Prado, 2009, p. 339-341). El conjunto de estructuras que conforman la puerta 1 corresponden a la última fase del asentamiento y son resultado de diversas reformas que datan de finales del siglo IV a.C. o, muy probablemente, ya del siglo III a.C. (Oliva 1966, p. 28).

La puerta 4 se localiza en el extremo norte del trazado occidental de la muralla. Su tipología se puede asimilar a las puertas de recubrimiento, con dos estructuras que se entrecruzan formando un pasillo en forma de embudo, con un eje de entrada tangencial y paralelo a la muralla. El pasillo que conforma la entrada se estrecha a medida que se avanza hacia el interior, estando delimitado en la parte este por la misma muralla y en la parte oeste por la torre circular 5, que fue modificada en el momento de construcción de la puerta con la creación de un paramento recto en el lado que define la entrada (**fig. 410a**). Al final del pasillo, en el punto donde se encontraría el dispositivo de cierre de la puerta, se documentó una estructura formada por losas de piedra de diferentes medidas, que constituirían el umbral de la misma. Esta estructura estaba atravesada perpendicularmente por una canalización que permitía evacuar las aguas procedentes de la calle 2 por debajo de la misma puerta.

La configuración actual de la puerta 4 corresponde a la segunda fase de construcción de la muralla y ampliación del recinto, correspondiente al siglo IV a.C., y no se puede afirmar si en el mismo sitio ya existiría una entrada en la primera fortificación perteneciente al siglo VI a.C. (Martín 2000, p. 110).

Los principales elementos constructivos de la puerta 4, así como su configuración, presentan similitudes con el sistema de acceso documentado en la parte meridional del poblado fortificado del Mas Castellar de Pontós (Pons, Gonzalo, López 2005, p. 383). Aparte de este paralelo próximo geográficamente, a menudo se ha incidido en la similitud de este acceso sobretodo con la puerta de la acrópolis de Kastraki (**fig. 410b**) (Gracia 1997b, p. 178 ; Pallarés, Gracia, Munilla 1986, p. 43 ; Moret 1996, p. 124; Müller 1996, p. 97), así como con la puerta de Mantinée (Moret 2005, p. 97).

La puerta 6 se abre en el sector de la fortificación emplazado en la pendiente sudeste del cerro. Tipológicamente, se trata de una puerta de tipo frontal, asimilable en cierta manera al tipo de puerta de tenaza, pero con una importante variación en relación a la puerta 1. En este caso, el pasillo de acceso está definido en la parte oeste por una prolongación hacia el norte de la muralla que desciende desde la torre 7. En el otro lado, en cambio, el elemento que define este pasillo de entrada no lo constituye una prolongación de la muralla sino la existencia de una torre de planta rectangular, la torre IV,

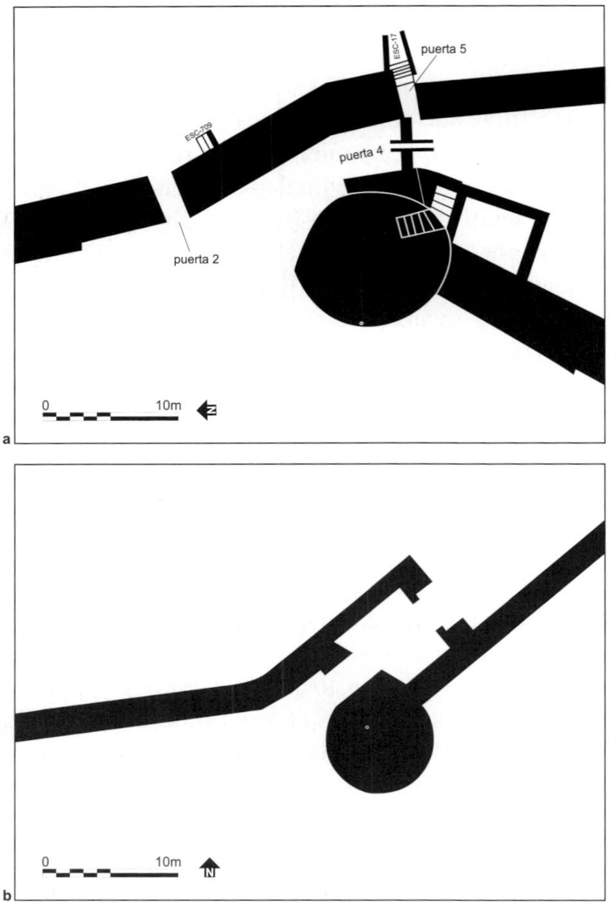

Fig. 410 a- Planta de la puerta 4 y de las estructuras asociadas a ésta, b- Planta de la puerta de la acrópolis de Kastraki (a partir de Adam 1982, fig. 59).

que a su vez está flanqueando la puerta por el lado este. Ambos elementos conforman un pasillo de acceso de unos 10 m de longitud y una anchura mínima de 3,10 m.

El conocimiento del que disponemos de esta puerta es muy limitado puesto que no se ha realizado una excavación sistemática y prolongada de todo el conjunto, por lo cual desconocemos si en la parte exterior disponía de estructuras defensivas avanzadas similares a las localizadas en la puerta 1.

Finalmente, en relación a este tipo de puertas principales, habría que indicar la existencia de una posible puerta en el extremo nororiental del recinto amurallado más antiguo, concretamente en la zona 22. En esta zona se ha observado una discontinuidad en el muro, de unos 2,30 m de anchura, que ha sido interpretada, inicialmente y a falta de una excavación más extensa, como una posible puerta (Martín, Caravaca, Montalbán 1996, p. 80).

Puertas secundarias o poternas

El Puig de Sant Andreu es una de las pocas fortificaciones del área ibérica del nordeste de la Península Ibérica donde se ha documentado este tipo de puerta que, por otro lado, era habitual en las fortificaciones griegas (Adam 1982, p. 93).

Las poternas identificadas en el trazado occidental de la muralla del Istmo, puertas 2 y 3, presentan una anchura de 1,68 y 1,44 m respectivamente y están concebidas para participar en una defensa activa en caso de ataque, permitiendo a los defensores poder realizar salidas rápidas para sorprender al agresor; estando claramente asociadas a la defensa de este tramo y sobretodo de la puerta 4.

Por otro lado, en la parte norte y oriental de la primera muralla que cerraría la fortificación, se localizó la denominada puerta 5, que solamente mide 1,30 m de anchura (Oliva 1956-1957, p. 314). Aparentemente no tendría funciones defensivas, puesto que su habilitación corresponde a la voluntad de crear un acceso interior para permitir la comunicación, mediante una escalera, entre la plataforma superior y las terrazas inferiores construidas con la ampliación del *oppidum* realizada durante el siglo IV a.C.

En último lugar hay que señalar la existencia de la denominada puerta 8, que consiste en una apertura de 1,68 m de anchura realizada en el trazado de la muralla situado entre las torres 3 y 4. Esta puerta no había sido planificada en la fase inicial de la muralla, ni en las posteriores reformas, situándose su construcción en la segunda mitad del siglo IV a.C. (Martin *et al.* 2004, p. 271). Este hecho provocó que el nivel de habilitación de la puerta presentara una desigualdad notable en relación al nivel exterior (aproximadamente unos 2 m de altura). Desconocemos la solución constructiva utilizada para salvar este desnivel, pero la falta de indicios materiales nos lleva a pensar en la utilización de una escalera o estructura de madera, parecida a la propuesta para el acceso documentado en el tramo norte del *oppidum* del Molón (Camporrobles, Valencia) (Lorrio 2007, p. 225-226, fig. 5 C).

La funcionalidad de esta puerta difiere notablemente del resto, puesto que no se relaciona con la concepción defensiva/ofensiva tradicional de las poternas. En este caso, parece más probable que su construcción esté en concordancia con la voluntad de crear un acceso directo desde el exterior a un conjunto edilicio complejo de carácter aristocrático (zona 14), dotándolo por tanto de un acceso privado que, en el estado actual de la investigación, constituye un hecho exclusivo en el contexto del asentamiento (Prado, 2009, p. 251). La concepción y significación de esta puerta dispone de un claro paralelo conceptual en el poblado del Castellet de Bernabé (Llíria, Valencia), donde se documentó un acceso secundario que permitía la entrada a un conjunto arquitectónico interpretado como residencia de una

Fig. 411. Detalle de la parte exterior de la barbacana existente en el tramo de muralla entre las torres 1 y 2.

familia privilegiada en el contexto del asentamiento (Guérin 2003, p. 264).

3.4. Elementos de drenaje y evacuación de aguas pluviales

La implantación de asentamientos fortificados en emplazamientos elevados, como es el caso del Puig de Sant Andreu, implica que la muralla constituye una barrera artificial para las escorrentías. Este hecho podía provocar acumulaciones de agua perjudiciales para la propia cimentación de la muralla y, por extensión, del resto de construcciones anexas (Moret 1996, p. 100).

En el Puig de Sant Andreu se ha documentado un sistema de evacuación de las aguas pluviales que contempla desde la recogida del interior de las construcciones domesticas hasta su expulsión al exterior del recinto (Prado 2008, p. 193-196). En relación a esta última necesidad, se ha podido constatar la importancia que tienen las puertas principales del recinto amurallado. El mejor ejemplo lo constituye la puerta 4, donde se ha podido identificar una canalización destinada a la evacuación de las aguas pluviales, recogidas por la calle 2, al exterior del recinto por debajo del dispositivo de cierre de la misma puerta (Martín 2000, p. 113). Este es el único elemento de estas características documentado hasta ahora en una puerta principal, no obstante, a partir de la configuración de los principales ejes viarios en relación al resto de puertas, parece muy probable que estas dispusieran asimismo de dispositivos similares. En cualquier caso, en ausencia de estructuras de este tipo, suponemos la habilitación de un espacio suficiente entre el nivel de circulación y la estructura de cierre de la puerta, para permitir la evacuación de las aguas pluviales al exterior (Prado 2008, p. 196).

Además de las puertas también se ha documentado, con una función análoga, la existencia de una barbacana en el lienzo de muralla situado entre las torres 1 y 2. Este dispositivo atraviesa perpendicularmente la muralla, desembocando en el paramento externo a una altura de 0,90 m (**fig. 411**). Tal como indica P. Moret (1996, p. 100), este elemento y los demás documentados en el área ibérica son parecidos a los que se han descrito en diversas fortificaciones griegas coetáneas. La única diferencia la constituye el hecho de que en las fortificaciones griegas es habitual que exista una gárgola como prolongación hacia el exterior para evitar que el agua se escurra por la pared (Adam 1982, p. 45 ; Winter 1971, p. 150-151).

3.5. Elementos defensivos avanzados

En diversos puntos de la parte exterior del recinto amurallado se localizan diferentes estructuras constructivas relacionadas directamente con la fortificación, que se encuentran generalmente muy arrasadas.

Delante de la puerta 1, tal como se ha expuesto anteriormente, existen diversas estructuras adosadas y avanzadas a la propia muralla. Entre estas, destaca un antemural que discurre en sentido norte-sur, con una anchura que en algunos puntos supera los 2 m. Hay que destacar, tal como ya había hecho notar M. Oliva (1954, p. 309-310), que la técnica constructiva de los muros y el aparejo es idéntico al utilizado en la construcción de este trazado de la muralla. Este hecho ha permitido sugerir la posibilidad de que estos elementos avanzados sean sincrónicos a la muralla en su configuración más moderna.

También se ha citado la posible existencia de un antemural en relación a la poterna 2 (Pallarés, Gracia, Munilla 1986, p. 46 ; Moret 1996, p. 130). En efecto, en una planimetría de esta zona publicada por M. Oliva (1960, p. 405, fig. 66), se observa la existencia de una estructura muraria (actualmente desaparecida), que transcurre en paralelo y delante de esta puerta. En cualquier caso, la aparente poca entidad de la estructura permite intuir que su función no sería la de proteger directamente la puerta, sino la de esconder su existencia para permitir a los defensores la realización de acciones de defensa activa (Moret 1996, 130).

Delante del extremo noroccidental de la muralla del Istmo, en la zona que se conoce como *Camp de Davant* (zona 50), las excavaciones realizadas a finales de los años sesenta del siglo pasado pusieron al descubierto un conjunto de estructuras y edificaciones avanzadas a una cota inferior a la misma muralla, que han sido reexcavadas recientemente (Casas *et al.* 2004, p. 123-125). La existencia de estas estructuras ha sido interpretada como una respuesta a la necesidad de consolidar el terreno en relación a las estructuras defensivas de esta zona (Casas *et al.* 2004, p. 125), pero no se puede descartar que, a su vez, formaran parte de un sistema de defensa avanzado a la poterna 3 (Pallarés, Gracia, Munilla 1986, p. 46). La inexistencia de una excavación en extensión de la zona, juntamente al estado de arrasamiento de algunas de estas estructuras, no permite mayores precisiones en su interpretación funcional.

En otro sentido, en los ángulos de unión entre las torres circulares y los paramentos de la muralla, en el sector oeste de la fortificación, se documentaron una serie de construcciones transversales, de forma triangular y con el vértice apuntado hacia el exterior conformando un ángulo agudo, a modo de bastión o contrafuerte de las mismas torres. Estas estructuras todavía son visibles en los ángulos de la torre 5 con la muralla y en los dos lados de la torre 2, estando mejor conservado el que se encuentra en la parte sur de esta torre. La existencia de estos elementos se relaciona con la voluntad de asegurar la estabilidad de las torres y su unión con los lienzos de muralla, evitando cualquier tipo de desplazamiento (Oliva 1956-1957, p. 307). No obstante, también se ha indicado la posibilidad de que estos elementos constituyan un refuerzo de la fortificación, destinado a facilitar la deflación de proyectiles en el caso de ataques con maquinaria de guerra (Gracia 1997b, p. 178).

Hay que señalar que hasta el momento no se han documentado en el yacimiento estructuras defensivas avanzadas de tipo negativo. P. Moret esgrime dos factores que, conjuntamente o por sí mismos, explican la no existencia de fosos en algunas de las fortificaciones ibéricas (Moret 1996, p. 125). Por un lado, una situación topográfica de altura, con pendientes abruptas entorno a la fortificación que lo harían innecesario y, por otro, la existencia de un subsuelo geológico formado por un tipo de roca con un parámetro de extracción extremadamente costoso. En el caso del Puig de Sant Andreu, ambos factores están ausentes, puesto que el lado oeste del cerro dispone de un flanco muy accesible topográficamente y el subsuelo geológico está formado por gres y margas, que no comportan una dificultad extrema para su extracción. Estas evidencias, juntamente al hecho de que la investigación arqueológica del recinto defensivo se ha centrado tradicionalmente en el perímetro mural (quedando inexplorados la mayor parte de espacios exteriores inmediatos al trazado murario), permiten especular con su posible presencia. Además, hay que valorar el hecho de que la existencia de sistemas defensivos avanzados complejos, formados por la combinación de un antemural protegido por un foso, está testimoniado en este área del nordeste peninsular, siendo especialmente remarcable el ejemplo documentado en el sector meridional de la muralla griega de *Emporion*, que ha sido fechado en el siglo III a.C. (Sanmartí *et al.* 1991, p. 327).

4. Reflexiones y consideraciones finales

El estudio de los diferentes elementos arquitectónicos que conforman el sistema defensivo del Puig de Sant Andreu permite obtener una dimensión real de la complejidad técnica y estructural alcanzada en la construcción de esta fortificación, en contraposición a la aparente simplicidad imperante en el contexto de las fortificaciones ibéricas. Esta complejidad, y la existencia de diversos elementos que presentan paralelos más o menos evidentes en el ámbito constructivo griego y probablemente púnico (torres cuadradas compartimentadas, aparejo ciclópeo, la tipología de determinadas puertas principales...), se interpreta como una clara muestra de una influencia exógena. No obstante, hay que considerar que no existe una translación literal del esquema formal y técnico de estos elementos foráneos, sino que el concepto global de la fortificación responde a un esquema autóctono, que sin duda inspira y adapta ampliamente elementos y planteamientos constructivos de origen mediterráneo.

El Puig de Sant Andreu constituye un claro exponente de la idea, ampliamente aceptada, del valor simbólico y de prestigio asociado implícita o explícitamente a la fortificación[9]. Asimismo, su construcción representa de una manera tangible el potencial de la comunidad y/o de las elites dominantes. Esta dimensión emblemática y de representación social subyacente en la concepción de la muralla, conforma un elemento adicional, complementario y necesariamente compatible con la propia función defensiva. En este sentido, P. Moret considera que la adopción de modelos helenísticos en Ullastret, sobretodo en el siglo III a.C., no supone una respuesta a necesidades defensivas específicas, sino que refuerzan el componente de prestigio que emana de la fortificación (Moret 2006, p. 212).

La principal vía de introducción de estos modelos arquitectónicos defensivos de origen mediterráneo en el territorio *indiketa*, capitalizado por el conjunto arqueológico de Ullastret, la constituirían muy probablemente los contactos comerciales con griegos y púnicos y, especialmente, la existencia de los enclaves coloniales próximos

9 Esta cuestión ha sido abordada, entre otros, por : Berrocal 2004, p. 61-64 ; Garcia 2004, p. 137 ; Garlan 1974, p. 102 ; Gracia 1997a, p. 202-205 ; Moret 1996, p. 285-288.

de *Emporion* y *Rhode*. A través de ellos se podrían haber transferido algunos de estos conocimientos técnicos que aparecen adaptados en la fortificación indígena del Puig de Sant Andreu, aunque resulta sumamente complejo establecer el modo exacto de adquisición[10]. Asimismo, resulta complicado correlacionar y rastrear una adaptación directa a partir de la imitación de las estructuras defensivas coloniales, debido a los conocimientos limitados que poseemos de sus elementos defensivos. En el caso de *Emporion* se conocen, sobretodo, las estructuras defensivas del sector meridional (Sanmartí *et al.* 1991, p. 325-328), pero la propia dinámica constructiva del asentamiento impide un alto grado de comprensión de los elementos pertenecientes a los niveles más antiguos. En este sentido, las recientes excavaciones realizadas en la zona noroccidental de la ciudad griega, cuyo estudio detallado se encuentra en curso, pueden ayudar al conocimiento de las primeras fases del recinto amurallado (Aquilué *et al.* 2008, p. 192-194). Respecto a la colonia de *Rhode*, el conocimiento de sus estructuras defensivas es aún menor, puesto que sólo se han documentado unos escasos tramos de muralla y una estructura interpretada como una puerta, que aparecen en un estado de arrasamiento que no permite profundizar en la interpretación de sus características formales (Puig 2006, p. 67-90).

Aparte de este contacto directo con los establecimientos coloniales griegos, a menudo se ha evocado el papel que pudieron jugar los mercenarios en la difusión de conceptos poliorcéticos avanzados (Tréziny 1986, p. 200). En este sentido, F. Gracia considera que la participación de mercenarios íberos en las guerras llevadas a cabo en el Mediterráneo central y oriental a partir del siglo V a.C., permitieron a estos conocer directamente los nuevos sistemas defensivos desarrollados, pudiendo introducirlos en la tradición edilicia ibérica a su regreso (Gracia 2000, p. 134-135). No obstante, F. Quesada considera que la inmensa mayoría de estos mercenarios no regresaron a sus lugares de origen y, además, no pudieron actuar como agentes transmisores de estos conocimientos puesto que su grado de helenización era casi nulo. Asimismo, este mismo autor considera que sólo los mandos, que habrían adquirido unos ciertos conocimientos centrados en la idea de la fortificación como elemento de prestigio, podrían haber participado en la adquisición de soluciones arquitectónicas que, no obstante, habrían sido mal interpretadas fuera de su contexto original (Quesada 2001, p. 150)[11].

10 En ese sentido, P. Moret ha sugerido la posible intervención de un especialista con amplios conocimientos en arquitectura militar defensiva (Moret 2002, 197-198).

11 Esta argumentación ha sido rebatida a su vez por F. Gracia (2001, p. 163-164).

BIBLIOGRAFÍA

Adam 1982 : ADAM (J.P.) – *L'architecture militaire grecque*. Paris, Picard, 1982, 263 p.

Adam 1992 : ADAM (J.P.) – Approche et défense des portes dans le monde hellénisé. *In* : Van de Maele (S.), Fossey (J.) ed., *Fortificationes Antiquae* (Colloque Université Ottawa, octobre 1988), Amsterdam, J.C. Gieben Publisher, 1992 (Monographies en archéologie et histoire classiques de l'université Mc Gill, 12), p. 5-43.

Aquilué *et al.* 2008 : AQUILUÉ (X.), CASTANYER (P.), SANTOS (M.), TREMOLEDA (J.) – Intervencions arqueològiques a Empúries (l'Escala, Alt Empordà) als anys 2006 i 2007. *In* : *Novenes Jornades d'Arqueologia de les Comarques Gironines* (L'Escala-Empúries, 6 i 7 de juny de 2008), 2008, p. 185-209.

Arcelin, Dedet 1985 : ARCELIN (P.), DEDET (B.) – Les enceintes protohistoriques du Midi méditerranéen des origines a la fin du IIe s. Av. J.-C. *In* : *Les enceintes protohistoriques de Gaule méridionale* (Cahier, 14), Caveirac, Association pour la Recherche Archéologique en Languedoc Oriental, 1985, p. 11-37.

Berrocal 2004 : BERROCAL (L.) – La defensa de la comunidad. Sobre las funciones emblemáticas de las murallas protohistóricas en la Península Ibérica. *Gladius*, 24, 2004, p. 27-98.

Bessac 1993 : BESSAC (J.C.) – Pierres taillées à Ampurias : technologie, typologie, chronologie. *Documents d'Archéologie Méridionale*, 16, 1993, p. 295-315.

Casas *et al.* 2002 : CASAS (S.), CODINA (F.), MARGALL (J.), PRADO (G. de) – Noves aportacions al coneixement de l'ampliació nord de l'*oppidum* del Puig de Sant Andreu (Ullastret, Baix Empordà) : estudi d'una inscripció sobre pedra trobada en aquesta zona. *Cypsela*, 14, 2002, p. 237-250.

Casas *et al.* 2004 : CASAS (S.), CODINA (F.), MARGALL (J.), MARTIN (A.), PLANA (R.), PRADO (G. de) – Excavacions a l'*oppidum* del Puig de Santa Andreu (Ullastret, Baix Empordà). Campanyes 2002 i 2003. *In* : *Setenes Jornades d'Arqueologia de les Comarques Gironines* (La Bisbal d'Empordà, Juny de 2004), 2004, p. 117-126.

Garcia 2004 : GARCIA (D.) – *La Celtique méditerranéenne. Habitats et societés en Languedoc et en Provence du VIIIe au IIe siècle av. J.-C.* Paris, Éditions Errance, 2004, 206 p.

Garlan 1974 : GARLAN (Y.) – *Recherches de Poliorcétique grecque*. Paris, Diffusion de Boccard, 1974, 423 p. (Bibliothèque des écoles françaises d'Athènes et Rome 223).

Gracia 1997a : GRACIA (F.) – L'artillerie romaine et les fortifications ibériques dans la conquête du Nord-Est de la péninsule ibérique (218-195 av. J.-C.). *In* : Feugère (M.) dir., *L'équipement militaire et l'armement de la république (IVe-Ier s. avant J.-C.)*, (Journal of Roman Military Equipment Studies 8), Osford, Oxbow Books, 1997, p. 201-231.

Gracia 1997b : GRACIA (F.) – Poliorcetica griega y fortificaciones ibéricas. *In* : *La guerra en la antigüedad. Una aproximación al origen de los ejércitos en Hispania*, Madrid, Fundación Caja de Madrid, 1997, p. 165-183.

Gracia 2000 : GRACIA (F.) – Análisis táctico de las fotificaciones ibéricas. *Gladius*, 20, 2000, p. 131-170.

Gracia 2001 : GRACIA (F.) – Sobre fortificaciones ibéricas. El problema de la divergencia respecto al pensamiento único. *Gladius*, 20, 2001, p. 155-166.

Gracia 2006 : GRACIA (F.) – Las fortificaciones ibéricas. Análisis poliorcético y concepto de su empleo táctico en la Guerra de sitio. *In* : Oliver (A.) coord., *Arquitectura defensiva : la protección de la población y del territorio en época ibérica*, Castellón de la Plana, Sociedad Castellonense de Cultura, 2006, p. 63-122.

Guérin 2003 : GUÉRIN (P.) – *El Castellet de Bernabé y el horizonte ibérico pleno edetano*. Valencia, Servei d'Investigació Prehistòrica (Diputació Provincial de Valencia), 2003, 388 p. (Serie de trabajos varios 101).

López 1999 : LÓPEZ (J.B.) – Les muralles. Zones 2 i 10 : característiques i evolució. *In* : Martin (A.), Buxó (R.), López (J.B.), Mataró, (M.) dir., *Excavacions arqueològiques a l'Illa d'en Reixac (1987-1992)*, Ullastret, Museu d'Arqueologia de Catalunya-Ullastret, 1999, (Monografies d'Ullastret 1), p. 21-34.

Lorrio 2007 : LORRIO (A.J.) – El Molón (Camporrobles, Valencia) y su territorio : fortificaciones y paisaje fortificado de un espacio de frontera. *In* : Berrocal-Rangel (L.), Moret (P.) ed., *Paisajes fortificados de la edad del hierro : las murallas protohistóricas de la meseta y la vertiente atlántica en su contexto europeo*. Actas del Coloquio celebrado en la Casa de Velázquez (Octubre de 2006) (Biblioteca Archaeologica Hispana, 28), Real Academia de la Historia/Casa de Velázquez, Madrid, 2007, p. 213-236.

Maluquer *et al.* 1986 : MALUQUER (J.), HUNTINGFORD (E.), MARTÍN (R.), RAURET (A.M.), PALLARÉS (R.), VILÀ (M. del V.) – *Arquitectura i urbanisme ibèrics a Catalunya*. Barcelona, Universitat de Barcelona, 1986, 104 p.

Martin 1997 : MARTIN (A.) – *Ullastret. Guies del Museu d'Arqueologia de Catalunya*, Girona, Museu d'Arqueologia de Catalunya, 1997, 46 p.

Martin 2000 : MARTIN (A.) – L'*oppidum* del Puig de Sant Andreu d'Ullastret. Aportació de les intervencions arqueològiques recents al coneixement dels sistemes defensius i de l'urbanisme. *In* : Buxó (R.), Pons (E.) dir., *L'hàbitat protohistòric a Catalunya, Rosselló i Llenguadoc Occidental. Actualitat de l'arqueologia de l'edat del Ferro*, Actes del XXII Col·loqui Internacional per a l'Estudi de l'Edat del Ferro (Girona, 2000) (Serie monogràfica 19), Girona, Museu d'Arqueologia de Catalunya-Girona, 2000, p. 107-122.

Martin, Caravaca, Montalbán 1996 : MARTIN (A.), CARAVACA (J.), MONTALBÁN (C.) – Excavacions a l'*oppidum* del Puig de Sant Andreu d'Ullastret (Baix Empordà). Campanya de 1995, *In* : *Terceres Jornades d'Arqueologia de les Comarques de Girona* (Santa Coloma de Farners, la Selva : 14 i 15 de juny de 1996), 1996, p. 76-86.

Martin *et al.* 2004 : MARTIN (A.), CASAS (S.), CODINA (F.), MARGALL (J.), PRADO (G. de) – La zona 14 de l'*oppidum* del Puig de Sant Andreu. Un conjunt arquitectònic dels segles IV i III aC. *Cypsela*, 15, 2004, p. 265-284.

Moret 1991 : MORET (P.) – Facteurs indigènes et exogènes dans l'évolution de l'architecture défensive ibérique. *In* : *Fortificacions. La problemàtica de l'ibèric ple : (segles IV-III a.C.)*, Actes del Simposi Internacional d'Arqueologia Ibèrica (Manresa, 6-7-8 i 9 de desembre de 1990), Manresa, Centre d'Estudis del Bages, 1991, p. 265-271.

Moret 1996 : MORET (P.) – *Les fortifications ibériques. De la fin de l'âge du bronze à la conquête romaine*. Madrid, Casa de Velázquez, 1996, 642 p. (Collection de la Casa de Velázquez 56).

Moret 2001 : MORET (P.) – Del buen uso de las murallas ibéricas. *Gladius*, 21, 2001, p. 137-144.

Moret 2002 : MORET (P.) – Les fortifications ibériques complexes. Questions de tracé et d'unité de mesure. *In* : Quesada (F.), Moret (P.) ed., *La guerra en el mundo ibérico y celtibérico (ss. VI-II a. de C.)*, Madrid, Casa de Velázquez, 2002, (Collection de la Casa Velázquez 78), p. 189-215.

Moret 2005 : MORET (P.) – Les portes des enceintes ibériques et des villes puniques d'Hispanie. *In* : Schattner (T.), Valdés (F.) ed., *Stadttore. Bautyp und Kunstform (Akten der Tagung in Toledo vom 25. bis 27. September 2003)*, Mainz am Rhein, Verlag Philipp von Zabern, 2005, 488 p. (Iberia Archaeologica 8), p. 89-110.

Moret 2006 : MORET (P.) – Architecture indigène et modèles hellénistiques : les ambiguïtés du cas ibérique. *Pallas*, 70, 2006, p. 207-227.

Müller 1996 : MÜLLER (H.) – Beobachtungen an befestigungsanlagen in Katalonien. Elemente griechischer befestigungstechnik in Emporion, Ullastret und Tivissa. *Madrider Mitteilungen*, 37, 1996, p. 86-102.

Oliva 1953 : OLIVA (M.) – Actividades de la Comisaria Provincial de Excavaciones Arqueológicas de Gerona en 1953. *Anales del Instituto de Estudios Gerundenses*, vol. VIII, 1953, p. 296-327.

Oliva 1954 : OLIVA (M.) – Actividades de la Comisaria Provincial de Excavaciones Arqueológicas de Gerona en 1954. *Anales del Instituto de Estudios Gerundenses*, vol. IX, 1954, p. 271-326.

Oliva 1955 : OLIVA (M.) – Actividades de la Delegación Provincial del Servicio Nacional de Excavaciones Arqueológicas de Gerona en 1955. *Anales del Instituto de Estudios Gerundenses*, vol. X, 1955, p. 317-411.

Oliva 1956-1957 : OLIVA (M.) – Actividades de la Delegación Provincial del Servicio Nacional de Excavaciones Arqueológicas de Gerona en 1956. *Anales del Instituto de Estudios Gerundenses*, vol. XI, 1957, p. 269-344.

Oliva 1960 : OLIVA (M.) – Actividades del Servicio Provincial de Investigaciones Arqueológicas, Conservación y Catalogación de Monumentos, de la Excma. Diputación de Gerona, y de la Delegación de Excavaciones en 1960. *Anales del Instituto de Estudios Gerundenses*, vol. XIV, 1960, p. 341-416.

Oliva 1962 : OLIVA (M.) – Ullastret. Guia de las excavaciones y su museo. Gerona, Diputación provincial de Gerona, 63 p.

Oliva 1965 : OLIVA (M.) – Recintos fortificados de tipo "ciclópeo" en tierras gerundenses. *In* : *Arquitectura megalítica y ciclópea catalano-balear*, Actas del III Symposium de Prehistoria Peninsular, Barcelona, C.S.I.C., 1965, p. 89-109.

Oliva 1966 : OLIVA (M.) – Las fortificaciones de la ciudad prerromana de Ullastret, Gerona (España). Ensayo de cronología. *In* : *Atti del VI Congresso Internazionale delle Scienze Preistoriche e Protostoriche*, Roma, De Luca, 1962, p. 23-28.

Olmos 2008 : OLMOS (P.) – Adaptació metrològica grega en l'arquitectura ibèrica de Catalunya : Puig de Sant Andreu d'Ullastret i Mas Castellar de Pontós. *Cypsela*, 17, 2008, p. 273-288.

Pallarés, Gracia, Munilla 1986 : PALLARÉS (R.), GRACIA (F.), MUNILLA (G.) – Cataluña : sistemas íbero-griegos de defensa. *Revista de Arqueología*, 65, p. 42-52.

Pons, Gonzalo, López 2005 : PONS (E.), GONZALO (C.), LÓPEZ (A.) – El sistema defensiu del poblat ibèric de Mas Castellar de Pontós (Alt Empordà, Girona). *In* : *Món ibèric als Països Catalans*, Actes del XIII Col·loqui Internacional d'Arqueologia de Puigcerdà (14 i 15 de novembre de 2003), Puigcerdà, Institut d'Estudis Ceratans, 2005, p. 379-392.

Prado 2006 : PRADO (G. de) – *Materials, elements i tècniques de construcció de l'arquitectura d'època ibèrica al Puig de Sant Andreu (Ullastret)*. Treball de recerca de doctorat, Girona, Universitat de Girona, 2006, p. 131 (inédito).

Prado 2008 : PRADO (G. de) – La gestió de l'aigua a l'*oppidum* del Puig de Sant Andreu (Ullastret). *Cypsela*, 17, 2008, p. 185-200.

Prado 2009 : PRADO (G. de) – Noves aportacions al coneixement de les portes i sistemes d'accés a l'*oppidum* ibèric del Puig de Sant Andreu (Ullastret, Baix Empordà). *Revista d'Arqueologia de Ponent*, 19, 2009, p. 335-358.

Puig 2006 : PUIG (A.M.) – Les excavacions a la zona del turó de Santa Maria. *In* : Puig (A.M.), Martin (A.) coord., *La Colònia grega de Rhode (Roses, Alt Empordà)*, Girona, Museu d'Arqueologia de Catalunya-Girona, 1996, (Sèrie Monogràfica 23), p. 53-138.

Quesada 2001 : QUESADA (F.) – En torno al análisis táctico de las fortificaciones ibéricas. Algunos puntos de vista alternativos. *Gladius*, 21, 2001, p. 145-154.

Sanmartí *et al.* 1991 : SANMARTÍ (E.), CASTANYER (P.), TREMOLEDA (J.), SANTOS (M.) – Les muralles del sector meridional de la Neàpolis d'Empúries. *In* : *Fortificacions. La problemàtica de l'ibèric ple : (segles IV-III a.C.)*, Actes del Simposi Internacional d'Arqueologia Ibèrica (Manresa, 6-7-8 i 9 de desembre de 1990), Manresa, Centre d'Estudis del Bages, 1991, p. 265-271.

Sanmartí, Santacana 1991 : SANMARTÍ (J.), SANTACANA (J.) – Les fortificacions ibèriques de la Catalunya central i costanera. *In* : *Fortificacions. La problemàtica de l'ibèric ple : (segles IV-III a.C.)*, Actes del Simposi Internacional d'Arqueologia Ibèrica (Manresa, 6-7-8 i 9 de desembre de 1990), Manresa, Centre d'Estudis del Bages, p. 127-144.

Tréziny 1986 : TRÉZINY (H.) – Les techniques grecques de fortification et leur diffusion à la périphérie du monde grec d'Occident. *In* : Leriche (P.), Tréziny (H.) ed., *La fortification dans l'histoire du monde grec (Colloque, Valbonne, 1982)*, Paris, Éditions du CNRS, 1986, p. 185-200.

Winter 1971 : WINTER (F.E.) – *Greek fortifications*. Toronto, University of Toronto, 1971, 370 p.

3. Il sito fortificato di Serro di Tavola (Aspromonte)

Massimo Brizzi, Liliana Costamagna

Il sito archeologico di Serro di Tavola venne individuato casualmente nel 1983 in occasione di lavori di rimboschimento condotti dal Corpo Forestale dello Stato sul versante ovest del promontorio di Spilinga. La specificazione “di Tavola” attribuita al Serro è legata proprio alla percezione da parte della popolazione locale della presenza di un terrapieno rettangolare, rialzato rispetto alla quota naturale del terreno circostante. La località ricade nell’ambito del Comune di Sant’Eufemia d’Aspromonte (RC), all’estremo sud del versante tirrenico calabrese (**fig. 412**), e si colloca proprio all’estremità nord del promontorio di Spilinga (**fig. 413**), sul limitare dell’alta scarpata che separa i Piani d’Aspromonte, un vasto altopiano compreso tra circa m 1000 e 1100 s.l.m. di cui fa parte il promontorio di Spilinga, dal sottostante altopiano, denominato Piani della Corona, attestato a circa m 500 di quota.

L’importanza topografica del sito nell’ambito del territorio di Rhégion è stata già illustrata[1]. Riprendendo in rapida sintesi quanto già esposto preme evidenziare che il sito archeologico controlla quello che era un fondamentale percorso di collegamento tra la Piana di Gioia Tauro e la *polis* calcidese. Rispetto al possibile tracciato alternativo, che correva parallelo alla linea di costa e che venne ripreso in età moderna dalla strada borbonica, questo percorso sfruttava la possibilità di agevole risalita verso l’interno offerta dalla dorsale montagnosa di Serro di Tavola, con il vantaggio di abbreviare le distanze ed evitare la difficoltà di attraversare i fianchi

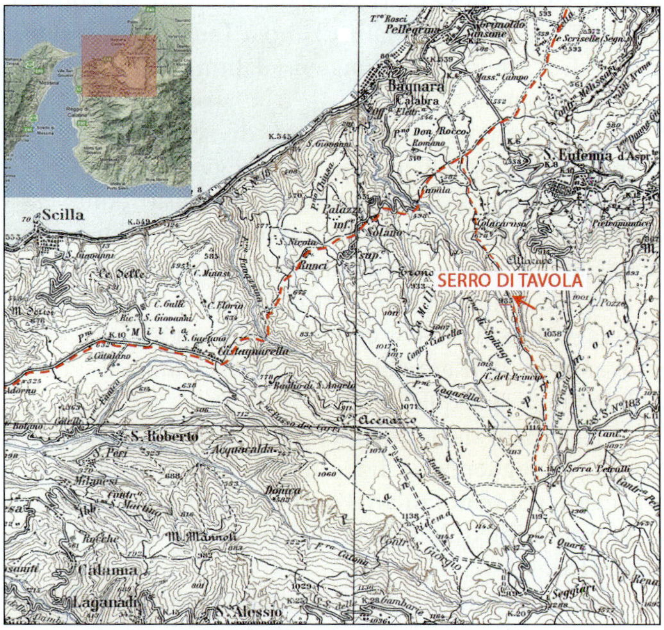

Fig. 412. L’estremità della penisola calabrese (carta IGM).

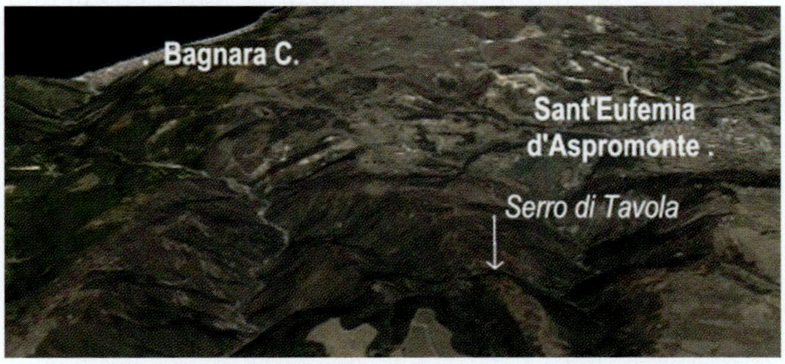

Fig. 413-414 Immagini tridimensionali del sito di Serro di Tavola, localizzato dalla freccia, visto da sud (da Google Earth).

1 Dopo una prima messa a fuoco del problema (Costamagna 1986) si sono susseguiti numerosi lavori concernenti il territorio del versante tirrenico reggino, che hanno trovato sede per sintesi organiche in relazione alla pubblicazione delle ricerche condotte nei siti di Mella e Castellace di Oppido Mamertina (Costamagna, Visonà 1999, Agostino 2005), di Taureana di Palmi (Agostino 2001, Agostino 2005) e in studi di taglio storico topografico (Cordiano, Accardo 2004 e Cordiano *et al*. 2006) ai quali si rimanda per la bibliografia completa. Inoltre le forme di insediamento degli Euboici nell’area dello Stretto in rapporto alle popolazioni dell’entroterra sono state oggetto di approfondita analisi in Mercuri 2004. Per un aggiornamento dello stato delle ricerche anche nel territorio in questione si rimanda agli atti del convegno *Enotri e Brettii in Magna Grecia. Modi e forme di interazione culturale*, Arcavacata di Rende 2007, c.s.

dirupati dei valloni che si susseguono lungo la ripidissima fascia costiera tra Palmi e Villa San Giovanni. Per chi arrivava da Nord e intendeva raggiungere la colonia calcidese il costone montagnoso del Serro rappresentava un vero e proprio ponte di collegamento gettato tra i Piani della Corona e i Piani d'Aspromonte e rappresentava la migliore e più breve via di terra possibile. Un percorso con caratteristiche analoghe, ugualmente vantaggioso in una dinamica costa/territorio interno, ma più lungo per chi doveva raggiungere Reggio, era quello, alternativo, che dalla Piana di Gioia Tauro risaliva il terrazzo di Castellace e giungeva al limite NE dei Piani d'Aspromonte[2].

Questi percorsi consentivano di accedere alle più significative risorse agrarie di Rhégion rappresentate proprio dai Piani d'Aspromonte : un vasto complesso di terrazzi pianeggianti di origine marina, dispiegati al piede del massiccio montuoso di Montalto (m 1955 s.l.m.), eccezionalmente fertili per la presenza di un spessa coltre di *loess* cineritico di origine vulcanica proveniente dall'arcipelago eoliano, unito a grande abbondanza di acqua[3].

Un sentiero risale ancora oggi il costone montagnoso del Serro seguendo la linea di displuvio (**fig. 414**) e il tracciato, nel punto di arrivo sull'altopiano, passa lungo il muro perimetrale Ovest del complesso archeologico (**fig. 415**).

Appare di tutta evidenza pertanto l'importanza rivestita da questo sito, la cui interpretazione è stata molto controversa e oggetto di discussione, andando da una postazione di tipo militare, analoga ad altre postazioni di controllo individuate nel territorio reggino (un *phrourion* : Costamagna 1986, 1997, 2000a, 2000b ; Cordiano 1995, Brizzi 2005) ad un insediamento indigeno (Greco 1986), ad una ipotesi di trasformazione dell'insediamento da una funzione militare ad una agricola in relazione alle diverse fasi di vita del complesso (Cordiano 2006), ad una fattoria fortificata (Cordiano 2004, 22, n. 20). Non è da escludere peraltro che nel complesso trovassero sede anche forme di culto (Costamagna 2000a, 229, Cordiano 2004, 22-23, n. 20).

Le strutture archeologiche emerse a Serro di Tavola si segnalano per la loro indubbia peculiarità sia sotto il profilo della realizzazione tecnico-costruttiva che per la singolare planimetria, ancora senza confronti del tutto soddisfacenti, almeno in area magnogreca. Il ritardo intervenuto nella pubblicazione dello scavo, rimasto fino ad oggi sostanzialmente inedito salvo brevi anticipazioni[4], ha peraltro impedito la piena conoscenza del sito valutandone il significato sulla base di dati oggettivi.

Il sito archeologico di Serro di Tavola venne indagato nel corso di varie campagne di scavo condotte tra il 1984 e il 1991[5], con una ricerca attuata prevalentemente in estensione allo scopo di acquisire quanto più possibile la planimetria del complesso e verificando il potenziale stratigrafico del sito con solo tre saggi di approfondimento.

Nel complesso sono state individuate tre fasi edilizie principali (**fig. 416**) ma il limite delle indagini consente di conoscere in forma sufficientemente estesa l'articolazione planimetrica solo della terza ed ultima fase.

La testimonianza più antica finora emersa è rappresentata da un tratto di muro di cinta, che attesta la prima fase edilizia nel sito, messo in luce lungo il lato Sud del complesso per una lunghezza di circa 17 m (**fig. 416,** indicato in colore verde nella planimetria). Si conserva solo la fondazione (**fig. 417**, in primo piano ; **fig. 418**, US 21), di larghezza variabile tra m 1 e 1,50 circa, realizzata riempiendo una fossa arrotondata con terreno cineritico pressato insieme a scaglie di pietra di piccola pezzatura. Il tratto di muro messo in luce, ha andamento pressoché rettilineo, con direzione E-W, ad eccezione della parte più occidentale, dove mostra un'articolazione a baionetta in relazione alla quale si evidenzia anche un

2 Sulla dinamica territoriale tra i siti di Serro di Tavola e di Castellace, dove era localizzato il santuario di Herakles, si rimanda a quanto già esposto in Costamagna, Visonà 1999 e agli aggiornamenti in Cordiano 2006, con bibliografia precedente.

3 Cortese (E.) – *Descrizione geologica della Calabria*, Firenze, 1934,p. 338, 4 tav, 1 cart. ; Romagnoli (L.) – Osservazioni geologiche e geomorfologiche sull'Aspromonte (Calabria). Considerazioni preliminari sull'erosione e la conservazione del suolo. *Bollettino Società Geologica Italiana*, 88, 1969, p. 245-266 ; Atzori (P.), Ghisetti (F.), Pezzino (A.), Vezzani (L.), *Carta geologica del bordo occidentale dell'Aspromonte (1 : 50.000)*. S.EL.CA., Firenze, 1983 ; Barrier (P.), Dibattito. *In* : *Atti Taranto 1986*, p. 543-546 ; Barrier (P.), Di Geronimo (I.), Montenal (C.) dir. – *Le Détroit de Messine (Italie), évolution tectono sedimentaire récente (pliocène et quaternaire) et environnement actuel*. Paris, Doc. et Tra. Igal, 1987, p. 272, 3 p., pl. h.t., (n. 11).

4 Costamagna 1986, 494-502 ; Costamagna 1990, 63-00 ; Costamagna 2000a, 229-230 ; Lattanzi (E.) – La Calabria. *In* : *Atti Taranto 1984*, p. 522-523, *1988*, p. 562, *1989*, p. 592, *1990*, p. 345-347, *1992*, p. 805-806 ; Lattanzi (E.) – Attività della Soprintendenza Archeologica della Calabria. Klearchos XXVII (1985), p. 123-124, XXIX (1987), p. 109, XXXI (1989), p. 196-198.

5 Le campagne di scavo fino al 1991 sono state dirette da L. Costamagna, a quel tempo funzionario della Soprintendenza Archeologica della Calabria. Una ulteriore campagna venne condotta sotto la direzione di Rossella Agostino nel 2001. I dati qui illustrati sono limitati al 1991, fatto salvo l'aggiornamento della planimetria generale. Ringraziamo per la sua disponibilità la collega Rossella Agostino che ha agevolato, a distanza di molti anni, la ripresa di questo lavoro per la pubblicazione. In occasione delle diverse campagne la documentazione tecnico scientifica dello scavo è stata curata da Patrizia Dotta, Massimo Brizzi, Giuseppe Cordiano e Fabrizio Zannoni, con la collaborazione di Bruno Napoli e Giuseppe Pileggi per la parte grafica. Massimo Brizzi ha curato inoltre la revisione generale della documentazione grafica dello scavo, la sua digitalizzazione e rielaborazione per la pubblicazione.

aumento della larghezza della fondazione, verosimilmente per esigenze di rinforzo della struttura ; essendo la struttura conservata solo nella parte inferiore della fondazione, è possibile solo ipotizzare in questo settore la presenza di un ingresso o di una torre. L'orientamento dell'avancorpo mostra come questa cinta muraria difendesse un "interno" che veniva forse a trovarsi a Sud della stessa, cioè in un'area differente rispetto alle strutture documentate nelle fasi successive. Lo scavo di quest'ultimo settore è avvenuto nel corso dell'ultima campagna condotta nel sito e non vi è stata successivamente la possibilità di disporre di maggiori dati.

Questa prima cinta e il suo stesso piano di calpestio originario, sul banco di cinerite vulcanica nel quale era stata fondata (**fig. 418**, US 607), vennero rasati al momento della costruzione della seconda fase edilizia del complesso. Non essendo stati rinvenuti materiali all'interno della fondazione stessa, mancano altri contesti stratigrafici che consentano di proporne una datazione puntuale.

La demolizione di questo muro avvenne contestualmente alla costruzione di una nuova cinta fortificata, che determina una nuova fase insediativa del sito (**fig. 419** ; nella **fig. 416** è indicata in blu nei tratti messi in luce dallo scavo o comunque affioranti sul piano di campagna, mentre i tratti in azzurro chiaro sono di ricostruzione). La messa in opera dei massi è preceduta dallo scavo di una fossa di fondazione, ben leggibile per il suo riempimento di terreno cineritico superficiale, di colore più scuro, alterato rispetto al colore rossastro del banco naturale di *loess* (**fig. 419-420**).

Si tratta di una cinta muraria quadrangolare orientata secondo il Nord geografico compatibilmente con l'orografia del pendio, con una marcata rientranza al centro del lato occidentale, dove verosimilmente era posto l'ingresso, in relazione al tracciato viario. Una tamponatura (**fig. 421-422**) sembra adombrare la presenza per un certo periodo (Fase IIa) di un secondo ingresso sul lato meridionale, chiuso in un momento successivo della medesima fase (Fase IIb). In relazione con questa seconda apertura vanno riferiti un buco di palo e un lacerto di basolato affiorati al di sotto della tamponatura stessa (**fig. 419**).

La planimetria dell'edificio è formata da un quadrilatero la cui irregolarità è imputabile alla necessità di adattare la struttura all'altimetria del terreno, con una marcata rotazione verso Est del muro perimetrale orientale e un tracciato a gomito di quello settentrionale. Da notare tuttavia che i lati che risultano più regolari sono quelli meno difesi dall'orografia del terreno : quello occidentale, dove era l'ingresso principale, e quello meridionale, dove era collocato un probabile ingresso secondario e che comunque risultava ben visibile per chi percorreva la strada arrivando dall'altopiano. La larghezza dell'edificio è di circa 44,70 m sul lato Sud e di m 50,30 su quello Nord, la lunghezza 49,40 su lato Ovest e 47,10 sul lato Est. La superficie complessiva dell'edificio supera pertanto 2200 mq.

Tenuto conto della difficoltà di misurare con precisione strutture realizzate con materiale di forma irregolare e utilizzando come riferimento i lati Ovest e Sud che offrono un riferimento più sicuro sembra potersi ricavare un progetto impostato su un rettangolo regolare di 150 piedi EW per 166 NS[6], la cui unità di misura sembra essere un piede di circa cm 29,80.

In questa fase la larghezza del muro di cinta sembra corrispondere alla misura di 6 piedi (è largo in genere poco meno di 180 cm) ed è costruito in fondazione con pietre locali di grandi dimensioni legate con terra, le quali sembrano tendere ad una qualche maggiore regolarità in prossimità degli accessi. Lungo il lato meridionale (prospetti **fig. 421-422**) resta parte dell'alzato, costruito in terra argillosa pressata, ben leggibile su questo lato in quanto sigillato dallo zoccolo di fondazione della cinta di terza fase. Sul medesimo lato, presso il limite orientale del saggio di scavo, nella tessitura muraria si osserva la netta cesura verticale che indica la presenza di una originaria apertura e di una successiva tamponatura, riconducibile probabilmente ancora nell'ambito della seconda fase.

In alcuni punti il muro inizia a mostrare, a livello embrionale, si potrebbe quasi dire "sperimentale" la singolare tecnica edilizia che caratterizza questo sito e che verrà adottata in maniera più sistematica nelle strutture riconducibili alla terza fase edilizia. In facciavista, ad intervalli regolari, vengono collocati in verticale, con funzione di piedritti, scheggioni di pietra di maggiori dimensioni, sui quali trovano appoggio pietre informi di dimensioni ridotte che vennero disposte a contrasto, a costruire una sorta di archetti irregolari riempiti all'interno di terreno cineritico[7]. Ai piedritti in facciavista

6 Nell'angolo NW e in quello SW la cinta muraria non è stata oggetto di scavo ma solo di rilievo attraverso i massi affioranti dal terreno. La misura del lato non può quindi essere considerata definitiva. In questa prospettiva non si può escludere che la misura reale della struttura in senso NS possa corrispondere in realtà a 165 piedi, in un rapporto di 10 a 11 tra lunghezza e larghezza.

7 A questo proposito, in occasione dell'incontro RAMSES tenutosi a Napoli, è stato suggerito di leggere gli archetti come segno della presenza di tronchi di legno, inseriti trasversalmente alla struttura muraria in corrispondenza di ogni archetto. A confronto di ciò veniva segnalata la presenza di tronchi trasversali inseriti in strutture murarie nel territorio francese. Si tratta di un'ipotesi sicuramente degna di attenzione e da non sottovalutare, visto il contesto ricco di boschi in cui si colloca il sito di Serro di Tavola, tuttavia è un dato di fatto che finora l'analisi dei prospetti e le parti di muratura che sono state esplorate nella loro larghezza non hanno mai mostrato evidenza stratigrafica di un riempimento successivo al deperimento

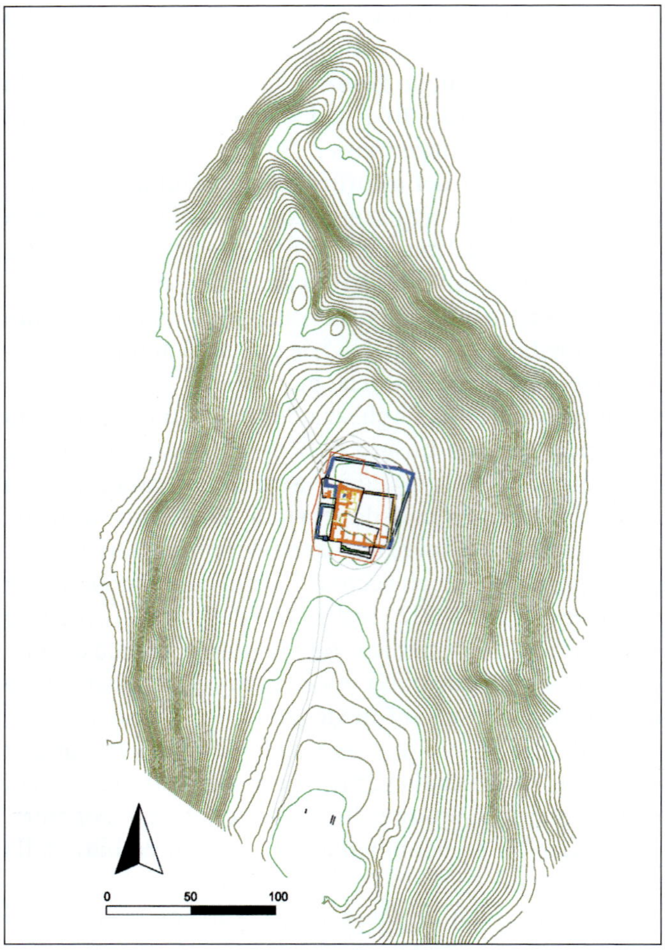

Fig. 415. Planimetria del complesso archeologico inserito nel modello altimetrico digitale di Serro di Tavola.

corrispondono, all'interno dell'*emplekton*, filari molto irregolari di pietrame di piccola pezzatura, disposti ortogonali all'andamento della struttura, alternati a fasce dove invece prevale in larga parte la presenza di sola terra cineritica. Gli archetti leggibili sul paramento esterno proseguivano quindi nell'interno dell'*emplekton* formando complessivamente rozze e irregolari sequenze di piccole volte a botte. Si tratta di un artificio costruttivo che consentiva di irrobustire e irrigidire una struttura costruita in gran parte con pietrame di piccola pezzatura e da finissimo *loess* cineritico, di per sè molto incoerente e quindi poco adatto a legare tra loro le pietre, ottenendo comunque una muratura solida e di grandi dimensioni.

Fig. 416. Planimetria generale del complesso archeologico.

La cinta muraria ottenuta rispondeva probabilmente meglio anche alle scosse di terremoto, frequenti e devastanti in questo territorio, perchè in qualche modo veniva ad essere "armata" all'interno con archi di scarico in grado di resistere alle sollecitazioni sismiche.

Non conosciamo le strutture di articolazione interna dell'edificio nella seconda fase : è stato osservato solo un breve setto murario affiorante nella pavimentazione dell'ambiente di terza fase posto nell'angolo NW. Si può solo proporre che la struttura intravista sia a servizio dell'ingresso del complesso, posto per evidenti fini difensivi in posizione marcatamente arretrata rispetto al perimetro esterno. Le strutture della fase successiva hanno impedito la messa in luce del varco di ingresso, la cui presenza in quel punto è indicata solo dall'articolazione del muro perimetrale, che arretra notevolmente garantendo la protezione e il controllo del punto di accesso[8].

La terza fase edilizia fu preceduta dall'abbattimento generalizzato degli elevati in crudo delle strutture di

di materiale organico come il legno, che, date le dimensioni dei tronchi che si sarebbero dovuti impiegare per riempire lo spazio tra i piedritti, avrebbe comunque lasciato una traccia all'interno del riempimento stesso, come è stato possibile osservare nei vari buchi di palo individuati in differenti settori dello scavo, rinvenuti colmi di residuo organico polverizzato. Va invece sottolineata la sostanziale omogeneità tra il legante terroso usato nelle parti di muratura in pietra e la terra pressoché priva di inerti utilizzata tra i piedritti.

8 A ridosso del muro perimetrale occidentale della terza fase, in un ridotto contesto stratigrafico riferibile al piano di calpestio a Sud grande muro perimetrale E-W della seconda fase, è stata messa in luce nella campagna di scavo del 1987 l'evidenza di un buco di palo di notevoli dimensioni e complessità riferibile probabilmente ad uno stipite di porta composto da un fascio di diversi legnami sagomati. L'impossibilità di verificare una evidenza simmetrica più a Sud, non permette per ora di riferire con sicurezza questa traccia alla struttura di accesso della fortificazione nella seconda fase.

Fig. 417. Serro di Tavola, lato sud del complesso. In primo piano la fondazione della cinta di prima fase, in secondo piano le cinte soprapposte della seconda e terza fase.

Fig. 419. Il muro di cinta di seconda fase, utilizzato come fondazione della cinta di terza fase. Al piede del muro si nota la trincea di fondazione.

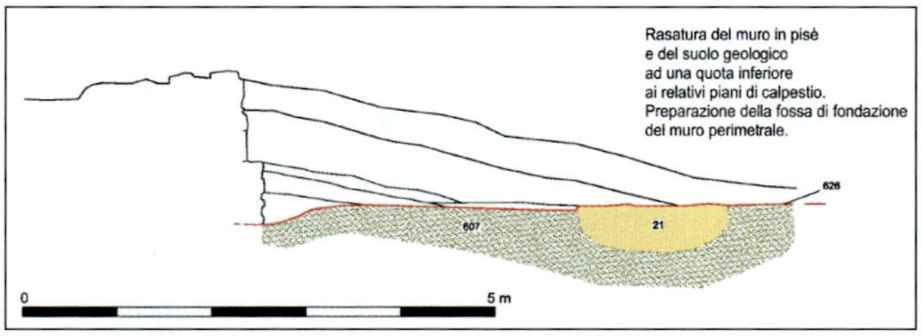

Fig. 418. Serro di Tavola, sezione NS trasversale alla cinta muraria lato Sud. Sono evidenziati gli strati riconducibili alla prima fase. Lo strato negativo 626 indica le operazioni di sbancamento che preludono alla costruzione della cinta muraria di seconda fase.

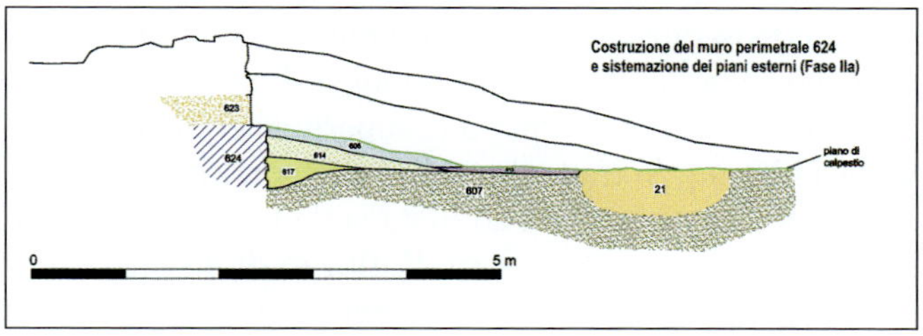

Fig. 420. Sezione N-S all'esterno del muro perimetrale sud.Sono evidenziati la costruzione del muro perimetrale (US 624) con la relativa fossa di fondazione e gli strati riconducibili alla sistemazione dei piani esterni nella fase IIa.

Fig. 421. Montaggio fotografico del prospetto del lato Sud delle strutture nel tratto messo finora in luce.

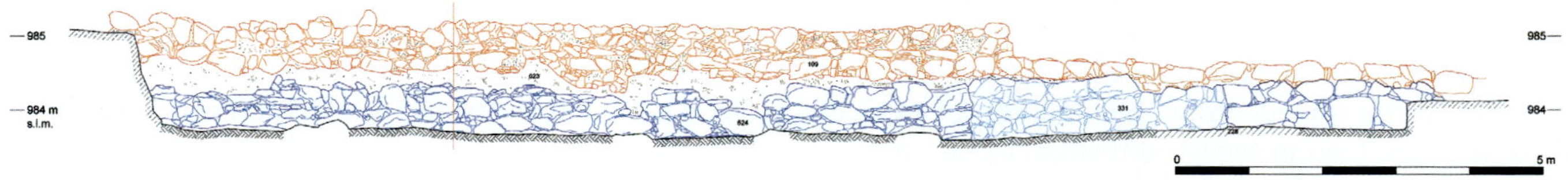

Fig. 422. Prospetto del lato Sud della cinta muraria. La struttura di seconda fase è in azzurro, in tono più chiaro è evidenziata la tamponatura in pietre di un probabile accesso. In arancio è indicata la struttura pertinente alla terza fase dell'edificio, fondata nell'elevato in crudo della struttura precedente. La linea rossa verticale indica il punto corrispondente alla sezione stratigrafica delle fig. 418, 420 et 423.

seconda fase con lo spianamento del materiale di risulta, utilizzato per rialzare la quota del piano di calpestio e fondare su di esso le strutture del nuovo complesso.

L'edificio fu ricostruito integralmente ma in forma ridotta, collocandolo a ridosso del muro perimetrale Sud della cinta precedente, in modo da riutilizzare come fondazione quanto restava dello zoccolo lapideo e dell'alzato in crudo di un tratto della struttura perimetrale precedente (**fig. 423**).

Il nuovo edificio (in arancio nella planimetria alla **fig. 416**) mantiene ancora una pianta quadrilatera ma riproposta in dimensioni assai ridotte, l'aspetto complessivo appare inoltre assai meno monumentale. Lo scavo ha portato in luce i lati meridionale, occidentale e una piccola parte di quello settentrionale del nuovo edificio e sulla base di questi è stato ricostruito ipoteticamente l'intero perimetro del corpo centrale (in colore arancio chiaro in planimetria). E' stata individuata la presenza di una ulteriore struttura ad angolo accostata all'angolo NW del corpo centrale, che rivela la probabile presenza di corpi di fabbrica addossati all'esterno del lato nord del complesso centrale, per ora non indagati. Un'ulteriore struttura pertinente a questa fase è stata messa in luce per un breve tratto nell'area occidentale esterna alla cinta muraria, ma il limite dello scavo non consente per ora di avanzare ipotesi interpretative circa la sua funzione al di là di una generica sistemazione di questo settore esterno dove verosimilmente continuava a passare il percorso viario.

La conoscenza del nuovo complesso è quindi limitata al corpo centrale, le cui dimensioni si riducono a circa m 35,07 EW x 31,80 NS, per una superficie complessiva di circa 1120 mq. Si tratta di misure che non trovano riferimento nell'unità metrica adottata nella fase precedente e sembrano invece presupporre l'utilizzo di un piede sensibilmente più lungo, corrispondente a circa 31,8 cm. Se così fosse il nuovo edificio corrisponderebbe a 110 piedi in senso EW e 100 in senso NS. Ne consegue che il nuovo edificio manterrebbe il rapporto dimensionale di 10 a 11 adombrato già dalla struttura di seconda fase, ma con i lati invertiti : ora ad essere più lunga è la dimensione EW, mentre nella precedente struttura era quella NS.

Cambia anche lo spessore delle strutture, di larghezza diversa nei diversi lati : in quello Ovest, più esposto verso la strada, la muratura è di poco inferiore a 160 cm (5 piedi ?), in quello Sud la misura oscilla intorno a 152 cm, in quello Nord è di circa 140 cm (3 piedi + 1 cubito ?). Le strutture di suddivisione interna lungo i lati Sud e Nord si aggirano invece intorno a 95 cm (3 piedi) mentre quelle che scandiscono gli ambienti sul lato Ovest raggiungono 113 cm (2 piedi + 1 cubito ?).

Il corpo centrale è articolato all'interno in una corte centrale aperta su cui affacciano numerosi ambienti disposti lungo i lati in sequenze regolari e con caratteristiche omogenee nell'ambito di ciascun lato.

Lungo il lato Sud si dispongono tre vani (II-III-IV) (**fig. 424-425**) con caratteristiche e dimensioni simili (rispettivamente m 5,16 - 5,24 - 5,61 circa in senso EW, m 5,15 in senso NW)[9], distinti tra loro da muri di suddivisione interna e chiusi verso Sud dal muro perimetrale del complesso. I tre ambienti risultano invece completamente aperti verso la corte centrale con una base in pietra, utilizzata verosimilmente per l'appoggio del trave verticale che doveva sorreggere il tetto, collocata al centro del lato aperto.

In ciascuno di questi tre ambienti è stato rinvenuto un focolare, posto al centro del vano, direttamente sul piano pavimentale, con due pietre collocate diametralmente all'area di terreno concotto che individua la superficie del focolare (**fig. 424-425**). Rappresentano probabilmente l'appoggio degli alari per lo spiedo e sono l'unico apprestamento fisso riconoscibile. In due di questi ambienti sono state rinvenute parti di due anfore da trasporto.

Nei vani II, III e IV i battuti pavimentali erano sigillati dal crollo, completo e intatto, del tetto di tegole piane (**fig. 426**), del consueto tipo con alette laterali a quarto di cerchio allargato.

L'ambiente I, posto nell'angolo SE, appare invece chiuso verso Nord da una struttura muraria che lascia un largo passaggio di circa m. 2,36 (5 cubiti ?). Questa struttura rappresenta molto probabilmente il primo muro di suddivisione interna della sequenza di ambienti che si devono disporre lungo il lato Est del complesso, ancora non esplorati e forse simili a quelli lungo il lato Ovest. All'opposto angolo SW troviamo invece il vano V (**fig. 427**), un rettangolo allungato in direzione Nord, le cui dimensioni sembrano legate alla necessità di dislocare più a Nord il varco di accesso alla corte centrale, in modo da non interferire con il muro di suddivisione dal contiguo ambiente IV. Il vano V è funzionalmente da attribuire alla sequenza di vani lungo il lato Ovest, ognuno di essi con accesso diretto alla corte centrale ma caratterizzati dall'essere chiusi da muri su tutti i quattro lati. L'ambiente V ingloba nell'angolo NW una struttura quadrangolare che potrebbe adombrare la presenza di un corpo di fabbrica rialzato, una sorta di torretta eretta a controllo dell'unico ingresso finora individuato, posizionato sul lato Ovest dell'edificio, come già era avvenuto nella seconda fase.

I vani VI e VII occupano il settore centrale del lato Ovest e sembrano destinati al controllo dell'ingresso, un varco di dimensioni contenute, circa 127 cm (4 piedi), che si apre nell'angolo SW dell'ambiente VI. Chi dall'esterno entrava nell'edificio era costretto a passare in un ambiente che poteva essere sorvegliato e a seguire un percorso non in asse, dal momento che il passaggio per accedere al cortile centrale era traslato verso il limite Nord dell'ambiente. Il vano VI inoltre era in comunicazione diretta, attraverso un ampio varco (m 2,70), anche con il vano VII, che sembra quindi destinato ugualmente ad attività di controllo o di relazione con l'esterno. Anche quest'ultimo ambiente era comunque dotato, come tutti gli altri vani, di un passaggio autonomo verso la corte centrale.

9 Tenendo conto del piede proposto di cm 31,08, che porta a un cubito di cm 47,7, merita osservare che la misura di 11 cubiti corrisponde a m 5,247, mentre 11 cubiti + 1 piede misurano cm 556,5.

L'angolo NW dell'edificio è occupato dal vano VIII (**fig. 428**) che appare serrato tra i vani contigui. Da questo ambiente l'accesso alla corte centrale avviene percorrendo una sorta di breve corridoio che in parte si antepone al vano IX, il primo della nuova sequenza di ambienti ipotizzabile lungo il lato Nord. Nel vano VIII, a breve distanza dal muro divisorio che lo separa dal IX, venne costruito un muro parallelo di incerta funzione. E' possibile che indichi la presenza di una stretta scala per salire ad un piano superiore, scala il cui accesso sembra avvenire da Sud, mentre una piccola porta ricavata nella parte settentrionale del muro attesta l'utilizzo dello stretto vano sottoscala sino ad una successiva tamponatura che sigilla l'ambiente stesso. La possibile presenza di una scala verrebbe ad indicare che questo vano d'angolo potrebbe avere avuto una funzione di torre o di altana, tenuto conto anche del fatto che l'angolo NW dell'edificio è quello che offre la migliore visuale sulla strada di risalita all'altopiano.

Nel vano VIII lo scavo è stato condotto a maggiore profondità asportando quello che era il piano di calpestio in terra battuta dell'ambiente e mettendo in luce ristrutturazioni interne del vano, tra cui lo spostamento del muro divisorio Sud, in origine più arretrato, oltre ad una struttura muraria da attribuire alla seconda fase di cui si è detto. Queste ristrutturazioni interne alla terza fase sono documentate solo in questo ambiente dove l'esplorazione è stata condotta più in profondità, ma al momento non se ne può valutare la portata nell'ambito dell'intero l'edificio (**fig. 429**).

Il vano VIII mostra a ridosso del lato Nord un bancone in muratura. Su di esso, all'estremità Ovest, era un focolare, collocato entro una piccola struttura muraria appositamente apprestata (**fig. 428**, sullo sfondo).

L'ambiente IX, sul lato Nord, risulta totalmente aperto verso la corte centrale esattamente come il vano che gli corrisponde nel lato Sud, facendo presagire la presenza di una sequenza di vani speculare a quella osservata sul lato Sud. All'interno di questo vano tuttavia non è stato rinvenuto il focolare e il crollo di tegole che qualifica i vani II-IV, bensì un basamento quadrato, eretto al centro del vano e costruito interamente in pietrame irregolare di medio-piccolo taglio la cui solidità strutturale indica un utilizzo per una installazione di particolari dimensioni.

La presenza di altre strutture in pietra, con caratteristiche di brevi banconi di incerta destinazione, si sono osservate anche a ridosso delle strutture perimetrali dei vani II e IV e, nell'ambito della corte interna, nell'area antistante il vano IX. A questo proposito occorre evidenziare la estrema difficoltà che presenta lo scavo di questo sito a causa della particolare tecnica edilizia adottata. L'impiego di terra e pietrame di ridotta pezzatura, unito al collasso che le strutture subirono nel momento in cui cedette il sistema di archi di scarico di pietre messe a contrasto, rende particolarmente difficile la distinzione dei limiti dei crolli rispetto alle strutture ancora in situ, soprattutto negli strati più superficiali, profondamente alterati dall'apparato radicale di una vegetazione che cresce rigogliosissima, grazie alla eccezionale fertilità del terreno.

In questa terza fase di vita del complesso la particolare tecnica costruttiva in precedenza illustrata, evidente attraverso le sequenze di archetti sul paramento della struttura (**fig. 429**, in primo piano), venne utilizzata in maniera diffusa e costante, soprattutto nelle murature di maggiore portata, anche se la regolarità di esecuzione raggiunge esiti diversi. Questa tecnica risulta particolarmente leggibile sui prospetti esterni occidentale e settentrionale della cinta perimetrale (**fig. 430**), sul lato interno della stessa in corrispondenza del vano VIII e, in questo stesso vano, sul prospetto settentrionale del muro divisorio a Sud.

Un saggio condotto in profondità nella corte centrale (**fig. 431**), nel settore antistante il vano II, ha consentito di individuare nell'accumulo di terreno cineritico vulcanico che caratterizza la stratigrafia interna del complesso una sequenza di piani di calpestio in terra battuta, riconducibili rispettivamente alla seconda (US 252) e terza fase edilizia (US 210). Nell'US 252 si è individuato un buco di palo, isolato e non interpretabile per il limite dell'indagine, indizio di apprestamenti lignei che dovevano occupare, almeno in parte, lo spazio della corte centrale.

La definizione in termini di cronologia assoluta delle tre fasi edilizie individuate si basa sui reperti provenienti dai pochi strati di vita che finora è stato possibile indagare.

Occorre dire innanzitutto che la ceramica rinvenuta è tutta di produzione greca, per la gran parte attica, mentre la ceramica ad impasto resta finora rappresentata da un solo frammento, che appare del tutto isolato. Tenuto conto che in questa sede lo spazio a disposizione non consente una schedatura puntuale dei reperti, si presentano solo le immagini dei materiali utili alla definizione cronologica delle fasi di vita del sito, corredate dai disegni dei reperti più significativi. Il riconoscimento dei frammenti appare peraltro agevole trattandosi di classi di materiali e di forme ben note.

La fase di vita IIb è fissata dai reperti provenienti dalla US 230 (equivalente alla US 606 graficizzata nella sezione a **fig. 420**), strato individuato nel saggio condotto nel 1987 all'esterno del muro di cinta Sud (UUSS 623-624 nella sezione).

I reperti (**fig. 432**) comprendono frammenti di piedi e orli di coppe ioniche tipo B2, orli di coppe a labbro, un piede di kylix tipo C, un frammento di parete

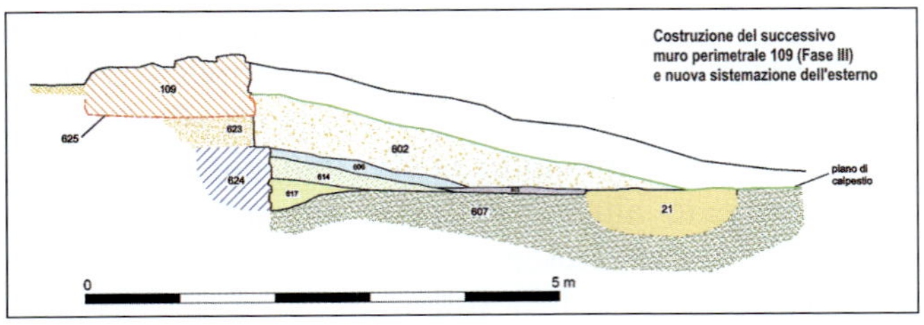

Fig. 423. Sezione N-S all'esterno del muro perimetrale Sud.Costruzione del muro perimetrale di III fase (US 109) e nuova sistemazione dei piani esterni.

Fig. 424. L'ambiente II visto da nord, al centro l'area del focolare.

Fig. 426. Il vano III, visto da sud, con il crollo di tegole del tetto.

Fig. 425. L'ambiente IV visto da sud con il focolare al centro.

Fig. 427. La sequenza degli ambienti lungo il lato ovest.

Fig. 428. L'ambiente VIII all'angolo NW visto da Sud.
Si notano nell'angolo NW il focolare rialzato e, a Est, i due muri paralleli indicanti forse la presenza di una scala.

Fig. 429. L'ambiente VIII visto da Nord. Sul paramento in primo piano si nota la tecnica muraria a sequenza di archetti.

decorata a fasce, materiali che delineano nel complesso un panorama cronologico riconducibile alla fine del VI sec. a.C. o che al massimo può scendere ai primissimi anni del V secolo. Dal medesimo strato proviene inoltre un frammento della parte inferiore di un aryballos globulare in *faïence* (**fig. 433**) risalente ancora alla prima metà del VI sec. a.C.

La collocazione alla fine del VI-inizi V sec. a.C. per il periodo finale della II fase trova conferma anche dagli strati US 287 e US 276, che sono antecedenti all'attività del focolare nell'ambiente VIII. Nell'US 287 il frammento più significativo è il piede di una kylix tipo C (**fig. 434**), mentre dall'US 276 provengono l'orlo di una coppa a labbro e il piede di una coppa ionica tipo B2, un piede di skyphos C e un orlo di anfora a camera interna (**fig. 435**).

Fig. 431. Il saggio in profondità nella corte centrale, con i piani di calpestio di seconda e terza fase.

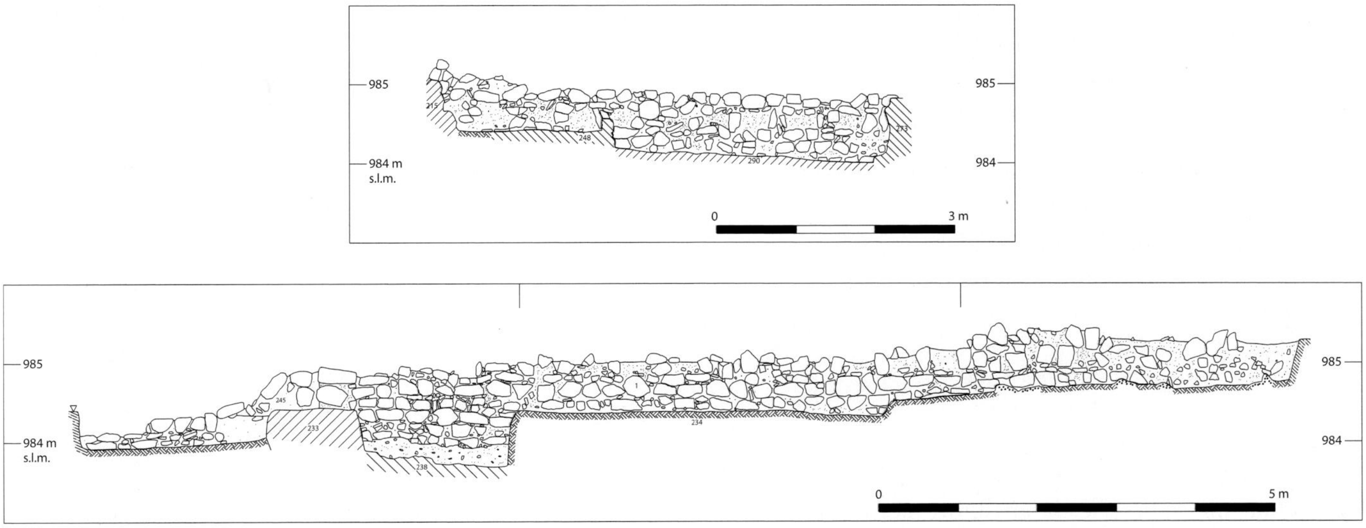

Fig. 430. Il prospetto del muro di cinta della terza fase, lato ovest. Sotto, il lato esterno ; sopra, un tratto del lato interno dove è più evidente la tecnica costruttiva dell'elevato.

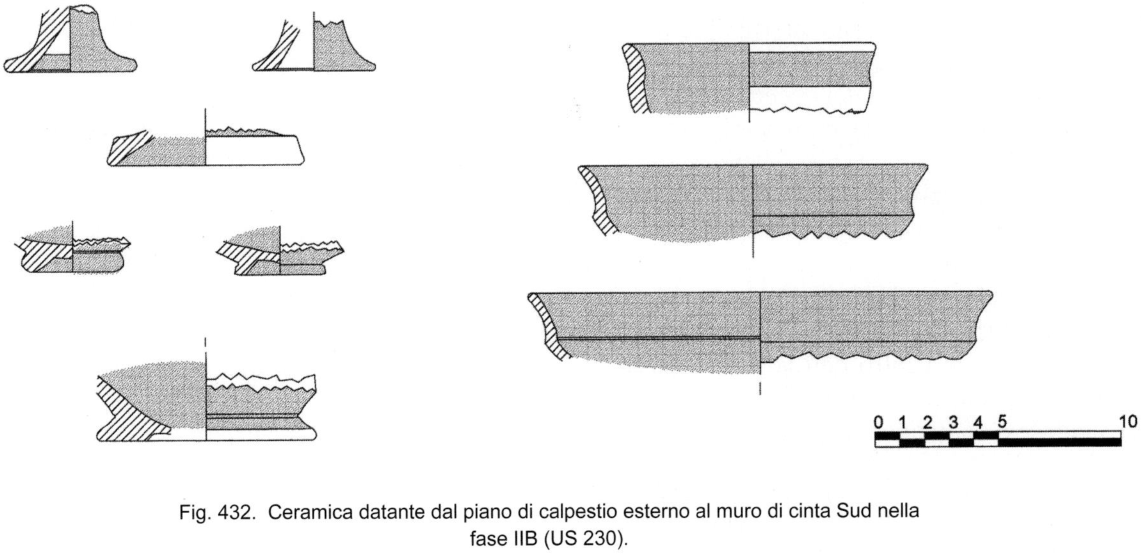

Fig. 432. Ceramica datante dal piano di calpestio esterno al muro di cinta Sud nella fase IIB (US 230).

Fig. 433. Frammento di aryballos in *faïence* dall'US 230.

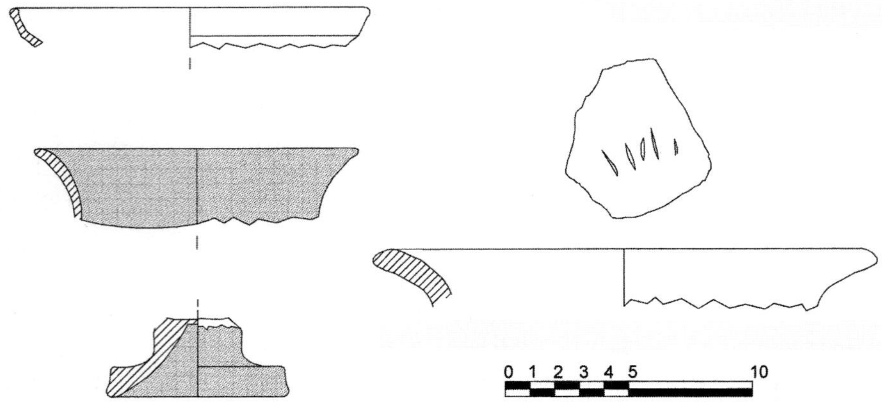

Fig. 434. Ceramica datante dall'US 287.

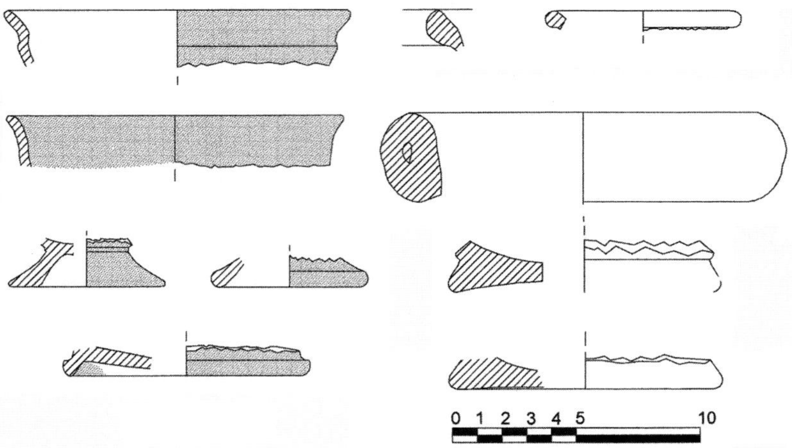

Fig . 435. Ceramica datante dall'US 276.

La sequenza stratigrafica più significativa è quella individuata nel saggio condotto in profondità nella corte centrale del complesso (**fig. 431**). E' ascrivibile alla seconda fase il battuto pavimentale US 252, dal quale ancora una volta proviene ceramica fine databile alla fine del VI sec. a.C., oltre anche ad anfore da trasporto e ceramica da cucina in quantità significativa (**fig. 436**)

Questo strato è sigillato dal piano di calpestio successivo (US 210), in corrispondenza stratigrafica con il pavimento dell'adiacente vano II e da attribuire pertanto alla terza fase di vita del complesso.

Il confronto tra i materiali provenienti dai due diversi battuti evidenzia il ricorrere in US 252 di ceramica con bande a risparmio ancora di pieno VI sec. a.C. mentre in US 210 insieme a materiale residuale (piedi a tromba e coppe a labbro ridotto) ricorrono le forme delle kylikes e degli skyphoi più caratteristici dei decenni centrali della prima metà del V sec. a.C., insieme a vari tipi di anfore da trasporto (**fig. 437**).

Confortano queste indicazioni cronologiche per la terza fase edilizia la stemless kylix (US 274, **fig. 438**), databile intorno al 480 a.C., rinvenuta sulla soglia di accesso al sottoscala ipotizzato per il vano VIII, e i reperti dalla US 295, strato di riempimento del basamento quadrangolare al centro dell'adiacente vano IX, tra i quali si riconoscono frammenti di ceramica di produzione calcidese e un piede di coppa tipo C (**fig. 439**).

In sintesi, per la cronologia della prima fase disponiamo solo del *terminus ante quem* della sua distruzione, avvenuta negli ultimi decenni del VI secolo a.C., momento in cui si deve collocare la costruzione della cinta muraria della II fase. I materiali residui rinvenuti nelle diverse campagne non salgono comunque oltre la prima metà del VI secolo a.C. La terza fase deve essere collocata una generazione dopo la seconda, intorno al 490-480 a.C. L'ultima fase edilizia risulta essere stata anch'essa di breve durata dal momento che dai livelli di crollo e disfacimento degli alzati in crudo, sostanzialmente privi di materiali, proviene come reperto isolato un boccaletto attico della forma di Pheidias, databile al terzo quarto del V sec. a.C (**fig. 440**). La fine dell'insediamento non sembra da collegare ad eventi traumatici: mancano tracce significative di incendio e l'assenza di reperti metallici quali alari e spiedi, indiziati dalle pietre di appoggio presso i focolari, indica l'avvenuto recupero di tutta l'attrezzatura possibile al momento dell'abbandono del sito.

Dopo questa data il sito versa in totale abbandono e allo stato delle indagini non vi sono tracce di riuso, anche parziale, delle strutture.

L'interpretazione del complesso rimane problematica

ma allo stato delle ricerche e a partire almeno dalla seconda fase, non sembra possibile ricondurlo in alcun modo ad un ambito indigeno di carattere insediativo. Non è stata ancora effettuata una analisi statistica rigorosa dei materiali rinvenuti ; tuttavia, anche solo da un primo sommario esame, risulta evidente che la ceramica da cucina ricorre in percentuale trascurabile mentre assai alta risulta la presenza e la varietà di coppe e, in minor numero, di skyphoi, associati ad anfore da trasporto. E' questo un segno che sembra evidenziare un consumo del vino che dovette assumere carattere collettivo e non episodico.

Di contro mancano del tutto i pithoi per la conservazione delle derrate alimentari e reperti connessi con la preparazione del cibo, quali mortai e macine. Questo fatto, insieme alle dimensioni rilevanti della superficie del complesso, che pur dimezzata nella terza fase resta comunque significativa (almeno 1120 mq), indirizza ad escludere una interpretazione come fattoria. Ad una diversa lettura porta anche la planimetria, che è il risultato di un progetto definito e rigoroso, difficilmente riconducibile ad una iniziativa edilizia di tipo privato. Per di più tale progetto viene attuato con l'uso di tecniche costruttive profondamente innovative.

La copertura di tegole che si è osservata sugli ambienti II-IV della terza fase, unita alla presenza dei focolari centrali, porta anche ad escludere l'ipotesi di identificarli con stalle per il ricovero degli animali, ipotesi avanzata in relazione alla totale apertura sul lato Nord degli stessi vani (Cordiano 2006, 47, nota 102).

Che si tratti di un complesso di carattere pubblico sembra emergere anche dalla scelta di adottare nella terza fase edilizia una unità di misura diversa, un piede di lunghezza sensibilmente maggiore. Appare evidente che questo debba essere un segno della scelta, di ordine politico, di volersi riferire ad un preciso orizzonte culturale, diverso dal precedente. D'altro canto la riproposizione nella terza fase edilizia della tecnica costruttiva ad archetti sperimentata fin dalla seconda fase permette di affermare che le maestranze che hanno realizzato il complesso si sono formate in una tradizione di ambito locale e quindi che la adozione del diverso sistema metrico non può essere semplicisticamente imputata a maestranze di provenienza diversa ma rappresenta la spia di un preciso indirizzo politico.

In conclusione si ritiene che la proposta già avanzata

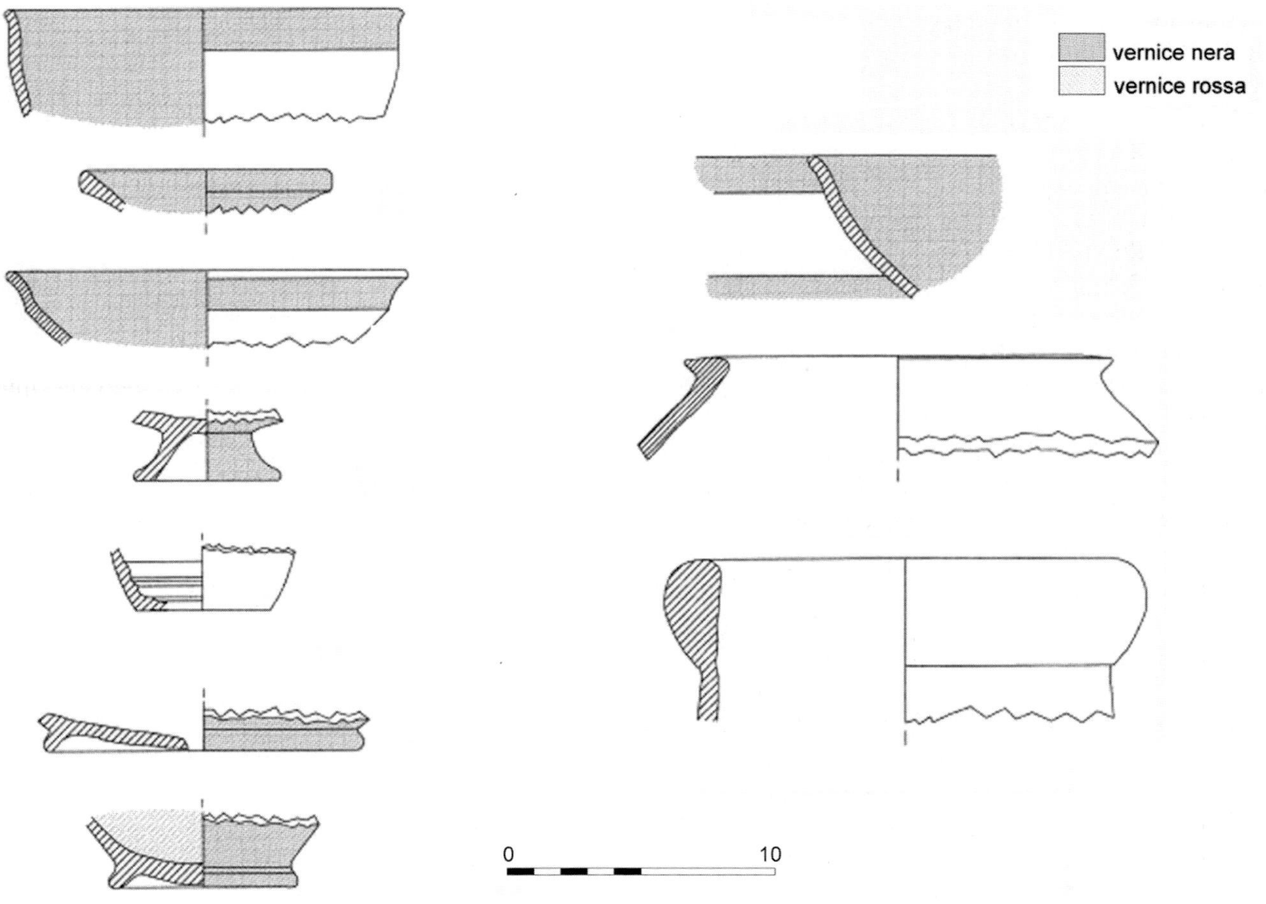

Fig. 436. Ceramica da mensa e da trasporto dal piano di calpestio di seconda fase US 252.

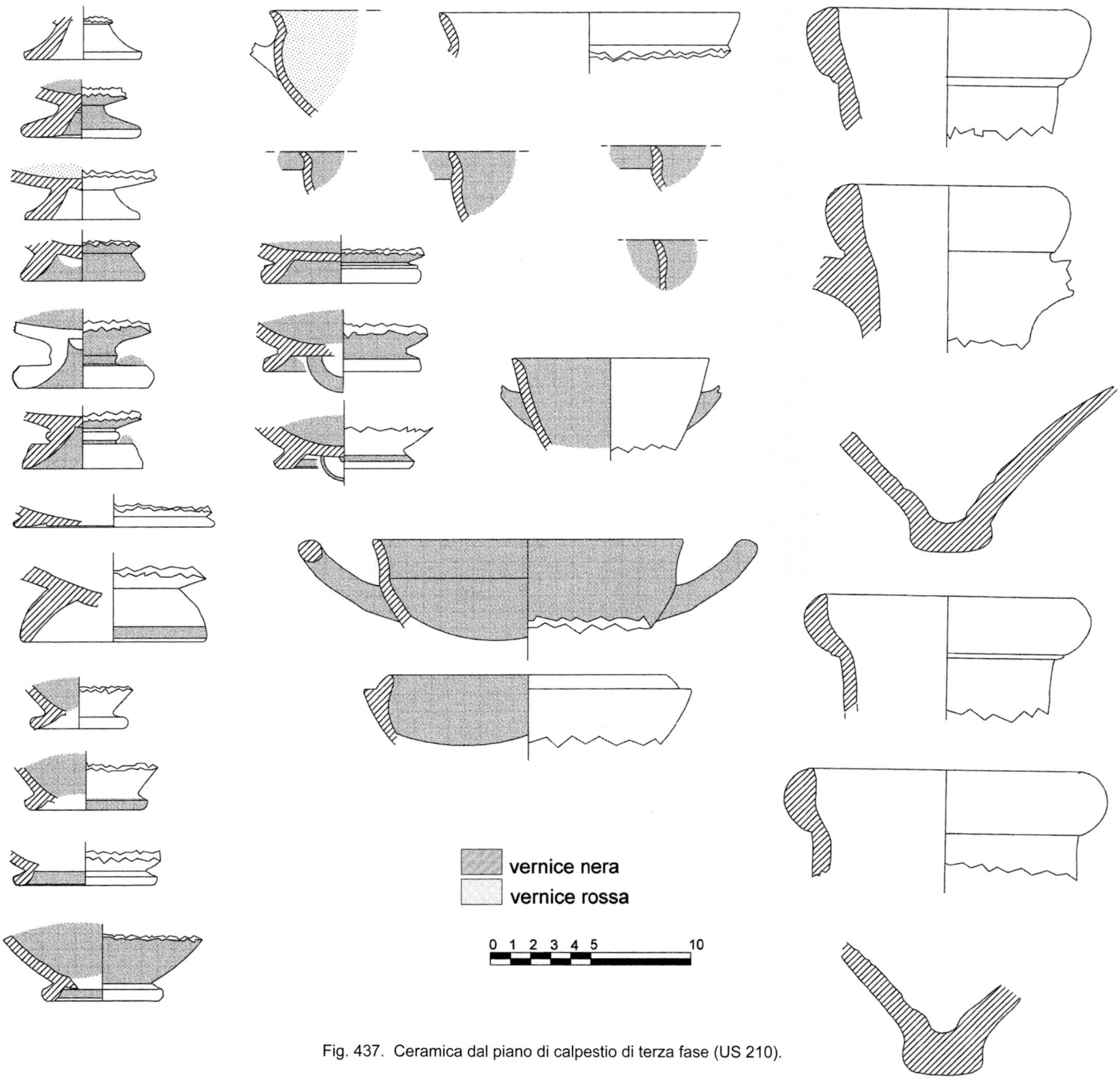

Fig. 437. Ceramica dal piano di calpestio di terza fase (US 210).

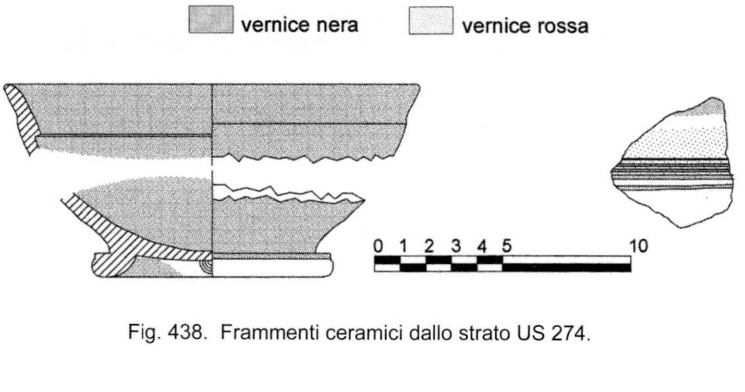

Fig. 438. Frammenti ceramici dallo strato US 274.

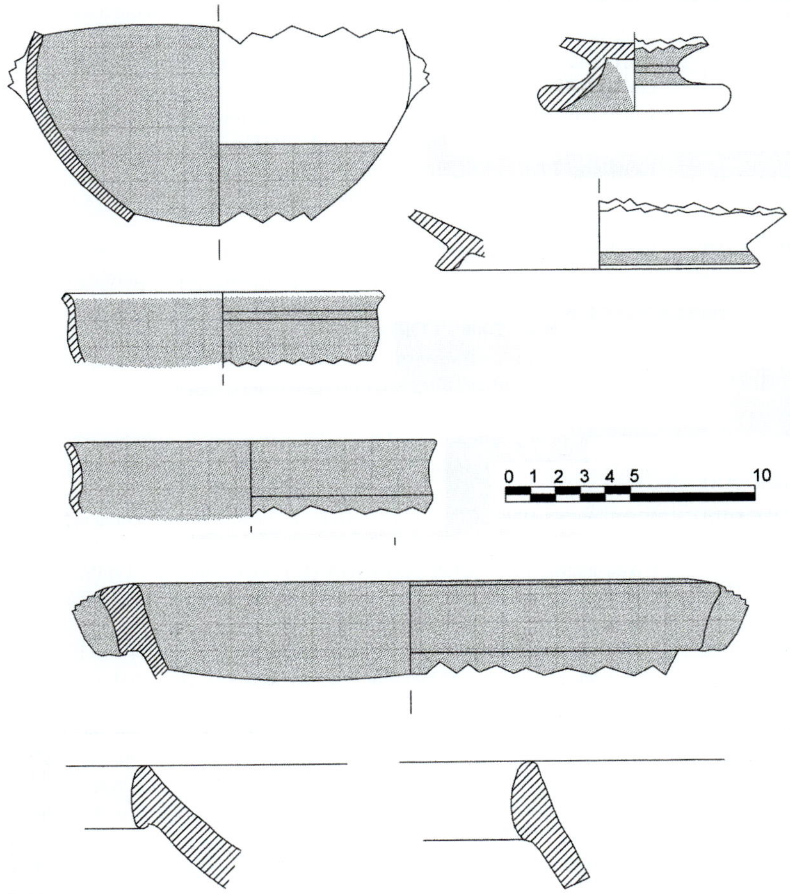

Fig. 439. Frammenti ceramici dallo strato US 295.

Fig. 440. Mug della forma di Pheidias dai livelli di abbandono.

(Costamagna 1986) di individuare nel complesso edilizio un punto di controllo del territorio reggino mantenga tuttora la sua validità, si voglia o meno attribuire ad esso la precisa connotazione di *phrourion*. La posizione topografica e lo spessore delle murature perimetrali (specie nella seconda fase), unite al carattere pubblico del complesso, indirizzano ad una finalità militare e la lettura che resta più verosimile sembra essere quella di un sito fortificato sede di una piccola guarnigione in grado di garantire il controllo della strada di risalita dalla Piana di Gioia Tauro verso il cuore del territorio di Rhégion, evitando così che i Locresi, che nella seconda metà del VI sec. a.C. avevano raggiunto il pieno controllo della Piana a Nord del Petrace, potessero effettuare scorrerie a danno dei campi coltivati sull'altipiano retrostante, serbatoio alimentare dei Reggini.

D'altro canto questa proposta di interpretazione ha trovato conforto, come accennato nelle premesse, in una serie di altri siti che negli ultimi anni sono stati indagati o solo individuati ma che hanno in comune con Serro di Tavola il tratto più evidente e caratterizzante, quello di un insediamento di ridotte dimensioni, ubicato in posizione strategica, nel punto che offriva le migliori possibilità di controllo di percorsi che davano accesso al territorio montagnoso interno.

Il sito meglio noto è quello di contrada Palazzo di Oppido Mamertina (Brizzi 2005), una piccola fortificazione messa integralmente in luce, costruita alla fine del IV-inizio del III sec. a.C. e abbandonata nel corso o subito dopo la seconda guerra punica. La fortificazione era stata anticipata da una struttura precedente, che per ora risulta indiziata solo dal materiale ceramico, risalente al VI sec. a.C. La fortificazione presenta tecniche costruttive e attenzioni poliorcetiche differenti rispetto agli edifici di Serro di Tavola, ma ne condivide la strategia insediativa e probabilmente la stessa funzione di piccolo presidio militare dislocato in un ambito remoto della *chora*, volto non tanto ad una velleitaria difesa militare dei confini, quanto alla garanzia del regolare svolgimento delle attività di sfruttamento agrario e silvo-pastorale vitali per la *polis* artefice di questa infrastruttura, da riconoscere probabilmente nella città di Locri[10].

Un altro sito con analoghe caratteristiche topografiche è quello segnalato ancora più a

10 A differenza di quanto ipotizzato, sia pur con molte riserve, in una prima fase delle indagini di scavo (Brizzi 2000), il completamento delle ricerche sul sito e nel territorio circostante ha indirizzato l'inquadramento della fortificazione di c.da Palazzo nell'ambito di un sistema di controllo del territorio proprio delle città greche di questa parte montagnosa della regione, ma con interessanti confronti anche nella madrepatria (cfr. Munn 1993, p. 25-31).

Nord, nel territorio di Grotteria, in località a Croceferrata (Settis 1987).

Una serie di altre presenze si sono individuate sul versante ionico del territorio di Reggio, sulle alture che dominano da Ovest il basso corso della fiumara di Palizzi (Costamagna 2000a), per la quale si ipotizza l'identificazione con il fiume Halex (Cordiano 2000).

Questa interpretazione del complesso edilizio di Serro di Tavola non esclude che il luogo possa aver assunto anche una valenza legata al sacro e ad eventuali cerimonie di culto, considerata anche la generale volontà, in antico, di sottoporre alla protezione divina l'esigenza collettiva di sicurezza del territorio.

In ultimo occorre evidenziare che, allo stato attuale delle ricerche, il complesso di Serro di Tavola almeno nella seconda e terza fase edilizia risulta una costruzione autonoma ed indipendente mentre quanto è noto della prima fase appare per ora del tutto insufficiente a formulare qualsiasi ipotesi al riguardo.

Limitati interventi di asportazione della vegetazione superficiale condotti sull'altopiano a poche decine di metri di distanza dal muro di cinta Sud del complesso hanno rivelato nel 1987 indizi di una presenza antropica di natura imprecisata. Ancora più a Sud, nelle immagini aeree, si osserva una anomalia lineare che attraversa in senso Est/Ovest l'altopiano allungato del Serro, segnando una marcata cesura trasversale in prossimità della piccola sella che lo collega al resto dei Piani d'Aspromonte. Non è possibile allo stato attuale formulare ipotesi interpretative di queste tracce, si intuisce solo la possibilità di una presenza insediativa di natura diversa (forse di carattere indigeno ?), che potrà essere chiarita in futuro solo attraverso indagini estese.

BIBLIOGRAFIA

Agostino 2001 : AGOSTINO (R.), ed. – *Palmi. Un territorio riscoperto. Revisioni e aggiornamenti. Fonti e ricerca archeologica*, Soveria Mannelli, Rubbettino Editore 2001.

Agostino 2005 : AGOSTINO (R.), ed. – *Gli Italici del Métauros, Catalogo della Mostra Reggio Calabria 2005*, Reggio Calabria, Laruffa Editore, 2005.

Atti Taranto : *Atti dei Convegni di Studio sulla Magna Grecia, Taranto*, dal 1961.

Brizzi 2000 : BRIZZI (M.) – Palazzo di Oppido Mapertina. *In* : La Calabria tirrenica nell'antichità. Nuovi documenti e problematiche storiche, *Arcavacata* di Rende, 23-25 novembre 2000, c.s.

Brizzi 2005 : BRIZZI (M.) – L'entroterra aspromontano nel III secolo a.C. : la fortificazione di C.da Palazzo di Oppido Mamertina (RC). In *Agostino 2005* p. 133-140.

Cordiano 1995 : CORDIANO (G.) – Espansione territoriale e politica colonizzatrice a Reggio (ed a Locri Epizefiri) tra VI e V secolo a.C. *Kokalos* XLI, 1995, p. 79-121.

Cordiano 2000 : CORDIANO (G.) – Per una Carta Archeologica della zona confinaria tra Rhegion e Lokroi Epizephyrioi. *AFLS* XXI, 2000, p. 19-31.

Cordiano 2004 : CORDIANO (G.) – La zona liminare a S del Metauros sul versante tirrenico. *In* : Cordiano, Accardo 2004, p. 15-29.

Cordiano 2006 : CORDIANO (G.) – Il VI secolo a.C. lungo le due sponde del Metauros : tra sfortunate neofondazioni coloniali e luoghi di culto liminari. *In* : Cordiano *et al.* 2006, p. 15-51.

Cordiano, Accardo 2004 : CORDIANO (G.), ACCARDO (S.) ed. – *Ricerche storico-topografiche sulle aree confinarie dell'antica chora di Rhegion*. Pisa, Edizioni ETS, 2004.

Cordiano *et al.* 2006 : CORDIANO (G.), ACCARDO (S.), ISOLA (C.), BROGGI (A.), ed. – *Nuove ricerche storico-topografiche sulle aree confinarie dell'antica chora di Rhegion*. Pisa, Edizioni ETS, 2006.

Costamagna 1986 : COSTAMAGNA (L.) – Il territorio di Reggio Calabria : problemi di topografia. *In* : *Lo Stretto, crocevia di culture*, Atti XXVI Convegno di Studi sulla Magna Grecia, Taranto 1986, [Taranto 1987], p. 475-512.

Costamagna 1990 : COSTAMAGNA (L.) – Prospettive di ricerca nel territorio antico di Reggio : *I Tauriani*. Klearchos 32, nn. 125-128, 1990, p. 63-68.

Costamagna 1997 : COSTAMAGNA (L.) – Dibattito. *In* : Confini e frontiera nella grecità d'occidente, Atti XXXVII Convegno di Studi sulla Magna Grecia, Taranto 1997, [Taranto 1999], p. 424-427.

Costamagna 2000a : COSTAMAGNA (L.) – Tra Rhegion e Locri Epizefiri : nuovi dati archeologici sul confine ionico. *AFLS XXI*, 2000, p. 1-17.

Costamagna 2000b : COSTAMAGNA (L.) – Il territorio di Reggio. *In* : Gras (M.), Greco (E.), Guzzo (P.G.) ed. – *Reggio, Messina, e le colonie calcidesi dell'area dello Stretto*, Corigliano Calabro, Meridiana Libri, 2000, p. 223-234.

Costamagna, Visonà 1999 : – COSTAMAGNA (L.), VISONÀ (P.) ed. – *Oppido Mamertina. Ricerche archeologiche nel territorio e in contrada Mella*, Roma 1999.

Greco 1986 : GRECO (E.) – Dibattito. *In* : *Lo Stretto, crocevia di culture*, Atti XXVI Convegno di Studi sulla Magna Grecia, Taranto 1986 [Taranto 1987], p. 548-549.

Mercuri 2004 : MERCURI (L.) – *Eubéens en Calabre à l'époque archaïque. Formes de contacts et d'implantation*, Roma, 'Ecole Française de Rome, 2004.

Munn 1993 : MUNN (M.H.) – *The Defence of Attica. The Dema Wall and the Boiotian War of 378-375 b.C.* Berkeley 1993.

Settis 1987 : SETTIS (S.) – Nuove note medmee. *In* : SETTIS (S.) – *Archeologia in Calabria. Figure e temi, Reggio Calabria*. Gangemi Editore, 1987, p. 147-183.

ADDENDUM : Solo dopo la consegna di questo contributo siamo venuti a conoscenza delle ricerche condotte da Paolo Visonà nel sito di Monte Palazzi, presso il Passo di Croce Ferrata (*infra*, p. 595-601) e di John Robb nel sito di San Salvatore di Bova. Entrambi gli insediamenti, ma in particolare quello di San Salvatore, si configurano come siti di stringente confronto con Serro di Tavola, aggiungendosi al già noto Palazzo di Oppido Mamertina. Si comincia quindi a intravvedere sugli altipiani interni della Calabria una rete articolata di siti dove l'indagine archeologica sembra promettere risultati di grande interesse per definire le modalità di relazione tra le *poleis* nelle situazioni concrete dei rispettivi territori di pertinenza.

Per i risultati di queste ricerche

KNAPP (J.E.), MAZZAGLIA (P.), SABBIONE (C.), VISONA' (P.) – Monte Palazzi (Passo di Croce Ferrata, Comune di Grotteria), 2005 : primi saggi stratigrafici. *RAL* s. 9, v. 18, 2007, p. 481-510.

FOXHALL (L.) – Classical Greek Excavations at San Salvatore. *In :* Robb (J.) ed. – *Bova Marina Archaeological Project. Preliminary report 2007*, p. 51-82. (www.arch.cam.ac.uk).

4. Controlling the chora.
Archaeological investigations at Monte Palazzi, a mountain fort of Locri Epizephyrii

Paolo Visonà

Less than a decade ago E. Greco remarked that '[Y.] Garlan has shown very clearly that it is difficult to find masonry *phrouria* before the 4th century B.C. Before this time, territorial defense is maintained by the *peripoloi*, which are mobile and do not leave many archaeological traces of their provisional installations'[1]. However, Garlan's conclusions had already been questioned (cf. Lauter 1992 ; Van de Maele 1992), and Thucydides used both the words περιπόλιον and φρούριον to describe the same Locrian fort on the Halex River which the Athenians attacked twice in 427-426 and 426-425 B.C. (Thucyd. 3.99 ; 3.115.7), suggesting that this must have been a permanent military installation (cf. Thucyd. 3.103)[2]. Moreover, a growing body of archaeological data indicates that the Greeks of southern Italy began to build masonry forts even before the 5th century B.C. (cf. Cozzo Presepe 1983 ; Carter 2006, p. 116-117 ; Leone 1998, p. 16, 92-93, 125-126 ; Muggia 2000, p. 227-232). In southern Calabria, in particular, remains of three φρούρια which can be dated to the archaic period have recently been located at Serro di Tavola, San Salvatore, and Monte Palazzi (**fig. 441**). Because of their geomorphic setting and their comparable features, they may be described collectively as upland or mountain forts. Each fort lies in a commanding position near of within sight of the territorial boundaries of a Greek city and controlled an important communication or possible invasion route. Their size, structural characteristics, and strategic function, are also very similar. Thus, there are no compelling reasons to doubt that all of them were under Greek control (*pace* Greco 2005, p. 221), even though some evidence for contact or interaction with indigenous settlers is known from two of them[3].

A granitic ridge rising at 1221,51 m above sea level less than 16 km inland from the eastern coast of Italy, and overlooking the Croceferrata Pass – a crossroads between the Ionian and Tyrrhenian seas – Monte Palazzi is naturally protected by steep slopes on three sides. The existence of archaeological ruins is the presumed origin the mountain's modern name, which was used at least as early as 1714[4]. After the presence of a Greek settlement on its summit was reported in 1961 by E. Barillaro, a local scholar, S. Settis first proposed that the site be identified as a Locrian φρούριον (Knapp *et al.* 2007, p. 482-485, 509). Three exploratory campaigns conducted on the mountaintop by teams from the University of Colorado and (since 2007) the University of Kentucky have now confirmed Settis' identification. This essay highlights preliminary results of the 2005-2009 investigations, which aim to reconstruct the role of the fort on Monte Palazzi within the defensive system of the χώρα of Locri Epizephyrii[5].

1 Greco (E.) – discussion. *In* : *Atti Taranto* 40, 2001, p. 165. For a similar view cf. Whitehouse (R. D.), Wilkins (J. B.) – Greeks and natives in south-east Italy : approaches to the archaeological evidence. *In* : Champion (T. C.) ed., *Centre and Periphery. Comparative studies in archaeology*, Cambridge, 1989, p. 107-109.

2 Liddell (H. G.), Scott (R.) *A Greek-English Lexicon*, Oxford, 1958, p. 1384, define περιπόλιον as a 'guard-house, fort'. The fort mentioned by Thucydides may have been an outpost or a border post of the Locrian περίπολιον (= 'watchmen' or 'patrolmen').

3 Both Serro di Tavola and Monte Palazzi have yielded predominantly Greek materials. A single sherd of 'impasto' pottery has been found at Serro di Tavola, according to Brizzi (M.) and Costamagna (L.) (in this volume). The ceramic assemblages from the San Salvatore excavations include a mix of Greek and handmade, indigenous-type pottery from the same contexts, which has not yet been studied in detail (personal communication by prof. Lin Foxhall, University of Leicester). For Greek and indigenous relationships in northern and southern Calabria, cf. Attema (P.) – Conflict or Coexistence ? Remarks on Indigenous Settlement and Greek Colonization in the Foothills and Hinterland of the Sibaritide (Northern Calabria, Italy). *In* : Guldager Bilde (P.), Hjarl Petersen (J.) eds., *Meetings of Cultures in the Black Sea Region*, Aarhus, 2008, p. 67-69 ; Gras (M.) – Vie e itinerari del commercio. *In* : Pugliese Carratelli (G.) ed., *Magna Grecia II. Lo sviluppo politico, sociale ed economico, Milano*, 1987, p. 220 ; *Kaulonía II*, p. 327 ; Mercuri 2004, p. 279 and 292 ; Falcone 2009, p. 52-60, 73.

4 "Lo luogo dove si dice Il Palazzo" is mentioned in a 1714 description of the feudal boundaries of Grotteria according to Naymo (V.) – *Feudalità Società ed Economia nella Calabria del Settecento. L'apprezzo della contea di Grotteria (1707-1714)* [forthcoming]. I owe this reference to prof. Vincenzo Naymo (Università di Messina).

5 The excavations at Monte Palazzi in 2005-2008 were directed by p. Visonà of The Foundation for Calabrian Archaeology (www digcalabria.org/) under a permit from Italy's Ministero per i Beni e le Attività Culturali, with major funding from the Falkenberg Foundation of Denver (Colorado, U.S.A.). Lesley Chapman (Visual Resources Curator), Henry E. Francis (Kentucky Geological

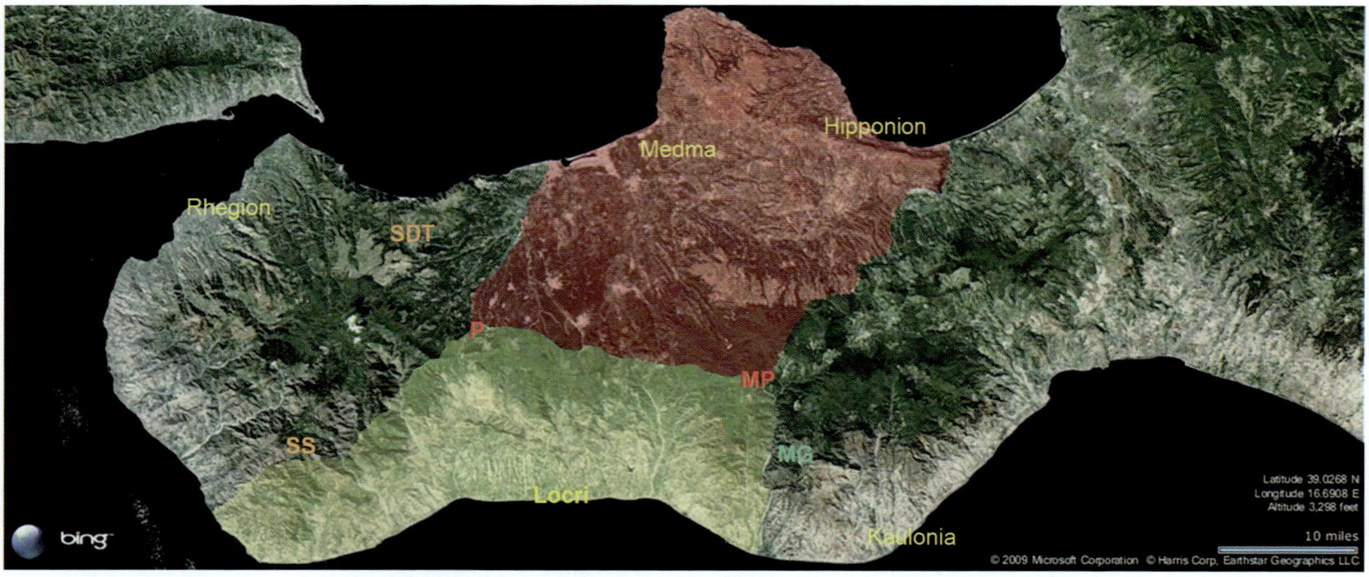

Fig. 441. Satellite map of southern Calabria. From north to south : MG = Monte Gallo ; MP = Monte Palazzi ; P = Palazzo ; SDT = Serro di Tavola ; SS = San Salvatore. The boundaries of Locri's *chora* (highlighted) follow the Allaro River and the Fiumara di Palizzi. Courtesy of Bing and Microsoft Corp.

Following a metal-detector survey of the mountaintop (a flattish quadrangular area extending c. 40 m. N-S by 50 m. E-W ; **fig. 442**), initial excavations were focused on the northeastern flank of the ridge, where a segment of the perimeter wall was uncovered. Double-faced and 2,3 – 2,5 m wide, with a rubble *emplekton* of dirt and small stones, this rampart was built directly upon bedrock. Its inner and outer faces consist of roughly hewn blocks of local granite (median size : 30-40 cm), that are preserved to a height of five and six courses respectively (**figs. 443-444** ; **fig. 445**). Both its masonry technique and its structural characteristics closely resemble those of some of the earliest defensive walls of Kaulonia and Hipponion (cf. *Kaulonia I*, p. 23-25 [M9] and Cozzo Presepe 1983, p. 214-218)[6]. Even though Monte Palazzi's wall cannot yet be dated stratigraphically, a date for its construction is provided by the ceramic evidence from the archaeological layers immediately inside the perimeter, which include at least one kylix rim and numerous fragments of miniature vessels datable to the late 6th century B.C., as well as fragments of *skyphoi* with offset rim and sharply carinated shoulder and Locrian transport amphorae with rims 'a cuscinetto rigonfio', datable between 500-450 B.C. (Knapp *et al*. 2007, p. 503-507). Some diagnostic fragments of miniature ceramics were found directly upon the bedrock. In addition, several fragments of late archaic Ionic cups (**fig. 447a-b**) and of skyphoid cups come from the lowest levels of a sondage made at the southern end of the site, which has also yielded a small,

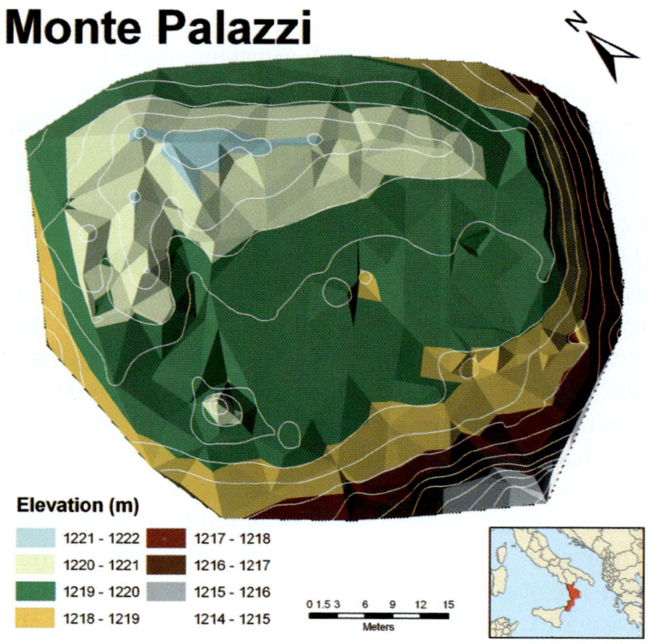

Fig. 442. DEM map of Monte Palazzi (after Kennedy (M.) – Introducing Geographic. Information Systems with ArcGIS. Second Edition, Hoboken, NJ, 2009.

Survey), Jeffrey E. Levy, Prof. Michael Kennedy (GIS Specialists), prof. David p. Moecher (Earth and Environmental Sciences) of the University of Kentucky, dr. Paolo Mazzaglia (Field Architect), and James R. Jansson, former Lieutenant, USNR, Air Wing Intelligence Officer, Attack Carrier Air Wing Eleven, provided invaluable assistance for the preparation of this essay.

6 See Aumüller (T.) – Die Stadtmauern von Hipponium. Ergebnisse der Bauforschung am Nordostflügel der griechischen Stadtmauern von Vibo Valentia. *MDAI* (R), 101, 1994, p. 250-252, pl. 92, and (for the *emplekton* technique) Sconfienza (R.) – *Architettura militare in Magna Grecia fra il IV secolo a.C. e l'età ellenistica*. Orizzonti. Rassegna di Archeologia 4, 2003, p. 178-179.

Fig. 443. Monte Palazzi. The northeastern perimeter wall at the end of the 2007 field season.

Fig. 444. Monte Palazzi. The outer face of the northeastern perimeter wall at the end of the 2007 field season.

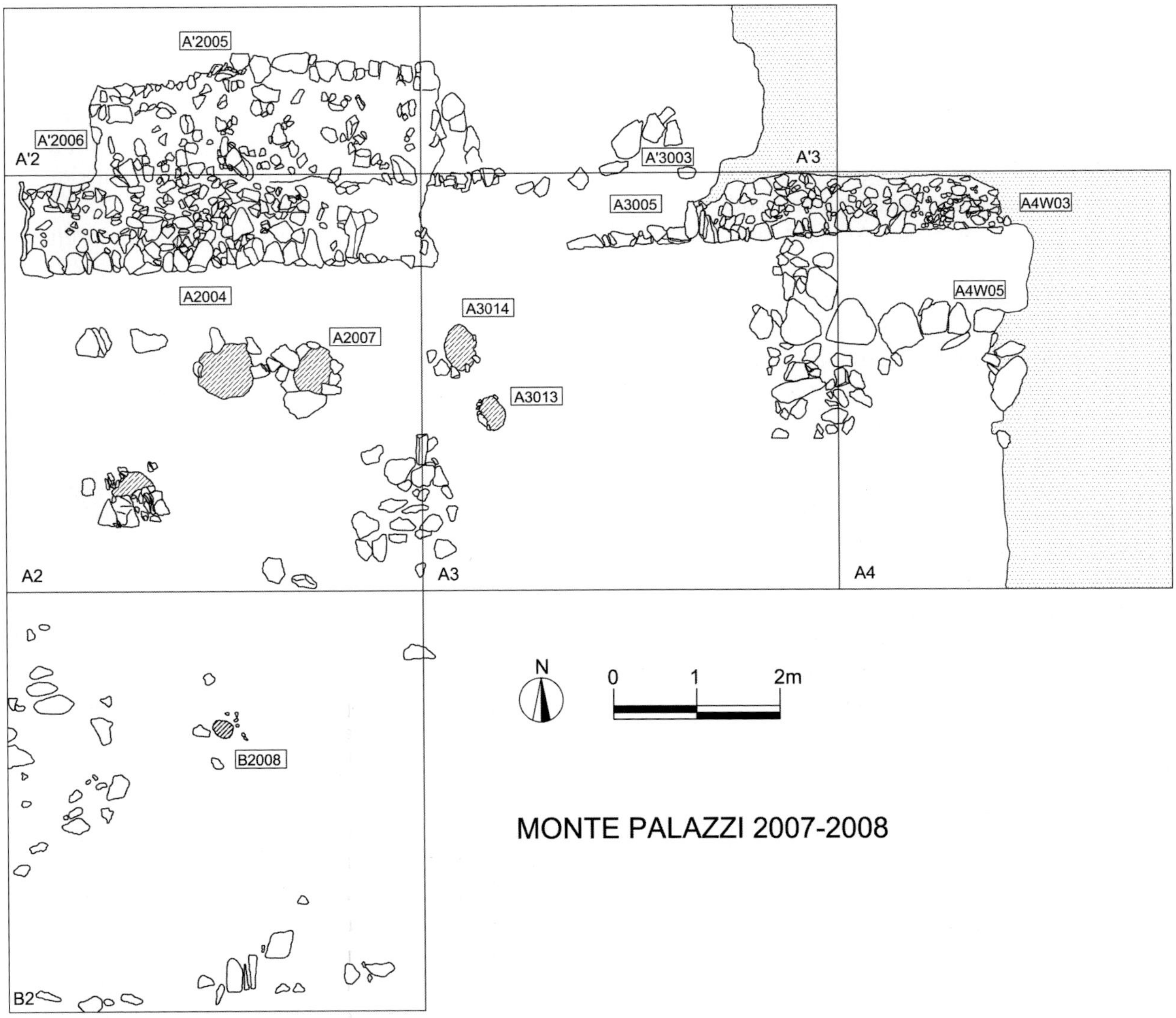

Fig. 445... Monte Palazzi. Architectural plan of the excavated northern sector (drawing by Paolo Mazzaglia).

two-edged socketed cast bronze arrowhead with side spur of a type found elsewhere in Calabria in 6th and 5th century contexts (**fig. 449a**)[7]. Despite the unevenness of the cultural deposit, which appears to be shallower in the northern sector of the site and may have been compromised by human action and floralturbation, horizontal analysis of the ceramic assemblage has shown that late 6th / early 5th century pottery is distributed across the compound[8]. This further suggests that the perimeter wall was erected at the beginning, or in the first decades of the 5th century B.C.

The ubiquitous and massive presence of Locrian amphorae with distinctive rims 'a cuscinetto rigonfio' and 'a mandorla', representing distinctive archaeological hallmarks (*Locri Epizefiri IV*, p. 208-214), attests to the cultural and political identity of the Greek settlers from early on[9]. Moreover, an unusually high concentration of miniature ceramics (including *kotylai*, *chytrai*, and an *olpe* : cf. Carter 1998, p. 691 and 729 ; *Kaulonía I*, p. 325, n. 81 ; *Kaulonía II*, p. 525, no. 125 ; La Torre 2001, p. 62-63 ; Leone 1998, p. 126-127), and scant fragments of mold-made terracotta figurines, were found near two ephemeral pits. These contained remains of burnt cereals and olives, suggesting that some form of ritual activity may have taken place inside the wall (**fig. 445**, loci A3013, A3014). At least one miniature *kotyle* base was associated with one of the pits, that had been cut into the bedrock (**fig. 447c**). While this evidence is still tentative, it recalls that of late archaic *escharai* from Siris-Herakleia and S. Nicola di Albanella (Poseidonia), which yielded organic offerings possibly linked to the cult of chthonian deities[10]. Ritual activity is also attested at Serro di Tavola and San Salvatore, and may be related to the Greeks' engagement with each mountaintop and its natural environment[11].

Since another wall measuring at least 2,5 m in thickness was located in 2008 at a distance of 25 m from, and running parallel to the northeastern wall, the complex may have had a rectangular plan covering an area of at least 1200 m². Its dimensions are akin to those of the forts at Serro di Tavola (over 2200 m² in the original plan ; c. 1120 m² after remodeling) and San Salvatore (1015 m²). Large cut blocks of granite lying on the southwestern and northwestern flanks of the summit may be consistent with the presence of a tower, an architectural feature seemingly shared by the other forts (Brizzi and Costamagna in this volume ; San Salvatore 2007) and by the Italic fortification built at Palazzo, on the rim of the Petrace River Basin (elevation : 1040 m ; see **fig. 441**), between 310-290 B.C. (Brizzi 2008 ; cf. Cozzo Presepe 1983, p. 244-251). A tower would have been used for both sighting and signaling, as well as for defensive purposes (Van de Maele 1992, p. 103 ; Brizzi 2008, p. 469, n. 17)[12]. Even if the summit of Monte Palazzi does not command a view of the Locrian χώρα, it is clearly visible from nearby Monte Gremi (elevation : 1241 m), whose southwestern ridge could be seen from Locri Epizephyrii.

Additional reasons explain why Monte Palazzi was fortified shortly after 500 B.C.[13] A state of warfare existed between Locri and Kroton in the first decades of the 5th century, as shown by the inscription on the bronze shield dedicated at Olympia by the Greeks of Hipponion to celebrate a victory over the Krotoniatai in 475 B.C.[14] The establishment of this outpost in the

7 Cf. Cozzo Presepe 1983, p. 230 ; Papadopoulos (J.K.) – La Dea di Sibari e il Santuario ritrovato. The Archaic votive metal objects (*Bollettino d'Arte* Suppl.), Roma, 2003, p. 63-64, no. 167. Similar arrowheads from the site of San Salvatore (destroyed in the second half of the 5th century B.C.) provide a terminus ante quem for the specimen from Monte Palazzi : see *San Salvatore 2007*, under : Classical Greek artifact gallery.

8 Cf. Hill (M.E. Jr.) – Spatial Analysis. *In* : Logan (B.) ed., *Prehistoric Settlement of the Lower Missouri Uplands. The View from DB Ridge Fort Leavenworth, Kansas* (University of Kansas Museum of Anthropology Project Report Series No. 98), Kansas City, MO, 1998, p. 254-300.

9 Also see Barra Bagnasco (M.), Casoli (A.), Chiari (G.), Compagnoni (R.), Davit (P.), Mirti (P.) – Mineralogical and chemical composition of transport amphorae excavated at Locri Epizephiri (southern Italy). *Journal of Cultural Heritage*, 2, 2001, p. 229-239.

10 See Leone 1998, p. 29 and Otto (B.) – Il santuario sorgivo di Siris-Herakleia nell'odierno Comune di Policoro. *In* : Nava (M.L.), Osanna (M.) eds., *Lo spazio del rito. Santuari e culti in Italia meridionale tra Indigeni e Greci. Atti delle giornate di studio (Matera, 28 e 29 giugno 2002)*. Bari, 2005, p. 7-11, 14-15.

11 Cf. Franzoni (C.) – L'ambiente naturale. *In* : Settis (S.) ed., *I Greci, IV. Torino*, 2002, p. 225-229 ; Rocchi (M.) – Contesto naturale e religione. *In* : Rocchi (M.), Xella (P.) eds., *Archeologia e religione. Atti del I Colloquio del "Gruppo di contatto per lo studio delle religioni mediterranee" Roma-CNR 15 dicembre 2003*. Verona, 2006, p. 18-23 ; Walsh (K.), Richer (S.), with a contribution from de Beaulieu (J.L.) – Attitudes to altitude : changing meanings and perceptions within a 'marginal' Alpine landscape – the integration of palaeoecological and archaeological data in a high-altitude landscape in the French Alps. *World Archaeology*, 38, 2006, espec. p. 447-451.

12 See also Fossey (J.M.) – The Development of Some Defensive Networks in Eastern Central Greece During the Classical Period. *In* : *Fortificationes Antiquae*, p. 112. Cf. Bashshur (R.L.), Shannon (G.W.) – *History of Telemedicine. Evolution, Context, and Transformation*. New Rochelle, NY, 2009, p. 27-30.

13 The remarks by Tréziny (H.) – Les fortifications archaïques dans le monde grec colonial d'Occident. *In* : *Guerra e pace in Sicilia e nel Mediterraneo antico (VIII-III sec. a.C.). Arte, prassi e teoria della pace e della guerra I*. Pisa, 2006, p. 261, n. 41, seem especially à propos with regards to a military outpost.

14 Cf. Paoletti (M.) – Rosarno. *In* : Nenci (G.), Vallet (G.) eds., *BTCGI* 17, 2001, p. 2-3 ; La Torre 2001, p. 66-69 ; *Kaulonía II*, p. 325-326.

Locrian eschatià, a liminal zone on the outskirts of the territories of Kaulonia, Medma, and Hipponion, would have ensured the protection of farmland in the adjacent Torbido River Valley. This had become a single economic enclave under Locrian control by the middle of the 6th century B.C. (cf. Falcone 2009, p. 53, 61-64, 73, 77, 99-101). Positioned to the north of the Torbido, a military installation on Monte Palazzi would have guarded the main overland route to the Locrian sub-colonies of Hipponion and Medma [15]. Although the fort is 28 km. away from Locri, it probably could have been resupplied from the city and from rural settlements in the hinterland in less than a day [16]. Its strategic importance must have increased during the Peloponnesian War, when the Locrians faced attacks on multiple fronts, and especially in 422 B.C., when they were embroiled in a war against Medma and Hipponion (Thucyd. 5.5.3).

The existence of a φρούριον on Monte Gallo (elevation : 780 m), 11 km. to the east of Monte Palazzi, deeply within the territory of Kaulonia, also deserves attention. Surface finds from this outpost also include late archaic and 5th century ceramics (Knapp *et al.* 2007, p. 501). Its location on the left bank of the Allaro strongly indicates that this river, rather than the Torbido, marked the northern boundary of the Locrian χώρα and should therefore be identified with the ancient Sagra (Strabo 6.1.10). Since Kaulonia does not seem to have lost any territory to Locri as a consequence of Kroton's defeat at the battle of the Sagra River (c. 550 B.C.), the frontier between these two cities presumably remained unchanged until the destruction of Kaulonia by Dionysius I in 389 B.C. (*Kaulonìa II*, p. 185 and 325). The forts on Monte Palazzi and Monte Gallo would have confronted each other on opposite sides of the border in a pattern resembling that of the Athenian and Megarian defensive networks (cf. Van de Maele 1992, p. 105). The Locrians may also also have established (or perhaps taken over) an outpost near Palazzo [17], thus securing both the northern and northeastern flanks of their territory (**fig. 441**). By 500 B.C. a Locrian sphere of influence appears to have reached all the way to the Tyrrhenian Sea from Hipponion to Metauros and to have included much of the Petrace River Basin to the east of the Castellace terrace, which is believed to have been the boundary with the χώρα of Rhegion until the 4th century [18]. In contrast, the fort at San Salvatore, located above and to the west of the headwaters of the Fiumara di Palizzi, may plausibly have belonged to Rhegion. Its position at 1260 m. above sea level (the highest yet for a mountain fort in Magna Graecia), overlooking the southern *chora* of Locri, would have guarded a potential Locrian invasion route up the valley of the Fiumara Laverde [19].

Even though the internal organization of our fort cannot yet be elucidated, finds of fragmentary terracotta rooftiles and the large percentage of cooking ware in the ceramic assemblage (over 25 % ; see **fig. 446** and **fig. 448b-c**), representing at least 10 % of the estimated area of the site, corroborate the possibility that it was occupied all-year round, with no seasonal ruptures. Some sherds bear fragmentary graffiti (**fig. 447f**). The high frequency of fineware associated with wine drinking (particularly skyphoi) is especially noteworthy. Both these finewares, which have close parallels at Locri and Kaulonia (**fig. 447e-ee**), and the quantity of Locrian amphorae, as well as the find of two bronze coins of Syracuse with Head of Athena / Hippocamp, minted between 405-367 B.C., and of a bronze issue

15 A military installation built at the Croceferrata Pass in the late 18th century had a similar function : see Cataldo (V.) – Una costruzione militare a Croceferrata del 1772. *Rogerius*, 7, luglio-dicembre 2004, p. 5-11. Medma could be reached less circuitously from Locri via the Passo del Mercante (elevation : 952 m), where a WWII pillbox still stands today. An isthmic route going through this pass was frequented since prehistory, according to Costabile (F.) – La prima stazione neolitica stentinelliana in Calabria : Prestarona in Comune di Canolo. Relazione preliminare. *In* : Costabile (F.) – *Enigmi delle civiltà antiche dal Mediterraneo al Nilo, I*. Reggio Calabria, 2007, p. 19-28.

16 The φρούρια of S. Maria del Casale and Cozzo Presepe lie at c. 18 and c. 15 km. respectively from Metapontum : see Muggia 2000, p. 227-228, 232. In the early 1900s it took six hours to travel on muleback from Caulonia or Focà to Fabrizia (c. 6 km northeast of Monte Palazzi), a distance of c. 15 or 20 km, according to Douglas (N.) – *Old Calabria*. New York, 1928, p. 398. I owe this reference to James R. Jansson. Cf. McBride (W.S.), McBride (K.A.) – Frontier Forts of western Virginia : Their role within historical and contemporary landscapes. *Augusta Historical Bulletin*, 42, 2006, p. 19 : on the American Frontier, "The distance between forts varied with population density, areas of cleared land, and exposure to danger. The Colony of Virginia's official French and Indian War "Line of Forts" were placed every fifteen to twenty-six miles, but there were also private forts spaced between these. In the Greenbrier Valley, forts were located three to ten miles apart during the Revolution."

17 The ceramic finds from Palazzo comprise fragments of Ionic cups of the second half of the 6th century B.C., one of which is inscribed in the Chalcidian alphabet : see Brizzi 2008, p. 470. I am grateful to dr. Liliana Costamagna for sharing the results of her research prior to the publication of this essay.

18 Cf. Sabbione (C.) – Le testimonianze di Metauros a Gioia Tauro. *In* : *Stretto di Messina*, p. 245-251 ; Carafa (P.) – Fattorie e ville : il versante calabro. *Ibid*., p. 390-394 ; Parra (M.C.) – I culti dello Stretto : Reggio e il suo territorio. *Ibid*., p. 429-431 ; Costamagna (L.) – Il territorio. *In* : Costamagna (L.), Visonà (P.) eds., *Oppido Mamertina (Calabria, Italia). Ricerche archeologiche nel territorio e in contrada Mella*. Roma, 1999, p. 252-254 ; Redfield (J.M.) – *The Locrian Maidens. Love and Death in Greek Italy*. Princeton, NJ, 2003, p. 223-225 ; Mercuri 2004, p. 281-283 ; Greco 2005, p. 221.

19 The San Salvatore excavations have yielded a late 6th century cup bearing the name Σ[I]MON written in the Chalcidian alphabet : see *San Salvatore 2007*.

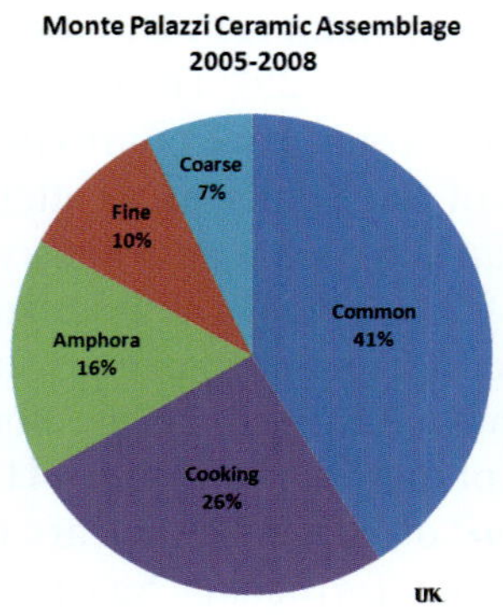

Fig. 446. Monte Palazzi ceramic assemblage (after 2005, 2007-2008 excavations). Total weight : 80483.5 g ; (common ware : 33050 g ; cooking ware : 20702.5 g ; amphora : 12953 g ; fine ware : 7946 g ; coarse ware : 5832 g).

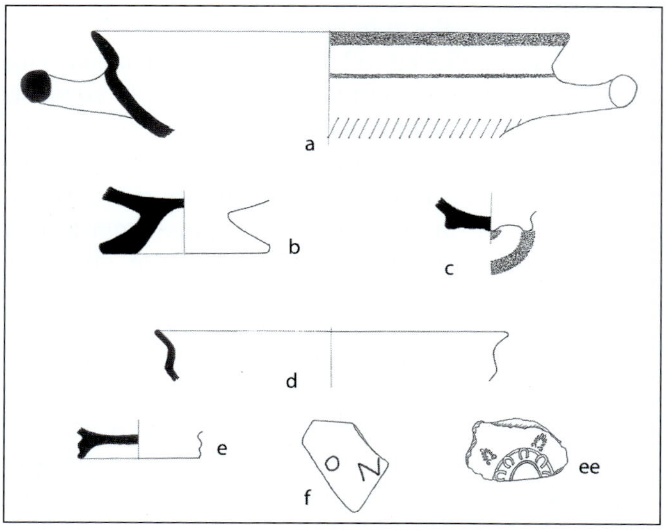

Fig. 447. Fine wares from Monte Palazzi. a- Rim and body sherd of Ionic cup, inv. 145331. c. 500 B.C. b- Base of Ionic cup, inv. 145297. Cf. *Locri Epizefiri IV,* p. 99, no. 28 (550-500 B.C.). c- Asymmetrical base of miniature *kotyle*, inv. 145266. d- Fragment of *kylix* with offset rim and carinated body, inv. 145284. Cf. *Locri Epizefiri IV*, p. 100, no. 34 (525-500 B.C.). e- Black gloss stepped base of cup or bowl with stamped floor. ee- inv. 145255. Cf. *Kaulonia I*, p. 57, nos. 141-142 and *Kaulonía I,* p. 283, no. 268d (late 5th - early 4th centuries B.C.). f- Fragment of unslipped vessel with graffito, inv. 145344 (drawings by Jennifer E. Knapp).

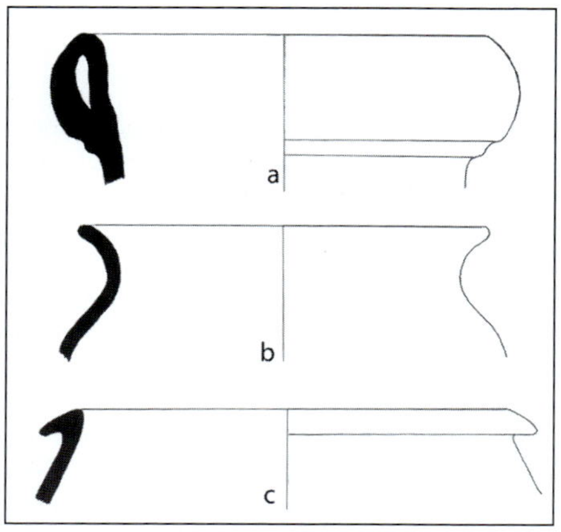

Fig 448. Coarse ware from Monte Palazzi. a- Amphora rim 'a cuscinetto rigonfio e camera d'aria', inv.145310. Cf. *Locri Epizefiri IV,* p. 232, no. 190 (500-450 B.C.). b- Rim of *chytra*, inv. 145336. Cf. *Locri Epizefiri IV*, p. 252, no. 247. c- Rim of *chytra*, inv. 145293. Cf. Carter 1998, p. 726 (T 12-6).

of Locri dating to the period of Pyrrhus (**fig. 450**)[20], attest to the presence of Locrian Greeks until the first half of the 3rd century B.C. Palaeobotanical and faunal analyses indicate that their diet was based upon the Mediterranean triad (plus legumes) and included Sheep / Goat and Pig (cf. Carter 2006, p. 29-31, 78-80)[21]. It is still uncertain whether the fort was eventually abandoned or destroyed, although finds of broken bronze and iron projectile points (**fig. 449b**) suggest that it may have come under attack, perhaps by encroaching Brettians[22]. The latest materials recovered thus far consist of fragments of a thinwall vessel, which may be indicative of a sporadic frequentation of the mountaintop in the late Republican period.

Yet, its military function notwithstanding, the Locrian outpost on Monte Palazzi must also have been tied to the exploitation of important natural resources. Based on reflected light microscopy, backscattered electron imaging, energy dispersive analysis, and x-ray diffraction, a sample of slag from the 2008 excavations was confirmed to consist of metallic iron with an oxidized rind consisting of hematite and goethite[23]. This raises the possibility that some form of metallurgical activity took place in the vicinity of the fort, and that the Locrians controlled sources of iron ore[24]. Moreover, there is evidence that stone very similar to a garnet chlorite schist from a nearby quarry was worked at the site[25].

20 See Visonà (P.) – Greek Coinage in Dalmatia and Trans-Adriatic Relations in the 4th Century B.C. *Chiron*, 37, 2007, p. 481 ; Rutter (N.K.) ed. – *Historia Numorum Italy*. London, 2001, p. 183, no. 2405.

21 I wish to thank dr. Lanfredo Castelletti (Cooperativa di Ricerche Archeobiologiche ARCO, Como) and Bruce L. Manzano (University of Kentucky) for these data.

22 A bronze arrowhead from Monte Palazzi (still containing a fragment of the original wooden shaft) is comparable to 4th century examples from Locri and Starigrad (Hvar) : cf. *Locri Epizefiri IV*, p. 367, no. 404 ; Jeličić-Radonić (J.) – The foundation of the Greek city of Pharos on the island of Hvar. *In* : Sanader (M.), Šegvić (M.), Mirnik (I.) eds. – *Illyrica antiqua ob honorem Duje Rendić-Miočević*. Zagreb, 2005, p. 318, fig. 2.

23 I am grateful to prof. David p. Moecher (University of Kentucky) for this preliminary information.

24 Cf. Costabile (F.) – Redditi, terre e fonti finanziarie dell'Olympieion:tribute, imposte e rapporti contrattuali. *In* : Costabile (F.) ed., *Polis ed Olympieion a Locri Epizefiri*. Soveria Mannelli, 1992, p. 169 ; Cuteri (F.A.) – Risorse minerarie ed attività metallurgica nella Sila Piccola meridionale e nella Pre-Sila sul versante tirrenico. Prime osservazioni. In : De Sensi Sestito (G.) ed., *Tra l'Amato e il Savuto II. Studi sul Lametino antico e tardo-antico*. Soveria Mannelli, 1999, p. 293-317.

25 The mineral composition of this stone corresponds very closely to that presented by Santi (P.), Renzulli (A.), Antonelli (F.), Alberti (A.) – Classification and provenance of soapstones and garnet chlorite schist artifacts from Medieval sites of Tuscany (Central Italy) : insights into the Tyrrhenian and Adriatic trade. *Journal of Archaeological Science*, 36, 2009, p. 2498, Table 4. I owe this datum to Henry E. Francis (University of Kentucky).

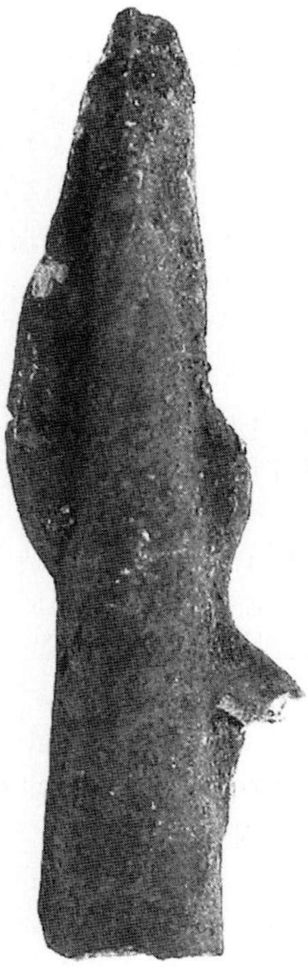

Fig. 449a Monte Palazzi. Fragmented two-edged, socketed cast bronze arrowhead with side spur, inv. 145354. L. 2,16 cm ; width 0,95 cm (6th-5th centuries B.C.)

Fig. 449b Three-sided cast bronze arrowhead fragmented at base, inv. 145353. L. 1,5 cm ; width at base 0,83 (4th century B.C.).

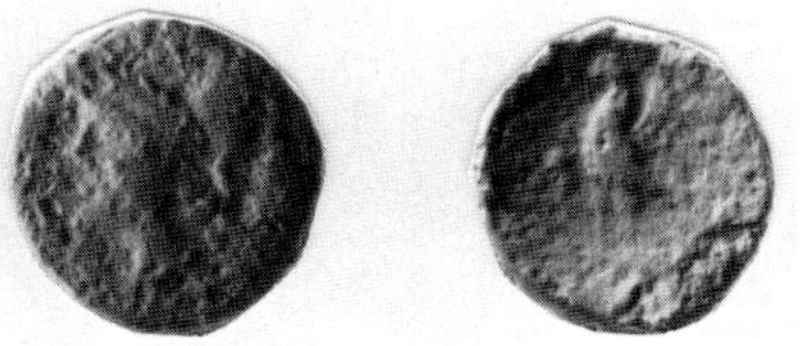

Fig. 450 Bronze coin of Locri, inv. 145350. Obverse : Head of Athena left. Reverse : Eagle left on thunderbolt, wings open ; to left, *cornucopiae*. Diam. 18,4 mm ; 120° ; 4.0 g (before cleaning). Cf. Troxell (H.A.) ed., *SNG ANS* Part 3, Bruttium – Sicily 1 : Abacaenum-Eryx, New York, 1975, no. 553 (c. 280-270 B.C.). Scale 1:1.

To conclude : the investigations at Monte Palazzi cast light upon a mountain fort which may have played a pivotal role in the history of Locri's territorial expansion. Adapting to the rugged terrain of southern Calabria, and following a discernible pattern, both the Locrians and the Greeks of Rhegion and Kaulonia appear to have established a system of fortifications across natural and political boundaries. Fort archaeology – combining survey, excavation, remote sensing, and palaeoenvironmental research – is thus called for as a new tool for a reconstruction of the changing configuration of their χώραι from the archaic to the hellenistic period.

BIBLIOGRAPHY

Brizzi 2008 : BRIZZI (M.) – La fortificazione di contrada Palazzo di Oppido Mamertina (RC). *In* : DE SENSI SESTITO (G.) ed., *La Calabria tirrenica nell'antichità. Nuovi documenti e problematiche storiche. Atti del Convegno Rende 23-25 novembre 2000*, Soveria Mannelli, 2008, p. 464-474.

Carter 1998 : CARTER (J.C.) – *The Chora of Metaponto. The Necropoleis* I-II, Austin, 1998.

Carter 2006 : CARTER (J.C.) – *Discovering the Greek Countryside at Metaponto*, Ann Arbor, 2006.

Cozzo Presepe 1983 = DU PLAT TAYLOR (J.), MACNAMARA (E.), WARD-PERKINS (J.), *et al.* – The Excavations at Cozzo Presepe (1969-1972). *NSA* 102 Suppl., 1977 [1983], p. 191-406.

Falcone 2009 : FALCONE (D.) – *Emilio Barillaro : Archeologia nella valle del Torbido. I luoghi, la collezione, l'archivio storico*, Soveria Mannelli, 2009.

Fortificationes Antiquae : VAN DE MAELE (S.), FOSSEY (J.M.) eds., *Fortificationes Antiquae* (Monographies en Archéologie et Histoire Classiques de l'Université McGill 12), Amsterdam, 1992 [1993].

Greco 2005 : GRECO (E.) – Città e territorio fra tradizioni storiografiche e fonti archeologiche. *In* : *Stretto di Messina*, p. 217-223.

Kaulonia I = TRÉZINY (H.) – *Kaulonia I. Sondages sur la fortification nord (1982-1985)* (Cahiers du Centre J. Bérard, XIII), Naples, 1989.

Kaulonía I = PARRA (M.C.) ed., *Kaulonía, Caulonia, Stilida (e oltre). Contributi storici,archeologici e topografici,* I (ASNP Ser. IV Quaderni 11), Ospedaletto, 2001 [2002].

Kaulonía II = PARRA (M.C.) ed., *Kaulonía, Caulonia, Stilida (e oltre). Contributi storici, archeologici e topografici,* II (ASNP Ser. IV Quaderni 17-18), Agnano Pisano, 2004 [2007].

Knapp *et al.* 2007 : KNAPP (J.E.), MAZZAGLIA (P.), SABBIONE (C.), VISONÀ (P.) – Monte Palazzi (Passo Croce Ferrata, Comune di Grotteria), 2005 : Primi saggi stratigrafici. *RAL* Ser. IX, 18,3, 2007, p. 481-509.

La Torre 2001 : LA TORRE (G.F.) – Il mondo enotrio di VI e V secolo a.C. *In* : BUGNO (M.), MASSERIA (C.) eds., *Il mondo enotrio tra VI e V secolo a.C. Atti dei seminari napoletani (1996-1998)*, Casoria, 2001, p. 29-75.

Lauter 1993 : LAUTER (H.) – Some Remarks on fortified Settlements in the Attic Countryside. *In* : *Fortificationes Antiquae*, p. 77-91.

Leone 1998 : LEONE (R.) – *Luoghi di culto extraurbani d'età arcaica in Magna Grecia*, Firenze, 1998.

Locri Epizefiri IV = BARRA BAGNASCO (M.) ed. – *Locri Epizefiri IV. Lo scavo di Marasà Sud. Il sacello tardo arcaico e la "casa dei leoni"*. Firenze, 1992.

Mercuri 2004 : MERCURI (L.) – *Eubéens en Calabre à l'époque archaïque. Formes de contacts et d'implantation* (Bibliothèque des Écoles Françaises d'Athènes et de Rome 321). Rome, 2004.

Muggia 2000 : MUGGIA (A.) – La gerarchia degli insediamenti in Magna Grecia. Alcuni casi studio. *In* : CAMASSA(G.), DE GUIO (A.), VERONESE (F.) eds., *Paesaggi di potere : problemi e prospettive. Atti del Seminario Udine 16-17 maggio 1996*, Roma, p. 219-237.

San Salvatore 2007 : (no author) – Classical Greek excavations at San Salvatore 2005. *In* : http://www.arch.cam.ac.uk~jer39/BMAP/Salvatore.html (last accessed December 5, 2009).

Stretto di Messina = GHEDINI (F.), BONETTO (J.), GHIOTTO (A.R.), RINALDI (F.) eds. – *Lo Stretto di Messina nell'Antichità*, Roma, 2005.

Van de Maele 1993 : VAN DE MAELE (S.) – Le réseau mégarien de defense territoriale contre l'Attique à l'époque classique (Ve et IVe s. av. J.-C.). *In* : *Fortificationes Antiquae*, p. 93-107.

Chapitre VI

Cultes grecs et cultes Indigènes

1. Greci ed indigeni nei santuari della Magna Grecia : i casi di Timmari e Garaguso

Massimo Osanna

Fig. 451. La mesogaia della costa ionica.

Una ricognizione di quanto finora noto dei diversi comprensori italici di Magna Grecia permette di asserire che all'interno degli insediamenti di età arcaica non sembrano solitamente definirsi spazi ad esclusivo appannaggio del sacro [1]. Ben diversa la situazione a partire dal IV sec. a.C., quando soprattutto in area lucana assistiamo ad un vero e proprio boom delle manifestazioni del sacro, sia in rapporto ai singoli insediamenti (Torre di Satriano, Rivello, S. Chirico Nuovo ecc.), sia in rapporto a più estesi raggruppamenti socio-politici (Rossano di Vaglio) [2]. Questo ovviamente non vuol dire che le manifestazioni del sacro, in quanto realtà inserite in uno specifico spazio, extra-quotidiano, dedicato ad una divinità, siano del tutto assenti nell'esperienza sociale ed esistenziale di queste genti in età arcaica (**fig. 451**).

Esistono, infatti, alcune significative eccezioni, sul cui significato bisogna interrogarsi. In contesti particolarmente incisivi dal punto di vista del popolamento, del

1 Mastronuzzi 2005 : la recente ricognizione del noto sembra non lasciare dubbi sulla estrema rarità di luoghi sacri. Dei luoghi censiti per l'età arcaica tra Daunia e Enotria orientale, tutti risultano essere catalogati come "dubbi", con una eccezione, quella del grande complesso di Lavello-S.Felice, mentre per la Peucezia i casi di Conversano e Rutigliano, sono esplicitamente messi in connessione con sacra domestici, legati a abitazioni di élites. Del resto anche il complesso di S.Felice, non sembra aver restituito tracce inequivocabili dello svolgimento di pratiche rituali comunitarie, che trascendendo dalle normative attività cerimoniali di un gruppo parentelare elitario, rimandi ad un culto divino. Sul problema, da ultimo mi permetto di rimandare al mio I rituali degli indigeni, in O. Dally, D. Graepler, E. Lippolis, Apulien, in c.d.s.

2 Masseria 2000, con bibl. ; nuovi dati in Nava – Osanna 2005.

paesaggio e soprattutto della rete di comunicazioni, si manifesta precocemente, infatti, quello che Mario Torelli ha definito, con una felice espressione, l'emergere del sacro. In alcune aree si assiste almeno a partire dal pieno VI sec. a.C. ad una organizzazione dello spazio insediativo che individua in luoghi peculiari il contesto idoneo alla celebrazione di pratiche religiose collettive. Penso a luoghi come Timmari o Garaguso, dove ingenti scarichi di materiale (pur in assenza di una vera e propria architettura del sacro) documentano la presenza di importanti aree sacre ; o ancora al caso di S. Mauro Forte, dove la documentazione epigrafica rimanda ad un culto di Eracle dalla spiccata connotazione metapontina ; o ancora ai casi di area tirrenica, da Rivello a Campora S. Giovanni, dove manufatti ceramici e – nel secondo – architettonici rimandano allo svolgimento di rituali in aree ine digenfortemente segnate dalla presenza greca[3].

Se il fenomeno può dirsi noto – nonostante le lamentate lacune documentarie – resta ancora incerto il perché della nascita di tali luoghi in rapporto con alcune aree insediative e non con altre. La definizione di spazi specificatamente destinati a rituali che coinvolgono membri della comunità – al di fuori delle strutture residenziali dei capi locali – non sembra rispondere ad una equazione costante insediamento/santuario, così come nella successiva fase ellenistica, ma ad una logica che sembra travalicare l'immaginario identitario dei singoli centri per farsi appannaggio di collettività ben più ampie, di organizzazioni cantonali e non meramente locali.

Il problema che vorrei affrontare in questa sede è proprio quello della presenza e del significato di santuari, all'interno della mesogaia italica, contesti sulla cui sacralità, i manufatti "eccezionali" rinvenuti non sembrano lasciare dubbi. Nell'affrontare il problema si porterà l'attenzione su due casi particolari, tra loro strettamente interrelati : si tratta di due luoghi sacri, posti rispettivamente in rapporto con l'insediamento di Timmari, centrato sull'asse del fiume Bradano e che ricade all'interno del mondo japigio-peuceta "periferico"[4] (**fig. 452**), e con quello di Garaguso, ubicato al di là del Basento, lungo il corso del Cavone-Salandrella (**fig. 453**), al margine della confinante area di cultura Enotria[5].

Purtroppo, come anticipato, i due contesti non hanno restituito tracce significative di una architettura del sacro e nemmeno elementi significativi per ricostruire articolazione e confini dello spazio sacro. La definizione del sacro si basa qui – come anticipato – esclusivamente sui manufatti votivi e rituali rinvenuti, i quali documentano, comunque, per entrambi i contesti, la compresenza di una componente greca accanto a quella epicoria. Proprio la peculiare composizione "mista" dei depositi di materiali rinvenuti nei due contesti permette di avanzare alcune ipotesi interpretative sulla funzione e sul significato dei due luoghi sacri. Ma prima di passare a considerare brevemente i materiali va sottolineato come i due luoghi sacri si impiantino in aree di cultura diversa : da un lato, nel caso di Garaguso si tratta d un'area occupata da genti di cultura "enotria", le cui manifestazioni identitarie si colgono almeno fino alla valle del Cavone. Nel caso di Timmari, posto sul fiume Bradano, si è di fronte a genti solitamente considerate all'interno dell'area di popolamento "peuceta", anche se con spiccate caratteristiche di autonomia, rispetto alle genti gravitanti sull'Adriatico[6]. La diversità di queste genti, quelle insidiate a Garaguso e quelle che popolano il materano, viene resa esplicita dalla permanenza di tratti culturali fortemente connotanti l'identità del gruppo : da un lato il rituale funerario (ed in particolare la deposizione supina per i gruppi "enotri", quella rannicchiata per i gruppi bradanici, che possiamo definire di stirpe "iapigia"), dall'altro la produzione artigianale di ceramiche matt-painted con forme e decorazioni ben distinguibili nei diversi comprensori[7].

A Garaguso, posta su un'altura che domina la valle fluviale del Cavone – Salandrella, un'importante asse di transito che collega la costa ionica con l'entroterra appenninico, un luogo di culto nasce intorno alla metà del VI sec. a.C. in località Fontanelle, sulle pendici dell'articolato rilievo che ospita l'insediamento, in posizione peculiare, presso copiose sorgenti e in contatto diretto con la viabilità antica (**fig. 454**)[8].

A Timmari, presso le pendici del M. Timbro, ad una certa distanza dalle terrazze sommitali di S. Salvatore e Camposanto ove si disponeva per nuclei separati l'abitato policentrico, a diretto contatto con assi di transito che risalgono a nord il Bradano e che tagliano trasversalmente verso occidente, in un'area caratterizzata anche qui dalla presenza di sorgenti, nasce nella prima metà del VI sec. a.C. un luogo di culto documentato dal rinvenimento di abbondante materiale votivo di matrice greca e non solo (**fig. 455**).

I due luoghi sacri nascono in un'epoca in cui presso la costa si può dare per concluso il fenomeno di stabilizzazione territoriale delle *apoikiai* : Taranto vive nella prima metà del VI sec. a.C. una stagione di notevole

3 Mastronuzzi 2005, con raccolta dei dati e della bibliografia.

4 Lattanzi 1980 ; Lo Porto 1991.

5 Masseria 2001, con bibl. precedente.

6 Sull'uso, più o meno lecito, nel discorso archeologico, di etnimici recuperati dalle fonti greche, si è molto discusso di recente : al riguardo da ultimo con bibliografia precedente ved. Herring 2007. Sono già ritornato sul problema in Carollo, Osanna 2008.

7 Carollo, Osanna 2008, pp. 385-390 con bibliografia.

8 Il luogo è – come sembra – da distinguere dalla località Filera che ha restituito all'inzio del '900 il celebre tempietto marmoreo, un'area sulle cui funzioni il dibattito è ancora aperto : Masseria 2001.

rigoglio ed espansione, mentre Metaponto, fondata intorno agli anni '30 del VII sec. a.C. ha ormai preso possesso di un vasto territorio, almeno quello compreso tra i fiumi Bradano e Basento, fino all'altezza di Pisticci, nell'entroterra[9]. Anche per il vasto entroterra indigeno si è conclusa la fase pionieristica di territorializzazione con lo stabilizzarsi di vasti insediamenti, solitamente articolati per nuclei (che forse accolgono segmenti di popolazione su base parentelare), posti su alture ben difese a controllo delle vallate fluviali e connesse vie di transito. In questa epoca risultano del tutto evidenti compagini territoriali ben differenziate culturalmente, che manifestano in alcuni aspetti della vita sociale tratti fortemente caratterizzanti, che rimandano alla presa di coscienza – o meglio – alla "invenzione" di una identità di gruppo che accomuna vaste aree, ben differenziate ecologicamente. Da un lato il mondo "enotrio" gravitante, tra Tirreno e Ionio, dall'alta Calabria alla Basilicata e Campania meridionali ; dall'altro la compagine "peuceta", tra Adriatico e Murge interne dell'area barese, con l'enclave bradanico/basentana, occupata da gruppi con spiccata autonomia culturale; più a nord il comprensorio montano della Basilicata nord-occidentale, che occupa il cuore dell'appennino lucano tra Ofanto e alta valle del Basento e infine l'area collinare dell'Appennino lucano orientale e la regione del Vulture, occupate da genti di cultura affine ai "Dauni" del Tavoliere.

Dunque, nella prima metà del VI sec. a.C., mentre verso la costa le *chorai* di Taranto e Metaponto, la prima con le sue *komai* dislocate in più punti del territorio a corona del polo urbano, la seconda con i suoi santuari ubicati già in punti strategici (dall'Heraion sul Bradano, all'Artemision sul Basento), hanno trovato una loro definizione puntuale, nella *mesogaia*, sono già ampiamente definite e ben riconoscibili varie aree cantonali di cultura e tradizioni diverse. Verso oriente, il popolamento che interessa tutta la fascia bradanica, lungo le due sponde del fiume e fino al corso del Basento, è distribuito in insediamenti di grande rilievo (si pensi ai centri di grande estensione e straordinaria vitalità quali Ginosa, Montescaglioso, Timmari, Matera, Gravina). Al di là del Basento, le genti che occupano l'estesissimo territorio tra Ionio e Tirreno, e che ha come epicentro le vallate dell'Agri e del Sinni, danno vita a centri come Garaguso, Chiaromonte, Aliano o Guardia Perticara, dei quali le scoperte più recenti mostrano soprattutto la straordinaria rete di contatti "internazionali", dall'ambiente etrusco a quello greco, tanto metropolitano quanto coloniale.

Mentre in queste aree interne si sviluppano, dunque, in maniera impressionate numerosi insediamenti, in tutta la fascia costiera, tra Bradano e Cavone, la fondazione della colonia achea di Metaponto, produce fenomeni dirompenti che trasformeranno radicalmente gli assetti stabilitisi fino al terzo quarto del VII sec. a.C.[10] L'esperienza coloniale achea, che qui come altrove, sviluppa forme di aggressione violenta, porta alla fine di varie realtà insediative che si erano sviluppate in quello che sarà il territorio coloniale : scompaiono all'improvviso l'insediamento dell'Incoronata, l'abitato in località Andrisani (posto ai margini occidentali di quella che sarà l'area urbana di Metaponto) e l'importante centro di Cozzo Presepe. Mentre i centri destinati ad essere inglobati nella *chora* coloniale sperimentano una destrutturazione, che a volte significa definitivo annientamento, altri centri, posti ai margini di quello che sarà il territorio della colonia greca, continuano ad essere frequentati ma in forme del tutto nuove, dando vita a casi di frequentazione mista, dove l'elemento greco potrebbe essere quello dominante, si pensi al caso di Pisticci. Altri centri più lontani invece non solo continuano a mostrare i segni forti di una identità locale (soprattutto nelle produzioni ceramiche *matt-painted* e nel rito funerario), ma si sviluppano in maniera impressionante, come mostrano sia i centri enotri della Valle del Sinni, sia quelli Iapigi della valle del Bradano, si pensi a Timmari, o a quei centri a confine tra i due ethne, come quello di Garaguso tra Basento e Cavone.

E' proprio in centri, come Garaguso e Timmari, posti in un'area che possiamo definire senza dubbio di frontiera (*tra ethne diversi*), a ridosso dei territori greci della cosa ionica, che si sviluppano forme di relazione significative, poste sotto la protezione del sacro. In entrambi i casi gli insediamenti non mostrano segni di frequentazione mista – le necropoli sono inequivocabilmente indigene–, indice del permanere di comunità locali fortemente strutturate dal punto di vista dell'identità etnica. I manufatti e i prodotti greci in questi contesti possono essere acquisiti essenzialmente come segno di status, come mostra bene la composizione dei ricchi corredi funerari[11].

Ma se l'insediamento, tanto a Timmari quanto a Garaguso, è chiaramente occupato da genti locali, che siano di stirpe "iapigio-peuceta" o "enotria", i due luoghi sacri, gli unici noti in questi comprensori, mostrano chiari i segni di una frequentazione mista, spie

9 Osanna 1992, con documentazione e bibliografia. Per una recente presentazione dei dati riguardanti Taranto : *Taranto e il Mediterraneo, Atti del 41° Convegno di studi sulla Magna grecia, Taranto 12-16 ottobre 2001*, Napoli 2002. Su Metaponto : Carter 2008.

10 Come evidente da quanto sviluppato nel testo non si concorda con le recenti ricostruzioni revisioniste, che cercano di ridimensionare il ruolo delle genti greche all'inizio della vicenda coloniale : Yntema 2000.

11 Garaguso : Hanoune, Morel 1971 ; Timmari : Togninelli 2004.

Fig. 452. Timmari, l'area del santuario e la valle del Bradano.

Fig. 453. La valle del Salandrella-Cavone vista da Garaguso.

Fig. 454. Garaguso, panoramica sull'area del santuario.

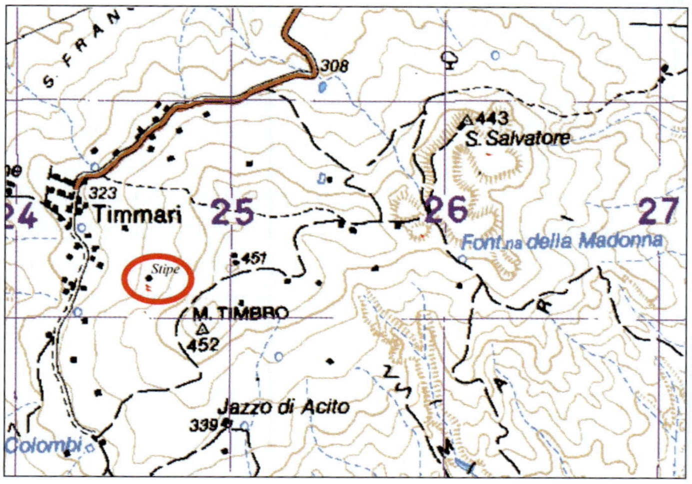

Fig. 455. Timmari, stralcio cartografico con ubicazione dell'area sacra.

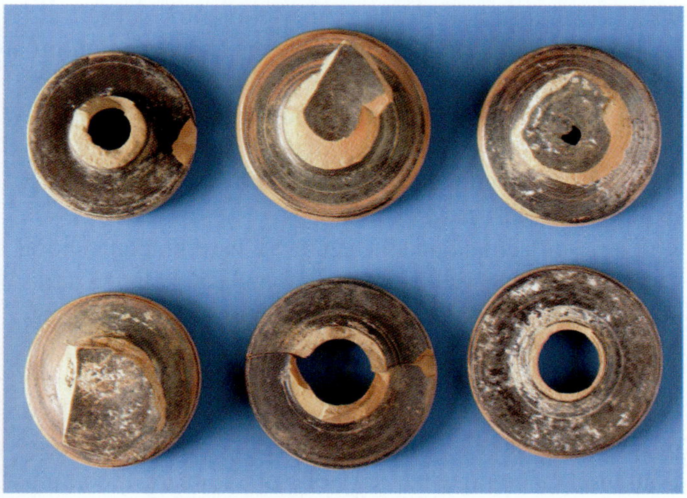

Fig. 456. Manufatti dal santuario di Garaguso. (Archivio Soprintendenza per i Beni Archeologici della Basilicata)

dell'istaurarsi di relazioni di scambio a più livelli che presuppongono l'incontro in luoghi appositamente demandati a tale scopo.

Ubicati nell'entroterra della costa ionica, al di là della *chora* di Metaponto e di quella di Taranto, i due casi sono significativi da più punti di vista, e la loro particolare ubicazione costituisce una spia interessante della funzione svolta da queste aree sacre. Non è questa la sede per tornare sulla funzione e sulla complessa morfologia del sacro nei due contesti, basterà qui ricordare come i due centri siano posti in un'area di frontiera a ridosso del territorio metapontino, lungo il prolungamento dei due assi che segnano il limite della chora coloniale in età arcaica, i fiumi Bradano e Cavone, i quali costituiscono allo stesso tempo due fondamentali assi di transito che dalla costa ionica si dirigono nell'entroterra montuoso. Del resto oltre che con Metaponto, soprattutto nel caso di Timmari appare evidente anche il rapporto con Taranto, con la quale è collegata da agevoli assi di transito. Materano e Tarantino mostrano del resto stretti contatti già nella fase immediatamente precedente la fondazione coloniale, come mostrano le analoghe serie di ceramica *matt-painted*.

La nascita delle due aree sacre, all'esterno della chora coloniale in una zona situata ad una certa distanza dalla costa ionica, e in particolare da Metaponto (circa 40 km), lungo gli assi che legano la costa ionica all'entroterra appenninico, rende esplicita la loro funzione di luoghi specificatamente destinati all'incontro. Le associazioni di materiali votivi e rituali, recuperati nelle stipi di loc. Fontanelle a Garaguso e in quelle di Timmari, mostrano in maniera esplicita la compresenza di una componente greca accanto a quella indigena: da un lato terracotte votive, per la maggior parte femminili, di matrice se non di produzione greca, dall'altro ceramica da mensa e da dispensa tanto greca quanto di produzione indigena (**Fig. 456**). Lo stesso vale per i vasi rituali, da libagione o per fumigazioni[12].

Gli oggetti offerti alla divinità o utilizzati nelle pratiche rituali, sembrano dunque rimandare alla definizione di luoghi di culto ove i Greci entrano in contatto con le popolazioni locali, attivando così una serie di cerimoniali, che sembrano definirsi secondo un doppio codice : probabilmente le *performances* rituali annoverano in questi contesti segmenti sovrapposti di pratiche greche e pratiche epicorie. L'apporto greco avrà annoverato sicuramente la definizione di pratiche sociali incentrate sul consumo rituale di vino greco, come attesterebbe il moltiplicarsi delle forme potorie di tradizione greca dalle coppe ioniche alle *kylikes* a vernice nera. Ma accanto a queste la gamma variegata di forme indigene tanto per contenere cibi e liquidi, quanto per versare, avrà significato sicuramente l'apporto sostanziale di elementi locali nella scansione delle pratiche collettive. Interessa notare comunque la assenza delle forme tradizionali legate al consumo rituale di liquidi, come le forme cantaroidi, che svolgono un ruolo particolarmente importante nella definizione degli elementi identitari del gruppo.

Se passiamo a proporre delle ipotesi riguardo la funzione di questi luoghi, non può essere certo considerato un caso se il sacro diviene visibile in contesto indigeno d'epoca arcaica, che sia in Enotria o in Iapigia, in questi luoghi posti strategicamente lungo gli assi di circolazione che portano i metapontini e più in generale i greci della costa a entrare in contatto con tutte le regioni dell'entroterra. Le relazioni che si attivano in questi contesti potrebbero spiegarsi tra l'altro anche con il ruolo di intermediari svolto da queste genti nel quadro dei contatti con zone più lontane.

In questo spazio di frontiera il contatto con i coloni greci è senza dubbio diretto, regolato evidentemente da norme, attraverso la ritualizzazione di momenti posti al di fuori degli spazi del quotidiano. I rapporti di *xenia* e di scambio passano attraverso la ritualità di una area sacra, destinata in maniera specifica a questo scopo. E' estremamente significativo che i due luoghi scelti non solo ricadano in un'area di frontiera in rapporto ai Greci della costa ma anche in rapporto alle varie etnie del mondo indigeno, Timmari nella zona di frontiera con le genti Iapige dell'area peuceta, Garaguso, con l'area enotria e l'area nord-lucana.

Probabilmente grazie al contatto diretto, le genti di Garaguso e di Timmari giocano un ruolo di intermediari tra i Greci e le popolazioni indigene situate ancora più all'interno, che forse non a caso restano per noi anonime (si pensi all'area nord-lucana). Si può concludere che la nascita dei due luoghi sacri non è senza rapporto con le articolazioni etniche e culturali del mondo indigeno con le quali i Greci si vengono a confrontare.

Le due aree sacre potrebbero dunque svolgere una funzione di « porto franco » e proprio per questo il sacro qui si distacca dal contesto domestico e aristocratico. Santuari, posti sotto il controllo di popolazioni locali, ove la divinità è riconosciuta da entrambe le *parti*, da parte dei Greci della costa e degli indigeni della mesogaia.

---

12 Su Timmari è stato avviato un progetto di ricerca a cura della Scuola di Specializzazione in Archeologia di Matera in collaborazione con la Soprintendenza per i Beni Archeologici della Basilicata, coordinato da chi scrive insieme ad Annamaria Patrone. Nell'ambito di tale progetto è stato intrapreso da parte di allievi della Scuola lo studio complessivo dei materiali provenienti dall'area sacra di Lamia S. Francesco. Sulle due stipi Autera e Alteri di Garaguso è in corso uno studio da parte di Valentina Garaffa e Silvia Bertesago. finalizzato all'elaborazione della tesi di specializzazione.

In questi luoghi destinati all'incontro con lo straniero, greci e indigeni prendono parte agli stessi riti e alle feste : la commensalità rituale, evocata dal ricorrere massiccio di ceramiche da mensa, e la esplicitazione del cerimoniale cui alludono oggetti votivi e rituali, non necessita e non viene veicolata dall'uso di preziosi manufatti attici, appannaggio invece di altri luoghi di celebrazione collettiva e in primis quelli legati alla morte. In questi luoghi sacri « internazionali » esterni alla *polis*, gestiti dagli indigeni in relazione a forme di scambio a più livelli, le ceramiche svolgono altre funzioni e altro sembra essere il regime delle offerte, rispetto ai santuari della *chora* coloniale. Grande spazio è dato a repertori ceramici fortemente caratterizzanti l'identità delle parti coinvolte nello scambio (la ceramica *matt-painted* e le coppe coloniali) mentre assai meno rilievo è dato alle ceramiche che manifestino status e prestigio sociale.

Con il passaggio dall'epoca arcaica all'epoca classica, questo mondo di contatti e di strette relazioni si trasforma radicalmente. Il fenomeno della lucanizzazione modificherà la struttura di queste comunità e così i rapporti con i Greci. Se da un lato questi santuari sopravvivono alle trasformazioni in corso, d'altra parte le loro funzioni cambiano radicalmente.

Nel nuovo mondo globalizzato alla greca del IV sec. a. C. non si può più distinguere la cultura materiale greca da quella indigena : le terracotte votive, i vasi rituali, gli strumenti del rito sono ormai del tutto greci. Ma le funzioni di questi luoghi sono del tutto differenti : non si tratta più di centri internazionali frequentati da parte di genti diverse, dove si intrattengono a più livelli fenomeni di scambio e di acculturazione, ma piccoli santuari legati a singoli abitati. Questo fenomeno di ellenizzazione corrisponde alla perdita del ruolo internazionale dei santuari lucani, non più luoghi di incontro di genti diverse, ma luoghi in cui ogni comunità riconosce e esplicita la propria identità [13].

13 Lavori di sintesi sui santuari lucani : Barra Bagnasco 1996 ; Barra Bagnasco 1999 ; Nava-Osanna 2001. Edizione di contesti : Lo Porto 1991 ; Russo 2000 ; Osanna-Sica 2005.

BIBLIOGRAFIA

Bianco 1999 : BIANCO (S.) – Gli Enotri delle vallate dell'Agri e del Sinni tra VII e V sec. a.C. *In* : Adamesteanu (D.) dir., *Storia della Basilicata. I. L'antichità*, Roma-Bari, 1999, p. 359-390.

Bottini 1999 : BOTTINI (A.) – Identità e confini etnico-culturali : l'Italia meridionale. *In* : *Confini e frontiere nella grecità d'Occidente, Atti del XXXVII Convegno di studi sulla Magna Grecia, Taranto (1997)*, Napoli, 1999, p. 307-326.

Carollo, Osanna 2008 : CAROLLO (G.), OSANNA (M.) – Organizzazione territoriale e produzioni ceramiche specializzate in area nord-lucana : Torre di Satriano e Ripacandida. *In* : *Prima delle Colonie*, p. 383-419.

Carter 2008 : CARTER (J.C.) – *Metaponto. Scoperta del territorio rurale greco*. Venosa, 2008.

Cossalter 2008 : COSSALTER (L.) – Ceramica matt-painted in area bradanica. Il sito rupestre di S. Nicola dei Greci – Matera. *In* : *Prima delle Colonie*, p. 339-364.

Hano, Hanoune, Morel 1971 : HANO (M.), HANOUNE (R.), MOREL (J.P.) – Garaguso (Matera) – relazione preliminare sugli scavi del 1970. *NSA*, 25, 1971, p. 424-438.

Herring 2007 : HERRING (E.) – Daunians, Peucetians and Messapians ? Societies and Settlements in South-East Italy. *In* : Bradley (G.), Isayev (E.), Riva (C.) dir., *Ancient Italy. Regions without Boundaries*, Exeter 2007, p. 268-294.

Lattanzi 1980 : LATTANZI (E.) – L'insediamento indigeno sul pianoro di S. Salvatore – Timmari (Matera). *In* : *Attività Archeologica in Basilicata 1964-1977. Scritti in onore di Dinu Adamesteanu*. Matera, 1980, p. 239-263.

Lo Porto 1991 : LO PORTO (F.G.) – *Timmari. L'abitato, le necropoli, la stipe votiva*. Roma, 1991.

Masseria 2000 : MASSERIA (C.) – *I santuari indigeni della Basilicata. Forme insediative e strutture del sacro* (Quaderni di Ostraka, II). Napoli, 2000.

Masseria 2001 : MASSERIA (C.) – Garaguso. Santuari e culti di un centro Enotrio. *In* : Bugno (M.), Masseria (C.) dir., *Il mondo Enotrio tra VI e V sec. a.C.* (Quaderni di Ostraka I.1). Napoli, 2001, p. 83-107.

Mastronuzzi 2005 : MASTRONUZZI (G.) – *Repertorio dei contesti cultuali indigeni in Italia meridionale. 1. Età arcaica* (BACT Quaderno IV), Bari, 2005.

Nava, Osanna 2001 : NAVA (M.L.), OSANNA (M.) – *Rituali per una dea lucana. Il santuario di Torre di Satriano*. Afragola, 2001.

Nava, Osanna 2005 : NAVA (M.L.), OSANNA (M.) dir. – Lo spazio del rito. Santuari e culti in Italia meridionale tra indigeni e greci, *Atti del Convegno, Matera (2002)*. Bari, 2005.

Osanna, Pilo, Trombetti 2009 : OSANNA (M.), PILO (C.), TROMBETTI (C.) – Ceramica attica nei santuari della costa ionica dell'Italia meridionale: colonie achee e indigeni tra paralia e mesogaia. *In* : Fortunelli (S.), Masseria (C.) dir., *Ceramica attica da santuari della Grecia, della Ionia e dell'Italia, Atti Convegno Perugia (2007)*. Venosa, 2009, p. 455-494.

Prima delle Colonie : BETTELLI (M.), OSANNA (M.), DE FAVERI (C.) dir. –*Prima delle Colonie. Organizzazione territoriale e produzioni ceramiche specializzate in Basilicata e in Calabria settentrionale ionica nella prima età del ferro, Atti delle Giornate di Studio Matera (2007)*. Venosa, 2008.

Togninelli 2004 : TOGNINELLI (P.) – La necropoli arcaica in località San Salvatore di Timmari. *Siris*, 5, 2004, p. 69-158.

Torelli 1977 : TORELLI (M.) – Greci e indigeni in Magna Grecia : ideologia religiosa e rapporti di classe. *Studi Storici*, 18, 1977, p. 45-61.

Yntema 2000 : YNTEMA (D.) – Mental landscapes of colonization. The ancient written sources and the archaeology of early colonial-Greek southeastern Italy. *BaBesch*, 75, 2000, p. 1-50.

2. Cerimonie rituali e offerte votive nello spazio domestico dei centri della Lucania settentrionale

Alfonsina Russo

Fig. 457. Cartina della Basilicata, con i principali centri indigeni citati.

Fig. 458. Aliano, tomba 612, femminile, in corso di scavo con deposizione di statuetta e protome femminili.

L'adozione di elementi del sacro nei contesti indigeni dell'Italia meridionale si inserisce all'interno di un processo di modificazione delle strutture di pensiero che inizialmente si coglie in ambito élitario a seguito delle relazioni con il mondo greco. L'introduzione di culti praticati in forme greche è da considerare una delle testimonianze più significative del cambiamento profondo dell'ideologia relativa ad uno degli aspetti più legati alla tradizione delle comunità antiche[1].

L'elemento più tangibile è rappresentato dalla strutturazione, nel corso del VI secolo a.C., di luoghi di culto ubicati al confine tra la chora coloniale e i territori dei diversi *ethne* anellenici. Queste aree sacre hanno rappresentato un luogo privilegiato dell'incontro e dello scambio sotto la protezione della divinità, in prossimità di sorgenti e al punto di confluenza di percorsi interni correlati anche alla transumanza (Garaguso, Timmari)[2] (**fig. 457**).

In ambito enotrio e con valenze "racchiuse" nella sfera familiare, alla fine del VI secolo a.C., statuette di divinità seduta in trono sono anche deposte in alcune tombe femminili e infantili del sito enotrio di Aliano[3] (**fig. 458**). Le prime forme del sacro segnate alla maniera greca sembra, dunque, che anche in questo contesto culturale siano recepite in ambito funerario dagli elementi marginali delle comunità, relegati nell'ambito dell'*oikos*, e significativamente più ricettivi verso modificazioni sostanziali dei modelli di comportamento[4].

1 Vedi in questo stesso volume il contributo di Massimo Osanna ; Torelli 1997 [1998], p. 685-805, in particolare le p. 686-687 con una riflessione sulla "religiosità primitiva" e sul "sacro non segnato" racchiuso in ambito domestico.

2 Torelli 1997 [1998], p. 695 cita infatti Garaguso quale punto di incontro delle genti di *ethnos* enotrio, peucetico e "nord-lucano".

3 Barra Bagnasco 2003, p. 70 con bibliografia alla nota 3 e figg. 1-2.

4 Torelli 1997 [1998], p. 703-704 vede giustamente nelle statuette di divinità sedute in trono in ambito funerario la diffusione del

Le prime testimonianze relative allo svolgimento di culti domestici si colgono alla fine del VI secolo a.C. nell'edificio monumentale di Lavello San Felice in area daunia[5] e in quello di Conversano, località Castiglione in Peucezia[6]. Si tratta in entrambi i casi di resti di libagioni, ossia di rituali paragonabili alle *choaí* e *spondaí* di ambito greco in cui si versa e si beve vino[7], utilizzando vasi per versare (*oinochoai*) e per contenere (*skyphoi* e coppe), nell'ambito del culto degli antenati e degli dei inferi[8]. Anche in area etrusca e centro-italica sono attestati in età arcaica e tardo-arcaica esempi di luoghi di culto domestico, come ad esempio a Murlo e ad Acquarossa[9] e a Roma, nella villa dell'Auditorium[10].

Il culto degli antenati si preserva pressocchè immutato a Serra di Vaglio ancora nel corso del IV secolo a.C., dove nel grande edificio costruito sull'acropoli (**fig. 459**), all'interno della *pastas*, collocata tra il cortile e il settore propriamente residenziale, era un deposito di vasi per libagioni con vino, olio e probabilmente con altri liquidi e offerte di cibo[11].

Ad un'analisi del tutto preliminare è possibile intravedere una definizione del fenomeno religioso in ambito domestico indigeno proprio a partire dal IV secolo a.C., nello stesso periodo in cui si registra una più generale "strutturazione" del sacro, in particolare nelle aree controllate dal "rinnovato" *ethnos* dei Lucani. All'interno delle comunità anelleniche, si può delineare infatti una estrema differenziazione delle azioni rituali percepibili sia nella stessa abitazione sia in abitazioni diverse dello stesso centro. Queste azioni possono rientrare in tre grandi categorie : riti iniziali di fondazione con libagioni di olio e offerte vegetali ; luoghi di culto domestici relativi alla frequentazione della casa ; riti di abbandono con sacrifici cruenti.

Del primo aspetto, riti iniziali di fondazione con libagioni di olio e offerte vegetali, gli scavi condotti a partire dal 2000 in Val d'Agri, hanno fornito una documentazione piuttosto ampia.

Il caso più interessante, quanto più antico, è rappresentato dalle numerose fosse (*bothroi*), con scarse tracce di carboni, relative alla I fase dell'edificio monumentale rinvenuto in località Masseria Nigro di Viggiano, ancora databile nell'ambito della prima metà del IV secolo a.C. nell'ambiente destinato a cucina e in quello adiacente con funzione di deposito. Un secondo esempio si registra a Viggiano-Serrone dove sono praticate alcune buche, di dimensioni maggiori di quelle di Masseria Nigro, che precedono la fondazione dell'edificio di II fase, di fine IV-inizi del III secolo a.C. (**fig. 460-461**).
Nel primo caso, la presenza, all'interno delle fosse, di vasi per oli (*bombylia* e *lekythoi*) e patere di dimensioni reali e miniaturistiche, e, nel secondo, di unguentari e patere, testimonia lo svolgimento di libagioni con oli e profumi – e offerte di primizie : sacrifici non cruenti accompagnati, in alcuni casi, da offerte vegetali e da dolci[12] (**fig. 462**). Si tratta di vasi, volutamente frantu-

culto della Hera Argiva del santuario poseidoniate ; importante è in proposito la sfera funeraria nei processi di interazione culturale tra Greci e indigeni in cui determinante è il ruolo femminile soprattutto "nella costruzione dei primi insediamenti greci" (p. 704).

5 In questo caso si tratta di un deposito votivo di vasi rinvenuto all'esterno, le cui forme (per versare e per contenere/bere) rimandano ad un rituale libatorio riferibile a cerimonie celebranti i *sacra* gentilizi del *ghenos* ivi insediato ed espletate nel grande cortile : Bottini 1988, p. 56-57 ; Russo Tagliente 1992, p. 78.

6 Nel cortile, su una struttura in elevato di blocchi e pietre era uno strato di cenere mescolato ad ossi di animali e ceramica fine per libagioni (un *cup-skyphos* a vernice nera e una *kylix* a figure nere della cerchia del Pittore di Haimon) ; accanto, sono scavati alcuni pozzetti con all'interno *pithoi* contenenti resti di animali (Russo Tagliente 1992, p. 71 con bibliografia).

7 Le libagioni con il vino sono effettuate anche in occasione del sacrificio animale, sia a introdurre l'atto sacrificale sia al termine quando si versa vino sull'altare per spegnere la fiamma (Burkert 2003, pp. 170-175).

8 Eschilo, *Coefore*, 164 : « libagioni che la terra beve... » ; in *Odissea*, XI, 24-28, Ulisse compie libagioni agli Inferi : « ...e io la spada lunga dalla coscia sguainando scavai una fossa d'un cubito, per lungo e per largo, e intorno ad essa libai la libagione dei morti, prima di miele e latte, poi di vino soave, la terza d'acqua : e spargevo bianca farina, e supplicavo molto le teste esangui dei morti... ».

9 M. Torelli, Le regiae etrusche e laziali tra orientalizzante e arcaismo, in *Principi etruschi tra Mediterraneo e Europa*, catalogo della mostra, Bologna 2000, p. 67-78 ; M.Menichetti, *Archeologia del potere. Re, immagini e miti a Roma e in Etruria in età arcaica*, Milano 1994, p. 35-38.

10 M. T. D'Alessio, La villa dell'Auditorium e la questione agraria : tra le riforme di Servio Tullio e la serrata del patriziato, in E. C. De Sena, H. Dessales (eds.), *Archaeological methods and approaches : industry and commerce in ancient Italy*, BAR.IS 1262, Oxford 2004, p. 226-235 ; M. T. D'Alessio, H. Di Giuseppe, La villa dell'Auditorium a Roma tra sacro e profano, in B. Santillo Frizell, A.Klynne, *Roman villas around the Urbs. Interaction with landscape and environnement. Proceedings of a conference held at the Swedish Institute in Rome, September 2004*, Roma 2005, p. -17 ; A. Carandini, M. T. D'Alessio, H. Di Giuseppe (a cura di), *La fattoria e la villa dell'Auditorium nel quartiere flaminio di Roma*, Roma 2006, p. 151-152, p. 455-483.

11 Si tratta soprattutto di ceramica a vernice nera quali 40 coppette a pareti concavo convesse, 25 tra coppe e patere, 20 coppette monoansate, 60 piatti, 3 lucerne, 1 *cothon*, a figure rosse quali 1 piatto, 15 pissidi, 3 *skyphoi* e 2 *lekythoi*, e ceramica di Gnathia con forme quali 10 *skyphoi* e 5 *oinochoai* (Russo Tagliente 1992, p. 164 con nota 117). A questo deposito votivo pertinente a libagioni effettuate durante le cerimonie collettive dedicate ai *sacra* gentilizi si contrappone nel quartiere femminile un piccolo altare privato, forse sormontato da un'edicoletta lignea, su cui erano un *amphoriskos* acromo e una patera miniaturizzati (G. Greco, Per una definizione dell'architettura domestica di Serra di Vaglio, in F. D'Andria-K. Mannino (a cura di), *Ricerche sulla casa in Magna Grecia e in Sicilia. Atti del colloquio, Lecce 23-24 Giugno 1992*, Galatina 1996, p. 284-300).

12 Meirano 1996, p. 67-97, in particolare p. 75-78 per i frutti

mati a conclusione dell'attività rituale e prima di essere deposti nelle fosse[13]. Nelle patere miniaturistiche venivano offerte primizie, denominate nel mondo greco *aparchai*, "un inizio preso dal tutto", che scaturiscono dall'idea che la prima parte di tutte le cose spetta di diritto agli dei (Burkert 2003, p. 164). Il dono alla divinità dei primi frutti destinati alla nutrizione propizia prosperità e ricchezza e garantisce ordine e continuità[14].

Nel mondo greco, spesso, le offerte vegetali sono in contrasto con i sacrifici cruenti. Ad esempio, come riportato da W. Burkert, nel santuario di Phigalia in Arcadia sull'altare si offrivano frutti, in particolare uva, associati a cera d'api, a lana non lavorata, sui quali si versava olio[15]. La libagione con olio, in particolare, si ricollega a cerimonie di consacrazione. Tali celebrazioni, note nel mondo greco come *thyea* o *thymiamata*, si svolgono utilizzando oli, profumi, dolci e frutti e sono svolte di consueto in ambito domestico[16]. Si tratta di un culto degli antenati che resta espressione dell'identità della famiglia e di continuità della propria stirpe[17]. In ambito etrusco-italico sono ampiamente attestati rituali di fondazione finalizzati alla sacralizzazione di uno spazio determinato[18]. Anche a Pompei, in numerose case, nelle cucine, nei tablini e nei peristili, sono state individuate piccole fosse con resti vegetali e animali interpretate, in questo caso, come residui di offerte effettuate in occasione di culti domestici[19] ; spesso alcune fosse sacrali sono praticate anche in corrispondenza di edicole poste presso l'ingresso delle case, a livello pavimentale, e sono state riconnesse a rituali di consacrazione in occasione dell'impianto dei piccoli luoghi di culto[20].

Sempre nell'edificio di Masseria Nigro, nel cavo di fondazione del muro settentrionale dell'ambiente 3, dove sono presenti le fosse con offerte, è una statuetta di figura femminile seduta e ammantata con alto *polos*, deposta a "sacralizzare" la costruzione del nuovo edificio (**fig. 463**). Un caso analogo è riscontrabile a Civita di Tricarico con una statuetta, databile alla seconda metà del IV secolo a.C., scoperta nel livello di fondazione della casa del Monolito[21].

La seconda categoria di azioni rituali, e cioè la celebrazione di culti domestici relativi alla frequentazione della casa, è ampiamente attestata nel corso del IV secolo a.C. in tutto il mondo indigeno dell'Italia meridionale, in particolare in abitazioni lucane sia rurali che ubicate all'interno di insediamenti. Si tratta, nella maggior parte dei casi, della semplice deposizione di statuette, per la maggior parte, femminili (di divinità in trono[22] e di figure stanti[23]) e di eroti, o di bustifemminili e di vasi

e p. 82-86 per i dolci, dove sono riportate terrecotte raffiguranti figure femminili, stanti o in trono, con singolo frutto o con patere ricolme di frutti (mele o melagrane ; più rari sono il fico e il grappolo d'uva) rinvenuti nelle fattorie della chora metapontina. Tra i dolci, sempre riprodotti su terrecotte votive deposte nelle fattorie della chora metapontina, spicca la *pyramis*, a base di grano abbrustolito, miele e sesamo, che richiama la fertilità, per la sua forma fallica, e riconducibile alla sfera ctonia. Oltre alle *pyramides* sono noti gli *omphalota popana*, dolci a forma di patera con *omphalos*, connessi alla sfera rituale e citati dalle fonti letterarie a proposito dei culti di Asclepio, di Demetra e Kore. Altre offerte raffigurate sulle terrecotte metapontine sono costituite da pani e focacce rotonde.

13 Una situazione analoga si riscontra a Pompei in corrispondenza dei sacelli, databili tra inizi II e prima metà del I secolo a.C., collocati in corrispondenza degli ingressi delle case (Anniboletti 2007, p. 2-3).

14 Burkert 1987, p. 84-88, p. 85 : "le offerte di primizie sono considerate dai Greci come la forma più semplice e fondamentale di devozione genuina...".

15 Oltre al citato altare di Phigalia, altri altari non potevano mai essere macchiati di sangue, come quello dedicato ad Apollo Genetor a Delo e l'altare di Zeus Hypatos, collocato davanti all'Eretteo ad Atene (Burkert 2003, p. 167). Pitagora fu sostenitore del sacrificio non cruento e incitava le donne di Crotone a offrire agli dei figurine di pasta (*psaista*), favi di miele (*keria*) e incenso (*libanoton*), piuttosto che celebrare agli dei con il sangue. Si tratta di offerte, "agli antipodi delle vittime animali del sacrificio cruento", dello stesso tipo dei doni rituali quali grano, orzo, dolci fatti presso l'altare di *Apollo Genetor* a Delo, divinità particolarmente venerata da Pitagora (Detienne 1975, p. 51-52 ; Meirano 1996, p. 95-97).

16 Paus. V, 15,10 ; Lucian., *De sacr.* 12 ; Esiodo, *Opere e giorni* 338.

17 Ai morti veniva versato soprattutto olio (Burkert 2003, p. 371-372).

18 F. Chiesa, Un rituale di fondazione nell'area ALPHA di Tarquinia, in *Offerte dal regno vegetale e dal regno animale nelle manifestazioni del sacro. Atti dell'incontro di studio, Milano 26-27 giugno 2003*, Roma, 2005, p. 106 con note 9-10.

19 Le fosse individuate nelle case di Pompei sono di profondità inferiore a 25 cm, con terra mista a carboni, cenere e legna, nelle quali erano resti carbonizzati di pigne, pinoli, frutta (fichi e uva), frutta secca (noci e nocciole) ; alcune di esse contenevano testa e zampe di gallo, ossi di maiale e gusci d'uovo. Le fosse sono state interpretate come testimonianze di rituali religiosi domestici e si è notata una coincidenza tra i resti rinvenuti nelle fosse e i vegetali e gli animali rappresentati nei dipinti dei lararia pompeiani. Sembra quindi che siano residui di riti legati a culti domestici celebrati durante la frequentazione delle case ; in uno solo dei casi presi in considerazione, nella casa I,9,12 tre piccole fosse sembrano essere praticate prima della costruzione del peristilio e potrebbero essere riconnesse a riti di fondazione (Robinson 2005, p. 109-119).

20 Anniboletti 2007, p. 2. In area lucana, nel santuario di Torre di Satriano, pertinente alla fase tarda, databile tra II e I secolo a.C., la ristrutturazione dello spazio sacro viene segnata da un deposito di fondazione, costituito da una teca interrata entro la quale erano una lucerna, una testina fittile di divinità femminile, un peso da telaio e un vasetto miniaturistico : *Torre di Satriano I*, p. 450-452.

21 Olivier de Cazanove, *Civita di Tricarico. Le quartier de la maison du Monolithe et l'enceinte intermédiaire*, Collection de l'École Française de Rome- 409, 2008, p. 522 e fig. 339 n. 108 a p. 628.

22 La figura femminile in trono, al di là delle individuazioni specifiche sulla base dei contesti di rinvenimento (Afrodite o Persefone a Locri e a Crotone ; Hera a Poseidonia) rappresenta la dea madre, simbolo di fertilità ed elemento di protezione dell'*oikos* (Barra Bagnasco 2003, p. 69).

23 Le figure femminili stanti sono state interpretate come probabile rappresentazione di offerenti (Barra Bagnasco 2003, p. 69).

Fig. 459. Planimetria degli edifici di IV secolo a.C. dell'acropoli di Serra di Vaglio, con l'ubicazione del deposito votivo
e del piccolo altare domestico.

Fig. 460. Viggiano, edificio in località Masseria Nigro, panoramica degli ambienti con le fosse.

Fig. 462. Viggiano, edifici di località Masseria Nigro e Serrone: particolare delle fosse di fondazione con patere e con unguentario.

Fig. 461. Ibid., planimetria della I fase.

Fig. 463. Viggiano, edificio di località Masseria Nigro : deposizione di statuetta femminile nella fondazione del muro settentrionale dell'ambiente 3.

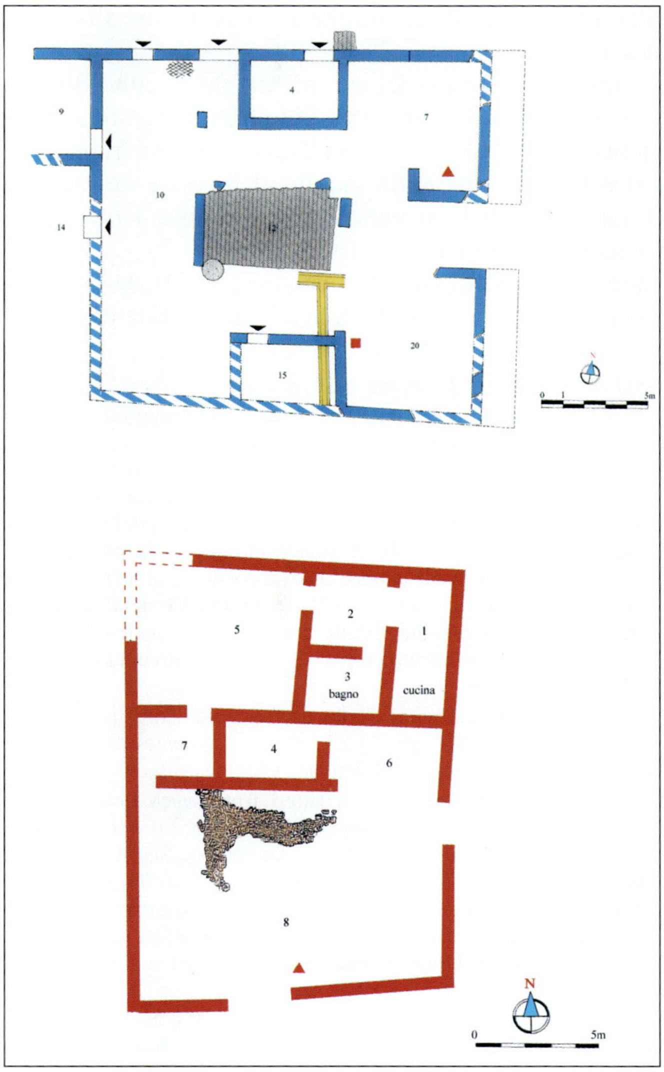

Fig. 464. Planimetrie delle fattorie di località San Giovanni di Viggiano (in alto) e Fosso Piano dei Valloni di Grumento (il triangolo indica la deposizione di statuette).

Fig. 465. Viggiano, San Giovanni : parte di statuetta di figura femminile seduta con acconciatura ad alto nodo dall'ingresso.

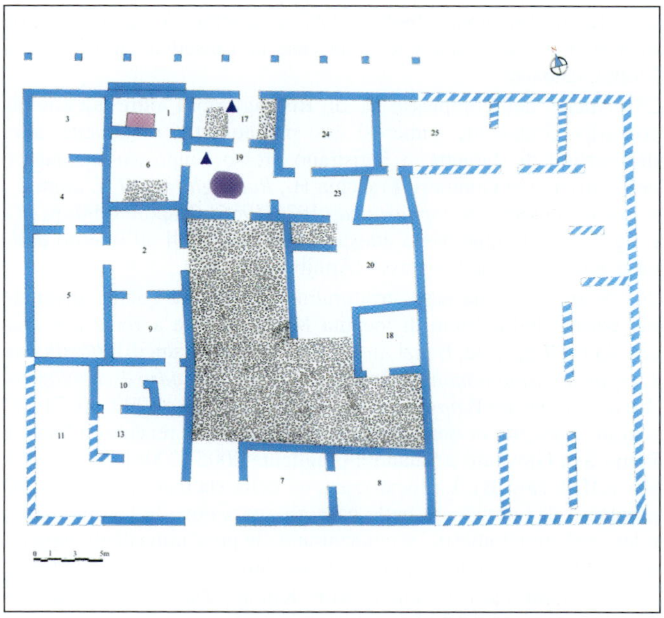

Fig. 466. Viggiano, edificio monumentale di III fase di Masseria Nigro con ubicazione delle statuette negli ambienti 17 e 19 indicata dal triangolo.

bruciaprofumi, di solito in ambienti destinati alla sfera muliebre ; talvolta sono attestate piccole edicole sempre nei vani con focolare (cucina) o nella stanza per i telai [24].

La deposizione di statuette femminili si riscontra anche nelle abitazioni lucane della Val d'Agri, spesso a sacralizzare gli ingressi o nei cortili, come nelle fattorie di San Giovanni di Viggiano e di Fosso Piano dei Valloni di Grumento Nova (**fig. 464**). Nel primo caso, una statuetta con figura femminile seduta con acconciatura ad alto nodo è deposta in uno degli ambienti posti ai lati dell'ingresso e un'altra, simile, nel cortile (**fig. 465**). Nella fattoria di Grumento Nova una statuetta, anche in questo caso con acconciatura ad alto nodo, è deposta nell'area del cortile di seconda fase.

Nell'edificio monumentale di III fase di Masseria Nigro (III secolo a.C.) (**fig. 466**), un busto di divinità femminile con *polos* sacralizza l'ingresso secondario [25] che porta ai quartieri femminili, con la cucina e la stanza dei telai. Un altro busto femminile è invece deposto nell'ambiente, dove è collocato, in posizione centrale, una base di tegole interpretabile come *trapeza* per il taglio e il trattamento delle carni da cuocere sul focolare del vano adiacente oppure da identificare quale un vero e proprio altare domestico (**fig. 467**) [26]. Ai culti ultraterreni rimandano i busti femminili, anche se rinvenuti, nelle case così come nei santuari lucani, in percentuale minore. In questo caso, il busto allude alla divinità (Kore o Afrodite ctonia) che sorge dalla Terra (*anodos*) e che congiunge il mondo dell'Oltretomba con quello terrestre [27].

Anche nell'alta valle del Bradano, a Oppido Lucano, in alcune case sono stati rinvenuti piccoli luoghi di culto domestici (**fig. 468**), con la deposizione di frutti in terracotta, associati a statuette di divinità femminili [28]. In una abitazione (casa B), presso un'edicola costruita nella stanza adibita alla tessitura, sono deposti una statuetta di figura femminile seduta con acconciatura ad alto nodo, una testina femminile con basso *polos*, una mandorla fittile, due matrici, di cui una con palmetta e l'altra con testina femminile, probabilmente per focacce e per pani, oltre a otto pesi da telaio (**fig. 469**). Il deposito votivo richiama, nella sua composizione, quanto rinvenuto in sacelli all'interno di contesti santuariali lucani (come nell'edificio quadrato del santuario di Hera al Sele o nel *naiskos* del santuario di Satriano) ove, come posto in evidenza da Emanuele Greco, si sacralizza, attraverso l'offerta di terrecotte, di pesi e di prodotti dell'*oikos*, il *mundus muliebris*, con i suoi riferimenti alla fecondità, alla ricchezza e alla continuità della casa, oltre alla tutela del focolare domestico [29].

Inoltre la riproposizione, nei luoghi di culto domestici, di frutti in terracotta potrebbe suggestivamente richiamare la celebrazione in Grecia dei *katachysmata* [30], riti d'integrazione della moglie al focolare del marito, durante i quali le si versavano sulla testa i *tragemata* (leccornie), specialmente frutta secca [31].
In un'altra casa di Oppido Lucano (casa D), nella stanza dei telai vengono deposti un fico [32], due testine femminili

24 Russo Tagliente 1992, p. 125 e tabella IV a p. 144 con distribuzione delle statuette nelle case dell'insediamento apulo di Monte Sannace.

25 Anche nel complesso A di Roccagloriosa oltre all'edicola con stipe contenente numerosi vasi miniaturistici e statuette, altre deposizioni di statuette si registrano presso l'ingresso secondario dell'edificio (M.Gualtieri, Fracchia H., *Roccagloriosa I. L'abitato : scavo e ricognizione topografica (1976-1986)*, Napoli 1990, p. 117 e fig. 17) ; a Pompei sono attestati, oltre ai sacelli all'interno delle case, edicole presso l'ingresso (Anniboletti 2007).

26 Si tratta di una base strutturalmente simile a quelle rinvenute nel cortile dell'edificio di località Mancamasone a Banzi, in area daunia (M.Tagliente, Banzi, in M.R.Salvatore (a cura di), *Basilicata. L'espansionismo romano nel sud-est d'Italia. Il quadro archeologico, Atti del Convegno Venosa 23-25 aprile 1987*, Venosa 1990, pp. 71-78) e in un ambiente di una delle case individuate di recente in località Piano San Giovanni a Salandra (Tagliente 2005 [2006], p. 741-742, tav. XII, 1 casa B). La localizzazione delle statuette e dei busti ha permesso di individuare nelle case gli spazi dove le testimonianze relative ai culti domestici si concentrano : in prossimità degli ingressi, nei cortili e negli ambienti dotati di focolare o nella stanza dei telai.

27 Sul significato dei busti : M.F. Kilmer, *The Shoulder Bust in Sicily and South and Central Italy : a Catalogue and Materials for Dating*, Goteborg 1977 ; sulle analogie fra Afrodite ctonia e Persefone : M. Cipriani, S. Nicola di Albanella. Scavo di un santuario campestre nel territorio di Poseidonnia – Paestum, in *Corpus delle Stipi votive in Italia, IV*, Roma 1989, p. 8 ss.

28 Le divinità attestate sono prevalentemente femminili, di solito sedute e dotate in alcuni casi di *polos*, oppure di *polos* e velo, con alto nodo. Più rari sono i busti sempre femminili ; nel caso del deposito votivo di Salandra anche quello con divinità che nasce dal fiore. Si tratta di una divinità femminile che richiama la sfera della fecondità e del matrimonio, ma anche il mondo ctonio per la presenza dei busti, chiara allusione all'*anodos*. Eros è connesso alla sfera erotica e ad Afrodite, divinità simbolo della femminilità e della seduzione garante della riproduzione e della continuità del nucleo familiare. Eracle, infine, è considerato, al pari di Hestia, la divinità protettrice dell'unità dell'*oikos*.

29 E. Greco, In Lucania : ruolo dei sessi ed istituzioni politico religiose, *DArch* 1991, pp. 75-83 ; Russo Tagliente 1996 [1999], pp. 112-113 con bibliografia relativa.

30 I *katachysmata* consistono in datteri, frutta secca, fichi, nocciole e monete (Suda, *s.v. Katachysmata* ; E. Samter, *s.v. katachysmata*, in *R.E XX*, 1919, col. 2455-2456 ; Daremberg, Saglio 1873, *s.v. Matrimonium*, p. 1652 ; *s.v. Nuces*, p. 116 ; Russo Tagliente 1996 [1999], p. 113). Rappresentazioni del rito dei *katachysmata* sono attestate, sia pure raramente, sulla ceramica attica (J.H.Oakley-R.H.Sinos, The *Wedding in Ancient Athens*, Madison 1993, p. 26, 34-35, 138 fig. 60-61).

31 La frutta secca rappresenta il secco, l'alto, il Sole, il bruciato e l'imputrescibile contrapposto all'umido, al basso, all'acqua stagnante, morta e, dunque, al putrido (Detienne 1975, p. 18).

32 Ad un'analisi attenta il fico rinvenuto nella casa di Oppido Lucano sembra essere disidratato, cioè disseccato. Numerosi resti di fico sono stati rinvenuti nelle case pompeiane, come ad esempio in

(**fig. 470**), tre *thymiateria* e una cosiddetta chiave di tempio in ferro[33], interpretabile più verosimilmente come conocchia ; nel vano adiacente, ove prevale la ceramica fine da mensa, è collocata eccezionalmente una testa di notevoli dimensioni (16 cm di altezza), pertinente ad una divinità maschile imberbe e velata forse collocata su una base lignea (**fig. 471**). Si potrebbe trattare di Eracle o di Hermes, divinità che hanno un ruolo particolare, nel mondo greco, nei culti domestici[34]. Il richiamo, nell'ambito dello stesso contesto abitativo, ad un doppio culto, femminile e maschile, trova confronti precisi, sempre in Basilicata, nella coeva documentazione dei santuari lucani e dauni (Rossano di Vaglio e Lavello) in cui risulta centrale una coppia divina[35]. La deposizione dei *thymiateria*, riscontrabile in diverse case indigene di IV secolo a.C., garantiva, attraverso le fumigazioni profumate d'incenso o di mirra, un contatto diretto tra il mondo dei vivi e gli dei celesti[36]. I *thymiateria* compaiono anche nelle case greche, in particolare ad Olinto in otto abitazioni diverse[37].

Sempre in ambito lucano, è stato individuato un piccolo luogo di culto domestico nella nota fattoria di Moltone di Tolve (**fig. 472**), dove sono deposti, nella zona settentrionale dell'edificio, una statuetta di divinità femminile seduta con *polos* e velo (**fig. 473**), una statuetta di figura femminile ammantata stante, una testina realizzata a mano senza matrice e, infine, una statuetta di Eros, figlio di Afrodite e connesso con il matrimonio e, più in generale, con il focolare domestico. L'associazione frequente, nei culti domestici indigeni dell'Italia meridionale, di statuette di Eros, figura divina legata alla sfera afrodisiaca, con i *thymiateria*[38] testimonia il legame esistente tra Afrodite e l'incenso, bruciato in occasione della celebrazione dei matrimoni quando la dea era venerata come "la signora dei talami"[39]. Nella tradizione greca, infatti, attraverso la mediazione di Eros, gli dei garantiscono la legittimazione della sposa nel nuovo *oikos*, oltre che, come riportato in un passo di Menandro, "allo sposo novello bisogna prescrivere di rivolgere una preghiera a Eros, a Hestia e alle divinità della generazione"[40].

Infine, un riferimento al culto di Eracle è dato dalla presenza di una matrice, che riproduce la testa del dio-eroe, nella fattoria di Montemurro[41] (**fig. 474**). La matrice è stata rinvenuta nel vano che ricopre una doppia funzione : quella di cucina e di stanza del telaio (**fig. 475**). Da non dimenticare che Montemurro è ubicato a pochi chilometri da Armento, dove sorgeva il noto santuario dedicato ad Eracle[42]. Nell'ambito dei culti domestici, un altro riferimento al dio-eroe dei Lucani si ritrova in un complesso rurale di recente scavato nel territorio di Salandra, sul pianoro di San Giovanni, impiantato nella prima metà del III secolo a.C. e ristrutturato nella seconda metà del III secolo a.C. Da un ambiente dotato di un altare-focolare centrale, interpretabile come vano per le occupazioni femminili anche per la presenza di pesi da telaio, proviene un ricco deposito votivo. Una statuetta di Eracle stante è associata ad un busto femminile con polos e a un busto di donna-fiore, oltre a statuette femminili di tipo tanagrino con testa adornata di corona di fiori, che trovano confronto con un esemplare dalla fattoria Risimini-Stefan di Metaponto, riconducibile al culto di Dioniso, e a due eroti stanti (Barberis 1995, p. 30). Il deposito comprende anche una patera e coppette per le offerte. Nel cavo di una statuetta è stato nascosto un piccolo tesoro rappresentato da due foglie d'oro accuratamente ripiegate e da alcuni gioielli sempre in oro[43].

Gli ultimi scavi condotti in Val d'Agri, oltre a porre in evidenza la celebrazioni di riti di fondazione immediatamente precedenti l'impianto di un'abitazione, hanno

---

una fossa sotto il tablino della Casa delle Vestali o in un'altra fossa nella casa dei Postumii o nella cucina di una taverna su via dei Teatri (Robinson 2005, p. 117-118).

33 In un'altra fattoria, a Tolve, località Valle di Chirico, un piccolo luogo di culto domestico è ubicato in un vano che in una fase precedente era adibito a deposito, presso un focolare ed è costituito da tre *thymiateria*, una "chiave di tempio", una tenaglia da fabbro, una statuetta femminile, un modellino fittile di bovino, uno *skyphos* a vernice nera e una lucerna (Russo Tagliente 1992, p. 172).

34 Vernant 1978, p. 155 con nota 1.

35 A. Bottini, Lavello, Gravetta-santuario, in L. De Lachenal (a cura di), *Da Leukania a Lucania.La Lucania centro-oorientale da Pirro ai Giulio-Claudii*, catalogo mostra, Roma 1992, p. 20.

36 Le fumigazioni costituiscono un elemento essenziale del sacrificio greco : uno dei termini più antichi usato nei poemi omerici per designare le offerte agli dei, il vocabolo *thyos* (plurale *thyea*), aveva in origine il significato di sostanza bruciata per ottenere fumi odorosi (Detienne 1975, p. 48-49 ; Zaccagnino 1998).

37 M.M.Sica, Eusèbeia domestica. Attestazioni di culto nelle case di Olinto, in *Siris* 3, 2002, pp. 107-126, in particolare p. 119 con note 166-167.

38 Un luogo di culto con altare ed edicola è nel noto complesso di Banzi, località Mancamasone con la deposizione di una figura femminile in trono, quattro figure femminili stanti, una statuetta di Eros, una testina maschile barbata e radiata (Helios), due *thymiateria*, due lucerne, quattro coppette, un piatto e due anfore di tipo punico (Russo Tagliente 1992, p. 157 nota 93).

39 Zaccagnino 1998, p. 54 : *thymiateria* sono registrati negli inventari dell'Aphrodision di Delo e incenso era di consueto offerto ad Afrodite.

40 Daremberg, Saglio 1873, *s.v. Cupido*, p. 1595 ss. ; Vernant 1978, p. 171 ; Lissarague 1990, p. 191 ; Russo Tagliente 1996 [1999], p. 114.

41 A.Russo (a cura di), *Con il fuso e la conocchia. La fattoria lucana di Montemurro e l'edilizia domestica nel IV secolo a.C.*, Potenza-Lavello 2006, p. 159-160, fig. 158.

42 A.Russo Tagliente, *Armento. Archeologia di un centro indigeno*. Monografia di BA 35-36, 1995.

43 Tagliente 2005 [2006], p. 741-742 tavv. XI-XII.

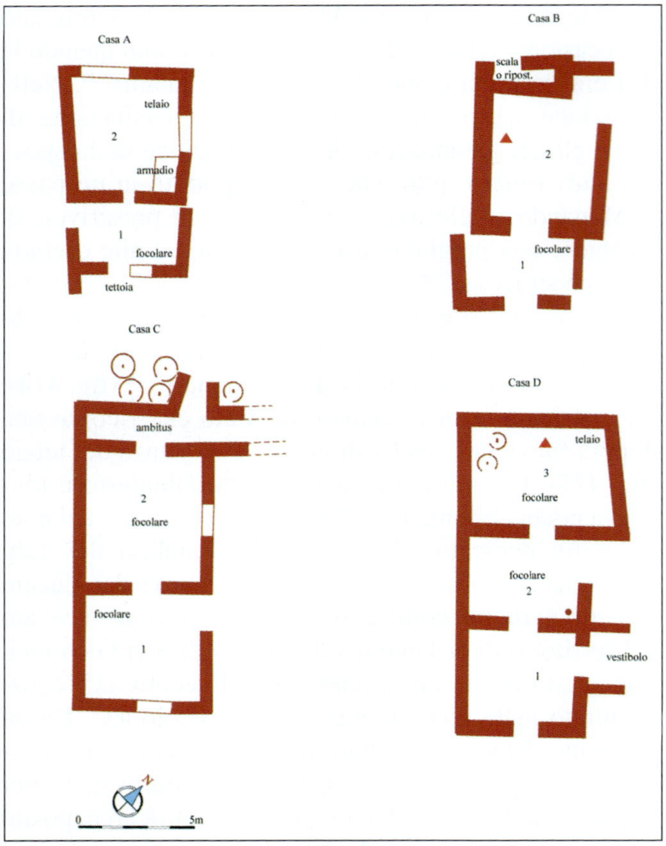

Fig. 468. Planimetria delle case di Oppido lucano
(i triangoli indicano i luoghi di culto domestico ;
il cerchio il rinvenimento della testa maschile in terracotta).

Fig. 469. Oppido Lucano,
ex-voto rinvenuti nella casa B.

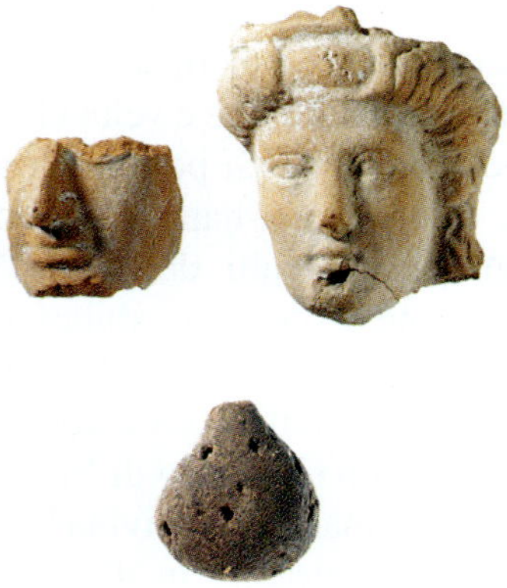

Fig. 470. Oppido Lucano, ex-voto rinvenuti
nella casa D.

Fig. 467. Frammento di busto e base in tegole rinvenuti
nell'ambiente 19 dell'edificio di Viggiano,
Masseria Nigro.

Fig. 471. Oppido Lucano, testa maschile rinvenuta nella casa D.

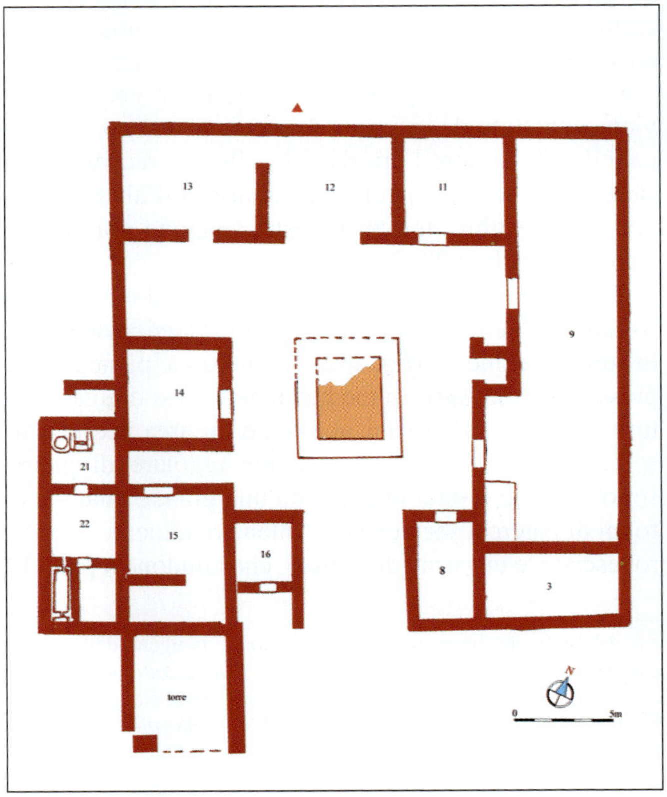

Fig. 472. Tolve, planimetria della fattoria in località Moltone.

Fig. 473. Tolve, località Moltone : ex-voto rinvenuti nella fattoria.

Fig. 474. Montemurro, ambiente in corso di scavo da cui proviene la matrice con testa di Eracle.

Fig. 475. Montemurro, matrice in terracotta con testina in positivo.

anche evidenziato riti di abbandono, aspetto molto più problematico ma non privo di confronti sia nei luoghi di culto[44] sia in edifici privati[45] di ambito apulo e lucano.

Il caso più interessante resta senza dubbio quello dell'edificio di Masseria Nigro, dove nel vano, che nell'ultima fase era adibito a cucina e dotato di focolare monumentale, si celebra un sacrificio cruento di abbandono[46] (**fig. 476**). Sul monumentale focolare viene offerta la testa di un capro (di cui si sono rinvenute le corna e resti del cranio)[47], associata ad una brocchetta per versare e alla deposizione di uno *skyphos* e di una patera a vernice nera, forme per bere e per contenere, secondo una consuetudine diffusa nel mondo greco, secondo la quale all' *hestia*, il focolare fulcro della casa, deve essere rivolta la prima libagione e anche l'ultima[48] (**fig. 477**). Il coltello utilizzato per il sacrificio della vittima viene spezzato, per non essere più adoperato, e deposto in una coppetta in associazione agli spiedi in ferro (per la cottura delle porzioni di carne), anch'essi spezzati e avvolti da una catena (**fig. 478**); la coppetta con il suo contenuto viene collocata in una fossa accanto al focolare[49]. Sembra possibile, in questo caso, cogliere attraverso i dati archeologici, le diverse azioni rituali durante il sacrificio che prevede l'uccisione dell'animale, la spartizione e il consumo delle carni arrostite (coltello, spiedi). Il corpo della vittima viene spartito tra i partecipanti al banchetto, dopo aver sottratto al consumo comunitario la parte spettante agli dei, ossia la testa, ricettacolo della sostanza vitale, deposta sul focolare con i resti di ceramica fine utilizzata durante il sacrificio[50]. Si definisce, di conseguenza, una "gerarchia dei tagli di carne, sicché il corpo della vittima... indica nella sua unità, l'unione dei commensali e, nella necessaria spartizione, una divisione dei commensali che è nel contempo una piramide gerarchica" (Grottanelli 1999, pp. 50-52). Appare suggestivo, a questo proposito, il richiamo alla tradizione greca e alla figura del *mageiros* (Detienne, Vernant 1982, p. 14-18 e 94-106), che è al tempo stesso macellaio, sacrificatore e cuoco e che riveste un importante ruolo nell'ambito della spartizione delle parti dell'animale ucciso con il coltello sacrificale, come del resto esemplificato su un vaso del Gruppo di Xenon rinvenuto in una sepoltura del IV secolo a.C. di Lavello, in area daunia[51] (**fig. 479**). Si tratta dunque di un sacrificio cruento, celebrato prima dell'abbandono dell'edificio nel corso del III secolo a.C., quando l'intero territorio dell'alta valle dell'Agri è segnato da una riorganizzazione generale conseguente alla fondazione del centro romano di Grumentum.

Simile, per certi aspetti, al sacrificio dell'edificio di Masseria Nigro, è quello attestato nella fattoria di Marsicovetere – Valdemanna (**fig. 480**). Al contrario del caso precedente, l'abbandono deve essere stato immediatamente successivo ad una distruzione violenta, probabilmente un incendio ; il sacrificio, in questo caso di un bovino, è stato effettuato dopo che il tetto di uno dei vani della casa era già crollato. Nell'angolo nordoccidentale dell'ambiente 10 sono stati rinvenuti, su uno strato di bruciato, i resti di un bovino e, in particolare, il cranio con la mandibola perforata da una lama in ferro ancora infissa, utilizzata probabilmente per recidere l'arteria del collo (**fig. 481**). Nel sacrificio greco il bue viene abbattuto da una scure e successivamente, con un coltello, gli si apre l'arteria del collo per raccogliere il sangue in una coppa per poi spruzzarlo sull'altare. I resti non commestibili, tra cui la testa, vengono poi deposti sul rogo (Burkert 2003, p. 149).

L'ultimo caso di sacrificio di abbandono è stato riscontrato sempre nel territorio di Marsicovetere, in località Mattinella (**fig. 482**), in un'area pianeggiante presso il fiume Agri. Immediatamente a est di una struttura abitativa a due vani in asse, è un'area aperta, una sorta di cortile, con sistemazione regolare di pietre, sotto la quale è stata individuata una grande quantità di fondi di patere a vernice nera, intenzionalmente deposte rovesciate, e un corno di capro[52], che alludono a pratiche

44 Per quanto riguarda l'ambito sacro, conosciamo un esempio di sacrificio cruento d'abbandono nel santuario di Lavello, località Gravetta (A. Bottini, M. P. Fresa, Lavello-Gravetta – Santuario, in *Leukania*, p. 17 abbandono con sacrificio di un capro e di un cervo) e nel santuario lucano di Satriano con abbandono e riempimento del canale e successivo sacrificio cruento del cane per purificare lo spazio sacro (Osanna 2004, pp. 52-53).

45 In un edificio privato di Ascoli Satriano (*Ausculum I*, p. 34 e figg. 23-26 ; Fabbri-Osanna 2005, p. 217-222).

46 Osanna 2004, p. 48 pone bene in evidenza come solo alcuni atti rituali lasciano tracce esplicite sul luogo dove sono avvenuti : il rituale di fondazione e quello di abbandono.

47 Burkert 1987, p. 102-106 sul concetto del "capro espiatorio" inteso come pharmakos (farmaco, medicina) per giungere alla *katharsis* (purificazione).

48 Detienne 1988, p. 180 con nota 14.

49 Rituali per una dea, p. 116-117 sui contesti di rinvenimento dei materiali votivi : *bothros, bomos, eschara, trapeza*.

50 Detienne, Vernant 1982, p. 104-105 dove vengono analizzate le azioni rituali che prevedono l'uccisione e il trattamento del corpo della vittima : "la testa è tagliata a parte. Si vede al suolo quella di un capro, in una scena in cui si taglia a pezzi la vittima, all'altezza dei piedi del mageiros stante sulla sinistra della trapeza, mentre due cosce delle carni flaccide, a cui sono stati tolti i femori, pendono sullo sfondo."

51 M.Tagliente, Immagini e mito nel mondo indigeno della Puglia e della Basilicata. *In* : *Le Mythe grec dans l'Italie Antique. Fonction et image. Actes du colloque international organisé par l'Ecole Française del Rome, l'Istituto Italiano di Studi filosofici (Naples) et l'UMR 126 du CNRS (Archéologies d'Orient et d'Occident), Rome, 14-16 novembre 1996*, Roma 1999, p. 423-433.

52 Burkert 2003, p. 162 : "Corna, e in particolare teschi di toro con corna, <bucrani>, vengono esposti e custoditi nel santuario... ;

sacrificali[53] (**fig. 483**). A questi riti, probabilmente destinati a stabilire un contatto, attraverso l'offerta di liquidi, con l'oltretomba e, in particolare, con gli antenati, fa riferimento un *louterion* privo di fondo che reca, sul fusto, una scena a rilievo con Eracle che strozza un serpente ed è seguito da una lunga processione con due suonatori di doppio *aulos*, con una figura con le mani alzate, in segno di lutto, e con un gallo[54] (**fig. 484**). Il vaso trova confronti con esemplari privi di fondo aventi analoga funzione, provenienti dalla Grecia e dalla Magna Grecia, spesso con la rappresentazione del serpente, simbolo ctonio, e riconducibili tutti a pratiche libatorie[55]. In questo caso, l'abbandono, contrariamente a quanto riscontrato nella fattoria di Valdemanna, deve essere stato programmato e sancito da cerimonie che prevedevano l'uccisione dell'animale (un capro), accompagnata da libagioni effettuate da diversi individui, analogamente a quanto riscontrato a Masseria Nigro. I resti di tali sacrifici vengono successivamente obliterati e protetti da uno strato costituito da pietre e tegole. Un'analoga situazione si riscontra, sempre in ambito domestico, in una casa dell'abitato apulo di Ascoli Satriano, anche inquesto caso in relazione ad un rituale di abbandono (Fabbri, Osanna 2005, p. 217-223). Si tratta di sacrifici espiatori, che corrispondono al concetto del piaculum dei Romani, in cui l'atto espiatorio e catartico consiste in un sacrificio spesso cruento (Daremberg, Saglio 1873, p. 454-455, *s.v. piaculum*).

essi contraddistinguono il luogo allo stesso modo delle macchie di sangue sull'altare. L'altare di corna di Artemide a Delo, composto di corna di capra, veniva considerato una meraviglia del mondo."

53 Sono in corso di studio i frammenti ceramici, la cui analisi potrà chiarire l'eventuale presenza di altre forme vascolari oltre alle patere. Una situazione simile è stata di recente riscontrata nell'abitato daunio di Ascoli Satriano, lungo la valle dell'Ofanto : *Ausculum I*, p. 34 ; Colangelo 2005, p. 97.

54 Frammenti dello stesso tipo sono stati rinvenuti in altri due edifici: Fosso dei Valloni di Grumento Nova e San Giovanni di Viggiano. Un frammento analogo è stato rinvenuto nei livelli tardorepubblicani del Foro di Grumento.

55 L. Beschi, Libagioni funerarie e ctonie. *In* : M. Sapelli Ragni (a cura di), *Studi di Archeologia in memoria di Liliana Mercando*, Torino 2005, p. 33-41. Tubi fittili interrati connessi allo svolgimento di rituali ctoni sono stati rinvenuti nel santuario settentrionale di Pontecagnano : G. Bailo Modesti, L. Cerchiai *et al*, I santuari di Pontecagnano : pesaggio, azioni rituali e offerte. *In* : M. L. Nava e M. Osanna (a cura di), *Lo spazio del rito : santuari e culti in Italia meridionale tra indigeni e Greci, Atti delle giornate di studio, Matera 2002*, Bari 2005, p. 199 e p. 201 fig. 11.

BIBLIOGRAFIA

Anniboletti 2007 : ANNIBOLETTI (L.) – Testimonianze preromane del culto domestico a Pompei : i compita vicinalia sulla facciata di abitazioni. *In* : www.fastionline.org/docs/FOLDER-it-2007.83.

Ausculum I : FABBRI (M.), OSANNA (M.) (a cura di) – *Ausculum I. L'abitato daunio sulla collina del serpente di Ascoli Satriano*, Foggia 2003.

Barberis 1995 : BARBERIS (V.) – Le fattorie della chora metapontina. Note sui culti. *BBasil* 11, 1995, p. 11-37.

Barra Bagnasco 2003 : BARRA BAGNASCO (M.) – Note sulla coroplastica rinvenuta nell'area indigena dell'antica Basilicata (IV – III sec. a.C.). *In* : *Archeologia del Mediterraneo. Studi in onore di Ernesto De Miro*, Roma 2003, p. 69-80.

Bottini 1988 : BOTTINI (A.) – La religione delle genti indigene. *In* : G. Pugliese Carratelli (a cura di), *Magna Grecia. Vita religiosa, e cultura letteraria, filosofica e scientifica*. Roma 1988, p. 59-90

Colangelo 2005 : COLANGELO (L.) – Nuove acquisizioni sulla ceramica apula in Daunia. Ausculum : l'abitato daunio in località Serpente. *In* : Denoyelle (M.), Lippolis (E.), Mazzei (M.), Pouzadoux (C.) (éd.) – *La céramique apulienne, Bilan et perspective, Actes de la Table Ronde, Naples, Centre Jean Bèrard, 30 novembre – 2 décembre 2000*. Naples 2005 (CJB), p. 97-101.

Daremberg, Saglio 1873 : DAREMBERG (CH.), SAGLIO (E.) – *Dictonnaire des antiquité grecques et romaines d'après les textes et les monuments*. Paris 1873.

Detienne 1975 : DETIENNE (M.) – *I giardini di Adone. I miti della seduzione erotica*. Torino 1975.

Detienne 1988 : DETIENNE (M.) – I limiti della spartizione in Grecia. *In* : GROTTANELLI (C.), PARISE (N.) (a cura di), *Sacrificio e società nel mondo antico*, Roma-Bari 1988, p. 177-187.

Detienne,Vernant 1982 : DETIENNE (M.), VERNANT (J.P.) – *La cucina del sacrificio in terra greca*. Torino 1982, p. 14 -18.

Fabbri, Osanna 2005 : FABBRI (M.), OSANNA (M.) – Aspetti del sacro nel mondo apulo : rituali di abbandono tra area sacra e abitato nell'antica Ausculum. *In* : Nava (M.L.), Osanna (M.) (a cura di) – *Lo spazio del rito. Santuari e culti in Italia meridionale tra indigeni e Greci, Atti delle giornate di studio, Matera 2002*, p. 215-233.

Gernet 1983 : GERNET (L.) – Sul simbolismo politico : il focolare comune. *In* : *Antropologia della Grecia antica*, Milano 1983, p. 319-336.

Grottanelli 1999 : GROTTANELLI (C.) – *Il sacrificio*. Roma-Bari 1999, p. 50-52.

Lissarague 1990 : LISSARAGUE (F.) – Uno sguardo ateniese. *In* : Schmitt Pantel (P.) (a cura di) – *Storia delle donne in Occidente. L'Antichità*. Roma-Bari 1990, p. 179-238.

Meirano 1996 : MEIRANO (V.) – Frutti, dolci e focacce in area metapontina : la documentazione coroplastica. *BBasil* 12, 1996, p. 67-97.

Osanna 2004 : OSANNA (M.) – Rituali sacrificali e offerte votive nel santuario lucano di Torre di Satriano. *ARG* 6. Band, 2002, p. 45-62.

Rituali per una dea Lucana : OSANNA (M.) (a cura di) – *Rituali per una dea Lucana*. Potenza 2002.

Robinson 2005 : ROBINSON (M.) – Fosse, piccole fosse e peristili a Pompei. *In* : Guzzo (P.G.), Guidobaldi (M.P.) (a cura di) – *Nuove ricerche archeologiche a Pompei ed Ercolano = Studi della Soprintendenza Archeologica di Pompei* 10, 2005, p. 109-119.

Russo Tagliente 1992 : RUSSO TAGLIENTE (A.) – *Edilizia domestica in Apulia e Lucania. Ellenizzazione e società nella tipologia abitativa indigena tra VIII e III sec. a. C.* Galatina 1992.

Russo Tagliente 1996 [1999] : RUSSO TAGLIENTE (A.) – Processi di trasformazione nell'edilizi domestica della Basilicata centro-settentrionale tra V e III secolo a.C. *In* : *Magna Grecia e Sicilia. Stato degli studi e prospettive di ricerca, Atti dell'incontro di studi, Messina 1996*. Messina 1999, p. 107-116.

Tagliente 2005 [2006] : TAGLIENTE (M.) – L'attività archeologica in Basilicata nel 2005. *In* : *Velia, Atti del 45° Convegno di Studi sulla Magna Grecia, Taranto-Marina di Ascea 2005*. Taranto 2006, p. 725-754.

Tocco 1992 : TOCCO (G.) – La villa ellenistica di Monte Moltone.

Testimonianze archeologiche nel territorio di Tolve. *In* : AA. VV., *Testimonianze archeologiche nel territorio di Tolve*. Tolve 1992, p. 31-42.

Torelli 1997 [1998] : TORELLI (M.) – Santuari, offerte e sacrifici nella Magna Grecia della frontiera. *In* : *Confini e frontiera nella Grecità d'Occidente Atti del XXXVII convegno di studi sulla Magna Grecia , Taranto 1997*. Taranto 1998, p. 685-805.

Torre di Satriano I : OSANNA (M.), SICA (M.M.) (a cura di) – *Torre di Satriano I. Il santuario lucano*. Venosa 2005.

Vernant 1978 : VERNANT (J.P.) – *Mito e pensiero presso i Greci*. Torino 1978.

Zaccagnino 1998 : ZACCAGNINO (C.) – *Il* thymiaterion *nel mondo greco*. Roma 1998.

Fig. 476. Viggiano, edificio in località Masseria Nigro, panoramica degli ambienti con base centrale e con focolare.

Fig. 477. Ibid., particolare della ceramica fine e del corno di capro rinvenuti sul focolare.

Fig. 478. Ibid., particolare delle deposizioni rituali accanto al focolare.
A- coppetta con coltello spezzato all'interno ;
B- catena e spiedi in ferro.

Fig. 479. Lavello, località Casino.
Oinochoe del Gruppo di Xenon con scena di sacrificio.

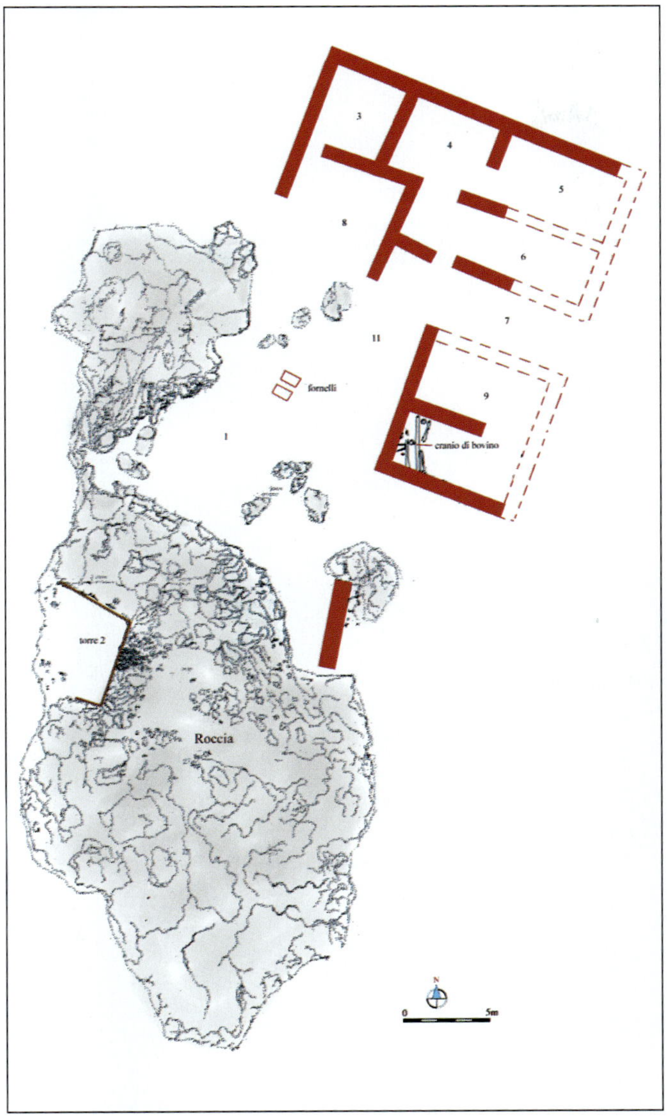

Fig. 480. Marsicovetere, planimetria della fattoria in località Valdemanna.

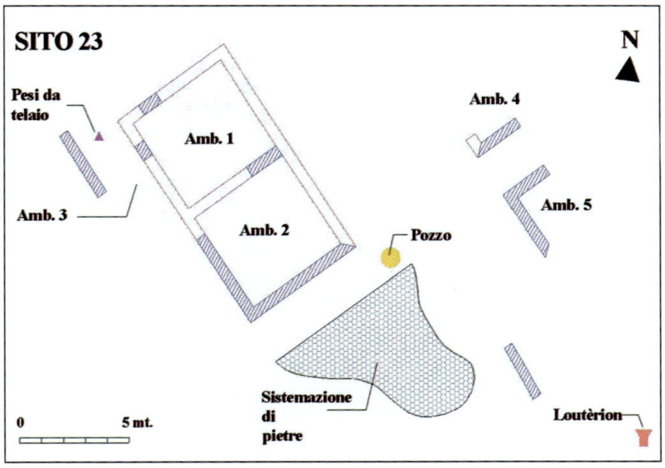

Fig. 482. Marsicovetere, planimetria del complesso in località Mattinella.

Fig. 483. Marsicovetere, località Mattinella. Strato che ha restituito una grande quantità di fondi di patere capovolte a vernice nera e un corno di capro.

Fig. 481. Marsicovetere, località Valdemanna. Particolare del cranio di bovino con lama in ferro infissa.

Fig. 484. Marsicovetere, località Mattinella. *Louterion* privo di fondo con scene figurate a stampo.

3. Iconographie grecque en contexte celtique : à propos d'un nouveau *naïskos* au type de la déesse assise

Patrick De Michèle et Antoine Hermary

1. Circonstances et contexte de la découverte (P.D.M.)

Une récente demande d'expertise, formulée par le docteur Morand, sur un achat effectué auprès d'un amateur de vieilles pierres bien connu de Cavaillon, a permis d'identifier un *naïskos* à la déesse assise, semblable à ceux découverts autrefois rue Négrel à Marseille. L'enquête menée sur le contexte de la découverte nous a finalement conduit sur la colline Saint-Jacques à Cavaillon (**fig. 485-486**). Cette éminence qui domine la ville moderne est connue depuis toujours comme un des *oppida* de la tribu des Cavares (Barruol 1999).

La ville doit sa naissance et sa prospérité à la situation particulièrement exceptionnelle de son rocher, à un carrefour de voies terrestres et fluviales à tous égards privilégié. Dès la Protohistoire, les vallées de la Durance et du Cavalon sont parcourues par des courants civilisateurs et commerciaux fondamentaux pour le peuplement de la région, et la *via Domitia* constitue une des plus ancienne voies romaines de Gaule. Les pistes protohistoriques, dont elle reprend le tracé, se confondaient en partie avec la « voie héracléenne ». Par la volonté de l'occupant romain, elle devient à la fin du IIe siècle av. J.-C. la *via Domitia*, du nom du général romain Cneius Domitius Ahenobarbus qui, comme plus tard Pompée le Grand, participa à son entretien et sa réfection. Cette route devait assurer les communications avec Rome et l'Hispanie et, ainsi, faciliter l'installation des colonies romaines. Itinéraire des conquêtes césariennes, de la défaite gauloise à la chute de Marseille en octobre 49 av. J.-C., elle sera décisive pour la romanisation de la Gaule. Si aucune modification significative, malgré de nombreuses reprises, n'a été apportée au tracé de cette route, on peut penser que la *via Domitia* traversait *Cabellio* dès le Ier siècle av. J.-C. (voir Strabon IV, 1, 11). Cavaillon apparaît en effet au confluent d'un important réseau routier desservant la Gaule Narbonnaise : cette *mansio* signalée par Strabon est aussi indiquée sur d'autres documents antiques, comme les gobelets de Vicarello, l'*Itinéraire antonin* d'Italie en Gaule et d'Italie en Espagne, et la table de Peutinger.

Le rayonnement de cette cité est également lié à d'autres facteurs, comme la présence de la confédération des *Cavares*. Ces derniers étaient, comme l'affirme Guy Barruol, « ...des Celtes qui, militairement puissants, bien organisés, et vite enrichis par l'agriculture et surtout par le commerce, auraient fait leurs clients des peuplades antérieurement fixées dans cette région » (Barruol 1999, p. 232). Cette confédération, dont le vaste territoire semble s'étaler « sur la rive gauche du Rhône, de la Durance à l'Isère (124 km) et, d'ouest en est, du Rhône aux premiers contreforts montagneux des Préalpes (sur une vingtaine de kilomètres) » (Barruol 1999, p. 231), a donc marqué de son empreinte la cité appelée encore de nos jours la Cité Cavare.

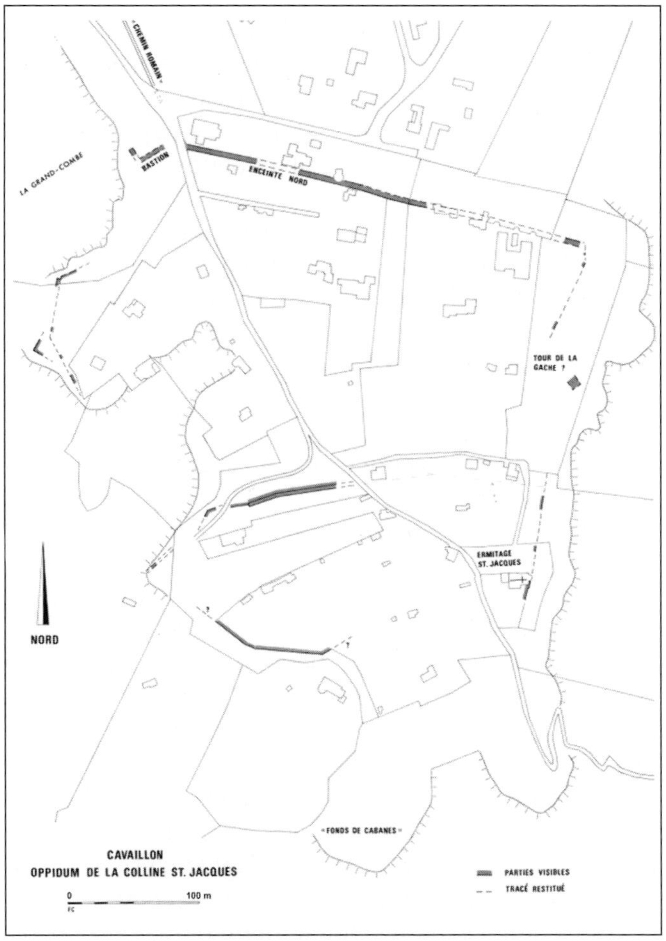

Fig. 485. Plan de l'oppidum de la colline Saint-Jacques.

Les récits des historiens mettant en scène, de manière discrète, les Cavares permettent d'accorder plus généralement un certain crédit à l'attachement et aux liens de ce peuple envers les Marseillais. Des géographes latins ont également témoigné de ces liens : Marcien d'Héraclée, qui, vers le IVe siècle ap. J.-C., résuma l'œuvre d'Artémidore d'Ephèse (seconde moitié du IIe siècle av. J.-C.), présentait probablement Cavaillon comme une « ville de Marseille », puisqu'Etienne de Byzance, résumant le même traité au VIe siècle ap. J.-C., écrit : « Cabellion, ville de Marseille, comme le dit Artémidore dans le premier livre de sa géographie ; l'ethnique est, selon l'expression locale, Cabellionesios, comme on dit Tarraconesios [habitant de Tarragone en Espagne], mais selon l'expression grecque, Caballionitès, comme on dit Tarraconitès ».

Fernand Benoit note par ailleurs que ce « pays des Marseillais » correspond très certainement à la *Gretia* de la table de Peutinger, qui dresse une carte de cette région cinq siècles après la colonisation, intégrant Arles, Agde, Glanum, Cavaillon et Avignon.

Fig. 486. Le rempart Sud de l'oppidum. Photo P. De Michèle.

1. 1. Précédentes découvertes sur la colline

Habitat et fonds de cabanes

Aucune structure bâtie n'a jamais pu être étudiée au Nord (quartier des vergers de Saint-Baldou), où l'occupation est pourtant attestée dès le Premier Âge du Fer et se poursuit durablement jusqu'à la fin du Ier siècle de notre ère[1], et, de la même façon, ce type de vestige est pratiquement inconnu sur l'*oppidum*[2].

Des « fonds de cabanes »[3], situés pour la plupart sur le versant Sud de la colline dominant d'un côté la Durance, de l'autre le vallon du Cagnard, et sur la partie du versant oriental qui surplombe le centre actuel de la ville, ont été explorés, livrant du mobilier attribuable au Ier siècle av. J.-C.[4] On peut néanmoins supposer qu'il s'agit là d'une phase de réoccupation tardive de structures probablement apparues plus tôt pendant l'Âge du Fer. Lors d'une prospection que nous avons conduite sur la zone Nord du quartier appelé « la Plane », nous avons pu repérer trois « fonds de cabanes » inédits.

Puits, silos, dépotoirs

Les nombreuses structures en creux découvertes au Nord de la colline[5] permettent d'apprécier l'importance et l'étendue de l'occupation de ce secteur. Les témoins les plus anciens datent du Ve siècle av. J.-C.[6], mais on retiendra l'importance des vestiges attribuables à la deuxième moitié du Ier siècle avant notre ère.

Nécropoles

Le quartier des Vergers a livré trois fosses à inhumation qui ne semblent pas pouvoir être rattachées à un ensemble funéraire cohérent[7]. Au même endroit ont

1 Commune d'Orgon : Malvoisin, la Roque Fauconnière, Font de Malte, Passadouires I et II, la Gardiole, Sous le fort, Baume-rousse, les Calades, etc. Pour le Luberon : La Grande grotte de Vidauque, la station de Boulon, etc.

2 En 1987, au quartier de la Crau (Iscles du Temple), ont été repérées en plusieurs points des sections de murs, qui ne permettent cependant pas de restituer le plan exact des bâtiments. Les niveaux de construction de ces murs ont livré un mobilier couvrant les deux premiers tiers du Ier siècle avant notre ère (inédit). En 1948 des carriers ont mis au jour, au quartier des Vergers, un sol de construction s'étendant sur une vingtaine de mètres carrés, formé d'une couche de béton parsemée de cubes de mosaïque (Dumoulin 1965, p. 52).

3 En 1950, une fouille réalisée par A. Dumoulin, contre une partie du rempart qui barre l'*oppidum* d'Est en Ouest, permit de conclure à l'existence d'habitations du IIe siècle avant notre ère, bâties contre l'enceinte (*Gallia*, 8, 1950, p. 138).

4 Fouilles A. Dumoulin en 1949 (*Gallia*, 8, 1950, p. 138) et G. Jau entre 1970 et 1979 (inédit). En 1965, au collège Saint-Charles, d'importants travaux de déblaiement ont mis au jour plusieurs « fonds de cabanes » répartis en deux groupes. Le matériel recueilli est composé de céramique à vernis noir, de sigillée italique et de fragments de vases de la « Tène III » (*Gallia*, 25, 1967, p. 374-375 ; A. Guilcher – Cavaillon, archéologie urbaine. *In* : *Actes du colloque international, Tours, 17-20 novembre 1980*, Paris, 1982, p. 408).

5 Découvertes entre 1936 et 1955 au quartier des Vergers (Dumoulin 1965), en 1984 et en 1987 au quartier de la Crau (*Gallia*, 42, 1984, p. 413).

6 Toujours au quartier des Vergers, un dépotoir, fouillé en 1976 par A. Dumoulin, a livré une collection de céramique attribuable au premier quart du Ve siècle av. J.-C.

7 Fouilles A. Dumoulin en 1936 et 1954. Ces trois fosses dateraient du Premier Âge du Fer (fosse n° 1), de la « Tène II » (fosse n° 2), et de la deuxième moitié du Ier s. av. J.-C. (fosse n° 3) : Dumoulin 1965, p. 78-82.

Fig. 487a-b. Naïskos de la collection Morand à Cavaillon. Photos Ph. Groscaux, CCJ.

été mises au jour plusieurs sépultures à incinération d'époques pré-romaine et romaine, ainsi que des fragments de stèles de molasse anépigraphes[8]. Signalons également qu'une vingtaine de stèles, dont cinq inscrites en gallo-grec, exhumées plus au Nord (quartier de la Girardes), proviennent très certainement de la nécropole des Vergers : elles auraient été transportées là pour être remployées (vers le Bas-Empire ?) à la consolidation d'une chaussée[9]. Les limites de ce cimetière demeurent inconnues, on peut seulement supposer qu'il s'est développé aux abords d'une voie longeant la colline au Nord.

Au vallon du four à chaux, deux sépultures préromaines ont été anciennement découvertes. Elles pourraient indiquer la présence à cet endroit d'un cimetière proche de l'enceinte septentrionale de l'*oppidum*[10].

Voirie et aménagement

Au débouché de la combe d'Agar, au bord de la Durance, le rocher a été taillé et forme comme un havre pour de petites embarcations. On pouvait lire à cet endroit une inscription rupestre gallo-grecque[11]. De là, un chemin en pente douce a été pratiqué sur quelques

8 A. Dumoulin – *Gallia*, 25, 1967, p. 375, et Note sur une sépulture romaine découverte à Cavaillon (Vaucluse). *Bulletin de la société des Sciences naturelles de Vaucluse*, 2, 1934, p. 41-44 ; J. Sautel – *Forma Orbis Romani, Carte archéologique de la Gaule Romaine*, fasc. VII, Paris, 1939, p. 28 n° 5 et 29 n°s 6-8.

9 F. Mazauric – Note sur une importante découverte d'inscriptions celtiques à Cavaillon (Vaucluse). *Revue du Midi*, 43, 1910, p. 45-51 ; M. Lejeune – *Recueil des inscriptions gauloises*. Vol. 1. *Textes gallo-grecs*, Paris, 1985, p. 149-162 (*Gallia* Suppl. 45).

10 Une sépulture en coffre de pierre, caisson monolithe et couvercle massif, a été découverte accidentellement en 1908 au quartier des Vergers. Elle a livré du mobilier datable du dernier tiers du Ier siècle de notre ère. Son originalité réside dans la présence de deux vases peints, témoins d'une production régionale de céramique polychrome encore peu connue : Mazauric (F.) – Sépulture gauloise avec vases polychromes découverte à Cavaillon (Vaucluse). *Bulletin archéologique du Comité des Travaux Historiques et Scientifiques*, 1911, p. 3-13 ; P. Arcelin – A propos d'une sépulture préromaine à Cavaillon (Vaucluse) : un atelier de céramique peinte en Provence occidentale. *RAN*, 15, 1982, p. 177-186.

11 M. Bats, *in* : *Aux origines de Cavaillon. Archéologie d'une ville antique*. Cavaillon, 2006, p. 72-73.

mètres au moyen d'entailles pratiquées dans le rocher. Il se dirige en direction de l'*oppidum*.

D'autres vallons, parfois aménagés, permettent d'accéder à l'*oppidum*. Il en subsiste encore de nombreuses traces ou vestiges, comme le vallon qui incise longitudinalement le versant Nord de la colline, appelé traditionnellement « voie romaine » en raison des ornières visibles où le rocher affleure, et la draille du « vallon du Cagnard » au Sud, où, dans un étranglement, le rocher a été taillé pour recevoir un dispositif destiné à fermer le vallon et la draille Saint-Roch sur le versant oriental.

1. 2. Contexte de la découverte de la stèle

D'après l'enquête menée avec les auteurs de cette découverte, c'est sur la colline Saint-Jacques qu'aurait été trouvée la stèle (**fig. 485**), plus exactement sur un « tas de gravas » que nous qualifierons plutôt de pierrier, comme le montrent les photographies prises lors de nos opérations de sondages à l'emplacement des remparts de l'*oppidum*. C'est, en fait, un berger du nom de Belu, gardien de la colline (décédé aujourd'hui, mais que nous avons bien connu), qui l'aurait dans un premier temps découverte et dégagée de ces amas typiques de pierres, puis, dans un second temps, cédé à un amateur cavaillonnais de vieilles pierres.

C'est à l'initiative du docteur Morand que nous devons la récupération de la stèle. En effet, lors d'une de ses promenades à proximité de la propriété de notre « amateur de vieilles pierres », le docteur Morand remarqua un bloc de forme parallélépipédique. Après l'avoir observé il proposa au propriétaire de l'acquérir pour le protéger et augmenter sa collection personnelle. Finalement, lors d'une visite de chantier au domicile du docteur, nous avons à notre tour été alerté et intrigué par la forme de la stèle. Interrogé par le propriétaire, nous lui avons rapidement fait part de nos remarques sur les proportions et l'origine locale du calcaire coquillé utilisé pour cette sculpture[12]. Antoine Hermary et Henri Tréziny confirmèrent la parenté de cette stèle avec les *naïskoi* découverts rue Négrel à Marseille.

Même si les conditions de cette découverte restent quelque peu rocambolesques, il est incontestable que l'objet est authentique et ne peut en aucun cas être l'œuvre d'un faussaire qui, pour le coup, serait un véritable génie de la contrefaçon : il me fallait le dire et l'écrire pour terminer sur le contexte de découverte de cette sculpture, qui a fait l'objet jusqu'à aujourd'hui de toute une série d'affabulations.

En dépit des nombreuses découvertes effectuées en divers endroits de la colline Saint-Jacques, nous ne pouvons que constater l'état lacunaire de nos connaissances sur la nature et l'importance des occupations protohistoriques et historiques, qui ont laissé des traces, parfois imposantes et spectaculaires, sur le rocher de la cité cavare. Les informations dont nous disposons sont souvent issues d'opérations anciennes, menées sans grande rigueur, et revêtant la plupart du temps un caractère ponctuel. Cette situation est encore plus marquée sur l'*oppidum* lui-même où la documentation est très pauvre et lacunaire. Les données sur la chronologie et l'éco-éthologie des populations qui s'y sont succédé sont inexistantes.

2. Étude du *naïskos* de Cavaillon (A.H.)

L'objet, taillé dans un calcaire coquillier grossier, est extrêmement érodé en surface et a subi de nombreuses petites cassures (**fig. 487a-b**)[13]. Il a la forme d'un édicule avec toit à double pente, doté au sommet d'un épais bourrelet. Dans la partie recreusée de l'espace intérieur un personnage est assis de face, les mains posées sur les genoux ; ses jambes sont cachées par un large vêtement qui adhère à un socle rectangulaire, ses pieds ne sont pas visibles. Le visage est entièrement érodé.

Cette sculpture est du même type qu'un ensemble de *naïskoi* votifs trouvés à Marseille, souvent désignés sous le nom de « stèles de la rue Négrel » (**fig. 487-488**). Comme beaucoup d'entre eux, elle présente un fronton ouvert – caractéristique de la série occidentale –, un bourrelet sommital et une banquette continue (voir Hermary 2000a, p. 122 fig. 7-9) ; ses dimensions sont du même ordre. Malgré son mauvais état de conservation, le *naïskos* de Cavaillon est particulièrement intéressant dans la mesure où la pierre dans laquelle il est sculpté indique une origine et donc un usage locaux : c'est, en fait, le premier exemplaire de l'abondante série de *naïskoi* abritant une femme assise qui ait été découvert en dehors d'un contexte grec. Il donne l'occasion de faire le point sur l'identité du personnage représenté à l'intérieur de

12 Il s'agit d'un calcaire molassique burdigalien, issu des carrières des Taillades. Située au pied Ouest du massif du Luberon, cette exploitation a livré une importante quantité de matériaux pour la construction. Provenant de différents monuments antiques de la cité cavare (couvertures d'égouts, dalles, corniches, linteaux, parpaings, pierre à bâtir, etc.), on retrouve encore souvent de nos jours, enchâssés à l'intérieur des murs de bâtiments modernes, des parpaings remployés faits dans cette roche parfaitement reconnaissable.

13 Hauteur 44 cm (personnage 25 cm), largeur 24,5 cm, épaisseur 16 cm.

ces édicules, question régulièrement débattue depuis la découverte en 1863 des « stèles de la rue Négrel », plus particulièrement au cours des vingt dernières années.

Les articles que j'ai consacrés à la série marseillaise (Hermary 2000a) et, plus généralement, à l'iconographie des déesses au lion dans le monde grec archaïque (Hermary 2000b) ont été peu pris en considération dans les études postérieures, soit qu'ils n'aient pas convaincu, soit qu'ils n'aient pas été lus. L'identification comme Cybèle de la femme assise dans le *naïskos* a souvent été reprise sans la moindre discussion complémentaire, comme a pu le constater Henri Tréziny au colloque de Tarente de 2005 [14]. Pourtant, au cours des dix dernières années quelques découvertes sont venues enrichir le dossier : je ne les présente que brièvement ici.

Une tablette en plomb fragmentaire qui porte le nom *Kubaba* au génitif confirme que la déesse anatolienne Cybèle était connue à Locres épizéphyriennes dès le VIe siècle av. J.-C. : un graffito avec le nom *Kubala* au génitif avait en effet été précédemment découvert sur le site (Jordan 2000, p. 95-96). Ces deux inscriptions restent cependant les seuls témoignages d'un culte de Cybèle dans le monde grec avant l'époque classique, et il faut noter qu'aucun *naïskos* du type discuté ici n'a été mis au jour à Locres. Pour ce qui concerne les documents iconographiques, les découvertes faites à Milet apportent d'intéressantes indications. Des recherches complémentaires sur le site de Kalabaktepe montrent en effet qu'un *naïskos* conservé au Musée Archéologique d'Istanbul provient bien de la zone proche de l'entrée Nord du sanctuaire d'Artémis [15], tandis que les fouilles du sanctuaire de « l'Aphrodite d'Oikous » ont livré une série de figurines en terre cuite au type de la femme assise tenant un petit fauve sur ses genoux. Dans un article consacré à un relief architectural archaïque figurant des panthères, qui provient de ce même sanctuaire, V. von Graeve souligne le fait que l'Aphrodite milésienne était elle aussi conçue comme une maîtresse des fauves et que les figurines au lion doivent être probablement interprétées comme des images de la déesse elle-même, puisque rien n'indique la présence du culte de Cybèle dans le sanctuaire (von Graeve 2005, p. 46, fig. 13). L'auteur d'un rapport sur les fouilles de Milet publié dans la même revue (von Graeve ?) écrit, de même, que ces déesses assises tenant un lion sur leurs genoux rappellent Cybèle, mais représentent vraisemblablement Aphrodite (Jahresbericht 2004, p. 207, fig. 10) [16].

On peut espérer que le jugement de bon sens des fouilleurs de Milet incitera les commentateurs des figurines au lion et des *naïskoi* en pierre (avec ou sans lion) à renoncer à une identification systématique avec Cybèle, qui implique soit une association de la déesse anatolienne à divers cultes locaux, soit son assimilation à la déesse principale [17]. Comme on l'a vu, le « pancybélisme », pour reprendre un mot forgé par H. Tréziny, est cependant encore largement répandu : l'article de synthèse d'E. Vikela en témoigne (Vikela 2001), comme différentes études concernant des sites d'Occident [18], de la côte d'Asie Mineure [19] et, en particulier, les cités phocéennes [20] : on a même proposé de faire du culte de Cybèle un « marqueur » essentiel de la diffusion des établissements phocéens, ce qui, en l'absence de tout témoignage littéraire ou épigraphique antérieur à l'époque hellénistique, est pour le moins audacieux !

Il est cependant très vraisemblable que l'indifférenciation de cette iconographie dans les cultes féminins archaïques implique qu'elle peut s'appliquer à la Mère

14 Il est intervenu à la suite de la communication de G. Greco sur Vélia (voir ci-dessous ; son texte est à la p. 407 du volume cité sous Greco 2006).

15 Comme me l'a confirmé dans une lettre d'avril 2002 mon collègue Michael Kerschner, que je remercie. Cet objet porte le numéro d'inventaire 2040 au Musée Archéologique d'Istanbul (Hermary 2000a, p. 123 et 129, fig. 11, avec la bibliographie ; Vikela 2001, p. 86, pl. 15,1).

16 Toujours à propos d'Aphrodite, je signale la découverte sur le site d'Eressos, à Lesbos, d'un *naïskos* à la déesse assise, d'exécution très sommaire, et d'une dédicace fragmentaire à Aphrodite datée du Ve siècle av. J.-C. : j'ignore cependant s'il existe une relation entre ces deux documents, que je ne connais que par un guide du musée de Mytilène, publié en 1991.

17 Ainsi, C. A. Di Stefano écrit, à propos des figurines de ce type trouvées au Thesmophorion de Bitalemi, près de Géla : « Alcuni esemplari raffigurano la dea Cibele in trono, con il leone in grembo, qui, naturalmente, assimilata a Demetra » (*Demetra. La divinità, i santuari, il culto, la leggenda*. Pise – Rome, 2008, p. 274). De même, dans le nouveau musée de Pythagorion à Samos, les figurines qui proviennent du sanctuaire d'Artémis sont désignées comme des images de Cybèle ; les ensembles de niches rupestres trouvés dans la ville antique (Yannouli [V.] – Les sanctuaires de Cybèle dans la ville de Samos. *In* : Labarre [G.] éd., *Les cultes locaux dans les mondes grec et romain. Actes du colloque de Lyon, 7-8 juin 2001*, Lyon, 2004, p. 115-128) datent probablement de l'époque hellénistique. Il faut noter que ce type d'aménagement rupestre est, dès l'époque classique, consacré à d'autres divinités : les « Nymphes chthoniennes » à Cyrène (Micheli [M. E.], Santucci [A.] – *Il santuario delle Nymphai Chthoniai a Cirene. Il sito e le terrecotte*, Rome, 2000), Aphrodite à Daphni, près d'Athènes (Machaira [V.] – *To hiero Aphroditès kai Erôtos stèn Hiera Hodos*, Athènes, 2008).

18 Tocco Sciarelli 2000 ; Greco 2006, p. 352-354 et 542. J.-P. Morel s'est montré cependant plus prudent (De Marseille à Velia : problèmes phocéens. *CRAI*, 2006 [2009], p. 1768-1773).

19 Voir, pour Kymé, Lagona 2000, et, pour Erythrées, Akalın 2008, à propos d'un nouveau *naïskos* découvert (en remploi) en 2005 : sculpté dans la trachyte locale, comme les deux exemplaires antérieurement connus, il montre, dans un édicule à haut fronton, une femme assise sur une banquette, qui ne semble rien tenir dans ses mains.

20 Veronese (F.) – I Focei e l'Adriatico. Quali trace archeologiche ? *In* : Braccesi (L.) éd., *Hesperìa, 17. Studi sulla grecità d'Occidente*, Rome, 2003, p. 190-191.

Fig. 488. Naïskos de la collection Morand à Cavaillon.
Photo Ph. Groscaux, CCJ.

Fig. 489. Naïskos trouvé rue Négrel. Marseille, Musée d'Histoire 1544.
Photo CCJ.

des dieux aussi bien qu'à Aphrodite, Artémis, Déméter ou Héra, comme cela semble être le cas dans la colonie milésienne d'Olbia au Nord de la mer Noire, où deux *naïskoi* ont été mis au jour dans une zone principalement consacrée à Apollon Iétros, mais où des graffiti sur vases s'adressent également à la Mère des dieux.[21]

Qu'apporte au dossier, tel qu'il vient d'être brièvement présenté, le *naïskos* originaire de Cavaillon ?

L'occupation de la colline Saint-Jacques à la fin du VIe ou, au plus tard, au début du Ve siècle, est un fait bien établi[22], de même que les relations entretenues par les Cavares avec Marseille, comme l'indique la découverte sur le site de quelques monnaies du type d'Auriol (Furtwängler 1978, p. 38-39). Le *naïskos* présenté ici qui, comme la plupart des exemplaires de la série, date probablement de la fin de l'époque archaïque (donc au plus tard de la première moitié du Ve siècle), confirme l'existence de ces liens, sous une forme cette fois

21 Voir Rusjaeva (A.S.) – The Western Temenos in Olbia. *In* : Gudalger Bilde (P.) *et al.* éd., *The Cauldron of Ariantas. Studies presented to A.N. Ščeglov on the occasion of his 70th birthday*. Aarhus, 2003, p. 102, fig. 4. La stèle trouvée dans le port d'Apollonia du Pont, autre colonie milésienne, qui est considérée par E. Vikela (2001, p. 90-91, pl. 17, 3-4) comme un prototype de la nouvelle iconographie de la déesse à la fin de l'époque archaïque, est difficile à dater en raison de son exécution très rudimentaire ; deux *naïskoi* trouvés sur ce même site d'Apollonia proviennent d'un contexte difficile à interpréter : Oppermann (M.) – *Die westpontischen Poleis und ihr indigenes Umfeld in vorrömischer Zeit*. Langenweißbach, 2004, p. 38, pl. 7, 1-2 (il est peu vraisemblable que, sur le premier de ces *naïskoi*, la femme tienne la queue de deux lions qui seraient couchés sur ses genoux) ; Gyuzelev (M.) – *The West Pontic Coast, between Emine Cape and Byzantion during the First Millenium BC*. Bourgas, 2008, p. 247-248, avec fig.

22 Voir ci-dessus. Noter aussi la coupe en céramique grise monochrome (?) illustrée dans Dumoulin 1965, p. 57 fig. 60, mais non reproduite par Ch. Arcelin-Pradelle, *in* : *La céramique grise monochrome en Provence*, Paris, 1984 (*RAN* Suppl. 10), où sont cependant mentionnés d'autres fragments de cette catégorie de céramique (cf. p. 40, 75 et 86).

relative à la religion : que l'auteur de cette œuvre sculptée dans la pierre locale ait été originaire de Marseille, de Cavaillon ou d'ailleurs, il est clair qu'il connaissait les « stèles » du type de la rue Négrel. Il est, pour le reste, impossible de dire si le culte auquel se rapportait le *naïskos* de la colline Saint-Jacques était d'origine massaliote – et dans ce cas de quelle divinité grecque il s'agissait – ou, ce qui est plus probable, s'il relevait des croyances religieuses du peuple cavare. Les cultes célébrés sur ce site sont d'ailleurs peu connus, même pour des époque plus récentes.

Il serait tentant, à la lecture de la notice d'Etienne de Byzance citée plus haut, sur « Kabellion, ville de Marseille », d'évoquer le célèbre texte de Strabon (IV, 1, 4) concernant l'introduction du culte d'Artémis d'Ephèse à Marseille par Aristarché et sa diffusion dans toutes les colonies massaliotes, où il aurait tenu le premier rang en conservant la même disposition de la statue et les mêmes pratiques cultuelles. Toutefois, sans parler de la date à laquelle Kabellion serait devenue une « ville marseillaise », rien ne prouve qu'à Ephèse Artémis ait été représentée, avant la fameuse statue « polymaste », sous la forme d'une femme assise, et, à Marseille même, aucun lien n'est établi entre la série des *naïskoi* de la rue Négrel et le culte de cette déesse. On se contentera donc de dire que le nouveau document de Cavaillon témoigne, de façon tout à fait originale, de la marque imprimée par la colonie grecque, environ un siècle après sa fondation, sur une population celtique située à une distance relativement importante, à la limite entre les territoires salyen et cavare. Il faudra d'autres découvertes pour que l'on sache à quelles déesses étaient dédiés, dans les cités grecques et en dehors d'elles, ces petits monuments votifs.

BIBLIOGRAPHIE

Akalın 2008 : AKALIN (A.G.) – Traces of the Mother Goddess in Erythrai. *In* : Winter (E.) éd., *Vom Euphrat bis zum Bosporus. Kleinasien in der Antike. Festschrift für Elmar Schwertheim zum 65. Geburtstag.* Bonn, 2008, p. 1-6, pl. I.

Barruol 1999 : BARRUOL (G.) – *Les peuples préromains du sud-est de la Gaule. Étude de géographie historique.* Paris, 1999 (*RAN* Suppl. 1, 1ère éd. 1969).

Dumoulin 1965 : Dumoulin (A.) – Les puits et fosses de la colline Saint-Jacques à Cavaillon (Vaucluse). *Gallia*, 23, 1965, p. 1-85.

Furtwängler 1978 : FURTWÄNGLER (A.E.) – *Monnaies grecques en Gaule. Le trésor d'Auriol et le monnayage de Massalia 525/520-460 av. J.-C.* Fribourg, 1978.

von Graeve 2005 : VON GRAEVE (V.) – Funde aus Milet. XVII. Fragmente von Bauskulptur aus dem archaischen Aphrodite-Heiligtum. *Archäologischer Anzeiger*, 2005, 2, p. 41-48.

Greco 2006 : GRECO (G.) – Strutture e materiali del sacro ad Elea/Velia. *In* : *Velia. Atti del quarantacinquesimo convegno di studi sulla Magna Grecia, Taranto – Marina Di Ascea 21 – 25 settembre 2005*, Tarente, 2006, p. 287-362 et 541-543.

Hermary 2000a : HERMARY (A.) – Les naïskoi votifs de Marseille. *In* : Hermary (A.), Tréziny (H.) éd., *Les Cultes des cités phocéennes. Actes du colloque international Aix-en-Provence / Marseille, 4-5 juin 1999.* Aix-en-Provence, 2000, p. 119-133 (Études massaliètes 6).

Hermary 2000b : HERMARY (A.) – De la Mère des Dieux à Cybèle et Artémis : les ambiguïtés de l'iconographie grecque archaïque. *In* : *ἀγαθος δαίμων. Mythes et Cultes. Études d'iconographie en l'honneur de Lilly Kahil.* Athènes/Paris, 2000, p. 193-203 (*BCH* Suppl. 38).

Jahresbericht 2004 : Jahresbericht 2004 des Deutschen Archäologischen Instituts. *AA*, 2005, 2, p. 121-297.

Jordan 2000 : JORDAN (D.) – Three Texts from Lokroi Epizephyrioi. *Zeitschrift für Papyrologie und Epigraphik*, 130, 2000, p. 95-103.

Lagona 2000 : LAGONA (S.) – Cibele e Iside a Kyme Eolica. *In* : Krinzinger (F.) éd., *Die Ägäis und das westliche Mittelmeer. Beziehungen und Wechselwirkungen 8. bis 5. Jh. v. Chr.* Vienne, 2000, p. 143-148.

Tocco Sciarelli 2000 : TOCCO SCIARELLI (G.) – Aspetti del culto in età arcaica ad Elea. *In* : Krinzinger (F.) éd., *Die Ägäis und das westliche Mittelmeer. Beziehungen und Wechselwirkungen 8. bis 5. Jh. v. Chr.* Vienne, 2000, p. 185-191.

Vikela 2001 : VIKELA (E.) – Bemerkungen zu Ikonographie und Bildtypologie der Meter-Kybelereliefs : Vom phrygischen Vorbild zur griechischen Eigenständigkeit. *Athenische Mitteilungen*, 116, 2001, p. 67-123, pl. 3-23.

Chapitre VII

Langue et écriture

1. Javier DE HOZ
L'écriture gréco-ibérique et l'influence hellène sur les usages de l'écriture en Hispanie et dans le sud de la France

2. Paolo POCCETTI
Contacts et échanges technologiques entre Grecs et indigènes en Italie méridionale : langues et écritures au cours du IVe siècle av. J.-C.

1. L'écriture gréco-ibérique et l'influence hellène sur les usages de l'écriture en Hispanie et dans le sud de la France*

Javier de Hoz

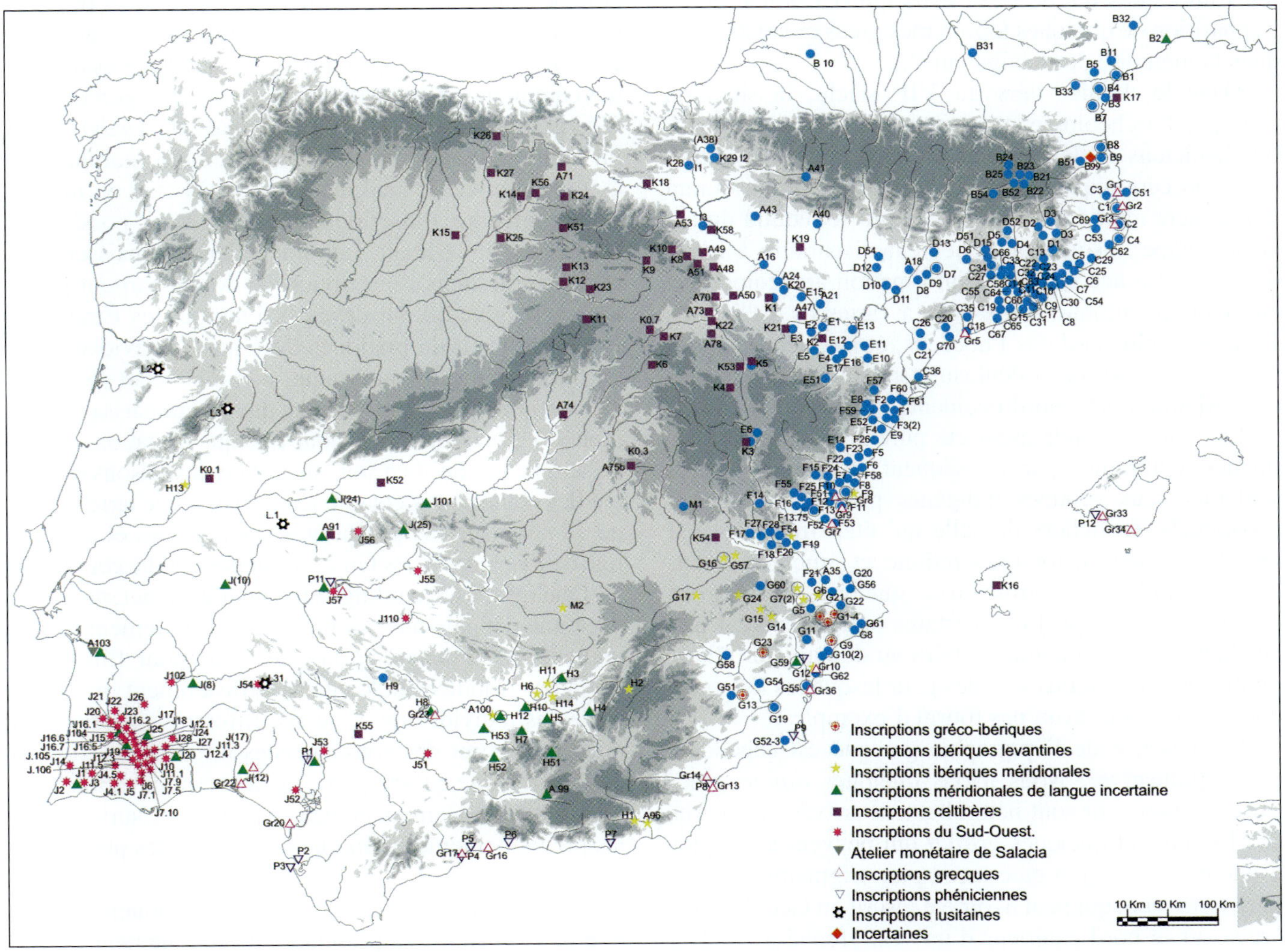

Fig. 490. Les inscriptions paléohispaniques (références à *MLH*).

Du point de vue de la langue, de l'écriture et de l'onmastique plusieurs questions relatives aux contacts et aux échanges entre Grecs et Indigènes en Méditerranée Occidentale méritent notre attention, mais ce sont sans doute les développements d'écritures indigènes et leurs usages qui suscitent le plus d'intérêt. L'écriture gallo-grecque est simplement l'utilisation de l'alphabet grec pour écrire le gaulois. Les écritures paléohispaniques trouvent leur origine dans l'écriture phénicienne et elles se sont développées initialement, selon moi, sous influence purement phénicienne. Par la suite cependant l'alphabet grec et ses usages vont exercer une influence décisive sur le comportement épigraphique des Ibères. Cependant avant de nous occuper de cette question il convient de brièvement vérifier l'absence d'influence grecque sur les premiers pas de l'écriture dans la Péninsule Ibérique, déjà connue au moins dès le VIIe siècle en Andalousie, où les Tartessiens avaient adapté l'écriture phénicienne, puis peu après dans les aires périphériques du monde tartessien.

Les premiers Grecs en Occident

À partir de la fin du VIIe siècle, le monde tartessien du Bas Guadalquivir, déjà développé, connaît un certain impact de la culture grecque[1], qui prolonge les quelques premiers contacts initiés au moins au début du VIIIe siècle, contacts côtiers et d'une médiocre intensité, limités à un commerce de luxe, mais qui ont donné lieu à l'apparition de quelques toponymes grecs qui resteraient dans la mémoire des navigateurs[2].

Dans le dernier tiers du VIIe siècle, la situation change ; l'archéologie montre sur des sites indigènes ou phéniciens un développement remarquable de la présence de céramiques grecques qui se maintient durant la première moitié du VIe siècle et qui se réduira durant la deuxième, jusqu'à pratiquement disparaître à la fin du siècle. En accord avec l'information archéologique, Hérodote mentionne la présence à Tartessos du Samien Kolaios et plus tard des Phocéens, qui avaient déjà des bases dans le NE de la Péninsule et dans d'autres points de la Méditerranée Nord-occidental (Hérodote, I,163).

Le contact semble avoir été purement côtier et l'influence culturelle, par conséquent, faible et limitée seulement aux groupes indigènes privilégiés ou professionnels, en dehors de celle qui était transmise par les objets mêmes, toujours réduite et ambiguë ; mais dans ce milieu nous trouverons quelques inscriptions grecques, et il se peut que certains indigènes aient pris des habitudes épigraphiques liées au domaine de l'hospitalité et des relations sociales pour lesquelles le monde phénicien ne leur avait pas fourni d'exemples.

La présence de l'épigraphie grecque est cependant peu significative[3]. Nous avons quelques *dipinti* grecs sur céramique qui sont naturellement arrivés déjà écrits en Hispanie, et quelques *graffiti* qui peuvent avoir plus d'intérêt. Un *graffito* grec incomplet originaire du territoire tartessien, qui peut avoir été inscrit en Occident, est gravé sur le bord extérieur d'un vase trouvé à Huelva, dans une strate de la première moitié du VIe siècle (*EGH* 22.1)[4]. Il s'agit sans doute de la fin d'un mot suivi d'autre qui peut être complet. Ceci serait le datif d'un nom de personne (NP) sans doute étranger au repertoire grec. Les parallèles utilisables font penser à une inscription votive : « (NP) a dédié à *Niethos* », ou à un don : « (NP) a fait don à Niethos ». Dans le premier cas *Niethos* serait une divinité[5], mais nous attendrions les indices archéologiques qui identifieraient le contexte de la découverte comme sanctuaire. D'un autre côté, il serait très frappant que l'offrande ne se rapporte pas à une divinité grecque, comme c'est normal quand des marchands grecs dédient des céramiques dans des établissements étrangers comme Gravisca ou Naucratis. Dans le second cas, *Niethos* serait un homme de nom non-grec mais dont la morphologie a été hellénisée. Il faudrait penser qu'il était en mesure de comprendre l'inscription que son hôte possible et client grec lui dédiait. Les Phéniciens connaissent des textes votifs mais l'inscription de don appartient plutôt à un type grec qu'ont développé surtout les Étrusques. Puisqu'il s'agit de pratiques avec un sens évident pour une aristocratie orientalisante, comme l'était la tartessienne, nous pourrions espérer que la connaissance des modèles grecs aurait provoqué quelque imitation, mais il ne semble pas qu'il en soit ainsi. Pour des raisons sur lesquelles on ne peut s'étendre ici, l'aristocratie tartessienne ne s'intéressait pas aux usages symboliques et de prestige de l'écriture et les Grecs n'ont pas éveillé cet intérêt.

Quelques cas de bilinguisme ont dû exister, au moins avec une connaissance rudimentaire et purement instrumentale de la deuxième langue, mais pour l'instant il n'y a pas d'indices de contacts suffisamment prolongés entre des individus de ces deux différents mondes pour pouvoir en tirer des conséquences importantes. Il n'est pas improbable qu'une partie de la communication entre Grecs et Tartessiens ait eu lieu en phénicien, surtout dans les premiers moments, ni que des interprètes phéniciens y aient joué un rôle.

Par la suite l'épigraphie grecque ne jouera pas de rôle dans la zone ; sa présence est pratiquement inexistante jusqu'à l'époque impériale (cf. *EGH* 15.1, 18.1-3, 19.1-2, 21.1, 23.2-6, 24.1, 25.1-4), où nous trouvons des inscriptions grecques comme manifestation de la culture gréco-romaine, avec des parallèles dans toutes les provinces occidentales. Avant le changement d'ère, on peut mentionner seulement quelques inscriptions grecques de l'époque déjà républicaine qui continuent en partie un type d'épigraphie grecque visible déjà auparavant dans

* Cet article a été réalisé dans le cadre du Projet HUM2006-13424-C04-01 du Ministerio de Educación y Ciencia espagnol. J'ai une grande dette envers Coline Ruiz Darasse qui a revu le texte français et m'a sauvé de beaucoup d'erreurs, et envers Teresa Sagardoy et Javier Mejuto dont l'aide pour les figures a été inappréciable.

1 Blech 2001, p. 306-313 ; Torres 2002, p. 93-6 ; Domínguez Monedero 2007, p. 227-315 ; Celestino 2008. Des matériels provenant de sites indigènes ou phéniciens dans Domínguez Monedero, Sanchez 2001, p. 5-37, 78-79, cf. son commentaire p. 88-89.

2 C'est la plus ancienne strate de toponymes grecs d'Hispanie : García Alonso 1996 ; de Hoz, sous presse b, § 2.9.3.

3 En général, de Hoz 1997 1995, p. 152-156. Textes dans *EGH* et Rodríguez Somolinos 1998.

4 Fernández Jurado, Olmos 1985 ; Domínguez Monedero, Sánchez 2001, p. 7-8.

5 L'interprétation d'Almagro-Gorbea 2002 est très risquée en soi-même et implique une évolution de la diphtongue celtique /ei/ contraire aux faits.

l'Est de la Péninsule, et qui annoncent en partie l'épigraphie impériale que je viens de mentionner.

Le monde de l'épigraphie ibérique (fig. 490)

Sur les côtes méditerranéennes, nous trouvons une épigraphie indigène à des dates postérieures à celles où elle apparaît en Andalousie et au sud du Portugal. La langue de cette épigraphie est l'ibérique. Nous appelons ibérique une langue dont témoignent un nombre important d'inscriptions, environ 1950 à ce jour, qui s'étendent depuis la Haute Andalousie jusqu'aux alentours de la rivière Hérault dans le Languedoc français, et dont les dates oscillent entre la fin du Ve siècle av. J.-C. et le changement d'ère[6]. Ces inscriptions contiennent des traits linguistiques communs, phonétiques, morphologiques et lexicaux, ce qui, sans préjuger de l'existence possible de variétés locales ni de transformations diachroniques, nous permet de parler d'une langue unitaire[7]. Cependant les inscriptions ne sont pas écrites dans une écriture unique mais dans trois différentes, l'ibérique proprement dite à laquelle appartiennent la plupart des inscriptions, la méridionale, limitée au SE et à la Haute Andalousie, et la gréco-ibérique dont nous nous occuperons tout de suite.

Toutefois le témoignage le plus antique de la langue bérique ne ce trouve pas dans les inscriptions mentionnées mais dans un document grec sur une tablette de plomb, daté dans la première moitié du Ve siècle et trouvé à Pech Maho en Languedoc, dans lequel sont mentionnés quelques individus de langue ibérique, comme on le déduit des anthroponymes, en relation avec une transaction commerciale[8]. À cette date par conséquent il y avait déjà des Ibères en Languedoc, qui n'appartient pas à la région dans laquelle nous pouvons supposer que la langue ibérique s'est originellement développée[9].

La présence grecque dans le monde ibérique[10]

La langue ibérique est liée à une culture qui, malgré les considérables variantes locales, a une homogénéité très visible par certains aspects comme la céramique et les traits du rituel funéraire[11].Un facteur très significatif dans le déroulement de la culture ibérique a été la présence grecque, mais nous devons distinguer clairement deux milieux qui nous fournissent une information aux caractéristiques très distinctes. D'une part nous avons le territoire ampuritain, avec la présence sûre de deux établissements grecs et son influence évidente sur le Languedoc ; de l'autre le monde du SE et sa prolongation vers le Nord, où le caractère de la présence grecque est beaucoup plus difficile à définir, mais dont le rôle dans le déroulement de ce que nous nommons ibérique a été essentiel.

C'est dans le NE de la Péninsule que nous trouvons une présence solide et d'interprétation moins polémique, dont les origines remontent jusqu'au VIe siècle, quand les Phocéens fondèrent dans une petite île de la côte de l'Ampurdan un emporion, un marché, dont la croissance rendrait nécessaire peu d'années après son déplacement sur la côte voisine, donnant naissance à la ville d'Ampurias (Sanmartí-Grego1982 ; 1990). Les motifs de cette fondation ne peuvent être éclaircis, mais elle ne peut pas être séparée de la fondation de Massalia peu d'années auparavant, précédée sans doute d'une connaissance commerciale de la zone et peut-être rattachée à la recherche du contrôle de la route continentale du commerce de l'étain par la voie de la Seine au Rhône.

Les formes de présence grecque dans le monde ibériqu au sud de l'aire d'influence directe ampuritaine se caractérisent toutes, entre autres choses, par leur manque d'autonomie politique, ce qui implique quelques limitations évidentes en ce qui concerne densité de peuplement et capacité d'action.

Encore récemment la présence grecque dans le Levant depuis des dates relativement précoces, et son influence profonde sur la naissance de la culture ibérique, étaient considérés comme des faits sûrs. Par la suite, ces idées ont été soumises à des fortes critiques, essentiellement centrées sur deux aspects, la présence supposée de colonies grecques dans la zone, et le rôle prédominant ou exclusif de l'influence grecque avec l'oubli de l'influence phénicienne dont personne ne discute le rôle de nos jours. Nous verrons à présent que la présence précoce des Grecs dans le SE et sa profonde influence ne sont pas un mirage.

Il y a surtout deux indices de la présence grecque dans le SE de la Péninsule Ibérique à partir du Ve siècle qui nous intéressent, une écriture locale qui n'est autre que l'adaptation de l'alphabet ionien, et certains usages épigraphiques qui semblent être la transposition à la

6 Untermann 1975/1980/1990 ; Rodríguez Ramos 2004 ; Velaza 1996.

7 Voir surtout Untermann *cit*., et Siles 1985 ; Velaza 1991 ; Moncunill 2007 ; Correa 1994 ; de Hoz 2001 ; Orduña 2005.

8 Voir *infra* sur le plomb de Pech Maho.

9 de Hoz 1993, mais cf. Velaza 2006.

10 En général sur les Grecs en Hispanie : García y Bellido 1948; Rouillard 1991 ; Domínguez Monedero 1996 ; 2007 ; Cabrera, Sanchez Fernández 2000 ; Gracia 2008.

11 *Les Ibères*, 1997 ; Ruiz, Molinos 1987 ; 1993 ; Almagro-Gorbea 2001.

culture ibérique d'usages grecs préexistants. Il y a naturellement d'autres témoignages matériels, plusieurs fois commentés, dont il convient de préciser l'intérêt, en plus de signaler les découvertes les plus récentes.

Les premiers témoignages d'objets grecs dans le SE remontent à la première moitié du VIe siècle. Il s'agit des céramiques, auxquelles viennent rapidement se joindre des récipients de faïence et des petits bronzes.

Mais le tableau des relations qui se déduit des découvertes concrètes a plus d'intérêt que l'énumération même de celles-ci. Shefton a remarqué que le caractère des découvertes grecques du SE au VIe siècle coïncide avec la situation de l'Andalousie [12] ; dans les deux zones les mêmes types se retrouvent. L'auteur cité en déduit que les Phocéens étaient dans les deux cas les porteurs de ces objets grecs, et qu'il faut inclure la zone du SE dans le même circuit commercial qui arrivait à Tartessos. L'hypothèse est vraisemblable, mais il convient pour le moment de rester très prudent, puisque l'on peut formuler des hypothèses alternatives.

En effet, dans la zone andalouse les découvertes grecques se retrouvent tant dans des établissements phéniciens qu'indigènes et il ne serait pas impossible que les Phéniciens occidentaux, Gaditains ou autres, aient revendu les produits grecs transportés par les Phocéens, ou parfois par les Phéniciens eux-mêmes, aux colonies orientales de l'Andalousie. Dans ce cas, la présence d'objets grecs dans des sites indigènes du SE au VIe siècle s'expliquerait de la même manière qu'au VIIe siècle, en territoire andalou. Elle se réduirait en dernière instance à un nouveau témoignage du commerce phénicien, inséparable d'objets comme les amphores, les amulettes égyptiennes ou les fibules qui en constituaient les marchandises caractéristiques.

La deuxième hypothèse alternative nous conduit à un problème peut-être plus important à l'heure d'expliquer les origines de la culture ibérique levantine. Je me réfère au rôle possible des indigènes du Bas Guadalquivir déjà en partie « orientalisés », c'est-à-dire des Tartessiens, pour influer et stimuler les autres indigènes du SE et du Levant. Il n'est pas impossible que les objets grecs du VIe siècle dans le SE puissent s'expliquer un jour, au moins en partie, comme les témoignages d'un commerce tartessien.

Il faut souligner cependant l'expression « en partie » : rien ne nous force à choisir entre les hypothèses alternatives, puisque les trois voies ont pu être actives à la fois. Par ailleurs, exclure les Phocéens complètement du SE au VIe siècle, mais les admettre en Andalousie n'aurait pas de sens.

En dernier lieu, les trois hypothèses sont possibles, combinées de diverses manières, et aucune ne s'impose absolument. Heureusement avec le Ve siècle la situation devient un peu plus transparente. Tout d'abord, les importations de céramique grecque s'accroissent, spécialement à partir de c. 450 av. J.-C. (Rouillard 1991, p. 110-111, 117-123), mais d'autres données sont beaucoup plus significatives. En récapitulant les aspects de l' acculturation grecque dans le monde ibérique, Martin Almagro-Gorbea a remarqué, en plus de l'alphabet gréco-ibérique, l'adoption de formes grecques de culture sociale en relation avec des usages funéraires et avec le banquet, l'introduction de nouvelles techniques dans la céramique comme les pâtes plus épurées, les nouveautés iconographiques, la modification du langage esthétique, le syncrétisme entre quelques divinités indigènes et grecques, et quelques éléments de culture matérielle comme les figures en bronze (Almagro-Gorbea 1983, p. 457-60). Toutes ces données n'ont pas la même valeur, mais certaines, indiscutables, impliquent un contact direct et non une importation simple de produits qui peuvent être imités. Il s'agit bien d'une transmission d'habileté, de manières de faire qui exigent des contacts humains plus ou moins prolongés, une communication verbale et bien sûr des individus bilingues.

Ces données archéologiques nous conduisent à une donnée des sources littéraires dont l'évaluation a été et est particulièrement polémique. Les sources antiques énumèrent, parmi les fondations phocéennes, quelques établissements dans le territoire ibérique, dont on n'a pas de trace archéologique à ce jour [13]. Il s'agit d'Héméroskopéion (Dianium), Alonis, et peut-être Akra Leuké (Lucentum ?), dont l'existence a été niée à plusieurs reprises dès les années soixante. Mais à défaut d'informations sur ces établissements, nous pourrions déduire leur existence en nous appuyant exclusivement sur l'écriture gréco-ibérique. Il y a des conditions nécessaires pour qu'un emprunt d'écriture soit réalisé entre deux cultures, des contacts durables et stables, qui donnent lieu à l'apparition d'individus bilingues, informés de l'écriture modèle et dans une certaine mesure des techniques de son enseignement. Indubitablement, des Ioniens qui connaissaient l'alphabet se sont établis sur les cotes du SE de la Péninsule Ibérique, mais l'alphabet gréco-ibérique ne peut pas nous révéler la modalité de cet établissement. Il a pu s'agir d'établissements autonomes [14], de colonies comme Ampurias, mais aussi de

12 Shefton 1982, p. 349 avec carte p. 355.

13 En dernier lieu, avec la bibliographie antérieure, Abad 2009, p. 22-26.

14 Ce sont à la limite des aventures presque individuelles de Grecs dans un territoire indigène. Sur les diverses variantes et leurs indices cf. de Hoz 2003.

quartiers grecs dans des villes indigènes comme ceux que l'archéologie commence à révéler en Sicile et dans le sud de l'Italie, ou mieux encore un port de commerce, avec sa population étrangère et mêlée, tolérée dans le territoire contrôlé par une communauté indigène non loin de son noyau principal.

En tout cas, que ce soient des ports de commerce, des quartiers helléniques dans une installation indigène, des lieux de passage suffisamment fréquentés pour permettre une certaine présence grecque permanente qui pouvait expliquer l'apparition du gréco-ibérique, la familiarité des Phocéens et Ampuritains avec ces lieux explique qu'on leur connaît un nom grec, sans que cela implique une autonomie politique et une identité territoriale comme celles d'Ampurias.

En résumé, nous disposons de témoignages littéraires qui nous parlent des enclaves grecques dans le SE, de toponymes qui impliquent une familiarité grecque avec la zone, d'une certaine réception indigène de techniques qui exigent une transmission dirigée, et surtout du témoignage épigraphique de l'écriture gréco-ibérique qui implique des contacts d'une certaine durée et même l'existence d'individus bilingues. L'installation de Grecs semble indiscutable au-delà de problèmes non résolus comme le nombre et la structure de ces communautés, qui, comme nous l'avons déjà vu, peuvent avoir pris diverses formes.

Parmi ces formes, le cas du port de commerce est cependant, du point de vue de la transmission de l'écriture, un peu ambigu, parce qu'il peut être à la fois un espace dans lequel quelques Grecs s'établissent pendent un temps plus ou moins long, rendant possible par conséquent des contacts aux effets durables, et un lieu de passage que l'on abandonne sans avoir eu le temps de transmettre une technique complexe comme l'écriture, bien que cette présence fugace puisse laisser une trace écrite. Un témoignage aussi vivant que celui de Gravisca n'a pas été identifié jusqu'à présent sur nos côtes, bien qu'existent des sites qui semblent répondre au schéma du port de commerce avec sanctuaire [15]. Nous avons en tout cas ce qui pourrait être une dédicace similaire à celles que nous trouvons dans des ports de commerce fréquentés par des Grecs, réalisée par un marchand non Phocéen, sur les côtes du Levant. Ceci nous rappelle que non seulement les Phocéens, ou les Ampuritains d'origine phocéenne, vivaient et faisaient du commerce avec la Péninsule Ibérique, mais aussi que le trafic maritime a nécessairement amené en Ibérie des Grecs d'autres provenances, qui ont eu l'occasion de laisser ici des traces écrites de leur passage. Ainsi pourrait s'expliquer une figurine masculine en bronze du musée de Valence avec une dédicace grecque gravée au dos, dont nous aurons l'occasion de nous occuper plus loin.

15 Campello : Llobregat 1989 ; 1993 ; García Martín 2003.

Les peuples non-ibériques de la France méditerranéenne à l'arrivée des Grecs [16]

Les Grecs trouvent en France des peuplades moins développés que les Tartessiens et les peuples voisins ; en fait l'urbanisation commence à peu près à la date de la fondation de Marseille, malgré la présence antérieure des marchands étrusques. Il y a encore beaucoup d'aspects mal connus sur ces peuplades. Les sources historiques ne sont pas antérieures à la colonisation grecque, c'est-à-dire au début du VIe s., et elles montrent qu'un peuple celtique était déjà installé autour de ce qui deviendrait la colonie de Marseille, puisque l'explication la plus économique du nom des *Segobrigii*, le peuple du territoire où Marseille a été fondée, est l'explication celtique. L'affirmation d'Hécatée selon laquelle Marseille était une ville de la *Ligustike* (F 55 Jacoby) doit avoir un sens purement géographique sans valeur ethnique [17]. En tout cas on ne peut pas considérer comme Gaulois les Celtes qui étaient déjà arrivés à la côte méditerranéenne à la fin du VIIe siècle à cause des difficultés historiques et chronologiques que cela susciterait (de Hoz 1992).

La complexité de l'occupation celtique du Sud de la France commence à être reconnue par la recherche archéologique en s'éloignant de la préoccupation traditionnelle de la date de l'arrivée des Gaulois historiques. Aujourd'hui Michel Py par exemple parle d'une celtisation de la région très ancienne qui a pu pendant toute la protohistoire « se renforcer par paliers » (Py 1993, p. 43), soit une idée semblable à la « cumulative Celticity » défendue par Hawks pour les îles britanniques. En tout cas, les peuples gaulois, avec une personnalité définie par rapport aux Celtes plus anciens de la région, sont une réalité dont la date d'arrivée reste toujours un problème.

Le plus ancien témoignage de Gaulois dans le sud de la France sont quelques NNP (noms de personne) sur des inscriptions ibériques du Languedoc. La présence de NNP gaulois sur des inscriptions ibériques fut repérée par J. Untermann en 1969. Aujourdui nous avons une meilleure connaissance de la chronologie et nous pouvons affirmer que les auteurs de quelques inscriptions du IVe siècle portent des noms celtiques, Cartirix (**kaŕtiŕiś**, *MLH* B.1.28)

16 Barruol 1969 ; Py 1993 ; Roman, Roman 1997, p. 229-43 ; Garcia 2004.

17 Les mots suivants, « à proximité de la *Keltike* », peuvent être une addition d'Etienne de Byzance (ainsi par ex. Duval 1971, I, p. 176).

et *Oxiomaros* ou *Oxiobarros* (**ośiobaŕenYi**, B.1.59) ; ils peuvent être considérés comme déjà gaulois d'après les parallèles. Cependant il est remarquable qu'à cette date le nombre de noms celtiques soit si rare tandis que postérieurement ils seront plus nombreux (Correa 1993).

Au siècle suivant nous trouvons les premiers NNP gaulois dans des inscriptions grecques de l'espace d'influence massaliote, simples *graffiti* de propriété qui témoignent de l'existence de Gaulois capables d'écrire grec mais pas encore de l'usage de l'alphabet grec pour écrire gaulois. Les vraies inscriptions gauloises apparurent seulement au cours du IIe siècle av. J.-C. (Bats 1988 ; 2000).

L'expansion de l'épigraphie gauloise ne peut pas être assimilée à l'expansion de la langue gauloise car il y avait une frontière économique et culturelle au niveau de la rivière Hérault ; l'alphabet grec ne pouvait pas pénétrer plus à l'ouest et l'unique langue écrite de ce côté était la langue ibérique. Cependant les NNP dans les inscriptions ibériques et les sources littéraires témoignent de la présence de Gaulois dans la *Narbonensis* occidentale, qui, en certains endroits, avaient été assimilés à la population antérieure et en d'autres cohabitaient avec elle dans le même territoire.

Cette population antérieure n'était pas nécessairement uniforme, mais il semble que les sources pour la plupart ne s'intéressèrent pas à ses composantes. Les références anciennes aux Ibères en Languedoc et les inscriptions ibériques de la région ne doivent pas être considérées comme des aspects d'un unique développement. Les références aux Ibères dans les sources classiques s'attachent à des peuples établis aussi au sud des Pyrénées, ne parlant pas nécessairement la langue que nous appelons ibérique, mais en général elles font allusion seulement à une similarité culturelle. Les inscriptions ibériques pour leur part témoignent de la présence de colonies de commerçants qui parlaient cette langue et de son usage comme langue véhiculaire. Du point de vue ethnique et linguistique, il faut distinguer deux sens du mot « Ibère », on pourrait parler d'Ibère au sens large et au sens restreint. Un Ibère au sens large participe d'une certaine culture, indépendamment de sa langue vernaculaire, un Ibère au sens restreint parle ibérique dès l'enfance.

À l'Est de Marseille nous trouvons aussi d'autres peuples qui partagent le territoire avec les Gaulois, indépendamment des Celtes pré-gaulois. L'identité de cette population non gauloise est en apparence mieux définie par les sources, qui parlent seulement de « Ligures ». En revanche, nous n'avons pas d'inscriptions indigènes non gauloises et l'identité linguistique du ligure est un vieux problème qui n'a pas reçu de solution satisfaisante et qui est directement lié à la question des origines de ce peuple. Je pense qu'il faut distinguer le peuple appelé Ligure qui habitait la *regio Liguria* des Romains, et dont la personnalité culturelle est bien définie avec une langue probablement indo-européenne que nous connaissons très peu, des peuples culturellement rattachés mais probablement non homogènes, peut-être parlant différentes langues, qui occupaient le territoire depuis l'Arno jusqu'à l'ouest du Rhône, et peut-être même jusqu'au NE de l'Espagne. En ce cas nous pouvons parler aussi de Ligures au sens restreint et de Ligures au sens large.

L'écriture et la langue grecque en Occident

Du point de vue de la langue, les échanges des Grecs et des indigènes nous sont visible seulement dans une poignée de données qui ne sauraient être représentatives de ce qui est réellement arrivé. Naturellement le témoignage le plus frappant de réception relative à l'usage de la langue est l'usage de l'alphabet grec dont nous nous occuperons tout de suite et qui implique en soi l'existence d'individus bilingues. En outre, quelques toponymes sont intéressants.

Quelques toponymes

Les noms d'établissements transmis par les sources sont intéressants en eux-même, pour ce qu'ils peuvent nous révéler sur les lieux en question. Un nom comme Akra Leuké (Ἄκρα λευκή) purement topographique, peut naître de la connaissance simple de la côte, si la ville se trouvait vraiment sur la côte, sans nécessité de contacts directs, ni même le débarquement de Grecs à cet endroit. Il ne peut pas être séparé d'autres toponymes grecs de l'Hispanie qui nous avons considérés comme des toponymes d'orientation [18]. Seul le témoignage des sources permettrait donc d'inclure ce lieu parmi ceux que je considère nécessaires pour expliquer le développement de l'écriture gréco-ibérique et d'autres pratiques épigraphiques ibériques. On peut en dire autant à plus forte raison pour Alônis, dont le nom n'est pas nécessairement grec puisque la relation habituelle qui s'établit avec le groupe ἅλως, ἁλωνία, ἁλωή, « battage », présente quelques difficultés linguistiques en marge de la difficile justification topographique [19].

18 Cf. *supra*, et pour les toponymes grecs en Espagne : Schulten 1936 ; Hubschmid 1960, p. 491-492 ; Adrados 2000 ; 2001.

19 Sur les difficultés topographiques Fernández Nieto (1980, p. 578-579) a déjà attiré l'attention, suggérant aussi qu'il s'agit d'un nom indigène. Les difficultés linguistiques portent sur la dérivation et le manque d'aspiration dans le toponyme si nous comptons sur une transmission correcte de la prononciation antique jusqu'à époque

Le nom Héméroscopéion a plus d'intérêt. Il s'agit apparemment d'un nom commun utilisé comme toponyme. Le mot grec a un usage restreint et technique[20], il désigne un poste isolé de vigie, à certaine distance du lieu qui essaie de se protéger, du haut duquel peut être remarqué par anticipation un danger qui s'approche de la ville. Littéralement il signifie « lieu de vigie de jour », désignation étrange qui se justifie probablement parce que le mot de base, ἡμερόσκοπος, « surveillant de jour », désignait des guetteurs envoyés à l'aube à leur poste de vigilance qu'ils abandonnaient pendant la nuit puisque l'obscurité rendait inutile leur travail[21]. Il n'est pas facile d'expliquer l'utilisation du terme comme toponyme si effectivement le lieu n'était pas un *hemeroskopeion*. Cela exclurait que ce fût un lieu d'habitat de quelque importance et ne permettrait pas de justifier les termes *polis* ou *polichnia* mentionnés par les sources (St. Byz. s.v. ; Str. III 4. 6)[22]. C'est une question que n'ont pas envisagée les auteurs qui ont correctement interprété le mot grec[23] et qui implique qu'initialement le lieu, faiblement habité, était au service d'un site indigène proche, avec une fonction qui a justifié le nom grec, ce qui serait une donnée à considérer dans n'importe quelle tentative d'identification. Par la suite ce lieu se serait développé, avec une participation grecque, jusqu'à acquérir une plus grande envergure comme installation et comme lieu sacré.

L'alternative, peu probable bien sûr, d'un autre terme, se justifie précisément par le culte d'Artémis qui avait lieu à cet endroit. Un terme comme *hemeroskopos* est en réalité sémantiquement ambigu ; bien que non attesté, le sens « gardien(ne) bienveillant(e) » serait parfaitement possible puisque *skopos* est un terme appliqué dans la littérature à diverses divinités, et *hemera*, « bienveillante », une épithète cultuelle d'Artémis en Arcadie[24]. Il est certain que les composés avec *hemero-* comme premier terme se rapportent d'habitude au signifié « jour », mais les exemples ne manquent pas de référence à « docile, bienveillant, apprivoisé »[25]. Mais s'il a existé une Artémis *hemeroskopos*, son sanctuaire pourrait avoir été appelé *Hemeroskopéion* c'est-à-dire « Sanctuaire de la *Hemeroskopos* ». C'est une alternative qui ne peut pas être exclue. Et dans les deux cas, il s'agit d'un toponyme qui implique quelque chose de plus qu'une simple allusion à un point de référence pour le navigateur.

Dans l'aire d'influence de Marseille, quelques noms de villes ou d'îles sont sans doute d'origine grecque : Ἀφροδίσιον ἱερόν (Ptol. 2.10.1 Cuntz), Ἀγαθή (2.10.2, 9), Ἀντίπολις (2.10.5), Στοιχάδες (2.10.9), Λιθῶδες (Str. 4.1.7), Πλανασία (Str. 4.1.10), Στομαλίμνη (Str.4.1.8). Le nom Olbia (Ptol.2.10.5) prête au doute ; il est probablement grec, mais il y a quelques parallèles indigènes avec une racine *olb-*[26]. À la différence de l'Espagne, où il n'y a pas de toponymes indicateurs d'une présence grecque continuelle autre que les noms des colonies d'*Emporion* et de *Rhode*, en France il y a un plus grand nombre de toponymes qui dénoncent la familiarité des Grecs avec le territoire et, en dernière instance, un contrôle politique d'une partie importante de celui-là, chose qui n'existait pas en Espagne.

L'épigraphie grecque en Occident

Les témoignages directs de l'usage de l'écriture par les Grecs antérieurs à l'époque romaine que nous possédons en Hispanie et dans le sud de la France sont rares et, jusqu'à il y a peu, il n'y en avait aucun d'une certaine importance. Cependant nous disposons de témoignages indirects d'une importance considérable, et d'une grande signification historique et culturelle. En effet, une caractéristique notable de l'épigraphie ibérique est la claire influence grecque que reflètent ses usages, et qui se manifeste par l'adoption de certains types de documents, essentiellement de caractère commercial ou du moins pratique, par la disposition formelle de ces documents, et même par leur support matériel.

Il y a en effet un type de document, le plus caractéristique de l'épigraphie ibérique, qui met en évidence avec clarté son caractère. Il s'agit de la tablette en plomb

romaine.

20 Il est pratiquement restreinte à Énée le Tacticien 6. 6 et 22. 11.

21 Attesté déjà dans Hdt. 7. 183, 192, apparaît aussi dans Énée le Tacticien 6.1. Cependant quelques exemples poétiques me semblent des simples substitutions de l'habituel σκοπός, moins familières et avec plus de corps phonétique.

22 Alternativement, et du point de vue des navigateurs, nous pourrions penser à une désignation née dans les premiers temps des navigations grecques dans la zone pour désigner un lieu adéquat pour se faire une idée de l'environnement géographique, en agissant comme Ulysse dans *Od.* 10.194 quand il veut reconnaître l'île de Circé. Mais dans ce cas également une *polis* resterait exclue. On peut faire la même objection pour la nouvelle et intéressante hypothèse qui voie dans *hemeroskopeion* la désignation d'un point d'observation pour l'arrivé des thons (Fernández Nieto 2002).

23 Pena 1993, p. 62-63 (qui ne distingue pas *hemeroskopos* et *hemeroskopeion*) ; Rouillard 1991, p. 301.

24 *IG* V 2, 398, 403 ; H. Torres, *Artemis en la literatura y el culto a través de sus epítetos* (thèse inédite, Univ. Complutense 1996), p. 115-118. La relation possible de l'épithète avec le toponyme a été indépendamment marquée par R. A. Santiago dans une communication au IXe Congrès Espagnol d'Études Classiques (le 28 septembre 1995, « *Hemeroskopeion* y la epíclesis *Hemera* para Artemis »).

25 Ἡμερόδρομος, -θαλλής, -θηρικός, -καλλές, -πιτυς.

26 Ὄλβια dans les Alpes (Athen. 6.23, peut-être d'après Poseidonius).

inscrite, mais non pas la *defixio*, qui semble méconnue dans le monde ibérique. Il s'agit plutôt de l'annotation pratique, avec des listes et des indications numériques, ou de la missive, pourvue très souvent de l'indication précise de la personne à qui elle est adressée (voir *infra*). Évidemment, les Ibères n'ont pas inventé cet usage ; outre de lointains antécédents néolouvites, nous avons chaque jour de plus en plus d'exemples grecs, dont certains sont très anciens [27].

Les plombs grecs sont connus depuis l'époque archaïque jusqu'à l'époque hellénistique avancée. Bien qu'il existe des exemples athéniens et d'autres zones de Grèce centrale, ils proviennent surtout de zones marginales, de la Mer Noire, de la région de Marseille et d'Ampurias, et ces dernières années surtout de Sicile, où les découvertes se multiplient. Il s'agit de lettres d'affaires, de contrats et de reconnaissances de dettes.

De façon significative, les mots ibériques attestés le plus anciennement sont les noms de personnes cités dans le plomb ionien de Pech Maho (cf. *infra*), un document daté du deuxième tiers du Ve siècle, authentique témoignage des gens de l'*emporion*, des marchands et de leurs clients dans les ports des embouchures des rivières qui reliaient les itinéraires de la mer et de la terre. Quelle autre trace épigraphique les Grecs établis de façon permanente ou temporaire au milieu de populations non grecques laissaient-ils ? Nous ne pouvons bien évidemment pas attendre une épigraphie publique, puisque, même s'il s'agit de communautés grecques, ces communautés manquent d'autonomie politique. Si les « métèques » grecs ne sont pas très nombreux, –et ils ne doivent pas marquer leurs différences avec une communauté indigène par des institutions très définies, comme c'est le cas par exemple des Phéniciens à Athènes qui nous ont laissée des inscriptions bilingues sur leurs cultes–, nous ne pouvons pas attendre non plus des témoignages épigraphiques communautaires. Nous rencontrerons plutôt le domaine de l'épigraphie privée, des inscriptions de propriété, des inscriptions votives, des textes relatifs à l'activité journalière, le gagne-pain quotidien et occasionnellement la jouissance de la vie. Les inscriptions funéraires ne pourront être attendues que si la présence grecque est suffisamment forte pour disposer d'une nécropole propre, et donc d'une certaine garantie de la continuité d'un public capable de comprendre ce qui est inscrit sur une pierre tombale. C'est en effet le panorama que nous offre la peu abondante épigraphie grecque sur les territoires non grecs d'Italie ou de Sicile, et les témoignages de Grecs parmi les non Grecs dans d'autres parties de la Méditerranée, dont bien sûr la péninsule Ibérique [28].

De ce que nous avons vu jusqu'à présent, on déduit que dans une bonne partie du monde ibérique nous pouvons nous attendre, à en juger d'après les données historiques et archéologiques, à trouver des témoignages, même rares, d'une influence et d'une présence directe de l'écriture grecque (**fig. 491**) [29].

Évidemment la Catalogne (en particulier Ampurias) doit être un lieu privilégié, et de fait les découvertes confirment en partie nos attentes. Cependant l'influence épigraphique de la colonie sur les indigènes ne semble pas avoir été importante dans les premiers temps. Quand, à la fin du Ve siècle, nous trouvons le premier témoignage d'écriture dans le village d'Ullastret (*MLH* III, C.2.30), ce n'est pas l'alphabet grec qui sera utilisé mais bien l'écriture ibérique qui, à mon avis, était arrivée déjà pleinement développée depuis le SE en Catalogne.

L'épigraphie ampuritaine n'est malheureusement pas très riche ni en nombre ni pour ce qui est de l'état de conservation de ses inscriptions. La date de ce qui nous est parvenu est relativement avancée, puisque les documents antérieurs au IVe siècle sont peu nombreux et qu'il s'agit souvent d'inscriptions d'époque déjà romaine.

Parmi les rares textes antérieurs au IVe s. il y a quelques marques commerciales sur le fond de céramiques. Certaines ont été confondues avec des inscriptions ibériques [30], comme celle qui a été pendant quelque temps considérée comme l'inscription ibérique la plus ancienne, un *graffito* de marchand grec sur le fond d'un lécythe attique à figures noires du groupe de Haimon [31], c'est-à-dire du deuxième quart du Ve siècle.

En tout cas ces marques, gravées probablement au point de départ de la marchandise, appartiennent aux techniques ésotériques des marchands et ne font pas partie à proprement parler de l'épigraphie grecque de la Péninsule Ibérique où elles sont arrivés déjà écrites et n'ont pas dû jouer de rôle dans la transmission de la culture grecque vers le monde indigène.

Plus intéressante est la possibilité que des navigateurs grecs aient laissé un témoignage de leur passage par un port de commerce en offrant un ex-voto à une divinité, qu'elle soit locale assimilée à une divinité grecque, ou bien dans un sanctuaire proprement grec si le trafic était

27 de Hoz 1999a ; en dernier lieu, avec bibliographie, Sosin 2008.

28 En général de Hoz 2003.

29 Pour le Languedoc, je me limite au territoire à l'ouest de l'Orb, puisque dans l'unique site dans lequel on a trouvé épigraphie ibérique plus à l'est, Lattes, il y a seulement un plomb sans doute arrivé de la Péninsule (*MLH* B.2.3 = G.18.1) ; les *graffiti* supposés ibériques (B.2.1-2) sont étrusques. L'inclusion de Lattes agrandirait considérablement le matériel grec de la zone.

30 Almagro Basch 1952, p. 80, n° 14 ; García y Bellido 1948.

31 Trias 1967-68, t. I, p. 67-68, n° 117.

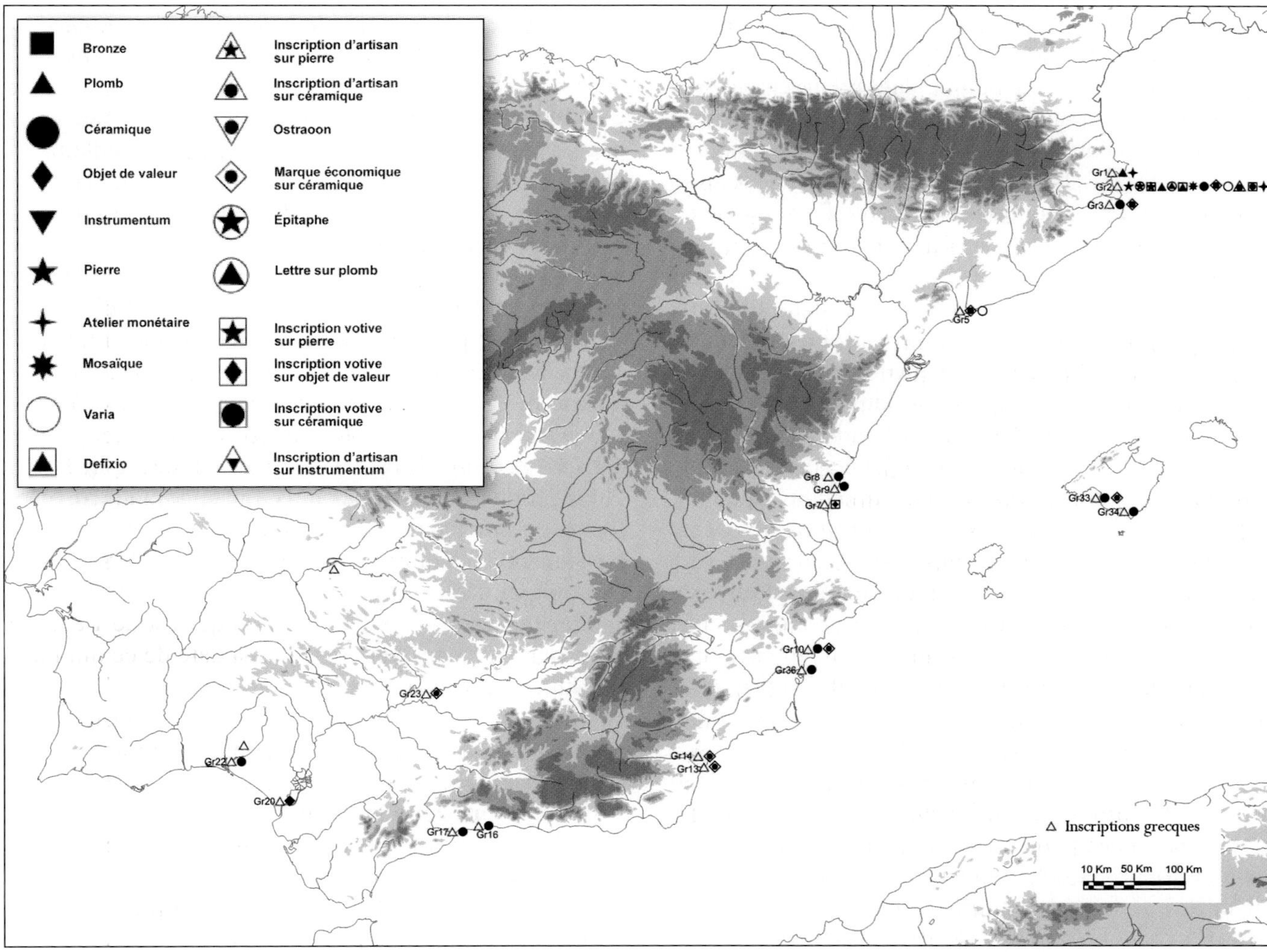

Fig. 491. Les inscriptions grecques pré-impériales d'Hispanie (en cartouche, légende des fig. 491-493).

Gr1 Rosas (Rhode) (= C51) (Gerona). **Gr2** Ampurias (Emporion) (=C1) (Gerona). **Gr3** Ullastret (=C2) (Gerona). **Gr5** Tarragona (Tarraco) (=C18) (Tarragona). **Gr7** Valencia (=F53) (Valencia). **Gr8** Olocau (=F51) (Valencia). **Gr9** Sagunto (Saguntum) (=F11) (Valencia).**Gr10** Elche (=G12) (Alicante). **Gr13** Villaricos (=P8) (Almería). **Gr14** Herrerías (Almería). **Gr16** Toscanos (Málaga). **Gr17** Guadalhorce (Málaga). **Gr20** Doñana (Huelva). **Gr22** Huelva (Onuba) (Huelva). **Gr23** Córdoba (Corduba) (Córdoba). **Gr33** Bahía de Mallorca (=P12) (Sec, Calviá, Islas Baleares). **Gr34** Na Guardis (Colonia de Sant Jordi, Mallorca, Islas Baleares). **Gr36** Cabezo Lucero (=G55) (Alicante).

suffisamment intense pour justifier son existence. L'un de ces ex-votos pourrait être une figure masculine de bronze du Musée de Préhistoire de Valence, qui porte une inscription extrêmement claire gravée dans le dos. L'inscription se compose de deux mots :

'Απολλώνιος ἀνέθηκεν, « Apollonios a dédié ».

Il s'agit par conséquent d'une dédicace où malheureusement est seulement indiqué le dédicant et non la divinité à laquelle l'offrande a été faite.

C'est une inscription banale, mais l'alphabet dans lequel elle est écrite fait qu'il vaut la peine qu'on s'y arrête. Il ne s'agit pas en effet de l'alphabet ionien mais d'un alphabet local, qui peut nous permettre de déterminer la provenance du dédicant, si on le combine avec quelques indices linguistiques. La combinaison de -n (*ny* éphelcystique), caractéristique spécifique des dialectes ioniens, et des traits non-ioniens de l'alphabet est significative, et nous restreint à des zones qui combinent une langue ionienne et un alphabet non-ionien, soit l'Attique et l'Eubée et ses colonies. Il est difficile de choisir entre ces deux hypothèses parce que l'inscription ne présente aucun des traits peu abondants qui permettent de distinguer les deux alphabets. Les anomalies qui l'éloignent des deux modèles originaux, et qui sont l'indice d'une influence ionienne, se sont produites parallèlement dans les deux régions. Il s'agit en particulier de la substitution du sigma à trois traits et du *lambda* inversé, propres aux deux alphabets épichoriques, par le Σ et le Λ classiques d'origine ionienne, qui se produit au cours du Ve siècle.

L'alphabet ne nous permet pas de déterminer par

conséquent le lieu où Apollonios avait appris à écrire, mais il restreint les possibilités, Eubéen dans un sens ample ou Athénien, et avec une date relativement précise, probablement aux alentours du milieu du Ve siècle ou peu après. D'autres traits épigraphiques ou linguistiques, comme la structure de l'inscription ou le nom personnel, sont trop communs pour que nous puissions aller plus loin à partir de ceux-ci.

Mais le témoignage le plus intéressant à ce jour d'épigraphie grecque relative au commerce dans une aire ibérique procède du sud de la France, du site indigène de Pech Maho. Il s'agit du plomb apparu dans un contexte de la deuxième phase (480-300), dans la terrasse Sud entre la fortification et le mur intérieur de l'installation, zone non habitée de l'enceinte fortifiée dans laquelle il aurait fini comme rebut [32]. Sa chronologie paléographique, toujours douteuse, peut appartenir au deuxième tiers du Ve siècle [33].

Le texte de Pech Maho [34] contient, en plus d'un texte étrusque, un texte grec de douze lignes au recto, plus une autre texte transversal au verso. Il est déjà bien connu et je ne m'étendrai pas sur le sujet. Je me limiterai à souligner quelques aspects particulièrement saillants du point de vue de cet article.

Un apport très significatif du plomb de Pech Maho est la démonstration de l'existence d'une langue technique du commerce, avec des usages spécifiques déjà bien développés, et qui pouvait être comprise par les indigènes qui faisaient affaire avec les commerçants grecs. En ce sens le plomb de Pech Maho est un nouveau témoignage d'une classe importante de textes, les documents sur plomb auxquels on a déjà fait référence, qui, avant la période hellénistique et les papyrus grecs de l'Égypte, représentent les exemples presque uniques de documents, privés ou non, non destinés à l'exhibition publique. C'est aussi l'un des témoignages les plus vivants et directs qui nous soient arrivés du monde de l'*emporion* en général, et pas seulement dans l'aire limitée de l'Occident dont nous nous occupons à présent.

Dans cette périphérie du monde hellénique, où parvenaient les marchands grecs mais qui n'était pas intégrée à l'orbite coloniale, existaient des cadres socialement et culturellement très différents. Nous pouvons distinguer une périphérie « barbare », avec des institutions et une structure sociale moins complexe que celles qui existaient déjà dans une bonne partie du monde grec, et une périphérie orientale –et carthaginoise et étrusque–, dans laquelle les relations étaient d'un autre type, comme c'était le cas d'Al Mina, de Naucratis ou des villes phéniciennes. Pech-Maho représente un exemple particulièrement net du premier cas, celui qu'avec des traits plus ou moins semblables malgré les différences locales, marquées et indiscutables, nous pouvons attendre de la mer Noire à la Péninsule Ibérique en passant par l'Illyrie ou une partie de l'Italie.

Il y a cependant à Pech Maho un aspect qui, sans être exclusif, n'est pas non plus banal. Je pense à la complexité de ce que nous pourrions appeler les « gens de l'*emporion* ». En général la bibliographie a accepté que dans le texte apparaissent deux groupes ethniques, les Grecs, étrangers à la zone où ils font le commerce, et les Ibères ou indigènes. En réalité, il n'y a pas de motif de considérer les Ibères comme indigènes, et les non-Grecs mentionnés dans le texte ne sont pas seulement Ibères.

Cependant le marchand n'est pas l'unique Grec qui a pu parvenir dans les communautés indigènes et établir un contacte avec ses habitants. Il faut penser aussi, comme on l'a dit plus haut, à l'artisan, bien que nous n'ayons pas de témoignage épigraphique de la présence d'un artisan grec en territoire ibérique [35].

Finalement, comme dans le cas de l'Andalousie, il faut se demander si quelques *graffiti* grecs, qui ne sont pas des marques commerciales mais à ce qu'il semble des NNP de propriétaire, et qui sont apparus sur des sites indigènes, peuvent être l'indice de la présence d'un Grec, puisqu'il ne semble pas que des vases aux caractéristiques communes présentant ces NNP aient pu arriver dans la Péninsule par un commerce de seconde main.

Mais pour fructueux qu'aient pu être les contacts entre Grecs et indigènes dans les ports de commerce ou dans les lieux habités qui ont accueilli un artisan hellène, il est indubitable qu'une authentique *polis* grecque, avec sa vie institutionnelle autonome, représente un témoignage plus intéressant et entier de la culture hellénique et des possibilités d'hellénisation des indigènes. Dans ce sens, nous devons tourner à nouveau notre attention vers Ampurias et la France mediterranéenne pour revoir quelques aspects de son épigraphie.

Nous manquons malheureusement d'épigraphie institutionnelle directement issue du fonctionnement politique de la ville. Nous ne disposons d'aucune inscription dans laquelle soit mentionné un magistrat, un corps civique ou une mesure législative, mais au moins nous savons, grâce aux simples briques marquées avec l'abréviation du mot

32 Solier, dans Lejeune, Pouilloux, Solier 1988, p. 19-21.

33 Pouilloux, dans Lejeune, Pouilloux, Solier 1988, p. 37. Voir aussi de Hoz 1999b, § 4.

34 Bibliographie essentielle : Lejeune, Pouilloux, Solier 1988 et Lejeune 1991. Bibliographie postérieure dans de Hoz, 1999b et 1999c, articles dont j'utilise ici les conclusions. Voir aussi *THA* IIA, *IGAI* 7 ; Van Effenterre, Ruzé, 1994/95, II, p. 75, *IGF* 135.

35 Mais cf. le *dipinto* sur céramique d'Ibiza, avec signature d'artiste : Ἑρμίας (*EGH* 34.1, Na Guardis, Mallorca).

« public », Δημ (*EGH* 2.37)[36], omniprésent dans le monde de la *polis*, que la communauté ampuritaine disposait de mesures officielles et fabriquait au moins une partie du matériel exigé par le développement urbain de la ville. Elle n'était donc pas une simple agglomération mais une authentique *polis*, une communauté de citadins liée à un centre urbain. De toute façon il est peu probable que l'épigraphie publique ampuritaine ait jamais été abondante, ce qui n'implique pas que l'administration de la ville n'ait pas utilisé l'écriture ou qu'il n'ait pas existé un secrétaire pour transcrire des résolutions et des données temporairement utiles. Mais étant donnée la petite importance de la communauté, elle n'avait pas l'habitude de solenniser ses actes par des inscriptions, et s'il a existé des occasions exceptionnelles qui ont donné lieu à une inscription, celle-ci ne nous est pas parvenue.

Il y a cependant une exception dans cette lacune de l'épigraphie publique, c'est l'épigraphie monétaire. C'est une question que nous n'aborderons pas ici car, en Ibérie comme dans le Sud de la France, son importance pour le développement des indigènes se date plutôt au début de l'influence romaine.

En tout cas la majeure partie de l'épigraphie ampuritaine est de caractère privé, même sans considérer les marques commerciales. À Ampurias, nous trouvons évidemment un plus grand nombre d'inscriptions grecques de propriété que dans d'autres sites d'Hispanie, mais il est curieux de constater que les *graffiti* les plus nombreux appartiennent à d'autres catégories. Tous les graffiti de propriété (*EGH* 2.39 ?, 2.44 ?, 2.45, 2.48, 2.53, 2.54 ?) se trouvent sur des céramiques grecques ; certains pourraient remonter au VIe siècle, si l'on en croit Jeffery (*LSAG*, p. 288), mais, quand la date du support est assurée, ils sont du Ve siècle, excepté *EGH* 2.48 qui date du IVe siècle. Il y a également bien sûr quelques inscriptions funéraires mais aucune d'importance pour la période pré-romaine.

Plus intéressantes sont les deux ou trois lettres sur plomb que la ville a déjà livrées. La plus intéressante est une tablette de plomb (*EGH* 2.14) avec quatorze lignes de texte, apparue en 1985 dans la zone d'habitation, dans un contexte de remplissage qui contenait un matériel à ce qu'il semble de la fin du Ve siècle. Elle a été datée, sur les critères imprécis de langue et de paléographie, de la fin du VIe s.[37] Il s'agit d'une lettre commerciale dan laquelle l'auteur donne des instructions au destinataire pour qu'il s'occupe d'affaires décrites en des termes propres à la navigation et au commerce. À ce qu'il semble, il doit réaliser des démarches auprès d'un troisième individu du nom de *Basped-*, répété mais malheureusement toujours fragmentaire, qui s'explique facilement comme NP ibérique (Velaza 1992). Apparaît aussi un toponyme possible, *Saiganthe*, dans lequel on a voulu voir le nom de Sagunto (Santiago 1990b), bien que les difficultés soient grandes étant donnée la différence entre cette forme et celle transmise par les auteurs grecs. Particulièrement significative est la mention d'Emporitains, parallèle à celle du plomb de Pech Maho. La langue des Phocéens occidentaux est aussi visible dans ce texte, dans lequel nous trouvons, à côté de formes ioniennes communes, quelques clairs éolismes qui s'expliquent comme des traits propres à l'ionien septentrional, dans laquel s'insérait sans doute le phocéen, mais que nous connaissions seulement à Chios jusqu'à présent.

Mais nous ne trouvons pas seulement à Ampurias – en dehors des inévitables souvenirs de haines anciennes que sont les *defixiones* – des témoignages propres d'un *emporion* authentique, liés aux marchandises et aux transactions, ou des inscriptions publiques nées de nécessités pratiques comme les légendes monétaires. Nous trouvons aussi des indices épigraphiques d'autres aspects de la culture grecque de caractère plus général, communs à tous les Grecs qui n'avaient pas rompu les liens avec la tradition de leur peuple. Ils complètent l'image excessivement régionale, limitée à la tradition du monde ionien d'Asie Mineure et à ses colonies, que nous fournirait l'étude de la langue et de l'onomastique ampuritaines. Les Emporitains connaissaient l'institution du symposium, et les vestiges archéologiques de la ville et quelques *graffiti* intéressants en donnent une bonne preuve. Les témoignages de plus importants aspects de la vie grecque ne manquent pas à Ampurias. Ce que l'épigraphie nous apprend sur le culte est malheureusement bien peu, même si c'est dû à un manque d'information archéologique auquel il sera sans doute remédié à l'avenir.

Des inscriptions proprement religieuses, à part les occasionnelles invocations divines, comme celle à Héraclès dans la deuxième inscription (*EGH* 2.49b) d'une cruche à inscription symposiaque, nous n'avons que quelques exemplaires plus tardifs, et la plaque de Themis (*EGH* 2.7)[38], qui offre l'intérêt d'être un témoignage de la religion officielle de la cité.

36 On est surpris de trouver à Sagonte une inscription du même type ; il s'agit probablement d'un NP abrégé, c'est-à-dire une inscription de propriété (*EGH* 9.3).

37 Sanmartí-Grego, Santiago 1987, p. 120 ; 1988 ; Santiago, Sanmartí, 1988, p. 101 ; Johnston dans *LSAG*, p. 464. Mais cf. Slings 1994, p. 112.

38 Depuis Nicolau D'Olwer, on date cette inscription du IIe ou Ier siècle av. J.-C., mais je ne vois rien dans la paléographie, unique critère de datation que nous avons, qui empêche de remonter au moins au IIIe siècle. En tout cas l'association avec l'agora hellénistique semble fondée, et l'introduction du culte à une date déjà romaine n'est pas vraisemblable.

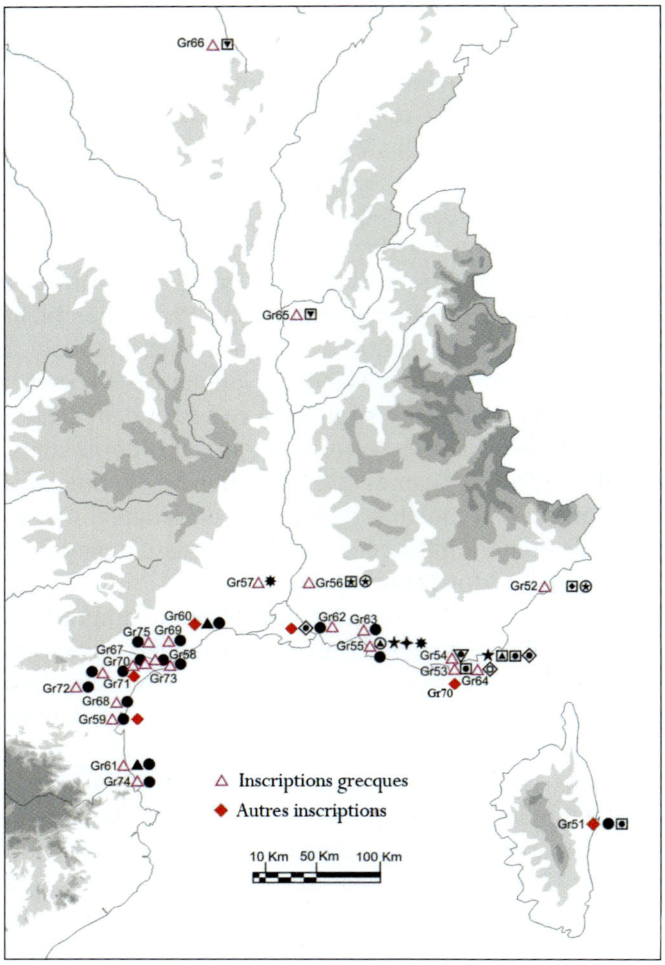

Fig. 492. Les inscriptions grecques du sud de la France.
(les losanges en rouge indiquent inscriptions étrusques ou douteuses).

Gr51 Aléria (Haute-Corse). **Gr52** Antibes (Gard). **Gr53** Giens (Var). **Gr54** Olbia (La Drôme). **Gr55** Marseille + Grand-Congloué (épave) (Bouches du Rhône). **Gr56** Glanum (St Remy) (Bouches du Rhône). **Gr57** Nimes (Gard). **Gr58** Vieil-Agde (Hérault). **Gr59** Pech Maho (=B7) (Sigean). **Gr60** Lattes (= B2) (Hérault). **Gr61** Ruscino(=B8) (Chateau Roussillon, Pyrénées-Orientales). **Gr62** Saint-Blaise (St-Mitre-les-Remparts, Bouches du Rhône). **Gr63** Teste-Nègre (Les-Pennes-Mirabeau, Bouches du Rhône). **Gr64** Bagaud (épave) (Var). **Gr65** Bourgoin-Jallieu (Isère). **Gr66** Vix (Côte d'Or). **Gr67** La Monédière (Bressan) (Ain). **Gr68** Montlaurès (Aude). **Gr69** Pézenas (Herault). **Gr70** Ensérune (Hérault). **Gr71** Mailhac (Haute Vienne). **Gr72** Canonges (Villasavary, Aude). **Gr73** Baeterrae (Béziers, Hérault). **Gr74** Collioure (Pyrénées-Orientales). **Gr75** Magalas (Hérault). **Gr76** Grand Ribaud (Var).

L'absence d'épigraphie publique est tout aussi remarquable dans le sud de France (**fig. 492**), mais en ce cas l'explication peut venir des avatars du vieux centre urbain de Marseille. En dehors de cette lacune, nous trouvons, à Marseille comme dans ses dépendances, l'épigraphie propre à une *polis* moyenne. Il y a, en prenant en considération aussi l'épigraphie de la période romaine, plusieurs inscriptions votives (*IGF* 2, première moitié du Ve s., port de Marseille ; *IGF* 51, Ier s., Glanum ; *IGF* 64, IIIe/IIe s., Olbia ; *IGF* 65, IIIe s., Olbia ; *IGF* 66, IIe s., Olbia ; *IGF* 67, IIe s., Olbia [cf. *IGF* 78, IIe s. ap.-J.-C., Tauroeis ??] ; *IGF* 84, V^{e}/IVe s., Antibes ; *IGF* 86, IIIe/IIe s. ; *IGF* 128, Agde ??). Les dédicaces de la presqu'île de Giens (*IGF* 68 $^{1-48}$) méritent une place à part. Les dédicants, pour la plupart Grecs ou Grecques mais dans certain cas Gaulois, se servent exclusivement de la langue grecque pour honorer Aristée.

Il y a aussi des épitaphes (*IGF* 54, IIe/I^{e} s., Glanum ; *IGF* 129, IIIe s., Agde), une possible inscription honorifique, bien que déjà tardive (*IGF* 81, Ier s. av./Ier s. ap., Antibes), des inscriptions sur mosaïques (*IGF* 3, fin du IIIe s., Marseille ; *IGF* 124, , Nîmes, Ier s.?, [cf. *IGF* 127, mosaïque du Ier s. de Saint-Côme (Nîmes)]), curieusement une seule defixio (*IGF* 70, IIe/Ier s., Olbia) et, comme à Ampurias, des lettres sur plomb (*IGF* 4, IIIe s. Marseille ; *IGF* 71, IIIe/IIe s., Olbia ; *IGF* 130, IVe s., Vieil-Agde) et un *ostracon* (*IGF* 72, IIe s., Olbia). Un texte particulièrement intéressant et sans parallèles parce qu'il combine la langue grecque, la typologie latine et l'origine indigène est la tessère d'hospitalité de bronze avec forme de main droite (*IGF* 1, seconde partie du IIe/début du Ier s. av. J.-C.). Naturellement nous trouvons aussi de nombreux *graffiti*, quelques-uns arrivés en France déjà gravés, comme le vœu de bonne santé sur douze skyphoi de l'épave du Grand-Congloué (*IGF* 46, fin IIIe/début IIe s.), incisé avant d'être vernis, ou les marques de marchands, quelques unes sans doute œuvre de Grecs établis dans le sud de la France[39].

39 Je donne des références aux marques grecques de ces sites sans prétendre être exhaustif. Jully = Jully 1976 ; dans les références j'utilise aussi *MLH*, B.1 etc.., parce que quelques marques grecques ont été publiées comme inscriptions ibériques. *Graffiti* numérals, parfois avec un caractère ou signe complémentaire : Ensérune (Jully 79 = B.1.8 ; 44 = B.1.4 ; 1.36 ; 1.102 ; Jannoray 1955, *Ensérune*, pl. LXIV 16) ; Montlaurès (B.4.1) ; Ampurias (Jully 74 = Trías 1967-68, I, 67-8, n° 17 ; Jully 75, 76 ; Johnston 1979, p. 18 et 156 (n° 12 et 225) ; Ullastret (*EGH* 3.2 ; n. d'inventaire du Musée 1428, avec un monogramme identique à un *graffito* de Lattes (Jully 73bis). Des caractères : Ensérune (Jully 11, 35 = B.1.12 ; 36 ; 37 ; 38 ; 39 ; 45 ; B.1.2 (et une inscription possiblement étrusque) ; 1.12 ? ; 1.57, 1.83, 1.84 (et une inscription ibérique dans les trois derniers) ; 1.99 ? ; 1.104 ? ; 1.201 ?) ; Montlaurès (Jully 5, 7 (3x), 8, 9, 10, 19, 22, 23, 24, 25, 26, 27, 66) ; Ampurias : OU dans la base d'un lécythe à figures noires (*CGPI* 69, n° 121, Jully 1) ; ΘΕ dans la base d'une cruche de type sotadeo (*CGPI* 166, n° 538, Jully 14) ; ΣΩΣ rétrograde sur le fond d'une kylix à vernis noir du milieu du Ve siècle (*CGPI* 213, n° 723, Jully 16) entre d'autres (Jully 15 ; 17 = *EGH* 2.46 ; 18 = *EGH* 2.47 ; 40 ; 63) ; Ullastret (n° 2555 (sigma), 2942, 1297, etc.., Jully 33). Des marques simples : Ensérune (B.1.1 = Jully 73 (et une inscription ibérique) ; Jully 93 ; B.1.3 (et une inscription ibérique) ; 1.25 (et une inscription ibérique) ; 1.95 (et une inscription ibérique ?) ; 1.96 ; 1.104 ? ; 1.105 ; 1.230) ; Montlaurès (Jully 91) ; Ampurias (Jully 86) ; Ullastret (n° 1420 = 301, 272, 183 ou 783, 1458, 1109, 542, 198).

L'écriture gréco-ibérique [40] et l'impact grec sur les écritures paléohispaniques

L'écriture appelée gréco-ibérique est simplement une version simplifiée de l'alphabet ionien couramment utilisé à l'époque. Il est douteux qu'elle ait survécu au début du IIIe siècle, et son aire géographique s'est essentiellement restreinte au territoire culturellement homogène qui s'étendait dans l'actuelle province d'Alicante et une partie de celle de Murcie, où cependant elle a cohabité avec l'écriture méridionale et peut-être, malgré des problèmes d'ordre chronologique, avec la levantine ibérique.

L'écriture gréco-ibérique est un système alphabétique qui se compose de seize graphèmes, écrits de gauche à droite, et d'un signe d'interponction. Les graphèmes correspondent, selon leur valeur en grec, à cinq voyelles, cinq occlusives, une ancienne affriquée dont la prononciation à l'époque où l'adaptation s'est produite est discutable, et quatre consonnes continues, le graphème correspondant à l'une desquelles a été doublé par l'ajout d'un diacritique, c'est-à-dire :

a e i o u
b t d k g
n l r ŕ s ś.

Le processus d'adaptation a été réalisé conformément à des procédés évidents et bien connus dans l'histoire des écritures. On a pris en premier lieu tous les signes qui représentaient des phonèmes de la langue de départ communs à la langue d'arrivée, on a éliminé ceux qui manquaient d'équivalences, puis quelques menues manipulations ont été réalisées dans les cas où le transfert simple ne suffisait pas. Au premier cas appartiennent *a, i, u, b, t, d, k, g, n, l, r*, et le signe que, conformément à des habitudes déjà établies, nous transcrivons par *ś* c'est-à-dire s (*sigma*) en ionien. Les graphèmes grecs correspondants à *p, ph, th, kh, m, w*, et tous ceux qui représentaient des combinaisons de sons, c'est-à-dire *dz, ks, ps*, ont été éliminés. Dans le cas des voyelles de timbre /e/ et /o/, l'alphabet ionien disposait de différents signes pour indiquer la longue et la brève, et curieusement on a opté pour la longue dans le cas de /e/ et pour la brève dans le cas de /o/. Enfin, un deuxième signe a été créé pour la vibrante, en le différenciant du signe reçu du grec au moyen du diacritique, < ŕ >, et un signe qui n'était pas déjà en usage comme graphème proprement dit en ionien a été utilisé avec une valeur que nous aurons à déterminer, et que nous transcrivons conventionnellement *s* [41].

Les seules différences qui ont surgi en passant de l'alphabet ionien au gréco-ibérique ont été l'élimination de quelques signes inutiles, l'introduction d'un diacritique pour distinguer les deux types de vibrantes nécessaires pour l'ibère et la réactivation, en partant de son utilisation comme chiffre, de la lettre *sampi*, probablement déjà inutile en ionien du point de vue phonétique, mais qui permettait, en ibérique, la notation de la deuxième sifflante de la langue.

Nous possédons actuellement en alphabet gréco-ibérique cinq plombs inscrits originaires de La Serreta de Alcoy (*MLH* G.1.1, 3, 7, 8, *9 [42]) et trois autres originaires respectivement de El Cigarralejo (G.13.1), Coimbra del Barranco Ancho (*G.23.1) (Muñoz 1990), et, selon une attribution non vérifiée, Sagunto (*F.11.34) (Fletcher, Silgo 1991). De plus El Campello a livré quinze *graffiti* sur céramique attique à vernis noir (1-15) [43], auxquels il faut ajouter d'autres graffiti originaires de Benilloba (G.3.1), Baradellos (G.4.1), Le Puig (G.2.1) [44] et Coimbra del Barranco Ancho [45]. Il y a aussi un graffito ibérique en écriture grecque originaire d'Ampurias (C.1.9a) (cf. *infra* les *graffiti* de Peyrac-de Mer).

Quelques textes peuvent être datés, dans une certaine mesure (Llobregat 1989, p. 161-162), soit par le contexte archéologique, soit par le support. Le contexte semble indiquer le IVe siècle pour le plomb du Cigarralejo (Cuadrado 1950 ; 1987, p. 123), et la plupart des *graffiti* sont gravés sur des céramiques attiques à vernis noir du même siècle, ou plus précisément datables entre 380 et 325 [46]. Le *graffito* G.9.8 pourrait remonter à la fin du Ve siècle [47], et avec plus de certitude G.9.13 ; celui de

40 Llobregat 1972 ; de Hoz, 1987a ; 2009 ; MLH III.2 ; García Martín 2003.

41 Il a reçu conventionnellement au Moyen Âge le nom de *sampi*. Il continuait d'occuper, comme il l'occupe encore de nos jours, une place dans l'alphabet par sa fonction de signe numéral.

42 Silgo 1997 ; Velaza, 2001, 1.1. Les références avec astérisque renvoient à inscriptions non publiés dans les *MLH*, mais dont nous connaissons déjà la numération dans le Supplément prévu par J. Untermann. Je laisse de côté le *graffito* G.1.2 dont l'authenticité est douteuse.

43 Llobregat s'est occupé de tous ces *graffiti*, des cinq premiers en 1972, p. 27-31 ; des suivants en 1989 ; ce sont les numéros 6-7, 10-1, 13-8. Les 8 et 9 peuvent être marques proprement grecques, Campello 12 et 19 sont des marques indéterminées, Campello 21 et 22 sont *graffiti* puniques. En ce qui concerne Campello 20, il mériterait un commentaire à part.

44 Le *graffito* de Tossal de Manises (G.10.1) doit être septentrional ou romain.

45 Muñoz 1990 ; García Cano, Hernández Carrión 2001.

46 Je remercie J. M. Garcia i Martin qui m'a permis de connaître son étude des *graffiti* du Campello alors qu'il était encore inédit, et j'ai une dette très spéciale avec J. M. García Cano qui étudia les céramiques avec *graffiti* gréco-ibériques pour me donner une opinion autorisée sur leur date.

47 Selon Garcia i Martin ; pour Llobregat 1989, p. 150, il serait

Benilloba (G.3.1) semble appartenir déjà au IIIe siècle, et celui de Baradellos (G.4.1), gravé sur une céramique ibérique, est de datation imprécise. Comme on le voit, presque aucun texte gréco-ibérique n'existe avant le IVe siècle, mais nous ne pouvons pas en déduire que la date des premières inscriptions conservées correspond à celle de la création de l'écriture : nous dépendons de l'analyse interne de celle-ci dans son contexte historique pour déterminer ses origines.

Dans un travail antérieur, je me suis déjà occupé de cette question et des réponses qui lui avaient été données (de Hoz,1987a). Je fais ici abstraction des problèmes historiographiques et me limite à résumer dans une partie, à développer dans l'autre, les conclusions de ce travail. L'alphabet gréco-ibérique est sans doute d'origine ionienne, et ses modèles les plus clairs sont visibles à Samos. Il n'y a cependant pas lieu de supposer que cette île soit la patrie d'origine des Grecs qui ont enseigné l'utilisation de leur écriture aux Ibères. Nous connaissons très mal l'épigraphie pré-hellénistique de nombreuses zones du monde ionien, dont celle de Phocée, et il en va de même avec leurs colonies. C'est pourquoi, tant que ne seront pas apparus des témoignages irréfutables du contraire, il faudra supposer que Phocée a connu une tradition similaire à celle attestée à Samos, et que ce sont les Phocéens, en accord avec la logique historique, qui introduisirent l'alphabet chez les Ibères. Une autre question qui exigerait un commentaire à part, est celle de savoir s'il s'agissait de Phocéens au sens large ou plus concrètement d'Emporitains.

A en juger par les parallèles existants, cet emprunt a difficilement pu se produire postérieurement à 450 avant J.-C., ce qui constitue une donnée importante pour l'histoire de la culture ibérique. À leur tour, les inscriptions gréco-ibériques constituèrent pendant très longtemps un témoignage presque unique pour nous faire une idée des particularités paléographiques et des usages de l'écriture des colonisateurs et marchands phocéens du VIe siècle et du début du Ve siècle, information confirmée par des découvertes comme le plomb de PechMaho.

En conclusion, je crois que nous devons admettre que la date la plus probable pour la naissance de l'écriture gréco-ibérique ne peut être très postérieure au deuxième quart du Ve siècle, tout au plus le troisième, et en tout cas antérieure au *graffito* gréco-ibérique le plus ancien conservé.

Le problème de la disparition de l'écriture gréco-ibérique est double. D'un côté nous devons déterminer la date à laquelle elle s'est produite, et de l'autre, sa cause, puisqu'elle ne coïncide pas avec la disparition de l'usage écrit de la langue ibérique. Nous avons déjà vu que la date des inscriptions conservées est globalement le IVe siècle. Il est certain qu'au moins l'une d'entre elles doit être du IIIe s., mais en tout cas l'épigraphie gréco-ibérique n'a pas dû durer longtemps au IIIe s., si l'on se fie au volume d'inscriptions de cette époque dans les différentes écritures de la Contestanie. Il y a des plombs en écriture levantine pour lesquels il n'y a pas de datation claire, mais des *graffiti*, par exemple sur campanienne B (G.8.1-2 et 4, G.12.2) ou sur d'autres supports ont une date avancée (G.10.3). Il n'existe aucun exemple d'écriture gréco-ibérique dont la date ne soit pas avec certitude antérieure au milieu du IIIe siècle. Au cours de ce siècle les *Contestani* ont cessé d'utiliser l'écriture gréco-ibérique ansi que l'écriture méridionale.

Il est difficile de déterminer comment et pourquoi les deux substitutions, celle de l'écriture gréco-ibérique et celle de la méridionale par la levantine, se sont produites, mais le fait est indubitable. Il ne peut pas simplement découler de causes techniques ; il doit être relatif à un changement dans le rôle des communautés qui utilisaient originellement l'une ou l'autre écriture, et qui peuvent difficilement avoir été les mêmes. Cependant le problème peut être affronté, dans la mesure du possible, du point de vue plus général de l'évolution de l'écriture dans le contexte de la société ibérique.

En ce qui concerne la fonction de l'écriture gréco-ibérique, et la classe des documents qui ont été rédigés grâce à elle, les témoignages gréco-ibériques que nous possédons présentent une physionomie particulière par rapport à d'autres épigraphies paleohispaniques. Cela nous amène à la question générale de la physionomie de l'épigraphie ibérique.

Ce qui attire en premier lieu l'attention dans la carte de l'épigraphie ibérique (cf. **fig. 490**), constituée d'inscriptions en langue ibère et écrites en une des écritures en usage parmi les Ibères, c'est l'intensité de l'effort qu'ils ont consacré à l'écriture. Ils ont développé trois variétés différentes d'écritures et nous ont laissé un nombre d'inscriptions qui fait de l'épigraphie ibérique la deuxième en volume parmi les épigraphies périphériques de la Méditerranée antique, seulement surpassée par l'étrusque. En outre, l'épigraphie ibérique semble être, jusqu'à l'apparition d'une aristocratie municipale de type italique, une affaire privée, de caractère pratique et avec de rares prétentions d'exhiber l'importance sociale de leurs auteurs.

Provisoirement l'évolution suggérée par les

du IVe siècle. Untermann *ad loc.* indique que la forme arrondie de <o>, anomale dans gréco-ibérique, rend possible le fait qu'il s'agisse d'un *graffito* proprement grec. Ce n'est pas, en effet, impossible, mais en réalité l'*omicron* est gravé par deux traits, et celui de gauche est angulaire. Le texte en soi, seulement trois caractères, ne permet pas de décider.

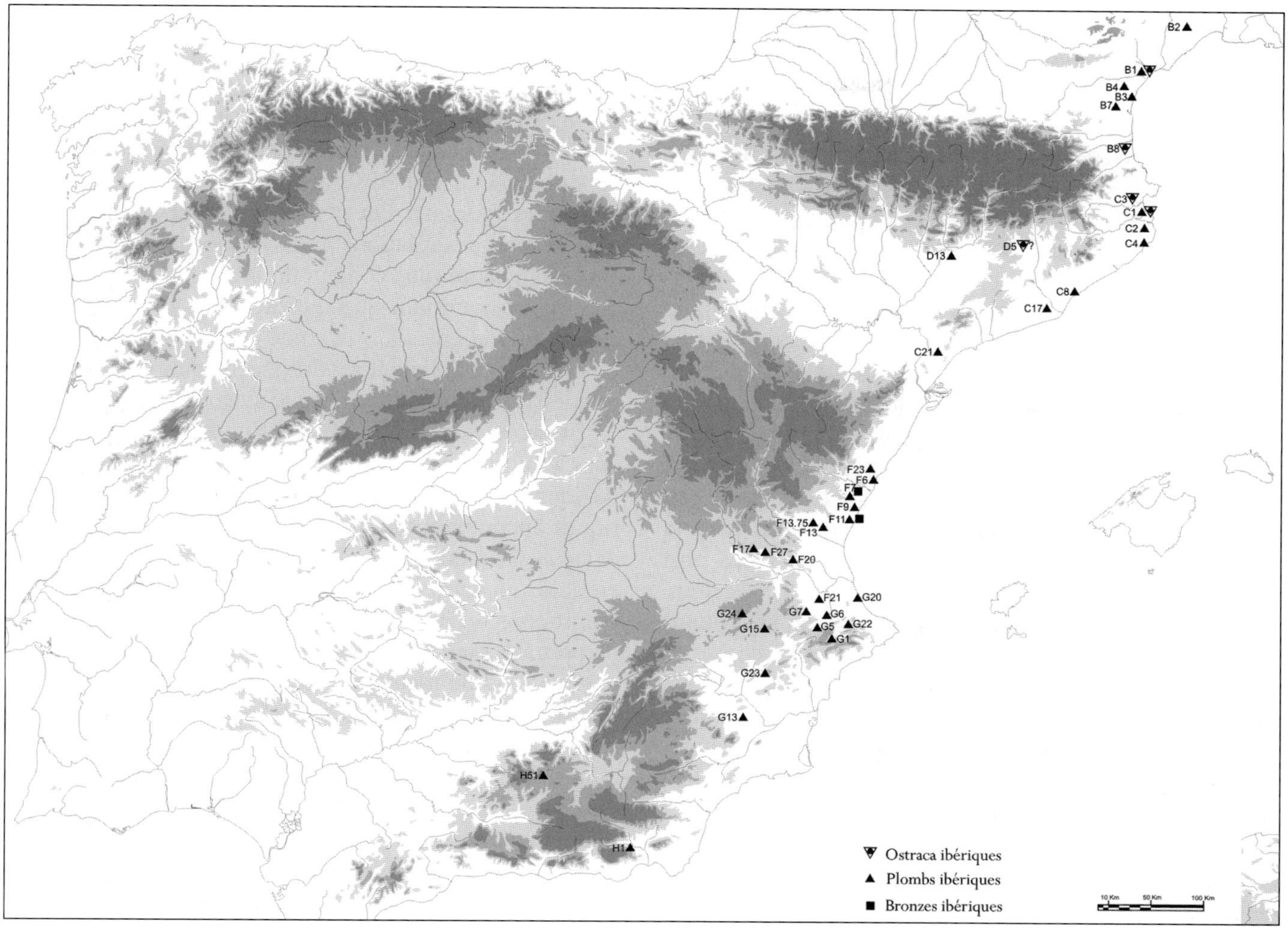

Fig. 493. Les inscriptions ibériques sur plomb.

B1 Ensérune (Hérault). **B2** Lattes (Hérault). **B3** Gruissan (Aude). **B4** Montlaurès (Aude). **B7** Pech Maho (Aude). **B8** Chateau Roussillon (Pyrénées-Orientales). **C1** Ampurias (Gerona). **C2** Ullastret (Gerona). **C3** Pontós (Gerona). **C4** Palamós (Gerona). **C8** Badalona (Barcelona). **C17** Penya del Moro (Barcelona). **C21** Benages (Castellón). **D5** Solsona (Lérida). **D13** Monteró (Lérida). **F6** Castellón (Castellón). **F7** El Solaig (Castellón). **F7.2** S. Antonio de Bechí (Castellón). **F9** Orleyl (Castellón). **F11** Sagunto (Valencia). **F13** Liria (Valencia). **F17** Los Villares (Jaén). **F20** Yátova (Valencia). **F21** Enguera (Valencia). **F23** La Balaguera (La Pobla Tornesa, Castellón). **F27** La Mazorra (Utiel, Valencia). **G1** La Serreta (Alcoy, Alicante). **G5** Mariola (Alicante). **G6** Albaida (Málaga). **G7** Mogente (Valencia). **G13** Cigarralejo (Murcia). **G15** Llano de la Consolación (Cerro de los Santos, Albacete). **G20** Gandía (Valencia). **G22** Pixòcol (Balones, Alicante). **G23** Coimbra del Barranco Ancho (Jumilla, Murcia). **G24** El Amarejo (Bonete, Albacete). **H1** Gádor (Almería). **H51** Los Allozos (Montejícar, Granada).

informations dont nous disposons est selon moi la suivante. Dans une phase ancienne, l'écriture joue un rôle significatif –sans que les documents écrits aient été très abondants, ni que les personnes alphabétisées fussent nombreuses –dans le sud de la France et dans l'Ampurdan, qui étaient des zones intégrées au même circuit économique, ainsi qu'en Contestanie. La Léétanie pose un problème ; c'était sans aucun doute une zone riche, avec des possibilités agricoles reflétées par l'abondance des silos, qui peut avoir entretenu des relations étroites avec le secteur ampuritain. Ceci expliquerait une certaine familiarité avec l'écriture et en même temps la rareté de la présence de documents directement relatifs au dynamisme de la vie économique.

Avec l'arrivée des Romains se produit un mouvement en quelque sorte contradictoire: la tendance à une plus grande diffusion de l'écriture, qui avait commencé auparavant, s'accélère et donne naissance à un plus grand nombre de textes ibériques et à leur présence dans des zones où ils n'avaient pas existé auparavant. En parallèle, les groupes qui étaient plus proches, ou intégrés jusqu'à un certain degré, dans la koiné hellénistique, commencent à se latiniser et donc à diminuer leur production écrite en langue ibère. Simultanément se répandent de nouvelles habitudes sociales, comme la stèle funéraire, qui obtiennent un succès plus ou moins grand non seulement selon les influences étrangères, mais aussi en fonction de traditions sociales propres que nous ne pouvons pas toujours deviner.

Néanmoins, dans la période précédente, les traits les plus frappants de l'épigraphie ibère nous conduisent à envisager des stimuli grecs, très visibles dans la création de l'alphabet gréco-ibérique. Pour les estimer à leur juste mesure, il faut rappeler ce que nous avons vu de l'épigraphie grecque de l'extrême Occident. Cette épigraphie nous transmet directement l'image d'un certain type de Grec et celle, très similaire, d'un certain type d'Ibère capable d'écrire. En effet, il ne semble pas douteux que l'usage du plomb en tant que support d'écriture, en particulier pour des textes de caractère pratique et privé, fut adopté par les Ibères par influence grecque. C'est ce que semblent indiquer les témoignages emporitains et de la zone massaliète, associés au fait que certains des plus anciens témoignages de plombs ibériques sont en écriture gréco-ibérique. Mais ces données ne sont pas suffisantes pour pouvoir préciser où et quand cette influence se fit sentir. Tout au plus pouvons-nous penser que la densité et la chronologie de ces témoignages invitent à voir le nœud originel de l'emprunt grec dans la zone Alicante-Valence, emprunt qui se serait produit au plus tard à la fin du Ve siècle ou au début du IVe siècle. En effet, il n'est pas raisonnable d'espérer que soient conservés des témoignages des premiers moments de l'usage ibérique, car ceux-ci durent être encore peu nombreux.

Les Ibères ont utilisé le plomb, si bien que les tablettes sont, sinon le type épigraphique plus abondant dans la culture ibérique, du moins le plus caractéristique par la longueur des textes, l'importance des contenus, et sa fréquence relative par rapport à d'autres types face à d'autres cultures méditerranéennes (**fig. 493**) [48]. En tout cas, les plombs ibériques sont le trait le plus marquant d'une épigraphie caractérisée par l'abondance des inscriptions en relation avec des activités économiques, très supérieure à ce que nous voyons dans d'autres épigraphies méditerranéennes.

Cependant, nous ne pouvons pas nier que depuis au moins le IIIe siècle a existé une épigraphie ibérique ayant une grande valeur symbolique et même artistique. De nouvelles écoles de céramistes créent des vases surchargés de façon baroque avec des décorations végétales et des formes animales et humaines, et peignent de longs textes sur leurs poteries. Ils contribuent à la décoration, mais en même temps semblent avoir dans certains cas une relation avec les scènes peintes, et dans d'autres déterminer la fonction du récipient ou identifier l'artisan qui l'a créé. L'épigraphie ibérique ne se transformait pas alors d'une façon essentielle, mais elle élargissait ses horizons dans un processus d'adoption des modes hellénistiques similaires dans tout le Sud et l'Est de la Péninsule Ibérique. On peut l'expliquer dans le cadre plus général des relations méditerranéennes de l'époque et dans le cadre plus concret de la présence en Espagne des Barcides en tant que représentants d'une Carthage largement intégrée dans la koinè culturelle hellénistique. Ces influences allaient rendre par la suite plus facile la relation de l'épigraphie ibérique avec l'épigraphie latine.

Étant donné le degré d'influence grecque perçu dans l'épigraphie ibérique, une chose surprend : on n'a pu identifier jusqu'à présent dans les inscriptions ibériques aucun emprunt au grec et aucun NP grec n'a été détecté. Ceci contraste clairement avec ce qui se passe en Italie, en particulier dans l'épigraphie étrusque, où les emprunts sont abondants et où on repère quelques cas de porteurs de NNP grecs, qui peuvent être descendants de Grecs ou de métèques grecs établis en Étrurie. Cela contraste également avec la présence dans les inscriptions ibériques de NNP gaulois ou appartenants à une ethnie du NE difficile à préciser (Untermann 1969 ; Correa 1993), ou avec la présence de NNP ibérique dans les plombs de Pech Maho et d'Ampurias. Il est difficile d'admettre que la relation étroite entre les Grecs occidentaux et les Ibères, visible dans l'archéologie ibérique mais plus encore dans la vie en commun des deux langues à Ampurias, n'a donné lieu à aucune forme d'interférence linguistique. En réalité il s'agit d'un bon rappel des limites de nos connaissances dans tout ce qui se rapporte à la langue ibérique.

L'impact grec sur les langues et les écritures indigènes du sud de la France (fig. 494) [49]

Dans le monde « ligure », l'impact de l'épigraphie grecque, s'il a existé, n'est pas perceptible. Depuis la fin du VIIe siècle jusqu'à la conquête romaine, aucun indigène ne semble avoir écrit à l'Est de Marseille en dehors des frontières de l'Italie [50], sans doute parce que les conditions nécessaires pour l'adoption de l'écriture n'existaient pas sur place.

À l'Ouest, la situation était différente. Nous avons quelques indices antérieurs aux Gaulois, dont un *graffito*

48 Pour une première évaluation du plomb comme support de documents, voir de Hoz 1979, p. 232-236. Je suis revenu sur le sujet dans des publications postérieures, avec de nouvelles données et développements, en dernier lieu dans de Hoz 1997 et 1999a.

49 La carte peut être complétée avec quelques sites mentionnés par Lambert 2003.

50 Cependant il y a le *graffito* en alphabet lépontique de Baou de St-Marcel: Bats 1988, p. 141.

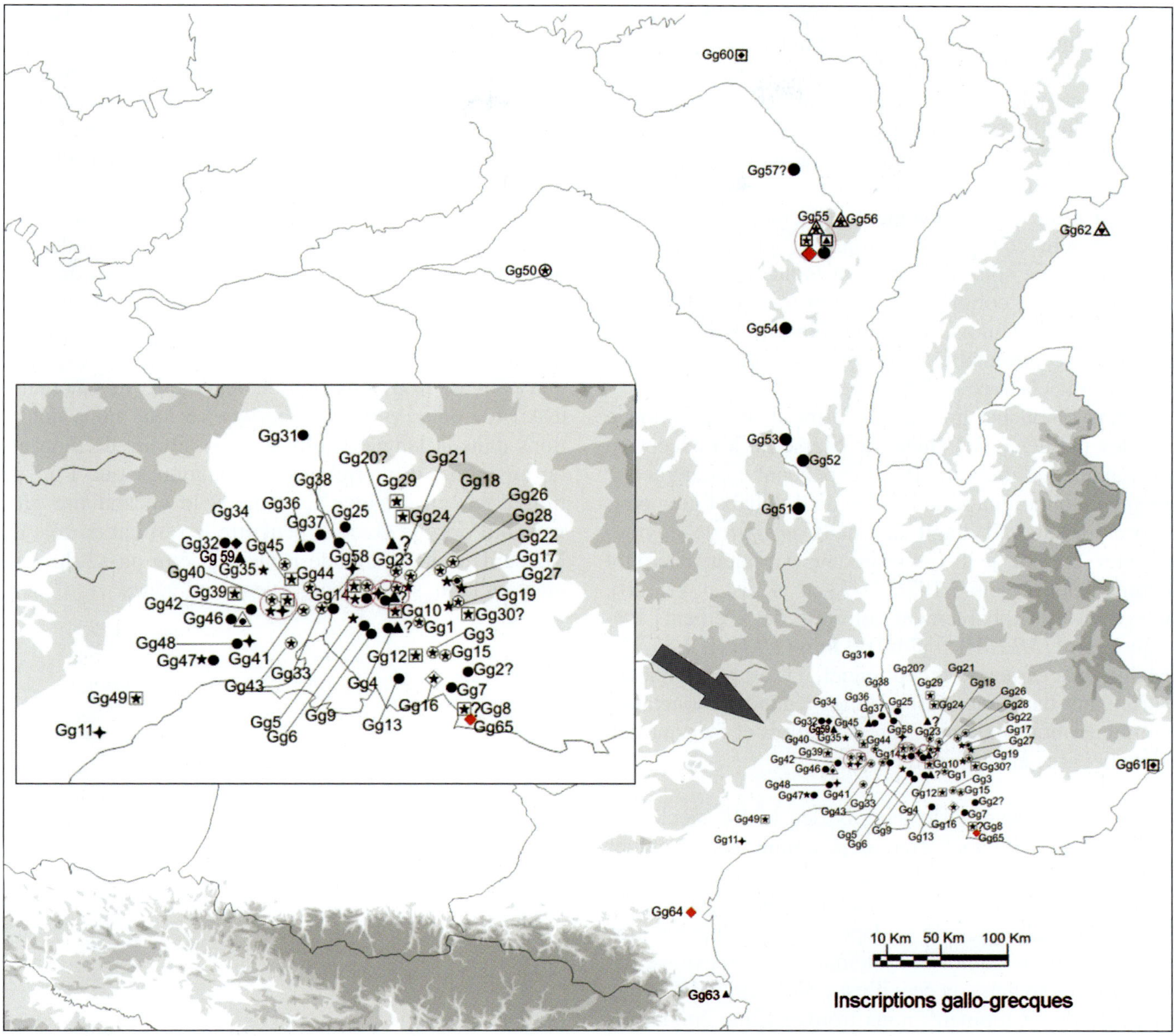

Fig. 494. Les inscriptions gallo-grecques.

(les losanges en rouge indiquent inscriptions indigènes douteuses).
Gg1 Alleins (Bouches du Rhône). **Gg2** Bouc-Bel-Air (Bouches du Rhône). **Gg3** Cordoux (Seine-et-Marne). **Gg4** Eyguières (Bouches du Rhône). **Gg5** Les-Baux-de-Provence (Bouches du Rhône). **Gg6** La Catalane (Pyrénées-Orientales). **Gg7** Les Pennes-Mirabeau (Bouches du Rhône). **Gg8** Marseille? (=Gr 55) (Bouches du Rhône). **Gg9** Mouriès (Bouches du Rhône). **Gg10** Orgon (Bouches du Rhône). **Gg11** Baeterrae (Béziers). **Gg12** St-Chamas (Hérault). **Gg13** St-Mitre-les-Remparts (Bouches du Rhône). **Gg14** St-Rémy-de-Provence (Glanum). **Gg15** Ventabren (Bouches du Rhône). **Gg16** Vitrolles (Bouches du Rhône). **Gg17** Apt (Vaucluse). **Gg18** Cabriéres-d'Avignon (Vaucluse). **Gg19** Cadenet (Vaucluse). **Gg20** Carpentras (Vaucluse). **Gg21** Cavaillon (Vaucluse). **Gg22** Gargas (Hautes-Pyrénées). **Gg23** L´Isle-sur-la-Sorgue (Vaucluse). **Gg24** Malaucène (Vaucluse). **Gg25** Orange (Vaucluse). **Gg26** Robion (Var). **Gg27** Saignon (Vaucluse). **Gg28** St-Saturnin-d'Apt (Vaucluse). **Gg29** Vaison-la-Romaine (Vaucluse). **Gg30** Villelaure (Vaucluse). **Gg31** Alba (Ardèche). **Gg32** Alès (Gard). **Gg33** Beaucaire (Gers). **Gg34** Collias (Gard). **Gg35** Collorgues (Gard). **Gg36** Gaujac (Gard). **Gg37** Laudun (Gard). **Gg38** Montfaucon (Doubs). **Gg39** Montmirat (Gard). **Gg40** Nîmes (= Gr 57) (Gard). **Gg41** Redessan (Gard). **Gg42** St-Côme-et-Maruéjols (Gard). **Gg43** St-Gilles (Gard). **Gg44** Sernhac (Gard). **Gg45** Uzès (Gard). **Gg46** Villevieille (Gard). **Gg47** Castelnau-le-Lez (Hérault). **Gg48** Lunel (Gard). **Gg49** Montagnac (Gers). **Gg50** Genouilly (Cher). **Gg51** St-Paul-d´Uzore (Loire). **Gg52** St-Marcel-de-Félines (Loire). **Gg53** Roanne (Loire). **Gg54** Mont-Beuvray (Nièvre). **Gg55** Alise-Sainte-Reine (Côte d'Or). **Gg56** Saint-Germaine-Source-Seine (Côte d'Or). **Gg57** Vertault (Côte d'Or). **Gg58** Ambrussum (Avignon). **Gg59** Brignon (Gard). **Gg60** Mailly-Le Camp (Aube). **Gg61** Vallauris (Antibes). **Gg62** Port (Berne, Suisse). **Gg63** Elne (Pyrénées-Orientales). **Gg64** Peyriac-de-Mer (Aude). **Gg65** Baou de Saint-Marcel (Bouches du Rhône).

en alphabet étrusque d'Ensérune (*MLH* B.1.2b), *smeraz*, qui a été interprété comme ibérique mais qui semble être un NP celtique (de Hoz 2008). Pour le moment il s'agit du seul exemple de l'adoption de l'alphabet étrusque par quelques indigènes du Languedoc au moment de l'apogée des trafics étrusques dans la région, c'est-à-dire au VIe siècle. Cette adoption a subsisté au moins jusqu'à la date du *graffito*, probablement au début du IVe siècle. Le caractère celtique du *graffito* et sa date relativement ancienne sont un important indice de la présence en Languedoc, comme dans le territoire de Marseille, de Celtes pré-gaulois, dont une minorité réduite, étant donné l'exceptionnalité du *graffito*, a appris à écrire lors de ses contacts avec les Etrusques.

Mais l'alphabet grec est la forme d'écriture choisie par les indigènes à l'Ouest de Marseille à l'exception du Languedoc ibérique. Il y a cependant en Languedoc même un témoignage de l'usage de l'alphabet grec pour écrire ibérique. Il s'agit des deux *graffiti* de Peyrac-de-Mer portant le texte κανικωνε sur deux skyphoi campaniens (Lejeune 1976/77/78, n° 9 bis, p. 118-20). C'est un NP probablement composé des éléments ibériques **kani** (*MLH* III.1 §7.69) et **kon** (*MLH* III.1 §7.77). Malgré leur caractère exceptionnel, il n'est pas tout à fait surprenant dans une région où les légendes monétaires combineront des éléments grecs, gaulois et ibériques en alphabet grec et écriture ibérique.

Nous connaissons le gaulois dès le IIIe siècle par l'usage de l'alphabet grec déjà connu par quelques gens parlant la langue. Mais le gaulois écrit en alphabet grec ne signifie pas nécessairement alphabet gallo-grec. L'alphabet gallo-grec est l'adaptation de l'alphabet grec à la phonétique gauloise, systématisée et transmise par des moyens sociaux, et ceci n'est visible qu'au IIe siècle. À partir de ce moment, nous trouvons une épigraphie riche adaptée des usages privés de l'épigraphie grecque classique et hellénistique, comme on peut les observer dans d'autres sociétés périphériques aristocratiques qui n'ont pas développé d'épigraphie publique. Les grandes différences avec l'épigraphie ibérique sont les inscriptions funéraires et les inscriptions votives, ainsi que le nombre beaucoup plus restreint des inscriptions appartenant aux types plus caractéristiques de l'épigraphie ibérique. En fait il y a peu d'inscriptions gallo-grecques qui ne soient pas des dédicaces, des épitaphes ou des noms de propriétaire sur céramique. On peut mentionner les marques sur canalisations de Saint-Rémy (G-75), un jeton de céramique (Saint-Rémy, *REG*, G-105), le torque d'or de Mailly-le-Camp (G-275-8), la signature sur l'épée de Port (Berne, G-280), et un nom de potier et des symboles sur dolium de Villevielle (Gard, G-281). Les rares plombs gallo-grecs (*REG* G-9, G-123, G-198[51], et *MLH* II, 379-80[52])[53], méritent d'être mentionnés à part, mais on ne doit pas les joindre aux plombs d'Alésia (G-269-70), qui sont votifs, ni à l'énigmatique G-199 qui n'est pas gaulois mais qui devrait être étudié en prenant en considération l'alternative punique.

En général les relations de l'épigraphie gauloise avec l'épigraphie grecque semblent moins profondes dans le domaine des activités économiques que celles de cette dernière avec l'épigraphie ibérique, mais plus riches par d'autres aspects. C'est moins une relation spécialisée qu'une relation plus extensive des élites. Cela explique que nous ne trouvions rien de semblable au sanctuaire d'Aristée dans le monde ibérique, et que nous détections dans la langue gauloise la possibilité d'emprunts ou au moins d'interférences sémantiques que l'on ne trouve pas en ibérique[54], même si le vocabulaire provençal d'origine grecque peut être le résultat du rôle de Marseille dans le monde romain et être passé directement en latin, sans des précédents indigènes.

51 Lejeune 1985, p. 30-6, 162-163, 268-269.

52 D'Elne, en dehors du territoire de l'épigraphie gauloise, et non accepté par Lejeune, mais dont l'ascription gauloise me semble certain pour des raison phonétiques.

53 Mais cf. la position sceptique de Bats 1988, p. 141.

54 Schmidt 1988 ; de Hoz, 1994a ; 1998c.

BIBLIOGRAPHIE

Abad 2009 : ABAD (L.) – Contestania, griegos e íberos. *In* : Olcina, Ramon 2009, p. 20-29.

Abad, Sala, Grau 2002 : ABAD (L.), SALA (F.), GRAU (I.), éd. – *La Contestania ibérica treinta años después*. Universidad de Alicante, 2002.

Actas I : *Actas del I Coloquio sobre lenguas y culturas prerromanas de la Península Ibérica (Salamanque, 1974)*, Salamanque 1976.

Actas II : *Actas del II Coloquio sobre lenguas y culturas prerromanas de la Península Ibérica (Tübingen, 1976)*, Salamanque 1979.

Actas III : *Actas del III Coloquio sobre lenguas y culturas paleohispánicas (Lisboa, 1980)*, Salamanque 1985.

Actas IV : *Actas del IV Coloquio sobre lenguas y culturas paleohispánicas (Vitoria, 1985)*, Vitoria/Gasteiz 1987 = *Studia Paleohispanica*, *Veleia* 2-3.

Actas V : *Actas del V Coloquio sobre lenguas y culturas prerromanas de la Península Ibérica (Colonia 1989)* = *Lengua y cultura en la Hispania prerromana*, Salamanque 1993.

Actas VI : *La Hispania Prerromana* = *Actas del VI Coloquio sobre Lenguas y Culturas Prerromanas de la Península Ibérica (Coimbra 1994)*, Salamanque 1995.

Actas VII : *Pueblos, lenguas y escrituras en la Hispania prerromana. Actas del VII coloquio sobre lenguas y culturas paleohispánicas (Saragosse 1997)*, Villar (F.) & Beltrán (F.) eds., Salamanque 1999.

Actas VIII : *Religión, lengua y cultura prerromanas de Hispania* = *Actas del VIII Coloquio Internacional sobre Lenguas y Culturas Prerromanas de la Península Ibérica*, & Alvarez (M.ªp.) eds., Salamanque 2001.

Actas IX : *Actas del IX coloquio sobre lenguas y culturas paleohispánicas* (= *Paleohispanica* 5), Saragosse 2005.

Adrados 2000 : ADRADOS (F.R.) – Topónimos griegos en Iberia y Tartessos. *Emerita* 68, 2000, p. 1-18.

Adrados 2001 : ADRADOS (F.R.) – Más sobre Iberia y los topónimos griegos. *AespA* 74, 2001, p. 25-33.

Almagro-Gorbea 1982 : ALMAGRO-GORBEA (M.) – La 'colonización' focense en la Península Ibérica. *In* : *I Focei*, p. 432-444.

Almagro-Gorbea 1983 : ALMAGRO-GORBEA (M.) – Colonizzazione e acculturazione nella peninsola Iberica. *In* : *Forme di contatto*, p. 429-461.

Almagro-Gorbea 2001 : ALMAGRO-GORBEA (M.) – Segunda Edad del Hierro. *In* : Almagro-Gorbea *et al.* 2001, p. 325-395.

Almagro-Gorbea *et al.* 2001 : ALMAGRO-GORBEA (M.), ARTEAGA (O.), BLECH (M.), RUIZ MATA (D.) & SCHUBART (H.) – *Protohistoria de la Península Ibérica*. Barcelone 2001.

Barruol 1969 : BARRUOL (G.) – *Les peuples préromains du sud-est de la Gaule*. París 1969.

Bats 1988 : BATS (M.) – La logique de l'écriture d'une société à l'autre en Gaule méridionale protohistorique. *RANarb* 21, 1988, p. 121-148.

Bats 2000 : BATS (M.) – Du grec au gallo-grec, les débuts de l'écriture dans le Midi gaulois. *In* : *Le temps des Gaulois*, p. 74-78.

Belarte, Sanmartí 2006 : BELARTE (Mª.C.), SANMARTÍ (J.) éd. – *De las comunitats locals als estats arcaics, la formació de les societats complexes a la costa del Mediterrani occidental*. Barcelone 2006 (Arqueo Mediterrània 9).

Blázquez *et al.* 1980 : BLÁZQUEZ (J.Mª.) *et alii* – *Historia de España Antigua I. Protohistoria*. Madrid 1980.

Blech 2001 : BLECH (M.) – Tartessos. *In*: Blech, Koch, Kunst 2001, p. 305-348.

Blech, Koch, Kunst 2001 : BLECH (M.), KOCH (M.), KUNST (M.), éd. – *Denkmäler der Frühzeit*. Mayence 2001.

Cabrera, Sánchez Fernández 2000: CABRERA (P.), SÁNCHEZ FERNÁNDEZ (C.), éd. – *Los griegos en España. Tras las huellas de Heracles*, Actes du colloque de Madrid 1998. Madrid 2000.

Celestino 2008 : CELESTINO (S.) – Tartessos. *In* : Gracia, F. coord., *De Iberia a Hispania*. 2008, Barcelona (Ariel), p. 93-345.

Correa 1993 : CORREA (J.A.) – Antropónimos galos y ligures en inscripciones ibéricas. *In* : *Studia palaeohispanica*, p. 101-116.

Correa 1994 : CORREA (J.A.) – La lengua ibérica. *RSEL* 24, 1994, p. 263-287.

Cuadrado 1950 : CUADRADO (E.) – El plomo con inscripción ibérica del Cigarralejo (Mula, Murcia). *CHP* 5, 1950, p. 5-42.

Cuadrado 1987 : CUADRADO (E.) – *La necrópolis ibérica de « El Cigarralejo » (Mula, Murcia)*. Madrid 1987.

Domínguez Monedero 1996 : DOMÍNGUEZ MONEDERO (A.J) – *Los griegos en la Península Ibérica*. Madrid 1996.

Domínguez Monedero 2007 : DOMÍNGUEZ MONEDERO (A.J) – La Península y el Mediterráneo arcaico. Las dinámicas coloniales. *In* : Sánchez Moreno (E.) coord., *Protohistoria* I, p. 73-432.

Domínguez Monedero, Sánchez, 2001 : DOMÍNGUEZ MONEDERO (A.J.), SÁNCHEZ (C.) – *Greek Pottery from the Iberian Peninsula*. Leyde – Boston – Cologne 2001.

Duval 1971 : DUVAL (P.M.) – *La Gaule jusqu'au milieu du Vᵉ siècle* I-II (Les sources de l'histoire de France). 1971, Paris.

EGH = DE HOZ (Ma.P.) – Epigrafía griega en Hispania. *Epigraphica* 69, 1997, p. 29-96.

ELH = *Enciclopedia lingüística hispánica* I, dirigida por M. Alvar *et alii*. Madrid 1960.

Fernández Jurado, Olmos, 1985 : FERNÁNDEZ JURADO (J.), OLMOS (R.) – Una inscripción jonia arcaica en Huelva. *Lucentum* 4, 1980, p. 107-113.

Fernández Nieto 1980 : FERNÁNDEZ NIETO (F.J.) – Los griegos en España. *In* : Blázquez *et al.* 1980, p. 553-580.

Fernández Nieto 2002: FERNÁNDEZ NIETO (F.J.) – Hemeroskopeion = Thynnoskopeion : el final de un problema histórico mal enfocado. *Mainake* 24, 2002, p. 231-255.

Fletcher, Silgo 1991 : FLETCHER (D.), SILGO (L.) – Plomo ibérico, en escritura jonia, procedente de Sagunto. *Arse* 26, 1991, p. 1-6.

Garcia 2004 : GARCIA (D.) – *La Celtique méditerranéenne*, Paris 2004 (Errance).

García Alonso 1996 : GARCÍA ALONSO (J.L.) – Nombres griegos en -oussa en el Mediterráneo occidental. *Complutum* 7, 1996, p. 105-124.

García Cano, Hernández Carrión, 2001 : GARCÍA CANO (J.M.), HERNÁNDEZ CARRIÓN (E.) – Nuevas aportaciones a la lectura del plomo de Coimbra del Barranco Ancho (Jumilla). *Pleita* 4, 2001, p. 47-51.

García Martín 2003 : GARCÍA MARTÍN (J.M) – *La distribución de cerámica griega en la Contestania ibérica, El puerto comercial de la Illeta dels Banyets*. Alicante, 2003.

García y Bellido 1948 : GARCÍA Y BELLIDO (A.) – *Hispania Graeca*, t. I-II, Barcelone, 1948.

Gracia 2008 : GRACIA (F.) – Comercio, colonización e interacción griega en la Península Ibérica entre los siglos VIII y II a.C. *In* : Gracia (F.) coord., *De Iberia a Hispania*. Barcelone (Ariel), 2008, p. 475-551.

Grecs et Ibères : *Grecs et Ibères au IVe siècle avant Jésus-Christ* , Bordeaux 1987 (= *REA* 89.3-4).

Hermary, Hesnard, Tréziny 1999 : HERMARY (A.), HESNARD (A.), TRÉZINY (H.) – *Marseille grecque. La cité phocéenne (600-49 av. J.-C.)*. Paris (Errance) 1999.

de Hoz 1979 : DE HOZ (J.) – Escritura e influencia clásica en los pueblos prerromanos de la Península. *AEA* 52, 1979, p. 227-250.

de Hoz 1984: DE HOZ (J.) – Los grafitos de El Cigarralejo y los signos mercantiles griegos en Hispania. *Boletín de la Asociación española de los amigos de la Arqueologia* 19, 1984, p. 11-14.

de Hoz 1987a : DE HOZ (J.) – La escritura greco-ibérica. *In*: *Actas IV*, p. 285-298.

de Hoz 1987b : DE HOZ (J.) – Les graffites mercantiles en Occident et l'épave d'El Sec. *In* : *Grecs et Ibères*, p. 117-130.

de Hoz 1987c : DE HOZ (J.) – La epigrafía del Sec y los grafitos mercantiles en Occidente. *In* : Arribas (A.), Trías (Mª.G.), Cerdá (D.), de Hoz (J.), *El barco de El Sec*. Majorque, 1987, p. 605-650.

de Hoz 1989a : DE HOZ (J.) – La epigrafía focea vista desde el extremo occidente. *Actas del VII Congreso español de estudios clásicos (Madrid, 20-24 de abril de 1987)*, t. III, Madrid, 1989, p. 179-187.

de Hoz 1989b : DE HOZ (J.) – El desarrollo de la escritura y las lenguas de la zona meridional. *In* : Aubet (M.E.) éd., *Tartessos. Arqueologia protohistórica del bajo Guadalquivir,* Sabadell, 1989, p. 523-587.

de Hoz 1991 : DE HOZ (J.) – The Phoenician origin of the early Hispanic scripts. *In* : Baurain (Cl.), Krings (V.) éd., *Phoinikeia Grammata : lire et* *écrire en Méditerranée, actes du colloque de Liége, 1989*. Namur, 1991, p. 669-682.

de Hoz 1992 : DE HOZ (J.) – Lepontic, Celt-Iberian, Gaulish and the archaeological evidence. *EC* 29 (Proceedings of the IXth International Congress of Celtic Studies), 1992 (1993), p. 223-240.

de Hoz 1993 : DE HOZ (J.) – La lengua y la escritura ibéricas, y las lenguas de los íberos. *In* : *Actas V*, 1993, p. 635-666.

de Hoz 1994a : DE HOZ (J.) – Las « madres que prestan oídos ». Un epíteto griego traducido al galo. *In* : *CARIS DIDASKALEIAS*. *Homenaje al Profesor Luis Gil*, Madrid, 1994, p. 187-195.

de Hoz 1994b : DE HOZ (J.) – Griegos e íberos. Testimonios epigráficos de una cooperación mercantil. *In* : Cabrera (P.), Olmos (R.), Sanmartí (E.), coord., *Iberos* II, 243-271.

de Hoz 1995 : DE HOZ (J.) – Ensayo sobre la epigrafía griega de la Península Ibérica. *Veleia* 12, 1995, p. 151-179.

de Hoz 1996 : DE HOZ (J.) – El origen de las escrituras paleohispánicas quince años después. *Actas VI*, 1996, p. 171-206.

de Hoz 1998a : DE HOZ (J.) – Epigrafía griega de occidente y escritura greco-ibérica. *In* : Cabrera (P.), Sánchez Fernández (C.) éd., ΟΙ ΑΡΧΑΙΟΙ ΕΛΛΗΝΕΣ, 1998, p. 180-197 (texte espagnol et grec moderne), 503-510 (texte anglais).

de Hoz 1998b : DE HOZ (J.) – La epigrafía de El Cigarralejo. *In* : Ruano coord., *Museo de « El Cigarralejo »*, p. 219-224.

de Hoz 1998c : DE HOZ (J.) – Koiné sin Alejandro, Griego y lenguas anhelénicas en el Mediterráneo occidental durante la época helenística. *In* : Brixhe (C.) éd., *La koiné grecque antique III*, Nancy, 1998, p. 119-136.

de Hoz 1999a : DE HOZ (J.) – Metales inscritos en el mundo griego y periférico y los bronces celtibéricos. *In* : *Actas VII*, 1999, p. 433-470.

de Hoz 1999b : DE HOZ (J.) – Los negocios del señor Heronoiyos. Un documento mercantil, jonio clásico temprano, del Sur de Francia. *In* : López Férez (J.A.) éd., *Desde los poemas homéricos hasta la prosa griega del siglo IV d.C.*, Madrid, 1999, p. 61-90.

de Hoz 1999c : DE HOZ (J.) – Identité-différenciation au travers des témoignages linguistiques et alphabétiques, le monde celtique et ibérique. *In* : *Atti del XXXVII convegno di studi sulla Magna Grecia. Taranto 1997*, Naples 1999, p. 213-246.

de Hoz 2001 : DE HOZ (J.) – Hacia una tipología de la lengua ibérica. *In* : *ActasVIII*, 2001, p. 335-362.

de Hoz 2002 : DE HOZ (J.) – Grafitos cerámicos griegos y púnicos en la Hispania prerromana. *AEspA* 75, 2002, p. 75-91.

de Hoz 2003 : DE HOZ (J.) – The Greek man in the Iberian Street, non-colonial Greeek identity in Spain and southern France. *In* : Lomas (K.) éd., *Greek Identity in the Western Mediterranean. Papers in Honour of Brian Shefton*, Leiden – Boston, 2004, p. 411-427.

de Hoz 2005a : DE HOZ (J.) – Ptolemy and the linguistic history of the Narbonensis. *In* : de Hoz (J.), Luján (E.R.), Sims-Williams (P.), *New Approaches to Celtic place-names in Ptolemy's geography*. Madrid, 2005, p. 173-188.

de Hoz 2005b : DE HOZ (J.) – La epigrafía gala tras la publicación de *RIG* II.2. *CFC(G)* 15, 2005, p. 211-224.

de Hoz 2005c : DE HOZ (J.) – La recepción de la escritura en Hispania como fenómeno orientalizante. *In* : Celestino (S.), Jiménez (J.) éd., *El período orientalizante. Actas del III Simposio de Arqueología de Mérida, Protohistoria del Mediterráneo Occidental* I-II, Mérida (Anejos de *AEspA* XXXV), 2005, p. 363-381.

de Hoz 2006a : DE HOZ (J.) – Algunos aspectos de los cultos griegos en el extremo Occidente. *In* : Calderón (E.), Morales (A.), Valverde (M.) éd., *Koinòs Lógos. Homenaje al profesor José García López*. Murcie, 2006, p. 439-452.

de Hoz 2006b : DE HOZ (J.) – La réception de l'épigraphie hellénistique dans l'extrême occident. *In* : *L'hellénisation en Méditerranée occidentale au temps des guerres puniques (260-180 av. J.-C.)* = *Pallas* 70, 2006, p. 347-364.

de Hoz 2007 : DE HOZ (J.) – The Mediterranean frontiers of the Celts and the advent of Celtic writing. *In* : Sims-Williams (P.), Williams (G.A.) éd., *Crossing Boundaries. Proceedings of the XIIth International Congress of Celtic Studies...2003...Aberystwyth* (= *CMCS* 53/54). Aberystwyth, 2007, p. 1-22.

de Hoz 2008 : DE HOZ (J.) – A Celtic personal name on an Etruscan inscription from Ensérune, previously considered Iberian (MLH B.1.2b). *In* : García-Alonso (J.L.) éd., *Celtic and other languages in Ancient Europe*, Salamanque, 2008, p. 17-27.

de Hoz 2009 : DE HOZ (J.) – La escritura greco-ibérica. *In* : Olcina, Ramón 2009, p. 30-41.

de Hoz sous presse a : DE HOZ (J.) – Epigrafía y actividades económicas. *In* : *Approches archéologiques des économies antiques. Problèmes méthodologiques et théoriques*, Oxford (BAR).

de Hoz sous presse b : DE HOZ (J.) – *Historia lingüística de la Península Ibérica en la antigüedad .I. Preliminares y mundo meridional prerromano*, Madrid.

Hubschmid 1960 : HUBSCHMID (J.) – Toponimia prerromana. *In* : *ELH*, p. 447-493.

Les Ibères : *Les Ibères*, Paris, 1997 (= *Los íberos. Príncipes de occidente*, Barcelone, 1998 = *Die Iberer* , Bonn, 1998).

I Focei *:I Focei dell'Anatolia all'Oceano*. Napoli, 1982 (= *PP* 204-7, pp.161-500).

IGF : DECOURT (J.C.) – *Inscriptions grecques de la France*. Lyon (Maison de l'Orient), 2004.

Jully 1976 : JULLY (J.J.) – Graffites sur vases attiques en Languedoc méditerranéen Roussillon et Catalogne. *DHA* 2, 1976, p. 53-70.

Lambert 1994 : LAMBERT (P.Y.) – *La langue gauloise*, Paris, 1994.

Lambert 1994 : LAMBERT (P.Y.) – Les inscriptions gallo-grecques parues depuis les *Textes Gallo-Grecs* de Michel Lejeune (1985). *EC* 35, 1994, p. 169-179.

Lejeune 1976/77/78 : LEJEUNE (M.) – Textes gallo-grecs. *EC* 15, p. 105-137.

Lejeune 1985 : LEJEUNE (M.) – *Recueil des Inscriptions Gauloises I. Textes gallo-grecs*. Paris, 1985.

Lejeune 1988 : LEJEUNE (M.) – Compléments gallo-grecs. *EC* 25, 1988, p. 79-106.

Lejeune 1990 : LEJEUNE (M.) – Compléments gallo-grecs. *EC* 27, 1990, p. 175-177.

Lejeune 1991 : LEJEUNE (M.) – Ambiguïtés du texte de Pech-Maho. *REG* 104, 1991, p. 311-329.

Lejeune 1995 : LEJEUNE (M.) – Compléments gallo-grecs. *EC* 31, 1995, p. 99-113.

Lejeune, Lambert 1996 : LEJEUNE (M.), LAMBERT (P.Y.) – Compléments gallo-grecs. *EC* 32, 1996, p. 131-137.

Lejeune, Pouilloux, Solier 1988 : LEJEUNE (M.), POUILLOUX (J.), SOLIER (Y.) – Étrusque et ionien archaïques sur un plomb de Pech Maho (Aude). *RANarb* 21, 1988 [1990], p. 19-59.

Llobregat 1972 : LLOBREGAT (E.) – *Contestania Iberica*. Alicante, 1972 (inscriptions p. 117-131).

Llobregat 1989 : LLOBREGAT (E.) – Los « graffiti » en escritura grecoibérica y púnica de la Illeta dels Banyets, El Campeyo (Alicante). *APL* 19, 1989, p. 149-166.

Llobregat 1993 : LLOBREGAT (E.) – L'Illeta dels Banyets (El Campello, Camp d'Alacant) ¿fou un empórion? *In* : Padró (J.) *et al.*, éd., *Homenatge a Miquel Tarradell*. 1993, Barcelone, p. 421-428.

Lorrio, Velaza 2005 : LORRIO (A.J.), VELAZA (J.) – La primera inscripción celtibérica sobre plomo. *In* : *Actas IX*, 2005, p. 1031-1048.

LSAG = JEFFERY (L.H.) – *The Local Scripts of Archaic Greece*, revised ed. w. suppl. by A. W. Johnston, Oxford, 1990.

Marseille grecque et la Gaule : BATS (M.), BERTUCCHI (G.), CONGÈS (G.), TREZINY (H.) dir. – *Marseille grecque et la Gaule, Actes des colloques de Marseille (1990)*. Lattes/Aix-en-Provence, 1992 (Et. Massa. 3).

Meiggs, Lewis 1969 : MEIGGS (R.), LEWIS (D.) – *A Selection of Greek Historical Inscriptions to the End of the Fith Century B.C.*, Oxford, 1969.

MLH : voir Untermann 1975-1997.

Moncunill 2007 : MONCUNILL (N.) – *Lèxic d'inscripcions ibèriques (1991- 2006)*, Thèse de l'U. de Barcelone, accessible en Internet.

Muñoz 1990 : MUÑOZ (A.M.) – Plomo ibérico en escritura griega de Coimbra del Barranco Ancho (Jumilla, Murcia). *Verdolay* 2, 1990, p. 97-100.

Niemeyer 1982 : NIEMEYER (H.G.), éd., – *Phönizier im Westen*. Mayence 1982.

Olcina, Ramón 2009 : OLCINA (M.), RAMÓN (J J.) éd., – *Huellas Griegas en la Contestania Ibérica*. Alicante (MARQ).

Orduña 2005 : ORDUÑA (E.) – *Segmentación de textos ibéricos y distribución de los segmentos*, Thèse, UNED, accessible en Internet.

Pena 1993 : PENA (M.J.) – Avieno y las costas de Cataluña y Levante (II). Hemeroskopeion-Dianium. *Faventia* 15, 1993, p. 61-67.

Plana 1994 : PLANA (R.) – *La chora d'Emporion*. Besançon, 1994.

Py 1993 : PY (M.) – *Les Gaulois du Midi*. Paris (Hachette), 1993.

RIG, I y II.1 vid. Lejeune, 1985 y 1988. ; II.2 vid. Lambert, 2002; III vid. Duval (P.M.) & Pinault (G.), 1986 ; IV vid. Colbert de Beaulieu (J.-B.) & Fischer (B.), 1998.

Robert 1968 : ROBERT (L.) – Noms de personnes dans Marseille grecque. *Journal des Savants*, 1968, p. 197-215.

Rodríguez Ramos 2004 : RODRÍGUEZ RAMOS (J.) – *Análisis de epigrafía íbera*. Vitoria, 2004 (*Veleia*. Anejos serie minor 22).

Rodríguez Somolinos 1998 : RODRÍGUEZ SOMOLINOS (H.) – Inscriptiones Graecae Antiquissimae Iberiae. *In* : Gangutia (E.), *La península = THA* IIA, p. 333-362 *(IGAI)*.

Roman, Roman 1997 : ROMAN (D.), ROMAN (Y.) – *Histoire de la Gaule (VIe s. av. J.-C.–Ier s. ap. J.-C.)*. Paris, 1997.

Rouillard 1991 : ROUILLARD (P.) – *Les Grecs et la Péninsule Ibérique du VIIIe siècle au IVe siècle avant Jésus-Christ*. Paris, 1991.

Ruiz, Molinos 1987 : RUIZ (A.), MOLINOS (M.), éd. – *Iberos. Actas de las I Jornadas sobre el Mundo Ibérico*. Jaén, 1985. Jaén, 1987.

Ruiz, Molinos 1993 : RUIZ (A.), MOLINOS (M.) – *Los Iberos*. Barcelone, 1993.

Sánchez Moreno 2007 : SÁNCHEZ MORENO (E.), coord. – *Protohistoria y Antigüedad de la Península Ibérica. I. Las fuentes y la Iberia colonial*. Madrid 2007.

Sanmartí-Grego 1982 : SANMARTÍ-GREGO (E.) – Les influences méditerranéennes au Nord-Est de la Catalogne à l'époque archaïque et la réponse indigène. *In* : *I Focei*, p. 281-303.

Sanmartí-Grego 1990 : SANMARTÍ-GREGO (E.) – Emporion, port grec à vocation ibérique ». *In* : *La Magna Grecia e il lontano Occidente. Atti del ventinovesimo convego di studi sulla Magna Grecia. Taranto 1989,* Tarente 1990, p. 389-410.

Sanmartí-Grego 1993 : SANMARTÍ-GREGO (E.) – Grecs et Ibères à Emporion. Notes sur la population indigène de l'Empordà et des territoires limitrophes. *Documents d'Archéologie Méridionale* 16, 1993, p. 19-25.

Sanmartí-Grego 1995 : SANMARTÍ-GREGO (E.) – La présence grecque en Péninsule Ibérique à l'époque archaïque. *In* : *Les Grecs et l'Occident. Actes du colloque de la villa « Kérylos » (1991)*. 1995, Paris (coll. Ecole française de Rome, 208 = Cahiers de la Villa Kérylos, 2), p. 71-82.

Sanmartí-Grego *et al.* 1994 : SANMARTÍ-GREGO (E.), CASTANYER (P.), SANTOS (M.), TREMOLEDA (J.) – Testimonios epigráficos de la presencia de población indígena en el interior de Emporion. *In* : Cabrera, (P.), Olmos (R.) & Sanmartí, (E.), Coordinadores, *Iberos y griegos, lecturas desde la diversidad* I-II, 1994, Huelva (= *Huelva arqueológica* XIII 1 y 2), II, p. 203-214.

Sanmartí-Grego, Santiago 1987 : SANMARTÍ-GREGO (E.), SANTIAGO (R. A.) – Une lettre grecque sur plomb trouvée à Emporion (fouilles 1985). *ZPE* 68, 1987, 119-27.

Sanmartí-Grego, Santiago 1988 : SANMARTÍ-GREGO (E.), SANTIAGO (R.A.) – La lettre grecque d'Emporion et son contexte archéologique. *RANarb* 21, 1988, p. 3-17.

Santiago 1990a : SANTIAGO (R.A.) – Notes additionnelles au plomb d'Emporion 1987. *ZPE* 82, 1990, p. 176.

Santiago 1990b : SANTIAGO (R.A.) – En torno a los nombres antiguos de Sagunto. *Saguntum* 23, 1990, p. 123-140.

Santiago 1993 : SANTIAGO (R.A.) – Epigrafía dialectal emporitana. *In* : Crespo (E), García Ramón (J.L.), Striano (A.) éd., *Dialectologica Graeca : actas del II coloquio internacional de dialectologia griega*. Madrid, 1993, p. 281-294.

Santiago 1994a : SANTIAGO (R.A.) – Enigmas en torno a Saguntum y Rhoda. *Faventia* 16/2, 1994, p. 51-64.

Santiago 1994b : SANTIAGO (R.A.) – Presencia ibérica en las inscripciones griegas recientemente recuperadas en Ampurias y en Pech Maho. *In* : Cabrera (P.), Olmos (R.) & Sanmartí (E.), Coordinadores, *Iberos y griegos, lecturas desde la diversidad* I-II, 1994, Huelva (= *Huelva arqueológica* XIII 1 y 2), p. 215-230.

Santiago, Sanmartí 1988 : SANTIAGO (R.A.), SANMARTÍ (E.) – Notes additionelles sur la lettre sur plomb d'Emporion. *ZPE* 72, 1988, p. 100-102.

Santiago, Sanmartí 1989 : SANTIAGO (R.A.), SANMARTÍ (E.) – Une nouvelle plaquette de plomb trouvée à Emporion. *ZPE* 77, 1989, p. 36-38.

Schmidt 1988 : SCHMIDT (K.H.) – Probleme der gallo-griechischen Inschriften. *In* : ΤΙΜΕΤΙΚΟΣ ΤΟΜΟΣ ΗΑΝΣ ΗΕΡΤΕΡ. 2η ἔκδοσις, Athènes, 1988, p. 216-222.

Schulten 1936 : SCHULTEN (A.) – Die Griechen in Spanien. *RhM* 85, 1936, p. 289-346.

Shefton 1982 : SHEFTON (B.B.) – Greek and Greek Imports in the South of the Iberian Peninsula. The archaeological evidence. *In* : Niemeyer 1982, p. 337-370.

Siles 1985 : SILES (J.) – *Léxico de las inscripciones ibéricas*. Madrid, 1985.

Silgo 1997 : SILGO (L.) – La inscripción ibérica en escritura jonia Serreta IX. *Recerques del Museu d'Alcoi* 6, 1997, p. 157-160.

Slings 1994 : SLINGS (S.R.) – Notes on the Lead Letters from Emporion. *ZPE* 104, 1994, p. 111-117.

Sosin 2008 : SOSIN (J.D.) – The New Letter from Pasion. *ZPE* 165, 2008, p. 105-108.

Studia palaeohispanica : ADIEGO (I.J.), SILES (J.), VELAZA (J.) éd. – *Studia palaeohispanica et indogermanica J. Untermann ab amicis hispanicis oblata*. Barcelone, 1993.

Le temps des Gaulois : CHAUSSERIE-LAPRÉE (J.), éd. – *Le temps des Gaulois en Provence*. Martigues, 2000.

THA : MANGAS (J.), PLÁCIDO (D.), éd. – *Testimonia Hispaniae Antiqua*. I. Avieno ; II A. La península ibérica en los autores griegos, de Homero a Platón (= Gangutia, 1998 et *IGAI* = Rodríguez Somolinos, 1998, "Inscriptiones") ; II B. La península ibérica prerromana de Éforo a Eustacio, III. Medio físico y recursos naturales de la Península Ibérica en la antigüedad (Mangas, J. & Myro, M^a del Mar éd.), Madrid, 1994, 1998, 1999, 2003.

Torres 2002 : TORRES (M.) – *Tartessos*. Madrid, 2002.

Trías 1967-1968 : TRÍAS (G.) – *Cerámicas griegas de la Península Ibérica* I-II, Valence, 1967-1968.

Untermann 1969 : UNTERMANN (J.) – Lengua ibérica y lengua gala en la Galia Narbonensis. *APL* 12, 1969, p. 99-161.

Untermann 1975-1997 : UNTERMANN (J.) – *Monumenta Linguarum Hispanicarum (MLH)*. I. Die Münzlegenden. II. Inschriften in iberischer Schrift aus Südfrankreich. III. Die iberischen Inschriften aus Spanien. IV. Die tartessischen, keltiberischen und lusitanishen Inschriften,Wiesbaden. 1975/1980/1990/1997.

Van Effenterre, Ruzé, 1994/1995 : VAN EFFENTERRE (H.), RUZÉ (F.) – *Nomima. Recueil d'inscriptions politiques et juridiques de l'archaïsme grec*, t. I-II. Rome 1994-1995.

Velaza 1991 : VELAZA (J.) – *Léxico de las inscripciones ibéricas (1976-1989)*. Barcelone, 1991.

Velaza 1992 : VELAZA (J.) – *Basped-* sur le plomb grec d'Emporion, un anthroponyme ibérique ? *BN* 27, 1992, p. 264-267.

Velaza 1996 : VELAZA (J.) – *Epigrafía y lengua ibéricas*. Madrid, 1996.

Velaza 2001 : VELAZA (J.) – Chronica Epigraphica Iberica III (2000). *Palaeohispanica* 1, 2001, p. 393-395.

Velaza 2006 : VELAZA (J.) – Lengua vs. cultura material: el (viejo) problema de la lengua idígena de Catalunya. *In* : Belarte (M^a.C.), Sanmartí (J.) – *De las comunitats locals als estats arcaics, la formació de les societats complexes a la costa del Mediterrani occidental*. Barcelone, 2006 (Arqueo Mediterrània 9), p. 3-80.

Wartburg 1952 : WARTBURG (W. von) – Die griechische Kolonisation in Südgallien und ihre sprachlichen Zeugen im Westromanischen. *ZRPh* 68, 1952, p. 1-48 (= Wartburg 1956, p. 61-126).

Wartburg 1956 : WARTBURG (W. von) – *Von Sprache und Mensch*. Berne, 1956.

Wilhelm 1904 : WILHELM (A.) – Der älteste griechische Brief. *JŒAI* 7, 1904, p. 94-105.

2. Contacts et échanges technologiques entre Grecs et indigènes en Italie méridionale : langues et écritures au cours du IVe siècle av. J.-C.

Paolo Poccetti

On reconnaît désormais que les contacts et les échanges technologiques entre les populations égéennes et les cultures indigènes de l'Italie méridionale sont antérieurs à l'époque de la colonisation grecque. Outre les fouilles archéologiques remontant à la période mycénienne, au début de la littérature grecque se retrouve la conscience de ces relations archaïques, où les échanges de la culture matérielle sont étroitement liés aux aspects de la communication linguistique.

Ce sont les poèmes homériques qui nous fournissent le témoignage littéraire le plus ancien en ce sens là. Dans un célèbre passage de l'Odyssée, la déesse Athéna, sous l'apparence de Mentès roi des Taphiens, se rend avec des camarades par voie maritime chez « des gens qui parlaient une autre langue près de la ville de Témésa pour l'échange commercial des métaux » :

Νῦν δ᾽ὧδε ξὺν νηὶ κατήλυθον ἠδ᾽ ἑτάροισι,
πλέων ἐπὶ οἴνοπα πόντον ἐπ᾽ ἀλλοθρόους ἀνθρώπους,
ἐς Τεμέσην μετὰ χαλκόν, ἄγω δ᾽ αἴθωνα σίδηρον.

L'identification topographique de la mention homérique de Témésa avec la ville située sur les côtes tyrrhéniennes de la Calabre moderne, que Strabon (VI 1, 5) désigne comme fondation de l'ancienne population italique des Ausones (Αὐσόνων κτίσμα) semble désormais certaine et hors de toute discussion[1]. Dans cette ville, la tradition ancienne a situé aussi le mythe du meurtre de Politès, un des camarades d'Ulysse, qui y aurait été tué par traîtrise par les habitants.

Comme l'a souligné A. Mele (2009), les deux épisodes sont liés, s'inscrivant tous les deux dans le contexte des contes homériques ou, pour mieux dire, l'un (celui de Politès) implique l'autre. Ils ont apparemment des significations opposées, mais en même temps dialectiques et cohérentes entre elles. En effet ils expriment deux facettes des contacts entre Grecs et indigènes au seuil de la colonisation: d'une part, l'échange dans l'accueil pacifique, de l'autre, les luttes sanglantes avec perte de vies humaines. En ce dernier cas, le meurtre de Politès par traîtrise, d'une part, signale le refus d'accueillir les héros grecs de la part des indigènes et, de l'autre, met en relief l'opposition entre deux modèles idéaux : la vertu (ἀρετή) des Grecs face à la traîtrise des barbares.

Ici on mettra à l'écart la question complexe du niveau chronologique reflété par les vers de l'Odyssée (attribués à la fin du IIe millénaire ou au début du Ier ou au seuil de la colonisation), ce qui relève de la philologie homérique, pour souligner la donnée la plus importante qui nous concerne ici, c'est-à-dire les liens entre relations commerciales, échange de technologie et les aspects de la communication linguistique. La raison du voyage « chez les hommes qui parlaient une autre langue » (ἐπ᾽ ἀλλοθρόους ἀνθρώπους) est l'échange de métaux : les Grecs échangent le bronze avec le fer (χαλκόν, σίδηρον). Cet échange s'insère dans l'exploitation, disparue plus tard, de mines de cuivre connues dans cette région de l'Italie méridionale à l'époque protohistorique (Guarascio 1983, p. 140 s.). L'extraction de ce minéral s'insère dans un réseau important de commerce entre Grecs et indigènes, reflété par le passage homérique, où l'échange est inversé : ce sont les Grecs qui apportent du bronze pour prendre du fer.

Cela pose des problèmes chronologiques par rapport aux technologies que les deux métaux mettent en cause. Il est notoire que le bronze et le fer donnent leur nom aux âges qui se sont succédé dans la protohistoire de la Méditerranée et de l'Europe au début du Ier millénaire av. J.-C., ce qui correspond à la fois à l'évolution de la technologie et à des niveaux différents de civilisation. Donc, apparemment, les indigènes seraient porteurs d'une technologie plus avancée que les Grecs eux-mêmes. Toutefois, plus vraisemblablement, il ne s'agit que de rôles interchangeables. Le passage homérique, qui remonte à un niveau chronologique difficilement antérieur au Ier millénaire, montre que le fer et le cuivre n'opposaient pas si nettement l'Orient et l'Occident de la Méditerranée. En outre, comme l'a souligné R. Peroni, dans ce cadre, l'extraction des minéraux ainsi que la production métallurgique ne pouvaient pas échapper au contrôle politique d'une communauté (Peroni 1996, p. 15). Le déplacement du roi des Taphiens et l'objet

1 Cf. Biraschi 1983 ; Lepore, Mele 1983, p. 850 ; Mele 2009 ; Givigliano 2009.

de l'échange, qui correspondent au caractère aristocratique du commerce archaïque identifié avec la *prexis* d'Homère et d'Hésiode (Mele 1979, p. 58 ss.), laissent imaginer des relations avec les populations indigènes à un niveau politique élevé.

Du point de vue de la communication linguistique le passage homérique ne précise pas la langue dans laquelle ces échanges se déroulaient. De toute façon l'expression ἐπ' ἀλλοθρόους ἀνθρώπους, dont le sens par rapport à la langue nous est assuré par les gloses anciennes[2], traduit chez les Grecs la conscience de la diversité linguistique d'un endroit de l'Occident nommé avec précision.

Dans les poèmes homériques, les allusions à la diversité linguistique par rapport à des régions précisément identifiées sont très rares. Parmi les termes homériques se référant à ce domaine ἀλλόθροος est le plus neutre, parce qu'il n'a en lui-même aucune connotation négative, à la différence, par exemple, de βαρβαρόφωνος qualifiant les Cariens (Καρῶν βαρβαροφόνων, *Il.* II, 867) ou de ἀγριόφονος attribué aux Sinties de Lemnos (ἐς Λῆμνον μετὰ Σιντίας ἀγριοφώνους, *Od.* VIII, 294).

Le passage d'Homère n'implique apparemment qu'une communication orale. Les échanges et les commerces mentionnés dans les poèmes se situent toujours dans l'oralité. Toutefois, on le sait bien, la diffusion et l'adoption de l'écriture alphabétique s'inscrivent dans les échanges commerciaux qui constituent le contexte privilégié des contacts et des relations entre Grecs et populations indigènes de toutes les côtes méditerranéennes, de l'Italie à l'Asie Mineure, de la Gaule et de l'Espagne à l'Afrique du Nord. Il n'y a aucun doute que l'alphabet ait rayonné en Occident à travers les routes commerciales. Les attestations les plus anciennes de l'écriture en Occident, qui se manifestent d'une extrémité à l'autre de la Méditerranée (notamment de Al Mina à Tartessos à travers Pithécusses), s'inscrivent dans le réseau des commerces et des itinéraires maritimes touchés par les Grecs et par les Phéniciens. Le commerce archaïque se servait de l'écriture. L'épave de l'île du Giglio face de l'Etrurie, remontant au VIe siècle, contient des outils pour écrire qui étaient évidemment indispensables pour les activités du commerce (Cristofani 1995, p. 27).

Lorsque M. Lejeune, il y a trente ans, a esquissé les parcours des « rencontres de l'alphabet grec avec les langues barbares au cours du Ier millénaire av. J.-C. », il a distingué deux phases, dont le point chronologique de séparation, valable pour la Méditerranée entière, a été fixé au IVe siècle (Lejeune 1983a). La première phase a été nommée "individualiste" en ce qui concerne les procédés de transmission de l'écriture et la formation des alphabets locaux ; la seconde a été nommée "communautaire" en tant que formation d'une communauté graphique unitaire qui relie le monde grec (Lejeune 1983a, p. 741 s.).

Ce schéma est bien utile et fort approprié, dans la mesure où il met en relief le véritable changement de perspective dans l'alphabétisation du monde indigène qui a lieu au cours du IVe siècle, mais il nécessite d'être un peu nuancé.

A l'aube de l'adoption de l'alphabet grec, on a la perception de l' "individualisme", lorsqu'on constate que les plus anciens documents écrits connus en Occident se situent, d'une manière presque inattendue, dans les endroits les plus périphériques ou les plus éloignés des circuits commerciaux méditerranéens. Cependant ces apparitions précoces et isolées se situent dans des régions qui, au bout d'un ou deux siècles, ont assisté à la naissance et à la diffusion d'une tradition d'écriture plutôt "communautaire", en tant qu'elle revient à noter une langue commune à des communautés diverses ou parce que son utilisation relie plusieurs communautés parlant des langues différentes.

Par exemple, sur le sol italien le témoignage le plus ancien de l'écriture alphabétique se trouve sur un tesson avec cinq signes trouvé dans la nécropole de l'Osteria dell'Osa dans le Latium[3]. Sa datation autour de 770 av. J.-C. est contemporaine de l'apparition de l'écriture en Grèce elle-même et précède les attestations les plus anciennes de l'écriture dans les sites de la colonisation grecque en Italie. Bien sûr, ce fragment inscrit est peut être importé, ce qui n'implique pas forcément l'emploi de l'écriture de la part des indigènes. Mais l'épanouissement de l'écriture dans la même région (le Latium ancien) un siècle plus tard confère une signification spéciale à la présence de ces signes.

En Gaule et dans la Péninsule Ibérique, les apparitions archaïques de l'écriture apposée sur des supports du même type posent des problèmes semblables. Ainsi trois signes gravés sur une céramique halstattienne datée au VIe siècle, provenant du site de Montmorot sur le versant français du Jura, appartiennent à l'alphabet étrusque de l'Italie du Nord, dont la diffusion s'insère dans les relations très anciennes entre les deux versants des Alpes (Verger 2001).

Dans la péninsule Ibérique, les témoignages les plus anciens de l'écriture grecque se retrouvent dans les zones affectées par la fréquentation phocéenne : au

2 *Et.Magn.* : ἀλλόθροος· ἀλλόγλωσσος ὁ ἀλλοθρίαν φωνὴν ἔχων ἤγουν ὁ βάρβαρος.

3 Pour ces signes, dont l'interprétation est controversée, cf. Peruzzi 1992 ; Imperato 1994, 176. Une autre proposition de lecture dans Canali De Rossi 2009, p. 165 ss.

Sud-Est dans la région de Tartessos (affectée aussi par les fréquentation phéniciennes), d'où proviennent deux graffites céramiques, l'un de Toscanos daté au VIIe siècle, l'autre de Huelva, daté vers le milieu du VIe siècle (De Hoz 1995, p. 152) ; au Nord-Est, dans l'important site ibère d'Ullastret, a été trouvée une kylix attique fragmentaire avec inscription remontant à la fin du VIe siècle (De Hoz 1997, p. 57, 3.1). Ces trois objets sont vraisemblablement importés [4]. Mais leur présence révèle que les indigènes étaient accoutumés à l'écriture alphabétique phénicienne ou grecque bien antérieurement à la création des systèmes d'écriture pour écrire leur propre langue. Il ne relève pas du hasard que les régions où se situent les deux sites ibériques mentionnés, aient été des foyers d'écriture de la péninsule. Comme l'a montré J. De Hoz (2001, p. 57), « la première écriture créé dans la péninsule Ibérique fut une adaptation de l'écriture consonantique phénicienne crée à Tartessos ».

D'autre part, le premier document en langue ibère fait son apparition vers la fin du Ve siècle à Ullastret (De Hoz 1995, p. 156), dans le Nord-Est de la péninsule Ibérique, même si son système d'écriture a été créé dans les Sud-Est sous l'influence de la culture phénicienne. Mais la véritable liaison entre le site de Tartessos et la région autour d'Ampurias est la fréquentation phocéenne.

Sur le sol italien, les témoignages les plus anciens de l'écriture appartiennent aux établissements eubéens dans le golfe de Naples, notamment au VIIIe s. l'île de Pithécusses, aujourd'hui Ischia (Dubois 1995, n° 2-8) et VIIe s. la ville de Cumes (Dubois 1995, n° 11-14), qui se situent à la frontière septentrionale de l'expansion coloniale grecque dans la mer Tyrrhénienne.

Dans les régions les plus méridionales de l'Italie et en la Sicile, qui occupent une position centrale par rapport aux itinéraires maritimes et qui ont été affectées de très bonne heure par les contacts avec les Grecs, l'écriture ne fait son apparition qu'un peu plus tard (VIe siècle).

On constate un procédé parallèle sur le versant indigène. Ce sont les populations des régions de l'Italie centrale, notamment les Étrusques, les Latins, les Falisques, les Sabins, qui présentent les témoignages les plus anciens de l'écriture des langues indigènes. En outre elles ont développé de très bonne heure des systèmes alphabétiques autonomes l'un de l'autre. L'écriture, qui rayonne à travers les contacts commerciaux pour lesquels le basin du Tibre a joué un rôle essentiel, est devenue une marque de distinction sociale. Elle symbolise la condition aristocratique dans les inscriptions funéraires ainsi que dans la pratique des échanges d'objets précieux ou dans les rites des banquets.

La formation d'un système autonome d'écriture a contribué à la naissance précoce de l'identité ethnique et de la physionomie culturelle des civilisations de l'Italie centrale, où l'écriture devient de très bonne heure expression des institutions civiles et de l'organisation politique.

Une condition différente se dessine dans les régions les plus méridionales de l'Italie qui ont été entourées par des colonies grecques tout au long des côtes. Ici l'écriture des langues indigènes est plus tardive (fin du VIe siècle). En outre le nombre des textes connus jusqu'au milieu du IVe siècle est beaucoup plus réduit qu'en Italie centrale à la même période. En fait les populations en contact immédiat avec les πόλεις de Grande Grèce et de Sicile n'ont pas développé leur propre alphabet de la même manière que les cultures de l'Italie centrale. Elles ont adopté les alphabets locaux des Grecs presque sans aucune variation et des formes et des valeurs des signes, sauf l'introduction d'un signe pour noter une consonne inconnue au système phonétique grec, à savoir le signe pour <f> (Lejeune 1967 ; 1970). C'est seulement pour noter cette lettre qu'elles ont apporté des modifications à l'alphabet qui a fourni le modèle principal.

La conformité des écritures indigènes aux modèles helléniques peut s'expliquer par des raisons différentes qui se complètent : d'une part la langue, de l'autre la politique.

Sur le versant linguistique, l'emploi d'un système d'écriture commun au grec et aux langues indigènes correspond au niveau d'homogénéisation de deux codes linguistiques à l'intérieur d'une même communauté. En d'autres termes l'utilisation de la part des indigènes du même système d'écriture que les voisins Grecs sans variations saisissables s'inscrit dans la condition de bilinguisme avec diglossie qui a caractérisé les régions plus méridionales de l'Italie durant plusieurs siècles. L'unité de l'alphabet facilite le code-switching au niveau de la communication écrite.

Le bilinguisme, dont la durée est attestée de manière différente d'une région à l'autre jusqu'à l'époque romaine, affecte surtout les deux régions plus méridionales qui longent la mère Ionienne : la Lucanie et la Calabre.

En particulier en ce qui concerne la Calabre, le bilinguisme se situe aux niveaux les plus élevés de la communication littéraire et artistique. Un indice nous est fourni par l'attribution des liens de parenté avec le monde indigène à deux figures importantes, l'une de la poésie, l'autre de la prose, telles que Stésichore et Pythagore. Ces liens sont signalés par l'onomastique personnelle : le frère de Stésichore portait le nom de Μαμέρτιος, alors qu'au père de Pythagore est assigné le nom de Μάμαρκος conçu comme variante des noms grecs Μνάμαρκος o

4 En ce qui concerne l'Espagne cf. De Hoz 1995, p. 153.

Μνάσαρχος (Poccetti 1988, p. 132 s.). Au delà des questions de détail, les deux données semblent indiquer la conscience d'un esprit culturel unitaire qui soudait les Grecs et les indigènes aux niveaux les plus élevés de la communication littéraire.

Concrètement, les deux personnalités de la culture hellénique locale sont insérées dans un entourage familial qui n'est pas grec. D'ailleurs les ouvrages de Stésichore et Pythagore se soudent strictement au contexte local. L'un dans sa production poétique a abordé des thèmes qui s'inspirent des traditions locales, des rencontres les plus anciennes des indigènes avec les colonisateurs, tels que les *nostoi* des héros homériques, la saga d'Oreste et le conte d'Héraklès en quête des boeufs de Géryon[5]. L'autre est la source d'un mouvement intellectuel où la participation des Grecs et de non Grecs a été soulignée par les sources anciennes (Poccetti 1989, p. 129 ss.). Au sein du pythagorisme s'est développée une prose philosophique et oratoire en dialecte dorien, où la Lucanie du IVe siècle a joué un rôle fondamental grâce à l'influence de Tarente : il suffit de rappeler les écrits d'Aristoxène et d'Ocellus Lucanus, mais aussi d'autres faits moins connus qui mettent en cause des Lucaniens anonymes[6].

Que ce bilinguisme dure jusqu'à l'époque romaine nous est démontré par l'expression *bilingues Bruttaces* attribuée à Ennius et à Lucilius. Cette formule a l'allure d'une sorte de dicton ou d'expression proverbiale, où l'adjectif *bilinguis* (assez rare en latin), calqué d'après le grec δίγλωσσος, a un effet de double sens notamment de "bilingue" et "celui dont il faut se méfier" (dans cette dernière signification *bilinguis* figure chez Plaute : Poccetti 1986). L'allusion au bilinguisme de cette région, qui met en cause spécifiquement l'osque et le grec, nous est assurée par les gloses : *bilingues Bruttaces dixit Ennius (*Ann. 496*) dixit, quod Bruttii et Osce et Graece loqui soliti sint. Sunt autem populi vicini Lucanis*[7].

La langue latine qui, en conséquence de la romanisation, s'est substituée à l'osque, n'a pas remplacé ou effacé l'emploi du grec. Les inscriptions de l'époque impériale témoignent d'une situation de bilinguisme avec diglossie grec/latin (Consani 1995), parallèle à celle qui caractérisait auparavant la distribution du grec et des langues indigènes. La seule différence concerne l'écriture. La romanisation, qui s'accompagne du prestige de la langue dans l'administration, a introduit un alphabet nouveau à côté de l'alphabet grec. Donc d'un alphabet unique pour noter deux langues on passe à l'emploi de deux alphabets distincts pour chaque langue. Mais la résistance de l'alphabet grec a été très forte vis-à-vis de la force de l'alphabet latin. Son emploi a continué dans les inscriptions privées de l'époque impériale jusqu'au seuil de l'époque moderne en fournissant le système d'écriture pour les dialectes romans locaux.

Le fait que les indigènes à l'époque archaïque n'ont pas développé un alphabet autonome par rapport aux voisins Grecs n'est pas à interpréter comme l'indice d'un emploi "individualiste" de l'écriture. En fait on connait des textes de nature publique, mais ils ne nous révèlent aucune organisation publique ni aucune structure de leur Etat. Cette condition de l'écriture semble plutôt dénoncer une autonomie politique inachevée ou une identité ethnique incomplète.

Deux exemples, différents entre eux, nous sont fournis respectivement par la population nommée *Oinotroi* en Grande Grèce et par les Sicules en Sicile. Les uns ont adopté l'alphabet des colonies achéennes, qui les entouraient ; les autres ont été soumis à l'influence de la « tradition alphabétique du centre grec qui jouait pour chacune aire le rôle de centre culturellement hégémonique » (Agostiniani 1992, p. 136).

Pour les uns comme pour les autres on ne dispose que de très peu d'inscriptions remontant à la période comprise entre la fin du VIe siècle et la moitié du Ve, parmi lesquelles on trouve des textes publics, qui, toutefois, ne nous disent rien de l'organisme qui a émis ces textes.

En fait la production épigraphique des Oenotres ainsi que des Sicules est vraisemblablement l'expression d'une physionomie ethnique et politique très faible. D'autre part, ces documents s'inscrivent dans des contextes historiques particuliers. Les textes attribuables aux Oenotres sont postérieurs à la crise de l'"empire" de Sybaris (510 av. J.-C.) ; les inscriptions des Sicules appartiennent à la phase qui précède la coalition autour de la révolte de Douketios (Agostiniani 1991, p. 27). Après son anéantissement, on n'a plus de traces de l'épigraphie des Sicules, et ce n'est pas un hasard.

Bien sûr, ce ne sont pas uniquement la différentiation des systèmes d'écriture et l'emploi de la langue indigène qui marquent l'autonomie politique et l'identité ethnoculturelle d'une communauté. Le véritable signal d'une maturation ethno-culturelle relève d'une production réellement autonome des textes.

Dans cette direction un changement remarquable se manifeste vers le milieu du IVe siècle av. J.-C. Les processus de transformations qui affectent simultanément les sociétés indigènes et le monde grec au tournant du Ve siècle se répercutent sur les systèmes de contacts

5 Stésichore frg. 181, 208, 210 Page.

6 C'est le cas d'un Lucanien anonyme envoyé comme ambassadeur à Syracuse, où il reçoit des éloges pour la composition de son discours en dialecte dorien. A propos de cet épisode, dont le conte se trouve chez Dion Chrysostome [Dion.Chrys. XXXVIII 24] cf. Poccetti 1989, p. 132.

7 P. Fest. 13 L.. Cf. également Porph., *ad Hor.*, Sat. 1, 10, 30 = Lucil. frg. 1124 M. : *Ideo ergo et Ennus et Lucuilius Bruttace bilingui dixerunt.*

et des échanges technologiques au niveau des langues et des écritures, manifestés à travers les textes. A ce moment-là, on constate des phénomènes de continuité et de discontinuité dans les relations entre Grecs et indigènes par rapport à l'époque archaïque. La continuité est représentée par la participation des indigènes aux évolutions du monde grec concernant la langue et l'alphabet. La discontinuité consiste dans l'apparition d'un langage nouveau qui se traduit dans la rédaction de textes nouveaux chez les indigènes.

Ce renouvellement a comme points de départ, d'un côté, la crise du modèle de la πόλις grecque, et, de l'autre, la maturation ethno-politique des sociétés indigènes au cours du IVe siècle. Le résultat le plus frappant de cette évolution sur le versant indigène est la formation des communautés ethniques nommées par la tradition ancienne Σαυνιτικὰ ἔθνη. Sous cette appellation, attribuée à l'historien grec de Sicile Timée de Tauroménion, sont désignées toutes les populations comprises entre le Samnium et la Sicile, notamment les Samnites, les Campaniens, les Lucaniens, les Bruttiens. Le dernier anneau de cette chaine ethno-génétique, qui s'est étendue dans le sens chronologique et géographique, sont les Mamertins, les soldats mercenaires qui se sont emparés de Messine, ville grecque, qui a changé son nom en conséquence de leur occupation politique prenant l'appelation de "Etat des Mamertins" (de *Messana* à *touto Mamertino*).

En fait les Mamertins s'insèrent dans le même parcours qui a abouti à la formation d'autres communautés ethniques. Les sources anciennes associent à la naissance des communautés des Campaniens, des Lucaniens et des Bruttiens une démarche commune, à savoir l'occupation des villes grecques ou profondément hellénisées de la Grande Grèce. Ce fait s'est déroulé d'une manière différente d'un endroit à l'autre, mais sans aucun doute les historiens anciens ont eu la conscience que l'identité ethnique et l'autonomie politique des communautés samnites se reliait strictement à la prise des fondations coloniales grecques significatives pour chaque région.

La succession chronologique des événements se déroule en parallèle à l'expansion géographique du Nord vers le Sud. Ainsi par l'occupation de Capoue les Samnites prennent le nom de Campaniens autour de 420 av. J.-C. Au cours du IVe siècle l'apparition des autres groupes ethniques appartenant au cercle des Σαυνιτικὰ ἔθνη est contemporaine dans les sources littéraires à l'occupation de villes grecques situées dans les régions auxquelles chaque communauté donne son nom. C'est ainsi que les Lucaniens et les Bruttiens prennent leurs noms et leur identité ethniques de la prise, de Métaponte et de Poseéidonia pour les uns, de Terina et de Hipponion pour les autres.

Parfois la tradition littéraire insiste sur la violence et sur les aspects sanglants qui auraient caractérisé ces événements. C'est le cas, par exemple, de Capoue, où la prise du pouvoir de la part des populations sabelliques aurait eu lieu par la traîtrise et par des massacres. Mais le cas de Capoue est tout à fait spécial, parce que la révolte, si révolte il y a eu, n'était pas dirigée contre les Grecs, mais contre les Étrusques qui maîtrisaient la Campanie.

En fait, la violence ne semble pas affecter d'autres villes de la région, dont les Samnites se sont emparés de manières différentes. Par exemple, à Cumes, dont la transformation de colonie grecque à ville samnite est attestée par l'épigraphie et par la tradition littéraire, comme le souligne Velleius Paterculus I 4, 2 (*Cumanos Osca mutavit vicinia*), on n'a pas de traces de luttes sociales violentes. Il en va de même pour d'autres villes du golfe de Naples, qui ont été "samnitisées", telles que Pompéi et Herculanum. A Naples même, la présence significative des Samnites dans la vie urbaine déjà au Ve siècle nous est attestée par les sourcs littéraires ainsi que par les inscriptions grecques (Lepore 1985, p. 109 s.).

A cause de sa puissance et de sa richesse au cœur de la plaine campanienne, Capoue représentait le chef-lieu politique de la région. L'importance de son rôle se reflète aussi dans le nom ethnique des Campaniens, qui, selon l'explication de Schulze (1895, p. 287), est issu du nom de la ville d'après la filière *Kapuano-* > *Kappano-* > *Kampano-*. Dans cette filiation, le grec a joué un rôle important. En fait l'évolution linguistique qui, de *Kapuano-*, a abouti à *Kampano-*, s'est faite en deux étapes, une assimilation consonantique (*Kapuano-* > *Kappano-*) qui appartient aux langues indigènes et une dissimilation par l'insertion d'une consonne nasale devant consonne labiale (*Kappano-* > *Kampano-*), qui s'inscrit dans les évolutions phonétiques du grec (Schwyzer 1934). L'association populaire avec le mot latin *campus* n'est développée que plus tard. Par conséquent, la forme *Campani* s'est instaurée dans un milieu où la langue indigène était en contact avec le grec. Une confirmation en ce sens nous est fournie par les attestations les plus anciennes du nom des Campaniens qui sont en grec. En effet leur nom fait son apparition sur les monnaies des soldats mercenaires en Sicile dès l'expédition athénienne contre Syracuse en 413 av. J.-C. (Tagliamonte 1994, p. 124 s.). Les premières monnaies frappées avec le nom de Καμπανοί en grec ont été attribuées à la fin du Ve siècle (*Id.*, p. 137).

La formation des groupes ethniques des Σαυνιτικὰ ἔθνη a des conséquences remarquables en ce qui concerne la langue et l'écriture. Dans ces domaines, les contacts avec le monde hellénique jouent un rôle tout à fait fondamental. Le fait le plus frappant est la formation d'une langue standardisée, au moins au niveau de la communication officielle. Cette langue, reflétée par l'épigraphie, se présentait unitaire aux yeux des Romains qui lui ont donné l'appellation de "osque" et lui ont reconnu le prestige de langue littéraire (Poccetti 1989, p. 106). En effet *Oscus* est employé en latin comme nom de langue commune à des populations diverses plutôt que comme nom ethnique qui identifie une population précise[8].

Sur le plan de l'écriture, la langue osque se sert de deux systèmes alphabétiques, qui remplacent les alphabets locaux archaïques. L'un est issu de l'alphabet étrusque, l'autre de l'alphabet grec. L'alphabet étrusque a été adopté pour écrire l'osque à travers des modifications beaucoup plus nombreuses et importantes que l'alphabet grec utilisé pour écrire la même langue. L'écriture osque en alphabet étrusque à été réalisée par l'introduction de cinq signes nouveaux : trois signes consonantiques (les sonores <b>, <d> <g>, issues de l'alphabet grec) et deux vocaliques (les signes <í>, <ú>, issus des alphabets italiques archaïques). Les signes consonantiques ont été empruntés à l'alphabet grec, qui, par conséquent, a joué un rôle très important dans la formation de l'écriture osque en alphabet étrusque en fournissant, comme l'a dit M. Lejeune, son « modèle accessoire » (Lejeune 1970, p. 271 s.).

En revanche l'écriture osque en alphabet grec ne présente qu'une nouveauté par rapport au modèle principal : c'est le signe pour noter /f/, consonne inconnue au système phonologique du grec. Toutefois pour noter cette consonne l'écriture osque en alphabet grec n'est pas uniforme non plus à l'intérieur de la même région ou d'un même endroit comme le montre l'épigraphie du sanctuaire lucanien de Rossano di Vaglio. Ici on trouve un éventail de signes divers, dont la classification est controversée.

A côté d'une évolution différenciée du signe de l'alphabet étrusque, suggérée par M. Lejeune (1970), pour les signes qui notent /f/ dans l'alphabet grec on a proposé des origines diverses à l'intérieur de l'alphabet grec, telles que l'adaptation des lettres grecques pour *digamma*, pour *phi*, pour *theta*, pour *sigma* (del Tutto Palma 1989, p. 110). Rappelons que en général les réalisations phonétiques du /f/ peuvent se rapprocher des variantes de toutes ces consonnes. L'emploi du signe pour *phi* accompagné par le signe d'aspiration se retrouve déjà dans les monnaies de la ville de *Allifae* ('Αλλιφhανον à côté de 'Αλλιfανον) remontant au Ve siècle, ce qui a amené à fixer en Campanie le foyer initial de l'écriture osco-grecque (Cristofani 1996).

En outre, l'écriture osque en alphabet grec présente parfois aussi le signe *beta* en fonction de /f/, en conséquence de l'évolution vers la valeur de spirante que cette consonne présente déjà dans les variétés du grec ancien, comme anticipation de la condition du grec byzantin et moderne.

Ce détail nous révèle une fluidité constante des contacts entre ceux qui écrivaient l'osque en alphabet grec et la langue et l'écriture grecque. Concrètement, ceux qui utilisaient l'alphabet grec pour écrire l'osque dans les régions de la Grande Grèce étaient constamment au courant de l'évolution du système phonétique du grec y compris les flottements des valeurs phonétiques de certains signes alphabétiques. Tout cela ne peut s'expliquer autrement que dans un contexte de bilinguisme et de digraphisme constant, ce qui permettait une mise à jour continue des variations d'orthographe. La précision de ces variations se présente d'une manière impressionnante dans l'épigraphie des Mamertins à Messana, où on trouve des rédactions d'un même texte suivant des critères différents d'écriture des voyelles, en conséquence de l'évolution des diphtongues et du phénomène de l'« itacisme » : ainsi tantôt <οι> tantôt <ωι> tantôt <ει> tantôt <η> sont appelés à noter /i/[9].

Bref toute variation dans l'écriture osque en alphabet grec s'harmonise constamment avec les évolutions du système phonétique de la langue grecque, ce qui démontre que cette écriture n'est pas simplement le résultat d'un emprunt qui se développe indépendamment de son modèle.

Le seul point qui demeure inchangé dès l'époque archaïque concerne la distribution géographique de ce système. Lorsque les indigènes ont adopté l'alphabet hellénistique de type ionien oriental, ils ont laissé intacte la ligne de frontière qui sépare le domaine d'emploi de l'alphabet grec et le domaine de diffusion des alphabets indigènes. Cette ligne, qui coïncide grosso modo sur le versant tyrrhénien avec la frontière entre la Campanie et la Lucanie anciennes, demeure toujours inchangée jusqu'à l'introduction de l'alphabet latin en Grande Grèce. Au total au Ve siècle on constate, d'une part, une continuité des aires géographiques qui utilisent l'alphabet grec et, de l'autre, une rupture dans l'emploi des modèles alphabétiques.

Ce panorama nous invite à poser la question des rapports entre la formation de la langue osque et la formation des systèmes utilisés pour l'écrire. La formation de la langue osque peut difficilement se concevoir sans le niveau écrit et indépendamment de l'influence exercée par l'hellénisme.

Comme on vient de le rappeler, l'épigraphie osque officielle reflète une image fort standardisée de la

8 Poccetti 1984, p. 158 ; Barbera, Russo 2004, p. 90 ss.

9 Rix 2002 Me 1, Me 2, Me 3. En outre cf. Orioles 1992, p. 339.

langue, où les distinctions dialectales sont particulièrement nuancées et la distinction par rapport aux variétés italiques de l'Italie centrale, qui gardent certains faits archaïques, est très nette. En outre, l'osque s'ouvre aux apports des autres langues, spécialement le grec, par l'emprunt des termes techniques de l'architecture, de l'urbanisme.

Une allusion indirecte à ce procédé de standardisation qui a abouti à la formation de la langue osque se retrouve dans les sources helléniques. Un fragment d'Eudoxe de Cnide, qui nous semble très important en ce sens là, nous informe que Ὀπικοὶ γλώσσας συνέμιξαν, à savoir « les Opikoi ont mélangé leurs parlers » [10]. Par le nom des Ὀπικοί, les sources grecques désignaient jusque là les populations indigènes de la côte tyrrhénienne de la Campanie avec une extension géographique variable par rapport aux Ausones [11]. Plus tard au nom des Ὀπικοί se superpose celui des Ὄσκοι, qui en représente l'aboutissement [12]. La chronologie des événements auxquels Eudoxe de Cnide fait allusion ne peut qu'être contemporaine ou au plus très peu antérieure à son époque (milieu IVe siècle av. J.-C.). Le procédé de transformation auquel il fait allusion s'insère parfaitement dans le contexte de la formation de la langue osque, qui se manifeste à travers l'apparition de ses documents épigraphiques.

Dans le vocabulaire de l'acculturation grecque, la famille lexicale du verbe signifiant "mélanger", se référant à la langue, désigne les changements par effet des contacts, qui, d'une part, stimulent les convergences avec les langues étrangères et, de l'autre, contribuent à atténuer les distinctions dialectales à l'intérieur du système de la langue en elle-même (Dubuisson 1982). En d'autres termes l'information d'Eudoxe fait allusion à un procédé de convergence qui a affecté les parlers des populations nommées Ὀπικοί aboutissant à la formation d'une langue unitaire. Dans ce procédé de standardisation linguistique qui a abouti à la formation de la langue osque, le modèle grec a joué un rôle essentiel. C'est surtout l'hellénisme, qui s'est diffusé dans le basin méditerranéen, qui a fourni le modèle et le stimule dans cette direction.

D'ailleurs, comme il est bien connu, la diffusion de l'hellénisme vers le milieu du IVe siècle se répercute dans les contextes indigènes de tous les coins de la Méditerranée. Partout l'hellénisme se caractérise par la participation des non Grecs, appelés "barbares" par les Grecs eux-mêmes, à la culture et à l'esprit hellénique. En fait on ne pourrait pas concevoir l'hellénisme à fois comme phénomène spirituel et technique en dehors d'une participation des 'barbares' à la culture grecque et vice-versa : l'hellénisation des barbares' ou la "barbarisation des Grecs" ne sont que deux faces de la même médaille.

Les effets les plus importants de l'hellénisme en ce qui concerne la langue et l'écriture consistent dans la diffusion d'une langue commune, appelée justement *koiné*, et dans la diffusion d'un type alphabétique commun. Ainsi les variétés des alphabets et des dialectales locaux, que chaque colonie avait héritées de son origine, sont abandonnées au profit d'un modèle unitaire qui vient d'outre-mer. Ce sont l'alphabet ionien d'Asie et une base dialectale ionienne-attique en tant que langue véhiculaire de niveau élevé, qui s'imposent partout aux dépens des parlers et des alphabets locaux. Bien sûr, les dialectes locaux ont survécu dans certains domaines ou en se distribuant par rapport à la *koiné* d'une manière différente d'un contexte à l'autre [13].

D'autre part, la diffusion en Occident n'a pas eu lieu d'une manière uniforme et subite. Plus exactement on distingue une *koiné* généralisée dans la Méditerranée et des *koinai* locales diverses. En Grande-Grèce et en Sicile la *koiné* se présente longtemps en concurrence et souvent mélangée avec les dialectes locaux, surtout le dialecte dorien, dont la continuité jusqu'à l'époque impériale nous est attestée par plusieurs indices [14]. Des textes épigraphiques de types différents (officiels et privés) nous prouvent la présence du dialecte dorien dans la langue parlée de la Grande-Grèce jusqu'à l'époque romaine. En outre la vitalité du dialecte dorien en Occident à l'époque hellénistique nous est assurée par son emploi comme langue littéraire, dans la prose (rhétorique et oratoire) et dans la poésie. Mais à ce niveau l'emploi du dorien lui-même en Grande-Grèce et en Sicile de l'époque hellénistique consistait dans une sorte de *koiné*, où les différentiations locales plus anciennes (telles que, par exemples, la doris mitior et la doris severior) étaient fort nuancées.

La diffusion d'un modèle unitaire de langue commune et d'un système alphabétique commun vont en parallèle. On ne saurait pas imaginer la diffusion d'une *koiné* indépendamment de l'écrit. D'autre part, ce fait extraordinaire caractérisant l'hellénisme a stimulé la communication, la circulation des idées, les convergences entre cultures différentes.

Par là il est difficile de concevoir les procédés de standardisation qui se constatent chez les populations

10 Eudoxe chez Et. Byz. s.v. Ὀπικοί : Ὀπικοὶ ἔθνος Ἰταλίας. Εὔδοξος ἕκτῳ γῆς περιόδου · γλώσσας συνέμιξαν. Une analyse détaillée de ce fragment dans Poccetti 1989, p. 107.

11 Cerchiai 1995, p. 24 ; Lepore 1990, p. 85 ss. ; Barbera, Russo 2004.

12 Lepore 1990, p. 85 ss. ; Barbera, Russo 2004, p. 94.

13 López Eire 1996. Spécifiquement pour l'Italie méridionale cf. Consani 1996.

14 Consani 1995b ; Poccetti 2005, p. 140 ss.

indigènes de la Grande-Grèce au cours du IVe siècle av. J.-C. sans se référer au grec. Les convergences qui affectent le monde indigène se déroulent en parallèle et presque en synchronie avec ce qui se passe dans le monde grec, avec les aboutissements déjà mentionnés : a) la formation d'une langue capable de se présenter d'une manière unitaire vers l'extérieur, au moins au niveau officiel ; b) la création de systèmes homogènes d'écriture qui s'inspirent de l'écriture grecque par des moyens différents.

En Italie du Sud, l'assimilation et l'intégration de la culture de l'hellénisme sont plus rapides et plus profondes qu'ailleurs, surtout par rapport aux régions de la Méditerranée occidentale. Une des raisons, comme on vient de le souligner, repose sur l'antiquité et la continuité des relations entre les indigènes et les colonies grecques, remontant au moins à l'aube de la colonisation, si non même à l'époque mycénienne. Bien sûr, ces relations se sont développées d'une manière différente dans les deux régions au cours des siècles.

En Grande-Grèce, l'adhésion à l'hellénisme épanoui vers la moitié du IVe siècle a été presque immédiate et

Fig. 495. Inscription grecque des remparts de Serra di Vaglio.

profonde. Significativement, une des inscriptions les plus anciennes écrite en *koiné* et en alphabet ionien se retrouve dans un centre indigène de l'arrière pays lucanien. Il s'agit de l'inscription gravée sur l'enceinte de murailles de Serra di Vaglio (**fig. 495**), attribuée au milieu du IVe siècle : ἐπὶ τῆς Νυμμέλου ἀρχῆς[15]. Νυμμέλος est un prénom indigène (*Nummelos* < **Num-(e)lo-*), apparenté avec la famille onomastique de *Numa*, *Numasios*, *Numidius*, etc..., connue du latin et des langues sabelliques (De Simone 1991). Ce nom appartient à un commandant de la communauté locale qui a fait des travaux sur la fortification où l'inscription a été trouvée.

Il a choisi une formule parfaitement grecque en ce qui concerne l'emploi et de son nom personnel en fonction d'idionyme et du terme ἀρχή pour exprimer le titre de son pouvoir dans la communauté indigène. Ce terme correspond vraisemblablement au mot osque *meddikia*, dérivé de *meddix*, qui désigne le commandant politique pourvu aussi de pouvoirs militaires, comme nous l'apprennent les sources romaines sur les guerres contre les Samnites.

L'inscription appartient aux témoignages de l'architecture militaire, s'inspirant des modèles de l'épigraphie grecque qui se sont diffusés à partir de l'époque hellénistique. Conséquemment elle ne reproduit pas seulement une expression officielle en grec hellénistique se référant à une institution qui n'était pas grecque, mais aussi une typologie de textes diffusés par l'hellénisme. En outre, comme on vient de le rappeler, le choix de la langue et de l'alphabet témoignent de l'adhésion précoce aux modèles de la *koiné* de la part des élites locales. Donc les communautés indigènes de l'arrière-pays ont adopté de très bonne heure dans la communication officielle l'alphabet et la langue de la *koiné* en même temps que les colonies grecques, qui, en revanche, gardent certains traits des dialectes locaux.

La comparaison avec un texte en osque fouillé dans un contexte parallèle de la même région et de la même époque (une pierre des remparts de Muro Lucano) nous prouve la correspondance entre la formule grecque et une tournure syntaxique indigène exprimant le même contenu : Μαις Αρριες σου*F*εν μεδδικεν (Rix 2002 LU 37).

En ce cas, le chef suprême de la communauté qui a exécuté les travaux sur l'enceinte a préféré utiliser la langue indigène pour exprimer le même message que son collègue de Serra di Vaglio. Ici on est en présence d'une inscription entièrement en osque écrite en alphabet grec. La formule éponyme σου*F*εν μεδδικεν avec la répétition de la particule –εν postposée est une variante par rapport à l'emploi plus commun du cas locatif (*meddikiai*) suivi par le génitif du nom personnel, attesté ailleurs[16].

Mais au IVe siècle on trouve une autre variante de la même formule éponyme gravée encore en alphabet grec sur le casque votif lucanien du Musée Poldi Pezzoli à Milan, qui a dû appartenir à des soldats mercenaires qui ont fait des opérations dans la ville de Métaponte (Rix 2002 LU 37). La lecture de cette inscription est controversée en ce qui concerne la première partie[17], mais personne ne discute la formule éponyme συπ μεδικιαι + nom au génitif. L'expression est à mi-chemin

15 Lejeune 1967, p. 210-211 ; Landi 1979, p. 288, n° 160.

16 Sur les formules éponymes en osque, cf. Prosdocimi 1980, 198 s.

17 La Regina 1981, p. 135 ; Del Tutto Palma 1990, p. 42 ; Tagliamonte 1993, p. 256.

Fig. 497. Inscription du casque du Musée Poldi Pezzoli (Milan).

Fig. 496 Inscription osque de remparts de Muro Lucano.

entre l'emploi du cas locatif simple (*meddikiai*) et l'emploi d'une particule antéposée ou postposée à valeur locative (telle que la postposition *–en* dans l'inscription de Muro Lucano). L'emploi de la préposition *sup* dans ce contexte ne trouve qu'une correspondance dans la formule ombrienne *su maronato*, qui, en parallèle à l'osque, se présente en concurrence avec l'emploi du simple locatif (*maronatei*). Dans les deux cas l'emploi de cette préposition relève vraisemblablement d'une influence étrangère indépendante dans chacun des deux, notamment du grec en osque, du latin en ombrien[18].

Concrètement, la présence isolée de *sup* dans le casque lucanien aurait été stimulée par la correspondance avec la préposition grecque ἐπί dans la tournure ἐπὶ τῆς ἀρχῆς.L'emploi du locatif (et non pas de l'ablatif comme en ombrien *su maronato*) relève d'une combinaison de l'expression osque et de la formule grecque avec préposition. Autrement dit, συπ μεδικιαι n'est qu'un calque partiel de la formule courante en grec ἐπὶ τῆς ἀρχῆς.

La comparaison entre les trois textes nous permet de tirer des conclusions. Les formules éponymes se référant à des magistrats des communautés indigènes font leurs premières apparitions en Lucanie au IVe siècle. Elles s'inscrivent dans des contextes connexes au monde militaire (deux sur des pierres de remparts, une sur un casque) et expriment deux types de textes qui s'inspirent des modèles épigraphiques et idéologiques du monde grec (respectivement les travaux de fortifications et les dédicaces votives des armes). Ces modèles sont imités par les communautés indigènes à travers des procédés différents pour exprimer les formules éponymes des magistrats locaux : 1) Serra di Vaglio : emploi du grec (alphabet et langue de la *koiné*) ; 2) Muro Lucano : formule entièrement osque ; 3) Casque lucanien : calque partiel de la formule grecque. Les trois solutions ne sont que trois moyens d'expression qui s'inscrivent dans une condition bilingue et biculturelle des populations indigènes.

La parution de textes de ce type n'implique pas seulement l'adoption de "technologies", telles que l'alphabet, la langue, la manière d'écrire dans les supports matériaux, mais aussi le développement d'une conscience ethnique et la maturation politique des communautés indigènes. En fait la correspondance de ἀρχή et de *meddikia* n'exprime pas simplement une relation lexicale de traduction, mais elle suppose l'élaboration d'un concept de gouvernement et de charges politiques. En conséquence, on ne s'étonnera pas de trouver encore en Lucanie à la fin du IVe siècle une loi publique en osque (le fragment la table de Bronze de Roccagloriosa), qui décrit par un langage élaboré les attributions des magistrats de la communauté locale (Gualtieri, Poccetti 2001).

18 Untermann 2000, p. 718 *s.v. sup* admet l'emploi de la formule éponyme avec ou sans préposition en parallèle au latin (ex. : *sub imperio ~ consulatu*). Toutefois en latin le cas locatif, commun en osque et en ombrien, n'est pas employé dans ces contextes. En revanche Porzio Gernia (1970, p. 140) explique par l'influence du modèle latin la formule osque συπ μεδικιαι de même que la formule ombrienne *su maronatu*. Toutefois la chronologie du casque lucanien nous invite à exclure une influence romaine dans ce cas là.

On passe maintenant à d'autres genres de textes qui commencent à apparaître dans les langues indigènes de Grande-Grèce au cours du IVe siècle et qui, à notre avis, sont significatifs dans la perspective du renouvellement des relations et des échanges culturels entre Grecs et indigènes : ce sont les dédicaces votives et les textes d'imprécation (*tabellae defixionum*). Auparavant, les textes de ces types ne sont attestés qu'en grec et aux alentours des villes coloniales. La participation des indigènes aux cultes grecs nous est assurée par les offrandes votives ainsi que par l'onomastique étrangère dans les sanctuaires grecs. Mais une épigraphie indigène propre aux lieux de culte est inconnue avant le IVe siècle.

De même, d'autres textes découverts dans les sanctuaires des villes grecques contiennent des noms étrangers au répertoire onomastique hellénique. C'est le cas par exemple de textes d'imprécation comme les tablettes de plomb provenant du temple de la Malophoros à Sélinonte, qui contiennent pas mal de noms non Grecs (Dubois 1989, n° 29-54). Mais on ne connaît pas de textes d'imprécation en langue indigène avant le IVe siècle.

En ce qui concerne les dédicaces votives il faut faire une distinction préalable entre les populations de l'Italie centrale et celles de l'Italie du Sud. A la différence des populations de la Grande-Grèce, les Étrusques et les Latins de l'époque archaïque ont connu une production d'épigraphie votive. Toutefois on ne constate aucune formule figée ou spécialisée pour ce domaine à cette époque-là. Les deux inscriptions latines archaïques disponibles présentent deux verbes différents l'une de l'autre (*steterai* et *mitat*) avec des tournures syntaxiques différentes. Du côté étrusque les textes votifs archaïques sont plus nombreux, mais on n'y trouve pas d'expression qui marque la distinction entre ce qui est offert (ou appartient) aux divinités et ce qui est offert (ou appartient) aux hommes : le verbe (*muluvanice*) et les constructions syntaxiques sont communs aux deux concepts.

En grec, on connaît dès l'époque archaïque l'expression spécialisée pour l'offrande religieuse (ἀνατίθημι· ὁ δεῖνα ἀνέθηκε). Toutefois on trouve aussi le verbe signifiant "donner" (δίδωμι), qui ne constitue pas un terme spécialisé (Lazzarini 1990, p. 846).

C'est dans les régions de la Grande Grèce que l'on trouve cours du IVe siècle les dédicaces les plus anciennes en osque. Ces textes reproduisent les deux verbes attestés en grec, d'une part par la création d'un verbe spécialisé bâti d'après le modèle de ἀνέθηκε et, de l'autre par l'emploi du verbe 'donner' d'après le modèle de δίδωμι.

Les inscriptions gravées sur deux casques votifs se distinguent par l'emploi, pour l'un, du verbe αναfακετ, pour l'autre du verbe δεδετ. Les contextes homogènes et les supports identiques (dédicaces des armes de la part de soldats mercenaires) ne laissent pas apprécier une nuance sémantique distinguant les deux expressions :

1- Σπεδις Μαμερεκιες Σαιπινς αναfακετ
(Rix 2002 Lu 18)
2- Τρεβις Σφεστιες δεδετ (Rix 2002 Lu 19)

Au point de vue de la création lexicale, αναfακετ est le résultat d'un calque de la structure du composé grec ἀνέθηκε, alors que δεδετ est un calque sémantique de δίδωμι dans la mesure où il a acquis le sens contextuel de « faire une dédicace, dédier (à une divinité) ». C'est δεδετ qui plus tard s'impose partout aux dépens de l'autre. Dans cette perspective l'épigraphie osque présente une convergence avec l'épigraphie latine qui ne connait que le verbe *dare* et *donare* (dénominal de *donum*). De même dans l'épigraphie vénète figurent les verbe *doto* et *donasto* correspondant au prétérit de *dare* et de *donare*. Dans les dédicaces étrusques, il y a à partir du IVe siècle un renouvellement des formules votives par l'introduction du verbe *turuce* et d'autres lexèmes nouveaux (Colonna 1990, p. 2051).

Parmi les traditions épigraphiques de l'Italie anciennes, seul l'osque a fait des efforts pour reproduire le verbe grec ἀνέθηκε en tant que terme spécialisé pour les dédicaces religieuses, même si c'est d'une manière limitée dans l'espace et dans le temps, c'est-à-dire en Lucanie au IVe siècle. Mais ces efforts n'ont pas abouti à des résultats uniformes et unitaires, ce qui vraisemblablement a contribué à leur insuccès. En effet, les trois attestations disponibles consistent en trois variantes (αναfακετ, αfακειτ, ανα[ff]εδ), qui figurent dans les textes suivants :

1) Σπεδις Μαμερεκιες Σαιπινς αναfακετ (casque) (Rix 2002 Lu 18)
2) ΚλοϜατις Γαυκιες fατοϜοι δ]ιοϜιοι μετσεδ πεhεδ *F*λουσοιο αfακειτ (autel de la Cività di Tricarico) (Rix 2002 Lu 13)
3) [Σ]τατις [---]ες ΙουϜει [---]αναρηι ανα[ff]εδ (stèle du lieu de l'assemblée publique de Paestum) (Rix 2002 Lu 14)

Ces variantes relèvent de procédés divers d'adaptation de l'aoriste ἀνέθηκε à la langue osque. Le fait commun est la correspondance de ἔθηκε avec les aboutissements sabelliques de la même racine $*dheh_1$-. Ce rapprochement se base sur des ressemblances formelles plutôt que sémantiques, parce que le verbe grec a la signification de "placer, mettre", alors que le verbe italique signifie "faire". Le procédé d'adaptation formelle se réalise de deux manières différentes. Le redoublement caractérisant en osque les parfaits issus de *făk- /fēk-*

(> *fefak-* / *fefēk-* > *fifik-*) ne figure pas dans les composés αναfακετ, αfακειτ (n° 1-2). En revanche ανα[ff]εδ est issu d'un parfait redoublé **fe-fe-d* < **dhe-dhe-d* de la même racine **dheh₁-*, sans élargissement en *-k-*, caractérisant le thème verbal du verbe pour "faire" dans les langues sabelliques et en latin (Untermann 1993). D'une manière surprenante, les créateurs des ces formes verbales en osque ont utilisé les aboutissements divers de la racine indo-européenne **dheh₁-*, à la base aussi de ἀνέθηκε, comme l'a montré la grammaire comparée moderne.

En ce qui concerne le préverbe, αναfακετ et ανα[ff]εδ nous fournissent les seules attestations du préverbe *ana* en osque. Les langues sabelliques connaissent un préverbe *an*, dont le statut sémantique ne correspond pas parfaitement à celui du grec ἀνά « sur, au dessus de » [19]. En effet *an-* se charge aussi des valeurs de *ad-* et de *ā-* [20]. Par conséquence la variante αfακειτ ne repose pas forcémment sur α(ν)fακειτ, proposé dans l'édition de H. Rix [21]. Les valeurs interchangeables de *ad-*, *ā-*, *an-* dans certains contextes pouvaient amener aux flottements entre αfακειτ et ανfακειτ.

Mais *ana* qui ne figure que dans αναfακετ et ανα[ff]εδ ne peut être autrement expliqué que par imitation du grec ἀνά dans le but de reproduire parfaitement le modèle du composé ἀνέθηκε. Ainsi αναfακετ et ανα[ff]εδ s'avèrent des calques partiels ou à mi-chemin de ἀνέθηκε. Les deux éléments des composés ont été reproduits par deux procédés inverses l'un par rapport à l'autre : le préverbe osque *a(n)* a été substitué par le grec ἀνά; le verbe grec ἔθηκε a été remplacé par l'osque fακετ. En revanche la variante αfακειτ se dessine comme un calque complet de la structure de ἀνέθηκε.

Sauf ces témoignages lucaniens, on ne connaît pas en osque d'autres attestations d'un verbe qui correspond exactement à ἀνέθηκε en tant qu'expression spécialisée pour les dédicaces. Comme l'on vient de le rappeler, c'est la formule avec le verbe "donner" qui s'impose partout presque sans exceptions dans les dédicaces en osque. A partir du verbe "donner" l'osque présente des variations stylistiques parallèlement à d'autres domaines linguistiques de l'Italie ancienne, notamment le latin, le falisque, l'ombrien, le vénète. Ces variations, qui vont constituer les formules votives de ces domaines, sont les suivantes :

A) Verbe base (ex. lat. *dedit*)
B) Nom déverbal en phrase nominale (ex. lat. *donum*)
C) La tournure à *figura etymologica* (ex. lat. *donum dedit*)
D) Verbe dénominatif (ex. lat. *donavit*)

La tournure à *figura etymologica donum dare* s'est diffusée dans l'Italie ancienne en s'imposant comme formule épigraphique (Euler 1982) aux dépens d'autres expressions connues de la langue parlée comme en latin *donum ferre*, *donum portare*. Ces variantes figurent très rarement dans l'épigraphie votive latine (ex. *donum portat*) [22] ou se présentent dans des traditions marginales, par exemple en pays Marse dans l'inscription de Caso Cantovios (*atolere*) [23] et en vénète (*donom toler*) [24].

A l'épigraphie osque appartiennent les attestations les plus anciennes de la formule osque d'ex-voto pour la "grâce reçue", notamment l'expression *brateís datas* (parfois seulement *brateís*), qui sert à manifester le sentiment de gratitude vers la divinité pour un bénéfice obtenu. La construction syntaxique *brateís (datas)* en génitif absolu se compose du terme pour "grâce" (*brati-*) suivi par le participe passé du verbe pour "donner" (*datas*), ce qui souligne le concept de l'offrande en tant qu'échange de bénéfices entre hommes et dieux.

En Lucanie se concentrent les attestations à la fois les plus nombreuses (4 : 13) et les plus anciennes par rapport aux autres régions du pays osque. Cette formule n'est pas limitée à l'épigraphie des sanctuaires, comme le montre l'inscription sur la stèle fouillée dans le lieu des assemblés publiques (*ekklesiasterion*) de Paestum, au centre du pouvoir politique de la ville. Ce détail nous fournit un précieux indice chronologique qui nous permet de la dater antérieurement à 273 av. J. Chr., c'est-à-dire avant l'institution de la colonie romaine de Paestum :

[Σ]τατις [---]ες ΙουϜει [---]αναρηι ανα[ff]εδ βρατηις δατας (Rix 2002 Lu 14).

En outre, le sanctuaire lucanien de Rossano di Vaglio constitue le lieu de culte où se concentre le nombre le plus élevé d'attestations de la formule βρατηις δαταϛ. Les autres attestations sont plutôt éparpillées : la limite septentrionale est les pays des Pélignien et des Vestins

19 Untermann 1973, p. 390: « To secure the second meaning "on, upon" for O-U *an-*, *am-* is less easy, though in a number of exemples this meaning furnishes the best interpretation »

20 Untermann 2000, p. 95 : « Teilweise bd-gleich mit *aa-* und *ad-*, vielleicht auch mit *ob-* und *ant-* »

21 Rix 2002 Lu 13. Plus exactement la lecture est αφλκειτ reproduite par Vetter 1953, n° 183. En ce qui concerne la faute dans l'écriture du *lambda* pour *alpha* (la différence entre les deux signes n'est représentée que par le tiret horizontal), cf. Del Tutto Palma 1990, p. 153.

22 Par ex. : Pl. Specios Menervai donom port( ) CIL I2 34 = ILLRP 234.

23 *CIL* I2 5 = *ILLRP* 7. A propos de *atolere* dans cette inscription cf. Del Tutto, Prosdocimi, Rocca 2002, p. 471 s.

24 Par ex. : *Futtos Aplisikos Trisikos toler* [*Tru*]*musijatei donom* Lejeune 1974a, n° 210 = Fogolari, Prosdocimi 1988, p. 310, Ca 15.

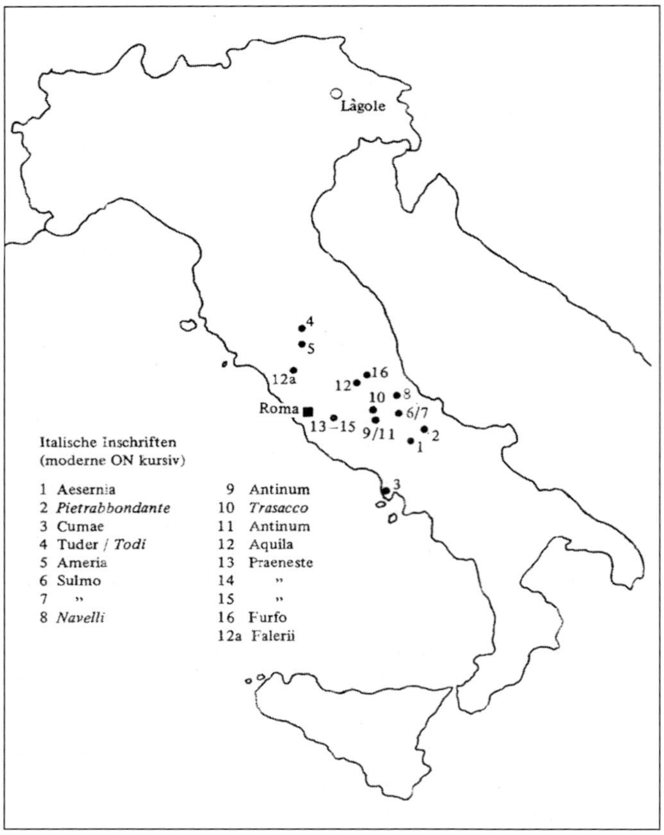

Fig. 498. Distribution de la formule à *figura etymologica* du type *donom dare* dans l'Italie antique reproduite d'après Euler 1982.

Fig. 499 Distribution de la formule osque *brateís datas*.

à l'époque romaine, où cette formule figure dans des textes mélangés avec le latin (Rix 2002 MV 5 ; Pg 4 et 6). La distribution géographique de cette formule semble indiquer un rayonnement du Sud vers le Nord, vraisemblablement de la Lucanie elle-même, ou, de toute façon, d'une zone de contacts assez étroits avec les Grecs. Les inscriptions des Vestins et des Péligniens qui l'attestent relèvent des rapports avec la Campanie (Poccetti 2007, p. 382).

La comparaison entre la **fig. 498** (distribution de la formule à *figura etymologica* du type *donom dare*) et la **fig. 499** (distribution de la formule osque *brateís datas*) montre un rayonnement différent des deux formules : l'une en Italie centrale (l'épigraphie latine semble jouer un rôle tout à fait primordial), l'autre en Italie méridionale (typique de l'épigraphie osque du sud). La combinaison des deux expressions ne se retrouve qu'au pays des Vestins (*duno didet brat*(*eis*) *data*(*s*)) et des Péligniens (*donom ded*(*det*) *brat*(*eis*) *datas*) à l'heure de la romanisation (Rix 2002 Pg 6).

La formule osque d'ex-voto (*brateís datas*) s'est inspirée plutôt librement d'un modèle idéologique répandu dans le monde grec, notamment l'association de la notion de "grâce" au verbe pour "donner" dans les offrandes aux divinités. En grec ces deux concepts sont indiqués respectivement par la famille lexicale de χάρις (χαριστήριον, χαρίεις, εὐχαριστῶν, χαρίζειν) et par celle de δίδωμι (et ses composés, tels que ἀντιδίδωμι « donner en échange »). C'est donc de l'association de ce deux lexèmes que ressortit le sens de « donner pour gratitude ou en échange pour un bénéfice reçu », qui se retrouve dans les textes littéraires ainsi que dans les inscriptions stylistiquement plus élaborées : ex. δο̄ χαρίεσσαν ἀμοιβάν ; χάριν ἀνταποδοίη ; χάριν ἀντιδιδῶ[25]. Mais, comme le signale M. L. Lazzarini (1990, p. 850 sqq), la diffusion du terme χάρις et de ses dérivés date de l'époque hellenistique, alors qu'à l'époque archaïque le verbe pour "donner" (δίδωμι) était suffisant pour exprimer la gratitude de celui qui faisait l'offrande.

En osque l'emploi du mot *brati-* (< **gwrh*$_2$-*ti-*) dans ces contextes suppose un élargissement sémantique du sens de "faveur" (qui est attesté dans la *Tabula Bantina*) au sens de "gratitude, reconnaissance". Le même développement sémantique a eu lieu dans la famille lexicale latine *gratia, grates, gratus*, où se croisent les notions de

25 Lazzarini 1976, n° 708, 792 ; 1990, p. 850 sqq.

« gratitude, gratuité, rémunération ». Comme le souligne C. Moussy (1966, p. 476), « gratuité et rémunération ne sont pas deux notions antonymes, mais solidaires ; toutes les deux se fondent sur la réciprocité [...]. La différence essentielle qui sépare le service gratuit de la prestation rémunérée, c'est que dans le premier cas le paiement en retour n'est pas du ressort de l'obligation juridique, mais de l'obligation morale ».

Mais cette série lexicale latine ne fait jamais fonction de formule d'ex-voto dans les inscriptions. Comme il est bien connu, la formule latine ayant la même fonction, qui est attestée dans l'épigraphie de l'époque républicaine, se compose d'éléments lexicaux et sémantiques tout à fait différents (*libens mereto*). Une formule semblable a été reconnue en vénète[26], mais elle n'a rien à voir avec celle de l'osque.

Donc l'expression osque se distingue nettement de celles des autres langues de l'Italie ancienne. La seule coïncidence remarquable du point de vue de l'expression se constate entre le lexème osque βρατηις et son correspondant exact βρατου en gaulois employé dans les mêmes contextes. Ce mot gaulois, qui a été interprété de la même manière que βρατηις en osque, figure dans une douzaine d'inscriptions gauloises de Narbonnaise (donc à l'Ouest de Marseille) écrites en alphabet grec.

A ce propos, rappelons que le rapprochement du gaulois βρατου et de l'osque βρατηις, proposé par O. Szemerényi, a été stimulé par les inscriptions trouvées à Rossano di Vaglio (Szemerényi 1974). Ce n'est pas un hasard si l'article de O. Szemerényi a été dédié à M. Lejeune, auquel on doit la découverte de l'épigraphie osque du sanctuaire lucanien (Poccetti 2001, p. 52 sq.). Malgré la prudence montrée par M. Lejeune (1976), l'interprétation de βρατου est désormais reconnue et acceptée par les celtisants[27].

On n'abordera pas ici les questions de détail morphologique qui séparent le mot gaulois du correspondant osque (βρατου du gaulois est reconduit à un cas instrumental du thème **gwrh$_2$-to* alors que βρατηις de l'osque à un génitif d'un thème en *–i* ou en consonne : **gwrh$_2$-ti*- ou **gwrh$_2$-t-*)[28]. D'autre part le latin aussi présente des variations morphologiques à partir de la même racine (ex. *gratus, gratia, grates*). Soulignons le fait que ces trois langues partagent la même évolution sémantique (même racine), mais que seuls l'osque et le gaulois partagent le même emploi contextuel comme formule d'ex-voto.

Cependant le mot gaulois appartient à une formule plus figée et rigide que son correspondant osque. Il ne se retrouve qu'en association avec le verbe δεδε et le mot pour "dîme" (δεκαντεμ / -τεν), comme l'a souligné M. Lejeune (1976, p. 140) : « δεκαντεμ (-τεν) ne se rencontre pas avec d'autre verbe que δεδε, ni δεδε avec d'autre objet que δεκαντεμ (-τεν), ni βρατου associé à un autre verbe que δεδε ou à un autre objet que δεκαντεμ (-τεν) ». Autrement dit, le terme gaulois s'insère d'une manière rigide dans un enchaînement sémantico-syntaxique, constitué par ces notions : « donner / placer > offrir – dîme – reconnaissance ».

Le verbe gaulois δεδε en principe est reconductible soit à la racine de τίθημι <**dheh$_1$-* soit à celle de δίδωμι <**deh$_3$*[29]. Le fait que les deux verbes, comme l'on vient de dire, sont employés dans l'épigraphie votive grecque ne permet pas de trancher. Toutefois la relation syntaxique avec la "dîme" et la notion de "reconnaissance"nous invitent à accorder la préférence au verbe pour "donner", d'où ressortit un parallélisme conceptuel parfait, d'une part avec l'expression osque *brateís datas*, de l'autre avec celles grecques du type χαριστήριον διδόναι, etc... L'objection que l'aboutissement du prétérit de "donner"(*de-de* < **deh$_3$-*) attendu en gaulois aurait dû être **dedi* (et non pas *dede*) a été rejetée au nom d'une réfection de la terminaison d'après celle de l'aoriste grec ou bien des formes latine et osque *dedit/dedet*.

Un traitement parallèle a été évoqué en ce qui concerne le terme pour "dîme" (δεκαντεμ / -τεν), dont la morphologie, pas complètement claire, avait poussé M. Lejeune (1976, p. 140) à poser la question « de quel gaulois s'agit-il ? ». En fait, du point de vue de l'étymologie δεκαντεμ / -τεν se laisse expliquer aisément à l'intérieur du gaulois et du celtique[30], ce qui invite à écarter[31] l'hypothèse émise par O. Szemerényi (1991) d'un emprunt au grec δεκάτη. Mais les difficultés de reconduire la terminaison à un thème nominal précis font pencher pour un rapprochement morphologique au modèle lexical de δεκάτη, ce qui n'est pas rare dans les phénomènes d'interférence linguistique[32].

Au cœur des problèmes soulevés par l'analyse morphologique de ces mots se pose la question de savoir si le modèle de la formule gauloise est à attribuer uniquement au grec. L'exclusivité de la provenance hellénique a été récemment remise en discussion au profit d'une influence italique sur l'origine de la formule gauloise (Mullen 2008, p. 258 sq.). D'autre part, en ce qui

26 Il s'agit de la formule *op voltio leno* : cf. Lejeune 1974a, p. 151 ; Fogolari, Prosdocimi 1988, p. 309 Ca 6.

27 Lambert 2003, p. 89 ; Delamarre 2003, p. 85 *s.v. bratu*.

28 Cf. Rix 2000, 208ss.

29 Cf. Delamarre 2003, p. 136 ; Mullen 2008, p. 256, 261.

30 Cf. Motta 1993 ; Delamarre 2003, p. 137, *s.v - dekantem*.

31 Comme l'avait déjà proposé Lejeune 1994, p. 175-178.

32 Ce sont les cas que Gusmani 1986, p. 72 ss. classifie sous le nom de "integrazione regressiva".

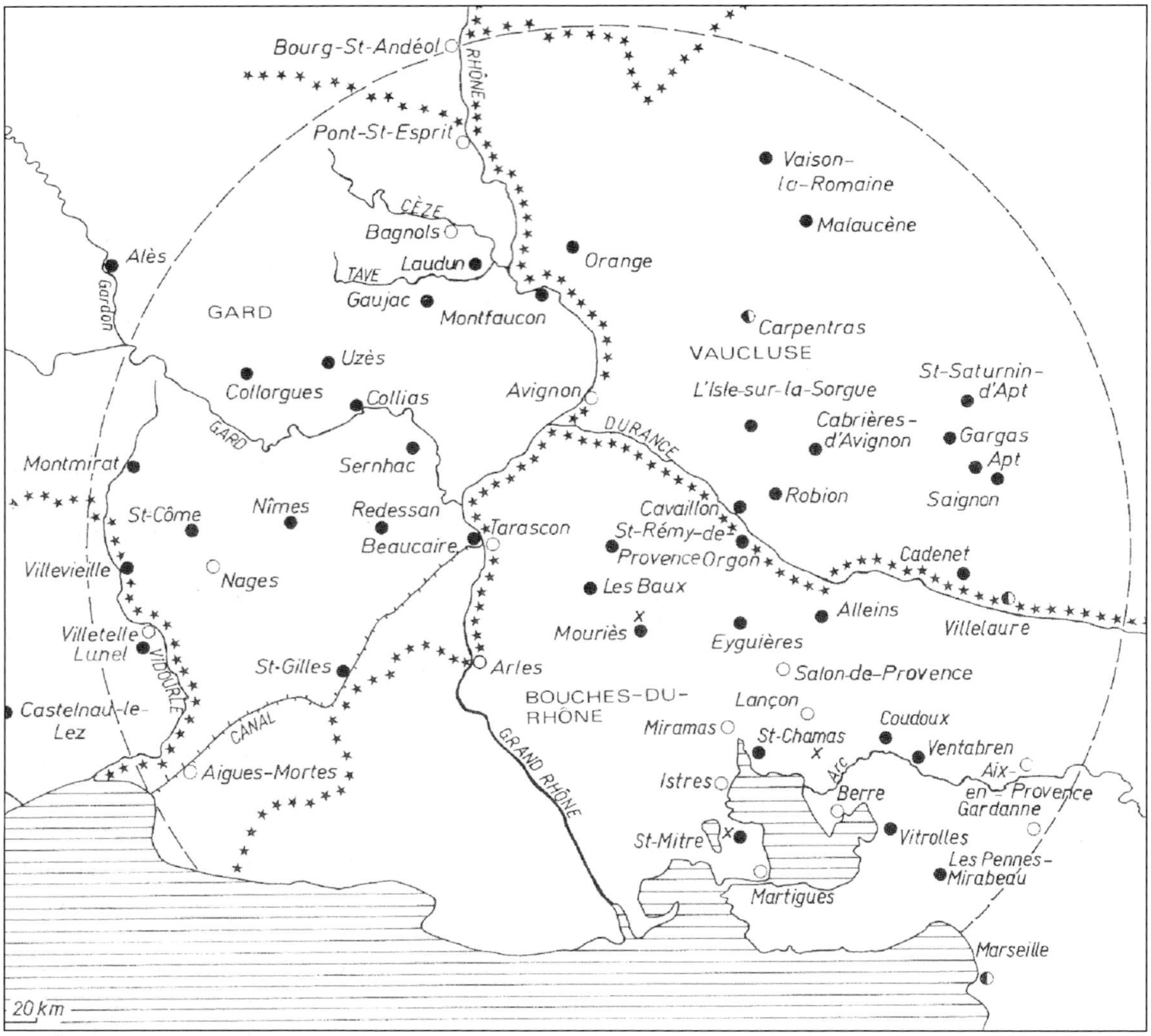

Fig. 500. Distribution de la formule gauloise δεδεβρατουδεκαντεν par rapport à l'aire de diffusion de l'épigraphie gallo-grecque. Carte reproduite du RIG I.

concerne la "dîme", E. Campanile avait suggéré l'hypothèse d'une institution de circulation méditerranéenne, où l'Italie se trouve au centre, plutôt qu'un emprunt direct au monde grec[33]. En effet dans les inscriptions latines contemporaines des attestations gauloises (IIe-Ier siècles av. J.-C.) la "dîme" s'insère souvent dans le contexte du commerce et des affaires. Les exemples les plus célèbres sont deux inscriptions poétiques (début Ier siècle av. J.-C.) attribuées à des commerçants : l'une de *L. Munius* (précédemment identifié à tort avec le consul conquérant de Corinthe) trouvée en Sabine[34] et celle des *Vertuleii* trouvée à Sora, dans le Latium[35]. Le texte des *Vertuleii* explicite que l'offrande de la 'dîme' a été faite par les fils en accomplissement d'un vœu fait par leur père à la suite d'un succès dans les affaires[36].

Cette connotation économique ou financière de la "dîme" plaide en faveur d'une circulation plus vaste dans le milieu du commerce et des entrepreneurs de l'époque gréco-romaine, où les contacts avec l'Italie ne sont pas exclus. La distribution géographique des attestations gauloises dans le cercle autour des Bouches-du-Rhône indique leur concentration au croisement des routes maritimes et des voies fluviales qui conduisaient à l'intérieur de la Gaule. Dans cette perspective, le rôle

33 Cf. Campanile 1993, 29 : « ci troviamo innanzi ad un istituto che dalla Grecia attraverso l'Italia giunge fino al mondo celtico continentale ; e anche qui non vedo prove a favore di una comune origine greca, come pure spesso si è ipotizzato »

34 *CIL* I² 632 = *ILLRP* 149 = *CLE* 248.

35 *CIL* I² 1531 = *ILLRP* 136 = *CLE* 4.

36 A propos d'un possible parallèle "italique" (de l'accomplissement d'un vœu religieux de la part des fils) du pays pélignien cf. Poccetti 1982.

joué par la culture phocéenne de Marseille dans l'introduction de la dîme en Gaule et le rayonnement de la formule gauloise doit être ramené à de justes proportions. La chronologie tardive et les contextes sociaux insèrent les attestations gauloises dans la circulation du commerce hellénistique plutôt que dans le sillage du commerce phocéen.

En outre, comme l'on vient de rappeler, à la différence des attestations épigraphiques de la dîme en latin, en grec et en osque[37], le dossier gaulois présente une structure figée et très rigide qui implique une élaboration locale des formules venues de l'extérieur. En d'autres termes la formule gauloise ressortit d'une réfection synthétique et fort standardisée des expressions plus libres et plus souples qui, dans les autres langues de la Méditerranée, étaient utilisées par référence à l'institution de la dîme dans les contextes parallèles.

Par conséquent, la formule gauloise reflète une institution méditerranéenne (à savoir la dîme), mais elle ne suppose pas forcement un modèle linguistique unique. Dans cette perspective parmi les expressions qui ont fourni le modèle linguistique au gaulois l'osque ne peut pas être complètement exclu, compte tenu de la ressemblance extraordinaire entre βρατου et l'osque βρατηις qui partagent un développement sémantique parallèle de la même racine s'appliquant, à la différence du latin, aux mêmes contextes. Ainsi la séquence gauloise δεδε βρατου semble l'écho de l'osque *dedet brateís* (*datas*), même si l'osque en lui- même n'a pas été responsable de la diffusion de cette formule, strictement connexe à une institution diffusée dans le basin méditerranéen. Les relations entre la Gaule et les gens du pays osque à travers le commerce maritime sont bien documentées aussi par les données épigraphiques. Les timbres amphoriques des *Lassii*, découverts en plusieurs exemplaires dans l'épave de Agay-Anthéor[38], témoignent de l'importation des vins de la Campanie en Gaule, esquissée depuis longtemps par J. Heurgon[39]. Les monnaies en bronze de Marseille retrouvées à Pompéi nous fournissent une preuve inverse du même fait.

Une relation avec les région méridionales de l'Italie, qui utilisaient l'alphabet grec, est impliquée par l'inscription sur le canthare ciselé en argent d'Alésia, où l'interprétation formulée par M. Lejeune reconnaît la signature d'un artisan suivie par l'indication de son métier en osque, à reconstruire Μεδα(τιες) αραγε(τασις) "Medaties, orfèvre"[40]. Il s'agirait donc de l'importation en Gaule d'un produit de l'orfèvrerie réalisé par un artisan appartenant aux régions où l'on parlait osque et écrivait en alphabet grec. M. Lejeune a proposé la Sicile comme lieu de provenance de cet objet et, plus exactement, Messine à l'époque des Mamertins, ville renommée pour les collectionneurs d'objets artistiques (Lejeune 1983b, p. 43). En effet les communications maritimes entre Marseille, la Sardaigne et la Sicile sont connues à l'époque hellénistique (Manganaro 1992 ; 1994).

Mais, si l'interprétation de l'inscription proposée par M. Lejeune est correcte, on ne peut pas exclure une réalisation de l'objet en Lucanie, où la production d'orfèvrerie autour de Tarente est très bien connue dès la phase archaïque jusqu'à l'époque hellénistique[41]. En ce cas l'orfèvre, qui a laissé sa signature, serait un lucanien.

En outre, on ne peut non plus exclure que certains graffites de Lattara en lettres grecques datant du IIIe au Ier s. puissent appartenir à la Grande Grèce avec des noms personnels osques (ex : Λούκιος, Μάκκος[42].

Pour terminer, on attirera l'attention sur un type de textes qui méritent intérêt dans la perspective des relations culturelles avec les Grecs : ce sont les textes d'imprécation (*tabellae defixionis*). Bien sûr, ces textes sont connus en Occident bien avant l'époque hellénistique. En Sicile, ces documents commencent à apparaître un peu plus anciennement qu'à Athènes et se distinguent de ceux de l'Attique dans les formulaires d'imprécation. Par exemple, caractéristiques des imprécations de Sicile sont les verbes καταγράφω, ἐγγράφω "écrire, mettre par écrit", qui se spécialisent dans le sens magique de "faire un envoûtement", alors qu'en Attique on trouve couramment le verbe καταδέω, καταδίδωμι , litt. "lier" (Poccetti 2002, p. 22 sq.).

Avant le IVe siècle, on ne possède aucun texte d'imprécation en langue indigène en Grande-Grèce ou en Sicile. En revanche de nombreux noms de personnes indigènes figurent dans les tablettes d'imprécation en grec des villes coloniales. L'exemple le mieux connu est la grande imprécation de Sélinonte où le pourcentage des noms d'origine non grecque est assez élevé[43].

Un style nouveau fait son apparition au cours du IVe siècle, avec la diffusion du verbe spécialisé καταδέω,

37 En osque, on ne dispose que d'une seule attestation de la dîme dans le sanctuaire de Rossano di Vaglio (δεκμας : Rix 2002 Lu 22) : à ce propos M. Lejeune souligne « l'authenticité italique de ce type d'offrande » et en outre il se demande « suffit-il d'envoyer Festus au diable pour prouver que la dîme osque, ici sans lien établi avec Hercule, calque une institution grecque ? » (Lejeune 1990, p. 42).

38 Rix 2002 Po 12 ; le recueil complet de ce documents dans Poli 2003a.

39 Cf. Heurgon 1952 ; Tchernia 1986, p. 47.

40 Cf. Lejeune 1983b, p. 41 s. ; Poli 2003b.

41 Sur les ateliers d'orfèvrerie en Italie méridionale à l'époque archaïque cf. Scheich 2006.

42 Cf. Bats 1988, p. 153-154, n°s 58,59,60,64.

43 Cf. Dubois 1989, p. 51 ss ; en ce qui concerne l'onomastique cf. Masson 1972.

καταδίδωμι (Lo Porto 1980). Ce modèle s'est répandu en Méditerranée et, plus tard, sera traduit en latin par *obligo*, *deligo*, etc...

Au cours de la seconde moitié du IVe siècle, ces textes font leur apparition en contexte indigène avec des choix linguistiques variés. Comme la production de ces textes appartenant au niveau privé n'est pas subordonnée aux règles de l'épigraphie publique et officielle, ils reflètent la langue parlée locale et les choix personnels des graveurs. Ils s'expriment tantôt en langues indigènes tantôt en langue grecque tantôt dans une langue mélangée d'osque et de grec.

La plupart des sites indigènes affectés par la présence des tabellae defixionis est maritime ou située tout près de la côte, ce qui révèle la direction du rayonnement de ces textes. Mais on connaît aussi des textes d'imprécation provenant de sites plus éloignés de la côte, Tiriolo, en Calabre, l'*ager Teuranus* romain, mentionné dans le célèbre *Senatusconsultum de Bacchanalibus*, ce qui témoigne de l'importance de cet établissement indigène jusqu'à l'époque romaine.

Dans ce site ont été trouvées deux tablettes d'imprécations, remontant les deux au IVe siècle, l'une en grec (Lazzarini 1994), l'autre en osque (Rix 2002 Lu 43). Il apparaît donc que, à ce moment-là, les deux langues étaient employées indifféremment dans les mêmes contextes, ce qui dessine une condition sociolinguistique de bilinguisme sans diglossie.

Une situation similaire nous est montrée par le site de Laos situé sur la côte tyrrhénienne de la même région. Ici dans la même période (dernières décennies du IVe siècle) on connaît trois tablettes d'imprécation : a) l'une rédigée en grec ; b) l'autre en osque[44] ; c) l'autre dans une langue qui ne permet pas de trancher nettement entre la flexion osque et la flexion grecque[45].

Le fait commun aux trois documents est la présence de noms personnels qui ne sont pas grecs. Concrètement on trouve : a) des désignations personnelles à deux éléments (prénom+gentilice) en morphologie parfaitement grecque (ex : Μινιος *F*αριος) ; b) des désignations personnelles à deux éléments (prénom+gentilice) en morphologie parfaitement osque (ex : Λο*F*κις Συριες) ; c) des désignation personnelles soit à un seul élément (choisi parmi le prénom et le gentilice) en morphologie tantôt grecque tantôt indigène (ex. : *F*ιβιν, Λοικιν, Οψιον, Σαβιδιον) soit à deux éléments parfois distincts par la morphologie selon l'usage osque (ex. : Στατιν, Οψιον) parfois sans marque morphologique, ce qui ne permet pas d'identifier la langue (ex. : Ο*F*ι Σαβιδι).

Ce dernier cas est tout à fait spécial, parce qu'il admet la lecture dans l'une ou l'autre langue de points de vue différents. Par exemple, les terminaisons -ιν et -ιον de l'accusatif singulier des noms de personne se retrouvent dans les deux langues, mais avec une distribution fonctionnelle différente. En osque ces terminaisons distinguent fonctionnellement le prénom du gentilice à l'accusatif comme au nominatif (-ις, ιες vs. -ιν, -ιον). Par exemple, Λο*F*κῐς Συριε̆ς (Rix 2002 Lu 63) vs. Νυμψιμ Αλαϝιομ (Rix 2002 Lu 43). En grec, elles distinguent deux registres sociolinguistiques : -ιν n'est que l'aboutissement de -ιον au niveau "bas" ou "vulgaire", que l'on se retrouve dans les évolutions du grec : ex. : Δημητριος, Δημητρις, Δημετρης (Jannaris 1897, p. 113).

Un texte d'imprécation trouvé plus récemment dans les fouilles de Petelia[46] dans le versant ionienne de la Calabre , nous présente d'autres sortes de combinaisons entre les deux langues. Comme dans le texte de Laos, qu'on vient de mentionner, la flexion des deux éléments des désignations personnelles n'est pas uniforme, mais la déclinaison osque et la déclinaison grecque semblent se distribuer par couples de désignations. On trouve ainsi Πακολ Στατιες ; Μαρα(ς) Στατιες, Γναυ(ς) Στατιες ; *F*ιβις Στατιες en morphologie osque, mais Κα*F*νοτο Στατιω ; Εμαυτο Στατιω en morphologie grecque. De même Μινας Καιδικις vs. Μιναδο Καιδικω.

La présence d'un même gentilice dans les deux types flexionnels semble indiquer que le choix de la langue n'est pas subordonné aux habitudes d'un individu ou de chaque milieu familial. Les terminaisons semblent se distribuer par fonctions syntaxiques : le nominatif est constamment en osque (Πακολ Στατιες, Μαρα(ς) Στατιες, Γναυ(ς) Στατιες, Φιβις Στατιες, Μινας Καιδικις) tandis que les terminaisons incompatibles avec l'osque semblent marquer d'autres cas, vraisemblablement le génitif. Les flottements des voyelles –ο et -ω dans la terminaison du génétif relève des faits dialectaux du grec (-ω caractérise le dialecte dorien).

Ce mélange de deux codes linguistiques se répète dans la formule d'imprécation qui conclut ce texte :

Καριστάππισπιτιμ σολλομ ησου
Δέκεο, Ηερμᾶ, χθώνιε ταῦτα καὶ κάθεκε αὐτεῖ

La deuxième ligne se compose d'une formule assez commune en grec, où le dieu Hermès est invité à entraîner aux Enfers les personnages mentionnés, tandis que celle qui précède est en osque. L'expression osque, même si elle n'est pas complètement claire, n'est pas

44 Les deux textes ont été publiés dans Poccetti 2000. Le texte en osque correspond à Rix 2002 Lu 63.

45 Le texte publié par Pugliese Carratelli 1992, p. 17 correspond à Rix 2002 Lu 46.

46 Le texte a été publié par Lazzarini 2004 ; voir aussi Lazzarini 2009.

une traduction de la formule grecque, mais les deux semblent s'intégrer et se compléter réciproquement. En outre, remarquons que l'écriture de la ligne en grec n'est pas soignée : on constate des orthographes fautives comme l'emploi incorrect des lettres aspirées (ex. δέκεο au lieu de δέχεο ; κάθεκε au lieu de κατέχε) ou des signes vocaliques pour *omicron* et *omega* (ex. la graphie de χθώνιε au lieu de χθόνιε). On pourrait expliquer de la même manière les flottements dans l'orthographe de ces voyelles dans les noms en flexion grecque, comme les couples ΚαϜνοτο Στατιω / Εμαυτο Στατιω.

Donc ce texte est tout à fait extraordinaire en lui-même, mais il n'est pas exceptionnel ou surprenant. En effet il complète le panorama très varié et mélangé des contextes sociolinguistiques qui viennent de la rencontre du grec et des langues indigènes dans des coordonnées spatio-temporelles suffisamment homogènes et bien limitées : une région de la Grande-Grèce (la Calabre) dans la seconde moitié du IVe siècle.

Plus en général il mérite de souligner certains enjeux sociologiques et technologiques impliqués ce type de textes.

Les tablettes d'imprécations s'insèrent dans un "contexte agonistique" animé par les contrastes entre individus ou entre groupes d'individus à l'intérieur d'une société organisée. Normalement ces textes sont inspirés par les luttes politiques, les conflits sociaux, les procès judiciaires, la concurrence entre commerçants ou entrepreneurs (Faraone 1991). Les hommes se fient aux moyens de la magie pour résoudre leurs problèmes ou pour l'emporter sur les autres.

Ces contextes appartiennent à un système organisé de vie qui s'inscrit dans un tissu urbain. Ce n'est pas un hasard si ces documents sont très répandus à l'intérieur du système de la πόλις hellénique. En conséquence, la diffusion des textes de ce type chez les indigènes suppose l'existence des mêmes contextes, notamment les formes d'agrégation sociale et les dynamiques politiques et économiques reproduisant les modèles de la vie urbaine des Grecs. Bref l'apparition de ces textes chez les indigènes n'est pas simplement l'adoption d'un procédé d'écriture, mais elle reflète aussi une organisation parallèle des structures sociales et politiques.

Un second point impliqué par les textes de ce type concerne le support de l'écriture. La tablette de plomb représente le système le plus pratique pour la transmission et la diffusion de l'écriture dans le monde grec ancien. La facilité de la gravure du métal et les petites dimensions des objets, qui permettaient aisément de les transporter partout, ont véhiculé les contacts linguistiques et culturels à tout niveau social dans tout le réseau de la colonisation grecque.

Les tablettes de plomb ont joué ce rôle important dans la communication dans une échelle méditerranéenne grâce à une autre fonction, qui s'inscrit dans la vie du commerce et des affaires, notamment comme lettres commerciales, notes de transaction ou d'accompagnement des marchandises.

La différence entre la fonction commerciale et l'emploi aux fins d'envoûtement chez les Anciens n'est pas très rigoureuse, parce que les imprécations étaient conçues comme des messages ou notes privées envoyés aux Enfers pour obtenir un certain résultat, de la même façon que des lettres ou des notes commerciales.

L'emploi des tablettes de plomb pour enregistrer ou pour communiquer les activités et les objets du commerce s'est répandu d'une manière tout à fait spéciale sur les côtes méditerranéennes de l'Espagne et de la Gaule. Des documents extraordinaires de ce type, trouvés entre Marseille et Ampurias (Emporion), nous offrent des témoignages variés des contacts entre Grecs et populations de langues diverses au Ve siècle et contiennent la mention d'endroits différents de la Méditerranée. Le plus célèbre plomb de Pech Maho contient en recto-verso deux transactions commerciales, l'une en grec ionien, l'autre en étrusque (Lejeune, Pouilloux, Solier 1988). Le texte grec mentionne le nom d'Emporion et des noms ibères comme témoins de la transaction. En revanche le texte étrusque cite le nom de Marseille dans une variante autrement inconnue, *Mataliai* (Cristofani 1993). Un autre exemple est le plomb d'Emporion qui mentionne également des personnages ibériques ainsi que des sites indigènes, tels que la ville de *Saguntum*[47]. Il n'est donc pas surprenant que l'écriture sur plomb ait été adoptée par les Ibères et constitue la partie la plus ancienne et la plus importante de la documentation sur la langue ibère.

C'est la colonisation phocéenne qui a diffusé ces textes dans la Méditerranée occidentale. Par contre en Grande-Grèce l'emploi des tablettes de plomb à but commercial n'a pas connu une diffusion comparable. On ne trouve pas de documents de ce genre dans les recueils des inscriptions des colonies ioniennes (et eubéennes et phocéennes). Le dossier épigraphique de la colonie phocéenne de Vélia ne contient pas non plus de tels documents, mais cette situation relève peut-être du hasard.

En revanche, la Sicile présente une quantité remarquable d'inscriptions sur tablettes de plomb avec une fonction différente des textes d'imprécation. Il s'agit alors de contrats de vente d'immeubles destinés aux archives locales plutôt qu'à l'échange de biens avec les étrangers[48].

47 Sanmartí, Santiago 1987 ; De Hoz 1997, p. 40, n° 2.14.

48 Pour textes de Camarine cf. Dubois 1989, n° 124-126 ; Dubois 2008, n° 49-60 . Un exemple de Morgantina dans Dubois 1989, n° 194.

Mais en Grande-Grèce on dispose d'un reflet indirect de la circulation de tablettes en plomb contenant des annotations numériques de marchandises, vraisemblablement à rapporter au milieu phocéen. Il s'agit d'une tablette de plomb découverte dans la fouille de Roccagloriosa (le nom ancien est inconnu) sur la côte lucanienne en peu au sud de Vélia. Ce document présente deux inscriptions gravées par des mains différentes et en langues distinctes dans la même surface (Poccetti 1990). A gauche se trouve un texte complet d'imprécation en osque, à droite, une demi-ligne qui forme le début d'un texte grec inachevé. On y lit une unité de mesure de céréales accompagnée d'un nombre et du verbe pour "vendre" (δυϜο μεδιμνο πολεντα[ι]) : ce n'est que l'enregistrement d'une opération commerciale.

Pour des raisons obscures, la rédaction du texte grec a été brusquement interrompue. Ainsi la tablette a été réutilisée pour écrire le texte osque, qui est donc postérieur, mais dans les limites du IVe siècle.

Les mots grecs sont insuffisants pour préciser la provenance et le contexte de leur rédaction. On peut envisager deux possibilités : le texte grec a été rédigé par des Grecs ou bien par des Lucaniens bilingues du site indigène, qui ont choisi le grec en tant que langue véhiculaire du commerce.

Dans les deux cas, la proximité de Velia nous invite à assigner à la sphère d'influence de la colonie phocéenne la réalisation du texte grec (même s'il est resté inachevé). La présence de la tablette de plomb dans le site indigène de Roccagloriosa témoigne des contacts entre Grecs et indigènes d'une manière comparable aux tablettes de plomb retrouvées sur les côtes languedocienne et ibérique. En effet, la réutilisation de la tablette de Roccagloriosa pour écrire un texte dans une autre langue se rapproche du destin de la tablette de Pech Maho, mais par un parcours inverse. A Pech Maho le texte en étrusque a été gravé le premier, alors que à Roccagloriosa c'est le texte en grec. De toute façon c'est grâce à sa réutilisation dans le contexte lucanien que ce texte s'est conservé.

Pour conclure, dans une certaine mesure la tablette de Roccagloriosa nous donne plus d'informations que ne le permet le texte en lui-même. Elle contribue à dessiner le caractère spécial de la colonisation phocéenne dans les relations avec les populations indigènes partout en Méditerranée. Ce caractère est une des composantes de ce qu'on a appelé « la véritable unité du monde phocéen » (Lepore 1970, p. 41).

BIBLIOGRAPHIE

Agostiniani 1991 : AGOSTINIANI (L.) – Greci e indigeni nella Sicilia antica. *In* : Campanile (E.), *Rapporti linguistici e culturali tra i popoli dell'Italia antica*. Pise 1991, p. 23-41 (= *Scritti scelti* = *AION(ling)* 26, 2004, p. 501-519).

Agostiniani 1992 : AGOSTINIANI (L.) – Les parlers indigènes de la Sicile prégrecque. *Lalies* 11, 1992, p. 125-157 (= *Scritti scelti* = AION(ling) 26, 2004, p. 521-553).

Barbera, Russo 2004 : BARBERA (M.), RUSSO (F.) – Da "Οπικόϛ a *Oscus* : osmosi semantica ed evoluzione lessicale. *SSL* 42, 2004, p. 89-120.

Bats 1988 :BATS (M.) – Les inscriptions et graffites sur vases céramiques de Lattara protohistorique, Lattara 1, 1988, p 147-160.

Biraschi 1983 : BIRASCHI (A.M.) – Aspetti e problemi della più antica storia di Temesa nella tradizione letteraria. *In* : *Temesa e il suo territorio, Atti del colloquio di Perugia e Trevi (30-31 maggio 1981)*. Tarente 1982, p. 29-39.

Campanile 1993 : CAMPANILE (E.) – L'uso storico della linguistica italica : l'osco nel quadro della koiné mediterranea e della koiné italiana. *In* : *Oskisch-Umbrisch. Texte und Grammatik, Arbeitstagung der Indogermanischen gesellschaft und der Socità Italiana di Glottologia vom 25. Bis 28. September in Freiburg*, Hrsg.H.Rix. Wiesbaden 1993, p. 26-35.

Canali de Rossi 2009 : CANALI DE ROSSI (F.) – *Le relazioni diplomatiche di Roma I : dall'età regia alla conquista del primato in Italia (753-265 a.C)*. Rome 2009.

Cerchiai 1995 : CERCHIAI (L.) – *I Campani*. Milan 1995.

Colonna 1990 : COLONNA (G.) – Le iscrizioni votive etrusche. *Scienze dell'antichità* 3-4, 1989-90, p. 875-903 (= *Italia ante Romanum Imperium, Scritti di antichità etrusche italiche e romane*, Rome 2005, p. 2043-2070).

Consani 1995a : CONSANI (C.) – Per la storia linguistica di Reggio e dello Stretto in età ellenistica e romana. *In* : *Scritti linguistici e filologici in onore di T. Bolelli*. Pise 1995, p. 193-205.

Consani 1995b : CONSANI (C.) – I dialetti greci in età ellenistica e romana : la documentazione epigrafica di Magna Grecia e di Sicilia. *In* : Cuzzolin (P.L.) éd., *Studi di linguistica greca*. Milan 1995, p. 73-89.

Consani 1996 : CONSANI (C.) – Koinai et koiné dans la documentation épigraphique de l'Italie méridionale. *In* : *La koiné grecque antique, II, La concurrence*. Nancy 1996, p. 113-132.

Cristofani 1993 : CRISTOFANI (M.) – Il testo di Pech Maho, Aleria e i traffici del V secolo a.C. *MEFRA* 105, 1993, p. 835-845.

Cristofani 1995 : CRISTOFANI (M.) – Prexis aristocratica e commercio organizzato in occidente. *In* : *Viaggi e commerci nell'antichità. Atti della VII giornata archeologica*, Gênes 1995, p. 27-37.

Cristofani 1996 : CRISTOFANI (M.) – Sull'origine della scrittura osco-greca. *SE* 62, 1996, p. 275-280.

De Hoz 1995 : DE HOZ (J.) – Ensayo sobre la epigrafía griega de la Península Ibérica. *Veleia* 12, 1995, p. 151-179.

De Hoz 1997 : DE HOZ (M.P.) – Epigrafía griega en Hispania. *Epigraphica* 69, 1997, p. 29-95.

De Hoz 2001 : DE HOZ (J.) – Dans le sillage hispanique de Michel Lejeune. Quelques problèmes d'histoire de l'écriture. *In* : *Hommage rendu à Michel Lejeune, Institut de France (Séance du 26 janvier 2001)*. Paris 2001, p. 53-70.

De Simone 1991 : DE SIMONE (C.) – *Numasie/Numasio- : le formazioni etrusche e latino-italiche in –sie-/-sio-. *SE* 56, 1991, p. 191-215.

Del Tutto Palma 1989 : DEL TUTTO PALMA (L.) – Epigrafia lucana. *Quaderni dell'Istituto di linguistica dell'Università di Urbino*, 6, 1989, p. 93-118.

Del Tutto Palma 1990 : DEL TUTTO PALMA (L.) – *Le iscrizioni della Lucania preromana*, Padoue 1990.

Del Tutto Palma, Prosdocimi, Rocca 2002 : DEL TUTTO PALMA (L.), PROSDOCIMI (A.L.), ROCCA (G.) – *Lingua e cultura intorno al 295 a.C. : tra Roma e gli Italici del nord. In* : *Poli (D.) éd., La battaglia del Sentino, Scontro fra nazioni e incontro in una nazione*. Rome 2002, p. 407-664.

Delamarre 2003 : DELAMARRE (X.) – *Dictionnaire de la langue gauloise*. Paris 2003.

Dubois 1989 : DUBOIS (L.) – *Inscriptions grecques dialectales de Sicile*.

Rome 1989 [Collection de l'École Française de Rome, 119].

Dubois 1995 : DUBOIS (L.) – *Inscriptions grecques dialectales de Grande Grèce, I Colonies eubéennes. Colonies ioniennes. Emporia.* Genève 1995.

Dubois 2008 : DUBOIS (L.) – *Inscriptions grecques dialectales de Sicile, tome II.* Genève 2008.

Dubuisson 1982 : DUBUISSON (M.) – Remarques sur le vocabulaire grec de l'acculturation. *Revue Belge de Philologie* 60, 1982, p. 5-32.

Euler 1982 : EULER (W.) – Dōnom dō-. *Eine figura eymologica der Sprachen Altitaliens.* Innsbruck 1982.

Faraone 1991 : FARAONE (Chr.A.) – The Agonistic Context of Early Greek Binding Spells. *In* : Faraone (Chr.A.), Obbink (D.) éd., *Magika hiera, Ancient Greek Magic & Religion.* Oxford1991, p. 3-32.

Fogolari, Prosdocimi 1988 : FOGOLARI (G.), PROSDOCIMI (A.L.) – *I Veneti antichi. Lingua e cultura.* Padoue 1988.

Givigliano 2009 : GIVIGLIANO (G.) – Temese/Tempsa. Crocevia di strade. Un'indagine di microgeografia storica. *In* : *Dall'Oliva al Savuto, Studi e ricerche sul territorio dell'antica Temesa, Atti del convegno Campora S. Giovanni (Amantea, Cs) 15-16 settembre 2007.* Pise-Rome 2008, p. 236-258.

Greco 1981 : GRECO (E.) – Iscrizione osca da Paestum. *PP* 36, 1981, p. 245-250.

Greco 1992 : GRECO (E.) – *Archeologia della Magna Grecia*, Rome-Bari 1992.

Gualtieri, Poccetti 2001 : GUALTIERI (M.), POCCETTI (P.) – La Tabula Bronzea di Roccagloriosa. *In* : Gualtieri (M.), Fracchia (H.) – *Roccagloriosa II. L'oppidum Lucano e il territorio.* Naples 2001, p. 186-275 (Coll. Centre Jean Bérard).

Guarascio 1983 : GUARASCIO (M.) – Un contributo di dati e metodi della ricerca geomineraria in archeologia: il caso di Temesa. *In* : T*emesa e il suo territorio. Atti del colloquio di Perugia e Trevi (30-31 maggio 1981).* Tarente 1982, p. 29-39, 125-142.

Gusmani 1986 : GUSMANI (R.) – *Saggi sull'interferenza linguistica*, Firenze 1986.

Heurgon 1952 : HEURGON (J.) – Les Lassii pompéiens et l'importation des vins italiens en Gaule. *PP* 7, 1952, p. 113-118.

Imperato 1994 : IMPERATO (M.) – La documentazione epigrafica coloniale in Italia sino al VI sec.a.C. : un bilancio. *AION(ling)* 16, 1994, p. 171-221.

Jannaris 1897 : JANNARIS (A.N.) – *An Historical Greek Grammar chiefly of the Attic Dialect.* Londres 1897 (rist. Hildesheim, Olms 1968).

La Regina 1981 : LA REGINA (A.) – Appunti su entità etniche e strutture istituzionali nel Sannio antico. *AION(archeol)* 3, 1981, p. 129-137.

Lambert 2003 : LAMBERT (P.Y.) – *La langue gauloise.* Paris 2003.

Landi 1979 : LANDI (A.) – *Dialetti e interazione sociale in Magna Grecia.* Naples 1979.

Lazzarini 1976 : LAZZARINI (M.L.) – Le formule delle dediche votive nella Grecia arcaica. *MAL* s.VIII, vol. XIX, 1976, p. 48-354.

Lazzarini 1990 : LAZZARINI (M.L.) – Iscrizioni votive greche. *Scienze dell'Antichità* 3-4, 1989-90, p. 845-859.

Lazzarini 1994 : LAZZARINI (M.L.) – Una nuova defixio da Tiriolo. *AION(filol)* 16, 1994, p. 163-169.

Lazzarini 2004 : LAZZARINI (M.L.) – Lamina plumbea iscritta da Petelia. *MediterrAnt* VII, 2, 2004.

Lazzarini 2009 : LAZZARINI (M.L.) – Interazioni onomastiche nel Bruzio ionico. *In* : Poccetti (P.) – *L'onomastica dell'Italia antica. Aspetti linguistici, storici, culturali, tipologici e classificatori.* Rome, 2009, p. 425-431.

Lejeune 1966 : LEJEUNE (M.) – Notes de linguistique italique, XXI. Les notations de f dans l'Italie ancienne. *REL* 44, 1966, p. 141-181.

Lejeune 1967 : LEJEUNE (M.) – Notes de linguistique italique, XXII. Caprotina. *REL* 45, 1967, p. 194-231.

Lejeune 1970 : LEJEUNE (M.) – Phonologie osque et graphie grecque, I. *REA* 72, 1970, p. 271-316.

Lejeune 1974 : LEJEUNE (M.) – *Manuel de la langue vénète.* Heidelberg 1974.

Lejeune 1976 : LEJEUNE (M.) – Quel celtique dans δεδε βρατου δεκαντεμ *In* : Morpurgo Davies (A.), Meid (W.) éd., *Studies in Greek, Italic and Indo-European Linguistics offered to L.Palmer.* Innsbruck 1976, p. 135-151.

Lejeune 1980 : LEJEUNE (M.) – Le dossier gaulois ieuru. *In* : *Hommages à M. Leroy.* Bruxelles 1980, p. 110-118.

Lejeune 1983a : LEJEUNE (M.) – Rencontres de l'alphabet grec avec les langues barbares au cours du Ier millénaire avant J.-C. *In* : *Modes de contact et processus de transformation dans les sociétés anciennes. Actes du Colloque de Cortone, mai 1981.* Pise-Rome 1983, p. 731-753 (Coll. École Française de Rome, 67).

Lejeune 1983b : LEJEUNE (M.) – Le canthare d'Alise. Nouvelles discussions sur les avatars et sur l'origine du vase. *MonPiot* 56, 1983, p. 19-53.

Lejeune 1990a : LEJEUNE (M.) – *Méfitis d'après les dédicaces lucaniennes de Rossano di Vaglio.* Louvain-La Neuve 1990.

Lejeune 1990b : LEJEUNE (M.) – Notes d'étymologie gauloise, XI. Dîme gauloise ou dîme grecque ? XII. Un verbe de dédicace ειωραι ? *Etudes Celtiques* 30, 1994, p. 175-180.

Lejeune, Pouilloux, Solier 1988 : LEJEUNE (M.), POUILLOUX (J.), SOLIER (Y) – Étrusque et ionien archaïques sur un plomb de Pech Maho (Aude). *RANarb* 21, 1998, p. 19-59.

Lepore 1970 : LEPORE (E.) – Strutture della colonizzazione focea in occidente. *PP* 25, 1970, p. 19-54.

Lepore 1985 : LEPORE (E.) – La città tra Campani e Romani. *In* : *Napoli antica, Catalogo della mostra.* Naples 1985, p. 109-115.

Lepore 1990 : LEPORE (E.) – *Origini e strutture della Campania antica*, Bologna 1990.

Lepore, Mele 1983 : LEPORE (E.), MELE (A.) – Pratiche rituali e culti eroici in Magna Grecia. *In* : *Forme di contatto e processi di trasformazione nelle società antiche, Atti del convegno di Cortona (24-30 maggio 1981).* Pise-Rome 1983, p. 847-897.

Lo Porto 1980 : LO PORTO (F.G.) – Medici pitagorici in una defixio greca da Metaponto. *PP* 35, 1890, p. 282-288.

López Eire 1996 : LOPEZ EIRE (A.) – L'influence de l'ionien-attique sur les autres dialectes épigraphiques et l'origine de la koiné. *In* : *La koiné grecque antique, II, La concurrence*, Nancy 1996, p. 8-42.

Manganaro 1992 : MANGANARO (G.) – Massalia per il Mediterraneo : tra Spagna, Sardegna e Sicilia. *In* : *Sardinia antiqua. Studi in onore di P. Meloni*, Cagliari 1992, p. 195-206.

Manganaro 1994 : MANGANARO (G.) – Massalia-Sardegna-Sicilia : la rotta commerciale in epoca ellenistica. *In* : *Le ravitaillement en blé de Rome, Actes du colloque Intern. (Naples, 14-16 février 1991).* Naples-Rome 1994, p. 261-265.

Masson 1972 : MASSON (O.) – La grande imprécation de Sélinonte (*SEG* XVI, 573). *BCH* 96, 1972, p. 375-388.

Mele 1979 : MELE (A.) – *Il commercio greco arcaico. Prexis e emporie.* Naples 1979 (Cahiers du Centre J. Bérard IV).

Mele 2009 : MELE (A.) – Per una rivisitazione di Temesa. *In* : *Dall'Oliva al Savuto, Studi e ricerche sul territorio dell'antica Temesa, Atti del convegno Campora S.Giovanni (Amantea, Cs) 15-16 settembre 2007.* Pise-Rome 2008, p. 79-101.

Motta 1993 : MOTTA (F.) – Gall. Δεκαντεν, Pitt. Δεκανται, Ant. Irl. – *De(i)chet. In* : *Comparative-historical Linguistics. Indoeuropean and Finnougric Papers in honor of O. Szemerényi.* Amsterdam-Philadelphie 1993, p. 293-303.

Moussy 1966 : MOUSSY (C.) – Gratia *et sa famille.* Paris 1966.

Mullen 2008 : MULLEN (A.) – Rethinking 'Hellenization' in South-eastern Gaul. The Gallo-Greek Epigraphic Record. *In* : *Romanisation et épigraphie, Etudes interdisciplinaires sur l'acculturation et l'identité dans l'Empire romain.* Montagnac 2008, p. 249-266 (Archélogie et Histoire romaine 17).

Orioles 1992 : ORIOLES (V.) – Bilinguismo e biculturalismo nella Messana mamertina. *In* : *Studi linguistici e filologici offerti a G.Caracausi.* Palerme 1992, p. 331-345.

Peroni 1983 : PERONI (R.) – Intervento. *In* : *Temesa e il suo territorio, Atti del colloquio di Perugia e Trevi (30-31 maggio 1981)*, Tarente 1982, 29-39, p. 190-191.

Peroni 1996 : PERONI (R.) – *L'Italia alle soglie della storia.* Rome-Bari 1996.

Peruzzi 1992 : Peruzzi (E.) – Cultura greca a Gabii nel secolo VIII. *PP* 47, 1992, p. 457-468.

Poccetti 1982 : POCCETTI (P.) – Minima Peligna. *SSL* 22, 1982 p. 183-187.
Poccetti 1984 : POCCETTI (P.) – Nomi di lingua e nomi di popolo nell'Italia antica tra etnografia, glossografia e retorica. *AION(ling)* 6, 1984, p. 137-160.
Poccetti 1986 : POCCETTI (P.) – Lat.*bilinguis*. *AION(ling)* 8, 1986, p. 193-205.
Poccetti 1988a : POCCETTI (P.) – Lingua e cultura dei Brettii, *In* : *Per un'identità culturale dei Brettii*. Naples 1988, p. 11-158.
Poccetti 1988b : POCCETTI (P.) – Le popolazioni anelleniche d'Italia tra Sicilia e Magna Grecia nel IV secolo a.C. : forme di contatto linguistico e di interazione culturale. *In* : *Tra Sicilia e Magna Grecia. Aspetti di interazione culturale nel IV sec.a.C. Atti del convegno Napoli 19-20 marzo 1987 = AION(ling)* 11, 1989, p. 97-135.
Poccetti 1990 : POCCETTI (P.) – Laminetta di piombo con iscrizione dal complesso A. Il testo della laminetta. *In* : Gualtieri (M.), Fracchia (H.) – *Roccagloriosa I. L'abitato: lo scavo e ricognizione topografica (1976-1986)*. Naples 1990, p. 141-150 (Coll. Centre Jean Bérard).
Poccetti 1993 : POCCETTI (P.) – La tabella defixionis da Laos : rilettura e riflessioni dopo un dibattito. *AION(ling)* 15, 1993, p. 151-190.
Poccetti 2000 : POCCETTI (P.) – Due Tabellae defixionis osco-greche dalla Calabria nel Museo Archeologico di Napoli. *In* : Επιγραφαι. *Miscellanea epigrafica in onore di Lidio Gasperini,* Tivoli 2000, p. 745-771.
Poccetti 2001 : POCCETTI (P.) – Perspectives actuelles dans le domaine des langues italiques dans le sillage de Michel Lejeune. *CRAI* 2001, p. 185-196.
Poccetti 2002 : POCCETTI (P.) – Manipolazione della realtà e manipolazione della lingua: alcuni aspetti dei testi magici dell'antichità. *In* : Morresi (R.) éd., *Linguaggio-Linguaggi. Invenzione-scoperta, Atti del convegno (Macerata-Fermo, 22-23 ottobre 1999)*. Rome 2002, p. 11-59.
Poccetti 2005 : POCCETTI (P.) – Il declino (o i presunti declini) della Magna Grecia, aspetti della fenomenologia linguistica. *In* : *Tramonto della Magna Grecia, Atti del XLIV convegno di studi sulla Magna Grecia (Taranto 24-28 settembre 2004)*, Tarente 2005, p. 77-159.
Poccetti 2007 : POCCETTI (P.) – Profilo linguistico dell'area vestina tra età preromana e romana. *In* : Clementi (A.) éd., *"I campi aperti di Peltuinum dove tramonta il sole....". Saggi sulla terra di Prata d'Ansidonia dalla protostoria all'età moderna*. L'Aquila 2007, p. 359-389 (Deputazione Abruzzese di Storia Patria).
Poccetti 2009 : POCCETTI (P.) – La documentazione linguistica preromana lungo la fascia tirrenica a sud di Velia: un bilancio delle acquisizioni più recenti. *In* : De Sensi Sestito (G.) éd., *La Calabria tirrenica nell'antichità. Nuovi documenti e problematiche storiche, Atti del convegno (Rende 23-25 novembre 2000)*. Soveria Mannelli, p. 279-301.
Poli 2003a : POLI (F.) – Les documents de la Chrétienne A. *SE* 69, 2003, p. 418-425.
Poli 2003b : POLI (F.) – Un document osque méconnu : le vase d'Alésia. *SE* 69, 2003, p. 425-428.
Porzio Gernia 1970 : PORZIO GERNIA (M.L.) – Aspetti dell'influsso latino sul lessico e sulla sintassi osca. *AGI* 55, 1970, p. 94-144.
Prosdocimi 1980 : PROSDOCIMI (A.L.) – Studi sull'italico. *SE* 48, 1980, p. 187-249.
Pugliese Carratelli 1992 : PUGLIESE CARRATELLI (G.) – La *defixio*. *In* : Greco (E.), Guzzo (P.G.) éd., *Laos II. La tomba a camera di Marcellina*. Tarente 1992, p. 17-20.
RIG I : LAMBERT (P.Y.), LEJEUNE (M.) – *Recueil des inscriptions gauloises, Textes gallo-grecs*. Paris 1985.
Rix 2000 : RIX (H.) – Oskisch brateis, bratom, Lateinisch grates. *In* : *Anusantatyai. Festschrift für Johanna Narten*. Munich 2000, p. 207-229.
Rix 2002 : RIX (H.) – *Sabellische Texte*. Heidelberg 2002.
Sanmartí, Santiago 1987 : SANMARTI (E.), SANTIAGO (R.A.) – Une lettre grecque sur plomb trouvée à Emporion. *ZPE* 68,1987, p. 119-127.
Scheich 2006 : SCHEICH (C.) – Les "ateliers" d'ors en Italie méridionale au VIe siècle av. J.Chr. *In* : Nicolini (G.) dir., *Les ors des mondes grec et « barbare »*. Paris 2006, p. 63-128.
Schirmer 1993 : SCHIRMER (B.) – I verbi etruschi *mul(u)vanice* e *tur(u)ce*. Prolegomeni per una determinazione semantica ed impiego. *PP* 48, 1993, p. 38-56.
Schulze 1895 : SCHULZE (W.) – Samstag *KZ* 33, 1895, p. 366-386 (= *Kleine Schriften*, Göttingen 1966, p. 281-296).
Schwyzer 1934 : SCHWYZER (E.) – Dissimilatorische Geminatenauflösung als Folge von Übersteigerung. *KZ* 61, 1934, p. 222-252 (= *Kleine Schriften*, Innsbruck 1983, p. 502-530.
Szemerényi 1974 : SZEMERÉNYI (O.) – A Gaulish dedicatory formula. *KZ* 88, 1974, p. 246- 285.
Szemerényi 1991 : SZEMERÉNYI (O.) – Compte Rendu de : De Bernardo Stempel (P.), *Die Vertretung der indogermanischen liquiden und nasalen Sonanten im Keltischen*. *ZCPh* 44, 1991, p. 299-312.
Tagliamonte 1994 : TAGLIAMONTE (G.) – *I figli di Marte. Mercenari e mercenariato italici in Magna Grecia e Sicilia*. Rome 1994.
Tchernia 1986 : TCHERNIA (A.) – *Les vins de l'Italie romaine*. Rome 1986 [Collection BEFAR 261].
Untermann 1973 : UNTERMANN (J.) – The Osco-Umbrian Preverbs. *JIES* 1973, p. 387-393.
Untermann 1993 : UNTERMANN (J.) – Gr. ἔθηκα, lat. fēci: gr ἧκα, lat. iēci. *In* : *Indogermanica et Italica, Festschrift für H.Rix*. Inssbruck 1993, p. 459-468.
Untermann 2000 : UNTERMANN (J.) – *Wörterbuch des Oskisch-Umbrischen*. Heidelberg 2000.
Verger 2001 : VERGER (S.) – Un graffite archaïque dans l'habitat halstattien de Montmort (Jura, France). *SE* 64, 2001, p. 265-316.
Vetter 1953 : VETTER (E.) – *Handbuch der italischen Dialekte*. Heidelberg 1953.

Chapitre VIII

Études de cas particuliers

1. Grecs et non-Grecs en Languedoc oriental : Espeyran, Le Cailar et la question de Rhodanousia

Réjane Roure

L'identification de la colonie massaliète de Rhodanousia fait partie des controverses qui ressurgissent régulièrement au sein de la protohistoire méditerranéenne : un débat ancien agite les historiens et les archéologues sur l'emplacement de cet habitat évoqué par quelques sources antiques. Plusieurs sites ont été proposés sans qu'une certitude s'établisse, même si un consensus, ou plutôt une habitude, s'est imposé chez la plupart des auteurs depuis les années soixante-dix autour d'Espeyran dont le nom est le plus souvent associé aux citations concernant Rhodanousia, même si d'autres villes – Arles par exemple – reviennent aussi régulièrement. Au-delà de la controverse régionale, ce problème de localisation nous pousse à nous interroger sur la qualification ou le statut accordé à un site et sur les données que les archéologues mettent en avant pour parler d'un site grec ou d'un site indigène, en analysant l'évolution de ces critères depuis les cinquante dernières années.

Sources littéraires

Les sources littéraires concernant Rhodanousia sont peu nombreuses, à l'instar de celles concernant toutes les colonies massaliètes de Gaule méridionale. Le principal texte est celui du Pseudo-Scymnos, auteur de la fin du IIe s. av. n. è., qui mentionne les différents établissements fondés par Marseille sur le littoral : « Les Phocéens fondateurs de Massalia possèdent Agathè et Rhodanousia, que baigne le grand fleuve Rhodanos ... Suivent, après Marseille, Tauroeis et, à proximité, la ville d'Olbia, et Antipolis, la dernière d'entre elles » (Pseudo-Scymnos, *Périégèse*, 206-216). La deuxième source correspond à un passage de Strabon, qui écrit à l'époque d'Auguste : « Plus tard, les Massaliotes (...) fondèrent les villes qui leur servent de bastions avancés, les unes du côté de l'Ibérie contre les Ibères (...), les autres, Rhoè et Agathè, contre les Barbares qui habitent aux abords du Rhône, d'autres enfin, Tauroention, Olbia, Antipolis et Nikaia contre le peuple des Salyens et contre les Lygiens qui habitent les Alpes » (Strabon, *Géographie*, IV, 1, 5). D'autres mentions plus lacunaires sont présentes : chez Pline (au Ier siècle de notre ère) et chez Etienne de Byzance (Ve siècle de notre ère). Etienne de Byzance cite une « Rhodanousia » comme « ville de Massalie » dans ses *Ethniques*. Pline évoque une « Rhoda Rhodiorum » dans sa description du littoral gaulois, en progressant vers l'est depuis les Pyrénées : « Ruscino, des Latins; le fleuve Atax (Aude), descendant des Pyrénées et traversant le lac Rubrensis ; Narbo Martius, colonie de la dixième légion, éloignée de la mer de 12 000 pas ; les fleuves Arauris (Hérault), Liria (Lez) ; sur le reste, un petit nombre de villes, à cause des étangs qui bordent le rivage ; Agde, appartenant jadis aux Marseillais ; la contrée des Volques Tectosages, le lieu où fut Rhoda des Rhodiens, et d'où provient le nom du Rhône, le plus riche fleuve de la Gaule (Pline l'Ancien, *Histoire Naturelle*, III, 5 (4), 2). Les indications de ces textes sont certes lacunaires mais relativement précises et surtout concordantes quant à la proximité de cette ville, fondée ou occupée par des Phocéens de Marseille, avec le Rhône.

Ces sources ont été réexaminées récemment par Maria José Pena dans la publication concernant le ville de Rhodè en Catalogne (Pena 2006). Elle revient notamment sur la correction apportée au manuscrit de Strabon concernant le passage sur les colonies massaliètes (Strabon IV, 1, 5) dont le Rhoè est glosé en Rhodè, ou chez Lasserre (éditions des Belles Lettres) en Rhodanousia. Elle estime la correction Rhodè meilleure car plus économique et c'est de fait une leçon acceptée par d'autres qui y voient alors une simple contamination avec la ville de l'Empurdan (Py 2007). Maria José Pena quant à elle développe l'idée qu'il s'agit dans le texte de Strabon de la ville même de Catalogne (Pena 2006, p. 44), en prenant pour argument principal qu'il faut suivre l'ordre de l'énumération de Strabon où Rhoè apparaît en premier, avant Agathè – et l'ordre des colonies provençales correspond de fait à la réalité géographique. C'est cependant faire peu de cas de la suite du texte de Strabon qui précise que ces deux colonies sont installées « contre les Barbares qui habitent autour du fleuve Rhodanos », autour du Rhône donc, ce qui convient mal à une identification de cette Rhoè avec la Rhodè d'Ibérie. Le fait que la phrase de Strabon concerne bien les deux villes de Rhoè et

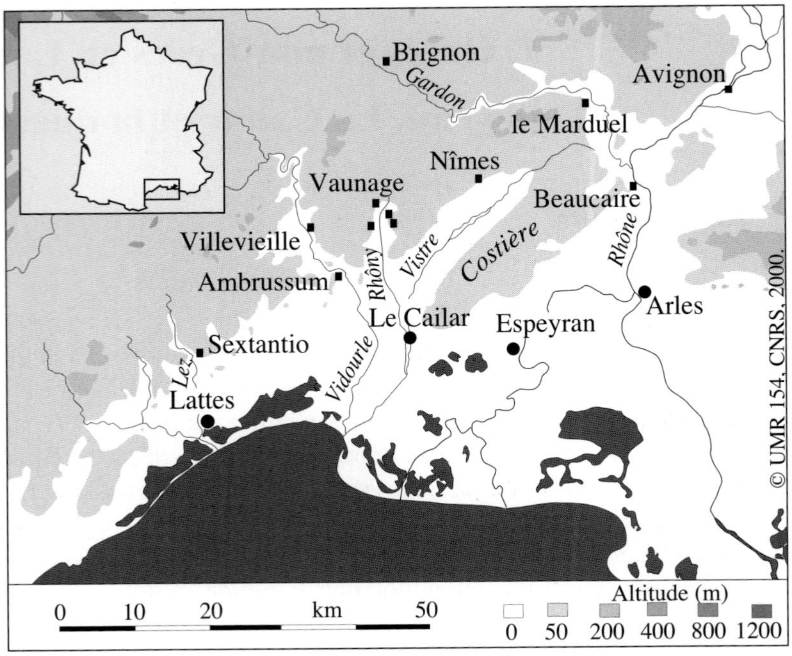

Fig. 501. carte de situation (DAO R. Roure).

d'Agathè semble confirmé par le parallèle avec la deuxième partie du texte concernant les colonies provençales, où les quatre villes de Tauroention, Olbia, Antipolis et Nikaia sont citées à la suite les unes des autres avant la précision « contre les Salyens et contre les Ligures qui habitent les Alpes ». De plus, dans la phrase précédant le passage cité ci-dessus, Strabon parle de façon identique des villes fondées « en Ibérie pour se protéger des Ibères », sans les citer nominativement puisqu'il est en train de décrire la Gaule et que l'Ibérie a fait l'objet du livre III de sa *Géographie*.

Examinant ensuite la question même de Rhodanousia, Maria José Pena propose d'y voir une simple falsification en avançant l'idée qu'aucune ville portant ce nom n'aurait existé : « me inclino a pensar que Rhodanousia no es mas que una creación literaria ligada a la falsa tradición de la expansión rodia arcaica hacia Occidente. » (Pena 2006, p. 48). Cette position semble tout de même un peu extrême et revient surtout à nier toute réalité à plusieurs sources littéraires. Certes des confusions existent chez les auteurs antiques, certes des mythes et quelques enjeux idéologiques ont également pu contaminer un certain nombre de sources littéraires, toutefois la réalité de Rhodanousia et sa proximité avec le Rhône semblent difficiles à remettre totalement en cause, même si l'archéologie n'a pas (encore ?) apporté de réponse satisfaisante à son identification. Nombre de sites mentionnés par les textes n'ont pas trouvé de correspondance archéologique (*Hemeroskopeion* et *Mainake* par exemple pour rester dans le domaine phocéen), on n'en nie pas pour autant l'existence. L'un des points d'achoppement importants de ces localisations des sites antiques relève de la caractérisation des données matérielles dont disposent les archéologues.

Données archéologiques : le site du Cailar

Les identifications de Rhodanousia ont été multiples depuis la fin du XIXe siècle : Beaucaire et Arles en particulier ont souvent été proposées (Benoit 1965). Cependant, pour ces deux habitats, d'autres noms antiques sont connus : *Ugernum* pour Beaucaire, attesté par des sources littéraires et épigraphiques ; *Theline* pour Arles « du temps où les Grecs l'habitaient » selon Festus Aviénus dans son *Ora Maritima* (v. 681-683). Certains chercheurs retiennent pourtant encore cette dernière hypothèse en parlant de « Rhodanousia-Thelinè » (Arcelin 2008, p. 260). Le site d'Espeyran à Saint-Gilles, dont les vestiges étaient connus depuis le début du XXe siècle, était parfois mentionné pour la localisation de Rhodanousia, quand il n'était pas identifié à Héracléa (ville citée par Pline, *Histoire Naturelle*, 3, 33). Les résultats des fouilles archéologiques menées dans les années soixante-dix ont conduit Guy Barruol et Michel Py à proposer d'identifier formellement Espeyran avec la Rhodanousia des sources antiques (Barruol, Py 1978). Cette assimilation a ensuite été remise en cause par Michel Bats en raison des différences de proportions et de faciès des céramiques de cuisine d'Olbia et d'Espeyran (Bats 1988). Toutefois, l'habitude s'est ancrée de mentionner Espeyran quand on cite Rhodanousia, en l'absence d'autre habitat susceptible de correspondre à cette ville, et en raison de la faiblesse de la surface fouillée (25 m^2) qui laisse la porte ouverte à toutes les hypothèses. Pourtant, en 2000, la découverte d'un nouveau site au sein du village du Cailar dans le Gard **(fig. 501)**, jusque-là resté à l'écart des recherches, a contribué à relancer le débat sur la caractérisation des sites du Languedoc oriental car il présente un faciès mobilier très proche de celui d'Espeyran, et pourrait donc se poser comme candidat pour l'identification de Rhodanousia si les mêmes critères étaient adoptés aujourd'hui. Nous verrons pourtant comment l'affinement de nos grilles d'analyse a conduit à aborder différemment cette question et à mettre au centre de nos préoccupations le système de comptoirs qui maillent le littoral du Languedoc oriental ; malgré tout, l'identification de l'un de ces comptoirs comme un établissement massaliète constituerait une donnée significative pour l'interprétation de l'ensemble de cette

Fig. 502. plan de localisation des fouilles du Cailar (DAO R. Roure).

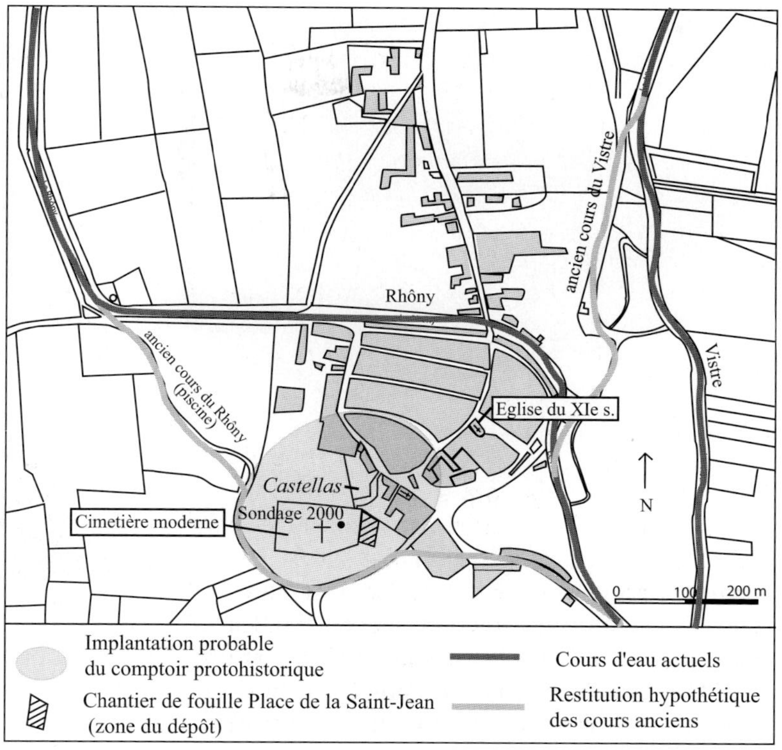

région et des relations de chacune de ces agglomérations les unes avec les autres. Nous devons assurément nous interroger sur la concurrence ou la complémentarité possible de chacun de ces sites du Languedoc occidental – Lattes, Le Cailar, Espeyran, Arles – extrêmement proches les uns des autres, puisqu'on ne compte pas plus de 15 km de distance entre chaque site. Or pour mieux appréhender ces relations, définir leur statut apparaît comme essentiel[1], et nous souhaitons contribuer à enrichir ce débat en présentant ici les données caractérisant le site nouvellement repéré du Cailar.

Le site du Cailar est resté longtemps à l'écart des préoccupations des archéologues malgré la découverte fortuite de deux chenets protohistoriques dans le village actuel (Garmy, Pey 1974). Ce n'est qu'après un programme de prospection (Raynaud 2002) et un sondage stratigraphique, réalisé en 2000 dans le cimetière construit au XIXe siècle (Py, Roure 2002), que le site a été identifié comme un comptoir de commerce similaire à ceux de Lattes ou d'Espeyran. Des fouilles programmées s'y déroulent chaque année depuis 2003, sur la place de la Saint-Jean, et permettent progressivement de mieux connaître cet habitat : un important dépôt d'armes et de têtes coupées ayant fonctionné durant tout le IIIe siècle avant notre ère est en cours de dégagement (Roure *et al.* 2006 ; Girard, Roure à paraître) et parallèlement les premiers niveaux d'occupation sont étudiés dans le cadre d'un sondage encore limité.

L'habitat protohistorique s'est installé sur une légère éminence naturelle, émergeant à quelques mètres d'altitude au-dessus de la plaine marécageuse, au pied de la bordure occidentale de la Costière, une terrasse quaternaire s'élevant à 75 m environ (en moyenne). C'est au sein de la confluence entre le Rhôny, qui vient de la plaine de la Vaunage, et le Vistre, qui coule au sud de Nîmes, que l'habitat a été installé, enserré par les bras de ces cours d'eau (**fig. 502**). Les couches d'occupation les plus anciennes reconnues pour l'instant datent du tout début du Ve siècle avant notre ère mais les niveaux de fondation n'ont pas encore été atteint ; aucune céramique résiduelle ne remonte toutefois au-delà du dernier quart du VIe siècle avant notre ère.

Les fouilles programmées de la place de la Saint-Jean ont révélé la présence d'un rempart de pierres liées à la terre de 2,60 m de large, comportant une élévation en adobes dont une partie a été observée en place lors de la campagne 2008 (Roure *et al.*, à paraître). Ce rempart présentant un socle en pierre et une élévation en briques d'argile crue a été mis en place au moins au Ve siècle avant notre ère. Dans une phase ultérieure qui n'est pas encore datée avec précision, ce premier rempart est reconstruit totalement en pierres et agrandi vers l'extérieur pour former une courtine de 3,80 m de large. L'organisation interne et les formes de l'habitat sont encore très peu connues mais la présence de murs en pierres ainsi que de murs en terre est attestée et l'utilisation de la brique crue dans l'habitat domestique semble probable puisqu'on en trouve de nombreuses traces dans les remblais qui ont été fouillés jusqu'à présent. L'un des aspects originaux des techniques architecturales reconnues au Cailar est la présence de pierre taillée dès le Ve siècle avant notre ère : deux blocs parfaitement taillés ont été retrouvés en remploi dans un piédroit de porte daté du tout début du IVe siècle avant notre ère, et un morceau de fronton sculpté, de très belle facture (**fig. 503**), a été retrouvé dans un remblai. Ces trois éléments ont été étudiés par Jean-Claude Bessac qui a repéré les traces d'outils rarement attestés en Gaule méridionale à cette

1 C'est pourquoi un nouveau programme de recherche a également été lancé sur le site d'Espeyran : des prospections géophysiques ont été réalisées en 2007, complétées par des sondages de terrain à partir de 2008.

Fig. 503. un fragment de linteau taillé provenant du sondage du cimetière (cl. R. Roure).

date (scie à joint) et a déterminé que les deux blocs présentaient des dimensions compatibles avec la métrologie grecque usitée à Marseille (Py, Roure 2002, p. 199-202).

Après l'architecture, examinons le faciès céramique de cet habitat ; la surface fouillée est encore relativement faible, et nous n'avons pas des séquences continues et identiques sur les deux zones fouillées (le cimetière et la place de la Saint-Jean), distantes de 30 m environ ; cependant près de 10 000 tessons ont déjà été comptabilisés, ce qui est autant que pour le site d'Espeyran. Les données du sondage du cimetière ayant déjà été publiées (Py, Roure 2002), nous présentons ici en complément un tableau de comptage des fragments de céramique de la zone de la place de la Saint-Jean, par quart de siècle, pour l'ensemble du Ve siècle avant notre ère pour lequel nous avons une séquence continue dans un même sondage (**fig. 504**). L'échantillon est certes encore faible pour la première moitié de la période, mais il donne un aperçu d'une phase qui n'avait pas encore été documentée sur le site du Cailar, le niveau le plus ancien atteint dans le sondage du cimetière étant daté de 450 avant notre ère. L'un des points les plus remarquables est l'évolution de la proportion des amphores qui passent de 20 % à 82 % de la totalité des fragments, les amphores massaliètes y représentant de 65 % pour la période 500/475 av. J.-C. à 99,5 % pour la période 425/400 av. J.-C. La représentation de la vaisselle est bien sûr inversement proportionnelle et au sein de celle-ci les céramiques tournées fines évoluent de 17 à 3 %, les taux de céramiques communes tournées varient entre 5 et 10 %, enfin la proportion de céramique non tournée connaît une chute spectaculaire puisqu'elle passe de 53 % à 3,5 % (nombre de fragments de CNT par rapport au total de la vaisselle ; si on regarde la proportion de CNT rapportée à la totalité des fragments, les taux diminuent de 68 % au début du Ve siècle à moins de 30 % à la fin de la période étudiée).

Les faciès du Cailar et d'Espeyran sont donc très proches : des quantités très importantes d'amphores massaliètes – surtout à partir du milieu du Ve siècle

Comptages sur les fragments		-500/-475		-475/-450		-450/-425		-425/-400	
CTF (céramiques tournées fines)		58 (17,9%)		116 (11.22%)		408 (9.74%)		27 (3.09%)	
	cl-peinte		8 (3.16%)		49 (9.4%)		230 (20.26%)		14 (13.46%)
	attique		1 (0.4%)		21 (4.03%)		149 (13.13%)		12 (11.54%)
	gris mono		49 (19.37%)		32 (6.14%)		25 (2.2%)		
	pseudo-at						4 (0.35%)		1 (0.96%)
	grec-or				8 (1.54%)				
	autres fines				6 (1.15%)				
CCOM (céramiques communes)		22 (6.79%)		116 (11.22%)		415 (9.91%)		46 (5.27%)	
	pâte claire		15 (5.93%)		104 (19.96%)		360 (31.72%)		29 (27.88%)
	cct-lor				2 (0.38%)		36 (3.17%)		15 (14.42%)
	com-itagr				4 (0.77%)		3 (0.26%)		
	com-etr		1 (0.4%)				1 (0.09%)		
	com-gre		5 (1.98%)						
	com-ib				2 (0.38%)				
	mort-m				3 (0.58%)		6 (0.53%)		2 (1.92%)
	autres com		1 (0.4%)		1 (0.19%)		9 (0.79%)		
CNT (céramiques non tournées)	CNT-Lor	173 (53.4%)	173 (68.38%)	289 (27.95%)	289 (55.47%)	312 (7.45%)	312 (27.49%)	31 (3.55%)	31 (29.81%)
TOTAL VAISSELLE		253 (78.09%)		521 (50.39%)		1135 (27.11%)		104 (11.91%)	
AMPHORES		67 (20.68%)		503 (48.65%)		2906 (69.41%)		720 (82.47%)	
	a-mas		44 (65.67%)		405 (80.52%)		2647 (91.09%)		717 (99.58%)
	a-etr		10 (14.93%)		80 (15.9%)		101 (3.48%)		2 (0.28%)
	a-pun						7 (0.24%)		
	a-ibé		3 (4.48%)		16 (3.18%)		28 (0.96%)		
	a-gre		6 (8.96%)		1 (0.2%)		120 (4.13%)		
	a-autres		4 (5.97%)		1 (0.2%)		3 (0.1%)		
DOLIUM		4 (1.23%)	4 (100%)	10 (0.97%)	10 (100%)	146 (3.49%)	146 (100%)	49 (5.61%)	49 (100%)
TOTAL		324 fragments		1034 fragments		4187 fragments		873 fragments	

Fig. 504. tableaux de comptage des fragments de céramiques (zone de la place de la Saint-Jean).

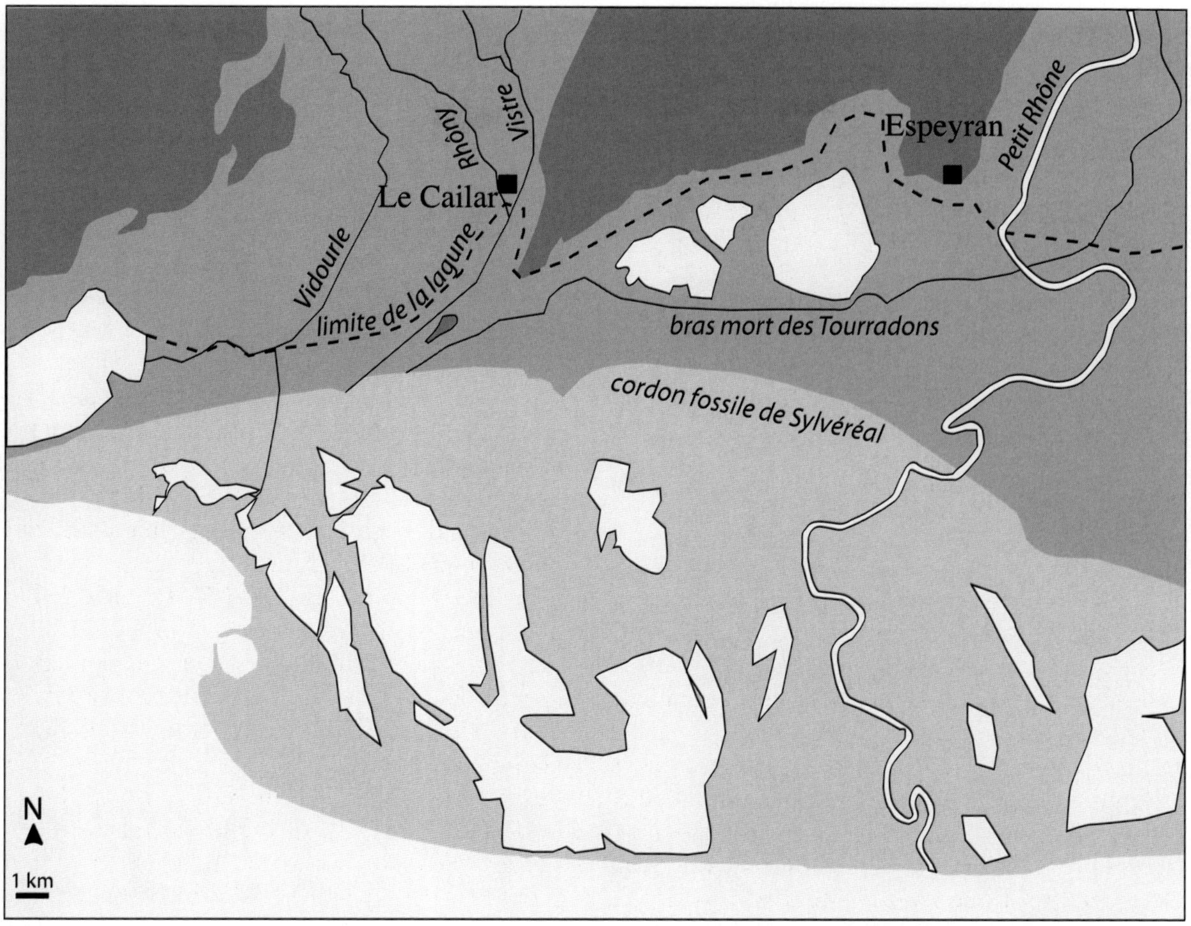

Fig. 505. évolution du paysage de la Petite Camargue (DAO R. Roure d'après une carte de T. Rey).

av. n. è. pour le Cailar – posant ces deux sites comme des places d'échanges, des gateway communities pour reprendre la nomenclature proposée par Michel Bats (Bats 1992), mais aussi des proportions fortes d'importations de céramiques fines (attiques et claires massaliètes) et corrélativement des taux de céramiques non tournées relativement faibles. Par certains aspects, le faciès des céramiques qui se dessine pour le site du Cailar est également proche de celui établi pour Arles à partir des fouilles du Jardin d'Hiver (Arcelin 1995) : on y remarque en particulier une présence assez forte d'amphores grecques et des courbes de céramiques fines importées et de céramiques non tournées s'inversant à certaines périodes (Py, Roure 2002, p. 209, fig. 35). Il ne semble pas impossible d'imaginer pour l'habitat du Cailar un destin relativement similaire à celui de Theline-Arelate, avec une occupation phocéenne ancienne suivie d'une appropriation, ou réappropriation, du comptoir par les populations locales, qui se traduit au Cailar par la mise en place au début du IIIe siècle avant notre ère d'un espace rituel lié à la pratique gauloise de la tête coupée et des dépôts d'armes (Roure *et al.* 2006 ; Girard, Roure à paraître), un espace et une période chronologique où les proportions de céramiques massaliètes restent néanmoins très importantes.

Le faciès mobilier ainsi que les éléments architecturaux du site du Cailar présentent donc un visage très méditerranéen avec une forte coloration massaliète, très proche de ce que l'on connaît des sites de Lattes, d'Espeyran, ou d'Arles, même si chacun de ces sites présente également des spécificités fortes. Notons qu'au Cailar la présence des céramiques massaliètes est importante dès le tout début du Ve siècle avant notre ère, à une époque où ce sont les amphores étrusques qui sont majoritaires sur le site de Lattes (Py *et al.* 2006). Peu d'éléments par contre distinguent les faciès du Cailar et d'Espeyran, ce qui laisse donc largement ouvert le débat sur la localisation de Rhodanousia.

Evolution du paysage en Languedoc oriental

L'un des éléments les plus prégnants des sources antiques parlant de Rhodanousia est la proximité de cette ville avec le Rhône, donc l'une des données du

Fig. 506. carte des cités antiques de Gaule dressée par Sanson d'Abbeville en 1642 (cl. BNF, Py 2006).

problème est posée par la géographie de cette région que les archéologues et les historiens ont trop souvent perçue comme immuable ou quasiment immuable. Certes les auteurs anciens parlent de plusieurs bras du Rhône, mais on imaginait généralement toujours une emprise du delta sensiblement identique à celle d'aujourd'hui. Or les études géomorphologiques menées au cours de ces dix dernières années dans toute la basse vallée du Rhône ont montré une situation bien plus complexe et surtout une évolution très importante de cette région depuis l'âge du Fer (Vella *et al*. 2005, Rey 2006).

Ces travaux ont apporté deux éléments fondamentaux : le premier concerne la situation lagunaire au sud des Costières et le second la localisation des anciens bras du Rhône. En effet, le paysage que l'on voit aujourd'hui résulte d'une évolution très importante au cours des deux derniers millénaires, marquée par une phase d'atterrissement des lagunes extrêmement poussée à partir de l'époque romaine ; ainsi tout le sud de la région, depuis le cordon fossile de Silvéréal jusqu'au rivage actuel (**fig. 5**), est le fruit de comblements récents, alors qu'auparavant la mer s'avançait jusqu'au cordon de Silvéréal, qui la séparait d'une vaste lagune touchant la Costière. Il ne faut pas imaginer forcément une lagune unique, d'un seul tenant, mais plutôt, sans doute, une série d'étangs reliés les uns aux autres, des zones marécageuses traversées de chenaux navigables, dont les trois étangs existant encore au sud de la Costière sont les vestiges. Cette lagune, ou plutôt ce système lagunaire, mettait vraisemblablement en communication tous les comptoirs du Languedoc oriental, et au-delà vers l'Ouest, peut-être jusqu'à Agde. A l'Est, les bras du Rhône se présentaient différemment, comme les textes antiques en donnent l'écho : je ne m'attacherai ici qu'au cours le plus occidental, la branche espagnole de Pline (Histoire Naturelle, 3, 33) à laquelle pourrait correspondre le bras dit des Tourradons. Ce bras du Rhône coulait, selon les travaux de Tony Rey, dans une crevasse qui suivait le sud de la Costière en traversant la lagune (ou la série d'étang) avant de se jeter dans l'étang de Mauguio ou des Lattarenses pour reprendre l'appellation de Pline ; ce bras n'était peut-être plus vraiment actif à l'âge du fer, mais très probablement navigable dans certaines conditions (Rey 2006). Ainsi, un bras du grand fleuve Rhône passait certes à côté d'Espeyran, mais aussi juste au sud du Cailar, et en naviguant sur le Rhône depuis Arles par exemple, et en suivant la branche la plus occidentale du fleuve, on passait d'abord devant Espeyran puis devant Le Cailar avant de déboucher dans la lagune qui occupait alors le sud de la région.

A titre anecdotique, nous pouvons citer une carte des villes antiques de Gaule dressée par Sanson d'Abbeville en 1642 (Py 2006) qui indique la ville de Rhode sur la rive droite du Rhône, au sein d'autres cités antiques de la région : Lattara, Ambrussum, Nemausus, Ugernum, Arelate, Glanum, etc (**fig. 506**). Nous pouvons observer que la ville portant le nom de Rhode n'a pas été placée contre le plus occidental des bras du Rhône qui sont figurés sur la carte, mais entre deux autres fleuves que leur position nous amène à identifier comme le Vidourle à l'ouest (et Ambrussum est bien figuré sur ce fleuve) et le Vistre à l'est, qui prend sa source au sud de Nîmes. Or le site archéologique qui correspond à cette localisation, entre le Vidourle et le Vistre, est celui du Cailar (situé sur la rive droite du Vistre), une ville dont l'occupation protohistorique n'a été repérée que dans le dernier tiers du XIXe siècle [2]. A priori, ce type de carte était dressé en se référant aux sources littéraires, mais la précision de certaines localisations – dont celle de Rhode – et le nombre des villes indiquées, pourraient faire imaginer que Sanson d'Abbeville, géographe reconnu, au service du roi Louis XIV, a eu sous la main des documents aujourd'hui disparus qui gardaient la mémoire de cartes bien antérieures, et qu'on aurait donc là un témoignage de cette réalité ancienne. On suppose bien que Festus Avienus avait sous la main un périple massaliète vieux de onze siècles à l'époque où il écrit, et Etienne de Byzance cite Hécatée de Milet, à douze siècles d'intervalle. Nous restons bien entendu dans le pur domaine de l'hypothèse, mais on peut légitimement s'interroger sur les raisons qui ont amené l'auteur de cette carte à une telle localisation de la cité de Rhode, qui ne se conforme pas strictement aux informations des auteurs de l'Antiquité puisqu'elle n'est pas placée immédiatement à côté du Rhône. Une piste pour comprendre la genèse de cette carte réside peut-être dans l'hydronyme du Rhôny, qui coule de la Vaunage au Cailar et qui a pu être perçu comme le souvenir d'une occupation ancienne. Notons à ce propos que le cartulaire de Notre-Dame de Nîmes, daté de 960, donne le nom de Saraonicus pour ce cours d'eau, celui de Rouanis, puis Roanis, puis Ronis apparaissant au XIVe siècle. Ce changement de nom lui-même pourrait être interprété comme le témoin d'une mémoire de cette ville de Rhodanousia ou Rhoè, de même que la toponymie a conservé les noms de Lattara (Lattes), Antipolis (Antibes) ou Nikaia (Nice).

Le but de cet article n'est pas de démontrer que le site du Cailar pourrait être identifié avec la Rhodanousia des textes antiques mais de montrer qu'il y a simplement des données tout à fait similaires à celles d'Espeyran. Pourtant, quand les premiers éléments de ce site ont été présentés en 2002, la prudence a prévalu, car l'identification des implantations coloniales grecques apparaissait globalement trop aléatoire, qu'on parle de Rhodanousia ou d'autres installations attestées ou non par les textes (La Monédière, ou encore Béziers pour lesquels des discussions parfois très vives ont lieu) ; tout réside en fait dans la difficulté à parler d'identité – et le statut d'implantation coloniale relève évidemment des questions d'identité – à l'aide des seules données de la culture matérielle. Peut-on alors trancher ou faire pencher la balance vers l'une ou l'autre proposition ? pas dans l'état actuel de nos connaissances me semble-t-il, même si cette donnée pourrait être déterminante pour mieux appréhender le système des comptoirs littoraux qui maillent le Languedoc oriental. L'implantation de ces comptoirs, régulièrement installés au débouché des principaux fleuves de la région : Lattes dans le delta du Lez, Le Cailar au confluent du Vistre et du Rhôny, Espeyran et Arles sur les bras du Rhône, semble répondre à une volonté de maîtriser les échanges commerciaux entre la Méditerranée et l'arrière-pays gaulois. C'est l'origine de cette volonté qui doit être déterminée : massaliète ou indigène ? La question de Rhodanousia est ici fondamentale, même si les données archéologiques peuvent aussi apporter d'autres éléments de réponse : la similarité des faciès céramiques semble par exemple difficilement compatible avec une concurrence forte de ces deux comptoirs qui présentent des proportions presque identiques d'importations, notamment d'amphores massaliètes, qu'on est tenté de lier à un approvisionnement identique, sans que l'un des sites ait bénéficié d'un statut privilégié, mais l'on ne doit pas négliger les éléments chronologiques alors même que la totalité de la séquence chronologique du site du Cailar n'est pas encore connue. La fondation de Rhodanousia a pu jouer un rôle de moteur, offrant un modèle d'implantation aux populations locales qui auraient alors saisi l'occasion d'être partie prenante de ces trafics.

2 Eugène Germer-Durand, *Dictionnaire topographique du département du Gard*, Paris, 1868, p. 52.

BIBLIOGRAPHIE

Arcelin 2008 : Arcelin (P.) – La tête humaine dans les pratiques culturelles des Gaulois méditerranéens. *In* : Brochier (J.E.), Guilcher (A.) et Pagni (M.) éd., *Archéologies de Provence et d'ailleurs. Mélanges offerts à Gaëtan Congès et Gérard Sauzade*, Aix-en-Provence, Association Provence Archéologie, 2008 (Supplément au *Bulletin Archéologique de Provence*, 5, 2008) p. 257-284.

Arcelin 1995 : Arcelin (P.) – Arles protohistorique, centre d'échanges économiques et culturels. *In* : Arcelin (P.), Bats (M.), Garcia (D.), Marchand (G.) et Schwaller (M.) éd., *Sur les pas des Grecs en Occident. Hommages à André Nickels* (Trav. du Centre C.-Jullian, 15), Paris/Lattes, Errance/A.D.A.M. éd.,1995, p. 492 (Et. Massa. 4), p. 325-338.

Barruol, Py 1978 : Barruol (G.) et Py (M.) – Recherches récentes sur la ville antique d'Espeyran à Saint-Gilles-du-Gard. *Revue Archéologique de Narbonnaise*, 11, 1978, p. 19-100.

Bats 1992 : Bats (M.) – Marseille, les colonies massaliètes et les relais indigènes dans le trafic le long du littoral méditerranéen gaulois (VIe – Ier s. av. J.-C.). *In* : Bats (M.), Bertucchi (G.), Conges (G.) et Treziny (H.) dir., *Marseille grecque et la Gaule*, Actes des colloques de Marseille (1990) (Trav. du Centre C.-Jullian, 11), Lattes/Aix-en-Provence, A.D.A.M. éd./Univ. de Provence,1992, p. 502 (Et. Massa. 3), p. 263-278.

Bats 1994 : Bats (M.) – La vaisselle culinaire comme marqueur culturel : l'exemple de la Gaule méridionale et de la Grande-Grèce (IVe – Ier av. J.-C.). *In* : *Terre Cuite et société, la céramique, document technique, économique, culturel*, XIVe rencontres internationales d'archéologie et d'histoire d'Antibes, Juan-les-Pins, éd. APDCA, 1994, p. 407-424.

Bats 2004 : Bats (M.) – Les colonies massaliètes de Gaule méridionale. *In* : Agusta-Boularot (S.) et Lafon (X.), *Des Ibères aux Vénètes*, Rome, Ecole française de Rome, 2004 (Coll. De l'Ecole française de Rome – 328), p. 51-64.

Bats 1989 : Bats (M.) – Les établissements massaliètes. *In* : Février (P.A.) dir., *La Provence des origines à l'an Mil*, Rennes, 1989, p. 213-222.

Bats 1988 : Bats (M.) – *Vaisselle et alimentation à Olbia de Provence (v.350-v.50 av. J.-C.)Modèles culturels et catégories céramiques*, Paris, éd. du CNRS, 1988, p. 271, pl. 72 (*RAN*, supplément 18).

Benoit 1965 : Benoit (F.) – *Recherches sur l'hellénisation de la Gaule*, Aix-en-Provence, Ophrys, 1965, p. 335 (Publications des Annales de la Faculté des Lettres).

Ducat 1982 : Ducat (J.) – Antipolis et Nikaia. *Ktema*, 7, Strasbourg, 1982, p. 89-99.

Garcia, Marchand 1995 : Garcia (D.) et Marchand (G.) – A propos du faciès céramique d'Agde (Hérault), *Sur les pas des Grecs en Occident, Etudes Massaliètes* 4, Paris-Lattes,1995, p. 99-103.

Garmy, Pey 1981 : Garmy (P.) et Pey (J.) – Deux chenêts zoomorphes découverts au Cailar, Gard. *DocAMérid*, 4, Aix-en-Provence, 1981, p. 185-188.

Girard, Roure à paraître : Girard (B.) et Roure (R.) – Le mobilier métallique du dépôt du Cailar (Gard) : quantification, composition et traces de manipulations destructives. *In* : *Actes de la table ronde internationale de Neuchâtel, 1-3 novembre 2007*, à paraître.

Hermary *et al.* 1999 : Hermary (A.), Hesnard (A.), Treziny (H.) – *Marseille grecque. La cité phocéenne (600-49 av. J.-C.)*, Paris, Errance, 1999, p. 181.

Nickels 1976 : Nickels (A.) et Marchand (G.) – Recherches stratigraphiques ponctuelles à proximité des remparts antiques d'Agde. *Revue Archéologique de Narbonnaise*, IX, 1976, p. 45-62.

Nickels 1982 : Nickels (A.) – Agde grecque. Les recherches récentes. *In : Focei dall'Anatolia all'Oceano. Actes du colloque de Naples 1981*, Naples, 1982 (*La Parola del Passato*, 204-207), p. 123-130.

Pena 2006 : Pena (M.J.) – Fuentes Literarias sobre la colonia griega de Rhode (Iberia). *In* : *La colònia grega de* Rhode (*Roses, Alt Empordà*), Gérone, Musée d'Archéologie de Catalogne, 2006 (série monographique 23), p. 41-52.

Py 2007 : PY (M.) – La question d'Espeyran-Rhodanousia. *In* : *D'Espeyran à Saint-Gilles, de l'Antiquité au Moyen Âge*, Nîmes, Conseil Général du Gard, 2007, p. 33-43 (Archéologies gardoises 4).

Py *et al.* 2006 : PY (M.), Lebeaupin (D.), Séjalon (P.) et Roure (R.) – Les Etrusques et Lattara : nouvelles données. *In* : *Gli Etruschi da Genova ad Ampurias. Atti del XXIV convegno di studi etruschi ed italici*, Marseille-Lattes 2002, Pise – Rome, 2006, 583 - 608

Py, Roure 2002 : Py (M.), Roure (R.), avec la coll. de Alonso Martinez (N.), Bessac (J.C.), Gardeisen (A.), Piquès (G.) – Le Cailar (Gard). Un nouveau comptoir lagunaire protohistorique au confluent du Rhôny et du Vistre. *DocAMérid*, 25, 2002, p. 171-214.

Raynaud 2002 : Raynaud (C.) – Les Virunes, Le Castellas et la localisation de Virinn (AE). Le Cailar (Gard). *In* : Fiches (J.L.) dir., *Les agglomlérations gallo-romaines en Languedoc-Roussillon, II, Monographie d'Archéologie Méditerranéenne* 14, Lattes, 2002, p. 578-581.

Rey 2006 : Rey (T.) – *Dynamiques hydro-sédimentaires de la Petite Camargue à l'Holocène*, Thèse nouveau régime de Géographie Physique, Université Montpellier III – Paul-Valery, 2006, p. 308.

Rouillard 1995 : Rouillard (P.) – *Les emporia* dans la Méditerranée occidentale aux époques archaïque et classique, dans *Les Grecs et l'Occident, Actes du colloque de la villa «Kérylos» (1991)*, coll. de l'Ecole française de Rome, 208, Ecole Française de Rome, Palais Farnèse, 1995, p. 95-108.

Roure *et al.* 2006 : ROURE (R.), avec la collaboration de Duday (H.), Gardeisen (A.), Girard (B.), Lenorzer (S.), Marchand (G.), Piques (G.), Schwaller (M.) – Armes et têtes coupées au Cailar (Gard) : premiers éléments de réflexion sur un dépôt rituel en Gaule méditerranéenne. *In* : *L'âge du Fer dans l'arc jurassien et ses marges (est de la France, Suisse, sud de l'Allemagne). Dépôts, lieux sacrés et territorialité à l'âge du Fer. Actes du XXIXe colloque international de l'AFEAF, Bienne, 5-8 mai 2005*, Besançon, Presses Universitaires de Franche-Comté, 2006, (Annales littéraires ; Série « Environnement, sociétés et archéologie »), p. 653-658.

Roure *et al.* à paraître : Roure (R.), Piques (G.), Leroux (B.) – Le rempart du Cailar. *In* : Les fortifications protohistoriques de Gaule méridionale, dossier des *DocAMérid*, Lattes-Aix-en-Provence, à paraître.

Vella *et al.* 2005 : Vella (C.), Fleury (T.J.), Raccasi (G.), Provansal (M.), Sabatier (F.) et Bourcier (M.) – Evolution of the Rhône delta plain in the Holocene. Marine *Geology*, 2005, p. 235-265.

Voyage en Massalie : *Voyage en Massalie. 100 ans d'archéologie en Gaule du Sud* (Catalogue de l'exposition, Marseille, 19 novembre 1990- 24 février 1991), Marseille, 1990, p. 255.

2. Greci e indigeni ad Eloro

Fabio Copani

I rapporti instauratisi tra Siracusani ed indigeni al momento dell'arrivo dei coloni, non sono stati ancora del tutto chiariti dalla ricerca. Se Tucidide afferma che Archia fondò Siracusa dopo averne scacciato i Siculi (VI, 2, 3), esistono tuttavia diversi indizi che fanno credere ad una primitiva fase di coabitazione delle due etnie. In particolare il suolo di Ortigia ha restituito frammenti di ceramica indigena riferibile alla fase di Finocchito, cioè coeva ai primi tempi della colonizzazione greca, la quale merita tutta la dovuta attenzione degli studiosi (Frasca 1983, p. 598). Risulta quindi probabile che la frattura tra i due gruppi sia avvenuta dopo alcuni anni dall'arrivo dei Greci, i quali forse preferirono commerciare con gli indigeni ed acquisire una maggiore padronanza di luoghi e persone prima di impugnare le armi. Nel complesso i primi decenni di vita siracusana risultano alquanto nebulosi e non ci si può fondare solo sull'autorità di Tucidide per sostenere la tesi dello scontro immediato e violento. Lo storico ateniese infatti trasse le proprie informazioni da Antioco, il quale a sua volta è portavoce di tradizioni attestate soltanto nel V sec. a.C., cioè a tre secoli di distanza dall'arrivo di Archia e dei suoi (Sammartano 1994). Inoltre, a prescindere dalla recenziorità della fonte, dobbiamo tenere presenti le implicazioni ideologiche legate ai rapporti con gli indigeni : è ammissibile che i Gamoroi, discendenti dei primi coloni e rappresentanti di una classe oligarchica chiusa e conservatrice, avessero serbato il ricordo, attraverso i secoli arcaici, di una primitiva convivenza coi "barbari" ? Se anche questa si realizzò, la memoria ufficiale imposta dall'alto dovette fare in modo di cancellarla il prima possibile.

Nel complesso possiamo affermare che i rapporti tra Siracusani ed indigeni divengano per noi abbastanza leggibili a partire dalla distruzione di Monte Finocchito, popoloso centro indigeno posto 35 km ca. a sud-ovest di Siracusa. Tale importante villaggio scompare infatti all'improvviso in un periodo che corrisponde più o meno alla fondazione della colonia siracusana di Acre nel 664 a.C. (Frasca 1981, p. 96). Non può cadere dubbio sul fatto che a quel punto i padroni di Ortigia avessero intrapreso la loro politica di sottomissione violenta e di riduzione in schiavitù delle genti indigene. Numerose fonti ricordano infatti la presenza a Siracusa di un vasto ceto servile il quale, sul modello ilotico, doveva servire alle esigenze della città, della quale costituiva una proprietà inalienabile. Sono i cosiddetti *Kyllyrioi* che, come racconta Erodoto (VII, 155)[1], all'inizio del V sec. a.C. si allearono al *damos* per cacciar via gli aristocratici.

Per quanto riguarda il periodo che va dall'arrivo dei coloni in Ortigia alla distruzione del Finocchito, la situazione presenta, come prima abbiamo accennato, non poche incertezze. Un ruolo importante in questo contesto fu giocato molto probabilmente dal villaggio siculo di Pantalica, sulla scomparsa del quale rimangono tuttora degli interrogativi. Un'altra questione determinante è rappresentata dalla nascita di Eloro, piccola cittadina greca sorta verso la fine dell'VIII sec. a.C. a sud di Siracusa, in prossimità della foce del fiume Tellaro (Copani 2005a).

Le fonti letterarie non ci forniscono alcuna informazione circa le origini della cittadina, ma si limitano a ricordarla come *phrourion* di Siracusa (Aelian., *Hist. An.*, XII, 30), posto tra quest'ultima ed il Capo Pachino (Pseudo-Scyl., 13 ; Ptol., III, 4, 7)[2]. I dati più cospicui provengono invece dalla ricerca archeologica, la quale a partire dagli scavi dell'Orsi del 1899 fino alle campagne di Voza, ha permesso di portare una luce inattesa sulla storia della cittadina, soprattutto di fissarne la nascita in periodo molto arcaico, appunto tra l'VIII ed il VII sec. a.C.[3]

La precoce apparizione di Eloro presuppone da parte siracusana delle preoccupazioni che possiamo definire genericamente territoriali. Tuttavia questo termine può prestarsi ad una molteplicità di spiegazioni, in quanto

1 Esych., *s.v.* Κιλλικύριοι ; Phot. e *Suda, s.v.* Καλλικύριοι ; cfr Timaios, *FrGrHist* 566, F 8.

2 Per una raccolta delle fonti letterarie, v. Ziegler 1912, col. 199 ; Corsaro, Marotta D'Agata 1989, p. 157-158 ; Manganaro 1985, p. 211-212. Le fonti sono state ampiamente discusse anche in Copani 2005a e Copani 2005b.

3 Gli scavi dell'Orsi furono pubblicati postumi all'interno di un lavoro monografico dedicato ad Eloro : Currò *et al.* 1965. V. anche Orsi 1899b. Per quanto riguarda le ricerche successive si vedano soprattutto : Voza 1968-1969, p. 360-362 ; Voza 1970 ; Voza 1973, p. 189-192 ; Voza 1973b, p. 117-126 ; Voza 1976 ; Voza 1980 ; Voza 1980-1981, p. 685-688 ; Voza 1989, p. 159-163 ; Voza, Lanza 1994 ; Voza 1999, p. 113-120.

dietro alle manovre politiche connesse col territorio si possono riconoscere esigenze di tipo diverso. Bisognerà allora interrogarsi sulle ragioni profonde che spinsero i coloni greci ad occupare così presto l'area elorina. La prima spiegazione "territoriale" che può essere chiamata in causa è quella di tipo militare : Eloro si sarebbe cioè trovata in un luogo strategico per la difesa della chora siracusana, e per questo sarebbe stata fondata da Greci che, alla fine dell'VIII sec. a.C., si sarebbero sentiti evidentemente insicuri. Tale era l'opinione di Paolo Orsi, secondo il quale « la piccola fortezza aveva il compito di guardare il valico del fiume, ed il passaggio stradale obbligato in esso, tenendo d'occhio anche il triangolo di terreno Eloro-Pachino-Montagna di Netum tenuto dai Siculi » (Orsi 1965, col. 216). Si può dire che la tesi militare sia stata quella maggiormente accettata dagli studiosi, a volte con delle precisazioni sulle aree da cui sarebbero venuti i rischi per i Siracusani. Così per David Asheri Eloro « fu in origine un avamposto militare, la cui funzione era quella di dominare da un ripido colle la via Elorina e isolare il centro siculo di Finocchito » (Asheri 1979, p. 119). Ai pericoli provenienti dal villaggio di Finocchito pensa anche Erik Sjöqvist (Sjöqvist 1973, p. 37), mentre per Eugenio Manni (1990, p. 84) il piccolo centro greco costituì una tappa dell' « accerchiamento dei Siculi abitanti nella zona meridionale degli Iblei »

Prima di procedere oltre, possiamo subito interrogarci sulla posizione del colle elorino e sulla sua eventuale vocazione alla difesa militare. A tal proposito la ricerca topografica permette di stabilire un dato importante, cioè che il guado del fiume Tellaro più vicino alla costa, era localizzato a circa due chilometri e mezzo nell'entroterra, dove avevano fine i vasti impaludameti della foce. Numerosi sono gli indizi che consentono di giungere a questa conclusione, tra i quali mette conto di ricordare, oltre all'importante testimonianza di Tommaso Fazello, l'esistenza nel luogo in questione di una villa romana, la quale dovette sorgere in prossimità di un importante nodo delle comunicazioni[4]. In questo modo viene a cadere la tesi di Eloro come *phrourion* posto a guardia di un guado. Per quanto riguarda invece l'eventuale difesa contro i Siculi del Finocchito, essa in linea di principio non può essere esclusa, almeno per il momento, anche se lo studio approfondito di Massimo Frasca sugli indigeni di quel monte ha dimostrato come i rapporti tra i suoi abitanti ed i Greci non furono affatto ostili, almeno fino alla fondazione di Acre (Frasca 1981, p. 96).

Ritornando alle preoccupazioni territoriali che dovettero giustificare la nascita di Eloro, oltre a quelle di carattere militare bisogna prendere in considerazione anche possibili esigenze agricole. Eloro si trovava in effetti al margine meridionale della fertile fascia costiera compresa tra i fiumi Cassibile e Tellaro, e non si può escludere che i coloni siracusani si siano spostati sul colle della cittadina proprio per sfruttarne le risorse terriere. Del resto qualcosa del tutto simile avvenne per un'altra fondazione siceliota, quella di Mylai, occupata dagli Zanclei già sul finire dell'VIII secolo proprio per cercare nuovi campi da coltivare. Tuttavia tale analogia, richiamata da George Vallet (1990, p. 69-70), non deve essere esagerata, dal momento che i coloni condotti da Archia avevano nella piana compresa tra Ortigia ed il Cassibile un terreno più che bastevole ai bisogni di tutti.

Resta infine da considerare l'ultima delle connotazioni territoriali che si possono attribuire ad Eloro, cioè la sua funzione di confine della *chora* siracusana. In effetti la cittadina sorse alla foce del Tellaro, il quale non solo presentava i vantaggi di ogni grande corso d'acqua (risorse idriche, possibilità di penetrazione nell'entroterra, foce portuale) ma costituiva anche un elemento determinante del paesaggio, che facilmente poteva essere scelto come linea di confine. Si capisce dunque come i Siracusani videro in quel fiume, l'ultimo dei grandi corsi d'acqua della Sicilia orientale, l'opportunità di definire a proprio vantaggio i limiti meridionali del proprio stato. Lascia peraltro perplessi la distanza non irrisoria (più di trenta chilometri) che separa la metropoli dalla sua fondazione : è possibile che i coloni venuti dalla Grecia, già durante la loro prima generazione, abbiano percepito come confine del proprio territorio un punto tanto lontano ? Risulta difficile credere che già allora i lotti dei cittadini si fossero spinti senza soluzione di continuità fino ad Eloro. Piuttosto mi sembra più verosimile che i Siracusani vollero stabilire gli ampi limiti della propria chora quando ancora questa non poteva essere integralmente occupata dalle loro proprietà. Si sarebbe trattato insomma dell'appropriazione di un'area che presentava innegabili vantaggi geografici e che solo gradualmente si sarebbe congiunta al resto del territorio siracusano.

Se è giusta l'ipotesi appena formulata, se cioè le preoccupazioni territoriali dei Siracusani furono quelle di definire al più presto i confini della loro regione, rimane comunque da spiegare proprio l'apprensione con la quale quei Greci si mossero. Eloro infatti, essendo sorta alla fine dell'VIII sec., dovette essere abitata in principio dai figli dei primi coloni venuti dalla Grecia, i quali dunque considerarono tale fondazione un'urgenza primaria. Spostare dalla metropoli parte della cittadinanza, allora ancora poco numerosa, non dovette essere una scelta semplice e se ciò accadde bisogna pensare che i coloni furono spinti non già da una generica ambizione territoriale, la quale poteva attendere e, semmai,

4 Per una discussione dei problemi topografici, v. Copani 2005b.

Fig. 507. La Sicilia Sud-Orientale.

crescere insieme alla prosperità della *polis*, bensì da una reale e contingente esigenza politica. I Siracusani dovettero cioè avvertire un qualche pericolo circa il possesso della parte meridionale del loro territorio. Ma a questo punto è inevitabile chiedersi da chi potesse giungere un simile rischio : erano forse i Siculi che rivendicavano la proprietà di quelle terre ? Come si vede in questo modo torniamo ad imbatterci nel problema dei rapporti con gli indigeni, cosicché l'interpretazione di Eloro come fondazione posta a custodia dei confini viene a confondersi con una sua lettura in chiave militare.

A venirci in soccorso è ora l'archeologia, la quale a proposito delle relazioni tra Siculi e Greci fornisce un elemento determinante, il quale tuttavia è finora sfuggito all'attenzione degli studiosi. Mi riferisco ai risultati di alcuni saggi stratigrafici effettuati ad Eloro da Elio Militello e Giuseppe Voza. Il primo ci informa che a contatto con la roccia furono rinvenuti « frammenti di vasi locali ispirantisi ai prototipi geometrici greci » ; tale strato di ceramica è particolarmente significativo, poiché « si trova sotto gli strati contenenti materiale protocorinzio, sia originale che d'imitazione. Ciò può significare che la colonizzazione vera e propria sia stata preceduta di poco da uno stanziamento di indigeni aventi rapporti di dipendenza con Siracusa o Megara, e agenti forse dietro espressa volontà di una di queste città, la quale successivamente consolidò ed incrementò con elementi propri il primo nucleo di colonizzatori » (Militello 1965, col. 299-302). A questi dati bisogna aggiungere quelli forniti da Voza, il quale a proposito di « frammenti protocorinzi provenienti dai livelli arcaici » specifica che « è da acclarare se questa documentazione rinvenuta in un contesto ricco di ceramica di imitazione, significhi colonizzazione vera e propria o contatto di un mondo indigeno con un vicino centro coloniale greco che è da ravvisare senz'altro in Siracusa » (Voza 1970, p. 298-299). Come si capisce queste informazioni sulla ceramica sono di fondamentale importanza nell'ambito della nostra ricerca e meritano un'adeguata riflessione. Quest'ultima tuttavia non può prendere le mosse se non da un confronto del villaggio elorino con ciò che sappiamo degli altri centri indigeni della regione.

L'aspetto degli abitati siculi compresi nella zona tra i fiumi Cassibile e Tellaro presenta in epoca protostorica caratteristiche assai omogenee, specie per quanto riguarda l'importante questione dei rapporti coi Greci. Oltre al modesto centro di Cassibile, che era stato assai fiorente nei secoli precedenti la colonizzazione ellenica e che probabilmente non si era mai del tutto estinto[5], risultano testimoniati i villaggi di Avola Vecchia[6], Noto Antica[7], Tremenzano[8] e Monte Finocchito[9], tutti posti nell'entroterra montagnoso. Si tratta di abitati indigeni preesistenti alla venuta dei Greci, come testimonia la fase archeologica di Pantalica Sud accertata in ciascuno di essi, che continuarono a vivere per alcuni decenni anche dopo lo stanziamento dei coloni, coi quali commerciarono ed ebbero relazioni. Il più interessante di questi villaggi è senz'altro quello di Monte Finocchito, dove si assiste, sul volgere dell'VIII secolo, ad un improvviso aumento della popolazione, dovuto evidentemente ad un afflusso di genti provenienti da borgate vicine. Rifugiandosi sulla cima di quella montagna gli indigeni tentarono probabilmente di ridurre la propria dispersione dinnanzi ai potenti Siracusani, senza tuttavia rinunciare, come sottolinea Massimo Frasca, ad un contatto almeno commerciale coi coloni ellenici (Frasca 1981, p. 96).

Se ora torniamo al villaggio di Eloro, possiamo notare subito alcuni elementi importanti ed anzitutto che qui, a differenza degli altri centri della zona, non è testimoniata una fase indigena antecedente all'arrivo dei Greci. Tale fatto ha una grande rilevanza poiché non si può credere che in un momento in cui i Siculi si ammassavano sui monti e compivano una sorta di sinecismo al Finocchito, un loro gruppo sparuto ed isolato abbia deciso di sistemarsi alla foce del Tellaro. Da ciò ricaviamo la conclusione, già suggerita da Militello, che gli indigeni si spostarono ad Eloro non per loro scelta, ma ubbidendo alla volontà di Siracusa. A sua volta da questa conclusione deriva una serie di conseguenze importanti nell'ambito del discorso da cui eravamo partiti : in primo luogo bisogna escludere che dietro la politica territoriale siracusana vi sia la volontà di combattere i Siculi, dal momento che solo una scelta scellerata avrebbe suggerito di inviare un gruppo di indigeni per far fronte alle incursioni di altri indigeni. Se ciò è vero, rimane confermata la tesi che l'occupazione di Eloro non nasconda alcun fine militare, ma sia stata sancita per fissare il confine meridionale della chora siracusana. Tuttavia l'invio preventivo dei Siculi, quando evidentemente i Siracusani non erano ancora in grado di rinunciare a parte della propria cittadinanza, accresce ancor di più l'impressione di un affanno strategico, per cui Archia ed i suoi cercarono in tutti i modi di impossessarsi il prima possibile del colle elorino. Ma se i competitori dei Siracusani non furono gli indigeni, a chi dobbiamo pensare ? La domanda sembrerebbe aporistica visto che in quel momento nella cuspide sud orientale della Sicilia non vi erano altri agenti storici, ma in realtà forse la risposta può essere trovata pensando alle caratteristiche ambientali della regione elorina : qui si aveva un colle proteso nel mare, in prossimità della foce di un grande corso d'acqua e soprattutto vicino ad una vasta e fertile pianura. Queste erano condizioni ideali per permettere l'impianto e lo sviluppo di una polis e probabilmente il timore dei Siracusani fu appunto quello che altri Greci, attratti dalle favorevoli condizioni del luogo, avessero potuto eleggere Eloro come sede della loro apoikia.

Per quanto riguarda i rapporti tra Siracusani e genti locali nel primo arcaismo, si può dire che il quadro ricostruito ad Eloro aiuti a specificarne meglio le peculiarità. Nel complesso sembra che debbano essere attenuate le ambasce greche circa i pericoli provenienti dagli indigeni. Forse per la loro arretratezza sociale o forse per la loro inferiorità tecnologica, i Siculi non dovettero costituire una seria preoccupazione per i Greci. Del resto anche per la scomparsa del villaggio di Monte Finocchito, è opportuno pensare che non si sia trattato di un'aggressione contro un nemico ostinato, ma piuttosto della volontà di rintracciare nuova manodopera servile, resasi necessaria per le fondazioni di Acre e Casmene.

5 Bernabò Brea 1987 ; Pelagatti 1978, p. 111-112.

6 Orsi 1899a ; Bacci 1994 ; Albanese, Marotta D'Agata 1984 ; Albanese 1978.

7 Orsi 1894b ; Orsi 1897a ; Bernabò Brea 1958, p. 166 ; Marotta D'Agata, Arcifa, La Rosa 1993.

8 Orsi 1892 ; Bernabò Brea 1958, p. 166.

9 Orsi 1894a ; Orsi 1896 ; Orsi 1897b ; Bernabò Brea 1958, p. 165-166 ; Frasca 1992 ; Frasca 1981.

BIBLIOGRAFIA

Albanese 1978 : ALBANESE (R.M.) – Avola. *SE*, 47, 1978, p. 569-571.

Albanese, Marotta D'Agata 1984 : ALBANESE (R.M.), MAROTTA D'AGATA (A.R.) – Avola. *In* : *BTCGI*, III, 1984, p. 345-351.

Asheri 1979 : ASHERI (D.) – La colonizzazione greca. *In* : Gabba (E.), Vallet (G.) dir., *La Sicilia antica*. Napoli, 1979, I, 1, pp. 89-142.

Bacci 1994 : BACCI (G.M.) – Avola. *In* : *Enciclopedia dell'Arte Antica Classica e Orientale, Sec. Suppl.* Roma, 1970, I, p. 574-575.

Bernabò Brea 1958 : BERNABÒ BREA (L.) – *La Sicilia prima dei Greci*. Milano, 1958.

Bernabò Brea 1987 : BERNABÒ BREA (L.) – Cassibile. *In* : *BTCGI*, V, 1987, p. 45-53.

BTCGI : NENCI (G.), VALLET (G.) dir. – *Bibliografia topografica della colonizzazione greca in Italia e nelle isole tirreniche*, Pisa – Roma.

Copani 2005a : COPANI (F.) – Alle origini di Eloro. L'espansione meridionale di Siracusa arcaica. *ACME*, 58, 2005, p. 245-263.

Copani 2005b : COPANI (F.) – Paesaggio ed organizzazione del territorio nella colonia siracusana di Eloro. *ASAA*, 83, 2005, p. 265-286.

Corsaro, Marotta D'Agata 1989 : CORSARO (M.), MAROTTA D'AGATA (A.R.) – Eloro. A. Fonti letterarie, epigrafiche e numismatiche. *In* : *BTCGI*, 1989, VII, p. 157-158.

Currò *et al.* 1965 : CURRÒ (M.T.), ORSI (P.), MILITELLO (E.), PISCIONE (V.) – Eloro. *MonAL*, 47, 1965, col. 203-340.

Frasca 1981 : FRASCA (M.) – La necropoli di Monte Finocchito. *Cron*

Arch, 20, 1981, p. 13-97.

Frasca 1983 : FRASCA (M.) – Una nuova capanna "sicula" a Siracusa, in Ortigia: tipologia dei materiali. MEFRA, 95, 1983, p. 565-598.

Frasca 1992 : FRASCA (M.) – Monte Finocchito. *In* : NENCI (G.), VALLET (G.) dir., Bibliografia topografica della colonizzazione greca in Italia e nelle isole tirreniche, Pisa – Roma, 1992, X, p. 342-347.

Manganaro 1985 : MANGANARO (G.) – Eloro. *In* : *Enciclopedia Virgiliana*, Roma, 1985, II, p. 211-212.

Manni 1990 : MANNI (E.) – Greci in Sicilia fra l'VIII e il VI secolo. *In* : *Id.*, Σικελικὰ καὶ ᾿Ιταλικά. *Scritti minori di storia antica della Sicilia e dell'Italia meridionale*. Roma, 1990, p. 79-96.

Marotta D'Agata, Arcifa, La Rosa 1993 : MAROTTA D'AGATA (A.R.), ARCIFA (L.), LA ROSA (V.) – Noto. *In* : *BTCGI*, XII, 1993, p. 409-417.

Militello 1965 : MILITELLO (E.) – Relazione degli scavi del 1958-59. *In* : Curró (M.T.), Orsi (P.), Militello (E.), Piscione (V.) – Eloro. *MonAL*, 47, 1965, col. 299-335.

Orsi 1892 : ORSI (P.) – Il sepolcreto di Tremenzano. *BPI*, 18, 1892, p. 84-94.

Orsi 1894a : ORSI (P.) – La necropoli sicula del terzo periodo al Finocchito presso Noto (Siracusa). *BPI*, 20, 1894, p. 23-71.

Orsi 1894b : ORSI (P.) – Noto. Sepolcreti siculi riconosciuti presso Noto Vecchio. *NSA* ,1894, p. 152-153.

Orsi 1896 : ORSI (P.) – Noto. Necropoli sicula di Monte Finocchito. *NSA*, 1896, p. 242-243.

Orsi 1897a : ORSI (P.) – Noto Vecchio (Netum). Esplorazioni archeologiche. *NSA*, 1897, p. 69-90.

Orsi 1897b: ORSI (P.) – Nuove esplorazioni nella necropoli sicula del Monte Finocchito presso Noto. *BPI*, 23, 1897, p. 157-197.

Orsi 1899a : ORSI (P.) – Avola. Sepolcri siculi e catacombe cristiane. *NSA*, 1899, p. 69-70.

Orsi 1899b : ORSI (P.) – Eloro. Ubicazione di questa antica città sulla sinistra del Tellaro nel comune di Noto. *NSA*, 1899, p. 241-244.

Sammartano 1994 : SAMMARTANO (R.) – Tradizioni ecistiche e rapporti greco-siculi : le fondazioni di Leontini e di Megara Hyblaea. *Seia*, 11, 1994, p. 47-93.

Sjöqvist 1973 : SJÖQVIST (E.) – *Sicily and the Greeks*. Ann Arbor, 1973.

Vallet 1990 : VALLET (G.) – *Sicilia greca*. Palermo-Siracusa, 1990.

Voza 1968-1969 : VOZA (G.) – L'attività della Soprintendenza alle Antichità della Sicilia Orientale fra il 1965 e il 1968. *Kokalos*, 14-15, 1968-1969, p. 360-362.

Voza 1970 : VOZA (G.) – Eloro. *In* : *Enciclopedia dell'Arte Antica Classica e Orientale, Suppl.*, Roma, 1970, p. 297-301.

Voza 1973a : VOZA (G.) – Attività della Soprintendenza alle Antichità per la Sicilia Orientale. Kokalos, 18-19, 1972-1973, p. 189-192.

Voza 1973b : VOZA (G.) – Eloro. *In* : Pelagatti (P.), Voza (G.) dir., *Archeologia nella Sicilia sud-orientale*, Siracusa, 1973, p. 117-126.

Voza 1976 : VOZA (G.) – Heloros. *In* : *The Princeton Encyclopaedia of classical sites*, Princeton, 1976, p. 382-383.

Voza 1980 : VOZA (G.) – Eloro. *In* : Gabba (E.), Vallet (G.) dir., *La Sicilia antica*, Napoli, 1980, I, 3, p. 545-553.

Voza 1980-1981 : VOZA (G.) – L'attività della Soprintendenza alle Antichità della Sicilia Orientale. *Kokalos*, 26-27, 1980-1981, II, 1, p. 685-688.

Voza 1989 : VOZA (G.) – Eloro. B. Storia della ricerca archeologica. *In* : *BTCGI*, VII, 1989, p. 159-163.

Voza, Lanza 1994 : VOZA (G.), LANZA (M.T.) – Eloro. *In* : *Enciclopedia dell'Arte Antica Classica e Orientale, Sec. Suppl.*, Roma, 1994, II, p. 462-463.

Voza 1999 : VOZA (G.) – *Nel segno dell'antico. Archeologia nel territorio di Siracusa*. Palermo, 1999, p. 113-120.

Ziegler 1912 : ZIEGLER (K.) – Heloros. *In* : *Real-Encyclopädie der classischen altertumswissenschaft*, Stuttgart 1912, VIII, col. 199-200, 199.

3. Monte San Mauro di Caltagirone : Histoire des interprétations d'un site du premier âge du Fer

Laurence Mercuri

La migration des Grecs à partir du VIIIe s. a donné naissance dans l'analyse historique qu'on peut en faire aujourd'hui à une terminologie variée en vue de traduire les changements qu'entraînent, pour les composantes culturelles des populations, les contacts entre les communautés. Ainsi, l'expression « établissement indigène » tend-elle à désigner un établissement dont la population est indigène et le pouvoir entre les mains de tout ou partie de cette communauté ; après l'installation des migrants grecs, certaines de ces communautés indigènes autonomes deviennent des communautés « indigènes hellénisées », « gréco-indigènes », ou « gréco-sicules » pour la Sicile orientale. Ces expressions sont assez troublantes car on est en droit de se demander quelle dose d'indigène et quelle dose de grec elles peuvent bien impliquer et de quel côté penche la balance. On voit bien qu'en réalité cette terminologie reflète des présupposés et l'embarras dans lequel on se trouve pour définir culturellement et politiquement des communautés vivant dans des zones de migration grecque et pour évaluer le degré des mutations culturelles entraînées par les nouveaux contacts. Ces difficultés sont d'autant plus grandes que l'interprétation des contextes archéologiques est dépendante du vieux schéma intellectuel Grecs / non-Grecs, c'est-à-dire d'une perception antagoniste des situations.

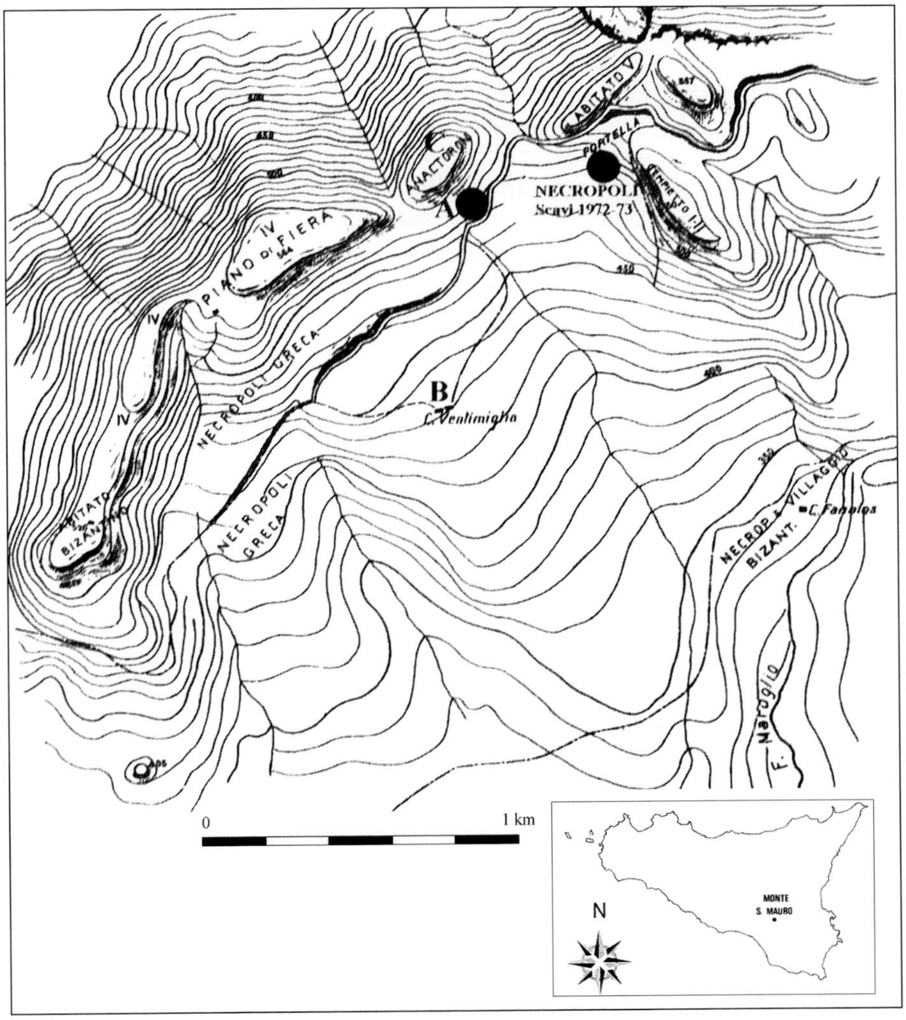

Fig. 508. Plan général de Monte San Mauro (d'après Orsi 1910, tab. I et Frasca 2001, fig. 1).

Dans ce domaine, le site de Monte San Mauro di Caltagirone est un cas emblématique. Monte San Mauro est situé dans le sud-est de la Sicile, à 30 km de la mer et à 500 m d'altitude dans le massif des Hérei. Le site est composé d'un ensemble de cinq collines attenantes et ouvertes en hémicycle – pour reprendre l'image de P. Orsi – vers le sud et vers les autres collines qui s'étagent en pente douce jusqu'au littoral de Géla, aisément accessible par les vallées du Maroglio et du Géla. (**fig. 508**) Monte San Mauro est aussi relié à la mer Ionienne, quoique moins directement et moyennant un trajet de 70 km, par les vallées du Maroglio, du Caltagirone et du Simeto qui rejoint la mer à la hauteur de Léontinoi. Cette position géographique sur une ligne de partage des eaux, ainsi que certaines données

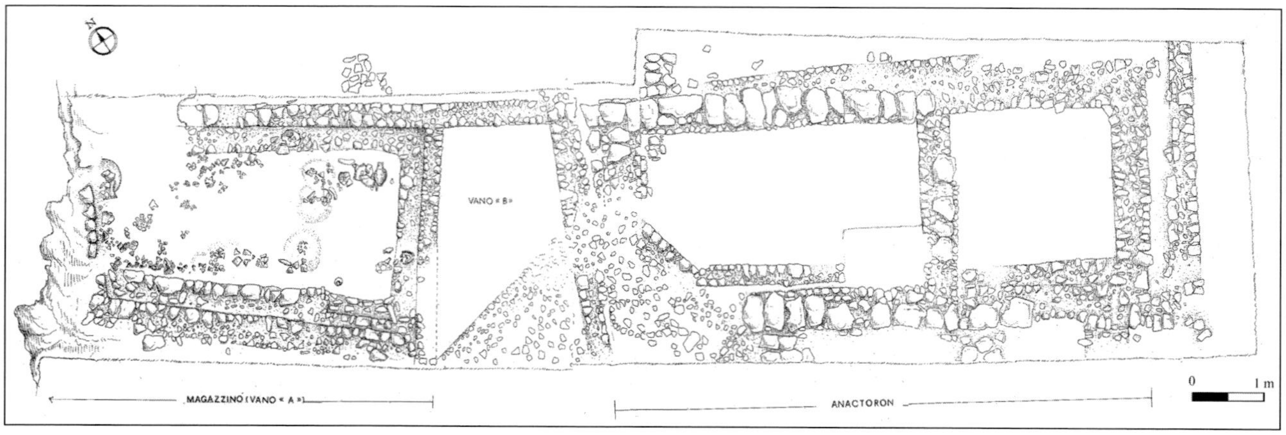

Fig. 509. Planimétrie de « l'anaktoron » (d'après Spigo 1984/5, tab. CCX).

matérielles sur lesquelles nous reviendrons, ont conduit à faire de Monte San Mauro un site de frontière, au carrefour de deux aires culturelles, la zone rhodio-crétoise de Géla et la zone eubéenne de Léontinoi.

L'histoire scientifique du site de l'âge du Fer débute en 1903 avec P. Orsi (Orsi 1912). L'ensemble des investigations, depuis cette date, a permis la mise au jour de secteurs d'habitat, de contextes cultuels et de noyaux de nécropoles[1].

Si l'on n'a jamais nié l'existence d'une communauté indigène à San Mauro pour l'âge du Bronze, la question a toujours été de savoir si cette communauté se maintenait encore au VIe s. et, si oui, dans quelle proportion, aux côtés d'une composante grecque. Le débat, rendu délicat par l'absence d'une ample publication des contextes, s'est ainsi cristallisé autour de certains dossiers – l'architecture et les techniques de construction, le funéraire, les productions artisanales, l'épigraphie, l'identification toponymique du site – dans lesquels les éléments indigènes et grecs ont été inversement valorisés en fonction de la thèse ethnique soutenue.

1. Le dossier « habitat et architecture »

L'architecture, considérée presque dans son ensemble comme relevant de modèles grecs (plan, techniques de construction, terres cuites), n'a guère fait l'objet de discussion en-dehors de l'*anaktoron* et de l'édifice à abside.

1.1. L'*anaktoron*

La découverte en deux temps de cet édifice, à presqu'un siècle de distance, a conditionné l'histoire des interprétations. P. Orsi, en effet, avait mis au jour un bâtiment retangulaire composé de deux pièces, qu'il datait du début du VIIIe s. et qu'il jugeait encore en usage à l'arrivée des Grecs à la fin du VIIe s. (**fig. 509**). Les fouilles d'U. Spigo en 1978 ont révélé deux pièces supplémentaires à l'ouest, dans le prolongement du bâtiment rectangulaire, avec cette particularité que la pièce la plus occidentale contenait une très grande quantité de matériel domestique et de stockage, distribué au sol et sur la longue banquette murale : fusaïoles, poids de tisserands, meules en pierre, éléments de foyer, *pithoi* et céramique indigène (amphores et oenochoés à décor géométrique, *scodelloni*), amphores commerciales d'importation (amphores attiques SOS de la fin du VIIe s., amphores « à la brosse », amphores de Lesbos).

La discussion s'est concentrée sur la nature et la fonction de l'édifice dont l'histoire des interprétations a été liée à sa topographie, au sommet du *colle* 3, à son architecture et aux tablettes de bronze inscrites qu'on y a découvertes : lieu de pouvoir (selon P. Orsi, la résidence du chef indigène jusqu'à l'arrivée des Grecs à la fin du VIIe s.) ; lieu sacré (depuis D. Adamesteanu, qui y voyait un sanctuaire indigène de la fin du VIIe s., dans la sphère culturelle de Géla) ; lieu (plutôt grec) de nature mal définie (sacrée ? profane ?) mais contribuant à la production et à la redistribution de denrées et d'objets manufacturés (depuis les fouilles d'U. Spigo en 1978). La découverte des deux pièces occidentales a en effet incontestablement enrichi le dossier mais laisse ouvertes les questions que posait déjà P. Orsi à propos de la chronologie et la fonction du complexe :

– du point de vue chronologique, la stratigraphie exacte des structures n'a pas été clarifiée, ni leur datation relative, même si on tend à considérer les quatre pièces comme contemporaines. Le rapport entre le matériel indigène et le matériel grec n'est pas non plus clair car on ne dispose pas à l'heure actuelle de chronologie fiable de la céramique indigène. Pour prendre un exemple,

1 D. Adamesteanu (fouilles 1955) ; P. Pelagatti (1970-1977) ; G. M. Bacci (1978) ; U. Spigo (1979-1983) ; depuis, interventions régulières de la Soprintendenza BB.CC.AA. di Catania.

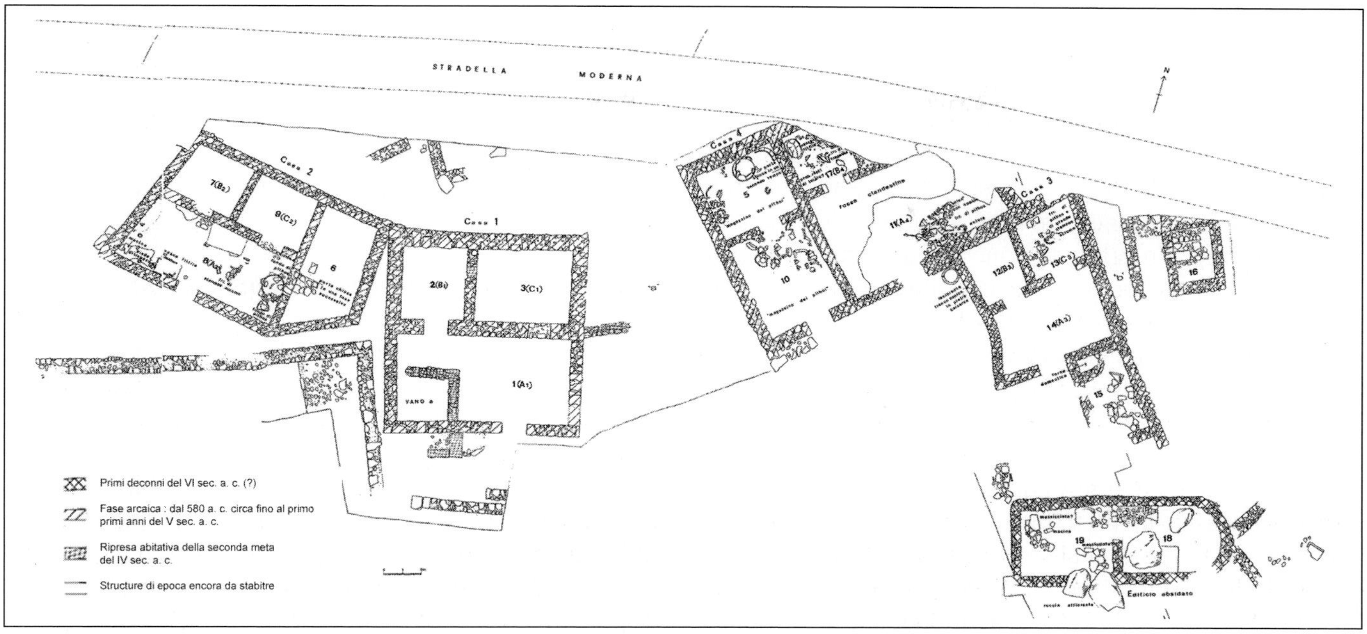

Fig. 510. Planimétrie de la zone de l'édifice à abside (d'après Spigo 1980, fig. 2).

le type de l'amphore indigène à corps globulaire légèrement rétrécie à la base est datée sur trois quarts de siècle, entre le troisième quart du VIIe s. (Spigo 1986, tab. VII, fig. 6.) et l'extrême fin du VIIe s. ou le début du VIe s. (Albanese 1991, p. 99). Le choix de l'une ou de l'autre date est conditionné par l'hypothèse de départ qu'on choisit pour l'interprétation générale du site : la date basse, si on admet une cohabitation indigènes/Grecs ; la date haute, si on veut au contraire étayer la thèse de l'installation violente des Grecs et de la rupture radicale entre la phase protohistorique et la phase ultérieure.

– en ce qui concerne la fonction du complexe, rien n'est tranché non plus. 1) P. Orsi, qui ne connaissait que la partie orientale, était impressionné par son architecture maçonnée et massive, très différente des cabanes de la même période, c'est pourquoi il l'identifie avec la résidence du chef de la communauté protohistorique de San Mauro. 2) Dans les années 60, on a développé l'hypothèse du *naiskos*, qui, depuis D. Adamesteanu, est régulièrement reprise. Celle-ci est conditionnée par la topographie de l'édifice, en position dominante, au sommet de la colline, ce qui a conduit également à lui attribuer des terres cuites architecturales de style géloen, découvertes sur les pentes, en contrebas. Il s'agirait donc d'un sanctuaire indigène de la fin du VIIe s., en ce temps-là dans la sphère culturelle de Géla. 3) Enfin, la recherche récente, plus attentive à l'étude des espaces artisanaux et aux entrepôts, a proposé une interprétation profane du complexe sur la base du matériel domestique et de stockage découvert en 1978. On est d'autant mieux disposé à y voir un espace de travail que l'on a découvert des contextes semblables dans le quartier d'habitation situé plus bas, sur les pentes de la colline. L'édifice 4, en effet, a livré les restes de douze *pithoi* de type corinthien (à bord saillant et large) et indigène (*a fiabelli*), dont certains conservaient encore de l'orge. Ce volume de stockage semblant excéder les besoins d'une famille, on a donc proposé de l'attribuer non pas à une maison privée mais à un magasin public en rapport avec des activités commerciales. L'édifice 2, dit « casa delle arule », a reçu une interprétation comparable : la dizaine d'autels portatifs qu'il renfermait paraît le désigner en effet comme un lieu de fabrication ou, tout du moins, comme un lieu de stockage et de vente. Ainsi, ces trois constructions formeraient-elles un complexe et se rattacheraient-elles à des activités de production et de commerce, concourant donc à faire de Monte San Mauro un centre économique dynamique[2] mais dont la qualité grecque ou indigène n'est plus aussi tranchée que dans les deux premières propositions.

1.2. L'édifice à abside « de type grec »

L'édifice à abside, comme les deux édifices 2 et 4, appartiennent à un ensemble, situé dans le quartier inférieur de la colline, dont la fouille extensive a marqué un tournant dans l'histoire des interprétations du site parce qu'ils ont été rapportés en bloc aux modèles grecs, qu'il s'agisse des techniques de construction (fondation et élévation en pierre) ou des structures (deux ou trois

2 Spigo 1986 ; Albanese 1997 et 1997a ; Greco 1999.

pièces ouvertes vers le sud, sur une cour rectangulaire, parfois couverte) (**fig. 510**).

Sur le plan de l'histoire des interprétations, l'édifice à abside est particulièrement éclairant car il rappelle à bien des égards l'évolution de la recherche sur les maisons à abside de La Monédière à Bessan[3] : en Sicile comme dans le sud de la France, la thèse grecque s'oppose à la thèse indigène. En effet, en fonction des comparaisons invoquées (plans grecs de la période géométrique ou plans indigènes de la fin de l'âge du Bronze), cet édifice oscille entre l'interprétation grecque (U. Spigo) et l'interprétation indigène (R.M. Albanese Procelli). En faveur de la première thèse, U. Spigo, comme A. Nickels pour Bessan, attribue une origine grecque au plan à abside et voit là la preuve de la refondation de Monte San Mauro par des Grecs à la fin du VIIe s. Il se réfère à des exemples tirés du monde grec occidental : au quartier Mezzavia de Pithécusses, daté vers 725 ; à une maison du VIe s. à Himère. D'autres proviennent du monde indigène hellénisé : deux édifices cultuels du VIIe s. à Morgantina ; les maisons de La Monédière à Bessan[4].

On fera deux remarques sur cette thèse. On rappellera que le plan à abside sort de l'usage grec à la fin de la période géométrique et que sa réactivation un siècle plus tard ne va donc pas de soi. Par ailleurs, il n'est pas attesté en Grèce d'Occident pendant la période archaïque sauf à Himère ; or, on sait qu'à Himère, la recherche actuelle met progressivement en évidence la forte composante indigène tant sur le territoire que dans la ville (Vassallo, dans ce vol., p. 41-54 ; Allegro, dans ce vol., p. 511-519). Cette réalité a sans doute contribué ces dernières années à valoriser les typologies indigènes comme cela s'est produit dans le sud de la France où on a démontré que le plan à abside préexistait à l'installation des Grecs et était connu à la fin de l'âge du Bronze (Dedet 1990). En Sicile, U. Spigo avait remarqué que ce type de plan était employé en milieu indigène dès l'âge du Bronze, à Thapsos par exemple, mais il passe au second rang cet aspect au profit de l'hypothèse d'un emprunt au monde grec (Spigo 1986, p. 10-13). En 2003, R. M. Albanese Procelli souligne au contraire la continuité de la typologie protohistorique depuis l'âge du Bronze jusqu'au VIe s., se référant à la « cabane » ellipsoïdale des VIIe-VIe s. de Monte San Giuliano, au nord de Caltanissetta et à l'édifice à abside de la première moitié du VIe s. à Castiglione di Ragusa (Albanese 2003, p. 154). Le plan à abside est bien attesté à partir du Xe s. dans d'autres régions italiennes (Messapie, Daunie, Latium), mais, dans ce cas, la thèse diffusionniste l'emporte dans la bibliographie qui attribue aux Mycéniens la transmission du plan à abside en Méditerranée (Russo 1992, p. 28-34). Nous voilà donc revenus à la thèse hellénocentrique.

2. Le dossier des nécropoles

Les pratiques funéraires, on le sait, sont l'objet d'un conservatisme marqué qui les rend particulièrement utiles dans la définition des identités ethniques. En cela, les nécropoles de San Mauro ont toujours été considérées comme « purement grecques ». Malgré la publication partielle des contextes – soixante-deux tombes, soit un 1/5e des trois cents mises au jour[5] –, la bibliographie souligne, depuis P. Orsi, le caractère culturel « grec homogène » des nécropoles de San Mauro. Et l'on peut facilement en lister les caractéristiques : l'architecture funéraire est grecque et conforme à ce qu'on trouve dans les *poleis* du littoral : tombes à fosse et contre-fosse, tombes à coffrage en appareil isodome, sarcophages monolithiques, tombes *alla cappuccina*. Les pratiques sont grecques : enfants inhumés dans des conteneurs grecs (*pithoi* de type géloen [Orsi 1912, t. 5], amphores commerciales [*ibid.*, t. 6, 11, 12, 19, 28, 45], hydries) ; incinérations primaires dans des tombes à fosse, incinérations secondaires recueillies dans des vases cinéraires.

Cette « uniformité » est paradoxalement apparue comme renforcée et confirmée par l'observation d'anomalies et de pratiques divergentes : des inhumations d'enfants dans des conteneurs indigènes (des *pithoi a fiabelli* produits dans les sites indigènes de l'arrière-pays de Géla[6] ou bien marmites d'*impasto* [fouilles 1976]) ; des tombes rudimentaires (inhumations à même la terre (Orsi 1912, t. 27, 32), tombes à fosse creusées directement dans la roche et utilisant des pierres taillées grossièrement en guise de couverture [*ibid.*, t. 20, 29, 34, 54]) ; un squelette en position contractée a été observé (Bacci 1978, p. 585-586), ainsi qu'un mobilier strictement indigène, composé de céramique à décor incisé et d'une jatte monoansée (*scodellone*) (Orsi 1912, t. 20). Ces données ont été traduites en termes ethniques et sociaux, un mobilier indigène et une architecture rudimentaire étant considérés comme les indicateurs de la présence d'indigènes de statut social inférieur.

De ces données, on a voulu tirer des conclusions :

3 Nickels 1976 et 1989 ; Dedet 1990.

4 Spigo 1980, p. 148. Cf. Ridgway (D.), *L'aube de la Grande Grèce*, Naples 1992, p. 43-44 (Pithécusses) ; Allen (H. L.). – Per una definizione della facies preistorica di Morgantina. *Kokalos* 1972-1973, tab. XXIV, 1 ; Nickels 1976 (Bessan) ; O. Belvedere. *Cronache di archeologia* 19, 1980, p. 51-61 (Himère). Sur les maisons à abside, on se reportera également à Garcia, Tréziny, dans ce vol., p. 371-378.

5 Dans l'attente de la publication exhaustive par M. Frasca, cf. Frasca 2001.

6 Orsi 1912 : tombes 4, 13. Nécropole nord-orientale, fouilles 1970 et 1973.

c'est le cas de P. Orsi qui raisonnait sur cinquante-huit contextes dont trente avaient été violés, c'est aussi le cas récemment de M. Frasca qui considère San Mauro comme un « centro fondato ed abitato da Greci », où « la componente indigena, se presente, lo è nè più nè meno come nelle altre fondazioni coloniali greche » (Frasca 2001, p. 21). Or, de telles conclusions ne peuvent tirer leur validité que de statistiques scrupuleusement élaborées, ce qu'interdit actuellement la publication partielle des contextes.

3. Le dossier épigraphique

Le débat sur San Mauro serait peut-être plus serein et moins embrouillé si Orsi n'avait pas découvert dans « l'*anaktoron* » les fameuses tablettes de bronze inscrites en dialecte eubéen datées de la seconde moitié du VIe s.[7] Le dossier est d'autant plus compliqué que la stratigraphie précise du contexte n'est pas connue, que l'on s'accorde à voir dans ces textes la transcription d'une loi sur les homicides en relation avec la législation pénale de Charondas de Catane (Cordano 1978) et que ces témoignages de culture eubéenne sont uniques dans ce milieu par ailleurs fortement marqué par la proximité de Géla. Les tablettes de bronze trouvent si mal leur place à San Mauro qu'on a voulu à tour de rôle lever cette contradiction : T. J. Dunbabin, refusant de céder à la tyrannie des textes, renonce à leur accorder une valeur historique et écarte la *lectio difficilior* en jugeant que leur présence à Monte San Mauro est simplement due au hasard ; R. Holloway tente de concilier toutes les données culturelles et propose de voir en Monte San Mauro un établissement chalcidien employant des artisans géloens (Holloway 1990) ; M. Frasca minore la signification de la documentation de type géloen et intègre le site à la sphère eubéenne dès la fin du VIIe s., en proposant d'identifier Monte San Mauro à Euboia, en dépit de l'absence de toute autre documentation clairement eubéenne (Frasca 1997). Aussi peut-on rappeler, pour lever une partie de cette apparente incongruité, que les lieux parmi les plus à même de recevoir des objets d'origines culturelles variées, grecques et/ou non-grecques, sont les espaces cultuels de frontière.

4. Le dossier toponymique

Sur le plan toponymique, les essais de lecture de la documentation ne « tiraillent » pas moins Monte San Mauro entre Géla et la zone chalcidienne de la plaine de l'Etna. Longtemps assimilé aux centres indigènes assujettis par Géla – Galaria, fondée par le Sicule Morgès (E. Pais) ; Omphakè, prise par Antiphèmos, l'œciste de Géla (P. Orsi) ; Maktorion où se réfugient des Géloens chassés de leur cité peu après sa fondation (D. Seminario)[8] –, sur la base de la proximité géographique et de la typologie de certaines céramiques et terres cuites architecturales, le site a été identifié, en s'appuyant sur l'épigraphie, avec Euboia, fondée par les Chalcidiens de Léontinoi (Frasca 1997). Si aucune de ces tentatives n'apporte d'arguments décisifs, toutes contribuent à souligner l'incontestable importance du site dans le réseau d'établissements du sud-est de la Sicile.

5. Histoire des interprétations globales du site

L'histoire des interprétations de San Mauro démontre donc que le débat s'est cristallisé autour d'un aspect, l'identification ethnique du site et son rattachement à telle ou telle zone d'influence grecque. La thèse de P. Orsi – selon laquelle le site indigène protohistorique aurait été remplacé par un site grec à la fin du VIIe s. avec, peut-être, des formes de cohabitation, ce qui n'ôte rien au caractère « vraiment grec » de l'établissement dans sa seconde phase – a été par la suite durcie : Dunbabin a rejeté toute continuité entre les deux phases, et les épigraphistes tendent en effet aujourd'hui à considérer la seconde comme correspondant à une authentique fondation grecque en arguant de l'existence des tablettes de bronze inscrites[9].

Concomitamment, à partir des années 60, qui marquent le début de la valorisation des études sur les milieux indigènes, on a redonné une place au substrat indigène sans clarifier pour autant le débat puisqu'on a évoqué successivement un « établissement indigène fortement hellénisé[10] », un « établissement indigène avec un groupe de Grecs[11] », un « établissement mixte de frontière, impliquant des indigènes et des Grecs, peut-être pas d'une même culture » (Greco 1997, p. 288), un « *oppidum* indigène sous contrôle politique grec », en doublant parfois la définition ethnique d'une dimension économique, « centre de redistribution interne »,

7 Orsi (P.), Comparetti (D.). – *MAL* XX, 1910, p. 830-845 (*editio princeps*) ; Cordano 1978 et 1986.

8 Pour l'ensemble, cf. Orlandini 1961, Frasca 1997. Ces identifications ont également été proposées pour le site de Butera. Cf. Orlandini 1961, p. 145-149 ; Rizza (G.). – La necropoli di Butera fra Sicilia e Creta in età arcaica. Kokalos 1984-85, p. 70.

9 Dunbabin 1948, p. 128 ; Cordano 1986, p. 36.

10 Adamesteanu 1955, p. 185 ; Cordsen (A.). – The pastas house in archaic greek Sicily. *Acta Hyperborea* 6, 1995, p. 109 et 111.

11 Lyons (Cl.). – *Morgantina studies, V. The archaic cemeteries*, Princeton, 1996, p. 122 n. 18.

« site-relais pour les échanges locaux », selon un processus de *rifunzionalizzazione* imposé par les Grecs. C'est donc en revenir aux trois situations possibles énoncées par G. Vallet au sujet de Butera, dans l'arrière-pays de Géla (Vallet 1967 = 1996, p. 69) : 1) l'établissement demeure un centre indigène plus ou moins autonome et profondément hellénisé, à travers lequel les colons exercent le contrôle de l'arrière-pays ; 2) il passe entièrement aux mains des Grecs qui s'y installent en asservissant la population, d'où certaines formes de conservatisme dans la nécropole ; 3) les indigènes et les Grecs cohabitent, selon des modalités pour l'instant inconnues.

S'ajoute à cette situation déjà fort complexe la difficulté de rattacher San Mauro à telle ou telle zone d'influence grecque : longtemps on a pensé à Géla, à cause de l'artisanat des terres cuites architecturales et des *pithoi a fiabelli*, puis à Léontinoi, à cause des tablettes inscrites en dialecte eubéen ; on évoque également parfois Camarine du fait des amphores commerciales réutilisées comme vases cinéraires selon une variété typologique et des pratiques tout à fait comparables à ce qu'on connaît dans la nécropole archaïque du Rifriscolaro. Mais l'hésitation concerne avant tout Géla et Léontinoi, compte tenu moins de la localisation de San Mauro à la confluence des vallées du Maroglio et du Caltagirone que de l'existence des tablettes inscrites en dialecte eubéen.

Le débat sur l'ethnicité préoccupe les spécialistes depuis les années 60, marquées, pour l'Italie préromaine, par le premier congrès de Tarente consacré aux Grecs et aux indigènes. Ce débat est parfaitement fondé mais l'analyse ethnique s'avère ardue dans la plupart des situations de la période archaïque, puisqu'elles concernent des sociétés en pleine mutation et en train de se construire, qu'il s'agisse des sociétés indigènes ou des sociétés grecques, et qu'en outre, ces sociétés, qui se développent en milieu colonial, sont le résultat d'hybridation et de mixité ethniques complexes – probablement dès la première génération de migrants – que nous saisissons de façon très partielle. Ne devrait-on donc pas tenter aujourd'hui de déplacer le débat et essayer d'appréhender ces communautés moins sur le plan ethnique que dans leur dimension politique et sociale ? En d'autres termes, il s'agirait de mieux cerner les sociétés, en particulier le profil des élites locales, leur rôle et leur capacité à devenir les interlocuteurs des migrants grecs au besoin en adoptant des formes de mimétisme ou d'identification, en un mot, de définir la stratégie identitaire et les modes de collaboration qu'elles ont pu mettre en place en vue de garder l'initiative dans le contrôle de leur territoire ou, tout du moins, d'être des partenaires reconnus dans ce contrôle.

BIBLIOGRAPHIE

Adamesteanu 1955 : ADAMESTEANU (D.) – Anaktora o sacelli ? *Archeologia classica* VII, 1955, p. 178-186.

Albanese 1991 : ALBANESE PROCELLI (R. M.) – Importazioni greche nei centri interni della Sicilia in età arcaica : aspetti dell' « acculturazione ». *Cronache di archeologia* 30, 1991, p. 97-111.

Albanese 1997 : ALBANESE PROCELLI (R. M.) – Identità e confini etnico-culturali : La Sicilia centro-orientale. *In* : *Confini e frontiera nella grecità d'Occidente. Atti del 37° convegno di studi sulla Magna Grecia, Taranto 1997*. Tarente 1998, p. 327-359.

Albanese 1997a : ALBANESE PROCELLI (R. M.) – Échanges dans la Sicile archaïque : amphores commerciales intermédiaires et redistribution en milieu indigène. *Revue archéologique* 1997, p. 3-25.

Albanese 2003 : ALBANESE PROCELLI (R. M.) – *Sicani, Siculi, Elimi. forme di identità, modi di contatto e processi di trasformazione*. Milan, 2003.

Bacci 1978 : BACCI (G.) – Monte San Mauro. Scavi nella necropoli. *Studi etruschi* XLVI, 1978, p. 585-586.

Cordano 1978 : CORDANO (F.) – Leggi e legislatori calcidesi. *Sesta miscellanea greca e romana*. Rome 1978, p. 89-98.

Cordano 1986 : CORDANO (F.) – Le leggi calcidesi di Monte S. Mauro di Caltagirone. *MGR* X, 1986, 33-60.

Dedet 1990 : DEDET (B.) – Une maison à absides sur l'oppidum de Gailhan (Gard) au milieu du Ve s. av. J.-C. La question du plan absidal en Gaule du Sud. *Gallia* 47, 1990, p. 29-55.

Dunbabin 1948 : DUNBABIN (T. J.) – *The western Greeks: the history of Sicily and South Italy from the foundation of the greek colonies to 480 B.C.*, Oxford, 1948.

Frasca 1997 : FRASCA (M.) – È anonima la città sicula-greca di Monte San Mauro di Caltagirone ? *Parola del Passato* 1997, p. 407-417.

Frasca 2001 : FRASCA (M.) – Monte San Mauro di Caltagirone. Quattro tombe di un nucleo aristocratico nel VI sec. a. C. *Bollettino d'arte* 117, 2001, p. 1-26.

Greco 1999 : GRECO (E.) – Siculi ed Enotri : tra analogie e differenze. *In* : *La colonisation grecque en Méditerranée occidentale. Actes de la rencontre scientifique en hommage à G. Vallet, Rome-Naples 1995*. Rome 1999, p. 281-292.

Holloway 1990 : HOLLOWAY (R. R.) – The Geography of the Southern Sicels. *In* : Descœudres (J.P.) (éd.), *Eumousia. Ceramic and iconographic studies in honour of A. Cambitoglou*, Sidney, 1990, p. 147-153.

Nickels 1976 : NICKELS (A.) – Les maisons à l'abside d'époque archaïque de la Monédière à Bessan (Hérault). *Gallia* 34, 1976, p. 95-128.

Nickels 1989 : NICKELS (A.) – La Monédière à Bessan (Hérault). Le bilan des recherches. *DAM* 12, 1989, p. 51-119.

Orlandini 1961 : ORLANDINI (P.) – Omphake e Maktorion. *Kokalos* 7, 1961, p. 145-149.

Orsi 1912 : ORSI (P.) – Di una anonima città siculo-greca a Monte San Mauro presso Caltagirone. *MAL* XX, 1912, col. 729-850.

Russo 1992 : RUSSO TAGLIENTE (A.) – *Edilizia domestica in Apulia e Lucania. Ellenizzazione e società nella tipologia abitativa indigena tra VIII e II sec. a.C.* Galatina, 1992.

Spigo 1980 : SPIGO (U.) – Recenti ricerche nel territorio di Caltagirone : Monte S. Mauro e Aldobrando. *Cronache di archeologia* XIX, 1980, p. 145-167.

Spigo 1986 : SPIGO (U.) – L'anonimo centro greco di Monte San Mauro di Caltagirone nel quadro dell'arcaismo siceliota : prospettive di ricerca. *Decima miscellanea greca e romana*, 1986, p. 1-31.

Vallet 1967 : VALLET (G.) – La cité et son territoire dans les colonies grecques d'Occident. *In* : *La città e il suo territorio. Atti del VII° convegno di studi sulla Magna Grecia, Taranto 1967*, Tarente 1968, p. 67-142 ; republié dans Vallet (G.) – *Le monde grec colonial d'Italie du Sud et de Sicile*. Rome 1996, p. 33-85.

4. Indigènes et Grecs à Lemnos à la lumière des fouilles d'Hephaestia

Emanuele Greco

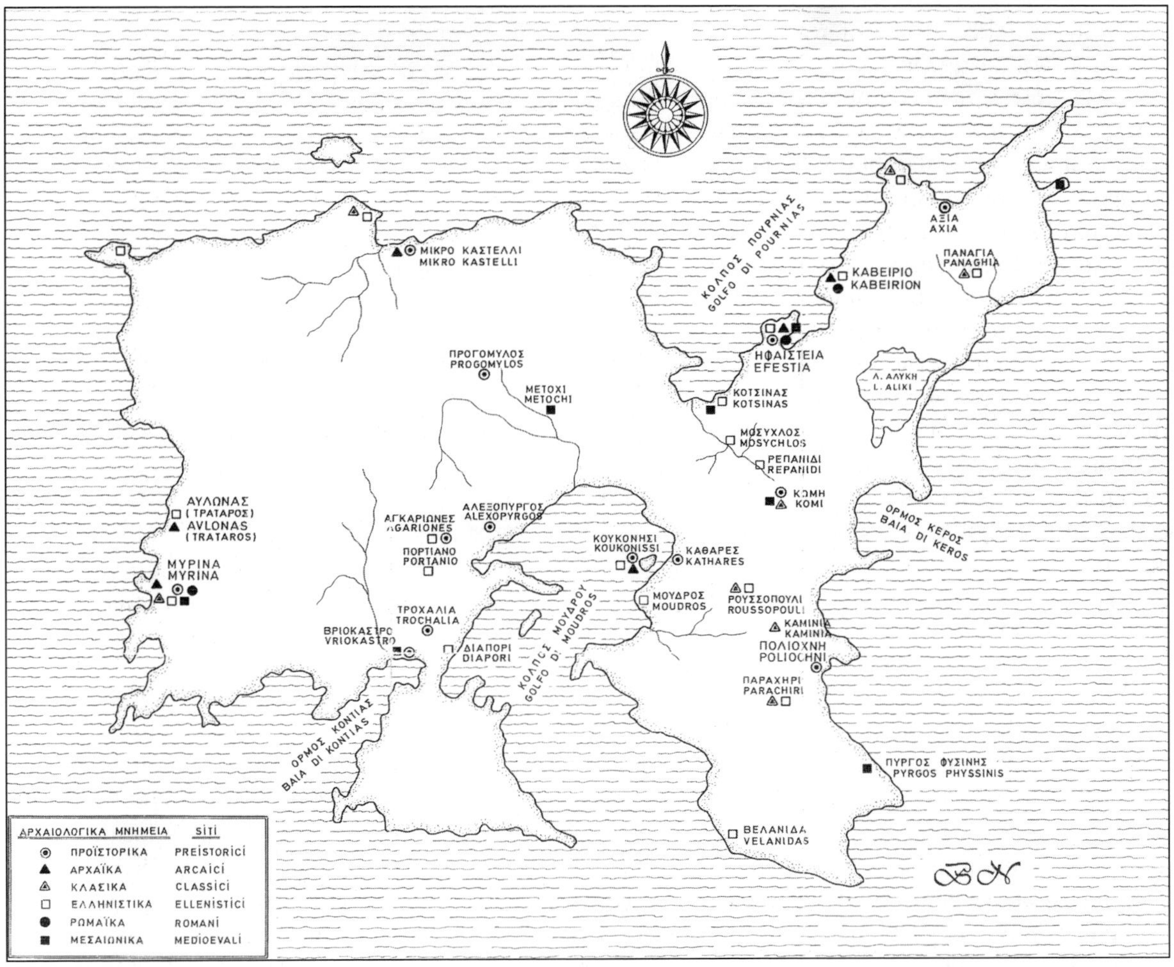

Fig. 511. Lemnos
Carte de l'île.

Lemnos est un excellent point d'observation pour étudier les relations entre Grecs et peuplades locales, grâce à l'histoire des établissements dans l'île (**fig. 511**), et à cause des conséquences que l'on peut en tirer en ce qui concerne le rapport, souvent difficile, entre les source écrites et la documentation archéologique.

Il est vrai qu'il faut rapporter les données archéologiques à l'histoire sociale et culturelle, mais une sévère critique des sources littéraires s'impose, pour ne pas tomber dans le piège de l'histoire événementielle.

Pour Lemnos, on peut compter sur une documentation littéraire assez abondante, et des recherches, même récentes, de très haute qualité, qui nous permettent de partir d'un point bien avancé. Les nouvelles connaissances viendront seulement de la recherche archéologique, la seule qui pourra apporter de nouveaux éléments au débat. Cette dernière doit beaucoup aux activités de Luigi Beschi, qui a publié dans les dernières années une série impressionnante de données issues de son patient travail, depuis presque trente ans, à Hephaestia et au Cabirion de Chloi.

A partir de 2001, j'ai retenu nécessaire la reprise des recerches à Hephaestia, et commencé une nouvelle phase d'explorations dans la ville qui est encore très méconnue, même dans son plan général.

Les sources littéraires

Lemnos apparaît dans les poèmes homériques (*Od.* VIII, 284) comme la terre chère (*philtatē*) à Héphaïstos, dieu éponyme d'une des deux cités de l'île, Hephaestia, sur la côte nord orientale. Et il ne faut pas délaisser l'ethnique *ra-mi-ni-ja* / *ra-mi-ni-jo* des tablettes en linéaire B de Pylos et de Cnossos. Plus tard elle sera définie *dipolis* (l'autre ville, sur la côte occidentale, est Myrina).

L'île est habitée par des gens qu'Homère appelle *Sinties* (*Il.* I, 593) et qu'il définit *agriophonoi* (*Od.* VIII, 294). Hellanicos en parle comme d'une peuplade thrace, peu nombreuse, dont il dit qu'ils sont *mixhellenes* (*FGrH* 4, 71) ; avec ceux-ci s'étaient fondus, de façon pacifique, les Pélasges-Tyrrhéniens. Hérodote (IV, 145), par contre, ne nomme pas les Sinties ni les Tyrrhéniens, du moins en ce qui concerne Lemnos, et affirme que les Pélasges avaient chassé les Minyes.

Les commentateurs modernes (Heurgon 1988, Gras 1985, De Simone 1996, Beschi 1996, Beschi 1998, Beschi 2000) sont d'accord pour retenir que l'ignorance des Tyrrhéniens de la part d'Homère n'est pas un hasard : ce serait la preuve de l'arrivée des Tyrrhéniens dans l'île à une époque postérieure aux Poèmes, mais avant la conquête de Miltiade qui leur soutira Lemnos pour la remettre aux Athéniens.

Hérodote affirme, comme on l'a dit plus haut, que les Pélasges avaient à leur tour chassé de l'île les descendants des Argonautes (les Minyes), qui s'étaient réfugiés à Sparte et avaient participé, avec Theras, à la fondation de Théra.

Hérodote lui-même (V, 26) nous dit qu'ensuite Lemnos avait été occupée, avec Imbros, par les Perses d'Otane, vers 511 av. J.-C., qui avaient imposé comme tyran Lykarétos, frère de Maiandros, tyran de Samos. Lykarétos était mort, par la suite, peut-être avant l'arrivée de Miltiade : à cette époque, le tyran d'Hephaestia était Hermon, qui se rendit sans se battre aux Athéniens, au point de devenir proverbial pour définir un comportement particulièrement lâche, tandis que les Myriniens opposèrent résistance.

L'entreprise de Miltiade, avec l'oracle delphique qui la précède, comporta la conquête de l'île et son passage à Athènes. On ne peut pas, bien que maintes tentatives aient été faites, dater avec précision l'arrivée du Philaïde à Lemnos : on peut seulement affirmer avec quelque certitude qu'elle se passa après la réforme de Clisthène, en s'appuyant sur un témoignage épigraphique malheureusement perdu aujourd'hui (Salomon 1994 ; Marchiandi 2002) et avant la bataille de Marathon : disons autour de 500 av. J.-C. Suite à la conquête, les indigènes étaient partis s'installer sur le continent d'en face. L'affirmation d'Hérodote (I, 57), selon qui les Pélasges habitaient *hyper Thyrsenōn* trouve une confirmation dans un passage de Thucydide (IV, 109), qui appelle Tyrrhéniens les anciens habitants de Lemnos qui à son époque habitaient dans la Chalcidique. Strabon (VII, fr. 35) ajoute que l'*Aktè* était habitée par les Pélasges de Lemnos, distribués en cinq *polismata* aux noms grecs. D'autres Tyrrhéniens, caractérisés par le fait de parler la même langue, habitaient dans les alentours de Cyzique, à Plakia et à Skylakē, où ils étaient établis depuis longtemps.

L'on peut donc résumer les données des sources littéraires en disant qu'une peuplade locale, de souche thrace, les Synties, habitait l'île avant qu'elle ne fût occupée par les Minyes, à leur tour chassés par les Pélasges (les Tyrrhéniens) ; ceux-ci succombèrent devant Miltiade au début du Ve siècle. Ces informations, en partie légendaires mais sans aucun doute historiques en ce qui concerne l'occupation des Perses et celle de Miltiade, doivent être intégrées par la tradition mythographique qui tourne autour des *lemnia kakà* : le poète de l'*Iliade* (VII, 467-9) nous dit que sur Lemnos régnait Eunée, fils de Jason : à l'époque de la guerre de Troie, les Argonautes, qui repeuplèrent l'île après le premier *kakon* (la *dysosmie* par laquelle Aphrodite punit les femmes, l'infidélité des hommes qui vont chercher de nouvelles compagnes dans la Pérée thrace, la vengeance des femmes qui tuèrent tous les hommes, à l'exception du roi Toas, sauvé par sa fille Hypsipyle qui aura son fils Eunée avec Jason) étaient, donc, passés par Lemnos depuis une génération.

Le deuxième méfait avait été perpétré par les Pélasges qui, accueillis par les Athéniens, pour se venger d'avoir été par la suite expulsés, avaient enlevé et violé les jeunes filles athéniennes lors des fêtes d'Artémis à Brauron. Les enfants issus de cette union furent ensuite trucidés avec leurs mères par les femmes lemniennes, qui craignaient leur primauté aux dégâts de leurs fils. La meilleure critique des interprétations anthropologiques des *lemnia kakà* est celle de Dumézil (Dumézil 1998).

Il faut, avant d'aller plus loin, rappeler un document très significatif pour l'histoire de Lemnos, la stèle de Kaminia (**fig. 512**), découverte en 1884, écrite dans une langue qui montre une parenté très étroite avec l'Etrusque. L'inscription a donné lieu à une abondante bibliographie et suscité l'intérêt de l'Ecole Archéologique Italienne d'Athènes qui commença, en 1926, ses recherches sur l'île pour essayer de contribuer à l'étude de la culture étrusque, si importante pour l'histoire ancienne de la péninsule italique (S. Paltineri dans *Della Seta oggi* ; Greco 2001). Les linguistes ont à plusieurs reprises affirmé que la langue de l'inscription est étrusque (De Simone 1996), et son alphabet est l'alphabet « rouge » occidental ; ce document reste *isolé* dans la culture matérielle de l'île documentée par les recherches archéologiques.

Excursus archéologique

La plus ancienne civilisation lemnienne remonte à l'âge du Bronze Ancien, comme on le sait par les fouilles de Poliochni (Bernabò Brea 1964), et récemment par celles de *Richà Nerà* à Myrina. Aucun des deux sites ne connaît de développement à l'âge du Bronze Récent. À Hephaestia, les fouilles des années Vingt ont restitué la nécropole à incinération qui date des VIIIe-VIIe siècles av. J.-C. (Mustilli 1932-33). En même temps, les fouilles ont mis au jour un quartier d'habitation de l'époque hellénistique et romaine, le sanctuaire archaïque (VIIe-VIe siècles av. J.-C.) avec son dépôt votif contenant les terres cuites en forme de sirènes et de sphynx (**fig. 513**) et des céramiques figurées de production locale (Beschi 2005a), et une partie de l'enceinte qui fut datée au VIIe siècle av. J.-C. D'intenses explorations ont été menées par l'Ephorie de Mytilène qui entre 2003 et 2005 a fouillé le théâtre, découvert par l'Ecole Italienne dans les années Trente. Grâce aux fouilles récentes, dont on attend l'édition intégrale, on connaît maintenant les phases précédentes d'occupation du quartier : on a les traces d'un théâtre en bois qui doit dater de la deuxième moitié du Ve siècle, les restes de deux édifices de culte et de maisons archaïques. À ces informations sur l'habitat on doit ajouter celles concernant le sanctuaire des Cabires de Chloi (Beschi 2003c).

La synthèse historique dans la bibliographie récente

Les tentatives de mettre en relation les phases archéologiques avec les sources littéraires, qui ont engendré des définitions telles que « nécropole tyrrhénienne » ou « enceinte tyrrhénienne » ont été récemment critiquées (Greco 2001 ; Gras 2002) : on ne peut pas identifier les Sinties dont parle Homère avec les habitants de l'âge du Bronze de Poliochni et de Richà Nerà, vu qu'une mémoire ethnographique se perpétuant pendant plus de 2000 ans, dans une société sans écriture, et après un hiatus d'environ sept siècles, est peu probable. Il est plus prudent penser que les Sinties soient les habitants contemporains d'Homère. L'on peut donc retenir, d'accord avec Heurgon (Heurgon 1988), que ceux-ci sont les habitants d'Hephaestia dont nous connaissons la nécropole à incinération. Et l'on n'essaiera pas de mettre en relation les rares tessons mycéniens trouvés dans quelques sites de l'île avec le passage des Argonautes, ni de dater l'arrivée des Tyrrhéniens à environ 700 av. J.-C. leur attribuant la naissance de la céramique sub-géométrique connue sous le nom de G 2-3 (Beschi 2005 b). Mais l'arrivée des Tyrrhéniens a bien eu lieu, comme en témoigne la stèle de Kaminia : il s'agissait de pirates ou de marchands, de groupes isolés, plutôt que d'un courant de migration ou d'une entreprise coloniale. Il sera très utile de comparer la situation de Lemnos avec celle de Samothrace, où des groupes provenant d'Ionie on donné lieu à une communauté helléno-thrace (Graham 2002), et de Thasos, où un milieu thrace existait avant l'arrivée des colons pariens (Kohl *et al.* 2002).

Les nouvelles recherches (2001-2006)

Avec la collaboration d'une équipe de l'Université de Sienne dirigée par E. Papi on a entamé une exploration du site d'Hephaestia avec le géo-radar (**fig. 514**). La recherche, qui jusque là a couvert environ deux tiers de l'aire occupée par la ville, a montré que celle-ci avait un plan plus ou moins régulier, *per strigas*, comme les colonies occidentales de l'archaïsme récent. La fouille permettra une description plus précise des monuments et de la stratigraphie, mais d'ores et déjà on peut affirmer que les résultats des prospections coïncident avec ce que l'on connaît des quartiers d'habitation et des thermes d'époque hellénistique fouillés par Laurenzi et Adriani dans les années Vingt et Trente, dans la partie basse de la ville. Grâce aux fouilles récentes on a pu constater l'exactitude des données electro-magnétiques dans une maison qui occupe un bloc entier entre deux *stenopoi*, et dater les structures plus anciennes appartenant au plan régulier au début de l'époque hellénistique (fin IVe - début IIIe siècles av. J.-C.). La ville archaïque, dont l'organisation se dissout probablement à la fin du VIe siècle, n'a rien a voir avec le plan orthogonal.

Les recherches sur une partie de l'enceinte ont donné une série de nouvelles informations. À l'intérieur de l'enceinte, on a fouillé les restes d'un habitat de l'âge du Bronze Récent, avec une orientation NE-SO : les structures décrivent au moins quatre pièces et les tessons se datent à partir de l' Helladique Récent III A2 final jusqu'au III C (Carando, Privitera 2003). L'habitat est couvert par un mur orienté E-O qui en oblitère les structures (**fig. 515**), et qu'il faut probablement identifier comme une portion de l'enceinte. La pierre employée provient des carrières situées sur le côté nord de la ville, en bord de mer, et les analyses sur les coquillages collés aux blocs ont permis de dater le mur entre 900 et 580 av. J.-C. À l'amont de celui-ci, il devait y avoir un talus en terre et pierres dont il reste quelque trace, et dans lequel on a trouvé des tessons du Géométrique Récent et de la G 2-3, ce qui nous permet d'avancer pour le mur une

Fig. 512a-b. La stèle de Kaminia.

datation autour du milieu ou de la seconde moitié du VIIe siècle av. J.-C. La fouille du remblai qui couvre le mur archaïque, peut-être constitué par l'écroulement du talus, a restitué des milliers de tessons de céramique grise (**fig. 516**), dont la production représente un spectaculaire parallèle entre Lemnos et Troie, qui peut dater d'entre la fin du XIe et le IXe siècle av. J.-C. (Danile 2005 ; Danile 2007), exactement la période qui se situe entre la fin de l'habitat tardo helladique et les débuts de la nécropole à incinération (VIIIe siècle av. J.-C.).

A l'extérieur de l'enceinte, la fouille a retrouvé les restes d'un complexe comparable à ceux fouillés par A. Archontidou sous le théâtre et par Beschi à Hephaestia et à Chloi : il s'agit de deux pièces délimitées par des murs en calcaire de bonne facture, le long desquels sont en partie conservées les banquettes en pierre destinées aux participants aux rites. Comme les autres édifices de culte celui-ci peut être daté au VIe siècle av. J.-C., grâce à la présence de nombreux *karchesia*, vases kantharoïdes (Beschi 2003) qui sont pour le Nord de l'Egée ce que sont les coupes ioniques B2 en Occident (même s'il est probable que le *karchesion* était spécialement conçu comme un vase pour boire dans les contextes rituels). En résumant, les fouilles du quartier de l'enceinte ont prouvé l'existence d'un habitat d'époque mycénienne, actif entre les XVe et XIIIe-XIIe siècles av. J.-C. ; la période suivante, XIe-IXe siècles av. J.-C. est attestée par la présence de céramique grise et de céramique de tradition submycénienne, mais on n'en connaît pas les structures. À partir du VIIIe siècle av. J.-C. commence la nécropole à incinération et, autour du milieu du VIIe, on bâtit l'enceinte qui enferme l'isthme, et le sanctuaire sur l'acropole, peut être consacré à un culte des eaux voué à la Grande Déesse Lemnos (Beschi 2005a), dont les structures plus anciennes ont récemment été identifiées avec un *anaktoron* (Ficuciello 2005).

Conclusions

L'habitat de l'âge du Bronze rend concrètes les références aux Lemniens dans les tablettes en linéaire B. La grande quantité de céramique grise anatolienne présente dans les phases des « siècles obscurs » et les étroits liens avec Troie, plutôt qu'avec la Pérée thrace, sont d'un intérêt particulier ainsi que la continuité entre la fin du Mycénien et le Bronze Final et le premier âge du Fer, bien que pour cette période l'on n'ait pas de traces de rapports avec le continent grec. La continuité concerne aussi la nécropole à incinération du VIIIe-VIIe siècle, où la céramique grecque n'arrive qu'à partir du protocorinthien.

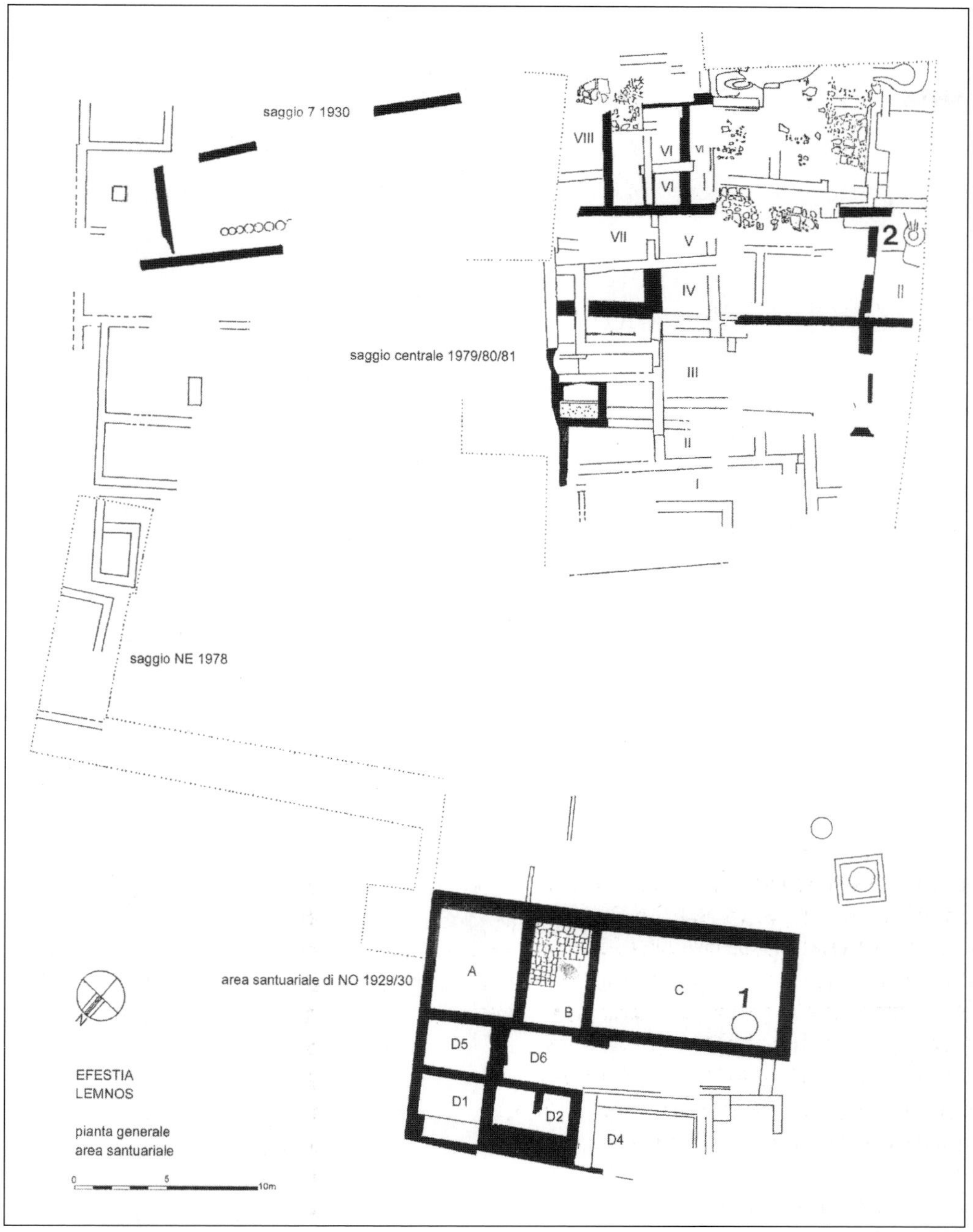

Fig. 513. Plan du sanctuaire (en noir).

Les éléments de discontinuité sont représentés par la période qui suit la fin du Mycénien, quand à Hephaestia s'installa un groupe dont nous ne connaissons ni l'habitat, ni la nécropole, mais seulement la céramique grise de type anatolien (Danile 2005 ; Danile 2007), et par les plus anciennes tombes à incinération. Au milieu du VIIe siècle se datent le mur qui se superpose à l'habitat mycénien, et l'implantation de l'*anaktoron* qui pourrait être mis en relation avec les évidentes différenciations de la richesse enregistrées dans la nécropole durant cette période (Ficuciello 2005).

Le VIe siècle est marqué par la naissance du sacré, ou, pour mieux dire, par la monumentalisation du sacré. Sur la prolifération des lieux de culte, l'on devra réfléchir quand les fouilles et leur publication seront achevées. Pour l'instant, plutôt que d'essayer de marquer les césures en utilisant des vagues de peuplement, comme le faisaient les anciens et comme les modernes ne devraient plus le faire, il faudrait, sans nier la possibilité d'apports de l'extérieur, expliquer les diversités dans le cadre des modifications économiques et sociales d'un développement essentiellement autochtone. Sur la base des données archéologiques la césure se situerait autour de la deuxième moitié du VIIe siècle av. J.-C., tandis que les interprétations fondées seulement sur la linguistique ou seulement sur la céramique la datent de 700 av. J.-C.

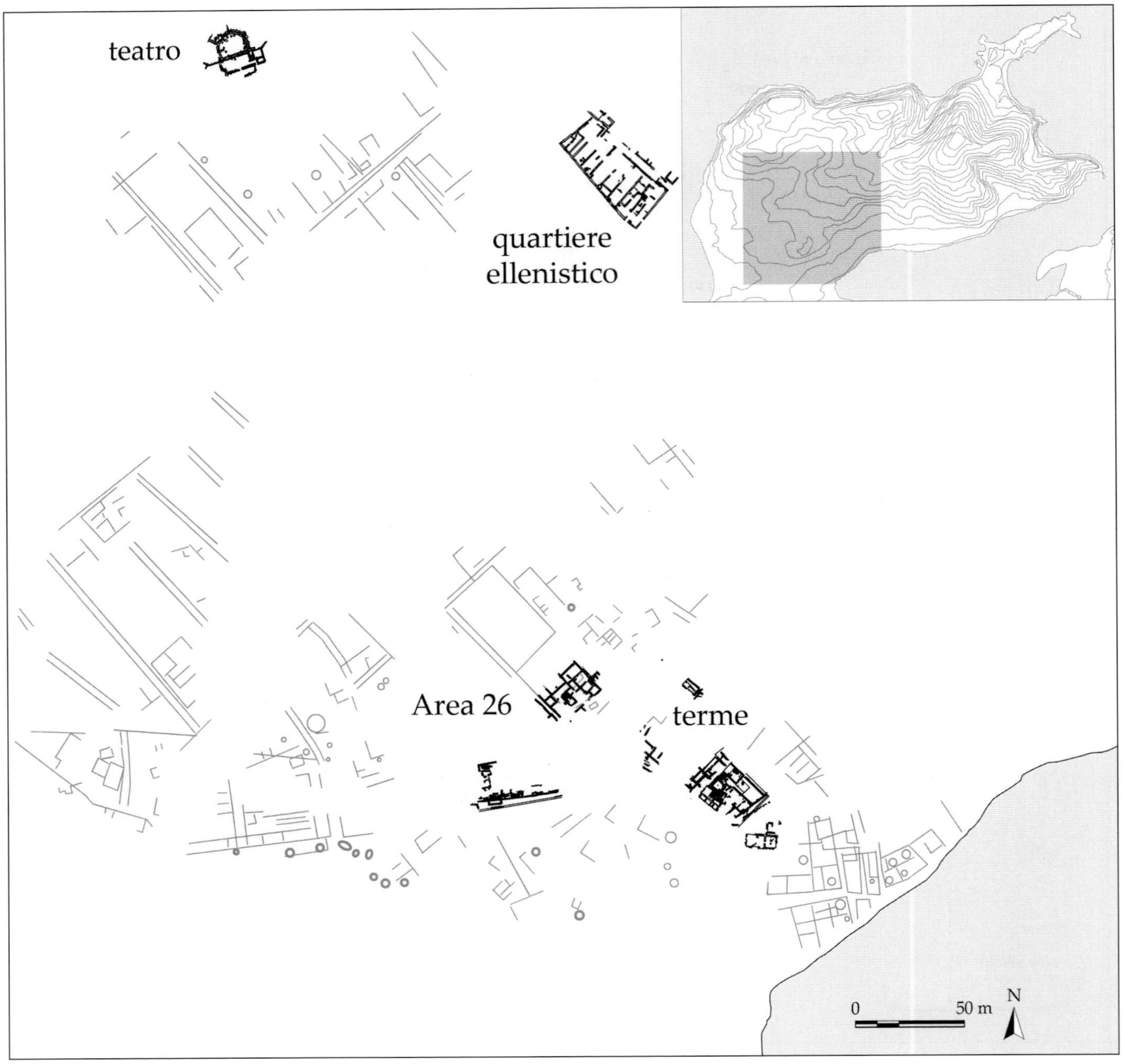

Fig. 514. Efestia. Plan général du site après les prospections géophysiques.

environ, époque de l'arrivée des Tyrrhéniens. Dans l'état actuel, on peut dire que la société lemnienne montre un aspect « égalitaire » jusqu'au milieu du VIIe siècle, quand l'érection du petit palais sur l'acropole pourrait marquer la naissance d'un pouvoir (tyrannique ?) responsable d'une œuvre collective telle que l'enceinte de la ville. Telle est alors la société lemnienne, qui s'exprime à travers le Cabirion de Chloi et le sanctuaire de la Grande Mère, avec les ex-voto en forme de Sirène et de Sphynx, et qui au VIe siècle emploie l'écriture de la stèle de Kaminia et écrit des graffitis sur les vases dans une langue dont les ressemblances avec l'étrusque peuvent signaler un des apports extérieurs dont nous parlions plus haut : un apport significatif sous l'aspect culturel, au point de s'imposer comme langue dominante, mais qui toutefois n'empêche pas l'adoption et la diffusion de cultes locaux.

La conquête athénienne

Notre examen se termine avec la conquête athénienne. Certes, avant celle-ci, il y eut la conquête perse, de courte durée, mais comme Hérodote nous dit que

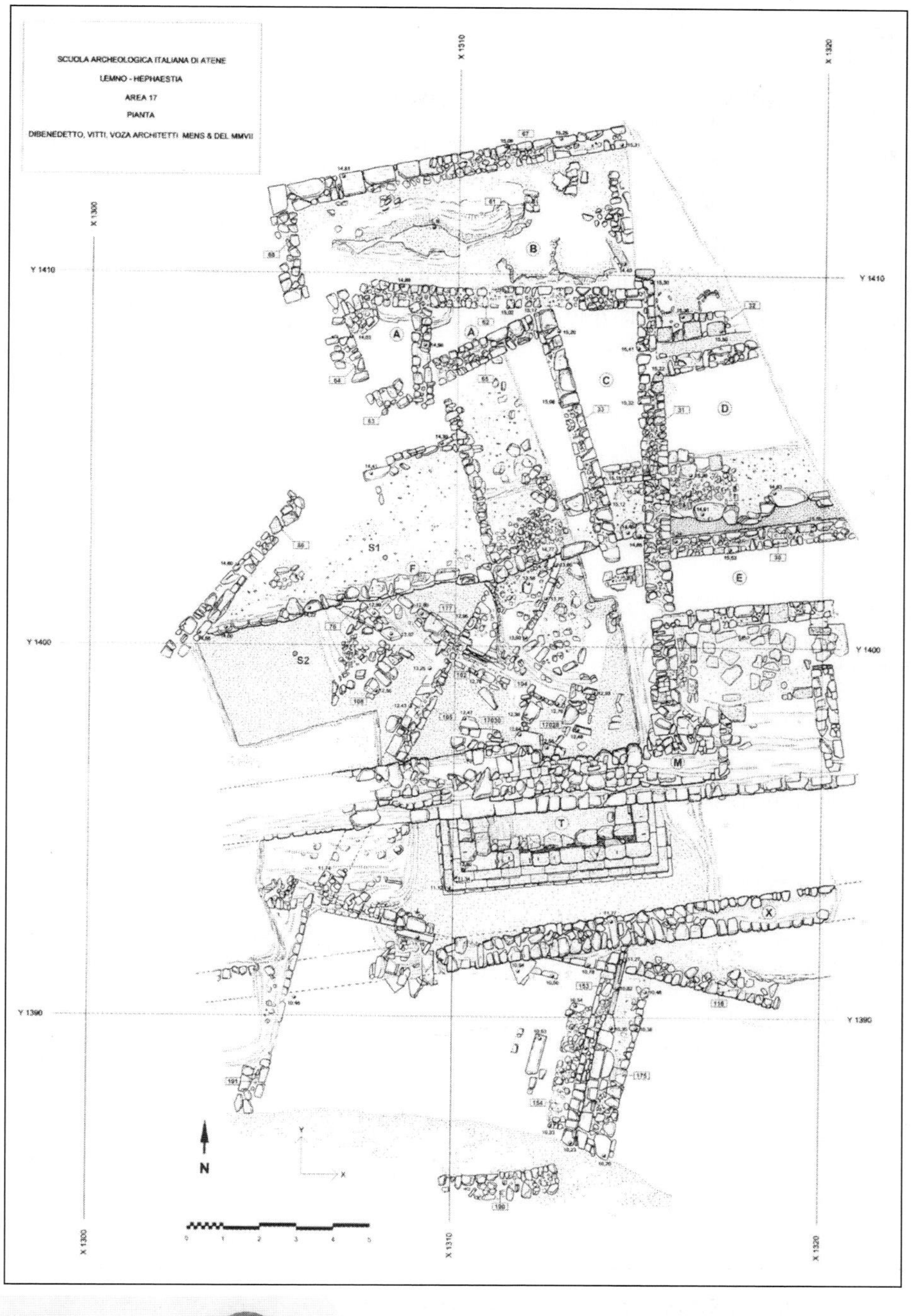

Fig. 515. Efestia. Plan des fouilles du rempart et du village de l'âge du Bronze Récent.

Fig. 516. Fragments de céramique grise.

les Lemniens se battirent valeureusement contre les Perses, tandis qu'ils se rendirent sans combattre aux Athéniens, la conviction que les traces de destruction violente sont dues aux luttes contre l'armée du Grand Roi est très répandue. Mais entre les deux événements il ne passe qu'environ dix ans, et il est méthodologiquement hasardé d'interpréter les couches d'abandon comme une conséquence de l'incendie d'Otane, en 511 av. J.-C. On peut simplement signaler la césure de la fin du VIe siècle av. J.-C., particulièrement évidente dans la nécropole (Mustilli 1940 ; Lanzillotta 1997 ; Salomon 1994 ; Coppola 2003). L'autre indice remarquable est le plan urbain régulier mis en évidence par le géo-radar.

Le monde archaïque, peuplé par les Tyrrhéniens ou par les Pélasges, se dissout, les anciens habitants se déplacent dans l'*Akté*, comme le disent les sources peut-être de manière trop simpliste. L'on ne peut pas exclure la permanence et l'absorption des indigènes par les nouveaux venus, les Athéniens, mais certes pas de façon unilatérale, comme l'enseigne l'histoire de l'échange entre sociétés différentes, à la frontière ou dans une *apoikia*. La preuve en est la continuité, la seule certaine, et l'unique persistance de l'époque archaïque que nous pouvons citer aujourd'hui, et qui est le culte des Cabires.

BIBLIOGRAPHIE

Bernabò Brea 1964 : BERNABO' BREA (L.) – *Poliochni I,1*, Roma, 1964.

Beschi 1996 : BESCHI (L.) – I Tirreni di Lemno alla luce dei recenti dati di scavo. *In : Sibari e la Sibaritide : atti del 32° convegno di studi sulla Magna Grecia, Taranto-Sibari, 7-12 ottobre 1992*. Tarente 1993, p. 23-50.

Beschi 1998 : BESCHI (L.) – Arte e cultura di Lemno arcaica. *PP* 298, 48-76.

Beschi 2000 : BESCHI (L.) – Cabirio di Lemno : testimonianze letterarie ed epigrafiche. *ASAA*, 74-75, 1996-97 [2000], p. 7-192.

Beschi 2005a : BESCHI (L.) – Culto e riserva delle acque nel santuario arcaico di Efestia. *ASAA*, 83 (s. III, 5), t. 1, 2005, p. 95-220.

Beschi 2005b : BESCHI (L.) 2005b – La ceramica subgeometrica di Troia VIII e di Lemnos. *In* : *Aeimnestos*. *Miscellanea di scritti in memoria di Mauro Cristofani = Prospettiva* II suppl., 2005, p. 58-63.

Carando, Privitera 2003 : CARANDO (E), PRIVITERA (S.) – Catalogo dei materiali della zona 17. *ASAA* 81 (s. III,3), t. 2, 2003, p. 1077-1084.

Coppola 2003 : COPPOLA (A.) – Milziade e i Tirannicidi. *Historia* LII,3, 2003, p. 283-299.

Danile 2005 : DANILE (L.) = La ceramica grigia di Leuno :osservazioni preliminari. *In* : Greco (E.) *et al*., *Hephaestia 2005*. *ASAA 83* (s. III, 5), t. 2, 2005, p. 958-966.

Danile 2007 : DANILE (L.) – *La Ceramica Grigia di Efestia* (tesi di specializzazione alla Scuola Archeologica Italiana di Atene, discussa a Roma il 6 giugno 2007).

Della Seta oggi : HARARI (M.), éd. – *Della Seta oggi. Da Lemnos a Casteggio. Atti della giornata di studi, Casteggio*, 21 marzo 1999. Milan 1999.

De Simone 1996 : DE SIMONE (C.) – *I Tirreni a Lemnos. Evidenza linguistica e tradizioni storiche*. Florence 1996.

Dumézil 1998 : DUMEZIL (G.) – *Le crime des Lemniennes* (nouvelle édition par B. Leclercq Neveu de l'édition de 1924). Paris 1998.

Ficuciello 2005 : FICUCIELLO (L.) – *Topografia storica di Lemno* (Tesi di dottorato, Università degli Studi di Napoli "l'Orientale", 2005).

Graham 2002 : GRAHAM (A.J.) – The Colonization of Samothrace. *Hesperia* 71, 2002, p. 231-260.

Gras 1985 : GRAS (M.) – *Trafics thyrréniens archaïques*, Rome 1985, p. 583-632.

Gras 2002 : GRAS (M.) – Autour de Lemnos. *In* : Marchesini (S.), Poccetti (P.) , éd., *Linguistica e storia : scritti in onore di Carlo De Simone*. Pise 2002, p. 107-113.

Greco 2001 : GRECO (E.) – Hephaestia. *ASAA* 81 (s. III,3), t.1, 2001, p. 382-389.

Heurgon 1988 : HEURGON (J.) – Homère et Lemnos. *CRAI* 1988, p.12-30.

Kohl *et al.* 2002 : KOHL (M.), MULLER (A.), SANIDAS (G.), SGOUROU (M.) – O Apoikismos tes Thasou : H Epanexetasi ton archaiologikon dedomenon. *To Archaiologiko ergo sti Makedonia kai sti Thraki*, 16, 2002, p. 57-69.

Lanzillotta 1977 : LANZILLOTTA (E.) – Milziade nel Chersoneso e la conquista di Lemno. *In* : Quinta Miscellanea greca e romana, Rome 1977, p. 65-94.

Marchiandi 2002 : MARCHIANDI (D.) – Fattorie e periboli funerari nella chora di Efestia (Lemno) : l'occupazione del territorio in una cleruchia ateniese tra V e IV sec.a.C. *ASAA* 80 (s.III, 2), t .1, p. 487-583.

Mustilli 1932-33 : MUSTILLI (D.) – La necropoli tirrenica di Efestia. *ASAA* 15-16, 1932-1933, p. 1-278.

Mustilli 1940 : MUSTILLI (D). – L'occupazione ateniese di Lemno e gli scavi di Hephaestia. *In* : *Studi di Antichità classica in onore di E. Ciaceri*, 1940, p. 149 ss.

Salomon 1994 : SALOMON (N.) – *Milziade, Atene e la conquista di Lemno*. *In* : Alessandrì (S.), éd., *Historie*, Galatina 1994, p. 399-408.

Notazioni conclusive

Mario LOMBARDO

1. Già nel 'titolo' originale, singolarmente denso ed esplicito, dell' "atelier Ramses" : Contacts et échanges technologiques entre Grecs et indigènes à la frontière des territoires des colonies grecques (VIII-II s. av. J.-C.), non solo si lasciano cogliere con estrema precisione le linee di forza che hanno orientato questo ampio programma di ricerca, sviluppatosi nell'arco di alcuni anni e articolatosi in sei fecondi incontri di studio, a Palermo, Empúries, Atene, Napoli e due volte ad Aix-en-Provence, ma se ne lascia cogliere anche con chiarezza la stretta imbricazione.

Il programma ha inteso guardare all'ampio panorama delle esperienze 'coloniali' greche (colonies grecques), centrando l'attenzione in particolare sulla tematica che è emersa negli ultimi decenni come quella più innovativa, e la più ampiamente indagata e dibattuta, all'interno di tale panorama - come già sottolineava David Asheri nel 1996 -, la tematica, cioè, dei rapporti tra "Grecs et indigènes", come recita il titolo del presente volume che raccoglie i risultati di tale programma di ricerca.

La tematica in questione è stata peraltro messa a fuoco in larga misura attraverso un prisma particolare, quello dei "contacts et échanges technologiques", che - si è pensato - meglio si prestasse, seppur con le cautele metodologiche messe in luce nella bella introduzione di Michel Bats, a 'mobilitare' la documentazione archeologica - in senso lato, ivi compresa quella epigrafica, magistralmente valorizzata nell'importante sezione su "Langue et écriture" da Javier De Hoz e Paolo Poccetti -, ai fini di una comprensione e ricostruzione storica dei processi di interazione culturale e di formazione e trasformazione delle rispettive 'identità', che avevano di volta in volta segnato quei rapporti.

Dal titolo del programma emergono con chiarezza due ulteriori direttrici che ne hanno orientato l'impostazione e lo svolgimento. In primo luogo col riferimento "à la frontière des territoires" delle colonie greche, che rinvia ad una impostazione rivelatasi già in passato feconda di risultati - si vedano ad esempio gli Atti dei Convegni di Taranto del 1997 e del 1999 (*ACT* 1997 e 1999) -, e che guarda al contesto delle interazioni di orizzonte 'coloniale' come un contesto 'di frontiera', segnato in misura decisiva dalle, diverse, esperienze di territorializzazione sviluppate dai gruppi coloniali greci.

E in secondo, e ultimo luogo, direi, con l'indicazione dell'arco cronologico interessato dal programma - VIII-II s. av. J.-C. -, che rinvia ad uno 'sguardo lungo', capace di cogliere e seguire i processi, articolati e complessi, che segnarono quelle esperienze di contatto e interazione nell'arco dei diversi secoli compresi tra l'età delle fondazioni greche e quella della romanizzazione dei contesti in questione.

Come dicevo, infine, questi aspetti, qui sommariamente evocati, risultano, nell'impostazione e realizzazione del programma, così strettamente imbricati gli uni con gli altri da configurare, nell'insieme delle indagini sviluppate e dei loro risultati che qui vedono la luce, un contributo collettivo di estrema densità, e di primaria importanza, alle tematiche e problematiche concernenti i processi di interazione nel Mediterraneo 'coloniale' greco, paragonabile in qualche misura agli Atti del Convegno di Cortona del 1981 su *Forme di contatto e processi di trasformazione nelle società antiche* (Nenci, Vallet 1983).

Naturalmente, non sarà qui possibile dar conto partitamente di tutti i singoli contributi di cui si sostanzia il volume. Cercherò piuttosto di mettere in evidenza le caratteristiche complessive del lavoro sviluppato, con i relativi punti di forza e le relative peculiarità (e limiti), indicando infine qualche linea di ulteriore sviluppo di questa già così ampia ricerca.

2. Un primo aspetto su cui vorrei richiamare l'attenzione riguarda l'enorme ampiezza e varietà, ma anche le peculiarità, degli orizzonti cronologici, storico-geografici e 'tipologici' indagati.

Ho già detto che l'impostazione stessa del Programme Ramses prevedeva uno 'sguardo lungo', rivolto ai processi innescati dalla realizzazione degli insediamenti coloniali greci e sviluppatisi fino alla romanizzazione dei diversi contesti regionali interessati, uno sguardo capace di seguirne, attraverso il richiamo delle fonti, ma soprattutto attraverso l'interpretazione e la valorizzazione delle documentazioni archeologiche, le articolazioni e le trasformazioni nei secoli. Ed in effetti è quanto ci offrono molti dei contributi qui raccolti, come ad esempio quelli riguardanti la vicenda coloniale e relazionale di Empúries, di Roses e dell'Empurdan, o quelli della ricca sezione dedicata alla Tracia, a partire dalla magistrale sintesi di Zosia Archibald, che mette tra l'altro in rilievo la stretta imbricazione tra le peculiarità geografiche dell'ecosistema regionale tracico e le dinamiche relazionali che vi si sviluppano, o ancora quello di Jean-Paul Morel sul contesto dei rapporti tra Greci e indigeni nel Mar Nero Settentrionale.

E' opportuno notare, tuttavia, come l'orizzonte cronologico dei fenomeni indagati escluda in misura significativa quelle fasi più arcaiche e 'iniziali' delle esperienze coloniali greche sviluppatesi nell'VIII secolo, almeno nel Mediterraneo centrale, e che risultano particolarmente legate, nel dibattito storiografico contemporaneo, con i problemi della 'precolonizzazione' e con quelli, forse ancora più oscuri e discussi, riguardanti le modalità di realizzazione degli insediamenti 'coloniali' greci nel loro rapporto, rispettivamente, con gli ambienti metropolitani di provenienza e con i contesti locali e regionali interessati. Problemi che il Programme Ramses mi sembra abbia opportunamente deciso di escludere dal suo campo di indagine, per centrare l'attenzione soprattutto su contesti storico-cronologici in cui i rapporti greci-indigeni emergano con più ampia e 'matura' evidenza.

A questa osservazione si collega anche quella riguardante i contesti storico-geografici indagati, che si presentano anch'essi caratterizzati da grande ampiezza e varietà. Essi vanno, in effetti, dalla Catalogna al Mar Nero, passando attraverso Linguadoca e Provenza, Italia Meridionale e Sicilia, Egeo settentrionale e Tracia. E' opportuno peraltro segnalare che ai contesti regionali messi a fuoco nella prima parte del volume, quella sugli "approches régionales", e articolata nei capitoli centrati su Imera, Empuries, Marsiglia, Velia, nonché sulla Tracia e il Ponto Settentrionale, fanno riferimento, in forma talora assai più ampia dal punto di vista geografico, numerosi altri contributi compresi nella seconda parte dedicata agli "approches thématiques".

Così, ad esempio, ai tre interessanti contributi centrati su Imera, ma che spaziano, direi, su tutta l'area della Sicilia centro-occidentale, se ne aggiungono numerosi altri, su Imera stessa (N. Allegro - S. Fiorentino) o più latamente sulla Sicilia (R.M. Albanese Procelli ; L. Mercuri ; F. Copani) ; a quelli centrati su Empúries si collegano due dei contributi del primo capitolo sulle "Techniques de construction" (M.C. Belarte, P. Moret), oltre che alcuni di quelli dei capitoli successivi (J. Burch *et al.*, H. Tréziny, G. de Prado, J. De Hoz). Mentre a quelli su Marsiglia si aggiungono numerosi altri contributi che ampliano lo sguardo dalla Massaliotide alla Linguadoca (come quelli di E. Gailledrat su Pech-Maho, di D. Ugolini sui materiali in terracotta, di P. De Michèle e A. Hermary sul tipo del *naiskos* nel mondo celtico).

Ancora, a quelli centrati su Velia si aggiungono, con più ampio riferimento all'Italia Meridionale, quelli di L. Giardino e di I. Berlingò su Siris-Policoro, i contributi di O. de Cazanove e S. Féret, di M. Osanna e di A. Russo sulla Lucania e quelli di M. Brizzi - L. Costamagna e di P. Visonà sulla Calabria, oltre a quelli di J.-P. Brun sulla viticoltura e di P. Poccetti su lingua e scrittura in Italia meridionale. Infine, a quelli del ricco capitolo sulla Tracia della prima parte, si aggiungono tutti e cinque quelli compresi nel capitolo su "La Céramique" della seconda, nonché alcuni altri, come quelli di D. Tsiafakis sull'architettura di Karabournaki, di V. Lungu sulla necropoli di Orgame, di E. Greco su Lemno.

Senza contare poi quei contributi che spaziano su orizzonti territoriali assai più ampi di una singola area regionale, come quelli di D. Garcia e H. Tréziny sulle «maisons à abside», di C.-A. de Chazelles sulle costruzioni in terra cruda e le terrecotte architettoniche nel Mediterraneo Occidentale, di L. Mercuri sulla pratica funeraria del rannicchiamento, di H. Tréziny sulle fortificazioni greche e indigene.

Alla constatazione della straordinaria ampiezza e varietà dei contesti regionali indagati, fa tuttavia in qualche misura da correttivo la considerazione che si tratta pressochè esclusivamente di orizzonti interessati da esperienze 'coloniali' riconducibili al mondo ionico, nella sua componente focea innanzitutto (Massaliotide, Empurdan, Velia), e più ampiamente micrasiatica (Siris-Policoro, nonché l'area tracica e pontica, specie settentrionale), ma anche in quella euboica (Imera e Calcidica) e insulare (Taso e Tracia), con sostanziale esclusione - ovviamente consapevole - degli orizzonti interessati non solo dalle più antiche esperienze coloniali euboiche (in Campania, in Sicilia e nell'area dello Stretto), ma anche da quelle del mondo acheo (Sibari, Crotone, Caulonia e Metaponto) e delle *poleis* doriche, come Corinto (Siracusa e Corcira, con le rispettive sub-colonie) e Megara (Megara Iblea, ma anche la Selinunte che fa da pendant meridionale alla colonia 'di frontiera' euboica di Imera), nonché Sparta (Taranto) e Tera (Cirene), per non dire di Rodii e Cretesi a Gela e Agrigento.

Mi pare evidente che una tale scelta sia in qualche modo da collegare, non solo all'orizzonte recenziore (e più 'maturo'?), ma anche alle peculiarità tipologiche delle esperienze coloniali e insediative sviluppatesi nei contesti privilegiati per l'indagine, rispetto a gran parte di quelli esclusi da essa. In altre parole agli aspetti e agli interessi di tipo 'emporico' che sembrano informare prevalentemente quelle esperienze, da Massalia ed Emporion a Velia, e forse a Siris-Policoro, nonché, in parte almeno, a Imera, Taso, Istria, Berezan-Olbia. Aspetti e interessi che sembrano in qualche misura consentirne una distinzione rispetto a quelle del mondo acheo e dorico, almeno in apparenza più direttamente informate da interessi di tipo insediativo-territoriale, configurando altresì - ed è questo il punto che qui risulta di maggiore interesse - condizioni peculiari di impostazione e sviluppo dei contatti e rapporti tra Greci e non Greci nelle diverse aree locali e regionali interessate.

Mi sembra, dunque, che la scelta delle aree da indagare abbia privilegiato, benché in maniera non sistematica - come testimonia l'insieme dei contributi sul contesto regionale della Tracia, con l'ampiezza dell'arco cronologico e tipologico delle esperienze prese in considerazione -, determinati tipi di contesti di esperienze coloniali e di rapporti greco-indigeni. Contesti tali da potersi sottrarre, più di altri, sia ai *non liquet* documentari e teorici legati alle fasi più antiche dell'insediamento 'coloniale' greco, sia agli stereotipi - o quantomeno ai difficili problemi - interpretativi e ricostruttivi tradizionalmente legati alla lettura dei processi di insediamento e di espansione territoriale, ai danni delle locali popolazioni indigene, delle cd. 'colonie di popolamento'.

Se questa scelta ha consentito di sviluppare uno spettro di analisi assai ampio, da cui emerge a tutto tondo la varietà, e la variabilità nel tempo, delle forme di interrelazione politica, sociale, economica e culturale sviluppatesi nelle diverse aree regionali considerate, con una netta e generale prevalenza delle forme di interazione e di scambio rispetto a quelle di dominio, imposizione, trasmissione, resta tuttavia che si tratta di un quadro in cui trova una rappresentazione solo parziale l'insieme delle esperienze innescate su questo terreno dalle 'fondazioni coloniali' greche, nella loro più ampia e articolata tipologia e distribuzione cronologica e geografica.

3. Se adesso guardiamo agli orizzzonti tematici affrontati nel Programme Ramses, quali emergono nei contributi raccolti in questo volume, e in particolare nella sua seconda parte, ancora una volta non possiamo non rilevare la loro ampiezza e varietà. Si comincia con le "Techniques de construction" del primo capitolo, i cui importanti contributi, tuttavia, investono anche le tematiche connesse alle forme architettoniche (de Chazelles, Belarte, Gailledrat, Garcia/Tréziny, Tsiafakis) e alle esperienze insediative (in particolare Moret e Giardino), viste come significativi indicatori dei processi di scambio interculturale tra Greci e indigeni. Si passa quindi agli aspetti concernenti le esperienze di "Production, conservation, distribution" del secondo capitolo, con contributi di grande interesse metodologico come quello sugli indicatori demografici ed economici che consentono di cogliere l'impatto della colonia massaliota sul contesto indigeno del Midi (Garcia/Isoardi), o quelli sui sistemi di stoccaggio in silos dell'Empurdan (Burch/ Nolla/Sagrera), sulla viticoltura e l'oleicoltura in Italia Meridionale (Brun), sulle tecniche e l'impiego della terracotta come "traceur culturel" in Linguadoca (Ugolini), sulla possibile presenza di un atelier di coroplastica nel centro indigeno di Civita di Tricarico in Basilicata (Cazanove/Féret). I cinque contributi del terzo capitolo investono, poi, da vari punti di vista i problemi delle produzioni ceramiche dell'area tracica, nei loro significativi rapporti con le importazioni greche, con esiti di divergenza (Saripanidi), ma più spesso di derivazione sia nelle forme che nei decori (E. Manakidou, A. Hermary, A. Bozkova), fino individuare un possibile caso di "acculturation potière" nell'hinterland geta (Dupont/Lungu). Mentre il quarto capitolo affronta, con riferimento sia agli abitati (Allegro/Fiorentino) che soprattutto alle necropoli (Albanese Procelli, Mercuri, Berlingò, Lungu), la questione delle tracce archeologiche, tutto sommato non troppo cospicue, né sempre chiare, della presenza di indigeni negli insediamenti coloniali greci, il quinto è dedicato al tema delle "Fortifications", col contributo di carattere generale di Henri Tréziny e le puntuali letture dedicate al sito fortificato del Puig de SantAndreu presso Ullastret in Catalogna (de Prado) e a quelli di Serro di Tavola e di Monte Palazzi, espressione delle strategie territoriali delle colonie greche in Calabria (Brizzi/Costamagna e Visonà). Abbiamo poi un sesto capitolo, che investe l'ampia e difficile questione dei rapporti tra culti greci ed indigeni con tre contributi dedicati, rispettivamente, ai due santuari indigeni di Timmari e Garaguso in Basilicata (Osanna), alle testimonianze archeologiche di rituali di fondazione e di abbandono nello spazio domestico di centri della Lucania settentrionale (Russo), e alla scoperta di un *naiskos* di ispirazione massaliota nel centro celtico di Cavaillon (De Michèle/Hermary). Segue quindi un capitolo dedicato ai problemi della lingua e della scrittura, con due ampi e illuminanti contributi di Javier de Hoz e di Paolo Poccetti sugli scambi e le influenze tra Greci e indigeni rispettivamente nei contesti dell'Iberia e della Gallia meridionale, di cui vengono illustrate le forti peculiarità rispettive sia nelle modalità che nei tempi della recezione della scrittura nei contesti indigeni (De Hoz), e in quello dell'Italia meridionale (esclusa però

l'area tarentino-messapica) (Poccetti). Chiude infine il volume un ultimo capitolo dedicato allo studio di casi particolari: dalla problematica identificazione sul terreno del sito di Rhodanusia (Roure), alla ancor più problematica interpretazione del centro di Monte San Mauro di Caltagirone (Mercuri), alla compresenza di Greci e indigeni a Eloro (Copani) e a Lemno (E. Greco).

Se ho passato in rassegna, seppur schematicamente, i contributi dei capitoli 'tematici' della seconda parte, è stato nel tentativo di farne emergere, accanto all'ampiezza, ricchezza e varietà, gli aspetti di peculiarità, legati in buona parte a quell'impostazione centrata su "contacts et échanges technologiques", sulla quale ho richiamato l'attenzione all'inizio, ma che non risulta operante in forma rigida, come dimostra l'attenzione riservata ai culti e alle pratiche funerarie, anch'essi, peraltro, aspetti indagabili privilegiatamente su base archeologica. Ma l'ho fatto anche per segnalarne le relative asimmetrie quantitative e qualitative, dal momento che alcune almeno delle tematiche affrontate risultano messe a fuoco in riferimento ad uno solo o a pochi degli orizzonti regionali indagati: così ad esempio nel caso dei problemi riguardanti le produzioni ceramiche, la cui considerazione è sostanzialmente limitata all'orizzonte tracico o in quello dei culti, che vediamo trattati in riferimento quasi esclusivo all'area della Basilicata. Va, tuttavia, anche qui sottolineato come gli stessi aspetti tematici sviluppati nei capitoli della seconda parte trovino spesso significativo spazio già nei contributi della prima: così, ad esempio importanti notazioni sulle produzioni ceramiche si riscontrano sia nel contributo di S. Vassallo su Imera, sia in quelli di V. Gassner e M. Traplicher e di M. Bats *et al.* rispettivamente su Velia e Moio della Civitella, ma anche in alcuni di quelli centrati "autour d'Empuries" (ad es. Aquilué *et al.* su Emporion e Puig su Roses), dove troviamo altresì importanti contributi sul tema delle fortificazioni, sviluppato nel quinto capitolo della seconda parte. E lo stesso, in certa misura, si può dire anche per la tematica centrata sui culti, che trova significativi spunti e discussioni, ad esempio, nei contributi "autour d'Himère", e in particolare in quello di F. Spatafora, con le sue considerazioni sugli edifici di culto indigeni di forma circolare, poi soppiantati da quelli a pianta quadrangolare di tipo greco. In tal modo, anche se non in forma sistematica - si avverte in particolare la carenza di studi focalizzati su culti e scrittura nell'orizzonte tracico e pontico -, si mantiene in qualche misura la possibilità di comprendere e valutare gli aspetti in questione attraverso il confronto tra le esperienze dei diversi orizzonti.

4. Veniamo ora alle prospettive problematiche e metodologiche che hanno informato le indagini svolte nell'ambito del Programme Ramses e che ne innervano i risultati qui pubblicati.

Mi sembra innanzitutto doveroso riconoscere un, ampiamente condiviso, approccio eminentemente storico-archeologico, o se si preferisce pragmatico, ai problemi dei rapporti tra Greci e indigeni. Un approccio che evita qualunque irrigidimento teorico più o meno pregiudiziale, centrato su nozioni di matrice 'colonialista', come quella di 'ellenizzazione' - ma capace anche di limitare al necessario il ricorso operativo a nozioni 'post-colonialiste' come quelle di acculturazione o di ibridizzazione -, per guardare piuttosto alle concrete documentazioni, soprattutto archeologiche (in senso lato), interrogandosi sulle loro possibili valenze quali indicatori di fenomeni e processi interculturali.

Fenomeni e processi, in primo luogo, di (ri)definizione e/o di affermazione identitaria (di vario genere, come sottolinea Michel Bats: etnica, politica, sociale, culturale), nel confronto/incontro tra Greci e indigeni, come quelli che emergono nelle articolate dinamiche interculturali leggibili sia nel contesto della Sicilia centro-occidentale tra VII e IV sec. a.C. (Spatafora, Vassallo) che in quello della Tracia, ma che si lasciano cogliere anche nell'esperienza dei *dug-outs* di Berezan (Solovyov), nonché, con ampia evidenza, nelle trasformazioni insediativo-territoriali, e culturali, connesse all'emergere dei Lucani (Bats *et al.*, G. Greco, Osanna, Russo).

O anche, e sono i casi più frequenti, fenomeni e processi di più o meno stretta e più o meno 'sbilanciata' interazione e interrelazione culturale (in senso lato), come quelli leggibili nella Massaliotide, specie nell'orizzonte di IV-III sec. a.C. (in part. Bernard *et al.*, Garcia/Isoardi), ma anche nelle altre aree indagate, a partire dall'entroterra di Imera e dall'Empurdan fino al Mar Nero.

O, ancora, fenomeni e processi di integrazione, riscontrabili anch'essi in misura maggiore o minore in tutti i contesti regionali presi in esame, fino alla prospettiva 'estrema' della koiné, che, giustamente a mio parere, Jean-Paul Morel nega di poter riconoscere nelle dinamiche interculturali sviluppatesi nell'orizzonte dei rapporti tra Greci e popolazioni indigene del Mar Nero Settentrionale. Ma lo stesso mi sembra si possa dire più in generale degli orizzonti 'coloniali' greci, con la parziale eccezione, forse, della Sicilia post-timoleontea.

Così come mi sembra si possa dire, tanto più alla luce delle peculiarità sostanzialmente condivise delle esperienze coloniali greche oggetto privilegiato delle indagini del Programme Ramses (vedi *supra*), che ne emerge sostanzialmente confermata la convinzione espressa molti anni fa da M. I. Finley, secondo cui, in ultima analisi, il fattore determinante delle dinamiche relazionali e interculturali che si sviluppano nei diversi orizzonti regionali interessati dalla colonizzazione greca - così come dei loro esiti, eventualmente anche in termini di 'decolonizzazione' - è da vedere nelle peculiarità e differenze dei locali contesti indigeni (Finley 1967).

5. Se ampiamente positivo risulta il bilancio complessivo dei risultati delle indagini qui pubblicate, che nel loro insieme configurano, come si è detto all'inizio, un contributo di grande rilievo al campo degli studi sui rapporti tra Greci e indigeni nel mondo coloniale greco, credo tuttavia sia possibile, e opportuno, indicare, seppur schematicamente, qualche spunto per ulteriori sviluppi delle richerche su tali tematiche.

Si potrebbe innanzitutto procedere a integrare e 'sistematizzare', per così dire, gli elementi che permettano una compiuta comparazione a tutto campo tra le esperienze sviluppate nelle diverse aree qui investigate; ma, soprattutto, si dovrebbe provvedere a realizzare indagini altrettanto ampie e approfondite - e altrettanto rigorosamente impostate e condotte - anche sugli 'altri' orizzonti coloniali greci, quelli interessati da esperienze diverse, per cronologia e/o tipologia, rispetto a quelle qui messe a fuoco.

Infine, credo che, almeno in prospettiva, occorrerà fare uno sforzo anche per andare oltre l'orizzonte delle esperienze coloniali greche, guardando, come utile termine di confronto, almeno a quelle fenicie (e poi anche cartaginesi). In effetti, lo studio di tali esperienze, specie nell'area iberica e tartessia, sta sempre più decisamente apportando, negli ultimi anni - come emerge già in alcuni contributi di questo volume, come quello di Javier de Hoz -, significativi contributi, e significative novità, per lo studio e la comprensione dei rapporti tra 'colonizzatori' e contesti indigeni.

Abbreviazioni Bibliografiche

***ACT* 1997** : *Confini e frontiera nella Grecità d'Occidente. Atti del XXXVII Convegno di Studi sulla Magna Grecia (Taranto 3-6 ottobre 1997)*, Taranto 1999.

***ACT* 2000** : *Problemi della chora coloniale dall'Occidente al Mar Nero. Atti del XL Convegno di Studi sulla Magna Grecia (Taranto 29 settembre - 3 ottobre 2000)*, Taranto 2001.

Asheri 1996 : ASHERI (D.) – Colonizzazione e decolonizzazione. In : S. Settis, *I Greci, Storia, cultura civiltà*, I, 2, Torino 1996, p. 73-115.

Finley 1967 : FINLEY (M.I.) – Intervento. In : *La città e il suo territorio. Atti del VII Convegno di Studi sulla Magna Grecia (Taranto Ottobre 1967)*, Napoli 1968, p. 186-187.

Nenci,Vallet 1983 : NENCI (G.), VALLET (G.), edd. – *Forme di contatto e processi di trasformazione nelle società antiche. Atti del Convegno di Cortona, maggio 1981*, Pisa-Roma 1983

RESUMES

Première partie : approches régionales

Chapitre 1 : Grecs et indigènes autour d'Himère

1. Francesca Spatafora : Per un' « archeologia degli incontri » : Sicani ed Elimi nella Sicilia greca, p. 25-39.

Riassunto : La Sicilia centro-occidentale - abitata da Sicani ed Elimi quando, dalla fine dell'VIII e soprattutto dal VII sec.a.C., venne raggiunta da Fenici e Greci - rappresenta, in età arcaica, un caso emblematico di quell'archeologia dei "colonial encounters" che dà vita a forme sociali, politiche ed economiche peculiari. Essa costituisce quindi un punto di osservazione privilegiato per la comprensione di una realtà complessa caratterizzata da forti fenomeni di commistione e integrazione che possono più chiaramente tratteggiarsi attraverso l'esame di alcuni parametri fondamentali per la formazione delle comunità, quali le modalità insediative, la cultura abitativa e l'organizzazione degli spazi urbani, la tipologia dei luoghi sacri o delle semplici aree collegate ad attività di culto nonché l'identificazine delle azioni rituali.

Parole chiavi : Elimi, Greci, Fenici, contatti culturali

Abstract : The central-western Sicily - inhabited by Sicanians and Elymians when, from the end of 8th and, above all, from the 7th century BC, Poenicians and Greeks arrived – is, for the archaic period, an emblematic case of the so-called Archaeology of colonial encounters which livens up characteristic social, political and economic forms. It represents, therefore, a privileged observation point for understanding a complex phenomenon characterized by strong multidirectional processes which form a new composite identity and can be better outlined through the analysis of some basic parameters for the communities' formation, such as the kind of settlement, the organization of urban spaces, the kind of sacred sites or areas related to cult activities and to the identification of ritual actions.

Keywords : Elymians, Greeks, Phoenicians, cultural contacts.

2. Stefano Vassallo : L'incontro tra indigeni e Greci di Himera nella Sicilia centro-settentrionale (VII – V sec. a.C.), p. 41-54.

Riassunto : Himera e il suo territorio, grazie alle intense indagini finora svolte, costituiscono un buon modello per valutare alcuni importanti aspetti legati all'incontro tra Greci e popolazioni indigene, di etnia sicana, insediate nell'ampio entroterra della Sicilia centro-settentrionale. La presenza di materiali di produzione indigena nell'abitato e nelle necropoli della colonia, letta parallelamente alla distribuzione della ceramica greca negli insediamenti indigeni, ci suggerisce che fin dagli anni della fondazione greca (648 a.C.) e sino al 409 a.C., anno della distruzione della città, vi fu una notevole vitalità di rapporti, basati inizialmente sul semplice scambio di prodotti, ma progressivamente sempre più intensi, fino a determinare, soprattutto nel mondo indigeno, profondissime e definitive trasformazioni nelle diverse sfere della cultura materiale, artistica e sociale.

Parole chiavi : Himera, ceramica, necropoli, indigeni.

Résumé : Himère et son territoire, grâce à l'intensité des recherches récentes, constituent un bon modèle pour évaluer certains aspects de la rencontre entre les Grecs et les populations indigènes sicanes installées dans le vaste arrière-pays de la Scile centro-septetrionale. La présence de matériels de production indigène dans l'habitat et les nécropoles de la colonie, lue en parallèle avec la distribution des céramiques grecques dans les établissements indigènes, suggère que, de la fondation de la cité grecqie vers 648 av. J.-C. jusqu'à sa destruction en 409 av. J.-C., les relations furent extrêmement actives, fondées d'abord sur de simples échanges commerciaux, mais qui se firent progressivement plus intenses, au point de déterminer, surtout dans le monde indigène, des transformations très profondes et irréversibles dans les divers domaines de la culture matérielle, artistique et dans l'organisation de la société.

Mots-clés : Himère, céramique, nécropole, indigènes.

3. Oscar Belvedere : Contatto culturale e interrelazioni tra Greci e indigeni nel territorio di Himera, p. 55-62.

Abstract : The aim of this work is to discuss interrelations and cultural contacts between the Greek colonists of Himera and the native peoples and communities in the chora of the colony, mainly going up the three valleys of the Northern Imera, Torto and San Leonardo rivers and the hilly watershed area between the Northern Imera and the Southern Imera River.

The intensive and systematic survey of all these areas allowed us to connect settlements with their surrounding areas and to identify a sequence of districts (Serra di Puccia, Terravecchia-Tutusino on the Imera; Mura Pregne, Colle Madore on the Torto; Cozzo Sannita, Pizzo Pipitone on the San Leonardo river), identified not only on geomorphologic and landscape features, but also in connection with population distribution. This different landscape perception allows us to drop out the notion of "inland penetration" by the colonists, meant as a gradual growth of territorial power, associated to an acculturation policy ("hellenization") of the native populations, and consequently to avoid the centre-periphery approach. GIS can be of the greatest utility in this new perception, to understand as the past communities build up over time their cultural landscape, not only the landscape of settlement, but also the sacred landscape and the landscape of power. Intervisibility analyses help us to reconstruct land control systems, settlement hierarchies and relationships between settlements and rural sanctuaries. The sacred landscape also can be investigated analyzing relationships, within every district, among settlements and rural sanctuaries and among the rural sanctuaries themselves. Artifacts can be viewed as proof of trades or people movement, but also as cultural media between different communities. Cultural contacts can be reconstructed by the study of refunctionalization processes in architecture and the transmission of craft techniques, as the building at Colle Madore of a sacellum of Greek type testifies.

Keywords : Himera, native people, acculturation, survey, landscape, rural sanctuaries.

Chapitre 2 : Grecs et indigènes autour d'Empùries

1. Xavier Aquilué, Pere Castanyer, Marta Santos, Joaquim Tremoleda : Grecs et indigènes aux origines de l'enclave phocéenne d'Emporion, p. 65-78.

Résumé : Les références des sources écrites et les données archéologiques réfléchissent la continuité de l'identité grecque et phocéenne d'Emporion au long de son évolution historique et jusqu'à les transformations que la présence romaine provoqua. Néanmoins, la singularité de la réalité urbaine, sociale et culturale de cet établissement portuaire était conditionnée pour la forte interrelation avec la population autochtone, qui est présente aux alentours et à l'intérieur du propre noyau colonial. Cette réalité avait ses raisins dans le établissement emporique originaire et, au même temps, était renforcé par la fonction économique principale de la ville : le commerce, spécialement orienté vers le monde ibérique péninsulaire. Les évidences qu'on a sur la période archaïque d'Emporion, spécialement ceux des excavations de Sant Martí d'Empúries, ont contribué à la définition de cette étape initial et a la confirmation de la préexistence d'une occupation indigène dans cet promontoire littoral ; cependant les données archéologiques, spécialement ce qui font référence à les structures d'habitation, posent aussi questions interprétatives quand on doit caractériser le noyau originaire de la Palaia Polis et signaler ses possibles particularités autour la implantation postérieure du nouveau secteur urbain de la Neapolis.

Mots-clés : Emporion, Palaia Polis, Habitat archaïque, Identité, Phocéennes, Indigènes

Abstract : References from written sources and archaeological data reflect the endurance of the Greek and Phocaean identity of Emporion along its historical evolution until the transformations resulting from the presence of the Romans. However, the specific urban, social and cultural character of this port settlement was conditioned by the close interrelationships with the autochthonous population, which was to be found both in the surrounding area and within the colonial nucleus itself. This reality has its roots in the original emporic enclave and was reinforced over time by the city's main economic activity, its trade, which was particularly geared towards the Iberian communities. The evidence available to us regarding the archaic phase of Emporion, especially that which has been gained from the excavations in Sant Martí d'Empúries, has contributed to the definition of the initial period of the Phocaean settlement and to confirm the preexistence of an indigenous village on this coastal promontory. However, the archaeological data, particularly those relating to the dwelling structures, raise questions of interpretation when attempting to characterise the original nature of the Palaia Polis and pointing to possible distinguishing features with regards to the later creation of the new urban sector known as the Neapolis.

Keywords: Emporion, Palaia Polis, Archaic dwellings, Identity, Phocaeans, Indigenous population.

2. Anna Maria Puig Griessenberger : Rhodé (ca. 375 – 195 av. J.-C.), p. 79-88.

Résumé : L'article est une présentation des conclusions finales de la thèse «Rhode. Caracterització del jaciment i dels seus tallers ceràmics», publiée en 2006. Son contenu fondamental sont les ateliers céramiques locaux, sur lesquels nous ne reviendronspas. Nous traiterons des résultats de l'analyse des ensembles archéologiques du gisement, qui se situe à la Ciutadella de Roses. Ceux-ci nous ont permis de situer la fondation de Rhodé à l'époque de *l'apoikia* massaliote du IVe s. av. J.-C. et de reconnaître la relation de dépendance avec Massalia au long de ce siècle. À partir de la fin du IVe s. av. J.-C., et du début du siècle suivant, Rhodé avance vers son autonomie et connaît une richesse économique qui se maintient tout au long du IIIe s. av. J.-C. C'est alors que les ateliers céramiques vont fonctionner pleinement, installés dans un quartier nouvellement construit, près du port. La fin de la ville se produit de manière soudaine en 195 av. J.-C., quand elle est prise par les troupes romaines de Caton. La raison principale: sa position pro-punique au cours de la fin de la Deuxième Guerre Punique.

Mots-clés: Rhode, Ciutadella, massaliote, ateliers de Roses, drachme, céramique

Abstract : This article is a presentation of the final conclusions from the PhD. thesis «Rhode. Characterization of the excavation site and its ceramic workshops», published in 2006. The thesis describes above all the local ceramic workshops which will not be explained here. What is treated here are the analytical results of all the archaeological sites situated at the Ciutadella in Roses (Catalonia). These sites have allowed us to situate the foundation of Rhode within the context of the Massalia apoikia in the IV century BC and to recognize its dependency from Massalia throughout this century. At the end of the IV century BC and at the beginning of next, Rhode develops towards its autonomy and experiences an economic wellbeing which lasts throughout the III century AC. It is at that moment that the ceramic workshops function fully, installed in newly constructed quarters along the harbour. The end of the city comes suddenly in 195 AC, when it is taken by Cato's Roman troops. The main reason: its pro-Punic position in the context of the end of the Second Punic War.

Keywords: Rhode, Ciutadella, Massalia, Roses workshops, drachma, ceramics

3. Aurora Martin, Rosa Plana, Ferran Codina, Gabriel De Prado : Le site ibérique d'Ullastret (Baix Empordà, Catalogne) et son rapport avec le monde colonial méditerranéen, p. 89-104.

Résumé : Le site archéologique d'Ullastret, situé dans la partie nord-est de la péninsule Ibérique, fut la capitale de la tribu des Indiketes. L'origine de l'occupation est dans deux villages du début de l'âge du Fer, qui sont contemporains de l'arrivée des premiers marchands méditerranéens dans cette zone. Les contacts avec les Phéniciens et les Grecs sont attestés par la découverte de mobilier archéologique dans le cadre des fouilles conduites sur les sites de Puig de San Andreu et d'Illa d'en Reixac, qui constituent le noyau de l'implantation. La fondation de la colonie grecque d'Emporion au début du VIe siècle av. n. è. a exercé une grande influence dans l'évolution et le développement des établissements indigènes de l'arrière-pays. Toutefois, l'influence culturelle du monde punique est aussi présente, en particulier au cours de la période de l'Ibérique plein. À Ullastret, les emprunts extérieurs ont été adaptés et réinterprétés par une société ibérique qui se caractérise avant tout par sa forte personnalité.

Mots-clés : Ullastret, âge du Fer, colonisations, culture ibérique, oppidum, architecture, urbanisme, productions céramiques, territoire.

Abstract : The archeological site of Ullastret is located on the North-Eastern Iberian Peninsula and was the capital of the Indiketes tribe. Its origins are found in two settlements dating from the beginning of the Iron Age, contemporary to the arrival to this area of the first Mediterranean traders. Contact with Phoenicians and Greeks can be inferred from the archeological material found in the excavation at Sant Andreu mound and at the Reixac former

island, which constitute the center of this site. The foundation of the Greek colony of Emporion in the 6th century B.C. had a great impact on the development of the indigenous settlements around it. Nevertheless, the cultural influence of the Punic world is also clear from the middle Iberian period. Assimilation of these features in Ullastret was reinterpreted and adapted from within an Iberian society with a strong personality.
Keywords : Ullastret, Iron Age, colonization, Iberian culture, oppidum, architecture, urban planning, pottery productions, territory.

4. Enriqueta Pons, David Asensio, Maria Isabel Fuertes, Monica Bouso : El yacimiento del Mas Castellar de Pontós (Alt Empordà, Girona) : un núcleo indígena en la órbita de la colonia focea de Emporion, p. 105-118.
Resum : El yacimiento de Mas Castellar situado en el extremo occidental de la llanura empordanesa y en un punto interfluvial tuvo en la antigüedad una situación de enclave estratégico dentro del territorio debido a la proximidad de la colonia griega del extremo occidente, Emporion. Se han localizado dos núcleos de hábitat que se desarrollaron en dos etapas diferenciadas respecto a la evolución interna del mismo. La primera, que se desarrolló entre el 450 y el 325 a.C, trata de un núcleo plenamente indígena vinculado a una aristocracia local con unas características generales y una evolución equiparable a la de muchos otros asentamientos ibéricos contemporáneos. Y la segunda, iniciada a partir del 325 a.C, pertenece a un núcleo que se encuentra profundamente condicionado por la influencia emporitana, alcanzando hacia el 220 a.C. unos rasgos culturales mixtos de fuerte influencia helénica.

5. J. M. Nolla, Josep Burch : L'oppidum ibérique de Sant Julià de Ramis, p. 119-127.
Résumé : L'oppidum de Sant Julià de Ramis se trouve à l'extrême nord de la Péninsule Ibérique. Cet oppidum était situé au sommet d'une colline, à 203 m au-dessus de la mer. Le fleuve Ter, en provenance des Pyrénées et délimitant la montagne, se dirige vers la mer où il débouche près du site grec d'Emporion. Les fouilles effectuées au cours des dernières années ont permis remonter la chronologie initiale jusqu'à arriver à la première moitié du VIe siècle av. J.-C. Au début du IVe siècle av. J.-C, le noyau réduit de la phase antérieure connut une croissance notable jusqu'à atteindre une surface d'environ 3/4 hectares. Les données apportées par les fouilles de ces dernières années nous permettent de constater qu'après la conquête romaine il y a non seulement la continuité de l'occupation du lieu mais aussi que le site occupe une situation privilégiée par rapport aux autres *oppida*. A partir de la troisième décennie du Ier siècle av. J.-C., on constate que Sant Julià n'a connu qu'une continuité d'habitat ponctuelle.
Mots-clés : Sant Julià de Ramis, iberique, oppidum, romanisation, silos, Triptolème.
Abstract : The oppidum of Sant Julià de Ramis is at the northeast of the Iberian Peninsula. This oppidum was located atop a hill 203 m above the sea. The river Ter, from the Pyrenees, delimitates the mountain of Sant Julià de Ramis and towards to the sea, near to the Greek site of Emporion. Excavations carried out in recent year's shows that the original chronology of Sant Julià is since first half of the sixth century BC. During the first half of fourth century BC the oppidum growth, reaching an area of about 3 / 4 acres. Also, the data from excavations carried out in recent years show that the place is privileged compared to other near oppida. Since the third decade of the first century BC, it is clear that Sant Julià was inhabited only sporadically.
Keywords : Sant Julià de Ramis, Iberian, oppidum, romanization, silos, Triptolemus.

Chapitre 3 : Grecs et indigènes autour de Marseille

1. Sophie Collin-Bouffier, Loup Bernard, Henri Tréziny : Grecs et indigènes autour de Marseille, p. 131-145.
Résumé : Selon les sources littéraires, les Grecs qui fondent Marseille vers 600 le font en accord avec des populations indigènes qui devaient habiter à quelques kilomètres de la nouvelle ville, peut-être dans la vallée de l'Huveaune. Très vite cependant durent éclater des conflits pour le contrôle des terres agricoles, ce qui explique sans doute l'apparition, puis la disparition de sites fortifiés indigènes à une dizaine de kilomètre de la cité grecque. La situation est sans doute comparable au IIIe s. av. J.-C., comme en témoigne le site du Verduron, détruit vers 200 av. J.-C.
Mots-clés : Marseille, Gyptis, territoire, Mayans, Verduron.
Abstract : From the litterary datas, the Greeks who founded Marseilles around 600 BC agreed with native populations who lived probably a few kilometers from the new city, perhaps in the Huveaune valley. Soon conflicts broke out for the control of arable lands; thus can we explain the construction and rapid abandonment of several indigenous *oppida* 10 km off the city. The situation was probably the same in the third century BC, as testifies the fortified site of Verduron, destroyed about 200 BC.
Keywords: Marseilles, Gyptis, territory, Mayans, Verduron,.

2. Philippe Boissinot : Des vignobles de Saint-Jean du Désert aux cadastres antiques de Marseille, p. 147-154.
Résumé : La découverte d'un vignoble grec dans la banlieue de Marseille, suivie par d'autres trouvailles similaires plus proches de la cité antique, permet d'envisager la question de la structuration agraire de son territoire colonial. Sur les plus anciens cadastres relevés au début XIXe s., avant l'urbanisation de ce secteur, il est possible de repérer toute une série d'axes majeurs, parallèles et équidistants qui semblent hérités d'une planification antique dans la partie orientale de la chôra ; les vignobles qui s'inscrivent dans cette trame datent au plus tôt du Ve s. av. J.-C. Il est proposé d'associer ce lotissement à l'arrivée d'émigrés grecs près d'un siècle auparavant et à la mise en place d'une nouvelle politique commerciale de la ville.
Mots clés : agriculture, cadastres, colonie grecque, planification agraire, viticulture.

Chapitre 4 : Grecs et indigènes autour de Vélia

1. Henri Tréziny : Grecs et indigènes autour de Vélia. Présentation, p. 156-158.
Abstract : Summart of the studies. Map of Greek and indigenous settlements around Velia. *Keywords* : Velia, territory

2. Verena Gassner, Maria Traplicher, La ceramica di Velia in età ellenistica, p. 159-170..
Abstract : In the 4th and 3rd c. BC Velia represents the most important Greek center in North-Western Lucania and therefore its pottery might serve as point of comparison for the Lucanian settlements of the region, though we have to take into consideration the fact that the idea of a unmixed Greek polis has been challenged recently. The paper presents an overview over the pottery of Velia in this period, considering glazed ware, kitchen ware and amphorae.
Keywords: Velia, pottery, hellenistic.

3. Michel Bats, Laetizia Cavassa, Martine Dewailly, Arianna Esposito, Emanuele Greco, Anca Lemaire, Priscilla Munzi, Luigi Scarpa, Alain Schnapp, Henri Tréziny, Moio della Civitella, p. 171-185.

Résumé: Moio della Civitalle est un petit site fortifié 20 km à l'Est de Vélia, considéré d'abord comme un phrourion défendant le territoire de la ville grecque. L'étude architecturale de la fortification évoque des parallèles lucaniens. A en juger par les trouvailles archéologiques, le site fut occupé dans le dernier quart du IVe s. et au IIIe s. av. J.-C. La céramique appartient à la *koine* hellénistique mais semble plus proche de celle des établissements lucaniens (Roccagloriosa) que de Vélia.
Mots-clés : *phrourion*, Vélia, Lucanien, fortification, céramique, hellénistique.
Abstract : Moio della Civitella is a small fortified site 20 km East of Velia, first considered as a *phrourion* defending the *chora* of the Greek city. The architectural study of the fortification points toward Lucanian parallels. To judge from the archaeological finds, the settlement was inhabited in the last quarter of the 4th and during the 3rd century BC. Potteries belong to the hellenistic koine, but seem closer to the Lucanian settlements (Roccagloriosa) than to Velia itself.
Keywords : *phrourion*, Velia, Lucanian, fortification, pottery, hellenistic.

4. Giovanna Greco, Tra Greci ed Indigeni : l'insediamento sul Monte Pruno di Roscigno, p. 187-199.

Riassunto : Il lavoro presenta una sintesi degli scavi recenti effettuati a Roscigno, nel sito di Monte Pruno, ed offre un inquadramento topografico e storico delle vicende dell'insediamento. Il sito si trova alla confluenza di importanti vie di transito che collegano la costa tirrenica con il Vallo di Diano e le aree interne. Le sepolture più antiche si datano nei primi decenni del VI sec. a.C., e presentano il cadavere inumato nella posizione rannicchiata. Viene presentata anche una sepoltura ad incinerazione. La vita dell'insediamento continua nel VI e V secolo, e nel corso del IV sulla collina si stanziano i Lucani, e costruiscono una possente cinta muraria fortificata. Questo muro viene ristrutturato in un momento difficilmente definibile, e distrutto nel III sec. a.C. Al periodo lucano (seconda metà del IV sec.) si deve datare anche la seconda fase di una grande unità abitativa rinvenuta in località Cozzi, che presenta un'articolazione a più vani organizzati intorno ad una corte centrale.
Parole chiavi : Monte Pruno, sepolture, Lucani, fortificazione
Abstract : The paper presents a summary of recent excavations carried out in Roscigno, on Monte Pruno hill, and offers a framework of topographical and historical events of the settlement. The site is located at the confluence of major transit routes linking the Tyrrhenian coast with the Vallo di Diano and inland areas. The most ancient graves are dated in the early decades of the 6th century. BC, and have the corpse buried in the fetal position. In the paper Is presented also a burial cremation. The life of the settlement continues in the 6th and 5th centuries, and during the 4th cent.the Lucanians set up on the hill, and build a mighty fortification wall. This wall is restored at a time difficult to define, and destroyed in the 3rd century. a.C. At Lucanian period (second half of the 4th century) should be dated also the second phase of a large house found in Cuozzi, presenting an articulation of several rooms arranged around a central courtyard.
Keywords : Monte Pruno, tomb, Lucanian, fortification

Chapitre 5 : Grecs et indigènes en Thrace

1. Zosia H. Archibald : Greeks and Thracians. Geography and culture, p. 202-211.

Abstract. 'Thracians' is the name that was applied in antiquity to most of the inhabitants of the east Balkan landmass between the Carpathians and the Aegean. Early historical communities seem to have defied the impediments of geography to develop close contacts with their southerly and easterly neighbours, which resulted in the emergence of new population nuclei. The best known of these are along the Aegean and Black Sea coastlines. The archaeological evidence at these coastal sites suggests that key persons within the new settlements were wealthy and influential figures. Recent fieldwork in Macedonia, the Aegean coastal region, and in inland Thrace, indicates some common elements in the subsistence patterns of these regions, and thus similar lifestyles in the early first millennium BCE. At the same time, important technological changes created new social possibilities. The emergence of iron as the principal metal; of standardised ceramic forms made on the fast wheel; and of oared ships, combined to create new opportunities for incomers as well as indigenous groups.
Keywords : Thracians, Greeks, Aegean and Black Sea coastlines.

2. Arthur Muller : D'Odonis à Thasos. Thraces et Grecs (VIIIe - VIe s.) : essai de bilan, p. 212-224.

Résumé. Les sources littéraires, discutées depuis longtemps, nous donnent un point de vue essentiellement grec sur l'installation des Pariens à Thasos. La documentation archéologique réunie au cours des dernières décennies éclaire quant à elle la culture matérielle des premiers habitants de l'île, les indigènes thraces. On propose ici un bilan de près d'un demi-siècle de discussions et hypothèses, qui permettent désormais de caractériser avec plus de sûreté l'occupation thrace attirée par les richesses minières sur le site de Limenas-Thasos dans la 2e moitié du VIIIe s., de préciser la date d'arrivée des colons pariens, en deux vagues rapprochées, à partir de 670 et 663 respectivement. En revanche, les modalités de cette installation restent largement inconnues, même si l'on constate une succession tranchée Thraces-Grecs plutôt qu'une coexistence. Quant aux Phéniciens des sources littéraires, ils se dérobent toujours.
Mots-clés : Thasos, Pariens, Thraces, mines, Phéniciens
Abstract. The written sources, discussed for a long time, give us an essentially Greek point of view for the installation of Parian colonists in Thasos. On the other hand, the archaeological evidence collected in the last decades shed new light on the material culture of the first inhabitants of the island, the Thracians. We propose here an assessment of about half a century of discussions and hypothesis who make it now possible to characterize with more reliability the Thracian occupation, attracted in the site of Limenas-Thasos in the second half of the 8th century BC by the wealth of various metal ores, and to date more precisely the arrival of the Parian colonists, in two close following waves, in 670 and 663 BC. If the conditions of their installation remains largely undetermined, at least a clear succession between Thracians and Greeks seems sure, rather than a coexistence, in the first half of the 7th century. But the Phoenicians of written sources remain elusive.
Keywords : Mots-clés : Thasos, Parians, Thracians, metal-mines, Phoenicians

3. Jacques.-Yves Perreault, Zisis Bonias, Argilos aux VIIe-VIe s. av. J. -C., p. 225-233.

Abstract : This article deals with the Greek colonization of ancient Argilos which took place towards the middle of the 7th century B.C., and addresses the question of cohabitation between the Greek colonists and the native Thracian population. A study of the archaeological remains, the literary sources and the development of Greek penetration in the lower region of the Strymon river tends to show that Greeks and Thracians did live together in Argilos, but also in several other sites of this region.

Keyword : Argilos, Thracians, Greek colonists.

4. Zisis Bonias : L'importance de la plaine du Strymon comme voie de contacts culturels et commerciaux entre Grecs et Thraces, p. 235-239.

Résumé: La vallée du Strymon a servi de voie de pénétration pour les populations venues de l'Egée (Andriens, Thasiens, mais aussi Perses, puis Athéniens). Une inscription trouvée à Bergè suggère que le site fit un *emporion*, puis une colonie de Thasos dans la vallée du Strymon, une étape vers le comptoir de Pistiros.

Mots-clés : Strymon, Bergé, *emporion*, Pistiros

5. Véronique Chankowski : Pistiros et les Grecs de la côte nord-égéenne : problèmes d'interprétation, p. 241-246.

Abstract : Adressing the question of economic and social relations between the Greek North-Aegean cities and the Thracian hinterland, the paper summaries the results of an international program of surveys and sondages conducted by the French School of Archaeology at Athens around Pistiros (Bulgaria). The site, situated in the upper valley of the Marica (Hebros) river, can be considered as an example of emporion, connecting local ressources with commercial roads, mainly during the 4th century BC.

6.Alexandre Baralis : Habitat et réseaux d'occupation spatiale en Thrace égéenne: l'impact de la colonisation grecque (Xe-Ve s. av. J.C.), .p. 247-264.

Résumé : Le littoral égéen de la Thrace représente un secteur encore méconnu du monde colonial grec. Son ouverture récente à la recherche archéologique, tout comme l'absence de synthèse, explique le peu d'intérêt que cette région a jusqu'ici suscité. Pourtant, par son exemple, la Thrace égéenne apporte une vision nuancée sur les premiers temps de la colonisation grecque. Elle révèle une société thrace fortement hiérarchisée, organisée autour de plusieurs centres de pouvoir fortifiés et volontiers rivaux. L'habitat est lui ventilé depuis la fin du Bronze sur l'ensemble des étages du relief, concrétisant cette emprise par la mise en place précoce de paysages ouverts et anthropisés. Dans un tel contexte, les premières fondations coloniales affichent une ambition limitée. La constitution de leur territoire s'avère graduelle et tardive ; leur intégration dans les réseaux d'échanges régionaux n'est pas antérieure au début de la période classique.

Mots-clés : Thrace, colonisation, territoire, habitat, commerce, Abdère, Maronée

7. Margarit Damyanov, Greeks and natives in the region of Odessos, p. 265-276.

Abstract : Around 575 BC, the Milesian founders of Odessos settled in an already inhabited landscape. Numerous necropoleis of inurned cremations attest the presence of Thracians (Getai or Krobyzai) in the hinterland from the first decades of the 6th c. BC at latest; some were used until the Early Hellenistic period. No Greek imports were deposited in these necropoleis in the 6th and 5th c. BC, but in the latter century various wheel-made vases appeared, some probably made in Odessos. Imports were discovered in rich graves from the 5th c., but they are far from the coast and could be related to the northward expansion of the Odrysians. Only after 350 BC and particularly in the Early Hellenistic period, Greek goods penetrated massively in the hinterland of Odessos. This could be explained with the Macedonian conquest of Philip II, Alexander and Lysimachus that incorporated Northeastern Thrace in the Hellenistic world. Odessos seems to have prospered during Lysimachus' reign.

Keywords: Greek colonisation, Black Sea, Thrace, Odessos, Hellenistic

Chapitre 6. Grecs et indigènes en mer Noire

1. Jean-Paul Morel, Quelques aspects de la culture matérielle dans le Pont Nord : vers une koinè entre Grecs et indigènes ? p. 279-289.

Résumé : À propos du littoral septentrional du Pont Euxin et de son arrière-pays, on a posé récemment le problème de l'existence d'une « koinè » entre les Grecs et les indigènes. Dans les domaines considérés ici — la céramique, l'habitat, les pratiques funéraires, l'art — on observe indéniablement des pas des deux parties l'une vers l'autre et des influences croisées, mais en fin de compte on note surtout la persistance au long des siècles de différences notables, et l'on reste loin d'une véritable fusion entre les mœurs et les productions de ces deux entités. Cette constatation est d'autant moins surprenante en l'occurrence que les Grecs avaient généralement affaire dans le Pont Nord à des populations nomades dont les coutumes étaient particulièrement éloignées des leurs.

Mots-clés : Mer Noire, Pont-Euxin, koinè, Grecs

2. Sergey L. Solovyov, Greeks and indigenous population at Berezan (Borysthenes), p. 291-303.

Abstract : The ancient settlement on the Berezan Island, which formerly was the peninsula, where the ancient Greeks first settled, when they sailed into the Northern Black Sea region, holds a key to the story of ancient Greek colonisation of the area. A small number and typological unvariety of Greek imports and local handmade pottery of the 7th century might specify the irregularity and the short duration of first contacts between Greeks and Natives. The building practice of the first inhabitants of Berezan was determined mainly by local traditions of dug-out construction. At the same time, absence of a large number of early Greek graves can also specify rather small share of Greeks among the first settlers on Berezan. The necropolis materials attest that the quantity of Greek colonists has sharply been grown in the second half of the 6th century BC, when the whole territory of the settlement was built up with aboveground homes of generally Greek types. The urbanisation of the Berezan settlement during a very short period has been provoked by a one-time, mass migration of Greeks joined a polis. The local inhabitants of the Berezan settlement abandoned the peninsula in a peaceful way, possibly upon the conclusion of an agreement between the newcomers and native leaders. The local traditions, especially those of dug-out construction and handmade pottery making, were deeply rooted in culture of the Berezan settlement. Almost thousand-year history of the Berezan settlement reveals continuous interaction and coexistence of two cultures and two worlds, those of Greeks and indigenous populations.

Keywords : Berezan, dug-out constructions, Greeks, pottery

Deuxième partie : approches thématiques

Chapitre 1 : Les techniques de construction

1. Claire-Anne de Chazelles : Quelques pistes de recherche sur la construction en terre crue et l'emploi des terres cuites architecturales pendant l'Âge du fer dans le bassin occidental de la Méditerranée, p. 309-318.

Résumé : L'article met l'accent sur la nécessité d'identifier et de nommer correctement les procédés de construction en terre crue utilisés par les architectures de l'Âge du fer autour du bassin méditerranéen. Toute imprécision est non seulement préjudiciable à l'histoire des techniques de construction, mais peut également masquer des particularismes propres à certains peuples ayant pourtant une signification culturelle. Il montre également que l'appropriation ou le refus de matériaux typiquement « grecs », comme les terres cuites architecturales, révèle un impact plus ou moins important des modèles coloniaux sur les architectures indigènes selon les régions.

Mots-clés : âge du fer, Méditerranée, construction, terre crue, pisé, bauge, tuiles, terres cuites, culturel

Abstract : The paper enlightens the importance of giving clear identifications and correct designations for earth construction processes used during the Iron age architectures, around the Mediterranean sea. Any inaccuracy can prejudice the history of building techniques and mask some peoples' particularities that have a cultural significance. It also demonstrates that the appropriation or disinclination for typically « greek » materials -as terracottas- reveals different infuences of the colonial models on indigenous architectures, depending on areas.

Keywords : Iron age, Mediterranean sea, construction, raw materials, earth, pisé, cob, tiles, terracottas, cultural

2. Maria Carme Belarte : Techniques de construction et architecture protohistorique indigène dans le nord-est de la péninsule Ibérique, p. 319-327.

Resumé : L'étude de l'architecture protohistorique du nord-est de la Péninsule Ibérique montre que les techniques de construction ainsi que les formes bâties résultantes possèdent une personnalité propre en même temps qui témoignent des nombreuses influences méditerranéennes reçues durant l'âge du Fer. L'ensemble de données suggère que les rapports et les échanges culturels étaient riches du point de vu des techniques de construction et des formes d'architecture, mais les sociétés indigènes gardent leur propre personnalité en ce qui concerne la construction et l'utilisation de l'espace bâti.

Mots-clés : architecture, urbanisme, techiques de construction, protohistoire, peupeles ibères, âge du Fer, péninsule Ibérique ; Méditerranée occidentale.

Abstract : The study of the proto-historic architecture of the northeastern Iberian Peninsula shows that building techniques as well as the resulting built forms had their own personality. At the same time, they were the result of several Mediterranean influences received during the Iron Age. The whole of data indicates the richness of the relationships and the cultural exchanges reflected in the use of building techniques as well as in the architectural forms. In any event, indigenous societies kept their own personality regarding the construction and the use of built space.

Keywords: architecture, urbanism, building techniques, proto-history, Iberian peoples, Iron Age, Iberian Peninsula, Western Mediterranean.

3. Pierre Moret : La diffusion du village clos dans le nord-est de la péninsule Ibérique et le problème architectural de la *palaia polis* d'Emporion, p. 329-332.

Résumé : Cette brève contribution tente de répondre à la question suivante : l'architecture de la de la *palaia polis* d'Emporion, dans son état du milieu du VIe siècle (phase IIIc), doit-elle être tenue pour grecque, ou pour un produit hybride fortement influencé par son environnement ibérique ? Il est vrai qu'on note une certaine similitude entre les pièces étroites de la *palaia polis* et celles des "villages clos" ibériques du premier âge du Fer. Mais ceux-ci n'ont pas la même régularité, et surtout ils n'existent à cette époque que dans des régions plus méridionales. On se demandera donc si la batterie de cellules standardisées d'Emporion ne représente pas une modalité encore mal connue de l'architecture grecque archaïque.

Mots-clés : village-clos, Emporion, urbanisme, architecture

4. Eric Gailledrat : Innovations architecturales et processus d'acculturation au VIe s. sur le littoral languedocien. L'exemple de Pech Maho (Sigean, Aude), p. 333-347.

Résumé : Le site de Pech Maho à Sigean (Aude), emporion indigène fondé vers le milieu du VIe s. av. J.-C. sur le littoral narbonnais, constitue un de ces lieux où les phénomènes d'acculturation résultant des contacts établis avec les cultures classiques méditerranéennes se sont exercés de manière privilégiée. Le réexamen de la documentation ancienne relative à la phase archaïque du site (Pech Maho I), confronté aux résultats des fouilles récentes, permet de reconsidérer les questions d'influence ou de transfert technique, ici abordées au travers de l'architecture. L'existence d'une phase initiale, de courte durée, durant laquelle un premier état du rempart voisine avec un habitat en matériaux légers est désormais bien individualisée. Elle précède de peu une phase d'urbanisation qui, peu après les années 550 av. J.-C., met en œuvre un véritable programme architectural, original à une date aussi haute en contexte languedocien, avec un urbanisme régulier associé à des techniques de construction d'origine méditerranéenne.

Mots clés : Architecture, urbanisme, fortification, habitat, adobe, emporion, acculturation

5. Liliana Giardino : Forme abitative indigene alla periferia delle colonie greche. Il caso di Policoro, p. 347-369.

Riassunto : L'ubicazione della colonia colofonia di Siris è ancora oggi oggetto di un vivace dibattito, che ha le sue radici nel contrasto esistente tra quanto indicato nelle fonti letterarie (collocazione sul fiume Sinni, ad una distanza di 4 stadi da Herakleia, oggi Policoro) e quanto emerso dalle indagini archeologiche (assenza di ritrovamenti sul Sinni, presenza di un abitato arcaico nello stesso sito di Herakleia). Le due ipotesi proposte dagli studiosi per superare tale contrapposizione sono strettamente collegate alla lettura data per l'abitato arcaico di Policoro (inizi VII – primi decenni V a.C.): identificazione con Siris (con conseguente correzione della tradizione letteraria), ovvero con un insediamento enotrio connotato da una presenza stanziale di elementi greci (e collocazione di Siris sul Sinni). L'articolo presenta alcune riflessioni a favore della seconda ipotesi. Una rilettura degli aspetti insediativi e della documentazione materiale proveniente dagli abitati presenti lungo la fascia costiera tra Taranto e il Sinni (l'Amastuola, Incoronata, area di Metaponto, Termitito, Policoro) permette infatti di evidenziare come, nella prima metà del VII secolo a.C., questa stessa area sia intensamente interessata da fermenti economici e culturali che si sviluppano all'interno di abitati indigeni a causa dell'arrivo di commercianti ed artigiani greci, verosimilmente di provenienza greco-orientale. Inoltre, i singoli momenti attraverso i quali si sviluppa la storia dell'abitato arcaico di Policoro (formazione, organizzazione in senso urbano, abbandono) non coincidano cronologicamente con quelli noti per Siris.

Parole chiavi : Policoro, Siris, enotrio, urbanistica, Greci.

Abstract : The location of the Colophonian colony on the Ionian Gulf Siris is still uncertain; ancient literary sources say that Siris was located on the Sinni river, four stadia from Herakleia (modern Policoro). This assertion has not been confirmed by archaeological evidence and no settlements have been found near the Sinni river. On the contrary, an Archaic settlement occupied from the beginning of the 7th to the beginning of the 5th century BC has been detected under the classical colony of Herakleia. The two hypothesis formulated to overcome this disagreement are closely connected with the interpretation of the nature of the Policoro's archaic settlement: its identification with Siris, or, alternatively, an Oenotrian settlement, where also Greek traders and craftsmen were living. This paper presents some remarks supporting the second hypothesis. The analysis of settlement patterns and of the material culture expressed by the settlements located between Taranto and the Sinni River (L'Amastuola, Incoronata, the Metapontine area, Termitito, Policoro) shows that in the first half of the 7th century BC indigenous settlements located in this area are characterized by cultural and economic transformations developed as a consequence of the arrival of Greek (or, better, Eastern Greek) traders and artisans. Moreover, the historical development of the Archaic settlement of Policoro (moment of formation, organization according to urban models, abandonment) is not consistent from the chronological point of view with what is known for Siris.

Keywords : Policoro, Siris, oenotrian, town-planning, Greeks..

6. Dominique Garcia, Henri Tréziny : Maisons à absides dans le monde grec et en Gaule méditerranéenne, p. 371-378.

Résumé : Les maisons à absides semblent disparaître dans le monde grec vers la fin du VIIIe s. et on ne les trouve guère dans les habitats agglomérés du VIIe s. Cependant, l'exisence de maisons absidales à Clazomènes vers la fin du VIe s., suggère que ce type de construction pouvait réapparaître dans certaines conditions. Dans le Midi de la Gaule, les maisons absidales semblent se trouver dans des habitats isolés et disparaître rapidement dans les habitats agglomérés. Plus que la forme absidale, c'est l'utilisation de certaines techniques (brique crue) qui peut suggérer une pratique grecque à côtés des traditions indigènes.

Mots-clés : habitat, abside, Clazomènes, Bessan.

Abstract : Apsidal houses seem to disappear in the Greek world toward the end of the 8th ce,tury BC and they do not exist in the

7. Despini Tsiafaki : Domestic Architecture in North Aegean: the Evidence from the ancient settlement in Karabournaki, p. 379-387.

Abstract : Aim of this paper is to present the domestic features of the ancient settlement located at Karabournaki in North Aegean. The site, placed on the top of a mound above the Thermaic Gulf, includes a settlement, harbor and cemeteries. It should be identified with a part of ancient Therma. Geometric and particularly Archaic times, appear to be the flourishing periods of Karabournaki, which should had gotten an "international" character due to its trading activities. The preserved structures point rather to a permanent occupation with stone built Greek in type, Archaic in date, houses. Except for the purely domestic activities, the findings indicate active workshops for metal-working and ceramics. Its chief attribute, however, is the beehive-shaped semi-subterranean constructions. As for the population of the settlement, there are certainly Greeks there at least from the Archaic period onwards, but the possibility to have a mixed population with also Thracian inhabitants cannot be rejected.

Keywords: Domestic Architecture, North Aegean, Karabournaki, Greeks, Thracians

Chapitre 2 :
Production, conservation, distribution

1. Josep Burch, Josep Ma. Nolla, Jordi Sagrera : Le système de stockage en silos sur le territoire ibérique aux environs d'Emporion, p. 391-401.

Résumé : Un des traits caractéristiques de la culture ibère de l'extrême nord-est de la Péninsule Ibérique est l'usage de silos comme système de stockage de produits agricoles. Il s'agit là d'une technique traditionnellement très utilisée pour conserver des produits alimentaires à moyen et long terme. C'est pour cette raison que les aliments qu'on y conservait ont été considérés comme réserves. Cet article aborde le rôle de l'aristocratie sur le contrôle de ces réserves. L'évolution de ce système de stockage ainsi que son développement au cours des IIe et Ier siècles avant J.-C., juste avant leur disparition presque définitive lors du passage à la nouvelle ère, sont aussi étudiés.

Mots-clés : Ibère, silos, agriculture, Sant Julià de Ramis, Emporion, pays des Indigète

Abstract : One of the features of Iberian culture of the far northeast of the Iberian Peninsula is the use of silos to store agricultural products. Traditionally this system was frequently employed for the medium and long term preservation of food products. For this reason the food preserved there was considered as a reserve. This article discusses the role played by the aristocracy in the control of these reserves. It also studies the evolution of this system of storage and its development during the 1st and 2nd centuries BC, just before it almost finally disappeared during the change in era.

Keywords : Iberian, silos, agriculture, Sant Julià de Ramis, Emporion, land of the Indigets.

2. Dominique Garcia, Delphine Isoardi : Variations démographiques et production des céréales en Celtique méditerranéenne : le rôle de Marseille grecque ? p. 403-424.

Résumé : Les capacités de stockage des habitats indigènes semblent augmenter rapidement au cours du VIe s., en même temps que leur population. A partir du début du Ve s., alors que la population des *oppida* semble diminuer fortement, les capacités de stockage continuent à grandir, jusqu'à un maximum vers la fin du siècle, sans doute dans le cadre d'échanges avec Marseille. Cette période semble correspondre pour Marseille à un optimum démographique.

Mots-clés : Marseille, oppida, céréales, stockage, démographie.

3. Jean-Pierre Brun : Viticulture et oléiculture grecques et indigènes en Grande Grèce et en Sicile, p. 425-431.

Abstract : Are transfers of technology in fields of olive oil and wine production between Greek and Italic populations archaeologically detectable? Although documentation is still scarce, we have learnt that from the Bronze Age local populations knew how to produce olive oil while from the Iron Age they produced wine. Recent discoveries at Poggiomarino near Pompeii show that vine cultivation, wine production and consumption were common among the Italic populations during the 9th c. BC. On the other hand, a revaluation of the content of Corinthian A and SOS amphorae, which were probably used to transport wine rather oil, implies that Greek settlers did not import their oil from mainland Greece but produced it locally as they did their wine. The first archaeological remains of wine production excavated so far are those of Punta Chiarito on the island of Ischia where, near to a small farm dated from the 6th c. BC, were discovered several vine plantation pits, a press and many jars used to make wine. Other plants, dating from the Classical period, are located in Sicily, around Gela and Camarina, and carpological studies show that the cultivation of olive trees reached a peak during the 4th c. BC in the territory of the Greek colony of Metaponto (Southern Italy). Oil presses are known in the Lucanian territory at Montegiordano near Sybaris, at Monte Moltone near Potenza and in the Sicanian zone at Monte Adranone (Sicily). Just as those of Greek mainland cities or western colonies, they might bear testimony to a rather large diffusion of Greek techniques in the indigenous world. But the available data are still too scant to precisely date these transfers.

Keywords : South Italy, Sicily, olive oil, wine, vine cultivation, amphorae, press.

4. Daniéla Ugolini : De la vaisselle au matériau de construction : techniques et emplois de la terre cuite en tant que traceur culturel (VIe-IVe s. av. J.-C.), p. 433-454.

Résumé : En Gaule méditerranéenne, la terre cuite est relativement peu sollicitée (en dehors des vases) en tant que traceur des présences helléniques. Pourtant, elle offre de nombreux objets/éléments dans divers domaines de la vie quotidienne qui permettent de signaler des « manières de faire » non conformes aux usages des peuples indigènes côtiers. La composition de la vaisselle, la présence systématique de certaines formes, voire la façon de se servir des vases fournissent des indications fort utiles et en partie pressenties de longue date. Par contre, l'utilisation du métier à tisser vertical ou des tuiles, l'abondance des lampes, les techniques de production de la céramique, l'apparition de terres cuites particulières sont des indices tout aussi importants. Non seulement ils contribuent à isoler quelques sites à forte composante grecque, mais ils permettent aussi d'identifier les très grandes agglomérations correspondant aux villes.

Mots-clés : Gaule méditerranéenne, céramique, ville.

Abstract : In mediterranean Gaul, terracotta is not very employed (excluding vases) as a marker of hellenic presence. Though, it offers many items / artefacts in various spheres of daily life that may indicate some "how to" atypical for indigenous coastal peoples. Nearby the composition of the dishes, the presence of certain forms, how the vessels are used, all elements that provide useful information, the vertical loom, the tiles, the number of lamps, the techniques of ceramic production, some specific decorated terracottas etc. are other traces equally important. They help to isolate the sites with strong Greek presence, and they also identify the very large settlements corresponding to cities.

Keywords : Mediterranean Gaul, pottery, town.

5. Olivier de Cazanove, Sophie Féret : L'artisanat lucanien entre reproduction et « bricolage » : l'exemple de Civita di Tricarico et de la maison des moules, p. 455-460.

Riassunto : Nella Lucania interna, gran parte delle produzioni artigianali viene eseguita in loco, come dimostrano le numerose fornaci ritrovate in ambiente domestico (lo stessa vale per la tipica attività casalinga della tessitura). Fa eccezione, a Civita, presso un santuario urbano, un edificio comunitario, granaio e magazzino tutt'insieme, con una grande fornace per tegole e opus doliare. Tuttavia, le altre tracce d'artigianato a C. di T. sono ambientate nello spazio domestico : produzione di ceramiche comuni di tradizione indigena, di vernice nera che imitano il repertorio magnogreco, di forme di ceramica da fuoco di derivazione greca, ma che si possono adattare ad un contesto culturale e culinare diverso. Un altro tipo d'artigianato, la produzione di statuine e gioielli di terracotta (nella «casa delle matrici », III sec. a. C.) fa vedere la stessa oscillazione tra riproduzione e adattamento delle forme e dei contenuti. Un primo gruppo di matrici rimanda ad una piccola coroplastica di livello medio, un secondo è per grandi figure che sono oggetti eccezionali. Modelli iconografici e modi di fare sono mutatati dall'ambiente magnogreco, part. tramite la tecnica del ricalco (« surmoulage »). Uno stampo preso su una statuina con patera, estranea all'officina, fa vedere come l'artigiano indigeno si è arrangiato par aggirare la difficoltà tecnica. Questo concetto di « bricolage » ci pare ben adatto per descrivere una delle forme di scambi culturali tra il littorale magnogreco e l'hinterland indigeno.

Parole chiavi : Tricarico, coroplastica, matrice, santuario.

Chapitre 3. La céramique : fabrication, formes, décors, échanges

1. Heleni Manakidou : Céramiques « indigènes » de l'époque géométrique et archaïque du site de Karabournaki en Macédoine et leur relation avec les céramiques importées, p. 463-470.

Résumé. Les fouilles récentes au site de Karabournaki ont fourni de grandes quantités de la céramique importée et locale. La production des ateliers céramiques dans la région du Golfe Thermaïque témoigne une longue tradition indigène ainsi que l'adaptation des influences extérieures, provenant surtout de l'Eubée et de Thessalie pour l'âge du Fer récent et des centres artistiques de la mer égéenne du nord et de l'est, comme de l'Asie Mineure (Éolide, Ionie) pour l'époque archaïque.

Mots-clés : Toumba-site à Karabournaki, âge du Fer, époque archaïque, production céramique locale, influences eubéennes, influences ioniennes, décoration à bandes, céramique « à paroi de coquille », port commercial, centre de distribution.

Keywords : Toumba-settlement at Karabournaki, Iron Age, archaic period, local ceramic production, Euboean influences, Ionian influences, band decoration, "egg-shell" ceramic ware, commercial harbour, product distribution.

2. Vassiliki Saripanidi, Local and Imported Pottery from the Cemetery of Sindos (Macedonia) : Interrelations and Divergences, p. 471-480.

Résumé : L'objet de cette recherche consiste à examiner la présence des céramiques locales de Macédoine, en relation avec les céramiques d'importation, dans la nécropole archaïque-classique de Sindos. On constate dans un premier temps que l'utilisation des productions locales comme mobilier funéraire, relativement restreinte elle-même, n'est pas limitée qu'aux tombes d'un groupe spécifique d'individus. Nous procéderons, par la suite, à l'exploration des influences exercées par les pratiques funéraires sur la production des ateliers régionaux. En dernière partie, nous brosserons le portrait des influences provenant de Grèce du sud et de l'est ayant marqué les céramiques locales des VIe et Ve siècles av. J.-C., au niveau des formes et des techniques du décor. On remarquera que les céramiques de Macédoine ont su s'inspirer des modèles importés avec une assez grande liberté, conservant en parallèle plusieurs traits associés aux premières traditions locales.

Mots-clés : Sindos, Grèce du nord, nécropole, archaïque, classique, céramiques locales, céramiques d'importation.

Abstract : This paper examines the presence of local Northern Greek pottery in relation to imported wares in the Archaic-Classical cemetery of Sindos. In the first part, we stress that the relatively limited use of locally made wares is not confined to burials of some specific group of the population; then we attempt to define the extent to which local workshops were affected by the demands of funerary practices. The second part focuses on the influence exerted on local wares of the VIth and Vth c. B.C. by the ceramic products of South and East Greece, in terms of shapes and decoration. We notice here that potters of the Thracomacedonian area were rather flexible in assimilating their imported models, maintaining, at the same time and to a considerable degree, elements of earlier local tradition.

Keywords: Sindos, Northern Greece, cemetery, Archaic, Classical, local pottery, imported pottery.

3. Antoine Hermary : Les vases et leur décor à l'époque classique : transfert de formes et d'images entre Grecs et Thraces (Ve s. av. J.-C.), p. 481-486.

Résumé : L'étude des vases attiques à figures rouges découverts dans l'ensemble de la Thrace bulgare et celle des coupes en argent doré provenant des tumulus de la région de Plovdiv/Kazanlak apportent des informations intéressantes sur un aspect des échanges entre les Thraces et le monde grec du Ve siècle av. J.-C., particulièrement avec Athènes. Les scènes représentées sur plusieurs de ces documents semblent en effet répondre à une demande des commanditaires thraces et à la destination funéraire des objets. Une oenochoé et deux pichets trouvés à Apollonia et dans sa région sont en tout cas clairement, par leur forme et leur décor figuré, des vases réalisés à Athènes pour un milieu culturel thrace.

Mots-clés : céramique attique, Thrace, Apollonia.

Abstract : The study of the Attic Red Figure vases discovered throughout Bulgarian Thrace and the gilded silver cups from the tumuli in the region of Plovdiv/Kazanlak provides interesting information on an aspect of the exchanges between the Thracians and the Greek world in the 5th century B.C., particularly Athens. The scenes represented on several of these items seem in fact to correspond to requests by Thracian customers and the funerary use of these objects. An oenochoe and two jugs found in Apollonia and its region are clearly in any case, through their form and figured decoration, vases produced in Athens for a Thracian cultural milieu.

Keyword : Attic pottery, Thracia, Apollonia.

4. Anelia Bozkova : La céramique à vernis noir d'époque classique dans les colonies ouest pontiques et l'hinterland indigène (territoire de la Bulgarie), p. 487-492.

Résumé. L'article avance les résultats d'une étude parallèle du massif céramique des colonies ouest-pontiques et de l'hinterland thrace, ayant établi des modalités spécifiques dans le répertoire de vases à vernis noir et dans les préférences des habitants des régions respectives. L'étude nous mène à l'identification de trois différents milieux contextuels aux particularités distincts dans le choix de vases céramiques. Le premier est celui des colonies grecques du littoral, qui présente un répertoire relativement standardisé et balancé, quoique en général appauvri par rapport à Athènes. Le deuxième milieu culturel est celui des agglomérations situées à proximité proche du littoral. Deux sites de ce groupe démontrent des particularités dans la composition du répertoire céramique qui sont tout à fait semblables à celles des colonies grecques. Les trouvailles céramiques des complexes proprement thraces qui font le troisième milieu reconnu démontrent un modèle différent d'attitudes et de préférences envers les vases grecques à vernis noir. Leur répertoire est restreint à un nombre réduit de formes, et surtout aux vases destinés à boire.

Mots-clés: céramique à vernis noir, répertoire de vases à vernis noir, côte ouest-pontique, colonies grecques, importation de marchandises, Thrace.

5. Pierre Dupont et Vasilica Lungu : Beidaud : un cas d'acculturation potière dans l'hinterland gète ? p. 493-498.

Abstract : In order to improve the regional differenciation of chemical patterns within modern Dobrogea between Histria and other ancient settlements, new batches of pottery samples from both coastal Greek colonies, such as Tomis, Callatis and Orgame, and autochtonous sites of the nearby hinterland have been analysed. Interesting results have been obtained on the Getic Iron Age oppidum of Beidaud, halfway between Histria and Orgame. Our samples of wheelmade grey ware of Greek type from this indigenous site have revealed chemical compositions mostly differing from those of both Histria and Orgame, thus suggesting the existence of a distinct workshop most probably located in Beidaud, the main Getic centre all around. The question is whether this workshop was operated by acculturated Getic potters of by Greek ones, either settled or itinerant.

Keywords : Beidaud, Dobrogea, Romania, pottery workshop, grey ware, acculturation, Archaic period, Iron Age.

Chapitre 4 : Les indigènes dans l'habitat et dans les nécropoles des cités grecques

1. Rosa Maria Albanese : Presenze indigene in contesti coloniali sicelioti : sul problema degli indicatori archeologici, p. 501-508.

Résumé. On se propose de considérer synthétiquement la présence d'individus indigènes appartenant à divers niveaux sociaux (femmes de l'aristocratie, artisans, serviteurs...) dans les *poleis* grecques coloniales de Sicile à l'époquee archaïque. Leur repérage par des indicateurs archéologiques est délicat. Dans les nécropoles coloniales, quelques objets de type indigène (fibules, pendentifs et ornements de bronze) caractérisent des sépultures de femmes et d'enfants. Ce sont surtout des "systèmes" cohérents (formés par des objets et des pratiques funéraires de tradition indigène) qui permettent de supposer la présence possible de femmes d'origine locale, intégrées dans les communautés coloniales grecques par des mariages mixtes, et qui suivaient probablement leurs traditions pour les vêtements et les amulettes des enfants.

Mots-clés : Sicile, indigènes, tombes, fibules, maraiges mixtes.

2. Henri Tréziny : Note sur les céramiques indigènes présentes à Marseille, p. 509.

Résumé : courte note rappelant l'intérêt des études en cours sur les céramiques indigènes dans les fouilles urbaines de Marseille grecque.

3. Nunzio Allegro, Simona Fiorentino : Presenze di ceramica indigena nell'abitato di Himera, p. 511-519.

Abstract : The research faces, through the evidence analysis in a zone of the upper town settlement, the problem of indigenous pottery meaning in Himera. It has been assured that both the impressed/incised and painted wares are (present) in inconsiderable amount; that shapes are mostly referred to tableware and storage ware (bowls, carinated cups, *oinochoai, amphorae/idriae, pithoi*); that syntax and decorative patterns fall within indigenous production's repertory of Western Sicily; that, on the base of discovery's context, most of evidence are placed between the second half of 7th and the first decades of 6th century B.C., in the framework of the first colonial settlement. The pottery evidence in built-up area of the Greek colony is linked to wedding between Greek men and indigenous women.

Keywords : Himera, indigenous pottery, wedding.

4. Laurence Mercuri : Archéologie des pratiques funéraires en Grèce d'Occident, p. 521-527.

Résumé : Le recensement des cas d'inhumations en position contractée ou fléchie en Italie méridionale et en Sicile, au 1er âge du Fer, démontre le caractère très exceptionnel de cette pratique en-dehors de la zone iapyge. Par conséquent, y voir, en particulier en Sicile, un marqueur de la présence de populations indigènes au sein des *poleis* peut susciter le scepticisme, d'autant que si l'on prend en compte le facteur chronologique, cette pratique funéraire apparaît bel et bien comme une survivance tant en milieu grec qu'en milieu indigène.

Mots-clés : pratiques funéraires, inhumation, Sicile, Italie méridionale.

Abstract : The census of the cases of inhumations in contracted or flexed position in Southern Italy and in Sicily, in the 1st Iron Age, demonstrates the very exceptional character of this practice outside the Iapyges' zone. Consequently, to see there, in particular in Sicily, a marker of the presence of native populations within poleis can arouse the scepticism, as far as if we take into account the chronological factor, this practice appears well and truly as a survival both in Greek and in native middle.

Keywords : funerary practices, inhumation, Sicily, South Italy.

5. Irene Berlingò : La nécropole archaïque de Siris (Policoro), p. 529-536.

Abstract : This paper want to give a general view of archaic necropolis up to now recovered in Siris (Policoro, MT). In the first D. Adamesteanu explored between 1968 and 1976 138 cremation graves, datables between the end of 8th and 7th cent. B. C.; in the second one, were explored between 1977 and 1984, mostly by the autor, about 450 cremation and burial graves, between the end of 8th and 7th cent. B. C. In both the necropolis, the prevalent rite is cremation, in amphorae, pithoi and other containers of Greek-oriental import, with a meagre set of funerary material.

Keywords : Siris, necropolis.

6. Vasilica Lungu, Pratiques funéraires chez les Grecs et les indigènes en Dobroudja septentrionale, p. 537-553.

Résumé : Le présent travail propose une analyse comparative des pratiques funéraires observées dans les tombes et les nécropoles des indigènes et celles des Grecs fouillées en Dobroudja septentrionale. Les données acquises permettent d'évaluer la dynamique des populations et de définir le contexte spatial marqué par leur présence. Même si des distinctions sont nettement perceptibles, on constate parfois des mélanges entre la culture grecque et les cultures locales dont les traces sont évidentes dans divers domaines, de l'organisation sociale, à la production des artefacts et aux pratiques funéraires. Cette zone connaît donc des phénomènes analogues au reste du monde barbare où les Grecs se sont installés, mais jamais aussi fortes qu'en Italie, par exemple.

Mots-clés : Dobroudja septentrionale, Gètes, Grecs, Scythes, Thraces, relations gréco-indigènes, pratiques funéraires, incinération, inhumation, tumulus.

Chapitre 5. Les fortifications

1. Henri Tréziny : Fortifications grecques et fortifications indigènes dans l'Occident grec, p. 557-566.

Résumé : Le terme *phrourion* ne semble apparaître en grec qu'à la fin du Ve s. pour désigner une petite fortification provisoire, puis un fortin protégeant les frontières du territoire d'une cité grecque. Dans la littérature d'époque augustéenne (Strabon, Diodore), il sert à désigner des réalités très variées, y compris de petits habitats indigènes fortifiés (*oppida*). On évoque ensuite les premières fortifications grecques en Occident, l'interprétation des techniques de défense et des inscriptions pour déterminer le caractère «grec» ou non d'une muraille, enfin la question des «couronnes de *phrouria*» autour des cités grecques en Italie méridionale.

Mots-clés : *phrourion*, fortification, inscription, Italie méridionale.

Abstract : The word *phrourion* seems to appear in Greek at the end of the 5th cent. BC to mean a small temporary fortification, then a fort protecting the frontier of the territory of a Greek city. In Augustean literature (Diodorus, Strabo), it is used to indicate very different realities, including small indigenous fortified settlements (*oppida*). Then the paper deals with the first Greek fortifications in the West, and wonders how to interprete fortification techniques and epigraphy to determine wether a wall is «Greek». Finally, it posts the question of the «*phrouria* belts» around Greek cities in South Italy.

Keywords : *phrourion*, fortification, epigraphy, South Italy.

2. Gabriel De Prado : La fortificación ibérica del Puig de Sant Andreu (Ullastret, Cataluña) : aspectos técnicos, formales y funcionales, p. 567-580.

Résumé : L'ensemble des éléments qui conforment les structures défensives de l'oppidum du Puig de Sant Andreu d'Ullastret constituent un modèle unique en ce qui concerne le contexte des fortifications ibériques, tant pour leur complexité conceptuelle que pour la diversité des techniques utilisées pour sa réalisation. Il en résulte l'évidence de l'influence de modèles architectoniques défensifs d'origine méditerranéenne, acquis essentiellement grâce aux contactes avec les établissements grecs établis dans cette zone. Malgré tout, on remarque que ces influences constituent un apport qui se traduit souvent en une adaptation de ces modèles exogènes à l'idiosyncrasie du système constructif local.

Mots-clés: système défensive, oppidum, indigène, Emporion, Rhode, poliorcétique, influences méditerranéens, transfert de technologie

Abstract : The ensemble of elements that constitute the defensive system at the Puig de Sant Andreu in Ullastret are a unique model in the context of the Iberian fortresses. This is so because of its conceptual complexity as well as the technical diversity used in building it. In this sense, the influence of defensive architectural models of Mediterranean origin is obvious. These models were mainly acquired through contact with colonial Greek settlements in the area. Nevertheless, it should be noted that these influences were usually translated into adaptations of the foreign models to the local building idiosyncrasy.
Keywords: defensive system, oppidum, indigenous, Emporion, Rhode, poliorcetic, mediterranean influences, transfer of technology

Massimo Brizzi, Liliana Costamagna : Il sito fortificato di Serro di Tavola (Aspromonte), p. 581-594.

Résumé : Le site archéologique reconnu à Serro di Tavola près de Sant'Eufemia d'Aspromonte (RC) a été fouillé entre 1984 e 1991 avec une recherche conduite surtout en extension et avec seulement trois sondages profonds afin d'évaluer la puissance des niveaux stratigraphiques. Le lieu est situé au bord des Piani d'Aspromonte (un plateau bien cultivé à 1000 m d'altitude), le long d'une route naturelle qui remonte de la plaine di Gioia Tauro et permet d'arriver à Reggio par l'intérieur du pays, en évitatnt les falaises entre Palmi et Villa San Giovanni. On a reconnu trois phases de construction principales mais on connaît surtout le plan de la troisième. De la première phase nous avons seulement un morceau de la fondation d'une enceinte bâtie en pisé et petites pierres, parallèle au mur d'enceinte sud de la phase suivante. On n'a pas le niveau de marche de cette phase, que l'on ne sait donc pas date. Cette première enceinte fut arasée pour la construction de la phase suivant, la plus monumentale. Cette seconde construction est une enceinte de plan à peu près carré (44 m EW x 48 m NS), avec un accès en retrait au milieu du côté W. Il y avait peut-être aussi un accès secondaire au sud, près de l'angle SE. L'enceinte est large de 1,80 m et a été bâtie avec de la terre et des pierres irrégulières. La technique de construction est très particulière. Les parois sont en pierres irrégulières, arrangées de façon à ménager une suite de petits arcs remplis de terre, sans doute pour renforver la cobnstruction. Au dessus l'élévation était en terre pressée. Dans la troisième phase le monument est réduit à 35 m EW sur 32 m NS et bâti en partie sur l'enceinte plus ancienne. Le mur a une largeur réduite à 1,60 m, et emploie toujours la technique à voûtes. On a fouillé seulement les côtés Ouest et Sud, où il y a des pièces régulières, carrées, avec des foyers, couvertes par un toit de tuiles, ouvertes vers une cour centrale. La céramique est toute de production grecque, pour la plupart attique. La phase 2 se date dans le troisième quart du VIe s., la phase 3 vers 490-480 av J.-C., après quoi le site est abandonné. Il ne s'agit pas d'un site indigène, mais d'un site grec à fonctions militaires, en raison du plan, de la position topographique, et parce qu'on n'a pas trouvé de pithoi pour la conservation des denrées alimentaires. Le site devait abriter une petite garde armée pour le contrôle du territoire, à une époque où les Locriens ont occupée toute la plaine de Gioia Tauro et mettent sous pression les frontières de Rhégion, et aussi pour protéger les terres agricoles de la cité sur les Piani d'Aspromonte.
Mots-clés : Aspromonte, *chora*, enceinte, *eschatia*, frontière, Métauros, pisé, *phrourion*, Rhégion, technique de construction

Abstract : The archaeological site of Serro di Tavola, in the highland of the council of Sant'Eufemia d'Aspromonte (RC-Italy), has been extensively excavated between 1984 and 1991. Serro di Tavola is located on the northern edge of the Piani d'Aspromonte, a rich soil plain 1000 m above the sea level, along a raw route climbing from the Gioia Tauro plain up to the Piani d'Aspromonte and descending to Reggio, an alternative way to the coastal path through the sea cliff near Palmi and Villa San Giovanni. Three main construction phases have been detected, even if only the latest one has been well investigated. Part of an ancient foundation of a defence wall was discovered in the southern area out of the perimeter of the fortified site. The wall is built by hard-pressed mud and few pebbles. The ground floor of the wall is not preserved and there are no chronological indicators for this phase. The mud wall was destroyed when a new defence wall was built up. The plan of the second fortification is almost square (44 x 48 m); the entrance, in the western side, is planned in a recess, while a minor gate could have been initially used in the southern side. The wall is 1,80 m wide, built in the lower part by big irregular stones laid in transverse rows alternate with pure clay and covered by stone courses, creating a baseboard set up by small false vaults filled by earth. Probably, this unique technique allowed the constructors to get a strong structure even though very cheap components were used. Upon the stone base, the wall was built by hard-pressed mud. In the third phase the building was narrowed down (35 x 32 m) and the perimeter wall partially overlaps with the earlier one. The wall is 1,60 m wide and it is built in the same technique described for the earlier phase. The building, dug up for almost half of its extension, has a central court and rooms on each side. The northern and southern ones have standard sizes and they are completely open on the court side, with tile roofs and central hearth. The whole ceramic processed is Greek and most of black glazed pottery is from Attic production. Pottery from the second phase of the excavation can be dated within the third quarter of the 6th century B.C.; finds from the third phase are datable within the second decade of the 5th century B.C. The site was abandoned before the mid-5th century. On the basis of the archaeological evidence, one can assume that the second and third phase of the building were not indigenous. Military purpose is likely for the architectural peculiarities of the perimeter walls and the strategic location of the site. Moreover, excavation did not provide evidence for warehouses nor areas for processing goods. The building could lodge an armed guard to control an important agricultural area in a context of increasing pressure by Locrians in the Piana of Gioia Tauro where Rhégion was forced to abandon the territory of Metauros.
Mots-clés : Aspromonte, *chora*, fortification, *eschatia*, frontier, Metauros, «pisé», *phrourion*, Rhegion, building technique.

4. Paolo Visonà : Controlling the chora. Archaeological investigations at Monte Palazzi, a mountain fort of Locri Epizephyrii, p. 595-602.

Riassunto : Tre campagne di scavi sulla sommita` di Monte Palazzi (Passo Croceferrata, Comune di Grotteria, Provincia di Reggio Calabria) nel 2005-2008 ponevano in luce resti della cinta muraria di un *phrourion* di montagna attribuibile a Locri Epizefiri. L'occupazione del sito si data tra l'inizio del V e la prima metà del III sec. a.C. Oltre a controllare la principale via di comunicazione interna tra Locri, Hipponion, e Medma e a proteggere gli insediamenti locresi nella Vallata del Torbido, questo forte era ubicato in prossimita` di importanti risorse naturali, quali ferro e pietra ollare. Esso presenta dimensioni e caratteristiche strutturali simili a quelle di altre fortificazioni poste a difesa della *chora* di Rhegion in età arcaica e classica, come Serro di Tavola e San Salvatore.
Parole chiavi : Monte Palazzi, Locri, *phrourion*.

Chapitre 6. Cultes grecs et cultes indigènes

1. Massimo Osanna : Greci ed indigeni nei santuari della Magna Grecia, p. 605-612.

Abstract : The paper examines two particular sanctuaries of Basilicata, situated in the hinterland of the greek colonies of Metapontum and Taras, outside the chora of the *poleis*: Garaguso on the hills overlooking the Cavone-Salandrella river, and Timmari, in the territory north-west of Matera, overlooking the Bradano river. This santuaries are situated in an area which saw intense visitation during the archaic age and presents significant distinctive traits which are very adaptable to a frontier area between Greeks and Natives. The forthcoming study of all the unpublished materials will permit the acquisition of further important data and will have the scope of defining the different models of religious practices in this indigenous santuaries which have characterized the history of this territory in the Archaic Age. An objective of the research regards the definition of the function of the two sanctuaries and the role played by greek and native people attending the cult

Keywords : Magna Grecia, sanctuary, Garaguso, Timmari, frontier.

2 Alfonsina Russo : Cerimonie rituali e offerte votive nello spazio domestico dei centri della Lucania settentrionale, p. 613-625.

Abstract : The analysis of religious rituals and ceremonies is important in order to understand the transformations of the local communities of South Italy after the Greek colonization. Two periods have been identified in the development of these rituals: the 6th and the 4th century BC. The 6th century is characterized by the building of sanctuaries which were meeting places for peoples of different origin, the presence of statues of gods in tombs of women and children and the development of domestic cults in prestigious households. During the 4th century, grew the importance of the domestic sacred space, different rituals and offerings were made during the construction, the day to day living and finally when the house was left, as all the findings from recent excavations can confirm.

Keywords : Lucania, sanctuary, domestic cults.

3. Patrick De Michèle, Antoine Hermary : Iconographie grecque en contexte celtique : à propos d'un nouveau *naïskos* au type de la déesse assise, p. 627-633.

Résumé : Les déesses assises dans un *naïskos* constituent un type de monument votif bien connu dans le monde grec archaïque, en particulier dans les cités ioniennes de la côte d'Asie Mineure et à Marseille, où plus de 40 exemplaires ont été trouvés en 1863 près de la rue Négrel. Un collectionneur de Cavaillon possède un *naïskos* du même type, réalisé dans le calcaire local, qui provient selon toute vraisemblance de la colline Saint-Jacques, où la tribu des Cavares s'était établie à partir du VIe siècle av. J.-C. Même s'il est impossible de savoir de quel contexte cultuel provient ce document, il témoigne d'une adoption précoce en milieu celtique (au plus tard au Ve siècle av. J.-C.), d'une iconographie religieuse typiquement grecque.

Mots-clés : *naïskos*, Marseille, Cavaillon, sanctuaire.

Abstract : Goddesses seated in a *naiskos* constitute a type of votive offering well known in the Archaic Greek world, particularly in the Ionian cities on the coast of Asia Minor and at Marseilles where more than 40 examples were found in 1863 near rue Négrel. A collector in Cavaillon owns a *naiskos* of the same type, produced in the local limestone, which comes in all likelihood from the hill of Saint-Jacques where the tribe of the Cavares had been settled since the 6th century B.C. Even if it is impossible to know from what cultural context this object came, it attests to the early adoption of typically Greek religious iconography in a Celtic milieu, in the 5th century B.C. at the latest.

Keywords : *naïskos*, Marseilles, Cavaillon, sanctuary.

Chapitre 7 : Langue et écriture

1. Javier De Hoz : L'écriture gréco-ibérique et l'influence hellène sur les usages de l'écriture en Hispanie et dans le sud de la France, p. 637-657.

Abstract : This paper considers the epigraphic and ethnic scenery in Spain and South France during the first times of the Greek colonisation and the peculiarities of the Greek epigraphy in these lands, one aspect of which is the private documents of economic character. The impact of this epigraphy on the indigenous peoples is important but not homogeneous, because the societies concerned were different. In the SE of Iberia the Greek alphabet is used for writing Iberian in concurrence with the indigenous script, and the character of the Iberian society makes possible the adoption of Greek style economic types of document, namely lead tablets, whereas in South France a very different kind of society, without an indigenous writing, adopts the Greek alphabet later and for more aristocratic functions.

Keywords : epigraphy, Spain, Southern France, indigenous writing, lead tablets.

2. Paolo Poccetti : Contacts et échanges technologiques entre Grecs et indigènes en Italie méridionale : langues et écritures au cours du IVe siècle av. J.-C., p. 669-678.

Abstract : This paper focuses writing systems and text typologies as patterns of contacts and technological exchanges between Greeks and western indigenous communities from the beginning of the Greek colonization until 4th century BC. Developments of those relationships are also examined in the perspective of the variation of this kind of technological exchanges. Fourth century is considered a crucial period owing to the socio-political evolution of the indigenous communities, which involved new pattern of contacts within a Mediterranean network. A deeper assimilation of Greek culture is evidenced by remodeling alphabetic systems and text genres which inserted the indigenous communities within the Hellenistic world.

Keywords : South Italy, epigraphy, osco-greek writing.

Chapitre 8. Etudes de cas particuliers

1. Réjane Roure, Grecs et non-Grecs en Languedoc oriental : Espeyran, Le Cailar et la question de Rhodanousia, p. 681-688.

Résumé : Connaître le nom antique d'un site archéologique et localiser les lieux cités par les auteurs grecs ou romains font partie des désirs récurrents des archéologues et des historiens. L'identification de la colonie massaliète de Rhodanousia est l'une des controverses qui ressurgissent régulièrement au sein de la protohistoire méditerranéenne : un débat ancien agite les spécialistes sur l'emplacement de cet habitat évoqué par quelques sources antiques. Au-delà de la controverse régionale, ce problème de localisation nous pousse à nous interroger sur la qualification ou le statut accordé à un site et sur les données que les archéologues mettent en avant pour parler d'un site grec ou d'un site indigène. La présentation des données archéologiques relatives au comptoir récemment découvert du Cailar (Gard), à quelques kilomètres d'Espeyran. permet en effet de réactiver ce débat et d'analyser l'évolution de ces critères depuis les cinquante dernières années.

Mots-clés : Le Caylar, Rhodanousia, Espeyran, colonisation massaliète.

Abstract : One of the most important desire, and pleasure, of archaeologists and historians is to know the antique name of an archaeological site and to locate places quoted by the Greek or Romans authors. The identification of the massalian colony of Rhodanousia is one of the controversies which reappear regularly within the Mediterranean protohistory : an old debate shakes the specialists on the place of this settlement evoked by some antique sources. Beyond the local debate, this problem of localization urges us to wonder about the identity or the status granted to a site and on the data used by the archaeologists to speak about a Greek or about a Native site. A brief display of the archaeological data relative to the port of trade recently discovered at Le Cailar (Gard), a few kilometres away from Espeyran, allows us indeed to reactivate this debate and to analyse the evolution of these criteria since the fifty last years.

Keywords : Le Caylar, Rhodanousia, Espeyran, massaliot colonisation

2. Fabio Copani : Greci e indigeni ad Eloro, p. 689-693.

Résumé: L'histoire de Syracuse dans la phase la plus archaïque est bien mal connue. La tradition d'un conflit entre les Grecs et les indigènes (Thucydide) n'exclut pas une première période de cohabitation. Les rapports avec les indigènes ne sont pas clairs au moins jusqu'à la destruction du village de Monte Finocchito. Dans ce cadre devient très importante l'interprétation de la fondation de la colonie syracusaine d'Héloros (fin VIIIe sec. a.C.). Elle a été souvent considérée comme colonie militaire et comme barrière contre les Sicules, mais peut-être eut- elle un rôle différent, celui d'occuper un site qui pouvait être facilement choisi par d'autres Grecs comme siège d'une nouvelle colonie. Dans cette appropriation de la colline d'Héloros, les Syracusains se servirent d'un groupe d'indigènes. Finalement il faut reconsiderer l'idée que les indigènes representèrent un danger réel et constant pour Syracuse à l'époque archaïque.

Mots-clés : Heloros, Syracuse, Sicile, Sicules, indigènes, colonisation, urbanisme, Finocchito.

3. Laurence Mercuri : Monte San Mauro di Caltagirone, p. 695-700.

Résumé : L'article souligne les points forts de la recherche sur Monte Mauro et les éléments qui ont conditionné jusqu'à aujourd'hui les pistes employées. On suggère pour finir de laisser pour un temps le débat sur l'ethnicité au profit d'une approche politique et sociale du site.

Mots-clés : Monte San Mauro, Sicile, nécropole, maisons, *anaktoron*.

Abstract : The article underlines the highlights of the research on Monte Mauro and the elements which conditioned the trails employed until today. One suggests to finishing to leave the debate on the ethnicity for a time to the profit of a political and social approach of the site.

Keywords : Monte San Mauro, Sicily, necropolis, houses, *anaktoron*.

4. Emanuele Greco, Indigènes et Grecs à Lemnos à la lumière des fouilles d'Hephaestia, p. 701-708.

Riassunto : Un discreto corpus di fonti letterarie, mitografiche, storiche ed epigrafiche riguardanti le vicende dell'isola di Lemno, resa immortale dal Filottete di Sofocle, può esser messo a confronto con una documentazione archeologica divenuta particolarmente abbondante negli ultimi tempi. La scoperta di un abitato del Bronzo Recente può ora dare concretezza storica all'attestazione di Lemnii nelle tavolette di Pilo e di Crosso. Un altro indicatore fondamentale è costituito dalla cessazione delle importazioni di ceramica micenee (che comunque continua ad essere imitata localmente) e dalla presenza massiccia di ceramica grigia di tipo anatolico ben nota sul continente di fronte, a partire da Troia. Si tratta di una cesura netta che segnala la nascita di una nuovo tipo di società, la stessa che seppellisce i morti nella necropoli ad incinerazione, in uso dal sec. VIII a. C., indagata dalla Scuola Italiana negli anni '30. Ad un fase più avanzata (VII sec. a. C) risale la costruzione di un massiccio muro di cinta in grossi blocchi appena sbozzati. Infine, al VI secolo a. C si data una serie di edifici di culto (se ne contano quattro finora) caratterizzati dalla presenza di ampie sale destinate probabilmente a riti iniziatici.. Questo mondo cessa bruscamente si esistere (si tratta dell'aspetto più evidente che emerge dalla ricerca archeologica) con l'arrivo degli Ateniesi agli inizi del V secolo a.C.

Parole chiavi : Hephaestia, Lemno, ceramica grigia, culti.

PUBLICATIONS

DU CENTRE CAMILLE JULLIAN

BIBLIOTHÈQUE D'ARCHÉOLOGIE MÉDITERRANÉENNE ET AFRICAINE (BiAMA)
Editions Errance, 7 rue Jean-du-Bellay, 75004 Paris.
http://www.librairie-epona.fr/
La BiAMA prend la suite des
Travaux du Centre Camille Jullian

1. M. Segard, *Les Alpes Occidentales à l'époque romaine, Développement urbain et exploitation des ressources des régions de montagne (Gaule Narbonnaise, Italie, provinces alpines),* Paris 2009, 288 p.

2. Patrick Thollard, *La Gaule selon Strabon : du texte à l'archéologie (Géographie livre IV). Traduction et études,* Paris 2009, 265 p.

3. *Grecs et indigènes de la Catalogne à la mer Noire, actes des rencontres du programme européen Ramses (2006-2008),* édités par H. Tréziny, Paris 2010, 736 p.

4. *Archéologie de la montagne européenne. Actes de la table ronde internationale de Gap (29 septembre-1er octobre 2008),* textes réunis par Stéfan Tzortzis et Xavier Delestre, avec la collaboration de Jennifer Greck, Paris 2010, 344 p.

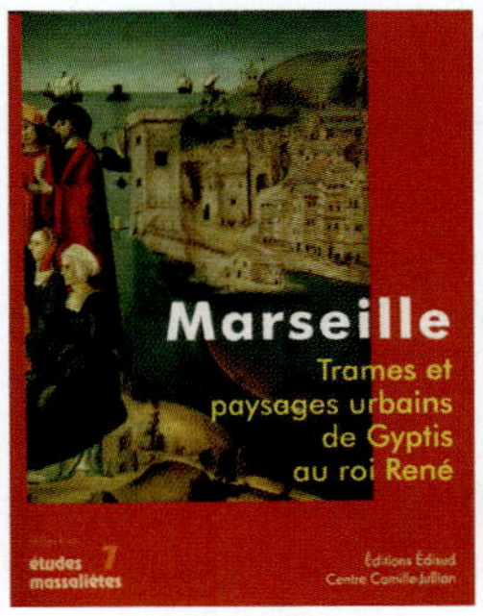

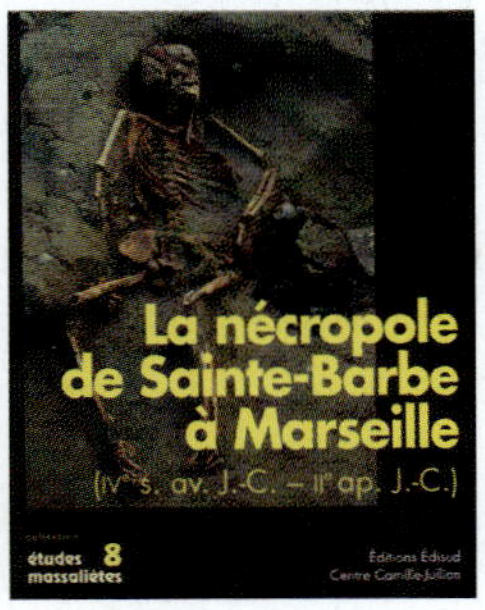

COLLECTION ÉTUDES MASSALIÈTES (EtMassa)

1. *Le territoire de Marseille grecque, actes de la table ronde d'Aix-en-Provence, 1985,* édités par M. Bats et H. Tréziny, Université de Provence, Aix-en-Provence, 1986.
2. *Les amphores de Marseille grecque, actes de la table ronde de Lattes, 1988,* édités par M. Bats, Université de Provence/ADAM éditions, Aix-en-Provence/Lattes, 1990.
3. *Marseille grecque et la Gaule, actes des colloques de Marseille et Aix-en-Provence, 1990,* édités par M. Bats, G. Bertucchi, G. Congès, H. Tréziny, Université de Provence / ADAM éditions, Aix-en-Provence / Lattes, 1992.
4. *Sur les pas des Grecs en Occident. Hommages à André Nickels,* édités par P. Arcelin, M. Bats, G. Marchand, M. Schwaller, éditions Errance / ADAM éditions, Paris-Lattes 1995.
5. *Fouilles à Marseille. Les mobiliers (Ier - VIIe s. ap. J.-C.),* vol. collectif sous la direction de M. Bonifay, M.-Br. Carre et Y. Rigoir, éditions Errance / ADAM éditions, Paris-Lattes 1998.
6. *Les cultes des cités phocéennes, actes du coll. d'Aix-en-Provence/ Marseille, juin 1999,* édités par A. Hermary et H. Tréziny, Édisud/Centre C. Jullian, Aix-en-Provence, 2000.
7. *Marseille. Trames et paysages urbains de Gyptis au Roi René, Actes du colloque international d'archéologie, Marseille, 3-5 novembre1999,* textes réunis et édités par M. Bouiron et H. Tréziny, B. Bizot, A. Guilcher, J. Guyon et M. Pagni, Édisud/Centre C. Jullian, Aix-en-Provence, 2001.
8. *La nécropole de Sainte-Barbe à Marseille (IVe s. av. J.-C. – IIe s. ap. J.-C.),* vol. collectif sous la direction de M. Moliner, Édisud/Centre C. Jullian, Aix-en-Provence, 2003.
9. *Olbia de Provence à l'époque romaine,* vol. collectif sous la direction de Michel Bats, Édisud/Centre C. Jullian, Aix-en-Provence, 2007.

REVUE *ANTIQUITÉS AFRICAINES,*
CNRS Editions, 15 rue Malebranche, 75005 Paris - http://www.cnrseditions.fr
Dernier volume paru, t. 44, 2008 [2010]

COLLECTION
ÉTUDES D'ANTIQUITÉS AFRICAINES
CNRS Editions, 15 rue Malebranche, 75005 Paris - http://www.cnrseditions.fr

Derniers volumes parus :
Liliane Ennabli, *La basilique de Carthagenna et le locus des sept moines de Gafsa. Nouveaux édifices chrétiens de Carthage,* 2000.

François Baratte, Janet Lang, Catherine Metzger et Susan La Niece, *Le trésor de Carthage : contribution à l'étude de l'orfèvrerie de l'Antiquité tardive,* 2002.

Nadine Labory, *Inscriptions antiques du Maroc, 2. Inscriptions latines - Supplément, 2003.*
Hédi Slim, Pol Trousset, Roland Paskoff et Ameur Oueslati, avec la collaboration de Michel Bonifay et Jean Lenne, *Le littoral de la Tunisie. Étude géoarchéologique et historique,* 2004.

Sabah Ferdi, *Corpus des mosaïques de Cherchel,* 2005.

Lieux de cultes : aires votives, temples, églises, mosquées. IXe Colloque international sur l'histoire et l'archéologie de l'Afrique du Nord antique et médiévale (Tripoli, 19-25 février 2005), 2008.

Jean-Marie Lassère, *Maisons de Clupea. Exemples de l'architecture domestique dans un port de l'Afrique proconsulaire. Les maisons de l'Ecole de pêche, avec une étude de la céramique par Jean Piton* (sous presse).

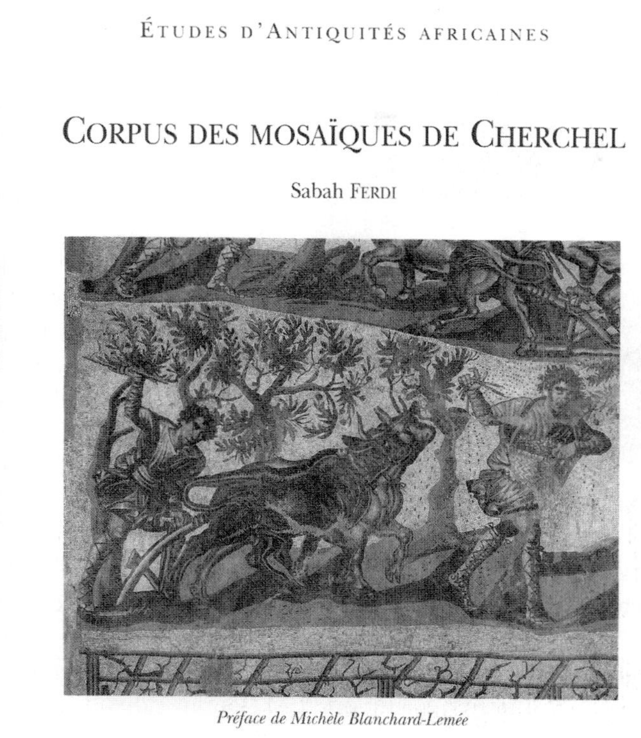

COLLECTION
ARCHAEONAUTICA
CNRS Editions, 15 rue Malebranche, 75005 Paris - http://www.cnrseditions.fr

Derniers volumes parus
14 – 1998, P. Pomey, E. Rieth (dir.) - *Construction navale, maritime et fluviale. Approches archéologiques, historique et ethnologique Actes du Septième Colloque International d'Archéologie Navale - Proceedings of the Seventh International Symposium on Boat and ship Archaeology, Ile Tatihou 1994 (Saint-Vaast-la-Hougue)*. 335 p. - ISBN 2-271-05640-3
15 – 2008, *L'archéologie maritime et navale de la Préhistoire à l'époque contemporaine,* Paris 2009.

TRAVAUX DU CENTRE CAMILLE JULLIAN

Derniers volumes parus
24. B. Sabattini, dir.. *La céramique attique du IVe siècle en Méditerranée occidentale, Actes du Colloque International d'Arles (7-9 décembre 1995),* Naples, Centre Jean Bérard, 2000 (= Collection du Centre Jean Bérard, 19).
25. J.-P Morel, C. Rondi-Costanzo et D. Ugolini, éd., *Corallo di ieri, corallo di oggi, Actes du Colloque International du Centre Universitaire Européen pour les Biens Culturels, Ravello, Italie (13-15 décembre 1996),* Bari, Edipuglia, 2000 (= CUEBC, Scienze e materiali del patrimonio culturale, 5).
26. P. Leveau et J.-P. Saquet, éd., *Milieu et sociétés dans la Vallée des Baux. Études présentées au colloque de Mouriès.* Montpellier, 2000 (= Suppl. 31 à la *R.A.N.).*
27. L. Rivet, D. Brentchaloff, S. Roucole, S. Saulnier, *Atlas topographique des villes de Gaule méridionale 2. Fréjus,* Montpellier, 2000 (= Suppl. 32 à la *R.A.N.).*
28. P. Lévêque et J.-P. Morel, dir., *Céramiques hellénistiques et romaines. III,* Paris, 2001.
29. Ph. Columeau, *Alimentation carnée en Gaule du Sud : VIIe s. av. J.-C.-XIVe s., éditions Université de Provence,* Aix-en-Provence 2002.
30. J.-P. Brun et Ph. Jockey, éd., *TECHNAI. Techniques et sociétés en Méditerranée, Hommage à M.-Cl. Amouretti,* Paris, Maisonneuve et Larose, 2001 (MMSH, coll. L'atelier méditerranéen), Aix-en-Provence 2001.

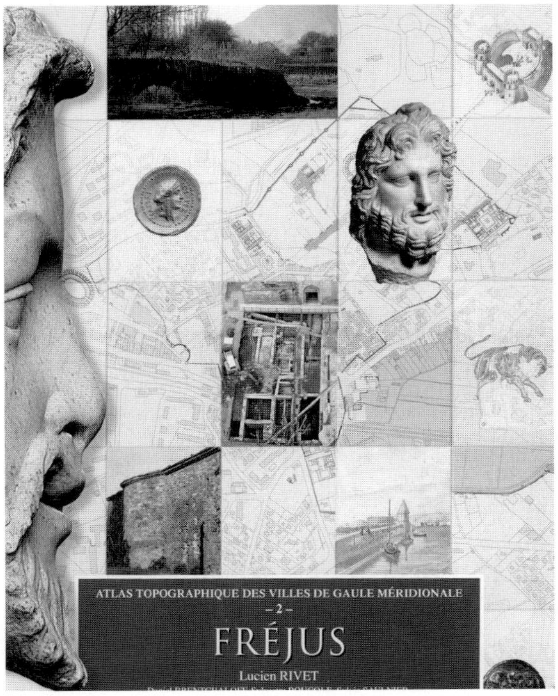

Achevé d'imprimer en mai 2010 par
Corlet Imprimeur à Condé-sur-Noireau
Dépôt légal : juin 2010
N°imprimeur : 129063
Imprimé en France